U0856166

www.ptpress.com.cn

人民邮电出版社

图书馆服务工程

图书馆，是知识的殿堂，是育人的摇篮。

书籍是连接图书馆、经销商和出版社的纽带。推介优秀图书、传播先进文化，是我们的神圣使命和共同职责。

为了更好地配合经销商做好图书馆服务工作，我们将2005年确定为图书馆服务年，并全面推出“**图书馆服务工程**”。

我们期待以“**用心沟通**”和“**用心服务**”，架起你我沟通的桥梁！

信 息 服 务

- ★ 每周定期提供我社新书信息、MARC数据。
- ★ 图书馆专区提供资讯、图书目录和MARC数据下载。
- ★ 及时邮寄我社宣传品：图书目录、邮电书讯、光盘目录(含MARC数据)。

采 购 服 务

- ★ 热情接待经销商与图书馆来社现采。
- ★ 提供品种齐全、分类明确的样书陈列室，现采十分方便。
- ★ 可随时为图书馆采购提供全方位服务，如查重、提供MARC数据等。
- ★ 可按照图书馆的订单，及时提供相应图书的MARC数据。
- ★ 全力满足经销商和图书馆所需的其他服务。

图书馆服务热线

联系人：孔希、周妤
电话：010-67180876
传真：010-67134098
E-mail：kongxi@ptpress.com.cn、zhouyu@ptpress.com.cn
通讯地址：北京市崇文区夕照寺街14号A座人民邮电出版社发行经营部市场部
邮政编码：100061
图书馆专区：www.ptpress.com.cn/library

人民邮电出版社

- ★ 成立于1953年，是信息产业部主管的中央级科技出版社
- ★ 全国优秀出版社、“讲信誉、重服务”出版社
- ★ 出版通信、计算机、电子、教材、集邮、交通、经管和少儿等八大类图书及音像电子出版物
- ★ 出版《电信技术》、《通信世界》、《无线电》、《集邮》、《米老鼠》等12种期刊
- ★ 年出版图书2300余种，出版期刊1300万册，可供图书近4000种
- ★ 各类出版物年销售码洋近5亿元

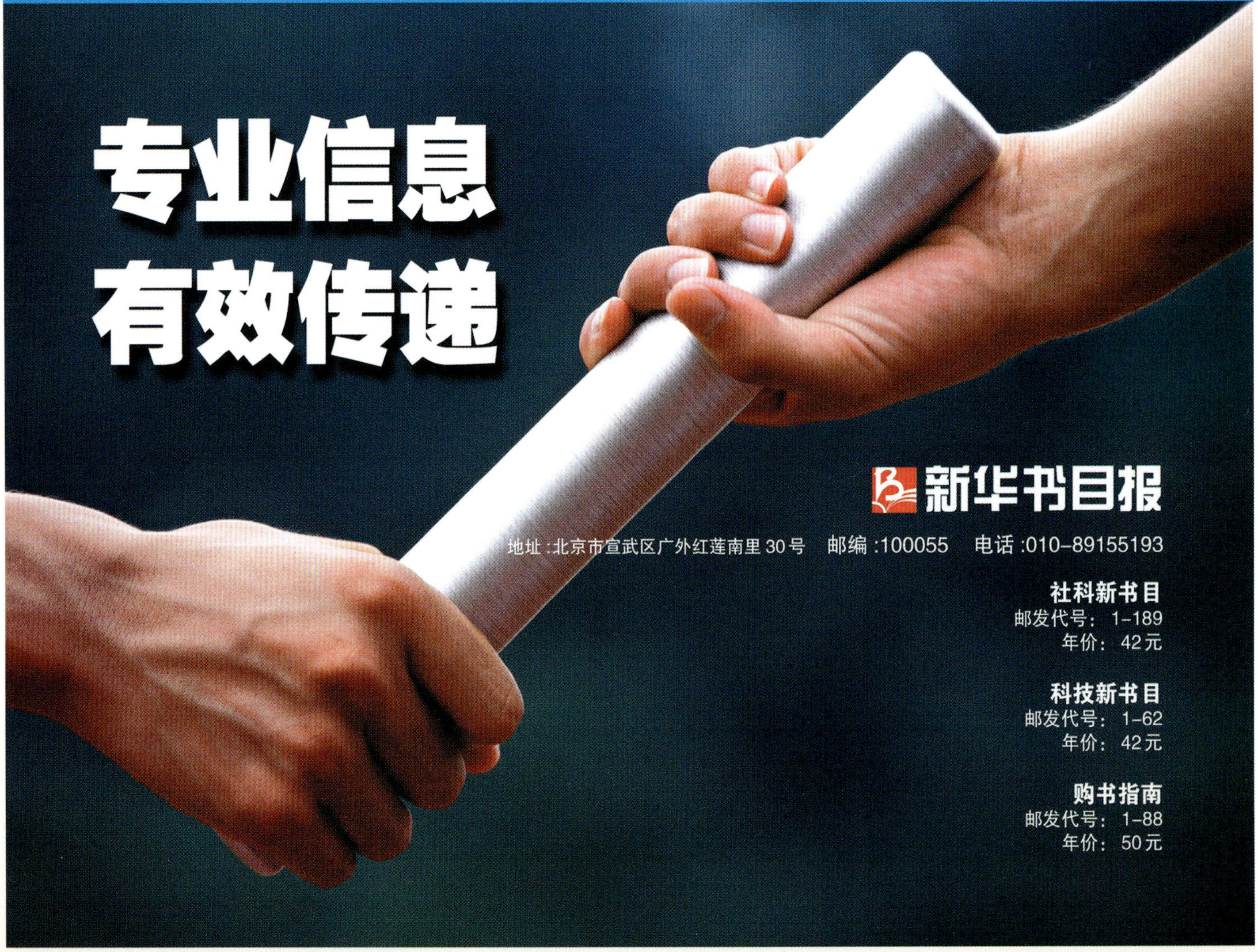

中国图书馆年鉴

CHINA LIBRARY YEARBOOK

2005

主　编　李国新
副主编　马张华　张久珍　张广钦

现代出版社

图书在版编目（CIP）数据

中国图书馆年鉴·/2005/中国图书馆协会主编. —北京：现代出版社，2006
ISBN 7—80028—845—5

Ⅰ. 中… Ⅱ. 中… Ⅲ. 图书馆事业—中国—2005—年鉴 Ⅳ. G259. 2—54

中国版本图书馆 CIP 数据核字（2006）第 063490 号

编　　者：李国新
责任编辑：杜　宇
出版发行：现代出版社
地　　址：北京市安定门外安华里 504 号
邮政编码：100011
电　　话：010—64267325　64240483（传真）
电子邮箱：xiandai@cnpitc. com. cn
印　　刷：北京天正元印务有限公司
开　　本：850×1168　1/16
印　　张：53.75
印　　次：2006 年 5 月第 1 版　　2006 年 5 月 第 1 次印刷
印　　数：1～2000 册
书　　号：ISBN
定　　价：230 元

编　辑　说　明

1.《中国图书馆年鉴》是反映中国图书馆事业年度发展状况的大型资料工具书。首卷出版于1996年,反映1990年至1995年间的情况。自1999年始,《中国图书馆年鉴》编辑出版周期为隔年一卷,包括1999年卷、2001年卷、2003年卷以及2005年卷。

2.《中国图书馆年鉴》由中国图书馆学会主办。自2003年卷开始,编纂工作由北京大学信息管理系、北京大学信息传播研究所主持。

3.《中国图书馆年鉴》2005年卷反映2003年至2004年间中国图书馆事业的发展状况。

4.《中国图书馆年鉴》2005年卷的动态性信息由全国各省、自治区、直辖市图书馆学会、中国图书馆学会各分支机构及所属各专业委员会、相关专业机构或教学研究机构提供。年鉴的统计资料来自文化部、地方文化行政部门、专业协作组织、中国图书馆学会高校图书馆分会以及有关专业机构。年鉴的参考性、指南性资料,由年鉴编辑部组织力量整理编辑,并得到中国图书馆学会编辑出版委员会和年鉴专业委员会的指导。专文由年鉴编纂工作委员会确定选题、特邀作者撰写。

5.《中国图书馆年鉴》2005年卷正文采用分类编辑法。全文由特辑、专文、图书馆工作、学术研究与活动、法律法规与规范性文件、专业教育、专业文献、统计资料、参考资料九大部分构成。书后附有综合索引。

6.《中国图书馆年鉴》2003年卷的专业文献没有及时收录2002年度部分图书馆学情报学博士学位论文摘要,为保持年鉴内容的连续性,2005年卷补收了2002年的资料。

7.《中国图书馆年鉴》是"中国年鉴资源数据库"的入库年鉴。

《中国图书馆年鉴》主办与编纂单位

主　　办　中国图书馆学会
编　　纂　北京大学信息管理系　北京大学信息传播研究所

《中国图书馆年鉴》编纂工作委员会

《中国图书馆年鉴》编辑部

目录

特　辑

专　文

图书馆工作

学术研究与活动

科技政策与图书馆

样本缴送和收费制度与图书馆

税收政策与图书馆

非典防控与图书馆

重要数据库收录的专业期刊列表

专业新书目录及选介

学位论文

统计资料

公共图书馆事业发展年度统计

1979 ~2004 年公共图书馆事业发展历史统计

第三次全国公共图书馆评估统计(2004 年)

参考资料

前辈寄语

为纪念中国图书馆事业百年暨中国图书馆学会成立25周年，学会秘书处在2004年苏州年会之前，专程采访了于光远、任继愈、彭斐章、周文俊四位德高望重的图书馆前辈，并制作了一个短片《前辈寄语》，在年会中播放，反响良好。现将采访实录整理刊出，以飨图林同仁。

任继愈

——著名哲学家，时任国家图书馆馆长，现任国家图书馆名誉馆长

今天我想随便谈一谈，谈点什么呢？我首先讲一讲我们的国情。我们的国情不是从建国以后开始的，应该是从5千多年以前，中华民族的国情，不单是建国以后的。因为文化具有继承性，总是在旧的基础上建立新的，没有新文化会在一夜之间突然冒出来。

国情是什么呢？从秦汉以后，我们这个国家不管怎样改朝换代，她始终是个多民族的统一的大国。秦汉以后，2千多年一直是这样的格局。这个格局，无论皇帝换了多少代，历史写了24史，但是国情始终是多民族的统一的大国。这几个方面都不能缺少：一个是多民族。汉族是多数，但绝不是汉族包打天下的历史，决不是汉族的历史。而且是统一的，咱们统计一下分裂的时代是很短的，统一是长久的。而且有一个共识，统一是正常的、正规的；分裂是不正常的、是不正规的。几次南北交战，比如淝水之战，苻坚想要统一，统一天下的条件不具备，他打败了，南北朝就分裂下来了。你比如说赤壁之战，曹操下江南要打东吴，也是要统一天下，不过没有成功，导致天下三分。诸葛亮北伐，也是要恢复汉室，他要统一，分裂他是不甘心的，但是也没有成功，因为条件不具备。总之，统一是正统的。金朝与南宋的战争，岳飞跟金兀术打仗，金兀术不是拿下战功就完了，他是要统一江南的。岳飞要恢复中原就更不用说了，他要一直打，直捣黄龙。他要求还我河山，就是要统一。可见统一形成一个共识，这共识深入人心。

比如说从反面来看，凡是反对统一的，历史对他都没有好评。比如说秦桧，他在读书的时候中过状元，字写得挺好，求他写字的还不少，可是现在没有一副秦桧的字留下来。因为社会上不保留，秦家的后裔也不保留，他不以秦桧这个祖先为光荣，他引以为耻辱。

研究历史一定要从国情出发，离开了国情，历史是空的，研究出来一个是无效，一个是不真实。我们看清朝末年，国家面临被瓜分，列强纷纷来了。有个学者说，“看看历史，亡人之国者，必先亡其史。”。这就是说要亡谁的国，必须要先把他的历史消灭了。这样的例子我亲眼看见很多。比如越南，越南原来是中国的属地，后来被法国占了，成了殖民地。殖民之后，法国不让越南学习自己的历史，没有文科的大学，学技术可以，要学文科就到巴黎去学，因为讲历史就会讲跟中国的关系，一讲就密切了。日本占领东北以后，成立伪满洲国，他就修改了中学课本，不准念中华民族的历史，要写满洲国的历史，重新改写了一遍。台独又是这样，他不承认跟大陆的关系，他要改写他的历史。但他又写不成，面临两难的境地，一写就和大陆分不开了。他的祖先，他的祖坟都在这边。

我们现在讲爱国主义，对青少年的教育，国家一直在从上到下的提倡。青少年教育有一个环节，我认为从教育界、从学术界、小学、中学、大学，一直到研究生，一个是要抓政治思想，我不说大家也不会忽略这一点；另一个是历史教育应该加强，历史方面应该多给一些知识。有一年我到安徽的合肥大学参观，他们想让我留几句话。我觉得这些青年都很可爱，前途无量，可是有一点，就是要加强历史的学习。年纪轻轻学的都是理工，数、理、化，你不学历史，这样你将来出来给谁干活还说不准呢。我们现在的教育，你看奥林匹克比赛，有数学的、有化学的、有物理的，就是没有历史的。有历史，奥林匹克比赛也是外国的，不是中国的。中国要把这个补上才行。因为我们有这个资格讲自己的历史。外国的文明古国有好几个，古埃及、古印度、古巴比伦，这些都是。不过，他们都没有资格。为什么呢？他们中间中断了，包括古希腊、罗马也中断了。罗马帝国现在变成意大利了，接不上了，意大利不是古罗马的继承者。罗马帝国崩溃以后四分五裂，没有了。可是中国不一样，中国从秦汉开始，2000 年来一直是统一的。范围有多大呢？长江流域、黄河流域一直到辽河的一部分，这就是我们活动的范围。这个范围的面积几乎就欧洲那么大。在这块土地上，我们 56 个民族共同生活、发展、生长、繁衍。我们中华民族在这块土地上，有苦就同吃，有难就同当。修万里长城是个世界闻名的大工程，长城不是北方人修的，是全国力量在修。孟姜女哭长城，是来送寒衣，因为南方的民工到这里来干活，冬天冷了，回不去。修运河也是这个样子的，贯通南北，从浙江一直到汴梁，也是用全国的民力来做这个事情，做得比较成功。你再比如说，黄河水患贯穿多省，它是跨省的。这个水患怎么修呢？不是各省自己修自己的，这样的话，不统一也没法修。上游修好了，然后把水放到下游去，这样是不行的。在中国，黄河、长江是统一领导。黄河有黄河总督、河工总督，从上到下都管。这样治理黄河才有效。89 年大水就很明显，要不是统一治理，安徽治安徽，湖南治湖南，那就不成了。这就需要一个统一、有效的政府来做这件事情。物质建设，一个是水利，一个是建筑工程建设，这个要全国统一来管。文化建设也是一样，比如我们明朝修的《永乐大典》、清朝的《四库全书》，这些并不需要花很多钱，但人才是全国的问题。是全国的学术带头人参加这个工作，所以他这个就是有水平的，选书就选的对，选得好。特别要注意，修《四库全书》有个提要，这个提要就是要给这本书定性，等于给它一个身份证吧，什么人写的，优点在哪里，缺点在哪里。一个人的学问哪做得到呢？上千种书，就是要全国的人才才能做得出这个事情。这又是要全国的力量。大的建设，物质建设和文化建设，没有有效、统一的国家体制，是搞不好的。中国还有一个优势，就是我们的汉字。汉字是通用语言，这个很厉害。旅行的人都知道，到福建，到广东，普通话不行，那边听不懂，可是拿着《人民日报》是畅行无阻的，人人都看得懂。这就是说文字，从汉朝以来一直是这样子，发布文书啊，一直都是用汉字。《唐人笔记》讲了一个小故事，皇帝的诏书下来以后，接诏书是一个仪式，宣读，底下人听，海南岛都有人过来。政令从来都是一贯到底。田产的分配制度，通过研究敦煌卷轴我们发现，地怎么分，有归个人所有的，有可以卖的，有交给国家的，从敦煌那一带到长安都是统一的。清朝的西藏，乾隆时候，达赖和班禅每年的预算都由驻藏大臣来批。从财政支出到人员任用，都是由政府直接管理，是很有效的管理。由此可见，统一给国家带来了好处。统一还带来什么好处呢，就是抵抗外来侵略。外来侵略在古代不是从空中掉下来的，他都是从周边过来的。如果不是统一的国家，一个小国的话，首当其冲的就是那一部分，离那一部分远了，他就管不着了，也不关心，他就不管它。希特勒二战得逞，打波兰，别的国家不管；打了捷克，别的国家又不管。他一个一个进行消灭，又一个个的得逞。日本打中国怎么不得逞呢？他占满洲，我们不承认他，还得打。他占了汉口，我们还打。占了上海也打。弄得他兵力不够分配，不驻守吧，又守不住。一驻守，兵力分散，兵就没了。统一的大国，抗战我们亲身经历，我们可以看到日本捉襟见肘，他对统一的大国是没有办法的。欧洲的欧元开始要统一了，他弄不起来，因为他们缺了文字这个东西，语种太多，文字太多。这种隔阂不是一天能解决的。多民族的统一的大国，这是个很丰厚的遗产。这个遗产，用钱是买不到的，一定要爱护它。我们从反面也能看出这个问题的重要性。外国想要瓦解我们、分化我们，就要从两个方面入手。一个从民族方面入手，敌对势力支持台独，支持藏独，支持新疆的分裂分子，就是这个原因。他们看这部分是要害。要是把这个分裂了，中国就不成中国了。外国希望中国四分五裂才好。新中国以前，蒋介石那个时代，英美插一手，日本插一手，政府内有亲日派、亲美派，背后都有后台。他们就让你分裂，不让你统一。新中国以后有一个新的气象，真的做到了统一，这个很可贵，很不容易。所以不管从正面，还是反面，都看出来我们多民族的统一的大国要好好地维系，好好地维持。我们历史也反复的讲这个道理，说不能够分散。中央集权非要不可，没有的话，这么一个大国，这么分散，没有有效的管理怎么能行？各行其是的话，那非乱了不可。所以爱国主义就要从这讲起。这是一个有血有肉的国，不是抽象的。我们现在讲历史就是课时太少。外国讲历史，本国史本来就不多。有的讲古代讲的详细，讲到后来没有了。有的讲近代，古代又不是他的。像美国讲200年以上就不归他了，讲当地是印第安人，讲文化又是欧洲的，没他的事。你看俄罗斯，他的文化也很晚，很早之前没什么文化。学过俄文的知道，中国叫 КИТАЙ，就是契丹。他们理解的中国就是契丹，那个时候他才有的文化。中国的文化悠久得很，而且又没有中断。当家人常常换，但都是中华民族的一部分。好像一个大家庭，今天哥哥当家，转年弟弟管家。可参政的那些大臣，绝不是清一色的，各种族的都有。就是满人当家的时候，汉人照样大量地入内阁，当大官；蒙古人也是一样；别的朝代也是一样。还有一个特点就是，文化的统一比血统更重要。所以中国不像外国那么看重血统。我们的唐朝，唐太宗就是混血的皇族。唐朝的皇族不是纯汉族，他的母系是少数民族。隋朝皇帝的母亲也是少数民族。可中华民族不因为他们不是纯汉族就不尊重他。清朝的乾隆、康熙是满族的，可人们称那个时候为康乾盛世，因为他们的政策接受了传统文化，不是他们老的、萨满的文化，接受了佛教、孔教。元朝，孔庙才修得很好。宋朝的时候，武力还达不到云南，云南的孔庙是元朝人修的。治国的方针就是孔孟之道，讲孝，讲悌……指导思想是一贯的。文天祥不投降，一直到死，为政权而牺牲。但元朝人当了皇帝以后，治国的方略完全是从宋朝下来的，都是宋朝的东西，念的书也都是宋朝的东西。清朝也一样，一直都是八股取士嘛。中国这么多民族，不能说没有民族问题，可比起外国来要轻的多。因为文化的认同感，让大家团结在一起。比如说，讲忠、讲孝，这并不是只有汉族讲，别的民族也都要讲。不忠不孝，无法立足于天地之间。共同的价值观、道德观、伦理观，是一直下来的，这就是凝聚力。

讲爱国主义，这里面有人物，有事迹。克服困难的，少年有为的事迹多得很。可以歌颂的英雄人物太多，事迹也太多。记得多了，这个人的生活也就丰富多了。一个青年，历史故事知道得越多，他对于祖国认识就越深刻，了解得越多，他就越爱这个国家。爱要有它的基础，不能只爱一个名号、一个称号，这个爱不起来的嘛。这个感情怎么培养的呢，就是要从历史知识，一点一点积累出来。历史教科书，我认为中学、小学要以故事为主。大学以故事介绍规律。纯粹讲规律，是空的、干巴巴的。一个是记不住，记住也觉得和自己没有关系。我觉得中国的教育，不论学那一科，学学历史至少不会吃亏。多听点故事也好嘛，总比不知道强，何况并不止于这一点。素质的培养和人格的磨练都和这个有关系。教育部门应该加强历史学科的知识，再一个就是充实教材。我们有这个条件可以上下几千年，一直讲下来。埃及也是古国，可是讲到后来就变成殖民地了，不是他的事了。巴比伦也是老国家，现在伊拉克已经弄得残破不全，也不行了。

我看那些得奥林匹克奖的青年，我也很高兴，可我有点顾虑，最后给人家打工去了，也就走了。这里面还不少。过去的爱国主义都是浅层次的讲一下，朴素的感情啊，农民为什么热爱这个党啊，热爱新中国啊。我以前是房无一间，地无一垄，解放以后分了房，分了地，生活好了。所以我拥护这个新社会。如果停留在这个阶段，这是最低级的。如果再出更高的价钱，是不是我们就要拥护那边去了。这个作为起点可以，作为终点是不够的。有的事拿钱可以换的，有的事拿钱我也不换。要维持认识到这么一个品味上，这个民族就有希望了。要是哪里钱高就到哪里去，完全跟着经济规律走的话，那就是殖民地的要求。所以这应该引起我们的警惕，我们的注意。好多尖子学生，都跑到北美去了，因为那边待遇高嘛。反过来看我们那个年龄段的人，比如大家都知道的钱学森，搞导弹的朱光亚、邓稼先。他们是新中国成立以后，国家独立了，他放弃了优厚的待遇，他把房子卖掉以后，回来的。回来了什么待遇都没有，工资就拿小米，设备更甭说，工作条件你看不上，从无到有，原子弹造出来了。一边闹着浮肿，一边搞着原子弹的开发。历史的爱国主义教育非常重要。那些人不是共产党培养起来的，他是中华民族培养起来的，这一点很重要。文化的熏陶应该放到足够的地方上，不过现在国家领导已经开始注意这个问题了。发展社会科学，发展哲学。应该各个岗位的人再推一推，会办得更好一点。中国风、中国特色啊，很值得推广、发扬光大。不是说发展自然科学、技术科学不重要，这个非常需要。有了自然科学和技术科学的支持，我们的发言在国际上才有分量，在联合国才能有一席之地。可有了这些还不够，还应该有更深层次的要求。像我们过去参加土改，农民提到感谢共产党解决了生活问题、温饱问题。可是下一步应该怎么办？富了以后又怎么办？过去是青山绿水，现在有钱了就开始修坟。把钱都花在修坟上。好好的山，满山都是白点，不是青山了，修坟了。再一个就是修庙，有钱了就去修庙，没有用到发展学校、发展教育上面。历史就非常重要。历史教育要从青少年开始，也是从娃娃开始。

我觉得图书馆正好发挥咱们这个优势。什么优势呢？就是终身教育的场所。任何的学校都有毕业年限，4 年 5 年，就算是博士生，也是走了就不管了。只有我们图书馆有这样的条件，不管你 80 岁 90 岁，你只要来，我欢迎。而且也符合现在的要求，因为现在知识更新太快了。你们用电脑的都知道，2、3 年以后就不更新不行了，跟不上了，更新的很快。你在大学学的东西，在编成教材以后，就已经陈旧了。你毕业以后新的形势应付不了，从哪去充电呢？从哪去加油呢？我们图书馆有这个作用。你短期的可以，解决某一个问题也可以。我们可以给你解决这个问题。这个办好了以后，真是有利于社会，很有好处。讲座也要办好，书只是一部分，讲座又是一部分。讲座是讲者与听众之间一个交流，一个反馈，效果又不大一样。就好像有了电影不能代替话剧一样。我们图书馆做好以后真是大有可为，大有前途。对社会、民族，有看不见的好处。不过，我们的馆员要甘于做无名英雄，为大家服务。

历史是更广大范围的讲，再具体要求的话，哲学是很重要的。哲学不是解决任何具体的问题。他只是为解决问题给出一个方向。要是学一学哲学，对于人生的道路，为什么要活着，（有了一个认识），一辈子受益。哲学解决为了什么要活着，活着干什么，这样的问题。遥远的将来，国家机构可能都不需要存在了，但哲学会存在。因为人到了什么时候，都要问一个为什么，追问一个道理。追问道理，追求智慧是无穷无尽的，没有休止的。克服一个问题，又有新的问题，再有新的问题……总有一个不断的过程。哲学要是不做这个事情，宗教就会去做。宗教他就完全负责。宗教，说句大话，它可以实行三包。你要是信了我这个教，不能进天国，你来找我。这怎么能行？不相信自己的力量，相信外在力量，求助于他，这个就不行了。贬低了人的地位。国际歌里面说，“我们不靠神仙皇帝，我们靠我们自己。”这就是现代人的气魄和勇气。

图书馆嘛，就是管书的，掌握信息的，所以自己要懂一点书，懂一点书的内容。所以，那些新分配来图书馆的大学毕业生，每年要读 10 本书，平均每 12 个月读 10 本书。不读书是不行的，不更新就落后了。吃老本怎么行？更何况现在的大学教育老本也不多。而且如同于药房卖药的售货员，不懂得药性，来买什么就给你什么，这是不负责任的售货员。卖药是这样，出纳知识更是这样子。比如有一个人来借书，那本书没有，你要是很有礼貌的告诉他，“我这本书借出去了。”这个也算你完成任务。要是知识丰厚，你说同类书还有什么什么，那个行不行？这对他又是个帮助。这个没人要求，你要是有本事，就可以做到这一点。没有知识，就没有这个资格，做不好。光是微笑服务怎么行呢？没有内质的笑，不但不美，甚至可能是很可怕的。

要不断充实自己，一个民族要充实自己，个人更要充实自己，特别是咱们（从事）文化服务的更要充实自己。你不充实就服不好务，服务也服务不到点子上。当然改善生活，当馆长应该关心馆员生活的提高，不过对于我自己来说不能放在第一位。钱多多干，钱少少干，这样就是对自己的岗位不尊重，不尊重自己，把自己看轻了。这样不行，因为人的价值绝不是用钱来衡量的。

于光远

——著名经济学家、哲学家、中科院院士、中国图书馆学会原顾问、延安中山图书馆名誉馆长。

我常说自己有4个方面的学历，其中上图书馆就是我学历中的仅次于上学校的第二个方面。填履历表时，总想填自己是哪些图书馆的读者。因为图书馆实在太重要了。70多年来，我一直受恩于图书馆。

小学三四年级我开始看我父亲很少的一点藏书。1927年小学最后一个学期，开始跑北京头发胡同图书馆。它就是今天首都图书馆的前身。这是我跑的第一个图书馆。作为这个图书馆的读者，在那里我看了不少书，例如《聊斋》、《子不语》、《狐谐》、《阅微草堂笔记》等，以及中国笔记小说。念初中的三年内，我一直是这个馆的读者。图书馆为我打开了求知的新天地。

1930年我跑上海东方图书馆，那时我刚到上海念高中。伯父找我为他的亲家解决牙膏生产的质量问题。我对牙膏生产一无所知，但知道利用图书馆。我跑到商务印书馆办的东方图书馆，从几本英文化工手册中查到了一些牙膏配方，研究后建议他们加一些甘油，居然解决了膏体干硬不易挤出的问题。我当时也没想到利用图书馆会使事情变得这么容易。

东方图书馆在"一·二八"战火中被焚烧后，我发现有一个"中华学艺社明复图书馆"。这个坐落在上海法租界亚尔培路的小型图书馆，很适合我当时在自然科学中的哲学问题方面兴趣的需要，我也就跑那里阅读它在这方面的不多的藏书。当时我并不了解"中华学艺社"是个怎样的团体。我只知道这个图书馆以胡明复命名。胡明复的兄长胡敦复、胡明复的老弟胡刚复都教过我。胡明复也是大学教授，他是在游泳中淹死的。（我的朋友范岱年在2004年发行的《科学文化评论》第1卷第3期上发表了一篇标题为《中华学艺社和'学艺'杂志的兴衰》的长文，只是没有提到我跑的这个图书馆。）

那时我所在的大同大学的图书馆也是我经常去的地方。有个管理员叫忻爱华，我至今记得她。每次我去借书，她都不怕麻烦地把一大摞一大摞书从书库里抱出来，任我翻阅。因为从目录卡里看不清楚到底是一些怎样的书。她的热心为我学习提供了很大的方便。在那里我大量翻阅西方与自然哲学有关的书籍，启发了我对自然哲学的思考。

我最早接触马克思主义哲学也是在图书馆。那是在清华大学上学的最后一个学期，我选了"五四运动"的参加者、周恩来的入党介绍人张申府教授开的一门形而上学的课程。因为他指定的参考书中有恩格斯的《反杜林论》和列宁的《唯物论和经验批判论》的英译本。我在清华大学图书馆的阅览室里认真地读完了这两本书，解决了以前读各种自然哲学书籍时产生的许多问题。啃这两本书奠定了我学习马克思主义哲学的基础。

上述三个公共图书馆加上两个我所上的大学图书馆，这五个图书馆对我青年时期知识的长进，所起的作用并不比我上的学校小许多。

1940年我兼任延安中山图书馆主任。那时的馆舍很简陋，办公室和书库设在窑洞里，阅览室则是用挖窑洞时取出的土垒成的。在盖阅览室时我还看了一本听说馆里藏有的营造学的书，后来发现它对我其实毫无用处。那个阅览室的贴窗纸的窗户式样是我亲自设计的。

那时党中央领导人十分重视图书馆。尽管现在看来，中山图书馆小得不能再小，但规格之高却出乎今天人们的想象。馆长由陕甘宁边区政府主席林伯渠担任，17位馆理事中有董必武、吴玉章、徐特立、谢觉哉"四老"及邓颖超、成仿吾、艾思奇、周扬等，还有林彪和陈伯达。毛泽东为中山图书馆捐款300元，并题写馆名。彭德怀捐款200元。周恩来、朱德、陈云等都曾到馆视察，并捐赠图书。延安的一些机关、学校，以及重庆、桂林等地的书店和社会团体均有赞助。还有苏联送来的图书。

1948 年到 1949 年，我还兼任过中共中央图书馆主任。这个图书馆从延安撤出后转移到河北省平山县，设在东柏坡。撤退时许多物品都舍弃了，但毛泽东和党中央把图书看得很贵重，走到哪里带到哪里。虽然途中损失了一些，但到平山后很快恢复了图书馆。这证明我们党历来十分重视图书馆工作。

1950 年北京大学校务委员会主任汤用彤，聘请我担任北京大学文学院图书馆学系教授，教图书馆学。这时我又有了图书馆学学者的身份。

1955 年我在中共中央宣传部工作时提出，应该修筑北京图书馆新馆。几年后我听说党中央国务院和北京市有把北海——故宫——沙滩修筑成一条与长安街平行的街进行建设的打算。并争取在 1959 年建国二十周年时建成。我就利用这个机会，想落实北京图书馆新馆的修筑。地点选在景山东侧，从景山东大街到沙滩红楼这一大片。我推动对新馆进行了初步设计，对投资作了匡算，估计近亿。我已经把建立这个新馆给党中央的报告起草好。中央宣传部和文教小组也已经同意送去中央办公厅。但后来因为要批判孙冶方把这个文件撤回来了。

1956 年中央召开知识分子会议，接着又制定了科学发展 12 年远景规划，我都参加了文件起草，并利用这些机会为图书馆的地位呼吁。

1978 年召开全国人民代表大会前，我参加华国锋以总理身份向大会所作报告的起草工作。我又想到建设北京图书馆新馆之事还没着落，坚持在报告中写进建设北图新馆必须积极进行的话，起草小组也已经接受。后因整个报告文字太长而被压缩掉了。

1979 年 7 月，在中国图书馆学会成立时，我被聘为顾问。

1986 年国际图联在东京召开第 52 届年会，邀请我作了《图书馆和时代》的报告。我利用这个机会学习世界图书馆工作的先进经验，并参观日本的国家图书馆和访问日本图书馆协会。

1996 年在北京召开第 62 届年会，事前我也在《光明日报》上写了文章。但事后我对这个会议颇为失望。

2003 年我接受担任首都图书馆的顾问，而且不是挂名的。

作为一个青年时代受到图书馆恩泽的读者和“老图书馆员”，我对我国的图书馆事业向来十分关心。只要有可能，我都会尽智尽力，为之呼吁、努力。

我不仅把推进图书馆事业当作自己一项光荣的使命，更主要的是认为自己有义务反对对图书馆的任何轻视。我想说这样一句话：“任何人，从领导到群众，都要提高自己对图书馆重要性的认识”。

我国图书馆事业的进步是明显的。但是还很不够。世界上任何一个发达国家，都把图书馆看成一项重要的事业。21 世纪中国的图书馆应有更大发展。

在中国图书馆学会成立 25 周年之际，谨以此文致贺。

彭斐章

——武汉大学信息管理学院资深教授、中国图书馆学会顾问

各位领导、各位同道，首先热烈祝贺中国图书馆学会成立 25 周年，也祝贺中国图书馆事业百年大庆。祝贺我国图书馆事业蒸蒸日上，也祝贺我国图书馆事业硕果累累，也祝贺我们国家的图书馆教育事业兴旺发达！祝贺中国图书馆学会 2004 年年会圆满成功！

我从事图书馆学教育与研究迄今整整 51 个春秋，51 年在历史的长河中只是一瞬，但是在我国图书馆学教育事业上却是一条漫长的历尽艰辛之路，然而只要勇敢地拼搏，实事求是地向社会展示自己，总会穿越险阻，得到社会的公认，昂首阔步向前的。

一、文华图专的基本情况

我们大家都知道，文华图专是武昌私立文华图书馆学专科学校的简称，人们都习惯称为“文华图专”，

这个名字在国内外享有较高的知名度。文华图专是由美籍学者韦棣华（Mary Elizabeth Wood，1861．8．12－1931．5．1）和沈祖荣（1884．9－1977．2）、胡庆生于1920年3月共同创办的文华大学文华图书科，这就是我国第一个图书馆学教育机构，它首开在我国通过学校教育系统培养图书馆学专门人才的先河，标志着我国高等图书馆学教育的正式兴起，从文华图专成立迄今已经走过84年的历程。

文华图书科的兴办是与韦棣华、沈祖荣的名字分不开的，他们为中国图书馆学教育立下了不朽的功勋。韦棣华和沈祖荣在创办文华图书科时，就计划要将文华图书科办成独立的图书馆学校，可是这一计划的实现也不是一帆风顺的。如1927年5月当时武汉政变，文华大学面临停办。在这困难关头，韦棣华和沈祖荣带领师生战胜了各种困难，经受了时代的考验，积极谋求使文华图书科成为独立的专门学校的立案活动。终于在1929年8月获国民党政府教育部批准立案，文华图书科正式更名为武昌私立文华图书馆学专科学校，成为中国第一所独立的高等图书馆专科学校。中华人民共和国成立后，1951年8月中央文化部正式接收私立武昌文华图书馆学专科学校，并委托中南行政委员会教育部代管，任命王自申为校长，甘莲笙、沈祖荣为副校长，学校校址在花园山下武昌崇福山街1号，正式定名为武昌文华图书馆学专科学校，参加了新中国首届全国高等学校统一招生考试。我就是参加第一届统考分配到武昌文华图书馆学专科学校的，也是改制后首届进入文华图专的学生，同时也是文华图专最后毕业的一届学生。1953年7月毕业留校任助教，而文华图专也于1953年9月1日按照全国院系调整的要求并入武汉大学，成立图书馆学专修科。从1920年3月文华图书科创办到1953年9月1日这期间，沈祖荣既是图书馆学教育事业创始人之一，又长期担任学校校长，领导广大师生从创办、独立成为专科学校，直到后来的发展，经历了一条曲折坎坷的道路，倾注了他全部的心血，战胜了无数艰难险阻，取得了辉煌成就，这才使得文华图专在我国图书馆学教育事业发展中起着中流砥柱的作用，而且享誉海内外。

二、新中国图书馆学教育的发展

任何事物的发展都是经过产生，然后从小到大，从弱到强，从不完善到完善的过程，图书馆学教育也毫不例外。自从1953年9月1日旧武昌文华图书馆学专科学校合并到武汉大学成立图书馆学专修科以后，还出现了如西南师范大学办了图书馆专修科，北京文化学校设立图书馆学专业，吉林师范大学设立图书馆学专修科等，但均于1960年以后停办了，真正坚持长期办学的仅仅武汉大学和北京大学两个图书馆学专修科。这两个专修科于1956年改制为四年制本科，这两个图书馆学系得到了发展，当然也遇到了不少挫折和困难，如1966年开始的“文化大革命”，使得图书馆学教育首当其冲地遭到破坏，全国仅有的两所图书馆学系停止招生，停止上课达6年之久，直到1972年才恢复招生。

10年动乱之后，图书馆学教育进入了新的发展阶段。

首先，专业办学点增多，1977年恢复高等学校统一招生考试以后，图书馆学、情报学办学点迅速增加。据统计全日制高等图书馆学本科、专科办学点有55个分布在20多个省市，同时调整了培养目标，以培养能在图书馆、信息服务机构和各类企事业单位从事信息服务及管理工作的应用型、复合型高级专门人才。

其次，提高办学层次，这是学科建设的关键。学科建设是图书馆学教育水平和教学质量的集中体现。1978年，中央做出了恢复研究生教育的决定，同年武汉大学图书馆学系和南京大学图书馆学系率先招收了首届目录学方向的硕士研究生，随后武大、北大、华东师大等相继招收了硕士研究生，1981年1月1日正式实施《中华人民共和国学位条例》。同时，武汉大学、北京大学图书馆学系首批获准成立图书馆学硕士学位授权点。武汉大学的情报学也于1984年获得了硕士学位授予权。但是，学位点的建设特别是博士学位点的建设是图书馆学情报学学科建设水平的重要标志之一。我自1985年底被国务院学位委员会聘为第二届学科评议组成员（当时属中国语言文学组），了解到学位委员中有人对图书馆学、情报学不够了解，认为这两个学科只要有了硕士学位授予权就可以了，用不着再设博士点。我想了很多办法，多次通过组织写报告，阐述设立博士点的必要性，当前已具备的条件，同时，还列举了美国、英国、法国、俄罗斯等国设立图书情报博士点的历史与现状，说明与国际接轨的必要性，争取他们的了解。由于当时全国硕士学位授权点不多，评委仅我一人，很难奏效。第 1－3 批博士点的审批已经过去，我深感通过学位授权点的建设，既可以培养出高水平的人才，又可以出高水平的学术成果，还可以为研究生提供前沿研究课题，博士生正是在科学前沿探索中和在参加科学研究活动中得到培养，增长才干，因此，学位授权点的建立与学科建设有着互动的效应。争取在图书馆学、情报学建立博士点是全国图书情报界的共同心愿。我在 1989 年再次以我个人名义在武汉大学的支持和帮助下，再次向国务院学位委员会递上报告，申述设置图书馆学、情报学博士点的必要性和可能性。同时，由武大情报专业严怡民教授通过中国科技情报研究所的同志将报告递送一份给当时的中国情报学会理事长、中国科学院学部委员武衡同志，很快得到武衡同志的肯定与支持，武衡同志提笔在报告上批了字，批语是这样的：

"东昌同志：武汉大学教授彭斐章同志向我反映，希望在该校设图书馆学情报学博士学位，我想在当前信息时代，图书馆情报工作越来越显得重要，如该校条件符合的话，则应予以支持，现将他们寄我的这份报告送你请予考虑。"武衡 1989．5．1。（何东昌是当时国务院学位委员会主任委员）经过了这一段的工作，在 1990 年 11 月第 4 批学位点评审时，专门设立了图书馆学情报学临时评议组，召开了会议，结果通过了 3 名博士导师（严怡民、周文骏、彭斐章），两个博士学位授权点，图书馆学（北大）和情报学（武大）。这说明某些学位委员对图书馆学、情报学不够了解，这是很正常的，不能责怪他们，主要是我们如何展示自己，让他们了解，让社会了解。问题的关键是打破僵局，争取在目录上列上去，以后就好办了。全国有武汉大学、北京大学于 2000 年经第八次国务院学位委员会批准获得"图书馆情报与档案管理"一级学科博士学位授予权。经过评审，除武汉大学，北京大学以外，中国科学院文献情报中心获准图书馆学博士学位授权点，南京大学获准图书馆学博士学位授权点，并与中科院情报学所被批准为情报学博士学位授权点，吉林工业大学获得情报学博士学位授权点，南开大学获得图书馆学博士学位授权点，空军政治学院获得图书馆学博士学位授权点。

多种类型，多种形式办学。例如武汉大学信息管理学院自 2002 年起进行网络教育试点，目前试点的专业有：信息管理与信息交流、电子与网络出版、电子商务、信息资源管理等 4 个专业。

在高层次人才培养方面还设置有硕士研究生课程进修班、武大信息管理学院经过批准在北京、湖北、广东、福建、甘肃、内蒙古、湖南、浙江等地以及国家图书馆等单位联合主办硕士研究生课程进修班。学员不脱产，学完应修课程，结业时可发"武汉大学研究生课程进修班"结业证书。通过学位课程和全国统一外语考试合格和学位论文答辩者，授予武汉大学管理学硕士学位。

这样，图书馆学教育已经形成了一个多层次、多类型、多形式的办学体系，改变了过去单一的教学模式。

三、几点体会

1、转变教育观念，培养高素质创新性的复合人才。因为现在进入了新世纪以后，社会发生了很大的变化，数字革命给图书馆学教育提出了许多全新的课题，必须要深化图书馆学教育的改革。改革必须以教育思想和教育观念的转变为先导，以社会对人才的需求，以质量为生命线，建立一个结构合理、高质量和高效益的图书馆学教育体系。现在硕士学位已由独立学位转变为过渡学位，学制也由过去的三年缩短为两年左右。我个人认为图书馆学应该发展应用型的专业硕士学位，因为我们图书馆学是一门应用性很强的学科，所以图书馆学的硕士学位应当紧密联系实际部门的现实需求，强调其实际实践取向，拓宽口径，增强它的适应能力。当前，我们学院主办的硕士学位课程进修班的学员，通过学位课程考试和全国统一英语考试合格者，他们写出的学位论文，理论与实践结合较好，选题多为现实迫切需要解决的问题，通过调查研究，取得可靠的数据，然后结合所学理论进行升华，我认为不少论文很有价值。这是一种很好的培养途径，有利于导师因材施教，避免千篇一律，能够显出特色。

2、图书馆学教育应当突出“创新”和“质量”两个主题。要教育学生树立一个全面的质量关，强调德智体全面发展。提高教学质量的核心是培养学生的创新能力。特别是博士生的培养，按照学位条例的要求，博士学位属于学术性学位。对图书馆学博士生教育的核心要求是创新，要将创新意识贯穿到博士生培养的每一个环节。

3、建设一支高水平的教师队伍，是提高图书馆学教育质量的根本保证。学生通过各种形式的教学活动获得系统的知识，培养创新意识，掌握工作方法，得到了科研基本功训练，养成了高尚的情操和优良的品质。教师的学术水平和素质直接关系和影响学生的培养质量。

我今年已经从事图书馆学教育51个年头，回顾51年的风雨历程，使我深深懂得作为人类灵魂工程师的教师是一项崇高的职业，深感责任重大，凝重的历史责任感激励着我勤奋学习、刻苦钻研，因为教育者先受教育，只有不断充实自己，才能指导好学生。导师为人师表，是研究生学术生涯的引路人，其治学态度，科研道德以及为人的品德都对学生产生潜移默化的影响。正如俄罗斯著名教育家乌申斯基所说：“教育者的人格是教育事业的一切”。我始终是以“立下园丁志，甘为后人梯”作为我的誓言，“红烛精神”“春蚕思想”作为我的追求，51年图书馆学教育与研究生涯就是按照这一精神去实践，当然，做得还有不够好的地方，但是虽不能至，心向往之。我认为严格是科学的生命，科学来不得半点虚伪，鼓励研究生勤奋学习，顽强拼搏，“宝剑锋从磨砺出，梅花香自苦寒来。”质量是研究的生命，我严格要求，但不刻意求严，鼓励学生入深水，擒蛟龙。我始终把研究生培养过程看成为教学相长的过程，不以导师自居，不强加于人，鼓励他们大胆发表意见，不以自己的学术观点作为评判学术水平的标准。我认为导师的“导”字的内涵是多方面的，首先引导研究生怎样做人，引导他们树立正确的人生观、价值观、道德观，要求他们成为有高尚情操和品德的人，引导他们树立远大理想，勇攀科学高峰，因为他们都是未来的学科带头人。

回顾过去是为了策励将来，看到未来是人生最大的幸福。教师的职业是平凡而伟大的，但我热爱图书馆事业，热爱图书馆学和目录学，更爱图书馆学教育事业，爱我所选，无怨无悔。我作为一名永远护花的园丁，寄厚望于我的研究生，希望他们青出于蓝而胜于蓝。事实告诉我，自己用心血和汗水培育出来一批又一批的学生，他们都很有出息，有的是北京市五一劳动奖章获得者，大多数都已是单位领导和业务骨干，有不少人遴选上了博士导师，当我听到他们取得成就的喜讯时，我是禁不住眉开眼笑，这一批正在茁壮成长的中青年图书馆学才俊，是我国图书馆事业、图书馆学研究、图书馆学教育事业的希望所在，有了他们，我对中国图书馆事业、图书馆学研究和图书馆学教育迈向跨越式发展的道路充满信心！

谢谢大家！

周文骏

—— 北京大学原图书馆学系教授、图书馆学情报学系主任、中国图书馆学会原常务理事、编辑出版工作委员会主任。

各位同行，女士们、先生们，我非常感谢中国图书馆学会给我提供机会，和大家一起回顾百年的图书馆学建设，探讨中国图书馆事业未来的发展。

我是1949年中华人民共和国开国大典的前夕入学北京大学图书馆学专修科。从那个时候起，我就开始学习图书馆学专业，同时经历新中国图书馆事业的发展，到现在已经50多年了。我虽然退休在家，还是继续学习图书馆学，继续关心咱们图书馆事业的建设。我生性愚钝，虽然学了一生图书馆学，但是没有什么成绩可言，所以今天跟大家汇报的也只是一些点点滴滴的体会，或者说感受。

在这么长的一段时间内，我脑子里面转得最多的问题，还是“什么是图书馆？”。我觉得这个问题是一个图书馆学的永恒的主题。图书馆在不断的发展变化，我们对图书馆的认识也应该是“与时俱进”。只有了解图书馆的不断变化，才能够正确理解图书馆。所以这个问题是非常重要的。当我们了解到图书馆事业的发展，可以增强我们的信心，可以从中吸取经验。那么，什么是图书馆呢？我认为，第一，图书馆是一种机制，是一种共享的机制，是一种文献和信息资源共享的机制。那么，从另外一个角度说，它也是分享的机制。甚至呢，是精神食粮再分配的一个机制。那么我们把它概括起来讲，这就是图书馆机制。我们说图书馆机制，指的就是文献和信息资源共享的机制。那么图书馆机制产生的最一般的条件就是文献的所有权和文献的使用权可以分离。文献的拥有者和文献的使用者，在事实上是不完全一致的。这种不完全一致，就使得共享具有了现实的意义。要是完全一致的话，那么共享的问题就没有了现实意义。同时由于这种不一致，它为文献的使用权开拓了一个广阔的天地。或者说它为使用权的普及创造了一个条件。那么这个图书馆机制，它的最原始的工作方式就是借阅。这是一个最开始的工作方式，同时也是最基本的最典型的方式。在借阅的基础上，不断的补充、不断的延伸、不断的改造、不断的创新，就形成了一个图书馆作业的总体。所以我们要是剖析借阅，就可以了解图书馆业务总体各个部分的关系。图书馆机制，它主要顺应了社会阅读的需要，满足了社会阅读的需要。所以他就可以取得社会对他的信任，社会对他的依赖。图书馆在取得了社会信任、社会依赖的条件下，就可以取得有序的发展。这个是我的一点体会，图书馆是一种机制。

第二，图书馆是一个平台，是一个技术平台，是一个信息技术的平台。这样的一个事实，是为历史发展所证明的。一定历史时期的图书馆，是那个历史时期的信息技术发展的综合的反应，或者说综合的运用。所以图书馆的技术和措施总是跟那个时期的最先进的信息技术相一致的。那么图书馆里头，从历史来考察，是从手工操作开始，然后机械化作业，然后自动化系统，从纸本到电子到网络，到现在所谓的数字化。是这样的一个历史的技术的系列。这个系列，我们就把它叫做图书馆技术，因为它具有图书馆工作的烙印，同时它具有图书馆工作的特征。我们说一般的技术，或者技术的总体，这里头信息技术是龙头技术。图书馆技术都是信息技术，可见它是具有龙头性质的技术。图书馆不仅仅是一个信息技术的装配车间。因为我们一般觉得图书馆只是将信息技术拿来，把它应用起来，这是对的，但是它不仅仅是这样。它应该成为一个开发、研究技术的平台。图书馆技术是图书馆事业的一部分，推动图书馆发展的内在的一种动力。强调图书馆技术，那么对于我们理解“什么是图书馆”是一个角度，这是第二点。

第三，图书馆是一个枢纽，是文献信息交流的一个枢纽。在这个枢纽里，它可以把四面八方的、不同空间的信息加以集中，或者加以反映。同时，它也贯穿着历史、现实和未来。所以当我们进入到图书馆的时候，实在是一个时间跟空间的地方，是一个枢纽。也是一种交流的枢纽。那么在图书馆里头，我们可以传承历史，把握现在，开拓未来，使三者融通起来。通过交流，互相融通。那么这种交流，我们就把它叫做图书馆交流。图书馆交流是交流里头的一个发展到非常美妙的一个境界。因为这个交流有特点：一个是富有的交流，越交流越富有；第二个，是一个不受时间、空间限制的交流。所以说从这两点看，这个交流具有特点，而且符合社会的需要。

第四，我领会图书馆，是一片土地。首先对于读者来说，是一片乐土。读者在图书馆里头，他享受到各方面的服务，譬如：阅读，研究、工作、休闲。那么，可以说，是读者的生活的另一个维度。他到了图书馆以后，他就变了，当然也是世俗的，他的世俗的程度就跟在社会上不一样了。所以应该说有素养的大部分的读者，到了图书馆应该说就是一片热土。那么对于馆员来说，图书馆是一片沃土跟热土。沃土就是说，他在图书馆里头得到了种种的熏陶，可以使他比较快的成长起来。在图书馆工作，我觉得最重要的就是可以充实自己。它也是一片热土，就是他挥洒汗水跟建功立业的这样的一片热土，他所服务的一片热土。那么他跟读者之间建立一种图书馆关系，也就是服务的一种关系。所以我们说，对于图书馆员来说它是沃土，也是热土。图书馆工作长了以后，就热土难舍，好像就是他的家乡一样。所以我说的，在图书馆里工作，从理想化的一种角度来说，应该是很幸福的。但是，它也是很艰难的。图书馆工作，这项职业，社会上是认同的，但是它的知名度，或者说在职业的排行榜上，我曾经还看到有一些社会调查还列了图书馆，但是最近好像，我所见有限吧，最近不列了。前十位根本就没有踪影，我们说不一定要到前十位，稍微前面一点，就是知名度啊，职业的知名度，或者说寻求职业的人的认同感，跟别的岗位比还是有点差距。第二呢，馆员的投入和回报，在理论上是一致的，可是在实际上，据我的观察，回报还是不够丰厚。倒不是说要特别丰厚，主要是要处于一种平衡。再一个，图书馆的作用显现，它是滞后于我们的工作，它要很长时间才能在社会上表现出来。所以图书馆员的劳动，到底给社会作了什么贡献，这个当中要有很长的一段时间。而且这种理想，几乎是不能量化的。所以，对馆员劳动的评价，不能量化的情况下，说不具体。再加上，馆员的队伍有些特点，它是找那五湖四海各种层次的工作人员，因为图书馆的工作体系很奇怪，各种各样的人都能容纳。来个院士也不见得委屈，高中或者中专毕业也能贡献自己的力量。我们现在的管理有一个毛病，经常强调学历管理，再一个就是强调数字管理。这个我觉得有点偏差。特别是人才管理，好像只要几个学历摆平了就行了，然后各种学历对应不同的优厚的报酬或者责任。我觉得有些过分强调了。再一个是过分强调数字了，它的考核考级全是数字。学校里面最明显，谁发表的文章多，就是作为管理上的一个标准。在这种情况下，由于图书馆工作和队伍的特点，要是过分强调，也就使得图书馆员比较为难，或者说比较艰难。图书馆工作里头，这片热土里，主要馆员是第一，当然读者也是第一。但是没有馆员的第一，读者的第一就没有意义，或者说就不容易达到。所以在这样一种艰难的情况下，我们只能提倡自力更生。同时，要提醒组织者、领导者、管理者各个层次的，我觉得要跟馆员在一起，站在一起，把我们这片土地维护好。自力更生最重要的一条，就是心灵的沉沥。真正认识到自己岗位的重要性，潜在的对社会的一种理想。同时还是要宣传自己。图书馆学和图书馆工作应该大量普及，让大家知道我们是干什么的。这样来提高我们自己的信心。

所以这是我要讲的第四点。那么我的这四点感受，归宿于四个问题，一个是机制，一个是技术，一个是交流，一个是伦理。这四个问题，它也可以说是图书馆事业建设当中的四个值得注意的问题。所谓机制，就是工作原理，那么不仅仅学理论的人要学习，图书馆工作者也应该清楚。第二个是技术，技术是推动图书馆事业的动力。第三个是交流，交流是一种功能。图书馆最基本的功能是交流，交流之后可以促进教育文化经济政治，一连串的连锁作用。第四个是伦理，伦理是保证图书馆事业跟社会的和谐的一种联系，使我们的工作人员在正确的轨道上跟社会保持协调、和谐的关系。这就是我对图书馆的看法。

上面说的四点体会，讲的都是关于图书馆的。一个是跟图书馆紧密联系的问题是图书馆学的问题。我的感受，图书馆学研究工作有些滞后于工作的发展。当然这是正常的。过去是这样，今后在很长的一段时间也是这样。这种滞后我的体会，主要是我们自己开拓的勇气还不够大，开放的视野还不够宽，也有因种种原因从事研究的力度也不够大。我觉得现在图书馆学滞后的原因主要就在这儿。实际上，图书馆学进步还是很大的。我们刚进来的时候图书馆学教材，要是现在的同学来看，就根本和看报纸一样，没有什么难懂的地方，也没有需要捉摸的地方。可现在的图书馆学著作和教材，就不是任何一个没有学过图书馆学的人能够看懂的了。有些领域积累的材料比较丰富，总结出来的经验比较丰富，理论上有一定的提高，有些技术方面问题也比较复杂一点，不是说看了就懂。也就是说图书馆学还是有长足的进步。但是由于刚才讲的原因，它还是存在滞后。那么，我想象中的图书馆，图书馆学，我想呢，第一把它定位成图书馆科学技术。图书馆学的研究，要是比较公立的来说，不要停留在一种经验，一种手续这方面，争取它成为一种科学，成为知识的一个体系，或者说争取建立起一些基本的概念，或者说一些函数，来一个概念体系，争取这种东西。那么，这也是对的，但是现在不仅仅是如此，应该是科学技术。科学技术的意思，并不是说把技术加到科学那去，两块拼起来。而图书馆工作原理很奇怪，它是一种科学技术结合以后的科学技术。它不光光是技术，也不光光是科学，是科学技术。提出这一点有好处，可以鼓励大家、或者说可以鞭策大家向着一个更广泛的、更深刻的道路上前进。这是不是有一点空想呢？我个人的体会，我看很是时候。有的时候，稍早一点提这类问题，对一门学科的发展是有好处的。这是第一点。

第二点呢，就是图书馆学应该在新的一些理念、观点、技术、组织方法、管理体制跟管理机制，在这样一个新的基础上，可以架构跟过去不相同的知识体系或者说学科体系。我觉得这个也是正是其时。因为我们积累的时间也比较长了，特别是改革开放多少年来，图书馆学曾经在哲学上总想找一个依托。所以，这方面的探索还是很多的。我们从矛盾论的，作为一种观点、一种方法开始，一直到后来的许多西方的哲学家的一些观点，叫第三世界，等等，不断引进。我们在早一点还引进巴特勒的和谢拉的等等，像这样一些东西。引进了很多。再早一点，引进的包括阮冈纳赞等等。它的目的，在我看，就是想把图书馆学的理论建立在一个有效的、恰当的哲学观点之上。这方面我们已经有了很多经验。虽然有些时候，研究研究就丢那了，但总还有一些成果。在技术方法上，我就不再多说了。特别是计算机引进以后，从单项的系统到集成的系统，包括这些系统的汉化，跟中国实际情况的相结合，再一次的开发，包括网络，我们图书馆是尽量利用了信息工程的基础结构等等，一直到现在的数字化。我刚才前面讲了已经有图书馆技术这样一个命题也可以提出来，也可以做出很大成绩。我们在管理上，从前从很传统的管理，一直到机械化自动化以后，影响了管理组织重构的问题。曾经引入了多少管理的理念和机制。经验也很丰富。80 年代初就有人说要成立读者学，虽然说不很成熟。我觉得现在是不是能有人可以把这些东西加以综合，梳理一下，提到一个学科建设的高度。那么，可以把这个体系理出来。特别是在这个新的环境下，现在信息技术非常发达，包括我们政治上体制上的改革，实际上都影响我们图书馆的作业，也影响图书馆学。所以，现在有条件来组织这个，把它变成一个学科群。这个体系体现出来，应该是一个学科群。学科群的架构，可以指引研究工作者更加广泛地、深刻地在某个方向上、领域里更加努力的探讨、探索。这个就是现在图书馆学学科建设、学科发展的第二点。第三点，我还是要强调，图书馆科学技术的普及。在各个层次上的普及与提高，数字化层次上的普及与提高；电脑系统，就是计算机化管理层次上的普及与提高；我们还遗留的一些手工操作，手工操作基础上的普及与提高。特别要加强图书馆学理论与方法的应用研究，在其他学科上的应用研究。其他学科的应用研究应该有其他学科人进行。但是图书馆学要能做有效的普及工作，唤醒各个学科来应用图书馆科学技术进行工作，是图书馆学成为具有方法科学的一种性质。这样我们的图书馆学就发展了，创出了一片更大的天地，我觉得都有用武之地。我是一个经常跑医院的人，我一看医院的病历管理，病人的档案管理，那太差劲了。用我们图书馆学的方法，不论是老病历新病历，是哪一个科的，那手工和计算机都能解决。只要他们运用我们组织和分析资料的方法，它完全可以解决。仓库管理，你到哪里去，到一个机构机关里面去，办公室的工作等等，都需要。因为图书馆学是管理图书馆的理论和方法，同时它也是日常事务的最一般的管理方法，也是科学研究的最一般的科学研究方法。我说要是普及图书馆学，我们强调了许多方面，我想对图书馆学科的建设步子就快了。所有这些都回到前面来，需要我们的勇气、眼光，多投入一点，还有需要我们对图书馆学的科学研究的评价应该有一个多角度的、多元的体系。不要跟有些高校学，或者有些东西学，非得要写文章。当然这个很重要，但是要是把评价体系（定位得）更符合实际一点，也可以增强我们的信心，也可以使社会了解我们馆员的工作是怎么样的，图书馆的工作的真正价值和评价要点应该是什么。这样也是有利于我们学科的普及。所以关于图书馆学方面，我就提这三点“愿景”，就是愿望和前景。

今天就汇报到这。我一开始就说，是一些体会和感受，不是科学讨论，更不是科学结论，是跟大家的沟通，而且是一种很和谐的、随便的、自由的沟通。最后呢，我祝愿祖国的图书馆事业跟图书馆学繁荣昌盛，学会的工作蒸蒸日上，大会圆满成功，各位身体健康！

（采访：汤更生、尹岚宁；整理：卓连营、胡亚军）

图书馆预防“非典”情况调查报告

尹岚宁
（中国图书馆学会秘书处）

一、意义和目的

1、调查的意义

2003年春天，一场突如其来的SRAS病毒袭击了我国部分地区。在这场“没有硝烟的战争”突然爆发时，图书馆——这一人群流动性较大的公共场所，是如何应对的？如公共图书馆作为非可控流动人群的聚集地，大学图书馆是学生们集中学习的地方，上至国家图书馆，下至各地各级图书馆，都采取了什么方法来保护读者、保护图书馆工作人员和文献信息资源的安全？图书馆有无传播SRAS病毒的案例？图书馆应对的方式——如坚持开馆、部分闭馆和暂停接待读者到馆服务（实行全闭）的决策依据是什么？各种预防形式的效果如何？有什么经验和教训可以为图书馆今后对付类似或其它的突发事件提供借鉴等等问题，都不得不引起图书馆业内人士进行专业性的思考和总结。虽然SRAS暂时已经过去，但对图书馆整个行业而言，通过对图书馆预防“非典”的情况调查，对今后加强图书馆管理的科学性和应对机制的规范性，无疑有着特殊的重要意义。

2、调查的目的

（1）了解“非典”期间各地图书馆采取预防措施的基本情况；

（2）分析和研究图书馆在突发事件中的对策和管理机制；

（3）为政府进一步制定应付突发事件政策时提供科学决策依据；

（4）为中国图书馆行业应对突发事件制定行业规范提供参考。

为此，中国图书馆学会多次召集有关专家学者进行了讨论，认为非常有必要对全国图书馆尤其是“非典”疫区的图书馆进行一次调查。在本次调查中，由北京大学和信息学院的专家们拟出了调查提纲，中国图书馆学会设计“图书馆预防‘非典’情况调查表”，开展了“图书馆预防‘非典’情况调查”。

二、调查方法

1、调查范围：为了能较全面地了解全国图书馆预防“非典”的基本情况，本项调查的范围涵盖了全国31个省、自治区、直辖市（包括台湾、香港），选择了各省、市级部分公共图书馆和大学图书馆。其中，被世界卫生组织提出旅行警告和划为疫区的北京市、天津市、广东省、山西省、河北省、内蒙古自治区、香港特别行政区、台湾地区作为调查的重点。

2、调查方式：

（1）调查问卷：由中国图书馆学会设计了12组问题的调查表，向全国31个省、市公共图书馆和大学图书馆（其中包括受到SARS袭击的重灾区香港的公共图书馆和大学图书馆）共发出调查表170份，总回收调查表105份，其中香港回表2份。

统计结果如下：

	发表（170 份）		回表（105 份）	
公共图书馆	90	53%	62	59%
大学图书馆	80	47%	43	41%

（2）网络信息：本次调查从网上收集了部分省、市文化厅、局和图书馆在 SRAS 期间对外发布的公告和信息，如对台湾图书馆的情况了解就是通过网上信息而获得资料。

（3）工作总结：为了解各馆在 SARS 期间的读者服务新举措，我们在调查表最后附上“请提供关于‘非典’时期的工作总结”的要求，实际收到各省、市和高校图书馆的工作总结共 38 份，为本次调查提供了丰富的参考依据和事实资料。

三、调查项目构成：

本项调查本着了解和掌握各图书馆在预防 SRAS 期间的管理方式、决策依据、应对态度、预防措施、读者反应、经费来源、馆舍建筑等方面的情况，调查问卷的设计主要分为 12 个部分内容：

1、在 SARS 期间，采取哪种总体管理方式和对应措施，即开馆和闭馆情况；

2、各馆坚持开馆或闭馆的决策依据是什么；

3、坚持开馆的图书馆，到馆读者的情况；

4、各馆采取了哪些预防、应急措施，效果如何；

5、实行闭馆的图书馆，闭馆的时间；

6、在 SARS 期间图书外借的情况；

7、各馆有无人员在图书馆内被感染 SARS；

8、预防“非典”过程中，各馆在馆舍建筑方面的情况；

9、读者对“非典”期间图书馆闭馆的反映和需求；

10、各馆为防控 SARS 的经费来源；

11、预防“非典”期间，各馆在读者服务方面采取的新措施；

12、“非典”过后，各馆在预防疾病和应急等方面有那些制度化了的新举措。

调查问卷中的 1－10 项，为选择回答方式，均列出多项选择答案；11－12 题为简答题，同时要求各馆提供关于“非典”的工作总结。

四、调查结果：

1、各馆在“非典”期间实行的总体管理方式

此项调查是针对“非典”期间各馆采取的总体应急对策而设计的。根据公共图书馆和大学图书馆各自的特点，即公共图书馆面对的是广泛的社会流动人员，而大学图书馆面对的主要是校内师生，可控的因素有所不同，从读者管理上是有区别的，因此对公共图书馆和大学图书馆分别作了统计。

	坚持开馆		部分闭馆		全部闭馆		总　数
公共图书馆	23	37%	13	21%	26	42%	62
大学图书馆	36	84%	6	14%	1	2%	43
合计	59	56%	19	18%	27	26%	105

根据对105个图书馆的调查结果显示，公共图书馆坚持开馆的占37%，部分闭馆的占21%，全部闭馆的占了42%。大学图书馆坚持开馆的占了84%，部分闭馆的占14%，全部闭馆的仅1个（即当时的重灾区——北京北方交通大学），占2%。通过公共图书馆和高校图书馆的对比，大学图书馆因实行严格出入校园制度，从而增强了人员流动的可控性，加之部分校园采取了封闭管理和部分停课，图书馆实际成为学生在非典期间主要的学习场所。

但从各种资料表明，又有以下几种情况：

（1）坚持开馆的公共图书馆和大学图书馆，大部分都程度不同的缩短了开馆时间和关闭部分阅览室（如关闭电子阅览室、视听室等），并且停止了日常进行的人群相对集中的培训、讲座等活动。

（2）暂停接待到馆读者的图书馆，虽然向外界通过公告、网络、媒体等途径告知读者闭馆，但不少馆员仍坚持在工作岗位上，或整理内务，或做数据，或进行内部人员培训，或通过网络、电话、信件等方式开展读者咨询，尽量满足读者的需求。

（3）为了进一步了解疫区和非疫区图书馆的预防管理方式，我们将世界卫生组织提出旅行警告和疫区的北京市、天津市、广东省、山西省、河北省、内蒙古自治区、香港特别行政区、台湾地区，与其它非疫区作了分别的统计。

	坚持开馆	部分闭馆	全部闭馆	总　计
疫区公共图书馆	33%	13%	52%	
疫区大学图书馆	85%	12%	3%	
合计	60%	12%	28%	100%

从回收的105份调查表统计，共有50个图书馆（24个公共图书馆和26个大学图书馆）是地处疫区的。

疫区坚持开馆的公共图书馆有8个，它们是广东省立中山图书馆、广州图书馆、深圳图书馆、东莞市图书馆、兴宁市图书馆、佛山市图书馆、南海图书馆、解放军三零九医院医务图书馆。其中7个都是地处广东省的图书馆。

	坚持开馆		部分闭馆		全部闭馆		总数（个）
非疫区公共图书馆	15	47%	12	37%	11	16%	38
非疫区大学图书馆	14	82%	3	18%	0	0	17
合计	29	53%	15	27%	11	10%	55

调查表明，疫区闭馆（包括部分闭馆）占了40%，非疫区闭馆（包括部分闭馆）占37%，相差不

多。但从全部闭馆的情况来看，疫区的图书馆占28%，非疫区的图书馆为10%，疫区明显比非疫区多出近两倍。

2、闭馆和重新开馆的时间选择和决策依据

此项调查是了解在“非典”期间，实行部分闭馆和暂停接待到馆读者的图书馆，它们决定闭馆和重新开馆的时间选择和决策依据。调查问卷设定了“上级通知”、“本馆决定”和“参照其它馆”三项选择答案。从105份回收问卷中，有46个图书馆属于此项，因此仅对46个馆作了统计分析。

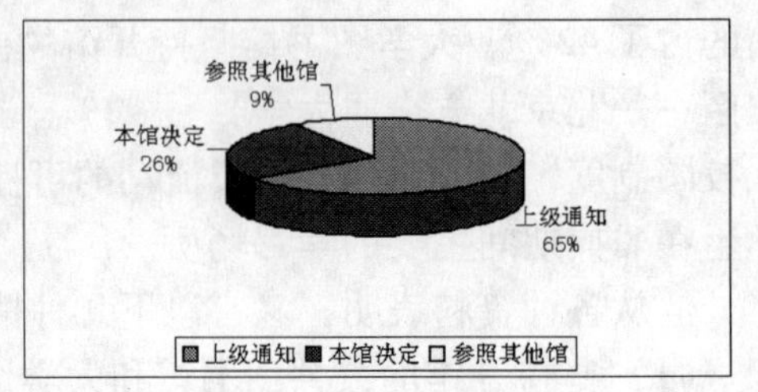

结果显示，这46个闭馆（包括部分闭馆）的图书馆有65%是通过“上级通知”而做出的决定；有26%的图书馆是本馆决定；9%的图书馆是参照其它馆而做出决定的。

从掌握的资料表明，最早实行暂停接待读者到馆服务的是山西省图书馆，从2003年4月19日起停止读者到馆借阅工作。因山西省图书馆地理位置处在“非典”疫情较严重的区域，又紧邻定点收治非典患者的山西医科大学附属医院，在当时严峻的形势下，由该馆决定闭馆，以避免交叉感染的机会（见《山西省图书馆抗击非典总结》）。

国家图书馆地处北京海淀区（“非典”重灾区），于4月22日，暂时关闭了7个通风条件不好、读者流量较大的阅览室；4月24日，由该馆决定暂停到馆读者服务。

从各馆的闭馆公告以及网络搜集的资料表明，文化部于2003年4月25日发布了通知，要求“各地文化馆（站）、图书馆、博物馆、群艺馆等公共文化娱乐场所，可以适当缩短场馆开放时间，严格控制人员流量。非典疫情较为严重的地区，可根据当地疫情自行决定部分或全部闭馆”（见文化部网站）。随即各省文化厅照此下发了相同的通知。

以北京市为例，作为疫情较重的北京市于4月25日发出通知：“经市文化局研究，决定自2003年4月25日至5月8日本市公共图书馆暂停接待到馆读者的服务工作。”（见《北京晚报》4月25日报道）6月5日，北京市文化局发出《关于做好公共图书馆、文化馆、剧场、影院重新开放和防控非典工作的意见的通知》，要求公共图书馆在恢复开放前，“要由所在地卫生防疫部门进行防疫检查合格后，向区、县文化委员会提出恢复开放申请，经严格检查批准后才能恢复开放”。

3、SARS期间坚持开馆的图书馆，到馆的读者人数与平时相比

此项调查主要是对SARS期间坚持开馆的图书馆作的统计。以平时各馆的读者流量为准，由此设定了与平时“相同”、“增加”和“减少”三个选项。从回收的105份调查表中，有59个图书馆在SARS期间坚持开放并接待读者。调查结果显示，到图书馆的读者流量比平时减少了56%。

选 项	数 量	百分比
相同	14	24%
增加	12	20%
减少	33	56%
合计	59	100%

为了进一步的分析，对疫区和非疫区的公共图书馆和大学图书馆又分别做了统计：

疫区：

相　　同	相同	增加	减少
公共图书馆	0	0	100%
大学图书馆	9%	36%	55%

非疫区

馆　　别	相同	增加	减少
公共图书馆	27%	0	73%
大学图书馆	29%	42%	29%

从以上调查显示，不论是疫区还是非疫区的公共图书馆，“非典”期间的到馆读者无一增加，尤其是疫区的公共图书馆，不可控因素和读者的心理状态使得读者流量呈百分之百的减少；大学馆因实行校园封闭管理，有42%的图书馆读者流量反而比平时增加。

4、“非典”期间，各馆采取的预防、应急措施及效果

（1）预防措施

调查表设计了“馆内消毒”、“图书消毒”、“发放口罩”、“测量体温”和“发放药品”五项预防“非典”的主要应急措施。

馆内消毒	图书消毒	发放口罩	测量体温	发放药品
100%	50%	84%	54%	63%

调查统计显示，百分之百的图书馆进行了馆内消毒，对图书消毒的图书馆仅占50%，发放口罩的图书馆达84%。有54%的图书馆实行了对员工和读者测量体温。测量体温的方式没有在调查表中细列，从其它资料中显示出了各馆的方式又有不同：有的图书馆以发放温度计给员工和读者（主要是高校学生）自己测温，有的馆在入馆进门处安装了红外线测温仪，凡进入图书馆的人员均须测量体温，超过正常范围者不得入馆。

除了设定的以上5项回答之外，在此项调查回答中还列了“其它”项。结果在“其它”项的回答中，有的馆还实行了报告制度、读者健康登记、控制读者座位密度、发放洗手液等多种预防办法，有少数馆还对馆员注射了“胸腺肽”（北京外国语大学图书馆、石家庄市图书馆）。

（2）预防效果

为了解各馆采取预防措施后的效果，调查表设计了“很好”、“较好”和“不太好”三项选择回答，统计结果为回答“很好”的占了53%；“较好”的占47%；回答“不太好”的为0，表明各馆采取的预防措施总体上是有效的。

5、实行部分闭馆和暂停接待到馆读者的图书馆闭馆的时间

1周	2周	3周	4周	5周	6周	7周	8周	9周	10周	11周	12周
1	2	2	5	6	4	8	6	5	5	1	1

通过对46个实行闭馆的图书馆的调查统计显示，闭馆时间1－4周的有10个馆，占22%；闭馆5周以上的有36个馆，占78%，多为北京、山西、内蒙、河北等疫区的公共图书馆。闭馆时间最长的是北京的北方交通大学图书馆，闭馆时间为12周。

6、“非典”期间，外借图书册数与平时相比的对比情况

此项调查是了解在“非典”期间各馆的外借图书流量与平时相比的情况。为此，在调查表中设计了比平时“相等”、“增加”、“减少”三个选项。由于不少实行闭馆的公共图书馆采取了延长借期的措施，或者是只还书，不借书，因此统计时不予计算，仅针对坚持开馆和部分闭馆的图书馆而作了统计。

与平时相等	18%
比平时增加	18%
比平时减少	64%

统计结果表明，图书外借量与平时“相等”的馆占18%；比平时图书外借量增加的馆占18%；比平时的图书外借量减少的馆占了64%。

大学图书馆的外借量一般是随读者流量增加而外借量增加，读者量减少而随之减少。但也有读者流量与借阅量不一致的情况。如香港中文大学图书馆坚持开馆，读者流量减少了43%，但图书外借量仅减少了6%；香港大学图书馆同样，读者流量减少了20%，但图书外借量仅减少了4.25%。

7、“非典”期间，各馆有无人员在图书馆内被传染上“非典”

在这次疾病突发的过程中，图书馆作为人群密集的公共场所，是否成为人员相互感染发病的传播场所？有无人员是在图书馆被传染上“非典”的？为此，本项问答设计了“有”和“无”两项选择。从收回的调查表显示，没有一个图书馆填写“有”，100%的回答了“无”。

从调查资料表明，个别图书馆虽然有馆员家属被感染上“非典”并有死亡记录的情况，但值得庆幸的是所有的图书馆均未发现一例感染者，无论是疫区还是非疫区，是公共图书馆还是大学图书馆，是闭馆的还是坚持开馆的图书馆。由此，可以从这个侧面证明，各馆采取的预防措施是很有效的。

8、“非典”期间，各馆的馆舍建筑方面

通风状况			建筑格局		
很好	较好	不太好	合理	基本合理	不合理
35%	55%	10%	15%	72%	11%

因“SARS”是通过空气传播，为了解图书馆的建筑是否符合空气流通、格局合理的要求，由此设计了“通风状况”和“建筑格局”两项调查内容。调查统计结果表明，馆舍建筑方面“较好”和“很好”的图书馆达到了88%左右，有10%左右的图书馆存在“不太好”和“不合理”的状况。

仅从调查反馈的情况来看，通风不好和建筑格局不合理的公共图书馆有石家庄市图书馆、广西北海市图书馆、山东淄博市图书馆等；大学图书馆有中国医学科学院图书馆、北京航空航天大学图书馆、北京理工大学图书馆、北京第二外国语学院图书馆、北京工业大学图书馆、中国科技大学图书馆等。

9、读者对“非典”期间图书馆闭馆的反映和需求

因为SARS的肆虐，使得如此大范围的、长时间的关闭图书馆，读者会有什么反应呢？此项调查，主要针对非典期间实行闭馆的图书馆，由此设定了六项选择，作为多项选择回答。统计数字显示，读者“表示理解”的占了88%的比例。

表示理解	要求坚持开馆	延长开馆时间	适当闭馆	控制座位密度	缩短开馆时间
88%	0	0	12%	14%	2%

10、各馆用于防控SARS的经费支出

因2003年的SARS来势猛烈，在面对这场突发事件时，各馆采取的各种对应措施都需要一定的经费开支，本次调查特设计了“政府增加拨款”、“使用专项经费”、“本馆自行解决”三项选择。统计结果除了设定的三项回答外，有9%的图书馆同时选择了“部分专款＋本馆解决”一项，故统计时一并列出：

政府增加拨款	使用专项经费	本馆自行解决	部分专款＋本馆解决
1%	7%	83%	9%

调查结果表明：

（1）获得政府的经费支持的仅广西桂林图书馆；

（2）使用专项经费的主要以大学图书馆为多数。如北京大学、天津南开大学、北京理工大学图书馆、国际关系学院图书馆、北京语言大学图书馆、北京第二外国语学院图书馆、上海外国语大学图书馆、大连医科大学图书馆等；公共图书馆使用专项经费的有上海图书馆、武汉图书馆、广州图书馆、东莞市图书馆和深圳图书馆等。

（3）由“本馆自行解决”经费的图书馆占了83%的比例。其中经费支出最高的是国家图书馆，购买消毒用品和设备等花费了近30万元（参见《国家图书馆“非典”防治工作情况报告》。

11、“非典”期间，各馆为读者服务方面采取的措施

为了更全面地掌握在抗击“非典”的过程中，各馆为读者服务所推出的新举措和形成制度化的应急对策等情况，本次调查（第11题和12题）未设定选择答案，主要通过网上收集的信息和各馆提供的“非典”时期的工作总结归纳而成。

在回收的105份调查表中，有71%的图书馆填写了第11题，并同时收到了近40个图书馆的工作总结。调查结果显示，“非典”期间，各馆主要采取的读者服务措施有以下几类：

（1）充分发挥图书馆提供文献信息服务的功能，以各种形式宣传预防“非典”的知识。建立防治

“非典”专题网页、印发防控“非典”的宣传材料、向政府和医疗单位、研究单位提供有关文献资料和咨询服务、通过电话、互联网解答读者提问等。

（2）体现人文关怀，延长外借图书的借期；

（3）增加数字图书和数据库等。

12、“非典”过后，贵馆在预防、应急等方面有哪些制度化了的新举措？

根据调查统计和工作总结资料表明，绝大多数采取了以下几项措施：

（1）制定应急预案（如国家图书馆和部分图书馆制定了较完善的应急预案）；

（2）公布专线电话；

（3）坚持消毒措施。

附：图书馆预防“非典”情况调查表

单位：________________________

1、“非典”期间，贵馆实行

坚持开馆 □ 部分闭馆 □ 暂停读者到馆（全闭）□

2、闭馆和重新开馆的时间选择和决策依据

上级通知 □ 本馆决定 □ 参照其他馆 □

3、坚持开馆的图书馆，SARS 期间到馆的读者人数比平时

相同□ 增加（____%）□ 减少（____%）□

4、“非典”期间，贵馆采取的预防、应急措施及效果

措施：馆内消毒□ 图书消毒□ 发放口罩□ 测量体温□

发放药品□ 其它：________________

效果：很好□ 较好□ 不太好□

5、实行闭馆的图书馆，闭馆时间（包括部分闭馆）

1 周□ 2 周□ 3 周□ 4 周□ 5 周□

6 周□ 7 周□ 8 周□ 9 周□ 10 周□

6、“非典”期间，外借图书册数比平时

相等□ 增加（____%）□ 减少（____%）□

7、“非典”期间，贵馆有无人员在图书馆内被传染上“非典”

有□（____个） 无□

8、“非典”期间，贵馆的馆舍建筑方面

通风状况：很好□ 较好□ 不太好□

建筑格局：合理□ 基本合理□ 不合理□

9、读者对“非典”期间图书馆闭馆的反映和需求

表示理解□ 要求坚持开馆□ 延长开馆时间□

适当闭馆□ 控制座位密度□ 缩短开馆时间□

其它：

10、贵馆用于防控 SARS 的经费支出是如何解决的？

政府增加拨款□ 使用专项经费□ 本馆自行解决□

其它：

11、“非典”期间，贵馆为读者服务方面采取了哪些新的措施？

12、“非典”过后，贵馆在预防、应急等方面有哪些制度化了的新举措？

“非典”危机影响下的图书馆服务

余训培 汪 恒
（北京大学信息管理系）

2003年春天，一场由冠状病毒引发的被称为SARS（Severe Acute Respiratory Syndrome）的突发疫情袭击了世界上30多个国家和地区。中国首当其冲，且受影响最大。面对突如其来的灾难，党中央、国务院发出了“众志成城，抗击非典”的号召，中国人民迅速展开了抗击SARS时疫的顽强斗争，谱写了可歌可泣的篇章。

针对号召，各地、各级、各类图书馆纷纷采取相应的措施来做好图书馆SARS的预防与控制工作。这些措施是前所未有或前所少有的，SARS危机影响下的图书馆服务极具特殊性。同时，在这场危机当中也折射和暴露出图书馆现行服务中的某些失误和问题。对历史的回忆、对措施的回顾以及对经验的总结都将有助于图书馆提高自己的服务质量，并且懂得作为公共服务设施的图书馆在面对紧急事件的时候该如何处理。诚如恩格斯所言：“一个伟大和智慧的民族，从灾难中一定会学到比平时多得多的东西，一定会懂得比平时多得多的道理，一定会掌握比平时多得多的科学。”这正是对SARS危机影响下的图书馆服务进行反思的目的。

1. SARS危机影响下的图书馆暂停接待与继续开放情况

众所周知，在开始于2002年下半年，并于2003年上半年进入高潮的“SARS危机”中，我国社会生活的正常秩序受到了严重的影响和冲击，而作为公共服务设施的图书馆受到的冲击更是不容小视的。一般地来说，除了少数具有封闭资料库性质的专门性图书馆和内部图书馆之外，无论是面向社会公众开放的公共图书馆，还是依托于校园的高校图书馆，都具有人员高度集中、空间相对狭小、人员流动频繁、难以进行真正有效地管理和控制等特点；因此，在各地区各有关部门关于防治“非典”的专项部署中，图书馆就成了首当其冲的重点管理与控制对象。

在这种情况下，以中国国家图书馆为代表的不少图书馆采取了暂时关闭、暂停接待来馆读者的措施。应当承认，这一措施与图书馆自身的特点以及“非典”危机的严峻形势是密不可分的，具有相当程度的客观性。同时，在很多地区，以图书馆为代表的公共活动与服务设施暂时关闭也是有关部门在防治“非典”的统一部署中明确规定的，如北京市、辽宁省等都曾经针对以图书馆为代表的公共活动与服务设施的暂时关闭发布了相关的指导性文件，那些决定暂时关闭的图书馆也正是按照了这些文件的部署做出了统一行动。此外，在“非典”肆虐期间，特别是在北京、广东等重点疫区以及危机的初期阶段，相当一部分民众已经在客观上形成了抗拒到公共场所活动的习惯乃至于心理，在这种情况下，许多图书馆的读者数量大幅度减少，这也从侧面为一部分图书馆采取暂停接待来馆读者服务提供了更加充足的依据。

在这些采取了暂时关闭、暂停接待来馆读者措施的图书馆中，我们特别应当予以注意的是两类图书馆。一类是一部分规模较小、条件有限的地方性图书馆，这类图书馆由于规模、人员、经费、硬件设施等客观条件的限制，在“非典”期间难以按照有关部门的部署和规定按质按量地完成内部管理特别是通风、消毒等必要的防治措施，因此，这类图书馆中的相当一部分都选择了在疫情严重的时期暂时关闭。另一类则以中国国家图书馆为代表，这类图书馆多为大型综合性公共图书馆，这类图书馆在规模、人员、经费、硬件方面本来都是有比较充分的回旋余地的，但是，由于其中的相当一部分读者流量过于庞大，因此同样出现了难以有效管理与有效控制的问题。所以，这一类图书馆中的一部分在有关单位的统一部署下采取了暂时关闭的措施，同样是情有可原的。

我们应当看到，在“非典”危机期间，大多数图书馆并没有关闭，而是在上级有关部门的部署和认可下坚持了开放。其中尤其突出的是高校图书馆。即便是在北京、广东等“非典”重灾区，在疫情最为严重的时期，绝大多数高校图书馆都坚持了开放。这其中的原因是不言自明的：“非典”时期，各高校大多采取了封校的措施，在校师生的活动范围受到了极大的限制；同时，相当一部分学校还实行了停课。在这种情况下，对于在校师生特别是广大青年学生来说，在相当程度上，图书馆不仅仅成为了校园内唯一的文化娱乐场所，也成了唯一正常运转的学习场所。此外，图书馆的开放与持续发挥作用，对于“非典”危机时期抚慰处于封闭状态下的青年学生的心理，缓解由于危机而产生的种种压力与不良情绪，以及作为信息交流与传递的中枢尽可能地为在校师生了解与接触外部世界的机会，都具有不可替代的重要意义。对于那些没有选择暂时关闭的公共图书馆来说，情况也是相似的。虽然高校之外的封闭式管理情况相对比较少见，但是“非典”危机期间各地居民的活动自由同样受到了非常明显的限制，图书馆作为文化娱乐场所、学习场所、心理抚慰机构与信息传递中心的职能相比平时来说不仅没有减弱，相反地还应该加强。所以，很多公共图书馆同样选择了坚持开放。还有一部分图书馆，特别是高校图书馆，在保证消毒与管理措施的同时甚至还延长了开放时间，以求充分满足危机时期读者对图书馆的迫切需求。

不过，对于这些坚持开放的图书馆而言，其中很大一部分仍然在客观形势面前选择了对开放时间进行调整。一般是缩短每天的开放时间或者在一周之中选择性进行开放，这也是集中消毒的要求。另有一部分图书馆则选择了根据不同阅览室的情况灵活地调整开放时间，缩减一部分控制管理难度较大的阅览室和活动区域的开放时间，甚至完全予以关闭。相应地，那些选择了暂停接待读者服务的图书馆，以中国国家图书馆为例，也并没有完全停止对社会公众的服务。以电子资源服务为代表的“非接触式”服务在这些图书馆闭馆期间得到了长足的发展。而且这些图书馆中的相当一部分还利用闭馆的时机进行了馆舍装修与改造、书刊的移库与整理、目录的编定与审查等许多方面在平时难以大规模展开的工作，为恢复开馆之后更上一层楼地为广大读者提供服务奠定了坚实的基础。

下面笔者将举例重点说明SARS危机影响下的图书馆暂停接待与继续开放的情况。在闭馆的图书馆中最具代表性的是中国国家图书馆。中国国家图书馆自2003年4月24日宣布关闭两星期，以防病毒扩散. 事实上，到6月9日北京市疫情基本稳定之后，在有关主管单位的统一部署下，中国国家图书馆才恢复开放。还有安阳市图书馆。为预防“非典”疫情发生，安阳市图书馆根据上级精神，于2004年4月23日闭馆。在闭馆期间，安阳市图书馆加强了内部管理工作：按照上级指示，做好“非典”防治各项工作；加快馆藏目录回溯建库工作；开始ILAS系统期刊回溯建库工作；加强馆员业务学习；做好新馆建设筹备工作；窗口服务部门进行内部整理，其他部门正常工作；做好专业技术人员定岗、定责及聘任工作。馆领导要求全馆员工在做好卫生防范工作的基础上，加强内部工作的优化组织，争取以更好的条件迎接读者。北京工业大学图书馆则选择在五一期间短期闭馆。闭馆结束后，期刊组的员工利用抗“非典”期间读者少，工作相对不忙的机会在其它组的协助下出色地完成了期刊库大倒架的任务。

再来看选择了继续开放的图书馆，北京师范大学图书馆在2004年“五一”期间，为配合在校学生积极进行抗击“非典”活动一改往日公休日闭馆的制度，决定主要阅览室照常开放。整个假期中，很多工作人员放弃了休息时间开馆为读者服务，尽力为学校师生提供活动场所和借阅条件。北京大学图书馆在“非典”时期照常接待了大量师生，“五一”以后每天进馆的读者超过1万人次，从4月21日到30日，平均每天外借图书达3000多册。五一期间，图书馆仅放假一天，其余时间都开馆，比往年五一开放的时间还多。中国政法大学图书馆更是指出：在非典疫情严重的日子里，按照北京市的有关规定，图书馆属人群密集的场所应停止开放。为此国家图书馆在4月22日前后就闭馆了。但是在这个特殊的时期该校图书馆有着特殊的使命，在封闭的校园里，同学的活动范围大大缩小，图书馆无疑成为同学们的精神家园甚至是寻求精神支柱的地方，所以越是在非常时期，学校图书馆的作用越是凸显，大门不但没有关闭反而面向同学们全面开放。清华大学图书馆在图书馆原有服务没有减少的情况下，图书馆流通部还向读者新开放了“人文社科阅览室”。该馆“非典”时期，流通部的工作量不但没有减少，而且比平时更忙。据统计，图书馆 4 月份的借、还书量分别比 3 月增加 1 万多册。

坚持开馆的并不仅仅只有高校图书馆。以上海图书馆为例，上图成为“抗非”时期上海屈指可数的没有关过一天大门、始终坚持服务公众的文化单位之一。在每天要为 3 万多平方米的场所进行消毒的情况下，上图一如既往热情周到地接待着日均 3000 人次以上的读者。广州图书馆每天缩短了三小时的开放时间。但仍然吸引了不少读者到馆参加活动。周一至周五（周三闭馆）平均每天接待到馆读者 4400 人次；周六日每天接待的读者达 6000 人次以上。5 月 31 日咨询日，根据上级有关部门对非典型肺炎防控工作的要求，广州图书馆没有在户外举办大型的广场式活动。馆内继续为读者提供品牌优惠服务，如免收过期还书刊碍滞金、办证免收工本费、复印资料八折收费、免费使用数据库资源等均受到读者欢迎。陕西省图书馆则提出了“图书馆内看书好休闲”的口号，2004 年 4 月 27 日上午，记者在省图书馆看到，馆内有一份关于“五一”期间照常开放的通知，各阅览室都正常开放，门上都贴有“已经消毒”的字样。前来看书的市民都显得非常平和。在这样安静惬意的地方感觉不到任何非典的气息，在一家广告公司上班的姚小姐说，她每天很关注非典的消息，但没有造成心理压力。非典没什么可怕的，怕也没用，只要自己注意个人卫生，做好必要的防御措施就够了。在这样的春光明媚的周末，来图书馆看书是一件很悠闲的事。

当然，坚持开放的图书馆中，很多都适时对具体开放时间与范围进行了调整，以适应“非典”疫情的严峻形势。湖南大学图书馆征得校办同意，电子阅览室采取分段开放制，每天上午和晚上开放，下午进行清洁卫生和机房消毒处理。南京市图书馆根据本馆工作情况，对开放时间进行了调整，即部分开放到晚上 21 点的阅览室开放时间缩短至下午 17：30 分。

2. SARS 危机影响下的图书馆停止常规活动与常规服务情况

在“非典”危机期间，对于坚持开馆接待读者的图书馆而言，一方面要根据疫情的形势和读者的具体需求，根据不同阅览室与服务、活动区域的不同特点对开放与服务时间进行及时而有效的调整，另一方面，危机形势也使得它们不得不停止了某些方面的常规活动与常规服务。

必须指出，坚持开馆的图书馆在一定程度上停止自身某些方面的常规活动与常规服务，也是按照有关部门部署与要求统一行动的结果。在“非典”形势严峻期间，卫生部和全国大多数地方、特别是“非典”疫区的防治主管部门都颁布了明确的规定，停止大规模的集体活动与集会。因此，对坚持开馆接待读者的图书馆来说，需要停止的首当其冲的就是那些规模较大、足以导致大规模人群聚集并可能导致疫病传播危险的群众性、集体性活动。事实上，在非典期间，在那些明文规定停止此类活动的地区，各图书馆完全按照部署，停止了在常规服务中占有相当重要地位的大规模讲座、座谈、宣讲、宣传、放映等活动。事实上，上文提到的，某些图书馆根据具体情况，对于人员过于集中的活动区域与阅览室进行有选择性的关闭，也属于停止常规活动与常规服务的情况。

群众性、集体性活动导致大规模人群聚集，有可能引发病毒传播危险。同时，各图书馆平时提供的以馆际互借为代表的某些开放性服务，由于足以提高人与人接触的频繁程度，同时难以进行有效的控制、管理与消毒处理，也成了相当一部分图书馆停止常规活动与常规服务的对象。有些图书馆更在这一基础上对读者身份做出了相对平时更加严格的限定，如某些平时对外开放的高校图书馆在“非典”期间完全禁止了外来人员进入。这其实也可以理解为服务范围的缩减。

图书馆停止了某些方面的常规活动与常规服务，当然会给读者乃至于图书馆本身带来相当的不便。在这种局面下，许多图书馆采取了积极的应对态度。一方面，对于服务范围的缩减，最大限度地提高现有服务的质量和水平，提高读者的满意度。另一方面，利用以网络技术为代表的种种新技术，最大限度地弥补由于某些方面的活动与服务停止造成的不便与损失。

下面笔者将举例重点说明 SARS 危机影响下的图书馆停止常规活动与常规服务的情况。在上海图书馆，4 月下旬以来，“抗非”形势日益严峻，上图关闭了部分通风条件较差的阅览室，停止了人群较为集中的讲座、视听、展览等活动，外借只还不借——对还来的书进行消毒，虽然关闭了部分场所，但上图员工一天也没闲着：全馆781名员工人人进行了岗位培训；部分设施正好进行维修；综合阅览室乘机将原先位于两处的借书借刊并在了一处；长年书满为患的龙吴路等书库，正好可以派人前去整理、调整。平时，网络要升级，难免影响读者。“抗非”时期成了网络升级的好时机。现在，上图网络的容量更大，速度更快。许多读者上机检索书目，一下子感觉到比“抗非”前方便了许多。南开大学图书馆在“非典”期间严格检查借阅证，谢绝非本校人员入馆。为防止交叉感染，该馆于4月22日起实行图书" 只借不还"，借出图书可以暂不归还，期间不计过期罚款。并暂停了馆际互借工作。兰州图书馆为避免“非典”的传播和蔓延，兰州市图书馆将在双休日关闭中小学生密集的自学阅览室，另外，图书馆能容纳300人的报告厅暂不开放，并从5月1日起闭馆3天，进行全面集中消毒。甘肃省图书馆已从4月24日起关闭读者自学室和中文图书阅览室。在武汉大学图书馆，因为“防非典”，该校停止了馆际互借，加强了门卫管理，导致一些用户不能进入该校，信息咨询部便采用e-mail方式接受和解答了一些信息咨询问题。例如：湖北大学图书馆办公室的张慧芳，需要为她们的馆长张卫华查找其论文的SCI摘引情况，但是不能进武大的校门；武汉某公司的“桩基技术”拟申报武汉市科技创新研究项目，需要做立项查新，开车来该校两次都被门卫拦阻。最终，这些信息需求都通过e-mail联系的方式解决了问题。

3. SARS危机影响下的图书馆简化手续、实施灵活借阅规则与制度调整

在SARS危机影响下，坚持开放的图书馆大多采取了对于已经进入馆内的读者简化服务手续的做法，其中最突出的就是取消了在进出特殊借阅场所时的“换牌”过程。我们必须注意，这种做法与危机期间严格管理、加强控制的基调并不是互相矛盾的。实行这一简化的前提是严格的门禁管理首先最大限度地减少了由于难以控制的人员流动而造成的病毒传播危险，以及馆舍内严格有效的消毒与防治措施最大限度地保证了馆内空间的相对安全。在这种情况下，图书馆对面向读者的服务进行有选择的简化，不仅仅有利于在特殊时期提高服务效率，提高读者的满意程度，更重要地是在这种非常时期有效减少人与人互相接触的环节与频率，进一步阻断病毒传播的途径。

如果说“非典”危机期间各图书馆采取简化手续、减少服务环节的做法在相当意义上可以看作各图书馆发挥主观能动性、积极提高服务质量、提高安全保险系数的行为；那么，各图书馆对借约规则的灵活调整在更大意义上就是客观形势压力面前的必然选择了。在“非典”疫情严重限制公众活动能力的情况下，几乎所有图书馆都明文宣布对借阅规则进行了调整，一般是宣布延长借阅期限并且暂时取消了超期罚款制度，部分图书馆更是完全停止了还书处的工作，实行了图书的“只借不还”。对坚持开放的图书馆而言是这样，对那些选择了暂时闭馆的图书馆就更是这样了。

应该承认，图书馆在这一特殊危机时期的上述特殊做法，无论是简化手续、减少中间环节还是对借阅规则进行灵活调整，都充分体现了各图书馆“以人为本，以服务读者为中心”的精神，体现了一种积极务实的态度。同时，这些做法也充分体现了服务意识与非典防范意识的结合，力求在确保完全的基础上最大限度地方便读者，服务读者。事实上，这种结合更加突出地体现在了各图书馆在非典期间的全方位制度调整上。

上述的简化手续、减少中间环节以及对借阅规则进行灵活调整，都可以看作是图书馆对制度进行调整的一部分，不过，这种制度调整的范围绝非仅限于此。相当一部分图书馆对制度进行的调整都是全方位的、系统性的。概括起来，除了上述的内容之外，主要还包括以下几个重要的方面：

第一，严格门禁制度，注意核实读者身份，加强证卡管理并结合采用IC卡等先进技术控制人员的出入和流动。

第二，加强内部工作人员的管理、检查与监控，定期进行内部体检。

第三，按照有关部门的部署落实申报制度。

第四，落实图书馆内部的登记、检查与值班制度。

第五，加强对内部空间的管理与调整，改善读者活动区域的通风条件。

第六，强化各个环节的消毒制度，这一内容下文将以专门的篇幅予以介绍。

总体上看，“非典”期间，坚持开放的各家图书馆简化手续、减少中间环节以及对借阅规则进行灵活调整，乃至于系统性制度建设的实例不胜枚举，笔者仅聊举一二。北京师范大学图书馆2004年5月时规定读者借出的图书可以延期到6月份以后归还，以避免所收书籍造成的交叉感染。北京大学图书馆为了方便读者不进图书馆就能借到图书，开展了电话预约、电子邮件和系统办理业务。南开大学图书馆取消阅览室换牌制度，凭本人借阅证入室阅览。南京市图书馆读者借书期限由过去的30天延长至60天。上海交通大学图书馆一律凭证件或刷卡出入，避免因外来人员的进出带来潜在的危险，保证本校师生的安全。内蒙古大学图书馆则指出：在非典期间，学校文体馆、计算机学院的机房及校园附近的网吧等公共场所先后相继关闭，校园也进行了全封闭管理。这样一来学生主要的学习地点除了教室就是图书馆，使图书馆防治非典的工作和接待读者的压力大大增加。面对这种情况，为保证校内读者的身体健康，图书馆党政领导根据校党委的部署，制定了一系列行之有效的措施，比如对40人以上阅览室的读者减半，以降低人员的密集程度；严格消毒制度，每天对各个阅览室进行严格的消毒工作；为在校外的读者提供电话还书，在防制非典的特殊时期，对有特殊要求的读者进行特殊服务，确保了读者的正常工作和学习，为读者提供了安全舒适的学习环境，圆满完成了防非典期间的各项工作。

4. SARS危机影响下的图书馆及图书馆书刊的清洁与消毒

众所周知，由于读者人数多、书刊流动量大，图书馆是一个人员相对密集、空气质量相对较差、“非典”交叉感染几率相对较大的公共服务场所。因此，“非典”期间，对图书馆及图书馆书刊进行清洁与消毒尤显必要。此点不仅成为各图书馆的共识，并且理所当然地得到了切实的贯彻。

4.1 图书馆清洁与消毒

“非典”期间，大多数图书馆都发布了针对本馆员工和读者的“非典”防治措施。这些措施不同程度地涉及到图书馆及图书馆书刊的清洁和消毒。这些措施中所体现的“非典”期间图书馆清洁与消毒的主要内容有：

（1）对馆内公共地方的清洁与消毒。这些地方包括借书处、阅览室、读者服务部、电子和多媒体阅览室、书库、卫生间、水房等。所涉及地方的房门把手、楼梯扶手、橱窗玻璃、桌椅、柜子、走廊地面等均在清扫和消毒之列。主要使用消毒液擦拭和消毒剂喷洒。

（2）对计算机及其辅助设备的清洁和消毒。包括主机、显示器、键盘、鼠标和电脑桌椅等。多人频繁使用使得被敲击的键盘和被移动的鼠标成为重点消毒对象。

（3）采取各种措施，保证阅览室、书库等读者集中区域通风换气和空气清新。如对部分阅览室的架位和座位进行调整。开启大门及窗户，改善空气质量。

图书馆清洁和消毒的频率是很高的。多数图书馆都在每天的上午和下午各进行一次消毒，部分图书馆制定了一天消毒三次的制度。很多图书馆提出了“不留死角，不放过每一个角落”的口号，数周内连续进行全馆的清洁大扫除。同时，为了保证清洁和消毒的效果和质量，各个图书馆采取了一定的措施。如厦门图书馆为了更全面地对图书馆进行消毒，将每天的开放时间由原来的8：30—20：00改为8：30—17：00。也有的图书馆采用分段开放制，轮流对不同的部门和地点进行清洁和消毒。

4.2 图书馆书刊的清洁与消毒

图书馆对外借图书的使用环境是否良好、借阅者身体是否健康等状况一无所知。假如不对或者不及时对外借图书进行清洁和消毒，则有可能对工作人员的健康造成危害，也不利于读者的健康。“非典”时期，后果将更为严重。事实上，“非典”以前多数图书馆对图书馆书刊的清洁与消毒的重要性和必要性缺乏足够的认识，而“非典”则彻底改变了这种认识。

（1）很多图书馆购置了相应的书刊带菌检测系统并定期严格地对书刊进行检测。

（2）增购紫外线杀菌灯管。多数图书馆在借阅处安装了紫外照射灯，每天对流通的图书进行消毒。

（3）一些图书馆在做好场馆通风和座椅消毒的前提下，对供阅览和外借的图书进行了过氧乙酸蒸薰消毒。如天津市图书馆就对所有供阅览和外借的约50万册图书都进行了消毒。

（4）对特殊来书进行特殊处理。如某图书馆规定，主要疫区来书经消毒后存放于库房，30天后再进行分编处理。

（5）验收来书时，工作人员必须穿工作服，戴口罩、手套。

当然，由于经验的不足，在图书馆书刊清洁与消毒的过程中也出现了一些问题。如不了解紫外灯产生的气体对人体视网膜、呼吸道的刺激作用而在开放时段或者有人状态下使用，出现消毒结束后先打开门窗通风后关闭开关的错误操作等。随着学习和经验的积累，图书馆对书刊的清洁和消毒操作也日趋规范，“非典”警报解除后，一些图书馆也坚持了一周一次对书刊消毒的惯例或制度。

4．3 图书馆及图书馆书刊清洁和消毒的制度化

“非典”期间，在图书馆及图书馆书刊的清洁和消毒过程中出现了很多让人感动的故事。在缺乏人手的情况下，一些瘦弱的女同志背起大大的药水桶喷洒药水；冒着被消毒剂过氧乙酸灼伤的危险喷洒药水而且也确实发生了几起事故……这些困难和危险并没有让馆员们退缩。特别是，一些图书馆的退休人员回到岗位上加入抗击“非典”、喷洒药水的行动中则尤其值得钦佩。

当然，还有一些问题是值得反思的。如图书馆及图书馆清洁和消毒的制度化。可以说，大部分图书馆原先并无一套针对清洁和消毒问题的制度，即使有，也并不完善，可能更倾向于清洁而缺少对消毒的关注。像“在图书馆必要地点放置肥皂清洁用品供进馆读者使用”这样的措施实际上早就应该在图书馆中普及了。而事实并非如此。与对这一问题的漠视形成鲜明对比的是图书馆日常清洁和消毒的重要性。这不仅是图书馆文明管理的一个重要组成部分，也体现了图书馆“读者至上”、“一切为读者服务”的工作精神。对图书馆的内部环境、书刊进行清洁和消毒，不应该只是面临着“非典”的威胁时作为防治“非典”的一项任务，而应该内化为图书馆工作中的一个日常的不可缺少的环节。

制度要体现“以人为本”的思想。实际上，一些事实完全可以成为体现这一些思想的典例。如某图书馆为了不让过氧乙酸的气味影响阅览者，图书馆采取了提前一小时闭馆，用过氧乙酸蒸薰消毒一整夜的消毒方法；也有的图书馆在清扫消毒时，在门外挂上“正在消毒中”的牌子，消毒完毕后挂上“此屋已消毒”的牌子。无不体现了关怀读者的精神。

5. SARS 危机影响下的图书馆网络服务和电子资源建设

SARS 是一种传染性很强的疫病。传播的特殊性一下子拉开了人与人之间的空间距离。网络成为公众沟通最有效也是最安全的方式，一时间，在线人数明显上升。除了聊天、游戏之外，网络阅读也是此间大众主要的休闲娱乐方式之一。当“非典”肆虐的时候，国内各站点有大量的 eBook 供读者免费下载阅读，据统计，“非典”期间，国内 eBook 下载量比平时增加了 3 倍。

源于大众对图书馆性质和宗旨的认知，图书馆和数字图书馆理所当然地成为了提供 eBook 的主力。当然，被提供的不仅仅是 eBook，还有电子报刊。后者由图书馆这一机构提供的在社会总提供中所占的比例是很高的。如果说，出于路径依赖而产生了变革中的刚性，“非典”之前的图书馆电子资源建设和网络服务在力度上不能和传统资源建设相提并论的话（至少大多数图书馆是这样的），SARS 危机则彻底改变了这种布局和结构，电子资源建设和网络服务成为了图书馆建设和服务的中心。就那些在“非典”期间仍然坚持服务的图书馆而言是如此，对于那些在物理上处于关闭状态的图书馆而言就更是如此了。而且，由于在电子资源和网络基础设施和人员培训上的既投入，“非典”过后大幅度削减投入的可能性也不是很大，也就是说，用户需求的变化和发展推动了图书馆的网络服务和电子资源建设。“非典”期间，图书馆网络服务和电子资源建设的发展主要表现在以下几个方面。

5．1 电子资源建设和提供

建设并提供电子资源是现代图书馆的一个重要任务。SARS 危机影响了大众的信息需求和信息获取方

式，并进而推动了各个图书馆的此项建设。

电子资源建设有两条途径：自建和购置。自建电子资源的主要方式是，对网络信息资源进行收集、挖掘、整序并提供检索，或者是传统馆藏的数字化。自建有一定的资源条件约束，并且还需要一定的建设周期。在突如其来的 SARS 面前，对一般图书馆而言，购置成了比较理性的选择。北大方正的 Apabi 产品以及数字图书馆整体解决方案成了很多图书馆购置电子资源的首选。大中小图书馆纷纷加入到电子资源购买者的行列，并且联系原有的资源提供商，拓宽资源使用权限的范围。通过一系列的努力，解放军医学图书馆向所有医护人员提供了一个包括 20 多个数据库、3 万多册医学类电子图书和近万种医学期刊全文的数字图书馆，受到了读者的欢迎。

自建的电子资源同样受到读者的欢迎。如上海图书馆在其网站上开辟了“报纸导读”这一栏目，收集了全国 32 个省市的 300 余种中文报纸的全文，为广大读者提供了一条方便快捷的阅读报纸的途径。其中的 28 种上海报纸尤显地方特色。

各图书馆在这方面的努力收到了显著效果。在图书馆各项服务的服务率都呈下降趋势的时候，唯独电子资源的使用率急速增长。据统计，北京大学图书馆 4 月份电子书借阅率比 3 月份提高了 53%，5 月份的借阅率比 4 月提高 56%；“非典”期间，济南市图书的数字图书馆系统访问人数由原来的 30－40 人次/天增加到 70－80 人次/天；每天去上海图书馆网站进行网上阅读的人数更是高达 4000 人。国家图书馆电子信息服务组 4 天内为某课题提供了打印资料 17147 页、期刊论文全文 5268 篇、学位论文 51 篇和会议论文 56 篇。电子资源的使用效率得到了提高，读者需求得到了满足。

一系列的数据增长，一方面，是 SARS 引起的大众的生活方式的变化所带来的，另一方面，也是各个图书馆面对特殊情况采取积极的应对策略、适时改变服务模式的结果。

5．2 网络咨询和服务

图书馆网上信息参考咨询服务也得到了切实的加强。Email 和 BBS 等交流方式都被很频繁地使用着。而且，回复力度都明显地加大。这为那些只想在图书馆尽快地完成计划的查询任务的读者提供了方便。

实际上，不论是 Email 还是 BBS，都不是实时的咨询方式，但是，由于“非典”期间各图书馆信息咨询部门力量及服务意识的加强，工作人员密切注意网上的读者提问，使得其成为了实时的应答系统。一些图书馆推出的实时的在线咨询则能够更为专业地为读者提供服务。

由于并非是一种面对面的交流，且并无监督机制，如何提供及时、准确、到位的服务则更依赖于各个图书馆的制度安排及其工作人员的自觉性了。当然，在特殊的时刻，这种自觉性是不容怀疑的。上海图书馆的解答读者咨询的时间从过去的 48 个小时缩短为 8 个小时，并且被严格执行。

高校图书馆承担着许多不同于公共图书馆的任务，这些图书馆通过网络为学校的教学和科研提供高质量的咨询服务。这些服务包括：文献检索、课题查新和论文咨询。同时，还需要为毕业学生完成毕业论文提供方便。清华大学图书馆在“非典”期间提供的网络服务曾受到有关部门的好评。

读者的强烈需求以及图书馆对此积极回应的一个结果是，网络升级。“非典”期间，图书馆网站的读者点击率和使用率的提高要求图书馆有更大的网络容量和更快的网络速度。“非典”以前，许多图书馆的网络升级被一拖再拖，“非典”期间大多很好地得到了解决。一些读者在上机检索书目的时候反映，速度确实比以前快多了。

5．3“非典”期间的图书馆网站建设

图书馆尤其是公共图书馆担负着收集、整理和使用信息的社会职能，是社会成员获取信息的主要渠道之一。“非典”期间，公众的信息需求有很大一部分集中在对“非典”防治信息的获取上。针对这一情况，多数图书馆做出了积极的回应，主要体现在图书馆网站建设上。

首先是，建立配合防治 SARS 的页面。如国家图书馆、首都图书馆、上海图书馆、天津图书馆、重庆图书馆、河北图书馆、山西图书馆、中山图书馆等公共图书馆在网站上都设有专门的页面。介绍 SARS 动态及研究动态、SARS 医学知识及相关药品试剂或处方、医学专家及机构、防治 SARS 的政策法规、历史上国内外重大疫情等内容。提供文字、图片、音频和视频资料。

其中具有代表性的是国家图书馆全国文化信息资源共享工程建立的非典知识数字资源库。这一资源库以“抗击非典，珍爱健康”为主旨，真实地记录了全国上下共抗非典的每一环节，通过文字、视频等多种形式介绍 SARS 最新研究成果、防治非典政策法规等内容，宣传非典预防知识，为提高群众自我保护能力提供了极大的信息支持。

其次，链接防治 SARS 的页面。如国家图书馆、上海图书馆、天津图书馆、河北图书馆、山西图书馆、河南图书馆等。链接的主要内容有：中科院上海生命科学信息中心防治 SARS 页面、国家卫生部和地方卫生部门网站和网页、公共信息网上相关网页。

其中，中科院上海生命科学信息中心编制的《生命科学研究快报（防治非典专刊）》是非典时期被各个图书馆链接得最多的。

还需要指出的是，大多数拥有网站的图书馆都在网站上提供防治非典电子图书。如国家图书馆、上海图书馆、天津图书馆、浙江图书馆等。这些图书馆通过购买北大方正的 Apabi 电子图书如《传染性非典型肺炎防治手册》、《傅医生谈非典型肺炎防治》、《少年儿童非典预防手册》等为读者提供在线阅读和下载服务。

5. 4 小结

诚然，SARS 危机一下子激化了图书馆中原先就已经存在的但并不突出的矛盾，特别是电子资源建设的不足和网络服务的滞后。而这种面对着危机的临时抱佛脚似的建设本身也存在着一定的问题，如资源建设的系统性和可持续性的不足。但是，正所谓迟到的总比不到的好，问题的暴露也为许多图书馆提供了一个改正和发展的机会。同样重要的是，在 SARS 危机中的应急式的锻炼和 SARS 后的反思将为图书馆留下宝贵的经验财富。这种财富对图书馆“不断生长着的有机体”状态的实现至关重要。

SARS 危机还为图书馆的进一步发展提供了契机。至少是，在 SARS 危机的影响下，很多读者“被迫”熟悉和是适应了图书馆的网络阅读，也逐渐接受了图书馆的网络服务方式。另外，“把图书馆搬回家”的 Soho（在家办公）式的图书馆利用也使得图书馆与读者的亲和力得到加强，在了解和理解图书馆的基础上，被诸多“现代”生活方式所包围的公众也逐渐或者将会逐渐地回到图书馆读者的行列。

6. 若干启示

在 SARS 危机状态下，各图书馆积极采取相应政策、灵活调整图书馆原有的服务，并且主动承担部分社会责任，体现了图书馆这一社会公共文化设施的价值；广大图书馆工作者恪职尽责，奋战在抗击“非典”前线，可歌可泣。但是，从进一步提高图书馆服务质量的角度，还是有必要问这样一些问题：诸图书馆在面对危机的时候是否做到了用最快的速度作出相应的答复？这样一些措施是否是成本较低而效果较好的？以后再发生类似的危机，应该如何处理？回顾 SARS 危机影响下的图书馆和图书馆服务，确实可以得到很多有价值的启示。

首先是，在面对危机的时候必须建立以负责人为核心的危机处理小组。其作用在于，能够确保统一指挥，并且方便建立快速决策与研究系统，敦促相关规定的出台。从危机中可以看出，那些较早成立以馆长或者党委书记为负责人的危机处理小组的图书馆也是较早提出应对方案和计划的图书馆，其对稳定人心和保证工作正常开展的作用是显而易见的。

其次，保证信息及时有效地传递。在突发事件引起的危机时期，人们对信息的需求比平常更为迫切，而如果主流渠道信息不畅，将会导致小道消息四起，不利于危机的群治。从图书馆于图书馆网站上建立信息的实时发布与反馈系统的前后来看，信息的沟通确实有助于克服读者和工作人员紧张、慌乱和无序的心理状态。信息能否及时有效地到达受众处决定了事态控制的速度和程度。

第三，应急措施不能“一刀切”。各地图书馆面临不同的局势，各类图书馆面对不同的读者群，其在危机状态下提供的图书馆服务也并不相同。而且，实际上也在各自的岗位上发挥了各自的作用。公共图书馆、高校图书馆、医学图书馆、少儿图书馆、军队图书馆或开放或关闭，或普及或科研，各尽其责。

第四，SARS危机首先是一场公共卫生危机，而图书馆却恰恰在公共卫生方面普遍缺乏日常的、持久的、普及的关注和努力，这一点是亟待改进的。人员、书刊的频繁流动决定了与卫生相关的投入在图书馆是必不可少的。与此相关的是对读者的健康宣传和教育。当然，“健康”的图书馆是馆方和读者双方努力的结果，经过“非典”的考验，公共卫生会成为图书馆服务的重要组成部分。

第五，图书馆在危机状态下正常提供服务，或者是，图书馆提升自己的服务质量，都有赖于图书馆良好的常态管理和制度。对危机的处理过程不仅反映出图书馆应对紧急事件的能力，同样也反映出了图书馆日常管理的水平和制度的完善与否。而强化制度管理，则能够使图书馆从容面对那些曾经发生过的、并有可能再度发生的危机，也能够使图书馆在那些从未发生过的危机前做到临危不乱，如突然而至的SARS。

SARS危机对图书馆服务产生了很大的影响，并且，这种影响并未随着SARS的逝去而消散。国人普遍用一种“坏事变成好事”的思维去评价这场危机所带来的影响，图书馆也不例外，但如果不能够对危机的发生、处理和影响等问题做出及时的总结，却是有可能蹈入“好了伤疤忘了疼”的事实中的。

中国现代图书馆事业百年纪念专题

20世纪中国图书馆事业回顾与展望①

程焕文

（中山大学资讯管理系）

在五千年的中华文明史和三千多年的中国图书馆历史长河中，20世纪的中国图书馆事业不过是一段十分短暂的历史，但是，它却是一段最为错综复杂、最为坎坷曲折、最为起伏跌荡、最为精彩纷呈的历史。在这百年历史中，始终贯穿着社会结构的动荡与变革、充满着图书馆事业的兴衰与荣辱、交织着中外图书馆学术的碰撞与融合、洋溢着中国图书馆人的精神与梦想。

1. 两个时代

在过去的一百年中，中国图书馆事业经历了两个时代：近代图书馆时代（清末～1949年）和现代图书馆时代（1949年～今天）。在这两个时代中，大约每隔10年左右的时间，我国的图书馆事业就会呈现出一种发展状态，也就是说，我们可以把中国图书馆事业的百年历史大致划分为以下8个发展时期：

（1）公共图书馆运动时期（1900～1911年）

（2）新图书馆运动时期（1912～1925年）

（3）近代图书馆兴盛时期（1925～1937年）

（4）近代图书馆衰落时期（1937～1948年）

（5）现代图书馆兴起时期（1949～1965年）

（6）现代图书馆停滞时期（1966～1976年）

---

① 本文由黑龙江省图书馆肖红凌女士根据程焕文于2004年7月24日上午在苏州人民大会堂举行的“中国图书馆学2004年年会”开幕式上所作的大会主旨报告发言提纲和录音整理而成，并连载发表于《图书馆建设》2004年第6期和2005年第1期。

(7) 现代图书馆复兴时期(1977~1991年)

(8) 现代图书馆黄金时期(1992~今天)

在20世纪中国图书馆事业这一百年间的8个历史时期中，中国图书馆事业发生了三重变革：①

1.1 第一重变革：图书馆所有制的变革

第一重变革实质上包含两次变革：

第一次变革是从封建图书馆事业向半封建半殖民地图书馆事业的变革，这是清末到民国初期所发生的一次大的所有制的转变；

第二次变革是从半封建半殖民地图书馆事业向社会主义图书馆事业的变革，这是在1949年新中国成立以后所发生的变革。

1.2 第二重变革：图书馆技术方法的变革

第二重变革也经历了两次变革：

第一次变革是从传统手工操作技术方法向现代手工操作技术方法的变革，这次变革经历的时间非常长，从清末一直到20世纪70年代；

第二次变革是从现代手工操作技术方法向自动化操作技术方法的变革，这次变革是20世纪70年代以后才开始逐渐发生的。

1.3 第三重变革：图书馆性质的变革

第三重变革即图书馆从私有、封闭、专用向公共、公开、共享的变革。这一变革贯穿于整个20世纪中国图书馆事业的发展过程。实质上，这种变革从近代兴办图书馆开始，一直到今天仍然没有彻底完成。

2. 三次高潮

在整个20世纪的发展过程中，图书馆事业的建设出现过3次高潮：新图书馆建设的高潮、新中国图书馆建设的高潮、信息资源共享的高潮。

2.1 第一次高潮：新图书馆建设的高潮

新图书馆建设高潮的标志是1925年中华图书馆协会的成立。这次高潮所处的时间大约为1925~1936年。它的意义在于奠定了20世纪中国图书馆事业发展的基本格局。

在这次高潮形成之前，经历了两个准备阶段，分别是“公共图书馆运动”(1900~1911年)阶段和“新图书馆运动”(1912~1925年)阶段。

2.1.1 公共图书馆运动的兴起(1900~1911年)②

公共图书馆运动是清末新政时期发生的一场从地方士绅自发创设公共图书馆，到封疆大吏主动奏请设立公共图书馆，最后由政府统一倡导设立公共图书馆的自下而上的图书馆运动。这场公共图书馆运动，奠定了我国近现代图书馆发展的基础。③

公共图书馆运动的发展，以1906年清政府宣布“预备立宪”和1909年清学部制定“分年筹备事宜”为分界线，可以划分为3个基本阶段：

(1) 第一个阶段：士绅自发设立公共图书馆阶段(1901~1905年)。

在清末新政(1901年)之前，中国发生了戊戌变法。慈禧太后亲手镇压了戊戌变法，但是清政府已经危机四伏。在这种情况下，慈禧太后不得不重新拣起了变法的旗帜，主动提出变法。虽然维新派试图进行的自上而下的维新变法运动失败了，但是，维新派的藏书楼思想却开始了“自上而下”的传播和发展。

---

① 程焕文. 光荣与梦想：二十世纪中国图书馆事业回顾. 图书馆，1994(3)：18-24

② 程焕文. 晚清图书馆学术思想史. 北京：北京图书馆出版社，2004.4：216-319

③ Cheng Huanwen. The Impact of American Librarianship on Chinese Librarianship in Modern Times (1840-1949). Libraries & Culture, Vol. 26, No. 2, Spring 1991: 372-387

在维新派宣传西方图书馆思想观念和创办学会学堂藏书楼实践的影响下，一些地方士绅也开始逐渐认识到了新式藏书楼的意义和作用，并开始在地方积极地宣传藏书楼的重要作用，相继倡导和办理了我国第一批公共藏书楼，例如：1901 年安徽士绅何熙年等在安庆创办“皖省藏书楼”；1902 年浙江士绅徐树兰在绍兴创办“古越藏书楼”；1903 年浙江士绅邵伯絅、胡藻青在杭州创办“浙江藏书楼”；1904 年湖南士绅梁焕奎等在长沙创设“湖南图书馆”；1904 年疆臣端方、张之洞在武昌创设“湖北图书馆”。① 上述图书馆中，只有湖北图书馆是由政府创办的，其它都是民间士绅创办的公共图书馆。

（2）第二个阶段：疆臣主动奏设公共图书馆阶段（1906～1908 年）。

1906 年，清政府宣布预备立宪，一些封疆大吏以此前地方士绅创设的公共藏书楼为基础，因势利导，改民间公共藏书楼为官办公共图书馆，相继奏设了一批公共图书馆，例如：1906 年湖南巡抚庞鸿书奏设湖南图书馆；1907 年安徽巡抚冯煦奏设皖省官办图书馆；1908 年奉天总督徐世昌等奏设黑龙江图书馆；1908 年两江总督端方奏设江南图书馆。②

（3）第三个阶段：各地照章奏设公共图书馆阶段（1909～1911 年）。

为了预备立宪，清学部于 1909 年 4 月 18 日（宣统元年闰二月二十八日）上《奏报分年筹备事宜折》制定了各项分年筹备事宜。其中，1909 年（宣统元年）——预备立宪第二年的筹备事宜中有：“颁布图书馆章程”和“京师开办图书馆（附古物保存所）”两项；1910 年（宣统二年）——预备立宪第三年的筹备事宜中有：“行各省一律开办图书馆”。③ 据此，学部于 1910 年（宣统二年）颁布我国第一个全国性图书馆章程——《京师图书馆及各省图书馆通行章程》。④ 于是，自鸦片战争，尤其是戊戌维新以来，宣传西方图书馆观念、倡导设立新式图书馆的思想与活动正式从民间和地方上升到了政府的提倡，从地方士绅和封疆大吏自发行为上升到了清政府的国家行为。由此而来，我国又产生了一批官办公共图书馆，例如：1909 年学部奏设京师图书馆；1909 年山东巡抚袁树勋奏设山东图书馆；1909 年山西巡抚宝芬奏设山西图书馆；1909 年署归化城副都统三多奏设归化图书馆；1909 年云南提学司叶尔恺奏设云南图书馆；1909 年浙江巡抚增韫奏设浙江省图书馆；1910 年广西巡抚张鸣岐奏设广西图书馆。

清末“新政”是清政府在义和团运动后为维护其封建统治，迫于国内外形势而采取的措施。因此，它不可能是一次彻底的改革。但值得特别提出的是，从图书馆发展的角度看，20 世纪的公共图书馆就是在整个清末新政时期创办起来的。在公共图书馆运动的同时，新式的学校图书馆亦有较大的发展。清末新政开始后，清政府于 1901 年 9 月（光绪二十七年八月）通谕各省设大学堂、中学堂和小学堂，次年二月又再次谕令各省妥速筹划学堂，并将开办情形详细具奏。在清政府的一再督促下，各省创办了不少各类新式学堂，截止 1903 年，全国各类学堂已达 769 所，在校学生 31 428 人。1905 年 9 月（光绪三十一年八月），清政府“谕立停科举以广学校”，废除了在中国实行了 1300 多年的科举制度。同年底，清政府设立学部作为主管全国教育的最高行政机构，并开始建立较为完备的新的教育行政管理体系。⑤ 于是，学校图书馆亦开始在全国各地次第设立。

2．1．2 新图书馆运动的高涨（1912～1925 年）

新图书馆运动是继公共图书馆运动之后在民国初年发生的一场抨击传统藏书陋习，鼓吹欧美图书馆学术，倡导模仿欧美图书馆事业，建设新式图书馆事业的运动。

---

① 程焕文．晚清图书馆学术思想史・北京：北京图书馆出版社，2004．4：239－287

② 程焕文．晚清图书馆学术思想史・北京：北京图书馆出版社，2004．4：288－319

③ 学部．奏报分年筹备事宜折（宣统元年闰二月二十八日）．见：陈学恂主编．中国近代教育史教学参考资料（上册）．北京：人民出版社，1986．7：742－746

④ 京师图书馆及各省图书馆通行章程折（宣统二年）．见：李希泌，张椒华编．中国古代藏书与近代图书馆史料．北京：中华书局，1982．2：129－131

⑤ 汤钦飞．清末新式教育行政机构的建立及其运作．见：王晓秋，尚小明主编．戊戌维新与清末新政－－晚清改革史研究．北京：北京大学出版社，1998．4：176－177

公共图书馆运动只是提到要创办图书馆，但新的图书馆究竟应该是什么样，大家并不很清楚。开始真正地兴办新式的图书馆是进入民国以后。这一时期的兴办新式图书馆的运动称为新图书馆运动。

新图书馆运动的全面展开以沈祖荣先生等在全国巡回演讲和在20年代初期时发起退还庚子赔款运动为标志，它的结束则以鲍士伟博士访华和中华图书馆协会成立作为标志。

（1）文华公书林与文华图书科：新图书馆运动的策源地和中心。①

1910年春，韦棣华女士创办文华公书林（Boone Library）。它是完全按美式图书馆创立的，采用《杜威十进分类法》、《美国国会图书馆目录》进行分类和编制目录；而且实行的是巡回图书馆，免费向武汉三镇的市民开放，并开办系列文化学术讲座。

1914年，文华公书林率先设立巡回文库（Traveling Library）。

1914年，韦棣华女士派遣沈祖荣先生赴美留学，开创了中国人赴美攻读图书馆学的先河

1917年，沈祖荣先生在全国掀起新图书馆运动的高潮。

1920年，韦棣华女士和沈祖荣先生创办文华图书科（Boone Library School），为中国的新图书馆运动培养了大量的人才。

1923年，韦棣华女士力促美国退还庚子赔款以发展图书馆事业。

（2）巡回演讲与退还庚款：新图书馆运动的全面展开。

1916年，沈祖荣先生从美国学成归来，在全国发起了新图书馆运动。1917～1919年间，沈祖荣先生携带着各种影片、模型、统计图表等，奔赴全国17个省市巡回演讲，猛烈地抨击藏书楼的陋习，广泛地宣传图书馆的功用，讲解创办图书馆的办法，倡导办理新式图书馆事业，凡湖北、湖南、江西、江苏、浙江、河南、山西、直隶足迹殆遍，在中国掀起了一场前所未有的新图书馆运动。② 是为中国“提倡图书馆之先声”③ 和“西洋图书馆学流入中国之先声”④。

1919年，我国第二位去美国攻读图书馆学的前辈胡庆生回国后，沈祖荣和胡庆生又在全国进行了一次巡回演讲。这是在全国灌输新的图书馆事业的一个非常有影响的活动。

1922年，美国有意退还庚子赔款。当时，国内的文化学术界的很多名流发起促使美国退还庚子赔款的运动，用于建设图书馆等永久性的文化事业。

1923年冬，韦棣华女士专程为退还庚子赔款用于建设图书馆的事情返美，在华盛顿奔走了约半年多的时间，前后拜谒了美国国会的82位参议员和420位众议员。⑤

1924年5月，美国参众两院通过议案并获美国总统批准同意将总数600多万美元的庚款余额退还中国，以进一步发展中国的教育与文化事业。但是不是投入到图书馆事业建设中一部分，美国政府提出质疑。对此，韦棣华女士提出建议，希望美国图书馆界能够派一个代表来中国考察图书馆事业。这种情况下，美国图书馆协会决定派遣前任美国图书馆协会主席鲍士伟博士（Dr. Arthur E. Bostwick，当时是美国路易斯图书馆的馆长）赴中国考察图书馆事业。这在中国图书馆史上是一个很有影响的事件，并直接促成了中华图书馆协会的成立。

（3）鲍士伟博士来华与中华图书馆协会成立：新图书馆运动的高潮。

---

① 学部．奏酌拟学部官制并归并国子监事宜改定额缺折（光绪三十二年四月二十日）．见：陈学恂主编．中国近代教育史教学参考资料（上册）．北京：人民出版社，1986．7：585－590

② Cheng Huanwen. Miss Mary Elizabeth Wood：from an American Librarian to the Queen of the Modern Library Movement in China. 见：澳门图书馆暨资讯管理协会编．两岸三地图书馆管理与技术．澳门：澳门图书馆暨资讯管理协会（ISSN 1606－903X），2000．1：85－101

程焕文．文华精神：中国图书馆精神的家园－－纪念文华图专80周年暨韦棣华女士和沈祖荣先生．见：马费成主编．世代相传的智慧与服务精神－－文华图专八十周年纪念文集．北京：北京图书馆出版社，2000．6：225－251

③ 沈祖荣．韦棣华女士略传．文华图书科季刊，1931，3（3）：283－285

④ 金敏甫．中国现代图书馆概况．广州：广州图书馆协会，1929：1

⑤ 严文郁．中国图书馆发展史．新竹：枫城出版社，1983：198

1924 年，北京图书馆协会第一个成立，之后，十几家地方图书馆协会相继成立。经过前期的宣传，大家对美国的图书馆事业有了一定的认识，十分向往美式图书馆的发展模式。恰在此时，美国图书馆协会决定派遣鲍士伟博士赴中国考察图书馆事业，掀起了新图书馆运动的高潮。

1925 年 3 月，为迎接鲍士伟博士而筹备中华图书馆协会。①

1925 年 4 月 25 日，中华图书馆协会在上海成立。

1925 年 4 月 26 日，鲍士伟博士到达上海。中国图书馆界以中华图书馆协会的名义欢迎鲍士伟博士抵华。

在杜定友、洪有丰、沈祖荣、胡庆生、袁同礼等的陪同下，鲍士伟博士先后在上海、杭州、苏州、南京、武汉、长沙、开封、太原、北京等地考察各类型图书馆，演讲美国图书馆事业。

1925 年 6 月 2 日，中华图书馆协会在北京举行正式成立仪式。

1925 年 6 月 3 日，鲍士伟博士离京返美。

2. 1. 3 新图书馆建设的高潮（1926 ~ 1937 年）

在 1926 ~ 1937 年间，我国图书馆事业出现了 20 世纪的第一次发展高潮。

（1）各类型图书馆的普遍设立

1925 年，全国共有图书馆 502 个，其后全国图书馆的数量开始迅猛增长，1928 年增长到 622 个，1929 年增长到 1 282 个，1929 年增长到 2 988 个，1935 年达到 5 812 个，比 1916 年新图书馆运动时期的 260 个图书馆增加了大约 20 倍，见图 1。②

（2）中华图书馆协会

中华图书馆协会的成立，为中国及世界图书馆事业的发展做出很多贡献。

1925 年，中华图书馆协会成立。

1927 年，中华图书馆协会等 15 个国家的图书馆协会代表 21 人在英国发起成立国际图书馆协会联合会（IFLA）。

1929 年，沈祖荣先生作为中华图书馆协会的唯一代表参加在意大利举行的 IFLA 第一次年会。

1929 年，中华图书馆协会在南京召开第一次年会。

1933 年，中华图书馆协会在北京召开第二次年会。

1936 年，中华图书馆协会在青岛召开第三次年会。

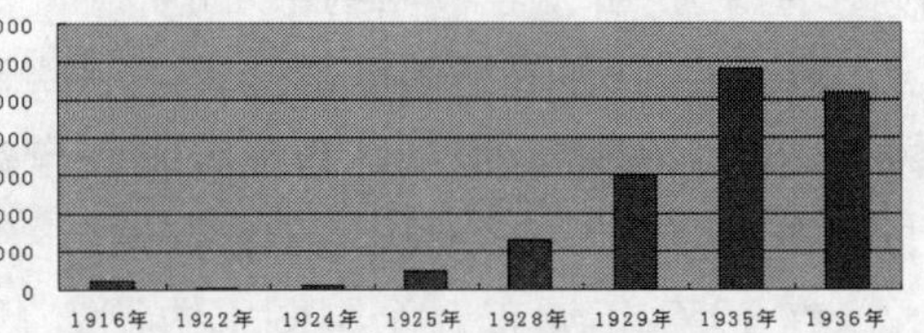

图 1　民国时期图书馆发展示意图

（3）图书馆学教育

在这个时期，中国的图书馆学教育也得到长足发展。

1925 年，杜定友创办上海国民大学图书馆学系。

1928 年，刘国钧、李小缘等创办金陵大学图书科。

1929 年，文华图书科独立成为私立武昌文华图书馆学专科学校。

2. 2 第二次高潮：新中国图书馆建设的高潮③

第二次高潮的标志是 1957 年《全国图书协调方案》的颁布，这次高潮经历的时间为 1957 ~ 1962 年，它的意义在于奠定了新中国图书馆事业发展的基本模式。

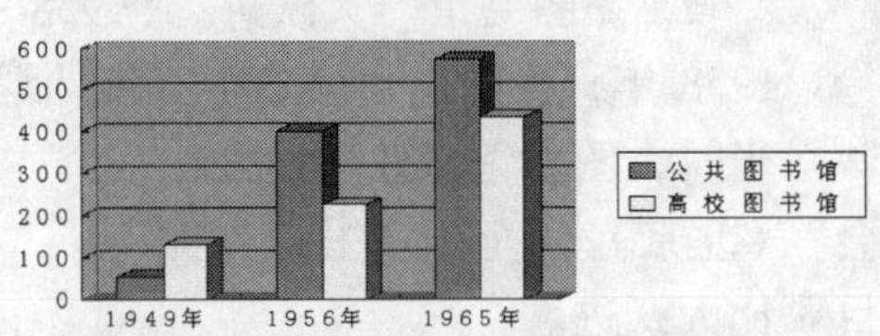

图 2　新中国图书馆发展示意图

① Mary Elizabeth Wood. Recent Library Development in China. ALA Bulletin, 1924 (18): 178 - 182

② 严文郁. 中国图书馆发展史. 新竹：枫城出版社，1983：111 - 114

③ 程焕文. 共和国图书馆事业四十年之回顾与展望. 图书馆，1989 (5)：3 - 10

新中国图书馆建设的高潮也有两个前奏：旧中国图书馆事业改造（1949～1952 年）和新中国图书馆事业的建设（1953～1957 年）。图 2 大致反映了新中国成立到文化大革命前图书馆事业发展的情况。

2．2．1《全国图书协调方案》

在建国初的前三年，主要工作接收、接管和改造建国前原有的图书馆。

1956 年，党中央发出“向科学进军”的号召，图书馆学被列入全国科学 12 年远景规划。为了响应“向科学进军”的号召，1957 年 9 月，国务院全体会议第 57 次会议批准颁布了《全国图书协调方案》。

《全国图书协调方案》是新中国成立后图书馆事业建设的一个重要的里程碑。根据此方案，当时在国务院科学规划委员会下面成立了图书小组，负责全国图书馆事业的规划和领导。同时建立全国的和地方的中心图书馆委员会。

全国第一中心图书馆委员会设在北京，由当时的北京图书馆、中国科学院图书馆、协和医学院图书馆和医学科学院图书馆、农业科学院图书馆和农业大学图书馆、地质部全国地质图书馆、中国人民大学图书馆、北京大学图书馆、清华大学图书馆、北京师范大学图书馆等组成。

全国第二中心图书馆委员会设在上海，由上海图书馆、上海科学技术图书馆、历史文献图书馆、中国科学院图书馆上海分馆、复旦大学图书馆、上海第一医学院图书馆和上海军医大学图书馆、交通大学图书馆等组成。

同时，还在全国建立了 9 个地区中心图书馆委员会，分别设在武汉、沈阳、南京、广州、成都、西安、兰州、天津和哈尔滨等 9 个地区，有下属成员馆 105 所，其中省、市、自治区图书馆 17 所，高等院校图书馆 75 所，专业图书馆 13 所。

除地区中心图书馆委员会外，一些地方还建立了地方中心图书馆委员会，如：河南、湖南、浙江、吉林、山西、安徽、宁夏、新疆等省、自治区先后成立了中心图书馆委员会或协作委员会。这些地方中心图书馆委员会，即使今天，仍有部分在继续运作，在协作、协调、馆际互借等方面做了很多工作。

在 1957 年颁布《全国图书协调方案》以后，全国图书联合目录的编制工作也达到高潮。

1957 年 11 月，全国联合目录编辑组成立。编辑组先后编辑出版了 35 种全国性联合目录和 247 种地区性联合目录。很多联合目录今天仍然是我们重要的参考工具，其中参考价值较大的有《全国中文期刊联合目录》、《全国西文期刊联合目录》、《中国古农书联合目录》、《中医图书联合目录》和《中国丛书综录》等。在这一时期，还建立了全国卡片目录中心。

据统计，这一时期，全国县级以上的公共图书馆从 1949 年的 55 所，发展到 1965 年的 573 所；高等学校图书馆由 1949 年的 132 所，发展到 1965 年的 434 所；工会图书馆由 1949 年的 44 所，发展到 1963 年的 43 546 所；在边远地区和少数民族地区也建立了一批新馆，形成了中国历史上的第二次“新图书馆运动”。《全国图书协调方案》开创了我国图书馆文献资源共享的新局面。从此，我国图书馆大规模的馆际协作活动拉开了序幕。

2．2．2 图书馆“大跃进”（1958～1961 年）

1958 年，我国出台第二个五年计划，提出总路线、大跃进和人民公社三面红旗。

当时，图书馆事业建设处在一个“放卫星”阶段，1958 年 8 月，“全国省市自治区图书馆工作跃进大会”（北京）向全国图书馆界提出了“十比”倡议，引导全国图书馆工作“翻上加翻，翻了又翻”的盲目攀比大跃进。

据统计，“到 1958 年底止，全国约有 30 多万个图书馆（其中多数是社办图书馆和图书室），藏书约 26 000 万册，与解放前图书馆事业最繁荣的 1936 年的 5 196 所图书馆和 2 000 多万册藏书相比，馆数增加了 60 多倍，藏书增加了 12 倍多。与 1949 年全国解放时的 391 所图书馆和藏书 2 600 多万册相比，馆数增加了 900 多倍，藏书增加了 9 倍。”① 仅 1958 年一年，县级以上公共图书馆就由 1957 年的 400 所增加到

① 北京大学图书馆学系．中国近代现代图书馆事业史（草稿）．北京：北京大学图书馆学系铅印，1961：241

922 所。[①] 还有文化馆图书室 2 757 个，全国社办图书馆增加到 473 800，比 1957 年增加 264%，工会图书馆亦达到 35 580 所。

据不完全统计，到 1958 年，全国各图书馆已经编制书目 4 864 种，超过了中国历史上历代所编书目总数的 3 倍。四川省新繁县竹友公社在 1960 年 2 月掀起了一个以食堂为中心的群众办馆的高潮，仅 3 天时间就建立了食堂图书室 53 个，藏书达 22 500 册，平均每人 25 册，每天有读者 5 000 人，流通图书达 12 500 册。海安县各图书馆（室）在建立毛主席著作读书站的过程中，仅仁桥公社，3 天就建站 1 608 个。上海市梅苏里民办图书馆 1960 年 8 个月就购进了 31 500 多本毛主席著作。[②]

经过 1958～1961 的 4 年"放卫星"，图书馆事业开始失控。为了扭转这种过热的局面，1962 年以后开始实行"调整、巩固、充实、提高"的八字方针。这个调整一直持续到文革开始。经过调整，图书馆的数量有所回落。以公共图书馆为例，1960 年有 1 093 所，到 1963 年时只剩下 490 所。[③]

2．3 第三次高潮：信息资源共享的高潮

第三次高潮的标志是 1999 年教育部启动 CALIS 项目，这次高潮经历的时间是 1999 年至今，它的意义在于开创了 21 世纪我国信息资源共享的基本模式。这次高潮的前奏是：图书馆事业的恢复（1978～1984 年）和图书馆事业的兴盛（1985～1998 年）。

据统计，到 1980 年，全国县以上公共图书馆已经达到 1 732 所，1986 年达到 2 406 所，1990 年达到 2 527 所，1994 年达到 2 596 所。到 1980 年，全国高校图书馆已经达到 675 所，1986 年达到 1 053 所，1990 年达到 1 075 所，1994 年达到 1 080 所[④]。从图 3 可见，1986 年以后，图书馆发展的数量变化不大，而一直注重质量的提高和图书馆新馆舍的建设。

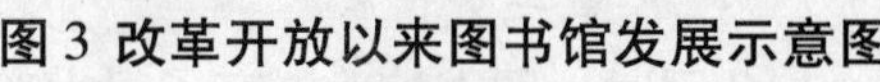

图 3 改革开放以来图书馆发展示意图

2．3．1 重要里程碑

这一时期，图书馆事业的发展也有几个重要的里程碑：

1979 年 7 月，中国图书馆学会成立；

1980 年，中央书记处通过《图书馆工作汇报提纲》。《提纲》对 80 年代中期图书馆事业的恢复和发展产生重大影响；

1981 年，中国图书馆学会恢复在 IFLA 中的协会会员资格；

1987 年，中宣部、文化部、国家教委和中科院联合下发《关于改进和加强图书馆工作的报告》；

1996 年，中国图书馆学会主办第 62 届 IFLA 大会。

2．3．2 中国高等学校文献保障系统（CALIS）

1999 年 1 月，中国高等学校文献保障系统（CALIS）启动。该系统是包括全国中心、地区中心和高校图书馆三级结构的信息资源共知、共建、共享系统。

"九五"期间设在北京大学的 CALIS 项目管理中心联合各参建单位，建设了文理、工程、农学、医学四个全国文献信息中心，华东北、华东南、华中、华南、西北、西南、东北七个地区中心和一个东北地区国防信息中心，发展了 152 个高校成员馆，建立了一系列国内外文献数据库，包括联合目录数据库、中文现刊目次库等自建数据库和引进的国外数据库，采用独立自主开发与引用消化相结合的道路，开发了联机合作编目系统、联机公共检索（OPAC）系统、馆际互借与文献传递系统等，形成了较为完整的 CALIS 文献信息资源服务网络。在此基础上开展了公共目录查询、信息检索、馆际互借、文献传递、网络导航等网络化、数字化文献信息服务。

目前 CALIS 的一期工程已经结束，二期工程已经启动。在二期工程中几个比较大型的项目已经在运作。如 2003 年中国高校人文社会科学文献中心（CASHL）启动，为整个国家的哲学、社会科学创新体系

---

① 胡耀辉．中国图书馆事业光辉的十年．光明日报，1959．10．20：3

② 北京大学图书馆学系．中国近代现代图书馆事业史（草稿）．北京：北京大学图书馆学系铅印，1961：241

③ 北京大学图书馆学系．中国近代现代图书馆事业史（草稿）．北京：北京大学图书馆学系铅印，1961：241

④ 吴慰慈等．蓬勃发展中的中国图书馆事业．北京：书目文献出版社，1996．8：76－79

服务；2002年5月中国高等学校数字图书馆联盟（CADLA）成立；2001年中美百万册图书数字图书馆合作项目（CADAL）立项，目前已经启动。

可以说，CALIS是迄今为止我们所看到的在中国已经实施的很多资源共享项目中做的最好的。整个CALIS项目的建设依托于61所国家级重点高校和一百多所省属211高校图书馆，从1999年开始，到现在发生了翻天覆地的变化，把中国高校图书馆事业甚至整个中国图书馆事业的发展带到了一个新的高度，全面开始了信息资源共享共建工作。之所以说其具有里程碑和标志性意义，就在于这一点。图书馆自动化技术发展，如果不是向着网络化和信息资源共享发展，它的意义始终会受到限制。

2.3.3 全国性信息资源共享工程。

与CALIS同时投入建设的全国性信息资源共享工程还有不少：

1998年，中国数字图书馆工程立项；

2001年，国家图书馆二期暨国家数字图书馆基础工程立项；

2002年，中国科学院国家科学数字图书馆（CSDL）项目启动。

这些项目都是一个系统或跨地区、跨系统的大的合作资源共享项目。这些项目在这一时期都是具有重大意义的。这些项目的启动也标志着我们国家在新世纪图书馆信息资源共享建设的高潮的到来。

2.3.4 图书馆自动化系统。

80年代后期，我国图书馆自动化的发展经过了几个阶段：前期是各个图书馆自我开发；90年代以后，随着图书馆系统的发展，各个图书馆自我开发的系统逐渐被淘汰。几个具备实力的集成系统开发商专门开发的系统得以广泛应用。现在国内应用最广泛的是两个系统：深圳图书馆开发的图书馆自动化集成系统（ILAS）和 南京大学开发的汇文文献信息服务系统；从90年代开始，也在不断引进国外图书馆自动化集成系统，现在用的比较多的有4个系统：INNOPAC、UNICORN、HORIZON和ALEPH。

90年代以后，图书馆自动化系统已经成为图书馆发展必备的一个条件，现在只是一个基本的因素，而不像90年代以前那样具有标志性意义。

2.3.5 电子数据库。

与此同时，图书馆发展有了很大变化，有很多IT业的公司参与到图书馆活动中来。在我国，比较著名的电子期刊主要有：中国学术期刊网（CNKI）和中文科技期刊数据库，很多图书馆都在用这两个数据库。电子图书包括：超星数字图书馆、书生之家数字图书馆和方正Apabi数字图书馆。尽管他们号称数字图书馆，但我们只称其为“电子图书”，其实质并非我们业界所讲的数字图书馆。

这一时期发生很大的变化，即很多公司企业开始参与到图书馆的业务中，开始为图书馆服务。这为整个图书馆的信息资源共享的发展奠定了一个很好的基础，也是对图书馆事业一个非常大的支持。

3. 三次浩劫

20世纪中国图书馆事业在其发展的一百年间，出现过三次发展高潮，但也经历了三次空前的浩劫。

3.1“八国联军”之浩劫

下面几次虽然除翰林院之劫毁以外，都不是“八国联军”做的，但都是外国列强所为，故统称为“八国联军”之浩劫。

3.1.1 翰林院之劫毁①

① Donald G. Davis, Jr. & Cheng Huanwen. Destruction of Chinese Books in the Peking Siege of 1900. IFLA Journal. Vol. 23, No. 2, March 1997: 112–116

Donald G. Davis, Jr. & Cheng Huanwen. The Destruction of a Great Library: China's Loss Belongs to the World. American Libraries. October 1997: 60–62

程焕文. 千古浩劫罄竹难书 八国联军罪不容诛——翰林院劫毁百年祭. 资讯传播与图书馆学, 2000, 12 (7–2): 33–44

1900 年 6 月 24 日，俄、英、美、日、德、法、意、奥“八国联军”以“保护使馆”为名开进北京。在劫掠翰林院藏书后，将翰林院焚毁。《永乐大典》、《四库全书》底本等珍贵典籍被劫毁。在国际上大家认为此次浩劫与埃及亚历山大图书馆被烧毁造成的损失相当。

3. 1. 2 敦煌遗书之劫掠①

1900 年敦煌遗书（公元 4 世纪 ~ 10 世纪的各种经卷、文书及其它文献，总共大约 5 万卷唐咸通九年（868 年）刻本《金刚般若波罗蜜经》——世界上现存的最古的具有准确刻印年代的印刷品）发现以后，“八国联军”采取各种手段巧取豪夺敦煌遗书达 50% 以上。

1900 ~ 1915 年，俄国人库库什金、奥勃鲁切夫、柯同洛夫、鄂登堡等盗走敦煌遗书 1 万件以上。

1907 年 5 月，英籍匈牙利人斯坦因盗走 24 箱写本和 5 箱绣画等物品，1914 年又盗走 4 大箱经卷。

1908 年，法国人伯希和盗走大约 5 590 卷写本。

1911 年，日本人桔瑞超盗走 367 卷。

1914 年，日本人吉川小一郎盗走 100 多卷。

1902 ~ 1914 年，日本人大谷光瑞等还盗走 7 千余件吐鲁番文书和简牍等文献。

3. 1. 3 皕宋楼之东去

1907 年通过日本人岛田翰，日本三菱系财阀岩崎弥之助和岩崎小弥太父子以 10 万元之价格将清末四大藏书楼之一陆氏皕宋楼，以及十万卷楼和守先阁的藏书全部强买骗购到日本，归于静嘉堂文库。

3. 1. 4 莫理循文库之东去

1916 年日本三菱系财阀岩崎久弥将北京莫理循文库的 24 000 册藏书全部骗购至日本，并于 1924 年将其岩崎文库与莫理循文库合并，建立了东洋文库。

3. 2 日本侵华之浩劫②

日本侵华给中华民族带来的灾难是深重的，中国的图书馆也未能幸免。其中比较严重的事件有：

（1）1932 年 1 月 29 日，日军在进犯上海时，用飞机轰炸商务印书馆，炸毁东方图书馆之涵芬楼，导致东方图书馆共损失藏书 40 余万册。

（2）1932 年 3 ~ 7 月，日伪在东北地区焚毁图书 650 万册。

（3）在抗日战争的八年间，中国“东南各省损失了近 2 千所图书馆，图书损失在 1 千万册以上。”③

3. 3 文化大革命之浩劫

3. 1. 1“破四旧”之劫

文化大革命期间，以“破四旧”（旧思想、旧文化、旧风俗、旧习惯）和“除毒草”为名，红卫兵在全国范围内发动了一场空前绝后的“封、资、修”文献与文物大清抄，无数的古籍和书刊被焚毁，“仅苏州一地，大约有 200 多吨古籍被化为纸浆”，“仅通县造纸厂院中堆放着 17 垛 300 立方米大书堆，约 2 000 吨，大部分被化纸浆处理，仅抢救出 34 吨典籍！”④

3. 1. 2 阶级斗争之劫

文革期间，图书馆成为阶级斗争的工具和场所，在图书馆建设上，实行愚民政策，禁锢大批“封、资、修”藏书，以至出现“书荒”。以公共图书馆为例，1960 年有 1 093 所，到 1970 年时仅剩下 323 所。

大批图书馆专家被打成“反动学术权威”、“走资派”等，长期下放农村，有的甚至被迫害致死。整个图书馆事业、图书馆学研究和教育处于停滞状态。

① 程焕文．中国图书文化导论．广州：中山大学出版社，1995．10：222 - 236

② 李彭元．日本对我国图书馆事业的侵略与破坏之研究（晚清至民国时期）．广州：中山大学，1998．5

③ 严文郁．中国图书馆发展史．新竹：枫城出版社，1983：140 - 145

④ 吴 枫．中国古典文献学．山东：齐鲁书社，1982：27

4．两个轮回

图书馆学的发展在过去的一百年间，经历了两个轮回。第一个图书馆学术轮回是：日本→欧美→中国化，即由日本图书馆学的输入，转由输入美国图书馆学，最后走中国化的图书馆学道路。

第二个图书馆学术轮回是：苏联→欧美→中国化，即由输入苏联的图书馆学，到输入欧美图书馆学，最后走中国化的图书馆学道路。

4．1 第一个图书馆学术轮回：日本→欧美→中国化

4．1．1 日本图书馆学术之流入

（1）“图书馆”一词的流行

日本图书馆学的流入是在清末新政时期。在这之前，中国对图书馆习惯称为“藏书楼”。“藏书楼”是直接从英文“Library”一词直接翻译过来的，是最流行的。所以，当时有各种各样的“藏书楼”。日本在明治维新以前，都称为“文库”，后从中国传入“图书馆”一词，并广为传用。清末新政主要是模仿日本进行的，当时朝廷上下都学日本，因而在这一时期，受整个社会环境影响，中国图书馆界又反过来学习日本，日本的“图书馆”一词开始在中国流行起来。

当时，还翻译了日本的大量图书馆学文章和著作。

（2）日本图书馆学文章的翻译

1901年以后，《教育世界》陆续刊载了译自日文的《关于幼稚园图书馆等及私立小学校规划》、《日本图书馆之增设》、《世界图书馆小史》、《学校文库及简易图书馆经营法》等文。

（3）日本图书馆学著作的翻译

1910年，谢荫昌翻译了日本的户野周二郎撰写的《图书馆教育》。

1917年，北京通俗教育研究会翻译了日本图书馆协会编写的《图书馆小识》。

1918年，顾实编译了《图书馆指南》，其蓝本是日本的《图书馆小识》。

“民国初年，各地图书馆次第设立，且多深知中国旧式管理，有改良之必要，惜无专书，无所依据，深感困难。”[①]谢荫昌所译《图书馆教育》与顾实编撰《图书馆指南》是最有影响的两本书。在公共图书馆运动时期，这两本“实东洋图书馆学流入时期之代表。而此时之一般办理图书馆者，亦莫不奉为上法，于是中国之图书馆，类皆成为东洋式之图书馆，盖受此二书之影响。”[②]

4．1．2 欧美图书馆学术

1917年，沈祖荣先生在全国掀起新图书馆运动。这时，大家发现日本图书馆学不过是从美国、欧洲学过来的，于是转过来开始学美国的图书馆事业。从此，欧美图书馆学术开始大量流入中国。

民国初年，沈祖荣先生最先撰著图书馆学论文于《教育杂志》中，其后杜定友陆续撰著图书馆学论文在各大杂志发表，两人撰著最多，且最有影响和价值。

1917年沈祖荣编撰出版了我国第一部中西混合制的图书分类法《仿杜威书目十类法》（汉口：圣教书局），开始将《杜威十进分类法》应用到中国的分类中。

1920年，创办文华图书科。开始培养专门的图书馆学人才。教学模式、教授课程完全是美式的。欧美图书馆学大量流入中国。

1921年，杜定友在上海、广州各处演讲图书馆学，随后向各地图书馆印发了《图书馆与市民教育》等多种书籍。杜定友宣传的是美式图书馆学。

1922年，戴志骞在北京高师举行图书馆暑期演讲，讲的同样是欧美式图书馆学。

---

① 金敏甫．中国现代图书馆概况．广州：广州图书馆协会，1929：29

② 金敏甫．中国现代图书馆概况．广州：广州图书馆协会，1929：29

“自是以还，美国式之图书馆概念，逐渐靡布全国，与民国初步伍日本之势对立。”① “且驾于东洋式图书馆而上之，盖因东洋方法，原系根据西洋，未妥之初尚多，宜其易于淘汰也。” ②

4．1．3 中国化图书馆学术

1925 年，中华图书馆协会成立以后，开始走中国化的图书馆学术道路，图书馆学的专家学者在基础理论和应用方面都建设起有本国特色的框架。

(1) 三大图书馆学期刊

这一时期，中国编撰发行了大量的图书馆学期刊，其中 1925 年 6 种，1929 年 18 种，1936 年 33 种。③比较著名的三大图书馆学期刊如下：

《中华图书馆协会会刊》(1925 年创办)；

《图书馆学季刊》(1926 年创办)；

《文华图书馆学专科学校季刊》(1929 年创办)。

这三种刊物对于当时图书馆学研究的发展起到很大作用。

(2) 图书馆学理论

这一阶段，还出现很多中国学者的很重要的中国化的图书馆学著作，如：

杜定友著《图书馆学通论》(1925 出版)、《图书馆学概论》(1927 出版)；

洪有丰著《图书馆组织与管理》(1926 出版)；

刘国钧著《图书馆学要旨》(1932 出版)；

俞爽迷著《图书馆学通论》(1936 出版)。

(3) 四大图书分类法

分类法的发展也经历了一个补杜、改杜、仿杜的过程，即从最初对《杜威十进分类法》星星点点的补充，到修改《杜威十进分类法》，再到仿照《杜威十进分类法》编制分类法。民国时期出现了四大分类法：

杜定友《世界图书分类法》(1924 年出版)；

王云五《中外图书统一分类法》(1928 年出版)；

刘国钧《中国图书分类法》(1929 年出版)；

皮高品《中国十进分类法》(1934 年出版)。

这四大分类法当时影响最大，在图书馆的应用也最广泛。

(4) 汉字排检法 (80 种)

这一时期，因为新的目录的出现，汉字排检法的研究也比较兴盛，发明了 80 多种汉字排检法。其中杜定友《汉字排检法》(1925 年) 和王云五《四角号码检字法》(1926 年) 都是比较有影响的。

(5) 目录学

这一时期，目录学研究取得很多成果，出现许多目录学方面的经典著作，如：

姚名达著《目录学》(1934 出版)、《中国目录学史》、《中国目录学年表》(1938 出版)，余嘉锡《目录学发微》(1932 出版)。直到今天，这些目录学方面的成就我们还难以超越。

4．2 第二个图书馆学术轮回：苏联→欧美→中国化

4．2．1 苏联图书馆学术

在新中国成立以后，开始了第二个轮回，第一阶段是苏联图书馆学的流入时期。

(1) 新图书馆学研究的开始

新中国图书馆学研究的开展始于 1949 年建国以后，当时，几种杂志如《文物参考资料》、《浙江图书

① 刘国钧．现时中文图书馆学书籍评．见：刘国钧图书馆学论文选集．北京：书目文献出版社，1983．6：14－18

② 金敏甫．中国现代图书馆概况．广州：广州图书馆协会，1929：30

③ 程焕文．中国近代图书馆学期刊史略（上、下）．图书馆，1985（5）：28－32；1985（6）：29－31

馆工作》、《东北图书馆图书分类法》(1949)、《山东图书馆图书分类新法》(1951) 都是按照新的思想陆续编辑出版的。

(2) 学习苏联图书馆学术

真正的学习苏联图书馆学是从第一个五年计划开始的，当时全国各界一边倒学苏联。

第一个五年计划期间，翻译出版了大量的苏联图书馆学著作。

1956 年“中苏文化合作协定”签订后，接受了苏联图书馆学专家雷达娅的指导，派出一批留学生到苏联学习图书馆学，整个国家开始学习苏联的图书馆经验。

(3) 建立社会主义图书馆学

在这种情况下，开始建立新中国的图书馆学。

当时出版了全国性图书馆学刊物《图书馆工作》、《图书馆学通讯》和地方刊物。

这一时期编制了《人民大学图书馆分类法》(1953)、《中小型图书馆图书分类法》(1957)、《中国科学院图书馆分类法》(1958)。这些图书分类法都是以马克思列宁主义思想体系为指导建立起来的。

建立了以“矛盾说”与“关系说”为逻辑始点的图书馆学基础理论、目录学基础理论。

这一时期按苏联模式建立的图书馆学体系直到今天仍然发生深刻影响。

4. 2. 2 欧美图书馆学术

70 年代末期以后，图书馆学体系发生了变化。

机器可读目录 (MARC)。1975 年，刘国钧开始翻译介绍 MARC，西方的图书馆学术和思想再次开始传入中国。

70 年代末、80 年代初，谢拉、巴特勒的图书馆学思想、波普尔的“世界三”哲学思想、兰开斯特的情报检索理论、文献计量学理论等等传入中国，使中国的图书馆学术发生很大变化。

4. 2. 3 中国化图书馆学术

这一时期，开始欧美图书馆学术的中国化，其中有如下主要标志：

(1) 分类法与主题词表

《中国图书馆图书分类法》(中图法)，1975 年第 1 版，1980 年第 2 版，1990 年第 3 版，1999 年第 4 版改名为《中国图书馆分类法》。1985 年 10 月《中国图书馆图书分类法》及其系列版本荣获国家科技进步奖一等奖。

《汉语主题词表》1979 年出版，1991 年出版《汉语主题词表》(自然科学增订本)，1985 年《汉语主题词表》由中国科学技术情报所和中国国家图书馆编写，荣获国家科技进步奖二等奖。

这是迄今为止我们图书馆学界成果获得的最高荣誉奖项。

此外，《中国分类主题词表》1994 年出版。

(2) 文献工作标准化

与国际接轨后，图书馆界着手中国化的标准化工作：

1979 年，加入国际标准化组织 (ISO) 文献工作标准化技术委员会 (ISO/TC46)。

1979 年 11 月，成立全国文献工作标准化技术委员会及分委员会。先后制定颁布多项标准：

1984 年颁布实施《文献著录总则》；

1987 年颁布实施《中国标准书号》(ISBN)；

1989 年颁布实施《中国标准刊号》(ISSN)。

目前已经制定并公布了 40 余项文献工作标准，为我国图书馆自动化奠定了很好的基础。

(3) 国家书目

国家书目是揭示与报道一个国家在一定时期内出版的所有图书及其他出版物的目录，包括报道最近出版物的现行国家书目和反映一定时期内出版物的回溯性国家书目。

我国的国家书目产生较早。公元前 1 世纪，中国汉代就有《别录》、《七略》等国家书目。

1986 年以后，中国开始陆续编纂一些现代国家书目：

1986 年开始，《中国古籍善本书目》陆续出版；

1987 年，《中国国家书目》出版；

1992 年，《民国时期总书目》出版。

5. **两次改名**①

根据初步调查统计：截止 2003 年 12 月，我国共有 35 个高等院校和科研机构开展图书馆学教育，其中有 25 个本科专业、21 个硕士授权单位、6 个博士授权单位、2 个博士后流动站，已经形成了一个具有本科（学士）、硕士研究生、博士研究生、博士后流动站的层次齐备的图书馆学专业教育体系（见表 1：中国图书馆学专业设置年代统计表）。

表 1 中国图书馆学专业设置年代统计表

设立年代	本科	硕士	博士	博士后
1920	1			
1947	2			
1964		1		
1978	3			
1979	5			
1980	8			
1981		2		
1983	10			
1984	12	3		
1985	20			
1986	21	6		
1987	22			
1990		8	1	
1993	24		3	
1996		9		
1998		14		
2000		17		
2001	25	18		
2002		19		
2003	30	21	6	2

说明：1. 各年代的专业设置数为累计统计数。

2. 因部分学校已停办图书馆学本科专业或者暂停图书馆学本科专业招生，表中的图书馆学本科专业数目并非是目前的实际数目，只是简单累计数目。

① 潘燕桃，程焕文. 世界图书馆学教育进展. 北京：北京图书馆出版社，2004. 4

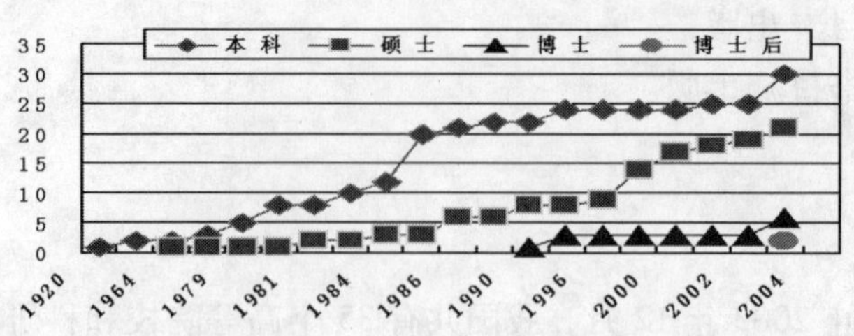

图 4 中国图书馆学教育发展示意图

自 1920 年文华图书科创办迄今，我国图书馆学教育已经经历了 80 多年的发展历程。80 多年来，虽然我国图书馆学教育经历了多个不同的历史发展时期，但是，从其内在的变化来看，大致可以以 1984 年武汉大学图书情报学院成立和 1992 年北京大学图书馆学系改名为信息管理系为界线，划分为以下 3 个时期：

5．1 图书馆学系（1920～1983 年）

这一时期各高校图书馆学专业的名称都为图书馆学系。

图书馆学系时期跨越了半个多世纪，在 1979 年以前，我国的图书馆学教育基本上只有 1920 年创办的文华图书馆学专科学校和 1947 年创办的北京大学图书馆学系两个单位。在 1978～1983 年的 5 年间，我国的图书馆学本科专业从原有的 2 个增加到了 10 个，但是，只有武汉大学和北京大学拥有图书馆学硕士学位授予权，武汉大学和北京大学一统天下的局面并没有根本改变过去单一的图书馆学教育模式。

这一时期教授的内容基本是以手工操作为主的图书馆学基本理论和方法。

5．2 图书情报学系（1984～1991）

1984 年，武汉大学图书馆学系成为图书情报学院，一方面，在其后的 4 年间，我国的图书馆学本科专业从 10 个增加到了 22 个，形成了我国图书馆学教育的基本格局。另一方面，各图书馆学系因相继增设情报学专业而亦纷纷更名为图书情报学系。

这一时期，图书馆学的教授内容发生很大变化，课程中加入了大量的计算机知识内容。

5．3 信息管理系（1992～今）

1992 年，图书馆学专业开始陆续改名为信息管理系。这一时期整个图书馆学的学科体系发生很大变化。

进入 20 世纪 90 年代后，一方面，由于前期图书馆学专业教育的大规模发展，图书馆急需图书馆学专门人才的迫切需求已经缓解，另一方面，高等教育和信息技术的飞速发展，对图书馆学专业教育的改革提出了更严峻的挑战。于是，自 1992 年北京大学图书馆学情报学系率先改名为信息管理系之后，各图书情报学系亦纷纷跟进，将系名更改为信息管理系，并同时对专业课程进行了一系列的改革。到武汉大学正式改名信息管理学院后，全国几乎没有图书情报学系这个名称了。

总的来说，图书馆学教育的发展近年来出现了可喜的局面。在这次会议上，我们可以看到，新的面向 21 世纪课程教材中，出版的图书馆学教材有 9 本，分别是：吴慰慈主编的《图书馆学基础》；程焕文、潘燕桃编著的《信息资源共享》；杨玉麟编著的《信息描述》；戴维民编著的《信息组织》；彭斐章编著的《目录学》；沈固朝编著的《信息检索：理论与方法》、《网络信息检索：工具、方法、实践》；陈能华编著的《图书馆信息化建设》；李培编著的《数字图书馆原理与应用》。这些教材将对我们的图书馆学教育起到很好的导向作用。

总的来看，我国图书馆学教育已经从原来的“三个世界”，发展成了以北京、武汉、南京为中心的“金三角”格局。

6. 两岸四地

90 年代以后，大陆、香港、澳门、台湾两岸四地的合作发展非常之快。

6. 1 合作背景

1990 年，台湾图书馆代表团一行 14 人，在海峡两岸图书馆界隔离 40 年后第一次大规模地正式访问大陆图书馆事业，寻根会友。从那以后，两岸的图书馆事业交流没有停止过。1995 年，广东图书馆学会聘请沈宝环教授为名誉理事。两岸的交流与合作不断深入。

1997 年，香港回归祖国；1999 年，澳门回归祖国。这些都为两岸四地的合作奠定了非常好的基础。

6. 2 海峡两岸图书资讯学学术讨论会

海峡两岸图书资讯学学术讨论会是两岸图书馆学界自 1990 年恢复交流后的一项重要活动。期间已经开过多次会议：

1993 年，第 1 届海峡两岸图书资讯学学术讨论会在华东师范大学召开；

1994 年，第 2 届海峡两岸图书资讯学学术讨论会在北京大学召开；

1997 年，第 3 届海峡两岸图书资讯学学术讨论会在武汉大学召开；

1997 年，第 3 届海峡两岸图书馆事业研讨会召开台北会议；

1998 年，第 4 届海峡两岸图书资讯学学术讨论会在中山大学召开广州会议；

1998 年，第 4 届海峡两岸图书馆与资讯服务研讨会在香港岭南学院召开香港会议；

2000 年，第 5 届海峡两岸图书资讯学学术讨论会由中科院文献情报中心主办在四川召开；

2002 年，第 6 届海峡两岸图书资讯学学术讨论会由黑龙江图书馆学会主办在哈尔滨召开。

今年将召开第 7 次海峡两岸图书资讯学学术讨论会。

6. 3 中文文献资源共建共享合作会议

中文文献资源共建共享合作会议产生于海峡两岸图书资讯学学术讨论会。

1998 年 6 月，在第 4 次海峡两岸图书资讯学学术讨论会香港会议上成立“华文信息资源共享联络小组”。

1999 年 11 月，在香港中文大学“二十一世纪中文图书馆学术会议”上，将“华文信息资源共享联络小组”发展为“中文文献资源合作发展协调委员会”，“协调委员会”当时决议开一次合作会议。

2000 年 6 月，中文文献资源共建共享合作会议第一次会议在北京召开，会议由国家图书馆主办，出席会议的有来自海峡两岸和欧洲、美洲、东亚图书馆的代表。这次会议上，确定了 8 个全球性的合作项目：古籍联合目录资料库、中文名称规范数据库、孙中山数字图书馆、中国拓片数据库、图书馆学情报学术语规范数据库、中国家谱总目、中国版印图录和中国科技史数字图书馆。这 8 个项目现在都在运作。

接下来又召开了几次会议：

2001 年 4 月，中文文献资源共建共享合作会议第二次会议在台北召开。

2002 年 4 月，中文文献资源共建共享合作会议第三次会议在澳门召开。

第四次会议今年将由南京图书馆主办召开。

6. 4 粤港澳图书馆学会（协会）年会

除上述外，还有一些地区性的会议召开，粤港澳图书馆学会（协会）年会就是比较有影响的地区性会议。

2000 年，广东图书馆学会与澳门图书馆暨资讯管理协会新千年学术研讨会在珠海召开。

2001 年，粤港澳图书馆学会（协会）2001 年学术年会在深圳召开。

2002 年，广东图书馆学会 2002 年学术年会在广州召开，邀请三地的图书馆学会参加。

7. 四代学人①

过去的一百年间，图书馆事业的发展经历了四代学人。

7. 1“留美”的一代

“留美”的一代学人中，比较著名的大致如下：

沈祖荣，毕业于美国纽约公共图书馆学校；

胡庆生，毕业于美国纽约公共图书馆学校；

杜定友，毕业于菲律宾大学，获图书馆学学士学位；

洪友丰，毕业于美国纽约公共图书馆学校；

戴志骞，毕业于美国纽约公共图书馆学校；

袁同礼，毕业于美国纽约公共图书馆学校；

刘国钧，毕业于美国威斯康星大学图书馆学院；

李小缘，毕业于美国纽约公共图书馆学校。

他们是本世纪中国新图书馆事业发展以来的第一代学人，是奠定了我国20世纪图书馆事业基础重要人物。除杜定友毕业于菲律宾大学外，其余清一色是从美国学成归来，而菲律宾大学实施的也是美式图书馆学教育。除从美国学成归来外，更主要的是因为他们接受的是欧美图书馆学的思想，所以说，这一时期的学人是留美的一代。

7. 2“文华”的一代

自1920年创办“文华图书科”以后，在整个民国时期，图书馆事业的大部分人才都是文华图书馆学专业毕业的。所以说，“文华”一代具有代表性。

“文华系”的代表性人物有：裘开明、桂质柏、查修、王文山、冯汉骥、田洪都、皮高品、严文郁、徐家麟、汪长炳、钱亚新、毛坤、周连宽、李仲履、吕绍虞、童世纲、于镜宇、汪应文、彭明江、岳良木、蓝乾章（台湾）、张遵俭、喻友信、邓衍林和程长源、沈宝环（台湾）等，不胜枚举。

之所以说是“文华”的一代，是因为这一代人都是由国内培养的。而这代人不仅在国内图书馆事业中具有非常广泛的影响，在国际上也有很大影响。

“文华”一代服务于美国图书馆界的有影响的人物有：裘开明、桂质柏、查修、于镜宇（震寰）、童世纲、吴元清、汪长炳、岳良木、严文郁、徐家麟、王文山、顾家杰、徐家壁、李芳馥、曾宪三、房兆楹、徐亮、张葆箴、邓衍林和黄星辉。

7. 3“留苏”的一代

其实，真正“留苏”的图书馆学人并不多，只有佟曾功、彭斐章、鲍振西、赵世良、吕济民、郑莉莉、赵琦等。

孙云畴和陈誉是留美后归国的。

还有一大批国内培养的优秀人才，如：周文骏、黄宗忠、来新夏、朱天俊、谢灼华、阎立中、白国应、张琪玉、冀淑英、谭祥金、黄俊贵、刘湘生、孙蓓欣、辛希孟、孟广均、徐引篪、李致忠、肖自力、吴慰慈、陈光祚、金恩辉、詹德优、张树华、倪波等。

统称他们为“留苏”的一代，是因为他们接受的思想都是不同于前一辈的新的思想，是在马列主义、毛泽东思想指导下从事图书馆学研究的，接受的更多的是苏联模式的图书馆学思想，所以称为“留苏”的一代。

7. 4“开放”的一代

① 程焕文. 论图书馆人才的特征——关于“图书馆四代人”的探讨. 广东图书馆学刊，1988（3）：22－29

程焕文. 图书馆人与图书馆精神. 中国图书馆学报，1992（2）：35－42

这一代学人有从各个国家留学归来的，也有国内培养的人才。总的来说，是改革开放以后出现的一代。他们接受的培养模式也是多种多样的，他们的思想也是多种多样，非常开放。

这代人中比较优秀的有：倪晓建、乔好勤、张厚生、曹之、吴建中、张晓林、柯平、范并思、陈传夫、王世伟、李国新、汪东波、戴维民、徐雁、王余光、王大可、肖希明等。

在四代图书馆学人中，出现一些非常杰出的人物，下面列举一些代表性人物：

7．5 中国现代图书馆运动之皇后——韦棣华（Miss Mary Elizabeth Wood，1861～1931）①

“中国现代图书馆运动之皇后”这一称谓是在民国初年，由当时的民国大总统黎元洪赋予韦棣华女士的。

韦棣华女士 1899 年来华；

1910 年，创办我国第一个美国式公共图书馆——文华公书林，率先在中国开展巡回图书馆服务和开架制；

1914 年、1917 年，韦棣华先后资助沈祖荣和胡庆生赴美，开创我国留洋攻读图书馆学的先河；

1920 年，韦棣华创办我国第一个图书馆学教育机构——文华图书科；

1925 年，韦棣华通过促成美国退还庚子赔款，发起成立中华图书馆协会。

韦棣华女士在中国服务 31 年，其中，为中国图书馆事业服务了 20 年。她为整个图书馆事业的发展做出了杰出贡献。

7．6 中国图书馆学教育之父——沈祖荣②

沈祖荣先生毕生都在为中国图书馆事业奋斗：

1911 年，就职于文华公书林；

1914 年，第一个赴美攻读图书馆学；

1917 年，在全国掀起新图书馆运动的高潮；

1917 年，出版我国第一部中西混合制图书分类法《仿杜威书目十类法》；

1920 年，与韦棣华共同创办我国第一个图书馆学教育机构——文华图书科；

1929 年将文华图书科发展成为独立的图书馆学教育机构——私立武昌文华图书馆学专科学校；

1929 年，创办民国时期的三大图书馆学刊物之一《文华图书馆学专科学校季刊》；

1929 年，作为中华图书馆协会的唯一代表参加 IFLA 第一次年会；

到 1952 年，担任“文华”校长近 30 年，从事图书馆工作 42 年；

截止 1957 年，教授图书馆学超过 40 年，桃李满天下。

可以说，在整个中国 20 世纪的上半叶，大部分图书馆学的人才都是沈祖荣的学生，前文提到的几代图书馆学人才及他们的学生，基本都是沈祖荣的徒子徒孙。所以，我们称沈祖荣先生为“中国图书馆学教育之父”。

7．7“北刘南杜”——刘国钧、杜定友

（1）刘国钧（1898～1980）③

过去我称此人为“中国图书馆学之父”。

---

① Cheng Huanwen. Miss Mary Elizabeth Wood: from an American Librarian to the Queen of the Modern Library Movement in China. 见：澳门图书馆暨资讯管理协会编．两岸三地图书馆管理与技术．澳门：澳门图书馆暨资讯管理协会（ISSN 1606－903X），2000．1：85－101

程焕文．文华精神：中国图书馆精神的家园——纪念文华图专 80 周年暨韦棣华女士和沈祖荣先生．见：马费成主编．世代相传的智慧与服务精神——文华图专八十周年纪念文集．北京：北京图书馆出版社，2000．6：225－251

② 程焕文．中国图书馆学教育之父——沈祖荣评传．台北：台湾学生书局，1997

③ 刘国钧图书馆学论文选集．北京：书目文献出版社，1983

北京大学信息管理系等编．一代宗师——纪念刘国钧先生百年诞辰学术论文集．北京：北京图书馆出版，1999

刘国钧先生的图书馆生涯大致如下：

1920 年，就职于金陵大学图书馆；

1925 年，回国后任金陵大学图书馆主任；

1944 年，任西北图书馆馆长；

1951 年，任北京大学图书馆学系教授、系主任。

刘国钧对图书馆学的贡献十分卓越，他取得的成就可以概括如下：

1929 年任北平图书馆编纂部主任，负责编辑《图书馆学季刊》；

1929 年出版民国时期四大分类法之一——《中国图书分类法》；

1930 年出版《中文图书编目条例》，奠定了我国图书馆编目规则的基础；

1934 年出版《图书馆学要旨》，发展了“要素说”；

1956 年参加编制《中小型图书馆图书分类法草案》，《中图法》的框架——五大部类，即由该草案效仿而来；

1958 年出版《中国图书史简编》，开创中国图书专门史的研究；

1975 年发表《“马尔克”计划简介》，为我国图书馆自动化打下了基础。

（2）杜定友（1898～1967）①

杜定友先生的图书馆生涯大致如下：

1921 年，在菲律宾大学获得图书馆学学士学位回国；

1923 年，任复旦大学图书馆主任；

1925 年，任交通大学图书馆馆长；

1925 年，创办上海国民大学图书馆学系；

1925 年，在上海发起创办中华图书馆协会；

1926 年，任中山大学图书馆馆长；

1949 年，任广东中山图书馆馆长。

杜定友先生在图书馆学方面成就卓著，有很多可以载入史册的功绩：

1922 年，在广州创办“广东省图书馆管理员养成所”；

1925 年，出版民国时期四大分类法之一《世界图书分类法》；

1925 年，发表《汉字排字法》、出版《著者号码编制法》、《图书目录学》和《图书馆通论》；

1926 年，发明“图书馆”（“口”字里面一个“书”字）新字；

1930 年，出版《校雠新义》；

1956 年，参加编制《中小型图书馆图书分类法草案》；

1963 年，创办建国后第一个图书馆学会——广东图书馆学会。

杜定友一生共撰写著作 86 种（已出版 55 种），论文 512 篇（已发表 320 篇），共约 600 万字，对 20 世纪的图书馆学产生巨大影响。

7．8“大陆二十名家”

在当代图书馆学各个领域，大陆都出现一批造诣较深的专家学者，在图书馆界颇有影响，根据他们的研究领域，可以大致划分如下：

（1）图书馆学理论方面：周文骏、黄宗忠、吴慰慈、孟广均；

（2）目录学方面：彭斐章、朱天俊；

（3）文献学与古籍整理方面：赵万里、顾廷龙；

① 中山图书馆杜定友纪念室．杜定友先生逝世二十周年纪念文集．广州：中山图书馆，1987
中山图书馆杜定友纪念室．杜定友学术思想研讨会论文集．广州：中山图书馆，1988
王子舟．杜定友和中国图书馆学．北京：北京图书馆出版社，2002

（4）图书和图书馆史方面：张秀民、来新夏、谢灼华；

（5）分类法与主题法方面：张琪玉、刘湘生、白国应；

（6）图书馆编目方面：阎立中、黄俊贵；

（7）文献检索方面：陈光祚、詹德优；

（8）图书馆事业组织管理方面：谭祥金、孙蓓欣；

这些人分别是当代图书馆学各分支领域很有影响力的带头人。

7. 9“台湾六君子”

即当代的台湾图书馆学专家沈宝环、王振鹄、胡述兆、卢荷生、李德竹、胡欧兰。

这6人是1990年后在海峡两岸图书馆事业的交流和合作方面最有影响的，也是极力推动交流和合作的，贡献最大的台湾图书馆界的学人。同时，这6位学人在台湾图书馆学界的成就也是最高的。可以说，在整个20世纪的大中国图书馆事业中，这6个人是非常有影响的。

7. 10“华美四杰”

在20世纪的欧美图书馆事业中，最具有影响力的美籍华人图书馆学家有4人：

裘开明博士，创办了西方最大的东方图书馆——哈佛燕京图书馆，并担任馆长近40年，奠定了美国东方图书馆学的基础。

钱存训博士，现在已经年逾90，他在图书史和印刷史方面的研究，对于弘扬中国文化的贡献卓著。

李华伟博士，是美籍华人中担任美国大学图书馆馆长的第一人，在图书馆事业、中美图书馆交流合作、图书馆教育和图书馆学研究上贡献良多。

陈钦智博士，美国西蒙斯学院图书馆和信息学院研究生院教授，曾担任美国总统克林顿的信息技术咨询委员会委员，在图书馆学教育、中美图书馆学交流合作和倡导全球化数字图书馆方面影响广泛而深远。

8. 一种精神①

经过一百年的发展，中国图书馆事业能够有今天的辉煌，是因为其中凝聚着一种图书馆精神，这种精神可以总结为8个字：爱国、爱馆、爱书、爱人。

爱国：忠诚祖国、自强不息、振兴中华。在一百年的发展过程中，图书馆事业经历了太多的坎坷。能有图书馆学的今天，是我们四代学人不断奋斗的结果。这一结果来自图书馆人对祖国的忠诚和自强不息的精神。从最早的一代图书馆人开始，他们兴办图书馆事业，或是以教育救国，或是以图书馆事业救国为信念，总之，是把它当作救国的事业来完成，他们的最高理想是振兴中华。这是支撑图书馆事业发展的精神力量。

爱馆：忠诚图书馆事业、热诚服务、甘于奉献。很多图书馆事业的前辈，对图书馆事业都非常忠诚。比如杜定友先生，作为图书馆人，自己终生不藏书，以图书馆为家，将自己所买图书都奉献给图书馆。这样的事例很多，这里不一一赘述。总而言之，这是一种服务的精神、一种奉献的精神。上个世纪二、三十年代时，沈祖荣先生提出智慧与服务以后，对图书馆的基本精神做了很好的概括：图书馆需要服务的精神、奉献的精神。

爱书：嗜书如命、为人找书，为书找人。图书馆人有着嗜书如命的精神。20世纪50年代时，中国图书馆界提出“为人找书，为书找人”的口号。今天，当我们审视全世界所有国家的图书馆学理论时，我们会发现20世纪50年代我国图书馆界提出的“为人找书，为书找人”这8个字，是对图书馆这一职业最精辟、最准确、最简单的一个描述。我们找不出比这8个字更精辟的描述。“为人找书，为书找人”今天已经无法查证到底是哪一个人提出这个口号，但它是那个时代的产物，是全体中国图书馆员集体的发明创造。我个人认为，它比阮冈纳赞的“图书馆五法则”精辟得多，但是，我们过去忽视了它。

---

① 程焕文. 论“图书馆精神”. 黑龙江图书馆，1988（4）：9－11
程焕文. 图书馆人与图书馆精神. 中国图书馆学报，1992（2）：35－42

爱人：热爱读者、吸引读者、善待用户。

9. 人性复归

展望21世纪中国图书馆事业的发展方向，我认为，人文精神、自由平等权利、图书馆职业道德、人性化服务、社区图书馆服务和弱势群体图书馆服务将是图书馆事业发展的努力方向。

人文精神。在科技高度发展的时代，未来的21世纪图书馆的发展方向是人文精神的发展。展望21世纪图书馆的发展，我特别地强调人性的复归，而不讲数字图书馆，不讲图书馆网络化。在这个数字化网络化时代，图书馆的自动化、数字化、网络化只是图书馆发展的一个最基本的条件。如果科技的发展不以人文的发展为前提，科技就会走向它的反面，IT技术的发展也会走向它的反面。所以，我认为21世纪是人性复归的时期。①

自由平等权利。这一时期，中国图书馆事业的发展首先是自由、平等、权利的问题。整个20世纪图书馆事业的发展结束了，回顾过去，我们图书馆界最不讲究的是图书馆读者或用户自由平等权利的保护。在整个21世纪的发展中，我认为，应该向自由、平等、权利这一方向努力。大家也可以看到，读者或公民的自由阅读、平等利用图书馆的权利正在不断地被强调。我相信在21世纪，这将成为我们图书馆发展的一个重要方向。

图书馆职业道德。去年我们公布了《中国图书馆员职业道德规范》，可能有的同行还没有引起重视。实质上，我们图书馆事业的发展是在两个空间中的发展，一个是法律的空间，一个是道德的空间。法律是下限，道德是上限。但是我国图书馆事业在过去的发展中，下限不明确，上限也是模糊的。我们没有图书馆法，也没有相应的保护读者自由、平等利用图书馆的法律。所以，图书馆事业的发展，在某种程度上是盲目发展的，或者说是随意发展的。我认为，在21世纪，图书馆事业必须向着以完善的图书馆法，以及相关的保护读者和用户自由、平等、利用的法律为下限，同时以《图书馆员职业道德规范》为上限的方向发展，我们的图书馆事业才会有新的起色。

人性化服务。不管图书馆事业的发展到什么样的程度，人性化服务总是图书馆的永恒课题。近年来，我国图书馆界已经开始重视人性化服务，新的技术、方法将向更加人性化、更加个性化的方向发展。

社区图书馆服务。图书馆事业经过20世纪90年代的黄金发展，目前两极分化在急剧加大。东部的图书馆和大型图书馆向更高层次、更高质量的方向发展，可以说，相当一批图书馆已经不亚于欧美的图书馆，甚至在某些方面超过欧美图书馆。但也应该看到，东部、西部、不同类型的图书馆之间的发展是极不平衡的，服务方式的发展也是极不平衡的。所以，21世纪图书馆发展的一个重要方向是社区图书馆和社区图书馆的服务。只有将图书馆事业真正渗透到社区的每一个角落，那个时候，才是图书馆事业真正发展、腾飞的时候。不要以为有几十个、几百个大的图书馆，我国的图书馆事业就已经发展上去了，那不过是一些面子上的所谓“标志”而已，真正的服务要深入到社区中去。所以，21世纪社区图书馆的发展，社区图书馆服务的发展，才是图书馆事业发展最重要的一个理念。

弱势群体图书馆服务。图书馆的弱势群体服务，体现着图书馆的人文关怀。弱势群体是一个很大的范围，整个中国社会也在强调弱势群体服务。这也是图书馆事业发展的一个重要方面。当图书馆事业的发展中，大家能够重视社区服务，重视普通民众服务，重视弱势群体服务的时候，才是21世纪图书馆事业发展的真正辉煌时期。

最后，我用两句话来总结中国图书馆事业经历的百年：

---

① 程焕文. 文华精神：中国图书馆精神的家园－－纪念文华图专80周年暨韦棣华女士和沈祖荣先生. 见：马费成主编. 世代相传的智慧与服务精神——文华图专八十周年纪念文集. 北京：北京图书馆出版社，2000，6：225－251

程焕文. 跨越时空的图书馆精神——“三位一体”与“三维一体”的韦棣华女士、沈祖荣先生和裘开明先生. 中国图书馆学报，2002（5）：61－65；2002（6）：66－70

百年沧桑如白驹过隙，百折不挠造就百年基业；

百废俱兴乃白手起家，百花争艳再创百年辉煌。

1 本文由黑龙江省图书馆肖红凌女士根据程焕文于 2004 年 7 月 24 日上午在苏州人民大会堂举行的“中国图书馆学 2004 年年会”开幕式上所作的大会主旨报告发言提纲和录音整理而成，并连载发表于《图书馆建设》2004 年第 6 期和 2005 年第 1 期。

2 程焕文．光荣与梦想：二十世纪中国图书馆事业回顾．图书馆，1994（3）：18 - 24

3 程焕文．晚清图书馆学术思想史．北京：北京图书馆出版社，2004．4：216 - 319

4 Cheng Huanwen. The Impact of American Librarianship on Chinese Librarianship in Modern Times (1840 - 1949). Libraries & Culture, Vol. 26, No. 2, Spring 1991: 372 - 387

5 程焕文．晚清图书馆学术思想史．北京：北京图书馆出版社，2004．4：239 - 287

6 程焕文．晚清图书馆学术思想史．北京：北京图书馆出版社，2004．4：288 - 319

7 学部．奏报分年筹备事宜折（宣统元年闰二月二十八日）．见：陈学恂主编．中国近代教育史教学参考资料（上册）．北京：人民出版社，1986．7：742 - 746

8 京师图书馆及各省图书馆通行章程折（宣统二年）．见：李希泌，张椒华编．中国古代藏书与近代图书馆史料．北京：中华书局，1982．2：129 - 131

9 汤钦飞．清末新式教育行政机构的建立及其运作．见：王晓秋，尚小明主编．戊戌维新与清末新政——晚清改革史研究．北京：北京大学出版社，1998．4：176 - 177

10 学部．奏酌拟学部官制并归并国子监事宜改定额缺折（光绪三十二年四月二十日）．见：陈学恂主编．中国近代教育史教学参考资料（上册）．北京：人民出版社，1986．7：585 - 590

11 Cheng Huanwen. Miss Mary Elizabeth Wood: from an American Librarian to the Queen of the Modern Library Movement in China．见：澳门图书馆暨资讯管理协会编．两岸三地图书馆管理与技术．澳门：澳门图书馆暨资讯管理协会（ISSN 1606 - 903X），2000．1：85 - 101

程焕文．文华精神：中国图书馆精神的家园——纪念文华图专 80 周年暨韦棣华女士和沈祖荣先生．见：马费成主编．世代相传的智慧与服务精神——文华图专八十周年纪念文集．北京：北京图书馆出版社，2000．6：225 - 251

12 沈祖荣．韦棣华女士略传．文华图书科季刊，1931，3（3）：283 - 285

13 金敏甫．中国现代图书馆概况．广州：广州图书馆协会，1929：1

14 严文郁．中国图书馆发展史．新竹：枫城出版社，1983：198

15 Mary Elizabeth Wood. Recent Library Development in China. ALA Bulletin, 1924 (18): 178 - 182

16 中华图书馆协会．中华图书馆协会概况．北京：中华图书馆协会，1933．8：1

17 严文郁．中国图书馆发展史．新竹：枫城出版社，1983：111 - 114

18 程焕文．共和国图书馆事业四十年之回顾与展望．图书馆，1989（5）：3 - 10

19 北京大学图书馆学系．中国近代现代图书馆事业史（草稿）．北京：北京大学图书馆学系铅印，1961：241

20 胡耀辉．中国图书馆事业光辉的十年．光明日报，1959．10．20：3

21 北京大学图书馆学系．中国近代现代图书馆事业史（草稿）．北京：北京大学图书馆学系铅印，1961：241

22 北京大学图书馆学系．中国近代现代图书馆事业史（草稿）．北京：北京大学图书馆学系铅印，1961：241

23 吴慰慈等．蓬勃发展中的中国图书馆事业．北京：书目文献出版社，1996．8：76 - 79

24 Donald G. Davis, Jr. & Cheng Huanwen. Destruction of Chinese Books in the Peking Siege of 1900. IFLA Journal. Vol. 23, No. 2, March 1997: 112 - 116

Donald G. Davis, Jr. & Cheng Huanwen. The Destruction of a Great Library: China's Loss Belongs to the World. American Libraries. October 1997: 60 - 62

程焕文. 千古浩劫罄竹难书 八国联军罪不容诛——翰林院劫毁百年祭. 资讯传播与图书馆学. 2000, 12 (7-2): 33-44

25 程焕文. 中国图书文化导论. 广州: 中山大学出版社, 1995. 10: 222-236

26 李彭元. 日本对我国图书馆事业的侵略与破坏之研究（晚清至民国时期）. 广州: 中山大学, 1998. 5

27 严文郁. 中国图书馆发展史. 新竹: 枫城出版社, 1983: 140-145

28 吴枫. 中国古典文献学. 山东: 齐鲁书社, 1982: 27

29 金敏甫. 中国现代图书馆概况. 广州: 广州图书馆协会, 1929: 29

30 金敏甫. 中国现代图书馆概况. 广州: 广州图书馆协会, 1929: 29

31 刘国钧. 现时中文图书馆学书籍评. 见: 刘国钧图书馆学论文选集. 北京: 书目文献出版社, 1983. 6: 14-18

32 金敏甫. 中国现代图书馆概况. 广州: 广州图书馆协会, 1929: 30

33 程焕文. 中国近代图书馆学期刊史略（上、下）. 图书馆, 1985 (5): 28-32; 1985 (6): 29-31

34 潘燕桃, 程焕文. 世界图书馆学教育进展. 北京: 北京图书馆出版社, 2004. 4

35 程焕文. 论图书馆人才的特征——关于"图书馆四代人"的探讨. 广东图书馆学刊, 1988 (3): 22-29

程焕文. 图书馆人与图书馆精神. 中国图书馆学报, 1992 (2): 35-42

36 Cheng Huanwen. Miss Mary Elizabeth Wood: from an American Librarian to the Queen of the Modern Library Movement in China. 见: 澳门图书馆暨资讯管理协会编. 两岸三地图书馆管理与技术. 澳门: 澳门图书馆暨资讯管理协会 (ISSN 1606-903X), 2000. 1: 85-101

程焕文. 文华精神: 中国图书馆精神的家园——纪念文华图专 80 周年暨韦棣华女士和沈祖荣先生. 见: 马费成主编. 世代相传的智慧与服务精神——文华图专八十周年纪念文集. 北京: 北京图书馆出版社, 2000. 6: 225-251

37 程焕文. 中国图书馆学教育之父——沈祖荣评传. 台北: 台湾学生书局, 1997

38 刘国钧图书馆学论文选集. 北京: 书目文献出版社, 1983

北京大学信息管理系等编. 一代宗师——纪念刘国钧先生百年诞辰学术论文集. 北京: 北京图书馆出版, 1999

39 中山图书馆杜定友纪念室. 杜定友先生逝世二十周年纪念文集. 广州: 中山图书馆, 1987

中山图书馆杜定友纪念室. 杜定友学术思想研讨会论文集. 广州: 中山图书馆, 1988

王子舟. 杜定友和中国图书馆学. 北京: 北京图书馆出版社, 2002

40 程焕文. 论"图书馆精神". 黑龙江图书馆, 1988 (4): 9-11

程焕文. 图书馆人与图书馆精神. 中国图书馆学报, 1992 (2): 35-42

程焕文. 文华精神: 中国图书馆精神的家园——纪念文华图专 80 周年暨韦棣华女士和沈祖荣先生. 见: 马费成主编. 世代相传的智慧与服务精神——文华图专八十周年纪念文集. 北京: 北京图书馆出版社, 2000, 6: 225-251

程焕文. 跨越时空的图书馆精神——"三位一体"与"三维一体"的韦棣华女士、沈祖荣先生和裘开明先生. 中国图书馆学报, 2002 (5): 61-65; 2002 (6): 66-70

41 严文郁. 中国图书馆发展史: 自清末至抗战胜利. 新竹: 枫城出版社, 1983: 22

42 周和平. 在湖南图书馆百年庆典仪式上的讲话.

20 世纪中国图书馆观念的变迁和发展

张树华
（北京大学信息管理系）

“观念”也有的译为“理念”。哲学中的“观念”指理性领域内的概念。在辩证唯物主义哲学中，广义的观念与“意识”、“精神”同义；狭义的观念与“思想”同义。图书馆观念是在图书馆事业的发展进程中，能指导图书馆事业发展方向和前景的、具有一定前瞻性和超前性的思想或精神。

20 世纪我国图书馆事业经历了两次大的变革：一次是 19 世纪末、20 世纪初，由藏书楼向公共图书馆的变革；另一次是 20 世纪 80－90 年代，由传统图书馆向现代化图书馆的变革。每次变革都是由先进观念作为思想的启蒙和引导而引发和实现的。

下面按时间顺序，论述 20 世纪不同时期中国图书馆观念的变迁和发展。

1　清朝末年

1．1 清末维新派人士倡导建立开放式藏书楼的观念

中国古代无论皇室藏书楼、官府藏书楼或私人藏书楼，都是将藏书封闭起来，“秘而不宣”，不准一般人观览。到了清朝末年，由于政治、经济、战争等一系列原因，以康有为、梁启超为代表的维新派人物提出了变法的主张。他们除在政治上提倡变法，推行宪政外，在教育、文化方面也提出了一些主张。维新派人物汪康年在《论中国求富强宜筹宜行之法》一文中说：“今日振兴之策，首在育人才。育人才则必学新术，学新术则必改科举、设学堂、定学会、建藏书楼－－－”。“泰西之藏书楼，藏书至数百万卷，备各国文字之书。斯三者，皆兴国之盛举也”。梁启超于 1896 年在《时务报》创刊号上提出：“泰西教育人才之道，计有三事：曰学校、曰新闻馆、曰藏书楼”。维新派倡导建立新式藏书楼其中包含三个观点：

（1）将藏书楼开放，供士人公共使用的观点。这是对中国几千年封闭式藏书楼的挑战，也可以说是一次革命。光绪 30 年（1904 年），浙江绍兴徐树兰将私人藏书楼——古越藏书楼的 7 万卷藏书开放，供绍兴公众观览，首开藏书楼公开阅览，公共利用的先河。

（2）“启迪民智、作育人才”的观点。维新派把建立开放式藏书楼作为“推行新政、作育人才”的一种手段来看待，因而赋予了藏书楼以新的作用和机制。

（3）“存古开新”的观点。徐树兰在《古越藏书楼章程》第二节中明确指出：“本楼创设的宗旨有二：一曰存古、二曰开新。”存古是我国的民族文化传统，古代的文化、历史、礼仪、制度、科技等得以不断继承、延续，多赖“存古”思想。徐树兰认为：“不谈古籍无从考政治、学术之沿革，不谈“开新”，无从启借鉴变通之途径”。“开新”是戊戌变法的重要思想，“开新”的内容主要是学习西方的政治体制、科学技术、教育制度、文化设施等。为体现“开新”的观念，徐树兰在收集藏书时，除经史子集四部书外，“凡已译、未译东西书籍一律收藏”。“各书之外，兼收各种图画，类别有三：曰教科画、曰地图、曰实业图”。又收各种学报、日报，以资参考。“存古开新”的观念，体现了当时既保存传统的文化，又开拓西学东进，借鉴东西方学术的观念和态度。

1．2 清末政府的图书馆观念

1909 年，清政府颁发了一项《京师图书馆及各省图书馆通行章程》。该章程规定了图书馆的宗旨是“以保存国粹，造就通才，以备硕学专家研究学艺，学生士人检阅考证之用。以广徵博采，供人浏览为宗旨”。此章程体现了下列几种观念：

（1）“保存国粹”的观念：保存国粹是我国历代藏书楼的优良传统。“保存国粹”观念之深入人心，使得我国大批古代典籍得以流传至今，并使藏书得到系统、完整的保存。

（2）“造就英才”的观念：把图书馆看作是培养人才的机构。明确图书馆的服务对象既包括硕学专家，又包括学生士人。通过浏览，供硕学专家研究学艺，也供学生士人检阅参考。

（3）“广徵博采”的观念：包括两个方面：一是图书馆的收藏要兼顾中外书刊。除四库图籍外，“对海外各国图书，凡关系政治学艺者，均应随时搜集，渐期完备”。另一方面是指在图书馆的管理、规章制度、藏书整理等方面要逐渐吸取西方图书馆的管理模式和管理方法。

2　辛亥革命以后

辛亥革命成功后，结束了几千年的封建统治，成立了中华民国。蔡元培先生担任第一任教育总长。他对图书馆提出了许多新的观念和主张：

（1）平民教育的观念

蔡元培先生十分重视社会教育，他以为“必有极广泛之社会教育，而后无人、无时不可以受教育，乃可谓教育普及”。（见蔡元培：《口述传略》）。他把社会教育看成是推动平民教育，提高民众文化水平的必不少的手段。为此，他说：清学部旧设普通教育司和专门教育司。我为提倡补习教育、民众教育起见，于教育部中增设社会教育司。社会教育司主要掌管图书馆、博物馆、美术馆、通俗教育及讲演会、巡行文库等事宜。次年，聘请鲁迅先生为社会教育司第一科科长，主管图书馆等事宜。在蔡元培、鲁迅先生的推动下，我国公共图书馆事业，特别是通俗图书馆事业得到了迅速发展。

（2）平等利用图书馆的观念

民国4年（1915年），教育部颁发了《公共图书馆规程》和《通俗图书馆规程》两个文件。在《通俗图书馆规程》中提出其宗旨是：“以启发一般人民普通必须的知识为主”。所采集的书报“以人民所必须且易晓者为宜”。这一宗旨体现了蔡元培先生设立通俗图书馆，以普及平民教育的初衷。蔡元培先生说：“教育并不专在学校，学校以外还有许多机关，第一是图书馆”。“凡有志读书，而无力买书的人，或是孤本、抄本、极难得的书，都可以到图书馆研究”。又说：“书报之必不可少明矣，惟个人之财力有限，而书报之卷籍无穷，势不能尽买，其唯一解决之法，莫若建立图书馆，使大家都可以来看”。（见：《北京大学日刊》第806号）。“大家都可以来看”体现了一般人民均可以平等利用图书馆，平等受教育的观念。

（3）“兼容并包”的观念

蔡元培先生提倡“循思想自由原则，取兼容并包主义”。他认为：无论何种学派，“苟其言之成理，持之有故，尚未达自然淘汰之命运，即使彼此相反，也听它们自由发展”。（见：蔡元培《自写年谱》）。在这种思想指导下，在蔡元培先生任北京大学校长期间，促进了北大的思想解放和学术繁荣。这种观念也推动了北京大学图书馆的藏书建设，使之广徵博采，包容各种政治或学术观点的书刊，通过各种学派书刊的流通、推广和利用，促进了学术讨论、思想争辩的学风，推进了民主、自由的风气。

3　五四运动以后的图书馆观念

五四运动高举民主与科学的大旗，对全国人民来说是一次伟大的启蒙运动。在新形势下，图书馆作为宣传新思想，传播新文化，向人民进行教育的阵地，提出了许多新的办馆观念。

五四运动以后，我国图书馆界受来自两方面力量的影响：一方面是以李大钊为首的无产阶级革命派；另一方面是以杜定友、刘国钧为代表的欧美留学派。

3.1 李大钊的图书馆观念

（1）为劳工服务的观念

李大钊在提倡为一般社会民众服务的同时，突出提出了为劳工服务的口号。他说：“劳工聚集的地方，必须有适当的图书馆、书报社，专供工人休息时间阅读”。又说：“我们最崇敬的工人，日出而做，日入而息，饥则耕而食，寒则织而衣，劳则筑而居。人类之能够生存，皆借他们之力。乃因没有知识的原故，致为他人所鄙视，且所应得之幸福，均为强有力者所夺去。我们若要援助他们，最好就是增加他们的知识，使他们能自己觉悟”。（见：《北京大学日刊》1920 年 4 月 13 日）。使广大劳工有书看，以提高他们的知识水平和思想觉悟，是李大钊办馆观念的核心内容。在这种思潮影响下，五四以后各地出现了为工人服务的工人俱乐部或图书馆，如：长辛店工人俱乐部、安源工人俱乐部等。天津、唐山等地创立了工人图书馆，备有各种书籍、报刊，以增进工人知识，促进工人觉悟。

（2）平等的观念

李大钊说：“我们必须要使人人均有读书的机会，领会一点新知识、新学说”。而“在今日私有制之社会，能够长期研究学问的人，都是少数的资产阶级”。他呼吁：“想教育发展，一定要使全国人民无论何时、何地都有研究学问的机会，换句话说，就是要使全国变成一个图书馆或研究室”。为使劳工也有读书的机会，他提出：“图书馆宜一律公开，不收费”。公共图书馆不要收费，不要给劳工利用图书馆时设置任何障碍，这是平等利用图书馆的先决条件。

（3）提倡开架借阅的观点

为了充分发挥图书馆的教育作用，他主张图书馆要由闭架借阅改为开架借阅，即由“文库式”改为“开架式”。他说：‘旧图书馆采用文库式，取书的手续非常麻烦’。“现在欧美各国为节省无谓的手续和虚费的时间，并且给阅览人一种选择的便利，所以多主张开架式”（见：李大钊“在北京高等师范学校图书馆二周年纪念会上的讲话”）。他在任北京大学图书馆主任时，曾搞过一段时间的开架，并认为：这是图书馆的新趋势。

（4）采取“兼容互需”的藏书建设方针

李大钊在任北京大学图书馆主任期间，除了收藏马克思主义经典著作和具有现实意义的书刊外，也不排除收藏反映旧思想、旧观念的书籍，对各种学说的书籍采取“兼容互需”的观念。他说：“宇宙的进化，全仗着新旧两种思想互相推演，仿佛像两个车轮子运着一辆车一样——我确信这两种思想，都应该知道须和他们反对的一面并存共进，不可妄想灭尽反对势力，以求独自霸行”。这些思想一方面反映了李大钊的辩证唯物主义的观点，另一方面也传承了蔡元培的“兼收并蓄”的学术思想和治学方针。

3．2 欧美图书馆学派的观念

辛亥革命后，先后派遣了沈祖荣、杜定友、刘国钧等一批人留学欧美，学习西方图书馆学的理论和方法。回国后，他们借鉴欧美的经验，阐述了许多有关图书馆的观念。

（1）图书馆是教育机构的观点

刘国钧认为：图书馆是公共教育的一部分。“图书馆在教育上的价值，有时竟过于学校”。因为“学校之教育止于在校之人数，图书馆之教育，则遍于社会；学校之教育，迄于毕业之年，图书馆之教育则无年数之限制；学校之教育有规定课程之限制，图书馆之教育，则可涉及人类所应有之知识；学校教育常趋于专门，而图书馆教育则为常识之源泉”（见：“美国公共图书馆之精神”、《新教育》7 卷 1 期）。“而社会之人，在学校者少，人之一生，在学校时少。然则图书馆教育，苟善用之，其影响于社会，于人生者，甚于学校”（同上）。

（2）“图书馆的书籍要为公众所用”的观念

杜定友认为：“夫书籍者，天下之公器也，自当公开，为世所用，俾使社会人民多一进善之途径，使国民思想，日益进步”（见：杜定友、《图书馆通论》、1928 年）。刘国钧认为：图书馆要“用种种方法引起社会上人人读书之兴趣”。“使馆中之书，为人所读，而尤贵乎使人人皆能读其所当读之读物”。图书馆“其目的在使凡有阅读之能力者，不问其年龄、阶级与性别之如何，皆得有其适当的读物”（见：“近代图书馆之性质及功用”、《中华教育界》、11 卷 6 期、1921 年）。

（3）“中西合璧”的图书馆理论和方法的观念

五四运动以后，我国图书馆的数量日益增多，并已逐渐形成体系。图书馆事业的发展，需要有理论上的指导，于是图书馆学著作逐渐出版。最早的图书馆学著作是从日本翻译过来的，如：《图书馆教育》户野周二郎著、谢昌荫译；《图书馆小识》（日）图书馆协会编著、北京通俗教育研究会译；《图书馆指南》顾实编译。以上三书代表东方图书馆学的输入。欧美留学派回国后，依据西方图书馆学的内容，编写了一些教材和图书馆学著作，如：戴志骞编写的《图书馆学术讲稿》、杨昭哲著的《图书馆学》（上下册）等。东西方图书馆学在中国流行了几年后，一些图书馆学的老前辈渐渐感到，外国的办馆方法有许多不适合中国的国情，如：外国的图书分类法无法容纳中国的古书。外国的编目法多以著者为标目，而中国传统的目录，多以书名为标目。为此，如何以外国图书馆的原理与方法，结合中国的实际，解决中国图书馆实践中的问题，就成了当时急待解决的现实问题。于是，"本新图书馆之原理，以解决中国特有问题之势，已皎然可见"（刘国钧、"现实中文图书馆学书籍评"《图书馆学季刊》1 卷 2 期 1926 年）。在这种形势下，编制"中西合璧"的图书馆著作，一时成为时尚。代表著作有：杜定友的《世界图书分类法》、（上海图书馆协会出版 1925 年）、王云五的《中外图书统一分类法》（商务印书馆、年）、刘国钧的《图书馆学要旨》（中华书局、1934 年）、蔡莹的《图书馆简说》（中华书局、1924 年）等。

（4）图书馆协作观念的树立

图书馆事业的发展和专业人员的不断增加，各地图书馆迫切要求组织起来，开展协作，以增加图书馆之间的联系，并合作开展一些业务活动。在图书馆协作观念推动下，各省、市先后建立起地方性的图书馆协会。1925 年，中华图书馆协会在北京举行成立大会，通过了"中华图书馆协会组织大纲 9 章 25 条"，选举了董事部，从此中国图书馆界走上了协作办馆的道路。中华图书馆协会对推动我国图书馆学研究，进行图书馆学教育，培养图书馆专业人才，交流图书馆工作技术和经验等方面，做出了应有的贡献。

4　抗日战争期间保护国家珍贵文献的观念

1931 年"九一八事变"，日本侵占了我国东北，并伺机侵吞华北，乃至全中国。大敌当前，为了避免我国珍贵的善本书籍遭到日寇的掠夺和破坏，许多大型图书馆为抢救和保护国宝珍本，做出了极大的努力。这期间，我国传统的"保护藏书"的观念，突出显现出来。

我国藏书楼在长期实践中，树立了极强的藏书保护观念和保护措施。靠这种强烈的保护观念和保护措施，使得我国数以千万计的珍贵图书得以保存至今，成为世界上现存古老的、珍贵的文献最多的国家。作为纸质文献，它的保护条件极为严格，既怕兵灾、火灾，又怕虫咬、潮湿。无数次历史经验教训，证明战乱是损害图书的首要灾难。在大敌当前的抗战前夕，保护好我国古老的珍贵文献，就成了当时最重要的任务。

例如：国立北京图书馆在"九一八事变"后，于 1933 年将：（1）善本书之罕传本；（2）唐人写经；（3）方志稀见本；（4）四库罕传之本；（5）内阁大库舆图等，计有善本甲库 132 箱，唐人写经 47 箱，舆图 13 箱，金石拓片 3 箱，乙库书 38 箱，共 233 箱，先存放于天津，后移至上海外国人租界中。太平洋战争爆发前，将寄存于上海的甲库善本书 2700 种、约 3 万册进行精选。精选后的善本精华装成 102 箱，运至美国，由美国国会图书馆代为保管。1965 年 11 月，这批书运至台湾，现放置在台北中央图书馆。其他善本书后来又陆续运回北京图书馆。

抗战期间，保护藏书，保存国粹的观念，在我国图书馆界同人的思想中牢牢树立。靠这种观念，他们不畏辛劳，不怕敌人的狂轰滥炸，历经无数次艰难坎坷，辗转搬迁，最终使我国珍贵的图书遗产得以完好的保存。

5　新中国成立初期

1949 年中华人民共和国成立，国家的性质发生了根本性的改变，实行人民民主专政。1949 年以后较长的一段时间，图书馆办馆的观念基本上是以国家制定的方针政策为依据，是自上而下的指示的贯彻执行。下面分别述之：

5.1“为工农兵服务”的观念

新中国成立后，图书馆成了“为广大工农兵服务”的文化教育阵地，图书馆向广大劳动人民敞开了大门。为了更好地发挥“为工农兵服务”的方针，图书馆采取了“走出去、请进来”的工作方式。所谓“走出去”就是主动到工厂农村，通过图书流动站、巡回文库等方式，将书刊送到工人、农民手中。“请进来”即图书馆开展多种多样的图书宣传活动，如：图书展览、举办读者座谈会、图书讨论会等，吸引人民大众到图书馆来，并利用图书馆的藏书，学习知识，提高文化。1955年，中华全国总工会发布了：《关于工会图书馆工作的规定》。指出：“凡有职工2500人以上的基层厂矿，均可视本身条件，建立单独的或附设在俱乐部中的工会图书馆”。从此，工会图书馆大量建立，它们对于提高工人的文化水平、专业技能起了很大的作用。

5.2“为科学研究服务”的观念

1956年我国提出了向科学进军的号召。周恩来总理在“关于知识分子问题”的报告中提出：“为了保证科学研究工作的开展，具有首要意义的是使科学家得到必要的图书、档案资料和其他条件”。为了执行这一任务，一些大型图书馆开始加强为科研服务的工作，如：建立科技书刊阅览室、工具书阅览室；编制各种专题书目；开展馆际互借、参考咨询等工作。图书馆工作由普及方向逐渐走向为科研服务的方向。图书馆在为科研服务的过程中，它的工作逐渐深入、提高，图书馆的学术性逐渐显现出来。

5.3 协作观念和协作组织的确立

鉴于当时的经济状况，图书馆要提供必要的中外书刊资料，就必须走协作的道路。1957年，在国务院科学规划委员会下，设立了“图书小组”，负责全国各类型图书馆的协作与协调工作。根据《全国图书协调方案》的规定，当时首先要进行（1）建立中心图书馆：在北京、上海建立两个全国性的中心图书馆委员会，并在武汉、沈阳、南京、广州、成都、西安、天津、兰州、哈尔滨等9个地区，建立了地区性的中心图书馆委员会。中心图书馆委员会负责在各类型图书馆之间开展外文书刊的采购协调、图书调拨、交换、馆际互借等业务问题；（2）编制全国图书联合目录和干部业务提高等问题。这样就使我国各系统、各类型图书馆之间的协作与协调走上了由国家全面规划和统一管理的道路。

6　文化大革命中“阶级斗争工具论”的流毒

自1966－1976经历了10年“文化大革命”动乱时期。当时提出的所谓“无产阶级专政下继续革命”的理论，是把阶级斗争扩大化，把已经不属于阶级斗争的问题，仍然看作是阶级斗争，并用急风暴雨式群众斗争的方式，打倒一切，否定一切，给国家和民族带来了严重灾难。

图书馆是一个社会教育机构，它把人类所积累的智慧的结晶——文献，通过系列的收集、整理、形成科学的体系，供人类从中吸取知识和信息。图书馆作为文化教育事业的一部分，它要为一定时期的经济基础服务，因此，各个时期的图书馆观念和图书馆工作，总要带有一定的倾向性，但它绝不是“阶级斗争的工具”。文化大革命中把图书馆看作是“阶级斗争的工具”、“无产阶级专政的工具”，严重歪曲了图书馆的性质，混淆了不同性质的矛盾。“四人帮”把古今中外的优秀书刊统统扣上了封、资、修毒草的帽子，加以禁锢不准开放阅读，对大批图书实行了“专政”；把从事科学技术的知识分子看成是资产阶级或资产阶级知识分子，当成专政的对象，把真正需要利用图书馆的读者拒之门外，对一部分读者实行了“专政”；把大批图书馆干部下放劳动或强行改行，对广大图书馆工作者实行了“专政”。这种“阶级斗争扩大化”的观念，使我国图书馆事业遭受了一场空前的浩劫和灾难。

7　改革开放以后图书馆观念的革新

1978年以后，经过“拨乱反正”逐步走向改革开放的道路。经济上的改革开放，带来了政治上、思想上的改革开放。在发展“物质文明”的同时，注意发展“精神文明，全社会逐渐呈现出安定、团结的景象。在这种形势下，我国图书馆事业有了较快的发展。此外，由于知识经济的到来和现代化信息技术在图书馆的应用，使得我国图书馆观念发生了根本性的变化。

7.1 知识经济的到来，引民图书馆观念的变化

20世纪末，随着世界新技术的发展，我国图书馆也逐渐采用现代化技术。在图书馆现代化进程中，除了高新技术的引进、开发、研制、使用外，由于知识经济的发展而引发的新的思想观念的提出、认知、推广，也起了重要的先导作用。这方面的主要观念有：

(1) 知识是财富创造的第一要素

由于科学技术的高度发展，科技成果转化为产品的速度大大加快，形成知识形态生产力的物化。知识成为独特的生产要素，人类进入到知识经济时代。在知识经济时代，知识不再是资本的附庸，而成为财富的第一要素。“知识就是力量”的口号变成了“知识就是资本”，知识本身的生产成为社会经济生活的重要部分。

(2) 现代信息技术是知识经济的先导

在知识经济时代，“信息”已和物质、能源并列为世界三大资源。信息资源对于国家经济的发展和人们的工作、生活变得至关重要，成为国民经济和社会发展的重要战略资源。

信息资源的收集、存储、处理、传递和开发，需要现代信息技术的支持。现代信息技术包括：计算机技术、通讯技术、电子技术、网络技术等。现代信息技术已渗透到各行各业，深刻地改变着人类的生产方式、生活方式和思维观念。信息技术催生了知识经济时代，可以说，现代信息技术是知识经济的先导。

(3) 图书馆是知识经济体系链条中重要的一环

知识经济是以高新技术为依托的，以知识的生产、分配和使用为重要因素的经济。图书馆收藏的各种类型文献中，都蕴含着丰富的知识、信息，凝聚着人类智慧的结晶。图书馆通过文献的搜集、整序、传递、开发和使用，将知识、信息传递给需要它们的用户，其实质是在人类知识、信息的分配、交流和使用中发挥中介作用。而知识的传播和使用，是知识经济的重要功能。由此可见，图书馆在知识经济体系的链条中是重要的一环，在推进知识经济的发展中起着重要的作用。

7.2 现代信息技术在图书馆的应用，引发了图书馆观念的巨大变化

现代信息技术在图书馆的应用主要包括：图书馆自动化技术、各种电子型信息资源的收藏和利用、图书馆网络化建设和网络信息资源的开发和利用，国内外图书馆之间的范围广泛的资源共享等 。现代信息技术在图书馆的应用，可以说，引起了图书馆观念上的一场革命。

(1) 图书馆价值观念的变化

过去衡量一个图书馆的价值，主要是看它的藏书量的多少和馆舍的大小。随着电子出版物和网上信息的增多，馆藏数量不再是衡量图书馆价值的主要标志，而信息资源的开发和利用在衡量一个图书馆价值上，越来越占据重要地位。

(2) 信息资源建设观念的变化

传统图书馆以印刷型文献为主。现在大量存储电子型文献，如：电子图书、电子期刊、网络新闻、综合性数据库、光盘、视频文献、音像文献等。此外，图书馆还将网络上的信息资源加以筛选、优化、整合，建立符合本馆需要的网络信息资源库，为自己的用户服务。电子信息资源以其传播面广，传递速度快，信息处理迅速，检索方便，存储量大等优势，正在改变着图书馆藏书建设的观念和藏书结构的构成。

(3) 用户观念的变化

过去，每个图书馆都有自己特定的用户对象，如：高等院校图书馆的服务对象主要是本校的教师和学生；科学图书馆的服务对象主要是本单位的科研人员。但在网络环境下，用户不再受部门、地区、或国别等因素的限制，用户在自己的家里或办公室，通过网络，可以利用各个图书馆的各种信息资源，而不再受某个图书馆藏书的限制，用户与信息资源之间的距离缩小了。在这种情况下，图书馆面对的是大量的网络用户群。

（4）服务观念的变化

现代的用户已经不满足于提供整本图书或期刊，不满足于单纯的文献信息服务，而是要求提供某一专业、某一主题或某一事物的知识单元和知识信息服务。要求提供综述型、研究型、专题型的知识信息服务。因此，图书馆服务要转向个性化、专业化的知识信息的开发和整合的方向上来。

网络环境是不受时空限制的虚拟空间，图书馆服务通过计算机网络，利用各种数字化信息资源，把分布在世界各地的数据库及各种信息资源有组织的连接起来，打破了时空限制。用户只须点击图书馆网页，就可获得他所需要的、存储于世界各地图书馆的各种知识、信息。因此，图书馆要树立“以用户为中心，以需求为导向”的服务观念和服务模式，加强对网上信息资源的检索、筛选、分析、链接等智力工作，图书馆服务的知识含量和技术水平将大大提高。

7.3 从指导思想层面上看图书馆观念的变化

改革开放以后，随着经济的不断发展和人民生活水平逐渐提高，国家领导阶层在思想、意识领域里提出了一些新的观念，如：“建立和谐社会”、各项工作要“以人为本”、“关心弱势群体”、“减少贫富差距”等思想。这些思想对图书馆的办馆观念起了重要的指导作用。

图书馆在指导思想观念方面有下列一些看法：

（1）“以人为本”的观念

“以人为本”的观念是图书馆精神的精髓，是图书馆信息服务的宗旨。以人为本的观念包括下列几方面的含义：

①“以人为本”就要利用图书馆的知识、信息，致力于提高广大人民的文化教养、教育水平、精神面貌、道德水平等 。

②“以人为本”要贯彻“用户第一”的精神，要以“用户”为中心，千方百计满足用户对信息的需求。让用户以最少的时间和精力，获得最新、最适用的知识、信息。

③“以人为本”还要树立“服务至上”的精神，要理解用户、关心用户、尊重用户、爱护用户。服务态度要和蔼、诚恳、热情、认真。

（2）平等自由的观念

印度著名的图书馆学家阮冈纳赞在《图书馆学五定律》的第二定律中提出：“每个读者有其书”的原则。指出要做到“必须消除各种障碍，首先是阶级障碍。此外，还要消除性别障碍,、城市和乡村障碍，生理上的障碍等，这样才能做到“书为人人”。“要谨慎地坚持用户均等、学习机会均等的原则，不集合起所有的人——富人和穷人，男人和女人，陆地人和海上人，年轻人和老年人，聋人和哑人，强智力人和弱智力人，总之，地球上各个角落的人，不把他们引进图书馆这座学习的殿堂，第二法则是不会安宁的”。这里贯穿的民主的、平等的服务原则是昭然若揭的。1966 年联合国教科文组织在《公共图书馆宣言》中又具体地指出：“公共图书馆应当随时都可让人到馆，它的大门应当向社会上一切成员自由地、平等地开放，而不管他们的种族、肤色、国籍、年龄、性别、宗教、语言、地位或教育程度”。为了贯彻平等的观念就要做到：

①使信息资源尽量接近用户，方便用户使用，消除用户利用图书馆的各种障碍。例如，采用开架借阅，取消入门收费的限制等，做到信息资源占有和利用的平等。

②要尊重用户自主查询和利用各种信息资源的权利和自由，并尽量为其个性化的信息需求提供帮助。

③要关心弱势群体，如：阅读能力较低的人或不会利用现代化信息技术获取信息的用户，为他们提供特殊的帮助，消除知识、信息贫富的差距。而知识、信息的贫富，在当今社会条件下，将导致财富的贫富差距。

（3）特色服务的观念

由于图书馆的性质、任务、服务对象或地域的差异，导致各个图书馆在信息资源的搜集、藏书建设、服务组织、服务方式、环境设施、经营管理等方面，呈现出独特的内容或风格，显示出图书馆的特色。特色服务一般以特色信息资源为基础，开展专业性、专题性或专指性的特色服务。

①特色服务是图书馆实现主要服务目标，确定各自定位的重要措施，也是图书馆提高服务质量，深化服务效果的重要途径。特色服务是有针对性地从多角度、多层次满足用户个性化、特色化需求的重要手段。也是有针对行地吸引用户，服务用户，提高图书馆社会职能的重要手段。

②特色服务使图书馆由被动服务变为主动服务，强化了图书馆服务的针对性，体现了“用户为主”的原则。对处于科学技术前沿的科技用户，他们需要的是个性化的、特色化的、专业化的知识信息，因此要求高度重视特殊的信息需求，并采取特殊手段和方式，选择具有特色的信息资源，有针对性地开展特色服务。特色服务是适应市场经济的需要，强化图书馆自我发展的重要途径。

(4) 资源共享的观念

当今世界各种信息大量涌现，要满足社会的和用户的日益增长和不断扩大的信息需求，就必须树立资源共享的观念。

①资源共享是一种范围广泛的知识、文化传播活动，它能跨越时空，无论何时、何地都能最大限度地满足用户对知识、信息的需求，消除彼此隔绝的状态，使信息的获取和利用走社会化的共知、共享的道路，这将有力地促进人类知识的继承、传播和发扬。

②资源共享将促进区域文化走向全球文化：因特网连接起全球各个地区、各个国家的图书馆。随着不同社会、不同国家图书馆之间交往的加强，使人们意识到，只有知识、文化的相互交流，取长补短、协调合作，才能实现人类的共同进步和发展。这种全球意识也促进了国际间以及国内各图书馆之间，走合作的道路，发展信息资源的共知、共建、共享。

8 简短的结论

(1) 20 世纪 100 年间，我图书馆事业在观念上有一条主线，一脉相承，那就是认为图书馆是一种教育机构。晚清末年的维新派，认为开放性藏书楼是“作育人才”的地方。民国以后，蔡元培认为图书馆是一种社会教育机构。五四运动后，无论是李大钊或西洋留学派都认为图书馆是仅次于学校的教育机构。

此外，他们都认为图书馆应面向广大群众，为平民、为劳工、为工农兵、为一切想读书的人服务。这一切证明，20 世纪自始至终我国图书馆事业都贯穿着向广大民众普及文化教育的观念。

(2) 图书馆观念的变化深受各个时期政治思想和中心任务的影响。

民国以后，推行三民主义，在维护“民权”的主张中，给平民以平等受教育的权利是重要的一环。而图书馆是推行平民教育的重要地方，所以，建立通俗图书馆，使一般人民获得必要的知识，就成了图书馆办馆的观念。抗日战争时期，面对日本的侵略，保护珍贵藏书不受损害，就成了当时的重要观念。解放初期，在“为工农兵服务”的口号下，图书馆做了较多的文化教育普及工作，取得了明显的成绩。但图书馆作为人类的“知识宝库”的作用发挥得不够。1956 年，在提出“向科学进军”的任务后，图书馆为科学研究服务被提到日程上来。在为科研服务的过程中，图书馆是“学术性机构”的观点逐渐明确。这一观点的推行，拓展了图书馆的工作内容，使图书馆工作向更高的层次发展，使图书馆由“知识宝库”走向“知识喷泉”，在开发利用图书馆的信息资源方面，做出了越来越多的成绩。

(3) 现代信息技术在图书馆的应用，促使图书馆观念发生了根本性的变革。图书馆必须从传统观念转向开放，从“文献的传递者”向“信息资源的导航员”转变。因特网的开通，打破了图书馆的围墙。图书馆将网络中的虚拟图书馆连接起来，它的工作实质将是链接和组织网上的信息资源，成为向用户提供信息资源的工作站。在这种形势下，图书馆工作者将由“信息检索代理”转向“信息检索指导”，并将以信息专家的身份参与到生产、科研中来。

参考文献：

1 张树华. 20 世纪中国的图书馆事业. 见：中国图书馆年鉴（2003）. 北京：北京图书馆出版社，2004

2 叶农. 戊戌变法与我国近代图书馆的诞生和发展. 图书馆，1988（1）

3 予文．五四运动对我国图书馆事业的影响．图书馆学通讯，1989（2）
4 王世如．蔡元培与图书馆事业．北图通讯，1980（1）
5 上海师范大学．李大钊与我国现代图书馆事业．图书馆学通讯，1979（2）
6 李大钊．在北京高师图书馆二周年上的讲话．图书馆学通讯，1979（2）
7 刘国钧．近代图书馆之性质及功用．金陵光，vol. 12（2），1921
8 杜定友．图书馆通论．上海商务印书馆，1928
9 邱五芳．抗战前后国图善本迁移始末．见：历史文献论丛．上海：上海社科院出版社，2004
10 杜克等．当代中国的图书馆事业（1949—1986）．北京：当代中国出版社，1995
11 中共中央．关于建国以来党的若干历史问题的决议．北京：人民出版社，1981
12 邓小平．科学技术是第一生产力．见：邓小平文选（第3卷）．北京：人民出版社，1993
13 邹中民．网络环境下信息服务的发展趋势及对策．中国图书馆学报，2000（7）
14 袁名敦．1996——2000年中国图书馆现代技术研究综述．图书馆，2001（3）
15 李国新．21世纪新图书馆运动的时代任务．图书馆，2005（2）
16 黄俊贵．图书馆服务理念琐谈．图书馆，2001（2）
17 肖希明．图书馆呼唤科学精神与人文精神．图书馆，2000（1）
18 邹序明．论现代公共图书馆的精神基础．图书馆，2003（6）
19 黄俊贵，程亚男．人文关怀——中国图书馆步入新世纪的思考．图书馆，2002（4）
20 李国新．对“图书馆自由”的理论思考．图书馆，2002（1）

百年沧桑　世纪华章

——湖南图书馆馆庆活动综述

张　勇　李　婷
（湖南图书馆）

2005年12月1日，湖南图书馆知识广场上花团锦簇、彩旗飘扬，到处洋溢着欢歌笑语。湖南图书馆走过了跨世纪的风雨历程，迎来了100周年华诞。

上午10时，在湖南图书馆知识广场举行了隆重的庆典仪式。庆典由湖南省文化厅厅长金则恭主持。国家文化部副部长周和平、湖南省政府副省长许云昭、日本滋贺县图书馆馆长梅泽幸平出席仪式并致词。湖南图书馆馆长常书智作了主题发言。他回顾了湖南图书馆百年发展的历程，期望湖南图书馆在下个百年里，进一步发挥图书馆的特有功能，深化改革，努力进取，艰苦奋斗，励精图治，在服务于学习型社会、服务于三个文明建设、全面建设小康社会的伟大历史进程中，做出无愧于时代的新贡献。湖南省委副书记、常务副省长于幼军、省委副书记谢康生、原省人大主任刘夫生、湖南省人大副主任唐之享、省政协副主席文选德等领导以及香港汉荣书局董事长石景宜、各省、市公共图书馆和省内各高校、地区图书馆同仁等600余人参加了典礼。李铁映、华国锋、毛致用、孙家正、王茂林等领导及社会各界知名人士为湖南图书馆百年华诞题词或发来了贺信贺电。各级领导、嘉宾以及各界同仁在庆典仪式后，参观了“湖南图书馆馆史展览”、“湖南图书馆馆藏古旧字画展”及“馆庆字画展览”。

晚上，在湖南佳程大酒店演艺中心，湖南图书馆员工向来宾奉献了一台精彩纷呈的文艺节目。演出活动长达一个多小时。场内气氛热烈，不时爆发出阵阵掌声和喝彩声。

缘起

1904年3月，在古城长沙定王台，梁焕奎、龙绂瑞、魏肇文等十二位先贤在晚清省政府的准令下，在《湖南官报》上刊登《创设湖南图书馆兼教育博物馆募捐启》，倡创湖南图书馆。初名湖南图书馆兼教育博物馆，是我国最早以“图书馆”命名的省级公共图书馆。旅美著名图书馆史学家严文郁说，湖南图书馆的建立为新世纪图书馆的先声，亦是我国近代图书馆事业的发端，从此清廷对图书馆的建立，有了积极的支持行动，各种类型的图书馆次第产生。[①]1912 年秋至 1913 年春，一代伟人毛泽东曾在这里自学并留下了“一生中收获最大的半年”的感言。1927 年，革命先驱何叔衡曾任湖南图书馆主任（馆长）职务。在抗战期间，湖南图书馆辗转迁徙，历经磨难。解放后，湖南图书馆事业获得飞速发展。1984 年 12 月 1 日，韶山路馆舍落成开放，被评为长沙市十佳建筑，一度成为全国规模最大、设施最好的省级公共图书馆，时任中共中央总书记的胡耀邦同志亲笔题写馆名。近 100 年来，湖南图书馆在启迪民智，昭彰学术，弘扬先进文化，服务社会等方面作了大量工作，有力的推动了湖南省经济文化的发展和社会进步。可以说，湖南图书馆的百年发展史是三湘人民先忧后乐、敢为人先的精神写照，更是我们国家和民族不断发展、不断进步、日趋文明的一个缩影。为了回顾历史，扩大图书馆的社会影响力，让全社会进一步认识图书馆，了解图书馆，支持图书馆，并以此团结、教育、激励湖南图书馆的全体员工以新的目标为起点，再创辉煌，以响应党的十六大提出的“形成全民学习，终身学习的学习型社会”的号召，服务湖南省委、省政府制定的科教兴湘、文化强省的战略部署，湖南图书馆在即将迎来百岁生日之际，于 2003 年 6 月，向湖南省文化厅、省委宣传部递交了《关于庆祝建馆 100 周年筹备工作的请示》，计划于 2004 年举办“湖南图书馆建馆一百周年”系列庆祝活动，并获得批准。由于湖南图书馆和湖北省图书馆均成立于 1904 年，都将举行成立 100 周年庆典仪式，为使两省馆庆活动举办得更加精彩而有连贯性，方便各兄弟馆参加庆典活动，同时配合“2004 年中南、西南省（市）自治区公共图书馆业务协作研讨会”等图书馆界系列会议的举行，经两馆领导共同商议，决定在 2004 年年底两馆在两地共同举办百年庆典仪式，湖北省图书馆百年庆典仪式定于 2004 年 11 月 27—30 日举行，湖南图书馆百年庆典仪式定于 2004 年 12 月 1 日—3 日举行。

馆庆活动的组织筹备

1. 制定馆庆方案

为了举办好馆庆活动，2003 年 6 月，湖南图书馆制定了馆庆活动实施方案以及活动经费预算，将百年馆庆活动主题定为：弘扬图书馆百年精神，彰显图书馆百年业绩，展现现代图书馆人精神风貌，促进图书馆在新世纪健康发展。成立了馆庆活动筹备办公室，开始资料收集以及前期准备工作。同时委派一名副馆长开始负责馆庆方案的整体运作和初步实施。2004 年 5 月成立百年馆庆工作领导小组，全面开展馆庆工作。

2. 对馆舍环境进行改造

馆庆工作开展的第一步就是对湖南图书馆环境的改造。馆内先后投入 150 多万元资金，对馆舍进行粉刷，对花园、草坪、洗手间等进行整修，对电梯进行整体更换，特别是对图书馆前坪进行全面改造，地面铺设大理石，修建花坛，种植树木，还铺设了石子路径，改善读书环境，命名为“知识广场”，馆容馆貌焕然一新，让进入湖南图书馆的读者有了一个更加开阔、舒适的活动场地。

3. 成立了多个筹备小组，分工合作完成馆庆各项活动

由于馆庆活动牵涉多个部门、多个方面，为保证图书馆日常工作的正常运转以及馆庆各项工作顺利实施，馆内成立了多个专项任务小组，具体如下：

湖南图书馆百年纪念文丛编撰小组，负责馆庆系列出版物的编辑出版；

题词征集小组，负责发出邀请函，征集湖南省内乃至全国的知名学者、书画家为湖南图书馆的题词、

① 严文郁. 中国图书馆发展史：自清末至抗战胜利. 台湾：枫城出版社，1983：22

书画作品；

湖南图书馆百年馆庆联欢活动筹备小组，负责组织12月1日晚联欢会节目编排和演出。

行政科负责对馆舍内外的改造；办公室负责日常事务的运行，接受各方贺电等，而馆庆活动筹备办公室负责统筹全局，把握方案实施进程，如各类馆庆物资的采购、联系出版单位等具体事宜。

4. 制定庆典方案，成立庆典工作组

庆典活动期间繁忙而复杂。届时，出席庆典的不但有社会各界民众，邀请嘉宾，各兄弟馆，还有省市领导以及国际友人，省内的各新闻媒体。为办好庆典活动，馆内专门成立了庆典工作组，作了详细的分工。

会务工作组：负责馆庆活动的组织、管理、安排、前期的筹备工作及总体部署，包括馆庆活动的总体安排，请柬的设计和送发，新闻媒体的联系和文稿撰写以及来宾的登记，场地的布置调配，宾客礼品采办，票务的预订等等。

接待组：庆典活动期间，根据会务组的安排，对于各个级别、各个层次的来宾做好接待工作，以及对来宾礼品的发放和现场对各新闻媒体的接待宣传工作。

后勤保卫组：负责庆典活动期间的后勤保障、交通车辆的使用维护和调配工作。以及负责整个活动期间车辆疏导、人员疏散和前坪秩序的维护等安全工作。

由于提前制定了完整的计划，馆庆活动期间一切活动都有条不紊的按照计划进行，得到了各界代表的一致称赞。

馆庆活动的内容

为让更多的人了解图书馆，湖南图书馆除在馆庆当天举办纪念活动外，还面向社会举行了一系列建馆百年庆祝活动。

1. 举办系列展览

（1）举办甲申迎春字画展

2004年新年之际，举办了规模盛大的迎馆庆新春馆藏字画展，共展出湖南图书馆所藏民国以前古旧扇面200余幅，以及近年来省内外知名书画家捐藏湖南图书馆的书画作品150余幅，其中不乏弥贵珍品。近百位湖南书画界知名人士观看了展览并饶有兴致的现场吟诗作画，挥毫泼墨，湖南省著名书画家李立、柯桐枝、张青渠、邓辉楚、曾力衡、史穆等纷纷向湖南图书馆捐赠了书画作品，以祝贺湖南图书馆百年馆庆。省内多家媒体进行了宣传报道。此次活动也引起了湖南省内广大市民的极大兴趣，很多人看了新闻报道后都来观看展览，原计划举办三天的展览由于广大市民的强烈要求不得不延迟，很多人看了展览后都反映，如此丰富、精致的馆藏很值得观看。

（2）举办湖南图书馆建馆百周年馆史展、湖南图书馆古旧字画展览以及湖南图书馆百年馆庆字画展

百周年馆史展，按时间分为五个部分：（一）初创奠基阶段、（二）艰难推进阶段、（三）转辗维持阶段、（四）壮大发展阶段、（五）改革发展阶段，展板共115块，每一块都配有图片、文字，较全面反映了湖南图书馆一百年的发展历史和成就，记述了各个发展阶段关键的人物和事件，如1904年12位先贤创立图书馆的照片、文字、募捐以及组织章程；1926年湖南图书馆迁移至教育会坪后更名为中山图书馆的照片；近代著名学者傅熊湘在湖南图书馆取得的成就、编订《湖南省立中山图书馆组织规程》、湖南图书馆图书分类目录的实物照片；1938年湖南图书馆遭到焚毁的废墟照片以及抗战时期湖南图书馆五次辗转迁移辰溪、沅陵、长沙等地的记述，坚持开放的流动借书车、阅览室照片以及文字；1949年以后，图书馆事业枯木逢春，建设新馆舍，跻升全国省级大型公共图书馆之列，开展为读者服务、为生产科研服务，为学术著述服务等成果都一一在展板上得到了体现。其中，1912年秋至1913年春，毛泽东在此自学，1927年何叔衡任馆长、1959年郭沫若题写“湖南省中山图书馆”馆名，1984年，胡耀邦题写“湖南图书馆”馆名等内容在馆史展中也得到充分展示。这次馆史展览获得了成功，许多到会的同仁被深深吸

引，认为起到了彰显前贤，昭示来者的作用。

湖南图书馆古旧字画展览、湖南图书馆百年馆庆字画展分别展示我馆古旧字画收藏和现代字画收藏，以《湖南图书馆馆藏字画选》为原本，向读者展示众多馆藏珍品中的一部分，展出的作品中不乏国家一级文物。这次展览，让读者了解到了图书馆除了“书”以外“图”的部分。珍贵的作品吸引了众多欣赏家的目光，许多书画家、爱好者几乎是天天来，揣摩、交流，许多人从来不知道湖南图书馆还有如此珍贵的馆藏。展览经过电视台、媒体报道后，反响日大，有人甚至从外地专程赶来欣赏字画。五天展览，天天爆满。

2. 举办系列活动

（1）公开向社会征集馆徽以及百年馆庆征文

2004 年 3 月，我馆在市内媒体上刊登《湖南图书馆馆徽征集启示》，公开面向全国征集湖南图书馆馆徽，要求突出浓厚的湖湘文化特色和图书馆独特的人文底蕴。截止至 6 月底，共收到全国各地共 308 件来稿，参与者既有专业的图徽设计专家，也有还在上初中的学生。此次活动本着公平、公正的原则，全程在湖南图书馆网站上公开评选，读者投票踊跃，针对参赛作品提出了很多中肯的意见。最后经过读者投票、专家和领导的评选，选出了三名优秀奖获得者。

在征集馆徽设计稿的同时，开展了“我与湖南图书馆征文”活动，同样引起了读者的踊跃参加。其中的一些优秀作品后来刊登在《湖南图书馆百年纪念文集》中。

（2）举办寻找创馆先贤后裔活动

在社会上反响最大的是寻找创馆先贤后裔活动。2004 年 8 月 31 日，湖南图书馆举办“寻找募捐倡办湖南图书馆十二位先贤后裔活动座谈会”，会议介绍了湖南图书馆从创办到兴旺的百年曲折进程，希望找到更多的创办人后裔来参与湖南图书馆建馆百周年这一盛事，看一看今日的湖南图书馆的新面貌。湖南图书馆创办人之一的后裔梁建雄先生也向媒体介绍了其家族历史，祖辈与湖南图书馆的深厚渊源。其他与会人员不但肯定了湖南图书馆在保存湖湘文化史料以及传播文化的重要作用，而且从社会的角度，呼吁人们对图书馆这种公益事业更多的关注。希望人们在感受先贤们为湖湘文化事业发展所做出卓越贡献的同时，也要深刻体会到今天我们继承文明所肩负的重任。活动举行后，湖南省内十多家媒体争相报道，连续多天追踪后续情况，和我们一起寻找线索、上门采访后裔，宣传图书馆为社会服务的崇高精神。许多国内著名的网络也都链接了这一消息，中国人民国际广播电台华语台在《中国之窗》栏目中以《百年足迹——记湖南图书馆》为题向海外广播了这一消息。社会民众向我们提供了多达几百条线索，省内、国内、国际都有联系。直到 2005 年 5 月，活动余波犹震，仍有人打电话来向我们提供线索。最后，我们一共找到五位创办人的后裔，其中四位出席了湖南图书馆百年庆典。

3. 出版百年馆庆纪念文丛

湖南图书馆筚路蓝缕，历尽艰辛，发展到今天，愈加历久弥新，焕发新的光彩。同时，湖南图书馆壮大发展的历史，也是百年来我们国家和民族不断发展、不断进步、日趋文明的一个缩影。该如何做，既能告慰一百年来为图书馆事业前赴后继百折不挠的先辈们，又能向后来者展现这百年来的成就，留给他们一点精神、一点思考呢？为此，湖南图书馆决定编纂《湖南图书馆百年纪念文丛》、《湖南图书馆馆藏字画选》百年系列书籍。

湖南图书馆百年纪念文丛共包含二部书：《湖南图书馆百年志略》、《湖南图书馆百年纪念文集》，后者为同仁撰文结集，或写成就，或抒胸怀，以贺湖南图书馆建馆百年。前者反映湖南图书馆创建发展的百年历史成就。在短时间内，要尽可能全面周到的编纂出一本反映百年历史的志书并非易事：首先面临的就是资料的收集，湖南图书馆成立百年，馆舍屡遭焚毁，藏书多次迁移，人员更换不断，到今天，资料散佚、遗失在各处的不计其数。资料不全，为志书的编纂带来了很大的困难。为此，从 2003 年开始，部分编纂人员就开始着手资料的搜集，足迹不仅遍布湖南几十个市县、自治区，还多次造访北京、南京的多家档案收藏机构。采访人数达到数百人，资料收集多达上千页。2004 年，编纂人员集中力量开始编纂志书，期间又困难重重，编纂人员多为各部门骨干力量，手中多有事务；同时，2004 年百周年庆典其他筹备活动，全国公共图书馆第三次评估的资料准备，都集中在一起，时间非常紧迫。为了编好这两部书，编纂人员基本上放弃了一年的正常休息，加班加点，多次集中咨询意见，撰稿，修改稿件，审稿，历时两年，五易其稿，《湖南图书馆百年志略》终于与大家见面。

《湖南图书馆馆藏字画选》收录了远至宋元，近至现代的人物、山水、花鸟等精品画作、水墨、彩色、工笔、写意及轴、卷、册、扇俱全。作者从明代祝允明、董其昌、清代的萧云从、郑板桥、曾国藩到近代的齐白石、康有为等，收录品多为国家一、二、三级文物，显示了湖南图书馆丰富的馆藏资源，更展现了湖湘文化特色。既有利于广大读者学习欣赏，更有助于书画方家钩沉历史，论古写今，开展艺术研究。

4. 在馆庆期间举办高层次学术活动

馆庆活动不仅仅面对社会读者，而且更加关注图书馆界发展的趋势和热点。馆庆期间，“全国图书馆改革情况座谈会”、“中国图书馆百年馆长论坛暨2004年中南、西南省（市）自治区公共图书馆业务协作研讨会”相继在湖南图书馆举行。文化部、国家图书馆、中南、西南省（市）自治区公共图书馆以及其他兄弟馆会议代表近百人参加了会议。改革情况座谈会上，文化部副部长周和平作了重要讲话，国家图书馆党委书记、常务副馆长詹福瑞详细介绍了国家图书馆的改革情况，并谈了自己的几点看法和体会。上海图书馆党委书记缪国琴和浙江图书馆馆长程小澜等作了重点发言，介绍了各自图书馆的改革经验。对图书馆进行大胆探索、深化改革成为了与会代表对新世纪图书馆建设的共识。

中国图书馆百年馆长论坛的主题是：“中国图书馆事业百年”。湖南图书馆副馆长张勇作了题为“湖南图书馆的历史与使命”的主旨报告。上海图书馆党委副书记王世伟、北京大学信息管理系教授、博士生导师吴慰慈分别作了题为：“当前图书馆人力资源建设中的若干问题”和“网络环境下图书馆信息资源建设”的学术报告。

在这次百年庆典期间，还举办了由湖南图书馆、湖南大学图书馆、湖南省科技信息研究所三家联合成立的湖南省文献信息资源共建共享协作网正式开通仪式，湖南省政府副省长许云昭出席仪式。湖南省文献资源实现了跨部门、跨行业、跨地区的共享，我省图书情报事业和图书情报工作又上了一个新台阶。

2004年12月1日湖南图书馆建馆一百周年庆典仪式如期隆重举行。湖南图书馆馆庆活动期间，共收到省内外各类字画、题词、贺信贺电260余幅，印章28枚，礼品器物51件。庆典期间专门开辟专室进行展览，以表示对各单位人员的感谢。

此次馆庆活动举办相当成功，在一年多时间内，湖南卫视、湖南经视、湖南电视台妇女性频道、《湖南日报》、《长沙晚报》、《三湘都市报》、《东方新报》、《当代商报》、红网等省内外新闻媒体共报道关于湖南图书馆的新闻近百余条。馆庆活动得到了省委省政府领导的高度赞赏，称之为一次“成功的庆典”。省内外图书馆界同行对于此次庆典活动举办的规模、规格，对于馆庆提供历年史料、资料的周全表示欣赏。不少馆表示，湖南举办百年馆庆活动的成功经验，将是他们日后举办类似活动一个相当好的借鉴。与此同时，各级领导和各界同行也纷纷对我馆提出了祝福希望：湖南图书馆有着光荣的历史和光辉的业绩，希望湖南图书馆坚持改革开放、务实进取、开拓创新，将湖南图书馆建设成为设备和技术先进、服务一流的湖南省龙头图书馆。①

参考文献：

1. 常书智等. 湖南图书馆百年志略. 北京：北京图书馆出版，2004（11）
2. 张勇. 在“中国图书馆事业百年馆长论坛”上的主旨发言. 图书馆，2004（6）

---

① 周和平. 在湖南图书馆百年庆典仪式上的讲话.

百年同行 世纪情怀

——湖北省图书馆百年馆庆活动综述

汤旭岩 徐力文
（湖北省图书馆）

颂歌逢时：喜风云际会，幸百年盛典

1．激昂的旋律，总是那么令人心醉

桂子飘香，秋风送爽。2004年11月29日，坐落在武昌蛇山南麓脚下的湖北省图书馆广场披上了节日的盛装。广场正前方建筑上悬挂着别致醒目的主横幅、主竖幅会标加上巨幅背景板，凸显出“热烈庆祝湖北省图书馆建馆100周年”、“百年同行，世纪情怀”的主题；台阶上大红色地毯的底衬与碧瓦飞檐、雕梁画栋的古建筑物背景交相辉映；四周精心布置的刀旗、吊旗、充气拱门、升空气球等等汇成以知识为特征的海洋。统一的视觉形象识别系统让人耳目一新，精神为之振奋，会场充满着喜庆、热烈、庄重、古朴的气氛。一时间彩旗飘扬，鲜花夺目，音乐缭绕，人声鼎沸，来自省内外的300多名嘉宾和近千名热心读者在这里共同领略为湖北省图书馆百年华诞奏响的欢乐颂歌。

上午九点，湖北省图书馆百年庆典大会在庄严的国歌声中拉开了帷幕，省文化厅党组书记、厅长蒋昌忠主持大会，文化部副部长周和平，文化部社会文化图书馆副司长刘小琴，全国政协委员、香港汉荣书局有限公司董事长石景宜，中共湖北省委常委、常务副省长周坚卫，省委常委、省委宣传部长张昌尔，省人大副主任贾天增，省政协副主席王少阶等领导出席了庆典仪式。原中共中央政治局常委、中央军委副主席刘华清，全国人大常委会副委员长李铁映、路甬祥、韩启德，全国政协副主席周铁农、王选，原全国政协副主席王文元等党和国家领导人挥毫为湖北省图书馆百年馆庆题辞。

庆典上宣读了中共中央政治局委员、中共湖北省委书记俞正声发来的贺信，他指出：“湖北省图书馆历史悠久、馆藏丰富，多年来为社会各界提供了广泛而良好的服务，对推动社会主义政治、经济、文化建设、提高全民精神文化素质作出了宝贵贡献。希望你们认真学习贯彻党的十六大和十六届四中全会精神，始终把握先进文化的前进方向，牢固树立科学的发展观和人才观，以改革的精神、务实的作风抓好各项工作，转变观念，开拓进取，将湖北省图书馆建设成我国中西部第一流的现代化图书馆，为全国建设小康社会的宏伟目标作出更大的贡献。”王文元、国家文化部长孙家正、湖北省政协主席王生铁，以及英国不列颠图书馆、法国国家图书馆、加拿大国家图书馆等数十家单位和社会名流纷纷发来贺信、贺电，对这一百年文化盛事表示祝贺。

湖北省图书馆馆长万群华代表全体员工向参加庆典的各位领导和各位来宾表示热烈的欢迎，对他们给予图书馆的一贯支持与关心表示衷心的感谢。万群华回首了湖北省图书馆百年来所走过的光辉历程，表示将承前启后，为建设中西部文化强省作出更大贡献。湖北省委常委、常务副省长周坚卫在庆典大会上代表省委、省政府讲话时指出，湖北省图书馆为全省经济建设、科研生产和科学决策提供了有力支持，被誉为“楚天智海”、“精神家园”，成为凝聚湖北人民的巨大精神财富。

文化部副部长周和平在大会致辞中希望湖北省图书馆继承百年优良传统，抓住中部崛起的战略机遇，再创辉煌。

曾多次慷慨解囊捐赠图书给海峡两岸各大图书馆，被誉为“搭起海峡两岸文化桥梁的文化使者”的香港著名出版家石景宜先生，在庆典大会上再次向湖北省图书馆、湖北省博物馆捐赠《贝叶经》等书籍，祝愿湖北省图书馆事业兴旺发达。

庆典仪式结束后，领导和嘉宾还饶有兴趣地参观了“湖北省图书馆百年馆史展览”，“湖北省图书馆百年馆庆名家书画展”。

2. 奔放的曲调，总是那么令人遐想

如果说庆典仪式是百年馆庆中令人难以忘怀的起调，系列馆庆活动则可称为迭起的放歌。“名家讲坛”、“名家书画展”、“作家池莉与读者见面会”、“馆史展览”、“中国图书馆馆长论坛”、“影片观摩展”等系列活动中心突出，气势宏大，布局周密，内容丰富，节奏明快，别开生面，令人目不暇接、流连忘返。包括已在庆典前先期举行过的万名读者庆祝湖北省图书馆百年华诞大型签名活动在内，每个活动现场都呈显在一种不断传递喜庆的状态之中，并不断扩散到社会的各个角落。馆庆系列活动极富视觉冲击力，在吸引着众多的读者和观众的同时，自然成为十几家媒体竞相报道的重要文化新闻。

首先登场并先声夺人的是由武汉大学医学院桂希恩教授主讲的“防治艾滋病你我同参与”大型报告会，他是2003年度“艾滋病预防国际最高奖”、“贝利·马丁奖”得主，还被评为“感动中国年度人物”。

为了展示湖北省图书馆百年风雨历程，11月28日上午9点，省馆在中文楼举办为期一个月的“湖北省图书馆百年馆史图片资料展览”，仅几天就接待了数千名读者。参观的读者接踵而至，挤得展览会场水泄不通。此次展览分为：旧中国时期、新中国时期、改革开放时期三大篇章共8大部分，展出了《湖南官报》（1905年）、兰陵街馆舍外景（1908年）、抗战西迁恩施、《武汉日报》报道本馆设立流通书库（1934年）等极其珍贵的史料图片400余幅，同时在展览上还陈列了湖北省图书馆早期借阅证、参考咨询记录本等实物数十件。

11月28日上午10时，“湖北省图书馆百年馆庆名家书画展”在湖北美术院隆重开幕。书画展所展出的300多幅书画作品是省内外书画名家专门为纪念湖北省图书馆百年和八十年华诞所赠的心血之作，其中沈鹏的诗人情怀、欧阳中石的师道境界、刘艺先生的儒雅恢弘无不浸润于笔墨之中，周韶华的大师气象、冯今松的舒雅超然、陈立言的淋漓阔达、冯远的古朴神韵，均尽显尺幅之上。这些作品受到了来宾们的连连赞叹，认为如此大型的专题展未曾见过，使人身心愉悦，给人以很高的艺术享受。湖北省文化厅副厅长沈海宁主持开幕式，原省委老领导、著名作家、省书法家协会名誉主席李尔重同志，省文联主席、著名画家周韶华等几百名来宾出席了开幕式并观看了展览。

著名作家池莉11月29日下午3点应邀到馆与读者见面。近8年来第一次出席这样场合的她真诚地告诉大家“一个小说作家的成长是一个漫长过程，要坚守才会成功”。在一个多小时的时间里，池莉和读者就作家生活、作品修炼、文化教育和作品与市场关系等问题进行了热烈的交流。现场气氛热烈，读者提出了一个又一个问题，池莉都一一作答，一些热心读者请池莉在书上签名。见面会后曾多次再版的《池莉自选集》被抢购一空。

11月29日下午2点至6点，在湖北省图书馆报告厅，“首届中国图书馆馆长论坛暨2004年中南西南地区公共图书馆业务研讨会”隆重召开。来自全国省级公共图书馆和部分市图书馆的馆长、图书情报界的知名专家学者欢聚一堂。此次大会主题为“中国图书馆事业百年”，由湖北省图书馆和湖南省图书馆联合举办，开幕式设在湖北，闭幕式移师湖南召开。湖南省图书馆馆长常书智主持了开幕式，湖北省文化厅张儒芝副厅长致辞。文化部社会文化图书馆司张小平处长讲话。湖北省图书馆馆长万群华，原国家图书馆副馆长、中国图书馆学会副理事长孙蓓欣，武汉大学信息管理学院教授、博导彭斐章分别在大会上作了题为“传承创新，再创辉煌——湖北省图书馆百年回顾与展望”、“图书馆的以人为本管理”、“近百年来我国图书馆学、情报学教育回顾与展望”的主旨报告。聆听高论感同对酒当歌，如痴如醉，精辟生动的阐述不时赢得在座听众的热烈掌声。

长歌贺岁：观日月辉映，抒百年幽思

1. 回荡的音符，总是那么令人玩味

斗转星移，日月变迁。清朝末年，湖广总督张之洞和巡抚端方等人在湖北办洋务、行新政，有力地促进了文化事业的发展。在这特定的历史条件下，湖北省图书馆应运而生。1904 年湖北省图书馆对外开放，消息见诸于当年 8 月 27 日《湖南官报》。于是，湖北省图书馆成为中国最早建立的省级公共图书馆，它的诞生是中国图书馆史上的转折点，是中国图书馆事业发展从传统走向近代的里程碑和新起点，开创了中国公共图书馆事业的新纪元，成为一座永恒的丰碑。从此，中国图书馆事业走上了一条开放、为民、发展、繁荣的道路。

历经百年风雨，湖北省图书馆从清末创建到解放初期，共 10 次迁徙，7 易馆址，特别是抗战时西迁恩施，真可谓是历经坎坷。建国后，人民政府对馆址有过四次规模不等的扩建修缮。现在，坐落在武昌蛇山南麓的湖北省图书馆，占地 27 亩，总建筑面积 2.5 万平方米，已拥有馆藏文献 418 万册，其中馆藏古籍 45 万册，形成了较为完整、合理的藏书体系，有近 50 个学科（领域）的文献达到或接近研究级水平，对全省经济建设、科研决策提供了有力的支持，被誉为“楚天智海”、“精神家园”。省图书馆曾先后获“全国文明图书馆”、“读者最喜爱图书馆”、“湖北省精神文明单位”等称号。省图书馆现有持证读者 10 万余人，年接待读者 100 万人次，书刊流通 200 万册次。为满足读者的阅读需求，图书馆近 3 年来投资 300 多万元，添置书架、阅览桌椅，新购电脑 200 多台，开辟了 3 个电子阅览室，还设立了中外文借书、阅览、影视观摩厅、视频点播室、多媒体教室、少儿阅览室等 27 个服务窗口。2004 年在全国公共图书馆第三次评估定级中被文化部评为国家一级图书馆。龟蛇巍巍，汉江滔滔，弹指一挥间，湖北省图书馆在岁月的记忆中走过了整整一个世纪的光辉历程。短暂百年，唯其任重道远；漫长百年，唯其创业艰辛；沧桑百年，唯其开拓进取；辉煌百年，唯其誉满楚天。湖北省图书馆的百年史是一部承前启后的奋斗史，她给人印象最深的是执着、坚毅地推进图书馆事业发展的图书馆精神。她所具有的凝聚力和特有魅力是十分明显的，湖北省在百年历程中产生了一批在全国颇具影响专家与学者，也产生了一批有影响的学术与服务成果，对推动中国图书馆事业的发展作出了应有的贡献。一批执着追求的先贤以及更多的继承先辈精神的后学，一代一代薪火相传。

历史不仅见证了图书馆事业的发展，也见证了图书馆精神的沿革，图书馆精神凝聚成他们坚韧的创业精神、开拓精神、奉献精神、科学精神，融会于爱国、爱馆、爱人、爱书的可贵品质中。回首百年，不由感慨万端。隆重纪念湖北省图书馆百年华诞，是湖北省图书馆界的喜事，也是中国图书馆界的盛事。特别是湖北、湖南二省图书馆精诚团结、紧密合作联办庆祝活动，这在全国也是首创。二省图书馆界在同庆百年华诞之时，邀全国图书馆的精英，共同探讨中国图书馆事业百年发展轨迹，总结中国图书馆百年发展的成功经验，思考中国图书馆百年发展存在的问题，展望中国图书馆事业在知识经济时代的未来，以推动中国图书馆事业的可持续发展，意义十分重要、深远。

2. 和谐的奏鸣，总是那么令人舒畅

踏歌而来的图书馆，在她自身世纪交替之时，无疑需要谱写一段惠风和畅的新曲。为了使百年馆庆活动办得既隆重又节俭，既内容丰富又有所创新，既突出历史感又反映学术性，在上级文化、财政主管部门的大力支持下，馆领导积极争取各方支持，多方筹集资金。将“迎接评估创一级馆”与“百年馆庆”当作全年工作的重中之重，并相辅相成、互相促进，这极大地调动了职工的积极性，增强了自豪感。相继组建的馆徽征集组，馆史资料编辑组，馆庆征文组，馆庆书画征集、同仁文集编辑组，馆藏古籍善本图录编辑组以及对外宣传联络组等机构，分别由各位馆领导担任组长，在组织机构上确保工作的顺利进行。无论是馆徽、馆服的设计、制作，系列丛书出版物（5 种）的装帧设计、印刷，还是光盘、首日封、邮折、展台的设计制作等都实行招投标，反复比较、甄别。一年周密、严谨、艰苦的前期准备工作为后来馆庆活动的圆满成功奠定了扎实的基础。最早筹备馆庆活动是以馆徽征集为标志的，以“服务理念、行为规范、视觉标志”三者统一为原则，确立馆徽为整个馆庆活动重要的象征性的标识，表现完整、独特的百年老馆形象。先后通过网上、报纸等媒体广泛征集，在来自全国的 322 件作品中，经过读者、馆员、专家的评选，湖南设计师杨大庆创作的图案以其新颖的创意、简洁的构图、隽永的涵义而被确定为省图书馆的馆徽。该图案由“鄂图”拼音字首“e”和“t”组合，选型上将象征智慧的九凤神鸟和书本巧妙融为一体。作为楚文化的图腾，引领翱翔的九凤神鸟象征百年鄂图面向现代化，奔向未来；展开的书本代表知识宝库的形象，左上角电子分解图形则突出了数字化特征。图案为红蓝色，楚国崇尚的红色寓意这座百年老馆充满激情与活力，蒸蒸日上；蓝色象征着浩瀚深邃的知识海洋和广袤的天空。整个图案既有传统神韵，又闪耀着现代光彩。

百年馆庆活动得到了社会各界的响应与支持，广大读者、员工、著名专家学者、有关领导纷纷撰文、赋诗、作画、题辞、提供相关史料，馆领导决定编辑出版"湖北省图书馆百年馆庆系列丛书"：从堆积如山的史料中精选图片，以大事记方式撰写编辑了《湖北省图书馆百年纪事》；精选了重在反映我国雕版印象、活字印刷、彩色套印技术的本馆所收藏的180种善本，以及名家手迹、海内外刻本编辑成《湖北省图书馆古籍善本图录》；从百年来同仁们的近千篇文章中精选112篇编辑成《百年树人——湖北省图书馆同仁文集》；从200篇馆庆论文精选了80余篇，汇编成《精神家园——我与湖北省图书馆》，此书作者年龄不同、文化素养不同、身份地位不同，故作品风格迥异，或清新灵秀，或精到透辟，或酣畅淋漓，如武汉大学教授、博导冯天瑜先生，其文所言均系发自内心的真情道白，既撰文，又作画、题辞，故能感人至深；从百年华诞和纪念建馆八十周年纪念册所征集的600余幅题辞、绘画、书法作品中遴选出283幅编印成了《湖北省图书馆百年馆庆名家书画集》，每册平均30余万字，图片数百幅。同时，还编辑出版了《百年图书馆事业馆长论坛暨2004年中南西南地区公共图书馆研讨会论文集》和《湖北省图书馆规章制度汇编》。

2004年，省图书馆学会以"百年图书馆建设与百年图书馆精神"为主题，向全省征文359篇，选择150余篇论文编辑题为《百年图书馆事业与推进社会信息化》约80万字的论文集。往事如歌，百年之吟唱皆于起承转合间留存独到的长久魄力。以上8种书籍加上光盘等的出版，分别从历史、人文、学术研究、以情念志等方面对湖北省图书馆事业的百年历程作了完整而深入的诠释与展示，在描述历史时用辞精到、力求客观准确、让史实说话，而不做过多的主观评价；取文选画都富于创新意识和前瞻性。故所选作品、资料凝重与睿智相结合，回首历史与现实前景相贯通，因而有很强的视觉说服力和冲击力，且有很强的阅读性。通过系列出版物可综观湖北省图书馆百年发展轨迹，体现其成就，让我们可触摸到中国20世纪公共图书馆事业发展的脉搏，同时还体现着"智慧与服务"的行业精神，也体现着一种浓浓的人文情怀，彰显了前贤，激励了来者，使其无论是从内容还是形式上都达到了高度的统一，得到了海内外嘉宾的广泛赞誉。

赞歌引吭：集天地精华，发百年荣光

经典的乐章，总是那么令人向往

忆往昔，载满盛誉，图书馆之歌经久不息；看今朝，再创佳绩，服务社会已凝成百年绝唱。在求知者看来，图书馆永远是最能拨动心弦的圣殿。著名红学家周汝昌眼中的湖北省图书馆显然是集人间精华之大成的所在，他写到："今日湖北一馆，在省级中创建最早，藏书之富不啻琅嬛二酉。实鄂渚文献之宝库也。嗜学之士，得而汲取，左右逢源，宝山之入，收获必丰。"目前，我国已进入全面建设小康社会，加快推进社会主义现代化建设的新发展阶段，图书馆事业也进入了加快发展的新100年重要发展时期。这次馆庆活动的成功举办，极大地宣传了图书馆，扩大了图书馆的影响，既是对过去百年浓抹重彩地划上圆满的句号；也是为新百年的可持续发展揭开了序幕，真正意义上体现了回顾与展望、传承与创新的活动宗旨与目的。百年系列活动所体现的图书馆精神成为21世纪湖北省图书馆事业可持续发展、再造新的历史辉煌的坚实思想基础和强大精神动力。

此次馆庆活动的成功举办，充分体现了各级领导的高度重视和精心策划。百年活动彰显出图书馆精神意义的深远性，专业理论实践的交流与碰撞的学术性，不同层面读者参与的广泛性等鲜明特点。其中给人印象最深的，同时也是最令人感佩的，不仅仅是赏心悦目的鲜花彩旗，也不仅仅是摄人心魄的巨幅会标，更不是美妙动听的音乐歌声，而是真正意义上的来自不同阶层读者广泛而积极的参与，他们虽然社会地位不同、工作领域不同，但为了一个共同的目标，为湖北省图书馆——精神家园的建设，都无私地献上了一

束心灵的花瓣，不辞辛劳汇聚到了一起。在其辛劳的背后，留下了许多可歌可泣的故事，只为那百年神圣的一天，他们共享这欢乐时光，这非常准确地映衬了“百年同行，世纪情怀”的主题。凡此种种，湖北省图书馆百年体现的内涵深厚的文化递进、传承而发展，物（馆舍）、人（馆员——读者）、神（馆藏文献所承载的智慧与精神）三者融合、辉映而拱立。整个馆庆活动在湖北省图书馆百年事业发展史上奏出了华美而动听的经典乐章。

值百年华诞之际，湖北省政府决定把湖北省图书馆新馆舍建设纳入“十一五”规划项目。面对新的发展机遇，湖北省图书馆又有了新的发展目标：新建中西部一流的图书馆；构建中国数字图书馆湖北分馆；积极争取多方支持，加大事业经费投入；实施队伍建设和人才战略；坚持把发展作为图书馆的要务等。百年馆庆活动所产生的广泛而深远的影响带来了良好发展环境，湖北省图书馆将乘势而为，使更多人认识图书馆，走进图书馆，热爱图书馆，支持图书馆，为实现新一轮发展目标，实现党的十六大提出的“发展要有新思路、改革要有新突破、开放要有新局面、各项工作要有新举措”的要求，立足于高水平管理、高标准建设、高质量服务，努力推进湖北省图书馆事业实现跨越式发展，开辟更广阔的道路。

回顾百年历程，有理由为前人的艰苦创业而感动，有理由为辉煌历史而无限自豪，有理由与不朽精神结伴前行，有理由对美好未来作无限憧憬。新的百年，湖北省图书馆必将一路高歌。

百年风雨　世纪精华

——*绍兴图书馆百年馆庆活动总结*

绍兴图书馆

走过一个世纪的风雨历程，绍兴图书馆迎来了她的百年华诞。由中国图书馆学会、浙江省文化厅和绍兴市人民政府主办，绍兴市文化体育局和绍兴图书馆承办的“古越藏书楼创建百年纪念暨绍兴图书馆百年馆庆”庆典活动于2002年10月29日在绍兴图书馆隆重举行，中国图书馆学会主办的“开放的藏书楼，开放的图书馆”学术研讨会亦同时举行。中国图书馆学会常务副理事长、国家图书馆党委书记、副馆长杨炳延，文化部社会文化图书馆司助理巡视员刘小琴，中国图书馆学会秘书长汤更生，浙江省人民政府副秘书长蒋泰维，浙江省文化厅厅长沈才土，副厅长沈敏，中共绍兴市委书记冯顺桥，绍兴市市长王永昌，绍兴旅港同乡会永远名誉会长车越乔、章传信，浙江大学终身教授陈桥驿，浙江图书馆馆长程晓澜，台湾故宫博物院顾问、前台湾历史博物馆馆长何浩天以及古越藏书楼创始人徐树兰曾孙徐道祥、曾孙女徐明浩，还有全国各省市图书馆界领导，参加学术研讨会的专家和学者，百年馆庆组委会邀请的各方嘉宾、新闻媒体和社会各界代表近千人参加了这一盛典。

本次庆典活动得到了各级领导的关心支持，文化部副部长及中国图书馆学会理事长周和平、浙江省委副书记梁平波、浙江省政协主席刘枫、浙江省委常委宣传部长陈敏尔分别发来贺电或题词祝贺。有关单位和各省、市图书馆界也纷纷发来贺电，其中包括北京大学、武汉大学、上海图书馆、南京图书馆及各省、地市级和浙江省各级公共图书馆等40多家团体和组织。武汉大学教授谢灼华先生还以个人名义发来贺电、“古越一楼存古浙东学术传承久，藏书万卷开新江南文化交流广”。丹麦奥登塞中心图书馆馆长Jytte Christensen也在馆庆当日发来贺电。

庆典活动由绍兴市副市长李露儿主持。市委书记冯顺桥代表市委、市政府，对参加庆典活动的领导、专家学者和来宾表示热烈的欢迎。他说，今天我们在这里隆重举行古越藏书楼创建百年暨绍兴图书馆百年馆庆活动，缅怀创建人徐树兰的历史功绩，既是对“一家之书，书飨万人”奉献精神的弘扬，也是对藏书楼“存古开新”开创精神的光大。百年馆庆必将加强全社会对图书馆事业的关注，进一步推动图书馆事业的蓬勃发展。刘小琴和杨炳延分别代表文化部、中国图书馆学会致辞。蒋泰维和沈敏也分别代表浙江省政府和省文化厅对绍兴图书馆的工作给予了肯定并提出了希望。之后，市委副书记、市长王永昌与古越藏书楼创始人徐树兰先生的后人徐道祥一起，为绍兴图书馆分馆——古越藏书楼重新开放揭牌。沈才土、章传信在五彩花雨中为徐树兰雕像揭幕。

是日上午，由中国图书馆学会主办，绍兴图书馆承办的“开放的藏书楼开放的图书馆”学术研讨会在热烈的气氛中开幕。中国图书馆学会秘书长汤更生主持开幕式，中国图书馆学会副理事长兼学术研究委员会主任吴慰慈教授致开幕词。在随后的大会发言上，南开大学教授、著名学者来新夏作“古越藏书楼百年祭”，北京大学教授刘兹恒作“有感于我国图书馆事业之‘西学东渐’”，共七位专家教授作专题学术演讲。与会者对本次学术研讨会的组织工作表示满意。这是一次高层次的学术研讨会，吴慰慈教授对此深表赞叹：“绍兴图书馆能成功举办百年馆庆和学术会议，影响很大，意义深远。作为地（市）级公共图书馆，绍兴图书馆得到了同行的赞许。本次学术研讨会的征文活动得到来自全国25个省、市、自治区的专家学者和图书馆工作者的积极响应，共收到论文125篇，其中60篇结集成书，作为对古越藏书楼的百年纪念，于馆庆前由浙江人民出版社出版。

馆庆期间，绍兴图书馆相继举办了“百年馆史展”、“馆藏绍兴籍书画家书画作品展”、“丹麦奥登塞中心图书馆展”、“我与绍兴图书馆征文”和“百年馆庆中学生读书知识竞赛”等活动，开设了百年馆庆专题网站，并出版了《从古越藏书楼到绍兴图书馆》、《绍兴籍院士风采》、《馆藏绍兴籍书画家书画作品集》等文献。

继承历史文化，弘扬古越遗风。“古越藏书楼创建百年纪念活动”是绍兴图书馆承前启后，求得发展的一个极好机遇。面对世界公共图书馆事业飞速发展的态势，绍兴图书馆正以现代化的管理方式和手段，创一流管理，争一流服务，为我国的社会主义文化事业和公共图书馆事业的发展再铸新的辉煌。

e线图情2003年度10大图情要闻

刘锦山

（e线图情）

2003年，e线图情与广大读者共同经历了我国图情界发生的许多值得记忆且意义深远的事情，并一同见证了一年来我国图情事业的不斐发展历程。辞旧迎新之际，继往开来之时，e线图情（http://www.chinalibs.net）与《高校图书馆工作》于2004年1月1日—2月8日共同举办了“e线图情2003年度10大图情要闻评选活动”，评出了2003年最有影响的10大图情要闻。

1. 中国图书馆学会颁布和实行《中国图书馆员职业道德准则》（试行）

为加强图书馆职业道德建设，提高图书馆员的思想道德素质，强化从业人员的社会责任感，树立正确职业理念，优化图书馆队伍结构，提高图书馆的服务质量和服务水平，中国图书馆学会2003年3月4日制定并在全行业颁布、实行《中国图书馆员职业道德准则》（试行）（以下简称《准则》）。《准则》全文如下：

①确立职业观念，履行社会职责。②适应时代需求，勇于开拓创新。③真诚服务读者，文明热情便捷。④维护读者权益，保守读者秘密。⑤尊重知识产权，促进信息传播。⑥爱护文献资源，规范职业传播。⑦努力钻研业务，提高专业素养。⑧发扬团队精神，树立职业形象。⑨实践馆际合作，推进资源共

享。⑩拓展社会协作，共建社会文明。

相关链接：http：//www．chinalibs．net/quanwen．asp？titleid＝5550

2．“国家科学数字图书馆参考咨询台”正式推出

由中国科学院文献情报中心、上海图书馆、中国科学院成都文献情报中心三家单位共同参与的“国家科学数字图书馆分布式参考咨询服务系统”研究项目即将结题，作为项目的一个重要成果，“国家科学数字图书馆参考咨询台”也在2003年4月24日正式提供服务。

由中国科学院文献情报中心信息技术部具体设计和实现的“国家科学数字图书馆参考咨询台”于2002年12月初步完成开发，2003年1月项目组的三家参加单位通过网络采用异地访问的模式对系统进行了实用性测试。2003年2月，系统开始试运行。到目前为止，系统已经接收了近500个读者提问。系统还转入了中国科学院文献情报中心原有的读者问答系统的问题/答案（Q/A）数据，目前系统共有3200多个咨询案例。

“国家科学数字图书馆参考咨询台”有着良好的服务保障机制。全年365天开放咨询服务，努力做到3个工作日内读者的问题。在抗击“非典”的特殊时期，咨询馆员仍然坚持在后台为读者服务，回答读者的咨询。

相关链接：http：//www．chinalibs．net/quanwen．asp？titleid＝7583

3．全国文化信息资源共享工程——我国文化领域的一个伟大创举

2002年4月由国家文化部和财政部共同组织实施的全国文化信息资源共享工程（以下简称共享工程），是21世纪初中国文化领域的一个伟大创举。

共享工程充分利用现代高新技术手段，将中华民族几千年来积淀的各种类型的文化信息资源精华以及贴近大众生活的现代社会文化信息资源，进行数字化加工处理与整合；建成互联网上的中华文化信息中心和网络中心，并通过覆盖全国所有省、自治区、直辖市和大部分地（市）、县（市）以及部分乡镇、街道（社区）的文化信息资源网络传输系统，实现优秀文化信息在全国范围内的共建共享。

一年多来，在共享工程国家中心组织下，各省级分中心和基层中心举办了一系列丰富多彩的活动，深入宣传、推进、实施共享工程，在版权建设、资源建设、共享利用方面取得了很大的进展。

截至2003年10月，共享工程国家中心已经与30个省、市、自治区签订了实施协议，在700多个市、县、乡镇、社区建立了基层中心。共享工程已建立了50余个多媒体资源库，全国已累计加工资源达5000多GB。各种数字化文化资源，正通过各行业、各系统的网络，源源不断地进入社区、校园、农村、企业。

相关链接：http：//www．chinalibs．net/quanwen．asp？titleid＝10198

4．第69届国际图联大会在德国柏林举行

2003年8月1日—9日，第69届国际图联（International Federation of Library Associations and Institutions，IFLA）大会和理事会在德国柏林国际会议中心（International Congress Centre，ICC）召开。会议的主题是“存取图书馆：媒体、信息与文化（Access Point Library：Media—Information—Culture）”。

来自133个国家和地区的4560人出席了大会。中国图书馆学会代表团、国家图书馆代表团、上海图书馆代表团等共144名代表参加了大会。

本次会议涉及到的问题非常全面，粗略归纳起来包括：各类型图书馆理论与实践、世界各地区图书馆事业理论与实践、图书馆协会、互联网与图书馆、图书馆历史、图书馆基础理论、图书馆管理、图书馆质量管理与绩效评估、知识管理、图书馆市场与营销、为弱势人群服务、数字图书馆、版权问题、图书馆技术、数字技术、书目控制、分类与编目、连续出版物、馆藏和服务、家谱与地方学、参考咨询文献传递和互借、馆员的职业继续教育和培训、图书馆建筑与设备、图书馆学信息学专业期刊等。

相关链接：http：//www．chinalibs．net/quanwen．asp？titleid＝12453

http：//www．chinalibs．net/quanwen．asp？titleid＝15355

http：//www．chinalibs．net/quanwen．asp？titleid＝16617

5．e线图情致力于推动我国图书馆事业建设创新

2003 年 11 月 18 日，我国第一个综合性图情专业数据库网站——e 线图情创办一周年。2003 年 5 月 18 日，e 线论坛正式发布。

一年来，e 线图情的内容日渐丰富，涉及的课题既有实践性又有前瞻性，紧紧抓住图书馆事业发展中出现的最新问题进行深入研究，因而受到图情界的热烈欢迎和积极肯定，首页访问量突破了 18000 人次/天。

一年来，e 线图情秉承反映图情事业最新理论、最新技术、最新产品、最新实践的宗旨，积极推动和促进图书馆建设创新的发展，在全国各地召开了一系列座谈会和报告会，与图情界一道深入研究和探讨图书馆事业的发展问题。

e 线论坛发布以来，受到各地读者和网友的大力支持和关注，大家对于 e 线的发展倾注了大量的心血和热情。9 月份以来，论坛注册网友以平均 10－20 人/天的速度增长。截止 2003 年 12 月 31 日，总发帖数量达到 6800 条。

现在，e 线图情的用户遍布全国各地，武汉大学图书馆、华中科技大学图书馆、中山图书馆、北京市高校网络图书馆、中国人民大学图书馆、中央财经大学图书馆、湖南大学图书馆、山东师范大学图书馆、广西大学图书馆、山西大学图书馆、山西农业大学图书馆、山西财经大学图书馆、内蒙古工业大学图书馆、河海大学图书馆、四川省图书馆、大连理工大学图书馆等 120 多家图情单位成为 e 线图情的会员单位。个人读者更是不计其数。

相关链接：http：//www. chinalibs. net/guangg/gyextq. asp
http：//www. chinalibs. net/quanwen. asp？titleid＝6024
http：//www. chinalibs. net/quanwen. asp？titleid＝23015

6. CALIS 二期“中文学位论文文摘与全文数据库”等先期启动子项目确定

CALIS 管理中心于 2003 年 3 月 8 日－10 日在南京召开了中心负责人第三次联席会议，会上听取了 CALIS“十五”期间拟先期启动的各个子项目实施方案的汇报，决定马上启动中文学位论文文摘与全文数据库、分布式联合虚拟参考咨询系统、高校教学参考信息管理与服务系统等三个子项目。这三个子项目的承建单位分别是清华大学图书馆、上海交通大学图书馆、复旦大学图书馆。

相关链接：http：//www. chinalibs. net/quanwen. asp？titleid＝5792

7. 中美百万册数字图书馆工程正式启动

“中美数字图书馆”工程，预计耗资近 2000 万美元，计划在 3 年内对 100 万册中、英文图书进行数字化加工，实现网上全文检索、阅读，于 2003 年上半年正式启动。在计划完成的 100 万册图书中，美方将选择 50 万册最新出版的科技类图书和一些学科的核心参考书，中方将选择 50 万册适合教育、科研需要的图书及一些特有的传统馆藏。工程的中方由浙大牵头，北大、清华、复旦、南大等国内 14 所知名高校和中科院分工合作；美方则是由卡内基·梅隆等著名大学组成的“数字图书馆联盟”高校参与。

相关链接：http：//www. chinalibs. net/quanwen. asp？titleid＝5000

8.“国家图书馆二期工程暨国家数字图书馆工程”建筑设计方案揭晓

2003 年 10 月 31 日，倍受全社会瞩目的“国家图书馆二期工程暨国家数字图书馆工程”建筑设计方案招标结果揭晓，来自德国 KSP 恩格尔·齐默尔曼建筑设计有限公司和华东建筑设计研究院有限公司联合体的 5 号方案被确定为中标方案。

近年来，党和国家高度重视文化建设，将国家图书馆二期工程列入国家十五计划，投入 1235 亿巨资，建筑面积达到 7．7687 万平方米，充分说明了国家对文化公益事业加大投入的决心。该工程计划于 2004 年 4 月开工，2007 年 10 月投入使用。建成后的书库可满足未来 30 年的藏书量，设有读者座位 2900 个，日均接待读者能力 8000 人次。与二期工程同步的国家数字图书馆建设，建成后将使国家图书馆成为世界最大的中文数字资源基地、国内最先进的网络服务基地。

相关链接：http：//www. chinalibs. net/quanwen. asp？titleid＝18912

9. 造福子孙后代、使中华传统文化源远流长的浩然工程——中华再造善本工程中国自唐代发明了雕版印刷术，但唐代刻本现已基本没有留存下来；宋代刻书一万余种，印数达百千万册，流传下来的不过1200部，可谓万不一存。古籍善本的珍贵可见一斑，抢救古籍善本迫在眉睫。为了使这些珍稀善本永远保存下去并发挥应有的作用，2002年7月起，文化部、财政部联合启动了《中华再造善本》工程。确定再造善本1300种，首期再造唐宋善本700种。去年已再造善本40余种，耗资2000万元。准备再造200种，目前正在精心制作。

《中华再造善本》分五编进行，自唐迄清分别为《唐宋编》、《金元编》、《明代编》、《清代编》、《少数民族文字文献编》，每编下以经、史、子、集、丛编次，选录范围以内地收藏为主，今后将陆续与香港、澳门、台湾地区进行接触，最大范围涵盖中华文化典籍的精髓。

2003年下半年，《中华再造善本》先后在上海、北京、广州、深圳等地举办了一系列的推荐会，引起了社会各界的强烈关注和反响。

相关链接：http：//www. chinalibs. net/quanwen. asp? titleid = 13504
http：//www. chinalibs. net/quanwen. asp? titleid = 12969
http：//www. chinalibs. net/quanwen. asp? titleid = 12698

10. 图书馆助力抗击非典

2003年上半年的非典疫情对我国社会生活各个方面产生了很大的影响，图书馆领域亦不例外。在抗击非典疫情的战斗中，图书馆根据具体情况做出了自己应有的积极贡献。2003年4月21日，重庆地区高校图书馆免费助力非典预防宣传。2003年4月30中科院国家科学数字图书馆项目管理中心与有关企业合作，在抗击“非典”期间，免费给中国大陆开通使用OVID医学部分的数据库。2003年5月23日国家图书馆和全国文化信息资源共享工程向北京小汤山医院赠送了5000册各类书刊。等等。

为避免可能的疫情流行，各地公共图书馆先后闭馆。而高校图书馆为切断疫情向农村地区和非疫情地区传播的可能，五一期间以至暑期还照常开放。而中山图书馆借鉴先前抗击非典的经验，今年上半年仍然正常开放。各地图书馆都以自己不同的合适方式为抗击非典尽力贡献。

非典的影响下，图情界的各种活动、会议等推迟举行，如原定于2003年8月16－20日在广西桂林召开的中国图书馆学会2003年学术年会，由于非典疫情的影响而延期至2004年，并与2004年年会同期举办。

因此，2003年下半年各地图书馆工作异常繁忙、紧张，力争把上半年因非典耽误的时间和工作夺回来。

相关链接：http：//www. chinalibs. net//quanwen. asp? titleid = 7384
http：//www. chinalibs. net//quanwen. asp? titleid = 7561
http：//www. chinalibs. net//quanwen. asp? titleid = 8170
http：//www. chinalibs. net//quanwen. asp? titleid = 11002

e 线图情 2004 年度 10 大图情要闻

刘锦山
（e 线图情）

2004 年，我国图情事业的又经过了一个不平凡的发展之年。辞旧迎新，继往开来。为此，e 线图情（http：//www. chinalibs. net）与《高校图书馆工作》于 2005 年 1 月 1 日—2 月 8 日共同举办了“e 线图情 2004 年度网络图情评选活动”。

在一个多月的评选中，评出了“公共文化设施向未成年人等社会群体免费开放”等 2004 年度最有影响的 10 大图情要闻、“第 70 届 IFLA 大会暨理事在阿根廷召开”等 2004 年度最有影响的 10 大国际动态、“数字图书馆发展遭遇市场寒流”等 2004 年度最有影响的 10 大产业动态、“赵宣”等 2004 年度最有影响的 10 大网络图情人物。

1. 公共文化设施向未成年人等社会群体免费开放

2004 年 3 月 19 日，文化部、国家文物局联合发出《关于公共文化设施向未成年人等社会群体免费开放的通知》。《通知》要求：“从 2004 年 5 月 1 日起，全国文化、文物系统各级博物馆、纪念馆、美术馆要对未成年人集体参观实行免票；对学生个人参观可实行半票；家长携带未成年子女参观的，对未成年子女免票。对持有相关证件的现役军人、老年人、残疾人等特殊社会群体，也要实行门票减免或优惠。被确定为爱国主义教育基地的各级各类化设施要积极创造条件对全社会开放。”

国家图书馆、故宫博物院、国家博物馆、中国美术馆、文化部恭王府管理中心、梅兰芳故居纪念馆、北京鲁迅博物馆 7 家文化部、国家文物局直属公共文化单位分别具体制定了对未成年人免费开放的措施。国家图书馆每月 22 天向中小学生免费开放，并设立“国家图书馆少年儿童参观接待日”，接待有组织的少年儿童参观。

2.《国家图书馆借书记》引发公共图书馆理念大讨论

2004 年 10 月 14 日的《南方周末》刊登了暨南大学出版社副总编辑周继武的文章——《国家图书馆借书记》，讲述了作者 2004 年 3 月底在国家图书馆借书时的种种不快的经历。文章很快被许多家网站转用，由此引发了一场关于公共图书馆理念的讨论。许多读者、网友通过《大学图书馆学报》读者论坛、e 线论坛、一网、个人博客发表看法，进行讨论，并引起有关主流媒体的关注。国家图书馆有关领导同志也参与讨论，介绍了国家图书馆存在的一些具体困难。不久，国家图书馆采取了一些相关的改进措施。

因为事件的主角是国家图书馆，所以注定会引起业内和公众的强烈关注。这场讨论揭示了这样一个事实：社会和公众对图书馆事业的关注程度日趋强烈，而图书馆事业本身的发展并不能满足社会发展对图书馆自身的需求，这一矛盾日渐突显，才出现了诸如此类的大讨论。如何解决图书馆事业发展过程中出现的这个矛盾值得我们继续深思。

3. 中国高等教育数字化图书馆项目启动

2004 年 11 月 5 日，中国高等教育文献保障体系——中国高等教育数字化图书馆项目（CADLIS 项目）

正式启动。CADLIS 是国家在“十五”期间“211 工程”经费支持的中国高等教育文献保障体系（CALIS）二期工程与中英文图书数字化国际合作计划（CADAL）两个专题项目的有机结合，是“211 工程”建设的三大公共服务体系之一。

CADLIS 项目的总体目标是“以系统化数字化学术信息资源为基础，以先进的数字图书馆技术为手段，以中国教育和科研计算机网（CERNET）为依托，大力推进理论创新、制度创新、科技创新和教育创新，力争到2005 年底，初步建成具有国际先进水平的开放式中国高等教育数字化图书馆的框架，使之成为国家重要的信息基础设施之一。”

4. 教育部教发〔2004〕2 号文件与教高厅〔2004〕21 号文件对高等学校图书馆建设产生深远影响

2004 年 2 月 4 日，教育部下发了《关于印发〈普通高等学校基本办学条件指标（试行）〉的通知》（教发〔2004〕2 号文件），2004 年 8 月，教育部颁发了《普通高等学校本科教学工作水平评估方案（试行）》（教高厅〔2004〕21 号文件），对普通高等学校基本办学条件、监测办学条件以及本科教学工作水平评估涉及的各项条件与指标根据近年来我国高等教育发展情况做出了明确的规定。其中，对各类院校生均图书的合格指标、限制招生指标以及监测条件合格标准给出了明确的要求，并且指出，电子类图书已在相关指标的定量中予以考虑，测算时均不包括在内。政策的导向立刻显示出强大的力量，为了达到指标的要求，许多学校花费了极大的力量进行图书的采购工作，不少图书馆的馆藏数量在短期内迅速成倍地增长，使得图书馆的办馆条件得以迅速的改善。但其中也存在着一些问题，一些图书馆由于藏书量欠缺甚多，一时又没有如此多的适合本馆需要的图书，为了达到指标，在藏书数量急剧增长的同时伴随着藏书质量的急剧下滑。

5. 中国图书馆学会高等学校图书馆分会成立

2004 年 10 月 11 日—14 日，中国图书馆学会高等学校图书馆分会成立暨第一次会员代表大会在山东威海举行。

中国图书馆学会高等学校图书馆分会是中国图书馆学会根据开展活动的需要，依据图书馆事业在高等学校图书馆领域内形成的工作系统而设立的专门从事本学会高等学校图书馆业务活动的机构。中国图书馆学会高等学校图书馆分会主任委员由戴龙基担任，副主任委员由胡越、朱强、薛芳渝、杨东梁、阎世平、程焕文、阿拉坦仓、庄琦担任，秘书长由朱强担任。

中国图书馆学会高等学校图书馆分会的成立，为在新的条件下进一步做好全国高校图书馆之间的沟通、合作、共享工作奠定了很好的基础。

6. 中国现代图书馆事业迎来百年庆典，《中国图书馆百年系列丛书》出版

2004 年，中国现代图书馆事业迎来了自己的百年庆典。湖北省图书馆、湖南省图书馆、嘉兴市图书馆、常州图书馆先后迎来百年馆庆。7 月 24 日，主题为“回顾与展望——中国图书馆事业百年”的中国图书馆学会 2004 年年会暨学会成立 25 周年纪念活动在苏州市图书馆开幕，籍此纪念中国现代图书馆事业百年来的发展历程，展望未来之辉煌前景。

为此，中国图书馆学会主编了《中国图书馆百年系列丛书》，于光远先生担任《丛书》荣誉顾问，《丛书》编委会主任为周和平，《丛书》主编为詹福瑞。全书分《百年大势》、《百年情怀》、《百年人物》、《百年文萃》、《百年建筑》等五个分册，平均每册 30 万字，共约 150 万字，图片数百幅。全书从历史、人文，以及学术研究、建筑文化等各个层面对中国图书馆事业的百年历程作了完整而深入的诠释和展示，借以传承“智慧与服务”的行业精神，彰显前贤，激励后学。

中国图书馆学会还举办了第二届图书馆学情报学学术成果奖评选、第二届全国图书馆系统书画摄影展、"我的图书馆情缘"征文等一系列纪念活动。

7. e线博客正式发布

2004年12月15日，e线博客正式发布。

e线博客（http：//blog. chinalibs. net）是一个关于知识传媒的专业博客群，它依托于e线图情全文数据库、e线论坛丰富的专业数据库资源和人气资源，吸引来自图书馆学、情报学、档案学、博物馆学、新闻学、出版学、广播电视学、信息传播学等知识传媒领域的专业工作者，就各自领域的有关问题进行深度的交流、探讨、碰撞和切磋，以独立思考、坚持原创、不断创新为原则，以不断促进上述领域的发展为宗旨。让思想随时保持鲜活，这是e线博客努力的目标。e线博客将在e线图情全文数据库和e线论坛的基础上，使e线图情不仅成为专业数据、知识、信息的集散地，而且成为专业领域的创新源泉，使大家的思想随时保持鲜活，而鲜活的思想是无价的。e线博客的推出，是e线图情为广大读者提供优质服务的又一举措。

8. 中国科学院文献情报中心举办"服务百所行2004"活动

2003年活动的基础上，中国科学院文献情报中心组织实施了旨在"提升专业能力、转变服务模式、建立可持续的全院联合服务机制"的"服务百所行2004"活动。该活动将国家科学数字图书馆、中科院文献情报中心和地区文献情报中心的作用延伸到研究所，与研究所图书馆共同策划、联合服务，突出系统的整体优势，逐步形成用户培训与信息服务的经常化、制度化和可持续发展能力。

9. 国家图书馆二期工程奠基

2004年12月28日上午十点，"中国国家图书馆二期工程暨国家数字图书馆工程"举行奠基仪式。国务委员陈至立、全国政协副主席罗豪才、文化部部长孙家正以及国家图书馆馆长任继愈为工程铲土奠基。国家图书馆二期工程项目总建筑面积近八万平方米，总投资十二点三五亿元人民币，其目标是建成世界最大的中文文献收藏中心和中文数字资源基地，以及中国最先进的信息网络服务基地。二期工程建成后，新增读者座位二千九百个，日均接待读者能力增加八千人次，可以满足未来三十年的藏书量要求。与现有设施融合后，国家图书馆的馆舍面积将达到二十五万平方米，列世界第三位。

2005年年初工程将正式动工，预计将于2007年10月建成并投入使用。

10. 泛珠九省会签合作协议 实现九市图书馆书目数据的联网和共享

2004年9月17日下午，广州、福州、南昌、长沙、南宁、海口、成都、贵阳、昆明九个泛珠江三角洲省会城市，经协商共同签署了《泛珠三角区域省会城市合作协议》，《协议》从签字时起生效。《协议》约定，九市将充分发挥省会城市在区域合作中的重要作用，在信息、科技、教育、文化等13个领域，建立起统一的跨省的众多城际联合体系，将泛珠三角地区建成中国最具竞争力、国际最具投资吸引力的地区。其中比较引人注目的是泛珠九省将在信息和文化领域建立跨省信息互通大平台和跨区文化宣传网络。并特别提出要实现九市图书馆书目数据的联网和共享。

泛珠九省的合作继长三角图书馆文化圈之后，又一次使图书馆界提倡已久的资源共享理念真正突破了地域的局限而被正式纳入到区域合作的框架之内，它反映出经济社会的发展对于图书情报事业的必然需求和驱动，使资源共享的运作有了更深厚的背景和更广阔的前景。

e线图情2004年度10大国际动态

1. 第70届IFLA大会暨理事在阿根廷召开

2004年8月21日—8月28日，世界图书馆和信息大会：第70届IFLA大会暨理事会在阿根廷布宜诺斯艾利斯召开，本次会议的主题是：图书馆：教育和发展的工具（Libraries: Tools for Education and Development）。来自全世界120多个国家和地区的3500多名代表出席了这次会议。本次会议涉及的问题非常全面，涉及到图书馆工作、图书馆与社会的关系等方方面面。其中特别强调信息和知识对于教育和发展是极其重要的。在经济和社会发展还没有达到一定水平的地区，信息和知识也是提高当地人民生活质量的基本需要。在世界上许多发展中国家和地区，人民的信息需求对图书馆提出了要求，因此，图书馆能够在教育的进程中一同努力，作为教育系统的支柱开展协作，开辟通向知识、文化及社会的发展之路。

2. 美国国会图书馆开始建设数字保存者合作网络

美国国会图书馆2004年9月30日向加州大学校长办公室（加州数字图书馆）等8个机构及其合作者投入1490多万美元资金，建立一个全国范围内的数字保存基础设施以识别、收集和保存数字资料，以共同保存美国濒危的具有重要文化和历史价值的数字资料。

因为没有单独的物理备份，这些作为历史资源的所谓“原生数字”（“born - digital”）资料面临着更大的保存风险；同时，未来研究人员也很难利用它们的原始形式进行研究。数以百万的数字资料，诸如安装在早期互联网上的网站，由于不全面或不能使用原始的版本而已经消失了。

保存项目包括与美国历史上有重要影响的人物、事件和活动相关的数字内容，例如DOT. COM诞生时代的资料、卫星地图、公共电视节目、历史上的航空摄影、民意测验和投票记录。国会图书馆从事的计划被正式被命名为国家数字信息基础设施和保藏计划（National Digital Information Infrastructure and Preservation Program，NDIIPP）。

3. 国际红十字会推出“生命图书馆”

2004年10月，国际红十字会推出一项被称为“生命图书馆”的新计划，通过该计划，地球上所有的人都可以将自己的姓名、照片和简历登记到这个网上图书馆，并永久保存。目前，到“生命图书馆”的网站（http://www. libraryoflife. org）上注册只能使用英语，将来可以利用世界各种语言进行注册。

国际红十字会表示，“生命图书馆”是一个全球性组织，“它可以让你记录下生命中最珍贵的回忆，留给后人，让你得以不朽”。国际红十字会还说，尽管现在因特网上有许多个人网站，“但没有一个能保证让普通人在时间长河中永久性地留下名字。现在只要你想，不朽就可以在‘生命图书馆’实现”。

4. 第七届亚洲数字图书馆国际会议在中国举行

2004年12月13日—17日，第七届亚洲数字图书馆国际会议（The 7th International Conference of Asian Digital Libraries，ICADL2004）在上海光大会展中心举行，会议的举办者为上海交通大学和上海图书馆。来自中国（包括大陆和港澳台地区）、美国、马来西亚、新加坡、奥地利、泰国、德国、英国、澳大利亚、加拿大、日本、俄罗斯等25个国家和地区的307位代表参加了本次会议。本次会议主题是“数字图书馆：国际合作与相互发展”。

亚洲数字图书馆国际会议是亚洲人举办并且在亚洲召开的最有影响的有关数字图书馆的一年一度的国

际会议。本次会议对于加速我国数字图书馆的建设，吸收世界各国的先进经验，扩大亚洲地区的合作，增进交流和友谊起到了深远的影响。

5. 德国魏玛的安娜—安玛利娅女公爵图书馆遭受严重火灾损失惨重

2004 年 9 月 3 日，德国中部城市魏玛的安娜—安玛利娅女公爵图书馆遭受严重火灾，大约 85 万册珍藏图书在火灾中被烧毁或破坏。其中包括莎翁原版作品、席勒的第一版戏剧和安娜—安玛利娅女公爵收藏的乐谱等珍贵图书。据现场的调查人员推测，火灾是由阁楼的供电故障引起的。

安娜—安玛利娅女公爵图书馆由一座 16 世纪的德国宫殿改建而成，很早就被联合国教科文组织列为世界文化遗产，德国大部分珍本图书都收藏于此。其中，德国作家歌德的传世名著《浮士德》在该图书馆的收藏量居全球之首。

德国人将魏玛称为“德国精神的故乡”，每年都有数以万计的德国文化爱好者来这里“朝圣”。难怪有欧洲媒体称这次火灾摧毁了“德国精神”。

6. Google 推出学术搜索（Google Scholar）

Google 于 2004 年 11 月宣布推出学术搜索（Google Scholar），提供学术出版物元数据检索，检索内容“包括来自各研究领域的同行评审论文（peer - reviewed papers）、学位论文、图书、预印本、摘要和技术报告的学术文献。”Google 已经与 OCLC，Blackwell、Springer 和许多大学出版社在内的 29 个学术出版商建立了合作关系。自从学术搜索推出之后，美国图书馆员一直在议论 Google 学术搜索对于其职业和学术机构将意味着什么。加里·普莱斯——一个图书馆员、作家和编辑——强调了一个重要但经常被忽略的问题：图书馆资源和服务的营销。图书馆员面临的挑战是：找到一种方法使用户如同现在本能地使用 Google 一样使用图书馆资源。

7. 美国公共图书馆学会第 10 届全国会议参会人数破记录

2004 年 2 月 24 日到 28 日，近 8，700 位美国图书馆职员、展览者、作者及宾客挤满了华盛顿州会议与贸易中心，出席美国公共图书馆学会第 10 届全国会议。会议为西雅图带来了超过 1200 万美元的收入，成为 2004 年西雅图预计举办的 10 大会议之一。

这次会议成为美国公共图书馆协会历史上规模最大的全国会议。普利策奖金获得者安娜·金德伦以及比尔和梅林达 - 盖茨基金主任比尔·盖茨·Sr 参加的开放会议，几百个讨论会，事件和讨论吸引了拥挤不堪的人群。代表图书馆利益的倡导、资助、招募、技术、多种文化拓展和青少年服务等问题是引起参会者产生会话和兴趣的关键问题。

美国图书馆学会图形书店里最畅销的东西是由图书馆英雄南希·佩尔亲笔签名的图书馆员人形玩具和新的奥兰多·布鲁姆（《指环王》和《加勒比海海盗》）“阅读”海报。会议吸引了众多的知名作家参加。

8. 中国国家图书馆举办“数字图书馆——促进知识的有效应用”国际研讨会

2004 年 9 月 6 - 8 日，中国国家图书馆主办的“数字图书馆——促进知识的有效应用”国际研讨会在北京举行。来自美国、德国、日本、澳大利亚、俄罗斯、芬兰、荷兰、韩国、印度、菲律宾、缅甸、越南和中国大陆、香港、台湾等 15 个国家和地区的数字图书馆领域的 200 余位专家学者出席了会议。共有 28 位来自世界各国的专家学者做了大会发言，内容涵盖了海量信息资源管理、数据网格等数字图书馆建设的有关技术、知识产权、标准规范、数字参考咨询、网络信息资源保存以及中国国家数字图书馆工程、美国国家科学数字图书馆项目、中国国家科学数字图书馆项目、亚历山大数字图书馆项目、斯坦福数字图书馆项目等数字图书馆建设项目的有关情况，基本上代表了当前世界数字图书馆研发与建设的整体水平。

9．加拿大国家图书馆和国家档案馆合并

2004 年 5 月 21 日，加拿大国家图书馆与加拿大国家档案馆合并为加拿大国家档案图书馆。合并事宜讨论和计划了 5 年。前国家档案馆馆长伊恩·威尔森（Ian Wilson）担任合并后的加拿大国家档案图书馆馆长。

10．克拉克亚特兰大大学关闭其图书馆和信息科学研究院

美国克拉克亚特兰大大学（Clark Atlanta University，CAU）由于财政危机决定在 2004 －2005 学年末关闭其图书馆和信息科学研究院（School of Library and Information Studies，SLIS）。CAU SLIS 具有长久辉煌的历史。其创办于 1941 年，主要目的培养非裔美国人图书馆员。CAU SLIS 是佐治亚州唯一一所被美国图书馆学会（ALA）授权的学校，也是历史上被 ALA 授权的两所黑人大学之一。ALA 对此表现出强烈的关注，ALA 主席卡罗尔·布雷－卡西亚诺 2004 年 9 月 10 日发表声明，强烈要求克拉克亚特兰大大学继续开办图书馆和信息科学研究院。但克拉克亚特兰大大学董事会拒绝听取。2004 年 10 月 15 日卡罗尔·布雷－卡西亚诺又一次发表声明，对克拉克亚特兰大大学董事会拒绝听取她的呼吁表达了严重失望。

e 线图情 2004 年度 10 大产业动态

1．数字图书馆发展遭遇市场寒流

经过 2—3 年高速发展之后的数字图书馆在 2004 年遭遇了第一次市场寒流。

2004 年 2 月 4 日，教育部下发了《关于印发〈普通高等学校基本办学条件指标（试行）〉的通知》（教发〔2440〕2 号文件），2004 年 8 月，教育部颁发了《普通高等学校本科教学工作水平评估方案（试行）》（教高厅〔2004〕21 号文件），对普通高等学校基本办学条件、监测办学条件以及本科教学工作水平评估涉及的各项条件与指标根据近年来我国高等教育发展情况做出了明确的规定。其中，对于各类院校生均图书的合格指标、限制招生指标以及监测条件合格标准给出了明确的要求，并且指出，电子类图书已在相关指标的定量中予以考虑，测算时均不包括在内。政策的导向立刻显示出强大的力量，多数高校图书馆都做出了为保印刷版图书削减甚至中断电子资源尤其是数字图书的采购的举动，加上版权问题的困扰，许多数字图书企业遭遇到第一次市场寒流，销售萎缩。

2．国家图书馆启动“国家图书馆文津图书奖”

国家图书馆馆长任继愈 2004 年 12 月 22 日宣布启动首届“国家图书馆文津图书奖”。该奖项侧重评选普及类图书，包括社会科学和自然科学类的大众读物，这些提高公众人文素养和科学素养的图书。“国家图书馆文津图书奖”将每年举办一次，每次评出获奖图书十种。评奖对象是前一年度公开出版、发行的汉文版图书。首届评奖结果将在 2005 年 5 月公布。

3. 域内资源整合系统研发取得突破性进展

2004 年 4 月，由华中科技大学数字图书馆研究人员研发的“域内资源整合系统”取得突破性进展。该系统建立了一种开放式的公共信息平台，更加个性化的信息检索系统，以此平台为基础向用户提供更加及时、准确、全面的信息。同时此方案作为一个标准提案已经提交至国际互联网标准化组织 IETF，这也是国内首次向 IETF 提交完整的解决方案。华中科技大学开发的“域内资源整合系统（Domain Resources Integrated System，简称 DRIS）”是域名服务的一个扩展，其最终目标是要整合互联网上各类信息资源，建立一个互联网信息检索的基础性平台。而建立在此平台之上的个性化信息服务系统则会根据每个用户的兴趣爱好等个人信息，帮助用户更加便捷地进行互联网的资源的搜索。

4. 全国开展打击淫秽色情网站专项行动

2004 年 7 月 16 日，全国打击淫秽色情网站专项行动电视电话会议召开，会议要求认真贯彻落实胡锦涛总书记关于打击淫秽色情网站的重要指示精神，在全国范围内迅速组织开展打击淫秽色情网站专项行动，打一场围剿淫秽色情网站的人民战争，坚决遏制住网上淫秽色情活动发展蔓延的势头。公安部于 2004 年 7 月 16 日开通淫秽色情网站举报电话和举报网站，24 小时接受社会各界和广大人民群众的举报，并将建立举报奖励机制。2004 年 10 月以来，举报中心接到的各类公众举报中，针对境内网上淫秽色情信息和网站的举报比例下降到 17．4%，而在打击淫秽色情网站专项行动前，高达 67%。这说明，随着一大批境内淫秽色情网站的覆灭，我国网上环境已明显改观。

5. 中国互联网事业蓬勃发展

截止 2004 年 6 月 30 日，我国上网用户总数为 8700 万，比去年同期增长 27．9%，上网计算机达到 3630 万台。网络国际出口带宽增长飞速，总数达到 53．9G，比去年同期增长 190．3%。CN 下注册的域名数、网站数分别达到 38 万和 62．7 万。我国互联网事业正在持续快速发展，并在普及应用上进入崭新的多元化应用阶段。

6. 中国下一代互联网建设全面拉开序幕

2004 年 12 月 25 日，中国下一代互联网示范工程 CNGI 核心网 CERNET2 主干网开通暨 CERNET 建设十周年庆祝大会在北京国际会议中心召开。国家发展与改革委员会、教育部等 8 部委联合宣布，中国第一个下一代互联网，中国下一代互联网示范工程 CNGI 核心网 CERNET2 主干网正式开通，这是世界上规模最大的 IPv6 互联网。此举标志着我国下一代互联网建设全面拉开序幕，在世界下一代互联网发展上取得了先机。

7. 信息网络传播权立法工作不断推进

我国在 2001 年对《著作权法》进行了修改，增加了作者、表演者和录音录像制作者享有信息网络传播权的规定，《著作权法》同时规定，关于信息网络传播权的保护办法将由国务院另行制定，目前国务院法制办已将《信息网络传播权保护条例》列入 2005 年的立法计划。在相关的条例出台之前，为有效保护相关权利人的信息网络传播权，严厉打击利用互联网进行的各类侵权盗版行为，使各级版权行政管理部门正确、有效地执法，国家版权局会同信息产业部起草了《网络环境下著作权行政执法办法（征求意见稿)》，在多次召开专家论证会并反复修改的基础上，形成了《信息网络传播权行政保护办法（草案)》。11月4日上午，国家版权局、信息产业部在京联合举行听证会，就即将出台的《信息网络传播权行政保护办法（草案)》向社会各界广泛征求意见。

信息网络传播权立法工作的深入进展，将对我国互联网事业的发展产生深远的深刻影响。

8. 我国新闻出版体制改革取得阶段性成果

2004年4月，中国出版集团更名为中国出版集团公司，成为我国第一家企业身份的出版单位。2004的12月下旬，《北京青年报》的北青传媒股份有限公司在香港联交所挂牌上市，成为内地传媒企业海外首发上市“第一股”。

全国文化体制改革试点工作正式启动后，全国有35个文化体制改革试点单位，其中属于新闻出版系统的有21家。一年间，这些试点单位解放思想，大胆探索，勇于开拓，以发展为主题，以体制机制创新为重点，在理论、实践和工作上都取得新突破，新进展。

根据新闻出版总署副署长柳斌杰的说法，新闻出版单位的转制有两个层次，第一是指一部分经营性事业单位转变为企业；第二是一些已经转为企业的新闻出版单位，将由单一的国有企业转变为股份制企业。转制的目的，是为了适应市场经济体制的要求，重塑市场主体，解放和发展文化生产力，提高建设社会主义先进文化能力，满足人民群众日益高涨的精神文化需求。

9. 第二届中国国际网络文化博览会举办

由文化部联合科技部、广电总局、信息产业部、北京市政府共同举办的第二届中国国际网络文化博览会2004年10月28日下午在北京展览馆开幕。本届网博会为期4天，以“网融世界，创意中国”为主题。内容涉及在线教育、网络视听、动漫游戏、网络安全、连锁网吧及尖端网络技术等方面。大众关心的网络文化、网吧产业发展、国家动漫产业发展的问题都成为本届网博会的焦点。参展企业包括来自美国、日本、韩国、俄罗斯、印度、马来西亚、新加坡等130多家的国内外企业。在网博会设立的中国网络文化论坛、中国网吧产业发展峰会、国家动漫产业发展年会三个分会上，公布了《中国网吧产业调查报告》和《中国网络游戏产业调查报告》两个权威产业报告。其中，中国网吧产业峰会是第一次由中国政府部门主持召开。

10. 第十四届全国书市创新高

2004年5月12日—22日，第十四届全国书市在广西桂林举办。本届书市出版物订货总码洋超过10亿元，创历届书市新高；有数百万人次光顾本届书市，在八桂大地掀起了一股买书、看书的热潮。这是全国书市首次在少数民族自治区举办。作为中国出版产业的一次盛会，本届书市首次集中展示了全国少数民族在出版业方面的辉煌成就，并首次专设港澳台出版物展示馆。来自海内外38个代表团的6000多名代表参加了本届书市，参展图书达16万种，总码洋3700万元，展位规模、参展出版物品种创下新高。

e线图情2004年度10大网络图情人物

1. 赵宣

论坛ID：赵宣

活动场所：e线论坛
注册日期：2003－11－16
帖子总数：118
个人博客：暂无
个性签名：纷烦逐利，红尘喧嚣的年代，你何时有心境去静心读书?
代表作品：
无言而语图书馆（之十二）：
http：//www．chinalibs．net/bbs/dispbbs．asp？boardID＝10&RootID＝8431&ID＝8431
无言而语图书馆（之21）：
http：//www．chinalibs．net/bbs/dispbbs．asp？boardID＝10&RootID＝16791&ID＝16791
无言而语图书馆（之30）：
http：//www．chinalibs．net/bbs/dispbbs．asp？boardID＝10&RootID＝21292&ID＝21292

2．杭州李明华

论坛ID：杭州李明华
活动场所：e线论坛、学网
注册日期：2003－5－20
帖子总数：448
个人博客：http：//liminghua．chinalibs．net/
个性签名：欢迎访问http：//www．liminghua．cn，中文实名："李明华网"
代表作品：
20天走了5个城市：
http：//www．chinalibs．net/bbs/dispbbs．asp？boardID＝19&RootID＝21581&ID＝21581
公共图书馆的改革与收费：
http：//www．chinalibs．net/bbs/dispbbs．asp？boardID＝10&RootID＝19692&ID＝19692
"圣诞"与我何干?：
http：//www．chinalibs．net/bbs/dispbbs．asp？boardid＝21&rootid＝24870&id＝24870

3．宛然

论坛ID：宛然
活动场所：e线论坛
注册日期：2004－5－20
帖子总数：1532
个人博客：暂无
个性签名：无
代表作品：
讨论〗版权：是制约数字图书馆发展的最大瓶径，征求具体的实操解决方案：
http：//www．chinalibs．net/bbs/dispbbs．asp？boardID＝18&RootID＝17958&ID＝17958
〔原创〕我在设计两个元数据库的点滴思考：
http：//www．chinalibs．net/bbs/dispbbs．asp？boardID＝18&RootID＝20736&ID＝20736
为何图书馆连本科毕业生都留不住，还要学科馆员?〔原创〕：

http：//www. chinalibs. net/bbs/dispbbs. asp？boardID = 10&RootID = 22257&ID = 22269

4. 飞翔的森林

论坛 ID：飞翔的森林
活动场所：e 线论坛、学网
注册日期：2003 - 11 - 8
帖子总数：379
个人博客：http：//yangguang004. chinalibs. net/
个性签名：我们必须正视人间地狱的全部辛酸悲苦，但同时自己的心灵也要善于感受那些为生活所创造的"真、善、美"的雅歌。
代表作品：
凭良心做人，凭良心做事，我的图书馆生涯：
http：//yangguang004. chinalibs. net/bbs/dispbbs. asp？boardID = 11&RootID = 14310&ID = 14310
调查：图情专业人员自费订阅专业杂志情况调查：
http：//yangguang004. chinalibs. net/bbs/dispbbs. asp？boardID = 10&RootID = 19289&ID = 19289
我国的图书馆读者服务工作啊：
http：//yangguang004. chinalibs. net/bbs/dispbbs. asp？boardID = 14&RootID = 19552&ID = 19552

5. 一问

论坛 ID：一问
活动场所：一网、学网
注册日期：2002 - 4 - 27（"一问"在学网发第一个帖子的时间）
帖子总数：不详
个人博客：http：//libforum. xmu. edu. cn/tiki - view_ blog. php？blogId = 7
个性签名：追古抚今，终觉百年不过蜉蝣一昼 登高望远，始知尘世何止蝼蚁万千 呵呵，我是快乐的蚂蚁我怕谁？
代表作品：
大师不是一天炼成的（学网 2004 年 9 月 15 日）
图学研究路径论（学网 2004 年 11 月 29 日）

6. 老槐

论坛 ID：老槐
活动场所：学网、一网
注册日期：2003 - 1 - 17（"老槐"在学网发第一个帖子的时间）
帖子总数：不详
个人博客：http：//oldhuai. blogchina. com
个性签名：上大学撞入了图书馆学的林子，择此林而谋稻粱。直到有一年，图林中的事成了"业余爱好"。寻寻觅觅，只想借得一方田园，播下对无法舍弃的图林的守望。于是，老槐也博客了……
代表作品：
读纪念杭州会议有感：

http：//oldhuai. blogchina. com/blog/article_ 56306. 434372. html

降龙十八掌之或跃在渊——图书编目：

http：//libforum. xmu. edu. cn/tiki - view_ forum_ thread. php？forumId = 2&comments_ parentId = 6519

公共图书馆评估请评“公共”

http：//oldhuai. blogchina. com/blog/article_ 56306. 398864. html

7. 图情闲人

论坛 ID：图情闲人
活动场所：e 线论坛
注册日期：2003 - 5 - 20
帖子总数：347
个人博客：http：//dolittle. chinalibs. net/
个性签名：闲来也曾做些子事。
代表作品：
岗位聘任之弊端：
http：//www. chinalibs. net/bbs/dispbbs. asp？boardID = 11&RootID = 12363&ID = 12363
多一些人文关怀——由变味的电子阅览室想到的，同时为响应寒子的号召而写：
http：//www. chinalibs. net/bbs/dispbbs. asp？boardID = 10&RootID = 12405&ID = 12405
关于信阳“事件”的闲话〔原创〕
http：//www. chinalibs. net/bbs/dispbbs. asp？boardID = 10&RootID = 24217&ID = 24217

8. 乐夫

论坛 ID：乐夫
活动场所：e 线论坛
注册日期：2003 - 12 - 13
帖子总数：107
个人博客：暂无
个性签名：无
代表作品：
乐夫新年新打算新改革呼吁：
http：//www. chinalibs. net/bbs/dispbbs. asp？boardID = 11&RootID = 7006&ID = 7006
一部反映图书馆员感情生活和图书馆管理改革的小说：生存在默默空间——一个图书馆员的经历：
http：//www. chinalibs. net/bbs/dispbbs. asp？boardID = 11&RootID = 5824&ID = 5824
困惑（图书馆馆员的经历）下部 - 1：
http：//www. chinalibs. net/bbs/dispbbs. asp？boardID = 11&RootID = 13056&ID = 13056

9. 鱼雷

论坛 ID：鱼雷
活动场所：e 线论坛

注册日期：2003 - 11 - 14
帖子总数：581
个人博客：暂无
个性签名：我是蒙古人，我爱美丽的草原。
代表作品：
致在读的图书馆专业的学生：
http：//www. chinalibs. net/bbs/dispbbs. asp？boardID = 15&RootID = 8875&ID = 8875
文献检索与毕业论文写作（1）：
http：//www. chinalibs. net/bbs/dispbbs. asp？boardID = 15&RootID = 13546&ID = 13546
文献检索与毕业论文写作（2）：
http：//www. chinalibs. net/bbs/dispbbs. asp？boardID = 15&RootID = 13547&ID = 13547

10. 游园惊梦

论坛 ID：游园惊梦
活动场所：学网
注册日期：大约 2004 年 4 月 27 日（根据学网 2004 年 5 月 6 日未水笑转发柯湘的帖子推测）
帖子总数：不详
个人博客：http：//youmeng. blogchina. com
个性签名：无
代表作品：
“国图事件”的多学科视角分析：
http：//youmeng. blogchina. com/blog/article_ 78760. 336002. html
2004 年度网图大事风云榜（学网 2004 年 12 月 13 日）
2004 年度网图人物龙虎榜（学网 2004 年 12 月 13 日）

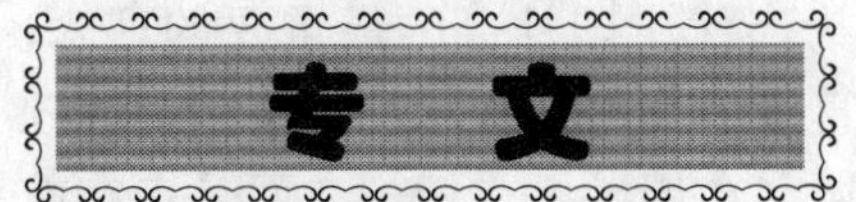

图书馆精神研究

韩继章
（湖南图书馆）

作为一种行业精神或职业精神，“图书馆精神”这个词在20世纪上半叶即已见诸文字，至80年代末及之后，少数学者开始关注图书馆精神研究，[1,2,3]然而，由于90年代后期现代信息和网络技术迅速在图书馆普及，人们给予更多关注的是互联网、数字图书馆等话题，关于图书馆精神的探讨声音渐趋微弱。但是在跨入新世纪之时，面对日新月异的新技术浪潮，图书馆人开始了认真的思考，一些学者开始探讨技术与人文的关系问题。[4,5]之后图书馆界关于人文精神的探讨逐渐升温，关于图书馆精神的话题重新引起人们的注意。[6,7,8]2004年是中国图书馆创建百年，这一年也是图书馆精神历史性回归的一年，关于图书馆精神的探讨形成高潮。当然，这期间关于图书馆精神的内涵已经超出了职业精神的范畴，而上升到作为一种制度的关涉到图书馆事业性质的高度。

1 人文精神与图书馆精神

图书馆精神研究在我国已有许多年历史，但是研究成果最多的是近来几年。究其原因，人文精神在图书馆界的勃兴是一个重要原因。

人文精神是图书馆产生和发展的人文基础。图书馆作为社会文化机构的产生，正是伴随着人文精神的高涨时期。19世纪中后期，在英美等国家，贵族图书馆、教会图书馆纷纷让位于公共图书馆，因为这个时期正是资本主义发展时期，人文主义得到迅速发展，为社会少数人服务的藏书楼转变为向社会大众开放的公共图书馆，正是适应了人文主义的要求和主张。图书馆精神的要义——平等服务和无偿服务集中反映国际图书馆界所倡导的人文主义精神，这种图书馆人文精神不但是图书馆存在的理由，也反映了图书馆在人类文明社会承担的光荣责任。

由于历史原因，我国近代以来人文精神的发展不是很充分。20世纪初我国公共图书馆大批创建时，中国社会刚刚从封建帝制中走出来，民主意识尚处于启蒙时期，人文精神在社会中亦十分薄弱，这在图书馆领域则表现为公共意识不强，图书馆虽然开始向社会开放，但因背负着“社会等级枷锁”和“收费枷锁”[9]，图书馆应当具有的人文精神不能不大打折扣。但这一时期毕竟是中国社会的民主意识和公共意识觉醒和发展的重要时期，20年代兴起的新图书馆运动力倡图书馆的平民化、普及化，大批建立通俗图书馆和民众教育馆图书室，践行五四新文化运动所倡导的民主与科学的旗帜。这使得中国图书馆的初创时期，曾经有过一段十分宝贵的人文精神启蒙时期，这段时期中国派遣了一批图书馆学人到美国学习图书馆学术，因而美国自19世纪下半叶兴起的“新图书馆运动”自然对中国图书馆的发展起了十分重要的作用，我国图书馆此期对欧美图书馆的借鉴，不仅限于技术和方法，在理念和精神方面亦十分注重。但是30年代后期，随着中日战争的开始和蔓延，新图书馆运动和其倡导的图书馆精神就逐渐式微了。

由于历史原因，在一个长时期中人道主义和人文精神成为一个敏感话题而未能被涉猎。随着中国现代化步伐的加快，随着现代民主政治的推进，90年代后期人们逐渐认识到在现代化建设中人的因素的重要性，科学技术的发展，经济的发展，最终取决于人的发展。有了人的现代化，即人具有现代理念和掌握现代技术，其他现代化才可能实现，随着对人的关怀和重视，人文理念成为当代中国社会的最重要的理念，从而影响着政治、经济、科学、文化、教育等各个领域。公共领域是最直接体现人文理念和人文精神的领域，因而是最先觉悟和倡导人文精神的领域，图书馆作为重要的公共领域，在倡导人文精神方面是走在前列的，[10,11]人们开始对图书馆近些年来所泛滥的技术主义作深刻反思。有学者批评说："许多人相信，现代科学技术的应用必然给图书馆带来彻底解放，图书馆只要用电子计算机武装起来，就会一切问题迎刃而解。在图书馆学研究与教育中，技术也成为炙手可热的领域，以至有人认为图书馆学应该建立在'键盘操作'之上。与此同时，图书馆的人文精神却在不断滑落。于是，在不少图书馆出现了颇为耐人寻味的现象：计算机图书流通系统功能先进，而藏书却没有向读者开架借阅；工作人员操作电脑十分娴熟，面对读者却冷若冰霜；管理系统不断升级换代，而文献的利用率却并未上升；图书馆为提高现代化技术设备的档次殚精竭虑，而对如何满足读者需求却表现冷淡。"技术与人文，皆是图书馆所需要的，但是在技术飞速发展以致促使一个行业发生革命性变革之时，人们往往会对作为文化外层的技术产生一种盲目的崇拜，因为人们易于感知的一般是属于物质层面的技术等，而对理念、精神的感知往往是滞后的。所幸以计算机技术、信息技术、网络技术为主导的新技术结伴而来的尚有人文精神的复兴。沉寂了多少年，但作为人类文明基本精神的人文精神一旦重提，在图书馆界便形成一股巨大力量，这股力量不但能纠正技术主义给图书馆认识上带来的一些偏颇，而且促使图书馆人对以往的图书馆服务和图书馆管理，以至图书馆的社会作用和职能进行重新认识，从而以图书馆精神为旗帜，推进图书馆改革和图书馆的可持续发展。

近年来图书馆精神的弘扬基于人文精神阐发的社会大环境，更确切地说，它与我国现代民主政治的推进是密不可分的。从这点看，图书馆精神研究在中国图书馆界备受关注，是有其必然性的。

2　图书馆精神和公共图书馆精神

基于人文精神的复兴，近年图书馆精神研究和阐扬成为图书馆学研究的重要领域和新的学术生长点。在对中国图书馆事业百年回顾总结和世界图书馆史研究评价基础上，一些学者提出公共图书馆精神这个新概念。2004 年，是中国图书馆事业创建百年，在百年纪念的诸多活动中，公共图书馆精神成为一个最引人注目的领域。2004 年阐扬公共图书馆精神的文章格外引人注意，这些文章有范并思的《公共图书馆精神的时代辩护》，《建设一个信息公平与信息保障的制度——纪念中国近代图书馆百年》，《图书馆精神的历史缺失》，刘兹恒、李武的《论公共图书馆精神在数字时代的弘扬和延伸》，梁灿兴的《重续图书馆精神的历史链条——苏州年会随想》，这些文章将图书馆精神升华到一个新的高度，即从一种行业自律精神上升到对图书馆的一种本质追问——图书馆作为一种与现代教育制度并行且同等重要的旨在保证信息公平的社会制度，何以会在中国长期缺失？这种缺失与中国公共图书馆事业发展的困境有何种联系？这些文章从总结探讨中国百年图书馆史出发，提出全新的公共图书馆精神的概念和理论，检讨我国图书馆建设中的不足，在这里，理论和实践实现了完美的结合，而这种完美结合，正是自上世纪 80 年代以来图书馆人所孜孜追求的一种境界。至于公共图书馆精神的寻觅和弘扬给中国图书馆事业带来的影响，有学者作了十分肯定的评价："图书馆精神的讨论，近年来已经被反复讨论，但是，只是到了近年来，才逐渐将视线集中到'知识自由'、'信息平等制度'上面来，特别是 2004 年以来发表的一系列文章，终于把'图书馆是实现社会平等的一种设施'的观念重新带到了理论研究的核心地带。以至在图书馆学网络讨论中，上半年就有人认为'2004 年必将载入图学史册'，'原因不会是由于数字图书馆的进展，也不是由于刚好是中国图书馆的 100 岁诞辰，而是现代图书馆精神在中国的复兴。'并且认为'现代图书馆精神正在以更为厚重的方式回归中国图书馆界'"。

由于社会的进步和昌明，人文精神复兴，图书馆精神得以倡行。图书馆人进一步从图书馆的本质层面对图书馆的职能进行追问和反思，提出弘扬公共图书馆精神的时代要求，这对于我国图书馆学研究无疑是极具意义的。

2. 1 作为职业精神的图书馆精神

有研究者认为，“在物质是第一性的，精神是第二性的唯物主义认识论的发展过程中，自古代图书馆（藏书楼）创立之时起，图书馆精神就在图书馆这一特定领域中积淀与形成、吸纳与扬弃、继承与发展的循环之中。因此，图书馆精神深深植根于中国悠久的图书馆事业中，由此引出了各个历史阶段与当时社会相适应的图书馆精神。”[12]笔者赞同这一观点，近代以来，也就是近代公共图书馆建立以来，不同时期人们对图书馆精神的认识与描述也是不尽相同的，如杜定友在20年代所倡导的图书馆精神，程焕文在80年代以来所倾力研究的图书馆精神，以及近年来范并思所提出的公共图书馆精神，皆为应时而生的图书馆精神。

程焕文先生对图书馆精神的研究是20世纪此领域的代表。1988年程焕文发表《论“图书馆精神”》，1992年发表《图书馆人与图书馆精神》，之后在其大量的关于图书馆学人传记研究中多涉及到图书馆精神的研究。程焕文认为，“中国图书馆事业之所以能够发展到今天，除了政治、经济和文化等诸因素的作用以外，我们是不能忽视有关历史人物的。”“必须探讨究竟是一种什么样的‘内在动力’使前辈们献身于图书馆事业，并取得巨大成就呢？今天这种‘内在动力’究竟是否存在？还有没有作用？它是否仍是今天图书馆界同仁所应具备的起码的‘内在动力’呢？笔者认为这种‘内在动力’是有的，它就是‘图书馆精神’。这种精神不仅在历史上起过作用，而且在今天仍是每个图书馆同仁所必须具备的最起码的职业精神。”[13]

程焕文认为，作为“职业精神”的图书馆精神，其内容主要包括：一是强烈的民族自尊、自信与自强精神；二是强烈的自爱、自豪与牺牲精神；三是大胆地吸收、探索、改革与创新精神；四是读者至上精神；五是嗜书如命精神。后又将图书馆精神表述为爱国，爱馆，爱人，爱书[13]，其基本内容是一致的。其他关于图书馆精神研究者的主张在文字描述上尽管有某些差异，但在将之定位于图书馆“职业操守”范围这一点上则是共通的。在这些研究者眼中，图书馆精神既是百年来图书馆事业发展所依赖的图书馆员的一种敬业精神，亦是今后图书馆事业发展不可或缺的精神支柱。上世纪末期，正值我国改革开放之初，国人对我国现代化的认识多限于物质和技术层面，图书馆界亦是如此。上个世纪80年代至90年代，图书馆学研究中图书馆现代化技术的研究成为热点，而对图书馆精神的研究则显得较为冷清。随着我国现代化进程的加快，人们对现代化的观念和认识更趋于理性，认识到现代化最根本的是人的现代化，只有人具备了掌握现代理念和现代精神，现代化才可能实现。图书馆逐渐对人给予较多的关注，而图书馆员的素质——包括文化素质、业务素质、道德素质和精神素质成为提升图书馆服务水平的重要因素受到普遍关注。2003年和2004年图书馆精神作为一种职业精神而受到关注和研究，研究的深度有所发展，但总体视之，这种精神仍然是一种对图书馆员这种特殊职业人的一种职业操守的要求。

2. 2 作为事业精神的公共图书馆精神

范并思认为公共图书馆精神的要点有二，一是平等服务，二是免费服务。2002年范并思在纪念英国曼彻斯特图书馆创建150周年的文章中提及公共图书馆精神，2004年公共图书馆精神的研究和阐扬因纪念中国图书馆事业百年而变得亢奋。其实，在上世纪早期，老一辈图书馆学家就热衷于宣传这一精神了。杜定友先生曾言：“可爱的读者，凡是要阅读书报的人，都是可爱的；”只要“到图书馆的人”，“无老无幼，无贵无贱，都一样欢迎，毫无歧视。”这些道出了当时图书馆界主张平等服务的态度。在提供无偿服务方面，1918年沈绍期在《中国全国图书馆调查表》中批评图书馆收券费的做法是“阻碍来学之心”，认为公共图书馆作为公众看书学习的场所，“应持开放主义，不取分文以资提倡。欧美图书馆，无一取资者，日本公共图书馆亦然。故阅书人纷至沓来，倍形踊跃。中国仿而行之，洵诱导人民阅书之良方。况取有限之资财，生极大之障碍，所得亦不偿所失也。”[14]上个世纪20年代社会机构对图书馆收费也作出改革之举。1923年8月，中华教育改进社在清华学校举行的第二届年会上，通过了要求全国各公立图书馆将所藏善本及一切书籍严加整理布置，酌量开放，免除收费券的决议案。到了30年代，全国的公共图书馆都先后实行了免费服务。“这是一种全面的免费服务”、“即使在北京图书馆，阅览珍贵的善本书及其他特藏书，也只需要一份有关学术机关或专科以上学校出具的保证书即可”。“有的公共图书馆为了方便读者，不仅不收费，甚至反过来为读者付费，如北京图书馆设在北海公园的阅览室就是先购入公园的门票，然后再将这些门票发给读者。"[15]

相关资料表明，在我国公共图书馆建立初的一个时期，有过与欧美国家大致相似的发展过程，即国家和社会采取积极措施，建立规章制度，推行先进理念，这即是"新图书馆运动"。但由于历史原因，图书馆运动在中国未能进行得彻底。第二次世界大战后，国际图书馆界对图书馆的社会性质和作用有了全新的认识，"他们将图书馆事业与政治民主与人的信息权利相联系，站在信息公平与社会信息保障制度的高度看待图书馆的社会意义。也就是说，图书馆精神的实质在图书馆人文关怀的基础上又增加了民主政治保障的内涵。"[16]1949 年联合国教科文组织颁布《公共图书馆宣言》，表达了社会对图书馆的新认识："公共图书馆是民主政治的产物，也是民主社会的保障之一；必须立法保障并完全由公费支持公共图书馆事业；对社区所有成员实行同样条件的服务，对所有人免费服务。"[17]宣言"使现代图书馆精神增加了保障民主文化的含义，使图书馆人文关怀的理论基础更加厚实。因此，我们可将图书馆精神定义为图书馆人对图书馆事业的人文理想的一种认同。这种人文理想的核心是通过图书馆保障民众获取知识与信息的公平权利。只有认同了图书馆的人文理想，图书馆员的敬业的行为，才具备了现代图书馆精神的深刻含义"。[18]

公共图书馆精神与图书馆精神比较，两者具有各自的一些特征。其一是后者主要是从图书馆员个体出发而建立的一种职业道德操守。一种职业要以独特而优良的服务立足社会，必须有一种人人遵守的精神和行为规范，才能塑造行业的模范形象。因此，这种基于个体的图书馆精神是一种事业赖以发展的基础，如果缺失这种基础，事业便难以自立、自强和发展。而前者是一种基于图书馆事业整体的精神，这种精神更注重从图书馆与社会关系层面来确立精神的价值取向，这种价值取向具有明显的时代性，古代藏书楼尚藏，其精神在追求文献和文明的延续；传统图书馆崇尚开放，追求文献的利用效率；现代民主社会的图书馆崇尚文献信息的平等利用，追求一种消除社会信息鸿沟，建立信息公平和保障的社会制度。其二，后者着重强调对图书馆员的职业约束，强调为了发展图书馆事业、提升图书馆服务馆员应当怎样做；而前者则着重强调从图书馆的社会职能和作用出发，图书馆作为一个整体应当怎样做，怎样充分发挥图书馆的职能和作用。其三，后者强调馆员的一些具体行为，前者强调一种整体精神，如读者的平等阅读精神等。

当然，图书馆精神和公共图书馆精神在基本点上是相通的，如对待读者的态度方面，二者都强调应以读者利益为最高标准，全面满足读者的各种需求，等等。

亦有研究者对公共图书馆精神表示了不同的声音，认为"所谓'公共图书馆精神'，则仅仅应该是公共图书馆员道德规范层面领域的事物。若把一种'精神'当作相关社会文化制度建立的前提，那就已经脱离了唯物主义认识论的基础。"[19]

3 重倡图书馆精神的时代意义

一如前述，图书馆精神研究和升华，体现了我国社会以人为本理念的深刻影响和深入人心。而 2004 年前后，正是我国图书馆界回顾百年图书馆历程，反思图书馆发展中遇到的问题以谋划新的发展之时，2004 年 7 月苏州年会前后图书馆精神研究达到高潮。上半年范并思发表《公共图书馆精神的时代辩护》、《建设一个信息公平与信息保障制度——纪念中国近代图书馆百年》；苏州年会上程焕文发表《百年沧桑世纪华章——20 世纪中国图书馆事业回顾与展望》主旨发言，论述了"爱国、爱馆、爱书、爱人"的图书馆精神，范并思发表《中国图书馆精神的百年历程》，叶继元发言中总结图书馆精神为"敬业精神，爱书精神和利人精神"，柯平总结为"甘为人梯的人文精神，艰苦创业的献身精神，竞争合作的开放精神，勇于探索的创新精神"，等等；苏州年会之后，刘兹恒、李武等发表了《论公共图书馆精神在数字时代的弘扬与延伸》，范并思发表《图书馆精神的历史缺失》。图书馆精神研究是图书馆事业发展的体现，在图书馆新一轮发展中，由于图书馆精神的弘扬使图书馆在发展中更注重人的发展和作用，更注重平等服务、免费服务等人文理念的倡行，从而推动图书馆在社会主义和谐社会建设中发挥更大作用。

3. 1 图书馆精神与时代精神

公共图书馆精神是图书馆精神在新时代的升华。近两年来重提公共图书馆精神，体现了图书馆需要公共图书馆精神，这种精神的理性回归，是建立学习型社会的需要，亦是图书馆自身发展的需要。

近几年来，随着我国民主政治的推行，社会对公共事物和公共服务给予了特别的关注。图书馆作为社会典型公益服务机构自然受到重视。图书馆以往的一些规章制度和服务方式由于与读者的需求不相吻合而暴露出一些问题，受到社会和媒体的诟病，这些批评也引起图书馆人的思考。思考之一是，图书馆人长期以来坚持爱馆、爱书的图书馆精神，为何不能受到读者的理解？馆员坚持图书馆的借阅制度，在古籍借阅方面经常与读者发生一些不愉快的事情，馆员往往是因为坚持图书馆的规章制度而陷于读者不满意的困境，这不免使人怀疑，长期以来图书馆人坚守的爱馆、爱书的图书馆精神是否尚存不足？对这一问题的反思，使人们将目光集中于超越图书馆员个体的另一种精神——公共图书馆精神。范并思认为，图书馆服务中一些问题的出现，图书馆与社会矛盾的不断发生，盖出于公共图书馆精神的历史缺失。“图书馆员爱馆爱书爱读者的敬业精神，的确是图书馆精神的一个重要方面，或者说是图书馆精神的外在表现形式。但图书馆精神必须包括更加丰富的内涵，忽视现代图书馆精神的真实内涵，只能导致图书馆精神的缺失。”[20]范先生批评了由于公共图书馆精神缺失而导致的一些现象和问题，其一是由于“图书馆精神的历史缺失，使我国公共图书馆盛行有偿服务。理论界不是为‘有偿服务’寻求理论依据，就是对有偿服务理论束手无策。特别是进入数字时代后，西方国家的图书馆面对信息技术造成的社会人群间的‘数字鸿沟’，谋求成为社区的因特网免费接入中心或民众信息素质免费培训中心，为弥合数字鸿沟做出贡献。而我们的某些图书馆却将高技术的引进或数字图书馆的建设变成为‘烧钱’‘圈地’的游戏，普通的民众特别是弱势人群难于享受到技术进步和国家巨资投入带来的信息利益，不少公共图书馆的‘数字服务’项目甚至是在加大社会的‘数字鸿沟’。[21]其二，出于对信息弱势群体的人文关怀，图书馆服务应当向弱势群体倾斜。但由于“图书馆精神的历史缺失，使我国公共图书馆走向极端反向的区别服务”，“我国的基层图书馆普遍存在优先为社会精英服务的倾向，馆长们常将为领导决策服务或为科学研究服务的案例作为最引以为自豪的成就，而忽视了图书馆在帮助社区弱势人群方面的职能。”[22]由是观之，传统的以爱馆爱书为基本特征的图书馆精神，在信息时代和正在步入的现代民主政治时代，需要补充更加丰富的内涵，即要形成以人文平等为核心的现代图书馆精神，这种精神倡导以人为本，消除“数字鸿沟”，关心弱者，走近平民，平等服务，从而建立起一种全社会信息保障和信息公平的制度。实际上，这种现代图书馆精神已得到越来越多人们的认同。

3. 2 中国图书馆精神与国际图书馆精神的趋同

图书馆是由藏书楼演变而成的向社会所有成员传播文献信息的公益文化机构。在现代社会，图书馆的主要职能有：社会文献信息流整序，传递文献信息，开发智力资源、进行社会教育，搜集和保存人类文化遗产，满足社会成员文化欣赏娱乐消遣等。这些职能在各个国家虽然表述不尽相同，但是基本点是相同的。由于国际文化交流的影响，近代早期的图书馆出现在欧美、日本等地区和国家，后来这种文化机构由于社会的普遍需要而在20世纪上半叶在各国普遍设立，我国最初的图书馆就是在1904年前后逐渐建立和普及的。这就是说，世界各国的图书馆作为一种社会文化机构在性质、作用、职能等诸方面具有同一性，因而，在图书馆精神领域，也应当具有同一性，即尽管各国图书馆之精神由于文化传统的差别会有某些差异，但其主流和主体精神则应当是相同的。因而，各国图书馆精神应当与国际共同主张的图书馆精神相协调和一致。近年来我国图书馆界的国际交流趋于经常和普及，遗憾的是在图书馆交流中实用图书馆学和技术图书馆学的成果较多，而在图书馆性质、精神领域，接受国际的先进理念则显得不够。图书馆领域也常讲要与国际接轨，那么，这种接轨当然不能仅限于表层的和形式的，在精神、性质、理念领域，这种接轨则显得更为迫切和重要。

体现国际图书馆精神的文件很多，远的有半个世纪前颁布的《联合国教科文组织公共图书馆宣言》，晚近的有2002年8月国际图联颁布的《格拉斯哥宣言》。如前所述，《联合国教科文组织公共图书馆宣言》阐释了图书馆的基本性质和基本精神，这种精神即是以平等服务和免费服务为基础的公共图书馆精神。《格拉斯哥宣言》所倡导的信息自由和知识自由精神则可视为图书馆精神在新时代的延伸、补充和发展。有学者指出，国际图联1975年里昂讨论会认为，现代图书馆的社会职能有四：一是保存人类文化遗产；二是开展社会教育；三是传递科学情报；四是开发智力资源。"《格拉斯哥宣言》第一条的表述基本保留了这个观点。但有一个不同的是，强调了一个"独立决策"的问题。笔者认为图书馆"为个人和团体的独立决策提供必要的支持"所确立的是一种读者"自由的原则"，它要求图书馆员在服务时，在意识形态上必须保持中立性、客观性和被动性。这一点可以理解为《世界人权宣言》第19条中"人人享有主张和发表意见的自由；此项权利包括持有主张而不受干涉的自由"所要求的。这一点对于中国图书馆界来讲是一个未被讨论的领域。我们讨论的往往是如何加强图书馆的教育职能，做好导读工作的问题。"客观性"的提出，与我国图书馆界所热烈讨论的加强图书馆员主动服务的思想形成反差，可以引起我们的反思和探讨。[23]研究者认为，信息和知识自由问题的提出，为图书馆人文精神提供了实质的内容，图书馆人文精神在当代引起了广泛讨论，提出了许多人性化的服务建议，但从来没有一个最核心的内容。把人权问题中关于信息和知识自由的问题作为图书馆的使命提出，使图书馆人文精神不再只停留在宽泛的理论探讨中，大大充实了人文精神的内容，并将成为图书馆人文精神最核心的内容。[24]在这里，"图书馆人文精神"可直称"图书馆精神"。在我国图书馆界热烈讨论"图书馆精神"时，切不可只把眼睛仅仅盯着历史和国内，要将眼光放远至国际图书馆界，将世界同行积累和发展的先进理念和精神，经过消化和吸收，为我所用，真正做到与国际接轨。

4 图书馆精神相关研究

近年来图书馆界在对图书馆精神、公共图书馆精神和图书馆人文精神作深入研究的同时，亦出现与之相关的一些研究，如关于"图书馆科学精神"、"图书馆学理论精神"、"图书馆学的技术情结"，等等。在此，我们仅对这些研究作些简单类分和介绍，不作深入探析。

近年来出现的"图书馆科学精神"是与"图书馆人文精神"并列提出的一对概念。本世纪初，随着信息技术等高新技术在图书馆广泛应用，图书馆界出现了对技术的盲目崇拜和对人文的冷漠，"在不少图书馆出现了颇为耐人寻味的现象：计算机图书流通系统功能先进，而藏书却没有向读者开架借阅；工作人员操作电脑十分娴熟，而对读者却冷若冰霜；管理系统不断升级换代，而文献利用率却并未上升；图书馆为提高现代化技术设备的档次殚精竭虑，而对如何满足读者需求却表现冷漠。"[25]"图书馆科学精神"，是"崇尚科学，尊重科学，积极研究并利用各种先进的技术设备与手段来提高图书馆的工作效率"。科学精神与人文精神是不能分离的，否则就会出现上述盲目技术崇拜的倾向，两种精神只有结合在一起，图书馆才能健康地向前发展。

与"图书馆科学精神"相关的概念有"图书馆技术情结"，两者的差别在于，"图书馆科学精神"是就图书馆精神来说的，而"图书馆技术情结"则是基于图书馆学精神，前者属于图书馆范畴，后者属于图书馆学范畴（仅就现有的研究而言）。有研究者认为，"重视技术研究可以说是图书馆学与生俱来的基本特征，是不同时期、不同国家图书馆学普遍存在的现象。"[26]

对应于"技术情结"的同属于图书馆学范畴的则是"图书馆学理论精神"。范并思称之为"延绵不绝的图书馆学理论精神"，表现出中国图书馆人对图书馆学理论的偏爱和执着追求。不说上世纪80年代轰轰烈烈的研究热潮，即是90年代初图书馆发展陷入低谷，图书馆"理论"被斥为"无用"、"与实际脱离"时，一群中青年人仍在高扬"理论"的旗帜，1991年初春，范并思、葛民、党跃武发表《弘扬理性的图书馆学精神——加藤一英〈图书馆学导论〉三人谈》，表现出无畏的理论勇气。范并思认为，"19世纪形成的追求信息公平与信息民主的精神，20世纪形成的科学、理性的图书馆学理论精神、合作与资源共享的精神、关注技术的精神，这就是图书馆学鲜明的理论精神。我执著地以为，若一位理论家不能读懂这些理论精神，或者不愿意尊重这些理论精神，他最好不要谈理论创新。"[27]

关于包括图书馆学的理论精神和技术情结的学科精神，笔者曾认为将之称为"学术精神"更为贴切。用"学术"二字来概括，理性精神属于形而上的"学"，技术情结属于形而下的"术"。[28]由是观之，作为整体的图书馆精神则包括作为行业精神的图书馆精神和作为学科精神的图书馆学术精神。

参考文献：

1 程焕文．论图书馆精神．黑龙江图书馆，1988（4）
2 程焕文．共和国图书馆四十年之回顾与展望．图书馆，1989（5）
3 程焕文．图书馆人与图书馆精神．中国图书馆学报，1992（2）
4 吴晞．图书馆与人文关怀．图书馆，1999（1）
5 肖希明．图书馆呼唤科学精神与人文精神的融合．图书馆，2000（1）
6 范并思．延绵不绝的图书馆学理论精神．图书馆，2002（3）
7 邱五芳．挥之不去的图书馆学的技术情结．图书馆，2002（3）
8 韩继章．学科精神和行业精神——图书馆精神的双翼．图书馆，2002（3）
9 梁灿兴．重续图书馆精神的历史链条——苏州年会随感．图书馆，2004（6）
10 吴晞．图书馆与人文关怀．图书馆，1999（1）
11 肖希明．图书馆呼唤科学精神与人文精神的融合．图书馆，2000（1）
12 吴稌年．图书馆精神不等于图书馆人文精神．图书情报工作，2002（9）
13 程焕文．论图书馆精神．黑龙江图书馆，1988（4）
14 黄少明．走向免费服务——从清末和民国时期的图书馆法规看公共图书馆免服务的原则最终在我国的确立．图书馆，2005（2）
15 范并思．图书馆精神的历史缺失．新世纪图书馆，2004（6）
16 范并思．图书馆精神的历史缺失．新世纪图书馆，2004（6）
17 范并思．图书馆精神的历史缺失．新世纪图书馆，2004（6）
18 范并思．图书馆精神的历史缺失．新世纪图书馆，2004（6）
19 王宗义．“公共图书馆精神”的科学解读．中国图书馆学报，2004（5）
20 范并思．图书馆精神的历史缺失．新世纪图书馆，2004（6）
21 范并思．图书馆精神的历史缺失．新世纪图书馆，2004（6）
22 范并思．图书馆精神的历史缺失．新世纪图书馆，2004（6）
23 韩松涛．人权入宪法与信息自由．图书馆，2004（6）
24 韩松涛．人权入宪法与信息自由．图书馆，2004（6）
25 肖希明．图书馆呼唤科学精神与人文精神的融合．图书馆，2000（1）
26 邱五芳．挥之不去的图书馆学的技术情结．图书馆，2002（3）
27 范并思．延绵不绝的图书馆学理论精神．图书馆，2002（3）
28 韩继章．学科精神和行业精神——图书馆精神的双翼．图书馆，2002（3）

图书馆权利的定位、实现与维护

蒋永福
（黑龙江大学信息资源管理研究中心）

2003－2004 年，图书馆权利问题的研究与讨论，骤然成为中国图书馆界的热门话题。而且这一话题所迸发出来的“热能”几乎颠覆了其他所有话题，取得了压倒性话语“霸权”的地位。这种颠覆性主要体现在两方面：一是在学科主流话语的走势上，图书馆权利话题的骤然升温，使得原有的概念性研究话语似乎戛然冷却，尽管还有点点余火（当然，这种“余火”不可能也不应该完全被“扑灭”）；二是在科学共同体的组合上，图书馆权利话语领域，几乎聚拢了国内多数大牌精英或专家，形成了前所未有的、极具聚合力的“图书馆权利”话语共同体。

可以肯定地断言，图书馆权利话语将在以后相当长时期内继续占据主流话语地位。这是学科发展的需要，更是事业发展的需要。

不过，对中国图书馆界来说，图书馆权利话语毕竟是以往未曾熟悉的一种话语视角，其语境、其意义、其走势，还有很多的不确定性，2003－2004 年只是其“话语普及”的一个起步阶段。回顾并梳理这一阶段的话语思路，就是本文的主旨。

1 图书馆权利研究纵览

“图书馆权利”是一个源于美国的概念。1939 年，美国图书馆协会发表《图书馆权利宣言》（The Library Bill of Rights），第一次对图书馆应拥有的职业权利做出了集团性确认。在亚洲，最早关注这一问题的国家是日本，他们称“图书馆权利”为“图书馆自由”。

由于历史传统的原因，中国是一个缺乏权利、自由意识的国度。所以在中国图书馆界，出现“图书馆权利”、“图书馆自由”等词汇，显然是受到美、日图书馆学思想影响而来。在中国，最早使用“图书馆权利”和“图书馆自由”一词的是李国新先生。李先生曾求学于日本，“图书馆权利”、“图书馆自由”概念及其思想，就是他从日本引进而来的。李先生于2000 年发表的《日本的“图书馆自由”论述》（《图书馆》2000 年4 期）一文，是国内最早使用“图书馆权利”一词的开拓性文献。之后，李先生于2002 年发表的《关于“图书馆自由”的理论思考》（《图书馆》2002 年1 期）一文，是国内首篇对图书馆权利进行全面理论阐述的奠基性文献。

在李国新先生引进并发起图书馆权利研究之前，国内一些学者也进行了相关研究，但这些相关研究并没有以“图书馆权利”为话语切入点，而大部分以“读者权利/读者权益”为话语切入点。熊丽女士在《大学图书馆学报》1996 年第6 期发表的《图书馆用户权益保护》一文，可能是迄今为止国内最早以“读者/用户权益”为话语切入点的文章。之后，卜平武的《论读者权益》（《武陵学刊》1997 年1 期）和陈剑光的《论读者权利》（《图书与情报》1998 年2 期），均可谓进入21 世纪之前国内这一主题研究领域的代表性作品。进入2000 年之后，以“图书馆权利”、“读者权利/读者权益”为主题的研究继续升温，成为国内图书馆学研究的一大亮点，尤其在2003－2004 年间，有关图书馆精神、图书馆人文精神、图书馆职业伦理、公共图书馆制度、知识自由与图书馆、信息公平与信息保障等主流话语，均可视为图书馆权利的“同族”话语（只不过各具“方言”特色）。表1 就是2003－2004 年间国内本专业刊物上发表的本主题领域的代表性论文（共25 篇，不全）。

表1 相关文献概览

序号	题 名	作 者	刊 名	刊 期	内容提要
1	现代图书馆观念的确立与本土化	李国新	河南图书馆学刊	2003．3	公众利用图书馆的权利。
2	《中国图书馆员职业道德准则》的制定、突破和问题	李国新	大学图书馆学报	2003．5	应该明确图书馆权利的范围、边界、表现方式与实现方式。
3	公共图书馆精神的时代辩护	范并思	中国图书馆学报	2004．2	公共图书馆制度维护了公民自由获取知识和信息的权利。
4	建设一个信息公平与信息保障的制度——纪念中国近代图书馆百年	范并思	图书馆	2004．2	实现社会的信息公平是实现民主政治的前提。公共图书馆是建设信息公平社会的制度安排。
5	中国图书馆学研究正在转型	老 槐	大学图书馆学报	2004．3	中国图书馆学研究正在向图书馆精神、图书馆权利、知识自由等方向转移。
6	图书馆读者合法权益浅议	明 莉	图书馆学研究	2004．4	读者权利的概念、来源与内容。
7	论知识受众及其合法权益	王子舟	图书情报知识	2003．3	知识受众的五种权利。
8	图书馆法与读者的权利浅谈	曹文阁	医学情报工作	2003．1	读者权利的结构与类型。
9	论高校学生读者的维权意识	盛书平	图书馆	2003．6	读者权利的结构与类型；读者维权的途径与意义。
10	对读者权利的辨析	石德万 张金虹	图书馆论坛	2003．5	平等权利与区分服务的关系、无偿使用权利与有偿服务的关系、读者权利与图书馆规章制度的关系等 。
11	图书馆立法与读者的权利	李 宏	图书馆理论与实践	2003．5	图书馆法应明确的读者权利。
12	读者权利：图书馆服务中一个不容忽视的问题	程亚男	图书馆论坛	2004．6	读者权利的含义与内容，读者权利属于公民的文化权利。
13	走向权利的时代：读者权利百年演变	程亚男	图书馆	2004．3	“从法制的视野认识和尊重读者的权益，标志着我们正在进入一个权利的时代”。
14	试论读者权利及其保护	张光云 姚 敏	现代情报	2004．6	读者的 7 项权利及其保护措施。
15	从“读者第一”到“读者权利”——论图书馆从道德主治走向法律主治	张 梅	图书馆	2004．3	“读者第一” 的主导地位应让位于“读者权利”。
16	图书馆用户权益论	张根彬 陈益君	中国图书馆学报	2004．2	图书馆用户的平等权、知情权、隐私权、信用权、消费权。

序号	题 名	作 者	刊 名	刊 期	内容提要
17	从公众权益谈读者权利	刘俊英 武 旭	图书与情报	2004. 3	促进法治建设，维护读者权利。
18	为了维护和保障公民的知识权利而奋斗：中国图书馆事业第二个百年重任	蒋永福	图书馆	2004. 6	维护和保障公民的知识权利应成为中国图书馆事业发展的未来重任。
19	维护知识自由：图书馆职业的核心价值	蒋永福	图书馆	2003. 6	知识自由的概念与表现；图书馆维护公民知识自由应遵循的原则。
20	知识秩序·知识共享·知识自由——关于图书馆精神的制度维度思考	蒋永福	中国图书馆学报	2004. 4	保障公民的知识自由权利是图书馆制度的核心精神。
21	知识自由与图书馆制度——关于图书馆的制度视角研究	蒋永福	图书馆建设	2004. 1	图书馆是民主政府为保障公民的知识自由权利而选择的制度安排。
22	从世界图书馆职业道德规范看知识自由与图书馆	张 靖 吴顺明	图书馆建设	2004. 5	保障用户的知识自由已成为世界各国图书馆职业伦理规范的重要内容。
23	人权入宪与信息自由	韩松涛	图书馆	2004. 6	图书馆维护人的信息自由权利是维护人权的表现。
24	《普通高等学校图书馆规程》与“图书馆法”	周从军 戴雪莱	四川图书馆学报	2003. 2	读者的合法权利；读者信息的管理与保护。
25	关于读者阅读权益的思考	黄俊贵	图书馆	2003. 2	阅读权益的核心在于自主；维护阅读权益的对策。

2 图书馆权利的定位

图书馆权利是什么？如何实现和维护图书馆权利？近几年，国内图书馆学界围绕这一问题进行了广泛的讨论。由于研究者各自的研究视角不同，在图书馆权利的定位及其表述上出现了多元化局面。

2. 1 思想自由视野下的图书馆权利

思想自由是人的一切自由的基础。思想自由主要包括思想表达自由和思想接受自由两方面内涵。1948年，联合国《世界人权宣言》第19条指出，“人人有权享有主张和发表意见的自由。此项权利包括持有主张而不受干涉的自由，以及通过任何媒介和不论国界寻求、接受、传递消息和思想的自由”。这是对人的思想表达自由和思想接受自由的第一次国际性确认。此后，1966年通过的联合国《公民权利与政治权利国际公约》又对这一条作了进一步的细化。

图书馆自由/权利，概括地说就是公民利用图书馆的自由/权利，即公民利用图书馆来接受知识和信息的自由/权利。可见，图书馆权利与公民的思想接受自由/权利是紧密相关的。图书馆权利，其实质就是图书馆保障利用者权利所应承担的责任与义务，最终保障的是利用者的思想自由权利。

公民拥有利用图书馆的权利，也就拥有了一种自由地寻求、接受信息的方式，而寻求、接受信息的自由，是其他所有层次的思想或言论自由权利实现的基础。

思想自由作为一项普遍原则是人人享有的权利，由此派生的知识信息的自由获取权自然也是一项普通的权利。正因为图书馆权利直接源于“思想接受自由”，所以它在本质上保障的是知识信息的接受者——利用者的自由权利，而不是图书馆的特权；正因为“接受自由”和“表达自由”一起二位一体地成为思想自由的表现形式，公民自由地利用图书馆，通过图书馆自由地获得知识和信息最终才成为一种“权利”。

从思想自由视角定位图书馆权利，最具本体论意义，即从思想自由视角来认识图书馆权利最能本质性地说明图书馆权利的来源及其性质。在我国，从思想自由视角界定图书馆权利的学者以李国新先生为代表。

2.2 图书馆精神视野下的图书馆权利

在国内，从图书馆精神视角界定图书馆权利的代表人物有范并思、程焕文等。范并思先生指出，图书馆精神是图书馆人对图书馆事业的人文理想的一种认同；图书馆精神的内涵构成有三个层面：上层为图书馆维护和保障信息公平的理念，中层为图书馆人的职业价值，底层为图书馆人爱岗敬业的操行。在这种图书馆精神的统摄下，可以有两种类型的图书馆权利：一是社会立场的图书馆权利，即图书馆是现代民主制度的产物，图书馆是社会公共信息中心，图书馆的存在保证了公民自由获取信息的权利；二是馆员立场的图书馆权利，即按照图书馆活动的专业要求，科学管理图书馆事业，维护图书馆人的职业价值、职业尊严和职业权益。

现代图书馆精神突出体现的是图书馆作为信息公平与信息保障的制度性功能。在现代图书馆精神看来，公共图书馆是社会民主政治的产物，也是民主社会的保障之一；公共图书馆的存在意义在于，它的存在使社会中每一个公民具备了自由获取知识或信息的权利，它代表的是一种社会用以调节知识或信息分配，以实现社会知识或信息保障的制度。公共图书馆制度能够保障社会成员获取信息机会的平等，保障公民求知的自由与求知的权利，从而从知识、信息的角度维护了社会的公正。

从图书馆精神视角考察图书馆权利，其特点在于从社会的制度公正的高度论证了图书馆存在的意义，而且把图书馆权利区分为社会立场的图书馆权利和馆员立场的图书馆权利，使得图书馆权利的内涵更加明晰化了。

2.3 文化权利视野下的图书馆权利

图书馆是一种文化的存在；公共图书馆是社会的一种文化制度安排。文化人类学家们早就指出过，人是文化的存在。作为文化存在的人，必然要求具有文化权利。从法学意义上说，公民的基本权利主要包括：人身权利、政治权利、经济权利和文化教育权利。1966 年 12 月 16 日，第二十一届联大通过的《经济、社会及文化权利国际公约》与《公民权利和政治权利国际公约》早就指出，公民有参加文化生活的权利；享受科学进步及其应用所产生的利益，以及对个人的任何科学、文学或艺术作品所产生的精神和物质的利益予以保护的权利。

显然，图书馆权利属于文化权利的范畴。公民文化权利主要有三个基本层面的要求：一是享受文化成果的权利，其中包括对图书馆等基本文化设施的利用，文化产品的生产与供应等的要求；二是参与文化活动的权利；三是开展文化创造活动的权利。如何给公民创造更多文化享受的条件，这将是文化权利实现的最基本的内涵。公共图书馆最重要的特性即在于“公共”二字，所谓公共图书馆，其实质就是公民实现自己文化权利的公共设施。满足公民的阅读需求，促进公民文化权利的充分实现，是公共图书馆存在的意义所在，也是责任所在，应该成为图书馆人共同的理想。

由于文化权利与公民的政治权利和经济权利相对应，超越了图书馆专业范围的束缚，所以，从文化权利视角考察图书馆权利，有利于社会公众从人的基本的、普遍的权利角度认识和了解图书馆权利，有利于提高“图书馆权利”概念的社会公认度。

在国内，从文化权利视角考察图书馆权利的学者代表是程亚男女士。

2.4 知识受众视野下的图书馆权利

知识受众是知识的接受者、获取者。所谓知识受众，指的是一切通过知识媒介接受与获取知识的人。

换言之，知识受众是知识媒介（印刷媒介、电子媒介等）的读者、听众和观众的总称。从知识受众的这一概念界定看，图书馆利用者属于知识受众范畴。

在我国图书馆学界，从知识受众角度考察图书馆权利的主要代表人物是王子舟先生。王子舟先生近年来以“知识”为核心概念、以知识受众为本位，阐述了他的图书馆学理论观点。王先生认为，知识受众应享有如下一些基本权利：①平等获取知识权；②自由选择知识权；③知识信息知情权；④知识服务保障权；⑤批评、建议和监督权。显然，这五种基本权利，也是图书馆利用者应享有的基本权利。

从知识受众视角考察图书馆权利，有其直接性特点，即可以直接界定图书馆利用者应享有的权利类型及其内涵。

2. 5 知识自由和制度视野下的图书馆权利

知识自由的概念，从广义上说指人们不受限制地进行知识的自由生产、自由传播、自由接受、自由利用等一切知识活动的自由状态。在图书馆领域使用的知识自由概念（狭义），则主要指公众自由获取知识的权利。所以，在图书馆领域，有时也可以把“知识自由”直接称为“知识权利”或“知识自由的权利”。

知识自由是人类的一种普遍诉求，但这种诉求的实现却往往遇到一些障碍，这种障碍可分为制度性障碍和非制度性障碍两大类。非制度性障碍是由于个人原因造成的障碍，只能通过个人努力或社会救济来解决；而制度性障碍，从宏观上说，是指社会由于对知识资源的配置和供给不当或不足所造成的，这种障碍只能由社会通过制度性安排来解决。在知识自由问题上，社会的责任就是尽力消除知识自由的障碍，改善和优化知识资源的配置与供给，以保障公民的知识自由权利。设立公共图书馆，就是社会为了保障公民的知识自由权利而选择的一种制度安排。保障公民的知识自由权利，是现代公共图书馆制度的核心价值所在。

从概念的外延看，“知识自由”属于“思想自由”范畴。正因为“知识自由”是“思想自由”的具体化，所以“知识自由”概念更能直观而具象地反映图书馆权利的内涵。而且，从知识自由视角定位图书馆权利，更容易与国际话语相通。如《IFLA 图书馆与知识自由宣言》就直接采用了“知识自由”一词，该《宣言》指出，“知识自由是图书馆和信息同行的核心责任”，“图书馆应尽力发展和保护知识自由，帮助维护基本的民主价值和普遍的公民权利”。

在国内图书馆学界，从知识自由和制度视角考察图书馆权利的学者主要有蒋永福、李国新等。

3 图书馆权利的实现

如何实现图书馆权利？因为图书馆权利“从根本上说是利用者的权利”，所以在图书馆权利的实现问题上，首先应该明确利用者应具有哪些权利问题。关于图书馆利用者应具有的权利，李国新先生曾概括为以下几方面：

·读者在图书馆有免费进行书目检索的权利；

·读者在图书馆有免费借阅图书、报刊的权利；

·读者在图书馆有获得工作人员提供的关于利用馆藏文献信息资源指导的权利；

·读者有向图书馆或其主管部门提出意见和建议的权利；

·除国家规定禁止公开传播的文献信息资料外，图书馆不得另立标准，任意封存文献信息资料；

·国家法定节假日，公共图书馆必须开放。

为了保障上述利用者权利，图书馆应具有相应的职业权利。关于图书馆的职业权利，李国新先生从以下三方面做了阐述：

（1）资源的收集和采选方面，图书馆应该拥有依据自身的性质、功能确定采选方针并自主采购资源的权利。所谓自主采购资源的权利，实际上就是在采选方针制约下的资源选择权。

（2）在资源的提供和利用方面，图书馆具有最大限度地开放馆藏、提供利用的权利；图书馆具有根据自身的性质、功能设定主要服务对象的权利；图书馆具有制衡私权膨胀、促进知识和信息传播社会效益最大化的权利。

(3) 在与读者的关系方面，图书馆具有为读者保守秘密的权利。

以上是有关利用者权利和图书馆职务权利的简单界定。那么，图书馆权利的实现应具备哪些条件或实现机制呢？关于这一问题，目前人们主要关注以下三方面的实现机制：

(1) 法律规定：底线保障机制

众所周知，法律是调整权利关系的主要方式。某种权利若没有法律意义上的确定，便很难主张，也很难兑现。图书馆权利作为一种制度性权利，是有其法律基础和根据的，即图书馆权利是由人的生存权、受教育权、思想自由权、休息权等宪法权利派生的知识的获取权、接受权、利用权等知识自由权利（也可称信息自由权利）。

图书馆权利的实现之所以需要国家法律的确认，一是为了给利用者提供实现权利的法律依据，二是为了防止政府在图书馆权利保障问题上的不作为或作为不到位。

对我国来说，我国尚未实施宪法司法化制度，所以仅靠宪法规定来维护和保障图书馆权利是远远不够的。这就说明，针对维护和保障图书馆权利的专门法——图书馆法的制定和实施是极其必要的。只有图书馆法被制定出来，而且其他相关法律、法规都配套健全时，图书馆权利的维护和保障才具有较理想的基础。

(2) 利益集团维护：集团保障机制

何谓利益集团？按美国前政治学会会长阿尔蒙德的定义，所谓利益集团，就是指“因兴趣或利益而联系在一起，并意识到这些共同利益的人的组合”。经济学家厉以宁指出，所谓利益集团是指这样一些人，他们彼此认同，有着共同或基本一致的社会、政治、经济利益的目的，因此他们往往有共同的主张和愿望，使自己的利益得以维持和扩大。“现代社会是由各种利益集团组成的，他们有着自己的利益考虑，在一定的制度安排下，通过相关诉求渠道向政府决策施加影响，以实现自己的利益，而政府的主要责任就是平衡各利益集团之间的利益”。

那么，从事图书馆职业的人群的集合，算不算利益集团呢？判断一个人群集合是不是利益集团，其标准主要有三方面：一是看这一人群集合是否具有共同的利益目标；二是看这一人群集合是否具有一定的组织性（如是否形成有专业或职业团体组织）；三是看这一人群集合是否具有一定的规模性。无论是从世界范围看，还是从国家范围看，图书馆职业群体都具备了上述利益集团应具备的条件，所以，图书馆职业群体无疑是一种独立的利益集团。

既然图书馆职业群体是一种利益集团，那么这个集团中的任何团体组织和个人，都有责任和义务捍卫集团利益，即都有责任和义务捍卫本集团应享有的自由和权利。尤其是当图书馆的自由权利受到侵害时，图书馆人不能坐而论道、视而不见，而是需要“团结起来，捍卫自由”（日本《图书馆自由宣言》结语语）。

一个利益集团的利益表达，往往是以制定出相应的权利规范体系的形式来表达。图书馆利益集团的利益表达也应是如此。从西方发达国家（包括日本等其他发达国家）的普遍做法看，图书馆的权利规范主要用两种方式表达，一是制定出图书馆权利宣言，二是制定出图书馆员职业道德规范。这两种表达方式，一般是由各国的图书馆协会来制定和发布。

(3) 利用者主张：利用者自我保障机制

“图书馆权利，从根本上说是利用者的权利”，这话没错。但是，图书馆权利又是一种代理性权利，是利用者通过政府委托给图书馆的权利，在这种“通过政府委托给图书馆”的过程中，利用者的权利就有可能“异化”为政府和图书馆的权力并反过来有可能侵害利用者的权利。这种异化了的政府或图书馆的权力，使得图书馆的行为具有权力的性质，这种异化权力极易侵害利用者的权利，这就是所谓的“权力对权利的侵害”。“一切有权力的人都容易滥用权力，这是万古不易的一条经验”，图书馆人应该铭记孟德斯鸠的这一天才论断，这是目前在我国图书馆界普遍存在侵害利用者权利现象的根本症结所在。防止或纠正这种权力异化现象的根本措施，除了进行制度层面的改革（主要是建立权力约束机制）之外，利用者自身的权利意识觉醒及其主张是极其重要的环节。

在权利的维护和实现问题上，之所以强调利用者自身主张的重要性，是因为利用者是本原性的权利主体。在现实生活中，若权利主体不作主张，他所应享有的权利就有可能被侵害甚至丧失。一种利益若无人提出对它的主张或诉求，就不可能成为权利。一种利益之所以要由利益主体通过意思表达或其他行为来主张，是因为它可能受到侵犯或随时处在受侵犯的威胁中。

利用者的权利主张是推动图书馆权利实现的必要力量，没有利用者的权利主张这一环节，图书馆权利的真正实现是不可能的；只有图书馆与利用者之间形成利益联盟、权利联盟之时，才是图书馆权利的真正有希望实现之日。

4 图书馆权利的维护

有了权利，还要有维护或救济权利的措施与渠道，才能彻底保证权利的充分实现。这就是“没有救济就没有权利”的道理所在。

维护权利的核心问题，是当权利遭到侵害时、当因为坚守权利而受到不公正对待时，有没有有效的救济措施和手段，以及实施救济的决心、力量和效果。

图书馆权利是一种职业权利，因此维护图书馆权利也就是维护图书馆人的职业权利。图书馆人职业权利的维护主体是所有从事图书馆职业的人群，包括图书馆职业的管理者和全体从业人员。

关于维护图书馆人的职业权利，范并思先生提出了他的独到见解。他认为，维护图书馆人的职业权利，就是依据图书馆学的科学理论，为图书馆活动进行理性的辩护、游说或公关活动。按照范并思先生的观点，应从以下三方面维护图书馆人的职业权利：

(1) *为职业价值辩护*

图书馆职业的价值主要体现在：图书馆以知识承载文明，有效地管理着人类的智慧结晶；图书馆以开放承载民主，从知识、信息的角度维护着社会的公正；图书馆曾是唯一的社会公共信息中心，在网络时代，它又被发现在弥合“数字鸿沟”方面具有不可替代的价值。

(2) *为职业尊严辩护*

图书馆人在上千年的职业实践中，建立了一套科学的图书馆工作方法；通过科学的图书馆活动，社会能以最小的投入获取最大的知识利用效果；图书馆人经过几代人的不懈探索，形成了现代图书馆理念，这种理念能够最大限度地保障社会公众利用知识与信息的权利。图书馆人的活动遵循科学精神，其职业尊严理应受到尊重。

(3) *为职业权益辩护*

图书馆是社会公益机构，图书馆人必须承受事实上也正在承受着清贫。图书馆是服务机构，在不重视服务行业的社会中，图书馆人的职业利益受到不公正对待。

在当前社会，图书馆职业还普遍受到私有化、信息服务产业化、信息技术发展的影响，职业利益进一步受损。可见，图书馆人的职业利益时刻处于受侵害的威胁之中，所以为职业权益辩护成为了维护图书馆人职业权利的必须。

在图书馆权利的维护问题上，人们普遍认识到了行业协会组织在其中的重要作用。为此，一些国家的图书馆协会就设有专门从事图书馆权利维护的组织机构。如美国图书馆协会便设有“知识自由委员会”，其主要任务就是推动和促进知识自由。美国图书馆协会还设有“读书自由基金”，专门用于对有关“读书自由”纠纷的调节、仲裁和调查。日本图书馆协会也设有“图书馆自由委员会”，其主要职责就是为维护图书馆人的职业权利提供各种相关支持和服务。国际图联（IFLA）于 1997 年在哥本哈根年会上成立了“信息获取自由与表达自由委员会”（FAIFE），其宗旨就是为了保护和促进联合国《世界人权宣言》第 19 条确定的基本人权。1999 年 3 月 25 日 IFLA 通过的《图书馆与知识自由宣言》是 FAIFE 宗旨的最全面阐述。

李国新先生指出，根据国际经验，行业协会在维护本行业职业权利问题上应负有两方面的主要责任：当侵害权利的事件发生并演化为社会热点事件时，行业协会的专门组织有介入调查的义务，有通过适当的形式向社会亮明态度、表明观点的责任；当职业集团的从业人员由于坚守权利规范而受到了来自图书馆内部或外部的不公正待遇时，行业协会的专门组织有对当事人提供资料信息保障、应对方法咨询和法律经济援助的责任。

参考文献：

1 本文参考了文内“表 1”中所列的文献。
2 李国新. 图书馆权利的定位、实现与维护. 图书馆建设，2005（1）
3 范并思. 论图书馆人的权利意识. 图书馆建设，2005（2）
4 罗晓明，王海清. 近年来关于图书馆权利及法规制度等相关问题研究述评. 图书馆，2005（1）
5 程焕文，潘燕桃. 信息资源共享. 北京：高等教育出版社，2004
6 夏 勇. 人权概念起源——权利的历史哲学. 北京：中国政法大学出版社，2001

图书馆员的职业资格认证

孙蓓欣
（国家图书馆）

1 前言

1.1 图书馆员职业资格认证的相关概念

职业是指人们在社会中所从事的作为谋生手段的工作。从社会角度看，职业是劳动者获得的社会角色，劳动者为社会承担义务和责任，并获得相应的报酬；从国民经济活动所需要的人力资源角度看，职业是指不同性质、不同内容、不同形式、不同操作的专门劳动岗位。职业也是劳动者谋求发展、实现和创造自身价值的途径。

职业资格是对从事某一职业的劳动者所必备的学识、技术和能力的基本要求。职业资格包括从业资格和职业资格：从业资格是指从事某一职业（工种）的学识、技术和能力的起点标准；执业资格是指国家对某些责任较大，社会通用性强，关系国家、社会公共利益的职业（工种）实行准入控制，是依法独立开业或者从事某一特定职业（工种）学识、技术和能力的必备标准。

职业资格认证制度是以资格作为判断可否执业的手段，是为确保只有具有资格并获得执业许可的人才能从事该职业并使之行之有效的一套完整的制度。换句话说，就是为了使以资格为核心的执业许可手段有效发挥作用而建立的有关标准、规定、程序和管理办法的总合。

职业资格认证是由国务院、人事行政部门及其委托机构，通过学历认定、资格考试、专家评审、职业技能鉴定等方式进行检测，对合格者授予国家职业资格证书的过程。因此，职业资格证书是持有人专业知识和水平的体现，也是专业能力的象征。它是劳动者求职、任职的资格凭证，是用人单位招聘、录用劳动者的主要依据。

综上所说，图书馆员职业资格认证制度是图书馆行业的准入制度，是劳动就业制度的一项重要内容。它是按照国家规定的职业技能标准和任职资格条件，通过政府认定的考核鉴定机构，对图书馆从业者技能水平或职业资格进行客观公正、科学规范的考核和鉴定，对考核合格者授予相应证书的政策规定和实施办法。

1．2 我国的职业资格认证制度

对于职业资格认证，1993 年党的十四届三中全会《决定》首次明确提出，要制订各种职业的资格标准和录用标准，实行学历文凭和职业资格两种证书制度，逐步实行公开招聘，平等竞争，促进人才的合理流动。1994 年通过的《劳动法》规定："国家确定职业分类，对规定的职业制定职业技能标准，实行职业资格证书制度，由经过政府批准的考核鉴定机构负责对劳动者实施职业技能考核鉴定"。1996 年 5 月通过的《职业教育法》又明确指出"实施职业教育应当根据实际需要，同国家制定的职业分类和职业等级标准相适应，实行学历文凭、培训证书和职业资格证书制度"。这些法律条款都已成为职业资格认证制度的法律依据。1995 年 1 月，人事部、发布的《职业资格证书暂行办法》包括总则、从业资格、执业资格、资格证书、注册、罚则和附则等内容，对职业资格证书的相关问题都做了详细说明。1999 年 6 月，中共中央、国务院发布的《关于深化教育改革全面推进素质教育的决定》再次重申要"在全社会实行学业证书、职业资格证书并重的制度"。2002 年 3 月，教育部、公安部、人事部、劳动和社会保障部联合发布了《关于进一步深化普通高等学校毕业生就业制度改革有关问题的意见》，也重申了要积极推进职业资格证书制度，逐步在全社会实行学历证书、职业资格证书并重的制度。截止到现在，我国的职业资格专业技术考试已达 52 类。

2　图书馆员职业资格认证制度的建立

2．1 国外图书馆的成功经验

图书馆员的职业资格认证起源于英国，20 世纪 20 年代至 50 年代在美国、日本、韩国等国也相继出现了图书馆员职业资格认证，在发达国家已有上百年的历史，已经实施图书馆员职业资格认证的 100 多个国家和地区都建立了相应的认证制度。

最早实行图书馆职业资格认证制度的英国在 1880 年英国图书馆协会年会上就通过了对图书馆从业人员进行能力考试的决定，规定只有通过英国图书馆协会组织的考试，才能获得"协会准会员"和"协会正式会员"资格。初等考试合格者方能参加中等考试，中等考试合格者到英国图书馆协会认可的图书馆工作两年后，才能被授予"协会准会员"资格；准会员从事图书馆工作五年以后，才允许参加最终考试；最终考试合格者，才能获得图书馆员的最高资格"协会正式会员"。英国的图书馆馆长大多都是"协会正式会员"。英国的图书馆员资格证书制度体系完整、全国统一。

美国是一个分州实行图书馆员资格证书制度的国家，它的图书馆员职业资格认证制度分为等级制、学历制和考试制三种，在图书馆职业资格认证制度中对不同类型的图书馆有不同的要求。有些州还根据图书馆规模的不同对图书馆员职业资格提出了不同的层次要求和学历要求。

日本的图书馆员资格认证制度也很严格，对于要求获得"司书"和"候补司书"图书馆员专业职务资格的人员，必须在国家认可的大学进修国家规定的资格培训课程，对课程的数量和学分都有明确要求。日本图书馆法还规定了"司书和候补司书的培训课程，由文部大臣委托的大学讲授"。培训课程的考试与成绩，由获准开讲的大学认定。考试合格者将由开讲大学校长名义授予结业证书，并向文部大臣报告。

澳大利亚图书馆专业资格的认定是由澳大利亚图书馆和信息协会按正规的程序，依照资格认定的规程评定图书馆员和图书馆技术员的资格。专业资格的认定主要是评定图书馆从业人员的业务能力及其履行的职责。

世界各国的图书馆员职业资格认证制度互不相同，相关规定和实施办法也有差异，但都对文化程度、培训和考核鉴定提出了明确的要求，有的国家还将图书馆员的任职条件在图书馆法规中明确规定，正是这种严格的职业资格认证制度，确保了图书馆专业人员的整体素质和专业水平，推动了图书馆事业的发展。

2．2 我国图书馆的职业状况

长期以来，我国的图书馆行业由于没有职业资格认证制度，图书馆界存在着从业标准不高，上岗要求不严，继续教育不规范，图书馆学的受教育者与就业岗位脱节等一系列问题，具体表现在：

（1）图书馆进人无明确标准

由于图书馆员的职业没有统一的从业标准，多年来图书馆进人的随意性很大。有人认为图书馆工作无非是借借还还，没什么深奥的学问，只要认得字的人都能干；有人认为图书馆是休闲场所，悠闲清净，老弱病残都能干。于是不问学历高低，不管能力大小，不分年老年少，只要是关系户、有来头的就可以往图书馆安排，这种状况在中小型公共图书馆更为突出，形成了一种需要的人才进不来，不需要的人员往里塞的怪现象，直到如今，这种现象仍难以杜绝。这种被扭曲的图书馆职业现状，严重影响了图书馆事业的发展。

（2）图书馆员上岗无专业要求

图书馆学作为一门高等教育专业已有上百年的历史，图书馆学及相关专业作为图书馆员的专业也已是不争的事实。图书馆工作的专业性决定了文献信息资源管理的科学性、系统性和规范性。由于图书馆员上岗没有职业标准，因此非专业上岗、师徒口授相传、约定俗成的现象普遍存在，影响了图书馆业务水平的提高。

（3）图书馆员的继续教育无统一规范

随着传统图书馆向现代图书馆的转型，图书馆员的继续教育开始引起关注，不少图书馆都要求员工每年完成一定学时的培训。但由于缺乏图书馆员的职业资格认证制度，没有统一的标准和要求，导致图书馆员的继续教育不系统、不规范，往往是因馆而异，因领导重视程度而异。对于广大从业人员来说，也仍有不少同志停留在“要我学”，而不是“我要学”的层面，缺乏持续动力和自觉要求。

（4）图书馆学的专业教育与图书馆的工作需要脱节

目前，我国的图书馆学教育由于招生、分配、院系合并及更名等种种原因，有不少课程的内容已与图书馆工作相脱离，有些课程虽然相关，但从理论的前瞻性到对实践的指导性都有差距。而随着现代科学技术的迅猛发展和知识时代的到来，各图书馆又都面临着难以适应用户需求的矛盾，导致图书馆学及相关专业的毕业生从事图书馆工作的比例很小，即使到图书馆工作，往往也难以适应工作要求。

这一系列问题带来的后果是图书馆的服务水平难以提高，图书馆员的地位也难以得到社会认同。

2.3 建立图书馆员职业资格认证制度的作用和意义

（1）从源头上净化图书馆专业队伍

实施图书馆员职业资格认证制度，通过职业资格考试，取得合格证书方可准入，就可以从根本上解决图书馆进人无统一标准、上岗无统一要求的问题，杜绝“关系”、“照顾”等不良现象，从源头上净化图书馆专业队伍，保证图书馆员的整体素质水平。

（2）适应人力资源市场化的客观形势

市场机制的出现打破了长期以来形成的计划分配的格局，人力资源的市场化使图书馆增添了进人的渠道，拓展了选人和用人的范围。与此同时，求职者也能依据个人的需求和自身所具备的条件进行自主选择。这就形成了图书馆根据需求选择求职者，求职者根据本人专长和需求选择工作岗位的新的进人模式。图书馆职业资格认证制度的建立将有利于图书馆甄选专业人员，职业资格认证的条件和标准也为拟从事图书馆员职业的人士提供了一个清晰的职业描述框架，对从业人员具有指导作用。实行图书馆资格准入制度，全面大幅度提高现有人员的素质，保证有足够数量的高素质人才从事图书馆工作，对于推进中国图书馆事业的发展，具有紧迫的现实意义和深远的历史意义。

（3）提高图书馆员的社会地位

图书馆员职业资格认证制度的建立和实施，将有利于社会公众了解图书馆员的职业是一个专业性强、标准高、要求严的知识型职业，需要具备一定知识素质的人员才能承担，因此是一个高尚的职业。同时，具备职业资格的图书馆员也会进一步按照要求更好地履行自己的职责，更好地满足社会公众的需求，为社会提供优质高效的服务，社会公众也将由此进一步认识图书馆员的社会价值，图书馆员职业的社会地位也将不断提高。

(4) 促进图书馆员的继续教育

继续教育作为一种以更新知识、提高素质为主要内容的终身教育，是在职专业人员不断完善知识结构、提高专业技能水平和创造力的重要途径。职业资格认证制度明确规定对图书馆员的知识要求和技能要求，将使图书馆的继续教育和专业培训更具针对性。同时，图书馆从业人员也便于对照标准找出差距，有的放矢地制定个人的学习计划，有助于图书馆员加强职业意识、提高终身学习的自觉性，从而有效地提高馆员的职业素质。

(5) 提升图书馆服务的整体水平

随着知识经济时代的到来，随着图书馆功能的不断拓展和用户需求的不断增长，对图书馆员的要求越来越高。图书馆的服务质量和服务水平在相当程度上取决于图书馆员的专业水平和综合素质。图书馆员具备了本行业的职业资格认证条件，图书馆的服务水平才能有效提高。

因此，在我国建立图书馆员职业资格认证制度不仅是必要的，也是非常紧迫的。

3 近两年来我国在图书馆职业资格认证方面的进展

3.1 中国图书馆学会开展的相关工作

对于职业资格认证问题，中国图书馆学会早在2001年就开始组织业内专家进行图书馆员职业资格认证的研究工作，搜集了英、美、日、澳等国外同行的大量资料。在中国图书馆学会2002年学术年会期间，文化部副部长周和平（原中国图书馆学会理事长）要求中国图书馆学会在图书馆员职业资格认证工作中发挥作用。根据学会理事长的指示，2002年8月，中国图书馆学会向文化部提交了《关于中国图书馆学会申请承担图书馆员职业资格认证工作的请示》；同月，中国图书馆学会又向文化部社会文化图书馆司提交了《关于中国图书馆学会申请承担全国图书馆职业培训工作的请示》。2003年2月，中国图书馆学会又分别向文化部人事司和社会文化图书馆司提供了《世界主要国家图书馆的职业资格认证制度》的调研报告。2004年3月，中国图书馆学会又向文化部人才交流中心提交了《关于申请承担图书资料馆员职业资格认证培训工作的函》。

3.2《国家标准》的制订及出台

根据《中华人民共和国劳动法》的有关规定，为进一步完善国家职业标准体系，2003年3月，中国图书馆学会受文化部职业技能鉴定指导中心的委托，组织有关专家起草、制订了图书资料业务人员的相关国家职业标准。其中，包括《文化行业国家职业标准 图书资料业务人员·图书资料馆员》、《文化行业国家职业标准 图书资料业务人员·古籍馆员》和《文化行业国家职业标准 图书资料业务人员·文献修复师》。(以下简称《标准》)。

《标准》以《中华人民共和国职业分类大典》为依据，以客观反映本职业水平和对从业人员的要求为目标，在充分考虑经济发展、现代技术进步、社会文化需求和公众信息需求对本职业影响的基础上，对职业活动范围、工作内容、能力要求和知识水平做出了明确规定。在制订中遵循了《国家职业标准制定技术规程》的要求，保证了《标准》体例的规范化，体现了以职业活动为导向、以职业能力为核心的原则，同时具有随着图书馆事业发展水平的提高进行调节的灵活性和实用性，符合培训、鉴定和就业工作的需要。

《标准》包括职业概况、基本要求、工作要求和鉴定比重等四个方面的内容，依据有关规定将本职业分为五个等级，每个等级的职业功能按工作领域进行划分。

参与《文化行业国家职业标准 图书资料业务人员·图书资料馆员》编写、审定工作的人员主要有(按姓氏笔画排列)：马文峰、孙蓓欣、张平、张志清、汪东波、汤更生、陈坚、胡越、倪晓建、鲍国强。

参与《文化行业国家职业标准 图书资料业务人员·古籍馆员》编写、审定工作的人员主要有（按姓氏笔画排列）：马文峰、孙蓓欣、张平、张志清、陈坚、胡越、倪晓建、鲍国强。

参与《文化行业国家职业标准 图书资料业务人员·文献修复师》编写、审定工作的人员主要有（按姓氏笔画排列）：马文峰、孙蓓欣、张平、张志清、陈坚、胡越、倪晓建、鲍国强。

三个标准的制订工作完成以后，分别于2003年6月和10月通过了专家审定，11月正式上报文化部及劳动和社会保障部审批。获文化部和劳动和社会保障部批准后，于2004年7月27日，由劳动和社会保障部办公厅、文化部办公厅联合发文（劳社厅发〔2004〕10号），印发试行上述图书资料系列的国家职业标准。

3．3《文化行业国家职业标准 图书资料业务人员》培训教材的编写

为了提高图书馆行业从业人员的整体素质，推动文化行业职业资格证书制度的建立和实施，系统全面地做好职业技能鉴定工作，中国图书馆学会受文化部文化艺术人才中心（文化部职业技能鉴定指导中心）的委托，从2003年开始，组织国家图书馆、首都图书馆、首都师范大学图书馆、中国人民大学图书馆、北京大学图书馆等单位的专家和业务人员编写了《“文化行业国家职业标准 图书资料业务人员”培训教材》（以下简称《教材》）。为了便于图书馆从业人员有针对性地选用，对应《文化行业国家职业标准 图书资料业务人员·图书资料馆员》、《文化行业国家职业标准 图书资料业务人员·古籍馆员》和《文化行业国家职业标准 图书资料业务人员·文献修复师》三个标准，分别编写了三套《教材》，每套两册。

该教材遵照《文化行业国家职业标准 图书资料业务人员》（以下简称《标准》）的要求，内容力求体现“以职业活动为导向、以职业技能为核心”的指导思想，针对图书馆员职业工作的实际需要，以提高学习者的专业知识和工作技能为出发点，突出职业培训特色；既注重实用性，又具有系统性，同时兼顾全国图书馆的发展水平；教材分为两部分：基本要求和工作要求。“工作要求”按照《标准》中所分的五个级别，对各项“职业功能”要求的“相关知识”和“技能要求”进行了详细阐述。

教材采用分工合作的方式，2003年开始，从个人构思、集体讨论、确定大纲到正文撰写、总体协调、反复修改，2004年底大体完成了《教材》的撰写工作。

3．4科研项目的立项与研究

（1）国家图书馆承担的2004年度国家社会科学基金项目——我国图书馆员职业资格认证制度的建立与实施（04ATQ001）

针对我国图书馆工作人员的能力水平难以适应读者需求的现状，为了提高图书馆专业人员的整体素质和竞争能力、有效提高图书馆的服务水平，国家图书馆于2004年2月组织并向全国哲学社会科学规划办公室申报课题“我国图书馆员职业资格认证制度的建立与实施”。5月获准立项，项目类别由申报时的“一般课题”提升为“重点课题”。课题组的成员有孙蓓欣（课题组组长）、刘小琴、王世伟、李国新、初景利、汤更生、王青云、胡京波。

该课题的研究目标是采用普遍调查与个案研究相结合、理论与实践相结合的方法，借鉴世界各国图书馆员职业资格认证制度的做法和经验，立足于中国图书馆界的实际，努力使我国的图书馆职业资格认证制度成为一个规划、培养、开发、利用和管理图书馆员的综合体系。同时，把建立、实施图书馆职业资格认证制度与我国即将出台的《图书馆法》有机地结合起来。

具体来说，课题的研究内容包括以下几个方面：

◆国外图书馆员职业资格认证制度建设的历史与现状

·国外图书馆员职业资格认证制度建设概况

·若干国家图书馆员职业资格认证的案例剖析

·国外图书馆员职业资格认证制度的基本特点

◆我国图书馆员职业构成与现状剖析

·图书馆员的总体职业构成

·有代表性图书馆职业构成分析（以不同类型的图书馆为案例）

·我国图书馆员职业资格认证存在的主要障碍

◆中国图书馆员职业资格认证制度的建立

· 指导思想
· 制订的原则和依据
· 主要内容
◆中国图书馆员职业资格认证制度的实施
· 实施条例（认证机构、认证方式、认证程序、认证效用、有效期限等）
· 实施办法
◆需要解决的若干相关问题
· 职业资格认证制度与图书馆专业教育相结合
· 职业资格认证制度与图书馆员的继续教育相结合
· 职业资格认证制度与图书馆人力资源管理相结合
· 政府机构与图书馆行业学（协）会各自的作用
· 职业资格与专业技术职称的关系
· 职业资格与聘用的关系

项目启动后，课题组对国外图书馆员职业资格认证制度建设的历史与现状作了大量的调查研究，在此基础上撰写了一组专题文章，作为阶段成果发表在《国家图书馆学刊》2005 年第 3 期上，其中包括：

· 日本图书馆员专业职务资格
· 美国图书馆员职业资格认证体系
· 英国图书馆员职业资格认可制度
· 韩国图书馆员职业资格认证制度
· 我国图书馆员职业资格认证制度建设的研究与进展

现在，课题组正按照项目申请书的要求继续进行相关研究。课题组将在充分考虑经济发展、现代技术进步、社会文化需求和公众信息需求对图书馆员职业影响的基础上，结合中国的国情提出一套有理论依据、有实践基础，科学而又具有可操作性的完整的方案和实施办法，供相关主管部门作为决策时的参考。

（2）上海图书馆承担的 2003 年上海市哲学社会科学规划课题——图书馆行业职业资格证书制度研究（2003BTQ002）

为了借鉴世界发达国家图书馆在图书馆人力资源建设方面的先进经验，特别是图书馆职业资格证书方面的成功经验，推进上海图书馆行业职业资格制度的研究，在全国图书馆行业率先进行这方面的实践探索，上海图书馆开始进行了这方面的课题研究。大致可分为三个阶段：

◆世界各国图书馆职业资格证书制度的调研

2002 年初，与华东师范大学信息学系组成联合课题组，以《世界各国的图书馆专业资格认证制度》为项目，进行了专题研究。课题组于 2002 年 6 月形成了课题报告，内容包括八个方面：图书馆专业资格认证制度的背景和意义，图书馆专业资格认证制度的起源和发展，图书馆专业资格认证制度的类型，图书馆专业资格认证制度使用、资格与就职，图书馆专业资格认证制度的管理，认证课程与授课主体，实施图书馆专业资格认证制度必须注意的问题，各国对图书馆专业资格认证制度的探讨。这些成果为以后的课题研究打下了良好的基础。

◆上海图书馆课题立项

在与华东师范大学信息学系联合研究的基础上，上海图书馆于 2002 年 4 月成立了“图书馆职业资格证书制度”项目课题组。由党委副书记王世伟任组长，上海市人事局、市委宣传部、市文广局的有关处室领导、华东师范大学范并思教授、上海图书馆图书馆学情报学研究所、组织人事处、上海图书馆学会秘书处的有关专家组成了课题组。课题组进行了广泛的文献调研，召开了许多座谈会和问卷调查，为市级课题的立项做了准备。

◆上海市哲学社会科学规划课题立项

“图书馆行业职业资格证书制度研究”曾于 2002 年度和 2003 年度两次申请上海市哲学社会科学课

题，于2003年10月正式批准立项。课题组在2003至2004年的项目研究过程中，主要做了以下工作：

·资料查询：通过各种途径查阅了近百篇有关文献，包括馆藏文献、报刊文献、网络信息等。

·学习文件：学习中央组织部和劳动人事部“关于加快事业单位人事制度改革的通知”，学习国务院有关部委颁发的有关推行行业职业资格证书制度的有关文件、政策和法规。

·调研咨询：对已实行职业资格证书制度的教师、律师等行业进行调查研究，走访上海市司法局律师管理处，聘请市人事局、市委宣传部有关领导来馆进行具体指导。先后召开了5次图书馆行业咨询座谈会和专家咨询会。

·提出框架：在学习调研的基础上，课题组起草了“关于试行图书馆职业资格证书制度研究“的基本框架，确定了要形成的四项成果，并明确分工，任务到人。制定了“工作计划任务分工一览表”，明确了工作要求和时间进度。

·确定内容：确定了三项内容和三项办法，三项内容包括试行图书馆职业资格证书制度的背景、意义和暂行条例；三项办法包括考试办法、培训办法和证书管理办法。

·撰写报告：在《图书情报工作》2003年第1期的专栏文章上发表了关于“背景和意义”的初步研究成果。在《情报资料工作》2003年第4期上发表了有关“职业资格证书制度和图书馆参考馆员制度分合与联系”的研究文章。形成了一个“暂行规定”和三个“实施办法”：《上海市图书馆员职业资格认证制度暂行规定》、《上海市图书馆员职业资格认证考试实施办法》、《上海市图书馆员职业资格培训实施办法》、《上海市图书馆员职业资格证书管理实施办法》。

3. 5 学术期刊上相关论文的发表

截止到2005年8月30日，在清华同方CNKI的中国期刊全文数据库中，在2003年的1，513，249个条目和2004年的1，668，854个条目中用“图书馆”和“职业资格”作为检索词，采用“模糊匹配”的方式，通过“篇名/关键词/摘要”查检到的文章有112篇（2003年16篇，2004年96篇），其中发表在核心期刊上的有30篇（2003年4篇，2004年26篇）；通过全文查检到的条目有80篇（2003年24篇，2004年56篇），其中发表在核心期刊上的文章有31篇（2003年10篇，2004年21篇）；通过篇名查检到的有26篇（2003年8篇，2004年18篇），其中发表在核心刊上的有9篇（2003年3篇，2004年6篇）。

采用“精确匹配”的方式，通过“篇名/关键词/摘要”查检到的文章有32篇（2003年8篇，2004年24篇），其中发表在核心期刊上的有13篇（2003年4篇，2004年9篇）；通过篇名查检到的有21篇（2003年8篇，2004年13篇），其中发表在核心刊上的有7篇（2003年3篇，2004年4篇）。

在上述文章中，作者从不同的角度论述了我国图书馆建立职业资格认证制度的重要性与必要性，建立和实施图书馆员职业资格认证制度中需要考虑和关注的问题，以及解决这些问题的方案和设想。从上述数据我们也不难看出，2004年的相关论文数远远大于2003年，说明对于“图书馆职业资格认证”这个问题已经越来越引起业界的关注和重视。

结束语

图书馆员职业认证制度的建立与实施对于图书馆职能的发挥，图书馆工作水平的提高和图书馆事业的发展都有着极其重要的作用。近两年来，我们对该专题的研究和相关工作都取得了很大的进展。我们要继续努力、认真研究、积极探索、不断推进，使之早日付诸实施。

参考文献：

1 于法鸣，陈宇主编．国家职业资格证书制度知识读本．北京：中国工人出版社，2002

2 李昌奎编．中外职业资格认证和语言考试指南．济南：山东人民出版社，2002

3 劳动和社会保障部培训就业司编．国家职业资格证书制度文件汇编（1993—2003）．北京：金城出版社，2003

4 余艳．美国图书馆员职业资格认证．见：2004 年中国图书馆学会优秀论文集．北京图书馆出版社，2004
5 胡越等主编．文化行业国家职业标准 图书资料业务人员・图书资料馆员 培训教材．北京：北京图书馆出版社，2005
6《文化行业国家职业标准 图书资料业务人员・图书资料馆员》
7 王世伟．当代图书馆面临的新问题与图书馆的全员培训．图书情报工作，2002（1）
8 王世伟．论中国图书馆职业资格证书制度的建立．图书情报工作，2003（1）
9 温树凡．试论建立图书馆员职业资格认证制度．山东图书馆季刊，2004（1）
10 吴慰慈．图书馆职业资格认证制度．图书馆建设，2004（2）
11 王世伟．关于《图书馆行业职业资格证书制度研究》课题的结题报告，2005 年 8 月
12 肖仁清．我国图书馆职业资格准入制度学术研究概况及其意义．图书情报知识，2005（1）
13 蒋琳洁．建立图书馆专业人员职业资格证书制度的必要性．图书馆论坛，2005（2）
14 胡京波．我国图书馆员职业资格认证制度建设的研究与进展．国家图书馆学刊，2005（3）

图书馆活动与著作权

肖 燕
（清华大学大学图书馆）

1．引言

在过去的几年里，中国图书馆界发生了两件与著作权密切相关的标志性事件。一是 2002 年初，北京大学法学院教授陈兴良因其三部作品未经许可遭到擅自使用，遂以侵犯自己的信息网络传播权为由，一纸诉状将隶属于某图书馆的数字图书馆有限责任公司告上法庭。请求判令其立即停止侵权并赔偿经济损失 40 余万元。2002 年 6 月 27 日，该案审结，法庭最终判决原告胜诉，被告因擅自通过网络传播著作权人的作品侵犯了其信息网络传播权，被责令承担侵权的民事责任，赔偿原告人民币 8 万元，并承担原告支出的诉讼费用[1]。此案立案消息与判决结果通过各种媒体广为传播，为图书馆界敲响了警钟。二是 2002 年 4 月，中国图书馆学会第六届学术研究委员会增设了“图书馆法与知识产权研究专业委员会”，将包括著作权在内的知识产权问题的研究及相关活动的组织首次纳入学术研究委员会的工作内容，标志着图书馆界对著作权问题的重视提高到前所未有的程度。今天，当我们回顾上述事件的时候，有必要着眼于未来的发展，探讨著作权保护的基本理论、历史渊源，分析图书馆活动与著作权保护的关系，提出现行著作权保护框架下图书馆活动的对策，以便使更多的图书馆工作者在日益复杂的法律环境下，正确对待并处理好图书馆建设服务有关的著作权问题。

2．著作权的含义与性质

著作权又称版权，其英文名称为 copyright。比较流行的观点认为它是文学、艺术和科学作品的作者对其创作的作品所享有的权利[2,3]。广义的著作权还包括邻接权，即作品的传播者，如出版者、表演者、录制者以及广播组织等对经过其加工、传播的作品所享有的相应的权利[4]。

著作权包括人身权利和财产权利。人身权利又称精神权利或人格权。《保护文学艺术作品伯尔尼公约》（亦称《伯尔尼公约》）规定的二项最基本的人身权利为：作者身份权（即署名权）和维护作品完整性权[5]。我国现行著作权法第 10 条规定的人身权利，在此基础上还包括了发表权和修改权[6]。

财产权利又称经济权利。指著作权人享有许可他人使用其作品并由此获得报酬的权利。我国现行著作

权法第10条规定，使用权和获得报酬权指以复制、表演、播放、展览、发行、摄制电影、电视、录像或者改编、翻译、注释、编辑等方式使用作品的权利，以及许可他人以上述方式使用作品，并由此获得报酬的权利[7]。显然，财产权利是著作权中随着作品的传播、使用技术与方式的变化而不断拓展的权利，而且著作权人可以通过多种方式实现其财产权利。

从本质上看，著作权是通过著作权法以及相关法律法规而规定的作者对其智力成果所享有的一种民事权利，具有民事权利的一切性质和特征。在现实社会生活中，对著作权的确认和保护主要是借助于著作权法来实现的，不仅如此，我国《民法通则》第94条明确规定："公民、法人享有著作权（版权），依法享有署名、发表、出版、获得报酬等权利。"同时，《民法通则》第118条规定了侵犯知识产权所应承担的民事责任。目前，包括我国在内的多数建立著作权保护制度的国家，对著作权均实行自动保护。即不以是否履行任何形式的手续（如登记注册手续）为前提。具体说来，对本国公民而言，著作权是随着作品的创作完成而自动产生的，不论是否发表，均享有著作权保护。对外国公民或者没有加入同一国际著作权公约的国家的公民而言，著作权则随着作品的出版及其他形式的发表而自动产生。

3. 著作权保护溯源

在探讨著作权法的起源时，无论东、西方的知识产权法学者，都无例外地认为著作权是随着印刷术的采用而出现的[8]。不仅如此，著作权法的产生、发展、以及相关权利内容的变化，一直受到科学技术和商品经济发展的重大影响。当社会不具有大量、廉价复制作品的技术条件时，作品的经济价值会由于技术的落后而无法显现。此时，其他人采用复制和其他手段利用作者创作的作品牟利的代价较高，因而侵犯著作权的可能性相对较小。即使存在侵犯著作权的现象，也不会对作者的利益产生太大的影响。于是，在这种背景下，不会产生建立著作权保护制度的强烈的社会需求。只有在印刷术发明并得到广泛应用的条件下，复制作品才变得有利可图，许多人会在经济利益的驱使下，擅自复制、出售、传播他人创作的作品。由于这种行为会严重侵害作者、出版者等权利人的利益，从而导致社会产生了保护著作权的需求，通过颁布专门法律，保护作者和作品的合法使用者权利的著作权制度也就应运而生。

中国作为印刷术的发明国，古代出版业曾相当繁荣，著作权保护制度亦源远流长。有学者认为中国的版权制度可以划分为发生、发展以及谋求与国际著作权保护统一三个时期[9]。唐宋至清末《大清著作权律》（1910年）制定颁行以前，是中国版权制度发生期，亦即版权保护的封建特许时期。这一时期，受版权保护的主体主要是出版人。版权保护的客体主要是图书。以《大清著作权律》的颁布为标志，中国版权史进入第二时期，是中国版权保护的发展时期。这一时期，版权保护的主体主要是作者，版权保护的客体也有所扩大，文艺、图画、帖本、照片、雕刻、模型等都包括在内。从1990年9月《中华人民共和国著作权法》颁布，至次年6月生效，再到1992年9月国务院第105号令发布《实施国际著作权条约的规定》，是中国版权史的第三时期。这一时期，中国的版权保护已不局限于中国范围，开始多方面谋求与世界众多国家统一的版权保护秩序。版权保护的主体从中国版权人，扩大到参加《伯尔尼保护文学和艺术作品公约》组织的所有成员国的版权人。版权保护的客体更是拓展到文学艺术作品、影、视、录像作品，工程设计、地图及计算机软件等。

从全球范围看，著作权保护制度历经萌芽、创立、拓展等不同阶段逐步发展演变而来。一般认为，现代意义上的著作权保护制度创立于18世纪的英国。其标志是1710年英国颁布的《安娜女王法令》，又称《安娜法令》。该法令全称为《赋予著作人、稿件购买人于法定期间内专有重制并鼓励学术著作之法案》[10]。它摒弃了在此之前长期存在的印刷特权制度，建立了保护私有财产性质的著作权制度。此后，著作权保护制度在世界各国逐步普及。从19世纪末起，建立著作权保护制度的国家为了保护著作权人在其他国家的正当利益，在著作权领域进行合作，缔结了一系列双边和多边条约，进而形成了著作权国际保护制度。可以说，经过数百年的发展，著作权保护制度通过国际公约和世界各国立法得以稳固确立，已经基本形成了全球统一的版权保护秩序。此外，在著作权保护制度演变发展的过程中，著作权的保护客体、主体以及其调整的利益关系日益复杂化，作为利益平衡的重要工具，著作权保护的社会功能由单一逐步走向多元化。

尤其值得指出的是，20世纪中期以来，著作权法律法规调整的范围不断扩大，涉及到调整权利人、国家、集体之间的关系，平衡创作者、传播者和使用者的利益，即要充分保护作者的合法权益，又必须对作者的权利予以适当限制，以满足公众接触和使用受著作权保护作品的需要。可以说，著作权不仅渗透到我们生活的每一个角落，而且对图书馆的建设与服务活动有着多方面的深远影响。

4. 图书馆活动与著作权保护的关系

图书馆作为一种社会机构，其产生与运行发展与著作权有着千丝万缕的联系。回顾图书馆的发展历史，现代意义上的图书馆的普及，一方面得益于19世纪的产业革命改变了图书的写作和印刷方式，另一方面，也得益于教育的普及和图书等知识产品市场的形成[11]。而现代著作权制度的确立，则是激励作品的创作，促进知识的传播，保障图书等知识产品市场健康发展的条件。

自现代意义上的著作权制度建立以来，图书馆通过采集并向公众提供受著作权保护的作品，以及在已有作品的基础上，制作各种促进作品传播利用的信息产品，服务于社会方方面面的信息需求，对受著作权保护的作品的收集、存储和利用构成了图书馆活动的基础。因此，无论从著作权保护制度和图书馆的发展历史，还是从著作权保护制度和图书馆的现状来看，二者具有长期共生关系，同时具有互补、冲突和制衡关系。

4.1 图书馆活动与著作权保护存在共生关系

从国外的情况看，西方的著作权保护制度设计初期，就赋予某些图书馆以特殊地位，许多国家图书馆（亦称国家著作权图书馆）以及法定保存图书馆的建立与发展，直接得益于著作权保护。不仅如此，现代著作权法为公众和包括图书馆在内的公益性机构规定的合理使用豁免条款，也为图书馆的建设与服务活动提供了极大的方便。以至于有美国的研究者提出图书馆是著作权的创造物（Creature of Copyright）的论断[12]。例如，为了便于以图书为主的社会文化精神产品的保存和流传，许多国家通过在著作权法及其相关法规中设置专门条款，要求出版者向指定的图书馆送缴自己出版的作品样本，并将此作为进行著作权登记并获得版权保护的条件之一。这一制度已经流传了数百年，对图书馆馆藏建设产生了较大的积极影响。

据文献记载[13]，世界上首家著作权图书馆出现在法国。1538年，弗朗西斯（Francis）一世要求出版商罗伯特·埃斯蒂尼（Robert Estienne）向皇家图书馆呈缴其出版的所有希腊文图书。托马斯·博德利（Thomas Bodley）于1602年创立牛津图书馆，1610年，一家名为Stationers的公司（Stationers Company）向该馆赠送其在英格兰出版的每种图书。此后，英国议会制定法律要求出版商向包括1759年成立的大英博物馆在内的数家图书馆赠送其出版的每一种图书。这些图书馆因此被称为著作权图书馆（copyright library）或法定保存图书馆（legal deposit library）。实行这一制度的还有其他一些国家。例如，1800年成立的美国国会图书馆，于1870年任命了负责处理著作权事务的官员。此前，从1846年起，就以登记注册著作权为目的，要求著作权人将每种作品向国会图书馆呈缴二册[14]。即使在著作权保护演变为自动保护的当代，美国、加拿大等国家仍然规定，对享有著作权保护的作品而言，著作权人只有按照著作权法及其相关法规的规定，进行著作权登记注册，并向指定图书馆送缴一定数量的作品样本，才有资格在有关该作品侵权诉讼案件的判决中，享有法定损害赔偿。

从中国的情况看，我国宋代就有呈缴出版物的要求。但是，直至新中国成立之前的漫长时间里，图书馆在著作权保护制度中没有像西方国家的图书馆那样占有重要的地位，存在登记著作权作品的呈缴与图书馆保存分离的现象。查看1910年颁布的《大清著作权律》与1928年国民党政府颁布、1944年修正的《著作权法》[15]，发现其中均未设立与图书馆相关的条款。同时，著作权法中规定的进行著作权登记所必须提交的样本，也不归图书馆保管。值得指出的是，1909年清政府就颁布了《京师及各省图书馆通行章程》[16]，之后的国民党政府也在颁布著作权法的同时，颁布独立的图书馆法。尽管从表面上看，著作权保护与图书馆立法相互独立，二者之间的联系不够密切，但是，在社会法制管理整体效果上，图书馆法与著作权法的并存，显示了二者的共生关系。

新中国成立以后，著作权法规和图书馆法规较前发生了一些变化，著作权保护法律法规与图书馆法规有分有合，仍然保持二者的共生关系。例如，我国通过发布专门的条例和规定，从20世纪50年代起，逐步建立了出版社向指定图书馆呈缴出版物的制度。1955年发布的《中华人民共和国文化部关于征集图书、杂志样本办法》，确立了版本图书馆及国家图书馆获得图书和杂志保存本的权利[17]。

在著作权保护方面，1957年公布的《保障出版物著作权暂行规定（草案）》和《关于“保障出版物著作权暂行规定（草案）”的说明》[18]，列出了包括翻译、摘录、转载、引用等不属于著作权侵权之列的使用情况，但是，其中没有针对图书馆的专门规定；1984年颁布的《图书期刊版权保护试行条例》[19]，设置了针对图书馆的二条规定：一是图书馆的馆藏复制豁免规定（第十五条第五项）；二是关于出版单位向版本图书馆缴纳呈缴本的规定（第十八条）。此后，在1990年颁布的建国后我国首部著作权法中，继续设置了图书馆的馆藏复制豁免规定。

4.2 图书馆活动与著作权保护存在互补关系

图书馆的发展与社会发展同步，其发展速度与规模得益于社会政治、经济、科技、文化、教育的发展，著作权保护也是上述社会环境中的一个重要的推动因素。

具体说来，一方面，由于著作权保护激励了作者的创作，激励了出版者等后续制作者与传播者的投资，使图书市场不断繁荣。图书馆可以选购、获赠、收藏更多的作品，向社会公众提供更多的资源与服务。出版史研究也充分证明了著作权保护对图书馆发展的正向推动作用。《大英百科全书》（网络版）“出版史”词条中指出：图书贸易的发展，自然导致了图书馆的发展[20]。籍此，图书馆与社会公众自然而然成为著作权保护制度的受益人；另一方面，由于图书馆这类公共服务设施的普及和发展，形成了更加稳定的图书市场，同时，也为社会公众提供了更加广泛的以非商业途径接触作品的机会。通过图书馆的服务，使更多的公众接受科学、文化、艺术教育和文明的熏陶，扩大了社会对精神产品的需求，刺激了投资。

正如《大英百科全书》（网络版）的“出版史”词条所指出的那样，在西方图书馆的发展史上，商业性外借图书馆成为18世纪有代表性的图书馆，19世纪则涌现了大量的免费公共图书馆。尽管出版商和图书销售商担心图书馆藏书的外借流通，会阻碍公众购买用于个人使用的图书，但是，事实证明，不但图书馆本身是一个稳定的市场，而且图书的借阅流通促进而不是降低了图书的销量[21]。

此外，知识文化的传承与创造是密不可分的，受著作权保护作品的创作和生产，无一不是借鉴前人作品与知识继承的结果。著作权人和其他权利人只是在特定情况下，凭借自己是创作或传播作品权利人的身份享有著作权保护。作为社会的一分子，在更多情况下，著作权人和其他权利人也是知识、科技、文化产品的用户。图书馆是搜集、整理、收藏图书资料供人阅览参考的社会机构，其功能在于保存作品并向社会公众提供接触作品的机会，使人类文明得以延续。图书馆的建设、发展，为广大社会公众进行个人研究和创作提供了良好的条件，他们中许多人正是通过利用图书馆的各类资源并接受图书馆提供的多种服务，进行不懈地学习、研究与创作，日后成为作品的创作者或传播者，加入了著作权人的行列。由此看来，著作权人以及相关权利人也是图书馆的受益者。离开了图书馆这样的公益性社会信息资源传播服务机构的支撑，著作权人也难以为社会奉献出更多的精神产品。

4.3 图书馆活动与著作权保护存在冲突与制衡关系

著作权保护与图书馆活动的冲突与制衡，是当代普遍存在的社会现象，是由著作权保护制度与图书馆各自的特性所决定的，也二者共生关系的另一个侧面。著作权保护与图书馆活动在冲突、制衡中共生，正是对这个世界普遍存在的对立统一规律的最好的诠释。

从著作权保护制度的特性看，著作权保护一方面来源于对个人权利的尊重和保护，另一方面则来源于对公共利益和公众权利的尊重和保护。著作权是一种私权，也是关乎公共利益的特殊权利。其独特之处在于兼具其他私权所不具有的公共性。通过对著作权的保护可以激励个人与社会机构团体等参与文学艺术和科学创作，创作生产出更多成果，推动社会的文化、科学技术、艺术与经济的发展。这是著作权制度存在的合理性所在。但是，著作权保护也存在弊端，即权利的专有会形成垄断。比如，公众使用受著作权保护的作品，原则上必须经过著作权人以及相关权利人的许可并支付报酬。当著作权人或其他相关权利人以奇货可居的心态漫天要价，或者因个人原因不允许他人使用，必然导致供需各方耗费高昂的交易成本，对人们获取和最大限度地利用社会知识与信息构成阻碍。因此，为了寻求保护与利用的平衡，避免过度保护对公众利益的损害，现代法律制度对著作权的保护有别于对其他私权的保护，即除人身权利外，著作权中的财产权无法享有与其他私权类似的绝对保护。

从图书馆的性质与职能看，图书馆活动属于服务于公众利益的范畴。作为促进教育、传播文化、提供信息的公益性社会机构，图书馆活动的宗旨是将有限的资源最大限度地提供给用户。以公平、便捷、适时方式提供服务是图书馆从业人员的使命。联合国教科文组织 1949 年发布、1972 年修订的《公共图书馆宣言》指出：公共图书馆是教育、文化和传播机构；是提供继续教育和终身教育、欣赏人类知识和文化成就的场所；是使人类思想观念的记录和创造性想象力的表现能够为一切人自由利用的主要场所[22]。国际图联（IFLA）于 1975 年提出，现代图书馆具有保存人类遗产，开展社会教育，传递科学情报，开发智力资源四大职能，并且把图书馆的性质明确界定为公益性文化教育机构。因此，无偿向广大读者宣传文化、进行思想教育、普及科学知识，促进国民文化素质的提高，是图书馆的义务以及最基本的社会职能，也是图书馆必须坚持的特有属性。由上述表述可以看出，图书馆活动的宗旨及其奉行的理念与部分著作权人主张严格保护个人权利的理念存在很大的差异。甚至可以说，图书馆履行自己社会职责的过程，就是对不断扩张的私有权利以及影响信息传播速率的过度保护倾向加以限制的过程。毋庸质疑，此点正是导致著作权保护与图书馆活动相冲突的重要根源之一。

从促进知识的传播利用、促进社会的文明进步、平衡社会利益出发，图书馆界积极倡导在充分保护著作权人合法权益的同时，对权利人的部分权利予以适当限制的制衡理念，为满足公众接触和使用受著作权保护作品的需求做出了贡献。诚然，图书馆向公众提供作品和相关服务，也会在一定程度上对著作权人行使自身的财产权利产生影响，但是，考虑到图书馆服务的覆盖面有限，只有特定的公众能够在特定的时间借阅、浏览或使用图书馆收藏的作品，所以，图书馆的服务对著作权人的影响是有限的。

著作权保护与图书馆活动的冲突不仅表现在观念层面，还表现在立法与社会生活层面。笔者认为，在观念层面，以许可和支付费用为使用前提的著作权保护理念与社会信息平等共享理念的冲突在所难免，但是，在立法与社会生活层面，它们的冲突不是不可调和的。著作权保护制度发展到当代，社会各界逐步对著作权保护与图书馆的共生、互补、冲突、制衡关系有了明晰的认识。为了保护公共利益，图书馆界、教育界、学术研究工作者、信息服务业以及其他用户群体，纷纷在立法层面提出对著作权进行限制的诉求，从而使著作权保护与图书馆活动之间的制衡变得突出起来。

从全球看，为了减少著作权保护对言论自由和公众使用受著作权保护作品的不利影响，限制著作权保护所带来的垄断权利的过分膨胀，或防止著作权人与权利持有人滥用权利（如漫天要价，或故意少量生产，甚至禁止使用等），进入 20 世纪中期以后，无论是《伯尔尼公约》为代表的国际著作权保护条约，还是各国的著作权法，都在保护著作权人的精神权利和财产权利的同时，或多或少地设置权利限制条款，主要是对著作权人的财产权利进行一定程度的限制，减少因许可垄断、途径不畅、费用高昂等因素导致的社会信息传播障碍，使著作权法调整的范围扩大到平衡作品的作者、出版者、传播者、公众之间的利益关系。一些常用的限制手段，像缩短作品保护时间、规定强制许可或法定许可、合理使用豁免等，允许公益活动主办机构、非营利公益性机构以及出于个人学习研究目的的公众，不征得著作权人许可、不向著作权人支付报酬，限量免费使用和限量复制受著作权保护的作品，已成为国际著作权立法和司法的一贯传统。

值得指出的是，在各种权利限制条款中，最具代表性的就是针对图书馆、课堂教学和社会公众使用受著作权保护作品而设置的合理使用豁免条款。比如，英国著作权法第 29 条至 30 条、第 32 条至 44 条；美国著作权法第 107 条、108 条和第 110 条；我国著作权法第 22 条等，都是比较有特色的条款。长期以来，正是上述限制条款为图书馆的建设与服务提供了方便有利的条件，也为社会知识与信息的广泛传播利用提供了法律保障。

我们应当充分注意到，在过去相当长的历史时期内，著作权保护与图书馆的冲突并未达到白热化状态，基本保持了平衡与和谐。但是，自20世纪90年代中期以来，科学技术的进步导致信息网络传播在全球日益普及，为作品的精确复制与大范围传播扩散创造了便捷条件，对著作权人的权利保护构成了一定威胁，随即引发了对国际著作权条约和各国著作权保护法律法规的新一轮修订，出现了对作品的网络传播实施严格保护的趋势，以至打破了原有的著作权保护与利用的平衡。

为了使著作权强保护的势头得到遏制，保障图书馆和用户在数字网络环境下继续享有合理使用的例外和豁免，国际图联、欧洲、美国等国家和地区的图书馆组织以及图书馆界的有识之士纷纷行动起来，参与著作权保护的大辩论，广泛宣传保持著作权人与公众利益平衡的主张，参与一系列立法活动，从而在一定程度上对国际著作权条约和这些国家、地区的著作权法的变化施加了有益的影响。

就我国的情况而言，在2001年修订著作权法时，图书馆界没有通过集体的力量充分表达对网络传播豁免的诉求，其结果是著作权法增设了新的信息网络传播权保护条款，但是，并没有为公益性非营利图书馆同步设置相应的合理使用豁免条款，在一定程度上造成了著作权保护与权利限制的失衡。尽管著作权法第58条规定，信息网络传播权的保护办法由国务院另行规定。而截止2004年年底，国务院尚未发布相关规定。今后发布的信息网络传播权保护办法是否会增加对信息网络传播权的限制条款也悬而未决，这更增加了图书馆建设和服务过程中处理著作权问题的复杂性。可以说，在著作权法实施后发生的一系列针对图书馆通过网络向读者提供作品浏览服务的侵权诉讼案，正是图书馆界错失参与著作权立法机会而导致的对著作权制衡作用缺失的必然结果。

综上所述，著作权保护与图书馆的关系密切，既相辅相成，又相互冲突制衡。著作权保护范围的变化、保护期限的长短、豁免条款的多寡，都会对图书馆的资源建设途径、馆藏资源结构、用户可免费获取资源的丰富程度、为用户提供服务的手段与服务层次等产生重要影响。这也是图书馆界必须关注并参与著作权立法活动的重要原因。因为，有失平衡的著作权法，不仅对图书馆的活动有直接影响，也会直接侵犯公众的利益。甚至可以说，图书馆与公众对著作权法变化的反映，可以作为观察著作权保护与作品传播利用是否保持适度平衡的重要参照。只有在不同利益集团充分博弈的基础上，制定平衡的著作权法，兼顾主张严格保护著作权的权利人与主张宽松保护著作权的用户的利益，才能将二者的冲突控制在不影响社会和谐的程度，寻求并实现社会整体利益的最大化。换言之，只有著作权保护与图书馆活动呈良性互动状态，才能促进社会文化、科学技术、艺术等的繁荣发展。

5. 图书馆活动涉及的著作权问题与对策

通过上述对著作权保护与图书馆活动关系的分析可以看出，著作权保护与图书馆活动之间存在的对立统一关系，将长期贯穿在图书馆的服务和业务工作的方方面面。在现行著作权保护框架下，图书馆要实现健康运行发展，必须对现行著作权保护法律法规有足够的了解，强化著作权保护意识，并结合图书馆工作的实际需求，制定具有前瞻性的著作权对策。

从总的原则讲，图书馆的建设与服务都是围绕着资源的采集、加工与传播活动展开的。图书馆活动应当依法进行，既要保护著作权人的利益，也要限制著作权人的权利。既要维护用户自由阅读和接触作品的权利，又不能以信息共享为借口，过多地侵犯著作权人的权利。根据2001年10月27日第九届全国人民代表大会常务委员会第二十四次会议《关于修改〈中华人民共和国著作权法〉的决定》修正的著作权法[23]，对著作权保护客体（即受著作权保护的作品）、受保护的权利和保护时间做出了明确的规定。下面对照我国现行著作权法的规定，分析图书馆活动与著作权有关的问题和应采取的对策。

5.1 受著作权保护的作品种类与判定原则

图书馆的生存发展离不开对受著作权保护作品的采集、加工与传播。著作权法第3条规定，受著作权保护的作品共有以下九大类：（一）文字作品；（二）口述作品；（三）音乐、戏剧、曲艺、舞蹈、杂技艺术作品；（四）美术、建筑作品；（五）摄影作品；（六）电影作品和以类似摄制电影的方法创作的作品；（七）工程设计图、产品设计图、地图、示意图等图形作品和模型作品；（八）计算机软件；（九）法律、行政法规规定的其他作品。

从总体上看，绝大多数图书馆的资源几乎涵盖了受著作权保护的所有作品类型。值得注意的是，上述作品的固定载体或表现形式的不同，并不影响其受著作权保护的资格。另外，由我国作者创作的属于著作权保护期限和保护范围之内的各类作品，不论是否发表，均享有著作权保护。这是图书馆工作者容易忽略的一点。

此外，图书馆的资源建设和服务也会涉及一些不属于著作权保护范围的作品。依据著作权法第五条的规定，有三大类作品不属于著作权保护的范围，因此不享有著作权保护。它们是：（1）法律、法规，国家机关的决议、决定、命令和其他具有立法、行政、司法性质的文件，及其官方正式译文；（2）时事新闻；（3）历法、通用数表、通用表格和公式。

图书馆工作者应当按照著作权法第3条和第5条的规定，分析馆藏资源中哪些作品属于著作权保护范围，哪些不属于著作权保护范围。对属于著作权保护范围的作品，需要进一步查证作品的创作时间，最终确认哪些作品享有著作权保护，哪些不享有著作权保护，在此基础上开展下一步的工作。

根据著作权法第20条和第21条的规定，著作权保护期为作者终生及其死亡后五十年。因此，即使是属于受著作权保护的作品类型，只要超过著作权保护期限，在涉及与财产权利相关的使用时，也可以与原本不属于著作权保护范围的作品等同对待，即作为不享有著作权保护的作品和不受限制的公共资源使用。图书馆对不享有著作权保护的作品，应坚持提供各种形式的免费开放服务，同时，可以自主采取复制、汇编等手段，集成为特色资源库或制作其他的衍生作品向用户提供多种服务。但是，将超过保护期限的作品作为公共资源使用时，图书馆应注意不侵犯作者的发表权、署名权、保护作品完整权等精神权利。同时，对享有著作权保护的作品，要严格执行著作权法的规定，注意不侵犯作者的精神权利和财产权利。

5.2 图书馆行使著作权人权利存在的问题与对策

图书馆对享有著作权保护作品的使用，实际上是行使著作权法赋予著作权人权利的行为。依法使用受著作权保护的作品提供服务，是每一个图书馆工作者应当具有的起码的职业素养。为此，我们应当了解著作权法为著作权人赋予了哪些权利。

著作权法第10条规定，受著作权保护的著作权人的人身和财产权利共有17项：（一）发表权；（二）署名权；（三）修改权；（四）保护作品完整权；（五）复制权；（六）发行权；（七）出租权；（八）展览权；（九）表演权；（十）放映权；（十一）广播权；（十二）信息网络传播权；（十三）摄制权；（十四）改编权；（十五）翻译权；（十六）汇编权；（十七）应当由著作权人享有的其他权利。著作权人可以许可他人行使前款第（五）项至第（十七）项规定的权利，并依照约定或者本法有关规定获得报酬。著作权人可以全部或者部分转让本条第一款第（五）项至第（十七）项规定的权利，并依照约定或者本法有关规定获得报酬。

著作权法第20条和第21条对上述权利的保护期限作出了明确规定。其中，作者的署名权、修改权、保护作品完整权等精神权利的保护期不受限制；发表权、以及上述第（五）项至第（十七）项规定的权利的保护期为作者终生及其死亡后五十年。此外，著作权法第35条规定，出版者对已出版的印刷型书刊享有10年的版式保护期。

为了限制著作权人的权利，著作权法第22条规定了可以享有合理使用豁免的12种情形。其中，与图书馆关系比较密切有以下几项：（一）为个人学习、研究或者欣赏，使用他人已经发表的作品；（二）为介绍、评论某一作品或者说明某一问题，在作品中适当引用他人已经发表的作品；（六）为学校课堂教学或者科学研究，翻译或者少量复制已经发表的作品，供教学或者科研人员使用，但不得出版发行；（八）图书馆、档案馆、纪念馆、博物馆、美术馆等为陈列或者保存版本的需要，复制本馆收藏的作品。值得注意的是，上述享有豁免的使用情况中，除馆藏保存复制属于图书馆自主采取的行为外，其他使用行为都是由用户主导的，图书馆是为满足用户的使用要求而创造条件提供相关服务。

事实上，合理使用条款只是部分限制了著作权人通过许可他人使用作品而获取报酬的财产权利。观察图书馆实际开展的各种业务工作与服务活动可以看出，在著作权法规定的著作权人的17项权利中，有许多并不属于合理使用豁免的范畴。从原则上讲，图书馆活动中凡是涉及不属于著作权法第22条规定的合理使用豁免范围的使用，以及超过合理使用限量使用作品，都应当经过著作权人的许可并支付报酬。否则，将面临侵权风险。

前数字网络时代，图书馆对作品的加工主要集中在制作馆藏目录、制作专题信息汇编或数据库等方面。图书馆为读者提供的服务，则主要围绕满足个人用户以及教学科研人员使用作品获取知识信息的需求而展开。提供馆藏作品的借阅（含馆际互借）和复制服务是最主要的活动。除此之外，有些图书馆会应用户的要求，从事剪报、定题信息检索、翻译资料等服务。也有的图书馆涉及举办作品展览、出租馆藏作品、公开放映馆藏影视作品等活动。网络环境下，图书馆的上述服务依然存在，所不同的是增加了网络传播功能，通过数字图书馆建设活动，使图书馆的服务逐步向网络空间迁移、拓展，形成了复合服务的整体构架。

显然，上述图书馆活动对于受著作权保护的作品使用，涉及了著作权法第10条规定的多项著作权人的财产权利，这些权利主要包括复制权、汇编权、改编权、发行权、展览权、出租权、放映权、翻译权、信息网络传播权等权利。

图书馆的活动是否有潜在的侵权风险呢？我们先使用排除法，将属于合理使用豁免范围的使用忽略不计。比如，图书馆的公共借阅、馆际互借、宣传作品时的引用与陈列、代用户进行少量的文献复制、为保存版本和替代损毁而进行的整部文献复制活动等，在前数字网络时代长期享有合理使用的豁免，基本上没有引发多少激烈的矛盾。相比之下，按照现行著作权法的规定，不属于豁免范围的行为有：网络传播、公开放映馆藏影视作品、出租馆藏作品等。其中，未经许可以营利为目的进行网络传播、收费放映馆藏影视作品、出租影视作品，会严重侵犯著作权人的信息网络传播权、放映权和出租权。著作权法第47条规定，“未经著作权人许可，复制、发行、表演、放映、广播、汇编、通过信息网络向公众传播其作品的”，侵权人“应当根据情况，承担停止侵害、消除影响、赔礼道歉、赔偿损失等民事责任”。因此，我们应当认清图书馆应承担的法律责任，规避侵权风险。

在此应当注意的是，关于出租馆藏行为是否侵权的认定需要进行具体分析。目前，受著作权法第10条规定的出租权保护的主要是影视作品和软件，出租图书不在其列。这是因为，按照长期流行的著作权穷竭原则，图书一经售出，著作权人的财产权就随之实现。图书馆处置自己购买的藏书只要不与著作权人的正常使用相冲突，就不应受到太多的限制。

事实已经证明，如果图书馆未经著作权人许可，也未支付报酬从事上述不属于合理使用豁免范围的活动，会增大侵权风险，遭遇诉讼也在所难免。尽管目前我国著作权集体管理组织可以颁发作品使用许可的覆盖面较小，在许可使用方面还面临一些障碍，甚至需要为此花费大量的时间、精力和金钱。但是，对不属于合理使用豁免范围的使用，不能因存在一定障碍而放弃征得著作权人许可的努力。尤其是在目前的法律框架下，所有的网络传播使用都没有合理使用豁免，所以，图书馆对未经许可的网络传播需要慎重评估潜在的著作权侵权风险。

值得指出的是，对图书馆而言，征得许可使用作品并不是总是与支付费用挂钩的。因为图书馆的公益性和非营利性，现实中也有许多著作权人允许图书馆使用作品，并不要求支付费用的情况。图书馆只要与著作权人进行沟通，讲清楚自己的使用目的、使用方式等详情，就可以获得免于支付费用的许可。比如，有些高校图书馆建设学校特藏数字图书馆收集使用的许多资源，就获得了此类许可。

5. 3 合理使用的风险与对策

对图书馆而言，依据合理使用豁免条款提供服务，也不是没有风险的。引发侵权风险最大的是复制权。目前，图书馆的复制服务主要有二种形式，一是由用户利用图书馆提供的设备进行的自主复制；二是图书馆工作人员应用户要求代为复制。在第一种情况下，图书馆对因用户复制导致的侵权无需承担任何责任；在第二种情况下，图书馆员对用户的复制请求有核查和控制复制数量的义务，若因未尽职责而导致侵权现象发生，就要承担连带责任。例如，英国长期以来要求图书馆保留用户复制文献所签署的著作权声明，但是，若因用户提交虚假声明，图书馆无法了解真实情况而出现复制侵权，则图书馆可以享有免责特权。对于合理使用条款中为教学科研目的少量复制作品的规定，我们应当明确主体定位。在合理使用框架内，出于教学目的少量复制作品，一般是由教师指定，图书馆根据教师或读者提交的目录或申请表单进行复制。如果图书馆选择对教学科研有参考价值的作品进行自主复制，或者委托其他商业公司代为复制，首先应当甄别该作品是否仍处于著作权保护期。对于属于公共领域的作品，可以在不侵犯著作权人的精神权利的前提下实施自主复制；若作品未进入公共领域，则应当区分是否属于合理使用范围，对于不属于合理使用范围的复制，必须征得权利人或著作权集体管理机构的许可。未经许可擅自实施复制，就要对因复制导致的侵权承担全部责任，所以，应当对此类复制进行严格管理，避免侵权现象的发生。

现实中，图书馆合理使用引发侵权问题的另一个根源在于没有正确理解合理使用豁免范围，导致随意扩大并行使豁免权。例如，图书馆兴办的独立经济实体，出于营利目的使用受著作权保护的作品，就没有资格享有合理使用豁免。换言之，图书馆下属的营利性经济实体若依照合理使用豁免条款处理著作权问题，擅自使用受著作权保护的作品，就属于侵权使用。因此，图书馆在提供服务的过程中，要增强守法和自律意识，划清侵权使用与合理使用的界限。对合理使用条款规定的使用，坚持非营利、公益性和限量标准，杜绝违法使用。

在制定著作权政策时，应当正确理解非营利与收费服务的关系。判定非营利的标准不是收费与否，收费仅为了回收成本的，也不会改变图书馆的非营利性质。笔者看到图书馆界有探讨著作权问题的文章提到："高校图书馆根据本校科研课题组和工厂企业、社会读者、社区读者等用户提出的课题咨询和信息需求，利用丰富的馆藏纸质文献、电子文献和其它载体文献，通过代查、代译和代复制文献等多种形式，解决了用户在科研开发和生产经营中的技术问题和其它问题。从而赢得了良好的经济效益和社会效益，而图书馆则根据材料和劳动的消耗及服务成果的实际效益收取一定费用。显然，图书馆的这种收费行为是一种有偿信息服务，它在利用作品开展服务时，并未征得著作权人同意，也未向其支付报酬，违反了著作权法第22条关于合理使用著作权的严格规定，即合理使用仅限于"为学校课堂教学或者科学研究"和宗教慈善事业的需要，而不得以营利为目的，更不允许带有营利的色彩，涉嫌侵权无疑"[24]。显然，该文所述的图书馆服务是具有附加值的服务，收取成本费用并不完全等同于营利，这种将收费与营利混淆的认识是不妥当的。

5.4 数字图书馆建设与服务的著作权管理对策

与数字图书馆建设与服务相关的著作权问题主要集中在资源建设与网络服务二个方面。其中心问题是：对受著作权保护作品的使用——数字化加工、建设数据库和网络传播，是否征得著作权人的许可，是否按照许可的约定，在规定的范围内、以适当的形式使用有关作品。因为，将处于著作权保护期内的馆藏和非馆藏资料的实质性内容数字化并上网传播，主要行使的是著作权人的二项专有权——复制权和信息网络传播权。对数字图书馆建设者而言，最好根据数字图书馆的定位研究相应的著作权解决方案。

根据国外的经验，数字图书馆的定位不同，在资源建设与网络服务方面需要处理的著作权问题就有所不同。将数字图书馆定位于提供非营利性信息服务，就可以在网络传播的许可以及制作保存复制品的许可问题上享有不同程度的优惠，乃至合理使用的豁免。但是，如果将数字图书馆进行公司化运做，资源建设的数字化和网络服务就面临大量的许可和支付费用的问题。因为，公司化运做会改变图书馆的非营利性质，使图书馆无法享有合理使用的豁免。因此，以公司化运作的数字图书馆在资源建设和服务过程中，应严格遵守著作权法的规定，以获得著作权人的许可并支付报酬作为唯一的著作权解决方案。

从数字图书馆资源建设环节看，涉及了传统作品的数字化加工和对已有数字资源的整合问题。就资源建设的具体操作来看，均可以从二方面进行，一是自己拥有所有权的资源的建设，主要是传统作品的数字化加工转换与数据库制作；二是自己不拥有所有权的数字网络资源，即仅能存取资源（或称虚拟资源）的建设，主要涉及数字资源的许可采购与集成等。

5.4.1 自有资源的数字化加工对策

（1）图书馆可以自行将不属于著作权保护范围的资料和超出著作权保护期的资料进行数字化转换和

相关的使用，但是，应注意不侵犯著作权人的署名权等精神权利。

（2）如果需要数字化加工的馆藏资源处于著作权保护期内，首先应考虑著作权解决方案。目前，从立法和司法实践方面，都将传统媒体作品的数字化，归属于对作品的复制行为。因此，无论是将一部作品全部数字化，还是部分数字化，都会涉及到著作权人的复制权、署名权、修改权、保护作品完整权、使用权和获得报酬等权利。如果需要进行数字化加工的作品不属于著作权法所规定的合理使用的范畴，原则上必须经过著作权人的许可，并向其支付一定的报酬。值得指出的是，这不排除著作权人自动放弃相关权利，允许公益性非营利图书馆不经许可，免费对自己的作品进行数字化加工的情形。此时，仍应注意不侵犯著作权人的署名权、保持作品完整权等精神权利。但是，在没有经过著作权人的确认或查看著作权声明的情况下，不能简单推定著作权人允许图书馆擅自使用自己的作品。如果著作权人拒绝图书馆将馆藏作品进行数字化转换，图书馆只有在该馆藏作品著作权保护期满后，才可以自行将其进行数字化转换。

从我国现行著作权法第22条关于图书馆合理使用的规定看，允许出于展示和保存的目的对馆藏作品进行有限的复制。国家版权局于1999年12月9日公布、2000年3月1日起施行的《关于制作数字化制品的著作权规定》明确指出，复制包括作品的数字化形式。因此，笔者认为，图书馆采用数字技术转换馆藏作品，并不一定都要得到著作权人的许可并支付报酬才能进行。应当对数字化问题做具体分析。

从本质上看，对作品进行数字化只是借助数字技术将人类的自然语言或其他符号转换成计算机可识别的机器语言，其阅读使用仍然要借助于计算机等设备。这种因符号转换构成的对作品的使用，如果控制在一定范围内，本身并不会对作品的正常利用和著作权人的利益产生太多影响。这正如图书馆制作馆藏作品的缩微品一样，只要不将这些复制品进行市场销售和大范围传播，就应当享有合理使用的豁免。

现实中，数字化对作品的正常利用和著作权人的利益产生严重影响的情形，往往出在对数字化复制品的再次复制、大范围传播和商业性使用等环节上。尤其是以营利为目的的大量复制，会严重影响著作权人的合法权益。比如，未经著作权人的许可，将从网上下载的作品制作成光盘销售；或者，将作品数字化转换后，上载到商业化运做的网站向公众传播；更为常见的是，大量复制正式出版发行的数字化作品，以盗版形式谋取暴利。显然，上述行为都是与数字作品的发行和商业性传播密切相关的。相比之下，公益性非营利图书馆对自己收藏作品的数字化，是在新技术条件下对作品的新型展示和保存所必须的，只要坚持不涉及数字作品的发行和商业性传播，而且将数字作品的传播控制在一定范围，就不会过多损害著作权人的权益。

针对现行著作权法只允许图书馆复制本馆收藏作品的规定，在进行数字图书馆的建设中，还可以采取多个图书馆结成共同体的方法规避著作权风险，即将需要进行数字化的作品按照馆藏情况进行分工，共同体中的各个成员馆分别将有价值的馆藏作品数字化，最终借助于馆际互借或访问口令限制等非公共网络传播的形式提供服务。由于利用网络进行馆际互借的行为不属于向公众传播，这样一来，图书馆就可以在不违背著作权法的前提下，利用网络传播实现一定范围的资源共享。从国外的情况看，美国《数字千年著作权法》允许图书馆以数字方式复制并保存馆藏作品，而且允许图书馆以电子方式将复制品出借给其他图书馆。图书馆界极为珍视自己积极参与著作权法修订所争取的这一豁免权，美国图书馆协会驻华盛顿办公室执行主任卡罗尔·亨德森（Carol Henderson）对《数字千年著作权法》允许数字复制品的馆际互借，给予了充分肯定[25]。

当然，上述对策所涉及的是用户借助图书馆的中介服务获取信息的模式，离最终用户自主通过网络访问并存取所需信息的设想仍有差距。但是，在著作权保护日趋严格的条件下，这样做可以避免侵权风险，也可以减少图书馆花费在著作权许可方面的人力和资金。如果将数字图书馆的服务模式定位为非中介服务模式，即实现最终用户自主通过网络访问并存取所需的信息，那么，就要解决作品的数字化转换与上网有关的著作权问题。严格按照著作权法的规定，征得著作权人对数字化加工和网络传播的许可。

5．4．2 数字资源的集成建库对策

从现实需求看，数字图书馆建设的本意绝不是建立局限于单个图书馆馆藏的相互孤立的数字化文库。数字图书馆是分布式数据库与网络技术结合形成的新型信息系统，作品的数字化只是其中的基础性工作。

除此之外，还要建立各种数据库，通过网络将各种分布式的资源联为有机整体，最终形成集信息存储、加工、组织、管理、检索、发布、提供为一体的集成系统，使用户既能在网上自主查询信息，浏览、下载所需的资料，也可以通过电子邮件等方式，请图书馆工作人员提供所需的服务。

数字资源的集成建库，主要涉及在自建的数据库中集成存储由他人制作的数字化作品，或者从网上或其他数据库中拷贝各类信息建设自有资源库的情况。这种做法虽然不涉及对传统作品的数字化加工，但是，实际上也是在对已有的数字化作品进行电子复制。由于数字化作品与传统作品一样享有著作权保护，电子复制并未超出著作权人享有的复制权的权利范围，因此，大量复制数字化作品，原则上必须经过著作权人的许可。合理使用（未经著作权人许可、不支付报酬使用作品）只适用于少数特定的情形。

目前，网上的确有许多可以免费使用的资源。图书馆在使用他人制作的数字资源建设数据库时，为了避免侵权，应注意以下四点：（1）坚持非营利使用；（2）不改变数字资源的内容和所附带的著作权信息；（3）尽可能核查确认著作权归属并注明资源的制作者和出处；（4）在数据库起始界面添加著作权通告，提醒用户按照著作权法的规定使用该资源。

5．4．3 网络服务有关的著作权对策

数字图书馆最突出的特征是网络服务。图书馆提供网络服务主要涉及资源的上载与下载活动。它们分为二种情况：一是图书馆自己上载或下载资源，二是用户利用图书馆的网络服务设施上载或下载资源。原则上讲，对图书馆自己上载的资源而言，如果法律没有规定特殊的免责条款的话，一切责任都要由图书馆承担。对用户利用图书馆的网络服务设施上载的资源，若图书馆在接到侵权通知后立即撤除有关资料，就不必为用户的侵权行为承担责任。

具体说来，图书馆自己上载的资料又分为以采购方式获得的数字资料和自己制作的馆藏作品的数字化制品二种类型。

图书馆能否将自己采购的数字资源上网？如果按照以往适用于印刷作品的著作权穷竭或著作权一次用尽原则推论，这似乎没有问题。但是，由于国际和包括我国在内的许多国家的著作权法设立了新的网络传播权，因此，数字作品的上网问题就变得复杂起来。图书馆能否将自己采购的数字资源上网，最终要取决于采购或许可合同的约定。在数字网络环境下，许多出版商和数据库生产者采用合同方式销售数字产品。按照合同的约定，有的数字产品可以利用 WWW 服务器上载到因特网，更多的数字产品则不允许上载到因特网，只允许脱机使用或在局域网内使用。图书馆只要注意不违反采购合同约定的传播范围和传播方式，就不构成侵权。

图书馆能否不经过著作权人的许可，将自己制作的馆藏数字化制品上网进行公开传播？目前，无论是国际著作权公约还是各国的法律，都没有针对图书馆的情况就网络传播做出明确的豁免规定。按照我国现行著作权法的规定，任何组织和个人未经著作权人许可，擅自将其受著作权保护的作品上网向公众传播，就会侵犯著作权人的信息网络传播权。已经出现的北大教授诉数字图书馆侵权案例足以让我们警醒。因此，为了规避风险，对需要上网进行公开传播的受著作权保护的资料，图书馆应事先有计划地与著作权人或者著作权人委托的著作权集体管理机构联系，解决许可问题。如果著作权人拒绝图书馆将自己的作品上网，图书馆只有在该作品著作权保护期满后，才可以上载到网上提供服务。

随着数字图书馆建设活动的不断拓展，今后将有更多的图书馆面临作品上网的问题。采取不经过许可先将作品上网，遇有著作权人反对，再从网上撤除该作品的做法，属于违反著作权法的短期行为，不能盲目效仿。因为，一方面，现行著作权法规定的图书馆合理使用条款并不包括此方面的内容；另一方面，从最高人民法院《关于审理涉及计算机网络著作权纠纷案件适用法律若干问题的解释》看，其中虽然规定：接到著作权人的通知后，网络服务提供者采取移除相关内容的措施，即可不追究网络服务提供者的侵权责任。但是，它仅适用于作品系网络服务提供者之外的其他人上载到网络的情况[26]。甚至对属于图书馆和教育机构范围的网络服务提供者比较宽容的美国《数字千年著作权法》，也只对无知侵权责任进行豁免。可见，图书馆在了解上网作品受著作权保护的情况下，仍然自主决定将其上网，既便有办理许可困难等客观原因，也无法摆脱主观上不可推卸的责任。

当然，现实中也存在其他没有侵权风险的作品上网方法，即图书馆可以经过筛选，先将一些属于公共领域（超过著作权保护期限或不属于著作权保护范围）的有价值的作品上网。由于对这类作品的使用，未经过许可不支付著作权使用费，也不构成著作权侵权。所以，全球有许多图书馆网站和其他组织机构主办的网站，都在因特网上提供此类作品。其中，最著名的当属由美国伊利诺斯的迈克尔·哈特（Michael Hart）发起的古腾堡项目（Project Gutenberg）。该项目的最终目标是在作品进入公共领域后不久，便提供电子文本。该项目从制作《独立宣言》的电子文本起，已经以最简单的纯文本形式在网上提供了数千种文学、政治、历史、哲学等领域的作品，并于2001年年底之前建成包括10000种作品的古腾堡项目电子公共图书馆[27]。

5．4．4 合理使用豁免对网络传播的适用性

网络服务涉及的著作权问题较之数字资源加工所涉及的著作权问题更加棘手。这是因为，网络传播的合理使用条款尚不明晰，著作权人对网络传播的控制远远大于传统传播。即使图书馆以保存的名义，或经著作权人许可制作了馆藏作品的合法复制品，擅自将这些复制品长期放在网上也是有侵权风险的。国内国外的情况都是如此。

一般而言，在著作权法没有设置合理使用条款的情况下，将大量自己加工或他人加工的受著作权保护的数字资源进行网络传播，都必须征得著作权人的许可，甚至支付相应的著作权使用费。正如美国加州大学伯克利分校图书馆的数字图书馆研究开发部项目经理罗伊·坦南特（Roy Tennat）所指出的那样，合理使用的原则不适用于那些为了长期在网上存取而将资料转换为数字形式的数字图书馆项目，这些项目都需要得到著作权人的许可。但是，合理使用原则适用于特定的有限使用的情形，例如，数字化教学参考资料，在课程结束时这些资料就会被移除[28]。

据文献报道和笔者2002年对美国的纽约州立大学布法罗分校图书馆（Library of University，The State University of New York at Buffalo）、康涅狄克大学图书馆（University of Connecticut Library）、亚拉巴马大学图书馆（University of Alabama Library）和佛罗里达大学图书馆（University of Florida Library）所作的网络跟踪调查，从20世纪90年代中期开始，美国的许多大学图书馆纷纷建立电子教参系统，将教师指定的教参资料（仅局限于印刷本图书的个别章节、单篇期刊论文等）进行数字化加工，并通过图书馆的教参主页向注册该课程的学生提供网络浏览和下载打印服务。也有一些数字图书馆项目是征得著作权人的许可后，将一些与教学有关的作品上网服务[29]。

总之，图书馆未经许可通过公开网络大量、长期向公众提供受著作权保护的作品，属于高风险行为。笔者建议，为了降低风险，得到国家专项资金支持的数字图书馆建设项目，凡涉及到公开信息网络传播服务活动，应当采取有效的手段保证著作权人获得合理的报酬，例如，用项目资金给相关作品的著作权人一定补偿。从而在不损害著作权人利益的情况下，实现最大限度的资源共享。

5．4．5 网上资源的重组与传播服务对策

我国现有的一些数字图书馆建设项目，都涉及利用数字技术和网络技术提供更多、更及时的信息服务，其中包括通过网络向用户推荐网上专题资料、选择汇集网上的特定内容、音频视频节目点播、发布信息等。由于上述主动传播服务都使图书馆的行为更接近出版或发行行为，其优势越多，所承担的风险就越大。因此，较之数字化加工，网络服务要更加慎重。

比如，一些图书馆在做“知识导航”时，常采用下载粘贴的方法，将其他网站允许下载的有关信息下载后，经分类整理，集中在自己的网页中提供，此举属于可以获得合理使用豁免的复制行为。但是，有的网站并未说明是否允许下载其中的内容，此时若要复制其中的内容，并将所复制的资料添加到自己的网站长期存储，作为自己所提供的内容进行再传播，则应当征得著作权人的同意。否则，如果著作权人发现图书馆的再传播行为导致了自己的经济损失，就会起诉要求赔偿。在这种情况下，尽管图书馆可以依据自己提供的是非营利服务，应当享有合理使用豁免为抗辩，但是，一旦涉及诉讼案件，将会影响图书馆的社会形像，而且要为应诉付出时间和金钱的代价。

解决网络服务著作权问题的原则是，图书馆要尊重著作权人的声明，对网上资源的选择、重组和发布

持慎重态度，坚持非营利、特定范围传播，而且应当在图书馆网页的显要的位置发布著作权声明，告诉用户应按照著作权法的规定使用作品，不能擅自将从图书馆网站获取的数字作品制作多份复制品进行大范围网络传播，或进行大规模商业性复制，以免因用户的侵权行为受到牵连。

具体说来，图书馆无论以下载方式复制网上的资料还是将其他网站上的作品收入自己的网站进行二次传播时应注意，所传播的资料应尽量用于特定范围的服务或临时使用。比如，在网络环境下所开辟的面向特定用户的“资料推送”服务，要求不违反著作权法关于合理使用的规定和已经签署的作品使用合同。如果“资料推送”服务涉及著作权人声明不允许复制的作品，为了避免侵权，则应当放弃全文推送，只向用户通报该作品的线索或出处，指引用户到原始网站或亲自到图书馆浏览获取该作品。

6. 图书馆界对著作权问题的关注与研究进展

在全球网络环境未形成以前，信息资源的传播利用范围及效率极大地受制于技术因素，著作权问题并没有凸显出来。因此，为了寻求信息资源传播利用范围的扩大及效率的提高，开发、研究、引进新技术、新设备成为图书馆管理者的不懈追求。然而，数字技术与网络传播的普及，使作品的复制与传播速率发生了革命性的变化，基于网络环境的数字图书馆建设伊始，著作权问题就成为与新技术、新设备和新的服务模式的采用相伴而生的重要问题。图书馆能否享有类似于前数字网络时代的合理使用豁免？能否以数字复制和网络传播方式保存馆藏并向用户提供相关的服务？对这些问题，不仅是法学专家、著作权人，甚至图书馆界内也引发了前所未有的争论。随之出现了研究者对著作权问题的持续关注，并发表了大量相关研究成果。

2005 年 6 月，笔者为了准确把握著作权研究的进展，分别以“著作权”和“版权”为检索词，检索《中文社会科学引文索引》来源期刊（2000 - 2004），并将检索结果统计汇总列表如下。

图书馆学情报学文献学领域发表的著作权研究论文统计表

年份	关键词	论文数量	关键词	论文数量	合计
2000	著作权	8	版权	11	19
2001	著作权	15	版权	23	38
2002	著作权	36	版权	47	83
2003	著作权	16	版权	33	49
2004	著作权	32	版权	33	65
总计	著作权	107	版权	147	254

统计结果显示，该索引收录图书馆学、情报学来源期刊中刊载的关于著作权问题的研究论文总数为 107 篇，关于版权问题的研究论文总数为 147 篇。鉴于著作权法规定著作权与版权系同一概念，应当将二个概念的检索结果累计起来观察、说明著作权问题研究的概况。笔者分析检索结果发现，上述二个关键词所对应的论文基本没有交叉标引现象，故统计时将二组研究论文数量合并相加，其数量显示，业内对著作权问题的重视和研究已经较前有相当的进步。此外，分析表中的统计数据可以看出，业内对著作权问题的研究自 2001 年起持续升温，发表的论文数量逐年增加，尤以 2002 年增幅最大。如果说，此前许多学者对图书馆活动相关的著作权问题的研究是出于职业敏感和社会责任感呼吁重视潜在的风险，那么，此后的相关研究则更多的是主动应对现实的挑战，通过倡导行业自律并参与立法进程，营造图书馆建设与服务的和

谐法制环境。

值得指出的是，自2002年初出现首例著作权人诉数字图书馆著作权侵权纠纷案后，图书馆界对数字图书馆建设的著作权侵权风险有了切实的体验和警醒。此后，中国图书馆学会开始采取了以下倡导知识产权保护、参与著作权研究的举措。

（1）2002年4月，中国图书馆学会第六届学术研究委员会首次设立了“图书馆法与知识产权研究专业委员会”，在该专业委员会召开的工作会议上确定，在中国图书馆学会每年召开的学术年会期间主办“图书馆法与知识产权研究论坛”；（2）中国图书馆学会六届四次理事会于2002年11月15日通过了《中国图书馆员职业道德准则（试行）》，其中，“尊重知识产权，促进信息传播”被列入了比较重要的位置；（3）2002年7月，图书馆法与知识产权研究专业委员会在中国图书馆学会学术年会期间成功举办了主题是为“中国图书馆立法进程——与政府官员对话”专门论坛（遗憾的是，2003年因“非典”影响，计划中的年会与年会论坛均未举办）；（4）2004年5月，中国图书馆学会与中国版权协会联合举办了“数字时代图书馆的版权问题研讨会”。邀请国务院法制办公室、国家版权局、最高人民法院等立法与司法部门的管理者、中国社会科学院、北京大学的法学专家以及图书馆界的专家、学者共同讨论数字时代图书馆的版权问题；（5）2004年7月，图书馆法与知识产权研究专业委员会在中国图书馆学会学术年会期间，成功举办了主题为“国际视野下的图书馆员伦理规范与知识产权保护”专门论坛。在长达一天的时间里，有来自中国大陆、澳门、日本、美国等地区和国家的学者进行了专题发言，围绕包括著作权在内的知识产权问题各抒己见，并回答了听众的提问。

不仅如此，国家哲学社会科学基金2003年项目申报指南中，在图书情报文献学部分专门列出了“数字图书馆有关的知识产权问题研究”课题。最终支持了图书馆界申报的二个项目[30]。它们分别是：（1）教育数字图书馆建设中的著作权问题研究（一般项目）；（2）数字图书馆建设中的法律问题研究（青年项目）。在一年中就一个研究方向资助二个项目，这种支持力度在该基金设立以来是比较少见的。

7. 图书馆参与著作权立法活动的需求与展望

7.1 图书馆参与著作权立法活动的必要性

我国的著作权保护法律法规采取滚动方式修订。继1996年WIPO著作权外交会议签署二个著作权条约，即《WIPO著作权条约》（英文简称为WCT）和《WIPO表演与唱片条约》（英文简称为WPPT）之后，我国开始启动对1990年生效的著作权法的修订工作。2001年10月颁布的新修订的著作权法设立信息网络传播权以来，至今仍未完成著作权法第58条规定的信息网络传播权保护办法的制定工作。著作权保护法律法规的平衡与否，对图书馆的建设、服务和公众获取信息的影响巨大。网络著作权保护法律法规的滞后、利益关系调整中的矫枉过正，以及因合理使用条款缺失导致的保护与使用的失衡，不仅使图书馆的服务受到很大限制，也面临极大的风险。在网络环境下，增设信息网络传播权保护条款是应该的，但是，如果不同时增设权利限制条款，就会导致著作权垄断的趋势进一步加强，最终损害并削弱公众利益。这样的结果与长期以来人们致力于新技术的应用，使信息与知识得以迅速广泛传播利用的初衷大相径庭。

从社会环境变化与图书馆的建设服务需求看，在国际社会强化对包括著作权在内的知识产权保护的同时，社会对网络传播的需求越来越强烈，信息资源的生产和流通方式已经发生了深刻的变化。为了适应社会需求，图书馆的管理与服务正在进行转型，将长期处于传统服务与网络服务并存的阶段。例如，图书馆为了将服务迁移到虚拟网络空间，纷纷进行数字图书馆建设。在资源建设方面，既采购大量传统非数字资源，也购买大量电子期刊与各种数据库，还通过馆藏的数字化转换自建特色资源库；在用户服务方面，除了馆内服务外，按照电子资源购买协议，提供电子期刊与数据库的本地与远程访问已经非常普遍。但是，由于没有明确的法律规定，图书馆欲提供自建馆藏特色资源的网络服务则存在很大困难，这大大制约了数字图书馆的建设和网络传播服务的拓展。

因此，图书馆界要增强责任意识，提高参与著作权立法活动的自觉性和积极性。具体说来，除了图书馆学会对著作权和知识产权研究的重视外，网络环境下，如何保持著作权人的利益与公众利益的平衡？如何将合理使用的原则具体体现出来？到底应当授予图书馆以及图书馆所服务的信息用户多少豁免权？这些问题不仅是立法者，也是图书馆和广大用户应当关心的问题。我们应当动员社会各界力量，代表公众利益，积极参与《信息网络传播权保护条例》的制定工作，呼吁设置与著作权保护相适应的合理使用条款，争取非营利公益性图书馆利用网络向用户提供信息资源与相关服务的豁免权。

7. 2. 图书馆参与著作权立法活动的途径与角色

图书馆界可以通过多种途径参与立法活动，既可以通过各级图书馆学会与各系统图书馆等团体渠道反映各机构的诉求，也可以通过学者、研究人员和管理人员等个人渠道反映业界的呼声。

笔者认为，图书馆界在参与著作权法立法的过程中，要做好角色定位。图书馆不应只扮演著作权法律法规的被动履行者的角色，还应当是著作权法律法规修订的积极参与者，充当用户利益的捍卫者和代言人。我们的目标是：尽可能将更多的著作权法的合理使用豁免条款扩展到网络环境，使公益性非营利图书馆享有网络传播豁免权。当然，我们也应当有这样的思想准备，即由于不同利益集团的博弈，最终的法律法规条文不可能全部采纳我们提出的建议。尽管如此，我们仍应当明确信念，只有图书馆界人士积极参与著作权立法活动，才能避免著作权法律法规出现严重的利益失衡，才能为图书馆的管理与服务创造较为宽松的法律环境。

据悉，国务院已将《信息网络传播权保护办法》纳入了2005年的立法议程。在此背景下，图书馆界更应当充分认识积极参与著作权立法活动的必要性，发挥各级图书馆学会、其他图书馆组织和用户组织的作用，从多方面提出立法建议。通过多方面的不懈努力，最终走向著作权人的权利保护与公众获取信息权益保护的平衡。

7. 3 图书馆面临的其他著作权问题的对策与展望

著作权法的变化必然会对图书馆的生存环境、图书馆的服务方式、图书馆与用户的关系、图书馆的管理运行机制等产生不可忽视的影响。由于著作权保护已经渗透并影响到图书馆业务工作和服务工作的方方面面，在未来图书馆发展过程中，认真防范、规避侵权风险是一个值得高度重视的问题。

从表面现象看，著作权立法滞后、图书馆界对实体图书馆借阅与网络传播对著作权人利益的不同影响认识不清、混淆营利与非营利服务的界限，是导致个别早期数字图书馆项目发生侵权使用现象的原因。但是，深入到图书馆管理层面考察可以发现，图书馆没有研究制定著作权政策，未将著作权管理纳入自己的日常工作，是导致个别早期数字图书馆项目发生侵权使用现象的重要原因。

同样，由于图书馆服务在当前和今后一段时期内，都面临由实体空间向网络虚拟空间的迁移，在《信息网络传播权保护条例》尚未最后定稿颁布的情况下，随着许多著作权人维权意识的增强，图书馆会因为超越现有著作权法合理使用条款规定的范围自主使用作品，面临遭到侵权起诉的风险。这种状况对图书馆的著作权管理提出了前所未有的要求。图书馆界应当增强风险防范意识，高度重视并加强著作权管理。

图书馆如何对待并规避著作权风险？我们应当认识到，在法制社会中，公民、各类机构和团体将各自的利益冲突诉诸法庭，寻求通过法律解决利益冲突是一件正常的事情。因此，图书馆应当对提供的有风险的服务有可能遭遇侵权诉讼这一现实，有足够的心理准备和应对方案。当然，为了减少社会的诉讼成本，维护机构良好的社会形象，最好是对著作权法合理使用条款未明确允许的豁免使用，即属于法律规定的灰度地带的不征得许可也不支付报酬的使用持慎重态度。为了规避风险，必须认真分析、研究著作权法的相关规定，对潜在的侵权风险和后续影响进行论证，制定明晰的著作权政策。其内容应当包括资源采购，资源加工、资源保存、服务方式、服务范围、用户资格认证、使用规范等方面，并在图书馆管理目标和日常工作中融入著作权保护与使用平衡的理念，使著作权管理落到实处。笔者相信随着时间的推移，解决上述问题将变得越来越重要。

此外，图书馆界在秉承保护与利用平衡的理念，遏制著作权保护过度扩张的同时，将一如既往地保护著作权人的利益，反对一切印刷形式和数字形式的侵权盗版，反对不合理和未经授权的使用。作为避免侵权风险的必要举措，图书馆必须对影响面比较大、超过合理使用范围的使用征得许可。为了减少著作权许可的障碍，为履行著作权法创造条件，图书馆界应当积极参与著作权集体管理制度的建设活动，促成著作权集体管理制度的落实与完善。作为用户集团，与著作权人或著作权人的代表协商制定许可方案和付费标准等，探讨更加合理的许可方案、推出多种便捷许可模式与报酬支付标准。

总之，加强著作权管理，深入研究图书馆建设与服务有关的著作权问题，明确区分法律规定的合理使用与许可使用的界限，全方位参与著作权的立法和执法活动，履行法律规定的义务，是今后相当长的时期内图书馆界面临的重要任务。只有这样，图书馆才能在日益复杂的法律环境中，规避风险，步入健康发展的轨道。

参考文献

1. 陈兴良诉数字图书馆著作权侵权纠纷案. 中华人民共和国最高人民法院公报二三年第二期（总第 82 期）http：//www. court. gov. cn/popular/200312220036. htm，2004/03/06 检索
2. 金眉等. 著作权法原理. 南京大学出版社，1994
3. Crews，Kenneth D. Copyright，Fair Use，and the Challenge for Universities. the University of Chicago Press，1993
4. 韦之. 著作权法原理. 北京大学出版社，1998：1
5. 保护文学艺术作品伯尔尼公约. 著作权，1992（2）
6. 中华人民共和国著作权法. 1990 年 9 月 7 日第七届全国人民代表大会常务委员会第十五次会议通过，根据 2001 年 10 月 27 日第九届全国人民代表大会常务委员会第二十四次会议《关于修改〈中华人民共和国著作权法〉的决定》修正.
   http：//www. sipo. gov. cn/sipo/flfg/ygzscqdflfg/t20011030_ 2147. htm，
   2001/11/06 检索
7. 同 6
8. 郑成思. 版权法（第 2 版）. 北京：中国人民大学出版社，1997：2
9. 李明山. 关于中国版权历史的分期. 载：周林，李明山主编，中国版权史研究文献. 北京：中国方正出版社，1999 年 11 月：XVI ~ XVII
10. 刘春田. 关于我国著作权立法的若干思考. 见：中国版权研究会. 版权研究文选. 北京：商务印书馆，1995：30
11. 杨威理. 西方图书馆史. 商务印书馆，1988
12. Henderson，Carol C. Libraries as Creatures of Copyright：Why Librarians Care about Intellectual Property Law and Policy. URL：http：//www. ala. org/washoff/copylib. html 2000/06/03 检索
13. History of publishing. Encyclopdia Britannica Online.
   http：//search. eb. com/eb/article－28616 2005/11/18 检索
14. 周文骏等主编. 图书馆学百科全书. 中国大百科全书出版社，1993：46
15. 参考文献：周林，李明山主编，中国版权史研究文献. 北京：中国方正出版社，1999
16. 来新夏等著. 中国近代图书事业史. 上海：上海人民出版社，2000：213－214
17. 周文骏等主编. 图书馆学百科全书. 北京：中国大百科全书出版社，1993：47
18. 周林，李明山主编，中国版权史研究文献. 北京：中国方正出版社，1999：300－307
19. 周林，李明山主编，中国版权史研究文献. 北京：中国方正出版社，1999：337－342
20. 同 13
21. History of. publishing. Encyclopdia Britannica Online.
   http：//search. eb. com/eb/article－28630 2005/11/18 检索
22. 周文骏等主编. 图书馆学百科全书. 北京：中国大百科全书出版社，1993：296
23. 同 6
24. 陈志宏. 新形势下图书馆业务涉及到的知识产权问题的思考.
   http：//www. fjinfo. gov. cn/publicat/qbts/033/7. htm 2004/09/23 检索
25. Rogers，Michael，Norman Oder. New Copyright Laws Reflect an Online World. Library Journal，1999，24（4）：21

26. 最高人民法院关于审理涉及计算机网络著作权纠纷案件适用法律若干问题的解释. 最高人民法院审判委员会第1144次会议通过，2000年12月20日公布，2000年12月21日施行
27. History and Philosophy of Project Gutenberg.
URL：http：//www. Gutenberg. net 2000/06/20 检索
28. Roy Tennat. Copyright and Intellectual Property Right.
Library Journal，1999，124（13）：34-35
29. Leah G. McGinnis. Electronic Reserves at the University of North Carolina：Milestones and Challenges in Implementing a New Service. Journal of Interlibrary Loan，Document Delivery & Information Supply，V. 9（4），1999，73-85
30. 2003年国家哲学社会科学基金批准项目.
http：//www. npopss-cn. gov. cn/2003sj/tq. xls 2003/09/26 检索

国内数字图书馆发展综述

王 军 吴懿咏
（北京大学信息管理系）

在网络迅速发展、信息迅速膨胀的今天，世界普遍认为，数字图书馆是评价一个国家信息基础设施水平的重要标志，是推动社会经济发展的重要动力。在我国，随着近几年国际性的数字图书馆会议和研讨会，如2002年7月的“数字图书馆——新世纪信息技术的机遇与挑战”国际研讨会、2004年9月的“数字图书馆——促进知识的有效应用”国际研讨会、2004年12月的第七届亚洲数字图书馆国际会议，相继在国内召开，中国数字图书馆事业的理论研究水平也上了一个新的台阶。不难发现，国内数字图书馆理论方面的研究不再仅仅是技术方面的研究了，已开始越来越重视数字化信息资源建设问题、数字化信息服务问题、以及相关的版权问题和地区间国际间的相互合作问题。随着近几年研究的开展与深入，国内数字图书馆领域的内容越来越丰富，一些重点问题的讨论也越来越激烈，比如互操作问题、数字版权问题、合作问题等等，这些问题也经常成为一些重要的国际性会议的重点议题。理论研究的深入进一步带动了我国数字图书馆项目的建设，全国性、地区性的数字图书馆都处在全面的建设中，而在近些年，资源和服务的重要性逐步被提到了建设的重要位置，资源的特色化和服务的个性化是大多数国内在建数字图书馆的重点内容。

下面，本文从理论研究和建设实践这两个方面对近年（尤其是2003-2004年）国内数字图书馆的发展现状予以综述，并分析其中的问题，预测未来走向。理论研究部分是按照近期国内数字图书馆理论研究的热点问题来组织的，包括“技术与标准”、“资源与管理”、“服务与版权”以及“合作与本地化”；在这部分还对近年国内数字图书馆教育和培训活动作了介绍。建设实践部分介绍了目前国内有影响、有代表性的十余个数字图书馆项目，按照规模加以分类，包括全国性的、机构的和企业的。在此基础上，对国内数字图书馆理论研究与建设实践的现状作了总体分析，指出了发展中存在的一些问题，并对未来走向进行了预测。

1 理论研究进展

本章综述介绍了近年国内数字图书馆学术界的重点研究领域和热点讨论问题。和前两年相比，理论研究的重点已经从关键技术转移到了资源建设、信息服务和合作共享的问题上。在全球化的大背景下，技术

标准成为大家共同关心的话题。本章包括四个部分，“技术与标准”、“资源与管理”、“服务与版权”和“合作与本地化”。其中“技术与标准”进一步细分为“体系与结构”、“相关技术标准、协议”、“信息存储技术”、“信息组织技术”、“信息检索技术”和“知识产权与信息安全”六个部分。

1.1 技术与标准

图书馆界的学者普遍把数字图书馆看成是传统图书馆功能在网络环境下的延伸。但是要进入网络世界，技术是需要跨越的第一道障碍。在数字图书馆技术领域，大多数的成果是计算机领域的科学家们提出的。数字图书馆的最终目标是一个向全球用户提供通用服务的知识仓储。遵循相同的技术标准是解决资源共享、服务通用、结构互操作的前提基础。随着数字图书馆技术的成熟和日渐标准化，对技术的关注，就逐渐演变为对标准的应用。

（1）体系与结构

因特网的迅速发展造成了现今 Internet/Web 上的资源分散、缺乏统一管理等先天不足，这使得数目众多的 Web 信息服务器中的资源无法共享，数字图书馆建立统一的信息资源体系和信息服务体系变得十分困难。因此国内外专家开始非常注重分布式模式的研究，致力解决数字图书馆的核心问题，即有序的信息组织和分布式的跨库检索。随着研究的深入，互操作问题越来越成为该领域的热点问题。数字图书馆的互操作是为了满足把分布式的信息仓储和系统集成在一起的需要（Paepcke 等，1998）。近两三年来，国内学者对于该问题的研究主要有：网格、工作流[1]、Web Service[2] 和对等网络[3] 等。其中，网格技术是其中最热门的。网格是把整个网络整合成一台巨大的超级计算机，实现硬件资源、存储资源、数据资源、信息资源、知识资源、专家资源的全面共享。利用网格技术组织起来的整个网络会拥有两个优势，一是数据处理能力超强；另一个是能充分利用网上的闲置处理能力。网格技术中目前影响较为广泛的一种结构是五层沙漏结构，该模型从底层开始分别为构造层、连接层、资源层、汇聚层和应用层。从实践方面来讲，清华同方公司研究推出的 CNKI 网络资源共享平台，对网格技术在数字图书馆中的应用做出了有益尝试[4]，其还提出了知识网格操作系统的实现方法，网络资源共享平台的层次结构和设计框架，并在此基础上提出了图书情报界依托网格资源共享平台开展知识服务的模式。

（2）相关技术标准、协议

分布式的资源存储模式迫使数字图书馆环境采用一致的标准，以保证异构信息系统之间的兼容性、可用性、可扩展性和互操作性。数字图书馆环境中所需要的标准主要包括以下几个方面：结构化数字资源的压缩存储技术标准、标识与描述标准、查询与检索协议等。

压缩存储技术标准主要应用于图形图像和流媒体资源的存储。图形图像方面的标准包括 TIFF（Tagged Image File Format，标记图像文件格式），JPEG（Joint Photographic Expert Group，联合图像专家组），PNG（Portable Network Graphic，便携网络图形），MrSID（Multiresolution Seamless Image Database）格式，DjVu 压缩技术标准以及 SVG（Scable Vector Graphics，可伸缩矢量图像）描述语言。流媒体标准包括 MP3（MPEG Layer 3）高压缩格式，RAM/RM 格式以及 MPEG（Moving Picture Expert Group，动态图像专家组）标准系列。

数字资源的标识与描述标准主要集中在元数据标准、XML（eXtensible Markup Language）以及 RDF（Resource Description Framework）上。元数据研究是数字图书馆研究中重要的组成部分。我国学者较为认同都柏林核心标准（Dubin Core）。中文资源有其独特之处，为了更好地标识中文信息资源，实现共建共享，国家图书馆根据 OAIS 模型标准，制订了《中文核心元数据集》，从实践方面促进了中文元数据的研究。中国数字图书馆试验工程和上海图书馆数字图书馆的元数据解决方案正是基于都柏林核心元素集展开的。北京大学图书馆推出的《古籍数字图书馆拓片元数据标准》也很有特色。这些中文信息资源的表示和描述方面的标准，可以算是中国学者对这一领域的独特贡献。另外，XML 和 RDF 也是当今国内外数字图书馆领域研究的热门话题。

查询与检索协议主要有 X. 500 目录服务，LDAP（Lightweight Directory Access Protocol）协议，Z39.50 检索协议以及 ILL（Interlibrary Loan）馆际互借协议。

资源的分布性是网络信息资源的一个特点，国际上这方面的研究开始得比较早，也比较多。相比之下，国内学者对于这方面有创见的研究和讨论就比较少。现有的研究大多集中在如何应用现有的标准上。例如，中国高等教育文献保障系统（CALIS）管理中心针对CADLIS建设的特点和需要于2004年10月编制出版了《中国高等教育数字图书馆技术标准与规范》，这从实践上促进了国内数字图书馆相关技术标准、协议的研究。

（3）信息存储技术

数字对象必须同时借助计算机软硬件才能被人们所利用，因此，保存数字信息的技术就不断地随着其硬件、软件的改变而更新。随着数字图书馆进程的加快，图书馆馆藏数字资源也呈几何级数增长，这迫使数字存储技术也必须同步快速发展。近年出现了一些较新的数字化信息存储技术，例如超高密度存储技术、闪存技术、接口串行化、磁盘阵列技术、基于IP的存储技术、存储虚拟化和智能存储等。其中磁盘阵列成了图书馆新兴的主流数据存取设备，国内学者对于这方面的介绍和研究较多。磁盘阵列具有以下的优势：[5] 增加了存储容量；利于磁盘故障恢复；提高数据传输率；增加系统的可靠性和可用性。前几年，在磁盘阵列基础上又发展了SAN（Storage Area Network）架构[6]。SAN具有传输率高、传输距离远、可连接节点数多、连接方法多样、优良的迁移性等优点。数字信息存储技术方面的研究还包括了数据备份[7]、数据迁移技术[8] 等研究。

（4）信息组织技术

数字图书馆与传统图书馆一样，要想提供优质的信息服务必须对海量的信息资源进行合理组织。但在数字环境下，信息组织更强调自动化。在图书馆计算机编目方面，美国是开展最早、进展最快的国家。受其影响，我国也于80年代初开始对MARC进行研究，制定了《中国机读目录通讯格式》（简称CNMARC）。计算机网络在我国的普及，进一步推动了我国图书馆逐步走入联机联合编目时代。我国于上世纪80年代开始了自动分类和中文文献的自动标引的研究、试验和系统开发。这一领域的研究涉及到自动抽词、自动加权、自动分类、自动索引、自动文摘和机器翻译等多个方面，但是目前这一领域大多还是处于试用阶段。[9] 值得一提的是，北京大学的学者赢得了OCLC和美国国会图书馆的支持，进行书目数据自动编目的研究和大规模试验，表明我国在这方面的研究已经走在了国际前列[10]。数字图书馆中信息组织技术近年来的另一热门话题是语义网。Tim Berners－Lees指出：目前WWW的发展趋势就是语义网。语义网的底层技术是Ontology，即概念化的明确表示和描述。而语义网三要素中的另外两个要素——XML和RDF的研究也日趋激烈化。XML被人们誉为“语义”标记，其精髓是允许文档的编写者制定基于信息描述、体现数据之间逻辑关系的自定义标记。而RDF则是赋予标识符简单的语义，可以说，RDF Schema就是一种简单的知识本体语言。

（5）信息检索技术

信息存储技术和信息组织技术的发展强有力地推动了信息检索技术的发展。传统文本信息检索技术的研究依旧是检索领域的重点之一。而在多媒体环境下，相比于文本信息检索，近年来基于内容的检索技术更受到国内外学者的关注。内容检索是多媒体研究中的一项重要课题，是数字图书馆不可缺少的检索手段，它根据媒体对象的语义和上下联系进行检索，主要包括基于内容的图像检索、音频检索、视频检索。尤其是基于内容的图像检索技术，国外已有很多系统应用该技术建立了图像搜索引擎，如QBIC、Virage、Photobook等，国内的研究也在跟进。现在已有的基于内容的图像检索主要有基于图像的颜色、纹理、形状、轮廓、空间关系等视觉特征的检索，基于语义特征以及综合多特征的检索。除了文本信息检索技术和内容检索技术外，近两三年来国内学者还对三维模型检索技术[11]、信息抽取技术[12]以及集成检索技术[13]等做了相应的研究。作为数字图书馆的关键技术之一，国内信息检索技术领域的研究必将更趋多样化，而基于内容的检索会在将来的几年内有更大的研究空间。

（6）知识产权与信息安全

随着国内一些大型的数字图书馆项目的进行，知识产权与信息安全问题逐渐白日化，引起了国内众多学者的注意。为保证顺利地组织建设数字资源，合法合理地提供数字信息服务，数字图书馆需要建立全面的数字版权保护和安全认证系统。数字版权管理（Digital Right Management，DRM）技术，是指数字化内容在生产、传播、销售、使用过程中知识产权保护与管理的技术。DRM 的目标是运用技术手段遏制盗版，保护数字化内容的知识产权。系统通过水印技术与加密技术相结合的方式，实现对数字资源的版权保护；通过安全认证技术，保证在数字图书馆系统中数字对象的安全。其中信息加密技术又包括私钥加密、公钥加密、数字签名和数字水印技术。近几年，数字水印技术尤为得到国内学者们的重视。[14]另外，目前通用的认证标准有 PKI（Public Key Infrastructure）、X. 509 和 Kerberos，而现阶段国内对于这些标准的研究相对较少，主要还是停留在应用层面上。

1. 2 资源与管理

和传统图书馆的馆藏建设一样，信息资源是数字图书馆建设和发展的关键，它定义了一个数字图书馆的特点，决定了它所能提供的信息服务的内容。近年来国内各类数字图书馆为了突出自身的特点，特别重视特色化资源的开发。这一点，已成为国内数字图书馆的共识。例如，李慧[15]提出数据库的选题必须体现地方特色、专业特色和馆藏特色。地方特色就是要体现地区的文献信息特征；专业特色就是要依据本校的专业特长，选择重点专业的建库课题；馆藏特色就是要体现本馆的藏书特点，以本馆藏书重点为基础，选择专题数据库的建库内容。于泓在《数字图书馆的馆藏建设》[16]里提出特色化建设主要包括以下几个方面：地方特色、类型特色、专业特色及文种特色。其中类型特色是指对某些信息媒体类型进行采集和系统收藏，形成特色；文种特色是指对某些语种的信息资源进行采集，形成特色。

资源建设的另一个热点讨论问题是馆际间的共建共享。国内核心期刊上，该类主题的文章大量涌现。目前，国内高校图书馆、公共图书馆和科研院所图书馆分别形成了各自的共建共享体系：中国高等教育保障系统（CALIS）、全国文化信息资源共享工程以及国家科技图书文献中心。总体看来，我国文献资源共建共享活动有以下的特点和趋势[17]：（1）政府的引导和经费的支持是目前我国文献资源共建共享体系的根本保证；（2）资源共享的理念是我国文献资源共建共享体系的基本动因；（3）我国文献资源共建共享体系已经出现网网互联、无缝连接的格局；（4）我国文献资源共建共享体系向着数字图书馆的方向发展。

除上述的特色化和共建共享外，如何建设数字化信息资源也是资源与管理方面的另一议题。如刘风娥在《数字图书馆信息资源建设及信息服务》[18]中提到了信息资源建设的三种方式，即（1）现有馆藏文献的数字化，这种做法适合于具有丰富特色馆藏、技术力量雄厚以及有足够资金支持的大中型图书馆；（2）电子文献的采购，通过有计划地采购新的电子出版物，使馆藏电子文献所占比例逐步增加，这是建设数字化信息资源的有效途径；（3）网络信息资源的挖掘。于泓也在《数字图书馆的馆藏建设》中提出相似的观点。

就数字图书馆运行模式而言，目前我国主要有三种模式：（1）国家与单位投入，免费提供用户。主要有 1997 年度由国家计委批准立项的中国试验型数字式图书馆项目，上海数字图书馆古籍馆藏数字化建设项目，1998 年 11 月由国家计委批复启动的 CALIS 特色化数字资源建设项目等。（2）国家与企业投入，市场化运行。2000 年 4 月 18 日试运行的中国数字图书馆有限责任公司建立的“数字图书馆网”属此类型。（3）企业投入，市场化运行。如“超星数字图书馆”，“书生之家数字图书馆”，清华同方光盘股份有限公司的“CNKI 基础设施工程”，重庆维普资讯有限公司的“中文科技期刊数据库”等。[19]

我国目前数字图书馆信息资源与管理方面的研究还包括管理策略研究和安全策略研究。数字图书馆信息资源的管理策略[20]应考虑以下几方面的问题：（1）建立责任制；（2）对数字信息资源进行鉴定与选择；（3）开展合作。数字信息资源管理的安全策略应包括：（1）软件系统安全；（2）运行安全；（3）工作环境安全；（4）管理安全。

1. 3 服务与版权

数字图书馆的根本目标是通过一系列服务机制与模式有效支持用户利用信息来学习解决现实问题和创造知识。[21]如今日趋丰富的多元化信息资源和更为便捷的网络环境激发了用户旺盛的求知需求，他们对图书馆所提供的服务期望，已从文献服务、信息服务上升到知识服务。持续旺盛的需求很大程度刺激了信息服务领域的研究和探索，包括服务理念研究、服务模式研究、服务内容研究以及服务机制研究。张会田等人在《基于用户的数字图书馆服务创新体系建设》[22]中提出以用户为中心的服务理念创新，包括以人为本的信息服务理念、个性化信息服务理念、知识服务理念以及品牌意识与特色服务理念。这也是国内信息服务研究的发展趋势。

信息服务模式是数字图书馆信息服务领域最热门的研究课题。不同的信息服务功能依赖于不同的服务模式。但目前信息服务模式在国内并没有统一的说法，如王知津[23]等人提出数字图书馆可持续发展的信息服务模式应当集成化、个性化、多元化、协作化、创新型等。曹志梅[24]提出信息集成服务模式、学科对口服务模式、信息增值服务模式、双向循环服务模式、渗透延伸服务模式和全面综合服务模式。在所有的信息服务模式中，个性化信息服务是现今最吸引专家学者的领域，主要涉及我国数字图书馆个性化信息服务存在的问题、发展策略，个性化信息服务内容等。

要想提供良好的信息服务，不但要解决资源、技术等方面的问题，更要解决数字资源的版权问题。如何协调数字图书馆发展的需要和现行法律之间的矛盾成了摆在我们面前急待解决的现实课题。近年来，各种数字图书馆会议都有把数字资源的版权问题列入会议的主要议题，可见该问题的白热化程度。纵观国内图书情报学期刊中发表的有关数字图书馆版权问题的学术论文，虽然有很多不同的视角，但大量的学术论文讨论集中在几个关键问题上[25]：版权法的研究；知识产权保护与管理的技术工具以及各种形式资源的版权问题研究。对版权法的研究主要包括合理使用和法定许可等方面的研究[26]、对“复制权”的研究、对“发行权”的研究以及复制方式等的研究（对知识产权保护与管理的技术工具的研究参见本文的1.1（6）。各种形式资源的版权问题研究主要包括两个方面，一是数据库开发过程中，利用他人作品的版权问题；二是数据库完成后，自身的版权问题。

针对我国是否应该建立数据库特殊权利保护问题，业内人士的观点存在分歧，李星逸[27]认为我国有建立此项新保护制度的必要性；秦珂[28]认为我国对数据库特殊权利保护立法所持的态度应该是肯定的；陈传夫[29]则认为含有特殊权利保护内容的WIPO《数据库条约》将对图书馆使用数据库具有潜在的威胁。2001年，我国新的《著作权法》颁布，由受版权保护的作品汇编而成的数据库和由不受版权保护的作品或数据汇编而成的数据库都受版权保护，这对数字图书馆自建数据库的版权保护是有利的。

1.4 合作与本地化

从形式上讲，数字图书馆可以虚拟的形式通过网络将世界上所有的数字化图书馆连为一体，突破时空和地域的限制为用户提供服务。这需要区域性、国家性甚至国际间的合作，具体的合作方式[30]可以有文献合作、人员合作、联合办刊和项目合作等。

国际上早就开始相互间的合作，虽然中国的数字图书馆本身起步就较晚，但也一直在努力学习国际上的先进技术和经验，并有进行国际间的合作。早在1996年美国匹兹堡大学图书馆和北京大学图书馆就成功地进行了因特网上的全文中文期刊文献传递试验。近几年，大型的国际性数字图书馆会议都有在国内召开，如第七届亚太数字图书馆会议[31]和第三届中美图书馆合作会议[32]等，这些会议都十分强调国际间的合作与发展。其中第七届亚太数字图书馆会议的主题是“数字图书馆：国际合作与相互发展”。来自20多个国家和地区约300多位与会代表围绕合作与本地化对亚太地区成功的全国性、跨地区和国际性数字图书馆合作项目及其影响案例进行研究；对亚太地区特有的本地知识与文化的保藏、组织与分法进行讨论；对亚洲语言数字化信息处理的新方法和工具进行研究；对亚洲地区数字图书馆跨文化背景进行研究；以及对数字图书馆对亚洲社会的影响进行讨论。在第三届中美图书馆合作会议上，与会专家更就中美两国在数字时代知识管理与服务中的合作做了学术交流，如陈刘钦智（Ching－chih Chen）谈了21世纪的数字图书馆和普及高等教育的中美合作现状；郑炯文（James K. Cheng）谈了中美间的合作机会；罗伯特·梅森（Robert M. Mason）谈了文化的重要性；曾呈双修（Sally Tseng）给出了中美图书馆合作的一个提议；戴龙基和聂华谈了北京大学图书馆特色数字资源建设；王蕾等还对建国以来中美图书馆交流与合作做了历程回顾。

1.5 教育与培训

近年数字图书馆教育与培训也逐渐升温。通常以短期培训班的形式出现，大多数由图书馆牵头组织，面向全国各地的图书馆员。比较成功例子有：由 CALIS 邀请一批海外学者利用暑期时间开设“数字图书馆前沿问题高级研讨班”，目前已经举办了两届，2004 年在深圳大学城图书馆，2005 年在厦门大学图书馆；中科院文献情报中心与美国雪城大学（Syracuse）信息学院合作，在京开设“中美数字图书馆高级研讨班”，授课老师全部来自美方。另外一种常见的方式是邀请某个国外的数字图书馆专家举办讲座或者开设课程。突出的例子是美国康涅狄格州立大学通信信息图书馆学院（South Connecticut State University）刘燕权教授，最近几年，他连续受邀，分别在北京大学、南京大学、南京理工大学、哈尔滨工业大学、厦门大学、南开大学、中央广播电视大学等大学讲授《数字图书馆》一课。在数字图书馆的培训方面，海外的华人学者做出了突出的贡献，值得称道。相比之下，高校内的数字图书馆教育落在了后面。目前在本科生和研究生阶段开设数字图书馆课程的除了北京大学、南京大学等高校以外，尚不多见。虽然已经出版的数字图书馆方面的专著已经有 10 余本，但是质量参差不齐，没有高质量的著作。

数字图书馆是未来图书馆的发展趋势，也是未来人类对知识组织管理利用的必然发展形式，有必要在大学设立一个相关专业提供有关课程。相似的专业和学位已经在美国的印第安那（Indiana）、密持根（Michigan）、约翰霍普金斯（Johns Hopkins）大学设立。国内的图书馆学情报学的教育者们应该及早重视相关师资力量的培养，待时机成熟，形成专业，为我国的数字图书馆建设输送人才。

2. 中国数字图书馆的建设实践与进展

与之前的情况相比，2003 年以来数字图书馆无论是在国际上还是在我国国内的地位都变得重要了许多。不仅国际性的数字图书馆会议都相继在国内召开，而且各项重要的国家数字图书馆计划都有在稳步发展。本章即从全国性数字图书馆项目、若干机构的数字图书馆项目以及企业的数字图书馆项目入手，概括介绍国内目前在建的十多个数字图书馆项目的建设状况和已有成果，旨在呈现中国数字图书馆领域实践方面的建设进展。

2. 1 全国性数字图书馆项目

（1）国家数字图书馆工程[33]

2002 年 12 月，国家图书馆二期工程暨国家数字图书馆工程获国务院批准。该工程是运用现代高新技术所支持的国家级数字资源系统工程，建设分布式、可扩充的、具有自主版权的中国数字图书馆系统。经过两年的准备，2004 年 12 月 28 日，国家图书馆二期工程暨国家数字图书馆工程在国家图书馆举行奠基仪式。该工程的建设必须联合国内有关单位，研制数字图书馆相关标准、规范；完成中国数字图书馆实用技术的开发；积极使用有自主版权的国家智能设备和技术，并推动其发展；协调、解决数字图书馆建设中知识产权问题；开展广泛的国内外交流，推动中国数字图书馆的全面发展。

（2）中国高等教育文献保障系统[34]

从 1998 年开始建设以来，中国高等教育文献保障系统 CALIS 管理中心引进和共建了一系列国内外文献数据库，包括大量的二次文献库和全文数据库；采用独立开发与引用消化相结合的道路，主持开发了联机合作编目系统、文献传递与馆际互借系统、统一检索平台、资源注册与调度系统，形成了较为完整的 CALIS 文献信息服务网络。CALIS 一期工程已完成，取得的成果主要有：（1）建成全国中心、地区中心、成员馆三级保障体系。（2）自行开发了公共服务软件系统。包括：联机合作编目系统、自建数据库系统、馆际互借系统、联机公共目录检索系统。（3）重视资源的建设。2003 年 CALIS 二期工程先期启动了三个子项目，即中文学位论文文摘与全文数据库、分布式联合虚拟参考咨询系统、高校教学参考信息管理与服务系统。2004 年 11 月 5 日，CADLIS 项目建设启动大会在北京大学召开，这是 CADLIS 项目建设在全国高校正式开展的标志性大会。中国高等教育文献保障体系——中国高等教育数字化图书馆项目（简称 CADLIS 项目）是国家在“十五”期间“211 工程”经费支持的中国高等教育文献保障体系二期工程与中英文图书数字化国际合作计划（简称 CADAL）两个专题项目的有机结合，是“211 工程”建设的三大公共服务体系之一。2004 年 10 月，CADLIS 就已推出了《中国高等教育数字图书馆技术标准与规范》，内容包括系统架构、系统功能、系统接口、数据规范、资源建设等方面的相关标准规范以及 CALIS 体系产品兼容性认证和项目管理等诸多方面。

（3）国家科技图书文献中心[35]

国家科技图书文献中心（NSTL）是继中国数字图书馆工程根据国务院领导的批示于 2000 年 6 月 12 日组建的一个虚拟的科技文献信息服务机构。其发展目标是建设成为国内权威的科技文献信息资源收藏和服务中心；现代信息技术应用的示范区；同世界各国著名科技图书馆交流的窗口。目前建成的系统所提供的服务项目有文献服务（文献检索、全文提供、网络版全文、目次浏览、目录查询等）、个性化定制服务（我的数据库、我的期刊、我的分类、SDI 服务、我的检索策略、我的书架等）、热点门户、网络导航、参考咨询以及预印本服务。

（4）CADAL 中美百万册数字图书馆项目[36]

2002 年 9 月下发的《关于“十五”期间加强“211 工程”项目建设的若干意见》的文件中，将“中英文图书数字化国际合作计划（CADAL）”列入“十五”期间“211 工程”公共服务体系建设的重要组成部分。CADAL 与“中国高等教育文献保障系统（CALIS）”一起，共同构成中国高等教育数字图书馆的框架。

中美百万册数字图书馆项目（China – America Digital Academic Library，CADAL）是中美两国计算机科学家共同发起的一项国际合作计划。本项目将推动海量数据存储、管理、检索和多媒体处理等方面的研究工作，促使我国在大规模数字图书馆建设和信息服务领域向世界先进水平迈进。项目建设还将为带动数字图书馆领域新的国际合作计划提供基础。CADAL 项目建设内容主要有：数字资源建设，技术支撑环境建设，数字图书馆技术中心建设以及数字资源中心建设。本项目的特点是：

· 数字化 100 万册中英文图书。其中，将从美国数字图书馆联盟高校选择 50 万册英文图书资源进行数字化转换，此举将有效扭转国内高校和科研机构英文原版图书资源严重不足的状况；50 万册中文图书资源将突出高校教学科研的需要，兼顾保存和传承我国优秀传统文化的要求。

· 采用开放式电子书标准，采用 600dpi 分辨率进行扫描，有别于目前国内电子书大都需要专用阅读器和低显示精度的状况，将大大方便读者的阅读，有利于数字资源的长期保存与进一步开发利用。

· 建成 2 个数字图书馆技术中心和 14 个数字资源中心，在 CERNET 上形成强大的分布式数字图书馆系统。海量数字资源的形成与开放服务，将有效发挥国家对 CERNET 和 CALIS 系统建设的投资效益。

· 中美合资、合作研究开发数字图书馆技术，确立完善的技术标准和规范，特别是形成一套成熟的支持 TB 量级数字对象制作、管理与服务的技术平台，探索多媒体、虚拟现实等技术在数字图书馆中的应用，推动我国数字图书馆技术达到国际领先水平。

截止至 2005 年 10 月 28 日，CADAL 项目的中文资源数字化统计显示，已有近 35 万份资源得到加工和超过 16 万份的数据得到上传[37]。浙江大学作为中方项目的牵头单位，目前已经完成了 CADAL 门户的建设和 41 万余册图书的扫描工作。

（5）中国科学院国家科学数字图书馆[38]

CSDL 是中国科学院国家科学数字图书馆，旨在建立和维护中国科学院全院网络共享的科技信息保障环境，提供全院“一体化”和“一站式”的科技信息服务。

CSDL 提供中外文的电子期刊、会议录、学位论文、专利、科学引文索引和网络信息导航（学科信息门户）等类型的文献数据库 128 个，内容涉及数学、物理、化学、生命科学、资源环境、工程技术等，用户利用其跨库检索引擎可直接查询上百个全文、文摘和馆藏目录数据库，并获取电子版全文；利用其文献传递系统与国家科技图书文献中心网络服务系统，用户可在 48 小时内获得 18000 种西文期刊的全文传递服务；CSDL 的随易通（电子钥匙）服务，使用户在任何地点上网，均可查询所在单位购买开通的数据库。

CSDL 定期组织开展“资源和服务百所行”培训及宣传活动，帮助用户全面了解 CSDL 提供的数据库和服务，熟练掌握科技信息的查找方法。CSDL 发布的生命科学、基础科学等动态消息快报、世界科学中的中国和中国科学院科技态势展望，以及资源环境、纳米等专题研究报告，为科研决策和科研管理提供比较全面、及时的参考。近期，他们增添了实时咨询服务功能，在新系统中采用了较为领先的网页推送、答案编辑多功能等技术，使得咨询服务更为便捷。

(6)《我国数字图书馆标准与规范建设》项目（CDLS）[39]

《我国数字图书馆标准与规范建设》项目（CDLS）是科技基础性工作专项资金重点项目。主要针对数字图书馆系统的数字资源建设与服务，制定我国数字图书馆标准规范发展战略与标准规范框架，制定数字图书馆核心标准规范体系，建立数字图书馆标准规范开放建设与开放应用机制，促进我国数字图书馆的快速、经济和可持续发展。项目2002年10月开始，至2004年9月结束。自2003年8月15日以来，已有89份最终报告，这些报告均可从其官方网站上获得（http：//cdls. nstl. gov. cn/2003/Whole/TecReports. html）。

2. 2 若干机构的数字图书馆项目

（1）上海数字图书馆[40]

上海图书馆在长期跟踪研究的基础上，利用资源优势，于1999年启动了7项大规模数字化项目，并引进了整套IBM数字图书馆开发平台，于2005年年初开始与长江计算机集团公司合作，进入集中研究开发攻关阶段。目前，已拥有9大资源库，200GB信息的上海数字图书馆（http：//www. digilib. sh. cn）开始试运行，其中全部资源都可以通过数字图书馆平台进行动态检索发布。项目的启动工程组织丰富的馆藏文献，包括古籍、民国图书、地方文献、科技报告、中外期刊、音响资料、历史照片等数以万计，按照读者需求和文献特征形成九大系列，即上海图典、上海文典、点曲台、古籍善本、科技会议录、中国报刊、民国图书、西文期刊目次、科技百花园等。上图数字图书馆项目运用先进成熟的数字技术和网络技术，采取统一的界面、统一的软件、统一的管理，充分考虑满足当前需要、适应资源共享和可持续发展的目标，实现远程、快速、全面、有序、智能、特色六大服务优势，是目前国内非常务实的一个数字图书馆。

（2）北京大学数字图书馆[41]

北京大学数字图书馆研究所致力于元数据的研究，包括海外Metadata比较研究和中文元数据标准框架研究。在中文元数据标准研究中有以下三个主要项目：拓片和舆图的元数据标准研究、古籍数字图书馆系统以及中文元数据示范系统。该研究所还着手数字化所需的相关技术研究以及GIS技术研究。“中文元数据标准框架”项目于2002年完成，它分析了数字资源生命周期的不同时期的资源描述属性要求，研究了元数据制定和利用的整个过程，对相关实体的角色作用进行了规定。北大图书馆在这方面的研究提升了我国元数据研究的水平。

北京大学的古籍数字图书馆充分利用了北京大学图书馆的馆藏资源。北京大学馆藏古籍约有160万册(件)，其中善本近20万册，金石拓片6万多份，1949年以前的舆图数千件，敦煌卷子280多件，计划在近期内实现馆藏古籍精华的数字化上网。目前，已有文渊阁四库全书及100种拓片目录信息和照片作为样本向校园网用户提供信息服务。

（3）清华大学数字图书馆[42]

清华大学数字图书馆项目包括以下若干个系统：清华大学数学数字图书馆、清华大学建筑数字图书馆、中国科技史数字图书馆资料库、清华大学教育资源数字图书馆、清华大学学位论文服务系统等。其中，清华大学建筑数字图书馆是较为有特色的一个专业数字图书馆项目，其于1999年启动，2001年5月完成阶段性成果。清华大学建筑数字图书馆（THADL，Tsinghua University Architecture Digital Library）是由清华大学图书馆，计算机科学与技术系，清华大学建筑学院三方精诚合作共同研制开发的。它是以中国营造学社与梁思成先生生平为主线构建建筑数字图书馆，收集了“营造学社”花 15 年实地测绘 2783 处古建筑的图纸资料，同时提供古建动画。

（4）上海交通大学音乐数字图书馆[43]

该项目对乐曲数字化，尤其是中国民族音乐的简谱如何转化为数字化的五线谱并加以显示、全曲检索以及音乐数据库的网上查询等 3 项关键技术进行了比较深入的研究，并建成了一个可供在因特网上访问的音乐数据库全文检索的试验系统。

2．3 企业的数字图书馆项目

目前国内大型的电子图书系统有超星、书生之家和方正 Apabi 这三大电子图书系统。

超星数字图书馆是由清华大学图书馆与超星公司合作，从 2000 年初构建了超星电子图书系统。它包含文学、历史、法律、军事、计算机和环保等几十个分馆，是国家“863”计划中国数字图书馆示范工程项目。超星的特点是学科类别范围非常广，采用扫描图像方式对信息进行数字化，每天以 10 多万页的速度递增，是国内最大的在线图书馆。具有书名检索、作者检索、关键词检索、分类检索、二次检索等检索功能。

书生之家数字图书馆是北京书生科技有限公司开发的综合性数字图书馆，于 2000 年 5 月正式开通。它收录的图书信息完整、书内四级目录导航，以及先进的搜索引擎实现海量数据的准确锁定。其特色是藏书较新、新书增长较快，每年以 7 万种授权图书、100 万篇报刊文献的速度不断增长。在广域网上可以看到它集成了图书、期刊、报纸、论文等各种出版物的（在版）书目信息、内容提要等。其检索方式有书名、出版商、作者、提要、丛书名称和 ISBN 等书目信息，可以进行全文检索。

方正 Apabi 数字图书馆是由北京大学方正电子有限公司开发，利用独有的激光排版技术，同出版社合作，得到著作人和出版社的直接授权，制作电子版图书。网站于 2000 年正式开通。Apabi 具有的优势是：（1）图书资源价值高，与出版社的纸质图书同时出版，以新书为主，时效性强；（2）阅读效果清晰，采用领先世界的曲线显示技术和方正排版技术，高保真显示；（3）提供标准接口，与主要的图书馆自动化系统均可实现 OPAC 与 Apabi 之间的双向连接；（4）解决了版权问题，Apabi 的所有电子图书均由出版社正式授予信息网络传播权。Apabi 采用国际上最先进的 DRM 数据版权保护技术，通过加密、信息安全传递技术、防止电子书的非法拷贝，保护版权；（5）对 Apabi 的后台管理系统非常方便，对图书能够进行分类、上架、下架、推荐等日常管理；（6）Apabi 还具有统计分析功能、支持全文查找、词典功能，也可以在页面上进行添加书签、划线、加亮、批注、圈注等操作。

这三大电子书各有所长。超星电子图书无论在系统的技术含量上还是图书的效果上均不太理想，但是数据量庞大，价格低廉。书生之家电子书的价格比超星稍贵些，阅读效果尚需改进，不过系统平台功能比较强大，标准化建设方面比较领先，推出了核心元数据，基本上考虑和照顾了数字图书馆的各个方面，发展前途比较大。而方正 Apabi 电子图书无论是阅读质量还是系统性能，都比较好，尤其是与 OPAC 的双向连接，更加符合图书馆资源整合的发展趋势，开放的 CEB 格式更加符合目前国际上关于电子图书的通用标准，具有很强的持续发展能力[44]。

另一项工程是“CNKI 中国知识基础设施工程”。该工程于 1995 年正式立项，由清华大学、清华同方发起，始建于 1999 年 6 月。CNKI 工程集团经过八年努力，采用自主开发并具有国际领先水平的数字图书馆技术，建成了世界上全文信息量规模最大的“CNKI 数字图书馆”，涵盖了我国自然科学、工程技术、人文与社会科学期刊、博硕士论文、报纸、图书、会议论文等公共知识信息资源；用户遍及全国和欧美、东南亚、澳洲等各个国家和地区，实现了我国知识信息资源在互联网条件下的社会化共享与国际化传播，使我国各级各类教育、科研、政府、企业、医院等各行各业获取与交流知识信息的能力达到了国际先进水平。

3. 中国数字图书馆研究与建设现状分析

纵观近几年中国数字图书馆研究与建设的现状，不难发现这样一个现象，即在国内有三足鼎立、群雄争霸的态势。中国高校数字图书馆、中国国家数字图书馆以及中国科学院数字图书馆争相上马，创建自己的数字图书馆系统，从事相关的技术研究，制定各自的技术标准规范。例如，中国高校数字图书馆系统颁布了《中国高等教育数字图书馆技术标准与规范》、中国科学院数字图书馆系统完成了《我国数字图书馆标准与规范建设》项目（CDLS）。三个系统的既有竞争又有合作的状态在一定程度上促进了我国数字图书馆事业的发展。由这三大系统所带动的国内数字图书馆研究与建设环境具有如下一些特点：

（1）越来越重视资源的共建共享。传统意义上的“资源共享”是采用了“馆际互借”的方式相互利用各自的文献。在新的信息网络下，数字资源的不断涌现，图书馆经费的严重短缺，信息需求的极速增长，使得信息资源的共建共享越来越受到重视。网络技术的迅速发展，各种技术协议、标准的制定和应用，为各水平、各层次的信息资源共建共享提供了良好的条件。例如，教育部资助下实施的中国高等教育文献保障体系是一个成功的资源共建共享实例。据 2002 年 CALIS 在其成员馆内所作的三次调查[45]显示，通过 CALIS 的宣传和培训，大部分成员馆意识到开展数字图书馆建设的必要性和重要性。CALIS 组织成员馆共同建设了联合目录数据库、中文现刊目次库、学位论文文摘库等数据库。调查报告显示，89 所图书馆中有 85% 以上的图书馆参与了 CALIS“九五”期间的子项目建设。

（2）注重特色资源建设。网络环境下衡量一个数字图书馆的标准之一是考察它是否能提供丰富的、有特色的信息资源，以满足用户的需求。在海量信息的时代里，任何一所数字图书馆都不可能全面提供所有的信息资源，这就迫使各数字图书馆在进行“虚拟馆藏”建设时强调特色化。例如，西南政法大学图书馆是全国法学信息资源收藏最丰富的图书馆之一，利用该校学术资源和图书馆丰富馆藏资源的优势建设“中国期刊法律文献全文数据库”正是特色资源建设的实践。在特色资源建设上另一有代表性的数字图书馆便是北京大学的古籍数字图书馆。该数字图书馆的建设充分利用了北京大学图书馆特有的珍贵馆藏资源向校园网用户提供信息服务。特色资源建设是共享的方向，只有注重特色资源的建设，才能有效利用有限的图书馆经费，实现资源的合理配置。

（3）各地数字图书馆建设差距大。我国公共图书馆因所处的地理位置不同、规模不同、原有馆藏资源数量不同等诸多原因，导致各地数字图书馆建设差距较大。国家级、省级的数字图书馆发展较快，小馆或偏远地区的一些图书馆连联机编目都没有实现。因此，在公共数字图书馆建设过程中应采取梯度发展战略[46]，对于规模较小的、市级以下的公共图书馆先要解决图书馆的自动化建设问题；对于已经具备相应自动化、网络化环境的图书馆需要考虑文献信息的数字化问题，特别要注意如何使图书馆的特色文献资源数字化；而对于国家主干图书馆就必须考虑国家数字图书馆建设中的信息技术、信息服务、文献信息网络接入、信息传输的技术规范和有关操作标准的制定等问题。同时还需要考虑我国中西部之间的差异，从纵向和横向各个方面实施国内公共数字图书馆建设的梯度发展战略。

（4）信息服务日益受到重视。在网络环境下，信息服务的主要服务模式有概念信息服务、集成信息服务和个性信息服务。概念信息主要是指注释信息和主题信息，目前概念信息服务分为标引语言的概念信息服务、搜索引擎的概念信息服务和专题研究的概念信息服务。集成信息服务是基于信息集成理念基础上的信息服务，是指对于某一特定领域或某一特定用户的信息需求，把信息资源保障体系诸要素有机地连接成一个整体，使用户得到面向主题的信息服务[47]。个性化信息服务包括个性化信息和个性化服务两方面的任务。目前，国内大多数数字图书馆都有提供个性化信息服务，如国家科学数字图书馆中就有“我的图书馆”项，里边可以设置“我的参考书架”、“我的全文数据库”、“我的图书馆链接”、“我的教育与研究资源”以及“我的文摘数据库”，充分体现了个性化服务的特点，也很好地融合了个性化信息和个性化服务两个方面。

经过前些年的铺垫和积累，国内数字图书馆的发展已经跨入了快车道。在快速发展的过程中，也暴露出一些问题：

(1) 各自为政，缺乏全局规划和相互协作。受我国行政管理体制的制约，国内的数字图书馆工程项目和行政体系同构。各行政系统分头建立各自的数字图书馆项目，在资源配置、功能设计、遵循标准等方面缺乏统一规划与协调。虽然各个系统都比较注重国际合作，但是国内的相关项目之间由于存在竞争关系，相互之间缺乏协调与合作。例如，高等教育数字图书馆和国家科学数字图书馆分头推出各自的数字图书馆建设标准，这就给系统之间的互通和共享埋下了隐患，会影响我国数字图书馆事业的整体发展。

(2) 盲目效仿海外，片面追求全球化，缺乏自主意识。我国的数字图书馆建设，重视和国际接轨，热衷于遵循各种各样的国际标准，但是对深入了解和考察自身的应用环境却重视不足。这几年间，各系统都争先恐后地组织召开国际会议，有些外国专家一年之内多次受邀来华开会，这是对数字图书馆建设资金的浪费。一个国家的数字图书馆的根本目的是为本国的民众、本国的利益服务。向海外学习、靠近国际标准的目的，是取彼所长，以更好地为国内用户服务。要避免为全球化而全球化。

(3) 资源配置不均衡，缺乏对信息政策、对弱势群体信息访问权的关注。类似我国的经济发展，目前数字图书馆的建设和发展极不均衡。当今信息社会，谁掌握了信息，谁就掌握了财富。保证每个个体平等的信息访问权，是社会平衡发展、健康发展的基本保障。作为国家大力投资发展的数字图书馆事业，是一项公益事业，她肩负着全民知识资产保存、传播和教育的功能。数字图书馆的下一步发展，需要增强信息政策、信息法方面的研究和建设工作，保障社会各个阶层平等访问、使用信息资源的权利，促进社会的协调发展，稳定发展。

4. 中国数字图书馆未来走向

中国数字图书馆未来发展将呈现出以下几个趋势和特点：

(1) 全球信息共享。分布式信息资源要求数字图书馆的相互合作，不仅是地区间、机构间的合作，更应是全国性，乃至全球性的合作。随着网络技术的进一步发展，国际性的数字图书馆建设必然成为一种趋势，建立全球性数字图书馆，实现全球信息共享，是每一位身处数字图书馆界的专家学者都万分期待。因此在数字图书馆建设过程中，应当考虑在全球范围内实现人才、技术、设施、资源等方面的协作使数字图书馆工程顺利完成，达到国际先进水平。

(2) 数字化存储。数字化信息是数字图书馆赖以存在和发展的基础。鉴于目前中国数字图书馆的数字馆藏特点，特色化数字资源和超大规模的数字资源将是未来几年国内数字图书馆馆藏建设的重点方向。另外，非文本信息资源，如图形图像、音频视频等信息资源的数字化，包括古籍善本、拓片等信息资源的数字化都将是未来国内数字图书馆界研究与建设的重点。

(3) 适当引进吸收关键技术。数字图书馆建设所涉及的计算机、网络通信、多媒体等技术大多是这些领域最前沿的技术，这些技术的发展速度相当快，如何把握这些技术并很好地应用于数字图书馆建设中需要国内专业人士自主研究与从国外吸收关键技术相结合，这样才能充分利用国际间的合作创建具有国际先进水平的数字图书馆。当然由于数字图书馆的研究跨学科跨领域，所以引进吸收关键技术不仅指吸收国外的先进技术，还指要合理有效充分地吸收各学科的相关内容，包括计算机领域、网络通信领域、多媒体技术领域、法学、传播学等等。

(4) 服务主导型。信息服务的重要性已经受到图书情报领域的高度重视，这是“以书为本”的服务理念转向“以人为本”的服务理念的必然结果。在现有的基础上，重点加强完善服务体系的建设和高素质专业化队伍的建设，努力使信息服务达到“一步到位”和“个性化定制”。

(5) 加强标准化研究。分布式的信息资源、互操作性、可扩展性等要求数字图书馆的建设必须加强标准化的研究，地区间、国家间、国际性的数字图书馆合作项目更是需要标准化的研究。目前国内现存两三套标准与规范，这对促进国内业界的标准化研究是有帮助的，但却并不利于相互间的合作，所以形成一套完整统一的全国性甚至全球性的技术标准与规范是数字图书馆发展的必然趋势。

5. 结语

信息资源的分散存储、信息技术的快速发展、对高质量信息服务的期望，以及技术标准的亟待统一，都将使得数字图书馆在相当长的时间内是国内外图书馆情报学界关注的焦点，尤其是信息资源、个性化服务、知识版权、多方合作等热门话题。在国内数字图书馆领域一片繁荣的表象之下，也隐藏着令人担忧的问题。虽然数字图书馆的理论研究和项目建设热火朝天，但是，却很少见到关于数字图书馆绩效评价、信息资源利用率、用户需求、信息服务质量反馈等方面的研究和报道。换句话说，对数字图书馆建设的大量投入，到底在多大程度上改善了我们现有的信息环境，缺乏客观的测度。客观的衡量和评测，是修正、指导和监督数字图书馆发展和建设的有效工具。国外发达国家是在图书馆自动化已经得到普遍应用，图书馆数字化、网络化程度较高的基础上自然过渡到数字图书馆的，而我国的数字图书馆建设，是在图书馆自动化还没有完全普及，数字化资源比较匮乏的情况下起步的，这就要求我国的数字图书馆建设采用务实的态度，重视基础工作，重视实际效益，重视用户需求，努力消减发展中的差距，平衡资源配给，实现协调发展、平衡发展和整体发展。片面追求高新技术、追求国际化、树立形象工程的结果往往是资源的巨大浪费。

脚踏实地的务实精神，是解决、改善这些问题的利器和法宝。“服务中国”，是中国数字图书馆事业建设的出发点和最终归宿。只要不偏离这个立足点，数字图书馆的发展就具有自我修正的能力，就能够解决发展中的各种问题。随着我国经济的快速增长和综合国力的提高，数字图书馆不仅是提供信息服务的一个门户，它更是保存、传播、弘扬本国文化的一个阵地。文化的传播、普遍接受和影响力的提升，是一个国家强盛的最终表现，正是基于此，各个国家都投入巨资战略性地建设本国的数字图书馆。作为一个文化大国，作为一个正在崛起的东方强国，我国的数字图书馆事业是充满希望的。

参考文献：

1 孙雨生. 基于工作流技术的数字图书馆互操作问题研究. 情报理论与实践，2005（3）：325－P327

2 刘鲁红. 走向互联的数字图书馆. 情报学报，2005（6）：346－351

王欣. 数字图书馆服务系统动态集成中的关键技术. 图书馆，2005（2）：50－P53

曾婷，赵阳. Web Services 技术及其在数字图书馆中的应用. 情报技术，2004（10）：50－P53

3 王丽华. 基于对等网技术的数字图书馆的关键技术. 情报技术，2005（1）：24－P28

4 张宏伟，张振海. CNKI 网格资源共享平台——基于知识网格的门户式数字图书馆解决方案. 现代图书馆情报技术，2005（4）：6－9

5 江涛. 磁盘阵列技术在数字图书馆中的应用. 晋图学刊，2003（6）

6 陈飙. 数字图书馆中 SAN 存储技术的应用. 图书馆工作与研究，2004（6）：71－P73

7 窦天芳，陈武. 数字图书馆数据备份的解决方案与技术——清华大学图书馆备份系统简介. 图书馆建设，2005（1）：91－92

8 李伟超. 数字图书馆的数据迁移技术. 情报科学，2005（4）：577－581

9 陈连梅. 论计算机技术对图书馆的影响. 图书馆，2004（4）：53－56

10 http：//vision. pku. edu. cn

11 李宗民等. 数字图书馆中三维模型检索技术研究. 情报科学，2005（4）：582－585

12 刘鲁红. 信息抽取技术在数字图书馆中的应用研究. 情报理论与实践，2005（3）：321－323

13 李春旺，李广建. 数字图书馆集成检索技术研究. 图书馆理论与实践，2004（6）：45－48

14 谢东，张基温. 基于数字水印技术的信息产品保护. 情报杂志，2005（7）：91－92，95

张建明. 数字水印在数字档案馆的应用前景. 浙江档案，2005（1）：18－19

15 李慧. 高校特色数据库建设中的问题与对策. 情报资料工作，2004 年年刊：146

16 于泓. 数字图书馆的馆藏建设. 情报资料工作，2004 年年刊：259

17 谢春枝．我国文献资源共建共享体系的比较研究．中国图书馆学报，2004（4）：27
18 刘凤娥．数字图书馆信息资源建设及信息服务．情报资料工作，2004（年刊）：260
19 李明理．谈数字图书馆建设中管理软件与数字化资源的分离．情报杂志，2003（9）：56－57
20 金咏梅．试论数字图书馆的信息资源管理策略．图书情报知识，2003（12）：33－35
21 张晓林．数字图书馆机制的范式演变及其挑战．中国图书馆学报，2001（6）：3－8，17
22 张会田，黄玉花．基于用户的数字图书馆服务创新体系建设．情报理论与实践，2005（5）：491－494
23 王知津，侯延香．我国数字图书馆可持续发展的服务模式．大学图书馆学报，2005（5）：3
24 曹志梅．数字图书馆的用户服务模式研究．大学图书馆学报，2005（2）：17
25 葛杭．国内数字图书馆版权问题研究综述．现代图书情报技术，2003 年（年刊）：13－16
26 赵奕．数字图书馆版权合理使用研究．深圳大学学报（人文社会科学版），2004（3）：124－127
27 李星逸．网络时代我国数据库特殊权利保护构想．图书情报工作，2001（6）
28 秦珂．试论数据库的特殊权利保护．现代图书情报技术，2001（6）
29 陈传夫．解决网络与数字图书馆知识产权问题应坚持什么立场．图书情报工作，2002（12）
30 蒋谦，陈东．试论数字图书馆的合作与发展．情报杂志，2003（8）：73
31 http：//www．lib．sjtu．edu．cn/chinese/about_ the_ libraries/tsggs041216．htm（2005 年 1 月 1 日）
32 http：//www．nlc．gov．cn/culc/cn/index．htm（2005 年 1 月 1 日）
33 http：//www．nlc．gov．cn/ndlc/index．htm（2005 年 1 月 1 日）
34 http：//www．calis．edu．cn/calisnew/（2005 年 1 月 1 日）
35 http：//www．nstl．gov．cn/index．html（2005 年 1 月 1 日）
36 http：//www．cadal．net/（2005 年 1 月 1 日）
37 http：//www．cadal．cn/cn/xmdt/szhjz．htm（2005 年 1 月 1 日）
38 http：//www．csdl．ac．cn/（2005 年 1 月 1 日）
39 http：//cdls．nstl．gov．cn/cdls2/w3c/（2005 年 1 月 1 日）
40 http：//www．digilib．sh．cn/dl/（2005 年 1 月 1 日）
41 http：//www．idl．pku．edu．cn/（2005 年 1 月 1 日）
42 http：//www．lib．tsinghua．edu．cn/digitallib/digital．html（2005 年 1 月 1 日）
43 http：//202．120．13．26/music．htm（2005 年 1 月 1 日）
44 李玉琳，刘沧德．对三种电子图书系统的分析研究．农业图书情报学报，2005（7）：158
45 姚晓霞等．CALIS 成员馆数字图书馆建设现状调查．大学图书馆学报，2003（3）：21－25
46 胡燕菘．国内公共图书馆数字化建设项目综述．图书馆，2005（4）：51－54．
47 霍忠文．集成信息服务和信息综合集成．见：基于内容的因特网中文信息资源开发与应用服务．北京：中国科学技术情报学会，1999

2003－2004 年期间元数据研究综述

马张华
（北京大学信息管理系）

元数据作为资源组织的基本数据，在数字资源管理和利用中正在发挥着日益重要的作用，成为近年来图书馆和相关领域研究的热点之一。以“中国期刊网”为例，使用“元数据”对“电子技术与信息科学”部分的关键词字段进行匹配，1994－2004 年期间返回文献 858 篇，2003－2004 年期间则为 482 篇；如以“元数据”对该部分的题名字段匹配，1994－2004 年期间返回文献 451 篇，而 2003－2004 年期间检出结果为251篇，两者后两年检出的文献数量都超过十年的50%，充分说明近两年对元数据研究及成果发表进入高潮，值得引起重视。本文选择2003－2004年期间该领域核心期刊中以元数据为关键词的文献278篇，结合“MARC”等相关词检出的文献进行分析，希望能在一定程度上反映这一时期国内元数据研究基本情况和特点。下面分元数据理论研究、通用元数据研究、数字图书馆元数据方案研究、各种资源对象元数据方案及其应用、各种专门功能的元数据研究、元数据的互操作研究、XML应用等方面进行讨论。

1 元数据理论研究

由于对元数据含义、特点的理解直接影响到元数据相关实践的整体把握，因此这一内容仍然是2003－2004年期间不少文献关注的内容之一。随着对于元数据实践和研究的深入，人们对于元数据内涵的了解也逐步深化，特别是对元数据处理对象、功能等的认识比过去有所加深，并导致对元数据设计和应用方式等认识的变化。

在元数据处理对象上，张晓林明确地将作为元数据描述对象的“数据”，概括为六个层次：传统的内容对象（图书、期刊、文件等），内容对象组合（例如由若干文本、图像和音像组成的课件）、内容对象资源集合（图书馆、网站、数据库等）、资源集合知识组织机制（分类表、叙词表、语义网络等）、基于资源集合的信息系统管理机制（使用控制、个性化定制、知识产权管理、长期保存等）、以及信息系统本身。[1]根据这一认识，元数据不再仅仅只是描述内容对象的工具，而是已经发展为基本的信息组织和系统组织方法，可以为信息系统各层次内容提供规范的定义、描述、交换和解析机制，为分布的系统环境提供互操作和整合的纽带，成为计算机智能地识别、处理、集成各种信息内容、信息过程和信息系统的有力工具。张晓林认为，为了在复杂的互操作环境中有效设计和应用元数据，需要采用开放式元数据体系，其设计原则与方法包括：（1）模块化，即按照所描述的信息系统内容，将元数据划分为针对不同层次、功能或应用的逻辑模块，每个元数据格式分别对信息系统的不同内容进行描述，分别满足不同的逻辑功能和应用需要；（2）可扩展性，即整个元数据体系和每个元数据模块都可以扩展，通过复用、嵌接、扩展、修改等方式，根据应用需求灵活地构建和扩展已有的元数据；（3）分布性，指元数据结构应能够嵌入那些分布在其他系统的元数据内容，从而更灵活、更方便地复用和组合所需要的元数据，不同应用系统还可嵌入不同的外部元数据；（4）递归性，指元数据本身也应被作为信息内容对象，也可有元数据对它们进行描述。

曾蕾等则从元数据标准发展和演变过程、应用环境变化的角度对元数据的特点进行讨论，认为元数据作为数据的数据，需要容纳可能出现的所有数据类型。网络环境下，数据类型的多样化、信息技术的发展以及数据处理需要的变化，促成了元数据多方面的变化：功能上，元数据从单一描述发展到综合描述、管理、技术、保护等功能；结构上，元数据从整体式到模块化，从万变不离其宗的大而全到千变万化的随机组合；形式上，元数据从繁到简，并可以自由伸缩；覆盖面上，从包罗万象到面向特定学科、专业、文献类型；表现方式上，从数字型字段代码到文字型含语义的元素标签，并逐渐实现XML化；生成方式上，由手工向自动化方向发展；与此同时，对元数据的互操作得到前所未有的重视。[2]这些讨论有助于深化对元数据类型、功能、特点的了解，可以将元数据置于信息技术发展的背景上，在应用和发展的过程中不断调整相应的认识和观念，使得对元数据的应用和处理更加适用，有效，符合整体发展的需要。

2 通用元数据研究——DC与MARC

DC与MARC是使用最广的两种元数据类型，对于两者研究进展、应用情况及其相互关系的研究仍然是这一期间的基本内容。

2.1 DC研究

DC是众多元数据规范中影响最大的一种类型，前些年在国内进行过系统的介绍和研讨。2003－2004

年期间对 DC 的讨论主要集中在 DC 发展动向和 DC 应用情况的分析与研究等方面。

为了使 DC 适合专门领域的应用，结合不同领域的特点，建立相应的应用纲要，是 DCMI 扩大和推广 DC 应用领域的努力之一。《DC 教育元数据》、《DC 政府应用纲要》和《DC 图书馆应用纲要》等就是这类努力的典型代表的。王松林《DC－Lib——我国数字图书馆元数据的首选》一文系统介绍了《DC 图书馆应用纲要》最新版本的体例结构、基本内容，包括根据图书馆使用需要增加"读者对象"、"版本"、"馆藏位置"等基本元素情况以及对子元素应用的有关规定。认为这一纲要既符合中文文献特点，又符合我国数字图书馆需求的元数据格式，可作为我国数字图书馆的首选元数据。文章将 DC－Lib 看成是与 MODS 类似的努力，从不同的方向改进文献描述。[3] 与此同时，对于《DC 教育元数据》、《DC 政府应用纲要》也都有相应的介绍。[4,5]. 盛昌银则在概要分析 DC 基本情况和动态的同时介绍了各国的一些应用项目。[6]

DC 在国内的应用近年来一直受到广泛重视，是国内许多数字图书馆以及各种系统元数据的主要参考依据，并结合实际应用发展了一系列的规范。张崇详细介绍了 DC 在国内的一些主要应用项目，包括上海数字图书馆、国家图书馆、科学院图书馆、北京大学图书馆、清华大学建筑数字图书馆等，此外一些商业企业，如万方数据、书同文公司等也以 DC 作为其数据描述的核心元数据，并针对资源的特点进行了扩展。文章同时对 DC 在国内应用的一些问题进行了思考与分析。[7] 随着近年来数字化资源组织的发展，结合 DC 在各领域的应用，建立相应领域元数据规范和研究专门领域元数据应用规律，是近年来研究的重点，这一方面的实践成果在 2002－2003 年期间的文献中有显著的反映，有关内容本文将在各类元数据和各种专门功能的元数据部分述及。

2.2 MARC 研究

MARC 作为一种国内文献单位长期以来实际使用的元数据类型，图书馆界对其有广泛的应用和较充分的了解，从这一期间发表的论文看，对它的研究主要涉及应用研究和发展动向研究两个主要方面。

（1）MARC 著录技术研究

MARC 实际应用中，对各种著录技术和方法等的讨论长期来一直是 MARC 研究的一个基本内容，2003－2004 年期间论文涉及的内容集中在：

①特殊资源类型的编目方法探讨

如电子资源 MARC 编目中有关特殊字段的著录方法的探讨[8]；标准文献在 CNMARC 格式著录中特有的一些处理方法的探讨[9] 等。

②数字环境中著录方法和规律的探讨

如书目记录等级与核心记录标准的发展以及应用问题的讨论[10]；现代书目提要的特点以及机读目录提要项著录方法的探讨[11]；在 CNMARC 著录中加入题名的汉语拼音缩写的可行性分析及在更名期刊著录中的应用[12] 等；

③机读目录使用规律探讨

如在计算机编目过程中，为增加读者检索途径，对题名、分类标引、主题标引等著录单元的著录深度的探讨[13]；分析普通中文图书机读目录格式的重复著录产生的原因和利弊，并提出了相应的简化措施[14]；对中国机读目录（CNMARC）数据进行有效维护的软件基础，维护的主要内容和维护的主要手段以及维护结果的反馈的探讨[15] 等。

（2）MARC 及发展动向的研究

与 MARC 相关的一个最新发展，是美国国会图书馆的网络发展与 MARC 标准机构正在研制的 MODS（元数据对象描述模式），这是一种针对书目记录元素集的 XML 模式。罗昊、刘宇对该格式的语义和句法特点作了详细的阐述，并将其与传统 MARC 格式作了比较，认为 MODS 设置的 20 个元素，语义上基本上直接源自 MARC，但在元素使用的可选择性、可重复性、元素次序等方面作了较大变动。与传统 MARC 比较，其优点主要体现在：元素比 DC 丰富，而记录却比传统的 MARC 简单，具有面向终端用户的特点，可直接供资源创建者而非编目人员为资源制作描述记录。在新的文献类型处理方面，MODS 采用 XML

Schema 语言，既克服了传统 DTD 的不足之处，又为图书馆摆脱数据格式的转换困境提供了可能，具有传统 MARC 所不具备的灵活性。因此作者认为，MODS 是图书馆界在立足现实的基础上扬弃传统、面向未来、自主开发元数据的一次大胆而有益的尝试，是对 MARC 的一种改造，而不只是简单地将 MARC XML 化。[16]

在原有 MARC 格式研究方面，中文格式的整合仍然是人们关注的基本内容。如薛红介绍和分析了台湾地区 CMARC 的发展概况，认为 CMARC 和国家图书馆的 CNMARC 依据的标准基本一致，是整合二者的基础，提出通过从概念与术语、字段、编目规则等方面进行整合，以促进书目资源共享的设想。[17]此外，毛有桂的《21 世纪的 MARC 格式》一文系统介绍了 MARC21 的记录结构和相关的记录规则[18]。

（3）比较、互操作研究

DC 与 MARC 作为两种当前使用最广的通用元数据，对其特点及其相互关系的比较仍然是 2003－2004 期间许多论文关注的内容之一。许多文献分析了两者的特点、区别、相互联系，讨论了各自的优点与不足。

从一些文章的论述内容看[19,20]，一般都认为，MARC 和 Dublin Core 的共同之处在于，总体上，两者的目的相同，形式相同，描述基本特征相同，功能相同，并且在两者描述的元素上存在一定的继承关系。二者之间的区别则主要是：描述资源对象不同，MARC 适用于图书馆书目数据的制作，DC 主要用于网上信息资源的描述；著录的详简程度、灵活程度不同，MARC 详细、严格，DC 简单灵活；记录格式不同，MARC 格式包括记录头标、地址目次区、数据字段，DC 则由 15 个基本元素组成，包括内容描述部分、知识产权部分、外形描述部分；对著录主体的要求不同，MARC 比较复杂，通常只有经过培训的专业编目人员才能使用，而 Dublin Core 简单易用，非专业人员，也能够使用；记录在系统中的存在方式不同，MARC 元数据大多数与其描述的对象分离，而 DC 可以嵌入在被描述的资源对象中；使用目的不同，MARC 主要为用户检索馆藏所用，DC 主要提供给自动搜索工具读取等；描述测重点不同，MARC 元数据注重对文献外型特征的描述；DC 则注重对文献的内容、内部结构或标准以及管理方面的描述；揭示关系不同，MARC 不能揭示资源间的相互关系，DC 则能在一定程度上揭示资源间各种关系；描述详尽程度不同，MARC 对于资源描述细致，但有些描述却是程序性的，对于检索使用无多大帮助，DC 主要以检索、查找为目的，对于资源的安全、确认等考虑不够，简单有余，而精确不足；数据质量控制不同，MARC 控制严格，可较好地保证描述的一致性，DC 对资源描述则没有严格规定，不利于描述的一致性。MARC 和 DC 目前存在的问题，MARC 的弊端集中在，一是冗余的问题，有些著录依据难以界定，导致相同的或相似的标识有时会出现在记录的不同部分里面；二是它的复杂性会造成维护的困难；三是著录费时费力，必须由专业人员进行；DC 的灵活易用性给著录带来了很大方便，但很容易造成著录格式的不一致；此外，“在知识产权、外部属性元素上，对操作描述对象的选择上存在局限和问题，资源内容描述元素不足。”[21]孙晓菲. 金更达还认为 DC 的优势是基于 web，使用 HTML/XML 语言，扩充性强、在异构数据间互操作性好，直接用描述性语言表述著录内容，直观易懂，但兼容性仍无法与 MARC 相比。[22]这些文献基本上都认为，网络时代 MARC 与 DC 将并存，提出 MARC 与 DC 的发展趋势是两者的相互学习、汲取，实现优势互补。金更达并提出将 DC－MARC 结合的方案，以解决目前电子资源元数据描述的局限性，同时这也有利于现有 MARC 电子资源的利用。[23]实际上，从 DC－Lib 等的编制，到 MODS 的研制，可以看到人们分别从 DC 以及 MARC 两个不同角度汲取对方优点、完善和改进各自系统的努力。

此外，张丽华还从描述受控、输入受控、输出受控 3 方面，对 MARC 的几种格式与 DC 的受控性进行了深入的比较，分析不同元数据格式的共性与特性，从控制的角度探索元数据设置的一般规律。[24]

MARC 与 DC 的映射和互操作是对 MARC 与 DC 的比较讨论的一个重要内容，本文在元数据互操作部分加于介绍。

除了对 MARC 和 DC 的整体性特点进行讨论外，也有一些文献通过对特定文献类型应用的比较，分析 DC 或 MARC 对特种文献的适用性问题。例如魏文晖在论述特种地方文献特点的基础上，对 DC 与 MARC 著录特种地方文献的特点进行了分析，从著录格式的适用范围、著录方式、揭示文献的信息源、主题标引、目录数据的检索功能等方面加以对比，认为DC对于特种地方文献著录而言，具有适用范围广、著录简洁、易于掌握、揭示内容广、标引深度大、检索效率高的特点，在特种地方文献著录方面值得推广[25]。

3 数字图书馆元数据方案研究

近年来，数字图书馆建设是国内数字资源建设和开发利用的一个重点。随着国内数字图书馆项目的实施，作为数字图书馆有效组织、管理和应用的重要成分的数字图书馆元数据方案成为2003－2004年期间的论文研究的一个重要内容。

刘炜、张亮从数字图书馆体系结构的角度考察元数据方案，论述了元数据方案涉及的内容以及一套完整的元数据方案应解决的问题。认为从数字图书馆体系结构的角度来看，完整的元数据方案定义的内容应包括：资源描述型元数据方案、管理型元数据方案、元数据置标方案、资源站点的元数据方案、元数据体系映射方案以及知识本体联系、元数据著录方案。而一套完整的数字图书馆元数据方案应该解决的内容，则包括：元数据体系结构问题，应包括提出一套应用于本项目资源对象描述的核心数据元素集；提供元数据的置标方案以及可供元数据进行语义交互的“包”和“容器”；元数据体系的映射问题，包括不同的描述型元数据体系的映射，和不同元数据包之间的“格式转换”，例如将RDF转换成XML Schema，或以数据库支持的warwick包的形式，解决异构系统间的互操作；元数据模型的实现，要能够满足资源描述、存储、互操作、检索、分布式知识发现等各相关构件或模块对元数据模型提出的功能需求。[26]张晓林等的《我国数字图书馆标准与规范的建设框架》则在分析我国数字图书馆标准与规范整体建设框架的背景上，提出了建立基本数字对象元数据规范、专门数字对象元数据规范、资源集合元数据规范等的建设内容与要求。[27]而赵慧勤，段明莲的《数字图书馆元数据方案设计有关问题探讨》一文试图提出一套适用于数字图书馆元数据方案建立的原则，认为数字图书馆的元数据方案应遵循的原则主要包括：标准化原则，准确性原则，通用性与专用性结合的原则，可扩展性原则，互操作性原则等。并认为数字图书馆元数据方案设计应注意非MARC元数据方案以及数据的质量控制问题，处理好DC系列元数据与MARC元数据的关系以及重视元数据编码语言的选择和规范。[28]

在数字图书馆元数据方案研究和探讨的文献中，张晓林等的《国家科学数字图书馆开放描述与标准应用指南》是根据国家科学数字图书馆建设需要和数字图书馆标准规范体系要求提出的指导性文献，全方位阐述了对国家科学数字图书馆建设中应该遵循的开放描述和标准应用的基本原则、方法和操作要求，可以看作到目前为止国内对数字图书馆元数据方案研究的一种系统归纳。该指南在论述了国家科学数字图书馆采用开放机制必要性的基础上，提出模块化、标准化、开放集成、开放服务、可伸缩与可扩展等设计原则。明确提出开放描述涉及的对象层次包括，数字图书馆体系各个模块所包含的内容对象形式、内容对象描述方式、数字资源组织形式、数字系统管理机制、数字资源检索与利用机制等。指南根据各个对象层次的复杂性和标准规范成熟程度采用不同的描述策略，规定了各个层次的描述对象、描述要求、应遵循的数据格式标准、结构编码的规范等。在内容对象数字资源集合的描述上，指南要求避免从头创建自己的元数据格式，尽量直接采用DC元素集，内容对象描述中如果需要对特殊的数字资源进行进一步描述，或按照特殊的本地需要进行进一步描述，要求以DC元数据集为核心元素集，复用相关领域已有标准或通用的一个或多个格式中合适元素作为扩展元素，或自定义合适元素作为本地扩展元素，构成符合本地描述需要的元数据应用协议。同时，对于资源组织、资源服务开放等的开放描述，均根据情况提出了相应的规定。[29]这一指南明确规定了设计原则，涉及的对象层次、各个不同对象层次元数据建设和应用的技术规范等，对于规范数字图书馆的元数据设计具有高度的指导意义。该指南作为国家科学数字图书馆建设的描述规范，是国内对数字图书馆描述方案研究一个阶段性成果的体现，必将对数字图书馆的元数据研究与应用产生巨大的影响和推进。

此外，一些文献还就MARC/DC等元数据方案在数字图书馆的应用以及数字图书馆中元数据的协调配置等进行了探讨。值得一提的是，在数字图书馆建设的过程中，许多单位根据数字图书馆建设的需要，针对各种资源类型、专门应用进行了广泛研究，包括制订元数据方案、进行应用研究等，有关论述本文将在各种专类元数据部分讨论。

4　各种资源对象元数据方案及其应用

各种资源对象的元数据研究是数字图书馆项目以及各种数字化资源组织系统发展的产物，在这一时期的论文中占有比较大的比重。下表是从 2003－2004 年间信息领域核心期刊检出的有关各个专业领域元数据及其应用情况论文的一览表。

表 1　2003－2004 年期间信息领域核心期刊各种专门资源对象元数据研究论文一览表

专业领域	文献数量	文献论述内容（同一文献可以同时涉及不同项内容）				
		分析介绍国外元数据规范	提出元数据方案	应用与实现研究	其他	
电子图书	4	1	3	1	DC	
古籍	7		5	5	DC	3 篇需要查原文
期刊	2		2	1		
教育	2	1		1		1 篇无原文
媒体	4	2		1	1	
医学	2	2				
地理文献	6		2	5		
科学	1					
知识产权	1		1			
政务系统	5	1	1	3		
档案	18	5	1	15		
数据仓库	4		4			
农业	1					
知识产权	1		1			
其他	2		2			
合计	60	12	15	39	1	

上表可以在一定程度上反映出各个专门资源领域元数据的研究情况。表中数据显示，涉及专门资源元数据研究的文献共为 60 篇，接近这一时期整个文献数量的四分之一，反映出人们对专门对象元数据研究的重视；从元数据处理对象的领域看，元数据方案及其应用广泛涵盖了包括电子图书、期刊、古籍、档案、政务系统、科学、教育、媒体数据、地理文献、网络城市、知识产权、医学、数据仓库、网络应用等多个对象领域，涉及类型多，范围广；按照文献研究和讨论的问题，又可以分为元数据方案制订，国外元数据方案介绍和元数据应用和实现研究等方面。从上表的数据可以看出：

（1）专业领域的元数据解决方案的研制已经成为元数据论文的一个重要内容。这类方案通常是结合实际使用需要的基础上深入研究的结晶，其中又以图书馆领域相关对象比较集中。这些领域的规范一般是根据相应领域专业资源特点，结合使用需要建立的。为了互操作性的需要，多数专业元数据方案依据 DC 等相应的国际性方案进行扩充，例如电子图书、古籍中各种有关的元数据方案基本上是在 DC 的基础上通过调整扩充确定的。如姚伯岳等提出的古籍元数据方案，就是在 DC 核心元数据的基础上，增置版本、外观形态、收藏历史等元素字段建立的。[30]在涉及多个领域资源组织中，则往往会结合相关领域的资源特点进行调整，建立适用的元数据集合。比较典型的如中国科学院地球科学数据导航系统元数据就是根据其下属8个学科涉及的多种数据类型的特点，在都柏林核心元数据集基础上进行扩展或限定建立的，包括38个描述项目[31]。

（2）国外专业领域元数据规范及其应用的介绍和研究仍然占有一定比例。这类文献一般是对国外相应门类典型元数据规范的分析、介绍、评价和规律的探讨等。不少文献对专门领域的元数据规范情况进行了系统的介绍和比较分析，例如，医学资源领域对于美国 OhioLINK 的医学元数据、NLM MS、MCM、法国 CISMeF 元数据和日本的 EBM 等元数据规范的分析介绍，[32,33]教育资源领域对于目前国际上几种主要的描述教育资源的元数据标准如 IEEE LOM（学习对象元数据），DC－Education、IMS（教学管理系统元数据）的介绍以及各国教育元数据本地化工作的进展的分析等。[34]与过去相比，这类文献反映了元数据研究领域的拓宽，是与国内相应领域元数据研究和发展的需要一致的。

（3）元数据应用和实现成为研究的重点。这类文献达39篇之多，所占比例最大，反映了国内对于元数据在实际系统中应用的重视，同时也是元数据研究深入的体现。应用研究总体上包括两种基本类型，一类为特定对象领域元数据方案的实现研究，如，古籍元数据标准实现的探讨[35]，MARC 元数据在 webservice 中的应用探讨等[36]；一类为专业系统组织特点和元数据应用规律的一般性探讨。如对于政务系统特点以及元数据应用规律的研讨[37,38,39]；对基于地理空间概念的地理元数据组织管理研究[40]；结合网络环境的需要，利用网上的元数据规范工具和建立适用的应用框架，进行网上元数据的开发和利用等。[41,42]

专门类型元数据研究中另外一个显著的特点是，许多研究都是数字图书馆或相应领域数字资源研究项目产物。如北大图书馆对于古籍元数据的研究，清华大学图书馆、交通大学图书馆等对电子图书元数据的研究等都是数字图书馆项目的研究的产物。

5 各种专门功能的元数据研究

与各种专门资源对象元数据不同的是，专门元数据是一种为满足特定功能需求的角度发展起来的元数据类型，2003－2004年期间国内论文中研究较多的是其中的管理元数据和保存元数据。

管理元数据是以信息资源空间中系统管理机制为描述对象的一种元数据类型，目前仍然处于探索和发展过程之中。张晓林等的《管理元数据的原理与应用》一文系统讨论了管理元数据的性质和作用，认为管理元数据的实质是对信息系统管理机制的规范、开放描述。它有助于通过元数据的发布、登记和传递，使其得到广泛识别、理解和复用，保障系统服务的可使用性和各个系统之间的互操作性，是元数据应用的深化。文章结合 W3C 的 Platform for Privacy Preferences（P3P）分析了管理元数据的应用框架和开放设计方法，认为管理元数据语言除了用于描述和标记管理政策外，与管理机制有关的还有资源集合元数据、长期保存元数据、系统元数据、业务流程元数据等。管理元数据需要的工具包括特定的管理词汇集、描述语言、特定的组织和传递机制等。文章认为，就整体而言，目前管理元数据从还处于探索和实验阶段。[43]

保存元数据是数字资源为了长期保存而 需要提取和记录的相应元数据信息，就其功能而言，是与管理元数据密切关联的。清华大学图书馆的几篇文章反映了该馆对这一领域的探索情况，比较典型。牛金芳等的《清华大学图书馆保存元数据方案》一文，系统介绍了清华大学图书馆为实现数字资源长期保存而提出的解决方案，内容包括元数据框架、标引机制和元数据编码方法。其中解决方案使用的元数据框架由描述性元数据、技术元数据、权限管理元数据、来源元数据和数字化过程元数据5个部分组成；在标引机制上，解决方案制定了一个由5个层次组成的通用资源结构，可根据该结构提供多层标引界面；其选用的元数据编码方案则为美国国会图书馆推行的元数据编码和传输标准－METS。作者认为，此方案不仅可以保证资源的长期保存，而且可以很好地表达文献的结构。[44]其后，结合清华大学图书馆对数字资源长期保存系统研制实践的情况，董丽等的论文系统分析了 METS 规范的功能、文档组成及其在国外实际系统中的应用情况。[45]张蓓等则详细介绍了清华大学图书馆开发的数学古籍数字化资源著录保存工具，探讨了数字资源长期保存时遇到的关键问题，从元数据编码、数据处理和用户界面几方面提出了解决方案。[46]曾婷等介绍了清华大学图书馆关于权限元数据研究的工作，内容包括权限元数据发展综述，INDECS数据模型分析，主要权限元数据数据方案分析，权限元数据的互操作问题等。[47]这些文献比较系统地反映了清华大学图书馆在长期保存元数据方面的研究和努力。

对于长期保存元数据的相关研究还包括，徐周亚等对国外《开放档案信息系统》（OAIS）的分析介绍以及在此基础上提出的支持中文数字资源发现、长期保存、管理的通用元数据框架。[48]宛玲、张晓林在参考现有长期保存元数据体系、INDECS、ODRL和OAIS等参考模型的基础上，探讨了数字资源长期保存中的合作管理元数据体系设计问题。[49]

此外，肖珑等探讨了描述元数据的结构及其扩展规则，并以古文献元数据为例说明描述元数据规范的基本结构、元素组成和扩展规则，以此增强不同资源对象元数据之间的互操作性，进一步实现资源共享的目的。

6 元数据的互操作

随着不同种类、层次元数据的编制和普遍使用，元数据的互操作成为资源交流和使用的关键，受到普遍重视，是2003－2004年期间讨论的热点之一，包括对互操作的类型以及各种互操作形式的研究探索，以及与元数据的整体应用及互操作密切相关的元数据登记系统的介绍。许多文献也将RDF等作为增进元数据互操作的重要内容，有关内容本文将在下一部分中讨论。

6.1 元数据互操作的类型

一些文献试图从新的视角对元数据互操作类型进行分析和归纳。刘炜、张亮将元数据体系的映射即互操作分为语义映射和结构映射两个方面。“语义映射是针对不同的描述型元数据体系，例如MARC/DC/EAD/TEI/IMS等，提供数据元素对照表，近似地实现数据资源的‘跨库’揭示。”“结构映射主要解决不同元数据包之间的对应关系，更多地表现为一种‘格式转换’，例如将RDF转换成XML Schema，或数据库支持的warwick包的形式，以此来提供异构系统间的互操作。”[51]韩夏、李秉严认为，元数据互操作涉及元数据各个层面的互操作，包括元素结构、元素语义、编码规则等方面的互操作。涉及元数据转换、元数据复用、元数据开放搜寻等。并对元数据转换形式、转换中的匹配差异等进行了讨论。[52]曾蕾等则认为元数据之间互换性的主要方式应包括，制作元数据的对照表，在已有元数据基础上扩充，在改进专用性的同时保证兼容性，使用资源描述框架RDF，借用不同格式元数据，使用元数据编码与传输标准METS。[53]

6.2 元数据的互换和复用

在元数据的互换和复用研究上，MARC与DC之间的转换以及以通用元数据为基础的映射和复用仍然是一些文献讨论的中心，并开始出现相应的软件。如瞿靖等以数字图书馆的信息组织为研究背景，讨论了元数据复用和多种元数据并存所带来的互操作问题，并构建了一个通用的机读目录（MARC）元数据到其他元数据格式的数据复用软件，实现了对MARC数据字段的筛选、整理、整合，及到其他元数据语义重复字段的数据转换[54]，孙华、郑巧英在分析DC元数据特点的基础上，比较了两种机器可读目录（MARC）格式与DC元数据格式的差异，提出两者的转换对照表及相关软件，对转换软件的结构框架和主要功能作了详细的描述[55]。西安电子科技大学图书馆则阐述了他们从老系统中导出文本数据，生成标准的CNMARC格式的研究，最后给出了用C语言实现的算法。[56]

6.3 元数据互操作协议

杨德婷、阎保平认为元数据互操作的层次可以包括，联盟（federation）、采集（harvesting）、收集（gathering）三种方式：Z39.50用于第一种；OAI基于元数据采集的思想；自由访问属于第三种类型。联盟策略虽然功能最好，收集策略成员的成本低，但提供的功能太弱；使用OAI采集是一种中间层次的策略，可以降低成本，保持基本的需求，因而是目前受到关注最多的互操作手段。[57]张海涛等通过比较Z39.50和OAI－MHP两种互操作协议，分析了两者功能特点以及发展前景等。[58]多数论文则将讨论的重点放在

OAI上的研究和应用上，分析和介绍基于OAI的元数据采集系统结构框架，归纳在实际使用中遇到的问题和解决方法等仍然是这些论文讨论的基本内容。[59,60,61,62,63]同时，也逐步出现了一些基于OAI-MHP的实用系统，如北京大学王蜀安等基于北京大学数字图书馆项目，详尽阐述了一个典型的支持OAI-PMH互操作体系结构的完整设计与实现：包括基于OAI-PMH的元数据发布，基于OAI-PMH的元数据收割和搜索服务，并在实现上采用了较具理论和应用前景的技术，如Java、DOM、XML、Oracle等。[64]北京理工大学丘榕标等设计了一个基于OAI-PMH的服务提供者。该文在讨论目前数字图书馆中异构数据检索现状，分析OAI-PMH协议及其互操作框架的同时，建立起基于OAI-PMH协议设计服务提供者的系统框架，并提出了OAI-PMH互操作框架中数据快速更新的推-拉模型，完成了服务提供者框架中批量获取数据提供者地址、元数据收获、统一检索等三个主要模块的设计与实现。[65]

6.4 元数据登记系统

元数据登记系统是随着元数据的发展和大量使用出现的一种元数据管理系统，同时也是元数据有效发现、转换的一种形式。凌云的《元数据登记系统》和张晓林、梁娜《元数据登记系统：基本概念与基本结构》两篇文章概要讨论了元数据登记系统的含义、功能、类型等基本知识，并结合元数据登记系统基础标准ISO/IEC11179，分析了元数据登记系统的结构，同时对两个国外的元数据登记系统实例进行了介绍和分析。此外，张晓林、梁娜并著文分别对基于人工登记与检索的元数据登记系统和基于自动登记与检索的元数据登记系统进行了介绍。这些论文表明，元数据登记系统已经开始进入国内文献界元数据研究的视野。[66,67,68,69]

7 XML应用

在网络环境下，元数据是采用标识语言，结合相应的描述工具加以表达的，使用XML语言，结合RDF、DTD或XML Schema等描述工具，是当前元数据发布使用的主流形式。2003-2004期间对于元数据标识语言等有关的讨论，基本上集中在XML语言的应用上，包括三个方面的内容：其一，对基于XML的三个常用元数据描述工具的评价与比较；其二，MARC和DC等元数据的XML语言的标识实现研究；其三，XML语言基础上元数据的开发利用问题。

（1）对基于XML的三个常用元数据描述工具的评价与比较

基于XML的三个常用元数据描述工具是RDF、DTD和XML Schema。RDF作为资源描述的通用框架，是对数据进行表达和交换的基本形式，多数论述RDF的文献主要是对其特点的归纳和对于元数据应用实践的试验和研讨。RDF的特点是易控制性、易扩展、包容性、可交换性、易综合性，可以解决在Web数据集成中使用元数据的问题。[70,71,72]

对XML语言中DTD和XML Schema的应用性能的讨论，多数文献采用了比较的方法[73,74]与XML Schema相比，DTD的局限性是：DTD本身不是XML文档，仅支持自身的特殊语法，从而会增加使用的复杂性；缺少对不同特别是复杂数据类型的支持；不支持名词空间（Namespace），缺乏良好的扩展性和开放性。XML Schema的优势是：一致性，与XML语言一致，可以充分应用XML语言的功能；扩展性，能支持多种数据类型，引入了名词空间，具备较强扩展能力；互换性，可以通过映射机制，将不同的Schema进行转换，以实现高层次的数据交换；规范性，Schema提供一套更为规范、完整的机制，可以以统一的方式约束XML文档中置标的使用。方威明、吴宏认为：Schema的不足主要是其可读性不如DTD良好；此外，Schema也需要较高版本浏览器支持。宋庆美、周明刚认为虽然XML Schema终将代替DTD，但短期内DTD会与XML Schema共存，而RDF则会在一些需要其强大的元数据描述能力的领域找到它的位置。但王洪伟等认为XML的DTD或Schema虽然提供了以一致和有效方式构建文档的方法，能通过自定义的标记及结构来实现元数据标准的编码，其致命缺陷是不具备面向对象的表达能力，不能深入描述元数据的语义。RDF/RDFS比XML DTD或XML Schema更适合表示元数据，但RDF/RDFS缺陷是，建模原语不够丰富，逻辑表达能力有限。因此，需要对RDF进行扩展，采用DAML语言来表示，通过基于本体的元数据模型，将元数据中术语的语义、术语间的关系更加明确地表达出来。[75]

（2）关于 MARC 和 DC 等元数据的 XML 语言编码实现

2003－2004 期间，不少文献在讨论 XML 特点的基础上，分析了使用 XML 语言转换 DC 或 MARC 元数据的方法，并通过实例加于实现。其中，将 MARC 数据转换为 XML 格式文档及其应用是这一时期研究和实现的重点。如田梅、吴艳莲利用 XML Schema 对 MARC 进行了描述，并探讨了基于这种描述的 XML 书目数据的检索、修改等操作。[76]景民昌、任巧贤讨论了 MARC 数据以 XML 转换的方法，并以一个 MARC 文件为例，实现 XML 文档的转换。[77]哈尔滨工业大学图书馆的陈凤岩、王菁通过对 MARC、XML 分析，成功进行了 MARC 格式到 XML 格式的数据转换，实现了用浏览器直接查询 MARC 数据的功能，使封闭的 MARC 成为开放的数据格式。作者进行了从 MARC 到 XML 转换程序的设计，并在单机上模拟实现了客户机、Web 服务器、应用服务器、数据库服务器的环境，采用 BPS 三层体系结构，建立起基于 Web 的图书信息检索系统。用户通过 IE 等浏览器即可直接查询 MARC 数据，而不必在客户端安装特定的检索工具。[78]王兰成、冯文杰提出了基于 CNMARC 资源描述格式的 XML DTD 解决方案，设计了两个不同揭示程度的 DTD 方案，从而使 MARC 规范格式的数据转换成通用机器可理解的元数据成为可能。这两种方案对于现有 CNMARC 数据在数字图书馆中的利用具有现实意义。[79]赵健则在对 HTML 语言与 XML 语言特点分析的基础上，提出 DC 元数据基于两者结合的 XHTMLPRDF 的描述技术，并给出了实际例证。[80]

在此同时，一些论者进行了基于 XML 的元数据模板设计。如吴旭在分析元数据管理系统模板实际需求的基础上，进行了系统模块的结构设计和功能设计，并从元数据系统模板与应用模板建立、数据标引及数据审核发布等不同方面，阐述了系统模块的技术实现过程。该元数据管理模块广泛地支持 DC 元数据和 XML 数据格式。系统不仅能提供常用类型资源的元数据模板，如图书、连续出版物、期刊论文、学位论文、图像、音频、视频、软件和数据库等，还能提供自建元数据模板的方法，并根据用户输入的信息自动生成 DTD 和 XML Schema 文件。[81]欧少佳等则针对 Arc Catalog 空间数据管理的特点及开放扩展机制，深入讨论了用户定制的元数据编辑器的开发步骤、主要技术等，对今后地球空间元数据研究和应用及空间数据的规范化管理具有重要意义。[82]

此外，顾蔚、陈天滋利用 XML 技术的优越性，提出了从地理信息共享的角度设计基于 XML 的元数据系统的思路和框架。[83]罗英伟、邢彭龄对 GeoMeta 系统中基于 XML 的地理信息元数据存储策略进行了详细的阐述，包括无结构的存储、基于线性域段结构的存储和基于结构的存储等三种存储策略。[84]

对于国外 XML 的相关研究，曾新红在"XML 在数字图书馆相关技术中的研究动态"一文中系统介绍了国外将 XML 用于 MARC、DC 的研究进展。国外对于 US MARC XML 转换的研究，有美国国会图书馆（LC）在 MARC21 格式的基础上开发的 MARC21 XML Schema 和 MODS（Metadata Object Description Schema，元数据对象描述模式）；对于 UNIMARC 的 XML 转换，主要有法国文化与交流部的研究与技术委员会资助的 BiblioML 计划和葡萄牙的 TVS 模型（Transport，Validation and Services Model）。这类规范采用 XML Schema 或 XML DTD 的方式加以表达和应用。此外还介绍了近年来国外发展的供 DC 使用 XML 的相关标准，如 2002 年 7 月 DCMI 的"以 RDF/XML 表示简单 DC"推荐标准（Expressing Simple Dublin Core in RDF/XML），2003 年 4 月 2 日公布的用 XML 实现 DC 的指导方针（Guidelines for Implementing Dublin Corein XML）等。[85]

（3）关于元数据应用优化的探索

优化形式的发现和应用方式的改进是计算机系统应用和发展中一个永恒的主题。随着元数据的开发和应用，如何根据元数据使用的特点，优化元数据的应用方式，改进使用效果，已经成为目前一些文献关注的内容，包括元数据的组织显示、发布采集、服务效率等多个不同的方面。

在元数据的组织显示方案的优化上，王良斌、朱国进针对资源描述框架存在必须转化为二元关系后才能表示的问题，引入本体论相互属性的概念，解决合理表示元数据中多元关系问题，同时给出了 Web 资源元数据本体模型的 XML 标记库，使得描述 Web 资源的本体模型可以在 Web 网络上传输，并被搜索引擎解析和理解；[86]郑家恒、武琼提出一种将文本建立在矩阵模型基础上的元数据文档表示方法，把非结构化的数据转化为结构化的数据，应用于信息检索；[87]李光焰综合近年来数据仓库中元数据管理的相关文献，从数据仓库元数据组成、分类出发，在分析数据仓库元数据管理系统应具有功能的同时，总结出数据仓库系统中三种典型的元数据管理结构，改进对元数据的管理。[88]

在元数据发布采集方面，游赣梅等从元数据发布的角度出发，提出了一个具有动态适应性的元数据发布算法，通过此算法自动调整信息源元数据和应用领域元数据之间的映射，并将此算法相应的方法用于现有的元数据发布方案；[89]张非、阎保平 针对数据网格的分布式异构数据库环境，提出了一种基于网格服务来实现数据库元数据采集、存储、查询功能的参考框架；[90]张哲探索了基于元数据交换体系的数据交换，实现将 XML 文档无二义地转换为关系模型的通用方法[91]等。

在元数据服务效率方面，贺劲等提出了在客户机/元数据服务器/存储服务器三层结构网络文件系统中改善元数据服务效率的优化策略；[92]庞丽萍等针对 PVFS 元数据管理方法中存在的系统效率低下问题，提出了一种寄生式的元数据管理方法，降低系统调用的开销，提高元数据操作功能；[93]徐葵等根据基于对等结构系统现有技术对网络带宽的利用低效的情况，提出了一个用于元数据分发的短时聚集调配（TRIGGER）框架，并针对有关问题提出了自己有效的解决方案，为自治的对等结构系统提供了一个有效的机制。[94]可以预言，随着元数据应用的发展，对元数据应用、发布、交换的优化必将获得进一步的推进。

8 元数据研究发展特点和趋势

2003－2004 期间元数据研究的显著特点，包括：参与面广，不仅仅涉及到图书馆领域，而且涉及到档案、政务、计算机以及多个专业部门；项目带动，不少有分量的论文是数字图书馆项目或数字资源开发利用项目的产物；强化了相关部门的合作，如国内的科学院文献中心、北京大学、上海图书馆等单位的专业人员之间，以及与国外相应领域的有关学者之间，有比较多的合作和交流，使得研究能够更加深入，减少片面性。就内容研究情况而言，总体上，对元数据认识进一步深化；对于数字图书馆元数据方案的原则、方法的了解更加深入；专类元数据成为许多论文研究的对象；对元数据应用的研究逐渐深化等。2003－2004 年期间元数据研究的不足是，部分论文对一些普遍了解的常识性内容重复论述过多，不同论文之间的交叉重复比较突出；不同领域之间术语和观念上的交流有待进一步改进；个别文献有过于复杂化的倾向等。

从 2003－2004 年元数据研究的情况看，需要进一步探讨的重点包括：其一，元数据规范的进一步完善和改进，包括已有元数据方案在目前基础上的进一步完善，各个专业对象和专门元数据的进一步研制和使用；其二，元数据互操作研究的进一步发展，包括各种元数据互操作形式以及各种元数据管理形式的发展；其三，元数据的应用的深入，包括元数据在各种系统中的应用开发，标识语言、相关工具上实现方法、规律的探讨和改进，在此基础上对于有关工具和方法的优化等。

参考文献：

1 张晓林．开放元数据机制：理念与原则．中国图书馆学报，2003（3）
2 曾蕾等．元数据标准的演变．中国图书馆学报，2003（4）
3. 王松林．DC－Lib——我国数字图书馆元数据的首选．中国图书馆学报，2004（1）
4. 曹树金等．论政府信息资源的元数据标准．情报学报，2004（6）
5. 曹树金，马利霞．描述教育资源的元数据标准．大学图书馆学报，2004（2）
6. 盛昌银．都柏林核心元数据——网络信息资源组织的新标准．现代图书情报技术，2003（1）
7. 张崇．DC 元数据在国内的应用及思考．现代图书情报技术，2004（11）
8. 周立军等．关于电子资源机读目录格式著录的探讨．图书馆论坛，2003（5）
9. 高仕健．标准文献的 MARC 格式著录方法探讨．图书馆建设，2003（2）
10. 胡小菁．书目记录等级与核心记录标准的发展．中国图书馆学报，2003（2）

11. 李书韡. 对我国书目提要演变的思索——兼论机读目录提要项的著录. 图书馆建设, 2004 (2)
12. 叶炜. 中国机读目录格式的缺陷及改进设想. 现代图书情报技术, 2004 (5)
13. 王清. 加深著录深度 增加检索途径——浅谈多元化、立体式机读目录数据库的建立. 图书馆建设, 2003 (1)
14. 夏翠军. 机读目录的重复著录与简化. 图书馆论坛, 2003 (2)
15. 李日新. MARC 数据的维护要略. 图书馆理论与实践, 2004 (3)
16. 罗昊, 刘宇. 文献编目的第三条道路——MODS 的简介与分析. 四川图书馆学报, 2003 (3)
17. 薛红. 整合 CNMARC 与 CMARC, 促进书目信息资源共享. 图书馆建设, 2004 (1)
18. 毛有桂. 21 世纪的 MARC 格式——MARC21. 图书馆建设, 2003 (3)
19. 梁焕平. MARC 与 Dublin Core 两种元数据的比较研究. 情报杂志, 2004 (4)
20. 朱红涛. 元数据. Dublin Core 和 MARC 分析研究. 情报杂志, 2004 (1)
21. 金更达. 文献类电子资源元数据发展浅议. 大学图书馆学报, 2003 (6)
22. 孙晓菲, 金更达. MARC 和 DC 的发展及比较研究——兼论 DC 的发展误区. 图书情报工作, 2004 (9)
23. 金更达. 文献类电子资源元数据发展浅议. 大学图书馆学报, 2003 (6)
24. 张丽华. 论 MARC 与 DC 的受控性. 图书情报工作, 2003 (6)
25. 魏文晖. DC 元数据在特种地方文献著录中的应用. 图书馆论坛, 2004 (2)
26. 刘炜, 张亮. 数字图书馆的体系结构与元数据方案. 情报学报, 2003 (2)
27. 张晓林等. 我国数字图书馆标准与规范的建设框架. 图书情报工作, 2003 (4)
28. 赵慧勤, 段明莲. 数字图书馆元数据方案设计有关问题探讨. 现代图书情报技术, 2003 (3)
29. 张晓林等. 国家科学数字图书馆开放描述与标准应用指南. 现代图书情报技术, 2003 (3) (4)
30. 姚伯岳等. 古籍元数据标准的设计及其系统实现. 大学图书馆学报, 2003 (1)
31. 张延敏. 元数据信息在地球科学数据导航系统中的应用. 图书馆学研究, 2004 (9)
32. 曹锦丹, 李欣欣. 基于 DC 的医学信息资源元数据比较分析. 图书情报工作, 2003 (7)
33. 韩夏, 张晓林. 描述医学资源的元数据方案. 图书情报工作, 2003 (12)
34. 曹树金, 马利霞. 描述教育资源的元数据标准. 大学图书馆学报, 2004 (2)
35. 姚伯岳等. 古籍元数据标准的设计及其系统实现. 大学图书馆学报, 2003 (1)
36. 徐健. 构建 MARC 元数据的 Web Service. 现代图书情报技术, 2004 (12)
37. 于森等. 元数据在电子政务办公系统实现中的应用研究. 计算机工程与应用, 2003 (16)
38. 李强, 王延章. 元数据在政务办公系统业务中的应用. 计算机应用研究, 2004 (2)
39. . 李强, 王延章. 基于元数据的电子政务数据交换的研究. 计算机工程与应用, 2003 (28)
40. 胡雪莲等. 基于地理空间概念的地理元数据组织管理研究. 地理与地理信息科学, 2003 (2)
41. 吴振新. RSS 元数据在门户网站建设中的应用. 现代图书情报技术, 2004 (10)
42 郝文宁等. 基于元数据构建自描述的 Web 应用框架. 计算机工程与应用, 2004 (17)
43. 张晓林等. 管理元数据的原理与应用. 图书情报工作, 2003 (10)
44. 牛金芳等. 清华大学图书馆保存元数据方案. 大学图书馆学报, 2003 (2)
45. 董丽等. METS 元数据编码规范及其应用研究. 现代图书情报技术, 2004 (5)
46. 张蓓等. 数学古籍数字化资源著录保存工具的研究和实现. 现代图书情报技术, 2004 (8)
47. 曾婷等. 权限元数据数据的研究. 图书馆杂志, 2003 (7)
48. 徐周亚等. OAIS 参考模型与中文元数据方案. 现代图书情报技术, 2003 (4)
49. 宛玲, 张晓林. 数字资源长期保存中的合作管理元数据设计探讨. 图书情报知识, 2004 (1)
51. 刘炜, 张亮. 数字图书馆的体系结构与元数据方案. 情报学报, 2003 (2)
52. 韩夏, 李秉严. 元数据的互操作研究. 情报科学, 2004 (7)
53. 曾蕾等. 元数据标准的演变. 中国图书馆学报, 2003 (4)
54. 瞿靖等. MARC 到其他元数据格式的数据复用软件. 上海交通大学学报, 2003 (1)
55. 孙华, 郑巧英. MARC 与 DC 元数据的映像与转换. 上海交通大学学报, 2003 (1)
56. 朱虎明等. 编目数据由文本格式处理成 MARC 格式的 C 语言算法. 情报杂志, 2004 (1)
57. 杨德婷, 阎保平. 元数据互操作技术探讨. 计算机应用研究, 2004 (1)
58. 张海涛等. 数字图书馆的互操作性研究: Z39. 50 和 OAI 协议的比较. 现代图书情报技术, 2003 (2)

59. 杨德婷，阎保平. 元数据互操作技术探讨. 计算机应用研究，2004（1）
60. 沈艺. OAI 协议及其应用. 现代图书情报技术，2004（2）
61. 沈艺. 开放文献先导元数据收获协议及其实现. 情报理论与实践，2004（3）
62. 张萍. OAI 元数据获取协议. 情报理论与实践，2003（6）
63. 赵阳. 基于 OAI 的元数据采集系统结构框架分析. 现代图书情报技术，2004（6 期
64. 王蜀安等. 支持 OAI－PMH 的元数据互操作体系结构设计与实现. 计算机工程与应用，2003（20）
65. 牛振东等. 基于 OAI－PMH 的服务提供者的设计与实现. 北京理工大学学报，2004（5）
66. 凌云. 元数据登记系统. 情报科学，2003（1）
67. 张晓林，梁娜. 元数据登记系统：基本概念与基本结构. 现代图书情报技术，2003（1）
68. 梁娜，张晓林. 基于人工登记与检索的元数据登记系统. 大学图书馆学报，2003（1）
69. 梁娜，张晓林. 基于自动登记与检索的元数据登记系统. 情报科学，2003（6）
70. 罗威. RDF（资源描述框架）——Web 数据集成的元数据解决方案. 情报学报，2003（2）
71. 宋庆美，周明刚. 基于 XML 的三个常用元数据描述工具的评价与比较. 情报科学，2003（6）
72. 刘飞等. XML 和 RDF 在科学数据库元数据标准建设中的应用. 微电子学与计算机，2004（7）
73. 方威明，吴宏. XML 之 DTD 与 Schema 比较分析——以 DC 元数据为例. 情报科学，2004（4）
74. 宋庆美，周明刚. 基于 XML 的三个常用元数据描述工具的评价与比较. 情报科学，2003（6）
75. 王洪伟等. 基于本体的元数据模型及 DAML 表示. 情报学报，2004（2）
76. 田梅，吴艳莲. 利用 XML 技术实现数字图书馆中书目信息的描述与管理. 上海交通大学学报，2003（S1）
77. 景民昌，任巧贤. MARC 数据转换为 XML 格式文档的实现方法及应用. 计算机应用，2003（S2）
78. 陈凤岩，王菁. 基于 XML 的 MARC 系统转换设计与实现. 情报学报，2003（6）
79. 王兰成，冯文杰. 两种 CNMARC 的 XML DTD 信息描述机制的研究与比较. 中国图书馆学报，2004（1）
80. 赵健，孙畅. DC 元数据的编码语言研究. 情报杂志，2004（4）
81. 吴旭. 数字资源元数据模板、标引与发布系统模块的研究与实现. 情报学报，2004（6）
82. 欧少佳等. 中国岩石圈三维结构数据库元数据编辑器的开发. 计算机应用研究，2003（10）
83. 顾蔚，陈天滋. 基于 XML 的元数据系统在地理信息共享中的研究与设计. 计算机应用研究，2003（1）
84. 罗英伟，邢彭龄. 基于 XML 的地理信息元数据存储策略. 计算机工程，2004（9）
85. 曾新红. XML 在数字图书馆相关技术中的研究动态. 现代图书情报技术，2004（5）
86. 王良斌，朱国进. 基于本体论相互属性的 Web 资源元数据模型. 计算机工程，2004（21）
87. 郑家恒，武琼. 基于元数据的 Office 文档表示方法的研究. 计算机工程，2003（3）
88. 李光焰. 数据仓库中元数据分类及管理系统研究进展分析. 情报科学，2004（7）
89. 游赣梅等. 信息网格中具有动态变更适应性的元数据发布策略. 计算机研究与发展，2003（12）
90. 张非、阎保平. 一种基于网格服务的数据库元数据管理框架计算机工程与应用 2004（29）
91. 张哲. 基于 XML 的元数据体系的数据交换. 计算机工程与应用，2003（10）
92. 贺劲等. 网络文件系统中的元数据存取优化研究. 微电子学与计算机，2003（3）
93. 庞丽萍等. PVFS 寄生式元数据管理的设计与实现. 计算机工程，2004（20）
94. 徐葵等. 基于对等结构的元数据分发框架. 计算机工程与应用，2004（35）

变革和发展中的我国图书馆学教育

肖希明　吕　霞　钱　晶
（武汉大学信息管理学院）

进入新世纪以来，随着我国图书馆事业的兴旺和高等教育的蓬勃发展，图书馆学教育自身也在经历着深刻的变革。近年来，图书馆学教育出现许多令人欣喜的变化，表明具有顽强生命力的图书馆学，正在步入稳步发展的新时期。

1　图书馆学专业教育体系不断完善，学科地位进一步确立

1. 1 本科、硕士、博士办学点增加，博士后流动站建立，多层次专业教育体系形成

我国的图书馆学教育经过80多年特别是近20多年的快速发展，已形成一个具有较大规模的完整的专业教育体系。自2000年以来，我国先后增加了6个图书馆学专业本科教育点（长春大学、长春师范学院、贵州师范大学、河北经贸大学、陕西理工学院和苏州大学）、7个图书馆学硕士点（北京师范大学、第四军医大学图书馆、复旦大学图书馆、河北大学、华南师范大学、吉林大学和辽宁师范大学）。2003年又新增了3个图书馆学专业博士点，使图书馆学专业博士点增加到6个，即北京大学信息管理系、武汉大学信息管理学院、中国科学院文献情报中心、南京大学信息管理系、南京政治学院上海分院和南开大学图书馆学系。

2003年，国务院学位委员会批准在武汉大学和北京大学设立图书馆学专业博士后流动站。这是继2000年武汉大学和北京大学获得“图书馆、情报与档案管理”一级学科博士学位授权点，2001年北京大学图书馆学科、武汉大学图书馆学科被评为国家级重点学科以后，我国图书馆学教育进入新世纪后又一重大事件。至此，我国图书馆学专业已经形成了从学士、硕士、博士到博士后的比较完整的教育体系。博士后流动站的设立，必将在促进学科发展和培养高水平的学科带头人方面发挥重要的作用，同时它也表明图书馆学已经具备了跻身一流学科之林的实力。

1. 2 研究生教育向继续教育领域延伸，高层次人才培养扩大规模

为了适应图书馆数字化、网络化对高层次人才的需求，积极发展研究生教育成为图书馆学教育发展的必然趋势。由于学校办学条件有限，将图书馆学研究生教育向在职图书馆工作者延伸，成为近年来图书馆学研究生教育的一大特点。如武汉大学信息管理学院在国家图书馆举办研究生班，十多位学员已完成学业，并获得了硕士学位。自2003年起，武汉大学信息管理学院开办了图书馆、情报与档案管理一级学科高校教师在职攻读硕士学位班，同时还在多个省市举办了图书馆学研究生课程进修班。北京大学信息管理系每年招收图书馆学、情报学两个专业的研究生课程进修班，学制一年半，成绩合格并通过论文答辩者，授予北京大学管理学硕士学位。此外，还有华南师范大学信息管理学系开办的图书馆学研究生课程进修班、华东师范大学信息学系与上海图书馆联合开办研究生考前辅导班、湘潭大学建立的“湖南省图书资料技术人员继续教育培训基地”，等等。图书馆学研究生教育规模的扩大和办学形式的多样化，不仅为图书馆事业培养、输送了高层次的人才，而且也为图书馆学教育自身赢得了发展的机遇。

1. 3 设立人文社会科学资深教授，图书馆学家占有一席之地

2003年初教育部出台了《关于进一步发展繁荣高校哲学社会科学的若干意见》，鼓励高校从实际出发设立哲学社会科学资深教授岗位，并给予院士待遇。2004年9月，武汉大学首次评选“人文社会科学资深教授”结果揭晓，7位人文社科领域知名学者获此殊荣。武汉大学信息管理学院教授、博士生导师、著

名的目录学家彭斐章先生名列其中。2005 年 1 月，北京大学聘任 25 位教授为北京大学哲学社会科学资深教授，北京大学信息管理系教授、博士生导师、著名图书馆学家吴慰慈先生与季羡林等一批学术大师一同当选。这不仅是对两位先生在图书馆学研究领域杰出的学术成就的高度评价，而且也是学术界乃至整个社会对图书馆学学科地位的充分肯定。

2　培养目标进一步明确，课程体系得到优化

2. 1 本科生培养目标有所调整，课程体系稳中求变

1998 年 7 月，教育部颁布实施的《普通高等学校本科专业目录》和《专业介绍》调整了图书馆学专业和信息管理与信息系统专业的培养目标。图书馆学专业的培养目标是："培养具备系统的图书馆学基础理论知识，有熟练地运用现代化手段收集、整理和开发利用文献信息的能力，能在图书情报机构和各类企业事业单位的信息部门从事信息服务及管理工作的应用型、复合型图书馆各级专门人才。" 新的培养目标强调熟练地运用现代化手段，文献信息的开发利用，从事信息服务，特别是强调了培养应用型、复合型人才。[1] 最新培养目标颁布之后，各有关高校纷纷做出回应，改革和优化课程体系，以适应培养目标的变化。

据中山大学程焕文教授组织的一项调查，在目前开设图书馆学专业的 21 所院（系）中，有 12 个院（系）全部开设了 1996 年原国家教委高教司确定并正式出版了教学大纲的 10 门图书馆学专业核心课程，9 个院（系）部分开设了这些课程。"这说明目前图书馆学院（系）都十分注重图书馆学核心课程的建设，注重培养具备图书馆学基本知识和基本技能的专门人才，注重培养具备利用现代信息技术进行信息收集、组织、检索、分析、评价、开发、利用和服务的实际工作能力的、能够胜任图书馆、情报部门和信息机构工作的应用型、复合型专门人才。"[2] 与此同时，原来图书馆学课程体系中也有部分课程已经不能满足信息技术日新月异的发展，不能满足信息时代图书馆事业发展的新要求，因而需要增加一些计算机、信息技术、网络技术等新课程。因此，各办学点都不同程度地修改了本科生培养方案。如北京大学图书馆学专业目前着力发展网络信息资源管理、数字图书馆、知识管理等领域。武汉大学图书馆学专业主要增设了数字图书馆、网络技术、多媒体技术与虚拟现实技术等课程。贵州大学图书馆学专业主要增设了数字图书馆、网络信息资源组织与管理、网络传播学等课程。南京政治学院上海分院信息管理系主要增设了网络信息资源组织和利用、军事信息学等课程。郑州大学信息管理系和福建师范大学社会学系图书馆学专业分别增设了信息法学、经济信息学和知识产权法、信息经济学等课程。河北大学信息管理系图书馆学专业主要增设了管理学原理等课程。[3]

1. 2 研究生培养各具特色，课程体系求变求新

北京大学信息管理系在研究生培养目标上，强调基础宽厚，自我发展和应变能力强，提出要培养信息主管（CIO）、信息经纪人、数据库工程师等新型人才。在课程设置和教学内容改革方面，确立了一些新的指导原则和思路。例如，强调课程设置要讲求科学性和系统性，完善课程的论证和审议制度，加强信息管理和信息技术应用方面的课程，改造和优化那些必要的传统课程，提倡文理兼容主选。

武汉大学图书馆学硕士学位培养方案，主要增设了知识管理研究、数字图书馆技术与管理等研究方向及知识管理与应用、企业资源规划 ERP、决策支持系统、数字图书馆原理与技术、数字图书馆资源组织与服务等课程。

中山大学图书馆学研究生培养目标确定为培养图书馆学和信息学教学、科研和实践方面的高级专门人才。开设的课程的不多，但比较精，基础课为图书馆学理论研究。专业课程有图书馆学研究方法论和信息资源管理两门；专业选修课程包括：图书馆学专题研究，信息政策，数字图书馆研究，网络信息资源开发，电子出版物研究，参考咨询研究，信息资源共享研究，英美目录学，专业英语，另外还开设了图书馆学前沿讲座。

总之，各研究生教育点都围绕着教育部确定的图书馆学硕士、博士研究生培养目标，通过研究方向的设置和课程体系的建设，来体现各自在培养高层次人才方面的特色。

3 教材建设成绩显著，教学内容与时俱进

3．1 三套教材相映生辉，内容体系多有创新

高质量的教材是深化教学内容，提高教学质量的重要保证。近年来，我国图书馆学专业教材建设成绩令人瞩目。自2002年至2005年上半年，我国正式出版并广泛使用图书馆学专业教材有三套，分别是：

（1）高等教育出版社出版的《面向21世纪课程教材》图书馆学系列教材共9种。这套教材由教育部高等学校图书馆学学科教学指导委员会组织全国10多所高校近70位的图书馆学专业教授、副教授编写，9种教材是：吴慰慈主编的《图书馆学基础》、彭斐章主编的《目录学概论》、程焕文主编的《信息资源共享》、杨玉麟主编的《信息描述》、戴维民主编的《信息组织》、李培主编的《数字图书馆原理及应用》、沈固朝主编的《网络信息检索：工具、方法与实践》、叶鹰主编的《信息检索：理论与方法》、陈能华主编的《图书馆信息化建设》。

（2）武汉大学出版社的《高等学校图书馆学核心教材》。这套教材由武汉大学信息管理学院的教授主编，是高等学校图书馆学专业核心课程教材，共9种，已出版的有张琪玉主编的《情报检索语言实用教程》、彭斐章、乔好勤和陈传夫的《目录学》、王子舟主编的《图书馆学基础教程》，俞君立主编的《文献分类学》、詹德优主编的《信息咨询理论与方法》、黄如花主编的《网络信息的检索与利用》。

（3）科学出版社出版的《21世纪高等院校教材——信息管理系列》，包括于良芝主编的《图书馆学导论》、胡昌平等主编的《信息服务管理》、靖继鹏主编的《信息社会学》、焦玉英主编的《信息检索进展》。

这三套教材，内容紧贴信息时代的脉搏，及时反映了新的信息环境下图书馆的发展和变化，充分吸收了国内外图书馆学研究最前沿的学术信息和研究成果，体系结构焕然一新。这是我国图书馆学教育在教材建设和教学内容改革方面的重要成果。

3．2 国家评选精品课程，《目录学概论》榜上有名

为了提高教学质量，推进教学内容和方法的改革，教育部与2003年启动了“国家精品课程”建设。在2004年评选出的300门国家级精品课程中，武汉大学信息管理学院彭斐章、陈传夫等教授主讲的《目录学概论》名列其中。这是图书馆学类课程入选国家级精品课程的重要突破。《目录学概论》是一门传统课程，但它能够与时俱进，锐意创新，将现代信息科学与技术的理论和方法融入其教学内容和教学过程当中，使之既有厚重的历史感和学术文化底蕴，又有强烈的时代感和现实应用价值，从而使一门传统的课程成为信息时代的“显学”。而在此前的2002年，由彭斐章教授等主编的普通高等教育“九五”国家级重点教材《书目情报需求与服务组织》也荣获教育部全国普通高等学校优秀教材一等奖。这些成绩，表明图书馆学教学内容与方法改革得到了教育界、学术界的充分肯定。

4 学术交流活动频繁，图书馆学教育国际化趋势加强

4．1 图情博士汇聚珞珈，论坛搭起交流平台

2004年10月，“2004全国博士生学术论坛”人文学科论坛在武汉大学举行。由武汉大学信息管理学院和武汉大学信息资源研究中心协办的“图书馆、情报与档案管理分论坛”迎来了全国的数十位图书馆学、情报学、档案学博士的参加。分论坛上，彭斐章教授、梁战平教授和储荷婷教授（美国）分别作了专家报告，就数字时代图书馆学情报学研究生培养制度的创新、技术前瞻的理论与方法、数字时代的信息表达与检索等前沿问题深入展开论述。与会的博士生们围绕数字图书馆的版权保护、数字图书馆集成技术、企业信息资源管理、智能检索、档案信息安全管理等主题展开热烈讨论。论坛起到了砥砺思想、激励创新的作用，为博士生提供了一个高起点、大范围、多领域的学术交流平台。博士生们独特的研究角度和广阔的研究视野，为学科的进一步发展与拓新注入了新的活力。

4．2 中美联合培训馆员，教育成果惠及西部

人才培养、科学研究、社会服务，是当代高等教育的三大功能。图书馆学教育不仅要在学校培养高质量的人才，促进学科发展，而且要服务社会。在我国，就是要投身经济建设主战场，积极推进国家和社会信息化建设，为消除“数字鸿沟”，实现信息公平，构建和谐社会做出贡献。为此，武汉大学信息管理学院和武汉大学信息资源研究中心与美国加州大学伯克利分校合作，在美国亚洲基督高等教育联合基金董事会、国家教育部和武汉大学的联合资助下，自2003年至2005年7月，连续三届举办了“中美图书馆员高级研究班”。来自我国西部经济欠发达地区、少数民族地区和师范院校的200多位图书馆员与中美两国数十位知名学者专家就“数字时代的图书馆：管理与服务创新”、“推进信息资源公共获取与数据库管理”、“数字时代图书馆合作与服务创新”等主题进行了认真的探讨和研究。三届培训班均属公益性质，对学员不收任何费用，对来自贫困地区确有需要的学员还给予适当的经济补助，因而社会反响良好，社会效益显著。这是图书馆学教育服务社会的成功实践。

4．3 国际交流日趋活跃，开放办学成绩斐然

在当今经济、科技和教育全球化、国际化趋势日益加强的背景中，我国图书馆学教育也在顺应时代潮流，以积极开放的姿态，加强国际交流与合作。如北京大学信息管理系与国外一些重要大学的图书馆学情报学系都有密切的交往，近年来每年都接待一定数量的来访的外国专家学者，同时选派若干教师和学生出国访问、进修、学习或参加学术会议。武汉大学信息管理学院将国际交流与合作办学作为办好研究型学院的重要发展战略，与美国、英国、德国、俄罗斯、加拿大等十多个国家的30多所大学建立了学术交流关系。近年来每年举办不同类型不同规模的国际学术会议和学术交流活动，邀请国外学者专家讲学。还和美国圣荷西州立大学图书情报学院建立了学生交流互访机制，每年互派若干学生到对方交流访问。2005年已经接待了第一批到访的美国学生。地处改革开放前沿的中山大学资讯管理系，一贯坚持走出去请进来的开门办学方针，积极参与国际学术交流。近年来在美国岭南基金会的资助下，每年邀请一名国际著名学者来系讲学一个月已成为制度。国际知名的图书馆学情报学专家如兰开斯特、库珀、马丁、陈钦智等都到该系讲学。地处大西北的西北大学图书馆与档案管理系也积极参与国际学术交流，近年来邀请多位美国图书馆界专家到该系参观、访问和讲学交流。

除了国际学术交流外，海峡两岸四地图书馆学教育界的交流也相当活跃。中山大学资讯管理系招收来自港澳的研究生、本科生近年来迅速增加。北京大学信息管理系在澳门、香港开设了“图书与资讯管理”专业大专、本科班。武汉大学在2005年举办的“中美图书馆员高级研究班”期间还专门开办了“澳门地区特别班”。

5 生源稳步回升，就业形势看好

在高等教育走向大众化、市场化的今天，生源关系到专业教育的生存和发展。勿庸讳言，20世纪90年代图书馆学专业生源出现滑坡，图书馆学专业的本科生主要是从其他专业的考生中调剂过来的，因而不少学生不安心图书馆学专业的学习。然而，随着近年来图书馆职业的科学技术含量的增加，越来越多的人对图书馆学有了新的认识。特别是近年来在许多专业毕业生就业形势相当严峻的情况下，图书馆学毕业生却出现供不应求的情况，这就不能不使人对图书馆学专业刮目相看。因此，近年来图书馆学专业生源稳步回升。据程焕文教授组织的调查，全国22所图书馆学院（系）1999~2002年录取的2185名本科生中，第一志愿报考图书馆学的占31．9%，非第一志愿报考图书馆学的为37．2%，未填报图书馆学专业志愿的占30．9%。[4]也就是说，有近70%的考生是乐意就读图书馆学专业的。如果考虑图书馆学本科专业大多设在省、市以上的重点大学，本科生的招生分数线高，能达到这样的报考率是相当不错的。至于就业形势，近年来几乎各校图书馆学专业都维持着相当高的就业率。以武汉大学图书馆学专业为例，自2002年以来，本科生就业率一直在93%以上，在全校各专业中名列前茅。就业去向则除了高校图书馆和公共图书馆外，还有很大一部分是全国知名的企事业单位。图书馆学研究生的生源和就业情况更好于本科生。尤

其是生源，自扩招以来，尽管每年招生数量大幅度增加，但报考人数仍然数倍于录取名额。特别值得注意的是，跨专业报考和录取的研究生数量在大幅度上升。这些情况说明图书馆学专业对本专业和非本专业的考生都具有相当的吸引力。

6 教指委三度聚会，谋划教育改革发展

教育部于2002年5月正式批准成立了“教育部高等学校图书馆学学科教学指导委员会”。同年7月15日－17日在南开大学召开了“教育部图书馆学学科教学指导委员会成立大会暨第一次图书馆学系主任联席会议”。此后的2003年、2004年和2005年4月分别在湘潭大学、南京政治学院上海分院和中山大学分别召开了第二、第三和第四次工作会议暨图书馆学系主任联席会议。三次会议的主题分别是“图书馆学本科专业核心课程建设”、“图书馆学精品课程建设”和“图书馆学现代化”。

图书馆学学科教学指导委员会是一个研究、咨询、指导和服务的专家组织，受教育部领导，对图书馆学教育发展中的重要问题进行研究，对国家教育行政部门和高等学校提供咨询意见与建议，指导、监督和评估高等学校的图书馆学专业教育。从历次会议的内容和精神，我们可以看到，教学指导委员会在发挥宏观指导作用，推进图书馆学专业教育的层次化，扩大教学点的规模，调整各个层次的教学目标，监督和评估各个教学点的师资和教学状况，协调和组织教材编写等方面，都发挥了重要作用。

7 图书馆学教育仍多隐忧，存在问题不容忽视

近年来，我国图书馆学教育在很多方面都取得了可喜的成绩，但也存在着许许多多的问题，亟待我们去认真研究和解决。

7．1 研究生教育规模偏小，教育体制亟需改革

我国图书馆学专业教育已经建立了“专科——本科——硕士——博士的”专业教育体制。它的体系结构呈“橄榄形”，即“中间大”——本科教育庞大，“两头小”——专科和研究生教育规模较小。这种状况并不符合我国图书馆的人才需求。从我国图书馆目前乃至今后相当长的一段时间来看，仍然需要大量有较高（大专以上）文化水平，掌握图书馆学基本知识和较为熟练的图书馆工作技能的操作型专门人才，这需要通过积极兴办图书馆学高等职业技术教育来培养。同时，随着我国图书馆向自动化、数字化、网络化方向发展，图书馆需要越来越多的从事知识信息管理和服务的高层次专门人才。这类人才群体需要具有不同的学科背景，具有坚实的图书馆学情报学理论素养，能熟练地掌握计算机、网络及其他信息技术，去获取、分析、评价、组织、管理知识信息和提供知识信息服务，去研究图书馆和图书馆学发展中的微观和宏观、理论和实践的重大问题。对这一层次人才的培养，应该有研究生教育来完成。

目前图书馆学教育的突出问题是研究生教育规模太小。新中国成立50多年来，培养的图书馆学硕士不过2000来人，博士不过百余人。而英美等国的图书馆学教育，研究生教育是主体。因此，为了适应数字化时代图书馆事业发展的需要，为了融入国际图书馆学专业教育的主流，我们应该大力发展图书馆学研究生教育，并逐渐使之成为我国图书馆学专业教育的重点。[5]

7．2 师资力量相对薄弱，学历结构有待优化

据程焕文教授组织的调查，全国22个图书馆学本科教育点（除北京大学外）共有教师323人，与美国自20世纪70年代至90年代图书馆学院校的师资维持在640—680人的规模相比，数量上尚有差距。我国图书馆学院（系）教师的年龄结构虽已处于较优状态，但“资深”教师的数量不多。职称结构按教授、副教授、讲师及以下的比例关系为1：2：2，教授的比例偏低，而中初级职称的比例偏高。问题最为突出的是教师的学历结构。在统计的全部323位教师中，有博士42人，占教师总数13%，硕士140人，占44%，学士134人，占41%，其他学历7人，占2%。很明显，具有博士学位的教师人数甚少。如果按照21个图书馆学院（系）来计算，平均每个图书馆学院（系）大约只有2人具有博士学历（学位）。[6]这种

情况不仅与发达国家相比差距甚大，就是与同校（特别是重点大学）的其他专业的教师学历结构层次相比，也是非常低的。因此，优化我国图书馆学专业教师的学历结构，加快培养和引进高学历的人才充实教师队伍，已成为发展我国图书馆学教育的当务之急。

7.3 教学改革任重道远，图情融合大势所趋

近年来，所有的图书馆学院（系）都对原来的课程体系和教学内容进行过不同程度的改革，取得了较好的效果，但仍然存在不少问题。一是在课程设置上大量增加计算机、信息技术，以及经济类、管理类课程，图书馆学专业课程完全被边缘化，甚至连图书馆学最核心的课程也被挤掉了，以至有些图书馆学专业的毕业生缺乏图书馆学的基本知识。二是课程设置上的随意性，什么课时髦就开什么课，财政金融学、国际贸易学、广告学、会计学等都进入了图书馆学专业的课程。同时，增设的课程和原来的课程没有经过很好的整合，课程之间缺乏有机联系，课程不是一个“体系”而是一个“拼盘”。三是有些课程内容改革不是从内涵上下功夫，而是在名称上做文章，内容滞后或脱离图书馆事业的实际，学生对意见颇大。四是图书馆学与情报学不是走向融合而是趋向分离。本来这两个学科有共同的知识平台，随着数字化时代的到来，无论是理论还是技术，两者的界线已十分模糊。在专业教育中，两者应该有机地融合。但现实是在很多学校，图书馆学和情报学（本科专业为信息管理与信息系统）两个专业从课程设置到教学内容，基本上是两股道上跑的车，没有发挥出学院（系）在基础平台课程建设方面的优势，造成图书馆学专业的学生在掌握信息技术方面薄弱，而情报学专业的毕业生则连信息组织中最基本的分类、编目知识都不具备。这是和国际上将图书馆学与情报学作为一门共同的大学科来建设的大趋势是背道而驰的。因此，图书馆学教育改革任重而道远，而图书馆学与情报学、档案学融合，培养基础厚、口径宽、能力强、素质高的复合型人才，是图书馆学教育改革的正确方向。

参考文献：

1 吴慰慈 中国图书馆学情报学教育的改革与发展（2）图书馆工作与研究 2003．6 ：118
2 程焕文等．1999－2003 年中国图书馆学教育进展．大学图书馆学报，2004（6）
3 詹德优．论我国图书馆学教育的新进展．图书馆论坛，2002（5）
4 程焕文等．1999－2003 年中国图书馆学教育进展．大学图书馆学报，2005（1）
5 肖希明．图书馆学教育的根本出路在于教育体制的改革．大学图书馆学报，2004（1）
6 程焕文等．1999－2003 年中国图书馆学教育进展．大学图书馆学报，2004（6）

（本文原载于《图书馆论坛》2005 年第 6 期）

网络图书馆学的兴起与发展

王 波
（《大学图书馆学报》编辑部）

网络图书馆学，即互联网图书馆学，它不是以互联网为研究对象的图书馆学，不是专门研究图书馆协作网或网络环境下的分布式数字图书馆的图书馆学，也不是把发表在正规纸质出版物上的图书馆学论著数字化，发布到互联网，而是专指通过互联网这个非正式交流渠道由图书馆界的网民们自发自由展开的与图书馆学有关的研讨，其发表途径包括互联网常用的五类平台：博客（blog）、电子公告版（BBS）、实时通讯工具（QQ 等）、电子邮件（Email）、个人主页（personal homepage）。由于实时通讯工具和电子邮件的

交流具有私人化和隐蔽性的特点，个人主页通常内容更新慢，缺乏交互性，是一言堂而不是群言堂，所以由这三种途径展开的图书馆学研讨的影响相当有限，如此一来，网络论坛和博客便成为网络图书馆学最主要的最大的载体和最常见的形式。

网络图书馆学在欧美和我国的香港和台湾地区起步较早，限于资料和篇幅所限，在此不对这些地区的相关情况进行介绍，仅对我国内地网络图书馆学的发展轨迹进行回顾总结。内地网络图书馆学的发展主要经历了网络论坛和博客两个阶段。

1 网络图书馆学的兴起

1.1 论坛阶段

互联网在我国图书馆界的小规模应用大约开始于1996年前后，到2000年已经比较普及。2001年，由教育部高等学校图书情报工作指导委员会和北京大学联合主办的图书馆学核心期刊《大学图书馆学报》开通了自己的网站，主要发布刊物的概况、编辑出版信息和每期论文的目次、摘要，此外还设置了一个留言簿板块，名曰“读者沙龙”（以下简称“沙龙”）。编辑部创建沙龙的本意是搭建一个供编辑、作者和读者交流的平台，加强三者的互动，在每期刊物出版之后，能够及时收集反馈信息，以便动态地了解读者的需求、意见和建议，做到眼观六路、耳听八方，便于快速有效地调整和改进编辑出版工作。沙龙开通之初，确实也如编辑部所期望的，起到了编读交流的作用。读者把对刊物的读后感和关于投稿、发稿的迷惑、意见和要求发布在上面，编辑们及时地给予解答、回应，讨论的内容主要集中在与投稿相关的问题。但是随着时间的推移，沙龙上留言的内容悄悄发生了变化，大约到2002年，讨论的主题已经越来越多，范围越来越宽，层次越来越深，水平越来越高。例如有位署名“论剑”的网友发的帖子质量较高，给编辑们留下了深刻印象。他不仅在沙龙上以武侠小说中的英雄来比附现实中的图书馆界名人，生动形象地评点名人们的治学特点和个性特点，还积极倡导加强公共图书馆研究，深化图书馆精神等问题的研究，其看问题之精准，眼光之独到，认识之深刻，语言之幽默，都让编辑们和网民们眼睛一亮，喝彩之帖纷纷跟进。编辑部认识到此类讨论别有价值和趣味，至少有助于图书馆学知识的传播和普及。为了引导这种讨论趋向广泛和深入，吸引更多的人参与，也为了使学报在严肃之余有些生动活泼的内容，添加点不失学术气息的散淡调味品，使读者在阅读学术论文时偶尔能够享受到轻松一刻，编辑部灵机一动，因势利导，在《大学图书馆学报》2003年第1期增辟了“e家之言”这个小栏目[1]。每期摘录一小段沙龙上有意思的言论，插在需要补白的地方，并注明发帖人和沙龙的网址。另外，在年终的时候，编辑部不再删除旧帖，而是将其整理后继续挂在网站上，以供回溯阅读。这两项举措对网友们是一种明确的鼓励，迅速推动了沙龙的发展，沙龙的人气急剧聚集，热度迅速升高，发帖者和观帖者越来越多，又涌现出了“一问”等公认的发贴质量较高的网友。

随着讨论内容的不断丰富，学报沙龙的性质由量变发生了质变，它已由当初一个编辑部的编读交流平台慢慢发展成为内地整个图书馆界的言论园地，成为内地图书馆界网上研讨图书馆学的大本营，在后来的帖子和总结性文章中，网友们公认网络图书馆学阵营是在学报沙龙上完成了第一次集结。

学报沙龙的成功，激发了更多的人创建网络图书馆学论坛的积极性，包括热爱信息技术的图书馆员和面向图书馆的数据库供应商。因为学报沙龙是不切分页面、不进行主题分类的留言簿，形式上像不断向上扩展篇幅的卷轴，全年的帖子都显示在一个长条页面上，良莠帖子以一样的速度下沉，阅读、检索均不方便，大大不能满足网友们的需求。有些擅长信息技术的网友便怂恿编辑部创建正规论坛，署名“一问”的网友甚至把他编写的论坛程序发给了编辑部，以供安装。但是由于编辑部事务繁多，编辑们均处于满负荷工作状态，无法分出人力精力维护较大规模的论坛，加上创建和维护论坛有一定的技术难度、设备要求和管理风险，编辑部最终遗憾地没有满足网友们的请求。学报在论坛技术和规模上的浅尝辄止，令网友们在失望之余，产生了另起炉灶，再建论坛的想法。不久，网名为“寒心”的网友在中国学生网上申请空间创建了名为“中国图书馆学者联盟”的图书馆学论坛，被网友们简称为“寒网”。“寒心”这个名字不知到底是何寓意，或许是他为“错误”地从事了图书馆员这个职业而寒心，或许是他为学报沙龙不图改版升级而寒心。寒网作为内地网络图书馆学第一个具有主题分类功能的论坛，在学报沙龙上打了广告后，红火一时。不久，一问遇到了知音，其改造编写的论坛程序受到厦门大学图书馆同仁们的欢迎，最后落户厦门大学图书馆服务器。经过试运行和网上征名后，正式命名为“网络图苑”，小名就随“一问”这个网名，叫作“一网”[2]。一网采用的是颇受一问推崇的Tikiwiki技术模板，功能强大，加上有厦门大学图书馆作后盾，数据安全比较有保证，因而创建之后人气陡升，很快便盖过了寒网。厦门大学图书馆对一网比较支持，馆领导慨然允许以本馆服务器装载一网，期望其能成为我国图书馆学知名的网上论坛，产生较大的影响力。

上海图书馆主办的《图书馆杂志》是内地最早推出网站的图书馆学期刊，其网站上也有一个论坛，但是由于其位于公共网上，而大部分热心网上讨论的图书馆员和图书馆学研究生都来自高等院校，活跃在教育网上，从教育网链接到公共网速度较慢，报错率较高，还有部分网友对其详细的注册方式感到烦琐，致使该论坛的帖子更新缓慢，人气不旺。

2002年，北京雷速科技有限公司创建“E线图情”网站[3]，专门面向图书馆提供专业信息服务，网站辟有主题分类论坛，功能较全。为了鼓励图书馆员发帖，扩大该网站的影响，该公司长期推出有奖发帖活动，吸引了一部分热心网络讨论的网友，质量较高的帖子有赵宣的“无言而语图书馆”系列等，飞翔的森林和图书馆建筑专家李明华等也是该论坛的活跃分子。

于是，网络图书馆学就形成了五大论坛的基本格局。由于北京雷速科技有限公司的董事长刘锦山曾供职于北京书生科技有限公司，《大学图书馆学报》编辑部一度误认为“E线图情”为书生公司所办，便将其简称为“书网”。另外，学报沙龙被网友们约定俗成地简称为“学网”，上海《图书馆杂志》网络论坛被简称为“上网”。依据各个论坛的简称，学报编辑部把五大论坛联句为“上学问书寒”，寓意为：我们十年寒窗读书问学探索书籍的奥秘，到头来却得到职业声望和地位不高这个令人寒心的结局。此联句加了各个论坛的链接发布在教育部高等学校图书情报工作指导委员会的网站上，得到了部分网友的理解和认同，有的网友在其撰写的网络图书馆学论坛发展状况的文章中就引用了这个后来发觉有些误会的联句。但是更多的网友习惯于称“网络图苑”为“一网”而不是“问网”，将“E线图情”称为“E网”而不是“书网”。

五大论坛在博客普及之前，引领着网络图书馆学的潮流。学网虽然技术简单，但因为处于北大这个思想者的巢穴、中国学术文化的重镇，网络条件优越，网速极快，所以从来不缺乏网友的青睐，其技术上的简陋和形式上的单调都被北大无与伦比的吸引力抵消掉了。除了在一网兴起的初期受到短暂冲击和冷落外，学网一直保持着网络图书馆学潮流引领者的地位，是网络图书馆学不变的票房冠军。其他的论坛或因为显示发帖者的IP地址，或因为主题分类太细等原因，技术上的优势反而给发帖者造成了一定的不便，在短暂的热闹之后，均不能长期保持旺盛的人气。如果根据直观印象判断，按对网络图书馆学的贡献和影响力大小排序的话，五大网络论坛的先后顺序应该是学网、E网、一网、寒网和上网。

1.2 博客阶段

由于网络论坛不强求注册时提供真名实姓，学网甚至本来就是简单的留言簿，完全不必注册，网友只需在发帖时随便填个代号就可以了，所有帖子既不分主题也不分页面。在这种情况下，一方面作为话题制造者的网友的强帖极易被埋没，不能展示其整体风貌，发帖者和读帖者都感到极不满足。另一方面，允许假名发帖给无责任的情绪发泄（网上俗称“拍砖”）提供了方便，以真名发帖的人往往受到不平等的非理性的无情奚落和打击，特别是学网上有许多常看帖不发帖或少发帖的人士，在网络中被称为“潜水员”，其中不乏图书馆事业的领导者和管理者，如文化部和教育部主管图书馆工作的官员、国家和地方图书馆学会及其分支机构的负责人、高等学校图书馆学院系主任、各种图书馆联盟的负责人等，他们把阅读网上言论作为一种调研方式，也经常通过网络论坛了解普通图书馆员、图书馆学系师生的呼声和建议，为规划未来的图书馆事业作参考。如果对网络上的发言特别感兴趣的话，有些“潜水员”偶尔也会浮出水面，插上三言两语，或者解释一下相关政策，或者进一步咨询一些情况，或者表达一下自己的观点，结果马上就会受到以假名出场（网上俗称披着“马甲”）的网友们的无理性的言论围攻甚至人身攻击，弄得他们对网络图书馆学论坛观而远之，不敢参与。这样就破坏了互动交流的机制，反而违背了创建网络论坛的初衷。

网络论坛的不足，大大伤害了严肃的发言者的兴致，特别是随着网络论坛的发展，一些经常发表高质量帖子的教授、馆长已经成为被网友们崇拜的话题制造者和意见领袖，如老槐等。他们已不满足于把花费了自己心血的思想成果淹没于水平参差不齐、内容雅俗混杂的长长帖流中，有意寻找新的网络发表形式。恰在此时，一名年轻女性靠在博客日记中进行“身体写作”而迅速成名，博客一时广为人知，也引起了喜欢在网上研讨图书馆学的网民们的注意。老槐就是在这个时候，由论坛进军博客，创建了“老槐也博客”站点[4]。老槐在用武侠语言发帖时曾用“论剑”作马甲，尝有多帖被《大学图书馆学报》的“e家之言”栏目摘录，以老槐这个马甲发帖后，更展示了对图书馆事业的忠诚及责任感、扎实的学术功底和高尚的网德，在网友心目中，老槐早就是论坛上的意见领袖、一面旗帜。老槐抽身到博客后，以差不多两三日一帖的速度连发强帖，网友们热情回应，复帖如云，“老槐也博客”名声大噪。而缺少了老槐的网络论坛，因为没有了意见领袖，霎时日渐冷落。那些原本注视论坛的眼球一时间差不多都转移到了新鲜的博客上。有老槐作示范，论坛上的骨干网友，纷纷创建了自己的博客，短时间内，图书馆界博客勃兴，知名的就有“超平的博客”、“数图研究”、“游园惊梦”、“钱涂无量”、“跳起来读书”、“精彩搜索”、“编目精灵”、“山高水长”、“图谋博客”、“N问图学”、“学林望道”等[5]。这些博客大多数托管、聚居于“博客中国”社区，只有“大学图书馆学报”博客和“N问图学”托管在“网络图苑”。

和网络论坛比较起来，博客具有一定的优势：

第一，管理自主。创建者可以对自己的话题进行分类，自己的话题永远处在最上层，即网络上俗称的被“顶”的地位，通过计数器可以查看被阅读的次数，可以查看在博客社区中被阅读次数的总排名，了解自己博客的影响力，对网友们的回帖可以进行管理，能够删除那些无聊无理的帖子，而且回帖都是针对自己的话题有感而发，有助于加强同网友的互动，发现知己，形成真正的兴趣一致的专业圈子。

第二，个性突出。在论坛阶段，发帖者提出的话题常被淹没在大量的并不相关的帖子中，其关注的范围、对象及自己的语言特色彰显不充分。而在博客中，创建者往往以自己关注和研究的方向直接作为博客的名字，如“数图研究”、“编目精灵”、“精彩搜索”、“开放存取”等，帖子的内容基本上也都是根据博客者预定的主题展开，所以内容和语言特色毕露无遗。这样网友们选择起来就更有针对性，博客者也更容易形成自己在某一方面的权威，团结一大帮兴趣相投的网友。博客的创建者如能保持长时间内强帖连发，表现出真才实学，就会成为网络上的明星，网友们对自己服膺的博客主人也会热情追捧，成为追星一族。如老槐在现实中是图书馆学知名教授，所发帖子都是其学术思考的结果，不乏真知灼见，所以在网络上名声很大，受到青年学生和图书馆员的普遍爱戴。现实中的程焕文、李国新、王子舟、范并思的学问广受网友们的赞赏，在网上被誉为“四大天王”，加上研究制度图书馆学的蒋永福，则被誉为“五虎上将”。于良芝、李超平则是新近被网友们普遍推崇的女学者。

第三，聚散有秩。博客既是独立的，每个博客有自己的网址，又是联合的，每个博客都托管在某个博客社区，社区动态地对博客进行整合、分类、推荐、计量、关联，网友们通过博客社区对某一类博客进行浏览相当容易。更方便的是，目前还有多种站点摘要浏览器（英文缩写为 RSS）可以对互联网上不同社区的博客进行选择性整合，网友们可以通过自己的设置，利用 RSS 阅读器每天动态地查看自己感兴趣而订阅的所有博客的最新发帖，而不必要逐个输入网址进行访问，大大节约了时间，提高了阅读效率。网友们还可以通过自己或别人创建的新闻聚合器对大量感兴趣的博客进行浏览。

有人形象地把论坛比作广场、客厅，把博客比作自留地、包厢，由此可见论坛和博客的不同。正是由于博客具有上述优势，所以在网络图书馆学圈子流行后，对论坛这种形式造成了极大冲击，以学网为例，其在 2004 年上半年达到高潮，到下半年因为博客的出现，骤然走到低谷，霎时间非常冷清。

但是论坛仍然有自己的优势，比如其技术门槛很低，只要会打字就可以发表意见。包容性强，几乎不限专题，不限立场，什么帖子都可以发，就像在广场上说话，话题五花八门，被清除的情况比博客少，博客主人为保证自己博客内容的专业和纯粹，为维护个人的声誉，自律性强，往往对回帖有更严格的审查、过滤标准，删帖的情况较多。在论坛上发帖可以用形象生动的语言，嘻笑怒骂皆成文章，很多人借助马甲可以说些真话实话，冲击一下现实中的虚伪和潜规则。而在博客中回帖，等于到别人的包厢里说话，往往要看主人家的面子，既不想让主人知道自己的真实思想，又不想因自己的言论连累主人，往往会弱化自己的表达。显然，论坛和博客具有互补关系，各有千秋，所以在博客兴起后，论坛经历了短暂的失落期，又进入到了一个平稳的发展状态。目前，论坛经过冲击和淘汰，保持活力的还有学网和 E 网，一网则因为非专业网民的陆续加入，专业性不断淡化，逐渐沦落为生活类论坛。其他的论坛则因过度冷清而失去了影响力。

《大学图书馆学报》是图书馆学网络论坛的策源地，博客兴起后，对这个新事物也很感兴趣，在了解了其功能特点后，也于被称为“搏客元年”的 2005 年元月在网络图苑上注册了一个博客，名为“博客：大学图书馆学报”，又成为国内图书馆学界最早创办博客的期刊[6]。学报创建这个博客不是哗众取宠，主要想利用它以第一时间传播一些编辑部的审稿进度和业界动态等信息，尽管编辑部有自己的网站，但网站随着期刊的出版周期，一般两个月更新一次。在论坛上以版主的名义发帖既不权威又不能保持格式，这样博客的创建就很有必要了，恰好可以弥补网站的不足。更何况，博客给人的印象是动态的，网站给人的印象是静态的，很多读者有通过订阅追踪阅读博客的习惯，而没有经常点击网站的习惯。同样的信息，如果在网站和博客上重复发布，受众面就会更大。

2 网络图书馆学兴起的原因

从时代背景看，导致网络图书馆学兴起的最根本原因是信息技术条件的成熟。如果没有互联网，没有计算机在图书馆的普遍应用，《大学图书馆学报》就不可能创建自己的网站，开辟网络论坛。如果没有博客和 RSS 技术的兴起，就不可能有图书馆学博客群的涌现，网络图书馆学就上升不到一个新阶段。网络图书馆学的发展很大程度上受益于这个时代，受益于信息技术的日新月异，是时代进步、社会发展、科学发达的必然结果。随着网络和通讯技术的发展，相信网络图书馆学的载体会不断地升级换代，网络图书馆学的形式也会不断呈现出新的面貌。

从图书馆、图书馆学发展史的角度看，网络图书馆学在短时间内迅速兴起并呈星星火燎原、如火如荼之势，貌似偶然，实际上是图书馆行业和学科的一些长期被压制的需求猛烈释放、反弹的结果。

2.1 行业需要动态传媒

我国图书馆界几乎没有新闻类报纸，沾边的只有《新华书目报》于 2004 年推出的“图书馆专刊”副刊，但因为其发行对象主要是图书馆的采编部门，除了负责采编的图书馆员，大部分图书馆员无缘见到其真面目。更何况这份报纸是新华书店总店办的，其立场不可能与图书馆行业完全一致，不能算是图书馆行业自己的报纸。我国图书馆界出版的期刊倒是很多，有正式刊号的数十种，可惜的是类型极为单一，同质化严重，绝大多数都是发表学术论文的学术期刊，且多为双月刊，月刊只有寥寥几种。中国科学院文献情报中心虽然有一份《图书情报工作动态》，某种程度上算是行业刊，但不是正式刊物，且为月刊，页码少，出刊慢，所谓的动态也主要是关于中科院图书馆系统的，近年虽有所改进，也主要是加强了对全国图书情报领域科研项目的审批和进展信息的发布。中国图书馆学会秘书处有一份《中国图书馆学会工作通讯》，确实报道业内动态，但为非正式刊物，多发布会议内容，只发给当年交纳了会费的会员，双月刊，容量小，影响有限。广西图书馆学会办有名似行业动态刊的《图书馆界》，但按中国图书馆学会的分工，主要发表具有科普性质的图书馆学论文，而非界内动态的报道。如此一来，诺大的图书馆界涌现的具有新闻价值的事件、人物、动态就没有行业时事类报刊可以报道，凡有全国性的行业大事，图书馆员们如能从综合性报纸的边角文缝里找到点滴记录，已经非常知足感恩了，想读到关于图书馆界大事的全面深入的报道简直就是奢望。图书馆界的新闻报道与否，完全靠文化类和综合类报刊记者的兴致，行业几乎没有什么主动性。至于系统、区域、地方图书馆所发生的新闻，就只有在机构网站上发布了，网络已经成为发布图书馆行业新闻的主要渠道。不上网的从业者，对图书馆行业的热点和焦点事件、人物，就只能从发表在月刊或双月刊上的学术论文里了解，那样得到的基本上都是旧闻。

客观信息都报道不出来，更何况先进理念的传播。长期以来，图书馆界的馆长、教授们的新鲜想法、理念、灵感、经验如果不花费时间写成论文，就无法与同行广泛分享和互相激发，隐性知识失去了大量转化为显性知识的机会，这对事业的发展绝对是一个损失。馆长、教授们不是没有表达的欲望，而是表达的渠道阙如，大家都热切盼望着早日创办类似于《中国图书馆报》这样的传媒。

论坛和博客的兴起，填补了图书馆新闻和言论渠道的空白，图书馆界的理论家和实践家们在正规的行业新闻类报刊求之不得的情况下，自然而然地把言说的愿望寄托到了网络，论坛和博客补偿了动态类传媒的缺失，成为其替代品。

2. 2 学科需要公共空间

理论的进化、学科的发展需要自由、宽松的研究和争鸣的环境，但是在我们这个人情至上和泛政治情结浓重的社会环境中，要真正做到学术自由并不容易，所以在期刊、会议、讲台这些正规的学术渠道上，我们通常不容易看到真正的学术争鸣、学术批判，甚至连见解中肯、鞭辟入里的书评也殊难读到。经常有图书馆从业者一方面在大声疾呼学术民主，倡导学术批判，一方面又出于种种顾虑，自己也做不到。按道理，期刊、会议、讲台都是学术的公共空间，但是在各种人情交往和社会规则的约束之下，实际上并不公共。大家都希望再造一类公共空间，真正实现学术民主、学术自由，互联网成了大家不约而同的选择。

图书馆学论坛和博客就是这种选择的结果，其兴起后，大大改善了图书馆学研究的民主气氛和自由气息，百家争鸣、百花齐放成了网络图书馆学最可贵的特点，人们从中不但发现了精彩纷呈的观点、新颖翔实的数据，也发现了对高卓见解的热情回应、到位点评、由衷赞赏，对错误观点的无情批判、深入剖析、诚恳点拨。图书馆从业者们欣喜地感叹到，盼望已久的学术公共空间，不期然地竟然在互联网上找到了，图书馆学学术发展的格局和历史，居然就这样轻易地被改写了。而且大家相信，网络图书馆学公共空间的发展壮大及其优势的日益突显，必然也会对现实图书馆学公共空间的改革发挥积极的推动作用。

另外，按照一些图书馆学家的观点，我国的图书馆是在现代性实现不充分的情况下，随着社会大环境的巨变，骤然过渡到了后现代社会，因而普遍缺乏对理性及知识的崇尚、对读者获取知识的平等权利的尊重、对知识资源最大利用的追求等这些现代性特征，职业精神严重发育不良。较长一段时间内，我国图书馆走入了有差别服务、有偿服务、被动服务的误区，以致读者怨声时起，屡屡诉诸媒体，其症结就是现代性的缺乏。而彻底改进之良策就在于对图书馆重新进行现代性启蒙、现代性构建。网络图书馆学兴起后，图书馆现代性及与图书馆现代性密切相关的图书馆精神回归、图书馆制度创新、图书馆法制建设等成为其热门关键词，标志着网络图书馆学已经成为图书馆现代性启蒙的一支重要力量。单就这个角度论，网络图书馆学的兴起便堪称功不可没。

总之，网络图书馆学的兴起为图书馆学的学术进步构建了一个比较理想的话语情景，是对传统图书馆学话语方式的极大解放，其对图书馆学发展所起的连锁推动作用，将会随着时间的推移而愈发呈现出来，其重要性会日益被认识而得到更高的评价[7]。

2. 3 同行需要扩大交往

图书馆从业者包括图书馆事业管理者、图书馆员、图书馆学理论研究者、图书馆学教育和受教育者，他们出于管理或参与管理、业务交流、学术研究、专业学习、职业规划等动机，希望结识更多的志同道合的同行，彼此沟通信息、交换知识，形成专业兴趣共同体。传统的兴趣共同体的形成主要通过面访、书信等进行，受地理空间的制约，效率很低，形成的也多是校友、师承、会友之类基于人际关系的小圈子。而且传统交往的范围大小跟个人权力、声望的大小也有很大关系，权力越大、名声越响的人，组织和出席各种会议、活动的机会也越多，属下、门生、朋友也越多，那么他正式和非正式交流的圈子也就越大，获得的各种信息和知识也就越多，更容易形成良性循环，有益于其专业知识的丰富和事业的发展。

与图书馆高层管理者、理论家比较起来，普通的有事业心的图书馆从业者因为对外交往的机会不多，反而有更强烈的扩大同行交往的愿望，网络的兴起为这个愿望的实现带来了转机。网络是一种全新的信息交流方式，一个人在网上的权威，更多地取决于他说了什么，而不是他现实中的地位。一个现实中的图书馆长，如果他在网上的发言逻辑不通、枯燥无味、水准很差，照样会受到无情奚落，失去朋友。一个最基层的图书馆员，如果他的发言多是真知灼见，生动风趣，照样会受到激赏，获得友情。这样，普通图书馆从业者通过网络就突破了地理、地位的限制，广交朋友，扩大视野，充实知识、更新理念，快速提高自身的专业化程度。更重要的是，网络是一个平等的平台，它没有论资排辈，没有上下尊卑，没有门第等级，在这个平等的交往环境里，图书馆员们形成的专业圈子的基础完全靠才识、幽默感和话语中所表现出来的人品，因而更纯粹、更牢固。习惯了传统交往的图书馆馆长和教授们，也有不少人尝试在网络社区中寻找知己，一般情况下，他们都表现出了和他们现实中的地位相符的才能和魅力，受到了网友们的热烈欢迎。如果他们的言论不受欢迎，也有助于他们进行反思，这也是一种别样的体验，等于把自己的理念拿到人数不可预测的听证会上进行会商，有益而无害。

网络论坛和博客的快速兴起可以说反映了广大图书馆从业者希望扩大同行交流的强烈愿望和急切心情。

2.4 人才需要展示平台

我国图书馆界传统的让人才展示才华和发现人才的平台主要是学术期刊、学术会议，但是由于这两个平台的参与面相对较窄，经常“出镜”的多是已有一定名望和职称的行业中坚，总体上有重名人薄新人的倾向。况且论文的发表有较长的时间差，论文作为成熟的思想成果，字里行间也很难表现出一个人的个性特点和道德品质，如此就不利于新秀的快速脱颖而出。

对于那些在校生来说，其才华高低则基本上由一系列教育标签所决定，如其毕业院校、毕业成绩、是否三好学生、学生干部，获得过哪种层次的奖学金，研究生还要看其发表文章的数量、导师的学术地位等。究竟某个学生的道德品行、专业兴趣、治学天赋到底怎么样？众所周知，单凭这些标签是不能准确判定的，即便加上面试环节，用人单位对招聘对象的了解也相当有限，很难达到全面深入的程度。由于供需双方的信息不对称，经常发生埋没人才或用人不当的情况。

网络的发展为人才的自我展示、自我推销提供了平台，所谓真名士自风流，不管你是有理论慧根还是有技术天赋，在网络表述中都会自然流露，你的人品个性也会在自己不甚自知的情况下，被关注者把握得一清二楚。在文学和音乐领域，不少年轻人就是首先在网络上发表作品、展示才华，被广大网民认可后，继而得到文坛、乐坛的承认，一举成名。例如网络写手痞子蔡靠《第一次亲密接触》、网络歌手杨臣刚和庞龙分别靠《老鼠爱大米》和《两只蝴蝶》迅速踏上了明星之路。网络图书馆学的兴起，客观上也有造星的作用，有益于发现人才、认识人才。例如，在网络图书馆学圈子享有大名的老槐、超平、Keven、一问，固然在未经常参与网上讨论之前就有一定的声望，但是对网论的参与，显然进一步扩大了他们的影响力。网络影响力的提高或早或晚、或大或小会投射到现实当中，与现实发生良性互动。最近人们惊讶地发现，《中国图书馆学报》、《图书馆》等刊物上，网络明星们纷纷登场。由此可见，网络不仅是个人展示才华的平台，也是各方面发现人才的平台。对于在校生来说，长期参与网络上的专业研讨是他们展示自身才学、专业志趣及处事恒心的一种较好的方式，如果其果然专业思想稳定、基础知识扎实、才学识德均佳，是一位路遥显马力的人才，在稍长一段时间的网上讨论中自然就能够表现出来，这样就容易引起上一级学位导师的青睐或图书馆领导者的欣赏，在求学、就业和事业发展的道路上赢得机会，对招生和用人单位来说，也会少一些选才的盲目性，真正做到人尽其才。目前在网络上，不乏图书馆行业的招聘信息和求职信息，有的图书馆的负责人在网上曾表露过欲招聘某位人才的意愿。有的考场发挥不理想的考生在网上也曾表达过调剂志愿的愿望，确实也得到了网友们的帮助，实现了继续深造的梦想。

3 网络图书馆学讨论过的主要内容

网络图书馆学兴起后，图书馆理论界和实践界关注的方方面面在其中都有反映，参考网友游园惊梦总结的网络图书馆学2004年度大事风云榜[8]，概括来讲，被网络图书馆学热烈讨论过的核心内容主要包括以下专题：

* 图书馆精神的争鸣
* 抽象图书馆学的争鸣
* 制度图书馆学的争鸣
* 图书馆现代性的争鸣
* 阅读疗法的争鸣
* 由全国博士论坛的专家点评引发的关于学术规范的争鸣
*《图书与情报》落选2004年北大版核心期刊要目而引发的关于核心期刊的争鸣
* 于良芝著《图书馆学导论》的争鸣
* 中国图书馆学会2004年苏州年会的全面报道
* 中国图书馆学会2004年绍兴青年论坛的全面报道
* 中国图书馆学会2005年哈尔滨新年峰会的全面报道
* 国家图书馆多次被读者投诉媒体之事的争鸣
* 苏州图书馆被读者投诉媒体之事的争鸣
* 信阳师范学院图书馆被读者投诉媒体之事的争鸣
* 讨论聚焦的热点人物：范并思、李国新、于良芝、李超平、叶鹰、蒋永福、程焕文、王子舟等[9]

限于篇幅，网络图书馆学讨论过的主要专题的详细内容不再展开，从网络图书馆学发展的势头来看，其正沿着讨论范围更广、专业和社会影响更大的方向发展，将覆盖更多甚至所有的专题。

4 网络图书馆学的正面作用

网络图书馆学的积极作用是显而易见的，具体而言，突出表现在如下几个方面：

4.1 舆论监督

随着网络图书馆学的发展，讨论的主题越来越丰富，举凡图书馆界的理论热点和事业焦点，包括那些在正规刊物或会议上不便讨论的问题，不登大雅之堂的行业花絮、名人佚事，在网上都有议论。这些议论因为多是匿名的，因而更加民主和自由，更加公正和具有批判性，客观上可以起到舆论监督的作用。有网友称，从2004年开始，图书馆界进入了"多事之秋"，意思就是说网络图书馆学已经形成了一支不可忽视的舆论力量，今后图书馆界的一举一动都在网民的监督之中，不管是一次会议的一个安排失当，一个专家的口误或举止失态，一个图书馆规章制度存在的瑕疵等等，都有可能被网友发布到网上进行群众性的审视、解剖和批判。发表谬论的理论家和做出错误决策的实践家都要为自己的行为在声誉和威信上付出代价。

4.2 理论彩排

网络还是一个学术答辩会和听证会。通常，教师们可以把自己的研究成果拿到课堂上与学生交流，在学生们的质疑下不断完善；学生们的学位论文需要老师们严格把关，在答辩会上听取权威们的评点和检验。教学领域的师生们有便利的条件实现教学相长和互动切磋。但是对于广大普通图书馆员来说，大范围向同行请教和切磋学问的机会就很少，网络为学术试验和学术争鸣提供了场地，不管您是学术界的大师还是新兵，在学术上有了新的想法，都可以先发布到网上征求意见，这样互联网就成了理论预演和理论彩排的舞台，当前图书馆界的许多热点和前沿问题，在其以严整的体系呈现于学术期刊之前，都曾在网上进行过预演和彩排，如公共图书馆精神研究，在网上预演时，呈现的标题是"龙战于野"，意思是关于公共图书馆精神的研究是一个重要的大题目，但当时却不为主流图书馆学家所重视，不是"在朝"的学问而是"在野"的学问[10]。其他不少理论问题也都在网络尤其是在专家的博客中被预演过，此后被有心人所吸收，改编加工成正式论文发表在专业期刊上，期刊上参考文献中论坛和博客的被引频次的不断走高就说明了这个问题。

4.3 信息速递

网络广泛开放的特点决定了任何人都可以即时地把自己的所见所闻、所思所想发布在网上，无论是行业新闻还是学术观点，借助于网络，传播的速度和广度明显提高了。例如，随着网络图书馆学的兴起，中国图书馆界尤其是中国图书馆学会的每一次会议，包括年会、青年论坛、新年峰会等，会议的内容和花絮都被参会的网友及时而充分地发布到网上，会议的精神得到充分的传播，其传播效果不但不亚于正规印刷出版物，甚至比其更深入全面。社会上围绕图书馆的赞颂之辞和批判言论也会迅速地被精选整合到网络上的图书馆学社区，如读者对国家图书馆坚持区别服务的媒体投诉、读者对信阳师范学院出售座位的媒体投诉、读者对苏州图书馆古籍管理办法的媒体投诉，都及时地变成网络图书馆学热烈讨论的案例，有益于图书馆界判断环境，摆正位置，改善服务，及时针对危机制定应对之策。

4.4 德行修炼

网络图书馆学园地也是一个砥砺德行、培养学术精神和学术人格的好课堂。凡是参加过网上讨论的同行可能都有这样的感觉，参与网上讨论的时间越长，资格越老，你的网络道德不是下降而是提高了，有一个阶段性的升华过程。刚开始时你可能只是一个对网络讨论这种方式感兴趣的愤青，喜欢用直白嚣张的语言攻击比自己年长和地位高的人，也就是所谓的“拍砖”，以显示你的与众不同和“才华”。但是随着拍别人砖和被别人拍砖，经过换位思考、换位体验和自己的成长、生活阅历的提高，你渐渐便会发现网上也有做人之道和做人之格，网上也同样存在着约定俗成的令每个人自发遵守的伦理规范，这种网络伦理和社会上的美德标准及武术界的武德标准十分相似，要想在网络上受人尊敬，赢得美名，自己首先必须是一个网德高尚的人。据笔者观察，最早一批参加网络图书馆学讨论的人，其在网上所表现出的道德水平、学术水平无一例外都在提高，这也是网络图书馆学不需要担忧而值得提倡的重要原因之一。

4. 5 自我教育

参与网络图书馆学，除了道德上的自我提升，业务和学术上的自我提高更是一个重要收获。在网上，许多论坛和博客已经专题化了，不少在某个方面比较专精的同行都在有意地展示自己的特长，如名为“数图研究”、“编目精灵”、“精彩搜索”的博客，介绍了大量的关于数字图书馆研究、图书编目和信息检索方面的信息、知识和独到经验。在收集和介绍这些内容的时候，相信这些博客创建者自身在不断地扩大知识面，不断地把自己的思考精确化，有个自我教育的过程。更重要的是，更多的这些博客的访问者、崇拜者通过对这些专业水平较高的网络内容的访问，快速提高了自己的业务水平，实现了自我教育。在网络图书馆学萌芽发展的这几年中，通过帖子质量的不断提高，可以明显感觉到，不少青年图书馆员，通过网络上热点人物、事件的转换，也在不断追踪阅读着围绕着这些人物、事件的相关文献，在扩大知识面和完善专业基础知识方面的进步是十分明显的。因此，武汉大学信息管理学院的詹德优教授把网络图书馆学的主要作用归结为自我教育[11]，是相当精辟的。

4. 6 人才遴选

图书馆人上网的目的略有不同，有人为了表现，有人为了发现。同是表现，年轻图书馆人和中老年图书馆人又是不同的。年轻图书馆人的表现是为了展示自己的专业激情和才华，寻求友情和理念认同，以获得更多的学术灵感和发展机会，是出于一种专业拥抱式的热情。已经成名的中老年图书馆学人之所以上网，是为了逃避撰写八股式学术论文的麻烦，寻求别样的表达方式，把自己的思考尽快地初步精确化并表达出去，是为了抓住稍纵即逝的隐性知识和灵感，使其不致于白白浪费，希望对行业的发展和年轻人的学习有所启发，是出于一种专业关怀式的守望。但不论出于哪一种表现，客观上都起到了遴选人才的作用，网络就像一台造星机器，透过雪亮的群众的眼睛的筛子，把年轻的新星和不朽的明星淘洗出来。新星被编辑、教授、馆长们所发现，有了更多的发展机会。明星们赢得了同行们的理解、欣赏甚至崇拜，可以招到更优秀的学生，在行业里发挥更大的作用。

4. 7 友学兼得

网络图书馆学园地还是一个虚拟的社交场所、一个虚拟的学术茶馆，来的人在谈天说地、吃茶论道之间，也在收获着友谊。如同网恋可以造就婚姻，网络图书馆学也可以造就师生、朋友、合著者等现实关系。目前，已经有不少图书馆员彼此通过网络图书馆学园地培养了感情，通过学术会议见了面、订了交，这些今天的网络图书馆学参与者，已经形成一支不可忽视的力量，必然要对未来中国图书馆学的理论和实践的发展产生影响。

4. 8 随笔勃兴

中国的图书馆学，在20世纪上半叶，由于西方的学术规范尚未全面传入和应用，许多开创现代图书馆学的大师名家的图书馆学论著继承了古文简约精练的传统，文体活泼多样，内容言简意赅。但是随着现代学术规范的应用，到20世纪下半叶，图书馆学论著中学术论文一统天下，就很难见到其他文体了。其他学科也有类似的情况。文体的僵化筑起了学科与学科、学科与社会的壁垒，使优秀的学术成果主要在专业领域里回旋，传播不到外行和公众的耳目里，限制了学术成果社会影响的扩大。为了解决这一矛盾，自上个世纪90年代起，文史哲、法律、经济等学科的一批顶尖专家效法前贤，在撰写专业宏文的同时，纷纷撰写随笔，或进行专业科普，或以专业视角、博通知识纵论各种社会现象，表现人文才情、社会关怀，赢得了广泛关注和喝彩，涌现出了一大批公共知识分子。可惜的是，图书馆学家们却一直游离在这个潮流之外，其思想、魅力难以被公众所认识。综观学术史，大师名家几乎也都是文体大师，学者只有通过多种文体传播自己的思想，才能赢得更广泛的认同。而随笔是表达学术思想最快捷的途径，写不写随笔某种程度上已经成为制约图书馆学者难成大家的一个因素。所以，蒋永福教授极力鼓动图书馆学家写随笔[12]，《图书馆》杂志也开设了随笔栏目，但是因为杂志出版周期长，应者寥寥，尚未成气候。谁知博客的勃兴极大地推动了随笔这一文体的发展，老槐、超平们一挥而就的帖子，实际上就是真正的随笔。随笔抛开了学术论文为追求严谨而附加的四平八稳、前后交代、虽然但是、一分为二等等烦琐沉重的外衣，是赤裸裸的思想和灵感，更鲜活、更天然，一出现便受到了广泛欢迎，借助于网络弗远无界的特性，这些图书馆学者也逐渐被包括新闻记者在内的业外人士所了解，遇到与图书馆有关的新闻事件，经常成为新闻记者采访的首选对象。

4. 9 名师胜出

当前，人们把那些热心社会活动、青年号召力强、媒体曝光频率高的教授称为“明星教授”。随着高校招生竞争的加剧，明星教授显然对人才更有吸引力，判断一名教师是否优秀已不能只看其在本校本地的学术影响，还要看其是否具有“明星教授”的知名度及其特质。当前，很多高校的法律、经济等院系评职称，不仅看教授的科研成果，还要看教授是否拥有学术性的社会兼职，是否积极参与社会服务，这就是对教授明星化的要求。教授要明星化首先需要公共化，在互联网上展示才学显然是个不错的选择。在网络图书馆学发展演变的这几年，已经造就了好几位明星教授，他们或是网络图书馆学的积极参与者，或是网络图书馆学关注的对象。他们都是以自己的学术贡献和人格魅力赢得网络声望的，是很有可能在未来被称为大师的人。

3. 10 编读互动

就《大学图书馆学报》来说，为网络图书馆学提供地盘的初衷是促进编读互动，改进编辑工作。当网络图书馆学发展到今天的程度，实际上已经不仅仅只有该刊从中受益了。不少图书馆学期刊的编辑工作或多或少地都受到了网络图书馆学的影响，最近一些刊物在遴聘编委、组稿约稿、选题策划等方面的新变化，都能够明显看到是受到了网络图书馆学的启发。如《图书馆》杂志关于“新图书馆运动”的策划；《图书馆建设》关于“走向权利时代”的策划，关于“苏图事件”的讨论等。各个编辑部已经开始知道通过网络研讨发现优秀作者、提炼热点选题、选择编辑顾问。网络上有名的意见领袖也纷纷有大作出现在期刊上，网络与传统印刷媒体走向了良性互动。相信今后将有更多的青年才俊走上先在网络中成名，后在现实中加冕的成才之路。

5 网络图书馆学的负面作用

互联网从来就不是无政府主义者和民族、国家虚无主义者的乐园，更不是文化殖民主义者的殖民工具，网络图书馆学若要健康发展，就应该时时加强自律，模范遵守各种社会规范，远离各类危险的禁区和陷阱，将自身可能存在的负面作用消除在萌芽状态。网络图书馆学可能存在的负面作用主要表现在：

5.1 政治犯险

网络上有极大程度的言论自由，但必须是在国家性质和法律许可的框架之下。青年人社会经验不足，思想活跃但偏于幼稚，容易头脑发热，在言论中犯政治错误。网络图书馆学的最大危险也在于此。一旦政治犯险，发帖者自身不但要承担责任，还会累及网络图书馆学的生存。网络图书馆学几年来虽然未曾出现过严重的政治问题，但是有些帖子在介绍台湾图书馆学情况的时候，政治敏感还是不够，今后应引起充分注意，切记要在一国两制的前提下报道台湾图书馆界的相关情况。

5.2 法律越界

在网络上讨论问题，难免要涉及到相关的当事人和单位。有些人偏偏喜欢论说人物、评鉴机构。在网络图书馆学讨论中，曾多次出现过直接人身攻击和暗示性人身攻击的情况，对一些机构也有一些以偏概全的恶劣评论。这类情况如果升级扩大，很容易构成侵犯隐私、诽谤、诬陷等罪名。网络图书馆学容易触犯法律的还有侵犯知识产权、泄漏机密等行为，需要参与者加强自我约束。

5.3 自我贬损

网络上还有一种不良现象就是自怨自艾、自我贬损，时常将自己笼罩在一种集体无意识的自卑阴影下。有的人无视整个图书馆行业在新世纪所发生的深刻变革，展现的蓬勃活力、崭新面貌，时常将本馆的一些不良现象放大为整个行业的现象，动辄以偏激的言辞进行攻击。如图书馆员学历偏低、知识结构不合理、整体素质不高，图书馆是老弱病残人员安置所、博士太太流动站等，这些问题在许多先进地区的大中型图书馆已经不复存在，再以此评价图书馆已经是不切实际的陈词滥调，但是在我们的学术期刊和网上研讨中，类似的评语却是层出不穷，数十年不变，极大地损害了我们的职业形象。任何行业都有悲观的个人，但不能把个人的悲观和事业上的失败全部怪罪到行业的头上，这对行业和我们个人的形象塑造和进一步发展都绝对没有好处。要清楚，维护行业就是维护我们自己。

4.4 道德失范

网上有些言论虽然尊重事实，但是却不合人伦之常，在网上发布也会起到不好的作用。如有些老专家在为学、为人上不一定每件事都处理得十全十美，对他们有些意见就不能得理不饶人，刻薄地在网上大肆抨击、借题发挥，还要考虑到作为普通老者他们的承受能力，要把他们作为学科的宝贵财富而珍视他们的健康。可惜的是，在网络讨论中，向老者发难的帖子并不少见。当然，除老少之间，同行、同事、同学、师生、同门之间也有许多道德规范，网上言论固然允许有大量的多于生活的戏谑成分，但也需要掌握尺度，不要弄到反目失和的地步。

4.5 网络成瘾

网络图书馆学的发展是一把双刃剑，一方面其规模的滚动扩大推动了图书馆界的信息传播、知识创新；另一方面，其内容如滚雪球似地扩张，也拉长了关注者阅读和筛选信息的时间。参与网络图书馆学的人可能都有这样的感受，阅读网上的专业言论已经成为我们的习惯，我们每天花在网上的时间越来越多了，多少挤占了工作的时间。对馆员或者学生负有管理责任的馆长们或教授们，也越来越担心其属下或者学生因为沉溺于网络而影响工作或学业。不论是网络图书馆学的领跑者还是潜水员，都有患上“网络成瘾综合症”的潜在危险，应该经常反省，做好自我预防。

4.6 职业分裂

网络文化整体上属于后现代主义的大众文化，反对理性的新霸权是其重要特点。相应地，拒绝权威、各抒己见也成了网络图书馆学的鲜明个性。这种个性的优点是可以充分发挥学术民主，使各类问题得到充分争鸣，开阔研究者的思路，改善知识成果的品质。但是其不足也是很明显的，那就是很容易由于其无中心性、无根基性而将各类论辩带入相对主义的泥潭，网络图书馆学讨论了一个又一个专题，可是却没有一个留下权威的结论。于良芝博士提醒我们，要特别警惕这种相对主义最后发展成为职业分裂的诱因。因为在此前的讨论中，图书馆员、图书馆学教师、图书馆学研究人员之间的分歧不是在缩小，而是在加大，互相激烈攻讦的事情经常发生。配合着现实中图书馆学教育对图书馆学的背叛、图书馆对图书馆学教育的背叛，职业分裂已经处于萌芽状态[13]。这种分裂对理性对话、精神启蒙和制度构建都是有害的，基于强化职业认同、维护行业团结的共同立场，今后网络图书馆学的每一个参与者都有义务克服这种学术上的相对主义、情绪上的分裂倾向，努力使网络图书馆学产生更多的共识，使之在提高职业认同、促进行业和谐方面发挥积极的推动作用。

5 对网络图书馆学发展的建议

网络图书馆学发展壮大到一定程度，引起现实图书馆界关注后，很多期刊都发表了关于网络图书馆学的介绍、调研和展望之类的论文，有的论文的观点言之有理，令人赞成，有的论文的观点则不切实际，令人不敢苟同。

（1）不赞成图书馆网站托管博客。有的学者以国外的某些大学图书馆为本校读者提供博客托管服务，颇受师生欢迎为由，呼吁图书馆网站开发博客平台，提供博客托管服务。从我国高校图书馆的实际情况来看，这个建议基本上是缺乏可行性的。一方面，当前我国的高校图书馆都引进了尽可能多的国内外全文数据库，每周 7 天 24 小时提供服务，网上信息服务的任务很重，设备已经在满负荷运转。另一方面，大学图书馆员们都面对着以定岗定编为主要形式的人事改革，每个人的岗位职责从理论上讲已经是满负荷了。因此，既没有额外的服务器也没有额外的人力来开展这一工作。更重要的是，图书馆长们更关注实际困难问题的解决，对网络图书馆学研讨的理论问题不是很感兴趣，甚至抱有偏见。更何况，管理好博客就要及时浏览博客，绝大多数图书馆长不可能允许馆员把大量时间花费到创建、浏览和管理博客社区上。

（2）不赞成大批图书馆员开设博客。网络图书馆学，尤其是博客有其适用对象。如大学师生脑力活动的时间多，且以知识的创造、思想的传播为己任，有良好的条件创建和维护博客。至于有的学者呼吁图书馆员更多地开设博客，似乎不太切合实际。从管理者的角度看，图书馆员并不方便参与博客，因为其所有的工作日程和任务都是被预算好的，根本没有参与博客的时间成本。如果图书馆员不能保证在业余时间上网，经常利用上班时间在博客上展示才情，那么其言论记录很容易成为不务正业的罪状，遇到评职称等激烈的竞争考验时，难免要在此事上受到竞争者的攻击。另外，据观察，教授们以读书写作为日常基调，生活已经艺术化、审美化了，他们对博客往往抱着审美的态度、欣赏的态度，阅读博客文章的时候，心里是在评判其学术含金量，为发帖者的才华打分。馆长们以管理决策为工作重心，生活已经程序化了、实用化了，他们是以监管的眼光、成本核算的眼光来看博客，阅读博客文章的时候，心里盘算的是其是否切合实际，并为经常率尔发表言论该浪费多少时间、耽误多少工作而感叹。由于教授和馆长对待博客的出发点不同，所以博客更适合高校师生经营，而不太适合图书馆员。

（3）不赞成网络图书馆学的实名化趋势。网络的最大优势在于语言形象、生动，文风泼辣、大胆，发言者可以借助网名的掩护，冲击潜规则，发表独到、惊人的见解。但是随着网络图书馆学的发展，网上发言积极的网友的网名纷纷被破解，其锐气也渐渐钝化，最后竟混同于现实中的唯唯喏喏。这样，网络图书馆学也就慢慢地与现实中的座谈会毫无二致，丧失了原来的魅力。网络图书馆学要想可持续地赢得发展和关注，就应该遏制住实名化趋势，重新用网名来续写百家争鸣的盛况。

鉴于网络图书馆学已经在行业内产生了一定影响，出现了一批成果，方兴未艾，有进一步发展的必要。同时，也提出如下建议：

（1）建议相关的图书馆学专业出版社出版以《老槐随笔》为代表的图书馆学家随笔丛书。网络图书馆学兴起后产生的最优秀的成果是老槐的发帖，其上百个帖子涉及的范围之广、给人的启发之大都是十分罕见的。这些帖子观点鲜明深刻，形式自由潇洒，是图书馆学家随笔中的上品，应该由相关专业出版社结集出版。正如鲁迅的杂文盖过了他的其他成就，《老槐随笔》或许也有可能会比其学术论文更有生命力而传诸后世。“数图研究”、“超平的博客”、“编目精灵”等博客中的帖子也很有水平，可以跟进出版，形成丛书。

（2）建议图书馆学教师、在校研究生、图书馆管理层、退休图书馆工作者多参与网络图书馆学。目前网络图书馆学的几种形式中，博客已经成为主力，博客需要长期维护和更新，需要创建者有较充足的时间，在图书馆界，图书馆学院系师生、图书馆管理层和退休图书馆工作者，或者有时间安排弹性较大的工作岗位，或者以休闲健身为主要生活内容，应该为网络图书馆学的发展多做贡献。投身网络图书馆学，一来可以为图书馆学大造舆论；二来可以短平快地将宝贵经验、精彩观点周知于同行，同时还可以分享广大同仁的思想火花；三来可以调剂生活、慰怀养心、充实精神。如此既增长知识、有益学术，又追赶时尚、休闲身心的事情，何乐而不为。

（3）建议各图书馆及图书馆学会等行业协调机构多开设会议博客、项目博客等临时性、专题性博客。有了 RSS 阅读器之后，人们的网络阅读习惯已经由访问偏好的网页演变到动态追踪访问偏好的频道，这是一种自拉式的信息收阅方式。也就是说，静态的内容反而不如动态的内容更容易被注意到。如果一个网站不提供站点摘要服务，那么其传播效果很可能不如一个博客，因为博客社区通常都具备此项服务。所以，为了使图书馆行业的活动能够被图书馆工作者更加及时地了解，多开会议博客、项目博客等临时性、专题性博客是十分必要的。

（4）建议《图书馆界》进行《出版广角》式的改造。有专业刊而无行业刊，这是我国图书馆学期刊规划上的重大缺陷，直接导致了当代图书馆事业的新闻缺乏详细系统的记录，对历史和未来都不够负责。笔者的一个很早就有而未有机会表达的建议是，广西的《图书馆界》是一个潜力很大的品牌，它占有了一个很好的刊名，很有希望改造成我国图书馆界的第一行业刊。而且就在广西，已经出现了一个著名的出版类行业刊物《出版广角》，该刊开放办刊，虽然为地方所办，但是却有全国甚至国际视野，纵览时代出版风云，在出版界深受业内人士好评，实际上起到了全国性出版行业刊的作用。《图书馆界》应该重新调整刊物定位，变学术刊为行业刊，变科普刊为时事刊，就近向《出版广角》取经，将该刊打造成具有全国甚至国际视野和影响的图书馆界行业刊。

（5）建议网络图书馆学保留网络语言的特点，预防网络图书馆学和现实图书馆学的同质化。网络图书馆学跟现实图书馆学的重大区别甚至说是优点，就在于其语言的生动活泼幽默。然而随着网络图书馆学的发展，发言积极的网友们的真实身份往往会被识破，在世俗身份的约束下，发言就多了很多顾虑。当然也有一些保守守旧的人，从来就看不惯网络语言，自然极力排斥。然而大多数人认为，网络图书馆学的最大魅力就在于其采用了网络语言的风趣、幽默和讽刺力度，可以举重若轻地批判或讽刺一下现实中的虚伪和不公等现象，打破现实图书馆界的沉闷。因此，应呼吁网络图书馆学继续保留网络语言的特点，拒绝和现实图书馆学同质化。

总体而言，网络图书馆学的发展趋势是多元化，从形式上看，各种载体形式均有，论坛和博客齐飞。从语种上看，中文与外文兼备。从地域上看，内地同港台及国外呼应。从开发单位看，既有图书馆界相关机构的，如《大学图书馆学报》的“读者沙龙”，也有商业公司的，如“E 线图情”，新的网络图书馆学园地还在不断涌现。信息时代日新月异，不久的将来还会出现何种形式的信息传播方式实在难以预料，可以预料的是，网络图书馆学一定会借各种传播方式为我所用，与时俱进，欣欣向荣。图书馆学学术交流方式的革新、研究格局的变动、研究新秩序的重建才刚刚开始。

参考文献：

1 论剑．e 家之言：学术界的“东帝、西毒、南邪、北丐”．大学图书馆学报，2003（1）：69

2 http：//libforum．xmu．edu．cn/tiki－forums．php

3 http：//www．chinalibs．net/

4 http：//oldhuai．blogchina．com/

5 http：//www．qiantu．org/news/index．php？hours＝168

6 http：//libforum．xmu．edu．cn/tiki－view_ blog．php？blogId＝26

7 蒋永福．何以完成现代性？——就图书馆职业的现代性问题答于良芝女士．图书馆建设，2005（4）：20

8 游园惊梦．2004 年度网图大事风云榜．游园惊梦之博客．http：//youmeng．bokee．com/364105．html

9 游园惊梦. 2004 年度网图人物龙虎榜. 游园惊梦之博客. http://youmeng. bokee. com/357467. html
10 论剑. e家之言：降龙十八掌之“龙战于野”——公共图书馆. 大学图书馆学报，2004（1）：72
11 詹德优，于迎娣. 馆员论坛——图书馆员自我教育的一种新途径. 新世纪图书馆，2005（2）：69－72
12 蒋永福. 关于随笔的随笔——图书馆学文风散论. 图书馆，2004（1）：28－29
13 于良芝. 精神·制度·组织——就当代中国图书馆职业的现代性构建答蒋永福先生. 图书馆建设，2005（4）：23

（本文原刊于《图书与情报》2006 年第 1 期）

国外图书馆学情报学近期研究热点（2003－2004）

初景利　李　麟
（中国科学院文献情报中心）

综观 2003－2004 年国外图书馆学情报学的研究，人们更加关注信息环境的变化及其对图书馆的影响，更加关注充分利用新的信息技术加快图书馆的变革，积极采取各种手段提高图书馆的服务水平和效果。强调图书馆应在信息社会中发挥更大的作用，更加重视网络信息资源，探索建立在新的信息环境下以用户为中心的新的服务模式，充分有效地运用各种新的信息技术，积极利用多种管理手段提高图书馆工作成效，运用多种评价手段促进图书馆各项工作的开展，推动建立更加平等和有效的新型学术交流体系。

1　图书馆在信息社会仍将发挥不可替代的作用

数字化网络化是信息社会的重要特征，但数字化网络化并没有削弱图书馆在信息社会中的作用。大学图书馆将在高等教育中扮演越来越重要的角色，很难想象一个没有图书馆的大学是什么样子。有三个主要的发展趋势将使大学图书馆的这一作用显著增强[1]：无限制地随时获取呈指数级增长的信息资源；大学的发展重点从讲授（teaching）变成了学习（learning）；人们对大学充分发挥其作用所寄予的高度期望。大学图书馆对大学生的一个重要意义在于信息素养教育，教会学生如何评价信息的价值。

2003 年 12 月 10－12 日在瑞士召开的联合国信息社会世界高峰会议进一步证明了图书馆的作用[2]。11 月，国际图联召开的会前会的主题是“图书馆是信息社会的心脏”。高峰会议通过了两个重要的文件：《建立信息社会——新世纪的全球挑战》原则声明和行动计划。用联合国秘书长安南的话说，高峰会议的目的是“通过消除发达国家和发展中国家之间日益明显的数字鸿沟，将信息时代转变为信息社会”。国际图联的作用是保证图书馆在建设全球平等社会中发挥潜在作用的理念得到理解和正式承认，寻求对信息和知识的公正和平等获取，努力消除全球数字鸿沟。在行动计划中有关文化的多样性部分，提出制订“全国性的政策和法律，保证图书馆、档案馆、博物馆和其他文化机构能充分发挥其在信息社会中作为内容提供者（包括传统的知识）的作用。

国际图书馆界日益达成了这样一个共识：对信息的平等获取是图书馆使命的重要部分，是图书馆职业的基础，渗透在我们所做的一切工作之中[3]。从具体的图书馆角度出发，提供平等服务必须是所有图书馆服务的标准。为此，我们必须自问：我们是否承认我们的员工和服务对象的多样性，在制订战略规划时我们是否重视他们的意见和观点？我们是否以公正和平衡的标准评价馆藏？怎样与所服务的社会成员和同仁合作，保证服务的质量和效益[4] 此外，平等获取还是美国图书馆协会所采取的五大行动计划之一，目的是实现向所有人提供高质量图书情报服务的使命。平等获取意味着每个人都有同样的机会拥有所需要的信息，而不管其年龄、教育水平、民族、语言、收入、身体限制或地理障碍；意味着他们能够获得各种载体的信息，不仅包括印本，也包括电子载体；意味着他们可以自由地实施知晓权，而不必担心检查或报复。

美国图书馆协会提出，在促进实现所服务的人们的平等性方面，图书馆员面临着许多挑战，主要包括：获得所需要的经费，满足日益多样和复杂的信息需求；保护图书馆用户获取信息的权利，而不限制获取或侵犯隐私；招聘和留住能向多样性用户提供服务的员工队伍；保证从物理上、社会和经济上对图书馆建筑、技术和馆藏的获取；认识到图书馆作为重要的社会资源的价值。

2 充分重视网络信息资源在图书馆资源体系中的重要作用

网络信息资源（特别是电子数据库）将日益成为图书馆信息资源的重要组成部分。图书馆必须为用户提供高质量的电子数据库才能更好地满足需求，但如何选择这些数据库才能达到性价比最优？选择订购型网络数据库要遵循一定的步骤和方法[5]。第一，制订完备的虚拟馆藏发展计划有助于在选择数据库时做出明智的选择，制定计划时考虑的因素包括数据库与本馆信息需求的相关度、数据库的获取方式、数据库中的信息资源与本馆已有信息是否有重复、数据库内容上是否符合传统的资源选择标准、是否容易使用、数据库资源的稳定性；第二，分析用户需求，要考虑资源是否会提高学校的课程质量、学生将会如何利用资源、学生是否需要远程获取这些资源；第三，分析资源对图书馆的潜在利益，考虑出版商是否会提供对这些资源的管理服务、是否更便于引用、是否有助于图书馆腾出更多的馆藏空间；第四，加入图书馆联盟，会增加可使用的资源数量，节省预算；第五，进行产品间的比较，考虑产品的设计（检索能力、资源覆盖范围、全文获取、图表是否可见）、用户需求的满足（界面设计、用户培训、下载能力等）、技术要求（软硬件要求、技术支持、管理权限、用户使用的统计数据）、预算限制（每个用户的订价、附加服务）；第六，对出版商进行比较；第七，用户试用；第八，价格谈判；第九，资源的宣传和推广；第十，使用评价。

在网络信息资源中极易被忽视的一种资源是隐性网络资源。隐性网络资源应成为图书馆员的基础知识，无论是在参考咨询台解答用户的研究咨询，还是向学生讲授信息素质基础知识，都需要掌握隐性网络资源的知识。很多人不知道一般性搜索引擎的局限。隐性网络资源包括万维网上被常规的搜索引擎（包括 Google）所忽视的各种信息。网上 80% 以上的信息都属于隐性网络信息。隐性网络资源大约是显性网络资源的 500 倍，95% 的隐性网络资源是可公共获取的信息。获取隐性网络资源的工具有多种，包括学科指南，如“Open Directory Project”(http:www.dmoz.org)、“Librarian's Index to the Internet”(http//lii.org)和 Yahoo(http://www.yahoo.com)；专业数据库，如 Infomine(http//infomine.ucr.edu)、Digital Librarian: A Librarian's Choice of the Best of the Web(http://www.digital-librarian.com)。此外，还有公司的网站，如 Intelliseek 的“Invisible Web”(http://www.profusion.com)、Bright-Planet 的 CompletePlanet(http://www.completeplanet.com)[6]。充分地利用这些资源，将大大增强图书馆资源建设的实力，提高图书馆对用户的资源保障率。

3 探索建立各种在新的信息环境下以用户为中心新的服务模式

新的信息环境的特点是电子通讯（异步和同步）、网络信息资源、多媒体信息以及信息的生成、传播和存取。根据用户调查，在电子图书馆环境下用户的典型期望是：什么都是全文的，并且可下载、可打印；更快的服务；可获得全天候（24/7）的服务；虚拟参考馆员 24 小时在线；易于使用的网络资源，允许自助；图书馆员懂得所有的学科和所有的数据库；所有的资源都是电子形式；有多种方式提供选择；网站是有效的；能联机开展图书馆所有的业务（如用户登记、要求文献传递和馆际互借、续借等）、网站搜索引擎能找到用户所想要的[7]。期望催生服务，引导着图书馆服务的发展方向。

馆际互借（ILL）是一种由图书馆员介入的资源共享的方式。而美国东海岸七所私立大学建立的直接借阅服务（Borrow Direct）是对馆际互借的改进，它可以快捷、可靠地利用各馆的流通馆藏，是资源共享领域最大的突破[8]。它是一种由用户介入的馆际互借。用户一次性检索联合目录（实际或虚拟），联机提出检索要求，在规定的日期内所借的图书就送达所在图书馆中，通过电子邮件通知用户提取。与传统的馆际互借相比，这种模式减少了图书馆员参与和处理用户所要求的图书的时间。

图书馆向读者提供的服务越来越多地受到飞速发展的技术的影响。因特网为图书馆服务和业务运行提供了一个新的更广阔的空间，其中包括在图书馆的文献传递上发生的变化，即从单一的印本图书的馆际互借到印本资源的电子文献传递（electronic document delivery，EDD）。目前比较主要的电子文献传递系统有研究图书馆信息网络（RLIN）的 Ariel 系统、北卡罗莱纳州立大学的数字化文献传递项目（DDTP—Digitized Document Tranmission Project）和俄亥俄州立大学图书馆传真（fax）项目。对大学图书馆使用EDD 系统所需的硬件、软件要求进行的调查表明，使用因特网进行电子文献传递是实现资源共享非常重要的途径[9]。

联机检索还要特别重视检索的心理因素。成功的联机检索不仅仅是掌握了检索技巧的问题。情绪、态度、压力、环境等因素也对联机检索的成功与否起到至关重要的作用。可以从情绪与人的认知能力之间的关系出发，研究二者之间如何相互影响，二者的变化对进行联机检索的主体又有何影响[10]。将检索行为视作精神和心理活动，是一种艺术。心理因素直接影响着联机检索的效果。

虚拟参考咨询已经成为越来越多的图书馆所热衷的一种服务方式，服务模式上也正在从异步咨询转为同步咨询，但人们对待同步咨询总体上持审慎的态度。2003 年美国在虚拟参考咨询服务方面有很多新动向，其中之一是越来越多的图书馆使用了图书馆员与用户之间的实时聊天软件。澳大利亚和新西兰的图书馆已经通过电子邮件或网络表单提供了联机参考咨询服务，然而冒险涉足实时聊天式的虚拟参考咨询形式还少之又少。从现实的发展看，虚拟参考咨询要走向更大的成功，还面临着不小的挑战，包括如何平衡资源与需求、将虚拟参考咨询融入现有的服务体系之中、测量和评价服务绩效、营销战略以及研究解决在联机环境下提供虚拟参考咨询所遇到的各种问题[11]。

网络资源的发展对用户信息素质教育提出了更多、更大的需求。基于计算机的用户信息素养教育在网络环境下具有很大的优势，同时也存在不可忽视的弱点。在电子图书馆环境下实施高水平的信息素养教育需要提高计算机传输能力，实现网络环境下的信息素养教育的优势最大化。目前较成功的案例是整合的虚拟学习环境（Virtual Learning Environment，VLE）[12]。这种环境将信息素养教育整合进全套的课程体系中。但问题是，基于计算机的用户教育已经受到体系完备、老师教学生学的传统用户教育方式的束缚。如果信息素质教育不能被整合进更大规模的 e－learning 模式中，VLE 的发展也会受到限制。

将网络资源、物理图书馆以及图书馆员的优势结合起来，提供一站式的服务，将给图书馆带来全新的面貌，能更充分地发挥图书馆的作用。多功能信息服务中心（Information Commons，IC）是近年出现的一个概念，是将在网络化环境下为用户提供个性化帮助的各项服务集成在一起，在数字环境下提供的集成服务。它将联网的计算机、图书、参考咨询专家和信息技术人员整合起来，实行一站式的服务和对资源、技术和人员的无缝存取。一些图书馆的统计表明，IC 增强了图书馆的显示度，到馆读者数量显著增加[13]。IC 不仅仅是一个场所，而且是一种理念，是传统图书馆与网络优势互补的重要体现，其模式根据服务的目的的不同而不同。一些大学已经建立了 IC 以作为向网络环境下的用户提供资源和服务的手段，其中包括 Emory 大学图书馆、Kansas 州立大学图书馆、Arizona 大学、Iowa 大学、Colorado 州立大学、Penn 州立大学等。

随着信息和通讯技术的应用，e－learning 也开始日益兴盛起来。e－learning 指通过 Internet、intranet/extranet（LAN/WAN）等多种电子方式提供学习内容，包括各种各样的应用和过程，如网络化的学习、计算机辅助学习、虚拟教室以及电子协同学习。数字图书馆可以为 e－learning 提供强有力的支持[14]，如：

· 即时学习（on－demand e－learning）：通过电子全文或多媒体数据库、电子文献传递、即时点播（VOD）等，向学习者提供即时学习材料；

· 实时联机学习：通过宽带技术在参考馆员与用户之间提供同步交流；

· 建立知识库：建立拥有学习内容、可检索的电子数据库；

· 基于模拟的学习：向学习者提供交互式的内容，在模拟情景下学习，通过数字图书馆的虚拟现实设计来实现。

e－learning 图书馆可以有四个层次：基本层是根据功能、学科或课程组织学习资源和服务，并以网页的形式呈现出来，可以是 WebPAC、电子期刊目录、提示（alert）和文献传递服务；第二层是将有关的工具嵌入网页中，包括网络化工具（电子邮件网络、mailing lists、电子会议、BBS、新闻组和论坛）、用户友好的检索机制（自由文本查询、受控语言、知识管理系统、过滤机制）、利用多种体系对资源进行标引或分类、元数据的应用（如使用都柏林核心元数据进行简单的资源描述，以使 e－learning 资源更容易被搜索引擎和检索系统所发现，并支持互操作）；第三层要求对 e－learning 资源进行编目并使之可通过 WebPAC 检索；最高的一层是将 e－learning 图书馆集成到 e－learning 系统中，在这样的集成环境中，用户可以无缝、一站式利用课件、课程计划、上课时间表、考试计划、学习资源、学生记录等，并可灵活地定制修改。

4 信息技术的应用日益显示出其在服务方面的强大影响力

万维网是科学出版物重要的传播载体。为使研究论文能够被其它的研究人员获取，研究机构将其出版物制成索引页面，有时提供出版物联机版的链接。一旦有新论文出版，索引页面就随之更新，研究人员不断地检索这些索引页面以便及时了解发表在这些出版物上的最新论文。手工的出版物管理过程烦琐而耗时。一种新的出版物管理系统——PubWatcher 已经问世，它能够从用户定义的网站或页面自动地跟踪出版物的变化，开发出出版物摘要技术以对索引页面的出版信息进行提炼[15]。

通常一个组织的信息系统包含各种各样的数据类型和目录格式，应使用不同的元数据格式来揭示文档信息。尽管元数据系统可以揭示不同格式的文档，但仍然存在多个元数据系统之间进行整合的问题，这有可能降低数据处理的效果，妨碍信息的共享。可以使用多 XML（multi－XML）框架模型构建 XML 系统框架[16]，通过对内部要素完整的等级式的树型结构定义，该模型克服了信息共享中传统的面向对象语言的弱点。该模型还能够排除处理不同的元数据信息时异质元数据在存储和管理上的限制。

图书馆自动化设备的生产厂商改进产品性能、增加产品的功能、及时地推出新产品服务于图书馆市场，这是反映图书馆提高服务水平需求的晴雨表。新技术与图书馆需求结合的产物是个人数字助理（Personal Digital Assistants，PDA）以及其它手持式无线通讯设备的发展。毫无疑问，PDA 和无线技术为图书馆提升服务水平提供了新的机会，然而在实际应用中仍存在许多障碍，主要是用户是否愿意使用这种服务方式。基于 PDA 及其它无线技术的服务解决方案目前仍然只是图书馆现有服务方式的补充。就图书馆自动化设备的生产厂商来讲，应尝试研制不仅仅是只能用于图书馆服务的 PDA，还应该将其整合进日常生活中，使用户可以随时随地使用图书馆的服务[17]。

信息技术的渗透和应用已显示出其无可比拟的影响力，越来越多的美国大学已在利用信息技术建设无线校园（wireless campus）。例如，使用无线网络连入因特网，就可以获取在线图书馆中的资源和其它资源。网络技术不但帮助师生收集、检索信息，而且还应用于信息用户的培训服务中[18]。

RSS 是 1997 年前后出现的，但在它成为新的热门网络日志（weblog 或 blog）的一部分之前，几乎没有引起人们的重视。尽管其含义（Really Simple Syndication、RDF Site Summary 或 Rich Site Summary）还模糊不清，但现在它在图书馆中的影响却日见显现，被认为是处理大量的任务的有用工具。RSS 在图书馆中的应用包括建立图书馆网络日志（library blog）、发布通知、网络资源公告、检索资源、采购新书、建立门户等。现在已有很多图书馆建立了网络日志[19]。此外，一些搜索引擎（Google Groups）、数据库（My. PubMed）、期刊（Nature）等都运用了 RSS[20]。图书馆员需要对这些资源的新特点保持足够的了解，才能提供更充分的服务。

5 积极运用多种管理手段提高图书馆工作成效

对一个图书馆的管理而言，管理者的管理和领导素质是十分重要的。有人利用德尔斐法从管理素质、个人特征和领导素质、一般性知识三个方面，对美国70位图书馆馆长、馆长助理、副馆长的管理和领导素质进行调查。结果表明，关于管理素质排在前面的是：服务意识、重视结果、与员工有效的沟通、建立图书馆共同的意愿、管理和推动变革、在政治环境下运筹的能力、确定任务的轻重缓急、对信息技术和服务做出生命周期规划、对所在机构的需求做出反应；个人特征比较看重的是：可信赖、自信、拥有一套价值观、压力管理能力、同时处理多项任务、重视变革、良好的判断能力、具有提出图书馆发展方向的能力；在一般性知识方面，最为看重的特性是：学术交往、对图书馆所处的复杂环境的认识、经费管理的知识、设施规划、数字图书馆、战略和长远计划[21]。

面对纷繁复杂的环境变化，图书馆员的角色也需要作出积极的调整。影响图书馆员角色新的发展包括：[22]

·因特网越来越广泛的渗透性以及数字图书馆的快速发展；

·服务方向的转变，从需要时（just in case）到及时（just in time），再到个性化（just for you）；

·越来越重视客户关系管理；

·新的信息部门和信息用户的出现（如电子商务、竞争情报、健康与政府信息）。其中一些已经存在一段时间，但变得越来越重要；

·查询信息的理由的变化和信息利用方式的变化：了解个人的动机（inspiration）比查询所谓的信息更为重要；

·对文献传递和用户服务需求的增长；

·走向协同工作和协同学习，包括与其他领域的协同（如IT专家和出版商）；

·日益增加的对图书馆员教学的需求（例如，信息素质、信息研究技能和媒体素质）；

·对远程用户和远程学生服务的需求；

·转向基于问题和基于资源的学习。

所有这些，都需要图书馆员重新思考自己的行为和贡献，更重要的是思考即将到来的变革。根据文献调查，在当前的环境下，图书馆员的角色主要体现在：文化的角色、教学的角色、提供对信息的利用、提供空间、代表用户谈判游说、出版者的角色、咨询的角色、项目管理、信息组织、档案管理、信息检索与研究。此外，图书馆员其他的角色还包括环境扫描、主动确认新的小用户市场、用户行为研究。环境扫描就是获取和利用在一个组织的外部环境中有关事件、趋势和关系的信息，以及那些帮助管理者规划组织未来行动过程的知识。组织的外部环境包括影响组织绩效，甚至生存的所有外部因素。只有确立了这样的角色，图书馆员才有可能在动态变化的环境下生存，为此，需要提高相应的生存技能：进行环境扫描和快速决策，理性分析专业领域和发展方向，评价专业产品的价值以及用以决策和环境扫描的方法，运用时间管理使图书馆员为新的角色做好准备，管理变革，协同工作，独立地研究，创新性思考，评价个人的优势、劣势和继续学习的进展。

越来越多的组织认识到，在今天的环境下知识对成功是至关重要的。知识管理的重点已从严格的技术方法转移到整个战略，包括建立支持组织中的人们知识共享和创建的工具，而重点是人以及怎样促进知识共享的过程。

公共关系是图书馆在运营管理中的重要组成部分，对图书馆员来说是一个过程，通过公共关系可以不断推动图书馆、图书馆联盟、图书馆事业向前发展。图书馆需要在公众面前维持良好的形象，良好的公共关系会促进图书馆更好的运营和管理，为读者留下积极服务的印象，从而得到更多的资助。好的形象会通过语言和环境的各个方面展现出来[23]。图书馆制定一个公共关系计划是非常重要的，用来解释图书馆的理念、公布图书馆的资源和项目、推广图书馆的服务。图书馆公共关系涉及到图书馆专家、图书馆员、图书馆环境、营销策略、与媒体的关系、创办内部出版物等方面。

经费问题是图书馆管理中的一个大问题，多数公共图书馆几乎完全依赖本地和所在州的税收作为运行经费。根据美国教育统计中心（NCES）的数据，公共图书馆的运行费用主要来自税收（地方7%、州13%、联邦1%）。针对图书馆经费不断削减的现实，Steve Coffman以全国公共电台的成功为例，呼吁改变公共图书馆的经费投入，而建立多种投入机制，如会员费、捐赠、赞助、销售以及其他收入[24]。但反对的声音也在高涨，如有人认为越来越多地依赖经费筹措不是解决公共图书馆经费困境的答案[25]。解决图书馆的经费问题任重而道远。

图书馆的组织文化是一种需要管理的像其他资源一样的资源。这种管理有助于形成组织共识，协调组织活动和决策，平衡个人和组织利益。变革组织文化并非一蹴而就，而是多年的过程。在图书馆这样的信息组织中，存在六种“文化子系统”：[26]

·组织主体特征（像家庭一样的非常人性化的地方，像企业家一样敢于冒险，面向竞争和成就，是有控制和结构化的组织）；

·领导风格（监管、促进还是培养，企业家、创新、冒险，理性、进取和面向结果，协调、组织、面向效能）；

·对员工的管理（团队、认同和参与，个人冒险、创新、自由和独特性，竞争和成就，安全、一致和可预见）；

·组织粘合（忠诚和相互信任，致力于创新和发展，强调成就和目标实现，正式的规则和政策）；

·战略重点（人的发展、高度信任、开放，资源的获取和建立新的挑战，竞争性行动和赢得成功，恒久和稳定）；

·成功的标准（建立人力资源、团队和对人的关心，拥有最特别和最新的产品和服务，赢得市场并超越竞争，可靠、有效和低廉的成本）。

6 运用多种评价手段促进图书馆各项工作的开展

经济形势的变化不免对图书馆的财政状态产生影响，图书馆常常面临着预算缩减和裁员的问题。对此，图书馆必须注意不断调整自己的运作成本，努力改善图书馆的绩效状况。Joseph Matthews为图书馆的绩效评价提供了一些指导原则和方法[27]。他提出，衡量图书馆在大众传播中的价值以及绩效的方法之一是“平衡记分卡”（balanced scorecard，该方法主要衡量四个问题：用户对图书馆的看法、图书馆的优势、图书馆的创新和学习能力、资金提供者（主要是政府部门）对图书馆的看法。当然，并不能用一种单一的方法来全面地衡量图书馆的绩效和价值，图书馆的评价还需要与图书馆的目标和战略结合起来。

大学图书馆在高等教育的信息传播方面发挥着重要作用，对大学图书馆进行评价无疑会提高图书馆的绩效水平。目前用来评价大学图书馆的方法很多，但是一个正确有效的评价离不开一定的标准的指导。ACRL及其它组织曾制订并修订了一系列标准。印度也制订有大学图书馆评价标准，并征求过大学拨款委员会（University Grants Commission）和专家委员会的意见和建议。但在印度，尽管人们提出了信息技术环境下印度大学图书馆评价标准的模型[28]，目前尚没有一个权威的评价标准。

馆藏评价是图书馆评价的重要组成部分。在评价图书馆馆藏的适合性方面，有人采用两种评价工具，并以乔治亚大学图书馆馆藏为例进行试验，来衡量该馆馆藏是否能否满足用户的需求[29]。第一种工具是引文分析，将2001年各学科的研究生毕业论文按学科进行引文分析；第二种工具是检索OPAC和电子资源，确定毕业论文的引文中有多少是图书馆的馆藏，以此来评价图书馆的馆藏对用户是否是有用的。

建立和测试各种用于评价信息检索系统的方法是信息检索要研究的中心课题。有学者提出了一种用于网络搜索引擎评价的全面而系统的模型[30,31]，该模型包括一系列标准和方法以及如何应用的方法，同时邀请来自3个不同学科的36位学生对4个大型搜索引擎进行评价，通过获得的数据分析用户对搜索引擎满意或不满意的原因。这一模型为搜索引擎的开发者或系统升级的服务提供商提供了比较系统的反馈信息，对于搜索引擎系统的设计和工具的选择也能够提供有用的建议，还可用于评价其它兼容的信息检索系统或信息检索技术。

7 推动建立更加平等有效的新型学术交流体系

随着数字图书馆的发展，人们直接从计算机桌面上就可以获取图书馆中的学术信息不再是天方夜谭。电子出版物、信息专家、数据库、成熟的检索系统以及信息门户之间强有力的联合使研究人员和学生可以快速地获取大量的文献资源。这种获取是随时随地没有时空限制的，但是并不等于说这种获取没有任何限制。用户对学术信息的获取受到信息获取权限、信息是否收费、传播技术的限制，受到信息机构是否有足够的资金和技术提供给科研人员获取信息的限制，受到用户信息素养和文献语种的限制。此外，信息提供商设立的协议及其它障碍也使相当一部分潜在用户无法获取某些学术信息。这些限制约束着研究人员使用数字化的学术信息，而这种面向少数人获取而对大多数人限制的问题给图书馆带来了很多挑战。为此，图书馆应找到合适的方法揭示存在的问题，同时采用新技术促进用户对信息资源的获取[32]。

因特网的发展孕育出交互性更强、更有效的学术出版模式。然而，随着用户可以获取的信息数量的增加，信息的质量受到一定的影响，因为传统的同行评议的质量控制机制并没有继续得到使用。例如，预印本联机数据库、人们随意在其个人主页上张贴文章等等现象，都反映了缺少质量控制机制。有学者描述了一种新的电子学术期刊，其中提交－－审稿－－出版的传统过程被另一种主要以读者的评价为基础的方式所代替。在这种方式中，每一位读者都是潜在的对论文进行同行评议的审稿人，读者对论文的评语根据读者作为一名审稿人所拥有的专长和经验加上权重，鼓励读者通过对论文评语的反馈机制提出对论文的正确的评价。这种新的电子学术期刊已经得到若干测试[33]。

开放获取作为一种新的学术交流模式，已有十多年的历史。1992 年还只有 5 种期刊提供对所出版的资料的开放获取，现在这一数字已增加到大约 2000 多。这些期刊向作者收取发表费，并将论文提供给公众，不收取任何费用。现在全世界大学有 25000 种科技和学术期刊，但提供开放获取的期刊只占出版量很小的一部分。然而，在图书馆、专业团体、大学、期刊出版者和政府的支持下，科研学术成果应该提供公共开放获取的理念已形成越来越多的人的共识。根据 ArXiv 的 Paul Ginsparg 的估计，将所有的科学信息转入开放获取模式，全世界会节省 50 亿美元的资金[34]。

尽管许多作者认为，如果其作品可以免费获取将产生更大的影响力，但证明这一影响力的研究寥寥无几。K. Antelman 的研究考察了采用开放获取不同阶段的四个学科（哲学、政治科学、电气与电子工程、数学），了解作者将论文免费提供在网上，通过 ISI Web of Science 数据库引文是否可拥有更大的影响力。结果是，在所有的四个学科中，免费获取的文章确实拥有更大的研究影响力。这一事实表明，不同学科的学者正在采用开放获取，并且正在得到回报[35]。Eugene Garfield 在给 American Scientist Open Access Forum listserv 的一封信中提到，“可以证明，联机获取改进了读者和引文的影响。”2004 年 4 月和 10 月，ISI 两次发布“开放获取期刊的影响”的报告[36]，对自然科学领域开放获取期刊与开放获取期刊的影响因子和引文量进行了比较。ISI 发现，OA 期刊与非 OA 期刊具有大致相似的引用形式，但倾向于更早得到引用。《自然》杂志在一篇文章也提到“免费的联机文章更可能被更多的读者所看到，因此产生更高的引文”[37]。支持这一结论的是英国联合信息系统委员会（JISC）对作者（生命科学和医学）的调查[38]，其发现在开放获取期刊上发表文章的两个主要的信念是“所有读者都能免费获取的原则”和“OA 期刊出版速度更快”。开放获取作为一种新生事物，其发展模式还处在不断的探索之中，但影响将越来越大，并将受到更广泛的关注，吸引更多的个人和组织参与。

参考文献：

1 George D. Kuh, Robert M. Gonyea. The Role of the Academic Library in Promoting Student Engagement in Learning. College

& Research Libraries. 2003 (4): 256 – 282

2 Ross Shimmon. Digital Opportunity or Flashy Fizzle? American Libraries, 2004 (2): 24 – 25

3 Leonard Kniffel. The Dollars and Sense of Equity Access. American Libraries, 2004 (6): 44

4 Satia Mashall Orange and Robin Osborne. From Outreach to Equity: an Introduction. American Libraries, 2004 (6): 46 – 51

5 Janet Walker Peterson. Stretch Your Budget: How to Select Web – Based Subscription Resources. Computers in Libraries. 2003 (2): 20 – 24

6 Jane Devine and Francine Egger – Sider. Beyond Google: the Invisible Web and Academic Libraries. The Journal of Academic Librarianship, 2004 (4): 265 – 269

7 Lesley M. Moyo. Electronic Libraries and the Emergence of New Service Paradigms. The Electronic Libraries, 2004 (3)

8 Danuta A. Nitecki and Patricia E. Renfro. Borrow Direct: A Case Study of Patron – initiated Interlibrary Borrowing Service. The Journal of Academic Librarianship, 2004 (2): 132 – 135

9 Moid A. Siddiqui. Adoption of Internet for Resource Sharing by the Gulf Academic Libraries. The Electronic Library. vol. 21, no. 1, 2003: 56 – 62

10 Brian Quinn. Overcoming Psychological Obstacles to Optimal Online Search Performance. The Electronic Library. vol. 21, no. 2, 2003: 142 – 153

11 Catherine Jane, Dawn McMillan. Online in Real – time? Deciding Whether to Offer a Real – time virtual reference service. The Electronic Library. vol. 21, no. 3, 2003: 240 – 246

12 Nicholas Joint. Information Literacy Evaluation: Moving towards Virtual Learning Environments. The Electronic Library. vol. 21, no. 4, 2003: 322 – 334

13 Jennifer Burek Pierce. Next Stop, Information Commons. American Libraries, 2004 (4): 87

14 Mei – Yu Wang and Ming – Jiu Hwang. The e – learning Library: only a Warehouse of Learning Resources? The Electronic Library, 2004 (5): 408 – 415

15 Le Vu Ho, Siu Cheung Hui. Monitoring Scientific Publications over the WWW. The Electronic Library. vol. 21, no. 2, 2003: 110 – 116

16 Shien – Chiang Yu, Kun – Yung Lu. Metadata Management System: Design and Implementation. The Electronic Library. vol. 21, no. 2, 2003: 154 – 164

17 John McCullough. Redesigning Library Applications for PDAs: ILS Vendor Perspective. Library Hi Tech. Vol. 21. 2003 (4): 393 – 399

18 Howard Falk. Electronic Campuses. The Electronic Library. vol. 21, no. 1, 2003: 63 – 66

19 library Weblogs: www. libdex. com/weblogs. html

20 Judith Wusteman. RSS: the Latest Feed. Library Hi Tech, 2004 (4): 404 – 413

21 Arthur Young, et al. What Will GEN Next Need to Lead? American Libraries, 2004 (5): 33 – 35

22 Ina Fourie. Librarians and the Claiming of New roles: How Can We Try to Make a Difference? Aslib Proceedings, 2004 (1): 62 – 74

23 Daniel Stuhlman. Think Like a Business, Act like a Library. Information Outlook. 2003 (9): 10 – 15

24 Steve Coffman. Saving Ourselves: Plural Funding for Public Libraries. American Libraries, 2004 (2): 37 – 39

25 Thomas J. Hennen Jr. Restore Our Destiny: Full – Not Plural – Funding. American Libraries, 2004 (7): 43 – 45

26 Michelle L. Kaarst – Brown, et al. Organizational Cultures of Libraries as a strategic resource. Library Trends, 2004 (1): 33 – 53

27 Joseph R. Matthews. Determining and Communicating the Value of the Special Library. Information Outlook. 2003 (3): 26 – 31

28 R. S. R. Vara Lakshmi. Measurement of College Library Performance: An Evaluative Study with Standards. International Information & Library Review. vol. 35, 2003 (1): 19 – 37

29 Erin T. Smith. Assessing Collection Usefulness: An Investigation of Library Ownership of the Resources Graduate Students Use. 2003 (5): 344 – 355

30 Louise t. Su. A Comprehensive and Systematic Model of User Evaluation of Web Search Engines: I. Theory and Background. Journal of the American Society for Information Science and Technology. Vol. 54. 2003 (13): 1175 – 1192

31 Louise t. Su. A Comprehensive and Systematic Model of User Evaluation of Web Search Engines：II. An Evaluation by Undergraduates. Journal of the American Society for Information Science and Technology. Vol. 54. 2003（13）：1192 – 1223

32 Alex Byrne. Digital Libraries：Barriers or Gateways to Scholarly Information? The Electronic Library. vol. 21, no. 5, 2003：414 – 421

33 Stefano Mizzaro. Quality Control in Scholarly Publishing：a New Proposal. Journal of the American Society for Information Science and Technology. vol. 54. 2003（11）：989 – 1005

34 Howard Falk. Open Access Gains Momentum. The Electronic Library. 2004（6）：527 – 530

35 Kristin Antelman. Do Open – access Articles Have a Greater Research Impact? College & Research Libraries, 2004（5）：372 – 382

36 The Impact of Open Access Journals：A Citation Study from Thomson ISI. ［2005 – 9 – 19］. http：//www. isinet. com/media/presentrep/acropdf/impact – oa – journals. pdf

37 Steve Lawrence. Online or Invisible?［2005 – 9 – 19］. Nature, Volume 411, Number 6837, pp. 521, 2001. http：//www. neci. nec. com/ ~lawrence/papers/online – nature01/

38 JISC/OSI Author Survey Report. ［2005 – 9 – 19］. http：//www. jisc. ac. uk/uploaded_ documents/ JISCO Areport1. pdf

国家图书馆

2003 年度

【国图“文津讲坛”元旦揭牌】 2003 年 1 月 1 日，国家图书馆“文津讲坛”揭牌仪式在北海分馆隆重举行。著名学者汤一介、庞朴、楼宇烈、叶秀山，国图馆长任继愈，党委书记、副馆长杨炳延，党委副书记、副馆长张雅芳、副馆长陈力等出席仪式。近 200 名听众参加仪式。

本次揭牌的“文津讲坛”是国家图书馆常年面向社会公众举办的双休日学术文化系列讲座。从 2001 年元旦，分馆经三年整修重新开放起，就根据其位于市区中心的独特地理优势，制定了雅俗共赏、普及与精深兼得的原则，率先推出了传统文化和文化科学普及两大系列讲座，目前已举办 161 讲。该讲坛的创办旨在继承“保国粹而惠士林”的文化传统与人文精神，以服务社会、服务公众、弘扬中华民族优秀文化、承传文明与知识为宗旨，一贯坚持主讲人和主讲内容的精品意识。演讲内容涉及文史政经、哲诗戏曲、音乐舞蹈、书法绘画、文博考古等各个领域，场场精彩，受到广大听众的热烈欢迎。截止 2002 年 12 月，听众达 20000 人次。编辑出版讲座精华《文津演讲录》系列丛书三册，在社会上引起极大反响。

本次将分馆周末讲座正式定名为“文津讲坛”，不仅标志着国家图书馆的讲座已经形成系统化，而且也旨在树立一种文化品牌，以便更好地发挥图书馆社会教育与文化传播的职能，吸引更多的读者投身于读书热潮。揭牌仪式后，中国社会科学院哲学所研究员、研究生院教授、原中国社会科学院学术委员会主任叶秀山作了题为《哲学的意义》的精彩演讲，开启了“文津讲坛”的新篇章。（馆办宣传科）

【“部级领导干部历史文化讲座”新年开启新篇章】 2003 年 1 月 19 日，2003 年首场“部级领导干部历史文化讲座”在国图音乐厅举行。全国人大副委员长彭佩云出席讲座，来自中央国家机关各部委的 200 多名部级领导干部参加了此次讲座。主讲者是著名指挥家、中国交响乐团常任指挥李心草先生，讲座的题目是《如何欣赏交响乐》。

由中央国家机关工委、文化部、中国社会科学院联合主办，国家图书馆承办的“部级领导干部历史文化讲座”，自 2002 年开办以来已经开讲 13 场。讲座共分为六大系列：一是历史系列，二是中华文化系列，三是民族宗教系列，四是文学系列，五是时事政治系列，六是社会学、经济学系列。按照系列划分，结合当前领导干部关注的热点，在突出历史文化特色的基础上，有选择地安排讲座内容，邀请卓有影响、造诣深厚的专家学者为领导干部做专题讲授。充分体现了讲座的高层次、高品位和高水准，因而受到广泛欢迎和好评，在社会上也引起了很大反响。截至目前，参加讲座的部级领导干部已达 1178 人次。（馆办宣传科）

【朝鲜人民代表团来国图参观】 2003 年 1 月 27 日，以朝鲜人民议会议长崔太福为团长的代表团来我馆进行参观访问。国图副馆长张彦博热情接待了代表团一行。宾主双方进行了亲切友好地交谈。在张彦博的陪同下，代表团一行参观了我馆《四库全书》书库、电子阅览室、中文社科图书第一阅览室、中国数字图书馆有限责任公司等。参观结束后，崔太福议长留言道：预祝中国国家图书馆在中国共产党的领导下建设有中国特色的社会主义建设中多做贡献。（馆办宣传科）

【国家图书馆结束中层管理干部公开选拔、竞争上岗工作】 2003 年 1 月 30 日，国图开了中层管理干部颁发聘书大会。馆长任继愈，党委书记、副馆长杨炳延，副馆长张彦博，党委副书记、副馆长张雅芳，副馆长陈力出席了大会，40 余名当选的中层管理干部参加了大会。至此，国图新一届中层管理干部公开选拔、竞争上岗工作圆满结束。馆党委根据中共中央《党政领导干部选拔任用工作条例》精神，结合国图发展现状和改革的总体思路，在总结历次竞争上岗工作经验的基础上，制定了《国家图书馆中层管理干部聘任办法》，并据此确定了本次公开选拔、竞争上岗的具体方案。

本次竞争上岗涉及国图 22 个部门 42 个中层管理干部岗位，共有 87 人次报名应聘，其中馆内 58 人次报名，馆外 29 人次报名。按照程序，竞争上岗演讲会于 2003 年 1 月 7、8、9 日在多功能厅举行，共有 61 人次参加竞争演讲。由于本次聘任时间紧、人数多，馆党委决定在民主测评的基础上，评审委员会同时提出竞争上岗岗位的全部正、副职的推荐名单，在征求名单中正职意见和组织考察的基础上，由馆党委常委会决定公示的拟任人选，经过 7 天公示后确定了聘任名单。最终有 48 人走上了中层管理干部岗位，其中 3 位同志由副职提任为正职，4 名青年同志脱颖而出，被提任为副处级干部。按照《党政领导干部选拔任用工作条例》的精神，对本次新提任的中层管理干部将试用6个月，试用期满并经考核合格后将正式聘用。（馆办宣传科）

【《中国图书馆学报》荣获第2届国家期刊奖重点期刊奖】 国家新闻出版总署于2002年下半年举行了第二届国家期刊奖的评选活动。本届国家期刊奖设立了国家期刊奖、国家期刊奖提名奖、国家期刊奖重点期刊奖3个等级奖项。本着“坚持导向，注重质量；严格标准，客观公正；滚动评比，优胜劣汰；突出重点，有所兼顾”的原则，经评委会专家审读、初评、入围公示和最后评定，从全国近9000余种社科、科技类期刊中共评选出346种获奖期刊。其中国家期刊奖60种，国家期刊奖提名奖97种，国家期刊奖重点期刊奖189种。《中国图书馆学报》因具有较高的学术水平、办刊质量和重要影响而入选国家期刊奖重点期刊奖，成为我国近百种图书情报学专业期刊中唯一获此殊荣的期刊。（馆办宣传科）

【我馆接待北京六合兴助学中心寒假培训班贫困大学生参观】 2003年2月10日下午，北京六合兴助学中心寒假培训班150余名贫困大学生参观国图。文化部副部长周和平、北京六合兴助学中心董事长薄熙成到会并讲话。国图党委副书记、副馆长张雅芳主持接待会。

周和平同志向来访的大学生们简单介绍了国家图书馆的情况，鼓励他们不要把贫困当成负担，而是要作为不断前进的动力，通过努力学习，成长为国家的栋梁。北京六合兴助学中心董事长薄熙成也发表了讲话，希望贫困大学生们能够珍惜现在的机会，努力学习，掌握知识，最终成材。

这批贫困大学生代表来自全国各地，都是品学兼优的学生，在北京六合兴助学中心的资助下，继续求学之路。在工作人员的引导下，他们依次参观了国家图书馆的各个主要阅览室，既看到了蕴涵中华五千年文明的珍贵的善本典籍，也看到了现代化带给国家图书馆的巨大变化，深深感受到了知识所蕴涵的巨大力量。贫困大学生们纷纷表示，一定要好好学习，不辜负社会的期望，成为社会的栋梁。（馆办宣传科）

【纪念何塞·马蒂诞辰150周年暨《激情似火》中译本首发式在国图举办】 2003年2月14日，由古巴共和国驻华大使馆、国家图书馆、世界知识出版社共同举办的纪念何塞·马蒂诞辰150周年暨《激情似火》中译本首发式在文津厅举行。国图副馆长杨炳延，外交部拉美司副司长赵荣宪，中联部拉美局副局长康学同，文化部外联局副局长孙加木，世界知识出版社社长、前驻古巴大使王成家，古巴驻华大使阿尔韦托·罗德里格斯·阿鲁菲及夫人伊拉依达·罗德里格斯·蒙德哈女士，古巴外交部亚洲司司长阿尔贝托·贝拉斯科，古巴外交部多边事务司司长胡安·安东尼奥·费尔南德斯，《激情似火》的作者路易斯·托来多·桑得以及相关人士近百人参加了首发式。

何塞·马蒂是古巴杰出的民族英雄，也是享有国际盛誉的思想家、文学家和诗人。他的政治思想和革命精神极大地丰富了古巴和拉丁美洲人民的思想宝库，并造就了一代代的革命者。

1953年，世界和平理事会将他与波兰天文学家哥白尼、法国文学家拉伯雷、我国著名诗人屈原并列为世界四大文化名人。《激情似火》中译本的出版发行，为社会各界了解何塞·马蒂的人生历程和古巴的革命史提供了丰富的信息来源，不仅表达了中国人民对何塞·马蒂的深切怀念，而且体现出了中国与古巴两国人民间的深厚友情，进一步加强了中国与古巴的文化交流与合作。（馆办宣传科）

【新西兰驻华大使来国图参观】 2003年2月18日，新西兰驻华大使麦康年来国图进行参观访问。副馆长杨炳延在北轩接待了麦康年先生，并向其介绍了国家图书馆的概况。之后，麦康年先生饶有兴趣地参观了我馆善本特藏部、电子阅览室等地。（馆办宣传科）

【“托马斯·赫尔佐格技术+建筑展”在国图举办】 2003年2月21日，由歌德学院北京分院、清华大学建筑学院、中国建筑学会、中国图书馆学会主办的“托马斯·赫尔佐格技术+建筑展”开幕式在国图文津厅举办，中国图书馆学会常务副理事长、国图副馆长杨炳延，清华大学建筑与城市研究所所长、中国科学院院士、中国工程院院士吴良镛，中国建筑学会秘书长周畅，国图副馆长张晓星，清华大学建筑学院院长秦佑国，德国驻华大使馆公使罗佛德，歌德学院北京分院院长魏松，慕尼黑工业大学教授托马斯·赫尔佐格出席了开幕式。

托马斯·赫尔佐格于1941年在德国慕尼黑出生，1971年创立了自己的事务所，在国际上被视为近20年以来在太阳能建筑和建筑革新领域内的开拓者。他通过发展最佳气候技术条件下的建筑物的立面设计，结合太阳能的融入，有效地运用了建筑材料而大幅度降低了不可再生能源的使用，成功地把美学、技术以及功能性融入到建筑中，从而形成了独特的建筑风格。1993年，他获得德国建筑界的最高荣誉——德国建筑学会金奖。本次展览全面介绍了集建筑师、设计师及学者为一身的托马斯·赫尔佐格的作品。

当天下午，“托马斯·赫尔佐格技术+建筑展”报告会在国图多功能厅举行。报告会上，托马斯·赫尔佐格先生从技术与艺术的结合等方面，对他的作品进行了分析和讲解，报告受到热烈的欢迎，许多听众甚至站在门外听讲。据统计，有400余名听众聆听了报告。为配合本次展览，3月1日，清华大学建筑学院院长秦佑国教授在多功能厅，作了题为“中国建筑——北京百年”的主题报告，300余名听众听讲。本场报告也正式拉开了2003年“中国文化风”——建筑文化主题系列讲座帷幕。（馆办宣传科）

【国图“两会”期间为代表议案提供全方位的信息保障】 2003年3月3日至18日举世瞩目的十届全国人大一次会议、全国政协十届一次会议在北京举行。3月1日，“两会”咨询服务处正式启动24小时咨询服务。3月4、5、6、10、11日，国图参考研究辅导部刘峥、卢海燕两位同志在人民大会堂“两会”现场，代表国家图书馆面对面为“两会”代表提供信息咨询及办证服务。

3月8日上午，全国政协委员、中国地质大学外语系教授茹克叶·穆罕默德来到国图，请求协助查找有关资料，社科咨询室的值班人员在很短的时间内为茹克叶·穆罕默德委员提供了所需文献。截止3月18日十届全国人大一次会议闭幕，国图共为“两会”代表和委员提供专题咨询47件，办理图书借阅卡25个（有关办证电话咨询29次），接待到馆“两会”代表和委员8人（其中人大代表5位，政协委员3位）。咨询的内容涉及台湾问题，国外军事、医学问题，中国农业问题，有关国家的税收政策等，如：《国家实施积极财政的有关政策》、《国际大型跨国连锁集团进入国内零售业的基本情况》、《我国目前政府价格决策听证制度的现状、问题及改进措施》、《当前政府采购中存在的主要问题及对策》、《国内高校扩招后国家有关毕业生的就业政策》等。（馆办宣传科）

【国外友人参观国图】 2003年3月11日，日本驻华大使阿南惟茂及和夫人阿南史代来国图参观访问，文化部副部长周和平，中国对外文化交流协会副会长刘德有及夫人顾娟敏，文化部外联局局长丁伟，国图副馆长张雅芳等陪同参观并进行了友好交谈。（馆办宣传科）

【国家图书馆2003年年初中层以上管理干部、党支部书记工作会议召开】 为更好地总结2002年的工作，部署今后三年的工作，2003年3月16日—18日，国图召开了2003年年初中层以上管理干部、党支部书记工作会议。会议的中心议题是围绕贯彻落实十六大精神，结合实际工作和事业发展，对馆领导班子提出的关于今后三年工作设想的报告展开讨论。党委书记、副馆长杨炳延，副馆长张彦博，党委副书记、副馆长张雅芳，副馆长陈力，副馆长张晓星以及全馆各部处49名中层以上干部、党支部书记参加了会议。

本次会议是在国图事业面临新的发展机遇、新一届中层干部刚刚聘任上岗之际召开的，会议讨论了馆领导班子提出的今后三年国家图书馆工作思路，确立了在三到五年建设一个国内领先、世界一流的现代化图书馆的目标，对于今后三年乃至更长一段时间国图的工作都具有重要的指导意义。（馆办宣传科）

【国图召开2003年科级以上管理干部、副高级以上专业技术干部大会】 2003年3月27日，国图2003年科级以上管理干部、副高级以上专业技术干部大会在多功能厅举行，馆长任继愈，党委书记、副馆长杨炳延，副馆长张彦博、陈力以及全馆科级以上管理干部、副高级以上专业技术干部参加了会议。

会上，陈力同志宣读了《国家图书馆关于表彰计算机综合管理系统工作组的决定》和《国家图书馆关于表彰2002年度“优质服务岗”和“优质服务标兵”的决定》；张彦博同志宣读了2002年国图及员工在馆外获奖名单；馆领导为获得“特殊贡献奖”、“优质服务岗”和“优质服务标兵”的代表颁发了奖状，并向他们表示热烈地祝贺。之后，陈力同志传达了“国家图书馆2003年年初中层以上干部、党支部书记工作会议”的精神；杨炳延同志代表馆领导班子做了《全面贯彻落实十六大精神，把国家图书馆事业推向一个新阶段》的报告，部署了我馆今后三年的工作。最后，任继愈先生讲话，他说，党的“十六大”提出了要建立全民学习、终身学习的学习型社会，图书馆员更要终身学习、全面发展。他强调，各级领导干部要提高知识能力、管理能力和观察事物的能力，为推动国图事业的发展做出自己的贡献。（馆办宣传科）

【国图举办近代中国本草学、生药学奠基人赵燏黄先生手稿捐赠仪式】 2003年4月3日，近代中国本草学、生药学奠基人赵燏黄先生手稿捐赠仪式在国图文津厅隆重举行。赵燏黄先生的子女赵雪华、赵则久、赵爱华、吴玉升，亲属钱听涛及在京医药界著名人士王雪苔、谢宗万、樊菊芬、王致谱、刘国正等参加捐赠仪式。国图馆长任继愈出席仪式并讲话，党委书记、副馆长杨炳延接受赠书，副馆长陈力主持了赠书仪式。

赵燏黄先生（1883—1960）是近代中国本草学、生药学奠基人，又是古籍及明清书画名人手札的收藏大家，他生前留下遗言，将倾毕生精力收藏的历代本草、医经、方书、文史古籍、中外文期刊等5600余册及书画、明清名人手札数千件捐献给国家。其中历代本草有80余部近千册，明刻本即有400余册，誉为海内第一。

今年适值赵燏黄先生诞辰一百二十周年，赵先生家属采取了一种特殊方式来做纪念，他们将赵先生留下的手稿共计9种20册全部捐赠给国家图书馆名家手稿文库，化私藏为公有，使之长久保存，传诸后世。在捐赠仪式上，赵先生家属同时向藏有名人手稿的各界人士呼吁，通过捐赠的形式来丰富国家图书馆名人手稿文库，使民族文化代代相传，为珍藏人类智慧和经验共襄盛举。（馆办宣传科）

【国家图书馆二期工程暨国家数字图书馆工程”面向全世界公开进行建筑设计国际招标】 日前，与“国家大剧院”并列为十五期间国家两大文化工程的“国家图书馆二期工程暨国家数字图书馆工程”建筑设计招投标公告正式向社会公布，采用国内外公开招投标的方式产生优秀设计方案和设计单位，由此拉开了酝酿已久的“国家图书馆二期工程暨国家数字图书馆工程”建设的序幕。该工程总建筑面积79,899平方米，设计藏书量1,200－1,400万册，设计日均接待读者能力6,000－8,000人次。同期建设的国家数字图书馆工程将极大地拓展图书馆的服务空间，使之成为跨越时空限制的网上知识中心和信息服务基地。工程预计2007年10月建成，2008年投入使用。届时，国家图书馆总面积将达到25万平方米，居世界国家图书馆第三位。

“国家图书馆二期工程暨国家数字图书馆工程”项目已委托中技国际招标公司就该项目的建筑设计方案和设计单位，面向国内外具有一定资质和规模的设计单位进行公开招标。（馆办宣传科）

【国外友人参观国图】 2003年4月7日、9日，国图副馆长杨炳延分别会见了美国驻华使馆信息咨询中心主任Mike Huff和朝鲜对外文化联络委员会副委员长田英进一行，宾主双方进行了亲切、友好地交谈。4月15日，埃及著

名作家绍基·贾拉勒先生来国图参观访问，副馆长张雅芳亲切会见了绍基·贾拉勒先生并进行了友好交谈。（馆办宣传科）

【国图采取多项措施 加强“非典”预防工作】 非典型肺炎是一场突如其来的重大灾害。自“非典”病例在北京出现以来，国图领导班子多次召开会议，专门就“非典”防治工作进行研究，及早采取了多项措施，加以预防。2003年4月8日，国图召开全馆各部处主任会议，党委书记、副馆长杨炳延在会上就“非典”预防工作提出了几点要求，要求各部处积极采取预防措施，保持室内通风，敦促员工多锻炼，增强抵抗力等，并从4月10日起，开始对全馆公共区域进行统一消毒，同时向各部处分发消毒用品，要求各部处对工作区域、阅览室等进行消毒；4月15日下午，杨炳延同志向馆领导班子成员传达了文化部党组关于预防“非典”工作会议的精神，并根据文化部的要求，成立了国家图书馆“非典”防治应急领导小组、“非典”防治应急工作小组，同时，对“非典”预防工作进行了安排。同日召开了“非典”领导小组、工作小组会议，明确了分工与工作任务。为在馆区内有效的预防“非典”，国图还积极与有关部门联系，于4月17日至4月21日，对全馆进行大规模专业消毒，共计消毒11万多平方米，消毒车辆12辆。

4月20日下午，文化部副部长周和平在办公厅副主任张建康的陪同下，代表孙家正部长专门到国图听取关于近期“非典”防治工作的情况汇报，并对下一步工作提出了要求。4月21日与23日，国图多次召开了部处主任会议，就暂停到馆读者服务事宜专门进行了安排。党委书记、副馆长杨炳延提出了三点要求：第一，要保证重要工作不受影响；第二，要加强值班，严格报告制度，保证安全；第三，各级领导干部、党员、团员要发挥先锋模范作用。副馆长张彦博要求做好对读者的解释工作。党委副书记、副馆长张雅芳要求员工不得离京，特殊情况需报馆里批准。副馆长陈力要求必须保证电话咨询和网上服务照常进行，在计算机综合管理系统硬件调整和设备检修期间，各部处要安排好本部门的工作。（馆办宣传科）

【“全国图书馆信息咨询工作学术研讨会”在国图召开】 2003年4月17日至20日，由国家图书馆和中国图书馆学会用户研究与服务专业委员会共同主办、国家图书馆参考研究辅导部承办的“全国图书馆信息咨询工作学术研讨会”在国图召开，来自全国19个省的57位代表参加了会议。国图党委副书记、副馆长张雅芳，中国图书馆学会副理事长孙蓓欣，上海图书馆党委副书记王世伟分别在会上发言。

论文围绕着“参考咨询——转变、探索与发展”的会议主题，针对参考咨询服务在信息时代的角色转变，网络环境下参考咨询服务的特点、任务和地位，图书馆参考咨询核心业务新机制的研究与建立，虚拟参考咨询研究，参考咨询评价研究，WTO与信息咨询服务，参考咨询与信息资源研究，用户信息需求与服务研究，有偿咨询服务研究等9个方面的内容进行了交流和讨论。（馆办宣传科）

【5000册书刊赠送奋战在非典一线的医务人员】 为表达国图全体员工对奋战在非典一线医护人员的崇高敬意和亲切慰问，2003年5月23日，国图和全国文化信息资源共享工程精心准备了5000册书刊赠送给北京小汤山医院，内容包括文学、艺术、科普知识等。北京小汤山医院党委副书记刘德明讲话并接受了赠书，他说：“这批赠书将极大地丰富医护人员的业余生活，有利于他们放松心情，丰富知识，使他们尽快恢复疲劳、保持旺盛精力，重新投入到抗击非典的战斗中去。（馆办宣传科）

【《中国图书馆员职业道德准则》（试行）颁布】 5月的最后一周为“全国图书馆服务宣传周”。期间，中国图书馆学会将正式发布《中国图书馆员职业道德准则》（试行）（以下简称《准则》）。《准则》的推出，旨在贯彻落实中共中央《公民道德建设实施纲要》的有关精神，加强全国各系统图书馆的行业自律和图书馆员职业道德建设，培养图书馆员良好的思想道德素质，强化图书馆员的社会角色意识。

这是我国第一个超越地域、馆种类型、馆属系统的界限，把全国的图书馆员和信息服务从业人员作为一个整体来构筑其职业道德规范的指导性文件，它的颁布，标志着中国图书馆员职业道德建设发展到了一个新阶段，添补了我国图书馆界的一项空白。《准则》的颁布，有助于促进图书馆法及相关法规的制定；有助于全面提高从业人员的思想道德和科学文化素质，提升服务水平，使图书馆工作更加科学规范，优质高效；有助于增强图书馆员的社会责任感和团队意识，树立良好的职业形象；有助于以开放、合作、共享的理念，大力加强与社会各界的协作，让社会了解图书馆，增强公众的图书馆意识，充分实现图书馆员和图书馆的社会价值。（馆办宣传科）

【国图为恢复到馆读者服务做好各种准备】 鉴于当前抗击非典斗争已取得了阶段性成果，国图决定自2003年6月9日起，恢复到馆读者的服务工作，并根据党中央、国务院的各项指示精神和文化部党组织的要求，结合实际

情况，制定了《国家图书馆“非典”防治紧急工作预案》，保障广大读者和员工的身体健康及各项工作的顺利实施。为确保开馆后各项准备工作落实到位，6月6日，国图党委书记、副馆长杨炳延，党委副书记、副馆长张雅芳，副馆长陈力以及相关部处负责人对馆内的阅览室及公共场所的消毒情况进行了检查。（馆办宣传科）

【国图恢复到馆读者服务工作】 2003年6月9日，国图恢复到馆读者服

务工作，尽管雨一直下个不停，仍挡不住读者的读书热情，他们纷纷冒雨前来读书、还书、借书。上午8时40分，工作人员准备就绪，馆党委书记、副馆长杨炳延，党委副书记、副馆长张雅芳，副馆长陈力已等候在南门，迎接读者的到来。此时，排队等候的读者已近400人，从南门的门口延伸到20多级的台阶下。国图特别请等候的老年读者先行进馆，体现了对老年读者的人文关怀。9时整，读者经过测量体温、刷卡后进入馆区。还书处的工作人员开始紧张有序地处理读者归还的图书，并将这些图书分批送入消毒室进行臭氧消毒。10时整，到馆读者已近2000人，还书近3000册。12时整，总馆已接待读者3814名，办证650个，还书3407册，借书3816册。分馆接待读者550人，借书288册，还书344册。截至下午4时闭馆，共接待读者10518人次，借出图书12372册，还书12020册。（馆办宣传科）

【国图为2003－2004年专家咨询委员上门送聘书】 为提高国图读者服务的科技含量、加强业务建设、加大社会监督力度，自2000年12月21日起，国图先后成立了两届“国家图书馆专家咨询委员会”，聘请近百位在政治、经济、文化、法律、军事、医学、生物、通讯、信息及其他应用技术等学科领域中具有较高学术造诣的专家咨询委员，参与国家图书馆事业的建设与管理，每届聘期一年。为保持专家咨询委员会工作的连续和稳定，推动该项工作向纵深进展，国图2003年续聘专家咨询委员会委员87名，聘期为2年。

2003年专家咨询委员的续聘工作，本着提高工作效率的精神，简化了聘任手续，将以往召开续聘大会，改为送聘书上门的形式节省了各位专家咨询委员宝贵的工作时间。（馆办宣传科）

【国图召开“国家图书馆二期工程暨国家数字图书馆工程建筑设计现场踏勘会”】 2003年6月10日，“国家图书馆二期工程暨国家数字图书馆工程建筑设计现场踏勘会”在国图文会堂举行。馆党委书记、副馆长杨炳延，副馆长、国家图书馆二期工程暨国家数字图书馆工程筹建处主任张彦博，副馆长、国家图书馆二期工程暨国家数字图书馆工程筹建处副主任张晓星，中技国际招标公司副总裁王康以及入围的设计单位代表共50人出席了会议。会议由张彦博同志主持。

国图对各设计单位能在非典期间踊跃参会表示热烈地欢迎和衷心的感谢。之后，设计单位的代表们认真参观了读者借阅及图书传送等业务流程，登上书库顶层俯瞰我馆的周边环境，并踏勘了国家图书馆二期工程预留地。下午答疑会上就数字图书馆、图书馆业务流程、建筑设计及商务等方面的问题进行了解答。（馆办宣传科）

【中国数字图书馆有限责任公司入主网吧连锁经营】 2003年6月13日，中国数字图书馆有限责任公司在国图红厅召开了启动“中数网络家园”

新闻发布会。日前，文化部批准国内十家单位为全国性互联网上网服务营业场所连锁经营单位，一向管理混乱、问题滋生的网吧市场即将由这批正规军正式接管。在这十家单位中，中国数字图书馆有限责任公司尤其引人注目。“中数网络家园”首家示范店将在上海开办，首期在全国选取15个大中城市展开连锁业务，每一城市设立数家直营旗舰店。同时，全国各地的公共图书馆、文化馆（站）作为文化系统的地方军，也将为“中数网络家园”的发展提供建设环境和资源的支持。（馆办宣传科）

【《中国古代书籍史展览》在新加坡第25届世界图书展展出】 2003年6月24日，《中国古代书籍史展览》再次走出国门，赴新加坡参加第25届世界图书展。此次出国展出有着不同寻常的意义：第一，它是在北京“非典”疫情还没有解除的情况下，经馆领导及国际交流处多次与上级主管部门联系、积极努力和争取，由文化部领导特别批准的唯一涉外展览。第二，本次展览是在原展览的框架基础上应新加坡图书馆管理局要求，经过重新策划、编选、翻译，历经6个月的时间制作完成的。第三，它是由中国国家图书馆和新加坡图书馆管理局联合举办，是参加第25届世界图书展的唯一一个与书籍有关的展览。

为了配合《中国古代书籍史展览》，善本特藏部的随展人员贾双喜、李晓明还应对方要求举办了题为“中国历代汉字的演变”、“汉字繁简字争议刍议”的专场讲座。7月3日，《中国古代书籍史展览》展出结束后，又陆续在新加坡的兀兰图书馆、淡滨尼图书馆以及新加坡大众书局展出。（馆办宣传科）

【国图首次举办科组长经验交流会】 2003年6月25日，国图在多功能厅召开了科组长经验交流会，这是国图1998年推出改革举措以来，首次组织召开的科组长经验交流会。党委书记、副馆长杨炳延同志，党委副书记、副馆长张雅芳同志、副馆长陈力同志以及全馆职能部门处级干部、业务部门科级以上干部参加了会议。会议由陈力同志主持。

会上，图书采选编目部博士论文组姚蓉、典藏借阅部典藏组贾丽华、报刊资料部报纸组牛春兰、参考研究辅导部程真及分馆国情资料组尹岚宁五位同志分别介绍了他们近年来的工作经验。

杨炳延同志在总结讲话中对全馆科组长提出了五点要求：要加强学习，不断提高驾驭科组的能力；要有创新意识，不断开拓进取；要有大局意识，树立好的形象；要以身作则，起表率作用；要严格制度，按程序办事等。他最后强调，要以“三个代表”思想为指导，充分吸取借鉴他人的成功经验，发挥集体智慧，调动员工积极性，同心协力，开拓进取，敢于创新，抓紧工作，把非典给我馆造成的损失夺回来。（馆办宣传科）

【第四届国家图书馆青年奖励基金暨2002－2003年国家图书馆团组织评优活动顺利结束】 为认真贯彻党的十六大精神，激发广大青年员工投身图书馆事业的积极性、主动性和创造性，增强爱岗敬业、锐意进取、奋发向上的精神，大力倡导“创先争优”的良好风气，积极营造有利于优秀青年人才脱颖而出，有利于青年成长成才的良好环境，并进一步加强团组织建设，自今年3月份起，国图馆团委相继开展了第四届国家图书馆青年奖励基金评选和2002－2003年度团组织评优活动。经各部处、各团支部申报，青年奖励基金评审委员会和馆团委认真评选，报刊资料部邱东晨荣获“文明服务奖”、信息网络部魏大威荣获“岗位能手奖”、善本特藏部史睿荣获“学术成果奖”、报刊资料部牛春兰荣获“最佳管理奖”、图书采选编目部博士论文组荣获“五四青年集体奖”。同时，馆团委还授予图书采选编目部团支部等4个团支部“先进团支部”荣誉称号，授予馆团委委员、机关联合团支部书记荣杰等9名同志“优秀团干部”荣誉称号，授予馆办公室张洁等17名同志“优秀团员”荣誉称号，授予党群工作部主任索奎桓等13名同志“青年之友”荣誉称号。（馆办宣传科）

【全国文化信息资源共享工程自主研发完成数字版权管理软件——为打通海量数字资源版权瓶颈开创新路】 全国文化信息资源共享工程自主研发完成了解决海量数字资源版权瓶颈的数字版权管理软件与国内外同类软件相比，引入了较为科学的第三方认证机制，保证实际销售数量对参与各方的公开透明，兼顾作者、出版者、中间商、读者、管理者各方利益，特别是作者和出版商可以通过这一系统随时查询个人信息、作品使用频率、销售情况（包括其单价、销售数量、使用期限等销售策略），以保障著作权人的合法权益；系统支持多种媒体格式，包括电子图书、图像、音频、视频甚至软件；系统对许可证采用动态不对称的加密，保证每个用户的使用许可证都不尽相同；系统实现作品销售价格与使用方法可以根据版权所有者意愿进行调整；系统通用性强，用户一卡在手可以全球漫游使用，不受区域限制。

6月29日，在国家图书馆举办的“海量资源版权解决方案研讨会”上，来自中共中央宣传部、全国人大法制工作委员会、国务院法制办公室、国家版权局等单位的领导，以及最高人民法院、北京市第一、二中级人民法院的法官与北京大学、人民大学、中国社会科学院、政法大学的学者会聚一堂，观看该系统演示。大家普遍认为，该系统充分尊重版权所有者的利益，有利于推动工程资源建设的正常发展。同时，大家结合自己的工作实践和学术研究，就如何解决海量版权进行了广泛深入的研讨。（馆办宣传科）

【国图启动“中南海网站”项目】 为更好地履行国家图书馆职能，为中央国家机关立法决策提供优质文献信息服务，2002年底，经与国务院办公厅有关部门磋商，国图正式立项，启动了为国务院政府机关提供信息服务的“中南海网站”项目，并拨出专项资金用来购置建立网站所需要的软、硬件设备。项目由参考研究辅导部负责，信息网络部提供技术支持。

中南海网站项目初步定名为“国图参考数字图书馆”。主要为国务院办公厅各级领导和机关工作人员进行决策和处理日常工作服务，并提供所需国际、国内的相关背景资料。网站的主要内容有：世界各国背景资料库、国际组织背景资料库、世界遗产资料库（截止到2002年）、20世纪大事典资料库、新书推荐库和热点事件背景资料库等。目前，网站一期工程已完成过半，并已通过初步验收，国办领导对该项目的前期工作给予了充分的肯定。2003年6月6日，“中南海网站”项目试运行已经开通。随着中南海网站项目的建设和发展，其逐步开展的深层次的文献信息服务，必将在国务院领导机构制定国家大政方针政策过程中，发挥越来越大的作用。（馆办宣传科）

【“海外图书采选系统”正式启用】 由图书采选编目部和中国图书进出口总公司图书部联合开发的“海外图书采选系统”已于6月正式启用。

“海外图书采选系统”是原“专家选书系统”的全面升级版。该系统的海外书目数据库书目将超过百万种，每月新增更新书目信息超过5000品种。所有品种都进行了“本地化”加工，包括中图法分类、主要图书的中文译名，特别是教材部分内容更多。数据库可提供MARC数据下载、馆藏揭示等功能，高效的搜索引擎，实现海量数据的毫秒级的检索，从而为采选平台提供坚实的基础。（馆办宣传科）

【国图举办馆领导及中层管理干部知识培训】 为适应日益快速发展的图书馆事业的要求，学习图书馆及相关专业理论知识，了解国内外图书馆研究的最新动态，以提高干部的知识水平和决策能力，国家图书馆于7月9日正式启动“馆领导及中层管理干部知识培训”计划。该培训着眼于国际图书馆发展新趋势，以理论学习和图书馆实践相结合为切入点，聘请馆内外专家学者担任授课老师。

9日，中国图书馆学会副理事长、中国图书馆学会学术委员会主任、北京大学信息管理系教授吴慰慈为全体中层以上干部做了题为“数字时代图书馆学研究的基本走向”的首场讲座。讲座由当代图书馆研究的三个新变化和三个新趋势、图书馆学前沿性问题研究的进展情况、2003－2020年图书馆学研究的方向和重点领域、科研能力与图书馆的可持续发展等四部分内容组成。

“馆领导及中层管理干部知识培

训”计划于每月第二个周日举办，内容涉及“图书馆立法”、“图书馆职业道德建设”、“著作权问题”、“世界主要国家图书馆的发展状况”等内容。（馆办宣传科）

【国图着手建设法律培训基地】 为了充分发挥文献资源优势，服务国家法律体系建设，国图与拥有师资优势、教学优势的中华全国律师函授中心联合，从2003年起开始着手法律培训基地建设，力争建设国内最大的法律培训基地——国图全国司法卫星远程培训站。该培训站依托中华全国律师函授中心及中心聘请的京城名师，通过卫星远程教学这一先进教学手段，为考生进行考前辅导培训，答疑解惑，指点迷津。考生在我馆培训中心远程教育卫星教室上课，通过卫星传输，看到教师清晰生动的课堂授课和演示活动图像，并在每门课后安排答疑时间，由老师或助教接听考生的现场提问并当堂给予解答。（馆办宣传科）

【妙手回春国宝重光 传奇秘籍首次公展——我馆镇馆之宝《永乐大典》修复完毕正式展出】 2003年7月17日起，作为我馆四大珍藏之一的馆藏221册《永乐大典》全部修复完毕，正式向社会公开展出。从2002年起，在财政部、文化部大力支持下，国图组织能工巧匠对馆藏《永乐大典》进行全面修复。在对《永乐大典》逐册进行检查后，发现几乎所有书籍都存在不同程度的破损。另外，有半数以上的《永乐大典》经前人修复过。修复过的《永乐大典》具有以下几种特征：⑴整册托裱⑵改变装帧形式（将包背装改为线装）⑶选用的修复材料材质、颜色各异。根据上述调研情况，善本特藏修复中心的专家们提出了《永乐大典》修复原则与修复细则。

运用保护理念指导修复工作是此次修复工作的突出特点。以往修复工作只是强调“整旧如旧”，《永乐大典》的修复工作提出了以延长书籍寿命为宗旨，对于前人修复时使用的酸性纸板进行了替换，彻底根除了《永乐大典》上的酸性物质，使其得到了更好地保护。另外，此次修复还创造性地运用掏补的方法对书口等破损处进行了修补，最大限度地保持了《永乐大典》的原貌。

在国家财政强有力的支持和全体修复人员的努力下，现存国图《永乐大典》的全部修复工作仅用了九个月的时间。为使经过修复的《永乐大典》得到更好的保护，国家财政还专门拨款，制作了紫檀木的装具，使《永乐大典》的保存条件得到了改善。

此次还展出了一册由公众捐助资金修复完成的《永乐大典》，并倡议开展“从我做起，保护珍贵典籍”的活动。倡议书呼吁：让每一位国人都能有机会参与保护中华历史典籍的工作，共同担负保护祖国珍贵文化遗产的责任。读者可以根据自己的意愿，积极捐资参与。（馆办宣传科）

【北京电视台向国图赠送电视专题片《非凡抗击》】 2003年7月17日，北京电视台向国图赠送电视专题片《非凡抗击》光盘仪式在红厅举行，馆党委书记、副馆长杨炳延，北京电视台副总编刘爱勤，北京电视台新闻中心主任张亮，北京电视台《非凡抗击》主创人员代表以及国图相关部门的负责同志参加了赠送仪式。

《非凡抗击》是由北京市委宣传部、北京电视台共同策划制作的第一部全景式反映首都人民万众一心共抗非典的专题片，共分十集。该专题片气势恢弘、资料翔实、制作精良，真实记录了首都人民在党中央、国务院的领导下，“万众一心抗非典、迎难而上谋发展”的非凡业绩，颂扬了“万众一心、众志成城、团结互助、和衷共济、迎难而上、敢于胜利”的伟大民族精神。《非凡抗击》入藏我馆，为历史留下见证，为后人昭示民族精神，不仅丰富了国家总书库的馆藏，而且为弘扬民族精神、增强民族凝聚力提供了很好的精神食粮。国图将把这一浓缩民族精神的宝贵资料妥善保管并充分利用，为提高全民素质、激励人们前进发挥它应有的作用。（馆办宣传科）

【“鲁迅的读书生活”图片展在国图分馆开展】 2003年7月18日，国家图书馆与北京鲁迅博物馆联合主办题为“鲁迅的读书生活”图片展在国家图书馆分馆开幕，来自全国各地的专家学者、作家、大中学校学生数百人参加了开幕式。开幕式由副馆长陈力主持。鲁迅博物馆副馆长孙毅致辞。展览将于8月3日结束。

“鲁迅的读书生活”展览，内容分为青少年时代、苦读岁月、创作与翻译、从教授到自由撰稿人、书刊的编辑与出版几个部分，展示了鲁迅著书、译书、藏书、编书的历程，介绍了鲁迅思想的形成过程，将这位伟人超凡的毅力和博大的情怀展示于读者面前，有助于人们进一步了解中国现代文化的走向。（馆办宣传科）

【国图召开2003年年中中层以上干部、党支部书记工作会议】 2003年7月19日至22日，国图2003年年中中层以上干部、党支部书记工作会议在国家图书馆昌黎培训基地召开。馆党委书记、副馆长杨炳延，副馆长张彦博，党委副书记、副馆长张雅芳，副馆长陈力，副馆长张晓星，以及全馆各部处50余名中层以上干部、党支部书记参加了会议。

本次会议的中心议题是总结上半年工作，研究部署下半年工作，并传达文化体制改革试点工作会议精神。在22日举行的全体会议上，杨炳延同志代表馆领导班子作了总结讲话，根据大家在讨论中提出的意见和建议，结合存在的问题对下半年工作提出了几点要求。他强调指出，今年上半年受“非典”影响，许多本该完成的工作推迟到下半年，这必然造成下半年工作压力增大，对此大家要有充分的心理准备，积极采取措施，严格落实年初制定的工作要点，特别是在以下几个方面集中力量做好工作，主要有：认真学习胡锦涛同志“七一讲话”及“三个代表”重要思想学习纲要精神，深刻理解“三个代表”重要思想，掀起学习“三个代表”重要思想的新高潮；以“三个代表”重要思想为指导，认真做好我馆的改革试点工作；围绕计算机综合管理系统功能的全面扩展，提高基础业务工作的现代化水平；服务工作要重点突出，做好分层次服务；以办公自动化全面推广和制度建设为契机，提高行政管理水平；研究要上档次，交流要全方位；要为国家图书馆二期工程暨国家数字图书馆工程开工做好准备工作；所承担的全国文化信息资源共享工程、中华再造善本工程、送书下乡工程要稳步推进；综合保障要得力；为馆庆95周年做好启动和准备工作。他最后指出，我们要认清形势，充分发挥我们的优势，以改革试点工作为契机，振奋精神，统一思想，群策群力，密切配合，努力工作，把非典给我馆造成的损失夺回来，圆满完成今年的工作任务。(馆办宣传科)

【“部级领导干部历史文化讲座”恢复开讲】 因“非典”而暂停的“部级领导干部历史文化讲座”于2003年7月19日在文津街分馆恢复开讲。北京大学跨文化研究中心主任、博士生导师乐黛云先生做了题为“文明冲突及其未来”的演讲。在京的百余位部级领导听讲。文明冲突问题是多年来国际政坛和学术界高度关注和不断探讨、思考的问题，乐黛云从人文学者的视角出发，讲述了“文明冲突论”的由来、发展以及抗衡的趋势与思路，以期引起思考。由于“非典”的原因，5月和6月的讲座暂停。此次讲座是2003年的第6讲。(馆办宣传科)

【化私藏为公有 立人世之楷模——百余位著名学者向全国文化信息资源共享工程捐赠版权】 2003年7月25日，全国文化信息资源共享工程（以下简称“共享工程”）国家中心在文津厅举办了向“共享工程”捐赠作品版权的学者颁发荣誉证书仪式，文化部副部长赵维绥，国图馆长任继愈，党委书记、副馆长杨炳延，文化部社会文化图书馆司副司长刘小琴，“共享工程”国家中心主任、国图副馆长张晓星，财政部教科文司文化处调研员孟冬出席了仪式。仪式由“共享工程”国家中心副主任刘刚主持。

仪式上，赵维绥、杨炳延、刘小琴、张晓星、孟冬分别向著名学者任继愈、金开诚、何祚庥、庞朴、钱逊、卓新平、卞祖善、李致忠、陈长芬颁发了荣誉证书。

为充实“共享工程”资源建设内容，传播科学文化知识，推进学习型社会的形成，“共享工程”举办的“名家名作”征集活动，旨在将作品数字化处理后，通过互联网等途径提供广大公众无偿使用。此项活动得到各界专家学者们的热烈响应，大家纷纷捐献出凝聚自己心血的精品力作，支持此项善举。

此次征集活动接受捐赠的作品涵盖范围广，涉及哲学、宗教、法律、历史、军事、经济、语言、文学、摄影、美术、音乐、体育、医学、科技以及对外关系等。捐赠作品并不局限于个人，龚育之、孙小礼夫妇，汤一介、乐黛云夫妇，陈平原、夏小虹夫妇，侯波、徐肖冰夫妇，张钹、张铃兄弟等，都是以两个人的名义捐赠。同时，捐赠作品专家学者的年龄跨度大，既有张岱年、季羡林、任继愈、戴逸、朱家溍等学界泰斗，又有卓新平、陈平原等青年俊才；专家学者们的捐赠热情之高令人感动，不少捐赠者在主动捐献自己的作品后，还热情介绍其他的同志学人，拓展了捐赠范围。截止到目前，共享工程已收到近140位专家学者数千万字的文字作品和数百幅美术与摄影作品，价值百万元。

此次活动还得到北京大学出版社、中国人民大学出版社和商务印书馆等出版机构的大力支持，他们向工程无偿提供了图书的版权。(馆办宣传科)

【国图召开启动改革试点工作动员

会】 2003年7月31日，国图在多功能厅召开启动改革试点工作动员会，党委书记、副馆长杨炳延，副馆长张彦博，党委副书记、副馆长张雅芳，副馆长张晓星以及全馆科级以上管理干部、副高以上职称专业技术干部参加了动员会。动员会由张彦博同志主持。会上，杨炳延同志传达了文化体制改革试点会议精神，张雅芳同志传达了国家图书馆改革试点工作方案。杨炳延同志指出了改革的重要性和艰巨性。杨炳延同志要求有关同志要集思广益，大胆探索，制定出切实可行的实施方案。最后他充满信地心说："我相信，有前几年改革的基础，特别是思想基础，有一支具有实干精神的员工队伍，我们的改革一定能够取得预期的效果。我们要把改革热情与科学态度结合起来，把改革的总体目标和阶段性任务结合起来，端正态度，提高认识，克服困难，与我馆改革试点工作领导小组统一思想，坚持全馆一盘棋，在做好各项日常工作的同时，积极稳妥地推进改革试点工作"。（馆办宣传科）

【国图与委内瑞拉驻华使馆共同举办"委内瑞拉诗人维森特·赫尔巴斯诞辰90周年纪念活动"】 2003年7月31日，国图与委内瑞拉驻华使馆在文津厅共同举办"委内瑞拉诗人维森特·赫尔巴斯诞辰90周年纪念活动"。委内瑞拉驻华公使兼代办恩里克·巴迪略（Enrique Badillo）及部分驻华大使、公使，国图副馆长陈力和社会各界人士逾百人参加了纪念活动。

纪念活动上，国图副馆长陈力和委内瑞拉驻华使馆文化官员加利萨雷斯分别祝辞。委内瑞拉驻华使馆表示，能在国家图书馆为该国最著名的诗人举办纪念活动是他们的荣幸，并高度赞赏了活动的成功举办。

今年是委内瑞拉著名诗人维森特·赫尔巴斯（1913-1993）诞辰90周年。此次活动为社会各界了解维森特·赫尔巴斯的人生历程和艺术成就提供了丰富的信息来源，进一步加强了中国与委内瑞拉两国间的文化交流与合作，同时，这也是在"非典"疫情后在我馆举行的第一个重要的公开的外事活动，极大地提高了我馆作为重要文化、学术场所在国际上的地位，也为今后与其他国家的文化交流奠定了扎实的基础。（馆办宣传科）

【全民参与 共护国宝——国家图书馆珍贵典籍修复认捐活动正式启动】 2003年8月7日，"国家图书馆珍贵典籍修复认捐活动"在国图正式启动，全国人大副委员长路甬祥，全国政协副主席王选，文化部副部长周和平，财政部教科文司副司长傅冬出席了仪式。国图馆长任继愈先生，全国高校古籍整理委员会主任、北京大学教授安平秋，北京大学信息管理系教授白化文，国家图书馆发展研究院院长、研究员、全国政协委员李致忠，原全国古籍整理出版规划领导小组秘书长、中华书局原总编、编审许逸民，原全国古籍整理出版规划领导小组秘书长、中华书局原总编、编审傅璇琮，中国社会科学院民族所所长、研究员史金波等专家学者以及认捐单位代表和认捐个人代表出席了仪式。

据不完全统计，目前全国等待修复的受损珍贵典籍超过千万件，单靠政府投入是远远不够的。作为中华民族共同的财富，把祖先留下的这一极其丰厚、极其宝贵的文化遗产保护好，整理好，继承好，并在此基础上大力弘扬，是每一个炎黄子孙的责任和义务。国家图书馆发出倡议，请社会各界和个人积极参与保护古籍工作，这是一次有意义的尝试。财政部教科文司副司长傅冬在讲话中说，文物保护工作事关全民族的共同利益，是一个公众的事业。国家图书馆今天推出的馆藏珍贵典籍修复认捐活动，可以说是一种文化创新，是吸引社会力量参与文化典籍保护的有效举措。从今年开始，国家图书馆开展"全民参与，共护国宝"的活动，是希望把祖国珍贵典籍和我们每个人的距离拉近，让每位国民都有机会直接参与保护中华历史典籍的工作。认捐单位代表、中国青年杂志社副社长王跃春同志向青年发出倡议，发起"传承历史文明，保

护文化遗产"活动。最后，路甬祥同志、王选同志、周和平同志、任继愈先生、傅冬同志向认捐单位及个人颁发了荣誉证书。仪式结束后，我馆公布了2003年度50种认捐书目。（馆办宣传科）

【"国家图书馆二期工程暨国家数字图书馆工程"建筑设计方案开标仪式在京举行】 2003年8月14日下午，"国家图书馆二期工程暨国家数字图书馆工程"建筑设计方案开标仪式在京举行。评审委员会由两院院士，国内外著名建筑大师，北京城市规划、建设专家以及国内图书馆界的权威人士组成。"国家图书馆二期工程暨国家数字图书馆工程"自招标公告在媒体刊登之后，共有38家国内外设计单位报名参加，4月19日至20日经过专家评审，有中国建筑设计院等9家国内外知名设计单位（含联合体）入围。将从中确定二至三个中标候选方案。（馆办宣传科）

【"国家图书馆二期工程暨国家数字图书馆工程"建筑设计方案引起社会各界关注】 2003年8月17日至21

日，在“国家图书馆二期工程暨国家数字图书馆工程”设计招投标中入围的9家建筑设计方案模型在我馆向社会公众公开展示，征询社会各界意见。展示期间，众多读者参观展览并投下了自己的一票。截止21日，社会各界读者投票共计2000余张。

8月19日晚，全国人大常委会副委员长蒋正华、国务委员陈至立、全国政协副主席罗豪才等领导同志参观了展览，对建筑设计方案给予了积极的肯定。一同参观的还有国务院副秘书长陈进玉，国家发展和改革委员会副主任王春正，建设部部长汪光焘，文化部部长孙家正，文化部副部长周和平，国家文物局局长单霁翔，建设部总规划司陈晓丽，国办秘书三局局长冀文平，北京市人民政府副秘书长闫仲秋等，国图馆长任继愈，党委书记、副馆长杨炳延，副馆长张彦博，党委副书记、副馆长张雅芳，副馆长陈力、张晓星等同志陪同参观了展览。

8月21日晚，30余名两院院士来到国图参观了展览及部分馆藏珍品。（馆办宣传科）

【“国家图书馆二期工程暨国家数字图书馆工程”建筑设计方案展览开幕仪式在国图举办】 2003年8月18日上午，“国家图书馆二期工程暨国家数字图书馆工程”建筑设计方案展览开幕

式在文津厅举办。

国家图书馆顾问、中国科学院技术科学部院士梁思礼，国家图书馆顾问、协和医学院教授赵绵，国图馆长任继愈，党委书记、副馆长杨炳延，副馆长张彦博，党委副书记、副馆长张雅芳，副馆长陈力，副馆长张晓星以及馆内部分员工参加了展览开幕式。开幕式由杨炳延同志主持。

“国家图书馆二期工程暨国家数字图书馆工程”，经过采取国内外公开招标的方式，目前已经有九家单位提出建筑工程设计方案，并将设计方案按照一定比例制成模型在文津厅展出，举办此次展览的目的，就是要让全馆员工及广大读者都来关心、了解这一工程，关心未来国家图书馆事业的建设和发展，并以各种方式鼎力支持这项工程的建设，同时不断丰富国图文化的内涵，进一步提高全馆员工的凝聚力和向心力。（馆办宣传科）

【国外友人参观国图】 2003年9月1日，根据中国国家图书馆与美国纽约皇后区图书馆合作协议，其交换馆员来国图进行为期一个月的培训学习；9月9日，以菲律宾国家文化委员会主席艾维琳·潘娣格为团长的菲律宾政府文化代表团一行5人来馆访问，副馆长陈力亲切地会见了代表团成员；9月10日，以泰国文化部次长乍格鲁·集达拉蓬为团长的菲律宾政府文化代表团一行8人来访，国图副馆长张雅芳亲切地会见了代表团成员；9月19日，日贩第24次代表团一行12人来访，国图馆长任继愈，副馆长张雅芳亲切地会见了代表团成员；9月23日，以挪威文化及宗教事务大臣郝葛兰女士为团长的挪威政府文化代表团一行8人来访，副馆长张雅芳亲切地会见了代表团成员。（馆办宣传科）

【中国图书馆学会承办“信息导航员——为经济建设和科技创新提供知识服务”学术研讨会】 2003年9月15—16日，中国图书馆学会在沈阳师范大学图书馆承办了中国科协2003年学术年会第29分会场，即“信息导航员——为经济建设和科技创新提供知识服务”学术研讨会，来自全国图书馆界的220名代表参加了会议。

会议开幕式由中国图书馆学会秘书长汤更生主持，中国图书馆学会常务副理事长、国图党委书记、副馆长杨炳延致辞。

本次研讨会以“信息导航员——为经济建设和科技创新提供知识服务”为主题，采取专题报告与分组讨论相结合的形式进行。（馆办宣传科）

【国图举办“国家图书馆古籍宣传服务周”活动】 为弘扬优秀传统文化，使广大读者更好、更方便地利用馆藏古籍，2003年9月15日至9月19日，国图举办了为期一周的“国家图书馆古籍宣传服务周”活动。向读者发放《国家图书馆服务指南》、《文明之旅——国家图书馆古籍工作》等宣传资料；举行了“新中国古籍整理出版成就展”开幕式。举办4场专题讲座，其中有任继愈先生主讲的《与时俱进的古籍整理》、李学勤先生主讲的《考古与古文献的整理》、程毅中先生主讲的《古小说的整理与研究》、杨成凯先生主讲的《古籍与电子化》。举办了“古籍数字化成果演示及宣讲解答”活动，内容包括：如何在电脑上检索国图所藏古籍书目、如何检索“中华文献目录典”、如何检索“国际敦煌学IDP资源库”、如何检索“中国石刻拓片资源库”、如何检索“中国数字方志”。

为展现中华文化瑰宝的深厚底蕴和无穷魅力，国图一直在加强珍贵馆藏和专藏的宣传。本次“国家图书馆古籍宣传服务周”的举办，对宣传珍贵馆藏，提高广大读者的古籍知识无疑将起到积极的影响。（馆办宣传科）

【“中国古代版刻印刷珍品展”赴匈牙利展出】 2003年9月30日，由中国国家图书馆和匈牙利国家图书馆联合举办的“中国古代版刻印刷珍品展”在位于布达佩斯王宫中的匈牙利国家图书馆隆重开幕，匈牙利总理迈杰希·彼得，匈牙利文化部长伊斯特万·希莱尔，中国驻匈牙利大使朱祖善，部分国家驻匈使馆官员，以及匈牙利图书馆界、汉学界代表共300余人出席了开幕式，国图副馆长张雅芳，国际交流处处长严向东，善本特藏部主任张志清参加

了开幕式。

开幕式上，迈杰希总理致辞，称此次展览是匈牙利和中国文化关系不断发展的见证。之后，张雅芳在开幕式上讲话，她说，中国和匈牙利都有悠久的历史和灿烂的文化。中国古代发明了被称为“文明之母”的印刷术，有力促进了各民族文明、文化的传播。此次展览，就是从印刷术的角度，向匈牙利人民展示中国各民族曾经创造的古老文明，介绍古代中国人的文化生活。开幕式后，匈、中各界人士兴致勃勃地参观了展览，并观看了国图善本特藏部李际宁、殷春敏同志的传拓表演。

本次展览共展出了国图珍藏的善本特藏66种100册（件），全部为雕版印刷品，时间跨度达800多年。展览分为三个展厅，第一展厅重点展出欧洲使用印刷术之前中国的早期印刷品，包括金皇统九年（1149）刊刻的《大般若波罗蜜多经》、元大德年间（1297－1307）杭州路西夏文刻本《慈悲道场忏法》、元大德九年（1305）陈仁子东山书院刻本《古迂陈氏家藏梦溪笔谈》和一批明代初年刊刻的善本古籍，其中，宋元间（13世纪初－14世纪中叶）平江府碛砂延圣院刻明初（15世纪初）印大藏经本《碛砂藏》中八幅珍贵的雕版扉画为第一次全部展出。版画反映了元代西藏密教在中原地区广泛传播时藏族艺术与中原艺术的相互交融，是研究印刷史和文化史的珍贵资料；第二展厅主要展出明清两代的版画作品，包括杭州、徽州、金陵、福建和明清宫廷内府刊刻的著名作品。如《水浒传》、《历代名公画谱》、《张深之先生正北西厢秘本》、《目莲救母劝善戏文》、《坐隐先生精订捷径棋谱》、《十竹斋画谱》、《芥子园画传二集》等，十分精美；第三展室重点展览中国国家图书馆收藏的金石拓片、舆地图和少数民族古籍等特藏珍品，如刻于北魏太和二十二年（498）的《比丘慧成为亡父始平公造像记》，是著名的“龙门四品”之一。汉《曹全碑》、元赵孟頫书《道德经》都是书法艺术的精品。此外，展出的《江西全省图说》共37幅，采用中国古代地图的传统形象绘法，生动逼真。清乾隆绢本《西湖行宫图》则用工笔描绘西湖美景，精工细腻。傣族贝叶经《舍利偈颂》用铁笔在贝多罗树叶上刻写而成，装帧优雅古朴。梵汉藏三体合璧《圣妙吉祥真实名经》、五色织锦五色墨书《满汉合璧诰命》和清庄有恭蝇头墨书《满汉合璧题本》则反映了清代多民族语言文化并行的特点。在展览大厅外，匈牙利和中国的专家们还精心制作了有关中国文字、古代书籍印刷、装帧形式演变等图片和文字展板，使展览的内容更贴近观众，更为丰富。

本次展览综合了曾经在美国举办的“中国国家图书馆善本特藏珍品展”和在挪威举办的“中国古代书籍史展览”，是我馆有史以来举办的规模最大的一次对外展出，展览将持续到12月23日。

为庆祝“中国古代版刻印刷珍品展”的开幕，中国国家邮政总局和匈牙利邮政股份公司联合发行一套两张名为“图书艺术”的纪念邮票。邮票的首发式当天也同时在匈牙利国家图书馆展览大厅举行。（馆办宣传科）

【周而复向国图捐赠手稿】 2003年10月16日，正在医院治疗的当代著名作家周而复先生委托秘书李文芳向国

图捐赠了手稿。此次周而复先生捐赠了长篇叙事诗《伟人周恩来》手稿以及他收藏的其它散文、报告文学集、书法作品和《周而复研究文集》等书籍。《伟人周恩来》共4部约五万七千多行，歌颂了周恩来总理一生的丰功伟绩，这部诗作视野广阔，结构宏大，史料翔实，音韵铿锵，叙事与抒情融为一体，极大地丰富了我馆名家手稿专藏。（馆办宣传科）

【加强交流 共商发展——第八届“图书馆馆长联席会议”在广西桂林市召开】 由国家图书馆主办、广西桂林图书馆承办的第八届全国省、自治区、直辖市、较大城市图书馆馆长联席会议于2003年10月24日至26日在广西壮族自治区桂林市召开。广西壮族自治区文化厅厅长容小宁、桂林市委副书记邓纯东、文化部社会文化图书馆司副司长刘小琴、桂林图书馆馆长徐欣禄在开幕式上致辞，出席会议的领导还有桂林市人大副主任林观华，桂林市副市长汤杰，桂林市文化局党组成员、纪委书记谭玉民，国家图书馆党委书记、副馆长杨炳延，副馆长张彦博等，来自全国省、自治区、直辖市、较大城市图书馆馆长及代表约70人参加了会议。桂林图书馆党委副书记丰雨滋主持开幕式。

本次联席会议的主题是：图书馆与先进文化建设－新形势下图书馆发展的机遇与挑战。会议期间，代表们分别就会议主题与分主题进行了大会发言和分组讨论。福建省图书馆馆长郑一仙、上海图书馆党委书记缪国琴、天津图书馆馆长陆行素作为小组召集人在闭幕式上作了大会交流。

“图书馆馆长联席会议”是我国图书馆界的盛会。自1991年举办以来，已举行了八届。该会议在加强全国各大图书馆之间的交流与合作、推动图书馆事业的发展等方面发挥了积极的作用。（馆办宣传科）

【为读者开启知识的宝库——国家图书馆计算机综合管理系统全面启动】 2003年10月28日，国家图书馆ALEPH500计算机综合管理系统结束了一年的试运行，全面投入正式运行。文化部社会文化图书馆司副司长刘小琴，以色列驻华大使馆公使衔农业科技参赞欧慕然，以色列Ex Libris公司总裁兼首席

执行官马提谢闵托夫，以色列Ex Libris公司副总裁马克道伯奇，以色列EX

Libris 公司北京代表处主管沈辅成，国图副馆长杨炳延、陈力以及北京师范大学图书馆、北京师范大学珠海分校图书馆、东北师范大学图书馆、陕西师范大学图书馆、北方交通大学图书馆、黑龙江省图书馆等国内图书馆的代表参加了开通仪式。国图副馆长张晓星主持了开通仪式。

ALEPH500 计算机综合管理系统的正式使用，不仅为读者提供了更优质、合理、全方位的服务，同时为国图的基础业务建设打造了一个坚实的平台，标志着国图从此开始了业务整体流程自动化管理的时代。（馆办宣传科）

【“国家图书馆二期工程暨国家数字图书馆工程”建筑设计方案揭晓】 2003 年 10 月 31 日，倍受社会瞩目的“国家图书馆二期工程暨国家数字图书馆工程”建筑设计方案招标结果揭晓，来自德国 KSP 恩格尔·齐默尔曼建筑设计有限公司和华东建筑设计研究院有限公司联合体的 5 号方案被确定为中标方案。文化部副部长周和平、德国驻华大使馆商务参赞贺德满、国家发展和改革委员会社会发展司生活质量处处长饶权、国图常务副馆长杨炳延、文化部计划财务司副司长都海江、文化部社会文化图书馆司副司长刘小琴、文化部计划财务司基本建设处处长沙建军、国图副馆长兼二期工程筹建处主任张彦博、现代集团总裁张桦、华东建筑设计研究院有限公司院长沈迪、德国 KSP 恩格尔·齐默尔曼建筑设计事务所总裁恩格尔、德国 KSP 恩格尔·齐默尔曼建筑设计事务所总裁齐默尔曼出席了“国家图书馆二期工程暨国家数字图书馆工程”建筑设计合同签约仪式。

该方案体型简洁，建筑高度较低，运行成本较为经济，与现有国家图书馆群体建筑比例协调、体量合适。在它的设计方案中，它将《四库全书》置于标志性中庭与读者阅览区共享，造型新颖、视觉效果好、阅览氛围强，在彰显自身个性的同时，充分展示了“过去、现在、未来”的设计思想。该方案不但充分具备了中国特色和鲜明的时代气息；而且充分体现了国家图书馆以人为本的服务理念、热心贴近读者，真诚服务读者的强烈愿望。（馆办宣传科）

【“外文图书采选与利用”座谈会在国图召开】 2003 年 10 月 31 日，国家图书馆“外文图书采选与利用座谈会”在办公楼 313 会议室举行。中国图书进出口总公司副总经理袁水仙、中国图书进出口总公司图书部主任聂君庆、中国图书进出口总公司副主任林键、北京大学图书馆副馆长高倬贤、北京大学图书馆采访部主任陈体红、清华大学图书馆副馆长赵熊、清华大学图书馆采编部主任李莉、中国科学院文献情报中心主任郑建程以及国图副馆长陈力、业务处处长汪东坡、图书采选编目部主任景鸿达、图书采选编目部副主任宋保义、图书采选编目部顾犇等相关同志参加了会议。会议由汪东波同志主持。

陈力同志在会上致辞，他说，这次会议的召开是希望通过外文图书协调采购平台的方式，进一步加强国家图书馆与其它图书馆和中国图书进出口总公司的交流与沟通。一方面，进一步优化国家图书馆的馆藏资源，另一方面，为更广大的图书馆和读者提供更加完善的服务。袁水仙同志简要介绍了研发“海外图书采选系统”的目的和系统的基本情况，并由中国图书进出口总公司图书部演示介绍了协调采购平台方案和如何利用该系统进行选书和协调采购。之后，与会同志纷纷发言，就协调采购的有关方案以及如何利用“海外图书采选系统”进行外文图书采选协调，提高外文图书采选和利用质量等问题进行了探讨。（馆办宣传科）

【中韩两国国家图书馆进行第 7 次业务交流】 2003 年 11 月 24 日—12 月 1 日，以国图副馆长陈力为团长，业务处处长汪东波、报刊资料部主任郝守真、国际交流处王渡、报刊资料部李吉子为团员的中国国家图书馆代表团一行五人，对韩国国立中央图书馆进行了访问和业务交流。

访问期间，中韩双方分别以“强化国家图书馆的服务职能，充分发挥国家图书馆的作用”、“网络信息资源的收集、组织与服务”、“以韩国国立中央图书馆为中心进一步发展国立图书馆方案”、“国立中央图书馆电子出版物的收集及保存方案”为题进行了业务交流，并参观了韩国国立中央图书馆的古文献资料室、电子音像阅览室、连续出版物资料室、馆员培训室、图书保护工作室和善本书库，同时就电子音像资料的读者服务工作中涉及的版权问题、电子文献的缴送问题以及图书保护中书籍的脱酸问题，进行了细致的了解并交换了意见。（馆办宣传科）

【国图与日本国立国会图书馆进行第 23 次业务交流】 2003 年 11 月 24 日至 12 月 3 日，以日本国立国会图书馆书志部部长原田公子为团长的代表团一行 5 人来国图进行第 23 次业务交流，并访问浙江、上海等地。副馆长张雅芳以及相关部处主任参加了交流活动。

此次中、日两馆的业务交流主议题是“进一步强化国家图书馆的服务功能”，分议题分别为“网络信息资源的收集、组织与服务”和“开创图书馆间合作的新局面”。张雅芳和原田公子分别代表国家图书馆和日本国立国会图书馆做了题为《强化国家图书馆的服务职能，进一步发挥国家图书馆的作用》、《国立国会图书馆的新式服务》的主题报告；通过业务交流，双方对中国国家图书馆与日本国立国会图书馆良好的馆际交流和友好合作给与充分肯定，希望继续加强彼此间的合作，共同促进图书馆事业的进一步发展。（馆办宣传科）

【国图召开“国家图书馆首届青年科学讨论会”】 11 月 28 日，国图在多功能厅召开了“国家图书馆首届青年科学讨论会”。馆党委书记、副馆长杨炳延，党委副书记、副馆长张雅芳，副馆长张晓星以及全馆中层干部和青年员工参加了此次讨论会。随后，举办了 3 场获奖论文讨论会，与会人员和论文作者就论文中共同感兴趣的内容进行了交流和探讨。（馆办宣传科）

【百年秘藏 珍品首呈——“国家图书馆馆藏法帖精品展”开展】 2003 年 12 月 1 日，集中了国图百年珍藏的法帖精品——“国家图书馆馆藏法帖精品展”在善本珍品展示室隆重开展。中国书法家协会主席、著名书法家沈鹏，首都师范大学教授、博士生导师、著名书法家欧阳中石，中国书法家协会原研究部主任张荣庆，中国书法家协会党组书记、副主席张飙，中国书法家协会副秘书长张传凯，中国书法家协会副秘书长张旭光，中国书法家协会副秘书长、中国艺术报社社长张虎，首都师范大学书法艺术研究所所长叶培贵，中国书法家协会研究部主任于曙光，中国书法家协会展览部主任白煦，中宣部文艺局李京盛，文化部人事司副司长陈洪武，北京书法家协会副主席薛夫彬，北京书法家协会副主席彭利铭，中国书法杂志周志高等书法界人士，以及故宫博物院研究院施安昌先生等来自北京大学图书馆、中国科学院图书馆、首都图书馆、故宫博物院图书馆等图书馆的法帖研究者参加了开幕式。国图馆长任继愈，党委书记、副馆长杨炳延，图书馆发展研究院院长李致忠也出席了开幕式。开幕式由国图副馆长张彦博主持。

国图的法帖珍藏已颇具规模，总量达五百余种，其中单帖二百余种，丛帖三百余种。涵盖了宋、元、明、清及民国各个历史时期，为纵观刻帖史的发展提供了难得的实物资料。其中曾经章钰、梁启超、张伯英等名家珍藏的法帖，其题跋述评既有重要的史料价值，又有书法艺术价值，弥足珍贵。

本次展出的30余部珍善拓本，是馆藏宋至清代法帖中的精品，其中有馆藏最早、最珍贵的丛帖拓本——宋拓《绛帖》；可与王羲之《兰亭序》并为行书双璧的颜真卿的《争座位帖》；元代丛帖——元顾信摹勒上石的《乐善堂帖》、元代单帖——章钰旧《赵松雪书太上玄元道德经》；明代法帖——周宪王朱有燉所刻的《东书堂集古法帖》、著名书法家、鉴藏家文徵明撰集的《停云馆帖》；清代法帖—《三希堂法帖》、《墨妙轩法帖》、《钦定天瓶斋法帖》、《钦定时晴斋法帖》等。同期展出的还有已修复完毕的，于2003年7月由社会公众认捐修复的10种敦煌遗书，以此表示对社会各界的衷心感谢。

本次展出的许多法帖都是首次面世，不仅向世人展示了中国书法艺术的精髓和独特魅力，同时也是国家图书馆宣传珍贵馆藏、服务社会的又一举措，并由此拉开了国家图书馆2003年“全民读书月”的序幕。(馆办宣传科)

【国图举办“神舟五号”号外展】

2003年12月1日，国图报刊资料部报纸组在中文报纸第二阅览室举办了“神舟五号”号外展，受到读者的欢迎。

展览共展出全国各地庆祝“神舟五号”发射成功的报纸号外73种。其中有人民日报出版的号外，中国青年报出版的两张号外，北京日报、北京晚报、北京晨报联合出版题为“神五载人飞船胜利落地”的号外，成都商报、华西都市报、天府早报、甘肃的酒泉日报出版的“神舟酒泉飞天”的号外以及香港大公报和香港商报出版的号外等。

由于号外主要报道世界或国家的突发事件或具有纪念意义的事件，临时性较强，不随本报发行，无出版期号，限地赠送，报社无留存，并且很难判断全国有多少家媒体会出号外，会在什么地方分发。国图报刊资料部报纸组根据这一情况，随时关注神舟五号发射的滚动新闻，同时与全国有影响的报社、卫星发射地及我国太空第一人杨利伟的家乡以及民间集报人联系，了解号外的出版情况。通过多方联系，搜集到庆祝“神舟五号”发射成功的报纸号外50余种70多份，涵盖了全国十六个地区，面积之广，数量之多为历次馆藏号外之最，特别是民间集报人黄安国先生无偿赠送30余种。此前，他在2003年6月“首届中国报纸号外收藏展”时，向国图赠送了自己珍藏的近几年的30余种报纸号外。(馆办宣传科)

【享受阅读快乐 提高生命质量——2003年“全民读书月”正式启动】

2003年12月6日，文化部、中国图书馆学会和国家图书馆联合举办的“全民读书月”启动仪式在国图举行。中国图书馆学会常务副理事长、国图党委书记、副馆长杨炳延，文化部社会文化图书馆司副司长刘小琴，中国社会科学院民族文学研究所副所长朝戈金，国图副馆长张晓星，中国图书馆学会常务副理事长孙蓓欣，北京大学信息管理系主任王余光以及图书馆界的代表参加了启动仪式。

杨炳延同志在仪式上宣布成立中国图书馆学会全民读书“阅读指导委员会”及向社会公开征集“全民阅读”徽标设计方案。之后，王余光同志宣读了联合国教科文组织北京代表处文化项目负责人致第四届“全民读书月”的贺信；清华同方光盘有限公司副总经理刘学东向西部图书馆赠送期刊光盘；甘肃省敦煌市图书馆副馆长王永红代表西部和贫困地区图书馆致答谢词。

为使“全民读书月”活动能够在全国深入、持久地开展下去，不断激发广大人民群众读书学习的热情，在全社会形成浓厚的阅读风气，中国图书馆学会邀请中国阅读学研究会、出版界及各界著名专家学者组成“阅读指导委员会”。该委员会将在全国范围内开展评选好书、推荐好书和指导阅读的工作，以引导全民会读书，读好书，多读书；同时为全国图书馆等文献信息资源收藏机构的采选入藏提供专业咨询和参考依据。委员会将有效增强阅读指导工作的科学性、规范性，不仅使各项活动有组织、有计划，而且要更加突出各种社会资源共同参与和协作推动的特点，保证全民读书活动既有中国特色，又与国际接轨。

为进一步实施以“倡导全民读书，建设阅读社会”为宗旨的“知识工程”，大力宣传阅读价值，鼓励终身阅读，提升全民阅读素养，加强国内外阅读方法的推广，促进阅读研究的交流与合作，从12月1日至2004年1月31日，中国图书馆学会向所有关心和支持“全民阅读”的朋友征集徽标图案。入选作品将于2004年4月23日“世界读书日”，通过新闻媒体向社会公布，并颁发证书、奖金及纪念品。

为广泛听取读者意见，提升国家图书馆的服务水平，营造全民读书的良好社会氛围，国图将于12月22日召开“国家图书馆读者座谈会暨2003年度读书标兵颁奖仪式”，以鼓励长期利用馆藏并在工作中取得较大成就的读者。

各类讲座异彩纷呈是本届“全民读书月”的一大特色。为充分履行国家图书馆的教育职能，在“全民读书月”期间，国家图书馆和中国图书馆学会分别聘请知名专家举办16场内容丰富的专题讲座，以满足读者的知识需求。

国家图书馆“全民读书月”活动至今已举办四届，引起了广大读者的极大兴趣和积极参与，在社会上产生了很大影响，对于进一步充分发挥国家图书馆公众教育和社会培训的重要职能，提高全民素质必将起到积极的作用。（馆办宣传科）

【国图召开“外文期刊采选工作专家咨询委员座谈会”】 2003年12月8日，国图在313会议室召开了“外文期刊采选工作专家咨询委员座谈会”。国图副馆长陈力，中国人民政治协商会议第十届全国委员会委员、中国社会科学院外国文学所研究员黄梅，军事图书资料馆馆长、副研究馆员陈浩良，中央党校政法教研部副教授刘启云，中日友好临床医学研究所研究员陈惟昌，清华大学化学工程系副教授王运东、中国农科院图书馆研究馆员潘淑春等6位专家咨询委员以及我馆报刊资料部、业务处、中国图书馆学会文献资源共建共享办公室的相关人员参加了座谈会。

座谈会上，各位专家咨询委员踊跃发言，在馆藏揭示、在京各大图书情报单位外文期刊协调采选、外刊采选依据与学科范围、电子资源引进与利用、印刷版与电子版文献的保存保护等方面都提出了富有建设性的意见。

本次座谈会的召开，对今后国图开创外文期刊和电子资源采选的新局面，加强文献资源建设尤其是电子资源建设的力度，提高外文期刊和电子资源的利用率，提升读者服务水平提供了智力支持。（馆办宣传科）

【国家重点文化项目“送书下乡工程”在革命圣地西柏坡正式启动】 2003年12月8日，国家重点文化项目“送书下乡工程”在革命圣地西柏坡正式启动。首批带有送书下乡工程专用标志的近400种1500多册图书落户西柏坡镇图书馆，内容涵盖了政治、经济、文化教育、法律知识、科普读物、农村实用技术、医学保健、文学艺术、百科知识、名人传记十大类，所选图书内容健康、实用性、可读性强、适合农村读者的需要。文化部副部长周和平、财政部部长助理冯淑萍、河北省副省长龙庄伟、文化部社会文化图书馆司司长张旭、文化部社会文化图书馆司副司长刘小琴出席了启动仪式，由此宣告历时三年的“送书下乡工程”开始实施。

“送书下乡工程”由文化部、财政部共同实施，国家图书馆具体承办。工程目标是自2003至2005年三年内，文化部、财政部向300个国家级扶贫开发工作重点县图书馆和3000个乡镇图书馆（室），赠送农村适用图书390万册。每年为每个县图书馆送书1000册，3年合计3000册；每年为每个乡镇图书馆（室）送书330余册，3年合计1000册。财政部每年为送书下乡工程安排专项经费2000万元，3年共安排6000万元。

“送书下乡工程”采取专家选书、集中采购、统一装帧、直接配送的实施办法。配送图书将使用统一设计的封面，印有“文化部、财政部送书下乡工程”字样及专有标识。配送图书的选书原则为内容健康、实用性、可读性强、适合农村读者需要，内容包括政治理论、思想道德建设、市场经济、法律知识、科普知识、农业科技、实用技术、医药保健、生活百科、文学艺术、历史知识、体育娱乐，如：《中国农村村民自治制度研究》、《百姓法律一点通丛书》、《中国科普文选》、《农民快速致富丛书》、《家庭医学百科全书》、《中国当代文学作品精选》等。为了保证书尽其用，“送书下乡工程”对受赠图书馆（室）条件进行了特别规定。

为推动“送书下乡工程”的顺利进行，文化部、财政部联合成立了“全国送书下乡工程”领导小组，办公室设在文化部社会文化图书馆司。同时，建立了“送书下乡工程”全国图书配送中心，该中心设在国家图书馆。（馆办宣传科）

【罗马尼亚国家图书馆向国图赠书】 2003年12月9日，罗马尼亚国家图书馆向中国国家图书馆赠书仪式在国图红厅隆重举行，国图副馆长杨炳延，罗马尼亚驻华大使V. 伊斯蒂乔亚出席了赠书仪式。此次罗马尼亚国家图书馆向国图赠送的珍贵图书，共计219册，内容涵盖罗马尼亚文学、历史研究，艺术相册，旅游相册，还包括磁盘以及CD，对一些旅游景点和民俗传统作了介绍，集中反映了罗马尼亚历史文化的独特风韵。这批图书将在外文新书阅览室展览一周。（馆办宣传科）

【“敦煌与丝路文化”系列讲座暨“中外关系史”系列讲座座谈会在国图举办】 2003年12月20日，“敦煌与丝路文化”系列讲座暨“中外关系史”系列讲座座谈会在红厅举办。国图馆长任继愈先生，图书馆发展研究院院长李致忠先生，俄罗斯科学院通讯院士、俄罗斯科学院世界研究所首席研究员李福清先生，中国艺术研究院研究员王克芬，中国社会科学院研究员白滨，中国敦煌吐鲁番学会副会长郝春文，中国中外关系史学会会长耿升，我馆研究馆员、中国敦煌吐鲁番学会副秘书长徐自强，中国文物研究所研究员邓文宽，北京大学教授荣新江，法国远东学院北京中心主任华澜，北京中央民族大学藏学系教授王尧，中国社会科学院新疆中心主任、国家清史编纂委员会副主任马大正，国务院侨务办公室政研司司长丘进，中日关系史学会会长北京大学教授王晓秋，中国社会科学院边疆史地研究中心主任厉声等专家学者，以及国图相关工作人员出席了座谈会。座谈会由副馆长张彦博主持。

座谈会上，任继愈先生、郝春文先生、耿升先生先后讲话。之后，与会学者就“敦煌与丝路文化”系列讲座暨“中外关系史”系列讲座进行了热烈讨论，大家认为，开讲一年以来的“敦煌与丝路文化”系列学术讲座非常成功，先后邀请到宁可、白化文、金维诺、吴芳思、郑阿财、华澜等35名海内外著名学者到馆开讲，内容涉及敦煌学和中国文化的诸多方面，既有对敦煌与丝路文化的整体思考，又有遍及历史、遗书、经济、文学、宗教等各专题的精要讲解，具有很强的知识性和学术性，受到了社会各界听众的欢迎，对于推动学术研究、提高国人的人文素养、加进与世界文化的交流，都是极为有益和必要的。

与此同时，由全国古籍整理出版规划领导小组办公室、北京图书馆出版社、中外关系史学会和善本特藏部共同举办“中外关系史”系列讲座拉开了帷幕。9点30分，北京大学教授荣新江先生主讲的“敦煌学与中外交流史”既是“敦煌与丝路文化”学术讲座的最后一讲，也是“中外关系史”系列讲座的第一讲。（馆办宣传科）

【国图“读者座谈会暨国家图书馆2003年度读书标兵颁奖仪式”】 2003年12月22日，“读者座谈会暨国家图书馆2003年度读书标兵颁奖仪式”隆重举行。国图副馆长陈力、业务处处长汪东波、各业务部门的领导以及新当选的10位读书标兵出席了读者座谈会和颁奖仪式。

本年度评选的10位读书标兵，大多是研究型读者。其中有老读者、原教育部情报资料室主任、资深翻译家黄仕琦老人，中国科学院自然科学史研究所副研究员鲁大龙，文物出版社印刷厂干部吴润玲等，他们充分利用我馆各类不同文献和多种服务方式，在各自的研究领域取得了骄人的成果。

颁奖仪式结束后，陈力同志与读书标兵一起座谈。读书标兵们表示，感谢国图在现有条件下努力创造读书学习环境以及给予他们的奖励与荣誉，对国图面临读书热潮带来的诸多压力表示理解，并从利用国图文献与服务的角度提出了很好的意见与建议。（馆办宣传科）

2004年度

【“国家图书馆文津讲坛二百期回顾展”在分馆开展】 2004年1月1日，“国家图书馆文津讲坛二百期回顾展”展览开幕式在国家图书馆分馆举行。国家图书馆馆长任继愈，副馆长张彦博，党委副书记、副馆长张雅芳，副馆长陈力、张晓星以及著名学者厉以宁、邹衡、庞朴等出席了开幕式。

“文津讲坛”是国家图书馆常年面向社会公众举办的学术文化讲座之一，也是国家图书馆传播先进文化的实际举措。开讲三年来，始终坚持在主讲人和主讲内容方面的精品意识，精心营造多学科知识的交叉与互补，注重不同层面读者听众的知识修养和文化品位，提高讲座的综合性、学术性和普及性，创造环境和谐、思想活跃的学术文化氛围。先后邀请到著名学者任继愈、启功、朱家溍、厉以宁、王蒙、吴敬琏、汤一介、张岂之、袁行霈等莅坛演讲，内容涉及历史、哲学、文化、文学、经济、艺术、自然科学等各个领域。受到读者的热烈欢迎，听众已近3万人次，形成了文化品牌，在社会上引起很大反响。

本次回顾展，以数百幅生动传神的图片，在全面总结“文津讲坛”三年讲座成果的同时，对国家图书馆自五十年代以来即致力于公众文化教育的历程作了回顾，对“文津讲坛”三年来的讲座成果作了一个较为全面的展示。（馆办宣传科）

【国家图书馆文化体制改革试点工作进展顺利】 2004年1月2日，文化部副部长周和平在文化部人事司司长吕章申、社会文化图书馆司司长张旭、计划财务司副司长李小垒、政策法规司副司长洪、社会文化图书馆司副司长刘小琴、社图司图书馆处处长张小平、政策法规司副处长蔡萍等同志的陪同下，就国家图书馆文化体制改革试点工作进行现场调研。党委书记、副馆长詹福瑞，副馆长张彦博，党委副书记、副馆长张雅芳，副馆长陈力、张晓星及馆改革试点工作小组部分成员参加接待。

张雅芳代表我馆文化体制改革试点工作领导小组，围绕初步拟订的《国家图书馆文化体制改革试点工作实施方案》，就国家图书馆改革试点情况做了全面的汇报。周和平代表调研组发表重要讲话。他说，国家图书馆制定的实施方案总体上符合中央文化体制改革试点工作会议精神，是在广泛调研的基础上形成的，方向是正确的。他强调，国家图书馆的改革，立足点是在争取国家投入的同时，积极增强自身活力。调研会结束后，詹福瑞召集全体馆领导及工作小组部分成员进行专题研讨，根据部领导意见，明确分工、限定时限，修改和完善《国家图书馆文化体制改革试点工作实施方案》。（馆办宣传科）

【著名摄影家邓伟向国家图书馆赠书】 2004年1月7日，我国著名摄影家、世界名人肖像摄影艺术家邓伟先生新近出版的《邓伟日记·八年》系列图书首发式在中国对外友好协会举行。首发式上，邓伟先生向国家图书馆赠送了此套图书以及精装本《邓伟摄影作品选》，国家图书馆接受了赠书，并将荣誉证书颁发给邓伟先生。

《邓伟日记·八年》由中国旅游出版社于2004年1月正式出版。全套图书约有65万字，共分三册，真实全面地再现了1990年至1997年间，邓伟以一个普通中国人的身份，与美国前总统里根、福特及美籍华裔建筑设计师贝聿铭等众多世界名人沟通的经历，展示了中国著名摄影家邓伟眼中的名人和他们背后的故事。

该书系包括：《八年·一个感动世界的当代传奇》、《八年·0.45米处接

触世界名人的心灵（上、下）》，本套图书的书名由杨绛所赐，而序言则由张艺谋所撰。（馆办宣传科）

【国家图书馆召开 2003 年度安全保卫工作总结表彰会】 2004 年 1 月 18 日，国家图书馆在多功能厅召开了“国家图书馆 2003 年度安全保卫工作总结表彰会”。国家图书馆综合治理委员会委员、各部处主任和科组长、安全先进科组代表、全体安全先进个人及各部处安全员共 150 余人参加了会议。国家图书馆党委书记、副馆长詹福瑞，副馆长张彦博到会并讲话。

会上，保卫处处长王厚明对 2003 年度全馆安全保卫工作进行了总结，并对 2004 年国家图书馆安全保卫工作的要点作了说明。之后，馆综合治理委员会主任、副馆长张彦博宣读了“国家图书馆关于表彰 2003 年度安全保卫工作先进集体、先进个人的决定”。馆综合治理委员会委员、党群工作部主任索奎桓宣读了国家图书馆“关于给予 2003 年度‘安全优秀单位’通报表彰的决定”。最后，詹福瑞和张彦博分别讲话，对国家图书馆 2003 年安全保卫工作给予了肯定，对 2004 年的安全保卫工作做了重要指示，提出了具体要求。

2003 年度，国家图书馆计划财务处、典藏借阅部、善本特藏部、分馆四个部处被评为“安全保卫工作先进集体”，有 16 个科组被评为“安全保卫工作先进科组”，45 位同志被评为“安全保卫工作先进个人”，24 个部处被评为“安全优秀单位”，2 个部处被评为“安全达标单位”。（馆办宣传科）

【匈牙利文化部向国家图书馆赠书】 2004 年 2 月 11 日，匈牙利文化部向国家图书馆赠书仪式在国家图书馆隆重举行。匈牙利驻华大使白明义，匈牙利驻华使馆文化参赞欧德泽·哲尔吉，国家图书馆副馆长詹福瑞，图书采选编目部副主任顾犇以及我馆部分员工出席了赠书仪式。

詹福瑞代表国家图书馆对匈牙利文化部及负责此次捐赠事宜的匈牙利驻华大使馆表示感谢，他说，作为中国最重要的文化设施，我们会把这些浓缩匈牙利文化精华的图书妥善保管并充分利用，发挥它应有的作用。匈牙利驻华大使白明义表示，很高兴能在中国国家图书馆参加这项活动，希望这批图书能够帮助读者了解匈牙利，并促进两国图书馆界的交流。詹福瑞代表中国国家图书馆接受了赠书，并向赠方代表匈牙利驻华大使颁发了荣誉证书。

此次匈牙利文化部委托其驻华使馆赠送中国国家图书馆图书 56 册，内容涉及匈牙利的历史及文化传统等方面。这批图书能够落户我馆，不仅丰富了我馆的馆藏，而且为读者了解匈牙利提供了丰富的信息来源，进一步加强了中国与匈牙利的文化交流与合作。（馆办宣传科）

【文化遗产保护修复交流协作会议国家图书馆召开】 2004 年 2 月 17 日，国家图书馆善本特藏部在 313 会议室举办“文化遗产保护交流协作会”，故宫博物院、国家博物馆、文物保护研究所、中国第一历史档案馆、中央档案馆、首都图书馆、北京大学图书馆等单位负责文献保护和修复的领导和专家 15 人莅临参会，国家图书馆善本特藏部主任张志清、副主任苏品红及相关人员参加了会议。会议由副馆长陈力主持。

本次会议研讨的主要议题是如何开展珍贵藏品的保存保护工作。围绕会议主题，各馆介绍了藏品保存保护工作及存在的问题和解决办法，讨论了图书馆、档案馆和博物馆如何在保存保护工作方面进行协作。作为本次会议主办者，国家图书馆重点介绍了修复档案数据库的设计、制作情况和馆藏西夏文献修复情况。会议结束后，与会者参观了国家图书馆主办的“西夏文献修复成果展”和善本库房。（馆办宣传科）

【春节文化活动多】 2004 年新春佳节期间，国家图书馆秉承 365 天全年候开馆的承诺，除正常开放外，还安排了丰富多彩的文化活动，以期达到在全社会倡导读书、组织读书、服务读书的目的。据不完全统计，春节期间，共接待读者 30，297 人次。

1 月 22 日（农历正月初一）上午 9 点 30 分，国家图书馆向北京市示范儿童村和北京市劳教局捐赠图书仪式在国家图书馆紫竹厅举行。文化部副部长周和平，国家图书馆副馆长张彦博，党委副书记、副馆长张雅芳，副馆长陈力，北京市示范儿童村主任张淑琴，北京市劳教局教育处处长罗贵伶以及国家图书馆员工代表参加了捐赠仪式。张淑琴和罗贵伶代表受赠单位感谢国家图书馆在节日期间赠送的具有特殊意义的礼物，表示要把国家图书馆员工的关注与厚爱带给社会弱势和特殊群体的人们，在新的一年里促进他们共同进步。在热烈的掌声中，周和平向北京市示范儿童村和北京市劳教局的代表赠书。此次捐赠的图书，绝大部分是我馆员工捐献，共 10634 册，并由此拉开了国家图书馆 2004 年春节活动的序幕。

1 月 22 日—24 日，由专人定时接待并引导中小学生和在家长陪同下的学龄前儿童参观；位于北海的分馆举办了题为“中国图书文化的历史价值”的知识讲座，由南开大学教授、地方文献研究室主任、中国现代史史料学会名誉会长、中国地方志协会学术委员来新夏主讲。（馆办宣传科）

【仁心护国宝 妙手驻书魂——馆藏西夏文献修复展开展】 2004 年 2 月 17 日，国家图书馆藏西夏文献修复展在国家图书馆馆藏精品展示室开展，本次展览展出了《不空羂索神变真言经》、《经律异相》、《大方广佛华严经》等珍贵藏品以及国家图书馆修复西夏文献的部分成果。

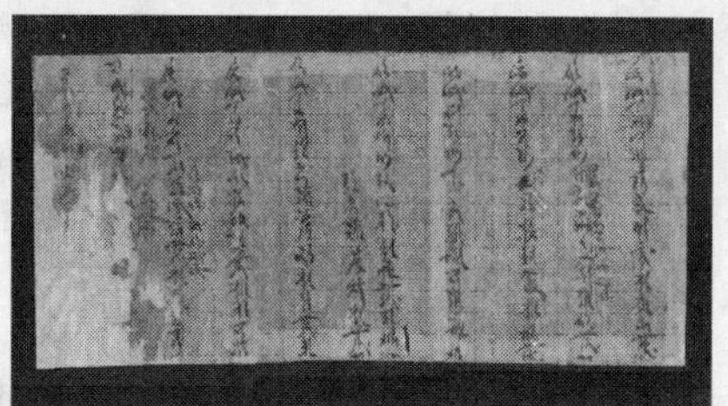

国家图书馆作为国内西夏文献的最大收藏单位，一直致力于西夏文献的整理、公布和研究工作。20世纪30年代，周叔迦先生、王静如先生先后整理过国家图书馆藏西夏文佛经，编辑目录，发表在1932年的《国立北平图书馆馆刊》"西夏文专号"上。"专号"比较全面地收集了当时的研究成果，对西夏文的研究起到了很好的作用。1973和1982年馆内外专家分两次进行整理，又有一些新的发现。2002年，为总结西夏学新成果，《国家图书馆学刊》与中国社会科学院西夏文化研究中心联合出版了"西夏学专号"，旨在总结70年来的研究成果，促进西夏学的发展，并开始建立西夏文献资源库，影像上网，供学界共享。2003年，又在中央财政拨款的支持下，对西夏文献进行全面修复。这是继《赵城金藏》、《敦煌遗书》、《永乐大典》等珍贵文献后的又一重大专项修复。

西夏文献的修复工作从调研、论证到修复完毕，历时近一年。首先，工作人员对西夏文献的现状进行调查和分析，找出文献破损原因和修复难点，逐项研究修复办法，制定修复方案。其次，克服文字障碍，在修复时不能出现顺序上的差错。馆藏西夏文献虽然文献、文物价值极高，但残破程度惊人，善本特藏修复中心按照科学化、规范化的原则，制定了较为完善的修复方案，进行了先期试验，反复听取专家意见。更可贵的是，在修复中，他们对文献本身还有新的发现。当工作人员细心地将层层裱糊而成的封皮一张张地揭开时，发现裱糊封皮使用的并不全是素纸，其中一些竟书写或刻印着西夏文字和汉文文字，经过清点，修补中揭示出来的新文献共258件，其中中文文献109件，西夏文文献149件。本次展览展出了部分重要的新发现，其中，一件卖粮账上有售粮日期、人名、粮食品种、价钱。可以推断每斗糜价在150—200钱左右，是直接反映西夏社会生活的第一手资料，具有重要文献价值。新发现的汉文部分则有道教、佛教文字、版画，为纸张、印刷术的研究工作提供了重要资料。(馆办宣传科)

【文化志愿者活动表彰推进会在国家图书馆举行】 2004年3月2日，在一年一度的"学雷锋日"即将到来之际，文化部团委在我馆第四视听室召开了文化志愿者活动先进集体和先进个人表彰推进会。文化部直属机关党委常务副书记王吉，国家图书馆党委副书记、副馆长张雅芳，文化部团委书记景小勇和来自文化部部属各单位的团员青年50余人参加了会议。

会上，张雅芳首先代表国家图书馆领导班子和馆党委向参加活动的所有同志表示欢迎。她说，近几年来，文化部团委在文化部直属机关党委的领导下，开展了丰富多彩的活动，特别是文化志愿者活动的开展，很有创意，很有现实意义。馆团委为参与此项活动，开动脑筋，到高校举办主题为"带您走近国家图书馆"讲座，把国家图书馆的文化和信息送到校园中去，与大学生建立了比较密切的联系。团干部们为此付出了很多努力，通过活动的开展，也为馆里的工作打开了一个比较好的窗口。部团委在馆里举办表彰推进活动，不仅为馆团委和团员青年提供了一个向兄弟单位学习和交流的机会，而且也有助于推动馆里的工作。张雅芳在发言中还谈到，青年是国家图书馆的未来和希望，为加强对青年人才的培养，馆里建立了不少有利于年轻人成长成才的工作机制，为青年人才的发展提供了良好的条件和空间，希望更多的优秀青年脱颖而出，创造更多业绩，早日成为国家栋梁。同时，希望在座的年轻人多到国家图书馆看书学习，获取更多的知识信息，为国家、为各单位的建设做出贡献。随后，文化部团委书记景小勇汇报了近年来文化部各级团组织开展文化志愿者活动的总体情况，表彰了国家图书馆团委等10个"文化志愿者活动先进集体"，人事处的荣杰和报刊资料部剪报中心的范承志等34人荣获"文化志愿者活动先进个人"称号。荣杰等4名同志还作为先进个人和先进集体的代表在会上作了交流发言。

文化部直属机关党委常务副书记王吉在最后的发言中，勉励团组织充分认识志愿者活动对于教育、培养、锻炼青年的重要作用，发挥行业优势，突出单位特点，调动青年积极性，推进文化志愿服务，使志愿者活动更具特色，更加扎实，更加深入，更有实效，把团员青年的成长进步融入到为大局服务，为社会服务的各项活动中去。(馆办宣传科)

【"两会"期间国家图书馆咨询服务忙】 2004年3月3日和3月5日，政协十届二次会议和十届全国人大二次会议相继召开，国家图书馆的"两会"咨询和服务工作也逐渐进入高潮。

3月2日上午，甘肃省政协副主席、全国政协委员陈剑虹同志来到国家图书馆"两会"咨询服务处进行咨询。陈剑虹委员是全国政协科协组的委员，也是国家图书馆开展"两会"咨询服务以来，长期使用这项服务的委员之一。在与咨询人员进行沟通并明确交办了咨询课题之后，陈剑虹委员与咨询人员进行了交流，对国家图书馆多年来"两会"服务的质量和服务水平给予了高度评价和充分的肯定，并主动表示要在政协会议期间，为国家图书馆的"两会"服务进行义务宣传，以便让更多的委员能够借助这项服务更好地完成提案议案工作。同日，全国政协文史委员会副主任、原浙江省政协主席刘枫同志派专人来国家图书馆"两会"咨询服务处进行咨询。"两会"服务处的同志热情接待了来访者并提供了刘枫同志所需文献资料。截止至3月3日中午12时，国家图书馆共接待"两会"代表电话咨询1次，到馆咨询2人次。

3月4日上午，十届全国人大二次会议预备会议召开，国家图书馆工作人员上会服务，发放国家图书馆宣传材料400余份，接受了由全国人大信息中心转达的人大代表委托咨询4项。这4项咨询全部于当日完成，并于3月5日一早送达全国人大信息中心转交给代表。3月4日下午4点，国家图书馆参考研究辅导部工作人员加班印制宣传材料2300余份，并按照政协委员在各驻地人数分别打包，于3月5日早晨将材料交给全国政协的工作人员。

3月5日，十届全国人大二次会议开幕，国家图书馆工作人员在3月5日开幕式和6日十届人大第二次全体会议期间继续上会服务，两天共计向两会代表发放国家图书馆宣传材料2000余份，发放国家图书馆服务指南近800份，接受两会代表委托咨询44件。

3月7日下午3点，全国政协宗教组买买提·塞来委员到馆咨询，国家图书馆“两会”咨询服务处工作人员及典阅部领导热情地接待了来者，并指导买买提·塞来委员进行检索。晚上6:30，买买提·塞来委员满意离去。

国家图书馆为“两会”代表热情、周到的服务，受到代表们的好评。3月5日上午，浙江省政协办公厅派工作人员到我馆递交感谢信，对国家图书馆“两会”服务处工作人员热情周到的服务表示感谢。3月6日，在全国人大信息中心转给我馆的湖北省人大代表汪定国的“信息查询登记表”中，汪定国在填写相关咨询后特别写道：“非常感谢国家图书馆参考研究辅导部，能在较短时间找来大量资料，您们工作热情值得称道和学习。”

截止至3月15，国家图书馆共接待“两会”代表电话咨询23人次，到馆咨询12人次，接受代表委托咨询64件，为“两会”代表办证12个。（馆办宣传科）

【我馆迎来非假日第一批参观的中学生】 2004年4月5日，国家图书馆迎来第一批非假日期间前来参观的北京八中的部分学生，他们在国家图书馆工作人员的带领下，参观了文津厅、紫竹厅和部分阅览室，感受到了国家图书馆浓厚的读书氛围。此前，国家图书馆还为部分中学生办理了国家图书馆临时读者卡。

从1999年春节起，国家图书馆即开始在国家法定节假日期间，允许未成年人在家长带领下进入国家图书馆总馆参观；2001年元旦起，分馆的中文图书借阅室接待16岁以上的未成年人到馆借阅；2002年4月1日起，北京地区具有高中部的中学每月一次可办理5个国家图书馆总馆的临时读者卡（使用期限为一个月，全年可办理60个），中学生可根据需要，轮流来国家图书馆总馆阅览文献。2004年，国家图书馆面对加强和改进未成年人思想道德建设的新形势、新要求，及时调整服务措施，在保证为重点读者服务的基础上，尽力满足未成年人的读书学习愿望，陆续推出了以下四项面向未成年人的服务举措：

在国家法定节假日接待未成年人参观的基础上，设立“少年儿童参观接待日”。每月第一个星期一为“少年儿童参观接待日”，国家图书馆总馆接待有组织的少年儿童参观。

为中等学校提供文献服务。配合中学的教学活动，发挥国家图书馆文献信息资源的优势，通过馆际互借的方式，向全国中学图书馆（室）提供文献服务，解决中学生确实需要、而本校图书馆（室）又缺少的文献资源。

开展面向未成年人的讲座与培训。国家图书馆在举办学术培训讲座方面具有成功的经验，今后要把听众范围扩大到未成年人，聘请未成年人教育方面的专家学者主讲，培养小读者从小养成良好的读书学习习惯。

在分馆设立以中小学生为服务对象的少年儿童多媒体阅览室，提供音像资料、少年儿童报刊、多媒体资源数据库、链接少年儿童图书馆等信息资源，并举办讲座、培训、展览等各种活动等。

国家图书馆推出的为未成年人服务的各项举措，在增强未成年人的读书意识，加强未成年人的思想道德建设方面将起到积极的作用。（馆办宣传科）

【“粟特人在中国”国际学术研讨会在国家图书馆召开】 2004年4月23日，由国家图书馆、北京大学中古史研究中心、法国科学研究中心中国文明研究组、法国科学研究中心东方与西方考古研究组、法国远东学院、法国驻华大使馆文化处等单位共同主办的“粟特人在中国——历史、考古、语言的新探索”国际学术研讨会在我馆召开，来自海内外的70余位学者参加了研讨会。同一时间，“从撒马尔干到长安——粟特人在中国的文化遗迹”展览在馆藏珍本展示室开展。

开幕式由副馆长陈力主持。副馆长詹福瑞和其他各主办单位代表分别致辞，山西文物考古研究所、陕西考古研究所、宁夏文物考古研究所等单位向国家图书馆捐赠了珍贵的拓片。

粟特人是生活在中亚阿姆河和锡尔河之间粟特地区的伊朗种中亚古代民族，建立过许多绿洲城邦国家，中国史籍中称“昭武九姓”。近年来，有关粟特人在中国的考古文物不断被发现，特别是西安北周安伽墓，北周史君墓和太原隋代虞弘墓中出土了大量石刻图像，涉及粟特人的社会生活、宗教信仰等，内容丰富，对深入研究粟特人的文字及文化提供了珍贵的实物资料，推动了国际学术研究的热潮，成为当前最受关注的前沿领域之一。为了将这些新发现、新材料系统提供给中外学术界，中外学术机构特别召开这个研讨会，举办展览并出版展览图录，以期引起更多人对丝绸之路上的粟特人及当今粟特研究的关注。

展览共展出敦煌文书7件、清代文献3种5册，清末民初拓片24张，新拓片10张，老照片6张，都是难得一见的珍贵文献。配合会议和展览出版的图录《从撒马尔干到长安——粟特人在中国的文化遗迹》，收录了珍贵图片100余幅，专论50000字，目前已由北京图书馆出版社正式出版。（馆办宣传科）

【倡导全民读书 建设阅读社会】 2004年4月23日，由全国知识工程领导小组和文化部主办，中国图书馆学会、国家图书馆承办，北京科教图书馆协办的“倡导全民读书，建设阅读社会——世界读书日”宣传活动在国家图书馆文津广场隆重举行。

全国政协副主席、中国科协副主席王选，文化部原副部长吕志先，联合国教科文组织北京办事处文化官员高桥晓，文化部社会文化图书馆司司长张旭，中国图书馆学会常务副理事长、国家图书馆党委书记、副馆长詹福瑞以及著名作家陆天明、高洪波，著名朗诵艺术家曹灿、张家声，著名播音艺术家方明，文化部青联副主席、国家一级演员丁嘉莉，著名主持人鞠萍等出席了仪式，我馆副馆长陈力主持了仪式。

仪式上，张旭、高桥晓分别致辞，詹福瑞宣读了“倡导全民阅读，共建书香中国”的“4·23”世界读书日倡议书，向社会各界发起倡议，号召各界社会力量一起加入这个盛大的读书活动。随后，著名作曲家乔羽、著名主持人鞠萍向我馆赠送了《乔羽文集》和《鞠萍姐姐伴你读童话》等作品，詹福瑞同志代表国家图书馆接受赠书并为他们颁发了荣誉证书。最后，全国政协副主席、中国科协副主席王选，原文化部副部长吕志先为“全民阅读”徽标揭牌。

在优美的乐曲声中，来自北京大学、中央民族大学、解放军艺术学院、北京邮电大学的师生们排好了整齐的方阵，在曹灿、鞠萍的主持下共同朗读了高尔基论读书的章节。高洪波、张家声、方明、丁嘉莉等人也一一上台分别朗诵了毛姆、林语堂、泰戈尔、培根等人谈读书的美文。来自行知学校、北京复外二小的孩子们则将冰心的《致小读者》朗诵得感人泪下，赢得了阵阵掌声。20多名平均年龄在六岁的幼儿园孩子诵读了《拍手读书歌》，稚嫩的嗓音和天真的举止让观众们忍俊不禁，也将气氛推向了高潮。

为配合世界读书日，将全民读书活动的影响继续下去，在青少年中掀起爱读书，读好书的热潮，让青少年了解中国和世界的优秀文化，中国图书馆学会组织有关单位开展“我最喜爱的一本书（适合18岁以下阅读）”的评选活动。中国图书馆学会的品牌讲座“中国文化风”也将在4月23日“世界读书日”至“六一”国际儿童节期间，举办外交官系列和儿童阅读系列讲座，奉献给爱读书的儿童和父母们。

1995年，联合国教科文组织宣布4月23日为“世界读书日”，已有超过100个国家和地区参与此项活动。本次活动的开展，对于贯彻落实十六大关于“建立学习型社会”，弘扬中华民族的优秀传统文化，倡导全民阅读，促进终身学习，让读书成为一种习惯和生活方式将起到积极地促进作用。（馆办宣传科）

【“五一”期间国家图书馆为未成年人举办多种文化活动】 为丰富“五一”节日文化生活，充分发挥国家图书馆社会教育与文化传播的职能，根据《中共中央国务院关于进一步加强和改进未成年人思想道德建设的若干意见》的有关精神和文化部、国家文物局联合下发的《关于公共文化设施向未成年人免费开放的通知》要求，我馆把为未成年人服务作为服务工作的一个重点，安排了丰富多彩的活动，取得了良好的社会反响。“五一”期间，国家图书馆共接待读者76476人次，其中未成年人707人次。

2004年5月1日上午，第一批来馆的中小学生在工作人员的陪同下，参观了总馆和分馆，深厚的文化底蕴和浓郁的读书氛围深深地感染了他们。时逢文化部副部长周和平同志检查我馆为未成年人服务工作落实情况，他与中小学生亲切交谈，询问他们对图书馆的服务工作是否满意。一同参观的家长表示，图书馆为未成年人服务的措施，满足了孩子分享国家图书馆这座知识宝库的需求，对他们的健康成长将起到积极的影响。孩子们表示，以后要经常到图书馆看书学习，增长知识。

5月1—3日，我馆在第四视听室免费为少年儿童放映《海底总动员》、《美丽的大脚》、《25个孩子一个爹》等录像，受到中小学生的欢迎。

5月4日、6日上午，在分馆举办了由北京市未成年人保护委员会办公室社会工作部部长、北京市青少年法律与心理咨询服务中心主任宗春山，中国青年政治学院党委副书记、副院长陆士桢分别主讲的“伤害离我们不远——未成年人家庭安全策略”和“现代家庭教育的几个基本支点”知识讲座。讲座从家庭和社会的角度引导家长进行家庭教育的反思，审视日常的教育言行，如何做一名合格家长以及未成年人如何抵御各种有害思想和行为的侵蚀，在正确思想的引导下健康成长。听众达180余人次，其中未成年人20余人次。

从3月开始，国家图书馆陆续推出了面向未成年人服务的各种举措，至5月6日，共接待未成年人2021人次，在培养、教育青少年，为他们营造一个良好的成长环境中发挥了国家图书馆应有的作用。（馆办宣传科）

【首届民间残疾人技能作品展开展】 2004年5月11日，由国家图书馆分馆和北京汇天羽信息咨询中心联合举办的“首届民间残疾人技能作品展”在分馆学术活动西厅开展。中国残疾人联合会副理事长程凯、中残联组织联络部协会工作处处长郝尔康、北京市残疾人联合会副理事长吕争鸣等同志先后参观了展览。

本次展出的数百件绘画、书法、剪纸、编织、雕刻、十字绣及手工小制作等作品全部出自残疾人之手，构思设计严谨，艺术水准精湛，他们用一双双灵巧的手和一颗颗灵动的心，展现了身残志坚、孜孜不倦、努力进取的精神。

展览引起了社会各界的广泛关注，取得较好的效果。5月13日，贵人网发出最新消息：参加展览的“残疾朋友张宁已经被聘为贵人网的正式员工，而张燕燕已经被贵人网聘为荣誉员工，她的5幅刺绣作品被贵人网收藏”；德国某公司驻京代理处通过新闻媒体，找到主办方，最后辗转联系到展品作者，表达了购买其中部分展品的意向。此外，展出的数十件作品已经售出，为残疾朋友的就业和生活提供了更多的机会，开拓了更加广阔的空间和渠道。中央电视台新闻频道，北京电视台“晚间新闻报道”、“特别关注”，北京人民广播电台新闻台“人生热线”以及《北京晨报》、《北京青年报》、《娱乐信报》、《华夏时报》、《社会报》等多家媒体对展览进行了报道。展览于5月16日闭幕。（馆办宣传科）

【我馆组织参加“2004年北京科技周”科普活动】 由北京市政府主办、北京市科学技术协会承办的2004全国科技活动周和北京科技周，于2004年5月15日至21日举行。本届科技周的主题是“科技以人为本，全面建设小康”。我馆按照科技周组委会“科技周活动重点放在基层，注重实效”的原则，结合国家图书馆服务工作的形式特点，策划筹备了系列宣传活动。

5月15日，国家图书馆在紫竹厅悬挂起“2004年北京科技周”横幅，以及“科技以人为本，全面建设小康”、“实施科教兴国战略，走可持续发展道路”、“弘扬科学精神，传播科学思想”、“倡导科学方法，普及科学知识”等大型标语，营造宣传氛围。同日，中国数字图书馆有限责任公司在紫竹厅向读者发放了《知识造福人类，科技走进家庭——数字图书馆科普知识问答》宣传资料1000份。报刊资料部音像资料组从馆藏中精选出科普知识含量高的21部国内外录像片，自5月15日至21日每天上午在第四视听室连续放映，内容涉及天文、地理、生物、动物、卫生保健等，共接待读者265人次。

科技周期间，中国图书馆学会免费为读者举办的“中国文化风”学术讲座儿童阅读系列和外交官系列开讲。分别是著名童话作家孙幼军主讲的“我与童话”、前驻俄罗斯大使李凤林主讲的“我的外交使命”、前驻波兰大使裴远颖主讲的“外交官的阅历”、加拿大前外交官斯蒂夫·考夫曼主讲的“我的语言探险之旅”。讲座从不同角度宣传普及了学科知识，受到听众的关注和欢迎。国家图书馆组织开展的各项活动，丰富了北京科技周的活动内容，取得了较好的社会效益。（馆办宣传科）

【北京科技贸易中心拆迁工作圆满完成】 2004年5月，北京科技贸易中心主体建筑拆除完毕，拆迁工作圆满完成。北京科技贸易中心是1991年由北京图新技术开发总公司和其他44家单位共同集资建成，总建筑面积15656平方米。其建筑用地系“国家图书馆二期工程暨国家数字图书馆工程”预留地，能否顺利拆除直接关系到工程的建设。为此，国家图书馆成立了拆迁工作小组，全面负责北京科技贸易中心的拆迁工作。

面对集资单位数量多、情况复杂，所有集资单位对我方提前两年解除合同的要求均提出按市场价格予以补偿，少数集资单位占据其集资房间，索要高额补偿等诸多困难，拆迁工作小组“讲政策、讲策略、讲技巧”，在近四个月的艰苦工作中，加班60余次，谈判200余次，终于与44家集资单位签署了解除集资合同，为馆里节约大量经费。拆迁工作小组还通过资格预审、现场考察、专家评标等严格的招投标程序，选择了北京市最好的拆除公司从事北京科技贸易中心的拆除，并将拆除费用由支付拆除方40万元，争取为拆除方返还我馆70万元拆除物资回收款，最大限度地保障了我馆利益。北京科技贸易中心拆迁工作圆满完成，为“国家图书馆二期工程暨国家数字图书馆工程”的顺利建设奠定了坚实的基础。（馆办宣传科）

【书海扬波——2004年度国家图书馆服务宣传周拉开帷幕】 2004年5月23日，一年一度的国家图书馆服务宣传周正式拉开帷幕。服务宣传周以倡导终身学习、全民学习，创建学习型社会为主题，通过一系列丰富多彩的活动，向全社会宣传全民读书学习的重要性，号召广大读者积极参与读书学习，努力提高全民族科学文化素质。本次服务宣传周的主要活动有：

一、设台咨询

5月23日上午，副馆长张彦博，党委副书记、副馆长张雅芳，副馆长陈力、张晓星及相关部处主任在紫竹厅向读者宣传现代图书馆知识，介绍我馆馆藏与服务，解答有关咨询，发放《读者手册》。

二、举办展览

5月23日至31日，在南门大厅举办“北京地区文献信息服务机构概览”展。通过对北京地区文献信息服务机构类型与服务特色的介绍，辅导读者充分利用北京的各类型图书馆；5月26日至31日在馆藏精品展示室举办“《文献》出版百期回顾展”；5月23日至31日在报纸第二阅览室举办“报纸号外展”；5月25日－6月1日在分馆举办“自由空间－文津美术教室少儿绘画作品展”。

三、举办知识讲座

5月23日，在分馆举办题为“甲申三百年祭”的知识讲座；5月24日、26日，在音像资料第四视听室举办题目为“万方数据资源系统的使用”及“Gale数据库的使用方法”的知识讲座；5月29日在分馆举办题为“哲学的精神”的知识讲座。

四、举办读者座谈会和联谊会

为加强和读者的交流，拉近读者与图书馆的距离，5月28日，在红厅举办“中国典籍与文化讲座暨读者座谈会”；5月30日，在分馆举办了“文津讲坛读者联谊会”，会上，著名红学专家蔡义江与读者面对面细析《红楼梦》人物形象。

五、免费上网和专场录像

5月24日－28日早9：00－11：00，读者可以在我馆第一电子阅览室免费查阅资料；5月27日、28日，在音像第四视听室分别播放了“1998年柏林露天音乐会（德国）”和“芭蕾舞精彩集锦（英国）”。

图书馆服务宣传周是全国知识工程领导小组确定的全国公共图书馆服务大型宣传活动，每年五月份最后一周举行。我馆极为重视图书馆服务宣传周活动，将其作为改进服务措施，提高服务质量，进一步树立国图形象的契机。期望通过服务宣传周的活动，倡导终身学习，发挥国家图书馆在创建学习型社会中应有的作用。（馆办宣传科）

【“中国典籍与文化讲座”座谈会在国家图书馆召开】 2004年5月28日，由国家图书馆、全国高校古籍整理研究工作委员会共同举办的“中国典籍与文化讲座”座谈会在国家图书馆召开，北京大学中文系教授、全国高校古籍整理委员会主任安平秋，北京大学中文系教授、全国高校古籍整理委员会秘书长杨忠等20余位专家学者参加了座谈会。座谈会由副馆长陈力主持。

国家图书馆作为国家重要的文化设施，在为社会公众提供学习资源、营造学习环境、引导公众学习方面发挥着非常重要的作用。伴随着全球信息化时代来临，中国的典籍与文化、中华民族古老的文明作为现代文明的源头越来越被重视，也吸引了更多的人从中寻找现代文明发展的动力，不仅成为专家学者的研究对象，也逐渐为大众提高文化素质的一种需要。为让更多优秀的中国典籍与文化为大众所共享，2001年，由国家图书馆和全国高校古籍整理研究工作委员会《中国典籍与文化》编辑部联合推出了“中国典籍与文化”系列讲座。讲座依托我馆丰富的馆藏资源和全国高校古籍整理研究工作委员会与学界的广泛联系，邀请国内外著名专家学者莅馆演讲，从典籍谈文化，面向广大读者深入浅出地讲授中华文化精髓，发布研究成果，受到广大读者的热烈欢迎，取得了非常好的社会效果。迄今为止，共开办讲座68场，听众超过8000人次。并通过全国文化信息资源共享工程国家中心和新闻媒体进行宣传，在世界范围传播中华传统文化的精髓。

座谈会上，专家学者纷纷发言，对“中国典籍与文化”系列讲座的举办和我馆的文献研究工作提出了很多、很好的意见和建议。（馆办宣传科）

【百年敦煌 千秋伟业——国家图书馆敦煌遗书特藏库落成并启用】 2004年6月22日，国家图书馆在文津厅隆重举行国家图书馆敦煌遗书特藏库落成典礼仪式。仪式由副馆长陈力主持，文化部副部长周和平，财政部部长助理张少春，国家图书馆党委书记、副馆长詹福瑞等同志先后致辞，对敦煌遗书的发现及研究进行了回顾，对敦煌遗书特藏库的落成表示祝贺。随后，部分领导和专家学者向在2003年“全民参与 共护国宝”认捐活动中积极认捐修复国家珍贵典籍的公众代表颁发了捐赠证书。最后，任继愈、周和平、张少春、戴逸、傅熹年为敦煌遗书特藏库落成剪彩。

敦煌遗书特藏库是在文化部、财政部等各级领导的关怀下建立起来的。此前，国家图书馆珍藏的敦煌遗书，由于当时的条件限制，常年挤压在数十个木箱中，不利于保护、管理和学界使用。2002年，当国家财政部有关领导了解到我馆敦煌遗书的收藏条件后，遂与我馆商讨解决方案。经过反复论证、仔细规划，决定由国家财政拨专款，在善本书库中辟专门场地，建设敦煌遗书特藏库。

新落成的敦煌遗书特藏库，为古典风格，面积约200多平方米。库中摆放的144个楠木书柜高两米，宽一米，厚45厘米，为防虫蛀，背板为香樟木所制。用于装敦煌遗书卷轴的楠木匣子底板亦为香樟木。从此，历经千余年保存下来的中华文化遗产得到了更好的保护，也圆了几代守护这些国之瑰宝的工作人员的梦。

为纪念这项文物保护工程的竣工，国家图书馆特在敦煌遗书库房内立屏，任继愈先生撰额“敦煌遗书”，屏背书有《敦煌遗书特藏库落成记》。（馆办宣传科）

【国家图书馆召开深化改革动员大会】 2004年8月12日，国家图书馆召开深化改革动员大会。除在岗值班人员外，1000余名员工出席了大会。会议由副馆长张彦博主持，馆党委全体委员在主席台就座。

首先，党委副书记、副馆长张雅芳对《国家图书馆文化体制改革试点工作实施方案（试行）》作了说明。《国家图书馆文化体制改革试点工作实施方案（试行）》是在广泛调研的基础上制定的，旨在通过深化改革，进一步优化管理机制，激发内部活力，提高服务水平，更好地发挥国家图书馆在国家政治、经济、文化等建设中的信息服务作用。接下来，党委书记、副馆长詹福瑞作深化改革动员。按照实施方案的要求，分别制定了干部人事制度、分配制度改革方案，深化后勤改革方案和企业改革方案等一系列配套方案。他首先强调了深化改革的重要性和必要性。T并指出：中央文化体制改革领导小组经过深入调研，确定国图为全国文化体制改革的试点单位，这项任务光荣而又艰巨，之所以光荣，一个方面是对国图前几年改革工作的充分肯定；另一方面，在全国图书馆行业中国图是唯一入选的中央试点单位；之所以艰巨，是因为改革没有现成的模式，需要我们结合实际，理清思路，探索、创新。既然是试点，就要具有示范性，不仅要通过改革解决本馆事业发展所面临的问题，同时还担负着为公益性事业单位提供经验的重任。同时，深化改革是国图自身发展的需要，也是社会发展对图书馆提出的新要求。他进一步指出：对待改革要有一个正确的态度。对于改革，目前存在着两种情绪：一是急躁情绪，认为太慢了；二是保守态度，认为改革没有必要，希望不做或缓做。这两种认识都是不正确的。对待改革，应当提倡的是这样的态度：积极推进，大胆创新；科学论证，循序操作。詹福瑞还进一步阐述了改革与“三大战略”的密切关系。最后他对深化改革工作提出五点要求：第一，要加强党的领导，党政工团齐抓并进，推进改革顺利实施。第二，各级干部要着眼长远，统一思想，服从大局。第三，全馆员工要进一步提高和统一认识。第四，正确处理好个人、集体和国家图书馆之间的关系。第五，严肃纪律，保证深化改革顺利进行。最后，他指出：改革的任务很重，在座的全体员工要在思想上高度重视，积极参与改革、支持改革。同时也要充分认识到改革的艰巨性和复杂性。这是一次全新的尝试，前进的路上会面临许多前所未遇的新问题，可能会经历一些痛苦的抉择，也可能要体验一些失败的滋味，对此要有充分的思想准备。只要我们振奋精神，团结一心，克服困难，在“三个代表”重要思想的指导下，一定能够圆满完成中央交给我们的任务。

馆长任继愈最后作总结发言，他强调深化改革和国图事业的发展都离不开人才，各级领导都要重视人才、培养人才。要正确处理改革中的各种利益关系，个人利益应服从集体，集体要服从大局。在改革任务比较重的情况下，还不要影响正常的业务工作。要通过改革促进各项业务工作的发展。（馆办宣传科）

【“华夏建筑意匠的传世绝响——清代样式雷建筑图档展”】 2004年8月12日，由国家图书馆、故宫博物院、中国第一历史档案馆、中国文物研究所、清华大学、天津大学主办，日本东京东洋文化研究所、美国康奈尔大学东方图书馆协办的“华夏建筑意匠的传世绝响——清代样式雷建筑图档展”在国图文津厅隆重开展。文化部副部长、故宫博物院院长、党委书记郑欣淼，清华大学建筑学院教授、两院院士吴良镛，天津大学建筑学院名誉院长、科学院院士彭一刚，工程院院士、建筑学会副理事长、北京市建筑设计院总建筑师马国馨，国家清史编纂委员会主任、中国历史学会会长戴逸，国家文物局古建筑专家组组长、全国政协委员罗哲文，国家历史文化名称保护专家委员会副主任郑孝燮，全国高校古籍整理研究工作委员会副主任、北京大学教授杨忠，天津大学建筑学院教授王其亨，国家文物局文物研究所总工程师傅清远，中国档案局馆室司司长杨继波，天津大学副校长杭建民，故宫博物院副院长晋宏逵，海淀区原政协主席、海淀区地方志编委会副主任张宝章，天津大学建筑学院院长张颀，全国古籍整理出版规划领导小组办公室副主任黄松以及雷氏后裔代表、海淀区古城外语中学高级教师雷章宝出席了展览开幕式。

清代样式雷图档是指中国清代雷氏家族绘制的建筑图样、烫样、工程做法及相关文献。内容十分丰富，涵盖了城市、宫殿、园林、坛庙、陵寝、府邸、学堂等清代皇家建筑在选址、规划设计和施工等多方面细节，是中国古代建筑史上最丰富翔实、最直观形象、且大多能与遗存的建筑实物相对应的珍贵史料。现存于世的样式雷图档逾两万件，国家图书馆收藏有15000余件，其余主要收藏在故宫博物院、中国第一历史档案馆、中国文物研究所。

本次展览是在科研成果的基础上，经过专家认真梳理图档后精心制作而成，展览以图板与图档实物相结合，辅以专题片的滚动播放。展示了样式雷图档的研究成果和样式雷世家的杰出成就，集中体现了样式雷图档的全面价值，折射出中华优秀传统文化的光辉，具有很强的震撼力，赢得了社会各界的好评。吴良镛先生认真观看了展览，并建议学建筑的都应该认真看一看这个展览。罗哲文先生在留言簿上写道：“样式雷图档是一份宝贵的建筑文化遗产，应当作为珍贵文物加以保存，并予以广泛宣传弘扬发展。”

开展十几天来，参观者已达1000余人。为配合展览，国家图书馆还特别组织了四场有关样式雷图档的专题讲座，有500余人聆听了讲座。

样式雷图档近几年在国内外引起广泛关注，相关研究工作取得了突破性进展。国家图书馆继去年为样式雷图档成功申报“中国档案文献遗产”后，今年又开始申报“世界记忆遗产”。该遗产是联合国教科文组织为珍贵档案文献设立的一种人类遗产名录，每两年评选一次。目前，以国家图书馆为主，其他文献收藏单位和高等院校参与进行的申报“世界记忆遗产”的各项准备工作已经全面启动。（馆办宣传科）

【第十二届亚洲及大洋洲地区图书馆馆长会议在国图举办】 2004年9月4—5日，第十二届亚洲及大洋洲地区图书馆馆长会议（CDNLAO）在国家图书馆举行。来自亚洲、大洋洲地区国家图书馆的13位代表以及国际图联秘书长拉马钱德兰先生参加了此次会议。会议期间，代表们参观了国图的基础设施和馆藏珍品并详细了解了国图的读者服务工作。

此会议是亚洲及大洋洲地区图书馆界的例行会议，每年召开一次，由各参会国轮流承办，旨在促进亚大地区图书馆界之间的沟通与交流。下届会议将于2005年5月在马来西亚举行。（馆办宣传科）

【国图举行“数字图书馆——促进知识的有效应用”国际研讨会】 2004年9月6－8日，在国家图书馆九十五周年馆庆之际，由国图主办的“数字图书馆——促进知识的有效应用”国际研讨会在北京世纪金源大饭店隆重举行。会议得到了文化部、国家外国专家局、中国国际人才交流基金会等有关政府部门的指导与支持。国家外国专家局副局长陈阳进，中国国际人才交流基金会常务副主任万金发，以及国图党委书记、副馆长詹福瑞，副馆长张彦博，党委副书记、副馆长张雅芳，副馆长陈力等出席了会议。

本次会议汇聚了来自美国、德国、日本、澳大利亚、俄罗斯、芬兰、荷兰、韩国、印度、菲律宾、缅甸、越南和中国大陆、香港、台湾等15个国家和地区的数字图书馆领域的200余位专家学者。共有28位来自世界各国的专家学者作了大会发言，内容涵盖了海量信息资源管理、数据网格等数字图书馆建设有关技术、知识产权、标准规范、数字参考咨询、网络信息资源保存以及中国国家数字图书馆工程、美国国家科学数字图书馆项目、中国国家科学数字图书馆项目、亚历山大数字图书馆项目、斯坦福数字图书馆项目等数字图书馆建设项目的有关情况，基本上代表了当前世界数字图书馆研发与建设的整体水平。另有3位代表在会议期间作了论文张贴。中国数字图书馆有限责任公司、IBM中国有限公司、北京国图数字技术有限公司、清华诚志科技有限公司等四家企业在会议附属的数字图书馆展区向与会专家、代表展示了各自在数字图书馆领域的新技术与新产品。会议取得了圆满的成功。

本次会议是中国数字图书馆界的一次盛会，会议对数字图书馆的深入研讨，将有利于我们开拓视野，拓宽思路，建立起国际间数字图书馆领域的交流与合作，从而加速中国乃至全球数字图书馆建设的步伐，促进全球信息资源的开发与利用。本次会议在数字图书馆这一领域中搭建起中国与世界各国交流的平台，其意义已经超出了数字图书馆合作领域，而是不同国家、不同民族、不同语言之间的对话，将会对未来各国文化的发展产生积极的影响。（馆办宣传科）

【国家图书馆隆重庆祝建馆95周年】 2004年9月9日，国家图书馆迎来了她的95周年华诞。上午8点半，国图文津广场洋溢着欢乐和喜庆的气氛，馆长任继愈，党委书记、副馆长詹福瑞，副馆长张彦博，党委副书记、副馆长张雅芳，副馆长陈力和全馆员工身着馆服，怀着激动的心情参加了升旗仪式。在微风中，五星红旗和馆旗迎风飘扬，预示着国家图书馆将进入新的发展阶段。全国政协委员、图书馆发展研究院院长李致忠先生代表全馆员工讲话，他回顾了国家图书馆几代员工95年形成的优良传统，决心继承老辈国图人的敬业精神，发扬他们创造的优良传统，踏着前人坚实的步伐，与时俱进，创造国图的辉煌。

上午9点，国家图书馆建馆95周年庆祝大会在国图嘉言堂举行。大会由詹福瑞主持。馆长任继愈先生代表国家图书馆讲话，他首先回顾了国家图书馆95年来走过的光辉历程和取得的成就。他说，95年前，清朝末年创建了京师图书馆，揭开了近代中国图书馆事业新的一页。在近一个世纪的历史长河中，国家图书馆发展到今天这样的规模，取得这样的成就是几代图书馆人共同努力奋斗的结果。特别是改革开放以来，在社会各界的大力支持和协助下，国家图书馆的各项基础业务取得了长足的发展，国家图书馆的职能得到充分而全面的履行，在促进国家经济、文化发展，提高人民素质和科学文化水平，推动两个精神建设方面，做出了应有的贡献。他最后说，展望未来，国家图书馆肩负着光荣而艰巨的任务。要进一步加强基础业务建设，拓展新的服务领域，提高服务水平；进一步解放思想，深化改革，将国家图书馆事业推向新的高度。之后，首都图书馆馆长倪晓建致辞，他代表首都图书馆和全国图书馆界同行向我馆及全馆员工表示祝贺，他赞扬了国家图书馆在数字图书馆建设，信息资源共享，书目数据的标准化、规范化以及指导全国各类图书馆创新发展，引导全国图书馆深化体制改革等方面起到的示范和榜样作用，肯定了国家图书馆在国际交流、学术研究等方面的核心地位。国际图联秘书长拉马钱德兰先生致辞，他代表国际图联祝贺国家图书馆建馆95周年，并希望国家图书馆参与更多的国际活动。最后，文化部副部长周和平讲话，他高度评价了国家图书馆95年来取得的成就。他说，今天是国家图书馆建馆95周年，也是中国图书馆事业的百年华诞。国家图书馆事业的进程可以说是中国图书馆事业由小到大、不断发展的缩影，更是中华民族不断追求文明、民主、进步的精神写照。希望广大图书馆工作者继续发扬老一代图书馆人甘为人梯、默默奉献、敢于创新的精神，勇挑重担，齐心协力，继续为推动社会的文明、民主和进步贡献力量；随后，在座的领导向在国家图书馆工作满30年的员工代表颁发了荣誉证书。

出席纪念大会的还有全国政协副主席、中国科学院院士、中国工程院院士王选，中国科学院院士张钹，中国社会科学院历史所研究员李学勤，中国建筑设计研究院研究员、中国工程院院士傅熹年，中国协和医院教授赵绵，海淀区委副书记彭兴业，文化部人事司副司长陈洪武、教育科技司副司长王丰，外联局局长助理孙晓红，文化部全国文化信息资源建设管理中心副主任张晓星。国图副馆长张彦博，党委副书记、副馆长张雅芳，副馆长陈力及全馆员工参加了大会。

国家图书馆建馆95周年庆祝大会不仅是国家图书馆的一次盛典，也是全国图书馆界的一次盛会，将对今后中国图书馆事业的进一步发展产生积极的推动作用。中央电视台新闻频道，北京电视台特别关注、晚间新闻，中央人民广播电台，北京人民广播电台报道了馆庆的情况。人民日报海外版、中国新闻社、中新网、光明日报、北京日报、北京晨报、中国文化报、北京娱乐信报、华夏时报、劳动午报等在京的各大新闻单位从不同角度对国图建馆95周年进行了报道。(馆办宣传科)

【国家图书馆举办馆庆95周年历史回顾展】 2004年9月9日，《国家图书馆馆庆95周年历史回顾展》在国图文津厅展出。本次展览按照时间顺序分为7个单元，分别为：创业唯艰(1909－1927)、基业初奠(1928－1937)、潜龙蛰伏(1937－1949)、蒸蒸日上(1949－1966)、万马齐喑(1966－1976)、春到国图(1977－1997)、腾飞在即(1998－)。每个单元下按照专题设“沿革”、“人物”、“馆舍”、“业绩”、“成就”等篇。展览通过200余幅珍贵的历史图片与精心设计的图表，全面介绍了国家图书馆的历史沿革、馆藏、职能、现代化建设及未来发展，真实地记录了国家图书馆的发展历程，展示了只有在中国共产党的领导下，国家图书馆才能兴旺发达的史实，生动展现了几代国图人为之无私奉献、拼搏奋斗的精神风貌。展览的最后一幅图片表现的是国图2004年8月12日召开的深化改革动员大会，标志着国家图书馆的事业将伴随着中华民族的振兴和国家现代化的步伐，通过深化改革和“三大战略”的实施，迎来更加辉煌的明天。

参观“馆史展”的馆内外观众络绎不绝。他们表示对国图的昨天和今天有了较全面的了解，并相信明天会更好；国图员工参观后，倍感亲切和自豪。(馆办宣传科)

【中国国家图书馆代表团访问波兰】 2004年9月13－19日，受波兰国家图书馆的邀请，中国国家图书馆代表团访问了波兰，代表团成员包括副馆长张雅芳，监察审计处处长毛晓梅，国际交流处处长严向东，图书采选编目部主任顾犇。

在波兰期间，代表团与波兰国家图书馆进行了三次会谈，以报告会的形式向波兰图书馆界介绍了中国国家图书馆的情况。代表团还参观了波兰国家图书馆、华沙大学图书馆、华沙公共图书馆、克拉科夫雅盖隆大学图书馆，并与波兰国家图书馆签定了合作协议。

交流活动是在中国驻波兰大使馆文化处的安排下进行的，刘鑫泉参赞陪同参加了主要活动，苑桂森大使亲自出席了合作协议的签字仪式。波兰文化部的官员也会见了代表团。(馆办宣传科)

【德国驻华使馆科技参赞向国图赠书】 2004年9月21日，德意志驻华大使馆科技参赞（代理文化事务）柯海明先生(Dr. Hartmut Keune)受柏林自由大学“和平与欧洲安全研究机构”(AFES－PRESS)的委托，向国家图书馆赠送《地中海的安全与环境》(“Securityand Environment in the Mediterranean”)。国图副馆长陈力会见了柯海明先生并代表国家图书馆接收了赠书，并为捐赠机构颁发了荣誉证书。陈力向柯海明先生介绍了国图的基本情况，国家图书馆馆藏收集通常有三种渠道：缴送、购买和接收捐赠。每年国图都会接受大量的捐赠图书，这些图书对丰富馆藏有重要的意义。同时，陈力还希望德国驻华使馆成为沟通中国图书馆界与德国图书馆界的桥梁，促进两国图书馆界乃至两国间的文化交流。(馆办宣传科)

【国图申报的科研课题获2004年度国家社会科学基金项目】 经国家社会科学基金项目学科评审组评审，全国哲学社会科学规划领导小组审批，我馆申报的“我国图书馆员职业资格认证制度的建立与实施”这一科研课题获准立项，并接到2004年度国家社会科学基金项目立项通知书”。项目类别为重点课题，项目研究期限为一年，项目资助总金额为11.5万元。

这一科研课题是在国图发展研究院的主持下，于2004年2月向全国哲学社会科学规划办公室提出申报的。课题组的成员有孙蓓欣（组长）、刘小琴、汤更生、李国新、初景利、王青云、胡京波。(馆办宣传科)

【国图1级岗位公开选拔、竞争上岗工作圆满结束】 2004年9月21日，根据中共中央《党政领导干部选拔任用工作条例》和中组部、中宣部、人事部、文化部《关于深化文化事业单位人事制度改革的实施意见》精神，国家图书馆馆党委在98年改革的基础上提出了分类分级岗位管理的机制创新思路。国图实施文化体制改革试点工作以来的第一次公开选拔、竞争上岗工作已圆满结束。

此次竞聘共涉及24个行政1级岗位、44个专业1级岗位和2个董事长岗位。共有27人次报名应聘行政1级岗位，37人报名应聘专业1级岗位，1人报名应聘董事长岗位。经过评审委员会推荐、组织考察、党委常务委员会决定、公示，有23人受聘行政1级岗位，其中有5名原副处级干部走上了行政1级岗位，跨部门干部交流比例达13%，干部队伍结构得到进一步优化。专业1级岗位公开选拔、竞争上岗工作是首次进行。经过推荐、审批、公示，最终有4人受聘专业1级岗位。馆长办公会根据评分结果和推荐委员会意见，已决定中国数字图书馆有限责任公司董事长拟任人选，并通过股东会向董事会推荐。

9月21日，新聘行政1级干部会议在红厅召开。国图馆领导班子向新聘行政1级岗位人员表示祝贺，并提出了殷切希望。会上，党委书记、副馆长詹福瑞同志强调，行政1级干部要本着求真务实、实事求是的态度，加强民主、公开、公平、公正的工作作风，注意团结协作、稳定大局，加强政治理论的学习，深入钻研业务，提高自身的理论水平、业务水平、综合素质和领导能力，保证下一步各部门岗位管理工作的稳步进行。

根据《国家图书馆岗位管理条例（试行）》，对于受聘1级岗位的人员将严格聘后管理，强化岗位考核，并根据考核结果进行动态调整。1级岗位公开选拔、竞争上岗工作的如期完成标志着国家图书馆改革工作又向预定目标迈出了稳健的一步。（馆办宣传科）

【国家图书馆文献资源建设指导委员会召开工作会议】 2004年9月29日，国家图书馆文献建设指导委员会成立暨第一次工作会议在国图313会议室召开。根据国家图书馆的性质和任务，经国家图书馆2004年第12次馆长办公会议研究，决定成立“国家图书馆文献建设指导委员会”作为文献建设的咨询机构，负责对国家图书馆文献建设方针、政策、经费使用以及文献数字化建设等有关问题进行研究和审议，由馆长任继愈任名誉主任，党委书记、副馆长詹福瑞任主任，副馆长陈力任副主任，委员包括国内具有代表性的图书馆及文献服务机构的专家及国家图书馆内的学科专家。

主任委员詹福瑞主持会议，副主任陈力、委员李致忠、汪东波、顾犇、卢海燕及特聘馆外委员国家科技图书文献中心主任袁海波、中国社会科学院文献信息中心主任黄长著、北京大学图书馆馆长戴龙基、清华大学图书馆馆长薛芳渝参加了会议。

本次会议的主要议题是对国家图书馆外文文献建设方针进行评议。首先介绍了国图外文刊报、电子出版物以及外文图书的建设现状、存在的问题与今后工作的一些考虑。随后就目前文献建设中存在的主要问题进行了分析，对今后的文献建设思路提出了设想。之后，各位委员就此展开了热烈的讨论，馆外委员着重就国家图书馆文献建设的定位、建设重点、与有关机构的协作协调、文献服务等方面发表了各自的意见与建议。最后詹福瑞作了会议小结，他指出，国家图书馆的文献建设要根据国家图书馆的性质和任务来确定，要在中文文献的全面采集、加工和利用方面加强工作，特别是要在抢救和保存祖国文化遗产方面充分履行国家图书馆的职责。要逐步解决文献学科比例失调的问题，调整文献文种购置的经费比例。要加强对海外文献出版情况、价格的调研。要改变重采轻访的现象，提高入藏文献的学术水平。要改变重藏书轻揭示的问题，使馆藏资源得到充分利用。他还强调国家图书馆要与国内其他文献单位进行合作，实现资源的共建共享。（馆办宣传科）

【十一期间读者多 文津讲坛现精彩】 秉承365天开馆的承诺，除2004年10月7日停电检修外，十一期间国家图书馆正常接待读者。同时，为满足人们日益增长的文化需求，发挥自身的社会教育和文化传播职能，还在位于北海之滨的分馆安排了2场知识讲座，听众达500余人。

分馆推出的名人讲座——文津讲坛一直是一项极具影响力和吸引力的活动。2004年10月3日，由中国社会科学院文学研究所所长兼学术委员会主任、少数民族文学研究所所长兼学术委员会主任、《文学评论》主编杨义主讲了“重绘中国文学地图”；10月7日，由全国政协常委、中国作家协会副主席、中国海洋大学顾问、文学院院长王蒙主讲了“《红楼梦》中的政治”。馆长任继愈、副馆长陈力出席了讲座，党委书记、副馆长詹福瑞主持了讲座。听众感到受益非浅。

随着人们对知识信息需求的不断增长，众多读者都选择了文化度假的方式，利用长假为自己进行知识充电。据统计，2004年十一，国图共接待读者73301人次，日均接待读者1.2万人次。其中未成年人314人次。（馆办宣传科）

【国家图书馆召开“地方文献国际学术研讨会”】 2004年10月12－14日，由国家图书馆主办、分馆承办的“地方文献国际学术研讨会”在京召开。来自海内外70多家地方文献收藏及研究机构的150多位学者汇聚一堂，就地方文献的收藏、整理、研究、利用等问题进行广泛深入的研讨和交流。

开幕式于12日上午举行，由分馆副馆长王珊主持，国图副馆长张彦博参加开幕式并讲话，国际图联地方志家谱专业组主席、美国犹他州家谱学会经理沙其敏先生致辞。随后，沙其敏、南开大学教授来新夏、美国杨伯翰大学教授林天蔚分别作了学术报告。

国家图书馆从筹建之日起，就重视地方文献的收藏、整理和研究，历任馆长如缪荃孙、陈垣、张国淦、梁启超、袁同礼、任继愈等，或倡导呼吁，或亲自编纂，或修订目录，或捐赠所藏，为国家图书馆收集整理和研究地方文献做出了不懈的努力。经过几代人的辛勤劳动，已收藏1949年前的方志资料6,300余种,120,000余册;新方志、专业志等7,000余种,17,000册,以及各种谱牒文献3,500余种。在加强馆藏建设的同时，国家图书馆还对馆藏的地方文献进行积极的整理和研究，近年来编辑、整理出版了《中华各姓祖先像传集》、《族姓史料丛编》、《早期稀见家谱丛刊》、《北京图书馆藏家谱丛刊》“闽粤侨乡卷”和“民族卷”、《明代孤本方志选》、《清代稀见方志》、《乡土志抄稿本选编》等地方志、家谱丛书，编制了《中国地方志论文索引》、《地方志人物索引数据库》等专题数据库，并启动了“数字方志”工程，在地方文献的收藏、整理及研究方面都取得了令人关注的成绩，也积累了一定的经验。

除国家图书馆外，地方文献的收集、整理工作也引起了国内外其他社会机构和学术界专家学者的广泛关注。仅就古旧方志而言，不但国内图书馆、博物馆大量收藏，国外如美国国会图书馆、哈佛燕京图书馆、日本国立国会图书馆、东洋书库等也都各有几千种藏品。如何妥善地保存这些珍贵的地方文献，更好地开发、利用这些文献的价值和功能，是海内外收藏机构和研究者们共同关心的问题。

本次会议在地方文献各收藏机构之间、收藏者与研究利用者之间搭起一座沟通的桥梁，必将进一步促进地方文献的开发和利用，使其在弘扬传统文化，促进人类文明进步中发挥应有的作用。(馆办宣传科)

【国图召开国家数字图书馆工程相关技术指南介绍与讨论会】 国家图书馆在文会堂召开国家数字图书馆工程相关技术指南介绍与讨论会，来自北大技术研究院、联想集团、SUN公司、IBM（中国）公司、微软（中国）有限公司、中国科学院计算机所、中国数字图书馆有限责任公司等数十家单位的100余名系统架构专业人员、软件工程资深专业人员、具有大项目研究能力的主要核心研究人员、中文信息处理技术专业技术人员以及数据库专业技术人员代表参加了会议。会上，数字图书馆管理处总工程师孙卫全面介绍了国家数字图书馆工程相关技术指南和标准规范，并寻求参会研究机构、企业对应的解决方案，以期在此基础上进行更进一步的讨论与验证工作，最终形成工程技术文件规范。会议还介绍与探讨了集群、系统软件框架、应用软件模块的技术指南；文献数字化与数字资源建设的软件系统框架、应用软件模块的技术指南；中文信息处理技术与大型全文检索引擎需求的技术指南；资源组织、管理、存储、批准发布需求的技术指南；相关标准、规范需求的技术指南等问题。(馆办宣传科)

【国家图书馆推出新举措改善服务】 随着社会公众对信息服务与知识服务的需求急剧增加，社会对国家图书馆的服务提出了更高的要求。按照文化体制改革关于改善服务的总体要求，国图近期推出了一系列改善服务的措施，更大范围地满足不同层次、不同地域读者需要。这些措施包括：

外借外文图书进一步放宽了申请条件。取消了担保书，学历由博士生降低到硕士生，地域由在京所属单位扩大到了全国。

外借中文图书的申请条件作了相应调整，不再限制外地读者，只要符合中文图书第一外借库或中文图书第二外借库的相应条件，不论是在京读者，还是外地读者均可享有外借中文图书的权利。

取消了部分收费项目和降低了部分收费标准。取消了艺术设计特藏阅览室的会员费、门票费；取消了纸质文献的资料费、提书费和缩微文献的阅读费；降低了因特网浏览费、开库费以及部分复制方式的收费标准。(馆办宣传科)

【国家图书馆为盲童送书籍】 2004年10月15日，在第十五个国际盲人节来临之际，国家图书馆典藏借阅部党支部书记于淑杰带领全部团员青年来到北京市盲人学校，为该校师生送去一份特殊的节日礼物——3000册盲文书籍，受到他们的欢迎。

在图书捐赠仪式上，校领导代表全校师生向国家图书馆表示感谢，并在仪式结束后，带领大家参观了学校教室、图书室及专门供视障学生使用的特殊教学材料及设施。通过举办这次活动，既使国家图书馆的书籍发挥了更大的作用，做到书尽其用，又使年轻人从中受到教育和鼓舞。(馆办宣传科)

【"文津讲坛"再掀高潮——任继愈先生主讲"今天看《周易》"】 2004年10月16日，在国家图书馆分馆举办了由馆长、著名哲学家任继愈主讲的"今天看《周易》"知识讲座，讲座由副馆长陈力主持，300余人聆听了讲座。

任继愈先生在讲座中介绍了几千年来《周易》在我国流传的两大系统及其影响。从历史的角度肯定了《周易》的积极进取精神。同时也指出，面临二十一世纪科学思想普及的时代，我们不可能墨守古人成规，停留在崇古、迷古的水平，我们要理解古人为追求真理，认识世界，所走过的曲折道路。总结前人的成功和失败的经验，构建我们的新世界。讲座之后，听众就有关问题踊跃提问，任继愈先生一一作了解答。

作为国家重要的文化设施和知识传播中心，国家图书馆一直重视发挥自身的社会教育与文化传播职能，特别是通过讲座形式传播知识。目前，"文津讲坛"共举办讲座239场，听众近5万余人次。根据讲座内容整理出版的《文津演讲录》系列丛书4册，在社会上引起极大反响。(馆办宣传科)

【国际图联当选主席亚力克斯·伯恩博士访问国图】 2004年10月21日，国际图联当选主席亚力克斯·伯恩博士访问国家图书馆，副馆长詹福瑞亲切会见了亚力克斯·伯恩博士，并介绍了中国国家图书馆的基本情况、在保存传统文化方面的工作以及正在进行的国际图联保存保护中心中国中心、中国数字图书馆项目进展情况。他还高度赞扬了亚力克斯·伯恩先生为中文进入国际图联并成为工作语言所做的努力。

亚力克斯·伯恩博士认为，中国国家图书馆在这些年的发展过程中取得的成绩有目共睹。他说，中国是一个大国，中国的图书馆事业的发展对世界图书馆事业影响重大。而且，中国在建设图书馆方面也有自己优秀的经验，中文进入国际图联成为工作语言有助于世界图书馆界来分享这些经验。双方还探讨了中国国家图书馆举办2006年国际图联大会会前会的可行性。(馆办宣传科)

【"中文名称规范联合协调委员会"第二次会议在国图举行】 2004年10月26－27日，"中文名称规范联合协调委员会"第二次会议在国家图书馆举行。北京大学图书馆馆长戴龙基、香港城市大学图书馆馆长景祥祜、香港中文大学图书馆副馆长黄潘明珠、香港理工大学图书馆编目部主任梁绮萍、台湾汉学研究中心图书馆编目部主任李莉茜、中国高等教育文献保障系统管理中心联机合作编目中心副主任谢琴芳、中国高

等教育文献保障系统管理中心副研究馆员喻爽爽以及国图业务处处长汪东坡、国际交流处处长严向东、善本特藏部副主任苏品红、图书采选编目部副主任曹宁和相关工作人员参加了会议。会议由本届轮值主席、国图副馆长陈力主持。

会上，上届轮值主席戴龙基介绍了"中文名称规范联合协调委员会"的发展历史，强调了协调中文名称规范的重要性，他希望有更多的具有广泛代表性的、权威的代表参加到这个工作。随后，陈力强调了本次会议旨在互通情况、交流经验、开展工作。参会代表还分别就操作系统的字符集问题，统一标目的确定及其拼音形式，个人名称标目区分信息的著录形式等问题进行了讨论。并通报了各成员单位下年度的工作安排与想法。

本次会议形成了以下五项决议：一是"中文名称规范"数据的制作，其著录的内部部分，按中国人的习惯著录，即选取标目名称的原则等用中国人均熟悉的、大家共识的名称确定标目的内容；著录形式则按国际上通行的形式为主，尽量与国际标准看齐。二是在条件成熟的前提下，各成员单位尽快把各自制作的中文名称规范数据的公布于众。三是加强中文名称规范标准化，建立规范数据制作标准修改随时通报制度（即标准修改方将修改情况与内容向当届轮值主席汇报，由轮值主席通报各成员）。四是定期召开业务工作会议，包括各单位参会人数、会议经费以及下届会议由国家图书馆举办。五是在条件成熟前提下，成员单位规范数据的编制内码应使用 Unicode。（馆办宣传科）

【中数兴宾网络家园亮相"第二届中国国际网络文化博览会"】 2004 年 10 月 28—31 日，由文化部、科学技术部、国家广播电影电视总局、信息产业部、北京市政府共同举办的"第二届中国国际网络文化博览会"在北京展览馆举行。中国数字图书馆有限责任公司"新概念连锁网吧"服务品牌——中数兴宾网络家园在展会中崭新亮相。

在本次展会上，中数兴宾网络家园开辟了业界最大的展览展示空间，为观众提供了全新的上网真实感受和体验。并于 29 日与全球视讯科技的卓越厂商优派以及 IT 界著名品牌科迪亚（QDI）公司的高层代表举行了隆重的签约仪式，合作三方共同宣布，将在全国范围内携手打造多家旗舰级示范性大型网吧，以严格的管理、统一的标识、精良的硬件设施和豪华的装饰，共同规范和推动我国网吧产业朝着健康、有序的方向发展，为广大网吧消费者创造一个更加良好的上网环境。

中数兴宾网络家园是去年文化部批准 10 家单位筹建全国性互联网上网服务营业场所连锁经营单位之一。依托现代服务理念和先进技术设计构建"新概念"网吧，不但明显区别于传统的"原生态"网吧，而且将同步承担中国数字图书馆基层服务中心的责职，凭借国家图书馆丰富馆藏、全国文化信息资源共享工程及中国数字图书馆工程建设的特色数字资源，发挥在数字文化传播、数字娱乐服务、数字技术应用的高品质优势，并在品牌、标准、管理、设计、技术、服务、营销、策略八大方面恪守统一原则，努力实践集培训中心、远程教育中心、数字娱乐中心、电子商务中心、信息流通中心为一体的功能，并凸显其尽兴娱乐、时尚休闲、丰富知识、创新学习的多元化价值。目前，中数兴宾网络家园已在上海、安徽、辽宁等省拥有一批新概念精品网吧，得到了相关政府部门、业界的广泛好评和赞誉。（馆办宣传科）

【军旅作家刘秉荣同志向国家图书馆赠书】 2004 年 11 月 5 日，军旅作家刘秉荣同志向国家图书馆赠书仪式在红厅举行。武警部队副政委隋绳武、贺龙元帅的女儿贺捷生、中国通俗文艺研究会会长陈均以及国图党委书记、副馆长詹福瑞，副馆长张彦博，馆办公室主任张彦，业务处处长汪东坡，典藏借阅部主任李小明出席了赠书仪式。

刘秉荣是国家一级作家，曾任记者、主编、文艺创作室主任，享受政府特殊津贴，现供职于武警部队，已从事文学创作 40 年。其作品主要反映三方面内容：一是反映老一辈无产阶级革命家的丰功伟绩；二是反映武警部队官兵生活；三是反映清末和民国风云。尤以歌颂老一辈无产阶级革命家和红军的作品著称，主要作品有：《贺龙大传》、《红一方面军纪实》、《红二方面军纪实》、《红四方面军纪实》、《沧海横流》、《红海忠魂》、《魂飘重霄九》、《中共领袖蒙难记》、《洪湖曲》、《菜刀记》、《贺龙姐弟》等。仅描写贺龙元帅的作品即达 700 余万字。

此次刘秉荣同志向国家图书馆赠送《贺龙大传》等 40 部作品，近 2500 万字。詹福瑞同志代表国家图书馆接受了赠书，并向刘秉荣同志颁发了荣誉证书。（馆办宣传科）

【国家图书馆重点行政岗位聘任圆满结束】 11 月 5 日，国家图书馆在多功能厅举行了颁发 1、2 级行政岗位聘书大会。党委书记、副馆长詹福瑞，副馆长张彦博，党委副书记、副馆长张雅芳出席大会并为 33 名正式聘任的 1、2 级行政岗位人员颁发了聘书。至此，国家图书馆重点行政岗位竞聘工作圆满结束。

会上，詹福瑞代表馆领导班子讲话。他强调，今后几年，随着岗位管理工作的逐步完善以及"国家图书馆二期工程暨国家数字图书馆工程"的全面实施，国家图书馆将迎来前所未有的发展机遇，也将面临巨大的挑战。他要求受聘的 1、2 级行政岗位人员要加强学习，眼光要远，站位要高；要以认真负责的态度，做好各级岗位的聘用工作，同时要重视人才的培养工作。

此次重点行政岗位的聘任程序严格按照《国家图书馆岗位管理条例（试行）》执行，根据《党政领导干部选拔任用工作条例》的规定和应聘岗位的岗位职责、任职条件的要求进行聘任。本次面向馆内外公开招聘 24 个行政 1 级岗位，23 个行政 2 级岗位。共有 83 人次报名，其中馆外报名 19 人，经资格审查及馆岗位管理领导小组研究确定，63 人为候选人参加竞争演讲，2 位是馆外人员。为了让更多的年轻同志参加竞聘，使优秀人才脱颖而出，馆党委常务委员会批准 19 人因履职年限不足而破格申报。经过公开演讲、答辩，群众测评，评审委员会提出了推荐名单；又经组织考察，馆党委常务委员会讨论确定了拟任人选，任前公示后有 23 人受聘为行政 1 级岗位，22 人受聘为行政 2 级岗位，其中有 5 名原副处级干部走上了

行政1级岗位，7名年轻同志走上了行政2级岗位。（馆办宣传科）

【国家图书馆召开读者服务工作会议】 2004年11月5日，国家图书馆在313会议室召开读者服务工作会议，馆党委书记、副馆长詹福瑞，副馆长张彦博，党委副书记、副馆长张雅芳，副馆长陈力以及新聘任的中层干部参加了会议。会议由陈力主持。

会上宣读了《关于典藏借阅部因服务态度、服务质量问题在社会上造成恶劣影响的通报》，介绍了开展“抓服务强素质 树形象”教育活动的安排。随后，张彦博、张雅芳、陈力分别谈了做好读者服务工作的重要性。他们强调，读者服务工作是立馆之本，一线员工要以服务为出发点，把满足读者的需求作为第一要务；职能部门更应以身作则，增强服务意识，做好一线员工的后勤工作。最后，詹福瑞讲话，他针对读者服务中出现的问题提出了三点要求：一是举一反三，要通过读者服务工作出现的问题，彻底查找业务部门和职能部门工作中的不足，使全馆的工作有一个新的转变。二是注意树立正面典型，通过典型带动服务工作。三是全面学习和了解“服务立馆”战略，抓紧时间落实。在谈到国家图书馆员工应树立什么样的形象时，詹福瑞提出了“文化使者”这一新的理念。他说，我们从事的是文化服务，这就要求员工要有文化、学文化、传递文化；要做到高雅不俗、彬彬有礼、不卑不亢、精明干练。他最后说，全馆员工树立高度的责任心和强烈的荣誉感，以简便快捷的方式，积极主动地服务读者，切实把国家图书馆的服务工作水平提高到一个新的高度。（馆办宣传科）

【国家图书馆与日本国立国会图书馆举行第24次业务交流】 2004年11月8－17日，由国家图书馆副馆长张彦博、人事处处长沈飒、业务处处长汪东波、图书采选编目部副主任张艳霞、中国图书馆学会李万健组成的中国国家图书馆代表团赴日本国立国会图书馆举行第24次业务交流。本次业务交流的主题是“图书馆管理”，副主题是“人力资源开发”和“业务考核制度”。

业务交流会上，张彦博副馆长作了《创新管理体制和机制，推进中国国家图书馆现代化国际化进程》的主旨报告。沈飒处长、汪东波处长分别作了《中国国家图书馆人力资源开发》与《加强国家图书馆业务建章立制与监督考核工作，提高国家图书馆业务科学管理水平》的副主题报告。日方对三个报告的内容表示了极大关注，特别是对创新管理体制，实行岗位管理，建立严格的监督考核制度等做法进行了深入探讨。日本国会图书馆副馆长大龙则忠、主任参事石川武敏和课长田屋裕之作也分别报告了日本国会图书馆业务发展、人事管理方面的情况，内容丰富，值得学习、借鉴。

访问期间，除在日本国会馆本馆及关西馆进行了4天交流参观考察外，还参观考察了国际少儿图书馆、日本国立情报学研究所、日本出版贩卖株式会社、千叶县浦安市图书馆、日本东洋文库、同志社大学图书馆等6家图书情报单位。最后，中日两馆参加业务交流的人员在关西馆通过远程电视就此次交流成果进行了全面总结。（馆办宣传科）

【国家图书馆获赠《二十四史全译》】 2004年11月16日，《二十四史全译》编辑委员会暨北京古今出版策划有限责任公司向国家图书馆赠送《二十四史全译》仪式在国图文津厅举行。《二十四史全译》编辑委员会主编、全国人大副委员长许嘉璐，全国政协副主席张怀西，国图馆长任继愈，北京师范大学历史学院教授何兹全，全国高等学校古籍整理与研究工作委员会主任安平秋，全国政协副秘书长齐绪春，中共中央政策研究室副主任李忠杰，文化部副部长周和平，新闻出版总署副署长柳斌杰，国家版权局副局长阎晓宏，民进中央副主席王左书，文化部原部长高占祥，中国出版家协会会长于友先，中华全国新闻工作者协会副主席郑梦雄，北京古今出版策划有限责任公司董事长杨冠三，汉语大辞典出版社社长李梦生以及来自高等学校、研究机构、出版机构的专家和学者出席了赠书仪式。国图副馆长陈力主持了赠书仪式。

赠书仪式上，杨冠三先生介绍了《二十四史全译》的编辑出版情况。随后，他代表《二十四史全译》编辑委员会和北京古今出版策划有限责任公司向国图赠书，任继愈先生代表国家图书馆接受赠书并向《二十四史全译》编辑委员会和北京古今出版策划有限责任公司颁发了国家图书馆收藏证书。

1991年，由许嘉璐先生任主编的《二十四史全译》作为国家出版规划重点图书正式立项，经过200多位专家学者历时13年的艰苦努力编纂，一扫人们在阅读《二十四史》上的文字障碍，采用“文白对照”的形式，解决了阅读上的困难，使读者既读到了原著，又欣赏到清新流畅的今译。（馆办宣传科）

【“第四次中文文献资源共建共享合作会议”在南京举办】 2004年11月16至17日，由南京图书馆主办，国家图书馆协办的“第四次中文文献资源共建共享合作会议”在南京举办。来自中国大陆、台湾、香港、澳门和美国、日本、英国、新加坡等国家和地区的36个中文图书馆和中文收藏单位的65位代表参加了会议。国图党委副书记、副馆长张雅芳主持开幕式并作了总结报告。图书馆发展研究院院长李致忠、善本特藏部主任张志清、图书采选编目部副主任曹宁参加会议并分别作了汇报。

本次会议听取了9个合作项目的工作汇报；讨论通过了《西北地方文献数据库》、《中国近代文献图片库》两个项目的立项申请，并就中文文献资源共建共享的其它相关问题进行了自由发言。台湾中央研究院历史语言研究所黄宽重教授建议由他牵头的石刻拓片项目转交给国家图书馆牵头，国图表示同意。

“中文文献资源共建共享合作会议”迄今为止已成功举办四次，作为一个以具体的合作项目来带动中文文献资源共建共享的逐步实施，推动全球中文图书馆和中文资源收藏单位间的交流与合作的务实会议，已在世界中文图书馆界产生了一定的影响。对于弘扬中华文化，提升中华文化在全球范围内的影响力起到了推动作用。会议商定，第五次中文文献资源共建共享合作会议于2005年11月在香港举办，由香港大学承办。（馆办宣传科）

【倡导读书 服务读书——国家图书馆2004年“全民读书月”全面启动】 2004年12月1日，“国家图书馆2004年‘全民读书月’”全面启动。本届读书月主要活动有：

一、在办证处、总咨询台、善本阅览室等处放置关于国图借阅规则、新增服务项目、新推出服务举措介绍和爱书护书格言的宣传册页，供读者取阅。

二、启动“国家图书馆文津图书奖”的评选工作。通过评选活动反映和引导读者的审美取向和文化消费，培养全社会的阅读习惯，充分发挥国家图书馆在倡导读书、组织读书、服务读书中的重要作用，为家庭藏书和图书馆藏书建设提供指导。评选工作将本着公开、公平、公正的原则，求真务实，综合图书内容和读者投票两项指标，由专家评审选出获奖图书10种。

三、推出“国家图书馆文津读书沙龙”。通过这一活动，培养读者对读书的兴趣，引导读者对书中观点进行深入思考和讨论，在读者与作者、学者之间搭建起沟通的桥梁，力争办出国家图书馆的品牌，成为我馆向社会奉献的又一文化精品项目。

四、12月8日——20日，在善本特藏部珍品展示室举办“国家图书馆藏甲骨展”，内容包括甲骨的发现、发掘、研究及对甲骨拓片的欣赏。

五、12月13日，举办“读书标兵颁奖仪式暨读者恳谈会”，并于12月13日至2005年3月20日期间，在国图紫竹厅举办读书标兵事迹及成果展。

为充分履行国家图书馆社会教育和文化传播职能，读书月期间，我馆还举办了10讲高质量的讲座。

国家图书馆“全民读书月”至今已举办五届，丰富多彩的活动吸引起了广大读者的极大兴趣和积极参与，在社会上产生很大影响。对于营造全民读书的良好社会氛围、提高全民素质、推动学习型社会的建设必将起到积极的作用。（馆办宣传科）

【2004年度国家图书馆读书标兵揭晓】 2004年12月13日，作为2004年度国家图书馆“全民读书月”中一项重要活动，“2004年度国家图书馆读书标兵颁奖仪式暨读者座谈会”在国家图书馆红厅举行。国图副馆长陈力、业务处处长汪东坡、图书采选编目部主任顾犇、典藏借阅部主任李晓明、报刊资料部主任王志庚、善本特藏部主任张志清、分馆副馆长王珊、业务处副处长刘康宁以及新当选的9位读书标兵和部分读者出席了颁奖仪式和座谈会。

荣膺“国家图书馆2004年度读书标兵”的是：国家发改委老干部局教授级高级工程师郭廷杰，北京世界华人文化研究院副秘书长、研究员黄建大，中国音乐家协会会员、原《歌曲》月刊常务副主编、编审张宁，中国社会科学院民族研究所研究员史金波，北京市社会科学院副研究员窦坤，中国社会科学院研究生院化学与化学工程学院曹洁，中国兵器工业集团第210研究所科研人员刘诗章，北京大学中文系博士后、中国人民大学中文系讲师郑志良和国家图书馆工程师王铭珍（已离休）。他们当中既有终生与国图结下不解之缘、硕果累累的老读者、老专家，也有学有所成的中青年学者，有的标兵还连续当选，如郭廷杰同志2003年即荣获读书标兵称号。

国家图书馆“读书标兵颁奖仪式暨读者座谈会”已连续举办六届，旨在通过评选表彰读书活动中的优秀人物，鼓励广大读者利用国家图书馆的设施、文献信息资源和服务，多读书、读好书，学有所用、学有所成。同时，充分发挥国家图书馆在倡导读书、组织读书、服务读书中的重要作用，在全社会营造读书、求知的良好氛围，推动学习型社会的建设，推动全民道德的建设。6年来，当选的读书标兵数十名，标兵的感人事迹在读者中产生了广泛的影响，得到了社会各界的好评。

为配合这一活动，国家图书馆还首次举办了“国家图书馆2004年度读书标兵展览”，向广大读者展示读书标兵的读书心得和成果，也为广大读者学习读书标兵读书经验和方法提供契机，使之成为以读书为主题的读者与读者、读者与国家图书馆互动交流平台。（馆办宣传科）

【国家图书馆开展“抓服务 强素质 树形象”活动】 服务工作是面向社会的一面镜子，是国图精神和良好文化氛围的直接体现。为此，国图以实现更新服务观念，拓展服务领域，完善服务措施，改善服务环境，提高服务水平为目标，开展了“抓服务 强素质 树形象”教育活动。

围绕“抓服务 强素质 树形象”这一主题，全馆员工以“加强服务意识，提高服务水平”为核心议题开展了讨论，并针对读者服务工作，开展业务学习、业务演练和业务交流，提高了服务读者的意识和能力；馆工会开展了“树立国家图书馆员最佳服务形象”合理化建议评选活动。活动以分工会为单位，组织全馆员工就职业素质教育、内部管理机制、读者服务工作规范和制度建设等方面提出合理化意见和建议，并将其整理归纳后进行评选；青年团员们在团委的安排和组织下，围绕服务主题，开展青年论坛，就如何提高青年职业素养、如何提高青年服务意识、如何在读者服务工作中更好地发挥青年人的作用等问题展开热烈的讨论。活动的开展使广大员工对“服务立馆”战略的基本原则、主要内容及目标进一步加深认识和理解，使大家增强了主人公意识，提高了服务质量和内涵。（馆办宣传科）

【“国家图书馆馆藏甲骨展”开展】

2004年12月8日，国家图书馆馆藏的部分珍贵甲骨在国图珍品展示室与读者见面。本次展览展出了甲骨的发现、发掘、研究情况以及甲骨拓片的欣赏知识，受到了读者的欢迎。

甲骨文是我国最早的成熟文字，是研究殷商社会的极其珍贵的史料，也是中华五千年文明的重要佐证。国家图书馆珍藏甲骨35651片，大多是名家捐赠和从私人、市肆收购而来。其中以刘体智先生的收藏数量最多，装在150个盒内，共28000余片。国图所藏甲骨还曾著录于罗振玉《殷墟书契》、胡厚宣《战后京津新获甲骨集》、郭沫若《殷契粹编》等著作中，这些珍贵史料在夏商周三代断代研究中，发挥了不可替代的作用。作为“全民读书月”的活动之一，本次展览于12月20日结束。（馆办宣传科）

【“国家图书馆文津图书奖”“国家图书馆文津读书沙龙”启动】 2004年12月22日，“国家图书馆文津图书奖”和“国家图书馆文津读书沙龙”启动仪式在国家图书馆文津厅举行。馆长任继愈，党委书记、副馆长詹福瑞，文化部社会文化图书馆司副司长刘小琴，中国科普研究所研究员郭正谊，清华大学校务委员会副主任、新闻与传播学院常务副院长、教授胡显章，著名家庭教育专家、中国教育学会家庭教育专业委员会理事长赵忠心，中国社科院哲学研究所研究员周国平，光明日报书评周刊主任夏欣，科学时报读书周刊主编杨虚杰，中华读书报社长兼总编辑庄健，国图副馆长张彦博，党委副书记、副馆长张雅芳以及有关部处主任出席了启动仪式。仪式由副馆长陈力主持。

张彦博宣布了“国家图书馆文津图书奖”组委会名单和专家评审委员会名单。“国家图书馆文津图书奖”组委会主任詹福瑞介绍了设立“国家图书馆文津图书奖”和“国家图书馆文津读书沙龙”的宗旨及基本情况，并向“国家图书馆文津图书奖”组委会委员颁发了聘书。任继愈先生代表国家图书馆向被聘任为“国家图书馆文津图书奖”专家评委会委员、“国家图书馆文津读书沙龙”顾问颁发了证书。随后，任继愈先生点击启动了“国家图书馆文津图书奖”网页。至此，“国家图书馆2004年全民读书月”活动达到高潮。

图书奖和读书沙龙皆以“文津”二字命名，富含深刻寓意。“文津”二字源于国家图书馆收藏的《文津阁四库全书》，“文津”是老北图传统的象征，也是文化津梁之意。“文津图书奖”体现了国图希望成为沟通文化的桥梁，成为作者、出版者和读者之间的桥梁的愿望，“文津读书沙龙”旨在培养广大读者读书的兴趣，引导读者对热点图书进行深入思考和讨论，从而创造读者与作者学者沟通的渠道。这也表明国家图书馆希望在保持老北图的优秀传统的同时，不断推陈出新，在新的时代适应新的要求，不断加强对公众服务的力度，完善服务，充分发挥国家图书馆在倡导读书、组织读书、服务读书中的重要作用。

“国家图书馆文津图书奖”在内容和形式上都有鲜明的特色：一是该奖项的定位是评选普及类图书。二是评奖活动的公益性。三是通过读者投票与专家评审相结合的方式产生获奖图书。该奖项的评选将充分重视广大读者的意见，由读者投票产生的50种图书，经评审委员会再次筛选后评选出10种获奖图书。

“国家图书馆文津读书沙龙”是公益性的读书俱乐部，它以作者、专家和读者之间互动的方式，以历史文化题材为主题，优先选择当今在社会上引起强烈关注和热烈讨论的书籍和相关话题，力求从现象入手，深入探讨其文化底蕴。读书沙龙每月举办一次，每次两小时。第一次活动于12月26日上午9：30—11：30在善本阅览室举行，特邀当代著名作家梁晓声先生主讲“读书与人生”。（馆办宣传科）

【著名学者贺昌群手稿入藏国家图书馆】 2004年12月24日，我国著名历史学家、教育学家贺昌群著作手稿捐赠仪式在国家图书馆绿厅举行。副馆长陈力、善本特藏部主任张志清、业务处副处长刘康宁以及贺昌群先生的子女贺龄华、贺龄川等参加了捐赠仪式。

仪式上，贺昌群先生的子女贺龄华、贺龄川等向国图无偿捐赠了珍贵手稿24种24件。陈力代表国家图书馆接受了捐赠并向贺昌群先生子女颁发了捐赠证书。2003年，为纪念贺昌群先生诞辰一百周年，商务印书馆出版了《贺昌群文集》三卷本。贺昌群先生的子女将他的大部分手稿用特制樟木盒加以保藏，捐赠国家图书馆名家手稿文库收藏。贺昌群先生的手稿不仅具有重要的学术价值，也是难得的书法艺术品。他的书法刚劲秀美，曾受到陈垣、叶圣陶等诸多学人的交口称赞。这批手稿使国家图书馆名家手稿文库又增添了一份珍贵的学人名作。（馆办宣传科）

【“国家图书馆二期工程暨国家数字图书馆工程”奠基仪式隆重举行】 2004年12月28日上午10：00，期盼已久的“国家图书馆二期工程暨国家数字图书馆工程”奠基仪式隆重举行。国务委员陈至立、全国政协副主席罗豪才，文化部部长孙家正、中央精神文明办公室副主任翟卫华、建设部总工程师王铁宏、文化部副部长周和平，国家图书馆馆长任继愈，党委书记、副馆长詹福瑞，副馆长张彦博，党委副书记、副馆长张雅芳，副馆长陈力以及发展和改革委员会等有关部委领导，海淀区政府有关领导，工程设计、监理单位，在京的图书馆界代表，国家图书馆顾问代表，国家图书馆老馆长和离退休员工代表以及在职员工共计800多人出席了奠基仪式。奠基仪式由詹福瑞主持。

仪式上，任继愈先生代表国家图书馆致辞。他介绍了“国家图书馆二期工程暨国家数字图书馆工程”的相关情况。之后，周和平代表文化部向国图表示热烈祝贺并提出殷切希望。陈至立、罗豪才、孙家正等领导为“国家图书馆二期工程暨国家数字图书馆工程”奠基。

国家图书馆的建设和发展一直受到

党和政府的亲切关怀和高度重视。被列为国家“十五”期间重点文化工程的“国家图书馆二期工程暨国家数字图书馆工程”更是从申报立项之初即得到党和国家领导同志的关心和支持。该工程总建筑面积79,899平方米,设计藏书量1,200–1,400万册,设计日均接待读者能力6,000–8,000人次。同期建设的国家数字图书馆工程将极大地拓展图书馆的服务空间，使之成为跨越时空限制的网上知识中心和信息服务基地。工程预计2007年10月建成，2008年投入使用。届时，国家图书馆总面积将达到25万平方米，居世界国家图书馆第三位。

“国家图书馆二期工程暨国家数字图书馆工程”建设，适应全面建设小康社会的社会总趋势，将充分缓解国家图书馆目前书库饱和、阅览座位不足与人们日益增长的读书需求的矛盾，势必更好地发挥国家图书馆的信息资源优势，服务于建设“全民学习，终身学习的学习型社会”的总体目标，满足人民群众不断增长的精神文化生活需求，促进全民族科学文化素质的提高。

在京各大媒体如中央电视台、北京电视台、中国教育台、中央人民广播电台、国际广播电台、新华社、人民日报、光明日报、人民日报海外版、北京青年报、北京晚报等纷纷报道“国家图书馆二期工程暨国家数字图书馆工程”奠基仪式盛况。(馆办宣传科)

各省、市、自治区图书馆

北京市

【北京市公共图书馆概况】 北京市公共图书馆在北京市委、市政府、市文化局和各区县文化委员会的直接领导下，特别是通过2003年的评估定级工作，在馆舍面积、设备自动化及网络化、人员结构、文献资源建设、数字化建设、读者服务等方面都取得了长足的发展，北京市公共图书馆事业进入了蓬勃发展的最佳阶段。截止到2004年底，北京市有市、区县公共图书馆25家，分布在全市18个区县，其中市级图书馆2个，分别是首都图书馆、北京市少年儿童图书馆；区级图书馆有16家，分别是东城、西城、崇文、宣武、朝阳、海淀、丰台、石景山、门头沟、房山、通州、顺义、昌平、大兴、平谷、怀柔区图书馆；县级图书馆2家，分别是密云县和延庆县图书馆。燕山行政区划归房山行政区，但燕山图书馆仍作为独立建制的图书馆继续运行。有4家独立建制的区级少年儿童图书馆，分别位于西城、朝阳、丰台、石景山区。许多区县领导深感现有图书馆的面积设施赶不上社会发展和人民群众的需要，开始进行图书馆的改建、新建，昌平区图书馆新馆建成开馆，丰台区、朝阳区图书馆完成改、扩建工程，石景山、海淀、大兴、怀柔、平谷区图书馆新馆正在建设中。公共图书馆馆舍面积达到152107平方米。2003年市政府将为公共图书馆配备流动图书车列为为民办实事的项目。

2003–2004年，北京市有13家公共图书馆参加了文化部第三次评估定级工作。首都图书馆被评为省级一级馆；崇文区图书馆、西城区图书馆、东城区图书馆、朝阳区图书馆、门头沟区图书馆、房山区图书馆、顺义区图书馆、宣武区图书馆被评为地级一级图书馆；石景山区青少年儿童图书馆、西城区青青少年儿童图书馆被评为地级一级少年儿童图书馆；密云县图书馆被评为县级一级图书馆；通州区图书馆被评为地级二级图书馆。全面提升了本市公共图书馆的水平。

2004年全市公共图书馆购书经费1756.3万元，图书馆总藏量987.4万册(件)，文献借阅人次为594.3万人次，外借文献563.9万册次。截止到2004年底有图书馆工作人员1142人。为了提高图书馆员整体素质，各公共图书馆一方面采取引进的方法，吸引了一批受过正规专业教育的大学本科和专科生，充实了专业技术人员队伍，另一方面积极参加市有关部门组织专业技术岗位培训和继续教育。到2004年底，到目前为止，全市公共图书馆98%的从业人员及部分各系统图书馆工作人员已接受培训，取得上岗证书。

随着馆舍面积的增加、办馆条件的好转和现代化技术设备的完善，北京市公共图书馆计算机信息服务网络工程稳步推进，到2004年底，2家市级馆、23家区级馆、72家街道乡镇馆实现了网络互联，全国文化信息共享工程基层点发展到76个。2004年5月1日以首都图书馆为中心的北京市图书馆读者联合服务系统（简称一卡通）正式启动。它在北京市公共图书馆网络中建立起来的一项方便读者的服务措施，首先在首都图书馆、东城区、西城区、崇文区、朝阳区图书馆以及各自所属的社区图书馆，实现书目信息的实时检索和图书通借，逐步实现全市公共图书馆间的通借通还。它的最终目标是在全市的公共图书馆范围内实现图书通借通还和信息资源共享。

全民读书活动、红领巾读书活动、图书馆服务宣传周、科技周已经形成公共图书馆持续开展的读者活动，“千场讲座”活动举办讲座和报告会达到1537场；“送书下基层”活动共送书2365次84万余册，以及“网上阅览”和读者征文等活动，逐渐成为倡导市民学习的知名品牌。2004年全市公共图书馆组织读者活动3289次参与读者达到103万人次。这些活动的大力开展，更加方便了读者对全市公共图书馆信息资源的利用，以实际行动实现了北京市政府提出的努力繁荣基层文化的目标。

截止到2004年底，北京市有街道、乡镇图书馆（室）598个，年购书经费305.2万元，馆舍总面积39482平方米，阅览坐席14592个，藏书总量246.7万册，借阅人次134.4万人次，借阅册次139.1万余册次。大部分区县成立了图书配送中心，由区县公共图书馆负责本地区基层公共图书馆图书的购买与加工，成员馆达到145个。（首都图书馆）

【北京市图书馆协会正式成立】

2003年9月8日，北京市图书馆协会会员代表大会在首都图书馆召开，至此，北京市图书馆协会正式成立。协会的成立将为北京市各系统图书馆加强行业协作、促进信息传递、实现资源共享奠定基础，同时也将促使全市各系统图书馆更好地落实《北京市图书馆条例》的各项内容，为全市提供更加便捷、完善的服务。北京市文化局冯守仁副局长、中国图书馆学会孙蓓欣副理事长、文化部社会文化图书馆司张小平处长、北京市社会团体管理办公室王杰处长、中国图书馆学会汤更生秘书长、北京市社会科学界联合会学术学会部周彦杰等领导出席了大会。

北京市图书馆协会是在原北京市图书馆学会的基础上，经北京市社会团体管理办公室批准而更名成立的。9月8日上午，来自全市73家图书馆的会员代表参加了在首都图书馆举行的会员代表大会。更名后的北京市图书馆协会将广泛吸纳全市公共图书馆、高校图书馆、科研机构图书馆、医院系统图书馆、新闻出版系统图书馆、中小学图书馆、街道社区乡镇图书馆及相关单位组成北京市属图书馆行业性管理组织。协会接受业务主管单位北京市文化局领导，接受市社会科学界联合会和市社会团体管理办公室的业务指导和监督、检查、管理，接受中国图书馆学会的业务指导，协会挂靠首都图书馆。截止到目前为止，北京市图书馆协会理事单位已达到73家，个人会员580余人。

大会通过无记名投票选举产生了由76名理事组成的协会新一届理事会，选举产生了由17名常务理事组成的常务理事会。北京市文化局副局长冯守仁当选理事长，首都图书馆馆长倪晓建当选常务副理事长，北京市文化局社会文化处副处长黄海燕、首都师范大学图书馆馆长胡越、北京市社会科学院图书馆馆长王超湘、北京联合大学应用文理学院图书馆馆长王彤当选副理事长，首都图书馆副馆长周心慧当选秘书长。会议还审议通过了《北京市图书馆协会章程》、《北京市图书馆协会三年工作规划》等文件。

北京市图书馆协会的成立将改变北京市各系统图书馆条块管理模式，通过开展各种行业性活动，为全市各系统图书馆提供丰富的信息资源，并制定全市图书馆的行业规范，促进全市各系统图书馆的服务及业务的发展；并且将继续深化图书馆学理论研究，形成更多促进北京市图书馆事业发展的科研成果，为政府机关提供决策依据；同时协会还将积极开展各系统图书馆之间的交流与合作，通过网络化、数字化等现代化的技术手段实现文献信息资源共享，最终形成覆盖全市的图书馆信息网络系统，更好地满足知识经济社会的需要，使广大市民方便、快捷地获得全市各系统图书馆的文献信息资源。（北京市图书馆协会）

【北京市图书馆协会工作全面开展】 2004年北京市图书馆协会发展了73个理事单位和443名个人会员。组织召开了北京市图书馆协会第一次常务理事会，并通过了2003年工作总结与2004年工作计划要点及团体会员与个人会员会费的收取办法，而且成立了7个专业委员会。

北京市图书馆协会通过积极的组织将2004年图书馆服务宣传周和全民读书系列活动推广到全市各级各类图书馆，丰富了全市图书馆的读者活动，并且组织召开了北京市图书、档案与信息数字化及其开发利用研讨会。举办了图书馆管理人员培训班，并对93名专业人员进行了业务知识培训。协会还组织会员参加了“以人为本”图书馆馆长研讨班、中国图书馆学会年会、世界读书日大型朗诵会等多项中国图书馆学会的活动。北京市图书馆协会因在“我的图书馆情缘”征文和年会征文活动中组织得力、成绩突出分别获得由中国图书馆学会颁发“组织贡献奖”和“组织奖”，并且有多名协会会员获得征文、论文、学术成果等多种奖。（北京市图书馆协会）

【文化部公共图书馆评估专家组对首图进行评估考察】 2004年10月26日－28日，以文化部图书馆司副司长刘小琴为组长的公共图书馆评估专家组一行5人对首图开展评估考察。

26日上午，北京市文化局党组书记、局长降巩民致欢迎辞后，评估专家组听取了首都图书馆馆长倪晓建所做的《首都图书馆评估定级工作汇报》。北京市文化局党组成员、巡视员冯守仁同志代表北京市文化局做了《以首都图书馆为依托努力构建具有首都特色的图书馆资源共享体系》的专题汇报。

在工作汇报中，倪晓建馆长就“全面贯彻‘服务为本’的办馆理念，保证公民平等获取文献信息的权利”等六个方面，详解介绍了首图近年来事业发展建设的情况和取得的突出成绩。冯守仁巡视员在报告中阐述了以首图为中心的北京市图书馆资源共享体系建设的总体思路和已经取得的重大成绩。

10月26日下午及27日，专家组以查阅评估档案、进行问卷调查以及现场检查等多种形式对首图的读者服务、业务建设、内部管理等多个指标进行了全面的考核。

28日上午，评估专家组就评估检查情况向首图进行了反馈。会议由北京市文化局巡视员冯守仁主持，文化局有关领导及首图领导及中干参加了会议。会上，评估组长刘小琴代表全体专家对首图的各项工作予以了高度评价。她指出，专家组一致认为首都图书馆是一个与首都地位相符的、国内一流的图书馆，是一所设施先进、环境优美、服务优良、管理一流的现代化图书馆。首图全体职工在本次评估工作中呈现出来的饱满工作状态给他们留下了深刻印象。刘小琴组长特别对首图在下述几个方面予以充分肯定：一、首图有先进的办馆理念，制定的长远发展目标不仅符合世界图书馆的发展趋势，同时也与首都的建设发展目标相一致；二、首图领导班子具有非常强的事业心，实现了一流化的管理。人事、安全、财务等的管理科学规范，尤其是人事管理中体现出较高水平的民主化和透明度；三、首图的业务建设十分扎实。无论是藏书建设、文献整理加工以及业务管理都依据国家标准和规范进行，这就为开展各项服务的开展奠定了基础。其中，专家组特别欣赏“北京记忆”这一工程，拟将这个经验在全国推广；四、在读者服务方面，首图对公共图书馆的职能发挥得很全面。既考虑大众性，又将服务面扩展到各个人群，同时兼顾高层次与深层次的服务。“世界走廊”体现了世界大都市的需要，为首都文化建设作出了贡献；五、业务研究、辅导、协作协调是首都图书馆的强项。尤其是首图对新时期下图书馆辅导工作的认识和所做的工作，将是新形势下发挥图书馆的合力、促进事业发展的一种非常有力的措施。此外，专家组特别强调，在北京市图书馆事业的发展中，首图所有工作成绩的取得和首图的中心馆龙头作用，是与北京市委、市政府关注北京文化事业的建设，重视首图的发展，以及北京市文化局对图书馆事业的科学规划和指导管理密不可分的。

刘小琴组长还代表专家组对首图提出了几点希望和建议：一是希望市委、市政府继续加大对图书馆的投入。首图外文藏书和其他馆相比没有明显的优势，应进一步加大购书经费，有重点地增加外文文献的入藏数量；二是尽管读者对首图服务的满意度已达到95%以上，但首图应进一步提升服务品质，满足和适应读者不断提高和变化着的需求；三是应进一步加强人才培养力度，不断提升首图职工的综合素质，增强首图可持续发展的后劲。

在听取专家组的意见后，首图党委书记、副馆长肖维平代表领导班子和全体职工向各位专家表示了感谢。她表示，评估专家在工作中表现出来的深厚的学术造诣和严谨的学术作风为首图人树立了榜样。专家组对我馆工作的高度评价和充分肯定，是对全馆职工的莫大鼓励，我们要把鼓励化为动力，努力奋进，把工作做的更好。对于专家组的意见和建议，要逐项研究，制定切实可行的措施，加以整改。文化局巡视员冯守仁、社文处处长阮兰玉代表北京市文化局感谢评估专家组对首都图书馆工作的肯定，希望首图对评估专家组提出建议进行认真研究，以指导改进工作，使首图迈上新的台阶。

28日下午，首图紧急召开了党政联席会议，就专家组提出的反馈意见进行研究，积极制定落实方案，以评估为契机，全面推进首图建设。（首都图书馆）

【“图书、档案与信息数字化及其开发利用研讨会”在首都图书馆召开】

2004年6月18日，由北京市图书馆协会、北京市社科信息学会、北京市档案学会、北京市信息产业协会共同主办，北京市图书馆协会承办的“图书、档案与信息数字化及其开发利用研讨会”在首都图书馆召开。来自以上四个学（协）会的60余名代表参加了此次研讨会。市政府研究室乔玲同志、市委研究室李琳同志、北京市档案局姜之茂副局长、北京市档案学会包金春理事长、北京社科信息学会常润华同志、王超湘秘书长、北京市信息产业协会徐祖哲秘书长、北京市档案学会桂玉兰秘书长等领导出席了会议。大会由北京市图书馆协会周心慧秘书长主持。众多代表在会上探讨了图书、档案信息资源的数字化开发与应用。

代表北京社科信息学会，首都之窗运营中心编辑部主任余勇妮同志做了《首都之窗在为民服务上的实践》的报告。报告结合首都之窗门户网站的发展、建设、远景规划及为市民、企业、投资者、旅游者、公务员等五大体系为主的社会大众服务的理念介绍了信息数字化在政务、法规、交通、生活等各方面所起的重要作用。易用、可用、实用地把政府零散信息集中推荐给民众，将使首都之窗门户网站成为北京市民便捷的获取生活、学习、办公信息的高效途径。

代表北京市信息产业协会，书生公司董事长王东临同志做了《数字纸张技术及其在图书、档案中的应用》的报告。报告结合书生公司的先进的数字纸张技术，向与会代表介绍了图书、档案在信息社会数字化处理的必要性和采用DRM数字权限技术对图书、档案的版权及保密性进行安全处理的功能与作用。而且还在会上回答了代表们提出的技术问题。

代表北京市档案学会，北京市档案局副局长姜之茂同志做了《网络时代的社会记忆》的报告。报告结合北京市档案事业发展现状及国内外档案事业发展趋势，阐述了档案数字化发展的必要性，并且对数字化后档案数据的存储、安全等方面的技术要求进行了探讨。他指出，档案的信息数字化发展是必然趋势，不抓住机遇就会对社会记忆的保存留下空白。

代表北京市档案学会，北京市档案馆计算机处处长陈伟同志做了《档案信息化建设》的报告。报告结合北京市档案馆网站及信息数字化建设，介绍了北京市档案馆网站的建设历程及馆藏数字化工作的进展情况。北京市档案馆经过对读者的调查与分析，对网站数字化信息进行不断地丰富，并开设大众特色栏目，获得了读者的青睐，网站点击率不断升高，取得良好的效果。

代表北京市图书馆协会，首都图书馆副馆长韩朴同志做了《“北京记忆”资源库建设》的报告。报告结合首都图书馆已建成的“北京记忆”大型数字化多媒体网站，介绍了此网站的第一阶段成果。通过对网站的建设，将首都图书馆历年收藏的有关北京的地方文献信息通过网站上的“北京文汇”、“旧京图典”、“京华舞台”、“北京研究”、“乡土课堂”、“史料导航”等栏目以文字、图片、声音、视频等多媒体方式向读者推荐。此网站的建成不仅将众多珍贵史料以数字化形态加以保存，同时也可以使原先束之高阁的珍贵文献与广大读者见面。精彩的演示引起了众多参会代表的极大关注。

代表北京市图书馆协会，首都图书馆副馆长常林同志做了《北京市公共图书馆计算机信息服务网络建设》的报告。报告结合由北京市政府为市民办的60件实事中的北京市公共图书馆计算机信息网络建设工程，介绍了全市公共图书馆在馆藏数字化及资源共享合作方面的进展与成果。北京市公共图书馆计算机信息服务网络的建成将使分布在全市的25家公共图书馆及社区、乡镇、街道分馆实现计算机联网，从而最终实现各馆馆藏信息的共享、联合检索、异地借还图书等方便读者的诸多功能，从而真正实现将图书馆的信息送到市民身边的愿望，并且避免了由于各馆间的信息不通而造成的图书大量重复采购所造成的浪费。北京市公共图书馆计算机信息服务网络的建成将使全市图书馆事业发展实现质的飞跃。

内容丰富的研讨会结束后，与会代表仍兴致勃勃对学者们提出的观点交换着意见。此次研讨会的召开，不仅促进了北京市图书馆协会、北京市社科信息学会、北京市档案学会、北京市信息产业协会的学术交流，同时促进了图书与档案的数字化发展与开发利用。随着图书、档案的信息数字化程度不断提高，将会极大地方便广大市民获取所需信息，同时也为繁荣北京文化，早日实现数字北京做出了贡献。（北京市图书馆协会）

【三北“少图协”第八届学术暨工作研讨会在北京召开】 “华北、东北、西北少年儿童图书馆工作协作委员会第八届学术暨工作研讨会”由北京市少年儿童图书馆承办，于2003年10月15日至17日在北京召开。研讨会以“21世纪少年儿童图书馆的发展走向”为主题，进行了交流研讨。来自华北、东北、西北地区少年儿童图书馆（部室）工作者100余人参加了会议。湖南、湖北、广西、重庆、福建、浙江、山东等地区少年儿童图书馆派代表列席会议。文化部、北京市委宣传部、北京市文化局、中国图书馆学会、中国图书馆学会少儿专业委员会、北京市图书馆协会等领导到会并祝贺词。中央电视台青少部、中国教育电视台、北京电视台、北京广播电台、北京晨报、北京晚报、北京少年报、中国文化报等15家新闻单位进行采访报道。

会议共收到论文223篇，经过评选，一等奖8篇，二等奖25篇，三等奖50篇，优秀奖85篇。72篇作品人选本届研讨会论文集《百舸争流》。会议期间，举办了图书馆论坛，邀请北京大学信息管理系教授李国新、北京市图书馆协会理事长冯守仁就图书馆职业道德的观念突破与遗留问题以及图书馆立法做报告；参观考察了首都图书馆、石景山少年儿童图书馆、八角社区图书馆、展览路社区图书馆以及民办科教图书馆等。

会议议定“华北、东北、西北少年儿童图书馆工作协作委员会第九届学术暨工作研讨会”在新疆召开。（刘志敏）

【“我与图书馆”征文及宣传口号获奖作品颁奖大会在首都图书馆召开】

2004年7月20日，北京市图书馆协会主办的“我与图书馆”征文及宣传口号获奖作品颁奖大会在首都图书馆召开，23家图书馆获优秀组织奖，68位获奖作者及代表上台领奖。北京市文化局领导、北京市图书馆协会领导、获奖作者及协会会员参加了大会，北京市图书馆协会周心慧秘书长主持会议。

北京市图书馆协会为贯彻落实全国“知识工程”领导小组关于开展全民读书活动的通知精神，从今年2月份开始在读者和协会理事单位的会员中征集“我与图书馆”征文和图书馆宣传口号，这两项活动的开展得到了本市广大读者的大力支持，各图书馆均收到了大量的征文和宣传口号，经过初选，向北京市图书馆协会推荐了110篇征文及百余条“图书馆宣传口号”。通过协会专家组成的评审委员会的认真评选，最终选出征文一等奖10篇，二等奖20篇，三等奖31篇及8条宣传口号优秀奖，23家图书馆获得了优秀组织奖。

参加投稿的作者从古稀老人至学龄儿童，从公务员到公司职员，从解放军到教师都倾注了极大的热情，这些优秀作品不仅道出了广大读者与图书馆的不解之缘，而且展示出了近年图书馆不断改革的发展历程，宣传口号也具有较强的心灵感召力和时代冲击力。北京市图书馆协会将会把这些优秀作品陆续展示出来与广大读者共享。

北京市文化局社文处常林副处长在会上做了讲话，他说：“图书馆是实践‘三个代表’，大力弘扬传播先进文化，服务于建造北京现代化、国际化大都市和学习型社会的重要场所。‘我与图书馆’征文和‘图书馆宣传口号’征集活动的成功举办，不仅缩短了读者与图书馆的距离，而且在引导广大市民多读书、读好书，满足人们日益增长的精神文化需求、营造健康有序的人文智力发展空间，促进北京现代文化生态建设等方面起到了非常积极的作用。为了使更多的读者与图书馆结缘并将美好回忆成为永恒，这次征文活动，征集到的一大批优秀的回忆文章，感人至深、富有启迪作用，反映了图书馆工作者、读者与图书馆的深厚感情和成才之路。

通过口号征集活动，征集到的100余条口号，很多富有哲理的口号对我们有着很强的启发与激励作用。市文化局已经从中选出4条口号，正在制作宣传画，相信思想与艺术的结合能够体现出浓郁的读书气氛，会成为展现北京现代文化的一道城市风景。除了大会表彰的两项活动以外，今年全市图书馆还要继续建设好图书馆计算机信息服务网络和文化信息共享工程，做好图书馆评估工作，建设好街道乡镇、社区图书馆，开展千场讲座活动，开展网上阅览活动，做好送书下基层和服务弱势群体等项工作，希望全市的图书馆工作者继续努力，在服务范围的广泛化和服务内容的深化方面做出新成绩。”（北京市图书馆协会）

【爱心快递总动员】 2004年9月，北京市红领巾读书活动办公室、北京市少年儿童图书馆在北京市文化局领导倡议下，联合策划、组织的一项大型图书捐赠活动。活动旨在通过发动全市少年儿童把自己闲置的图书和玩具捐献出来，捐赠给贫困地区的孩子们。知识接力，爱心快递。

为使活动在全市广泛开展，红领巾读书活动办公室和北京市少年儿童图书馆向全市少年儿童发出倡议，邀请专业人员设计、制作了统一的标识、宣传海报、宣传展板、荣誉证书及徽章，在各区县图书馆设立捐赠站，将活动方案、倡议书、各区县捐赠地址、联系电话在各媒体及少年儿童图书馆网站上向社会公布，在全市公共汽车流动电视节目中循环播报，并确定9月26日至10月6日为“爱心快递总动员”活动日。

活动历经10天，全市18个区县及燕山地区近4万名学生参加活动，共接收捐赠170271册（件），其中书刊94023册，玩具31349件，学习用具44899件。这些图书和玩具经过工作人员分类、清洗、消毒、登记、装箱、打包，分别捐赠给本市外地来京务工人员子弟学校、贫困边远地区学校共计22家，以及内蒙古自治区呼和浩特市武川县图书馆。

鉴于活动在社会产生积极影响，北京市红领巾读书活动办公室将此活动作为一项常规性少年儿童公益活动，每年9月开展一次。（刘志敏）

【“北京记忆”数据库建设初具规模】 为了保护北京的历史文献遗产，并促使这些文献遗产能够为广大公众所利用；为加强乡土教育，达成最深刻的爱国主义教育效果。2003年初，首都图书馆“北京记忆”历史文化多媒体资源数据库的建设正式启动。

经过两年来的建设，截止到2004年底，已完成的栏目包括，以经典文献为主的《北京文汇》、以老照片为主的《旧京图典》、以音视频文献为主的《京华舞台》、以学术论文为主的《北京研究》、以普及地域文化为目的的《乡土课堂》、以虚拟咨询为主的《史料导航》、以报刊资料为主《昨日报章》、以历史地图为主的《京城舆图》、以金石拓片为主的《燕都金石》和以旧京戏报为主《戏单集萃》等内容版块，数字化资源容量达400多GB。

自2003年9月，“北京记忆”接入首图馆内局域网以来，陆续接待了深圳图书馆、美国皇后区图书馆、全国电大校长、法国普罗斯市副市长、北京学研究所、北京史研究会、北京市方志办、北京市统计局等单位领导观摩，给予了很好的评价，并表示予以关注。2004年10月28日，文化部图书馆评估专家小组在给首图的反馈意见中提到，“我们特别欣赏‘北京记忆’这一工程，拟将这个经验在全国推广”。“北京记忆”拟于2006年正式在互联网上发布，它将建设成为一个适合专家研究、百姓查阅的大型多媒体北京历史文化资源站点，具有一定的权威性、完备性和适用性。并将“北京记忆”这一工作模式推广到各区县图书馆，带动区县馆地方文献数字化工作，实现资源的共建共享。（王炜）

【北京市公共图书馆“一卡通”服务正式启动】 经过一番紧张筹备，北京市公共图书馆“一卡通”服务的一期工程于2003年“五·一”黄金周期间正式启动。

“一卡通”是在北京市公共图书馆网络中建立起来的一项方便读者的服务措施，其最终目标，是在全北京市的公共图书馆范围内实现图书通借通还、文献信息资源共享的目标。

以往，北京市公共图书馆的读者服务工作各自为政，造成了文献信息资源共享的障碍。在首都图书馆、十几个区县级图书馆，以及数十个分馆，读者服务的项目、内容、标准各不相同。每个图书馆都要向读者发放若干种不同功能的读者卡，而读者也需要在不同的图书馆办理若干种不同功能的读者卡。其次，各个图书馆文献资源的拥有量不尽相同，如果读者不愿为了得到自己所需要的图书资料而长途跋涉、大费周折，就只能利用附近图书馆的有限资源。

“一卡通”服务全部功能启用后，所有的成员馆只向读者办理一种共同的联合读者卡，读者手持这一张卡，就等于拥有了所有成员馆的服务承诺，只需在各个成员馆提供的服务项目中选择确认自己所需的项目，就可以接受相应服务了。凭这一张卡，读者可以通过北京市公共图书馆信息服务网络（BPLINS）的公共检索界面，对各成员馆的馆藏书目信息、读者信息以及其他数字化资源进行实时检索，并可以在成员馆范围内进行图书文献的异地借还，通过就近的一家图书馆来借阅或归还所有成员馆所提供的图书文献。此外，这一系统还可以支持读者通过互联网自动办证注册；支持金融系统的接入，并支持多种读者消费功能；支持与图书馆业务相关的手机短信服务，比如图书文献的续借或预约。

“一卡通”服务全部功能的实现，将分为两期进行。

一期阶段，首先在首图和东城、西城、崇文、朝阳4个区级图书馆，及其各自所属的社区馆的范围内，实现信息的实时检索和中外文普通图书的异地借阅等基本功能。由于馆际的物流系统尚未最后完成，所以当前虽然可以异地借阅，但暂时还不能做到异地归还，读者还需将图书归还到原借阅馆。

二期阶段，则是在先期应用基础上扩大应用范围，各级公共图书馆的各类读者服务工作将逐步加入，通过物流系统真正实现图书的异地借还，并在成员馆范围内实现图书文献的联合采购和统一分编。与此同时，逐步释放其他的附加功能，如通过手机短信方式实现图书预约、续借，金融系统接入，以及实现网上注册办证等功能。（韩朴）

【“北京市公共图书馆计算机信息服务网络工程”建设进展顺利】 2002年北京市委、市政府《在直接关系群众生活方面拟办的主要实事》第57项中提出的“（在）区县图书馆全部建成电子阅览室，实现网络服务；建设城近郊区公共图书馆信息网络，实现联合检索、网上阅读、馆际互借、资源共享，更好地为读者服务”，启动了北京市公共图书馆计算机信息服务网络的建设工作（BPLINS）。在市委、市政府下发的关于《进一步加强北京市基层文化建设的意见》的文件精神指引下，首都图书馆积极运作，全市各区县文化委员会、公共图书馆及少儿图书馆认真贯彻、落实，经过2年多的全面建设，北京市公共图书馆计算机信息服务网络已经具备一定规模，到2004年底，全市25个区县图书馆（含少儿图书馆），60个街道、社区联网图书馆将全部建成开通。

北京市公共图书馆计算机信息服务网络系统建设是全市基层文化建设工作中的一项重要工作。2004年北京市文化局确定昌平区图书馆、平谷区图书馆、怀柔区图书馆、延庆县图书馆、燕山图书馆、丰台区少儿图书馆、朝阳区少儿图书馆等7个区级图书馆为北京市公共图书馆计算机信息服务网络2004年参建馆，同时在城区内建设20个街道、乡镇级联网点，首都图书馆负责工程的落实，由信息网络管理中心和微方公司组成技术工作组负责具体实施。

为了保证联网工程的顺利进展、了解各区县及少儿图书馆的基本情况、应用软件及网络现状等实际情况，日前，工程技术组兵分两路，分别对7个联网点进行了为期两周的实地调研。经过调研，工程技术小组对各参建馆的网络现状等基本情况进行了调研，并在此基础上撰写了实地调研报告，作出总体经费预算，制定了切实、可行的工程建设建议方案，其中包括网络系统、硬件系统、软件系统地各项工程技术指标等，并得到了各参建馆及上级领导的认可。在此基础上，已经在近日完成了对昌平区图书馆的人员培训工作。

北京市公共图书馆计算机信息服务网络系统全面建成后，作为“数字北京”的重要组成部分，它将充分体现出“数字北京”的内涵实质，成为读者乃至广大市民获取信息与知识的重要渠道。通过“一卡通”使用范围的不断扩大，在更大程度上为读者提供便利。北京市公共图书馆计算机信息服务网络系统的全面开通，将为读者提供更深层次的、全方位的服务。（首都图书馆信息网络中心）

【北京市区县公共图书馆参加文化部第三次评估定级工作】 根据《北京市文化局转发文化部关于开展2003年县以上公共图书馆评估定级工作的通知的通知》（京文社（2003）31号），受北京市文化局委托，北京市图书馆协会于2月19日组建了由北京市文化局、首都图书馆及北京市少年儿童图书馆的22名专家与工作人员组成评估专家组，北京市图书馆协会对此次评估工作提出了“高标准、实事求是”的要求，制定出了《北京市专家评估组工作要求》、《评估检查工作程序》、《评估工作时间安排》等规范性文件，要求评估组要严格按照评估标准科学、公正、公平地为各馆评分，通过评估工作进一步促进本市图书馆事业的发展。

从2003年7月31日至2004年5月，评估专家组按照文化部制定的《地、县图书馆、地级少年儿童图书馆评估标准》和《地、县图书馆、地级少年儿童图书馆定级必备条件》，对本市12个区、县公共图书馆和少年儿童图书馆的基础设施和各项工作进行了深入、细致、全面的考察和评估，并且及时整理汇总评估材料，针对各馆存在的问题，进行专门辅导，经整改后，再进行复查。通过评估工作，促进了全市公共图书馆业务水平的规范发展。

各区县也都成立了以区县领导为主管领导公共图书馆评估工作领导小组，按照《北京市文化局转发文化部关于开展2003年县以上公共图书馆评估定级工作的通知》要求，对全市公共图书馆评估工作做出具体安排，积极进行评估准备和自查、打分工作。

根据评估定级工作步骤，北京市文化局将西城区图书馆作为此次达标定级试点图书馆。2003年7月31日，以首都图书馆馆长倪晓健为组长的专家评估组对西城区图书馆进行了试评估。一同光临指导工作的还有文化部社图司副司长刘小琴、北京市文化局局级巡视员冯守仁、北京市文化局社文处处长阮兰玉、副处长黄海燕、中国图书馆学会副理事长孙蓓欣、西城区副区长许伟等。刘小琴副司长、孙蓓欣副理事长、许伟副区长先后祝辞，祝本市公共图书馆通过评估促进发展，图书馆事业取得更大成绩。全市十余个区、县文委领导及公共图书馆馆长、工作人员观摩了此次试点评估定级会。

自2003年7月至2004年5月，北京市区县图书馆评估专家组，根据地县公共图书馆评估标准，对本市12个区、县公共图书馆和少年儿童图书馆的基础设施和各项工作进行了深入、细致、全面的考察和评估，针对各馆存在的问题，进行专门辅导，经整改后，再进行复查。经过评估专家组的认真细致的工作，及时整理汇总评估材料，并将评估汇总情况上报北京市文化局，经文化部确定授予崇文区图书馆、西城区图书馆、东城区图书馆、朝阳区图书馆、门头沟区图书馆、房山区图书馆、顺义区图书馆、宣武区图书馆、石景山区少年儿童图书馆、西城区青少年儿童图书馆为地级一级馆，密云县图书馆为县级一级馆，通州区图书馆为地级二级馆。通过评估工作，促进了全市公共图书馆业务水平的规范发展，全面提升了本市公共图书馆的业务水平。（北京市图书馆协会）

【北京市图书馆“千场讲座”活动】 2004年北京市图书馆协会为落实《北京市图书馆条例》，发挥图书馆的功能，组织开展了“千场讲座”活动，把近年来持续开展的“百场报告会”活动增加到千场，把组织者从区县公共图书馆扩大到学校、医院、街道社区系统图书馆，全年举办讲座和报告会1537场，20万人次参与其中，不仅得到了广大读者的好评，并已逐渐形成倡导全市市民学习的知名活动。

其中，“首图讲坛”是首都图书馆全力打造的文化服务项目。“讲坛”分为北京历史文化、文学、科普等八个系列，邀请各领域专家学者为读者举办免费专题讲座。“讲坛”建立了主讲人和听众的实时互动，以贴近社会的主题、多维思考的视点、精彩独特的见解、自由开放的形式，赢得了广大市民的欢迎。首图与北京市社会科学界联合会、北京史研究会合作，创建了《乡土课堂》北京历史文化科普系列讲座。坚持每周一讲，大年初三在天坛公园祈年殿设坛开讲，听众云集，成为天坛公园春节文化活动中一份独具特色、影响广泛的文化大餐。《乡土课堂》自开设以来，年现场直接听众达1万人次以上。北京人民广播电台文艺台、教育台对讲座现场录音，整理播出；中国书店将部分讲座内容结集为《漫步北京历史长河》一书正式出版。首图北京地方文献中心把讲座内容数字化，纳入《北京记忆》多媒体数据库，通过网站向社会传播。北京市各区县图书馆也通过利用音像资料播放的形式，作为本馆讲座活动的重要内容和组成部分，不仅实现了讲座资源的共享，而且最大范围地增加了讲座的受众面。到首图听讲座，已经成为不少市民文化生活的重要组成部分。（北京市图书馆协会）

【北京市图书馆协会荣获北京市社科联第四届先进学会称号】 2003年12月24日，北京市图书馆协会（原北京市图书馆学会）在北京市社会科学界联合会、北京市社会科学规划办公室成立20周年纪念大会上，作为北京市社会科学界联合会1999－2003年先进学会受到表彰，前任秘书长常林同志作为1999－2003年度先进学会工作者也受到表彰。

北京市图书馆学会是由本市图书馆工作者于1979年联合发起成立的。近年来，在北京市社科联的关怀与指导下，在北京市文化局和首都图书馆的领导和支持下，团结、组织广大会员和图书馆工作者，积极开展了形式多样的学术活动，并出版了多部关于图书馆学研究的专著，为北京市图书馆事业的发展做出了不懈的努力。

2003年9月8日，为配合《北京市图书馆条例》的颁布与实施，北京市图书馆学会正式更名为北京市图书馆协会，截止到目前为止，协会理事单位已达到73家，个人会员580余人。

协会的成立，不仅广泛吸纳全市各系统图书馆成为会员，而且将原学会的主要职能从学术研究转向了促进图书馆行业的协调与合作。正如首都图书馆馆长、协会常务副理事长倪晓建在协会成立大会上做的《北京市图书馆协会三年工作规划》中所讲的，“学会”改组为“协会”，这是学会发展史上具有重要意义的大事，它标志着北京市各系统、各级各类图书馆间的团结协作，跨入了一个新的历史阶段。协会将坚持邓小平理论和党的基本路线，认真贯彻三个代表的重要思想，以首都“新三步走”战略为指导，以服务北京现代化建设和建设数字北京为宗旨，认真贯彻《北京市图书馆条例》，加强馆际之间的交流与合作，与时俱进，开拓创新，提高图书馆现代化建设和从业人员的整体服务水平，更好地满足知识经济社会的需要，为广大市民获得文献信息资源提供更加方便、快捷的服务。

在中国图书馆学会的指导下，在北京市社会科学界联合会的支持下，在北京市文化局、首都图书馆的领导下，北京市图书馆协会的工作一定会取得更大的成绩。（北京市图书馆协会）

【北京市委图书馆与首都图书馆签订合作协议】 2004年3月28日北京市委图书馆郭淑荣馆长与首都图书馆常林副馆长分别代表双方签订了《文献资源共建、共享合作协议》，并在市委图书馆内设立了首都图书馆分馆，至此首都图书馆分馆已达14家。

首都图书馆将向市委首图分馆内的读者提供首图藏书借阅、数据库检索以及文献参考服务等多种服务，同时将逐步与分馆实现数字化文献资源共享，并且将为分馆提供更广泛的业务交流与培训，提高其专业人员业务水平。

首图北京市委分馆的建立不仅是首都图书馆服务范围又一次拓展，同时通过首图丰富的馆藏文献信息及网络数据资源也为政府部门准确快捷地获得所需信息提供了便利途径，更好地服务于政府决策。（首都图书馆研究辅导部）

【北京市在“全国文化信息资源共享工程”工作会议上受到表彰】 2004年4月10日，“全国文化信息资源共享工程工作会议”在南京举行。文化部副部长周和平等领导和来自全国的共享工程各省级分中心负责人参加会议。北京市文化局冯守仁巡视员、首都图书馆韩朴副馆长参加了会议。

大会对35个全国文化资源共享工程建设先进单位进行了表彰。北京市文化信息资源共享工程领导小组在全国文化信息资源共享工程建设中成绩显著，被授予先进单位称号。

自2002年8月，首都图书馆与全国文化信息资源共享工程国家中心签订了《全国文化信息资源共享工程国家中心与北京市分中心试点工作实施协议》后，北京市文化局非常重视此项工作，按照文化部的统一部署，北京市正式成立了“共享工程北京市省级分中心”及北京市省级分中心共享工程建设小组。北京市采取创新的思路将实施“共享工程”与建立计算机信息服务网络工程相结合，以首都图书馆为基础，建立了全国文化信息资源共享工程的北京市分中心，以北京市公共图书馆计算机信息服务网络工程中的东城、西城、崇文、宣武、朝阳、石景山、顺义、通州区图书馆、密云县图书馆、西城区青少年儿童图书馆、房山等15个联网区县馆和联接街道、乡镇图书馆网络的基础上相应建立了共享工程基层接收点，通过电子阅览室和联网计算机终端、视听设备实现对全国文化信息资源的共享。到2004年3月底，实现了首都图书馆——区（县）图书馆——街道、乡镇图书馆三级互联，资源共享，建立全国文化信息共享接收点50多个，极大地丰富了共享资源内容。

截止2004年3月，北京市已建成以首都图书馆为中心，包括16个区县图书馆和35个联网街道乡镇社区级图书馆在内的北京市公共图书馆信息服务网络第一期工程。这些单位的绝大部分和8个远郊乡镇成为全国文化信息资源共享工程北京市的基层接收点，使“共享工程”的实施不只局限在图书馆，努力使丰富的文化信息资源进入社区，进入村庄，进入千家万户。

该项工程的建设实施，极大地加快了本市公共图书馆的网络化建设进程，扩大了公共图书馆的服务范围，逐步实现了各成员馆之间的资源共享、馆际互借。今后，北京市还将进一步扩展网络覆盖面，增加资源共享的手段，为市民提供更方便、更快捷、更实际的服务。（首都图书馆）

【昌平区图书馆新馆正式向读者开放】 京郊面积最大、设施最先进、馆藏最丰富的文化设施——投资4000万元的昌平新图书馆博物馆大楼于2004年12月18日正式开馆。

其中，昌平区图书馆是建筑面积达8000平方米的昌平新图书馆博物馆大楼的主体建设之一，设有老年阅览室、残疾人阅览室、少儿阅览室等23个部门，馆藏图书18万余册。新馆设计上充分体现了“以人为本，科技兴馆”的理念，图书馆还专门为学龄前儿童“量身订做”了少儿阅览室。少儿阅览室从房间结构到墙壁用色每一外细节都充分考虑到儿童的心理特点，178种儿童杂志随意摆放在书架上、地板上，孩子们可以无拘无束、自由翻看。电子阅览室可容纳100余人同时上网。最能体现新馆现代化气息的即是会议室和视频报告厅，在设备上采用了技术领先的视频会议系统。另外，新馆按国际标准建立了完善的管理体系，实现了网络化办公。

昌平区图书馆新馆的建立，标志着昌平区图书馆事业的发展又迈上了一个新的台阶，它将利用其先进的技术设备、优质的服务树立品牌图书馆的形象，并力争成为科技化、网络化、现代化、人性化、特色化的新型图书馆。（昌平区图书馆）

【崇文区图书馆成立崇文区科学普及协会】 为进一步深化崇文区科普工作，在社会各界的积极倡议和崇文区科协的大力支持下，崇文区图书馆发起成立了崇文区科学技术普及协会。2004年11月23日在崇文区图书馆召开了成立大会，崇文区科协主席张巧云等领导和从事科普活动家与研究的专家学者出席会议。

在自由民主的热烈气氛下，讨论并通过了协会章程、协会学组职责、第一届理事名单、协会2005年工作计划。同时经充分协商，推选出区科协王雪凤担任理事长、图书馆馆长齐金薇担任常任副理事长。张巧云主席作了发言，希望协会结合区情，开展有前瞻性的精品活动，发挥横向联合的优势，协调各方资源，共同推进科普工作的开展。并给科普协会定位为：研究、指导、协调、服务。

科普协会将在崇文区科协的领导下，团结广大科普工作者，围绕协会宗旨，树立“弘扬科学精神，普及科学知识，传播科学思想和科学方法，捍卫科学尊严”的工作理念，进一步发挥崇文区科普工作优势，整合崇文区科普资源，促进科普工作与学术研究相结合，加强科普能力建设，全面提高公民的科学文化素质。（崇文区图书馆）

【东城区图书馆确立皇城文化文献作为地方文献特色】 东城区图书馆进行地方文献收集整理工作以来，已将520种关于东城的地方文献整理完毕。另有200余种正在分编加工之中。这些文献覆盖了东城区的大部分领域，已经初具规模。

为了将地方文献工作引向深入，今年初始，有关人员陆续到兄弟区馆参观学习，并结合自己的实际进行了一系探讨，准备将皇城文化文献作为本馆地方文献的特色。

将皇城文化文献定为本馆地方文献的收藏、开发和利用的重点并最终形成特色基于以下几方面的考虑：东城区区域内有紫禁城的全部和皇城的一半面积，这是有别于其他区的最大特点。另外，皇城文化内涵丰富，积淀丰厚，文献众多，还有许多课题有待研究。其三，东城区政府重视皇城文化，目前已在菖蒲河公园内设立了皇城艺术馆，区政府将积极支持相关课题的研究，区图书馆可以将自身工作与区政府的工作紧密结合。

目前有关人员正在研讨皇城文化文献的定义、源流和涵盖内容，从而制定出工作规划。（东城区图书馆）

【丰台区图书馆新馆建成开馆】 丰台区图书馆是丰台区唯一的综合性公共图书馆，是搜集、保存、开发和提供文化信息的公益性文化事业单位。是丰台区科学、教育和文化以及经济建设的重要组成部分，也是三个文明建设的重要力量。它担负着为本地区党政机关提供文献资料信息服务，为驻地区机关学校、企事业单位、部队提供文献资料信息服务，为本地区社会公民提供图书文献、电子出版物等文献资料借阅工作，为本地区街道、乡（镇）、社区和农村二、三级图书馆（室）提供集体借阅服务的工作，实现丰台中心馆与街道、社区、乡（镇）、二、三级馆（室）图书文献资源共享。

丰台图书馆始建于1978年，1989年迁入丰台文化中心大楼，2001年在区委、政府高度重视下，投资近1500万元对丰台区文化中心大楼进行改扩建，并于2004年9月28日重新投入使用。改扩建后的丰台区图书馆位于西四环南路，南邻丰台区政府，北依风景秀丽的丰台公园，西靠四环路。目前丰台图书馆拥有五层地上建筑，总建筑面积6340㎡，设施先进，功能齐全。馆内设有开架借阅室、电子阅览室、期刊阅览室、视听室、老年人和残疾读者活动室、儿童阅读室、特藏阅览室、地方文献阅览室、工具书阅览室、报告厅、多功能厅等17个服务窗口以及辅导部、采编部、产业发展部、办公室等，对外服务窗口全年开放，每周开馆时间65小时，日接待能力达2400人次，设计藏书能力60万册（件）。现藏书26万余册（件），200余种报刊，读者坐席500多座。现有在职工作人员56名，其中大专以上学历37名，中级职称以上15名，初级职称22名。

丰台区图书馆本着“以人为本”的宗旨，树立“全方位开放，全方位服务”的理念，充分利用图书馆馆藏资源，舒适的阅读环境，向全社会提供全面、优质、方便、高效信息服务。为体现多功能全方位的服务理念，为多样化、个性化形式的全民教育活动提供强势支持，在馆内均设有学术报告厅、多功能厅、展览（展示）厅、音乐茶座。以不拘一格地形式传播文化知识，创造读者与图书相融合的良好读书学习氛围，播撒聚集的智慧，扩大文化受知面，营造全社会学习风气，成为公众的精神文化家园和终身教育的课堂。

丰台区图书馆还能利用现有设备为读者提供电子图书阅览、电脑教学、多媒体视听、开展信息查询业务。同时丰台区图书馆还通过现代化技术手段，采取以中心馆为核心，集中配置与分馆辐射延伸相结合、虚拟图书馆与传统图书馆相结合、多种介质文化信息媒体共存互补，构建了区域性公共图书馆体系，使公共图书馆成为多种媒体信息的集合体。使藏书体现综合性、研究性。

丰台区图书馆于2002年6月19日正式建成并开通以首都图书馆为网络中心枢纽的“智慧2000数字图书馆系统”应用软件的平台，“智慧2000数字图书馆系统”的开通，为读者在线浏览、查阅文献资料、提供了沃土，为在全区实现文献信息资源共享，打下了坚实的基础。我们将落实面向社会、服务大众的办馆方针，贯彻读者至上、服务第一的宗旨，努力把图书馆建成北京市一流的独具特色并且有现代化管理水平的公共图书馆。（丰台区图书馆）

【国内首家设计图书馆挂牌成立】 在北京市科委、崇文区政府及区科委、区科协的指导和帮助下，由北京工业设计促进会与崇文区文化委员会合作，崇文区图书馆具体承办，以20万元启动资金筹建了全国首家设计专业公共图书馆。设计图书馆的成立为崇文区今年的科普活动周增添了热点，是崇文区文化与科普联手共同发展的新亮点。

2004年5月25日，设计图书馆与中国工业设计协会活动中心和北京工业设计培训中心同时挂牌，国家发改委、中国工业设计协会和市科委、市文化局领导及设计界专家出席了挂牌仪式。我区副区长高桂强、区政协副主席李文玉出席了仪式。副区长高桂强致词欢迎各级领导和专家的到来，希望以设计图书馆为契机，吸引更多设计界的专家学者参与崇文区的发展建设。挂牌仪式后，与会嘉宾参观了崇文区图书馆举办的"科技进步，设计创新无限"图片、实物展。此项展览以与人民生活密切相关的产品为主线，包括"走进视听世界"、"饮水方式的变化"等几大板块，充分介绍了设计以人为本的理念，以及设计在引导消费、提升企业市场竞争力、增加商品附加值等方面的巨大潜能。

上午10点，领导及学者由崇文区副区长宋甘澍陪同，参观了"京城百工坊"并就"科技创新与发展、崇文特色区域经济"等主题进行了座谈。下午，"2004北京设计论坛"在大都市街举行。会议由中国工业设计协会副秘书长宋慰祖主持。中央美术学院设计学院留英硕士、北京奥运会艺术研究中心研究员李卫、联想集团工业设计中心总经理姚映佳、经纬工业设计有限公司设计总监约瑟夫·奥康纳、北京科技大学比利时归国博士陶润之等专家进行了精彩演讲。设计界的专家学者、设计学院的师生及我区部分企事业单位参加了设计论坛。

设计图书馆为提升中国的设计水平，促进大众和专业人才对设计知识的学习与更新提供了帮助，在首都北京——我国科技、文化的中心搭建一个工业设计知识交流、培训、展示、学习的平台。充分发挥北京科技、文化、人才和国际交往的地域优势，海纳百川，吸收各种设计思想、理论研究和案例分析等各方面的图书、资料、文集、报刊杂志、电子出版物、软件等。形成设计图书资料查询、学术实践交流的窗口。形成中国工业设计从业者的活动基地。设计图书馆成立后将举行更多系列活动。据悉，由北京工业设计促进会、北京科普联系会议办公室发起的"以人为本，创新美好生活"——"2004网上创意设计大赛"、设计专业毕业生就业指导等活动也将于科技活动周期间举办。（崇文区图书馆）

【监狱·人文·艺术——服刑人员书画手工艺作品展在首都图书馆成功展出】 在大墙内的服刑人员是一个特殊的群体，让他们得到社会公众的支持和关注是提高其改造质量的重要动力之一。首都图书馆本着大开放、大服务的指导方针，始终致力于把知识和信息渗透到社会的方方面面。秉承这一原则，首都图书馆与北京市监管局达成了友好共建协议。首都图书馆此项活动旨在以丰富的信息资源、深厚的文化底蕴以及热情的工作态度帮助监管人员对服刑人员进行爱心帮教活动，在充分发挥首图面向社会公众教育职能的同时，也切实增强本馆普法宣传的力度，同时也进一步推动北京市的普法宣传工作。

2004年3月26日——31日，由北京市监狱管理局和首都图书馆共同主办的"监狱·人文·艺术——服刑人员书法绘画手工艺品展"在首都图书馆成功展出，6天的时间内有近4000人次参观了此次展览，得到电视台、电台和报纸多家媒体的关注，引起了强烈的社会反响。

百余名观众参观后题写了感人的寄语，他们呼唤和期待这些失迷者早日重返社会舞台；并向广大监管干警表示了他们的敬意；同时也希望有更多的社会团体像首都图书馆这样关注服刑人员这一特殊群体。观众的热情和读者的留言是对本次活动最大的肯定。本次展览也使观众对服刑人员有了新的认识，并增强了大家对服刑人员的帮教热情。首都图书馆将以此作为帮教活动新的起点，实施一系列更为"人文"化的帮教活动。首都图书馆党委书记肖维平在接受国际广播电台记者采访时说："这次展览受到社会的关注，是对我们的工作的最大肯定。本次展览只是我馆对服刑人员帮教活动的一个开端，接下来，我们将不断创新工作方法，努力为服刑人员这一特殊社会群体提供服务，让先进文化陶冶情操，净化心灵，帮助他们早日重返社会。我馆作为政府设立的大型公共文化场所，竭诚为社会公众对知识信息的需求提供全方位的服务，努力为因各种原因不能正常使用图书馆的读者提供平等获取图书馆服务的机会，让社会各个群体充分享受图书馆的人文关怀。"

因此，2004年首都图书馆将落实合作协议，全面启动帮教工作，开展为监区建立流动送书点；将首图网络与监区进行链接；开展帮教人员与服刑人员共看一本书、一部电影活动；在监区开设本馆部分精品讲座等帮教活动，力争在加强社会普法宣教，提升首都公民法制素质工作中做出更大的贡献。（首都图书馆）

【首都图书馆倪晓建馆长荣获首都劳动奖章】 中国图书馆学会常务理事、学术研究委员会副主任、首都图书馆馆长倪晓建教授，今年五一前夕，被北京市总工会授予首都劳动奖章。据悉，这是我国图书馆界第一位获得劳动奖章这一殊荣的图书馆工作者。劳动奖章授予一名图书馆工作者，说明社会对图书馆工作的重视，这不仅是倪晓建馆长和首都图书馆的光荣，同时也是全国图书馆界的光荣。

倪晓建同志2000年底到首图担任馆长职务，时值新馆对外开放，三年来，他与全馆干部职工求新求实，使首图的各项工作有了较大的发展，受到北京市领导和广大读者的一致好评。"首图讲坛"市民课堂举办了近千场次，已成为百姓生活中的一部分内容；"北京记忆"网站建设，在文献信息数字化方面颇具特色，受到海内外同行的高度评价；列入北京市政府为民办实事的三级信息网络工程，利用现代信息技术把先进文化传送到社区、乡镇；承担了10余项国家、部、市和局级科研项目，解决了图书馆发展中的一些问题。首图在读者服务方面，积极探索新的服务方式，开辟读者服务途径，每年接待读者150余万人次，被市民誉为没有门槛的图书馆。（首都图书馆）

【首都图书馆被共青团中央、全国青联命名为青年科技创新教育基地】

2003年11月23日，共青团中央、

全国青联在郑州隆重举行第六届“中国青年科技创新奖”颁奖典礼。河南省委书记李克强、团中央书记处第一书记周强、河南省委副书记王全书、团中央书记处书记胡伟等领导向110名获奖者颁奖。首都图书馆副馆长、北京市青联常委常林同志作为第三批青年科技创新教育基地代表领取了领导授予的奖牌。

根据《关于表彰青年科技创新组织奖、先进集体暨命名第三批青年科技创新教育基地和示范基地的决定》(中青联发〔2003〕50号),在今年9月份的青年科技创新组织奖、先进集体、教育基地和示范基地评比活动中,经共青团北京市委、北京市青年联合会推荐,首都图书馆被共青团中央、全国青联命名为第三批青年科技创新教育基地。

随着现代计算机技术和通讯技术的高速发展,人类社会即将进入一个以知识经济和信息网络为特征的二十一世纪。培养和造就一批具有创业意识、创新精神、创造能力的青年科技人才,形成全社会关注青年科技创新事业的良好氛围,共青团中央、全国青联自1999年以来开展了中国青年科技创新行动。

首都图书馆利用先进的设施和人才优势,大力实施青年科技创新计划,为不同领域、不同层次青年科技工作者的创新实践提供服务,在增强青年创新意识,提高青年创新能力,推动青年科技人才有效聚合,促进青年科技人才脱颖而出,组织青年科技人才为科技进步和经济发展作贡献等方面取得了积极成效。

首图现有员工331人,大专以上学历人员占总数的75%以上,24人具有高级技术职称,是一支以图书馆学信息情报学研究为主、其他学科兼备的专业人才队伍。

首图具有优良的馆舍条件,丰富的馆藏资源,专业的人才队伍。通过多种服务手段和方式开展活动,是广大青少年理想的教育活动场所。

多年以来,尤其是2001年首图新馆开馆以来,首图利用丰富的馆藏文献资源、优良的馆舍条件和现代化的设备设施和技术手段,开展了包括读书知识竞赛、图书推荐、计算机使用和网络知识培训、信息检索知识培训以及信息情报服务等活动,并举办了数百场科技、人文、环境、历史等方面的系列科普知识讲座、展览等。2001年开始,首图作为“北京科技周”、“北京市社会科学普及周”的主要活动场所,与北京市其他相关单位一道,开展了丰富多彩的科学教育活动,广大市民特别是广大青少年积极参与,取得了良好的社会效益;同时,首图作为“北京市公共图书馆计算机服务网络系统”的中心馆和“全国文化信息共享工程”的分中心,在信息资源的数字加工、整和与传播方面发挥着重要的作用;2003年首图还与北京广播电视大学合作成为其教学实践基地。首图在传播知识、普及文化、提高科学技术水平、建设精神文明等方面发挥了极为重要的作用,首都图书馆年平均接待读者逾百万人次,其中青少年读者占有最大比例。随着首图各项服务和活动的日益丰富,越来越多的青少年主动走进图书馆,在这里增长学识、锻炼技能、把握科技前沿,首图已经成为他们成长过程中终身教育的课堂,在培养青年创新意识、提高青年创新能力等方面发挥着越来越重要的作用。(首都图书馆)

【首都图书馆和北京市图书馆协会共同举办北京市图书资料系列岗位培训班】 2004年5月24日由首都图书馆和北京市图书馆协会共同举办的北京市图书资料系列岗位培训班正式开课,此次共招收来自全市各系统图书馆工作人员58人,开设5门课程。

北京市图书馆资料系列培训是为贯彻落实《北京市图书馆条例》,根据图书馆事业发展需要对从业人员进行的持证上岗的培训与考核,此次培训邀请了倪晓建教授、周心慧研究馆员、陈坚、董占华、张云萍副研究馆员分别从信息加工、如何撰写论文、文献编目、图书馆工作概述、图书分类等方面对学员进行授课,受到学员们的广泛好评,他们均表示通过此次培训有很大的提高,受益非浅。

到目前为止,全市公共图书馆98%的从业人员及部分各系统图书馆工作人员已接受培训。通过系列培训不仅提高了工作人员的业务水平,而且促使全市公共图书馆在基础业务上逐步实现统一,为规范全市图书馆业务及服务工作,实现资源共享发挥了不可替代的作用。(北京市图书馆协会)

【首都图书馆九十华诞庆典活动圆满开幕】 2003年11月27日年轻的首图新馆换上节日的盛装,喜迎九十华诞。首都图书馆大型庆典活动于上午九时整正式拉开帷幕,全国人民代表大会常务委员会副委员长何鲁丽、文化部副部长周和平、市委常委宣传部部长蔡赴朝、北京市政协副主席张和平等领导到会对首图九十华诞表示热烈祝贺。

“值此首都图书馆建馆90周年之际,我谨代表北京市委、市政府表示热烈的祝贺”,市委常委、宣传部部长蔡赴朝传达了市委、市政府对首都图书馆的祝贺,对首图的工作成绩予以充分肯定,并对首图的发展寄予厚望。我国著名学者于光远先生也亲临庆典现场。庆典仪式还有北京市文化局局长降巩民与北京联合大学校长张妙弟一同为首图和北京联合大学合办的北京学研究所成立揭牌,首图馆长倪晓建接受北京市统计局副局长韩暖生代表北京市统计系统向首图捐赠图书等。庆典仪式由首图副馆长韩朴主持。庆典仪式结束后,有关领导和各界嘉宾参观了我馆系列庆典活动,其中包括“博采足征”——首图新馆文献征集成果展、“旧影寻踪”——首图馆藏老照片珍品展、墨西哥面具艺术展等系列大型展览。

首图在北京的精神文明建设中作出卓越贡献,并受到广大读者的广泛赞誉,本次庆典活动仪式,吸引了中央电视台、北京电视台、中国国际广播电台、中央广播电台、中国青年报、北京晨报、北京娱乐信报、新京报等近三十家媒体前来采访并予以报道。无数热心读者冒着严寒来到首图以表达他们对首图无限热爱之情,他们纷纷赞誉首图精心准备的丰富多彩的庆典活动，使他们拓宽了眼界，感受到美的震撼。

传承历史，沟通未来，馆长倪晓建表示：首图将以“三个代表”重要思想为指导，将继续秉承鲁迅先生所倡导的“引起国民读书之爱感”“振兴社会教育之至意”的宗旨，以九十年馆庆为契机，牢牢把握住先进文化的前进方向，以更加饱满的工作热情和优质的服务，为建设“国内一流，国际领先”的现代化图书馆而努力，为把首图建设成为北京市重要信息枢纽和精神文明建设基地而努力。（首都图书馆）

【首都图书馆、北京市图书馆协会举办《信息资源检索》系列讲座】 2003年9月22—10月28日，在首都图书馆举办了《信息资源检索》中文部分与英文部分系列讲座，北京大学信息管理系和北京大学图书馆的5位知名教授专家共授课40余课时；全市各系统图书馆专业人员共1500余人次参加了培训。

自2003年9月8日北京市图书馆协会的成立以来，便以新的面貌积极团结、带领北京市各系统图书馆共同加强业务建设。在喜迎首都图书馆90周年华诞之际，首都图书馆联合北京市图书馆协会，特别邀请李国新、肖珑、张宇红、苏玉华、张春红等北京大学信息管理系和北大图书馆的5位知名教授、专家，为北京市各系统图书馆专业技术人员进行了《中文信息资源检索》、《数字信息资源检索入门》、《常用中文参考数据库》、《常用英文参考数据库》、《全文数据库与全文服务》、《参考数据库—著名综合检索工具介绍》、《数据信息资源的综合利用》等内容的免费培训，受到了广大会员的欢迎。

参加培训人员共1500余人次，为解决培训中出现的学员爆满现象，让更多会员能够接受培训，首都图书馆特别将会场转移至报告厅，教授、专家们通过网络、投影等设备，为学员们进行了详细讲解，学员们纷纷表示受益非浅、意犹未尽，希望今后继续参加此类培训。

首都图书馆、北京市图书馆协会今后将继续开展各种专业技术培训，为落实《北京市图书馆条例》，促进北京市图书馆事业的发展做出不懈地努力。（首都图书馆 北京市图书馆协会）

【首都图书馆流动图书车正式启动送书服务】 2004年6月9日，首都图书馆流动图书车正式向分布在全市的10个分馆及23个图书流通站开展送书服务。

首都图书馆流动图书车自配备以来，已开展了形式多样的送书及借阅活动，受到广大读者欢迎。为加强首图分馆及图书流通站业务，并为其提供更加完善的服务，同时让首图藏书能方便、快捷地与各社区、乡镇、街道读者见面，首图流动图书车从6月开始将定期向各分馆及图书流通站提供送书上门服务，以加快各馆的图书周转速度，为读者提供更多更新的科技、文化、娱乐信息。

首图流动图书车会定期将首都图书馆的几万册藏书送至分布在全市街道、乡镇、机关、学校的首图分馆及图书流通站内，并通过首图为各馆配备的与首图联网的计算机系统开展图书借阅业务。流通图书车和计算机系统的配合使用将极大简化各分馆及流通站的图书再加工程序，使读者能够更加快捷、方便地借阅到首都图书馆藏书。

今后，随着业务的不断发展，首图流动图书车将开展更为丰富的送书及借阅活动，真正体现首图“以人为本、服务至上”的办馆理念。（首都图书馆合作协调中心）

【首都图书馆与德国图书馆同仁共同研讨“主题图书馆”建设】 2003年12月4日，首都图书馆与哥德学院北京分院共同举办了“德国主题图书馆研讨报告会”。首都图书馆倪晓建馆长和韩朴副馆长会见了德国朋友。在韩朴副馆长的主持下，歌德学院北京分院图书馆音像部主任魏斯婷女士、德国德累斯顿旅游图书馆馆长多尔女士、青年图书馆馆长利希特女士就主题图书馆的创建、服务和管理等方面内容与首图馆员进行研讨和交流。

德国主题图书馆的创立是在对社区居民需求、图书馆服务情况进行充分调研的基础上，极具针对性而建立的符合社区需求的主题图书馆，如旅游图书馆、青年图书馆等，它们的主要目的是最大限度的满足社区居民的文化需求。德国主题图书馆的办馆方法也很有特色，在政府拨给相应的图书馆经费后，图书馆的管理者和全体员工在民主商议的基础决定图书馆办馆方向和服务方式。德国主题图书馆没有保存图书文献的职能，所有文献都列为流通范围，属于消耗性的。

公共图书馆作为大众学习和获取信息的重要渠道，在走过漫长的大主题的、泛泛的服务方式后，根据社会的发展和需求，图书馆工作者们根据本地区的信息服务需求和自身文献资源特点，逐渐开始向主题服务发展，我们也称特色服务。这个发展方向越来越被人们所重视，各个图书馆也在适应社会需求的过程中，建立了许多特色鲜明、主题突出、前景十分看好的主题图书馆或称特色图书馆。

德国德累斯顿馆从公共馆转建为旅游主题馆，中国首都图书馆在省级公共图书馆内建设一个独具特色的北京地方文献服务机构，是殊途同归，都说明主题图书馆和特色服务是应社会需求而作出的一篇精彩的文章，使广大读者喜之爱读。继续做好这篇文章，加强同行之间的交流，了解和促进主题图书馆和特色服务是世界范围内图书馆同仁的共同心愿。（首都图书馆）

【首都图书馆在北京市第二监狱建成流动图书站】 2004年8月31日，首都图书馆在北京市第二监狱建成流动图书站的正式开始服务，首都图书馆馆长倪晓建参加了仪式并致词。

首图本着大开放、大服务的服务方针，根据服刑人员对图书的实际需要，设立了狱内流动图书站。图书站成立后，首图将定期且常年为监区提供图书的配送、周转和免费借阅等服务，并逐步实现首图网络与监区的链接服务，服刑人员可以利用网络对首图馆藏资源进行检索，提供应需服务，方便监管人员和服刑人员及时获得各种信息知识。

自2003年3月，首都图书馆与北京市监狱管理局实行共建，首图面向北京市在押服刑人员开展爱心帮教活动。这一活动旨在以爱心和知识唤醒他们心中真善美的渴望，帮助他们建立尊严和希望。狱内流动图书站作为帮教活动的重要内容之一，首图将用知识丰富监区的文化生活，拓展服刑人员的改造空间，提高其改造积极性。同时，首图也将以此为契机，在充分发挥面向社会的教育职能的同时，也号召社会团体关注和帮助这一特殊群体。（首都图书馆）

【首图“唤醒春天”行动启程】 2003 年 3 月 4 日，首都图书馆与北京市监狱管理局就充分发挥各自优势，开展互补性宣传教育等合作事宜在市女子监狱正式签署协议。文化宣教与法制监管的首次联手，将有力推动北京“首善之区”的建设。

签字仪式上，首图“唤醒春天”行动以北京市女子监狱为起点启动了双方的合作历程，首图除对女监赠送近千册优秀图书外，还带来了由馆内党、团员组成的“唤醒”帮教团。在此后的工作中，帮教团员每季度一次亲赴监区与服刑学员面对面交流，平时会以书信等适度方式对帮教对象实行一对一跟进式辅导。之所以将活动命名为“唤醒春天”，首图馆长倪晓建表示，我们始终相信大多数服刑学员并非执迷不悟、一心向恶，只是由于无知和一时的糊涂而滑向犯罪的深渊，就像被寒冬的阴霾所封闭，而春天是自由、希望和重生的象征，定名这个活动，一方面是希望我们的真诚能够帮助他们早日迷途知返；另一方面则是希望通过我们的切身接触，引起社会对这个特殊群体的了解、关注与接纳，给予她们甚至是她们的家庭重获新生的希望。监管局领导也表示，对服刑学员的教育改造仅靠司法人员是远远不够的，许多获释人员的犯罪，与社会的冷漠、歧视和拒绝不无关系。而突破这一恶性循环只有通过社会上方方面面的共同努力才能达到。这次与首图的合作，让我们感受到了社会温暖的目光。（首都图书馆）

【西城区图书馆召开“一卡通技术与服务”中美图书馆工作交流会】 由西城区图书馆管理协会、北京市图书馆协会社区与基层工作委员会、全国中小型公共图书馆联合会共同举办的“一卡通技术与服务”中美图书馆工作交流会，于 2004 年 10 月 12 日在西城区图书馆举行。会议特别邀请到原美国华盛顿马里兰州王子乔治郡图书馆馆长、美国东亚地区图书馆执行秘书英惠奇女士，就“一卡通技术与服务”问题，与到会的图书馆界同仁进行探讨。

英馆长首先介绍了“一卡通”在美国马里兰州图书馆的运行情况。其中就通借通还服务过程的细节问题，如各馆收费不同时如何向读者解释，读者还书时图书损坏如何处理等，介绍了与我国不同的处理方式。英馆长特别强调：“一卡通”的所有规定是服务读者而不是限制读者，要让工作人员明确工作目的是服务而不是惩罚，要提高管理人员处理好与读者关系的能力。在尚未达到通借通还的情况下，最大限度的做好馆际互借工作。英馆长的发言使与会人员很受启发。

最后北京市文化局社文处副处长常林作了总结发言，并感谢中图学会交流与合作委员会给予了图书馆界同仁这次交流、学习的机会。（西城区图书馆）

河北省

【河北省公共图书馆概况】 截止到 2003 年底，河北省有各级公共图书馆 146 个。其中包括 1 个省级图书馆、11 个地市级图书馆和 134 个县市级图书馆，建筑面积达 24 万平方米。从业人员 1686 人，其中高级职称 125 人，占总从业人数的 7.4%；中级职称 465 人，占总从业人数的 27.5%。到 2003 年底，我省公共图书馆总藏量达 1179 万册（件）。其中古籍 60.1 万册、图书 950.6 万册、报刊 127.2 万册、缩微制品 6.3 万件、视听文献 6.1 万件，外文书刊 13.5 万册、其他 28.7 万册（件），开架书刊 408.3 万册，发放有效借书证 40 万个。2003 年新购藏量 25.5 万册（件），购置费 671.3 万元。其中新购图书 19.9 万册，购书费 443.7 万元。总流通人次 601.8 万人次，外借书刊文献 540.7 万册次，举办读者活动 1357 次，参加人数 38.2 万人次。解答读者咨询 11.6 万条，代检索课题 2454 项，编制二三次文献 965 种。阅览坐席 1.8 万个，其中少儿阅览坐席 0.6 万个。

以评估为契机，积极争取政府支持，增加投入，改善办馆条件。两年来，全省新建县级图书馆 10 个，改扩建县级图书馆 19 个，成为了当地独特的标志性建筑。廊坊市文化局、图书馆积极争取市领导到图书馆现场办公，对评估工作高度重视，使购书费由原来的几十万元增到 200 万元。秦皇岛市文化局、图书馆锲而不舍、奋力争取，政府加大投入 100 万元，推进了数字化、网络化和共享工程的建设，加强了硬件和软件建设，馆长李跃民工作认真负责、卓有成效，成为省级劳模。邯郸市政府将数字图书馆、共享中心建设列入市政府为民办的 16 件实事之一，投入 200 万元。唐山市政府一次拨款 164 万元于今年 5 月建成了共享工程唐山分中心。保定市图书馆新建馆欠工程款 1070 万元，多年处于艰难的境地。市委市政府决定在 2004 年底前后全部还清欠款。石家庄市率先建成市级共享中心，购书费增加，2003 年补助经费达 424 万元。沧州市委市政府提升办馆条件，多方筹措资金 420 万元，使图书馆面积增加了 1000 平方米。邢台市文化局、图书馆几年来申请专项经费 26 万元，用于馆容馆貌，环境治理。此外，秦皇岛市政府还投资 1.3 亿元，建设占地 46 亩、总面积 33800 平方米（其中图书馆建筑面积 11000 平方米）的文化中心，此项工程已于 2004 年 5 月 19 日破土动工预计到 2006 年 6 月 30 日投入使用。建筑面积为 9000 余平方米的廊坊市图书馆新馆已开工建设。各市图书馆还大量购置计算机，提高自动化、网络化、数字化水平。其中，石家庄市和各县拥有 340 台，唐山市图书馆购置 163 台，邯郸市图书馆购置 127 台。80% 的县级图书馆也购置了计算机。

树立文明窗口形象，推出了一系列的改进和规范服务的制度和措施，服务质量全面提高。各级公共图书馆面向社会开展培训，举办讲座、报告会等丰富多彩的读者活动。邯郸市图书馆举办了“邯郸－历史文化名城”和“当前经济形势和经济热点”讲座；廊坊市图书馆举办了“公民普法系列”讲座；唐山市图书馆举办了“家庭读书座谈会”；张家口市图书馆利用馆藏日文文献，联合深圳博物馆在张、深两地举办了“纪念抗日战争 65 周年图书图片展”；特别是沧州市图书馆承办的“中国网通”杯沧州市读书节活动，领导重视，特色鲜明，内容丰富，影响广泛，中国文化报专门对其进行了报道。有的图书馆在经费紧张的情况下，仍下大力气编印二次文献，为社会搞好咨询服务，沧州市图书馆编辑的《信息参考文摘》、《致富信息快报》、秦皇岛市图书馆编辑的《领导决策参考》、《旅游之窗》、石家庄市和唐山市图书馆编辑的《信息摘编》，特别是邯郸市图书馆常年编辑《报刊文摘》，为市委、市政府、市人大、市政协、市委宣传部、市文化局等机关提供各地改革动态、改革中好的经验和方法、经济建设的最新信息，为领导决策提供服务，受到各级领导的一致好评。有的坚持开放办馆，将阅览室办在农村、社区、厂矿，还有监狱。如河北省图书馆、沧州市图书馆在监狱开展上门服务，积极配合劳教部门对犯人劳动改造，有力地发挥文化的教育作用，受到了司法部门的赞誉。同时，各馆还根据自己的特点，进行多种多样的、具有本馆特色的服务。如秦皇岛市图书馆根据秦皇岛市旅游城市的实际，开展了以旅游为特色的服务，开设了旅游资料阅览室，现在该资料阅览室已经集中相关资料3000余种，成为秦皇岛市旅游资料最多、旅游信息最全的信息中心。他们将这些资料进行了整理，在共享工程的网上发布，供读者在网上查询，并编辑了刊物《旅游之窗》。在旅游旺季，秦皇岛市图书馆还跟市内各旅行社联系，适时地推荐各旅游社的精品旅游线路，为旅行社和旅游者之间搭起了一座信息的桥梁。丰宁县、昌黎县、抚宁县、正定县、涉县、武安市、承德市图书馆等都开展了各种特色服务活动。

广泛开展对基层图书馆（室）工作人员的培训、辅导活动成效显著。邯郸市图书馆数次派出业务骨干对武安市、涉县、邯郸县的自动化工作进行具体指导和帮助。正定县图书馆不仅加强了对乡镇图书室的培训辅导，还大力对个人藏书户给与支持和业务辅导。秦皇岛市、张家口市图书馆也积极开展对本市中小学图书馆工作人员的业务辅导和培训的活动，使中小学图书馆的业务水平得到了提高。

不断完善各种管理制度，提高了工作效率。大部分图书馆在人事管理上，引进竞争机制，实现了人力资源的合理配置。逐步实行聘任制及岗位目标责任制，以岗定人，双向选择，根据工作职责及考核标准，建立分配机制，严格奖惩制度，有效地调动了工作人员的积极性，推动了各项工作的开展。（河北省图书馆）

【非常时期非常图书馆——SARS危机期间图书馆服务】 2003年4月中下旬，河北出现“非典”疫情。根据中央、省委、省政府有关预防“非典”工作会议精神，全省图书馆界积极行动起来，在确保读者和馆员生命健康的前提下，积极探索新的读者服务模式，取得了显著的社会效益。河北省图书馆4月28日—5月21日期间，暂停了到馆读者服务工作。一方面积极做好非典防治工作，一方面采取妥善措施安排好各部室工作，加强电话咨询和网上服务，保证基础业务工作、整修复新工程和共享中心建设等重点工作有计划、按步骤进行。五一期间与河北文化信息资源共享中心一起，克服困难，配合河北省文化厅推出了五一网上读书文化公益活动，免费开通了网上虚拟图书馆。读者足不出户通过互联网可以阅读、下载网上虚拟图书馆提供的电子图书、数字化期刊报纸等资源数据库，还可以网上看戏、文物旅游。五一网上读书文化公益活动开通的三条咨询热线铃声不断，解答咨询电话咨询15000余条，登录网站的读者近60000余人。此举得到了国家有关部委、省委省政府及文化厅的充分肯定和表彰，受到了读者热烈欢迎。期间，省图、省中心还专门组织业务骨干搜集整合了十六个抗击非典专题资料，在网站首页主要位置建立了与中国河北《非典防治专题》的链接，及时向公众传播相关信息。5月22日在采取严格的消毒措施确保到馆读者和员工健康安全的情况下，省图适度开放报纸阅览室和期刊外借处。同时深入高校，解决广大师生还书难的问题，受到高校师生欢迎。秦皇岛市图书馆4月30日起暂停到馆读者服务，在馆门口解答读者咨询，设立还书箱，严格控制外来人员。筹集专项资金，购置发放预防非典药品、手套、口罩及消毒液。同时集中人力整理下架图书，修补图书、更换书标、装订报纸等，并对基本设施进行改造、修缮，使馆内外焕然一新。唐山市图书馆投入5000余元购置消毒器具和消毒剂，坚持每天消毒两次，还为职工发放温度计、口罩、手套和预防药品。同时编辑《信息特刊（防非典专题）》、《儿童防非典常识》和馆内宣传橱窗进行非典防治宣传活动。易县图书馆坚持24小时值班和日报制度，利用馆藏文献科技资源，与县委农工委、麻屋庄村联合编印《科技信息摘编》防非专刊，打印620份，发放到七峪乡、西陵镇、桥家河等乡镇，并向隔离返乡人员赠送了部分图书，有力配合了全县的防非工作。河北医科大学图书馆为了适应学校封闭式管理，每周服务时间延长到77小时，教师阅览室对学生开放，购置了2万册北大方正Apabi电子图书和Springer-Link期刊全文数据库，供本馆电子阅览室及校园网读者（用户）使用，为流通部门配置紫外线消毒设备等。石家庄职业技术学院图书馆非典期间，临时增设了一个还书处，延长还书日期。期间一名学生经专家诊断被确诊为疑似病例，因其住院前曾到过图书馆借还书，立即组织有关人员迅速排查，读者有秩序地撤离了图书馆。与此同时对与患者有过直接接触的图书馆7名工作人员实施医学隔离观察。在被除数隔离的四天三夜当中，馆领导及时地给她们送去急需的日常生活用品，帮助她们解决隔离期间遇到实际困难。河北建工学院西校区4月23日发现一例非典病例。其后，全院共有确诊非典病例10例，疑似病例5例，先后有62人留院观察，设置7个隔离区，共隔离学生近200人，成为河北省疫情最为严重的院校。学院图书馆正常工作受到很大影响，全体员工都坚守在各自的工作岗位。学校实行全面封闭管理后，馆长杜占江带领其他两位同志进驻校本部，将近三十天，吃住在馆里，二十四小时随时待命。（学会秘书处）

【公共图书馆评估工作】 在2003—2004年公共图书馆评估定级工作中，我省各级文化部门精心组织，保障了评估工作的顺利开展。省文化厅成立了全省公共图书馆评估定级工作领导小组，制定了详细的评估工作方案。先后下发了《关于开展2003年县级以上公共图书馆评估定级工作的通知》（冀文社字〔2003〕3号）、《关于县以上公共图书馆评估定级工作的补充通知》（冀文社字〔2003〕22号），转发了文化部制定的公共图书馆定级必备条件、评估《标准》和《细则》，并于2003年的图书馆长联系会上进行了部署。各市县也都成立评估领导小组或自评小组，明确分工，责任到人。省图书馆学会在评估中发挥了重要作用。先后组织市、县图书馆馆长参加了中图学会在郑州举办的评估辅导培训班。通过评估辅导培训，对评估指标体系、评估细则和评估程序等内容有了更为深入的了解，为我省市县图书馆评估工作打下了基础。还专门邀请文化部社图司图书馆处张小平处长以评估细则草案为纲作评估辅导报告，使各馆提早做好了评估准备工作。同时学会加强了对各图书馆评估准备工作的业务指导工作，并向省文化厅推荐评估专家，参加评估检查工作和评估结果汇总工作，发挥了应有的作用。省图馆长、省学会理事长李春来同志对全省图书馆的评估工作给予了很大支持，责成省图书馆在经费上给予支持。2004年三季度，文化厅组织两个评估专家组，分别对市级图书馆和部分县级图书馆进行了评估。

通过最终的评估结果看，河北省参加评估的10个市级图书馆，具备一级馆必备条件的有4个，具备二级馆必备条件的有3个，具备三级馆必备条件的1个。参加评估的县级图书馆有21个具备了二级以上条件。可以看出，从1998年第二次评估以来，我省的公共图书馆事业有了一个较大的发展。同时，也应看到我们与国家制定的评估标准还有一定差距。主要是：图书馆事业发展还不平衡，经济欠发达和经济较为发达的县市还有很大的差距，有的县级图书馆馆舍破旧狭小；图书馆经费投入不足、设施较为落后；图书馆业务人员素质还有待进一步提高等等。这些问题和不足严重制约了图书馆在全面建设小康社会中文化主阵地作用的发挥。（学会秘书处）

【我省公共图书馆注重为残疾人服务】 2004年，我省大部分市级公共图书馆开设了残疾人阅览室和盲人阅览室，注重为残疾人服务。同时经常组织图书馆青年志愿者，为残疾读者提供送书上门服务，吸引了越来越多的残疾读者走进图书馆。省图在长安区残联开办了服务点，开展送书上门服务；唐山市图书馆为残疾人提供300多种适合残疾读者阅读的图书报刊和300册盲文图书，每周六、日开放，定期组织残疾人参观图书馆，为残疾读者专门办理残疾人借书证，通过减免费用、延长借期和增加借书册数等服务措施和人性化服务举措，体现社会对残疾人的关爱；沧州市图书馆与市残联经常组织开展内容丰富的盲人读者活动；秦皇岛市图书馆盲人图书室采取有效措施强化服务。我省公共图书馆的服务举措，填补了我省图书馆的一项服务空白，为广大残疾读者提供了更多享受文化服务的机会，受到社会各界的好评。（河北省图书馆）

【河北省图书馆被省委、省政府授予2002—2003年度河北省文明单位称号】 河北省图书馆是政府兴办的省级公益性图书馆，是我省精神文明建设的重要窗口单位。截止到2004年底，已有藏书145.9万册（件），持证读者约15万人。有各类阅览室12个，阅览坐席1200个，文献外借处4个。可向社会提供中外书刊文献外借、馆内阅览、信息咨询、音像资料视听、数字文献借阅与加工、互联网信息浏览、专业培训辅导、公益性讲座与展览等多项服务，全年365天开馆。

为使更多人能够享受到图书馆的优质服务，省图不断努力拓展服务领域，发展了包括赵县图书馆、灵寿图书馆、二机厂、石家庄监狱等单位的馆外服务点，开展送书上门服务，并定期进行阅读辅导。省图围绕党和政府的中心工作，还积极举办了一系列具有引领、示范作用的群众读书活动和送书下乡活动，竭力营造社会学习氛围。如在非典期间，根据文化厅部署成功举办了假日网上读书公益文化活动；争取社会力量支持，成功举办了“海纳杯”全省图书馆知识竞赛和“我与图书馆”主题征文活动；在图书馆服务宣传周和读书月期间，着重开展了以“关注青少年阅读，开创美好人生”为主题的服务宣传周系列活动和2004年燕赵少年读书系列活动；完成了全国送书下乡工程我省受赠县、乡镇图书馆（室）20余万册图书的接收、配送工作等。受到社会各界的广泛关注，得到了上级领导部门的肯定与表彰，取得了显著的社会效益。2004年8月，省委、省政府授予河北省图书馆2002—2003年度河北省文明单位称号。（河北省图书馆）

【河北省图书馆、省图学会成功举办了“海纳杯”全省图书馆知识竞赛和征文活动】 2003年8月8日至9月8日，河北省图书馆、河北省图书馆学会和河北日报联合主办了“兴学习之风，创学习型社会，走进知识殿堂”全省“海纳杯”图书馆知识竞赛和“读书改变了我的生活”、“我与省图书馆”征文活动。竞赛试题和征文要求一经在河北日报和河北省图书馆网站公布，就得到了来自全省社会各界的工人、农民、教师、学生、军人、公务员、职员等热心读者的广泛支持和参与。截止到9月8日，共收到了来自全省各市、县热心读者寄来和网上发来的答卷2000份、征文800篇。答题和征文回收截止后，组委会聘请有关专家和学者组成评审委员会，对试题答卷和征文进行了认真仔细的评审。评出有效答卷1313份，正确答卷934份。17篇征文作品分别获征文一、二、三等奖，50篇征文作品获鼓励奖。9月25日上午，在省图书馆大厅举行了“海纳杯”全省图书馆知识竞赛及征文活动抽奖、颁奖仪式。在公证机关监督下现场抽出知识竞赛一等奖两名、二等奖等5名、三等奖10名和鼓励奖50名。邯郸市图书馆等15个单位获得本次活动的组织奖。省文化厅、河北日报、省图书馆有关领导出席了颁奖仪式并为获奖代表颁奖。9月26日，河北日报文艺副刊整版刊登了获奖名单和部分获奖征文。（河北省图书馆）

【河北省图书馆代表团应邀到日本鸟取县立图书馆访问】 应日本鸟取县立图书馆邀请，2003年10月20日—24日，河北省图书馆代表团团长省图书馆馆长李春来、团员省文化厅社文处处长马维彬、副馆长袁桂岐和采编部主任王雅东一行四人访问了日本鸟取县。在日期间，代表团会见了鸟取县教育厅副厅长，参观考察了鸟取县立图书馆、仓吉市图书馆和日本国立国会图书馆关西分馆，修订了《中华人民共和国河北省图书馆、日本国鸟取县立图书馆书刊交换协议》，适当增加了适应我省省情发展的制药、食品等方面图书的交流范围。通过访问，进一步促进了两省、县图书馆间的文化交流，增进了两馆的友谊。（河北省图书馆）

【《全省图书馆馆藏古籍善本联合书目》的编辑工作完成】 为弘扬民族文化，加大我省图书馆馆藏古籍善本的开发和利用，省文化厅专门下发了编辑《全省图书馆馆藏古籍善本联合书目》的文件，由河北省图书馆负责组织和协调工作。省图随即组织业务骨干制定了《全省图书馆馆藏古籍善本联合书目》的人选标准、著录标准以及著录内容和细则下发到11个市级馆。从2004年1月开始，各馆陆续完成著录单1400份。到2004年底，省图完成了《全省图书馆馆藏古籍善本联合书目》的编纂和全省公共图书馆馆藏古籍善本联合书目数据库的建设工作。该书目收录了各馆馆藏古籍善本近1400种，录入书目数据库5000余条。古籍善本书目的编辑和书目数据库的完成，不仅是我省古籍善本的普查和汇总，而且是推动我省学术发展和文献资源共建共享的一项重要举措。（河北省图书馆）

【河北省图书馆与石家庄监狱联合建立的服务点】 2003年12月18日，河北省图书馆与石家庄监狱联合建立的服务点在石家庄监狱举行了隆重的揭牌仪式。省图书馆石家庄监狱服务点的设立，是省图书馆与石家庄监狱贯彻党的十六大精神、践行“三个代表”重要思想和贯彻胡锦涛总书记在全国宣传思想工作会上重要讲话精神，共同开展的一项创新工作。同时也是图书馆服务社会、服务基层的一项新举措、新尝试。在创建学习型社会的新形势下，作为没有围墙的学校——省图书馆，在不断加强馆内服务的同时，积极拓宽服务领域，有选择的建立馆外服务点，为社会的弱势群体——监狱服刑人员服务，帮助他们克服以往在读书方面一直存在的这样或那样的限制和不便，使不能到图书馆的读者也能享受阅读的快乐，同时得到优质服务。此次活动受到了干警和服刑人员的热烈欢迎。

河北省图书馆首次为石家庄监狱送去了各类图书、期刊4千余册。为把服务点工作办的有声有色、扎扎实实，省图书馆还派专业人员担任导读员，与干警一起开展阅读辅导工作，协助举办多种形式的读书活动，并根据服务点读者的阅读需求，定期更换、调整书刊。（河北省图书馆）

【《中国知识资源总库》河北省图书馆镜像站正式开通】 《中国知识资源总库》河北省图书馆镜像站经过2个月的试运行，于2004年2月正式开通。此次首批在省图落户的《中国知识资源总库》包括：《中国期刊全文数据库》、《中国优秀博硕士学位论文全文数据库》、《中国重要会议论文全文数据库》和《中国重要报纸全文数据库》四个基本信息资源库的镜像站点。为让广大读者更方便、更快捷地利用《中国知识资源总库》镜像站的文献资源，省图为读者办理了检索阅读卡，持卡读者可以在省图局域网和任意一台计算机上网使用。《中国知识资源总库》落户省图，使省图逐步成为全省最大的电子文献信息中心，对我省的政治、经济、文化科技、教育将带来极其深远的影响。（河北省图书馆）

【“送书下乡工程”首批赠送图书送到基层】 2004年5月25日，河北省文化厅、河北省财政厅在省图书馆举行“送书下乡工程”图书赠送仪式。河北省文化厅厅长许宁、副厅长赵景之、巡视员张希有、助理巡视员杨恩华、财政厅副厅长郭秀堂、文化部社图司图书馆处有关负责人及省文、财两厅相关处室领导和河北省图书馆馆长李春来出席图书赠送仪式，并向石家庄、邯郸、邢台和沧州市文化局代表赠书。省文化厅巡视员张希有、省财政厅副厅长郭秀堂在赠送仪式上作重要讲话。

仪式结束后，首批受赠24090册图书被送到石家庄、邯郸、邢台、沧州市的7个县78乡镇图书馆（室），与广大基层读者见面。由文化部、财政部共同实施的“送书下乡工程”首批赠送河北图书近10万册由省图完成配送工作后，从2004年6月开始，陆续送到了我省19个县和190个乡镇图书馆（室），对我省基层文化建设和文化扶贫工作起到了积极的推动作用。（河北省图书馆）

【河北省文化信息资源共享工程取得突破性进展】 河北省文化信息资源共享工程自2002年7月启动以来，截止到2003年底，已建成省级中心1个，市级分中心3个，辐射县、乡（镇）、社区、部队、企业、高校、科研单位等基层中心27个，圆满完成了第一阶段建设任务。国务委员陈至立、文化部部长孙家正、副部长周和平以及国家中心主任张晓星先后视察了我省文化信息资源共享基层中心，对我省的工作给予充分肯定。

河北文化信息资源共享中心作为省级中心，在2003年，构建起资源建设网络传输平台并与国家中心联网，安装完成了国家中心第一批160G的文化资源，开通了省级分中心的天网卫星三级站和河北文化信息资源共享中心网站，建立了全省部分优秀文化信息资源专题库，整合了一批优秀的特色文化艺术资源。“走进社区、走进农村、走进校园、走进企业、走进科研单位”等“六个走进”进展顺利。先后为省社科院信息中心、石家庄陆军指挥学院、华北制药、河北师范大学等12家高校、企业、科研单位建立起了基层中心并实现联网。启动了河北文化信息资源“服务快车”，为偏远农村和尚无条件的城市社区送去了优秀文化信息资源。在抗击“非典”斗争的特殊时期，省中心在共享工程网站上发布“非典”知识资源库，开展了网上读书和虚拟图书馆公益文化活动。（河北文化信息资源共享中心）

【河北文化信息资源共享中心被全国文化信息资源共享工程领导小组授予“先进单位”称号】 河北文化信息资源共享中心自2002年7月正式成立以来，在省委、省政府的高度重视下，在国家中心、省文化厅、省财政厅的大力支持下，坚持以基础建设为重点，以队伍建设、平台建设、资源建设、网点建设为核心，不断开拓思路、拓展渠道，采取两条腿走路的方式，构建了全省的网络信息传输平台和技术交流平台。建成开通了共享中心电子阅览室，重新整合了河北省文化艺术网、河北历史遗产网、河北省图书馆网等三个网站的资源，全新改版了河北文化信息资源共享中心网站，组建了包括文物博览、杂技专栏、民间艺术、河北文化研究等具有河北特色的13个栏目。积极整合了一批优秀的特色地方文化艺术资源，制作数字资源50GB。建成了辐射市、县、乡镇、社区、院校、科研、军营和企业等不同层面和类型的基层网点。到2004年底已建成了省、市、县三级分中心和基层中心136个。初步建成了省中心和各市级分中心为骨干，以基层中心为扩展的网络体系，为全省基层中心的建设、服务、管理树立样板。由于省中心工作有特色、有创新、成绩突出，2004年4月被文化部授予全国文化信息资源共享工程先进单位称号。（河北文化信息资源共享中心）

【关注未成年人，全省公共图书馆开展“燕赵少年读书系列活动”成效显著】 为加强公共图书馆对未成年人阅读的指导和思想道德的引导，充分发挥公共图书馆在未成年人思想道德建设中的作用，促进未成年人健康成长，河北省文化厅在第四季度以全省公共图书馆为阵地开展了“燕赵少年读书系列活动”。全省十一个市文化部门和图书馆学会高度重视此次活动，精心策划，积极组织，大力推广，2004年在10月—12月期间同时开展了“百部未成年人思想道德教育优秀图书荐读”、“好书名篇朗诵读竞赛”、“燕赵少年读书征文”和评选“燕赵少年读书之星”等声势浩大的系列读书活动。全省共有54个市、县（区）图书馆参加，100余所中小学校，举办颂读会33场，共收到征文9865篇，累计30000余人参与了此次活动。经过各地严格的层层筛选，从近万篇征文中和活动竞赛中，评选出1186篇优秀征文和35名燕赵少年读书之星候选人。省图组织专家评审，评出征文一等奖30篇、二等奖60篇、三等奖120篇，读书之星20名。2004年12月30日，在省图大厅举行了隆重的颁奖仪式。省文化厅领导出席了颁奖仪式并讲话。石家庄市、秦皇岛等十一个市级公共图书馆的馆长、燕赵少年读书之星和征文比赛获奖代表以及四中路小学的部分师生参加了颁奖仪式。

此次声势浩大的读书系列活动引起了社会各界的广泛关注。全省各市主流媒体20余家进行了30余次的新闻、专题及图片报道。各地中小学校也把这次读书活动的开展与本校德育工作紧密结合起来，把读书活动发展为对学生进行爱国主义、集体主义教育的有效载体，充分发挥读书活动的德育功能，吸引更多的中小学生参与到这次活动中来。许多家长在获知活动消息后，亲自带孩子来到图书馆，要求辅导，并希望给孩子一个参赛锻炼的机会。在此次以“加强和改进未成年人思想道德建设”为主题的全省“燕赵少年读书系列活动”中，还涌现出了一批思想道德素质和知识水平非常突出的小读者，展示了新一代燕赵少年有理想、重知识的新风采。（河北省图书馆）

【石家庄市政府文件阅览室在石家庄市图书馆正式向社会开放】 2004年2月14日，由石家庄市政府主办、市文化局和市图书馆承办的政府文件阅览室正式对读者开放。开办政府文件阅览室是石家庄市政府向公众全面开放非涉密文件，满足市民和投资者及时了解现行文件的需求的一项重要举措。该阅览室收藏2001年以来市政府及政府各部门出台的公开现行文件1300余份，各种法规性文件汇编和市政府公报百余册，内容涉及城建、房改、房屋拆迁、复员人员安置和离退休待遇等。该阅览室从周二到周六开放，市民凭身份证、工作证等有效证件，按规定履行登记手续，就可以免费检索、查阅所需文件。阅览室自开放以来，每天接待查阅者达上百人，受到广大市民和投资者的欢迎。（石家庄市图书馆）

【石家庄市图书馆定期举办公益文化知识讲座】 为满足广大市民的需求，在石家庄市委宣传部的大力支持下，石家庄市图书馆作为市委宣传部举办的先进文化系列讲座分会场，从2004年8月1日开始，定期举办公益文化知识系列讲座活动。观众可在市图书馆的一楼报告厅免费领票。8月1日，全国首届学习型中国家庭教育论坛形象大使曾被全国总工会授予“全国职工自学成才者”称号的姚鸿昌同志作为首期主讲嘉宾，举办了《学习，唤醒自己的智慧心灵》的专题讲座，博得了观众的热烈掌声。石家庄市先进文化系列讲座开讲以来，已成功举办了八期，内容涉及未成年人教育、养生保健、石家庄文化、文学欣赏等多方面，受到广大市民的欢迎，省市电视台、电台、报纸等媒体共做了20余次报道。（石家庄市图书馆）

【文化部副部长周和平视察秦皇岛市图书馆】 2004年9月28日上午，文化部副部长周和平莅临秦皇岛市图书馆视察指导工作。周副部长首先来到旅游资料室，边视察边询问。在听取李跃民馆长简要汇报和看到市图书馆大力开展旅游特色服务并取得显著成效时，周副部长说：图书馆只有紧密围绕当地的经济发展开展服务，才有生机和活力。在得知建立河北省首家盲人图书室，并采取系列措施强化服务，周副部长高兴地说，你们馆很重视人性化服务，这很好。周副部长对文化信息资源共享工程尤为关注，在图书馆的中心机房，他详细询问了市图书馆的文化信息资源共享工程建设情况，对市政府投入175万元建起的资源共享硬件平台比较满意，并要求努力拓展县区及乡镇用户，以发挥其更大效益。在共享资源阅览室他饶有兴致地点击观看了图书馆文化信息资源共享库的视频资源。当得知数字资源还比较少时，周副部长表示可以让国家图书馆给点特殊支持。对正在建设中的新馆，周副部长强调指出，数字化、网络化和资源共享是今后图书馆的发展方向，一个城市除了要建设一个比较好的中心馆，社区还要建设分馆，使之形成一个完整的图书馆网络体系，这样才能更好地为市民提供服务。周副部长的充分肯定和悉心指导更加明确了图书馆今后的发展方向，也更加坚定了全馆员工进行规范化、现代化建设的信心和决心。（秦皇岛市图书馆）

【秦皇岛图书馆建立精品地方文献全文数据库】 2004年5月份，秦皇岛图书馆从馆藏地方文献中精心选出

500余种图书，分“方志、年鉴”、“历史”、“传记”、“旅游”、“经济”、“工、农业”、“市政建设、交通及公用事业”、“政治”、“社会生活”、“文化教育”、“体育、医药卫生”、“文学艺术”12个专题库，进行数字化加工，建立了精品地方文献全文数据库。加上该馆购买的近100种地方文献全文数据库，读者登陆“秦皇岛图书馆”网站，点击“地方文献”超链接，可看到600余种地方文献全文。另外，该馆在地方文献库精心策划“秦皇岛图书馆馆藏地方文献精品展”，精选出该市价值较高、质量较好的一批地方文献复本，分“地方史志”、“地方旅游”、“地方文学”、“综合文献”四个专题，每半年进行一次更新，陈列于展柜之中，供读者参观，并可随时从地方文献架上检索阅读。（秦皇岛市图书馆）

【秦皇岛图书馆首次举办地方文献个人赠书展】 2004年12月4日，在秦皇岛图书馆一楼大厅举办了“李晓钟、陶文来捐赠地方文献精品展”。此次书展共展出捐赠图书近130种。其中既有《秦皇岛市建筑志》、《抚宁县志》等一批大部头志书文献，又有《秦皇求仙入海处》、《爱我中华，修我长城》、《长城从这里入海》等改革开放初期对外宣传介绍秦皇岛市的各种图书、明信片、画册等文献。展出同时，秦皇岛图书馆还利用展牌的形式，宣传有关地方文献的概念、呈缴本制度及信息。这是市图书馆首次专门为个人赠书举办书展，活动当天吸引了大批读者前来参观。（秦皇岛市图书馆）

【沧州市举办“中国网通”杯读书节】 2003年11月30日—2004年1月10日，沧州市委宣传部、市文化局等九个部门主办、沧州市图书馆承办了“中国网通”杯沧州市第二届读书节活动，得到了各级领导的重视，形成了鲜明的特色，内容丰富，影响广泛，社会效益显著。

读书节期间以沧州市图书馆为主阵地举办了万人读书签名活动，“沧州读书论坛”公益讲座，图书馆——人民的终身学校、国力竞争新焦点——数字图书馆图片展，个人藏书展，红色收藏展，图书馆知识竞赛，军营警营读书知识竞赛，家庭读书知识竞赛，大中学生笑语短剧大赛，好报好刊进家庭，百种优秀报刊、百部优秀图书推荐阅读活动，普通话名篇朗诵，中小学生现场作文大赛，网上论坛，少儿故事大王选拔赛，优秀图书展销会，优秀读书成果评选，优秀读书家庭评选，优秀基层图书馆（室）评选等30余项富有特色和创意活动，共评选出10个优秀读书家庭、30项优秀读书成果、10个优秀基层图书馆（室）、10个优秀组织奖。读书活动深入到机关、学校、农村、军营、警营、企业、社区，全市城乡直接参与活动者达8万人次，极大地活跃了全市文化氛围、调动了全市人民的读书热情，为建设学习型社会，促进沧州经济发展发挥了巨大作用，受到社会各界和广大读者的热烈欢迎。（沧州市图书馆）

【河北廊坊市图书馆新馆工程奠基】 2004年7月31日，廊坊图书馆新馆奠基仪式在廊坊市文化艺术中心隆重举行。市长王爱民、副市长王大虎出席了工程奠基仪式。王爱民市长代表市委、市政府指出要高起点、高质量、高标准和高水平做好项目规划和施工，确保新图书馆早日竣工并投入使用。廊坊图书馆新馆工程位于市文化艺术中心东侧，分地下一层、地上五层，总建筑面积9647平方米，预计总投资5100万元，规划设计藏书预计达60万册，读者座位694个。（廊坊市图书馆）

【张家口市开放盲人图书阅览室】 为充分体现了全社会对特殊群体的关怀，在张家口市市委、市政府的关心支持下，经过市残联和图书馆的共同努力，2003年12月3日张家口市图书馆盲人图书室举行了揭牌仪式，正式对外开放。该图书室是全省第二家专门为盲人读者开辟的阅读场所，目前已有文学类、医学类盲文图书120余册，同时还备有供盲人读者使用的专用有声读物阅读设备。该图书室每周二至周日对外开放，盲人读者可凭残疾人证借阅盲文图书。张家口市图书馆还多渠道引进和丰富盲文图书、视听资料，满足盲人读者的阅读需求。（张家口市图书馆）

【泊头市图书馆举办幼教知识讲座】 2004年3月21日，泊头市图书馆、泊头妇联和泊头商厦共邀泊头市幼教专家李淑爽，举办了主题为“托起明天的太阳”的知识讲座，吸引了来自全市各界的100多位幼儿家长及市内幼儿园的老师们参加。李淑爽老师结合多年的教学经验，针对不同年龄阶段的儿童特点，提出了解决儿童问题的有效方法，受到家长和老师们的欢迎。（泊头市图书馆）

【黄骅市图书馆亨利少儿阅览室免费向社会开放】 2004年4月10日，由香港亨利集团赞助的黄骅市图书馆亨利少儿阅览室正式向社会开放。黄骅市副市长许建国等领导及亨利集团董事长刘侑竺先生出席了仪式。仪式后，举办了“亨利杯”少儿绘画、作文、讲故事比赛及颁奖活动。亨利少儿阅览室现拥有图书3500余册，杂志60余种。黄骅市图书馆以亨利少儿阅览室为阵地，举办各种适合未成年人特点的知识讲座与培训，设立未成年人参观日，为未成年人提供借阅、咨询和培训等服务。该阅览室已成为全市少年儿童增长知识，丰富业余文化生活的重要场所。（沧州市图书馆）

【遵化市图书馆开设少儿驿站】 为满足少儿读者需求，方便学生阅读，遵化市图书馆创新服务，专门为中小学生开办了自修室和少儿驿站，并派专人辅导学生作业和阅读。学生放学后安心、快乐地到驿站做作业、看书和欣赏优秀影视作品，吸引了越来越多的学生走进图书馆。自开办以来，受到学校和家长的欢迎。（遵化市图书馆）

【驻石家庄高校图书馆召开馆长会议】 2003年12月22日至23日，驻石家庄高校图书馆第二届馆长会议在河北省平山县温塘镇召开。驻石14所高校图书馆及省委党校、中国人民武装警察指挥学校图书馆馆长、书记、副馆长共计30人参加了会议。

会议主要内容是交流高校图书馆评估工作，研究资源共建共享的措施和探讨图书馆的新扩建问题。河北师大、军械学院和河北经贸大学图书馆的馆长作了重点发言，与会代表充分交流了合作意向。大家一致认为：此次会议主题切合实际，为2004年全省高校图书馆工作提供了经验，是继2002年驻石高校图书馆工作汇报暨经验交流会后，又一次充分的交流，进一步增进了友谊。会议还商定了第三届驻石高校图书馆馆长会议由中国人民解放军军械工程学院图书馆承办。（学会秘书处）

【河北省高校图工委对主任委员进行调整】 2004年1月11日，河北省高等学校图书情报工作委员会发出《关于调整省高校图书馆期刊会主任委员的通知》。同意刘瑞兴同志辞去省高校图书馆期刊工作专业委员会职务，并对刘瑞兴同志15年间所做的工作给予了充分肯定和高度评价。同时要求全省各高校图书馆一如既往地继续支持省高校图书馆期刊工作专业委员会的工作，希望省高校图书馆期刊工作专业委员会继续发扬以往的工作成绩，积极发展会员，深入开展学术研究，把河北省高等学校图书馆期刊工作推向一个新的阶段。”（河北科技图苑）

【河北省高等学校数字图书馆联盟委员会】 河北省高等学校数字图书馆联盟是在2002年6月省内10所高校在燕山大学召开“河北省高等学校数字图书馆建设座谈会”上成立的，当时召开了第一次联盟会议，通过了《河北省高等学校数字图书馆联盟章程（试行）》。2004年6月14日，河北省高等学校数字图书馆联盟委员会在秦皇岛召开第二次会议。联盟成员馆馆长及相关部门负责人62人出席了会议。会议议题是：(1) 数字图书馆发展动态；(2) 河北省高数图联合编目及特色资源共享事宜；(3) 河北省高数图电子资源团购事宜；(4) 向联盟成员馆适当收取资源使用费事宜。会议代表经过讨论、磋商，达成了有关共识。（河北科技图苑）

【省高校图书馆科学管理研究会召开三届二次理事会暨第三次研讨会】 2004年6月15日至18日，河北省高校图书馆科学管理研究会第三届理事会第二次会议暨第三次学术研讨会在秦皇岛召开，共66代表出席会议。6月15日晚召开了三届二次理事会议。16日在燕山大学图书馆学术报告厅举行了第三次学术研讨会开幕式。在开幕式上，教育部高校图工委委员、河北大学图书馆馆长李振纲同志传达了2004年5月29日至30日在北京召开的第二届教育部高等学校图书情报工作指导委员会成立大会暨工作会议精神。随后在主题为网络环境下的文献信息资源共建共享和高校图书馆评估工作研究与实践的研讨会上，有6位论文作者作了大会发言。期间，还举办了图书馆建筑专题报告会和经验交流会，并组织代表们到青龙满族自治县进行了文化考察。（河北科技图苑）

【河北省高校图书馆组织人员赴浙粤参观考察高校图书馆】 河北省高等学校图书馆情报工作委员会和河北省高等学校科学管理研究会于2004年6月27日至7月7日，联合组织本省7所高校图书馆馆长和有关同志赴浙江、广东两省参观、考察图书馆新馆和管理服务工作方面的调研活动。在这次活动中，参观考察了浙江理工大学下沙校区图书馆、浙江大学紫金港校区图书馆、浙江大学宁波理工学院图书馆、宁波大学包玉科学楼、浙江轻纺职业技术学院图书馆、公安海警高等专科学校图书馆、浙江万里学院钱湖校区图书馆、中山大学图书馆珠海校区基础馆，同时考察了三所公共图书馆和三家图书馆家具设备生产厂。参加参观、考察活动的同志备受教育和启发，开阔了思路，拓宽了视野，解放了思想，更新了观念。（学会秘书处）

【驻保三所高校图书馆研讨期刊资源共享事宜】 2004年9月14日，由华北电力大学图书馆发起，河北大学图书馆和河北农业大学图书馆参加的驻保高校图书馆期刊资源共享及联合目录编制会议在华北电力大学图书馆举行。三所高校图书馆的领导及期刊部负责人参加了会议，河北省高校图工委副主任兼秘书长杨华同志应邀出席了会议。会议就期刊资源共享及联合目录编制事宜达成共识。（学会秘书处）

【河北经贸大学图书馆抓十二件实事见成效】 河北经贸大学图书馆坚持与时俱进、有所作为的指导思想，坚持以服务求生存、以特色求发展的办馆方针，坚持抓大事、干实事，整体推进、重点突破的工作方法，发扬求真务实、扎实工作的基本精神，牢记读者至上、服务第一的宗旨，集中精力重点抓了以下十二件实事：1、拟定了《河北经贸大学图书馆“十五”发展计划和十年规划》草案，对图书馆今后5－10年建设与发展的指导思想、基本原则等作了明确规定。2、组建了河北经贸大学图书情报工作委员会，参与对图书馆重大问题进行民主科学决策和可行性研究。3、制定并编印了《河北经贸大学图书馆规章制度》，使图书馆管理工作走上了制度化规范化和科学化的轨道。4、注重资源开发，搞好自动化、数字化、网络化和现代化建设，与十多所高校图书馆建立了馆际互借制度。5、成功申办了同信息管理与技术密切相关的图书馆学专业，为河北省图书馆学专业建设做出了积极贡献，受到社会的欢迎和好评。6、积极组织学习宣传《普通高等学校图书馆规程》，积极贯彻执行《中国图书馆员职业道德标准》。7、成立了管理委员会，指导、评估、督促、检查各校区和各业务部室的工作，使图书馆管理工作实现了民主化、科学化和制度化。8、坚持与时俱进，深化馆内改革。9、积极开展学术研讨，增强科研能力。10、建立了期刊数据库并增设了读者检索机。11、组织读书活动，丰富校园文化。12、拟定设计了《新馆建筑工程设计任务书》并由校长办公会集体讨论通过，使新馆建设取得了突破性进展。通过抓以上十二件实事，河北经贸大学图书馆已成为开放化、学习型、研究型的现代化图书馆。（吴文广）

【秦皇岛外国语职业学院获赠图书万余册】 2004年11月5日，北京英汉达书刊发行有限公司等7家单位向秦皇岛外国语职业学院的捐书万余册。本次捐书总计一万多册，价值28万余元。捐书单位包括北京英汉达书刊发行有限公司、北京金玉庄图书公司、石家庄阳光书业发行中心、北京科技星火书社、中国经济图书进出口公司、北京外语教学与研究出版社和北戴河新华书店。

（秦皇岛市图书馆）

【石家庄市精英中学荣获“河北省中小学一级图书馆”】 2004年11月17日，省教育厅在精英中学举行了“河北省中小学一级图书馆”揭牌仪式，这是全省第一所获此殊荣的民办学校。石家庄精英中学是河北省民办中学中首所省级示范高中，该校十分重视教学条件的现代化，投资建成了体现现代教育理念的开放式图书信息中心，建筑面积为3700余平方米，有设备一流的教师研修馆、社会科学馆、自然科学馆和电子信息馆。（石家庄精英中学图书馆）

山西省

【2004年山西省图书馆事业发展概况】 自1998年公共图书馆评估检查以来，尽管从馆舍面积、设备的自动化与计算机化、人员结构、数字化建设、馆藏文献的数量与质量、读者服务工作等各个方面，都有了一定的发展和进步，但受全省经济发展水平的制约，山西省的公共图书馆事业总体上仍处在相当困难的境地中。到2004年，全省公共图书馆馆舍建筑总面积88959平方米，尚有6个地区没有地市级图书馆；现有的6个市级馆（含一个少儿馆）中3个没有自己的馆舍，1个馆舍尚在建设中；全省121个公共图书馆中，60%以上的馆舍面积达不到文化部评估的最低标准。

2004年，全省公共图书馆年入藏图书98003种，除省图书馆有较为稳定的购书外，相当一部分图书馆（约占全省公共图书馆的50%强）没有购书经费，只能靠有限的捐赠支撑。与此同时，一部分经济情况较好的地县图书馆，如汾阳市图书馆、榆次区图书馆、太原市图书馆、曲沃县图书馆等，都通过各种渠道与多方努力，实现了购书经费单列，并且争取到了地方财政对图书馆事业的支持，在馆舍、设备、文献资源建设等方面都有了相当大的进步。

在异常困难的情况下，全省大部分图书馆坚持全天开馆、全周开馆、节假日开馆的“三开馆”制度，逐步实行开架或半开架借阅，提高了文献利用率。2004年，全省公共图书馆年外借书刊280.34万册。许多图书馆还积极拓宽服务渠道，增加服务窗口，丰富服务内容，创造条件举办公益讲座、读者座谈会、读者联谊会、图书馆服务宣传周、知识竞赛、书评、书法比赛、绘画比赛等各种类型的读者活动，有力地宣传了社会主义精神文明，取得了良好的社会效益和经济效益。

在文化部与省财政厅、省文化厅的大力支持下，全省各级公共图书馆积极参与全国文化信息资源共享工程建设，截至2004年底，全省共建成基层站点63个，其中以全省地县图书馆为基础的地县级中心58个，覆盖全省近一半的地域面积，通过共享工程建设，这些地县公共图书馆实现了从手工的传统图书馆服务向现代化的信息服务行列的跃进，图书馆的服务方式、内容、手段等都有了飞跃性的变革与发展，全省公共图书馆事业面貌焕然一新。（学会秘书处）

【山西省图书馆展厅正式开放】

为了办好人民的终身学校，充分发挥图书馆作为精神文明建设基地的作用，山西省图书馆决定对主楼目录大厅重新进行功能定位，安装必要的设备，使之成为一个开放型的展厅，让读者能够在学习的间隙，免费欣赏各类展品，潜移默化地接受文化熏陶，提高素质。2003年新年伊始，该展厅正式对读者开放。1月1日，该馆邀请太原师范学院美术系的董金保、赵海亭，晋东南师范学院的赵鸿斌举办了首场展览——“2003新年油画展”。为了配合本次画展，该馆还在1月1日上午特邀来自中央美术学院美术史系的游秀丽老师，举办了“艺术作品赏析”免费讲座。展览吸引了众多的参观者与青年绘画爱好者。（学会秘书处）

【山西省图书馆召开2003年读者座谈会】 2003年1月12日下午，山西省图书馆召开了2003年读者座谈会。李小强馆长向与会读者介绍了该馆2002年的工作情况，各对外部门负责人简要介绍了部门特点及服务内容后，与会读者踊跃发言，纷纷对该馆的读者服务工作提出了自己的意见和建议。他们认为应加强图书报刊的推荐导读服务，增加文献品种，做好重点读者的文献保障以及自动化、数字化知识与技能的培训，通过多种方式吸引个人捐赠，加强地方文献的收集整理，并在条件成熟的情况下启动地方文献再造工程，加强与省内各大图书馆的网络互联服务。来自不同行业的新老读者共40余人参加了座谈会。山西电视台新闻频道、影视频道、太原电视台新闻频道、山西日报、太原日报等多家媒体记者参加了座谈会并对读者进行了采访。（学会秘书处）

【山西省图书馆举行2002年度总结表彰大会】 2003年1月17日下午，山西省图书馆2002年度总结表彰大会在主楼多功能厅召开。李小强馆长代表馆领导对全馆一年来所取得的成绩与存在的问题作了认真细致的总结。在总结大会上，首次采用了多媒体技术，将该馆全年的工作、活动图文并茂地展现给全体职工。

2002年，在上级部门的关心与支持下，在全馆职工的共同努力下，山西省图书馆经历了建馆以来数量规模大、时间跨度大、劳动强度大的搬迁工作，顺利完成了馆藏布局的大调整，规范了业务工作流程，加大了馆藏开放力度，改善了阅览典藏条件，同时果断改用中图法，达到了通过搬迁盘活全馆一盘棋的目的。

2002年，该馆还圆满完成了全国文化信息资源共享工程试点工作会议的筹备、接待、技术保障等工作任务，这是该馆历史上第一次承办如此高规格的会议，受到了文化部和会议代表的肯定，通过这次会议，该馆既培养锻炼了队伍，促进了自己的特色数字资源建设，又在一定程度上改善了馆内的设施设备。

2002年，该馆的读者服务工作，继续保持了文明、高效和低投诉率的良好状态，在前半年全馆搬迁、部分阅览室不能持续开馆接待读者的情况下，全年接待读者人数达48万余人次，流通书刊量达到306万册次。（学会秘书处）

【山西启动“文化信息进社区”活动】 2003年1月26日上午，以“共享网络资源、传播先进文化、丰富群众生活”为主题的山西省“文化信息进社区”活动在太原市迎泽街道办事处并州路三社区正式启动。省委宣传部、省财政厅、省文化厅、省精神文明建设指导委员会、省共享工程分中心领导以及社区居民近千人参加了启动仪式。省委常委、省委宣传部长申维辰出席并讲话。

2002年6月在山西省图书馆有关技术人员的帮助下，并州路三社区成为我省“文化信息资源共享工程”首批试点单位。半年来，一批优秀图书、戏剧、电影、科技知识等数字资源通过网络传送到社区，为广大社区居民所享用。“共享工程”快捷、广泛传播信息资源的巨大优势和社会效益已经初步显示出来。

申维辰在讲话中肯定了省分中心以及并州路三社区取得的成绩，同时指出，“文化信息进社区”是认真贯彻落实党的十六大精神和“三个代表”重要思想，加强基层文化建设，适应时代要求开辟的崭新的文化传播渠道。他要求有关部门进一步加强文化信息资源共享工程的建设，最大程度地为基层人民群众服务。（学会秘书处）

【山西省图书馆举办2003新春读者联谊会】 2003年2月16日下午，为答谢一年来众多读者对山西省图书馆工作的支持和帮助，增进图书馆与读者之间的交流、理解和沟通，该馆举办了2003新春读者联谊会，特邀50余名读者参加。郭彦新书记代表该馆干部职工欢迎各位新老朋友的光临并向他们致新春贺词，来自山西日报社的张厚余先生代表与会读者作了精彩的讲话。联谊会活动中来自山西省机电设备总公司的刘振华先生的诗歌朗诵——《深情的记忆、特殊的缘分》，动情地表达了刘先生与图书馆之间三十八年来结下的深情厚谊，博得了在场观众的阵阵掌声。山西省电视台、太原电视台文体频道、山西日报、太原日报等新闻媒体记者也莅临了联谊会，并对活动进行了详细的报道。（学会秘书处）

【石焕发副馆长考察忻州市忻府区图书馆及东楼村“夕阳红”书屋】 2003年2月26日，山西省图书馆石焕发副馆长等一行三人前往忻州市忻府区图书馆和东楼村“夕阳红”书屋检查“文化信息资源共享工程”基层站点运行情况，并对两站设备进行了必要的检修和维护。忻府区图书馆和东楼村“夕阳红”书屋是“山西省文化信息资源共享工程”首批试点单位，系统从去年正式投入使用以来，已把一批批优秀的国内外电影、农业科普、卫生保健、地方戏曲、旅游民俗等数字资源通过网络传送到农村，为农村注入了清新的文化气息，受到了农民朋友的欢迎。在东楼村“夕阳红”书屋，石焕发副馆长认真听取了管理员张林郁老人积极开展文化信息资源传送工作的情况介绍，并对其每次放映都预先张贴节目预告，并对放映内容、观看人数、群众意见等做有详细记录的做法给予了充分肯定。（学会秘书处）

【“星期日讲座”走进小学校园】 2003年3月14日，山西省图书馆“星期日讲座”在太原市五一路小学设立了第一个分会场，并举办了题为“教师人文素质与修养”的专题讲座，省社会科学院《晋阳学刊》主编降大任老师主讲。五一路小学、杏花岭区小学、国师街小学、西辑虎营小学200余名教职员工聆听了此次讲座。五一路小学“星期日讲座”分会场的设立，标志着“星期日讲座”已经走出馆门，开始深入社会，为各行各业提供服务。（学会秘书处）

【李小强馆长带队赴部分县馆安装共享工程设备并考察工作】 2003年3月25－27日，李小强馆长带领我馆有关技术人员，先后赴曲沃县图书馆、洪洞县图书馆安装共享工程设备，并考察了绛县图书馆共享工程站点筹备情况与灵石县图书馆的设备维护与工程运行情况。同时李馆长还先后与各县有关的党政领导干部进行了会谈，并详细讲解了全国文化信息资源共享工程的内容和情况，希望各位领导大力支持图书馆，做好资源共享工程建设工作。他表示，通过共享工程建设，用先进的文化占领基层文化阵地，是一条值得探索的途径。从技术上将宽带的高网速与卫星包投递的大容量相结合，扬长避短，促进共享工程全面发展，使其快速走向全社会。结合实际情况，管理工作要跟上，一定要严格遵守有关规定，严格执行规章制度，并注意总结经验，使服务水平上一个新台阶。（学会秘书处）

【“人民作家”冈夫手稿入藏山西省图书馆】 冈夫，本名王玉堂，山西武乡人，现当代著名诗人。他于1932年加入左翼联盟，是“五四”以来中国新诗发展进程中最早运用民歌体创作通俗化、大众化诗歌的诗人之一，在中国新诗发展的探索道路上闪耀着不可磨灭的光辉。1992年冈夫被山西省委、省政府授予“人民作家”荣誉称号。2003年3月26日，诗人哲嗣王稚纯，遵先生遗愿，决定将其部分珍贵手稿及藏书捐赠我馆。李小强馆长、袁长江馆长助理率地方文献部同志亲自登门致谢并接受赠书，同时表示要按规定设专柜妥善保存，以彰显诗人及其家属热爱图书馆事业的一片拳拳之心。这次捐赠除手稿外，还有刚刚出版的三卷本《冈夫文集》及其它藏书640余册。（学会秘书处）

【山西省图书馆抗击非典出新招】 2003年3月底以来，非典型肺炎给我们的生活和工作带来了严重的困难，山西省图书馆处在非典疫情较为严重的太原市迎泽区，同时距离全省最大的收治非典患者的首批定点医疗机构——山西医科大学第一附属医院不足20米，如何使到馆的读者避免交叉感染，如何使该馆的职工及家属不受感染，山西省图书馆面临着严峻的考验。面对这场突如其来的灾难，馆党总支和馆领导班子高度重视，采取相应的行动，传达了通过网络等各种渠道搜集到的有关非典的传播方式、发病症状、应急对策等知识，克服经费拮据的困难，想方设法自筹资金，几次请专业消毒机构对该馆各借阅场所进行了彻底的消毒，积极开展了预防非典的工作。在上级党组织的支持和领导下，4月19日停止读者到馆借阅工作，在全馆实行分区管理，健全落实各项管理制度，做好清洁卫生工作努力创建美好的生活环境，以避免交叉感染的机会。

同时该馆抓住非典这一特殊时期，加强了数字化、网络化服务，提升业务工作水平，集中精力做好电话预约和网上阅读、知识导航等读者服务与书目数据回溯建库工作。以网络、网站和媒体为主要服务手段，普及科学知识，积极开展了一系列健康有益的读者活动。引导社会公众利用这一特殊时期多读书、读好书，养成良好的读书习惯，注重学科学、用科学，推动学习型社会的建设。比如，该馆网站最新增设了“依靠科学，战胜非典”专题网页，设置了认识非典型肺炎、如何诊治非典型肺炎、如何预防非典型肺炎、非典最新研究成果与相关政策法规等专栏，使群众足不出户便能科学地掌握预防非典知识；并发挥资源共享优势，依托“全国文化信息资源共享工程”丰富的网上资源，与山西省各基层分中心一同以新颖的方式为读者服务；该馆还在网上举办了“倡导终身读书，全民学习，创建学习型社会”为主题的“2003 年度图书馆服务宣传周”活动，并与山西省科技厅联合举办了“知识，科技，未来——我与图书馆”征文活动。在抗击非典期间，山西省图书馆的班子沉着应对，措施得力，工作到位，保证了队伍不散，秩序不乱，工作不断，标准不低，管理规范。（学会秘书处）

【中央电视台新闻联播节目播出山西省文化信息资源共享工程消息】 2003 年 7 月 29 日，中央电视台《新闻联播》节目，在“立党为公执政为民——在‘三个代表’重要思想指引下”栏目中，以“共享工程为百姓 文化大餐进万家”为标题，头条播出了山西省文化信息资源共享工程农村基层站——忻州市东楼村“夕阳红”图书室的事迹。节目的播出令“夕阳红”图书室的创办者——张林郁老人感到无比欣喜，也激励着他为这一造福后人的事业投入更多工作。同时，这也是对山西省文化信息资源共享工程建设的一次鞭策，促使该省资源共享工作更加深入、扎实地开展。中央电视台有关节目随后也纷纷播出了此消息。（学会秘书处）

【香港《文汇报》记者采访山西省文化信息资源共享工程建设】 2003 年 7 月 12 日，在全国文化信息资源共享工程国家中心贾广先生的陪同下，香港《文汇报》记者吴冕、徐凯来到山西省图书馆，采访有关共享工程建设情况。李小强馆长向记者介绍了山西省共享工程建设的基本概况，并就全省共享工程发展规划、资源加工整合进展和利用等问题，回答了记者的提问。记者们对山西省图书馆在经费短缺的条件下，能够全面开展共享工程建设表示赞赏，同时，提出资源共享应突出山西的地方特色，做好馆藏地方文献的精加工。（学会秘书处）

【《山西晚报》向山西省图书馆捐赠抗击“非典”资料】 2003 年 7 月 17 日上午，《山西晚报》向山西省图书馆捐赠抗击“非典”资料仪式在地方文献部举行。《山西晚报》副总编刘欣宇、社会新闻部主任房华、山西省图书馆馆长助理袁长江、副馆长石焕发等参加了捐赠仪式。仪式上，刘副总编首先发表了热情洋溢的讲话，并郑重地将《山西晚报》社员工辛苦两个星期特别赶制而成的“抗非”时期报道合订本和专供该馆收藏的“抗非图片集”捐赠给该馆。袁长江馆长助理作为代表接受了捐赠，并感谢《山西晚报》长期以来对图书馆事业的关心和支持。

【武汉大学山西省图书馆函授站通过评估】 2003 年 7 月 29 - 31 日，武汉大学评估专家组一行三人对我馆武汉大学函授站进行了为期三天的评估。函授站站长李小强按照函授站的组织建设、办学条件和招生、教学管理、学生成绩及考务管理、综合管理五个部分做了自评报告，并提出了今后的发展设想。评估专家组听取了该函授站的自评报告，查阅了档案资料，查看了办公、办学场所和教学设备、设施，并根据评估指标和评估要素进行打分，最后通报了评估检查情况。专家组认为：武汉大学山西省图书馆函授站在馆领导的大力支持和领导下，办站思想端正，为函授站办公、教学、后勤服务等创造了较好的条件；函授站能够严格按照主办院校的要求履行工作职责，进行严格管理，办站行为规范；学生、教师、教学档案完整，规章制度健全。通过评估，专家们认为该馆函授站工作扎实，整体评价为优秀。同时提出，今后学校会与函授站进行经常性的沟通，加强成人教育理论的学习和研究，共同摸索成人教育的规律，进一步提高函授教育质量。希望该馆函授站能利用山西省图书馆的优势和现代化教育设备，探索出一条替代传统函授教育的现代化远程教育方式。（学会秘书处）

【全国“司法考试”远程教育落户山西省图书馆】 在山西省图书馆领导的多方努力下，2003 年 8 月 2 日，中华全国律师函授中心司法考试“卫星远程培训站”在该馆正式挂牌成立。中华全国律师函授中心是全国最大的具有法学教育培训资格的机构，目前利用中广电信（CBT）卫星技术，开通了“全国司法远程教育卫星系统”，在具备条件的省市设立培训站。建站伊始，该馆培训辅导部就同时开办了全日制班、业余班各一期。通过远程教育卫星系统，使我省的考生就近享受到了京城名师互动式的考前辅导。辅导课上，考生不仅可以看到教师清晰、生动的授课图像，还可以现场提问并得到解答。作为中华全国律师函授中心山西“卫星远程培训站”，山西省图书馆在努力提高自身管理水平的基础上，还在忻州、汾阳、灵石、运城、阳泉等地建立了分站，为考生提供服务，以提高该省考生的法学知识水平和应试能力。（学会秘书处）

【山西省图书馆与太原市教育局联合举办“图书馆基础业务培训班”】 2003 年 8 月 6 日 - 9 日，为了提高太原地区学校图书馆的基础业务建设，山西省图书馆应太原市教育局之邀，与太原市教育局联合举办了“图书分类标引”、“图书编目工作”、“读者工作”培训班。来自全市各中小学图书馆的 150 多名学员参加了培训学习，并经过结业考试，为圆满完成学业者颁发了合格证书。（学会秘书处）

【北大计算机信息管理专业、武大新闻学专业山西函授站 2000 级学生毕业典礼在山西省图书馆举行】 2003 年 8 月 9 日、23 日，武汉大学新闻学本科专业（53 人）、北京大学计算机信息管理专科（70人）2000级函授生毕业典礼在山西省图书馆举行，馆长李小强、书记郭彦新、馆长助理袁长江、副馆长石焕发参加了毕业典礼。李馆长、郭书记分别代表该馆和函授站向全体毕业生表示衷心的祝贺，并鼓励他们学以致用，做好本职工作，以优异的成绩回报社会。武汉大学新闻学专业48位毕业生取得了学士学位证书。（学会秘书处）

【部分省级公共图书馆改革与发展研讨会召开】 2003年8月31日，由山西省图书馆发起的“部分省级公共图书馆改革与发展研讨会”在太原召开。首都图书馆、天津图书馆、甘肃省图书馆、福建省图书馆、四川省图书馆、广西壮族自治区图书馆、河北省图书馆等部分省（市）图书馆馆长参加了本次研讨会。会议期间，馆长们交流了各馆的现状、改革经验以及今后发展的设想，并考察了山西省图书馆各业务部室。各馆馆长对我省的文化信息资源共享工程也十分关注。会议期间，李小强馆长、石焕发副馆长陪同各位馆长及代表专程赴山西省资源共享的基层站点——忻州市忻府区图书馆、忻州市东楼村“夕阳红”图书室进行了实地考察。（学会秘书处）

【山西省图书馆举办《记忆中的太原——纪念太原建城2500年图片展》】 为了纪念太原建城2500年，让人们进一步体味晋阳文化隽永的魅力，同时充分展示山西省图书馆文献收藏与信息开发研究的成果，山西省图书馆于2003年9月1日起举办了《记忆中的太原——纪念太原建城2500年图片展》。展览选用解放前或解放初的老照片，分为龙城寻踪（从晋阳古城到宋初的遗迹）、龙城脉络（老街、老巷、老建筑等）、龙城风云（从辛亥革命到太原解放）、龙城英华（于太原有关的重量级历史名人及其行迹，以文化名人为主）、龙城学府（清末民国的太原教育）、龙城实业（解放前及解放初太原工商业经济发展状况）、龙城大观（太原人生活百态、城市文明、民俗风情等）七大部分，展示出太原城古老文明的厚重扎实、雄浑博大。自开展以来，每日参观者络绎不绝。为满足更多人的需求。10月13日－11月2日，《记忆中太原——纪念太原建城2500年图片展》应邀在西山技校、山西大学商务学院、山西财经大学财税学院等三所院校做了巡回展出，共有上万名师生观看了《图片展》。通过这次成功巡展，扩大了图书馆的影响力，拓展了图书馆的功能和作用，为更好地发挥该馆在山西社会经济发展中的重大作用增强了信心。（学会秘书处）

【报刊部赴忻府区图书馆交流报刊管理经验】 2003年9月25日，山西省图书馆报刊部部分同志赴忻州市忻府区图书馆，与该馆交流报刊管理经验。在该馆馆长的带领下，大家参观了忻府区图书馆的报刊阅览室、期刊库、图书外借室、电子阅览室等部门，并就期刊室布局、现刊排架、过刊分类编目、合订报刊加工整理、入库典藏、阅览流通等业务，与该馆的同行们分别进行了一对一的交流。针对忻府区图书馆在工作中遇到的一些实际困难，该馆报刊部的同志们结合自身经验，提出了一些可行性建议。并表示随时欢迎他们将业务工作中发现的具体问题以及读者咨询的难题，以电子邮件、信函或直接来人等方式进行咨询，将尽量帮助解答，以期共同提高。同时，忻府区图书馆健全的读者管理、书刊管理制度及奋发拼搏的精神给报刊部的同志们留下了极为深刻的印象，激励着大家安心本职工作，更好为读者服务。（学会秘书处）

【“网上名家讲坛”试播获得成功】 作为全国文化信息资源共享工程省级分中心，山西省图书馆为了让更多的人充分利用共享工程的丰富资源，2003年9月14日起在开展“星期日讲座”活动的同时，又在每周日的下午试播“网上名家讲坛”公益讲座，获得成功。网上名家讲坛精选国家图书馆邀请国内外知名学者进行主讲的讲座，内容涉及文学、历史、哲学、科学、经济、艺术等。“网上名家讲坛”是利用卫星接收装置和网络传输技术开展的一项新型服务方式，是该馆“星期日讲座”的一个延伸与补充。（学会秘书处）

【李小强等馆领导分赴全省各地进行资源共享建站考察】 根据山西省文化信息资源共享工程领导组8月14日会议安排，就2003年拟建三十余个共享工程基层站点的工作现状和计算机设备自筹情况，由李小强、邓景华、石焕发三位馆领导带领有关专家和技术人员组成的考察小组，分三路赴该省各地、市、县近50个图书馆和农村图书室、社区图书室进行了为期近两个月的考察。考察于10月中旬基本结束。从各馆的情况来看，由于该省尚属于经济欠发达省份，所以，存在一些共性的问题：一，共享工程所必需的硬件设备有不同程度的欠缺，计算机数量明显不足，尚需各馆向上级领导部门积极争取经费，以保证资源共享工作的更好开展；二，各馆图书馆学专业基础知识普遍不高，业务水平偏低，应加强培训；三，计算机知识水平整体偏低，应下大力气采取措施提高，使他们能够更好地胜任工作；四，尽快采取措施，进行建点单位人员培训，尽快开始站点的设备安装工作。（学会秘书处）

【全国文化信息资源共享工程专家评估组组长孙承鉴莅临山西省图书馆检查指导工作】 2003年10月24－26日，受文化部委托，全国文化信息资源共享工程专家评估组组长孙承鉴莅临山西省图书馆，检查指导山西省共享工程建设情况。在听取了石焕发副馆长的全面汇报、袁长江馆长助理对山西省图书馆数字化资源建设现状及发展规划的介绍后，孙组长详细查阅了山西省共享工程省分中心的各项工作文档，向相关技术人员作了书面调查，并就共享工程政府投入、基层站点建设、业务管理、服务效果等方面提出了若干问题。随后，孙组长视察了省图书馆自动化网络部、数字化工作室等部门后认为，省图书馆能以较少的投入，配备较为优良的设备，是很有成效的。特别是利用共享工程资源，放映影片，举办专题讲座、举办律师函授远程教育等活动，使文化信息资源得到了充分利用。之后，孙组长对山西省各基层中心及站点进行了考察，对各基层站点深入乡镇、集市、城市广场播放影片、科普片等活动十分感兴趣并表示赞赏，认为这种作法由被动到主动，使阵地服务变为流动服务，可以更好地为基层群众传播先进文化。并表示，共享工程基层站点的建设需要全能型的人才，才能顺利、持久地发展下去；各级政府对共享工程的大力支持，是共享工程建设的可靠保障，一定要努力通过各种活动争取政府支持，求得事业发展。在并期间，孙承鉴组长还向各站点广泛征求了对国家中心资源内容、投递中出现的问题等方面的意见。（学会秘书处）

【共享工程电影晚会叫响省城】 抗击非典战役结束后，为了更好地服务群众，山西省图书馆领导本着一切为了群众的思想，从7月1日起利用资源共享工程提供的丰富影视资源举办消夏电影晚会，到10月3日结束，共放映电影39场，吸引观众达8000余人次，成为省城群众消夏纳凉的同时享受文化大餐的好去处。（学会秘书处）

【山西省分中心举办第三期基层站点专业人员培训】 2003年11月3－8日，文化信息资源共享工程山西省中心举办了第三期基层站点专业人员培训。全省31个待建基层站点及14个已建站点的80多名专业人员参加了培训。省文化厅助理巡视员郭立，山西省图书馆馆长、共享工程省中心主任李小强等领导出席了开课仪式。郭立巡视员向学员们传达了中央领导有关资源共享工作批示，他要求大家认真参加培训，为该省共享工程建设学好专业技术。李小强馆长介绍了该省公共图书馆发展的现状，以及共享工程建设的意义。他特别指出了图书馆除了发挥传统的职能以外，应重视发挥社会教育功能、文化娱乐功能，“共享工程”就是为广大读者和群众提供这些服务的新途径。对于全省的共享工程建设，李小强馆长强调，基层站点应加强管理，严格执行有关规章制度。广泛开展各种宣传活动，使广大读者充分了解、利用共享工程，以达到利用高科技手段传播先进文化的目的。各级图书馆、图书室只有有作为，才能有地位，才会引起政府的重视和支持，共享工程才能持续发展。这次培训，总结了以往的经验，主要从基础入手，设置了计算机基础、计算机设备维护、卫星通信技术、计算机网络知识等课程，同时注重上机实际操作；此外，还增添了图书馆学基础、图书馆学概论等图书馆基础业务课程。为山西省共享工程建设提供了技术保证，保障了今后站点建设的顺利进行，既为山西省共享工程建设培养了人才，也为山西省公共图书馆自动化事业的发展培养了人才。（学会秘书处）

【山西省图书馆组织业务骨干赴太原市图书馆试评估】 2003年11月11日，受省文化厅委托，李小强馆长、石焕发副馆长带队，山西省图书馆有关专业技术人员组成评估组，对太原市图书馆工作进行了试评估。在听取了太原市图书馆的有关情况介绍后，评估组即按预先分工开始评估。经过两天的紧张工作，通过审阅材料、现场提问、实地检查等多种途径，完成了对太原市图书馆的工作评估。同时，评估组在对太原市馆的评估过程中，也对全省公共图书馆工作有了较清醒的认识，为迎接明年文化部对省图书馆工作的评估积累了宝贵的经验。（学会秘书处）

【山西省图书馆音像资料收集工作得到社会支持】 长期以来，由于经费不足，音像资料收集数量、质量难以保障，无法满足读者的需求。为了解决这一难题，在省文化厅的大力支持与协助下，山西省图书馆与省新闻出版局经过多次协商，达成共识：从2003年11月起，由省新闻出版局图书处，负责具体征缴工作，并将呈缴之音像制品及时转交我馆。此项工作的落实，有利于省政府有关地方出版物呈缴制度的落实，有利于省图书馆地方版音像资料的收集和收藏，一定程度上缓解了省馆因经费紧张造成馆藏音像资料缺乏的实际困难，也为广大读者利用图书馆提供了方便。（学会秘书处）

【山西省图书馆与山西省诗词学会联合举办“中华诗词漫谈”讲座暨中国诗词发展研讨会】 “诗书通韵又同源，太白峰高路几千，心雨凝寒分别出，东坡云霓板桥烟。”为了倡导阅读社会，弘扬中华文化，2003年12月7日上午，山西省图书馆和山西省诗词学会联合举办的“中华诗词漫谈”讲座以及中国诗词发展状况研讨会在我馆举办。来自省诗词学会以及桃园、唐槐、难老诗社的20余位老先生以及60余位热心读者参加了这次活动。省诗词学会副会长李旦初教授就中国古典诗歌的发展梗概、当代诗词创作复兴态势、关于繁荣诗词创作的若干思考等问题做了深入浅出的讲解。诗词学会会员以及各个诗社成员就现代诗歌的发展现状以及未来诗歌的发展趋势等问题进行了热烈地讨论。发言中大家表示：希望省图书馆能经常举办古典诗词方面的欣赏讲座，给更多的读者朋友提供更多的学习古典诗词的机会；抓紧中青年诗歌创作兴趣的培养问题；同时希望更多的朋友，特别是青少年朋友积极参与，为古典诗词发展注入新鲜血液。（学会秘书处）

【山西省图书馆办公室主页正式与全馆职工见面】 随着省图书馆自动化工作的不断深入，实现全馆间的高效联系与无纸化办公就成为我馆办公自动化的一个重要目标，在没有任何经费投入的情况下，该馆开始摸索一种简便易行的自动化模式。经过认真的筹备，于2003年8月开始了办公自动化网页的建设，12月8日，“山西省图书馆办公室”网页正式在该馆局域网上发布，这标志着省图书馆办公自动化工作迈出了可贵的一步。（学会秘书处）

【李小强馆长赴离石、兴县等市县考察指导】 2003年12月11－13日，李小强馆长率领山西省图书馆有关专业技术人员，分别对吕梁市图书馆、兴县关向应图书馆及岢岚、岚县、娄烦等县图书馆的共享工程建站筹备情况、地方文献建设以及如何更好地发挥基层图书馆的作用等多个方面的工作进行了详细考察。李小强馆长强调指出，共享工程是一项投入少、见效快并可藉此实现基层图书馆跨越式发展的大好事情，一定要抓紧抓好。李馆长还表示，省馆虽然也很困难，但仍然会鼎力相助，同时希望他们也不要一味自艾自怨，而要自强自立，以作为求地位、求发展。（学会秘书处）

【山西省图书馆举办“少年儿童

'手拉手'中华古诗文诵读会"】 2003年12月20日，山西省图书馆举办了"少年儿童'手拉手'中华古诗文诵读会"，参加诵读的有来自榆次后沟希望小学的26名小学生和我馆的部分小读者。孩子们或慷慨激昂，或委婉低诉，纯真而质朴，用他们自己的方式再现了前人的风采。诵读篇目包括《长歌行》、《明日歌》、《满江红》、《答谢中书书》、《水调歌头》、《陋室铭》、《春江花月夜》、《少年中国说》等。为了改善后沟希望小学同学们的阅读条件，丰富他们的课外生活，提高他们的阅读能力，山西省图书馆还在榆次后沟希望小学图书建立了图书流通站，并向孩子们赠送了学习用具。（学会秘书处）

【山西省图书馆特藏部、地方文献部联手竞购珍贵文献】 2003年12月21日下午，省图书馆特藏部、地方文献部有关负责人一起参加了"2003年晋德艺术品拍卖会"，并成功竞买古籍地方文献善本2种36册、摩崖拓片1册、民国时期山西名人对联2轴。这是该馆首次通过参与拍卖活动采购文献，既扩展了该馆古籍文献的采购途径，又强化了图书馆社会化角色。（学会秘书处）

【山西省图书馆为弱势人群服务增加新内容】 多年来，山西省图书馆在为弱势人群服务方面，做了许多工作，读者好评如潮。但长期以来一直停留在帮读者借书、还书、查目录上。2003年，全馆各对外部门根据各自的实际情况，制定了为弱势人群服务的具体办法，包括为老年人提供花镜，为残疾人代查、代做专题目录，并开展了为眼疾读者"送温暖、送知识、送光明"的活动，使该馆为残疾读者的服务工作走向日常化、制度化。根据读者的要求，山西省图书馆还派专人上门为有需要的读者安装了计算机，并提供专题书目，使读者安坐家中就可查到图书馆的书目。（学会秘书处）

【山西省图书馆新年精神"大餐"嘉惠读者】 2004年元旦春节期间，山西省图书馆不仅照常开馆接待读者，而且还为读者朋友们准备了丰富的"精神大餐"：赏古琴、听讲座、看展览，为省城人民营造了浓厚的节日文化氛围。1月1日上午，省图书馆举办"中国古琴文化赏析"公益讲座。

大年三十（2月8日）下午，省图书馆与北岳文艺出版社联合举办文学讲座，邀请山西省著名作家李锐和蒋韵以《国际视野中的中国文学》和《我们正在失去什么》为题与广大读者进行了面对面的交流和探讨。

春节（2月9日）当天，举办了以轻松愉快的娱乐活动为主线，溶知识性、趣味性于一炉的"第三届小读者庆新春游艺会"。

正月十一（2月19日）与山西诗词学会联合举办了"2004年新春读者灯谜会"，特别邀请山西诗词学会制谜专家为读者朋友们精心准备了350余条灯谜，同时作《灯谜知识趣谈》专题讲座并对灯谜进行点评。

元旦春节期间，省图书馆还展出了由山西省摄影家协会副主席兼副秘书长王东风先生所拍摄的1000余幅作品中精选而来的"2004新年'山西古戏台'摄影作品展"，带领广大读者朋友们走进了"中国戏曲之乡"，领略山西古戏台的风貌。还展出了由本馆少儿部小学员们的作品精选而成的"少儿美术国画习作展"。

同时为省城少年儿童免费播放《地球发展史》、《银河之旅》、《跨越时空的文明》等系列科普影片近60部，在为孩子们送去科学知识的同时也为他们带来了阵阵欢笑。

中央电视台、黄河电视台、山西日报、太原日报、山西晚报、太原晚报等多家媒体都给予了报道。（学会秘书处）

【山西省图书馆举办职工摄影与散文随笔作品展】 2004年2月1日，山西省图书馆"职工摄影作品展"在本馆展厅展出，与此同时，首届职工散文随笔比赛获奖作品也在山西省图书馆网站上发布。其中大部分作品反映了陶唐峪的山光水色、风土人情，以及职工们情不自禁与大自然溶为一体的小画面。从作品来看，虽然摄影技巧与写作水平还显得有些稚嫩，但却真实地记录了大家对自然的向往、对生活的热爱和对美的追求。一定程度上展现了全馆职工的精神风貌。（学会秘书处）

【山西省"送书下乡工程"扎实推进】 2004年2月3日上午，山西省"送书下乡工程"在省图书馆举行启动仪式，省委常委、省委宣传部长申维辰、省政府副秘书长郭慧民、省人大教科文卫委员会主任卫凯、省政协文教工作委员会主任毕怀树、省财政厅副厅长石常明、省文化厅厅长成葆德、副厅长赵晋蓉等领导出席了仪式。成葆德厅长作了重要讲话，申维辰部长宣布山西省"送书下乡工程"正式启动。

2月6日起，成葆德厅长、郭立助理巡视员等厅领导与山西省图书馆李小强馆长、石焕发副馆长等先后率队赴昔阳、左权、和顺、平定、阳泉、寿阳、运城等市、县送书。针对送书工作，成厅长还提出要根据当地种植、养殖的实际情况和需要，对不同地域分送不同的图书，让科学知识的作用得以充分发挥。

作为该省送书下乡活动的协助实施单位，山西省图书馆接受两部赠书88452册，并抽调精兵强将加班加点分检、打包，按时、保质地完成了前期准备工作。（学会秘书处）

【山西省图书馆荣获山西省文明单位称号】 2004年2月25日，在山西省委、省政府召开的全省精神文明建设总结表彰大会上，山西省图书馆荣获"山西省文明单位"称号，郭彦新书记代表省图书馆出席表彰大会并上台领奖。（学会秘书处）

【山西省图书馆荣获我省"三八红旗集体"称号】 2004年3月1日上午，省城举行山西十大女杰、三八红旗手（集体）表彰大会。山西省图书馆在会上被授予"三八红旗集体"称号。郭彦新书记、石焕发副馆长代表省图书馆参加大会并领奖。（学会秘书处）

【北京大学信息管理系刘兹恒教授来馆举办学术报告】 2004年3月11日，山西省图书馆、山西省图书馆学会在省图书馆多功能报告厅联合举办了"当前我国图书馆事业发展中理论和实践的热点问题”学术报告会，特邀北京大学信息管理系刘兹恒教授主讲，来自山西省社会科学院、山西大学图书馆、太原市图书馆、重机学院图书馆、山西日报社、省委党校图书馆及我馆职工共180多人聆听了此次报告。

刘兹恒教授选取当前我国图书馆事业发展中的五个代表性热点问题为我们做了精辟的讲述。这五个热点问题分别是：关于网络环境下图书馆的生存发展和定位；关于数字图书馆建设问题；关于信息资源的“拥有”和“存取”；关于中国的《图书馆法》立法；关于在我国建立图书馆职业资格的认证制度。刘教授深入浅出、精彩生动的学术讲演，使大家对我国图书馆事业发展的走向有了更深入的了解。（学会秘书处）

【山西省图书馆为省体育局举办业务培训班】 2004年3月18日，应省体育局的邀请，山西省图书馆为其的下属的省体育运动学校、省游泳中心、省体育馆、省体育中心、省五龙沟体训基地、省射击射箭运动管理中心、省摔柔跆运动管理中心7单位的9名工作人员举办了图书馆基础业务培训班。主要讲授了新建小型图书室的流程及所需设备、图书分类与编目，并在省图书馆进行了实地考察与参观学习。（学会秘书处）

【三晋文化研究会向山西省图书馆捐赠图书】 2004年3月23日上午，“三晋文化研究会捐书仪式”在山西省图书馆举办，原省人大常委会主任、三晋文化研究所名誉会长王庭栋，原省人大常委会副主任、三晋文化研究会会长李玉明，三晋文化研究会副会长张捷夫、副会长张国祥、副会长兼秘书长罗广德、副会长刘纬毅、副会长降大任、副会长刘在文以及山西省文化厅和省图书馆的有关领导参加了捐赠仪式。三晋文化历史悠久，蕴藉丰厚，在中华五千年文明史上，占有重要的地位。作为三晋大地的子民，三晋文化研究会的所有成员数年来不辍耕耘，著述了大量的有关三晋文化的书籍。为了弘扬三晋文化精髓，展示三晋文化风采，丰富图书馆的馆藏，让更多的读者了解山西，了解三晋文化，三晋文化研究会把自己多年来编撰出版的包括《山西琉璃》、《山西古塔文化》、《傅山书法艺术研究》、《大周女皇武则天》、《三晋文化论丛》、《晋及三晋故事》、《晋文公重耳》、《毛泽东和山西的历史情结》等51种，300多册，价值11,948元的珍贵书籍捐赠给山西省图书馆。（学会秘书处）

【山西省图书馆举办档案工作培训班】 为了进一步提高档案工作人员的素质，加强档案队伍建设，2004年3月26日，山西省图书馆邀请省档案馆档案二处的安祥生老师，对全馆27位兼职档案员进行了培训。郭彦新书记就档案培训的意义、目的以及省图书馆存在的问题作了讲话。安老师根据《档案法》，结合该馆档案工作的实际，用生动的事例，对档案工作的重要性和必要性，以及什么是档案、如何收集档案和档案的利用价值，做了详尽的介绍，并与学员就档案工作的有关问题进行了讨论。提高了大家对档案工作重要性的认识，为该馆今后利用档案资料指导工作奠定了坚实的基础。（学会秘书处）

【文化部周和平副部长到山西省考察调研】 2004年4月4—7日，文化部周和平副部长、社文图司张旭司长等一行4人就山西省农民自办文化、资源共享工程、基层两馆建设进行考察调研。周副部长一行在省文化厅厅长成葆德、副厅长赵晋蓉等领导同志与省图书馆馆长李小强的陪同下，先后考察了长治、运城、晋中三市的市、县图书馆、农村图书室、农民电影放映队与文化大院，详细了解农村文化基础设施建设和具体管理办法，基层图书馆、农民书屋在工作中遇到的阻力和直面的难题。他指出：我国广大农村一方面文化生活贫乏，另一方面又蕴藏着兴办文化的巨大潜力，农民群众既是文化的受众者，又是兴办农村文化的生力军。政府文化部门的工作既要按照“三贴近”的要求，切实为农民服好务，又要充分调动广大农民自办文化的积极性和创造性。周部长一行还考察了“资源共享”工程在县级以下基层站点的推广情况，并在襄垣县图书馆现场观看了“资源共享”工程从基层到省中心的联网及影像资料的播放，肯定了成绩，提出了发展希望。（学会秘书处）

【山西省图书馆发出倡议提高青少年图书馆意识】 响应文化部3月23日发出的“公共图书馆要通过开设少儿阅览室、举办讲座、设立少儿集体参观接待日等方式，有针对性地向未成年人提供服务”的《通知》要求，山西省图书馆发出致中小学校长的一封信，提出：

一、不定期开展图书馆阅读和利用指导公益课堂。

二、开展小小义务图书馆员社会实践活动。

三、把每周二定为接待中小学生集体参观图书馆日。

四、定期为弱势群体，包括身体残疾和智障儿童送书上门，并建立图书流通站。

五、采取多种方式开展科普教育，如推荐优秀科普读物、举办科普知识竞赛等。

六、在每月的最后一个周六，举办一场“少儿专题讲座”；同时，在寒暑假期间开办中小学生文学名著、百科知识专题讲座。

七、开展各种形式的青少年网上资源利用引导工作，使青少年朋友正确掌握电脑知识，利于学习，避免不良信息的危害。同时培养青少年读者利用图书馆的各种现代化设施和文献信息资源，进行创造性思维活动。

八、开展青少年手拉手献爱心活动。让生活在城市中的学生到贫困地区体会学习，和希望小学的学生建立长期的手拉手互帮互助关系，培养青少年朋友艰苦朴素和乐于助人的美好品德。

希望各中小学校能在日常教育工作中，努力提高中小学教师和学生的图书馆意识，通过开展各种合作活动，共同提高中小学生的素质，让更多的学生走进图书馆，利用图书馆。山西省图书馆愿与各中小学校携手合作，为完善青少年朋友的知识结构，陶冶他们高尚的情操和人格，培养跨世纪的合格人才付出最大的努力！（学会秘书处）

【关注文化，关注民生，山西省图书馆积极参与地方建设】 在做好传统的图书馆服务工作的同时，近年来，山西省图书馆关注地方历史文化建设，关注人民生活，充分发挥自身优势，积极参与山西地方经济文化建设与发展事业，做出了令人瞩目的成绩。

在日常展览活动中，山西省图书馆优先考虑能反映山西地方历史文化的东西，先后举办了《纪念太原建城2500年老照片展》、《平遥“商人·女人·老人”老照片展》等历史照片展览，使人们对历史有了感性的了解。山西省图书馆还通过举办“山西省图书馆小读者摄影采风行”活动，组织小读者们来到了全国唯一的古村落农耕文化遗产采样地——榆次后沟村，与当地孩子手拉手，体验农村生活的艰辛，随后还以孩子们的摄影作品举办了“孩子眼中的乡土世界”摄影展。2004年11月5日，山西省图书馆又举办了“乳娘”纪实摄影展，对“中国乳娘第一村”——大同市周士庄镇散岔村进行了全面的反映，与展览同时，省图书馆还在馆内开展了“关注乳娘、关注孤残孩子”的爱心募捐活动。山西省图书馆还邀请省中小企业局部分相关领导、省城部分会计师事务所、律师事务所负责人以及部分大学专家教授，与山西省中小企业服务中心联合举办了历时两个月的“自主创业辅导”系列专题讲座，围绕创业意识与创业设计；创业的项目选择与风险控制；创业项目的市场启动；法律为自主创业保驾护航；得人才者得市场；创业赚钱的模式；SYB与创业致富；创业人员素质与创业政策解析；成功创业之路等内容进行专家讲解，为准备自主创业以及正在创业的读者朋友提供了学习的平台。（学会秘书处）

【山西省图书馆正在成为中小学生课外学习基地】 为了响应文化部、国家文物局提出的“有针对性地向未成年人提供服务”的《通知》精神，2004年，山西省图书馆进一步采取措施，加大了为中小学生服务的力度。一年中，先后举办了“增强法律意识，加强自我保护”等针对未成年人的专题讲座，以及以“感悟名师思想，体味阅读妙趣，领略文化神韵，享受交流快乐”为主题的山西省图书馆第三届暑期中学生讲座，先后吸引了大南关小学、羊市街小学、吕梁地区民间艺术团、太原市聋人学校等数所中小学校的师生到馆参观学习。省图书馆已经成为中学生朋友学习的重要课堂，通过这个没有围墙没有压力的课堂，他们开阔了视野，积累了知识。山西省图书馆将在不断加大对中小学生集体参观、学习的免费开放力度，更大程度地满足广大中小学生的阅读需求。一年中，中央电视台、山西电视台、太原教育电视台以及省城各大报纸多次对山西省图书馆的未成年人教育活动进行报道。（学会秘书处）

【山西省图书馆图书流通站落户太原市聋人学校】 2004年4月27日，在第十四个全国助残日到来之际，山西省图书馆在太原市聋人学校举行“山西省图书馆图书流通站建站暨捐赠图书仪式”，并向太原市聋人学校图书流通站送去第一批流通图书100册，以及职工捐赠的图书758册。（学会秘书处）

【山西省图书馆召开2004年中文图书采购招标会议】 2004年5月9日，山西省图书馆“2004年中文图书采购招标会议”在本馆多功能厅召开。山西尔雅书店有限公司、太原市二十一世纪锦绣图书（连锁）有限公司、新华书店北京发行所、山西春雨实业有限公司等五家图书营销公司报名竞标，在公开、公平、竞争的基础上，评标专家组、评标监督组的成员们在进行了市场调查和细致全面的研究后，制定了详细的采购原则并发放标书，并对各公司交送的标书进行了分析、评议以及询标，最终“山西春雨实业有限公司”脱颖而出，一举中标。对此次招标会议，省文化厅监察室的同志认为，它充分体现了山西省图书馆反腐倡廉的决心；既可提高采购质量，又可节约资金，是中文图书采购的一次很好的尝试。（学会秘书处）

【山西省图书馆“星期日讲座”走上荧屏】 “星期日讲座”是山西省图书馆从2000年5月开始创办的以“浓缩信息精华，聚焦百姓话题”为宗旨的读者活动。讲座先后邀请省内外高等院校、科研院所的学者、教授、专家走进图书馆讲座厅，向来自各行各业的读者讲授科学文化知识，传播先进文化与科技信息，发布国内国外最新学术动态。丰富多彩的讲座内容，精彩生动的演讲方式深受读者欢迎。许多读者放弃休息、放弃娱乐，跻身于图书馆讲座厅，把星期日讲座作为丰富自我、提升自我的知识殿堂，如今“星期日讲座”已举办190余场，接待听众近3万人，被誉为“思想圣殿，知识宝库”、“传递信息的桥梁，联系大众的纽带，一座面向社会没有围墙的大学”。为了让星期日讲座拥有更多的听众，2004年7月开始，山西省图书馆的“星期日讲座”与山西电视台科教频道合作，在每周六、日的“周末开讲”专题节目中系列播出。（学会秘书处）

【山西省图书馆“文源讲坛”在太原市供电局设立分会场】 2004年9月17日，山西省图书馆“文源讲坛”第四个分会场——太原市供电局分会场正式挂牌，此前，山西省图书馆已经在太原市五一路小学、太原市煤气化公司等单位设立了“文源讲坛”分会场。石焕发副馆长专程前往太原市供电局，对该局设立“文源讲坛”分会场表示了祝贺，并向200余名职工详细地介绍了山西省图书馆的服务内容，以及该馆目前举办的各种各样的讲座活动。（学会秘书处）

【李小强馆长被增补为中国科技成果管理研究会文化专业分会理事】 2004年10月11－15日，山西省图书馆李小强馆长在成都召开的中国科技成果管理研究会文化专业分会“文化科技管理”研讨会上，被吸收为该会理事，省文化厅科教处陈燕萍处长同时成为新任理事。（学会秘书处）

【山西省市县公共图书馆评估工作圆满完成】 截止2004年10月中旬，山西省市、县公共图书馆评估检查工作全面结束。受省文化厅委托，山西省市县公共图书馆评估工作由山西省图书馆全面负责。为了使评估真正起到以评促建，以评促改，促进全省图书馆事业不断发展的作用，接受这一任务后，馆领导专门召开会议，对参加评估工作的同志做了认真的培训，之后，全体人员分别对全省11个市的40余个市、县图书馆进行了检查，并写出了评估报告。从评估检查的情况看，山西省公共图书馆的硬件条件普遍较差，只有太原市图书馆、榆次区图书馆、汾阳市图书馆等少数几个市县馆在1998年第二次公共图书馆评估后在设施设备和业务建设、事业发展等方面有了较大的进步。但是在全省公共图书馆系统干部职工的共同努力下，全省的公共图书馆事业仍然取得了一定的成绩。(学会秘书处)

【山西省图书馆与加拿大卡尔加里图书馆建立友好合作关系】 2004年10月25日—11月5日，山西省图书馆向温哥华地区烈志文市公共图书馆、阿尔伯塔省卡尔加里市公共图书馆赠送了一批中文图书，副馆长石焕发应邀赴加拿大卡尔加里进行参观访问，并并与卡尔加里图书馆签订了包括资源共享、技术交流与合作、人员培训等方面的合作协议。中国驻卡尔加里总领事馆总领事宋锡柱、卡尔加里市副市长梅洛伟、卡尔加里图书馆执行董事谢利·米基等出席了赠书仪式。(学会秘书处)

【文化部专家组对山西省图书馆进行评估检查】 2004年11月9—10日，文化部评估专家组莅临太原，依据文化部颁布的《省级图书馆评估标准》，从办馆条件、基础业务、读者服务、研究辅导与协作协调、图书馆管理等五个方面对山西省图书馆进行了评估检查。并对山西省图书馆的工作给予了高度评价。郭彦新书记代表该馆对评估组专家表示了诚挚的感谢，并表示将在以往工作的基础上，努力贯彻以评促建、以评促改的方针，不断改进图书馆业务与管理工作，进一步做好各项工作，提高省图书馆在新时期的服务水平和办馆效益，更好地为全省人民提供优质的图书馆服务。(学会秘书处)

【山西省图书馆2004“全民读书月”活动丰富多彩】 为在全社会形成读书求知的浓厚风气，提高公众的科学文化素质，充分发挥图书馆传播科学文化、弘扬科学精神、引领先进文化的阵地作用，2004年“全民读书月”活动中，山西省图书馆围绕“享受阅读快乐，提高生命质量”的主题，举办了“团队的协作秘诀——解读畅销书《共好》与参与管理”、“从《红顶商人》看中国商人”、“《老板的革命》——解读民营企业的管理变革”、“请到思维科学中来——解读《思维的技巧》”等读书专题讲座与“电话营销技巧”以及“营销制胜”网上公益课堂。推出了《小人国》、《孕育华夏民族的黄金之水——黄河》《菲力猫》、《上帝赐予埃及人最珍贵的源流——尼罗河》、《鬼马小精灵》、《洗涤所有罪恶的圣河——印度河（恒河)》等动画、科普影片展播。同时举办“2004年度山西省图书馆优秀小读者评选活动”，鼓励亲子阅读。为新店劳教所劳教人员举办了《创造改变人生》读书报告会，并建立图书流通站，开展“送书上门”活动，进行阅读辅导。(学会秘书处)

【山西省图书馆馆藏中文文献数据库整理工作圆满结束】 为了实现机读目录数据的完整和规范化，推动基础业务工作再上新台阶，山西省图书馆根据业务工作标准化发展的需要，于2003年3月起，积极组织人力利用业余时间投入中文普通图书书目回溯建库工作。在此项工作基本完成后，2004年，省图书馆领导再次提出了中文馆藏报刊资料数据库的整理工作。至2004年8月止，相关工作任务全部顺利完成。整理工作对每条数据所有字段都进行了核实、补充、修改，达到著录的前后一致性，使数据更加完整、规范。(赵继红)

【江浙沪晋图书馆中青年论坛综述】 为加强山西与长江三角洲地区图书馆界的交流与合作，由山西省图书馆会、江苏省图书馆学会、浙江省图书馆学会、上海图书馆学会共同主办的“江浙沪晋图书馆中青年论坛”，于2004年6月6日至11日在太原召开。出席会议的45位代表分别来自江苏、浙江、上海与山西省的公共图书馆、大专院校和科研院所图书馆。在论坛开幕式上，特别邀请了国际图联管理委员会执委、中国图书馆学会学术委员会副主任、上海图书馆学会理事长、上海图书馆馆长、上海情报研究所所长、博士生导师吴建中教授作了题为《图书馆 vs 机构库—图书馆战略发展的再思考》的学术报告。吴建中教授就“图书馆技术路线、科学发展观与图书馆事业”等问题作了精辟的论述。他为各位代表介绍了最新的国外图书馆情报业发展与管理模式，并对我国图书馆面临的挑战与发展定位作了前瞻性地阐述。山西省图书馆学会常务理事、省城大专院校、医学、科研以及公共图书馆界的代表应邀与会议代表近200余人参加了开幕式。

山西省图书馆学会理事长、山西省图书馆馆长李小强、总支书记郭彦新、馆长助理袁长江、山西省图书馆学会秘书长、山西省图书馆副馆长石焕发等出席了开幕式。开幕式由山西省图书馆学会副理事长李景峰、浙江省图书馆学会副理事长王效良、上海图书馆学会副秘书长金小明共同主持。李小强理事长在开幕式中首先致辞，对各位来宾的到来表示由衷的欢迎。石焕发副理事长介绍了本届论坛论文的征集与评审情况；王效良副理事长宣布了获奖者名单；各位领导为获奖者颁发了证书。本届论坛收到论文77篇，经过专家学者的评审，评选出一等奖7篇、二等奖16篇、三等奖31篇。这些论文分别围绕本届论坛主题——“新世纪图书馆的作为”及9个分主题，从不同的层面进行了有益的探讨。其中不乏新颖而颇有见地的论述。

九位论文作者进行了大会发言。代表们就关心的问题进行了研讨与信息交流，并参观了山西省图书馆的各业务部室。

四省市图书馆界代表济济一堂，畅所欲言，为图书馆事业的发展建言献策。代表们针对图书馆的公益性、图书馆的评估体系、图书馆的生态链、全新的图书馆管理理念及网络技术和中青年图书馆员的作为等纷纷发表心得体会。本届论坛始终呈现出科学、严谨、活泼的学术氛围。同时山西悠久的历史，丰富的人文景观也为本次论坛增添了浓郁的地域和文化特色。(耿建华)

【“江浙沪晋图书馆中青年论坛”文集出版发行】 由山西省图书馆学会组织、主办的江浙沪晋图书馆中青年论坛于2004年6月6日至11日在山西太原召开。此次论坛征集到四省市图书馆界中青年工作者撰写的论文70余篇，经过专家的评选，有50余篇论文结集为《新世纪图书馆的作为》一书，由山西省图书馆学会、山西省图书馆编辑，山西人民出版社于 2004 年 12 月正式出版发行。论文作者分别来自四省市的公共图书馆、科研院所图书馆和大专院校图书馆。这些论文分别围绕此次论坛主题—“新世纪图书馆的作为”，从不同角度与层面进行了广泛的研究与探讨。内容涉猎“图书馆自动化管理与人性化管理”，“网上资源的利用和控制”，“图书馆网站建设”，“图书馆组织形象识别”，“图书馆自动化条件下的财产管理”，“新的历史条件下的特色馆藏建设”，“图书馆在信息行业中的优势和竞争”，“传统业务工作方式变革”，“图书馆社会角色的发展与变化”等方面，较为集中地反映了图书馆在新的历史时期生存与发展所面临的问题，以及图书馆界共同关注的热点话题。其中不乏新颖而颇有见地的理念与观点，具有一定的学术参考功能与收藏价值。（耿建华）

【上海市公共图书馆馆长研讨班一行赴晋考察调研】 为加强晋沪两地公共图书馆的协作与交流，相互学习，共促共享工程向纵深发展，上海市公共图书馆馆长研讨班一行 22 人，于 2004 年 9 月 5 日抵晋，对我省公共图书馆的共享工程建设及利用情况进行考察调研。上海市公共图书馆馆长研讨班成员全部为上海市所属各区、县图书馆馆长及上海图书馆有关部室、上海图书馆学会的负责同志。

9 月 7 日上午在山西省图书馆多功能厅，举行了上海市公共图书馆馆长研讨班一行赴晋考察调研经验交流会。

各位来宾首先观看了山西省图书馆的馆情资料片，对山西省图书馆有了一个感性的认识。李小强馆长介绍了山西省共享工程建设及利用情况。他指出：山西是我国中西部地区的欠发达省份，尤其是近几年我省有相当一部分基层图书馆没有馆舍，没有或有很少的购书经费，县级图书馆的功能日渐萎缩，无法满足广大人民群众对知识与科学技术的渴求。经过我们的考察、调研、论证，决定在全省实施文化信息资源共享工程，尽可能地改善当地群众文化生活相对贫乏与落后的状况。这是一项切合我省实际的、切实可行的措施。不仅可以激活基层图书馆，而且可以丰富人民群众的文化生活。通过几年来的工作，我们看到共享工程具有三个优势：

1、为基层群众送去文化信息资源；2、通过先进技术设备的安装，使落后的基层馆跨入现代化的行列。截止目前，我省共享工程基层站点已达到 60 余个；3、由于政府的高度重视与大力支持，推动了山西省图书馆现代化设备的进步与完善。最近我们又与电信部门合作为各基层站点安装了宽带网，这样各基层站点又多了一条信息传输网络，使更多的老百姓从中受益。

李小强馆长认为，现在国家中心投送的资源还比较单一，缺乏丰富性与个性化。今后要为社会提供针对性与个性化的服务，就需要得到各地图书馆的支援，同时各馆也可以通过互联网利用山西省馆的馆藏信息资源。我们争取用三年的时间，在全省范围内普及共享工程基层站点并完成相关的数字化配套工程。瞄准尖端，更好地发挥图书馆的职能作用。

上海图书馆协调辅导处副处长余江简要介绍了上海市共享工程建设及实施计划：上海作为经济发达地区也要向山西学习。共享工程在上海得到各级政府的极大重视，先后拨出 140 多万元用于共享工程上海中心的建设。年内计划建成 53 个基层站点，同时推进信息资源的五个进入，即进入部队、进入学校、进入社区、进入企业、进入农村。利用共享工程为社区提供文化信息服务，将社区信息园装配其中。政府准备拨出 3 千万元，用于社区信息园的建设并使其具有文化传播功能、中小学生第二课堂的教育功能、社区影视放映功能、公众信息查询功能、市民与政府的沟通功能、社区远程医疗咨询功能等。愿晋沪两地携起手来，为共享工程及图书馆事业共创美好的明天。

通过座谈交流，我们看到上海市的共享工程建设比较我省已建成的站点更具有综合性、开放性与服务性，做到了高起点与高质量，值得我们学习和借鉴。

在晋期间，上海市公共图书馆馆长研讨班一行深入基层，对山西省的忻府区图书馆、榆次区图书馆、太原市图书馆、运城市盐湖区图书馆的共享工程基层站点建设及利用情况做了实地考察。

上海市公共图书馆馆长研讨班一行为我们带来了更加新颖、更加开放的共享工程建设理念，使我们受益非浅。9 月 11 日上海市公共图书馆馆长研讨班一行结束了对晋的考察调研返回上海。（耿建华）

【美国“国家图书馆东亚部之友”执行秘书英惠奇女士访问山西省图书馆】 应山西省图书馆学会的邀请，美国“国家图书馆东亚部之友”执行秘书英惠奇女士，于 2004 年 10 月 14 日来到山西省图书馆做短暂的学术访问。

山西省图书馆党总支书记郭彦新，山西省图书馆学会副理事长兼秘书长、副馆长石焕发，山西省图书馆学会副秘书长贾西全以及省馆各业务部门负责同志与英惠奇女士进行了业务交流座谈。郭彦新书记首先向来宾介绍了山西省图书馆的历史沿革、藏书量、服务方式、服务内容、读者活动等。英惠奇女士对此表现出极大的兴趣，特别对省馆的藏书数量、古籍特种文献尤为关注。英惠奇女士向大家较为详细地介绍了美国图书馆的分类及职能；介绍了美国郡级公共图书馆的经费来源、书籍采访、工作人员的素质情况、服务理念、服务方法。使在座的各位了解到一个开放的、打破时空局限、最大限度地满足公众读书需求的、一个现代化的美国郡级公共图书馆的概貌。先进的管理方法及经营理念，以人为本的读者服务活动，代表了当今图书情报业的发展方向，使各位深为赞叹。英惠奇女士饶有兴致的回答了与会者的提问，大家就关心的问题，如工作人员的素质培训、经费来源、美国的“图书馆之友”所开展的活动等话题进行了交流与探讨。

英惠奇女士还在石焕发副理事长的陪同下参观了省馆有关部室。参观后，英女士表示，山西省图书馆的各项业务工作开展得有生有色，丰富多彩。特别是在为读者服务方面，更是精心策划，认真组织落实。从咨询服务到星期日专场讲座，实现了个别读者有针对性的服务与广大读者广泛教育服务的结合，为未成年读者提供了优美的阅读环境。多功能的服务设施，满足了不同年龄段少儿读者的需求；书画培训及展览体现了读者服务的成果。英女士为山西省图书馆做出的工作成绩感到欣慰。望今后双方加强联系与协作，共同促进双方的事业不断发展。

英惠奇女士曾获台北东吴大学法学学士，美国田纳西州私立范德堡大学图书管理系硕士，具有美国佛罗里达州州立大学东亚研究所硕士工作经历，从事图书馆工作多年，退休前为美国马里兰州乔治王子郡公共图书馆馆长。（耿建华）

【2004年度山西省高校图书馆基本情况】 截止2004年底山西省共有在教育部备案的高等学校43所，其中本科院校17所，专科院校5所，高等职业专科学校21所。

2003年山西省高校图书馆同各行各业一样经历了一次非同寻常的，抗击“非典”的无硝烟战争，并取得了胜利。“非典”期间各高校图书馆都坚持了基本正常的工作，并摸索总结出了一套公共卫生应急方法。

2004年4月27日至30日，山西省高等院校图书馆馆长会议在山西省长治市召开，会议由晋东南师范专科学校图书馆承办。山西省高校各本、专科和高职高专以及成人院校图书馆的馆长50人参加会议。会议讨论通过了山西省高校图工委2002-2003年工作总结和2004年工作计划。太原理工大学图书馆副馆长陈晰明和华北工学院图书馆馆长武金有分别介绍了本馆在本科教学水平评估工作中的情况，为今后即将迎接教育部评估的学校提供了宝贵经验。太原重机学院图书馆馆长幸玉亮做了“图书馆建筑与建设”的专题发言，为准备建设新馆舍的图书馆开拓了思路，提供了经验。晋东南师专图书馆副馆长程世平作了“把握机会、迎接挑战”的发言，重点介绍了他们在“强校升本”期间抓住机遇，狠抓内部管理，大力推行人事制度改革，实行岗位聘任制的情况。图工委通报了集团采购情况。会议还就“图书馆评估”、“图书馆管理”、“图书馆新馆建设”三个主题分组进行了讨论。（学会秘书处）

【山西省高校图书馆学术交流及活动】 2003年9月21日至23日，华北地区高校图协第十七届年会在我省大同市召开，来自华北五省（市、自治区）高校图书馆的代表133人参会。会议由雁北师范学院图书馆承办。本届年会除了按照以往惯例举行了大会主旨发言、大会论文代表发言和分组讨论外，还表彰了华北五省（市、自治区）高校图书馆评选出的33个先进图书馆、5个先进部（室）、177名先进个人。山西省高校图书馆共评出7个先进图书馆、1个先进部（室）、27名先进个人。这是自1992年以来华北高校图协进行的第二次表彰。会议还决定今后要定期对长期在图书馆工作中爱岗敬业、无私奉献的同志和在高校教学与科研、服务育人中发挥重要作用的先进集体进行表彰。

2003年12月3日下午，德国施普林格出版社（香港）有限公司北亚洲区营业总监朱文成先生和刘培女士在山西大学图书馆会议室举行了“Springer Link新接口介绍和培训”。山西省高校用户参加了培训会。

2004年3月12日下午，成都世云书店有限责任公司在山西大学图书馆召开了“新形势下图书馆文献资源建设交流会”。全省部分高校图书馆馆长和采编人员参加了会议。

2004年5月18日，“2004年万方数据‘知识服务’培训交流会”在山西大学图书馆报告厅举行。国防科工委信息中心研究员，国内知名情报学专家曾民族先生作了“数字时代的新技术”的报告。北京师范大学信息系贾延霞老师作了“国内外热点数据库介绍暨网络信息资源检索与利用”的专题报告。全省图书情报界和学校师生近百人参会。

2004年9月24日，由清华同方光盘股份有限公司主办，山西大学图书馆协办的“CNKI网络资源共享平台发布会”在山西大学图书馆报告厅举行，来自全省图书情报单位的70余名代表参加了会议。会上清华同方光盘股份有限公司知识网络事业本部总经理助理潘守东先生作了题为“CNKI网格资源共享平台设计思想与服务方案”的主题报告，之后有关人员就“CNKI网络资源共享平台”和“TPI. 31系列软件产品”以及“CNKI数字图书馆系列数据库产品”进行了介绍。会议期间，清华同方光盘股份有限公司的各位业务主管与参会的代表进行了互动座谈。

2004年10月21－22日，“山西省高校图工委采编暨自动化专业委员2004年年会”在太原理工大学图书馆举行。来自全省23个院校图书馆的38位代表和太原理工大学图书馆自动化研究所的代表，共40余人参加了年会。会上，山西大学图书馆、雁北师院图书馆、太原科技大学图书馆、太原理工大学图书馆的同志分别介绍了本馆自动化和采编工作经验及碰到的一些问题。与会代表分自动化和采编两个组进行了讨论和交流。通过交流，大家对各自工作中的经验和不足有了新的认识。同时，代表们也提了一些建议和意见。

2004年11月15－19日，山西省高校图工委在山西大学图书馆举办“中文普通书刊暨电子资源编目培训班”。全省部分高校图书馆的文献分编人员22人参加了培训。培训班主要讲授了中外文书刊和电子文献编目规则和实例。

2004年12月－18日，山西省高校图工委组织本省21所高校图书馆的馆长赴东北地区高校图书馆进行考察学习，先后参观考察了大连理工大学图书馆、大连海事大学图书馆、辽东大学图书馆、沈阳师大图书馆、沈阳理工大学图书馆和哈尔滨工业大学图书馆。东北地区高校图书馆的建设，近年来发展非常迅速，许多新馆舍给大家留下深刻的印象，如：沈阳师大图书馆富有人文精神和高文化品位的设计、沈阳理工大学图书馆大空间、通透式的现代化新馆都给人耳目一新的感觉。山西高校图书馆的馆长们主要就图书馆的人事制度改革、图书馆的制度管理以及图书馆的数字化建设和图书馆新馆建设等问题与东北高校图书馆的馆长们进行了深入广泛的讨论。馆长们感到，东北地区经济的发展与山西相差不很远，但高校图书馆的发展与管理水平却比山西高校图书馆要快、要高，有很多值得我们学习之处。大家表示，一定将此次学习考察的经验带回去认真消化，并应用于实际工作，使山西高校图书馆的工作加快发展。（学会秘书处）

【山西省高校图书馆开展资源共享情况】 为了缓解山西省高校图书馆经

费紧张，文献资源短缺的状况，有效地推动本省高校图书馆的文献资源共建共享，山西省高校图工委在2003年与2004年与几家公司多次谈判协商，最终与五家数据商达成了集团采购的协议。此外，图工委还组团参加了CALIS组织的中外文数据库的集团采购。通过集团采购，有效地利用了经费，也带动了中小型图书馆的数字化建设。

【《晋图学刊》发展现状】 在全省图书馆届的大力支持下，《晋图学刊》不断提高办刊质量，2003年有季刊改为双月刊，为全省乃至全国图书情报界提供了更加广阔的学习、探讨、交流的园地。（李嘉琳）

内蒙古自治区

【概况】 在建设民族文化大区有利形势的推动下，内蒙古自治区公共图书馆经过不懈的努力，其各项工作有了长足的发展和进步。特别是通过第三次评估定级工作的开展，各地方政府均给予了极大的重视和支持，全区公共图书馆无论办馆条件的改善、设备的更新和计算机的广泛使用、馆藏文献的开发与数字化加工以及读者服务工作，都有了较大的提高。截至2004年底，内蒙古自治区共有旗（县、区）以上公共图书馆108个，高校图书馆27个。公共图书馆中，自治区级馆1个，盟（市）级馆12个，旗（县、区）级馆94个，少年儿童图书馆2个。2003年旗（县、区）以上公共图书馆馆舍面积13万平方米，阅览室席位14千个，年新购藏量140千册（件），文献总藏量7068千册（件），缩微制品和视听文献经过多方努力有了快速增长，为进一步加强内蒙古自治区民族与地方文献的收藏力度，公共图书馆界先后组织召开了不同级别不同类型的民族与地方文献工作专题会议，进一步统一了认识、规范工作流程、完善呈缴制度，使自治区公共图书馆步入特色办馆之路。

随着办馆条件的不断好转，各地区的馆藏文献开发与利用工作有了显著的提高，多数馆根据当地读者群的需要和馆藏文献的侧重点，积极编辑出版形式不同、且实用可行的文献信息，推荐给用户，并取得了良好的成效。为更好地服务社会和读者，自治区各公共图书馆走出原有的阵地式服务，积极探索读者工作的新途径，加大街道社区图书流通站建设，举办多种形式的读书活动和科技下乡活动，丰富群众文化生活，给群众送去了丰厚的精神食粮和实用的种、养殖技术。2003年，全区公共图书馆组织读者活动652次，参与人数125千人次，收到良好的社会效果，读者工作呈现多样化、制度化。

在广泛开展各项业务工作的同时，自治区各系统图书馆继续加强从业人员的业务基础培训，注重人才的培养和选拔，并有针对性地强化了计算机应用和数字化加工方面的培养和录用，相继建成了具有鲜明特色的民族与地方文献数据库，数字化文献加工工作有了显著的进展。在日常工作中，内蒙古自治区充分发挥图书馆学会的纽带作用，密切联系，互通信息，广泛开展学术研究和业务交流活动，全面地推动了自治区图书馆界的业务工作，逐步走上了标准化、正规化的办馆之路。截至2003年底，全区公共图书馆总藏量707万册（件），流通总人次291万人次，图书外借264万册次，解答咨询21490条，代检索课题485项，编制二、三次文献902种，接待读者2906千人次。（林胜）

【内蒙古自治区图书馆回溯建库工作接近尾声】 2004年内蒙古自治区图书馆集中本馆业务专业人员70余人开展了大规模的回溯建库工作，经过近半年的努力，克服了时间紧、任务重以及高温酷暑等不利因素，目前，此项工作已进入尾声，预计十月底前将全面完成。（林胜）

【“第二届中美合作面向中国西部高级图书馆员研究班”在内蒙古大学图书馆举办】 为了提升我国西部和欠发达地区图书馆发展水平，支持中央西部大开发战略，发挥内蒙古大学图书馆在西部大开发中的作用，在内蒙古大学图书馆领导的积极争取和努力之下，“第二届中美合作面向中国西部高级图书馆员研究班”于2004年7月16日至28日在内蒙古大学举办。本次研讨班引起了国内外的广泛关注。亚联董积极给予财经资助，教育部批准，武汉大学、内蒙古大学给予了支持。

来自国内23个省市自治区的80余名学员和我区80余名旁听生接受了为期14天的强化培训。他们与中美专家一道，共同研究数字化信息资源组织与检索、数字图书馆、信息资源数据库开发、信息资源配置与共享、数字图书馆法律、数字化参考服务等关键技术问题。

为期14天的研究期间还举办了教育部信息资源公共获取高级研讨班和信息资源公共获取与数据库管理学术研讨。参加研讨班的专家和学员参观考察了内蒙古大学图书馆，一致认为内蒙古大学图书馆在文献资源建设与学术服务方面达到了国内先进水平。（索娅）

【CALIS内蒙古自治区文献信息服务中心成立】 CALIS内蒙古自治区文献信息中心经内蒙古自治区教育厅的批准，于2004年底成立，该中心的建设总目标是：在内蒙古自治区教育厅的统一领导下，把政府和CALIS投资、现代化图书馆理念、先进的技术手段以及内蒙古自治区高校丰富的文献资源和人力资源整合起来，建设以数字图书馆为核心的教育文献联合保障体系，实现信息资源共建、共知、共享，以发挥最大的社会效益和经济效益。2005年底，初步建立起与国内先进水平同步的、有一定地区和民族特色的内蒙古高等教育数字图书馆，为内蒙古自治区高等教育的人才培养和科技创新提供有利支撑。

该中心的各类服务业务将严格遵守《中国高等教育数字图书馆技术标准与规范》，建设成果将由内蒙古自治区教育厅、CALIS管理中心、内蒙古大学3方共同所有，服务和运行由内蒙古大学负责进行实施。中心建设投入经费114万元，其中CALIS 11万元，地方政府和学校自筹103万元。（索娅）

【内蒙古师范大学盛乐校区图书馆建成开馆】 内蒙古师范大学盛乐校区图书馆，馆舍五层，设借阅一体的开放型阅览室8个，外加展厅、密集书库和两个大报告厅，建筑面积20029m^2。馆舍于2003年上半年开始建设，2004年

9月基本完工。为迎接本科水平评估，我馆在短时间内安装书架桌椅，搬迁15万册书刊，向新生发放借书证。10月11日，盛乐校区图书馆正式开放，四个藏阅一体的借阅室和自学室接待读者。11月底，108机位的图书馆电子阅览室开放。目前开放阅览席位1308座。（刘羚）

【华北图协工作会议在内蒙古自治区召开】 2005年6月20日，华北图协工作会议在内蒙古风景秀丽，气候宜人的呼伦贝尔市召开。出席会议的各馆领导和有关同志首先介绍了本馆“文化信息资源共享工程”建设工作的进展状况，并交流了各自的经验和体会。其次，就内蒙古图书馆提交的协议，各馆展开了讨论，最后修正通过并签字生效。（忒莫勒）

【自治区文化信息资源共享工程中心建立并平稳运行】 “内蒙古自治区文化信息资源共享工程中心”在自治区文化厅、财政厅的统一领导下，由内蒙古图书馆承办，以国家图书馆和内蒙古图书馆的网络资源服务平台为依托，充分利用现代高新技术手段，将各种类型的文献信息资源以及贴近大众生活的现代社会文化信息资源，进行数字化加工处理与整合，通过全区公共图书馆、群众艺术馆、文化馆、文化站等文化设施和社会各界网络传输系统进行文化信息传输，形成由省级分中心、市级分中心、基层分中心组成的网络，使优秀文化信息资源走进社区、走进军营、走进企业、走进校园、走进农村，最大限度地实现优秀文化信息资源在全区范围的共建共享。

2005年内蒙古自治区文化信息资源共享工程中心资金投入100万元，用于共享工程内蒙古分中心一期工程千兆局域网改造、硬件、软件平台等建设，一期工程九月底完成。共享工程内蒙古分中心已建基层中心14个，年底将再建成20个基层中心。基层中心将担负起“共享工程”文化信息资源利用的辅导和导航作用，使“共享工程”有效地辐射到社会的每一个角落。（张树杰）

辽宁省

【丹东市图书馆】 丹东市图书馆是国家一级图书馆。2003年以来，围绕服务这个主题，通过抓基础促业务、抓网络促共享、抓管理促服务、抓学习促队伍，自身服务优势进一步发挥，服务功能进一步完善，服务职能进一步突出，服务效果进一步增强。在2001－2003年度“辽宁省公共图书馆优秀服务成果奖”及“应用科研成果奖”评比中，我学会有15名同志的7项服务成果分获特等奖，二、三等奖，市图书馆荣获集体服务成果奖。2004年4月丹东市图书馆被省委、省政府命名为“精神文明建设标兵单位”。

自动化建设再上台阶：2003年12月丹东市图书馆与省图书馆正式签署参与实施“全国文化信息资源共享工程”的协议。2004年，积极争取市财政专项经费30万元，购置了DELL系列服务器、磁盘阵列、磁带机以及千兆网络交换机等现代化设备。8月中旬，“共享工程”网站正式对外开通。同时完善“丹东市图书馆网站”建设，对网站内容和栏目设置进行了更新，实现了“丹东大事记”、“丹东历史名人”、“江城风貌”等栏目的全文及多媒体数据库链接；加快网上信息资源建设，购入并安装“书生之家”电子图书7万余种，实现了在线全文阅读。自动化建设步伐的不断加快，为图书馆开展网络化信息服务，形成自身服务特色和品牌打下了坚实基础。

读者活动丰富多彩：2004年，市图书馆创新读者活动思路，突出活动主题，以丰富多彩、形式多样的活动，使图书馆的社会教育职能进一步凸显。例如，突出服务未成年人的主题，举办了《爱我家乡》征文活动，吸引20余所中小学校的万余名学生参加，并征集文章2000余篇，创造了该馆近年来活动规模之最；着眼青少年在体验中成长，体会劳动艰辛，创办了“争当一日小馆员”活动，为中小学生社会实践开辟一块新天地；采用与企业“联姻”方式，争取中国电信丹东分公司赞助，在《丹东日报》上举办了“未成年人思想道德建设知识测答赛”，回收答卷3000余份，并对590名成绩优秀者进行了表奖，扩大了自身服务声势和社会影响。

科技下乡坚持不懈：从1986年开始，市图书馆调整服务重心，开展面向农业、农村、农民的服务。十几年来，坚持科技下乡常下乡。仅2003－2004年，先后深入到全市农村乡镇村屯举办信息发布会、科普活动31次，发放实用科技信息资料73100份。用实实在在服务农民的真情和义举，赢得社会各界广泛赞誉，两年来，省、市新闻单位先后12次报道我馆“下乡兴农”情况。

馆舍改造日臻完善：2003年10月，市财政投入10万余元专项经费对市图书馆前院进行彻底改造。改造后的图书馆前院收发室装饰一新，电动门、20余延长米的画廊取代了原来的大铁门及临街门市房。院内修建了380平方米的绿地，从而营造出浓郁的“书香门弟”氛围，进一步提升了图书馆在市民心目中的形象。2004年，又投入资金20余万元，对馆内锅炉、卫生间及部分设施进行改造，使图书馆服务功能进一步完善。（丹东市图书馆）

【丹东市少年儿童图书馆全面开馆】 该馆成立于1991年10月，其前身是市图书馆少儿部。2002年，市政府投资100万元在原址建设新馆，国家财政部又拨专款80万元，购置了新的服务设施与设备。新馆馆舍面积1134平方米。全面开馆后的少儿馆在原有服务窗口的基础上增设了电子阅览室、幼儿玩具室、多功能活动厅、大屏幕投影等设备，基本上实现了图书馆管理、业务管理和馆内办公自动化。该馆环境舒适、设备先进、功能齐全，正成为众多小读者课外学习和活动的中心场所。（丹东市图书馆）

【东港市图书馆新馆落成】 该馆于2003年7月2日开馆。新馆位于市中心广场，毗邻市府大楼，建筑面积3476平方米，总投资700余万元。该馆的建成使用为读者提供了一处宽畅明亮、环境优美的学习环境，从根本上提升了东港市图书馆的办馆条件。2004年，东港馆充分利用省政府“扶持文化馆、图书馆建设”的政策，又争取到财政投入40万元，建立了电子阅览室，

接入了因特网，安装了易通图书馆自动化管理系统，从而实现了业务流程自动化管理。（丹东市图书馆）

吉林省

【概况】 截至2004年，全省共有县级以上公共图书馆62所，其中省级馆1所，副省级馆1所，市（州）馆9所（包括少儿图书馆1所），县（区）级馆51所（包括少儿图书馆2所）。全省县级以上公共图书馆馆舍总面积达13.66万平方米（其中书库面积3.29万平方米，阅览室面积3.67万平方米），比2002年增加2.06万平方米。阅览座席1.19万个，其中少儿阅览座席3408个。藏书总量1118万册（件）（其中开架书刊423.57万册），与2002年相比，新增入藏量47.4万册（件）。2004年总流通468.2万人次，书刊文献外借196.2万人次，流通书刊375.3万册次。2004年各馆举办读者活动737次，参加人数达到57.7万人次。2004年计算机总量达1459台，有15个图书馆通过自筹资金、贷款或与社会力量合作等办法建立了电子阅览室，电子阅览室终端649个，网站38个。作为全国文化信息资源共享工程的首批试点之一的省份，依托省、市、县各级公共图书馆，全省已建“共享工程”服务点69个。2004年从业人员1788人，其中高级职称154人，占总人数的8.6%，中级职称636人，占总人数的35.57%。2004年财政拨款5202万元，比2002年增加1105.2万元，其中新增藏量购置费659.1万元，比2002年增加7.1万元。（马慧艳）

【吉林省实施文化信息资源共享工程初见成效】 2002年12月，吉林省共享工程省级分中心与国家中心签订了工作协议，成为全国首批试点的省级分中心之一。按全国文化信息资源共享工程的总体规划，结合吉林省实际情况，在充分调研的基础上，省文化厅、省财政厅联合制定了《吉林省文化信息资源共享工程实施方案》，在全省推广开展“共享工程”建设。首先，加强省级分中心的建设，在“共享工程”专项资金未到位的情况下，吉林省图书馆采取集资、赊购、借款等办法，先后投入资金100多万元，在原有机房基础上增加资源加工与发布服务器、百余台微机、数码相机、数码摄像机及扫描仪等设备，改善网络环境，成立数据制作部，建立小型数字化加工车间，自建具有吉林省特色的全文数据库，使省级分中心初具规模。其次，本着“试点先行、以点带面、点面结合、逐步推开”的建设原则，先在硬件条件较好的学校、军营、社区、农村和公共图书馆做示范，建立基层中心，再由基层中心向外辐射，建设基层站点。到2004年末，全省已建“共享工程”基层网点69个。其中，镇赉县图书馆基层中心因工作表现突出，在2004年3月被文化部评为“全国文化信息资源共享工程基层中心先进单位”，成为东北三省唯一被表彰的先进单位。第三，按照国家中心的要求，由省级分中心对全省的资源建设进行总体规划，通过自建、购买等方式建设一批集文本、图像、音频、视频于一体的多媒体数字资源库群。第四，制作具有吉林地方特色的文化信息网、少儿网站和“共享工程”宣传短片，宣传“共享工程”。省级中心通过互联网、卫星、光盘邮寄等多种渠道下载、整合资源几百GB，刻录光盘5000多张，为基层百姓服务。到2004年年末为止，共举办大型活动130次，有近15万人次接受了“共享工程”的服务。第五，培养一批技术人才。省级中心先后派5人到国家中心进行培训，同时为各级基层中心和站点培训技术人员50余人。（吴爱云 马慧艳）

【文化部对吉林省图书馆、长春市图书馆评估检查】 2004年10月11—16日，国家文化部评估专家组一行4人莅临吉林省图书馆和长春市图书馆，进行全国公共图书馆第三次评估。他们分别是中图学会副理事长、原国家图书馆副馆长孙蓓欣、文化部社文司处长张小平、湖南省文化厅处长邹健、浙江省图书馆副馆长刘晓清。评估组先按照评估标准的六大部分对两馆自1999年以来的各项工作进行了全面评估检查，之后按照评估程序由组长孙蓓欣同志代表评估组对吉林省馆的评估结果进行了反馈。孙蓓欣分别从班子凝聚力、员工素质、信息咨询服务、特色资源建设、基础业务建设、管理、基层辅导等8个方面对吉林省馆这几年来的工作给予了充分肯定，认为省馆班子是一个以人为本、求实创新、开拓进取的班子，吉林省馆是一个硬件不硬、软件不软、事业发展与时俱进的图书馆，同时就省馆目前的馆舍条件、经费投入、业务工作中的不足之处提出了改进建议。其他几位专家也分别就几方面工作给予了高度评价。评估组对长春市馆的基础业务建设、为弱势群体服务、社会教育培训、网络延伸服务、业务研究、领导班子建设、科学管理、人才队伍建设、馆容馆貌和设备设施建设等方面给予了充分肯定，对长春市委、市政府多年来对图书馆在经费等方面的支持给予了高度赞扬。省文化厅尹俊明副厅长及长春市政府何泉秀副秘书长、长春市文化局龙华局长等领导分别参加了吉林省馆和长春市馆的反馈会。（马慧艳 阚立民）

【文化部周和平副部长视察吉林省图书馆和长春市图书馆】 2004年8月3日上午，文化部副部长周和平、社文司司长张旭等一行在省文化厅副厅长尹俊明同志的陪同下，利用“全国文化厅（局）长座谈会”间隙到省图书馆视察，对省馆新增设的几个重点服务窗口逐一巡视，详细询问了自动化网络建设情况。当看到省馆把大部分空间都提供给读者利用、各个阅览室和自修室座无虚席时，周部长非常高兴，连声称道：“馆舍面积虽然不大，能利用到这种程度实在不容易，图书馆就应该这样办。”视察过程中，周部长听说省馆刚

文化部副部长周和平一行视察吉林省图书馆

刚招聘了一批大学生，特意到借阅部看望了他们并提出殷切希望。最后他还向全馆中层干部做了重要讲话，他说："吉林省图书馆的员工精神面貌很好，人气很旺，在办馆条件非常有限的情况下，做了很多工作。馆舍困难是暂时的，我愿意帮助你们呼吁。"

周和平副部长在长春市图书馆与义务小馆员亲切交谈

随后，周和平一行在长春市副市长安莉、市文化局局长龙华同志陪同下视察了长春市图书馆，对图书馆的扩建改建工程、设备设施改造、自动化网络化建设、特别是读者服务等工作给予了充分肯定，称赞长春市馆是一个在副省级图书馆，甚至是在省级图书馆中也很有影响的、为数不多的具有自己特色的图书馆。（马慧艳 阚立民）

【吉林省文化厅组织开展"全省未成年人读书征文"活动】 为充分发挥图书馆以书育人的教育功能和知识信息的传递职能，加强未成年人思想道德建设，2004 年 9 月—11 月，由吉林省文化厅主办、省图书馆协办的"全省未成年人读书征文"活动在全省范围内展开。省内各级公共图书馆积极响应，采取多种形式宣传组织中小学生阅读推荐书目，并指导其写出读书心得。全省共有 5 万多名中小学生参加了此项活动，各图书馆报送稿件 2856 篇，有 100 篇征文分获一、二、三等奖和鼓励奖，有 14 个公共图书馆获组织奖。（马慧艳）

【吉林省图书馆四轮改革成效显著】 受计划经济体制的长期束缚和经费投入等方面因素影响，吉林省图书馆发展相对滞后，与全国先进图书馆相比差距十分明显。为改变这种落后状况，吉林省图书馆作为省文化厅的改革试点单位，从 1999 年开始，从内设机构、人事制度、分配制度等方面着手进行改革，到 2003 年年底，已进行了四轮改革，取得了显著成效。

1、深入细致，做好改革前准备工作。第一轮改革实施前，首先，在全馆进行了深入的调研与充分论证，结合图书馆实际情况，组织员工开展"解放思想、更新观念，以改革统领全局"的大讨论，鼓励员工为改革献计献策。其次，多次召开座谈会，广泛征求意见。在认真分析和反复论证的基础上，推出《吉林省图书馆深化改革实施方案》、《吉林省图书馆机构设置、职能、岗位编制》、《吉林省图书馆中层干部聘任条件及办法》、《各部室主任、副主任应聘工作目标》等 9 个改革文件，并再次通过职代会征求意见，加以补充、修改、完善，然后公布实施。

在每次改革方案正式实施前，都要多次召开党员会、青年骨干会、老同志座谈会等反复商讨，使广大员工清楚改革的意义、内容、原则，也了解改革的具体办法及日程。在改革过程中，注意发挥党支部的战斗堡垒作用和党员的先锋模范作用，发挥支部书记和中层干部的中坚和骨干作用，同时注意把握各类人员的思想脉搏，做好深入细致的思想工作，及时化解矛盾。第一次改革动员大会在职工中产生了强烈的震动，激发了大家参与改革和投身改革的热情。四轮的改革实践使员工深深认识到：改革是时代的要求，也是事业发展的需要。

2、精兵简政，调整内设机构。按照第一轮改革出台的《吉林省图书馆内部体制改革总体方案》，首先打破传统的机构设置，遵循精简、高效、业务流程顺畅、归口整齐、易于统筹管理、业务部门服务于读者、行政职能部门服务于业务部门等原则，重新划分职能和责任，精兵简政、因事设人，定岗定责。第一轮改革重点解决了定岗定编、精简机构、精干中层干部队伍等问题。行政职能部室由原来的 6 个减为 3 个，中层干部职数由原来的 33 人定为 22 人。第三轮和四轮改革重点解决了传统图书馆向现代图书馆转变过程中出现的不适应、跟不上的问题。按照现代化图书馆发展趋势和社会需求，在机构设置和人员配置上加大自动化、数字资源和服务能力建设的力度，成立了信息网络部和数据制作部，在全省文化信息资源共享工程建设中发挥了重要作用，同时相继成立社会教育培训部、最新书屋和两个社区分馆。社会教育培训部围绕青少年素质教育，开展了一系列活动，省馆已成为省关工委、省教委、团省委等多家单位命名的青少年素质教育基地。而最新书屋和分馆的成立，则是通过改革不断更新办馆理念、为满足各阶层读者需求所采取的新举措，一经推出深受读者欢迎，现在最新书屋是省馆读者量最多的一个窗口。

3、全员聘任，实行目标管理。在人事制度改革上，实行全员聘任制，根据《吉林省图书馆中层干部聘任条件和办法》、《吉林省图书馆职工聘任办法》规定，在四轮改革中，坚持层层聘任的做法，努力实现对人力资源的合理配置和科学管理，形成良好的竞争机制、激励机制。馆班子聘中层干部，中层干部聘员工。中层干部的竞聘必须由本人提出书面申请，然后在员工大会上发表竞职演说。在此基础上，考评组提出意见，再由馆班子研究决定，但馆班子决策的前提是民意测验赞成票要在 80% 以上。各部室副主任的竞聘需征求主任的意见。提倡中层干部轮岗和员工的岗位交流，打破一岗定终身、能上不能下的传统做法。第四轮中层干部竞聘出现了 7 人参加信息咨询部主任竞聘的场面，还积极创造条件，鼓励年轻同志参加中层干部岗位竞聘。按照德才兼备标准和"四化"原则，每次改革都有 20 多岁的青年同志走上中层干部岗位，现在中层干部平均年龄由 45.6 岁下降到 38.2 岁。正副主任确定之后，再由他们组织部内人员的竞聘。明确各岗位的职责，计算每个岗位的工作量，员工上岗后，各部室都要同员工签订岗位责任书，这样既便于严格管理、奖惩分明，也促使被聘的员工都能各司其职、各负其责，真正实现减员增效。在竞聘中还提倡岗位交流，第四轮聘任中中层干部岗位交流达 39.2%，职工轮岗达 23.5%。

对落聘人员的安置坚持按照由员工大会讨论通过的《吉林省图书馆未聘人员管理办法》的规定执行，主要是离岗或待岗。离岗包括调出、停薪留职和退养。第一轮改革中离岗人员就有20多位，还有6位同志待岗。馆里为安排待岗人员，辞掉了临时工。对不接受者，实行工资递减的规定。在第四轮改革中对待聘人员安排到社会教育培训部，按效益取酬，年度内完成全年指标者可补齐全年工资，未完成指标按月核算，下一年重新开始。

2002年和2004年，省馆借鉴政府录用公务员的办法，在进人机制上进行大胆的尝试，两次面向社会公开招聘了23名专业技术人员，进一步优化了年龄和知识结构，为图书馆今后的事业发展奠定了人才基础。

经过四轮改革后，省馆进一步完善了各项规章制度，并印刷成册，发给每位中层干部，让他们在工作中按章办事，做到有章可循。为保证改革成果，还相继制定了《吉林省图书馆职工培训计划》和《吉林省图书馆职工考核管理办法》，每年定期或不定期地组织员工进行计算机、英语和图书馆业务知识的培训，现在利用中午午休时间对职工进行英语培训已坚持3年多。由于加强了聘后管理和督促检查，保证了全员竞聘制度的实际效果，同时真正做到了把考核结果作为续聘、解聘、奖惩的依据。

4、理顺关系，深化分配制度改革。首先出台了《吉林省图书馆津贴发放和管理办法》及《吉林省图书馆奖励津贴发放办法》等文件，对津贴的来源、管理、发放原则及发放办法做了详细的规定，以保证分配制度改革的顺利实施。首先，从每人每月工资中扣除一部分建立馆内津贴，即责任津贴、岗位津贴、奖励津贴，而后根据个人责任、贡献和表现发放，改变以前按档案全额发放工资的办法。第一轮改革时从员工工资中每月拿出50元参加第二次分配，员工反响强烈，三五成群找馆长，不同意这样做。现在每月从工资中扣200元参加第二次分配，员工们都已适应。分配制度的改革对调动员工们的积极性、主动性和创造性确实起到了作用。其次，对个别部室做出适当倾斜。第一轮聘任时，几个对外部门全部空编，而其它部门竞聘又十分激烈，几人竞争一岗的矛盾非常突出。针对这一现象，馆里在分配上对窗口服务部门予以倾斜，尽管幅度不大，但体现了差别，实际上也是对一线员工积极性的一种保护。在第二轮、第三轮聘任时，这种状况就得到了明显改变。随着图书馆事业的不断发展以及改革的逐步实施，在第四轮改革中采编部出现空编现象，于是又对工作任务较重的采编部、接待读者量较多的最新书屋和技术含量较高的信息网络部在分配制度上给予适当倾斜。第三，实行“一馆多制，一部多制”，加强对有创收能力部室的管理。对有关部室规定经济指标，完成结果直接和个人利益挂勾，并将经济指标和主管馆长、馆长的利益捆在一起，强化一种危机感和责任意识，从政策上体现多劳多得，优劳优得。

第二轮改革对职称管理进行了新的尝试。在充分征求意见的基础上，出台了低职高聘和高职低聘的试行办法。低职高聘在条件和比例上都有严格规定，而且是一年一评，可上可下。

四轮的改革实践，带来了人的思想变化，也带来了图书馆事业的发展和效益的提高。目前，图书馆的服务窗口由原来的11个增加到20个，书刊开架量由5万册增加到23万册，阅览面积由800平方米增加到2500平方米，阅览座位由400个增加到1200个，读者量由原来每天最多时470人次增加到现在每天多达2000余人次。服务工作也不断向深度与广度拓展，以“语言美、环境美、行为美”为主题的温馨服务，以“方便照顾老年人、残疾人、下岗人员及子女和为青少年提供健康网络”为主要内容的阳光服务，以“最新书屋、休闲时光话读书和青少年活动”为龙头的特色服务，受到了社会的广泛赞誉。在为党政机关决策提供信息咨询服务过程中，省馆能紧跟社会热点，快速反应。对热点问题，在较短时间内，省馆把专题报告送到有关部门和领导手中，多次得到省委、省政府有关领导的表扬和肯定，对省馆的信息咨询工作给予很高赞誉。

改革6年多来，省馆先后被省关工委等单位评为全省关心下一代工作先进集体，被省委宣传部等单位评为全省职业道德建设十佳单位，被省直党工委评为省直精神文明建设先进单位，被文化部评为全国文化工作先进单位，连续两次被省委、省政府命名为全省精神文明建设先进单位，连续6年被省文化厅评为省直文化系统先进单位。2004年国家文化部评估专家组对省馆进行评估结果反馈时说：省馆班子是一个以人为本、求实创新、开拓进取的班子，吉林省馆是一个硬件不硬、软件不软、事业发展与时俱进的图书馆。这是对省馆改革成效最好的评价。（马慧艳）

【2004年全省图书馆服务宣传周活动丰富多彩】 2004年12月1－31日，图书馆服务宣传周活动在全省各地蓬勃展开。为贯彻落实《中共中央国务院关于加强和改进未成年人思想道德建设的若干意见》的指示精神，吉林省馆、延边州馆、四平市馆、松原市馆、长春市少儿馆、延吉市少儿馆、敦化市馆及安图县馆等各级图书馆结合本地实际，精心策划、认真组织，从青少年的兴趣和特点出发，开展了一系列诸如展览、征文、游艺、演出、比赛、演讲、讲座等内容丰富多彩的活动。

省图书馆举办的“青少年读物精品展”、“世界珍奇昆虫蝴蝶展”、“黄绍义书画展”活动，吸引了社会各界读者及青少年近万人参观。金洲乡农业科技分馆举办的座谈会、爱民和净月两个社区分馆举办的“名家讲座”及青少部组织的“庆六一，与书为伴”谜语竞猜、古诗拉拉赛等活动，以其主题突出、内容丰富、形式多样、效果显著等特点引起省、市各大媒体的支持和关注，多次被报道。

四平市图书馆举办的“庆六一”少儿智力开发大型游艺活动，以猜谜为主，其它游艺活动为辅，吸引了2000多名青少年参加，达到了寓教于乐的目的。联合学校举办的“心海扬帆——学生心理素质提高讲座”、“小学生国防知识讲座”、“读书心得演讲赛”以及“馆藏美术、书法、摄影精品图书展”、“第六届地方文献展”等活动，规模大、档次高，社会反响大，有数千人参加，电视台、报社都给予了充分报道。

敦化市图书馆多次在公园和市区繁华路段设立宣传板，现场展示新期刊，现场办证，解答读者咨询，印发宣传单，宣传图书馆的服务功能。同时举办

"我与图书馆结缘"征文、全市儿童故事会演讲赛、开展送科技下乡等活动，扩大了图书馆影响，取得了显著的社会效果。

长春市少儿图书馆举行的以"托起明天的太阳"为主题的首次大型读书成果展示演出活动，有1000余人参加。演出还邀请了孤贫儿童、英烈子女、聋哑学生等特殊儿童与小朋友们一起共同度过了一个快乐、幸福的"六一"儿童节。（马慧艳）

【2004年度全省公共图书馆馆长例会在抚松召开】 2004年9月22－25日，2004年度全省公共图书馆馆长例会在抚松召开。来自全省53个公共图书馆的馆长参加了会议。会上，省馆副馆长赵淑琴和吴爱云同志分别传达了国家图书馆改革试点方案和"全国文化信息资源共享工程南京工作会议"精神，播放了由省馆制作的文化信息资源共享工程课件。延边州、四平市、抚松县、德惠市、桦甸市及安图县等6个市县图书馆做了工作交流发言。这6个图书馆是通过省评估专家组在实地评估考察后确立的，每个图书馆都有自己的特点。他们分别就办馆理念、科学管理、业务建设、开拓创新、延伸服务领域、适应社会需求等诸多方面谈了自己的做法和体会。会议期间与会馆长还就公共图书馆生存与发展、改革及资源共享等议题进行了分组讨论。吉林市图书馆赵跃副馆长介绍的本馆改革方案及实施情况引发了大家浓厚的兴趣，并就一些方面进行了探讨。省馆石丽珍馆长做了会议总结发言。她认为，此次会议内容丰富，时间紧凑，讨论热烈，涉及到了图书馆发展的实质问题。通过会议，各馆馆长了解了相关方面的精神，沟通了情况，明确了下一步工作方向，特别是进一步增强了大家改革的自觉性、紧迫感和使命感，的确是一次很好的交流和学习的机会。结合全省公共图书馆的实际情况，石丽珍同志希望大家向上要多汇报，争取领导重视与支持；兄弟馆之间要勤沟通，相互学习，取长补短，还要善于思考，注意研究探索新形势下图书馆如何适应、如何发展的问题。此次会议也是历次馆长例会人数最多的一次。会议期间，与会代表还参观了抚松县图书馆。（吴爱云 马慧艳）

2004年吉林省公共图书馆馆长例会会场

【吉林省图书馆分馆读者活动丰富多彩】 2003年以来，为了更好地担负起公共图书馆构建和谐社会、送先进文化到社区、农村、学校的社会职责，省图书馆先后在长春市绿园区爱民社区、长春市经济开发区净月社区、东辽县金洲乡、长春市第二实验中学建立了4个分馆暨全国文化信息资源共享工程基层中心。各分馆根据所在区域读者群的需求，分别制定不同的开馆时间、配置不同种类、多种载体的文献资源，开展灵活多样的服务方式，以丰富多彩的读者活动吸引读者。

各分馆除开展正常的借阅服务外，举办不同主题、不同规模的讲座，根据各自读者群的实际需要，依托于"共享工程"的文献资源和技术资源，以最直观、最简洁的方式向群众传达信息、普及知识，深受各阶层读者的欢迎。2004年爱民社区分馆、净月社区分馆共举办讲座近20次，内容涉及法律咨询、健康科普、庆"七一"等多方面，多家新闻媒体多次给予报道。净月社区分馆为武警五支队官兵举办的"读书改变人生"讲座、爱民社区分馆举办的"中小学生如何阅读课外书"、"青少年快速记忆法"讲座，在社会上引起强烈反响。2004年8月，爱民、净月社区分馆举办文化消夏之夜晚会，播放全国文化信息资源共享工程提供的二人转、小品、电影等，吸引社区居民、附近民工600余人观看，文化信息资源共享工程国家中心及时报道了活动实况。（吴爱云 马慧艳）

【吉林省图书馆举办《毛泽东家世展》】 为纪念毛泽东同志诞辰110周年，2003年12月至2004年1月，由省委宣传部、省精神文明办、省文化厅、省教育厅、团省委、省关工委主办，吉林省图书馆与湖南韶山毛泽东图书馆联合承办了《毛泽东家世展》。展览共分三个部分，向观众展示了颇具传奇色彩的毛氏家族历史、壮怀激烈的毛泽东一家和毛泽东同志浓郁的亲情。展品有韶山毛泽东图书馆的一些馆藏珍贵图片、毛主席纪念章、纪实碟片以及吉林省图书馆的部分馆藏和吉林省民间收藏家马学忠的一些珍品等。展览共接待来自部队、大专院校、中小学生、离、退休老干部及社会各界读者一万多人。观众反响强烈，1000余份感人肺腑的留言体现出人们对毛主席的深切缅怀和热爱之情。配合展览，省图书馆社教培训部还举办了《毛泽东家世展》知识问答竞赛，吸引了很多中小学生参加，使更多的青少年对毛主席生平及丰功伟绩有了更全面的了解。展览对广大人民群众、特别是青少年进行了一次爱国主义和革命传统教育，促进了社会主义精神文明建设。多家新闻媒体争相报道，取得了非常好的社会反响。（马慧艳 吴爱云）

【吉林省首届青少年书法、绘画、摄影作品展在吉林省图书馆举行】 2004年7月30日，由省关工委、省文化厅、省中小学德育办主办、省图书馆承办的"吉林省首届青少年书法、绘画、摄影作品展"在省馆举行开幕式。原省级老领导谷长春、刘锡林、徐元存、方建宇等老同志及社会各界读者数百人出席开幕式，省文化厅副厅长尹俊明和省馆馆长石丽珍同志分别代表主办单位和承办单位讲话。数百名青少年到馆参观，多家新闻媒体进行了现场采访和报道，部分作品的小作者接受了媒体的采访。此次展览的参展作品来自全省各市（州）、县中小学校，有国画、素描、白描、水彩画、水粉画、蜡笔画、剪纸、硬笔书法、软笔书法等，共计700多幅。展览为中小学生提供了一个动脑、动手、创新的平台，丰富了广大青少年的暑假生活，历时一个月结束。此次展览得到文化信息资源共享工程国家中心的重视和好评，并将获奖作品上网发布。（马慧艳）

【吉林省图书馆召开第二届学术研

讨会】 2004年1月5日，省图书馆召开了两年一度的第二届学术研讨会，全馆150余名员工参加了研讨。馆学术委员会副主任何庆来主持会议，馆党委书记杨柏林致词，16位一、二、三等奖获得者宣读了论文。馆学术委员会委员勾学海对部分获奖论文进行点评，并介绍了论文的撰写要点和应注意的几个问题，副馆长、省学会学术委员会主任赵淑琴进行了全面总结，石丽珍馆长、杨柏林书记向获奖作者颁发了奖品。

本届研讨会的特点是：第一，员工参与意识强，共有66名同志提交了学术论文，占全馆总人数的1/3。第二，论文选题范围广泛。包括基础理论研究、基础业务建设、图书馆自动化、数据库建设、信息服务、图书馆事业建设、馆员素质、缩微技术等8个方面。第三，获奖论文占论文总数的1/4。其中一等奖3篇，二等奖5篇，三等奖8篇。第四，获奖作者趋于年轻化，多数文章都能理论联系实际。研讨会既锻炼了员工的写作能力，提高了理论水平，也有力地推动了全馆业务工作的深入开展。（马慧艳）

【吉林省图书馆举办“两会”代表与读者见面交流会】 2003年4月5日，为了更好地向广大读者宣传刚刚闭幕的全国“两会”精神，省图书馆特别邀请两位省内出席全国“两会”的代表在省馆隆重举办了“文明与进步——我省两会代表与省图读者见面交流会”。十届全国人大代表、吉林大学中日联谊医院教授王维忠和十届全国政协委员、东北师范大学副校长薛康应邀来到省馆，与省图的新老读者、大学生共100余人进行了面对面的平等、坦诚的交流。围绕在本次“两会”所提交的议案和提案、人大与政协的职能、人大代表职业化、农村基础教育、农村卫生状况、法制建设等问题，两位代表与读者进行了广泛的交流。发言使在座的读者大开眼界，尤其是通过倾听他们畅谈出席“两会”的切身感受，进一步加深了对“两会”精神的理解，增强了对全面建设小康社会的信心。交流会气氛热烈，掌声不断。交流会作为省馆“休闲时光话读书”系列讲座的特别节目，得到了省人大、省政协的高度重视。吉林电视台“吉林新闻联播”栏目当晚对本次活动作了报道。（马慧艳）

【石丽珍、孙启彦荣获吉林省劳动模范称号】 在2004年9月29日召开的全省劳动模范表彰大会上，吉林省图书馆馆长石丽珍、长春市图书馆党委书记孙启彦同志被吉林省委、省政府评为省劳动模范，受到表彰。他们能获得这一殊荣，不仅是他们个人的荣誉，更是全省图书馆界的荣耀和骄傲，是全社会对图书馆工作的认可。（马慧艳 阙立民）

【吉林省图书馆普法讲座深入到农村中学】 2004年10月20日，省图书馆与德惠市郭家镇向阳中学联合举办了“法律在我身边”和“学会用法律保护自己”讲座，特邀“中国十大杰出检察官”丁树达老师主讲。丁检察官针对农村学生的特点，结合实际案例，给孩子们上了一堂生动形象、入情入理的法律课，深受孩子们的欢迎。讲座后，700多名学生围着丁检察官久久不愿离去，有的询问法律知识，有的要求签名留念，场面非常感人。此次普法讲座对帮助农村青少年知法、懂法、守法，使他们远离犯罪、健康成长起到积极作用。（吴爱云 马慧艳）

【吉林省公共图书馆工作交流会议召开】 2003年8月13－14日，全省公共图书馆工作交流会议在白城市召开。全国文化信息资源共享工程国家中心常务副主任富平、省文化厅副厅长尹俊明、社文处副处长温中刚、白城市副市长姜凤国、市委宣传部副部长杨超、市文化局局长欧阳光等领导出席会议。全省各公共馆馆长及相关人员计80余人参加。会议传达了中共中央政治局常委李长春同志到吉林调研时在文化体制改革座谈会上的讲话、省文化厅厅长周维杰同志在座谈会上的发言及文化部副部长周和平同志在上海“部分省、市城市图书馆资源共建共享工作座谈会”上的讲话精神。尹副厅长在讲话中要求各馆要贯彻落实会议精神，加大力度，加快进度，拓展广度，切实推进吉林省文化信息资源共享工程建设工作。他希望采用两条腿走路的方针，一方面依靠政府的推动和投入，另一方面要积极筹措社会资金的支持，通过市场运作获取资金来推进图书馆事业发展。富平副主任对“共享工程”及其全国进展情况做了详细介绍，并现场演示了“共享工程”已建和在建资源。与会同志还实地参观考察了全国文化信息资源共享工程镇赉县图书馆基层中心。长春市、延边州等6个图书馆馆长做了会议交流发言。与会代表围绕会议主题进行了分组讨论。会议日程安排紧凑，内容丰富，与会代表反映很受启发和鼓舞、很有收获。（吴爱云 孙秀萍）

【吉林省图书馆荣获“全国公共图书馆文献缩微先进馆”称号】 2004年4月9日，在国家缩微中心召开的全国图书馆文献缩微工作会议上，吉林省图书馆被评为全国公共图书馆文献缩微先进馆。技术部主任郝志娟同志参加了本次总结表彰大会并发言。（马慧艳）

【吉林省图书馆推出关心未成年人新举措】 为深入贯彻落实《中共中央国务院关于进一步加强和改进未成年人思想道德建设的若干意见》的指示精神，2004年，省图书馆推出一系列关心未成年人新举措：（1）组织东北师大附中等学校学生参观图书馆的阅览室、书库等，使青少年更好的了解、利用图书馆，共接待青少年800人；（2）在长春市第二实验中学建立分馆，加大投入，适时购进适合青少年思想道德建设的图书和光碟，为青少年的成长、成才、成功提供优秀文献资源；（3）利用节假日辅导青少年学习网络知识，提供绿色网络环境，让青少年朋友更有效的利用网络信息传媒进行学习；（4）成立小博士文学书社，并通过对抗辩论会、参观等多种活动吸引更多的中小学生加入书社，获得读书写作、课外活动的另一片天地；（5）举办“认识你自己”、“接纳自己、善待他人”等青少年心理素质健康讲座、“怎样阅读课外书”、“读书改变人生”等辅导讲座、“让法律在我身边”、“学会用法律保护自己”、“悔泪少年法制报告会”等法律知识讲座，5000余名中小学生受益；（6）举办大型作文大赛、英语能力竞赛、书法绘画大赛等活动，参加人数达2.5万余人。

（马慧艳 吴爱云）

【吉林省图书馆加强文献资源数据库建设】 为加快向数字图书馆迈进的步伐，省图书馆全面建设文献资源数据库。截至2004年底，省馆已建设完成1976年以后出版的中文书、报、刊书目数据30多万条，民国时期书目数据3万多条，馆藏满铁资料书目数据1万多条，吉林省地方文献提要数据4000多条，陆续购进《人民日报》、人大报刊复印资料等光盘1000余盘，其中专门购置了农村常见病防治、经济作物栽培、科学养殖等资源，为我省农村经济发展，促进农民增收，发挥了重要作用。另外，省馆重点加强地方文献特色数据库的建设。到2004年底已建成的全文数据库有：《吉林省两院院士及省管优秀专家数据库》、《休闲时光话读书系列讲座数据库》、《吉林省旅游资源库》和《吉林省地方文献提要数据库》，还有《吉林省二人转数据库》、《吉林省图书馆馆藏伪满洲国文献图片数据库》、《东北抗日英烈数据库》、《东北方志人物传记资料索引数据库》、《吉林省五十年要闻数据库》、《末代皇帝溥仪数据库》、《抗日英烈杨靖宇将军专题数据库》和《中国长春国际农业·食品博览会》等一批数据库正在建设中。（吴爱云 马慧艳）

【吉林省图书馆积极落实文化部“送书下乡工程”】 省图书馆积极落实文化部“送书下乡工程”。2003—2004年，经省图书馆工作人员拆包、分类、重新打包后负责运送到省内各贫困地区的图书已有两批，第一批有348种、19589册，第二批有52套、22984册。按县馆每种3册、乡镇图书馆（室）每种1册的原则，送往和龙、龙井、通榆、靖宇4个县及安图、汪清、大安、镇赉等44个乡、镇图书馆（室）。各地都能将所赠图书及时提供给读者利用，有的乡镇文化站的赠书借阅次数已达5000册次，缓解了部分地区群众看书难的问题。（吴爱云 马慧艳）

【吉林省图书馆“小博士文学书社”活动丰富】 省图书馆作为省教委命名的青少年素质教育基地，充分发挥在中小学生素质教育中的“第二课堂”的作用，联合吉林教育出版社、长春出版社、《中学生阅读写作考试》杂志社、《中学生阅读写作》杂志社及《小学生阅读报》社等多家单位，于2004年2月成立了“小博士文学书社”。近一年来，积极开展各种活动，如以“压岁钱如何支配”为主题的青少年对抗辩论会、组织会员参观伪皇宫、军营等，吸引学生、老师及学生家长近200人参加了活动。（马慧艳）

【吉林省图书馆信息咨询工作蓬勃开展】 省图书馆大力开发、利用信息资源，积极为用户提供课题研究、信息剪报、国内外专利信息检索、科技查新、定题与跟踪、文献检索、网上信息咨询等多种服务。2003年，省馆为35家单位提供科研与经济建设信息服务75项，内容涉及青藏铁路建设、吉林省大豆、玉米深加工工艺及产业化研究等一些国家和省级重大专项课题，制药业、畜牧业、汽车工业、农业等与吉林省经济发展息息相关的重要课题。省馆还为10家单位领导决策提供课题服务52项，包括经济建设理论与实践研究、区域经济发展、劳动就业、教育、振兴东北老工业基地、外交等与吉林省政治、经济、文化发展密切相关的课题或决策研究等，共151.5万字，并为其它事业发展提供信息服务37项（包括法律咨询服务29项）。此外，省馆还开展深层次信息服务，编制《信息汇要》、《决策内参》、《市场竞争情报》、《世界十强汽车厂商信息速报》、《致富信息参考》、《药业竞争情报》等6种二次文献，共计116期次，约691万字，解答读者咨询20709条，查新19项，其中申报国家级课题4项，申报省部级重点课题15项。

2004年，省馆为吉林大学等单位完成查新项目57项，完成国内外专利信息检索20余项，其中申报国家级项目或专利13项，省级以上重大项目33项，绝大多数都是直接受省科技厅委托的项目。省馆还提供深层次课题服务，为一汽、大成玉米、通化万通药业额外制作专题5项共8万字。此外，着重加大为党政机关领导决策提供信息咨询的力度，整合信息和人力资源，为政府决策、为地方经济建设和社会发展，提供高层次的信息与咨询服务，承接省委、省政府领导委托的课题24项，内容包括科学发展观、振兴东北老工业基地、执政党执政能力研究、人的全面发展理论、外经贸工作、统筹国内发展与对外开放理论、未成年人思想道德建设、人权理论、创业文化理论、经济与社会统筹发展理论等。提供文献文字总量达2000万字。高质量、高效率的课题服务得到了省领导的认可和肯定，多次把重要课题委托给省馆。省发展和改革委员会也将“吉林省农村社会发展思路研究”和“吉林省十一五社会发展规划”两项重大课题委托给省馆。目前已完成了“吉林省农村社会发展思路研究”项目，顺利上报国家发改委。（马慧艳 吴爱云）

【长春市图书馆扩建改造工程竣工】 2004年9月27日，长春市图书馆扩建改造工程顺利完工并举行隆重的竣工典礼。长春市馆扩建改造工程是2003年长春市政府确定的重点公益文化基础设施项目，总投资2000多万元，整个工程分为两期。一期工程从2003年5月至11月，主要完成了在原馆舍基础上进行的6000多平方米的扩建任务。二期工程从2004年7月至9月，对玻璃屋顶、玻璃幕墙及正门进行了改造。扩建改造后的建筑面积达到了2.5万平方米，有效扩大了阅览室、书库、自修室、文献信息咨询服务中心、会展中心、多媒体网络服务中心等服务区的面积，达到了文化部对副省级城市公共图书馆的最高要求，使日接待读者量提高了25%。同时，为建设数字图书馆，长春市图书馆充分利用国家文献信息资源共享工程提供较理想的物理平台，建设了标准计算机总机房一个，数字资源存储总量达到6TB，建成了一个完整的馆域千兆以太网，并以10兆光纤与因特网高速互联，实现了数字资源加工、整合、发布、利用的历史性突破。这次扩建改造工程还完成了水、电、暖等基础配套设施的改建，设置了读者餐厅、咖啡厅、休息厅、电梯、残障人通道、自动存包柜等服务项目与设备。

长春市市长祝业精出席竣工典礼，

他充分肯定了长春市馆在引导全市人民参与健康、有益的文化活动中发挥的重要作用，并表示，2005 年拟再筹措 200 万元建设资金对长春市图书馆的地面、天棚等进行改造，还将在南部新城（市政府新址附近）再规划一个长春图书馆，以满足广大市民不断增长的读书需求。（阚立民）

长春市市长祝业精等领导为长春市图书馆扩建改造工程竣工典礼剪彩

【吉林市图书馆全面恢复开馆】 2004 年 9 月 28 日，吉林市图书馆全面恢复开馆。吉林市馆新馆舍占地 1.5 公顷，总面积 1.7 万平方米，拥有 800 多个阅览座席，内设社科报刊阅览室、科技报刊阅览室、过刊阅览室、普通图书阅览室、读者自修室、保存本阅览室、少儿阅览室、社科文献检索室、社科参考阅览室、吉林市方志馆、科技文献检索室、古籍阅览室等 12 个借阅场所。图书馆全面开放正值即将“国庆”放假期间，前来办理借阅手续的市民不断增多，平均每天要办理 300 多个借阅证，每天到馆读者近 1000 人次。除特种书刊和珍贵文献外，普通书刊的阅览和外借免费向读者提供服务。社科报刊阅览室、读者自修室和一楼服务大厅每天开放到 20:00，为市民学习、休闲、娱乐提供了最佳场所。（吉林市图书馆）

【吉林省“加强未成年人思想道德建设”课题调研组到长春市少儿图书馆调研】 2004 年 4 月 28 日，由省财政厅副厅长邹继红带队，长春市财政局副局长于洛川、长春市文化局副局长于伟民陪同，省“加强未成年人思想道德建设”课题调研组到长春市少年儿童图书馆进行调研。11 位课题调研组成员先视察了图书馆的新馆舍，然后召开了座谈会。长春市少儿馆馆长尹振安向各位领导汇报了图书馆的基本情况，开展“加强未成年人思想道德建设”方面的有关做法以及新馆舍改造建设中存在的问题。课题组成员对少儿图书馆的变化与进步给予了充分肯定，对如何搞好新馆舍改造方案以及事业发展规划提出了意见，并对图书馆在新馆舍改造中资金落实一事给予了关注，表示会尽快与有关领导和有关部门沟通协调，使馆舍改造资金早日到位，早日开工。（长春市少儿图书馆）

【抚松县图书馆科普宣传周活动受农民欢迎】 2004 年 3 月 30 日至 4 月 5 日，抚松县图书馆为配合抚松县“科普宣传周”下乡活动，收集大量农村比较实用的先进技术和科技信息，自费编制《科技信息报》1000 余份，深入到各乡镇进行宣传、发放，并挑选近 500 册农村实用的科普读物进行现场借阅，受到县领导表扬和农民的欢迎，为科教兴农、科技致富和参与区域经济的发展做出了应有的贡献。（抚松县图书馆）

【辽源市图书馆又建社区分馆】 辽源市图书馆继在公园社区建立老年活动站阅览室之后，2003 年 7 月 2 日，又在辽源市龙山区隆基花园社区建立隆基花园分馆。该分馆面积 60 余平方米，有图书 4000 余册，报刊 60 余种，由辽源市馆工作人员负责管理，全年无假日开馆，以社会效益和公益服务为主，开展图书借阅、报刊阅览双项服务。（江玉杰）

【辽源市图书馆组织参加“全省未成年人读书征文”活动】 2004 年 9 月，辽源市图书馆积极响应吉林省文化厅举办的“全省未成年人读书征文”活动，认真组织本地区各中小学生参加，共组织征文 1516 篇，通过筛选报送 664 篇征文参加复评，有 7 篇征文获奖。辽源市图书馆和东丰县图书馆分别获组织奖。（江玉杰）

【白山市图书馆参加全国联合编目中心省级分中心】 2003 年白山市图书馆在全省率先加入全国联合编目中心省级分中心，实现了图书分类、编目工作标准化、规范化，为我省形成布局合理的区域性文献资源体系做出了自己的努力。（李彤）

【白山市图书馆电子阅览室更新设备】 白山市图书馆强化电子阅览室的服务基础，2004 年 12 月，多方争取资金，购买了 16 台新电脑，更新了收费软件。白山市图书馆电子阅览室现有电脑 30 台，为读者提供阅览、咨询、服务为一体的全程服务。（李彤）

【白山市图书馆积极做好全国文化信息资源共享工程工作】 2004 年，根据全国文化信息资源共享工程“统一领导、统一规划、分级管理、分级负责”的实施要求，白山市图书馆与省级中心签订了基层中心工作协议；按照“五走进”的要求，在学校、社区、部队、农村、工厂建立了本地区 5 个基层站点，并循序渐进地开展了各项工作。（李彤）

【东北师范大学隆重举行图书馆新馆落成暨开馆庆典】 2003 年 10 月 16 日 8 点 30 分，东北师范大学图书馆新馆落成暨开馆庆典在本部校区图书馆广场隆重举行。上午 11 点，在东北师范大学净月校区新图书馆门前举行了净月校区图书馆落成暨开馆庆典剪彩仪式。

东北师范大学图书馆新馆落成暨开馆庆典的剪彩仪式

东北师范大学本部图书馆新馆建设工程 1999 年底正式启动，新馆建筑面积 24600 平方米，有读者阅览座位 2904 个，设有第一中文文科图书借阅室、第二中文文科图书借阅室、中文理科图书借阅室、东北文献中心和研究生学位论文阅览室、西文图书借阅室、日文图书借阅室、线装古籍阅览室、新版古籍借阅室和特藏书刊阅览室、中文文科参考图书阅览室、中外文期刊阅览室、工具书阅览室、合订本报纸阅览室、电子阅览室、OPAC检索厅、视听室、总还书处、总咨询台，为读者服务的各种设施比较完善。设立9部1室1中心，分别为：办公室、业务部、采编部、借阅部、期刊部、参考咨询部、系统部、特藏部、技术服务部、数字化部和东北文献中心。净月校区图书馆建筑面积11000平方米，有阅览座位1363个。下设3个部（室）：借阅部、参考咨询部和办公室。两校区图书馆共设有计算机信息点1735个，提供读者使用的计算机有800余台，图书馆局域网与校园网以光纤相连接，阅览室的电脑到桌面的网速可达百兆，主服务器和集成管理软件已经更新，软件采用以色列ALEPH500集成管理系统，在管理上与国际接轨。

东北师范大学本部图书馆

东北师范大学净月校区图书馆

新馆的投入使用，标志着东北师范大学图书馆进入了一个全新的发展时期。（东北师范大学图书馆业务部）

【东北师范大学图书馆成立东北文献中心】 为了配合“十五计划”期间东北师范大学“211工程”建设项目—“信息化中国东北”的顺利完成及中央“振兴东北”的需要，东北师范大学图书馆成立了东北文献中心，作为该项目的文献保障。东北文献中心主要收集有关中国东北的相关资料，所收藏的图书文献以中国东北三省（黑龙江、吉林、辽宁）及内蒙古的东三市一盟（赤峰市、通辽市、呼伦贝尔市、兴安盟）为限，包括从古至今的政治、经济、法律、文化、教育、民族、科技等多个方面文献资源，其中还有一部分原东北大学遗留下来的较为珍贵的、具有重要历史价值的、伪满时期的图书资料。中心现有藏书万余册。

中心在收集整理纸质文献的同时，正快速建立数字化信息资源，2003年引进了TRS数字图书馆软件管理系统，目前已经建立起《东北文献单篇论文数据库》和《东北文献网站数据库》。正在筹建的《东北文献馆藏目录数据库》和《东北文献电子期刊数据库》有望在2005年运行，对外发布；还将利用TRS雷达搜索功能，更有效地收集海量的有关东北的电子资源。

东北文献中心网页已经创建完毕，将在图书馆网页上对外发布，本项目的研究人员及全校师生可以在一个统一的平台下浏览有关东北的电子资源。

东北文献中心的发展目标是，经过几年的努力，建成电子化中国东北区域研究的信息资料平台，使之成为国内领先的、信息资料较为完备的中国东北信息文献中心。（东北师范大学图书馆业务部）

【东北师范大学图书馆与香港教育学院图书馆合作交流】 2003年9月3日，东北师范大学图书馆4名工作人员赴香港教育学院图书馆进行为期三个月的工作交流。他们除直接参与香港教育学院图书馆的具体工作外，还参观考察了香港8所大学的图书馆，既加深了对香港高校图书馆的了解，学习了先进的管理理念，也提高了业务水平。

东北师范大学图书馆与香港教育学院图书馆的合作交流始于2000年，双方商定：在文献资源建设方面进行合作，彼此承担教育方面文献的采集工作。此外，每年互派人员，进行密切的业务交流。截止2004年，双方互派人员19人次，两馆馆长也保持着友好往来。（东北师范大学图书馆业务部）

【东北师范大学图书馆与中国经济信息网联合举办“中经专网”应用推广活动】 2004年10月13日，中国经济信息网联合东北师范大学图书馆举办了“中经专网”的推广活动。活动的主要内容为经济学术报告会，国家信息中心专家委员会秘书长、数量经济学家、高级研究员梁优彩先生作了题为《中国经济：形势与展望》的学术报告。活动中还介绍了“中经专网”的内容和使用，以及东北师范大学图书馆的电子资源及各项服务，受到广大师生的欢迎。（东北师范大学图书馆业务部）

【“2004年万方数据全国巡回培训活动——吉林之行”在东北师范大学图书馆举行】 2004年11月4日，“万方数据全国巡回培训活动——吉林之行”在东北师范大学图书馆举行。万方数据股份有限公司沈阳分公司主办了此次活动，活动以“提升网络信息资源检索技能，提升网络时代图书馆服务质量，推广万方数据知识共享理念”为宗旨，邀请了国内图书情报领域的相关专家，就网络时代虚拟参考咨询工作、网络时代信息资源利用等主题进行了探讨。中国科学院研究生院管理学院教授辛希孟和北京师范大学情报系研究生贾延霞分别做了专题报告。吉林省部分公共图书馆、高校图书馆馆长及工作人员参加了万方数据讲座暨客户交流活动。（东北师范大学图书馆业务部）

【东北师范大学图书馆开通ALEPH500图书馆管理系统软件】 2003年3月28日，东北师范大学图书馆正式开始使用ALEPH500图书馆管理系统软件，所有模块全部开通。ALEPH500是目前世界上最先进的图书馆管理系统之一，该系统由以色列Exlibris公司设计开发，在全球拥有广泛的客户群，全世界最大的6家图书馆中有英国国家图书馆、中国国家图书馆、俄罗斯国家图书馆、美国哈佛大学图书馆等采用了这套系统。ALEPH500具有许多独特的功能，例如完整的系统功能，开放、可靠的软硬件系统平台，强大的网络服务功能，先进的体系结构设计，全面支持业界国际标准，独特的系统灵活性，高度灵活的应用流程，超强的多文种处理能力，完全的Unicode支持，成功的中国本地化开发，系统的可集成性，完备的在线技术资料，系统的可持续发展能力，超强的多馆联合作业支持，方便的二次开发能力，及时有效的本地化服务与技术支持等，为东北师范大学图书馆的信息化建设提供了坚实的基础。该系统的全面开通，标志着东北师范大学图书馆正朝着全面实现从传统图书馆向现代图书馆转变的宏伟目标前进。（东北师范大学图书馆业务部）

【东北师范大学启动数字图书馆建设】 2003年初，东北师范大学的“211工程”二期项目启动，图书馆数字化工程作为学校公共服务体系建设的一部分也随之启动。图书馆利用此项目，采购了在国内文献数字化领域具有领先地位的“TRS数字图书馆应用平台”。2004年3月正式开始数字图书馆建设，TRS管理软件全面投入使用，将馆藏电子图书、电子期刊和电子数据库通过该平台整合，实现了一站式检索，同时订购了高速扫描仪和数码相机等数字加工设备，进行具有本校特色的专题数据库建设。目前正在建设的有：《东北师范大学教学指定参考书全文数据库》、《东北师范大学研究生论文全文数据库》、《东北师范大学馆藏古籍文献全文数据库》、《东北地方文献数据库》等7个特色数据库。初步实现了虚拟参考咨询，26种中外文各类型数据库统一检索平台，博硕论文在线提交，网络资源搜索等功能。（东北师范大学图书馆业务部）

长春理工大学自然科学图书馆

长春理工大学社会科学图书馆

【长春理工大学图书馆改善办馆条件】 长春理工大学图书馆与学校同步始建于1958年，伴随着学校的建设与发展，图书馆的基本建设和各项工作都得到了较大的发展。图书馆馆舍总面积31500平方米，按照学校的总体规划布局，分为自然科学图书馆和社会科学图书馆，其中自然科学图书馆建筑面积16500平方米，社会科学图书馆建筑面积15000平方米。图书馆现有藏书137万册，馆藏图书以光学、机械、电子、计算机为主，兼收经济、管理、中文、法律、生命科学、材料、化工等边缘学科，已形成了具有显著馆藏特色的藏书体系。

长春理工大学图书馆电子阅览室

图书馆设立8个部室，分别为办公室、业务部、采编部、参考咨询部、网络信息部、期刊部、自然科学图书借阅部、社会科学图书借阅部。现共有阅览席位4781个，其中电子阅览室席位376个，多媒体阅览室席位120个。阅览室25个，分别是工具书阅览室1个、教师参考图书阅览室2个、捐赠图书阅览室1个、外文图书阅览室1个、现刊报纸阅览室2个、过刊阅览室2个、论文阅览室1个、电子阅览室2个、多媒体阅览室2个、文献检索室1个，普通阅览室9个，新书阅览室1个，阅览室总面积达10004.92平方米。书库7个，分别是基础书库2个，自然科学书库2个，社会科学书库3个，书库总面积达5001.6平方米。并在大厅设立了OPAC检索、总咨询台、总还书台。图书馆设有计算机信息点1210个，提供读者使用的计算机376台，图书馆局域网与校园网以光纤相连接，阅览室的电脑桌面网速达百兆，主服务器和集成管理软件已经更新。

长春理工大学图书馆
自然科学借阅部

2004年11月竣工的社会科学图书馆，各种设备功能齐全，自动化程度高，设有读者阅览席位2292个，进一步提高了全馆的读者服务水平和接待能力。长春理工大学图书馆现已成为省内具有相当规模的、自动化程度较高的大型高校图书馆。（长春理工大学图书馆业务部）

黑龙江省

【黑龙江省第三届公共图书馆馆长联席会议暨学会秘书长、辅导部主任工作会议召开】 黑龙江省第三届公共图书馆馆长联席会议暨学会秘书长、辅导部主任工作会议于2003年3月4日至5日在哈尔滨市召开。黑龙江省文化厅副厅长宋宏伟、社会文化图书馆处处长任彦芳、副处长姜一平、助理调研员吴娟、科长贾正民，省图书馆馆长王海泉、党委书记、常务副馆长董绍杰、辅导部主任、省图书馆学会秘书长王丽云和13个市（地）图书馆馆长，辅导部主任以及省图书馆学会各分会秘书长参加了本次会议。会议的主题是研究图书馆如何在边疆文化大省的建设中发挥作用，探讨新时期图书馆辅导工作的转型问题。会议全面总结了2002年全省公共图书馆的工作，交流了先进经验，对2003年工作进行了部署，具体落实了公共图书馆的评估定级工作和文化信息资源共事工程的试点工作。

本次会议得到了省文化厅的高度重视和大力支持，文化厅副厅长宋宏伟同志出席了会议并做了重要指示，提出服务学习型社会，创建学习型图书馆. 指出创建学习型图书馆是黑龙江省公共图书馆界落实十六大关于创建学习型社会的具体措施，创建学习型图书馆，是学习型社会赋予图书馆的新职责和新任务。省文化厅社会文化图书馆处处长任彦芳同志还就2003年的重点工作进行了具体部署，一是搞好第三次公共图书馆评估定级工作；二是创建学习型图书馆服务学习型社会活动；三是进行公共图书馆从业人员岗位培训；四是推进全国文化信息资源共享工程省级分中心的试点工作；五是启动“黑龙江省公共图书馆条例”的调研和起草工作。黑龙江省图书馆馆长王海泉同志做了《抓住机遇积极发展全力推进我省图书馆工作》的报告，全面总结了2002年全省公共图书馆工作，认为在基础设施建设、信息服务和学术研究等诸多方面都取得了长足的进步，还有一些工作取得了新的突破。

最后，黑龙江省图书馆党委书记、常务副馆长董绍杰同志对本次会议做了全面的总结。强调要认真学习宋副厅长的讲话精神，要尽快把会议精神传达贯彻下去，做好公共图书馆评估定级，文化信息资源共享工程和岗位培训等工作。(兰天阳)

【2003年黑龙江省公共图书馆第一期岗位培训班结业】 为了适应国家事业单位改革的要求，省文化厅加大了岗位培训力度，今年拨出专项经费进行全省公共图书馆岗位培训工作。第一期培训班已于7月31日结束，经考试合格有58名学员获得了继续教育证书。

培训由省文化厅主办、省图书馆承办，从4月15日开始，历时3个半月，有18个图书馆的60名学员参加了总计840个学时的学习。这60名学员涵盖面较广，有省馆和市（地）中心馆的，也有县馆和区馆的。基于实际工作需要和成人教育的特点，采取了以自学为主、面授辅导为辅的教学方式，开设了图书馆工作概论与图书馆学基础知识、文献资源建设工作、图书馆信息技术工作、文献编目工作、文献标引工作、信息开发与参考咨询工作等6门课程。14名任课教师全部来自省馆，他们都具有副研究馆员以上职称，实际工作经验丰富，理论功底深厚并了解事业最新发展趋势。

本次培训是黑龙江省公共图书馆开展“创建学习型图书馆、服务学习型社会”的又一重大举措。通过3个半月的学习，学员基本上掌握了图书馆学的基础理论和基本业务技能，为今后工作的开展打下了坚实的基础，同时也为黑龙江省的图书馆事业的发展进行了一次人才储备。本次培训既锻炼了省馆业务骨干的教学能力，又进一步发挥了省馆的全省中心馆作用，为今后的岗位培训工作创造了一个良好的开端。(兰天阳)

【黑龙江省文化厅、省图书馆赴六市图书馆进行调研活动】 9月15日至10月15日，省文化厅社会文化图书馆处处长任彦芳同志、科长贾政民同志和省图书馆辅导部主任、省图书馆学会秘书长王丽云同志、兰天阳同志一行4人分别到伊春市图书馆、鹤岗市图书馆、佳木斯市图书馆、齐齐哈尔市图书馆、牡丹江市图书馆和鸡西市图书馆等六个馆进行调研活动。本次调研的重点是“创建学习型图书馆、服务学习型社会”活动的进展情况，同时了解各地文化信息资源共享工程的准备情况、基层图书馆的现状和图书馆志的编纂情况。通过调研可以看出“创建学习型图书馆、服务学习型社会”活动已在全省各地掀起了高潮。各馆分别根据自身的特点开展了丰富多彩的活动，这些活动已引起了当地政府的高度重视，各新闻媒体纷纷对活动进行了大量的报道，引起了极大的社会反响，既促进了图书馆各项服务工作走向更深层次，同时又在全社会树立了图书馆作为先进文化的传播阵地的形象，突出了图书馆在学习型社会创建过程中的重要作用。(兰天阳)

【黑龙江省图书馆举行新馆落成典礼】 黑龙江省图书馆新馆落成典礼于11月16日上午在哈尔滨市长江路省图书馆新馆门前举行，省领导刘东辉、孙启文、董浩、程幼东、曹广亮出席了落成仪式。新馆工程于2000年5月破土动工，是黑龙江历史上投资最多、规模最大的公共图书馆。省图新馆总投资1.7亿元，建筑面积3.3万平方米，设计藏书规模350万册，阅览座位1200余个，日接待到馆读者3000人次，接待互联网访问4万余人次，是一座集检索、借阅、网络查询、展览展示、会议与学术交流等多种功能于一体的大型现代化、数字化图书馆。(兰天阳)

【黑龙江省公共图书馆第二期岗位培训班结业】 黑龙江省公共图书馆第二期岗位培训于2003年11月26日圆满结束，省文化厅主管副厅长宋宏伟同志、省文化厅社会文化图书馆处任彦芳处长、吴娟调研员、省图书馆馆长王海泉同志和省图书馆学会秘书长王丽云同志参加了结业式。

培训由省文化厅主办、省图书馆承办，从8月1日开始，历时4个月。来自省内13个公共图书馆的学员参加了总计840个学时的学习。基于第一期培训工作的经验和学员的反馈意见，省图书馆专门组织任课教师编写了《图书馆岗位培训讲授大纲》，作为第二期学员的教材。本次培训仍然采取以自学为主、面授辅导为辅的教学方式，开设了图书馆工作概论与图书馆学基础知识、文献资源建设工作、图书馆信息技术工作、文献标引工作、文献编目工作、参考咨询工作和文献信息开发工作等七门课程。学员在学习过程中认真刻苦，按时完成作业，面授出勤率保持在98%以上。经过严格的考试有62名学员获得了继续教育证书。

通过4个月的学习，学员基本上掌握了图书馆学的基础理论和基本业务技能，同时又对当前图书馆学发展的前沿

问题有了更加深刻的认识，开阔了视野，为今后各馆业务工作的开展打下了良好的基础。（兰天阳）

【黑龙江省图书馆搬迁准备工作基本完成】 目前，随着新馆工程进入收尾阶段，黑龙江省图书馆的搬迁准备工作已基本完成。搬迁的各项准备工作是自2003年5月全面展开的，经过半年多的紧张工作，在全馆同志团结一致、齐心协力、共同努力下，各项准备工作已基本就绪，为即将进行的整体搬迁工作奠定了良好的基础。

一、制定并完善了《黑龙江省图书馆新馆目标模式方案》

为使新馆各项工作能够站在时代的高度，满足于社会各界需求，使我们能以一个新的体制、新的面貌、新的服务模式进入新馆，首先在2002年调查研究、学习考察和综合研讨的基础上，进一步研究完善了《黑龙江省图书馆新馆目标模式方案》，“方案”确立了新馆建设的目标定位与主要任务，明确“以人为本，读者至上”的服务理念，制定了省图书馆从传统图书馆向现代图书馆转变的具体步骤。该方案经省文化厅审定，已原则同意。

二、文献的清点与整理

文献清点与整理工作是搬迁准备中内容多、涉及面广、任务最为繁重的部分。此次清点工作是省图书馆自1962年开馆以来第一次大规模的图书清点，馆领导非常重视。首先进行了局部的试清点工作，然后进行经验总结，并在此基础上，制定工作的整体方案和工作细则。为使文献清点能够顺利进行，馆领导对清点工作进行细化，统一部署，统一协调，先期雇用保洁公司对全馆的各类文献和大小书库全面除尘。从5月开始，正式启动了文献清点整理工作。

在完成清点工作的基础上，为图书上磁条、贴条码、分类分流、装箱等工作随之紧张有序进行，截止目前，已完成50余万册图书的整理加工，打包图书报刊35000余箱。为加强对线装书的保护，避免在搬迁之中造成无法挽回的损失，通过招标的方式与南方厂家签订了馆藏线装书除尘与函套制作协议，订制了7000余个函套。线装书的除尘、装函套、装箱等项工作现已完成。

三、馆藏资源数字化建设

今年上半年重点抓了中文图书回溯建库工作。由于建库工作时间紧，工作量大，为确保这一工作能够按照原计划顺利完成，临时组建了专门的建库组，挑选业务能力强并熟练掌握计算机操作的工作人员进行书目数据库的回溯建库工作。在全体建库人员的共同努力下，现已按期完成全部建库工作，共回溯书目11万8千余条。与此同时还抓紧了黑龙江文化资源网站的建设工作，完成黑土风情、地方人物、风景名胜、体育运动等栏目的网页制作。另外自使用《中图法》第四版分编中文图书以来，我馆在文献编目上一直存在着《中图法》三版、四版分类号共存的现象，为解决这一历史遗留问题，在人员极为紧张的情况下，又抽调组织了部分业务人员进行了图书分类统编工作，目前已完成11个大类，14个二级类的图书改编。

四、成立新馆规划小组，统筹设备购置费用

今年3月经省财政厅审批，新馆的开办费和家具设备的购置费4400万元落实到位，为此我们成立了专门的规划小组，针对新馆服务设施、调整新馆家具设备的规模、档次和采购计划等，对新馆的房屋使用、家具配备、设备采购进行了全面规划，形成具体方案，并开展家具和设备的招标工作：选择家具设备、考察厂家、提供技术参数、制定标书等工作。目前家具的招标工作已基本完成，设备的招标工作正在紧张的进行之中。（刘继维）

【哈尔滨市图书馆旧貌换新颜】 哈尔滨市图书馆现有馆舍建于1991年，总面积为18352平方米，随着事业的发展和到馆读者量的不断增加，现有馆舍已经远远不能满足市民的需求，经过图书馆领导的积极争取和多方努力，市财政决定投资640万元对哈尔滨市图书馆的馆舍和设施进行扩建和维修，其中240万元用于馆舍扩建工程，400万元用于计算机系统改造、消防设施和旧馆舍的维修工程。

目前2400平方米的馆舍扩建工程即将完工，届时哈尔滨市图书馆的馆舍面积将达到近21000平方米，为市民提供更宽敞、更舒适的阅读环境。（兰天阳）

【全国最大的船舶专业电子图书馆在哈尔滨工程大学落成】 近日，我国最大的船舶专业电子图书馆在哈尔滨工程大学建成，该图书馆共收录了近50万册图书和期刊，拥有水声文献、专业导航、船舶工业等5个大型数据库，全部免费向学生开放。（兰天阳）

【齐齐哈尔市图书馆“创建学习型图书馆服务学习型社会”初见成效】 齐齐哈尔市图书馆2003年上半年积极落实“创建学习型图书馆、服务学习型社会”活动方案，充分发挥图书馆在社会中的影响力，加强自身建设，努力创建学习型图书馆，同时提高为读者、为社会服务的能力，扩大图书馆为社会服务的范围，取得初步成果。

一、创建学习型图书馆的工作

1、组织职工进行了“创建学习型图书馆”的大讨论，转变观念，明确任务，充分认识学习型图书馆的建立是“以人为本”，馆员必须勤奋工作，终身学习，并征求意见和建议33条。

2、馆领导班子成员以身作则，建立健全创建学习型图书馆的机制，提倡工作中学习、学习中工作，提高领导自身的行政水平，加强个人修养。

3、聘请市委党校理论专家作了题为《十六大报告是我们党在新世纪全面建设小康社会的伟大纲领》的辅导，提高了职工理论上认识终身学习的必要性，充分理解人的全面发展的重要性，使职工的学习自觉能力得到升华。

4、为培养学习型图书馆工作者，对全馆职工进行了业务技能培训，提高创建学习型图书馆和服务学习型社会的能力。为近两年进馆的非图书馆学专业的新馆员举办了业务基础知识学习班，其他馆员根据自愿选择外语班或计算机班学习，选聘馆内骨干任辅导教师。从领导到馆员有60多人参加了学习，并对每个人的学习情况进行跟踪考核，为下半年开展的岗位资格证书及事业单位改革工作打下基础。

二、服务学习型社会的工作

1、召开重点读者座谈会，为我馆“创建学习型图书馆”征求良策，征求有关提高服务质量和服务水平建议，以便更好地为学习型社会服务。

2、加强图书馆为齐齐哈尔党政机关创建“三型”机关的服务工作，利用本馆编辑的《学习参考》、《借鉴》、《军事快餐车》三种小报，为市党政军机关编辑5期专刊，提供有关学习型社会的知识信息123条，以及争创“三型”机关工作的信息等，发送到市委、人大、政府、政协等市级领导和各县局级领导，受到市委宣传部领导的好评。

3、为更好地配合领导参加创建学习型社会活动，策划和实施了“全市领导干部读书工程”活动，对全市56名局级一把手进行了问卷调查以及读书需求调研，并编辑两期《领导书窗》小报，为党政机关领导提供47条读书信息，上门送书20多次、90多册次。

4、根据形势需要及时进行科普知识的宣传，在“非典”期间为部队、社区、近郊农民提供7个板块280条防治“非典”的科学知识，受到各阶层的欢迎。

5、以培养孩子从小爱学习、爱读书的良好习惯为主题，为3个区9所小学的读书活动提供服务，图书进校园11000册次，取得了良好的社会效果。（兰天阳）

【齐齐哈尔市图书馆举办预防“非典型肺炎”专题剪报展】 为了提醒公众树立健康意识、积极应对疫情，齐齐哈尔市图书馆举办了“非典型肺炎并不可怕”专题剪报展。该展览收录了全国30多种文献中关于非典型肺炎的信息150多条，客观、全面地介绍了非典型肺炎的传染方式和传播途径以及预防方法。展览吸引了大量的读者观看，每天前来参观的读者和群众络绎不绝。通过此次专题展览，使广大群众了解了相关知识和信息，从而能冷静面对疫情、面对变化、保护自己，增强战胜“非典”的信心和决心。（李鹏）

【齐齐哈尔市开展2003年图书馆服务宣传周活动】 根据全国“知识工程”领导小组及省文化厅（2003）76号文件精神的要求，齐齐哈尔市文化局在全市公共图书馆中开展了以“倡导终身学习，全民学习，创建学习型社会”为主题的服务宣传周活动。

一、发挥文献优势，积极为党政机关服务。

1、市图书馆为市委宣传部、市科技局等机关提供创建“学习型城市”、“学习型机关”专题资料5种，利用本馆编辑的《学习参考》、《借鉴》、《军事快餐车》等小报，向党政机关提供争创“三型”机关方面信息123条；讷河市、拜泉县、富裕县、富拉尔基区等图书馆也为创建“三型”机关提供了信息服务。

2、市图书馆策划和实施了“全市领导干部读书工程”活动，对全市56名县处级领导进行了问卷调查以及读书需求调研，并编辑两期《领导书窗》小报，为县处级领导提供47条读书信息，上门送书20多次、90多册次；泰来县图书馆编印了《泰来县图书馆图书外借处新书目（摘要）》送给各级领导29份，为领导读书提供方便。

二、全市公共图书馆积极向社会宣传《中国图书馆员职业道德准则》，公示其内容，宣传其意义。在馆内掀起以学习、实施《准则》为内容的职业道德教育热潮，将《准则》张贴上墙，接受社会各界监督。市图书馆还为此召开读者座谈会，倾听意见，征求良策，以便更好地为社会服务。

三、开展形式多样的宣传活动，扩大图书馆的知名度。

1、全市公共图书馆充分利用“六一”节日的有利时机，举办丰富多彩、喜闻乐见的宣传活动。市图书馆为北三区9所小学的读书活动提供服务，图书进校园11000册次；拜泉县图书馆举办少儿读书系列活动，近千名学生参加了活动；泰来县图书馆在文化广场举办科普图书展；富拉尔基区图书馆新购进少儿图书400余种供少儿读者借阅，还向长青乡前水小学、联合小学送去期刊、图书各300册，受到了小读者的热烈欢迎。

2、市图书馆在东五街街道办事处所辖的十个社区、卜奎街道办事处所辖的七个社区举办了“非典型肺炎并不可怕”专题剪报展活动，提供7个板块280多条信息。展出活动得到了社区居民的积极参与，新闻媒体进行了报道。（马义秋）

【牡丹江市召开县（市）公共图书馆馆长会议】 2003年年初，牡丹江市公共图书馆馆长会议在牡丹江市召开。市属各县（市）图书馆馆长汇报了2002年工作，并与牡丹江市图书馆签定了2003年目标责任状。会议要求各馆加强基础业务建设、现代化技术的应用，做好迎接文化部第三次公共图书馆评估定级检查的准备工作。（程宪庆）

【牡丹江市图书馆制定《牡丹江市文化资源共享工程实施方案》】 牡丹江市图书馆日前制定了《牡丹江市文化资源共享工程实施方案》，该方案已经上报牡丹江市文化局，并通过文化局向市财政局打专项经费申请报告，申请经费82万，拟购买服务器2台、电脑40台以及相关软件和外围设备等。（程宪庆）

【牡丹江市所属县馆开展计算机应用技能培训工作】 2003年9月17日—19日，牡丹江市图书馆开办了“基层图书馆计算机应用技能培训班”，牡丹江市所属的各县馆的部分工作人员参加了培训。本次培训由《金鹤图书馆管理系统》的开发者、齐齐哈尔市图书馆的王晓光同志亲自授课，并针对各馆在使用中存在的问题进行了现场解答，同时与学员就《金鹤图书馆管理系统》的集成管理系统、馆藏数据库建设以及计算机应用知识和网络知识等方面进行了更深入的探讨和交流。这次培训加快了牡丹江地区图书馆现代化管理水平和服务能力的提升，对牡丹江市公共图书馆的队伍建设起到了积极的作用。（兰天阳）

【牡丹江市图书馆举办大型文艺汇演】 为庆祝建馆50周年，牡丹江市图书馆在2003年9月25日举办了大型文艺汇演，全馆职工和所属各县馆代表队参加了演出。大家心情激动，纷纷以诗歌、快板、小品、相声和歌舞等形式回顾了图书馆50年的风雨历程和辉煌业绩，表达了对图书馆事业的热爱之情，展现了图书馆未来发展的美好前景。这次活动极大地激发了馆员爱岗敬业、奋发向上的信念和决心。（牡丹江市图书馆）

【佳木斯市图书馆扩建工程有望6月开工】 在各级领导、各部门的关怀和支持下，佳木斯市图书馆有关规划、土地、动迁、专用帐户建立、图纸设计等准备工作已基本就绪，图书馆的扩建工程有望在2003年6月动工。按照施工计划，10月就可以竣工，这将为佳木斯市图书馆事业的发展创造更好的条件。（佳木斯市图书馆）

【佳木斯市图书馆地方文献整理工作成果显著】 佳木斯市图书馆于2002年9月成立了地方文献研究室，经过三个季度的不懈努力，取得了可喜的成果。首先拟定了《地方文献认定标准和征集范围》，按规定的征集范围加强了征集工作，下一步将建立地方文献专藏体系；二是拟定了地方文献分类细则和著录规则，对全部的地方文献进行了分类和著录，建立了地方文献书目数据库；三是编制具有人名、地名、时间、单位、关键主题词等五个检索点的地方文献篇名索引数据库；四是筹建地方文献全文数据库，此项工作目前正在进行中。（佳木斯市图书馆）

【佳木斯市图书馆老年大学分校受到表彰】 在佳木斯市老年大学工作总结会上，市老年大学图书馆分校受到市领导的表扬，佳木斯市图书馆科技部主任张进同志被评为优秀教师。市委副书记李承兰在讲话中对图书馆分校的办学经验给予了高度的评价，并要求作为试点向各区县推广。佳木斯市图书馆为老年群体服务开始于2001年7月，是以科普讲座开始运作的，至今已走过了近两个年头，目前共有三个班和一个返老还童俱乐部，总计近百名学员。（佳木斯市图书馆）

【佳木斯市图书馆成立“今晚霞老年健康俱乐部”】 佳木斯市图书馆社会科学部与哈药集团夕阳美老年事业推广中心合作于2003年3月15日成立了“今晚霞老年健康俱乐部”。俱乐部成立以来，每周不定期地举行活动，现已开展了13次活动，参加人数达500多人次。哈药集团还重金聘请黑龙江医学界的权威人士为俱乐部会员讲解老年健康知识。（兰天阳）

【大庆市图书馆对所属县馆进行调研工作】 2003年4月，大庆市图书馆由馆长宁振英带队率领学会和辅导部工作人员前往所属的肇源、林甸、肇州和杜尔伯特蒙古族自治县等4个县级公共图书馆进行了调研工作。通过此次调研，基本摸清了县馆的情况，为以后的辅导工作打下了基础。（大庆市图书馆）

【大庆市图书馆网站开通】 为了适应21世纪图书馆的发展需要，满足用户日益增长的信息多样化、及时化的需求，扩大图书馆的服务领域和服务功能，大庆市图书馆Web站点已于近日投入试运行。

网站分七个栏目：书生之家、本馆概况、参考咨询、社区分馆、学会工作、读者留言、网络导航。其中“书生之家”汇集了数字化的电子图书10万余种。包括以下类别：文学艺术、计算机通讯与互联网、经济金融与工商管理、语言文化教育、体育、教材教学与考试、生活百科、少儿图书、综合性图书与工具书、法律、军事、政治外交、社会科学、哲学宗教、历史地理、科普知识、知识信息与传播、自然科学、农业科学、医药卫生、一般工业技术、矿业工程、冶金与金属、石化与能源动力、电子技术、轻工业与手工业、电子信息与自动化、其它工业技术、建筑交通运输等28大类。由于此电子图书采用全息数字化技术，使读者就像看纸介质书一样亲切。所见即所得，并能够向读者呈现出版物包括原始版面在内的全部信息。此外该网站还提供了万方数据的链接。

数字化电子图书的阅读方法：通过域名 dqlib.net.cn 或 IP 地址：218.97.222.166进入大庆市图书馆主页，点击“书生之家”栏目，进入“书生之家大庆市图书馆镜像站点”网页，首先“下载阅读器”，再点击“登录”，在图书列表中点击全文，即可阅读到全文。（兰天阳）

【伊春市2003年图书馆服务宣传周活动丰富多彩】 伊春市图书馆按照上级主管部门的统一安排部署，于2003年5月26至6月1日，开展了以“倡导终身学习、全民学习，创建学习型社会”为主题的2003年度图书馆服务宣传周活动。

1、立足市馆，大造宣传声势。5月26日，宣传周开始的第一天，市图书馆馆舍外墙悬挂了四幅十五米长垂直而下的巨型彩喷宣传条幅，写有“2003年全国图书馆服务宣传周”字样的大型彩虹门，站立在市图书馆门前，大门两侧插有彩旗40面，图书馆门前被营造出浓烈的宣传氛围。

2、召开伊春市图书馆第三届少年儿童读书竞赛活动总结表彰会，在200余名报名参加活动的读者中，评选出“读书标兵”5名，“优秀读者”40名，给予表彰并颁发了奖品。同时将这45名读者的“读书心得”在馆内公开展出，供其它读者参观学习。

3、市馆举办了“读书征文展览”，对年初开展的读书征文活动进行了总结，对读者提交的征文进行了评比，评出“优秀征文”24篇，将这些获奖征文在馆内展出，并对文章作者给予了表彰奖励。

4、为了鼓励少年儿童多读书，市图书馆还在宣传周期间推出“读书排行”活动，按照每位读者的借书量进行月排行和年排行，并在馆内橱窗中设立了长久性的“读者月排行榜”和“读者年排行榜”专栏，对月排行前10名的读者在馆内进行“公示”，对今年首次获得年排行前10名读者进行了表彰并给予了一定的物质奖励。（伊春市图书馆）

【伊春市图书馆防治“非典”与读者服务两不误】 伊春市图书馆在“非典”肆虐时期，采取了一系列积极应对措施，一手防“非典”，一手抓服务，受到读者好评。首先严格制定防范“非典”措施，坚决执行，不走过场。伊春市图书馆在执行正常开馆时间的同时，按照上级部署，制定了一系列严格防范措施。

首先，馆内人员配备了口罩、橡胶手套、毛巾、香皂等防护用品。其次，开馆时各部门加强通风，每日闭馆后进行馆内统一消毒。再次，对到馆的读者实行详细的登记制度，同时馆里还专门指定了两名监控员，安排监控地点，一旦发现疑似病人，立即进行监控并及时向防疫部门报告。

在积极预防“非典”的同时，伊春市图书馆及时地调整了服务工作的重点，采购新出版的有关防治“非典”的书籍提供给读者借阅；广泛收集最新信息，编印了“防治‘非典’专辑”，迅速下发到市委、市政府和全市十七个县（市）、区等有关部门以及企事业单位和部分农民手中；在馆内前厅精心制作了防治“非典”宣传板，其中的“疫情通报”始终坚持从网上下载，每日更新，一段时间里成为到馆读者必看的内容。（兰天阳）

【鸡西市成立“共享工程”领导小组】 为进一步落实文化信息共享工程的工作，鸡西市委、市政府和鸡西市图书馆在技术设备、人才资源和建设资金等方面统筹规划，认真做好前期准备工作，于2003年3月成立了鸡西市文化信息资源共享工程领导小组，由鸡西市副市长马淑华担任组长，副组长由市长助理、市财政局局长李鸿林、市政府副秘书长李艳萍、市文化局局长王继和担任，鸡西市图书馆馆长黄龙湖担任办公室主任。领导小组负责对鸡西市的“共享工程”工作进行宏观规划，组织协调全市资源建设和信息服务，协调网络通道的使用。（鸡西市图书馆）

【鸡西市图书馆经典文学名著开播】 为配合素质教育的开展，鸡西市图书馆特藏部视听室于2003年起为广大文学爱好者和中小学生开播了经典文学名著，已播讲了《我的大学》、《在人间》、《童年》、《母亲》等作品。这项活动深受欢迎，以后将陆续播放世界文学名著百部，供中小学生欣赏。（马颖）

【鸡西市图书馆自学阅览室成立】 为了进一步满足读者的阅读需求，给自学的读者开辟一个新的学习空间，鸡西市图书馆成立了自学阅览室，并于2003年3月25日正式向读者开放。自学阅览室是在原外借部的基础上组建的，针对我馆自学读者的特点，保留了实用性较强的图书，以供读者查阅，极大地方便了读者，深受广大读者的欢迎。（王雅文）

【鸡西市图书馆少儿部暑假期间开展系列读者活动】 鸡西市图书馆少儿部在暑假期间推出了系列活动。

7月26日举办了“今天我是管理员”活动，有20多名中小学生报名参加，他们通过自己书写竞职报告，进行竞聘演讲，最后有5名同学竞聘成功，成为图书馆的“义务管理员”。这次活动取得了良好的社会效果，不仅提高了中小学生对图书馆的认识和了解，也使他们在读书的同时锻炼了自己的协调管理能力。其后的“第三届暑假棋类大赛”包括象棋、军棋、围棋、跳棋等让这些小选手受到了一次耐力与耐心的磨练；自己动手描绘心中美好蓝图的“墙体画设计大赛”，开启少儿智力、陶冶少儿情操，尽现少年风采；“荧屏世界，小小少年电影周”，每周放映一部爱国主义影片、动画片和名著欣赏，在培养少儿读者爱国主义情操的同时，也让小读者对所读的名著理解的更加透彻，尤其是精彩的动画片更让小读者假期过足了瘾；随到随讲的“围棋讲座”，让小读者在感受围棋这项古老竞技运动博大精深的同时增强了他们的逻辑思维能力。

这些活动，使孩子们既增长了知识，又轻松愉快地度过了假期，调动了孩子们读书学习的积极性，也深受家长们的欢迎。少儿部读者人数比过去明显增加，由过去的日接待读者200人到现在的300余人次，充分发挥了图书馆传播先进文化的职能。（王雅文）

【鸡西市图书馆送书刊、电影到农村】 2003年7月5日鸡西市图书馆领导及市文化局有关部门一行8人把精心挑选的关于农村种植、养殖等方面的书刊近千种及电影放映设备送到梨树区猴石村。首先举行了书刊捐赠仪式，傍晚又免费为村民放映了电影。通过这次送书刊、电影下乡活动，鸡西市图书馆及时了解了村民对科技知识的需求，根据村民的需要，并决定以后每月送一次书刊、电影到猴石村，同时在该村建立图书室，为农村朋友致富奔小康提供信息服务。（鸡西市图书馆）

【鹤岗市开展图书馆服务宣传周活动】 为推动学习型社会的建立，鹤岗市以“倡导终身学习，全民学习，创造学习型社会”为主题开展了2003年度图书馆服务宣传周活动。

1、市馆和各基层馆以板报、条幅和宣传单等形式进行主题宣传，其中绥滨县馆还组织了秧歌队、宣传车到街道进行宣传，效果良好。宣传周期间共发放传单1000余份，出板报5期，悬挂条幅10条。

2、鹤岗市图书馆组织了“优秀图书推荐”、“新书专栏”、“工具书推荐书目”、“六一少儿棋类赛”、现场办证、现场借书等活动。

3、鹤岗师范专科学校图书馆、财经学校图书馆、卫生学校图书馆和基层图书馆（室）等单位结合各自的情况，开展了“师生读书征文”和“我为图书馆献计献策”等征文活动。

4、鹤岗市图书馆科技部编制两期“农民信息报”，印制1000份发放到农民手中。

5、落实《中国图书馆员职业道德准则》，鹤岗市图书馆开展鞋牌上岗、文明服务”活动，同时加强服务工作，采取“首问负责制”、“服务承诺制”、“限时办结制”和“失职追究制”。（鹤岗市图书馆）

【鹤岗市图书馆举办“迎十一”系列活动】 为庆祝建国54周年，鹤岗市图书馆发挥自身的信息优势，举办了系列活动。一、少儿部与煤城小学联合举办了“庆十一儿童绘画展”，收到参展作品69件，参加活动的同学用丰富的想象力和稚嫩的画笔描绘了对祖国的热爱和对未来的向往。本次活动共评出一等奖3名、二等奖5名、三等奖11名以及优秀组织奖和优秀教师奖各1名。

二、社会科学借阅部利用馆藏图书精选出有关安全方面的信息35条，印制成《生活安全小常识》宣传单发放到读者手中，受到了读者欢迎。

三、为配合“非典”的预防工作，自助报刊阅览室举办了以“树新风、改陋习”为主题的信息发布，共发布信息22条。内容包括卫生习惯和家庭卫生两方面，详细介绍了“非典”病毒的传播途径和预防措施，帮助人们树立战胜“非典”的信心，改掉不良的生活习惯。

四、为配合反腐倡廉教育，加强和改进“两风”建设，内部阅览室在馆内举办了“反腐倡廉纪实文学专题书展”，展出图书150种共260册，使读者边阅读边接受反腐倡廉的教育，收到了良好的社会效果。（王晓鸣）

【肇东市图书馆举办消夏图书展】 2003年8月5日至17日，肇东市政府在西园广场举行了为期12天的第六届广场消夏晚会。肇东市图书馆积极参与，派出了由馆长亲自带队，以党员和共青团员为主的服务小分队，在晚会现场举行书展，为广大市民送信息，送文化。此次书展共展出图书2万册，展出的图书主要以休闲书刊和农民喜欢的种植和养殖类的科技图书，接待读者近八万人次，并开展了现场咨询、现场解答、现场办证等活动，散发了由市馆编印的《信息传递简报》、《决策与参考》2000余份。

通过以上活动的开展，使市民对图书馆又有了一个新的认识，发挥了图书馆信息服务的社会职能，提高了图书馆在社会上的知名度，为广大市民创造了全民读书、人人读书的良好氛围，受到了市政府和广大读者的高度赞扬和好评。（兰天阳）

【绥化市北林区图书馆开展“暑期读书月”活动】 暑期来临，中学生读者日益增多，为了满足这部分读者的阅读需求，北林区图书馆组织开展了以中学生为主要对象的“暑期读书月”活动。

在活动月期间，组织采编部门购买了一批适合中学生阅读的新书，其中包括教育部指定、要求中学生阅读的“中学生课外文学名著必读丛书”，设立新书专架和中外名著专架，以专栏、通报等方式向中学生进行宣传、推荐。

此次“暑期读书月”活动，满足了中学生的阅读需求，提高了文献流通率，增加了办证数量，是北林区图书馆推进“创建学习型图书馆、服务学习型社会”的又一举措。（包义波）

【嘉荫县图书馆“红五月”活动丰富多彩】 为响应黑龙江省文化厅发出的“创建学习型图书馆、服务学习型社会”的要求，嘉荫县图书馆制定了详细的活动计划，将2003年5月命名为“红五月”，举办了系列活动。

1、增建了3处服务点。5月4日至5日在县城朝阳镇、佛山村和尚志村各设一个服务点，投放有关农业种植、养殖及塑料大棚种植蔬菜等内容的书刊各300册；5月8日扶助朝阳镇文化站建立图书室，投放文学类图书1000册，并辅导他们开展借阅服务和图书室管理工作。

2、在5月10日为中老年活动室送报刊10种共50册，每半个月调换一次报刊，为中老年群众提供免费阅读服务。

3、将今年1月份省人民出版社捐赠的2000册新书分编整理上架，对读者提供借阅服务，同时将其中的部分优秀图书进行了新书推荐和陈列展览。

4、由于受“非典”影响原定5月23日举行的“建设杯”“我是嘉荫人，我爱新嘉荫”的演讲比赛改为6月13日在江滨公园广场举行。此次比赛共有6所学校的18名选手和这些学校的师生、家长以及社会各界人士参加。演讲的内容主要是讴歌嘉荫县在文明城镇建设和环境保护中涌现出的先进人物和先进事迹。演讲结束后，县委领导组织全体与会人员进行了清理公园环境卫生的义务劳动。本次演讲比赛受到了县委和县政府的表扬和社会各界的一致好评。（焦秀芳）

【黑河市第二届《图书馆志》编纂工作启动】 黑河市第二届《图书馆志》编纂工作会议于2003年11月29日召开，所属的各县（市）区《图书馆志》编纂委员会负责人参加了会议。

会上传达了省文化厅召开的《图书馆志》编纂会议精神，通过了黑河市第二届《图书馆志》编纂方案，对编纂大纲和行文细则进行了具体讲解，确立了市、县两级编纂委员会的任务分工。

文管会副主任潘忠林同志就如何抓好编纂工作提出了“一坚持、二把握、三明确、四做到”的工作思路。一要坚持“存真求实”的方针；二要把握“修志为用、用而修志”的原则；三要明确职责，加强领导；四要做到“一纳入、五到位”，即：把修志工作纳入图书馆工作重要日程，做到领导到位、机构到位、经费到位、队伍到位、条件到位，圆满完成修志工作。

12月1日下午，爱辉区政府牵头组织召开了市区中省市直各有关单位领导参加的《图书馆志》编纂工作会议。市文管会副主任潘忠林、爱辉区主管副区长王艳杰出席了会议并讲话。他们强调了修志工作的重要意义和作用，对各单位的修志工作提出了具体要求。区《图书馆志》编纂委员会向各图书馆下发了编纂大纲和有关文件，会议还邀请市文管会图书馆科科长做了《图书馆志》编写行文通则的专题讲座。（兰天阳）

【送书下乡工程在黑龙江省正式启动】 2004年1月，国家文化部和财政部联合发起的送书下乡工程在黑龙江正式启动。首批图书348种共34398册图书已送达该省，并分配到了7个县级图书馆和70个乡镇图书馆（室）。这批图书内容丰富，主要以种植、养殖和农产品深加工技术为主，同时辅以文学经典名著、医疗卫生、儿童教育和爱国主义等内容，在很大程度上满足了贫困地区人民群众对知识和信息的需求，是黑龙江省文化扶贫工作的又一重大举措。（兰天阳）

【黑龙江省派出11人参加全国公共图书馆评估定级第三期培训】 2004年3月16日至19日，黑龙江省文化厅、黑龙江省图书馆、哈尔滨市图书馆和伊春市图书馆共派出11人参加了在大连举办的全国公共图书馆评估定级培训。本次培训由中国图书馆学会主办、辽宁省图书馆学会和大连市图书馆学会承办，为期4天。（兰天阳）

【2004年全省公共图书馆岗位培训圆满结束】 2004年全省公共图书馆岗位培训面授辅导班结业式于9月27日在黑龙江省图书馆新馆举行，省文化厅副厅长宋宏伟、社会文化图书馆处调研员吴娟参加了结业仪式。宋宏伟副厅长发表了热情洋溢的讲话，他在讲话中高度地评价了岗位培训的意义，勉励学员自觉学习、终身学习，争做一个学习

型的馆员。本次培训有来自全省的215名学员参加了为期6个月的学习，他们系统地学习了《图书馆工作概论与图书馆基础知识》、《文献资源建设工作》、《图书馆信息技术工作》、《文献编目工作》、《文献标引工作》、《文献信息开发工作》、《参考咨询工作》等7门课程。

与前两次相比，本次培训有以下三个特点。一是“广”，本次培训的215名学员来自省馆和9个地区，代表面较广，其中县馆学员占一半以上，有许多学员是本单位改革后新任的馆长和刚参加图书馆工作的新兵。二是“新”，培训内容主要为当前我国图书馆学研究与工作的新理念、新知识、新技术、新方法。三是“动”，主要表现为学员学习积极主动，教师与学员之间、学员与学员之间学习互动。（兰天阳）

【全省公共图书馆评估定级工作圆满完成】 根据文化部和中国图书馆学会的统一部署，由省文化厅和省图书馆组成的第三次公共图书馆评估定级小组于2004年4月20日至6月25日先后对伊春市、绥化市北林区、双鸭山市、佳木斯市、汤原县、鹤岗市、大兴安岭地区、呼玛县、黑河市爱辉区、嫩江县、大庆市、林甸县、齐齐哈尔市、齐齐哈尔市富拉尔基区、七台河市、鸡西市、虎林市、牡丹江市、海林市等20个市县级图书馆进行了全面的业务评估和实地复评工作。

为迎接本次评估工作，省文化厅社会文化图书馆处和省图书馆学会做了大量细致的工作。在2003年3月召开的全省公共图书馆馆长联席会议和辅导部主任、学会秘书长工作会议上，将评估定级工作列为会议的一项重要内容，组织馆长和辅导部主任、学会秘书长进行讨论，广泛征求意见。会议还确定了评估工作的程序，即省评估小组负责对市（地）中心馆进行评估，市（地）评估组负责对所属县区级图书馆进行评估。会议结束后，各地马上进行部署，着手迎评准备工作。

为更好地做好评估工作，省文化厅和省图书馆在2004年3月派评估组的主要成员参加中国图书馆学会在大连市举办的全国第三次公共图书馆评估定级培训班，进一步领会评估标准。同时省图书馆辅导部还利用各种机会与市（地）图书馆沟通，征求他们对评估标准和评估细则的具体意见。

2004年3月黑龙江省第三次公共图书馆评估定级工作小组正式成立，评估组由省文化厅主管厅长直接挂帅，下设领导小组和专家小组负责具体操作。评估组成立后，社会文化图书馆处专门组织评估人员对标准和细则逐项逐条进行研究，并结合该省的具体情况制定了处理原则，以保证评估的公正与公平。在具体操作程序上，采取先听取参评馆馆长汇报、查看业务档案、深入具体部门了解并核实情况、评估组集体讨论形成共识，最后进行评估意见反馈。

从此次评估的结果来看，自1998年第二次评估后的5年里，黑龙江省公共图书馆事业在各级党委和政府的领导下，在全体图书馆工作者的努力下，取得了长足的进步。与经济发达地区相比，虽然在硬件（如经费投入）和现代化建设方面还有一定的差距，但在读者服务、队伍建设、办馆条件、图书馆管理等方面还是取得了突出的成绩，可谓“硬件不硬、软件不软。”（兰天阳）

【哈尔滨市首座农村电子图书馆落成】 哈市第一座农村电子图书馆在新发镇建成，并向农民开放。从2004年1月9日起，全镇2万名农民足不出镇就可在电子图书馆里解决生产过程中遇到的技术难题。电子图书馆配备20多台微机，安装了宽带网，购买了3000多张种养殖光盘。（兰天阳）

【哈尔滨市图书馆召开基建工作总结表彰大会】 2004年1月12日，哈尔滨市图书馆召开了基建工作总结、表彰大会。会议由纪委书记赵金维主持，会上由副馆长孙威宣读了对市图书馆基建期间有功人员表彰奖励的决定，馆长吕玉芝代表馆领导班子对基建工作进行了全面总结。对在整个基建工作期间，全体员工所表现出的认真负责的工作态度，团结协作的主人翁精神，无私奉献的境界，以及在基建工作中涌现出的好人好事给予了充分的肯定，吕馆长还对今后的工作提出了新的要求和希望。市文化局常务副局长王永贵也到会并讲了话，他代表文化局党委对历时半年多的市馆扩建、维修及消防三大工程给予了充分肯定，认为它是一个阳光工程、优质工程、安全工程，也是一个放心工程。希望全体职工借助这次工程改造，认真总结经验，珍惜来之不易的成果，继续发扬好的传统、好的作风，为图书馆事业的发展做出应有的贡献。（兰天阳）

【齐齐哈尔市图书馆举办法制教育讲座】 2004年3月9日下午，齐齐哈尔市图书馆举办了一场生动、深刻的“青少年法制教育讲座”。在能容纳200人的讲演厅里挤满了400余名前来聆听本次讲座的青少年学生，讲座现场气氛热烈、秩序井然、掌声不断。

齐市图书馆开展读者活动已有多年的历史，一直深受广大市民的喜爱。为了加强青少年的法律意识、增强学生的法制观念，防止青少年犯罪，齐市图书馆经过多方联系，特邀富区监狱教育改造科的警官做了一次青少年法制教育讲座。在近两个小时的讲座中，教改科的警官就当代青少年成长的重大变化和青少年犯罪现状进行了分析，围绕青少年成长的特殊阶段的特殊心理，以大量青少年犯罪的案例，向青少年阐明学法、懂法、守法、执法的重要性。要求青少年从小做起，认真遵守学校的各项规章制度。并指出社会、学校、家庭要针对青少年成长的不同阶段，有针对性地予以保护和救助。另外，讲座中还有三名在押犯人进行现身说法，看着与自己一样花季年龄的少年在高墙内过着不自由的生活，广大青少年深受教育，纷纷表示：要珍惜今天的美好时光，从点滴做起，从小事做起，争做学法、懂法、守法、用法的好学生、好公民。（兰天阳）

【文化简史漫谈讲座在齐齐哈尔市图书馆举办】 2004年7月29日齐齐哈尔市文化简史漫谈在市图书馆万卷阁召开，文化系统直属单位的主要领导及文化局全体职工聆听了讲座。

讲座由市图书馆古籍部主任李淑清和副研究馆员贺丽主讲，主要从齐齐哈尔文化起源、文化艺术的发展、流人文化、历史上官员对文化发展的贡献等几部分做了全面、细致的介绍。在讲到少数民族文化和流人文化时，还配合了大量的史料和文人佳作，使讲座变得贴近历史、生动形象，与会人员更是听得聚精会神、如临其境。（兰天阳）

【全国文化信息资源共享工程齐齐哈尔分中心开放】 设在齐市图书馆的全国文化信息资源共享工程齐齐哈尔分中心已于近日面向广大读者全面开放。

该中心环境优雅，配备了P4豪华级计算机，同时开设下载存储、扫描打印、光盘数据检索、电子文献借阅、计算机技术培训、办公软件开发等系列服务。为方便读者上网浏览，还引进了国内先进的一卡通管理模式，持卡者可在全市所有网络服务机构上机检索。

为回报广大读者长期以来对图书馆工作的大力支持，齐齐哈尔市图书馆还推出系列优惠服务，暑假期间，该馆的持证读者在利用中心网络信息时，可享受每小时0.5元的特价服务，高考生持准考证享受同等优惠，同时在优惠期内为上机卡充值者，可长期享受本价位服务，直到卡内金额消费完为止。

同时为迎接2006年的市图书馆百年大庆，推出“争当百年幸运读者，终身享受特价服务”活动，从即日起，前100名购卡充值读者将成为市图书馆的“百年幸运读者”，终身享受特价借阅、优惠购买电子文献等全方位服务。（兰天阳）

【齐齐哈尔市图书馆暑期为未成年人服务丰富多彩】 为充分体现“先进文化前进方向的代表”，使未成年人度过一个充实而又有意义的假期，齐齐哈尔市图书馆于暑假期间推出系列活动：

一、将每月的第一个星期日定为未成年人接待日，组织未成年人到图书馆参观，举办“走进图书馆”专题讲座，引导学生们认识图书馆、走进图书馆，增强他们利用图书馆、学习文化知识的意识；

二、通过对全市社区情况的调查、分析，率先在北三区建立一个社区图书馆，有计划地投入图书，定期更换新书，使学生们在“家”中可以读到有教育意义的书籍，通过开展读书活动，帮助学生形成“爱读书、会读书、读好书”的良好风尚；

三、组织未成年人参加“读一本好书”活动，聘请专家举办爱国主义教育专题报告。同时，在馆内播放《激励永远》大型爱国主义教育系列片，使未成年人更多地了解历史，通过学楷模、找差距，从而提高自己；

四、组织“青少年新世纪读书俱乐部”成员，利用共享工程分中心的优势，通过“中国青少年新世纪读书网”，开展“营造学习氛围，倡导读书育人”活动。（兰天阳）

【齐齐哈尔市图书馆为部队官兵送去节日贺礼】 八一建军节到来之际，市图书馆领导亲自带队来到驻齐93132部队慰问，同时为广大官兵送去一份特殊的节日贺礼——“世纪伟人邓小平”图片展暨有关邓小平同志生平图书展，此次活动共展出馆藏精选图书近千册、图片近百幅，为官兵们提供了一个了解伟人了解历史的平台，备受官兵们青睐。

与此同时，该馆的另一支小分队为齐市第一军队干休所举办了一次为期一周的庆“八，一”图书、图片展活动，受到了军队干休所老干部的热烈欢迎.此次活动共展出包括军史战例、将帅传记等内容的图书300余册，反映现代部队生活和军队现代化建设等内容的图片130余幅。（兰天阳）

【齐齐哈尔市图书馆举办“关注妇女 抗击艾滋”专题剪报展】 12月1日是世界第17个艾滋病日，为提高公众对艾滋病危害的认识，更为有效地唤醒人们采取措施预防艾滋病的传播和蔓延，齐齐哈尔市图书馆以“关注妇女抗击艾滋”为主题，举办了专题剪报展。展出宣传、预防艾滋病信30余条。其中“什么是艾滋病”、“如何检测是否患有艾滋病”、“艾滋病传播的主要途径”等信息对宣传科普知识、提高公众对“艾滋病”的认识大有益处。同时，为降低公众对“艾滋病”的恐惧，展览还向公众介绍了通过握手、拥抱、共同工作、用餐、游泳、洗浴、蚊虫叮咬等途径不会感染艾滋病的相关知识。（兰天阳）

【鸡西市图书馆开辟少儿假期影视专场】 为丰富少年儿童的假期生活，鸡西市图书馆利用多媒体演示厅在2004年寒假期间开辟了“少儿影视专场”，展播以爱国主义题材经典童话、寓言、科学知识、中外名片等内容为主题的系列影视作品。中小学生可到市图书馆办理影视观摩证，观看电影，还可持观摩证到少儿部阅览儿童读物。这一活动，让孩子们在享受假期快乐的同时接受了爱国主义的教育，汲取了科学文化知识，因此深受学生和家长的欢迎。（兰天阳）

【鸡西市图书馆成立法律法规阅览室】 为满足读者的需求，鸡西市图书馆经过调研，成立了法律法规阅览室，并于2004年3月1日开始正式对外接待读者。该阅览室藏有法律法规方面的期刊26种、报纸7种，读者可凭有效证件进行阅览。同时该阅览室作为专题阅览室，还可为用户提供专题服务。（兰天阳）

【鸡西市图书馆举办爱国主义教育书展】 为纪念“向雷锋同志学习”口号提出41周年，让青少年读者继承和发扬雷锋精神，鸡西市图书馆举办了以“向雷锋同志学习”为主题的爱国主义教育书展，展出了雷锋日记、雷锋的故事和有关董存瑞、黄继光、罗盛教等革命英雄事迹的图书百余种。书展深受广大青少年的欢迎，平均每天都有近百名少年儿童前来阅览。（兰天阳）

【鸡西市图书馆暑假期间读者活动丰富多彩】 2004年暑假期间，鸡西市图书馆为青少年读者精心策划组织了丰富多彩的系列活动。这些活动轻松愉快，不仅吸引了青少年读者，也深受家长们的欢迎。

7月15日-16日少儿部举办了第四届棋类大赛，有178名选手参加了中国象棋、围棋、跳棋和五子棋的比赛，比赛分别决出冠、亚、季军各6名。

7月18日-19日，少儿部举办了“中小学生语文阅读分析讲座”，有117名中小学生报名参加，讲座反响热烈，受到学校和家长的欢迎。

7月25日-8月25日，在多媒体影

视厅举办了电影放映月活动，主要放映具有教育意义的红色经典影片、科教片、童话片、动画片和科幻片等，每天上、下午各两场，平均每天观众达150人次。

8月9日在多媒体影视厅成功举办了“中小学生风采辩论会”。观众席上坐满了青少年读者，小辩手们精彩的辩论博得一阵阵热烈的掌声，最后决出冠军3名、亚军3名和最佳辩手3名。

8月13日在少儿部举办了速记讲座，讲座内容以强化中小学生的记录速度为主，通过学习使学生提高了课堂笔记的记录速度和记录质量。（兰天阳）

【鸡西图书馆开展纪念邓小平同志诞辰100周年系列活动】 在邓小平同志诞辰100周年之际，鸡西市图书馆于8月19日－27日举办了纪念活动。活动分“永远的小平”图片展和主题电影放映周两部分。

8月20日-27日举办了为期一周的纪念邓小平诞辰100周年图片展，展出反映邓小平各个不同历史时期的图片近百张，以此来缅怀这位世纪伟人的丰功伟绩。

8月19日-26日在市图书馆门前和多媒体影视厅举办了为期一周的电影放映周活动，这次活动以放映革命教育题材的影片为主，共放映电影11场，有近5000人观看了影片。（马影）

【鹤岗市新兴社区图书馆举行揭牌仪式】 2004年6月30日，鹤岗市东山区三街办事处新兴社区举办了“新兴社区图书馆”，揭牌仪式，仪式由东山区委宣传部长李书南主持，三街办事处书记郭景刚致贺词并与市图书馆党支部书记高小平互签了协议书，仪式上还收到承天建筑公司和岭东煤矿捐赠的图书。市委常委、宣传部长杜荣家和东山区委书记庄乾义为图书馆揭牌，参加揭牌仪式的还有市委组织部、市文化局、驻区企业、帮扶单位、东山区委、区政府等领导同志。

新兴社区图书馆馆舍面积120平方米，馆长1人，工作人员2人，阅览座位50个。该社区图书馆将实行借阅一体的模式，为读者提供个性化服务。（兰天阳）

【鹤岗市图书馆开展庆“十一”系列活动】 为庆祝建国五十五周年，使广大读者渡过一个积极有意义的“十一”长假，鹤岗市图书馆精心组织安排了系列读者活动，丰富人们的假期生活。

社科借阅室开展“读者问卷调查活动”，向读者征询了对图书馆服务、藏书建设以及业务管理等多方面的意见和建议；报纸期刊借阅室与肿瘤医院联合举办了“天使情怀”诗歌朗诵比赛，医护人员利用图书馆的文献并结合自己的工作经验，用诗歌的形式讴歌了对祖国的热爱。这些活动的举办，使读者在利用图书馆的同时，提高和强化了其图书馆意识。（兰天阳）

【鹤岗市召开“开拓创新，谋求发展”座谈会】 为了进一步增进会员单位之间的学术交流，鹤岗市图书馆学会于2004年11月15日召开了鹤岗市图书馆学会“开拓创新，谋求发展”座谈会。

座谈会上，洋溢着团结、和谐、民主的学术气氛，各会员单位代表即席发言，互相交流各自在工作中的经验和体会，表示在工作中要坚持立足本行业的特点，积极发挥图书馆教育和信息服务职能，为读者提供有效快捷的服务。同时对传统图书馆在向现代图书馆的转型过程中事业发展的新情况、新问题提出了自己的观点和解决的办法，强调要不断加强自身学习，树立“人才强馆”的观念、引进和培养复合型人才，促进图书馆朝着数字化、网络化的方向发展。

图书馆学会理事长高小平做了总结性发言，指出学会一年来在上一级学会的关心和支持下，充分发挥了学会的中心协调作用，使鹤岗地区的图书馆事业在各方面取得了快速的发展，同时他还就明年的工作做了进一步的安排，特别强调指出即将实现的文化信息资源共享工程是鹤岗市图书馆事业发展的一次契机，该工程的建立对图书馆事业的良性发展必将起着重要的作用，应抓住这一良机，发展壮大自己。（兰天阳）

【香坊区召开图书馆馆网培训研讨会】 2004年11月18日-19日，由哈尔滨市香坊区文体局主办、香坊区图书馆承办的香坊区图书馆馆网培训研讨会在省直机关干休所召开，参加研讨会的有东北农业大学、哈尔滨金融专科学校、各中小学校、企业和社区乡镇图书馆（室）等24家单位。会议邀请了哈尔滨市图书馆的专家就图书馆工作概论和社区乡镇图书馆建设等内容做了专题讲座，与会代表和专家共同探讨了图书馆“共识、共建、共办、共享”的建设道路。

自去年12月召开第一次香坊区图书馆馆网研讨会后，各成员单位携手合作，取长补短，发挥整体优势，先后在全区举办了“共建乡镇图书馆”和送科技下乡等一系列活动，在香坊区的经济建设和文明建设中发挥了重要的作用。（兰天阳）

陕西省

【2003年概况】 2003年，陕西省拥有县级以上的公共图书馆110所：其中省馆1所，地市级馆6所，县市区馆100所，少儿馆3所。尚未建地市级图书馆的有：榆林、延安、渭南、汉中市。未建县市区级图书馆的有：西安市莲湖区、新城区、灞桥区，咸阳市渭城区。全省公共图书馆馆舍总面积17万平方米，阅览座席1.1万个。从业人员1604人，其中省馆168人，地市级馆215人，县市区馆1221人。有高级职称40人，中级职称306人。2003年，陕西的图书馆事业总体来说还是得到了进一步发展，馆舍面积、藏量购置费、现代化建设和读者服务等都有了新的进步。2月，投资50多万元，占地3亩，建筑面积1300平方米的富平县图书馆新馆开馆，9月，1600平方米的高陵县文化图书大楼落成，面积1000平方米的高陵县图书馆新馆开馆，使全省公共图书馆的馆舍面积增加近1600平方米。全年新增藏量购置费434.6万元，其中省馆232.8万元，地市馆134万元，县市区馆67.8万元。新增藏量16.9万册（件），其中省馆7.8万册（件），地市馆1.4万册（件），县市（区）馆7.8万册（件）。全年流通总人次1489.6万人次。解答咨询2.2万条，代检课题612项，编制二、三次文献383种。全省馆藏文献累计852.5万册（件），其

中中外文图书 661.9 万册，报刊 113.1 万册，古籍 66.8 万册，缩微视听资料 1.5 万册（件），其他文献 9 万册（件）。（尚庄）

【2004 年概况】 2004 年，陕西省图书馆事业总体呈快速发展态势，尤其是馆舍总面积猛增 2.3 万平方米，达到 19.3 万平方米，这主要源于勉县、凤县、定边县图书馆等一批基层图书馆新馆的建成或开馆，1200 平方米的西安市灞桥区图书馆的建成，还填补了西安城区图书馆的一处空白。截止 2004 年底，陕西有县以上公共图书馆 111 所，其中省级馆 1 所，地市级馆 6 所，县市区馆 101 所，少儿馆 3 所。阅览座席 11737 年，比上年增加 737 个，其中少儿阅览座席 2482 个。拥有计算机 779 台，电子阅览室终端 251 个，共享工程服务点 70 个。全省图书馆从业人员 1640 人，比 2003 年增加 36 人，其中省馆 162 人，地市级馆 258 人，县市区馆 1220 人。高级职称 32 人，比上年减少 8 人，中级职称 299 人，比上年减少 7 人。全省馆藏文献总计 864 万册（件），比上年增加 11.6 万册（件），其中中外文图书 708.2 万册，报刊 130.9 万册，缩微制品 7.1 万件，其他文献 17.8 万册（件）。全年新增藏量购置费 501.9 万元，比 2003 年增加 67.3 万元。其中省馆 256.2 万元，地市级馆 156.4 万元，县市区馆 89.3 万元。新增藏量 22 万册（件），比上年增加 5.1 万册（件），其中省馆 8.1 万册（件），地市级馆 6 万册（件），县市区馆 7.8 万册（件）。全年流通总人次 365.65 万人次，书刊外借 256.25 万册次。举办读者活动 50809 次，参加人数 30.61 万人次。（尚庄）

【省图书馆全员岗位聘任】 为深化文化事业单位人事制度改革，陕西省图书馆在深入调查、借鉴、研究的基础上，于年初出台了《陕西省图书馆全员岗位聘任实施方案》，并于 4 月开始组织实施。4 月 26—28 日，分别召开改革动员会和中层干部竞聘演讲会，省文化厅多家直属单位领导班子成员到会进行观摩。报名参加此次竞聘的共有 35 位同志，分别竞争 14 个部门的 28 个中层领导岗位。5 月开始全员聘任。新一届聘任改革，集中体现在新的用人机制与分配机制的转换，旨在推行以岗位责任制、目标责任制、经济指标考核制、项目任务考核制相结合的考核奖惩体制。建立人员能进能出、职务能上能下、待遇能升能降、人才结构合理的新型人事管理体制与分配机制。此次聘任工作运行平稳，初步达到了机制转换、馆内资源重新整合、队伍结构调整、干部观念更新的目的。（尚庄）

【自动化建设】 5 月，陕西省图书馆推出网上方正 Apsbi 电子图书外借业务，已上网图书 2 万余种。新组建的技术制作部开设了视听阅览室，增加了文献数字化加工车间。延安宝塔区图书馆筹措资金 12 万元，购置计算机 8 台和图书馆自动化管理软件，建成馆内局域网，开通了采编、流通、检索子系统。宝鸡市图书馆全面完成社科、参考工具书阅览室计算机检索系统。西安图书馆网站完成改版，安康汉滨区少儿图书馆全年录入文献数据 1.03 万条，开通了计算机流通服务子系统。（尚庄）

【全省图书馆接受捐赠情况】 2003 年，文化部、财政部为深入贯彻落实国办发（2002）7 号文件精神，支持基层文化建设，加快学习型社会的建设步伐，正式启动了全国送书下乡工程。该工程计划 3 年完成，2003 年 – 2005 年期间向 300 个国家级扶贫开发重点县和 3000 个乡镇赠送农村适用型图书 390 万册。陕西省 3 年受赠计划为 25 个县级图书馆和 260 个乡镇图书室预计接受赠书 33.5 万册。2003 年，中央文明办、文化部、新闻出版总署向陕西省 50 个国家级贫困县的图书馆赠书 11 万余册。

咸阳图书馆向全省 50 个地县图书馆赠送地方出版物 460 册，价值约 3.5 万元。

上海博物馆向陕西省图书馆捐赠《淳化阁贴》复制本一套。

上海辞书出版社向陕西省图书馆捐赠两部价值 1990 元的《辞海》。

中联部驻彬县扶贫组、澳大利亚扶轮社、彬县政府向彬县图书馆捐赠价值 4.5 万元的图书。

千阳县图书馆向社会发出捐书倡议，并得到政府领导的支持与带头捐赠，共收到社会捐书近 2000 册，价值超过 2 万元。

凤翔县财政局长王云奎将自己多年精心收藏的价值 1300 元的 136 套文学作品捐赠给凤翔县图书馆。

扶风县县长王栓虎、甘肃省社会科学院书记安可君等向扶风县图书馆捐书 1000 余册。

旬阳县图书馆重点发展特色藏书与特色服务，设立“革命老区图书中心”与“名人藏书阁”，在社会上广泛联系，得到省内外百余名作家、学者、文化名人赠书共计 1569 册。

此外，乾县图书馆、泾阳县图书馆等也主动出击，开展了广泛的社会捐赠活动，成果显著。（尚庄）

【省各级领导视察图书馆工作】 1 月 3 日，陕西省省长贾治邦、副省长潘连生等省政府领导到省图书馆视察。贾治邦省长指出，文化要发展，三个全局性的问题要解决好，一是观念更新，二是结构调整，三是机制转换。要抓紧做好文化系统的改革、资源整合与基层基础设施建设。陕西把三步走搞好了，会拿出更多的钱投入到文化建设上来。3 月 7 日，省委宣传部长马仲平等到省图书馆调研，强调图书馆以人为本的服务和在建设学习型社会中的重要作用，殷切希望省图书馆能以一流的设施，一流的服务，跨入一流的行列。7 月 3 日，省政府副秘书长郑德义等到西安图书馆视察，强调关注文革时期散落在各单位有价值的文献资料的搜集工作和重要性。（尚庄）

【预防非典】 2003 年，“非典”疫情袭击全国，4 月 20 日和 23 日，西安图书馆、省图书馆分别成立非典型肺炎预防领导小组，研究部署“非典”预防工作。随后，省馆向全馆职工配发口服药、空气消毒喷雾剂、口罩等防护用品。西安图书馆自行研制的 XLB – 320 型和 XLB – 240 型紫外线图书消毒架消毒效果良好，兄弟省市图书馆纷纷来函索取图纸，此项技术得到了文化部社图司的肯定和推广。（尚庄）

【全省公共图书馆馆长培训班】

由省文化厅举办、省图书馆承办的“陕西省首期公共图书馆馆长培训班”7月4日—9日在省图书馆开班。此次培训旨在提高全省地、县图书馆馆长的业务技能与科学管理水平，以迎接新形势的挑战。培训班以全国图书馆岗位培训教材为依据，开设了《图书馆工作概论》、《图书馆管理工作》、《文献标引》、《文献编目》、《文献资源建设》、《地方文献》、《信息技术》等7门课程。60名馆长参加了此次培训。(尚庄)

【馆社合作古籍开发研讨会】 由省图书馆与三秦出版社联合举办的“馆社合作古籍开发研讨会”于9月27日在省图书馆举行。三秦出版社、陕西师范大学古籍所、陕西师范大学图书馆、省社科院、西北大学文学院、西北大学图书馆以及省图书馆的有关人员出席了会议。此次会议紧承此前在北京举行的“全国图书馆古籍工作年会”而召开，旨在加强陕西出版界与图书馆界在古籍整理出版方面的协作关系，使珍贵、稀有的古籍文献尽快得到揭示、整理和出版。会议还从陕西古籍收藏现状、出版现状和利用需求等方面提出了一些选题和建议，进一步拓展了古籍开发工作的思路。(尚庄)

【第三次公共图书馆评估】 2004年，由文化部、中国图书馆学会共同组织的第三次全国公共图书馆评估定级工作全面展开，成为公共图书馆本年度工作的重中之重。为做好此项工作，陕西省文化厅多次下发文件，进行精心部署。各基层政府与参评图书馆也高度重视，参照标准，逐项检查，找出差距，积极整改，以评促建。本次评估，全省107个市县区馆中，有77个馆参加了评估，占总数的71.96%，30个馆因基建或搬迁等原因未参评。7月15日至8月4日，省文化厅在各地市自评、初评的基础上，组成省评估专家组，分3路先后赴陕南、陕北、关中，对初评分达到550分以上的31个市、县、区馆进行实地复评。经过复评，掌握了这些馆的实际情况，得到了比较准确的评估分数，其中900分以上2家，800—899分2家，700—799分2家，600—699分5家，500—599分15家，400—499分4家，300—399分1家。9月7日和29日，又分别对西安市馆与省馆进行了预评。10月20—25日，以文化部社图司副司长刘小琴为组长的全国图书馆专家评估组一行5人对省图书馆、西安图书馆分别进行了全面评估与检查。评估组对陕西省图书馆的办馆条件、工作面貌、领导班子办馆理念、文献资源数字化建设、信息推送、读者服务成效等方面都给予了很高的评价。对西安图书馆的办馆思路，服务定位，职工队伍建设，对基层馆的援助、辅导以及对老、少、残疾人的人性化服务意识等都给予了充分肯定。本次评估，对促进各级政府领导提高对图书馆事业的重视程度、改善对公共图书馆的资金投入、规范图书馆的各项业务管理都起到了积极的促进作用。(尚庄)

【国务院公益性文化设施调研组来省馆调研】 2004年10月27日下午，国务院公益性文化设施免费或优惠向未成年人开放情况调研组一行7人来省馆调研。调研组成员有：国办秘书三局副局长傅绍林，文化部社图司副司长李宏、文化部社图司综合指导处处长张永新，教育部基础教育司德育处副处长吕同舟，财政部教科文司文化处副处长董为民，国家文物局博物馆司博物馆处处长周明，国办秘书局三局三处干部宗义明。下午2时，在陕西省文化厅刘宽忍副厅长、社文处赵登峰处长、丁雪燕同志和省馆领导的陪同下，调研组一行来到省馆西大街馆区实地察看少儿分馆建设情况，审阅了改扩建设计方案，指示要争取使少儿分馆尽快立项。下午4时，调研组一行又来到省图新馆，对少儿书刊采购、少儿阅览区服务等情况作了详细查看了解。谢林馆长就省馆为未成年人服务、今后的工作设想以及面临的主要问题等向调研组作了专题汇报。(尚庄)

【文化部社图司司长张旭参观省馆】 3月11日上午，正在西安出席陕西省优秀民族民间文化保护工作会议的文化部社图司司长张旭到省馆参观。省文化厅副厅长刘宽忍、省图书馆馆长谢林陪同参观。张司长参观了中文图书外借室、报刊阅览室、读者自修室、多功能厅、报告厅、电子阅览室和机房等。在报告厅，张司长仔细观看了现代化的设施和布局。刘副厅长和谢馆长向张司长汇报了省图书馆利用报告厅举办系列免费讲座等公益活动的尝试，张司长给予了高度评价，并勉励省图书馆利用自身资源优势为读者提供更多更好的服务。之后，张司长还饶有兴致地观看了省馆珍藏的部分善本古籍。(尚庄)

【全国图书馆部室主任工作、学术研讨会】 由陕西省图书馆学会主办的全国图书馆部室主任工作、学术研讨会于2004年5月24至27日在西安隆重举行。来自全国18个省、直辖市的101名代表和论文作者出席了会议。

在开幕式上，陕西省图书馆学会理事长、陕西省图书馆馆长谢林首先致开幕词。接着，陕西省文化厅副厅长刘宽忍向大会表示祝贺并讲话。他高度评价了图书馆部室主任的重要性，形象地将部室主任比做工程领班。他衷心希望代表们在会上能够畅所欲言，各抒己见，学习别人好的做法，也将自己的经验推介出去，使会议真正起到大沟通、大交流的作用，使每位参会代表都有所收获。

在为期一天的大会交流中，有10多位代表先后上台做了主题发言。在每位代表发言之后，会议特别为台下代表安排了即兴发言的时间。每到这一时间，台下气氛总是非常热烈。

在大会交流的基础上，会议安排了分组讨论。在分组讨论中，代表们纷纷介绍了所在馆的基本情况。许多代表还就自己在工作中遇到的具体问题展开热烈讨论。在分组讨论中，大家还形成了一个共识，那就是这次机会的来之不易。代表们说，国内每年都有馆长论坛之类的活动，还没有专门的部主任会议，这次会议填补了国内图书馆学研究与学术会议的空白。

闭幕式上，主持人宣布了会议的征文情况及获奖人员名单，并由图书馆学会有关负责人向作者颁发了证书。

这次会议共收到全国各地图书馆部主任的论文120余篇，大多数文章从不同的角度，讨论了部室主任的角色定位和素质要求。

在闭幕式上，谢林做了总结发言。

他说，这次会议的投入产出率很高，很务实，达到了预期的目的，感到很欣慰。另外，陕西有幸接待大家，也感到很荣幸。

闭幕式结束后，代表们还集体参观了西安交通大学图书馆和陕西省图书馆。（尚庄）

【中国图书进出口西安公司向省馆赠书】 4月26日下午4时，中国图书进出口西安公司向陕西省图书馆捐赠海外原版图书仪式在省图书馆中央大厅举行。中国图书进出口西安公司共向省馆捐赠图书140种（册），价值近14万元人民币，内容涉及科技、文学、经济、生物、医学等方面。

在捐赠仪式上，中国图书进出口西安公司进出口部经理武宏才向省馆捐赠图书。徐大平副馆长代表省馆向中图公司颁发了收藏证书。武宏才经理在赠书仪式上讲话时说，这次捐赠外文原版图书的主要目的是积极贯彻全省科技工作会议精神，落实贾治邦省长4月15日的"科技兴陕"指示，进一步满足广大读者看书学习的需要，为振兴陕西经济、加快西部发展做出贡献，为图书馆的发展尽点力量。徐大平副馆长也讲了话，他说：中图公司向省馆捐赠图书，是省馆新馆开馆三年来，接受赠送的外文图书册数最多、价值最高的一次，它及时缓解了省馆因经费短缺致使外文图书入藏偏少的矛盾。丰富了省馆外文图书品种，为广大读者提供了更加丰富的精神食粮。参加捐赠仪式的还有省馆部分职工、中国图书进出口西安公司员工及陕西省电视台、西安电视台、《华商报》、《三秦都市报》等新闻媒体的记者等60余人。（尚庄）

【省馆推出综合服务项目参加第八届西洽会文化产业博览会】 4月5日，第八届中国东西部合作与投资贸易洽谈会在西安举行，与往年不同的是，本次西洽会首次举办了文化产业博览会。这是陕西省及西部地区深入贯彻党的十六大精神，大力推进文化产业发展的一个重要举措，也是陕西和西部地区文化产业发展现状的一次集中展示。

本次西洽会文化产业博览会共设置展示面积5000平方米，分为广播影视业、文娱演出业、新闻出版业、文物博览业、艺术品业、民俗文化业、网络文化业、艺术教育培训业等八大板块，共有259家参展单位参加展示活动，推出文化产业招商引资项目280个，项目投资总金额30.12亿元。

省馆此次推出了5个对外服务项目参加文化产业博览会，主要包括：会议展览服务、教育培训服务、数字化加工服务、信息服务和网络技术服务。共设有16块展板，围绕推出的5个综合服务项目进行宣传推介。开展第一天，共发出宣传册页数百份，接待咨询数百人次。

在签约仪式上，谢林馆长代表省馆与海星现代科技股份有限公司签订了共同经营星空快客连锁网吧的协议书。

博览会开幕当天，省委书记李建国、省长贾治邦等省委、省政府领导到场参观了文化产业博览会。（尚庄）

【南郑县图书馆与南郑中学实现联合办馆】 南郑县图书馆与南郑中学图书馆打破条块分割管理体制，实现了资源共建共享。为了充分利用县图书馆的闲置馆舍，缓解南郑中学图书阅览场所紧张的局面，进一步为中学生开辟一个优良的读书学习场所，南郑县图书馆与南郑中学图书馆签订了联合办图书阅览室的协议。

联办后的图书馆，拥有图书资料4万余册，2个书库，2个阅览室，阅览座席达到300个，规模进一步扩大，服务能力得到增强。联办图书馆方式的尝试，有利于图书资料的统一规范管理，打破行业界限，实现资源优势互补，共建共享。（尚庄）

甘肃省

【甘肃省图书馆事业概况】 截止2004年底，全省有县以上公共图书馆92所，高校图书馆16所。其中省级公共图书馆1所，地市级馆8所，县级馆83所（具有独立建制的少儿图书馆2所）。全省公共图书馆馆舍总面积11万平方米，其中书库面积2.95万平方米，阅览面积3.3万平方米。阅览座位9085个，其中少儿阅览座位3091个。藏书总量830万册（件），其中图书667万册，古籍53.6万册；报刊合订本147.7万册，视听文献、缩微制品1.9万册件；开架书刊231万册，约占总藏书量的27.8%。全省图书馆在册读者11.7万人，从业人员1148人，其中，省级馆176人，地市级图书馆238人，县级图书馆734人。全省公共图书馆有中级职称以上的专业技术人员214人，其中高级职称34人，中级职称180人。在信息化装备方面，全省公共图书馆拥有计算机738台，其中省级馆185台，地级馆155台，县级馆398台；有7所图书馆实现了图书馆自动化管理。

2004年，全省公共图书馆事业经费3516.2万元，其中新增藏量购置费598.1万元，全省新增藏量19.8万册（件）。全年接待读者2228.4万人次，书刊外借953万人次，流通书刊1538.8万册次，举办各类读者活动583次，参加人数达到432.8万人次。（董隽）

【中央文明办、文化部、新闻出版署联合向甘肃省42个贫困县图书馆捐书】 按中央文明办、文化部、新闻出版署《关于向贫困县赠送图书的通知》，我省有42个贫困县图书馆获得捐赠。捐赠图书由新华书店总店储运公司负责发往各受赠图书馆，每个馆受赠图书2277册。我省受赠的这42家图书馆是：榆中县图书馆、甘谷县图书馆、北道区图书馆、武山县图书馆、清水县图书馆、张家川县图书馆、秦安县图书馆、会宁县图书馆、武都县图书馆、康县图书馆、西和县图书馆、文县图书馆、宕昌县图书馆、礼县图书馆、两当县图书馆、临夏县图书馆、永靖县图书馆、广河县图书馆、康乐县图书馆、东乡县图书馆、和政县图书馆、积石山县图书馆、合作市图书馆、临谭县图书馆、卓尼县图书馆、舟曲县图书馆、定西县图书馆、陇西县图书馆、临洮县图书馆、通渭县图书馆、渭源县图书馆、漳县图书馆、岷县图书馆、天祝县图书馆、古浪县图书馆、宁县图书馆、合水县图书馆、华池县图书馆、镇原县图书馆、环县图书馆、静宁县图书馆、庄浪县图书馆。（董隽）

【以实际行动迎接评估，通过培训促进事业发展——甘肃省公共图书馆馆

长研讨班在兰州举行】 为了配合全省第三次公共图书馆评估工作的顺利开展，贯彻落实各项评估指标的具体要求，促进各图书馆之间的经验交流，在评估检查、验收工作全面开始的前夕，由甘肃省文化厅、甘肃省图书馆学会共同主办的“甘肃省公共图书馆馆长研讨班”于2003年3月21日在兰州圆满结束。来自全省12个地州市的43个图书馆的44名馆长和副馆长参加了培训。本次研讨班紧紧围绕贯彻落实评估工作这个中心，历时4天，系统学习了图书馆管理工作、评估工作策略与实践、评估指标概述等课程，探讨了图书馆如何通过创造性地开展工作，以实际行动迎接评估，促进事业发展等问题，取得了很好的效果，使这次研讨班成为了评估开始前的动员会。在研讨座谈中，馆长们普遍认为这次研讨班办得非常及时，内容紧密结合当前工作形势，针对性强，注重理论与实践的结合，对即将全面展开的评估工作具有现实的指导意义，收获很大。馆长们纷纷表示，要以迎接评估为契机，回去之后尽快拟定各馆的整改方案，对照评估指标的要求，缺什么补什么，抓紧开展工作；同时要把这次所学的图书馆科学管理的有关知识应用到实际工作当中，使各馆的管理工作向着规范化、科学化的方向迈进。诸多的赞誉和收获，使本次研讨班成为近年来我们举办的各类培训班中效果最为显著的一期。随着研讨班的成功举办，把我省的迎接评估工作正式推向了高潮。概括本次研讨班有如下四个特点：

一、领导重视。在筹划这期研讨班时，我们把想法向省文化厅有关领导做了汇报之后，省厅很快就批准了我们的请求，并为这期研讨班拨付了专项经费。省厅领导和省图书馆领导自始至终参与了本次研讨班，多次到宾馆看望学员，并和学员在一起座谈交流。

二、审时度势，把握良机，成效显著。许多馆长在交流中表示，这期研讨班举办得非常及时，为促进我省评估工作做了一件实事。通过这次培训，基本上实现了两个目的：一是通过“图书馆管理工作”课程的学习和实地参观等，不同程度地提高了基层图书馆馆长的业务知识水平、管理水平和实际工作能力，开阔了视野，拓展了思路，为促进我省公共图书馆事业的发展奠定了基础。二是通过“评估工作策略与实践”，“评估指标概述”等课程的学习，使各位馆长对评估工作深化了认识，明确了方向，理清了思路，对于准确把握各项评估指标的具体含义，按评估指标的要求深入细致地开展自评工作，具有现实指导意义。通过扎扎实实地开展评估工作，使我省的公共图书馆事业能获得一次大发展。

在回收的研讨班效果调查表中，95%的馆长认为收获很大，同时对本次研讨班的各项组织工作也给予了充分肯定。

三、促进了各级图书馆之间的协作与交流，增进了兄弟馆之间的友谊，为今后共同发展我省公共图书馆事业打下了基础。省文化厅、省图书馆、兰州市图书馆等在这次研讨班期间通力协作，保证了本次研讨班的顺利进行，为今后开展类似活动积累了经验。

四、内容丰富，形式多样。本次研讨班一改以往单纯授课或单纯研讨的模式，融讲课、研讨座谈、实地参观考察于一体，使学员既学到了理论知识，又增加了感性认识，同时也明确了今后的发展思路，收到了比较好的效果，达到了预期目的。

图书馆馆长是图书馆事业的领路人，馆长的素质在某种意义上说关系着一个图书馆的发展水平，如何加强对各级馆长的培训，提高其综合素质和领导能力，应成为今后业务辅导工作的一个重点。（董隽）

【甘肃省图书馆自动化网络系统实现全面升级】 2004年11月10日，总投资880多万元的甘肃省图书馆计算机网络工程顺利通过验收，与会专家对网络工程项目建设给予了很高的评价，认为网罗工程建设具有先进性、安全性、可靠性、可扩充性、实用性和明显的经济性，使图书馆的业务管理自动化水平上了一个新台阶；已初步建成国内先进、西北一流的图书馆信息网。该系统运用千兆以太网技术连接Sisco中心交换机和分支交换机，用户端通过工作组级以百兆相连，对外网络接口独享10兆带宽，实现与Internet/Intranet宽带、高速互连。应用软件使用美国Sirsi公司的汉化Unicorn系统，全面提升了业务管理自动化水平，实现各种载体文献的采访、编目、流通、参考咨询、公众查询（OPAC）、馆际互借等业务需求，初步实现全省协作采购、联合编目和资源共享。（董隽）

【甘肃省图书馆维修改扩建工程完工】 2003年7月，在甘肃省委省政府的关怀支持下，甘肃省图书馆维修改扩建工程破土动工，经过近一年时间的紧张建设，2004年8月工程完工并投入使用，新增馆舍面积5800平方米。装饰一新的图书馆主楼和新建设的综合办公楼有机融合在一起，扩大了读者服务区，实现了办公区和业务区的分离，增设了展览厅和多功能报告厅，完善了图书馆的读者服务功能，为甘肃省图书馆今后的发展奠定了基础。（董隽）

【甘肃省图书馆出版《影印文溯阁四库全书四种》】 《四库全书》使清代乾隆皇帝主持编纂的我国故哆卷帙最大的一部丛书，汇集了从上古至乾隆历代各学科领域的优秀典籍。书竣之后，共缮写七部，共建七阁之庋藏。后经战乱，保留下来的只有三部半，现存藏于甘肃的文溯阁本《四库全书》使缮写完成的第二部，原藏于沈阳故宫，为内府本，装潢精美，书写上乘，字体隽秀，墨色古雅，具有很高的艺术于文物的价值。为弘扬中华民族优秀传统文化，从不同侧面解释其文化内涵，甘肃省图书馆选择其中书写优美，文图并茂，艺术性、可视性、可读性强，能充分体现文溯阁《四库全书》书品，经、史、子、集各一种，经部为宋代吴仁杰撰《易图说》；史部为元代李好文撰《长安志图》；子部为明代沈继国撰《墨法集要》，集部为明代康万民撰《璇玑图诗读法》，定名为《影印文溯阁四库全书四种》，该书于2003年6月出版后，收到各界的广泛好评。（董隽）

【一手抓科学防治，一手抓对外服务——甘肃省图书馆积极做好“非典”防控工作】 2003年4月下旬，突如其来的“非典”疫情十分严峻。4月18日，街道文化厅《转发甘肃省人民政府办公厅关于甘肃省非典型肺炎应急处理预案的通知》后，甘肃省图书馆马上行动起来，向馆内各部门及时转发上级通知，4月24日，紧急召开中层干部参加的馆务会，传达省委、省政府和省文化厅关于做好“非典”防治工作的通知精神，对全馆的防治工作进行全面部署。针对图书馆是公共场所，人员流动量大，人员复杂等具体情况，省图书馆采取了一系列必要措施，以切实保障广大读者和职工的身体健康和生命安全。

一、成立馆长郭向东任组长的馆预防“非典”的组织协调工作；二、召开全馆职工大会，对预防工作进行宣传动员，统一思想，提高认识；三、对全馆环境卫生进行彻底清扫，清除卫生死角，对开放部门每天三次喷洒过氧乙酸消毒，对各办公室一天一次消毒。对开放部门一律配发手套。四、给馆内职工统一配发口服中药、室内消毒药、口罩和药皂等防护用品。五、购买红外线体温测量仪，对外开放部门人员流动量大的地方加装紫外线消毒灯。六、近期停止工作人员外出出差或旅游，职工亲属从外地来兰，要进行身体检查，若有“非典”疫情须立即报告。七、各部（室）不举办40人以上集体活动，正在进行的培训班应及早结束。八、经省文化厅批准，关闭了读者密集和停留时间较长的读者自习室和图书阅览室。九、建立中层以上干部的轮流值班制度，做好读者的预防“非典”宣传和解释工作，签订了各部门的“非典”防控工作责任书，严格执行“零报告”制度，责任到人。

由于省图书馆领导对“非典”防治工作高度重视，各项措施得力到位，几个月来，省图书馆既保证了读者服务工作的正常的开展，同时又防止了非典病毒的入侵。（董隽）

【万众一心，抗击非典——中科院资源环境科学信息中心抗击SARS专题文献信息受到甘肃省政府领导好评】 为积极配合地方开SARS的预防、医疗救治和科研工作，中心及时成立了由中心主任孙成权、副主任张志强两位研究员负责的防治SARS专题信息服务领导小组，以高度的职业敏感性和政治责任感，急国家之所急，应科研之所需，采取各种有效措施，开展了一系列及时的SARS防治专题信息服务工作，受到甘肃省及中科院相关领导和科研人员的好评。

中心于2003年4月28日起编发《防治“非典”快报》，组织开展有关SARS动态及其防治科研攻关的信息跟踪和报送工作。《快报》内容包括有关SARS的最新生物和医学研究信息、研究进展、国际动态、科学防治机制、专家论坛等。《快报》每日向甘肃省委、省政府、省卫生厅、省科技厅、省委政策研究室、省委宣传部、省政府总值班室、兰州市政府等相关单位的领导报送，并向相关研究和医疗机构发送。共出版《快报》48期（50余万字）。《快报》报出后，陆续收到了甘肃省政府、省卫生厅等有关领导的鼓励与表扬。

甘肃省李膺副省长对快报做了批示：“对该《快报》编发的防非典的信息满意。该报信息量大，阅研价值高，对工作指导性强。”

甘肃省卫生厅候生华厅长的评价是：非常满意。有许多信息和工作思路是从《快报》中得到的，它对做好我省工作发挥了应有的作用。“再次感谢你们，你们是无名英雄，与医务工作者一样为我省抗击非典做出了应有的贡献!”。甘肃省卫生厅的主页将中心的主页做了专题链接。

中心在主页（http://www.llas.ac.cn）上链接了OVID医学类数据库、中科院国家科学数字图书馆项目管理中心紧急整编的有关非典型肺炎和冠状病毒研究的文献信息并提供使用。同时还提供了国内外有关SARS研究、防治方面的相关网址。

为了更主动地做好“防非”专题信息服务，中心确定专人联系卫生部兰州生物制品研究所、青海省科委计划处、中科院西北高原生物研究所、现代藏药研究中心等相关科研机构以及兰州地区的SARS的防治定点医院、兰州佛慈制药厂、兰州中药厂、甘肃奇正藏药公司等医药企业，积极主动地开展专题信息服务。（金颐）

【北道区图书馆举办馆藏精品图书展和新书展】 2003年6月，北道区图书馆以展示馆藏质量，吸引更多的人了解图书馆，走进图书馆为宣传周活动的主题，先后举办了两次大型的图书展览，收到了良好的社会效果。6月18－21日，举办了为期4天的“馆藏精品图书展览”，展出了《明实录》、《中国大百科全书》等精品文献1200册（件），其中包括46件视听文献，内容横陈百科，载体形式多样，观众达1260人次。6月22－25日，又举办了“馆藏新书展览”，从中央文明委等单位赠送的2277册图书中精心挑选了具有代表性、实用性强的新颖图书560册陈列展出，观众达1100人次。

宣传周期间，该馆还与四川省图书馆建立了地方文献交换关系。四川省馆给该馆赠送了四川籍作家殷明辉的作品《溯回集》3册，北道馆回赠了天水地方文献《陇上画师张维垣》3册。（董隽）

【甘肃省图书馆建立静宁县图书馆图书流通站】 2003年3月7－9日，甘肃省图书馆党委书记孟繁新，辅导部主任李金荣等一行3人，赴静宁县图书馆、平凉崆峒区图书馆进行工作调研，了解到静宁县图书馆新馆大楼于1999年建成并投入使用，馆舍面积1600多平方米，与宽敞明亮的馆舍形成鲜明对比的是，该馆书刊较少，藏书量仅2.4万册，每年6000元的购书费只能订购少量的报刊，年新书入藏量不足300册。由于缺少经费，该馆的过期报纸和期刊只能在地上堆放。看到这种情况后，孟书记当即表示，回去之后，要向省文化厅等上级领导部门反映基层图书馆的情况，呼吁有关部门给予适当的支持，并对地县馆同志们在艰苦的环境中，仍坚持开展工作，表示感激和慰问。并表示要尽快落实建立省图书馆静宁县图书馆图书流通站事宜。回到兰州后，辅导部既着手落实流通站的组建工作。孟繁新书记首先把自己珍藏的从创刊号至今的一套《敦煌研究》杂志和历史政治类书籍等184册，捐给了流通站；辅导部组织人力从原港台阅览室挑选了526册港台书刊，从甘肃人民出版社购买了少儿和农业科技方面的新书361册，又从各部门调整出木质大书架27个，小书架4个。5月7日，省馆把1071册图书，31个书架正式配给了静

宁县图书馆，流通站也随即建立。希望通过省地两馆的合作，能把静宁县图书馆建设得更好。（董隽）

【安西县图书馆积极做好老年读者阅读服务工作】 十年来，安西县图书馆坚持做好老年读者的阅读服务工作。随着社会老龄化问题的日益突出，安西县图书馆针对这一社会现实，选购和征订了适合老年读者阅读的书刊，并走出馆门，上门联系和动员一些离退休的老人到图书馆读书看报，既丰富了他们晚年生活，又使他们的思想与时俱进，并利用他们的经验和影响力，为全县经济建设和发生在身边的人和事，提一些合理化的意见、建议，发挥他们的余热，收到很好的社会效果。许嘉铭老人现年69岁，1989年从公路段退休后就走进了图书馆，15年来风雨无阻，每天按时到图书馆阅读，从不间断。他的事迹多次被省、地电视台报道过。宁瑞栋老人，现年67岁，1997年从草管处退休后，每天到图书馆阅读成了老人生活的一部分，多年来他在读书看报时结合安西县实际情况向县政府提出了许多合理化建议，1998年他的家庭被评为“全国优秀读书家庭”。

现在，经常到图书馆的阅读的老年读者有40多位。在这些老人的带动和宣传下，将会有越来越多的老人走进图书馆、利用图书馆。图书馆的优质服务也正成为这些老年人生活中不可或缺的一部分，使他们的夕阳焕发出更加绚丽的色彩。（董隽）

【安西县图书馆积极主动帮建社区图书室】 近年来，安西县大力发展居民社区建设，到2002年底，县城已建集行政管理、计划生育、卫生环保、社会治安综合治理、文化娱乐、医疗保健等诸多功能于一“区”，极大方便了居民生活。建立社区图书室成为社区文化建设的一项重要内容。安西县图书馆利用这一契机，派专门人员积极联系，主动上门，先后与县府街、邮电巷、福利巷等8个社区取得联系，了解居民的阅读需求，编印图书管理资料19份分发各社区，对社区图书管理人员进行现场培训，帮助3个社区图书室建立了书刊管理制度、借阅制度等，为今后社区图书室的规范化发展奠定了基础，受到了社区欢迎，同时也得到县主管部门和文化局的肯定和表扬。（董隽）

【“开发西部手拉手，消除数字鸿沟”理论研讨会在敦煌召开】 由中国图书馆学会和全国中小型公共图书馆联合会共同主办，敦煌市图书馆承办的题为“开发西部手拉手，消除数字鸿沟”理论研讨会，于2003年10月15－19日在甘肃文化名城——敦煌召开，来自全国19个省、市、地县级图书馆馆长50余人聚集一堂，共同交流与探讨中小型图书馆的建设与发展，特别是西部地区图书馆，由于受自然环境、经济滞后、人才匮乏等因素的影响，图书馆的发展艰难，职能作用难以充分发挥。本次研讨会以“开发西部手拉手，消除数字鸿沟”为题，旨在通过与全国各级图书馆馆长的交流、讨论，吸收借鉴东部经济发达地区建设图书馆的宝贵经验，解决现阶段经济欠发达地区中小型图书馆在发展中存在的主、客观问题，进一步探索西部中小型图书馆可持续发展的途径。

会议期间，全国政协委员、香港汉荣书局董事长、总经理石汉基先生为敦煌市图书馆无偿捐赠了价值连城的《贝叶经》2部，珍贵图书250册。在此之前，石汉基先生的父亲，被海内外华人誉为“文化书史”的石景宜老先生，先后两次为敦煌市图书馆无偿捐赠图书6321册，价值60余万元，并捐赠了珍贵的《贝叶经》2部和集敦煌艺术之大成的《敦煌宝藏》140册。为充分发挥这些的赠书的社会价值，敦煌市图书馆设立了专门的阅览室，用来陈展石氏父子的赠书。会议期间，在中国科协和中国图书馆学会的积极协调下，敦煌市图书馆还得到了香港友人黄楚和先生、广东佛山市图书馆、南山区图书馆、北京市西城区图书馆等爱国人士和同行的热情捐助，建起了电子阅览室，这一切必将对吸收外来优秀文化、弘扬敦煌文化起到积极的推动作用。（金颐）

【金昌市图书馆举办“飞向太空”图片展览】 为了丰富2003年“全民读书月”活动内容，向广大群众宣传爱国主义精神，金昌市图书馆采购“飞向太空”系列图片48幅，先后到2所学校，3个社区和有关机关单位进行巡回展出。图片集中展示了我国航天事业的伟大成就和航天人特别能吃苦、特别能战斗、特别能攻关、特别能奉献的载人航天精神，吸引了5000余名观众。使广大观众受到了一次深刻的爱国主义教育，增强了民族自信心和自豪感。（董隽）

【北道区图书馆组织系列活动庆“双节”】 适逢2003年国庆节和重阳节之际，北道区图书馆以“关爱老人”为主题，举办了“老年读者座谈会”等一系列丰富多彩的读者活动，深受老年读者好评。9月30日来自不同行业的15名老年读者代表参加了专题座谈会。会上，代表们对该馆为老年人举办的各种读者活动给予了充分肯定，并提出了2004年增订《健康报》，增加阅览坐席等5条合理化建议，馆长当即表态予以采纳和落实。10月1日－5日，在新文化中心大楼展室举办了北道区“庆国庆、庆重阳”老年书画展，共展出90位作者的书画作品127幅，观众达2000多人次。10月4日晚，在图书馆院内举办了秦腔演唱会，虽然秋风凉气袭人，但图书馆院内热闹非凡，吸引了城区和近郊的300多名观众。

近年来，北道区图书馆以“读者第一，服务至上”为宗旨，不断改进服务方式，提高服务质量，满足不同年龄段读者群体的不同需求，从文献内容、服务方式、馆舍设施等方面适应老年读者的特点，全方位为老年读者服务，使图书馆成为老年文化活动的中心。（董隽）

【高台县图书馆第一家社区分馆——安居分馆正式向读者开放】 高台县图书馆为满足人民群众日益增长的精神文化需求，方便城乡广大读者借阅，在县城住宅楼群密集的安居小区，租赁房屋一间（20平方米），配置双面钢制标准书架18组，从历年来全国各地各界人士为“爱心书苑”捐赠的图书中，精选了内容涉及政治、经济、科学文化、教育、文学、历史、少儿读物等类图书4000余册，以及省图书馆的1000多册流动图书作为基本藏书，配备专人管理，筹建成立了高台县图书馆安居分

馆暨甘肃省图书馆高台流通服务站，于2003年10月1日正式向读者开放，受到了广大读者的欢迎。（董隽）

【华亭县图书馆新馆大楼破土动工】 华亭县为了加快小康文化建设步伐，巩固和提高“文化先进县”成果，创建全县文化事业的龙头阵地，丰富城乡文化生活，尽快形成煤都文化特色，在县委、县政府和文体局的重视和支持下，华亭县图书馆大楼于2003年9月10日破土动工。图书馆新馆大楼建筑面积1500平方米，框架结构，仿古建筑，明清风格，可容纳藏书15万册，内设少儿阅览坐席60个，成人阅览坐席100个。图书馆大楼建成后，将极大改善办馆条件，为华亭县精神文明建设做出更大的贡献。（董隽）

【范兴儒赠书甘州区图书馆】 2003年9月17日，敦煌壁画研究专家，张掖籍国家高级美术师范兴儒先生为甘州区图书馆捐赠图书77册，价值1万余元。其中，个人画册26册，私人藏书32册，世界社会活动家，日本传作学会名誉会长迟田大佐先生的专著19册。在此次捐赠的图书当中，部分图书具有珍贵的收藏价值，弥补了甘州区图书馆文献的缺藏之憾。张掖市委宣传部、市文化出版局、甘州区委、区政府的领导参加捐赠仪式。（董隽）

【北道区图书馆建成电子阅览室】 为紧跟信息化、网络化时代的步伐，为广大读者提供更高层次的信息服务，北道区图书馆经多方努力，建成了拥有25台计算机的电子阅览室，2003年8月1日迎来了第一批读者。电子阅览室的建成吸引了不少市民来这里查询信息，上网冲浪或学习计算机操作技能，，使北道区图书馆的硬件设施和读者服务工作迈上了一个新台阶，同时，也为在第三次评估定级中取得好成绩奠定了基础。（董隽）

【平凉市崆峒区图书馆电子阅览室建成开放】 平凉市崆峒区图书馆电子阅览室在省市有关部门和区委、区政府的关怀支持下，通过全馆职工的多方努力下，总投资25万元，拥有33台电脑的电子阅览室于2003年11月10日正式对外开放。建成的电子阅览室同时配套有激光打印机和刻录机等设备，还用有电子图书光盘数十件，并实现宽带接入Inter网。这一切标志着崆峒区图书馆开始由传统的服务方式向现代化服务方式的转变。同时，为迎接第三次公共图书馆评估定级和“文化先进县”建设奠定了基础。（董隽）

【国家科技图书文献中心（NSTL）兰州镜像站通过验收】 2003年7月，经国家科技图书文献中心（NSTL）报科技部批准，在中科院资源环境科学信息中心（中科院兰州图书馆）设立NSTL兰州镜像站。经过两个多月的准备，于2003年9月底系统安装到位，开始了试运行。2003年12月19日，国家科技图书文献中心（NSTL）兰州镜像站建设工程验收会议在中科院资源环境科学信息中心举行，来自国家科技图书文献中心（NSTL）和国家科学数字图书馆项目管理中心等单位的专家参加了验收会议。验收专家租听取了九瑞网络科技有限公司关于镜像站软件开发情况的报告，现场检查了兰州镜像站配备的设备安装与运行情况，并观看了镜像站的演示。经过热烈的讨论，专家组一致认为，“兰州镜像站点的建设是成功的，运行正常，并取得了良好的服务效果，同意通过验收。”在验收会议上，国家科技图书文献中心（NSTL）主任渊海波研究员指出，中科院资源环境科学信息中心的工作有很好的基础，又是甘肃科技图书馆，所以被选为NSTL在全国的第一个镜像站建设单位。希望NSTL兰州镜像站与NSTL加强上下联系、加强交流、加强合作、共同努力，加强数据加载的规范化管理和质量控制，保证数据的纪事更新和扩充，并树立为用户持续服务的观念，运行好NSTL兰州镜像站，为西部大开发和科技进步做好工作。（董隽）

【中科院资源环境科学信息中心与科学院中学共建“科普阅览室”和“电子科普基地”】 为支持和帮助中国科学院兰州分院中学办成兰州地区“质量优异，特色鲜明”的市级示范性学校，解决图书藏书量过少及校科普室的建设问题，满足科中教学需求，中科院资源环境科学信息中心在原来已提供2万多元图书的基础上，又于2003年10月采购15.6万元的图书，与科中共建“科普阅览室”；中心电子阅览室和电子报告厅以现有的2万余种电子图书及其它网上信息资源为依托，共建“电子科普基地”，对科中师生开放使用。2003年12月22日下午，中科院资源环境科学信息中心、中科院兰州分院中学科普阅览室、电子科普基地揭牌成立仪式在科学院中学操场举行。参加揭牌仪式的兰州分院与各所领导、科中师生对合作共建“科普阅览室”、“电子科普基地”表示充分肯定和一致赞扬，并感谢中心对中学教育事业的大力支持和无私奉献。（董隽）

【北道区图书馆举办“麦积情韵”赴沪书画作品展】 自1998年上海浦东新区第二图书馆与北道区图书馆结对子以来，两馆之间进行了广泛的业务交流与合作。2003年11月22日－28日在浦东新区第二图书馆牵线搭桥和鼎立协助下，中共北道区委、区政府及中共上海市浦东新区区委宣传部、浦东新区文化广播电视管理局联合在浦东新区图书馆一楼展览厅成功举办了北道区“麦积情韵”赴沪书画展，展出书画作品120幅。这些书画作品，从不同的视角展示了北道区作为天水文化大区独特的文化内涵、深厚的文化积淀、秀美的故土山川、淳朴真挚的风土民俗。展期8天，接待观众近万人。具有浓郁地方特色，反映时代精神、具有较高艺术造诣的书画作品受到上海市领导、书画界专家、同仁及市民的较高评价。上海电视台、东方电视台、天水电视台、《甘肃日报》、《天水日报》等多家媒体进行了新闻报道或专题报道。这次赴沪书画展进一步加深了“两馆”、及“两区”间的友谊，丰富了“两馆”手拉手活动的内容。用书画艺术交流搭建起了一个东西部文化交流的平台，不同程度提高了北道区、天水市乃至甘肃的知名度和影响力。在展览期间，北道区图书馆与浦东新区第二图书馆同行还进行了友好座谈。浦东新区第二图书馆胡书记深情地说，“这次书画展是西部古老文明与东部现代文明碰撞产生的五彩缤纷的火花，祝愿两馆间友谊如黄浦江水源远流长，代代相传。”北道区图书馆向浦东新区第二图书馆赠送了甘肃省人大副主任李文辉先生为本次书画展而题写的书法对联“笔墨生辉，文结友谊”。同时该馆主管业务的凌馆长介绍了图书馆评估工作的经验，特别是该馆实施的人事制度改革的得力措施和智力拥军，开展国防教育特色服务的先进做法。

“赴沪书画展”返回故里后，区委、区政府又于12月9日-28日分别在天水市、北道区举办了“汇报展览”，展期16天，观众16000人次，在天水引起较大反响。（董隽）

【徽县图书馆举办民间工艺美术作品展览】 为了丰富春节期间的群众文化生活，激发民间艺术家的创作热情，推动徽县工艺美术事业的发展，2004年1月29日-2月6日，由徽县民间文艺家协会和徽县图书馆共同组织举办了“迎新春民间工艺美术作品展”。这次展览共展出了50多位民间工艺美术爱好者的250多件作品，包括年画、脸谱、农民画、布贴画、根雕、木雕、泥塑、娟秀、刺绣、剪纸等。作品题材广泛，构思独特，从不同角度表现了作者对生活的观察、理解和追求，具有浓郁的地方特色和一定的文化内涵，吸引了近10000多人前来观展，收到了良好的社会效果。本次展览评出了一等奖7名，二等奖8名，三等奖10名，创新奖1名。徽县县委、人大、政府的有关领导出席了开幕式和颁奖仪式，并与作者们合影留念，陇南电视台、徽县电视台分别进行了专题报道。2月22日，甘肃省民间文艺家协会副主席彭金山，王知三前来观看了部分展览作品，并与当地文化部门的主要领导及部分作者进行了交谈。（董隽）

【甘肃省第九次社会科学优秀成果评奖揭晓】 甘肃省社会科学优秀成果评奖是省内社会科学最高成果奖，每两年进行一次。甘肃省第九次社会科学优秀成果评奖工作于2004年9月开始，2004年12月28日，评奖结果在《甘肃日报》进行了公示，2005年4月25日评奖结果正式揭晓，甘肃省图书馆学会组织推荐的7项成果中有2项获得三等奖，作者均来自于甘肃省图书馆，分别是：郭向东的论文《<四库全书>编纂与中国古文献之劫难》（发表在《图书与情报》2004年第2期），党燕妮的论文《五台山文殊信仰及其在敦煌的流传》（发表在《敦煌学辑刊》2004年第1期）。（董隽）

【CNKI网络资源共享平台发布暨CNKI数字图书馆升级演示报告会在兰州大学图书馆举行】 2004年，由清华同方光盘股份有限公司与兰州大学图书馆联合主办的“CNKI网格资源共享平台发布暨CNKI数字图书馆升级演示报告会”在兰州大学图书馆举行。本次会议隆重推出并演示了“CNKI网格资源共享平台”及其相关产品。作为体现政策理论与实践相结合精神，贯通数字化学习、知识传播、资源共享、文化产业各领域，并能促进这些领域联动发展的现实产品形态的“CNKI平台”，是清华大学为2003年10月推出的《中国知识资源总库》着力打造的管理系统、运行系统和知识产品展示与出版系统，是一个全面支持知识信息资源建设、整合、共享、增值应用、增值服务、运营管理以及网络出版的系统软件平台。“CNKI平台”的建成运行标志着中国最大的知识资源共享网格平台诞生了。据统计，至今，作为“CNKI平台”资源基础的《中国知识资源总库》已容纳了包括CNKI系列数据库和来自国内外的加盟数据库2600多个，全文和各类知识信息数据超过了5000万条，是目前全球最大的知识资源全文数据库集群。（董隽）

【甘肃省文化厅举办首期共享工程建设培训班】 由甘肃省文化厅主办的“甘肃省首期共享工程建设培训班”于2004年4月5日-6日在兰州举行。来自全省14个地、州、市的41家图书馆的67名代表参加了为期两期的培训。培训班聘请了全国文化信息资源共享工程国家中心专家授课，并在已经建成运行的共享工程市级分中心——兰州市图书馆进行了实地参观和实习。这是我省自2002年开始实施共享工程建设以来组织的第一次专门的系统培训，也是一次全面部署我省共享工程建设的工作会议。

在培训班开学典礼上，省文化厅厅长马少青做了题为《以求真务实的精神全面启动文化信息资源资源建设工程》的讲话，指出了我省共享工程建设工作的重要性、紧迫性和艰巨性，要求各地政府、文化部门和图书馆高度重视，加强些许哦，克服困难，突破滞后局面，使这一创新、公益的大型综合文化工程尽快在我省得以全面实施，尽早实现全省文化资源的共建共享，实现优秀文化信息通过网络为大众服务的目标。

参加这次培训的大都是各级图书馆的馆长和技术骨干，还有一些地州市文化局的主管领导。通过培训，代表们加深了对共享工程建设工作意义的认识，了解了各级分中心和基层点的工作任务，得到了宝贵的学习和实习机会。在培训班开学前的预备会上，有21家图书馆与文化厅签订了文化信息资源共享工程项目建设责任书，标志着我省共享工程各级分中心和基层点建设工作的全面开展。（董隽）

【甘肃省民间文艺家协会副主席彭金山等一行到徽县图书馆调研】 2004年2月11日，甘肃省民间文艺家协会常务副主席、西北师范大学会文学院副院长、新闻系主任彭金山，常务副主席、著名诗人王知三一行到徽县图书馆进行工作调研。在县政府朱沽副县长、县委宣传部领导的陪同下，观看了徽县图书馆精心收藏的根雕、泥塑、刺绣、农民画、娟塑等100余件民间艺术工艺精品，参观了充满浓郁民俗风情的嘉庆年间的吴玠墓碑。参观结束后，彭主席一行与来自徽县图书馆、文化馆、博物馆的工作人员和徽县民间文艺家协会的部分会员40余人一起进行了座谈。

徽县图书馆近年来在弘扬优秀民间民俗文化方面做了大量工作，成立了陇南地区唯一的一家民间文艺家协会，目前拥有会员60余人；组织举办了一系列的书画展、民间工艺作品展等活动，有力地促进了徽县民间民俗文化的发展，宣传和提升图书馆的社会地位，在省内产生了很大的影响，也成为徽县图书馆的一个重要的办馆特色。在座谈会上，彭主席等对徽县图书馆为繁荣本地民间民俗艺术做出的贡献和取得成就给予了充分的肯定，并鼓励民间艺术家们要继续加强学习，提高自身文化素养，静下心、放开眼，潜心钻研，创作出做出更多更精美的作品。常务副主席王知三欣然挥写了“民间艺术在民间”的题词。此次调研活动，指导了徽县民俗文化的发展方向，激励了民间艺术家们的创作热情，推动了徽县民间民俗工作向更高层次发展。（董隽）

【肃北蒙古族自治县开展图书捐献活动】 肃北蒙古族自治县图书馆为丰富馆藏，防止自治县民族地方文献的流失，向社会发出了捐书的倡议。本次捐书活动得到县委、县政府、县人大、县政协和县委宣传部的大力支持，许多领导同志，率先把自己珍藏多年的图书捐献给了图书馆，在他们的带领下干部群众纷纷捐出自己喜爱的图书。图书馆的全馆职工也积极行动起来，在馆长艾登的带领下，四处奔走，走访社会各界名人、当地作家和民间艺人，征集到地方文献55册，录音带14盘，VCD 5盘，其它报刊及书籍2300册，共计2399册（件）。这些文献内容涉及党史、民族区域自治史、文史资料、小说散文、民间故事和民族歌谣等，填补了图书馆地方文献空白与不足，为图书馆的特色文献资源建设奠定了基础。（董隽）

【全省图书馆员继续教育培训班】 为了适应图书馆网络化、数字化发展趋势的要求，开阔我省图书馆从业人员的学术和工作视野，不断了解和掌握图书馆的新知识、新技术和新方法，甘肃省图书馆学会于2004年5月11至5月20日，举办了一期以数字图书馆及其相关内容为主题的培训班，有来自16个图书馆的24名学员参加了培训。（董隽）

【临夏州图书馆电子阅览室建成开放】 根据2003年11月“全省军民共建兰郎文明线现场办公会议精神，临夏州图书馆被列为全国文化信息资源共享工程试点单位。在省文化厅、临夏州委、州政府的大力支持下，经过文化部门多方努力，投资8万多元建成了拥有11台联想品牌机，1台激光打印机和刻录机等设备的电子阅览室，于2004年8月9日正式开放。建成的电子阅览室已接入电信宽带，现有《四库全书》、《中国大百科全书》、《中国地理杂志》、《资治法典》、《探索全集》、《古今图书集成》等电子文献1000多件。该阅览室的建成，将对创建军民共建兰郎文明线，推进临夏州精神文明建设，丰富群众文化生活，提高人民群众道德素质和文化素质起到积极的推动作用。（董隽）

【石汉基先生向安西图书馆捐赠图书】 全国政协文苑、香港汉荣书局总经理石汉基先生向安西图书馆赠送港台版图书2025册，价值约9万余元。这批图书内容丰富，学科广泛，可使当地读者全面了解港台地区的历史及当今社会、经济、文化、科技发展状况，促进香港与内地文化交流。

石汉基先生是广东省佛山市南海区人，是被誉为“文化书使”的石景宜博士的长子。在父亲的熏陶和影响下，作为第二代书使的石汉基继承了其父之风，情系桑梓，赠书报国。父亲的“书使精神”在他身上薪火相传，发扬光大。从1986年起，他先后多次向国内图书馆赠书，已超过121万余册，为繁荣祖国文化事业做出了无私的奉献。（董隽）

【电子图书走进山丹图书馆】 山丹县培黎图书馆自筹资金建立电子阅览室，把《中文电子图书馆》的《世纪藏书集锦》输入电脑。这部藏书内容包括中国现当代文学、外国文学、武侠小说、中国古典名著诗词、二十五史、资治通鉴、法律、经济、生活艺术百科、素质教育、英文书库、中外名画3000幅等，共8000册图书约20亿汉字。这部作品实现了全文检索、语音朗读、背景音乐、引用复制、中英文对照等功能，从而更方便读者查找利用，同时还可以在优美的音乐环境下享受轻松阅读的愉悦，对于喜欢英语的读者还可以欣赏到地道的原文原著。电子阅览室的建立，不论从形式上还是从内容上都将会满足广大读者生活、工作、学习等方面的需要，不紧增加了图书馆的藏书，还提高了广大读者的阅读品味。（董隽）

【甘肃省第三次公共图书馆评估情况综述】 我省目前共有公共图书馆92个，其中省级1个，地级8个，县级83个。根据文化部《关于开展第三次公共图书馆评估工作的通知》精神，我们于2002年就对此项工作进行了安排部署，明确评估标准，提出工作要求，全省92个公共图书馆除1个省级、19个县级经申请批准未参加评估外，其余地、县级图书馆均参加了评估，参评率为78%。各级文化部门按照统一部署，成立了评估领导小组，安排了初评工作，于下半年开始组织复评，并形成了复评结果报告。2003年由于非典影响，文化部推迟评估时间，并委托中国图书馆学会制定颁发了《县以上公共图书馆评估标准细则》，我们遵照文化部的安排，结合前一阶段各地初评工作中发现的问题，及时下发了《关于进一步做好图书馆评估整改工作的通知》，要求各市、县图书馆利用评估工作推迟的有利时机，对照《细则》，进行再检查，再改进，发现问题，解决问题，力争通过评估工作促进图书馆各方面上一个新台阶。各市、县图书馆利用近一年的时间，按照“以评促建、提高水平”的工作思路，在初评的基础上，确定评估目标，寻找工作差距，采取缺什么、补什么，差什么、改什么的方法，改善办馆条件，改进服务工作，使图书馆的工作有了较大进步，评估成绩大幅度提高。2004年7、8月间，我们抽调省图书馆和兰州市图书馆的6名专业人员组成省评估小组，对全省7个地级、40个县级图书馆进行抽评，抽评面达到了52%，在抽评工作中，评估小组严肃工作程序，认真对照标准，紧扣评估细则，通过“听、测、看、查、核、评”等工作环节，严肃、客观、公正地评议了被抽评的图书馆，科学合理地确定了评估分值，肯定了成绩，寻找了差距，指出了努力的方向，并及时将评估情况向当地政府领导进行了反馈，得到了当地领导的重视，圆满完成了第三次公共图书馆评估任务。

一、基本情况

我省属于经济欠发达地区，图书馆事业受经济发展水平的制约，总体处于落后状态，在参评的72个地、县图书馆中评估达到900分以上的3个，占总数的0.4%，800分以上的12个，占总数的17%，700分以上的27个，占总数的37.5%，自评分数不足400分的15个，占总数的21%，发展形势严峻。但我省各级图书馆立足于本地实际，本着服务基层、服务读者的宗旨，改善服务条件，改进服务态度，充分发挥公益文化设施的作用，为当地经济建设和社会进步贡献了自己的力量，同时，图书馆在服务中也得到了长足的进步，特别在这次评估中，各级图书馆以评估为契机，以改善馆内设施、提高服务水平为工作切入点，主动向当地政府汇报，争取资金支持，同时，强化内部管理，梳理基础业务建设方面的问题，自查自纠，拾遗补缺，解决了许多硬软件方面存在的问题，改善了馆容馆貌，提高了办馆水平，有力地促进了公共图书馆事业的全面发展。具体表现在以下几个方面：

1、党政组织高度重视，图书馆工作得到了加强

在我们抽评的47个图书馆的地方党政组织，对于评估工作给予了高度重视，90%以上的县（区）党委、政府分管领导担任评估小组组长，亲临图书馆指导评估工作，参加评估意见的反馈。许多县（区）的政府主管领导自始至终参加了评估，肃南县的分管副县长不仅多次深入图书馆，按照评估标准逐条逐项对照检查，而且利用节假日与图书馆工作人员一道，开展图书编目、排架和整理，在评估小组到达后，亲自介绍该县图书馆评估工作情况。北道区委、政府主要领导和分管领导多次听取迎评工作汇报，提出了“软件不丢一分、硬件争取多得一分、确保二级”的奋斗目标，并先后拨款78万元，修建文化综合楼，投资10万元增加硬件设施。永登、清水、肃南、甘州等县（区）把图书馆晋等升级工作，列入政府年度目标责任书内容，明确部门，确定责任人，成立领导小组开展协调工作，帮助图书馆解决评估工作中存在的困难和问题，有力地促进了评估工作。临泽、庆城、永昌、永登等县按照评估要求，改变两馆或三馆合一局面，分设机构，扩大面积，落实编制，增加人员，为评估工作奠定了良好的工作基础。

2、主动争取财力支持，办馆条件得到改善

各级图书馆把握评估契机，不等不靠，主动请示，多方汇报，争取支持。兰州市图书馆充分利用评估的有利时机，大做评估文章，以项目建设为载体，争取投资拉动。2000年申请10万元购买了ILAS自动化软件，2001年购置了17万元的图书流动车，2002年，积极争取市文明办和市财政局的支持，投资68万元建起了拥有70多台电脑的电子阅览室，2003年文献购置费由原来的30万元增加到了60万元。今年又争取资金对馆容馆貌进行内外清洁整理，图书馆面貌焕然一新，实现了跨越式发展。白银市图书馆近年来，先后从市财政争取资金100万元，自筹资金30多万元，进行了路面改造和环境绿化，建立安防系统，购置书架、图书监测仪，建起了电子阅览室，实现了图书馆自动化管理；庆城县从1999年起财政先后拨款20多万元，改造馆舍，增加自动化设备。肃南、临泽、永登、红古、武都、陇西等县级图书馆新馆相继开放，馆舍面积、阅览座席等基础设施得到了根本性改善。嘉峪关市、肃州区、敦煌市等市县积极争取建设新馆，目前前期论证工作已经结束。在省抽评的47个图书馆中，27个建立了电子阅览室，占57%，其中有七成的是在评估工作中政府投资新建的，而且达到了一定的规模和档次，有效地提升了图书馆的服务水平。

3、规范基础业务建设，图书馆标准化程度得到提高

各个图书馆在注重硬件设施建设的同时，克服人员少、经费缺的困难，狠抓基础业务建设，促进基础业务工作标准化、规范化、科学化。据统计，使用《中图法》进行文献标引的图书馆已达到100%，使用《普通图书著录规则》进行文献著录的图书馆达到82%。有82%的图书馆分设了公务目录和读者目录，70%的图书馆目录种类齐全，按不同的文献类型组织了目录。特别是肃州区、凉州区、临泽县、肃南县、永登县等5个图书馆为迎接这次评估，把基础业务工作进行了重新梳理，按《中图法》第四版的要求，所有书籍重新整理分编、著录和标引，肃州区图书馆依照标准著录规则，将41万张目录卡片逐一进行了核对，补写更换书卡近8000张，并重新建立了报刊室、少儿室的目录；凉州区图书馆对馆藏10万多册藏书全部重新进行了分编，将原来的登录号排架改为分类排架，完善了公务和读者目录，为今后实现计算机管理和开架借阅奠定了基础；临泽县图书馆为规范管理，制定了《采编工作细则》，对全部文献资料按照规程进行了清理、整顿，图书加工做到了规范、统一、整齐和美观；肃南县图书馆将馆藏的近2.4万册图书、期刊、报纸，进行了重新标引和著录，完善了目录体系。4、充分依托现代化技术，图书馆自动化、网络化水平得到加强

广泛吸收和应用当代先进技术方法，使图书馆的工作方法、手段、内容与服务质量发生了质的变化。全省目前已有27个图书馆建立了电子阅览室，储备了一定量的电子、视听文献，都能够拨号上网，运用宽带接入的21个，占参评馆总数的45%，在省上抽评的47个图书馆中“现代化技术装备”、“数据库建设”和“自动化、网络化建设”三项得分在100分以上的1个，50分以上的17个，占36%，40分以上的22个，占47%。兰州市、白银市、甘州区、北道区、清水县图书馆基本实现了图书馆自动化管理，建成馆内局域网，建立了图书馆网站，并实现了馆藏书目数字化，开通了OPAC检索，图书馆自动化、网络化建设取得了阶段性成果。我省文化信息资源共享工程起步较晚，现已建立起地级服务中心7个，县级服务中心36个，基层服务网点已达到50个，实现了与国家中心的互联互通和资源共享。同时，这项工程的实施也带动了各级图书馆建设网络化的积极性，纷纷投资兴建电子阅览室，加快了我省自动化、网络化建设步伐。

5、不断强化岗位培训，干部队伍得到巩固

几年来，各级图书馆普遍加强了职工的政治、业务学习，不断强化职工的专业技能培训，员工的学历、职称、专业能力有了一定的提高。7个地级图书馆中，本科以上学历占职工总数的平均比例为32%，大专以上学历占职工总人数平均为59%，均达到或超过评估标准的上限要求；高级职称合计有11

人，中级以上职称占业务人员总数平均为25.6%，达到了评估标准的中间水平；在抽评的30个县级图书馆中，大专以上学历人员占职工人员总数的平均比例为51.55%，高中以上学历人员占职工总人数平均为95.4%，30个图书馆均达到标准要求；中级职称以上人员占职工总数的33.2%，初级以上职称人员占职工总人数的平均比例为48.6%。各级图书馆在人员培训上，采取走出去接受培训、请进来进行现场指导的办法，分期分批培训人员，提高他们的业务能力。同时建立和完善竞争激励机制，加强在岗培训，注重实际工作能力的培养，经常性地开展一些岗位练兵竞赛活动，注重党的政策、法规学习，不断提高职工的政策理论水平，创建学习型单位。兰州市、天水市、肃州区、甘州区等图书馆的全部人员都参加过省图书馆组织的业务培训，人员整体业务素质普遍较高。各级图书馆专业从业人员的学历结构、职称结构和专业结构都得到了不断的调整，向着专业化、知识化的方向发展。

6、立足地域特色，办馆思路进一步拓宽

近年来，各级图书馆不断吸收新的办馆思想和理念，变政府单一投入为多渠道筹措经费，变“等、靠、要”为多方争取社会援助，并结合各地不同的文化特点、历史遗存、民族特点、地域特色等，找准图书馆特色化发展的突破口和切入点，一改往昔“千馆一面”的办馆模式，朝着特色化的方向发展。如高台县图书馆把握“西部大开发”的契机，2000年4月向全国各界人士发出倡议，共同创建“中国西部爱心书苑”，4年多时间共发出倡议书6万余份，收到来自全国各地捐赠的图书和书画作品达到8.1万册（件），价值达110万元。敦煌市图书馆为了增加馆藏，先后争取到内蒙古自治区党委副书记杨利民、全国政协委员香港友人石景宜父子、上海大众、清华同方、中国科协、香港友人黄楚和先生等社会各界无偿捐赠图书8365册，数据光盘329件，价值109万元，现金13万元，为形成馆藏特色，他们以古今敦煌文献为核心，全面收藏相关文献，目前拥有珍贵的《贝叶经》4部，以及《敦煌宝藏》、《俄藏敦煌文献》、《甘藏敦煌文献》等敦煌文献近万册；与此同时，敦煌市图书馆还积极牵线搭桥，协助会宁、环县、安西等地的图书馆获得石氏父子的赠书各2000余册。西固区图书馆发挥区域优势，合理开发驻区120多家图书馆（室）近120万册图书资源，达成馆际互借协议，实现图书资源共享，形成了独自的办馆特色，发挥了中心图书馆的作用。山丹是国际友人“路易·艾黎”和“何克”先生的第二故乡，山丹县培黎图书馆以此为切入点，向培黎学校的同学发出倡议，得到各类捐赠近7000册，并把有关“何克”、“艾黎”的文献作为馆藏特色，目前已收集了有关二人的著作300多种。此外临泽县图书馆通过发起“读书工程”、肃南县图书馆通过“中国裕固族文化园爱心捐助”活动，金塔县图书馆通过“东西合作，支援西部图书馆建设活动”的方式，积极争取社会援助，有力地推进了图书馆的发展。

7、坚持“读者至上”，读者服务丰富多彩

各个图书馆充分发挥资源优势，除开展普通的借阅服务外，还逐步向课题检索、参考咨询、信息服务等深层次的服务方向发展，变被动服务为主动服务。如白银市图书馆编印《图情摘要》、《农业科技信息》、《书苑》等，为政府部门、科研单位、重点用户及广大读者提供信息服务；凉州区图书馆十多年来坚持编印二次文献《致富信息》，分送到48个乡镇和100多个专业户手中，为农民开展专题信息服务，此活动被省文化厅推荐由甘肃电视台《今日聚焦》栏目组作了专题报道。与此同时，各图书馆还积极组织开展各类读者活动，不断拓展读者服务面，坚持开展了诸如“红领巾读书活动”、“家庭读书活动”、“诗歌朗诵会”、“灯谜活动”、“知识竞赛”、“读者座谈会”、“报告会”，以及“图书馆服务宣传周”、“全民读书月”活动等，通过丰富多彩的活动，向社会宣传了图书馆，提高了图书馆的社会知名度，吸引了越来越多读者走进图书馆，利用图书馆，图书馆的功能也得到了不断地拓展和延伸。

通过参加这次评估，我们深入感到：主动积极工作，争取党政支持，是办好图书馆的关键；结合本地实际，科学定位发展思路，是办好图书馆的前提；加强岗位培训，提高馆员素质，是办好图书馆的基础；规范业务建设，以制度管理事务，是办好图书馆的有效途径；立足区域优势，实现资源共享，是办好图书馆的可持续发展之路；坚持以人为本，提高服务水平，是办好图书馆的根本保证；争先评估，馆际交流，是办好图书馆的有力抓手。只要按照科学发展观的要求，出实招，抓实事，求实效，必将促使全省公共图书馆稳步发展，为人民群众提供一个良好的读书环境，有效维护和保障广大人民群众基本文化权益，为全省小康社会建设提供智力支持和精神动力。

二、存在问题

近年来，公共图书馆随着当地社会、经济的发展而得到了加强，许多市、县的公共图书馆整体上了一个新台阶，呈现出了良好的发展趋势，但是仍然存在着一些困难和问题，制约和影响着图书馆事业的发展。概括起来主要有：

1、经费严重短缺

虽然各级财政拨给公共图书馆的事业费逐年递增，但是经费的增长与事业发展的要求，与人民群众文化需求的增长不相适应。许多县级图书馆近十年间财政未列购书经费，藏书陈旧、残破，许多“文革”期间的书籍仍然排架、借阅。临夏州图书馆从建馆至今没有购书经费，所藏图书靠捐赠和收集，其中有很多重复、过时的书籍充斥其中。个别图书馆多年未购过一本新书，图书馆缺乏吸引力，读者流失现象严重。经费少，新书少，读者少，流通量小，图书馆的功能弱化，作用得到消减。

2、从业人员知识结构不甚合理

抽评的47个图书馆中，在有大专以上学历的人员中，大多数人员的学历是在职教育中取得的，社会科学居多，自然科学缺乏。图书情报、外语、计算机等专业人员严重不足，无任何专业特长人员比例过大。在47个馆的图书馆工作人员中系统学习过图书馆专业的人员不足10%，80%以上的县级馆没有专业人才，35%图书馆没有中级职称人员，影响了图书馆标准化、规范化进程。

3、服务水平有待于提高

各级图书馆立足于本馆实际，充分利用各种条件，开展了许多为读者服务活动，但总体上分析各级图书馆的服务水平有待于提高，特别是县级图书馆更要加强和改进。具体表现在：一是服务意识淡漠，有些馆一味强调馆舍拥挤，设备落后，经费紧缺等客观因素，而放弃了主观能动性，缺乏为读者服务的主动性、自觉性和使命感，更缺乏开拓进取的精神和实践。二是大部分图书馆停留在借借还还，处于守摊子的被动局面，深层次的参考咨询服务除少数馆外，大部分没有条件，也没有能力开展。三是服务内容单一。由于缺少经费，文献资源补充不足，人员素质较低，不能对文献进行深加工，服务内容单一，读者满意率不高。

4、自动化建设有待于加强

由于甘肃经济发展相对落后，加之图书馆自动化系统的建设和运行本身又是一项高投入、高成本的项目，限于财力和人力状况，我省很多图书馆目前还没有能力实现自动化管理。全省图书馆实现自动化、网络化，缺乏硬件支持，任重而道远，对于推动文化信息资源共享工程的实施，形成了瓶颈制约因素，影响了图书馆网络化、现代化的进程。

5、电子阅览室缺乏规范

建立电子阅览室，是图书馆应用现代信息技术向读者提供服务的一种方式，也是上等级图书馆的必备条件之一，与社会上的“网吧”有着本质的区别。但由于社会上对电子阅览室认识的不同，加上个别图书馆对电子阅览室管理不善，部分县的电子阅览室，受到了来自公安、文化市场管理部门的种种限制，不仅影响到了电子阅览室的正常业务无法开展，而且有损于图书馆的声誉。

三、几点建议

图书馆是面向大众服务的公益性文化事业，是城乡基层社会主义精神文明建设阵地，是基层文化建设的重要载体，建设好，利用好，巩固好各级各类公共图书馆，是基层文化建设的战略任务。

1、进一步修订《图书馆条例》，提高依法行政水平

《图书馆条例》自制订以来，在公共图书馆发展上发挥了举足轻重的作用，极大地激发了各地建设图书馆的工作热情，建成了一大批公共图书馆，但随着社会主义市场经济的建立和完善，《条例》已不能适应社会发展的需要，缺乏约束力、影响力和时代特征，亟待完善和修订。一是明确公共图书馆的功能，保障对图书馆管理的科学性。二是切实保障图书馆经费来源，确定各级地方财政用于发展图书馆事业的经费比例，以保证图书馆事业与地方经济同步发展。三是对图书馆从业人员的配备和培训做出规定，明确专业与非专业人员的比例，控制数量，保证质量，使每个图书馆员定期获得必要的培训，以适应图书馆事业发展的要求，逐步建立行业准入制度，推行职业资格认证制度。四是规范图书馆从业资格认定制度，把好图书馆进人关，从根本上提高人员素质。

2、进一步完善评估的指标体系，促进图书馆的全面发展

三次评估的实践证明，评估是促进各级公共图书馆快速向前发展的有效手段。同时评估标准的制定也使各级图书馆明确了方向和目标，有利于图书馆的健康发展。各级公共图书馆抓住迎接评估的契机，主动争取多方重视和支持，积极改善办馆条件，夯实业务基础，改进服务方式，深化服务内容，提升服务水平，促进图书馆实现由数量型向质量型、粗放型向效益型的转变。但评估的指标体系，如高、中级职称数量的要求、领导班子测评办法、读者服务活动方式等等，却有不尽合理的地方，需要认真研究，按照分类指导、区别对待的原则，制定出科学合理的评估标准。

3、建立评估激励机制，不断提高参评的工作积极性

评估中各级图书馆普遍反映，其它行业的达标升级工作都与一定的激励政策相配套，在物质奖励、人员晋级、职称评定、收费标准等方面有所体现，但图书馆的评估却没有任何利益，而且达标后还要花费人力、财力和物力，做大量的工作“保牌子”，给工作带来被动，影响了评估的实际效能。因此，要重视评估结果的使用，使评估工作与建立有效的工作激励机制相结合，即使是没有物质奖励，可以在政策上给予体现，让基层图书馆在评估后见到实惠，树立评估的信心。

4、制定图书馆行业规范，实现图书馆业务的标准化、规范化、制度化

针对图书馆基础业务专业性强的特点，尽快制定出台图书馆行业规范标准，一是规范图书馆基础业务建设，制定统一的业务标准和要求；二是规范图书馆统计体系，夯实图书馆工作基础，使图书馆业务建设统计数据真实有效；三是规范图书馆制度建设，实现依制管理，提高管理的科学性和法制化；四是规范电子阅览室建设，准确定位电子阅览室的功能、作用和性质，以确保电子阅览室正常运行，给读者利用网络文献、网络资源提供便利。

【兰州市图书馆念好评估“五字经”】 兰州市图书馆紧紧围绕全国第三次公共图书馆评估，狠抓评估不放松，通过“定、学、评、找、理”，实现了图书馆工作的全面达标，引起了地方领导的重视，得到了政府财力的支持，增强了职工的凝聚力，改进了图书馆的整体工作，提高了为读者服务的质量，促使图书馆建设事业上了一个新台阶。

该馆在1998年全国第二次公共图书馆评估定级时被评定为二级馆，为了在第三次评估中取得更好的成绩，首先是定目标。目标是行动的动力和导向，他们在认真分析了办馆条件后，确定了“保二争一”的奋斗目标；其次是定班子，成立了由馆长任组长、各部室负责人为成员的迎评工作领导小组；第三是定方案，制订了详尽的三年迎评工作计划和实施方案，由主管业务的副馆长具体组织实施；第四是定责任，把评估标准细化、量化、层层分解，逐级落实到部（室）甚至个人工作岗位，列入年度目标责任书，定期检查，年终考核，把改进措施落实到责任中。

学。该馆把学习评估标准、细则和要求，作为评估工作的中心环节来抓，一方面派分管馆长参加全国评估工作培训班，掌握全国的发展趋势，明确文化部对评估的要求，准确把握评估指标体系。另一方面把学习的重点放在全馆职工中，利用每周业务学习时间，学习评估工作的有关文件，讲解评估指标涵

义，针对岗位特点，分类施教，帮助职工理解评估各项标准的要求，使每个职工心知肚明，明白应该做什么和怎样做。从评估的意义、作用等方面，教育职工正确理解和对待评估，积极投身评估，努力营造迎接评估、人人有责的迎评工作氛围，提高了改进工作的自觉性和积极性。

评。该馆在评估工作中始终把“评”作为一根红线贯穿始终，三年中按照评估标准年年评，月月评，部际互评，岗际互评，我评人人，人人评我，仅全馆性的自评活动就开展过5次，而针对具体业务工作开展的评估，则采取定期或不定期的方式进行，随时随机抽评，在评估中寻找差距，针对差距提出改进措施，并把措施转化为工作任务，细化量化，提出时限要求，落实到部（室），落实到人，每月召开馆务扩大会议，根据改进工作进度和完成情况，帮助解决存在的问题，实现了评估、总结、改进的良好工作机制。馆评估小组也经常深入部室检查工作质量，帮助开展工作。在评中找不足，在找中促改进，在改进中求达标，推动工作上台阶，已成为该馆员工的共识。

找。针对一些硬性指标不足的问题，该馆采取主动出击找领导的办法，争取投资拉动，先后多次找主管部门的领导汇报评估工作，邀请政府主管领导来图书馆视察，通过人大代表、政协委员呼吁支持，开展读者调查活动，采纳汇总读者的意见和建议提供于领导，帮助解决难题。经过积极努力的协调工作，党政分管领导十分重视图书馆建设工作，把图书馆事业作为“文化兰州”建设的重要任务来抓，经费投入有了很大改善，1998年将购书费由原来的15万元，提高30万元，今年又提高到60万元；2002年投资67.7万元建成了75台电脑终端的电子阅览室，2003年该馆以电子阅览室为依托，建成了甘肃省首家全国文化信息资源共享工程兰州基层中心，实现了与国家中心的互联互通，资源共享。2003年底政府又投资5万元购置了共享工程的配套设备，使其服务手段更加完善。2004年，投资4.8万元增加自动化管理接口，扩大服务领域，加快了现代化管理进程，推动了图书馆自动化、网络化、数字化建设。

理。一是梳理基础业务。该馆从图书分类标引、著录编目入手，按照评估标准和《中图法》（四版）要求，对近36万册馆藏图书和卡片目录逐一顺架排序，分类核对，凡不准确或有差错的，坚决予以更正。对于读者服务、基层培训、馆际互借等基础业务工作，拾遗补缺，创造条件开展活动，使各项基础业务工作项项有着落，事事有交待；二是整理档案资料。为了给评估工作提供科学、真实、有效的基础资料，该馆在档案部门专业人员的指导下，按照规范化、标准化的要求，对近几年来的档案资料进行重新整理，形成了职工考核档案、参考咨询档案、课题服务档案、业务辅导档案等一整套装订整齐、内容齐全、管理完好的档案资料。建立健全了工作日志、统计分析、课题服务、检索咨询、活动记录、读者意见等统计制度，使评估的各项标准有资料、有统计、有分析、有纪录；三是清理馆内外卫生。为了使图书馆有一个崭新的外部形象，花费9000元聘请专业清洗公司对图书馆楼体进行了全面清洗（包括所有门窗），粉刷墙壁，清除卫生死角。职工从家里拿来吸尘器，对书架和图书进行彻底除尘。制作更新了所有的标牌、指示牌，购置摆设了鲜花，整个图书馆窗明儿净，桌无尘，地无屑，为读者营造了一个良好的读书环境。

兰州市图书馆近三年来充分利用评估，用足评估标准，做活评估文章，达到了“以评促建”的目的，提升了图书馆建设的规模和水平，实现了图书馆事业跨越式发展。

【省委书记苏荣视察《四库全书》藏书楼重点文化工程】 2004年12阅11日上午，省委书记苏荣在省文化厅厅长马少青陪同下，视察了我省重点文化建设工程文溯阁《四库全书》藏书楼和省博物馆两项工程的进展情况。

文溯阁《四库全书》藏书楼工程和省博物馆基建工程是我省文化建设的两项重点工程，一直为苏荣书籍所关心。视察中，苏荣书记认真工程的进展听取了两项情况汇报，询问了工程面积、投资以及资金到位情况，并强调每项工程都要注重环保。他对工程的进展表示满意，同时，对做好后期工作提出了要求。

一、甘肃有着特殊的气候、地理条件，对文物保护十分有利，文溯阁《四库全书》作为中华民族的文化瑰宝，我们有责任要把它收藏好，保护好，建设《四库全书》藏书楼很不易，省上在财政比较困难的情况下，投入资金进行工程建设，说明对这项工程的高度重视，你们一定要高质量地完成好这一重点工程。

二、要特别注意后期的管理和维护，并考虑配备一些备用材料。一项完好的工程完工后，就要配备负有好责任心的管理人员，更需要加强管理和维护设备并储备一些备用材料，在这一点舍得投资的是非常必要的。

三、我省是中华民族和中华文明的发祥地之一，不仅仅只有敦煌，还有许多历史遗存和文物古迹，具有深厚的文化底蕴。我们要把《四库全书》藏书楼、省博物馆等文化设施重点工程建设好，这不仅对全省各族人民了解历史，进行传统文化教育，同时，对外地来我省的客人给以启示，展现甘肃悠久的文化内涵，扩大甘肃影响，提高甘肃知名度，都有着十分重要的意义。要以兰州为中心，构成以文溯阁《四库全书》藏书楼、省博物馆、省档案馆、和政古生物化石馆等文化设施和人文景观为重点的中心文化圈，这对体现甘肃厚重的文化历史，推动甘肃文化旅游事业发展，都具有十分重要的作用，也是我省人民的骄傲。

最后，苏荣书记特别强调指出：工程质量要做到百年大计，质量第一。工程建设要以保证质量为前提，千万不能搞所谓的“献礼工程”，追求“轰动效应”而赶进度，要经得起时间得检验，历史得检验。（董雋）

【陆浩省长视察文溯阁《四库全书》藏书楼工程】 2004年11月8日下午，省委副书记、省长陆浩在调研文溯阁《四苦全书》藏书楼工程时强调，一定要以高度的责任感建设好藏书楼工程，保管、研究、利用好《四库全书》，大力弘扬中华民族优秀传统文化。陆浩来到位于兰州北山九洲台的文溯阁《四库全书》藏书楼建设现场，认真察看了工程主副楼等土建项目，以及空调、消防系统等设备的安装情况，详细询问了工程的建设进度。

文溯阁《四库全书》藏书楼工程2003年6月开工建设，至2004年9月基本竣工，主副楼和附属建筑工程土建、电梯、空调、消防、安防监控系统等设备安装调试均已全部完成。

陆浩指出，《四库全书》是中华民族的优秀文化遗产，保管好、研究利用好《四库全书》责任重大。文溯阁《四库全书》藏书楼工程是我省重点文化建设项目，建设好这个工程对于甘肃意义重大。我省作为财力薄弱的一个欠发达盛份，投入大量资金建设这项工程，省上下了很大决心，社会各方面都很关注。工程建设倾注了省委、省政府、有关部门和设计、施工单位的大量心血，从建成的规模看还是很不错的，构思和功能都得到了较好的体现。

陆浩强调，一定要保证工程质量，按期完成建设任务。有关部门要对概算进行审查把关，管好用好建设资金。要按照党的十六届四种全会的要求，努力将《四库全书》藏书楼建设成一个集保管、研究、宣传和博物馆于一体的综合性工程，大力弘扬我国的优秀传统文化。陆浩还强调，要加快周边道路、绿化等基础设施建设，为《四库全书》藏书楼开放营造一个良好的环境。（董隽）

【甘肃省副省长徐守盛考察文溯阁《四库全书》藏书楼】 3004年7月28日上午，省委常委、常务副省长徐守盛在省政府副秘书长张力学、省发改委主任邵克文、副主任王泉清、省政府研究室副主任潘锋、省建设厅副厅长阮文易、省文化厅副厅长卢鸿志、兰州市副市长马琦明的陪同下，在九洲台文溯阁《四库全书》藏书楼工地对该楼的建设进展情况进行了调研。

文溯阁《四库全书》藏书楼工程2003年6月10日正式开工建设至11月中旬，因进入冬季而停止施工。2004年2月15日复工建设，截止目前工程已完成投资2640万元，主副楼和办公楼、宿舍楼、配电室等复数建筑主体工程全部完成，进入收尾阶段；副楼地库已完成土建施工，电梯、空调、消防、安防监控系统等设备安装项目，已进入安装调试阶段；室外工程的大门、护坡、围墙和地沟等正在抓紧施工建设；古建部分在施工8月中旬完成除彩绘外的其他古建工程，9月底完成全部施工任务。

省、市领导到藏书楼工地后，直接到施工现场，察看工程进展情况并听取了省图书馆关于工程进展情况的汇报，省建设厅、省发改委的负责同志先后就工程的立项过程等情况做了简要说明。听取汇报后，徐守盛副省长做了重要指示。他对《四库全书》藏书楼工程进展给予了充分肯定，指出，省政府决定建设文溯阁《四库全书》藏书楼是十分必要，一定要严格按照基本建设的程序来办事，工程建设中要注意安全，确保安全，确保质量，同时整个基本建设费用都要随时随地接受审计部门、纪检监察部门的审计监督。（董隽）

【李膺副省长一行到甘肃省图书馆视察指导工作】 2004年10月13日，李膺副省长带领省文化厅、省发改委、省财政厅、省建设厅的有关负责同志赴省图书馆、九洲台、省博物馆视察了省图书馆改扩建、文溯阁《四库全书》藏书楼建设和省博物馆维修改造等三项重点文化工程的建设情况，并主持召开会议，专题研究解决存在的问题。

在听取了省文化厅厅长马少青、省图书馆负责同志关于省图书馆改扩建工程建设和文溯阁《四库全书》藏书楼工程建设进展情况及有关问题的汇报，省文化厅副厅长、省文物局局长苏国庆、省博物馆负责同志关于省博物馆维修改造工程建设情况的汇报，以及省发改委、省建设厅、省财政有关负责同志的意见后，李膺副省长对三项工程的进展表示满意，并对下一步的工作提出了具体要求。

李膺副省长指出，省图书改扩建、文溯阁《四库全书》藏书楼建设和省博物馆维修改造工程，对甘肃具有重大影响，三项工程建成后，可以使甘肃的文化基础设施建设水平上一个台阶。省图书馆的建设，为广大群众终身学习提供了场所，也为下一轮图书馆的评估定级奠定了坚实基础；文溯阁《四库全书》藏书楼建设，为国宝的保护创造了良好的条件；省博物馆的建设，可以把甘肃悠久的历史文化展示出来，是一个很好的爱国主义教育基地。这三项工程建设有关方面投入了很大精力、财力，都很值得，意义重大。

李膺副省长还指出，这三项工程省委、省政府十分重视，年初提出了明确的目标。今年以来，省委、省政府和有关部门不断加大督查、指导力度，工程进展比较顺利，基本达到了省上对项目建设的要求。业务主管部门确实把项目抓到了手上，负责同志对项目很清楚。

最后，李膺副省长还就三项工程建设和工程建成后的使用提出了明确要求。他强调，省图书馆要加强领导班子思想建设和业务建设，加强职工队伍建设，强化和创新单位内部各项管理，特别要加强基础业务建设，读者服务工作，加强理论研究和基层辅导工作，使软、硬件都达到一级馆的要求；文溯阁《四库全书》藏书楼要在明年6月份以前投入使用；省博物馆明年8月1日前完工，包括布展工作，在兰洽会期间全面展示甘肃悠久的文化。同时，他还对文溯阁《四库全书》藏书楼和省博物馆建设中存在的问题提出了解决意见，他要求，有关部门要相互配合，相互支持，齐心协力，把工程建设好。对存在的问题要面对现实，妥善解决。三个项目单位一定要加强班子建设，党的十六届四中全会提出加强党的执政能力建设，关键是班子建设，班子一定要团结，要分工不分家，团结出战斗力，团结出成绩，团结出干部。（董隽）

【兰州市图书馆“2004年暑期少儿征文、绘画比赛活动”揭晓】 2004年9月24日下午，由兰州市图书馆举办的“关注青少年阅读，开创精彩的人生”为主题的“2004年暑期少儿征文、绘画比赛”结果已揭晓。此次活动得到了张掖路小学、雁滩小学等学校和家长的大力支持，共收到247篇征文，49篇绘画作品。经评审小组认真评定，以“我最喜欢读的一本书”为主题的征文中，评选出一等奖5名、二等奖10名、三等奖15名，其中张健、尚小桐等同学获得一等奖。以“让我们的家园更美丽”为主题的绘画比赛中，评选出一等奖3名、二等奖5名、三等奖125名，其中刘震霆、李佳栋等同学获得一等奖。另外，张掖路小学、雁滩小学因组织工作突出，授予“读书活动组织奖”。

兰州市文化出版局王国礼副局长出席了本次颁奖活动并讲了话。水车园小学王老师、兰州市文化出版局文博处左和平分别对本次征文、绘画作品进行了点评。徐怡、李佳栋代表获奖学生发言。部分学生家长也参加了这次颁奖活动。(董隽)

【水利部赠书甘州区图书馆】 2004年9月，中国水利部向甘州区图书馆捐赠图书16225册，磁带3547盒，价值约12万元。内容涉及农业、文化教育等，共68种。与此同时，水利部给张掖市水务局捐赠图书15000多册，向甘州区水务局捐赠图书20000多册，总价值达100万元。(董隽)

【中科院资源环境科学信息中心建立“陇东信息工作站”】 中科院资源环境科学信息中心继张掖、酒泉信息工作站之后，又在甘肃陇东学院建立了“陇东信息工作站”。该信息工作站的主要任务是为地方经济建设、社会发展和科技创新需求提供信息支撑和科技文献保障，依托地方合作单位拓展中心为地方科技、经济建设和教育发展服务职能，更好地发挥“两个示范”与“两个服务”的作用。10月28日，中心主任孙成权研究员与陇东学院副院长刘仁义、俞子泓以及该院图书馆领导等共同参加了“中国科学院资源环境科学信息中心陇东信息工作站”揭牌仪式，双方签订了合作共建协议。之后，孙成权主任还在校领导陪同下参观了该校图书馆、网络中心和正在建设的新校区；与图书馆工作人员进行了学术交流和工作座谈；应邀为全校师生作了“信息化建设与知识创新”的学术报告，近500位师生参加了专场学术报告会。(董隽)

【甘肃文化信息资源共享工程建设概况】 全国文化信息资源共享工程是2002年4月由文化部和财政部共同组织实施的一项繁荣社会主义先进文化的创新工程，它利用现代技术手段，对中华优秀文化信息资源进行数字化的整合，利用覆盖全国的网络服务系统实现文化信息资源在全国范围内的共建共享。我省从2003年开始着手实施我省：“文化信息资源共享工程”。省政府2003年、2004年分别安排了100万元支持这一工程建设。截止2004年底，已有1各市级、3个县级、7个乡镇社区基层中心建成并投入使用。正在建设中的省级分中心（设在甘肃省图书馆）1个，市级分中心12个，县级基层中心24个，预计2005年上半年即可完成设备安装调试并投入正常运行。2005年国家将重点扶持我省建设20个基层中心，赠送文行接受器及相关设备，到2005年底，我省将建成文化信息资源共享工程，1个省级分中心，13个市级和54个县、乡镇、社区基层中心。

国家文化信息资源共享工曾建设的目标是要在全国市、县、乡镇全面普及，我省共享工程建设刚进入起步阶段，尚有近30个县，1000多个乡镇仍是空白，仍需要财政继续安排扶持建设资金，也需要各有关部门和社会各界共同关心支持我省的文化信息资源共享工程的建设。(董隽)

【天水北道区文化馆、图书馆举办“羲皇故里”赴京风情艺术展】 天水市北道区“羲皇故里”风情艺术展于2004年10月22日至26日在北京中国画研究院美术馆隆重举行。这是北道区继去年赴沪书画展之后走出甘肃，向外宣传和推介自己，扩大对外开放的又一重大举措。中国文联主席，中华伏羲文化研究会名誉会长周巍峙，国家民委副主任牟本理，民革中央祖国和平统一促进会副主任、中华伏羲文化研究会顾问韦大卫，中共中央组织部秘书长薛德堂，中国画研究院院长龙瑞，中央电视台副总编辑赵立凡，中华伏羲文化研究会会长贾斌，SOHO中国有限公司董事长兼联席总裁潘石屹，中国美协理事、《美术杂志》主编王仲，中国民族文化促进会副主席、中国美术家协会总编辑曹泽林，天水市委常委、宣传部长孙周秦等领导为开幕式剪彩，北道区四大班子和北京的专家学者、文艺界名人共计200余人参加了开幕式。开幕式由北道区委副书记、区长蒋晓强主持。北道区委书记付振伟在开幕式上向来宾介绍了北道区近年来经济、文化发展概况，国家民委副主任代表来宾发表了热情洋溢的讲话。新华社、《人民日报》、中央电视台、《光明日报》、《中国文化报》、北京电视台等30多家新闻媒体的记者参加了开幕式。开幕式结束后，北道区还在北京国宏宾馆举行了盛大的联谊活动。

北道区历史文化资源丰富，文化底蕴深厚。改革开放以来，北道区的文化艺术事业进入了新的发展时期，显示出了强劲的发展势头，焕发出勃勃生机。广大文艺爱好者应时而变，博采众长，厚积薄发，创作出了一批思想性、艺术性都比较高的艺术作品。这次赴京风情艺术展集中展示了北道区独特的民间艺术成果，反映了北道区近年来文化艺术方面所取的成就，作品类型多样，包括书画、摄影、根雕、陶艺、雕塑、皮影等。所展出的70多幅书画作品，是北道区及北道籍近年活跃于书画界并在省内外有一定影响的作者的代表作，这些作品或抒写时代讴歌北道奋发向上的精神风貌；或寄情于山水，着墨成情，绘制华彩，抒发了广大作者热爱祖国、热爱家乡的赤子情怀。所展出的33件香柏艺术品，以该地区独特的香柏根为主，虬枝盈旋曲屈，纹理气韵贯通，形貌高古怪奇，具有“清奇古怪舞千娇，风水雷霆幼不磨”的精神。所展出的120件陶艺、雕塑作品，以四大石窟之一的麦积雕塑、大地湾彩陶、马家窑文化类型的彩陶为代表，精心设计，巧运而成，从一个侧面折射出天水近8000年文明发展和文化底蕴。所展出的52件摄影作品，以介绍北道区丰富的旅游资源、深厚的人文景观及风土人情为主。所展出的150余件皮影作品具有较高的观赏性、艺术性，制作精美，色彩艳丽，生动逼真，充分展示了北道区民间艺人精湛的技艺和聪慧的艺术天赋。这些作品的展出，使首都人民进一步了解了伏羲造文字、创历法、画八卦，肇起文明的历史，了解了“东方雕塑馆”、佛国圣地——麦积山的神韵与风采和淳厚的西部风情。这些作品从不同侧面反映了北道区的秀美风光，歌颂了北道区改革开放和现代化建设所取的巨大成就。这次风情艺术展加强了北道区与首都人民的文化交流，为北道区搭建了一个与首都北京乃国内外交流的平台，让外界了解天水，了解北道；让北道走出甘肃，走向全国。(董隽)

【陇西县图书馆举办“我爱祖国，我爱陇西”读书演讲大赛】 在全民读书月活动中，为全面贯彻落实党的十六大精神和中共中央《关于进一步加强和改进未成年人思想道德建设的若干意见》，弘扬时代主旋律，讴歌党的丰功伟绩，2004年12月20日，由中共陇西县委宣传部、陇西县教育局、陇西县文化局举办，陇西县图书馆承办的“陇西县‘我爱祖国，我爱陇西’读书演讲大赛”拉开了帷幕，来自17个单位的33名选手参加了演讲。活动分小学组、中学组、成人组三个组分别进行，评委由7人组成。能容纳500多人的赛场座无虚席，参赛者以饱满的热情、感人的情调、生动的演说，赢得了听众的阵阵掌声。演讲主题鲜明，令人振奋，洋溢着浓浓的爱国之情，感动着每一位听众。经过评委的认真评议，各组分别评选出一等奖1名、二等奖2名、三等奖3名、优秀奖5名。县委、人大、政府、政协的分管领导到会并为获奖者颁发了奖品和荣誉证。

本次活动得到了中共陇西县委宣传部、中国工商银行陇西县支行和陇西金茂大酒店的大力协助，陇西县信用联社的冠名赞助，新闻媒体也进行了现场采访和录像报道。充分体现了社会各界对图书文化事业的支持和关注，在社会上营造了读书、求知的良好氛围。（董隽）

【岷县图书馆举办“最新考古发现漫谈报告会”】 2004年12月18日，岷县文化局、县民盟支部、岷县图书馆联合邀请岷县文化名人李璘先生在岷县卫生局四楼会议室举办了“岷县最新考古发现漫谈报告会”，社会各界人士、县直各单位的工作人员以及部分学生80多人参加了报告会。李璘先生以生动活泼的形式讲述了岷县的古代遗存，特别是二郎山特大秦瓦的发现，为秦长城西起临洮（即今岷县），提供了有力的佐证。李先生精彩的报告，集知识性致好评。（董隽）

【玉门市图书馆举办“玉门市小学生读书征文比赛”】 为了引导小学生多读书，读好书，做好人，激发小学生的读书热情，玉门市图书馆于2004年10月中旬举办了“玉门市小学生读书征文比赛”活动。这次活动共收集到征文300余篇，评选出18篇获奖征文，其中一等奖2名，二等奖4名，三等奖12名，并依此创办了“小学生优秀征文园地”，受到了家长和学生的广泛好评。（董隽）

【榆中县图书馆新馆落成并投入使用】 2004年9月26日，历时五年建设，建筑面积5734平方米，总造价600万元，主体七层，局部八层的榆中县宣传文化中心大楼正式落成，其中，榆中县图书馆占据大楼二、三层，建筑面积1800平方米，设有采编室、特藏室、地方文献室、读者工作室、借阅室、成人阅览室、少儿阅览室、电子阅览室、自学室等。新馆的落成，大大改善了榆中县图书馆的硬件设施，为榆中县图书馆的达标定级奠定了坚实的基础。（董隽）

【《SCI与学术研究》报告会在兰州大学图书馆举办】 2004年11月4日晚应兰州大学图书馆邀请，Thomson科技集团中国区负责人刘煜博士作了题为《SCI与学术研究》的学术报告。SCI是世界上最著名的学术参考数据库，虽然兰大目前尚未引进SCI数据库，但兰大的师生对其还是非常熟悉，大家不仅关心兰大每年在中国高校SCI排名榜上的位置，也希望通过查询SCI了解自己所发表论文的学术影响力，更重要的是希望利用SCI特有的引文索引法功能对自己的学术创新有所指导。因此，当晚来聆听学术报告的师生达到200多人，图书馆多功能报告厅的走廊上都坐满了人，报告人刘煜作为化学博士，从一个科研人员的角度出发，揭示了如何利用SCI作为科研创新的原动力，报告现场互动气氛感染了每一个人，最后刘煜博士感慨地说，兰大的学术氛围和学生的学习热情及刻苦精神，是他在“SCI中国百校行”活动里感触最为强烈的。（董隽）

【Sirsi/Unicorn用户年会暨第三次会议在兰州大学图书馆举行】 2004年9月27日Sirsi/Unicorn用户年会暨第三次会议在兰州大学图书馆举行。来自北京大学图书馆、南开大学图书馆、天津大学图书馆、天津高校联合图书馆、吉林大学图书馆、陕西省图书馆、甘肃省图书馆的主管馆长、系统维护人员及兰大馆代表等30余位同志参加了此次会议。

兰州大学图书馆馆长江志学同志代表东道主向大会致辞，对会议的召开表示热烈祝贺，对与会的各位代表表示热烈欢迎。江馆长回顾了兰州大学图书馆几年来使用Sirsi/Unicorn系统的基本状况，并向代表们汇报了兰州大学图书馆近年来的改革、发展情况，深情地希望与会代表开好此次会议，希望代表们能为图书馆事业的发展献计献策，最后预祝大家中秋愉快。Sirsi/Unicorn 2004年年会会期三天，会议期间美国Sirsi公司代表丁恒中先生对Sirsi/Unicorn的新产品及新版本进行了介绍，此后与会代表们分别围绕系统使用情况、系统的二次开发成果、系统使用体会及主要关注的问题等为主题展开了广泛、深入的交流与讨论。（董隽）

【CNKI网络资源共享平台发布暨CNKI数字图书馆升级演示报告会在兰州大学图书馆举行】 2004年，由清华同方光盘股份有限公司与兰州大学图书馆联合主办的“CNKI网格资源共享平台发布暨CNKI数字图书馆升级演示报告会”在兰州大学图书馆举行。

本次会议隆重推出并演示了“CNKI网格资源共享平台”及其相关产品。作为体现政策理论与实践相结合精神，贯通数字化学习、知识传播、资源共享、文化产业各领域，并能促进这些领域联动发展的现实产品形态的“CNKI平台”，是清华大学为2003年10月推出的《中国知识资源总库》着力打造的管理系统、运行系统和知识产品展示与出版系统，是一个全面支持知识信息资源建设、整合、共享、增值应用、增值服务、运营管理以及网络出版的系统软件平台。“CNKI平台”的建成运行标志着中国最大的知识资源共享网格平台诞生了。

为了不断提高“CNKI平台”的设计和技术水平，不断改进和完善各项功能；同时也为了保障“中国知网”的正常稳定运行，保证广大用户的正常有效使用，据说清华大学将通过“中国知网”（www. cnki. net）面向全球用户公开征集自愿测试者，对于发现问题和功能改进建议被采用者将给予重奖。（董隽）

【兰州大学图书馆新馆奠基】 2003年11月1日校区图书馆新馆奠基仪式在榆中校区举行，应兰州大学图书馆江志学馆长的邀请，甘肃省图书馆馆长郭向东、中科院资源环境科学信息中心主任孙成权以及在兰的16所高校的30多位馆长参加了奠基仪式。

上午9时30分奠基仪式正式开始，仪式由兰州大学副校长杨恕主持，李发伸校长在开幕式上致辞。之后，校长李发伸、副校长杨恕、校长助理李正元、兰州大学图书馆长江志学及有关单位领导为奠基仪式剪彩，并挥锹奠基。

建成后的校区图书馆建筑面积为35080平方米，是全省面积最大的图书馆，将拥有阅览室30多个，阅览座位6000多个，信息点1500个，可以为在校师生提供良好的借阅环境，它的建成将为兰州大学本科教育的建设和发展提供一个强大的文献信息保障和服务平台。（董隽）

【兰州医学院图书馆并入兰州大学图书馆】 2004年11月18日，随着兰州医学院正式并入兰州大学，兰州医学院图书馆也正式并入兰州大学图书馆，成为二级图书馆——兰州大学图书馆医学分馆。按照学校的统一部署，兰州大学图书馆对原医学图书馆的人员状况、资源状况、服务布局和中层干部配备情况进行了全面的调研，召开了两校图书馆部门主任会议及全体人员大会，对业务机构设置与运行框架进行了多次研究讨论，并成功进行了首次并校后所有人员的竞争上岗。实现了资源、机构、人员的重组。保证了兰州大学图书馆“一馆四舍”在管理体制、服务格局和运行机制上的有序衔接和整体性、实质性融合，为实现“五个统一”、“一个整体”的目标提供了保障。（董隽）

【甘肃省高校图书情报工作委员会二00三年工作会议在陇东学院隆重举行】 由甘肃陇东学院图书馆承办的全省高校图书情报工作委员会2003年工作会议于9月19日至21日在陇东学院隆重举行。来自全省二十二所高等院校图书馆的50多位同仁参加了此次会议，这是历年来我省高校图工委工作会议参会学校最多的一次。20日的开幕式，由兰州理工大学图书馆馆长韦尧兵主持。首先，图书馆界同仁为9月3日去世的省高校图工委常务副主任、兰州大学图书馆馆长赵书城教授默哀，以纪念他为甘肃省图书馆事业的发展所做出的巨大贡献。随后，陇东学院刘仁义院长代表陇东学院致辞，并向代表们详细地介绍了陇东学院的基本情况及图书馆的工作。甘肃高校图工委秘书长、兰州大学图书馆总支书记、馆长江志学代表省高校图工委对陇东学院对此次会议的重视及精心安排给予了高度赞扬和感谢，并代表省高校图工委向陇东学院赠送了礼品。省高校图工委秘书处副秘书长、兰州大学图书馆副馆长韩喜运就省高校图工委一年来的工作及今后工作的重点作了大会发言。之后，会议进入讨论交流阶段，到会馆长分别向大会介绍了各馆的发展概况和今后的发展设想。陇东学院图书馆王钊书记介绍了本馆建设情况并打算自建具有地方特色的陇东地方文献数据库；兰州交通大学图书馆书记李瑀就本馆数字化建设作大会发言；西北民族大学图书馆书记张小莹就本馆自动化网络化进展情况、图书馆的管理、民族博物馆的管理做了大会发言；西北师范大学图书馆副馆长玄永明就本馆近两年来的工作向大会做了汇报；兰州大学图书馆馆长江志学就本馆工作、211二期建设情况、榆中校区图书馆建设及联合购买德国施普林格及万方数据库等事宜向代表们做了详细介绍。

会议期间代表们参观了陇东学院图书馆、陇东学院新校区和北石窟及陇东民俗展览馆，感受了陇东的民俗民风。（董隽）

【西部高校图书馆现代化管理示范培训班在兰州大学图书馆隆重开班】 为了加强兄弟院校之间文献信息工作的交流与协作，促进西北地区高等院校图书馆现代化建设，提升本地区高校图书馆的服务水平。根据兰州大学“世界银行贷款高等教育发展项目”规划安排，兰州大学图书馆于2003年9月15日至22日历时八天举办了“西部高校图书馆现代化管理示范培训班”。来自新疆、青海、宁夏、甘肃四省区18所院校图书馆的58位学员参加了培训。

本培训班特别邀请了兰州大学图书馆党总支书记、馆长江志学，兰州大学图书馆副馆长、副研究馆员韩喜运，中国科学院兰州信息中心主任、博士生导师孙成权，原甘肃省图书馆馆长、研究馆员潘寅生，原甘肃省图书馆副馆长、研究馆员邵国秀，兰州交通大学图书馆党总支书记、研究馆员李瑀，兰州大学信息管理学院信息管理系主任、硕士生导师李映洲，兰州大学信息管理学院图书馆学博士、硕士生导师沙勇忠等图书馆界的专家、学者担任教师。培训内容主要有：高校图书馆管理概述；图书馆管理中的决策分析;、文献信息资源建设与共享；图书馆电子文献资源的配置、利用绩效与服务；计算机网络电子信息资源检索与利用；数字化图书馆；竞争情报；当代图书情报学进展及前沿领域等。

培训时间虽然短暂，但每位学员收获颇丰，学员们了解本学科理论发展的动态，对具体的工作具有一定的指导意义，而且开阔了视野，拓宽了思路，收到了较好的效果。（董隽）

【2004年全省高校图书馆工作会议在合作民族师范高等专科学校召开】 2004年全省高校图书馆工作会议于7月2日-4日，在合作民族师范高等专科学校举行，合作师专党委书记陈志逊、副校长道周、杨志宏、马振林出席会议，陈志逊书记在会议开幕式上介绍了合作师专及其图书馆的有关情况。图工委副主任、秘书长江志学同志致开幕词，他首先对合作师专党委、行政及图书馆同仁对本次会议的顺利召开所做的大量工作表示感谢，同时本次会议还特邀了几位离任和即将离任的图书馆领导参会，江志学同志在致词中也对他们在任期间为我省高校图书馆事业的改革与发展及图工委的工作做出的贡献表示深深的敬意，他对本次会议的主要任务做了详细的阐述。图工委副秘书长韩喜运作了“甘肃高校图工委一年工作汇报及下年度工作计划”的报告。

随后，合作师专副校长道周教授就

合作师专图书馆建设；原兰州理工大学图书馆馆长付顶云教授就该校数字化建设；西北师大图书馆副馆长许萍就图书馆如何迎接本科教学评估；河西学院图书馆薛栋馆长就内部管理体制改革和资产管理做了大会发言。（董隽）

【“服务百所行 2004”西北第一站——新疆生态与地理研究所文献信息中心培训活动记实】 2003 年国家科学数字图书馆（CSDL）项目管理中心组织开展的“服务百所行——资源到所、服务到人”活动，了解了科研一线的需求，拉近了院文献情报系统与广大科研人员的距离，推动了“资源到所、服务到人”的新的文献信息服务格局的初步形成。2004 年，为了深化用户培训与信息服务，CSDL 进一步组织开展“服务百所行”活动。根据 CSDL 项目管理中心“服务百所行 2004——全院用户培训与信息服务联合行动计划”的安排，中科院资源环境科学信息中心负责中国科学院西北片研究所的培训活动。

2004 年 8 月 6 日下午，资源环境科学信息中心和新疆生态与地理所文献信息中心在新疆生态与地理所电子阅览室，针对新疆生态与地理研究所科研创新工作及其科研人员的特点，以“新信息环境与信息素养”、“CSDL 资源与服务的综合利用——面向新疆生态与地理研究所的科研需求”为主题，为新疆生态与地理所近百名入所研究生和部分科研人员、文献信息工作人员进行了专题培训。

在培训活动中，资源环境科学信息中心信息服务部陈利涛副研究馆员介绍了 CSDL 整体情况及“服务百所行 2004——用户培训与信息服务联合行动”的整体计划安排，介绍了资源环境科学信息中心的各种资源、各项服务以及 NSTL 兰州镜像站的情况。新疆生态与地理所情报咨询室主任贺西安作了“新信息环境、信息素养与知识创新能力”的讲座。该所文献信息中心副研究馆员张爱君从本所科研需求的实际出发，结合平时科研人员的信息消费行为和图书馆为其解决文献信息需求的案例，有针对性地介绍 CSDL 与本所科研与教学密切相关的资源与服务，并在课堂上做了现场演示。此次讲座激起了该所用户的浓厚兴趣，增强了用户对新信息环境的认识与理解，有助于用户信息素养的提高以及利用 CSDL 资源与服务解决实际需求的能力。（董隽）

【中科院国家科学数字图书馆（CSDL）科学文献数据库工作会议在兰州召开】 2004 年 8 月 25 日至 8 月 27 日，由中科院国家科学数字图书馆（CSDL）项目管理中心主办、中科院资源环境科学信息中心和中科院文献情报中心承办，在兰州召开了 CSDL 科学文献数据库工作会议，参加会议的代表有院国家科学数字图书馆项目管理中心孙坦副主任、院武汉文献情报中心刘德洪副主任等领导，以及各数据库项目负责人张建勇、陈维明等 16 人。中科院资源环境科学信息中心的张志强副主任在会议期间与会议代表见面。

这次会议以增强品牌意识，集中院内优势力量共同打造中国科学文献服务系统——ScienceChina 为主要议题，讨论解决了目前文献数据库建设中存在的问题，通过这次会议，与会代表明确了文献数据库发展的方向，形成了规范的工作流程，将数据库建设的目标定位于建立集成科技文献文摘、引文、全文链接的知识化服务系统，面向用户提供科技文献资源的检索、获取、发现和评价服务。

CSDL 项目管理中心副主任孙坦博士做了题为《未来规划、把握机遇、共享合作》的文献数据库发展报告。CSDL 项目管理办公室副主任毛军博士代表项目管理中心宣读了中国科学文献基础数据库、中国科学引文数据库、数理科学库、化学库、生命科学库、资源环境库、高技术库建设项目的一期工程结题评审意见，其中由资源环境科学信息中心承担的“中国资源与环境科学文献数据库”项目一期工程顺利通过验收。之后与会代表具体讨论了 ScienceChina 建设中存在的问题，并提出了具体的修改完善意见，院资源环境科学信息中心的同志演示了在网上数据上传下载的过程，并在平台开发商的支持下，各学科数据库同志在资源环境科学信息中心电子阅览室进行了实地操作，掌握了该项工作的要领。同时，与会代表就当前数据库建设过程中存在的问题、数据加工与传输平台中存在的问题等进行了归纳总结，形成了详细的工作备忘录和数据上传下载的约定。

为进一步发展 ScienceChina，会议讨论通过了 ScienceChina 运行管理条例，成立了 ScienceChina 发展协调领导小组、ScienceChina 工作小组，在组织管理方面为保证 ScienceChina 的正常运作打下了良好的基础。院文献情报中心张建勇做了 ScienceChina 后续建设的思路的报告，院上海有机化学研究所陈维明、院武汉文献情报中心谷峰、院资源环境科学信息中心马建玲、院长春光机所于晓光和院上海生命科学信息中心江洪波等谈了各学科数据库特色发展的方案。会议达成了高度的共识，文献数据库发展统一为 ScienceChina，营造 ScienceChina 品牌，加强资源共享，探索 ScienceChina 的可持续发展机制，建立集成科技文献文摘、引文、全文链接的知识化服务系统。经过几天紧张有序的研讨，顺利完成了预定议题。CSDL 科学文献数据库项目 2004 年工作会议取得了圆满成功。（董隽）

【国家 EOS-MODIS 共享平台资源、标准、技术获取与应用培训班在中科院资源环境科学信息中心成功举办】 为促进国家对地观测系统 MODIS（EOS－MODIS）共享平台建设成果的广泛应用，进一步增强我国西部资源开发和环境保护过程中获取和利用新一代地球观测系统数据和技术的能力，由中科院资源环境科学信息中心与中科院地理科学与资源研究所全球变化信息研究中心联合举办的“国家 EOS-MODIS 共享平台资源、标准、技术获取与应用培训班”于 11 月 2-3 日在兰州成功举办。

本次所培训的 MODIS 数据来自搭载于美国新一代对地观测系统 TERRA 和 AQUA 两颗卫星上的 MODIS 传感器。MODIS 以中等分辨率水平（0.25Km－1Km）、每 1－2 天观测地球表面一次，获取陆地和海洋温度、初级生产率、陆地表面覆盖、云、汽溶胶、水汽和火情等目标的图像。MODIS 数据实行无偿共享政策，因而成为科学研究的重要数据资源，但我国目前 MODIS 数据接收站建设和数据处理标准不尽一致，因此在国家科技基础条件平台项目的支持下，于2003年启动了国家EOS-MODIS数据共享平台建设项目，以更好地协调MODIS数据的保存和共享工作。本次培训的宗旨也正是在“国家EOS-MODIS数据共享平台建设”项目的框架下，通过宣传推广数据无偿共享理念，普及国家MODIS共享平台技术标准和政策，提高我国MODIS数据开发、共享的水平，推动EOS-MODIS数据的无偿共享工作。

中国科学院地理科学与资源研究所全球变化信息研究中心主任刘闯研究员、副主任王正兴副研究员、朱晓华副研究员、宋冬梅博士后、陈文波高工、曹云刚博士和邓芳萍博士一行七人作为培训教师对来自中科院寒区旱区环境与工程研究所、兰州大学、西北师范大学、兰州干旱气象研究所、兰州地震工程研究所等单位的98位学员进行了全面的MODIS数据获取与应用技术的培训。(董隽)

【甘肃省科技厅组织专家鉴定——中科院资源环境学科信息门户项目达到国内领先水平】 2004年11月23日，由甘肃省科技厅组织，中科院兰州分院主持，邀请有关专家，对我中心完成的“资源环境学科信息门户系统”（该项目是中国科学院国家科学数字图书馆工程支持项目，项目编号：CSDL2002－02）项目进行了技术鉴定。专家组听取了项目组的工作汇报、技术报告、项目查新报告、用户使用证明以及系统测试小组的测试报告，现场观看了系统演示，并经质疑答辩，认为：

一、资源环境学科信息门户系统是目前国内外第一个完整地选择和覆盖地球科学、资源环境科学领域重要学科网络资源的专业门户系统。系统利用国际通用标准建设了一套专题信息资源开发规范体系，构建了系统平台，开发了包含四个子系统在内的应用软件，并建设了包含8000条相关资源的信息内容系统。

二、该专业门户系统具有开放性、可扩展性、互操作性和兼容性，并在信息资源开发利用标准化方面进行了有益的探索。

三、系统充分考虑面向资源环境科学领域全球科研用户的服务，对资源描述和组织涉及的主要内容均采用中英双语描述和加工，支持从中英双语途径对相关资源进行检索、浏览和导航利用，同时也具备了与国际上相关门户系统进行内容交换和合作的内在支持和能力，从而为门户系统的国际化应用和可持续发展奠定了良好的基础。

四、该门户软件系统具备鲜明的开放系统平台特征，设计和开发模式先进，功能满足业务需求。门户系统的基础软件平台基于开放系统组合的典范LAMP平台和B/S/D架构；采用数据抽象技术，面向对象编程技术，遵循WEB页面显示与脚本内容的有效分离组合的原则；支持面向用户按照多种方式进行信息浏览、导航、检索和定制等全面的用户服务功能；支持面向资源编辑人员进行元数据的增、删、改等操作，并支持按照一定的工作流定义和机制进行元数据的编辑、校对、审核、发布；支持数据库维护、访问统计、用户管理、资源有效性自动检查更新等多方面的维护功能；支持OAI、RSS等开放接口，支持元数据共享获取和RSS内容聚合服务，具有明显的业务特色和技术先进性。

五、系统在专业信息内容服务方法方面有所创新。

六、系统在应用中已取得了较好的社会效益和经济效益。

鉴定委员会经过充分讨论，一致认为该信息门户系统的总体水平达到国内领先水平，同意通过成果鉴定。(董隽)

【兰州交通大学图书馆新馆开工建设】 兰州交通大学图书馆新馆于2004年初开始动工兴建。新图书馆的设计方案极富创造性，设计者采用了虚实结合，稳重大方的现代化设计手法，使人感觉到该建筑既含蓄有大方。在立面设计中，设计者将四周厚0.8m的墙体挑出2.5m，意“书架”；底部一、二层南墙内缩进3.75m，墙面使用了大面积玻璃，柱子外露，意喻“书架支架”。平面设计中，在A、B两座内侧使用弧线设计，在立面上形成弧形体块，意喻为“翻开的书页”。整个新馆建筑看上去犹如一本“在书架上的翻开的书”。新馆总面积将达到35924.98平方米。工程预计2005年10月完工。(董隽)

【全省党校系统图书馆工作会议在甘肃省委党校图书馆召开】 2004年10月，甘肃省委党校图书馆组织召开了“全省党校系统图书馆工作会议”，来自全省13个地州市党校的代表和省委党校图书馆的30余人参加了会议。会上，认真传达学习了全国、全省党校校长会议精神，总结交流了近年来党校图书馆工作的情况和经验，探讨了新形势下党校图书馆建设与发展问题，并就党校系统图书馆信息资源建设的共建共享问题和省情文献信息资源的开发利用问题进行了研究。(董隽)

【西北师范大学图书馆设置“图书情报研究所”】 2004年6月25日，经学校同意，“图书情报研究所”在西北师范大学图书馆正式设立。作为全校图书情报研究工作的组织、协调、管理和指导机构，开始有组织、有计划地开展图书情报研究工作，并取得了一定成绩。(董隽)

【河西学院图书馆新馆奠基】 2004年9月18日上午9时18分，新馆开工奠基仪式举行，河西学院名誉院长李灿，张掖市委副书记王开堂、副市长安永红、学院党委书记胡克勤、院长石玉亭等领导和图书馆全体职工、部分师生以及建筑单位代表等500余人参加了奠基仪式。(董隽)

【甘肃省第八次社会科学优秀成果评奖揭晓】 “甘肃省社会科学优秀成果评奖”是甘肃省社会科学界优秀成果最高奖。本次评奖活动是根据甘肃省社会科学联合会的有关通知及相关文件，由甘肃省图书馆学会组织各图书情报单位的会员及专业人员参加申报。截止7月20日，学会办公室共收到参评成果15项，并组织全省图书情报界知名专家学者成立了初评委员会。经初评小组的初步审议评定，推荐其中6项成果参加评奖。2003年1月10日评奖揭晓，有4项成果分获二、三等奖。其中，中科院资源环境科学信息中心张志强、孙成权、王学定等著《甘肃省生态建设与大农业可持续发展研究》（中国环境科学出版社2001年出版）获二等奖；甘肃省图书馆潘寅生主编的《图书馆管理工作》（北京图书馆出版社 2001 年出版）、中科院资源环境科学信息中心孙成权、冯筠主编的《中国西北地区资源与环境问题研究》（中国环境科学出版社 2001 年出版）和该中心赵晓英、陈怀顺、孙成权编著的《恢复生态学——生态恢复的原理与方法》（中国环境科学出版社 2001 年出版）获三等奖。（金颐）

【《图书与情报》扩版为双月刊】

甘肃省图书馆学会会刊《图书与情报》，是为提升本省图书情报专业理论水平、提高专业人员素质并向国内外宣传甘肃图书情报事业而出版的“全国中文核心期刊”。2002 年该刊在中国图书馆学会召开的“中国图书馆期刊常州会议”上获得“全国优秀图书馆学期刊”的称号。《图书与情报》编辑部为不断加强对刊物的管理，于 2002 年重新充实修改了《图书与情报编辑部工作条例》，为保证刊物质量提供了制度保障。为了扩大刊物的信息含量，从 2003 年开始，该刊正式扩版为双月刊，努力将《图书与情报》建设成甘肃图书情报界与国内和国际学术交流的窗口，并为专业人员提供一个开展学术研究的平台。（金颐）

【甘肃省首届图书馆学情报学学术成果评奖】 为了促进甘肃省图书馆学情报学学术研究整体水平的提高，充分发挥学会在繁荣学术、人才培养方面的积极作用，鼓励多出成果，出好成果，甘肃省文化厅主办，甘肃省图书馆学会承办了“甘肃省首届图书馆学情报学学术成果评奖”活动。为此，甘肃省图书馆学会拟订了切实可行的评奖方案和试试细则，广泛动员全省各系统图书情报专业人员积极申报研究成果。截至 2004 年 3 月底，学会办公室共收到申报成果 98 项。为确保本次成果评奖的权威性，还成立了由主管厅长任评审组长、我省图书馆学情报学知名专家组成的评奖委员会。评奖采取了评委个人意见和集体评议相结合的方式，实行回避和匿名评奖制度体现此次评奖结果的公平公正。经过评委们的认真评议，共有 24 项成果获奖。其中一等奖 2 项，二等奖 8 项，三等奖 14 项。

组织举办图书馆学情报学学术成果评奖活动，在我省尚属第一次。此次评奖活动填补了我省图书馆学、情报学学术成果专项奖的空白。同时，这个奖项作为权威性的厅级政府奖，全面检验了近年来我省图书馆学、情报学研究取得的优秀成果，为我省广大图书馆学会会员创造了一个检验和交流学术成果的平台。（金颐）

【“特色文化建设与图书馆”学术征文评奖】 为了贯彻落实甘肃省委、省政府提出的“建设特色文化大省”的号召，促进甘肃省图书馆学、情报学理论研究水平的提高，增进各图书馆之间的学术交流，推动我省特色文化大省建设，由甘肃省文化厅主办、甘肃省图书馆学会承办了“特色文化建设与图书馆”学术征文评奖活动。截至 2004 年 5 月底，征集全省各系统图书情报专业工作者提交的学术论文 125 篇，经甘肃省文化厅和省图书馆学会组织专家评委，分地县图书馆和非地县图书馆组严格按论文评审条件进行了认真评审，评选出获奖论文 31 篇。其中，有 9 篇论文获非地县图书馆组二等奖，有 13 篇论文获三等奖；地县图书馆组有 1 篇论文获一等奖，有 2 篇论文获二等奖，有 6 篇论文获三等奖。（金颐）

【全国图书馆古籍工作会议和地方文献工作经验交流及学术研讨会】 2004 年 6 月 7 日至 9 日在甘肃省敦煌市召开了全国图书馆古籍工作会议和地方文献工作经验交流及学术研讨会。会议由中国图书馆学会地方文献研究专业委员会主办，甘肃省图书馆承办，敦煌市图书馆协办。来自全国各地的 60 多位专家学者参加了会议。敦煌市副市长张晓军、敦煌市文化局局长张宏泰出席了会议。

中国图书馆学会地方文献工作研究专业委员会主任潘寅生主持了会议，张晓军副市长代表东道主发表了热情洋溢的讲话，上海市图书馆副书记王世伟、甘肃省图书馆馆长郭向东先后致辞。

全国图书馆古籍工作会议是古籍工作的年会，旨在交流全国公共、高校、科研、三大系统图书馆古籍工作动态，研讨信息技术发展对传统古籍整理工作的影响，展望我国古籍整理发展方向。

地方文献工作交流及学术研讨会收到提交论文 15 篇。参加会议的有国家图书馆分馆、上海市图书馆、浙江省图书馆、山西省图书馆、广东中山图书馆、新疆图书馆、杭州图书馆及甘肃省图书馆等图书馆地方文献工作者。研讨会采取了大会交流与小会交流相结合、会上交流和会下交流相结合、书面交流与口头交流相结合的研讨方式，就首都图书馆、深圳市图书馆、甘肃省图书馆、广东中山图书馆、湖南省图书馆等单位开展地方文献工作的经验进行了交流，针对地方文献工作中出现的概念认识、地方文献收藏范围、地方文献整理工作中统一标准和规范、馆与馆之间沟通协作、数字化建设规范化、地方文献保障体系等一系列问题进行了广泛深入的讨论，就地方文献的理论问题达成初步的共识，并为今后推动地方文献工作的规范化提出了建议。

鉴于不少图书馆古籍文献和地方文献的工作机构相互重叠，古籍文献和地方文献相互联系紧密，全国图书馆古籍工作会议和地方文献工作交流及学术研讨会联袂举行，获得了两会代表的好评，被誉为“甘肃模式”。这种模式便于组织，可提高会议功效。本次会议初步确定 2005 年将以此模式在浙江组织召开全国古籍工作年会和地方文献工作年会。（金颐）

【全国图书馆学期刊工作会议】 2004 年 8 月 18 日，全国图书馆学期刊工作会议在甘肃省敦煌市召开。此次会议由中国图书馆学会主办，甘肃省图书馆承办。来自全国各地图书馆学期刊编辑部的 40 多位代表参加了会议。《中国图书馆学报》常务副主编李万健主持了会议。《图书情报工作》主编孟广均研究员、中国科学院文献情报中心原主任徐引篪研究员、武汉大学图书情报学博士生导师、《评价与管理杂志》主编邱均平教授在大会上致辞。韩继章、王丘林、何朝晖等部分优秀编辑和从事编辑工作十年以上的老编辑在会上作了重点发言。与会代表就新时期图书馆学期刊面临的问题与对策。经验与教训、期刊编辑出版方向等问题进行了探讨。甘肃省图书馆学会会刊《图书与情报》副主

编被授予“优秀老编辑”称号美术编辑乔方获得“优秀编辑”称号。（金颐）

宁夏回族自治区

【宁夏加强“文化信息资源共享工程”建设】 2002年4月，由文化部、财政部共同发起并经中央办公厅、国务院办公厅批准实施的“全国文化信息资源共享工程”（简称“共享工程”）正式启动。它是将优秀文化信息资源进行数字化加工整合，通过互联网等信息通道传递到基层，最大限度地实现社会共享的文化工程，其任务是建设包括文献、文物、文化、艺术、教育、科普、文化交流等在内的全方位文化数字资源库，力争在最快时间内实现数字资源网络传播到城市社区及农村乡镇的目标。

经过近两年的努力，宁夏“文化信息资源共享工程”于2004年下半年正式起步。在自治区文化厅的大力支持下促成了由自治区副主席冯炯华为组长的自治区“文化信息资源共享工程”领导小组的成立。领导小组下设办公室，负责“共享工程”的日常工作，并将宁夏“共享工程”中心设于宁夏图书馆内，明确了在各市、县图书馆设立基层中心的目标。宁夏区财政拨付专款作为启动资金，为宁夏“共享工程”省级分中心购置了设备，进行了相关技术人员的培训，与此相配套，中央精神文明办公室、国家文化部也为“共享工程”宁夏基层站点配置了若干套设备。目前，宁夏省级分中心已具备了接收和下传文化信息资源的能力及对外服务的平台。在中央和地方两级政府的有关部门支持下，宁夏省级分中心除了抓好自身建设外，还积极帮助扶持市、县基层中心和乡镇基层站点的建设。截止到2004年底，宁夏已建立了七个市县级基层分中心，它们分别是：银川市图书馆、科技分馆、石嘴山市图书馆、吴忠利通区图书馆、贺兰县图书馆和盐池县图书馆；建立了七个乡镇基层站点，分别是银川市大新乡、银川市永宁望远镇、银川市良田乡、贺兰县常信乡、灵武郝家乡、平罗县城关镇和吴忠利通区金银滩文化站。三级网络构架的建立、改善了宁夏文化信息资源共享的条件，提升了宁夏公共图书馆的信息服务能力。（张京生）

【西北第二民族学院图书馆新馆落成并投入使用】 2004年9月，西北第二民族学院图书馆新馆落成并投入使用。新馆坐落在景色秀丽的民院湖畔，是一座多功能的现代化图书馆。馆舍总面积24880平方米，主体6层，高33米。作为学院的标志性建筑，馆内设备新颖、实用、美观、先进。馆内装有门禁和监控安防系统，设有多功能学术报告厅，书库。各阅览室采用开放式布局，宽敞明亮。馆内提供阅览座位2629个，其中电子阅览室座位268个，多媒体阅览室座位60个，视听中心座位188个，除古籍阅览室外，书库和其它阅览室一律实行开架借阅。图书馆拥有必要的现代化设施，为读者提供上网、复印、打印、磁带复录等技术性服务。各主要业务环节实现了计算机管理，采用了“一卡通”收费系统。图书馆局域网通过校园网实现了与中国教育科研网（CERNET）及国际互联网的连接。

随着信息技术的飞速发展，西北第二民族学院图书馆正积极地向数字化、网络化图书馆迈进。图书馆全体工作人员本着“以人为本，读者第一”的宗旨，以热情周到的服务态度和良好的精神风貌为读者提供满意的服务，为西北第二民族学院的教学和科研做出新的贡献。（张京生）

【宁夏电视大学2000级图书档案专业大专班毕业】 由宁夏图书馆学会独立承办的宁夏电视大学2000级图书档案专业大专教学班于2003年9月底举行了毕业典礼，来自全区各类型图书馆及档案馆的50余名学员通过3年不脱产学习，修完各门规定课程，撰写了毕业论文，分批通过成人高考，绝大部分顺利毕业。该大专班首次由宁夏图书馆学会以“社会力量办学”形式通过了有关部门的资格审查，财务以“基金”方式管理审计，教学管理由学会秘书处与自治区图书馆研究辅导部联合承担。本届电大班还对课程设置进行了改革，调整增开了“宁夏区情与文化史”、“国外图书馆学情报学研究进展”、“现代文献传播学”、“科技写作”、“数字图书馆”、“现代档案技术”等课程，收到了较好的教学效果。（张京生）

【中国机械工业出版社向宁夏图书馆捐赠新书15000册】 为了支援西部大开发，中国机械工业出版社决定向西部部分省级图书馆捐赠新版图书。此举得到了宁夏回族自治区人民政府的高度重视，经多方努力，宁夏回族自治区图书馆被确定为两家受赠单位之一。2003年4月中旬，中国机械工业出版社社长王文斌先生一行三人专程赴银，参加了由宁夏回族自治区人民政府于4月14日在宁夏人民会堂主持召开的图书捐赠受赠仪式。机械工业出版社所捐赠图书，内容涉及机械、电子、计算机、建筑、外语等多个领域，共15000册，总价值人民币50万元。（张京生）

【宁夏开展第三次市县公共图书馆评估定级工作】 根据国家文化部决定从2003年起在全国范围内开展第三次公共图书馆评估定级工作的精神，宁夏区文化厅与宁夏图书馆学会自2004年8月至11月组织了全区市县公共图书馆的评估定级工作。全区20个市（地）、县公共图书馆全部申报参加了此次评估工作，其中包括地市级图书馆3所，即：银川市图书馆、石嘴山市图书馆、中卫市图书馆；县级馆17所，即：吴忠市图书馆、固原市原州区图书馆、青铜峡市图书馆、灵武市图书馆、贺兰县图书馆、中宁县图书馆、西吉县图书馆、盐池县图书馆、平罗县图书馆、同心县图书馆、泾源县图书馆、海源县图书馆、隆德县图书馆、永宁县图书馆、银川市西夏区图书馆、石嘴山市惠农区图书馆、彭阳县图书馆。

在此次评估定级工作中，宁夏区评估定级领导小组和评估专家组对申报参加评估定级的市、县级公共图书馆进行了实地抽查验收，并向国家文化部与中国图书馆学会上报了定级的初步意见。

这次开展的市县图书馆评估定级工作具有如下几个方面的突出特点：一是自治区文化厅和市、县文化主管部门对此次评估定级工作十分重视，目标明确，精心组织，保证了此次评估定级工作的顺利进行；二是各参评图书馆能把这次评估定级工作看作是改进工作、促进图书馆整体工作质量和服务水平再上新台阶的动力与机遇；三是将此次评估定级工作与落实“全国文化资源共享工程”宁夏各级分中心建设有机结合，四是注意发挥宁夏图书馆学会和宁夏区图书馆的龙头作用。（张京生）

青海省

【概况】 2003至2004年，青海省图书馆事业发展在整体规模、基础设施、馆藏资源、业务建设、读者服务以及共享工程等方面，都有了新的变化和进步。截止2004年，全省38所公共图书馆从业人员为354人（其中高级职称15人，中级职称98人），年总经费1192.5万元（其中图书购置费48.4万元），公用房建筑面积为3.4万平方米，阅览座位1849个，发放有效借书证51054个，馆藏总量达304.2万册（件），年接待读者53万人次，年文献流通28.8万册次，举办各种读者活动274次，参与人数48411人次。

伴随着“全国文化信息资源共享工程”的建设步伐，全省已建成省级分中心1个，县乡级分中心15个。目前，省、县级分中心已面向广大读者无偿提供全国文化信息资源查询服务，受到读者青睐。

全省高校、科研、工会、企业、党政、医疗、军队、中学、乡镇图书馆事业发展较为平稳，各馆读者活动、馆藏文献资源建设等方面都有一定规模的发展，尤其高校系统图书馆在网络化、数字化图书馆建设方面，成绩斐然，文献分编、流通、检索、参考咨询等方面均已实现自动化管理，数字化加工能力都有明显提高。截止2004年，全省图书馆拥有计算机310台（其中省图书馆100台，高校图书馆198台）。省内4所高校均建立了自己的网站和单独引进了清华同方学术期刊数据库。随着全省范围内的文献信息资源共享工程的进展，今后我省读者服务工作网络化趋势将明显加快，这对我省今后构建和谐青海具有重要意义。（李盛福）

【青海省图书馆举办系列讲座和报告会】 2003年，由省委组织部、省委宣传部、省直机关工委、省文化厅、省社科院主办，青海省图书馆承办的“青海历史文化系列讲座”在省图书馆举办。6场系列讲座由省内外著名专家、教授主讲。内容涉及《影响青海的重大历史事件》、《青海地方史梗概及其影响》、《影响青海历史的重要人物》、《青海当代重大事件对政治、经济、文化产生的影响》、《青海文化历史概说》、《江河源文化与西部开发》等6个专题。省垣县（处）级以上领导干部1200人次参加讲听。此次系列讲座的举办，旨在使我省各级领导干部进一步了解青海的发展历史和文化，进而把握我省社会发展规律，从而提高我省领导干部的创新意识和执政能力。讲座在省垣引起强烈反响。

2004年，省图书馆承办了由省文化厅主办的10场“青海文化知识系列讲座”，听众达2000人次。讲座包涵了青海民族、民间、民俗等方面的内容。此系列讲座弘扬了青海地域光辉灿烂的优秀民族民间文化，而且对继承、保护和开发利用青海民族民间文化遗产，将产生重大影响。

另外，省图书馆在2003、2004年间，共举办其他讲座和报告会30余场，听众达6000余人次。这些讲座和报告会的举办，使省图书馆的社会地位得到了进一步提高，服务功能得到了充分发挥。同时，在创建学习型社会，构建和谐青海，提高全民科学文化素养，落实科学发展观，青海社会全面进步，经济全面发展等诸多方面，省图书馆都起到了积极的促进作用。（李盛福）

【送书下乡，青海受益】 自2003年文化部、财政部实施送书下乡工程以来，至2004年青海省已有5个州级、15个县级公共图书馆、80个乡镇图书馆（室）获得赠书近10万册。这些赠书为丰富基层图书馆（室）的馆藏，部分解决贫困山区广大读者看书难的问题发挥了积极的作用。（李盛福）

【国台办机关党委、九州出版社向青海捐赠图书5千余册】 2004年9月，在青海省文化厅的努力下，国务院台湾事务办公室机关党委、九州出版社向青海省海北州图书馆、祁连县图书馆，捐赠了价值156万元的5000余册图书。国台办机关党委专职副书记叶锡安，九州出版社副社长黄宪华，青海省文化厅副厅长王承喜，海北州州委常委、州委宣传部部长杨明高，副州长文占发出席了在西海镇举行的图书捐赠仪式。图书捐赠仪式上，杨明高部长代表海北州委、州人民政府，对国务院台办机关党委、九州出版社为关心海北的文化事业，给海北州捐赠5千余册图书表示感谢。叶锡安副书记代表赠书单位讲话。他说，这次代表国台办、九州出版社到青海为海北州赠书，是表达对青海各族人民的诚心和爱心，是想为西部大开发做点事情。并表示，今后将继续关注青海文化事业的发展，尽所能为青海文化事业的发展，为海北州各项事业的发展尽微薄之力。九州出版社副社长黄宪华女士为海北州图书馆、祁连县图书馆分别颁发了3000册、2000册赠送图书证书。（李盛福）

【青海省县以上公共图书馆评估定级工作】 根据《文化部关于开展2003年县以上公共图书馆评估定级工作的通知》精神和青海省文化厅2004年工作安排，2004年4月6日至5月26日由青海省图书馆学会组织的省图书馆专家评估组，在省文化厅主管领导的带领下，分赴两路，行程1万多公里，对全省7所地级图书馆和22所县级图书馆进行了实地评估。参加评估的29所州、市、县图书馆馆舍总面积27401平方米；馆藏文献1410457册；年购书经费23.36万元；年接待读者348971人次；年流通图书435585册次。在成绩方面，近年来我省各级公共图书馆在坚持阵地服务、跟踪服务、定题服务和参考咨询服务的同时，开展了送书下乡、送书进家庭、进校园、进军营、进劳教所等一系列丰富多彩的服务活动，组织未成年人开展知识竞赛、主题作文比赛、有奖征文、歌咏比赛等活动；利用馆藏文献资源编印种植、养殖等农牧业专题小册子几十种，为服务网点的农牧民群众提供科技信息近万条；设立村专用书库，开设突出民族地域特色的阅览室等。为当地党政领导决策，为科研生产提供了大量具有一定参考价值的文献信息和致富信息，推动了当地各项事业的发展，也为推动我省社会经济全面发展做出了积极贡献。

从我省基层图书馆事业发展的总体上看，仍落后于全国图书馆事业发展水平。各参评图书馆在馆舍面积、馆藏总量、新赠馆藏量、购书经费、读者工作及现代技术运用等方面均未达到评估标准的基本要求。但是，通过评估这一手段，起到了“以评促建”的作用，各地政府领导及文化主管部门由此进一步认识到了图书馆建设在促进当地经济发展，推动农牧民依靠科学文化知识脱贫致富奔小康中的重要意义，一致表示今后将努力加大对图书馆事业的扶持力度，提高图书馆在新形势下的服务水平和办馆效益，从本地实际出发，最大限度地发挥图书馆在“三个文明”建设中的作用。各地图书馆工作人员通过专家评估组的现场指导，大大增强了自身工作的使命感和责任感，激发了对专业知识的渴求和工作积极性、主动性。此次评估定级工作，在省文化厅的领导下，得到了各级政府和文化主管部门的大力支持和充分认可。

2004年1月2日至3日，以首都图书馆馆长倪晓建为副组长，江西省图书馆馆长章伏源、广西桂林图书馆馆长徐欣禄、天津市图书馆副馆长孔方恩、文化部社文图司图书馆处干部张剑为成员的文化部第三专家评估小组，受组长、文化部社文图司张旭司长委托，对青海省图书馆进行了为期两天的业务评估工作。这是文化部第三次在全国范围内对县以上公共图书馆进行评估定级工作，青海省图书馆第二次参加评估。评估工作汇报会和评估工作总结反馈意见会由省文化厅副厅长王承喜主持，省图书馆馆长于立仁向专家组汇报了自查自评情况，倪晓建副组长代表评估组作了意见反馈，省政府副秘书长解源、省文化厅厅长曹萍认真听取了反馈意见。

文化部专家评估组通过听取汇报、核查原始资料、现场检查业务工作、个别谈话、发放读者调查表等方式，经过两天的紧张工作，对省图书馆近几年来的各项工作进行了全面、细致、认真、严格的评估，并在对省图书馆工作给予高度评价和充分肯定的同时，将评估意见和今后工作的努力方向向省政府、省文化厅和省图书馆作了反馈和指导。这次评估工作将对省图书馆今后工作起到积极的促进作用。（李盛福）

【青海师范大学图书馆接受捐赠图书】 青海师范大学图书馆，在2001年接受各地捐赠图书143种220册，石景宜先生个人捐赠图书188种630册的基础上，于2003年又接受台湾佛陀教育基金会赠书578种14920册。这此捐赠图书将在青海师大图书馆今后的读者服务工作中发挥重要作用。（李盛福）

【青海省黄南州图书馆为所在同仁地区小学生举办各类活动得到社会好评】 青海省黄南州图书馆2003年5月31日所举办的“同仁地区小学生书法、写作竞赛”活动，收到7所小学学生332人的332件藏、汉文搞件，其中藏文作品124件，汉文作品208件。2004年6月1日，举办的“我做合格小公民”藏、汉演讲比赛，气氛紧张而热烈，同时举行的具有民族特色的歌舞表演，场面热闹而欢快；“庆六一儿童手工制作展”收到的317件作品有剪纸、绘画、维秀、粘贴、布艺、编制、泥塑、木雕、手工艺品等等。这些活动及参加比赛的各类作品极大地丰富了学校生活，陶冶了学生情操，同时也得到了州委、州政府领导的支持，家长欢迎和社会好评。（李盛福）

上海市

【上海市图书馆事业综述】 2003年，上海市中心图书馆建设又提出了新的发展目标。在10月22日上海市中心图书馆工作会议上，杨晓渡副市长说，中心图书馆工作是发展文化事业、加强社会主义精神文明建设、弘扬“城市精神”的一件实事，是全面推进城市信息化建设、努力增强城市综合竞争力和提高市民素质的一项重要载体，也是上海市文献资源共建共享、满足市民日益增长的知识信息需求的一项重要举措。

上海市中心图书馆建设自2000年9月实施以来，已有28家图书馆成为中心图书馆的分馆，其中区县图书馆21家，大学图书馆5家，科研和专业图书馆2家，上海市中心图书馆分馆已经覆盖全市19个区县。中心图书馆打破了各大系统图书馆资源建设方面存在的条块分割、各自为政的格局，有利于整合全市各大系统的文献资源。

2003年，上海教育网络图书馆工程被评为“2002~2003年上海市信息应用优秀项目”，由上海各高校图书馆共同发起和建设，目标是实现上海地区各级各类学校图书文献资源与信息的共建共享。目前已自主开发了资源导航库、全国高校期刊预订联合目标数据库和上海高校图书馆书目库。

文化部在上海召开部分省市城市图书馆资源共建共享工作座谈会，会议着重交流了上海市中心图书馆建设和其他省市发展分馆制，及打破部门、系统界限深入开展文献信息资源共建共享工作。上海市在实施文化部、财政部推进的全国文化信息资源共建共享工程方面取得实质性进展，上海分中心已实现与国家中心的联网，并在杨浦、浦东新区及华东理工大学、上海海关高等专科学校等4家图书馆率先建成“共享工程”基层中心，现已有27家图书馆建成基层中心，完成了第一阶段的建设目标。

2003年，上海的广大图书馆工作者克服“非典”的施孽，打响了一场防范“非典”的人民战争。各公共图书馆开展了以信息服务和网上活动为主的各类活动，网上图书推荐服务、网上心理咨询、网上热线等各种服务活动，50万人次参加。上海生命科学信息中心邀请著名医学专家开展防止传染病和健康知识的科学讲座。

2003年，各级各类图书馆着力运用先进技术手段，提高图书馆的服务质量。由复旦大学图书馆承办的“数学图书馆软件演示与研讨会”上，32所全国高校图书馆馆长及专家认识到数字图书馆的建设，为高校图书馆的跨越式发展提供了机遇，图书馆员必须转变观念，提高素养。由上海交大图书馆主办的“海峡两岸服务主导型数字图书馆学术研讨会”上，来自海峡两岸30位馆长就如何使已有的大量数字图书馆资源与读者需要加以链接，建设主导型数字图书馆进行了研讨。中共上海市委党校图书馆开发的“个性化远程信息服务系统”包括门户网站、文献信息自动化管理系统等多个系统和特色数据库，对于干部学习提供了很大方便，被评为“2000－2002年上海市信息化优秀应用项目”。上海图书馆开展了倡导全民网上学习的新理念和新方法，在网上推出了中文电子图书网上借阅、中文报纸导读、专家网上讲座、网上联合知识导航等多项服务项目，开拓了新的服务途径。同时成立“上海世博信息中心”，为上海研究世博会和举办好2010年世博会提高信息资源支持。上海生命科学图书馆开展了“国家科学数字图书馆资源建设和推介”活动，取得了良好的效果。

2003年，图书馆在特色服务方面也取得了好成绩。浦东第二图书馆与中海货运船舶二部文明共建海上图书馆室，已在48条船上建立了联系点，为陶冶船员情操，提升船员素质发挥了积极作用。长宁区图书馆承办全区“社区读书节”活动，向10个街道送书4万多册，受到居委广大居民热情欢迎。徐汇区图书馆与区矫正中片联系，建立读书基地，促进矫正对象加强改造，净化心灵，争取早日回归社会。由市文广局与市妇联开展的“姐妹们走进图书馆”活动，也进行得有声有色。

2004年12月15日，第7届亚洲数字图书馆国际会议在上海光大会展中心隆重开幕。来自25个国家和地区的350多位与会代表在会议期间进行了交流和探讨。亚洲数字图书馆国际会议是由亚洲举办在亚洲召开的最有影响的有关数字图书馆的一年一度的国际会议。它广受亚洲各国以及亚洲之外许多国家的图书情报界、IT及电子出版领域众多专家、学者的重视。本届会议由上海交通大学和上海图书馆联合举办。会议的主题是“数字图书馆：国际合作与相互发展”。会议共收到投稿论文359篇，分别来自20多个国家和地区。大会邀请了中国、美国、加拿大等国8位专家做大会主题发言。会议还邀请国内外知名专家就当前数字图书馆领域的前沿、热点问题举办了6场讲座；并组织专题展览会。

2004年10月，第2届上海国际图书馆论坛在上海图书馆召开，来自欧美、亚太及香港地区的50多位专家作了精彩的报告和交流，探讨了图书馆与城市的知识建设、终生教育、城市数字化、参考咨询服务和世界博览会等城市发展面临的种种挑战。此外，2004年都柏林核心及元数据应用国际研讨会和第3届中日国际图书馆研讨会都顺利召开并获得相应成果。

2004年12月24～26日，首届“长江三角洲城市图书馆发展论坛暨上海市图书馆学会2004年学术年会”在上海市委党校成功举办，会议由上海市图书馆学会、江苏省图书馆学会、浙江省图书馆学会发起组织。会议期间举行的“16城市图书馆馆长圆桌会议”，长三角地区共有91家来自公共、高校、科研等系统图书馆参加签署了《关于全面推进和加强长江三角洲城市图书馆合作交流的意见》。本次会议凸现了两大亮点。首先，这是第一次较大规模的跨地区的区域性图书馆馆长工作会议，同时也是区域性第一次跨系统的各级各类图书馆共同参与的共商图书馆共建共享的重要会议。三地泛16个城市的各系统图书馆通过此次论坛暨年会的形式携手探索城市图书馆合作发展的新模式，为长三角区域内文化资源的整合开了好头。论坛的成功举办，将对广泛的合作交流机制、建立跨地区的人才交流体系、推动跨地区文献资源共建共享和文化共享工程的建设与发展、开展跨地区的学术研究和技术合作、打造全国文化生产与服务基地、搭建文化资源调配枢纽起到重要推动作用。它体现了图书馆系统工作思想和方法的与时俱进，对于促进区域图书馆战略联盟的形成、对于增强区域竞争力，将产生积极的影响。此次论坛的成功举行，标志着长三角图书馆合作交流平台和工作机制的建立。

图书馆立法是促进和保障中国公益文化事业发展的一项重要法制工作，市人大教科文卫委员会对此一直非常重视。在上海市十二届人代会上，上海图书馆学会理事长吴建中代表领衔提交了关于加快上海市图书馆立法的议案后，于2003年初市人大教科文卫委员会即对此议案做出了处理审议意见，建议先进行立法调研。市人大教科文卫委在广泛听取意见的基础上，同年将“上海市图书馆条例”立法研究列入了2004年工作要点。2004年5月，市人大图书馆立法联合课题研究组成立，同年11月，联合课题研究组赴北京市人大进行了图书馆立法的专项学习考察。其今后的目标是：2005年完成《上海市图书馆条例（草案）》的起草工作，争取2006年报送市政府有关部门审核和报送市人大，纳入立法程序，力争于2007年初立法。

上海市文献资源共建共享协作网成立10周年，取得了以下成绩：建立了全市性的文献资源信息平台，在互联网上开通了资源共享协作网主页，成立协作网“开放研究室”，实现了网上联合编目，开启了网上知识导航站，实现了外刊采购协调，网上馆际互借研发，开办高级研修班，举办成果展，上海市中心图书馆工作取得阶段性成果。以中心图书馆为模式的文献资源共建共享，在图书资料的借阅方面，实行了一卡通，可以异地通借通还，书刊利用率普遍提高，并将服务体系向社区延伸。21家中心馆区县分馆全部确定特色文献和特色服务项目，提升了区县图书馆的服务水平和服务层次。

2004年，上海图书馆举办了多次有影响的图书情报国际会议。上海图书馆为进一步发挥中心图书馆总馆的作用，开展了多项工作：扩大服务范围，新增了多个中心图书馆分馆；加强了中心图书馆总馆与分馆的业务协调，规范了业务流程，方便了读者检索和借阅图书；开通了知识导航平台，更有利于读者和学生利用网络获取必要的知识；作为图书情报人力资源的培训基地，大力协助各分馆人员的业务实习和培训。同时积极协助上海市人大完成了人大公众信息网的改版和人大数字图书馆的开通。上海图书馆积极推进上海地区文献资源共建共享工作，实现了网上联合编目，外文期刊采购协调，馆际图书互借和开设图情专业高级研修班等。“上海之窗”是上海图书馆用图书对外宣传中国、宣传上海的一项工作，自2002年启动以来已先后在5个国家开设了这一独特的“窗口”，2004年9月，800册精美的中国图书来到了埃及亚历山大图书馆，又一扇新的“上海之窗”开启了。此外作为品牌项目的“城市教室——上图讲座”荣获第6届中国最佳公共关系案例大赛银奖。

区县图书馆贴近区域文化特点的特色服务开展得有声有色。如黄浦区图书馆的对劳教人员的人性化教育，徐汇区图书馆的社区矫正片读书基地，长宁区图书馆的“虹桥文化论坛”，虹口区曲阳图书馆的影视文献特色服务，杨浦区图书馆的“知识杨浦”讲座平台，静安区图书馆的“第二课堂”，宝山区图书馆的“市民讲座”，奉贤区图书馆的民间艺术活动等，都结合自身特点，在完成图书馆日常服务的基础上开创了塑造上海学习型城市新的工作形式。

根据文化部关于开展第三次县以上公共图书馆评估定级的要求，2004 年在上海市文广局领导下，由上海市图书馆学会组织的有关专家，对申报的 27 家区县图书馆进行了实地考核，初定 17 所图书馆为地级一级馆，9 所为县级一级馆，一所为地级二级少儿馆，结果报文化部审定。为迎接评估，上海市各区县积极改善设施设备，共投入 1296.73 万元，馆舍面积扩大 2389.5 平方米，计算机增加 517 台。与 1998 年第二次县以上公共图书馆评估时期相比，2004 年馆舍面积增 41.6%（34685 平方米），购书经费增 106.82%（863.6 万元），藏书量增 12.2%（91.07 万册）。

上海市文广局组织上海市图书馆学会高级专家咨询委员会的图书馆专家，开展了全市区（县）图书馆购书经费调研。与 1999 年相比，2003 年各区县图书馆购书经费为 1653.1 万元，同比增加 78.2%。入藏图书增加 85805 册，同比增长了 23%。但购书经费增长速度还是跟不上书价的增幅，当然也跟不上读者求知学习的需求，也不符知识载体的变化。图书馆已步入网络化和逐步趋于资源共享，但图书馆的藏书格局没有改变。建议购书费保持可持续发展，并提高人均购书费，同时应做好社区读者群需求的调研，图书馆间应做好文献数据库的采购协调，以利经费的科学合理使用。

高校举办“数字图书馆原理和方法”讲习班，邀请国外著名数字图书馆专家讲学，高校及公共图书馆从事数字图书馆专业人员参加讲习班，从原理、方法、到实践，提高了对数字图书馆的认识。复旦大学成为高校人文社会科学文献中心（CASHL）的全国中心之一。松江大学城增加东华（面积 16000 平方米）、华政（面积 24000 平方米）、工技（面积 25000 平方米）3 所大学图书馆，且都开设了宽敞的学生阅览室，电子阅览室，声像室和信息中心等。

由上海市图书馆学会和上海图书馆联合主办的会刊《图书馆杂志》，2004 年在继续保持国家新闻出版署颁发的“方阵期刊”荣誉称号的同时，又多次获得全国各种科学研究机构多项专业认定：连续第 4 次进入“图书馆学、情报学类核心期刊”，首批进入“中国人文社会科学期刊”；再次进入“中文社会科学引文索引（CSSCI）来源期刊”（1999 至今）。以上荣誉提升了《图书馆杂志》和上海图书馆界的学术形象。（上海市图书馆）

【部分省市城市图书馆资源共建共享工作座谈会】 2003 年 3 月 26～28 日，文化部在上海市召开了“部分省市城市图书馆资源共建共享工作座谈会”，来自全国 18 个省市文化厅（局）、图书馆代表共 75 人出席了座谈会。会议主要内容：一是总结交流上海市中心图书馆建设与其他省、市发展分馆制及资源共建共享工作的经验；二是现场考察参观上海市中心图书馆的不同类型分馆建设；三是研究探讨如何打破部门、单位、系统之间的界限，深入开展文献信息资源共建共享工作，明确今后工作的思路。

会议由文化部社会文化图书馆司司长张旭主持。中共上海市委常委、宣传部长王仲伟同志在讲话中。他指出，这次会议，给上海一个极好的学习机会，我们要虚心学习借鉴兄弟省市的好经验，不断改进我们的工作。王仲伟要求本市各级图书馆要拓宽视野，拓展思路，以创新的精神，进一步做好文献资源的数字化，信息传播的网络化，为人民大众提供精美的文化成果，为上海的经济建设和社会进步的协调发展作出应有的贡献。上海文广局穆端正局长在会上作了题为《政府推动，形成合力，搭建图书馆资源共建共享网络》的报告。

闭幕会由文化部社会文化图书馆司副司长周小璞主持。文化部副部长周和平作了讲话。他在介绍全国图书馆资源共建共享工作情况以后，对今后工作提出了八个方面的要求，一是提高认识，加强领导；二是进一步贯彻落实十六大精神，加大投入，改善图书馆的基本设施状况；三是积极探索多种形式的资源共享，推进中国特色城市图书馆体系建设；四是积极拓展职能，重视利用现代信息技术；五是加快立法，为图书馆事业提供法律保障；六是深化人事和分配改革制度，完善工作机制；七是加强队伍建设，不断提高队伍素质；八是精心规划，确保工作的深度与广度。（荣广文）

【“上海世博会信息中心”成立】

为了宣传世博、研究世博和举办好 2010 年世博会，为 2010 年上海世博会的成功举办提供信息资源支持，上海图书馆上海科学技术情报研究所成立了“上海世博会信息中心”。1 月 31 日上午，“上海世博会信息中心”揭牌仪式在上海图书馆举行。市委常委、宣传部长王仲伟、市委宣传部秘书长尹明华，上海市人民政府申博办主任汪均益、副主任周汉民，同济大学校长、同济大学上海世博会研究中心主任吴启迪以及上海图书馆上海科学技术情报研究所的领导等出席了仪式。

市委常委、宣传部长王仲伟在揭牌仪式上讲话，要求继续发扬同心同德、奋发有为的精神，把世博会申办成功的激情转化为做好各项工作的动力，并加强部门之间的相互支持和帮助，扎扎实实地推进世博会的筹备工作。他还要求上图上海世博会信息中心能够为上海举办好 2010 年世博会作出贡献。

“上海世博会信息中心”的基本功能包括收集、保存、研究、参考和服务。“中心”将在有关部门和社会各界的支持下，以多种方式进行收集、整理，逐步建设成为特色文献资源库。上海图书馆上海科学技术情报研究所还将发挥情报分析与研究的特长，利用信息资源收藏丰富的优势，在建设上海市世

“上海世博会信息中心”阅览室

博会信息中心的同时，开展世博会信息研究，开发世博会专题信息产品为各界服务。（图文）

【“再造善本，华夏共享——《中华再造善本》推介会”】 “中华再造善本工程”是2002年正式立项建设的国家重点文化工程，目的是通过大规模、成系统地复制出版，合理保护、开发、利用善本古籍，使其化身千百，为学界所应用，为大众所共享。这是弘扬中华优秀传统文化、繁荣学术研究的一项民族文化工程。

这次由国家图书馆、中华再造善本工程编纂出版委员会、北京图书馆出版社联袂主办，上海图书馆协办的“《中华再造善本》推介会”旨在进一步深入宣传、传播和扩大中华再造善本工程的影响，尽早地服务于社会、服务于广大读者。会上展出的50多种《中华再造善本》，是中华再造善本工程已出版的成果。这些图书已于2003年1月起由北京图书馆出版社出版发行。（图文）

【上海图书馆收藏经过航天飞行的藏书票】 2003年10月15日，“神舟五号”飞船成功发射升空，搭载“神舟五号”上天飞行的25枚“神舟五号首次载人飞行成功纪念”藏书票也成为首次经宇宙飞船遨游太空的藏书票。

“载人飞行成功纪念”藏书票图案

该纪念藏书票的策划者贝塔斯曼和设计制作者、上海大学美术学院副教授徐龙宝先生共同将25枚纪念藏书票原作中的1枚捐赠给上海图书馆，由上图图书文化博览厅收藏，并在上图目录大厅公开展开。这枚上过天的藏书票上同时有中国载人航天工程飞船系统总指挥袁家军、黄春平和总设计师戚发轫、刘竹生的签名。这是中国图书馆第一次收藏经过航天飞行的藏书票，在世界图书馆界也是首次。（图文）

【《国际图书馆建筑大观》（第2版）出版】 《国际图书馆建筑大观》第2版汇集了39个国家100家世界知名的图书馆建筑。该书根据国际图联图书馆建筑委员会确定的原则，对1999年版图集进行了充实和调整，并新增了44家新馆。精美的建筑图片和详尽的文字资料，全面展示了近20年来国际图书馆事业的辉煌成就以及建筑与文化的完美结合。该书由吴建中主编，20多位世界各国图书馆和建筑设计专家参加本书的编撰工作。国际图联新任主席拉塞罗卡为本书撰写了序言。（图文）

【“国家科学数字图书馆资源建设和推介”系列宣传活动】 为了让广大科技人员、研究生了解“国家科学数字图书馆建设项目”的进展、使用好丰富的国内外信息资源，促进和推动科研创新。受“国家科学数字图书馆项目管理中心”的委托，上海生命科学图书馆承担了“生物医学、材料科学”二个学科信息的宣传推介的任务，以最快的速度完成了宣传内容的信息收集和编辑，并从2003年9月15日起陆续到上海分院、南京分院等16个研究所开展宣传服务。“国家科学数字图书馆资源建设和推介”的介绍资源，宣传“国家科学数字图书馆资源建设、全文传递和网络参考咨询”等服务活动，受到了各所科技人员和研究生的欢迎。各所人员反映：国家科学数字图书馆项目管理中心组织的“国家科学数字图书馆资源建设和推介”是资源到所、服务到人的有效举措，有利于用户了解学科信息资源的特点，并且希望能够获取更多、更好的文献信息。同时希望做好如何使用数据库的专题辅导，以提高数据库检索的效率。

通过到科研第一线进行面对面的宣传，直接了解了科研人员和研究生的信息需求和愿望，也对今后进一步做好信息宣传和服务打下了基础。（生科杨）

【党校系统信息化及其资源共建共享校长座谈会】 为了推进信息化建设和发展，上海市党校系统信息化及其资源共建共享座谈会2003年8月6日在市委党校举行。

召开信息化工作专题会议在上海市党校系统尚属首次，它标志着上海党校系统信息化建设进入到一个新阶段。市委党校常务副校长奚洁人指出，信息化是上海建设世界级城市的标志之一，也是上海市委市政府推进上海发展的重点之一。各级党校要认真贯彻今年党校工作会议和上海信息化建设会议精神，努力把党校的信息化建设提高到新水平。

今后几年内，上海市党校系统将建成干部教育专网，开展干部教育远程教学；各党校图书馆将实现文献资料的联机编目；继续加快信息资源数据库建设；实现本市党校系统虚拟信息资源共享，为各党校教研人员提供个性化远程信息服务。（学会）

【上海市中心图书馆建设提出新的发展目标】 2003年10月22日，上海市中心图书馆工作会议在上海图书馆召开，杨晓渡副市长出席并讲话。他说，上海市实施中心图书馆建设，是发展文化事业、加强社会主义精神文明建设、弘扬“城市精神”的一件实事，是市委市府全面推进城市信息化建设、努力增强城市综合竞争力和提高市民素质的一项重要载体，也是上海市文献资源共建共享、满足市民日益增长的对知识信息需求的一项重要举措。杨晓渡副市长对中心图书馆下一步建设与发展提出了四点要求：一要探索新的管理体制和运行机制，建成反映迅速服务周到的文献传递系统。二要采用先进的网络化和数字化手段，建立本市公共图书馆统一的专业技术指标、物流配送平台和统一的服务规范。三要结合“全国文化信息资源共享工程”工作，将中心图书馆的建设向社区延伸。四要建立竞争机制和激励机制。会议由市文广局局长穆端正主持。会上，副市长杨晓渡与市政府副秘书长薛沛建为新加入中心图书馆的青浦、宝山、金山和嘉定四个分馆揭牌。与会领导向新任网上知识导航员颁发了聘书。宝山区图书馆、交通大学图书馆和中科院上海生命科学图书馆在会上作了交流发言。（荣广文）

【上海市中心图书馆分馆覆盖全市19个区县】 上海市中心图书馆建设自2000年9月实施以来，已有28家图书馆成为中心图书馆的分馆，其中区县图书馆21家，占已建分馆总数的75%；大学图书馆5家，占已建分馆总数的18%；科研和专业图书馆2家，占已建分馆总数的7%。随着宝山、金山、嘉定和青浦4家区图书馆在2003年9月加入中心图书馆分馆行列，上海市中心图书馆的分馆已经覆盖全市19个区县。

上海市中心图书馆在区县分馆建设中初见成效。主要表现在：一是市文广局领导认识到推进全市图书馆文献资源共建共享工作，中心图书馆是一种较好的模式，打破了各大系统图书馆在资源建设方面存在的条块分割、各自为政的格局，有利于整合全市各大系统图书馆的文献资源。市文广局作为政府主管图书馆的职能部门，从中心图书馆建设初期，就要求各区县要从构建本市图书馆服务体系，促进和加快本市图书馆现代化建设的高度来认识中心图书馆的建设。各区县政府对此项工作高度重视，积极支持，拨出专款给予扶持，使中心图书馆的区县分馆工作仅用了三年时间就得以顺利建成。二是上海图书馆从制订规划到具体实施，从文献资源建设到搭建网络平台，发挥出中心图书馆总馆的“龙头”作用，保证了公共图书馆文献资源共建共享工作加快落实。三是近几年来开展了公共图书馆行业规范服务达标活动，出台了推进区县图书馆数字化网络化建设的有关政策，使区县图书馆的业务水平和服务水平有了较大的提高，为加入中心图书馆分馆打下了扎实的基础。四是中心图书馆使本市公共图书馆系统文献资源的布局得到了进一步的优化，各区县分馆的藏书得到了较大的充实，特色文献和服务也进一步强化。总馆与区县分馆实现了图书异地借还的“一卡通”以后，加强了总馆与分馆之间的信息资源利用的深度，提高了咨询服务的层次，使广大市民群众在中心图书馆的建设中得益，更大程度地满足了广大市民群众的阅读需求。（图文）

【2003年度上海市公共图书馆馆长研讨班】 2月25日，2003年上海市公共图书馆馆长研讨班在徐汇区图书馆开班，来自市少儿图书馆和33个区（县）图书馆馆长参加了研讨班。今年馆长研讨班的主题是公共图书馆服务网络和服务创新。馆长们围绕主题，深入学习党的十六大精神，进一步贯彻落实全国文化信息资源共享工程的要求，探讨上海公共图书馆事业网络建设、21世纪公共图书馆服务网络和服务创新。上海市文广局党委副书记刘建同志作了讲话。他说，举办研讨班就是要进一步学习党的十六大精神，按照“三个代表”要求，思考和探索新形势下公共图书馆事业建设和发展的方向。馆长研讨班不仅要促进理论学习与交流，更重要的是及时了解政府关于公共图书馆工作的要求。刘建要求大家充分讨论公共图书馆服务的辐射力，探讨公共图书馆如何在新形势下寻求新的服务样式，新的服务领域，新的服务手段，用创新思维来研究公共图书馆事业发展问题，通过研讨和交流工作经验，努力开创新的工作局面。（荣广文）

【上图中文电子图书远程服务系统开通】 上图中文电子图书远程服务新系统于2月26日上午10：30正式开通运行。任何一个持有上图有效读者证的读者，都可以凭借一台上网电脑，随时到图书馆网站借阅电子图书了，他们将再不需要担心无法申领到e书码。

近年来随着网络的发展与普及，网上电子图书的资源数量已经拥有了相当的规模，其学科跨度虽赶不上纸质图书，但几乎也涵盖了人文社会和自然科学的所有大类，因检索快捷、借阅便利，电子图书的发展方兴未艾。上海图书馆引进的数字图书系统采用了自主开发的具有国际先进水平的DRM（数字版权保护）技术，较为妥善地解决了电子图书知识产权的保护问题，图书馆在开展网上图书借阅服务时，可以通过加密、信息安全传递等技术，有效地控制读者的借阅时间和数量，防止eBook的非法拷贝。

持有上海图书馆有效证件的读者，不仅可以到上图申请，而且可以直接上网，在http://eservice.digilib.sh.cn提出申请，获取电子图书远程借阅服务的e书码，在家中通过电脑访问http://apabi.digilib.sh.cn，利用所获取的e书码注册成为正式用户，然后就能下载、阅读包括计算机技术、经济管理、法律法规、外语学习、医药卫生、生活休闲、文学艺术等门类的约1万种电子图书。这项创新服务打破了图书馆传统借阅方式的时空限制，使更多的市民真正体验到数字图书馆带来的方便、快捷的服务。（图文）

【上海师范大学奉贤校区新馆开馆】 2003年10月27日，上海师范大学隆重举行了该校奉贤校区新图书馆正式开馆典礼，同时举行的还有：上海市中心图书馆上师大分馆揭牌仪式。上海师范大学奉贤校区新图书馆面积为18,000平方米。设理科借阅室、工科借阅室、报刊阅览室、视听观摩室、信息技术部、文史借阅室、电子阅览室、社科阅览室、工具书检索室等10多个专业阅览室。

奉贤校区新图书馆外景

上海师范大学图书馆创建于1954年8月，经过近50年的发展，全馆现有4处馆舍（3处在徐汇校区、1处在奉贤校区），奉贤校区新图书馆的正式开馆使该校图书馆的总面积达30,000多平方米。目前上师大图书馆馆藏纸质文献数量达230万册，视听文献3万余件。两个校区建有3个电子阅览室和1个视听资料的VOD点播室，共364台电脑可供全校师生利用。

上海师大图书馆成为上海市中心图书馆分馆之后，将和上海图书馆在网络资源、数字资源、馆际互借、文献传递等方面进行合作，发挥各自图书馆的资源优势，实现资源互补和共享，从而为全校广大师生拓宽了获取文献的渠道。（图工委）

【上海教育网络图书馆工程被评为“2000－2002年上海市信息化优秀应用项目”】 2003年7月，上海教育网络图书馆工程被评为“2000－2002年上海市信息化优秀应用项目”并接受证书及奖牌。

上海教育网络图书馆成立于2000年12月，是经上海市教委统一规则、由上海各高校图书馆共同开发和建设的项目，其主要功能是：在上海地区各级各类学校间实现图书文献资源与信息服务的共建、共知、共享，提高上海地区教育系统的文献保障率和信息服务水平。

上海教育网络图书馆自主开发了资源导航库、全国高校期刊预定联合目录数据库、上海高校图书馆书目等数据库；并联合上海各学校，购买了国内外著名数据库。上海教育网络图书馆现有文献资源：1万余种中文期刊全文、32万册中文图书、500余种外文期刊全文、300万条外文文摘及1万余篇国外博硕士论文全文等。这些数据库在各学校中得到了很好的利用，使用率不断上升。经过两年的运作，上海教育网络图书馆建立了12个镜像站点，服务于全市126所学校、8万个人用户。（图工委）

【首期“上海市中小学电子阅览室管理培训班”结业】 受上海市教委中小学图书馆工作委员会秘书处委托，由上海市教育学会中小学图书馆专业委员会举办了首期“上海市中小学电子阅览室管理培训班。”

该培训班由华东师范大学图书馆具体承办。94名学员通过学习与上机操作实习顺利结业。培训班开设的课程主要有：现代信息技术与图书馆发展、电子阅览室的管理与利用，网络管理基础知识、电子阅览室设备管理及网络维护、国外电子资源及其使用、国外专业数据库及其检索、电子阅览室管理软件及使用、网页制作方法与技术、中文专业数据库及其检索和网络资源的检索与利用等。授课立足于让学员在较短的时间内掌握工作中必不可少的技能，为上海市中小学电子阅览室培养了必要的管理人才。（图工委）

【上海四高校入围“教育部部级科技查新工作站”】 2003年11月24日，教育部下发《教育部关于在北京大学等29所直属高校设立教育部部级科技查新工作站的通知》（科技发函（2003）24号）文件。

文件提到：为充分发挥高校图书馆情报职能，发挥高校的科技信息咨询服务优势，为科学研究提供优质的情报服务，根据《教育部办公厅关于认定教育部部级科技查新工作站的通知》（教技发厅函［2003］1号）要求，决定在北京大学第29所直属高校设立“教育部部级科技查新工作站”，以充分利用学校的文献、人员与设备开展科技查新工作。

文件通知：工作站含综合类查新站11所（其中上海有复旦大学在列）、理工类查新站17所（其中上海有华东理工大学、上海交通大学、同济大学在列）、农学类查新站1所。工作站由教育部科技发展中心归口管理。（图工委）

【上海图书馆讲座被誉为“城市教室”】 上图讲座创办于1977年，开办伊始即定位为市民可以自由参加、基本免费。举办26年来，上图讲座已从原先每两周1次的综合时事讲座，发展到包括信息化讲座、中学生讲坛、新世纪讲坛、相约健康讲座、名人解读名著讲座，以及结合读者需要的专题讲座等多种类别的讲座。2003年举办讲座100多场，累计举办讲座900多场，直接听众72万人次。听众既有来自上海市区的，也有来自郊区和长江三角洲地区的。上图讲座还根据需要，发展许多衍生服务。如举办演讲者与听众、听众与听众之间的“信息沙龙”，编辑出版“上海图书馆讲座中心丛书”，制作录音录像在上海图书馆网站播出，通过大众传媒播出或刊载等。昆山、苏州、无锡、嘉兴、杭州、湖州、绍兴等周边城市，也在上图讲座支撑下，举办讲座。广大市民称赞上图讲座为“城市教室”。（图文）（图片：听众座无虚席）

【“姐妹们走进图书馆”活动】 2003年3月8～16日，市文广局和市妇联联合开展了主题为“积极参与读书活动，共享文化信息资源”“姐妹们走进图书馆”活动。这项活动是结合贯彻实施全国文化信息资源共享工程工作和市政府实事“百万家庭网上行”工作而开展的，目的是为普及妇女信息化知识发挥好公共图书馆的作用。

活动采取点与面结合的方式进行。面上各级公共图书馆根据自身条件，因地制宜，为广大妇女提供优质服务。同时在上海少年儿童图书馆和杨浦区延吉图书馆两个点上集中展示服务成果。3月7日下午，市少儿馆围绕活动的主题，举办了“小手牵大手，快乐网上行”系列活动。该馆的电子阅览室向社区妇女发放免费上网卡，并无偿提供上网服务和计算机知识培训；小读者带着自己的妈妈在这里畅游市少儿馆网站——“少儿信息港”，浏览富有知识性、趣味性的多媒体网页。

杨浦区延吉图书馆长期以女性文献服务为特色，被区妇联命名为区女性教育培训基地。3月7日下午，该馆组织由专家组成的社区志愿者，推出了面向社区妇女的“法律知识、医疗保健、育儿知识、职业介绍”咨询服务，同时在馆内的“女性专题阅览室”，工作人员通过“全国报刊索引数据库”，为姐妹们查阅书刊资料；该馆为贯彻“百万妇女网上行”的要求，主动承担了专为妇女上网服务的培训任务。全市各级公共图书馆在活动期间，开设女性读物专架，开展各类妇女读者活动，举办以提高妇女素质为主要内容的知识讲座等，特别是图书馆的电子阅览室全面向姐妹们开放，提供上网服务和计算机知识培训等服务，吸引姐妹们走进图书馆，让姐妹们来共享文化信息资源。据统计，有20多万妇女走进图书馆阅览、上网和参加读书活动。(文广荣)

【图书馆服务宣传周活动】 2003年5月26-6月2日，上海市各级公共图书馆开展了2003年度图书馆服务宣传周活动。市文广局按照全国知识工程领导小组的要求，根据防治"非典"的特殊时期，确定了本市2003年度图书馆服务宣传周活动的主题：围绕文化部确定的今年服务宣传周主题"倡导终身学习，全民学习，创建学习型社会"，结合当前防范"非典"的斗争，普及防范"非典"的科学知识，弘扬中华民族的伟大精神，营造守望相助、同舟共济、共渡难关的社会氛围，增强市民战胜"非典"疫情的信心。

上海市各级公共图书馆针对当时"防非"特殊时期，开展了以信息服务和网上活动为主的各类活动共166次，有50万多人市民参加了活动。有的开展网上图书推荐活动，如普陀区图书馆开展"同舟共济抗'非典'，学点科学抵邪教"网上图书推荐。有的开展征文活动，如市少儿馆发动全市各级各类少儿馆（室）开展"献给白衣战士之歌"读书征文活动。有的为医务人员服务，如奉贤区图书馆为医务人员送书上门，杨浦区图书馆还向赴小汤山的医务人员送书上门等。有的开展防非科普宣传活动，如卢湾区在网上开设"心理咨询"服务；闸北区少儿馆开通了"红红姐姐"热线电话，为少年儿童解答各种问题。有的举办健康讲座，如上海图书馆举办"相约健康"讲座，长宁区江苏街道还把"防非"知识讲座办到社区。(文广荣)

【"文化信息进社区"活动】 2003年1月26日下午，市文广局与市文明办、市财政局、上海图书馆在静安区曹家渡三鑫花苑居民小区举办上海市公共图书馆"文化信息进社区"活动启动仪式。

上海市开展公共图书馆"文化信息进社区"活动，是按照中央文明办、文化部、财政部发出的《全国"文化进社区"活动工作方案等事项的通知》的要求作为落实全国文化信息资源共享工程和"四进社区"工作的一项重要举措。仪式上还开通了全国文化信息资源共享工程上海市分中心与社区图书馆的网络连接，开通了"上海市中心图书馆分馆特色网页"的连接，并向社区居民和各区县图书馆的代表赠送了上海图书馆制作的"科技8分钟"和"智慧3分钟"的光盘，5辆图书馆的图书流动服务车从仪式现场出发，把书送到社区、军营、公园、农村，以及监狱，把先进文化的信息送到基层，送进千家万户。

本次"文化信息进社区"活动的推出，开辟了一个崭新的文化信息传播渠道，将进一步满足社区居民"求知、求美、求乐"的精神文化需求，丰富广大人民群众的精神文化生活，使更多的社区群众共享文化信息服务。对进一步增强社区凝聚力，形成健康文明、团结友善的良好风尚，实现社区两个文明建设协调发展具有很大的促进作用。(文广荣)

【倡导全民网上学习的新理念和新方法】 在2003年度的图书馆服务宣传周紧紧围绕"倡导终身学习，全民学习，创建学习型社会"的主题，重点推出了网上系列服务活动，为读者网上学习提供了便捷。据统计，宣传周期间的网站访问人次达到29386人次，平均每天4198人次，约占平时来馆读者人次的50%。

网上系列服务活动包括：(1)"中文电子图书网上借阅"收集了7000余种各类电子图书供广大读者远程登陆选读；(2)"中文报纸导读"收集了全国32个省市的300余种中文报纸的全文，为广大读者提供了一条方便快捷的阅报途径；(3)以"专家主讲，共话健康"为主题的"相约健康"系列讲座，受到广大听众的普遍欢迎，平均每天的点击率有2000多人次；(4)上图书店在服务周期间开通了读者信箱，为读者提供全方位的新书信息服务；(5)"全文文献提供"服务依托丰富的馆藏和强大的专家队伍，以互联网为服务平台，优质、快速地提供与文献有关的各种服务。(6)网上联合知识导航站的专家们积极开拓新思路，在服务周期间，把向读者反馈信息的时间由原来的48小时缩短至8小时；(7)"网上读书征文活动"吸引了一部分网上读书爱好者。共收到书评12篇，经过专家的评审，其中两篇被评为优秀书评；(8)服务周期间，馆所还推出了iPac书目查询。该系统涵盖上海图书馆和中心图书馆18个分馆的书目信息，现拥有147万条中英文书刊和特藏文献书目数据，443万条馆藏信息并呈不断增长趋势。(9)举行中心图书馆长宁、闵行分馆网上揭牌仪式。

此次服务周活动为读者架起了便捷的知识桥梁，不仅健全了馆所的特色服务，还开拓了服务的新途径，有利于营造全民学习的良好氛围。(图文)

【上海图书馆入选IFLA日内瓦联合国"信息社会全球峰会"】 2003年，在日内瓦召开的IFLA年度国际会议上，上海图书馆入选联合国"信息社会全球峰会。"IFLA的宣传手册上写到："上海的社区图书馆有超过900台的专用联网计算机，在为各阶层市民提供互联网和计算机技术培训方面起着非常积极的作用"。该宣传手册还评论，上海图书馆为市民的学习起着积极的引导作用，其领域已经涉及到了社会生活的方方面面，而采用中心集成技术联网的电脑终端也已经遍布各个区县。在虚拟参考服务方面，上海图书馆已经建立起一套涵盖旅游、法律、环境与娱乐休闲以及健康、SARS文摘库、地方志与文化、扬子江民俗和茶文化在内的信息数据库系统，并以在2001年度吸引了超过1400万读者到馆阅览与网上浏览，如此的电子资源服务体系"令人印象深刻"。(学会秘书处)

【2003年上海图书馆"读书月活动"】 2003年上海图书馆"读书月活动"，倡导出一种新的阅读风尚，给读者带来一种全新的感觉，并能让读者零距离接触各类信息资源，亲身体验上海图书馆的各种新颖服务。

此次活动以"上图新感觉——悦读"为主题开展一系列活动：(1)"城市文明"主题图书推荐展，共推荐了50本好书并撰写书评，还举行读者评选十大优秀图书活动；(2)网上寻宝活动，读者只要仔细浏览上海图书馆网站的全部网页，就能找到有关问题的正确答案。该活动旨在带领广大读者探索上海图书馆网站的奥秘，在“寻宝”的同时，进一步了解上海图书馆的各种服务功能；（3）“信息服务——知识获取”展览，向广大读者提示上海图书馆丰富的馆藏资源和多方位的服务功能；（4）举办以“读书月”主题颁奖及演讲比赛，共收到读者来稿 80 多篇，演讲稿 19 篇。（图文）

【“教育学专家学者、博尼著作展”在华师大展出】 华东师大图书馆与学校教科院教育信息网络中心联合于2003年4月底在图书馆逸夫楼举办了“华东师大教育学科专家学者、博士生导师著作展”。

该展览由2个部分组成：一、离任教育学科专家学者著作（主要陈列本校享誉国内外教育界的老前辈，如孟宪承、刘佛年等的编著和译作，并按编、译、著者出生年月排列）；二、现任教育学科博士生导师著作（主要陈列教育科学学院博士生导师，如丁钢、金一鸣等的编著和译作，并按编、译、著者的主授课程排列）。

该展览展示了该校属于研究型性质的、拥有4个全国重点学科的教育学科学院的学术脉络，研究成果、发展趋势，且从一个侧面反映了学校科学研究的成就。（图工委）

【作家叶永烈向上海大学图书馆赠书】 2003 年 3 月 24 日上午，上海大学图书馆的工作人员应约前往著名作家叶永烈先生的家，在客厅里接受了叶先生向上海大学图书馆上海作家作品陈列与研究室赠送的他本人近年来撰写的35 本著作。

上海大学设立上海作家作品陈列与研究室是为了弘扬海派文化、展示上海地方作家的文学成就、并为学校师生进行上海文艺研究提供全方位的服务。叶永烈对此表示赞同和支持，并提出把他所珍藏的有关他的研究资料刻成光盘送给上大图书馆。（图工委）

【上海生命科学信息中心举办“东方之声”知识与健康系列讲座】 中国科学院上海生命科学信息中心为纪念《科普法》的颁发，积极响应中国科协和中国科学院的号召，面向社会需求，与上海图书馆、《家庭用药》杂志社联合举办“东方之声”知识与健康系列讲座。该科普讲座得到了上海生命科学研究院院领导的大力支持和上海医药集团的积极参与。首期健康科普讲座于2003 年 7 月 6 日在上海图书馆正式开讲。著名心血管专家陈灏珠院士、著名传染病学家翁心华教授、著名老年病专家王传馥教授、著名肿瘤学专家杨秉辉教授等登台为市民作通俗易懂的健康科普知识介绍。东方电视台和上海图书馆“讲座网页”对部分讲座公开播出。（生科杨）

【领导干部个性化远程信息服务】 为帮助领导干部加强理论修养、更新知识结构，提高决策能力和领导水平，为配合推进创建学习型政党、政府、领导的建设和学习型社会形成，给全市领导干部提供自助式终身学习的平台，中共上海市委党校、上海行政学院所属的上海市干部教育信息中心 2001～2002 年开发研制了“上海市副处级以上领导干部个性化远程信息服务系统”。该应用项目主要包括：（一）应用软件。包括个性化信息服务门户网站、文献信息自动化管理系统、《上海市干部教育系列数据库》支撑平台系统、数字文献跨库统一检索系统、光盘库镜像站系统、视频资料点播广播系统、多媒体导读系统、网络接入和代理计费系统、用户统计和管理系统、光盘库负载均衡系统等。（二）数据库。主要包括《中国社科参考信息数据库》、《上海市干部教育案例数据库》、《上海市干部教育情景资料库》、《重要发展战略研究数据库》、《上海市公共政策研究数据库》、《中外公共政策比较研究库》等跟踪发展连续发布的子库。其他数据库，如《中国社科期刊全文网》、《人大复印资料数据库》等 58 种数据库（共 612 万条多媒体文献信息数据），实现了跨库检索。（三）门户网站，设置了“干教新闻”、“统一检索”、“特色文献速递”、“视频点播”、“远程干部教学课程”、“个性化信息服务”等主要模块和专栏，为干部提供信息与知识导航。

该应用系统被评为“2000～2002年上海市信息化优秀应用项目”。（学会）

【上海图书馆成功举办 2003 竞争情报上海论坛】 2003 年 9 月 18～19 日，上海图书馆上海科技情报研究所成功举办了 2003 竞争情报上海论坛。论坛邀请了美国、法国、加拿大、日本和中国本土的竞争情报专家，向来自全国各地的参会者介绍了竞争情报的最新发展动态，内容涉及竞争情报的最佳实践、全球贸易与竞争情报、技术竞争情报和部分情报体制与人员的培训等。会议期间，国内外著名的竞争情报数据库和竞争情报解决方案厂商介绍并演示了他们最新的产品和系统。参会的有来自新疆、云南、辽宁等全国各地的代表，有来自拜耳、松下、施耐德电气、诺华制药、BP 石油等跨国公司的代表，有来自宝钢集团、华谊集团、上汽集团、华能集团、上海家化等大型国企的代表，也有来自工行、交行、农行、太平洋人寿安联大众等金融界的代表，还有 3 位自费参会的日本代表。美国竞争情报专业人员协会前主席、法国竞争情报专业人员协会前主席等实力人物也前来作演讲。

这次论坛力图在办会模式上有所创新。一是由一个业务部门来具体筹备会议；二是尝试市场化运作，同时成功获得公司（机构）的资助和其他形式的赞助；三是论坛采取报告与展示相结合的方式，收到了良好的效果。

中国竞争情报协会名誉主席包昌火在论坛开幕式上说：“中国竞争情报的研究应用起源于上海，源于上海科学技术情报研究所”。此次论坛的举办，重塑了上海图书馆上海科学技术情报研究所在国内竞争情报界的形象。不少参会代表提出要求提供进一步的咨询和服务。（图文）

【澳大利亚继续投资上图友好藏书角】 2003 年 12 月 23 日澳大利亚领事馆代总领事高戈锐拜访了上海图书馆并同时宣布，澳方将继续投入 1.5 万元澳元（约合人民币 9 万元）用于扩大设在上海图书馆的澳大利亚友好藏书角。

2002 年由澳大利亚方出资 4 万澳元

（约合人民币24万）建立的友好藏书角现有各种书籍1000多册，其内容涵盖澳大利亚历史、政治、商业、经济、环境、艺术和文化等各个领域。2002年11月10日，澳大利亚外交部长亚历山大·唐纳在上海图书馆亲自为澳大利亚友好藏书角揭幕。该活动是纪念澳中建交30周年庆祝活动的一部分。

澳大利亚友好藏书角是一项重要而长远的文化项目，在未来的几十年中，它将为成千上万名中国读者获取有关澳大利亚的信息提供资源。新注入的资金将用于扩大现有的藏书角，更新书籍，使一般读者、学生和研究人员都能从中受益。”（图文）

【数字图书馆软件演示与研讨会】 受教育部高等学校图书情报工作指导委员会及中国高校数字图书馆联盟的委托，由复旦大学图书馆承办的“数字图书馆软件演示与研讨会”于2003年8月26~28日在复旦大学召开。

来自北京大学、清华大学、中国人民大学等国内32所高校图书馆的馆长和计算机专家参加了本次研讨会。复旦大学副校长徐忠到会祝贺并指出：数字图书馆的建设，为高校图书馆的跨越式发展提供了机遇。高等学校图书情报工作指导委员会副主任兼秘书长朱强指出，当前，一些全国性的项目已经启动，其中有些已经取得了阶段性的成果；同时，一批图书馆也或多或少地正在各自建设自己的数字图书馆，数字图书馆的建设正呈现出一种多样化的发展模式。作为单个图书馆的数字图书馆建设，应注意与大系统的项目紧密结合。在谈到发展趋势时，他指出，数字图书馆系统软件正在走向成熟，今后读者进入数字图书馆系统的门槛将会进一步降低，界面会更加友好，功能将更加健全。为迎接数字图书馆建设高潮的来临，图书馆员必须转变观念，提高素养，以积极的态度投身数字图书馆的建设中去。

会议期间，Sirsi、北大方正、ISI、金鑫、Dynix、超星、ExLibris、麦达、Innovative、清华同方、TRS等11家国内外数字图书馆软件公司分别作了演示，内容涉及数字资源的制作、采集、整序、管理、发布以及网上咨询、个性化服务等方面。与会代表们尤其关注异构平台的数据库统一检索、虚拟参考咨询、个性化服务，及相关的关键技术问题。（图工委）

【服务主导型数字图书馆学术研讨会】 由上海交通大学图书馆主办的“海峡两岸服务主导型数字图书馆学术研讨会”于2003年10月15~19日在上海交大闵行校区召开。来自台湾、香港、澳门和内地60多个单位的包括30位馆长在内的120余位代表参加了会议。

如何使已有的大量数字资源与读者的需求加以链接，建设服务主导型的数字图书馆，已经成为目前图书馆界同仁共同的热点话题。会议期间，台湾大学图书馆馆长项洁教授、台湾逢甲大学图书馆馆长景祥祜教授、香港特区教育署潘华栋教授（上海交大顾问教授）、澳门大学图书馆馆长王国强、CALIS管理中心副主任陈凌研究员、上海交通大学图书馆黄敏研究员等的主题报告，分别就电子数据库的整合、虚拟参考咨询系统及服务、数字图书馆馆员的专业要求等做了大会专题报告。此外，有30多位代表分别就数字图书馆的技术服务、参考服务、资源建设、标准协议及数字图书馆的管理等专题发表了各自的观点和论述。

在“专家论坛”上，CALIS管理中心副主任陈凌等5位专家就数字图书馆的服务技术和服务模式等与代表们进行了共同探讨。上海交大副校长沈为平教授在会议上就当前图书馆馆员参考咨询服务的深度和广度作了新的阐述。

“馆长访谈”特邀了台湾、香港、上海交大、清华大学、西安交大等6位大学图书馆馆长访谈，馆长们坦诚地表达了各自对图书馆管理工作的思考和信心。

“论坛”和“访谈”的形式给严肃拘谨的学术会场注入了一种清新，和谐的气氛，拉近了专家、馆长与普通代表们的距离，体现了人性化和亲和力。海峡两岸的与会代表希望这次会议能成为海峡两岸图书馆学术进一步合作交流的开端。（图工委）

【吴建中等多位图书馆专家就任新一届国际图联官员】 在2003年度世界各国国际图联成员馆的投票选举中，上海图书馆馆长吴建中博士以高得票数、继2001年再次成功当选新一届国际图联管理委员会（Governing Board）委员，任期从2003年起至2005年止；在最新一届国际图联专业分委员会常委的选举中，上海图书馆缪其浩副馆长就任“管理与营销分委员会”常委；数字图书馆研究所刘炜就任“信息技术分委员会”常委；信息处理中心吴惠族就任“报纸分委员会”常委；读者服务中心冯洁音就任“阅览分委员会”常委。以上任期均为4年。（学会）

【“俄罗斯室”落户黄浦区图书馆】 2003年9月18日，上海图书馆吴建中馆长、上海中心图书馆黄浦分馆尹美华馆长与俄罗斯海外文化中心发展基金会主席Mary E. Trifonenko共同签署了三方合作协议。协议议定三方在黄浦区图书馆共同建立“俄罗斯室”，并由俄罗斯海外文化中心发展基金会每年向该室免费提供俄语资料及电脑等硬件设备。（图文）

【“上海之窗”在意大利、俄罗斯揭幕】 2003年8月，上海图书馆馆长吴建中赴意大利米兰市与米兰市图书馆签署双方友好合作备忘录并举行了陈设由上图捐赠图书的阅览区“上海之窗”的揭幕仪式。2003年9月上旬，上海图书馆党委副书记李道林赴俄罗斯国家图书馆访问，与对方协商合作事宜并举行了“上海之窗”的揭幕仪式。（图文）

【南汇区图书馆举办“书香飘万家”系列读书活动】 为努力提高南汇人民的文化素质和城市的文化品位，进一步塑造南汇新精神，展示南汇新形象，南汇区图书馆联合区妇联、区团委举办了“书香飘万家”系列读书活动，活动从评选家庭藏书之最、藏书利用之最及藏书、藏书利用版面巡展等几个层面进行，版面在全区14个乡镇展出。（南汇区图书馆）

【川沙图书馆利用网络开展读者服务】 “凌空”网是由川沙图书馆主

办的一个综合性的人文网站。从2001年10月26日正式开通以来，经过二年多的努力，现已步入良性的发展期。通过栏目改版，建立数据库等，使网站更加成熟。栏目设置有《医药保健信息库》、《川沙人文历史大观》、《凌空实用知识数据库》、《艺苑清赏》等，充分体现了网站的综合性。今年，网站点击率从年初的3万多一下跃到42万多，网站充满活力。(川沙图书馆)

【奉贤区图书馆举办系列主题读者活动】 奉贤区图书馆以“读者与文明”为主题，开展西渡社区家庭读书知识竞赛，“奉城的明天”百名儿童百米长卷绘画比赛，奉贤区金秋折纸艺术等系列活动，有3800多人参加。系列活动的成功举办，对倡导积极向上、文明健康的精神文化生活，提升社区居民的综合素质发挥了积极的作用。(奉贤区图书馆)

【浦东第二图书馆建文明海上图书馆】 2003年9月28日下午，浦东第二图书馆与中海货运船舶二部文明共建海上图书馆暨读书交流会在中海集团公司振奋8号轮举行，共建双方汇报交流了近年来的创建工作和活动成果，并商谈了下一步的共建打算。自90年以来，浦东第二图书馆与中海集团建立了共建关系后，已先后在四十八条货船上设立了海上图书阅览室，在配合该公司创建学习型船舶，陶冶船员的情操，提升船员的素质起到了一定的积极作用。会上中海集团公司的两名船员还作了学习心得的交流。

中国海运集团工会付主席陆洪新、浦东新区宣传部文化处屠天恩付处长等领导应邀参加了会议，并在讲话中鼓励共建双方发扬成绩、再接再厉，不断取得新的共建成果。(浦东第二图书馆)

【长宁区全面推进“图书进社区”】 根据2002年文化部确定的“社区文化年”工作目标，为全面推进“图书进社区”活动的深入开展，让61万长宁人“人人参与文化建设，人人享受文化成果”，由长宁区文化局主办、长宁区图书馆承办的2002－2003年长宁区“社区读书节”活动，向全区10个街道(镇)的社区和里弄送图书4万余册，设立“图书专架”三十余个，使广大居民群众在家门口就能看到新书、好书，受到了街道居委广大居民的诚情欢迎。(长宁区图书馆)

【宝山社区图书馆协作网】 宝山社区图书馆协作网立足社区，以网上检索和图书实物配送的手段，来满足读者就近享受借还图书服务，并且读者在家里通过电脑网络也能得到所需的文献服务，实现了宝山区全区范围内真正意义上的图书资源共享。至2003年底，该区共建成并正式开通月浦、通河、杨行、罗店、淞南等五个乡镇街道的13个社区图书馆协作网点，并计划于三年内实现区内全覆盖的建设目标。(宝山社区图书馆)

【徐汇区图书馆—徐汇区社区矫正中片组读书基地成立】 徐汇区图书馆—徐汇区社区矫正中片组读书基地成立(揭牌)仪式于9月21日在徐汇区图书馆举行。

仪式上，徐汇区图书馆党支部书记魏明华宣读了《徐汇区图书馆—徐汇区社区矫正中片组共建矫正对象读书基地协议书》，徐汇区图书馆馆长韩建东、徐汇区社区矫正中片组组长王四勤在《协议书》上签字并互换文本。上海市监狱局刘敏局长、张祖馥副主任为读书基地铜牌揭牌，并向矫正对象授发上海市中心图书馆读者证和图书。矫正对象代表也在仪式上发了言，表示要珍惜社会的关心，通过参加读书基地组织的各类读书活动，进一步加强改造，净化心灵，争取早日回归社会。

作为读书基地主体的徐汇区图书馆，将对徐汇区社区矫正中片组所属各街道矫正对象读书小组进行具体辅导，并负责读书基地中心组活动内容、场地安排和读书指导，同时将适时举办有利于矫正对象读书学习、思想改造、文化教育乃至身心健康的讲座或报告会，以及根据需要或配合管教在矫正对象中开展各类形式的读书活动。徐汇区图书馆还将为所有矫正对象免费办理上海市中心图书馆读者证，并为矫正对象借阅图书提供便利。(徐汇区图书馆)

【闸北区图书馆的“双拥”工作】 闸北区图书馆多年来一直非常重视“双拥”工作。早在1991年就与驻沪中国人民解放军空军94969部队签订了军民共建协议书，结对开展军民共建社会主义精神文明活动。2003年“八一”建军节，该馆组织单位党员、业务骨干十余人去部队驻地慰问，并赠送新书千余册，深受官兵们的欢迎。2003年全年，该馆共设立军民共建服务点12个，送书上门累计1168册。(闸北区图书馆)

【新华路街道图书馆开展“名家导读”读书活动形成特色】 长宁区新华社区有着独特的人文资源，注重发挥文化名人的优势，是新华路街道图书馆读书活动的一个特色。作家们把他们保存多年的成名作、学术专著及已故知名作家签名绝本共1000余册图书赠送给图书馆，使该馆建立了“社区文化名人作品专架”，形成了具有特色的文化品牌。新华路街道图书馆多年开展“名家导读”的名类读书活动，深受广大社区居民的欢迎和好评。2003年度荣获了“上海市振兴中华读书活动先进单位”称号。(长宁区图书馆)

【上海市文献资源共建共享协作网成立10周年纪念大会】 大会于2004年12月21日下午在上海图书馆举行，担任上海市文献资源共建共享协作网指导委员会主任的杨晓渡副市长出席会议并作重要讲话。

上海图书馆上海科学技术情报研究所馆长、所长吴建中作工作报告；会议还举行了上海市中心图书馆外贸学院分馆、水产大学分馆揭牌仪式及各有关业务先进的表彰活动。吴建中回顾总结了协作网工作取得10项主要成绩：1. 建设上海市文献资源共享的信息平台；2. 在互联网上开通了“上海市文献资源共建共享协作网”主页；3. 协作网“开放研究室”成立揭牌；4. 实现了网上联合编目；5. 网上联合知识导航站启动；6. 上海34家研究型图书馆实行外文期刊采购协调；7. 网上馆际互借系统的研制开发；8. 开办图书情报专业同等学历在职人员硕士学位班和高级研修班；9. 举办“上海市文献资源共建共享成果展”；10. “上海市中心图书馆”建设取得了阶段性成果。

会议对协作网的办证量、馆际互借量；中心图书馆的办证量、流通量前3名的先进单位进行表彰。同时提出了“新5年”协作网工作的10项主要任务：1. 推进特大型城市中心图书馆服务体系的建设；2. 构筑以网络为基础的地区文献资源共建共享的多元文化知识服务平台；3. 建成高效合理的全市文献信息资源体系；4. 形成全市联网的各类书目信息系统；5. 建立多层次的全市文献资源传递网络；6. 建设全市性数字化咨询系统；7. 开展全方位的专题服务与信息咨询；8. 推行以电子商务为核心的图书文献服务手段；9. 培养高素质的图书情报专业人才；10. 联合举办国际大都市图书馆服务的国际会议。

杨晓渡副市长就做好今后的文献资源共建共享工作提出了几点要求：(1) 各级各类图书情报机构要高度重视文献资源共建共享工作，充分认识文献资源共建共享工作的重要性，围绕创新机制、增强活力、资源共享、改善服务的目标，力求在今后的5年时间里基本建成与上海的经济和社会发展相适应的文献资源系统，高效快捷的信息开发和服务平台以及面向内容的知识服务网络。通过采用先进的网络化、数字化手段，努力成为华东地区乃至全国重要的文献信息资源中心。(2) 中心图书馆建设要与文献资源共建共享建设紧密结合，加大工作力度，通过分馆网络将图书馆服务延伸到街道、社区，让文化服务更加贴近市民、贴近实际、贴近基层。作为市中心图书馆牵头单位的上海图书馆上海科学技术情报研究所，要围绕市委市政府提出的建设现代化国际大都市、提高城市综合竞争力的总体目标，抓住机遇，把握世界图书情报的发展规律，以奋发有为的精神面貌，把具有中国特色、上海特点、时代特征的特大型城市中心图书馆工作做得更好。(3) 上海市文献资源共建共享协作网要始终把共建与共享紧密结合起来，以共建为基础，共知为手段，共享为目标，增强协作网的持续发展力、创新力和服务力。(4) 各级政府部门，尤其是财政局、市文广局、电信管理局、物价局等部门，应当继续并加大对市中心图书馆建设的关心和支持，使这项公益性的工作始之于民，用之于民。(5) 各级各类图书情报机构要高度重视自身人力资源建设，努力营造“人尽其才，才尽其用”的发展环境，以多渠道、多层次、多类型的方法，集聚和培养图书情报专业人才，提高图书情报队伍素质。

【上海市文化信息资源共享工程工作会议】 会议于2004年5月31日在上海图书馆召开。市委常委、宣传部部长王仲伟出席会议，为24家新建社区文化基层中心揭牌，并作重要讲话。他指出，上海市“共享工程”实施两年来，在有关部门和各区县政府的支持配合下，取得了一定的成绩，初步形成了市、区县和社区、小区的4级服务网络，对传播先进文化，满足人民群众的文化信息需求，进一步整合上海市文化信息资源发挥了积极作用。他强调，必须站在城市文化发展战略的高度充分认识“共享工程”工作的作用和意义，使之成为上海市社区文化信息化服务平台重要的内容资源。硬件建设到位后，必定需要服务内容。因此，建立社区文化信息化的内容资源支持系统，就是要充分挖掘整理和整合广播影视、新闻出版、文博图书、教育培训、文化娱乐单位的现有文化资源，把社区文化信息的内容服务提高到一个新水平，把社区文化活动中心打造成数字条件下的传播先进文化新阵地。王仲伟要求，各部门和各单位一定要树立全局观念，充分发挥“共享工程”在服务人民群众中的作用，善于调动积极因素，抓紧推进基层中心建设，完善运行机制，加强制度建设和管理。

上海市共享工程领导小组组长、市文广局局长穆端正对今后一段时间的工作作了部署。一是要加快设施建设，不断完善上海市“共享工程”4级服务网络，2004年要在区县图书馆中全面完成基层中心建设，全面推进被列入市政府实事项目的20家社区文化活动中心建设，每个中心还要带动4个小区信息苑建设，2004年上海市的4级服务体系总量要达到144个服务点；二是要加快资源建设和整合，多渠道地及时向各基层单位传输和发布，丰富服务内容；三是要加强服务工作，充分用好设施，做好群众需求的调研工作，有针对性地开展服务工作和各类活动，满足群众多样化的需求；四是要加强培训，不断提高“共享工程”专职人员的综合素质，努力培养一批肯干、能干、会干的技术骨干；五是要建立工作评价体系，确保上海市“共享工程”实施工作的巩固、提高和发展。据统计，到2004年5月底，上海市已建成基层中心52个，来自市、区二级财政的基层中心建设资金已达578万元，其中市财政追加专项资金146万元，用于市分中心的硬件建设和资源建设；区级财政投入432万元。2004年的新建总量将达到116个，建设配套资源预算超过1000万元。市“共享工程”领导小组成员单位、区县文化（广）局以及各级基层中心负责人共200人参加会议。（文广局）

【“全国文化信息资源共享工程”落户中科院】 2004年12月17日，在中科院上海生命科学信息中心生命科学图书馆举行了“上海中心图书馆——生命科学图书馆社科文艺阅览室开放暨文化信息资源共享工程基层中心”揭牌仪式。上海图书馆与中科院上海生命科学信息中心合作，在生命科学图书馆内共建共管、联合开放社科文艺阅览室，这是上海图书馆“全国文化信息资源共享工程”建设中的一个重要项目和一个重大突破，也是在中科院内的首个基层中心。在阅览室内陈列了上海图书馆提供的包括政治、经济、历史、人文、世界名著、社会科学与文化及计算机等类5000册新书，提供给中国科学院的科研人员和研究生阅览。“全国文化信息资源共享工程”将中华民族几千年来积淀的各种类型的文化信息资源精华以及贴

上海中心图书馆生命科学图书馆开放社科文艺阅览室

近大众生活的现代社会文化信息资源，进行数字化加工处理与整合，建成互联网上的中华文化信息中心和网络中心，实现优秀文化信息在全国范围内的共建共享。文化基层中心落户中国科学院将对中国科学院的研究生政治思想和人文素养的提高起到促进作用。（生科杨）

【上海生命科学信息中心与生科院抗体中心共建抗体文献情报信息库】

在2004年10月22日的抗体文献信息服务工作会议上，由上海市科委、上海生命科学研究院和生科院生物化学与细胞生物学研究所三方共建的生科院抗体中心决定与上海生命科学信息中心联合建设抗体文献情报信息库。与会者认为，要有效发挥生命科学图书馆情报研究、文献库建设以及生物信息中心科学数据库建设的能力，充分利用抗体平台，尽快建成抗体文献情报信息库项目，为科研一线提供有力保障。会议还确定了先期启动抗体文献情报信息库结构和功能的调研工作，并提议由抗体中心和信息中心联合成立抗体信息中心。（生科杨）

【上海生命科学信息中心积极参与上海市科委“一网两库”工作】

“一网两库”系统是指在信息化平台上，建立开放的“大型科学仪器设施共享及专业服务协作网”；开发、集成和开放一批“科技基础数据库”和“科技文献资源库”，在法律法规保障下，在新的机制下，实现全社会开放和共享。“一网两库”的建设目标是充分挖掘和利用已有的资源与优势，建设上海科技数据信息共享服务体系，促进科技数据信息资源在上海的共享、流动和高效利用。通过制定政策和规章并引入市场化运作机制，鼓励全社会参与，形成优质的专业化和社会化服务格局，奠定上海科技创新的基础平台，将上海建成中国重要的科技数据信息生产、加工和服务基地，逐步成为国家科技基础条件平台建设中的一个重要组成部分。上海生命科学信息中心已将“一网两库”的建设列为下阶段中心重点工作之一，希望通过发挥自己文献和学科资源方面的优势，为上海市“一网两库”工程的建设出谋划策。（生科杨）

【上海市区县图书馆评估工作】

根据文化部关于开展县以上公共图书馆评估定级工作的要求，由市文广局于2003年9月～2004年1月主持进行。按照文化部考评标准，对申报定级的27家区县图书馆进行了实地考核。市文广局成立了以局党委副书记刘建为组长的区县图书馆评估工作领导小组，发出了《关于开展2003年县以上公共图书馆评估定级工作的通知》，并根据上海市实际情况，突出了数据库建设、特色服务和创文明行业等，并要求把评估工作与创文明行业工作相结合，同实施文化信息资源共享工程建设和中心图书馆工作相结合。市文广局根据上海市图书馆学会选定的专家，组成了评估专家组，评估考核工作坚持以服务为导向，以绩效为核心，对各项指标采取定量与定性相结合的分析方式，严格要求，实事求是。

2004年9月，经市文广局审核，初定17所图书馆为地级一级馆，9所为县级一级馆，1所少儿馆为地级二级馆，并由市文广局将上海市的评审结果报文化部。

一、高度重视评估工作，以评促建有实效。

区县图书馆评估定级工作得到了各区县文化主管部门的高度重视，分别成立了评估领导小组和工作组，采用层层发动，责任到人的办法，统一思想，明确要求，自查整改。各区县为迎接评估定级，积极改善设施设备，共投入了1296.73万元，馆舍面积扩大了238.5平方米，计算机设备增加了517台。

二、政府重视，增加投入，设施条件进一步改善。

区县政府对公共图书馆的建设高度重视，并把它看作是贯彻落实“三个代表”重要思想的内在要求与实际行动。1998年以来，新建的区图书馆有宝山区、松江区、浦东新区；改扩建的有南汇区、杨浦区、浦东新区川沙少儿馆和徐汇区，几乎所有图书馆都进行了新一轮的修缮和改造。全市区县图书馆（包括未参评的馆，下同）馆舍总面积与1998年相比，增加了34685平方米；增幅为41.6%，达到117948平方米；购书经费比1998年增加了863.6万元，增幅为106.82%，达到1672万元；财政补助经费增加了4340.2万元，增幅为111.99%，达到8215.5万元。藏书量比1998年增加了91.07万册，增幅为12.2%，达到836.9万册。

三、现代化技术装备得到加强，网络化程度提高迅速。

与1998年相比较，现代化技术装备与计算机应用程度有了明显增加。全市区县图书馆现有计算机2294台，比1998年增加了1651台，增幅为357%。所有馆都应用了自动化集成系统管理图书馆业务，有82%的馆建立了电子阅览室，计算机从16台到100台不等；62%的馆建立了网站，为读者提供网上服务。19个区县的21所图书馆成为以上海图书馆为总馆的上海市中心图书馆分馆，实现了统一的软件管理、“一卡通”可以异地通借通还。长宁、川沙、杨浦和闸北等4家独立建制的少儿图书馆与上海少儿图书馆实现了联网，搭建了远程教育和资源共享的服务平台。

四、传统服务不断深化，弱势群体日益引起关注。

根据文化部制定的读者现场满意情况的测评标准，通过向读者问卷调查，满意率达到95%以上的有21所，90%以上的有6所，90%以下的仅为1所，平均满意率为96%。服务工作的具体状况表现在以下几个方面：

1. 以中心图书馆为模式的文献资源共建共享，在图书资料的借阅方面显示了成效，实行了一卡通，可以异地通借通还，极大地方便了读者，书刊利用率普遍提高。21所中心馆区县分馆全部确定了特色文献和特色服务项目，提升了区县图书馆的服务水平和服务层次。2. 区县图书馆现有流通服务点521个，遍及部队、监狱、海轮、工地、学校、农村和社区，最远的到达南极中国长城和中山极地科考站。服务方式也从单一的借阅服务扩展到举办讲座、展览，提供咨询服务，开展读书活动及知识技能培训等。

3. 为弱势群体读者服务引起了广泛重视。所有馆设有残疾人专用通道，大多数馆设立专用阅览座位，有的馆还专门设置了老年人阅览室。徐汇区图书馆创设了盲人阅览室，每年接待的盲人读者有2000多人次，外借盲人读物6000多册次，培训了1000多名盲人学电脑。杨浦区延吉图书馆近年来尤其注重下岗妇女各类知识技能培训，参加培训的600多名下岗妇女中有300多人重新找到了工作，受到市妇联的高度赞赏。

4. 各类读书活动持续不断地蓬勃开展。崇明县图书馆每年以不同的主题在全县开展少儿书画与读者演讲赛，20年来不断。黄浦区图书馆以“读书论坛”为品牌，吸引了广大市民，尤其是青少年文学爱好者。区县图书馆读书活动还深入到社区、军营、学校、监区。为残疾人开办“肢残人读书会”，为外来民工组织读书俱乐部，到社区举办“文化名人系列讲座”，举办“图书进社区，知识进万家”社区系列读书活动，以此来推进学习型社区建设。2003年区县图书馆组织开展各类读书活动2170次，参与读者215.6万人次；举办各类讲座、展览达1000多场。

五、数字化资源建设有了开端，网上服务初见成效。

区县图书馆自动化程度的提高，网络建设的迅速发展，提升了服务水平与服务质量。

1. 连接网络资源为读者提供知识导航。黄浦区第二图书馆以传递旅游文献信息为特色，在网站上开设了“旅游博览”栏目，读者能方便地利用全国84个旅游网站和72个保健网站的数据信息。浦东新区川沙图书馆向读者推出了“医学保健信息库”特色服务。

2. 整合信息资源开展课题服务。区县图书馆的课题服务、咨询服务取得新成效。比较突出的是浦东新区图书馆，全年代检课题50项，为机关决策服务8项，为科研与经济发展服务的有16项，为事业单位服务有6项。为政府领导编辑加工的内参资料5种290余期，其中《批评与建议》受到周禹鹏副市长的重视。松江区图书馆建立了“市民公共信息资源库”，设有法规、政策、诉讼、民政、保险、物价、就业、出境等9大类27项，1019项信息内容，向读者提供服务，受到欢迎。

3. 网上服务逐步得到开拓。区县图书馆建立的网站上除了馆情介绍外，纷纷推出书目查询、图书推荐、电子公告、读者信箱、网上活动等服务项目。闵行区图书馆编制了具有浓郁地区特色的“闵行文化信息网”，还建立了一支有16位具有中、高级职称的网上参考咨询馆员队伍，在网站上解答读者提出的问题，为区县图书馆参考咨询服务作出了示范。普陀区图书馆在网上开设法律专题服务、法律网站导航、法律求助信箱、上海注册律师事务所信息等。

4. 数字化资源建设拓展了特色服务。许多馆将数字化资源建设摆上了议事日程，所有参评的成人馆都购置了大型数据库，不少馆还自行开发馆藏特色文献数据库，两者逐渐成为区县图书馆资源建设的重要组成部分，充分利用计算机网络这个公共服务平台，建立了各具特色的网站，形成了集馆藏书目信息、网络信息和专题文献为一体、图文并茂的信息资源。

六、业务辅导规范有序，三级网络进一步巩固。

区县图书馆业务辅导部门配专业人员，有计划、有步骤地开展业务辅导和业务培训工作。把社区图书馆建设作为政府实事工程推进。据2003年统计，全市街道（乡镇）图书馆有225所，发展基本稳定。街道乡镇图书馆馆舍总面积与1998年相比，增长了25%，实行计算机管理的图书馆占总数的52%。市文广局要求区县图书馆继续深化改革，进一步提高办馆绩效，不断深化中心图书馆工作，完善工作机制，加强队伍建设，全面构建适应上海建设国际大都市发展战略的知识服务体系，充分发挥公共图书馆为上海新一轮发展提供更强大的智力支撑的作用。(文广局)

【上海市政协视察办理“中心图书馆服务体系向社区延伸”提案情况】 2004年7月20日上午，市政协在闵行区虹桥镇召开由市文广局主办的“上海中心图书馆服务体系向社区延伸”重点提案促办协商座谈会。会前，30余名市政协委员实地考察了长宁区新泾镇社区文化活动中心和闵行区虹桥镇社区文化活动中心。市文广局局长穆端正在会上就积极推进中心图书馆管理模式，推动上海市街道（乡镇）图书馆事业建设和发展，推进上海中心图书馆服务体系向社区延伸工程作了专题汇报。会议同时听取了闵行区分管副区长张辰和闵行区虹桥镇镇长陆根龙关于做好中心图书馆服务体系向社区延伸的情况介绍。委员们在听取情况介绍后，纷纷献计献策，提出了积极建议。市政协副主席王荣华充分肯定了市文广局的办理工作。他指出，中心图书馆向区级图书馆的延伸工作已取得良好效果，向社区延伸也出现好的势头，希望通过提案的促办，各方形成合力，精诚合作，真正造福于民。

【上海市文广局开展区（县）图书馆购书经费调研】 为加强上海市区（县）图书馆文献信息资源建设，进一步提高图书馆的服务能力和水平，按照科学发展观，贯彻落实上海市文化工作会议精神，营造上海国际大都市的知识服务体系，满足市民学习求知的需要，市文广局邀请上海市图书馆学会高级专家咨询委员会部分专家对上海市区（县）图书馆购书经费情况进行了调研。调研结果表明：至2003年底，全市区（县）图书馆购书经费总额为1653.1万元，人均约1.23元。

调研还对区（县）图书馆购书经费情况进行了分析：(1) 区（县）图书馆购书经费逐年有所增长，2003年比1999年同比增长了78.2%。新书入藏量逐年有所增长，2003年比1999年新书入藏量增加85805册（件），同比增长了23%。(2) 区（县）图书馆购书经费的增长与社会发展的要求尚不相适应。购书经费增长速度跟不上图书价格的上涨幅度；跟不上读者求知学习的需求；跟不上知识载体的变化；跟不上社会方方面面的要求。(3) 区（县）图书馆间购书经费不平衡状况较为突出。2004年购书经费达到人均2元以上的区（县）馆有浦东、黄浦、普陀3个区，人均不足1元的有南汇、奉贤、青浦、宝山、金山等5个区。(4) 现代图书馆的网络化与资源共享，没有改变实体图书馆的建设趋向，却对图书馆的藏书建设提出了更高的要求。报告还提出了5点有价值的建议，供有关部门参考。(文广局)

【2004年上海市公共图书馆馆长研讨班】 研讨班12月22－23日在上海图书馆举办，37位来自上海市区县图书馆的负责同志参加了研讨班。作为上

海市中心图书馆年度工作的重要内容，此次研讨班的主题是“以上海公共图书馆事业新一轮发展为契机，探讨区县图书馆改革与创新”，分两个阶段进行。第一阶段，9月5～10日，组织馆长赴山西考察全国文化信息资源共享工程工作，对该省的省级、地市、县和乡镇共5家图书馆进行全面的学习考察，学习该省在条件有限的情况下，克服困难，依托文化信息资源共享工程的资源，开展如送电影、戏曲下乡等丰富多彩的文化服务，坚持发展社会公益文化事业的精神。第二阶段，12月22～23日，上海市文化广播影视管理局党委书记陈燮君和上海图书馆党委副书记王世伟分别为全市公共图书馆馆长作了题为《上海文化发展与图书馆事业》和《关于当前图书馆人力资源建设中若干问题的思考》的报告。陈燮君的报告使大家了解到当前上海文化事业发展的新形势、新理念，意识到随着这座城市文化坐标的转变，读者理念的变化，随着思维方式、消费方式、文化行为方式等的变化，作为一个图书馆工作人员应该采取与时俱进的理念去积极应对。王世伟的报告使大家意识到与图书馆现代化管理存在的差距，今后各馆将更加重视人力资源建设，加大对员工培训的投人。（学会）

上海人大数字图书馆开通

【新版“上海人大公众信息网”暨上海“人大电子图书馆”开通】 仪式于2004年1月8日举行。加快建设“数字人大”是上海人大公众信息网改版和建设人大数字图书馆的主要目的。在市人大办公厅牵头下，东方新闻网站和上海图书馆等全力配合，用不到两个月的时间，完成了人大公众信息网的改版和人大数字图书馆的开通。市人大常委主任龚学平专门为“人大数字图书馆”题了词。

上海图书馆以本次协作为契机，充分发挥上海图书馆在馆藏、人才和技术上的优势，以图书报刊、数据库、专题咨询等资源内容为重点，体现了“人大数字图书馆”复合（网络化、数字化、多媒体、跨时空以及印刷文本服务）、便捷（新颖、快速、方便、个性化）、安全（以内网和外网相结合的方法推进）的特点，同时还积极推广了“文献资源共建共享”工程的服务平台。“人大数字图书馆”是全国第一家为政府提供决策咨询服务的虚拟数字图书馆，它的创建是上海中心图书馆工作的一大创新，并将对资源共建共享等产生积极的影响。（图 文）

【上海图书馆世博信息阅览室】
世博信息阅览室2004年3月开设。世博信息阅览室是上海世博会信息中心面向读者服务的知识窗口。上海图书馆世博信息阅览室将多载体的资料集中于一室，树立了上海图书馆开辟专题性资料搜集、收藏与个性化服务的新理念。世博会信息阅览室集中了上海图书馆馆藏及搜集的各种类型的世博会文献与信息资料，文献资源涵盖书本、期刊、报纸、网络、视听等多种载体，并设立了上海世博会信息中心数据库免费检索专区，为广大读者开辟从事专题性研究的学术平台，提供各项参考咨询服务。上海图书馆世博信息阅览室提供的相关的各类信息有《上海2010年世博会申办报告》、“世博会与上海新一轮发展大讨论”系列研究报告、历届世博会举办情况与研究报告、有影响的世博会专题文献、国际会展经济与设计、城市建设理论研究等。（图 文）

【“中国科学院上海科技查新咨询中心”揭牌】 仪式于2004年1月13日在中科院上海生命科学研究院举行。原中科院上海文献情报中心1998年被认定为上海市科技查新指定单位，5年来累计完成查新项目2500多个，为政府有关部门对这些项目的立题、鉴定、高新技术成果转化认定、高新技术企业认定等作出了很大的贡献。为提升科技查新工作的能力和辐射面，拓展科技情报服务新领域，打好中国科学院的品牌，经中科院出版图书馆情报委员会批复成立“中国科学院上海科技查新咨询中心”。

裴钢院长在发言中强调，科技发展需要创新，科技情报是重要的支撑之一，但同时，科技情报的发展更离不开科研工作；科技查新作为生命科学信息中心的一个工作亮点，要进一步做好服务，以顾客为上帝，转变机制，要引进企业的市场竞争机制；要用现代化的网络技术将查新工作从上海辐射至华东地区、全国，乃至世界，更好地为科研、经济服务，为各类企事业单位服务。（生科杨）

【上海生命科学信息中心与上海第二医科大学开通图书馆网络专线】
2004年11月30日，由上海生命科学信息中心与上海第二医科大学双方共建的图书馆网络专线正式开通，标志着双方更为密切和深入的信息合作的开始。早在2003年SARS（非典型肺炎）流行期间，两馆已进行了相关合作，此次双方经过多次沟通协商，攻克了诸多技术难题，开通了两馆间的网络专线，使双方信息交流更为顺畅，为广大科研人员和教学人员提供更多的信息服务。双方还将着力于利用网络专线为生命科学研究和医学教学搭建新的科教平台，通过这个平台实现双方特色资源的整合，将生科院以基础研究为主的资源和二医大以临床教学为主的资源进行交叉整合；通过这个平台开展双方的学术交流、专题研究、视频会议，进一步活跃学术气氛，促进科教互补。仪式上双方还演示了图书馆网络专线的功能。双方出席领导一致表示，要以图书馆网络专线开通为契机开展生科院与二医大更深层次的合作。（生科杨）

【复旦成为高校人文社会科学文献中心（CASHL）的全国中心之一】
教育部CASHL区域中心服务启动大会于2004年10月15日在复旦大学逸夫楼报告厅举行。该项目是教育部根据高校人文社会科学的发展和文献资源建设的需要而设立的。其宗旨是组织若干所具有学科优势、文献资源优势和服务条件优势的高等学校图书馆，有计划、有系统地引进国外人文社会科学期刊，借助现代化的服务手段，为全国高校的人文社会科学教学和科研提供高水平的文献保障。这是全国唯一的人文社会科学外文期刊保障体系，不仅可以为高校教学科研服务，也成为全国其他科研单位文献获取的基地。

中国高校人文社会科学文献中心已建立全国中心、区域中心以及科学重点中心，分别承担着不同的服务要求。(1) 全国中心负责整体资源建设和服务，协调各区域中心和重点学科中心，设在北京大学、复旦大学。(2) 区域中心负责本区域的资源建设和全国范围内开展文献服务。设在武汉大学、吉林大学、中山大学、南京大学、四川大学等几所大学。(3) 学科重点中心负责某些学科或领域的重点收藏和建设。(4) 服务支持由 CALIS 管理中心承担，负责建设“文献数据库”和提供文献传递系统。(图工委)

【上海市高职高专和民办高校图书馆协作组成立】 根据市教委高教处的统一安排，由上海高校图工委主办、华东师范大学图书馆承办的“市高职高专和民办高校图书馆馆长培训研讨班”于 2004 年 11 月 17 ~ 18 日举行。

为加强上海市高职高专、民办高校图书馆间合作与交流，在该培训研讨班上，与会成员就上海市高职高专和民办高校图书馆协作组成立的有关事项进行了讨论和协商，包括对协作组章程（草案）的审议和修改以及协作组组成方式的确定。经会议推荐、自荐后由图工委协调产生了上海市首届高职高专和民办高校图书馆协作组的召集单位：上海城市管理职业技术学院上海工商外国语职业学院上海建桥职业技术学院上海杉达学院上海行健职业学院。(图工委)

【同济大学图书馆施行人性化管理】 2004 年 9 月，同济大学图书馆在沪西、沪东、沪北、嘉定 4 个校区开始全面推行“一门式进出”的人性化管理——即读者在进馆时只需进行一次身份验证，即能随意享用图书馆内的各种资源。各阅览室不再设门岗，读者可带书包进入任何阅览室，可将阅览室内的书带到图书馆任何地方阅读，如需借阅阅览室的书，可到流通部办理借阅手续，大大方便广大师生。同济大学图书馆的领导认为：实行“一门式进出”管理方法，主要是尝试用人性化的管理方式来为师生创造一个良好的阅读环境，是一种管理模式的变革，一种管理理念的革新，一项管理系统工程的变动。学校大量的人力、物力和财力的投入，如不能将图书馆的所有资源向读者全面开放、发挥各类资源对学校教学科研的保障作用就是极大的浪费。“一门式进出”的人性化管理受到广大师生的好评，也引起媒体的关注，上海的《新闻晨报》、解放日报网站等报道和发布了有关消息。(图工委)

【华东师范大学入围第 2 批教育部“部级科技查新工作站”】 教育部于 2004 年 6 月批准在北京师范大学等 14 所教育部直属高校设立第 2 批“部级科技查新工作站”，其中，华东师范大学入围，被批准设立理工类部级科技查新工作站。“教育部科技查新工作站”是教育部授权的具有部委级查新职能的认证机构。目前，上海高校中共有 5 所学校设立了部级科技查新工作站。其余 4 所分别是 2003 年入围第一批“部级科技查新工作站”的复旦大学、华东理工大学、上海交通大学和同济大学。(图工委)

【松江大学城又增东华、华政、工技大 3 所图书馆】 东华大学松江校区图文信息中心：总建筑面积 34990 平方米，内设图书馆、计算中心、网络中心和会议中心。其中图书馆面积约为 16000 平方米。在设计上，塑造了一个与众不同的独特原创造型，意喻永不停止的创新精神。内部设计了多样的生态空间，让师生与自然亲近，陶冶性情。该建筑位于人工湖边，夜间整个建筑犹如校园的一颗夜明珍，熠熠生辉。东华大学松江校区图书馆计划配备中外图书约 45 万册，中外文期刊近千种上万册，报纸 80 种，与延安路校区图书馆联网，资源共享。该馆已于 2004 年 9 月起部分向读者开放。

华东政法学院松江校区图文信息中心建筑面积约 24000 平方米，2004 年 9 月起对学生开放。其中图书馆从 1 楼到 4 楼。学生阅览室全部朝南。2004 年 9 月开馆时，藏书量达到 10 万册。普通阅览室可同时容纳 1200 人，电子阅览室可同时容纳 320 人，声像阅览室可同时容纳 100 人。还有信息中心：包括学校的中心机房，6 个电脑教室共 480 台电脑；4 个多媒体教室。

上海工程技术大学松江校区图文信息中心馆舍面积达 25000 平方米，规划于 2005 年 3 月全面竣工。届时阅览座位将增至 1500 座，其中电子文献阅览室座位为 420 座，馆藏文献将大幅度增加。(图工委)

【2004 年度上海市高校图工委常委会扩大会议】 于 2004 年 6 月 15 日在上海中医药大学浦东新校区召开，来自上海市各高校图书馆的馆长和市高校图工委常委等共 46 人参加了会议。市教委高教处傅建勤副处长首先作了重要讲话，介绍了近年来上海市高等教育事业的发展情况。

华东政法学院松江校区图文信息中心效果图

还就图工委工作作了3点具体的指示：第一，图工委要加快对现代图书馆的内涵、管理理念和方法的研究。要注意在高等教育大众化的形势下，高校图书馆对资源的数量和质量关系、电子资源与传统资源的关系的认识以及管理理念等方面的转变。目前阶段，图工委对评价指标体系要有研究。第二，统筹协调、资源共享。图工委要统筹考虑，促进各校在做好学校文献保障支撑的同时，积极参与整个高等教育资源的统筹和共享。第三，进一步深化改革，为适应高等教育的发展，在服务理念和服务方式方面有所转变，围绕“8大教育高地”和“10个重点学科”积极做好信息方面的准备。会议重点传达了中国高等教育文献保障体系（CALIS）和中国高校人文社会科学文献中心（CASHL）的最新进展，介绍了管理中心设在浙江大学的中美百万册图书数字图书馆计划（CADAL）的最新进展；还介绍了关于江苏省高校系统JALIS二期工程启动情况和浙江省高等学校数字图书馆项目的启动情况。（图工委）

【第3期图书情报高级研修班】 自2004年3~7月分两个阶段进行。为培养上海跨世纪高素质的图书情报专业人才，适应网络时代高科技发展的需求，研修班由上海市文献资源共建共享协作网牵头，上海市图书馆学会、上海市科技情报学会、上海图书馆上海科学技术情报研究所联合举办。本期57名学员分别来自市区县公共图书馆和高校及专业图书馆的业务骨干。第一阶段为16位专家的集中授课，课程内容涵盖了新形势下的图情事业发展、图书馆与机构库——图书馆战略发展的再思考、世界级城市图书馆、未来数字图书馆的发展方向——服务主导型数字图书馆、上海市公共图书馆发展战略、信息管理与元数据、国外虚拟参考服务的现状和发展、文献提供服务的模式方法及其发展等，部分内容涉及当前图书情报领域颇具前沿水平的课题。第二阶段为专家对学员的论文进行了精心指导，以提高学员论文质量。（学会）

【2004年度上海市公共图书馆服务宣传周】 于5月30日~6月6日在各级公共图书馆中广泛开展。围绕“营造学习氛围，倡导读书育人”的主题，贯彻、落实《中共中央、国务院关于进一步加强和改进未成年人思想道德建设的若干意见》，充分发挥图书馆的教育引导功能，倡导、组织丰富多彩的读书活动，充实未成年人的精神生活，加强未成年人的思想道德建设，开展了形式多样、丰富多彩的读书活动。活动类型主要有：

1. 讲座。长宁区图书馆配合区“虹桥文化论坛”活动，举办图像时代的绘画艺术、古代文学艺术作品欣赏、新概念作文剖析以及航天科技知识等讲座。静安、黄浦等图书馆举办青少年道德教育、科普、文学等讲座。卢湾区图书馆办起了青少年象棋讲座。长宁区少儿图书馆的VCD讲座（即播放讲座内容的VCD），内容涉及科普和少年儿童的健康成长等。

2. 知识竞赛。卢湾区图书馆组织全区中小学生，举办“读书伴我行”读书竞赛活动。嘉定区图书馆举办“小博士信箱”有奖问答及“春天的故事——纪念邓小平诞生100周年”青少年诗歌创作大赛等活动。还有长宁区图书馆的“快乐每一天”读书征文活动等。

3. 影视观摩活动。上海市少儿馆举办了优秀少儿影视作品鉴赏会。卢湾区图书馆有“经典影片回放”活动，长宁区图书馆专门举办了一场“魔术之窗魔术普及讲演”，请著名魔术表演艺术家周良铁、胡荣彬及魔术名家刘明亚等现场表演和讲解。

4. 展览参观活动。静安、卢湾等区图书馆组织本区的中小学生参观毛泽东、刘长胜、蔡元培故居和团中央机关旧址等，并组织学生写观后感，评选优秀文章，进行演讲比赛。市少儿图书馆举办了“动漫绘画展示活动”。

许多公共图书馆还推出了青少年图书专架，加强了优秀读物的推荐和导读，增加了图书流动车进社区的次数，方便青少年就近阅读。全市各级公共图书馆开展读书活动400多次（场），吸引市民50多万人次走进图书馆参加各项读书活动。（文广局）

【上海市文广局组织开展“姐妹们走进图书馆”活动】 这项工作已在各级公共图书馆中开展了2年。从2004年开始，市文广局要求各级公共图书馆将此项活动列入经常性工作，每年在“三八”节期间举行。3月2日市文广局发出了《关于本市公共图书馆进一步做好为全市妇女服务的通知》，各级公共图书馆针对不同群体妇女的不同要求，以提高妇女的素质为目标，积极引导广大妇女姐妹走进图书馆、利用图书馆，满足她们读书求知需求。许多馆通过开设妇女读物专架，向广大妇女推荐优秀读物，黄浦区图书馆流通部向全区妇女推荐优秀读物40种，并将这些好书送到小区、学校及养老院、女子监狱等流通服务点；不少馆为特困妇女、下岗妇女及其子女免费办理图书借阅卡，无偿向退休妇女提供书刊借阅、上网等服务；为配合“百万家庭网上行”工作，为本地区广大妇女培训计算机知识，闸北区图书馆2004年已对本区5000名妇女进行了培训，他们的工作得到区妇联的高度肯定；有的馆还长期坚持为残疾妇女和70岁以上妇女提供送书上门服务，宝山、卢湾、徐汇等区图书馆举办妇女保健、科普等知识讲座及影视观摩活动，浦东新区川沙图书馆请来了本地医院的医生坐堂，为广大妇女读者免费门诊，该馆还将自编的科普文摘无偿地送给读者，2000多份资料供不应求。丰富的妇女读书活动，展示了上海市各级公共图书馆的服务成果，也吸引了众多的妇女走进图书馆。全市在“三八”节期间，共吸引30多万妇女走进图书馆阅读、上网、听讲座、观摩影视资料片及参加读书活动。（文广局）

“上海之窗”成为连接上海与世界的桥梁

【上海图书馆在一批国家相继开设“上海之窗”专架】 2004年9月上海

图书馆在被称为“地中海文化灯塔”的埃及亚历山大图书馆开设了“上海之窗”。上海图书馆赠送的首批800多册精选新书向埃及人民展现博大精深的中华文明，介绍中国改革开放以来经济和文化发展的最新成就。

“上海之窗”是上海图书馆于2002年启动的一项外宣计划，通过向境外图书馆机构捐赠中国出版的图书，一批批反映中国历史和现状、内容丰富精彩的图书便可源源不绝地走向海外读者，让他们充分领略悠久深厚的中华民族优秀文化，了解改革开放后生机勃勃的今日中国社会面貌。上海图书馆已经在世界各地开设了好几扇这样创意独特的“窗口”。他们是南非德班市图书馆、新加坡国家图书馆、俄罗斯国家图书馆、意大利米兰市图书馆和古巴国家图书馆。埃及亚历山大图书馆的“上海之窗”是上海图书馆在境外开设的第6个“上海之窗”。（图 文）

【罗丹雕塑落座上海图书馆】 由美国伊曼纽尔—伽弗戈艺术公司无偿捐赠给上海文化发展基金会的法国雕塑大师罗丹的传世名作“思想者”雕塑，于2004年8月2日安放在上海图书馆正门前。

“思想者”落座上海图书馆

“思想者”是罗丹1880年大型雕塑作品《地狱之门》中统帅全局的一个雕塑形象。罗丹一共为它制作了5具石膏模子，前面4具已浇铸出了21尊雕塑作品。现唯一保存完好的第5具模子限量制作25件，由法国巴黎罗丹国家博物馆授权监制。此次捐赠的“思想者”高180厘米，材质为青铜，浇铸序列号为第6号，用罗丹绝版原模浇铸而成，属罗丹雕塑原作。在2003年11月上海艺术博览会期间，美国伊曼纽尔—伽弗戈艺术公司总裁伊曼纽尔有感于上海城市浓郁的文化气息，作出了向上海文化发展基金会捐赠“思想者”的决定。迄今，上海已拥有两尊罗丹的“思想者”雕塑，另一尊为浦东联洋社区于数年前以商业化方式购入。（图 文）

【上海生命科学信息中心服务百所行工作】 上海生命科学信息中心“CSDL服务百所行2004”，在各研究所开展了基于国家科学数字图书馆的资源与服务内容的宣传活动，目的是进一步做深做活面向科研一线的服务工作，提升专业能力、转变服务模式，加快建设全院文献情报系统的常规化、可持续的用户服务与培训机制。截至2004年11月中旬，上海中心分别在上海地区、南京地区及福建地区的17个研究所举办活动宣传、自制课件12个，已基本完成各所的“百所行”培训活动，总计参加讲座人员共达1200人。中心工作小组作了完备的前期准备工作，在内容上联手各所负责人，有针对性地对科研人员介绍CSDL正在不断建设和开发的资源和服务，并力求使他们能更熟练地利用这些资源和服务。从课件制作到宣传准备，从宣传活动到事后反馈，小组工作人员不断丰富活动经验，以利于服务工作的最终效果。（生科杨）

【上海生命科学图书馆2003年全文传递服务量位居中国科学院第2位】 据中国科学院国家科学数字图书馆管理中心的最新统计数据显示，上海生命科学图书馆在2003年，共接受院内各所文献请求1238篇（次），占全院13.84%；满足请求1109篇（次），占全院总满足率13.64%。发出文献请求888篇（次），占全院请求数的9.81%。其中全文文献接受量和满足量均位居全院第2位，生命科学的全文传递居中国科学院第1位。数据充分显示了生命科学图书馆为全院知识创新提供的信息保障和服务成效。（生科杨）

【上海市首个“青少年科技教育基地”在中科院上海生命科学信息中心成立】 该青少年科教基地签协仪式于2004年6月11日在上海市青少年科技教育中心举行。中国科学院上海生命科学信息中心与上海市青少年科技教育中心在协议上签字。该青少年科教基地的成立是为了贯彻落实国家《科普法》，响应国家关于“在2049年建国100周年时，我国国民的科学素养达到发达国家水平”的号召，奠定上海实施“科教兴市”战略人才和智力基础，整合全社会的科技教育资源，构建青少年科技后备人才培养的开放式工作平台。

该青少年科教基地的功能是：辅导上海市优秀青少年课外科研课题，培养优秀的青少年科技苗子；在上海市青少年学生中普及现代生物技术和生物信息学知识；协助上海市教委举办中、小学校生物学教师现代生物技术知识培训和再教育。按照协议，中国科学院上海生命科学信息中心将联合生科院内各挂靠学会多学科的优势，为青少年科教基地推荐专家和优秀科研人员担任上海市青少年科学研究院导师团导师，负责学生科研课题的可行性审核、指导及举办科普讲座等工作。（生科杨）

【“上图讲座”获第6届中国最佳公共关系案例大赛银奖】 两年一度的中国国际公共关系大会是中国公共关系业最高层会议，2004年6月下旬召开的本届大会的宗旨是：交流公共关系领域的最新理论与实务成果，引导公共关系理念在全国社会各界的纵深发展。大赛从案例的征集到评选都极为严格，大赛评委由全国公关权威人士组成，本着公平、公开、公正的原则，严格按大赛评审章程进行，并由公证处进行现场监督和公证。经多轮投票，上海图书馆上海科技情报所的“城市教室——上图市民讲座公关案例”不仅顺利进入“入围资格”，而且在角逐中获银奖。评委予以较高评价，认为上图讲座运用公共关系，很好地体现了公众的参与性和讲座的连续性，在社会上产生了积极的影响，是文化类非赢利机构的成功公关案例。（图 文）

【上图举办“学生讲坛”】 上海图书馆通过举办“走向未来——21世纪学生讲坛”吸引广大未成年学生走进图书馆，从而构筑起“学校、家庭、社会”三位一体的教育平台。这一讲座由社会力量搭台、由当代中学生自己担当主角。学生们认真准备，成立自己的课题组，利用课余时间开展调研，收集整理资料；而在讲坛上，学生们尽情发挥，引经据典，各抒己见，回答场内的同学听众或老师们即兴提出的各种问题。该学生讲坛根据当今学生关注的话题，结合国际国内形势和上海的发展，不定期举办紧贴时代脉搏的主题讲座，场场爆满。自从2002年讲坛开办以来两年多时间，这个以学生为主体的讲座已吸引了上海市500多所中学，10000余名学生热情参与。如今，到图书馆听讲座，已成了广大学生课外活动的一项重要内容。让中学生走上讲坛，这在全国图书馆界开创了先例。(图 文)

【世界图书日系列读书讲座】 每年的4月23日是世界图书日，2004年的这一天，上海图书馆携手静安、黄浦、杨浦各分馆，特邀多名喜爱读书的成功人士畅谈有关读书的话题：上海博物馆馆长陈燮君在静安分馆向读者介绍了“读书精神与读书方法”；全国知名书评家徐雁教授在上海图书馆紧扣“知识·学识·见识”，主讲“阅读与人的全面发展”；上海三联出版社社长吴士余在杨浦分馆“从《体验江湖》一书谈起”，剖析“江湖文化的架构”；中国文艺理论学会副会长、上海作家协会副主席王纪人教授在上海图书馆与大家一起分享“《西游记》的文化解读”。举办世界图书日系列读书讲座，让广大市民获得全新的阅读体验。(图 文)

【纪念顾廷龙诞辰100周年】 中国已故著名的图书馆事业家、古籍版本目录学家、上海图书馆名誉馆长顾廷龙诞辰100周年座谈会于2004年10月12日在上海图书馆多功能厅举行，各届人士近100人出席了座谈会。顾廷龙是中国著名的图书馆事业家，他怀着炽热的民族感情和强烈的文化追求，呕心沥血70余年，搜集、抢救、保存和整理了大量珍贵历史文献，为中华民族文化的传承作出了不可磨灭的贡献。顾廷龙为后人留下的财富不仅是弥足珍贵的典籍，还留下了爱党爱国、忠诚事业、严谨治学的精神遗产。

顾廷龙早年与他人在上海共同创办合众图书馆，解放后历任上海历史文献图书馆馆长、上海图书馆馆长、上海图书馆名誉馆长等职。他长期致力于古典文献学、版本学和目录学研究，曾主编《中国丛书综录》(1959~1962出版)、《中国古籍善本书目》(1985出版)，编著了许多古典文献学、版本学和目录学著作，被称为中国图书馆工作者的楷模。(图 文)

【民国元老居正文献捐赠展】 于2004年5月2日在上海图书馆举行。居正是湖北广济人，早年加入同盟会，参加过辛亥革命、二次革命和护国战争，曾任广州大总统府参议、内务总长、国民政府立法院院长兼最高法院院长。他经历了孙中山创建同盟会、武昌起义、南京临时政府建立、抗日战争、国共和谈等中国近现代史上的许多重大事件。此次展出的文献共有300多件，时间跨度长达50多年，包括了历史照片、演讲稿、日记、诗词原稿以及100多封居正与民国著名人物往来信函。

居正文献捐赠展

上海图书馆获赠的居正日记，完整地记录了居正晚年的思想和活动，时间跨度从1945年元旦到1951年11月22日居正去世。历史照片中有一部分是居正与孙中山、廖仲恺、蒋介石、李宗仁等人参加社会活动的照片。这些文献为海内外学者和读者研究辛亥革命史、中华民国史和近代法制史提供了第一手资料。(图 文)

【首届上海市大型朗诵艺术竞赛】 为庆祝中华人民共和国成立55周年，普及开展群众性朗诵活动、推广普通话、宏扬民族精神，在中共上海市委宣传部指导下，由上海图书馆、上海朗诵艺术中心、上海文化总会联合发起举办了“中国，我爱你!”首届上海市大型朗诵艺术竞赛。9月18日进行决赛。

经过10位著名朗诵艺术家的现场评选，来自上海杉达学院旅游管理学专业的19岁本科生陆斯嘉，倾情朗诵的参赛作品《我心依旧》获得了大赛的特等奖；70高龄的退休教师徐慧敏自创并朗诵的参赛作品《歌颂祖国》获得了一等奖，她以饱满的激情和丰富的表情展现出祖国在自己心中的美好画卷；来自上海戏剧学院戏曲文学艺术系的博士研究生彭勇文，深情朗诵的大赛最后一篇作品《那时……》也获得了一等奖。(图 文)

【上海图书馆等5家助残单位接受市残联和盲人协会的锦旗】 为了满足更多盲人渴望学习的需求，市残联、市图书馆和市邮政局在2003年联手推出了“视障读者免费上门借还书服务”，让盲人安坐家中，就能借到图书馆丰富的盲人图书和音像制品，至2004年6月全市已有9个区、160多位盲人享受到了这种服务。在第21届国际盲人节的庆祝活动上，市残联和盲人协会有关领导向长期关心和帮助盲人的上海图书馆、上海邮政局、上海科技馆基金会、上海市公共交通客运管理处及上海地铁运营有限公司等5家单位赠送锦旗，感谢他们对残疾人事业的支持。(图 文)

【第7届亚洲数字图书馆国际会议】 于2004年12月15~17日，在上海光大会展中心举行。来自25个国家和地区的350多位与会代表进行了交流和探讨。会议由上海交通大学和上海图书馆联合举办。本届会议由上海交通大学校长谢绳武任主席，上海交通大学图书馆馆长陈兆能、上海图书馆副馆长缪其浩等6人任学术委员会联合主席。

会议的主题是“数字图书馆：国际合作与相互发展”。论文主题为：(1)数字图书馆的技术与标准；(2)数字图书馆的服务和管理；(3)数字图书馆的合作和本地化。会议受到了海内外图书情报界和计算机界的共同瞩目，共收到论文359篇，涉及967位作者，他们分别来自中国(包括大陆和港澳台地区)、韩国、美国、印度、新加坡、澳大利亚、加拿大、日本等20多个国家和地区。大会邀请了中国科学院文献情报中心张晓林教授、美国科学基金会大学本科 Lee Zia 教授、美国斯坦福大学图书馆 Michael A. Keller 教授、加拿大不列颠哥伦比亚大学图书馆档案与情报学院 Edie Rasmussen 教授、华中科技大学计算机学院金海教授等作大会主题发言。大会还就当前数字图书馆领域的前沿、热点问题举办了6场讲座，并举办有专题展览会。

亚洲数字图书馆国际会议是由亚洲人举办并在亚洲一年一度召开的颇具影响的以数字图书馆为主题的国际性学术会议。它广受亚洲各国以及亚洲之外许多国家的图书情报界、IT及电子出版领域众多专家、学者的重视。历届会议分别在中国香港、中国台湾、韩国汉城、印度班加罗尔、新加坡、马来西亚吉隆坡召开，下一届于2005年在泰国举行。(上海交通大学图书馆)

【第2届上海国际图书馆论坛(SILF)、2004年都柏林核心集及元数据应用国际研讨会（DC-2004）及第3届中日国际图书馆学研讨会】 于2004年10月11~15日，相继在上海图书馆召开。来自美国、日本、加拿大、英国、法国、德国、韩国、丹麦、俄罗斯、中国大陆和香港等国家和地区的专家、学者汇聚在上海图书馆进行交流和研讨。

自2002年起，上海图书馆每两年举办一次上海国际图书馆论坛，邀请中外学者和专家到上海图书馆进行交流，使国内的图情同行能及时感受到国际图情界的最新气息。本届以“城市发展与图书馆服务”为主题的图书馆论坛共收到来自12个国家和地区的近百篇论文，50余位专家在论坛上作了精彩的专题报告和交流。这些论文和报告从“图书馆与终生教育”、“数字化图书馆与数字化城市”、“参考咨询服务与参考研究”、“图书馆与城市的知识建设”及“图书馆与世界博览会”等方面探讨了当代图书馆在为城市发展方面所起的作用和面临的种种挑战。2004年都柏林核心及元数据应用国际研讨会由来自国内外的元数据专家就元数据体系架构、用户及采集管理等问题进行了研讨。第3届中日国际图书馆学研讨会围绕“图书馆在创新社会中的作用”及“图书馆与终生教育”等主题，中、日两国及来自其他国家、地区的专家学者展开热烈的研讨。(图 文)

【IFLA报纸委员会工作会议及研讨会在上海举行】 2004年3月29日国际图联报纸委员会在上海图书馆召开第四届工作会议。来自德国、英国、芬兰、法国、瑞典、挪威、加拿大以及上海图书馆的十位国际图联报纸委员会的委员出席会议，上海图书馆有三位专业人员以观察员的身份参加了这次工作会议。会上各委员按照事先商定好的议程，在报纸委员会主席 Walravens 博士的主持下，就委员会过去一年的工作做了总结，对2004年~2006年即将开展的工作及活动进行了规划。期间，委员会主席还将其专程从德国带来有关国际图联报纸委员会工作的最新出版物给大家传阅，以期让各位委员了解到最新的工作动向。

3月30日，为了加强国际图联与国内图书馆专业人员的交流，由上海图书馆、上海市图书馆学会与国际图联报纸委员会联合举办了“报纸利用与保存国际研讨会”，有近60位国内外来宾与会。研讨会分别由上海图书馆馆长助理周德明研究员与报纸委员会主席 Walravens 博士主持。Walravens 博士首先介绍了国际图联报纸委员会在这方面所做的工作。芬兰国家图书馆的 Bremer 女士向大家介绍了“欧洲报纸数字化计划”，并结合了报纸数字化及缩微技术在芬兰国内的实际运用，引起了与会者的极大兴趣，大家普遍认为这对于缩微技术还不完善的我国有很多值得借鉴的地方。来自上海图书馆服务中心的吴敏、南京师范大学图书馆馆长徐克谦教授、上海普陀区图书馆馆长司颖、深圳点通数据有限公司的张玉志总经理也分别向各位国内专业人士和国外同仁介绍了大型公共图书馆、社区图书馆以及高校图书馆利用丰富的报纸馆藏为市民、教科研和政府提供的优良服务的情况，和我国在报纸数字化方面目前所做的努力及工作成果。通过本次研讨会，国内外的图书馆学工作者都了解到有关报纸的保存和利用方面的最新讯息和全球动态。使大家既有机会介绍各自国家和单位的经验，有机会学习到兄弟单位和其它国家对于保存和利用报纸最新的研究成果。(学 会)

【高校开办“数字图书馆原理与方法”讲习班】 上海市高校图工委、上海交通大学图书馆开办中于2004年7月5~8日在上海交通大学图书馆举行。来自上海市和外省市各图书馆的数字图书馆项目负责人及专业工作人员64人参加了讲习班。讲习班邀请国外著名数字图书馆研究人员——美国佛罗里达大学计算机信息科学与工程系教授陈树新、美国肯特州立大学图书情报学院教授曾蕾、美国斯坦福大学图书馆系统部系统软件开发员张甲作为主讲，借鉴国外比较完善的教学体系和经验，以系统授课和提交作业、实例实现、专题讨论等相结合的形式，并采用双语教学的方式。使学员们不仅对数字图书馆的原理与方法、成果及应用和关键问题从理论和宏观的角度加深了认识，还获得了具体实践的感性体验。(图工委)

【中科院生物口文献情报工作研讨会】 于2004年6月18~19日在中国科学院上海生命科学信息中心（以下简称上海中心）召开。中国科学院政策局局长助理兼出版图书情报委员会办公室主任郭志明指出，建设一流的研究所必需有一流的文献情报系统。中科院规划要创建3~5个国际一流的研究所，30个国际知名的研究所；文献情报系统，要发挥学科优势、整体优势和公共平台优势。要建立重点领域的重点文献情报中心，要依靠相关研究所共建共享，形成特色服务，进行有针对性的学科服务。

上海中心生命科学图书馆副馆长于建荣介绍了中心在生命科学学科资源建设方面提出加强学科内资源建设，强化学科内资源联合采购；在生命科学学科信息服务方面提出整合中科院生命科学相关重点领域内已有的自主开发的专题科学数据库与文献数据库，提高知识化学科信息服务能力。上海中心生命科学图书馆执行副馆长孙继林介绍了上海科技研发公共服务平台的有关内容。科技文献保障服务是该平台10个功能板块之一，将建立联合采购机制、专题信息数据库建设及科技综合情报咨询与信息分析支持系统、在线联合目录查询、跨系统数据库检索等一站式服务及一站式信息服务系统。与会代表认为科研创新需要一个统一的信息平台，文献信息应该实现共享，科学数据库也应在统一平台上以便共享。平台的建设应包括资源整合、资源优化与完善自建资源。会议代表呼吁，一是在加强生物科学研究投入时，应保障文献信息支撑的经费比例，二是文献情报领域的创新工程也应有一定的经费支持，以改变目前这种维持性状态，加大人员经费的比例，加强自身资源的建设，加强知识化服务。（生科杨）

【黄浦区图书馆开拓新服务领域】 2004年黄浦区图书馆利用与监狱合作开展劳教人员的人性化教育，馆长与上海市女子监狱监狱长签订了共建监区文化的协议书，共产党员吕云炜还上门开办了书法、绘画培训班，用艺术的情操感化人、教育人、改造人，取得了丰硕的成果。黄浦区图书馆与贫困老区图书馆建立了友好合作协议，不定期地送书上门，为江西老区人民送去精神食粮，送去文明知识的同时，也开拓了服务领域，推动了事业的发展。黄浦馆重视旅游资源的开发，独立在网上设立“旅游博览”栏目总信息量已经达到156M，各类文章2000余篇，各类图片900余幅，完成对国内各旅游景点的图文介绍，点击率近5万。大力开展信息推送服务。积极编印对上海市及本区宏观经济运作中的热点问题进行深度分析的《黄图快讯》、《黄浦新闻搜索》，每月向黄浦区领导提供决策参考。积极编印《中外报刊选摘》，受到市、区领导和专家的好评。同时该馆还积极参与举办福州路文化节论坛活动，强化福州路文化街功能，加强未成年人思想教育。（黄浦区图书馆）

【徐汇区图书馆社区服务特色】 2004年“五一”期间，徐汇区图书馆专门召开盲人读者座谈会，听取他们的建议和意见，购入盲文图书和磁带、光盘，受到盲人读者欢迎。国庆期间，还与区残联共同举办了“视障读者回报社会文艺演出”，搭建起盲人读者向社会展示才华的平台。2004年，徐汇区图书馆共举办了50多次的书画活动和学习班；举办了免费日语辅导班，取得了很好的社会效益。该馆同时在青浦监狱设有联合图书馆，在武警支队和徐汇区福利院等10家单位设立了图书室，帮助他们开展多种文化活动。该馆还与上海少教所签署共建共享协议，为少年犯罪人员改恶从善提供更好的条件。虽然，这类工作占用了很多的时间与精力，但徐汇区图书馆认识到，只有出色地完成这一些“额外”工作，才能够体现出图书馆的公共性与公益性，才能够真正履行图书馆工作者的社会责任与义务。

作为“社区矫正工作中片组读书基地”的徐汇区图书馆积极配合区矫正办，利用馆藏资源，有针对性地组织社区服刑人员读书学习。如学习讨论《宪法修正案》，座谈人性化教育与改造的积极意义，举办个人理财、历史人文及社会成功人士专题讲座，组织社区服刑人员参加公益劳动等，切实帮助他们改造思想，净化心灵，早日回归社会。该馆还与区矫正办联合举办“徐汇区社区矫正工作成果宣传展览”，在全区13个街道（镇）进行巡回展，收到良好的宣传效果。由该馆撰写的《主动参与社区矫正试点工作，努力为社会稳定作出贡献》一文被区政法委、区司法局收入矫正工作经验交流会材料，还配合区政法委、区司法局接待了美国社区矫正工作专家对社区服刑人员读书活动进行观摩调研。（徐汇区图书馆）

【长宁区图书馆打造虹桥文化论坛】 长宁图书馆着力打造“虹桥文化论坛”品牌，以“走进知识、走进经典”为主题的百场系列讲座旨在提高区域群众文化的参与度、文化市场的繁荣度、文化品牌的知名度。2004年全年经多方联系，并与兄弟单位配合，举办了各种讲座62场。大型讲座好评如潮。2004年，长宁馆共承办大型讲座12场，听众8000人次。3月19日，长宁文化艺术中心洋溢着优雅的交响音乐，600多人欣赏了由屠巴海主讲、林友声指挥、上海爱乐乐团演奏的“交响管乐指南”讲座。这场讲座拉开了“虹桥文化论坛”的“走进知识，走进经典”百场系列讲座的帷幕，受到热烈欢迎。中国作家协会副主席叶辛从自己的创作历程谈到新世纪的创作，博得了全场近700位观众的共鸣。同时知识百讲系列活动在全区的10个（街道）镇也全面展开，融知识性、实用性、趣味性为一体。普及讲座受到了社区广大居民的热烈欢迎。2月3日，由长宁区图书馆与新泾镇图书馆主办的“金猴报春长宁甲申围炉书画春联联谊会”在新泾镇活动中心举行。社区居民和青少年学生通过吟诗作对、挥毫泼墨、谜语竞猜等形式，生动展现出长宁各社区独具特色的文化底蕴。“三八”国际妇女节期间，长宁馆充分利用图书馆馆藏各种文献资源，开展了一系列为妇女知识导航服务和送书赠卡活动。长宁馆还策划“读书好奖好书”读者读书活动，组织老年读报组活动和专家讲座活动。（长宁区图书馆）

【虹口区图书馆开拓社区服务与读书活动】 坚持“文化快餐车”为主要活动载体的服务模式，深入到社区、部队、学校和特殊人群等40个固定或不固定的馆外服务点，开展了各类读书活动。全年文化快餐车出车157次，服务人次26779人次；上门为残疾人为聋哑人服务；举办专家讲座31场，听众达2609人；参加文化集市3次，举办主题宣传版面巡回展览4次。全年开展各类读书活动15次。开展多种形式的红领巾读书活动和青少年十月歌会，举办以“心灵洒满阳光，健康伴我成长”为主题的座谈会等。顺利完成了共享工程一期建设项目，依托全国文化信息共享工程丰富的信息资源和本馆影视特色馆藏，通过菜单式推荐服务，深入社区放映服务。为部队举办讲座、送图书，送资料40次，共1498册。（虹口区图书馆）

【虹口区曲阳图书馆影视文献服务】 该馆重点对影视特色文献馆藏和各类载体进行了全面的梳理，特别是对电影海报重新进行了整理、入藏；制定了音像制品采购计划，并严格了审片制度，提高了碟片采购的质量，全年各类文献采购特别是DVD的采购比上年提高了82%；全年征集各类电影资料280件。同时继续探索影视特色服务持续发展的各种可能性，初拟了建设“上海影视文献资源中心”的构想；参与策划并恰谈了与德国有关方面共建“上海中欧影视文献图书馆”的项目，以及与上影集团和上海新华宽频网共建上海电影宽频网的合作项目；组织召开了“影视文献特色服务的持续发展”讨论会等。（虹口区曲阳图书馆）

【浦东新区图书馆整合资源】 2004年，该馆5个分馆合并，资源建设统一在一个服务平台上，所有的馆藏是一个整体，显现出丰富的文献资源对图书馆服务工作的支撑优势。加强了网络建设的实施和系统维护技术人员的力量，提高了图书馆服务和管理的技术含量，基本上解决了网络联结和对外服务的难题。成立了资源建设委员会，结合图书馆资源建设的特色、读者的需求进行调研，然后制订资源的采集方针，促进购书经费的合理分配和使用。统一了采购、编目、数据加工，明显提高了图书加工的速度和质量。全年读者149.9万人次，增长82%；外借图书107.4万册，增长20%，网上点击量：图书馆网96万次，凌空网98万次。（浦东新区图书馆）

【杨浦区图书馆构筑“知识杨浦讲座平台，搭建读者互动桥梁”】 2004年，该馆构筑“知识杨浦”讲座平台，注入区域文化新元素。并将各类专题讲座有针对性地送进社区、学校、机关，使杨浦各阶层的老百姓都普遍享有这一知识面广、内涵丰富的文化大餐。讲座已形成一定的知名度。

搭建读者互动桥梁，积极开展网上读书活动。配合爱国主义教育，开展了“学习英雄人物，塑造时代有为青年”——爱国主义大型主题教育活动。通过网站向青少年推荐爱国主义优秀读物，并开设“青少年爱国主义教育”论坛，网上有奖征文评选活动，以健康向上的指导思想，鼓励青少年升华思想境界、美化心灵。对信息资源的整合开发、课题服务的深入完善、领导决策的信息参考3方面进行了积极的探索。及时为广大读者，为市文广局、区政府各级领导决策提供了信息支持。精心策划读书活动，紧扣“走进文明、走进经典”的活动主题，形成了以青少年活动为主体，女性活动、中老年活动、社区活动共同开展的全方位活动格局，再度掀起了“读文明书，做文明人”的活动高潮。鼓励妇女们走进图书馆，利用图书馆，帮助老年读者愉快安享晚年生活。（杨浦区图书馆）

【卢湾区图书馆读书活动形式多样特色鲜明】 为弘扬社会读书新风尚，展示读者服务成果，2004年6月3日该馆与上海作家协会小说专业委员会联合举办“读书乐之友”联谊会会员丁旭光作品研讨会。著名作家赵丽宏、曹阳、王晓玉发言，赞扬该馆的读者读书辅导工作有开拓精神和超前意识。3月，该馆的市监狱卢图分馆正式挂牌，积极配合市监狱做好教育劳教人员、改造劳教人员工作，用开展读书活动来净化劳教人员的灵魂。下半年组织了“推进学习型家庭，推进家庭美德建设”征文活动，来稿138篇，促进了社区文化建设，对推进区家庭美德建设，创建学习型家庭工作起到了积极的宣传作用。该馆少儿部为促成未成年人健康快乐成长，特举办“沐浴阳光美德，存储心灵财富”系列活动，组织未成年人参加五个一活动：体验一次尊老爱老活动、阅读一份美德宣传资料、寻访一所革命遗址、聆听一场传统报告、观摩一部经典影片，提高了未成年人的道德素养和思想品质。（卢湾区图书馆）

【静安区图书馆发挥第二课堂作用】 2004年，该馆以多形式多载体的红读活动，发挥图书馆“第二课堂”的作用。开展“好书伴我行”静安区青少年诗歌创作、朗诵比赛。该馆还举行青少年影视欣赏专场，设立了服务宣传周主题推荐书专架，向青少年发放宣传服务周专题推荐书目。静安馆把读书楼组建设作为推进群众活动的重点。对全区5个街道84个居委逐一调查，通过统计、汇总，了解并掌握静安区读书楼组的现状，完成了有一定参考价值的调查报告，制定了特色读书楼组推进计划，建立了读书楼组评价指标体系，并多次听取意见和建议，使这项工作受到了各街道社区的支持。（静安区图书馆）

【闸北区图书馆开拓新的服务项目】 以“营造学习氛围，倡导读书育人”为主题，开展了一系列宣传、服务及读书活动。参与组织举办“闸北之春”2004外语歌曲演唱等系列活动，会同彭浦新村街道图书馆在闻喜路一条街开展一周时间的图书展销、读书演讲、读书征文、就近办理市区图书馆“一卡通”借书证等活动，受众面达数万人；协助组织来自各社区数百名外语爱好者参加外语歌曲演唱会，演唱会选手和观看者逾千人；组织各社区图书馆开展以“祖国颂”为主题的群众性征文活动，并在百多篇征文中评选出20名获奖者加以表彰。该馆主动配合北站街道作为“百万市民网上行”教学点，配备最优秀的老师，一周一期不间断，每期培训50人左右，年内共开办36期，培训学员数达1800多人。良好的教学设施和教学质量，先后获街道和区主管部门的表彰。（闸北区图书馆）

【普陀区图书馆以社区共建促读书活动】 2004年，普陀区图书馆举办了“长风杯”健康城市建设知识大赛。参与者近5000人，通过健康城市建设知识大赛，让市民参与到建设健康城市的活动中去。同时还举办了“翔华杯”读书求知系列活动。图书馆向市民推荐100本有关邓小平一生的图书目录，有3000余人参加了该项活动，点评、歌颂邓小平的丰功伟绩及改革给中国带来的新变化。该馆协助区机关党工委、区税务局建立“图书室”。在区所属的武警部队、消防部队、长征工业园区设流动借书点。向区“文明家庭”（208户）、区残联会员（50名）免费赠送书卡，社区服务取得新成效。（普陀区图书馆）

【松江区图书馆为政府和大学城服务】 2004年，松江区图书馆开拓思路，为区府领导提供松江古代棉纺织业课题研究报告，承担“松江区公共文化设施发展规划”的起草工作。同区思想政治工作研讨会联办“领导干部信息‘直通车’”，编印《学习与思考信息摘编》8期，编辑各类文章120篇，印发980份；同机关团委联办“区属机关青年‘飞翔鸟’读书俱乐部”，赠送100张优惠服务信息阅览证；同区妇联联办

"妇女再就业技能"培训班；同区残联签订松江区"知识助残协议"，与5位残疾人结对服务，赠送电脑，定期送书。与此同时该馆建立了大学生志愿者服务网络。与东华大学建立在校学生社会实践服务平台；与上海外国语大学、上海外贸学院建立对口服务；图书馆服务宣传周期间在大学城设摊服务，扩大图书馆影响；松江区图书馆召集6所大学图书馆馆长联席会议，商定组织报告会讲座；参与区思研会召开的华政、立信、外贸、外国语4所学校学生思研会座谈会，为大学生提供优秀讲座电子资源和活动场所；举办区域图书馆征文竞赛，收到大学城5所图书馆征文18篇。（松江区图书馆）

【南汇区图书馆注重信息服务读书育人】 信息服务是图书馆工作的重点，也是体现服务层次和服务水平的标志。2004年，南汇区图书馆采取了多项措施和方法，进一步加强和深化了信息服务工作，以更好地满足读者的信息需求。一方面为区领导汇编文献资料，另一方面为读者利用电子数据提供指导，使数字化资源利用率得到了有效提高。同年该馆提出了实行"知识套餐车"的实施方案，在财政支持下，购置了新车一辆，作为"知识套餐车"定期开往农村，把"送知识，送服务"有机地结合起来，利用举办讲座、多媒体演示，分发农业科技、农村政策法规等各类资料、送图书等各种手段，把知识送进千家万户。区图书馆还举办了第2届"书香飘万家"家庭读书系列活动，全区有700多户家庭和2000多人参加了家庭读书读报知识竞赛和家庭读书成果演讲活动。为了加强和改进未成年人思想道德建设，该馆青少年阅读指导基地充分发挥了读书育人的作用。优化藏书质量，为青少年成长提供健康向上的优秀读物，发挥网络资源优势，建立少儿信息港，组织青少年从小接受健康的思想和科技知识熏陶，为青少年成长提供知识平台。（南汇区图书馆）

【宝山区图书馆推进"市民讲座"和社区读书活动】 该馆努力搭建满足市民终生学习需求的交流平台，宝山市民讲座已纳入宝山区宣传部3年学习型社区创建计划，并于2004年6月加盟上海"东方讲坛"。至12月，宝山市民讲座共举办了30场，听众近7000人，得到社会各界的好评和肯定，品牌效应初步显现。第3届宝山社区读书节于4月30日～6月6日在宝山区图书馆隆重举办，此次读书节形式多样、内容丰富，参加人数达14590人。主要内容有：读书格言的征集以及专题讲座，诗歌朗诵大赛，"家庭读书演讲表演比赛"，为未成年人播放优秀革命影片和举办电脑培训班等。（宝山区图书馆）

【奉贤区图书馆以民间艺术活动推动读书活动】 2004年，成功举办"巧手织金秋"——奉贤区青少年百人折纸艺术大展示活动，为区第1届文化艺术节增光添彩。为了保证活动的质量，前后举办了7次折纸艺术培训班，由折纸大王徐菊洪老师亲自传授折纸技艺。在推进民间艺术繁荣发展的工作中，区图书馆做出了成绩。区少儿馆暑假前夕开设了青少年道德教育推荐图书专架。推荐有关思想道德教育的各类图书1000多册，为未成年人提供了丰富的精神食粮。7月份与金叶商厦共同举办了"金叶杯"幼儿讲故事比赛。6～8月，开展了"春天的故事"——纪念邓小平同志诞辰100周年诗歌、征文竞赛活动。全区20所中小学的2000多学生参加了活动，收到作品130多篇。（奉贤区图书馆）

【青浦区图书馆开展多种读书活动】 2004年，青浦图书馆积极发挥图书馆的教育引导功能，开展丰富多彩的读书活动。策划组织了一系列针对未成年人心理和教育需求的活动。有知识讲座、手工制作、技能培训、军营体验、亲子活动等，融知识性、趣味性、观赏性与一体，并注重实际效果，受到了少年儿童及家长的热烈欢迎和积极反响。同时尝试从新的角度，以新的形式开展活动。结合第1届上海青浦淀山湖文化艺术节的举办，青浦馆推出了"魅力青浦"——少儿扇面绘画大赛，得到了小朋友们和家长的欢迎。此外，"走近2010上海世博会"、"快乐的儿童节"和读书竞赛活动等，也产生了较好的影响。（青浦区图书馆）

【嘉定区图书馆整合文献资源，提升服务质量】 2004年，完成了外借书库全部文献的数据套录，对报库进行重新调整，确保了报刊的入藏不受影响，同时部分馆藏古籍也进行了整理保护。同时制订一系列适合区馆实际情况的服务规范，服务质量有进一步的提升，使读者数量得到了较大幅度的增加，图书馆的社会效益得到充分的体现。区图书馆注重社区服务工作，一是加强对图书流通点的服务，并设立社区书库。二是开展上图讲座进社区活动，把文明健康的精神食粮带给社区居民。三是与嘉定区残疾人联合会共建图书馆，为社会弱势群体提供服务。四是把一部分复本图书在产权不变的情况下分藏于社区图书馆，在社区发挥作用。（嘉定区图书馆）

【闵行区图书馆知识导航有内容、市民学堂有新意】 2004年，闵行区图书馆开设网上咨询台、阵地咨询台，加强读者信息素养培训工作，明显提升了知识服务含量。该馆参考咨询服务、整合网上信息、自制数据库等工作已走在各区县馆的前列，获得了专家的好评。配合政府信息公开，注重实用信息传播，设立"信息超市"，先后已编印《公共信息》10期，受到读者欢迎；开展课题服务，编印信息汇编资料10多辑。举办网上专题活动，配合区科委开展"科普宣传周"活动，配合区宣传部开展"创建学习型城区"宣传活动，配合区妇联开展"《文明在我家》家庭文化网上展"活动等。配合莘庄镇，常年性开展"数字生活导航"活动，先后来活动的莘庄地区市民有1200多人次。创建"闵图市民学堂"，现已形成7个系列的社会教育课程，已在莘庄社区及学校产生良好效应，正向周边地区辐射。开展文学社活动，并探索以文化社团形式丰富公益性文化服务工作。此外，"文化名人在闵行"活动已举办多次，初步形成品牌。（闵行区图书馆）

【金山区图书馆以成功的读书活动延伸社会服务成果】 该馆2004年新华杯"我心中的图书馆"征文竞赛活动受到广泛关注。收到稿子102篇。评出一、二、三等奖10名，鼓励奖20名。

20篇获奖征文结集作为《书友》2004年秋季号专刊。10月份，上海读书办挑选了其中5篇获奖征文发布在上海东方网的“上海读书活动”栏目里，并作了序言。后又在上海总工会“主人”期刊上刊登，表明了金山读书活动的成绩。该馆引进“上图讲座”优质知识资源，写《“城市教室”走进金山》等宣传文章在全区范围内做了广泛深入的宣传。“上图讲座”不仅在图书馆视听室内播放，还穿街走巷来回于各个乡镇的企业、学校等。到11月底播放上图讲座共107场，4793人次。得到理工大学金山校区团委的援助，每星期六上午在馆内开设了英语角，吸引了一批有志青年，全年英语角活动共26场，464人次。（金山区图书馆）

【崇明图书馆加强业务建设完善服务功能】 该馆在资金紧张的情况下，自己动手，配置基本设备，编制网页，设立了崇明县图书馆网站，网上图书的推荐、网上读书活动的开展、县文化信息的展示、特色馆藏的介绍等，有效地展示了馆藏资源，扩大了图书馆的社会影响。

在宣传服务周期间，以“营造学习氛围，倡导读书育人”为主题，组织开展了丰富多彩的系列活动。一是举办以“绿满瀛州”为主题的崇明县第21届少儿书画赛，全县有200多位小朋友参加比赛。二是举办知识讲座，利用上图丰富的电子资源，积极去社区、去企业、去学校开设知识讲座，系列讲座，受到了广大读者的欢迎和喜爱。三是利用展厅和多家单位联合举办文艺展出，提高了读者的文化品位和艺术欣赏力，凝聚了图书馆的人气，营造了健康的文化氛围。四是举办“走进书海，远离网吧”系列活动，对改进未成年人思想道德建设做了有益的工作。（崇明区图书馆）

山东省

【山东省图书馆召开全省公共图书馆网络安全与数据库建设研讨会】 随着图书馆服务手段、服务理念的不断改进，给图书馆业务自动化工作和图书馆计算机网络建设提出了更高、更新的要求，为促进全省图书馆事业的发展，山东省图书馆于2003年11月9日至11日在莱芜市召开了全省公共图书馆网络安全与数据库建设研讨会。山东省图书馆副馆长赵炳武、莱芜市文化局副局长魏玉娥、全省17个市级图书馆业务馆长和技术中心负责人等领导参加了会议。

会上山东省图书馆计算机网络中心周玉山同志、曹志红同志和研究辅导部王彬同志分别了作了《公共图书馆信息网络建设中的若干问题》、《图书馆信息资源开发与共建共享》、《图书馆业务自动化集成系统存在的问题及解决对策》和《全省文化信息资源共享工程下一步工作的打算》的报告，并邀请计算机网络和数据库专家作了“数据存储与数据备份”、“网络安全”和“数字资源建设”等主题的专题讲座。省图书馆学会和与会各馆签订了《全省公共图书馆数据资源集中采购协议》。

与会代表还针对当前全省公共图书馆计算机网络建设及数据库建设的现状、存在的问题以及今后信息资源建设馆际协作、共建共享的相关事宜进行了深入的讨论，达成了共识。

代表一致认为，随着图书馆计算机自动化建设、信息网络建设的进一步开展，如何保证数据安全和网络安全已经成为摆在各图书馆面前的一个重大课题，各图书馆应加强对自身网络及数据的管理，强化技术手段，保证业务系统的正常运行；在图书馆计算机网络建设方面，各馆之间应经常进行信息沟通和技术交流；各馆应按照全国文化信息资源共享工程的标准和要求，加快共享工程基层中心的建设；各馆应结合文化信息资源共享工程的要求及图书馆评估的需要，加强信息资源的开发与建设，尤其要着重开发具有地方特色的文化信息资源，加强全省各级公共图书馆之间在信息资源共建共享方面的协作，尽快着手编制《全省地方文献联合目录》，并力求在统一的标准规范的开发平台下进行数字资源建设。（王彬）

【“山东省图书馆信息网络技术应用与研究”项目实施情况及成果】 “山东省图书馆信息网络技术应用与研究”项目是根据未来数字化图书馆的总体要求，结合山东省图书馆自动化网络建设的实际需要，探讨现代计算机网络技术和信息技术在图书馆信息网络建设中应用的特点、模式和规律的一个应用研究项目。

“山东省图书馆信息网络技术应用与研究”的目标是，充分利用国内外先进的计算机网络技术和信息处理技术，高起点地建立我们的自动化信息网络系统，全面实现业务工作及办公自动化，对图书采访、编目、流通、文献检索、参考咨询实行计算机管理；逐步建立起内容丰富、特色鲜明、检索快捷的馆藏书目数据库、二次文献数据库、全文数据库和多媒体数据库；充分利用互联网共享信息资源的优势，全方位地开展网络信息服务。

2000年，随着山东省图书馆计算机网络建设专项经费的落实，该课题研究工作也随之启动。2000年底，新馆计算机网络项目招标工作完成，按照“整体规划、分布实施”的原则，2001年春，新馆网络建设一期工程建设正式启动，到2001年10月，项目完工并投入试运行。一期工程的重点是网络基础设施建设和基本应用系统的建设，包括机房环境建设、综合布线、千兆以太网的建立、广域网的互联互通，以及业务自动化系统、电子阅览系统、办公自动化系统、网站和数据库服务系统、网络教学系统等应用系统的建设。一期工程经测试验收完全达到设计要求，并经受了大量数据传输、高频率的Internet访问和多业务多应用并行处理的考验。2003年，网络建设二期工程正式展开，到2003年底，二期工程基本完工。二期工程的主要内容是建立全国文化信息资源共享工程山东省分中心，强化了网络安全和数据安全保护工作，建立了大容量的光纤存储局域网，新老馆实现了光纤互联，宽带接入速率由10兆升级到100兆，建立了特色文献数据库开发系统。

总结山东省图书馆信息网络应用与研究的成果和计算机网络建设的经验，我们认为在以下几个方面取得了成就和创新：

一、该项目成果对公共图书馆如何进行信息网络建设进行了颇有成效的实践和探索，对于如何根据图书馆的实际情况选择和应用先进的、适合自己的软硬件技术，如何保证网络信息系统的实用性、易用性、安全性和可扩展性，如何在提高效能、节省投资的前提下采取“整体规划、分步实施”的网络建设策略，提供了一条切实可行的路子，具有一定的借鉴和推广意义。

二、作为山东省图书馆现代化建设的一项核心工程，该项目取得了明显的实际效益，有力地支持了图书馆各项业务的开展，并为全面建设网络化、数字化图书馆打下良好的基础，网络信息服务、在线图书馆得到了媒体和公众好评、网站的年访问量达到40余万次。

三、山东省图书馆信息网络建设的过程中，开创性地采用了一些新的IT技术，并在实际应用中取得成功。包括在图书馆网络建设中第一个采用六类布线技术，有效地提升了网络的升级扩展空间；在网络架构上继国家图书馆之后第二个采用了千兆以太网技术，其实用性、易用性和可升级性较好地支持了省图书馆网络的多业务应用环境；在数据保护上率先采用了多机在线实时备份复制技术；在关键业务系统上采用了软双机容错技术，有力地保证了业务自动化系统的稳定运行。（山东省图书馆）

【山东省馆藏文献联合目录数据库和山东省地方文献联合目录数据库建成】 2004年4月20日，山东省馆藏文献联合目录数据库和山东省地方文献联合目录数据库正式建成，并通过山东省图书馆网站发布。该数据库筹建于2003年12月，由山东省图书馆发起，山东省图书馆学会牵头，联合省内公共、科研和高等院校三大系统图书馆共同建设完成。山东省馆藏文献网上联合目录数据库采用集中式管理，依托山东省图书馆馆内局域网，以“图书馆自动化集成系统（ILASII）”为平台，建立中心数据库。参与共建的图书馆将本馆馆藏书目数据按“共建协议”的要求，定期传送至山东省图书馆采编部，由山东省图书馆采编部负责对各共建馆的书目数据审校后，整合接入中心数据库。该数据库建设分三个阶段，计划建成一个包括中文图书、中文期刊、外文图书期刊等多类型文献联合目录数据库，旨在反映本省1949年后文献收藏分布的情况，建立覆盖面广、布局合理的全省文献信息资源协作协调网络。目前该数据库已整合省内14家图书馆近40万条书目数据，并在进一步建设中。（王玉梅）

【山东省图书馆成为全国图书馆联合编目中心山东省分中心】 2004年5月18日上午，国家图书馆联合编目中心2004年工作会议在山东省图书馆召开，在此之际，“全国图书馆联合编目中心山东省分中心”举行了隆重的揭牌仪式，国家图书馆副馆长陈力、山东省图书馆馆长王运堂为山东省分中心揭牌。山东省图书馆正式成为全国图书馆联合编目中心山东省分中心。

国家图书馆联合编目中心选择山东省图书馆作为山东省分中心，一是因为山东省图书馆为省馆，是本省的业务龙头，具有地位优势；二是山东省图书馆是全国图书馆联合编目中心首批成员馆，从1998年就开始联机编目的实践，积累了较丰富的联机编目实践经验，锻炼了一支高素质的年轻化专业化队伍，具有人才优势。

全国中心与山东省分中心达成合作协议：山东省分中心在山东省范围内拥有全国联机编目中心的全部中文图书即时数据的经营权，全国中心将对山东省分中心在业务运作、市场拓展、人员培训、技术服务以及山东省分中心的组织管理等方面提供必要的指导和帮助。（王玉梅）

【山东省图书馆成为全国文化信息资源共享工程山东省分中心示范点】 2004年11月13日，全国文化信息资源共享工程山东省分中心示范点在山东省图书馆举行了揭牌仪式。全国文化信息资源共享工程资源建设管理中心主任刘小琴和山东省文化厅副厅长李宗伟共同为该示范点揭牌。

为进一步推动山东省文化信息资源共享工程的工作，山东省分中心按照全国文化信息资源共享工程的建设要求和标准，在山东省图书馆率先筹建了共享工程示范点。该示范点配备了专用服务器、投影机、幕布、计算机10台以及地球同步卫星一级站。该示范点将作为全省文化信息资源共享工程基层点推广和建设、技术人员培训、数字资源加工、各类活动宣传的重要阵地。

到2004年底山东省文化信息资源共享工程在有关部门大力支持和配合下，取得了阶段性成果。成立了以山东省文化厅厅长为组长，省财政厅副厅长和省文化厅分管厅长为副组长的山东省文化信息资源共享工程建设领导小组。各级财政给予经费保障，累计投入专项建设资金2000万元。目前全省建成各级基层点111个，其中省级分中心1个、市级分中心14个、县级分中心49个、城镇社区基层中心33个、乡镇基层中心13个、企业基层中心1个，遍布全省17个地市，形成了全省文化共享工程的服务网络，深入到全省边远以及经济欠发达地区。累计加工地方文献特色资源数据总量达到95GB，其中地方文献4000余种3亿多字，多媒体节目400余个，40万种电子图书。三年来，全省近百万人通过各级分中心和基层点的电子阅览室浏览了优秀文化信息资源，还利用视频影像设备欣赏、观看了免费播放的共享工程电影、双奖好戏等节目。（王彬）

【山东省地方文献中心建成开放】 山东地方文献资料中心成立于2002年底，是山东省图书馆重要的对外服务窗口，拥有相对完善的山东地方文献专藏，设有齐鲁名人文库、中共山东组织史、一山一水一圣人等专藏体系，并收藏有山东地方志、山东史料、齐鲁著述、家谱、报纸、期刊、地图等一大批史料价值高、学术性强的文献资料18000余种，20000余册。中心成立以来，注重山东地方文献的征集和开发利用，先后编制了《毛泽东在山东图片资料集》、《山东暨各市县文史资料目录》、《山东地方文献篇目索引》、《山东历史人物像传》等多种课题，在专题信息服务领域不断开拓进取。

山东地方文献中心通过山东地方文献的收集、整理、典藏、阅览和地方文献专题信息服务，以及地方文献专题展览和讲座等多种形式，为山东及国内外各类读者和信息用户提供服务，在山东省的政治、经济、文化建设中发挥着积极的作用。（孙延清）

【山东省图书馆数字资源加工中心成立】 “山东省图书馆数字资源加工

中心”于2004年12月正式成立。该中心利用当前先进的图文转换技术和信息处理技术，将大量纸介质的馆藏图书、档案资料、缩微胶片转换成计算机可以识别的电子图像和文本，以便于通过网络为广大读者提供在线检索、阅读和利用。中心以全省各图书馆、档案馆、博物馆以及其他文献资料收藏单位所收藏的丰富的文献资料为依托，以推动山东区域信息化建设、实现文化信息资源共享为目标，致力于建设和完善山东区域化的网上文献保障体系，开发和建设山东地方文献信息资源库。

“山东省图书馆数字文献加工中心”定位于山东区域数字化加工平台，拥有先进的数字化加工软硬件设备、规模化的数字化加工车间、完善的流程管理体系。其硬件系统包括70台专用加工工作站、专业化的高速文献、胶片扫描仪等，文献日扫描量可达20万页，全文字符日识别量达50万字。在功能特点上，中心提供原文献处理和复原、高速扫描、压缩存档、全文识别、信息打包、信息发布等功能，充分地满足了文献数字化处理的各种需要。

截至2005年5月，“山东省图书馆数字文献加工中心”累计已扫描馆藏地方文献7500余种、305万页，识别并发布地方文献2372种，4.2亿字。除加工馆藏文献外，中心还将面向社会，为图书馆、档案馆以及其他行业的文献资料拥有者提供全方位的文献数字化加工服务。

【山东地方文献特色资源库建设情况】 山东地方文献是反映山东政治经济历史文化等各方面状况的文献资料。文献的载体形态、表现形式多种多样，内容极其丰富，包括普通图书、非正式出版物、期刊、报纸、论文报告、古籍、金石拓片、地图、乐谱、照片、文物及艺术品、音频资料、视频资料、缩微胶片、文据档案、电子文档、互联网网页等。

山东地方文献特色资源库是以上述不同载体类型的文献为主要处理对象，对山东省地方文献进行全面的数字化加工、转换、网上发布并提供网络检索浏览服务的信息系统。

采用技术及开发平台：山东地方特色文献资源库开发采用当前数字图书馆主流和通用的技术，如采用XML/RDF资源描述语言对数据进行结构化描述；采用UNICODE内码平台及扩展的大字符集，汉字容量达到33000余个，基本上满足了对古籍文献的字符处理要求；具有较好的平台兼容性和多文种支持；采用通用元数据标准DC对资源进行元数据编目；网络发布采用HTML语言；采用Windows/SQL Server平台对系统和数据库进行管理。

资料库包括以下三个功能模块：(1) 数据加工：以文献扫描和半自动化的OCR字符识别为核心，具有完善的文字校对、质量控制和自动化的数据标引功能；通过完善的工作流程和质量控制，OCR识别的误差率控制在万分之三。(2) 元数据编目：半自动化的元数据编目系统，支持多种格式的数据转换和编目。(3) 发布系统：完善的数据发布网站代理，加工好的数据自动上网，具有强大检索功能，元数据级的检索包括对各检索项进行简单检索、组合检索和关联检索；全文检索支持对任意选定内容使用任意检索词进行准确的全文检索，检索具有词关联功能；数据显示则以OCR后的全文文本数据与文献原版图像数据对照显示，既保证原版数据的准确性，又具有文本数据强大的检索功能；具有灵活的用户登陆控制管理功能。

山东地方文献特色资源库涉及的内容包括山东地方资料和山东人著述。包括以下十二个大类：

乡情概览（包括省情综述、各种年鉴、综合参考等）；

方志汇函（包括省志、地区志、专业行业志等）

地方法规（以地域为纲收录山东现行地方法规）

地方历史（包括通史断代史、专史、史料、专题研究等）

文史资料（各级政协编写的文史资料千余部）

党史纵横（山东地方党史的综述、文献、回忆录、研究资料）

海右名士（山东名人传记及相关资料）

文物考古（山东文物、考古发掘、民间收藏等资料）

旅游风物（旅游景点、旅游文化、民间传说、土特名产等）

齐鲁艺苑（美术作品、民间工艺、影视艺术、音乐艺术、地方戏剧、舞蹈、曲艺、杂技、魔术等）

文坛鲁军（山东本地作家作品）

特藏文献（有关山东的古籍善本特藏）。

山东地方文献数据库自2003年6月开始进行开发制作，截至2005年3月，已制作并发布山东地方文献3459种（部），数据总容量72.8GB，基本收录了传世重要的山东地方文献。数据主体按数据类型分为两部分：一为图书、古籍等文字、文本性文献，共2372种，39.5GB，4.2亿汉字。其中包括古代地方志158种，山东各地文史资料933种，人物传记195种，历史考古资料202种，地方法规文件1400余件等。二为视频、音频等多媒体资料417种，33.3GB。其中包括地方戏剧124部，乡土音乐、曲艺、杂技等节目231个，地方旅游等专题资料片37部。（学会秘书处）

【山东省图书馆荣获“山东省职业道德建设十佳单位”荣誉称号】 2004年11月，山东省图书馆在由山东省委宣传部、山东省精神文明办、山东省总工会、山东省经贸委联合举办的职工职业道德十佳单位评选中被评为“山东省职业道德建设十佳单位”并授予“富民兴鲁劳动奖章”。近年来，该馆坚持以“三个代表”重要思想为指导，认真学习科学发展观，大力倡导职业道德建设，服务范围和领域得到了新的拓展，为构建学习型社会，提高公民文化素质做出了应有的贡献。

一、坚持政治思想教育领先，营造积极进取、奋发向上的浓厚氛围。在学习贯彻“三个代表”重要思想的新高潮中，该馆结合实际开展了十六大、十六届三中和四中全会精神的宣传、学习活动。引导职工增强热爱图书馆、珍惜图书馆工作的自豪感和责任感，树正气、谈贡献、赛风格，强化“大馆、新馆、强馆”意识。

二、加强职业道德建设，提高职工综合素质水平和专业服务能力。继续开展职业道德教育，坚持内强素质，外树形象，提高人员素质。通过多种形式培养高素质的管理人才和专业技术精湛的专业技术人才，鼓励职工岗位成材。截止2004年底，该馆在职职工207人，其中大学以上学历136人，高级职称42人，35岁以下人员占总人数的50%以上，形成了一支职业道德规范、专业知识精深的高素质职工队伍。

三、坚持“以人为本，读者至上，服务第一”的理念，努力拓展服务领域深化职业道德理念，为读者提供优质文明服务。在不断提高传统服务项目质量的同时，开展丰富多彩的读者活动。2004年山东省图书馆累计接待读者177万人次，借阅书刊总流通404万册次，组织各类读者活动197次，吸引读者观众27万人次，真正成为了“文化的殿堂，读者的家园，市民的客厅”。

四、加强基础业务和自动化建设，数字化、信息化水平有了显著提高

全面修订了《山东省图书馆文献采选条例》，进一步明确了收藏重点、图书采选指数和采访工作职责，更具操作性。截止04年底馆藏总量达5164870册（件）。“山东省图书馆数字资源加工中心”的成立，标志着该馆数字资源与国家标准的完全接轨，数字容量达到75GB。外购电子图书达42万种。计算机网络建设再上新台阶，计算机网络服务器达30台，小型机两台，网络交换机24台，计算机538台，100MB宽带到桌面。“山东省图书馆信息网络技术研究与应用项目”2004年被评为山东省科技进步二等奖（一等奖空缺）。

五、加强民主化、制度化建设，铸造团结务实、勤奋廉洁的领导班子 馆领导班子成员注重学习先进理论，树立科学发展观，以落实人民群众的文化权益为己任，坚持民主集中制和廉政建设制度，继承和发扬了团结、务实、谦虚、勤俭的工作作风。形成了作风正、业务精、威望高、奋发有为的核心集体。年底党员民主评议时，领导班子成员都得到了较高评价。

该馆职工牢固树立“以人为本，读者至上，服务第一”的宗旨，锐意改革，积极进取，努力拓展服务范围，改进服务方式，更新服务手段，优化服务环境，以良好的职业道德，受到各方面的好评。2004年驻济媒体先后231次报道了山东省图书馆在职业道德建设、优质服务和信息咨询方面的新面貌，使该馆在社会和广大读者中树立了良好形象。

多年来，在山东省委、省政府的关怀和支持下，山东省图书馆各项事业有了突飞猛进的发展，该馆以幽雅整洁的学习环境和灵活多样的方式为广大读者服务，已经进入了最好的发展时期。山东省图书馆正在不断总结经验，深化内部改革，加大管理力度，加强职业道德建设，发扬“省图精神”，促进着全省图书馆事业的发展。（山东省图书馆）

【山东省图书馆外借部被团省委评为“省级青年文明号”】 山东省图书馆中文图书外借部是该馆开展读者服务的重要窗口之一，承担着馆藏图书传播和利用的重要职责，在图书馆开发利用文献资源的工作中处于最基础的位置。2003年该部被共青团山东省委授予“省级青年文明号”称号。

近年来，山东省图书馆中文图书外借部积极参加共青团山东省委开展的青年文明号创建活动，取得了可喜的成绩。围绕“青年文明号”活动，积极开展优质服务，以“优质、文明、规范”为标准，加强读者查询、检索、导读服务，充分满足读者的外借、阅读需求。积极拓展服务领域，开展“送书上门”的特色服务，采取图书流动站的形式，将图书送往部队、学校、企业；关注弱势人群，将流动借阅车开进山东省特殊教育学校，耐心、细心的为残疾学生服务。提供优质服务，拓展自动化服务的内容，为读者提供纸、笔、眼镜、续借电话、提示还书日期的爱心条等物品，努力营造温馨、舒适的借阅环境。开展业务工作评比，加强自身业务学习，提高自身素质，熟悉各窗口的工作流程，全部工作人员具备了转岗，顶岗的多元化工作能力。开展创建“文明服务示范窗口”、人人争当“服务之星”的服务创优活动，提高了读者服务的质量，受到广大读者的好评。积极响应共青团山东省委发出的“困难青工一助一”活动，向高校贫困生提供勤工俭学的机会，积极捐款，响应山东省妇联的“春蕾计划”，救助巨野县女童郭新慧完成小学学业。（山东省图书馆）

【全国文化信息资源共享工程山东省烟台市分中建成开放（烟台图书馆电子阅览室）】 2002年山东省公共图书馆馆长联席会议后，烟台图书馆认真学习、贯彻国家文化部和山东省文化厅的有关文件，充分认识全国文化信息资源共享工程在传播社会主义先进文化、巩固基层文化阵地、提高城乡公众素质和促进经济社会发展等的重要作用。烟台图书馆一是，多次向市政府分管领导同志和市文化局汇报，积极争取市财政部门的大力支持；于2003年，在市财政局拨款支持下购进两台高性能服务器。二是，面向社会寻找合作单位，解决资金不足的困难。2003年秋，烟台市文化局举办烟台市首届“公益文化项目推介会”，烟台图书馆积极响应“公益文化社会办、办好文化为社会”的号召，抓住有利时机，把文化共享工程烟台市分中心的建设作为市图书馆向社会推出的10个合作项目之一，在烟台市文化局举办的“公益文化项目推介展”上，通过10余幅大型宣传看板和烟台市文化局编印的“公益文化项目推介书”向社会进行广泛宣传、介绍。经过努力，2003年10月，烟台图书馆与烟台市电子工业科学技术研究所签订合作协议，共同建设和管理文化共享工程烟台市分中心（烟台图书馆电子阅览室）。同年12月18日，全国文化信息资源共享工程山东省烟台市分中心（烟台图书馆电子阅览室）向社会开放，烟台市文化局领导同志为之揭牌。

文化共享工程烟台市分中心位于烟台图书馆东附楼一层（二层为学术报告厅），建筑面积近400平方米，水、电、暖和消防及卫生设施齐全，东西两门直接对外。该中心设有上网阅览座位86个，有高配置微机87台，以10兆独享宽带光缆接入国际互联网，使用容量为2T的高性能曙光服务器，局域网采用美萍网管大师管理软件及IC卡网星管理系统。该中心筹建和发展期间，烟台图书馆多次到山东省图书馆拷贝文化共享工程各类影像数字资源，已达400G。2004年底，又建成单向卫星三级站，期间山东省图书馆及其研究辅导部、技术部给予了无私的帮助。

该中心现依托全国文化信息共享工程的数字资源和烟台图书馆购置的“书

生之家”数字图书馆的17万种电子图书及各类网络资源，全年365天开放，每天14小时，为广大读者提供比较全面的上网服务，努力发挥着公共图书馆作为社会主义先进文化窗口的作用。该中心在服务上，强调以读者为中心，体现公益性原则，收取工本费。设置读者休闲区，设置“纵横书海、e览无余”等大型读书宣传板，着力营造良好的上网阅览环境。在管理上，一是公开文明服务公约、文明读者公约和电子阅览室管理制度，工作人员和读者自觉遵守、相互监督。二是按照《互联网上网服务营业场所管理条例》，严格禁止浏览、传播反动、迷信、色情、暴力及扰乱社会秩序等内容的信息，严格禁止未成年人入内，严格禁止超时服务。

烟台图书馆和烟台市电子工业科学技术研究所共同建设和管理文化共享工程烟台市分中心，是公益事业与科研企业的合作，实现了优势互补，在传播先进文化上形成了合力，产生出合作双方和广大读者多方受益的共赢局面，该中心已接待读者10余万人次。这种建设模式已为烟台市的牟平区图书馆、莱州市图书馆和莱阳市图书馆所效仿，先后建立起各自的文化共享工程基层中心。（苏洪泰）

【青岛市图书馆推出“知识与学习”半月一讲活动】 为贯彻落实青岛市委市政府建设学习型城市的号召，培育城市精神文明，充分发挥图书馆传播先进文化的功能，不断满足广大读者获取多种知识的需求，努力打造图书馆文化服务品牌，青岛市图书馆推出了“知识与学习”半月一讲活动。

青岛市图书馆“知识与学习”半月一讲已经与市委组织部的“每月一讲”、工人文化宫的“每周一讲”成为岛城三大特色讲座。其中“每月一讲”面对的群体是市直机关、企事业单位的领导干部，“每周一讲”面对的群体是工厂的工人，而我馆的“半月一讲”则面向更广泛的市民读者，将“每周一讲”的内容和优势进行了更大规模的开掘与发挥。

“知识与学习”半月一讲每半个月的周六下午举行一次，主讲人以本地专家学者为主，不定期的邀请全国知名专家学者来青举办讲座，涉及国际形势、文学欣赏、历史建筑、城市规划、经济技术、卫生健康、社交礼仪、青岛城市发展等广泛而丰富的内容。为增加讲座的实用性，图书馆还打破行业界线，与相关的企事业单位合作，举办了数场有关英语学习和职业技能培训的讲座。由于讲座始终紧密联系社会发展进程，及时组织各界专家、学者举行演讲、专题报告，解答社会发展进程遇到的重大问题，得到了广大读者的好评，获得了良好的社会效益。2003－2004年我馆共举办讲座51场，听众达9762人。《青岛日报》、《青岛早报》、《青岛晚报》、青岛电视台、青岛广播电台等十几家媒体对讲座进行了近百次的跟踪报道。2003年在青岛市市委宣传部、市文化局、青岛日报报业集团和青岛市广播电视局联合组织的市民最喜爱的文化活动评选中，“知识与学习”半月一讲从近5000项的候选活动中脱颖而出，被评为青岛市民喜爱的百项文化活动之一。

“知识与学习”半月一讲活动的举办，将“听讲座”纳入到城市公共文化设施的职能建设中，拓宽了图书馆服务领域，延伸了图书馆的教育功能，使青岛市图书馆真正成为岛城公众的“城市教室”，让更多的市民真切的贴近科学发展的前沿，感受到社会前进的脉动，得到了充分的知识共享。（青岛市图书馆）

【青岛市图书馆开展“学快乐外语，迎激情奥运”外语沙龙活动】 随着我国改革开放的深入，特别是我国加入WTO，成功申办2008年奥运，外语学习成为一大社会热点，对于外语的掌握也随之变得越来越重要。作为承担着社会文化宣传与全民教育职责的公共图书馆而言，如何抓住这一时机，为读者提供适应形势与需求的相应服务，已成为新时期工作的重点。青岛市图书馆作为提供外语学习与外文书刊资料利用的场所，其重要地位日益凸现。为了迎接奥运，推动城市建设步伐，青岛市图书馆于2003年创办了以迎奥运、学外语、求发展为主题的“学快乐外语，迎激情奥运”外语沙龙公益活动。

青岛市图书馆“学快乐外语，迎激情奥运”外语沙龙活动旨在提高广大市民的文化素质，加强中外之间的文化等方面的交流，为市民创造一个良好的中外交流和知识交流的场所，营造市民学习外语的良好的环境，同时也打造青岛市图书馆特色服务的品牌，使青岛市图书馆成为全市外语活动的基地。

在每次举行的外语沙龙公益活动中，青岛市图书馆工作人员高标准严要求，树立品牌的服务理念，注重把握时代脉搏，抓住市民关心的热点，努力给市民创造出一个身临其境、生动活泼、互动沟通的氛围，并通过提供学、说外语的机会来丰富广大市民的人生。

在2003－2004年举办的“学快乐外语、迎激情奥运”外语沙龙公益活动中，青岛市图书馆邀请了中外籍教师参加，采取了讲座、口语竞答、中外友人互动直面交流、讨论等多层次多角度的形式，每场的主题内容丰富新颖、品位高雅有趣，例如：《西方文化与中国文化的差异》、《奥运会在中国、在青岛》、《一个外国人在中国的经历》等。老师的妙语演讲，市民激情大胆的发言及精彩的辩论，常常使外语沙龙活动的气氛非常热烈。这一活动为广大市民提供了良好的语言学习环境、语言技巧提高平台和外语风采展示机会。每次沙龙活动媒体提前给与报道，每场活动的人数均在百人以上。青岛市图书馆在举办“学快乐外语，迎激情奥运”外语沙龙公益活动的同时，也适时进行了对参加外语沙龙活动的读者调查，读者的反馈中充分肯定了此项活动，希望图书馆利用自身优势，继续打造这一特色服务品牌，让外语爱好者有一个开口说练外语的场合，以提高语言沟通能力和交际能力。

青岛市图书馆举办的“学快乐外语，迎激情奥运”外语沙龙公益活动，在青岛市委宣传部、青岛市文化局、青岛市报业集团、青岛市广播电视局组织的由青岛市民评选的“2003年市民喜爱的文化活动”中榜上有名，深受市民的欢迎。（曲玲）

【济宁市图书馆成功推出“济宁市通用借书证”】 为了使济宁市各图书馆之间实现文献资源的共建共享，解决图书馆经费不足的困难，提高资源利用率，向广大社会公众提供更为丰富、充分的文献信息资源，进一步推动全民读书活动的开展，济宁市图书馆、曲阜师范大学图书馆、济宁医学院图书馆和济宁师专图书馆作为首批试点单位，联合制定了《济宁市通用借书证管理办法》，于2003年底前面向全市社会各界群众开办了“济宁市通用借书证”业务。（济宁市图书馆）

【济宁市图书馆实施“知识工程”活动取得新成果】 2003年12月底在济宁市第八届农民文化艺术节期间，由济宁市“知识工程”领导小组各成员单位联合下发了《关于继续实施“知识工程”、开展向基层捐赠图书活动的通知》。该馆组织精干力量，深入市直各部门、各企事业单位进行宣传发动，共计接收捐书2.8万册，捐款近3万元。随后，从捐赠图书中精心挑选了2300余册图书，于2004年5月27日和5月31日分别为汶上县刘楼乡李大庄村和金乡县高河乡马庄村建起了村级图书室，有力配合了当地包村工作的开展，深受农民群众的欢迎。此外，在本届农民文化艺术节闭幕式上，对济宁供电公司、济宁供水集团总公司等15家实施“知识工程”先进单位进行了通报表彰。（济宁市图书馆）

【济宁市图书馆积极创建社区、学校图书流通站】 为贯彻落实“三个代表”重要思想，大力加强社区文化建设，创建“文明社区”和“学习型社区”，充分发挥公共图书馆的社会教育功能，该馆分别在济宁市中区的粉莲街社区、洸河花园社区、鸿顺花园社区建立了3处社区图书流通站，为社区居民接受“终身教育”和开展健康高雅的休闲娱乐活动提供了便捷服务，满足了居民多层次、多样化的精神文化需求。同时，积极配合加强未成年人思想道德建设活动，在常年坚持为周边学校开辟“第二课堂”的基础上，进一步扩大服务范围，先后在济宁市十二中小学部和洸河小学建立了学校图书流通站，为丰富活跃在校学生的课余文化生活提供了精神食粮。并于2004年12月下旬，分别在这两所学校举办了“好书伴我成长”读书演讲比赛。（济宁市图书馆）

【潍坊市图书馆“知识拥军”】 潍坊市图书馆拓展服务范围，支持部队开展读书活动，先后在驻潍部队建立了8个“潍坊市图书馆拥军分馆”，在分馆共设置各类图书1.5万册。定期更换图书，做到常换常新。济空驻潍部队还荣获“全军读书活动先进单位”。中央电视台新闻联播和军事报道栏目先后播放该馆的知识拥军事迹。（王希兆）

【潍坊市图书馆继续教育硕果累累】 潍坊市图书馆注重提高全市专业人员的整体素质，每年精心组织全市各级图书馆（室）所有在职专业技术人员的继续教育培训，效果显著。2003和2004年度分别以“图书馆与信息技术”、“文献信息开发工作”作为培训课题，采取学员自学和集中面授辅导相结合的学习方式进行，每年培训人数都在230人以上，这已成为加强全市专业技术人员队伍建设的一项重要内容。另外，潍坊市图书馆与河北大学联合举办研究生课程进修班，24名学员已于2004年7月顺利结业，为图书馆领域培养了一批高层次的专业人员。（林娟）

江苏省

【全省图书馆馆长论坛召开】 2004年11月江苏省图书馆学会与省高校图工委联合举办的“全省图书馆馆长论坛”在南京理工大学图书馆召开，公共馆、高校图书馆馆长和代表60人参会。省市县公共馆和高校馆馆长和专家8人在会上作了学术报告，会议还邀请了台湾大学图书馆副馆长林光美女士做了“关于图书馆营运管理的若干课题”学术报告，交流和探讨了新世纪图书馆管理与服务的创新。（王学熙）

【全国少年儿童图书馆建设理论研讨会】 2004年学会精心组织了全国少年儿童图书馆建设理论研讨会，会议由中国图书馆学会、江苏省图书馆学会和扬州市关心下一代工作委员会主办、扬州市少儿图书馆承办，同年5月19日–22日在扬州市召开。会议宗旨是：交流近年来全国少年儿童图书馆建设的经验，探讨新世纪少年儿童图书馆建设的新途径。来自全国十七个省（市、区）的代表120余人参加会议。这次全国性少儿图书馆建设理论研讨会收到了来自全国图书馆界的专家和同仁的学术论文400余篇，结集出版了《发展中的少儿图书馆建设》（上、下卷），全书共70余万字，充分展示了近年来全国少儿图书馆工作的新经验和少儿图书馆建设理论研究的新水平。（王学熙）

【第一、二届苏中地区图书馆发展战略研讨会】 2003年8月与2004年11月，江苏省图书馆学会与泰州市图书馆学会、南通市图书馆学会联合主办第一、二届苏中地区图书馆发展战略研讨会。扬州市、泰州市和南通市公共、高校等系统的200多名图书馆工作者参加了会议。在第一届苏中地区图书馆发展战略研讨会上，特邀江苏省社会科学院院长助理王东生作了《发展文化，推动苏中发展》的学术报告；在第二届苏中地区图书馆发展战略研讨会上，特邀国际图联执委、上海图书馆馆长吴建中作了题为《图书馆管理的热门话题》的学术报告。两次研讨会共收征文283篇。（王学熙）

【长江三角洲城市图书馆发展论坛】 为促进长江三角洲地区图书馆事业与经济、社会的同步发展，探索世界级城市圈图书馆合作发展新模式，构建长三角城市图书馆共同发展平台，江苏省图书馆学会与上海市图书馆学会、浙江省图书馆学会倡导发起首届“长江三角洲城市图书馆发展论坛”，共同探讨将图书馆情报信息科学理论与长三角区域经济一体化的实践密切结合起来，逐步建立具有鲜明特点的中国式城市图书馆服务体系的重要问题。首届“长江三角洲城市图书馆发展论坛”共收到学术论文183篇，其中江苏提交论文87余篇，占总数的47.5%。共有31篇论文获奖，其中一等奖3篇，二等奖9篇，三等奖19篇；提交和获奖论文数均列第一。（王学熙）

浙江省

【概况】 2003～2004年浙江省公共图书馆事业持续快速发展，图书馆的硬件设施、服务质量和管理水平都有了更大的改善和提高，并进一步巩固了省、市、县三级公共图书馆网络。至2004年底，我省共有公共图书馆84个，包括省级图书馆1个，副省级城市图书馆3个，市级图书馆11个，县级图书馆69个，其中馆舍新建在建22个。全省公共图书馆馆舍总面积35.9万平方米，总藏量已达2087万册，2004年新购藏量116万册。全省文化信息资源共享工程服务点已设置673个。全省公共图书馆从业人员1999人，其中高级职称126人，中级职称585人；总流通1232.69万人次，书刊文献外借1098.65万册次，为读者举办各种活动13475次，参加活动人数162.15万人次。

浙江省高校图书馆近年来以超常规模发展，其规模与内涵与前些年已不可同日而语。仅据2004年统计，全省高校图书馆馆舍总面积已达101.72万平方米，另有在建馆舍面积22.32万平方米。文献累积总量达3862.97万册，当年购置中外文书442.65万册。2004年读者总人数为67.5万人次。全省高校图书馆从业人员为2027人，其中具备大专文化以上的职工有1931人，具备高级职称的人员317人。

2003年10月，几经调研，反复修改的《浙江省公共图书馆管理办法》正式出台，意味着浙江省公共图书馆事业在历经数十年的发展后，已正式纳入政府法规管治的体系当中，它的生存与发展第一次获得了法律保障。全省公共图书馆和各级文化主管部门对此积极宣传，努力实施。

根据中央和省的文化事业单位改革试点精神，浙江图书馆作为全国和省内第一个公益事业单位的图书馆改革试点进行了改革尝试。省委书记习近平为此专程到浙江图书馆调研，给予积极鼓励。2004年初，在摸底核查、调研准备的基础上，以人事制度和分配制度为重点的改革试点工作正式展开。改革实施过程中，群众对差额竞聘馆领导副职的参与度达到98%，参加中层干部竞聘的人数占全馆职工的25%，通过双向选择实现部门内和跨部门流动的职工达到参加人数的57%。馆内建立了干部能上能下的竞聘机制、职工双向选择和竞争上岗的机制和以岗定酬的九级分配激励机制，创造了良好的竞争环境，增强了图书馆的活力。

全省公共图书馆文献信息共建共享的工作进一步深入展开，19家公共图书馆签订《浙江省公共图书馆文献信息资源共建共享采购协作意向书》，28家公共图书馆签订《中文图书联合馆藏目录数据库合作协议书》，已完成全省中文图书联合目录、联合馆藏数据库系统平台的建设。省文化厅委托举办了全省标引编目培训班，学员均取得了省文化厅颁发的上载编目员证书，为实现全省书目数据共建共享打下基础。在此同时，全省图书馆界积极落实省文化厅和省财政厅《关于实施全省文化信息资源共享工程的通知》有关要求，完成了全国文化信息共享工程浙江省中心系统的建设，初步建成省文化信息资源共享工程网站，积极开展基层网点建设的技术服务工作，2003－2004年共扩展120余个基层点，累计全省已达201个。全省图书馆界在资源共享的方面也跨出了新步伐。浙江图书馆、浙江大学图书馆和浙江省科技信息研究所联合开设了“浙江省文献信息导航网”，通过网络对读者提出的文献利用方面的问题进行指导、咨询，颇受欢迎。

浙江省高等学校图书馆工作委员会在2003年5月组建了浙江省高校文献资源建设协调委员会，着力解决数字资源的购置与利用的问题。经过努力，浙江省高校采用数字资源建设联盟的方式解决了数字资源共建共享中所遇到的主要矛盾，全省近一半的高校从中受益。2003年9月，由武汉大学主办，浙江省高校图工委承办，二年制的武汉大学图书馆学专业研究生课程进修班开学，省内高校、公共馆和科研部门的在职工作人员以及上海、江西等外地学生共44人参加学习。

两年来，浙江省高等学校图书馆工作委员会在适应高等教育事业的快速发展、强化高校图书馆建设、着力巩固浙江省高校文献资源保障体系，尤其是数字资源的保障方面，付出了极大的努力。（王效良）

【李岚清副总理视察浙江图书馆南浔嘉业藏书楼】 2003年1月4日，国务院副总理李岚清在浙江省委书记、代省长习近平，省委副书记、常务副省长吕祖善，省委常委、秘书长张曦，湖州市委书记杨仁争，市长黄坤明等的陪同下视察了座落在浙江湖州南浔镇上的浙江图书馆嘉业藏书楼及其附属景点，希望南浔镇以申报世界文化遗产为契机，加强对古镇和藏书楼等历史文化遗产的保护和修复。（王效良）

【浙江省暨杭州市“文化信息进社区”活动启动】 2003年1月26日，浙江省暨杭州市“文化信息进社区”活动启动仪式在杭州市下城区朝晖街道稻香园社区举行，这次活动由省文明办、省文化厅、省财政厅和杭州市文明办、文化局、财政局联合组织举办，是全国“文化信息进社区”启动仪式的组成部分。省委宣传部副部长、省文明办主任徐令义到会讲话，省文化厅副厅长沈敏主持了启动仪式。浙江图书馆副馆长刘晓清及省市财政、科技等部门负责人出席启动仪式。启动仪式上，介绍演示了共享工程文化信息资源，参加仪式的社区居民观看了艺术欣赏片此次活动拉开了全省文化信息进社区、进乡镇的序幕。（吴苻）

【浙江省委书记、省人大常委会主任习近平视察浙江图书馆】 2003年7月15日上午，浙江省委书记、省人大常务委员会主任习近平在省委秘书长张曦、宣传部长陈敏尔、副省长盛昌黎、省文化厅厅长杨建新等领导的陪同下，就深化文化体制改革，推进文化大省建设到浙江图书馆考察调研。习近平书记先后考察了目录大厅、自修室、中文现刊阅览室、中文社科图书借阅室、中文自科图书借阅室、中文文学图书借阅室、外文图书借阅室、采编部和多媒体视听室。在途中，习近平书记边走边听取了馆长程小澜对浙江图书馆情况的介绍，不时提出问题询问。习近平书记在视察过程中，了解了浙江图书馆目前正在准备的体制改革试点工作情况和今后的发展设想，亲切询问在改革中还有哪些问题需要研究解决。当他得知浙江图书馆新馆开放后已接待750多万读者，开展各种读者活动600多场次，图书馆座位供不应求时表示满意。在考察结束时，习近平书记对浙江图书馆的工作给予了充分的肯定，认为管理有方法，工

作有成效，他说："我今天看了一个很好的馆，希望通过改革能好上加好！"（吴荇）

【浙江省文化信息资源共享工程建设现场会在杭州召开】 2003 年 7 月 15－16 日，全省文化信息资源共享工程建设现场会在浙江图书馆举行。省文化厅厅长杨建新、副厅长金庚初、原副厅长沈敏，省财政厅教科文处处长王俭，省电信有限公司副总经理马益民，杭州市文化局局长陈建一等出席会议。会上，杨建新就统一思想、提高认识，作好会议精神的汇报、传达、贯彻，狠抓落实，推进工程建设作了强调。金庚初在会上作了题为《抓住机遇谋发展，振奋精神抓落实》的主题报告，报告就认真贯彻落实全国文化信息资源共享工程2003 年工作部署电视电话会议精神、落实省政府《关于加强基层文化建设的若干意见》（浙政发［2002］17 号）有关要求，抓住机遇，与时俱进，切实推进我省的共享工程建设的问题，作了明确的要求。会议印发了《浙江省文化信息资源共享工程布点计划》，规划 2003 年至 2005 年，在全省建成 11 个市级分中心，440 个基层中心。同时对《浙江省文化信息资源共享工程管理办法》、《浙江省文化信息资源共享工程资源建设方案（第一期）》两个草案进行了讨论。各市文化、财政、电信部门分管领导、市级分中心负责人和基层中心代表共计 120 余人参加会议。（吴荇）

【《浙江省公共图书馆管理办法》颁布实施】 《浙江省公共图书馆管理办法》（以下简称《办法》）经省政府第 9 次常务会议审议通过，于 2003 年 10 月 1 日起施行。这部地方政府规章的制定，是我省文化事业领域法制建设的又一重要成果，它标志着我省公共图书馆事业进入了依法管理的新阶段，对新时期我省公共图书馆事业的发展具有重要的意义。为配合《办法》的颁布施行，让更多的读者认识图书馆、了解图书馆、利用图书馆、支持图书馆事业，在浙江省文化厅的部署下，2003 年 9 月 25 日—10 月 1 日举行了《办法》法制宣传周活动。9 月 29 日，省政府法制办立法二处处长张定富、省文化厅社文处副处长王森在浙江图书馆报告厅分别作了"《浙江省公共图书馆管理办法》有关内容讲解"、"创建学习型社会和人的全面发展"的报告。9 月 30 日，由浙江省人民政府法制办和浙江省文化厅联合召开了《办法》新闻发布会。10 月 1 日，浙江图书馆广场举行大型宣传活动。有数千份《办法》分送读者，图书馆的专家在现场接受咨询。浙江图书馆同时举行《办法》知识有奖竞答。10 月 10 日，由《中国文化报》和浙江省文化厅联合主办，浙江图书馆承办的"我与图书馆"征文活动在《中国文化报》刊登信息，征文截止期 11 月 30 日，届时将对应征论文进行评优活动。（吴荇）

【浙江图书馆日本栃木文库开库】 2003 年 10 月 27 日，浙江图书馆日本栃木文库开库仪式在浙江图书馆举行，浙江图书馆馆长程小澜、日本栃木县知事福田昭夫为栃木文库揭库，省外办副主任王晓峰等领导出席仪式。浙江图书馆馆长程小澜在开库仪式上表示："栃木文库开库标志着浙江图书馆与栃木县的友好交流揭开了新的序幕，为浙江人民了解栃木，了解日本打开了新的窗口，同时作为纽带，将进一步加强与日本栃木县图书馆界的交流与合作，互相学习，增进友谊，共同为图书馆事业的繁荣与发展作出贡献！"福田知事也致了答词："今天'栃木文库'得以设立，感到欣慰和高兴。作为交流，感谢浙江图书馆赠送的 100 册图书，我们将特别加以珍惜与保管，把受赠书作为'浙江文库'向县民公开开放"。仪式结束后，福田知事一行参观了"栃木文库"。（吴荇）

【浙江大学人文学院信息资源管理系成立】 2003 年 11 月 15 日，浙江大学人文学院信息资源管理系成立，叶鹰任系主任，傅荣校、李超平任系副主任。浙大副校长冯培恩、北京大学信息管理系李国新教授、上海图书馆学会金晓明秘书长等出席了会议。浙江省高校各图书馆、浙江图书馆、浙江省科技情报所等单位的领导到会祝贺。南京大学等 10 家信息管理系发来贺信。原浙大历史系图书馆专业班的老教授、专家以及图书馆专业的学生 300 余人参加了成立仪式。浙江大学的图书、情报、档案专科及本科教育已有 20 年历史，2003 年上半年，浙江大学对图书馆学和档案学两个本科专业进行整合，设立了新的信息资源管理专业，于 11 月 15 日正式成立了信息资源管理系。浙江大学信息资源管理系现有信息资源管理和电子政务两个本科专业方向、情报学和档案学 2 个硕士点，以图书－情报－档案一体化教学科研为特色。（吴荇）

【首届天一阁中国藏书文化节在宁波举行】 2003 年 12 月 8 日上午，"首届天一阁中国藏书文化节"在我国现存最早的民间藏书楼天一阁拉开帷幕，"中国现存藏书楼陈列"同时正式对外开放。首届天一阁中国藏书文化节包括三项学术性活动、四项陈列展览活动、二项群众性活动，有"中国现存藏书楼陈列"、"秦秉年先生捐赠文物仪式及展览"、"中国藏书文化学术研讨会"、"中国现存藏书楼联谊活动"、"中国藏书票展"、"中国藏书票知识讲座"、"《天一阁文化研究丛书》首发及赠书仪式"、"藏书文化知识游园竞猜"等项目，内容丰富、形式多样，既具有较高的学术性，又有广泛的群众参与性。12 月 8 日下午召开了"中国藏书文化学术研讨会"，来自京、津、沪、宁等 10 余个省市的 40 余位我国藏书文化研究专家汇聚宁波饭店，共同研讨中国藏书文化的现在和未来。同时举办的"中国现存藏书楼联谊活动"就中国藏书楼的保护现状和管理方式进行交流。（吴荇）

【浙江图书馆改革试点工作稳步推进】 浙江省作为全国文化体制改革综合试点省，浙江图书馆作为省文化厅厅属纯公益性事业单位改革试点单位，改革工作稳步进行。2003 年 12 月 29 日，浙江图书馆领导班子成员民主评议和考核测评会在集体视听室举行，省文化厅副厅长金庚初、社文处处长尤炳秋到会讲话，浙江图书馆职代会代表、中层以上干部近 70 人参会，馆主要领导程小澜、应长兴作了述职报告，其余馆领导提交了书面报告。会上对领导班子成员进行了现场民主测评。2004 年 2 月 12

日，省文化厅人事处处长赵和平、副处长楼如松、朱海闵来浙江图书馆，对馆领导班子民主测评意见逐个进行了反馈。2月16日，浙江图书馆召开全馆职工大会，举行馆长聘任仪式。厅长杨建新向程小澜同志颁发馆长聘书，并对其如何当好馆长提出了五点要求。接着，杨建新就浙江图书馆作为厅属纯公益性事业单位改革试点，向全馆职工作了全面系统的动员。杨建新指出：要将改革与单位的发展目标紧密结合起来，改革的决心要坚定，措施要稳妥；要充分相信群众，最大限度地调动全馆同志的积极性，使大家都来做改革的促进派；要注意发挥党、政、工、团多方面的作用；要注意总结和积累改革试点的经验，以社会效益来检验改革的成果。杨建新还就改革工作的具体部署提出了明确要求。2月19日，浙江图书馆聘任副馆长工作全面开始。2月26日，由本人自荐、群众推荐和法人代表提名，馆改革领导小组审议通过的5位副馆长竞聘候选人名单公之于众。经全馆工作人员民主投票和上级考察，3月4日，应长兴、刘晓清、贾晓东、徐洁4位副馆长人选确定，由馆长予以聘任。接着又进行中层干部的竞聘和职工双项选择聘任等有关工作。浙江图书馆改革试点工作于5月底全面完成。（吴苻）

【“2004澳门图片展”在浙江图书馆举行】 2004年4月26日下午，“2004澳门图片展”在浙江图书馆开幕。澳门特别行政区行政长官何厚铧、经济财政司司长谭伯源、立法会副主席刘焯华，浙江省委书记、省人大常委会主任习近平，省委副书记、省长吕祖善，省委常委、秘书长张曦和中央人民政府驻澳联络办副主任何晓卫等为开幕式剪彩。澳门特区社会文化司司长崔世安、浙江省副省长钟山分别致辞。图片展形象生动地反映了澳门回归祖国以来在经济社会发展等方面取得的巨大成就，介绍了澳门丰富的旅游资源和蓬勃发展的旅游业。在开幕式上，身着鲜艳服装的澳门演艺人员表演了具有澳门特色的舞蹈。澳门特区政府代表团、旅游代表团全体成员和浙江省有关部门负责人参加图片展开幕。（吴苻）

【海宁图书馆举办诞辰100周年系列纪念活动】 2004年5月17—19日，海宁图书馆举办诞辰100周年系列纪念活动。纪念活动包含了海宁图书馆100周年诞辰庆典仪式、海宁藏书文化研讨会、海宁图书馆百年馆史暨馆藏书画展、海宁图书馆百年纪念书画邀请展等活动。著名专家学者南开大学来新夏教授、徐建华教授、南京大学徐雁教授、浙江省社科院研究员顾志兴、浙江图书馆研究员李性忠、袁逸等参加藏书文化研讨会等活动。（吴苻）

【“我与图书馆”全国征文评奖揭晓】 2004年6月，由中国文化报、浙江省文化厅联合主办的“我与图书馆”全国征文评奖揭晓。从2003年10月1日至11月31日，在二个月的征稿过程中，共收到征文近千篇，作者来自全国29个省。参赛者中有大学教授、作家、科技工作者、军人、大中学生、机关干部、图书馆工作人员，还有不少工人和农民朋友。来稿内容丰富，形式多样，有散文、小小说、诗歌，还有创新风格的网络版作品，角度新颖、独特，富有浓厚的时代气息。由文化部社图司、中国文化报社和浙江省文化厅、浙江图书馆等有关领导和专家组成的评委团，对来稿认真遴选，兼顾内容、文笔、体裁等标准，共评出一等奖6名，二等奖16名，三等奖30名，优秀奖80名。这次征文活动的部分获奖文章，在《中国文化报·社会文化》和《中国文化报·钱江潮》上陆续刊登；获奖征文汇编成书《书海听涛》正式出版。（吴苻）

【中国图书馆学会第二届青年学术论坛在绍兴市举行】 2004年11月6-8日，由中国图书馆学会主办、绍兴图书馆承办的中国图书馆学会第二届青年学术论坛在绍兴市举行，来自全国26个省（市、自治区）的82位代表到会。华东师范大学信息系主任范并思教授，南开大学图书馆系主任、南开大学图书馆副馆长、博士生导师柯平教授，北京大学信息管理系党委副书记、信息传播研究所所长李国新教授，中国科学院文献情报中心副主任、孙坦研究馆员，上海图书馆党委副书记王世伟教授，武汉大学图书馆学系主任、博士生导师王子舟教授，浙江大学信息资源管理系主任、信息资源管理研究所所长叶鹰教授，北京大学信息管理系张广钦副教授等专家学者到会担任报告人、主持人及专家点评。文化部社会文化图书馆司副司长刘小琴、浙江省文化厅副厅长金庚初、浙江省图书馆馆长程小澜等出席了开幕式。中国图书馆学会副理事长、中国科学院文献情报中心研究馆员徐引篪致开幕辞。此次青年学术论坛的主题是：新青年、新理念、新秩序——知识传播与图书馆变革。在主旨讲坛和专题论坛上，专家和青年馆员论辩结合，互相交流，思想交锋时有出现，场面极为活跃。与会人员还饶有兴致地参加了在兰亭的“曲水流觞”，大家吟诗品酒，泼墨挥毫，抒发豪情，集成《新兰亭雅集》；在咸亨酒店，围绕“图书馆可以经营吗?”正方、反方唇枪舌剑，展开“绍兴夜话”大辩论。（吴苻）

【第二届杭州市“藏书·读书”家庭评选活动】 2004年5月-8月，由杭州市委宣传部、市精神文明办等主办，杭州图书馆承办的第二届杭州市“藏书·读书”家庭评选活动启动。主题为“让书香飘满杭城”，活动设立“十大书香人家”和“十大藏书人家”两个奖项。其中“十大书香人家”要求藏书量在2000册以上，藏书的利用率较高，且有一定的读书成果；“十大藏书人家”要求藏书量在3000册以上。11月19日，评出了杭城“十大书香人家”与“十大藏书人家”，颁奖仪式在杭州少儿图书馆举行。中共浙江省委常委、杭州市委书记王国平为“书香人家”与“藏书人家”奖牌题字。（吴苻）

【嘉兴图书馆举行百年庆典活动】 2004年12月6日，嘉兴图书馆举行百年庆典活动，文化部社会文化司副司长刘小琴，省文化厅副厅长金庚初等出席庆典。庆典活动包括“嘉图百年馆史资料展”、“馆藏嘉兴珍贵地方文献展”、“图书馆与中国社会进步”专家学者演讲会、江浙沪城市公共图书馆馆长座谈会等。在庆典活动现场，朱尚刚先生向图书馆捐赠了嘉兴藉著名文学家朱生豪生前的全部信件。1904年，嘉兴的仁人先贤捐书集款，创立了“嘉郡图书馆”，成为全国最早的公共图书馆之一。今天，嘉兴图书馆藏书已达57万册，年接待读者超过65万人次，已发展成为一个现代化的图书馆。（吴荇）

【第二届天一阁中国藏书文化节举行】 2004年12月8—14日，第二届天一阁中国藏书文化节在宁波举行。本届藏书文化节以“天一阁与宁波城市精神”为总主题，有天一阁论坛“文化与城市精神”、《天一阁文丛》首发仪式暨座谈会、校园读书藏书活动开幕式暨中国雕版印刷工艺展、“我与天一阁”征文系列活动——现存藏书楼寻访活动、“相伴一生、受益永远——2004社科·文学图书联展”、宁波市民读书·藏书活动、2004年度我最喜爱的十本书评选等系列活动。文化节还开设了“天一阁中国藏书文化节”专题网站，对天一阁论坛“文化与城市精神”，中国雕版印刷工艺展开幕式、《天一阁文丛》首发仪式暨座谈会等活动进行现场网络直播。（吴荇）

【《嘉业藏书楼》画册首发式暨纪念嘉业藏书楼八十周年诞辰座谈会】 2004年12月26日，《嘉业藏书楼》画册首发式暨纪念嘉业藏书楼八十周年座谈会在浙江图书馆隆重举行。浙江省政协副主席李青、省文化厅厅长杨建新、副厅长金庚初，省社联党组副书记蓝蔚青等领导与专家学者共70余人参会。为了纪念嘉业藏书楼建成八十周年，浙江图书馆专门编辑出版了本画册，杨建新厅长专门为画册作序，国家图书馆馆长、著名学者任继愈先生题写了书名。画册的编撰注重了资料的挖掘，力求新意。比如收入画册中的一些民国初年的旧照片，非常珍贵，也有史料价值，是这次新发现的；对刘承干的藏书印，过去有研究者作过收集，不过二十多方，编撰者翻阅了众多嘉业藏书楼的藏书，又从中梳理增添了三十多方；顾廷龙、郭仲选、谭建丞、朱恒等先生题赠嘉业藏书楼的书画，过去也少为人知，这次一并收入。座谈会上，专家、学者各抒己见。浙江图书馆学术委员会主任李性忠同志介绍了《嘉业藏书楼》画册的编撰过程。省文化厅厅长杨建新发表重要讲话。浙江图书馆事业发展研究所所长林祖藻同志汇报了八十年来嘉业藏书楼历史及发展保护情况，嘉业藏书楼管理部主任郑兴宝同志介绍藏书楼目前运作情况。（吴荇）

安徽省

【概况】 近两年来，全省图书馆事业在馆舍规模、业务建设、读者服务以及自动化数字化建设等方面都得到了全面快速发展。截至2004年底，全省公共图书馆有85所，其中省图书馆1所，省辖市及地级图书馆11所，县级（含县级市馆和区馆）71所，市级少儿图书馆2所，新建淮南市潘集区图书馆1所。2004年全省公共图书馆馆舍建筑面积14.38万平方米，阅览室坐席10984个，购书经费655.8万元，总藏书量813万册（件），总流通人次419.4万，从业人员1219人，其中高级职称75人，中级职称308人。

随着现代通信技术和计算机网络技术的发展，各级政府对公共图书馆投入的加大和办馆条件的好转，全省公共图书馆现代化程度有了较大发展。一些基层图书馆购买了计算机管理集成化系统，实现了采购、编目、流通、连续出版物、文献检索等业务自动化，提供网上OPAC书目检索、网上阅读、预约预借、馆际互借、数字资源检索、资源共享等各项服务。截至2004年底，全省公共图书馆拥有计算机958台，其中电子阅览室终端数为559台，建有网站7个。

2002年中国数字图书馆安徽省分馆成立以来，安徽省全国文化信息资源共享工程省级分中心积极推进基层服务网点建设，利用全国文化资源共享工程的“天网”和“地网”，使文化信息资源方便快捷地传输到乡村、社区、军营、学校。省级中心还利用共享工程卫星接收设备成功转播了国家中心举办的各种培训班、培训讲座等远程教育。截至2004年底，文化信息资源共享工程已建成安徽省省级分中心1个，并完成十六个基层点的建设（包括中央文明办五个文化站基层点），逐步构建起全省网络文化资源服务体系。

全省公共图书馆广泛采取了藏、阅、借为一体的开放格局，进一步改善服务态度，提高服务质量，提供多元化的公益性文化服务，较好地发挥了图书馆的社会职能。2004年，全省公共图书馆累计发放有效借书证188337个，其中书刊外借人次2480041，文献外借册次3794946，举办读书报告会、专题讲座、科普展览等各类读者活动582次，参加人数288966，收到了良好的社会效果。

在2004年文化部组织的全国公共图书馆第三次评估工作中，全省各级图书馆对照评估标准，努力补缺补差，较大限度地改善了图书馆的办馆条件和办馆水平，提高了服务能力，促进了图书馆事业的发展。在由省、市文化主管部门组织的省、市图书馆学会及有关专家参与的地、县馆的评估中，根据最新的评估标准，专家们对各地、县图书馆进行了认真严格的实地评估，共评出等级图书馆32个，其中一级馆5个，二级馆4个，三级馆23个，一级馆的比例较1998年第二次评估有了大幅度的上升。（张海政 许俊荣）

【省图书馆进行机构调整和人事制度改革】 为贯彻落实中组部、中宣部、人事部、文化部《关于印发<关于深化文化事业单位人事制度改革的实施意见>的通知》文件精神，逐步建立适应现代化新图书馆要求的机构、岗位设置、业务流程和人事管理机制，2003年6月，安徽省图书馆首次启动了机构调整和人事制度改革。此次改革，全馆共有39人参加了部门负责人的竞聘，经过竞聘演讲、民主测评、组织考察等程序，共有24人担任部门主要负责人和副职，其中新提拔11人，原中层干部中2人落聘，1人降职聘任。全体中层干部大专以上学历占90.9%，中层干部的年龄、文化和专业结构得到进一步优化。员工经过三轮双向选择定岗，有97.2%的员工选择了合适的工作岗位，30.84%的员工岗位实现了流动。馆内机构根据图书馆事业发展需要作了重新整合，由原15个部门调整为14个部门。此次机构调整和人事制度改革，通过按需设岗、中层干部竞聘上岗、员工

双向选择，科学合理地配置人力资源，不仅提高了办馆效益，也增强了图书馆的工作活力和可持续发展能力。（许俊荣）

【省委副书记张平视察省图书馆】 2003年8月，省委常委、省委副书记张平同志在有关方面领导陪同下来到省图书馆听取新馆建设情况汇报，对在文化建设和图书馆管理中如何贯彻“三个代表”重要思想提出了新的要求，希望省图书馆以新馆全面开放为发展契机，更好地发挥图书馆在公共文化服务方面的社会教育职能，不断拓展服务功能，满足广大市民不断增长的知识和文化精神需求，在三个文明建设中继续发挥积极作用。在听取了汇报之后，张平副书记在文化厅厅长赵世对和图书馆馆长禹成华等人的陪同下视察了处于试运行开放中的省馆部分对外服务窗口，详细询问了馆藏建设和读者服务情况。在少儿阅览室，张平书记还与小读者亲切交谈，鼓励他们多读书、读好书。（张海政 许俊荣）

【安徽省图书馆新馆开馆典礼隆重举行】 2003年11月12日上午，安徽省图书馆新馆开馆典礼仪式暨中国数字图书馆安徽省分馆的揭牌仪式在省图书馆广场隆重举行。省人大常委会副主任周本立、省政府副省长蒋作君、省政协副主席秦德文等省领导，省直有关单位负责同志，以及来自国家图书馆、上海图书馆、浙江图书馆、福建省图书馆、江西省图书馆、河南省图书馆、陕西省图书馆、杭州市图书馆和本省市级公共图书馆、部分县图书馆、在肥高校图书馆的负责同志，参加了开馆典礼。文化部社会文化图书馆司、国家图书馆、山东省图书馆、浙江省图书馆、黑龙江省图书馆、中国数字图书馆有限责任公司等发来了贺信。典礼由安徽省文化厅副厅长李修松主持，副省长蒋作君发表了重要讲话，他代表省政府对安徽省图书馆新馆的建成对外开放表示热烈的祝贺，充分肯定了省图书馆在促进全省社会和经济等各项事业的发展中的重要作用，希望省图书馆以新馆开放为新的起点，建立现代化的管理体制和运行机制，进一步适应全省经济、文化发展的需要，以一流的设施、一流的环境、一流的管理创造出一流的服务、一流的业绩。在新馆开馆典礼仪式上，还举行了中国数字图书馆安徽省分馆的揭牌仪式。新落成的安徽省图书馆总建筑面积3.69万平方米，设有阅览座席1480个，采、编、借、阅全部实现现代化管理，读者可享受阅览外借一体化服务，全年365天对外开放，每日连续开放时间达10小时以上。（张海政 许俊荣）

【古籍开发结硕果《安徽省馆藏皖人书目》正式出版】 安徽省图书馆编纂的《安徽省馆藏皖人书目（–1949）》于2003年11月由黄山书社正式出版。该书目是对安徽省现存皖人著作的一次较为彻底的大汇总，共收录1949年以前的皖人著作8656种。所录作品以安徽省图书馆的收藏为主，兼采安徽省博物馆、安徽大学图书馆、安庆市图书馆、桐城市图书馆、歙县图书馆、歙县博物馆、安徽师范大学图书馆等单位的收藏。该书目编有“著者笔划索引”、“书名笔划索引”、“著者分地分时索引”、“版本索引”、“丛书索引”、“非省图书馆藏书目索引”，这在国内同类出版物中是绝无仅有的，也为专家学者多途径研究和利用皖人藏书提供了方便。（张海政）

【省图书馆启动分配制度改革】 2004年初，省图书馆为了更好地调动全馆职工的积极性，在2003年人事制度改革的基础上，进行了分配制度改革。新的分配制度尝试在岗位津贴上，实行按岗定酬、按任务定酬、按业绩定酬的分配办法，绩效挂钩，体现按劳分配、效率优先、兼顾公平的分配原则，建立合理的奖励制度。绩效挂钩的分配原则打破了大锅饭的分配制度，奖勤罚懒，有力地调动了全馆职工的积极性。（许俊荣）

【五乡镇成为“百县千乡宣传文化工程”首批示范点】 为了进一步推进文化信息资源共享工程的实施，使基层人民享受到丰富的文化信息资源。2004年，中央文明办筹建“百县千乡宣传文化工程”示范点，安徽省长丰县庄墓镇、枞阳县横埠镇、舒城县南港镇、无为县刘渡镇和舒城县杭埠镇五个乡镇宣传文化站成为第一批受益者。5月中旬，全国文化信息资源共享工程安徽省级分中心在接到全国文化信息资源共享工程国家中心为中央文明办“百县千乡宣传文化工程”建设安徽地区五个基层点的任务后，立刻展开各项准备工作，对所有的软、硬设备做了充分的调试。在文化站基层点建设过程中，省级分中心对基层点的管理人员也进行了相应的技术培训。（张海政 许俊荣）

【省图书馆与合肥市包河区政府结成学习型城区共建单位】 2004年9月1日上午，在合肥市包河区首届学习节启动仪式上，安徽省图书馆馆长禹成华与包河区政府区长阮永兴签订了建设学习型城区共建协议，正式结成学习型城区共建单位。作为贯彻落实党的十六大提出“形成全民学习，终身学习和学习型社会，促进人的全面发展”的一项重要举措，建设学习型城区旨在营造学习氛围，倡导人们多读书、读好书，为“建设新包河”提供精神动力和智力支持。作为共建单位的省图书馆表示要发挥丰富的文献资源优势，积极履行共建协议，为包河区政府工作人员办理图书借阅证，为“包河讲坛”等专题报告会提供组织服务，为包河区各单位组织开展学习研讨、电脑培训等提供培训辅导。（张海政 许俊荣）

【省图书馆假日专题讲座展览活动深受读者欢迎】 省图书馆2004年全年举办了近20次专家讲座、读书报告会等读者活动，先后邀请了广东中山图书馆图书馆学专家黄俊贵、上海图书馆家谱学专家王鹤鸣、中国科技大学心理学博士孔燕、北京大学博士生导师王锦贵、中国作协副主席蒋子龙、安徽师范大学教授庄严等省内外著名人士来馆作

公益性讲座。讲座紧扣社会热点，如“家谱知识讲座”、“走进陈独秀”、“从马加爵事件看健康心理的重要性”、“老庄天人合一哲学思想”等深受读者好评。此外，省图书馆协助举办的“毛泽东遗物展”、“海洋珍奇贝壳展”、“插花艺术”更是吸引了大量的读者。“知识讲座”和“文化展览”已成为图书馆进行多元化服务的亮点，各类读者活动共32次，93648人次参加。（张海政 许俊荣）

【美驻沪总领事馆新闻副领事一行来省馆参观访问】 2004年12月11日，美驻沪总领事馆新闻副领事Anjana Modi女士和信息资讯中心主任陈蝶一行来省馆参观访问。在副馆长张海政的陪同下，他们参观了外文期刊阅览室、信息咨询部、中文图书借阅室、少儿借阅室和电子阅览室。访问中，Anjana对省馆的资源建设、信息服务以及中美交流文献的使用情况做了详细的了解，对省图书馆长期以来在对外交流方面的积极努力表示满意。双方都表示今后将进一步开展多层次、多种形式的文化交往，力争让安徽省图书馆成为美驻上海总领事馆的一个对外信息交流窗口，让更多的人通过这个窗口，了解外面的世界。Anjana还应省图书馆的邀请，为合肥地区300余名高校学生们做了一场“美国大学介绍”的专题讲座，并现场解答了青年学子们关心的各种留学问题。（张海政 许俊荣）

【合肥市新馆对外开放】 2003年5月1日上午，位于风景优美的环城河西边的合肥市图书馆新馆举行了隆重的开馆典礼，安徽省人大副主任朱维芳、合肥市委副书记黄同文、市委常委市人大副主任甄长琢，合肥市委常委宣传部长孙志刚和省文化厅党组成员、纪检组长杨国光出席开馆仪式，合肥市副市长张雪平为开馆致贺词，合肥市文化局党组书记、局长黄先明主持典礼，合肥市图书馆馆长凌波作开馆致辞，同时举行了中国数字图书馆合肥分馆揭牌仪式。（凌波）

【中央政治局常委李长春视察合肥市图书馆】 2004年11月19日下午，中共中央政治局常委李长春在安徽省委书记、省人大常委会主任王太华和省长王金山，省委常委、合肥市委书记车俊，合肥市委副书记、市长郭万清等省市领导的陪同下来到合肥市图书馆视察。李长春一行观看了工作人员演示的OPAC目录联机查询，并参观社科阅览室和盲人阅览室，在电子阅览室，李长春一行观看了《四库全书》电子版的演示，还亲自在网上查询了“全国文化信息资源共享工程”。在考察过程中，市图书馆馆长凌波向李长春同志汇报了合肥市图书馆的建设、对外服务和资源的利用情况。李长春同志非常关心基层图书馆的建设，在考察过程中两次询问县图书馆资源共享问题。在古籍部，李长春同志欣然签名留念。（凌波）

【省内第一个“盲人阅览室”开放】 2004年5月8日，合肥市图书馆盲人阅览室正式开放，这是安徽省第一个对外开放的盲人阅览室。在开放仪式上，合肥市图书馆馆长凌波为“盲人阅览室”开放致贺词，现场有多家媒体采访、报道。该盲人阅览室设有席位37个，盲文读物35册和有声资料及设备38件。开放的当天16名盲童来到盲人阅览室，他们阅读医学方面的初级读本以及《盲人月刊》，并欣赏专门为他们准备的音乐。（凌波）

【“美国文化”英语对话会】 合肥市图书馆与美国驻上海总领事馆于2004年12月12日联合举办中美文化交流活动——“美国文化”英语对话会。美国驻上海总领事馆新闻文化处新闻副领事Anjana Modi和新闻文化处官员Denise Chen，以及美国语言专家Eve Smith出席对话会并与听众对话。他们主要介绍了美国的节假日与风土人情，与听众们交流学习英语的方法，以及赴美国留学等方面问题。前来参加对话会的大多为合肥市图书馆读者和大中专院校的英语爱好者，听众们与讲演者还一起参观了美国图书文献展。（凌波）

【铜陵市图书馆盲人阅览室对外开放】 2004年5月15日，铜陵市图书馆盲人阅览室正式对盲人开放。副市长万以学、市人大副主任束庆涛为盲人阅览室揭牌，市残联、市文化局领导及盲人代表参加了揭牌仪式。前来参加揭牌仪式的盲人都非常激动，纷纷表达了对政府、对社会、对图书馆的感激之情，并向市图书馆捐赠盲人读物61册。铜陵市图书馆为盲人阅览室购置了CD机、磁带复读机等设备，还订阅了《盲人月刊》，购买了适合盲人的音乐、健康、文学等类的CD、磁带等有声读物。（储立新）

【铜陵市图书馆成立“铜陵文化旅行社”】 为发展文化产业，由铜陵市图书馆控股成立的“铜陵文化旅行社有限责任公司”于2004年8月18日挂牌成立。铜陵文化旅行社立足自身优势和特点，找准切入点，把开展特色文化旅游作为自己的品牌，在激烈的市场竞争中占有一席之地，目前市场运作良好。铜陵文化旅行社的成立壮大了文化产业的队伍，满足了市民对文化娱乐消费的需求，也扩大了市图书馆在社会中的影响。（储立新）

【太湖县图书馆获全国文化信息资源共享工程“先进单位”称号】 2004年1月，全国文化信息资源共享工程卫星三级站“太湖站”率先在安徽省启动，由于成绩优异，2004年6月安徽省太湖县图书馆被全国文化资源共享工程领导小组授予“全国文化信息资源共享工程先进单位”的光荣称号。（张海政）

【央视直播“送书下乡工程”报道介绍太湖县图书馆】 2004年8月14日，中央电视台第七、第十频道对由国家财政部、文化部共同组织对全国贫困县实施的“送书下乡工程”，进行了大型现场直播。中央台在此次节目中对作为贫困地区县图书馆的太湖县图书馆进行了重点播报，对该馆自强不息的办馆理念给予了充分肯定，该馆馆长曾玉琴作为嘉宾被邀请到中央电视台演播厅进行了访谈，曾馆长重点介绍了太湖县图书馆在主动为基层农户提供信息咨询服务、自力更生拓展文化产业、增强图书馆自我发展、自我造血功能方面的办馆经验。（张海政）

【蚌埠市图书馆建立首家社区分馆】 2004年5月20日，蚌埠市图书馆建立的首家社区图书馆——蚌埠市图书馆纬四“天地人”社区分馆开馆。该分馆共有6000多册图书、80多种杂志、24种报纸，每位社区居民只要在规定开放的时间内，即可免费借阅到自己喜爱看的书刊。分馆的建立进一步拓展了公共图书馆与社区图书馆的互动发展，也满足了社区居民对精神文化的需求。（孟庆杰）

【芜湖市图书馆被命名为“小公民”道德建设活动基地】 为积极贯彻落实《中共中央国务院关于进一步加强和改进未成年人思想道德建设若干意见》的精神，根据全国妇联、团中央开展争做合格“小公民”教育活动的文件精神，芜湖市图书馆充分发挥图书馆的教育职能，与所属社区教育局、团委联合举办了争做“小公民”教育读书征文活动，全市300多名小学生参加了征文比赛，并于7月16日举行了“小公民征文颁奖”。2004年12月3日，安徽省“小公民”道德建设计划领导小组办公室命名芜湖市图书馆为“小公民”道德建设活动基地。（张圣玉）

【让“小鬼”当家开创图书采购工作新思路】 2004年1月17日，合肥市少儿图书馆开展了“让小鬼当家——义务小馆员新春图书采购活动”。50多名义务小馆员在采编人员带领下去书店现场采购图书，在半天时间里，小馆员共挑选出他们最喜爱最需要的和老师指定必读教辅读物500余册。让小读者直接参与采购，改变了传统的单一采购模式，能较好地避免“藏”与“用”脱节现象的发生，受到了小读者和家长的一致欢迎和好评。2004年以来，该馆每季度都组织一次“让小鬼当家”采书活动，使少儿馆的藏书与读者的需要更贴近，与学习课堂更贴近，与素质教育更贴近。（汪茜）

【合肥市少儿馆新建网站和电子阅览室】 2004年6月1日，合肥市少儿馆的电子阅览室和网站，在市政府的关心和支持下，正式对小读者开放。这标志着该馆的现代化和网络化水平有了较大发展，服务能力有了进一步提升。新建的电子阅览室拥有20台配置先进的电脑、10兆光纤独享的网络接口，在规范的管理下，为孩子们量身提供了多项特色服务和一个上网阅读、学习和娱乐的健康场所，还定期开展少儿动画制作、网页制作等培训活动。读者可以在电子阅览室阅读馆藏的上千种电子文献，也可以在工作人员的指导下上网浏览各种信息。该馆还建立了自己的网站（网址：http：//www.hfslib.com），读者能够通过网站了解少儿图书馆的各项服务，掌握最新的图书信息，上网预约新书，交流读书心得等。新建的“合肥少儿信息港”论坛，为孩子们提供了一个交流心声、畅所欲言的自由空间，有利于促进儿童心理的健康发展和培养儿童的社会交际能力。（汪茜）

【安徽工业大学图书馆新馆落成开放】 2003年9月，安徽工业大学本部新馆落成并于9月10日开始接待读者。全馆藏阅一体化，建筑面积16000平方米，阅览室8个，阅览座位1800余席，多媒体阅览室机位300台。（赵安）

【合肥工业大学翡翠湖校区图书馆新馆落成开放】 2004年9月，一座现代化多功能的大中型图书馆——合肥工业大学翡翠湖新校区图书馆落成并对师生开放。该图书馆总建筑面积3.2万平方米，设计藏书容量100万册，阅览座位2800余席。主体为五层，分为三个功能区，即文献阅览区：设有7个各类书刊阅览室和自修阅览室；图书流通、网络服务、展览和办公区：设有出纳台、流通书库、展览厅、主机房和350个机位的电子阅览室；学术交流和休闲区：分别设有60席和300席的学术报告厅和一个1000余平方米的休闲阅览厅。（杨家荣）

【淮北煤师院图书馆举办“读者沙龙”和“服务质量月”活动】 2004年，淮北煤炭师范学院图书馆共举办了四期“读者沙龙”活动，以激发学生的读书热情，提高学生的综合素质，全馆各部门共出版专栏20期。图书馆还于12月举办了“服务质量月”活动，组织全馆人员学习《中国图书馆职业道德准则》等内容，增强服务意识，提高服务质量。（赵安）

【省高校图书馆第八届期刊工作会议暨学术研讨会召开】 2003年4月16－18日，安徽省高校图书馆第八届期刊专业委员会工作会议暨学术研讨会在黄山市召开，来自全省各高校图书馆馆长、期刊委员和论文作者共58人参加了会议。安徽省高校图工委副主任、期刊专业委员会主任、中国科技大学图书馆郭建熙副馆长作了重要讲话，会议还邀请了清华大学原副馆长承欢教授作了学术讲座，受到与会代表的热烈欢迎。大会评出了论文一等奖2篇，二等奖4篇，三等奖6篇，优秀奖17篇，13位论文作者在会上作了交流发言。会议期间，还召开了安徽省高校图工委期刊专业委员会工作会议。（赵安）

【“走向知识服务——文献情报服务发展与创新”研讨会在黄山举行】 2004年10月26－29日，由中国科学院文献情报中心和中国科技大学图书馆联合主办的“走向知识服务——文献情报服务发展与创新”学术研讨会在安徽黄山举行。来自国内各类图书馆和信息管理院校的代表80余人出席了会议。中科院文献情报中心主任张晓林作了“将数字图书馆嵌入用户知识过程”的主旨学术报告，对现有数字图书馆存在的局限性作了较全面剖析，探讨数字图书馆未来方向。中科院文献情报中心副主任孙坦在作了“中国科学院文献情报系统中长期规划的若干思考（讨论稿）”报告，中科院文献情报中心教育与研究发展部主任初景利介绍了美国图书馆用户的特点与趋向，中国科技大学图书馆馆长邵正荣介绍了科大图书馆在资源建设和创新服务上的现状及做法。此外，来自南京农业大学信息学院的黄永清、万方副总经理张旭、中科院文献情报中心周宁丽等六名代表分别就信息自动摘要技术、知识链接、数字参考咨询、个性化知识推送、中文GOOGLE和百度排序方式及检索比较作了专门具体的探讨。代表们还就由知识服务引出的个性化服务、学科馆员建设、信息基础建设与针对性知识服务、有偿服务与无偿服

务等问题展开了广泛深入的探讨。(张海政)

2003－2004 年在安徽召开的学术会议

会议名称	主办者	召开时间	召开地点	会议主题
安徽高校图书馆第八届期刊工作会议暨学术研讨会	安徽省高校图工委	2003.4.16－18	安徽省黄山市	期刊工作与数字化
2003 华东地区暨省学会年会	安徽省图书馆学会	2003.10.28－11.1	安徽省黄山市	面向信息化：图书馆的创新与发展（学术报告：郑建明：面向公众素质的图书馆、王世伟：上海图情人才发展的若干思考）
走向知识服务——文献情报服务发展与创新	中国科学院文献情报中心与中国科技大学图书馆	2004.10.26－29	安徽省黄山市	数字图书馆与知识服务（学术报告：张晓林：将数字图书馆嵌入用户知识过程）
2004 安徽省图书馆学术年会暨理事会	安徽省图书馆学会	2004.10.25－28	安徽省太湖县	开发文献资源 拓展服务领域（学术报告：李万健：当前图书馆学情报学研究及图书馆事业发展趋势）

江西省

【概况】 随着新一届省委、省政府“在中部地区崛起”的战略的实施和“弘扬井冈精神 兴我美好江西”等主题教育活动的开展，江西省公共、学校（尤其是高校）、科研、厂矿、医院和部队等系统图书馆 2003－2004 年在基础设施建设、“共享工程”建设、文献资源共建共享等方面取得较大成绩，自动化、数字化、网络化建设取得明显成效。

在全省撤地建市、各地亟须提升城市品味的背景下，在全国第三次公共图书馆评估定级工作的有力推动下，公共图书馆系统加强宣传工作，争取党政领导和财政部门的支持，十多个市级和县级图书馆纳入了兴建新馆的计划，九江市、萍乡市图书馆建成开放，景德镇市图书馆经改造和扩建后重新开放，上饶市图书馆和一批县级馆正在加紧建设中。

江西省的全国文化信息资源共享工程建设起步虽然较晚，但 2003 年 6 月 9 日与国家中心签订试点工作实施协议后取得了较快进展。在“以评估促发展，以评估促建设”的热潮中，成立了领导机构和办事机构，制定了“共享工程实施方案”并在全省进行了部署，2004 年上半年建成省分中心，至 2004 年底建成 7 个市级分中心，44 个县、乡（镇）、社区基层分中心和基层点并提供服务。省分中心完成 55GB 的特色资源数据库建设，建成了“视频点播”资源库（1400 部影片的容量近 1TB）。

2003 年，江西省共有县（区）以上公共图书馆 103 所（省级 1 所，设区市级 11 所，县级 91 所），年底各项数据如下：工作人员 1413 人，其中高级职称人员 47 人，中级职称 269 人，两项合并占总人数的 22.36%；总藏量 12340225 册（件），人均藏书 0.29 册；书架单层总长度 142000 米；总流通 3131000 人次，其中书刊文献外借 4163000 册次；年新购藏量 670000 册（件）；总收入 3463.2 万元（比上年增 352.7 万元），其中财政补助 2989.9 万元（比上年增 319.5 万元），事业收入 264.3 万元（比上年减 26.8 万元）；总支出 3235.8 万元（比上年增 8.5 万元），其中事业支出 3125 万元（新增藏量购置费 387.4 万元，比上年减 45.9 万元）；从业人员劳动报酬占总支出平均为 49.3%，经费自给率平均为 14.6%；年末固定资产原值 11467.2 万元；公用房屋建筑面积 185741 平方米，其中书库 45540 平方米，阅览室 43591 平方米。

2004 年，江西省共有县（区）以上公共图书馆 104 所（省级 1 所，设区市级 11 所，县级 92 所），年底各项数据如下：工作人员 1400 人，其中高级职称人员 50 人，中级职称 275 人，两项合并占总人数的 23.21%；总藏量 16224051 册，其中图书 13837583 册（古籍 1352325 册，善本 49690 册），报刊 1861975 份，视听文献和缩微制品 23184 件（套），其他 501309 册（件，套），藏量中开架书刊为 3057600 册（件）；当年购买的报刊 15895 种；书架单层总长度 177106 米；累计发放有效借书证 153940 个；总流通 5129363 人次（其中书刊外借 3057409 人次），书刊文献外借 6648399 册次；举办读者活动 878 次，参加读者 521943 人次；计算机 1079 台（其中电子阅览室终端 724 台），已建网站 7 个，因特网总带宽 803mbps；“共享工程”服务点 72 个；年新购藏量 332870 册（件），其中图书 192199 册；总收入 4299.2 万元，其中财政拨款 3684 万元，上级补助 93.6 万元，事业收入 287.4 万元，经营收入 174.4 万元，附属单位上缴收入 1 万元，其他收入 58.8 万元；总支出 4018.9 万元，其中基本支出 3477.8 万元，项目支出 265.2 万元，经营支出 77.5 万元；人员支出 1888.4 万元（社会保险缴费 144.2 万元）（从业人员劳动报酬占总支出平均为 46.98%，经费自给率平均为 15.26%），公用支出 1410 万元（福利费 41.7 万元，维修费 98.3 万元，新增藏量购置费 374.5 万元（其中图书购置费 324.3 万元）），税金支出 33.8 万元，对个人和家庭补助 313.8 万元；年末固定资产原值 11725.8 万元；公用房屋建筑面积 208545 平方米，其中书库

41492平方米，阅览室44030平方米；阅览室座席16370个，其中儿童阅览室座席5801个。

2003－2004年，江西省高校系统本科院校合并、普通专科和高职院校新建活跃，该系统内图书馆变化亦较大。2003年底，有高校图书馆82座，其中普通本科院校图书馆18座，专科、高职（含民办）和成教院校图书馆64座；2004年底，高校图书馆64座，其中普通本科院校图书馆18座，专科、高职（含民办）和成教院校图书馆46座。在大规模扩招和学院申报大学的拉动下，许多院校新建了大型图书馆，如南昌大学、江西师范大学、江西财经大学、江西中医学院、南昌科技大学（筹）、南昌航空学院、南昌工程学院、江西理工大学、赣南师范学院、上饶师范学院、宜春师范学院等，均建新图书馆。教育部本科教学水平评估和江西省教育厅组织的高校图书馆评估工作，有力地推动了高校图书馆的建设，无论年度文献购置经费、自动化水平还是馆藏规模、服务质量，均有了较大幅度提高（见部分高校基本情况统计表）。通过集团购买，江西省各高校图书馆均拥有超星电子图书馆、维普《中文科技期刊数据库（全文版）》、维普《外文科技期刊数据库（文摘版）》、Springer外文原版全文数据库和方正Apabi300用户数字图书系统，数字化资源在教学、科研和学习中发挥越来越重要的作用。（学会秘书处）

江西省部分高校图书馆2003年基本情况表

馆名	馆舍面积（平方米）	文献经费（万元）	工作人员	外借册次	接待读者人次	读者活动次数
南昌大学	25690	300	127	174014	909331	1次，参考咨询3699
江西师范大学	12800	198	78	173441	300000	4次，50余项
江西农业大学	8597	448	48	380868	351760	1次大型活动
江西财经大学	20000	200	102	410000	710000	39项咨询
江西中医学院	7200	40	31	31021	34640	180项参考咨询
江西医学院	9946	150	39	62704	282279	10次，5项
江西理工大学	13000	100	46	251200	977200	代查代检45项
九江学院	36400	386	95	244800	720400	
赣南师范学院	20122	163	52	442000	360000	5次
赣南医学院	4768	40	24	90000	160600	3次，咨询26项
南昌航空学院	7400	98	48	176280	218300	2次
井冈山师范学院	6750	134	38	264799	202816	

（学会秘书处）

江西省部分高校图书馆2004年基本情况表

馆名	馆舍面积（平方米）	文献经费（万元）	工作人员	外借册次	接待读者人次	读者活动次数
南昌大学	26170	420	125	314580	984328	2次，咨询3352项
江西师范大学	12800	357	86	171636	380000	5次，60余项
江西农业大学	8597	130	45	662173	409799	2次大型活动
江西财经大学	26000	250	103	520000	810000	41项咨询
江西中医学院	26000	200	33	68598	112080	5次，23项参考咨询（读者服务数据为9－12月）

馆名	馆舍面积（平方米）	文献经费（万元）	工作人员	外借册次	接待读者人次	读者活动次数
江西医学院	9946	282	38	109812	313351	15 次，5 项
江西理工大学	13000	120	43	251200	977200	代查代检 45 项
九江学院	36400	386	95	244800	720400	2 次
赣南师范学院	20122	443	58	464000	380000	5 次
赣南医学院	4768	225	24	220000	260000	5 次，31 项
南昌航空学院	7400	98	48	176280	218300	2 次
井冈山学院	16650	363	68	507797	482436	编印专题索引 4 种
江西应用技术学院	4600	40	14	128000	18600	18698 人次

（学会秘书处）

【赵智勇副省长视察江西省图书馆】 2003 年元月 29 日下午，江西省人民政府副省长赵智勇同志一行，在省文化厅厅长李玉英等有关领导同志的陪同下视察了江西省图书馆。

赵智勇同志听取了省图书馆的工作汇报，着重了解了 2003 年全国公共图书馆第三次评估情况以及省馆为此所做的准备和存在的问题；与小读者亲切交谈，了解他们的兴趣和爱好，关心孩子们的成长；亲切看望和慰问了省馆职工，带来了党和政府的关心和新年的祝福。他充分肯定省馆近年来所取得的成绩，并要求在新的一年里再接再厉，以新的观念、新的思路开创新的工作局面，为经济社会发展提供强有力的精神动力和智力支持，为江西省在中部地区的崛起发挥应有作用。（章伏源 谭兆民 夏侯炳）

【南昌市图书馆大力开展送书下基层活动】 从 2003 年元月起，南昌市图书馆全年坚持开展文化三下乡、送书进社区、送书下基层活动，先后向市福利院、象山社区、市消防支队、进贤县新民村、新建县厚田中学等七单位送去图书 3000 余册，受到群众的欢迎。（章伏源 谭兆民 夏侯炳 付玲）

【江西省图书馆界以特色服务丰富市民的春节生活】 羊年新春佳节期间，江西省公共图书馆界不仅照常开放，还举办了一系列富有特色、内容健康的活动，丰富公众的节日生活。省图书馆召开的“新春读者座谈会”、“爱我江西，爱我南昌”征文比赛、向武警警卫中队和消防特勤大队官兵送书等受到广大读者欢迎，大年初一的有奖猜谜吸引了近千名市民参加，而“兰兰姐姐故事会”、“少儿踢毽子比赛”、“‘我是小画家’少儿书画比赛”“‘我最喜爱的一本书’有奖征文”等少年儿童活动更是令孩子们留恋忘返。

在信丰县，县图书馆在初一向前来看书的前 20 位读者赠送吉祥贺卡和小礼物，春节期间还举行了轻松愉快的“猜谜语”、“信丰知识有奖竞猜”、“定点空投”、“水中捞宝”等游艺活动，为少年儿童优惠办证、举办馆藏少儿图书专题展等。（章伏源 谭兆民 夏侯炳）

【江西省政协向省图书馆赠送珍贵图书】 2003 年 3 月 28 日上午，江西省政协文史委员会将全国政协文史资料委员会精心组织出版的《文史资料存稿选编》一套 26 册和省政协编辑出版的文史资料 182 册赠送给江西省图书馆。全国政协常委、江西省政协副主席倪国熙，中共江西省委副秘书长、省政协文史委员会主任黎明中和省政协文史委员会部分在昌委员出席在该馆举行的赠送仪式，省文化厅党组成员、纪检书记王晓庆，厅社会文化处领导以及省图书馆领导和职工代表参加了赠送仪式。省馆职工为此深受鼓舞，决心在省文化厅领导下，加倍努力工作，为江西在中部地区的崛起做出更大的贡献。（章伏源 谭兆民 夏侯炳）

【江西省图书馆配合省委“弘场井冈精神 兴我美好江西”举办一系列大型读者活动】 为实施“在中部地区崛起”战略，中共江西省委、省人民政府从 3 月份起在全省开展“弘场井冈精神兴我美好江西”教育活动。省图书馆积极配合，利用双休日时间，全年共举办 45 场丰富多彩的专题讲座、报告会、读书征文、读者座谈会、新书推荐、外语角等大型读者活动，参与活动的读者达 7300 多人；如《弘场井冈精神 兴我美好江西》读书演讲大赛，《拜祖先恋故土爱祖国》、《南昌掌故与旅游》（系列）、《战争与女人——谈谈战争题材戏剧作品中的女性形象》、《爱和爱情》、《青少年心理与犯罪》、《入学教育与家庭教育》、《古代书院与现代教育》、

《计算机应用与发展》、《新世纪健康知识讲座》、《播音主持与语言艺术》、《国际航空知识》、《21世纪的健康理念》、《美容知识讲座》、《音乐知识讲座》（系列）等报告会和知识讲座，有效地拓展了图书馆的服务领域，为构建学习型社会营造了良好氛围，深受广大读者和公众的欢迎和好评。（章伏源 谭兆民 夏侯炳）

【上高县图书馆在农村创办科技图书室】 2003年3月，“石湖科技图书室”在上高县锦江镇成立。县图书馆为筹划该室，一方面协助镇里寻找赞助、获得1500余册捐赠图书，一方面挤出经费捐赠科技图书500余册和书橱、书柜等设备，并派员对图书进行分编加工，辅导文献管理。县馆还定期为图书室更换新书，帮助开展各种读书活动。该室的2000余册科技书籍、80余种报刊，吸引了广大农民朋友，解决了一些生产生活问题，丰富了村民的文化生活。（章伏源 谭兆民 夏侯炳）

【江西省图书馆“英语沙龙”广受欢迎】 为了帮助英语爱好者和大学生读者提高英语听力和口头交流能力，江西省图书馆“读者之家”从2003年3月起在本馆外文阅览室举办“英语沙龙”。经过精心策划，3月8日上午的英语沙龙以三八妇女节为话题，在邀请的两位嘉宾的主持下，参与活动的80多名社会各界英语爱好者展开了轻松的交流。

第二期“英语沙龙”于同年4月19日上午举行，围绕“战争与和平”这一社会热点话题，参与活动的读者分成两组展开辩论，收到了很好的效果。同年第三期“英语沙龙”采取“脱口秀”的形式，受邀请的多位嘉宾包括毅伟学校聘请的一位来自新西兰的友人，进行台上台下互动式口语交流，为学习者提供了生动活泼的学习机会。（章伏源 谭兆民 夏侯炳）

【江西省赣县图书馆喜获中央文明办、上海市静安区图书馆等单位赠书】 上海市静安区文化局和图书馆领导在友好交流中了解到赣县图书馆购书经费紧张，近几年出版的书刊很少收藏，决定向该馆捐赠一批文献资料。2003年4月12日，第一批2119册图书送达，包括近年出版的文艺书籍、实用科技书刊和少儿读物。

同年5月初，中央文明办、文化部、中国新闻出版署联合向赣县图书馆赠送一批图书，其中专著类48册，社科类1079册，自然科学类1062册，工具书67册。（章伏源 谭兆民 夏侯炳）

【江西省2003年图书馆服务宣传周形式多、效果好】 2003年5月初夏时节的图书馆服务宣传周恰逢“非典”流行，江西省公共图书馆系统在坚持每天开放的同时，结合实际举办了形式多样的活动。围绕着“依靠科学，战胜非典”，省图书馆以及宜丰、泰和、万安等县市图书馆做好每日一次的消毒工作，精心挑选医疗保健类图书，在馆内布置“如何预防非典型性肺炎”等橱窗，向广大来馆读者免费发放预防“非典”的宣传资料，有的还组织小分队，深入社区、乡镇、军营等宣传相信科学、相信预防、反对迷信、反对愚昧，帮助公众打赢抗击SARS这场无硝烟的战争，收到了良好的效果。（章伏源 谭兆民 夏侯炳）

【江西省图书馆重视为残疾人提供知识信息服务】 从2003年5月起，为了贯彻“一切为读者，为一切读者”的办馆理念，切实为残疾人提供知识信息服务，帮助他们自立自强，为经济社会发展做贡献，江西省图书馆了采取一系列旨在特别关注弱势群体平等利用图书馆服务的措施。他们在南昌市启音学校建立图书流通站，把优秀读物送到聋哑学生身边；在助残日组织聋哑儿童参观省图书馆，组织残疾孩子专场“故事会”；挤出经费在馆内修通“无障碍通道”，修建残疾人厕所，创办康复阅览室，配备供视力有残障者使用的联网计算机，让残疾读者能与常人一样漫游在因特网上；专门组织力量，收集、整理、加工一批盲文书刊和有关康复治疗方面的书刊，使残疾人得以享受平等阅读文献、获取知识的权利。（章伏源 谭兆民 夏侯炳）

【江西省“共享工程”取得一定进展】 2003年6月9日，全国文化信息资源共享工程国家中心与江西省分中心签订该分中心试点工作实施协议，正式启动江西省的文化信息资源共享工程建设。在省文化厅领导下，同年制定了《江西省文化信息资源共享工程实施方案》，并于2004年上半年建成省级分中心（设江西省图书馆内）。在2004年5月召开的全省公共图书馆馆长会议上，重点部署了全省的“共享工程”建设工作。到2004年底，该省已建成7个市级分中心，44个县、乡（镇）、社区基层分中心和基层站点并提供服务。省分中心完成了地方戏曲等共55GB的资源建设加工任务，包括《八一南昌起义》、《江西旅游》、《江西地方志》、《江西地方年鉴》、《江西革命文献》、《江西民国文献》、《江西地方人物》、《江西特色之乡》、《江西地方戏曲》、《江西企业》等特色资源数据库，其中《江西地方戏曲》309集，近50GB，许多优秀剧目从未公演。另外，还建成“视频点播”资源库，已收集加工完成影片1400部，容量近1TB。江西省图书馆、江西省文化信息资源共享工程中心的网站为：http：//www.jxlib.gov.cn，登录即可检索、浏览上述特色数字资源数据库。（章伏源 谭兆民 夏侯炳）

【江西省图书馆加盟国家图书馆和深圳图书馆两个联合编目中心】 为了促进全国图书馆联合编目事业的发展、有效地实现书目数据资源共享，2003年6月和2004年5月，江西省图书馆分别与国家图书馆联合编目中心和深圳图书馆联合编目中心正式签订加盟协议，成为两个编目中心的成员馆，从而江西省图书馆可通过网络上传下载中文图书书目数据（如2003年从深圳编目中心下载数据即达7532条，占该年图书入藏量的51%），实现中文图书联合编目和资源共享。（章伏源 谭兆民 夏侯炳）

【江西省图书馆、南昌县图书馆联办乡镇图书流通站】 2003年6月27日，江西省图书馆与南昌县图书馆联合创办乡镇图书流通站仪式在南昌县图书馆举行。省文化厅社会文化处副处长万一君，省图书馆馆长章伏源、副馆长蔡荣生，南昌县委常委、宣传部部长胡晓明，县文化广播电视旅游局局长李慧琳，南昌县图书馆以及有关乡镇负责同志和群众代表出席了建站仪式，会后领导同志还冒雨前往向塘镇图书流通站挂牌。

在南昌县18个乡镇同时建立图书流通站，是该省图书馆界深入学习和实践“三个代表”重要思想，积极配合江西省实施在中部地区崛起的战略部署，满足广大城乡群众在全面建设小康社会过程中日益增长的文化生活需求而推出的重要举措。

江西省图书馆此次将价值1.53万余元的2000多册有关农业科技、农村致富等方面的图书赠送给该县18个乡镇图书室，旨在协助基层图书馆建设流通站，从中总结经验，指导全省乡镇和社区图书馆的建设。（章伏源 谭兆民 夏侯炳）

【新余市图书馆推出“家庭式借书证”和“特殊读者证”】 为了打造学习型城市，构建全民学习、终身学习的学习型社会，促进人的全面发展，新余市图书馆在实现自动化管理升级和增设电子阅览室、读者自习室的基础上，2003年下半年又推出两项新的服务项目——“家庭式借书证”和“特殊读者证”。凭借前一种借书证，居民可根据家庭成员的不同爱好外借书刊，实现一证多用、全家共学；而后一种读者证，使老年读者和残疾人群体在自由平等地利用该馆服务方面得到了特殊照顾。这种举措吸引了众多学习型家庭和弱势群体关注的目光，受到读者和社会各界的肯定和欢迎。（章伏源 谭兆民 夏侯炳）

【南昌大学图书馆工作全面创新】 2003年7月－10月，在馆长竞聘上岗的基础上，南昌大学图书馆实施了一系列创新：在运作创新上，彻底改变南北两区分别管理的局面，全面实现集中管理运作模式；在机制创新上，实行中层干部竞聘上岗，前台服务、后台技术支持和文献资源保障形成有利于图书馆发展的合理机制；在服务环境创新上，布局方式在大开间、大进深空间组合中集借、藏、阅多功能服务于一体，以开放管理和新技术应用营造“以读者为本”的氛围；在管理创新上，创办《南昌大学图书馆馆刊》以交流信息、繁荣学术，建立晨会制度，把“敬业、奉献、自强、创新”的馆训落到实处，强化人员培训，提高服务质量；在业务创新上，按学科、读者和市场三个层面优化文献采集模式，以多元化采集方式协调建设实体馆藏和虚拟馆藏，不断提升知识信息服务质量，使该馆工作全面迈上新的台阶。（章伏源 谭兆民 夏侯炳 史良芹）

【九江市图书馆新馆落成开馆】 2003年7月6日上午，九江市图书馆举行隆重的新馆揭牌开馆仪式，省委宣传部副部长、省文化厅党组书记兼厅长李玉英和九江市委书记刘积福为新馆揭牌。省文化厅副厅长王晓庆、厅有关处室和省图书馆负责人，九江市委、市政府等有关方面领导出席仪式。李玉英厅长对九江市委、市政府重视文化工作、加大文化基础设施建设的投入给予充分肯定，并要求市图书馆充分利用好这块阵地，以崭新的精神风貌、一流的服务质量，为九江市的经济社会发展提供强有力的精神动力和智力支持。仪式结束后，与会领导同志兴致勃勃地参观了少儿书画、剪纸、民间藏品展览，观看了少儿百米长卷绘画表演、少儿剪纸活动和剑桥少儿英语班成立五周年纪念活动等。

九江市图书馆新馆占地13亩，1997年7月破土动工，基建投资2800万元，建筑面积1.4万平方米，可藏书100万册（件）。馆区呈“回”字形，中庭嵌以水池、草坪，上置避雨采光天棚。主楼四层，书库六层，另有环状地下室。拥有现代化图书馆智能管理系统，除提供传统的藏、借、阅、参等功能外，还有设施先进的学术报告厅、多功能厅和展览厅，声像设备、防盗监控系统、自动化报警消防系统等相应配齐。现有职工60人，阅览座位1000多个，藏书近45万册，设采编部、借阅部、文献部、信息部、辅导部和办公室。（章伏源 谭兆民 夏侯炳）

【南昌大学向宜黄县图书馆赠送书籍】 2003年7月7日下午，宜黄县图书馆二楼阅览室热闹非凡，南昌大学赴宜黄“三下乡”社会实践服务团向该县图书馆赠书仪式在这里隆重举行。南昌大学赠送书籍千余册，价值近万元，主要为科技类和文学类。县委书记黄晓波、县长谢祖鹏以及其他有关领导参加了赠书仪式，并对县馆工作提出了新的要求。（章伏源 谭兆民 夏侯炳）

【江西省图书馆配合政务环境评议评价完善服务环境】 2003年7月，为实现江西在中部地区崛起，江西省委、省政府发出《认真开展政务环境评议评价工作实施方案》，在省直单位开展政务环境评议评价工作。江西省图书馆及时召开一系列会议，研究并制定详细的服务环境和服务质量评议评价实施方案。根据该方案，江西省图书馆建立一系列读者服务制度，常年开设读者意见箱和读者意见反馈专栏，实行全员挂牌上岗，向社会做出六项服务承诺，通过“读者评议图书馆活动”评选“文明服务之星”。挂牌服务、承诺服务、文明服务有效地营造了优质、高效、温馨、和谐的服务环境，拉近了馆员与读者的距离，提高了知识信息服务质量，涌现了一批先进模范人物和生动感人的事迹。8月1日－11月30日，经广大读者积极参与和投票，评选领导小组审定，评选出罗梅英、袁峰、万群等江西省图书馆首批十名“文明服务之星”。（章伏源 谭兆民 夏侯炳）

【南昌市西湖区图书馆成为江西省首批“共享工程”建设单位】 2003年8月，南昌市西湖区财政投入12万元加大区图书馆自动化建设力度，使该馆成功申报为江西省首批“全国文化信息资源共享工程”建设单位。该馆建成了图书馆网站，实行网上和馆内双轨服务，提升了人气和服务水平。（章伏源 谭兆民 夏侯炳）

【万安县图书馆成立“学生快借室”】 为了最大限度地满足读者借阅需求，让广大青少年多读书、读好书，万安县图书馆继两年前在县实验小学旁创办少儿快借室之后，2003年9月1日又在县第二中学旁建立“学生快借室”。该室拥有图书、报刊、光盘共500余册（件），面向小学至高中各年龄段学生服务。两个快借室日接待小读者上百人次，成为少年儿童和中小学生求知和学习的第二课堂，深受学生及家长的青睐。（章伏源 谭兆民 夏侯炳）

【吉安县革命历史资料阅览室深受读者喜爱】 2003年9月，吉安县图书馆将无产阶级革命家曾山同志和中国人民解放军吉安县籍其他45位将军从参加儿童团、赤卫队直至社会主义建设各个时期的历史资料，计报刊百余册、文章300余篇、照片230余幅等集中起来，开辟为革命历史资料阅览室。这个全天开放的新阅览室深受读者尤其是青少年的喜爱，成为人们接受革命传统教育和爱国主义教育的重要课堂。（章伏源 谭兆民 夏侯炳）

【中央文明办等三机构向江西省万安县赠送书籍】 2003年9月12日，中央文明办、文化部和新闻出版总署联合向万安县图书馆赠送价值人民币二万多元的新书二千余册，送上了他们情系老区人民的一片爱心。图书内容涉及九大类，以农业科技和医药卫生类居多。（章伏源 谭兆民 夏侯炳）

【遂川县图书馆获北京市新华书店赠书】 遂川县图书馆为了解决购书经费不足的问题，通过多种渠道，与有关图书馆、新华书店等单位取得联系，结友好对子，争取其援助，一定程度上缓解了文献资源匮乏的局面。2003年9月15日，北京市新华书店向该馆赠送图书2000余册，价值30000余元。（章伏源 谭兆民 夏侯炳）

【南昌大学图书馆“211工程”文献保障体系建设项目通过评估】 2003年9月19日，国家发改委委托中国国际工程咨询公司组成专家组，对南昌大学图书馆“211工程”文献保障体系建设项目进行评估。专家组评价该项目“设备先进，技术成熟，使用合理”，一致通过了项目评估。（章伏源 谭兆民 夏侯炳 史良芹）

【景德镇市举办“新华杯”首届读书月活动】 2003年9月19日－10月19日，为进一步学习贯彻“三个代表”重要思想，深入开展“弘扬井冈精神，兴我美好江西”主题教育活动，把传播先进文化，宣传科学知识、科学思想、科学精神、科学方法和全面建设小康社会的目标贯彻到读书活动中去，中共景德镇市委宣传部、市文化局、省新闻出版局景德镇分局、景德镇日报社联合举办，市图书馆具体承办了“新华杯”首届读书月活动。期间举办了征文比赛、读书论坛、读书月购书状元评选等多项活动，激发了广大干部群众的读书热情，在全市营造了全民读书学习的良好氛围。（章伏源 谭兆民 夏侯炳）

【赣州市图书馆举办首届赣南籍作者作品汇展】 2003年11月17日，时值中国赣州第三届脐橙节开幕之际，赣州市首届赣南籍作家、专家、学者作品汇展在市图书馆开展，70多位知名人士捐赠作品近千册。

本届书展汇聚了赣南人各方面成就和学术成果，其中人文学科的作品居多，尤以反映赣南革命历史、风俗人情的作品居多，集中展示了苏区历史研究的丰硕成果。（章伏源 谭兆民 夏侯炳）

【第二届公共图书馆读书演讲大赛】 2003年11月25日，以“弘扬井冈精神 兴我美好江西”为主题的江西省第二届公共图书馆读书演讲大赛决赛在省图书馆隆重举行。大奖赛由江西省文化厅和江西省新闻出版局主办，江西省图书馆承办。从7月份起，经层层选拔，组成参加决赛的省直和设区市12支代表队。经过紧张激烈的比拼，产生一等奖4名（选手分别来自省直、上饶、吉安和景德镇代表队）、二等奖8名，三等奖12名，优秀奖11名；12个单位荣获组织奖。（章伏源 谭兆民 夏侯炳）

【2003年“全民读书月”高潮迭起】 根据全国“知识工程”领导小组有关在2003年12月开展全国第四届“全民读书月”活动的要求和中国图书馆学会《关于开展2003年“全民读书月”活动的通知》精神，江西省公共、高校、厂矿图书馆界结合该省小康文化工程建设，以“‘弘扬井冈精神 兴我美好江西’第二届全省公共图书馆读书演讲大赛”为序幕，围绕“享受阅读快乐提高生命质量”的主题开展一系列读书活动：在省图书馆成立“读者之家”并开展“英语沙龙”等系列活动（12月14日），深入街道、文化广场宣传“全民读书月”的“倡导全民读书，建设阅读社会”的宗旨（12月20日），举办纪念毛泽东诞辰110周年图书图片展览并放映纪念电影（12月25日－31日），举办系列读书讲座和报告会，送书进学校、农村、社区、军营和监狱。（章伏源 谭兆民 夏侯炳）

【于都县图书馆外借图书实行全开架】 曾荣获全国“读者喜爱的图书馆”称号的于都县图书馆从2003年起推出外借图书全开架的新举措。这项便民措施使全馆60%的图书任由读者进库挑选，读者利用图书馆书刊如同“逛超市”一般方便。（章伏源 谭兆民 夏侯炳）

【南昌市西湖区图书馆开展送书进社区活动】 2003年南昌市西湖区图书馆建立“流动书屋”，在辖区内各文化广场开展送知识信息流动服务。2004年又精选贴近居民生活的约500册图书，每月在各社区图书室循环展出，受到街办和社区群众的热烈欢迎。（章伏源 谭兆民 夏侯炳）

【省图书馆大力开展服务进基层】 从2003年起，省图书馆在延伸服务范围、扩大服务半径上下功夫，在首创在民办高校创建分馆的基础上，将创建活动扩大到城市社区、学校、警营、监狱和农村，真正使图书馆服务惠及广大基层民众。该馆采用四种模式创办分馆和流通站：一是与其他单位合办分馆，二是图书馆与研究所合一，三是省一县一乡（镇）联动，四是兴办馆外流通站。到2004年底，共创建31个分馆和流通站，多发展读者近两万名，有效地提高了省馆的覆盖范围和两个效益。《中国青年报》、《江南都市报》、江西电视台等媒体对此多次报道，部分兄弟省还派员前来学习，在国内形成了较大影响。（章伏源 谭兆民 夏侯炳）

【南昌市图书馆配合市政府中心工

作开展送书活动】 从2004年元月起，为配合南昌市政府“五大文明工程”建设，着力提高市民素质，南昌市图书馆常年开展送书进社区、下基层活动，共为湾里区站前居委会、西湖区象山文化社区、安义县新民乡文化站等送书11次，书籍4700册。（章伏源 谭兆民 夏侯炳 付玲）

【文化部财政部全国“送书下乡工程”赠书仪式】 2004年元月10日，为实施全国文化重点项目“送书下乡工程”，将文化部和财政部赠送给江西革命老区的精神食粮送到群众手中，江西省文化厅和财政厅在遂川县举行隆重的送书仪式。江西省文化厅副厅长王晓庆、江西省财政厅副厅长李锅根、吉安市人民政府副市长李庐琦等有关方面领导出席仪式并讲话。

由文化部和财政部共同实施、文化部社会文化图书馆司具体承办的国家重点文化项目“送书下乡工程”安排6000万元专项经费，在三年内向国家级扶贫开发工作重点县图书馆及其乡镇图书馆赠送专家精选、集中采购、统一装帧并直接配送的图书500万册，将十分适合广大农村读者的需要，有力地推动农村经济社会的发展，为江西在中部地区崛起发挥积极作用。（章伏源 谭兆民 夏侯炳）

【景德镇市图书馆改造扩建后重新开放】 经过三年改造和扩建，景德镇市图书馆期刊和报纸阅览室于2004年元月试开放，同年9月20日全面开放。改造扩建后，该馆建筑面积达600平方米，阅览室座席200个，可容纳文献60万册（件）。（章伏源 谭兆民 夏侯炳）

【杜宣向九江市图书馆捐赠《杜宣文集》】 2004年2月19日，九十高龄、现寓居上海的九江籍著名现代剧作家、散文家、国际文学活动家杜宣向九江市图书馆捐赠新近出版的《杜宣文集》仪式在该馆举行，市委宣传部、市文化局以及文艺界等方面的代表参加捐赠仪式，杜老先生的代表、其外甥女张玉琼讲话。杜老眷恋故土、关心家乡，创作了大量宣传、怀念九江的作品，并多次回九江讲学、辅导和推荐文艺新人。该馆将《杜宣文集》存入“九江籍人士著作（述）文库”，供读者阅览。（章伏源 谭兆民 夏侯炳）

【省图书馆走进省“两会”提供信息咨询服务】 2004年2月9日至13日，省人大十届二次会议、省政协九届二次会议在南昌召开。在有关领导机关的支持和省文化厅的领导下，省图书馆首次组成信息咨询服务小组，走进代表委员住地为“两会”提供信息咨询服务，取得较好成效。

中共江西省委书记孟建柱，省委常委、宣传部长刘上洋，省人民政府副省长凌成兴，省人大常委会秘书长崔林堂等领导同志先后看望和慰问该小组工作人员。孟建柱同志对省图书馆的“两会”信息服务予以充分肯定，指出图书馆与教育部门一样都是十分重要的单位，图书馆、数字图书馆在学习型社会中能够发挥十分重要的作用，省图书馆一定要把工作做好。

会议期间，共接待咨询500余人次，解答有关咨询课题近百个，发放《信息与咨询——“两会”资料专辑》1100册、有关资料1300张，提供检索资料百余篇，赠送省图书馆“书生之家”网上读书卡1300张，不少代表、委员还要求与省馆建立长期合作关系。（章伏源 谭兆民 夏侯炳）

【万安县图书馆送科普资料预防禽流感】 2004年2月，正值禽流感蔓延之际，万安县图书馆编印预防该病的科普资料500份，深入各乡镇圩，无偿地赠送给广大农民群众，帮助他们预防禽流感，受到农民的好评。（章伏源 谭兆民 夏侯炳）

【萍乡市图书馆建成开馆】 在中共萍乡市委、市政府的直接领导和关怀下，萍乡市图书馆于2002年1月在原址上拆除重建。新馆于2003年2月正式动工，2004年2月封顶，经半年多内部装修和文献整理，于2005年元旦向广大读者开放。新馆建筑面积6000m²，124个阅览座席，藏书40余万册。（章伏源 谭兆民 夏侯炳）

【林红参加“两岸三地”医学图书馆学术交流会】 2004年3月17日－27日，江西医学院图书馆副馆长林红，参加分别在香港和泰国召开的“两岸三地”医学图书馆学术交流会议。来自中国内地、香港和台湾的70多位医学图书馆的代表围绕未来图书馆的发展与建设问题进行了广泛、深入的探讨和交流，达成了许多共识，增进了了解和友谊。（章伏源 谭兆民 夏侯炳）

【吉安县图书馆荣获“军民共建社会主义精神文明先进集体”称号】 2004年4月，中共江西省吉安市委宣传部、吉安市文明办、吉安军分区政治部授予吉安县图书馆以“吉安市军民共建社会主义精神文明先进集体”荣誉称号，这是全市14个受表彰单位中惟一一家文化单位。

吉安县图书馆长期与县消防大队开展军民共建文明单位活动，除发挥馆藏优势为部队开展思想政治教育工作提供地方资料外，还经常送科技书籍进警营，帮助部队搞好图书室建设，免费培训电脑操作技术，为部队培训军地两用人才服务，多次受到上级表扬，深受消防官兵欢迎。（章伏源 谭兆民 夏侯炳）

【武宁县图书馆荣获“全国文化信息资源共享工程建设先进单位”称号】 从2004年4月10日－11日在南京召开的“全国文化信息资源共享工程工作会议”传来喜讯：在会议表彰的35个“全国文化信息资源共享工程建设先进单位”中，江西省武宁县图书馆位列其中。

武宁县馆遵循“公益性为主，社会效益第一”的原则，按照“一馆两制，分块搞活”的总体工作思路，解放思想，创新观念，抢抓机遇，在取得县委、县政府支持的同时，不等不靠，积极挖掘自身潜力，充分调动全体干部职工的积极性，以单位自筹和职工借贷相结合的方式筹集资金15万元。通过一个多月奋战，接入4Mb光缆，建成有40个阅览席位的多媒体电子阅览室，并争取到全国文化信息资源共享工程试点县的机会，于2003年6月18日正式挂牌成立县基层中心，9月21日安装中广电信“天网通”设备，开通共享工程，探索出欠发达地区县级图书馆谋求

发展之路。(章伏源 谭兆民 夏侯炳)

【井冈山市图书馆获 8 万元赠书和电脑】 2004 年 4 月 17 日，中国人民大学书报资料中心和中国人民大学爱心村向井冈山市捐赠 3000 多册书刊和两台电脑，价值人民币 8 万元。这批书刊和电脑落户市图书馆，改善了办馆条件，丰富了馆藏，缓解了读者看书难和自动化起步难的问题。(章伏源 谭兆民 夏侯炳)

【庐山新增室外阅报长廊】 为完善庐山居民的整体素质，提高庐山的文化品位和旅游形象，庐山管理局在建设学习型名山的理念指导下，继启动庐山读报节之后，拨出专款在室外新建阅报长廊，由庐山图书馆负责日常管理工作，并于 2004 年 4 月 29 日正式启用。位于庐山文化活动中心广场南侧的报廊采用不锈钢材料，双面 60 米，可陈列 30 余种报纸。(章伏源 谭兆民 夏侯炳)

【新余市图书馆《信息选编》广受好评】 新余市图书馆于 1995 年创办《信息选编》情报月刊，围绕本市经济工作，利用馆藏文献信息资源，为市委、市政府等六套班子及其职能部门提供外地、特别是经济特区和沿海发达地区的新政策、新举措、新思路、新经验、新科技、新产品和专家言论等，以“广、快、精、准”的信息为市委市政府领导的科学决策提供参考，得到历届市领导的认可和好评。2004 年 5 月《信息选编》创办 60 期之际，领导机关给予的评价是“实用性强，越办越好”。主管经济工作的副市长在会上说，市图书馆的《信息选编》办得好，对我们的工作有帮助，希望各单位注重提高信息质量，同时加强信息交流，共享信息资源。市政府秘书长也称赞该刊办得好，特别是提供有关城市拆迁问题的经验和解决办法，对政府工作有借鉴和指导意义。(章伏源 谭兆民 夏侯炳)

【新余市图书馆举办的现代礼仪讲座获广泛好评】 2004 年 5 月间，江西省新余市图书馆举办三场现代礼仪讲座，吸引上千名读者到馆听讲，受到听众的广泛好评。(章伏源 谭兆民 夏侯炳)

【省图书馆为下岗职工子女提供免费义务家教】 为贯彻落实中共中央国务院《关于进一步加强和改进未成年人思想道德建设的若干意见》精神，充分发挥图书馆的社会教育职能，江西省图书馆与江西师范大学团委合作，为下岗职工子女提供以“关注青少年阅读，开创精彩人生”为主题的义务家教服务，开班仪式于 2004 年 5 月 16 日在省图书馆举行。省馆领导在讲话中希望下岗职工子女们充分利用该馆的资源不断进步成长，师大团委领导要求青年志愿者注重辅导质量，不辱使命，把这项爱心行动进行到底。参加义务家教的青年志愿者共 30 余人，来自师大数信学院“蓝昊”青年志愿者协会。(章伏源 谭兆民 夏侯炳)

【公共图书馆馆长会议】 2004 年 5 月 25 日至 27 日，江西省公共图书馆馆长会议在赣州市图书馆召开，全省市、县、区图书馆馆长及有关方面人员共 110 余人参加会议。省文化厅副厅长王晓庆、赣州市人民政府副市长唐玉英以及其他方面领导出席会议。

王晓庆副厅长传达了全国文化信息资源共享工程会议精神，并部署了全省的“共享工程”、公共图书馆评估定级等工作，同时强调按照文化部和省文化厅的要求切实管理好公共图书馆的电子阅览室，使之真正成为传播优秀文化的重要阵地和大众精神享受的乐园。省图书馆馆长章伏源就“共享工程”基层中心的建设和全省公共图书馆评估定级问题做了具体说明。(章伏源 谭兆民 夏侯炳)

【2004 年图书馆服务宣传周】 2004 年全国图书馆服务宣传周期间，恰逢学习、宣传、落实中共中央国务院《关于进一步加强和改进未成年人思想道德建设的若干意见》，江西省图书馆界围绕这个中心和“营造学习氛围，倡导读书育人”的宣传周主题，开展了丰富多彩的宣传和读书活动。5 月 30 日－6 月 6 日，省图书馆举办“我喜爱的一本书”庆祝该馆少儿部成立两周年征文比赛、读者座谈会、兰兰姐姐故事会特辑、六一少儿猜谜活动、六一少儿读者联欢会、向启音学校捐赠图书等活动，6 月 5 日各业务部门派员在南昌市中山路老馆摆摊设点，冒雨向广大市民宣传，发放优惠办证卡、网上读书卡，解答咨询，帮助读者了解、熟悉图书馆及其服务项目，以吸引更多的市民走进图书馆和利用图书馆。

九江市图书馆与浔阳区文教局联合举办“兴赣富民奔小康——讲故事、演讲比赛”、“科利华电脑家庭教师大型集中展示会”和“星河杯电视节目主持人大赛暨九江电视台节目主持人大赛总决赛”，吸引了大量少年儿童参加，激发了他们的学习热情和求知欲望 5 月 30 日－6 月 3 日，南昌市图书馆引进西安野生动物昆虫展览，展出有数千个品种昆虫，上万名学生和家长观看了展览。(章伏源 谭兆民 夏侯炳)

【省图书馆“兰兰姐姐故事会”培育成品牌】 省图书馆少儿部举办的长期导读活动“兰兰姐姐故事会”，自开办以来得到广大小读者的热烈欢迎和一致好评。从 2004 年 6 月起，他们又一次对故事会进行调整：仍以“听故事、讲故事”为主，但采取“讲故事、夺红星”的有奖施教方式，激励小朋友参加到“讲故事”中来，从而不断地从小读者中推出“讲故事能手”；其次，在保留“动手学折纸”游戏活动的基础上，增加飞标、象棋、跳棋等游戏，寓教于乐，进一步满足儿童天性的需要，收到了更好的效果。由此，“兰兰姐姐故事会”声誉鹊起，被培育成省馆的一个服务品牌。(章伏源 谭兆民 夏侯炳)

【万安县图书馆在农村建立少儿暑期流动图书馆】 2004 年暑假期间，万安县图书馆工作人员在坚持搞好阵地开放服务的同时，经常用摩托车载着“少儿流动书箱”，深入建立在全县的十多个农村少儿流动图书室。据统计，这个暑假他们共向农村送书 2000 多册，接待小读者 500 余人次，为农村未成年人的健康成长开辟了一条新途径。(章伏源 谭兆民 夏侯炳)

【第三次公共图书馆评估定级工作】 根据文化部有关开展全国第三次

公共图书馆评估定级工作的安排，江西省各设区市在2004年7月前完成了对辖区内各县（市、区）级图书馆的考评检查，省文化厅在此基础上组成3个评估工作专家组，于7－8月奔赴各设区市，对11所市级图书馆进行评估检查，同时抽查每个市的一两所县（市、区）级图书馆。根据各馆自报、专家组检查和抽查以及省文化厅综合平衡，最后该省向文化部申报市级一级图书馆3个，二级2个，三级3个（上饶市无市馆）；县（市、区）级一级馆4个，二级21个，三级37个，不上等级11个，不参评17个。（章伏源 谭兆民 夏侯炳）

【“全国高校社科信息资料研究会第十次研讨会”召开】 2004年8月3日至6日，“全国高校社科信息资料研究会第十次研讨会”在南昌大学图书馆召开，37个单位参加，与会代表52人。（章伏源 谭兆民 夏侯炳 史良芹）

【图书馆界举办一系列活动纪念邓小平诞辰100周年】为纪念邓小平同志诞辰100周年，缅怀其丰功伟绩，2004年8月份江西省图书馆界举行系列纪念活动。

2004年江西省图书馆服务宣传周

中共江西省委宣传部、省文化厅主办，江西省图书馆和南昌市图书馆联合承办的“纪念邓小平同志诞辰100周年演讲比赛”决赛于8月20日在南昌市图书馆隆重举行。省委宣传部副部长，省文化厅党组书记、厅长李玉英同志担任评委会主任，来自全省11个设区市和省直代表队的32名选手在声情并茂的演讲中热情讴歌邓小平同志的光辉一生和丰功伟绩，展示了4200万井冈儿女实现江西在中部崛起的坚定信念，经过激烈角逐，省直和宜春、赣州、吉安代表队的四名选手荣获一等奖。

8月14日至24日，省图书馆举办“纪念邓小平诞辰100周年图书、图片、纪念币、集邮展”，展示邓小平同志在70多年的革命生涯中为中国新民主主义革命的胜利和新中国的成立、为中国社会主义的创建、巩固和发展所建立的丰功伟绩，吸引了很多观众参观。（章伏源 谭兆民 夏侯炳）

【《参考咨询新论》获“江西社会科学研究文库”立项并出版发行】由省图书馆研究馆员夏侯炳撰著的《参考咨询新论》书稿，经江西社会科学研究文库出版资助项目评审委员会评审，批准作为江西省2002年度“10本理论上的厚重之作”入选“江西社会科学研究文库”项目，并获得项目出版资助经费2万元，于2004年9月由江西人民出版社出版发行。

该书由引论、业务拓展论、工作特性论、社会功能论、组织建设论、参考馆藏论、引文索引论、馆员素质论、专业写作论、服务对象论、信息服务论、翻译服务论、科学管理论等13章和6个附录组成，计43.5万字。赖茂生、詹德优、于鸣镝、贺延辉等业内专家分别在《中国图书馆学报》、《社科新书目》等刊物上发表文章，认为该书回应了业界有关“参考咨询理论研究有待加强”的呼吁，对转型期图书馆参考咨询工作进行了全面、系统、深入地探讨，勾勒出……系，具有浓厚的理论色彩和很强的实践指导意义。（章伏源 谭兆民 夏侯炳）

图书馆界举办纪念邓小平诞辰100周年活动

【江西省图书馆界积极为未成年人营造良好的文化环境】 为贯彻落实中共中央国务院《关于进一步加强和改进未成年人思想道德建设的若干意见》精神，江西省公共图书馆系统努力挖掘内部潜力，以丰富多彩的读者活动为青少年素质教育贡献力量。

江西省图书馆暑假期间在8岁以上儿童中开展“一日图书管理员”活动，吸引80多位小朋友参加；“我最喜爱的一本书”征文比赛共收到来稿200多篇；“棋类挑战赛”开展了象棋、跳棋等棋类挑战赛。

南昌市图书馆、九江市图书馆、上高县图书馆等把少儿室办成儿童的暑期乐园，开展“征文比赛”、“演讲比赛”等活动，受到小读者和家长的高度评价。（章伏源 谭兆民 夏侯炳）

【全国中小型图书馆区域合作与发展理论研讨会在江西召开】 2004年9月20－24日，由景德镇市图书馆和九江市图书馆承办的全国中小型图书馆区域合作与发展理论研讨会在景德镇市开幕并在九江市闭幕。文化部、省文化厅、两市有关领导以及图书馆工作者出席了会议。会议期间，香港爱国知名人士石景宜先生向两馆分别赠送价值数万元的图书（包括《贝叶经》）。（章伏源

谭兆民　夏侯炳）

【县委书记给图书馆送电脑】　2004年9月，赣州市委常委、于都县委书记杨人平得知县图书馆“共享工程”基层站点上马缺少资金购买电脑后，立即召开专门会议研究，要求县财政挤出经费支持，还当场表示，为支持“共享工程”建设，准备将自用电脑捐献给县馆。县图书馆领导和全体职工闻讯深受鼓舞和教育，加班加点筹建电子阅览室，杨书记赠送的清华同方电脑成为该室的亮点。（章伏源　谭兆民　夏侯炳）

【庐山图书馆安装闭路监控系统】　庐山图书馆拥有丰富的古籍善本和19世纪中叶至20世纪初期的外文原版图书，具有很高的历史文物价值。为保护好这些不可再生的文物资源，庐山管理局拨出专款20万元，在该馆重要部位建立安全技术防范系统，工程于2004年9月顺利完成。该系统具有红外报警、烟雾感应、监看、录像、回放等功能，可昼夜监控，投入作用后性能安全稳定，运行正常。（章伏源　谭兆民　夏侯炳）

【景德镇市图书馆在馆内悬挂工艺美术大师肖像】　为体现地域特色、激励人们为国争光，景德镇市图书馆将12位中国工艺美术大师肖像悬挂在馆内，并于2004年9月举行了肖像悬挂仪式。在仪式上，七位中国工艺美术大师即兴合作国画《无限春光》并赠送给市馆，作品将被永久收藏。（章伏源　谭兆民　夏侯炳）

【江西中医学院图书馆新馆建成开放】　江西中医学院图书馆新馆于2002年动工兴建，2004年9月全面投入使用，新馆建筑面积达2.6万平方米，内部设施先进，功能完善，设8层基础书库、4个大型书刊阅览室、一个电子阅览室和一个大型自习室，普通阅览座位1100余个，自习座位600个，可同时容纳1700多名读者在馆内学习。目前该馆全面实现了采访、编目、流通、阅览、业务统计、读者查询等业务工作自动化管理，馆局域网与校园网、因特网连接，开辟了图书馆网站。馆藏已初步形成以医学、药学、中医药古籍为特色，以生物科学、环境科学、计算机科学、医药卫生管理、法律和医药营销为重点，纸质文献、电子文献、网络数据库等多种形式的文献资源协调发展的资源保障体系，中外文镜像、网络数据库资源覆盖理、工、医、农、法、管等众多学科门类，为全院师生提供了不同类型的文献信息资源服务。（章伏源　谭兆民　夏侯炳　栾迎生）

【峡江县图书馆新馆新面貌】　峡江县图书馆于2004年10月搬入新馆。在进一步完善各项规章制度、制订服务公约和读者须知的基础上，该馆深化内部改革，增强自身活力，改善服务质量，坚持全天候开放，并延长开馆时间。

根据地处边远山区、老年人行动不便的实际情况，该馆派员深入农村建立老年活动中心和图书流动站，调集4000册书籍、2500份杂志和60份报纸，对站里的读物每季度更换一次，同时负责培训中心的管理人员，使这些文化场所真正发挥作用，赢得了老年人和广大群众的好评。（章伏源　谭兆民　夏侯炳）

【省图书馆推出“博士讲坛”】　2004年10月6日上午，江西省图书馆报告厅内座无虚席，不时传出阵阵掌声，原来是江西师范大学文旅学院史学博士陈晓鸣正在发表主题为《从九江开埠看江西社会的变迁》的演讲。

这是该馆推出的“博士讲坛”的第一讲。该讲坛以“启迪民智，以文化人”为宗旨，为读者提供一个了解各领域研究的前沿水平和最新成果的场所，也给年轻学者搭建了一个展现自我风采、传播学术成就的平台，力争推出一批“青年学术明星”。同年11月20日和12月4日，江西教育学院文学博士许爱珠和江西财经大学工商管理学院院长、教授、博士生导师卢福才，分别作了《文学何为？——论作家与我们所处时代之关系》和《关于宏观调控与经济发展中若干问题的深层思考》的精彩演讲。（章伏源　谭兆民　夏侯炳）

【英国剑桥郡向景德镇市图书馆赠送《中国科学技术史》】　2004年10月，在景德镇市国际瓷器博览会期间，英国剑桥郡向景德镇市图书馆赠送李约瑟博士的巨著《中国科学技术史》，双方还就交流合作进行了友好协商。（章伏源　谭兆民　夏侯炳）

【赣州市图书馆协办世界客属第十九届恳亲大会有关活动】　2004年11月15日下午，赣州市图书馆协办省市政府举办的世界客属第十九届恳亲大会的乡情报告会和市城市规划成果展。全国政协副主席罗豪才、省委书记孟建柱、省长黄智权等领导同志，在省委常委、市委书记潘逸川、市长王昭悠的陪同下，参观了赣州市图书馆。（章伏源　谭兆民　夏侯炳　辜强华）

【赣州市图书馆多方争取社会支援】　为了克服财政拨款不足的问题，赣州市图书馆多方设法争取社会的支援，2004年上半年引进外地投资者在该馆开办书店和书吧，同年11月争取华南理工大学出版社向该馆捐赠一批价值34000元的图书，江铃齿轮集团有限公司则拿出34000元为1000名贫困学生免费办理了借书证。（章伏源　谭兆民　夏侯炳　辜强华）

【延伸服务范围　优化两个效益——江西省图书馆采用四种模式创建分馆和流通点】　为缓解一方面公共图书馆覆盖范围有限、另一方面大中型图书馆普遍文献资源利用率低的矛盾，公共馆必须广布网点和推进网络化，真正把图书馆办在公众身边。为此，江西省图书馆决心跟上世界图书馆发展的趋势，走内部挖潜、延伸触角、大办分馆和流通站之路。

在2001年首先迈出与民办高校合办分馆的第一步的基础上，该馆将创建活动扩大到城市社区、学校、警营、监狱和农村，近几年采用四种模式，创建了31个分馆和流通站。

一、合办分馆模式。与民办高校合办江西省图书馆分馆，即由省馆为学校提供书刊代采编、人员培训、自动化网络化技术支持和文献信息资源支持，并为全体师生办证，利用窗口单位优势积极宣传其教学、科研成果，学校负责教育读者遵守图书馆有关规定并缴纳一定管理费。通过这种模式，省图书馆建立了江西蓝天职业技术学院分馆、江西大宇职业技术学院分馆和江西赣江大学分馆，发展持证读者近两万名。

二、馆所合一模式。在与江西服装学院共建分馆时，规定双方合作建立江西省图书馆江西服装学院分馆和服装科技情报研究中心，由省馆为学院提供书刊采编、人员培训、流通书刊和自动化网络化技术支持，为全校师生免费办证，并通过省馆网站、《教研参考资料》情报刊物等手段宣传学院的办学特色和成果，服装学院除做好读者教育、管理工作外，须向省馆缴纳流动站书价总额的40%作为保证金，书价总额的5%作为管理费；同时，“服装科技情报合作研究中心”组织双方科研人员就发展中国特色的服装设计生产、经营和教育等课题，开展全方位、多渠道科研，实现信息资源共享和成果共享。该“中心”的研究工作不限于图书馆，而是围绕该院教学、科研和学生管理的难点、重点和亮点出谋划策。

三、省—县—乡（镇）联动模式。经过深入调查研究，省图书馆、南昌县图书馆及其18个乡镇协商形成共识，决定在乡镇图书流通大循环活动的基础上，从2003年起在全县范围内以省—县—乡（镇）三级联动循环机制建设乡镇图书流通站：每年由三级拿出数额不等的经费，购置一批书籍，分成六等分，将18个乡镇分成6个组，让每一等分书籍先在小组内部轮流，换季则组间交换。据统计，每个月前往各乡镇文化站读书、借书的群众达16万人次。这种联动循环模式运行两年来，取得了明显的成效，调动了农民看书学习的积极性,，促进了全县农村的“三个文明”建设和农村经济的发展。

四、馆外流通站模式。在这种模式下，作为乙方的共建单位提供阅览场地、文献资源、管理人员和资金设备，甲方江西省图书馆提供图书馆业务指导、业务人员培训、文献资源支持和自动化网络化技术支持，并在上述服务中给予收费方面的优惠。采取这种方式的有南昌市启音学校、南昌监狱、南昌市西湖区广外街烟筒巷社区、南昌市消防二支队、武警三支队特勤二支队、江西省水上运动管理中心、江西省体育运动学校、江西广播电视大学和江西女子专修学院。在省馆与武警二支队警通中队共建的警营流通站，两年来官兵们利用省馆提供的4000余册书刊，学政治、学文化、学技术，取得了明显的成效。（章伏源 谭兆民 夏侯炳）

【筹资挖潜增效——江西省图书馆“少花钱、多办事、办好事”打造网络平台】 江西省图书馆在实现现代化需要大量投入与江西财力拮据的矛盾中寻找出路，在困难中谋求发展，走出了一条有江西特色的图书馆自动化建设的路子，也为全省各市、县图书馆的发展做出了一个榜样。

在投资60万元完成自动化建设一期工程之后，该馆成立计算机技术部，正式迈开了多元筹资、内部挖潜、艰苦奋斗、实现图书馆“三化”的步伐。该馆先后依靠自己的力量完成全馆的综合布线和局域网的建设，采用ILASII实现采编、外借、期刊自动化管理，建设多媒体电子阅览室和图书馆网站。2002年，建立“书生之家数字图书馆”全文阅读镜像站，建成“视频点播”资源库（收集加工完成影片1400多部，容量近1TB），安装了“共享工程”国家中心提供的资源，容量达240GB。在购买数据库的使用权上，从“只求使用，不求拥有”出发，坚持仅购买“国研网”、“维普”、“万方”、“同方”、“标准”、“专利”等数据库的使用权，用极少的经费投入达到与购买数据库同样的效果。2003年建成“共享工程”江西省分中心，增添磁盘阵列柜和防火墙等一批设备，全面改造了馆内的各类网络。截止2003年，完成全部馆藏普通中文图书的书目数字化工作。磁盘存储设备和防火墙相继到位后，在自建数据库选项上突出地方特色，以多媒体为表现形式。到2004年底，该馆建成图书馆自动化管理系统、办公自动化系统、两个电子阅览室、家属区宽带网络、馆域网对外接口10M；拥有包括6台服务器和1台磁盘存储阵列柜在内的各种计算机202台，建立起计算机信息节点479个，为读者上网查询信息、检索文献和开展网上参考咨询提供了保证。

截至2004年，加工完成数据库30个，近55GB，包括反映江西红色历史的《八一南昌起义》、《江西革命文献》、《江西二次国内革命战争时期史料查询》等，宏扬江西悠久的历史文化的《江西地方志》、《江西民国文献》、《江西地方戏曲》等，突出经济特点的《江西地方年鉴》、《江西企业》、《江西经济发展白皮书》等，宣传“物华天宝，人杰地灵”的《江西旅游》、《江西特色之乡》等以及反映该馆丰富馆藏资源的《〈江西图书馆学刊〉论文文摘》、《江西省中文期刊联合目录》、《江西省外文期刊联合目录》、《中文书目检索》、《报刊文献书目检索》等。特别是《江西地方戏曲》数据库项目，受到“共享工程”国家中心领导的称赞。

在收集、整合和利用网络资源开展服务方面，工作人员浏览上千个网站，查阅几千个页面，加工整合了18个数据库，包括《江西经济发展白皮书》、《江西旅游》、《八一南昌起义》、《江西特色之乡》、《江西企业》、《服装资料数据库》等，并提供上网服务。2004年加盟广东省立中山图书馆的网上参考咨询服务。该馆还利用“共享工程”国家中心提供的资源举办“视频专题讲座”4场，配合国家司法部、全国普法办举办“卫星远程普法教育讲座”4场，近千人参加学习。

2003年建成“共享工程”江西省分中心，制定“共享工程”实施方案和《江西省文化信息资源共享工程管理办法》。截止2004年，共建成7个市级中心和44个基层站点，省级分中心积极为基层提供设备安装、人员培训和技术服务，包括为24家图书馆和51个“共享工程”基层站点安装、培训和常年维护管理软件和设备，举办“共享工程设备选型”等培训班4期，培训人员60人次。（章伏源 谭兆民 夏侯炳）

【《江西图书馆学刊》求真求美求强，打造学术精品】 《江西图书馆学刊》从2002年起，一方面调整了编委会和编辑部人员，加强了编辑力量；另一方面陆续增添了联网电脑、打印机等编辑业务所需的自动化设备，改善了办公条件，省学会和省馆领导支持编辑部提出的一系列改革措施，决心经过若干年脚踏实地的艰苦努力，将《江西图书馆学刊》打造为一个知名品牌。

首先，编辑部努力贯彻党的十一届

三中全会以来的路线、方针、政策，认真学习、执行邓小平理论和“三个代表”的重要思想以及党的思想宣传工作和出版工作方针政策，遵守国家的出版法规条例和各项管理制度，借助一整套工作制度，层层把好政治关和学术关，各期杂志没有出现任何政治性错误和知识性差错。

其次，编辑部采取了一系列措施提高刊物质量：第一，严格执行《GB/T3179－92 科学技术期刊编排规则》、《标点符号用法》、《出版物上数字用法的规定》、《参考文献著录规则》、《ZB1－81 校对符号及其用法》等与学术期刊编辑出版有关的国家标准和行业规范，推行文章修改加工电子化，并严格执行三审三校一阅制度，确保编排体例符合国家有关标准，字符差错率控制在万分之一以内；第二，制订并坚持了来稿定期处理的制度，对所有网络投稿给予答复，与所有拟用文章的作者沟通信息，杜绝了一稿两用等问题的出现；第三，确定了广辟稿源、分类管理的组稿用稿原则，以主编和副主编的名义聘请特约作者，获得包括黄宗忠、白国应、孟广均、张琪玉、吴慰兹、张树华、谭祥金、黄俊贵、赖茂生、秦铁辉、侯汉清、邱均平、吴建中、王子舟、王余光、王世伟、于鸣镝、陈传夫、刘恒兹、文榕生、周晓英等 20 余位国内著名图情专家学者的积极回应，从而保证了每期刊登 2－3 篇特约稿。同时，每期向 30 多位国内各级各类图情机构的知名教授、专家、学者赠刊，征求他们对刊物的意见和建议。每期刊登的外省文稿上升至 2/3 左右，吸引了大批质量上乘或较高的论文。对那些质量一般但非登不可的文章，编辑不遗余力地加工修改，务使其行文规范、文通字顺，达到出版要求；第四，从 2003 年起采用能较好地体现知识经济时代和信息资源管理机构特征的统一封面设计，改变了在封面刊登照片的做法。开本从标准 16 开扩大为大 16，每期版面由 64 页先后增至 80 页、96 页、112 页和 128 页，并尽可能地扩大版心，使每期刊物的容量由 12.7 万字增到 15.3 万字、26.9 万字、33.2 万字和 38.4 万字，全年发文量成倍增长；第五，在经营管理上适当运用市场经济手段，采取协作办刊等方式盘活刊物这一无形资产，使刊物在社会效益全面提高的同时产生了较好的经济效益，从 2002 年起实现了盈利。

由于致力于建立一支由图情界知名专家领衔、省内外优秀图书馆工作者和研究者为骨干、广大图书情报工作者为基础的宝塔型作者队伍，稿源十分丰富，编辑部致力于打造品牌刊物，刊物得到了包括国内第一流图书情报学专家学者在内的广大作者和读者的热情赞扬和充分肯定。黄宗忠在 2003 年 1 月 15 日的来信说：“贵刊自 2002 年改刊以来，出现了新气象，质量大大提高，内容更丰富，作者面更宽，这是编辑部辛勤劳动的结果”。在罗式胜教授等撰写的评述文章中，作者从载文、引文、被引和作者等角度对刊物近几年的载文情况、编校质量和学术影响做出全面的积极评价，认为近两年“发生了根本的变化，办得很有特色，刊物编辑在质量方面更上了一个大台阶”。读者毛向农在来信中，从选题、组稿具有前瞻性和全局性，突出重点提高期刊竞争力，较高的编辑出版质量以及信息量大和反馈效果好等四个方面充分肯定了近几年来取得的明显进步，并指出，据对 30 种图情专业刊物统计，该刊的下载率排在前 10 位；除情报刊物外，与武大《图书情报知识》并列第七；除核心期刊外，则名列第三位。在纪念中国图书馆学会成立 25 周年活动中，副主编兼责任编辑夏侯炳被评为全国图书馆期刊优秀编辑；在 2004 年开展的江西省第二次优秀期刊评比中，《江西图书馆学刊》被授予优秀期刊“编辑质量奖”。（章伏源 谭兆民 夏侯炳）

【省图书馆新辟视听资料借阅服务】 2004 年下半年，为应对非书资料不断涌现、读者知识信息需求多元化的趋势，省图书馆加大对电子出版物的投入，购置 CD、VCD、DCD 碟片资料，磁带、录像带以及录放机等设备，建立电子文献借阅室，深受广大读者欢迎。（章伏源 谭兆民 夏侯炳）

【省图书馆顺利通过全国第三次公共图书馆评估定级】 “以评估促发展，以评估促建设”，这是江西省图书馆 2003－2004 年的战斗口号，也是该馆两年来迎评估、上等级的指导思想。该馆组织职工认真学习有关文件和《评估标准》及其《细则》，以 1998 年文化部评估组提出的四个问题为整改目标，两度树立“倒计时牌”，层层分解各项指标和完成时间，形成了争先创优跻身二级馆的浓厚氛围。

该馆整合组织文化，提炼出一个既简单明了、入脑入心、便于操作，又充分体现公共图书馆性质、任务和特色的“一切为读者，为一切读者”的办馆理念；抓紧第三次评估良机积极争取政府支持，使年度经费达到 640 万元，优化了办馆条件；实施内部改革，形成良性运行的环境、人员激励的机制、网络服务的平台和优质的读者服务；全馆总动员，全力整治馆容馆貌；馆舍面积、年补助经费、人员素质、图书年入藏量、文献年外借册次、现代化建设和“共享工程”省级分中心七大指标达到了省级二级馆的要求。

2004 年 10 月 13－15 日，以文化部社会文化图书馆司司长张旭为组长、首都图书馆馆长倪晓建为副组长，桂林图书馆馆长徐欣禄、天津图书馆副馆长孔方恩等为成员的文化部评估组经过紧张、扎实、高效的工作，顺利完成对省图书馆的评估检查工作。

评估组听取了章伏源馆长代表省图书馆领导班子所作的评估汇报，审阅了规定材料和该馆特有的 6 种专题材料，发放了调查表并深入各部门抽查，全面评估了各项工作。评估组在向省文化厅领导和省馆领导班子作的评估反馈中认为，江西省政府、省文化厅领导重视省图书馆事业的发展，在全省财力不宽裕、经济处于发展的情况下，图书馆的经费逐年有所增加，保证了图书馆工作的开展，也促进了读者服务的创新和发展。省图书馆领导班子管理水平高，是一个团结奋进、有服务精神、一心谋求图书馆事业发展的领导集体；该馆提出的“一切为读者，为一切读者”办馆理念是个先进的办馆理念，体现了联合国教科文组织《公共图书馆宣言》的真谛；该馆遵循的“少花钱、多办事、办好事”的图书馆建设指导思想，既体现了图书馆领导面对现实、追求卓越的精神风貌，也充分展示了图书馆领导精打细算、用好纳税人的每一分钱的思想品质；该馆的读者服务工作卓有成效，形成了品牌，做出了特色。同时，他们希望地方政府加大经费的支持，保证在当前信息社会背景下读者的信息需求，满足读者的基本阅览条件；为了更好地、更高质量地开展读者服务工作，提高业务管理水平，希望江西省图书馆积极地引进人才，提高专业人员的水平。

省人民政府秘书长魏小琴会见了评估组专家。省文化厅社会文化处处长肖向东主持评估汇报会和反馈会，省文化厅副厅长王晓庆致词，省文化厅社会文化处副处长万一君以及省图书馆中层以上干部参加会议。评估组的充分肯定和很高评价令省图书馆职工深受鼓舞。（章伏源 谭兆民 夏侯炳）

【万安县图书馆深入开展青少年读书活动】 在贯彻落实中共中央、国务院《关于进一步加强和改进未成年人思想道德建设的若干意见》的热潮中，万安县图书馆结合实际，向青少年发放了1240份读书需求调查表，在分析研究的基础上，筹集资金选购500余册有关爱国主义教育、思想道德教育等方面的图书充实少儿阅览室，并围绕“构筑阵地，充实阵地，对外辐射，不断创新”的发展思路，多渠道地筹集图书5000余册，充实到各乡镇和社区文化书舍和流动图书站，在全县构建青少年读书阵地。他们还充分利用这些读书阵地，开展“少儿百科知识竞答”、“‘我身边的美德少年’征文”、“‘树立科学发展观建设美好新万安’知识竞答”、“少儿益智游艺”、“‘我最爱读的一本书’演讲”等内容丰富、形式多样的少年读书活动，吸引了近千名少年儿童读者参与活动，其中百余名小读者荣获奖项。（章伏源 谭兆民 夏侯炳）

【万安县图书馆提供的科技信息惠农家】 自1996年以来，万安县图书馆坚持“以人为本”的服务理念，充分挖掘馆藏科技资料，积极编印科技信息小报，免费发送到农民手中。从1999年起，小报从每年4期增加到6期，每期从200份增至600份，赠送给全县大自然村以上单位和种、养、加工专业户。他们根据农事季节的需要，从几十种报刊中筛选、摘录切题资料，力求内容全、技术新、实用性强。近年来，该馆收到服务成果反馈材料二十多份，农民们充分肯定了这种好做法。（章伏源 谭兆民 夏侯炳）

【南昌大学图书馆馆长何晓萍在国际会议上发表论文】 “第七届亚洲数字图书馆国际会议”2004年12月13日－17日在上海市召开，南昌大学图书馆馆长何晓萍参加会议，并发表题为“Discussion of Service Innovation Under the Mode of a Digital Library”的论文，入选Springer出版的论文集并被SCI收录。（章伏源 谭兆民 夏侯炳 史良芹）

【孟建柱视察省图书馆】 2004年12月11日，省委书记孟建柱视察省图书馆。他仔细察看了少儿阅览室、自然科学阅览室、社会科学阅览室、报室、刊室、地方文献室等省馆所有的17个阅览室，并发表了重要讲话。他对陪同视察的省文化厅和省图书馆负责人表示：“公共图书馆是一个地区文明程度的重要标志，它的水平、标准、向社会开放的程度都是精神文明建设的重要体现。你们要想方设法利用一切先进的科技，进一步完善服务手段，为读者提供一流的服务，为江西经济社会的全面发展提供强大的精神动力和智力支持。”他强调：“随着经济社会的发展，人民群众对图书馆的需求会越来越大，作为公民终身教育的学校，图书馆一定要加大投入，增加藏书量。”在“全国文化信息资源共享中心江西省分中心”，孟建柱兴致勃勃地利用网络在线浏览电子图书，并肯定了该馆借助合作机制开展网上联合咨询的做法。（章伏源 谭兆民 夏侯炳）

【省图书馆加盟广东省立中山图书馆网上参考咨询服务】 2004年11月，为进一步强化网上参考咨询服务工作，以快捷、便利的方式满足用户的知识信息需求，省图书馆副馆长蔡荣生带领有关同志赴广东省立中山图书馆考察其网上参考咨询服务中心，尔后双方签署网上参考咨询合作协议。

广东省立中山图书馆的数字资源拥有电子图书90万种、期刊论文1500万篇、博硕士论文12万篇、学术会议论文17万篇、各种类型的数据库30多个。该馆利用TRS数字图书馆整合门户平台，建立数字图书馆搜索引擎，实现海量数字化资源的异构平台跨库检索，与网上参考咨询有机地组成远程文献传递系统，通过网上参考咨询系统的分布管理功能实现与多馆合作，为全球读者提供“一站式”免费服务。省图书馆信息部利用这个平台，当月开始为读者提供咨询解答，通常在两小时内，快时仅需数分钟，用户便可获得答案和所需文献。（章伏源 谭兆民 夏侯炳）

【石景宜先生向宜春市图书馆赠书】 2004年12月4日，第六、七、八、九届全国政协委员、香港特别行政区政府首届推选委员、著名出版家、香港汉荣书局董事长石景宜先生向宜春市图书馆捐赠《贝叶经》等290余册珍贵典籍仪式在该市锦绣山庄举行。宜春市有关领导刘定明、刘东明、郭明、陈晓晖、黄荣福出席赠书仪式，市委常委、常务副市长刘定明代表市政府授予石景宜先生宜春市荣誉市民证书。（章伏源 谭兆民 夏侯炳 刘真）

【省图书馆启动地方文献征集工作】 经研究，江西省图书馆成立地方文献建设小组，并向全省各市、县（区）公共图书馆发出《关于做好地方文献征集工作函》，同时下发《省委办公厅省人民政府办公厅关于做好地方文献资料征集、收藏工作的通知》，要求各馆协助做好地方文献的征集工作，并借此推动全省图书馆地方文献建设健康有序发展，推动公共图书馆文献资源的共建共享，为地方经济社会发展服务。（章伏源 谭兆民 夏侯炳）

【省教育厅批准南昌大学为“江西省高校文献信息中心”牵头单位】 2004年12月，为充分发挥CALIS成员馆的作用，利用中国高等教育文献保障系统的资源，加强江西省高校文献信息保障水平，南昌大学图书馆向省教育厅申报“建立省级文献信息服务中心”。当月，省教育厅以赣教高字［2004］131号文件批示，确定南昌大学图书馆为“省文献信息中心”牵头建设单位。（章伏源 谭兆民 夏侯炳）

【民办高校图书馆事业蓬勃发展】 截至2004年底，全省有民办高校53所，在校生12万人，占据高等教育的半壁河山。虽然其图书馆规模和水平不如普通高等学校，普遍存在经费投入少、馆舍面积小、藏书量少（生均10册左右）、专业人员少的问题，但其建设发展速度相当快。下表为蓝天职业技术学院等5所较大民办院校的图书馆基本情况：

民办院校图书馆基本情况一览表

	建馆时间	年度经费	藏书册数	年增新书	年订报刊	在校学生	人均册数	馆舍面积	工作人员	书架数量	阅览座席	电脑（台）
蓝天	1996	150	15	7	1000	20000	10	3.4	29	240	3400	160
新亚	1998	50	16.5	3	260	7000	24	1260	6	100	300	3
赣江	1996	10	3	0.6	60	1766	17	1300	6	84	300	1
大宇	1999	10	8.5	0.3	90	10000	10	1.75万	4	94	280	6
航天	1999	100	65	15	460	18000	36	1万	16	160	2000	460

＊经费为万元，藏书册数和年增新书为万册，面积为M^2。（章伏源 谭兆民 夏侯炳）

【新余市创办基层图书馆】 新余市图书馆拥有图书26万册、报刊750种（其中港台报刊12种）。为充分发挥馆藏资源优势、服务地处偏僻的民众，截至2004年，该馆先后与市总工会、两个乡和两个村联合创办5个基层图书室，提供图书近两万册，既方便了读者，又提高了馆藏资源的利用率，扩大了公共图书馆的社会影响。（章伏源 谭兆民 夏侯炳）

【井冈山学院图书馆配合教学科研编制二次文献】 2004年，井冈山学院图书馆配合学院教学和科研新编制专题索引4种：《文天祥研究资料索引》、《苏区斗争史研究资料索引》、《杨万里研究资料索引》和《井冈山革命斗争史研究资料索引》，该馆所编印的纸质版《教育信息》也于同年改出网络版。（章伏源 谭兆民 夏侯炳）

【萍乡市图书馆征集地方文献的工作取得成效】 从2002年5月起，萍乡市图书馆向全国知名的萍乡籍专家学者发出58封专函征集地方文献，到2004年底共收到著作300余册。中科院院士陈述彭先生先后两次赠送著作共30多册，九十高龄的台胞姚葛民先生赠送其著作和珍藏多年的其他文献70册，台胞邓晴文先生于2004年赠书20册。（章伏源 谭兆民 夏侯炳）

【高校开展图书馆工作评估】 2003－2004年，省教育厅委托省高校图工委，分两批对全省高等院校图书馆进行了全面评估。这次评估按该省自行制定的标准进行：传统工作和自动化各按100分打分，两部分占总分100分的权重分别为60%和40%，最后得分90分以上者为“优秀图书馆”，80－89分为“良好图书馆”，70－79分为“合格图书馆”，不满70分为“不合格图书馆”。结果，参评的23所图书馆有9所荣获优秀，14所为良好。此次评估工作有力地推动了全省高校系统图书馆的自动化、数字化、网络化建设和人性化服务。（学会秘书处）

福建省

【概况】 2003－2004年，随着社会文化教育事业的发展，图书馆事业发展进入了一个新时期。福建省高等院校图书馆经过升格合并调整后，已由2002年的40所上升至2004年底的63所（包括成人高校）。全省公共图书馆系统由于2003－2004年文化部第三次全国公共图书馆评估定级工作的推动，在图书馆基础设施建设、文献资源建设与共享、自动化网络建设等方面取得较大进展，人员素质有所提高。

全省共有公共图书馆83个，其中省级馆3个，地级馆8个，县级馆72个，乡镇文化站图书室1042个。新增正式建制的泉州鲤城区图书馆、罗源县图书馆已经开放。龙岩图书馆、长乐市图书馆、平潭县图书馆、宁德蕉城区图书馆、福安市图书馆等新馆舍均于2003－2004年间投入使用。全省县以上公共图书馆馆舍总面积210251.94平方米，阅览座席16759个，其中少儿座席5371个；文献总藏量10428675册，2003年入藏220677册，电子文献和视听文献增长速度进一步加快；地方文献征集意识有所增强，阶段性成果初步显现，如“漳州文库”征集书刊资料已达万种以上。

2003年全省财政补助公共图书馆经费4938.5978万元，比2002年增加490.5978万元。其中新增藏量购书费1254.53万元。

全省3个省级图书馆、6个地级图书馆及35个县（区）级图书馆实现了图书馆自动化管理。54个省市县级图书馆建有馆内局域网。41家省市县图书馆通过财政拨款或与社会联合等多种渠道建起电子阅览室，电子阅览室计算机数量2246台。37个省地县图书馆被批准成为“共享工程”分中心或基层分中心，“共享工程”在一定程度上推动了福建省各级公共图书馆自动化网络服务平台建设。

2003年初，福建省成立了全国文献联合编目福建分中心，至2004年底有成员单位27个，《福建省家族谱联合目录》已编制上网。全省各系统图书馆还联合编制了《福建省外文期刊联合目录》。

随着办馆条件改善，各级公共图书

馆利用现有条件进一步拓宽服务领域，实行全年365天开放服务。省级图书馆每周开放72小时，市级图书馆每周开放60小时，节假日坚持开馆接待读者。据76个公共图书馆统计，2003年图书流通797.6773万人次，图书外借流通729.3457万册次。省、市、县三级图书馆开架比例分别占总藏量的51%、63%、75%。全省公共图书馆2003年书刊宣传45267种，代检课题1660项，解答咨询95834条；与此同时，各馆开展讲座、展览、报告会等多种形式的读者活动1554场次，参加讲座读者约18000人次，参加各种活动的读者约60万人次。2003年全省各级公共图书馆建有基层流通网点788个，比2002年增加近200个。

各级公共图书馆为弱势群体服务的意识进一步加强，有条件的图书馆建有残疾人专用通道、公用电梯、专用卫生间，省图书馆大门入口及各阅览室门口均设有盲人触摸导引牌，阅览室内设有残疾人专门座席。福建省、市级图书馆均与省市残联、盲校联合成立盲人有声读物服务中心或服务点、流通点。

福建省素有拥军优良传统，各级公共图书馆深入开展“知识拥军”活动，福建省图书馆、福州市图书馆、连江县图书馆等连年被省政府、省军区授予“福建省军民共建‘三挂钩’先进单位”和省级、市级“双拥共建先进单位”等称号。

福建省大部分公共图书馆都在门厅张贴《公共图书馆使命》、《中国图书馆员职业道德准则（试行）》以及《文明公约》。为了提高图书馆员的服务质量和服务水平，各级图书馆重视知识更新，提高馆员素质，举办了多种形式的业务知识培训和专业学历教育。福建省图书馆与武汉大学联办的图书馆学研究生课程进修班至2004年已有9人获硕士学位，51人完成图书馆学本科教育并获得毕业证书，近30人获电大图书馆学专科毕业证书。省图书馆常年举办各种业务知识培训，聘请国内著名专家来闽讲学。2003年全省公共图书馆馆员参加各种培训人均80课时/年。

2004年，全省公共图书馆实际从业人员1005人。其中中级职称309人，占总人数30.7%；高级职称33人，占总人数3.3%。据76个公共图书馆统计，2003－2004年共发表专业论文198篇。（方允璋　沈得濠）

【福建文化信息网络工程建设管理工作会议】　福建文化信息网络工程建设管理工作会议于2002年12月25－26日在惠安县召开，省委宣传部、省文化厅、省“数字福建”办公室、省公安厅、福建文化信息网络管理中心有关同志，各区市文化局长、网络办主任、省直文化系统有关负责同志，部分基层工作站点负责人以及惠安县委、县政府有关领导出席会议。省文化信息网络工程建设领导小组组长、省文化厅党组书记、厅长黄启章作了重要讲话。省文化信息网络工作建设领导小组副组长、厅党组成员、纪检组长方家林传达了全国文化信息资源共享会议的精神，并对2003年文化信息网络工程建设作了具体部署。省委宣传部和省公安厅有关部门负责同志分别就“福建文化信息网络”工程建设发展前景和网络安全管理问题作了专门发言；文化信息网络办和管理中心有关同志就《福建文化信息网络工程管理暂行办法》、《福建文化信息网络基层工作站管理实施细则》等文件修改以及加强资源建设等问题做了说明；龙岩市红坊镇文化站等8个基层站点负责人在会上作了经验交流。与会人员还认真讨论和修改了《福建文化信息网二期工程资源建设实施方案》、《福建文化信息网络工程建设发展方案》、《福建文化信息网络工程管理暂行办法》、《福建文化信息网络基层工作站管理实施细则》等4份重要文件，实地查看了惠安县部分基层站点。会上省文化厅还与惠安县人民政府签订了《福建文化信息网络工程惠安建设示范县协议书》，根据协议，福建文化信息网络工程将从今春在惠安全县境内所有16个乡镇和县属2个文化单位中全面辅开建设。创建文化信息网建设示范县是文化信息网络工程建设的又一新探索，福建文化信息网络从点线建设进入到块面建设，标志着福建文化信息网络建设跃上一个新层次。（龚永年）

【福建省文献联合编目中心成立大会暨工作会议】　福建省文献联合编目中心成立大会暨工作会议于2003年2月26日在福建省图书馆三楼贵宾厅召开，省文化厅党组成员、纪检组长方家林、社文处王晓萌处长、唐军调研员和省图书馆郑一仙馆长、谢水顺书记、郑智明馆长助理、相关部门主任及工作人员以及全省九地市公共图书馆馆长、采编部主任共30多人出席会议。方家林代表厅党组对我省文献联合编目中心成立表示祝贺，希望省图书馆发挥中心馆作用，各地市图书馆与省馆加强联系和配合，共同做好此项工作。与会成员馆还讨论制订了《福建省文献联合编目中心章程》和《福建省文献联合编目中心工作方案》。（康新宇）

【福建省图书馆2003年新春读者座谈会】　2003年3月1日，福建省图书馆和“图书馆之友”俱乐部在省馆一楼多功能厅联合举办“精神家园 携手共建——2003年福建省图书馆新春读者座谈会”。座谈会邀请了福建海峡书画院研究院游嘉瑞、福建省直文明办主任严金铭、福州市作家协会秘书长唐希、福州市剪纸研究会会长吴文娟、福州市音乐家协会盲人音乐家陈君恩、福建省工业景气调查领导小组办公室主任陈仁、福州市少年犯管教所苏所长、“文明风——福建省精神文明办公室指导网站”首席运营官杨岳锟等嘉宾以及省直机关有关领导、“图书馆之友”代表、各新闻媒体记者40余人，与福建省图书馆领导、各部门主任共叙羊年图书馆的发展思路。座谈会上，“图书馆之友”俱乐部负责人汇报了过去一年协助省图书馆组织开展的各项活动，通报了今年的读书征文、读书演讲会及外联工作。省馆谢水顺书记与馆长助理郑智明分别介绍了省图书馆2002年的工作以及2003年工作计划。嘉宾们也发表了热情洋溢的讲话。（龚永年）

【福建省图书馆举办周末系列免费读者讲座】　为丰富广大读者的周末业余生活，福建省图书馆与“图书馆之友”俱乐部2003年联合推出周末系列免费知识讲座。活动从2003年3月15日正式拉开序幕，安排在每月的第二和第四个周六举行，上下午各一场。内容包括文化行旅、书画艺术与人生境界、人才与就业、跆拳道与儒家文化、WTO与福建经济贸易知识、数字福建、“黄河大合唱”音乐欣赏等，同时还安排了由名家主讲的有关中国文化、生命、天文、心理以及音乐、舞蹈、戏曲、绘画、工艺、书法、雕塑、摄影等的视频系列讲座。此外，省馆各部门也安排了外语学习、网上教育教学信息资源检索、报刊资料检索等专题讲座。（康新宇）

【福建省图书馆部署防“非典”工作】 根据上级关于做好“非典”预防工作的精神，福建省图书馆于2003年4月22－24日多次召开中层以上干部紧急会议，根据本馆实际情况，部署“非典”预防工作任务与措施：1、对全馆各区域进行全面消毒，做到重点部位重点消毒，每天下午（晚上）闭馆前15分钟消毒一次。2、认真搞好室内外的环境卫生，加强各室通风换气，保持空气清新。3、对读者还回的图书实行隔夜通风消毒，次日再上架。4、对外服务柜台实行1米线，避免近距离接触。5、暂时停止大型活动、会议和聚会，已经确定的会议、活动（含假日讲座、假日书市、报告厅活动）暂时取消。6、加强宣传，在馆宣传栏以及本馆网站主页宣传预防“非典”科普知识。7、食堂工作人员在窗口服务时要戴口罩、手套，餐具要严格消毒，向就餐人员提供一次性筷子。中午在单位就餐的工作人员由食堂统一分餐、送餐。8、外地出差特别是从疫情地区出差回馆的同志，一律先安排休息观察一周，并由人事科联系出差人员动态。近期暂不派员赴外地出差，并谢绝疫区人员来访。9、加强职工健康自检工作，一旦发现有发热、咳嗽现象，及时敦促到医院治疗。10、“五一”节日期间要求工作人员尽量不要外出，亲属从外地回来要向馆人事科报告。11、对发烧、咳嗽的读者劝其离馆回家休息。12、柜台工作人员要戴口罩、手套上班。13、严格执行报告制度，一旦有情况立即逐级上报。由于省馆防范措施到位，即使在“非典”高发期间，仍有许多读者到馆借书看报。（康新宇）

【福建省图书馆开展2003年“图书馆服务宣传周”活动】 正当全国人民众志成城抗击“非典”的特殊时刻，迎来了2003年图书馆服务宣传周。福建省图书馆充分发挥现代技术优势，在“非典”时期实行非常服务，在省图书馆网站上开通“2003年度图书馆服务宣传周”专栏，以网上宣传、服务为主，结合传统宣传、服务推出系列活动：①向广大读者提供免费网上读书，开放省馆所有的全文数据库一周，读者可登陆省馆网站（www.fjlib.net）查询和阅读十多万种全文图书报刊。②网上馆藏新书推介活动：本期共推出馆藏近百种新书目录。③在一楼展览厅举办“金色童年”少儿美术作品展览。④开展《我的读书故事》网上征文活动，并在省馆网站上刊登部分征文。⑤在省馆网站开展“福建省图书馆读者服务指南”宣传、导读活动，介绍省馆的各项服务内容、馆藏资源以及远程信息服务系统等。⑥在省馆网站开展“图书馆利用知识问答”宣传、导读活动，解答读者利用图书馆的常见问题。⑦在省馆网站开展“《福建省图书馆文献采选工作征求意见调查表》及《福建省图书馆服务工作读者调查问卷》问卷调查活动，了解读者意见和需求。（康新宇）

【汪毅夫副省长来福建省图书馆视察工作】 2003年9月22日下午，汪毅夫副省长在省文化厅方彦富副厅长的陪同下来到福建省图书馆视察。汪副省长此次受卢展工省长的委托，重点了解古籍工作情况。在郑一仙馆长、陈忠芳副馆长陪同下，汪副省长视察了省馆古籍与地方文献阅览室及古籍书库，详细了解省馆的古籍善本与地方文献的收藏情况，并为省馆此项工作特批专项经费。10月30日，汪副省长再次来到省馆，听取古籍保护工作整改进展情况汇报。（康新宇）

【福建省图书馆第八次荣获“省级文明单位”称号】 在中共福建省委、省政府的关怀下和省文化厅的直接领导下，福建省图书馆以“三个代表”重要思想为指导，坚持正确的办馆方向，不断深化改革，努力拓宽服务领域，取得了较好的社会效益。2003年福建省图书馆连续第八次获中共福建省委、省政府颁发的“省级文明单位”称号，这是继1999年文化部评估定级被评为“一级图书馆”、2000年初被文化部、人事部授予“全国文化系统先进集体”称号、2000年荣获文化部“读者最喜爱图书馆”称号后的又一项荣誉。（康新宇）

【2003年“图书馆之友”联欢会】 于2003年11月1日上午在福建省图书馆多功能厅举行。来自福州各高等院校、驻榕部队官兵等“图书馆之友”共建单位的领导及代表、“图书馆之友”积极分子以及读者约200人欢聚一堂。省图书馆谢水顺书记、郑智明副馆长到会并致辞祝贺。“图书馆之友”共建单位为联欢会献上了一场精彩的文艺节目，其中还穿插有关图书馆工作及“图书馆之友”建设的抢答题，台上台下形成互动，高潮迭起，始终洋溢着热烈友好的气氛，临近结束时，一曲《同一首歌》把活动推向了高潮。联欢会后，大批读者要求加入“图书馆之友”，为此专门召开了新老“图书馆之友”交流会，从中产生了新一届“图书馆之友”执行委员和小组负责人，还与多所高校达成了“图书馆之友”共建的意向。到目前为止，“图书馆之友”俱乐部已与福建商业高等专科学校、福建工程学院、闽江学院、福建农林大学、福州武警指挥学校签订了共建协议，明确了双方的责任、义务和共建内容等。（梁立青）

【日本友人向福建省公共图书馆赠书】 2003年10月，日本著名摄影家、国际和平与文化教育交流事业的友好使者池田大作先生《与自然对话——池田大作摄影展》在福州、厦门等地巡回展出。池田大作先生专门赠送给福建省公共图书馆《与自然对话——池田大作摄影集》100册、《人生的坐标》80册以及《东方智慧之光——池田大作研究论纲》100册。遵照池田大作先生的意愿，省图书馆受省文化厅对外处的委托，除各留下几部赠书永久收藏供读者利用外，其余赠书将转寄给全省各市、县、区公共图书馆。（康新宇）

【福建省图书馆举办《我的读书故事》、《我最喜爱的一本书》征文评选】 福建省图书馆和“图书馆之友”俱乐部于2003年3月举办“我的读书故事”和“我最喜爱的一本书”征文活动。征文活动初定于5月底“图书馆服务宣传周”期间评选并颁奖，因受“非典”影响推迟至11月6日截稿，共收到180余篇作品，共评出一等奖1名、二等奖3名、三等奖6名及优秀奖20名。大部分征文来自福州地区，还有一部分为北京、上海、江苏、浙江、重庆以及省内其他地市读者寄来的稿件。这次征文活动得到了福州武警指挥学校、福州七三九一九部队、闽江学院学生会学习部、闽江学院中文系01级、福建工程学院人文社科系、土木工程系、福建农林大学人文社会科学学院、福建商业高等专科学校团总支的大力支持。(康新宇)

【福建省图书馆举行“知识就是力量”读书演讲会】 为弘扬先进文化，提高全民素质，广泛开展群众性的读书活动，福建省图书馆和“图书馆之友”俱乐部于2003年12月13日在省馆一楼多功能厅举办“我的读书故事”、“我喜爱的一本书”征文颁奖暨“知识就是力量”读书演讲会。省文化厅社文处唐军调研员、省馆谢水顺书记、郑智明副馆长以及有关高校和驻榕部队领导参加了颁奖及演讲会。演讲会上，来自福州武警指挥学校、福州七三九一九部队、闽江学院、福建工程学院、福建农林大学、福建商业高等专科学校、福建师范大学的15位选手声情并茂地讲述了个人读书的故事，阐发了读书对人生的影响与意义。演讲会当场评选出一等奖1名、二等奖4名、三等奖6名。到会领导为征文和演讲活动的获奖者颁发了获奖证书和奖品。(康新宇)

【全国文化信息资源共享工程绩效考评组到福建考察】 2003年10月中旬，文化部社图司副司长刘小芹率全国文化信息资源共享工程绩效考评组一行9人，到福建省部分市县进行全国文化信息资源共享工程调研考察。10月12日上午，考评组一行在福建省文化厅社文处王晓萌处长、唐军调研员陪同下来到全国文化信息资源共享工程福建省分中心所在的福建省图书馆，听取福建省文化信息资源共享工程工作汇报。座谈之后，考评组一行在省厅社文处、省图书馆领导陪同下，来到福州晋安区金城社区文化中心考察，参观文化信息网电子阅览室、影视播放室、图书室、文体活动室等设施和社区居民的文化活动，听取社区和文化中心负责人以及社区居民对文化信息网的意见和建议。当天下午，考评组继续在省图书馆参观考察，详细观看了福建文化信息网站机房、视听资料工作室及福建文化信息网演示，认真听取汇报，并讨论制订共享工程绩效考评细则。10月13日上午，考评组一行赴惠安、厦门考察调研。(龚永年)

【福建省图书馆开展2003年“全民读书月”活动】 为开展好2003年12月“全民读书月”活动，根据全国知识工程领导小组的安排和中国图书馆学会的部署，福建省图书馆专门成立了活动筹备小组，拟定活动计划，围绕“享受阅读快乐，提高生命质量”这一主题，向社会大力宣传《中国图书馆馆员职业道德准则》(试行)，宣传图书馆服务的多种手段，引导广大群众多读书，读好书，增强全社会的图书馆意识。省馆在“全民读书月”活动期间举办的主要活动有：①《我的读书故事》征文评选颁奖及“知识就是力量”读书演讲会。②在一楼展厅举办“数字福建”成果展；③系列讲座：《影视欣赏入门》、《宇宙百科系列科普讲座》、《〈林则徐〉创作漫谈》、《音乐知识讲座》、《健康人生——介绍日常生活中的健康知识讲座》等。④省馆党总支和“图书馆之友”联合发起“知识捐助——向贫困地区捐书”活动，将近2000册图书送到将乐县图书馆和建宁县图书馆。⑤“中文图书借阅服务”有奖问答。⑥“运动休闲”知识竞赛暨知识问卷调查。(康新宇)

【福建省文化系统组团赴台文化考察访问】 由福建省文化厅闽台文化交流中心组织的福建省文化系统赴台文化考察访问团于2003年12月20－29日在台湾进行了为期10天的海峡两岸文化交流活动。考察团赴台期间，得到台湾文化界、图书馆界人士的热情接待，先后参观访问了台湾中央图书馆、台中市图书馆、美术馆、科博馆、故宫博物馆、历史博物馆、台中市文化局以及台中市、高雄市的文化中心。考察团一行还与台中市图书馆、台中市文化局的同仁就海峡两岸的图书管理、图书馆的社会地位、作用及馆际协作协调、资源共享、数字化图书馆等问题进行了交流座谈。(黄淑超)

【福建省图书馆与美国俄勒冈州立图书馆进行馆员交流】 福建省图书馆与美国俄勒冈州立图书馆的第一轮交流计划于2002年结束，2002年底福建省馆又与美国俄勒冈州立图书馆续签了《俄勒冈州立图书馆——福建省图书馆关于霍纳馆员交流计划的谅解备忘录》，第二轮霍纳馆员交流计划从2003年开始至2006年结束，逢单年由美国派遣一名俄勒冈州图书馆馆员到福建省图书馆进行为期4周的业务和学术交流；逢双年由福建省图书馆派遣两名福建省公共图书馆馆员到俄勒冈州图书馆进行为期4周的业务和学术交流。2003年10月，来自美国俄勒冈州遗德舒特公共图书馆的参考馆员朱莉·康纳利女士来到福建省图书馆进行交流访问，并到泉州、厦门图书馆访问。(龚永年)

【福建省图书馆组织中层干部到香港澳门图书馆考察】 为加快福建省图书馆事业发展和图书馆自动化、网络化建设，学习、借鉴香港澳门地区图书馆的最新成果和管理经验，2003年11月份福建省图书馆又组织第二批中层以上干部赴香港澳门图书馆访问考察。考察团共访问了近10个不同类型的图书馆，增进了福建省图书馆与香港、澳门图书馆界的交流与友谊。(龚永年)

【“情人节的玫瑰”在福建省图书馆绽放】 2004年2月14日上午，福建省图书馆和福建省文学院联合在省图书馆一楼多功能厅举行了一场别开生面的“情人节的玫瑰——爱情诗朗诵会”，只能容纳200多人的多功能厅迎来了300多名读者，连走廊上也挤得水泄不通。爱情诗朗诵会邀请著名诗人蔡其矫、蒋夷牧以及陈侣白、曾宏、吴季与现场观众一同登台，诗人们以饱满的激情朗诵了古今中外脍炙人口的爱情诗篇。蔡其矫先生还朗诵了自己创作的诗歌《也许》、《思念》、《等待》，蒋夷牧老师朗诵了自己的诗作《幸福就这么简单》，吴季、曾宏也分别在会上为大家献上自己的诗作《秘密》、《你在我这一生黑暗的时刻来临》。朗诵会前，主办者准备了近百朵娇艳欲滴的红玫瑰送给在座的情侣们，蔡其矫先生还亲自向情侣们赠诗送花，送上自己的祝福。（康新宇）

【福建省图书馆“迎新春少儿绘画展览”】 2004年元月10日至2月10日，福建省图书馆和福州市小火龙艺术培训中心在省馆一楼展厅举办“迎新春少儿绘画展览”，共展出来自福州市21个小学和幼儿园以及南平、宁德市幼儿绘画作品120件。此次展出的绘画形式丰富多彩，有水笔画、油画棒画、脱水画、水彩画、蛋壳贴画、刮印画、版画、水墨画、油画等，展现了孩子们对艺术的初步探索。春节期间许多父母带着孩子专程来看画展，画展结束后部分优秀作品还将选送参加福建省赴埃及的文化交流展。（康新宇）

【福建省图书馆“学员剪纸作品展览”】 于2004年2月14－20日在福建省图书馆一楼展厅举办，共展出作品近300幅。自1999年以来，省馆“图书馆之友”俱乐部为榕城剪纸艺术爱好者举办了6期基础培训班，并不定期举办剪纸艺术沙龙，为热爱剪纸艺术的人们提供了一个交流、切磋、提高剪纸技艺的天地，先后有50余人参加学习。此次展品主要选自剪纸培训班学员的作品，分为人物风情专题（惠安女风情、畲族风情、古代仕女风情、现代少女风情）、花香鸟语专题、动物专题、特色风光专题、喜庆吉祥系列、猴年专辑等，受到广大观众欢迎。（康新宇）

【福建省图书馆继续举办2004年周末系列免费讲座】 2004年元月1日上午，福建省图书馆和福建省文学院在省馆一楼多功能厅联合举办《无间道》电影文学讲座，福建师范大学传播系颜纯钧教授主讲，近300人参加听讲，由此拉开了省馆2004年继续联合社会力量举办周末系列免费讲座的帷幕。2004年周末系列免费讲座包括《福州文化行旅》（福州市文联副主席唐希主讲）、《余秋雨评价问题》（福建师范大学中文系孙绍振教授主讲）、《网络与普通老百姓生活》（趋势科技公司陆永灵博士主讲）、《清明谷雨时》（福建省农业厅吴建华厅长主讲）、《2004年雅思考试动态分析》（北京雅思学校名师邢凡夫主讲）以及省图书馆与省社科联联合举办的“福建历史文化系列科普讲座”等。此外还有《WTO与中国法制》、《中国入世与改革开放》、《武侠小说的历史评价问题》、《怎样读〈红楼梦〉》以及《戏曲精品欣赏》、《小品精品欣赏》等精彩视频讲座和戏曲精品欣赏，内容丰富多彩，吸引了大批读者。（康新宇）

【福建省图书馆中文书库面向研究型读者开放】 为了充分利用馆藏文献资源，经过一段时间的准备，福建省图书馆原先闭架管理的中文基本书库于2004年4月6日起实行有条件的对外开放。凡具备正高级职称或享受国务院专家津贴以及承担省级以上科研课题的研究人员，可凭相关证明直接进入基本书库查找资料。省馆中文基本书库共藏书70多万册，1972年以后出版的馆藏中文图书都可以在这里找到。为营造良好的阅读环境，省馆还在新辟的研究阅览室内配备了新的阅览桌椅及电脑，可提供网上查阅资料服务。（康新宇）

【福建文化信息网络工程建设领导小组等被评为“全国文化信息资源共享工程先进单位”】 在文化部2004年4月10－12日于南京召开的全国文化信息资源共享工程工作会议上，福建省文化信息资源共享工程领导小组、惠安县文体局、福州市晋安区金城社区文化中心基层中心获得"全国文化信息资源共享工程建设先进单位"称号，惠安县文体局还在大会上作了《全面开展共享工程基层网点建设，积极提高共享工程网络服务实效》的典型经验介绍。同时获表彰的还有来自全国的其他32个先进单位。（龚永年）

【福建省图书馆举行“永远的母亲节——大型诗文朗诵会”】 为纪念5月8日母亲节这个温馨的节日，表达对母亲深深的爱恋与感激之情，福建省图书馆和福建省文学院于2004年5月7日上午在一楼多功能厅联合主办了“永远的母亲节——大型诗文朗诵会”。300多名与会者无论年龄、身份、职业有何不同，但此时只有两种角色，那就是母亲和孩子。蔡其矫、蒋夷牧、刘登翰、陈侣白、哈雷、黄锦萍等知名作家和诗人冒雨到会，通过诗文表达自己对母爱的理解和对母亲的眷恋。来自福建师范大学文学院“闽江”文学社、福建电大“铜盘潮”文学社、福建农林大学“田园”文学社以及闽江学院、福建金融管理干部学院的大学生们也纷纷献上了纪伯伦、泰戈尔等世界文学大师歌颂母爱的经典之作。

诗文朗诵会上有一位特殊的读者——不幸患上脑瘤、现休学在家的少女黄潇潇。面对残酷的病魔和两次大手术，她依然乐观向上，并为朗诵会创作了《一年四季快乐歌》。当福建省文联副主席、著名诗人蒋夷牧朗读这首诗时，潇潇的母亲抱着女儿流下了热泪。面对此情此景，现场读者纷纷自发地上前向这对母女捐款，献上自己的一份爱心。潇潇的母亲激动地说：“谢谢！谢谢你们！作为母亲，最大的希望是能够给女儿多几分快乐，让与病魔抗争的她不觉得孤单，让她能够生活在阳光灿烂的日子里。”最后，主办者为现场40多位50岁以上的母亲每人送上一束康乃馨，代表对母亲们衷心的祝福。（康新宇）

【“无障碍督导，我们在行动”第二次督导行动在福建省图书馆启动】 为了让更多的残疾人、老年人一道共享社会文明成果，福建省无障碍督导小组在2003年12月对福州市各超市进行无障碍调查和督促整改的基础上，于2004年4月对全市文化场馆进行无障碍调查。4月10日上午，“无障碍督导，我们在行动”第二次督导行动——福州市文化场馆无障碍督导行动启动仪式在福建省图书馆举行，来自省、市残联、省肢残人协会、省助残志愿者联络站的25名无障碍督导员亲身体验了省图书馆的无障碍设施。随后，无障碍督导员分成5个小组，分赴全市45个文化场所进行实地考查。（康新宇）

【福建省图书馆与福建省社科联举

办“福建历史文化系列科普讲座”】 2003年以来，福建省图书馆举办的周末讲座日益吸引了众多读者，成为福建省图书馆周末一道亮丽的风景。为进一步扩大影响，打造图书馆服务品牌，更好地向社会大众普及社会科学和文化历史知识，经福建省图书馆学会秘书处牵头联系，福建省社科联和福建省图书馆配合2004年全省科普周活动，于2004年5月15日、16日、22日在福建省图书馆联合推出“福建历史文化系列科普讲座”，内容包括《福建文明从这里开始——昙石山与先秦闽族文化》、《历史的回声——闽人与中国近代社会的转型》、《“客”从何处来——福建客家人及其文化特征》。福建昙石山遗址博物馆馆长欧潭生研究员、福建师大社会历史学院副教授王民博士和福建省委党校马列所研究员谢重光博士3位专家的讲座，紧扣听众关心的福建先秦闽族文化与古代文明、近代福建名人与中国近代社会转型以及客家人来龙去脉与文化特征等主题，使听众们进一步了解到福建上下五千年的悠久历史和灿烂文化，受到深刻的历史文化熏陶和爱国爱乡教育。精彩的讲座不但吸引了300多名听众聚精会神地听讲，讲座之后众多听众还踊跃向专家提问，或围着专家交流探讨。(龚永年)

【美国驻华大使馆官员何可夫访问福建省图书馆】 2004年5月18日下午，美国驻华使馆负责信息资源工作的官员何可夫先生在福建省图书馆郑一仙馆长陪同下，参观了省图书馆的报纸阅览室、期刊阅览室和外文借阅室，并饶有兴致地询问了有关美国俄勒冈州赠书和美国驻广州领事馆赠送省馆赴美留学资料等情况。随后，何可夫先生一行来到贵宾厅，与省馆领导和有关部主任就信息资源工作、知识产权保护、申请比尔盖茨奖金问题等进行了交流。(戴宿勇)

【福建省图书馆开展2004年“图书馆服务宣传周”活动】 根据全国知识工程领导小组的统一部署，福建省图书馆于2004年“图书馆服务宣传周”期间，与“图书馆之友”及有关高校联合组织开展了以“传播先进文化，提高人文素质”为主题的丰富多彩的系列活动，内容包括：①科普与文化讲座，包括《人生感悟·幸福人生漫谈》人文素质教育讲座（福建省文联副主席蒋夷牧主讲）、《家庭中亲子沟通的心理学方法与技巧》（福建省心理学会理事长、福建师范大学心理健康指导中心主任程利国教授主讲）、《严复生平与事迹》历史名人讲座（福州市严复故居纪念馆副馆长王亚玲主讲）。②“六一”国际儿童节主题庆祝活动，包括“爱我中华”图片展、未成年人保护法图片展览、法制教育图片展览、少儿智力测验活动、新书展阅和“我在少儿图书馆”主题作文竞赛与评奖等。③“先进文化，提高人文素质——先进文化进高校”宣传活动，省图书馆和福建商业高等专科学校共同组织，现场发放省馆电子文献信息资源使用手册、读者须知和服务项目简介等宣传品及读者问卷调查和采选问卷调查表，为商专学生现场办省馆借书证，解答咨询，并向该院会计系赠送50册新书。省馆还与该校签订了设立图书馆流动站协议，并颁发福建省“图书馆之友”共建单位证书及锦旗。④省馆少儿分馆与省少管所联合举办“读书学习 促我改造”读书座谈会，郑智明副馆长、省少管所领导以及20多名少年犯代表参加了座谈会，省馆还向省少管所赠送了近百册少年科普、童话读物。此外，省馆各部门还举办新书推荐、新书展示、书评讲座等活动。此次“图书馆服务宣传周”活动不仅在馆内举行，而且走上社会、走进高校宣传先进文化，取得了良好的社会效益，福建电视台、福建教育电视台、福建人民广播电台、福州日报、福州晚报、海峡都市报、东南快报、海峡摄影时报等众多新闻媒体都作了报道。(康新宇)

【福建省图书馆通过文化信息网送电子图书到农村】 2004年6月19－22日，福建省图书馆郑一仙馆长率省图自动化部主任等赴闽北山区部分乡镇文化中心进行调研辅导，并向其开通福建文化信息网密码账号，为邵武市下沙镇文化中心、邵武市故县村俱乐部、邵武市洪墩镇水口寨村文化中心户黄德红、邵武市卫闽镇谢坊村文化中心户楼锦花、邵武市拿口镇文化信息服务中心等提供了福建省图书馆购买的社会科学、自然科学等各学科电子图书17万种，其中农业类图书6554种。此行受到了闽北地区各级政府领导和广大农村群众的欢迎。(沈勤)

【福建民间美术展代表团赴埃及进行文化交流】 2004年6月10－22日，由福建省文化厅对外交流中心、省美展馆、省艺术馆、省图书馆等组成的福建民间美术展代表团一行10人赴埃及举办福建民间美术展。6月14日晚在开罗实验艺术学院展厅举行了隆重的福建省民间艺术展开幕典礼，中国驻埃及大使吴思科、中国文化中心徐参赞和埃及有关政府官员出席开幕剪彩仪式，埃及多家新闻媒体对此做了专访报道。福建民间美术展分别在开罗实验艺术学院和开罗歌舞剧院艺术宫艺术图书馆展出，其中省图书馆送选60幅剪纸作品和42幅少儿绘画作品，剪纸作品均为省馆馆员和读者的作品，少儿绘画作品由省馆小读者提供。省馆戴宿勇、宋丽钦两位同志以图书馆员和剪纸艺术表演者身份参加这次文化交流活动，在开罗举办了两场讲座和剪纸表演，当地电视台专门作了采访报道。(戴宿勇)

【福建省图书馆古籍保护改造工程竣工】 福建省图书馆古籍库房古籍保护改造工程在省领导的关心过问下，于2004年8月初竣工并投入使用。2003年9月2日，《海峡都市报》报道了省馆因没有恒温恒湿设备对部分古籍寿命产生影响的情况，引起社会各方关注。卢展工省长十分重视，亲自对省馆的古籍保护作了重要批示。受卢省长委托，汪毅夫副省长在省文化厅方彦富副厅长陪同下来到省图书馆，实地查看了古籍库房。在了解到现有设施确实无法满足古籍保存保护的情况后，汪副省长当即决定从省政府专项基金中拨出50万元，用于省馆古籍书库恒温恒湿改造工作。在省馆古籍库房改造期间，汪毅夫副省长多次询问工程进展，并专程到省馆特藏部了解情况。该项工程的完成，标志着福建省古籍保存保护工作迈上了一个新的台阶。(林永祥)

【福建省图书馆迎接全国第三次公共图书馆评估定级】 2004年11月13-14日，由文化部社文图司巡视员周小璞，上海图书馆馆长助理、研究馆员周德明，北京市文化局社文处副处长、副研究馆员常林，广东省中山图书馆副馆长、研究馆员莫少强，河北省图书馆副馆长、研究馆员顾玉青组成的全国公共图书馆评估组，在福建省文化厅党组成员、纪检组长方家林、社文处处长王晓萌、调研员唐军等陪同下来到福建省图书馆进行评估。评估组在听取省馆郑一仙馆长工作汇报的基础上，对省馆各方面工作进行了全面深入的检查，认真查阅各种原始档案，到各业务部门抽查，向读者和工作人员发放调查问卷，召开座谈会，全面了解相关情况和数据。11月14日，周小璞巡视员代表评估组向省文化厅、社文处领导及省馆中层以上干部作了评估反馈。（龚永年）

【福建省图书馆2004年“全民读书月”活动】 在2004年12月“全民读书月”期间，福建省图书馆围绕“弘扬先进文化，倡导文明生活”主题，推出了系列免费讲座、展览、影视资料展播等活动，内容包括：①与福州市盲人协会、福建省助残志愿者联络站等在省馆一楼多功能厅联合主办“关爱盲童——盲童读者才艺展示”联谊会。此次活动也是福州市盲人协会举行的“关爱盲童，阳光助学”系列活动之一。②精品系列讲座，包括与福建省文联文艺理论研究室联合举办《大自然的散文》、《文学创作的语言技巧》文学讲座，以及《学习型社会如何终生学习——IT，你需要提升的专业素质》网页设计与网站建设专题讲座。③影视欣赏专场，为读者免费播放电影。④与省摄影家协会、省图书馆学会、福州市文联等联合举办《龚永年风光民俗摄影作品展》、《唐希简约摄影展》。（康新宇）

【厦门图书馆举办“明志杯”书评征文活动】 为期6天的“知识引导人生”图书推荐展于2004年10月8日在厦门图书馆一楼展厅展出，揭开了“明志杯”“知识引导人生”书评征文活动的序幕。书展共展出图书万余种，核心书目100种，包括励志、阅读学习、人物传记三大类。本次活动是厦门市“创建学习型社区”全民读书系列活动之一，由厦门市全民读书活动组委会、厦门日报社主办，厦门天顶文化传播有限公司协办，厦门图书馆、厦门市图书馆学会承办。活动期间在全市公共图书馆、社区图书馆、学校图书馆中开展了讲座、报告会等形式多样的读书活动，征集书评征文，并于12月评选优秀征文，召开厦门市全民读书活动表彰大会为获奖者颁奖。（厦门图书馆）

【南平市图书馆举办“与圣典同行，与圣贤为友”诵读中华文化经典活动】 结合“全民读书月”活动，南平市图书馆于2004年下半年在全市开展了“与圣典同行，与圣贤为友”为主题的诵读中华文化经典活动，内容包括：①举办台湾教育家王财贵教授《经典教育之入门》录像讲座，参加听讲人员以0-13岁儿童的家长为主。②举办家长、学生诵典读经培训班，培养孩子们从小爱学习、懂礼貌的良好习惯，抵制不良网吧及黄赌毒的毒害。③举办EQ智力潜能开发专家讲座，邀请早期教育专家、广州远志科技开发总公司董事长刘斌主讲，参与听讲的家长和学生达400多人。讲座之后36名小学生还作了儿童诵读经典汇报演出，声情并茂地背诵了《大学》、《论语》、《中庸》等经典节选。（延图）

【福建省高校数字图书馆专家组赴京、津、沪、苏调研考察】 为加强福建省高校图书馆的现代化和整体化建设，提高全省高校文献信息资源整体保障水平，福建省教育厅决定启动“福建省高校数字图书馆”建设，并成立了“福建省高校数字图书馆”建设专家组。受福建省教育厅、福建省高校图工委的委派，该专家组于2003年11月2-8日前往北京、上海、天津和江苏四省市，考察国家图书馆二期工程“数字图书馆”的建设和四省市高校有关数字图书馆建设、文献保障体系建设、高教园区图书馆建设和文献资源共享等方面的情况。（郭毅）

【福建省高校图书馆信息检索教育学术研讨会暨馆长座谈会】 福建省高校图书馆信息检索教育学术研讨会暨馆长座谈会于2003年11月18-19日在福建农林大学召开，来自全省高校图书馆的70多位代表出席会议。福建省高校文检课教研会理事长张文德研究馆员作了“情报学建设与展望”报告，福州大学图书馆、福建农林大学图书馆介绍了本校文献信息检索课的情况，并分别演示了信息检索课教学网站课件和检索课程多媒体助教软件课件。18日下午与会代表分为馆长组和文检课教学组进行座谈。馆长座谈会上，全省高校数字图书馆专家组组长张文德介绍了专家组赴北京、上海等地的考察情况和福州地区大学城中心图书馆（数字图书馆）的设计要求；省高校图工委副秘书长郭毅通报了全省高校数字图书馆、文献保障体系建设和资源共享情况。文检课教学组在讨论中，对信息检索课的课程体系、课程改革、教学内容、教学方法、课件设计、考试模式等方面进行了交流探讨。（郭毅）

【福州地区大学城数字图书馆建设咨询会】 为加快福州地区大学城建设，福建省教育厅于2004年1月9日在福州市召开福州地区大学城数字图书馆建设咨询会。咨询会邀请了国家图书馆、中国数字图书馆公司、福建省图书馆以及本省部分高校图书馆的专家座谈咨询，广泛征求对福州地区大学城数字图书馆建设的意见。（郭毅）

【福建省第四次高校图书馆工作会议】 福建省第四次高校图书馆工作会议于2004年6月1-2日在福州市召开。来自全省60多所高校图书馆的馆长或主持图书馆工作的负责人参加了会议。福建省教育厅领导、省高校图工委主任郑祖宪作了题为《与时俱进，加快发展，促进我省高等学校图书馆工作更上新台阶》的工作报告，福建省高校数字图书馆建设专家组组长张文德研究馆员作了《福建省高校数字图书馆工程建设意见（讨论稿）》以及《福州地区大学城中心共享区数字图书馆设计情况》的报告。这次会议回顾总结了第三次全省高校图书情报工作会议以来我省高校图书馆工作的改革、发展和建设情况，学习贯彻教育部新颁布的《普通高等学校图书馆规程（修订）》，研讨教育部高校图工委拟订的《普通高等学校图书馆评估指标（征求意见稿）》，研究了我省高校图书馆的整体化、网络化、数字化建设和网络环境下的文献信息资源共享工作，研讨福建省高校数字图书馆工程建设的意见。会上还进行了省高校图工委换届，产生第四届省高校图工委组成人员：主任郑祖宪；副主任方宝川、高兆仑、林丹红、陆继圣、吕述珩、练晓荣、卫红、萧德洪、张文德，秘书长郭毅（专职），副秘书长李炎清。（郭毅）

【福建省高校图书馆2004年读者工作学术研讨会】 福建省高校图书馆2004年读者工作学术研讨会于2004年6月9－11日在福鼎市召开，来自全省高校图书馆的50多位代表出席会议。共收到论文45篇，其中《福建省高校图书馆读者利用文献信息资源情况调查与研究》课题论文13篇。会议特邀福建中医学院林端宜研究员作题为《知识经济时代的高校图书馆》的专题报告，厦门大学图书馆向毓轩副馆长作《赴韩国仁荷大学图书馆的考察报告》。与会代表围绕高校图书馆读者利用文献信息资源、本省文献信息需求特点与规律、保障机制以及图书馆文明服务、服务制度规范、参考咨询等展开讨论。福建省高校图工委读者工作研究会理事长蔡金钟研究馆员作会议总结。（郭毅）

【福建省高校图工委2004年暑期图书情报继续教育培训班】 福建省高校图工委2004年暑期图书情报继续教育培训班于2004年8月15－22日在福州举办，由福建师范大学图书馆承办。该期培训班开设了读者工作概论、信息检索、中文图书编目、中文报刊采购与分编、国内外图书馆发展趋势等课程，50多位来自全省各地的图书馆工作者参加了培训。（郭毅）

【福建省高校图工委读者工作研究会理事赴川、渝、鄂调研考察】 2004年10月9日至18日，由福建省高校图书情报工作委员会读者工作研究会理事及“福建省高校图书馆读者利用文献资源调查与研究”课题组成员共11人组成的调研考察团，考察了成都理工大学、四川大学、重庆大学和武汉大学4所高校图书馆。本次调研考察的内容主要是了解四川、重庆、武汉等高校图书馆读者利用文献资源状况、各校图书馆读者工作及各省市文献资源共享情况等。（郭毅）

【福建省高等职业院校图书馆2004年年会暨数字图书馆研讨会】 福建省高等职业院校图书馆2004年年会暨数字图书馆研讨会于2004年11月3日至5日在泉州黎明职业大学召开，全省各地30多所高职院校图书馆馆长及代表80余人出席会议。研讨会由省高校图工委高职院校图书馆分委员会主任饶蕴伟主持，《福建省高职院校图书馆评估指标体系及实施细则（草案）》的起草是此次会议的重要内容之一。与会馆长和代表们结合各校的实际情况对评估指标体系逐条提出修改建议和意见，对“草案”的形成基本上达成了一致。会议还听取了张文德研究馆员《数字图书馆新发展》的专题报告。（郭毅）

【《福建省高校图书馆读者利用文献信息资源调研成果汇编》出版】 《福建省高校图书馆读者利用文献信息资源调研成果汇编》（主编蔡金钟，副主编向毓轩、郭毅）2004年11月由福建省高校图工委编辑出版。福建省高校图工委主办的《文献信息论坛》从2003年第4期至2004年第3期特别开辟了“福建省高校图书馆读者利用文献信息资源专项调研专栏”，成果汇编就是在这4期“专项调研专栏”所刊登的论文基础上，加上参与调研的各校各种“利用文献信息资源调查数据统计表”等其他成果汇编而成的。省高校图工委决定在全省本科高校图书馆开展读者利用文献信息资源专项调研后，多次发文并组织召开福建省高校图工委读者工作研究会理事会议，部署、协调有关各校做好该项调研工作。（郭毅）

【福建省高校图书馆文献采访工作研讨会】 福建省高校图书馆文献采访工作研讨会于2004年12月7－10日在泉州华侨大学召开，来自全省40余所高校图书馆的60多名代表参加了会议。本次会议以“新形势下高校图书馆采访工作策略”为中心组织主题报告和专题研讨，交流工作经验，着重讨论了馆藏发展规划的编制与研究，多校区办馆条件下的图书采访工作，高校扩招、并校和升格后本科教学评估所面临的压力与采访对策，图书馆对书商的服务要求和书商培养，电子图书建设等问题。（郭毅）

【福建省高校图工委常委会议】 福建省高校图工委常委会议于2004年12月10日在泉州华侨大学召开。会议讨论通过了福建省高校图工委学术委员会和各专业委员会的主任人选并确定了各委员会组成人员，通过了成立《福建省高等学校图书馆评估指标体系及实施细则》起草小组及其组成人员的决定，并决定开展2005年福建省高校图工委成立20周年纪念活动、全省高校图书馆表彰先进活动和学术委员会关于“数字图书馆建设”征文评奖活动等。会上省高校图工委副主任、厦门大学图书馆副馆长萧德洪就《CALIS福建省中心建设方案》作了说明，省高校图工委副主任、省高校数字图书馆建设专家组组长、福州大学图书馆馆长张文德就《福建省高校数字图书馆工程建设方案》作了说明。（郭毅）

【福建省高等师范教育（专业）院校图书馆馆长年会】 福建省高等师范教育（专业）院校图书馆馆长年会于2004年12月26日至29日在南平师专武夷山校区召开，来自全省高等师范教育（专业）院校图书馆的馆长及代表参加了会议。会议开幕式由南平师专图书馆徐俐华馆长主持，南平师专党委委员、校长助理张廷枋教授代表南平师专对会议的召开表示热烈祝贺。省高校图工委郭毅秘书长介绍了文献资源共享和高校图书馆整体化建设的新形势以及我省高师（专业）院校图书馆的现代化建设情况。省高校图工委高等师范教育（专业）院校图书馆分委员会主任、泉州师范学院图书馆馆长苏黎明教授介绍了该院接受教育部评估所做的一系列工作，着重介绍了图书馆评估情况。与会馆长和代表结合各校的实际情况，对图书馆评估工作展开热烈的交流探讨。（郭毅）

福建省各系统图书馆基本情况一览表

单位名称	建筑面积/平方米	经费/万元	藏书			现代化设备/台		图书年入藏数/种	年外借册次/万册	人员结构					是否全国共享工程基层中心
			印刷型/万册	电子型/件	缩微型/件	电脑	复印机			工作人员/人	学历		职称		
											大专	本科	中级	高级	
福建省图书馆	36500	1404.56	258.2387	5164 件/17 万种电子图书	5789	294	4	48500	84.7942	228	154	62	79	21	是
福州市图书馆	6072	194	45.91	929 件/12 万种电子图书	3459	63	3	10431	22.3	29	17	4	8	1	是
福州市少儿图书馆	2000	89	22			37	1	880	18	16	6	3	4	1	是
福州台江区图书馆	1250	13.20	6			3	1	1000	0.5	6	3	1	2		
福州仓山区图书馆	1392	20	10			11			2	5	3		1		
福州马尾区图书馆	600	61	3.7					3000	10	15	4	1			
闽侯县图书馆	2080	28	6.188	90		23	1	980	8.3	8		2	3		是
长乐市图书馆	1065	28	10.1	86		33			6.67	5	4				
福清市图书馆	3034	58	12			26		1600	3	16	1	2	2		是
平潭县图书馆	3680	5	8.7			9		4912	1.3852	8	2		2		
连江县图书馆	2045	26	10.7	290		20	1	2015	9	11	3		1		是
永泰县图书馆	1650	12	2.5			12		15	3	4	1	1	2		
闽清县图书馆	650(租用)	16	3.479			1		566	2.0152	5	1		2		
厦门图书馆	9169	847	93	7471		203	3	9957	38	72	33	22	22	5	是
厦门市少儿图书馆	5031	384	29.9	8021		126	2	10419	37.6	33	11	13	11	1	
厦门市集美图书馆	3520	240	30	25 万种电子图书		82	2	5000	7.6771	19	9	4	4		是
厦门集美区少儿图书馆	1580		2			10	1	1500	1.5	5	2	2			是
厦门同安区图书馆	3000	38	7	30		6		600	4.58	6	3		1		是
厦门同安区少儿图书馆	1032	19.12	8.35			3		441	0.98	4	4		1		
莆田市图书馆	2700	62	14			4		2524	2.2966	18	8	1	6	2	是
仙游县图书馆	1000	18	6.7	300	1.41	5	1	1	2						
泉州市图书馆	6320	250	53	1034	44	81	1	8000	22	38	14	9	12	5	是

单位名称	建筑面积/平方米	经费/万元	藏书			现代化设备/台		图书年入藏数/种	年外借册次/万册	人员结构					是否全国共享工程基层中心
			印刷型/万册	电子型/件	缩微型/件	电脑	复印机			工作人员/人	学历		职称		
											大专	本科	中级	高级	
惠安县图书馆	1500	25	8	100		26	1	1500	4	8	2	1	1		是
晋江市图书馆	4000	103.72	21.95	1000		60	2	3350	11.7	19	5	1	5		是
南安市图书馆	4450	82	16	211	0	77	1	3500	11	18	5	5	4		是
南安市李成智公众图书馆	3047	32.15	9.9782	5213		44	1	4158	15	11	7	1	1		是
安溪县沼涛图书馆	3800	21.4	8.5	10		4	1	1000	7.5	8		3	1		
德化县图书馆	3540	21	7.8621	279		30	1	2000	8	7	2		2		是
永春县图书馆	2465	33	13	265		42		1500	12	8	3	1	3	1	是
石狮市文林图书馆	3000	98.7	8.5	20112		45	1	7836	20.59	10	2	4	1	1	是
漳州市图书馆	4300	96.15	21	120	8	45	1	2126	11.6	21	12	2	6	2	是
龙海市图书馆	2361	31	10	330		23	2	1794	14	14	6	1	5		是
漳浦县图书馆	2050	14.33	6.7			4	1	1100	10	9	4	1	1		
云霄县图书馆	205	11	2.7			1	1	50	1.2	5	2	1	2		
东山县图书馆	1500	25	11			16	1	1100	7	13	6		4	1	是
诏安县图书馆	2335	2	3			3		500	1.5	3		1	1		
南靖县图书馆	4185	15.3076	6.9	50	40	15	1	1500	8.5	6	3		3		是
华安县图书馆	960	5.3	1.5					83	0.5	4	1				
长泰县图书馆	517	12.85	4.7813	150			1	159	6.2451	10	5	1	3		
三明市图书馆	6100	110	36.5	500		51	1	4700	18	24	12	2	9	5	是
三明市少儿图书馆	1500	28.84	4.67			5	1850	5.8	10	8	1	5	1		
尤溪县图书馆	3039	24	9.1	81		12		243	10.15	9	2		5		是
明溪县图书馆	1400	15	4.7				1		130	2.8	5	1	1	1	
清流县图书馆	777	12	3.4					200	2.8	6	4		1		
宁化县图书馆	1640	15	5.46	30		22	1	130	1.8	9	2		1		
沙县市图书馆	1290	26	5.1	36		9		800	3	10	3	1	2		是
将乐县图书馆	2491	9.17	2			1			0.68	4	1				
泰宁县图书馆	1500	16	5	160		10	1	1800	8	5	4		3		是

单位名称	建筑面积/平方米	经费/万元	藏书			现代化设备/台		图书年入藏数/种	年外借册次/万册	人员结构					是否全国共享工程基层中心
			印刷型/万册	电子型/件	缩微型/件	电脑	复印机			工作人员/人	学历		职称		
											大专	本科	中级	高级	
建宁县图书馆	1150	18.1	5.01					870	3.18	4	1	1	1		
永安市图书馆	500	39.5	17			12		1051	1.7	13	6		4		
大田县图书馆	2011	14.37	2.1539			1		260	0.1798	7			1		
南平市图书馆	3100	91	21	1350		48	1	6000	16.8	22	9	2	5	1	是
建瓯市图书馆	4176	30.8	19.6	437		31	1	2626	10.9	15	6	1	1		是
顺昌县图书馆	2000	16	6.3					360	4.2	5	1	1			
浦城县图书馆	2700		18			13	1	2300	8.7	9	2				是
政和县图书馆	2010	13	2.2	132				806	0.9231	4	1		1		
邵武市图书馆	4060	127	8			12		230	8.7	10	4	1	4	1	是
光泽县图书馆	2100.63	20	5				3		230	4	4	3	1	1	
建阳市图书馆	2700	20	13			8		1000	6	8	2	1			是
武夷山市图书馆	2500	13.3	7.76			10		700	3	5		2	2		是
宁德蕉城区图书馆	3000	4.3	8.36	110		9	1	3191	8.3	9	7		3		是
古田县图书馆	1000	25	5.47	30		50		1500	8.5	6	3		2		
屏南县图书馆	1620	115	4.6349					94	1.5768	5	5		1		
福安市图书馆	3670	23	14	102		6	1	1319	5.8	10	4		2		
霞浦县图书馆	2000	1.5	4.19					1790	1.41	6	3		3		
福鼎市图书馆	3000	59	63		132	23		700	8.1	11	3		4		是
柘荣县图书馆	1000	9.36				2		318	1.56	6			2		
周宁县图书馆	300（借用）	2	3.6			1		45	0.7	4	1		2		
龙岩图书馆	13990	46	21			73		827		1.5	12	2	6	1	是
永定县图书馆	1880	13.5	4.2			2		500	9	8	3		2		
上杭县图书馆	2158	23	8.3			16	1	548	12	9	4	1	4	1	是
武平县图书馆	1600	20.69	6.1	50		2	1	1500	7.5	8	5		3		是
漳平县图书馆	3450	48	7.2441	213		24	1	1309	2.8	21	12	1	1		是
连城县图书馆	1761	15.8	7	23		2	1	1000	9	7	4		3		是

单位名称	建筑面积/平方米	经费/万元	藏书			现代化设备/台		图书年入藏数/种	年外借册次/万册	人员结构					是否全国共享工程基层中心
			印刷型/万册	电子型/件	缩微型/件	电脑	复印机			工作人员/人	学历		职称		
											大专	本科	中级	高级	
长汀县图书馆	800（租用）	19.71	9.8		1			100	1	11	4	1	4		
福建省社科院图书馆	4600	70	20	18	2	42	2	1500	0.93	16	2	10	4	6	
福建省农科院图书馆	500	10	20			6	2	800	1.5	6	2	2	1	2	
福建金融职业技术学院图书馆	2938	80	18.3	1324 件/6.2 万种电子图书 160		1	5000	6.5	20	4	13	9	1		
福建财会管理干学院图书馆	1500	14	14.5	420		51	1	862	2.74	12	4	3	3	4	
闽西职业技术学院图书馆	3798	200	5.5	141		100	2	11680	1.02	26	10	8	6		
泉州师院图书馆	24231	250	103.5	70		300	4		30	51	10	25	15	9	
仰恩大学图书馆	20500	900	52.70	50 万种电子图书		41	3	41386	19.7	22	4	12	4	2	
福建工程学院图书馆	12100	156.1	56	6000	300	107	2	16973	3.78	56	21	20	16	4	
集美大学图书馆	30120	440.92	125.17	13 个中外文数据库		612	6	59247	45.31	119	27	61	55	12	
华侨大学图书馆	29637	765	99.8	22 个中外文数据库	1			19236	51	97	36	42	28	8	
宁德师专图书馆	5200	49.64	28.5827	72845		27	1	3891	8.3280	20	8	7	8	1	
福建华南女子学院图书馆	2666	47.6356	11.2			17	2	28553	4.0681	8	1	4	3		
福建公安专科学校图书馆	9200	430	27.5	7.2		50	2	8089	7.9428	20	10	9	7	3	
福建师范大学图书馆	18200	440	190.2	20 个中外文数据库		300	2	35850	50.5	103	28	45	44	17	
福建师大福清分校图书馆	4200	40	29			69	2	4128	9.6	25	10	6	6	4	
三明学院图书馆	10719		50.3	10 个中外文数据库		260	1	11943	44.13	31	10	6	15	3	
武夷学院图书馆	15900	100	50	5 万种电子图书		100	1	40000	12	42	6	13	15		
福建农林大学图书馆	18000	120		20 个中外文数据库		200	7	23660	34.2	74		30	28	15	

单位名称	建筑面积/平方米	经费/万元	藏书 印刷型/万册	藏书 电子型/件	藏书 缩微型/件	现代化设备/台 电脑	现代化设备/台 复印机	图书年入藏数/种	年外借册次/万册	人员结构 工作人员/人	人员结构 学历 大专	人员结构 学历 本科	人员结构 职称 中级	人员结构 职称 高级	是否全国共享工程基层中心
福州大学图书馆	14000	540	135	15299		300	10	30000	78.9953	120	24	52	47	15	
福建医科大学图书馆	7385	220	30.5	63 万种册电子图书		171	4	9062	11.7	25	15	6	12	3	
福建中医学院图书馆	3002	160	34.3	536 件/19.6 万种电子图书		140	3	8823	9.2	24	10	14	11	7	
中共福建省委党校图书馆	5370	50	43	6 万种电子图书		50	1	3000	3.5	21	5	18	7	5	
厦门理工学院图书馆	3400	170	30	6.5 万		67	1		3.5	25	5	18	10	3	
厦门华夏职业学院图书馆	7596	135	20.5427	13.5 万种电子图书		125	1	10000	15	17	7	4	3	1	
泉州黎明大学图书馆	10200	150	26	35 万种电子图书		300	1	20000	7	25	13	8	6	1	
漳州师院图书馆	6400	268	70.7	20 万种电子图书		174	1	28000	42.5	46	22	19	15	5	
莆田学院图书馆	11500	150	61	6000	200	212	2	45000	21	52	8	20	18	4	
龙岩学院图书馆	20000		40	20 万种电子图书		200				34	8	18	10	5	
福建省立医院图书馆	约 500	80	5	450		30	2	1100	0.35	6	2	2	2	1	

福建省图书馆专业教育情况一览表

学校名称	图书馆学专业名称	是否图书馆学硕士点、博士点	招生情况	毕业生及学位授予统计	新增硕士点、博士点（含新增博士生导师）介绍
武汉大学福建省图书馆函授站	图书馆学	否	2000级研究生课程进修班30人；2002级专升本班30人	研究生课程进修班30人已结业，其中9人获硕士学位福州大学	
福州大学	图书馆情报学硕士点	情报学硕士点	2004年招硕士生35人		2004年开设情报学硕士点，研究方向：信息资源管理与知识产权研究，网络智能优化管理管理研究。
福建师范大学	社会历史学院信息管理系	图书馆学硕士点	2004本科生36人；硕士生6人	2004年本科毕业生36人，其中33人获学士学位	2004年起设立硕士点，研究方向：知识产权法与信息管理，福建地方文献整理。

（龚永年）

台湾省

【台北“国家图书馆”建馆七十周年暨新系统启用】 2003年4月21日，台北“国家图书馆”建馆七十周年。该馆于当日上午九时三十分举行馆庆茶会暨新系统启用仪式等系列活动，“台湾记忆（Taiwan Memory）”与“台湾概览（Taiwan Info）”两个系统启用。台北“国家图书馆”座落于台北市中山南路二十号，面对中正纪念堂，为一赭色、庄重而和谐的建筑，地上七层，地下二层，内部依使用功能略分为：阅览区、书库区、行政区与文教活动区。阅览区为整座图书馆之主体，居核心位置，自地下一楼至六楼，提供读者宽阔舒适的阅览空间。书库区分布于三至七楼，地下一楼并有密集书库，以存放复本及过时罕用图书。行政区主要分布于一楼北侧，供馆内同人办公使用。文教区在整栋建筑的南侧，包括演讲厅、会议厅及讨论室等，设有独立出入口，场地可外借供学术及文教活动之用。其特色藏书包括：善本图书、政府出版品、汉学研究资料、微缩资料、“国家图书馆”资讯网路系统及光碟系统、“国家图书馆”远距图书服务系统、数位化影像及全文服务等。为台湾全省最大、最重要的信息中心。

本次启用的两个新系统中，“台湾记忆（Taiwan Memory）”系统的建置，是为数字典藏台湾的历史文献与史料，妥善保存台湾历史记忆，希望藉由各种文字，影像，声音的数字化史料，透过“人”，“事”，“时”，“地”，“物”的主题展现，辅以该系统所建置之各种数字化特藏，并连结“国家图书馆”既有的丰富研究文献，完整呈现台湾在不同时期的时代观点，态度与信仰，保存台湾的历史记忆。

“台湾概览（Taiwan Info）”系统的建置，是为增进一般社会民众对台湾的基本认识，有效进行研究台湾之资讯，此系统着重于图书馆“知识管理”的角度，从“概览”之观念出发，提供一般民众增进认识台湾的资讯，进而发挥参考咨询利用功能，作深入研究指引。“Taiwan Info”之主题为三大类与台湾相关之信息：1，认识台湾：提供基本介绍、自然之美、地理资讯、历史资讯等相关信息。2，政府与法令：提供法规资源、统计速报等相关信息，3，新闻资讯：提供政府新闻稿整合查询、两岸新闻搜寻、即时新闻、气象万千等相关信息。“Taiwan Info”系统未来之后续建置目标将积极继续扩充相关资料内容，串联“网路资源整理”和“图书馆馆藏利用”，期能如通识教材一般，使民众对台湾有全盘性的认识，再针对个别研究主题作深入导引，由浅入深，提供有层次，渐进式的资讯利用指引服务。

“国家图书馆”此次筹划的七十周年馆庆系列活动尚包括：“图书馆与阅读运动研讨会暨展览”，“‘国家图书馆’发展策略与展望座谈会”，“福尔摩沙图书资料展”，“特藏英华—历代图书演进展”等多项活动，并出版“‘国家图书馆’七十年纪事”，以图文见证“国家图书馆”的成长。（韩楠）

【2003年资讯素养与终身学习社会国际研讨会】 2003年10月23日至10月25日，第三届“资讯素养与终身学习社会国际研讨会”在台北“国家图书馆”国际会议厅举行。此次研讨会的主题为“资讯素养的教学典范”，主要探讨资讯素养在各级教育社群中的具体作法及相关议题。来自各地的不同教育社群的学者、实务工作者进行了各项专题演讲，并由各级学校教师发表了有关理论研究的论文，旨在彼此交流资讯素养融入各级教育的教学经验、相互启发激励，使资讯素养教育成为普遍化的社会运动，落实在各级教育，使学习者和教学者都能有更新的视野及具体的策略，共同迎接新世纪的学习环境。会议后并结集出版了《2003资讯素养与终身学习社会国际研讨会论文集》。（韩楠）

【公共图书馆馆藏发展与采购实务

研讨会】 2003年11月，由“国家图书馆”主办及台北市立图书馆协办的“公共图书馆馆藏发展与采购实务研讨会”召开。主管机关、学者专家、采购同人及出版业者于会中，就图书馆的图书馆藏、发展、采购等问题进行了热烈的讨论。会后结集出版了《公共图书馆图书资料采购》。（韩楠）

【图书资讯专业人才人力培育研讨会】 2003年12月，由中华图书资讯学教育学会、国立中兴大学图书资讯学研究所、“国家图书馆”共同主办的“图书资讯专业人才人力培育研讨会”于台中国立中兴大学召开。会议主要围绕新时期图书资讯专业人才的培养、保持、流通，进行信息从业者的再教育，提高图书咨询从业人员素质等问题进行了广泛而深入的探讨。（韩楠）

【图书馆与阅读运动研讨会】 2003年4月22日至23日，由“国家图书馆”主办的“图书馆与阅读运动研讨会”于“国家图书馆”文教区国际会议厅举行。来自各方的专家学者针对不同年龄层、社区及图书馆可以提供的阅读运动的推行，进行了一系列探讨。主题分别为：第一场：阅读运动经验分享；第二场次：阅读素材的选择；第三场次：读书会的经营；第四场次：阅读融入主题教学；第五场次：出版与阅读；第六场次：全民阅读的规划与办理。共有来自全省推动阅读不遗余力的学者专家及推行成效卓著的各级学校、图书馆、基金会、媒体、出版社、读书会等热心人士共同约270人与会；二天的讨论中，共有20位学者专家发表20篇论文。会中论文与讨论记录另行结集出版《图书馆与阅读运动研讨会论文集》。配合研讨会的举行，亦在会场外举办“国书馆与阅读运动展览”。展出内容包括：“国家图书馆”推动“爱乡读乡活动”与台北市立图书馆推动读书会及阅读活动的成果展示，阅读活动主题书展，儿童图书精选展，图书陈列技巧观摩展示，阅读与读书会网路资源等。（韩楠）

【台湾省暨金马地区高级职业学校图书馆工作研讨会】 2003年11月17日至18日，由“教育部”中部办公室主办，高雄县高英高级工商职业学校承办的“台湾省暨金马地区九十二学年度高级职业学校图书馆工作研讨会”在高雄县高英工商职业学校举行。研讨会议“专业服务，资源共享”为主题，讨论如何配合高中职社区化加强各校馆际合作，如何运用图书馆利用教育协助各科教学，如何指导学生善用网路资源增进终身学习能力，如何增进图书馆人员专业知能以提升服务品质等问题，旨在沟通图书馆经营理念，交换图书馆工作经验，增进图书馆专业知能。（韩楠）

【2003年资讯科技与图书馆学术研讨会】 2003年5月29日，由淡江大学资讯与图书馆学系所主办，台湾“教育部”赞助的“2003年资讯科技与图书馆学术研讨会（电子会议）”于淡江大学资讯与图书馆学系电子会议室L507举行。因为SARS疫情蔓延，会议以线上电子会议（e-Conference）方式展开，与会者通过网络进行线上报名和递交论文。讨论会则包括同步研讨与非同步研讨：（1）同步研讨：开辟同步讨论区，采用线上会议，邀请主持人及作者于会议当天（5月29日），依论文发表时段上网和与会者同步讨论，以文字模式线上同步研讨室进行会议；（2）非同步研讨：开辟非同步讨论区，与会者随时上网发布问题，而作者也可随时上网回应。研讨会共四场，分别以资讯科技与系统、资讯媒体与出版、资讯组织与检索、资讯资源与服务为主题展开讨论。

此次会议网址为：http://research.dils.tku.edu.tw/conference/2003/。（韩楠）

【图书馆专利资讯服务研讨会】 中华图书资讯学教育学会、台湾大学图书资讯学系、台湾大学工业知识科技研究中心，中兴大学图书资讯研究所等共同举办的“图书馆专利资讯服务研讨会”，于2003年10月31日在台湾大学图书馆国际会议厅举行。参加对象以各级图书馆馆员与图书资讯学相关系所师生为主，目的是期望能透过有经验的专家学者利用讲述，范例介绍，经验分享等方式，帮助图书馆员更深入了解专利资讯以及利用专利资讯为读者提供相关服务，参与研讨会人员十分热烈，会议圆满结束。（韩楠）

【第2届数位典藏技术研讨会】 2003年7月22、23日，于台北“中央研究院资讯科学研究所”召开了“第2届数位典藏技术研讨会”。会议旨在提供相关技术研究人员共同讨论之论坛。就各项相关之技术领域，交换研究经验，以提升国内之相关研究，并加强研究社群之互动。本研讨会也是数位典藏国家型科技计画之参与机构，与相关学术、研究单位、与产业的互动的桥梁。各典藏机构可以透过这个研讨会，寻求技术合作支援之学术研究或产业团队。

讨论主题为：1. 依性质分为学术性论文与实务性论文二项。2. 数位典藏系统的应用与关键技术论文：包括但不限于以下研究主题：（1）多媒体内涵查询技术；（2）虚拟实境技术；（3）分散式智慧财产权管理系统；（4）智慧型问答技术；（5）时空资讯整合技术；（6）数位典藏资料库系统。3. 实务性论文：不局限于以上主题之系统实作及经验报导等。前来参加的单位包括业界、学术界及数位典藏国家型科技计画之参与机构，约200余人参加。本次会议共分为6个论文发表场次，分别是：工作流程、数位典藏系统、服务与应用、数位权利管理与多媒体、数位典藏技术及进阶检索技术与语意网等，发表论文共27篇。（韩楠）

【爱乡！读乡！公共图书馆推动阅读计划】 由“国家图书馆”主办，“国立中央图书馆”台湾分馆，“国立台中图书馆”，台北市立图书馆，高雄市立图书馆协办，各级公共图书馆承办，自2003年八月起于全省各公共图书馆举行。该活动目标为：希望每一个民众都以认识本乡为荣；激起民众探究故乡源流掌故的兴趣；乡土资料及书目汇集；建立公共图书馆推动阅读活动模式；编辑公共图书馆推动阅读活动手册；让社会大众了解公共图书馆是推动阅读的重镇；做为全民阅读运动的第一步。

活动内容为：（一）由乡公所、乡内教师、图书馆等单位一起推荐认识本乡、本村或本县应阅读的书、录影带、网站、古迹、事件或人物。（二）配合计划目的及内容，举办各项配合性活动，如：单车（牛车）游古迹；思想起—阿公来讲古；忆儿时—唱故乡的歌；乡村寻宝游戏；绘我故乡；明日之乡：征文、摄影比赛；乡土作家座谈会；乡土艺术座谈；常民文化展；读书会；旧书交换；认识乡土产业；更多的书……（阅读书目）。（韩楠）

【2004中华图书资讯馆际合作协会年会】 2004年3月25日，逢甲大学人言大楼启垣厅举行了中华图书资讯馆际合作协会第七届第二次会员大会。作为台湾省内一年一度图书馆界及资料单位的盛会，此次大会除了会务报告、座谈之外，另特别安排有专题演讲及专家焦点座谈。

随着数位化时代的来临，图书馆与图书馆之间的合作也将跳脱原有的模式，为了提供与会者国内外相关的资讯，此次会议特将主题定为“数位时代图书馆的共建共享及发展策略”，希望藉由国内外专家学者的讲述探讨，使与会者了解馆际之间合作模式及未来发展趋势。同时由中华资讯素养学会主办，逢甲大学数位学习与数位内容策略管理研究群承办的“四场数位内容策略规划系列研讨会”之“资讯素养研习坊”讲座，分别为：数位内容管理一、二（Bob Boiki），知识传播通路与数位出版（David F. Kohl），图书馆联盟管理之理念、趋势与机会（Amold Hirshon）。（韩楠）

【引文分析与学术评鉴研讨会】 2004年5月7日政大综合院馆三楼演讲厅举办“引文分析与学术评鉴研讨会”，会议由政大图书馆与“国家图书馆”共同举办，主要探讨引文分析与论文质量、引文数量与学术合理评估、引文与影响因数等方面的问题，获得各界热烈回应，与会者逾二百五十人。会后由国立政治大学图书资讯与档案学研究所汇编《引文分析与学术评鉴研讨会会议论文集》。（韩楠）

【2004古籍学术研讨会】 中华文化源远流长，典籍浩瀚。目前台湾、大陆各省市搜藏之善本及普通本线装书为数极多，海外地区收藏亦不少，这些都是中国文化之瑰宝。汉籍的生产、出版与流传以及资源的利用与保藏，关系文化与资产的延续，也是汉学研究利用所必须，需要持续不断的探索。近年来海内外图书馆及汉学研究者致力于古籍之编目、整理、保藏、研究与利用成果卓著，由于电脑科技的发展，汉学机构与学者专家又致力于古籍文献的数位化与目录建置。这些成果逐渐成为今日汉籍古文献检索与研究之利器。值此科技资讯发达的时代，汉籍的整理与利用确有其发展的新契机，新的整理方法或可赋予古籍新的生命力。为了探讨如何在新条件下将其与当代的科技相结合，进一步发扬光大，由辅仁大学文学院. 图书资讯学系暨中国古籍整理学程、辅仁大学图书馆主办之“2004古籍学术研讨会”，就于2004年6月11日在辅仁大学济时楼九楼国际会议厅举行，来自大陆、台湾、香港、海外等的众多专家学者出席了本次大会。本次研讨会的主题包括：（一）古籍撰编生产、传播利用、保存维护。（二）古籍工具书与数位参考资源之建置。（三）古籍目录与书目系统之建置。（韩楠）

【两岸三院资讯技术与数位资源共享研讨会】 2004年6月，台北“中央研究院”主办的“两岸三院资讯技术与数位资源共享研讨会”于台北“中央研究院学术活动中心”举行。其中6月1日至3日为研讨会，6月4日至5日为会后参访。来自北京中国科学院、中国社会科学院和台北中央研究院两岸三院的学者作了多场精彩的演讲，并展开深入交流。会中演讲与报告涉及的主题主要包括：台湾数位典藏、考古、善本、古籍与拓片、e－Science、生态、高性能计算与Grid、GIS、资料库、语言学、中国近代史资料、Metadata与联合目录、GIS、民族学等多方面多学科。会外，两岸学者还共同参访了中央研究院史语所文物陈列馆、台北故宫博物院、台中自然科学博物馆、日月潭。（韩楠）

【2004年现代资讯组织与检索研讨会】 “资讯组织与检索”是一个紧密结合且永远活跃的主题。在历经数十年的发展之后，累积了不少经验与成果。二十一世纪新世代网际网路的发展与数字图书馆的实施，对于取用资讯的方式有重大的影响。资讯系统若能结合各式资讯检索技术与各样资讯组织模式，必可达成优质的检索效果。而数位资源格式多样、分散储存，介面不同的特性，则进一步促起整合检索的迫切需求。

2004年11月19日，由淡江大学资讯与图书馆学系主办，美国资讯科学与技术学会台北分会及淡江大学觉生纪念图书馆协办之“2004年现代资讯组织与检索研讨会”，于淡江大学淡水校园惊声国际会议厅举行，研讨会主题为“现代资讯组织与检索”，共有近150名专家学者参与了此次会议。（韩楠）

【开创图书馆新视界－OCLC资讯服务新发展座谈会】 由国立台湾师范大学图书馆（北部）、东海大学图书馆（中部）及OCLC主办，飞资得资讯有限公司及文岗资讯股份有限公司协办的“开创图书馆新视界－OCLC资讯服务新发展”座谈会，于2004年10月4日（星期一）及10月6日（星期三）分别于国立台湾师范大学图书馆国际会议厅与东海大学图书馆良鉴厅举行。（韩楠）

【2004年图书资讯编目规范研讨会】 为应对科技的进步与图书馆的需求，了解在“国家图书馆”及各学界学者的共同努力下进行的分类表、主题表、编目规则、机读格式、Metadata等的多种编目规范的研订，是否合乎实际需求及研订是否周全合宜，由“国家图书馆”主办，中国图书馆学会分类编目委员会规划，辅仁大学图书馆、“国立”台中图书馆、高雄市图书馆承办的“九十三年图书资讯编目规范研讨会”，于2004年8月6日、27日及9月10日分别于台北“国家图书馆”、“国立”台中图书馆、高雄市立图书馆鼓山分馆举行。（韩楠）

【整合型态出版品编目研习会】 2004年7月13至14日，由“国家图书馆”、中国图书馆学会分类编目委员会、中华图书资讯馆际合作协会专门图书馆委员会，联合合办的“整合型态出版品编目研习会”在“国家图书馆”文教区422室举行。研习会课程依据AACR2改编后的第九章（Electronic Resources）和第十二章（Continuing Resources）编纂而成（AACR2改编后的第九章（Electronic Resources）和第十二章（Continuing Resources 相当于中国编目规则CCR2R第十三章电子资源及第三章连续性资源），范围涵盖整合型态出版品，并特别着重电子整合型态出版品的编目，详细解释新编目规则，并对负责整合型态出版品的编目员提供适时的指导。

会议特邀请徐蕙芬女士及戴怡正女士主讲，课程内容主要包括：1. 整合型态出版品概论及如何辨认此型态出版品。2. 电子网站，资料库及活页出版品的编目。3. 如何修改机读书目记录。4. 一些较复杂困难的整合型态出版品的编目及案例研究。5. 整合型态出版品的选择和检索使用途径。6. 活页出版品的编目。主要面向有一年以上编目经验的图书馆、资讯中心等人员，约50人报名参加了此次研习会。（韩楠）

【现代档案管理研讨会】 2004年9月2至3日，由台湾“行政院”研究发展考核委员会主办、档案管理局承办的《现代档案管理研讨会》于“国家图书馆”国际会议厅举办。本次会议研讨之主题包含“档案法令修正方向与重点”、“电子文件档案管理”、“档案管理体制”及“档案开放应用”四大项。（韩楠）

【图书馆空间的文化建构研讨会】 2004年11月5日，由中华图书资讯馆际合作协会、实践大学图书馆主办的“图书馆空间的文化建构研讨会”在实践大学举行。来自大学院校图书馆、公私立图书馆及相关图书资料等单位的学者参加了此次研讨会。会议主要围绕在考量图书馆空间规划的机械性能之外，如何利用空间装载其主体价值，诠释其文化意义，数位资讯是否将虚拟化图书馆建筑，图书馆传统空间应如何面对新思潮等问题展开了讨论。（韩楠）

【数位典藏技术规范会议】 由数位典藏国家型科技计画技术研发分项计画、中央研究院计算中心、中央研究院资讯科学研究所共同主办的数位典藏技术规范会议《后设资料在数位典藏之研究发展：回顾与前瞻》于2004年12月20日（星期一）在台北中央研究院学术活动中心二楼举行。本次会议之目的，除希望齐聚数位典藏领域相关的各个计画，共同讨论与分享进行后设资料规划的经验外；并经由后设资料工作营，分享数位典藏国家型科技计画后设资料工作组的研究产出与实务经验。另外，议场大厅安排了后设资料成果展示，透过展览方式使与会人士认识数位典藏国家型科技计画后设资料工作组，并了解其支援内容、方式和成果；汇集与呈现全省后设资料的发展现况与历程，并让不同计画之间有更多的观摩与互动，及相互交流的机会；同时分享后设资料分析与规划实务经验。会议共分三场，分别为：博物馆社群后设资料研讨，档案馆社群后设资料研讨，图书馆社群后设资料研讨。（韩楠）

河南省

【河南省第三次市、县公共图书馆评估工作概述】 根据文化部对第三次全国公共图书馆评估定级工作部署，受省文化厅和省图书馆委托，省图书馆学会2004年3月至10月对全省市、县两级公共图书馆具体实施了评估。此次评估共有86个馆参评，占全省市、县公共图书馆总数的63.7%；有49个馆因新建、在建、搬迁，或其他原因未能参评。

一、加大宣传力度，开展前期调研。按照省文化厅的要求，省图书馆于2003年11月，在第16届全省公共图书馆馆长联席会议上作了宣传动员。省图书馆学会相继召开常务理事会和秘书长会，具体研究落实公共图书馆的评估工作。为了吃透下情，学会和评估办公室的负责同志先后走访30多个市、县馆，进行前期调研。

为了加深对文化部下达的《评估标准》的理解，并方便省内的同志就近学习，省图书馆学会积极争取，促成中国图书馆学会第三次全国公共图书馆评估培训班在河南举办。既明晰了《评估标准》，又增强了责任意识，也保证了省内迎评工作的有序推进。

二、坚持科学方法，确保评估质量。参照第一、二次评估经验，这次评估采取省、市协同联评的办法，即省学会组建专家组对地级馆进行评估，各市图书馆学会或市图书馆组建专家组对县级馆进行评估，省专家组对县级馆进行选择性复查。

为确保评估质量，在正式评估和正式复查前，省图书馆学会先期召集专家组成员，学习文化部颁布的评估标准细则及中国图书馆学会评估培训班课程，在对评估标准逐项分析讨论的基础上，规范打分尺度，编制出《评估操作流程》和《测评对照表》；并且对洛阳市馆进行市级馆的试评，对林州市馆进行县级馆的试查，为正式评估和复查打好基础。

在对县级馆的复查中，既注重得分较高馆的复查，以期发现好的典型，总结好的作法，也注重得分较低馆的复查，以便发现问题，找出不足，为制定事业发展规划提供依据。为此，在各市文化局、图书馆评估打分的基础上，对5个得分较高、办馆条件较好的县级馆进行了详细的复查，对40个办馆条件一般的县级馆在事先未通知对方的情况下，逐个进行走访，了解到河南部分县级馆的实际现状。

遵循文化部把是否建立全国文化信息资源共享工程分中心、基层分中心作为一、二级图书馆定级必备条件的要求，对一些评估得分达到一定分数线、综合办馆水平较高、但未实现此项必备条件的图书馆，进行了积极的督促，从而促使7个馆加入了“文化信息资源共享工程基层中心”行列，达到了“以评促建”目的。

三、着眼整改提高，注重意见反馈。为使评估真正达到改善办馆条件，规范业务工作，提高管理水平，促进图书馆事业全面发展的目的，评估组要求省、市两级专家组把整改与提高作为评估工作的着眼点，借助评估帮助市、县两级图书馆解决一些专业性较强的业务事项。对图书馆自身难以解决的问题，则要求专家组提出建设性的反馈意见，并邀请当地政府主管领导及文化主管部

门领导参加，向他们提出较明确意见和建议。（申少春 汤树俭）

【公共图书馆评估效果分析】 一、总体结果分析。参评的11所市级馆和1所市少儿馆，评估得分在800分以上的有6所，占50%；600分至799分的有5所，占41%；600分以下的1所，占8%。参评的74所县级馆中，800分以上的有15所，占20%；600分至799分的有30所，占40.5%；600分以下的有28所，占38%。

二、政府重视程度。省、市两级专家组在对各馆的实地测评中感受到，各级政府和文化主管部门都非常重视评估工作，把图书馆评估列为年度重点文化工作目标，提升了公共图书馆的地位。可以说，本次评估对提高政府及文化主管部门的图书馆意识起到了极大的推动作用。

三、办馆条件。绝大多数地方政府及主管部门对图书馆的重视，体现在增加经费投入和改善办馆条件方面。第二次评估以来，全省新建成3所市级馆（平项山、漯河、信阳）和5所县级馆（新郑、渑池、镇平、内乡、荥阳），许昌市馆也进行了扩建。从评估数据看，各级政府注重解决图书馆的实际困难，努力改善办馆条件。全省公共图书馆投入是近年来最好的。

办馆条件的改善还体现在图书馆自动化建设方面。参加评估的83个图书馆中，共有1331台计算机，19个图书馆业务工作实现了计算机管理，15个图书馆建立了局域网。郑州市等图书馆还建立了自己的网站，具有导航系统和导读系统，链接“万方数据库”和“维普数字期刊全文镜像数据库”等电子文献。

在数据库开发与建设上，除各馆建立书目数据库外，由河南省馆牵头，全省30个公共馆参与共建的“中原文化资源数据库”已初具规模，容量已达50GB。郑州市馆建立了30余万字的“郑州文化资源全文数据库”，开发了富有本馆特色的“馆藏文革资料全文数据库”。洛阳市馆开发了洛阳牡丹、地方志等文摘数据库，建立了洛阳旅游多媒体数据库。禹州市馆的“中国钧瓷文献全文数据库”，收集整理钧瓷文献资料10大类850余篇，共1600余万字，成为全国最大的钧瓷文献收藏和检索中心。

四、基础业务工作和读者服务工作。省、市两级专家组经过实地测评认为，参评各馆的基础业务建设总体上更趋于规范、标准。文献资源建设趋于多种载体并重，目录设置基本符合评估标准要求，文献标引与著录误差率有所下降。除个别馆外，绝大多数图书馆采用了《中国图书馆图书分类法》（第四版）进行分类，按照《普通图书著录规则》进行著录编目；期刊依据《中图法期刊分类表》进行分类，按照《连续出版物著录规则》进行著录；制订有文献采选方针和其他业务规范，并坚持执行。

参评各馆的读者服务工作水平及质量不断提高，呈现开放型、特色化特点。开放时间均达到或超出评估标准指标。各图书馆积极创造条件，扩大开架借阅书刊的范围。有些馆敞开了书库的大门，最大限度满足读者需求。86所参评图书馆平均开架书刊率达66%，占文献总藏量的50%以上。许多馆简化了办证手续，减少了读者利用文献的中间环节。在服务工作的深度及特色方面，各馆也进行了积极探索。

但是，个别市、县文化主管部门及图书馆对评估的意义认识不足，成效不大。有的图书馆及其主管部门满足于维持现状，以保持原有级别为目标，在硬件上缺少投入，工作上没有起色。所有这些，都需要在今后的管理工作中给予关注和解决。（申少春 汤树俭）

【公共图书馆评估有利于发现问题】 通过这次评估工作，发现河南公共图书馆事业中存在的一些困难和问题，主要表现为：一、事业发展不平衡。办馆条件较好的县级图书馆数量较少，大多数县级馆受所在地区财力制约，发展缓慢。49个未参评的图书馆，除一部分确系在建或搬迁外，大部分均因条件所限、无法正常开展工作而未能参加评估。这是我省公共图书馆事业不容忽视的一个现实情况。也有一些市级馆和县级馆办馆条件与水平与所在地的经济状况、文化底蕴很不相称，这明显反映出当地文化主管部门和图书馆自身的工作存有缺陷。

二、资金投入有待增加。74个县级馆年财政补助经费超过30万元的仅8个，多数馆在5万元以下，近50%的县馆购书经费未单列。因无购书费，导致有6个馆图书年新增藏量为0，占参评县馆的8%。这是亟待地方政府和文化主管部门关注的问题。

三、基础业务需加强。办馆条件和基础业务建设是图书馆开展读者工作的前提和保证，也是图书馆可持续发展的基础。在市、县两级馆的评估标准中，此两项合计分值分别为505分和525分，均占总分的一半以上。由此可见，办馆条件和基础业务建设是衡量一个馆办馆水平的重要指标。

参评的11个市级馆中，只有2所图书馆的面积超过1万平方米，其余9个馆的面积均在8000平方米以下。74个县级馆中，面积在1000平方米之下的有18所，占参评馆总数的24%。不少馆的书架，不但破旧，而且严重不足，书刊堆放在桌子或地板上，影响正常使用。大多数图书馆无冷暖设施，冬冷夏热，阅览环境较差。

四、数字化建设滞后。从总体看，由于事业经费投入不足，全省市、县两级公共馆自动化、网络化、数字化建设及应用水平尚停留于较底层次。一些图书馆业务工作虽实现了自动化管理，但应用水平较低，读者还没有充分享受到新技术带来的便利。

五、人员结构欠合理。除少数县级图书馆人员缺编外，大多数县级图书馆人员超编，有的馆只有几万册藏书，人员已达20甚至30余人，“人吃书”现象严重。人员结构不合理，特别是县级馆，图书馆专业和网络技术、信息管理人才短缺。（申少春 汤树俭）

【贾连朝副省长视察省图书馆】 河南省副省长贾连朝2003年1月7日视察省图书馆。贾副省长相继巡视了目录大厅、社科外借处、期刊阅览室、采编工作室、中心机房和古籍阅览室等，详细询问了省图书馆藏书、服务方式、读者人流、世纪论坛的社会反映等情况。贾副省长还先后与期刊阅览室、电子阅览室、自修室的读者细声交流，了解他们对读书求知的想法与要求。在与服务一线的值班员工亲切交谈时，贾副省长向省图书馆员工表示新年祝贺，希望春节期间以更丰富的读者活动和更优质的服务质量，满足社会各界在物质生活殷实之后日益多样化的精神生活需求。贾副省长还在报告厅听取了省图书馆负责同志的工作汇报，对近年的变化和所取得的成绩表示满意，认为各方面的管理工作做的不错。省图书馆向贾副省长赠送了省馆秘藏《宋拓王献之法贴朱释本》影印本和省图书馆员工编写的丛书《图书馆治学文集》。

陪同贾副省长视察的有省文化厅党组成员、纪检组长陈月玲，省文化厅办公室主任孙鹏及省馆领导班子成员。（汤树俭）

【省文化厅郭俊民厅长视察省图书馆】 2003年2月28日下午，省文化厅新任厅长郭俊民在副厅长董文建、厅办公室主任孙鹏的陪同下，莅临省图书馆。

郭俊民厅长对省图书馆主要对外开放窗口及业务部门进行了考察，向一线员工表示慰问。在报告厅观看了《河南省图书馆2002年工作总结和2003年工作思路》（光盘版）后，郭厅长对省馆的工作表示满意。他指出："文献资源的开发利用，是公共图书馆事业的一个永恒的主题。围绕这个主题，要做的事情和能做的事情都很多。"他希望省图书馆领导班子创新思路，创新举措，面向社会，开拓服务，在各个方面争取新的突破。（汤树俭）

【省文化厅陈月玲纪检组长到省图书馆调研人事制度改革工作】 2003年3月31日下午，省文化厅纪检组长陈月玲在厅人事处处长王霞的陪同下到省图书馆调研人事制度改革工作。陶善耕馆长向陈组长介绍了国家图书馆的改革举措，汇报了馆领导班子学习中央四部委文件所获得的收益，以及深化人事制度改革的初步设想。

陈月玲组长对省图书馆连续两次的人事聘任工作予以肯定，要求在此基础上按照中央四部委文件精神，提出深化改革的可行性思路。书记张松道、副馆长李战财、孔德超、夏嫣、馆长助理王发国参加调研座谈会，并畅谈了自己的认识。（汤树俭）

【省图书馆沙口路小学外借点正式开放】 2003年4月9日，省图书馆又一外借点——郑州市沙口路小学外借点正式开放。为办好该外借点，省图书馆投入少儿读物7000余册。开放当天，小同学们就纷纷跑到外借点，挑选自己喜爱的图书。据该校李佰文校长介绍，学校虽然也有个图书室，但藏书比较陈旧，孩子们总是看不到最新的少儿读物。如果到图书馆借阅，又要跑很远的路，非常不方便。现在，省图书馆把书送到了校园，送到了孩子们的手里，真是太高兴了！（汤树俭）

【中央电视台等新闻媒体对省图书馆"非典"后重新向社会开放予以报道】 2003年6月18日，中央电视台"午间新闻"对省图书馆"非典"过后重新向社会开放予以报道。同时，河南电视台、郑州晚报、大河报等省会新闻媒体连日来亦分别对省图书馆进行了报道。

为应对突发性"非典型性肺炎"疫情，全国不少地区的公共文化娱乐场所均暂行关闭或歇业。省图书馆作为河南省最大的公共图书馆和社会人员流量最大的公共聚集地之一，也于5月1日起按照省政府和省文化厅指示进入内部整理阶段，停止对外接待读者。6月初，全国"非典"疫情得到有效控制，省图书馆开始有条件地接纳读者。6月16日，省图书馆撤除各种限制，全面向社会公众开放。

据统计，重新开放的6月3日当天，示证测温、登记入馆的读者突破600人，6月18日达到916人。随后几天，电子阅览室、报纸阅览室、期刊阅览室、小博士阅览室、自修室等出现读者爆满现象。（汤树俭）

【河南省第16届省、市公共图书馆长联席会】 第16届省、市公共图书馆馆长联席会2003年11月11日至12日在漯河市图书馆召开。本次联席会主题："公共图书馆与全面建设小康社会"，分主题："公共图书馆评估"、"中原文化资源数据库建设"。省文化厅副厅长崔为工到会做主题报告，强调：公共图书馆要为全面建设小康社会做出新的贡献，必先充实自己、发展自己、壮大自己。会上，省文化厅社文处调研员魏周兴宣布了《中原文化资源数据库》建设先进单位和先进个人的表彰决定，图书馆事业主管闫宏伟作了评估有关事宜的解答，省图书馆馆长陶善耕就行业自律作了发言。书记张松道介绍了省图书馆"创造优势，追求特色"的有关情况。来自全省公共图书馆界的30余名馆长、书记到会。大家一致认为，今年的主题紧扣时代脉搏，对于贯彻党的十六大精神，促使图书馆事业迈向一个新台阶，必将起到积极作用。

与会人员还参观了新建的漯河市图书馆及布局一新的郾城县图书馆，观看了北大方正的电子图书演示。（汤树俭）

【吴慰慈教授访问省图书馆】 北京大学图书馆学教授、全国知名图书馆学专家吴慰慈2003年10月24日莅临省图书馆访问。吴教授考察了省馆的服务窗口，就河南图书馆事业的现状、未来趋势以及发展模式等问题，与省馆负责同志进行了交流。吴慰慈教授认为，河南省馆为视障读者建立的爱心阅览室、收藏艺术类文献的艺术阅览室和专门服务于少年儿童、大专院校学生的小博士阅览室、自修室等，体现了个性化服务特征，值得提倡。（汤树俭）

【孙承鉴研究员到省图书馆考察】 2003年11月26日，著名数字图书馆专家、原国家图书馆副馆长孙承鉴研究员到省图书馆考察。孙承鉴研究员曾于1999年秋应邀到河南讲学，他说，当时觉得河南省馆很大，但很破旧。这次感到面貌焕然一新，凝聚了人气，读者量大增。他提议，河南省图书馆要继续加强人才建设和数字化资源建设，进一步确立与文化资源大省相匹配的开发优势和科技层次。（汤树俭）

【爱心阅览室举行揭牌仪式】 2003年12月3日，时值第12个国际残疾人日，省图书馆爱心阅览室隆重揭牌。省残联理事长陈砚秋、省文化厅副厅长崔为工和80余名残疾人代表参加揭牌仪式。爱心阅览室拥有阅览座席30个，盲文图书304册，有声读物

1695盘，并配备有语音导航软件的电脑3台及其它设施。在揭牌前为期一个半月的试运行期间，爱心阅览室已接待视障读者77人次。（汤树俭）

【王菊梅副省长视察省图书馆】 2004年2月17日下午，河南省副省长王菊梅轻车简从，视察省图书馆。王副省长依次考察了社科图书外借处、期刊阅览室、报纸阅览室、电子阅览室和自修室等，对省图书馆浓郁的学术氛围和优美的读书环境表示满意，对图书馆人全心全意为人民群众提供精神食粮的作用给予充分肯定。

在古籍阅览室，王副省长细心观看了馆藏明刻孤本《性命圭旨》，随后又巡视了普通古籍库和善本古籍库，详尽询问了省图书馆古籍藏量和保管条件。临行时，王副省长说："感谢省图书馆员工为文化建设、精神文明建设所做出的贡献。同时，也感谢你们的敬业精神、严格管理和高质量的服务。"（汤树俭）

【全国文化文物系统统计报表制度培训班在省图书馆举办】 2004年10月10日，由文化部计财司委托省文化厅举办的全国文化文物系统统计报表制度培训班在省图书馆开班。参加此次培训班的学员来自全国31个省、自治区、计划单列市。在为期三天的培训中，各位代表学习了"十五"期间统计报表新制度、新软件的规范标准及使用方法。

省图书馆各有关部门认真准备，除整理环境外，还对全部设备进行认真检测，保证了此次培训顺利进行。文化部及省文化厅的领导对此次培训活动圆满举行以及省图书馆提供的支持表示感谢。（陈勇）

【《常香玉研究》正式出版】 由省文化厅厅长郭俊民主编、省图书馆部分学人陶善耕、宋学清、汤树俭、张炜、唐相平、曹青、王卫东等参与编纂、大众文艺出版社出版的我国第一部有关常香玉与豫剧艺术渊源、流派和发展的史实性专著《常香玉研究》于2004年6月1日正式同广大读者见面。

该书借助国内外丰厚的文献资料，兼采众家之长，以"穷人常香玉"、"艺人常香玉"、"女人常香玉"、"名人常香玉"和"老人常香玉"等五个章节为切入点，将常香玉作为一个特定历史时期的自然人、社会人，甚或说是一个女人、一个妻子、一个母亲、一个老人、一个普通的演员等来探究和描述，寻觅她人生的苦难与奋斗，发掘她成功的喜悦与泪水，分析她改革的见识与胆略，勾勒她伟大和无私的人性。于此，一个活生生的常香玉便展现在世人面前，任其评说，任其指点，也任其挥泪、感慨与赞许。

作为文化部重点调研课题的《常香玉研究》，耗时半年，终有所成，是对付出辛劳者的一点安慰，是河南图书馆人对豫剧艺术事业的贡献。（汤树俭）

【省图书馆召开新闻发布会，宣布与人大河南校友会联合举办"中原崛起"系列讲座】 2004年12月23日上午，省图书馆在报告厅召开新闻发布会，宣布与中国人民大学河南校友会联合举办"中原崛起"系列讲座。人大河南校友会会长刘淇、省社科院研究员韩宇宏以及省图书馆领导李玉东、张松道、孔德超、夏雁等出席新闻发布会。

馆领导对人大河南校友会的各位专家学者、赴会的省会新闻媒体记者表示感谢。馆长李玉东说："近日，新任省委书记徐光春强调：'河南的改革开放和现代化建设取得了重要进展，各项经济指标大幅度攀升，经济社会面貌发生了深刻变化，河南人民安居乐业，生活水平明显提高，初步呈现出中原崛起的良好态势。'为落实徐光春书记的重要讲话精神，培养和造就一批高素质的人才队伍，实现中原崛起，我们专门邀请了人大河南校友会的专家学者们举办这场中原崛起系列讲座。人大曾涌现出许多人才，为中华民族建设事业做出了很大贡献。尤其是河南校友会为我省事业的发展，尽心尽力，发挥了很大作用。现在，人大的校友们与省图书馆世纪论坛联袂举办中原崛起报告会，将会为振兴河南，实现中原崛起，起到很好的宣传造势作用。同时，这样的讲座对提升图书馆知名度，扩大社会影响，也必将起到一定的作用。"接着，李玉东馆长就省图书馆世纪论坛的权威性、公益性、文化性和互动性等特点，向与会的专家学者和记者们作了介绍。

本期河南省图书馆世纪论坛"中原崛起"系列讲座共分四讲，分别由河南省社科院研究员韩宇宏、河南省发改委城市处处长、高级经济师段建新、河南省委党校经济学部主任赵新浩、河南财经学院法律系副主任、博士徐强胜等就中原崛起与文化建设、中原城市群战略构想、中原崛起与"三农"问题、公司治理结构的若干问题等作专题报告。届时，社会各界群众将有幸免票聆听专家的宏论，听专家们畅谈河南的美好前景。

新华社记者以及省内新闻媒体《河南日报》、《大河报》、《东方今报》、《郑州日报》、《郑州晚报》的记者出席新闻发布会，并就感兴趣的问题向省图书馆领导和专家们作了提问。（汤树俭）

【省人大教科文卫委员会常有功副主任到省图书馆调研】 2004年3月25日，省人大教科文卫委员会副主任常有功到省图书馆调研。馆领导介绍了省图书馆目前工作中遇到的三个急待解决的问题：购书经费严重不足；设备保养、维护费严重短缺；馆舍陈旧需要维护。常主任听过汇报后认为，目前最紧迫的是解决购书经费严重不足的问题。他表示将从人大教科文卫委员会的角度，加大呼吁力度，积极与有关部门磋商，使购书经费不足问题尽快得到解决。（汤树俭）

【河南日报社向省图书馆捐赠创刊55周年纪念特刊】 2004年6月4日，河南日报社党委书记、社长路国贤、总编辑朱夏炎等同志，代表河南日报社全体编辑记者，向省图书馆捐赠《河南日报创刊55周年纪念特刊》。

在捐赠仪式上，李庚香副厅长代表省文化厅和省图书馆接受捐赠，并发表了热情洋溢的讲话。他说："这本以编年体方式汇编成的浩瀚大书，记录了我国、我们河南几十年的发展变化史，以及政治、经济和文化建设成就，展现出厚重的河南、厚重的中原文化，播种着科学与文明，散发着永不磨灭的精神与斗志，使万万千读者感受到党的温暖，祖国母亲的博大。"李厅长最后希望河南日报社多宣传和报道图书馆，共同促进河南图书馆事业和文化事业的发展。河南日报社总编辑助理熊志波、总编室主任王自合、副主任张立新、张学文等出席了捐赠仪式。（*汤树俭*）

【文化部专家组对河南省图书馆申报一级馆进行评估】 根据文化部“关于开展县以上公共图书馆评估定级工作”的统一部署，2004年11月12日至15日文化部派出以国际图联执委、中国图书馆学会副理事长、原国家图书馆副馆长孙蓓欣为组长的三人评估专家组对省图书馆进行定级评估。省政府秘书长介新、省文化厅厅长郭俊民、副厅长崔为工、社文处副处长侯旭以及省图书馆领导班子成员分别出席了评估汇报会、反馈会。

专家组通过听取汇报、对照标准、检查材料和现场察看、随机调查等方式对省图书馆6大项业务指标进行了评估。在15日上午的评估反馈会上，专家组组长孙蓓欣对省图书馆近年的工作给予了高度评价，她认为：①河南馆评估准备工作严肃认真，细致全面。自1999年评为二级馆以来，对照标准找差距。馆领导班子还专门将2004年定为评估年，借助评估，查漏补缺，几个月完成了几年的工作。特别是今年的攻关爬坡，成效非常显著，以评促进，加快了事业发展步伐。②省委、省政府、省文化厅对图书馆事业高度重视，大力支持。河南省文化厅曾多次召开会议，研究部署省馆的评估工作，高标准，严要求。郭俊民厅长在百忙之中给予具体指导，使河南馆的工作有了很大起色。③资源配置合理，文献采购方向明确，书库错架率为零。河南省馆的基础工作确实扎实。④特色服务有特点，服务多样，成效显著。“世纪论坛”报告会、爱心阅览室、中原文化资源数据库等，是最具特色的服务项目。服务的多样性表现在：《省长专递》和跟踪服务、社区服务、农村服务。这说明河南馆在读者服务工作上做出了成绩。在发放的300张读者调查表中，尽管有些读者提出了希望，但满意率是100%，得到了读者认可，得到了市民的肯定、认同和回报。⑤河南馆重视科研项目。2003年在省以上报刊发表23篇论文，超出评估最高分。1998年以来出版专著17部，全国科研项目1项，省部级以上项目13项，三项得奖，也是最高的得分。⑥河南省馆能迈上新的台阶，是有一支坚强有力、求真务实的领导班子，有一支想干事，能干事的队伍。在这里，还感受到一个团结奋进的团队精神、朝气蓬勃的精神面貌和竞技状态。如在给馆领导打分时，50%以上的中层干部和40%的员工参与《图书馆领导班子考评表》的打分，班子成员得分95%。与其他馆相比，分值最高。这是很难得的。同时，孙蓓欣组长还就省图书馆存在的有关问题提出了建议和希望，她说：希望省政府、省文化厅继续加大对河南省馆的投入力度，在购书方面予以支持。如浙江省馆每年增加购书经费100万，上海馆每年的购书费有2000多万。同时，河南省馆建成于80年代，内部结构是封闭型的，布局不合理，开架不方便，另外离省政府驻地偏远，地理位置不尽如人意。因此，应积极考虑建设新馆问题，争取早日立项，以适应中原文化大省政治、经济、文化发展的需要和广大群众对知识的迫切追求与渴望。河南馆也要加大文献的开发力度。厚重的河南文化，有很多可以挖掘和开发，形成优势资源、特色文献和特色数据库。这样也能带来良好的经济效益。有作为才会有地位，才会将河南省馆的工作向前推进一大步。

省政府秘书长介新、省文化厅厅长郭俊民、副厅长崔为工等对文化部评估组专家求真务实的态度、严谨周密的工作、一丝不苟的精神表示感谢，对他们为河南省馆提出的衷肯的建设性建议和希望表示感谢。郭俊民厅长说，省馆要以评促建，加快发展。一定要把评的过程，作为提升的过程，树服务的过程。

介新秘书长在文化部专家评估反馈会议上也作了重要指示。介秘书长说，今天，专家组对省图书馆的工作给予了高度评价和对我们提出三点意见，我代表省政府对专家组表示感谢！接着介新秘书长就图书馆如何发挥在新时期的功效、图书馆的不可替代的社会作用、加强和提高管理水平等问题，作了深刻而有见地的指示。最后，介秘书长希望省图书馆以评估作为起点，办出特色，提高水平，促进事业发展。介新秘书长还对省图书馆全体员工默默无闻的工作表示感谢！（*汤树俭*）

【省图书馆召开复转军人座谈会，并组织老兵参观任长霞纪念馆】 2004年“八一”建军节前夕，省图书馆召开复员转业军人座谈会，组织复转军人和部分员工赴登封任长霞纪念馆参观学习，使大家度过一个有特殊意义的建军节。在7月28日召开的“八一”座谈会上，全馆30多名复转军人满怀深情地述说了在军营度过的美好时光。大家纷纷表示：我曾经是一个兵，就要把军队的光荣传统发扬光大。7月31日，省图书馆全体复员转业军人和部分员工兴致勃勃地来到嵩山脚下的登封市，参观公安局长的好榜样任长霞纪念馆。在一面写着“霞映嵩岳风范长存——任长霞同志先进事迹展览”的展板前，全馆40多名同志合影留念，记录下这难忘的一幕。在展览大厅的烈士遗像前，馆领导将凝聚着全馆员工心血的牌匾“学习任长霞，奉献为人民”，敬献给纪念馆，以寄托图书馆同志对英烈的哀思。在讲解员讲述英雄事迹的一个多小时中，无论是复员转业军人，还是普通员工，都用情去感受，用心去体会。他们被英雄的壮举所震憾，激发出强烈的责任感和爱国心。参观结束后，省图书馆的老兵们又专程前往中国四大书院之一的嵩阳书院浏览。面对参天的将军柏，幽深的藏书楼，高雅的讲经堂，大家沉浸其中，留恋忘返。此次以座谈军旅生涯、参观英烈纪念馆和嵩阳书院的形式纪念“八一”建军节，内容新颖，形式活泼，深受全馆复员转业军人的喜爱。（*汤树俭*）

【全省“公共图书馆改革与发展优秀论文”评奖揭晓，省图书馆多位同志榜上有名】 由省文化厅主办的2004年全省“公共图书馆改革与发展优秀论文”评奖活动10月份揭晓。省图书馆申少春、黄汇、杨东姝《加强协作协调实现资源共享》、杨向明《网络网络下公共图书馆可持续发展的若干问题》、周新凤、刘阳《注重储备与图书馆可持续发展》、汤树俭、张嘉武、梁琳《学习型组织建设与图书馆可持续发展》、曹青、靳爱红《复合图书馆的参考咨询服务研究》获一等奖；赵燕、严真《人才队伍创新与图书馆可持续发展》、麦欣《图书馆管理创新与图书馆可持续发展》、田方《我馆开展文化产业的设想》、杨金霞《创新与改革是图书馆可持续发展的内在动力》获二等奖，部分同志获三等奖。此次全省性论文征集活动，体现出了省图书馆员工的业务素质、创新能力和写作水平。（汤树俭）

【省图书馆利用国庆长假培训下岗职工】 2004年国庆节长假期间，省图书馆利用电子阅览室的先进设备，免费组织下岗职工进行计算机及网络应用基础知识培训，为社会再就业贡献出一份力量。参加免费培训的共有20多名下岗职工，通过网络信息部有关同志的三天讲解，这些下岗职工初步学习与掌握了计算机软硬件常识、输入法、常用软硬件概述、上网操作基础以及网络安全等内容。许多参加培训的同志讲，省图书馆为下岗职工举办这样的活动深得人心，非常及时，希望今后多举办类似的活动，为下岗职工再就业做实事。（汤树俭）

【俄罗斯鄂木斯克州普希金科学图书馆馆长访问省图书馆】 2004年4月10日，率团参加第三届河南省国际投资贸易洽谈会的俄罗斯鄂木斯克州商会副会长、普希金科学图书馆馆长扎列娃·拉丽莎·尼古拉耶芙娜女士应邀到省图书馆访问。

扎列娃女士在河南贸促会国际联络部部长傅冬凌、法律部副部长周涛的陪同下参观了期刊阅览室、电子阅览室、自修室、爱心阅览室，并对省图书馆的历史、各部门的功能进行详细询问和了解。扎列娃女士认为河南省图书馆历史悠久，设备也很齐全。她介绍说，普希金科学图书馆是该州最大的图书馆，新馆面积16000平方米，为14层塔型建筑，有9个阅览室，日接待读者1500人次。她此次来河南，一个主要的目的是开展文化交流。她建议在普希金科学图书馆设立一个中国专区，通过中文图书、字画等，反映中国人民的政治、社会、文化等情况，让更多的俄罗斯人了解中国、了解河南，促进鄂木斯克州与河南省的文化交流。她欢迎并邀请河南省图书馆同行访问鄂木斯克州普希金科学图书馆。会谈结束后，扎列娃女士欣然留言："感谢河南省图书馆的热情接待，期待河南的同行访问鄂木斯克州图书馆。祝愿健康、幸福！"（汤树俭）

【"五一"黄金周读者活动异彩纷呈】 2004年"五一"黄金周，省图书馆以突出特色、展示亮点为宗旨，举办了一系列丰富多彩的活动。据不完全统计，七天读者到馆5000余人次。

传统服务项目：继续开放热门书外借处、中文阅览室、社科图书外借处、小博士借书处、报纸阅览室、现期期刊阅览室、省直外借点、少儿馆外借处等传统服务项目，以使广大读者利用闲暇时间"充电"，过一个文明祥和的节日。

特色读者活动：专门举办接待小读者参观图书馆、党风廉政建设专题书展、少儿专题书展、广场电影放映周等读者喜闻乐见的活动。每晚7：30时开场的广场电影放映现场，吸引了大批市民，他们或坐或站，聚精会神，兴致盎然。更有不少老读者向工作人员建议：这样的放映形式太好了，太有教育意义了，希望图书馆天天都能放电影。在接待未成年人参观图书馆的活动中，许多小朋友都是第一次到图书馆。在工作人员的带领下，经过一个多小时的参观和学习，他们掌握了不少平时难以学到的知识，开阔了视野。（汤树俭）

【省会聋人计算机培训班在省图书馆举办】 2004年5月22日，省残联与省图书馆共同举办的省会聋人计算机培训班正式开班。省、市残联及省图书馆领导出席开班仪式。30名耳聋学员参加了培训。

这次培训，是省图书馆为配合2004年全国公共图书馆服务宣传周而举行的系列活动之一。培训活动对帮助弱势群体学习和掌握计算机知识，共享公共资源，是一次有益的探索。同时，也为省图书馆与残疾朋友架设起了一座友谊的桥梁。（汤树俭）

【河南省"共享工程"基层站推广普及工作迈上新台阶】 截至2004年底，省图书馆圆满完成了由中央文明委资助的"百县千乡"共享工程基层点5家的任务，新装用户10家，换卡6家。现在，大别山区的罗山县图书馆、革命老区确山县竹沟文化站、红旗渠畔的林州市图书馆、仰韶文化的故乡渑池县图书馆等都安装了"共享工程"的相关设备，使广大市民特别是农村群众都能观看到卫星转播的中央教育频道的电视节目，欣赏到"小戏春晖"中的精彩片断，浏览到超星图书网站中的农业科技新书，使共享工程基层站点工作在河南省得以逐步普及。为此，全国文化信息资源共享工程领导小组授予省图书馆全国共享工程建设先进单位。在该项活动筹建过程中，馆领导全力支持，给予人员和物质上的支持。网络信息部的同志利用节假日奔赴各地市，对基层站卫星设备安装，信号调试，培训使用，媒体加工等，尽心尽力，忘我工作，受到基层图书馆的好评。（汤树俭）

【洛宁县图书馆新馆开馆】 2004年5月19日，河南省洛宁县图书馆举行新馆开馆仪式。洛宁县图书馆始建于1984年，原馆舍简陋，地处偏僻，业务工作不能正常开展。近年来，随着经济的快速发展，人民群众对文化生活的需求日益增强。建设一个新馆为社会提供良好的学习求知环境，已成为各级政府部门的共识。经过多方努力，洛宁县图书馆新馆终于向广大读者开放，新馆建筑面积1270平方米，框架6层，内设借阅处、报刊阅览室、少儿阅览室、采编室、资料室和报告厅等，订阅报刊百余种，极大地丰富了全县人民的文化生活。（汤树俭）

【温县图书馆新馆奠基】 2004年8月11日，河南省温县图书馆新馆开工奠基仪式隆重举行。省文化厅社文处副处长侯旭出席仪式并致贺辞，焦作市政府副秘书长韩平安作重要讲话。温县图书馆新馆是新建的温县文化艺术中心主要建筑之一，位于温县城区太行路与慈胜街交叉口，总建筑面积2500平方米，投资约200万元，预计2005年4月竣工。温县图书馆的奠基是县委、县政府落实"三个代表"重要思想的体现，是造福温县人民的千秋好事。建成后的温县图书馆，将成为传播先进文化的重要阵地，成为温县人民求知学习和开展爱

国主义教育的基地。（汤树俭）

【**郑州市图书馆送变电社区分馆举行揭牌仪式**】 2004年12月15日，郑州市图书馆送变电社区分馆举行开馆揭牌仪式。郑州市副市长孙新雷、市文化局局长齐岸青、市总工会副主席姚乃民和河南省电力工会、省送变电建设公司、中原区委、市图书馆等有关方面领导、社区群众代表及省会各大媒体300余人出席了揭牌仪式。郑州市图书馆送变电社区分馆是市文化局、市图书馆努力适应新时期社会需求、转变观念、开展服务创新的一次积极探索。它是郑州市图书馆与社区联建的第一家社区分馆，也是全市第一家拥有馆舍面积300平方米，各类书刊达3万余册，集借、阅计算机一体化规范管理的现代化社区图书馆。它的揭牌，标志着郑州市社区图书馆建设迈出了重要的一步，对改善目前郑州市基层公共图书馆发展水平落后的现状，实现郑州市公共图书馆文献资源共享，提高馆藏文献资源利用率，满足社区居民精神文化需求，促进社区的两个文明建设协调发展具有十分重要的意义。（汤树俭）

湖北省

【**中科院武汉文献情报中心奋战SARS，坚持情报服务**】 2003年4月18日起，为担负文献情报单位应有的责任，配合中科院非典防治科研工作的总体安排，支撑中科院及国家针对SARS开展的科研攻关工作，按照院领导的指示，在中心副主任刘德洪研究员的直接领导下，从中心情报服务部与综合办公室、读者服务部等部门抽调一批业务骨干，共同组建SARS情报服务组，负责有关非典防治与科研工作的情报跟踪与情报服务，为相关机构、领导与科研人员提供及时、准确、全面的情报服务。主要工作总结如下：

一、针对SARS防治工作在不同阶段的不同需求，情报服务组组织人员根据当时的形势撰写专题报告、编译参考资料以及编写宣传稿件。

二、SARS情报服务组的同志积极与一线科研人员交流，及时将有关信息资料和研究材料传送给相关人员，保证了研究信息的及时共享。

三、情报服务组还积极收集各方面的专业信息，编写、分发、张贴宣传资料。

四、根据中心SARS情报服务的总体布局，情报服务组还制作了抗击SARS网站，将有关SARS的新闻报道、SARS的国内外研究机构的最新研究进展、SARS的研究论文全文和相关题录等放在网站上与科研人员共享。

五、情报服务组的同志根据国内外对SARS病原及防治研究的最新成果，科学地、动态地调整情报服务的方向和内容，及时地为科研人员和媒体、公众提供能够反映当前研究进展的知识和信息。

中心各职能部门也给予了情报服务组特殊的关注与帮助。读者服务部抽调骨干人员加入SARS情报服务组的工作；网络服务部的技术人员与情报服务组保持密切的联系，保证SARS信息服务专栏内容的及时更新，并在网页设计与建设方面提供了许多有益的建议和技术上的协助；采编部、中心业务办公室、人事办公室、《长江流域资源与环境》编辑部等也各尽所能，为中心的SARS情报服务工作做出了应有的贡献。（中国科学院武汉文献情报中心）

【**武汉大学图书馆取得抗击“非典”胜利**】 2003年4月突如其来的“非典”，搅乱了武汉大学校园平静的生活，给读者和图书馆的工作带来了很大困难。

图书馆是校园内人员流动性最大而又相对密集的区域之一，是预防流行性疾病的重点单位。非常时期，图书馆在学校有关部门的指导和配合下，成立了以书记馆长为首的防“非典”工作领导小组，确定了一手抓防“非典”，一手抓读者服务的工作方针。虽然在此期间图书馆所有外出人员返校后必须要实行强制性隔离，造成了一定数量的职工减员，但全馆干部职工以大局为重，以读者为重，克服了种种困难保证了图书馆的正常开放，把对读者正常学习和研究的影响减少到最低程度。

为了做好“非典”预防工作，图书馆认真落实各项预防措施：严格执行每日疫情报告制度；坚持读者入馆洗手、过消毒垫；每天开窗通风、喷雾消毒；每天三次清洁电子阅览室的计算机键盘，并向读者耐心细致地解说图书馆的防御措施及注意事项；为了保证服务质量，方便读者，采取了电话咨询、留言板咨询和电子邮件咨询服务；为校外读者减免了“非常时期”归还图书的逾期费等等，赢得了读者的安心、放心和满意。在为期三个多月的抗击“非典”期间，图书馆读者接待量不仅没有减少，反而上升了很多，流通部门一天的读者入库量曾达到2000人次，借还图书高达7000册次。通过全馆职工的努力，为广大师生和本馆工作人员创造了卫生安全的环境，全馆没有发生公共卫生方面的事件，取得了抗击“非典”的胜利。（张木桥）

【**武汉图书馆“非典时期”坚持读者服务**】 为了满足广大读者看书、学习的需求，“非典时期”武汉图书馆坚持照常开放。为了保障广大读者及工作人员的健康，该馆坚持用测温仪对进馆读者和职工进行检测，对读者实行入室登记制度，每天对阅览室和公共区域进行清洗、消毒，以切实防止疫情传播。图书馆还在大厅及各阅览室都粘贴了防治“非典”宣传标语，举办了“抗击非典专题信息展”，向到馆读者免费赠送编印的《“SARS”防治大全》小册子等，受到了读者的热烈欢迎。此外，该馆还坚持每天24小时值班制和零报告制度，随时应对处理突发事情，并及时向上级主管部门汇报，保证了“非典”预防工作的政令畅通。（罗平）

【**华中师范大学图书馆上下一心抗击非典**】 面对“非典”疫病，华中师范大学图书馆根据上级的统一部署，迅速采取了积极的应对措施。按照上级的统一部署，图书馆成立了防治非典领导小组，负责图书馆的防治工作，对职工，图书馆为每个人配备了口罩，分发了手套，发放了洗手肥皂。图书馆是人员相对集中的地方，为了做好消毒工作，图书馆选派专人到校医院学习，定期对全馆阅览室、借书处等地进行喷雾消毒。图书馆各部门加大力度作好开放口的清洁卫生，确保读者有一个良好的借阅学习境。为了让广大读者及员工了解预防非典的知识，缓解心理压力，在党总支的安排下，两个支部分别在新、老图书馆大厅办板报，进行宣传。图书馆一手抓防控“非典”，一手抓业务工作，全体员工团结一心，坚守在各自工作岗位上。工作人员沉着冷静的工作态度，在非常时期无疑对读者起到了镇静作用。图书馆的每一个阅览室都为学生提供了良好的学习环境，使读者深受感动。（刘勇）

【武汉科技学院图书馆 SARS 危机期间坚持服务】 面对 SARS，图书馆工作人员团结一致，按照上级统一的部署并结合图书馆实际情况抗击非典。馆领导针对具体情况，结合服务对象的特殊性，进行了切实可行的周密部属，力求做到有条不紊，安全顺利地克服 SARS 给图书馆带来的各种不利因素，使图书馆能正常有序的开展各项工作，为学生在特殊时期得到优质的服务打下基础。同时，各部门严格执行各项具体措施，责任到人，定时定期进行检查予以落实，保证了图书馆在 SARS 期间的正常运转，为克服 SARS 带来的困难提供了可靠的保证。（康存辉）

【周和平副部长视察共享工程湖北省分中心】 2003 年 5 月 10 日，文化部副部长周和平在省文化厅副厅长张儒芝的陪同下，风尘仆仆地来到湖北省图书馆，对共享工程湖北分中心的工作进行了视察。湖北省图书馆馆长万群华、馆党委书记汤旭岩等领导接待了周和平一行。

在听取了副馆长贺定安关于湖北共享工程工作汇报，观看了湖北资源演示后，周和平指出，图书馆要充分挖掘自身的资源优势，增强资源的吸引力，使共享工程走进群众生活，只有广大群众接受了它，认可了它，把它当成了自己生活中的一部分，共享工程才真正有了生命力。周和平说，现阶段共享工程要抓住机遇加快基层网点建设，在农村可与教育部“农村中小学远程教育试点工程”结合，在农村的中小学校建立基层中心。共享工程要与数字电视建设相结合，由共享工程提供资源，通过数字电视进行传播，这样才能尽快走进千家万户。共享工程资源建设要做一些灵活的、有个性的，群众喜闻乐见的资源，深入到基层群众生活中。在谈到共享工程建设的经费问题时，周和平说，今年财政部投入 4000 万资金用于共享工程，2000 万用于国家中心建设，2000 万用于西部地区基层网点建设，中部地区要依靠两条腿走路，在坚持抓公益性的同时，绝不能放弃经济效益，只有这样才能确保共享工程建设顺利进行。周和平还对湖北共享工程建设给予了充分肯定，并对湖北资源建设提出了具体意见和建议。（鄂图文）

【武汉大学图书馆“2003 年国外原版教材巡回展”】 为深化教育教学改革，全面推进素质教育、培养高质量人才，贯彻落实教育部《关于加强高等学校本科教学工作提高教学质量的若干意见》，推动引进和使用国外原版教材的工作，由教育部高等教育司主办，中国教育图书进出口公司承办的“2003 年国外原版教材巡回展”（武汉站）于 2003 年 9 月 11 日至 14 日在武汉大学图书馆隆重开幕。

教育部高教司刘凤泰副司长、武汉大学党委书记顾海良、湖北省教育厅陈传德副厅长和中国教育图书进出口公司李斌副总经理在开幕式上讲话并为书展剪彩。参加开幕式的还有教育部高教司教学条件处李晓明处长、武汉大学校长助理黄进、湖北省教育厅高教处处长杜海鹰、副处长张锦枫和武汉市二十余所高校的图书馆馆长和教师。

这次教材巡回展全方位展示了当今世界一流水准的、反映各学科专业发展最前沿的国外原版教材三千余种。学科覆盖人文社会科学、自然科学、工程技术、工商管理、公共管理及医学等，其中大部分教材已被国内外大学广泛采用。展品包括各种版本，针对不同层次，涉及多种风格。本次教材巡回展为各高等学校甄选高水准教材，为广大教师、学生开阔视野，了解当前国际上各学科发展现状、提供了一个平台。（张木桥）

【第三届中国社区乡镇图书馆发展战略研讨会在湖北省神农架林区召开】 中国图书馆学会第三届中国社区乡镇图书馆发展战略研讨会于 2003 年 10 月 10 日—15 日在湖北省神农架林区召开。本次会议的中心议题是中国社区乡镇图书馆建设理论与实践研究，来自全国 19 个省、市、自治区各级各类图书馆的共 200 余名代表参加了此次会议。中国图书馆学会汤更生秘书长、中国图书馆学会社区乡镇图书馆专业委员会黄丽华主任、王雪光副主任、王效良副主任、湖北省文化厅社文处徐永胜处长、中国图书馆学会常务理事、湖北省图书馆学会常务副会长、湖北省图书馆万群华馆长以及神农架林区唐副区长和文化局领导出席了会议。

中国图书馆学会社区乡镇图书馆专业委员会主任黄丽华主持了开幕式，中国图书馆学会秘书长汤更生在开幕式上讲话，祝贺第三届社区乡镇图书馆发展战略研讨会的开幕，湖北省文化厅社文处徐永胜处长在开幕式上做了简短的致辞祝贺本次会议的召开，并对与会代表表示热烈的欢迎。神农架林区唐副区长也发表了热情洋溢的讲话。此次会议还得到了湖北省许多图书馆的关注与支持。他们纷纷发来贺电与贺信。发来贺电与贺信的单位有湖北省高校图工委、武汉大学图书馆、中国科学院武汉文献情报中心、华中师范大学信息管理系、武汉图书馆、武汉市少年儿童图书馆、湖北省黄冈市图书馆、湖北省襄樊市文化体育局、湖北省襄樊市图书馆、湖北省孝感市图书馆、湖北省黄石市图书馆、湖北省宜昌市图书馆、湖北省荆州市图书馆、湖北省十堰市图书馆等单位。

万群华馆长在开幕式上讲了话，她希望这次会议能够指导和推进社区乡镇图书馆事业在新世纪的更大发展。分组讨论中，与会的委员和代表们热烈讨论，交流了各自的想法和经验。通过讨论，代表们对发展社区、乡镇图书馆达成了几点共识，对我国社区、乡镇图书馆的发展前景和存在的困难有了更加清晰的认识，从而进一步坚定了推动图书馆事业向前发展的信心。

10 月 13 日，大会完成了会议议程，圆满结束。闭幕式上，中国图书馆学会社区乡镇图书馆专业委员会委员、湖北省图书馆学会秘书长、湖北省图书馆副馆长胡银仿做了此次研讨会的论文综述，浙江省图书馆副馆长王效良宣读了获奖论文作者名单并颁发了论文证书，中国图书馆学会社区乡镇图书馆委员会主任黄丽华对大会的圆满成功作了总结性地发言。经过社区乡镇图书馆专业委员会几天的讨论，广东省图书馆学会的林庆云秘书长代表第四届社区乡镇图书馆发展战略研讨会承办方发了言。

为配合本届社区乡镇图书馆发展战略研讨会的召开，湖北省图书馆学会秘书处在2003年3月就向全国各系统图书馆发出征文通知，截止7月底，共收到论文近300篇，经湖北省图书馆学会学术委员会专家从选题、观点、结构、论证、写作等几方面评审，从中选出获奖论文129篇，其中一等奖37篇，二等奖39篇，三等奖53篇。论文采取自愿结集出版的原则，与湖北省图书馆学会2003年学术年会论文合编为《数字时代的图书馆》（上、下卷），由湖北科学技术出版社出版。此次会议论文集名为《社区图书馆建设》（上卷），作为向大会的献礼。

这次会议开得非常成功，取得了预期的效果，达到了广泛的共识。经过讨论和酝酿，会议决定，中国图书馆学会第四届社区乡镇图书馆发展战略研讨会将于2004年在广东深圳举行。（胡银仿）

【12所工科院校图书馆第六次馆长会议在华中科技大学图书馆召开】 为了进一步加强高校图书馆之间的经验交流，积极推进图书馆现代化建设进程，2003年10月21日－23日，来自清华大学、上海交通大学、浙江大学、西安交通大学、西安交大、浙江大学、北京航空航天大学和华中科技大学等12所工科院校图书馆的近20位馆长，在华中科技大学图书馆举行了第六次馆长会议。会议由华中科技大学图书馆常务副馆长武金渭主持。在本次会议上，介绍了“高校图书馆数字资源评估指标”、“虚拟参考咨询服务系统”、“CALIS重点学科网络资源导航库”等CALIS一、二期项目工作进展情况，研讨新形势下开展网上资源整合、进行资源开发、提高资源共享、突出办馆特色等的思路和机制，并在进一步加强馆际之间的业务协作和经验交流，共同研发应用项目以及进一步提高理工科院校在全国文献保障中的地位等方面达成了共识。（邓秋华）

【武汉图书馆成立作家作品专藏中心】 2003年10月24日，武汉地区作家作品专藏中心在武汉图书馆成立。为了更好地宣传汉派文学创作群体，展示新时期武汉地区文学创作成就，武汉图书馆自2003年开始向社会各界特别是武汉地区作家广泛征集藏书，并决定将征集到104位作家的近400本藏书，创建武汉地区作家作品专藏中心。曾卓、周代、胡天风等老一辈文化工作者的作品集均由其家属捐献给了武汉图书馆，董宏猷等武汉中青年作家也在陆续整理和捐献自己的藏书。该馆还整理出400多本已有藏书，集中举行“2003武汉作家成就展”，以时间为序，全面展示了武汉地区老中青几代作家的创作成就。（罗平）

【第十六届全国十五城市公共图书馆工作研讨会召开】 2003年10月28日－10月31日，中国图书馆学会、武汉图书馆学会、武汉图书馆以“网络环境下城市公共图书馆信息资源的组织、管理与利用”为主题，在武汉图书馆联合承办了第十六届全国十五城市公共图书馆工作研讨会。来自沈阳、西安等地14个公共图书馆的30余名代表参加了研讨会。文化部社会文化图书馆司副司长刘晓琴、中国图书馆学会学术委员会主任、北京大学信息管理系博士生导师吴慰慈教授等到会致词。

会议期间，各图书馆从公共图书馆服务工作出现的问题、网上交流和探讨，加强馆际间的协作、协调和网络信息资源共建共享、文献信息的收集、利用、开发等方面进行了切磋和探讨。会议共征集论文39篇，评选出优秀论文13篇。本届会议促进了十五个城市间公共图书馆界的学术交流与合作，对各馆今后更加有效地做好信息资源的组织、管理与利用产生了积极、深远的影响。（罗平）

【武汉理工大学图书馆开展对院系专业分馆、资料室首次评估】 武汉理工大学图书馆与院系专业分馆及资料室组成了武汉理工大学文献保障系统，图书馆与院系专业分馆和资料室的建设发展很不平衡，因此在加强图书馆建设的同时，也要加强专业分馆及资料室的建设。2003年武汉理工大学图书馆组织了对院系专业分馆及资料的首次评估，以评促建，以评促改，评建结合，重在建设。武汉理工大学图书馆在参考专业评估指标的基础上结合院系专业分馆及资料的实际，制定了测评指标和实施细则，并多次召开学校图书馆工作会议、院系专业分馆及资料室工作人员会议征询意见，几易其稿，最终确定了《武汉理工大学学院级专业分馆及资料室测评指标操作细则》作为测评依据。武汉理工大学图书馆抽调业务骨干成立了测评小组，制定了详细的测评程序，2003年11月5日，院（系）级专业分馆及资料室测评拉开帷幕。21个院系分A类（文、管、经、法、外语、社科等）院（系）和B类（理工类）院（系）两块，通过听自评报告、看相关材料、实地查看、检测、座谈、小结等方式进行测评。测评结束后，学校进行了总结表彰，对测评达标者图书馆在业务及资金方面给予了优先扶持，对测评为优的院（系）资料室则优先列为专业分馆建设。（武汉理工大学图书馆）

【第九届武汉市图书馆学会论文研讨会召开】 2003年11月20日围绕“新时期的图书馆员与读者服务工作”这一主题，成功举办第九届武汉市图书馆学会论文研讨会。共征集论文92篇，其中8篇获得一等奖，11家单位分别获得论文组织工作奖。（罗平）

【省图书馆学会配合推广联合国教科文组织信息管理软件】 2001年7月，在武汉大学信息管理学院陈光祚博导开始研究WINISIS软件及其在中国推广的可行性，并带领一群博士生对WINISIS进行汉化，编出了WINISIS的中文版。同时根据国外的材料，编印中文的《WINISIS用户手册》。在中文版的WINISIS基础上，建立了“中国图书情报学书目数据库”、“中文名胜诗词全文数据库”等多个大型数据库，从而证明WINISIS对中文资料处理的实用性。2002年初，联合国教科文组织正式授权武汉大学信息管理学院为WINISIS在中国的发行人，并将中文的《用户手册》在联合国教科文组织的网站上进行公布。2003年推广培训工作已逐步展开，为WINISIS公开、免费使用奠定了基础。湖北省图书馆学会配合推广培训工作做了大量的工作。（胡银仿）

【中共中央政治局委员、湖北省委书记俞正声视察省图书馆】 2004年1月6日，中共中央政治局委员、湖北省委书记俞正声，湖北省委副书记邓道坤，省委常委、宣传部长张昌尔，副省长蒋超良等一行由省文化厅厅长蒋昌忠、副厅长张儒芝和图书馆领导万群华、汤旭岩等陪同到湖北省图书馆视察。俞书记等视察了有关部门及各主要服务窗口，随后在馆贵宾室听取了湖北省图书馆几年工作情况的汇报。俞书记说，图书馆作为一个文化信息传播的重要窗口，有着举足轻重的作用。湖北省文化设施建设下一步就是省图书馆，要重点建设图书馆，要建一个新馆，要把它建成中西部第一流的现代化图书馆。（王炼）

【中国科学院武汉文献情报中心荣获2002—2003年湖北省委企业工委"文明单位"称号】 2004年1月，中科院武汉文献情报中心被中共湖北省委企业工委命名为2002—2003年度文明单位。这既是对中心几年来狠抓精神文明建设工作的肯定，也为中心今后的精神文明和创新文化建设指明了方向。

武汉文献中心长期以来重视文明单位的创建工作，中心设立创建文明单位领导小组，中心领导高度重视、广大职工积极参与，文明单位创建工作做到年年有布置、有活动、有成效，已连续四年荣获武昌区文明单位称号。

中心进一步强化文明单位创建意识，文明单位创建工作又有新的进展，特别是2003年中心进入中国科学院知识创新工程序列以来，不断凝练创新文化建设目标，以信息服务为主体的各项工作均有较快发展，取得了较好成绩，职工的文明素质普遍得到提升。中心还结合自身实际，制定了创建文明单位工作中期规划和年度计划。年度计划由党委在年初以文件形式下发，明确创建办法和争创内容，并将各方面文字和图片材料按照上级要求分类归档，装订成册，使创建活动有轨迹，规范化。一年来，中心把开展十六大精神的学习、领导中心组学习、贯彻"三个代表"思想等活动作为重点，组织各项创建工作。在创建文明单位的工作中，中心十分注重突出科学院特色，将文明单位创建与创新文化建设紧密结合起来，在营造创新文化氛围、提高职工思想道德素质、在加强管理完善机制上狠下功夫，有力推动了本中心的各项工作的顺利开展。在2003年9、10月份进行的"服务百所行"活动中，武汉文献中心以"资源到所，服务到人"为理念，服务武汉分院、广州分院各所，取得了很好的效果和反响，受到广大科研工作者的热烈欢迎。

回首2003年，中心在文明单位建设、创新文化建设等方面均取得了较大成绩，但"行百里者半九十"，在新的一年里，武汉文献情报中心将在中心领导班子的带领下，戒骄戒躁，稳扎稳打，求新求变，进一步狠抓两个文明建设工作，将中心的创新文化建设推向新的高度。（中国科学院武汉文献情报中心）

【武汉文献情报中心积极开展禽流感科研和防治信息服务】 根据国家对禽流感防治和科研工作的需要，中国科学院武汉文献情报中心把对禽流感科研和防治的信息服务工作作为当前的重要任务，在2004年1月25日成立了以情报研究部为主体的禽流感防治和科研信息情报服务组，并集中人力日夜奋战，通过快速、有效、全面的情报搜集、整理与分析工作，积极为禽流感科研和防治创新工作服务。开展的主要工作包括：

一、根据中国科学院院办信息处年前、年后连续发送的2次约稿通知以及当前禽流感暴发的严峻形势，组织人员就亚洲禽流感的暴发原因和疫苗研究的进展开展了情报研究，完成情报研究报告6份，分别为"禽流感的类型及危害"、"从气候地域分析近年来我国禽流感发病情况"、"禽流感为何在亚洲迅速蔓延"和"我国禽流感疫苗的研究进展""我国的兽医管理体制及其存在的问题"等。

二、积极与武汉病毒所一线科研人员交流，及时将有关信息资料和研究材料传送给相关人员，保证了研究信息的及时共享。

三、收集各方面的专业信息，包括有关的研究文献和研究进展等，编辑了"禽流感专题信息"第一辑"禽流感防治专辑"、第二辑"条例法规"。

四、在中心的网页上设立了"禽流感信息服务专栏"专题网站，及时报道最新研究报道。将有关禽流感防治和科研工作的新闻报道、禽流感防治和科研工作的国内外研究机构的最新研究进展、有关禽流感的研究论文全文和相关题录等放在网站上与科研人员共享。（中国科学院武汉文献情报中心）

【湖北省召开市、州图书馆馆长会议】 2004年2月10日至12日，湖北省市、州图书馆馆长会议在鄂东古城黄冈召开。省文化厅副厅长张儒芝、社文处处长徐永胜、黄冈市市委常委、宣传部长王静平、副市长梅香雪、市委宣传副部长汪金元、市文化局局长刘明华、副局长史乐萌、省图书馆馆长万群华、副馆长胡银仿等出席会议，来自全省30余家公共图书馆的40多位馆长参加了会议。

会议由省图书馆馆长万群华主持。省文化厅副厅长张儒芝作了重要讲话。他首先肯定了全省公共图书馆所取得的成绩，并概括为四句话：环境改善，发展健康，亮点不少，潜力很大。具体表现在：文化信息资源共享工程建设取得明显成效；《湖北省公共图书馆条例》的贯彻落实呈良性发展态势；进一步整治内外环境，服务条件有了较大改善；迎行评、战非典，读者工作生气蓬勃；人事制度改革积极稳妥地向前推进；队伍建设得到加强。张厅长还对2004年全省公共图书馆工作提出了明确要求：(1)明确"三年三大步"目标，进一步深化改革，推动图书馆事业全面发展。(2)夯实基础，抓好软、硬件建设。(3)深入开展优良服务，为全面建设小康社会提供强大的精神动力和智力支持。

省文化厅社文处处长徐永胜在大会上作了主题发言，他对全省图书馆事业的发展和三年三大步规划提出了建设性的意见。省厅社文处张良菊科长代表社文处安排了2004年有关工作。

会上，全省市、州图书馆和部分与会县市区图书馆馆长根据省厅领导同志的讲话精神，结合本馆实际进行了交流，馆长们除了总结2003年工作外，重点谈了2004年的工作计划以及三年三大步的打算。按照大会安排，省图书馆还与各市、州图书馆就已经签署的湖北地区“馆际互借”、“联合目录”、“联合编目”等共建共享协议的落实情况进行了总结和研讨；省图书馆学会秘书长胡银仿就今年的全国公共图书馆评估工作及学会有关工作做了布置；省图书馆辅导部就有关问题与各馆进行了交流。

省图书馆万群华馆长做了总结发言。万馆长强调今年图书馆工作重点：一是要继续抓好制度改革，进一步调动干部职工积极性，充分发挥技术骨干的积极作用。在去年的人事制度改革基础上，继续健全和完善各项规章制度，实行岗位目标管理。二是要抓住机遇，这是图书馆事业发展关键。特别是要借第三次全国图书馆评估达标工作的开展，使图书馆各项工作再上新的台阶。三是要继续抓好人员素质教育，要以人为本。广泛开展优质服务活动，搞好读者工作，努力贴近社区，贴近基层，贴近群众。四是要继续抓好资源建设，完善共享工程工作，开发馆藏资源，充分利用网上资源优势，建立数据库和编制二、三文献。五是要争取领导对图书馆工作的重视，积极争取资金的投入，同时抓好自身创收和管理工作。

这次会议在省文化厅和黄冈市委、市政府的关心支持下，在与会代表的共同努力下，在黄冈市图书馆同志们的周到服务下获得圆满成功。（胡银仿）

【省图书馆完成由身份管理向岗位管理转变的改革】 根据湖北省文化厅的统一部署，湖北省图书馆人员聘用制度改革从2003年6月正式启动，到2004年3月底完成。由于主管部门正确指导，单位领导高度重视和精心组织，广大职工积极参与，这次人员聘用工作取得了圆满成功。通过竞争，全馆共有158位职工走上新的工作岗位，其中，22位中层干部通过考试、考核、竞聘演讲等方式竞争上岗，4位中层干部由馆党委任命上岗，132位职工通过考试、考核、答辩等形式竞争上岗，未聘2人。改革确实有利于增添活力，初步实践表明，图书馆的竞争意识更为强烈，学习氛围日渐浓厚，用人机制有所创新，岗位管理逐步规范。从2004年4月1日起，按照新的工作模式运行，全馆呈现出一派爱岗敬业、文明规范的可喜景象。（鄂图文）

【武汉理工大学图书馆推行学科馆员和图书情报教授制度】 为了改变过去的被动服务方式，使传统观念上的“读者到图书馆去”转变为“图书馆到读者身边来”，更好的为全校师生服务。武汉理工大学图书馆从2004年5月份开始正式启动了学科馆员制度和图书情报教授制度，针对不同院（部、所）首批确定了8位具有对口专业知识背景的资深馆员担任学科馆员，并拟在各院（部、所）聘请一位熟悉本学院学科研究现状及发展方向的老师作为图书情报教授，配合学科馆员开展信息服务工作。该项制度的实施，在武汉理工大学图书馆和院（部、所）之间架起了“信息需求”与“信息保障”的桥梁，取得了很好的效果，在学校的学科建设和人才强校中发挥了重要作用。（武汉理工大学图书馆）

【《长江流域资源与环境》再次入编《中文核心期刊要目总览》】 《长江流域资源与环境》杂志通过学科专家评审，被确定为地理学类、环境科学以及安全科学类的核心期刊，编入由北京大学出版社出版的《中文核心期刊要目总览》（2004年版）。该刊能再次被评为中文核心期刊，说明该刊在被索量、被摘量、被引量、它引量、被摘率、影响因子、获国家奖或被国内外重要检索工具收录等方面均体现出较高的水平。（中国科学院武汉文献情报中心）

【武汉科技学院图书馆加大图书馆建设力度】 2004年，武汉科技学院进行人事分配制度改革，图书馆也对全体工作人员进行了竞争上岗和人员优化组合。学校新校区临时图书馆如期开放，掀开了图书馆发展的新篇章。新校区图书馆也即将开建，现已完成相关调研和建筑图形设计工作，预计2005年春动工，2006年完工开馆。为了配合学校规模的发展，学校的图书经费逐年增加，2004年图书馆图书经费达到300多万，图书采购加工量近11万册。（康存辉）

【纺织外文期刊文摘数据库顺利结题】 2004年5月，由武汉科技学院图书馆于2002年立项并主持的省级课题纺织外文期刊文摘数据库，在原纺织部其它几所院校协作下顺利结题，数据量达2万余条。（康存辉）

【省盲文图书馆揭牌】 2004年5月14日，湖北“盲文图书馆”揭牌仪式在湖北省图书馆隆重举行。省残疾人联合会理事长邹成贵、副理事长陈火文、副理事长韦会林、省文化厅助理巡视员郑如立、省文化厅社文处处长徐永胜，湖北省图书馆馆长万群华、馆党委书记汤旭岩等领导出席了揭牌仪式。“盲文图书馆”是经湖北省文化厅批准，由湖北省图书馆和省残疾人联合会联合组建的，它填补了湖北省无盲文图书馆的空白，造福于盲文读者。从此，湖北省54万盲人朋友有了自己的学习和交流的平台。（王炼）

【武汉文献情报中心积极参加湖北省科技活动周活动】 每年5月15日至21日是湖北省的科技活动周，武汉文献情报中心充分利用新馆开馆暨“湖北省科学图书馆”挂牌的良好社会效应，结合自身的专业特色和资源优势开展了以“普及科学知识、共享信息资源”为主题的科普教育活动。经过积极筹备、认真组织，各项活动开展得有声有色，取得了较好的社会效果。

5月15日是科技周的第一天，中心职工放弃休息日，以极大的热情参与了湖北省政府组织的科普上街宣传活动。大家纷纷走上水果湖步行街及周边路段，通过展示中心精心制作的宣传板、发宣传册等形式向过路群众宣传中心丰富的电子资源及各种特色服务，并针对群众提问给予耐心的讲解。为更好的让广大群众了解禽流感的防治知识，中心特组织专业人员制作了两期禽流感专刊，大力宣传禽流感等疫情的防治知识，较好的突出了“科技以人为本”的活动主题。

在中心新馆开馆的大好形势下，中心领导动员全馆职工结合新馆的建设和投入使用，积极对外、对公众开放。中心在科技周活动期间充分利用各种舆论工具，组织研究生参观武汉文献情报中心的工作流程、文献的排列组合、检索方法及利用途径，并积极筹备中小学生夏令营活动，形式多样的宣传和优质周到的服务受到了读者的好评。

武汉文献情报中心历来在图书馆情报学科方面有着扎实的专业知识和良好的科普工作基础，为不断提高中心职工的科普文化知识，中心专门组织开展了一系列面对在职职工的科普讲座，使广大职工受益匪浅。在本次科技活动周活动中，中心认真贯彻武汉分院的有关精神，在积极做好科普宣传的同时，充分利用图书馆开馆的辐射效应，扩大了中心的社会知名度，圆满完成了科技活动周的宣传计划，受到广大群众的好评。（中国科学院武汉文献情报中心）

【省图书馆举办第十六届图书馆服务宣传周活动】 2004年5月27日－6月4日，湖北省图书馆举办第十六届图书馆服务宣传周活动。依据省知识工程领导小组的有关精神，围绕“营造学习氛围，倡导读书育人”这一主题，湖北省图书馆将加强未成年人思想道德建设，实施文化信息资源共享工程及《中国图书馆员职业道德准则》作为此次活动的重点，并且举办系列活动。举办的活动有：悬挂横幅，在网上发布本馆开展全民读书月暨服务宣传周活动信息，活动周期间免收读者滞纳金；采编部突击加工一批新书，投放主要对外窗口；信息咨询部挑选近百种书刊举办“外文特色书刊推介”活动；中文报刊部开展主题为“走进图书馆”的系列读者活动，组织华中师范大学学生来馆参观，向他们介绍如何利用图书馆；主办题为《知识就是力量》和《求职向导》宣传栏，推荐优秀图书200种（册）。特藏部主办《新修湖北地方志书展》，展出图书80种，160余人参观；声像资料部举办少儿优秀电影免费观摩展，举办本省首届“童之趣”少儿读书节等。（王炼）

【中国科学院党组副书记郭传杰同志视察武汉文献情报中心】 2004年6月1日，中国科学院党组副书记郭传杰同志在武汉分院陈平平书记的陪同下视察武汉文献情报中心。郭书记一边听取中心钟永恒主任的介绍，一边兴致勃勃地参观了中心新馆风貌，并详细视察了电子阅览室、查新检索中心、中文现刊阅览室、外文现刊阅览室、书库和中国科技网武汉网管中心等部门。

郭传杰书记看到中心新阅览楼完善的设施和优雅的氛围，对中心精打细算建成新阅览楼的工作表示非常满意。当听到钟主任介绍道，中心实行全年365日开馆服务制度，中心在服务中国科学院各研究所的同时，大力服务地方经济建设和科技进步，到馆服务和科普工作开展得有声有色，得到各界好评，目前武汉中心已被湖北省人民政府命名为“湖北省科学图书馆”，郭传杰书记表示赞赏，认为中心站位很高，希望不断加大宣传吸引更多读者、扩大服务面，扩大中国科学院文献情报系统的影响。参观中国科技网武汉网管中心时，郭书记充分肯定武汉中心自筹资金加大投入购置高端网络设备和网络信息资源、不断增强网络服务能力和网络信息服务能力方面所取得的成绩，他认为有为才有位，这也是武汉中心能够争取到承担中国科技网武汉网管中心的基础，郭书记勉励中心进一步加强数字图书馆的建设，在保持中心现有武汉、广州、长沙、昆明、贵阳等地研究所的服务范围的基础上，扩大对相关研究所的信息服务。

参观完毕，郭书记在四楼会议室听取了中心工作汇报。钟永恒主任详细介绍了进入创新以来中心在信息资源建设、文献服务、情报研究、人才队伍、管理创新和创新文化建设等方面的工作进展。武汉中心强化人才队伍建设和文献信息服务，尤其是在情报研究方面进步明显，在2003年非典爆发和2004年禽流感流行时，中心快速反应，积极组织情报研究人员编写《非典防治专刊》和《禽流感防治专刊》，为科研人员提供了第一手研究资料；开展的《物理学发展态势》和《国际免疫学发展态势》等情报研究，部分成果为中办、国办选用，得到了国家领导人批阅。郭书记对中心加强人才培养和情报研究的工作表示满意，认为人才资源是第一资源，情报研究是文献情报工作的重要内容之一，一定要抓紧抓实；希望武汉中心继续做好在长江流域资源生态环境、水污染治理、环保产业、光电子产业、生物安全等方面的情报研究工作，为科学决策提供参考报告。钟主任还重点向郭书记汇报了中心近期开展的中长期发展规划工作。郭书记对武汉中心要建设独具特色、服务一流的专业文献信息中心、网络信息服务中心、信息咨询服务中心和科学文化传播中心的发展目标表示肯定。当得知武汉中心准备加快建立中国科学院工程技术科学创新信息平台时，郭书记表示，中国科学院的知识创新一定要有自己的工程技术科学信息支撑，目前科学院系统内尚无类似信息平台，武汉中心的提法很有新意，也很有必要。他建议武汉中心加强与中国工程院等单位的联系，并组织专家进行可行性论证，再上报科学院寻求支持。钟永恒主任表示一定认真调查研究，组织好咨询工作，做好规划。

视察结束后，郭书记欣然挥毫，为中心题词：“通信息驿道、游知识海洋”，勉励中心再接再厉，充分发挥对知识创新的信息支撑功能，把武汉中心的信息资源建设和服务创新能力推向更高水平。（中国科学院武汉文献情报中心）

【武汉图书馆青少年借阅区开放】 为了充分发挥图书馆的社会教育功能，为青少年和儿童的读书学习营造良好的阅读环境，努力营造尊重、关心、帮助未成年人、营造未成年人健康成长的良好氛围，更好的为青少年读者服务，2004年6月1日起，武汉图书馆将接待读者的年龄从16岁延至10岁，开辟了专门的青少年借阅区，并于六月一日正式向小读者开放。为了满足未成年人的读书需求，经过多方筹措资金，分两期采购了近10000册丰富多彩的少儿图书，青少年借阅区开放后，仅一个暑假就办理青少年读者借阅证3000多个，接待读者超过100000人次，受到了青少年读者、家长的大力称赞，他们都表示，青少年借阅区的开放是为未成年人办的一件大好事、大实事。中央电视台、新华社、湖北电视台、湖北日报、武汉电视台、长江日报等多家主流媒体都进行了报道，在全社会引起了广泛关注，受到了一致好评。(罗平)

【武汉大学图书馆举办数字图书馆国际讲习班】 为了更好地了解国际上数字图书馆的发展动态，促进武汉大学和国内图书馆界在这方面的工作，图书馆于2003年策划举办专题讲习班，经学校国际交流部批准，纳入了2004年的交流计划。

应图书馆邀请，2004年7月1至2日，美国雪城大学信息研究学院教授秦健博士、美国威斯康星大学密尔沃基分校教授张进博士、美国加州圣荷西州立大学图书情报学院教授刘正福博士等图书情报学专家访问了武汉大学。

讲习班共安排了6场专题学术报告会，分别是：美国雪城大学信息研究学院教授秦健博士的“数字图书馆的发展现状与元数据标准的应用”、“数字化教育资源的组织与管理”；美国威斯康星大学密尔沃基分校教授张进博士的“网络信息可视化研究”；美国加州圣荷西州立大学图书情报学院教授刘正福博士的“网络信息检索中的相关反馈与学习机制”及“数字图书馆的使用——用户研究及方法问题”。

据统计，来自全国各地30个高校图书馆的专业人员及我校相关专业的师生共200余人参加了此次学术交流活动。如：国家图书馆、北京工业大学图书馆、北京师范大学图书馆、华东理工大学图书馆、东北林业大学图书馆、山西师范大学图书馆、山西医科大学图书馆、湖南师范大学图书馆、湘潭大学图书馆、中南大学图书馆、暨南大学图书馆、安徽大学信息管理系等17个图书情报机构，省内单位包括“湖北省高校图工委自动化专业委员会理事馆”的10个成员馆及武汉工业学院图书馆等3个市内单位。

讲习班还得到了中国数字图书馆有限责任公司的热切关注，专门从北京派员前来介绍了“中国数字图书馆工程数字资源解决方案”。讲习班还安排了2场座谈讨论会，与会者畅所欲言，学术气氛热烈。大家普遍认为：图书情报界当前最迫切的任务就是要研究国内外数字图书馆的发展趋势，规划数字图书馆的建设模式，探讨解决数字图书馆建设中的“资源集成化、服务个性化、分布式管理、跨时空存取”等相关问题，尽快实现从传统图书馆向数字图书馆的过渡。我馆此次讲习班正是抓住了当前图书馆界的前沿课题，适应了国内各高校图书馆研究规划数字图书馆的需要。讲习班上研讨的专题都反映了发达国家在数字图书馆研究方面的最新进展，在数字图书馆建设的理论和应用、关键技术的研究、数字图书馆的服务模式、数字图书馆的近期目标和研究方向等方面都给国内图书馆界带来了新的理念和信息。(张木桥)

【武汉市武昌区图书馆开展读书演讲庆“八一”活动】 2004年“八一”前夕，武汉武昌区图书馆和区“双拥办”共同组建了一支由驻区部队七位官兵组成的“军人的风采”读书演讲报告小分队。7月15日到22日分别到区内75310部队、省武警船艇大队做了三场巡回演讲，受到了2000余名官兵的热烈欢迎。省武警二支队的领导在演讲会上讲，大家演讲得很精彩，觉得胜过了平常的一堂政治课，此次活动将会积极推动官兵们读书学习的热情。在省武警船艇大队演讲时，报告小分队的成员还有幸参观了毛泽东主席当个畅游长江时乘坐过的“7·16”艇，眺望了长江两岸城市建设的新貌，并在码头和甲板上演讲，形式生动活泼，使参与者受到了极大的鼓舞。(武汉市武昌区图书馆)

【教育部部属师范大学第十次图书馆馆长工作会议在武汉召开】 2004年7月16日上午，教育部部属师范大学第十次图书馆馆长工作会议在华中师范大学行政楼开幕，来自北京师范大学、华东师范大学、东北师范大学、陕西师范大学、西南师范大学和华中师范大学的图书馆馆长到会。会议由华中师范大学图书馆邓儒伯书记主持，佐斌馆长致开幕词。佐斌馆长说，这次教育部部属师范大学第十次图书馆馆长工作会议以研讨形式对图书馆资源整合、开发利用、图书馆文献信息保障作用、新形式下图书馆人事制度改革等议题进行探讨有着重要意义，势必对促使图书馆与学校建设同步发展做出贡献。华中师范大学黄永林副校长作了热情洋溢的讲话，向与会代表介绍了华中师范大学的发展和建设情况。湖北省教育厅张永宏处长，图工委秘书长邓珞华分别在会上介绍了湖北省教育情况及湖北省高校图书馆工作情况。北京师范大学图书馆王琼副馆长代表与会人员表达了对会议的祝愿。东北师大、华东师大、陕西师大、湖南师大、南京师大、河南师大、湖北师院等等的图书馆馆长应邀出席了会议。出席会议的还有华师图书馆的部门主任等相关人员。会议历时4天，与会代表交流了各师范大学图书馆工作的情况和经验，还就如何建设研究型图书馆、提升图书馆服务水平展开了热烈的讨论。(刘勇)

【武汉图书馆开设阳光电子阅览室】 武汉图书馆的多媒体电子阅览室在周末和节假日对未成年人开放。由于安装了网络封堵软件，成人网站和不良游戏会被自动排除在外，可以让孩子们放心地在这里过上一把网络瘾。在此基础上，根据统一部署，武汉图书馆于2004年7月21日，正式对未成年人免费开放阳光电子阅览室。开设的阳光电子阅览室共有机位30个，提供音像资料、少年儿童报刊、多媒体资源数据库、链接少年儿童图书馆等信息资源，每天的开放时间10个小时，实行严格的管理登记制度。图书馆还通过招募义务工作者，在阳光电子阅览室专门安排2名上网辅导员，帮助孩子们更好的了解网络知识，引导他们正确上网。8月31日，第一期阳光电子阅览室结束了。在短短的40天中，阳光电子阅览室共接待了青少年读者4176人次。阳光电子阅览室在全国是一个创举和尝试，也是对毒害青少年的“黑网吧”的有力打击，良好的环境、优质的服务、创新的举措使阅览室在一开始就受到了市民的热烈欢迎。(罗平)

【华中师范大学文献信息资源研究中心成立大会暨“首届湖北省高校文献信息资源建设论坛”在武汉召开】 华

中师范大学文献信息资源研究中心成立大会暨"首届湖北省高等学校文献信息资源建设论坛"于2004年9月6日在华中师范大学行政楼一楼会议室召开。来自武汉大学等25所高校图书馆馆长到会。会议由华中师范大学图书馆馆长佐斌主持。华中师范大学办公室主任林更茂同志宣读了华中师范大学文献信息资源研究中心的文件。华中师范大学逄广洲副校长代表学校对会代表表示热烈欢迎，并向与会代表介绍了华中师范大学的发展情况和学校对图书馆的支持。逄副校长说：近年来，学校对图书馆注入了更多的支持和关注。今年高速了领导班子，班子成员更加知识化、专业化、年轻化。图书经费的投入由去年的380万上升为600多万，投入增长64%。图书馆新馆建设已经启动。中心的成立必将对学校建设和发展促进作用；论坛的召开也会对图书馆的工作提供宝贵的资料。湖北省高校图书馆工作委员会秘书长邓珞华教授到会，华中师范大学吴建华副馆长做了题为"发挥资源优势深度开发开放服务"的发言，较详细地向与会代表介绍了华中师范大学文献信息资源研究中心成立的背景、目的及工作内容。在湖北省高校文献信息资源建设论坛上，武汉大学图书馆副馆长肖仁清、华中科技大学图书馆书记卢慧萍，武汉理工大学图书馆书记李先保等分别做了大会演讲，介绍了各自图书馆文献信息资源建设的思路。华中师范大学文献信息资源研究中心主任、图书馆馆长佐斌教授关于"为大学的建设和发展提供文献信息资源保障"的报告思路，引起与会人员的极大兴趣。（刘勇）

【省图书馆举办"名家讲坛"】 为了与时俱进、适应读者的要求，把省图书馆的讲座和报告会做大、做强，省图书馆在不断探索新形式、新方法。2004年9月以来，省图书馆与楚天广播电台联合举办周末免费讲座，取名为"名家讲坛"。在两家共同策划下，"名家讲坛"的内容丰富，社会影响增大，充分利用广播电台不受地域限制的优势，使听众从现场300多名读者扩大了全省乃至全国。为提高民众科学文化素养，增强湖北地区的学术氛围，繁荣地方文化起到了积极的作用。多家媒体对"名家讲坛"给予报道，赞誉"名家讲坛"汇集英才，传播智慧，是"传递信息的桥梁，联系大众的纽带，一座面向社会没有围墙的大学"。（胡银仿）

【武汉大学图书馆开展"全民阅读"活动】 根据湖北省图书馆学会2004年度全民阅读活动的主题"关注青少年阅读，开创精彩人生"，进一步实施以"倡导全民读书，建设阅读社会"为宗旨的知识工程，武汉大学图书馆于2004年面向武大校园及社会各界举办了全民读书系列活动，珞珈山下，读书活动高潮迭起，崇尚知识已蔚然成风。

首先，图书馆加强宣传，倡导读书新风。（一）通过设立特色宣传栏，揭示馆藏资源，加强图书馆与读者零距离的沟通与联系。（二）丰富网站内容，使荐书宣传电子化。（三）配合社会文化活动，免费播放优秀记录片、教学片。

其次，图书馆展示其服务特色，推广优质服务。（一）图书馆以信息素质教育为先，开展各层次的读者培训工作。信息服务中心研究了读者近年来的信息需求和获取信息能力，提出按需开展读者培训的思路，采用集中定点和分散培训多种方式进行培训。（二）推出图书现采服务，满足读者的个性化需求。（三）加大文献传递服务力度，扩大文献信息来源。截止2004年9月，老系统注册用户已达3104人，新系统使用至今，注册用户722人，CASHL注册用户500人；2003年12月－2004年11月处理校内外申请10837篇（校内申请10790篇；校外申请4017篇），成功率达85%以上，比去年同期增长59%。（四）为高层次读者，提供最新信息推送服务。（五）主动上门服务，为读者利用电子资源排忧解难。

再次，是开展系列活动，掀起读书高潮。一是开展人文素质教育，弘扬校园文化。学生社团举办了"我与图书馆"征文、举行"享受阅读，精彩人生"大型签名承诺活动、评选阅读之星等；同时，举办了大学生"珞珈艺术展"。二是送书下乡，文化支农。2004年上半年，武大图书馆党支部开展《实践"三个代表"的重要思想，送知识信息下乡》活动，捐献给经济落后、老区、贫困地区图书馆，如已向黄陂一中、黄冈师专、荆州师专、孝感师专、红安县、大冶县、蕲春县等图书馆捐献图书7万多册，为促进"全民阅读"知识工程做了一些力所能及的实事。

2004年武汉大学图书馆在"全民阅读"活动期间，共接待读者200多万人次，借阅书刊300多万册次，面向武大校园及社会各界掀起了读书学习的热潮，为提高全民族的思想道德素质、科学文化素质，为建设学习型社会、学习型组织和学习型家庭做出了应有的贡献。（张木桥）

【华中师范大学图书馆举办职业道德讲座】 2004年9月24日下午，华中师范大学图书馆邀请华中师范大学政法学院的龙静云教授给图书馆的职工做"职业道德谈"专题报告。龙教授首先讲了她对图书馆的感情，她说，她是1977年考进华师的，在华师利用图书馆已二、三十年了，与华师图书馆结下了深厚的感情，很愿意到图书馆来回报图书馆的恩情。在专题报告中她介绍了道德的含义，强调外德利人内德利已的辩证关系；其次，她详细地讲解了职业道德的特点，指出爱岗敬业优质服务是一个图书馆人永不过时的职业道德；第三指出了图书馆应在图书馆职业道德建设方面注意赏罚分明、公正，一个图书馆人在享受权力的同时也有应尽的义务，要用硬性的规则来履行自己的义务。她还用自己的一个查找国外资料的例子，强调了作为一个新时期的图书馆人要不断学习、更新知识结构、提升服务水平。龙教授的报告引经据典，生动形象地把专业知识、服务水平、服务效果有机地结合起来。"职业道德谈"专题报告使在座的每一个图书馆人都深受启发。（刘勇）

【武汉图书馆"名家论坛"揭牌】 2004年9月25日，武汉图书馆举办了"名家论坛"的揭牌仪式，省老领导、著名作家李尔重为"名家论坛"题词。武汉图书馆自2003年11月，积极筹划，开辟了每周六下午的定期专题讲座活动，邀请社会各界知名人士、专家如为读者作文学、哲学、武汉历史、科普知识等多方面的讲座，这些讲座极大地丰富了市民的文化生活，对增强武汉图书馆的学术氛围，繁荣武汉地区的文化起到了一定的推动作用。截止目前武汉图书馆已成功举办周末专题讲座50余场，场场爆满，吸引了社会不同年龄、不同层次的市民，现已拥有了一批热心的忠实的听众，同时，还有更多的读者源源不断地加入其中。现在，很多市民已成为周末讲座的固定受众，不少市民时常通过电话和互联网询问讲座近况。为了进一步扩大影响，充分发挥武汉图书馆传播新知识、新文化、新技术的功能，形成更广泛的社会效益，使武汉图书馆的专题讲座逐步走向品牌化，形成特色，在武汉市委、市政府领导的倡导下，在市文化局领导的关怀指导下，在社会各界的关怀下，“名家论坛”成立了。武汉图书馆希望通过“名家论坛”的成立，使的周末讲座活动不断深入开展，使专题讲座的质量能得到更大的提高，让“名家论坛”成为“汉派”文化发展、繁荣的平台。(罗平)

【“讲社会公德，改生活陋习、做文明武汉人”漫画展】 2004年5月至10月份，武汉图书馆与武汉市江汉区委宣传部联合举办了“讲社会公德，改生活陋习、做文明武汉人”漫画展，所有展出作品都是市民自己创作的，用活泼、趣味、生动的形式向读者宣传文明行为、批判不文明行为。该展览共展出了5个月，吸引了20多万名读者前来观看，极大的促进了武汉城市文明建设。省市多位领导都曾来图书馆观看该画展，并给予高度评价，多家新闻媒体进行了采访、报道。(罗平)

【省图书馆设立“四库全书系列”阅览室】 为了集中揭示“四库”文献，方便读者利用，湖北省图书馆决定建立“四库全书系列阅览室”，并在2004年10月国庆节期间正式对外开放。“四库全书系列阅览室”配有新颖开放式的书架，古朴的红木桌椅，环境幽雅，书香飘溢，所有文献开架阅览，适合读者使用。(童世华)

【武汉图书馆举办“武汉首届老年艺术节”】 2004年10月20日，在热烈的鼓乐声中，武汉市首届老年艺术节在武汉图书馆隆重开幕。为使武汉市的老人过上一个快乐的重阳节，由武汉市老龄委、省文化艺术发展基金会、武汉企业联合会、武汉图书馆共同主办了这届艺术节，武汉市13个城区的数千名老人参加艺术节活动。当天，武汉图书馆内展出了艺术节“书画摄影诗词大赛”的300多件获奖作品，这些作品是从2300多件来稿中精选出来的，作者都是武汉市60岁以上的老人，其中年龄最大的参赛者是武汉市45中91岁的退休教师陈义经，他的书法作品在此次大赛中荣获一等奖。(罗平)

【全国第三次评估组专家莅临湖北省图书馆指导工作】 2004年10月27日，以文化部社文图司巡视员周小璞为组长、上海图书馆馆长助理周德明为副组长的文化部全国公共图书馆评估专家组一行，在湖北省文化厅厅长蒋昌忠、副厅长沈海宁、省财政厅科教文处副处长牟发兵等领导的陪同下，来到湖北省图书馆进行评估考察工作，受到了湖北省图书馆馆长万群华等馆领导和全体工作人员的热烈欢迎。

评估专家组在听取了万群华馆长对本次评估自查工作的汇报后，视察了中文报刊部、特藏部、中文图书借阅部、电子阅览室等各个部室。专家组还用了两天的时间，严肃认真、一丝不苟地核对了图书馆的107卷汇报档案和各种实物证明材料，并对馆领导班子和读者满意率进行了考察。

专家组在评估工作意见反馈会上，充分肯定了湖北省图书馆近几年在馆舍环境、读者服务、共享工程建设等方面取得的突出成绩。同时，专家们也指出了省图书馆存在的馆舍陈旧、购书经费不足等问题。

万群华馆长代表图书馆对评估专家组几天来的辛勤工作表示了衷心的感谢，她认为评估专家组的意见十分宝贵，具有很强的针对性和指导意义，为图书馆今后工作的发展指明了方向。省图书馆将严格按照评估反馈意见，继续贯彻落实以评促建的方针，借评估工作的强劲东风，再次推动全馆各项工作持续、快速、健康的发展。(胡银仿)

【武汉图书馆参加第三次全国公共图书馆评估】 2004年，武汉图书馆将全国公共图书馆第三次评估定级工作作为全馆工作的重中之重，确立了创建国家一级图书馆的目标，并希望以此为契机，围绕全年的工作目标，促进全馆各项事业的健康发展。为了迎接此次评估定级，武汉图书馆成立了专门的迎评工作小组，抽出了30余人，利用三个多月时间，加班加点，精心准备，努力奋战，通过整理材料、进行员工教育、改进服务措施、改善办馆条件、加强安全保卫等，从硬件、软件、人员等各个方面不断进行整改、完善。

10月29日，由文化部社会图书馆司巡视员周晓璞同志率领的全国公共图书馆第三次评估专家组抵达，对图书馆进行了评估检查。专家组共用了两天的时间，通过实地考察、广泛的与读者和工作人员接触、详细查看评估材料等方式，从办馆条件、基础业务建设、读者服务工作、业务研究辅导与协作协调、管理和表彰奖励六个方面对图书馆工作进行了全面的了解和检查。专家组对图书馆的工作给予了充分肯定和高度评价。他们认为：武汉图书馆的领导班子都具备较高的学历、良好的领导素质、扎实的工作作风，积极推进机制改革，创建了一支生机勃勃的职工队伍；全馆职工的学历和职称状况都达到了评估标准的上限，而且正逐步走向年轻化、专业化，同时在建设学习型组织方面工作很突出，积极组织职工学习培训，取得了良好的成效；武汉图书馆积极推进自动化、网络化、数据化建设，利用先进的自动化设备，建立了自己的局域网、推广办公自动化；自建数据库，取得了初步成果；开展了网上信息资源的收集和加工，具有自身特色，为进一步建设数字图书馆、开展网上信息资源共享打下了良好的基础；武汉图书馆强化服务意识，采取了许多积极措施，不断扩大读者服务面、提高服务质量，努力为读者服务，人气旺盛；发挥了图书馆的社会教育职能，取得了良好的社会效益。专家们认为，武汉图书馆作为一个充满生机活力、广受读者欢迎、发展态势良好的副省级图书馆，完全达到了国家一级图书馆的要求。(罗平)

【武汉大学图书馆承建中国高校专题特色数据库子项目】 作为 CALIS 华中地区中心，武汉大学负责“华中地区文献信息中心”和“中国高校专题特色数据库”两个 CALIS“十五”建设子项目及 CADAL“数字资源制作”子项目的承建工作。武汉大学胡德坤副校长、武汉大学图书馆燕今伟馆长作为承建方代表在大会上签署了上述三个子项目的承建协议书。

武汉大学图书馆副馆长周明华在大会上就武汉大学图书馆承建的中国高校专题特色数据库子项目的工作进展与最新动态作了专题发言。全国政协副主席、中国科学院、中国工程院、第三世界科学院的三院院士王选，教育部副部长吴启迪，教育部、发改委等与项目相关的主管部委领导出席了会议。会议还邀请了国内外其他系统的重要图情机构负责人和著名 IT 公司参会。参加会议的代表由 CADLIS 项目管理委员会成员、专家委员会成员、CADLIS 各子项目参建学校共约 150 余个图书馆馆长和部分院校的主管校长、部分省市教育主管部门领导组成，参加会议的总人数超过 300 人。（张木桥）

【省图书馆百年馆庆名家书画展隆重开幕】 2004 年 11 月 28 日，“湖北省图书馆百年馆庆名家书画展”在湖北省美术院隆重开幕，省文化厅副厅长沈海宁主持开幕式并致辞，省文化厅副厅长张儒芝作了重要讲话，原省委老领导、省书法协会名誉主席李尔重、省美术院院长董继宁、省图书馆馆长万群华和党委书记汤旭岩、省著名书画家周韶华先生、冯今松先生以及参加“中国图书馆事业百年馆长论坛暨 2004 年中南、西南省（市）、自治区公共图书馆业务协作研讨会”的各图书馆馆长、书画作者代表等近 200 人出席了开幕式。

此次“名家书画展”是湖北省图书馆百年庆典系列活动的一部分，书画展所展出的 300 多幅书画作品是国省内著名书画大师专为省图书馆百年所赠的心血之作，其中沈鹏的诗人情怀、欧阳中石的师道境界、刘艺先生的儒雅恢弘无不浸润于笔墨之中；周韶华的大家气象、冯今松的舒雅超然、陈立言的淋漓阔达、冯远的古朴神韵，亦尽显尺幅之上。这些作品受到了来宾们的连连称赞，认为其足以愉悦身心，给人以很高的艺术享受。

2004 年 11 月 29 日，文化部副部长周和平，文化部社会文化图书馆司副司长刘小琴、省文化厅厅长蒋昌忠等领导一行在湖北省图书馆馆长万群华的陪同下，来到湖北省美术院观看“湖北省图书馆百年馆庆名家书画展”。（鄂图文）

【省图书馆隆重庆祝建馆 100 周年】 2004 年 11 月 29 日，坐落于武昌蛇山南麓脚下的湖北省图书馆披上了节日的盛装，来自省内外的 300 多位嘉宾和近千名热心读者在这里共同庆祝湖北省图书馆百年华诞。

上午九时，省图书馆百年庆典大会在庄严的国歌声中拉开了帷幕，省文化厅厅长蒋昌忠主持大会，文化部副部长周和平，文化部社会文化图书馆司副司长刘小琴，全国政协委员、香港汉荣书局有限公司董事长石景宜，中共湖北省委常委、常务副省长周坚卫，省委常委、省委宣传部部长张昌尔、省人大副主任贾天增、省政协副主席王少阶等领导出席庆典大会。

中共中央政治局委员、中共湖北省书记俞正声发来贺信，他在贺信中写到，湖北省图书馆历史悠久，馆藏丰富，多年来为社会各界提供了广泛而良好的服务，对推动社会主义政治、经济、文化建设，提高全民精神文化素质做出了突出贡献。希望你们认真学习贯彻党的十六大和十六届四中全会精神，始终把握先进文化的前进方向，牢固树立科学的发展观和人才观，以改革的精神、务实的作风抓好各项工作，转变观念、开拓进取，将湖北省图书馆建设成我国中西部第一流的现代化图书馆，以实现全面建设小康社会的宏伟目标做出更大的贡献。原全国政协副主席王文元、国家文化部部长孙家正、湖北省政协主席王生铁、英国不列颠图书馆、法国国家图书馆、加拿大国家图书档案馆等数十家单位和个人纷纷发来的贺信、贺电，对这一百年文化盛事表示祝贺。

省图书馆馆长万群华代表湖北省图书馆全体员工向参加庆典的各位领导和各位来宾表示热烈的欢迎，对他们给予图书馆的一贯支持与关心表示衷心的感谢。万群华回首了图书馆百年来所走过的光辉历程，她说，湖北省图书馆在岁月的风雨中走过了整整一个世纪的光辉历程。这漫长的一百年，在历史的长河中只不过是短暂的一瞬，但对于自强不息的图书馆人来说，则是团结拼搏、历经艰辛、创基立业、任重而道远的一百年。她表示湖北省图书馆在今后的日子里将承前启后，立足于高水平管理，高标准建设，高质量服务，努力推进图书馆事业的跨越式发展，为建设中西部文化强省做出更大贡献。

曾多次慷慨解囊捐赠图书给海峡两岸的各大图书馆，被誉为“搭起海峡两岸文化桥梁的文化使者”的香港著名出版家石景宜先生在庆典大会上再次向省图书馆、省博物馆捐赠《贝叶经》等书籍，祝愿湖北省图书馆事业兴旺发达。

湖北省常务副省长周坚卫、文化部副部长周和平分别在庆典大会上作了重要讲话。

庆典仪式结束后，在万群华的陪同下，来宾们饶有兴致地参观了湖北省图书馆百年馆史展览、百年馆庆书画展，对省图书馆百年的发展历程有了更深入直观的了解。

原国家图书馆副馆长、中国图书馆学会副理事长孙蓓欣、武汉大学信息管理学院教授、博导彭斐章、湖南图书馆馆长常书智等全国公共图书馆馆长、专家参加了此次庆典大会。（鄂图文）

【中国图书馆事业百年馆长论坛暨 2004 年中南、西南省（市）、自治区公共图书馆业务协作研讨会】 2004 年 11 月 29 日，恰逢湖北省图书馆百年庆典之时，全国省级公共图书馆和部分市图书馆馆长、图书情报界的知名专家、学者欢聚一堂，首届中国图书馆馆长论坛暨 2004 年两南公共图书馆业务研讨会在湖北省图书馆拉开了帷幕。

此次大会主题为“中国图书馆事业百年”，由湖北省图书馆和湖南图书馆联合举办，开幕式设在湖北，闭幕式将移师湖南召开。湖南图书馆馆长常书智主持了大会开幕式，湖北省文化厅副厅长张儒芝代表省文化厅致辞，对各位代表到湖北来参加大会的表示了热烈的欢迎。文化部社会文化处图书馆司图书馆处处长张小平在大会讲话，他强调此次大会对于图书馆事业发展的重要意义，并对鄂湘两省图书馆建馆一百周年表示了祝贺。

湖北省图书馆馆长万群华、原国家图书馆副馆长、中国图书馆学会副理事长孙蓓欣、武汉大学信息管理学院教授、博导彭斐章分别在大会上作了题为“传承创新 再铸辉煌——湖北省图书馆百年回顾与展望”、“图书馆的以人为本管理”、“近百年来我国图书馆学、情报学教育回顾与展望”的主旨报告，精辟生动的论述不时赢得了在座听众的热烈掌声。

作为此次湖北省图书馆和湖南图书馆百年庆典系列活动之一，大会将延续到2004年12月1日。(鄂图文)

【省图书馆徽标正式启用】 作为我国最早成立的省级公共图书馆之一，湖北省图书馆2004年迎来了百年馆庆。2003年8月1日，湖北省图书馆向社会公开征集徽标，已收到来自全国的322件作品。经认真评选，湖南作者杨大庆设计的图案，因其新颖的创意、简洁的构图、隽永的涵义被确定为省图的馆徽。该图案由“鄂图”拼音字首“e”和“t”组合，造型上将象征智慧的九凤神鸟和书本巧妙融为一体。作为楚文化的图腾，引颈翱翔的九凤神鸟象征百年湖北省图书馆面向现代化、奔向未来；展开的书本，代表知识宝库的形象，左上角电子分解图形则突出了数字化特征。图案为红蓝色，楚国崇尚的红色寓意这座百年老馆充满了激情与活力，蒸蒸日上；蓝色象征着浩瀚深邃的知识海洋和广袤的天空。整个图案既有传统神韵，又闪耀着现代光彩。(鄂图文)

湖北省图书馆徽标

【著名作家池莉在湖北省图书馆与读者见面】 为隆重庆祝湖北省图书馆建馆100周年，湖北省图书馆举办“知名作家与读者见面会”，特邀著名作家池莉到馆与读者见面。2004年11月29日下午3时，池莉出现在湖北省图书馆百年馆庆庆典会场，与早已闻讯到场的数百名读者一起，畅谈了自己的创作经历和对文学创作的心得体会。见面会后，一些热心读者请池莉在书上签名，曾多次再版的《池莉自选集》被抢购一空。此次“知名作家与读者见面会”作为湖北省图书馆百年庆典系列活动的一部分，是应广大读者的愿望而特别策划的，也是池莉近8年来第一次出席这样的场合。(鄂图文)

【华中科技大学图书馆开展对外交流与合作项目】 2003年9月，瑞士国际友人Herlach女士对华中科技大学图书馆进行为期一个月的访问交流；10月，美国明尼苏达大学图书馆的东亚图书馆负责人来华中科技大学图书馆举办关于国外图书馆建设与发展的讲座；华中科技大学图书馆与美国明尼苏达大学图书馆建立文献交换关系。两年来华中科技大学图书馆已获得由该图书馆赠送的7500多册文科方面的外文原版图书，充实了华中科技大学图书馆馆藏。2004年，华中科技大学图书馆先后三次派有关专业人员到香港中文大学、香港理工大学、香港城市大学以及香港大学进行参观、考察与交流。2004年11月，华中科技大学图书馆与西门子（中国）有限公司武汉分公司联合，成立西门子资源中心，供广大读者了解西门子有关动态。12月，华中科技大学图书馆与中国图书贸易公司上海分公司联合举办大型外文原版图书书展，展出John Wiley，Thomson Learning，Springer等世界著名出版社2004年出版的共800多种原版图书。(邓秋华)

【潜江市图书馆承办曹禺文化活动周】 2004年11月29日至12月2日，由中国文联、湖北省人民政府联合主办的中国（潜江）曹禺文化周活动在潜江市举行，这是潜江市落实创建文化名市的重要举措。在曹禺文化周活动中，潜江市图书馆承办了系列工作，包括：一、筹办潜江市曹禺研究会。曹禺研究会挂靠市委宣传部，由潜江市图书馆具体组织筹备。2004年4月19日召开筹委会，起草了社团章程和工作要点等文件，完成了成立社团申报工作，并于6月11日召开了成立大会。二、出版潜江市曹禺研究会会刊《曹禺研究》。2004年潜江曹禺学术研讨会上，专家认为《曹禺研究》在史料研究、生平研究等方面为曹禺研究提供了新的文献。三、筹建曹禺纪念馆、布展陈列和开馆。曹禺纪念馆于2004年11月29日上午正式开馆，为完成开馆工作，潜江市图书馆制订了《曹禺纪念馆落成典礼方案》，请专家撰写纪念馆解说词。中国文联副主席仲呈祥、中国剧协副主席徐晓钟、湖北省政协副主席胡永继、湖北省文联副主席黄中骏、李宁等领导和曹禺的女儿万黛、万昭、万方，国内外专家、学者参加了开馆典礼。专家一致认为，曹禺纪念馆是目前国内规模最大、馆藏最丰富、内容最全面、具有较高艺术品位的专业展馆。四、2004潜江曹禺学术研讨会。来自全国13个省、直辖市和日本、新加坡、澳大利亚等国家的40余名曹禺研究会的专家、学者参加了这次由潜江市人民政府主办，中国艺术研究院话剧研究所协办的学术研讨会。学术研讨会由中国剧协副主席徐晓钟和上海戏剧学院曹树钧教授分别主持。(潜江市图书馆)

【武汉市少年儿童图书馆新馆落成】 2004年7月20日，武汉市计委发文《武汉市计委关于少儿图书馆维修项目初步设计及开工建设的批复》，核定工程概算为999.59万元，另外市财政还拨给120万元开办费。维修后的武汉市少年儿童图书馆新馆恢复了欧式建筑风格，大门前有十几级台阶，门廊内有6根十几米高的大圆立柱，非常气派。全馆总面积为4730平方米，另有400多平方米的附楼。全馆共分六层，底层为武汉市青少年网络俱乐部，一层大厅为自修阅览室，还设有电脑视听室、儿童阅览室、玩具室。二层为借阅部，还设有港澳台图书室、报刊室、儿童心理咨询室。三层设有文献信息部、采编部。四层为自修和培训辅导场所。五层设有多功能报告厅和少儿活动排演厅。新馆配有冷暖空调、电梯和消防楼梯通道，全新电脑设备、钢制书架、阅览桌椅、馆舍环境面貌焕然一新。新武汉市少年儿童图书馆于2004年12月12日开馆，李宪生市长及市有关领导参加了开馆典礼仪式，并参观了新馆。（武汉市少年儿童图书馆）

【华中师范大学图书馆“中国农村问题研究文献数据库”项目立项】
华中师范大学图书馆和学校“中国农村问题研究中心”联合申报的CALIS项目“中国农村问题研究文献数据库”通过专家评审，已成功立项。此次参加申报的共有65个学校的91个专题特色库。华师图书馆经过近三个月的准备，与学校“中国农村问题研究中心”积极配合，终获成功。该项目属于CALIS二期专题特色库一般资助项目，建设周期为两年。该数据库包含政策法规、统计数据、案例分析、实证资料、专家学者、文献推介、他山之石、专著、期刊、论文、调查报告、中心文库十二个子类，目前数据记录有3万多条，其中全文数据近8000条。数据库的建设现处于多个开发平台的试用阶段，然后完成平台选择和架构，之后将开始大规模的数据建设。（刘勇）

【华中科技大学图书馆通过“教育部部级科技查新站”年检】 华中科技大学图书馆查新站是1992年由国家教育部授权的“国家教委高等学校科技项目咨询及成果查新工作站”，是具有部级查新职能的认证机构。2003年9月，教育部组织专家组对科技查新进行实地考察和资格重新认定，2003年底，查新站获教育部部级科技查新工作站资格认定，并被授牌对外服务。2003年以来，利用自建的“科技查新”网页，实现网上申请和网上递交查新委托，为用户带来极大便利。2003年，查新站完成查新、代检索课题353个，2004年完成科技查新项目295个、代检索课题197个，其中有158个查新项目是非本校项目，实现了教育部查新工作站不仅为本校科研服务，同时也为社会科研机构服务的目的。教育部科技发展中心对教育部设立的第一批29所教育部部级科技查新站就2004年的查新工作进行了年检，有22所查新站在2004年完成了100件以上的科技查新项目，其中7所成绩突出的查新站得到通报表扬，华中科技大学图书馆查新站因查新项目数量与质量以及查新人员的素质等综合因素而位居第5位。（邓秋华）

【华中科技大学图书馆INNOPAC服务器升级】 2003年，基于建成的高速局域网，顺利完成INNOPAC服务器的升级更新和系统的平稳迁移，全面提升网络系统和应用系统的性能。2003年3月，开发了一套内部信息处理系统并及时投入使用，实现了图书馆行政办公自动化；与TRS公司合作，研发“湖北省西文期刊联合目录数据库”软件平台，解决了期刊书目数据与目次库的连接技术，建立了湖北省20余所高校西文期刊联合数据库，基本实现了湖北省高校西文期刊文献资源共享；开发了异构数据库统一检索系统，并申请计算机软件著作权，获得国家版权局批准，其登记号为2004SR03865，软件名称为异构数据库统一检索系统HUSTLIB－URPV1.01。2004年，参与制定互联网国际标准，数字图书馆研究课题组申请的《Internet Information Retrieval Infrastructure》的主题议程获得批准，提交的关于互联网信息检索的一个全面解决方案——Information Retrieval Protocol for Digital Library协议，被互联网工程任务组织所接受。2004年，又建立存储局域网，提高图书馆资源存储能力，实现了存储能力达到12T的目标。2003年以来，利用自建的“科技查新”网页，实现网上申请和网上递交查新委托，为用户带来极大便利；建立虚拟参考咨询网站，面向全校师生开展网上咨询服务，提高了服务效率与质量；实施学科馆员制度，学科馆员为相关院系科研提供文献资源服务，并负责开展用户教育培训等服务；整合网上电子资源，建立10个国家级重点学科导航网站，为师生提供学科介绍、研究方向、网上资源等信息服务；基本完成CALIS工程项目“机械制造及其自动化专题数据库”建设，记录总条数达33万，供广大用户共享。此外，图书馆的网站建设也非常成功，在2004年华中科技大学网站及网络工作评比中荣获优秀网站一等奖。（邓秋华）

【湖北工业大学图书馆加强独立学院图书馆建设大事记】 2003年湖北工业大学图书馆与工程技术学院图书馆联合购买《超星数字图书馆》。

2004年2月24日至5月25日，湖北工业大学图书馆派出业务技术骨干前往商贸学院图书馆，进行馆舍布局，建立自动化管理系统，帮助分编加工中外文图书7.4万余册。

2004年9月6至10日，对独立学院图书馆馆员进行了分类、编目、网络信息资源检索等方面的业务培训，随后又进行了为期一周的岗位轮流实习。

2004年11月3日至26日，湖北工业大学图书馆帮助工程技术学院图书馆进行了图书馆自动化建设及完成了3万册图书的分编、加工、上架工作。（陈梅花）

湖北省图书馆 2003－2004 年开展活动统计表

	名称（会议活动项目）	主要内容	时间	地点	规模（人次）
举办国内学术活动	中南六省高校图书馆学会学术年会（2003 年）	数字图书馆	2003 年 10 月	广州	100 余人
	中南六省高校图书馆学会学术年会（2003 年）	网络环境下的文献资源共享	2004 年 10 月	宜昌	150 余人
	湖北省图书馆学会 2003 年学术年会	数字时代图书馆	2003 年 11 月	神农架	120 余人
组织国际学术活动	湖北省高校图书馆考察团	考察澳洲图书馆	2003 年 9 月	澳大利亚 新西兰	13 人
科普活动	湖北省暨武汉市首届社科普及周	开展广展示和咨询活动	2004 年 10 月	武汉市洪山广场	2 万人

（刘莉）

湖南省

【湖南图书馆百年馆庆】 1904 年 3 月 15 日梁焕奎、龙绂瑞、魏肇文等十二人联名发起成立湖南图书馆，提出“输入文明，开通智识”为办馆宗旨，馆址设在长沙市定王台，最初的馆名是“湖南图书馆兼教育博物馆”，这是中国近代最早用“图书馆”命名的省级图书馆。1912 年秋至 1913 年春，毛泽东曾经在这里自学。1923 年 1 月，在长沙市教育会坪新建一座图书馆，为西式建筑，上下两层，这是湖南省第一幢专门为公共图书馆设计建造的楼房，成为当时长沙标志性建筑之一。1927 年，何叔衡曾担任湖南图书馆主任（馆长）职务。1930 年 7 月，湖南图书馆遭遇兵燹，馆舍被焚，藏书荡然。抗日战争时期，湖南图书馆辗转迁徙于湘西地区，1938 年 10 月定王台馆舍遭日军飞机轰炸，藏于此的数万块雕板印刷的板片被炸毁。同年 11 月长沙文夕大火，教育会坪的馆舍再遭厄运，建筑受到很大的损坏。1946 年 3 月，湖南图书馆从湘西迁回长沙，馆址选在乐古道巷一所废弃的校舍。解放后，人民政府接收了湖南图书馆。1955 年，政府在长沙市中山路划拨一块土地给湖南图书馆，先后建成了阅览楼，办公楼和书库。1959 年，馆藏图书达到 130 万册。1984 年，在长沙市韶山路建成新馆舍，成为当时全国规模最大、设施最好的省级图书馆，时任中共中央总书记的胡耀邦题写馆名。2004 年，湖南图书馆已发展成为一座拥有藏书 339 万册，馆舍面积 31900 平方米的综合性图书馆，开设了 13 个服务窗口，年接待读者达 101 万人次，年外借文献 127.8 万册次，开展文化讲座和读者活动 188 次，装备有现代化服务设施，可以利用网络技术开展远程信息服务，在职员工 222 人。

2004 年 12 月 1 日，湖南图书馆举行百年馆庆仪式。国家文化部副部长周和平，湖南省委副书记、常务副省长于幼军，省委副书记谢康生，原省政协主席刘夫生，湖南省人大副主任唐之享，副省长许云昭，省政协副主席文选德等领导参加了典礼。文化部副部长周和平在庆典仪式上讲话，湖南图书馆馆长常书智致辞。李铁映、华国锋、毛致用、孙家正、王茂林等领导及社会知名人士为湖南图书馆百年华诞发来了贺信。香港汉荣书局董事长石景宜、日本滋贺县图书馆馆长梅泽幸平及省内外各界嘉宾近 600 人参加了庆典。

湖南图书馆百年馆庆期间举办一系列活动。“百年馆史展”，展出的 200 余幅历史照片，真实地记录了湖南图书馆百年发展历程。“馆藏字画展览”展示了湖南图书馆多年收集的珍贵字画。举办了“中国图书馆百年馆长论坛暨中南、西南省（市）、自治区公共图书馆业务协作研讨会”，张勇副馆长作了题为《湖南图书馆的历史与使命》的主旨发言，中国图书馆学会副理事长、北京大学教授吴慰慈和上海图书馆党委副书记王世伟作学术报告。

中国诞生的第一所省级公共图书馆在湖南，湖南图书馆在中国近、现代史上对地方文化的建设、保存与传播做出重要贡献，对中国图书馆事业的发展产生很大的影响。以史为鉴，可以知得失。为了彰显前贤，昭示来者，在湖南图书馆百年馆庆之际，编辑《湖南图书馆百年志略》、《湖南图书馆百年纪念文集》、《湖南图书馆馆藏字画选》，由北京图书馆出版社于 2004 年 11 月出版。（沈小丁）

【湖南文化信息资源共享工程】 全国文化信息资源共享工程（以下简称“共享工程”）是文化部、财政部于 2002 年 4 月策划启动并组织实施的国家重点文化工程，湖南是"共享工程"的试点省份之一。在 2004 年 4 月召开的全国文化信息资源共享工程工作会议上，湖南共享工程工作受到了全国文化信息资源共享工程领导小组的表彰。

湖南文化信息资源共享工程建设的

总体目标是：建好1个省级中心，15个市级基层分中心，100个县级基层分中心。2010年前，基本建成覆盖城市大部分社区和农村乡镇、村的基层服务网络。到2010年，形成全省较大规模的分布式文化信息资源库群，利用互联网、卫星等通道传送到基层服务网点，使广大群众能够便捷地享受丰富的文化信息资源。

为保证工程的顺利实施，成立了湖南省文化信息资源共享工程领导小组、湖南省文化信息资源共享工程资源建设协调委员会。湖南省文化厅、省财政厅联合印发了《关于实施湖南省文化信息资源共享工程的通知》，省文化厅印发了《湖南省文化信息资源共享工程实施方案》、《湖南省文化厅关于湖南省文化信息资源共享工程资源建设若干事项的通知》、《湖南省文化信息资源共享工程管理暂行办法》。"共享工程"湖南省分中心设在湖南图书馆。

2003年，省财政为全省共享工程的启动安排了450万元的专项资金，其中340万用于"共享工程"湖南中心的基础设施建设及机房改造；50万元用于市、县图书馆建立基层分中心的配套奖励；60万元用于湖南省少年儿童图书馆基层分中心建设。

不搞重复建设、因地制宜、合作建设基层网点是湖南共享工程工作的一大特点。2004年8月，中共湖南省委农村党员干部现代远程教育领导小组办公室和湖南省文化厅联合下发了《关于加快我省农村党员干部现代远程教育和文化信息资源共享工程建设工作的通知》，明确规定农村党员干部现代远程教育站（点）均加挂共享工程基层网点的牌子。2004年全省已建成的远程教育终端接收点达10061个，这些点都加挂共享工程基层网点的牌子，为使共享工程更好地服务于农村基层群众，湖南中心还专门制作了一批群众喜闻乐见的地方特色资源，采取上门安装、网上浏览点播的方式提供服务。

本着边建设边服务，让广大人民群众早受益的宗旨，在国际互联网上建立了共享工程专门网站——湖南文化信息网（www.culture.hn.cn）。湖南中心正在加紧有湖湘地方特色的优秀民族民间文化信息资源的建设，完成特色资源建设总量约100GB，其中视频资源约200小时。为推动全省共享工程建设，2005年湖南省委办公厅、省政府办公厅转发了《湖南省文化厅、财政厅关于进一步加强文化信息资源共享工程建设的意见》。目前，湖南以省、市（州）、县公共图书馆为骨干的地区性中心服务网络基本建成对加强基层文化建设产生了积极的作用，共享工程服务网络已成为湖南省传播先进文化的新渠道。（伍艺）

【湖南省完成第三次公共图书馆评估】 文化部于2002年下发《关于开展2003年县以上公共图书馆评估定级工作的通知》。2003年2月，湖南省文化厅下发《湖南省文化厅关于开展2003年县以上公共图书馆评估定级工作的通知》，对评估的工作范围、定级标准、工作方式和工作步骤做出明确的规定。3月，湖南省文化厅在长沙召开市、州图书馆馆长暨市级学会联席会议，对图书馆评估工作进行了部署，要求各地对照文化部制定的评估标准，认真做好准备。会议组织与会人员学习了评估标准，就评估标准的指标逐项展开了讨论。后因为非典疫情的影响，湖南省文化厅专门下发了《湖南省文化厅关于县以上公共图书馆评估定级工作的补充通知》，决定将湖南省评估工作延期至2004年进行。2004年2月，湖南省文化厅和湖南图书馆、湖南省少儿图书馆派员赴郑州参加由中国图书馆学会举办的"全国公共图书馆评估培训班"。

湖南省各市、州文化局也召开了县级图书馆馆长联席会议，对评估图书馆工作进行部署。各地成立了以分管图书馆的副局长为组长的迎接全国第三次公共图书馆评估定级工作领导小组，对照评估标准，以目标责任书的形式，将评估工作当作重要的任务下发各县文化局和县图书馆。各市、州文化局、市图书馆以及中心图书馆召开了县、区图书馆馆长联席会议，传达省厅有关图书馆评估的会议精神，组织学习文件和评估标准。

各市、州文化局都成立了由主管副局长为组长与图书馆资深专业人员为组员的评估检查组，于2004年5月，到各县、区图书馆进行评估检查。检查程序是首先听取县、区图书馆馆长的工作汇报；对全馆各部门和服务窗口进行检查，核查业务档案；评估小组开会，汇总检查情况，对照评估标准和各馆自测情况进行逐项评估，严格按照标准，实事求是地给予评分；评估小组向被评馆及其主管部门反馈评估意见，充分肯定成绩，同时也指出工作中有待改进之处。

湖南省文化厅于5月22日在长沙召开评估检查工作会议，决定成立由13人组成专家团，分成3个小组，对全省地级图书馆进行评估检查。6月，省评估检查小组先后到长沙、株洲、岳阳、常德、益阳、衡阳、邵阳和湘潭等八市的地级图书馆进行评估，并在各市检查1个县级图书馆，以了解各地对县馆的评估情况。发现个别地区打分时尺度掌握有问题，当即指出，并调整该市对县级馆的评估分数。7月，湖南省文化厅在长沙再次召开全省评估工作会议，省评估领导小组全体成员听取了3个检查小组的情况汇报，给全省参加此次评估的10个地级图书馆给予了客观的评分。湖南省文化厅汇总了全省公共图书馆评估统计表，报国家文化部。

2004年10月22日至26日，由周德明、常林、莫少强、顾玉清组成的文化部评估检查组来到长沙，对湖南图书馆和湖南省少年儿童图书馆进行了评估检查。评估组先到湖南省少年儿童图书馆检查，听取了罗建国馆长的汇报，审阅了各种评估材料和业务档案，对全馆各部门和科室进行了考察，审核了各种评估打分数据。随后，文化部评估组对湖南图书馆进行检查。常书智馆长做了《与时俱进，历发图强，开创图书馆事业新局面》的工作情况汇报，从思想政治工作、基础业务建设、文献资源建设、读者服务工作、辅导研究协作和经营创收工作等六个方面对湖南图书馆6年来的工作进行了总结。评估组视察了各个服务窗口，向读者和职工发放了《读者调查问卷》、《领导班子调查表》。10月26日，文化部评估组举行情况反馈会。湖南省政府办公厅副秘书长姜儒振，中共湖南省委宣传部、省文化厅有关领导出席会议。湖南图书馆、湖南省少年儿童图书馆的领导班子成员以及两馆中层干部参加会议。文化部评估组副组长周德明通报了评估检查情况，评估组各位专家做了发言。湖南省文化厅副厅长吴爱华发言，向评估组表示感谢。

湖南省共有115所公共图书馆，有96所图书馆参加2004年评估，其中省级馆2所，市（州）级馆9所，县级馆85所。通过评估定级，湖南省有19所馆评为一级图书馆，二级图书馆34所，三级图书馆36所。（沈小丁）

【湖南省成立文献信息资源共建共享协作网】 湖南图书馆、湖南大学图书馆、湖南省科技信息研究所于2004年7月14日签订意向书，发起成立湖南省文献信息资源共建共享协作网。这是一个跨系统、跨部门、跨行业、跨地区的协作组织，在文献信息资源共建共享领域开展全面合作。协作网以共同建设、共同发展、共同提高为宗旨，将积极开展全省文献信息资源建设协作协调，优化全省文献资源配置，提高文献利用率，节约经费开支，充分发挥全省图书情报机构的文献资源优势、信息技术优势和人才优势，提高湖南省文献信息资源保障能力、可获知能力、可获得能力。发起成立协作网的这三家机构是湖南省公共、高校和科研三大系统图书馆的牵头单位，这标志着湖南省在文献信息资源共建共享领域中的协作迈出了实质性的一步，意义重大。协作网将会吸收湖南省其他图书情报单位加入，不断扩大协作网在全省的覆盖面，增强自身实力，在保持原有的文献信息资源和特色服务的基础上，逐步延伸协作领域，提升服务能力，为促进湖南省经济、政治、文化、教育、科技全面协调发展发挥重要的作用。

协作网成员单位开展文献信息资源共建。在充分考虑各成员单位文献资源优势的基础上，合理分工，相互补充，保持特色。大部头工具书、外文文献和文献数据库的采购实行分工采购、集团采购的方式，提升文献资源的共建规模，建立各馆有特色的文献信息资源体系和全省整体化的文献资源保障系统。协作网成员单位实现文献信息资源共享。协作网成员单位均具备利用网络开展信息服务能力，各成员单位在互联网上共同建设统一的服务网站，并在网站上开放本单位的书目查询系统。协作网成员单位设立了馆际资源服务岗，利用网络技术为用户开展远程文献信息服务。协作网成员单位向其持证读者开放阅览室，读者可以查阅各成员馆收藏的纸本文献和全文数据库。协作网组织各种层次、各种类型的培训班，提高员工业务素质。

湖南省文献信息资源共建共享协作网开通仪式于2004年12月1日在湖南图书馆举行。湖南省政府副省长许云昭出席了开通仪式，省文化厅副厅长吴爱华主持会议，省教育厅副厅长申纪云、省科技厅副厅长李求长发了言。来自全省公共、高校、科研系统图书馆共100人参加了协作网的开通仪式。（沈小丁）

【湖南举办全省图书馆行业职业道德知识竞赛】 为了深入学习贯彻中国图书馆学会颁布的《中国图书馆员职业道德准则》，强化广大图书馆从业人员的服务意识，努力提升整个行业的服务水平和能力，2004年10月至12月，由湖南省图书馆学会、湖南省高校图工委倡议，湖南省文化厅主办了图书馆行业职业道德知识竞赛。竞赛以上网答题的形式进行。选定中国图书馆学会颁布的《中国图书馆职业道德准则》（试行）和刘久昌编《读者工作》、马远良编《参考咨询工作》为参考教材。竞赛活动得到湖南省内外各级各类图书情报单位和从业人员的大力支持，参赛人员通过登录湖南图书馆网站和湖南大学图书馆网站答题，共有380家图书情报单位的1861人参与了竞赛，其中湖南省内1785人参赛，省外76人参赛。经计算机自动评卷，评出10个一等奖，80个二等奖。邵阳市文化局、湖南大学图书馆等12家单位获组织奖。此次竞赛加强了图书馆行业职业道德建设，强化了行业自律意识，树立了正确的职业理念，促进了服务水平提高。（沈小丁）

香港特别行政区

【香港公共图书馆概况】 香港的公共图书馆系统由香港特别行政区康乐及文化事务署（康乐文化署）营办，该署也负责管理书籍注册组。香港公共图书馆系统提供免费的公共图书馆服务，满足市民对资讯、研究、自学进修和善用余暇的需要，以推广阅读风气和文学艺术，并支持市民终身学习。

2003年香港公共图书馆系统内共有70所公共图书馆，其中八所是流动图书馆。馆藏丰富完备，共有书籍898万册和多媒体资料119万项；登记读者多达297万名。2003年内，公共图书馆共外借资料5862万项，并处理参考资料查询391万项，比2002年分别增加了10.04%和3.94%。

2004年香港公共图书馆系统内共有72所公共图书馆，其中九所是流动图书馆。馆藏共有书籍976万册和多媒体资料133万项；登记读者多达314万名。2004年内，公共图书馆共外借资料6216万项，并处理参考资料查询402万项，比2003年分别增加了6.04%和2.81%。（韩楠）

【香港中央图书馆概况】 香港中央图书馆位于香港铜锣湾摩顿台，楼高12层，占地约9，400平方米，平面面积33，800平方米，建筑费高达港币六亿九千万元，于2001年5月18日正式投入使用，是全港公共图书馆的中枢系统及资讯中心。2003年香港中央图书馆共收藏图书馆资料182万项（2004年为199万项），并提供多元化的图书馆设施，包括多媒体资讯系统、设有六个专科参考部门的中央参考图书馆、艺术资源中心、香港文学资料室、《基本法》参考特藏、地图图书馆、语言学习室、青少年图书馆和玩具图书馆。此外，还备有完善的设施可供租用，包括面积达1500平方米的展览馆、设有293个座位的演讲厅、两个活动室、一个音乐练习室和多个研讨室。该馆每日平均使用人数约为16000人次。中央图书馆大楼中间有一座拱门，象征“知识之门”随时打开；各种圆形、方形和三角形的几何图案，则代表天圆地方及知识累积成塔。2001年5月，中央图书馆启用后，一方面为市民提供较大规模的图书馆设施，并提供更全面的参考及资讯服务。其它主要设施包括自助借书机、二十四小时服务的还书箱、资讯终端机及多媒体资讯系统。香港中央图书馆已获指定为九个国际组织的收藏图书馆，包括亚洲开发银行、欧洲联盟、国际海事组织、联合国、联合国教科文组织、世界银行、世界贸易组织及世界粮食计划署。此外，香港中央图书馆亦设有“香港特别行政区基本法特藏”，提供各类有关基本法的参考资料，例如剪报、法庭判词、书籍及多媒体资料等。由于中央图书馆内所有书桌都提供电源及连接埠，市民可以使用自己的手提电脑，搜寻贮存于馆内系统的资料，当然亦可随意上网。此外，馆内亦设有区域网络工作站，让读者尽览互联网及各式各样的多媒体光盘。

香港中央图书馆提供的服务具体包括：1 成人借阅图书馆，2 视听资料图书馆，3 中央参考图书馆，4 儿童图书馆，5 语言学习室，6 地图图书馆，7 电脑资讯中心，8 儿童多媒体资料室，9 报章及期刊图书馆，10 玩具图书馆，11 青少年图书馆，12 展览厅，13 演讲厅，14 读者服务简介厅，15 活动室，16 儿童活动室，17 参考及资讯查询中，18 缩微资料阅览区，19 研讨室，20 珍本书库，21 艺术资源中心，22 音乐练习室，23 还书箱服务。

2003 年中央图书馆除了定期举办文化活动和专题讲座外，还举办多元化的全港大型活动。该馆在十月与中国科学技术协会和京港学术交流中心合办“当代杰出华人科学家公开讲座”，入场观众达 800 人次，并吸引不少人收看网上直播。此外，该馆与德国科隆公共图书馆合办“海因里希·伯尔：生平与著作展览”，展出这位一九七二年诺贝尔文学奖得主的照片、手稿、奖项和剪报。2004 年十月则再一次成功举办“当代杰出华人科学家公开讲座”，邀请多位科学界翘楚主讲一系列科技讲座，入场观众逾 1000 人次，网络直播也吸引了大量网友在线收看。此外还举办了“CEPA 与香港”和“中国区域发展”等大型讲座，以加强市民对本港与内地社会经济发展的了解和触觉，又举行“香港音乐文献征集藏品展”，展出香港音乐特藏征集行动收集所得的音乐资料。（韩楠）

【香港图书馆服务的新举措】 香港公共图书馆多年来不断丰富馆藏和参考资料，致力加强资讯服务，广泛应用资讯科技，又积极推广社会阅读风气，锐意提高服务的普及程度，现已发展成为本港的主要资讯中心。2003 – 2004 年，在教育学习服务、参考与资讯服务、资讯科技和数码图书馆、推广图书馆服务、阅读和文学活动等各个方面，香港图书馆都有新的举措，力求更好地为读者服务。（韩楠）

【香港图书馆教育学习服务的新举措】 2003 年公共图书馆与教育统筹局继续携手推行“一生一卡”计划，鼓励小学生善用图书馆服务，并与学校图书馆主任定期举行会议，研究如何以图书馆服务支援学校课程。此外，又继续为“毅进计划”提供支援服务，其中 15 所公共图书馆存放了香港公开大学的教材，方便市民自学进修。两所新图书馆在一月落成用，分别是粉岭的大型分区图书馆和富山的小型图书馆。康乐及文化事务署正计划在东涌和马鞍山开设两所新图书馆，并增设一所新的流动图书馆，此外又拟于二零零四年把目前设于租用楼宇内的大埔公共图书馆迁往新落成的大埔综合大楼。康乐及文化事务署与香港艺术发展局合办艺术品外借试验计划，让读者可以外借香港中央图书馆艺术资源中心的艺术品。根据这项计划，个人和团体可分别外借不超过两项和五项艺术品，为期 30 日。

2004 年，共有三所新图书馆落成使用。四月，公共图书馆网络扩展至东涌，在该处增设了一所小型图书馆，大为加强大屿山的图书馆服务。十二月，大埔公共图书馆（原为设于租用楼宇内的非标准分区图书馆）迁往新落成的大埔综合大楼，另外一所新的流动图书馆亦投入服务。此外，康乐及文化事务署计划于二零零五年年初在马鞍山开设一所新的分区图书馆，目前正进行筹备工作。公共图书馆秉持推动和支持市民终身学习的宗旨，年内与教育统筹局继续携手推行“一生一卡”计划；此外，又继续为毅进计划提供支援服务，其中 16 所公共图书馆更存放香港公开大学的教材，方便市民自学进修。康乐及文化事务署还计划在九龙公共图书馆设立教育资源中心。而康乐及文化事务署与香港艺术发展局合办的艺术品外借计划，由于深受市民欢迎，明年会进一步扩展。（韩楠）

【香港图书馆参考与资讯服务的新举措】 香港中央图书馆和五所主要图书馆（大会堂公共图书馆、九龙公共图书馆、沙田公共图书馆、荃湾公共图书馆和屯门公共图书馆）为市民提供参考和资讯服务。香港中央图书馆的中央参考图书馆设有六个专科参考部门，提供全面的参考和资讯服务，当中包括广泛的电子资料，例如唯读光碟、网上数据库、电子书籍、电子期刊和多媒体程式等。这些资料均可供市民在网上查阅。此外，中央参考图书馆也存放了《书刊注册条例》规定须予保存的书刊。

2003 年内，中央参考图书馆共收藏 76 万项资料，图书馆人员共处理 391 万项参考资料查询。同年大会堂参考图书馆翻新成为工商专科参考图书馆，并于十一月与 the Creative Initiatives Foundation 合作成立创造力及创新资源中心，务求加强创新和创意思维的教育，并增进市民对创造潜力的了解，以提升香港的创意文化。

2004 年内，中央参考图书馆共收藏 91 万项资料。同年九月，香港中央图书馆联同中山图书馆、深圳图书馆和澳门中央图书馆推出新的网上参考谘询服务，让粤港澳三地的读者能够在所属地区的图书馆网页中，轻易使用连结直接向参与提供谘询服务的图书馆递交参考询。这个网上专业资源协作安排标志使珠三角区域在资讯与知识交流方面迈出了重要的一步。十二月，设于大会堂公共图书馆的基本法图书馆使用。该馆是康乐及文化事务署与基本法研究中心合作的项目，馆藏结合了由基本法研究中心捐赠的逾 5000 项资料，以及原本存放于中央图书馆内的约 3600 项《基本法》参考特藏藏品，涵盖各类有关《基本法》、宪法、行政法、人权和公民权的资料。读者可藉使该等馆藏更深入认识香港特别行政区的《基本法》，并进行有关学科的研究。（韩楠）

【香港图书馆资讯科技和数码图书馆的新举措】 香港公共图书馆的电脑系统是全球中英双语兼容的最大型图书馆电脑系统之一，提供全日 24 小时网上图书馆服务，供读者于网上检索、预约和续借图书馆资料。

2003年内，通过互联网和电话续借服务续借的图书馆资料共有1410万项。由于网上公共图书馆服务日益受读者欢迎，香港公共图书馆网页（http://www.hkpl.gov.hk）已成为本港第六个最受欢迎的网页。自政府在2003年中开始签发新的智能身分证后，公共图书馆即让香港居民选择是否善用智能科技，把智能身分证用作图书证，以外借、续借和预约图书馆资料。此外，多部接驳互联网的电脑终端机已安装可兼读电子证书的智能卡阅读器，供市民使用，以鼓励市民广泛使用资讯科技和电子服务。公共图书馆于十二月推出电邮通知书服务，通过电邮向登记读者发出逾期还书和预约通知，藉以提高服务效率和节约用纸。公共图书馆正计划增设自助借书终端机，以期进一步推广图书馆的自助服务。公共图书馆成功推行多媒体资讯系统，让读者得以通过图书馆内的多媒体工作站和互联网使用自选视听资料、浏览唯读光碟、查阅参考资料和检视文件等服务，为开发数码图书馆服务奠下重要的里程碑。多媒体资讯系统亦由香港中央图书馆扩展至24所主要和分区图书馆，所覆盖的网络大幅延伸至分布全港的592个工作站。为进一步普及服务，该系统由十一月起把网上服务时间延长至午夜。此外，该系统又于年初与国际儿童数位图书馆策划的图书计划合作，以数码形式搜集不同国家出版的儿童读物和文学作品，然后通过互联网免费供世界各地的读者阅览。鉴于多媒体资讯系统备存大量档案，联合国教育、科学及文化组织于四月把该系统纳入其参考资讯网内。全球各地的档案保管人员和研究人员可通过该网站研究不同民族的历史文化。

2004年，通过互联网和电话续借服务续借的图书馆资料共有1593万项。香港公共图书馆网页（http://www.hkpl.gov.hk）已成为本港最受欢迎的网址之一。香港公共图书馆继续扩大资讯科技的应用范畴，务求为市民提供更方便、更有效率的服务。2004年内，选择使用把智能身分证用作图书证服务的读者人数持续上升，而读者以智能身分证使用图书馆服务的次数也不断增加。2003年推出的电邮通知书服务，备受读者欢迎，共有六万多人已选用新服务，2004年内发出的电邮通知书超过147000份。数年前为香港中央图书馆开发的多媒体资讯系统，在资讯检索方面开拓了不少新领域，让读者得以即时阅览各类数码文件和欣赏自选影音节目。多媒体资讯系统所提供的数码图书馆服务成效卓越，屡获殊荣。为进一步普及服务，该系统已扩展至25所分区图书馆，并可供市民在互联网上浏览。（韩楠）

【香港图书馆推广图书馆服务、阅读和文学活动的新举措】 推广活动是图书馆服务重要的一环。年内定期举办的活动包括儿童时间、书籍展览、专题讲座、研讨会、兴趣小组和参观图书馆活动。此外，为配合数码图书馆计划，公共图书馆还定期举办简介课程，介绍如何使用联机公众检索目录、网上数据库、唯读光碟、多媒体资讯系统和互联网查阅资料。

2003年内，公共图馆举办的推广活动共有15248项。公共图书馆推行多元化的课外阅读计划，并举办与阅读有关的活动，以推广阅读风气。在暑假期间，公共图书馆举办了为期一个月的阅读推广计划，活动包括“如诗如画·诗歌伴成长”展览和一系列的儿童阅读活动，例如音乐剧、小型音乐会、电影欣赏、阅读分享会、讲故事时间、新诗创作坊、亲子阅读工作坊、亲子演绎比赛和亲子旧曲新词创作比赛。此外，香港中央图书馆和五所主要图书馆举办的青少年读书会已推展至25所分区图书馆。为配合青少年读书会而举办的多项活动如“与作家会面”讲座，广受参加者欢迎。公共图书馆除了为学校、非牟利组织、复康机构、惩教院所、安老院和肢体伤残人士宿舍提供集体借用书籍和录音带的常设服务外，还与保良局和教育统筹局合作推行“流动校园图书服务”计划，为没有图书馆设施的学校提供图书到校服务。公共图书馆于二月再次举办“旧书义卖活动”，以鼓励市民分享书籍并支持书本循环再用。这项活动为香港公益金筹得677，000元。至于未售出的旧书，则已转送予本地学校和机构。公共图书馆举办了多项特别节目和大型比赛，以推广文学创作，并推动文学艺术的欣赏和发展。主要活动包括全港诗词创作比赛和学生中文故事创作比赛，以及与香港艺术发展局合办的香港中文文学双年奖。各项比赛的得奖作品均结集出版。至2003年底，公共图书馆已先后出版99本中文文学书籍。

2004年，公共图书馆举办的服务推广活动共有16967项。在暑假期间，公共图书馆举办了为期一个月的阅读缤纷月活动，当中包括“穿越时空”经典儿童故事展览和一系列儿童阅读活动，例如音乐剧、故事绘画和演绎比赛、电影欣赏、阅读分享讲座、讲故事时间和互动工作坊。至于其他大型阅读活动，则包括与香港教育专业人员协会合办的“阅读嘉年华”和“中学生好书龙虎榜”，以及与香港电台合办的“十本好书”阅读推广计划。2004年内，公共图书馆又举办了多项特别节目和大型比赛，以推广文学创作，并推动文学艺术的欣赏和发展，如于七月与香港艺术发展局合办第五届香港文学节，举行超过30项节目，包括研讨会、交流会、与作者和创作人对话、一系列工作坊、展示本地作家风采的展览、文学创作、文学作品演绎比赛和明信片设计比赛。其他主要活动包括全港诗词创作比赛、学生中文故事创作比赛，以及与香港艺术发展局合办的香港中文文学双年奖。各项比赛的得奖作品均结集出版。至2004年底，公共图书馆已先后出版103本中文文学书籍。为鼓励市民分享书籍并支持书本循环再用，公共图书馆于二月再次举办“旧书义卖活动”，为公益金筹得超过81万元。此外，公共图书馆又举办“地区讲古系列”，邀请各区知名人士分别主持18个讲座，藉此提高市民对本港历史掌故的认识和兴趣，讲座反应良好。（韩楠）

【“十本好书”推介活动十周年】 由香港电台和香港公共图书馆共同主办的“十本好书”推介活动，在2003年进入第十届。“十本好书”推介活动每年都会邀请各界名人推介年度好书，而入选的十本好书也会于各公共图书馆巡回展览。同时为增添大众的参与性，还设有“最佳读后感比赛”、有奖问答比赛等活动。2003年“十本好书”为：《十万个为什么. 地球科学篇 I》、《千年一叹》、《遍山洋紫荆》、《成功，你敢吗?》、《边缘回望》、《健康忠告》、《我是谢坤山》、《向左走．向右走》、《射雕英雄传》和《规范与对称之美——杨振宁传》。

同时，为庆祝“十本好书”活动踏入十周年，主办方特于6月举行投票选举，让市民从历届活动推荐的100本好书中选出最喜爱的十本好书。最终从2万5千张选票中脱颖而出，获得“历届十本好书最受欢迎好书选举”的十本好书为：1.《哈利·波特之阿兹卡班的囚徒》(Harry Potter and the Prisoner of Azkaban) 2.《向左走·向右走》3.《红楼梦》4.《三国演义》5.《鹿鼎记》6.《射雕英雄传》7.《谁搬走了我的乳酪?》(Who Moved My Cheese?) 8.《水浒传》9.《唐诗三百首》10.《倾城之恋》。(韩楠)

【儿童及青少年阅读计划】 为了推广阅读风气，引发儿童及青少年对阅读的兴趣和培养他们养成良好的阅读惯，扩阔他们的阅读范围和知识，提高他们运用语文的能力，并鼓励家长积极参与子女的阅读活动。香港公共图书馆自一九八四年起推行「儿童及青少年阅读计划」，鼓励儿童和青少年培养良好的阅读习惯，并应需要不断革新计划内容；同时不断推出多元化的阅读活动，提高他们对阅读的兴趣。

凡年龄4-19岁的香港公共图书馆登记读者，均可报名参加该计划。参加者可选择以个人身份或经学校/团体提名，参加个人组或家庭组（须为4-9岁的儿童)。鼓励参加家庭组的会员在家长陪伴下阅读书籍。会员在参加计划时会获发阅读纪录册一本，以纪录会员所阅读的书籍、递交的阅读报告及推介的书籍，所登记的纪录均需经由香港公共图书馆或学校图书馆盖印作实。每年总结时，会员可获发嘉许状，证明期间所阅读书籍的数量；阅读100本书或以上的会员，可获发金奖证书；阅读书籍最多的首50名会员，可获颁发奖项；而最积极参与的提名学校/团体（以累积提名会员阅读书籍数目作计算)，亦获颁发奖座。

会员可借阅香港公共图书馆或学校图书馆的书籍，递交阅读心得或报告一篇（不多于400字)，经图书馆馆长或学校图书馆主任推荐，参与每月之星选举，包括家庭组（幼稚园至小三）高小组（小四至小六）初中组（中一至中三）高中组（中四至中七)。每月之星结果会于会员通讯及图书馆内公布。在年度总结时，各每月之星可获纪念品一份；此外亦会从所有每月之星当中，每组再选出最佳3位给予大奖，以示鼓励。此外还包括好书推荐，阅读计划等各种活动。2003年该计划在全港参与人数已超过6.8万名，共有29位阅读计划会员获“杰出成绩奖”，其中不乏来自同一家庭的兄弟姊妹。同时，各学校也纷纷出台鼓励学生参加该计划的规定，有5所小学并获“最积极参与学校奖”。(韩楠)

【香港公共图书馆义务工作计划】 由一九八一年起推行，旨在透过计划让年满十六岁及在中四程度以上的读者参与图书馆的服务，进一步认识图书馆的工作、馆藏和设施。通过此活动，读者不仅可以贡献自己的劳动为社会服务，更能深层次地了解各公共图书馆的内部运作，更好地利用图书馆，同时也能为图书馆的发展提出更多更好的建议，使公众与图书馆真正地紧密联系在一起。2003年共有七十六位读者，2004年共有四十九位读者，在该计划中完成了一百小时或以上的义务工作，他们都获发金奖证书，以鼓励其热心服务的精神。(韩楠)

【2003-2004香港公共图书馆文化交流活动概况】 2003年，香港公共图书馆加强与外地的公共图书馆合作，包括与德国科隆公共图书馆签订谅解备忘录，以便双方在图书馆发展、资源共用和专业人员培训方面推行一系列的合作计划。此外，图书馆又与内地，特别是大珠三角地区的图书馆加强文化联系，尤其是在培训、刊物交换、图书馆参观、参考服务，以及合办讲座和展览等活动方面。深圳图书馆派出了由16位图书馆人员组成的代表团来港，暂驻各公共图书馆，作为专业交流活动之一。2004年，香港图书馆继续加强与港外的公共图书馆，特别是大珠三角区域图书馆的合作，与大珠角区域的图书馆互相探访，就不同范畴，尤其是在目录编制和参考资料服务方面，进行专业交流并发展共同提供的服务。(韩楠)

澳门特别行政区

【澳门中央图书馆概况】 澳门中央图书馆隶属文化局，创建于1895年，是澳门最大的公共图书馆网络，由总馆及6个分馆组成，总藏书量约50万册。澳门中央图书馆服务范围多元化，包括办理读者证、影印服务、查阅《澳门特别行政区政府公报》、图书及报刊阅读/借阅、查阅微缩资料、澳门资料参考谘询服务、逾期报刊阅览、宽频上网服务、电子化新闻资讯、网上电子学习课程、发售文化局出版品。出版者也可透过馆内的国际标准书号中心，申请国际标准书号（ISBN)、国际标准期刊号(ISSN) 和国际标准录音录像资料代码(ISRC)。教育社会大众、传播知识讯息、传承宏扬文化、倡导健康和休闲阅读是澳门中央图书馆的任务，透过推动阅读的方式来履行。为此，总馆和分馆定期举行各项阅读推广活动、展览、讲座等，对象遍及儿童、青少年及一般成年人、老人。为了展示澳门图书馆的多元面貌、推行图书馆资源利用教育，该馆每年参与举办多项大型活动，如：图书馆周、研讨会、讲座等。2004年，澳门中央图书馆藉“图书馆周”、“终身学习周”等活动，与读者面对面、近距离分享阅读的乐趣。

2003年，澳门中央图书馆和辖下各分馆外借阅览数目276,709人次，外借图书资料591,977项，使用多媒体视听室67,752人次，进馆1,098,934人次。

2004年，澳门中央图书馆和辖下各分馆外借阅览数目286,916人次，外借图书资料652,519项，使用多媒体视听室71,741人次，进馆1,194,884人次。(韩楠)

【澳门图书馆暨信息管理协会概况】 澳门图书馆暨信息管理协会，简称图协，英文名为Macao Library and Information Management Association，葡文名为Associacao de Bibilotecarios e Gestores de Informacao de Macau。于1995年

5月4日成立筹备会，7月2日正式成立，为非牟利社团。其宗旨为：促进澳门的图书馆及资讯服务之合作与发展，制订服务之标准和指引；团结澳门图书馆及资讯管理从业人员，加强地区与国际之间联系；举办图书馆及资讯管理的专业教育和训练；提高图书馆学及资讯管理的专业地位。

直至2005年5月，共有会员250人，占澳门图书馆从业人员三分之一，分别来自五十多个相关单位，先后举办三十多次研讨会及座谈会，并与多个机构合办超过四十项专业课程，修读人次超过一千人次，1996年该会加入了国际图书馆联合会，成为澳门地区首个加入该会的专业社团，同年，该会受澳门市政厅委托代管其辖下两间市政图书馆，作为发展澳门图书馆事业之据点，1998年更与澳门业余进修中心及北京大学合作在澳门开设图书馆学专科课程，为北大在澳门开办课程之始，该会出版品有澳门图书馆暨资讯管理学刊及会讯，澳门教育期刊联合目录等，互联网网址为 http：//www.mlima.org.mo。（韩楠）

【2003－2004 **澳门图书馆兴建**】 2003年澳门共有图书馆242所，包括公共图书馆47所，大专图书馆16所，专门图书馆85所，学校图书馆94所，其中新开放的图书馆计有：文化会馆的金庸图书馆，下环社区中心图书馆，新华中学及夜中学图书馆，澳门演艺学院图书馆。另改建及搬迁的有：佛教青年中心自在空间及初级法院图书馆。

2004年澳门共有图书馆249所，包括公共图书馆50所，大专图书馆16所，专门图书馆86所，学校图书馆97所，其中新放的图书馆计有：明爱图书馆，中央驻澳部队图书馆，文化中心广场图书馆，沙梨头坊众学校图书馆，黑沙环公园黄营均图书馆。另有改建的粤华中学图书馆，慈幼中学图书馆，澳门大学图书馆增辟的美国坊，及耗资澳门币1600万元的何东图书馆扩建工程展开，凼仔黄营均图书馆动工。此外还倡建科学馆及大型图书馆，黑沙湾公园图书馆，文化局图书馆，回归纪念馆图书馆，水上街市图书馆，奥林匹克游泳馆图书馆，开放卫生局图书馆，学校图书馆，兴建澳大校园与图书馆连接工程。（韩楠）

【2003－2004 **澳门举办与图书馆学相关的大型展览**】 主要由澳门大学图书馆，澳门中央图书馆及澳门民政总署图书馆等单位承办，活动项目有：

《文德泉神父著作展览》，澳门中央图书馆主办，2003。

《名人藏书展》，澳门大学图书馆主办，2003。

《碑帖书画及古籍展览》，澳门大学图书馆举行，2004.04.16－5.04。

《澳门特色文献资源展》，澳门中央图书馆民政总署图书馆主办，2004.04.30－05.08。

《黄营均先生纪念展》，澳门民政总署图书馆主办，2004。（韩楠）

【2003－2004 **澳门图书馆学出版物概况**】 在2003年出版了6种，2004年出版了5种，共计11种。主要出版单位为澳门图书馆暨资讯管理协会及澳门央图书馆。

2003－2004 **澳门图书馆学出版物一览表**

书名	著者与出版社	出版时间
澳门中央图书馆馆讯	澳门中央图书馆出版	2003.
澳门对外开放图书馆地图	王国强，丘蕊杏编，澳门图书馆暨资讯管理协会出版	2003.09.
二十一世纪澳门图书馆发展规划与研究	王国强著，澳门图书馆暨资讯管理协会出版	2003.09.
澳门图书馆名录2004	王国强，林金霞编，澳门图书馆暨资讯管理协会出版	2003.12.
两岸三地信息管理与服务	澳门图书馆暨资讯管理协会出版	2003.12.
澳门图书目录2000－2001	澳门中央图书馆出版	2003.
澳门中央图书馆馆讯．葡文版	澳门中央图书馆出版	2004.01.
澳门特色文献资源研究	杨开荆著，北京大学出版社出版	2004.04.
简明古籍编目与版本学	骆伟著，澳门图书馆暨资料管理协会出版	2004.08.14.
两岸三地社区图书馆管理与研究	澳门图书馆暨资讯管理协会出版	2004.12.21.
书的传人	王国强著，澳门文化广场出版	2004.12.

（韩楠）

【2003－2004 **澳门图书馆学研讨会概况**】 “社区图书馆工作坊”2003年9月于澳门文化中心演讲厅，包括新加坡、澳门、台湾、香港四地的图书馆学者，探讨社区图书馆建立与文化传播议题。

“电子文档座谈会”，2004年2月27日由澳门电讯主办，座谈会的内容，包括由香港慧图科技有限公司首席执行长吴国璋先生主讲《分享知识管理在香港推行的成功经验》，澳门大学国际图书馆代馆长王国强先生介绍《应用文件管理带来的好处》澳门电讯电子商贸服务总监马志光先生解释《如何于短时间内处理大量积压的文件（利用电子文档处理中心）》。

“两岸三地澳门阅读文化学术研讨会”，于2004月12月12日（星期日）下午二时在澳门教区主教府礼堂举行。邀请两岸三地学者共同探讨阅读风气和终身学习。会上发表论文有：《台湾地区的阅读文化》、《让阅读滋养孩子们的精神世界》、《中央图书馆阅读推广策略》、《民政总署图书馆阅读推广》、此外，还邀请澳门艺穗会全澳长者故事讲演比赛获奖者即场表演及四份读者调查系列报告等。（韩楠）

【第一届澳门阅读文化节】 2004澳门阅读文化节于2004年8月14日至21日举行，阅读文化节内容丰富多彩，有书展、读书论坛、名作家签名会、主题作文比赛、专题讲座、儿童故事游艺坊、摊位游戏及新书发行等一系列活动。

期间进行的活动包括：内地著名学者余秋雨连同香港和澳门的两位学者畅谈“文化城市与旅游”的关系，本澳专栏作者丁楠及陆奥，就村上春树作品中文学与音乐两者的关系探讨小说框架，透过文学了解现实生活；中山大学教授骆伟则以“近代香港澳门藏书家的崛起”为题，探讨港澳两地收藏书籍的秘诀，前香港教育署图书馆馆长邝志雄主讲“愉快地阅读，有效地学习，为终生学习打好基础”，以及香港导演舒琪讲述“一出电影的诞生”的拍摄技巧。而除了来自内地、香港以及澳门的著名学者在“读书论坛”上畅谈读书心得外，更有内地、香港、台湾和澳门的300多家出版社展销各类图书数万册，其中包括经济、历史、文化、科技、教育、社会等各类书籍，以及各种生动有趣的儿童读物。（韩楠）

2003－2004澳门图书馆学讲座概况

讲座时间	讲座内容
2004年4月	黄营均先生纪念讲座。
2004年11月6日	文化局澳门中央图书馆邀请美国图书馆协会英美编目规则和元数据区域研讨会主席、全美华人图书馆员协会执行理事长，曾程双修教授（Sally C. Tseng）主讲“图书馆编目工作交流会”，旨在加强和各地图书馆同业的交流，提高本澳编目工作的质量。
2004年11月28日	与法律学会合办“法律信息”讲座，蔡志龙先生主讲。
2004年12月	“社区图书馆建筑与设计座谈会”，澳门图书馆暨资讯管理协会理事长王国强，澳门图书馆暨资料管理协会主办。

（韩楠）

【何东图书馆及民政总署大楼图书馆列为世界文化遗产建筑群之一】 包括何东图书馆、民政总署大楼、大三巴牌坊等在内的共20多处澳门历史建筑群，经批准，作为中国2005年唯一的项目申报世界文化遗产。并在2005年7月15日第廿九届世界遗产委员会大会上，被联合国教科文组织世界遗产委员会正式通过列入《世界遗产名录》。（韩楠）

【2003－2004澳门图书馆界对外交流概况】 2003年8月，第三次粤港澳三地艺文合作峰会于在广州召开，会议签订了广泛的大珠三角文化合作协议，其中包括建联合书目，数字图书馆等。尤其在数字图书馆方面，三地将加强刊物及出版资讯、交换馆讯，合办馆藏展览及讲座，互通三地培训课程消息，实施图书馆馆员交流计划，三地图书馆的文献及特色馆藏将透过数字化逐步上网。

2003年10月15日—19日，参加由上海交通大学图书馆主办“海峡两岸服务主导型数字图书馆研讨会（上海）”，会议包括大陆、香港、台湾、香港两岸四地的图书馆界人士，主要探讨了在网络环境下，如何调整技术与人文的平衡，建设服务指导型数字图书馆的问题。

2003年12月20日—25日，举行“台湾中南部图书馆考察及交流团”，图协赴台湾南部图书馆交流访问。

2004年6月，美国会图书馆赠澳地图资料给中央图书馆，复制置各分馆方便读者查阅。

2004年6月17日，第四次粤港澳三地艺文合作峰会，粤港图书馆人员共百人来澳交流考察。

2004年8月21日—22日，图协访问省馆及佛图。

2004年11月14日，图协派员出席南京“第四届中文文献资源共建共享研讨会”。

2004年11月25日—29日，图协举办“日本参观交流之旅”，参观日本东京国立图书馆、东京大学图书馆和早稻田大学图书馆等。（韩楠）

海南省

【三亚图书馆探索学习型社会新服务模式】 三亚图书馆是目前海南省建设规模最大的综合性公共图书馆之一，于2002年5月8日搬迁并正式开放。根据三亚市创建国际性滨海旅游城市发展目标及塑造学习型社会的要求，顺应人们对文化知识、信息需求的变化，同时针对不同层次读者和社区服务对象获取图书馆信息知识、接受教育的特点，三亚图书馆积极探索和尝试新的服务模式，改变过去被动坐等读者上门的传统服务模式，最大限度地满足读者需求，发挥图书资源作用，受到广大读者的好评。

首先，他们对传统的中老年读者，以及来三亚度假、居住的读者，采取开放阅览、办证阅读的方式提供服务；其次，对领导机关、科研、教育、企业团体部门的读者，采取主动上门征询读者意向、推介服务项目、帮助查找相关图书资料、购置所需新书、提供网上信息情报等服务方式；第三，对社区群众、贫困农村、海岛渔村的读者，采取用流动图书车送书上门，向文化站、图书室、俱乐部赠送科普、法制、实用技术类图书的服务方式，让他们就近获取精神食粮；第四，对驻军部队、武警官兵读者，采取设立“流动图书站”，帮助建立图书室、培训图书管理员、导读员等方式提供服务；第五，对市区中小学生读者，采取假期分时段开放，开展主题读者活动，进行英语、美术培训、奥林匹克知识竞赛辅导的方式提供服务。

开馆三年来，该馆深入基层单位开展“图书馆宣传周”、“图书馆服务月”、“读书进社区”活动11次，建立“流动图书站”4个，帮助基层单位、学校建立图书室、文化室13个，培训基层图书管理员21人，向海岛渔村、扶贫点、周边乡镇、双拥共建单位、驻军和武警部队等37个基层单位，赠送图书2.3万余册，价值约合27万元。举办少儿英语培训班9期，奥数培训班7期，举办少年美术培训班2期，举办美术、书法、摄影作品展览13期，英雄人物事迹展览2期，盆景根雕艺术作品展览1期，黎族文物用品服饰展览1期。为读者办理借阅证16000多张，为读者提供复印资料服务9300多份。（杨威胜）

三亚图书馆馆舍

三亚图书馆采编部

三亚图书馆电子阅览室

【海南省文体厅在海口召开全省公共图书馆、群众艺术馆（文化馆）馆长会议】 2003年3月26－28日，海南省文体厅在海口召开全省公共图书馆、群众艺术馆（文化馆）馆长会议，昌江图书馆馆长、馆员郭玉光代表全省县（市）级公共图书馆作了题为《读者满意为准则，真抓实干创佳绩》的经验发言，受到了省文体厅的领导和与会两馆馆长们的赞誉。（郭玉光）

【昌江图书馆增设读者自学室受欢迎】 2003年4月5日，昌江图书馆充分发挥现有阵地的优势，在本馆四楼内增设“读者自学室”，使我馆的对外服务窗口从原来的6个增至7个，从而极大地方便了住校中学生和外来打工族读者群看书学习难的问题。既为广大读者营造了一片文化休闲天地，又提高了我馆的办馆效益。（郭玉光）

【昌江图书馆努力建设学习型社会】 2003年5月27日－6月27日，昌江图书馆在开展为期一个月的“图书馆宣传”、“图书馆服务进社区”、“全民读书月”系列活动中，共吸引读者3500余人（次），其中，中学生和驻地武警边防官兵就达2500余人（次）。为在社会上营造一个读书学习的良好氛围，不断推动本次读书活动的深入开展，我馆采取“走出去、请进来”的方式，因地制宜地开展了“文明服务公约”、“欢迎您到图书馆来”、“中国图书馆职业道德准则”和“庆六·一新书展”等宣传和读书活动。此外，我馆还以“汽车图书馆”的形式，组织一个“图书流通小组”，把一批读者喜闻乐见的新书和杂志分别送到县民中、县边防机动中队和国投水泥厂社区进行巡回书展，为学校、警营和社区的广大师生、武警官兵和社区干部职工及家属们开辟了第二课堂，使他们的文化养分进一步得到提高。同时，我馆还分别赠送了536册科普知识图书资料给石碌镇水头小学和昌江糖厂图书馆（室），为他们解决了长期以来藏书不足的现象。（郭玉光）

【规范文明礼貌用语，做好读者服务工作】 2003年11月1日，为避免读者在外借开架书库内乱翻、乱放图书的现象，昌江图书馆除了在书库内制作一些富含人情味、亲切感的警示标语外，还修订了《外借处借阅规则》，并融入柔和的音乐制作成CD，每天在读者借书高峰期时，一边放着柔和的音乐，一边宣传借阅规则，通过使用这种文明用语的不定时播放宣传，使新老读者都养成一种好的习惯，对协助工作人员做好读者服务工作起到了很大的作用。（郭玉光）

【加强馆际交流与合作】 2003年11月22－25日，在昌江县文化广电体育局局长林琼壮、副局长陈光发的带领下，我馆组织全馆业务人员一行11人，先后前往三亚、万宁、琼海、海口、儋州等省内先进馆进行业务考察。在考察期间，每到一馆，双方都就今后的采编、计算机、地方文献等业务工作的交流与合作问题广泛地交换了意见，并对今后进一步加强馆际业务交流与学习方面达成了共识。既增进了馆际之间的相

互了解和友谊，又为我馆今后各项业务工作的开展起到了推波助澜的作用。（郭玉光）

【海南省文体厅向昌江图书馆赠送一批新书】 2004年1月中旬，海南省文体厅向昌江图书馆赠送了一批价值10万元，约5000册的新书，从而弥补了我馆新书不足的现状。（郭玉光）

【昌江图书馆理论研究工作成绩斐然】 2004年2月初，昌江图书馆馆长、馆员郭玉光撰写的《对特区公共图书馆信息资源建设的几点思考》一文，参加了由《中国科技理论成果丛书》编委会主办的“年度（全国）行业改革实践与科技理论创新优秀论文”评选活动，并荣获“特等”奖，论文还被主办单位编入大型文献《现代社科理论成果文集》并在国内公开发行。至此，郭玉光同志已分别在省、国家级专业刊物和学术研讨会上发表论文达18篇。（郭玉光）

【昌江图书馆自动化建设势头看好】 2004年4月18日，为加快昌江图书馆自动化建设的步伐，县财政局从2003年全县财政结余款中追加2万余元专款为我馆购置3台“联想液晶”电脑，从而为我馆加速网络化建设奠定了良好的基础。（郭玉光）

【中共海南省委组织部向昌江图书馆赠送一套《传世藏书》】 2004年6月2日上午，中共海南省委组织部向昌江图书馆赠送了一套价值6．8万元的《传世藏书》，该书共25种123册，并在昌江图书馆门前举行了赠书仪式。省委组织部委员梁粟，县委副书记、纪委书记黄驹，县委常委、组织部长王桂月，县委常委、宣传部长王文平以及县文体系统和我馆的全体人员近200人出席了赠书仪式。省委组织部赠送的这套《传世藏书》将为昌江图书馆科技阅览室特藏图书增添了新的内容。（郭玉光）

【昌江图书馆增设电子阅览室倍受读者青睐】 2004年10月15日，昌江图书馆电子阅览室正式向读者开放。为满足大读者的需求，营造良好的学习氛围，在县委、县政府的高度重视和大力支持下，从地财拨出专款3万余元，采取与县电信局进行“宽带电脑1+1”的形式，组建了“电子阅览室”。经过两个多月的紧张建设后，一间装饰优雅、环境舒适的“电子阅览室”正式在我馆二楼投入使用，使我馆自动化建设真正朝着网络化方向迈进了一步。既为我馆增添了一个亮丽的服务窗口，极大地方便读者浏览互联网最新的信息资源，又可以借助于互联网为读者通向世界、了解世界提供一个健康、绿色的网络平台，还可以为未来图书馆联机、联网检索及整个数字化发展奠定基础和提供条件。（郭玉光）

【海南省五指山市图书馆送书下乡宣传活动】 2003年至2004年，五指山市图书馆结合民族山区实际，坚持“三贴近”，支持“三农”工作，不断加强基层文化宣传，组成服务小组，在年初、年中或年底，巡回全市7个乡镇，把书刊送到乡村、学校和企业，为广大群众及中小学生服务，并设立2个服务站点，定期流通图书。两年中，共送书下乡流通7600册次，接待阅览读者超过万人次，宣传农业科技、文明教育、生态环保等内容挂图450幅次，向乡镇中小学校赠送图书千余册，向村委会文化室赠送刊物阅览架5个。

五指山市图书馆自1988年5月开展首期“全国图书馆服务宣传周”活动至2005年5月，已连续十七年进行送书下基层、开展馆外服务宣传活动，常年坚持服务基层，进乡村、到学校、进社区、到企业，传播先进文化，宣传图书馆知识，活动每到之处都吸引了众多民群，受到好评。（李树林）

五指山市图书馆送书下乡活动

【海南省五指山市图书馆为编纂《海南省烟草志》五指山市部分提供史料】 2003年10月至12月，海南省烟草专卖局（公司）为组织编纂《海南省烟草志》，要求全省各市县根据当地的烟草发展历史情况，提供本地区烟草史料，五指山市烟草专卖管理部门请求五指山市图书馆给予帮助。该馆一名业务人员通过翻阅《黎族简史》、《海南岛古代简史》及《黎族史》等10多本书刊资料，从中摘录出有关五指山地区烟草的传入、种植生产、发展历史以及黎族民间“烟俗文化”等方面的史料近万字，并编写“烟草传入五指山地区”和“五指山民间烟俗文化”两篇文稿共6700字。同时，由于该馆人员对当地农村民间烟俗有一定了解，便协同烟草部门人员深入五指山腹地的水满乡水满上、下村和毛阳镇初保村的农户中，了解当地黎族农民的烟草种植及烟俗习惯情况，并进行拍摄。为此收集的史料、编写的文稿和拍摄的图片，均通过五指山市烟草专卖管理部门转交其编纂委员会。反馈的意见认为，所提供的烟草传入、五指山烟草种植生产、发展历史和民族烟俗文化部分的史料、文稿和图片的质量都是较高的。（李树林）

四川省

【概况】 近几年来，四川省公共图书馆事业有了稳步的发展和提高，特别是随着信息技术和“共享工程”的不断深入和发展，四川省公共图书馆在业务管理自动化、文献资源数字化、信息服务网络化、办公自动化等方面都取得了长足的进步。

截止2004年底，全省共有公共图书馆137所，从业人员1824人，其中高级职称68人，中级职称510人。公共图书馆总藏量19531千册（件），总流通人次为6602千人次。“全国第三次公共图书馆评估定级”工作的开展，引起了各级政府重视，并加大了对图书馆的投入，馆舍面积和新购藏量都有所增加。两年中新增图书馆6个，新购藏量1216千册（件），其中新购图书890千册，仅2004年新购藏量944千册（件），其中新购图书690千册。信息化装备投入相对有所增加，已拥有计算机

2863台，网站43个，共享工程服务点137个，数字化文献资源达1T。同时，读者服务工作质量也得到了提高，全省图书馆阅览室面积增至73815平方米，阅览室座位增至22349个，大多数图书馆都达到每周7天的开馆时间，基本实现了全天候开放。2003－2004年书刊文献共外借13252千册次，书刊文献外借6209千人次。图书馆为读者提供各种信息服务，如解答咨询、代检索课题及编辑二、三次文献等；为读者举办各种活动3046次，参加人数1416千人次；利用“共享工程”平台开展面向社会、面向基层的职业远程教育培训达16次，培训人员达1200人；连续两年举办了为期一周的科技活动周暨青少年网上读书活动、网上少儿图书馆等活动。（李菱）

【四川省图书馆“文化信息进社区”取得良好的社会影响】 在开展科教、文体、法律、卫生“四进社区”活动中，为充分发挥“共享工程”在社区文化建设中的作用，把先进的文化信息资源送到基层，送到千家万户，四川省“共享工程”领导小组精心组织实施全省“文化信息进社区”活动，将健康优秀的文化信息资源送到成都青羊区北街社区、成华区猛追湾等社区，以努力满足人们日益增长的精神文化需求，不断提高社区居民的思想道德和科学文化素质。此次活动受到了广大群众的热烈欢迎和好评。（陈雪樵）

【四川省第三届迎新春科技大场】 2003年1月20日在眉山市彭山县谢家镇开幕。省图书馆在此次活动中针对性的购进一批农业科技图书近500册，农村实用技术VCD光盘23种39盘和专门收集整理的农业技术资料近100份，向广大农民散发，并现场为他们演示“农村实用技术”和“全国文化信息资源共享工程”等信息资料。农民朋友们认真阅读，还不断提出问题，现场工作人员认真耐心的解答，深受农民朋友的欢迎和好评。（陈雪樵）

【第二届“共享工程”四川省分中心领导小组工作会议】 2003年2月12日在四川省图书馆举行。在02年工作总结的基础上，研究讨论了工程管理办法和基层中心（服务站）管理措施，提出了“共享工程”工作“五个进入”（即进入政府、学校、军队、社区、企业）的奋斗目标。（陈雪樵）

【四川省图书馆与中广电信有限公司签订卫星战略合作协议】 2003年3月30日，为积极探索文化传媒和文化服务等文化产业新道路，为“共享工程”提供服务平台，四川省图书馆与中广电信有限公司就卫星传播、双方资源的使用、远程终身教育、行业资质培训等文化产业方面签署战略合作协议，为图书馆的业务拓展和服务手段更新提供了基础保证。（陈雪樵）

【台湾云五基金会向四川省图书馆捐赠图书】 2003年5月4日，由台湾前中华图书馆协会理事长、台湾大学胡述兆教授以出版家、胡适导师王云五命名的“云五图书馆基金会”名义向四川省图书馆捐赠图书5788册。这批捐赠的图书由台湾出版，分别为文史哲方面的书籍，具有很高的馆藏价值，对于开展研究、了解台湾学者前沿学术动态，沟通海峡两岸的学术交流有着积极的意义。（李菱）

【四川省第二届科技活动周青少年网上读书系列活动启动仪式】 2003年5月19日在省图书馆主会场举行。四川省科技厅、省文化厅及省图书馆的领导参加了青少年网上读书系列活动的启动仪式并讲话。启动仪式上省图书馆发放了“网上读书卡”，来自成都七中的50名品学兼优的学生现场操作电脑上网，登录省图书馆网站，进入“网上读者”活动网页。四川电视台、成都有线台、四川日报、四川工人日报、成都晚报、天府早报等新闻媒体对本次活动予以充分报道。（陈雪樵）

【四川省有关领导视察省图书馆】 2003年7月9日，四川省副省长柯尊平一行在省文化厅胡继先副厅长、省文化厅机关党委书记李兆权等陪同下来四川省图书馆视察。胡继先副厅长代表省文化厅向柯尊平副省长简要介绍了省图书馆几年来各项工作取得的成绩，省图书馆李忠昊馆长就省图书馆的基本情况做了汇报。汇报结束后，柯尊平副省长一行重点视察了省图书馆编目部、阅览部的新书阅览室和特藏部等业务部门。（李菱）

【首次卫星远程司法考试考前培训班】 2003年7月15日至10月10日，卫星远程司法考试考前串讲班和冲刺班在四川省图书馆举行，这是四川省图书馆作为司法部四川地区唯一一家卫星远程司法考试考前培训站首次开展培训工作，也是“共享工程”在职业教育培训方面的重要作用的首次体现。（陈雪樵）

【“共享工程”国家中心研讨会】 2003年7月16日至7月17日在成都举办，就贯彻落实6月12日文化部电视电话会议精神、各地资源建设以及中数网络家园建设等问题进行研讨。（陈雪樵）

【四川省图书馆、“共享工程”四川省分中心联合举办全省文化信息资源共享工程管理培训班】 2003年7月23日至7月25日在成都开班。来自全省33个市（州）、县级图书馆的50名馆长和主要技术人员加强了培训。经考核，50名参培人员都取得了由“共享工程”四川省分中心统一制定的上岗合格证书。（陈雪樵）

【参加“2003年海峡两岸档案暨缩微学术交流会”的会议代表】 2003年9月3日到省图书馆参观。参观后在特藏部三楼大厅进行座谈交流，省图书馆副馆长彭本诚向台湾同胞和来宾简要介绍了省图书馆的基本情况和文献抢救工作概况，并就四川省缩微技术协会12年来的工作情况做了简要总结。赵红川副馆长重点介绍了四川文化信息网络和数字图书馆建设方面的情况。座谈会后，彭本诚副馆长代表四川省图书馆向远道而来的台湾同胞和与会大陆各界专家赠送了纪念品。台湾中华档案暨资讯缩微管理学会副理事长、代表团团长赖泽函先生向四川省图书馆赠送了纪念品。（李菱）

【四川省图书馆副馆长、四川省文

化信息资源共享工程专家组组长赵红川】 2003年9月10日至11日到泸州市图书馆和合江县图书馆进行调研，重点视察了拥有30台崭新电脑设备的合江县图书馆电子阅览室和泸州市图书馆信息化工作。（李菱）

【攀枝花市图书馆与市老年书画研究会联合举办金秋老年书画展】 2003年9月12日至17日在攀枝花市图书馆老年读者阅览室展出。攀枝花市文联、市老年书画研究会、市老年诗词学会、市书协、市美协、市图书馆领导及有关人士50多人参加了开幕式。这次书画展由攀枝花市图书馆与市老年书画研究会联合举办，参展的作品有上百幅，有书法作品，花鸟和国画等作品，充分反映了21世纪老人健康向上、与时俱进的精神风貌。有近百位读者来馆参观，也得到社会各界和新闻媒体的好评。（李菱）

【首次卫星远程教育系列专题培训】 2003年9月17日至19日在四川省图书馆举办。全馆36名业务人员参加了培训，效果良好。这是由国家图书馆培训中心开通的卫星远程教育系列专题培训。（李菱）

【四川省图书馆“共享工程”亮相“西部博洽会”】 2003年9月25日至29日在成都召开的第四届中国西部国际博览会暨中国西部文化产业（产品）博洽会上，四川省图书馆采用投影、多媒体触摸屏、发放宣传资料、陈列相关产品等多种形式向社会公众全方位展示“共享工程”的作用、意义、方式以及现阶段成果，受到广泛关注。博览会上来我馆展厅参观的人次多达2万，发放资料6000多份。（陈雪樵）

【签署医药信息资源服务体系协议】 为了更好地利用四川省图书馆文化信息资源，开展医药信息方面的增值服务工作，四川省图书馆与言康医药有限公司就合作建设“医药信息资源服务体系”签署了原则上的协议。（陈雪樵）

【“共享工程”四川省分中心接受全国共享工程绩效评估】 2003年10月23日至10月26日，全国共享工程专家评估组成员、广东市中山图书馆副馆长莫少强同志对四川省“共享工程”的政府投入、资源建设、基层网点发展、组织管理、服务效果等有关工作进行了为期三天的检查。在检查过程中，莫馆长对四川省分中心的工作予以高度的好评。（陈雪樵）

【“共享工程”进入军队】 2003年四川省图书馆与成都军区政治部签署“共享工程”服务军队的战略合作协议，实现了“共享工程”四川省分中心五个进入的年初计划。（陈雪樵）

【真情回报大众——自贡市图书馆开展形式多样的活动为读者服务】 2003年10月，自贡市图书馆配合人民政府“金色十月、精彩自贡、欢乐共享”为主题的旅游黄金周和自贡市第九届艺术节活动，发挥图书馆服务于社会大众的功能，对外服务部门纷纷向广大读者推出各具特色、主题突出的服务，向读者宣传图书和期刊。电子阅览室组织的“绿色上网”活动吸引了不少在度假的中小学生。工作人员引导和帮助他们在网上检索各种图文信息，在网上体会不同于传统纸质的阅读，深受学生们欢迎。（李菱）

【美国驻华大使新任信息资源官员何可夫先生】 2003年10月16日来四川省图书馆参观访问。他在馆领导的陪同下参观了信息中心、书目参考咨询部、自动化部等业务部门，并进行座谈交流，探讨可能合作的项目。（李菱）

【全国县级图书馆文化馆建设经验交流会】 2003年11月26日至29日在成都市由国家发改委和文化部联合举行。文化部副部长周和平，四川省副省省长柯尊平，国家发改委有关负责人，各省、市、自治区文化厅（局）、发改委（计委）的有关负责人参加了会议。会议就全国县级两馆建设进行了经验交流，并探讨了“两馆”建设存在的主要问题及今后的工作重点。会上，文化部副部部长周和平、国家发改委社会司副司长王威、省文化厅厅长张仲炎等作重要讲话。会议期间，与会人员还深入建设第一线，对成都市新津县和蒲江县、乐山市五通桥区及德阳市罗江县和绵竹市的两馆建设情况进行了实地考察，总结交流了各地两馆建设的经验和作法。（李菱）

【与省人大签订信息资源服务协议】 2003年12月16日，四川省人民代表大会办公厅与四川省图书馆就四川省第十届人民代表大会第二次会议的数字化资源建设与服务协议的签字仪式在我馆举行。省人大常委会副秘书长张丽华、省文化厅厅长张仲炎、省人大常委会机关纪检组组长曾平、四川省文化厅副厅长胡继先、省图书馆馆长李忠昊、副馆长彭本诚及其他馆领导和中层干部参加了签字仪式。（陈雪樵）

【四川省图书馆首届计算机技能知识竞赛】 2003年12月18日在省图书馆举行。各业务部门、行政部门分别以工会小组的形式组队参赛。竞赛历时半天，经过必答题、选答题、上机操作、风险题等四部分的激烈角逐，产生了一、二、三等奖。此次竞赛由工会主办并得到馆领导的大力支持。达到了令人满意的效果，为提高职工计算机应用能力和图书馆信息化、自动化水平，推动四川省图书馆的数字图书馆建设起到了积极作用。（李菱）

【纪念毛泽东同志诞辰110周年图片图书展】 2003年12月26日在凉山州图书馆开展，全馆职工和读者代表50余人参加了开展仪式。此次图片展展出了毛泽东同志1910至1976年间的各时期的珍贵历史资料图片120张。图书多达200余种（册），有《毛泽东选集》、《毛泽东百科图书》、《毛泽东建党思想研究》等。为期一周图片图书展，让凉山州的各族读者大开眼界。（李菱）

【绵阳市2004年文化、科技、卫生“三下乡”】 2004年1月7日在绵阳市涪城区码镇隆重举行。绵阳市图书馆根据农民的实际需要精心挑选了以蔬菜种植为主的农业科技书刊，编印《农业科技信息》等材料发给农民朋友。农民朋友争相翻阅、抄写所需的科技信息。此次活动接待农民朋友1000余人次，解答咨询100余人次，散发宣传资料2000余份。（李菱）

【四川省25个国家级贫困乡镇图书馆获赠图书】 2003年、2004年全省共获得国家“送书下乡工程”所赠图书15万多册。受省文化厅社文处委托，省图书馆将受赠图书分发给全省25个国家级贫困乡镇图书馆。这批图书数量大、种类多，内容十分丰富、实用，各受赠馆接受赠书的代表均对此次活动深表感激。（李菱）

【四川省第四届“迎新春科技大场”】 2004年1月14日在广汉市连山镇隆重开幕。四川省图书馆在省文化厅的领导下，由四川省文化厅党组成员、机关党委书记李兆权，科教处处长郭桂玲和省图书馆党总支副书记司建华直接带队参与了此次活动。在活动现场，工作人员对农村技术知识进行宣传，赠送农村实用技术DVD光盘38种，播放自己制作的《农村实用科技数据库》VCD碟片，分发各类种植养殖技术资料二千余份，解答农民各类咨询200余人次，受到农民群众的欢迎和好评。（陈雪樵）

【为四川省第十届人民代表大会第二次会议提供信息服务】 2004年2月9日至17日，会议在成都召开。会议期间我馆采用图书期刊全文检索，原文委托复制与网上传递，馆际互借，文献查新，网上检索等方式为大会代表服务。同时，在大会现场还发送了“四川省图书馆介绍”、“四川省图书馆文献信息资源服务简介”资料以及借书卡、网上读书卡等，并对代表们有关图书馆资源查询方面的问题进行了答复，受到人大代表们的一致好评。（陈雪樵）

【四川省图书馆向全省的公共图书馆赠送丛书】 2004年3月，四川省图书馆根据社会需要，在有限的经费中拨款购买《加快人才资源向人才资本转变丛书》等系列丛书150套赠送给全省公共图书馆。（李菱）

【广元市第九届“科技之春”科普月活动暨“五下乡”活动】 2004年3月17日在绵阳剑阁县下寺镇拉开序幕。广元市图书馆在活动中为广大农民兄弟发送大量的农科致富资料，受到广泛欢迎。这次活动共接待读者5000人次。广元市图书馆还为当地文化站赠送价值300多元的农科图书。（李菱）

【签署数据资源开发服务合作协议】 2004年3月23日，四川省图书馆与四川阳光地带文化传播有限公司就充分开发、利用双方的资源优势，促进短信项目开发及其市场运营达成一致意见，并签署数据资源开发服务合作协议，为图书馆业务服务开拓了一个新的领域。（陈雪樵）

【2004年四川省、市（州）、县公共图书馆评估定级工作会议】 2004年3月24日在省图书馆召开。四川省文化厅、四川省图书馆、四川省图书馆学会共同确定了我省评估定级领导小组和专家组名单，并对全省的评估定级工作做了部署。（李菱）

【“共享工程”四川省分中心】 2004年4月四川省图书馆“共享工程”四川省分中心，被国家文化部评为“全国先进单位”。（陈雪樵）

【四川省直属工委表彰大会】 2004年4月16日在成都召开。四川省图书馆工会被评为“群众性经济技术创新工程竞赛活动先进单位”，辅导部唐岚同志被评为“群众性经济技术创新工程竞赛活动先进个人”。（学会秘书处）

【四川省文化厅领导视察公共图书馆】 2004年4月27日，四川省文化厅厅党组成员李兆权、驻文化厅纪检组副组长卢福州、人事处长方国年等一行在四川省图书馆全体领导班子的陪同下，视察在全国受到国家“共享工程”领导小组表彰的蒲江县基层服务点。省图书馆馆长李忠昊代表四川省图书馆、四川省分中心向蒲江县图书馆赠送1500册图书，随后对近期拟建的大塘镇文化站和首安镇文化站两个基层服务点进行了现场实地考察。（李菱）

【全国公共图书馆期刊缩微品目录制作培训班】 2004年4月25日至29日在成都市举办。来自全国16个省市公共图书馆从事期刊缩微品数据录入的专业技术人员参加了培训。全国图书馆文献缩微复制中心主任李健、四川省图书馆副馆长赵红川分别在开班仪式上发言。（李菱）

【“四川省科技活动周四川省网上少儿图书馆”启动仪式】 2004年5月18日在成都龙江路小学举行。此次活动是由全国文化信息资源“共享工程”领导小组、省图书馆和成都龙江路小学等单位联合举办的。省文化厅厅长张仲炎、副厅长胡继先、省科技厅副厅长金鼎昌、四川省图书馆馆长李忠昊、副馆长赵红川及龙江路小学校长李海等领导参加了启动仪式并讲话。网上少儿图书馆包括少儿新闻、少儿读书、知识广场、生活百科等内容，通过读、看、用、赛的形式，对未成年人进行思想道德教育。科技活动周的开展，极大的丰富了少年儿童全新的文化生活，使图书馆成为网络阵地上的新朋友。（陈雪樵）

【四川图书馆新馆建成】 2004年7月12日，为纪念邓小平百年诞辰，广安市图书馆建成并正式开馆。广安市图书馆位于广安市思源广场左侧，总面积为11000平方米，总投资2500多万元，馆内设有综合阅览室、报刊阅览室等多个专题阅览室，还专设有邓小平专题阅览室，收集国内外研究邓小平生平、传记、思想和理论的著作约2万册。图书馆受到全国各地的支持和关怀，现已有藏书110万册、报刊250余种、期刊560余种。广安市图书馆已成为广安市区的标志性建筑，并将申报“邓小平图书馆”。

由台北云五图书馆基金会和美国加州华人社团捐建的王云五纪念图书馆及健华图书馆于2003—2004年相继开馆。由财团法人台北王云五图书馆基金会（王云五之子王学哲主持）向峨眉山市捐建的王云五纪念图书馆建在峨眉山市第二中学内，为圆形穹顶建筑，建筑面积1800平方米，可容纳20万册藏书和供该校三分之一的学生入室阅读，是目前四川省内最大的中学图书馆。该馆具有公共图书馆的性质，面向社会开放，为社会广大读者提供服务。

绵阳市杨家镇邹盛村健华图书馆是由美国加州华人社团圣峪中华文化协会健华社与中国乡镇政府共建的乡镇图书馆。健华图书馆有别于以前我国乡镇所建的“文化站图书室”。根据美中双方签订的协议要求，健华图书馆完全按照中国县（区）级公共图书馆的规模和标准进行管理。绵阳市图书馆向该馆赠送了价值1500余元的新书。

内江市图书馆新馆2004年12月29日隆重开馆。新馆开馆后，深受读者欢迎，阅览室几乎座无虚席。为最大程度的满足读者对文献资源的需求，图书馆新购图书2753册，增订各类报刊达203种。（学会秘书处）

【“共享工程”四川乡村社区服务行活动】 2004年5月21日在蒲江县寿安镇启动。此次活动由全国文化信息资源“共享工程”国家中心、四川省文明办、省文化厅、省“共享工程”领导小组、省图书馆和成都市蒲江人民政府等单位联合举办。启动仪式上，省委宣传部、全国文化信息资源“共享工程”国家中心、省文化厅、省图书馆、蒲江县人民政府等领导讲话。省精神文明办代表中央文明办向邓小平的故乡广安市、朱德故乡仪陇县“共享工程”基层服务站赠送卫星设备。“共享工程”国家中心代表文化部、财政部向我省少数民族地区基层服务站赠送卫星设备。省文化厅领导向蒲江县寿安镇文化中心赠送了图书、光盘等信息资源。（陈雪樵）

【四川省图书馆、“共享工程”四川省分中心联合举办全省“共享工程”基层技术骨干培训班】 2004年5月18日至21日在蒲江县开班。来自市（县）公共图书馆近70名学员参加培训，取得良好成效。通过理论和实际操作考核，成绩合格者获得上岗证。（陈雪樵）

【四川省“全国第三次公共图书馆评估定级专家组会议”】 2004年6月8日在省图书馆召开。省文化厅和省图书馆领导及来自省图书馆系统、省高校系统和中科院成都分院情报中心的有关专家参加了会议。会议由李忠昊馆长主持，省文化厅胡继先副厅长就评估定级的意义和具体工作等内容讲话。会上，胡继先副厅长和李忠昊馆长向专家们颁发了聘书。（李菱）

【四川省图书馆电子阅览室更新换代】 2004年6月20日至6月30日，为了提高广大读者上网查询资料的效率并吸引更多的读者到馆里查询资料，省图书馆完成了对电子阅览室原有终端设备的全部更换工作。（陈雪樵）

【四川省图书馆与成都军区政治部合作在西藏边陲建立4个“共享工程”基层服务站】 2004年7月1日至7月31日，“共享工程”基层服务站建成于全国唯一不通公路、环境恶劣的西藏墨托边陲，让守卫边疆的部队官兵通过“共享工程”基层服务站听到国家的声音，了解国家的发展，得到他们所需的精神食粮。西藏边陲4个基层服务站点的建成，引起了国家军委的重视，提升了“共享工程”在全军的影响力。（陈雪樵）

【四川省图书馆开通全馆办公自动化系统】 2004年7月10日OA平台在省图书馆内局域网开通。OA平台的开通进一步规范了馆内办公程序的流转，逐步实现馆内无纸化的办公。为了使馆内职工对这无纸化的办公工作系统尽快地熟悉，18日至20日在省图书馆学术报告厅举办了面向全馆中层干部和各部门信息员的“OA平台的操作培训班”。（陈雪樵）

【四川省图书馆读者情况统计系统如期开通】 2004年7月25日读者情况统计系统在省图书馆新书阅览室、报刊阅览室、特藏阅览室和书目参考部正式开通，实现与图书馆自动化管理系统读者数据库的对接，同步完成各类读者进馆信息的跟踪统计工作。（陈雪樵）

【四川省图书馆开通计算机馆藏资源查询服务系统】 2004年8月10日全馆馆藏资源查询系统在一楼大厅正式为读者提供服务，完成了省馆计算机检索零的突破。（陈雪樵）

【全国图书馆学期刊优秀编辑、老编辑表彰暨经验交流会】 2004年8月19日在甘肃敦煌召开。会上，四川省图书馆副研究馆员、《四川图书馆学报》编辑唐岚同志被评为“全国图书馆学期刊优秀编辑”。（李菱）

【四川省图书馆与中星互联通信技术有限公司签署文化信息及通信网络资源共享合作协议】 2004年9月3日在四川省图书馆签署协议，双方将以共享工程四川省分中心的卫星广播传输作为起点，建设与“信息经济形态”和“网络通信技术形态”相适应的新型信息文化产业。（陈雪樵）

【四川省公共图书馆纪念邓小平同志百年诞辰】 为纪念“中国人民的儿子”、改革开放的总设计师邓小平同志百年诞辰，我省各市县公共图书馆开展了丰富多彩的活动，表达对邓小平同志的怀念和感恩之情。攀枝花市图书馆举办了“纪念邓小平诞辰100周年老同志书画展”。广元市图书馆开展了为期一个月的邓小平文献展读活动，向读者推荐纪念邓小平的图书，全馆还举行了纪念邓小平同志百年的座谈会。峨眉山市图书馆与四川工艺美术学会、乐山市图书馆及五粮液集团烤酒公司联合在峨眉山市图书馆艺术阅览室展厅举办了“纪念邓小平诞辰100周年‘五粮液·烤酒’2004年四川省书画精品展”。江油市图书馆举办《纪念邓小平同志诞辰一百周年》大型图片展，展出以《人民怀念邓小平同志》、《总设计师的足迹》两大主题的百余幅生动形象的图片资料，多层次、多方位、多视角地展示了邓小平同志七十多年的革命生涯。三台县图书馆和苍溪县图书馆分别与当地西门社区和实验中学联合举办歌颂邓小平同志书画图片展。（李菱）

【川、陕、甘毗邻地区图情协作网年会暨学术交流会】 2004年9月16日在广汉市瞿上圆召开。来自四川、陕西、甘肃的40所市县级公共图书馆、院校、工矿图书馆的100余名会员代表参加了会议。四川省中心图书馆委员会办公室和四川省图书馆的领导参加会议并讲话。（李菱）

【四川省政协委员视察四川省图书馆】 2004年11月2日，四川省政协文史学习委员会的二十余位委员，在副主席杨海清、原副主席章玉钧等人的率领下到省图书馆视察。四川省政协领导和委员们在省图书馆馆长李忠昊的陪同下深入到各部门了解情况，并认真听取李忠昊馆长做的工作汇报，观看了省图书馆信息化建设成就的演示。（李菱）

【文化部全国第三次公共图书馆评估定级专家组到达我馆】 2004年11月4日至5日，在文化部社图司李宏副司长的率领下，专家组对省图书馆进行为期2天的评估定级工作。

4日上午在省图书馆阅览大楼三楼会议室举行了评估定级工作汇报会，会议由省文化厅厅长张仲炎主持。四川省人大副主任席义方、四川省副省长柯尊平、四川省委宣传部副部长徐友胜、四川省财政厅副厅长高仁全、四川省文化厅副厅长胡继先、厅社文处处长邓熊宏以及省发改委等部门领导出席了会议。省图书馆馆长李忠昊代表省图书馆领导班子作了自评报告，赵红川副馆长就自评情况作了说明。柯尊平副省长、省人大副主任席义方分别讲话。会后专家们分别深入到各部门进行检查测评。

5日下午召开评估定级信息反馈会议，省文化厅副厅长胡继先主持会议，会上专家组就评估情况向省文化厅党组、省图书馆领导班子及中层以上干部作了交流和反馈。李宏副司长就评估专家意见作了总结性发言。省文化厅张仲炎厅长代表厅党组作了重要指示。省图书馆馆长李忠昊代表领导班子表态。（李菱）

【彭本诚副馆长一行深入到凉山调研】 11月21日至26日四川省图书馆副馆长彭本诚一行先后考察了凉山州图书馆及西昌、德昌、会理和会东等市（县）图书馆，了解了少数民族地区公共图书馆的办馆条件和基础业务建设情况。（李菱）

【四川省高校图书馆概况】 四川省全面贯彻教育部新的《普通高等学校图书馆规程》，紧密结合高校图书馆工作的实际，进一步加强高校图书馆文献资源保障体系建设，推进高校图书馆的管理创新、服务创新和专业队伍建设，促进图书馆自动化网络化建设的可持续发展。在全省各高校的共同努力下，目前已初步建成了一个多学科、多层次、藏书品种丰富、服务方式多样化的全省高校图书馆体系。

随着高等教育改革的不断深入和招生规模的持续扩大，四川省高校图书馆经费有了明显增长。2004年，四川省35所普通高校图书馆（新升各高职、成人院校未计入）年度总经费11221万元，比2002年的7581万元增加3640万元，增幅为48%。许多高校兴建了或正在兴建宽敞明亮的图书馆新馆舍，新馆建设进入新的阶段，办馆条件明显改善。目前，全省高校图书馆纸本文献总量已达3371万册，比2002年的2597万册增加774万册，增幅为30%；当年购置中文图书239万册，当年购置外文图书5万8千册，当年购置中文报刊13万种次，当年购置外文报刊6千种次。年进书量平均已达4.9册/生，达到了教育部年进书量的办学指标。（袁学良）

【高校图书馆大量引进和建设电子文献资源】 为了弥补实体文献资源的不足，各高校在进一步丰富传统纸本馆藏资源的同时，普遍加强了数字化信息资源的建设。到目前为止，四川省已经实施的高校联合采购项目有：万方数据库、中国科技期刊数据库（VIP）、EBSCO数据库、CCC数据库、超星电子图书数据库、APABI教学参考书数据库、新华社教育专供信息数据库等。

根据学校教学科研的需要，四川省高校图书馆经过筛选、试用、评价后，有针对性地引进国内外权威性的二次文献数据库和全文型数据库，提供多种中文期刊、外文期刊的原文阅读和下载。2004年，全省用于购买数据库的经费已达1597万元。部分馆还积极与数据库商合作，争取了许多向师生提供免费试用的数据库。师生通过校园局域网在教研室或家中就可以方便地使用图书馆的网络资源。电子资源数据库的大量引进和建设，丰富了高校图书馆馆藏，缓解了图书馆借书难的问题。

此外，各馆结合馆藏实际，积极开展自建特色文献数据库的工作。

四川大学图书馆的“巴蜀文化特色数据库”和“中文循证医学数据库”已被列为CALIS“十五”专题特色库子项目。四川大学图书馆、电子科大图书馆、西南交大图书馆、西南财大图书馆获CALIS“十五”重点学科导航库建设参建资格。（袁学良）

【高校图书馆提高科学管理水平，提供优质文献信息服务】 各高校图书馆继续深化改革，推进人事分配制度改革；进一步加强了规章制度建设，修订了各种管理制度、业务工作规范实施细则、岗位工作职责等。同时，加强了对职工的敬业爱岗职业道德教育，激励其发扬积极进取的精神，从而提高了服务质量和工作效率，管理工作运转效率也得到了明显的提高。有两个馆在科学管理方面成绩突出：2004年成都信息工程学院图书馆获得了四川省先进基层党支部的光荣称号，西南财大图书馆获得了四川省职工职业道德建设先进单位的光荣称号。

图书馆坚持教育职工树立“以人为本”、“读者至上”的理念，不断改进服务工作，不断提高服务质量和水平。大多数图书馆实行超长开放时间，每周开馆时间达90小时以上，大大超过了教育部《普通高等学校图书馆规程》规定的70小时以上。许多图书馆根据实际需要调整文献布局，探索新的服务模式。图书馆还通过直接接待、主页留言、电子邮件、电话等多种方式为读者提供参考咨询服务，网上中外文全文数据库全天24小时开放。图书馆的工作量增加了，老师和学生们借阅图书、使用馆藏资源也更方便、更灵活了。成都理工大学图书馆开创的藏、借、阅、咨一体化服务模式极大地提高了本馆资源的使用效益，得到大家好评，2004年荣获四川省教学成果二等奖。

除搞好基础服务外，图书馆积极利用网络技术和现代信息技术，大力扩展服务领域，提供了多项高层次的信息咨询服务，如建立网上重点学科导航、科技查新和代查代检服务、定题服务和咨询服务、学科馆员模式服务等等。四川大学图书馆作为中国高等教育文献保障系统（CALIS）西南地区中心和中国高校人文社会科学文献中心（CASHL）西南区域中心，继续完善和发展已建立的文献保障体系，通过会议、讲座、培训、实行馆际互借原文补贴等形式广泛宣传，在全省和全国范围内开展文献传递服务，以新的形式扩大了四川省高校图书馆的文献资源数量。

为让更多的学生利用好图书馆的资源，图书馆继续为本科生开设了文献检索课。

2003年1月8日，四川省高校图工委在四川大学图书馆举行了“四川省高校信息检索与利用课系列教材”编委会会议。经各主编、副主编和众多作者的不懈努力，截止到2004年底，本系列教材之医学、工学、财经和师范分册已正式出版。各馆引入了多媒体教学、网上提交作业、网上批改作业、网上答疑等教学手段。开课班级数、听课人数明显增加，教学效果明显。四川农大图书馆积极探索文献检索课教学改革工作，2004年荣获四川省教学成果二等奖。（袁学良）

【加强队伍建设，重视培养高层次专业馆员】 四川省高校图书馆队伍中，已有博士、硕士共76人，大专以上学历的比例约占76%，中高级职称比例达54%。四川省高校图书馆重视培养高层次的专业馆员，优化图书馆专业队伍结构，鼓励职工参加各种学习和培训，并结合本职工作开展科研、撰写论著。

两年中，全省高校图书馆工作人员正式发表论文1199篇，出版专著32部。省高校图工委在《四川图书馆学报》编辑部的支持下，按照工作计划编辑出版了2003年和2004年《四川图书馆学报》（高校专辑），共收到稿件134篇，择优发表42篇。

为了提高高校图书馆队伍素质，各馆采取工作研讨会、各种业务培训等有效措施，同时，各馆学习海外图书馆先进的管理与服务经验，开拓视野。（袁学良）

【高校图书馆自动化网络化建设成就显著】 四川省教育厅自2000年起将全省高校图书馆自动化、网络化建设评估作为近年来全省高校图书馆工作的中心任务。至今，历时五年的四川省高校自动化、网络化建设评估工作圆满结束。经专家组评估，35所高校图书馆全部合格。

评估结果表明，四川省高校图书馆自动化、网络化建设已经取得了显著成绩，主要表现在：(1) 各院校领导高度重视图书馆自动化、网络化建设工作，并给予大力支持；(2) 已评高校图书馆自动化、网络化建设取得快速发展，并为下一步的发展奠定了坚实的基础；(3) 数据库建设取得长足进展，为数字图书馆建设奠定了良好的基础；(4) 现代文献信息服务机制开始建立，图书馆服务功能得以扩展。通过评估，也反映出了四川省高校图书馆自动化、网络化建设在整体发展、队伍建设、数据库质量及共建共享等方面存在的不足。各馆正进一步整改，并研究制定下一步网络化、数字化建设的发展规划。（袁学良）

【四川省高校图书馆大事记】

2003年1月8日，四川省高校图工委在四川大学图书馆举行了“四川省高校信息检索与利用课系列教材”编委会会议。

2003年3月，四川省教育厅下发高函［2003］9号文，开展第二批高校图书馆自动化评估工作。

2003年3月25－26日，川南地区协作组第八届馆长研讨会在峨眉山市举行，会议由西南交通大学峨眉校区图书馆承办，研讨“维普中文科技期刊数据库”使用中的若干问题，全省又新增几所高校图书馆参加该数据库的联合购买。

2003年3月27日，四川省高校图工委与重庆维普营销服务中心在四川大学图书馆举行维普数据库用户会议。

2003年4月2日，由成都大学图书馆承办的成都地区高校图书馆第六届退休馆长会在成都市龙泉举行。

2003年4月6日至9日，由电子科技大学图书馆承办的“2003年四川省高校图书馆工作会议暨第二届学术研讨会”在成都市龙泉召开。

2003年5月23日，四川省教育厅下发了《关于印发四川省高等学校图书馆、情报与文献学规划项目管理暂行办法的通知》（川教［2003］120号）。

2003年5月26日，四川省教育厅高等教育处下发了《关于受理四川省高等学校图书馆、情报与文献学规划项目2003年度项目申报的通知》（高函［2003］14号）。

2003年7月15日，四川省高校图工委与超星公司在成都航空职业技术学院图书馆举行会议，初步达成了四川省高职院校图书馆联合购买超星电子图书的协议。

2003年9月12—14日，由四川大学图书馆承办的第28届成都地区高校图书馆馆长研讨会暨川西地区高校图书馆馆长会在彭州举行。

2003年9月13日，四川省高校图工委与北京中科公司在彭州正式签署EBSCO全文数据库联合购买协议，组织全省19所高校图书馆联合买断了EBSCO公司全文数据库在四川省高校图书馆的使用权。

2003年9月23－25日，川渝高校情报工作研究会第十三次学术年会在重庆西南师范大学图书馆举行。

2003年10月，四川省教育厅下发高函［2003］29号文，开展第三批高校图书馆自动化评估工作。

2003年10月13－16日，四川高校图工委协助中国教育图书进出口公司在四川大学举办了“2003年成都国际学术图书暨原版教材展览”。

2003年10月21－24日，四川省高校图工委共9人参加了在云南举行的西南地区高校图工委第八届联席会议。

2003年11月，川北地区协作组举行了协作组馆长座谈会。

2003年11月25－27日，由四川师范大学图书馆承办的师范院校协作组馆长研讨会在温江举行。

2004年3月14日－17日，在都江堰市召开了“2004年四川省高校图书馆工作会议”。会议由四川大学图书馆承办。

2004年4月，川北地区协作组召开工作研讨会。

2004年4月7日，由西南交通大学图书馆承办的成都地区高校图书馆第七届退休馆长会在成都市芙蓉古城举行。

2004年4月20日－22日，由西南财经大学图书馆和成都理工大学图书馆联合承办的“四川省高校图书馆读者服务工作研讨会”在西南财经大学文献中心举行。

2004年5月12日至13日，四川高校图工委在崇州市召开了部分院校电子资源建设工作会议，主要研究了教育部CALIS教学参考书系统的联合采购问题，与方正公司达成协议。决定四川省高校以分摊方式买断CALIS电子教参管理平台。

2004年5月25日－29日，四川地区高校图书馆考察团一行32人参观了香港大学图书馆、香港中央图书馆。

2004年6月3－5日，由成都理工大学图书馆承办的第29届成都地区高校图书馆馆长研讨会暨川西地区高校图书馆馆长会在都江堰举行。

2004年6月24日－27日，川渝高校情报工作研究会第十四次学术年会在郫县举行。本次会议由西华大学图书馆承办。

2004年7月，举行了由四川高校图工委主办、绵阳师范学院图书馆承办的“全国高校图书馆数字化建设发展战略研讨会”。

2004年9月，四川省教育厅下发《关于受理四川省高等学校特色数据库建设2004年度项目申报的通知》［高函（2004）35号］。

2004年9月，举行了由四川高校图工委主办、西南交通大学图书馆承办的图书馆专家论坛。

2004年9月，四川省教育厅下发高函［2004］28号文，开展第四批高校图书馆自动化评估工作。

2004年9月，川北地区协作组召开工作研讨会。

2004年9月7日，在四川大学召开了Springer原版纸本刊和数据库联合采购商讨会。省内16所高校图书馆的馆长及有关人员参加了会议。

2004年9月9日，四川省教育厅下发了《关于受理四川省高等学校图书馆、情报与文献学规划项目2004年度项目申报的通知》（高函［2004］31号），批准立项29项。

2004年10月27日，川南地区协作组第九届馆长研讨会在自贡市举行，会议由四川理工学院图书馆承办。

2004年11月，四川高校图工委与新华社四川分社达成了新华社教育专供信息数据库的集团购买协议。

2004年11月，川北地区协作组召开工作研讨会。

2004年11月1－5日，四川省高校图工委共10余人参加了在重庆举行的西南地区高校图工委第九届联席会议。

2004年11月2日，四川省高校图工委在阆中召开了图书馆馆长会议，与北京中科公司协商达成了四川省高校图书馆联合购买西文期刊目次CCC数据库的协议。

2004年11月18－20日，由绵阳师范学院图书馆承办的师范院校协作组工作研讨会在绵阳师范学院图书馆召开。

2004年12月，四川省教育厅下发《四川省教育厅关于下达“四川省高等学校特色数据库建设”2004年度规划项目的通知》，批准17个项目为2004年度四川省高等学校特色数据库建设规划项目。

2004年12月，在四川大学举行了“西南地区高校特色数据库建设培训会”。

2004年12月16－18日，由西南财经大学图书馆承办的第30届成都地区高校图书馆馆长研讨会在温江举行。

2004年12月20－21日，在温江召开了四川省高校图工委高职高专协作组2004年工作会议。（袁学良）

重庆市

【新馆建设取得突破性进展】 在重庆市委、市政府的高度重视和相关部门的通力合作下，2003年10月，新馆的选址工作基本完成，设计任务书也已编制完成。12月22日正式面向国内外设计单位公开招标。2004年3月，重庆图书馆新馆设计方案的开标评审工作完成，确定了新馆建筑方案的设计单位，新馆工作进入概念设计优化阶段。4月，在重庆解放碑中心区向广大市民公示新馆建筑设计方案，充分征求广大市民意见，进一步优化设计方案。12月29日，重庆图书馆新馆在沙坪坝区风天路举行了奠基典礼。重庆图书馆的新馆建设，对我馆、对整个重庆市乃至西部图书馆事业的整体发展起着重要的作用。（学会秘书处）

【自动化建设有序进行】 2003年，我馆投入20万元建立了目前我国最先进的北大方正Apabi图书网上借阅系统。至2004年11月底，我馆已在局域网及广域网内共开通清华同方、维普、中国数图、万方、北大方正等5个数据库，制作发行了重庆图书馆网上借阅卡，供读者在互联网上查阅我馆数据库资源。截止2004年年底，数据库容量已达到2360G。（学会秘书处）

【共享工程建设取得长足进展】 为推进全市文化信息资源共享工程，我馆将全国文化信息资源共享工程重庆市分中心作为业务部门独立出来，充实人员、增加设备投入，到2004年年底，共建成基层中心11个，基层网点15个。（学会秘书处）

【图书馆规章制度汇编完成】 经过半年的努力，我馆近30年来第一本规章制度汇编《重庆图书馆规章制度汇编》（一）于2003年审核完成。《汇编》对我馆23个行政规章和28个业务规章进行了全面的审核，重新进行了修改和完善，为图书馆的行政工作和业务建设打下了基础。（学会秘书处）

【机械工业出版社向我馆赠书】 经过精心的组织和安排，2003年2月18日，我馆圆满完成了市政府委托承办的机械工业出版社向重庆市赠送图书仪式。隆重而简洁的仪式受到陈际瓦副市长和与会来宾的一致好评，提高了图书馆的知名度，也对促进业务发展、推动新馆建设具有积极的作用。（学会秘书处）

【石汉基先生及石景宜博士向我市赠书】 2004年，我馆具体承担了香港汉荣书局总经理石汉基先生及石景宜博士向我市40个区县图书馆赠送图书1000箱、88000册书刊的接收和分发工作。（学会秘书处）

【美国角前期考察工作完成】 美国大使馆对我馆设立美国角的前期论证进行了考察。目前，美国大使馆已同意将在我国首批建立的两个美国角之一设在重庆图书馆内。美国角的建立将为开

展全方位的文化交流提供一个良好的发展平台和广阔空间。(学会秘书处)

【重庆市第三届学术研讨会召开】 2003年11月27日，重庆市图书馆学会与市高校图工委成功举办了重庆市第三届学术研讨会，共收到27个单位提交的论文122篇。15个公共图书馆，16所高校图书馆以及一些相关单位的125名代表参加了研讨会。这次学术研讨会促进了我市中青年人才的成长，繁荣了学术氛围，是对我市图书馆情报学界整体学术水平和人才结构的一次成功检阅。(学会秘书处)

【重庆市文化信息资源共享工程建设第一期培训班举办】 为了加快重庆市文化信息共享工程各基层中心的建设，2003年8月27日我馆受市文化信息资源共享工程领导小组的委托，举办了“重庆市文化信息资源共享工程建设第一期培训班”。16个基层图书馆的36位学员参加了学习，大大促进文化信息资源共享工程基层中心工作的开展。(学会秘书处)

【重庆市文化信息资源共享工程现场会暨培训班举办】 2004年7月，我馆承办“重庆市文化信息资源共享工程现场会暨培训班”，来自23个区县文化局及图书馆的负责人和工作人员参加了培训。(学会秘书处)

【“新世纪的图书馆”学术研讨会召开】 2004年6月，重庆市图书馆学会与《中国图书馆学报》联合举办了“新世纪的图书馆”学术研讨会，这是重庆市直辖以来学会举办的第二次全国性学术研讨会。研讨会收到论文119篇，来自全国21个省市的代表34人参加了会议。《中国图书馆学报》第一副主编、全国知名图书馆学专家李万键研究馆员专程来渝做了题为“谈当前图书馆学、情报学的科学研究和论文写作”的专题报告，受到参会代表的一致好评。(学会秘书处)

【重庆市第三届中小学图书馆少儿图书馆学术研讨会暨经验交流会召开】 2004年9月，重庆市图书馆学会召开了“重庆市第三届中小学图书馆少儿图书馆学术研讨会暨经验交流会”，共有来自公共图书馆、学校图书馆和企业图书馆的代表共40余人参加，收到了良好的效果。(学会秘书处)

【重庆市公共图书馆的评估定级工作完成】 对我市公共图书馆的评估定级是学会2004年度工作的重心。根据国家文化部关于在全国开展第三次公共图书馆评估定级工作的有关精神和总体安排，学会具体承担了2004年重庆市公共图书馆的评估定级工作。4－7月由学会组织的评估专家组对我市18个图书馆进行评估定级，对10个图书馆进行评估工作检查。9月完成了评估结果汇总和评估工作总结。(学会秘书处)

【“川渝情报研究会”召开】 2003年9月，“川渝情报研究会”在西南师范大学召开，来自四川、重庆图书馆界的六十多位代表共聚一堂，进行了学术及工作经验交流。(学会秘书处)

【高校数字信息资源服务体系建设】 为了整合我市各高校图书馆的数字信息资源，以实现数字资源的共知、共建和共享，在重庆市科委的大力支持和高校图工委的组织协调下，通过以重庆大学图书馆为首的各图书馆共同努力，重庆市数字文献资源服务体系(CDISS)管理平台已于2004年构建完成。重庆市高校图书馆外文图书期刊联合目录子系统正在进行链接，即将在全市范围内测试运行。(学会秘书处)

云南省

【云南省公共图书馆事业发展概况】 改革开放以来，全省图书馆事业在整体规模、业务发展、读者服务以及自动化数字化建设等方面都得到了一定的发展。截至2003年底，全省共建立有图书馆149所，其中县市级馆130个；馆舍总面积达249千平方米，比1990年(155.7千平方米)增长60%；阅览室总面积达58千平方米，比1990年(35.8千平方米)增长62%；阅览座席数22千个，比1990年(15.3千个)增长43.8%；特别是以云南省图书馆为代表的一批融入现代化图书馆建筑与服务理念的新馆相继开馆，为全省图书馆事业注入了新的生机与活力。2003年全省公共图书馆总支出合计53389千元，比1990年(8422.9千元)增长533.9%；固定资产原值达214253千元，比1990(100056千元)年增长114%；年事业经费投入达1106千元；2003年全省公共图书馆购书费支出7652千元，比1990(2065千元)年增长270.6%。目前，全省公共图书馆工作人员共有1603人，县市级工作人员1025人；在1603人的从业人员中，高级职称61人，中级职称552人，并且每年引进图书馆学、计算机、外语以及其它学科的人才充实到图书馆事业队伍中来，为图书馆事业的发展提供了良好的人力资源基础。全省公共图书馆图书总藏量已达12871千册，人均藏书0.27册，比1990年(10388千册)增长24%；新入藏各类文献344千册(件)，其中新增入藏图书241千册，比1990年(327千册)降低了26%；全省图书馆古籍文献入藏量达91.9万册(件)，善本入藏量达5万册，在地方、民族文献收藏上形成了云南省独有的特色。另外，随着全省社会经济文化的发展，乡镇及农村图书馆(室)也有了长足发展，到2003年全省共有1561个乡镇文化站，已逐步建立了图书馆(室)，初步形成了从城市到农村的不同类型的省、地(州、市)、县(市)、乡四级图书馆网络。云南省图书馆在全省范围内建立流通站点10多个。

进入新的世纪后，全省图书馆充分利用现代信息技术，在业务工作自动化、馆藏资源数字化和读者服务网络化建设方面有了一定的进展。根据对全省105家公共图书馆调查和统计资料显示，2003年，共有计算机1170余台，其中省图书馆拥有320余台，其余各馆平均每馆拥有8台；22家公共图书馆实现了业务工作自动化。与此同时，图书馆文献数字化有了较大发展，截至2003年底，全省公共图书馆收藏有缩微制品24千件；音视频资料85千件；单独或多馆合作引进的大型数据库包括清华同方学术期刊全文数据库、中国优秀博硕士学位论文全文数据库、重庆维普中文科技期刊全文数据库、中国重要报纸全文数据库等等；有条件的图书馆还积极推进本馆特色馆藏及地方文献数字化工作，建立具有本馆和本地区特色的数据库。但读者服务工作网络化趋势较弱，2003 年，全省开设有电子阅览室的只有 32 个馆，仅占调查馆的 30.5%；提供 OPAC（在线公共检索目录）供读者使用的公共图书馆仅只 5 到 6 家。（学会秘书处）

【云南省共享工程实施情况】 云南省共享工程于 2003 年由省文化厅、省财政厅正式组织实施。在 2004 年里，由于省各级党委、政府的重视和社会各界的支持，经过各级文化、财政部门的积极努力，全省的共享工程建设取得了阶段性进展和显著的成绩。省中心依托云南省图书馆的网络与硬件条件，在较短的时间里搭建了云南省共享工程的网络平台。同时还加强了对基层中心工作人员、技术人员的业务指导和培训。开展了相关技术培训与技术平台搭建工作，各基层中心、文化站陆续开始运行并开展服务，实现了共享工程边建设边服务的方针。

在工程的实施过程中，省中心已经安装了国家中心第一批 160G 的文化信息资源；组织安装并开通了省级分中心的天网通讯卫星三级站；接收了 300G 的电子图书和精彩影片；完成了 55GB 共 490 部（集）视频资源的整理工作，并建立视频点播系统在电子阅览室供读者点播。包括：中央电视台“对话”节目 30 集、故宫节目 26 集、国家地理 100 集、千秋史话 64 集、探索频道系列 81 集、中国史话 38 集、中华传统文化 108 集、中华历史五千年 28 集、中华文明五千年 15 集。同时，省中心积极开发特色优秀文化信息资源，全年共完成 13 个专题数据库的建设，合计 12GB。包括：古籍全文数据库、剪报信息库、建筑艺术素材数据库、旅游资源库、世界传世名画数据库、世界古典文学名著全文数据库、世界名曲欣赏库、外文珍本全文数据库、中国古典器乐欣赏库、中国古典文学名著全文数据库、中国名画珍藏欣赏、中国千载传世名画数据库、自然风景素材图片库。整合并建立了全省部分优秀文化信息资源专题库，构建起了资源建设网络传输平台并与国家中心联网。

基层站点覆盖云南省 9 个地、州、市图书馆，分别是：昆明市图书馆、大理州图书馆、楚雄州图书馆、玉溪市图书馆、保山市图书馆、西双版纳州图书馆、红河州图书馆、曲靖市图书馆、临沧地区图书馆；17 个县级图书馆，分别是：盘龙区图书馆、五华区图书馆、官渡区图书馆、晋宁县图书馆、大理市图书馆、宾川县图书馆、巍山县图书馆、楚雄市图书馆、罗平县图书馆、马龙县图书馆、腾冲县图书馆、永善县图书馆、勐海县图书馆、建水县图书馆、蒙自县图书馆、石屏县图书馆、镇源县图书馆；6 个乡文化站、1 个居民社区，分别是：昆明市东川区阿坚乡文化站、文山州邱北县八道哨乡文化站、红河州泸西县向阳乡文化站、曲靖市会泽县娜姑乡文化站、大理州剑川县甸南乡文化站、迪庆州德钦县奔子栏镇文化站、昆明市五华区三合营社区。总共 33 个基层站点。平台建设全面铺开，初步构建了遍布全省的网络格局。其余各地区都在创造条件，积极争取政策、资金、设备、人员等方面的支持。

在实施共享工程的过程中，各级文化工作者发挥积极性、创造性，不断拓展共享工程的服务内涵与方式，充分利用这一新的载体，开创基层文化工作的新局面，取得了一些经验。如：举办的科技讲座、送电影下乡、送戏下乡等，丰富了基层群众的文化生活，加强了全省科技、教育和文化领域丰富的信息资源共建共享，对云南省建设“绿色经济强省”、“民族文化大省”、“中国连接东南亚、南亚国际大通道”具有重要意义。（学会秘书处）

【云南省公共图书馆服务情况】 长期以来，云南省各公共图书馆面向社会、面向基层、面向群众，通过阵地服务、送书下乡、设立图书流动点，开展图书馆服务宣传周和社会科学普及宣传周等活动方式，向广大人民群众传播科学文化知识，提供文献信息资料的服务。通过编制专题资料，开展定题服务，积极为当地政府机关、科研院所、教育机构、生产企业及各事业单位和部门提供文献信息服务，成为广大群众增长知识、接受教育的“第二课堂”，为构建云南省和谐社会作出了应有的贡献。在“以人为本，读者至上”的服务理念指导下，读者服务工作得到了加强并呈现出多样化趋势。截至 2003 年，全省阅览室座席 22000 个；开架书刊 3826 千册；基本实现了全天候开放，共发放借书证数 23.6 万个，比 1990（21.6 万个）年增长 9%；总流通人次达 738.6 万人次，比 1990（517 万人次）年增长 43%；书刊外借册次 6181 千册次，比 1990（7099 千册次）年下降了 11.7%。2003 年全省图书馆为读者举办各种活动 826 场次，参加人次为 45.4 万人次，分别比 1990 年增长（585 场次）41.2%、（23 万人次）97.8%。在提供各类型各层信息服务方面，2003 年全省公共图书馆解答读者普通咨询 56065 条，通过代检索课题方式提供深层次的各类信息服务 417 项，编制二、三次文献 180 种。（学会秘书处）

【高校图书馆概况】 全省有 50 所高校（包括各个职业技术学院、省委党校、昆明陆军学院），有 50 个图书馆或资料室；全省高校图书馆藏书近 2 千万册；全省高校图书馆馆舍面积近 30 万平米；全省高校图书馆人员约 1300 人。

【云南省图书馆馆舍建设情况】 云南省图书馆成立于清宣统元年（1909），地址在昆明翠湖公园原经正书院旧址，当时叫云南图书馆。清宣统三年（1911），馆内设立博物陈列所，馆名改为云南图书博物馆。民国 18 年（1929），云南图书博物馆更名为云南省立国学图书馆。至民国 20 年（1931），云南省立国学图书馆改名为云南省立昆华图书馆。1950 年 3 月，云南省人民政府将云南省教育会等机构的图书并入，成立了云南人民图书馆。1953 年 10 月起，云南人民图书馆改名为云南省图书馆。1975 年，在昆明市翠湖南路 2 号建成了面积近 9000 平方米的馆舍。

为适应云南省经济和社会发展的需要，1991 年，经云南省人民政府批准，决定在原址上建盖云南省图书馆新馆。1998 年 4 月 16 日，新馆破土动工。2003 年 1 月 1 日，按现代图书馆观念设计建设的云南省图书馆新馆投入试运行。新馆基建工程投资11654万元，设备投资3175万元，占地19亩，建筑面积30408平方米。主楼高94.3米，地上21层，地下2层，阅览大楼地上5层，地下1层。新馆共设有22个阅览室、2间教室、2个读者服务部及会议室、报告厅、展览厅、多功能厅、读者沙龙等设施。新馆配备有3台惠普小型机、6台服务器、12台交换机、2台镜像服务器和300多台微机，共布有1200个信息点，网络布线采用主干千兆快速以太网，100兆到用户桌面，因特网网络接口为10兆宽带。新馆以新颖美观的外形、浓郁的文化气息和先进的设施，成为云南省标志性文化设施和广大读者学习科学文化知识的理想场所。（学会秘书处）

【云南省图书馆信息资源建设情况】 云南省图书馆目前拥有藏书230.9万册，其中包括彝文、哈尼文、傣文、苗文、傈僳文、景颇文等17种云南少数民族语言文字的图书，近54万余册古籍文献。馆藏古籍文献中，地方文献有2800余种，地方志340余种，善本1300余种，报纸260余种，期刊3300余种。地方文献是馆藏古籍文献中最具特色的部分，且收藏较为系统。善本中则收藏有南诏大理国时期的写经、元代云南刻本及宋元明清时期不同版本的文献和地方人士的抄、稿本等。除印刷型中外文图书外，还收藏有各类数据库光盘、电子出版物、多媒体资料及缩微品，已购买了《中文科技期刊数据库》、《中国期刊全文数据库》、《中国重要报纸全文数据库》、《人大复印报刊资料全文数据库》中的全部或部分数据。作为中国数字图书馆分馆，还收藏有7万余种电子图书。此外，古籍全文数据库正在建设中，目前已建成5个古籍全文数据库。

随着信息和计算机网络技术的迅速发展，作为政府和社会重要的信息提供基地，图书馆事业面临着机遇，也面临着挑战。云南省图书馆全体干部和职工，将认真学习和贯彻“三个代表”的重要思想，加快改革步伐，增强自身发展活力。通过加强队伍建设，加强文献资源尤其是地方文献建设和数字资源建设，加强文献资源的开发和利用，结合省委、省政府提出的把云南建设成为绿色经济强省、民族文化大省和中国连接东南亚、南亚国际大通道三大目标，以全国文化信息资源共享工程为契机，把云南省图书馆建设成为云南省的文献信息资源中心。（学会秘书处）

【云南省图书馆公众服务情况】 随着社会公众日益增长的文化知识需求，云南省图书馆适时调整服务格局，改变传统的办馆模式，变封闭为开放，扩大了书刊借阅量，实现全年365天开馆。为充分发挥馆藏文献的作用，多年来通过剪报、编制专题信息资料和定题服务等方式，积极为科研、生产和各类事业服务，目前编制有年12期的《星火信息》和涉及政策法规、金融、轻工、旅游等40多个专题的剪报。还通过公共图书馆服务宣传周、科普宣传周、送书下乡、设立图书流通点等方式，积极发挥馆藏文献资料的作用。

云南省图书馆还担负着全省公共图书馆的业务辅导工作和省图书馆学会的日常工作。自1981年创刊以来的《云南图书馆》季刊，已成为广大图书馆工作者进行图书馆学理论研究和工作经验交流的园地。（学会秘书处）

【云南省图书馆面向盲人及青少年的信息服务】 目前，云南省图书馆在各级领导的关心和支持下，在省残联的大力配合下，于2004年12月3日成立了盲人阅览室，正式对外开放。作为全省图书馆界功能最全，规模最大的盲人阅览室，现开展如下服务：一、阅览室现有盲文图书523册，内容涉及历史、文学、语言、医学及计算机知识等各个方面，其中医学类占40%，文学类占30%，同时配备4台盲人专用电脑，4台盲人专用复读机。有声读物、磁带1000册（件）。二、日常服务工作包括：为盲人提供咨询，免费办理借阅证，辅导利用计算机等。提供有声读物内阅外借，为方便盲人读者借阅书籍，本阅览室采取了灵活多样的借阅方法，有电话续借、电话咨询、先借书后办证等服务手段。并做到服务态度热心、耐心、细心。三、每年组织1—2次盲人读者的读书活动或联谊、交流活动。四、定期对盲人读者实行电话询访，不断扩大盲人读者的数量和范围。开展和盲人读者的联系工作，建立盲人读者档案，培养一批固定的读者群。五、收集盲人读者对计算机培训的需求信息，及时与盲协联系，合作开展盲人计算机培训。盲人读者因其身体和心理条件，较难坚持长期利用图书馆读书和学习，图书馆工作人员应深入了解他们的心理和生活技能方面所遇到的困难，做他们的朋友，利用各种服务手段留住并不断扩大图书馆的盲人读者群。盲人阅览室将本着“以人为本”的理念，不断改进工作态度、工作方法，努力提高服务质量，真正做到给盲人一双眼睛。

云南省图书馆于2004年4月28日成立了少儿阅览室。少儿阅览室拥有图书2695种4429册（其中包括外文图书31种，50册）；期刊合订本52种，541册；现刊102种，412册；电脑10台。除做好日常少儿书刊的内阅、外借工作外，根据党中央、国务院“进一步加强改进未成年人思想道德建设若干意见”精神，充分利用图书馆这一教育基地，发挥对未成年人的教育引导功能，采取走出去，请进来的方式，积极拓展服务工作，现已形成以省图书馆为中心向周边中小学辐射的课外辅导基地，并取得良好的社会效益。目前已开展寒暑假假期活动，让图书馆成为少年儿童交流思想、结识朋友、学习现代化知识、全方位开拓视野的场所。活动内容有：故事会、知识测试、智力竞赛（脑筋急转弯）、看电影、参观图书馆各阅览室，并由工作人员带领参加图书馆管理实践等。（学会秘书处）

西藏自治区

【中铁五局七公司筹资建图书室】 2003年5月，在青藏铁路会战中，中铁五局七公司青藏铁路项目部的职工自筹资金2000多元，建起了职工图书室。目前，图书室共有书刊150余册，初步满足了职工读书的需要，丰富了职工的业余文化生活。（胡京波）

【汽车图书馆进兵营】 2003年5月，为丰富解放军驻藏官兵的文化生活，西藏图书馆的“汽车图书馆”再次开进了解放军驻拉萨某部，现场为广大

官兵办理借书业务，受到了广大官兵的欢迎，也为建设学习型军营创造了条件。(胡京波)

【图书服务宣传周暨赠送防非典书籍】 2003年5月31日，由西藏自治区文化厅、西藏自治区新闻出版局和西藏自治区图书馆学会在拉萨布达拉宫广场联合举办了“图书服务宣传周暨赠送防非书籍”活动。自治区领导向巴平措、李立国、德吉措姆、苟天林、曲加、崔玉英、吴英杰、次仁卓嘎等参加了这项活动。在活动现场，西藏图书馆、西藏人民出版社、西藏新华书店、当代书社、学渊书店、西藏大学图书馆、西藏自治区党校图书馆、西藏自治区社科院藏文古籍出版社、拉萨市新华书店等单位的展台上布满了各类图书，并折价销售；在新闻出版局免费赠送防非典书籍摊前，挤满了前来要书籍的人，他们希望能掌握预防非典的知识，科学预防非典；西藏图书馆还向拉萨中学、西藏自治区藏医学院、拉萨师范学校师生赠送1100余册书籍和杂志。这次活动旨在形成全社会多读书、读好书的良好风气，推动全民读书活动的深入开展。(胡京波)

【广州图书馆向西藏林芝地区第一中学捐赠图书】 2003年6月中旬，为支援西藏林芝地区的文化教育事业，广州图书馆向林芝地区第一中学捐赠各类图书1000多册。林芝地区素有“西藏的江南”之称，该地区是广东的“对口”支援点，地区第一中学的升学率达90%以上，在全西藏自治区排名第二，但该中学图书室的藏书只有几千册。广州图书馆得知这一消息后，决定向该中学无偿捐赠各类图书1000多册。全馆员工闻讯后积极捐款，筹集了部分购书资金，并在半天时间里将新书运到指定地点。同时，广州图书馆还表示，将与西藏林芝地区建立长期捐赠关系，不定期捐赠图书，充分发挥图书馆的社会和教育职能。(胡京波)

【昌都图书馆开馆问题亟待解决】 昌都图书馆由重庆市投资1000万元援助建设，建筑面积为4124平方米。该馆工程自2001年开始建设到2002年7月竣工。但该图书馆至今未能开馆，没有发挥出它应有的作用。该图书馆何时才能开馆，已成为昌都市百姓关注的话题。据了解，图书馆现有藏书4.5万余册，大部分是以前地区群艺馆留下的旧书，尽管区内各单位向该馆捐赠了5000册新书，但由于新书短缺，仍无法满足各类读者的需求；其次图书馆员工不足，特别是管理人才缺乏，与地市级公共图书馆应有的配置有较大差距；此外，图书馆的配套设备不完整。图书馆负责人明确表示将让图书馆以最好的面貌展现在广大市民面前，为广大读者提供良好的读书和休闲环境。(胡京波)

【西藏林芝将建设地区图书馆】 林芝地区确定了基层文化工作的总体目标：“十五”期间，地区将建成设施齐全，功能完备，机构健全的图书馆，使50%的县有综合文化活动中心，边境县有流动文化车，50%的乡有文化站，50%的村有文化室，小城镇和城市社区有相应配套的文化设施。目前，林芝地区基层文化设施明显改善，初步形成了具有地方特色的地、县、乡、村四级文化网络，为开展基层文化活动，丰富和活跃群众文化生活创造了良好条件。(胡京波)

【全国共享工程专家组赴西藏进行调研】 2003年8月13至19日，全国共享工程专家组前往西藏调研共享工程西部地区基层示范点筹建等情况。自治区文化厅和西藏图书馆有关领导高度重视共享工程在西藏地区的开展，他们希望通过共享工程在西藏的实施，加快西藏地区文化事业的发展。在藏期间，专家组考察了西藏自治区图书馆、当雄县综合文化中心、曲水县综合文化中心和曲水县色木等三个藏民居住村的文化活动室。专家组与文化厅索那副厅长、辛高锁副厅长和西藏图书馆桑学馆长等领导进行了座谈；为自治区图书馆20余位业务骨干介绍了共享工程的基本情况；与西藏图书馆签署了共享工程西藏自治区分中心协议书。通过这次调研，专家组掌握了第一手资料，发现了问题，交流了情况，为在西藏地区实施共享工程奠定了基础。(胡京波)

【共享工程卫星三级站建成】 在全国文化信息资源共享工程中心的帮助和支持下，西藏图书馆自筹资金建成了“全国文化信息资源共享工程卫星三级站”，已在西藏图书馆初步开通。该站可接收共享中心直播的中央院团的现场演出节目、网络版影视节目，国家图书馆的文津论坛、部长级讲座，有关电视电话会议等多媒体活动图像以及多达500GT的其它各种文化资源，同时还具有高速访问因特网的功能。“卫星三级站”的建成，标志着西藏图书馆向数字化图书馆又迈进了一步，并为早日建成高质量、高容量的全国文化信息资源共享工程卫星基层中心打下了基础。(胡京波)

【西藏图书馆卫星三级站开设司法远程授课】 2003年9月中旬，西藏图书馆卫星三级站开通后，为发挥卫星站的功能和作用，扩大信息传播途径，图书馆主动与“中华全国律师函授中心”取得联系，经中广电信（CBT）授权，成立了“全国司法考试卫星远程教育”拉萨培训站，成为西藏首家加盟全国司法远程教育的培训站。同时，为今后承办各种全国性论坛、座谈会和电视电话会议等多媒体活动提供场所。图书馆将根据全国司法远程教育的具体部署，安排开机授课时间。(胡京波)

【老兵返藏写生展】 2003年10月13日，在自治区图书馆举办了老兵返藏写生展。区党委常委、宣传部部长苟天林，自治区政协副主席次仁卓嘎出席写生展开幕式并剪彩。写生展以“情系高原”为主题，共展出39幅速写作品。作品的作者何冰、韩建国、于非、阎振华都是离开西藏40年的老兵，他们当中年龄最大的已逾七旬。4个老兵克服高原反应，深入农村牧区写生创作，他们以精湛的绘画技艺和真挚的情感画出了西藏秀美的风光，描绘出了西藏人民美满、幸福的新生活。为表达对西藏这片高天厚土的无比眷恋和对西藏人民的无限热爱之情，4位老兵将其中的《念青唐古拉的牧场》、《天路》等6幅作品捐赠给了自治区图书馆。(胡京波)

【法律出版社向西藏检察机关赠书】 2003年10月14日，法律出版社领导一行3人抵达拉萨，专程向西藏自治区检察机关捐赠图书一万余册，价值人民币40多万元。这是法律出版社第一次向西藏检察机关捐赠图书，为了确保赠书质量，法律出版社经过精挑细选，从近年新出版的书籍中选出了118种与检察业务有关的图书赠送给西藏。通过这次赠书，法律出版社将与西藏自治区检察院将建立长期、固定的联系，定期向西藏自治区检察院赠送部分图书，以确保西藏自治区检察机关，特别是基层检察干警的业务用书。（胡京波）

【驻藏某部队为西藏图书馆营造良好环境】 2003年11月15日，驻藏某部队30多位官兵带者清洁工具走进自治区图书馆，对图书馆院内的落叶和垃圾进行清扫。自2001年以来，双方便结为军地友好合作共建单位。图书馆的图书流动车定期送书上门服务，并为广大官兵办理借书证，极大地方便了广大官兵，提高了官兵们的文化素质和业务水平，为建立作风优良、纪律严明的队伍起到了积极作用。而部队看到图书馆工作人员紧张，人手不足。为了给图书馆营造良好的读书环境，官兵们利用休息时间，帮助图书馆打扫卫生，并义务为图书馆修车。这种军地双方的共建关系将长期保持下去。（胡京波）

【文化信息资源共享业务远程培训】 2003年11月18日，全国文化信息资源共享工程国家中心特邀有关专家、学者，通过卫星对各省、市分中心有关业务人员进行为期两天的远程业务培训。西藏图书馆、藏医学院图书馆、社科院图书馆和自治区党校图书馆等单位的业务人员参加了这次培训。这次培训，使业务人员掌握了相关软件操作知识，为开设各类远程教育和远程会议积累了经验，同时，充分发挥了西藏图书馆卫星三级站的作用，促进了西藏文化信息资源共享工程的建设。（胡京波）

【西藏图书馆少儿阅览室】 1996年开馆时成立了少儿阅览室。至今，已先后举办了“少儿故事会”、“诗歌朗诵会”和“少儿演讲竞赛”等活动，参加人数达400多人次。阅览室已订购自治区内外各种优秀书籍和报刊200多种，基本上能够满足各类少儿读者的需求。阅览室开放以来，已先后借阅少儿书刊6000多册，得到了上级领导的支持和肯定，并得到了少儿家长、老师和社会各界人士的好评，它提高了少儿读者的读书兴趣，丰富了他们的课外知识和业余生活，对于培养少年儿童的想象力、创造力和思维能力，提高他们的学习兴趣，发挥了重要作用。（胡京波）

【社区“科普图书室”举行启动仪式】 2004年1月，自治区科协和拉萨市城关区人民政府在城关区吉日办事处举行“科普图书室”启动仪式暨赠书活动。自治区科协普及部及城关区有关人员参加了活动，并分别向拉萨市城关区吉日办事处，扎西居委会、当巴居委会、沃布杰堂等4个居委会赠送了价值5万多元的科普书籍。自治区科协副主席张恒绪，城关区委副书记李明成等有关负责人出席“科普图书室”赠书仪式。在赠书仪式上，自治区科协副主席张恒绪代表科协向“科普图书室”的正式启动表示祝贺。他说，在社区建立“科普图书室”是全面建设小康社会，加快现代化建设形势下科普工作的需要，是“三个文明”建设的迫切要求，也是开创新形势下城区科普工作群众化、社会化的有益尝试。他希望城关区及所属居委会把提高广大社区公众的科学文化素质作为自己义不容辞的任务纳入正常工作议程，以“科普图书室”为平台，面向社会公众开展丰富多彩的科普工作，以实际行动为建立健康、文明、积极向上的生活方式服务。扎西居委会的干部群众在赠书仪式上激动地说：自治区科协主办的社区“科普图书室”的正式启动，我们感到非常高兴和感激，我们将充分利用“科普图书室”这一平台，大力开展形式多样的科普活动，为我区经济建设和精神文明建设做贡献，感谢科技工作者、感谢党和政府。举办“科普图书室”启动仪式，目的是为了营造一个具有宣传科学思想，普及科学知识，推广科学技术，丰富群众文化生活的良好氛围。（胡京波）

【首部藏医药目录索引出版】 2004年2月14日，由北京藏医院院长、著名藏医中医结合专家黄福开研究员主编的《中国藏药浴》、《中国藏医药文献目录索引(1907－2001)》等图书正式在全国出版发行。其中,《中国藏药浴》、《中国藏医药文献目录索引(1907－2001)》是我国第一部藏药浴专著和第一部藏医药专题目录索引,是黄福开主编的《藏医药研究丛书》中的一部分。（胡京波）

【“送书下乡工程”为西藏基层图书室赠书】 2004年3月，由全国图书配送中心发出的378种、2268册图书运抵拉萨。这批受赠图书已送往亚东县文化馆图书室和波密县文化馆图书室，亚东县和波密县两县成为西藏首批接受赠书的县。为深入贯彻落实党的十六大精神，支持老少边穷地区和中西部地区的文化事业发展，把文化扶贫工作做得更扎实、有效，帮助贫困地区解决藏书贫乏、购书经费短缺的问题，文化部、财政部决定，从2003年至2005年，在全国贫困地区实施“送书下乡工程”，向300个国家级扶贫开发工作重点县和3000个乡（镇）赠送农村实用图书390万册。文化部、财政部为西藏自治区两县文化馆赠送农牧区实用图书，体现了党中央对西部地区文化事业的重视，体现了国家文化部、财政部对西藏自治区基层文化事业的关心，对改善两县基层文化设施、占领农村文化阵地、缓解农牧民看书难的状况，提高农牧民素质、进一步加强基层文化建设将会起到十分重要的作用。（胡京波）

【西藏自治区图书馆举办少儿演讲比赛】 为迎接2004年“六一”国际儿童节的到来，5月23日，来自拉萨七县一区的120名少年儿童在自治区图书馆举行了迎“六一”少儿演讲比赛的预选赛。据图书馆介绍，由自治区图书馆与自治区图书馆学会主办这次活动的消息一传开，众多小学生们踊跃报名参赛，小选手们的演讲内容丰富多彩，涉及面广，包括歌颂祖国大好河山、歌颂自己美丽校园等内容。自治区图书馆将从预选赛中择优选出30名小选手参加决赛。举办少儿演讲比赛旨在鼓励少年

儿童多读书、读好书，以增长知识，养成良好的读书习惯。（胡京波）

【西藏图书馆举办2004年图书馆服务宣传周】 2004年6月6日，西藏图书馆在布达拉宫广场举办了图书馆服务宣传周暨图书展销活动。自治区领导荀天林、群培、扎门·赤列旺杰等视察了宣传活动。这次活动以“营造学习氛围，倡导读书育人”为主题，旨在充分发挥图书馆的教育引导功能，倡导、组织丰富多彩的读书活动，充实未成年人的精神生活，加强未成年人的思想道德建设，提高他们的综合素质。活动采取现场为读者办理借书证、阅览证、赠送或销售特价图书等方式进行。西藏图书馆、自治区党校图书馆、西藏人民出版社、自治区新华书店等单位展出的图书吸引了很多市民，场面十分热闹。当日，西藏图书馆等10个单位通过此项活动，为小朋友赠送或低价销售部分优秀儿童读物，还现场为小读者办理借书证、阅览证等证件，受到了小朋友们的欢迎。（胡京波）

【深圳书城向西藏乡村图书室赠书】 2004年6月，为给西藏自治区广大牧区、农牧业以及农牧民在文化上提供帮助，深圳书城向西藏乡村图书室捐赠了文化教育、道德品质教育、科技医疗卫生、文学艺术、工具书、少儿读物等多类内容好、适应性强、版本较新的图书40种、1900册，价值人民币近5万元。西藏现有1000多个乡镇，9000多个行政村，绝大多数建立了图书阅览室以及文化活动中心。深圳书城捐赠的这批图书极大的满足了西藏广大牧民文化知识上的需求。

深圳书城在2002年曾无偿支援拉萨市新华书店信息化建设，免费为其安装一套由深圳市新华书店自主开发的图书营销管理系统（BIMS）（价值15万元），帮助其实现图书营销计算机管理，并安排技术人员分2次进行了为期15天的BIMS项目实施工作。（胡京波）

【那曲海宁图书室挂牌】 2004年6月24日，在西藏那曲县古露镇小学举行了“海宁图书室”的建成挂牌仪式。海宁图书室是浙江省海宁市盐官镇人民政府出资五万元援建的，包括图书室建筑、书柜、阅览桌椅和2000余册藏书。图书室分设藏文、汉文、教育科学、少儿读物、自然科学、哲学与社会科学、文学艺术及海宁作家著作等专藏。图书室的建立，作为海宁市人民政府在古露镇援建“海宁路”项目的延续，将丰富古露镇学校师生和当地居民的文化生活，加强民族团结，支援了西藏的文化事业。（胡京波）

【图书馆阅览室成为农牧民群众新去所】 山南地区桑日县图书馆在县委、县政府的领导下，从弘扬先进文化、丰富干部职工业余文化生活出发，丰富图书馆的馆藏，加强图书馆的内部管理，增强图书馆的对外服务，充分发挥图书馆现有功能的作用，使得图书馆人气日益旺盛。自图书馆开办以来，受到了各方面的广泛关注和广大干部群众的普遍欢迎。为此，县委、县政府给予了高度重视，责成文广等部门强化对图书馆室的管理，一方面派专人管理，实行全天候开放，一方面筹集资金，订购各类书报（刊）、杂志，丰富阅读物和馆藏，极大地吸引了广大干部群众。桑日县文广局等部门采取“财政补一点，单位筹一点，干部职工捐一点”的方式，筹集资金购买图书，充实馆藏。目前，阅览室的藏书量达到了3000余册，年订阅杂志达60余种。如今在桑日县广大干部职工和群众中，“多看书，看好书”已蔚然成风。在最近的4个月里，该图书馆阅览室借出的图书就达500余册。（胡京波）

【西藏驻军开通“边防文化信息共享工程”】 西藏墨脱县是全国惟一不通公路的县，2004年8月5日，通过成都军区开发的“边防文化信息共享工程”系统，西藏驻墨脱县军官兵可以看到当天的报纸内容，学到更多的新知识。“边防文化信息共享工程”系统通过卫星或光缆，以电脑数据打包加密的方式，每天向边防部队实施远程专用信息传输，内容涵盖政治、经济、文化、军事、科技等领域，并具有远程教育、电子图书阅览、影视节目欣赏等功能。通过这一系统，边防官兵每天都能看到新信息，学到新知识。为了帮助广大边防官兵搭建业余文化生活的新舞台，满足他们对知识的需求，成都军区有关部门仅用两个月就完成了这一系统的开发工作，并派出工程技术人员赴西藏，步行100多公里到墨脱驻军营区进行安装调试。“边防文化信息共享工程”的开通，提高了官兵业余文化生活质量，拉近了西藏边防与内地的距离。（胡京波）

【《中国公路》杂志社向西藏公路养管系统赠书】 2004年9月10日，在自治区公路管理局职教中心举行了《中国公路》杂志社向西藏养路职工子女捐赠图书交接仪式。据了解，《中国公路》杂志社建社已有10年，一直十分关心西藏公路养护管理系统的广大干部职工，积极为西藏养护职工及其子女排忧解难。该社这次捐赠了价值16万元的图书和现金4万元。自治区公路管理局局长宋万贵表示，有了这些图书和图书阅览室设施款，养护系统职工及子女的业余生活一定会更丰富，通过不断学习，综合素质一定会不断提高，必将有力促进西藏养路管理工作的发展。（胡京波）

【中国书刊发行业协会向西藏基层文化馆站赠书】 2004年10月11日，应西藏自治区文化厅的邀请，中国书刊发行业协会科技发行委员会来藏赠书考察团一行15人抵达拉萨。此次图书捐赠活动由西藏自治区文化厅申请，中国书刊发行业协会科技发行委员会组织所属24家出版社积极响应，共计捐赠各类科技图书2万余册。这次捐赠的图书将发放到自治区图书紧缺的基层文化馆、站、室，以满足基层干部职工、农牧民群众的学习和阅读要求。（胡京波）

【西藏图书馆的“流动图书馆”方便广大读者】 2004年10月，为方便广大读者借还图书和办理借书证，自治区图书馆组织“流动图书馆”，开往部队、机关、学校和企事业等基层单位。据自治区图书馆的员工介绍，摩步团与自治区图书馆是军民共建单位，为了方便和满足部队官兵借还图书和办理借书证，图书馆员工精心挑细选了适合部队官兵借阅的1000多种图书。据悉，自治区图书馆曾组织“流动图书馆”开赴

21家单位，办理图书借阅证40个，接待读者393人，外借图书1179册。（胡京波）

【TCL集团向更张门巴民族乡小学捐赠图书】 为了普及科技知识，同时帮助西藏贫困山区发展教育事业，2004年10月20日，TCL集团向林芝县更张门巴民族乡小学赠送了各类图书近千册。TCL集团所赠图书内容健康、种类齐全、装帖精美，涵盖人文、地理、艺术、审美、教育等多个方面，富有知识性和趣味性，深受该校学生喜爱。在捐赠仪式上，TCL集团总裁杨伟强率领的笔记本电脑考察团一行受到了该校师生的热烈欢迎。林芝县主管教育的副县长和教育局负责人参加了捐赠仪式。TCL集团总裁杨伟强发表了热情洋溢的讲话，他不仅高度赞扬了该校师生克服困难、勤俭建校的老西藏精神，并希望有更多的学生学有所成，将来有机会走出山区、走出西藏，到更广阔的天地去完善自我。他表示，将为该校每年更换一次图书，并将为该校赠送电脑。（胡京波）

【中国作协和中国文联向西藏基层文化活动中心捐赠图书】 2004年10月31日上午，中国作协和中国文联向自治区基层文化活动中心及日喀则地区捐赠图书仪式在拉萨举行。中国作协党组副书记、书记处书记张健，中国文联党组成员、书记处书记廖奔，西藏自治区党委常委、宣传部长苟天林，自治区人大副主任金喜生，自治区人民政府副主席尼玛次仁，自治区政协副主席益希单增以及中国文联、中国作协赴藏考察团全体成员出席了捐赠仪式。2004年是中国文联、中国作协承担对口援藏工作的第一年，这次捐赠活动在它们的积极筹划协调下顺利进行。捐赠仪式上，中国文联所属中国文联出版社、大众文艺出版社、中国戏剧出版社、中国电影出版社、中国摄影出版社和中国作协所属中国作家出版集团作家出版社向西藏基层文化活动中心和日喀则地区捐赠了价值70万元的图书。张健代表中国文联、中国作协在捐赠仪式上讲话。他说，2001年中央进一步提出西藏工作“一加强、两促进”的历史任务，并决定对口支援工作在头十年的基础上再增加十年。中国文联和中国作协在新一轮援藏工作中接受了对口援藏任务，这是中央对西藏文学艺术事业的关怀，也是对中国文联、中国作协的信任和高标准要求。做好援藏工作，我们责无旁贷，义不容辞。中国文联和中国作协一定会把援藏工作作为一项严肃的政治任务来对待，把支持西藏文联和西藏作协的工作纳入我们的工作议程，把进一步繁荣发展西藏文学艺术事业作为我们援藏工作的重要目标。苟天林代表区党委、政府向张健、廖奔一行表示热烈欢迎，向中国文联、中国作协及所属有关部门对我区基层文化建设的关心和支持表示衷心感谢。他说，多年来，中国文联、中国作协始终关心西藏自治区文学艺术事业的发展，关心西藏文联、西藏作协的建设，在促进我区文学艺术繁荣发展方面给予了积极指导和大力支持。这次，中国文联和中国作协为我区捐赠图书，给我们送来宝贵的精神食粮，必将对促进我区基层精神文明建设，丰富农牧民群众文化生活发挥积极作用，必将对我区人民迈向现代化，跨越到全面建设小康社会发挥积极作用，必将为发展新西藏的社会主义文化建设提供强大精神动力。此外，考察团一行还参观了林芝新城、青藏铁路建设工地，看望了病中的西藏作协常务副主席加央西热，并与西藏文联、西藏作协的干部职工进行了座谈。（胡京波）

中国图书馆学会、分支机构及地方学会

中国图书馆学会

【中国图书馆学会工作概况】 2003年至2004年，中国图书馆学会在中国科协的领导下，在挂靠单位国家图书馆的关心支持下，经过理事会、常务理事会和专门工作委员会，以及广大会员和图书馆工作者的积极参与和共同努力，深入贯彻、落实“三个代表”重要思想，以“统一思想，转变作风，加强基础，提高水平”为指导思想，在加强基础性工作的同时，不断开辟新的工作领域，较好地完成了各项工作，同时在一些方面进行了有益的探索和尝试，取得了新的突破和进展。

学会在学术活动中进一步突出学术主体性，紧密依靠学术研究委员会以及专家学者，调动他们参与学会工作的热情，充分发挥其学术带头人的作用。同时通过精心策划和筹备，举办多种形式的学术活动，引领学科发展的方向。学术活动形式的不断创新，使交流效果日益增强，学术研究成果显著。经过多年的实践，有些大型活动因产生非常好的实际效果而成为学会的“知名品牌”，如每年举办的年会、隔年举办的青年论坛等。2004年，还举办了“第二届图书馆学情报学学术成果奖”评奖活动，全面展示了我国图书馆学情报学14年来的研究成果，得到全国图书馆界同仁们的充分肯定。

近年来，随着政府职能的转化，文化事业单位的体制改革和中国科协所属学会改革的不断深化，原本分布于各个特定系统中的图书馆的公共性、公益性等行业特征愈加突出，行业整体协调功能的客观需求日益突现。在此前提下，学会为适应社会和行业的需求及拓展自身的生存空间，经多方沟通与联合，进一步明确和强化了学会的行业指导、协调和规范职能，以促进图书馆事业的协调发展。首次接受文化部委托，参与了第三次全国县以上公共图书馆评估定级工作；图书馆员职业资格认证研究工作中申报的有关课题，获得2004年度国家哲学社会科学基金重点项目资助；不断探索资源共享新思路，举办“企业图书馆振兴行动示范馆开馆仪式”暨“企业图书馆振兴与学习型企业建设论坛”；通过成立“图书馆资源采集协调中心”，定期举办专业展览会，为图书馆和企业之间搭建沟通平台；共策划、举办12期专业研讨培训班，培训学员937人次。

两年来，学会立足图书馆的社会教育职能，积极联合社会各界力量，加大了科普工作的力度，使科普活动不断创新，科普工作向纵深发展，提升了学会的社会形象。2003年，首次接受文化部委托，组织实施“全民读书月”活动；成功策划2004年4·23“世界读书日”宣传活动；成功承办“全国科普日”重点活动之一的“科学发展观宣传活动”，被中国科协评为“全国科普日活动先进单位”；通过建立“公众科普资源多媒体传播平台”、评选“我最喜爱的一本书”和“知识工程——中华全民读书书目推荐”等活动，向社会推荐优秀书刊音像和数字资源。同时，学会的品牌项目——“中国文化风”的文化交流形式更加多样，科学普及范围继续拓宽，策划、组织了以建筑文化、外交官系列、儿童阅读和科学人文为主题的讲座共14场，听众达3500人次；在各地巡回举办科普展览6个，观众达19000人次。2004年，为纪念中国图书馆学会成立25周年，除开展“第二届图书馆学情报学学术成果奖”评选外，还开展了“第二届全国图书馆系统书画摄影展”征稿、“我的图书馆情缘”征文和“学会工作成就展”征展等活动。活动得到各分支机构、各地方学会、广大会员和图书馆工作者的积集响应，共收到书法、绘画和摄影作品500余幅，征文1400余篇，参展展板28个。评出106幅优秀作品入选“第二届全国图书馆系统书画摄影展”，与“学会工作成就展”一起于2004年年会期间展出；评出211篇征文为优秀作品，作为《中国图书馆百年系列丛书》分册之《百年情怀》结集出版。这些活动充分展示了广大图书馆工作者的文化品位和艺术才华，揭示并颂扬了几代图书馆员执著追求、无私奉献的职业精神，进而增强了职业认同感和荣誉感，增强了学会的向心力和凝聚力。（学会秘书处）

【中国图书馆学会召开2003年秘书长工作会议】 2003年1月11－16日，中国图书馆学会2003年秘书长工作会议在云南省昆明市召开，43人与会。会议讨论了学会2003年的重点工作，与各分支机构、各地方学会做到了进一步沟通。（学会秘书处）

【中国图书馆学会召开六届四次常务理事会】 2003年1月21日，中国图书馆学会六届四次常务理事会在国家图书馆召开。与会者对学会2002年的工作给予充分肯定；对2003年学会的重点工作，特别是首次接受政府委托参与图书馆的评估工作进行了热烈讨论，提出了许多积极的、建设性的意见。（学会秘书处）

【完成公共图书馆评估《细则》的编制工作】 2003年2月至7月，学会首次接受文化部委托，组织实施第三次全国县以上公共图书馆评估工作。学会积极配合文化部社图司，承担了各级图书馆评估《细则》的编制工作，由副理事长孙蓓欣主持，并选派专人负责具体工作。2003年2月以来，先请若干公共图书馆按分工分别提出评估《细则》的初步方案，而后又多次向有关专家征求对图书馆评估《细则》的建议方案的意见，并对汇总后的《细则》进行多次研讨，反复修改达十余稿。7月中旬，经文化部评估领导小组审核批准后，《省图书馆评估标准细则》、《地图书馆评估标准细则》、《县图书馆评估标准细则》、《省少年儿童图书馆评估标准细则》、《地少年儿童图书馆评估标准细则》和《县少年儿童图书馆评估标准细则》6个文本制定完成，正式下发。（学会秘书处）

【完成中国图书馆学会2003年学术年会征文评审工作】 2003年4月至5月，学会秘书处克服“非典”带来的不利影响，如期完成学会2003年学术年会838篇征文的评审工作。为保证此项工作的顺利进行和评委的安全，秘书处主动把论文送至一些评委家中，同时采用电子邮件的形式向外地的评委发送论文并进行评审。经过初评、复审、终审等多次评审，最终评出优秀论文80篇，交流论文366篇。优秀论文结集出版。（学会秘书处）

【中国图书馆学会召开六届五次常务理事会】 2003年5月28日至6月10日，学会以通讯方式召开六届五次常务理事会，会议就“中国图书馆学会2003年学术年会延期至2004年，并与2004年年会同期举办”这一议案进行表决并获得通过。（学会秘书处）

【正式发布《中国图书馆员职业道德准则》（试行）】 经中国图书馆学会六届四次理事会审议通过，《中国图书馆员职业道德准则》（试行）于2003年5月正式发布。《准则》的发布，填补了我国图书馆界的空白，因此引起图书馆界的重视和社会各界的关注，许多图书馆为此专门组织了学习和讨论。中央电视台、北京电视台和《中国文化报》做了专访和报道。学会还编辑、出版了《中国图书馆员职业道德准则》（试行）和《图书馆文明服务手册》。（学会秘书处）

【完成《图书馆预防“非典”情况调查报告》】 2003年5月至11月，为了总结图书馆在“非典”期间的预防和应急情况，学会及时启动了以“图书馆突发事件中的应急机制”为题的科研项目，向170个图书馆下发《图书馆预防“非典”情况调查表》。经汇总、分析，完成了《图书馆预防“非典”情况调查报告》；同时，搜集、整理了国外图书馆防灾应急方面的条例与规定。此项工作为图书馆制订应对突发事件的政策和行业规章制度，提供了参考依据。（学会秘书处）

【“给西部一个支点—西部图书馆信息化示范”获得中国科协“西部科普工程”专项资助】 2003年5月，学会以“给西部一个支点—西部图书馆信息化示范”为题，向中国科协“西部科普工程”项目申请资助立项并获得通过，获资助金额3万元。此项目由学会与北京市西城区图书馆牵头，以全国中小型图书馆联合会的名义，开展东西部地区“手拉手消除数字鸿沟”活动，由东部图书馆向西部图书馆赠送计算机软硬件，组织人员培训，使其具备接收和

传播数字资源的能力，以加强西部图书馆实力。（学会秘书处）

【《中国图书馆学会工作通讯》进行改版】 2003年5月，《中国图书馆学会工作通讯》于本年第2期起开始进行改版，设立了11个栏目，并不定期设立“特别报道”栏目，力求使刊物更加全面、及时地反映学会工作的动态信息。（学会秘书处）

【建立“中国图书馆学会学科带头人及科技专家库”】 2003年6月，完成“中国图书馆学会学科带头人及科技专家库”的建库工作，这是学会一项重要的基础性工作，有利于全面掌握图书馆界人才现状。数据库中包括学科带头人255人、科技专家581人，共计836人。上报中国科协后，由于质量好、功能完善而受到通报表扬。（学会秘书处）

【举办“信息导航员——为经济建设和科技创新提供知识服务专题研讨会”】 2003年9月13－16日，在沈阳召开的中国科协2003年学术年会上，中国图书馆学会举办了“信息导航员——为经济建设和科技创新提供知识服务专题研讨会”（第29分会场），220名代表与会，提交论文文摘92篇。学会首次在大会主会场设立了“科技文献信息咨询服务台”，解答各类咨询522件，发放材料4200份，受到科技工作者的热烈欢迎，得到中国科协的充分肯定和大力支持，成为本届科协年会的新亮点。同时借助中国科协的平台，宣传了学会，扩大了影响，为参与咨询的图书馆提供了了解科学家需求、培育和开发科技咨询市场的良机，得到他们的赞誉和认同。（学会秘书处）

【中国图书馆学会召开六届六次常务理事会】 2003年9月18日，中国图书馆学会六届六次常务理事会在国家图书馆召开。会议对学会前一阶段的工作做了总结，对下一工作年的重点工作进行了部署。与会者对以纪念中国近代图书馆事业百年和中国图书馆学会成立25周年为契机开展的系列活动进行了热烈讨论，提出许多宝贵建议。会上还讨论了《中国图书馆学会分支机构管理办法》等7个管理文件；审议并通过了3位理事的改任方案；审议并通过了2004年年会主题为“回顾与展望：中国图书馆事业百年”，举办地点为江苏苏州，承办方为苏州图书馆。（学会秘书处）

【建立“图书馆资源采集协调中心”】 学会在对国内图书馆和出版发行业调研的基础上，学习借鉴国外图书馆界的成功经验，建立了“图书馆资源采集协调中心”。该中心以合作、共赢为理念，使各级各类图书馆自愿结成一个动态的“图书馆联盟”；学会牵头作为这个联盟的代言人，与出版发行等相关行业的机构沟通洽谈，进而建立一种“集团采购”的模式，使图书馆有限的经费获得尽量大的资源效益。先期推出了出版社库存图书集体采购和“中国图书馆学会推荐书目”等项目。（学会秘书处）

【建立“中国图书馆学会个人会员数据库”】 2003年9月至12月，建立“中国图书馆学会个人会员数据库”，包括8000多名会员。数据库的建立，加强了会员管理工作，使学会对全国个人会员有了整体了解，为今后开展各项工作提供了便利。（学会秘书处）

【举办03首届全国图书馆新书展示订货会】 2003年10月12—24日，学会首次与新华书店总店共同主办的“03首届全国图书馆新书展示订货会”在广州、佛山两地同时举行，中国图书馆学会副理事长孙蓓欣和新华书店总店总经理刘国辉出席开幕式并做了重要讲话。这是首次为图书馆用户举办的订货会，布展面积达3000平方米，展示图书1500万册，主办方获得双赢。（学会秘书处）

【举办“1989之后的柏林建筑幻灯片展”】 2003年12月5—15日，学会与国家图书馆、歌德学院北京分院联合主办的“1989之后的柏林建筑幻灯片展”在国家图书馆开展，100多人出席了开幕式。展览通过450多幅幻灯片的展示，记录了德国首都柏林15年来城市建筑的发展，让观众领略了柏林引人注目的建筑物及其特有的建筑风格，传递了城市新的建筑理念。（学会秘书处）

【组织实施第四届“全民读书月”系列活动】 2003年12月，受文化部委托，学会首次组织实施了以“享受阅读快乐，提高生命质量”为主题的“全民读书月”活动。12月6日，在国家图书馆隆重举行了第四届“全民读书月”启动仪式。学会成立了“阅读指导委员会”，征集“全民阅读”徽标设计方案，举办“中国文化风”系列讲座和文化展览，建立“公众科普资源多媒体传播平台”，通过这些系列活动，将“全民阅读”引向深入。此次活动中，获得清华同方光盘股份有限公司捐赠的价值2000万元的电子资源，学会分期、分批赠送给西部和贫困地区图书馆。同时向全国各级各类图书馆发出通知，希望它们根据不同人群的需求和不同地域文化的特色，举办经常性的、丰富多彩的读书活动，为公众阅读创造条件，提供指导。（学会秘书处）

【“打开信息大门之二——科普网页”获得中国科协科普专项资助】 2003年12月，学会申报的2003年度中国科协科普专项资助项目“打开信息大门之二——科普网页”通过科协评审，获资助金额2万元。该项目是一个以网页形式，宣传如何充分利用图书馆资源的系列节目。（学会秘书处）

【中国图书馆学会召开六届七次常务理事会】 2003年12月29日至2004年1月10日，学会以通讯方式召开“六届七次常务理事会”，会议表决通过詹福瑞同志更换杨炳延同志担任常务副理事长和薛芳渝同志更换刘桂林同志担任常务理事两个议案。（学会秘书处）

【中国图书馆学会新版网站正式运行】 2004年1月1日，学会网站经过改版后，以全新的面貌正式运行。共设立大栏目15个、分栏目50个，使内容分类更加清晰、检索途径更加便捷。同时加快更新速度，遇到重要信息随时更

新，并做到图文并貌。网站已成为学会与广大会员和图书馆工作者进行信息沟通的重要渠道。（学会秘书处）

【中国图书馆学会召开2004年秘书长工作会议】 1月3－7日，“中国图书馆学会2004年秘书长工作会议”在浙江杭州召开，40余人与会。会议对学会2003年工作特别是重点工作进行了总结；对2004年的重点工作进行了部署与安排。（学会秘书处）

【开展第三次全国县以上公共图书馆的评估工作】 为配合文化部开展第三次全国县以上公共图书馆的评估工作，2004年2月9—19日，学会分别在成都、郑州、大连三地举办了“全国公共图书馆评估培训班”。图书馆界专家对来自全国各省、市、县级图书馆和文化厅局等部门的507名学员进行了培训辅导，学员普遍反应培训班办得非常及时，具有很强的指导作用和可操作性。随着各级公共图书馆对评估标准和细则的认真学习，学会陆续收到各馆提出的各类评估问题200多件，秘书处将问题整理归类，组织专家反复推敲、及时答复，并将评估问题及答复分两批在学会网站上公布。协助文化部组织4个专家评估组；学会领导詹福瑞、孙蓓欣、汤更生参加了7个省的9个省级馆的评估工作，并整理评估反馈材料近万字上报文化部；12月，完成1993个参评地、县级馆的评估结果汇总工作。（学会秘书处）

【中国图书馆学会召开六届八次常务理事会】 2004年2月27日，中国图书馆学会六届八次常务理事会在北京召开。与会者对2003年学会所做的工作和取得的成绩给予了充分肯定；对2004年工作计划进行了热烈讨论，特别强调要做好25周年系列纪念活动之一的“第二届图书馆学情报学学术成果奖评奖”工作；会议审议通过了学会2004年年会方案，以及马宁更换卢子博、潘淑春更换贾善刚、石丽珍更换卢小宾的3个变更常务理事议案；会议通报了民政部新批准的学会分支机构—高等学校图书馆分会的登记情况和将进行的评选优秀期刊编辑的办法和标准等。（学会秘书处）

【“公众科普资源多媒体传播平台”演示推广活动】 为了给社会公众和各级图书馆提供更加丰富的阅读资源，学会于2003年底建立了“公众科普资源多媒体传播平台”，在保证版权的前提下，广泛收集名师讲座、名人访谈类节目，为各图书馆提供数字影视资源。2004年3月，本着让图书馆了解平台内容、平台技术的目的，在首都师范大学图书馆进行了为期一个月的演示推广活动，为图书馆的数字资源采购提供了一个很好的采购平台，体现了资源共建共享的优势，其特有的科普讲座内容也为图书馆的馆藏资源增添了新的亮点。（学会秘书处）

【举办4·23“世界读书日”宣传活动】 2004年4月23日，学会继成功组织实施“全民读书月”活动之后，积极争取政府的支持，主动联合社会各界的力量和资源，成功承办了4·23“世界读书日”宣传活动。在联合国确定的4月23日“世界读书日”当天上午，在国家图书馆文津广场前，隆重举行了由全国知识工程领导小组和文化部主办，中国图书馆学会和国家图书馆承办、北京科教图书馆协办的大型群众性公益活动：倡导全民阅读 共建书香中国——4·23“世界读书日”宣传活动。出席活动的有近千名来自社会各界、各阶层的人士。全国政协副主席、中国科协副主席王选和文化部原副部长吕志先共同为“全民阅读”徽标揭牌；全国知识工程领导小组成员、文化部社会文化图书馆司司长张旭，联合国教科文组织北京办事处文化官员高桥晓女士先后致辞；中国图书馆学会常务副理事长，国家图书馆党委书记、副馆长詹福瑞宣读了号召社会各界在4月23日走进图书馆的《倡议书》；全国文化资源共享工程向分中心单位赠送了阅读卡；著名词作家乔羽先生、著名电视节目主持人鞠萍分别向国家图书馆赠书。400名来自高校、解放军艺术学院、小学的师生、幼儿园的小朋友及各图书馆的员工，与著名艺术家张家声、方明等一起，进行了精彩的“经典美文百人接力朗读会”。通过这次活动，成功提升了图书馆行业的社会地位，为学会赢得了组织大型活动的经验和社会效益。（学会秘书处）

【开展“我最喜爱的一本书”评选活动】 2004年4月23日－6月1日，学会与《中国图书商报》、《中华读书报》和《父母必读》杂志社联合开展了“我最喜爱的一本书（适合18岁以下阅读）”评选活动，数千名不同年龄段的读者参与投票。这是中国图书馆学会第一次在全国范围内组织的青少年儿童图书评选活动。（学会秘书处）

【召开“数字时代图书馆的版权问题研讨会”】 2004年5月14日，学会与中国版权协会联合主办“数字时代图书馆的版权问题研讨会”，40余名代表参会。国家版权局副局长、中国版权协会理事长沈仁干出席会议并发表讲话，12位来自图书馆界、版权界、法律界的专家做了专题发言。这是一次跨学科、高规格、高层次的学术研讨会；同时，这也是两个学（协）会之间的首次合作，搭建了跨行业、跨学科的学术交流平台。（学会秘书处）

【图书馆员职业资格认证研究工作取得新进展】 学会自2001年起就组织业内专家对图书馆员职业资格认证工作从理论层面和实施层面进行研究论证，搜集了英、美、日、澳等国外同行的大量资料，组织召开了“图书馆员职业资格认证专家座谈会”，陆续向文化部递交了《关于中国图书馆学会申请承担图书馆员职业资格认证工作的报告》、《关于中国图书馆学会承担全国图书馆职业培训的报告》和《世界主要国家图书馆的职业资格认证制度的调研报告》等。2004年，协助国家劳动和社会保障部及文化部，完成了图书资料馆员、古籍馆员和文献修复师等三个文化行业国家职业标准（试行）的制订和职业资格培训教材教学大纲的编写工作。2004年5月24日，在国家图书馆的组织下，学会召集业内专家就《我国图书馆员职业资格认证制度的建立与实施》这一课题申报2004年度国家社会科学基金项目并获准立项，项目类别为重点项目，项目资助总额为11.5万元。（学会秘书

处）

【出版《中国图书馆年鉴》（2003年卷）】 2004年5月，《中国图书馆年鉴》（2003年卷）由科学技术文献出版社出版。该书由中国图书馆学会组织编写，全国各省、市、自治区、各系统图书馆分会、委员会以及专业刊物的负责同志担任特约撰稿人，条目和资料大都由专业研究人员及工作人员撰写、提供。它全面系统地反映了2001－2002年中国图书馆事业的基本情况和图书馆学研究的最新发展概况，是一本大型资料性、专业性工具书，其宗旨是为各级领导对中国图书馆事业宏观管理和科学决策提供参考，为图书馆工作人员和教学科研工作者提供中国图书馆事业的基本文献、基本数据、科研成果和最新工作经验，为广大社会用户提供有关图书馆的各种信息资源。内容主要包括：特载、专文／法律、法规与规范性文件／图书馆工作／学术研究与活动／专业教育／专业文献／统计资料／图书馆相关企业／新建馆舍（照片）／大事记／附录／索引等。（学会秘书处）

【举办“图书馆现代化管理馆长研修班”】 2004年6月3—8日，学会在北京市西城区图书馆举办“图书馆现代化管理馆长研修班”，邀请美国纽约皇后区图书馆原馆长、现任美国加州大学洛杉矶分校图书馆总馆长石格瑞先生和国际图联管理委员会委员、德国柏林中央州立图书馆馆长克劳蒂娅·卢克斯女士来华讲学，40多位馆长参加了学习。石格瑞先生以他30多年来一直从事图书馆员和高级管理层工作的管理经验以及对图书馆学的潜心研究，对当今信息时代图书馆的工作和管理提出不少独特的见解；克劳蒂娅·卢克斯女士讲授了网络环境下对图书馆职能和目标的反思、图书馆管理者所应具备的基本素质等内容；中国图书馆学会副理事长吴慰慈、孙蓓欣分别做了题为《网络环境下图书馆信息资源建设——兼谈数据库产业的现状和发展趋势》和《现代图书馆的科学管理与可持续发展》的报告。这是学会近年来组织的层次较高的一次培训，开阔了我国图书馆管理者的视野。会后，中图学会派人陪同石格瑞先生分别赴新疆和上海，同两地的图书馆界同行进行了学术交流。（学会秘书处）

【举办“全国科普日”宣传活动】 2004年7月3日，为宣传《科普法》颁布两周年，中国图书馆学会在国家图书馆广场承办了由中国科协组织的全国科普日重点活动之一的“科学发展观宣传活动”。中国科协副主席、书记处第一书记张玉台，北京市委副书记强卫、北京市副市长范伯元等领导同志参加了活动。活动围绕“科学普及——你我共参与”的主题，通过开展科普展览、现场专家咨询、发放宣传材料、专题报告、播放科教电影、有奖知识竞答等形式多样、直接面向公众的科普活动，鼓励广大科技工作者、科普志愿者开展科普和公众参与科普活动的积极性，在全社会营造讲科学、爱科学、学科学、用科学的良好氛围，推动科普工作向深度和广度发展，不断促进全民族科学文化素质的提高。来自23个全国性学会、协会、研究会的128位工作人员（其中包括知名专家学者52名）参加了活动，现场发放宣传资料20000份。中国图书馆学会还举行了“我最喜爱的一本书”活动的颁奖仪式，并组织各出版社的领导和编辑进行座谈。学会由于出色完成组织工作，被中国科协评为“全国科普日活动先进单位”。（学会秘书处）

【中国图书馆学会召开六届九次常务理事会】 2004年7月6日，中国图书馆学会六届九次常务理事会（在京）在国家图书馆召开，21位同志与会。会议对学会2004年上半年工作、2004年年会和六届五次理事会的筹备情况做了通报；审议并通过2003年学会财务情况报告、《中国图书馆学会分支机构管理办法》等学会管理文件；同时审议了学会2005年年会主题与举办地点并提交六届五次理事会审议。（学会秘书处）

【中国图书馆学会召开六届五次理事会】 2004年7月23日，中国图书馆学会六届五次理事会在苏州图书馆隆重召开，60位理事出席了会议。文化部副部长、中国图书馆学会理事长周和平在会上即席讲话，谈到图书馆事业发展中取得的成绩与存在的问题；并指出，图书馆要在承担社会责任、为社会提供服务的过程中发展自己，积极主动地把图书馆工作纳入到各地党委、政府工作的总体规划中，使图书馆事业的发展紧跟时代步伐，在社会文化事业的总体发展中壮大自己。会议还对2003年和2004年上半年的主要工作进行了总结，对今后一段时间的工作进行了部署；审议通过了《中国图书馆学会理事会职权及工作规则》等有关管理文件和2005年年会的主题——“以人为本，服务创新”及年会举办地点——广西桂林。为充分行使理事“领导本学会各机构开展工作”的职权，会前秘书处特向全体理事就学会工作内容、前景规划、机制改革、2020学科发展等议题征询提案，10位理事递交了书面提案；会上，理事们就提案内容进行了热烈讨论，在分支机构管理、行业管理、设立基金、表彰先进、职称评定、参加国际图联活动等问题上提出了许多好的、建设性的意见。大家认为，“理事提案”为理事们参政议政提供了平台，希望逐步健全并形成制度，以确保重要提案的采纳与实施。理事们的提案也得到周和平理事长的充分肯定，他责成秘书处对提案进行认真记录、分类、汇总，对重要提案进行调研，有关问题要逐级上报。这是首次以“理事提案”的形式研讨学会工作，体现了民主办会精神。本次理事会是学会换届年前一次重要的理事会议。（学会秘书处）

【举办“中国图书馆学会2004年年会暨学会成立25周年纪念大会”】 2004年7月23—27日，中国图书馆学会2004年年会暨学会成立25周年纪念大会在苏州隆重举行。来自全国各地图书馆、澳门特别行政区、韩国、美国、日本、马来西亚、沙特等国的1100名代表参加了会议。中国图书馆学会理事长、文化部副部长周和平，中国科学技术协会学会学术部部长马阳等领导出席开幕式并致辞。为纪念中国近代图书馆事业走过百年历程，本届年会的主题确定为“回顾与展望——中国图书馆事业百年”。共收到征文931篇，超过了以往任何一年；评出优秀论文82篇，交流论文411篇，出版优秀论文集和交流论文集。特邀中国图书馆学会学术研究委员会副主任程焕文教授做了题为《百年沧桑，世纪华章——20世纪中国图书馆事业回顾与展望》的主旨报告；苏州市副市长朱永新、北京大学信息管理系主任王余光、国家图书馆副馆长陈力等做了专题报告；52人（包括9位境外学者）在8个分会场中发言。同期举办了“2004中国图书馆应用技术与专业设备及图书馆资源展览会”，54家单位参展，是历届年会最多的一次；举办了“图书馆学会工作成就展”、“第二届全国图书馆系统书画摄影展”等纪念学会成立25周年的专题展览；进行了公众科普平台传播系统的演示活动。为获得“第二届图书馆学情报学学术成果奖”、“我的图书馆情缘”征文优秀作品奖和“第二届全国图书馆系统书画摄影展”优秀作品奖的代表以及年会论文获奖代表颁发了证书。本次年会的亮点之一，就是学会秘书处为宣传本次年会的主题而特别摄制、播放了题为《前辈寄语》的专题片，记录了于光远、任继愈、周文骏、彭斐章等德高望重的老先生对中国图书馆事业的寄语和展望，增添了参会代表们发展图书馆事业的信心和力量。亮点之二，宣传报道工作较往年有新的起色，《中国文化报》、《中华读书报》、《新华书目报》、《中国图书商报》、《出版商》杂志等媒体主动要求特派记者参加年会，这是往届年会所没有的；苏州图书馆网站上也专门制作了“中国图书馆学会2004年年会”专题网页，对会况进行及时宣传报道。本次年会最突出的特点就是综合性，会议内容丰富，交流效果显著。大型、综合性将是今后举办年会的方向。（学会秘书处）

【出版《中国图书馆百年系列丛书》】 2004年7月，为纪念中国近代图书馆事业百年和学会成立25周年，中国图书馆学会主编了《中国图书馆百年系列丛书》。全书分《百年大势》、《百年情怀》、《百年人物》、《百年文萃》、《百年建筑》五个分册，共约150万字，图片数百幅。全书从历史、人文，以及学术研究、建筑文化等各个层面，对中国图书馆事业的百年历程作一个完整而深入的诠释和展示，借以传承“智慧与服务”的行业精神。89岁高龄的著名经济学家、哲学家、中科院院士、延安中山图书馆名誉馆长于光远先生欣然受聘为本书的荣誉顾问，并亲自撰文《我与图书馆的七十载情缘》。首批两个分册《百年大势》、《百年情怀》于苏州年会前出版。（学会秘书处）

【召开“全国图书馆学期刊优秀编辑、老编辑表彰暨经验交流会”】 2004年8月19—21日，学会在甘肃敦煌召开“全国图书馆学期刊优秀编辑、老编辑表彰暨经验交流会”，24名图书馆学期刊优秀编辑和16名在图书馆学期刊编辑岗位上辛勤工作了15年以上的老编辑受到表彰。这是学会首次开展此类评选工作，对于加强专业编辑队伍建设，提高刊物质量，进一步促进我国图书馆学研究和图书馆事业的繁荣发展具有重要意义。（学会秘书处）

【举办“以人为本、科学管理”研讨班】 2004年9月6-9日，学会在北京市崇文区图书馆举办“以人为本、科学管理”研讨班，80多位代表参加了学习。研讨班旨在提高图书馆的管理水平和服务水平，提倡“以人为本、科学管理”的服务理念，加快我国图书馆人力资源的培养，提高广大会员和图书馆工作者的专业水平。特邀国际图联现任秘书长、原新加坡国家图书馆管理局副总裁兼新加坡国家图书馆馆长拉玛赞德拉先生做了题为《中国在全球化知识社会和世界图书馆事业发展中的作用》和《IFLA在自由存取信息中的作用》的专题报告，并就“图书馆领导者的素质与能力”这一主题同代表们进行了座谈与交流，受到了代表们的热烈欢迎。中国图书馆学会副理事长孙蓓欣、徐引篪和学术研究委员会副主任、首都图书馆馆长倪晓建分别做了专题报告。（学会秘书处）

【中国图书馆学会高等学校图书馆分会成立】 “中国图书馆学会高等学校图书馆分会成立大会”在山东威海召开，来自全国各高校系统的90多位代表出席了大会。大会选举产生了由91位委员组成的第一届委员会和由34位常务委员组成的常务委员会，同时选举产生了委员会的主任委员和副主任委员及秘书长。至此，中国图书馆学会在民政部正式登记、备案的分支机构达到8个。（学会秘书处）

【举办“企业图书馆振兴行动示范馆开馆仪式”暨“企业图书馆振兴与学习型企业建设论坛”】 2004年10月21日，学会与民进中央宣传部、全总工会宣教部、中国科协学会学术部、国家科技图书文献中心和济南钢铁集团总公司在济钢文化中心联合举办全国“企业图书馆振兴行动示范馆开馆仪式”。6家主办单位的领导以及来自全国各地企业界、科技教育界和图书馆界的专家学者共100多人出席。此项目的试点工作于2002年11月在济南钢铁集团总公司图书馆启动；2003年在中国科协六届三次全委会上做了重点介绍，得到中国科协的关注；2004年作为中国民主促进会的全国政协提案，得到文化部、教育部、科技部和全国总工会等8个部委的重视和批复。开馆仪式之后，举办了“企业图书馆振兴与学习型企业建设论坛”，企业领导及专家们分别从不同的角度论证、探讨了“企业图书馆振兴行动”的起源、理论支撑、操作模式、资源保障和现实意义。代表们希望各级政府和企业领导重视企业图书馆的发展，加大对企业图书馆的投入，各级图书馆学会加强对企业图书馆的调研和指导工作；希望“企业图书馆振兴行动”能够在全国迅速推广，以促进“知识工程”和“创建学习型组织，争做知识型职工”活动的开展，为弘扬先进文化，全面提高产业工人队伍素质，发挥企业在全面建设小康社会中的主力军作用，推动全民学习、终身学习的学习型社会形成，促进经济和社会全面协调发展做出应有的贡献。（学会秘书处）

【举办“第二届全国图书馆新书展示订货会”】 2004年10月25日—11月2日，学会与新华书店总店在北京联合举办“第二届全国图书馆新书展示订货会”，200余家图书馆参会，展示图书约10万种。同期举办了“图书馆资源建设：现状及未来发展研讨会”，邀请4位图书馆界专家做了专题发言。此举为图书馆和图书出版发行单位之间搭建了一个图书交易平台，充分发挥了学会的社会联合和行业协调的优势，使图书馆和新华书店总店获得了双赢。（学会秘书处）

【举办中国图书馆学会第二届青年学术论坛】 2004年11月6－8日，中国图书馆学会第二届青年学术论坛在绍兴举行，82位代表与会。论坛的主题是：新青年、新理念、新秩序——知识传播与图书馆变革。柯平、王世伟、范并思、王子舟、孙坦等五位专家作了主旨报告；李国新、叶鹰教授、张广钦等专家担任主持人及专家点评。在主旨讲坛和专题论坛上，专家和青年馆员论辩结合，互相交流，思想交锋时有出现，场面极为活跃。10多位图书馆界的准青年代表——浙江大学信息资源与信息管理系和华东师范大学信息系的学生旁听了报告并深受启发。会议还安排了兰亭雅集、“绍兴夜话”大辩论等形式活泼的适合青年人的活动。本次论坛将引发一批中青年图书馆员、专家学者对图书馆行业和图书馆员职业权益的深层思考，进一步推进这个领域的理论研究与实践探索。（学会秘书处）

【举办“首届工具书电子化网络化应用与发展论坛”】 2004年11月11－12日，由中国图书馆学会主办的“首届工具书电子化网络化应用与发展论坛”在北京举行，文化部社图司和新闻出版总署的有关领导及来自北京各系统图书馆的近90名代表参加了会议。论坛特别邀请朱岩、肖东发、郭依群三位专家作了专题发言，从理论的高度对目前网络版工具书应用的现状、存在的问题以及发展趋势等方面作了深入的分析。三家大型工具书的出版单位现场演示了《中国大百科全书》、《文渊阁四库全书》和《汉语大词典》网络版，并分别对三种大型工具书的检索方法、特点以及现阶段的应用情况作了介绍。参会代表围绕“国内外电子工具书的状况及走向”等诸多议题进行了热烈讨论，从不同角度阐述了对工具书数字化应用与发展的认识，还从使用者角度给出版方提了许多建议。这次论坛是中国图书馆学会第一次将理论研究领域专家、出版机构及图书馆专业人士三方代表聚合在一起，共同研讨数字化资源的应用与发展的有益尝试，搭建了出版社与图书馆相互了解、相互交流的平台，因此得到各方人士的认同和赞许。（学会秘书处）

【举办“社会协调发展中的信息服务”学术研讨会】 2004年11月22日，在海南琼海召开的中国科协2004年学术年会上，学会举办了以“社会协调发展中的信息服务”为主题的学术研讨会（第19－4分会场），70余人参加了会议。研讨会采用专题报告与专题发言相结合的形式，针对图书馆开展信息服务的诸多方面进行了深入研讨和广泛交流。会议特别邀请程焕文、吴晞、程亚男、朱强等4位图书馆界著名专家做专题学术报告。（学会秘书处）

【“打开信息之门（三）——汉字，甲骨文到计算机”获得中国科协科普专项资助】 2004年12月，学会申报的2004年度中国科协科普专项资助项目“打开信息之门（三）——汉字，甲骨文到计算机”通过科协评审，获资助金额7万元，这是近年来学会获得的中国科协科普资助额最高的一次。该展览通过叙述汉字与文字载体演化过程，向人们展示了汉字的独特魅力。该展的外文版以6种文字形式相继在埃及、瑞典、新西兰、俄罗斯、法国、马耳他、墨西哥等国家展出，获得强烈反响和好评。该展的中文版由文化部授予中国图书馆学会，学会将组织到全国图书馆巡展，扩大科普受众面。（学会秘书处）

【《中国图书馆学报》评为国家核心期刊】 《中国图书馆学报》连续第四次被评为国家核心期刊，且在17种被定为国家核心期刊的图书情报学刊物中，总评分居第1位。（学会秘书处）

【2003年韦棣华基金会奖学金评审会】 2003年6月11日，以杜克为主任委员；孙蓓欣为副主任委员；吴慰慈、汤更生为委员的中国图书馆学会韦棣华基金会奖学金评委会在国家图书馆召开评审会，会上对27所院校申报的43名申请人逐一进行审核，最后共评定27所院校的35名学生获得2003年度的韦棣华基金会奖学金。其中博士研究生2名、硕士研究生14名，本科生19名。（学会秘书处）

【2004年韦棣华基金会奖学金评审会】 2004年5月9日，以孙蓓欣为主任委员，马费城为副主任委员，吴慰慈、谭祥金、汤更生为委员的中国图书馆学会2004年韦棣华奖学金评审会在国家图书馆召开。会上，对26所院校申报的43名申请人逐一进行审核，最后共评出32名韦棣华奖学金获得者，其中博士研究生2名、硕士研究生11名、本科生19名。（学会秘书处）

中国图书馆学会分支机构

高校图书馆分会

【高校分会概况】 2004年10月11—14日，中国图书馆学会高等学校图书馆分会（以下简称分会）成立大会在威海市山东大学威海国际学术中心隆重召开。来自全国各省、自治区、直辖市高等学校系统的90多位中国图书馆学会会员代表及领导和嘉宾出席了大会。出席开幕式的领导和嘉宾有中国图书馆学会副理事长、学术研究委员会主任吴慰慈，教育部高教司教学条件处处长李晓明，山东大学党委副书记、威海分校书记李建军，山东大学威海分校副校长陈金钊，北京大学图书馆馆长戴龙基，首都师范大学图书馆馆长胡越，山东大学图书馆馆长苏位智，北京大学图书馆研究馆员、深圳大学城图书馆馆长朱强。开幕式上，李建军、苏位智、吴慰慈和李晓明同志分别向大会致辞。

会上，吴慰慈副理事长做了《2003年到2020年图书馆学研究的新趋势》的报告。他阐述了当代图书馆学的三个新变化和三个新趋势，展示了图书馆学学科前沿性问题的进展情况，指出了2003—2020年图书馆学研究的重点领域。戴龙基馆长做了《关于成立高等学校图书馆分会的目的、意义和今后的发展》的报告。他讲述了学会的性质、任务及组织机构，介绍了美国、台湾和香港等图书馆学（协）会的目标、业务范围和职责，指出了高校图书馆分会成立的目的、意义及今后的工作内容和发展方向。胡越馆长做了《关于成立高校图书馆分会筹备工作的报告》。他着重介绍了分会成立的起因，分会的性质、任务、委员会制度、领导人的条件和职权等，解释了本次代表大会委员候选人的产生及各项选举办法。

大会采取等额不记名投票选举方式，选举产生了由91位委员组成的高等学校图书馆分会第一届委员会。在第一届委员会全体委员会议上，选举产生了由34位常务委员组成的常务委员会，同时选举产生了委员会的主任委员和副主任委员及秘书长。分会秘书处与教育部全国高校图书情报工作指导委员会秘书处一个机构两块牌子，实行统一领导，分工合作；分会接受中国图书馆学会（以下简称全国学会）和挂靠单位北京大学图书馆的领导。分会是全国学会根据开展活动的需要，依据图书馆事业在高校图书馆领域内形成的工作系统而设立的专门从事本学会高校图书馆业务活动的机构。其主要职能是对高校图书馆工作进行组织、咨询、研究、协调、评估及业务指导。分会接受中国图书馆学会业务指导，接受社团登记管理机关国家民政部的监督管理。

分会的主要任务是：坚持全国学会宗旨，根据全国学会的学术活动方针和总体计划，依据分会业务范围所规定的内容，在全国高校图书馆系统内组织会员和图书馆工作者开展国内外学术交流、促进学科发展，弘扬科学精神；反映会员和图书馆工作者的意见和要求，维护其合法权益；举荐人才，表彰、奖励在学术和学会工作中取得优秀成绩的会员和图书馆工作者；接受委托，承担项目评估、标准制定、成果鉴定及专业职务资格评审；组织、举办专业展览，编审专业文献，提供专业咨询和专业服务；认定会员资格，开展对会员和图书馆工作者的继续教育和培训工作；举办为会员服务的事业和活动；利用图书馆阵地，面向社会公众组织开展科普教育活动等。

目前，分会已完成了国家规定的社会团体分支机构所需的各项登记注册工作。为了扩大分会的影响，实现服务的开放性，分会还建立了自己的网站（http：//www. scal. edu. cn）。这些基础工作的顺利完成，为今后分会在全国高校系统内开展工作创造了良好的条件。（中国图书馆学会高等学校图书馆分会秘书处）

专业图书馆分会

【专业图书馆分会2003－2004年概述】 中国图书馆学会专业图书馆分会是中国图书馆学会重要的分支机构之一，在民政部正式注册，是全国性的学术性团体，会员单位主要来自中央国家机关和科学研究系统图书馆，工作任务为大力开展专业系统图书馆学理论与实践的学术研究与交流、继续教育和组织发展等工作。2003年以来，分会克服了“非典”带来的负面影响，坚持以学术交流为中心，继续教育为基础，组织建设作保障的工作作风，适时举办了多种形式的学术活动和教育培训工作，使专业图书馆分会工作持续而稳定的向前推进。2003年分会举办的主要活动有：组织55名专业图书馆馆员赴香港、澳门参观考察图书馆活动，此种规模的考察活动在专业图书馆领域尚属首次，产生较大影响；在福州召开“管理知识 追求效益”全国学术研讨会，由于主题新颖，不仅吸引了专业图书馆的馆员参加，也吸引了很多公共、高校图书馆的同仁；举办“第21期图书馆岗位培训班”、“第12期图书情报工作高级研究班”等5个培训班，多层次、多形式的继续教育工作形成分会的一大特色，成为专业图书馆员更新知识、提高业务素质的重要渠道；定期举办学术报告会或组织会员参加高水平学术研讨会，这是分会学术工作坚持不懈的一个方面，也是分会的又一特色，学术报告的主要内容为及时向广大会员宣传普及图书馆领域新知识、新技能，跟踪国内外图书馆学发展新趋势。通过种种努力，使得专业图书馆分会的社会影响力、凝聚力和经常实力都有较大幅度提高，为下一步工作奠定了良好基础。（赵树宜）

【国家科学数字图书馆（CSDL）】 国家科学数字图书馆简称CSDL，英文名：Chinese national Science Digital Library。CSDL是中国科学院2001年底启动为期5年的基础设施重大建设项目，总投资为1.4亿人民币。4年来它瞄准国际数字图书馆的发展前沿，按照中科院知识创新和国家创新体系要求，依托中国科技网，构建了科学研究和国家创新体系的科技文献信息支撑系统。截止2005年6月，通过近70个项目的建设，CSDL为全院研究人员和研究生开通4大类型，31种共128个科学文献数据库，并推出随易通、文献传递、参考咨询和跨库检索等近10项网络化服务，同时开展“资源和服务百所行”活动，深入科研一线，进行数据库和服务的培训和宣传，持续、可靠地支持全院的“数字化科研环境”。

CSDL采用开放、集成和用户为中心的设计理念，应用了学科信息门户、开放链接和跨库检索等先进实用的技术，在项目管理上也引入项目管理办公室（PMO），通过CSDL项目管理中心组织和协调全院文献情报系统进行科学数字图书馆建设，取得良好的建设效果。2004年，为加强对CSDL项目领导，李静海副院长担任项目领导小组组长，组建了新的领导小组、专家组和项目管理中心。并着力切实保障资源共建共享、完善联合服务、参与国家平台建设、加强战略情报研究，开始推动文献情报系统提升战略性集成性服务能力。

“资源到所，服务到人”是CSDL的服务目标。资源到所包括CSDL通过组团、联合采购和补贴等多种方式为全院开通的数据库。类型有外文期刊全文数据库、文摘数据库、引文数据库、事实数据库、西文学位论文全文数据库、中文科技期刊数据库、中文电子图书库、科学文献数据库。CSDL提供的资源和服务伴随全院每一个科研人员和研究生。任何时间、任何地点，登陆因特网，就可以使用全院图书馆员提供的服务。它们是随易通、ScienceChina、联合编目网上服务系统、跨库检索服务、跨库集成浏览服务、馆际互借与文献传递服务、学科信息门户和参考咨询服务。

CSDL的所有建设项目均采用招标投标机制进行建设，但采购国内外专业数据库和组织有关培训除外。建设项目按国家和科学院的法律法规进行公开的招标，通过专家评审确定项目的建设单位，CSDL委派专门的项目联系人，对项目进行日常监督和管理工作。CSDL带动全院文献情报系统成功实现两个转变。首先是一线科研人员从印刷类型文献转为主要以参考数字化文献的科研活动转变；其次是从全院文献情报系统分散保障，各自建设过渡到整体化、集约化建设的共建共享文献服务机制。主要体现在如下4个方面：大幅度提升研究所一线的科技文献的获取能力（总体达到德国马普学会文献保障水平）。

形成全院文献资源共建、共享、共发展的整体机制，形成科技创新、跨越的重要基础设施。

在国家科技文献平台层面创建中科院的核心竞争力和品牌。

符合中国特色和中科院战略需求，强调公共信息平台的综合集成和创新，加强科技创新能力、中长期规划。（毛军）

【张晓林教授当选国际图联管理委员会委员】 在国际图联（International Federation of Library Associations and Institutions）6月15日公布的新的国际图联管理委员会（Governing Board）选举结果中，中国科学院文献情报中心主任张晓林教授以818票当选国际图联管理委员会委员，在全部10名当选的委员中得票数名列第四。这是中国科学院文献情报中心继前不久有五名专家人选国际图联专业委员会常委后，历史上在国际专业组织上获得的最高级别任职，也是我国先后在国际图联中担任管理委员会（以前称为执行委员会）委员的第三位中国专家。国际图联是国际图书馆界影响最大的国际组织，管理委员会是国际图联的最高决策机构。（初景利）

【迅速发展的中国科学院文献情报系统】 中国科学院文献情报系统由院文献情报中心和兰州资源环境科学信息中心、上海生命科学信息中心、成都文献情报中心、武汉文献情报中心4个地区（学科）文献情报中心，以及近90个研究所和院校的图书情报机构所组成。中国科学院文献情报中心负责对全院文献情报工作、学术研究和人员培训进行规划、组织、协调和业务指导。

2003—2004年，中国科学院文献情报系统在中国科学院知识创新工程重大项目国家科学数字图书馆工程（CSDL）建设的推动下，以“资源到所、服务到人”为发展目标，以提升系统的整体服务能力建设为核心，重点开展网络文献资源建设和网络信息服务能力的建设，深化文献情报服务，建设开放合作的文献情报体系，大力加强战略和学科情报研究，积极推进创新文化建设和队伍建设，各方面工作取得了可喜的成绩。

通过CSDL项目建设，全院文献资源建设和服务取得显著成效，初步实现了传统的以单个图书馆和印本文献服务为主向全院联合共建共享共存的网络化、数字化资源与服务模式的转变，极大地提高了科研一线人员获取和使用文献的能力，形成了全院数字化网络化文献资源联合保障和服务体系。截止目前，CSDL为全院开通专业检索数据库11种，基本覆盖我院主要研究领域；截止2005年2月，CSDL为全院开通专业检索数据库11种，基本覆盖我院主要研究领域；为全院开通中文科技期刊全文库、Derwent专利全文库、外文全文学位论文库、以及若干全文工具书数据库、Springer丛书库和方正电子中文图书库。

为了直接面向广大科研用户宣传和推荐CSDL的丰富信息资源和网络化服务，推进院所联合的用户培训与信息服务，国家科学数字图书馆项目管理中心和中国科学院文献情报中心连续两年共同组织全院文献情报机构开展“服务百所行”——信息资源与服务推荐和培训活动。各文献情报中心分别派员到研究所科研一线，与所图书馆一起向科研人员宣传CSDL提供的电子信息资源，介绍相关数据库的特点和使用方法，推介与注册CSDL各项服务，共走访研究所92个，培训科研用户11844人次，使科研人员使用信息资源与服务的能力有效提升，带动研究所图书馆服务模式的转变和服务能力的提高。

为了满足科学院知识创新深入发展和国家科技战略决策不断增长的需求，各文献情报中心面向院和国家决策部门，面向重大科研计划，提升战略情报研究目标，调整情报研究方向、人员结构和产品布局，大力开展学科竞争情报研究和科研竞争力评价研究，为各级领导和管理部门提供快速、可靠的科技决策和学科战略情报研究服务。如CSDL组织了全院五个文献情报中心共同研究与编写了《世界科学中的中国科学院》（A1辑、A2辑、B辑），分别对中国科学院的国际竞争力、中国科学院有关研究所的国际竞争力、中国科学院重点创新领域的国际发展趋势及发展政策等进行比较研究，打造情报精品，为进一步形成战略情报研究规模、和快速反应能力奠定了基础。

为了全面打造数字环境下一线科研与创新的信息服务能力，两年来CSDL项目管理中心与中国科学院文献情报中心举办了2期“图书馆员培训班”，来自全院5个文献情报中心和86个研究所文献情报机构共121人参加了学习，接受CSDL资源与服务的综合利用、到所培训与服务策划和组织进行了培训。中国科学院出版图书情报委员会与院中心还举办了“中国科学院研究所图书情报室主任研讨班”，来自全院11个地区41个研究所的44名图书情报室负责人和3个文献情报中心的9位部门负责人，共52名代表参加了研讨班，对室主任认清数字化网络化的挑战与机遇，确立新的服务思想，探索新形势下研究所服务模式将产生积极的影响。

根据学科信息服务和情报研究需要，全院文献情报系统通过接受应届毕业生、向社会公开招聘、项目聘用等多种形式，较大幅度引进和重点使用了多名高学历、高素质的科研或情报研究人才，在学科信息服务和战略情报研究方面发挥了重大作用。2004年仅院文献情报中心就以各种方式引进博士7人、硕士15人，其中情报研究3名博士、3名硕士。

2004年，中国科学院文献情报中心成功举办了《中国科学院知识创新工程试点成就展》，向社会展示了科学院院在战略高技术、重大公益性科技创新和重要基础研究领域等方面所做出的重大科技创新成果，接待了中央军委、中纪委、中央办公厅、中组部、中宣部、中联部、科技部、教育部、基金委等18个部委和院内外公众12000人的参观。2004年12月29日，胡锦涛总书记亲自到该中心参观了创新成就展，接见中国科学院领导和科研人员代表，听取中国科学院知识创新工程进展，并就提高科技自主创新能力，建设中国特色国家创新体系发表了重要讲话。这一振奋人心的重大历史事件为2004年全院文献情报系统写下了浓笔重彩的结束符。（许儒敬）

【中国科学院文献情报中心在中科院文献情报系统2003年度创新试评价中名列第一】 近日院科技政策局发文公布了院文献情报系统知识创新试点单位2003年度试评价结果，中国科学院文献情报中心以107.99分（总分110）的成绩在中科院文献情报系统2003年度创新试评价中位居榜首。此次评价工作是中国科学院知识创新评价工作的重要组成部分，旨在全面把握文献情报系统创新单位创新工作开展情况，充分发挥文献情报系统对院科研创新的文献支撑保障作用。院出版图书情报委员会组织成立了院文献情报系统知识创新工程试点工作评价专家组，制订了以创新任务完成情况、科技信息支撑和服务工作、与国际一流图书馆发展水平比较为基本指标的评价方案。通过对参评单位上报资料评审，结合网上文献情报服务实时抽查情况，并经专家评审会议反复审议，最后形成了"中国科学院文献情报系统知识创新工程试点单位2003年度评价报告"。评价报告结果表明，在院出版委领导下，以院文献情报中心为牵头单位的院文献情报系统2003年度在资源、服务、人才和体制建设等方面都取得了很大成就，显著提升了中国科学院科研创新的文献情报支撑能力，大大推进了文献情报机构的机制创新和创新文化建设。院文献情报中心在完成各项创新任务的基础上，努力提高科技信息支撑能力和服务水平，成为其在年度评审中成绩突出的关键性因素。（吕秋培）

【中国科学院第十三次图书馆学情报学科学讨论会】 2003年11月17日至23日，由中国科学院文献情报中心和中国科学院国家科学数字图书馆项目管理中心联合主办的"中国科学院第十三次图书馆学情报学科学讨论会"在云南西双版纳自治州景洪市召开。本次会议的主题为："数字图书馆的资源和服务"。会议共收论文125篇。来自中国科学院50个文献情报机构中心和院外10余个单位以及ISI等4家公司的代表共127人参加了本次会议。本次会议将资源培训、学术交流和工作研讨有机地结合起来。第一天为ISI、ELSEVIER、BP/OVID、SpringerLink等4家数据库提供商对中国科学院开通的主要数据库进行了使用培训。随后两天的会议采取大会专题报告、主题发言和分组讨论相结合的形式对图书情报工作目前关注的热点问题进行了广泛的交流。（于媛）

【2003海峡两岸图书馆建筑研讨会】 2003海峡两岸图书馆建筑研讨会于2003年12月3–5日在北京中国科学院文献情报中心举行。该研讨会由中国科学院文献情报中心和中国图书馆学会图书馆建筑与设备专业委员会联合主办。来自海峡两岸和澳门图书馆界以及建筑设计方面的代表126人聚集一堂，就新世纪海峡两岸图书馆新馆建设中的成功经验和面临的各种新课题，进行广泛的切磋。会议的主题是：新图书馆建筑：科技·人文·交流。期间，举办了图书馆设备用品与新技术展示会，诚邀著名企业参展；并组织代表参观考察了近年来北京建成的若干新图书馆建筑与设施。会议共收到论文60余篇。会议出版了《2003海峡两岸图书馆建筑设计论文集》。（于媛）

【中国科学院图书馆可持续发展与创新学术研讨会】 由中国科学院主办，中国科学院文献情报中心和国家科技图书文献中心承办，中国标准化研究院标准馆协办的中国科学院图书馆可持续发展与创新学术研讨会于2003年12月23日在北京圆满闭幕。会议共收到论文近百篇，经专家评审，选择其中52篇论文编辑出版了《图书馆可持续发展与创新研究文集》。大会汇聚了来自美国、日本、澳大利亚、奥地利、台湾、香港、大陆等国家和地区的众多知名专家学者和图书馆员，共有正式会议代表72人，其中国外代表3人，海外华人代表17人，国内代表52人参加了本次学术研讨会，北京等地的其他代表262人参加了会议部分学术活动，共同探讨在知识经济、信息技术、公共管理和公共服务变革背景下图书馆的可持续发展及其创新策略问题。（于媛）

【全国数字图书馆标准规范建设宣传与推广会议】 2004年5月27—29日，由国家科技图书文献中心、国家图书馆、中国科技信息所、中国高等教育文献保障体系管理中心、中国科学院文献情报中心联合主办的全国数字图书馆标准规范建设宣传与推广会议在北京召开。来自于全国124家高校图书馆、公共图书馆、科研与专业图书馆及图书情报教育机构、有关公司的293名代表参加了本次会议，新华社、中央电视台、人民日报、光明日报、经济日报、科技日报等15家新闻单位的记者到会进行了专题报道。

大会邀请中国标准化研究院标准化理论与战略研究所的白殿一、科技部条财司郑健做特邀报告。《数字图书馆标准与规范建设》项目组的研究人员分别就我国数字图书馆标准与规范的发展战略和实施要求，开放建设机制，数字资源加工规范，基本元数据规范、各种专门元数据规范、数字对象唯一标识符规范、数字资源检索协议等问题作了36场专题报告，并同与会代表展开了广泛地交流。会议的详细情况以及会议期间的各个报告参见会议网站 http://cdls.nstl.gov.cn/mt040526/。（于媛）

【中欧数字资源长期保存国际研讨会】 "中欧数字资源长期保存国际研讨会"于2004年7月14–16日在中国科学院文献情报中心召开。会议是在中国科学院国家数字图书馆和国际图书馆电子信息联盟的积极倡导下，由中国国家科技图书文献中心、中国国家图书馆、中国高等教育文献保障系统、中国科学院国家数字图书馆、德国哥廷根大学图书馆、奥地利国家图书馆共同组织、并由中国高等教育文献保障系统、中国科学院国家数字图书馆项目管理中心联合承办。

此次会议共邀请了10位来自欧盟国家的专家，就数字资源长期保存的一般问题、不同数字对象的长期保存技术、数字资源长期保存的组织环境、数字资源长期保存的全球支撑结构、国家和国际长期保存策略与启动项目等5个主题进行了24个研究报告，从不同的角度阐述了数字资源长期保存中的政策、策略、管理、法律、经济、技术等各种问题，介绍了欧洲9个重要的数字资源长期保存项目和联盟组织。国内有28家机构共77位代表参加了此次会议。中国科学院的张晓林教授和中国国家图书馆的王志庚先生也分别介绍了他们在数字资源长期保存方面的工作和研究进展。(于媛)

【走向知识服务—文献情报服务发展与创新学术研讨会】 2004年10月26－27日，在安徽屯溪，中国科学院文献情报中心与中国科技大学图书馆联合主办了“走向知识服务——文献情报服务发展与创新学术研讨会”。研讨会共收到征文60篇，其中有30篇论文入选北京图书馆出版社出版的《图书馆知识服务战略研究》文集，6位获奖作者代表进行了大会发言。

来自全国科研、军事、医学、高校图书馆的80余位会议代表参加了本次会议。中国科学院文献情报中心张晓林主任、孙坦副主任，中国科技大学图书馆邵正荣馆长等对多位专家作了专题报告，并与参会代表就国内学术界和实践界对知识服务的思考、实践和问题进行了交流和探讨，明确了知识服务的理念和意义，确立了文献情报机构未来的发展方向。本次会议标志着全国图书情报机构开始重视和引入知识服务工作，将有力推动我国文献情报服务模式的根本转变。(于媛)

【面向国家需求，服务科研攻关，为防治“非典”提供文献信息支撑服务】 在“非典”降临和蔓延期间，中国科学院文献情报中心广大员工以高度的职业敏感性和政治责任感，急国家之急，应科研之需，及时成立了“非典”应急服务小组，采取各种有效措施，从以下四个方面充分发挥文献信息在国家和社会突发事件中的保障和支撑作用。①应决策急需，及时提供防治SARS专题信息。中心“非典”疫情出现以后，及时组织开展有关“非典”疫情及其影响的信息跟踪和报送工作，加大对国内外防治“非典”疫情、防治措施和科研进展的信息报道，向管理部门和互联网提供有关专题信息189条和世界“非典”科研动态信息25条，有的被中央办公厅信息刊物采用。②想科研所想，坚持各项服务不间断。“非典”期间，中心作为大型的开放性公共服务场所，积极预防“非典”交叉感染，暂停接待到馆读者服务，积极开展网上信息服务，充分利用网络和通讯等现代信息技术和手段提供分布式参考咨询、文献全文传递、委托检索查新和代查代借等信息服务。期间，中心安排专人值班并严格规定，对与SARS研究相关的文献请求，不分昼夜，以最快的速度及时满足，确保当天申请当天完成。从4月25日至5月11日中心通过各种方式共为读者提供文献数量1128篇，每天全文文献传递量比正常开馆的需求平均增长50%，单日最高多至162篇。③快速反应，迅速集合专题文献信息资源。中心“非典”应急服务小组组织专门力量，利用“五一”休假时间，迅速搜集整理了有关“非典”防治和研究的各种信息资源，在网上发布《SARS专题信息资源导航》，其信息资源及服务主要包括：与SARS研究有关的核心学术论文及其引文文献，以在线阅读和全文传递两种方式提供全文服务；核心电子期刊，分专题提供与SARS研究相关的网络电子期刊的导航；SARS专题搜索引擎，提供选择推荐的互连网有关SARS网站的搜索。④积极与外商合作，免费开通网络数据库。为了配合中国科学院以及国家其他有关部门紧急启动的防治“非典”科技攻关行动，中心与以提供医学文献服务为主的世界著名数据库提供商OVID公司合作，在抗击“非典”期间，免费为中国大陆开通使用OVID医学部分的数据库；同时与ISI公司合作，向科学院参加攻关的科研单位免费提供Web of Knowledge全套数据库，并服务派员到京区研究所和利用网络远程对京外各所进行用户培训，以保证科研人员对数据库的有效利用。(许儒敏)

军队图书馆分会

【概述】 广东军队图书馆系统包括广东地区军队院校（第一军医大学、海军广州舰艇学院、解放军广州体育学院）图书馆、广州军区军事医学研究所图书馆、各军兵种图书馆、第一军医大学附属医院图书馆、广州军区总医院图书馆、广州军区各中心医院图书馆等。2003－2004年，在解放军各总部、广州军区、广州军区军兵种机关业务主管部门和各院校的领导与支持下，按照总部机关和广州军区确定的指导思想和发展思路，以信息化服务为方向，以数字化建设为目标，走传统图书馆服务与数字图书馆有机结合、协调发展的道路，在数据库建设、信息（知识）服务、图书情报科研、国际学术交流等方面取得了显著成就。主要表现在以下几个方面：

军队院校图书馆大力开展信息素质教育和文献检索课教学。第一军医大学图书馆文献检索课教学开课早、经验丰富，教材更新和网络教学紧跟时代步伐，启动了基于网络资源利用的《网络医学信息检索》教改试验，取得的教学成果多，主办的国家、军队和广东省继续教育I、II类项目培训班取得了良好的社会效益和一定的经济效益。海军广州舰艇学院图书馆制作了《网络信息检索》多媒体教学软件，边教学边完善，软件制作完成后经过两年多个班次的教学使用，深受学员的好评。应用结果表明，本教学软件可操作性强、网络应用效果明显。解放军广州体育学院也已于2004年2月开始承担学员“信息网络”课程教学任务，教学效果好。

图书馆基础服务工作扎实，服务手段多样化，质量明显提高。无论是军校图书馆还是医院图书馆都完成了图书馆自动化集成管理系统的引进和投入使用，基本上建有电子阅览室方便读者上网查询资料。第一军医大学图书馆、解放军广州体育学院图书馆、广州军区广州总医院图书馆等引进中外文电子资源数据库30余个，自建特色数据库3个，即第一军医大学图书馆基于Web的《网络医学信息检索》课程资源库、海军广州舰艇学院图书馆《互联网上海军装备研究信息集萃》数据库、解放军广州体育学院《军事体育信息数据库》。第一军医大学南方医院图书馆制作了“医学快讯”、“学术会议预报”等专题信息指南，取得了一定的社会效益。

2003－2004年广东军队图书馆系统除积极参加国内的学术会议外，第一军医大学图书馆先后有2名工作人员出国访问和研修，提高了本地区图书馆的国际学术影响力。期间主持省部级基金课题4项，参与基金课题10余项，获全军院校图书馆2001—2002年度优秀信息成果一、二、三等奖共5项。（夏旭）

【广东军队图书馆系统实现国际发文零的突破】 2004年3月，第一军医大学图书馆顾萍副教授在国际著名的英国图书馆杂志《Library Review》第3期发表了《Finding the evidence for therapeutic PICO questions on four electronic resources》（利用4种电子资源查找治疗性PICO问题的证据），这是该地区军队图书馆系统首次在国际上发表图书情报专业论文，可能也是广东省医学图书馆工作人员第一次在国际上发表的论文，旨在帮助用户消除使用网络版Cochrane Library、SUMSearch、TRIP (Turning Research into Practice)、网络版UpToDate等4种电子版信息源时出现的歧义、明确这些电子资源在何种程度上可以回答治疗性PICO（患者/人群－干预/暴露－对比－预后）问题。（夏旭）

【第一军医大学图书馆对外学术交流结硕果】 1996年以来，第一军医大学图书馆先后3人6次出席境内召开的国际性学术会议。1999年李健康馆长应邀到日本进行考察和参观访问。2002年9月－2003年9月顾萍副教授以荷兰阿姆斯特丹大学学术医学中心循证医学访问学者身份出国，2003年4月参加伦敦大学国际EBM授课教师培训班。许四洋于2000年参加卫生部国家医学考试中心组织的“全国卫生系统外语水平考试”（LPT），2003年3月－2004年4月作为卫生部选派的笹川医学奖学金研修生在北里大学医学院的医疗情报学系研修，研修方向为医疗情报学和数字图书馆的相关研究。由于学校和图书馆领导非常重视图书馆工作人员的在职培训与对外学术交流，大大提高了图书馆员的整体素质和专业英语水平，实现了广东地区军队图书馆系统国际发文零的突破。（夏旭 许四洋）

【第一军医大学图书馆教学科研成果巡礼】 自跨入21世纪以来，对第一军医大学图书馆而言，是最艰难的时期，在岗人员逐年减少，2003－2004年降到了历史最低，只有10名文职干部、4名职员职工和7名临时工，而工作任务却有增无减。在馆领导和同志们齐心协力下，劲往一处使，群策群力，不但勇闯难关，圆满完成了日常工作，还做了不少开拓创新性工作，教学研究成果卓著，创历史新高。教学任务重，新开选修课多。该馆每年承担的文献检索课教学时数达1600多个计划学时，2003年为响应学校在本科生中开展素质教育的号召，新开设选修课4门，其中本科生选修课3门，分别是《搜索引擎》、《医学科技论文写作与投稿》和《多媒体电脑组装与维修》，各30学时；研究生选修课《循证医学方法与循证医学信息检索》18学时。

教学科研双丰收，优秀信息成果全军院校图书馆第一。据《全军院校协作中心图书情报专业组长联席会通报》2004第1号文件，在2003年评出的2001－2002年度优秀信息成果一、二、三等奖58项中，该馆独占鳌头，一举拿下一等奖1项（共9项）、二等奖2项（共18项）、三等奖1项（共31项）；在2001－2002年全军院校图书馆获国家军队级奖项13项中，该馆占2项，一项为军队科技进步三等奖，另一项为军队教学成果三等奖。总评居全军100余所院校图书馆的第一名。获得优秀信息成果一等奖的是由李健康馆长等主编、钟世镇院士作序的专著《网络医学信息检索与发布》，二等奖成果是《继续医学教育模式创新与实践》、《搜索引擎的比较、评价与研究开发》。2002年以来主编出版专著和教材2部，分别是《网络医学信息检索与发布》、《生物医学搜索引擎与网络信息资源建设》；自编选修课教材《循证医学方法与循证医学信息检索》、《医学科技论文写作与投稿》。在广东图书馆学会2003年度优秀科研成果评选中，获得著作类成果二、三等奖各1项（著作类成果一、二等奖各1项，三等奖3项）。

高层次继续医学教育项目成果显著。自2000年即开始承担军队继续医学教育二类项目《网络医学信息检索》的培训任务，面向军队医教研人员开展继续医学教育培训。2002－2004年连续获得3项继续医学教育一类项目，分别是国家级继续医学教育一类项目《医学科技信息获取技术》、广东省继续医学教育一类项目《网上医学信息获取技术》（项目号04381301002）、军队继续医学教育一类项目《网上医药信息采集与发布》。

第一军医大学图书馆自1987年以来，开始走教学科研情报一体化发展道路，17年来人才培养和学术科研取得了显著成绩。先后送出培养了7名硕士研究生（占全馆专业技术干部的70%），目前都在图书馆教学、科研和情报工作中发挥着骨干作用，成为学术研究的中坚力量。情报学专业硕士研究生导师1名，培养方向为医学信息资源开发与利用。在1987－1996年全军院校协作中心图书情报专业组长联席会第一次论文著作成果总结和评选中，以134篇论文排全军院校图书馆第一名，发表论文最多的高产作者也出自该馆，此次会议该馆获论文类和著作类成果一、二等奖各1项、三等奖2项。

第一军医大学图书馆是中国高等医药院校图书馆协会委员馆、全国医学文献检索教学研究会副理事长馆、广东省图书馆学会常务理事馆、军队院校图书情报协作中心长沙组副组长馆、军队医药卫生科技查新领导成员馆。1983年以来发表论文400余篇，居全军之首，全国同类院校馆第4名，2004年在国际性图书馆学刊物《Library Review》的发文实现了广东地区军队图书馆系统国际发文零的突破。主编专著和教材20余部。3人6次参加境内国际会议。2003年－2004年出席国家、军队和省级学术会议10余人次，大会发言和交流论文10篇。2004年在海口召开的中华医学会第十次全国医学信息学术会议上，夏旭同志报告的论文《网络生物医学信息资源的评价方法与标准研究》被大会组委会评选为青年论坛大会优秀论文。获军队科技进步三等奖3项、总后优秀教学成果三等奖1项、广东省科技进步三等奖1项。获学校教学成果一、二等奖3次，教学优秀奖10余项。个人荣立三等功3人次，图书馆荣立集体三等功1次。主持和参与军队、省部级和校级基金课题10余项。3人分任全国医学文献检索教学研究会、广东图书馆学会、广东科技情报学会理事副理事长、理事。2人任国内9种图书情报、医学期刊副主编、编委。（夏旭 李健康）

【基于网上资源利用的《网络医学信息检索》教改试验】 2004年8月，由第一军医大学图书馆馆长李健康教授主持申报课题“基于网上资源利用的《网络医学信息检索》教改试验”获广东省高校现代教育技术“151工程”项目立项资助。该项目针对目前大多数学校的网络医学信息检索课程在内容和结构方面存在诸多不足，教材内容流于一般知识和方法的介绍，知识面窄，学术深度不够，教材结构也不够合理，没有形成完整的按文献类型和学科检索工具知识体系，缺乏完整的医学信息检索多媒体远程教学系统等问题，初步建立基于Web的《网络医学信息检索》课程资源库（包括课件库、文献资料库、试题库等等）；探索基于网络资源利用的《网络医学信息检索》的教学设计、教学目标、教学策略和教学评价工具等教改试验；建立《网络医学信息检索》的网络课程，开展该课程的网络教学模式和学习模式研究。

课题组从2001年9月就开始了《网络医学信息检索》的资源库建设，为本课题的研究打下了良好的基础，后续工作将继续充实和完善网络资源库的建设，建成基于Web的《网络医学信息检索》课程资源库网站。同时实施始于2001年9月的基于网络资源的《网络医学信息检索》的教改试验和行动方案，建立一套完整的网上医学信息检索多媒体远程教学系统（网站），包括适应性多媒体教学系统、题库管理系统、教学资源管理系统、智能答疑系统、学习管理系统、作业批阅与考核系统。（夏旭）

【第一军医大学图书馆更名】 第一军医大学图书馆随学校创办而诞生、随学校的变迁而变迁。依次为：1951年东北军区军医学校图书室、第十一军医中学图书室，1958年齐齐哈尔医学院图书馆，1962年解放军齐齐哈尔医学院图书馆，1965年齐齐哈尔军医学院图书馆，1970年中国人民解放军医学院图书馆，1976年改现名第一军医大学图书馆。学校于1969年奉命从齐齐哈尔迁到湖南长沙市北区砚瓦池，1970年又从长沙迁入广州市石榴岗，而后又从石榴岗搬至广州石牌。1978年8月，在广州市北郊麒麟岗全面规划兴建第一军医大学新校园，1981年3月正式起用。2004年8月24日，经国务院、中央军委批准，第一军医大学整体移交广东省，并更名为南方医科大学。至此，这个在嫩江边诞生，辗转湘江之滨，移师珠江之畔的劲旅正式宣告“解甲归田”，融入地方改革的浪潮中。第一军医大学图书馆相应更名为“南方医科大学图书馆”。（李健康）

【《互联网上海军装备研究信息集萃》数据库】 为了满足学院教学和科研的需要，海军广州舰艇学院图书馆于2004年制作了《互联网上海军装备研究信息集萃》数据库。该数据库主要收集和整理了互联网上与海军装备研究有关的信息，并经过适当加工和编目后以网页的形式发布在校园网上。把大量分散的海军装备信息经过整合，并配以专门的分类及检索系统，方便了用户在网上汲取相应的信息资源。其特点是资料齐全、分类明确、多途径检索方便快捷。从用户使用的角度来看，一是实现了信息共享，二是突出了对海军装备的研究，有别于对海军装备一般情况的介绍。搜集的范围涉及世界各主要国家和地区、各种多媒体类型包括网页、论坛和FTP在内的互联网上与海军装备研究有关的最新信息。目的是为教学科研提供信息参考。检索途径主要由国别检索、题名检索、主题检索三大类组成，每一类检索途径都配置了相应的22个固定的关键词，并对检索方法及浏览方法作了简要的说明。以分类的形式列出了互联网上主要的军事网站。另外，为方便检索还设置了“国别” +“检索语词”的检索方法。该数据库于2004年4月完成，在使用中不断补充、修改和完善。并于同年底通过了学院专家评审组的鉴定。该数据库内容丰富、资料齐全、图形并茂，深受教员、学员的欢迎。数据库中的许多素材及制作方法、技巧被教员运用于外军、战法、装备研究和授课。教学效果良好，应用广泛，军事效益明显。（周湘蓉）

【《网络信息检索》多媒体教学软件】 《网络信息检索》多媒体教学软件由海军广州舰艇学院图书馆技术组成员共同制作。从2003年4月份开始，边制作边投入教学使用，在使用中不断补充、修改和完善，并于2004年底正式制作完成，随后通过了本院专家评审组的鉴定并投入使用。该教学软件主要针对该馆所承担的《网络信息检索》课程而研制。在参考国内有关《网络信息检索》权威教材的基础上，结合课程教学实践，运用网络及多媒体技术，将课堂教学和实时操作融合在一起，作了一次教学方法及手段改革的尝试，本软件除讲授与信息检索技术有关的基本理论外，还以如何获取、筛选和综合利用网络信息为主线，向学生介绍国内外著名的数据库检索系统以及其它信息检索工具，在重点讲授检索知识和检索技术的同时，增加了大量的图例和相关网站的链接，将学生带入到一个全真的检索环境中，进行真实的检索操作训练。软件制作完成后经过两年多个班次的教学使用，深受学员的好评。应用结果表明，本教学软件可操作性强、网络应用效果明显。此外，本软件已发布于校园网上，可供学员自学和远程教学。（周湘蓉）

【海军广州舰艇学院图书馆更名】 2004年9月，海军广州舰艇学院图书馆更名为“海军兵种指挥学院图书馆”。海军广州舰艇学院图书馆成立于1978年，当时叫海军第二水面舰艇学校图书馆，后来随着学校的发展于1986年6月更名为海军广州舰艇学院图书馆。2004年9月由于军队编制体制的调整，海军广州舰艇学院更名为海军兵种指挥学院，教学任务由学历教育改为任职教育，海军广州舰艇学院图书馆相应更名为海军兵种指挥学院图书馆，隶属于学院训练部。（易岚）

【前行在教学与服务中的解放军广州体育学院图书馆】 2003年－2004年，在解放军体育学院新任命的于俊智馆长、金炼副馆长的领导下，该馆以基础服务为主体，以“信息网络”课程教学为重点，把教学与服务有机地结合起来，取得了可喜的成绩。

以基础服务为主体：将每周开馆时间由60小时延长到86小时；完成图书馆扩建工程，新增建筑面积1500平方米；利用暑期加班加点，新建有82个阅览座位的电子阅览室和96个座位的普通阅览室对读者开放；引进了8个中外文数据库，修改、规范、完善自己开发的军事体育信息数据库和LNILINS书目数据库。以“信息网络”课程教学为重点：2004年2月起该馆开始承担学员“信息网络”课程教学任务，这是提升学员素质特别是信息素质的重要课程，同时也是锻炼人才、提升图书馆团队素质的重要环节，该馆以此为契机，狠抓备课、课堂教学和上网实习，取得了较好的教学效果。馆长于俊智获体育学院“建院50周年教书育人星光奖”。副馆长金炼荣立三等功一次，被评为学院“二十佳教员”。馆长于俊智等撰写的论文《重新认识普通高校图书馆藏书量指数》获全军院校图书馆2001—2002年度优秀信息成果三等奖。副馆长金炼的摄影作品《月朗风扬帆》获第二届全国图书馆系统书画摄影展优秀作品奖。（于俊智 金炼）

【南方医院图书馆实现计算机管理】 南方医院图书馆是第一军医大学附属南方医院的图书馆，该馆为广东省医院管理学会医院图书馆专业委员会常务委员馆。现有馆藏书刊2万余册，中文现刊394种，外文现刊14种，报纸17种，其中专业书刊占99%。其电子阅览室于2002年正式开放，共有微机35台，既可供读者查询网络信息，又可进行多媒体教学。该馆制作的“医学快讯”获得了院领导与各科室的好评，“学术会议预报”还被珠江医院图书馆索取共享。2002年12月，该馆购入深圳图书馆朗思数字技术有限公司的“ILAS”系统，为了把对读者的影响减到最少，该馆在进行回溯建库时，采取了边建库边开馆、有限制地进行书刊借阅的做法。经过半年多的回溯建库，该馆书刊管理于2003年上半年实现了书刊借阅与图书采编的计算机化集成管理，医护人员在医院内网既可以进行馆藏书刊的查询、预借，又可以查询自己的借阅信息，还可以对已借书刊进行续借。（刘映）

【前进中的广州军区广州总医院图书馆】 广州军区广州总医院图书馆始建于1954年，从建馆到20世纪80年代末，图书馆的工作方式基本以手工操作为主。自1996年引进深圳图书馆ILAS系统实现计算机管理以来，逐渐形成了以实行局域性医学文献共享为基础，以知识和信息开发为手段，突出信息技术作用为一体的数字化的图书馆。科研工作也有了较大的发展，1991年《医学图书管理信息系统》获军区优秀软件2等奖，1996年被中国图书馆学会医院图书馆委员会评为首届全国图书资源网络共建先进单位，1999年图书馆被广东省医院图书馆学会连任学会副主任委员单位，2004年获广东省科研基金课题1项，在国内期刊上发表学术论文33篇。全馆现有工作人员7名，研究生学历人员3名（占42.8%）。目前，该馆在数字化管理方面已走在广东省医院图书馆的前列，受到了同行的认可。

该馆依托军字一号工程，该饱建立了电子阅览室，为读者营造良好的学习环境和氛围。首先从增加计算机数量入手，由最初的8台增加到了33台，满足读者上机的需求。其次发挥自身优势，建立健全配套服务：为个人搜集、整理所需资料供下载、拷贝、打印和刻录等服务；为建立和丰富个人主页需要者提供扫描服务；安装了学习、考试和工具类的软件如。这些配套服务设施的建立，使读者通过网络提交学位论文，推荐图书（包括教学参考书，荐购新书）及对图书馆的工作提出批评、建议，从而进一步拉近了读者与图书馆的距离，满足了上网爱好者的深度需求，提供了学习、实践及提高互联网知识的平台。同时完善了电子阅览室的规章制度、制定了安全监控管理方式，利用现有的局域网络，引进了清华大学《金盘电子阅览室管理系统》，对33台电脑全部实施监控管理，杜绝了不健康内容的侵蚀，保证了电子阅览室的安全，实现了电子阅览室网络化的管理。延长了开放时间（周一到周日早8：00－晚10：00），从而吸引更多的读者上网查询。该馆采用深圳大学ILAS系统，在采访、编目、流通、检索方面实现了计算机自动化集成管理，避免了过去书目著录中由于采用不同的分类主题标引，著录项目及格式的不统一，使很多数据库只能自建自用，不能互相兼容共享的问题。此项技术的完成，不仅丰富和扩展了图书馆文献信息的服务时间和空间，同时也为实施网络信息服务奠定了良好的软件基础。实现了在医院信息导航网页上完成书刊的预约、序借，书目信息查询的网络化服务，从而为进一步强化图书馆信息导航的职能打下了基础，开设了馆际互借、定题服务，科技查新、翻译、学位论文打印、装订等服务，使图书馆发挥了“第二课堂”的作用。如：利用图书馆现代化的条件和检索手段，对读者开展了多途径、多层次的宣传培训工作，使图书馆的信息资源得到充分的利用，本馆人员的素质也有了较大幅度的提高。

该馆先后引进了CHKD全文数据库、CHKD博硕士学位论文库、报纸全文库、CBMdisc、CMCC数据库 、MEDLINE数据库在内的数字图书数据库。这些技术与资源的购进，大大改善了为读者服务的质量，使读者可以在院内任何一处网络终端上都可以进行网络或光盘数据库的查询、阅读、下载。不仅方便了读者查找文献的需求，而且为医院的医疗、科研开发和教学提供了强有力的支持，充分满足了医院各科室和各类人员网上查阅资料的需求。读者利用现代化设备检索、查询文献信息的能力大大加强，阅读量呈逐年上升趋势。（白萍）

地方图书馆学会

河北省图书馆学会

【河北省图书馆学会2003—2004年工作概述】 2003—2004年，河北省图书馆学会坚持以邓小平理论和“三个代表”重要思想为指导，认真贯彻党的十六届三、四中全会精神，在省文化厅、省民政厅、省社科联、中国图书馆学会的领导指导下，紧密依靠全省广大会员和各会员单位的大力支持，坚持求真务实，与时俱进，各项工作取得新进展、新成绩。先后被省社科联、省民政厅评为河北省优秀社会团体荣誉称号。

一是学术活动成效显著。先后邀请国内外的知名专家举办多场有影响的学术报告会，受到了广大会员和各图书馆高度赞扬，营造起浓郁的学术氛围。每年在省内各系统图书馆范围内组织开展学术征文活动，各市学会和会员单位充分发挥应有的作用和优势，积极组织会员撰写论文。同时组织发动会员积极参加中图学会组织的年会征文、中图学会举办的第二届图书馆学情报学学术研究成果评奖活动、中国图书馆学会第三届乡镇图书馆发展战备研究会等全国性学术活动。组织会员川、吉、苏、冀、桂五省区第九届学术研讨会参加区域学术交流与合作，有20篇论文在学术交流会上获奖。二是在馆际协作与资源共建方面发挥了积极作用。成功召开了2003、2004年度市级图书馆馆长联席会，完成了《全省公共图书馆馆藏古籍善本联合目录》编辑工作。同时积极开展国际间的交流活动，2003年8月，河北省图书馆学会名誉理事长张希有、理事长李春来出席了在德国柏林召开第69届国际图联大会，并于会议期间顺访了德国国家图书馆、法国国家图书馆。应日本鸟取县立图书馆邀请，2003年10月，河北省图书馆代表团一行四人访问了日本鸟取县，通过交流，进一步增强了我省与国际间图书馆的交流与合作。在全省公共图书馆评估工作中积极组织培训，加强业务指导，推选专家、参与评估，提供资金保障等方面发挥了重要作用。三是积极组织开展全省性读书系列活动。2003年8月，河北省图书馆学会联合河北省图书馆、河北日报文艺副刊部、河北海纳图书经销有限公司举办了“海纳杯”全省图书馆知识竞赛及征文评奖活动。学会积极组织全省各系统图书馆参与本次活动，取得了良好的社会效益。2004年第四季度，省学会以全省公共图书馆为阵地，在全省范围内组织开展了声势浩大的“燕赵少年读书系列活动”。活动包括百部优秀少儿图书荐读、好书名篇朗诵竞赛、燕赵少年读书征文和“燕赵少年读书之星”评选四项内容。整个活动吸引了全省数万名中小学生参与，征集文稿万余篇。社会、学校、家长和孩子们反响强烈，在这次活动中，省图书馆学会统筹协调，及时反馈各种信息。各市图书馆学会、各级公共图书馆积极响应，行动迅速，组织得力，使活动开展的扎扎实实，又有声有色。四是加强组织建设，为广泛开展学术活动提供有力保障。召开了五届八次常务理事会、五届九次常务理事会，召开第六次会员代表大会，选举产生了第六届理事会，顺利完成了理事会换届工作。同时加强会员发展工作和会员管理工作，会员队伍不断壮大。五是会刊《图书情报通讯》坚持以“新思路、新突破、新局面、新举措”的办刊方针，及时报导我省图书馆界的动态、信息领导讲话等，增加图苑名家、专家专稿栏目，为促进学术研究和交流发挥了重要作用。（河北省图书馆学会）

【河北省图书馆学会第六次会员代表大会在邯郸市隆重召开】 2003年11月17日至20日，来自全省公共图书馆、高校图书馆、中专中学、科研专业、工矿企业图书馆以及各市级图书馆学会的112名正式代表和特邀代表，出席了在邯郸市召开的河北省图书馆学会第六次会员代表大会。中国图书馆学会秘书长汤更生，学会名誉理事长、河北省文化厅副厅长张希有，邯郸市副市长辛宝山，河北省文化厅社文处处长马维彬，河北省社科联副主席李鹏图等应邀出席了大会。

会议听取并讨论通过了河北省图书馆馆长李春来所作的《第五届理事会工作报告》和学会秘书长顾玉青同志所作的《关于修改〈河北省图书馆学会章程〉的说明》。采取等额无记名投票方式，选举产生了由77名理事组成的第六届理事会和由25名常务理事组成的六届常务理事会。河北省图书馆馆长李春来当选理事长，河北省文化厅社文处处长马维彬、河北省图书馆副馆长顾玉青、河北师大图书馆馆长焦芝兰当选副理事长，顾玉青当选秘书长。大会对五届理事会期间做出突出成绩的先进集体和先进工作者进行了表彰。会议还特别邀请了河北大学信息管理学院教授杨文祥同志和中国图书馆学会秘书长汤更生同志分别作了题为“面向21世纪的图书馆学科体系”和“图书馆学会职能的扩展与延伸”的专题学术报告。期间，代表们进行了工作交流，参观了邯郸市图书馆、邯郸师专图书馆、涉县八路军一二九师纪念馆。（河北省图书馆）

【河北省图书馆学会召开首届学术年会】 2004年12月28—29日，省图学会在石家庄市隆重召开了首届学术年会。来自全省各系统图书馆的72名代表出席了会议。中国图书馆学会副理事长、学术委员会主任、北京大学信息管理学院教授、博士生导师吴慰慈先生应邀到会并作学术报告。河北省图书馆学会第六届学术委员会机构正式成立，召开了第六届学术委员会第一次工作会议，讨论并原则通过了学术委员会工作简则草案。年会上，还对2004年学术征文工作进行了总结，为获奖单位和个人颁发了证书进行表彰；与会代表进行了学术交流和技术交流。这次学会是省图学会成立以来举办的首次年会，内容丰富，成效显著。期间会议还听取了2004年度学会工作总结，审议并通过了2004年财务工作报告，审批了2004年申请入会的新会员名单，制定了2005年学会工作要点，审议了第六届学术委员会机构设置人选。（河北省图书馆）

【河北省图书馆学会受省社科联表彰并荣获第五届优秀社团荣誉称号】 在河北省社科联第五届优秀社团和优秀社团工作者评选活动中，经省社科联有关部（室）初评、主席办公会审定，河北省图书馆学会荣获了省社科联第五届优秀社团荣誉称号。学会副理事长焦芝兰、学会秘书孙革令同志荣获省社科联第五届优秀社团工作者荣誉称号。2004年2月24日省社科联召开表彰大会，对全省获得荣誉称号的优秀社团和优秀社团工作者进行表彰。向优秀社团和优秀工作者颁发了证书、奖杯。（河北省图书馆学会）

【省学会受省民政厅表彰荣获优秀社会团体荣誉称号】 2004年11月，河北省图书馆学会荣获河北省优秀社会团体荣誉称号，受到省民政厅的奖励。包括河北省图书馆学会在内的全省162个社会团体被授予“河北省优秀社会团体”荣誉称号，并颁发奖牌。在这次表彰活动中，我省张家口市图书馆学会理事长、张家口市图书馆馆长武静平同志荣获“河北省社会团体先进工作者”荣誉称号。（河北省图书馆学会）

【石家庄市图书馆学会正式成立】 2004年3月26日，石家庄市图书馆学会成立大会暨第一次会员代表大会在石家庄市图书馆隆重举行，河北省文化厅副厅长张希有、社文处处长马维彬、河北省图书馆馆长李春来、副馆长顾玉青、市民政局副局长李春义、市文化局副局长郭纯阳、市社科联副主席刘志坚等省市领导同志以及来自全市各系统图书馆的60余名会员代表出席了会议。

石家庄市图书馆学会的成立，使我省市级图书馆学会队伍进一步发展壮大，大大加强了石家庄市各系统各基层图书馆之间的交流与协作，这对传播先进文化，开展学术交流，培养专业人才，推广先进技术和科研成果，对推动石家庄市图书馆工作的深入开展，将发挥重要作用。（石家庄市图书馆）

【承德市图书馆学会会员代表大会隆重召开】 2004年5月27日，承德市图书馆学会会员代表大会暨学会第四理事会换届选举大会在承德市召开。市社科联、市委宣传部、市（区）文化局等有关部门的领导及各界知名人士，本市及所辖各县（区）公共图书馆、大中专院校、中小学校、企事业单位、武警部队等各基层图书馆（室）的馆长及部分会员代表，百余人出席大会。

这次代表大会，总结了学会前段的业务工作；修改、通过了《承德市图书馆学会章程》；选举了本学会第四届理事会成员，更换、补充了学会的常务理事及秘书长；部署了学会今后的工作任务。承德市图书馆学会自1994年成立至今，不断领导、组织所辖区市县（区）各类型的图书馆（室）及全体会员，积极开展图书馆学术研究及业务活动，培养、提高学会会员的文化素质和专业知识水平。从而，积极推动了本市对图书馆学基础知识的普及与传播及图书馆学方面的研究与发展，并有效地促进了承德市图书馆事业的建设与发展。（承德市图书馆）

【唐山市图书馆学会召开2004年年会及第六次会员代表大会】 2004年12月17日，唐山市图书馆学会2004年年会及第六次会员代表大会在唐山学院图书馆隆重召开，参会会员近80人。市社科联主席孙福成、学会处处长程杰和市文化局社文处副处长刘小娟出席了会议。学会副会长、华北煤炭医学院图书馆馆长黄晓鹏主持会议。

年会听取了学会2004年工作总结和论文征集及评审情况，社科联、文化局和学会领导为获奖论文作者颁发获奖证书，优秀论文作者进行大会发言。

会员代表大会听取并讨论通过了会长白坤做第五届理事会工作报告和秘书长王淑敏做修改学会章程的报告。采取等额无记名投票方式，选举产生了由23名理事组成的第六届理事会，新产生的第六届理事会召开了第一次会议，唐山市图书馆馆长白坤当选会长，华北煤炭医学院图书馆馆长黄晓鹏、河北理工大学图书馆馆长王黔平、唐山学院图书馆馆长杜军当选为副会长，唐山市图书馆辅导部主任王淑敏为秘书长。大会还对五届理事会期间做出突出成绩的25名优秀会员颁发了荣誉证书。期间会员代表参观了唐山学院图书馆。（唐山市图书馆学会）

山西省图书馆学会

【山西省图书馆学会进行机构调整以增强学会功能】 2004年5月，为了进一步加强学会工作，经学会常务理事会议同意，山西省图书馆学会与山西省文化信息资源共享工程山西省分中心办公室合署办公。这一举措，使学会工作增添了新的活力。学会在今年组织的一些活动中，可以利用全国文化信息资源共享工程的文化资源服务广大群众。避免了以往学会组织活动只有形式，缺乏内容的状况。从目前运行机制看，此次调整，精减了人员，增加了工作内容，学会与共享工程两部分工作相互联系，相辅相承。工作人员兢兢业业。机构调整达到了减员增效的目的。（贾酉全 杨盛楠）

【山西省图书馆学会组织丰富学术活动】 在2004年中，山西省图书馆学会在省学会常务理事会的领导下，认真落实学会各项工作计划，组织开展了丰富多样的学术活动，活跃了业内的学术气氛。

1、山西省图书馆学会为了加强山西与长江三角洲地区图书馆界的交流合作，联合上海市图书馆、江苏省图书馆学会、浙江省图书馆学会共同主办的“江浙沪晋图书馆中青年论坛”于2004年6月6日至11日在太原召开。

2、2004年9月6日至11日，省学会组织承办了上海市图书馆馆长研讨班—赴晋考察交流研讨会。

3、组织安排了江苏省部分市县图书馆馆长赴晋考察交流。江苏省部分市县图书馆馆长一行16人，于2004年11月7日，到省城太原市图书馆参观考察。两省图书馆界同仁就文化信息资源共享工程建设，先进文化为社区居民服务等问题进行了热烈地研讨。通过这次考察，为今后我省与江苏省各市县图书馆的交流打下了良好的基础。

4、2004年19月14日，省图书馆学会与美国马里兰州乔治王子郡公共图书馆前馆长英惠齐女士举行座谈会。

5、积极组织山西省图书馆工作者参加中国图书馆学会2004年苏州年会活动。征文9篇，入选交流5篇；在中图学会举办的“我的图书馆情缘”征文评选中，我省王长英“我爱你图书馆”；杨菊兰“我的图书馆情结”；宋志峻的“我的图书馆情缘”获优秀作品奖。

6、举办学术报告会，以“当前我国图书馆事业发展中热点问题”为主题。主讲人：北京大学信息学刘兹恒教授。160余位省城图书馆界工作者参加了报告会。刘教授向省城图书馆界工作者讲述了图书馆发展最新的问题和方向，开阔了大家的视野。

7、山西省图书馆理事长李小强代表山西省图书馆界参加了第70届国际图联大会。（贾酉全 杨盛楠）

【山西省图书馆学会组织图书馆服务宣传周活动】 2004年图书馆服务宣传周5月24日至31日以“营造学习氛围，倡导读书育人”为主题。山西省图书馆学会转发了中图学会有关文件后，全省各级图书馆积极行动，围绕主题，开展了一系列形式多样、内容丰富的宣传服务活动。

1、以宣传促服务

在图书馆宣传周活动中，各馆都十分重视做好宣传工作，以宣传促服务。山西省图书馆的各部室以“知识讲座”、“读者园地”、“新书书目推荐”、“优秀期刊展”、“科普影片展”为阵地，向读者宣传图书馆的知识性、公益性与文化性。

2、加强主动服务意识，不断提高服务质量

山西省图书馆发扬传统服务优势，积极改善服务态度，提高主动服务意识。推行接待读者岗位主动服务、文明服务制。本次服务宣传周期间，对外部室集中上架3000余册新书，仅少儿部就推出新书650余种1000余册。主要种类有：中外名著、科普知识、优秀教辅等。同时，省图声像缩微部还利用馆藏丰富的科普影视资源，举办了科普影片展播。受到广大青少年的欢迎。一周时间里，省馆各部室共接待读者8626人次，接待未成年人200多人次。读者借阅图书15700册次。

阳泉市图书馆针对青少年的特点，与城区文化局、城区图书馆联合举办了“少年诗歌朗诵会”；开展了“十佳小读者”评选活动；与市科协共同举办了“牢固树立科学发展观”讲座等活动。提高了图书馆的社会影响力。

介休市图书馆宣传周期间，在馆外设立了“群众咨询台”和“便捷办证台”，由专人为群众解难答疑。文水县图书馆向读者发放了《行风评议问卷调查表》，广泛征求群众意见和建议。各馆不同的服务方式，均体现了主动服务的意识。树立了以读者为本的观念。

3、不断推陈出新 服务广大读者

山西省图书馆各部门发挥各自优势，积极开展特色服务。读者工作部向读者免费播放“时代光华管理教程”系列讲座。借阅部、报刊部整理出被损坏的书刊，举办了一次“破损书刊展”。唤醒了读者爱护书籍的意识。少儿部组织了“全国少年儿童科技之星科普知识竞赛”活动。

太原市图书馆连续九天在旧馆馆区（市儿童公园）为少年儿童播放了健康、活泼的儿童影片；并与太原市科协、太原市教育学会共同组织了“身边的科技”和“中学生阅读优秀图书收获”两个展览向青少年开放。

忻州市忻府区图书馆与区关工委合作，在旧城闹市区开辟了新的流通站—“少儿借阅部”。从馆藏中选出1000多册少儿读物送到流通站，方便了市区少儿借阅图书。

总之，通过一年一度的图书馆服务宣传周活动，使图书馆的社会影响逐步扩大，图书馆的社会作用也得到公众的首肯。图书馆正成为人们的终身学校。（贾西全）

【2004年度山西省图书馆学会编辑出版工作情况】 全年编辑出版《晋图动态》4期，共计8万余字，发行2400余册。组织召开了“江浙沪晋图书馆中青年论坛”会议之后，选编57篇论文出版论文集一册，20余万字，1000；发行《晋图学刊》5期，600余册。（贾西全）

【2004年度山西省图书馆学会组织建设情况】 2004年发展新会员24人。其中省会员15人，中图学会会员9人；办理会员证24个。收取会费10165元。其中团体会费5200元；省学会个人会费2880元；中图学会个人会费2085元。办理了学会代码证和发票，为今后工作的顺利开展，提供了便利条件。（贾西全）

【山西省图书馆学会医院图书馆委员会工作会议简要】 2004年4月9日在山西省儿童医院图书馆召开医图委工作会议。来自太原市各大医院及山西职工医院、汾阳医院的图书馆馆长15人参加了会议 。秘书长苏春梅向大家传达了中国图书馆学会医院图书馆委员会3月18日—22日在西安召开的秘书长会议精神。

有来自19个省、市、自治区的24名正式代表和12名特邀代表参加了在西安举行的这次秘书长会议。会议总结了2003年的工作，并就2004年度工作安排和换届改选事宜作了说明。大家对今后的改选、本会会刊的办刊、会费交纳标准、健全机构等问题进行了热烈的讨论，并达成共识。

本次山西省图书馆学会医院图书馆委员会工作会议结合山西省的具体情况，经过大家的酝酿讨论，一致提出：为了活跃学术气氛，进行馆际交流，决定5月中旬赴汾阳医院图书馆进行参观考察。（苏春梅）

【太原图书馆学会召开第四次会员代表大会】 2004年4月21日，太原图书馆学会第四次会员代表大会在山西省征兵大厦隆重召开。来自全市各院校、厂矿、科研系统和各县（市、区）图书馆的馆长及有关部门的会员代表70余人参加了会议。山西省图书馆副馆长、省图书馆学会副理事长石焕发，太原市文化局等单位的领导同志应邀出席了会议，并作了重要讲话。

会议通过投票选举，推选出新的理事会成员。新成员平均年龄为45岁，高级技术职称占理事总数的44%。与往届理事会相比，本届理事的专业技术结构有了明显提高。会议代表讨论并通过了《三届理事会工作报告》和《太原图书馆学会章程》。四届理事会秘书长邓凤英同志对太原图书馆学会今后的工作进行了安排部署；新当选的四届理事会理事长李明同志代表四届理事会致闭幕辞，他号召全体会员发扬团结协作的精神，将学会工作与太原市的经济发展紧密联系起来，开拓进取，锐意改革，全面推动学会事业的向前发展。大会在团结、民主、和谐、求实的气氛中圆满结束。（高维新）

【山西省图书馆学会有关人员参加2004年中图年会】 中国图书馆学会2004年年会暨学会成立25周年纪念活动于7月24日至26日在苏州市举行，来自祖国各地的图书馆界代表1000余人与来自澳门、韩国、美国、日本的图书馆界人士出席了这次隆重而热烈的大会。

本届年会的主题为：“回顾与展望——中国图书馆事业百年”。山西省图书馆学会组织了十余篇论文入选大会。其中山西省图书馆胡森林、祁赫泽、山西财经大学图书馆王红、山西省太原市肿瘤研究所图书馆刘霞、运城学院图书馆杜玲珍撰写的论文被评为大会交流论文。省学会理事长李小强、副理事长兼秘书长石焕发、副理事长李嘉琳和论文作者代表十余人参加了本次大会。

“2004中国图书馆应用技术与专业设备及图书馆资源展览会”、“图书馆学会工作成就展”、“第二届全国图书馆系统书画摄影展”亦于7月24日同时开展。我省闻喜县图书馆支英才、昔阳县图书馆张慧明、山西省职工医学院图书馆张建华的书画作品在此次展览中获奖。

在年会开幕的前夕7月23日，中国图书馆六届五次理事会在苏州市图书馆召开。作为中图学会常务理事、山西省图书馆学会理事长李小强、山西省图书馆学会秘书长石焕发参加了当天的会议。（耿建华）

【山西省图书馆学会理事长李小强参加第70届国际图联大会】 第70届国际图联大会及理事会于2004年8月21日至27日，在阿根廷首都布宜诺斯艾利斯举行。来自120个国家和地区的3289名代表出席会议。来自中国的代表共114人，其中中国图书馆学会组织了95名代表参会。年会的主题是“图书馆：教育与发展的工具”。为了加强与世界图书馆界的交流与合作，掌握世界图书馆界的最新发展动态，促进我省图书馆事业的发展，山西省图书馆学会理事长李小强随同中国代表团出席了第70届国际图联大会并参加了相关的文化交流活动。（耿建华）

内蒙古自治区图书馆学会

【内蒙古自治区图书馆学会第五届会员代表大会胜利召开】 2005年6月22－23日，内蒙古自治区图书馆学会第五届会员代表大会在呼伦贝尔市海拉尔区隆重召开。会上首先由副理事长常作然做了《内蒙古图书馆学会第四届理事会工作报告》，详细地回顾并总结了四年来第四届理事会的工作状况和取得的各项成果，还对今后的工作提出了几点考虑。（忒莫勒）

辽宁省图书馆学会

【丹东市图书馆学会概述】 丹东市图书馆学会成立于1982年。2003年—2004年，我学会团结和组织全市图书馆工作者，积极开展学术研究和业务交流。截至目前，共发展中国图书馆学会会员25人，省图书馆学会会员117人。同时，按照上级学会部署，组织全市各级、各类型图书馆开展读书、读者活动，引导市民了解图书馆、利用图书馆，进一步提升了图书馆的社会形象。2004年3月，市图书馆学会被省社会科学联合会授予“先进学会”称号。（丹东市图书馆）

【丹东市图书馆学会继续教育和业务培训】 2003年以来，我学会邀请有关专家来丹东讲学，先后举办“图书馆自动化集成系统（ILAS）培训班”、“数字化图书馆发展新思路”等专题讲座，对全市各级公共图书馆和高校图书馆专业干部进行培训，从而进一步开阔了图书馆工作者视野，提高了自身业务技能，增进了对数字化图书馆的认识和了解。（丹东市图书馆）

【丹东市图书馆学会学术会议】 2003年8月，由我学会承办的“辽东北五市图书馆学会第十一届图书馆学科学讨论会”在东港市召开。来自沈阳、抚顺、本溪、丹东、铁岭市图书馆的馆长、学会秘书长及部分论文作者，共48人出席了会议。会议期间，清华同方光盘股份有限公司知识网络事业部技术人员应邀为与会同志做了“基于知识网络和知识服务网络的数字图书馆建设”专题学术报告。（丹东市图书馆）

吉林省图书馆学会

【吉林省图书馆学会概况】 吉林省图书馆学会是吉林省图书馆工作者的学术性群众团体，成立于1979年6月。截至2004年底，已发展省学会会员1066人，中图学会会员280人。会员遍布全省近200个单位，60个市、县，分布于公共、高校、科研及其它各系统图书馆。省学会下设学术、资源建设及编辑出版三个工作委员会，每年召开两至三次理事会、常务理事扩大会等。理事长石丽珍是中图学会六届常务理事。

省学会每年举办1次省学会年会，与辽、黑学会合作每2年举办1次研讨会，与川、苏、桂、冀省学会合作每2年举办1次学术讨论会，积极组织本省会员及图书馆工作者参加中图学会举办的学术年会、中青年学术论坛、国际交流与考察等，组织本省学术评奖工作，支持市（州）学会学术活动等，在促进全省图书馆学术活动的开展与繁荣方面一直发挥着积极有效的作用。2004年起，为更好地发挥桥梁和纽带作用，省学会建立了自己的网页，及时在网上发布学会会议通知、消息等。

2003至2004年，受省文化厅委托，省学会根据中图学会部署，按照文化部要求的程序，实地评估了全省23个市（州）、县（区）公共图书馆，圆满完成了文化部关于全国县级以上公共图书馆的第三次评估定级工作启动，同时积极开展全省采编中心和全国文化信息资源共享工程工作，与23家图书馆签署全省采编中心协议，建立全国文化信息资源共享工程基层站点69个，组织省内各地区公共图书馆开展“全民读书月”系列活动和图书馆服务宣传周活动，参加人次达万人以上。学会会刊《图书馆学研究》进行改版、扩版后，质量稳步提高，发行量逐年上升，已达1600份。省图书馆学会工作务实，富于开拓创新，截至2004年，已连续5年被省社科联授予先进学会、连续3年被省民政厅授予全省先进社会团体荣誉称号。（马慧艳）

【吉林省图书馆学会组织全省市（州）、县公共图书馆第三次评估定级工作】 按照文化部文社图发［2002］54号文件、省文化厅吉文发［2003］6号文件、［2004］31号文件的指示精神，省文化厅成立了省公共图书馆评估定级工作领导小组和省评估专家组。受省文化厅委托，2003年，省学会制定了具体评估计划、评估时间表，并在“非典”前，对全省大部分公共图书馆进行了实地调研工作。2004年，省学会根据中图学会重新部署，组织全省市、县馆馆长22人参加了全国公共图书馆大连评估培训班，重新制定评估程序和时间表，于4月末以前，指导市（州）学会完成了对所辖县（区）馆的初评。从2004年5月9日起，省学会组织了以省馆馆长石丽珍为组长、省馆副馆长赵淑琴、长春市馆馆长刘慧娟为副组长的省级评估专家组，历时41天，行程5138公里，在各市（州）文化局和学会的协助配合下，按照文化部要求的5项程序，实地评估了23所图书馆。其中地级图书馆6所：辽源市馆、四平市馆、白山市馆、通化市馆、延边州馆、吉林市馆；县级馆17所：东丰县馆、梨树县馆、公主岭市馆、抚松县馆、通化县馆、梅河口市馆、和龙市馆、图们市馆、延吉市少儿馆、敦化市馆、桦甸市馆、永吉县馆、长春市宽城区馆、德惠市馆、前郭县馆、镇赉县馆、洮南市馆。按照“公平、公正、公开”的原则，专家组对23所参评馆逐一进行打分、排序，提出整改意见，并在此基础上完成评估工作报告，推荐8所一级馆，6所二级馆，15所三级馆，上报省文化厅，圆满完成了文化部全国县以上公共图书馆的第三次评估定级工作。

此次评估，全省共有29所图书馆参评定级，有15所图书馆参评但未达到国家评估标准故未能定级，还有15所图书馆因新建、扩建、拆迁或在建等原因未参评。同第二次评估相比，全省市、县级图书馆有了一定程度的发展，办馆条件、现代化设施、办馆理念等都有了不同程度的改善和进步，但整体发展缓慢而且不平衡，除少数馆外，大部分馆未能与国家标准同步发展。此次评估获等级数量与第二次评估比较，比例下降幅度较大。（马慧艳）

【吉林省图书馆学会召开2004年年会暨六届二次理事扩大会】 2004年6月27日—7月1日，省学会在鞍山召开2004年年会暨六届二次理事扩大会，全省各系统图书馆的省学会理事、常务理事、馆长及论文作者共116人参会。

会议得到了辽宁省学会和鞍山市图书馆的大力支持，辽宁省学会副理事长兼秘书长黄丽华、鞍山市委宣传部副部长方志国、鞍山市文化局巡视员宋连昌及鞍山市图书馆学会理事长、市馆馆长栾美晨亲自参加了开幕式，并在会上发表了热情洋溢的讲话。

省学会常务理事、延边大学图书馆馆长朴正阳主持会议，省学会理事长、省馆馆长石丽珍做了重要讲话，她指出图书馆事业的发展要倡导三种学术风气：一要倡导理论联系实际的风气；二要倡导原创性，勇于创新的风气；三要倡导相互学习，共同提高的风气。省学会常务理事、吉林大学文献信息研究中心副主任、博士生导师毕强教授做了题为《图书馆在国家可持续发展战略中的定位与作用》的专题学术报告。省学会常务理事、学会资源建设委员会主任、省馆副馆长赵淑琴介绍了全省采编中心和全国文化信息资源共享工程的进展情况。省学会常务理事、北华大学图书馆馆长苏丽做了题为《关于文献资源共享工作的实践与思考》的专题发言，东北师范大学传媒科学学院王守宁教授做了题为《以信息化带动工业化，促进老工业基地振兴》的重点发言。

围绕信息资源共建共享、图书馆与学习型社会、网络环境下基础业务建设、图书馆与吉林老工业基地振兴等主题，各地区学会积极组织广大会员和图书馆工作者热情参与。学会学术工作委员会从收到的126篇论文中评出一等奖6篇、二等奖19篇及优秀论文奖40余篇。会上获奖论文作者代表做了大会发言，各小组召集人汇报了本组的讨论情况。

本次年会主题内容密切联系实际，与时俱进，参会人数、论文数量和整体质量均高于往年，学术报告有新意有深度，学术研讨氛围浓厚而热烈，分组研讨打破了以往各系统图书馆分别讨论的形式，促进了公共馆与高校馆及其它系统图书馆的交流与融合。省学会六届二次理事扩大会一致讨论通过了关于更换部分常务理事和理事的提案。省学会常务理事毕强教授做会议总结，他认为年会达到了预期的目的，必将进一步促进我省图书馆事业的改革与发展，促进图书馆学术研究的繁荣。（马慧艳）

【吉林省图书馆学会组织市（州）图书馆开展“全民读书月”活动】 2003年12月，为贯彻落实中图学会关于开展“全民读书月”活动的通知精神，省学会积级组织省内各地区图书馆，争取当地党委和政府的重视和支持，精心策划，开展“全民读书月”系列活动。松原市馆、四平市馆、通化市馆分别开展读书征文、文化科普知识百题问答、送知识、送信息下乡、读书演讲会等活动，参加人次达万人以上。

松原市图书馆举办的“爱祖国、爱家乡”读书征文活动，共收到征文1200篇；“学科学、用科学”文化科普知识百题有奖征答活动，收到试题1600份；“学习科学、宣传科学、应用科学”送知识、送信息下乡活动，共发放关于种植业、养殖业、农业市场信息、医药卫生、营养与健康、法律常识、百题征答试题等资料2万余份，深受广大农民的欢迎。

四平市图书馆与吉林师范大学联合开展了以“爱我中华、建我校园”为主题的读书演讲会，共有500名师生参加，13名演讲者登台演讲；与《作文评点报》社、铁西教育局、铁东教育局联合主办的“小学生读书征文讲评赛”，全市共有10所学校的师生参加，深受师生欢迎，收到了良好的社会效果。

通化市图书馆针对不同读者群需求，开展不同主题和内容的活动。通化市图书馆在老年协会建立图书室，无偿捐书2 000多册、书架两组，丰富和活跃老年人的文化生活，面向到馆读者组织开展“世纪曙光活动”，在中小学生中开展“科普知识竞赛”活动，在农民中开展送文化与帮助扶持活动，有针对性地为重点农户提供二次文献和科技小报，还到基层单位直接为读者办证等活动，得到各阶层读者欢迎。（马慧艳）

【吉林省图书馆学会组织省第六次社科优秀成果奖暨首次省社科联优秀成果奖评奖】 2004年，省社会科学联合会组织开展了“吉林省第六次社会科学优秀成果奖暨首次省社科联优秀成果奖评奖活动”。省图书馆学会对活动进行了广泛的宣传，并组织省专家评委会于6月、8月分两次对申报的12项学术成果进行了认真、严格的初评。按省社科联分配给我省学会的推荐指标要求，从5项申报著作、7项申报论文中评出1项著作、2项论文，上报省社科联参加复评，其中3项学术成果获得首次省社科联优秀成果奖。（马慧艳）

【吉林省图书馆学会组织全省图书馆界首次优秀科技成果奖评奖】 吉林省图书馆界优秀科技成果奖是由省学会第六次会员代表大会讨论通过的全省图

书馆界学术研究成果的最高奖项。2003年，省学会组织指导各市（州）学会对申报的自2000至2002年公开出版、发表的图书馆学专业著作、论文进行初评后，由省学会学术工作委员会评审组进行复评，从21项（论文19篇、著作2部）初评成果中评出一等奖2篇，二等奖7篇，完成了全省图书馆界首次优秀科技成果奖评奖工作。此奖项作为向全省社会科学评奖和中图学会评奖的推荐依据，每两年评选一次，第二届评奖将在2005年进行。（马慧艳）

【吉林省图书馆学会荣获先进学会和先进社团荣誉称号】 因工作成绩突出，省学会被省社会科学界联合会评为2003—2004年度先进学会称号，秘书长张毕臣同志被评为2003—2004年度优秀学会工作者；被省民政厅评为2003—2004年度先进社团荣誉称号。至此，省学会已连续5年被省社科联评为先进学会，连续3年被省民政厅评为先进社团。（马慧艳）

吉林省图书馆学会2003—2004年开展活动统计表

	名称（会议 活动 项目）	主要内容	时间	地点	规模（人次）
举办国内学术活动	“中经专网”应用推广活动	学术报告会、《中经专网》介绍	2004.10.13	长春东北师范大学图书馆	300
	2004年万方数据全国巡回培训活动——吉林之行	专题报告会	2004.11.4	长春东北师范大学图书馆	300
	北华大学图书馆第三届学术年会	总结、表彰2003—2004年馆内学术成果、专家讲座	2005.1	吉林市江城宾馆	110
与港澳台地区学术交流	东北师范大学与香港教育学院图书馆合作交流	人员交流	2003.9-11	香港	4
	东北师范大学与香港教育学院图书馆合作交流	人员交流	2004.4	长春	1
继续教育活动	北华大学业务培训（6期）	参考咨询服务、过刊回溯建库、电子阅览室管理	2004.3-12	图书馆	130
	白山市图书馆计算机培训	计算机基础知识及操作技能	2003.10	白山市计算机学校	40
科普活动	白山市图书馆“我为生活添光彩”科技制作展	科技小制作	2003.7	白山市图书馆	4000

（马慧艳）

【延边州图书馆学会召开2004年年会】 2004年8月28—29日，延边州图书馆学会在安图召开2004年年会，来自延边地区各系统图书馆的馆长及会员代表30余人参加会议。延边州馆副馆长、州学会秘书长沈玉茹主持会议，延边州馆馆长、州学会理事长申东浩做工作报告。此次年会共收到论文46篇，评出一等奖3篇、二等奖7篇，有3名论文作者代表做了大会交流发言。州学会学术工作委员会主任、延边大学中心馆姜文范副馆长对入选论文做了综合评述，并为论文作者颁发了证书。（石桂娥）

【通化市图书馆学会召开第四届会员代表大会暨2004年年会】 通化市图书馆学会第四届会员代表大会暨2004年年会于2004年9月15—16日在柳河县图书馆召开。40余名来自通化地区各系统图书馆的馆长及会员代表参加了会议。省馆馆长、省学会理事长石丽珍、通化市文化局副局长尹力、柳河县文体局局长朴玉文等领导到会，石丽珍在会上做重要讲话。通化市馆馆长、市学会理事长邹广兴主持会议，通化市委党校图书馆馆长许忠诚做“关于修改学会章程”的工作报告，市学会副秘书长刘金枝做工作总结。大会总结了第三届理事会工作，对表现突出的成员馆和会员进行了表彰，选举产生了新一届理事会。通化县、柳河县等4个图书馆先进单位做了典型经验介绍。年会共收到论文48篇，有4名论文作者在大会上宣读了论文。（刘金枝）

【白山市图书馆学会举办论文笔谈会】 为提高白山市图书馆工作者的理论研究水平，促进图书馆事业的发展，白山市图书馆学会于2003年9月与吉林省图书馆学会联合举办了“论文笔谈会”，全市46名图书馆工作者就目前图书馆事业发展存在的问题及对未来图书馆事业的展望，结合本职工作撰写了论文。（李彤）

黑龙江图书馆学会

【黑龙江省图书馆学会新增3名学术委员】 经过黑龙江省图书馆学会第七届常务理事会第七次会议通过，增补马海群同志（现任黑龙江大学信息管理学院院长、教授）、胡乃志同志（哈尔滨工程大学图书馆副馆长、教授）和毕红秋同志（《图书馆建设》常务副主编、副研究馆员）为第七届学术委员会

委员。(兰天阳)

【鹤岗市图书馆学会举行理论研讨会】 鹤岗市图书馆学会于2003年12月9日召开“鹤岗市图书馆学会理论研讨会”，市文化局、市科协的领导以及市图书馆、绥滨县图书馆、萝北县图书馆的同行共50人参加了此次研讨会。会议共收到论文40篇，这些论文内容涉及广泛，理论有所创新，反映了鹤岗地区图书馆事业的发展水平。经过大会的认真评选，有25篇论文受到了奖励，其中一等奖1篇、二等奖2篇、三等奖4篇、优秀奖18篇。(兰天阳)

陕西省图书馆学会

【省学会组团赴香港、澳门图书馆参观访问】 为进一步学习港、澳图书馆界的先进经验，促进陕西省图书馆界与香港、澳门图书馆的合作与交流，经过陕西省图书馆学会的积极组织及与香港、澳门图书馆方的联络，2004年6月5—9日，由来自全省各市、县级公共图书馆馆长组成的代表团一行23人赴香港澳门图书馆参观、学习、交流。代表团先后参观了香港城市大学图书馆、香港中央图书馆、香港九龙区图书馆及澳门中央图书馆等四所大型图书馆。代表团所到之处，受到香港、澳门图书馆方的热情接待。通过座谈、交流与考察，港澳图书馆的开放式服务和人本主义精神，先进的理念和现代化的设备以及公共图书馆体现的充分公益性给代表们留下了深刻印象，他们表示，虽然我们与港澳图书馆之间有很大的差距，但我们会学习他们先进的服务理念及认真负责的工作态度，逐步改进自己的工作方法，提高自己的工作层次，使馆里的工作再上新台阶。(尚庄)

【陕西省图书馆学会第五次会员代表大会】 2003年12月16日—18日，陕西省图书馆学会第五次会员代表大会暨学术研讨会在省图书馆召开。大会通过了第四届理事会工作报告和《章程》修改草案，选举产生了由63名理事组成的第五届理事会，谢林继任理事长，副理事长为马民玉、张弥、苟文选、俞炳丰、康万武、梁蜀忠、梁澄清。大会对四届理事会期间在学会工作中表现突出的26个先进集体和43名优秀会员进行了表彰。学术研讨会共收到征文71篇，其中获特别奖1篇，一等奖5篇，二等奖9篇，三等奖15篇，占征文总数的42.85%。(尚庄)

宁夏自治区图书馆学会

【纪念宁夏图书馆学会成立25周年及《图书馆理论与实践》创刊25周年】 为了纪念宁夏图书馆学会及《图书馆理论与实践》创刊25周年，宁夏图书馆学会、《图书馆理论与实践》编辑部联合编辑出版了《纪念文集》。《纪念文集》共分为4个部分，分别以誌贺、综述、获奖成果摘要、大事记与目录的形式，从不同角度对学会成立及《图书馆理论与实践》创刊25周年以来的发展历程、工作概况、学术活动及学术成果进行了回顾与总结，并对学会各常务理事单位的情况做了概述。

宁夏回族自治区图书馆学会成立于1979年6月。25年来，学会克服了经费短缺、工作人员少、行业不景气等困难，多次自办或承办了全国性大、中型学术会议，极大地推动了宁夏的图书馆学研究，繁荣了学术，提升了学会会员及图书馆工作者的学术水平，调动了会员参加学术活动的热情及积极性，并且积极组织会员及图书情报工作者参加区外学术研讨与交流活动，积极推荐会员及图书情报工作者参加各种学术评奖活动。宁夏图书馆学会还积极开展会员及图书情报工作者的在职教育工作，举办“电大”班及各种培训班，为宁夏的图书馆事业做出了应有的贡献。

《图书馆理论与实践》为宁夏图书馆学会的会刊，创刊于1979年，原名为《宁夏图书馆通讯》。25年来，在各级领导的关怀及广大作者、读者的大力支持下，经过编辑部全体同仁和各届理事会的共同努力，克服经费不足、行业竞争日趋激烈的困难，锐意进取，矢志创新，以质量求生存，以改革促发展，终于使《图书馆理论与实践》逐步成为了在全国图书馆界具有一定影响力的核心类专业期刊。在1989年中国图书馆学会举办的首届图书馆学期刊评奖中，获“全国图书馆学、情报学优秀期刊奖”。此后，在中国图书馆学会分别于1992年、1995年、1999年、2002年举行的第二、三、四、五次优秀期刊奖评选中均榜上有名，且排名均在前六。1993年，《图书馆理论与实践》被列入《中国大百科全书·图书馆学》的《世界著名图书馆学期刊表》。1992年，北京大学在全国率先开展了核心期刊计量评价评比活动，《图书馆理论与实践》进入了全国社会科学（图书馆学、信息科学类）首批核心期刊的行列。至2004年，《图书馆理论与实践》已连续四次入选北京大学出版的《中文核心期刊要目总览》；分别被南京大学社会科学核心期刊评测体系、中国科学院《科学引文索引》、中国人民大学《人大报刊复印资料》、上海图书馆《全国报刊索引》、清华大学《中国学术期刊（光盘版）》等评测为核心期刊与基本来源期刊、全文收录期刊。(张京生)

【宁夏图书馆学会举行首届学术成果评奖】 宁夏图书馆学会首届学术成果评奖活动于2004年10月26日在银川圆满结束。此次评奖活动共收到参评成果134篇（部）。其中54篇论文，3部专著荣获各类奖项。宁夏党校图书馆梁春阳的《中国西部地区信息服务业发展研究》、宁夏固原师专图书馆潘玉田的《中西文献交流史》两部著作获专著类1等奖。宁夏社科院图书情报中心李习文的《中国近现代回族报刊发展述略》、宁夏大学图书馆张红燕的《宁夏生物制药工程文献数据库的建立及其因特网信息服务》、张玉珍的《在竞争中共同发展——论电子文献与纸质文献的关系》、宁夏图书馆肖群的《图书馆员职业道德新论》等4篇论文获论文类一等奖。(张京生)

【宁夏图书馆学会第五次会员代表大会召开】 2003年6月27日，宁夏图书馆学会第五次会员代表大会在银川市“宁夏工会大厦”隆重召开，来自宁夏全区各类型图书馆、文献信息机构的100余名会员代表参加了会议。宁夏文化厅厅长王邦秀，宁夏社科联副主席李宗义，协办单位宁夏人民出版社社长、总编高伟以及宁夏民间组织管理局、宁夏科协的有关同志出席了开幕式并与全体代表合影。鉴于宁夏图书馆学会第四届理事会任期过长，经上级主管部门批准，本次会员代表大会特设由25人组成的大会主席团。大会主席团于大会开幕前召开全体会议，审议并通过了大会各项议程与文件。宁夏文化厅副厅长、宁夏图书馆学会理事长马占林主持了主席团会议并在会员代表大会上致开幕词。本次会员代表大会审议通过了第四届理事会工作报告、《宁夏图书馆学会章程（2003年修订稿）》，选举产生了由39人组成的第五届理事会。大会主席团向会员代表大会宣布了第五届理事会顾问、荣誉理事的聘任决定及《学习贯彻<中国图书馆员职业道德准则（试行）>的决定》。中国图书馆学会、宁夏回族自治区民间组织管理局向大会发来了贺信。（张京生）

【宁夏图书馆学会第五届理事会选举产生】 2003年6月27日宁夏图书馆学会第五次会员代表大会以无记名投票方式选举产生了由39人组成的第五届理事会；宁夏图书馆学会五届理事会第一次全体会议于6月28日以无记名投票方式分别选举产生了由21人组成的第五届常务理事会及理事长、常务副理事长、副理事长、秘书长。此前，会员代表大会主席团审议并通过了五届理事会顾问、荣誉理事聘任决定。

宁夏图书馆学会第五届理事会成员（按姓氏笔划排序，姓名前有*者为常务理事）：

*丁　力　*卫传荣　*马占林　马淑萍　*王　冰　*王惠芳　尤万科　方卫平　冯月梅　吕　毅　*刘　荣　孙晓建　杨树枝　杨　琦　*李习文　李金声　*李树林　*肖　群　*吴善璎　*吴福柱　汪　品　*张红燕　*张欣毅　*张建人　陈志刚　陈晓波　周伟平　赵　明　赵继祥　*赵淑萍　*秦发生　*曹冲凌　*曹毓敏　*梁春阳　*强朝辉　蔡生福　廖佳杰　*潘玉田　戴　茜

理　事　长：马占林

常务副理事长：丁　力

副　理　事　长：张欣毅　刘　荣　卫传荣

秘　书　长：张欣毅（兼）

顾　　问：高树榆　王艳常　白世业

荣　誉　理　事：陈永刚　张向东　石新生

（张京生）

秘书处（正、副秘书长4人）

秘书长：张欣毅（兼）

副秘书长：曹冲凌　马淑萍　李景华

编辑出版委员会（11人）

主任委员：马占林

常务副主任委员：张欣毅

副主任委员：梁春阳　吴善璎　于建文

委　员：张红燕　张京生　闫秀芳　马淑萍　邵晋蓉　王　岗

资源共建共享委员会（14人）

主任委员：丁　力

常务副主任委员：秦发生

副主任委员：李习文　张建人　张红燕　强朝辉

委　员：吴善璎　曹毓敏　吴福柱　李树林　赵淑萍　王　霞　廖佳杰　贾晓玲

学术委员会（11人）

主任委员：刘　荣

副主任委员：潘玉田　肖　群　王惠芳

委　员：陈晓波　马学林　戴　茜　邵　平　师宏睿　董　玲　李雪冰

社会服务与专业培训委员会（9人）

主任委员：卫传荣

副主任委员：王　冰　曹毓敏　吕　毅

委　员：冯月梅　李景华　贺春林　杨　蕾　陈永平

（张京生）

甘肃省图书馆学会

【甘肃省图书馆学会概况】 甘肃省图书馆学会于1979年6月。2002年6月3日召开了“第五次会员代表大会”，选举产生了“甘肃省图书馆学会第五届理事会”。三年来，五届理事会在各理事单位和广大会员的共同努力下，开展了形式多样，内容丰富的学术研究和学术交流活动，取得了良好的社会效果，有力地促进了我省图书情报的学术繁荣和事业发展。(董隽)

【甘肃省图书馆学会举办2003年“全省图书馆基础业务知识暨图书馆员继续教育培训班”】 为了贯彻落实2003年公共图书馆评估指标的各项要求，促进各类图书馆采用《中国图书馆分类法（第四版）》进行文献标引，为即将开始的第三次公共图书馆评估验收工作打基础的同时，加强各级各类图书馆的基础业务建设，提高图书馆从业人员的业务素质和业务水平，甘肃省图书馆学会于4月13日－25日在省图书馆举办为期12天的“全省图书馆基础业务知识暨图书馆员继续教育培训班”，开设了中图法第四版、中文图书编目、连续出版物著录、中国机读目录格式等课程，有36名学员参加了培训。（董隽）

【甘肃省图书馆学会举办“科学论文写作方法与技巧”学术报告会】 为进一步提高我省图书情报工作者科学论文的写作水平，甘肃省图书馆学会邀请北京大学信息管理系博士生导师秦铁辉教授，于2003年10月8日在兰州市图书馆报告厅作了题为“科学论文写作方法与技巧”的学术报告，来自各图书情报单位以及北大函授站的学生共计180余人参加了报告会。秦教授的报告逻辑严密、内容新颖、深入浅出、语言生动，受到了与会者的普遍赞誉。（金颐）

【甘肃省图书馆学会“新世纪图书馆员”学术研讨会】 甘肃省图书馆学会“新世纪图书馆员”学术研讨会，于2003年11月10日在兰州大学图书馆召开。甘肃省文化厅、甘肃省社会科学界联合会的有关领导、甘肃省图书馆学会第五届理事会理事、全省各图书情报单位的论文作者代表等150余人参加了会议。

甘肃省文化厅副厅长王兰玲首先致开幕词。她向参加本次大会的领导、专家和代表们表示热烈的祝贺。对承办单位兰州大学表示衷心的感谢。王兰玲副厅长在致辞中指出：如何在新的环境下充分发挥图书馆在社会知识信息传播方面的重要作用，如何把自己的工作融入到图书馆建设的伟大事业中去，是每一个新世纪图书馆员应积极思考的课题。她充分肯定了甘肃省图书馆学会为促进全省图书情报事业发展所做的努力和贡献，并对学会今后工作的开展提出了两点指导性建议：一是要深化改革、不断创新。今后可尝试策划一些全国性的具有权威性和广泛影响力的学术会议，以提升甘肃省图书馆学会在全国的地位与影响，学会工作要跟上政府职能的转变，要主动承担一些政府部门的任务，如评估定级、行业培训、学术交流等，政府制定标准，学会负责执行落实，逐步向作为政府与图书馆之间的中介机构发展；二是要出人才、出成果。要加强网络环境对图书馆所产生的影响及图书馆员所扮演角色的研究，要加强对我省青年图书馆工作者的培养，要学习和吸收兄弟省市学会的工作思路和方法，要不断引导和促进我省图书馆学情报学研究的理论创新和实践创新。

会议开幕式由兰州大学图书馆馆长、党委书记、甘肃省图书馆学会副会长江志学主持。兰州大学副校长杨恕代表东道主讲话，他对与会的领导、专家和会议代表示热烈的欢迎，并向会议代表介绍了兰州大学图书馆的概况，重点介绍了“211工程”和数字化资源建设的情况。他认为，“新世纪图书馆员”研讨会的主题非常切合当前的实际，对于在新世纪、新环境下，进一步凸显图书馆的社会地位具有现实意义。他建议图书馆应继续加强对提高文献资源利用的研究和实践。

省图书馆学会会长潘寅生同志代表学会对参会领导的关心、支持表示感谢。针对本次研讨会的主题“新世纪图书馆员”，潘会长说，我国图书馆事业经历了两次大的变革，第一次大的变革是19世纪末20世纪初，由于新文化运动的促进，图书馆由藏书楼转入近代图书馆；20世纪末，新世纪、新技术促使图书馆发生第二次变革，由传统图书馆转化为现代化图书馆，逐步实现了业务管理自动化、文献存储数字化、服务方式网络化；办好图书馆的决定因素是图书馆员，事业的发展有赖于广大馆员素质和能力的提高。新世纪图书馆员要勇于面对新技术的挑战，要不断加强学习、研究和交流。最后，潘会长向东道主兰州大学表示了诚挚的谢意。

开幕式结束后，会议进入大会交流阶段。本次研讨会一等奖论文的5位作者进行了大会专题发言，他们是：西北师范大学图书馆张会田——《网络时代参考咨询图书馆员的知识与能力结构定位》；甘肃省图书馆刘瑛——《甘肃省西北地方文献二次文献浅说》；兰州大学图书馆王勇——《网络环境下信息资源建设评价探析》；天水市北道区图书馆蒲莉——《新世纪图书馆员继续教育探析》；通渭县图书馆王维平——《基层公共图书馆员继续教育中存在的问题和对策》。张会田、蒲莉、王维平三人的发言，紧密结合本次研讨会“新世纪图书馆员”这一主题，从不同角度阐述了新技术环境对图书馆员职业角色的新要求，分析了目前图书馆员继续教育中普遍存在的问题，对解决问题的途径和方法进行了深入的探讨；刘瑛在发言中，对甘肃省图书馆西北地方二次文献的源流、布局、分类及特点进行了详细的分析，提出二次文献资源建设应注重计划性、系统性、连续性和创造性，以及走资源共建、数据共享、联合发展道路的观点。王勇在发言中，分析了传统图书馆信息资源建设工作的特点，对如何构建网络环境下信息资源建设的评价体系进行了探讨。

本次研讨会的分主题是：1、社会角色与职业理念；2、知识导航与信息服务；3、信息技术与资源管理；4 、专业教育与终身学习；5、人力资源开发与管理。研讨会围绕主题和分主题组织了3个讨论小组进行学术交流。第一小组，由甘肃联合大学图书馆馆长刘杰主持，崔立云、李征、马铃等近10位与会代表在讨论中发了言，就数字化图书馆、网络环境下的参考咨询服务、图书馆管理以及新时期图书馆员能力与素质、图书馆立法等问题展开了讨论。第二小组，由兰州大学图书馆办公室主任王勇主持，韩喜运、王金玲、秦文芳、彭宝珍等代表围绕图书馆员角色转换、人才培养、数字图书馆建设、信息描述与组织、西部大开发等问题展开了热烈的讨论。同时，与会代表还介绍了各馆的资源建设、队伍建设、人员福利待遇等情况；第三小组，由兰州市图书馆馆长王保玉主持，刘怡、董莉珍、赵国忠、张亚莉、张晓萍等10余位代表踊跃发言，就信息资源建设与开发、资源共享、职业理念的转变、人员与经费、岗位培训、图书馆评估等问题进行了探讨。

在学术交流中，既有理论上的学术研讨，又有各地区、各系统图书馆的经验介绍。代表们各抒己见，发言踊跃，交流内容涉及到图书馆工作的各方面。大家一致认为，通过会议交流，学习了不少新知识，吸收了很多有益的经验，希望学会今后多举办类似会议，互相学习，交流感情，促进事业发展。

分组讨论结束后，由各小组的主持人向大会汇报了各组的讨论情况。随后举行了颁奖仪式。本次研讨会共收到来自全省各系统31个图书情报单位的论文135篇。无论是参会论文的数量和参与面都高于以往。经论文评审委员会认真评议。评选出获奖论文97篇，其中一等奖5篇，二等奖17篇，三等奖33篇，优秀奖42篇。研讨会论文集由《图书与情报》2003年学术年刊正式出版。在本次研讨会征文活动中，西北师范大学图书馆、兰州大学图书馆、兰州理工大学图书馆、甘肃省图书馆、甘肃联合大学图书馆、西北民族大学图书馆、兰州农业学校图书馆、通渭县图书馆、西固区图书馆、天水市北道区图书馆等10家单位，积极组织会员撰稿，由于论文数量多、质量高而被评为“优秀组织奖”。

颁奖仪式之后，省图书馆学会副会长、中科院资源环境科学信息中心主任孙成权做了题为《贯彻“三个代表”重要思想，推动图书馆事业发展》的总结发言。他说，这次学术研讨会是在全国人民学习贯彻“三个代表”重要思想，努力建设小康社会，国家各项事业取得骄人成就的大好形势下召开的，是为提高我省图书情报工作者的专业理论素养，培植图书情报工作者的业务技能而召开的，是对我省图书情报事业发展水平和学术研究队伍科研实力的一次检阅。本次研讨会论文用不同的科研方法，从不同的主题、不同的角度探讨了新时期推动我省图书情报事业发展的理论和技能，极具理论意义和实践价值。孙主任在发言中概述了本次研讨会的六个特点和三个收获，六个特点是：1、指导思想明确；2、理论与实践相结合；3、在研究方法上，既重视学术成果的引进，也注重具体方法的应用；4、会议气氛民主，情感融洽；5、青年成为我省图书情报学术理论研究的主体力量；6、评奖严肃公正。三点收获是：一是检阅了学术队伍，培养了新人；二是涌现出一批质量较高的学术成果；三是进一步推动了我省图书情报界学术研究和专业技能水平的提高。孙主任最后代表甘肃省图书馆学会和参会代表向本次大会的承办者兰州大学的领导和兰州大学图书馆的同志们表示由衷的敬意和诚挚的感谢。（金颐）

【甘肃省图书馆学会2003年度理事会议】 2003年11月11日，在兰州大学图书馆召开了甘肃省图书馆学会2003年度理事会议。省文化厅社文处、省社科联学会部和来自全省各图书情报单位的理事60余人参加了此次会议。会议由甘肃省图书馆学会会长潘寅生主持。会上，甘肃省图书馆学会副会长、秘书长郭向东作了《甘肃省图书馆学会2002－2003年度工作总结》的报告，甘肃省图书馆学会副会长、西北师范大学图书馆常务副馆长李元旦作了《甘肃省图书馆学会2004年工作计划》和《甘肃省图书馆学会第五届理事会理事调整情况》的报告，省图书馆学会办公室主任李金荣作了《甘肃省图书馆学会2002－2003年度财务工作报告》。会议审议并通过了上述报告。会议还就省图书馆学会今后的工作展开了讨论。与会代表一致认为，学会近几年在人才培养、学术研究和交流等方面做了大量的工作，今后学会要不断拓展新的职能，特别是在信息资源开发与建设以及资源共享方面应发挥积极的协调作用。（金颐）

【甘肃省图书馆学会优秀会员评选】 为隆重纪念甘肃省图书馆学会成立25周年，甘肃省图书馆学会组织开展了优秀会员评选活动，对多年来支持、参与甘肃省图书馆学会活动，认真履行会员义务并取得优异学术成果的优秀会员进行表彰奖励。经会员单位民主推荐，学会办公室集中初选，2004年11月10日学会常务理事会议研究，2004年11月25日甘肃省图书馆学会2004年度理事会议审议通过，评选出甘肃省图书馆学会46名个人会员，授予“甘肃省图书馆学会优秀会员”称号。（金颐）

【甘肃省图书馆学会2004年度理事会议】 甘肃省图书馆学会2004年度理事会议于2004年11月25日下午在兰州大学召开。有52名学会理事参加了本次例会。会议审议并通过了《甘肃省图书馆学会2004年度工作总结》、《甘肃省图书馆学会2004年度财务工作报告》、《甘肃省图书馆学会关于调整部分理事的报告》和《甘肃省图书馆学会关于表彰优秀会员的决定》，参会理事还就《甘肃省图书馆学会2005年工作计划》展开了讨论，希望省图书馆学会今后在学科建设、学术科研立项、资源共享、图书馆员继续教育以及从业人员资格认证等方面发挥积极的作用，并就学会今后的工作提出了许多建设性意见和建议。（金颐）

【甘肃省图书馆学会成立25周年纪念大会暨“特色文化建设与图书馆”学术研讨会】 2004年11月26日上午9时在兰州大学图书馆召开，有来自全省各个系统的图书情报工作者以及有关领导近100人参加。甘肃省文化厅副厅长王兰玲、甘肃省社会科学联合会副主席苗得新、甘肃省文化厅社会文化处处长梁世俊等领导同志到会并讲了话。会议由甘肃省图书馆学会副会长、中科院资源环境科学信息中心主任孙成权主持。

甘肃省图书馆学会副会长、甘肃省图书馆馆长郭向东作了题为《甘肃省图书馆学会成立25年来工作简要回顾与展望》的主旨发言。他说，甘肃省图书馆学会成立25年来，坚持以马列主义、毛泽东思想为指导，始终站在图书馆事业发展的前沿，立足甘肃、面向西北地区乃至全国，坚持开展了形式多样、内容丰富的各类学术活动，有力地促进了甘肃地区图书馆事业的发展，树立了广泛的学术影响，为促进甘肃地区图书馆学研究和图书馆事业发展做出了应有的贡献，成为推动甘肃图书馆事业发展的重要力量。他全面而简要地回顾了甘肃省图书馆学会25年来所取得的工作成就，并表示今后甘肃省图书馆学会将继续在省文化厅、省社科联和中国图书馆学会的领导下，努力实践“三个代表”重要思想，开展学术研究，提高学术水平，促进学科发展和人才成长；密切与政府主管部门的联系，逐步向作为政府与图书馆之间的中介机构发展，主动承担一些政府部门的任务，如评估定级、行业培训、学术交流、职称评审和职业资格认定等；发挥跨部门、跨行业、跨地区、跨系统的优势，积极推动我省文献资源共建共享工作的开展；切实发挥党和政府联系广大图书馆工作者的桥梁纽带作用，继续团结广大会员，不断开拓进取，与时俱进，为共同开创我省图书馆事业发展的新局面而努力奋斗。

纪念大会还举行了“甘肃省首届图书馆学情报学学术成果奖”和“甘肃省图书馆学会优秀会员”的表彰仪式，甘肃省文化厅社会文化处处长梁世俊、甘肃省图书馆馆长郭向东分别宣读了获奖名单并颁奖，兰州大学图书馆李玉君代表46名当选优秀会员发言。纪念大会在隆重而热烈的气氛中结束。

纪念大会之后，随即召开了“甘肃省‘特色文化建设与图书馆’学术研讨会，研讨会采取大会交流和分组讨论的方式进行。有6位获奖论文作者向大会宣读了论文，他们分别是：西北师范大学图书馆朱立芸，题目是《进一步繁荣发展图书馆事业 推动甘肃特色文化大省建设》；甘肃省委党校图书馆彭宝珍，题目是《图书馆与特色文化大省建设略论》；甘肃省图书馆金颇，题目是《网络环境下建立甘肃地区联合编目体系探讨》；天水市北道区图书馆周改珠，题目是《拓展西部地区公共图书馆职能为建立学习型社会服务》；兰州市西固区图书馆张晓萍，题目是《加强特色馆藏建设 实现网络资源共享——西固工业区特色文化建设中图书馆发展构思》；中科院资源环境科学信息中心吴新年，题目是《共建共享 共同发展——甘肃省科技图书馆“两个示范、两个服务”情况介绍》。大会交流之后，分三个分会场进行了分组讨论。讨论中，代表们发言踊跃，从不同的专题的前沿的图书馆理论和特色文化建设进行了充分的研讨。讨论者争相发言，情绪饱满，与会代表都获得了一次交流和学习的机会。

分组讨论后，各分会场的主持人向大会汇报了分组研讨交流的情况。接着举行了颁奖典礼，由甘肃省文化厅社会文化处处长梁世俊宣读了获奖名单并进行颁奖。

颁奖仪式之后，甘肃省图书馆学会副会长孙成权作了题为《进一步繁荣发展图书馆事业 促进甘肃特色文化大省建设》的总结发言。他说，这次学术研讨会旨在贯彻落实党的十六大四中全会精神，集专家学者之智慧，为发展甘肃图书馆事业，为建设特色文化大省，献计献策。也在于为广大图书情报工作者提供一个研讨学术、交流思想和建立友谊的场所。会议论文涉及领域广泛，有一定的理论水平和实用价值，是我省广大图书情报工作者科研、实践的成果总结。孙副会长在发言中用“多、高、精、美”四个字的引申义来概括本次研讨会的特点：“多”即参会的人数多，参会的学术论文多，参会的成员馆多；“高”，即对事业高度负责的敬业精神值得赞扬，研讨劲头高涨，学术氛围浓厚；“精”即本次学术研讨会论文的评审和评奖工作可以用精益求精来肯定。“美”即本次大会的组织工作完美。谈到本次会议的收获时，孙副会长说，第一，活跃了全省图书馆界的研究空气，取得了一大批质量较高的学术研究成果；第二，检阅了我省图书馆事业在过去一年所取得的成就，同时也为学习型社会的创建、“共享工程”的实施以及图书馆网络信息服务创新模式提供了坚实的理论基础；第三，加快了图书馆事业的发展促进了特色文化大省建设。至此，甘肃省图书馆学会成立25周年纪念大会暨“特色文化建设与图书馆”学术研讨会完成各项议程，圆满闭幕。（金颇）

【甘肃省图书馆学会开展学术研究和交流活动】 为了提升我省图书馆学理论研究水平、活跃图书情报界的学术气氛，深化图书馆改革，推动图书情报事业的发展，省图书馆学会始终把开展学术研究活动作为本会的一项重要工作来抓，采取多种形式，开展了一系列学术研究活动，三年来，先后组织各种学术报告会、研讨会、征文评选活动等十余次，收到了良好的效果。

1、纪念甘肃省图书馆学会成立25周年，举办了一系列学术活动

甘肃省图书馆学会成立于1979年6月。为了隆重纪念甘肃省图书馆学会成立25周年，甘肃省图书馆学会积极争取得到了甘肃省文化厅的支持，由甘肃省文化厅主办，甘肃省图书馆学会组织并承办了“甘肃省首届图书馆学情报学学术成果评奖”、“特色文化建设与图书馆”学术征文和甘肃省图书馆学会优秀会员评选等一系列庆祝活动。

成功召开了甘肃省图书馆学会成立25周年纪念大会和“特色文化建设于图书馆”学术研讨会。2004年11月26日上午9时，甘肃省图书馆学会成立25周年纪念大会暨“特色文化建设与图书馆”学术研讨会在兰州大学图书馆报告厅隆重召开，来自全省各个系统的图书馆界同仁以及有关领导近100人欢聚一堂，共同庆祝甘肃省图书馆学会成立25周年。甘肃省文化厅副厅长王兰玲、甘肃省社会科学联合会副主席苗得新到会祝贺并发表了讲话。甘肃省图书馆学会副会长郭向东做了题为“甘肃省图书馆学会成立25年来工作回顾与展望”的主旨发言。之后，举行了“甘肃省首届图书馆学情报学学术成果评奖”和“甘肃省图书馆学会优秀会员”的表彰仪式，甘肃省文化厅社会文化处处长梁世俊、甘肃省图书馆馆长郭向东分别宣读了获奖名单并颁奖。纪念大会结束之后，随即召开了“特色文化建设与图书馆”学术研讨会。研讨会采取大会交流和分组讨论相结合的方式，先后有6位获奖论文作者向大会宣读了论文，分三

个分会场进行了分组研讨交流。与会代表从不同的角度探讨了图书馆界普遍关心的热点问题，并就图书馆学会今后的工作提出了许多建设性意见和建议。

组织举办图书馆学情报学学术成果评奖，在我省还是第一次，填补了我省图书馆学、情报学学术成果专项奖的空白。为了把这项奖项办成权威性的厅级政府奖，给广大会员创造一个检验和交流学术成果的平台，全面检验近年来我省图书馆学、情报学研究取得的优秀成果，甘肃省图书馆学会从2003底就向各位理事、会员单位下发了评奖通知，广泛动员，并拟订了切实可行的评奖方案和实施细则。截止2004年3月底，共收到申报成果98项。为确保本次成果评奖的权威性，成立了由主管厅长任组长，我省知名专家组成的评奖委员会，为了体现评奖结果公平公正，评奖采取了评委个人意见和集体评议相结合的方式，并实行了回避和匿名制度。经过评委们的认真评议，结果有24项成果分获一、二、三等奖。

"特色文化建设与图书馆"学术征文活动，是为了贯彻落实甘肃省委、省政府提出的"建设特色文化大省"的号召而举办的，旨在通过学术研讨，探索图书馆在建设特色文化大省中的地位与作用，对于促进各级各类图书馆积极参与到特色文化大省建设中来具有十分重要的现实意义。本次活动共收到征文125篇，分地县图书馆和非地县图书馆两个组进行评奖。经过专家评委的认真评议，非地县馆组有9篇论文获二等奖，有13篇论文获三等奖；地县图书馆组有1篇论文获一等奖，有2篇论文获二等奖，有6篇论文获三等奖。

会员是学会工作的基础。甘肃省图书馆学会的壮大和发展离不开广大会员的积极参与和大力支持，为此，在纪念甘肃省图书馆学会成立25周年之际，决定对多年来支持、参与学会活动，认真履行会员义务并取得优异学术成果的优秀会员进行表彰奖励，潘寅生等46名会员受到嘉奖。

2、以学术年会带动和提升我省图书情报研究的学术氛围

为了活跃我省图书情报界的学术气氛，甘肃省图书馆学会从2002年开始尝试举办大规模的学术年会活动。首届学术年会"知识经济时代图书馆的发展趋势学术研讨会"于2002年6月4日在西北师范大学图书馆与五次会员代表大会同时召开，来自各个系统图书馆的论文作者和有关部门领导70余人参加了本次盛会。本次研讨会，共收到论文113篇，经过专家认真评议，评选出一等奖6篇，二等奖10篇，三等奖19篇，优秀奖31篇。无论是论文数量还是论文质量与历次学术研讨会相比，有较大提高。会后编辑出版了学术年会论文集。2003年学术年会的征文工作从2002年11月底开始，经过广泛宣传动员，截止2003年4月15日，共收到论文135篇，经过评选有5篇论文获一等奖，17篇论文获二等奖，33篇论文获三等奖，42篇论文获优秀奖。2004年的学术年会于2004于11月26日在兰州大学图书馆召开，本次年会共收到征文125篇，有31篇论文分获一、二、三等奖。无论从会议规模还是参会人数来讲，本次研讨会都创下了甘肃省图书馆学会历次学术会议之最。

三届年会成功举办的实践证明，学术年会这种形式，深受广大会员的欢迎，不但增强了学会的凝聚力，也有力地促进了我省图书情报研究整体水平的提高。

3、积极邀请国内外著名专家学者作专题报告，开阔我省图书情报工作者的视野和思路，引导理论创新和实践创新。

2002年5月22日，邀请美籍华裔著名图书馆学家李华伟博士，做了题为"实施知识管理，提供优质服务，促进知识创新——数字及知识时代图书馆和文献中心的重新定位"学术报告，来自市内各公共、高校、科研图书馆以及相关机构的200多人参加了报告会。李先生报告内容丰富，观点新颖，语言生动，受到与会人员的一致好评。

2002年7月29日，邀请上海市图书馆馆长马远良先生做了题为"网络环境与图书馆发展——上海图书馆实践"的学术报告会。马远良先生以上海图书馆为例，介绍了上海图书馆在发展历程中规划的制定、业务改革、电子资源的用户需求和服务调研等实际工作经验，听后很受启发。作为全国图书馆发展一面旗帜的上海图书馆的办馆经验，对我们甘肃地区的图书馆的发展将具有重要的现实意义。

2003年10月8日，为了进一步提高我省图书情报工作者的科学论文的写作水平，邀请北京大学信息管理系博士生导师秦铁辉教授做了"科学论文写作方法与技巧"的报告，来自各图书情报单位以及北大函授站的学生180余人参加了报告会。秦教授的报告深入浅出、逻辑严密、语言生动，受到与会者的普遍赞誉。（董隽）

【甘肃省图书馆学会组织推荐成果参加"甘肃省第八次、第九次社会科学优秀成果评奖"活动】 "甘肃省社会科学优秀成果评奖"是我省社会科学方面的最高奖，每两年评选一次。甘肃省图书馆学会一贯重视参加这项活动。2002年6月，学会办公室接到评奖通知后，即迅速把这一消息，通知到各会员单位，积极动员广大会员参与申报。截止7月20日，共收到15项成果，经初评小组初步审议，打分，形成初评意见，推荐其中6项成果参加评奖。2003年1月10日评奖揭晓，我会有4项成果分获二、三等奖。其中：中科院资源环境科学信息中心张志强、孙成权、王学定等著的《甘肃省生态建设与大农业可持续发展研究》（中国环境科学出版社，2001年出版）获二等奖；甘肃省图书馆潘寅生主编的《图书馆管理工作》（北京图书馆出版社，2001年出版），中科院资源环境科学信息中心孙成权、冯筠主编的《中国西北地区资源与环境问题研究》（中国环境科学出版社，2001年出版）和该中心赵晓英、陈怀顺、孙成权编著的《恢复生态学——生态恢复的原理与方法》（中国环境科学出版社，2001年出版）获三等奖。2004年9月，第九次社会科学优秀成果评奖，我会组织推荐了7项成果参评，结果有两项成果获三等奖，作者均来自甘肃省图书馆，分别是：郭向东的论文《<四库全书>编纂与中国古文献之劫难》，党燕妮的论文《五台山文殊信仰及其在敦煌的流传》。（董隽）

【甘肃省图书馆学会密切配合中国图书馆学会工作】

1、以中国图书馆学会为指导，认

真完成各项工作任务

甘肃省图书馆学会长期以来坚持以中国图书馆学会为指导，密切配合中国图书馆学会各项工作的开展，及时转发有关通知，组织广大会员积极参加中图学会组织开展的各项学术活动，代收代缴中图会员会费，较好地发挥了桥梁与纽带作用，多次受到中图学会的表彰与奖励。三年来，先后转发中图学会各类通知10余次，组织会员撰写论文，参加中国学会举办的各种学术活动。2002年组织推荐了31篇论文参加在西安召开的中国图书馆学会学术年会。有2篇被评为优秀奖，17篇被选为大会交流论文。甘肃省图书馆学会也因此获得最佳组织奖。2003年，组织推荐了52篇论文，其中优秀论文4篇，大会交流论文25篇。2003年中图年会因故推迟到2004年举行。甘肃省图书馆学会在本次征文活动中的出色组织工作受到了中图学会秘书处的表扬。2003年7月，接到中国图书馆学会编辑《中国图书馆年鉴2003》的征稿紧急通知后，省图书馆学会即着手落实，为了全面反映我省各个类型图书馆在2001～2002两年间所取得的建设成就，省图书馆学会责成专人通过电话方式，对全省各个系统的图书馆发展情况进行了调查，很快掌握了我省各类型图书馆近年发展的第一手资料，在规定的时间内完成撰稿任务达1.8万余字。

2、积极参加中国图书馆学会组织举办的纪念成立25周年系列纪念活动

2004年是中国图书馆学会成立25周年。为此，中国图书馆学会将2004年学术年会的主题确定为“回顾与展望——中国图书馆事业百年”，并围绕百年庆典和成立25周年举办了一系列庆祝活动。甘肃省图书馆学会积极配合中国图书馆学会工作的开展，广泛宣传，积极动员，组织会员参加系列庆祝活动，并取得了较好的成绩。在“第二届图书馆学情报学学术成果奖”评选活动中，我会有6项成果分获一、二、三等奖；在“第二届全国图书馆系统书画摄影展”中我会有5件书画摄影作品获优秀作品奖；在“我的图书馆情缘”征文活动中，我会有15篇征文获优秀征文奖，甘肃省图书馆学会由于组织工作突出，被授予“组织贡献奖”；在2004年学术年会征文活动中，我会提交了29篇论文，其中1篇被评为优秀论文，15篇被选为大会交流论文。2004年4月中国图书馆学会组织编写《中国图书馆百年人物》一书，我会组织推荐了20位人物材料上报中图学会。7月在苏州召开的2004年学术年会期间举办了“图书馆学会工作成就展”，我会制作了宣传版面，图文并貌，向全国同行展示了甘肃省图书馆学会成立25年的工作成绩和工作风采。

3、协助中国图书馆学会成功召开“全国图书馆古籍工作会议暨地方文献工作会议”和“全国图书馆学期刊工作会议”

甘肃省图书馆学会在积极参与中国图书馆学会组织开展的各项活动的同时，还大力协助中国图书馆学会各项活动的开展。2004年6月和8月，先后协助中国图书馆学会在甘肃文化名城——敦煌，成功召开了“全国图书馆古籍工作会议暨地方文献工作会议”和“全国图书馆学期刊工作会议”。来自全国各地的同行100余人参加了上述会议。在“全国图书馆学期刊工作会议”上我会会刊《图书与情报》副主编李金荣被授予“优秀老编辑”称号，美术编辑乔方获“优秀编辑”称号。

近年来，甘肃省图书馆学会通过积极参加中国图书馆学会组织开展的各项活动，在全国的地位与影响不断得到提升，也赢得全国同行的认可和好评。（董隽）

【甘肃省图书馆学会密切配合省文化厅的工作】

1、积极做好“第三次公共图书馆评估”的宣传动员工作

全国公共图书馆评估每四年举行一次。原定于2003年举行的“第三次公共图书馆评估”，由于“非典”的影响推迟到今年举行。为了配合我省第三次公共图书馆评估工作的顺利开展，2003年3月学会举办了一期以评估内容为主题的“全省公共图书馆馆长研讨班”，探讨了图书馆如何通过创造性地开展工作，以实际行动迎接评估，促进事业发展等问题，取得了较好的效果。本次研讨班也因此成为了一次评估开始前的动员会。2004年8月，学会抽调专人参加了由省文化厅组织的全省第三次公共图书馆评估验收工作，同时为了充分交流各图书馆迎接评估好的经验和好的做法，达到以评估促发展的目的，学会通讯《甘肃图书馆工作》2004年第5期刊出了一期“甘肃省第三公共图书馆评估专集”，以期通过宣传促进各级公共图书馆继续改进和完善工作，争取在下一次评估工作中取得更大的进步。

2、努力做好文化部、财政部“送书下乡工程”图书的分装和配送工作

根据文化部、财政部《关于印发〈送书下乡〉工程实施方案的通知》精神，将于2003年至2005年连续三年在全国贫困地区实施送书下乡工程，我省有24个贫困县图书馆及220个贫困乡镇文化站为受赠单位。甘肃省文化厅委托甘肃省图书馆进行“送书下乡工程”图书的配发工作，具体任务由辅导部承担。2004年1月5日，第一批“送书下乡工程”图书近11万册运抵我馆。为了做好首批图书的配发工作，使其能在全省公共图书馆评估开始前投入流通，2004年2月14日－27日，学会和辅导部的工作人员克服任务量大，时间紧等重重困难，发扬一不怕苦、二不怕累的工作作风，连续奋战半个月，将文化部2003年“送书下乡工程”捐赠我省的近11万册图书分装完毕。从3月1日开始至4月中旬，我省24个县图书馆和220个乡镇文化站陆续接收了各自的赠书。2004年9月24日，第二批“送书下乡工程”图书12.6万余册已经到位。（董隽）

【甘肃省图书馆学会组织开展“图书馆服务宣传周”和“全民阅读活动”】 根据《全国“知识工程”领导小组关于在全国开展2004年度图书馆服务宣传周活动的通知》和中国图书馆学会［2004］004号文件《关于开展2004年全民阅读活动的通知》的要求，甘肃省图书馆学会于5月下旬及时转发通知，并对我省的活动做出安排和部署，在全省开展围绕贯彻、落实《中共中央、国务院关于进一步加强和改进未成年人思想道德建设的若干意见》指示精神为主要内容的“图书馆服务宣传周”和“全民阅读活动”的活动，要求各理事单位和各级各类图书馆，结合

图书馆业务工作，联合社会力量，积极开展健康丰富的未成年教育活动，丰富广大未成年人的精神文化生活，充分发挥图书馆的教育阵地作用。通过开展内容丰富、形式多样的图书馆服务宣传周活动，有力地促进了我省图书馆服务水平的提高，取得了显著的社会效益，达到了预期目的。

宣传周活动和全民阅读活动的开展，开阔了学会工作的思路，增强了学会的凝聚力，提升了甘肃省图书馆学会的社会形象，为进一步促进学会职能的转变，在图书馆事业发展中发挥更大的作用进行了有益的探索，为今后做好这项工作积累了经验。（董隽）

【甘肃省图书馆学会加强会刊和工作通讯的编辑出版发行工作】 会刊《图书与情报》是一份向国内外宣传甘肃图书情报事业，提升专业理论水平，提高从业人员素质的"全国中文核心期刊"。多年来，会刊立足本省，面向全国，严把论文质量关。2002 年刊物在中国图书馆学会召开的"中国图书馆期刊常州会议"上第五次获得"全国优秀图书馆学期刊"的称号，为甘肃省图书馆学会和甘肃图书情报界争得了荣誉。为了保持这份荣誉，编辑部不断加强对刊物的管理，2002 年重新充实修改了《图书与情报编辑部工作条例》，为保证刊物质量提供了制度保障。为扩大刊物的信息容量，从 2003 年开始，正式扩版为双月刊。2004 年 12 月 18 日，《图书与情报》编辑部召开了出刊百期纪念座谈会，来自省内图书情报届的知名专家学者 30 余人一起畅谈回顾了《图书与情报》的成长历程，对于今后的办刊方向、办刊理念展开了热烈的讨论。编辑部全体同志正努力把《图书与情报》建设成甘肃图书情报界与国内和国际进行学术交流的一个窗口，为广大会员提供一个开展学术研究的平台。

《甘肃图书馆工作》是学会与中心图书馆委员会联合主办的一份双月刊形式的信息动态类内部刊物，它以及时报道省内外图书情报工作动态，宣传推广各地发展图书馆事业的新理念、新观点、新经验为宗旨，并力求做到及时性、广泛性和实践性。为进一步发挥这一资料的价值，2002 年在季刊的基础上，扩版为双月刊，提高了报道的时效性，发行范围也由过去单一的公共图书馆系统扩展到全省各类型图书情报单位和国内其他省级图书馆，成为广大会员了解省内外图书情报工作动态和学术动态的一个信息窗口。（董隽）

【甘肃省图书馆学会加强在职人员的继续教育】 为全省图书情报事业不断培养后继人才始终是学会工作的重要内容之一。多年来，省图书馆学会坚持做到人才培养的三个结合，即"学历教育与短期培训相结合"，"业务培训和继续教育相结合"，"分层培训和分类培训相结合"。2002 年，与武汉大学联合举办了"图书馆学硕士学位课程进修班"，填补了我省在职学历教育中没有研究生教育的空白，目前，该班有 28 名学员全部结业，有 8 人获得硕士学位。为了有目的、有计划、有步骤地搞好全省图书情报从业人员的继续教育工作，省图书馆学会拟定了《全省图书情报工作人员继续教育计划》，在全省范围内开展了《图书馆岗位培训教材》的征订工作，并从 2002 年开始每年举办图书馆基础知识和图书馆信息技术继续教育培训班各一期，满足不同层次图书馆工作人员的继续教育需求。3 年来，举办继续教育培训班 7 期，培训学员 210 余名。此外，省图书馆学会还针对不同专业人员的不同需求，举办了"文献主题标引和科技文献检索培训班"一期，培训学员 23 人。2003 年全国公共图书馆第三次评估工作即将开始，为了配合我省第三次公共图书馆评估工作的顺利开展，贯彻落实各项评估指标的具体要求，促进各图书馆之间的经验交流，2003 年 3 月 15 日—21 日省文化厅和省图书馆学会及时主办了"甘肃省公共图书馆馆长研讨班"。来自全省 12 个地州市的 43 个图书馆的 44 名馆长，系统学习了图书馆管理工作、评估工作策略与实践和评估指标概述等课程，探讨了图书馆如何通过创造性地开展工作，以实际行动迎接评估，促进事业发展等问题，取得了很好的效果。

2004 年 5 月举办了一期以数字图书馆及其相关内容为主题的"全省图书馆员继续教育培训班"，有来自 16 个图书馆的 24 名学员参加了培训；9 月举办了一期"全省图书馆基础业务知识暨图书馆员继续教育培训班"，这期培训班是为了解决在 2004 年全省公共图书馆评估过程中发现的地县公共图书馆存在的普遍基础业务问题而举办的，具有较强的针对性。开设了《中图法》第四版、中文图书编目、连续出版物管理、中国机读目录格式等课程，聘请了今年评估工作专家组的成员授课，取得了较好的效果。来自全省各地的 44 名学员参加了培训。近年来，为了适应新形势的需要，在图书馆员专业培训方面又增加了继续教育的内容，有计划地开展了全省图书馆员在职培训和继续教育工作，在培训内容和课程设置上，注重基础知识的普及和新技术、新方法的推广相结合，努力做到传统与现代的统一，发挥了全省图

【甘肃省图书馆学会加强组织建设】 1、成功召开了甘肃省图书馆学会第五次会员代表大会，选举产生了新一届理事会。

依照学会章程的规定，经过学会秘书处的积极筹备，"甘肃省图书馆学会第五次会员代表大会"于 2002 年 6 月 3 日，在西北师范大学图书馆隆重举行，来自全省公共、高校、科研、工会以及其他相关系统的 70 个图书情报单位工作人员和有关领导 120 余人，参加了本次大会。会议审议通过了《甘肃省图书馆学会第四届理事会工作报告》、《甘肃省图书馆学会章程》、《甘肃省图书馆学会"十五"期间工作规划》。并通过无记名投票方式选举产生了甘肃省图书馆学会第五届理事会，有 65 人当选为理事，19 人当选为常务理事，完成了省图书馆学会领导的新老交替，一大批年富力强的中青年人走上了学会的领导岗位。代表大会之后还召开了"甘肃省图书馆学会第五届理事会第一次会议"，选举产生了本届理事会的常务理事、会长、副会长和秘书长，讨论并通过了《甘肃省图书馆学会 2002 年工作计划》，进一步完善了学会的组织机构建设，为今后更广泛深入地开展各类学术活动提供了组织保障。

2、加强组织建设，发展壮大会员队伍，是学会不断获得发展与生机的保证。

三年来，依照学会章程有关内容的要求，如期召开年度理事会和常务理事会，及时向理事通报本年度的工作情况和财务收支情况，讨论通过下一年度的工作计划，及时增补理事等，并做到发展会员的经常化，成熟一个，发展一个。3年来，发展中国图书馆学会会员28人，甘肃省图书馆学会会员80余人。截止目前，甘肃省图书馆学会拥有理事65人，个人会员740余人。

图书馆学会是图书馆事业的重要组成部分，在全省图书馆事业发展中肩负着重要使命，学会工作既要立足当前，又要放眼未来，既要保持优良传统，又要开拓进取，与时俱进，只有这样学会工作才能不断充满生机与活力。（董隽）

【兰州市图书馆学会理事会顺利完成换届工作】 2004年3月15日上午在兰州市图书馆三楼会议室召开了兰州市图书馆学会理事会换届暨第三次会员代表大会。学会名誉会长、兰州市文化出版局副局长王国礼到会并讲话。会议由第二届学会会长陈宏达同志主持，查方副会长代表第二届理事会作了工作报告。报告详细总结了第二届学会理事会近年来所做的工作和取得的成绩，兰州市少儿图书馆馆长盖立同志作了《兰州市图书馆学会章程修改意见的说明》。会议选举产生了第三届学会理事会领导机构，兰州市图书馆馆长王保玉任被推选为新一届理事会会长，查方等8位同志任副会长，理事增加到了25人。会议还就“第三届理事会工作规划（讨论稿）”、“2004年度工作计划（讨论稿）”、及《学会会费征集、管理和使用办法（讨论稿）》等进行了讨论。（金颐）

上海市图书馆学会

【概述】 2003年，上海市图书馆学会积极克服SARS造成的影响，在疫情得到控制后不到的半年时间里，积极利用各种机会为会员组织举办各类紧密结合会员单位业务发展需要和注重会员自身业务技能的提高讲座、报告共12次，参加人次达780人次。其中：组织国际双边交流活动4次，海峡两岸学术交流2次，参加人次350人次。举办或协办国内、国际学术研讨会3次。较有影响的有：邀请国际国内知名的文献计量学专家举办了具有前沿性的“文献计量学与网络计量分析研讨会”，共有五十多名来自全国和本市高校、科研机构、公共图书馆的代表参加；邀请美国康乃尔大学图书馆专家举办的“数字图书馆研讨会”；邀请美国伊利诺斯大学专家举办的“美国专业图书馆的战略规划：案例研究”专题讲座；邀请台北市图书馆馆长举行的“台湾图书馆管理与服务”专题报告会；邀请中科院徐引篪教授举办的“文献信息服务与创新”专题讲座；合作策划举办的“上海市中心图书馆青年学术研讨会”等，都得到了会员的欢迎和好评。

特别可喜的，组织邀请国外专家举办的研讨会或报告会，都尝试采取不用翻译的做法，得到了与会人员的一致赞扬，充分显示了会员参与国际双边交流的热情和学会学术活动的国际性。其次，还积极组织会员参与区域学术交流与合作。如“第三届中国社区乡镇图书馆发展战略研讨会”、“2003江浙沪晋中青年图书馆工作者学术论坛征文”活动，“华东六省一市图书馆学会2003年学术年会”、等。

加强继续教育工作的开展，其中抓住发展热点，结合区域整体发展思路，成功举办了首次“长三角”文献资源共建共享培训活动，扩大和加强了对“长三角”影响力和辐射作用。

2004年，学会秘书处认真履行职能，积极组织学术研究和学术交流活动，促进学术繁荣，积极拓展学会职能，推动事业发展，在学术建设、组织管理、国际国内交流、教育培训、信息交流与编辑等较好地完成了全年工作目标。全年组织各类学术活动17次，其中举办学术讲座10次，跨地区国内学术研讨会5次，专题国际学术研讨会1次，全国性培训班1次，参加人数达到近千人次听讲和参与。活动数量和参与人次分别比2003年提高25%和22%；跨地区学术研讨和征文活动的组织也得到了各会员单位的积极响应，如“长江三角洲城市图书馆发展论坛”、“中国图书馆学会第二届青年学术论坛”、“2004江浙沪晋图书馆中青年论坛”、“2004年华东地区图书馆学会年会”等，参与面比去年同比增长50%以上；推出的双月学术讲座、青年学术讲座和结合一线工作提高岗位能力的各类专题讲座，场场满座的热烈场面应证了坚持学会学术活动前沿性、学术性、实践性、广泛性、多样性思路得到会员单位领导和广大会员的认可。（金晓明）

【圆满完成第六届理事会换届】 2003年，着重加强了组织建设和管理制度建设。首先，成功举行学会第六次会员大会，圆满完成第六届理事会换届选举工作。本次会员大会是进入新世纪的第一次会员大会，参加大会的会员超过800多人，创历届会员大会人数之最。大会选举产生的新一届理事会和通过的工作报告以及新的《章程》，成为推动学会工作实现跨越式发展的组织保证和行动纲领。（金晓明）

【荣获上海市科协星级学会称号】 通过市科协首次组织进行的全市科技社团星级评估，荣获一星级学会称号，有力地推动了学会工作有序规范发展。星级学会评估是市科协为规范学会管理，加强学会建设，推进和引导学会的改革与发展而建立起来的以促进学会改革与发展为目标的学会评估体系。2003年起在上海市科协主管和所属168个学会中开展星级学会的评估工作，首批符合参加评估资格的学会有70多个，最后评评估结果共有55个学会入选星级行列，不到科协所管学会总数的三分之一。（金晓明）

【张琪玉手稿和著作保存本捐赠仪式在上海图书馆举行】 2003年4月14日下午，“张琪玉手稿和著作保存本捐赠仪式”在上海图书馆隆重举行。市文广局社文处，市高校图工委，南京政治学院上海分院和上海图书馆馆领导，以及本市各系统图书馆、高校图情学系的代表出席了捐赠仪式。

张琪玉教授捐赠给上海图书馆的文献包括手稿446种共503册，著作394种共405册/件。这些文献大体包含了张琪玉教授1952年以来全部著述，构成了一个完整的体系，具有重要的学科研究价值。捐赠仪式由上海图书馆党委副书记王世伟同志主持。南京政治学院上海分院训练部主任张克难教授，上海图书馆吴建中馆长先后致辞，高度评价了张琪玉教授在图书馆学情报学理论及情报检索语言的学科建设方面所作出的重要贡献。张琪玉教授在答辞中对上海图书馆接纳并永久收藏他的全部手稿和著作保存本表示感谢。吴建中馆长向张琪玉教授颁发了捐赠证书，并宣布上海图书馆图情研究所将建立图书馆学情报学专家文库。与会代表也纷纷发言，称颂张琪玉教授丰硕的研究成果，严谨的治学风格，诲人不倦的教学态度以及对事业孜孜以求的精神，是大家学习的榜样。

张琪玉教授手稿及保存本的捐增对于图书馆事业和图书馆学的研究具有重要的意义。它标志着中国图书馆学情报学家文库的建立，将提高图书馆学家的社会地位，促进图书馆学的研究，为成千上万个图书馆从业者树立并倡导了职业的精神和研究的精神。(金晓明)

【上海图书馆界隆重举行陈誉先生追思会】 2003年6月6日，我国杰出的图书馆学情报学家陈誉先生永远地离开了我们。噩耗传来，陈誉先生的生前友好、同事、学生及家属，沉浸在无比的悲痛之中。陈誉先生长期工作在图书情报领域的最前沿，曾任国家教委图书馆学、情报学、档案学职称评审委员会主任委员，中国图书馆学会常务理事、学术委员，中国社会情报学会理事，中国图书馆学会副会长、学术委员会主任，华东师范大学校务委员会委员、校学术委员会委员、图书馆学情报学系主任、图书馆馆长，《上海高校图书情报工作研究》主编、名誉主编等，功绩卓著。陈誉先生的去世，是上海图书情报界乃至中国图书情报界的巨大损失。

为缅怀陈誉先生的功绩，继承陈誉先生的遗志，7月24日，上海市图书馆学会、华东师范大学图书馆、华东师范大学信息学系、上海高校图工委暨《上海高校图书情报工作研究》编辑部联合在上海图书馆举行了陈誉先生追思会。上海图书馆馆和市高校图工委领导，以及本市各系统图书馆、高校图情学系的代表出席了追思会。追思会由上海市图书馆学会秘书长、上海图书馆党委副书记王世伟主持。上海市图书馆学会理事长、上海图书馆馆长吴建中、上海高校图工委秘书长庄琦、华东师范大学图书馆馆长黄秀文、华东师范大学信息学系主任范并思、同济大学图书馆常务副馆长慎金花、上海图书馆馆长助理周德明、华东师范大学信息学系教授刁维汉、《上海高校图书情报工作研究》主编吴格等满怀深情地追思了陈誉先生在图书情报学教育、图书情报学研究、图书馆管理和图书馆事业诸领域的卓越贡献；陈誉先生的女儿、华东师范大学图书馆期刊部副主任陈竞代表陈誉先生家属追忆了陈誉先生一生热爱祖国，五十年投身图书馆事业，桃李满天下的生涯。与会者无不被陈誉先生高尚的人格、博大的襟怀、执着的追求和超凡的学识所感动。陈誉先生永远活在我们的心中。(金晓明)

【“长三角”图书馆文献信息服务研讨会】 2003年10月29－31日，由上海市图书馆学会和上海图书馆联合主办的“长三角”图书馆文献信息服务研讨会上在上海图书馆举行，“长三角”地区率先启动文献资源共建共享的“信息高速公路”的平台。

此次研讨会有来自“长三角”16个城市的公共图书馆和高校图书馆近60位馆长和信息工作人员参加，还专程请来了国家科技图书文献中心的专家陈道泉研究员为大家演讲了“网络环境下文献信息资源共建共享的有益实践”，文献提供中心和下属部门的领导以及读者服务中心网上联合知识导航站为各位学员做了精彩的演讲。满满的二天研讨，会学员纷纷表示满意。通过研讨会和与图书馆签订文献资源共建共享协议，在长三角地区，人们可以在网上“自由驰骋”，在当地的图书馆共享上海图书馆上海科技情报所丰富的馆藏资源，享受文献提供、剪报产品、电子商务、馆际互借等服务。(金晓明)

【学会信息化建设呈现新特点】 加强以信息化技术为手段开展会员服务和信息沟通的策略是我们上海学会工作的一大特点。2003年，学会对会员单位和会员的信息化服务得到了进一步加强。推出了印刷版和电子版两种形式的《学会工作通讯》，着力加强学会与会员间的沟通渠道和信息交流。印刷版《学会工作通讯》完成年度预定的3期计划目标，共10万字，每期发行1000份。电子版《学会工作通讯》自10月再次推出后，从最初不定期到后来1月1次，再从1周1次到现在1周滚动更新2次，信息传播量和频率不断增大。截至2003年12月底，共出26期，信息量达到5094KB每期邮发用户从300多件达到现在1568件，范围涉及全国各省市图书馆系统单位与个人。(金晓明)

【《图书馆杂志》继续保持良好信誉】 2003年，学会会刊《图书馆杂志》在全国图书馆界继续保持着广泛的影响，在用户、读者中有着良好的信誉。有着“方阵期刊”、“核心期刊”、“优秀期刊”三项桂冠的《图书馆杂志》，坚持以论文的质量为唯一标准，进一步扩大了外聘编辑队伍的阵容，借用编辑部外的智力资源，提升了期刊文稿的编审水平。一年中，编审各种文稿4000余篇，没有发生任何方面的责任事故。脚踏实地，不事张扬的工作作风，得到了图书馆界内外的肯定，被誉为“对作者最负责任的刊物”之一，在同行专业刊物的市场竞争中始终保持了领先地位。(金晓明)

【推出全新学术活动品牌】 为鼓励会员积极参加学术活动，繁荣和推动上海地区图书馆学学术研究，学会学术委员会在各理事长单位的支持下于2004年起推出面向会员的全新学术活动品牌——双月学术讲座，受到广泛欢迎和高度评价。首讲在南京政治学院上海分院信息管理系的大力支持下，由图情界德高望重的张琪玉教授抱病主讲，不仅令全场听众被张教授深厚的专业理论功底所折服，更是学界前辈严谨治学风范言传身教的一次难得的学习机会。演讲结束后那经久不息的掌声，表达了学界前辈的尊敬，对学术的尊重，对学会推出的双月学术讲座的认可。由复旦大学图书馆邀请美国哈佛大学燕京图书馆高级专家所作的MARC21报告，以反映国际图书馆界最新的专题学术研究进展，使与会研究和专业人员得益匪浅。由上海图书馆组织的OCLC总裁作关于图书馆所面临的挑战与解决方案，加深了上海各机构对OCLC发展框架的理解和最新发展动态的了解。

双月学术讲座，由于它以反映图书馆学情报学理论研究与实践的前沿性、学术性为特点，定位比较高，学术价值大，已成为学会重点树立的品牌学术活动和最受会员欢迎的学术活动之一。（金晓明）

【上海地区图书情报界学术成就取得丰收】 2004年，上海地区图书情报界历年来所取得的学术成就，在参加2004中国图书馆学会第二届学术成果评选活动中取得了丰收。在全国共评出的41部获奖著作中，上海送审的17部著作获奖人选9部，占获奖总数22%，获奖率达52.9%，居全国第一。论文上海共送审39篇，获奖人选7篇，占获奖总数3.7%，获奖率17.9%。在中国图书馆学会2004年会，上海市共有25名代表参加本次年会。向本次年会提交论文13篇，其中6篇文章获得优秀论文奖，4篇获交流论文奖，也是近年来参加年会人数和提交论文最多的一次，表现出参与国内全国性学会学术活动的积极姿态。（金晓明）

【首届“长江三角洲城市图书馆发展论坛”成功举行】 2004年12月24日至26日在上海成功举行的首届“长江三角洲城市图书馆发展论坛”，即是学会职能和行业协调功能拓展的一种新的尝试。此次会议由上海市图书馆学会、江苏省图书馆学会、浙江省图书馆学会发起组织，并与上海市委党校联合举办的。会议期间举行的“16城市图书馆馆长圆桌会议”，长三角地区共有91家来自公共、高校、科研等系统图书馆参加签署了《关于全面推进和加强长江三角洲城市图书馆合作交流的意见》，会议取得了丰硕成果。本次会议凸现了两大亮点。首先，不仅是第一次较大规模的跨地区的区域性图书馆馆长工作会议，同时也是区域性第一次跨系统的各级各类图书馆共同参与的共商图书馆共建共享的重要会议。

本次会议得到了上海市委党校及学会各系统委员会的大力支持和各有关方面领导的高度重视。中央党校常务副校长王伟光同志和文化部周和平副部长分别发来了贺信并指出：三地泛16个城市的各系统图书馆通过此次论坛暨年会的形式携手探索城市图书馆合作发展的新模式，为长三角区域内文化资源的整合开了好头。论坛的成功举办，将对广泛的合作交流机制、建立跨地区的人才交流和培育体系、推动跨地区文献资源共建共享和文化共享工程的建设与发展、开展跨地区的学术研究和技术合作、在长江三角洲地区建立并将对打造长三角全国文化生产与服务基地、搭建文化资源调配枢纽起到重要推动作用。

会议确定，第二、三届论坛继续举行，分别分别由浙江省图书馆学会、江苏省图书馆组织筹办，于2005、2006年在杭州和南京举行。（金晓明）

【“上海市图书馆条例”立法课题研究项目启动】 为了进一步促进和依法保障上海市图书馆事业的建设与发展，上海市图书馆学会和上海图书馆从2002年起将建议制定“上海市图书馆条例”的立法工作纳入了重要议事日程。

图书馆立法是促进和保障我国公益文化事业发展的一项重要法制工作，教科文卫委员会对此一直非常重视。在上海市十二届人代会上，学会理事长吴建中代表领衔提交的关于加快上海市图书馆立法的议案后，于2003年初市人大教科文卫委员会即对此议案做出了处理审议意见，建议先进行立法调研。市人大教科文卫委在广泛听取意见的基础上，同年将“上海市图书馆条例”立法研究列入了2004年工作要点。为了切实推进地方图书馆立法工作，为上海日后制定地方性图书馆条例草案搭好框架，2004年3月，市人大教科文卫委员会正式启动了立法调研程序，邀请包括上海图书馆学会在内的本市公共、高校、科研院所有关行政管理部门的领导、专家学者组成了图书馆立法研究课题组，开展立法课题研究工作。（金晓明）

【《图书馆杂志》获得多项专业认定】 2004年，在编辑部的努力下在继续保持国家新闻出版署颁发的“方阵期刊”荣誉称号的同时，又多次获得全国各种科学研究机构的系统测评和专家评定，获得多项专业认定：4月，分别通过《中文核心期刊要目总览》和评审通过中国社会科学院文献信息中心评选，连续第四次进入“图书馆学、情报学类核心期刊”，首批进入“中国人文社会科学期刊”；6月，通过南京大学社会科学研究评价中心评审，再次进入“中文社会科学引文索引（CSSCI）来源期刊”（1999—至今）。今年8月，开始了网络数字编辑工程建设。此项目建成后，不仅能提高编辑的工作效率，更重要的是能提升《图书馆杂志》和上海图书馆界的学术形象，加强刊物与图书馆学界和图书馆工作者的联系，为《杂志》的发展创造更好的社会氛围。（金晓明）

【学会建设发展出现了喜人的局面】 2004年，学会各系统学术活动和地方性学会筹建工作出现了喜人的局面，宝山地区、金山石化地区、松江大学城地区、青浦地区等都连续或开拓性地举办跨系统的区域学术交流活动，就共同关心的问题展开研讨，出版论文集以及馆与馆交流互访等。2004年11月本市高职高专和民办高校图书馆协作组于宣告成立，浦东新区地方性学会筹建工作也于今年底正式启动，对地区资源共建共享和图书馆事业的建设发展起到了很好的推动作用。

此外，学会各委员会也积极开展工作。如高校图书馆工作委员会对学会各项工作的全力配合，学术委员会发起的双月学术讲座、组织筹划的学术年会等，高级专家咨询委员会积极接受政府委托就公共图书馆采购经费项目开展调研，科普教育委员会与中图学会联合举办的元数据培训班，公共图书馆委员会组织的全市公共图书馆馆长研讨班，少儿委员会主持召开的华东少图协主任会议和组织全市少儿系统就读者工作创新化服务和人性化服务主题进行研讨。党校图书馆工作委员会、医院图书馆工作委员会、中小学图书馆工作委员会等也组织开展了丰富多彩的活动。这些活动，广泛联系了会员和图书馆工作者。（金晓明）

上海市图书馆学会 2003－2004 年学术活动一览

时　间	内　容	活动类型
	2003 年度	
7 月 18 日	数据库的建设和利用：中医药数据库的实践	讲座
8 月 5 日	文献信息服务与创新——中科院图书馆	讲座
8 月 15 日	文献计量学与网络计量分析研讨会	国际研讨会
9 月 24 日	美国专业图书馆的战略规划：案例研究	讲座
9 月 25 日	通过编目、元数据和下一代图书馆系统来整合电子数字化资源和传统的图书馆馆藏——美国康乃尔大学图书馆	讲座
10 月 22 日	台湾图书馆的管理与服务	讲座
10 月 27 日	纽约皇后图书馆分馆运作及管理	讲座
10 月 29 日－31 日	“长三角”图书馆文献信息服务培训班	培训
10 月 31－11 月 2 日	华东地区图书馆学会协作会年会	学术会议
11 月 12 日	上海市中心图书馆青年学术研讨会	学术会议
11 月 18 日	海外科技期刊发展趋势暨刊价变动分析	讲座
12 月 11 日	医学文献采购与服务	讲座
	2004 年度	
2 月 27 日	情报语言学领域几个热门问题的看法	讲座
3 月 26 日	加州大学伯克利分校馆际服务和文献传递的管理	讲座
3 月 30 日	IFLA 报纸委员会 2004 上海研讨会——图书馆报刊利用	研讨会
4 月 23 日	纽约皇后区公共图书馆参考咨询服务	讲座
4 月 20 日－22 日	元数据加工与应用技术研讨班	培训
4 月 27 日	MARC21 及其在哈佛燕京图书馆的使用	讲座
5 月 12 日	OCLC：数字图书馆挑战与解决方案	讲座
6 月 6 日－10 日	2004 江浙沪晋图书馆中青年论坛	学术会议
6 月 10 日	信息素养和数字图书馆的应用：以加州大学洛杉矶分校图书馆为例	讲座
6 月 14 日	美国图书馆服务和图情学教育一瞥——一个中国图书馆员两年的观察报告	讲座
6 月 28－30 日	2004 年华东地区图书馆学会年会	学术会议
7 月 23 日－26 日	中国图书馆学会 2004 年年会	学术会议

时　间	内　容	活动类型
9月3日	新加坡国家图书馆体系及参考咨询服务	讲座
9月17日	走入社区—台北市立图书馆的社区服务网络	讲座
11月5日－9日	中国图书馆学会第二届青年学术论坛	学术会议
11月19日	多伦多大学图书馆－为学生提供资源共享和参考咨询服务	讲座
12月25－26日	“长江三角洲城市图书馆发展论坛”暨上海市图书馆学会2004年学术年会	学术会议

山东省图书馆学会

【山东省图书馆学会组织建设情况】 山东省图书馆学会在2003年、2004年中，在中国图书馆学会的指导下，健全组织机构。学会在理事会的领导下，坚持民主办会原则，不断完善规章制度，制定了《山东省图书馆学会章程》、《财务管理制度》、《会员管理制度》、《档案管理制度》等规章制度。学会日常办事机构秘书处团结精干，现有专职人员3人，办公场所130平方米，有计算机1台，电话1部，打印机1台，办公家具一套。每年至少召开2—3次常务理事会，四年来已召开常务理事会10次。发展省学会会员300余人，发展中国图书馆学会会员200余人。并于2004年被山东省民政厅授予先进学会称号。（樊伟）

【山东省图书馆学会积极开展学术活动】 2003年和2004年学会组织、开展了丰富的学术活动，主要包括：

1、组织召开省内学术研讨：召开山东省科学讨论会2次，收到论文600余篇，并组织省内专家、教授组成评委会进行了认真、严格的评审，评出一、二、三等奖和优秀奖，部分获奖论文结集出版。讨论会活跃了山东省的学术气氛，推动了本省图书馆学术研究的发展。

2、编辑出版学术专著：编辑出版专著4本。编辑出版《山东图书馆季刊》，年发行4800册。

3、组织本会会员参加中国图书馆学会学术年会2次：推荐征文40余篇，其中40余篇参加大会交流。

4、参加华东地区图书馆学会协作会议2次：推荐论文20余篇，获得一等奖4篇，二等奖10余篇。

5、组织各类学术研讨会4次：2003年2月，在烟台举办“全省公共图书馆迎接评估定级工作研讨会”，40余人参加，会议请文化部社图司图书馆处张小平处长做专题报告，并诠释评估标准；2003年10月，组织部分馆长参加“图书馆体制改革理论与实践”研讨活动，20人参加；2003年11月，在莱芜举办“全省公共图书馆网络安全与数据库建设研讨会”40余人参加；2004年11月，举办“图书馆信息服务学术研讨会”，征文150篇。

6、山东省图书馆学会2004年学术年会：2004年6月在青岛召开，首都图书馆倪晓建馆长、北京大学李国新教授在会上做专题学术报告，130余人参加。

7、山东省联合编目研讨会：于2004年2月，5月，9月分别组织我省公共、高校、科研等系统图书馆单位，三次召开“山东省联合目录编制工作研讨会”。（樊伟）

【山东省图书馆学会积极开展继续教育与培训工作】 在2003—2004年间学会举办系统内继续教育4次：

1、2003年9月，在潍坊举办“全省地方文献管理与利用学习班”，62人参加。

2、2003年11月，在济南举办“全省计算机编目学习班”，90人参加。

3、2004年1月，邀请中国科学院文献情报中心原主任、博士生导师辛希孟教授给山东省图书馆中层干部做“图书馆社会形象、职业定位及馆员的职责和作用”专题报告。

4、为了进一步加强山东地区共享工程的工作，2004年11月10日至12日，“共享工程”山东省分中心在山东省图书馆举办了全国文化信息资源山东基层中心技术培训班。来自全省各级基层中心的78名技术人员参加了培训。各培训班提高了各系统图书馆工作人员的业务素质，起到了良好的效果。

此外学会还大力开展社会办学。

1、北京大学学历教育：两年来共招收北京大学学历教育班4个，招收学员130余人。

2、中小学生学科辅导班：举办辅导班123个，培训学生5400余人。（樊伟）

【山东省图书馆学会举办丰富多彩的科普活动】 学会举办各种科普讲座、报告会16次，举办科普、文化展览11次。

1、2003年、2004年4次组织山东大学管理学院、山东大学附属中学的学生2000余人，在山东省图书馆报告厅听取“怎样利用图书馆”专题报告，并参观山东省图书馆新馆。

2、2003年2月，在山东省少儿图书馆举办了“听经典名著讲座，让好书伴你童年”文学讲座，请山东教育学院讲师，山东师范大学博士杨庆东老师做关于中国现代儿童文学作品欣赏的报告，大明湖路小学和安平街小学170余名师生参加了报告会；2003年3月，组织驻济部分图书馆工作者60余人在山东省图书馆报告厅收看由全国文化信息资源共享工程国家中心主办的“历史文化讲座”；2003年3月8－9日，山东省图书馆学会在山东省图书馆艺术展厅联合举办“大世界基尼斯之最——世界珍稀蝴蝶标本展”。此次展出的上千只蝴蝶中包括许多世界级的名蝶标本，参观者达六千余人；2003年，学会四次组织老年读者在山东省图书馆大明湖分馆电子阅览室举行电脑知识讲座，200余位老年读者参加讲座，他们专心致志地听讲解，兴致勃勃地进行操作；2003年3月在山东省图书馆大明湖分馆综合借阅部老年人阅览室举办了“老年读者书法爱好者笔会”，30余老年读者参加了这次活动；2003年4月12日，学会和济南市图书馆联合举办了大学生系列活动之“走进图书馆”，山东大学信息学院200多名大学生参加了活动；2003年6月，学会组织开展“少儿书画展”，共收书画作品109幅，参展作者最小的6岁，最大的12岁；2003年8月4日上午，聘请山东师范大学文学院院长杨存昌教授在山东省图书馆大明湖分馆举办了“读书与学习”大型报告会，230余名学生和少儿馆读者参加；2003年8月，学会与山东老年大学第十七教学区在山东省图书馆举办“山东老年大学第十七教学区师生作品展，共展出书法、绘画作品五十余副，包含了山东老年大学第十七教学区任课老师的代表作和学员中的优秀作品，是山东老年大学第十七教学区在我馆开课来的一次成果展；2003年8月，在山东省图书馆展厅举办“山东省创办社会文化先进县图书馆事业成就展”。50多个社会文化先进县制作了规格统一，内容丰富的展版参加展览，大力宣传了十多年来，在创办社会文化先进县活动中图书馆事业所取得的巨大成绩。

3、2004年3月，在山东省图书馆报告厅，山东师范大学现当代文学著名教授李掖平女士为广大女性朋友作了题为“读书使女人更具魅力”的精彩报告；2004年3月19日，在山东省图书馆举办老年读者书法展，共展出书法作品50余幅，有60多位老年读者观看了书法展；2004年3月27日，在山东省图书馆举办《毛泽东遗物展》；2004年5月30在山东省图书馆举办了“提高青少年学习能力”专题讲座，特邀我省著名儿童心理问题专家、一泓心理工作室李莉老师主讲，60余名青少年及家长参加了这一讲座；为了纪念鲁班诞辰2511年暨中国第一个鲁班研究会成立，鲁班文化公益巡回展于2004年8月13日在山东省图书馆开展。本次展览由山东省鲁班研究会、山东省图书馆学会、山东省图书馆共同举办；2004年8月21日，在山东省图书馆举办《纪念邓小平诞辰100周年摄影展》，共展出小平同志生前工作与生活的珍贵照片108幅；2004年9月为纪念邓小平同志诞辰100周年暨庆祝建国55周年，“百年小平　盛世中国—山东党政机关干部书画作品展”于8月28日上午在山东省图书馆隆重开幕。此次展览共展出全省党政机关干部的优秀书画作品108件。省内老领导、著名的专业书画家也专门为这次展览创作了纪念作品；2004年10月在山东省图书馆举办了第二届老年书画展。主要展出农干院分会会员的作品，有书画作品55幅，其中书法作品35幅，绘画作品20幅；2004年11月，《台北故宫博物院精品书画复制作品展》山东省图书馆艺术展厅举行。本次展览汇集二玄社复制的中国台北故宫博物院、辽宁博物馆、上海博物馆、美国纳尔逊博物馆收藏的中国晋、唐、宋、元至明清以来中国书画精品470余幅。

4、2004年4月，根据省社科联［2004］6号文件精神，山东省图书馆学会积极开展一系列社科普及活动：(1)、4月24日至30日，在山东省图书馆报告厅连续为中、小学生及读者播放《伟人毛泽东》纪录片，进行爱国主义教育。(2)、4月25日在山东省图书馆举办山东省图书馆学会学术研讨会，研讨、交流山东省图书馆事业的现状及发展方向。驻济各系统20余个图书馆的40余人参加了研讨。(3)、在科普宣传周期间，学会根据文化部的文件精神在全省范围内积极开展“全国文化信息资源共享工程”。组织本省学会技术人员先后到济南市和济宁市两地现场安装共享工程设备，建成全国文化信息资源工程基层中心5个；同时接待来自全省17个地市、县级图书馆的技术人员30余人到全国文化信息资源共享工程山东省分中心学习参观，并协助其建立“共享工程”市、县级基层中心20个。借助共享工程基层中心，学会将大量的科普知识及优秀的先进文化资源传送到全省各地，丰富了全省人民的文化生活，受到社会的一致好评。(4)4月30日，山东省图书馆学会积极响应省社科联号召，派专人前往济南泉城广场，参加大型广场义务咨询服务活动。制作展版4块，发放宣传材料10余种、1000余份，现场宣传社会科学，宣传图书馆，并解答到场观众的疑问，取得了良好的效果。活动结束后，山东省图书馆学会被山东省委宣传部和省社科联授予“2004年山东省社会科学普及周活动”先进集体。(樊伟)

【山东省图书馆学会组织开展“图书馆服务宣传周”活动】　根据文化部的要求，学会积极组织开展“图书馆服务宣传周”活动，2003年，“非典”疫情肆虐，鉴于情况特殊，不易开展大规模的集会活动，学会创造条件，号召大家积极主动地开展一系列既有影响，又切实可行的活动，一是宣传了“非典”的防范，二是围绕创建学习型社会的主题宣传图书馆，提高公众的图书馆意识，吸引大家多读书、读好书，同时提高了图书馆服务质量。(樊伟)

【山东省图书馆学会举办全民读书活动】　根据中国图书馆学会的要求，山东省图书馆学会、山东省图书馆于2003年12月，在全省范围内积极组织开展“全民读书月”活动。2003年11月，省学会向下属各系统、各地区的图书馆转发了中国图书馆学会《关于开展2003年“全民读书月”活动的通知》，并将通知在山东省图书馆的网站上同时登出。本次活动的主题是：享受阅读快乐，提高生命质量。围绕活动主题学会和山东省图书馆开展了一系列活动。在2004年，学会根据中国图书馆学会文件精神，继续推行全民阅读活动。(樊伟)

【山东省图书馆学会配合上级领导部门开展相关工作】　主要的工作内容包括：1、开展“企业图书馆振兴行动”。2、宣传“中国图书馆员职业道德准则”。3、开展科普教育工作，省图书馆已被定为省社科教育基地。4、为《中国图书馆年鉴2003年卷》撰稿。5、向中国图书馆学会推荐我会的10名专家为学科带头人，20名为科技专家。(樊伟)

【山东省图书馆学会2004年学术年会】 为了加强学术研讨与交流，进一步推动我省图书馆事业的发展，2004年6月3日至4日，山东省图书馆学会2004年学术年会在美丽的海滨城市青岛召开。省学会常务副理事长、省图书馆馆长王运堂，省学会副理事长兼秘书长、省图书馆副馆长赵炳武，青岛市文化局副局长李雪华，中国图书馆学会常务理事、首都图书馆馆长倪晓建、北京大学信息管理系教授李国新，青岛市图书馆馆长徐家俊，山东大学图书馆副馆长韩子军、山东省科技情报所书记刘海萍等领导出席了开幕式。开幕式由赵炳武秘书长主持。全省各系统图书馆的领导及省学会第十一次科学讨论会获一、二等奖论文的部分作者共130余人参加了会议。

王运堂副理事长首先致开幕辞，青岛市文化局副局长李雪华致欢迎辞，青岛市图书馆徐家俊馆长宣读了省学会第十一次科学讨论会的获奖论文名单，大会还为获奖单位及个人颁发了荣誉证书。倪晓建和李国新教授分别做了“图书馆创新”和“中国图书馆事业发展中几个问题的思考”为主题的专题报告。获奖论文作者进行了大会交流。会议期间，与会代表参观了青岛市图书馆。本次年会是省学会组织召开的第一次学术年会，加强了全省各系统图书馆之间的学术研讨和交流，推动了我省图书馆事业的繁荣和发展。（樊伟）

【山东省图书馆学会积极开展2003年“全民读书月”活动】 根据中国图书馆学会的要求，山东省图书馆学会、山东省图书馆于2003年12月，在全省范围内积极组织开展“全民读书月”活动。2003年10月，省学会向下属各系统、各地区的图书馆转发了中国图书馆学会《关于开展2003年“全民读书月”活动的通知》，并将通知在山东省图书馆的网站上同时登出。本次活动的主题是：享受阅读快乐，提高生命质量。围绕活动主题我会和山东省图书馆开展了一系列活动。

1、在整个活动过程中，在山东省图书馆知识广场搭制了彩虹门，放置了气球，悬挂了十余条宣传条幅。在山东省图书馆网站上开辟宣传专栏，对读书月活动进行强有力的宣传。

2、“美欣杯·我与省图结书缘”读书征文演讲活动。由山东省图书馆学会组织举办了本次活动。本次活动的开展得到了济南市区十六所学校5000余师生及读者的大力支持，共征得文章480篇，文章集中体现了阅读给人带来的快乐，充分证明了“图书馆是人民的终身学校”。经过专家评审，评出一等奖8篇，二等奖20篇，三等奖24篇，优秀奖46篇。12月26日，在山东省图书馆报告厅举办了“‘美欣杯·我与省图结书缘’读书征文演讲活动暨历城区图书流动站授牌仪式”。8位一等奖获得者进行了征文演讲，济南市历城区实验小学的300余名学生参加了演讲活动，并参观了省图书馆。

3、12月5日山东省图书馆副馆长赵炳武应邀为山东大学信息管理系的学生做“山东图书馆事业与发展趋势”专题报告，宣传山东图书馆事业建设的成就及未来发展趋势。300余名学生参加听讲。

4、12月8日组织山东大学信息管理系图书馆专业学生30余人参观了省图书馆，同学们观赏了馆藏珍品，宏伟的主体建筑，激发了同学们的学习、阅读和献身图书馆事业的热情。

5、12月25日，在山东省图书馆报告厅举办“全民读书月”读书演讲会，公安消防十中队、东关派出所、省女子监狱、省服装研究所、省女子劳教所、贵和中心、历城华山镇、济空运输团、香港《大公报》山东办事处、71777部队政治处、省图书馆泺源分馆、山东省图书馆等单位参加了本次活动。评委通过现场打分，共评出一等奖3名，二等奖4名，三等奖5名。社会各界人士300余人参加了演讲会。

6、12月28日省图书馆图书流动借阅车启用，首次到济南市佛山苑社区为读者服务。这一活动引起了媒体关注，齐鲁电视台、济南电视台、齐鲁晚报、济南时报等都做了宣传报导。

7、12月30日，举办“专家座谈会暨山东地方文献资料中心开放仪式”，邀请了省内知名专家就我省地方文献的收集、整理和开发、利用发表自己的看法，献计献策。与会专家包括原省人大主任苗枫林，原中共山东省委党校副校长王海天，山东师范大学教授、博士生导师安作璋、王万森，山东省社会科学院研究员戚其章，济南教育学院教授徐北文，山东省作家协会副主席王兆山，著名作家王延辉，著名墨学家张知寒之女张幼林及省府办公厅信息处、山东人民出版社、省文史委的同志等。省文化厅副厅长李宗伟出席了会议。部分专家向省图书馆捐赠图书。

8、山东省图书馆声像资料部在读书月期间为读者放映电影60余部。

读书月活动将我省的读书热潮引向了一个新的阶段，此次活动大力推动了学习型社会、学习型组织和学习型家庭的建设，提高了城乡居民的思想道德素质和科学文化素质。（樊伟）

【山东省图书馆学会2004年度全民阅读活动】 2004年，根据中国图书馆学会文件精神，山东省图书馆学会继续开展全民阅读活动。主要活动有：

1、2004年2月27日，为配合小区精神文明建设，山东省图书馆外借部将济南市佛山苑小区定为图书流动借阅车的服务点，每月定点送书到社区，义务为小区居民办理各项有关事务。根据实际情况开展有利于小区居民的业务，协助社区打造一个全新的佛山苑“安全文明”双优小区。

2、2004年4月2日，山东省图书馆流动借阅车满载着经过精挑细选的崭新书籍，第一次驶进了山东省特殊教育专业学校的操场，外借人员正式开始为师生展开现场办证，网上借阅等服务项目，顿时，借阅车的周围便挤满了学生，这些学生都身患不同程度的残疾，但是他们对书籍的热爱，对知识的渴求却是与常人无异的。看到车上各种门类，丰富多彩的新书，他们的兴奋之情溢于言表，在几名老师与手语翻译的协助下，外借人员一边维持秩序一边为师生服务，并耐心的借助手语翻译的帮助向聋哑学生解答各种问题。在短短两个小时里，共为该校师生办证80余个，借阅图书400多册。

3、2004年5月16日，山东省图书馆“康复阅览室”于“全国助残日”正式对社会开放。

4、2004年5月30日，由山东省图书馆学会组织的，以“营造读书氛围倡导读书育人”为主题的宣传活动在佛山苑社区幼儿园拉开了帷幕。参加这次活动的同学由济南八中的新团员组成。活动从贯彻落实《中共中央国务院关于进一步加强和改进未成年人思想道德建设的若干意见》；图书馆作为未成年人教育的第二课堂，在教育和引导未成年人树立正确的理想信念和世界观、人生观、价值观中的重要作用；引导未成年人认识、利用共享工程各级网点，通过网络汲取中华优秀文化，培养健康向上的价值取向；以及《中国图书馆员职业道德准则》要求、树立图书馆员的新形象等四个方面进行了宣传。活动中发放了图书馆宣传册并举行了现场竞答活动，现场气氛活泼热烈。

5、2004年6月18日下午，我会与山东省第一女子劳教所联合举办的“读科学书做文明人，争做时代新女性”演讲会在该所举行。有6名学员上台演讲，她们从不同角度谈了自己在读书活动中的体会和收获，既有对自己错误的反思，也有对知识的渴求和对未来美好生活的向往。她们在台上动情的演讲，台下500余名学员认真地倾听，不少人还流下激动的泪水。

6、2004年12月25日，在山东省图书馆宽敞明亮，设施先进的一楼报告厅，一场以“读书明智，读书成才”为主题的读书演讲活动拉开了帷幕。此次演讲活动适逢毛泽东主席诞辰一百一十周年，选手们缅怀毛泽东的读书精神，细致深刻的阐述了自己的读书心得和体会，活动现场气氛热烈而融洽，参赛选手都充分发挥了自己的水平，在讲台上都精神饱满，神采飞扬，台上台下形成了良好的互动。本次演讲比赛共评选出一等奖三名、二等奖四名、三等奖五名。（樊伟）

江苏省图书馆学会

【省图书馆学会概况】 2003—2004年是江苏省图书馆学会积极进取和不断探索创新的两年。2003年7月3日至4日学会召开了第五次会员代表大会，选举产生了第五届理事会和新一届领导机构，选举江苏省文化厅副厅长王慧芬为理事长，南京图书馆常务副馆长马宁为常务副理事长，吴林为秘书长。第五届理事会以邓小平理论和“三个代表”重要思想为指导，以科学发展观为动力，与时俱进，结合江苏图书馆事业发展的新形势，制定了《江苏省图书馆学会2003—2007年学会工作计划》，调整了学术委员会、编译出版委员会、继续教育委员会，南京大学图书馆常务副馆长、博士生导师郑建明为学术委员会主任，南京师范大学图书馆馆长徐克谦教授为编译出版委员会主任，南京大学信息管理系主任沈固朝为继续教育委员会主任。会议还对少儿图书馆专业委员会、医院图书馆专业委员会、中小学图书馆专业委员会作了调整。

两年间，学会共组织全省性学术研讨活动8次。2004年1月11日至13日在南京召开“江苏省图书馆第十次科学讨论会”，120余人出席。第十次科学讨论会展示了江苏省图书馆界2003年学术研究成果，466篇论文显示了江苏图书馆界的实力。2003年11月与2004年10月，分别在太仓市和大丰市召开江苏省第八次和第九次县（市）区公共图书馆馆长理论研讨会。2003年11月在南京召开“江苏省2003年少儿图书馆建设理论研讨会”，2004年学会又精心组织了全国少年儿童图书馆建设理论研讨会。

学会积极参与全国性和地区性的学会协作会，积极参与第三届中国社区乡镇图书馆发展战略研讨会、华东地区图书馆学会年会、苏沪浙晋四省市中青年图书馆工作者论坛、吉、苏、冀、桂五省（区）图书馆学会第九届学术研讨会等地区性学术活动。

2003年8月与2004年11月，学会分别举办了第一、二届苏中地区图书馆发展战略研讨会；为探索长三角图书馆合作新模式，学会与浙江省图书馆学会、上海图书馆学会共同发起了“长江三角洲城市图书馆发展论坛”。

两年间，学会全力做好会刊《新世纪图书馆》的编辑与出版工作，2004年对编辑委员会、主编、副主编进行了较大的调整，成立了新一届编辑委员会，使之年青化，职责更加分明。修改实行了《新世纪图书馆》编辑出版业务规范（草案），进一步明确了三审制和工作要求，同时为了提高编校质量，进一步提高了刊物的质量，扩大了刊物的影响，取得了较好的成绩。

2004年学会配合江苏省文化厅进行了公共图书馆第三次评估定级活动，同年11月举办了一期“江苏省公共图书馆馆长、书记培训班”。（王学熙 周志）

【学会积极参与全国性和地区性的学会协作会】 2004年7月23—27日中国图书馆学会年会和中国图书馆学会成立25周年系列纪念活动都安排在苏州举行，江苏组织100余人出席年会。在第二届图书馆学情报学学术成果奖评选、第二届全国图书馆系统书画摄影展和“我和图书馆情缘”征文活动之中，学会做了充分的发动和组织工作，囊括两项组织奖第一名：一项是中国图书馆学会2004年年会征文“组织奖”，江苏提交论文125篇，其中优秀论文12篇，交流论文60篇，提交论文数和获奖数在全国均排第一；另一项为“我的图书馆情缘”征文活动“组织贡献奖”。（王学熙）

【学会积极开展对外交流】 2003年11月学会组织第二批公共图书馆馆长赴港澳学习考察。2004年7月韩国图书馆协会副会长韩相宪、秘书长李景求一行三人，来南京图书馆参观访问，并与江苏省图书馆学会就建立双边交流合作关系事宜进行了充分的交谈和磋商，提出了双方建立交流合作关系的大体设想。学会还组织了公共、高校图书馆馆长参加69、70届国际图联大会。（王学熙）

浙江省图书馆学会

【概况】 浙江省图书馆学会是浙江省图书馆工作者的学术性群众团体，成立于1979年10月，至2004年已25周年，现有会员1232人，其中具高级职称的有260余人。

经过长期的准备，浙江省图书馆学会第六次代表大会于4月20日-21日在杭州浙江图书馆报告厅举行。全省图书馆界137名代表出席了会议，会议通过了省学会五届理事会的工作报告；通过了新章程；表彰了2个学会工作先进集体和17名先进工作者；以等额无记名投票方式选举产生了由89名理事组成的第六届理事会和30名常务理事，选举省文化厅副厅长金庚初为理事长，尤炳秋等8名同志为副理事长，王效良同志兼秘书长；理事会聘请原第五届理事长毛昭晰同志为名誉理事长并授予“突出贡献”奖；通过了六届理事会的工作思路和六届学会办事机构及工作人员名单。六届理事的平均年龄降为47.1岁，其中具有高级职称的占80%，大学本科以上学历的占73.8%，

2003—2004年间省学会开展的学术活动达20次，参加活动人数达2100余人次。其中有“现代图书馆功能与环境设计国际研讨会”和“浙江省图书馆学会第9次学术研讨会”大型学术活动二次。省学会与上海市图书馆学会和江苏省图书馆学会一起，从2003年开始积极筹备“长江三角洲城市图书馆发展论坛”，力促长三角地区图书馆界开始合作进程，并协助上海市图书馆学会筹办了2004年的首届论坛。在中国图书馆学会2004年年会上，浙江选送47篇论文参评，其中优秀7篇。在第二届图书馆学情报学学术成果评奖中，浙江获著作奖三等奖1名，获论文一等奖1名、二等奖3名、三等奖16名；在“我的图书馆情缘”征文和第二届全国图书馆系统书法摄影展作品评奖中，浙江有9篇征文获奖，2个作品获优秀奖。省学会会员代表还参加了第69、70届国际图联大会并在会后向会员传达大会精神。除此之外，省学会还组织浙江代表参加中国科协2003年大会年会，副理事长程小澜在第29分会场上作了题为“知识导航与公共图书馆咨询服务体系的全方位构建”的发言。

两年来，省学会的科研课题在省社科联立项2项。浙江省图书馆学会编辑出版《图书馆研究与工作》一年4期，全年刊用论文120篇左右，约合64万字，年发行量1000份。《学会通讯》一年6期，约合15万字，平均每期发行量1350份，免费赠送学会会员。2003年11月，浙江省图书馆学会在全省数千个社团中脱颖而出，被浙江省人事厅、浙江省民政厅评为“浙江省优秀社团”。2004年12月，又被评为省社联2002－2003年度学术研究先进集体。（沈春樵）

【公共图书馆评估工作】 根据文化部《关于开展2003年县级以上公共图书馆评估定级工作的通知》和省文化厅的要求，省学会配合省文化厅筹备组建了省公共图书馆评估定级工作领导小组，下设三个评估组，于2003年7月底至8月上旬对全省17个地县馆进行了评估抽查，并综合全省的自查情况，于2004年协助省文化厅完成了全省公共图书馆评估定级的初步结论上报文化部。（王效良）

【现代图书馆功能与环境设计国际研讨会】 2003年11月11—13日，省图书馆学会与中国图书馆学会图书馆建筑专业分会、南京洪范图书馆设计研究中心、意大利辉恩建筑师事务所在浙江图书馆联合举办了“现代图书馆功能与环境设计国际研讨会”，邀请了意大利、加拿大、澳大利亚、德国和中国科学院、上海图书馆、浙江图书馆、南京洪范图书馆设计中心等国内外图书馆建筑设计专家分别作“西方图书馆环境艺术演变”、“现代图书馆的设计理念”、“图书馆建筑的特征与作用”、“中国科学院图书馆建筑的人性化与环境特色”、“图书馆建筑功能布局与环境设计的探讨”、“图书馆建筑与景观”、“图书馆外环境的设计要求”、“图书馆建筑在装饰材料上的环保要求”等系列专题报告，全国图书馆界178位馆长和有关人员参加了研讨会。（沈春樵）

【浙江省图书馆学会第九次学术研讨会】 2004年11月15日至17日在嘉兴图书馆举办浙江省图书馆学会第九次学术研讨会，全省图书馆界250余名代表参加了会议，收到论文180篇，评出优秀论文78篇，编辑出版题为《新世纪的图书馆与信息服务》论文集。省文化厅副厅长、省学会理事长金庚初，香港图书馆协会会长、香港大学图书馆馆长彭仁贤博士，嘉兴市文化局副局长于霞芬出席了开幕式并讲了话。天津南开大学图书馆学系主任、南开大学图书馆副馆长柯平教授，香港图书馆学会理事、香港岭南大学图书馆副馆长谭力文，武汉大学图书馆学情报学研究所所长邱均平教授，中国图书馆学会学术委员会副主任、广东中山大学图书馆学资讯学研究所所长、中山大学图书馆馆长程焕文教授，省学会副理事长、浙江大学人文学院信息资源管理系主任叶鹰教授，浙江广播电视大学图书馆副研究馆员袁昱明先生分别作了题为“图书馆知识管理和知识服务的若干问题”、“香港图书馆数字化多媒体资源的发展与共建”、“当代期刊评价研究”、“中国图书馆学教育与中国图书馆学事业”、“近年国内图书馆学情报学研究热点”、“网络学习与知识组织”的学术报告。在本次会上，还举行了“浙江省图书馆学会首届优秀论文授奖仪式”，评出一等奖2名，二等奖8名，三等奖20名，优秀奖30名。（沈春樵）

【重新登记会员 建立会员电子档案】 进入新世纪后，原有的在职会员有进有退，状况发生了很大变化。为了确切核实现有会员人数，以便针对性地开展工作，从2004年6月份开始，秘书处对全省237个单位原有1374名会员进行了重新登记和核实工作。经过详细核查，几上几下，重新登记保留会员1133名，放弃会籍241名，及时发展新会员99名，至2004年10月底共有会员1232名。为了科学管理会员档案，秘书处将重新登记的全省会员建立了会员电子档案库，有利于档案的保存与查询。（沈春樵）

安徽省图书馆学会

【安徽省图书馆学会概况】 2003－2004年，安徽省图书馆学会在省科协、省社联、中国图书馆学会的领导下，在挂靠单位省文化厅的关心支持下，坚持“百花齐放，百家争鸣”方针，为提高本省图书馆学术研究与交流水平，举办多次学术年会、研讨会和报告会。学会多次组织全省图书馆员参加各种学术征文活动和省社联、省科协组织的课题申报、成果评奖活动，先后有2个申报课题获准立项，2003年在省科协组织的2000－2003年第四届自然科学成果评奖活动中，学会推荐的三篇论

文均获《安徽省第四届自然科学优秀学术论文》（2000－2003）三等奖。为提高省内图书馆工作者的思想素养和业务素质，学会举办了近二十期图书馆专业技术人员继续教育培训班、图书资料系列职称“以考代评”培训班和各类专题研讨班。同时，省图书馆学会在代表和维护广大会员和图书馆工作者的利益，以及推动全省图书馆事业的发展，促进图书馆为物质文明和精神文明建设服务等方面都做出了应有的成绩。（张海政）

【2003 华东地区暨安徽省图书馆学会年会召开】 2003 年 10 月 30 日到 11 月 2 日，安徽省图书馆学会在黄山市屯溪区花溪饭店成功主办 2003 华东地区暨安徽省图书馆学会年会。年会主题为“面向信息化：图书馆的创新与发展”，来自上海、江苏、浙江、福建、山东、江西及安徽省图书馆学会代表和论文作者 120 余人参加了会议。年会邀请了南京大学图书馆馆长郑建明教授和上海图书馆副书记王世伟教授就图书馆在信息化社会的发展过程中大家普遍关注的热点问题分别作了“面向公众终身素质的图书馆”和“关于上海图情人才发展的若干思考”等具有很高学术水平和现实指导意义的专题学术报告，丰富新颖、视角广阔的学术活动受到了与会者好评。会上各位代表还进行了热烈的研究探讨和深入的学术交流。大会入选论文 45 篇，评出华东论文一等奖 9 篇，二等奖 18 篇、三等奖 18 篇，有七位代表作了大会交流。2003 年安徽省图书馆学会年会收到论文 41 篇，评出优秀论文 11 篇，优秀论文获奖证书也在大会上一并颁发。这次会议加强了华东地区学会间的横向联系，繁荣了学术研究，增进了华东地区图书馆工作者之间的相互了解。会议期间，安徽省学会还召开了全体理事会，通报了 2003 年学会工作及财务状况和 2004 年工作安排。（张海政）

【安徽省图书馆学会举办安徽省公共图书馆评估工作培训】 2004 年 3 月 8 日至 12 日，受安徽省文化厅委托，省图书馆学会举办了安徽省公共图书馆评估工作培训班，五十余名来自各市、县文化局的有关领导和来自各市、县图书馆的馆长和工作人员参加了为期 4 天的培训。在评估工作培训班开幕式上，省文化厅社文处谢德雄处长代表省文化厅作了重要讲话。他对新形势下的全国公共图书馆第三次评估的特点和评估体系做了细致的分析，并对如何深入扎实开展评估工作做了具体布置。此次培训采取了授课与参观学习相结合的方式，除了请专家就图书馆评估的大背景和发展趋势、图书馆评估体系、图书馆评估标准和细则的有关条款以及迎评工作程序作详细讲解外，为了使学员对先进的图书馆科学管理有更加深入的感性认识，还组织学员参观考察了江苏省著名的市一级图书馆无锡市图书馆，与会者不仅对无锡馆的科学管理、读者服务留下了深刻印象，同时也对体现了现代化图书馆的发展方向的评估要求有了更多的感性认识。（张海政）

【省图书馆学会积极开展继续教育培训】 安徽省图书馆学会作为安徽省文化厅、人事厅指定的图书资料专业技术人员继续教育培训基地，一直致力于开展各种形式的继续教育工作，努力提高全省图书馆工作人员的业务素质，提高全省图书馆业务工作的规范化、标准化水平。2003 年－2004 年继续组织、实施安徽省图书资料专业人员继续教育活动，独立举办继续教育培训班九期，联合办班九期，参加培训的人员超过两千人。学会每年年初都有针对性地向有关图书馆工作人员进行培训内容需求调查，在充分了解基层图书馆工作人员的需求的基础上，安排继续教育培训授课内容，努力做到培训内容以基层图书馆工作人员的需要为中心，围绕当年省内图书馆的工作重点，加以精心选择。在培训形式上，不仅注重严格的教学管理，提供较好的教学服务，而且改进了教学方式，如邀请负责省内图书馆具体工作的领导、有专业研究方向的国内、省内知名专家、教授讲学，带学员到省外图书馆参观，采取函授与面授结合的方式等，受到了学员的好评。（张海政）

【2004 年安徽省图书馆学会年会在太湖县召开】 2004 年 10 月 25 日－28 日，安徽省图书馆学会年会在太湖县召开。来自全省各系统图书馆的领导、专业人员、学会会员及论文作者近百人参加了会议。本次年会主题为：开发文献资源 拓展服务领域。会议开幕式由安徽省图书馆学会常务副理事长、安徽省图书馆馆长禹成华主持，安徽省图书馆学会理事长、安徽省文化厅原副厅长刘孝龄致开幕词，太湖县县长钱沙泉及太湖县文化局局长李国林等也出席开幕式并作了热情洋溢的讲话。年会邀请了《中国图书馆学报》常务副主编李万健先生作了题为“当前图书馆学情报学研究现状和图书馆事业发展趋势”的主旨报告。李教授针对我国当前图书馆学情报学研究的特点、理论研究的重点、热点问题进行了系统的阐述，指出当前学科理论研究存在的问题和薄弱环节，对我国图书馆事业的发展趋势作了较深入的分析。报告紧扣学科理论与实际，内容深入透彻，令与会代表深受启发，获益匪浅。会上，代表们就“馆际协作与资源共享”、“以读者为中心做好服务工作”、“为三农服务”、“图书馆数字化与现代化服务”等年会分主题进行了热烈的讨论与交流。会议还组织代表参观了太湖县图书馆，太湖馆作为贫困地区的图书馆自强不息的办馆精神，令与会者深受感动，大家普遍反映很有收获。（张海政）

【蚌埠市图书馆学会召开 2004 年会暨学术研讨会】 2004 年 12 月 11 日－12 日，蚌埠市图书馆学会召开 2004 年年会暨学术研讨会，来自蚌埠市各高校、军校、基层图书馆会员 50 多位代表会聚一堂，就新形式下如何发挥图书馆公共信息资源共享作用进行了深入探讨。会议共收到各理事单位选送的学术论文 30 余篇，有 6 篇论文进行了大会交流发言，其中 3 篇论文获一等奖。学会还进行了第四届蚌埠市图书馆学会理事换届，选举产生了蚌埠市图书馆学会第五届理事会成员，会议一致通过蚌埠市图书馆馆长孟庆杰为理事长，增补及变更了副理事长、常务理事、若干人选。在全体理事会上讨论通过了明年学会的工作计划，确定了 2005 年蚌埠市图书馆学会年会召开的地点、时间及主题。（孟庆杰）

【省图书馆学会推荐《城市社区建设中的文献保障研究》课题结题】 安徽省图书馆学会推荐的以安徽大学图书馆傅正为项目主持人申报的《城市社区建设中的文献保障研究》课题于2003年6月经专家评审和省社联党组审核获准立项。课题是针对社区发展现状，城市社区建设中的空白——社区图书馆而提出的，经过一年半的考察、调研、资料分析，顺利完成并于2005年初结题。该课题围绕新建社区文化生活方面的不足——图书馆建设问题进行研究，涉及四部分内容：社区图书馆的作用，如何建设社区图书馆，高校图书馆的社会化，安徽省会合肥市社区图书馆建设。其中，社区图书馆建设的虚拟化以及针对安徽省情建设合肥社区图书馆的设想是该项目的创新点。（傅正）

【省图书馆学会推荐《面向公众素质的文献信息保障体系研究》课题获准立项】 安徽省图书馆学会推荐的由安徽省图书馆张海政为项目主持人申报的《面向公众素质的文献信息保障体系》（立项编号2004015）课题于2004年7月经专家评审和省社联党组审核获准立项。课题以面向公众素质的文献信息保障体系为研究方向。前期课题组在对我国公众的素质层次、信息需求特点的差别研究以及我国目前的信息保障状态与公众需求的差距分析作了大量调研的基础上，探讨建立我国面向公众素质的文献信息保障模式，呼吁在维护信息公平的原则下，通过文献信息保障提高公众素质。该课题进展顺利，于2005年底结题。（张海政）

江西省图书馆学会

【江西省图书馆学会规范管理、强化活动取得显著成效】 为了充分发挥学会联系和团结广大会员开展学术研究等活动的积极作用，进一步规范、提升学会工作，按照有关业务主管部门的要求和规定，江西省图书馆学会着手推行学会规范化管理。2003年9月1日，省学会下发通知，要求各设区市图书馆学会和各团体会员单位认真建立学会工作规章制度，指派专人专职或兼职做学会工作，建立年度计划、总结报送制度，积极参加每年的集体和个人评先活动。

省图书馆学会工作的进一步规范和活动的加强，调动了更多的图书情报工作者关注和参与学会活动的积极性。据统计，2003年共吸收268人入会，并推荐138人加入中国图书馆学会，为学会注入了新鲜血液，增强了发展后劲。

2003年3月11日，江西省科协学会部派员专程将江西省图书馆学会入选2002年度全国省级“学会之星”的贺信送给该会，并表示祝贺。

2004年3月30日，从江西省科协学会工作会议再度传来喜讯：江西省图书馆学会被评为“2003年度省级先进学会”。（章伏源 谭兆民 夏侯炳）

江西省图书馆学会2003－2004年开展活动统计

	活动项目	主要内容	时间	地点	规模（人次）
继续教育活动	图书馆专业技术培训班	开设《图书馆管理工作》等课程	2003.6	江西省图书馆	98
	图书馆专业技术培训班	开设《文献资源建设工作》等课程	2004.5	江西省图书馆	81
科普活动	预防“非典”科普教育活动	编印、发放《信息咨询——非典型肺炎预防专辑》等	2003.4－5	江西全省	
	科学普及——你我共参与	科普日宣传、科普讲座、科技下乡、科技咨询等	2004.6	江西全省	

福建省图书馆学会

【概况】 福建省图书馆学会成立于1979年11月25日，福建省科协为业务主管部门，挂靠单位福建省图书馆。目前为第六届理事会，理事长郑一仙，副理事长谢水顺、方宝川、张文德、萧德洪、雷乃旺、许兆恺、陈志军，秘书长龚永年。即将召开第七次会员代表大会举行换届选举。截至2004年底有会员1263人，团体会员33个，全省有中国图书馆学会会员263人。学会会刊《福建图书馆理论与实践》（原名《福建图书馆学刊》）。（龚永年）

【福建省图书馆学会2003年学术年会】 福建省图书馆学会2003年学术年会于2003年9月21－24日在闽北重镇南平市闽北大饭店召开，来自全省公共、高校、中专、中学、医院、党校系统图书馆的论文作者和图书馆馆长69人出席会议。本次学术年会经过半年多的认真筹备，围绕“新世纪的图书馆员”这一总主题，广泛发动会员撰写论文，共征集论文104篇，92篇论文入选会议交流，其中21篇为大会宣读论文。省图学会秘书长龚永年主持学术年会开幕式，学会副理事长、省图书馆党总支书记兼副馆长谢水顺致开幕词，南平市文化与新闻出版局局长宋建平致辞祝贺。学术年会上，省图学会常务理事、学术委员会副主任、福建师大信息管理系副主任江向东副教授还作了《数字图书馆版权问题研究》专题学术报告。（龚永年）

【福建省图书馆学会与福建省图书馆联合召开中美图书馆员业务工作座谈会】 2003年10月23日下午，福建省图书馆学会与福建省图书馆在省图贵宾厅联合召开中美图书馆员业务工作座谈会，福建省图书馆、福建师范大学图书馆、福建农林大学图书馆、福建中医学院图书馆以及福建省图书馆“图书馆之友”俱乐部的同行30余人，与来福建省图书馆进行工作访问的美国俄勒冈州遗德舒特公共图书馆参考馆员朱莉．康纳利女士座谈、交流图书馆业务工作。省图学会秘书长、省图书馆协调部主任龚永年主持座谈会，朱莉女士首先介绍了遗德舒特公共图书馆的参考咨询工作，接着与会者就图书馆参考咨询工作、图书馆志愿者活动、读者培训工作、图书馆选书标准与方法、图书馆员级别与职称等问题与朱莉女士进行了热烈的交流和探讨。（龚永年）

【美国布莱克威尔图书公司远东服务部主任弗兰西斯·刘（黄瑞仙女士）在榕举办业务讲座】 美国布莱克威尔图书公司远东服务部主任弗兰西斯．刘（黄瑞仙女士）是福建图书馆界的老朋友，多年来为福建省和美国俄勒冈州图书馆界的图书交换、赠书及人员交流等做了许多有益的事。2004年3月下旬，黄瑞仙女士来榕工作访问，福建省图书馆学会和福建省图书馆于3月29日联合在省图书馆三楼贵宾厅举办业务讲座，邀请黄瑞仙女士介绍美国图书出版业的现状、该公司基于因特网的数据库、藏书发展管理系统、美国图书馆概况以及eNotes电子服务等，省图书馆领导、有关部室部主任和福州、厦门两地11所公共、高校图书馆的采访部负责人20余人出席了讲座。在榕期间，黄瑞仙女士还访问了福建省图书馆、福建师范大学图书馆和福州大学图书馆，并看望了福建图书馆界的老朋友。（龚永年）

【2004年华东地区图书馆学会年会】 2004年华东地区图书馆学会年会于6月28日－7月1日在福建东山县召开，来自上海、江苏、浙江、山东、江西、安徽、福建六省一市图书馆学会的代表及论文作者代表78人参加了会议。福建省图书馆学会副理事长、泉州市图书馆馆长许兆恺主持年会开幕式，东山县委常委、宣传部长何金科代表中共东山县委、县政府致欢迎词；福建省文化厅社文处调研员唐军代表省文化厅领导致辞祝贺；省图书馆学会理事长、省图书馆馆长郑一仙致开幕词。本次华东年会由福建省图书馆学会承办，共征集论文近300篇，入选论文80余篇，并评出一、二、三等奖。这些论文紧紧围绕“图书馆现代化与信息服务”这一主题，联系各自图书馆实际，提出了不少新观点、新建议、新举措。会上共有12位论文作者代表发言，并特邀上海图书馆王世伟教授在会上作《台湾图书馆事业印象兼论英国图书馆文献提供服务及其对我们的启示》主题学术报告，北京迈众亚太科技有限公司董事、总经理王剑作《让沉睡宝藏重现光芒——史无前例的Djvu技术在数字化图书馆中的应用》专题报告，使会议的学术气氛更加浓厚。会议最后由福建省图书馆学会理事长郑一仙致闭幕词。会议期间还组织与会代表参观考察东山岛自然与人文景观，如戚继光抗倭时所建的铜山古城、戚继光和郑成功当年练兵的水操台以及全国县委书记的楷模——谷文昌同志纪念馆和闻名中外的东山寡妇村纪念馆。（龚永年）

【全省图书馆馆际互借工作会议】 全省图书馆馆际互借工作会议于2004年9月24日在福建省图书馆召开，出席会议的有福州地区主要公共图书馆、高校图书馆及省委党校图书馆等9所图书馆的馆长和有关部门负责人22人。省图书馆郑一仙馆长主持会议，介绍了全省各系统图书馆自2003年以来开展全省馆际互借的情况和存在问题。与会同志逐条讨论了原馆际互借协议，提出修改意见，并对今后进一步扩大开展馆际互借进行了探讨。会上各馆还落实了本馆具体负责馆际互借工作的部门和负责人，并打印通讯录以供今后联系工作。（龚永年）

【福建省图书馆和福建省图书馆学会联办《游海杰水粉画作品展》】 为弘扬中华民族传统文化，展示我省图书馆工作者在“建设社会主义先进文化”过程中的精神风貌、艺术修养和文化品位，丰富广大市民的节日文化生活，福建省图书馆和福建省图书馆学会于2004年9月中旬至10月中旬在福建省图书馆大厅联合举办《游海杰水粉画作品展》。画家游海杰毕业于福建艺术学校舞美科，从小在漳州长大，现任漳州市图书馆副馆长、副研究馆员。本次画展主要展出了画家多年来创作的漳州老城区写生作品以及部分井冈山采风作品。饱含感情的画作唤起人们对往昔岁月温馨的回忆。（龚永年）

【福建省图书馆和福建省图书馆学会联办《“超越物质性”——德国维尔纳．索贝克工程设计所建筑设计黑白摄影展》】 为提高读者的艺术欣赏品位，同时也为我省建筑设计界提供参考借鉴，省图书馆和省图学会联合举办的《“超越物质性”——德国维尔纳．索贝克工程设计所建筑设计黑白摄影展》于2004年10月中下旬在福建省图书馆三楼综合阅览室展出，该设计所的不少作品曾获国际大奖。为了让更多读者看到该展览，11月还到福州大学图书馆和泉州市图书馆巡回展出。（龚永年）

【福建省图书馆、福建省摄影家协会、福建省图书馆学会联办《龚永年风光民俗摄影作品展》】 为展示祖国山河秀美壮丽的风光和丰富多彩的民情风俗，同时展示我省图书馆工作者在“建设社会主义先进文化”过程中的精神风貌、艺术修养和文化品位，福建省图书馆、福建省摄影家协会、福建省图书馆学会于2004年11月10日至12月在福建省图书馆大厅联合举办《龚永年风光民俗摄影作品展》，共展出130幅彩色摄影作品。这是继不久前省图书馆和省图学会联合举办《游海杰水粉画作品展》之后，又一次联合举办我省图书馆工作者的艺术作品展览。影展作者现任福建省图书馆协调部主任、省图学会秘书长、研究馆员。（龚永年）

【福建省图书馆学会2004年学术年会】 福建省图书馆学会2004年学术年会于2004年10月27—30日在石狮市隆重召开。来自全省公共、高校、中专等各系统图书馆的论文作者和图书馆馆长76人出席会议。本次年会总主题是“图书馆事业回顾与展望”，共征集论文110多篇，评出100篇论文入选会议交流，其中大会宣读论文21篇。福建省图书馆学会秘书长龚永年主持会议开幕式，石狮市副市长郭丽莲致欢迎词；省文化厅党组成员、纪检组长方家林代表省文化厅对大会的召开表示热烈祝贺；省图学会理事长、省图书馆馆长郑一仙致开幕词。大会分为论文交流与分组讨论两大部分，论文交流中，台上台下的提问互动使会议始终保持热烈活跃的气氛；分组讨论中，代表们就“公共图书馆可持续发展”和“高校大学城图书馆建设的现状与问题”两个专题展开热烈的探讨。最后郑一仙理事长作会议总结。会议期间与会代表还参观了争创国家一级馆的石狮市图书馆以及石狮市几家民营企业，亲身感受到石狮人敢于拼搏、与时俱进的精神风貌。本次学术年会期间还召开了福建省图书馆学会六届六次理事会，研究商讨福建省图书馆学会第七次会员代表大会筹备工作。（龚永年）

福建省图书馆学会2003－2004年开展活动统计表

	名称（会议 活动 项目）	主要内容	时间	地点	规模（人次）
举办国内学术活动	福建省图书馆学会2003年学术年会	来自全省各系统图书馆的论文作者代表和馆长69人出席会议，共征集论文104篇，入选92篇，其中大会宣读21篇。会议围绕“新世纪的图书馆员”这一总主题进行探讨，会上还邀请福建师大信息管理系副主任江向东副教授作《数字图书馆版权问题研究》专题报告。	2003年3月21—23日	福建南平市	69人
	华东地区图书馆学会2004年年会	来自上海、江苏、浙江、山东、江西、安徽、福建六省一市图书馆学会的代表及论文作者代表78人参加会议。本次年会主题是“图书馆现代化与信息服务”，共征集论文近300篇，入选论文80余篇，并评出一、二、三等奖，12位论文作者代表在大会上发言。会议特别邀请国内图书馆界知名专家、上海图书馆党委副书记王世伟教授作《台湾图书馆事业印象兼论英国图书馆文献提供服务及其对我们的启示》主题学术报告，还邀请本次会议赞助商北京迈众亚太科技有限公司总经理王剑作《让沉睡宝藏重现光芒——史无前例的Djvu技术在数字化图书馆中的应用》专题报告。	2004年6月28日—7月1日	福建东山县	78人
	福建省图书馆学会2004年学术年会	来自全省公共、高校、中专、中学、医院、党校图书馆的论文作者代表和馆长76人出席会议，共征集论文103篇，入选96篇，其中大会宣读21篇。会议围绕“图书馆事业回顾与展望”这一总主题进行探讨，会上还分别以“公共图书馆可持续发展”和“高校大学城图书馆建设的现状与问题”为题进行了专题讨论。	2004年10月28—30日	福建石狮市	76人

	名称（会议 活动 项目）	主要内容	时间	地点	规模（人次）
组织国际学术活动	中美图书馆员参考咨询工作座谈会	省图学会与省图书馆组织福州市区部分高校及省图有关人员30余人与来福建省图书馆访问交流的美国俄勒冈州遗德舒特公共图书馆参考馆员朱莉.康纳利女士进行业务座谈，就图书馆参考咨询工作、图书馆志愿者活动、读者培训工作、图书馆选书标准与方法、图书馆员级别与职称等问题进行交流探讨。	2003 年 10 月 23 日	福建福州市	36 人
	美国布莱克威尔图书公司远东服务部主任弗兰西斯.刘（黄瑞仙）业务讲座	省图学会和省图书馆于2004年3月29日邀请福建图书馆界的老朋友、来榕作工作访问的黄瑞仙女士在省图书馆举行业务讲座，介绍美国图书出版业的现状、该公司基于因特网的数据库、藏书发展管理系统、美国图书馆概况以及eNotes电子服务等。省图学会和省图书馆领导、有关部室部主任和福州、厦门两地11所公共、高校图书馆的采访部负责人共26人出席讲座。	2004年3月29日	福建福州市	26 人
科普活动	“全民读书月”系列活动	2003年11月省图学会接到中图学会“全民读书月”活动通知后，立刻转发全省学会各学组、各公共图书馆参照执行。省图学会并与省图书馆联合举办2003年“全民读书月”系列活动，具体内容有《我的读书故事》征文评选颁奖、“知识就是力量”读书演讲会及颁奖、“数字福建”成果展、《小说〈林则徐〉创作漫谈》等7场讲座以及向贫困地区图书馆捐书、中文图书借阅服务有奖问答等。	2003 年 11—12 月	福建福州市	3000 人
		2004年度“全民读书月”期间，省图学会与省图书馆围绕“弘扬先进文化 倡导文明生活”主题开展系列活动，主要有：①与福州市盲人协会、福建省助残志愿者联络站等在省馆联合举办“关爱盲童——盲童读者才艺展示”联谊会。②精品系列免费讲座。如与省文联文艺理论研究室联办《大自然的散文》文学讲座、《文学创作的语言技巧》文学讲座以及《网页设计与网站建设》讲座。③影视欣赏。④摄影作品展览。	2004 年 11—12 月	福建福州市	3000 人次

	名 称（会议 活动 项目）	主要内容	时间	地点	规模（人次）
科普活动	福建历史文化系列科普讲座	省图学会、省图书馆和省社科联于2004年5月科普宣传周期间在省图书馆联合推出“福建历史文化系列科普讲座”。3场讲座分别为《福建文明从这里开始——昙石山与先秦闽族文化》、《历史的回声——闽人与中国近代社会的转型》、《‘客’从何处来——福建客家人及其文化特征》，主讲人为福建昙石山遗址博物馆馆长欧潭生研究员、	2004年5月15日、16日、22日	福建福州市	320人
		福建师大社会历史学院副教授王民博士和福建省委党校马列所研究员谢重光博士。专家精彩的讲座使听众们深入了解到福建上下五千年的悠久历史和灿烂文化，受到深刻的历史文化熏陶和爱国爱乡教育。	2004年5月15日、16日、22日	福建福州市	320人
	《游海杰水粉画作品展》、《龚永年风光民俗摄影作品展》	2004年9月中旬至11月初，省图学会和省图书馆在省馆大厅联合举办省图学会常务理事、漳州市图书馆副馆长《游海杰水粉画作品展》，展出作品85幅；11月10日至12月，省图学会、省图书馆和省摄影家协会在省馆大厅联合举办省图学会秘书长《龚永年风光民俗摄影作品展》，展出作品130幅。	①2004年9月中旬至11月初；②11月10日至12月底	福建福州市	9000人次
	《“超越物质性”——德国维尔纳．索贝克工程设计所建筑设计黑白摄影作品展》	2004年10月中下旬，省图学会和省图书馆在省馆综合阅览室联合举办《“超越物质性”——德国维尔纳．索贝克工程设计所建筑设计黑白摄影作品展》（中图学会提供），并由省图学会秘书处联系，于11月在福州大学图书馆和泉州市图书馆巡回展出。	2004年10月中旬至11月底	福建福州市、泉州市	3000人次

（龚永年）

河南省图书馆学会

2003年度

【河南省图书馆学会2003－2004年度主要工作概述】 2003－2004年度，省图书馆学会共召开理事会2次，常务理事会4次，举办学术研讨会4次，组织学术评奖活动2次，组织理事外出考察学习2次。两年来，省图书馆学会共发展会员212人，发展中国图书馆会员66人。两年来，省图书馆学会尽力完成上级主管部门布置的各项工作；遵照中国图书馆学会的指示，积极组织开展全省范围内的“全民读书月”活动，组织、实施对省内市、县的第三次评估工作；配合省科协第四届、第五届学术月组织了多种大型活动。另外，省图书馆学会还承办了一些全国性的图书馆业务培训班——“全国公共图书馆评估培训班”（第2站）及“全国图书馆缩微设备培训班”；为鼓励和扶持会员进行科学研究，省图书馆学会策划、组织出版套书一部——《图书馆学人文稿》，结集出版学术论文集一部——《2004—图书情报论坛》。省图书馆学会由于工作突出，2004年被省社联评为先进学会。这已是河南省图书馆学会连续五年获此殊荣。（赵 燕）

【省图书馆学会六届四次常务理事会暨《河南图书馆学刊》2003年度编委会在郑州召开】 2003年1月8日，河南省图书馆学会六届四次常务理事会暨《河南图书馆学刊》2003年度编委会在河南省图书馆召开。会议由学会理事长、《河南图书馆学刊》主编陶善耕主持，副理事长崔慕岳作2002年学会工作报告，副理事长张怀涛作2003年学会工作要点说明，副秘书长严真做2002年度学会财务报告，《河南图书馆学刊》副主编王国强作2002年《河南图书馆学刊》工作情况汇报并提出2003年发展目标及具体措施。会议还通报了第69届国际图联大会在德国柏林召开和中国图书馆学会2003年年会在桂林召开的信息，通报了文化部委托中国图书馆学会进行全国公共图书馆第三次评估的情况。省民政厅民间组织管理局、省社科联及省文化厅有关负责同志也参加了会议。（赵 燕）

【省图书馆学会被省社科联授予先进单位】 2003年2月26日，河南省图书馆学会有关领导参加在河南省社科联召开的省社科联六届三次全会。会上，河南省图书馆学会被授予"省社科联系统2002年度先进单位"和"全省社会科学知识普及周先进组织单位"称号，省图书馆学会副秘书长严真被评为省社科联系统先进工作者。（赵 燕）

【省图书馆学会六届三次理事会在郑州隆重召开】 2003年3月24日，河南省图书馆学会六届三次理事会在郑州河南省图书馆隆重召开。河南省文化厅副厅长董文建、河南省民政厅民间组织管理局副局长李利生到会并祝词。会议讨论了河南省图书馆学会2002年工作总结，听取了学会秘书处关于2002年学会财务收支情况的汇报，通过了河南省图书馆学会2003年度工作计划。在认真总结以前学会工作的基础上，开创性制订工作计划，拟在2003年组织召开两次学术研讨会，组织2001年7月1日至2002年学会成果评奖活动，编辑出版图书馆学专业套书，并在适当时间由学会牵头，组织省内知名专家在图书馆界各系统巡回作主题报告会，不定期组织理事、会员赴外省学会考察，同时组织会员参加7月份在德国举办的第69届国际图联大会。会后，组织部分理事赴广州、海南等地的图书馆进行考察。通过这次考察活动，使理事们开阔了视野，学到了很多有益的经验。（赵 燕）

【省图书馆学会派员参加中西南学会学研究会第二十一届年会】 2003年8月5-9日，河南省图书馆学会秘书长宋学清、《河南图书馆学刊》编辑赵燕两同志参加在重庆召开的中西南学会学研究会第二十一届年会。此次会议的主题是以党的十六大精神为指导，结合我国加入WTO、政府职能转变及与国际接轨的大趋势，探讨新形势下学会发展的方向、运行机制及发展思路。来自我国中西南地区11个省、市、自治区的各行各业、各种级别的130多位学会工作者代表参加了会议，大家就会议的主题，分组展开研讨，相互学习，相互借鉴，使省图书馆学会的代表开阔了视野和思路，学到了很多有益的经验。（赵 燕）

【省图书馆学会组织2001年7月-2002年学术成果评奖活动】 2003年9月中旬，为调动广大会员从事学术研究的积极性，对会员的学术论文给予充分的认可，河南省图书馆学会组织学术成果评奖活动。此次评奖范围是2001年7月-2002年公开出版发表的著作及论文。本次活动共收到全省各系统图书馆的学术成果60多项。经过有关专家的认真评选，在著作类方面，评出张惠民主编的《郑州志》等4部著作一等奖，杨向明编著的《数字图书馆概论》等4部著作二等奖；在论文方面，共评出刘阳撰写的论文《论图书馆信息资源数字化建设》等10项一等奖，付玉梅撰写的《论〈通志校雠略〉的目录思想》等二等奖30及张新霞撰写的《图书馆的教育性与提高国民素质的关系》等三等奖19项。通过这次学术成果评奖活动，发现了一批年轻有为的图书馆理论研究工作者，繁荣了学术，促进了全省图书馆事业的发展。（赵 燕）

【省图书馆学会召开"网络环境下信息资源建设"暨"图书馆现代化建设与读者服务工作"研讨会】 2003年9月20日，河南省图书馆学会在河南省图书馆召开"网络环境下信息资源建设"暨"图书馆现代化建设与读者服务工作"研讨会。两会共收到全省各地征文72篇，其中61篇论文入选，到会代表进50人。河南省图书馆学会副理事长张怀涛、文献资源建设研究组组长李渌岩、副组长马海秋，读者工作研究组副组长杨萍及学术工作委员会副主任申少春同志分别主持会议并做了总结。会议期间，还特邀郑州大学图书馆副馆长索传军作了题为"网络环境下图书馆的主动信息服务"的专题报告。通过这次研讨会，达到了交流学术、交流思想、关注事业发展，展示会员学术成果的目的。（赵 燕）

【省图书馆学会积极参与省科协组织的第四届学术活动月活动】 2003年9月25日，为配合与落实河南省科协组织的第四届学术活动月活动，河南省图书馆学会与河南图书馆在省图书馆研议厅联合主办了《中原文化资源数据库》开发和利用演示座谈会。该项活动系统展示了《中原文化资源数据库》的建设框架、已建子目和图文并茂的页面。参加此次演示会的听众达百余人。其中有省内部分高校图书馆、公共图书馆的负责同志，有郑州航院信息科学系的师生，还有更多的来自社会各界的听众。据悉，演示会后，河南省图书馆学会、河南省图书馆将已建成的《中原文化资源数据库》纳入全国文化信息共建共享工程，以展示中原、宣传河南。同时，制作一张浓缩的《中原文化资源数据库》演示光盘，年内赴各市图书馆做巡回演示。（赵 燕）

【省图书馆学会派员参加2003年度两南地区少儿工作研讨会】 河南省图书馆学会在注重学会事业发展的同时，也非常关注图书馆事业的发展，把关注的目光投向图书馆事业发展的各个层次。2003年10月，学会理事长安排学会工作人员撰写有关少年儿童图书馆发展的文章，并派员参加了在昆明举办的两南地区少儿工作研讨会。（赵 燕）

【省图书馆学会与省图书馆联合承办缩微设备培训班】 2003年10月30日至11月3日，受全国图书馆文献缩微复制中心的委托，河南省图书馆学会与河南省图书馆联合承办"全国图书馆缩微设备培训班"，地点在河南省图书馆。来自全国20个省市34名缩微工作人员参加了技术培训。省文化厅副厅长董文建出席开班仪式并发表热情洋溢的讲话。（赵 燕）

【省图书馆学会接待黑河图书馆馆长来访】 2003年11月，河南省图书馆学会接待黑河市图书馆张竹云馆长来访，张竹云馆长在省馆领导及省图书馆学会有关负责人的陪同下，对省馆进行了全面的考察，双方在一起亲切交流，并就今后两馆进一步加强合作及创办河南省文化产业旅行社等有关事宜进行了洽谈。(赵 燕)

【省图书馆学会与省文化厅、省馆联合召开2003年“全民读书月”活动新闻发布会】 2003年11月28日，为进一步扩大本年度“全民读书月”的影响，加大宣传力度。省图书馆学会、省文化厅及省图书馆在河南省图书馆研议厅联合召开2003年“全民读书月”活动新闻发布会。省文化厅副厅长崔为工向与会人员介绍了“全民活动月”活动的来由、目的和全省各级各类图书馆即将开展的丰富多彩的活动项目，希望我省图书馆界和新闻界携手努力，为推进学习型社会的建设创造良好的阅读环境和舆论氛围。来自省会20余家新闻电视媒体的记者出席了发布会，另有省图书馆学会有关负责人及部分公共图书馆、高校图书馆的负责人也参加了发布会。(赵 燕)

【省图书馆学会积极组织实施2003年“全面读书月活动”】 2003年12月，遵照中国图书馆学会及省文化厅的有关指示，河南省图书馆学会全权承办我省2003年“全民读书月”活动。在活动期间，省图书馆学会组织了三个一”活动，即组织一次专家巡讲报告会，举办一次网上展览，掀起一次社区读书活动热潮。12月8日至23日，为配合“全民读书月活动”，省图书馆学会组织省内省内专家到全省各地进行学术巡讲。郑州大学信息管理系教授、《河南图书馆学刊》副主编王国强和平原大学图书馆馆长秦珂等一行四人先后到洛阳市图书馆、濮阳市中原油田、信阳师范学院等处，分别作了《中国藏书文化》和《网络环境下的知识产权研究》等学术报告。我省各地市图书馆围绕“全民读书月”，也纷纷开展丰富多彩的活动。(赵 燕)

【省图书馆学会策划组织“世纪论坛”报告会】 2003年12月，河南省图书馆学会积极策划组织省馆的“世纪论坛”报告会，邀请郑州航空工业管理学院的7位专家教授、青年教师举办系列报告，向社会公众讲述21世纪世界科技系列热点问题。刘焕成博士、教授所作的《政务信息公开制度的建立》，栗全庆博士、教授所作的《先进制造技术》，吴中博士、教授所作的《材料进步与人类文明》，刘永博士、教授所作的《信息科学的研究与发展》，毛奕教授所作的《信息系统》，刘国华副教授的所作的《技术进步与知识产权》，李泽锋硕士所作的《空间科学技术》等。另外，省图书馆学会还邀请到河南省中医学院博士徐江雁做《博大精深的祖国中医文化》报告会等。这些公益性的报告会使广大听众开阔了视野，增长了知识，并有机会与一些专家、教授进行零距离的对话，得到广大读者的热烈响应，累计听众达1450人次。(赵 燕)

【《河南图书馆学刊》编辑部举办黄河流域图书情报类期刊经验恳谈会】 2003年12月16日至18日，省图书馆学会会刊《河南图书馆学刊》编辑部邀请黄河流域有关图书情报期刊编辑部的同志到省图书馆小聚，恳谈各自的办刊经验。《图书馆理论与实践》主编张欣毅、《晋图学刊》编辑富月娥、《山东图书馆季刊》编辑韩淑举与王慧，与《河南图书馆学刊》主编陶善耕、副主编王国强、刘永及主任编辑严真等亲切会见。《中国图书馆学报》副主编刘喜申也专程从北京赶来，与大家会面。大家各自介绍了刊物的基本情况，并就办刊宗旨、稿件来源、用稿原则及期刊经营等问题交流看法。大家希望在保持各自刊物特色的前提下，优势互补，共同发展，形成黄河流域的区域理论优势。17日下午，刊人们与河南地区的作者代表座谈，一致强调“原创”的选稿原则，随后回答了代表的各类问题。恳谈会后，参会代表参观了世界文化遗产之一洛阳龙门石窟及有着“天下第一名刹”之称的登封少林寺，感受到中原浓郁的地域文化。(赵 燕)

【2003年度河南省图书馆学会会员研究成果概述】 2003年度，省图书馆学会继续鼓励和扶持广大会员进行科学研究，成果颇丰。学会的广大会员承担了多项省、部、厅级科研课题：河南省图书馆馆长、河南省图书馆学会理事长陶善耕主持的省社科联调研课题《古代中原商路与商业经济研究》，省图书馆学会副理事长崔慕岳主持的河南省哲学社会科学规划项目《河南省数字化图书情报系统建设》等。2003年，为繁荣支持学术研究、河南省图书馆学会精心策划，积极奔波，继续组织出版套书一部——《图书馆学人文稿》。其中包括郭俊民的《常香玉研究》、陶善耕的《感谢太阳——陶善耕歌词自选集》、孔德超、蔡丽萍的《大学图书馆与信息利用》、卢盛华、高彩玲、杜小保的《现代图书馆管理概论》、宋新勇的《晴耕雨读》、游春山、杨彩霞的《文献信息检索教程》、陶善耕、申少春的《中原古代商路与商业经济研究》、宋学清的《河南文化产业结构研究》、杨向明的《迈向21世纪的复合图书馆》、任大山的《何日章先生研究》共10个分册。另外，还有州市图书馆馆长，省图书馆学会副理事长张惠民主编的、被列为国家古籍整理“十五”规划项目的《嵩岳文献丛刊》；省图书馆学会副理事长张怀涛主编的《高校图书馆数字化建设研究》；河南大学图书馆馆长、省图书馆学会常务理事李景文主编的《数字化图书馆与人力资源建设研究》等。另据不完全统计，广大会员在省内外各种刊物和学术研讨会上发表和交流专业论文近560篇。(赵 燕)

2004年度

【“全国公共图书馆第三次评估培训班”(第2站)在郑州隆重举办】 为迎接文化部第三次全国县以上公共图书馆评估定级工作，进一步推动公共图书馆的业务建设和事业发展，使此次评估定级工作规范有序地进行，中国图书馆学会决定面向全国公共图书馆举办评估辅导培训班。受中国图书馆学会委托，河南省图书馆学会与河南省图书馆联合在郑州承办“全国公共图书馆评估培训班”(第2站)。2004年2月12–16日，

"全国公共图书馆第三次评估培训班"(第2站)在郑州如期隆重举办，来自华东地区、华南地区、华北部分地区15省(市)的文化部门主管图书馆工作的领导和公共图书馆、少儿图书馆馆长、办公室主任、各级学会参加评估的工作人员154人，河南地区62人，共计216人参加了此次培训。全国公共图书馆评估定级工作执行副组长、中国图书馆学会副理事长、研究馆员孙蓓欣，中国图书馆学会常务理事、甘肃省图书馆原馆长、研究馆员潘寅生及中国图书馆学会理事、深圳南山图书馆原馆长、研究馆员程亚男等专家依次进行授课。培训内容包括图书馆评估的目的、意义及本次评估的新特点；国内外图书馆评估的现状与发展趋势；对"图书馆评估指标体系"及"图书馆评估细则"的说明以及图书馆评估定级工作的程序、准备工作等。中国图书馆学会向参加培训的学员颁发了国家人事部监制、中国继续教育联合学院印发的《继续教育证书》。证书所记载的内容将列入人事部在全国实行继续教育登记制度内容，作为专业技术人员考核、聘任的重要依据。培训班结束后，省外学员在省图书馆学会的安排下，来到世界文化遗产之一的洛阳龙门石窟进行考察，了解河南历史，感受河南的地域文化。(严 真)

【省图书馆学会连续5年获得省社科联系统先进单位】 2004年3月，河南省社科联发布《关于表彰2004年度河南省社科联系统先进单位先进工作者的决定》的文件，对一批为推动河南省社会科学事业繁荣和发展做出突出贡献的单位和个人予以表彰和奖励。河南省省图书馆学会榜上有名，获省社科联先进学会称号。这已是省图书馆学会连续五年获此殊荣。(赵 燕)

【省图书馆学会积极组织、实施对省内市、县的评估工作】 根据文化部对第三次全国公共图书馆评估定级工作的部署，受河南省省文化厅委托，自2004年3月至10月河南省图书馆学会积极组织、实施对省内市、县的评估工作。对本省内市、县两级公共图书馆具体实施了评估工作。半年来，评估组对86个地、县级公共图书馆进行了认真的评估，此次被评估馆占全省市、县公共图书馆总数的63.7%。在评估过程中，省图书馆学会加大宣传力度，充分开展前期调研；坚持科学方法，确保评估质量；着眼整改提高，注重意见反馈。评估期间，省图书馆学会编印下发了《河南省第三次公共图书馆评估工作》(简报)8期。最后，根据全省公共图书馆评估及复查结果，对照文化部一、二级馆必备条件，拟报一级馆8个，拟报二级馆13个，拟报三级馆20个。(严 真)

【省图书馆学会在郑召开六届四次理事会】 2004年4月3日，河南省图书馆学会六届四次理事会在河南省图书馆隆重召开。省文化厅社文处副处长剪辉、省民政厅民间组织管理局副局长杨建生到会并祝词。会议对2003年度河南省图书馆学会的工作做了全面总结，审议并通过了2004年工作要点。在认真总结以往学会工作的基础上，开创性地制订工作计划。拟在2004年组织、实施对省内市、县的第三次公共图书馆评估工作，对2003年度会员的学会成果组织一次学术评奖活动，继续做好2004年全民读书月活动，组织部分理事参加8月份在阿根廷举办的第70届国际图联大会，或组织部分理事赴国外图书馆学习交流，7月，将组团赴苏州参加中国图书馆年会。(赵 燕)

【省图书馆学会为爱滋病疫情高发村捐赠新书架】 2004年4月，为配合我省爱滋病疫情高发村的党员村民教育活动室建设，省文化厅发出："大力发挥行业优势、奉献真情爱心"的号召。河南省图书馆学会迅速响应，积极行动。于4月20日发出倡议，动员各常务理事和理事单位为38个村的党员村民教育活动室认捐统一规格的新书架。短短4天时间，有25家理事单位响应，共认捐价值3万元人民币的50个新书架。他们是：河南省图书馆、郑州工程学院图书馆、郑州市图书馆、河南农业大学图书馆、三门峡市图书馆、信阳师范学院图书馆、解放军测绘学院图书馆、洛阳师范学院图书馆、郑州大学图书馆、河南省财税专科学校图书馆、林州市图书馆、南阳市图书馆、中原油田图书馆、新乡医学院图书馆、洛阳市图书馆、河南中医学院图书馆、河南大学图书馆、中原工学院图书馆、郑州航空工业学院情报信息系、河南经贸职业学院图书馆、洛阳大学图书馆、安阳市图书馆、解放军电子技术学院图书馆、濮阳市图书馆、洛阳独秀图书设备有限公司。受河南省图书馆学会委托，洛阳图书设备有限公司组织技术工人负责赶制这批新书架。现在，这批新书架已分别张贴捐赠单位的名称，被送往各爱滋病疫情高发村。(赵 燕)

【省图书馆学会组织参加中国图书馆学会2004年年会及理事会】 2004年7月23－27日，受河南省图书馆、河南省图书馆学会委派，河南省图书馆研究辅导部主任申少春及河南省图书馆学会副秘书长严真同志参加了在苏州召开的中国图书馆学会2004年年会及理事会。同时，来自我省各系图书馆论文作者11人参加了年会。平顶山市图书馆副馆长王宝郑在年会分会场宣读了论文，偃师市图书馆馆长刘惠萍的许多摄影照片被年会人选并参展。(严 真)

【派员参加全国图书馆学期刊优秀编辑、老编辑表彰暨经验交流会】 2004年8月，河南省图书馆学会委派会刊《河南图书馆学刊》副主编刘永、主任编辑严真及编委杨鸿雁参加了在甘肃敦煌召开的全国图书馆学期刊优秀编辑、老编辑表彰暨经验交流会。会上，代表们分别介绍了各自的先进事迹、编辑经验、办刊经验、并对业务难点展开了讨论。(严 真)

【省图书馆学会组织2003年度学术成果评奖活动】 2004年9月中旬，河南省图书馆学会组织学术成果评奖活动，评奖范围是2003年公开出版发表的著作及论文。本次活动共收到学术成果99项。经过有关专家的认真评选，在著作类方面，评出张惠民主编的《嵩岳文献丛刊》等3部一等奖；在论文方面，共评出索传军撰写的《论基于网络环境下的主动信息服务》等10项一等奖，李春玲撰写的《非纸介质文献资源的管理与系统开发》等22项二等奖及程莉撰写的《如何提高光盘数据库的利用率》等57项三等奖。这次学术成果评奖活动，较全面地展示了我省图书馆学、情报学等方面一年来的研究成果，同时也激发了会员参与科研活动的积极性，促进了我省图书馆理论研究的繁荣与发展。（赵 燕）

【配合省科协第五届学术活动月举办大型报告会】 2004年9月，为配合与落实河南省科协组织的第五届学术活动月活动，省图书馆学会特邀中国图书馆学会理事、河南省高校图工委主任、河南省图书馆学会副理事长、郑州大学教授、硕士生导师崔慕岳在河南省图书馆研议厅做了题为“提高公民素质阅读文化经典”的专题学术报告。在报告中，崔慕岳教授首先讲述了什么是素质，素质的内涵等问题。阐明了未来人才的四大要素：一是学会认知，掌握了解世界的工具；二是学会做事，掌握工作技能；三是学会共同生活，掌握历史传统的精神价值，学会理解、尊重和控制冲突；四是学会生存，开发记忆、推理、想像、审美、交流、领导等各种能力，增强自主性、判断力和责任感。他认为，文化经典是中国五千年文明的代表，是民族精神的体现，同时，阅读文化经典，也是当前提高公民素质的需要。来自全省图书馆工作者和郑州航空管理学院信息科学系的学生约120多人聆听了崔慕岳教授的报告。听众一致认为，今后不仅自己要多读文化经典，也要教育自己的子女和介绍自己的朋友多读文化经典。（赵 燕）

【省图书馆学会召开“基础理论暨期刊工作”研讨会】 2004年9月8日，河图书馆学会在河南省图书馆召开“基础理论暨期刊工作”研讨会。两会共收到征文76篇，经过学术组认真筛选，其中65篇论文入选，到会代表51人。会上，来自全省各系统图书馆届的代表共聚一堂，探讨交流有关“基础理论暨期刊工作”的热点问题。省图书馆学会副理事长张怀涛、基础理论研究组副组长孙宪光、期刊工作研究组副组长靳爱红分别主持会议并做了总结。会议期间，还特邀郑州大学教授崔慕岳、平原大学图书馆馆长秦珂分别作了“提高公民素质 阅读文化经典”及“电子期刊的理论与实践”专题报告。通过这次研讨会，达到了交流学术、交流思想、关注事业发展，开拓会员视野的目的。（赵 燕）

【派员参加“新亚欧大陆桥沿线中心城市公共图书馆协作网第五届工作委员会暨理论研讨会”】 2004年10月，河南省图书馆学会委派《河南图书馆学刊》副主编王国强教授参加了在洛阳市图书馆举办的“新亚欧大陆桥沿线中心城市公共图书馆协作网第五届工作委员会暨理论研讨会”。会议针对目前公共图书馆事业的发展，如何在现代化技术、资源共建共享意识的加强与联系展开了讨论。参加此次会议，对于刊物今后思路的开阔及学术品味的提升有很大益处。（严 真）

【安阳市图书馆学会成立】 2004年11月26日上午，安阳市图书馆学会成立大会在市人事局人才论坛厅隆重召开。安阳市委宣传部副部长、市社科联主席张正军、市政府副秘书长、市文化局局长李阳生以及市文化局、市民政局、市发改委、市社科联、市科协的有关领导及河南省图书馆学会、河南省高校图书馆工作委员会的嘉宾出席了大会。中国图书馆学会也发来了贺信。安阳市民政局副局长周伟凤宣读了批准学会成立的批文件并致贺词，大会通过了《安阳市图书馆学会章程（草案）》及学会组织机构设置方案，之后，安阳市图书馆馆长高晓平主持召开了安阳市图书馆学会第一届理事会，并选举产生了安阳市图书馆学会第一届理事会。高小平当选为理事长，赵怀生为名誉理事长。安阳市图书馆下设学术研究工作委员会，编译工作委员会、《安图通讯》编委会以及各专业研究小组。（赵 燕）

【省图书馆学会组织部分理事赴韩国考察】 2004年12月，为开阔工作思路，学习先进的工作经验，省图书馆学会组织部分理事赴韩国考察。考察团由学会秘书长宋学清、副秘书长严真带队，一行10人，考察人员来自我省、市、县公共图书馆，大学院校图书馆及科研图书馆等各系统。代表们参观了韩国的麻浦平生学习馆，学到了该馆许多服务、管理和经营理念。（赵 燕）

【2004年河南省图书馆学会会员学术研究成果概述】 2004年，省图书馆学会继续为广大会员进行科学研究提供广阔的平台。本年度，全省广大会员承担了许多项省、部、厅级科研课题。许多研究课题基于现实而立，产生了一定的社会效益和经济效益。如：河南省图书馆学会理事长陶善耕、学会秘书长宋学清研究馆员统筹的文化部调研课题《常香玉研究》、省图书馆学会副理事长张怀涛研究馆员主持的省教育厅人文社科项目《复合图书馆的信息资源与信息服务》、省图书馆副馆长夏雁副研究馆员主持的省社科联调研课题《中原圣贤文化及其影响》、省图书馆学会学术工作委员会副主任申少春研究馆员主持的省社科联调研课题《河南省公共图书馆可持续发展研究》、郑大西亚斯国际学院图书馆丛敬军研究馆员主持的河南省教育厅人文社科项目《信息素质教育学的理论体系与学科建设研究》等。另外，我省广大会员著作也颇丰，如：省图书馆陶善耕、李玉东主编的《21世纪图书馆发展大视野》、省图书馆学会副理事长张怀涛主编的《现代信息检索概论》、省图书馆学会理事秦珂等主编的《数字图书馆建设中的版权和隐私权保护研究》、李秀云等主编的《网络环境下知识组织研究》等。另：省图书馆学会为了扶持广大的基层会员进行科学研究，面向全省征集稿件并结集出版《2004图书情报论坛》一书。此外，一些会员的论著还获得了不同等级的奖次。如：河南省图书馆学会副理事长张惠民主编的《嵩岳文献丛刊》获河南省优秀图书二等奖，会员杨向明的专著《迈向21世纪的复合图书馆》获得河南省社会科学二等奖。另据不完全统计，全省广大会员在省内外各种刊物和学术研讨会上发表学术论文近650篇。（赵 燕）

湖北省图书馆学会

【省图书馆学会荣获“湖北省社会科学界先进社团”】 据2004年2月24日湖北省民政厅、湖北省社会科学界联合会（鄂社科联文［2004］4号）文件：在湖北省社会科学界联合会开展的2003年度湖北省社会科学界十佳社团、十佳社团工作者的评选活动中，湖北省图书馆学会被授予“湖北省社会科学界先进社团”的称号，学会秘书长胡银仿被评为湖北省社会科学界十佳社团工作者，学会副秘书长徐力文、中专委员会主任委员谭雪梅被评为湖北省社会科学界先进社团工作者。（胡银仿）

【湖北省图书馆学会第三届理事会第四次全体会议召开】 2004年3月5日，湖北省图书馆学会第三届理事会第四次全体会议在湖北省图书馆召开。湖北省图书馆学会会长周济洋、常务副会长万群华、副会长李皓、邓珞华、燕今伟、武金渭出席了会议，62名理事参加了会议。

会议由湖北省图书馆学会会长周济洋主持。按照大会议程，常务副会长万群华首先作了学会2003年工作报告。工作报告对2003年学会在组织建设、学术研究与交流、继续教育与培训工作、编辑出版等五个方面的工作进行了充分总结，理事们对工作报告给予了充分地肯定。会上还听取了秘书长胡银仿作的学会2003年度财务报告，理事们对学会的财务收支表示充分地肯定。大会审议了学会2004年的工作计划。学会今年重点要做好以下几个方面的工作：1、开展学术研究，提高学要水平，促进学科发展和人才成长；2、积极开展地区交流活动，增进友谊，加强合作；3、组织专家开展第三次全国公共图书馆评估定级工作；4、充分发挥学会职能，积极开展继续教育与培训工作；5、办好学会刊物，做好图书馆专业书刊的出版发行工作；6、加强组织建设，推动图书馆事业发展；7、做好文献资源共建共享工作。理事们对今年的工作计划进行了认真的审议，提出了许多好的意见和建议，并表示齐心合力完成今年的工作计划，使学会工作上新的台阶。

理事会决定今年第四季度召开湖北省图书馆学会2004年学术年会，要求学会会员、图书馆工作者积极投稿。关于专家巡回讲座的问题，理事会拟定四月份与几个地方学会合作举办，学会将组织2位专家在宜昌、荆州等市举行巡回学术报告会。关于开展继续教育与培训工作，理事会提出了许多有建设性的意见和建议。大家普遍认为培训的内容应该是系统的、有实效的，可以针对图书馆发展的需要和趋势，从网络信息检索方面着手开展。周会长特别要求学会秘书处今年的培训计划要进一步调整完善，充分发挥出学会的教育培训职能。理事会对六省区学会间合作问题进行了探讨，积极支持图书馆间所开展的学术研究与交流、资源共享与合作等活动，建议筹备召开六省区学术研讨会，积极促进图书馆事业的发展。对于文献资料共建共享工作，理事会希望通过“湖北省网络图书馆”的立项，推进此方案的发展。

理事会还通过了《湖北省图书馆学会关于批准倪传明等27人为个人会员的决定》在理事会上，秘书长胡银仿传达了中国图书馆学会秘书长会议精神。今年是中国图书馆学会成立25周年，中国图书馆学会组织将组织第二届图书馆学情报学学术成果奖评选、第二届全国图书馆系统书画摄影展和“我的图书馆情缘”征文，理事们表示将认真组织广大会员和图书馆工作者踊跃参加各项活动，共同做好纪念中国图书馆学会成立25周年的工作。会上，秘书长胡银仿还就中国图书馆学会布置的撰写《中国图书馆2003年年鉴》词条、《全国图书馆信息库》数据征集工作、2004年中国图书馆学会年会征文，编辑《中国图书馆百年人物》（学会负责撰写沈祖荣、彭斐章、黄宗忠、马费成、陈光祚、谢灼华、严怡民、陈传夫、邱均平、詹德优、俞君立、阳海清、沈继武等）等工作做了安排。与会理事们对此积极支持。会上秘书长胡银仿还介绍了中国图书馆学会第四届“全民读书月”活动的情况，宣读了参加第70届国际图联大会的通知。学会秘书处已将中国图书馆学会各项文件、通知印发给各位理事。

三届四次理事会是湖北省图书馆学会召开的一次重要的工作会议。理事会上所做的工作报告以“三个代表”重要思想为指导，以求真务实精神为原则，认真总结了学会在2003工作年中所做的工作，肯定了工作中所取得的成绩，明确了2004年应做的工作及应抓好的几件实事。广大会员和图书馆工作者将认真领会会议精神，在政府职能深化改革的大环境下，抓住学会发展的大好机遇，开辟学会工作的新局面，促进学会及图书馆事业的发展。我们相信，全体会员及图书馆工作者，在三届理事会的领导下，一定会振奋精神，与时俱进，扎实工作，开拓进取，共同开创学会工作的新局面。（胡银仿）

【省图书馆学会成功举办第三次专家巡回学术讲座】 2004年4月9日，湖北省图书馆学会第三次专家巡回学术讲座在荆门大学报告厅举行。这是本次巡回讲座的第三场，也是最后一场，荆门大学讲座完成后，标志着为期三天专家巡回学术讲座的圆满结束。

此次巡回讲座由省学会秘书长胡银仿主持，湖北省图书馆学会副会长、武汉大学图书馆馆长燕今伟教授和湖北省图书馆学会常务理事、华中师范大学信息管理系主任王学东教授担任主讲专家，他们分别就“新形势下图书馆管理理念和服务观念的变革”和“数字图书馆研究”两个主题作了深入浅出的学术报告，其新颖的观点、精辟的论证、较强的可操作性，深受听众的欢迎。在宜昌市图书馆学会、宜昌市图书馆、三峡大学图书馆，荆州市图书馆学会、荆州市图书馆、长江大学图书馆、荆门市图书馆学会、荆门市图书馆、荆门大学图书馆和荆门市文体局的大力支持下，专家巡回学术讲座在宜昌市三峡大学图书馆、荆州市长江大学和荆门大学三地共举办三场，相关市各级各类图书馆馆长、中层干部及业务骨干约500名听众聆听了演讲。

湖北省图书馆学会此前分别在上世纪八十年代初和2002年举办过两次专家巡回学术讲座，都收到了良好的效果。（胡银仿）

【武汉市图书馆学会积极开展宣传咨询活动】 武汉市图书馆学会组织参加了“2004年武汉市科普宣传周、科技园三下乡”大型科技兴农、“2004年湖北省暨武汉市首届社科普及知识服务宣传周”等活动，共编印《农村实用技术》等实用的农业信息资料22余种，发放资料3500余份，制作科普知识展板86块。积极组织14家会员单位的图书馆开展了“十五届图书馆服务宣传周”和“十六届图书馆服务宣传周”宣传咨询活动，并开展形式多样的读书

活动。(罗平)

【武汉市图书馆学会举办多个业务培训班】 针对各会员单位在业务工作中共同存在的难点、疑点，市图书馆学会2003年举办了“电子阅览室建设”、“ILAS5.0系统管理员”、“地名主题标引”3个培训班，培训学员80余人；2004年，市图书馆学会联合武汉图书馆教育培训部共同“计算机基础知识及操作系统”、“网络基础知识及应用”、“办公软件基础及应用”、“数据库(Visual FoxPro 6.0)基础知识及应用”等6期业务知识培训班，2期专题讲座，1100余人次。(罗平)

【武汉市图书馆学会协助完成图书馆评估定级工作】 2003年、2004年，武汉市图书馆学会协助市文化局完成市区级公共级图书馆全国第三次评估定级工作。为做好这次迎评工作，从2003年起，学会就对武汉市区级图书馆进行了全面调研，有针对性开展了大量评估的指导工作，还协助市文化局完成了武汉市区馆评估检查的材料汇总、评估情况总结及上报工作，顺利地通过了省专家评估组的抽查。(罗平)

湖南省图书馆学会

【湖南省图书馆学会举办第七次学术成果评奖活动】 2003年2月湖南省图书馆学会组织了第七次学术成果评奖活动，向全省各理事单位下发了征集学术成果的通知，评奖范围是2001－2002年公开出版的著作、公开发表的论文或参加市级以上图书馆学会组织的学术研讨会提交的论文。湖南省图书馆学会办公室共收到全省215名会员提交的169项成果，内容涉及图书馆科学管理、图书馆服务、图书馆自动化管理、基础业务建设、调研报告等。6月中旬，湖南省图书馆学会办公室聘请专家对这批学术成果进行了评审，共评出刘昆雄撰写的论文“论我国21世纪图书馆‘两极’发展”等14项一等奖，彭一中编写的著作《网络信息资源检索》等36项二等奖和若干项三等奖。

湖南省图书馆学会第七届学术成果评奖获奖目录

序号	姓名	题名
		一等奖
1	刘昆雄	论我国21世纪图书馆“两极”发展
2	常书智 王秀芬	图书馆魅力永存
3	龙世谱	论我国西部图书馆的特色化建设
4	李 爽	数字图书馆数字资源存储
5	沈小丁	图书馆藏书的法律性质探讨
6	谭宇红 方国辉	系统化整体护理文献的进行性分布及集中离散规律初探
7	张晓原	论有中国特色的社区图书馆
8	彭一中	WTO、图书馆与知识产权保护
9	刘 芃	论图书馆在实施“以德治国”基本方略中的世纪重任
10	陈月华	充分发挥女性馆员优势是发展高校图书馆事业的关键
11	谭艺曼	湖南省科技期刊资源状况统计分析
12	刘秀华 吴 翻 樊绍明	中文期刊更名最新调查分析与管理研究
13	章小萍	转型时期民族地方文献的特色文化资源研究
14	张绍玲	沅陵二酉山古藏书洞探析
		二等奖
15	彭一中	《网络信息资源检索》(著作)
16	谭艺曼	《文献信息检索与利用》(著作)
17	龙世谱	《工农业生产经营的信息运作》(著作)

序号	姓 名	题 名
18	管莉萌	谈市级图书馆地方文献的分类
19	谢美萍	网络中文社科学术资源的引用及规范性问题
20	丁 民	析网络环境中欠发达地区公共图书馆存在的模式
21	彭淑华	论高校图书馆人力资源及其开发管理
22	廖腾芳	消费读者权益论
23	陈义平	21 世纪高校图书馆教学功能探讨
24	邓银鹏	图书馆数据库资源共建共享的现状、问题及对策
25	吕 鸣 谢 萱	电子出版物的发展及对策研究
26	王 群 敬 卿	基于数字图书馆的参考咨询模式研究
27	王美兰 颜传湘	提高信息意识，加强中药知识产权保护，积极应对“入世”挑战
28	李爱武 柳晓春	国外信息素质教育
29	黄碧云 方国辉	CALIS 引进网络数据库资源利用现状及思考
30	罗 敏 夏 旭	中文生物医学核心期刊不同确定方法的统计学分析
31	张晓原	关于社区图书馆为弱势群体服务的思考
32	王自洋	长沙市中小学图书馆（室）现状调查与思考
33	宓 容	长沙市乡镇万册图书馆之生存探讨及发展设想
34	王云祥	流通环节中不合理现象的再思考
35	熊 焰	地（市）县公共图书馆地方文献资源建设和利用研究
36	凌美秀	网络环境中图书馆功能的演变及其地位
37	彭延炼	民族地区高校图书馆与民族文献的收集
38	刘永洁 王月娥	关于湘西民族地方文献数字化的几点思考
39	刘永洁 尚本业	试论民族地方文献数字化
40	万后铭	城市公共图书馆社区分馆建设初探
41	毛浦先	洞庭湖区地方文献的内容特色及其收集要点
42	刘振西	期刊变化对管理利用的影响及对策
43	杨 勇 王 进	知识管理的理念与实践
44	肖晓燕 杨延成	研究生文检课教学改革的实践与思考
45	章小萍	西部大开发中民族地方文献信息资源建设的三大主题

序号	姓名	题名
46	王俊鸿　胡乐平	公共图书馆特色化服务新尝试
47	王美莲	论网络时代图书馆如何利用文献信息服务县域经济
48	李　爽	网络型报刊全文数据库的比较与应用研究
49	肖冬梅	合作数字参考咨询服务研究
50	杨锦荣	论21世纪高校图书馆读者服务创新

（沈小丁）

四川省图书馆学会

【概况】 省图书馆学会现有中国图书馆学会会员955人，省图会员1012人。近年来，四川省图书馆学会在省文化厅、省民政厅、省科协、省社科联的领导下，在中国图书馆学会的指导和四川省图书馆的大力支持下，省学会团结广大图书馆同仁，以马列主义、毛泽东思想、邓小平理论和“三个代表”重要思想为指导，坚持党的基本路线，紧紧围绕党的中心任务，认真履行学会职能，开展学会工作。四川省图书馆学会根据形势发展的需要，及时调整学会的工作重心，坚定不移地坚持党的基本路线，发挥学会优势，通过学术活动，人才培养，促进图书馆为经济发展、社会进步服务；探讨图书馆在建设学习型社会中的地位与作用，改革图书馆机制，以适应建设学习型社会的需要，促进和发展图书馆事业和图书情报学的研究，对推动我省的文化事业，做出了积极的贡献。2003—2004年被四川省科协、四川省社科联评为先进集体。2004年四川省图书馆学会受省文化厅的委托，承担起对全省公共图书馆的评估定级验收复查工作。通过验收复查工作，清楚了我省公共图书馆的情况，宣传了图书馆的职能作用，引起了地方政府的重视，加大了对图书馆的投入，并且对全省的公共图书馆进行了一次规范化的行业指导。（张晋蓉）

【省2003年图书情报学术年会征文活动】 2003年2月8日，四川省图书馆学会、四川省中心图书馆委员会、四川省图书馆联合开展了“四川省2003年图书情报学术年会征文活动”，主题是：新世纪的图书馆员。此次活动共收到征文140篇，评出一等奖6项，二等奖16项，三等奖24项，优秀论文39项。选出其中97篇载入《四川图书馆学报》2003年（增刊）。并于2003年11月23至26日在四川省凉山州西昌市召开了“四川省2003年图书情报学术年会”，来自四川省中心图书馆委员会成员单位，四川省图书馆，四川省图书馆学会及各系统、市、州学会，四川省文献情报协作网的成员单位，四川省缩微技术协会等86位代表参加了会议，进行了学术交流。（张晋蓉）

【省图书馆学会五届六次常务理事会】 四川省图书馆学会五届六次常务理事会于2003年1月27日在四川省图书馆召开。会议由副理事长徐建华主持。会上，学会副秘书长马德筠总结了学会2002年的工作、传达了中图学会2003年秘书长工作会议精神；副秘书长黄友铎介绍了学会2003年工作计划；四川省图书馆学会理事长李忠昊在会上传达了中图学会常务理事会精神，并就文化部关于开展2003年县以上公共图书馆评估定级工作的情况做了讲话。与会代表一致认为：评估定级工作对公共图书馆事业的发展将起到积极的推动作用，我们应抓住这次机遇，切实做到“以评促建”。会议经研究协商组成了四川省评估定级专家小组人员（建议）名单，通过了增补省图书馆馆长助理、原学会理事赵红川为学会常务理事，增补省图书馆副馆长彭本诚为理事的建议。（张晋蓉）

【搞好编译出版工作，展示图书馆学研究成果】 两年来《四川图书馆学报》出刊14期（包括增刊），并从2003年起改版为大十六开。为了提高《四川图书馆学报》的学术性、权威性，在2003年期间，北大吴慰慈教授、刘兹恒教授，武大陈传夫教授，南京大学柯平教授，上海图书馆吴建中研究馆员等图书馆界的专家学者，纷纷给我刊赐稿，使《学报》质量登上一个新台阶，在第九次全国图书馆学期刊工作研讨会上受到表彰，在中国学术期刊（光盘版）电子杂志新规范化与评价研究中心检索与评价数据规范执行评优活动中，达到《CAJ－CD规范》，评为优秀期刊，并颁发了证书。2004年《学报》已在全国邮局发行。为了打通信息通道，秘书处和省馆辅导部联合编印的《川图导报》六期，共印发18000份。（张晋蓉）

【省图书馆学会五届七次常务理事会】 于2004年3月11日在四川省图书馆召开。四川省图书馆学会理事长李忠昊、副理事长胡昭曦、徐建华及各系统的常务理事共15人出席了会议。会议由副理事长徐建华主持。会上，学会理事长李忠昊传达了中国图书馆学会常务理事会精神，并结合省学会的具体情况，对学会今年的工作提出了要求。省学会副秘书长马德筠总结了学会2003年的工作，提出了四川省图书馆学会2004年工作计划并介绍了中国图书馆学会2004年秘书长工作会议情况。与会常务理事对省学会2003年所做的工作给与了充分肯定。副理事长胡昭曦、中科院成都文献情报中心主任王俨及到会的各位常务理事就学会今后如何开展工作提出了很多建设性的意见。会议增补中科院成都文献情报中心主任王俨、四川省图书馆副馆长赵红川为四川省图书馆学会副理事长，增补四川省图书馆研究室主任王嘉陵为四川省图书馆学会常务理事，增补四川省图书馆辅导部副主任程歌为四川省图书馆学会副秘书长，主持学会秘书处日常工作。（张晋蓉）

【省“全国公共图书馆评估”培训班（成都）】 于2004年2月9日至12日在成都华川宾馆开班。来自全国十三个省、市的150余名文化厅、局干部和公共图书馆馆长参加了全国公共图书馆评估培训班（成都）的学习。全国公共图书馆评估培训班旨在提高认识、统一思想，保证第三次全国县级以上公共图书馆的考评定级工作规范而有序地进行，以达到预期的目的。培训班由中国图书馆学会主办、四川省图书馆学会协办召开。通过三天的学习，学员们掌握了《评估标准》及《实施细则》，为我省评估定级工作的开展打下了良好的基础。培训结束时，四川省文化厅张仲炎厅长到会并讲话，张厅长和四川省图书馆馆长李忠昊、中国图书馆学会常务理事潘寅生向学员颁发了《继续教育》证书。（张晋蓉）

【省第十一次哲学社会科学优秀科研成果评奖工作】 四川省第十一次哲学社会科学优秀科研成果评奖活动开展至今已近半年。经过宣传、动员，我会收到申报学术成果30项，其中专著5项、论文25项。经申报，四川省社科联分配给我会5项推荐指标。2004年7月2日我会组织专家评委对申报的学术成果进行了认真、严格的评审，最后评出5项学术成果上报四川省社科联。它们是：李忠昊主编的《四川省图书馆馆藏珍品集》（专著），王晓波、刘琳所点校《全蜀艺文志》（专著），郭小林、胡扬吉所著《音乐文献学与音乐文献检索》（专著），赵静、王玉平所著《目前我国搜索引擎研究的现状与发展》（论文），王嘉陵所著《毕业论文写作与答辩》（专著）。（张晋蓉）

【中国图书馆学会2004年年会】 2004年7月，四川省图书馆学会协助中国图书馆学会2004年年会的征文和赴会工作。在中国图书馆学会成立25周年的学术、书画摄影征文和第二次成果申报活动中，四川省共有26篇论文参加学术论文征文活动，其中1篇获得优秀论文奖，8篇论文参加大会交流，另有4篇《我的图书馆情缘》征文和6幅书画摄影作品获得优秀奖。四川省图书馆学会代表团此次有13位代表参加了学会年会。（张晋蓉）

【省“第三次公共图书馆评估定级”复查工作结束】 根据文化部社图发［2002］54号文和川文发［2004］13号文件精神，受文化厅的委托，四川省图书馆学会聘请了公共图书馆、高校图书馆、中科院图书馆的12名专家组成6个专家小组，在省文化厅和省图书馆五位馆级领导的带领下，历时两个月，奔赴27个市（州）、县（区）进行实地复查并顺利完成任务。

四川省有181个县（区），现有县（区）级公共图书馆113个，此次参评的县（区）馆有91个，所占比例为80.5%。21个市（州），有19个公共图书馆，此次参评的为14个，所占比例为73.7%。全省参评馆共计104个，占全省公共图书馆的比例为77.6%，比1998年“全国图书馆第二次评估定级”少11个。（雅安市图书馆及所属县图书馆因为建新馆和拆迁全部没有参评）。专家组对参评的13个市（州）级图书馆进行了认真的复查认定，并抽查了27个县（区）级图书馆，占全部参评馆的比例为38.5%（四川省图书馆和成都市图书馆由文化部考评）。

13个市（州）级图书馆的得分中，最高分为936分（广安市图书馆得分），平均得分为741分，其中，900分以上的有2个，800分以上的有3个，优良达标率为参评馆的38.5%，91个县（区）级图书馆中最高分是成都市成华区图书馆的944分，最低分是茂县图书馆的240分，总体平均得分636分，900分以上的有13个，800分以上的有18个，优良达标率为参评馆的34.1%。（张晋蓉）

【川、吉、苏、冀、桂五省（区）图书馆学会第九届学术研讨会】 于2004年9月7日至10日在广西北海市召开，由广西图书馆学会承办。来自五省（区）图书馆学会的74名代表出席了会议。四川省图书馆学会有17名论文作者及代表参加了会议。本次学术研讨会的主题是：回顾与展望——中国图书馆事业百年。围绕大会主题，会议组织了大会交流发言和分组讨论。我省广安市图书馆副馆长王嘉陵的论文《图书馆大历史》在大会上作了交流发言。本次研讨会共收到论文116篇。在我省图书馆学会的宣传和动员下，全省图情工作者积极撰稿，我省共收到征文47篇，有13篇论文参加了大会交流并评奖。（张晋蓉）

【省公共图书馆地方文献研讨会暨广安市图书馆学会成立大会】 2004年11月7日在广安市图书馆召开。会议由四川省图书馆、四川省图书馆学会、四川省中心图书馆委员办公室联合主办，广安市图书馆承办。来自四川省各市、州、县图书馆馆长和广安市图书馆、广安市图书馆学会会员单位的图书馆工作者120余人参加会议。大会由四川省图书馆学会副理事长赵红川和广安市人大副主任、广安市图书馆馆长、广安市图书馆学会名誉理事长康永恒主持。中共广安市委副书记高屹、四川省图书馆馆长李忠昊对广安市图书馆学会的成立表示热烈的祝贺并做重要讲话。广安市图书馆副馆长、市学会理事长王嘉陵做了讲话。本次研讨会主题是：图书馆地方文献建设的理论与实践。由四川省图学会常务理事王嘉陵主持。四川省图书馆学会副理事长赵红川就地方文献的收集、开发、利用做了讲话。乐山市图书馆馆长席毅强等的论文在研讨会上进行了交流。最后，四川省图书馆学会副秘书长程歌宣读了《2004年四川省地方文献研讨会优秀论文作者颁奖的决定》。此次研讨会共收到论文43篇，经专家评审，分别评出优秀奖17篇，交流奖26篇。通过研讨与交流，与会代表一致认为，应加大地方文献的收集力度，增强收集意识，培养建设一支高素质地方文献研究队伍，加强地方文献的收集、开发与利用，推动图书馆事业的发展。（张晋蓉）

【省图书馆学会五届八次常务理事会】 2004年11月19日，四川省图书馆学会五届八次常务理事会在成都召开。本届理事会共有常务理事 14 人，除 2 人有事请假外，其余 12 人出席了会议。特邀代表和学会有关负责人列席会议。本次常务理事会主要议题是：讨论筹备四川省图书馆学会第六次会员代表大会的有关问题。会议由学会副理事长徐建华主持。到会常务理事围绕会议主题发表了许多极具建设性的意见，对学会工作提出了殷切的希望和要求。副理事长赵红川做了总结发言。会上，四川省图书馆学会理事长、四川省图书馆馆长李忠昊在听取了大家的意见后做了重要发言。经过充分讨论与交流，与会人员达成共识，做出如下决议：一、拟订于 2005 年 3 月底，在成都召开四川省图书馆学会第六次会员代表大会；二、为保证此次代表大会的顺利召开，达到预期目的，特成立以理事长李忠昊为组长的四川省图书馆学会第六次会员代表大会筹备组，负责大会的各项筹备工作，并向下一次常务理事会汇报筹备工作情况；三、关于各位常务理事提出的涉及第六次会员代表大会的其他问题，责成学会秘书处认真研究，提出书面报告；四、关于各位常务理事就第六次会员代表大会的组织方式、会议内容所提出的要创新内容、拓展思路、与时俱进，以真正体现信息时代图书馆学会的影响、地位和作用的要求和希望，筹备组将认真考虑与采纳；五、各位常务理事对图书馆学会的建设与发展方面所提出的意见和希望，学会将认真研究，综合采纳，并写进第六次会员代表大会的报告之中。（张晋蓉）

重庆市图书馆学会

【重庆市图书馆学会第二届会员代表大会召开】 2003 年 11 月 5 日，我馆成功举办了重庆市图书馆学会第二届会员代表大会，顺利完成了理事选举。市文化局陈顺副局长当选为学会第二届理事会理事长。新一届理事会的组建，为学会今后开展评估定级和职业资格认证等工作提供了组织上的保证。（刘晓景）

重庆市图书馆学会开展活动统计

	活动项目	主要内容	时间	地点	规模（人次）
学术活动	重庆市图书馆学会、重庆市高校图工委第三届学生研讨会	论文交流、学术研讨、专题讲座	2003.11	重庆	125
	“新世纪图书馆”学术研讨会	论文交流、学术研讨、专题讲座	2004.6	重庆	34
继续教育活动	重庆市文化信息资源共享工程建设第一期培训班	培训共享工程基层中心工作人员	2003.8	重庆	36
	重庆市文化信息资源共享工程现场会及培训班	培训共享工程基层中心负责人和工作人员	2004.7	重庆	32
科普活动	重庆图书馆知识讲座	社会、经济、历史等方面及社会热点	2003.1－2004.12	重庆	1.8 万

（刘晓景）

云南省图书馆学会

【云南省图书馆学会发展及相关活动】 云南省图书馆学会设在云南省图书馆，学会设有学术委员会、编辑委员会、自动化委员会、民族文献研究委员会、教育培训委员会、公共图书馆研究委员会、医院图书馆委员会等六个专业委员会，办有图书馆学专业学术刊物《云南图书馆》，季刊，2004 年在云南省图书馆领导的大力支持下，为全面提升季刊的学术质量，对季刊进行了全面的改版，现为国际大 16 开本，80 页。云南省图书馆学会是连接中国图书馆学会与云南省内各级图书馆的桥梁，是促进全国各图书馆与省内图书馆沟通与交流的纽带，也是全省各级、各类、各行业图书馆相互合作与交流的平台，更是加强与促进云南图书馆与国际交流的重要窗口。2004 年 7 月云南省图书馆学会召开了第五次会员代表大会选举并产生了新一届理事会，为学会的创新与发展提供了强有力的组织保证。新一届理事会以全面加强学会自身建设为已任，以提升学会的整体服务水平为突破口，开创学会工作的新格局。确定了以下的重点发展思路。一是省图书馆学会与云南省高校图工委紧密结合，联合开展全省的学术研究与交流活动，进而推动全省图书馆间的整体发展；二是省图书馆学会与基层图书馆学会紧密结合，联合开展地域性的学术研究与交流活动，进而推动基层图书馆学会工作的进展；三是省图书馆学会与外省图书馆学会紧密结合，联合开展省与省之间的学术研究与交流活动，以此借鉴省外先进经验，推动全省图书馆事业的发展；四是省学会各分委员会之间的结合，达到不同系统图书馆之间相互借鉴，相互交融，优势互补，协调发展的目的。根据以上思路，做好服务是学会今后的中心工作，主要抓了以下三个方面：

一是拓展服务领域。首先是起好桥梁纽带作用，把学会建设成图书馆事业发展的“思想库”和“智囊团”，充分发挥学会优势，做好团结、服务、协调工作。首先恢复公共图书馆馆长列席会议制度，2004年开始组织召开每年一次的全省公共图书馆馆长联席会，成为云南省公共图书馆馆长就云南公共图书馆一个时期内的发展方向和存在的问题，进行深入研究与探讨的务实有效的方式。在此基础上，逐步将这一制度扩大为跨行业、跨系统的馆长列席会议。这种会议形式将构建云南省图书馆事业发展的新平台，使云南省图书馆界逐渐形成合力，极大地促进云南省图书馆事业的全面发展。其次是要建立云南省图书馆学科人才库，为云南省图书馆事业发展提供重要的人才信息。加强图书馆学科人才队伍的建设，对促进图书馆事业的发展有着重大意义。第三是加强科普工作，促进学会工作社会化。在繁荣和加强哲学社会科学的大好形势下，大力加强图书馆学科的普及宣传工作，除参与中图学会、省社科联等有关部门组织的宣传活动外，要适时组织一些与社会需求相适应的面向社会的征文活动，让社会认识了解图书馆、让更多的专家学者能从各自的角度参与到图书馆学科的研究中，从而促成图书馆学科的全面发展，促进图书馆知识的深入人心。

二是深化服务内涵。首先要努力开展各项学术研究活动，提高学会的生命力。其次，学会要发挥跨部门、跨行业、跨地区、跨系统的优势，发挥行业指导与协调职能，在现有的共建共享的基础上，打破部门、行业、地区、系统的局限，推进我省图书馆之间大范围的文献资源共建共享，这一工作还需要进一步的加强和落实。

三是要更新服务模式。首先是学会应切实发挥联系广大图书馆工作者的纽带作用，全面建设“会员之家”。学会为图书馆工作者全面发展创造良好的环境，为他们提供学术交流与研讨的较为畅通的渠道，把云南省图书馆学会办成全省图书馆工作者的“会员之家”，为推动全省图书馆的发展多做贡献。其次是做好学会组织工作，吸引更多的图书馆工作者加入到学会中。通过2003年的重新登记，学会较准确地掌握了目前的会员状况，这为学会下一步有步骤有计划地发展新会员提供了有效的依据。在目前的登记中工会系统、中学中专系统会员极少，我们在发展会员时，应将过去大量流失的工会系统的图书馆工作者吸引回来，充实学会的有生力量。（学会秘书处）

学术研究与活动

中国图书馆学会学术研究委员会所属专业委员会

图书馆学理论专业委员会

【图书馆学基础理论研究概述】 2003－2004年，我国图书馆学基础理论研究内容较以往更为广泛，但同时也形成了一些研究热点，主要集中在图书馆学的研究对象、图书馆学的体系结构以及变革、图书馆事业组织、图书馆精神等几个主要方面。

图书馆学的研究对象问题是图书馆学研究者们长期争论的一个问题，由于信息技术与网络设施的不断发展，使得图书馆呈现出不同于以往的状态，因此如何界定图书馆学研究对象成为了一个重要的问题。梁灿兴提出，图书馆学研究对象应该是对一个理论体系的适当概括。因此，在他的“可获得性”理论逻辑中，图书馆学的研究对象被概括为“体系化知识的自由共享”。黄宗忠也撰文探讨了图书馆学研究对象的意义、原则，回顾了19世纪以来图书馆学研究对象的认识进程等问题。他认为，图书馆学的研究对象就是图书馆，是在图书馆之内而不应在图书馆之外探讨研究对象的本质。蒋永福则着眼于客观知识、图书馆、人这三者共同构成的关系空间，并将其作为图书馆学的研究对象。他认为，人是客观知识的动物，图书馆是管理客观知识的社会机构，而图书馆则是人类追求知识生活方式的社会保障制度，三者相辅相成、互相促进，而图书馆学就是研究这三者相互作用、和谐发展的一门学科。

图书馆学体系是由相互联系、相互制约的图书馆学理论、图书馆技术方法、图书馆历史等知识元素构成的整体，我国有关这方面的研究已越来越具有国际化的视野，近年来取得的研究成果也较多。但人们也开始意识到，在我国图书馆界大量引进国外图书馆学知识的同时，尤其需要考虑我国的国情，注意本土化的问题。为此，刘兹恒指出，强调图书馆学本土化与图书馆学的国际化并不冲突，因为本土化是根据中国的国情，将产生于西方并一直处于领先地位的西方图书馆学，通过引进、消化、改造、创新，变为适合中国文化环境的图书馆学，即建立起具有中国特色的图书馆学体系，形成中国的图书馆学流派并得到世界的承认。

现代图书馆与传统图书馆的本质区别，表现在是以“服务为中心”还是以“保存为中心”这一管理思想上，因此，公共图书馆精神在当今显得尤为重要。近年来我国图书馆学理论界对公共图书馆制度及其精神的探讨非常热烈。王宗义提出，需要把公共图书馆活动和相应的社会文化制度放到相关的社会环境中去考察，以认识这一社会文化活动的原始运作模式，进而科学地解读公共图书馆精神和社会文化制度，为图书馆活动和科学研究提供一个理性的基础；刘兹恒认为公共图书馆不仅是一种社会机构，更是一种社会信息公平机制，他着眼于数字时代这一背景，强调在“数字鸿沟”成为弱势群体利用信息新的障碍的情况下，必须进一步加强公共图书馆为所有公民平等提供信息服务的职能；邹序明提出现代公共图书馆的精神基础是自由、民主、知识公平的理念，以及“以人为本”的人文精神，图书馆应该将这些精神作为自己的价值取向，促进图书馆与社会的协调发展；范并思回顾了公共图书馆精神的历史演化，强调了公共图书馆的精神实质是保障社会成员获取信息机会的平等、从信息知识角度来维护社会公正。为此，他指出中国图书馆界一段时间以来的关于图书馆服务“收费或免费”的讨论，实际上是对公共图书馆精神的挑战，应该立即停息。（朱琳 刘兹恒）

【全国第四次图书馆学基础理论学术研讨会】 由中国图书馆学会图书馆学理论专业委员会主办，河南省高校图工委承办的全国第四次图书馆学基础理论学术研讨会于2003年10月22日至26日在郑州大学召开，来自全国不同地区、不同系统的图书馆学专家、学者26人出席了会议。会议就21世纪图书馆学的发展方向、新的发展机遇期图书馆学的特点、图书馆学的本土化建设、图书馆学研究的价值观、图书馆学与知识管理的关系、图书馆学研究的学术规范等问题进行了热烈的讨论。与会代表在以下一些问题上达到了共识：①基础理论研究不仅决定着图书馆学学科体系的整体构建，而且决定着图书馆学学科发展的未来走向。一切忽视甚至否定理论研究，特别是忽视和否定基础理论研究的现象都是与图书馆学学科建设目标相背离的；②图书馆学只有将工具理性和价值理性高度整合，高扬科学精神和人文精神的旗帜，才能正确把握图书馆学学科建设的方向；③图书馆学基础理论研究的目的不仅在于正确阐释图书馆这一社会现象，揭示图书馆事业发展的内在规律，还在于指导图书馆工作和图书馆事业的发展；④对世界图书馆学和中国图书馆学学术思想发展史的疏理和研究是构筑21世纪图书馆学学科体系必要的理论准备工作；⑤深入开展图书馆学的科学基础和理论基础的研究是构筑21世纪图书馆学学科体系的奠基性工作；⑥在新的历史条件下，我们必须在继承世界图书馆学和中国图书馆学学术思想成果的基础上，继续对图书馆学的对象、内容、学科性质、科学目标、学术规范等诸多基本问题进行纵深研究，并对这些问题做出具有时代特征的科学回答；⑦21世纪图书馆学学科体系的构筑有赖于图书馆学研究方法在新的历史条件下的不断创新；⑧图书馆学研究者在构建21世纪图书馆学学科体系的同时，必须对当前世界和中国图书馆实践中的重大现实问题给予足够的理论关注、理论回应和理论支持；⑨21世纪图书馆学学科体系的构建应与知识管理理论相联系，以充分发挥图书馆学的学科优势，确立图书馆学在知识经济时代的学术地位和社会地位；⑩图书馆学研究者必须对学术批评、学术争鸣有正确的认识，必须对图书馆学研究中的学风、文风问题予以高度的重视，以形成一个既宽松又严肃的图书馆学研究学术环境。（刘兹恒）

【首届图书馆管理新理念高级研讨班】 由中国图书馆学会图书馆学理论专业委员会与北京大学信息管理系共同举办的首届图书馆管理新理念高级研讨班于2003年9月20—23日在北京大学开班，历时四天。来自全国20个地区三大系统图书馆的42名代表参加了此次研讨，其中绝大多数是图书馆的馆长和业务骨干。7位主讲人就相关主题做了专题发言，其中包括：中国科学院文献情报中心张晓林教授的“数字图书馆的发展对图书情报工作的挑战”；美国伊利诺伊州立大学前图书情报学院院长 Leigh S. Estbrook 的“Demonstrating the value of library services”；美国伊利诺伊州立大学防火学院图书馆馆长 Lian Ruan 的“Strategic planning in American special libraries : a case study”；北京大学李国新教授的“图书馆法制建设问题”；北京大学图书馆副馆长肖珑的“数字化服务环境的建立与 CALIS 二期建设”；北京大学吴慰慈教授的“世界主要国家图书馆员资格认证制度”。本次研讨班具有规格高、内容新、专业性强等特点。（刘兹恒）

【图书馆学理论专业委员会积极开展学术活动】 1. 组织了以“图书馆学理论的创新与发展”为主题的全国性征文。2. 正式出版了会议论文集《发展与创新：图书馆学基础理论学术研讨会论文集》，在图书馆界有较大的反响。3. 为纪念中国的公共图书馆事业100周年，以上海《图书馆杂志》、湖南《图书馆》等图书馆学核心期刊为依托，组织了一批纪念性文章，以弘扬图书馆时代精神、维护信息公平使用为核心内容，引导全国图书馆界掀起了一个新的研究热潮。4. 配合教育部高等学校图书馆学学科教学指导委员会，组织编写了9种图书馆学教材，作为教育部面向21世纪教材由高等教育出版社正式出版，这是20年来我国高校编写图书馆学教材的第一次大规模合作，也是我国图书馆学教育机构集中人力合作编写高水平教材的一个很好的尝试。5. 对近年来国内出版的几部有特色的《图书馆学基础/概论》教材/专著，组织撰写了一批书评，使这些著作受到了图书馆界的关注，促使了图书馆学基础理论研究的进一步活跃。6. 积极向学会推荐优秀论文和著作参加学会组织的评奖，使图书馆学理论研究的成果在获奖成果中占到了较大比例。（学会秘书处）

目录学专业委员会

【“王重民先生百年诞辰学术研讨会”成功召开】 2003年是我国著名目录学家、版本学家、敦煌学家、图书馆学家，北京大学信息管理系创始人王重民先生诞辰100周年。为了探讨当代目录学的规律和特点，为了推动目录学的与时俱进，中国图书馆学会学术研究委员会目录学专业委员会于2003年9月举行的“王重民先生百年诞辰学术研讨会”，会议邀请海内外著名学者就“王重民先生目录学思想研究”“当代目录学研究存在的问题与发展前景”“文献信息的加工处理与规范”等问题进行了征文，并于会上进行了深入的探讨。

为使会议举办成功，北京大学信息管理系领导多次开会研究有关问题，并专门成立“王重民先生百年诞辰学术研讨会学术委员会”。该“委员会”由相关教授、专家组成，主要负责论文的收集、研究、整理和组织。发布消息后，很快得到国内外有关专家、学者和同行的热烈响应，陆续收到论文70余篇。4、5月间，正当编委会工作全面展开的时候，北京突遭“非典”猛烈袭击。意外天灾虽然给编辑工作带来很多实际困难，但编辑部教师和几名研究生仍然兢兢业业、坚持岗位，使整个工作得以有条不紊地照样进行。

2003年9月18－19日，北京大学信息管理系在本校顺利举行了这次盛会。作为这次学术活动的重要成果，集中反映于《王重民先生百年诞辰纪念文集》中。这部集子由著名书法家启功先生题签，著名哲学家张岱年先生特别题词。论文集内容广泛，包括目录学、文献学、版本学、校勘学、敦煌学、史学等各个方面。其中反映王重民先生在目录学领域重要贡献的文章，在数量上占较大比例，显得尤其突出，例如《王重民先生的目录学成就》、《王重民目录学举要》、《试论王重民先生的目录学成就》等，都给读者留下极其深刻的印象。这次会议达到了预期目的，在学术领域产生了一定的影响。（王锦贵）

【全国第四届目录学会议成功召开】 自从1983年目录学专业委员会举行第一届全国目录学学术研讨会以后，截止2004年9月，已先后举办了三届，为书目工作和目录学的发展起到了重要的指导与推动作用。在数字化和网络化的大背景下，书目工作如何发展，目录学研究如何与时俱进，开拓创新，是所有书目工作者和目录学研究者的历史使命。2004年10月30日至11月1日，由中国图书馆学会目录学专业委员会主办、南开大学国际商学院图书馆学系承办的全国第四届目录学学术研讨会，在南开大学隆重举行。

这次会议主题是“网络 信息 文化”——新世纪书目工作与目录学的发展。下分七个分主题：1、国内外书目工作与目录学研究的回顾与展望；2、我国书目信息标准化与数字图书馆的书目标准；3、网络信息资源的书目控制与网络资源导航；4、基于网络的书目情报需求与书目情报服务新模式；5、信息加工与文献的深层次开发；6、古籍文献资源与古籍书目资源的开发利用；7、目录学教育改革与发展。

参加这次会议的目录学界代表济

一堂。与会代表者中，有来自各高校的目录学领域领军人物，也有很多来自实践工作第一线的后起之秀。在本届学术会议上，目录学界老前辈南开大学来新夏教授、武汉大学彭斐章教授先后致辞，发表了热情洋溢的期盼与感言。北京大学的朱天俊教授因为参会途中生病，半道返回，成为与会者们的遗憾。北京大学王锦贵教授作了专题学术报告，题目是《当代目录学客观定位的思考》。在为期两天的学术讨论中，通过大会发言和会下交谈，与会代表对目录学领域诸多问题进行了广泛深入的讨论，并就新形势下目录学的重要作用等问题形成了一定的共识，进一步明确了今后努力方向，鼓舞了士气和工作信心。

为了举办这次盛会，目录学专业委员会副主任、南开大学国际商学院图书馆学系系主任柯平教授等人付出了辛劳。与会者一致认为，本次会议相当成功。许多代表还殷切表示，希望目录学专业委员会今后能争取重大项目立项，定期地经常地举行这样的大会，以便及时总结经验教训，使中国的目录学工作和目录学事业能在21世纪攀登新的台阶。（王锦贵）

【中国图书馆学会年会的目录学稿件令人振奋】 为了参加2005年在广西桂林举办的图书馆学年会，目录学专业委员会于2004年拟出了本分会讨论题目，并做了相应宣传工作。截止05年4月初，来自全国各地的目录学论文多达170余篇。无论是从来稿的数量与质量上看，还是从涉及问题的广度和深度上看，都称得上是始料不及、多年未见的盛事！这件事情再次表明如下事实：一是作为“致用之学”的目录学仍然有用、仍然为国内许多同行所关心；二是2004年在南开大学举行的第四届目录学会议已经产生了积极的影响。（王锦贵）

图书馆法与知识产权研究专业委员会

【数字时代图书馆的版权问题研讨会成功召开】 2004年5月14日，由中国版权协会、中国图书馆学会共同主办的数字时代图书馆的版权问题研讨会在国家图书馆召开。

参加此次研讨会的有国内版权界、图书馆界的有关领导、专家、学者及网络企业的代表40余人。国家版权局副局长，中国版权协会理事长沈仁干出席会议并发表讲话。关注数字图书馆版权问题的法律界人士、从事数字图书馆运营的企业负责人以及北京地区各图书馆的代表100多人参会。

国务院法制办教科文卫司司长史敏、国家版权局版权管理司副司长许超、中国社会科学院知识产权中心副主任李顺德、北京大学知识产权学院教授、中国高校知识产权研究会秘书长张平、最高人民法院民三庭副庭长罗东川，中国社会科学院知识产权中心唐广良，武汉大学信息管理学院副院长陈传夫、清华大学图书馆数字图书馆研究室肖燕等12位专家先后作了专题发言，围绕图书馆与著作权、数字图书馆涉及的版权问题、国际组织关于图书馆版权问题的立场及其对我国立法的借鉴意义、馆藏图书数字化所涉及的复制权保护问题、数字图书馆版权保护现状、困境及出路、互联网知识产权保护的司法实践等专题展开了深入地分析和精辟地论述。

最后，沈仁干局长作了总结发言，他指出，版权与图书馆两个协（学）会共同举办“数字时代图书馆的版权问题研讨”很有意义，有的专家进行了多年的跟踪研究，发言有内容，收获很大。目前国家版权局正在加紧对网络传播权的管理问题进行调研，已列入明年立法计划中。研讨会由中国版权协会常务副理事长陈昭宽、中国图书馆学会图书馆法与知识产权研究专业委员会委员副主任、北京大学信息管理系教授李国新主持。

此次会议召开得非常及时、十分成功，是一次跨学科、高规格、高层次的学术研讨会。（学会秘书处）

用户研究与服务专业委员会

【“全国图书馆信息咨询工作学术研讨会”在国家图书馆举办】 由中国图书馆学会“用户研究与服务专业委员会”和国家图书馆共同举办的“全国图书馆信息咨询工作学术研讨会”于2003年4月17－20日在国家图书馆召开。共有来自全国19个省（含直辖市）21个市43家图书馆的83位代表（包含国家图书馆22人）参加了本次会议。其中公共图书馆18家，高校图书馆18家，军队系统3家，科研和党校系统各2家。会议提交论文143篇。

本次学术研讨会以“参考咨询——转变、探索与发展”为会议主题，采取专家讲座和分组讨论相结合的形式进行。与会人员对参考咨询服务在信息时代的角色转变，网络环境下参考咨询服务的特点、任务和定位，图书馆参考咨询核心业务新机制的研究与建立，虚拟参考咨询，参考咨询评价，WTO与信息咨询服务，参考咨询与信息资源，用户信息需求与服务，有偿咨询服务等九个方面的问题进行了热烈的讨论。大家一致认为：

1. 在网络化、信息化高度发展的今天，“确立用户服务在图书馆事业中的中心地位”、“形成以参考咨询为主导的用户服务体系”已是图书馆发展势在必行的内在要求。

2. 图书馆参考咨询工作将成为评价图书馆用户服务工作质量的核心标准。

3. 虚拟参考咨询是传统参考咨询在网络环境下的延伸和拓展。它是数字图书馆建设发展中的重要组成部分。同时，在虚拟参考咨询建设中，统一的规范标准、虚拟参考咨询运行保障机制的建立、知识库的建设等方面，都是应该引起充分重视的问题。

4. 建立图书馆职业准入制度和参考咨询评价体系是实现“以服务为核心的业务重组”的重要保证。

5. 在图书馆面临“印刷文献与电子文献并存”、“阵地服务与网络服务并重”的形势下，提供高质量的个性化服务，满足用户对信息的“方便、快捷”的需求，是当代图书馆用户服务的重要特点之一。

综观本次会议其表现出以下几个基本特点：

首先，“全国图书馆信息咨询工作学术研讨会”是新世纪中国图书馆界专以参考咨询、信息服务为主题而召开的第一次学术研讨会。它反映了我国图书馆核心业务向参考咨询服务快速位移的发展趋势。

其次，它集中体现了参考咨询工作的历史过程与现代发展的有机结合。武汉大学信息管理系詹德优教授、中国科学院文献信息中心初景利教授为大会分别做的《关于新时期参考咨询服务的思考》和《图书馆参考咨询的数字化挑战》的学术报告，既有对参考咨询在网络环境下发展的前瞻性思考，同时也对参考咨询发展历程及其与网络环境下的参考咨询工作之间的内在关系作了高度概括。

第三，从内容上来看，它体现了理论与实践并重的特点。与会人员既对网络环境下建立参考咨询核心业务新机制的理论进行了深入探讨，同时也对新的条件下信息服务的发展过程、信息服务的基本模式等做了详尽的阐述。

第四，本次会议参会人员来源地域广泛，其关注和讨论的问题也客观地折射出我国目前图书馆界参考咨询业务发展的多层次性和不平衡性的现状。

“全国图书馆信息咨询工作学术研讨会”是在新的历史环境下对参考咨询工作进行的新的总结和探讨，也是在网络环境下对参考咨询服务的新的认识和提升。

大会得到了中国图书馆学会、中国图书馆学会“用户研究与服务专业委员会”各位委员和国家图书馆的大力支持。中国图书馆学会副理事长孙蓓欣、上海图书馆党委副书记、“用户研究与服务专业委员会”主任王世伟、国家图书馆党委副书记、副馆长张雅芳，分别在开幕式和闭幕式上做了精彩的发言。

“全国图书馆信息咨询工作学术研讨会”召开之际，正值“非典”疫情在北京传播加剧时期。为确保与会人员的安全，会议曾几次调整日程。参会人员在严肃认真的讨论中，真切感受到在非常时期参加本次非常会议的非常体验。所有与会者为中国图书馆事业的发展共同做出了一次非常典范的努力！（学会秘书处）

【“文献信息的服务与创新”报告会在浙江省图书馆举办】 由中国图书馆学会用户研究与服务专业委员会、浙江省图书馆学会、浙江省科技情报学会联合举办的“文献信息的服务与创新”报告会于2003年8月8日在浙江省图书馆召开。会议邀请中国科学院文献情报中心主任、研究馆员徐引篪作主题报告，来自全省各个公共图书馆、科研系统、厂矿企业图书馆的80余名专家、学者参会。

文献信息工作是社会知识传播大系统中的重要组成部分，文献信息机构的知识储备是知识创新的源泉，它既支撑着知识创新，又进行着知识创新。徐引篪研究员从文献信息工作面临的形势、文献信息工作进行的改革、文献信息工作的创新三方面全方位地进行了分析。从现实的角度出发，指出我国文献信息工作在服务规模、水平、效率方面的差距，并提出采取的对策：首先，观念上——要引进竞争、创新、服务意识；其次，行动上——要深化改革、加大发展，从而实现工作重心的三大转移：书为本转为人为本；藏为主转为用为主；管理第一转为读者第一。为文献信息创新工作指明了方向。

作为我国文献信息工作的一大创举，徐引篪研究员重点介绍了国家科技图书文献中心（NSTL），从NSTL的成立、结构、建设宗旨、主要任务、工作成效、网上数字资源等多方面切入，以中国科学院文献信息中心的服务定位，即“学术性的服务机构”为立论点，进一步介绍了该中心正在进行的国家科学数字图书馆工程。她诠释了中科院图书馆“甘当人梯，敢为人先”的精神，并以此说明了国家科学数字图书馆工程中观念、制度、队伍结构等方面的创新。徐引篪研究员的报告将一座融数字化、网络化、智能化为一体，浓缩了世界当代图书馆的先进理念，代表着现代图书馆的发展趋势的现代图书馆呈现在与会者面前。

此次会议的召开，“文献信息服务”成为图书馆、情报文献馆（室）专家学者关注的热点。与会者纷纷表示要将中国科学院文献情报中心的经验带回去，利用先进的技术，在全社会信息获取能力全面提升的今天，为文献信息创新与科技文化的交流提供更加完善的服务，使我国科技文献信息资源与服务能力达到国际先进水平。

下午，浙江图书馆举行了“中国科学院文献情报中心改革经验介绍会”，邀请徐引篪研究员对中国科学院文献情报中心在机构改革中采取的“双进”行动作了专题介绍。馆领导及职工代表70余人参会，徐引篪研究员在会上回答大家提问，反响热烈。（学会秘书处）

【中国科协2003年学术年会第29分会场会议成功召开】 国科协2003年学术年会2003年9月在沈阳隆重举行。受中国图书馆学会的委托，用户研究与服务专业委员会承办了年会的第二十九分会场，即“信息导航员——为经济建设和科技创新提供知识服务”学术研讨会。中国图书馆学会理事长杨炳炎、副理事长孙蓓欣、秘书长汤更生等到会指导工作。本届用户研究与服务专业委员会主任、上海图书馆党委副书记王世伟不仅在会议开幕式上讲话，而且还作了题为“构建信息无障碍的图书馆服务理念和体系”的报告；本届用户研究与服务专业委员会副主任、浙江图书馆馆长程小澜作了“信息导航员与图书馆参考咨询服务体系的构建”的报告；本届用户研究与服务专业委员会委员、辽宁省图书馆参考辅导部主任李德戈和清华大学图书馆研究馆员刘蜀仁分别作了“网络环境下图书馆的信息咨询工作”和“知识服务——图书馆信息参考服务的深化”的发言。姜岳、初景利、包和平、王磊等也在大会上交流了论文。为配合中国图书馆学会首次在中国科协2003年学术年会主会场设立科技文献信息服务咨询台，本专业委员会正副主任以及委员们的所在单位，如国家图书馆、清华大学图书馆、上海图书馆、浙江图书馆和辽宁省图书馆等派出了长期从事参考咨询工作的专家，借助于网络环境下各图书馆的网页和数据库，现场为与会的科技工作者服务，两天内共向与会的科技工作者发放各类宣传材料4200份，解答科技工作者提出的各类咨询522件，得到了中国科协领导的支持，并受到了与会科技工作者的欢迎。（学会秘书处）

【“长三角”图书馆文献信息服务培训班在上图举办】 长三角信息一体化需要“破题”的呼声越来越高，要求尽快淡出“楚河汉界”，走出“信息孤岛”，克服“诸侯割据”等等。喜讯终于传来，2003年10月29－31日，由用户研究与服务专业委员会、上海市图书馆学会和上海图书馆联合主办的“长三角”图书馆文献信息服务培训班上爆出信息，长三角地区率先启动文献资源共建共享的“信息高速公路”平台。

此次培训班有来自长三角16个城市的公共图书馆和高校图书馆近60位馆长和信息工作人员参加，用户研究与服务专业委员会主任王世伟教授作了开幕致词，培训还专程请来了国家科技图书文献中心的专家陈道泉研究员为大家演讲了“网络环境下文献信息资源共建共享的有益实践”，文献提供中心和下属部门的领导以及读者服务中心网上联合知识导航站的张轶先生为各位学员做了精彩的演讲。

通过培训和与图书馆签订文献资源共建共享协议，在长三角地区，人们可以在网上“自由驰骋”，在当地的图书馆共享上海图书馆上海科技情报所丰富的馆藏资源和全方位的服务。

本次培训是长江三角洲地区公共图书馆与高校图书馆的信息联动，信息网络技术的发展为文献资源的共建共享提供了有力的支持，共建共享又是网络环境下文献信息资源的发展潮流，图书馆要发展，就应该置于全球经济一体化、长三角联动发展的背景下；探究图书馆发展的重心，也就应该放到提升区域经济实力的综合国力的高度来认识。

此次培训班只是个开始，今后还将继续举办类似的培训班和研讨会，未来的竞争是区域与区域的竞争，因此，长三角地区要想在未来的竞争中立于不败之地，信息资源一体化越来越重要，参加培训的馆长和信息工作人员都觉得此次培训相当及时与到位，满满的二天课程以及第三天参观学习浦东新区图书馆，学员纷纷表示满意，还说，厚厚的一本培训班资料，带回去之后还得好好的花时间“消化”呢！（学会秘书处）

【华东地区文献（情报）信息服务研讨会在上图举办】 为了进一步加强华东六省一市文献资源共建共享工作，用户研究与服务专业委员会、上海市科技情报学会与上海图书馆文献提供中心于2004年4月28日至30日联合策划举办了“华东地区文献（情报）信息服务研讨会”，本次研讨会旨在通过与会人员的学习与交流，加强地区信息资源合作，形成信息综合服务优势，使上海图书馆上海科技情报研究所文献资源得以充分利用，为当地企事业单位提供服务。

本次研讨会的64位代表不但来自华东地区，而且还吸引众多哈尔滨、长春、宁夏、云南、厦门等地图情机构的馆所长及信息服务人员。三天的研讨会分别由上海图书馆馆长助理周德明和信息咨询研究中心副主任石琦玥主持，讲课内容有王世伟主任《英国图书馆文献提供服务及其对我们的启示》、缪其浩副馆长《以文献为基础的分析研究》、王汉栋《信息咨询与研究业务交流》、陈顺忠《上海图书馆文献提供服务系统与电子商务》、彭伟《网络环境下的图书馆文献服务新趋势》、夏磊《上海图书馆馆际互借（ILL）服务介绍》、吴建新《专利文献馆藏及中国专利数据库》等。通过与会者的研讨和与图书馆签订文献资源共建共享协议，在华东地区的人们可以在网上“轻松”地共享上海图书馆上海科技情报所丰富的馆藏资源，享受文献提供、剪报产品、电子商务、馆际互借等服务。（学会秘书处）

【圆满主持和召开中国图书馆学会2004年年会第七会场会议】 中国图书馆学会2004年年会第七分会场会议于2004年7月25日下午在苏州图书馆培训楼103室举行。“信息咨询服务研究”的分会场主题吸引了众多的代表，讨论尚未开始，会场已是座无虚席，连发言席的座位也给热情的代表给占了，有的代表只能站着听讲。共有六位代表重点围绕文献提供、虚拟参考咨询两大方面进行了讨论和交流。本届用户研究与服务专业委员会主任、上海图书馆党委副书记王世伟和本届用户研究与服务专业委员会副主任、国家图书馆参考研究辅导部主任卢海燕分别就文献提供和虚拟参考咨询方面率先作了“网络环境下文献提供的实践探索”和“对数字环境下参考咨询服务的理性思考”的精彩演讲，苏州大学的秦丽雅同志、清华大学图书馆的韩丽凤同志、中山图书馆的莫少强馆长、福建师范大学信息管理系的张云瑾同志也在会上作了发言。本次分会场讨论的两个重点，都是当代图书馆用户研究与服务中的重点和难点。参加演讲的同志均作了充分的准备，进行了多媒体文本的演示，演讲的内容既有理论的深度，又紧密结合实际，进行了许案例的分析。同时，用户研究与专业委员会的许多委员，如刘慧娟、刘蜀仁、张伟云、李德戈、张奇等委员积极参与，保证了分会场学术交流与讨论的成功。（学会秘书处）

【积极策划和准备2005年用户研究与服务专业组学术会议】 在中国图书馆学会2004年年会期间，用户研究与服务专业委员会也利用会议间隙召开了专业委员会会议，初步商议决定在2005年4月下旬，在贵州师范大学图书馆召开“用户服务质量控制与评价”为主题的全国学术研究会。2004年10月通过《图书馆杂志》、上海图书馆学会刊物《工作通讯》（电子版）和本专业委员会的委员刊发了“中国图书馆学会2005年信息用户服务质量管理与评价学术研讨会征文通知”；2005年3月刊发了“中国图书馆学会2005年信息用户服务质量管理与评价学术研讨会会议通知”。在各位委员的努力下，通过各项前期工作的准备，该会将于4月20－23日如期在贵州举行。（学会秘书处）

【认真做好学会工作，积极开展用户培训】 本届用户研究与服务专业委员会还认真做好学会布置的工作。例如，蓝皮书的编撰工作、年鉴的编撰工作等。在读者服务方面，本届用户研究与服务专业委员会所在单位，都积极开展了各类用户培训，内容丰富：有针对馆员开展的为提高服务质量打基础的各类培训，如计算机环境下分类主题标引工作培训、数字资源建设规范与操作培训、电子资源著录规则和电子资源机读目录格式培训等；还有针对读者开展的引导读者利用图书馆资源的各类培训，如各种电子资源的专题培训等，受到了馆员和读者的欢迎，起到了应有的效果。（学会秘书处）

数字图书馆建设与研究专业委员会

【2004年数字图书馆前沿问题高级研讨班在深圳大学举办】 2004年6月23－25日，由中国图书馆学会数字图书馆建设与研究专业委员会和CALIS高等教育数字图书馆联盟共同主办的“2004年数字图书馆前沿问题高级研讨班”在深圳大学城图书馆举办。80多位国内从事全国性数字图书馆项目建设的负责人、研究人员和国外的数字图书馆研究人员，共同探讨了国内外数字图书馆发展现状、问题与趋势；数字图书馆的关键技术和难点；以及今后几年中数字图书馆项目内容和技术开发的合作与协调等问题。

研讨班采取专题报告、讲座和讨论的方式进行。高等教育文献保障系统管理中心副主任、中国图书馆学会常务理事兼学术委员会副主任和数字图书馆建设与研究专业委员会主任朱强全程主持了研讨班。国家科技图书文献中心主任袁海波、中国社会科学院文献信息中心副主任杨沛超、高等教育文献保障系统管理中心副主任陈凌出席会议并分别作相关的数字图书馆建设进展报告。会议特别邀请了来自美国的三位华人图书馆学者曾蕾、秦键、张甲就国外数字图书馆发展的前沿问题作了系列精彩讲座。另有上海图书馆、国家图书馆、清华大学图书馆及SUN 、ExLibris、北京中易等IT企业的代表作了演讲。来自内地和香港的一些大学图书馆、公共图书馆及其他图书馆的馆长或技术负责人共80多人参加了为期三天的研讨。

研讨班上演讲的内容丰富、新颖，涉及了当前数字图书馆建设与研究领域的许多前沿问题。其中，袁海波、杨沛超、陈凌的报告使听众了解了国家科技文献信息系统、社会科学院文献信息系统和高等学校图书馆系统在数字图书馆建设、资源共享等方面的现状、理念、经验及设想，便于从宏观上把握国内数字图书馆建设的大的形势；上海图书馆刘玮介绍了DC元数据研究与应用的演变和最新进展，并通报了该馆正在筹备的DCIM2004年会的情况；国家图书馆林世田介绍了该馆参与国际敦煌项目的情况；美国Sun miscorsystems公司大中华区行业总监林文熙、以色列ExLibris中国代表沈辅成、北京中易公司市场部经理兰飞的演讲分别就数字图书馆的开放体系结构、数字图书馆的服务门户、古籍文献的数字化加工（扫描、识别、大字符集汉字处理）等介绍了他们的解决方案。尤其是三位来自美国的华人图书馆学者的深入浅出的讲解，使大家对当前面临的一些困扰的问题有了答案，或受到了启发，或了解了具体的技术原理，或有了前瞻性的认识。他们的演讲按不同主题分为：（1）美国数字图书馆的发展现况、存在问题和发展动向，内容包括一些数字图书馆项目的介绍，相关标准包括元数据标准的应用问题，数字图书馆资源长期保存（Digital Preservation）、持久发展模式，把开放源码内容管理系统DSpace和Fedora用于数字型学术资料的保障系统和技术平台，计划、协调合作及其他做法和经验教训等；（2）数字信息的内容组织和管理的技术及措施，包括介绍语义网（Semantic Web）和实用分类系统（Ontologies）发展现状和趋势，分析语义网应用的几个例子，着重讨论了主要的技术和标准、对数字化图书馆的影响、以及目前的应用等；（3）高校图书馆参与数字化教学资源建设，包括高等教育随着网络和数字化图书馆的发展如何加大利用数字化教学资源的力度，图书馆如何参与计划、设计、实施数字化教学资源系统，以及加州大学圣巴巴拉分校的做法和经验的介绍等。

除了听讲，与会代表还围绕数字图书馆发展中的问题与趋势，数字图书馆当前的最新热点或难点，中国数字图书馆建设的特点、组织模式和服务模式，发展数字图书馆的主要障碍和解决办法，数字图书馆的近期目标和研究方向等进行了提问和讨论。研讨班结束时向参会者颁发了主办单位署名的结业证书。此外还组织参观了民营高科技企业华为3COM技术有限公司深圳基地，对该企业的网络通信产品、自动化物流管理和企业文化留下了深刻印象。

整个研讨班的内容和形式均受到与会者的欢迎，大家普遍反映“内容确属前沿”，“收获很大”；“形式活泼”，“比较民主”。大家还表达了类似的研讨班今后能够继续办下去的愿望。应与会者的要求，并征得演讲者的同意，主要的演讲内容已在深圳大学城图书馆的网页发布（URL：http：//lib. utsz. edu. cn/adl2004/index. html）。

古籍整理与文献保护专业委员会

【古籍整理学术委员会第二次工作会议召开】 中国图书馆学会专业委员会古籍整理学术委员会2003年2月23－25日在北京召开了第二次工作会议。本次会议就文化部财政部共同推出的“中华再造善本工程”明清时期书籍的选目之草稿，进行遴选和增删。与会者不仅有古籍整理学术委员会全体委员，还有文化部社会文化图书馆司副司长周小璞、国家图书馆的主管馆长杨炳延、张彦博、陈力，以及各典藏古籍较多的图书馆的古籍部负责人。会议对明清部分的选目的原则和标准进行了讨论，同时针对各馆的馆藏情况，对书目提出了切实的删改意见。在进行明清部分选目的同时，唐宋金元部分善本书提要的撰写工作将要逐渐展开，与会代表根据会议安排，对提要撰写的内容组成也进行了讨论。这是古籍整理专业委员会为结合“中华再造善本工程”而召开的扩大会议。（学会秘书处）

图书馆建筑与设备专业委员会

【年度工作会议召开】 为了总结2002年的工作，安排和落实2003年的工作计划，新年伊始即在浙江省宁波市召开专业委员会年度工作会议。会议对本专业委员会自2001年4月换届以来的工作进行了总结，对2003年加强专业委员会的学术交流，量力而行地推进各项工作进行了研究和安排。会议对新一届专业委员会坚持以国内图书馆建筑的强力需求为导向，充分联合社会力量，大力开展专业学术培训活动，同时，发挥各位委员的专业特长，广泛开展各类各级新建、扩建图书馆的专业咨询活动所取得的成效给予了充分的肯定，对2002年专业委员会的工作表示满意。

会议重点通报了举办“2003海峡两岸图书馆建筑研讨会”的设想及其前期筹备工作。各位与会委员一致同意“2003海峡两岸图书馆建筑研讨会”的宗旨、主题和筹备方案，并同意由中国科学院文献情报中心和本专业委员会联合主办这次研讨会。鉴于这次研讨会是对1999年5月在台北淡江大学图书馆召开的“1999海峡两岸图书馆建筑研讨会”的回应，也是首次在中国大陆地区举办这样的研讨会，所以，与会委员认为应以高起点、高标准，全力办好两岸图书馆建筑界的学术盛会，并表示要结合自身的研究，向大会提交高水平的学术论文，积极参加两岸四地的交流活动。工作会议还对专业委员会2003年的学术出版、专业培训和咨询活动计划作出了安排。（学会秘书处）

【成功举办“2003海峡两岸图书馆建筑研讨会”】 为了促进海峡两岸图书馆建筑领域的相互交流，共同探讨适应信息时代的图书馆建筑发展趋势，四年前，台湾淡江大学教育资料科学学系、淡江大学觉生纪念图书馆率先在台北成功主办了“1999海峡两岸图书馆建筑研讨会”，由此建立起两岸图书馆建筑领域的学术交流渠道和基础。进入新世纪以后，两岸图书馆建筑活动更是生气勃勃，方兴未艾。图书馆界、建筑界抑或各界主管部门的专家学者为现代图书馆建筑进行了艰辛的探索和有效的实践。作为对台湾同行和对近年来海峡两岸丰富多彩的图书馆建筑活动的积极回应，中国图书馆学会图书馆建筑与设备专业委员会和中国科学院文献情报中心于2003年12月3－5日在北京联合举办“2003海峡两岸图书馆建筑研讨会”。研讨会以“交流学术，推进合作，共享经验，探索创新”为宗旨，以“新图书馆建筑：科技·人文·交流”为主题，旨在继续推进海峡两岸图书馆建筑领域的交流与合作，进一步展示新世纪两岸图书馆建筑的发展成就与经验，深入探讨信息交流环境的巨大变化对图书馆建筑提出的各种新课题。

此次研讨会尽管受到SARS的冲击，不得不使会议延期举行，但仍然得到学界同仁的积极响应和大力支持。会议共收到海峡两岸图书馆和建筑学界提交的论文50余篇，其中台湾地区的12篇，大陆地区的42篇。来自台湾、澳门和大陆地区的100余位代表参加了研讨会。会议围绕新世纪图书馆建筑的变革与发展；科技·人文·交流的融合与图书馆建筑；图书馆建筑设计的新理念；信息环境、服务观念和功能的变化对图书馆建筑的影响；数字图书馆的发展与图书馆建筑的关系；图书馆建筑的文化特色和环境艺术；新设备、新材料、新技术、新工艺的应用与图书馆的人文特征；图书馆建筑标准、设计规范及其发展等广泛的热门话题进行了卓有成效的研讨与交流。

中国科学院副秘书长郭华东、中国图书馆学会副理事长兼学术委员会主任吴慰慈、中国图书馆学会秘书长汤更生出席了研讨会。（学会秘书处）

【编辑出版《2003海峡两岸图书馆建筑设计论文集》】 2003海峡两岸图书馆建筑研讨会共收到图书馆和建筑学界提交的论文50余篇，其中台湾地区的12篇，大陆地区的42篇。研究涉及图书馆建筑的变革与发展；图书馆建筑设计的新理念；信息环境、服务观念和功能的变化对图书馆建筑的影响；数字图书馆的发展与图书馆建筑的关系；图书馆建筑的文化特色和环境艺术；新设备、新材料、新技术、新工艺的应用与图书馆的人文特征；图书馆建筑标准、设计规范及其发展，以及其他相关研究，内容丰富，虚实皆有。为了既便于研讨会上的交流，又能使这些研究成果传播出去，在业界起到广泛交流的作用，研讨会组委会决定编辑出版《2003海峡两岸图书馆建筑设计论文集》，并专门成立了论文集编辑委员会。论文集由戴利华主编，北京图书馆出版社正式出版。（学会秘书处）

【联合主办“现代图书馆功能与环境设计国际研讨会”】 人类进入了新的世纪，知识经济时代数字化、网络化技术的迅猛发展，对现代图书馆的服务功能提出了新的要求和挑战，这就要求图书馆建筑一方面要适应现代信息环境下读者（用户）利用信息的种种新要求；另一方面要求图书馆建筑不断强化自身的精神功能，现代图书馆不但是供人们寻求知识和获取信息的场所，更应成为人们陶冶情操、交流思想和文化休闲的乐园。所以以人为本，创造优美的内外环境，以满足人们的审美要求和精神享受，成为新世纪图书馆建筑的重要任务。为了借鉴世界发达国家和地区图书馆建设的先进经验，提高我国图书馆建筑的环境设计和建设水平，中国图书馆学会图书馆建筑与设备专业委员会和浙江省图书馆学会、南京洪范图书馆设计研究中心合作，于2003年11月11－13日在杭州举办了“现代图书馆功能与环境设计国际研讨会”。会议邀请意大利、加拿大、德国、澳大利亚等国的环境设计师和多名国内图书馆专家、建筑设计师作了专题报告。来自全国图书馆界、建筑界的代表200余人参加了研讨会。会议对正在新建和筹建新馆的各类图书馆增强环境设计意识起到了积极的作用。（学会秘书处）

【编辑出版《中国图书馆建筑研究跨世纪文集》】 为了汇集当代中国图书馆建筑研究的精彩论述，满足新世纪日益高涨的新馆建设对该领域理论研究和实践总结参考的需要，由广东省立中山图书馆编辑，北京图书馆出版社出版了《中国图书馆建筑研究跨世纪文集》。该文集收录了80年代末至2003年国内刊物上发表的有关图书馆建筑的论文126篇，内容涵盖了图书馆建筑的理论与规范，图书馆建筑工程管理及用后评估，图书馆建筑的发展历史与民族、地方特色，图书馆建筑设计，图书馆建筑的智能化与综合布线，图书馆建筑美学、环境与家具，公共图书馆建筑，高校图书馆建筑，有关图书馆建筑的学术活动，图书馆建筑研究的对外交流与借鉴等各个方面。该文集由李明华、李昭醇、赵雷主编。

该文集的编辑出版，不仅是对跨世

纪的近25年我国有关图书馆建筑领域研究的全面回顾与总结，更是为新世纪初空前规模的新馆建设热潮提供了理论支持和实践指导，同时也为进一步开展相关研究提供了参考资料。（学会秘书处）

【专业培训】 2003年继续委托杭州时代图书馆建设咨询公司在杭州举办“全国图书馆建设高级研修班”一期，41名图书馆馆长、建筑师参加了培训。研修班采取专题报告、案例分析、咨询答疑和专业参观相结合的方式，形式活泼，内容丰富，效果较好，反映积极。另外，2003年本专业委员会委员在各种培训班、研讨班作专题讲座20余次，收到了很好的社会效果。（学会秘书处）

【专业咨询】 继续发挥各位委员的专业优势，积极参加图书馆建筑咨询活动。本专业委员会成员分布全国各地，又具有各自的专业优势和图书馆建设的经验，参加建筑咨询活动是本专业委员会的特色和最活跃因子。据不完全统计，本专业委员会成员先后参与了首都图书馆二期规划、深圳图书馆家具规划、吉利大学图书馆建设方案等二十多个图书馆的方案论证、招标投标和项目咨询等活动，利用接待来访进行专业咨询的更是不计其数，为我国各类各级图书馆的建设贡献了微薄之力。（学会秘书处）

地方文献专业委员会

【地方文献研究概述】 2003—2004年国内有关图书馆地方文献及地方文献工作的研究依然是图书馆学界的热门话题之一。除2004年6月在甘肃敦煌召开的“地方文献工作经验交流及学术研讨会”和同年10月在北京召开的“地方文献国际学术研讨会”外，全国图书馆界公开发表的相关论文，2003年约100余篇，2004年约80余篇，其中2003年是历年来发表地方文献研究论述最多的一年。纵观两年来的研究成果，除对以往关注较多的研究领域，如地方文献的收集、整理、开发、利用、数据库建设、网络环境下的地方文献工作等进行了更深入、新理念的研究和探讨外，还表现出以下三个显著特点：①民族地方文献得到广泛的重视。发表相关论文约30余篇，占总数的六分之一左右，内容涉及民族地方文献的收集、整理、开发、利用、数字化建设等方面，研究范围主要集中在西部少数民族地区，特别是2003年的《内蒙古图书馆工作》发表了约9篇各旗、市、县关于民族地方文献的论述。②地方文献工作向基层延伸，发表相关论文约26篇，占总数的七分之一左右。在这些著述中，明确了地（市）县图书馆的地方文献工作是省（市）馆地方文献建设的得力助手、基地站和中介桥梁；探讨了地（市）县图书馆在地方文献的征集、管理和数据库建设等方面存在的问题和解决方法；强调指出地（市）县级图书馆的地方文献工作应充分发挥自己在全市、全省乃至全国文献资源共建与共享的作用。③随着数字化、网络化的文献资源建设和信息服务的发展，MARC这种针对印刷型文献而设计的元数据体系，表现出越来越多的局限性，一种新的元数据体系DC（即Dublin Core Element Set都柏林核心元素集）在图书、情报及信息管理领域中正成为人们目光的焦点。这类专业性很强的论述发表的较少，代表作有：广州图书馆魏文晖先生的《DC元数据在特种地方文献著录中的应用》和河池学院李波先生的《基于DC与RDF的数字化地方文献资源描述》。他们用具体实现对DC与MARC在特种地方文献著录方式等方面进行了比较分析，认为DC对于特种地方文献著录而言，具有适用范围广，著录简洁易于掌握、提示内容广、标引深度大、检索效率高的特点，其目的是寻找一种更适合于揭示特种地方文献的著录方法。（岳庆艳）

【地方文献国际学术研讨会】 国家图书馆主办的“地方文献国际学术研讨会”于2004年10月12日—10月14日在北京召开。来自海内外70多所地方文献收藏及研究机构的150多位学者和从业人员出席了会议，其中海外代表11人，他们来自中国的台湾、香港，以及加拿大、美国、法国等国家和地区。除国家图书馆外，海内外的代表来自32个公共图书馆，9个大学及研究机构图书馆，23所大学及研究机构，12个地方志编纂委员会、办公室及专业学会，另外还有各级档案馆、博物馆和家谱网站、出版社及公司。

这次会议以“地方文献的收集、整理、研究和利用”为主题。会议共收到论文110多篇，会议议程全部采取大会发言、现场提问和答辩的形式。论文和现场研讨中普遍引起关注的问题，主要集中在三个方面：①关于地方文献收藏与利用的思考；②地方文献的数字化及资源共享；③对各种地方文献的成书过程、版本流传、编著者以及内容价值的专题研究等等。

国家图书馆举办的这次国际学术研讨会，打破了历来图书馆界、学术研究界各自开会研讨的界限束缚，使得地方文献的收藏者、研究者和利用者聚集一堂。经过热烈的研讨和广泛的交流，总结了最新学术研究成果，展示了近年来地方文献工作实践的最新进展，探讨了目前面临的问题及其对策，为图书馆、档案馆、博物馆与学术界之间的进一步沟通与合作提供了一次难得的对话机会，对促进地方文献在社会发展、经济建设中发挥更大作用起到了积极推进效果。（岳庆艳）

【2004年全国省、市、自治区、计划单列市图书馆地方文献工作调查总结】 1982年文化部公布的《关于省（自治区、市）图书馆工作条例》规定省级图书馆的主要任务之一是“搜集、整理与保存文化典籍和地方文献，”要求“本省（自治区）的正式出版物和地方文献资料应尽量收集。”。1994年、1998年、2003年的全国公共图书馆评估指标中，又特设立了地方文献专项指标。为此，全国各省、市、自治区图书馆都根据条例要求，结合本地区需要和特点，有计划、有目的地开始重视加强地方文献工作，无论在基础业务方面，还是在服务领域都取得了可喜的成绩，有力地支持了地方经济建设和社会进步。同时，为适应信息技术发展，有些图书馆开始了对地方文献工作现代化和文献资源数字化的探索，我国的地方文献工作正在步入一个新的发展阶段。但是在工作转型过程中，也存在一些值得

探讨的问题，如各地重视程度不同，工作发展不平衡；对地方文献的概念认识不一致，收藏范围有差异；地方文献整理工作缺乏统一的标准和规范，影响文献数字化建设；馆于馆之间沟通不畅，制约资源共享等。针对这种情况，为了全面掌握全国各地图书馆地方文献工作的基本情况，给领导决策和研究工作者提供第一手资料，中国图书馆学会地方文献工作研究专业委员会委托甘肃省图书馆历史文献部对全国省、市、自治区、计划单列市图书馆地方文献工作基本情况进行了调查，2003年4月发放调查表49份，2004年2月再次向没有反馈信息的馆发放调查表，至2004年4月共收到调查表18份，回收率为三分之一。（学会秘书处）

【2004年全国地方文献工作调查——地方文献概念】 1、地方文献收藏的地域范围：十八个图书馆中，甘肃省图书馆是以西北的陕西、甘肃、宁夏、青海、新疆五省（区）为收藏范围；广东中山图书馆是以广东、海南、港澳地区作为自己的地方文献收藏范围。其余十六馆都是以本省、本地区为收藏范围。2、地方文献的组成部分：在十八个馆中除首都图书馆、浙江图书馆、甘肃省馆、陕西省馆以外，其余十四馆都将地方出版物、地方人氏著作作为地方文献的组成部分。（学会秘书处）

【2004年全国地方文献工作调查——地方文献工作】 在地方文献工作中，采、编、流自成体系，并使用地方文献专用分类表的仅有首都图书馆。其余各馆均采用《中国图书馆图书分类法》类分图书。设立地方文献设专藏的有十七个馆：广东中山馆1941年设立、甘肃省馆1944年设立、首都馆1958年设立，湖南馆、河南馆于上世纪80年代设立，90年代在全国公共图书馆评估标准的要求下各省、市图书馆纷纷成立了地方文献工作机构，18份调查表中1995——1998年设立专藏的有8个馆，2002年设立的有1个馆。尚有3个馆没有标明专藏的设立年代。（学会秘书处）

【2004年全国地方文献工作调查——数据库建设和馆藏地方文献数字化建设】 随着计算机在图书馆的应用，地方文献工作自动化已经提上议事日程，并开始逐步实施。不少图书馆把地方文献数据库建设作为馆藏文献自动化的重点。统计表中已经完成和即将建成地方文献书目数据库有11个馆。其中2002年12月首都馆启动的《北京记忆》大型多媒体资源数据库及网站，是全国第一家以保护和传播地方文化为宗旨的数据库工程。2001年甘肃省馆启动的，拟联合西北五省区图书馆建设《西北地方文献书目提要数据库》被列为甘肃省“科教兴省”省长基金项目。广东中山馆上网的地方文献专题网页有子栏目14个。湖南省馆建成以地方文献为主体的网页《地方文献长廊》目前共设有“湖南地方文献”、“湖湘人物”、“地方报纸重要信息索引”等21个子栏目。这些数据库的建设，已构建出地方文献网络资源建设的初步框架，为今后全面展开地方文献专题数据库建设进行了有益的探索。（学会秘书处）

【2004年全国地方文献工作调查——地方文献工作队伍建设】 在统计表中，除一馆人员统计有误外，17馆共有工作人员128人。（学会秘书处）

【2004年全国地方文献工作调查——调查工作中值得探讨的问题】 调查表中所列的项目较多，内容较细，但反馈率不高，根据已收到的反馈信息看，有以下诸问题值得大家共同探讨，以达成共识，为进一步完善调查工作打下基础。

1. 地方文献基础理论研究问题，特别是收录范围和入藏内容问题。

2. 地方文献工作的标准化和规范化问题。

3. 地方文献数字化和数据库的共建共享问题。

4. 地方文献开发利用问题。

5. 地方文献工作与地方社会、经济、文化的发展关系。

对全国省、市、自治区、计划单列市图书馆地方文献工作基本情况进行调查，是本届地方文献工作研究专业委员会的工作要点。委员会意图通过调查，全面地总结地方文献工作经验，分析目前地方文献工作中存在的问题，形成专题报告，以此为领导决策和制定科学的发展规划提供依据，为今后工作规范标准化和开展理论研究提供参考。（学会秘书处）

【成功召开“地方文献工作经验交流及学术研讨会”】 受中国图书馆学会地方文献研究专业委员会的委托，由甘肃省图书馆承办的“地方文献工作经验交流及学术研讨会”，于2004年6月7日至9日在甘肃西部的文化名城——敦煌召开。参加会议的有国家图书馆分馆、上海图书馆、浙江图书馆、山西图书馆、广东中山图书馆、河南图书馆、新疆图书馆、杭州图书馆及甘肃图书馆等的20余位地方文献工作者，会议共提交论文15篇，大家就共同关心的问题进行了交流和探讨。

1. 甘肃省图书馆通报对“全国省、市、自治区、计划单列市图书馆地方文献工作基本情况”的调查结果。

2. 在理论探讨方面，就地方文献的概念、地方文献数字化建设的规范化、标准化问题以及建立地方文献保障体系的问题进行了广泛而深入的探讨。

3. 在实际工作中，建议文化部就有关地方文献的概念加以澄清、界定，以利评估定级工作的开展；建议以文化部社图司或中国图书馆学会名义出面组织对全国省、市、自治区、计划单列市公共图书馆地方文献工作基本情况的调查工作；建议各馆之间开展地方文献工作实践和理论研究的协作，并根据需要拟定具体的合作项目。研讨会的具体情况，参见后附会议纪要。

4. 建议举行年会。由于本次会议是和甘肃省图书馆承办的“2004年全国图书馆古籍工作年会”联袂举行，获得了两会代表的普遍好评，被誉为是“甘肃模式”。鉴于不少馆古籍文献和地方文献的工作机构相互重叠，而古籍文献和地方文献相互联系又比较紧密，所以这种模式便于组织，亦可提高功效，达到事半功倍的效果。会议初步确定2005年以同样的模式在浙江召开地方文献工作年会和古籍工作年会。（学会秘书处）

社区和乡镇图书馆专业委员会

【第三届中国社区乡镇图书馆发展战略研讨会成功召开】 “中国图书馆学会第三届中国社区乡镇图书馆发展战略研讨会”于2003年9月10日—15日在风景绮丽的湖北省神农架林区隆重举行。

这是中国图书馆学会社区乡镇图书馆专业委员会成立后，我国图书馆业内专题研讨会中规模较大，影响较广的一次学术性会议，其目的是通过互相交流、探讨，总结社区乡镇图书馆发展的实践经验，为新时期社区乡镇图书馆可持续发展奠定良好的理论基础，促进社区乡镇图书馆事业的发展，迎接社会主义发展新阶段小康社会的挑战。

2003年初，中国图书馆学会向各地图书馆学会下发了“第三届中国社区乡镇图书馆发展战略研讨会的”征文通知。征文活动得到了全国公共图书馆，特别是基层图书馆的高度重视和热情支持，全国共有200余家图书馆，335人次参加了这一征文活动，共征集到论文近281篇。经过专家评审组从选题、观点、结构、论证、写作方法等方面进行了初评、复评。共评出获奖论文129篇，其中一等奖37篇，二等奖39篇，三等奖53篇。

综合社区乡镇图书馆专业委员会各位委员的意见，本届入选论文按将自愿结集出版的原则，编辑了题为《数字时代的图书馆——社区图书馆建设》论文集作为向大会的献礼。

在历时四天的“第三届中国社区乡镇图书馆发展战略研讨会”闭幕式上，中国图书馆学会社区乡镇图书馆专业委员会主任委员黄丽华对本次会议做了深刻的总结。她用“多、高、精、美”四个字的引申义对本次会议进行了概括的总结。

“多”是本次会议突出的特点之一。参会人数多；参会的馆长多；学会秘书长多；参会的省份多。

“高”是本次会议的特点之二。参会代表对事业高度负责的敬业精神值得高度赞扬；学术氛围浓厚，研讨劲头高涨；学术报告水平高。

“精”是本次会议的特点之三。本次会议论文的评审和评奖工作可以用精益求精来加以肯定；会议编辑的论文集无论是排版、设计、纸张的选择，还是编辑的整体能力水平等都是无可挑剔的，堪称本次会议的一个精品。

“美”是本次会议的特点之四。会议的承办者即湖北省图书馆学会、湖北省图书馆为本次会议投入了辛勤的汗水、巨大的能力，可以用尽心尽力、尽职尽责、尽善尽美、尽如人意，完美无缺来加以形容和表述；与会代表的热情参与、良好的会风给会议组织者和承办者都留下了极其深刻的印象；具有民族特色的神农架林区鼓舞团的精美演出令大家十分惊喜的欣赏到了艺术的美、原始的美、创作的美，更体会到了什么是民族的，什么是世界的含义。

因此，我们可以说本次会议是一次完美无缺、令人难以忘怀的一次专业学术研讨会。（黄丽华）

【“第三届中国社区乡镇图书馆发展战略研讨会”学术论文情况】

（1）社区乡镇图书馆的社会地位与作用

近年来，随着我国现代化建设进入全面建设小康社会阶段，努力满足广大基层群众日益增长的精神文化需求，提高社区乡镇图书馆的地位，发挥其作用成为大家的热点论题。这类专题论文共65篇。大家对社区乡镇图书馆的概念、内涵、定位、发展趋势、存在问题及对策进行了探讨。

（2）社区乡镇图书馆的实践与经验

社区乡镇图书馆在我国的文明进步和全面发展方面做出了积极贡献。但审视现实，我们又必须清楚地看到，在我国图书馆事业整体发展进程中，社区乡镇图书馆仍是最薄弱的环节，“数量太少，设施简陋，人员素质低，办馆效益差”，“创建不易、巩固与发展更难”，这些都是社区乡镇图书馆建设迫切需要解决的问题。此类文章有50篇。很多作者能够立足本地实际，调查研究，客观而清醒地认识问题，分析问题的本质，提出解决问题的思路与办法。大家认识到社区乡镇图书馆各种体制、不同形式、不同隶属关系的情形将长期共存、共同发展，共同为我国社会进步和经济 繁荣作出积极贡献。

（3）社区乡镇图书馆的用户服务研究

新时期如何在现有基础上进一步加快图书馆事业的建设与发展，保障基层群众能够方便、快捷地享有知识信息服务，丰富精神文化生活，已成为摆在我们图书馆工作者面前的一个亟待解决的问题。随着社区乡镇图书馆（室）服务职能的不断拓展与延伸，使许多论文作者对基层服务方式、手段的理解更为全面、深刻。作者们普通认为：社区乡镇图书馆（室）服务对象的广泛性，服务内容的普及性，服务方式的多样性，服务时间的灵活性，使其以特有地域亲和力和就近方便的服务优势是其他图书馆难以比拟的。

（4）社区乡镇图书馆数字化建设与“文化信息共享工程”

“共享工程”的实施，是将全国优秀文化精品数字化，通过卫星、网络等传输手段，开辟一个不受地域、时空限制的文化传播渠道。让文化精品走进千家万户，对于发挥文化系统整体优势，增强文化单位的吸引力和活力，对于迅速扭转我国基层广大地区特别是中西部贫困地区的信息匮乏，文化生活贫乏落后的状况将起到重要作用。此类文章篇。大家还对社区乡镇图书馆（室）数字化发展的定位、构建、发展前景、数字资源共享等问题进行了探讨。

（5）社区乡镇图书馆管理人才与其它

一支有事业心，具有较高政治素质与业务素质的图书馆管理员队伍是办好社区乡镇图书馆的重要保证，图书馆（室）工作人员的精神状态和素质会影响其图书馆功能的发挥。此类文章有28篇。作者们普遍认识到：社区乡镇图书馆（室）的建设的途径有多种，管理体制可以不拘一格。关键在于能否因地制宜，制订符合实际的发展策略。把握发展的大好机遇。真正实现社区乡镇图书馆的突破性、跨越性发展，必须着力加强基本阵地、基本队伍、基本活动内容、基本活动方式的建设。这是社区乡镇图书馆建设的根本，是事业走向发展的关键。社区乡镇图书馆应遵循统一规划、合理布局、自愿自主、稳定发展；密切联系、协调合作；城乡结合、资源共享的原则，结合各地实际，依靠政府、集体、个人及社会各界力量共同兴办，社区乡镇图书馆发展的良好局面必将形成。(黄丽华)

【中国图书馆学会社区乡镇图书馆专业委员会寻求多渠道办馆模式】 随着我国现代化建设进入全面建设小康社会阶段，图书馆事业建设面临着重要的发展机遇和有机时机，我们要抓住机遇，以中国图书馆学会第三届社区乡镇图书馆发展战略研讨会为契机，继续探讨与总结以往的经验和教训，在努力探索符合国情的社区乡镇图书馆发展道路上，本委员会借助和发挥本委员会委员的作用，利用健华图书馆的优势，发展我国社区乡镇图书馆事业。

健华图书馆是由美国加州华人社团" 圣峪中华文化协会健华社"（Cultural Exchange Committee of the San Fernando Valley Chinese Cultural Association）（非盈利组织基金会）与中国乡镇政府共建的乡镇公共图书馆。建馆的宗旨是：为中国较贫困地区（老区、少数民族地区、边区、贫穷地区，简称为老少边穷地区）的乡村民众提供文化学习，吸收知识，获取信息的场所。这些地区的民众往往因为经济不发达，乡镇财政在短期内无法建立图书馆，而不能享受最基本的文化需求与信息需求。健华社采取在一定年限内提供一定的书刊经费，而接受资助的乡镇则需提供馆舍、设备、人员、日常运行等费用。并在资助期满后承担图书馆的书刊经费。自 1990 年第一所健华图书馆在中国浙江省建德县乾潭镇建立以来至今已建立健华图书馆 44 所，遍及中国北至黑龙江，西至新疆，南至云南 16 个省市自治区的 31 个乡、镇、村。为中国农村地区的三个文明建设——精神文明、物质文明、政治文明——发挥出积极作用。许多健华图书馆成为各所在县市的先进乡镇图书馆，受到了当地人民群众的欢迎。自中国图书馆学会社区乡镇图书馆专业委员会成立以来，就将健华图书馆在中国的工作由本委员会承担，并委托本委员会副主任委员、浙江省图书馆原副馆长王效良同志承担。目前工作正在健康的发展。(黄丽华)

【第四届中国社区乡镇图书馆发展战略研讨会在深圳召开】 “第四届中国社区乡镇图书馆发展战略研讨会”是由中国图书馆学会社区乡镇图书馆专业委员会主办，广东省图书馆学会、深圳图书情报学会协办，深圳图书情报学会承办的，会议于 2004 年 12 月上旬在深圳召开。全国社区图书馆理论研究专家、图书馆管理者和关注社区、乡镇、街道图书馆发展的图书馆界同仁云集深圳，共同探讨社区、乡镇、街道图书馆发展中的理论与实践问题，增进同行间的相互了解与交流。

本次会议主题：建设社区乡镇图书馆——步入学习型社会。

分主题：1. 社区乡镇图书馆发展与全面建设小康社会；2. 社区乡镇图书馆在建设学习型社会中的作用；3. 社区乡镇图书馆与社区乡镇文化工作；4. 社区乡镇图书馆与文化信息资源共享工程；5. 社区乡镇图书馆的文献信息资源建设；6. 社区乡镇图书馆的读者服务工作；7. 新技术在社区乡镇图书馆的应用；8. 社区乡镇图书馆的管理模式及人才培养。

本次会议设优秀论文一等奖、二等奖，并颁发优秀论文证书。并在入选论文中选择部分较好的论文结集正式出版，作为大会交流的资料，在研讨会期间发放。(黄丽华)

少年儿童图书馆专业委员会

【全国少年儿童图书馆建设理论研讨会在扬州召开】 2004 年 5 月 19 - 22 日，由少年儿童图书馆专业委员会、江苏省图书馆学会和扬州市关心下一代工作委员会主办、扬州市少儿图书馆承办的“全国少年儿童图书馆建设理论研讨会”在扬州召开。来自全国 17 个省（市、区）的代表 120 余人出席了会议。大会期间沈建勤、李春红、劳丽达、欧阳军、雷树德、宁英杰、王长庆、杨桃等 8 位少年儿童图书馆馆长进行专题发言。研讨会收到论文 500 余篇，共评出一等奖 20 篇、二等奖 56 篇、三等奖 117 篇，并结集出版了《发展中的少儿图书馆建设》。

【2004 华东少图协及上海市图书馆学会少儿专业委员会积极开展工作】 华东地区少儿图书馆事业在各省市文化主管部门的大力支持下，在华东地区少儿图书馆同仁的共同努力下，有了长足发展，目前，华东地区已构筑起完善的省市地县少儿图书馆网络体系，从而为进一步发展少儿图书馆事业，全面实施对为未成年人的公民道德建设提供了扎实的基础，在推动事业发展的同时，我们始终坚持理论源于实践、指导实践的原则，上海少年儿童图书馆作为华东少图协的主任馆，根据中国图书馆学会的指示精神，与华东其他省市少儿图书馆共同合作，积极开展华东地区少儿图书馆学术理论研究，形成浓郁的学术氛围。

我们每二年第一年召开华东地区主任馆预备会议，会议按照时代发展要求和事业发展的特点研究确定研讨会主题及论文研究课题，并就举办华东地区少年儿童图书馆年会即学术研讨会的具体事项达成共识，在此基础上，各省市少儿图书馆积极发动本地区少儿图书馆围绕研讨论题积极撰写论文，交大会评选，出版专集，第二年召开华东少图协年会，上海少年儿童图书馆作为主任馆具体负责华东少图协秘书工作，浙江、江西、江苏、安徽、山东、福建等省市由一个省级或副省级少儿图书馆作为副主任馆轮流负责召开华东少图协年会。

2003 年我们在山东省济南市召开 2003 年华东少图协年会暨学术研讨会，由山东省图书馆承办。会议上对近两年华东地区少儿图书馆事业进行了总结，指出：在十六大精神指引下，华东地区少儿图书馆在各级领导的关心支持下，努力实践“三个代表”重要思想，与时俱进，积极开拓，不断加强自身建设，大力传播先进文化，积极开展对少年儿童进行爱国主义教育和科学文化知识教育，在培养社会主义一代新人，尤其随着科学技术的飞速发展，华东地区各级少儿图书馆广泛运用网络技术，加强数字化建设搭建服务平台，服务水平得到全面提升，近年来，华东地区各级少儿图书馆十分注重理论研究，积极开展学术研讨，不断更新观念，广泛运用新观点、新思路，确立新理念，推出新方法，形成良好的学术研究氛围，在推动地区精神文明建设，建设学习型城区等方面都发挥了积极的作用，取得了可喜的成绩。在本次年会上，馆长们就“少儿图书馆人力资源管理的现状和对策”展开深入的讨论，大家针对当前少儿图书馆人力资源的现状提出自己的观点，一致认为在新形势下，必须加强少儿图书馆人力资源建设，构筑少儿图书馆人才高地，以便进一步推动少儿图书馆事业发展。上海、厦门、安徽、江苏、杭州等省市少儿图书馆馆长分别主持了专题讨论，代表们围绕“网络环境下的文献资源整合和利用”，“人性化服务在少儿图书馆服务工作的体现”，“少儿图书馆在推进学习型城区建设中的地位与作用”，“传统服务与现代服务的有机结合”等课题展开广泛的研讨。大家一致认为少儿图书馆必须实施人性化服务“读者第一，服务第一”的理念在少儿图书馆服务工作中得到全面体现。大家还指出，在网络环境下，华东地区各级少儿图书馆必须加强网上联合，加快文献资源的开发和利用，从而实现资源共享，在网上为少年儿童开辟阅读新天地。

会议决定，2005 年华东少图协年会由上海少年儿童图书馆承办，大会举行了交接仪式，上海文化广播影视管理局社文处副处长刘晓南代表上海文化广播影视管理局及上海全体少儿图书馆工作者在会上充满信心地表示“上海市少儿图书馆工作者将全心全力努力召开最成功的一次年会，东方明珠露出热情的微笑，迎接华东地区各级工作者的到来”。

实践证明，定期举办地区性少儿图书馆学术理论研讨会是推动地区事业发展、提升地区少图工作者学术理论水平的有效举措，同时，经过交流促进了各省市少图工作者的了解。我们还邀请三北、中西南地区的少儿图书馆同仁参加我们的年会，为我们传经送宝，同时，我们华东地区少图协还组织本地区各省市少儿图书馆积极参加兄弟地区少图协年会，学习和汲取兄弟地区的先进经验，促进了全国各省市少儿图书馆的相互交流和合作，携手共进，推进全国少年儿童图书馆事业发展。

长期以来，我们华东地区少儿图书馆在努力组织地区性学术理论研讨会的同时，华东各省市少儿图书馆还积极开展本省市的学术研究活动，我们上海少年儿童图书馆每年举办一次全市少儿图书馆学术研讨会，2003 年结合上海地区少儿图书馆事业发展的特点和读者工作深化的要求，我们拟定如何在读者服务工作中实施人性化服务、网络环境下少儿图书馆的资源共建共享、如何搞好参考咨询服务、当代少年儿童的阅读心理及需求等论题，举行了上海市少儿图书馆业务理论研讨会，与会者本着对少年儿童成长的关心，对少儿图书馆事业发展的拳拳之心围绕这些问题展开探讨。

不少同志提出，图书馆实施人本管理很早以前就由美国图书馆学家杜威提出，由于种种原因，我国图书馆人本管理的实施起步较晚，今天随着图书馆事业的发展，在图书馆实施人本管理已成为必须实施的严肃课题，而要使人性化服务在少儿图书馆得到最佳效应，我们的图书馆馆员必须要从小读者的角度出发考虑图书馆的一切工作。从少儿图书馆人性化方面考虑有四点：一、环境布置：站在少儿角度去考虑，不能从成人角度去考虑，如，色彩方面、墙面处理、阅览设计要大小分开，以便让孩子能充分发挥自己的想象力，尽量让他们展开讨论。二、图书设备的人性化：配备阅览桌或书架要错落有致，适合各年龄层次。要符合少儿的生理特点和心理特点。三、服务功能人性化：按年龄层次服务现增加需求层次服务。需求层次服务要赋予新的内容，功能符合社会要求，按时代发展来改变功能。四、服务方式的人性化：服务态度要人性化，要进行情感交流：平、善、亲。

长宁少儿图书馆提出，在当前形势下必须尽快建立一个上海地区少儿馆文献资源共建共享协调机构，对少儿馆文献资源共建共享工作进行总体规划和布局，有计划、有步骤地开展区域间网络联合，网络环境下少儿文献资源基础建设有三个条件：一、硬件设施：经费投入、添置硬件设备及相关软件。二、文献资源建设有直接引人设置好的电子文件、购买数据库、整合网上资源三种。三、专业队伍需要引进专业人员。

当前，少儿图书馆的参考咨询工作仍是一个空白点，但是，随着小读者的智力发展，小读者的阅读需求越来越广泛，他们在阅读中遇到许多困惑和问题，需要图书馆工作者为他们释疑解难，所以，参考咨询是图书馆业务工作的重要方面，是开展知识导航的必要手段。与会者认为少儿图书馆的参考咨询工作应随着社会的需要不断壮大和拓展，为了保证咨询工作质量，在人员配备上，可以充分利用社会人力资源，组成少儿图书馆参考咨询工作志愿者队伍或成立咨询顾问团、咨询指导委员会。图书馆参考咨询工作有四种：一、馆内一般咨询：容易解决的问题，二、借阅辅导：为少儿选择书籍。教会读者如何排书，如何索书。三、利用图书资源宣传：组织区域儿童进行利用图书馆知识介绍。四、解答业务咨询：专题推荐书目。从而使少儿图书馆真正成为少儿悦读的“天堂”。

开展群众性的大型读书活动是少儿图书馆读者工作的重要方式，也是图书馆营销手段，通过读书活动，推广少儿图书馆，使小读者了解少儿图书馆，少儿图书馆的读书活动必须要以读书为主线，以达到宣传和推荐优秀读物。上海地区少儿图书馆大型读书活动搞的有声有色，寓教育乐，利用各种形式对少年儿童进行革命理想教育和科学文化知识教育，取得了良好的社会效应，在新形势下，少儿图书馆读书活动如何进一步创新，是少儿图书馆工作者正在思索的问题。

在研讨会上，与会者畅所欲言，各抒己见，从“一切为了孩子；为了一切孩子；为了孩子的一切”的角度出发，深入探讨在新形势下如何进一步搞好少儿图书馆工作，这些观点集中了上海地区少儿图书馆工作者长期实践的宝贵经验和理论财富，它将为不断推动上海地区少儿图书馆事业发展开创少儿图书馆工作新局面发挥指导作用。

今后我们将一如既往落实贯彻中国图书馆学会的有关精神，同时也希望中国图书馆学会不断加强对我们华东少图协的指导力度，以便我们更有效、更深入地开展学术理论研究活动，不断把握少儿图书馆事业发展规律，进一步推动少儿图书馆事业发展。（学会秘书处）

专业学术会议

中国图书馆学会2004年年会暨学会成立25周年纪念大会

中国图书馆学会2004年年会暨学会成立25周年纪念大会于2004年7月23日至26日在江苏省苏州市隆重举行。本届年会由中国图书馆学会、苏州市人民政府主办，苏州市文化广播电视管理局承办，苏州图书馆协办。来自全国各地图书馆、澳门特别行政区、韩国、美国、日本、马来西亚、沙特等国的1100名代表出席了会议。

千人盛会　隆重开幕

中国图书馆学会常务副理事长、国家图书馆党委书记、副馆长詹福瑞主持了大会的开幕式。中国图书馆学会理事长、文化部副部长周和平，中国科学技术协会学会学术部部长马阳，苏州市委副书记杜国玲，文化部社文图司副司长刘小琴，江苏省文化厅副厅长王慧芬等领导，以及韩国图书馆协会代表团团长韩相完和美国华人图书馆员协会执行理事长曾程双修出席了会议。

周和平副部长首先致辞。他在回顾了中国图书馆事业的百年历史后指出，图书馆应在科学发展观的指导下，不断提高服务水平，满足老百姓不断增长的精神文化需求、在提高全民族思想道德水平方面发挥重要作用。中国图书馆学会将在组织、协调、沟通等方面继续发挥应有的作用，进一步团结全国图书馆工作者，促进图书馆事业的快速健康发展。

中国科协学会学术部马阳部长代表中国科协致辞，希望中国图书馆学会团结广大会员和图书馆工作者，为我国图书馆事业的发展做出新的贡献。

杜国玲副书记、王慧芬副厅长、韩相完先生、曾程双修女士也分别致辞。曾程双修女士还代表美国华人图书馆员协会会长温时幸向中国图书馆学会成立25周年表示祝贺，赠送了上书“弘扬中华文化，嘉惠全球士林”的贺礼。

开幕式上还举行了中国图书馆学会成立25周年系列活动的颁奖仪式，对获得“第二届图书馆学情报学成果奖”、“我的图书馆情缘”征文的优秀作品奖和“第二届全国图书馆系统书画摄影展”优秀作品奖的代表颁发了荣誉证书，56名获奖代表上台领取了荣誉证书和纪念奖品。

主旨报告　精彩纷呈

中国近代图书馆事业已经走过了百年历程，为此学会将本届年会的主题确定为“回顾与展望——中国图书馆事业百年”，并特邀中国图书馆学会学术研究委员会副主任、中山大学信息管理系教授、图书馆馆长程焕文博士做了题为《百年沧桑，世纪华章——20世纪中国图书馆事业回顾与展望》的主旨报告。报告概括了中国图书馆事业发展的两个时代、三重变革、三次高潮、三次浩劫、两个轮回、两次改名，四代图书馆学人，列举了两岸四地图书馆事业的合作与发展，并总结了图书馆人应有的一种精神，即：“爱国——忠诚祖国、自强不息、振兴中华；爱馆——忠诚事业、热诚服务、甘于奉献；爱书——嗜书如命、为人找书、为书找人；爱人——热爱读者、吸引读者、善待用户”。在展望21世纪图书馆发展前景时，他指出应日益重视人文精神、读者自由获取知识的权利、图书馆职业道德、人性化服务、社区图书馆服务以及弱势群体图书馆服务等几个方面。整个报告虽然只有80分钟，却对中国近代图书馆事业的百年历程做了一个完整的总结，精彩的内容，凝练的语言，引人思考，催人奋进。

大会专题报告分别由学术研究委员会主任吴慰慈、副主任吴建中、詹德优主持。首先由苏州市副市长、苏州大学教授朱永新做了题为《营造书香校园，重塑书香民族》的专题报告。朱永新副市长阐述了读书对于个体的精神发育和民族精神的成长所具有的重要意义，强调读书即意味着教育，甚至意味着学校，应让爱书懂书的人来荐书管书，营造书香校园，重塑书香民族，这是我们共同的责任，共同的事业。邀请政府官员做专题报告，这在中国图书馆学会年会历史上还是第一次。接着，中国图书馆学会编译出版委员会副主任、北京大学信息管理系主任王余光教授做了题为《阅读文化与图书馆事业的发展》的报告。王余光教授的报告非常精彩，掌声不断。他指出，阅读文化是一个民族的价值观念、知识水平、涵养与情操的综合体现，也是一种塑造个人心智的力量。而图书馆，正是读书人的居所，也是构建阅读文化的基石。他呼吁，地区图书馆应成为该地区居民的家，图书馆界应加强对阅读的研究和阅读文化的构建。中国图书馆学会常务理事、国家图书馆副馆长、研究馆员陈力也做了《国家数字图书馆资源建设的思考》的精彩报告，他对我国国家数字图书馆建设、数字图书馆建设中引人深思的问题进行了阐述，受到了与会代表的热烈欢迎。除此之外，还有万方、LexisNexis、清华同方等三家公司代表对该公司的产品与图书馆的关系以及发展水平进行了演讲。

专题研讨　气氛热烈

此次年会设立的8个分会场分别是：1.百年图书馆精神的魅力，2.新世纪的图书馆员，3.第二届图书馆法与知识产权论坛，4.图书馆与学习型社会，5.图书馆数字化与现代化服务之一——数字图书馆研究，6.图书馆数字化与现代化服务之二——文献资源建设研究，7.图书馆数字化与现代化服务之三——信息咨询服务研究，8.中文图书采访信息互动与供应链资源整合论坛。主持人分别由张广钦、许建业、柯平、李国新、周德明、王余光、朱强、倪晓建、王世伟、卢海燕等各专业委员会的主任、委员和业内专家担任；52位专家、学者及论文作者在分会场发表演讲。

为了增强此次年会的学术性，第1、第3分会场均安排了主旨演讲。

在第1分会场，吴慰慈教授以《我国图书馆学学科建设的未来发展之路》为题，分析了我国图书馆学科建设的现状，指出我国图书馆专业、情报专业和档案专业的学位教育与研究生教育还处于弱势学科地位，今后应明确加强学科建设，促进学科整体发展的思路；明确加快学科结构调整的思路，改革传统学科，促进交叉学科，优先发展新的学科知识生长点。华东师范大学信息学系主任范并思教授作了题为《中国图书馆精神的百年历程》的主旨演讲，他认为，图书馆精神是图书馆人对图书馆事业的人文理想的一种认同，它能指引图书馆人科学地发展图书馆事业；能使图书馆人敢于维护自己的职业尊严、职业道德以及职业权利和职业利益；能激励图书馆人为事业发展奉献自己的专业才能与智慧。范教授的演讲得到了与会代表的普遍认同。

第3分会场有来自美国、日本、澳门和内地多所大学的7位海内外学者作了主旨演讲与专题发言。日本专修大学教授、日本图书馆协会常务理事、日本图书馆协会《图书馆员伦理纲领》策定委员会委员后藤畅先生，以《日本〈图书馆中图书馆员伦理纲领〉的核心理念与实施现状》为题，回顾了日本《图书馆员职业伦理纲领》制定的背景和经过，阐述了图书馆员伦理纲领的性质。美国新墨西哥大学的 Maria Teresa Marguez 女士演讲的题目为《图书馆协会图书馆职业道德准则与图书馆事业》，介绍了美国图书馆协会《图书馆员伦理准则》的制定与修订经过，阐明了图书馆职业伦理准则在美国图书馆从业人员的心目中的重要地位和深远影响。澳门大学图书馆杨开荆博士则以《港澳台地区的图书馆员职业伦理建设》为题，探讨了香港、澳门和台湾地区的图书馆员专业伦理现状。此分会场对中国图书馆事业发展进程中的两大重要问题——图书馆员职业伦理和知识产权保护，从广阔的国际视角进行了深入的、多元的探讨，提供了一个国内外学者面对面交流互动的平台。通过讲演者的介绍和现场交流，与会者对美国、日本及港澳台等地区图书馆员职业伦理规范的制定和实施状况有了更广泛的了解与认识，获得了一些国外的最新情况。发言者从不同角度论述了网络和电子信息领域中不可忽视的知识产权问题，并提出一些前瞻性的解决方案，这些对于信息工作者开阔理论思路和解决电子资源开发管理中的实践问题，都具有重要的参考价值。

第2分会场的主题本来是中国图书馆学会2003年年会的总主题，它的举办对于弥补因“非典”而未召开的2003年年会具有特别的意义。为此，作为主持人的南开大学图书馆学系主任、博士生导师柯平教授在会前进行了精心的准备，将会议分为专题发言和自由提问与发言两个阶段进行。在自由提问与发言阶段，代表们针对图书馆员所面临的各种现实问题展开热烈讨论，气氛十分活跃。

第7分会场就当代图书馆用户研究与服务中的重点和难点问题进行了讨论，参加演讲的同志均作了充分的准备，演讲的内容既有理论的深度，又紧密结合实际，进行了许多案例分析，同时配合多媒体演示。用户研究与服务专业委员会的委员们除积极参与学术交流与讨论外，还利用会议间隙召开了本专业委员会的工作会议。

在第8分会场中，图书馆界首次与图书发行界等相关行业共同交流、研讨同一问题，对网络环境下图书采访工作的新途径进行了有益的探索。以此成为此次年会的一个新亮点。

代表们兴致高昂地参加了各个分会场的交流，每个分会场的座位均“告急”。无论是发言者，还是聆听者，或提问者，情绪饱满，构成互动，都获得了一次难得的交流和学习机会，受益匪浅，学术氛围深厚。

纪念活动　丰富多彩

为了纪念中国图书馆学会成立25周年，本届年会上隆重推出了“图书馆学会工作成就展”。中国图书馆学会以及分支机构和地方学会共计17个单位参展，设置展板28块。通过详实的数据和丰富的图片，以及各具特色的展板设计，有重点、全方位、多层次地展示出了学（协）会工作的学术性、多样性及生动性和学（协）会工作者昂扬向上的精神风貌。这次展览既是各学（协）会之间进行经验交流、相互学习的好机会，又进一步激发学会工作者的积极性和创造性，增强荣誉感，提高凝聚力，促进学会工作蓬勃向上，向新的高度迈进。年会期间，举办了“第二届全国图书馆系统书画摄影展”。共展出112幅书法、绘画和摄影优秀作品。展览从一个侧面反映了十年来我国图书馆和图书馆员的精神风貌、艺术修养和文化品味，由此也促进了图书馆界人士的文化交流。

为了纪念中国图书馆事业百年来的发展历程，中国图书馆学会主编的《中国图书馆百年系列丛书》隆重推出。从全国各地征集的1400余篇“我的图书馆情缘”征文中精选而成的《百年情怀——天堂，图书馆的模样》一书正式出版，在本届年会上赠予理事和秘书长人手一册。同时，也作为“我的图书馆情缘”征文和“第二届全国图书馆系统书画摄影展”优秀奖的纪念品，颁发给参会的优秀奖获得者，获得大家的一致好评。

专业展览　各显特色

年会期间，同时举办了“2004中国图书馆应用技术与专业设备及图书馆资源展览会”。共有54家单位参展，设立展位71个，是历届年会参展单位最多的一次。今年不仅有国内知名的公司，如清华同方光盘股份有限公司、北京万方数据股份有限公司、新华书店总店、台湾艺术家出版社参展，也吸引了6家外国公司，如美国3M公司、保点等国际知名公司。展会期间，为使参展单位更深层次地了解图书馆在数字时代的需求，举办了“图书馆管理新时代—— RFID智能图书管理系统技术讨论会”。

科普宣传　兴趣盎然

年会期间，中国图书馆学会建立的公众科普平台传播系统，在苏州图书馆VOD点播室及少儿阅览室两个地点举办了演示活动。共有164家图书馆、382位代表前来观看，其中不少是新建馆的代表，他们非常感兴趣地亲自操作视频点播，反响较好。其中有86位参会代表还对平台提出建议，希望平台能大大地丰富节目内容，增加如军事、儿童、科技等一些专业性的节目和受学生欢迎的科普性讲座录像。

圆满成功　胜利闭幕

7月25日下午年会胜利闭幕。闭幕式由中国图书馆学会副理事长徐引篪主持，学会常务副理事长詹福瑞、苏州市文化广播电视管理局副局长陆凯、中图学会副理事长吴慰慈等学会领导出席了闭幕式。

在闭幕式正式开始之前，首先播放了记录片《前辈寄语》。这是学会秘书处为宣传本次年会“回顾与展望——中国图书馆事业百年”的大会主题，在年会召开之前摄制的专题片，记录了图书馆界德高望重的任继愈、彭斐章、于光远和周文骏等老先生对中国图书馆事业的寄语和展望。老前辈们语重心长的话语震击着每位参会代表的心房，鼓舞着他们，增添了发展图书馆事业的信心和力量。

闭幕式上，向获得学术论文组织奖的单位和论文获奖者颁发了证书。此次征文活动从2003年11月开始，共收到931篇论文，超过了以往任何一年。经过专家评审委员会的初评、复审及终评，评出优秀论文82篇，交流论文411篇。优秀论文集《中国图书馆事业百年》于年会前正式出版。

中图学会常务副理事长詹福瑞致闭幕词。他指出，今年的年会适逢中国图书馆事业百年庆典，同时也是中国图书馆学会成立25周年，肩负着继往开来的重任。这是我国图书馆界的又一次盛会。百年对于一项事业来说，既是一个过程，也是一个起点。我们新一代图书馆人肩负“智慧与服务”的“百年精神”，同时又必须适应时代的需要，更新观念，更新方式，走前人未曾走过的路。

本届年会的宣传报道工作也较往年有新的起色。《中国文化报》、《中华读书报》、《新华书目报》、《中国图书商报》、《出版商》杂志等媒体主动要求特派记者参加年会，这是往届年会所没有的。他们对年会进行了新闻报道，并对部分专家学者进行了采访。苏州图书馆也做了大量的工作：一方面联络省内有关媒体对大会进行新闻报道，一方面组织馆内人员建立了“中国图书馆学会2004年年会”专题网页，对理事会、年会主会场、分会场、各种展览及活动等会况进行及时地宣传报道，尤其是“每日快讯”和“年会掠影”栏目，以精练而生动的文字和丰富的现场图片，使各位代表和全国各地的图书馆工作者能及时了解大会实况，关注各种动态信息。

“中国图书馆学会2004年年会暨学会成立25周年纪念活动”在理事会的领导下，在苏州市人民政府、苏州市文化广播电视管理局和苏州图书馆关心和支持下，在理事、学会专门工作委员会委员和全体代表的共同努力下，圆满完成各项议程胜利闭幕。(张广钦)

中国图书馆学会第二届青年论坛

2004年11月6日至8日，由中国图书馆学会主办、绍兴图书馆承办的中国图书馆学会第二届青年学术论坛在绍兴市举行，来自全国26个省(市、自治区)的82位代表到会。北京大学信息管理系系党委副书记、信息传播研究所所长李国新教授，华东师范大学信息系主任范并思教授，南开大学图书馆系主任、博士生导师、南开大学图书馆副馆长柯平教授，中国科学院文献情报中心副主任、研究馆员、硕士研究生导师孙坦博士，上海图书馆党委副书记、历史文献研究所副所长王世伟教授，武汉大学图书馆学系主任、博士生导师王子舟教授，浙江大学信息资源管理系主任、浙江大学信息资源管理研究所所长叶鹰教授，北京大学信息管理系张广钦副教授等专家学者到会担任报告人、主持人及专家点评。

文化部社会文化图书馆司副司长刘小琴、浙江省文化厅副厅长金庚初、浙江省图书馆馆长程小澜、绍兴市委副书记丁顺生、绍兴市文化体育局局长邵田田等出席了开幕式。丁副书记代表绍兴市委、市人大、市政协、市政府致欢迎辞。中国图书馆学会副理事长、中国科学院文献情报中心研究馆员徐引篪致开幕辞。

此次青年学术论坛的主题是：新青年、新理念、新秩序——知识传播与图书馆变革。分主题为：图书馆的经营与管理；图书馆与图书馆员权利；制约图书馆在网络环境下传播知识的因素及应对策略。围绕主题，五位专家分别就图书馆知识管理、图书馆人的权利意识、图书馆管理领域中的若干问题、图书馆的公共性质与公共目标、制约图书馆在网络环境下传播知识的因素及图书馆的对策、图书馆立法现状作了报告。柯平教授报告的题目是《图书馆知识管理与知识服务的若干问题》。他认为，图书馆学的理论基础已经发生了重大变化，由最初的管理论相继变为资源论、服务论，发展到了今天的知识论，因而知识管理尤其是知识服务已经成为图书馆新的探索方向。图书馆在知识管理中，应塑造图书馆的形象，建设图书馆的组织文化，从而建立知识管理平台，对包括读者资本、藏书资本、知识产权资本、文化资本在内的各项资源进行管理。图书馆进行知识管理应有服务观念，提供以用户为中心的知识服务。

王世伟教授做了题为《当前图书馆管理与服务中若干问题的思考》的报告。他对图书馆的建设、公共图书馆的评估指标、馆员准入制度以及底线公平问题作了论述，他认为目前在图书馆界盛行的二期工程建设以及目标定位反映了图书馆界浮躁、趋同的心态。对于图书馆的评估应将软指标和硬指标结合起来，对于软实力应予以特别关注。在人才队伍建设上，应坚持高学历准入制度，以改变图书馆人才队伍学历偏低的现象。在人才队伍管理上，应建立参考馆员、参考咨询员、文献管理员制度。他以本人所在的上海图书馆为例，认为“公共图书馆要坚持为公众服务、专业服务和政府决策咨询服务”，从“三大服务”

方式出发，扩大服务网络，明确管理原则，设定馆员标准。

范并思教授将他研究的新成果《图书馆人的权利意识》展现给代表们。以图书馆的人文理想为原点，他在报告中论述了社会立场的图书馆权利以及馆员立场的图书馆权利。他认为，社会立场的图书馆权利也就是图书馆向读者提供知识信息的权利，现代图书馆的意义就是构建了保障广大民众知识自由与知识公平的制度和机构。中国图书馆人目前的权利意识还比较模糊。现代公共图书馆是现代民主社会的产物，由此产生了公民自由获取信息的权利和图书馆员本身的权利，而保障图书馆人的权利是为了更好地维护社会知识信息的公平；这样，图书馆人的敬业精神和道德操守就成为图书馆人维护自身权益的一种保证。

王子舟教授《图书馆的公共性质与公共目标》的报告从经济学中公共物品的非分割性、非竞争性、受益的非排它性和非市场主体等特征出发，论证了图书馆从一诞生之日起，就属于公共物品，具有边际效用递增的属性，具有效用上的整体性、非排他性、非竞争性等公共物品性质。因此，公共图书馆不能产业化，指出公共图书馆的公共目标是促成实现人类平等、自由的理想，核心是选择自由。

孙坦研究馆员就制约图书馆在网络环境下传播知识的因素及应对策略问题，介绍了涉及信息传播和知识产权等方面所出现的国内外新情况。他认为，制约知识传播的主要因素为强硬的知识产权等政策法律因素、图书馆技术平台以及馆员能力等自身能力因素和外部环境因素。图书馆面对这些挑战，应加强各馆之间的协作，建立全面的联盟，保护传播知识的权利，消除传播壁垒。在购买数据库时，应坚持“以我为主”的谈判策略。同时图书馆要加强服务范围拓展能力、内容深化能力。

在主旨讲坛和专题论坛上，专家和青年馆员论辩结合，互相交流，思想交锋时有出现，场面极为活跃。

十多位图书馆界的准青年代表——浙江大学信息资源与信息管理系的研究生、本科生在李超平老师的带领下旁听了报告。参加这样的会议他们深有感触，一位同学说：这是我跟图林高手第一次“亲密接触”，从大一入学以来我第一次为我们的专业感到深深的骄傲，也第一次领略了我们专业的魅力，这是作为图书馆人的骄傲。

在咸亨酒店，两年代表们围绕“图书馆可以经营吗?”这一主题，正方、反方唇枪舌剑，展开“绍兴夜话”大辩论。正方代表认为：目前，图书馆生存困难，应该进行经营，改善图书馆的条件，为读者提供更加优质的服务。反方代表认为：从图书馆公益事业单位的性质看，图书馆不应提倡经营，经营的提法只会缩减对图书馆的投人，加重读者的负担。

与会人员还饶有兴致地参加了在兰亭的“曲水流觞”，大家吟诗品酒，泼墨挥毫，抒发豪情，集成《新兰亭雅集》；游览绍兴环城河，参观大禹陵、瞻仰鲁迅故居，使代表们领略了绍兴厚重的人文底蕴与稽山鉴水、钟灵毓秀的魅力。

准备认真、策划精心、构思巧妙的第二届青年学术论坛将引发一批中青年图书馆员、专家学者对图书馆行业和图书馆员职业权益的深层思考，进一步推进这个领域的理论研究与实践探索。（龚天力　张广钦）

中国图书馆学会第二届青年论坛与会代表名单

姓 名	工 作 单 位	姓 名	工 作 单 位
徐引篪	中国科学院文献情报中心	王　进	中南大学图书馆
叶　鹰	浙江大学信息资源管理系	刘昆雄	湖南省湘潭大学管理学院
王子舟	武汉大学图书馆学系	胡秋玲	中国图书馆学会
范并思	华东师范大学信息学系	苏　丽	北华大学图书馆
孙　坦	中国科学院文献情报中心	朱亚玲	长春市图书馆
李国新	北京大学信息管理系	关长荣	吉林省图书馆
柯　平	南开大学图书馆学系	郭腊梅	苏州图书馆
张广钦	北京大学信息管理系	王　兵	南京图书馆
汤更生	中国图书馆学会秘书处	朱丹君	南昌陆军学院图书馆
郑晓乐	华东师范大学信息学系	韩冬梅	军事经济学院图书馆
王世伟	上海图书馆	王学艳	大连民族学院图书馆办公室
龚天力	绍兴市图书馆	马云富	北华大学图书馆
卓连营	中国图书馆学会秘书处	纳日松	包头市图书馆

姓 名	工 作 单 位	姓 名	工 作 单 位
李永刚	合肥市图书馆网络部	段丽敏	鄂尔多斯市图书馆
宁 劲	中国科学技术大学图书馆	鲍玉来	内蒙古大学图书馆
王建涛	安徽省图书馆采编部	师宏睿	宁夏自治区党校图书馆采编部
张 军	合肥工大图书馆信息部	荣淑敏	青海省图书馆
潘跃勇	北京科教图书馆	王 冬	山东青岛胶州市图书馆
梁 丽	北京市委党校图书馆	宫昌利	山东省潍坊市图书馆
霍 飞	中共中央党校	杜云虹	山东省图书馆
仲 明	江苏省委党校图书馆	李 琼	西安图书馆
商晓帆	黑龙江省委党校图书馆	董明强	第四军医大学图书馆
郎杰斌	中国计量学院图书馆办公室	吴爱惠	上海师范大学图书馆
钟建法	厦门大学图书馆采访部	金 芳	上海外国语大学图书馆
苏颖怡	深圳图书馆	黄毕惠	四川大学图书馆
彭江岸	深圳图书馆	侯 壮	电子科技大学图书馆
谢朝容	广西玉林市图书馆	郭 英	天津图书馆
廖晓云	广西图书馆	王燕忠	中国青年政治学院图书馆
张金治	贵州师大图书馆	刘 琰	中国青年政治学院图书馆
刘 君	贵州大学公共管理系	王水乔	云南省图书馆协会
王 岩	河北师范大学图书馆	顾 毅	云南农业大学图书馆
戎文慧	解放军白求恩军医学院图书馆	毛 旭	浙江温岭市图书馆
宋兆凯	河北省沧州市图书馆	周兴伟	重庆图书馆
杨向明	河南省图书馆	韩 毅	西南师范大学计算机与信息科学学院
肖红凌	黑龙江省图书馆	李雪梅	西南师范大学图书馆
兰天阳	黑龙江省图书馆辅导部	荣 杰	国家图书馆人事处
王 妍	黑龙江省图书馆	张 洁	国家图书馆馆办公室
刘 霞	武汉大学图书馆信息服务中心	张燕霞	国家图书馆采选编目部
邹序明	湖南图书馆办公室	罗 翀	国家图书馆采选编目部

中国科协2003年学术年会中国图书馆学会分会场

会议主题：信息导航员——为经济建设和科技创新提供知识服务

2003年9月15—16日，中国图书馆学会在沈阳师范大学图书馆承办了中国科协2003年学术年会第29分会场，即“信息导航员——为经济建设和科技创新提供知识服务”学术研讨会。全国图书馆界有92位同仁向科协年会递交了论文文摘，来自全国各图书馆的220名代表参加了会议。

会议开幕式由学会秘书长汤更生主

持。中国图书馆学会常务副理事长、国家图书馆党委书记、副馆长杨炳延首先致辞，他说："图书馆传统参考咨询工作在网络环境和全球一体化发展的今天，正面临着新的机遇和挑战。如何与时俱进，开拓创新，充分借鉴世界发达国家图书馆参考咨询工作的先进经验，实现我国图书馆传统参考咨询业务与现代信息咨询工作的对接，以应对网络环境下参考咨询工作遇到的新情况、新问题，积极探索适应21世纪的信息咨询工作管理新方法和新模式，这是摆在我国各图书馆和每一位图书馆参考咨询工作者面前的新课题。在这种大环境下，我国图书馆参考咨询工作，应根据新世纪的发展趋势，最大限度地满足全社会读者的个性化需求"。沈阳市政协副主席李楷，辽宁省文化厅党组成员、副厅长顾玉才，沈阳师范大学校长赵大宇，中国图书馆学会用户研究与服务专业委员会主任、上海图书馆党委副书记王世伟和沈阳师范大学图书馆馆长李玉梅分别在开幕式上讲话。

学术研讨会上，中国图书馆学会用户研究与服务专业委员会主任、上海图书馆党委副书记王世伟作了题为"构建信息无障碍的图书馆服务理念和体系"的报告，清华大学图书馆研究馆员刘蜀仁作了"知识服务——图书馆信息参考服务的深化"的报告，中国科学院文献情报中心教育发展部主任初景利作了"网络环境下图书馆参考咨询的变革与发展"的报告，国家图书馆参考部副主任王磊作了"建构多层次、个性化信息服务模式，实现图书馆与科技创新的有机对接"的发言；中国图书馆学会用户研究与服务专业委员会副主任、浙江图书馆馆长程小澜作了"信息导航员与图书馆参考咨询服务体系的构建"的报告，辽宁省图书馆参考辅导部主任李德戈作了"网络环境下图书馆的信息咨询工作"的发言；长春图书馆参考部主任金钟春就"长春图书馆信息服务的实践与思考"作了介绍。

此外，大连民族学院图书馆馆长包和平就"中国少数民族文字文献的数字化研究"作了介绍，国家图书馆参考部副研究馆员薛风珠作了"直面科技、经济信息的相互渗透与交融，拓展图书馆实施知识服务的整体能力"的发言，中国医科大学图书馆研究馆员郭继军介绍了"科技查新工作的质量保证"，辽宁省图书馆副研究馆员徐向东就"图书馆与科技文化创新"作了发言。

与会代表围绕着科技用户信息需求与信息咨询服务模式和网上知识导航定位与特色化、个性化科技信息服务等问题进行了分组讨论。同时，代表们就各地区、各系统图书馆开展参考咨询工作的经验、模式和今后的发展等问题进行了交流，代表们不仅对有关问题做了深入探讨，而且还提出了很好的建议和实施办法。代表们认识到，图书馆工作者要尽快成为网络环境下的"信息导航员"，提高图书馆的服务质量和服务水平，为经济建设和科技创新提供知识服务。

会议结束时，中国图书馆学会副理事长孙蓓欣作了总结发言。会议的前两天，代表们参加了科协年会的大会，聆听了我国科技界著名专家和辽宁省领导的报告，对我国科技、教育、经济等方面的发展有了一定的了解，使代表们能够更多地从社会经济、科技发展的大视角，认识图书馆、图书馆信息导航员和参考咨询工作的意义及定位。会议期间，代表们还参观了沈阳师范大学图书馆。

9月13—14日，中国图书馆学会首次在中国科协2003年学术年会主会场设立科技文献信息服务咨询台，牵头组织了由国家图书馆、中国科学院文献情报中心、清华大学图书馆、上海图书馆、浙江图书馆和辽宁省图书馆长期从事参考咨询工作的专家，借助于网络环境下各图书馆的网页和数据库，现场为与会的科技工作者服务，两天来共向与会的科技工作者发放各类宣传材料4200份，解答科技工作者提出的各类咨询522件。同时，由中国图书馆学会组织制作的6家图书馆的参考咨询展板在沈阳师范大学图书馆进行了展出。以上活动得到了中国科协领导的支持，并受到了与会科技工作者的欢迎。

本次学术研讨会以"信息导航员——为经济建设和科技创新提供知识服务"为主题，采取专题报告与分组讨论相结合的形式进行，使代表们对我国参考咨询工作的现状和未来有了较全面的了解和认识；通过对上述问题的交流和讨论，与会代表形成了以下共识：一是在网络化、信息化高度发展的今天，"确立用户服务在图书馆事业中的中心地位"、"形成以参考咨询为主导的用户服务体系"已是图书馆发展的必然趋势和内在要求，反映了我国图书馆核心业务向参考咨询服务快速位移的发展趋势；二是图书馆参考咨询工作将成为评价图书馆用户服务工作质量的核心标准；三是虚拟参考咨询是传统参考咨询在网络环境下的延伸和拓展，它是数字图书馆建设发展中的重要组成部分，同时，在虚拟参考咨询建设中，统一标准规范、虚拟参考咨询运行保障机制的建立、知识库的建设等方面，都是应该引起充分重视的问题；四是建立图书馆职业准入制度和参考咨询评价体系是实现"以服务为核心的业务重组"的重要保证；五是在图书馆面临"印刷文献与电子文献并存"、"阵地服务与网络服务并重"的形势下，提供高质量的个性化服务，满足用户对信息的"方便、快捷"的需求，是当代图书馆用户服务的重要特点之一。（胡京波）

中国科协2004年学术年会中国图书馆学会分会场

会议主题：社会协调发展中的信息服务

2004年11月19－23日，中国科协2004年学术年会在海南隆重召开。11月22日，中国图书馆学会举办的第19－4分会场在琼海市官塘富海温泉度假村成功举行，70余位来自全国图书馆界的同行参加了会议。

中国图书馆学会副理事长孙蓓欣首先致开幕辞，她指出：作为提供信息服务的重要机构，图书馆当前面临着严峻挑战，主要表现在：第一，图书馆不再是信息资源的唯一拥有者和提供者，社会上的各种信息机构都是图书馆的竞争对手；第二，在传递知识信息的时空方面，图书馆与广播、电视、网络相比不占优势；第三，图书馆自身发展受诸多因素影响，还存在各种各样的困难。与此同时，我们也应当看到自身的独特优势：社会对图书馆空前重视，图书馆自身文献信息密度及长期以来积累的对信息加工的成熟经验，再加上近年来计算机、网络、通讯技术与图书馆相结合，又为图书馆的进步与发展带来了新的机遇。目前，网络已成为获取信息和提供信息以及开展科技信息工作的重要手段，面向公众的公共信息传播途径也在不断拓展，图书馆界和社会力量都在积极致力于“消除数字鸿沟”，促进信息公平获取和社会协调发展。我们各级各类图书馆更要更新工作理念，拓展服务方式，采取一系列措施，在社会协调发展中更好地做好信息服务工作，进一步发挥图书馆应有的作用。海南省文化广播体育厅正处级调研员闫桂君也发表了热情洋溢的讲话，她代表海南省文化广播体育厅欢迎各位与会者莅临海南。

这次学术研讨会以“社会协调发展中的信息服务”为主题，采用了专题报告与专题发言相结合的形式。会议特别邀请了4位图书馆界著名专家学者做专题学术报告，他们是：中国图书馆学会学术研究委员会副主任、中山大学图书馆馆长程焕文教授的《权利与道德——关于公共图书馆服务精神的阐释》，中国图书馆学会交流与合作委员会副主任、深圳图书馆馆长吴晞的《RFID技术与图书馆信息服务》，中国图书馆学会理事、深圳南山图书馆原馆长程亚男的《“图书馆之城”——深圳市公共图书馆发展的战略抉择》和中国图书馆学会学术研究委员会副主任、北京大学图书馆CALIS管理中心副主任、大学图书馆学报主编朱强的《关于数字图书馆系统建设的几个问题》。在专题发言中，辽宁省图书馆学会副理事长黄丽华、广东省科技图书馆副馆长魏东源、贵州大学图书馆张小卿、金陵图书馆戚建平、云南文山州图书馆罗静玲、贵州省图书馆丁群和辽宁省图书馆张欣分别做了题为《利用网络数据库为社会提供信息服务》、《把握科技活动中图书馆的角色》、《高校图书馆服务的新领域：企业科技创新活动》、《南京市区县公共图书馆人员综合素质情况调研报告》、《云南民族地区地方古籍文献资源开发与利用》、《充分发挥公共图书馆在西部大开发中的人力资源开发能力》和《以科学协调的发展观指导当代信息服务》的论述。这些报告和发言紧密围绕会议主题，从宏观思考到微观操作，从指导思想到具体工作，从服务精神到图书馆的角色定位，从数字图书馆建设到RFID无线射频标识技术，从人员素质到文献信息资源的开发，针对图书馆开展信息服务的诸多方面进行了深入研讨和广泛交流，发言质量高且信息量大。

这次会议得到海南当地图书馆同仁的大力支持和协助。海南省各公共图书馆和海南大学图书馆共组织20余人参加了会议，海南省图书馆筹建办公室主任邓景华、海南大学图书馆馆长詹长智还分别在会上介绍了海南省图书馆筹备的基本情况和海南大学图书馆开展“ISO9000”质量管理的基本概况。会议在孙蓓欣副理事长和程焕文副主任做了精彩的会议总结后圆满结束。（王旭东）

研究项目

国家社科基金图书馆、情报和文献学2003年资助项目

重点项目

序号	项目名称	负责人	工作单位	成果	完成时间
1	中国数字图书馆宏观管理研究	田国良	中共中央党校图书馆	专著	2005.4.30
2	电子政务系统中文件管理风险分析与对策研究	冯惠玲	中国人民大学	论文（集）研究报告	2005.6.30

一般项目

序号	项目名称	负责人	工作单位	成果	完成时间
3	虚拟个人数字图书馆研究	王　军	北京大学信息管理系	论文（集）电脑软件	2005.7.1
4	教育数字图书馆建设中的著作权问题研究	肖　燕	清华大学图书馆	研究报告论文（集）	2004.8.30
5	网络环境下图书信息资源的优化整合与开发利用研究	王红玲	中共青岛市委党校	论文（集）研究报告	2004.12.31

序号	项目名称	负责人	工作单位	成果	完成时间
6	公共图书馆数字资源建设与共享应用方案	范并思	华东师范大学信息学系	研究报告	2004.12.31
7	复合图书馆理论与我国复合图书馆建设模式研究	初景利	中国科学院文献情况中心	论文（集）研究报告	2004.10.1
8	信息资源管理、知识管理与图书馆学、情报学的相互关系研究	秦铁辉	北京大学信息管理系	论文（集）研究报告	2004.12.10
9	网络环境下电视台音像资料的组织、管理与服务	乔　欢	北京师范大学管理学院	研究报告论文（集）	2004.10.31
10	图书情报机构网上启发式答疑系统设计	吴云标	浙江大学信息资源管理研究所	研究报告电脑软件	2004.8.31
11	网络数字资源共享的障碍分析及目标实现研究	查先进	武汉大学信息管理学院	论文（集）研究报告	2004.6.30
12	IRM 及 KM 范式下的情报学发展模式研究	马费成	武汉大学信息管理学院	专著论文（集）	2005.12.16
13	数字化档案信息利用及其效益研究	陈永生	中山大学信息管理系	专著论文（集）	2005.12.31
14	电子政务信息资源的共建与共享研究	何　振	湘潭大学管理学院	专著	2005.12.30
15	现代企业制度下的企业档案工作运行机制研究	宗培岭	上海大学文学院档案学系	专著论文（集）	2004.12.30
16	社会科学信息对地方电子政务发展的资源需求优势与数字化服务	靳　岭	四川省社会科学院文献信息中心	研究报告电脑软件	2004.12.30
17	电子政务信息资源的共建和共享研究	乌家培	中国信息协会国家信息中心	研究报告	2003.12.3
18	面向干部教育的党校信息化建设研究	王东闽	中共福建省委党校	研究报告论文（集）	2005.6.30
9	中文网络信息动态自动化分类研究	马张华	北京大学信息管理系	研究报告电脑软件	2004.12.30
20	网络信息组织模式的优化研究	黄如花	武汉大学信息管理学院	论文（集）研究报告	2005.12.31
21	我国学习型企业信息消费的满意度研究	况能富	华中师范大学	论文（集）专著	2005.12.30
22	中国古旧书业史研究	徐　雁	南京大学信息管理系	专著	2004.12.30
23	西夏文书研究	赵彦龙	宁夏大学人文学院	专著论文（集）	2005.12.30
24	国家竞争情报研究	缪其浩	上海图书馆	专著研究报告	2004.3.31
25	中国图书馆学情报学期刊发展研究	周金龙	中国科学院文献情况中心	研究报告工具书	2004.6.30
青年项目					
序号	项目名称	负责人	工作单位	成果	完成时间
26	基于知识管理的图书馆运行机制研究	付立宏	郑州大学	研究报告	2005.6.30

序号	项目名称	负责人	工作单位	成果	完成时间
27	数字图书馆建设中的法律问题研究	赵 媛	四川大学	研究报告	2004. 7. 30
28	社科专题文献数据库系统功能设计研究	孔 敬	中国社会科学院	研究报告电脑软件	2004. 12. 31
29	《四库全书总目》与文献整理研究	司马朝军	复旦大学古籍整理研究所	专著	2004. 12. 30
30	现代企业制度下的企业档案信息管理研究	张 斌	中国人民大学档案学院	论文（集）研究报告	2004. 12. 24

国家社科基金图书馆、情报和文献学 2004 年资助项目

重点项目					
序号	项目名称	负责人	工作单位	成果	完成时间
1	我国图书馆员职业资格认证制度的建立与实施	孙蓓欣	国家图书馆	研究报告	2005. 8. 31
2	基于 XML 的电子文件管理元数据标准研究	张正强	中国人民解放军南京政治学院上海分院	专著工具书	2006. 12. 30
一般项目					
序号	项目名称	负责人	工作单位	成果	完成时间
3	数字馆藏评价与绩效分析	索传军	郑州大学图书馆	论文（集）研究报告	2005. 12. 30
4	我国信息资源共建共享的可持续发展研究	戴龙基	北京大学图书馆	论文（集）研究报告	2006. 12. 31
5	数字资源整合的理论与方法	马文峰	中国人民大学图书馆	专著论文（集）	2006. 6. 30
6	图书馆质量管理体系研究	罗 曼	中山大学信息管理系	专著论文（集）	2006. 6. 30
7	军队院校图书馆信息服务网络系统运行模式与功能研究	祁长松	国防大学图书馆	研究报告	2005. 3. 31
8	书目数据库检索系统中具有检索语言兼容性的《集成词表》的开发与检索方式扩展研究	詹 萌	武汉大学图书馆	研究报告工具书	2005. 12. 31
9	21 世纪图书馆在先进文化建设中的地位与作用	王锦贵	北京大学信息管理系	专著研究报告	2006. 6. 30
10	纸书彝文文献研究	王正贤	贵州省民族研究所	专著	2006. 12. 31
11	西北贫困地区文献信息保障机制的建立	李青丽	新疆喀什师范学院图书馆	论文（集）	2004. 12. 31
12	知识创新的信息保障体系研究	董小英	北京大学光华管理学院	论文（集）研究报告	2005. 12. 30
13	知识创新的理论、机制和实践	张新华	上海社会科学院信息研究所	研究报告专著	2006. 6. 30
14	企业危机信息管理体制研究	谢阳群	宁波大学商学院	专著论文（集）	2006. 7. 31

序号	项目名称	负责人	工作单位	成果	完成时间
15	基于WEB的竞争情报自动采集系统模型研究	李　纲	武汉大学信息管理学院	论文（集）电脑软件	2006.6.30
16	我国政务信息公开过程中的现行文件开放、利用和安全研究	周　毅	苏州大学社会学院	论文（集）电脑软件	2005.12.31
17	基于XML的电子文件和电子档案管理元数据标准研究	邱晓威	国家档案局档案科学技术研究所	研究报告电脑软件	2006.12.30
18	基于信息构建的网络信息空间智能导航方法研究及其测评	毕　强	吉林大学信息资源研究中心	论文（集）研究报告	2006.6.30
19	社会科学核心网站建设与优化	石玉华	河南省社会科学院	研究报告	2005.12.31
20	网上科技文献出版、利用与评价研究	罗紫初	武汉大学信息管理学院	论文（集）研究报告	2005.12.31
21	网络信息资源评价指标体系的建立和测定	朱庆华	南京大学信息管理系	论文（集）研究报告	2006.6.30
22	基于CYBERMETRICS的中文社会科学网站综合评价指标与方法体系研究	王知津	南开大学国际商学院	论文（集）研究报告	2005.12.31
23	网络用户信息行为研究	邓小昭	西南师范大学	专著论文（集）	2006.12.31
24	面向网络信息组织的中文网络本体语言研究	戴维民	中国人民解放军南京政治学院上海分院	专著电脑软件	2006.12.30
25	近10年国外图书馆学情报学研究进展	孟广钧	吉首大学图书馆	研究报告专著	2006.6.30
26	当代中国图书馆学史（1949.10－1979.12）	周文骏	北京大学信息管理系	专著	2006.12.31
27	传统典籍中汉文西夏文献研究	胡玉冰	宁夏大学人文学院	专著论文（集）	2006.9.30
28	政府网站的信息构建（IA）	周晓英	中国人民大学信息资源管理学院	专著研究报告	2006.10.31

青 年 项 目

序号	项目名称	负责人	工作单位	成果	完成时间
29	基于信息营销的我国图书馆信息资源开发研究	刘昆雄	湘潭大学管理学院	专著论文（集）	2007.6.30
30	我国古籍数字化建设的国家控制与管理	王立清	中国人民大学信息资源管理学院	研究报告论文（集）	2005.6.30
31	网络环境下虚拟组织的知识创新机理及其创新信息服务系统研究	邱允生	上海大学悉尼工商学院	专著论文（集）	2006.1.31
32	信息素质教育与企业信息化进程研究	朱立新	中共河北省委党校河北发展战略研究所	研究报告	2005.6.30
33	基于中文XML文档的全文检索研究	夏立新	华中师范大学信息管理系	论文（集）电脑软件	2006.10.10

序号	项目名称	负责人	工作单位	成果	完成时间
34	基层农业信息服务体系建设研究	李道亮	中国农业大学	专著论文（集）	2006.12.30

资料来源：http://www.npopss-cn.gov.cn/planning/yearxm.htm

2003－2004年省部级（含）以上科研项目

湖北省

项目名称	负责人及所在单位	立项单位	立项时间	结项时间	申请经费	成果及预期成果
高校文献保障体系地区性网络的构建策略和管理模式研究	燕今伟 武汉大学图书馆	教育部	1998	2005	30000元	系列论文
SCI、SSCI、A&HCI信息库的研建	赵基明 武汉大学图书馆	湖北省	2002	2004	5000元	系列论文
西文测绘制图资料记录编制要点	周明华 武汉大学图书馆	教育部 CALIS	2003	2005	16000元	《编制要点手册》
中文连续性电子资源记录编制要点	应晖 武汉大学图书馆	教育部 CALIS	2003	2005	6000元	《编制要点手册》
基于知识管理的交互式信息服务系统	詹萌 武汉大学图书馆	武汉大学	2003	2005	20000元	系列论文
书目数据库检索系统中具有检索语言兼容性的《集成词表》的开发与检索方式扩展研究	詹萌 武汉大学图书馆	国家社科基金	2004	2005	60000元	《分类参照关系数据库》《书目数据库检索方式扩展性研究》

（谢春枝）

福建省

项目名称	负责人及所在单位	立项单位	立项时间	结项时间	申请经费	成果及预期成果
福建省农业科技综合信息管理系统	王景辉、刘善文 福建省农科院图书馆	福建省计委	2004	2005	152万	建成系统并经过互联网运行
福建农村科技信息化技术及示范研究	王景辉 福建省农科院图书馆	福建省科技厅	2003	2006	100万	在互联网上构建农村科技信息服务系统
福建省高校图书馆读者利用文献信息资源研究	蔡金钟 集美大学图书馆	福建省社会科学规划办公室	2003.7	2004.11	0.8万元	综合研究报告、专题研究报告、系列论文、问卷调查数据统计处理图表等共约14万字
加强成本效益 优化高校信息管理	朱珍 集美大学图书馆	福建省教育厅	2004.7	2006.12	0.3万元	公开发表2－3篇论文以及课题结题报告
《王忠孝公集》的整理与研究	方宝川 福建师大图书馆	全国高校古籍整理委员会	2002.11	2004.12	0.5万	古籍整理专著

项目名称	负责人及所在单位	立项单位	立项时间	结项时间	申请经费	成果及预期成果
珍稀福建地方文献及闽人著述整理与研究	方宝川 福建师大图书馆	福建省社科规划重点项目	2003.6	2005.1	1.5万	专著
中琉历史关系文献的整理与研究	方宝川 福建师大图书馆	福建省教育厅（A类）	2002.9	2003.9	0.5万	系列论文
闽台文化与祖国统一	方宝川 福建师大图书馆	福建省教育厅（A类）	2004.5	2005.8	1万	系列论文
虚拟参考咨询服务研究——借鉴oclc基于Web的信息服务	林晓霞 福建师大图书馆	福建省教育厅（A类）	2004.5	2006.5	0.3万	系列论文
硕、博士学位论文数据库的建设及网络共享	刘思得 福建师大图书馆	福建省教育厅（B）	2002.9	2004.9	0.2万	论文、数据库
文献计量学与信息计量学的应用与发展	陈斌 福建师大图书馆	福建省教育厅（B）	2003.9	2004.9	0.3万	系列论文
信息资源共建共享	郭盛杨 福建师大图书馆	福建省教育厅（B）	2003.9	2004.9	0.2万	系列论文
数字图书馆知识产权评估研究	张文德 福州大学图书馆	国家科技部	2004	2008	5万	论文
数字资源的分类整合的技术研究	张文德 福州大学图书馆	福建省科技厅	2004	2006	1万	论文
数字图书馆知识产权诊断与策略研究	张文德 福州大学图书馆	福建省科技厅	2004	2006	0.3万	专著
《网络与信息检索》教学课程研究	张文德 福州大学图书馆	福建省科技厅	2004	2006	2万	论文
中医药科技信息数据库建设与共享	林丹红 福建中医学院图书馆	国家科技部	2000－		12万	创建中医药科技信息共享平台

（龚永年）

安徽省

项目名称	负责人及所在单位	立项单位	立项时间	结项时间	申请经费	成果及预期成果
科学社会主义的理论与实践研究	许俊达 安徽大学图书馆	安徽省教育厅项目		2003	0.3万	著作
马克思主义社会形态学说与社会主义初级阶段理论	许俊达 安徽大学图书馆	国家社科基金项目	1998	2004	3.5万	著作
安徽省高校文献信息保障体系研究	许俊达 安徽大学图书馆	安徽省教育厅项目	2002	2004	1.25万	论文
徽州藏书文化	薛贞芳 安徽大学图书馆	安徽省社科规划项目	2002			著作
网络环境下图书馆电子出版物的管理与有效利用	林泽明 安徽大学图书馆	安徽省教育厅项目	2002	2003		论文
城市社区建设中的文献保障利用	傅 正 安徽大学图书馆	安徽省社科联项目	2003	2004	0.2万	论文

项目名称	负责人及所在单位	立项单位	立项时间	结项时间	申请经费	成果及预期成果
面向公众素质的文献信息保障体系研究	张海政 安徽省图书馆	安徽省社科联项目	2004	2005	0.2 万	论文

（学会秘书处）

江西省

项目名称	负责人及所在单位	立项单位	立项时间	结项时间	申请经费	成果及预期成果
“数字信息资源建设—Internet 环境下红色文化教育宣传的研究”	何晓萍　南昌大学图书馆	省教育厅	2002	2003. 12		报告
红色江西特色数据库	何晓萍　南昌大学图书馆	CALIS	2004	在研	1 万元	数据库
食品科学与工程重点学科网络资源导航库	何晓萍　南昌大学图书馆	CALIS	2004	在研	5000 元	报告
文献资源整合模式的研究	何晓萍　南昌大学图书馆	江西省科技厅	2004	在研	20 万元	系统
网络环境下高校文献检索课教学改革与实践	罗时民　南昌大学图书馆	江西省教育厅	2003. 2	在研	报告	
实现中部地区崛起，我省农业信息用户信息需求现状与发展趋势	王筱明　等东华理工学院	江西省教育厅	2003. 12	2004. 12	2000 元	调研报告
农民工求职信息需求分析及图书馆作用	冯 凯等　东华理工学院	江西省教育厅	2004. 12	2005. 12	2000 元	调研报告
江西省医学科研计划项目中后期管理体系的研究	古小汉　江西医学院图书馆	江西省卫生厅	2004. 11 －05	在研	5000 元	论文
白蚁菌圃化学成分及生物活性研究院	薛德钧　江西中医学院	国家自然科学基金项目	2004. 1	2006. 12	19 万元	
有机化学双语教学多媒体软件的研制	薛德钧　江西中医学院图书馆	江西省教育厅	2003. 12	2005. 12	1 万元	软件产品
学生素质教育与学习型图书馆的构建	徐庆有　赣南医学院图书馆	江西省教育厅	2000. 5	2004. 3	1000 元	论文
现代教育技术在图书馆的运用	樊清华　赣南医学院图书馆	江西省教育厅	2004. 6	2005. 7	自筹	论文
关于高校扩招及其相关问题的研究	李满茵，龚福忠　江西理工大学图书馆	江西省教育厅	2003	2004	2000 元	论文
当代大学生职业生涯指导研究	李满茵，龚福忠　江西理工大学图书馆	江西省教育厅人才研究课题	2004	2005	2000 元	论文
安庆铜矿矿压监测设备开发研究	阎道全　江西理工大学图书馆	铜陵有色公司	2004	2005	3. 79 万	论文

项目名称	负责人及所在单位	立项单位	立项时间	结项时间	申请经费	成果及预期成果
安庆铜矿中深部地压监测监控研究	王兴明，阎道全 江西理工大学图书馆	铜陵有色公司	2003	2004	8万	
工商管理本科生素质教育研究	黄年根，徐晓平 江西理工大学	江西省教育科学规划办	2003	2004		论文
鄱阳湖地区防汛抗洪地理信息系统研究	刘小生，罗任秀 江西理工大学	江西省学科学术和技术带头人培养计划项目	2004	2005	25万	

（学会秘书处）

吉林省

项目名称	负责人及所在单位	立项单位	时间
图书馆自动化集成系统比较研究	刘万国　东北师范大学图书馆	吉林省社会科学规划办	2001－2005
《关于对满洲国文学研究状况的调查及比较研究》	刘慧娟　长春图书馆	日本国际交流基金会	2002－2003
《吉林省数字图书馆建设发展对策研究》	戴洪霞　长春图书馆	吉林省哲学社会科学规划基金办公室	2001.7－2003.3
《东北文献信息资源建设》	刘慧娟　长春图书馆	吉林省哲学社会科学规划基金办公室	2004
光电子学与光电技术特色数据库	杜震霖长春理工大学图书馆	吉林省教育厅	2003.4－

（马慧艳）

山东省

项目名称	负责人及所在单位	立项单位	立项时间	结项时间	成果及预期成果
小型图书馆实用手册	赵炳武，李福贵，陶嘉今	山东省文化厅	2002	2003.6	山东省文化艺术科学优秀成果一等奖
屈万里书信集纪念文集	王运堂，李勇慧	山东省文化厅	2002	2003.6	山东省文化艺术科学优秀成果一等奖

（白兴勇）

表彰与奖励

全国高等学校历届人文社会科学研究优秀成果奖名单（图书情报文献学部分）

成果名称	成果形式	作者	出版单位
首届一等奖（2项）			
《中国古文献学史》	著作	孙钦善	中华书局

成果名称	成果形式	作者	出版单位
《国家信息政策》		卢泰宏	科技文献出版社
首届二等奖（12 项）			
《古今图书集成索引》	著作	林仲湘 等	中华书局、巴蜀书社
《电子出版物及其制作技术》	著作	陈光祚主编 陈睿等	武汉大学出版社
《古代文史名著选译丛书》	著作	本书编委会	巴蜀书社
《中国古今书名释义辞典》	著作	赵传仁 鲍延毅主编	山东友谊书社
《中日汉籍交流史论》	著作	王 勇	杭州大学出版社
《新主题文献分类指南》	著作	陆宗城主编 刘湘生审校	书目文献出版社
《信息服务与用户研究》	著作	胡昌平	武汉大学出版社
《书目情报需求与服务研究》	著作	彭斐章	武汉大学出版社
《毛诗训诂研究》	著作	冯浩菲	华中师范大学出版社
《山东文献书目》	著作	王绍曾主编	齐鲁书社
《中国图书馆学思想的发展及其影响初探》	论文	况能富	《中国图书馆学报》
《情报服务产业化的道路和模式》	论文	马费成	《情报学报》
第二届二等奖（5 项）			
《中国印刷术的起源》	著作	曹之著	武汉大学出版社
《核心期刊概论》	著作	曾建雄著	广西师范大学出版
《现代情报学理论》	著作	严怡民 等著	武汉大学出版社
《图书馆藏书——补充组织控制与协调》	著作	吴慰慈 刘兹恒编著	书目文献出版社
《韩愈全集校注》	著作	屈守元 常思春 主编	四川大学出版社
第二届三等奖（7 项）			
《书目情报系统理论研究》	著作	柯 平 著	书目文献出版社
《照片档案修复》	著作	刘家真 编著	武汉大学出版社
《中国纪传体文献研究》	著作	王锦贵 著	北京大学出版社
《中国图书文化导论》	著作	程焕文 著	中山大学出版社
《墨经训释》	著作	姜宝昌	齐鲁书社
《维系之——档案与档案管理》	著作	张辑哲	中国档案出版社
《图书信息人才培养模式的理论和实验研究》	研究咨询报告	康仲远	《情报学报》

成果名称	成果形式	作者	出版单位
第三届一等奖（1项）			
《清史稿艺文志拾遗》	著作	王绍曾 主编	中华书局
第三届二等奖（3项）			
《中国古籍编撰史》	著作	曹 之 著	武汉大学出版社
《文件运动规律研究——从新角度审视档案学基础理论》	著作	何嘉荪 傅荣校 著	中国档案出版社
《日本图书馆法律体系研究》	著作	李国新 著	北京图书馆出版社
第三届三等奖（7项）			
《中国古籍辑佚学论稿》	著作	曹书杰 著	东北师范大学出版社
《信息经济学》	著作	马费成等 著	武汉大学出版社
《科学研究与开发中的信息保障》	著作	彭斐章 主编	武汉大学出版社
《CALIS 联机合作编目手册》（上、下）	著作	谢琴芳 主编	北京大学出版社
《沧桑书城》	著作	徐 雁 著	岳麓书社
《黄丕烈评传》	著作	姚伯岳 著	南京大学出版社
《宋人别集叙录》	著作	祝尚书 著	中华书局

中国图书馆学会第二届图书馆学情报学学术成果奖

为了纪念中国图书馆学会成立25周年，经学会六届八次常务理事会研究，决定于2004年举办第二届图书馆学情报学学术成果奖评奖活动。为了做好此项工作，在六届常务理事会的领导下，学会成立了评审办公室，起草了《中国图书馆学会第二届图书馆学情报学学术成果奖评奖方案》和《中国图书馆学会第二届图书馆学情报学学术成果奖评奖方案实施细则》。2003年11月6日，学会评审办公室向全国图书馆界发出了评奖通知。截止到2004年3月14日，共收到866人申报的959篇论文，2人申报的2项科研项目和162人申报的169部著作。内容涉及图书分类、图书编目、图书馆管理、图书馆自动化、图书馆史、图书馆建筑、二次文献的开发与利用、文献信息资源建设与管理、电子文献、情报检索、数字图书馆等图书馆学情报学领域的各个方面。1030名申报者来自于全国31个省、自治区、直辖市及澳门特别行政区。2004年3月15日至4月16日，评审办公室先后组织业内21位专家学者对上述申报的成果进行了初评、复审和终审。通过认真评审，共评出获奖著作41部，其中一等奖5部，二等奖9部，三等奖27部；获奖论文186篇，其中一等奖20篇，二等奖53篇，三等奖113篇，获奖科研项目2项，均为二等奖。2004年7月24日，在中国图书馆学会2004年年会上，宣布了《关于第二届图书馆学情报学学术成果奖获奖者的表彰决定》，并向获奖者颁发了证书和奖牌。

此次活动是继1989年举办的第一届图书馆学情报学学术成果奖评奖活动之后的第二次。相隔14年后开展的这次活动，受到了图书馆界的广泛关注和肯定。六届常务理事会特别强调，要做好此次评审工作，并以此为基础探索、建立学会的评奖机制和同行认可价值体系，加强学术研究与交流，促进图书馆事业的繁荣。（崔彤）

第二届图书馆学情报学学术成果奖获奖者名单

著作（获奖著作共41部，按书名汉语拼音音序排）

一等奖　5部

1、《21世纪图书馆新论（第二版）》　吴建中著
2、《现代图书馆学理论》　徐引篪　霍国庆著
3、《张琪玉情报语言学文集》　张琪玉著
4、《中国近代图书事业史》　来新夏等著
5、《中国目录学史》　乔好勤编著

二等奖　9部

1、《杜定友和中国图书馆学》　王子舟著
2、《裘开明图书馆学论文选集》　程焕文编
3、《书海听涛——图书馆散论》　程亚男著
4、《数字图书馆》　王大可编著
5、《数字信息资源的检索与利用》　肖　珑主编
6、《信息法教程》　周庆山著
7、《信息资源管理导论（第二版）》　孟广均等著
8、《中国图书馆藏书发展政策研究》　肖希明　袁　琳著
9、《中文工具书导论》　詹德优编著

三等奖27部

1、《20世纪图书馆学情报学》　戴维民主编
2、《打开金匮石室之门：古籍善本》　陈先行著
3、《公共图书馆服务发展指南（中文版）》　林祖藻译
4、《汉语PRECIS的理论和实践》　黄水清　侯汉清　武立斌著
5、《军队院校数字图书馆建设研究》　陈云昌主编
6、《蒙古文文献编目规则》　包金香主编
7、《明代刊工姓名索引》　李国庆编纂
8、《期刊版本研究》　聂家昱　高　波编著
9、《趣谈中国藏书楼》　黄玉淑　于铁丘编著
10、《全唐文篇目分类索引》　冯秉文主编
11、《图书馆物业管理实施2000版ISO9001标准实用指南》　吴建中　李道林主编
12、《图书馆学文献学论丛》　王世伟著
13、《图书馆自动化新论—信息管理自动化》　郑巧英　杨宗英编著
14、《网络环境下的著作权与数字图书馆》　肖　燕著
15、《网络环境与图书馆信息资源》　张怀涛　索传军　代根兴主编
16、《文科文献检索（第三版）》　朱建亮　毛润政编著
17、《西文文献著录条例：修订扩大版》　顾　犇主编
18、《现代图书馆管理》　徐建华著
19、《现代图书馆建筑设计》　鲍家声编著
20、《现代文学版本学》　王宗芳　孙伟红著
21、《信息资源编目》　王松林编著
22、《信息组织的分类法与主题法》　曹树金　罗春荣编著
23、《阅读研究引论》　王　龙著
24、《中国年谱辞典》　黄秀文主编

25、《中国社会科学研究计量指标——论文、引文与期刊引用统计（2000年）》 邹志仁主编
26、《中文核心期刊要目总览2000年版》 戴龙基 张其苏 蔡蓉华主编
27、《中文连续出版物机读目录著录细则》 陈源蒸 富 平主编

论文（获奖论文共186篇，按篇名汉语拼音音序排）

一等奖 20篇

1、《超文本范式——关于公共信息资源及其认识机制的哲学思考》 张欣毅
2、《关于书目控制经济问题的探讨》 柯 平
3、《基于网络的社科信息资源分布及检索策略研究》 王云娣
4、《基于知识挖掘的网络信息资源管理系统（英文）》 张成昱等
5、《论藏文文献的开发和利用》 阿 华
6、《论知识组织方法》 蒋永福 李景正
7、《略论中国早期妇女报刊》 胡文华 刘淑波
8、《三种西文电子图书系统的比较研究》 关志英
9、《试论图书馆的哲学内涵》 张广钦
10、《试论虚拟图书馆与传统图书馆的关系》 刘兹恒
11、《书目记录等级与核心记录标准的发展》 胡小菁
12、《图书馆构建新型管理模式研究》 曹志梅 孙 杰
13、《网络环境下高校教师信息素质调查与分析》 王 琼
14、《西北历史文献概述》 易雪梅 卢秀文
15、《西方传教士对中国近代图书馆的影响》 胡俊荣
16、《新时期信息用户研究的时代特征与趋势》 廖 璠
17、《知识组织的研究范围及发展策略》 王知津
18、《中国文献资源建设理论研究的回顾与展望》 代根兴
19、《走向深入走向辉煌——近年来文献检索课教学研究综述》 敬 卿 龚晓林 范真祥
20、《走向新世纪的信息加工》 倪晓建

二等奖 53篇

1、《〈Chin Phys Lett〉1995－2000年论文与作者定量分析》 黄莉娟
2、《〈楝亭书目〉拾遗》 张一民
3、《〈中图法〉三版通用复分问题例说》 孟昭和
4、《SSCI收录信息科学与图书馆学期刊的情况及我国的机遇》 赵基明
5、《从〈蛾术编〉与〈十驾斋养新录〉看王鸣盛与钱大昕的文献学成就》 王 纯
6、《大众图书馆哲学初探》 李明华
7、《电子出版物与图书馆文献资源建设》 张静波
8、《读者满意度评价模式初探》 张四新
9、《对电子图书浏览器的理性思考》 罗良道
10、《对一个中型书库藏书结构的定量分析》 潘述良
11、《俄罗斯图书馆学理论研究热点评析》 林 曦
12、《复合图书馆的概念及发展构想》 初景利
13、《高校图书馆BBS参考咨询探析》 李修波
14、《高校图书馆中图书馆老化问题的研究：策略及其效果（英文）》 方小容
15、《高校图书馆中文图书采访模型的初步研究》 游丽华
16、《古籍开发与利用的标准化与规范化》 徐忆农
17、《古类书衰落探源》 高长青 杨丽梅
18、《关于“人工智能”立类、列类的新构想》 崔淑萍

19、《馆际互借网络数据库服务和管理系统的开发与应用》 林　佳等
20、《馆外阅读：中国互联网对阅读产生的影响（英文）》 黄群庆
21、《基于 CNMARC 数据的综合馆藏自动化系统》 严　彬　阚德涛
22、《基于灰色关联分析法的期刊综合评价》 姚　红
23、《基于数据库检索系统的文献计量学研究》 董建成
24、《基于主题分布的我国情报学文献计量分析》 乔文明　索大武
25、《军队院校图书馆评估方法初探》 李广德
26、《论图书馆产品》 杨明华
27、《论图书馆信息资源的深层开发》 林平忠
28、《论我国现代目录学研究中的科学观念问题》 徐跃权等
29、《美国高校的信息素质教育及其启示》 黄晓斌
30、《美国图书馆网对信息资源的建设与组织给我们的启示》 何小清
31、《面向 21 世纪的专门图书馆事业发展战略构想》 彭俊玲
32、《如何提高文献主题标引的质量》 郑　宇
33、《少儿读者需求调查分析》 刘莉莎
34、《社会经济信息化测度与评估研究报告》 丛敬军等
35、《数字图书馆与版权保护问题研究》 谢新根　朱丹君　叶惠芳
36、《宋刻本〈云仙散录〉考略》 陆　音
37、《探索我国书目规范控制思想的轨迹》 祁思妍
38、《特色公共图书馆建设》 常　林
39、《图书馆文化的结构及其作用机制》 杜慧敏
40、《图书馆信息增值方法研究》 王东波
41、《王重民先生在敦煌学研究中的贡献》 张彦芬
42、《网络环境下分类法的变革与发展》 王忠红
43、《网络环境下灰色文献的白色化及获取》 刘海航　黄碧云　张　畅
44、《网络环境中图书采访选择机制研究》 乔　欢
45、《网络信息资源的评价》 陆宝益
46、《文献提供服务实施客户关系管理的策略》 张建民
47、《我国数字参考咨询服务的现状和发展趋势》 郭劲赤
48、《我国图书馆学经典文献测定及其分析评价》 王惠翔
49、《虚拟馆藏的组织和揭示》 朱丽东
50、《以武汉地区公共图书馆为例看中国的公共图书馆如何开展公民的信息素养教育（英文）》 李静霞
51、《中国图书在版编目的现状与展望》 文榕生
52、《中美两国数字图书馆的发展状况（英文）》 楼宏青
53、《专题文献信息量进行性分布及集中离散规律探讨》 方国辉等

三等奖　113 篇

1、《“人本”管理在图书馆管理中的运用》 杨　萍
2、《〈论语〉与图书馆人的管理初探》 胡石凡
3、《21 世纪吉林省社会科学文献资源建设发展战略思考》 高佩群　冯海英
4、《21 世纪汽车图书馆怎样为农村经济服务》 肖玉明
5、《21 世纪的图书馆职业展望》 鞠文红
6、《CAJ－CD、中国期刊网与 CNKI 对图书情报工作的影响》 王钜春
7、《百川归海 乘风起帆 ——论数字图书馆和中国数字图书馆建设》 李建平
8、《办活动促发展的探索》 史建强　李　丹　邱　霞
9、《布鲁克斯情报认知观研究》 师宏睿
10、《常熟私家藏书在中国图书馆学发展中的地位和作用》 仲伟行
11、《成人高校图书馆的读者工作》 苗文菊

12、《创新研究中文献信息分析的方法论》 孔　健
13、《从引文分析看图书馆学的学科特性》 贾晓斌　周　俊
14、《大图书馆概念下企业图书馆发展之我见》 欧　雷
15、《当代公共图书馆管理者的理念定位》 陶善耕
16、《档案界与图书馆界信息化建设若干问题的比较研究》 赵　屹　陈晓辉
17、《等级列举式分类法存在的问题与分面组配后标引的分布研究》 廖腾芳
18、《地方文献书目的编制及其社会价值》 吕芸芳　张　菡
19、《对高校图书馆虚拟馆藏资源整合的分析研究》 范亚芳　边佳平
20、《对县级图书馆藏书和馆舍规模的探讨》 程学华
21、《甘肃省图书馆自动化网络化建设现状、问题及对策》 董积生等
22、《高校学科建设与馆藏期刊建设的关系及其思考》 高　波
23、《个性化需求与图书馆信息服务新理念》 龚景兴
24、《关于"中国地域文化系列数据库"建设的若干思考》 薛贞芳
25、《关于 CNMARC 款目连接块若干问题之研究》 邵仰东
26、《关于 Web 网上智能检索系统的研究——Gene Cards 介绍》 甘　霖　王　勇　方　平
27、《关于读者主体论》 王桂艳
28、《关于数字图书馆与图书馆数字化建设的冷思考》 孙　志　贾晓斌
29、《关于图书馆信息技术战略开发的思考》 许建业
30、《贯彻 ISO9000 管理标准强化图书馆的管理及服务》 谢紫英
31、《广西公共图书馆的发展与策略》 王雪光
32、《海南省高校图书馆网络环境下的馆际互借服务模式》 黄玉华　王永喜　安邦建
33、《海外期刊及其进口工作现状》 袁水仙
34、《湖北数字图书馆区域合作发展模式探讨》 徐力文
35、《徽州刻书研究述略》 郑　玲
36、《基于 JCR 不同学科影响因子比较研究》 张丽园
37、《建国后中国图书馆学的发展趋向》 熊　伟
38、《建立"以读者为中心"的全面质量管理体系》 王　浩
39、《建立图书馆创新机制的几点思考》 李纯洁　于宝芬
40、《军队高中级指挥院校图书馆实现文献情报服务的有效途径》 翟唯佳
41、《军事理论科学数字图书馆建设研究》 祁长松
42、《开发服务器－－客户机模式的企业管理信息系统》 王守宁　尹科强
43、《利用 ILAS 系统建立特色专题文献数据库的方法》 吴淑玲　李　力
44、《联机公共检索目录（OPAC）改进实例》 何　萍　戴华胜
45、《略论高校信息素质教育》 曾德良　傅运生
46、《论"信息时空"——从宏观的角度探索》 吴力群
47、《论大学城公共图书馆建设》 严慧英　夏　勇
48、《论高校重点学科情报调研》 陆建芳　张太洪　廉　清
49、《论公共图书馆在地方旅游业发展中的优势和作为》 刘生兰
50、《论民族古籍的保护与开发》 何　丽
51、《论市场经济对图书馆事业的影响》 王效良
52、《论图书馆的信息化》 高景轩
53、《论图书馆的知识产权保护》 王美兰　柳晓春
54、《论网络环境下图书馆馆长协同思维创新》 孙　兰
55、《论网站建设的著作权问题》 周小平
56、《论我国社科信息学走"产业兴学"之路》 孔庆杰
57、《论我国西文连续出版物联合目录》 马　静
58、《论我国信息法学的研究基础与学科建设》 马海群　乔立春
59、《论信息经济和知识经济的本质与关系》 宋天和
60、《论政府信息公开与信息控制》 赵冬生
61、《农业信息产业化的要素分析及其思考》 金中仁　章云兰　成建权

62、《缥缃盈栋，精本充牣——仁和朱氏结一庐藏书研究》 李雄飞
63、《期刊书目控制研究》 杜懋杞 倪丽萍
64、《浅谈数字图书馆版权集体管理机制问题》 王进杰
65、《全文数据库建库原理与应用技术》 王兰成 蒋 丹 刘庆辉
66、《泉州家谱简论》 吴乔生
67、《社区图书馆的功能及其建设刍议》 郭敏芳
68、《试论民族地方文献数字化》 刘泳洁 尚本业
69、《试论文献信息及其传递之变迁》 王菲菲
70、《数字馆藏建设对传统馆藏建设政策的挑战》 章 红
71、《数字化环境中的文献检索课教学改革措施》 吴孟苏
72、《数字化信息资源管理与服务的互动（俄文）》 师丽梅
73、《数字图书馆建设中的知识产权问题及其解决对策》 张 鹰
74、《缩微技术与缩微制品的发展研究》 陈 军 李 晓
75、《谈军校图书馆的虚拟馆藏建设》 蒲延秋 吴奇才 攸连秀
76、《图书馆的服务性及其评估模式构想》 高 民
77、《图书馆电子信息资源数据库系统的开发研究》 谈春梅 叶继元 汪令全
78、《图书馆管理体制改革》 方夏云
79、《图书馆建筑智能化综论》 贾 宏
80、《图书馆立法问题的再认识》 王爱妮
81、《图书馆贫困化分析——西部高校图书馆可持续发展的忧患》 陈 凡
82、《图书馆人力资源开发与激励机制的建立》 王林廷
83、《图书馆收费：历史、现实和理性的思考》 雷永立
84、《图书馆数字文献通信的基础设施建设（英文）》 应长兴 林祖藻
85、《图书馆网络安全的实现》 梁 红 张凤斌
86、《图书馆信息不对称研究》 贾晓东
87、《图书馆信息产品的市场营销》 周慧芳
88、《图书馆学的研究现状及发展趋向》 商晓帆
89、《网络环境下信息资源建设与服务模式研究》 吴奕宽
90、《网络资源学科导航系统的研制》 彭奇志
91、《文献机检查全的新方案》 方小苏 陆宗城
92、《文献著录方式体系的比较研究》 萧 新
93、《我国高校“网络资源学科导航系统”建设现状调查分析》 徐佳宁 卞 丽
94、《我国现行检索刊物概观》 何华连
95、《我国著作权法的修改及其对图书情报工作的影响》 江向东
96、《信息资源的共享性与专有性的对立统一》 杨智慧
97、《序体的产生与导读的关系》 党 黎
98、《也谈信息时代的外刊采访》 胡美娟
99、《一种“优化”图书分类排架的方法》 孟小槟
100、《医学图书馆的未来——协和特色医学文献数字资源库的建设策略》 阮学平 方 安
101、《迎接数字图书馆产业发展新高潮》 刘锦山
102、《影响中国21世纪图书馆事业发展与变革的重大举动
——试析江泽民视察北京图书馆的时代背景》 原宏盛
103、《影响中国图书馆事业未来发展的三个决定性因素》 金明生
104、《用户感知价值与图书馆核心用户服务定位策略》 蔡宝珠
105、《有关基于词表的智能信息检索系统的研究》 赵立宏 吴学毅
106、《藏学重要文献史料述评》 彭清深
107、《知识图书馆论》 陈 雅 郑建明
108、《中国古代图书馆学史论》 吴仲强
109、《中国古籍插图研究》 赵达雄
110、《中国科技期刊的发展趋势与对策》 贺晓利

111、《中国数字图书馆建设问题研究》 梁　平
112、《中国图书馆学的西西福斯巨石》 祝　力
113、《走向21世纪的农村信息服务》 谢坤生

其他形式2项

二等奖

1、《广东省数字图书馆》 李昭淳（项目负责人）
2、《汉语题内关键词索引与后控制词表系统》 张正强（项目负责人）

2003－2004年省部级（含）以上表彰与奖励

湖北省

	表彰或奖励称谓	奖励等级	授予单位	授予时间	获奖者	奖励方式
工作成就	2003年湖北省社会科学界先进社团		湖北省社科联	2004	湖北省图书馆学会	奖牌
	十佳社团工作者		湖北省社科联	2004	胡银仿	证书
	先进社团工作者		湖北省社科联	2004	徐力文、谭雪梅	证书
学术成就	湖北省自然科学优秀学术论文（2003－2004）		湖北省人事厅、科技厅、科协	2005.2	邓珞华	证书
	中国图书馆学会第二届图书馆学情报学术成果（论文类）	二等奖	中国图书馆学会	2004	李静霞	
	证书中国图书馆学会第二届图书馆学情报学术成果（论文类）	三等奖	中国图书馆学会	2004	肖玉明、徐力文	证书
	第二届全国图书馆系统书画摄影展优秀作品	入选	中国图书馆学会	2004	刘志磊、梅正国、樊小庆	证书
	中国图书馆学会“我的图书馆情缘”征文	优秀奖	中国图书馆学会	2004	陈永芳、向中华	证书

（刘莉）

福建省

	表彰或奖励称谓	奖励等级	授予单位	授予时间	获奖者	奖励方式
工作成就	第八届（2000－2002年度）省级文明单位	省级	中共福建省委、省政府	2003	福建省图书馆	奖牌
	全国信息资源共享工程建设先进单位	部级	文化部	2004	福建省文化信息网络工程建设领导小组	证书
	2002－2003年度安全生产先进单位	副省级	厦门市政府	2004.3	厦门市图书馆	奖牌
	福建省巾帼文明示范岗		福建省妇联	2004	福州市图书馆	奖牌
	福建省社科联2001－2004年度先进学会		福建省社科联	2005.3	福建省图书馆学会	奖牌、证书
	中国图书馆学会2001－2004年度先进学会		中国图书馆学会	2005.7	福建省图书馆学会	奖牌、证书

	表彰或奖励称谓	奖励等级	授予单位	授予时间	获奖者	奖励方式
工作成就	中国图书馆学会2004年全民阅读活动最佳组织奖		中国图书馆学会	2005.7	福建省图书馆学会	奖牌
	福建省社科联2001－2004年度先进学会工作者		福建省社科联	2005.3	龚永年	证书
	中国图书馆学会2001－2004年度优秀学会工作者		中国图书馆学会	2005.7	龚永年	证书
	中国图书馆学会2001－2004年度优秀会员	优秀会员	中国图书馆学会	2005.7	方宝川（福建师范大学图书馆）	证书
	中国图书馆学会2001－2004年度优秀会员	优秀会员	中国图书馆学会	2005.7	谭新华（三明市图书馆）	证书
	中国图书馆学会2001－2004年度优秀会员	优秀会员	中国图书馆学会	2005.7	卫红（华侨大学图书馆）	证书
	中国图书馆学会2001－2004年度优秀会员	优秀会员	中国图书馆学会	2005.7	吴蓉（厦门图书馆）	证书
	中国图书馆学会2001－2004年度优秀会员	优秀会员	中国图书馆学会	2005.7	徐立纲（福州大学图书馆）	证书
	中国图书馆学会2001－2004年度优秀会员	优秀会员	中国图书馆学会	2005.7	詹心敏（漳州师范学院图书馆）	证书
	中国图书馆学会2001－2004年度优秀会员	优秀会员	中国图书馆学会	2005.7	周青（福州市图书馆）	证书
	全国图书馆学期刊优秀编辑	优秀编辑	中国图书馆学会	2004.8	龚永年	证书
	全国图书馆学期刊受表彰老编辑	受表彰老编辑	中国图书馆学会	2004.8	龚永年	证书
学术成就	福建省第五届社科优秀成果	二等奖	福建省人民政府	2003	方宝川（福建师范大学图书馆）	证书
	第六届福建省自然科学优秀学术论文	三等奖	福建省科协、福建省科技厅、福建省人事厅	2003	江向东（福建师范大学社会历史学院信息管理系）	证书
	第六届福建省自然科学优秀学术论文	三等奖	福建省科协、福建省科技厅、福建省人事厅	2003	张文德（福州大学图书馆）	证书

	表彰或奖励称谓	奖励等级	授予单位	授予时间	获奖者	奖励方式
学术成就	中国图书馆学会第二届图书馆学情报学学术成果奖	论文二等奖	中国图书馆学会	2004	游丽华（福建农林大学图书馆）	证书
	中国图书馆学会第二届图书馆学情报学学术成果奖	论文三等奖	中国图书馆学会	2004	杜懋杞、倪丽萍（福建莆田学院图书馆	证书
	中国图书馆学会第二届图书馆学情报学学术成果奖	论文三等奖	中国图书馆学会	2004	吴乔生（泉州市图书馆）	证书
	中国图书馆学会第二届图书馆学情报学学术成果奖	论文三等奖	中国图书馆学会	2004	郭敏芳（福建省图书馆）	证书
	中国图书馆学会第二届图书馆学情报学学术成果奖	论文三等奖	中国图书馆学会	2004	王菲菲（泉州市图书馆）	证书
	中国图书馆学会第二届图书馆学情报学学术成果奖	论文三等奖	中国图书馆学会	2004	江向东（福建师大社会历史学院信息管理系）	证书
	中小型公共图书馆论文研讨会《关注弱势群体 营造学习型社会》	一等奖	全国中小型公共图书馆联合会	2004	周青（福州市图书馆）	证书
	中国图书馆学会“我的图书馆情缘”优秀征文奖	优秀征文奖	中国图书馆学会	2004	陈胜香（福州市少儿图书馆）	证书
	中国图书馆学会“我的图书馆情缘”优秀征文奖	优秀征文奖	中国图书馆学会	2004	吴乔生（泉州市图书馆）	证书
	中国图书馆学会“我的图书馆情缘”优秀征文奖	优秀征文奖	中国图书馆学会	2004	林远峰（惠安县上坂中学图书馆）	证书
	第二届全国图书馆系统书画摄影展优秀作品奖	优秀书法作品奖	中国图书馆学会	2004	李世乐（晋江市图书馆）	证书
	第二届全国图书馆系统书画摄影展优秀作品奖	优秀摄影作品奖	中国图书馆学会	2004	龚永年（福建省图书馆）	证书
	第二届全国图书馆系统书画摄影展优秀作品奖	优秀摄影作品奖	中国图书馆学会	2004	倪忠南（福清市图书馆）	证书

（龚永年）

安徽省

成就性质	表彰或奖励称谓	奖励等级	授予单位	授予时间	获奖者	奖励方式
工作成就	“安徽省高校文献信息系统的理论与实践”省级教学成果奖	一等奖	安徽省教育厅	2004.12	许俊达	
学术成就	省政府津贴		安徽省政府	2003	许俊达	
学术成就	第四届安徽省自然科学优秀学术论文	三等奖	安徽省人事厅、省科技厅、省科协	2003	傅正（安徽大学）：对图书馆学研究对象不同表述的思考兼评“矛盾说”桑良至（安徽大学）：数字图书馆与读者服务结合“公共图书馆宣言”研究史学彬（阜阳师范学院）：一部颇具特色的图书馆学理论著作 简评《电脑管理图书馆学》	

成就性质	表彰或奖励称谓	奖励等级	授予单位	授予时间	获奖者	奖励方式
工作成就	全国文化资源共享工程先进单位		全国文化信息资源共享工程领导小组	2004.6	安徽省太湖县图书馆	证书、牌匾
工作成就	安徽省文化先进集体		省人事厅、省文化厅	2003	安徽省太湖县图书馆	证书

（学会秘书处）

江西省

	表彰或奖励称谓	奖励等级	授予单位	授予时间	获奖者	奖励方式
工作成就	文明单位	省级	中共江西省直工委、省直机关文明委	2004. 5	江西省图书馆	奖牌
工作成就	先进党组织	省级	江西省文化厅	2003. 12	江西省图书馆	奖牌
工作成就	江西省优秀期刊“编辑质量奖”	省级	江西省期刊学会	2004. 12	《江西图书馆学刊》编辑部，副主编兼责编夏侯炳	奖牌，奖金3000元
工作成就	先进省级学会	省级	江西省科协	2004. 3	江西省图书馆学会	证书，奖金1000元
学术成就	江西社会科学研究文库资助项目	省级	江西社会科学研究文库出版资助项目评审委员会	2003. 10	江西省图书馆夏侯炳：《参考咨询新论》	2万元

（学会秘书处）

吉林省

	表彰或奖励称谓	奖励等级	授予单位	授予时间	获奖者	奖励方式
工作成就	吉林省劳动模范	省级	吉林省政府	2004. 9	石丽珍	政府奖
工作成就	吉林省劳动模范	省级	吉林省政府	2004. 9	孙启彦	政府奖
工作成就	2003年精神文明建设先进单位	省级	吉林省委省政府	2003	白山市图书馆	政府奖
工作成就	2002—2003年度精神文明建设先进单位	省级	吉林省委省政府	2003	吉林省图书馆	政府奖
学术成就	2004年吉林省高等学校图书馆学术年会	优秀论文一等奖	吉林省高等学校图书情报工作委员会	2004. 6	宋福祥	大会宣读
学术成就	第二届图书馆学情报学学术成果奖	三等奖	中国图书馆学会	2004. 7	王桂艳	
学术成就	21世纪图书馆继续教育的创新	首次吉林省图书馆界优秀科技成果二等奖	吉林省图书馆学会	2003. 10	张志宏	证书
学术成就	对松原市21家工会图书馆的调查分析	全国理论创新优秀学术成果二等奖	全国理论创新学术成果评审委员会	2004. 10	张志宏	证书

（马慧艳）

山东省

	表彰或奖励称谓	奖励等级	授予单位	授予时间	获奖者
工作成就	山东省实施中国小公民道德建设计划示范基地	省级	山东省委宣传部	2003. 10	山东省图书馆
	山东省科技进步二等奖	省级	山东省科学厅	2004. 5	山东省图书馆
	集体二等功	省级	山东省公安厅	2004. 3	山东省图书馆保卫科
	山东省第九届职工职业道德建设十佳单位	省级	山东省委宣传部	2004. 11	山东省图书馆
	2003 年度优秀社会团体	省级	山东省民间组织管理局	2003. 12	山东省图书馆学会
	2004 年度优秀社会团体	省级	山东省民间组织管理局	2004. 12	山东省图书馆学会
学术成就	2004 年山东省社会科学普及团活动先进个人	省级	山东省委宣传部	2004. 10	樊伟
	2003 年度山东省高等学校优秀科研成果	省级	山东省教育厅	2003. 12	崔国光
	山东省社会科学优秀成果二等奖	省级	2003 年度山东省社会科学优秀成果奖评选委员会	2004. 3	崔国光
	2003 年度山东省文化艺术科学优秀成果一等奖	省级	山东省文化厅	2004. 6	王运堂　李勇慧
	2003 年度山东省文化艺术科学优秀成果一等奖	省级	山东省文化厅	2004. 6	赵炳武　李福贵 陶嘉今

（白兴勇）

宁夏自治区

	表彰或奖励称谓	奖励等级	授予单位	授予时间	获奖者	奖励方式
工作成就	全国图书馆学期刊优秀编辑	优秀编辑	中国图书馆学会	2004. 8	于建文	证书
学术成就	全国第二届图书馆学情报学优秀成果奖	论文类一等奖	中国图书馆学会	2004. 7	张欣毅	证书
		论文类三等奖	中国图书馆学会	2004. 7	师宏睿	证书
	全国民族地区图书馆第八次科学讨论会	论文类一等奖	中国图书馆学会民族地区图书馆委员会	2004. 9	宋逦	证书
	宁夏第九次哲学社会科学优秀成果奖	论文一等奖	宁夏人民政府	2004. 11	张欣毅	证书
		论文二等奖	宁夏人民政府	2004. 11	师宏睿	证书
		论文类三等奖	宁夏人民政府	2004. 11	陈永刚	证书
		论文三等奖	宁夏人民政府	2004. 11	张玉珍	证书
		论文三等奖	宁夏人民政府	2004. 11	马谦	证书

	表彰或奖励称谓	奖励等级	授予单位	授予时间	获奖者	奖励方式
学术成就	宁夏第九次哲学社会科学优秀成果奖	论文三等奖	宁夏人民政府	2004.11	王霞	证书
		论文三等奖	宁夏人民政府	2004.11	史光明	证书
		论文三等奖	宁夏人民政府	2004.11	孔炜莉	证书
		著作二等奖	宁夏人民政府	2004.11	梁春阳 张欣毅	证书

（学会秘书处）

国际交流

【中国图书馆学会组织参加第69届国际图联大会及理事会】 2003年8月1-9日，第69届国际图联大会及理事会在德国柏林市国际会议中心举行。中国图书馆学会代表团一行93人，以及国家图书馆代表团、上海图书馆代表团等共144位来自中国的代表出席了这次大会。大会的主题为“知识之门——图书馆：媒体——信息——文化”。在会议期间中国图书馆学会代表团出席了国际图联图书馆协会管理组会议，与该组主席、秘书长建立了联系；出席了该组成立25周年的庆祝活动，向他们提供了中图学会的简介，为该组提供了6个文件中两个文件的中文译本；会晤了英国、美国、乌拉圭、阿根廷、意大利、丹麦和俄罗斯等国的图书馆协会领导人。中国图书馆学会参加本届图联大会，为进一步参与国际图书馆协会的活动、加强双边和多边之间的合作和交流打下了基础。会后，中国图书馆学会组织代表们参观了德国国家图书馆、新德意志国家图书馆、洪堡大学电子图书馆、柏林—勃兰登堡图书馆联合体、科隆市立图书馆、科隆大学图书馆、法兰克福市立图书馆和法国国家图书馆、法国巴黎索邦大学图书馆等。（学会秘书处）

【中国图书馆学会代表团访问韩国】 根据中韩图书馆学（协）会2000年签订的双边交流协议，应韩国图书馆协会的邀请，以中国图书馆学会秘书长汤更生为团长的中国图书馆学会代表团一行3人于2003年9月22—27日访问韩国。在此期间，中国图书馆学会代表团参加了第41届韩国图书馆协会大会，考察了韩国国立中央图书馆、果川情报科学图书馆和西归浦市图书馆等中小型公共图书馆的建设情况，会晤了韩国图书馆协会会长（国会议员）辛基南、副会长（国立中央图书馆馆长）林炳秀、韩相完（延世大学文献情报学教授）和事务总长（秘书长）李景求。通过此次访问，中韩双方对彼此关心的问题进行了深入探讨，就中韩图书馆事业的发展和中韩（协）会的发展问题进行了细致的交流。这次访问、交流活动不仅促进中韩图书馆界的国际交流，而且为中韩两国图书馆的合作打下了良好的基础。（学会秘书处）

【“2003年中德主题图书馆学术交流会”召开】 12月2-3日，由中国图书馆学会交流与合作委员会、北京市西城区图书馆和歌德学院北京分院联合举办的“2003年中德主题图书馆学术交流会”在西城区图书馆召开，全国中小型图书馆中部分开展主题特色服务的图书馆馆长、专家学者和有关工作人员50余人与会。交流会旨在让国内同行了解国外主题图书馆的发展趋势，探讨国内主题图书馆的发展前景，借鉴、启发我国中小型主题图书馆今后工作的发展途径和思路。交流会特邀德国德雷斯顿市图书馆馆长Katrin Doll女士、德国德雷斯顿市图书馆旅游馆负责人Petra Richter女士，分别介绍了德国贝塔斯曼基金会资助图书馆项目，主题图书馆在德国的发展，德国德雷斯顿市如何建立旅游分馆的情况。西城区图书馆王丹书记做了“德国之行”的汇报，对德国公共图书馆在服务与管理技术中，体现以人为本的先进理念做了详细介绍。与会者就感兴趣的话题进行了交流探讨，Katrin Doll和Petra Richter女士还在会后参观了北京市西城区、东城区、崇文区三家特色图书馆。（学会秘书处）

【卢海燕被任命为国际图联版权和其他法律事务委员会委员】 2004年3月，国际图联原秘书长Ross Shimmon向中国国家图书馆参考部主任卢海燕签发了任命书，任命卢海燕为国际图联版权和其他法律事务委员会委员，任期3年，另外可以延续3年。该委员会成员的基本职责是就以下有关版权问题，如版权和知识产权的情况、经济与贸易障碍对图书馆和信息资料的采购的影响、图书馆与信息资料所有权的争端问题、电子版课本的真实性、协议的签署与许可问题以及图书馆和情报信息服务中所涉及的其他重大的国际法律问题等，在国际图联版权和其他法律事务委员会委员内进行讨论。（学会秘书处）

【严向东被任命为国际图联信息自由存取及言论自由委员会委员】 2004年3月，经国际图联管理委员会讨论，国际图联秘书长Ross Shimmon向中国国家图书馆国际交流处处长严向东签发了任命书，任命严向东为国际图联信息自由存取及言论自由委员会委员，任期3年，另外可以延续3年。该委员会成员的基本职责是能够参加（布宜诺斯艾利斯、奥斯陆和汉城）三届国际图联大会，能够向该委员会报告本国信息自由存取和言论自由方面的最新情况，在本

国促进信息自由存取和言论自由；并能够在大会休会期间，就有关事宜使用电子邮件或者传真进行联系。（学会秘书处）

【中国图书馆学会组织参加第70届国际图联大会及理事会】 世界图书馆和信息大会：第70届国际图联大会及理事会于2004年8月21日至27日，在阿根廷首都布宜诺斯艾利斯举行，中国代表共114人出席本次会议，其中中国图书馆学会组织了95名代表参会。年会的主题是“图书馆：教育与发展的工具”。解放军医学图书馆的湛佑祥和郝继英在卫生和生物学专业组上宣读了题为《中国医学文献信息资源建设与利用》的论文，国防科技信息研究中心的汤珊红在政府图书馆组上发表了题为《中国公民的信息素养和政府信息的开发利用》的论文，海南大学图书馆张红霞在亚太组宣读了题为《严峻挑战和历史机遇：论中国信息数字教育》的论文。这三篇论文均被收入国际图联大会论文集。张红霞女士还获国际图联“发展图书馆计划”的资助金。国家图书馆张曙光在巴西圣保罗召开的会前会上作了题为《中国虚拟参考咨询发展现状及面临挑战》的发言。8月22日上午，中方和美方代表共8人参加了第三届中美图书馆合作会议预备会议。中方代表有国家图书馆副馆长张彦博、国际交流处处长严向东、上海图书馆馆长吴建中和中国图书馆学会杨仁娟。美方代表有国会图书馆副馆长戴安娜女士、加州大学洛山叽分校总馆长石格瑞先生、美国图书馆研究会主席林齐博士、约翰霍普金斯大学图书馆馆长塔步先生等。会议主要讨论了第三届中美图书馆会议的细节问题，基本确定了大会议程。8月22日晚上，中国图书馆学会组织召开了中文预备会（Chinese speaking caucus meeting），这是国际图联历史上第一次中文预备会议。有近百名代表参加了这次预备会，来自美国的陈钦智、陈麦和曾蕾教授以及来自英国的一位华人图书馆员也参加了会议。会议由中国图书馆学会秘书长汤更生主持。会议有幸请到国际图联主席凯·拉舍卡（Kay Raseroka）和国际图联当选主席亚历克斯·伯恩（Alex Byrne）光临。第71届国际图联大会挪威组织委员会秘书长、挪威国家公共图书馆馆长Terry女士也到会发表演讲。吴建中馆长和Calis副主任朱强作了主要发言，新当选的国际图联信息存取和言论自由委员会委员、国家图书馆国际交流处处长严向东和国际图联版权和其它法律事务委员会委员、国家图书馆参考部主任卢海燕分别在会上介绍了这两个委员会召开会议的情况；国际图联参考专业组委员、上海图书馆参考咨询专家冯诘音也在会上介绍了参考专业组活动的情况。中文预备会的召开对于推动中文成为国际图联工作语言起到了积极的作用。大会期间，中国图书馆学会代表团参加图书馆协会专业委员会会议、阅读专业组会议；与英国图书馆协会就互访与合作事宜达成共识，并交换了意见，与韩国图书馆协会就组织参加2006年国际图联大会和韩国图书馆协会2005年出席中国图书馆学会年会和参展等事宜进行了交流，为进一步参与国际图书馆协会的活动、加强双边和多边之间的合作和交流打下了基础。学会还在大会期间组织代表们参观了阿根廷国会图书馆、拉普拉塔国立大学图书馆和拉普拉塔省立公共图书馆。（学会秘书处）

【中国图书馆学会出访英国】 2004年10月10日至16日，应英国图书馆协会的邀请，中国图书馆学会常务副理事长、国家图书馆党委书记、副馆长詹福瑞和中国图书馆学会秘书长汤更生访问了英国图书馆协会、英国博物馆、图书馆和档案馆委员会和英国国家图书馆及其文献提供中心。通过本次访问，中国图书馆学会考察了英国图书馆协会的管理与运作模式，包括机构设置、管理机制、刊物出版、公众阅读和职业资格认证等重点部门的工作内容和经营管理情况，学习了英国博物馆、图书馆和档案馆委员会和英国国家图书馆工作的先进经验。（学会秘书处）

法律、法规与政策性文件

法律、法规与政策性文件

收集整理　金　坤
（北京大学信息管理系）

法律法规与政策性文件全文

关于印发《中小学图书馆（室）规程（修订）》的通知

教基（2003）5号

为贯彻落实《国务院关于基础教育改革与发展的决定》，全面推进素质教育，我部修订了原国家教委发布的《中小学图书馆（室）规程》。现将修订后的《中小学图书馆（室）规程（修订）》（以下简称《规程》）印发给你们，并将执行《规程》的有关要求通知如下：

一、各级教育行政部门要充分认识贯彻落实《规程》的重要意义，要根据《规程》，结合工作实际，制订贯彻落实《规程》的具体意见和办法。要进一步加强中小学图书管理工作，把加强中小学图书馆（室）的建设，使其规范化、科学化和现代化，作为教育图书管理工作的一项中心工作来抓。

二、进一步加大对中小学图书馆（室）建设的经费投入。各级教育行政部门要在每年的教育经费中按一定比例设立图书专项经费，保证中小学图书馆（室）购买图书资料的需要。学校要多渠道筹措经费。积极鼓励企业、社会团体和公民个人对中小学图书馆（室）建设的捐助。三、中小学图书馆（室）的现代化是中小学教育现代化的重要体现，各地要将中小学图书馆（室）的信息化建设作为教育信息化建设的一项重要内容。

要加强数字图书馆和图书资源中心的建设。对建有或在建局域网或城域网的地区，要以某个中心学校或教育部门网络中心为依托，建设图书中心，辐射周边学校，实现资源共享。

我部将征集评选优秀的中小学图书管理信息系统软件，向各地推荐，各地要积极创造条件予以采用。

四、各地要采取有效措施，积极开展各种读书活动，鼓励各地中小学图书馆（室）对社区、学生业余时间开放，提高图书的借阅率、使用率，充分发挥中小学图书馆（室）的使用效益。

五、进一步加强中小学图书管理队伍的建设。一方面要采取切实措施解决好图书馆（室）工作人员的待遇、专业技术职务聘任等问题，保证队伍的稳定；另一方面要重视和加强队伍的培训提高工作。

六、各级教育行政部门要采取有力措施，整顿和规范教育图书市场，理顺和完善教育图书供应体制。在各地图书采购工作中，要采取招、投标方式，杜绝内定行为和个人行为，更不得强制配备。要把好图书质量关，杜绝盗版和质量低劣的图书流入学校图书馆（室）。

七、经济发达地区教育行政部门要组织本地区中小学积极开展对经济欠发达地区中小学图书的对口支援工作。把一些有利用价值的图书收集起来赠送给贫困地区。并积极开展对贫困地区教师的培训工作，鼓励校际间开展广泛交流。

八、未实现“两基”的贫困地区图书馆（室）建设标准继续按“两基”验收标准执行；已实现“两基”的农村地区，要做好巩固提高工作，向新《规程》相应标准靠齐；大中城市和经济发达地区中小学图书馆（室）建设按新《规程》一类标准执行，在图书馆（室）的管理、建设、使用效益以及图书馆（室）现代化等方面达到较高水平。

九、各地教育行政部门要加强对中小学图书管理工作和中小学图书馆（室）建设工作的检查指导，并将其列为对中小学校综合督导评估的一项内容。

中小学图书馆（室）规程（2003年修订）

第一章　总则

第一条　为加强中小学图书馆（室）（以下简称图书馆）规范化、科学化、现代化建设，为学校教育教学服务，特制定本规程。

第二条　本规程所指的图书馆是指由政府、企事业单位、社会团体、其他社会组织及公民个人依法举办的全日制中小学校的图书馆。

第三条　图书馆是中小学校的书刊资料信息中心，是为学校教育、教学和教育科学研究服务的机构。图书馆的基本任务：贯彻党和国家的教育方针，采集各类文献信息，为师生提供书刊资料、信息；利用书刊资料对学生进行政治思想品德、文化科学知识等方面的教育；指导学生课内外阅读，开展文献检索与利用知识的教育活动；培养学生收集、整理资料，利用信息的能力和终身学习的能力；促进学生德、智、体、美等全面发展。

第二章 管理体制和人员

第四条 省级教育行政部门负责图书馆建设工作的规划和管理工作，指导教育技术装备机构做好图书馆建设的组织、协调、配备、使用、培训、评估等具体业务工作。图书馆实行校长领导下的馆长负责制。

第五条 图书馆负责人要具有图书馆专业知识。中学图书馆工作人员应具备大专以上文化程度，小学图书馆工作人员应具备中专（含高中）以上文化程度，并具有基本的图书馆专业技能和计算机操作技能。图书馆要设专职管理人员。图书馆工作人员编制在本校教职工编制总数内合理确定。

第六条 图书馆专业人员实行专业技术职务聘任制。图书馆工作人员专业技术职务聘任参照国家有关规定执行。图书馆工作人员在调资晋级或评奖时，应与教学人员和教学辅助人员等同看待，并按国家有关规定享受相应的福利待遇。

第三章 管理与使用

第七条 图书馆应根据学校教育、教学和教研工作的需要广泛采集国内外相关图书资料。有条件的学校图书馆要积极配备各类电子读物，将有保存价值的馆藏图书制作成电子文档。

第八条 图书资料的配备应以学生需求为主，兼顾教师。图书馆的藏书，应当包括适合中小学生阅读的各类图书和报刊，供师生使用的工具书、教学参考书、教育教学研究的理论书籍和应用型的专业书籍。图书馆藏书应做到结构合理，要按《中小学图书馆（室）藏书分类比例表》配备。

第九条 图书馆藏书量不得低于《图书馆（室）藏书量》的规定标准。各地可结合本地区中小学校特点和实际情况制定图书复本量标准及增新剔旧（剔除）原则。配备复本量应视学校规模而定。图书馆每年要剔旧更新图书，一般每年新增图书比例应不少于藏书标准的1%。

第十条 图书馆应建立书刊总括登录和个别登录两种帐目。

第十一条 图书应按《中国图书馆图书分类法》进行分类；期刊应按《中国图书馆图书分类法期刊分类表》进行分类。

第十二条 图书著录应符合国家规定的《普通图书著录规则》）标准；期刊著录应符合国家规定的《连续出版物著录规则》，计算机编目按《中文图书机读目录格式》进行。

第十三条 实行卡片目录的中学图书馆应设有书名目录和分类目录，条件好的图书馆可增设著者目录。小学图书馆要设书名目录。采用全开架借阅和半开架借阅方式的小学图书馆可不设书名目录。实行计算机管理的图书馆，计算机能够满足师生进行书目检索的，可废止卡片目录。

第十四条 图书馆应以全开架借阅和半开架借阅为主。要开展好外借、阅览、宣传推荐等服务工作，并发挥班级图书角、图书箱的作用。

第十五条 图书馆要配合学科教师组织形式多样的读书活动，对学生进行课外阅读指导，并开展图书情报教育课、图书和图书馆知识介绍、工具书使用方法、图书的选择和读书方法以及读书卫生知识等方面的指导。学校应开设阅读指导课并纳入教学计划，有条件的学校要开设电子阅览指导课，指导学生正确运用电子阅读系统。

第十六条 各地要充分发挥图书馆的作用，鼓励图书馆对社会开放。经济欠发达地区，要重视和加强乡镇中心图书馆的建设，辐射周边学校，做到资源共享。

第四章 条件保障

第十七条 图书馆应配备书架、阅览桌椅、出纳台、报刊架、书柜、目录柜、文件柜、陈列柜、办公桌椅、装订设备、安全设备等必要的设施、设备，并有计划地配置复印、声像、文献保护、计算机（网络设备）、扫描仪、刻录机、打印机等设备。图书馆要设置藏书室（包括学生借书处）、学生阅览室、教师阅览室。有条件的学校可按学科分类设置阅览室和电子阅览室、电子资料室、多功能学术报告厅等。图书馆应逐步实行计算机管理。图书馆要重视和加强图书馆与校园网（城域网）的结合，实现网上电子图书资源共享。

第十八条 城市中小学校图书馆建设标准应不低于现行《城市普通中小学校校舍建设标准》的规定，有条件的学校可建立独立的图书馆。电子阅览室生均使用面积不低于1．9平方米。农村中小学校图书馆的规模由各地教育行政部门结合实际情况参照上述标准制定。图书馆应有良好的避风、换气、采光、照明、防火、防潮、防虫等条件。

第十九条 图书馆建设应以政府投入为主。各级教育行政部门每年应在教育经费中按一定比例设立图书专项经费，各地教育图书管理部门要做好统筹安排，组织实施。学校要多渠道筹措图书经费。提倡和鼓励社会和个人捐助图书馆建设。

第五章 附则

第二十条 特殊教育学校图书馆的建设参照本规程执行，各地乡镇中小学图书中心的建设参照本规程高标准要求执行。

第二十一条 本规程自2003年5月1日起施行，1991年8月29日发布的《中小学图书馆（室）规程》同时废止。

北京市图书馆条例实施办法

第一条 为贯彻实施《北京市图书馆条例》（以下简称《条例》），根据《条例》和国家有关规定，制定本办法。

第二条 《条例》第二条所称"本市的公共图书馆及其他各类图书馆"是指本市各级人民政府、国家机关、社会团体、企事业单位、其他组织和公民，以及委托本市管理的其他单位设立的图书馆。

第三条 北京市文化局主管本市图书馆工作，履行以下职责：

（一）负责全市公共图书馆的统一管理，指导、协调本市其他各类图书馆工作；

（二）会同有关部门制定本市图书

馆发展规划和图书馆信息网络建设方案，报市人民政府批准后组织实施；

（三）建立有本市教育、科技等部门参加的图书馆工作协调组织，指导、协调其他各类图书馆工作；

（四）负责组织北京市图书馆专家委员会的工作；指导图书馆行业组织的工作；

（五）对为发展图书馆事业做出突出贡献或成绩显著的单位和个人给予表彰或者奖励；

（六）检查、监督《条例》的实施，对违反《条例》的行为进行查处。

第四条 区、县文化行政主管部门负责本辖区图书馆工作，履行下列职责：

（一）负责本辖区内公共图书馆的管理，指导、协调本区、县其他各类图书馆工作；

（二）根据本辖区情况，做好图书馆发展规划和图书馆信息网络建设方案的实施工作；

（三）建立有教育、科技等部门参加的图书馆工作协调组织，指导、协调其他各类图书馆工作；

（四）对自然人、法人和其他社会组织兴办的图书馆，以及单位内部图书馆对社会开放的业务指导和监督管理工作。

（五）加强街道、乡镇、社区、村图书馆、室的建设和业务指导；

（六）对为发展图书馆事业做出突出贡献或成绩显著的单位和个人给予表彰或者奖励；

（七）检查、监督《条例》的实施，对违反《条例》的行为予以查处。

第五条 本市教育、科技等行政主管部门应当确定主管图书馆工作的处（科）室，并派人参加市、区县图书馆工作协调组织的工作。

第六条 有下列情况之一的，市和区县文化行政主管部门应当给予表彰或者奖励：

（一）在发展图书馆事业中做出突出贡献或者成绩显著的公共图书馆；

（二）在图书馆工作中做出突出贡献或者成绩显著的工作人员；

（三）内部图书馆向社会开放，坚持两年以上，成绩显著的；

（四）社区、村、自然人、法人和其他组织兴办的图书馆（室）坚持两年以上，成绩显著的；

（五）图书馆捐赠图书、文献、设备，数额较大的；

（六）志愿者在图书馆（室）服务，坚持两年以上，成绩显著的；

第七条 《条例》第七条所指“公共图书馆的经费”包括日常经费、设备购置费和购书经费。

要逐步为图书馆配备《条例》第二十七条所要求的设备。

购书经费应能保证《条例》第三十五条规定的年人藏文献信息资料的册（件）数量。

第八条 北京市图书馆专家委员会由本市公共图书馆和其他各类型图书馆的专家组成，人数不少于11人，每五年改选一次。由市文化局制定组织章程。

第九条 首都图书馆应当协助北京市文化局做好本市图书馆的业务指导工作；北京市少年儿童图书馆应当协助北京市文化局做好本市少年儿童图书馆，以及以少年儿童为服务对象的图书馆的业务指导工作。

区县公共图书馆应当协助本区县文化主管部门做好本区县图书馆的业务指导工作。

第十条 市和区县应当设立少年儿童图书馆。区县少年儿童图书馆可以单独设立，也可以附设在区县公共图书馆或者其它少年儿童活动场所。

第十一条 新建、改建、扩建少年儿童图书馆不仅要适应图书馆应用现代科学技术进行管理和服务的需要，还要适合少年儿童的特点，并符合下列基本要求：

（一）北京市少年儿童图书馆要符合《条例》第十七条（一）的基本要求。

（二）单独设立的区县少年儿童图书馆建筑面积应当达到2000平方米以上，阅览座位应当达到150席以上。

（三）附设在区县公共图书馆或者其他少年儿童活动场所的区县少年儿童图书馆建筑面积应当达到1000平方米以上，阅览座位应达到100席以上；

第十二条 《条例》所称街道、乡镇公共图书馆（室）是指街道办事处在街道社区服务中心（或街道文化体育中心），乡镇政府在乡镇文化服务中心设立的图书馆（室）。

街道、乡镇图书馆、室的建立由区县文化行政主管部门认定。凡达到《条例》第十七条（三）规定标准的，可以认定为街道、乡镇图书馆；凡未达到标准的，一律使用街道、乡镇图书室名称。

第十三条 鼓励街道、乡镇图书馆（室）与市和区县公共图书馆合作，成为市或者区县公共图书馆的分馆。

第十四条 《条例》第九条所称"社区、村兴办图书馆（室），是指由社区居委会和村委会兴办的，为本社区、村居民服务的图书馆（室）。区、县文化行政主管部门应当根据本区、县情况制定社区、村图书馆（室）建设标准，帮助社区、村图书馆（室）达到规定标准。

第十五条 区县和乡、民族乡、镇人民政府以及街道办事处，区县文化行政主管部门应当以区、县公共图书馆和街道、乡镇公共图书馆为基础，采取下列措施，扶持和加强社区、村图书馆（室）建设：

（一）制定规划，逐步建设社区、村图书馆（室）；

（二）给予一定的资金、设施、图书支持；

（三）无偿进行业务指导和人员培训，为社区、村图书馆（室）办理集体借书证；

（四）以建立区县、街道、乡镇公共图书馆分馆或基层图书点的形式发展图书馆网络；

（五）对坚持两年以上，做出成绩的社区、村图书馆（室）给与奖励；

（六）其它扶持措施。

第十六条 自然人、法人和其他组织在征得社区居委会或村委会的同意后，可以兴办社区、村图书馆（室），并接受社区居委会或村委会的领导。

第十七条 《条例》第十条规定的"学校、科学研究机构以及社会团体、企业、事业单位的图书馆（室）向社会开放"，按北京市《关于利用单位内部设施开展社区服务的若干规定》办理。区县文化行政主管部门应委托区县公共图书馆对其进行业务指导、培训。

第十八条 自然人、法人和其他组织兴办图书馆，应符合下列条件：

（一）面积应当达到100平方米以上，阅览座位应当达到30席以上，且符合安全、消防的有关规定；

（二）馆藏文献信息资料达到10000册（件）以上；

（三）不少于一名经过培训的符合要求的工作人员；

（四）年入藏文献信息资料不少于1000册（件）；

（五）自然人经历上无因犯罪曾被剥夺政治权利的纪录；

（六）遵守《条例》的有关规定，接受文化行政主管部门的指导、监督。

第十九条 自然人、法人和社会组织按本办法第十八条规定兴办图书馆，应按照文化部、民政部关于《文化类民办非企业单位登记审查管理暂行办法》的规定，到所在地区县文化行政主管部门和民政主管部门办理登记审批手续。

第二十条 文化行政主管部门应当采取以下措施鼓励学校、科学研究机构以及社会团体、企业、事业单位的图书馆（室）向社会开放；鼓励自然人、法人和其他组织兴办图书馆。

（一）市和区县图书馆应无偿提供业务指导和进行人员培训；

（二）有条件的可以成为市或区公共图书馆的分馆，参加图书馆信息网络，办理集体借书证；

（三）经社区居委会、村委会同意，可以成为社区、村图书馆（室），享受本办法第十五条的扶持政策；

（四）在双方协商的基础上，经街道办事处或乡镇政府批准，可以承担街道、乡镇公共图书馆（室）的职能，挂街道、乡镇公共图书馆（室）的牌子。对承担街道、乡镇公共图书馆（室）职能的，街道办事处、乡镇政府应给与一定的资金、设施、图书支持。

第二十一条 确因基本建设和城市改造需要占用公共图书馆用地和馆舍的，应由项目批准部门在批准该项目前60天，以书面形式征求文化行政主管部门意见。征求意见的函件应说明理由以及重建的地点、资金来源、规模等。文化行政主管部门应30天内予以书面答复，并进行监督、检查。

凡属占用区、县公共图书馆用地和馆舍的，应当征求北京市文化局的意见；凡属占用街道、乡镇图书馆用地和馆舍的，应当征求区县文化委员会的意见。

第二十二条 图书馆应做好接受捐赠的组织工作。对捐赠的资金、文献信息资料、设备应进行登记，建立文献信息资料专藏室或者专架。对捐赠者应颁发证书，进行宣传，并按《条例》和本办法规定向文化行政主管部门申请表彰或者奖励。图书馆可以制定奖励办法对捐赠者进行表彰或奖励。

第二十三条 图书馆业务人员的专业知识和技能标准由市文化局征求专家委员会意见后制定。考核工作委托首都图书馆负责，上岗证书由市文化局颁发。

第二十四条 公共图书馆在保证《条例》规定的每周开放时间的前提下，可根据具体情况和读者的需求，调整开放时间与范围，规定一周内每天不同的开放时间和范围，其中外借部门和期刊阅览室必须开放。而且必须按规定向读者公示。

因搬迁、改造、维修或其他特殊原因，需要减少开放时间或者闭馆，时间在10日或10日以内的，须经区县文化行政主管部门批准；10日以上的，须经市文化局批准。

第二十五条 公共图书馆应当建设无障碍设施，为残疾人提供方便。有条件的，应当开设残疾人阅览室。公共图书馆应当免费为残疾人和达到法定离、退休年龄的离、退休老年人办理借书证、阅览证。

第二十六条 文献信息资料册（件）按下列标准计算：

（一）图书按单本计算；

（二）报纸按月合订本计算；

（三）期刊按合订本计算；

（四）音像制品（录音带、录像带、光盘）、微缩胶片、电子出版物按单件计算。

第二十七条 市和区县公共图书馆应当设立电子阅览室（含视听室），为读者提供通过计算机、网络阅读音像制品、电子出版物和网上信息的条件。电子阅览室的设立必须符合文化部和市文化局规定的条件，并遵守有关规定。

第二十八条 《条例》第三十条规定的读者交纳滞还费的标准是：超过规定日期10天以内，每天交纳滞还费0．2－0．5元，10天以上每天交纳滞还费0．5－1元。具体标准由图书馆根据上述标准制定，并向读者公示。

第二十九条 《条例》第四十四条中所称“重置价格”是指：

（一）单本（件）文献信息资料按采购和加工费用的合计计算；

（二）多本（件）或成套资料不能部分购买的，按照全套资料价格和加工费用合计计算。

第三十条 对遗失、损坏或者侵占公共图书馆文献信息资料应当处以罚款的，由图书馆填写处罚申请书，报文化行政主管部门。由文化行政主管部门做出处罚决定，由图书馆代缴后上交。

第三十一条 公共图书馆可以利用馆舍开设与图书馆业务和读者服务相关的项目，但开设的项目应符合图书馆的性质并体现服务性、非营利性。

第三十二条 本实施办法由北京市文化局负责解释。

第三十三条 本实施办法自2003年5月1日起施行。

全国图书资料系列高级职称评审基本条件（文化部）

申请晋升研究馆员或副研究馆员的图书资料系列专业人员在担任副研究馆员或馆员期间，应同时具备下列五项要求：

一、思想政治要求

遵守国家法律和法规，热爱本职工作，有良好的职业道德和敬业精神，认真履行岗位职责，服从单位安排，按要求完成工作任务。

二、语言要求

申请晋升图书资料系列高级职称的专业人员，语言方面应满足下列规定之一：

（一）参加人事部组织的职称外语统一考试，取得合格证书或考试成绩达到本地区（部门）规定的参评分数线。

（二）参加本地区（部委）组织的外语考试，取得合格证书或考试成绩达到本地区（部委）规定的参评分数线。

（三）符合本地区（部委）规定的

参加古汉语考试条件，古汉语考试成绩合格。

（四）符合以下条件之一者，可免以上语言考试：

1、博士后流动站出站人员晋升研究馆员。

2、在国外获得博士学位，晋升研究馆员。

3、获得博士学位，晋升副研究馆员。

4、在国外获得硕士学位，且为本单位业务工作骨干，晋升副研究馆员。

5、取得国家承认的外语专业大专以上第二学历，晋升副研究馆员。

6、引进的优秀人才晋升副研究馆员。

7、参加全国外语水平（WSK）考试，达到出国分数线，晋升副研究馆员。

8、符合本地区（部委）规定的免试条件。

三、学历、资历要求

（一）、申请晋升研究馆员：

1、大学本科以上学历，担任副研究馆员职务5年以上。

2、取得两个大学专科学历，其中一个为图书情报专业，担任副研究馆员职务5年以上。

3、大学普通班或大学专科毕业，从事本专业工作25年以上，担任副研究馆员职务7年以上。

（二）、申请晋升副研究馆员：

1、获得博士学位后，担任馆员职务2年以上。

2、大学本科以上学历，担任馆员职务5年以上。

3、大学普通班或大学专科毕业，从事专业工作17年以上，担任馆员职务6年以上。

四、论著成果要求

（一）、申请晋升研究馆员职称，须有任副研究馆员以来正式出版的著作2部，在省级以上学术刊物上发表或在国际学术会议上宣读的本专业论文5篇。

（二）、申请晋升副研究馆员职称，须有任馆员以来正式出版的著作1部或在省级以上重要学术刊物上发表或在国际学术会议上宣读的专业论文3篇。

（三）、从事图书情报资料工作自动化、网络建设、计算机系统开发等图书情报资料现代技术工作的人员，申请晋升高级职称：

1、申请晋升研究馆员职称，须负责地、市级以上图书馆或图书情报资料机构现代技术项目的规划、设计、开发、研制，担任过至少1个省级或2个地、市级项目的负责人，主持项目的立项论证、结构设计、软件编写、实施应用，并通过相应技术成果鉴定，独立撰写技术报告。任副研究馆员以来在省级以上学术刊物上发表或在国际学术会议上宣读专业论文5篇或专著1部。

2、申请晋升副研究馆员职称，须在地、市级以上项目中作为负责人或主要参与人，进行项目可行性分析、系统设计和系统维护，做为技术骨干攻克重要技术难题，作为重要参加人撰写技术报告。任馆员以来在省级以上学术刊物上发表或在国际学术会议上宣读专业论文3篇或专著1部。

五、工作能力和业绩要求

（一）、申请晋升研究馆员：对图书情报、信息资料研究有较深的造诣；能够指导图书馆或图书情报资料机构专业人员进行业务、学术研究，解决业务工作中的重大疑难问题，工作成绩卓著，并在担任副研究馆员期间主持制订过一项业务建设规划、业务工作条例，取得良好的成效。

（二）、申请晋升副研究馆员：对图书情报、信息资料有较深的研究；能够指导图书馆或图书情报资料机构一般专业人员进行业务、学术研究，解决业务工作中的疑难问题，工作成绩显著，并有1篇担任馆员期间结合自己的工作实际向部门领导或业务主管部门提交的有独到见解、旨在改善业务工作流程、加强科学管理、提高工作效率的研究报告。

六、继续教育要求

（一）、晋升高级职称人员，须参加计算机相关知识学习，达到工作中应用计算机的要求。

（二）、晋升高级职称人员，每年应进行专业研修，了解图书情报领域的工作情况、研究动态及最新成果，完成岗位培训和继续教育计划。

（三）、对不具备大学本科以上学历的人员，有条件的要进修图书情报专业相关课程，逐步达到同等条件人员的要求。

七、关于破格晋升

不具备规定的硬性评审条件，但确有真才实学、贡献突出的优秀人才，具备下列条件之一者，可申请破格晋升职称。

（一）破格晋升研究馆员

1、高层次引进人才，主持制定省级以上图书馆或图书情报资料机构专项业务规划，有专著2部、在省级以上学术刊物上发表或在国际学术会议上宣读的专业论文5篇。

2、博士后流动站出站人员从事本专业工作半年以上，有专著2部、在省级以上学术刊物上发表或在国际学术会议上宣读的专业论文5篇。

3、获得博士学位，担任副研究馆员2年，有专著两部、在省级以上学术刊物上发表或在国际学术会议上宣读的专业论文5篇，在本专业的某一领域有特殊业务技能，起着学术带头人的作用。

4、主持或作为骨干参加重要研究项目，获得国家级三等以上奖项或省部级二等以上奖项，担任副研究馆员3年，有1部专著、在省级以上学术刊物上发表或在国际学术会议上宣读的专业论文5篇。

（二）晋升副研究馆员

1、海外学成归国的特殊引进人才，在县（区）级以上图书馆或图书情报资料机构主持专项业务规划，解决业务建设中的重大问题，取得良好效果，有专著1部或发表的论文3篇。

2、博士后流动站出站人员从事本专业工作半年以上，有专著1部或在省级以上学术刊物上发表或在国际学术会议上宣读的本专业论文3篇。

3、获得硕士学位，担任馆员3年，有专著1部或在省级以上学术刊物上发表或在国际学术会议上宣读的本专业论文3篇，在本专业的某一领域有特殊业务技能，起着学术带头人的作用。

4、做为骨干参加省部级以上重要研究项目，获得省部级三等以上奖项3次，担任馆员4年，有1部专著或在省级以上学术刊物上发表或在国际学术会议上宣读专业论文3篇。

5、从事图书馆或图书情报资料机

构管理工作，对图书馆或图书情报资料机构资料情报工作及管理工作有系统认识和一定研究，有较丰富的实际工作经验，能从理论和实践的结合上解决较大管理问题，被公认为本单位能独挡一面的管理工作骨干。担任馆员6年，正式发表过2篇管理方面的论文、独立拟订过与岗位工作相关的文件。

浙江省公共图书馆管理办法

（2003年8月6日浙江省人民政府令第161号公布）

第一章　总则

第一条　为了发展公共图书馆事业，满足公众对科学文化知识的需求，促进社会主义精神文明和物质文明建设，结合本省实际，制定本办法。

第二条　本办法所称公共图书馆，是指由各级人民政府投资设立的，收集、整理、保存、开发、应用文献信息资源，服务于公众的公益性机构。本办法所称文献信息资源，是指图书、期刊、报纸、视听资料、电子媒体等出版物及网络信息资源。

第三条　本省行政区域内公共图书馆规划、建设、使用及监督、管理，适用本办法。

第四条　县级以上人民政府应当将公共图书馆事业纳入国民经济和社会发展计划，制定公共图书馆事业发展规划，保障公共图书馆事业发展所需经费；扶持边远地区、欠发达地区、少数民族地区公共图书馆事业的发展。鼓励单位、个人投资设立向社会开放的图书馆并参加各级公共图书馆网络。

第五条　县级以上人民政府文化行政管理部门主管公共图书馆事业。财政、计划、规划、人事、价格、建设、教育、科技、新闻出版、广电、国土资源、信息产业等部门应当根据各自职责，协助、支持公共图书馆事业的发展。

第六条　省、市、县（市、区）公共图书馆是本行政区域图书馆网络中心，负责组织、指导、协调本辖区内公共图书馆文献信息资源建设、服务、学术研究等工作。

第七条　各级人民政府或者文化行政管理部门对向公共图书馆捐赠以及其他为公共图书馆事业发展作出突出贡献的单位、个人，应当给予表彰或者奖励。

第二章　公共图书馆建设与经费

第八条　公共图书馆按照行政区域分级设置。省、市、县（市、区）应当设立公共图书馆，乡镇、街道应当在文化站内设立图书室，有条件的也可单设公共图书馆。

市及有条件的县（市、区）应当设立少年儿童图书馆。

市、县（市、区）设立公共图书馆，可以与有条件的高校、中学实行共建共享。

鼓励在社区、村设立向社会开放的图书馆（室）。

第九条　县级以上人民政府应当将公共图书馆的建设纳入城市总体规划，按照公共图书馆发展规划的要求和本地区人口状况、经济、社会发展需要，确定公共图书馆建设的布局和规模，并优先安排公共图书馆建设用地，保证公共图书馆建设用地的需要。

第十条　各级公共图书馆的新建、改建、扩建应当符合公共图书馆发展规划的要求，适应现代化管理和服务的需要。其具体建设标准，由省文化行政管理部门参照国家有关规定制定，报省人民政府批准后实施。

第十一条　各级人民政府应当将公共图书馆所需经费包括人员经费、业务经费、文献资料购置费和设施、设备添置修缮费列入财政预算，并随着财政收入的增长和公共图书馆事业发展的需要予以增加。

公共图书馆可以多渠道筹集资金，用于图书馆建设。鼓励单位、个人向公共图书馆捐赠资金、设备、文献资料。

公共图书馆经费应当专款专用，不得挪作他用。

第十二条　公共图书馆的设立、变更和撤销，由文化行政管理部门提出，报同级人民政府批准，并报上级文化行政管理部门备案。

第十三条　任何单位、个人不得侵占、损坏公共图书馆设施、设备和文献资料，不得改变公共图书馆的用途。

第三章　公共图书馆服务与读者权益

第十四条　公共图书馆读者享有下列权利：

（一）免费进行文献检索；

（二）凭借阅证免费借阅普通书刊；

（三）获得有关文献资料和阅读方面的咨询服务；

（四）参加各种读者活动；

（五）向公共图书馆或者主管部门提出建议和意见；

（六）依照有关规定获得其他服务。

第十五条　公共图书馆读者应当履行下列义务：

（一）爱护文献资料和公共设施、设备；

（二）按规定日期归还所借阅文献资料，超过借阅期限的，按规定交纳滞还费；

（三）遵守公共图书馆依法制订的规章制度。

第十六条　公共图书馆每周开放时间：

（一）省图书馆，杭州、宁波、温州市图书馆74小时以上，其他市图书馆64小时以上；

（二）县（市、区）图书馆56小时以上；

（三）乡镇、街道公共图书馆48小时以上；

（四）少年儿童图书馆43小时以上。

公共图书馆在国家法定节假日和学生寒暑假期间每天开放8小时以上。

公共图书馆的日常开放时间应当公告；需要调整开放时间的，应当事先公告；因特殊情况确需闭馆的，应当报经同级文化行政管理部门批准。

第十七条　公共图书馆应当建立完备的书目数据库，逐步实现自动化、网络化检索和开架、网络化借阅，为读者利用文献资料创造良好、便利的条件。

第十八条　公共图书馆应当为残疾人设置无障碍通道，并根据条件设置残疾人阅览室或者阅览专座。

第十九条　公共图书馆应当开展文献展览、知识讲座和组织群众性读书等活动，向读者推荐优秀读物，指导读者阅读。

第二十条 公共图书馆应当拓展服务领域和服务功能，采取多种服务方式提高文献信息资源利用率，为当地经济社会发展和科学研究提供服务。公共图书馆应当开展送图书下乡活动，为农村、农民提供科技文化服务。

公共图书馆为读者收集专题信息，编写参考资料，提供音像制品、电子出版物借阅或者进行代查、代译、复印书刊资料等服务时，可以收取服务费。

服务费标准应当合理制定，并予以公示。服务费收入用于公共图书馆事业的发展。

第二十一条 除国家规定禁止公开传播的文献资料外，公共图书馆不得另立标准，封存文献资料；但对珍本、善本以及不宜外借的文献资料，应当采取保护措施，限制使用。

第四章 文献信息资源

第二十二条 公共图书馆应当积极采用以计算机和网络为基础的自动化管理技术，有步骤地实现馆藏文献信息资源的数字化，不断拓展虚拟馆藏资源。

图书馆的数字化、网络化、自动化建设必须遵循统一的技术标准。

第二十三条 各级人民政府应当重视地方文献资料的征集工作，建立地方文献资料呈缴制度。地方文献资料的呈缴范围：出版单位出版的出版物和其他单位编撰、绘制、印刷的具有保存价值的资料。

省图书馆是全省地方文献资料呈缴样本收藏单位，各市、县（市、区）图书馆是所在地地方文献资料呈缴样本收藏单位。

地方文献资料呈缴单位应当在地方文献资料出版、编印之日起30日（非合订本报纸在出版之日起7日）内向省图书馆及所在地市、县（市、区）图书馆送缴样本一册（件）。

第二十四条 公共图书馆应当做好各种类型、各种载体文献资料的收藏工作，建立具有地方特色的馆藏体系或专题系列。

第二十五条 公共图书馆应当建立健全文献资料管理制度，加强文献资料的保存和防护工作。

公共图书馆对新入馆的文献资料，应当按照有关标准分编和整理，并在文献资料到馆之日起30日内投入使用。对严重破损或者失去利用价值的文献资料，应当报经同级文化行政管理部门批准后处理。

第二十六条 公共图书馆之间以及公共图书馆与其他系统图书馆之间应当加强联系，在文献资料采编、利用和开发等方面进行协作，实现文献信息资源共建共享。

第五章 工作人员

第二十七条 公共图书馆实行馆长负责制。

省、市公共图书馆馆长应当由具有高级专业技术职务任职资格的人员担任；县（市、区）公共图书馆馆长应当由具有中级以上专业技术职务任职资格的人员担任。

第二十八条 公共图书馆应当配备与图书馆业务相适应的专业工作人员和管理人员。

省、市、县（市、区）公共图书馆的专业工作人员和管理人员应当具有大专以上文化程度和相应的专业知识；乡镇、街道图书馆（室）工作人员应当具有高中以上文化程度。

第二十九条 县级以上人民政府文化行政管理部门，应当加强对公共图书馆专业技术人员、管理人员进行业务培训和考核。

第六章 法律责任

第三十条 违反本办法第十三条、第十六条、第二十一条、第二十五条规定的，由县级以上人民政府文化行政管理部门或有关部门责令其限期改正；情节严重的，对主管人员和直接责任人员依法给予行政或者纪律处分。

第三十一条 出版单位违反本办法第二十三条第三款规定的，由新闻出版行政管理部门责令改正，给予警告，并可按照应缴出版物样本定价的5至10倍处以罚款，但罚款数额最高不得超过1万元；情节严重的，责令限期整顿或者建议原发证机关吊销许可证，对主管人员和直接责任人员由有关部门依法给予行政或者纪律处分。

其他资料样本送缴单位违反本办法第二十三条第三款规定的，由县级以上人民政府文化行政管理部门责令改正，给予警告，并可处以500元以上10000元以下的罚款；情节严重的，由有关部门对主管人员和直接责任人员依法给予行政或者纪律处分。

第三十二条 损坏公共图书馆设施、设备，遗失、损毁所借文献资料的，应当依法予以赔偿。

第三十三条 违反本办法规定的行为，构成犯罪的，依法追究刑事责任。

第七章 附则

第四十四条 本办法自2003年10月1日起实施。

文化部、国家文物局关于公共文化设施向未成年人等社会群体免费开放的通知

各省、自治区、直辖市文化厅（局）、文物局（文管会），新疆生产建设兵团文化局，本部各直属单位：

为了落实《中共中央 国务院关于进一步加强和改进未成年人思想道德建设的若干意见》（中发［2004］8号）精神，充分发挥公共文化设施在未成年人思想道德建设中的重要作用，进一步提高政府为全社会提供公共文化服务的水平，现就公共文化设施向未成年人等社会群体免费开放的有关事项通知如下：

一、从2004年5月1日起，全国文化、文物系统各级博物馆、纪念馆、美术馆要对未成年人集体参观实行免票；对学生个人参观可实行半票；家长携带未成年子女参观的，对未成年子女免票。对持有相关证件的现役军人、老年人、残疾人等特殊社会群体，也要实行门票减免或优惠。被确定为爱国主义教育基地的各级各类公共文化设施要积极创造条件对全社会开放。

二、公共文化设施在向未成年人等社会群体免费开放的同时，要坚持把社会效益放在首位，积极开展未成年人喜

闻乐见的文化艺术活动，把思想道德建设内容融于其中，充分发挥对未成年人的教育引导功能。博物馆、纪念馆、美术馆要加强陈列设计，根据未成年人的心理特点和教育需求，举办学术性、专业性和知识性、趣味性、观赏性紧密结合的陈列和展览，增强吸引力和感染力。有条件的地方可根据本地实际，创办少儿图书馆等未成年人文化设施或场所。公共图书馆要通过开设少儿阅览室、举办面向未成年人的讲座与培训、设立少儿集体参观接待日等方式，有针对性地向未成年人提供服务，培养未成年人使用图书馆的意识，积极开展适合未成年人实际需求的各种文献信息服务。文化馆、文化站要加强少儿文化活动的辅导和培训工作，组织开展丰富多彩的少儿文化活动。

三、全国文化信息资源共享工程要根据未成年人成长进步的需求，精心制作知识性、趣味性、科学性强的文化信息资源；基层网点要完善服务环境，规范服务内容和方式，努力让健康的文化信息资源通过网络进入校园、社区、乡村、家庭，丰富广大未成年人的精神文化生活。各级博物馆、公共图书馆、纪念馆、美术馆等要积极利用互联网站，开设专门为未成年人服务的网页、专栏，提供为广大未成年人喜闻乐见的文化服务内容；组织开展各种形式的网上文化活动。

四、各级文化、文物部门可通过媒体，公共文化单位可在设施或场所的显著位置向公众公示、宣传和介绍公共文化设施向未成年人等社会群体免费开放的有关情况，方便群众了解、使用和监督。公共文化设施要充分发挥文化志愿者的积极作用，在售票窗口接待、参观场所引导、图书音像材料提供以及讲解安排等方面规范服务，为未成年人等社会群体参观创造良好的服务环境。古遗址、古建筑文物单位，特别是全国文物保护单位和列入世界文化遗产名录的文物保护单位，要妥善处理好扩大开放和有效保护文物安全的关系，根据本单位具体情况，落实免费开放措施，合理调控流量，积极预防可能出现的文物损坏、群体安全等问题。

五、各级文化、文物部门要积极争取财政部门的支持，落实公共文化设施向未成年人免费开放所需资金，落实配套设施建设和设备更新经费，对因免票或优惠所减少的收入，给予必要补偿。

公共文化设施向未成年人等社会群体免费开放，有利于发挥公益性文化事业的潜能，体现了"三贴近"的要求。各级文化、文物部门要高度重视这项工作，加强领导，认真部署，加强监督和检查，切实把这项工作落到实处。各地要在2004年12月前对本地落实通知要求情况进行检查和总结，并报告文化部和国家文物局。

特此通知。

关于调整“十五”国家重点图书出版规划的通知

各省、自治区、直辖市新闻出版局，解放军总政宣传部新闻出版局，中央和国家机关有关部委、人民团体出版主管部门，中国出版集团公司：

根据我署《关于报送“十五”国家重点图书出版规划执行调整情况的通知》要求，在“十五”规划项目落实情况的基础上，结合国家经济社会发展形势的需要，特别是服务“三农”和加强未成年人思想道德建设方面的需要，我署组织有关专家对“十五”规划增补项目进行了论证，决定对“十五”规划项目做如下调整：

一、新批准列入“十五”国家重点图书出版规划项目121个。

二、撤销“十五”国家重点图书出版规划项目198个。

三、同意“十五”国家重点图书出版规划中变更出版单位项目2个。

经过此次调整，“十五”国家重点图书出版规划项目由1760个减至1683个。新增补项目中，补充了社会科学、经济改革以及与社会发展密切相关的科技方面的选题，重点突出了“三农”问题、面向农村读者和加强未成年人思想道德建设方面的选题。

“十五”国家重点图书出版规划工作已进入最后一年，处于完成的关键时期，时间紧迫，任务艰巨。各地出版行政管理部门和有关出版单位应高度重视此项工作，进一步加强“十五”规划实施的工作力度，全力以赴抓好落实，并及时对本地区、本部门“十五”规划项目完成情况进行认真的总结。对“十五”规划项目完成好的单位和部门要进行表扬，对尚未完成的项目进度进行全程监督，对项目进度缓慢的出版社要提出要求，同时还要加大有关政策、人员、资金等方面的扶持力度，确保“十五”规划高质量地按期完成。

互联网新闻信息服务管理规定

第一章 总 则

第一条 为了规范互联网新闻信息服务，满足公众对互联网新闻信息的需求，维护国家安全和公共利益，保护互联网新闻信息服务单位的合法权益，促进互联网新闻信息服务健康、有序发展，制定本规定。

第二条 在中华人民共和国境内从事互联网新闻信息服务，应当遵守本规定。

本规定所称新闻信息，是指时政类新闻信息，包括有关政治、经济、军事、外交等社会公共事务的报道、评论，以及有关社会突发事件的报道、评论。

本规定所称互联网新闻信息服务，包括通过互联网登载新闻信息、提供时政类电子公告服务和向公众发送时政类通讯信息。

第三条 互联网新闻信息服务单位从事互联网新闻信息服务，应当遵守宪法、法律和法规，坚持为人民服务、为社会主义服务的方向，坚持正确的舆论导向，维护国家利益和公共利益。国家鼓励互联网新闻信息服务单位传播有益于提高民族素质、推动经济发展、促进社会进步的健康、文明的新闻信息。

第四条 国务院新闻办公室主管全国的互联网新闻信息服务监督管理工作。省、自治区、直辖市人民政府新闻办公室负责本行政区域内的互联网新闻信息服务监督管理工作。

第二章 互联网新闻信息服务单位的设立

第五条 互联网新闻信息服务单位分为以下三类：

（一）新闻单位设立的登载超出本

单位已刊登播发的新闻信息、提供时政类电子公告服务、向公众发送时政类通讯信息的互联网新闻信息服务单位；

（二）非新闻单位设立的转载新闻信息、提供时政类电子公告服务、向公众发送时政类通讯信息的互联网新闻信息服务单位；

（三）新闻单位设立的登载本单位已刊登播发的新闻信息的互联网新闻信息服务单位。

根据《国务院对确需保留的行政审批项目设定行政许可的决定》和有关行政法规，设立前款第（一）项、第（二）项规定的互联网新闻信息服务单位，应当经国务院新闻办公室审批。

设立本条第一款第（三）项规定的互联网新闻信息服务单位，应当向国务院新闻办公室或者省、自治区、直辖市人民政府新闻办公室备案。

第六条 新闻单位与非新闻单位合作设立互联网新闻信息服务单位，新闻单位拥有的股权不低于51%的，视为新闻单位设立互联网新闻信息服务单位；新闻单位拥有的股权低于51%的，视为非新闻单位设立互联网新闻信息服务单位。

第七条 设立本规定第五条第一款第（一）项规定的互联网新闻信息服务单位，应当具备下列条件：

（一）有健全的互联网新闻信息服务管理规章制度；

（二）有5名以上在新闻单位从事新闻工作3年以上的专职新闻编辑人员；

（三）有必要的场所、设备和资金，资金来源应当合法。

可以申请设立前款规定的互联网新闻信息服务单位的机构，应当是中央新闻单位，省、自治区、直辖市直属新闻单位，以及省、自治区人民政府所在地的市直属新闻单位。

审批设立本条第一款规定的互联网新闻信息服务单位，除应当依照本条规定条件外，还应当符合国务院新闻办公室关于互联网新闻信息服务行业发展的总量、结构、布局的要求。

第八条 设立本规定第五条第一款第（二）项规定的互联网新闻信息服务单位，除应当具备本规定第七条第一款第（一）项、第（三）项规定条件外，还应当有10名以上专职新闻编辑人员；其中，在新闻单位从事新闻工作3年以上的新闻编辑人员不少于5名。

可以申请设立前款规定的互联网新闻信息服务单位的组织，应当是依法设立2年以上的从事互联网信息服务的法人，并在最近2年内没有因违反有关互联网信息服务管理的法律、法规、规章的规定受到行政处罚；申请组织为企业法人的，注册资本应当不低于1000万元人民币。

审批设立本条第一款规定的互联网新闻信息服务单位，除应当依照本条规定条件外，还应当符合国务院新闻办公室关于互联网新闻信息服务行业发展的总量、结构、布局的要求。

第九条 第九条 任何组织不得设立中外合资经营、中外合作经营和外资经营的互联网新闻信息服务单位。

互联网新闻信息服务单位与境内外中外合资经营、中外合作经营和外资经营的企业进行涉及互联网新闻信息服务业务的合作，应当报经国务院新闻办公室进行安全评估。

第十条 申请设立本规定第五条第一款第（一）项、第（二）项规定的互联网新闻信息服务单位，应当填写申请登记表，并提交下列材料：

（一）互联网新闻信息服务管理规章制度；

（二）场所的产权证明或者使用权证明和资金的来源、数额证明；

（三）新闻编辑人员的从业资格证明。

申请设立本规定第五条第一款第（一）项规定的互联网新闻信息服务单位的机构，还应当提交新闻单位资质证明；申请设立本规定第五条第一款第（二）项规定的互联网新闻信息服务单位的组织，还应当提交法人资格证明。

第十一条 申请设立本规定第五条第一款第（一）项、第（二）项规定的互联网新闻信息服务单位，中央新闻单位应当向国务院新闻办公室提出申请；省、自治区、直辖市直属新闻单位和省、自治区人民政府所在地的市直属新闻单位以及非新闻单位应当通过所在地省、自治区、直辖市人民政府新闻办公室向国务院新闻办公室提出申请。

通过省、自治区、直辖市人民政府新闻办公室提出申请的，省、自治区、直辖市人民政府新闻办公室应当自收到申请之日起20日内进行实地检查，提出初审意见报国务院新闻办公室；国务院新闻办公室应当自收到初审意见之日起40日内作出决定。向国务院新闻办公室提出申请的，国务院新闻办公室应当自收到申请之日起40日内进行实地检查，作出决定。批准的，发给互联网新闻信息服务许可证；不批准的，应当书面通知申请人并说明理由。

第十二条 本规定第五条第一款第（三）项规定的互联网新闻信息服务单位，属于中央新闻单位设立的，应当自从事互联网新闻信息服务之日起1个月内向国务院新闻办公室备案；属于其他新闻单位设立的，应当自从事互联网新闻信息服务之日起1个月内向所在地省、自治区、直辖市人民政府新闻办公室备案。

办理备案时，应当填写备案登记表，并提交互联网新闻信息服务管理规章制度和新闻单位资质证明。

第十三条 互联网新闻信息服务单位依照本规定设立后，应当依照有关互联网信息服务管理的行政法规向电信主管部门办理有关手续。

第十四条 本规定第五条第一款第（一）项、第（二）项规定的互联网新闻信息服务单位变更名称、住所、法定代表人或者主要负责人、股权构成、服务项目、网站网址等事项的，应当向国务院新闻办公室申请换发互联网新闻信息服务许可证。根据电信管理的有关规定，需报电信主管部门批准或者需要电信主管部门办理许可证或者备案变更手续的，依照有关规定办理。

本规定第五条第一款第（三）项规定的互联网新闻信息服务单位变更名称、住所、法定代表人或者主要负责人、股权构成、网站网址等事项的，应当向原备案机关重新备案；但是，股权构成变更后，新闻单位拥有的股权低于51%的，应当依照本规定办理许可手续。根据电信管理的有关规定，需报电信主管部门批准或者需要电信主管部门办理许可证或者备案变更手续的，依照有关规定办理。

第三章 互联网新闻信息服务规范

第十五条 互联网新闻信息服务单位应当按照核定的服务项目提供互联网新闻信息服务。

第十六条 本规定第五条第一款第（一）项、第（二）项规定的互联网新闻信息服务单位，转载新闻信息或者向公众发送时政类通讯信息，应当转载、发送中央新闻单位或者省、自治区、直辖市直属新闻单位发布的新闻信息，并应当注明新闻信息来源，不得歪曲原新闻信息的内容。

本规定第五条第一款第（二）项规定的互联网新闻信息服务单位，不得登载自行采编的新闻信息。

第十七条 本规定第五条第一款第（一）项、第（二）项规定的互联网新闻信息服务单位转载新闻信息，应当与中央新闻单位或者省、自治区、直辖市直属新闻单位签订书面协议。中央新闻单位设立的互联网新闻信息服务单位，应当将协议副本报国务院新闻办公室备案；其他互联网新闻信息服务单位，应当将协议副本报所在地省、自治区、直辖市人民政府新闻办公室备案。中央新闻单位或者省、自治区、直辖市直属新闻单位签订前款规定的协议，应当核验对方的互联网新闻信息服务许可证，不得向没有互联网新闻信息服务许可证的单位提供新闻信息。

第十八条 中央新闻单位与本规定第五条第一款第（二）项规定的互联网新闻信息服务单位开展除供稿之外的互联网新闻业务合作，应当在开展合作业务10日前向国务院新闻办公室报告；其他新闻单位与本规定第五条第一款第（二）项规定的互联网新闻信息服务单位开展除供稿之外的互联网新闻业务合作，应当在开展合作业务10日前向所在地省、自治区、直辖市人民政府新闻办公室报告。

第十九条 互联网新闻信息服务单位登载、发送的新闻信息或者提供的时政类电子公告服务，不得含有下列内容：

（一）违反宪法确定的基本原则的；

（二）危害国家安全，泄露国家秘密，颠覆国家政权，破坏国家统一的；

（三）损害国家荣誉和利益的；

（四）煽动民族仇恨、民族歧视，破坏民族团结的；

（五）破坏国家宗教政策，宣扬邪教和封建迷信的；

（六）散布谣言，扰乱社会秩序，破坏社会稳定的；

（七）散布淫秽、色情、赌博、暴力、恐怖或者教唆犯罪的；

（八）侮辱或者诽谤他人，侵害他人合法权益的；

（九）煽动非法集会、结社、游行、示威、聚众扰乱社会秩序的；

（十）以非法民间组织名义活动的；

（十一）含有法律、行政法规禁止的其他内容的。

第二十条 互联网新闻信息服务单位应当建立新闻信息内容管理责任制度。不得登载、发送含有违反本规定第三条第一款、第十九条规定内容的新闻信息；发现提供的时政类电子公告服务中含有违反本规定第三条第一款、第十九条规定内容的，应当立即删除，保存有关记录，并在有关部门依法查询时予以提供。

第二十一条 互联网新闻信息服务单位应当记录所登载、发送的新闻信息内容及其时间、互联网地址，记录备份应当至少保存60日，并在有关部门依法查询时予以提供。

第四章 监督管理

第二十二条 国务院新闻办公室和省、自治区、直辖市人民政府新闻办公室，依法对互联网新闻信息服务单位进行监督检查，有关单位、个人应当予以配合。

国务院新闻办公室和省、自治区、直辖市人民政府新闻办公室的工作人员依法进行实地检查时，应当出示执法证件。

第二十三条 国务院新闻办公室和省、自治区、直辖市人民政府新闻办公室，应当对互联网新闻信息服务进行监督；发现互联网新闻信息服务单位登载、发送的新闻信息或者提供的时政类电子公告服务中含有违反本规定第三条第一款、第十九条规定内容的，应当通知其删除。互联网新闻信息服务单位应当立即删除，保存有关记录，并在有关部门依法查询时予以提供。

第二十四条 本规定第五条第一款第（一）项、第（二）项规定的互联网新闻信息服务单位，属于中央新闻单位设立的，应当每年在规定期限内向国务院新闻办公室提交年度业务报告；属于其他新闻单位或者非新闻单位设立的，应当每年在规定期限内通过所在地省、自治区、直辖市人民政府新闻办公室向国务院新闻办公室提交年度业务报告。国务院新闻办公室根据报告情况，可以对互联网新闻信息服务单位的管理制度、人员资质、服务内容等进行检查。

第二十五条 互联网新闻信息服务单位应当接受公众监督。

国务院新闻办公室应当公布举报网站网址、电话，接受公众举报并依法处理；属于其他部门职责范围的举报，应当移交有关部门处理。

第五章 法律责任

第二十六条 违反本规定第五条第二款规定，擅自从事互联网新闻信息服务，或者违反本规定第十五条规定，超出核定的服务项目从事互联网新闻信息服务的，由国务院新闻办公室或者省、自治区、直辖市人民政府新闻办公室依据各自职权责令停止违法活动，并处1万元以上3万元以下的罚款；情节严重的，由电信主管部门根据国务院新闻办公室或者省、自治区、直辖市人民政府新闻办公室的书面认定意见，按照有关互联网信息服务管理的行政法规的规定停止其互联网信息服务或者责令互联网接入服务者停止接入服务。

第二十七条 互联网新闻信息服务单位登载、发送的新闻信息含有本规定第十九条禁止内容，或者拒不履行删除义务的，由国务院新闻办公室或者省、自治区、直辖市人民政府新闻办公室给予警告，可以并处1万元以上3万元以下的罚款；情节严重的，由电信主管部门根据有关主管部门的书面认定意见，按照有关互联网信息服务管理的行政法规的规定停止其互联网信息服务或者责令互联网接入服务者停止接入服务。

互联网新闻信息服务单位登载、发送的新闻信息含有违反本规定第三条第一款规定内容的，由国务院新闻办公室或者省、自治区、直辖市人民政府新闻办公室依据各自职权依照前款规定的处罚种类、幅度予以处罚。

第二十八条 违反本规定第十六条规定，转载来源不合法的新闻信息、登载自行采编的新闻信息或者歪曲原新闻信息内容的，由国务院新闻办公室或者省、自治区、直辖市人民政府新闻办公室依据各自职权责令改正，给予警告，并处5000元以上3万元以下的罚款。违反本规定第十六条规定，未注明新闻信息来源的，由国务院新闻办公室或者省、自治区、直辖市人民政府新闻办公室依据各自职权责令改正，给予警告，可以并处5000元以上2万元以下的罚款。

第二十九条 违反本规定有下列行为之一的，由国务院新闻办公室或者省、自治区、直辖市人民政府新闻办公室依据各自职权责令改正，给予警告，可以并处3万元以下的罚款：

（一）未履行备案义务的；

（二）未履行报告义务的；

（三）未履行记录、记录备份保存或者提供义务的。

第三十条 违反本规定第十七条第二款规定，向没有互联网新闻信息服务许可证的单位提供新闻信息的，对负有责任的主管人员和其他直接责任人员依法给予行政处分。

第三十一条 国务院新闻办公室和省、自治区、直辖市人民政府新闻办公室以及电信主管部门的工作人员，玩忽职守、滥用职权、徇私舞弊，造成严重后果，构成犯罪的，依法追究刑事责任；尚不构成犯罪的，对负有责任的主管人员和其他直接责任人员依法给予行政处分。

第六章 附 则

第三十二条 本规定所称新闻单位是指依法设立的报社、广播电台、电视台和通讯社；其中，中央新闻单位包括中央国家机关各部门设立的新闻单位。

第三十三条 本规定自公布之日起施行。

法律法规与政策性文件摘要

国家法律法规

中华人民共和国宪法（2004年修正）

第二十二条 国家发展为人民服务、为社会主义服务的文学艺术事业、新闻广播电视事业、出版发行事业、图书馆博物馆文化馆和其他文化事业，开展群众性的文化活动。国家保护名胜古迹、珍贵文物和其他重要历史文化遗产。

公共文化体育设施条例

第二条 本条例所称公共文化体育设施，是指由各级人民政府举办或者社会力量举办的，向公众开放用于开展文化体育活动的公益性的图书馆、博物馆、纪念馆、美术馆、文化馆（站）、体育场（馆）、青少年宫、工人文化宫等的建筑物、场地和设备。

本条例所称公共文化体育设施管理单位，是指负责公共文化体育设施的维护，为公众开展文化体育活动提供服务的社会公共文化体育机构。

中华人民共和国文物保护法实施条例（中华人民共和国国务院令第377号）

第二十七条 从事考古发掘的单位提交考古发掘报告后，经省、自治区、直辖市人民政府文物行政主管部门或者国务院文物行政主管部门依据各自职权批准，可以保留少量出土文物作为科研标本，并应当于提交发掘报告之日起6个月内将其他出土文物移交给由省、自治区、直辖市人民政府文物行政主管部门或者国务院文物行政主管部门指定的国有的博物馆、图书馆或者其他国有文物收藏单位收藏。

文化建设与图书馆

关于进一步加强科普宣传工作的通知

四、广泛开展各种形式的宣传教育活动，扩大科普宣传的社会影响。文明城市、文明村镇、文明行业等各类精神文明创建活动，要着眼提高人们的思想道德和科学文化素质，把科普宣传教育贯穿始终，让群众在受到思想教育的同时受到科普教育，在强化道德素质的同时强化科技素质。要把科普宣传的成效作为衡量创建工作的重要标准，凡是科普宣传不到位、愚昧迷信现象较多的地方，不能被评为创建工作先进单位。要广泛深入开展文化科技卫生“三下乡”、科教文体法律卫生“四进社区”、讲文明讲卫生讲科学树新风活动，大力发展社区文化、村镇文化、企业文化、校园文化、机关文化，寓科普宣传于各项群众性文体活动之中。充分利用各类图书馆、文化馆、体育馆、博物馆、科技馆、科普教育基地、科技实验室、科技活动中心、动物园、植物园和文物古迹等科普阵地，举办讲座、报告、展览、参观、读书、征文、知识竞赛等活动，开展日常科普宣传；利用科技活动周，地球日、环境日、电信日、人口日、戒烟日、诺贝尔科学奖公布日、艾滋病日等时机，开展主题科普宣传。办好城乡社区科普画廊、科普报栏和科普公益广告。旅游景点应利用标识牌、解说词向游客开展科普宣传。各类科普设施要不断更新内容，丰富形式，实现管理现代化、网络化，开展展品、设施的交流与合作，做到互通有无、资源共享，使有限的科普资源发挥最大的社会效益。

关于加快文化事业建设若干经济政策的意见

（三）对因城市（镇）建设而拆迁的图书馆、文化馆（站）、影剧院、新华书店、广播电视台（站）等文化设施，按国家、省、市有关规定执行，按规划就近重建，并妥善解决拆迁过程中的补偿问题。

中央精神文明建设指导委员会关于深入贯彻党的十六大精神进一步加强公民道德建设的意见

三、运用各种方式和途径，使道德宣传教育经常化、大众化。广泛传播道德知识、普及基本道德规范，是加强公民道德建设的基础性工作。一切宣传思想文化阵地，一切精神文化产品，都要坚持正确导向，宣传科学理论、传播先进文化、塑造美好心灵、倡导科学精神、弘扬社会正气。要把道德建设贯穿到从幼儿园、小学、中学到大学整个国民教育体系，渗透到课堂教学、学校管理、课外活动等各个环节，科学规划道德教育的具体内容，引导学生养成良好行为习惯。报刊、广播、电视和互联网等大众传媒，要把道德宣传教育作为重要任务，开设专题、专栏，通过新闻报道、言论评论、专家点评、群众讨论和公益广告等多种形式，营造道德建设的浓厚舆论氛围。中央主要新闻单位应当在这方面起到示范带头作用。人民网、新华网、光明网、央视国际网等网站，要在今年年底前建立道德网页，开设网上道德论坛，形成网上宣传教育平台。广大文艺工作者要以讴歌人民群众积极向上、追求和创造美好生活的崇高思想品德为已任，努力创作反映中华民族传统美德、革命传统道德和新时期良好道德风貌的文艺作品，给人以鼓舞和启迪。文化、广电部门要做好优秀文艺作品的展映、展演、展播、展示工作。爱国主义教育基地，文化馆、博物馆、图书馆、科技馆、体育场所等基层文化阵地，要发挥各自特点和优势，利用重要节日、纪念日、重大事件，通过组织专题讲座、知识竞赛、演讲比赛、图片展览、文体表演以及健康民俗活动，进行生动活泼的道德和法制宣传教育。城市街道社区、乡村集市、火车站、长途汽车站、客运码头、机场等公共场所，要在显著位置设立宣传基本道德规范的公益广告，让人们耳濡目染、受到熏陶。从今年开始，将党中央印发《公民道德建设实施纲要》的9月20日定为“公民道德宣传日”，以更广泛地动员社会各界关心、参与道德建设。道德宣传教育，既要全面系统、又要突出重点，既要保持声势、又要力求实效，既要注重集中宣传、又要加强日常工作，把家庭教育、学校教育、单位教育、社会教育有机结合起来，做到常抓不懈、持之以恒。要多用群众的新鲜语言，多用群众身边的事例，多用群众喜闻乐见的方式，使道德宣传教育通俗易懂、深入人心。

《2003年中国人权事业的进展》白皮书

国家加快推进文化体制改革，促进文化事业发展。2003年，《公共文化体育设施条例》正式施行，兴建了一大批重点基础文化工程，新建、改建和扩建了部分图书馆、博物馆、文化中心、影剧院和音乐厅等公共文化设施。据统计，1998－2002年，全国文化事业费总和达到324.2亿元，是“八五”时期（1991－1995年）的2.7倍。2002年，全国文化系统固定资产投资项目总数达到972个，共完成投资30.9亿元。2003年中央财政文化事业费5.37亿元，达到历史上的最高点。2003年末，全国共有艺术表演团体2587个，文化馆2892个，公共图书馆2708个，博物馆1519个；生产故事影片140部，科教、纪录、美术片61部。文化事业的发展满足了人民群众享受文化生活的需要。

教育事业与图书馆

国家发展改革委办公厅、财政部办公厅、教育部办公厅关于开展高等学校教育成本有关情况调查审核工作的通知

七、固定资产，指使用年限在一年以上，单位价值在规定标准以上，并在使用过程中保持原来物质形态的资产，分为房屋及构筑物、专用设备、一般设备、文物和陈列品、图书及其他固定资产等六大类。其中：（一）房屋及构筑物，包括办公用房、教学科研用房、教学辅助用房（图书馆、文体、职工医院、食堂餐厅、大会堂或礼堂等）、学生宿舍用房等各种房屋和建筑物及其附属设施；（二）专用设备，包括各种仪器、仪表设备，机电设备，电子、电脑设备等；（三）一般设备，包括办公与事务用家具设备、被服装具、一般文体设备、通讯工具等；（四）图书，指学校图书馆以及系（院、所）资料室拥有的正式出版的书籍、科学技术资料和电子出版物（电子出版物的载体是光盘）等。注意：小汽车、客车、货车等各种车辆和交通工具须单独填列；”文物和陈列品”计入”其他固定资产”内。

教育部关于印发《高等学校中长期科学和技术发展规划纲要》的通知

公共服务平台体系。抓住信息化建设的发展机遇，以信息化带动教育、科研工作现代化，并以此为基础搭建教育科研公共服务平台。具体包括：高水平的计算机网络服务平台，以科技成果信息、科技期刊信息、图书馆和博物馆为主体的数字化科研信息资源平台，大型仪器设备共享平台，成果转化综合服务平台。

教育部、共青团中央关于加强和改进高等学校校园文化建设的意见

重视校内文化设施建设。要按照有关规定，建设、设计好教学场所、图书馆，完善教学设施，优化学习环境，不断满足大学生学习成才的需要。规划、建设好大学生文艺、体育、科技活动场所，完善校园文化活动设施，各高等学校都要创造条件建设大学生活动中心，为开展校园文化活动提供必要的场地和条件。要加强校报、校刊、校内广播电视、校园网、学校出版社、宣传橱窗等的建设，发挥宣传舆论阵地在校园文化建设中的更大作用。

教育部关于印发《中小学教师教育技术能力标准

（试行）》的通知

学习环境（Learning Environment）学习环境是指直接或间接影响个体及群体学习的全部外在因素。在学校教育中，学习环境主要包括校园、教室、图书馆、实验室和教学软件平台、学习工具、各种学习资源等硬软件物质条件，以及校风、学风、校园文化等精神因素。此外，家庭和社区通常被认为是学生的校外学习环境。

互联网与图书馆

文化部、国家工商行政管理总局、教育部、共青团中央关于暑假期间开展禁止未成年人进入网吧特别行动的通知

学校、共青团组织和文化部门要在暑期积极开展各种适合青少年的需要的文化活动，丰富学生的暑期生活。各类图书馆、博物馆、科技馆、文化馆、青少年活动中心、爱国主义教育基地等公益性文化单位要提高服务水平，免费向未成年人开放。

教育部关于在教育系统深入开展打击淫秽色情网站专项行动的通知

二、严格校园网（系统网）和校内上网服务场所的监督和管理，进一步加大专项行动工作力度。要周密部署校园网（系统网）的自查自纠和检查工作，检查内容应包括网络淫秽色情、暴力、赌博和“法轮功”等各种有害信息。检查范围要涵盖校园网（系统网）网站、BBS、聊天室、FTP 服务器、留言版、电子公告栏等。要全面清查网络的链接服务、提供托管服务、服务器虚拟空间服务和个人主页服务。对由于管理混乱，责任不落实，传播淫秽色情、反动等有害信息的网站（网页），要立即整改；对问题突出、管理失控的网站（网页），要坚决依法予以关闭和清除。加大对网络教室（实验室）、计算机房、图书馆电子阅览室等上网场所的排查，杜绝此类设施成为经营盈利活动的变相网吧。对师生举报的淫秽色情网站线索和案件线索，要配合公安机关等部门查清、查实，一查到底。

特殊人群保护与图书馆

天津市对残疾人实行扶助若干规定

十一、全市新建改建城市道路、公共建筑、公共设施、居民区和部分住宅，应按国家建设部、民政部和中国残联颁布实施的《城市道路和建筑物无障碍设计规范》（建标（2001）126 号）要求建设无障碍设施；对原有城市道路和建筑物要有计划地进行改造，增设无障碍设施，方便残疾人出行。建设、规划部门对不按规范要求进行无障碍设计或施工的，不予发放建设规划许可证，不予进行竣工备案。有关部门和单位应加强无障碍设施的管理、保护和维修，保证其正常使用。全市各单位和每个市民都要爱护无障碍设施，不得占压、损坏盲道、坡道、盲人过街音响等无障碍设施。

要进一步加强残疾人无障碍信息交流工作，电影、电视节目逐步配字幕，现有和今后新开播的残疾人电视专栏（专题）节目要配字幕和手语；图书馆要有盲文和盲人有声读物，并为残疾人免费服务；服务行业人员要推行学习基本手语，以便更好地开展交流和服务工作。

文化部、公安部、国家工商行政管理总局关于制止在公众聚集场所裸体的人体彩绘表演活动的通知

三、在娱乐演出场所，或者在影剧院、美术院、文化馆、图书馆、博物馆等公共文化设施内组织裸体的人体彩绘活动的，由文化行政部门予以制止，并依法予以处罚。

北京市未成年人保护条例

第四十四条 学校、家庭、图书馆以及其他互联网上网服务场所应当采取有效的防范措施，避免让未成年人在互联网上接触有害于未成年人身心健康的内容。

中国共产党中央委员会、国务院关于进一步加强和改进未成年人思想道德建设的若干意见

（十八）要加强青少年宫、儿童活动中心等未成年人专门活动场所建设和管理。已有的未成年人专门活动场所，要坚持把社会效益放在首位，坚持面向未成年人、服务未成年人的宗旨，积极开展教育、科技、文化、艺术、体育等未成年人喜闻乐见的活动，把思想道德建设内容融于其中，充分发挥对未成年人的教育引导功能。要深化内部改革，增强自身发展活力，不断提高社会服务水平。同时，各级政府要把未成年人活动场所建设纳入当地国民经济和社会事业发展总体规划。大城市要逐步建立布局合理、规模适当、功能配套的市、区、社区未成年人活动场所。中小城市要因地制宜重点建好市级未成年人活动场所。有条件的城市要辟建少年儿童主题公园。经过 3 至 5 年的努力，要做到每个县都有一所综合性、多功能的未成年人活动场所。各地在城市建设、旧城改造、住宅新区建设中，要配套建设可向未成年人开放的基层活动场所，特别是社区活动场所。有关部门要对已建的未成年人活动场所进行认真清理整顿，名不副实的要限期改正，被挤占、挪用、租借的要限期退还。图书馆、文化馆（站）、体育场（馆）、科技馆、影剧院等场所，也要发挥教育阵地的作用，积极主动地为未成年人开展活动创造条件。

国务院防治艾滋病工作委员会办公室关于印发《全国艾滋病防治宣传教育工作指导方案（2004－2008 年）》的通知

4、在各类大、中学校的图书馆、

阅览室要备有一定数量的艾滋病防治及其相关知识的读物；到 2005 年，达到 80%；到 2008 年，达到 100%；

教育部关于贯彻落实《国务院关于切实加强艾滋病防治工作的通知》的意见

四、采取多种宣传教育形式，广泛开展预防艾滋病宣传教育。各类高等学校、中等职业学校以及普通高中必须要结合新生体检和入学教育向每一位入学新生发放“预防艾滋病健康教育处方”。到 2005 年，发放率应达到 100%。高等学校、普通中学及中等职业学校图书馆或阅览室应根据师生人数配备相应数量的预防艾滋病、远离毒品、无偿献血等相关知识的科普读物，供师生开架阅读或查阅。到 2005 年，学校相关科普读物的配置率达到 80% 以上；到 2008 年，达到 100%。各类大、中学校校园宣传栏中应设有相对固定的艾滋病防治宣传园地，并做到内容定期更新。到 2005 年，宣传园地的设置率应达到 70% 以上；到 2008 年，达到 80% 以上。建有校园网络的大、中学校应在校园网中设置相对固定的艾滋病防治宣传栏目。到 2005 年，宣传栏目的设置率达到 70% 以上；到 2008 年，达到 80% 以上。还要利用校园广播、闭路电视等不定期地宣传预防艾滋病科普知识。

辽宁省散居少数民族权益保障条例

第二十条 省、市、县文化、广播电视、体育、卫生、人口计划生育部门应当扶持散居少数民族人口较多的地区办好具有民族特点的广播站、文化馆（站）、图书馆、体育场（馆），组织散居少数民族群众开展具有民族传统特点的、健康的文化和体育活动，扶持散居少数民族人口较多的乡村办好卫生院（所）和计划生育技术服务机构，培养和使用散居少数民族医疗保健人员，加强地方病、多发病、常见病防治和计划生育技术服务。

文化部、国家发展改革委、教育部、科技部、民政部、财政部、国家文物局、解放军总政治部、中华全国总工会、共青团中央、全国妇联、中国科协关于公益性文化设施向未成年人免费开放的实施意见

一、加大公益性文化设施向未成年人免费开放力度

根据中央要求，享受国家财政支持的各级各类博物馆（院）、展览馆、美术馆、科技馆、纪念馆、烈士纪念建筑物、名人故居、公共图书馆、学校图书馆、文化馆（站）、文化宫（工人文化宫、工人俱乐部）、青少年宫、儿童活动中心等公益性文化设施要向未成年人免费或优惠开放。尚未实行免费或优惠开放的，要于 2005 年 1 月 1 日前，向未成年人免费或优惠开放。

博物馆（院）、展览馆、美术馆、科技馆、纪念馆、烈士纪念建筑物、名人故居要对学校组织的未成年人集体参观实行免票；对未成年人个人参观实行半价或 1/4 票价优惠；家长携带未成年子女参观的，对未成年子女免票。有条件的纪念馆可对公众免费开放。

文化馆（站）、文化宫（工人文化宫、工人俱乐部）、青少年宫、儿童活动中心要坚持面向未成年人、服务未成年人的宗旨，并与学校综合实践活动相衔接，积极开展教育、科技、文化、艺术、体育等适合未成年人参与的活动。凡学校组织在该设施内开展的集体文化活动免费。未成年人个人参与的文化活动实行半价优惠或免费。

公共与学校图书馆要在国家法定节假日设定“未成年人参观接待日”，免费接待未成年人参观；对未成年人的借阅行为实行免费，对未成年人复印等收费项目实行半价优惠。公共图书馆要开设免费的未成年人阅览室或未成年人多媒体阅览室；面向未成年人举办的讲座、培训、展览等各种活动免费；向中小学图书馆（室）以免费或半价优惠的方式提供适合未成年人阅读使用的文献资料。

要充分发挥各公益性文化设施提供精神文化服务、丰富群众文化生活、加强未成年人思想道德建设的重要作用，不能将公益性文化设施改作它用。主管部门要对所属的公益性文化设施和场所开放情况进行摸底清查，名不副实的要限期改正，被挤占、挪用、租借的设施和场所要限期归还，最迟要在 2005 年 3 月底以前清理完毕。

二、免费开展丰富多彩的活动，丰富思想道德建设内容

公共图书馆要通过开设少儿阅览室、举办面向未成年人的讲座与培训、设立少儿集体参观接待日等方式，有针对性地向未成年人提供服务，培养未成年人使用图书馆的意识，积极开展适合未成年人实际需求的各种文献信息服务，让未成年人在使用图书馆（室）的过程中丰富知识，增长见识，提高能力。

各级各类学校图书馆要制订具体借阅办法，积极向本社区或本市（地区）范围内的未成年人开放。大专院校图书馆的读者可限定于中学就读和中学以上文化程度。

博物馆（院）、图书馆、纪念馆、美术馆、科技馆、文化馆（站）以及文化信息资源共享工程的各级中心要积极利用互联网站，根据未成年人成长进步的需求，精心制作知识性、趣味性、科学性强的文化信息资源，制作专门为未成年人服务的网站、网页、专栏，提供为广大未成年人喜闻乐见的文化服务内容；组织开展各种形式的网上文化活动。

湖南省实施《中华人民共和国残疾人保障法》办法

（2004 年修正）

第二十六条 残疾人集中的单位应当因地制宜开辟残疾人活动场所。公共文化、体育活动场所应当逐步增设适合残疾人需要的内容和设施，为残疾人提供方便和照顾。

鼓励和支持残疾人参加各种有益的文化、体育、娱乐活动。残疾人参加集训、比赛和表演期间的工资、奖金及其他补贴，由所在工作单位照发；没有工作单位的，由主办单位给予适当补助。

县级以上人民政府应当组织和扶持盲文读物、盲人有声读物、聋人读物、弱智人读物的编写和出版，积极兴办盲人有声读物图书馆，开办电视手语节目，在影视作品中逐步增加字幕、解说。

新疆维吾尔自治区优待老年人规定

第五条 65周岁以上的老年人持老年人优惠待遇证，还可以享受下列优惠待遇：

（一）免费进入公园、动物园、植物园，园中园除外；

（二）免费进入公共体育场所进行健身或者其他体育锻炼活动；

（三）免费参观展览馆、纪念馆、文化馆、博物馆、陈列馆和纪念性陵园，免费办理公共图书馆借阅证；

（四）到影剧院看电影、进入风景名胜区和旅游区实行半价优惠；

（五）免费乘坐市内公共汽车；

（六）免收普通门诊挂号费；

（七）免费使用收费的公共厕所。

科技政策与图书馆

国务院办公厅转发科技部等部门2004－2010年国家科技基础条件平台建设纲要的通知

（四）科技文献共享平台。

1、扩充、集成科技文献资源，加强专利、工艺、标准、科技报告等文献资源的建设。实现印刷版和电子版、网络版资源互补。开辟利用国际科技文献资源的各种渠道。

2、. 加强数字图书馆标准的研究，逐步建设各类数字化的科技文献资源库。促进相关部门、地方科技文献网络系统的对接和共享。鼓励各类文献服务机构采用多种现代化手段和服务方式，构建种类齐全、结构合理的国家科技文献资源保障和服务体系。

样本缴送、收费制度与图书馆

云南省计委关于省图书馆有关图书借阅收费的批复

云计收费（2003）72号

二OO三年一月二十二日

省文化厅：

你厅《关于申报云南省图书馆运行管理办证收费的请示》（云文计［2003］10号）收悉。鉴于省图书馆新馆已竣工对广大读者开放，为确保新建图书馆正常运行、管理和发展的需要，更好地为读者服务，经研究，同意省图书馆在为读者提供借阅等服务时，适当收取费用。现就有关收费事项批复如下：

一、图书借阅卡收费标准为每人每卡20元，遗失、损坏补办收费标准不变；借阅费收费标准为每人每年度15元；临时借阅卡收费标准为每人每卡1元，当日有效，办理月卡、年卡等应给予适当优惠。

二、图书借阅卡押金及其他咨询、服务等收费标准暂由省图书馆自行确定，报我委备案后执行。

三、省图书馆在收费前须按规定到我委办理收费许可证，亮证收费。同时，要按照《云南省人民政府关于实行价格和收费公示制度的通知》（云政发（2001）172号）要求，实行价格和收费公示制度，将所有收费项目和收费标准及服务内容在收费场所的显著位置向读者公示，自觉接受价格部门的监督检查。

四、本批复自发文之日起执行，过去与本批复不一致的有关规定一律以本批复为准。

郑州市物价局财政局对市图书馆有关收费标准的批复

郑价费函［2003］4号

二OO三年三月十日

市图书馆：

你馆《关于调整我馆收费标准的请示》（郑图政字［2003］第04号）收悉。按照河南省人民政府令第71号《河南省公共图书馆管理办法》第十七条中“公共图书馆为读者注册”、“提供音像制品、电子出版物借阅服务”、“可以适当收取费用”，以及《省物价局、省财政厅对省图书馆有关收费标准的批复》（豫价费字［2000］第078号）的规定，根据你馆的性质和一般维护费用情况，经研究你馆有关收费核定如下：

一、注册费（包括彩印、条码、过塑、计算机建档及借阅费用等）：每证25元。

二、电子阅览室收费

1、上网检索：每小时2元；

2、电子读物借阅：每小时1元。

三、借阅书刊超期延误费，每册每天0.1元。

四、你单位在收费前，须到市物价局办理《收费许可证》变更手续，并使用财政统一票据，所收费用资金纳入财政专户管理，严格实行“收支两条线”。

此批复自发文之日起执行，试行期两年，试行期内省有新规定，按新规定执行。试行期满后，重新审批。未经批准，你馆不得向读者收取其他任何费用。

黑龙江省物价局财政厅关于调整省图书馆借书证工本费标准的批复

黑价联字（2003）17号

二OO三年五月六日

省文化厅：

你厅《关于省图书馆部分服务性项目收费的函》（黑文函［2003］25号）收悉。鉴于省图书馆即将搬迁到新馆址，为使图书管理工作更加规范化，原来使用的借书证将全部废止，启用新版借书证。考虑到新版借书证成本的变化，经研究，同意适当提高省图书馆借书证工本费收费标准，现对省图书馆借书证工本费收费标准等有关问题批复如下：

一、收费标准

借书证工本费标准为4.00元/每证；读者阅读费40元/每证每年。

二、收费前要到省物价局办理收费许可证，持证收费，并要在收费窗口公示具体收费标准；收费时要使用省财政厅统一印制的收费票据，收取的费用属于预算外资金，纳入省级财政“收支两条线”管理。

三、本收费从2003年5月1日执行，有效期到2005年末，届时自行废止。本批复下发后，省财政厅、省物价局黑财综字（1997）29号同时废止。

音像制品出版管理规定

第二十九条 音像出版单位、经批准出版配合本版出版物音像制品的出版单位，应自音像制品出版之日起30日内，分别向国家图书馆、中国版本图书馆和新闻出版总署免费送交样本。

税收政策与图书馆

财政部关于扶贫、慈善性捐赠进口物资用于学校教育税收优惠政策有关问题的通知

（2003年3月10日
财税［2003］51号）

海关总署：

为了进一步促进教育事业的发展，经国务院批准，将《扶贫、慈善性捐赠物资免征进口税收暂行办法》中第六条第四款进口物资范围规定“直接用于公共图书馆、公共博物馆、中等专科学校、高中（包括职业高中）、初中、小学、幼儿园教育的教学仪器、教材、图书、资料和一般学习用品”，调整为“直接用于公共图书馆、公共博物馆、各类职业学校、高中、初中、小学、幼儿园教育的教学仪器、教材、图书、资料和一般学习用品”。

特此通知。

浙江省地方税务局关于明确营业税若干政策业务问题的通知

七、对政府及其有关主管部门批准的纪念馆、文化馆、美术馆、展览馆、书（画）院、图书馆、文物保护单位，在自己的场所举办的属于文化体育业税目征税范围的文化活动，其销售的第一道门票的收入，免征营业税。

财政部 国家税务总局关于教育税收政策的通知

对学校、幼儿园经批准征用的耕地，免征耕地占用税。享受免税的学校用地的具体范围是：全日制大、中、小学校（包括部门、企业办的学校）的教学用房、实验室、操场、图书馆、办公室及师生员工食堂宿舍用地。学校从事非农业生产经营占用的耕地，不予免税。职工夜校、学习班、培训中心、函授学校等不在免税之列。

非典防控与图书馆

关于高等学校非典型肺炎预防和控制工作若干问题的通知

各高校要高度重视学校非典型肺炎预防和控制工作，全校动员，全力预防，切实落实各项典型肺炎预防措施。尤其要加强预防非典型肺炎的宣传教育，增强师生员工防病意识和自我防护能力；鼓励学生多到户外进行身体锻炼，注意均衡饮食，提高免疫能力；对学生宿合、食堂、教室、图书馆、实验室等重点场所要定期进行消毒，并保证空气流通；为学生宿舍配发体温计，每天测量体温，对体温升高者进行密切观察、排查等。

文化部办公厅关于加强领导采取果断措施进一步做好“非典”防治应急处理预案的紧急通知

（九）严格进行消毒工作。各单位要严格按照规范的卫生清洁操作程序，对办公楼等公共设施必须全面消毒，对重点部门和区域要请本地区卫生防疫站进行消毒。

1. 工作人员的办公室必须坚持每天消毒一次；

2. 对外开放且人群密集活动的区域，包括图书馆、博物馆、剧场、音乐厅、排练场，以及会议室、公共卫生间等区域，必须每天消毒一次；

3. 易发生交叉感染的公共用具，如电梯、机动车内等，必须每天消毒一次；

4. 各单位食堂、活动室、浴室、更衣室、宿舍等员工活动集中的场所，必须每天消毒一次；

5. 收发室收到的文件一律经统一消毒后方可分发；

6. 报销单据必须由财务部门统一消毒后方可办理。

（十）青年单身职工居住的集体宿舍从即日起禁止留宿外单位人员，同时尽量减少与外单位人员和相互之间的接触。除发放必要的消毒物品外，还要重点做好筒子楼的灭蟑灭鼠工作，防止交叉感染。

（十一）严格实施隔离检查。对于患有呼吸道病状的职工，要密切配合卫生部门做好对有关人员的隔离和检查，做好对有关场所的消毒，严防疫情传播和蔓延。同时应强令其休息，痊愈之前不得允许其上班工作。

（十二）加强对服务员、炊事员、勤杂工等临时工的管理，严格控制外出，凡违反纪律的一律予以解聘。为加强管理，机关服务局服务处等临时工多的单位，要设立值班制度。

（十三）对直属院团的排练演出活动，要有重点地加以控制。不具备通风条件的各排练场所，近期内禁止组织演员排练；各团队原则上不得组织到外地巡演。

（十四）重点防范。切实加强对图书馆、博物馆、剧场、音乐厅、排练场，以及老干部活动场所、幼儿园等人群密集、流动性大的公共文化设施和有关附属场所的监控和防范，认真落实通风换气、消毒隔离和个人防护等综合预

防措施。

中共北京市委、北京市人民政府关于加强北京防治非典型肺炎工作的决定

七、严格控制各类大型活动，坚决执行文化娱乐场所防治“非典”的各项措施

近期北京地区各单位不要组织全国性的和跨省、跨地区的大型会议和活动，已安排的大型活动（包括各类演出等）原则上取消或推迟。关闭网吧、电子游戏厅、录像厅；剧场、影院、图书馆、博物馆、文化馆站等公益性文化设施，必须逐一落实防治“非典”各项措施，凡不符合防疫要求的，应予关闭和停业整顿。坚持营业的公共文化娱乐场所，必须严格执行防疫“非典”的消毒、检查等措施，并建立完善值班制度和疫情报告制度。凡达不到防控要求仍继续经营的，主管部门应采取坚决措施，依法严处。倡导开展家庭文化活动，适当组织有利于健康的户外文化和体育健身活动。

北京市劳动和社会保障局关于转发北京市教育委员会《关于做好中等职业学校防控‘非典’期间教学和复课工作的紧急通知》的通知

七、各学校要做好卫生防疫工作。夏季来临，各学校在重点做好防控“非典”工作的同时，还需做好防暑降温和食品卫生安全工作。要切实加强管理和监督检查，防止出现新的疾病和事故。复课学校要加强对办公楼、教学楼、图书馆、学生宿舍、食堂等公共场所的通风换气和定时消毒工作；要严格实行校园封闭式管理，防治交叉感染；要认真搞好环境卫生，减少疾病传播，彻底切断传染源；要深入细致地做好师生的思想政治工作，维护正常的学习、工作和生活秩序；要加强值班和信息报告制度，准确、及时报送有关信息。

国家环境保护总局关于防治非典期间加强公共场所室内空气质量监督管理的通知

二、当前需重点监管的公共场所主要是：候车（机、船）厅；学校大教室、食堂、浴室；商场（店）；宾馆、饭馆；图书馆、展览馆、博物馆；健身房、体育馆、游泳馆；影剧院、歌舞厅等。各地可以根据本地的实际情况，确定需要重点监管的公共场所。

北京市文化局关于做好公共图书馆、文化馆（站）、剧场、影院重新开放和防控非典工作的意见的通知

（京文市［2003］441号）

各区、县文化委员会：

鉴于我市防治非典疫情的实际，为落实北京防控非典型肺炎工作组第十二次会议有关精神，经研究，现就我市公共图书馆、文化馆（站）、剧场、影院恢复营业开放和防控“非典”工作的意见通知如下：

一、建立防疫检查和申报制度。公共图书馆、文化馆（站）、剧场、影院恢复营业开放前，要由所在地卫生防疫部门进行防疫检查合格后，向区、县文化委员会提出恢复营业开放的申请，经严格检查批准后恢复营业开放。

二、建立健全各项防控措施

1. 严格遵守卫生部《公共场所预防传染性非典型肺炎消毒指导原则》（试行）、《北京防控非典型肺炎消毒指南》，建立卫生防疫管理、监测观察、消毒、紧急病情处理、信息报送等制度，加强通风、保持良好的卫生环境，切实保障人民群众的身心健康和生命安全。

2. 实行体温检测和健康登记制度。凡是体温异常者，谢绝入内。认真做好工作人员自身卫生防护工作，每天早晚测试体温二次并有登记。

3. 使用空调的单位要严格执行《北京防控非典型肺炎空调通风系统使用指南》，新风口设置清洁区，新风房、过滤网和送风管道保持清洁，保证充足的新风输入、新风量，所有排风要直接排到室外，中央空调的排风系统应使用专门的排风管道。

4. 对场所使用、经常接触物品随时用消毒液洗、擦消毒，在明显处悬挂“已消毒”告示。加强流通书刊消毒措施，公共图书馆要定时对流通的图书、报刊等文献进行消毒，读者归还的图书在第二天以后上架。并根据读者流通量与阅览的不同情况，配备相应的消毒设备。

5. 已恢复营业开放的场所不得造成人员的过度密集。剧场、影院应适当核减进场人数，根据场所座位布局情况，合理售票；公共图书馆、文化馆（站）应适当减少阅览室和培训教室的座位，保持座位间距80cm。

6. 公共图书馆、文化馆（站）可结合实际情况适当减少开放时间，缩小开放范围。公共图书馆可先开放图书外借工作，文化馆（站）可先开放部分团队活动和广场文化活动。暂不开放通风条件差的活动场室和阅览室，如设在地下的场室和阅览室、自习室等，暂不开展公共图书馆的讲座和读者活动，以及文化馆（站）聚集人员较多的馆内活动。

7. 公共图书馆、文化馆（站）、剧场、影院负责人为本场所防控“非典”工作的第一责任人，要认真落实上述各项防控措施。

8. 对不具备营业开放条件的场所，不得准许恢复营业开放；对已恢复营业开放出现疫情的场所，要立即关闭，并按照场所防控“非典”工作应急方案进行处置。

各区、县文化委员会要按照此《通知》要求，结合本地区实际，在区、县党委、政府的领导下，做好公共图书馆、文化馆（站）、剧场、影院重新开放和防控“非典”工作，加大对重新开放场所的监管力度，确保防控“非典”各项措施有效落实。

特此通知。

关于应对“非典”冲击、促进文化艺术繁荣发展的意见

二、加强基层文化建设，活跃群众

文化生活

深入贯彻全国基层文化工作会议精神，以城市社区和农村乡镇为重点，加强基本设施、队伍、内容和方式建设。图书馆、群艺馆、文化馆、文化站要根据广大群众的需要，逐步恢复正常开放，在落实安全、卫生措施的前提下，积极组织开展群众文化活动。加强对群众文化活动的指导，调动广大群众参与文化活动的积极性，多组织小型、灵活、多样的户外文化活动。减少各类大型群众文艺汇演、比赛、评奖活动和会议。加强全国文化信息资源共享工程建设，加快文化信息资源的加工与整合，积极发展基层网点，拓展基层服务工作，扩大基层服务点的覆盖面。

北京防治传染性非典型肺炎应急预案

各单位调整组织全国性和跨省、跨地区的大型会议和活动的时间；网吧、电子游戏厅、录像厅、剧场、影院、图书馆、博物馆、文化馆（站）、体育场（馆）等文化体育设施，必须逐一落实通风、消毒等措施，并建立来访或参观者登记制度。

教育系统预防与控制传染性非典型肺炎工作预案

改善学校卫生设施与条件，加强对教室、图书馆、食堂、宿舍等人群聚集场所的通风换气和校园内公共设施及公共用具的消毒，搞好校园环境卫生。

其他

杭州市文化局关于印发《杭州地区公共图书馆“一证通”专项业务工作实施意见》的通知

市文化社文［2003］16号

各区、县（市）文化（体育）局，杭州图书馆，杭州市少儿图书馆：

为了提高我市公共图书馆整体业务水平，加强馆际协作，实现资源共享，最大限度地方便读者，经研究，决定实施杭州地区公共图书馆“一证通”专项业务工作。现将《杭州地区公共图书馆“一证通”专项业务工作实施意见》印发给你们，请结合各地实际，认真贯彻实施。

二〇〇三年八月一日

杭州地区公共图书馆“一证通”专项业务工作实施意见

为提高杭州地区公共图书馆整体业务水平，借鉴发达国家公共图书馆的发展模式，以加强馆际协作、实现资源共享为重点，以方便广大市民充分利用公共图书馆资源为目的，提出本实施意见。

一、实施“一证通”专项业务工作，加强地区图书资源共建共享的目的及其作用。

2005年率先基本实施现代化是我市确定的奋斗目标。公共图书馆界要以此为抓手，加速业务转型，凭借现代信息技术，实现跨系统、跨地域合作的业务构想，提高本地馆藏信息资源的利用率，促进各馆的标准化、规范化建设，优化公共图书馆的服务，从而使我市公共图书馆工作产生质的飞跃。

二、工作的组织及实施。

实现杭州地区各公共图书馆之间“一证通”服务，加强资源共建共享，对读者、对社会、对图书馆本身都具有积极意义。此项工作将由杭州市文化局和杭州图书馆共同牵头，由杭州地区各县、市（区）公共图书馆协作并具体实施。具体分为三个阶段：

1、完成城区间合并，基本实现地区“一证通”。

今年9月底前，完成全市9个公共图书馆VPN的接通、杭州图书馆与少儿馆业务系统的合并及合作共享签字仪式，推出“一证通”服务，基本实现杭州地区借书证“一证通”及数字资源的共享。

2、实现5家县馆的功能合作，形成地区网络。

年底前，完成萧山、余杭两家区馆和淳安等5家县馆的功能合作。

3、数据合并，进一步完善地区网络资源。

明年年底前，完成萧山、余杭两馆业务数据与市馆的合并。

“一证通”业务牵涉面较广，技术规范要求高，是一项复杂的工程，希望各区、县（市）加强领导，注意研究解决实施中出现的各种问题，共同开展好“一证通”工作，满足群众日益增长的阅读需求。

东莞市人民政府关于印发东莞地区图书馆总分馆制实施方案的通知

东府办（2004）56号

各镇人民政府（区办事处），市府直属各单位：

《东莞地区图书馆总分馆制实施方案》业经市人民政府同意，现印发给你们，请认真贯彻执行。

二〇〇四年五月二十七日

东莞地区图书馆总分馆制实施方案

一、总体目标

围绕市委、市政府提出的实施新的文化发展战略，打造文化新城的宏伟目标，全力建造与东莞城市发展相适应、相配套的现代图书馆服务体系，初步形成以东莞图书馆新馆为总馆，各镇区图书馆为分馆，村、社区（居委会）图书馆以及图书流动车为补充，吸收企业、学校等其它系统图书馆加入的地区图书馆网群。争取到2005年，建成分馆10个，服务点100个；到2010年，使图书馆覆盖全地区，让信息服务进社区、进家庭。具体目标：

（一）实现文献资源统一采购和配置，加强总分馆特色资源建设，优化东莞地区文献资源布局；

（二）建立联合编目中心，实现文献编目工作标准化和规范化，避免机构的重复设置和人员的重复劳动，提高办馆效益；

（三）实行书刊借阅“一卡通”，

在全市范围内实现通借通还，打破“各自为阵”的服务模式，提高图书馆群体为城市配套服务效能和服务覆盖率，方便读者；

（四）共建、共享各类型数字资源，激活我市现有文化资源存量，实现图书馆资源的优化组合与共享；

（五）组织干部培训，全面提高全地区图书馆工作人员业务水平。

二、总体要求

（一）规范标识。统一规范的标识系统是总分馆制的整体形象，各分馆须统一使用“东莞图书馆 XX 分馆”名称，馆内各项标识系统要规范统一，新建分馆还要求装修格调一致。

（二）集中管理。总馆和分馆是一个统一的整体，共同构成一个地区图书馆网群，其业务管理必须集中于总馆，以保证工作流程的统一和顺畅，保证服务的水平和质量。

（三）同一平台。各分馆采用总馆认可的同一业务管理系统，确保各项业务工作的顺利开展，实现技术统管地区图书馆网群的联动和创新。

（四）凸现特色。各分馆可根据当地产业优势、地域特点和人文环境确定分馆特色，如厚街的家具、虎门的服装、石碣的 IT、常平的物流、东城的房地产等，在满足常规服务外，重点突出各自的特色服务，充分满足不同区域读者的需求。

（五）共享资源。总馆结合全国文化信息共享工程，高起点、高标准建设东莞数字图书馆，各分馆可共享使用。同时，市政府投入总分馆制建设的专项购书费购买的图书将由总馆统一购买、统一调配，定期轮换，资源共享。

三、总分馆制的实施模式

由市政府发文，市文化局与各镇区政府签约，市政府和各镇区政府共同出资，共同推动实施总分馆制建设。

（一）保证条件：政府主导，统一组织，经费分担，分步实施。

（二）运行模式：在不改变原有行政隶属人事和财政关系的情况下，总馆负责全区域内文献资源的采购、编目、分类、标引、加工，同时指导和协调读者服务工作；分馆专事各种读者服务工作；总、分馆之间实行通借通还，共同保障市民服务。

（三）实施步骤：分两步。第一步实现统一采购、集中编目、通借通还，达到“合理分工、共同负担、分别保存、合并使用”的目的；第二步将行政管理变为行业管理，分馆作为总馆派出的一个机构，分馆的人员、财务及设备均由总馆管理，达到“集中使用资金投入，合理组织专业分工，统一业务规范管理，最大实现资源共享”的目的，建立起国际上通行的总分馆体制。

（四）运作流程：镇区、社区（村）提出申请——总馆现场检查办馆条件——总分馆签约——分馆人员培训及考核——挂牌成立——年度考核评比。

（五）经费

1、总馆集群业务管理系统、网络设施和设备、图书流动车、共享图书和数据库等首期启动的费用在东莞图书馆新馆经费中统筹支出，捆绑使用，不再要求市政府另外批拨。

2、分馆业务管理系统和 ADSL 网络通讯费由市统筹，以一个分馆业务管理系统购置费 1 万元，ADSL 网络通讯最低包月费 0．6 万元计，按每年实际加入的分馆数量将统筹经费划拨到总馆，以保证同一技术平台，利于共享资源。

3、镇区分馆所在地政府每年投入总分馆制建设的费用，全部用于该分馆的建设，并实行购书经费单列，专款专用。

4、为了保证双方经费的合理使用，市文化局与各镇区签约，互相监督对方履行合约，保证总分馆的正常运行。

（六）人员

1、在现有人事权不变的情况下，各分馆人员的工资和一切福利待遇仍归属于当地政府，但总馆对分馆工作人员的聘用特别是对分馆馆长的聘用有建议权；

2、为了提高分馆工作人员的业务水平和自身素质，分馆工作人员需分期分批接受图书馆专业培训，并逐步过渡到具备大专以上学历。

（七）总馆的职责

1、根据总分馆制基本任务要求，研究制定并组织实施总分馆长远发展规划和短期工作计划；

2、根据总分馆制具体任务要求，组织落实统一采购、集中编目、通借通还，共建数字资源库，实现资源共享以及图书馆工作人员培训等项工作任务，并加强对分馆业务工作的领导和指导；

3、研究制定各业务工作标准要求和规则；

4、建立统一的网络信息平台，提供计算机集成系统和网络系统的技术支持和维护等工作；

5、组织建立以中央书目数据库为依托的东莞地区图书馆书目查询系统（OPAC），强化总馆和分馆之间的信息存取和利用功能；

6、组织建立文献物流传递系统，加速周转总分馆之间的文献资源，最大限度地满足读者的需求；

7、开展网上参考咨询服务，解答所有分馆读者及工作人员的疑难问题；

8、向所有分馆提供东莞数字图书馆网上资源；

9、对所有分馆人员免费进行业务培训。

（八）分馆的职责

1、镇区分馆馆舍面积达到 500 平米以上，并具备计算机设备和上网条件；

2、自觉遵守总馆制定的各项规章制度，并按要求完成分馆应承担的工作任务；

3、及时向总馆反映工作中存在的问题及传递读者需求信息，配合总馆共同做好各项工作；

4、自觉参加总馆的各项业务工作培训，并按岗位设置要求，配备有一定图书馆专业水平和工作经验的事业心强的工作人员，并保持相对稳定。

国家知识产权局关于开展优秀审查员与第二批全国企事业专利工作试点单位研讨工作的通知

各省、自治区、直辖市、新疆生产建设兵团知识产权局，各有关企事业单位：

为落实第二批全国企事业专利工作试点单位工作会议精神，探讨我国企事业单位应如何有效地面对入世后的国际竞争形势，我局决定开展优秀审查员与第二批全国企事业专利工作试点单位研讨工作。现将有关事宜通知如下。

一、开展优秀审查员与第二批全国企事业专利工作试点单位研讨工作的目的是：通过优秀审查员对当前相关领域前沿专利技术的介绍，使试点单位了解国内外相关领域技术的发展趋势和国外主要竞争对手专利申请意图，树立运用自主知识产权和知识产权制度促进民族工业发展的意识；通过参观各试点企业的实际生产情况，使审查员了解我国相关领域的生产现状。

二、我局将根据各试点单位对拟了解的前沿专利技术范围，选派优秀审查员赴各省、自治区、直辖市与各试点单位研讨。研讨活动的主要内容为：审查员在法律允许范围内介绍国内外相关领域的前沿专利技术；相关试点单位介绍我国相关领域生产现状；审查员参观学习各试点企事业单位生产实况。

三、各省、自治区、直辖市知识产权局负责以 IPC 分类的大组为范围，统计本地区所属各试点单位目前技术发展的概况和拟了解的前沿专利技术，并将统计结果与 2005 年 2 月 28 日前报我局协调管理司战略评估管理处。

四、我局将根据上报的统计结果，选派优秀审查员认真准备后分赴各地开展研讨活动，研讨活动具体安排和内容将与各有关知识产权局协商后确定。

特此通知。

设有图书馆学专业或专业方向的高等学校一览

（按音序排列）

1 安徽大学管理学院信息资源管理系

专业设置	图书馆学、档案学、信息管理与信息系统（本科）		
电话	0551－5106195	邮编	230039
地址	安徽省合肥市肥西路3号安徽大学管理学院		
网址	http：//www. ahu. edu. cn/˜guanli/school/		

2 北京大学信息管理系

专业设置	图书馆学信息管理与信息系统（本科）； 图书馆学、情报学、编辑出版（硕士）；图书馆学、情报学、编辑出版（博士）		
电话	010－62751680	邮编	100871
地址	北京大学三院信息管理系		
网址	http：//www. im. pku. edu. cn/		

3 北京师范大学管理学院信息管理系

专业设置	信息管理（本科）；图书馆学、情报学（硕士）		
电话	010－62205543 62209147	邮编	100875
地址	北京新街口外大街19号北京师范大学科技楼B区8层		
网址	http：//www. manage. bnu. edu. cn/index. asp		

4 长春师范学院政法学院管理系

专业设置	图书馆学（本科）		
电话	0431－6168800	邮编	130032
地址	吉林省长春市吉长公路北线3号		
网址	http：//www. cncnc. edu. cn/yuanxizy/zhengfa. htm		

5 东北师范大学传媒科学学院信息管理系

专业设置	图书馆学（本科）；图书馆学、情报学（硕士）		
电话	0431－4531188	邮编	130024
地址	长春市人民大街 5268 号东北师范大学净月校区传媒科学学院		
网址	http：//web．nenu．edu．cn/department/broadcast_ tv/index．asp		

6 福建师范大学社会历史学院历史系

专业设置	图书馆学、档案学、信息管理与信息系统（本科）；		
电话	0591－3465206	邮编	350007
地址	福州市仓山区长安山		
网址	http：//www．fjnu．edu．cn/lsc/pages/bxjs．htm		

7 贵州大学管理学院

专业设置	图书馆学（本科）		
电话	0851－8292102	邮编	550025
地址	贵州省贵阳市花溪区贵州大学北区		
网址	http：//www．gzu．edu．cn/web/man/14611．htm		

8 河北大学管理学院图书馆系

专业设置	图书馆学、信息管理与信息系统、档案学（本科）；图书馆学（硕士）		
电话	0312－5079595	邮编	071002
地址	河北省保定市合作路 1 号		
网址	http：//hanlin2．hbu．edu．cn/glxy/		

9 河北经贸大学人文学院

专业设置	图书馆学、编辑出版学（本科）		
电话	0311－7655553	邮编	050061
地址	河北省石家庄市学府路 47 号河北经贸大学教学办公楼 418－420 室		
网址	http：//202．206．192．167/xwx/		

10 黑龙江大学信息管理学院

专业设置	信息管理与信息系统、图书馆学、编辑出版学（本科）；图书馆学、情报学（硕士）		
电话	0451－6608499	邮编	150080

专业设置	信息管理与信息系统、图书馆学、编辑出版学（本科）；图书馆学、情报学（硕士）
地址	哈尔滨市南岗区学府路74号
网址	http：//www. hlju. edu. cn/HD_ Page/2005518203312－1. Html#jj

11 华东师范大学商学院信息学系

专业设置	信息管理与信息系统（本科）；情报学（硕士）		
电话	021－62233305	邮编	200062
地址	上海市中山北路3663号华东师范大学文科大楼9楼		
网址	http：//www. ecnu. edu. cn/shangxueyuan/bs_ index. htm		

12 华南师范大学经济与管理学院信息管理学系

专业设置	信息管理与信息系统（本科）；图书馆学（硕士）		
电话	020－85211403	邮编	510631
地址	广州市华南师范大学文科楼4楼		
网址	http：//www. scnu. edu. cn/～jjx/jj/jj/INDEX. htm		

13 吉林大学管理学院

专业设置	信息管理与信息系统、档案学（本科）；图书馆学、情报学、档案学（硕士）；情报学（博士）		
电话	0431－5705485	邮编	130025
地址	吉林省长春市人民大街142号吉林大学南岭校区管理楼		
网址	http：//gl. jlu. edu. cn/xy/		

14 兰州大学管理学院

专业设置	图书馆学、信息管理与信息系统（本科）；情报学（硕士）		
电话	0931－8912450	邮编	730000
地址	兰州市天水路298号兰大综合楼10楼		
网址	http：//ms. lzu. edu. cn/		

15 辽宁师范大学管理学院信息管理系

专业设置	图书馆学、信息管理与信息系统（本科）；图书馆学（硕士）		
电话	0411－4258423 4259643	邮编	116029
地址	大连市沙河口区黄河路850号 辽宁师范大学		
网址	http：//www. lnnu. edu. cn/dandu/glxy/index. php		

16 南京大学公共管理学院信息管理系

专业设置	图书馆学、信息管理信息系统、档案学、编辑出版学（本科）； 图书馆学、情报学、档案学（硕士）；图书馆学、情报学（博士）		
电话	025－3592441	邮编	210093
地址	南京市汉口路22号南京大学信息管理系		
网址	http：//202．119．40．20/		

17 南京政治学院上海分院信息管理系

专业设置	图书情报学（本科）		
电话	025－3430113	邮编	200433
地址	上海四平路2575号解放军南京政治学院上海分院		
网址			

18 南开大学国际商学院图书馆学系

专业设置	图书馆学、信息管理与信息系统（本科）；图书馆学、情报学（硕士）；图书馆学（博士）		
电话	23508785	邮编	300071
地址	天津市卫津路94号南开大学商学院		
网址	http：//ibs．nankai．edu．cn/		

19 山东大学管理学院信息管理系

专业设置	信息管理与信息系统、图书馆学（本科）；图书馆学（硕士）		
电话	0531－8564664	邮编	250100
地址	山东省济南市山大南路27号		
网址	http：//www．glxy．sdu．edu．cn/		

20 山西大学管理学院信息管理系

专业设置	图书馆学、信息管理与信息系统（本科）；图书馆学、情报学（硕士）		
电话	0351－7010500	邮编	030006
地址	山西省太原市坞城路580号		
网址	http：//www．sxu．edu．cn/yuanxi/gl/sdhxt0．htm		

21 陕西理工学院信息管理系

专业设置	图书馆学、信息管理与信息系统（本科）		
电话	0916－2641774	邮编	723001
地址	陕西省汉中市东关正街505号陕西理工学院南区		
网址	http：//www. snut. edu. cn/xinxiguanlixi/index. htm		

22 四川大学公共管理学院信息资源管理系

专业设置	信息资源管理、信息管理与信息系统（本科）；图书馆学、情报学（硕士）		
电话	028－5412782	邮编	610065
地址	四川大学望江校区文科楼		
网址	http：//www. scuspa. org/		

23 天津工业大学

专业设置	图书馆学（硕士）		
电话	022－24528156，24528438	邮编	300160
地址	天津市河东区程林庄路63号		
网址	http：//211. 81. 27. 3/graduate. asp		

24 武汉大学信息管理学院

专业设置	图书馆学、档案学、信息管理与信息系统、编辑出版学（本科）； 图书馆学、情报学、档案学、出版发行学、信息资源管理（硕士）； 图书馆学、情报学、出版发行学、信息资源管理（博士）		
电话	027－87882135	邮编	430072
地址	中国·武汉·珞珈山		
网址	http：//www. sim. whu. edu. cn		

25 西北大学公共管理学院图书馆学与档案学系

专业设置	图书馆学、档案学（本科）；图书馆学（硕士）		
电话	西安市太白北路229号	邮编	710069
地址	陕西省西安市太白北路229号		
网址	http：//www. nwu. edu. cn/page/jigoushezhi/department/gongguoyuan/		

26 湘潭大学管理学院图书馆学专业

专业设置	图书馆学、档案学、信息管理与信息系统（本科）；图书馆学（硕士）		
电话	0732－8292191	邮编	411105
地址	湖南省湘潭大学		
网址	http：//glxy. xtu. edu. cn/		

27 云南大学情报与档案学院

专业设置	档案学、图书馆学、信息管理与信息系统（本科）； 档案学、图书馆学（硕士）；历史文献学（博士）		
电话	0871－5033824	邮编	650091
地址	昆明市翠湖北路2号		
网址	http：//zsb. ynu. edu. cn/sort. php？sortid＝35&parentid＝6		

28 浙江大学人文学院信息资源管理系

专业设置	信息资源管理（本科）；情报学、档案学（硕士）		
电话	0571－8273103	邮编	310028
地址	浙江省杭州市天目山路34号浙江大学西溪校区行政楼二楼		
网址	http：//www. ch. zju. edu. cn/		

29 郑州大学信息管理系

专业设置	图书馆学、信息管理与信息系统、档案学（本科）；图书馆学、情报学（硕士）		
电话	0371—7783068	邮编	450052
地址	河南省郑州市郑州大学南校区信息管理系楼		
网址	http：//www2. zzu. edu. cn/xxgl/		

30 中国科技信息研究所

专业设置	图书馆学、情报学（硕士）；图书馆学、情报学（博士）		
电话	010－58882295	邮编	100038
地址	北京市复兴路15号中信所研究生培训中心		
网址	http：//edu. istic. ac. cn/		

31 中国科学院文献情报中心

专业设置	图书馆学、情报学（硕士）；图书馆学、情报学（博士）		
电话	010－82626389	邮编	100080
地址	北京中关村北四环西路33号		
网址	http：//www．las．ac．cn/		

32 中国人民大学信息资源管理学院

专业设置	信息管理与信息系统、档案学（本科）；档案学、情报学、图书馆学（硕士）；档案学（博士）		
电话	010－62512814	邮编	100872
地址	北京市海淀区中关村大街59号中国人民大学信息资源管理学院		
网址	http：//www．irm．cn/index．html		

33 中山大学资讯管理系

专业设置	信息管理与信息系统、图书馆学、档案学、软件工程；图书馆学、情报学、档案学（硕士）		
电话	020－84110633	邮编	510275
地址	广州市新港西路135号中山大学资讯管理系		
网址	http：//202．116．76．16		

图书馆学硕士点及研究方向一览

（按音序排列）

1 北京大学

北京大学信息管理系

研究方向：1．图书馆学理论
2．文献资源建设与管理
3．图书馆管理
4．文献学与目录学
5．信息组织

2 北京师范大学

北京师范大学管理学院信息管理系

研究方向：1．图书馆学基础理论
2．图书馆技术方法

3 东北师范大学

东北师范大学传媒科学学院信息管理系

研究方向：1．图书馆学理论与图书馆事业研究
2．信息资源管理
3．数字图书馆研究
4．文献出版管理
5．现代目录学
6．知识管理研究

4 河北大学

河北大学管理学院图书馆系

研究方向：1．网络环境下信息资源组织与信息服务
2．网络环境与图书馆管理
3．网络环境与知识产权

5 黑龙江大学

黑龙江大学信息管理学院

研究方向：1．图书馆学基础理论
2．编辑出版

3. 数字图书馆

6 华南师范大学

华南师范大学经济与管理学院信息管理学系

研究方向：1. 图书馆管理
2. 数字图书馆技术
3. 信息资源管理
4. 信息检索与利用

7 吉林大学

吉林大学管理学院

研究方向：1. 数字信息资源管理
2. 信息组织
4. 文献计量理论与应用
5. 信息咨询与服务

8 辽宁师范大学

辽宁师范大学管理学院

研究方向：1. 文献信息资源建设与数字图书馆
2. 信息资源管理
3. 网络信息开发与应用

9 南京大学

南京大学公共管理学院信息管理系

研究方向：1. 编辑出版研究
2. 文献检索与利用
3. 目录学
4. 信息咨询
5. 图书馆管理
6. 图书馆自动化
7. 电子出版物研究
8. 电子信息与网络检索
9. 信息资源共享

10 南开大学

南开大学国际商学院图书馆学系

研究方向：1. 信息咨询
2. 信息交流与传播
3. 图书与出版管理

11 山东大学

山东大学管理学院信息管理系

研究方向：1. 信息资源建设研究
2. 信息咨询研究
3. 信息分析理论与方法

12 山西大学

山西大学管理学院信息管理系

研究方向：1. 信息组织
2. 信息传播
3. 数字图书馆

13 四川大学

四川大学公共管理学院信息资源管理系

研究方向：1. 信息资源管理
2. 信息检索与分析
3. 现代图书情报技术

14 天津工业大学

天津工业大学图书馆

研究方向：1. 信息资源开发、组织与管理
2. 信息咨询与情报研究
3. 现代图书馆管理
4. 网络技术与自动化
5. 数字图书馆研究与建设

15 武汉大学

武汉大学信息管理学院

研究方向 1. 图书馆学理论与图书馆管理研究
2. 现代目录学研究
3. 知识组织与知识管理研究
4. 信息检索与查询研究
5. 文献与出版研究
6. 信息资源与知识产权管理研究
7. 数字图书馆技术与管理研究

16 西北大学

西北大学公共管理学院图书馆学与档案学系

研究方向：1. 理论图书馆学
2. 图书馆管理

17 湘潭大学

湘潭大学管理学院图书馆学专业

研究方向：1. 数学图书馆
2. 现代图书馆与图书馆事业管理
3. 信息管理
4. 档案管理

18 云南大学

云南大学情报与档案学院

研究方向：1. 文献检索理论
2. 地方文献研究
3. 图书馆学理论研究

19 郑州大学

郑州大学信息管理系

研究方向：1. 信息咨询与信息组织
2. 文献信息资源开发与利用
3. 信息资源数字化
4. 知识管理

20 中国科技信息研究所

中国科学技术信息研究所——研究生培训中心

研究方向：1. 图书馆信息资源建设与管理
2. 图书馆信息系统与服务

21 中国科学院文献情报中心

研究方向：1. 图书馆学理论与方法
2. 科技信息编辑与传播
3. 数字图书馆理论与实践
4. 信息技术在图书馆中的应用研究
5. 用户研究与信息服务
6. 数据库集成与网络服务系统研究
7. 信息资源组织与建设

22 中国人民大学

中国人民大学信息资源管理学院

研究方向：1. 信息资源管理
2. 数字图书馆理论与实践
3. 社科信息理论与方法
4. 图书馆现代化管理
5. 信息组织与加工；信息检索

23 中山大学

中山大学资讯管理系

研究方向：1. 信息资源管理
2. 网络信息资源开发与利用
3. 信息政策与信息法规
4. 网络信息服务
5. 古籍整理与研究

图书馆学博士点及研究方向一览

（按音序排列）

1 北京大学信息管理系

1）简介

北京大学信息管理系创建于1947年，原名图书馆学系，是我国自己创办的最早的图书馆学情报学教育机构之一。为适应社会和经济信息化，培养信息化建设人才，1992年改名为信息管理系。经过半个多世纪的建设和发展，已由初期的单一图书馆学专业逐步壮大为一个拥有博士、硕士、学士和专科等不同层次，全日制和继续教育相结合的多学科多层次的分布式专业教育体系。50多年来，已为国家培养出本科毕业生2000多人，研究生400多人，函授本科和专科毕业生10000多人，完成各种科研项目40余项，出版各种教材、专著和工具书300余种，发表论文和文章3000余篇，涌现了王重民、刘国钧等多位国内外知名的专家和学者。目前，北大信息管理系本科教育设有图书馆学专业、信息管理与信息管理两个专业，硕士和博士研究生设有图书馆学和情报学两个专业，研究生教育已有40余年的历史，其图书馆学博士点是我国该专业建立的最早的博士点之一，教学与科研水平居国内前列，情报学博士点也具有雄厚的科研实力。2000年，获“图书馆、情报与档案管理”一级学科授予权。2002年，图书馆学专业被批准为国家重点学科。

2）博士生导师及研究方向

·吴慰慈 研究方向：图书馆学基础理论、文献信息资源开发与应用

·王余光 研究方向：现代编辑出版业研究、文献目录学研究

·王锦贵 研究方向：文献学理论与方法、编辑出版与文献信息研究

2 南开大学国际商学院

图书馆学系

1）简介

南开大学图书馆学系始创于1983年，现有教师12人，其中正教授4人、副教授6人，讲师2人。专职教师中已获得博士学位的有3人，已获得硕士学位的6人（其中在读博士2人）。教师的专业结构涵盖面广，除图书馆学、情报学、档案学专业毕业的以外，还有来自物理、历史、数学、企业管理等专业的教师，这为促进学科间渗透与交流、拓宽学生知识面、培养复合型人才提供了较好的师资条件。现拥有图书馆学博士学位授权点，授予管理学博士学位；图书馆学和情报学两个硕士学位授权点，授予管理学硕士学位；设有图书馆学和档案学两个本科专业，授予管理学学士学位。图书馆学专业1986年经国务院学位委员会学科评议组批准获得硕士学位授予权，1987年招收首届硕士研究生，截至2003年已经毕业并取得学位95人，2003年在校30人，已为在职人员申请硕士学位授予13人。

2）博士生导师及研究方向

·王知津 研究方向：企业竞争情报、信息战略管理

·柯 平 研究方向：知识管理理论与应用、图书馆管理与服务

·刘玉照 研究方向：竞争情报系统、数字图书馆

3 武汉大学信息管理学院

1）简介

武汉大学信息管理学院于2000年经批准获得图书馆、情报与档案管理一级学科博士学位授予权。2002年图书馆学和情报学两个博士点学科被批准为国家重点学科。2002年12月建立信息资源管理博士点、出版发行学博士点。目前，拥有情报学和图书馆学两个国家级重点学科，图书馆、情报与档案管理以及管理科学与工程两个一级学科博士

点，图书馆情报与档案管理博士后流动站，以及图书馆学、情报学、档案管理、信息资源管理和出版发行管理学科博士学位授权点。学院现有教职工 99 人，其中，教授 20 人（含博士生导师 18 人），副教授和高级职务研究人员 42 人，与美国、英国、德国、俄罗斯、加拿大等十多个国家的 30 多所大学建立了学术交流关系，是国际图联（IFLA）等多个国际学术机构会员单位。

2）博士生导师及研究方向

·彭斐章 研究方向：现代目录学、社科信息服务

·曹 之 研究方向：文献学、文献与出版

·詹德优 研究方向：咨询与决策研究、电子参考源研究

·刘家真 研究方向：信息化与数字信息资源管理研究、数字图书馆研究

·陈传夫 研究方向：信息资源知识产权研究、信息公共获取研究

·王子舟 研究方向：图书馆学基础理论、图书馆管理

4 中国科技信息研究所

1）简介

中国科技信息研究所是在周恩来总理的亲切关怀下于 1956 年成立的综合性科研机构，直属国家科技部。自 1978 年开始招收情报学专业研究生，是国内最早开展情报学研究生教育的单位之一。1984 年被国务院学位委员会批准为（管理学）硕士学位授予权单位。1997 年经北京市学位委员会批准，开展以同等学力申请硕士学位的在职研究生培养工作。1998 年起与北京大学、中国国防科技信息中心合作培养情报学专业博士研究生。2003 年 9 月获得图书馆学硕士学位授予权。现有博士生导师 4 名，硕士生导师近 30 名。到目前为止，中信所共培养全日制研究生 282 名、在职研究生 334 名、进修生 337 名、获得硕士学位人数 374 名，毕业博士 6 名，在校博士生 11 名。毕业研究生中的大多数已成为信息机构、企事业单位的业务骨干和中坚力量。

2）博士生导师及研究方向：

·关家麟，研究员研究方向：信息资源管理；信息经济与信息市场

·梁战平，研究员研究方向：竞争情报；知识管理

·王惠临，研究员研究方向：机器翻译及自然语言理解与分析；跨语言信息检索

·张 钟，研究员研究方向：信息系统与信息网络；数字图书馆

5 中国科学院文献情报中心

1）简介

中国科学院文献情报中心的研究生教育始于 1979 年，是“文革”后国内最早招收图书馆学情报学研究生的单位之一。1986 年，中心获得“图书馆学”和“情报学”两个专业的硕士学位授予权。1993 年，获得图书馆学专业博士学位授予权。1995 年，与南京大学联合获得情报学专业博士学位授予权。至此，中心成为中国唯一获得国务院学位委员会授权可培养本学科领域博士研究生和硕士研究生的文献情报机构，成为本学科领域研究生学位点最密集的单位之一，成为国内高层次应用性专业人才培养的重要基地。

2）博士生导师及研究方向：

·孟连生 研究方向：信息资源管理

信息资源是各类型文献情报机构的服务之本，信息资源管理是各类型文献情报机构的一项核心工作，也是图书情报学研究的重要内容之一。在计算机和网络技术迅猛发展的今天，改进信息资源管理，加强资源共享，以最小的努力，获取和利用更为广泛的信息资源，是我们面临的一个十分重要的课题。信息资源管理主要研究各类信息的内容特征与载体形式、信息的传播途径与获取方式、信息处理与检索、网络环境下的信息资源开发与利用、网络环境下的信息服务等。本研究方向涉及较宽泛的研究领域，如图书馆学、情报学、计算机技术、数据库和多媒体技术、网络和通讯技术、信息加工和处理的理论与方法等。

·张晓林 研究方向：数字图书馆技术与系统

数字图书馆是网络化数字化环境下图书情报服务的基础支撑体系和发展发现，数字图书馆技术与系统涉及图书馆学情报学、计算机科学、网络与通信科学、知识管理等多个学科的知识，是目前图书情报领域研究和发展的前沿和热点。本研究方向将密切跟踪国际数字图书馆技术与系统发展前沿，对数字资源建设、元数据、数字图书馆系统结构、分布系统互操作、数字信息服务、个性化知识化知识管理等多个方面进行系统的学习和研究，尤其将结合我国数字图书馆发展的实际需要，对数字图书馆标准规范、分布系统互操作、开放系统结构、分布服务机制、元数据和元数据互操作、Semantic Web 等方面进行深入研究和应用试验。

2003－2004 年图书馆学招生情况、毕业生及学位授予统计

学位层次及修业年限

1. 图书馆学专业本科
   修业年限：四年
   授予学位：管理学学士
2. 图书馆学专业硕士研究生
   修业年限：三年
   授予学位：管理学硕士
3. 图书馆学专业博士研究生
   修业年限：三年
   授予学位：管理学博士

图书馆学专业人才培养及毕业生去向情况

1. 图书馆学专业的培养目标与就业去向

图书馆学专业培养目标：具备系统的图书馆学基础理论知识，有熟练地运用现代化技术手段收集、整理和开发利用文献信息的能力，能在图书情报机构和各类企业事业单位的信息部门从事信息服务及管理工作的应用型、复合型图书馆高级专门人才。

业务培养要求：

图书馆学专业学生主要学习图书馆学与信息管理的基本理论和基础知识，受到文献学、目录学、信息学、传播学、管理学、经济学等方面的基本训练，掌握文献信息搜集、处理、研究、开发与传递的技能。

图书馆学专业毕业升的主要就业方

向：在各类高等院校、政府机构、公司企业、科研开发机构及其他图书情报资料档案部门从事文献信息服务和组织管理及文献信息系统开发、设计、实施、管理和评价等方面的工作。

2. 图书馆学专业毕业生就业情况

据《长沙晚报》报道[1]，图书馆学专业毕业生一次性就业率为94.98%，被列为十五大就业热门专业之一。该报道指出，在知识社会中，利用数字技术、网络技术建成的虚拟图书馆，数字图书馆，是人们快捷获取、共享知识信息的新方式。因此，数字图书馆将成为未来社会中的知识中心。当代图书馆学专业培养的人才已不是手工操作的图书馆管理员，而是利用信息技术从事知识信息的收集、加工、开发、使用的新型知识工作者。

图书馆学专业就业分布最多5省市是：浙江、重庆、广东、江苏、北京[2]

图书馆学毕业生就业单位分布（按百分比排列）：

高等学校：27.09%；录取研究生：25.08%；国有企业：9.70%；其它事业单位：8.36%；中初级教学单位：6.69%；其它非国有企业：6.02%；科研设计单位：3.01%；机关：2.68%；三资企业：2.68%；出国留学：1.67%；部队：1.34%；金融单位：0.67%。

部分院校招生、毕业生及学位授予情况（按音序排列）：

东北大学传媒科学学院信息管理系

2003年，图书馆学专业授予硕士学位9人，情报学专业授予硕士学位1人；2004年图书馆学专业授予硕士学位31人，情报学专业授予硕士学位1人。2004年招收统考硕士研究生25人，单独考试硕士研究生1人。

华东师范大学商学院信息学系

信息学系于1980年开始招收研究生，1984年获硕士学位授予权，迄今为止已经招收了200多名硕士研究生。信息学系建系以来共培养全日制本科生近千名，全日制专科生300余名，夜大、函授生600余名。各类学生毕业后分赴国内外教学、科研和信息管理部门，成为众多行业中的信息管理骨干。

吉林大学管理学院

学院现有在校学生1433人。其中本科生861人，博士研究生191人（其中2001级有29人，2002级有41人，2003级有56人，2004级有65人），硕士研究生363人（其中2002级有82人，2003级有127人，2004级有154人）。图书馆学硕士点于2000年底批准成立，自2002年开始招生，现有在读硕士生3人。情报学硕士点自1985年开始招生。截止2002年9月，授予学位160人，现有在读42人。

南京大学信息管理系

1995年至2004年，招收硕士研究生200余人，授硕士学位130余人；招收博士研究生35人，授博士学位10人。

南开大学国际商学院图书馆学系

截至2003年已经毕业并取得学位95人，2003年在校30人，已为在职人员申请硕士学位授予13人。

山东大学管理学院信息管理系

截至2004年，山东大学信息管理系在校本科生610余人，硕士研究生30余人。

西北大学公共管理学院

2004年学院共招新生330人（本科生159人，研究生101人，专升本70人）。其中，图书与档案专业本科生33人，图书馆学专业研究生2人。

郑州大学信息管理系

2004年在校生1253人。其中，统招本科生815人，硕士研究生23人，远程教育本科生54人，成教本科生189人、专科生172人。

中国科学技术信息研究所

截至2004年，中国科学技术信息研究所共培养全日制研究生282名、在职研究生334名、进修生337名、获得硕士学位人数374名，毕业博士6名，在校博士生11名。毕业研究生中的大多数已成为信息机构、企事业单位的业务骨干和中坚力量。

中国人民大学信息资源管理学院

2003年，信息资源管理学院共招收新生98名，其中：本科生档案学专业新生共20名，男生12名，女生8名。政务信息管理专业新生共39名，男生25名，女生14名。硕士生共34名，男生8名，女生26名。博士生共5名，其中男生1名，女生4名。

〔1〕引自：星辰在线 http://www.csonline.com.cn/school/gaokao/gkwills/t20040628_197711.htm

〔2〕引自：新浪教育2004高考志愿填报手册 http://edu.sina.com.cn/l/2004-04-20/65787.html。

中国人民大学信息资源管理学院 2003 年招生情况一览表

年级	专业	人数	录取分数线最高分	学生类别		生源							
				城市	农村	华北	华东	华南	华中	西北	东北	西南	本校
本科		59 人											
	档案学专业	20 人		13	7	8	4	2	2	1		3	
	政务信息管理专业	39 人		20	19	5	8	5	8	3	4	6	
硕士		34 人											
	图书馆学专业	1 人	386 分								1		
	情报学专业	11 人	407 分			1			1	1	1		7
	档案学专业	22 人	382 分			1	10		6	1	2		2
博士		5 人	483 分										
	导师：王传宇	1 人				1							
	导师：冯惠玲	1 人						1					
	导师：胡鸿杰	1 人				1							
	导师：赵国俊	1 人				1							
	导师：杨　健	1 人									1		

新增硕士点、博士点（含新增博士生导师）介绍

新增硕士点

1 黑龙江大学信息管理学院

黑龙江大学信息管理学院设有管理科学与工程系、图书馆学系、编辑出版学系和电子商务系，设有市场信息、数字编辑出版和信息咨询研究所。现设有信息管理与信息系统、图书馆学、编辑出版学、电子商务 4 个本科专业，情报学、图书馆学 2 个硕士专业，其中图书馆学专业于 2004 年起招生，情报学学科为省级重点学科。建有校级重点人文社科研究基地——信息资源管理研究中心，校级创业教育试点单位——创业教育基地。

该院现有专职教师 33 人，其中教授 6 人，副教授 7 人，建有信息管理技术、数字编辑出版、电子商务、文献信息管理、国际标准指法等实验室，拥有多媒体等现代化教学科研设备，专业资料室拥有丰富的国内外专业书刊资料，是黑龙江省上述专业和学科的教学与科研中心。

图书馆学专业旨在培养具备系统的图书馆学基础理论知识，有熟练地运用现代化技术手段收集、整理和开发利用文献信息的能力，能在图书情报机构和各类企事业单位的信息部门从事信息服务及管理工作的应用型复合型人才。

主要课程：图书馆学基础、图书馆管理、信息管理概论、信息用户研究、文献资源建设、文献分类法与主题法、文献编目、社会科学文献检索、科技文献检索、咨询与决策、信息市场学、文献计量学、信息经济学、计算机信息网络、计算机应用系统设计与分析、数据库原理、文献学概论、目录学概论等。

图书馆学专业主要研究方向：1 数字图书馆；2 文献信息资源管理与开发利用；3 现代编辑与出版；4 目录学

黑龙江大学信息管理学院导师情况一览表

姓名	性别	职称	博导/硕导	研究方向	院系
孟雪梅	女	副教授	硕导	社科信息检索、信息资源管理	信息管理学院
马海群	男	教授	硕导	信息法学、知识产权信息管理	信息管理学院
张学福	男	副教授	硕导	数据库与计算机信息检索	信息管理学院
鞠英杰	男	副教授	硕导	竞争情报、知识管理、信息研究	信息管理学院
冷伏海	男	教授	博导	竞争情报与高科技信息分析	信息管理学院

2 辽宁师范大学管理学院

辽宁师范大学管理学院建于1989年。建系时只有图书馆学专业，此专业主要以印刷、网络及各种载体文献档案的管理及管理技术的研究作为学科发展的基础，专业中的许多课程资源，如管理信息系统、信息分析与研究、计算机语言、数据结构、数据库等都属于目前管理技术中的先导型技术，是文献档案管理、办公自动化技术所不可或缺的。此外，本专业还具有文理兼容、理论与应用相结合、实践能力与科学思维并重的特点。

截至2004年，管理学院共有图书馆学、公共事业管理、电子商务和劳动与社会保障四个专业。现有图书馆学专业和经济学专业两个研究生专业授予权，初步拟定从图书馆学、自动化图书馆、古籍整理与中国传统文化三个方向招收8名研究生。此外，管理学院还设有国家信息化授权培训基地和大连市电子商务培训基地。

管理学院有教职员工40名，其中专业教师32名，非教学人员8名。在专业教师中，有教授4名、副教授10名、讲师10名、初级职称6名，高职教师所占比例为44%；就学历、学位讲，获博士学位的有3名，获硕士学位的有18名。

图书馆学专业主要研究方向：1. 信息资源建设；2. 古籍整理与中国政治文化

辽宁师范大学管理学院图书馆学专业导师情况一览表

姓名	性别	职称	博导/硕导	研究方向	院系
高波	男	教授	硕导	信息资源建设图书馆管理、图书馆学基础理论	管理学院
张绣兰	女	副教授	硕导	信息管理、公共事业管理	管理学院
王雅轩	女	副教授	硕导	信息资源管理	管理学院

3 山东大学管理学院信息管理系

山东大学信息管理系创建于1994年，是我国最早开办信息管理本科专业的教学与研究单位之一。设有信息管理与信息系统、电子商务和图书馆学三个研究所。全系16名教师，其中教授4人，副教授9人，6人拥有博士学位，1人博士在读。目前在校本科生610余人，硕士研究生30余人。主要研究方向为消费者行为与竞争优势、信息化管理与竞争战略、管理系统工程、信息系统分析与设计、企业信息管理以及物流与供应链管理等。

图书馆学专业培养具备系统的图书馆学基础理论知识，具有熟练运用现代化技术手段收集、整理和开发利用文献信息的能力，能够在各类图书信息机构和企事业单位的信息部门从事文献与信息服务及管理工作的应用型、复合型图书馆学高级专门人才。要求学生掌握图书馆学和信息学的基本理论和基本知识，以及图书馆学的基本研究方法和从事科学研究的初步能力，了解本学科的理论前沿和发展动向，能够运用现代化技术手段收集、整理、研究和开发文献信息，具备良好的身体素质，身心健康。

图书馆学专业主要研究方向：1 图书馆自动化与数字化技术；2 文献信息资源建设研究；3 信息咨询研究；4 信息理论与方法

山东大学信息管理系导师情况一览表

姓名	性别	职称	博导/硕导	研究方向	院系
甘英	女	教授	硕导	图书馆自动化与数字化技术、文献信息资源建设研究	管理学院信息管理系
江三宝	男	教授	硕导	信息咨询、信息经济	管理学院信息管理系
郭砚常	男	副教授	硕导	信息管理、管理统计、预测决策方法	管理学院信息管理系

4 天津工业大学图书馆

天津工业大学图书馆2003年被国家正式批准获硕士学位授予权，为高等学校、科研机构、国家机关、大型企业和信息服务业培养高层次信息资源开发、管理与研究人才。

本学科以天津工业大学图书馆、文献检索研究室、天津工业大学研究生部等为依托，技术设备先进，信息资源丰富，可为研究生提供优良的学习和研究环境，主要研究领域涉及图书馆理论与方法、信息技术与信息管理系统、数字化图书馆研究与建设等。现有研究馆员2名、副研究馆员10余名、硕士生导师2名，教师队伍结构合理，学术水平较高。

硕士研究生的学制为两年半，包括课程学习、课题研究和论文写作。课程学习时间为一年。课题研究时间为一年半，研究生在入学后第五学期末通过论文答辩，毕业离校。

图书馆学专业主要研究方向：1. 信息资源开发、组织与管理；2. 信息咨询与情报研究；3. 现代图书馆管理；4. 网络技术与自动化；5. 数字图书馆研究与建设

天津工业大学图书馆导师情况一览表

姓名	性别	职称	博导/硕导	研究方向	院系部门
柴雅凌	女	研究馆员	硕导	文献检索、情报研究	图书馆
王　存	女	研究馆员	硕导	从传统图书馆向现代化图书馆的转型研究	图书馆
周凤飞	女	副研究馆员	硕导	信息资源开发与情报研究	图书馆

5 西北大学公共管理学院图书馆学与档案学系

西北大学公共管理学院图书馆学与档案学系于2003年新增图书馆学硕士点。

新组建的西北大学公共管理学院现有专职教师46人，其中教授7人，副教授13人，博士7人，专职研究人员3人，有8个本科专业（行政管理学、公共事业管理学、劳动与社会保障学、管理科学、图书馆学、档案管理学专业、公共政策学、人力资源管理），6个硕士学位授权点（政治学理论、高等教育学、应用心理学、行政管理学、社会保障学、图书馆学）和公共管理硕士（MPA）。图书馆学与档案学系是由原西北大学图书馆学情报学系和原西北大学文博学院档案学专业合并成立的。现包括两个专业：图书馆学专业和档案学专业。

西北大学图书馆学专业创办于1983年，始称图书馆学专修科，1988年成立图书馆学情报学系，自1993年起招收本科生，是西北地区仅有的两个之一、陕西省唯一的一个图书馆学专业。新组建的图书馆学与档案学系现设有图书馆学和档案学2个本科专业。现有教师12人，其中教授2人，副教授2人，讲师8人。

图书馆学专业致力于培养具有系统的图书馆学基础理论知识和熟练运用现代化技术手段收集、整理和开发利用文献信息的能力，能在图书馆等信息机构和各类企事业单位的信息部门从事信息服务及管理工作的应用型、复合型高级专门人才。档案学专业致力于培养具有档案信息管理的理论知识和现代档案信息管理的技术能力，能在政府和企事业单位从事档案管理、文献编辑与研究、现代文秘工作和行政管理工作的高级专门人才。

图书馆学专业主要研究方向：1. 理论图书馆学；2. 图书馆管理

西北大学图书馆学专业导师情况一览表

姓名	性别	职称	博导/硕导	研究方向	院系
杨玉麟	男	教授	硕导	理论图书馆学、图书馆管理	公共管理学院

6 云南大学情报与档案学院

云南大学情报与档案学院由文秘与档案学系、信息管理学系、文献资源管理学系3个系以及档案研究所、信息研究所2个研究所组成，现有档案学、图书馆学和信息管理与信息系统3个本科专业，档案学、图书馆学2个硕士点，民族学、历史文献学和专门史3个博士点，是云南省唯一集档案学、图书馆学、情报学等信息资源管理学科为一体、教学科研相结合、可培养博士、硕士、本

科高层次专业人才的特色学院，是教育部档案学教学指导委员会副主任单位和图书情报学教学指导委员会委员单位。1984年档案学专业首次招生，1987年图书馆学专业首次招生，1993年情报学专业（后改名为信息管理与信息系统专业）首次招生，1997年3个专业并入人文学院成立信息管理学系，2004年单独组建情报与档案学院。20年来，为国家培养了大批档案学、图书馆学、情报学专业人才，毕业生广泛分布于全国各级各类档案馆（局）、图书馆和科技情报部门及党政机关、社会团体、企事业单位。历届本科毕业生的一次就业率均达到90%以上。现有本科生286人，硕士研究生25人，博士研究生10人。

图书馆学专业侧重培养具有系统的图书馆学基础知识与文化知识，能从事各类文献信息的收集、整理、开发、利用、研究、咨询工作及图书馆学理论研究的专门人才。该专业多年来积极探索档案图书情报管理一体化培养模式，在图书馆学理论、图书馆事业发展史、数字图书馆建设、文献检索学、地方文献学、民族文献学等研究方面具有鲜明的特色和一定的学术优势。

图书馆学毕业生可在党政机关、社会团体和企事业单位图书情报部门，各级各类图书馆、档案馆、情报机构、史志部门从事图书馆事业管理、文献信息资源管理、档案管理与档案信息服务、出版编辑发行、编史修志等工作以及数据库建设、网站建设、办公自动化等工作或继续深造。

图书馆学专业主要研究方向：1. 文献检索理论；2. 地方文献研究

云南大学情报与档案学院导师情况一览表

姓名	性别	职称	博导/硕导	研究方向	院系
万永林	男	教授	博导	西南历史文献整理与研究	情报与档案学院
华　林	男	教授	博导	民族历史档案整理与研究	情报与档案学院
陈子丹	男	教授	博导	民族历史档案整理与研究	情报与档案学院

新增博士点

南开大学商学院图书馆学系

南开大学商学院现拥有工商管理、管理科学与工程、图书档案学三个一级学科中的十一个本科专业：工商管理、会计学、国际会计、旅游管理、市场营销学、财务管理、人力资源管理、信息管理与信息系统、电子商务、图书馆学、档案学；十三个硕士学位授权学科（专业）：企业管理、会计学、旅游管理、人力资源管理、管理科学与工程、技术经济与管理、图书馆学、情报学、档案学、MBA（包括EMBA）、MPACC（会计硕士）、MPM（项目管理硕士）、公司治理；拥有工商管理一级学科博士学位授权点，（包括企业管理、会计学、技术经济与管理、旅游管理、公司治理、人力资源管理）和图书馆学七个博士学位授权点。

目前全院教职工164人。专职教师116人，其中教授38人（博士生导师25人）、副教授55人、讲师23人。学院的本科生、研究生在校人数达到四千八百多人。在南开大学图书馆300余万册图书的基础上，学院图书资料中心共有中外文图书15万余册，期刊700多种。有35个多媒体教室、11个专业实验室，近5千平米。

图书馆学专业博士主要研究方向包括：1）企业竞争情报；2）信息战略管理；3）信息管理理论与应用；4）文献学研究

博士生导师简介：

·王知津教授

南开大学国际商学院图书馆学系主任，南开大学情报科学研究所所长，博士生导师。

主要研究领域：网络信息组织与管理；企业竞争情报；知识管理。

主讲课程：科技信息检索（本科）、企业信息学（本科）、计算机信息检索（本科）、知识产权法（本科）、情报学理论及进展（硕士）、现代信息检索（硕士）、企业竞争情报（博士）、企业知识产权保护（博士）。

曾主持完成国家教委人文社会科学研究“九五”规划项目《现代文摘索引法模式研究》、国家社会科学基金项目《网上中文社会科学信息资源分布、评价与管理研究》等多项科研项目，出版《科技信息检索》、《现代索引文摘法》等多部论著。

·柯平教授

教育部高等学校图书情报工作指导委员会委员、中国图书馆学会目录学分委员会副主任，博士生导师。

主要研究领域：书目情报理论、信息资源管理。

主讲课程：信息咨询、信息经济学、文献目录学、文献信息学基础理论、咨询学理论与应用。

曾主持完成国家社会科学“九五”规划重点项目《书目控制的经济学与我国书目控制经济效益研究》、教育部“八五”社会科学基金项目《书目情报服务经济效益及其评价》等多项科研项目。出版《书目情报系统理论研究》、《文献目录学》、《信息管理概论》等多部论著。

图书馆学、情报与档案管理博士后流动站介绍

·北京大学信息管理系博士后流动站简介

北京大学信息管理系创建于1947年，原名图书馆学系，是我国自己创办的最早的图书馆学情报学教育机构之一，1992年改名为信息管理系。经过半个多世纪的建设和发展，已由初期的单

一图书馆学专业逐步壮大为一个拥有博士、硕士、学士和专科等不同层次，全日制和继续教育相结合的多学科多层次的分布式专业教育体系。50多年来，已为国家培养出本科毕业生2000多人，研究生400多人，函授本科和专科毕业生10000多人，完成各种科研项目40余项，出版各种教材、专著和工具书300余种，发表论文和文章3000余篇，涌现了王重民、刘国钧等多位国内外知名的专家和学者。

目前，北大信息管理系本科教育设有图书馆学专业、信息管理与信息管理两个专业，硕士和博士研究生设有图书馆学和情报学两个专业，研究生教育已有40余年的历史，其图书馆学博士点是我国该专业建立的最早的博士点之一，教学与科研水平居国内前列，情报学博士点也具有雄厚的科研实力。2000年，获"图书馆、情报与档案管理"一级学科授予权。2002年，图书馆学专业被批准为国家重点学科。

北京大学信息管理系博士生导师简介：

·吴慰慈资深教授

主要研究方向是图书馆学基础理论、文献资源开发与利用。社会学术兼职包括中国图书馆学会顾问、学术研究委员会主任，国务院学位委员会学科评议组成员，国家教育部高等院校图书馆学学科教学指导委员会主任委员。主持国家社会科学基金、教育部、科技部等研究项目多项。出版专著包括《当代图书馆学情报学前沿探寻》、《图书馆学概论》（修订本）、《图书馆学基础》、《图书馆学书目举要》、《图书馆学理论与方法》等10余部。发表学术论文200余篇。

·王余光教授

主要研究方向：

1. 文献学，此前曾出版《中国历史文献学》、《中国文献史》（第1卷）等书。2001年主持国家社科基金项目"20世纪中国文献学研究"，2002年参与主持北京大学985一期"20世纪中国图书馆学研究"项目。目前主要研究领域是在近百年中国文献学的总结等方面。

2. 现代编辑出版业研究，此前曾出版《中国新图书出版业初探》、《中国新图书出版业的文化贡献》（合作）等书。曾主持国家社科基金图书出版与现代图书馆事业方面的项目，2002年承担国家社科基金重点项目《中国出版通史》之《中华民国卷》主编工作。目前主要研究领域是在近百年中国出版文化。

3. 中国阅读文化史研究，此前曾出版《名著的阅读》、《名著的选择》（合作）等书。2003年主持教育部人文社会科学博士点基金项目"中国阅读史研究"。目前主要研究领域在中国阅读文化史理论研究方面。

·王锦贵教授

主要研究方向：

1. 文献研究与信息资源建设，包括文献学理论与方法、特色文献研究、经典文献研究、文献资源开发与利用、经典文献资源与素质教育、网络信息资源理论、网络信息资源开发与利用；

2. 当代编辑出版研究，包括编辑出版基本理论、出版法制、出版市场、出版领域现代化、出版国际化、出版队伍综合素质建设、网络出版理论与实践、网络出版资源整合。

·赖茂生教授

主要研究方向：

1. 计算机信息检索，包括计算机信息检索技术及其新发展、检索理论模型、检索语言、检索系统性能评价、网络搜索技术、跨语言检索、基于内容的检索、内容管理与内容网格；

2. 信息资源管理，包括信息资源开发利用的基本理论、政府信息资源管理、企业信息资源管理、信息化与信息经济，信息政策和法律；竞争情报、信用制度建设中的信息支持。

·秦铁辉教授

主要从事竞争情报、知识管理、信息分析与决策咨询等方面的科研和教学。信息分析是一种工具和手段，其目的是为领导决策提供咨询意见；竞争情报和知识管理是提升组织（尤其是企业）竞争力的有力武器，三者都使情报学更深地介入了国民经济发展和四化建设。围绕这个目标，目前申请到了四个国家级课题（其中二个自然科学基金课题、一个社会科学基金课题、一个国家教委课题），在开展企业信息资源管理、竞争情报与知识管理的互动双赢、提升企业竞争力策略、知识管理态势下图书馆学情报学的发展等问题的研究。

·余锦凤教授

主要研究方向：

1. 信息技术与应用，包括：①信息处理（文献信息自动化处理系统）、信息检索（自然语言检索）、信息存储（压缩技术）②汉字计算机处理（汉字的输入、输出；汉字识别；字库技术）

2. 数字图书馆技术研究，包括：①信息加工（自动标引、自动文摘、自动分类、多媒体、跨语言以及跨数据库检索、海量数据存储与压缩技术）；②知识网络、基于本体论（ontology）的知识管理、智能代理（Agent）；③异构性（不同的媒体、不同的体系结构、不同的信息组织方式等）

·武汉大学信息管理学院博士后流动站简介

武汉大学信息管理学院于2000年经批准获得图书馆、情报与档案管理一级学科博士学位授予权。2002年图书馆学和情报学两个博士点学科被批准为国家重点学科。2002年12月建立信息资源管理博士点、出版发行学博士点。2003年8月，武汉大学图书馆、情报与档案管理博士后流动站正式建立。目前，武汉大学拥有情报学和图书馆学两个国家级重点学科，图书馆、情报与档案管理以及管理科学与工程两个一级学科博士点，图书馆、情报与档案管理博士后流动站，以及图书馆学、情报学、档案管理、信息资源管理和出版发行管理学科博士学位授权点。学院现有教职工99人，其中，教授20人（含博士生导师18人），副教授和高级职务研究人员42人，与美国、英国、德国、俄罗斯、加拿大等十多个国家的30多所大学建立了学术交流关系，是国际图联（IFLA）等多个国际学术机构会员单位。

武汉大学信息管理学院图书馆学博士生导师简介：

·彭斐章资深教授

主要研究方向：1）目录学研究。主要包括古典目录学、现代目录学、专科目录学、书目情报理论与方法、书目控制、目录学比较研究等。2）社会科学情报理论与方法。主要包括社会科学信息理论、社会科学信息咨询、社会科学信息用户与服务、社会科学信息系统建设等。

·曹之教授

主要研究方向：文献学、文献与出版。主要包括文献学理论、文献历史与藏书史、古典文献 开发与利用、古籍版本学、近现代图书出版业研究等。

·詹德优教授

主要研究方向：咨询与决策研究、电子参考源研究。注重工具书理论研究与信息检索和信息咨询实践相结合，致力于工具书的综合利用及图书馆工作与图书馆学教育的信息化。代表作有：《中文工具书使用法》、《中文工具书导论》及《关于新时期参考咨询服务的思考》等论著。主持了教育部博士点基金项目“当代图书馆学教育发展趋势研究”等科研项目。

·刘家真教授

主要研究方向：电子公务与文件管理、数字信息资源管理、电子政务、电子文件管理、信息技术与档案事业发展等。

·陈传夫教授

主要研究方向：信息资源知识产权研究、法商信息管理。曾出版《后TRIPS时代国际版权制度研究》等专著。主持过国家科技图书文献中心（NSTL），中国科学院国家科学数字图书馆（CSDL）知识产权对策等研究项目。

·王子舟教授

主要研究方向：图书馆学基础理论、图书馆管理、图书馆学史、图书馆史等。

·中国人民大学信息资源管理学院档案学博士后流动站简介

信息资源管理学院是中国人民大学专门从事信息资源管理学科教学与科研活动的机构，是我国信息管理、信息系统、知识管理、图书、情报与档案管理教学科研及人才培养的重要基地之一。

信息资源管理学院设档案学系、政务信息管理系和图书情报学系，下辖1个学院办公室，5个教研室，1个实验室，1个资料室，1个博士后流动站，1个实验档案馆。中国人民大学电子政务研究中心、《档案学通讯》杂志社由学院直接管理。

信息资源管理学院形成了完备的信息资源管理学科高等专业教育体系。学科专业结构已经涉及本学科领域的所有二级学科，其中档案学科是国家重点学科。在本科教育层次设有“信息管理与信息系统”和“档案学”2个专业；在硕士研究生教育层次设有档案学、情报学、图书馆学、中外政治制度等4个专业；在博士研究生教育层次设有档案学专业。学院现有在校学生400余人，包括本科生、硕士生、博士生和外国留学生。全院教职员工40余人，其中教师30余人；教辅行政人员10余人。学院还聘有在国内外信息资源管理学科领域有影响的专家学者、政府高级官员10余人担任客座教授或者兼职教授。

中国人民大学信息资源管理学院图书馆、情报与档案管理部分博士生导师简介：

·冯惠玲教授

主要研究方向：档案管理、文献检索、电子文件管理。曾主持国家社科基金项目《电子文件管理研究》、国家社科基金重大项目《电子政务中的文件管理风险研究》、国家自然科学基金项目《机关、企事业单位电子文件管理模式与方法研究》等多项科研项目。

·卢小宾教授

主要研究方向：信息经济学、信息咨询、信息资源管理。共出版5部学术著作和教材，发表60余篇学术论文。曾主持国家社科基金项目《我国信息资源市场化问题研究》多项科研项目。

·郭莉珠教授

主要研究方向：档案保护环境与技术、档案修复技术、档案制成材料耐久性研究。曾主持国家档案局《各种色带、喷墨、激光打印字迹耐久性测试与评价》等多项科研项目。

图书馆学国家重点学科情况介绍

根据2002年1月教育部下发的《关于公布高等学校重点学科点名单的通知》（教研函［2002］2号），北京大学和武汉大学两所高校的图书馆学学科被评定为国家重点学科。

·北京大学图书馆学学科简介：

北京大学信息管理系创建于1947年，原名图书馆学系，是我国自己创办的最早的图书馆学情报学教育机构之一。为适应社会和经济信息化，培养信息化建设人才，1992年改名为信息管理系。经过半个多世纪的建设和发展，已由初期的单一图书馆学专业逐步壮大为一个拥有博士、硕士、学士和专科等不同层次，全日制和继续教育相结合的多学科多层次的分布式专业教育体系。50多年来，已为国家培养出本科毕业生2000多人，研究生400多人，函授本科和专科毕业生10000多人，完成各种科研项目40余项，出版各种教材、专著和工具书300余种，发表论文和文章3000余篇，涌现了王重民、刘国钧等多位国内外知名的专家和学者。目前，北京大学信息管理系本科教育设有图书馆学专业、信息管理与信息管理两个专业，硕士和博士研究生设有图书馆学和情报学两个专业，研究生教育已有40余年的历史，其图书馆学博士点是我国该专业建立的最早的博士点之一，教学与科研水平居国内前列，情报学博士点也具有雄厚的科研实力。2000年，获“图书馆、情报与档案管理”一级学科授予权。2002年，北京大学图书馆学专业被批准为国家重点学科。

·武汉大学图书馆学学科简介：

武汉大学信息管理学院于2000年经批准获得图书馆、情报与档案管理一级学科博士学位授予权。2002年，武汉大学图书馆学和情报学两个博士点学科被批准为国家重点学科。2002年12月建立信息资源管理博士点、出版发行学博士点。目前，拥有情报学和图书馆学两个国家级重点学科，图书馆、情报与档案管理以及管理科学与工程两个一级学科博士点，图书馆情报与档案管理博士后流动站，以及图书馆学、情报学、档案管理、信息资源管理和出版发行管理学科博士学位授权点。学院现有教职工99人，其中，教授20人（含博士生导师18人），副教授和高级职务研究人员42人，与美国、英国、德国、俄罗斯、加拿大等十多个国家的30多所大学建立了学术交流关系，是国际图联（IFLA）等多个国际学术机构会员单位。

附录1：教育部国家重点学科介绍

高等学校国家重点学科是按照《教育部关于开展评选高等学校重点学科评选工作的通知》（教研函［2001］1号）要求，在学校申请、部门推荐和专家评议的基础上，经教育部评定审核而产生的。

重点学科是根据国民经济建设和社会发展对高级专门人才的需求、科技发展的趋势和国家财力的可能，在高等学校择优确定并安排重点建设的学科。重点学科应在高层次人才培养、科学研究、赶超世界先进水平和提高我国国际竞争力等方面做出重要贡献，并在高等学校学科建设中起示范和带头作用。

截至2004年，教育部关于国家重点学科的评选活动共举行过两次。第一次为20世纪80年代，共评选出416个国家重点学科。第二次评选工作于2000年3月启动，全国277家高校和科研单位的1786个学科参加申报评选。2002年1月18日，教育部下发了《关于公布高等学校重点学科点名单的通知》（教研函［2002］2号），最终964个学科人选。在第二次评选工作中，高等学校重点学科的审核既注重了学科覆盖面，又突出考虑了与信息、生命、材料和能源等高新技术紧密相关的学科发展，并重视了对行业或区域经济发展起重要作用的学科。

（信息来源：中国教育和科研计算机网 http://www.edu.cn/20020515/3026025-1.shtml）

附录2：国家重点学科应具备的条件及评审指标

1. 重点学科应具备的条件

（1）学科方向对推动学科发展，促进经济建设，科技进步和社会发展意义重大；

（2）有在本学科学术造诣高，有一定国际影响和国内公认的学术带头人，有结构合理的高水平学术梯队；

（3）培养博士生的数量和质量位于国内同类博士点前列；

（4）已经形成有较大影响的学术特色，取得一定数量较高水平的研究成果，对经济建设和社会发展做出重大贡献；

（5）教学、科研条件居国内同类学科先进水平；具有获取国内外信息资料的先进手段；

（6）学术气氛浓厚，国际国内学术交流活跃；

（7）学科内部管理工作规范、有效。

2. 重点学科评审指标体系

高等学校重点学科评审指标体系是审定能否成为国家重点学科的标准。重点学科评审的主要内容包括学科方向、学术队伍、人才培养、科学研究、条件建设、学术交流和管理水平。

（1）学科主要研究方向（加权值 $W_1=0.15$）

（2）学术梯队（加权值 $W_2=0.20$）

（3）教学情况（加权值 $W_3=0.20$）

（4）科研情况（加权值 $W_4=0.23$）

（5）学术环境（加权值 $W_5=0.10$）

（6）工作条件（加权值 $W_6=0.12$）

（7）管理水平

（信息来源：http://www.xaist.edu.cn/zsjy/yjsb/zdxktx.htm）

韦棣华基金会奖学金

2003年中国图书馆学会韦棣华基金会奖学金评审结果

2003年6月11日，以杜克为主任委员；孙蓓欣为副主任委员；吴慰慈、汤更生为委员的中国图书馆学会韦棣华基金会奖学金评委会在国家图书馆召开评审会，会上对27所院校申报的43名申请人逐一进行审核，最后共评定27所院校的35名学生获得2003年度的韦棣华基金会奖学金。其中博士研究生2名、硕士研究生14名，本科生19名。

博士生： 邓咏秋　陈敬全

硕士生： 王丽华　王建芳　尹文燕　冯　静　华海英　杨　涛　吴东红　张洪彬　周淑云　钟智锦　容伟杰　曹　英　曾　明　程　奇

本科生： 王　志　王贵海　方雅青　刘丽萍　安振翼　刘玉婷　刘贞君　张文彦　杨　杉　封　丽　赵　娜　胡忠燕　胡晓辉　姜瑞其　夏　杨　唐　勇　彭美玲　蔡金燕　潘幼乔

2004年中国图书馆学会韦棣华基金会奖学金评审结果

2004年5月9日，中国图书馆学会2004年韦棣华奖学金评审会在国家图书馆召开。会上，对26所院校申报的43名申请人逐一进行审核，最后共评出32名韦棣华奖学金获得者。其中博士研究生2名、硕士研究生11名，本科生19名。

博士生： 王　欣　黄　蕾

硕士生： 王　华　王贤平　王晓光　邓灵斌　化柏林　冉从敬　杨晓农　陈　伟　夏翠娟　侯延香　程秀丽

本科生： 王敏杰　文念玫　冯慧瑛　李东旻　李顺洪　杨　帆　吴小清　吴进华　吴　钢　余希田　余　杰　邹桂芬　张艳虎　张慧丽　陈志存　翁华丽　董　琳　褚孝强　黎　江

专业核心期刊列表

整理　冼碧娟
（北京大学信息管理系）

北京大学图书馆：中文核心期刊要目总览 2004 年版

出版事业类核心期刊表

1	编辑学报	6	编辑学刊
2	中国科技期刊研究	7	出版广角
3	中国出版	8	读书
4	编辑之友	9	中国图书评论
5	出版发行研究	10	科技与出版

图书馆学情报学类核心期刊表

1	中国图书馆学报	10	图书馆论坛
2	图书情报工作	11	现代图书情报技术
3	大学图书馆学报	12	情报资料工作
4	情报学报	13	情报理论与实践
5	图书馆杂志	14	图书馆工作与研究
6	情报科学	15	图书馆理论与实践
7	图书馆建设	16	图书情报知识
8	图书馆	17	现代情报
9	情报杂志		

档案学类核心期刊表

1	档案学通讯	8	山西档案
2	中国档案	9	档案
3	档案学研究	10	北京档案
4	档案与建设	11	上海档案
5	浙江档案	12	四川档案
6	档案管理	13	档案时空
7	兰台世界		

中国社会科学院：中国人文社会科学核心期刊要览 2004 年版

图书馆、情报与文献学专业核心期刊			
1	中国图书馆学报	9	情报资料工作
2	大学图书馆学报	10	现代图书情报技术
3	图书情报工作	11	情报理论与实践
4	情报学报	12	图书馆建设
5	图书馆杂志	13	图书馆工作与研究
6	图书馆	14	情报科学
7	图书情报知识	15	档案学通讯
8	图书馆论坛	16	档案学研究

中国社会科学引文索引（CSSCI）：来源期刊目录

图书、情报与档案学			
1	中国图书馆学报	11	图书馆论坛
2	情报理论与实践	12	档案学研究
3	中国科技期刊研究	13	大学图书馆学报
4	情报科学	14	图书馆理论与实践
5	情报学报	15	图书馆工作与研究
6	图书情报知识	16	情报杂志
7	图书与情报	17	图书情报工作
8	档案学通讯	18	情报资料工作
9	现代图书情报技术	19	图书馆
10	图书馆杂志	20	中国信息导报

重要数据库收录的专业期刊列表

“中国期刊全文数据库”（中国期刊网）收录的专业期刊列表

图书、情报与档案学			
1	北京档案	30	情报学报
2	大学图书馆学报	31	情报杂志
3	大学图书情报学刊	32	情报资料工作
4	档案	33	山东档案
5	档案管理	34	山东图书馆季刊
6	档案天地	35	山西档案
7	档案学通讯	36	陕西档案
8	档案学通讯	37	上海档案
9	档案学研究	38	四川档案
10	档案与建设	39	四川图书馆学报
11	甘肃科技纵横	40	图书发行研究
12	高校图书馆工作	41	图书馆
13	工程建设与档案	42	图书馆工作与研究
14	贵州档案	43	图书馆建设
15	国家图书馆学刊	44	图书馆界
16	河北科技图苑	45	图书馆理论与实践
17	河南图书馆学刊	46	图书馆论坛
18	湖北档案	47	图书馆学刊
19	湖南档案	48	图书馆学研究
20	江苏图书馆学报	49	图书情报工作
21	江西图书馆学刊	50	图书情报知识
22	今日科技	51	图书与情报
23	津图学刊	52	现代情报
24	晋图学刊	53	现代图书情报技术
25	兰台世界	54	云南档案
26	农业图书情报学刊	55	浙江档案
27	情报科学	56	中国档案
28	情报理论与实践	57	中国图书馆学报
29	情报探索	58	中国图书评论

“中文科技期刊数据库”（重庆维普）收录的专业期刊列表

1	安徽档案	29	大学图书馆学报
2	编辑学刊	30	档案学通讯
3	北京档案	31	档案学研究
4	编辑学报	32	档案学
5	编辑之友	33	档案春秋
6	科技编辑研究	34	档案史料与研究
7	北京档案史料	35	档案与社会
8	北京高校图书馆	36	电力档案
9	编辑科技	37	当代图书馆
10	北京高校图书馆学刊	38	档案与历史
11	北京图书馆通讯	39	大学出版
12	北京图书馆馆刊	40	大学图书情报学刊
13	重庆图情研究	41	档案天地
14	重庆版协	42	档案与史学
15	城建档案研究	43	福建图书馆理论与实践
16	出版与印刷	44	福建档案
17	出版史料	45	福建图书馆学刊
18	出版视野	46	广东图书馆学刊
19	出版参考：业内资讯版	47	国外情报科学
20	出版经济	48	广东图书馆学会学术年会论文汇编
21	出版广场	49	高校图书情报论坛
22	重庆图情通讯	50	甘肃科技情报
23	出版之友	51	贵州档案
24	档案时空	52	广西档案
25	档案工作	53	贵图学刊
26	档案	54	广州档案
27	档案与建设	55	高校文献信息研究
28	档案管理	56	高校图书情报学刊

57	国外图书情报工作	87	南京档案
58	广东档案	88	青海档案
59	国家图书馆学刊	89	青海图书馆
60	高校图书馆工作	90	上海档案工作
61	黑龙江图书馆	91	上海档案
62	湖南档案	92	山西档案
63	湖北档案	93	四川档案
64	河南高校图书情报工作	94	SPIE 文献通报
65	河北图苑	95	上海高校图书情报工作研究
66	海南档案	96	世界图书
67	航空档案	97	陕西档案
68	河北科技图苑	98	山东档案
69	河南图书馆学刊	99	山西图书馆学报
70	机械电子档案	100	四川图书馆学报
71	吉林高校图书馆	101	山东图书馆季刊
72	晋图学刊	102	上海高校图书情报学刊
73	江苏图书馆学报	103	图书馆学通讯
74	津图学刊	104	图书馆工作与研究
75	江苏省高等学校图书馆学报	105	图书馆理论与实践
76	江西图书馆学刊	106	图书馆杂志
77	科技出版	107	图书馆论坛
78	科技与出版	108	图书馆
79	科教与图书馆	109	图书情报工作
80	科技编辑	110	图书情报知识
81	科技档案	111	图书馆建设
82	科技文献信息管理	112	图书馆学．信息科学．资料工作
83	历史档案	113	图书馆园地
84	宁夏科技情报	114	天津档案
85	内蒙古科技情报	115	图书馆学研究
86	内蒙古图书馆工作	116	图书分类论坛

117	图书馆界	139	西北高校图书馆通讯
118	图书馆研究与工作	140	西北高校图书馆
119	图书馆与读者	141	西安档案
120	图书馆员	142	现代声像档案
121	图书馆报导	143	医学图书馆通讯
122	图书与石油科技信息	144	云南档案
123	图书情报工作研究	145	冶金高校图书馆
124	铁路高校图书情报工作研究	146	冶金档案
125	图书与情报	147	云南图书馆
126	图书情报工作动态	148	医院图书馆杂志
127	图书馆学刊	149	中国出版
128	图书馆论丛	150	中国图书馆学报
129	图书馆工作	151	中国图书评论
130	文献	152	浙江档案
131	网络时代大学图书馆的建设与发展	153	中国档案
132	网络传播	154	中国编辑
133	文献信息论坛	155	中国电子与网络出版
134	文献工作研究	156	中国图书情报科学
135	现代图书情报技术	157	浙江高校图书情报工作
136	新上海档案	158	中国图书馆学会工作通讯
137	新世纪图书馆	159	中小学图书情报世界
138	现代图书情报科学	160	中华医学图书馆杂志

“数字化期刊数据库”（万方数据公司）收录的专业期刊列表

1	北京档案	14	山西档案
2	大学图书情报学刊	15	图书馆工作与研究
3	档案春秋	16	图书馆建设
4	河北科技图苑	17	图书馆论坛
5	今传媒	18	图书馆学刊
6	科技情报开发与经济	19	图书情报知识
7	兰台世界	20	新世纪图书馆
8	历史档案	21	浙江档案
9	农业图书情报学刊	22	中国典籍与文化
10	情报探索	23	中国科技期刊研究
11	情报学报	24	中国信息导报
12	情报杂志	25	中华医学图书情报杂志
13	山东图书馆季刊		

专业新书目录及选介

整理　王　彬
（北京大学图书馆）

2003 年专业新书

《琵琶记》版本流变研究［专著］（韩）金英淑著. —北京：中华书局，2003 ISBN 7 - 101 - 03908 - 1 本书分析了《琵琶记》不同版本之间的差异，为《琵琶记》的各个版本系统建立谱系关系，从而勾勒出《琵琶记》版本在明清时期的演变过程，探讨了《琵琶记》的版本流变与明清戏曲演变之间的联系。

20 世纪中国出版研究/张志强著. —南宁：广西教育出版社，2003. 10 ISBN 7 - 5435 - 0000 - 0

21 世纪图书馆新论/吴建中著. —上海：上海科学技术文献出版社，2003. 01 ISBN 7 - 5439 - 2064 - 6

Internet——传播新天地［专著］赵士林编著. —上海：上海交通大学出版社，2003 ISBN 7 - 313 - 03200 - 5

Internet 通用搜索引擎检索指南［专著］［美］R. 霍克（Randolph E. Hock）著；金丽华译. —沈阳：辽宁科学技术出版社，2003 ISBN 7 - 5381 - 3849 - 8 本书介绍了网络搜索引擎的发展历史，详细介绍了它们的工作原理、不同搜索引擎的检索方法和选择；专论了 8 个先进的搜索引擎的情况等诸多内容。

编辑出版学［专著］/张天定，郭奇主编. —开封：河南大学出版社，2003 ISBN 7 - 81041 - 836 - X

藏书家·第 7 辑/齐鲁书社编. —济南：齐鲁书社，2003. 05 ISBN 7 - 5333 - 1180 - 9 本辑共收文章 24 篇。其中美文有：我珍藏的一本小书，残书小记，清刻本的鉴赏与收藏，中国近代四大藏书家之盛衰，东京淘书记等。

藏书家·第 8 辑/齐鲁书社编. —济南：齐鲁书社，2003. 12 ISBN 7 - 5333 - 1254 - 6 本辑共收文章 25 篇。

传播——人的本能［专著］/戴元光编著. —上海：上海交通大学出版社，2003 ISBN 7 - 313 - 03200 - 5

大众传媒与现代文学［专著］/陈平原，［日］山口守编. —北京：新世界出版社，2003 ISBN 7 - 80005 - 955 - 3

大众媒介导论［专著］/王宇著. —北京：中国国际广播出版社，2003 ISBN 7 - 5078 - 2299 - 0

电视文化传播导论［专著］/郑征予

著. —上海：复旦大学出版社，2003 ISBN 7－309－03482－1

符号——传播的游戏规则［专著］/余志鸿编著. —上海：上海交通大学出版社，2003 ISBN 7－313－03200－5 符号的创造使人类面临的混沌无序的外部世界转化为有序的、规则的、可认知的世界，从而对人类的进步发生非常深刻和久远的影响。本书详述了符号在信息传播中的重要作用及严密规则。

高校图书馆建设与发展［专著］/何立民主编. —北京：中国科学技术出版社，2003 ISBN 7－5046－3552－9? 本书由《浙江高校图书情报工作》2000～2002 年的 18 期杂志中精选一部分优秀论文结集而成的，论文主要涉及图书馆建设和发展研究、图书馆改革与探索、数字图书馆建设、图书馆读者服务、图书馆资源建设与共享、图书馆队伍建设、图书馆业务研究、国内外图书馆发展动态等方面的主题。

古书版本学概论/李致忠著. —北京：书目文献出版社，2003［重印］ISBN 7－5013－0810－1

广东图书馆学会 40 年［专著］/程焕文主编. —广州：中山大学出版社，2003 ISBN 7－306－02188－5 本书共 15 章，内容主要包括广东图书馆学会 40 年回顾，广东图书馆学会历届政府理事长和秘书长简介，历届理事会概况、获奖情况、学会会刊，以及会员名录和学会纪事等。

汉语古籍校勘学［专著］/管锡华著. —成都：巴蜀书社，2003 ISBN 7－80659－475－2 本书从通论的角度论述汉语古籍校勘的历史、古书讹误的一般情况、校勘的方法等，并以专论的形式对《全唐诗》、《全宋词》的校勘进行阐述等。

鸿印雪泥－中国地质图书馆馆藏文献钤章影录/张尔平编. —北京：地质出版社，2003. 9

化学化工信息及网络资源的检索与利用［专著］/王荣民主编. —北京：化学工业出版社，2003 ISBN 7－5025－4339－2 本书重点是对网络化学化工信息和美国"化学文摘"的介绍。同时对化学化工检索工具、专业搜索引擎、期刊、图书、专利知识及文献查阅方法、其他化学化工信息源及网络资源等进行了介绍。

化学文献及查阅方法［专著］/余向春编著. —北京：科学出版社，2003 ISBN 7－03－011041－2

继承创新发展［专著］：清华大学图书馆建馆 90 周年纪念文集：1912～2002/吴开华主编. —北京：清华大学出版社，2003 ISBN 7－302－07136－5 本书是关于清华大学图书馆工作的文集，全面地反映了其近几年的建设、发展状况和学术研究水平，并介绍了其信息服务、资源建设情况等。

经贸文献信息检索［专著］/滕颖主编. —南京：东南大学出版社，2003 ISBN 7－81089－114－6 本书在介绍了常用中文手工检索工具的同时，有选择地介绍了应用性较强的国内外网络检索工具；对专利、标准等利用率较高的特种文献也作了介绍；对经贸工作中经常遇到的文献检索作了示例。

科技信息检索［专著］/王知津，崔永斌主编. —天津：南开大学出版社，2003 ISBN 7－310－01788－9

理性的探索［专著］：中国社区乡镇图书馆发展战略研究/王荣国主编；中国图书馆学会社区乡镇图书馆专业委员会编. —沈阳：辽宁民族出版社，2003 ISBN 7－80644－810－1

迈向 21 世纪的复合图书馆［专著］/杨向明编著. —北京：大众文艺出版社，2003～ISBN 7－80171－393－1 本书介绍的复合图书馆即为数字图书馆，通过搜集大量资料，深入研究了符合图书馆的概念模式、相关技术、运作管理、合作机制等，并剖析了复合图书馆的各个功能模块。

蒙古文献编目规则：蒙古文/金香主编. —呼和浩特：内蒙古人民出版社，2003. 12 ISBN 7－204－07129－8

蜜成犹带百花香：赣版图书评论集③/朱胜龙主编. —南昌：江西人民出版社，2003. 12 ISBN 7－210－02830－7

明珠璀璨：浙江省图书馆、博物馆建设纪实/浙江省政协文史资料委员会编. —杭州：浙江人民出版社，2003. 01 ISBN 7－213－02545－7

农业信息检索［专著］/包平主编. —南京：东南大学出版社，2003 ISBN 7－81089－254－1 本书简要阐述了信息检索的相关概念、基本原理与技术，重点介绍了国内外农学、生物学及相关领域数据库、电子图书和电子期刊，并详细讲述了各检索工具的使用方法和技巧等。

期刊文献新概念［专著］/马武仙主编. —昆明：云南科技出版社，2003 ISBN 7－5416－1901－9 本书包括：期刊文献概述、世界各国期刊文献的发展历程、期刊文献在知识经济时代的新定位、期刊文献在图书馆中的地位与作用、网络环境与期刊文献工作等。

裘开明图书馆学论文选/程焕文编. —桂林：广西师范大学出版社，2003 ISBN 7－5633－4192－7

全球传播/（美）伽摩利珀编著；尹宏毅译. —北京：清华大学出版社，2003. 08 ISBN 7－302－07－352－X

人生中一定要读的几本书［专著］/林格，李俐主编. —北京：同心出版社，2003 ISBN 7－80593－748－6

人文社会科学信息检索教程/蒋永新等编著. —上海：上海大学出版社，2003. 11 ISBN 7－81058－631－9

书城视线［专著］/汪耀华著. —上海：上海科学技术文献出版社，2003 ISBN 7－5439－2111－1

书海指南［专著］/张瑞恒主编. —北京：中国大地出版社，2003 ISBN 7－80097－589－4 本书详细介绍了利用图书馆进行资料和信息查询的途径和方法，并提出了未来图书馆的发展方向及模式。

宋代佚著辑考［专著］/王河，真理整理. —南昌：江西人民出版社，2003 ISBN 7－210－02918－4 本书对《南丰杂识》、《洛中记异录》、《倦游杂录》、《杨文公谈苑》等宋代 23 位作者的 28 部佚著进行了辑佚与考释。内容涉及佚著作者生平、佚著版本源流等方面。

搜索引擎与信息获取技术［专著］/徐宝文，张卫丰著. —北京：清华大学出版社，2003 ISBN 7－302－06135－1

图书馆公共关系概论［专著］/赵红著. —海口：海南出版社，2003 ISBN 7－5443－1097－3

图书馆全面质量管理［专著］/罗曼著. —合肥：安徽大学出版社，2003 ISBN 7－81052－662－6 本书内容包括绪论；理论篇，质量与全面质量管理、图书馆全面质量管理解析、图书馆服务绩效测量；实践篇，图书馆全面质量管理实践；应用篇，图书馆全面质量管理模型、全面质量管理在图书馆技术服务中的应用。

图书馆文明服务手册［专著］/程亚男主编；中国图书馆学．—北京：北京图书馆出版社，2003 ISBN 7－5013－2082－9 本书从职业道德的高度，立足于图书馆服务的实际，对图书馆文明服务进行了规范，包括职业道德、文明服务、行为举止等，并结合图书馆服务中的实例作了评析。

图书馆学导论［专著］/于良芝著．—北京：科学出版社，2003 ISBN 7－03－011659－3

图书馆学基础教程/王子舟著．—武汉：武汉大学出版社，2003 ISBN 7－307－03813－7

图书馆学情报学方法论基础与发展研究［专著］/党跃武主编．—成都：四川大学出版社，2003 ISBN 7－5614－2538－4

网络环境下的图书馆工作创新［专著］/杨鸿雁，牛根义主编．—西安：西安出版社，2003 ISBN 7－80594－941－7

网络时代信息基础与检索/唐永林，葛巧珍编．—上海：华东理工大学出版社，2003．12 ISBN 7－5628－1477－5

网上医学信息检索知识与实例［专著］/汪晶主编．—北京：人民卫生出版社，2003 ISBN 7－117－05815－3

维吾尔古代文献研究［专著］/耿世民著．—北京：中央民族大学出版社，2003 ISBN 7－81056－753－5

文献信息检索与利用［专著］/方树红，倪爱生主编．—北京：中国商业出版社，2003 ISBN 7－5044－4901－6

文献信息检索通论［专著］/刘景会等编著．—北京：中国科学技术出版社，2003 ISBN 7－5046－3668－1

文献信息检索与利用［专著］/方树红，倪爱生主编．—北京：中国商业出版社，2003 ISBN 7－5044－4901－6

文献资源利用通论［专著］/彭香萍编著．—长沙：湖南大学出版社，2003 ISBN 7－81053－474－2 本书介绍了高校图书馆的性质、职能；读者怎样开发利用图书馆提供的馆藏文献及各项服务；如何快捷查找利用网上资源；怎样积累资料和撰写毕业论文等。

文选版本论稿［专著］/范志新著．—南昌：江西人民出版社，2003 ISBN 7－210－02811－0

西文文献著录条例［专著］：修订版/顾犇主编．—北京：科学技术文献出版社，2003 ISBN 7－5023－4357－1 本书正文为两部分：著录，标目、统一题名和参照；全书编为：总则、普通图书、连续性资源、测绘制图资料、电子资源、非书资料、乐谱、分析、检索点的选取、标目的确立、统一题名、参照等12章。书后有10类附录。

现代科技信息检索［专著］/林燕主编．—北京：机械工业出版社，2003 ISBN 7－111－12993－8

现代图书馆的思考与实践［专著］/倪爱生主编．—北京：中国商业出版社，2003 ISBN 7－5044－4758－7 本书收录的相关论文，涉及图书馆的改革，人力资源的思考，人本主义的实践，情况、信息与数字化建设几个紧扣新世纪图书馆研究工作脉搏的主题。

现代图书馆管理［专著］/徐建华著．—天津：南开大学出版社，2003 ISBN 7－310－02018－9 本书分理论、战略、运作、专项管理等四篇，介绍了现代图书馆管理的一般原理，现代图书馆的宏观管理，现代图书馆的再造工程，现代图书馆人力资源原理等十章内容。

新世纪的图书馆员［专著］/中国图书馆学会主编．—北京：北京图书馆出版社，2004 ISBN 7－5013－2165－5 本书收入80篇优秀论文，编为：社会角色与职业理念、知识导航与信息服务、信息技术与资源管理、专业教育与终身学习、人力资源开发与管理、职业道德与法制环境建设等几部分。

信息管理基础［专著］/赵泉编著．—北京：机械工业出版社，2003 ISBN 7－111－11610－0

文献信息检索通用教程［专著］/张白影主编．—广州：广东高等教育出版社，2003 ISBN 7－5361－2911－4

信息检索与利用［专著］/齐宪生主编．—石家庄：河北人民出版社，2003 ISBN 7－202－03396－8

信息文化论［专著］：数字化生存状态冷思考/董焱著．—北京：北京图书馆出版社，2003 ISBN 7－5013－1941－3 本书分析了信息社会的信息文化的基本特征及其对社会、文化的影响，具体分析了信息文化的四个系统的组成：信息文化的物质形态子系统、信息文化的精神概念子系统、信息文化的制度规范子系统和信息文化的行为方式子系统。

互联网信息资源的检索利用与服务［专著］/奎小英，马张华等著，—北京：北京大学出版社，2003．7 ISBN 7－301－06368－7

信息资源检索与利用/郭太敏等编著－2版．—徐州：中国矿业大学出版社，2003．12 ISBN 7－81070－518－0

循证医学证据的检索与利用［专著］/邓可刚，何庆编著．—北京：人民卫生出版社，2003 ISBN 7－117－05294－5

医学文献信息检索［专著］/李广德主编．—西安：第四军医大学出版社，2003 ISBN 7－81086－040－2

医学信息技术应用［专著］/徐一新等编著．—上海：复旦大学出版社，2003 ISBN 7－309－03579－8

医学信息教育，医学图书馆利用［专著］/杨凝清总主编．—青岛：中国海洋大学出版社，2003 ISBN 7－81067－317－3

医学信息教育，医学文献检索［专著］/杨凝清总主编．—青岛：中国海洋大学出版社，2003 ISBN 7－81067－317－3

医学信息教育，医学信息检索与利用［专著］/杨凝清主编．—青岛：中国海洋大学出版社，2003 ISBN 7－81067－317－3

应用图书馆学教程/郭依群编著．—北京：清华大学出版社，2003 ISBN 7－302－06001－0

知识信息的获取与利用［专著］/何立民主编．—北京：科学普及出版社，2003 ISBN 7－110－05491－8 该书讲述了大学生的知识信息素养、信息与知识、非文献型知识信息和文献型知识信息、文献的查找、网络知识信息的查找、知识信息源等内容。

中国近现代出版史料/张静庐编．—上海：上海书店出版社，2003．

12 ISBN 7－80622－872－1

中国历史文献学［专著］/杨燕起，高国抗主编. —北京：北京图书馆出版社，2003 ISBN 7－5013－2173－6 本书讲述了历史文献学的定义、历史科学与历史文献学的关系，历史文献学的发展史，历史文献学的目录、版本、校勘等基本知识。

中国实用书店陈列分类大全/王建强编著. —北京：中国书籍出版社，2003. 10 ISBN 7－5068－1142－1

中国图书馆员职业道德准则［专著］：试行/中国图书馆学. —北京：北京图书馆出版社，2003 ISBN 7－5013－2093－4

中小型图书馆文献编目［专著］/陈学芬，董隽，宋戈编著. —兰州：甘肃人民出版社，2003 ISBN 7－226－02879－4 本书共八章，逐一介绍了文献编目的理论、文献著录的基本问题、普通图书的著录、多卷书的著录、其它类型文献的著录、计算机编目的理论等。

（参考文献：1 全国新书目；2 中国图书在版编目快报）

2004 年专业新书

20 世纪西方与中国图书馆学/范并思等编著. —北京：北京图书馆出版社，2004 ISBN 7－5013－2441－7

CSSCI 源期刊指南/徐剑，李振全编. —上海：复旦大学出版社，2004. 04 ISBN 7－309－03937－8

SSCI 和 A&HCI 收录期刊投稿信息指南［专著］：社会科学引文索引和艺术与人文引文索引/何绍华主编. —北京：科学技术文献出版社，2004 ISBN 7－5023－4481－0 本书是对于社会科学、艺术与人文期刊投稿方面的工具书籍，针对 2800 多种期刊提供了英文、刊期、国际标准号、中文刊名、收录内容、投稿要求等最新信息。

Internet 第一搜索引擎：Google 检索指南/（美）施耐德著；杨延郊，杨颖，郭金译. —沈阳：辽宁教育出版社 ISBN 7－5381－4219－3 **报刊差错例析**/王震华著. —太原：山西人民出版社，2004. 03 ISBN 7－203－05055－6

比较图书馆学［专著］/（俄）H·C·卡尔塔绍夫著；陈远明，徐晓晴译. —成都：电子科技大学出版社，2004 ISBN 7－81094－649－8 本书详细论证了比较图书馆学作为一门独立的图书馆科学的一系列理论问题，分析了比较图书馆学研究的方法论问题，介绍了几种典型的比较图书馆学研究。

藏书家·第 9 辑/齐鲁书社编. —济南：齐鲁书社，2003. 05 ISBN 7－5333－1180－9 本辑共收文章 27 篇。其中涉及版本、藏书的理论文章有：《雍正刊本<笠泽丛书>之谜》、《藏书家身后盖印》等。

测绘制图资料机读目录格式使用手册［专著］/苏品红，陆希泰编撰. —北京：北京图书馆出版社，2004 ISBN 7－5013－2470－0 本书介绍了图书馆学中的机读目录格式使用规则。具体介绍了记录头标功能块里的标识块、编码信息块、著录信息块、附注块等内容。尘封的珍书异刊：书海遨游寻珍觅宝［专著］/张伟著. —天津：百花文艺出版社，2004 ISBN 7－5306－3805－X 全书共收图片二百余幅。书中含有“书叶散记”、“刊边絮语”、“名家心迹”、“版本漫画”、“影刊沧桑”五大部分。

传统系统转化策略［专著］/（美）William M. Ulrich 著；陈逸，邓文译. —北京：科学出版社，2004 ISBN 7－03－012458－8 全书分为 3 部分，共 12 章，分别讲述了传统信息体系结构的特点、传统信息体系结构的转化以及用于转化的软件工具，并列举实际生产中的例子帮助读者理解传统信息体系结构的转化过程。

出版专业基础知识：2004 年版. 中级/全国出版专业职业资格考试办公室编. —2 版. —上海：上海辞书出版社，2004. 05 ISBN 7－5326－1576－6

出版专业理论与实务：2004 年版. 中级/全国出版专业职业资格考试办公室编. —3 版. —上海：上海辞书出版社，2004. 05 ISBN 7－5326－1573－1

大学图书馆发展与创新. 上［专著］/高凡主编. —成都：西南交通大学出版社，2004 ISBN 7－81057－871－5 本书共分图书馆事业、图书馆管理、信息组织与信息技术、文献信息资源建设、信息服务、用户教育、队伍建设等 7 个栏目，共刊登论文 55 篇。

档案管理学/刘国华主编. —北京：中国档案出版社，2004. 06 ISBN 7－80166－442－6

公安高校学报编排规范研究/李宗侯，赖方中著. —成都：四川大学出版社，2004. 03 ISBN 7－5614－2776－X

二十世纪图书馆与文化名人/. —上海：上海社科院出版社，2004 . 07 ISBN 7－80681－500－7

汉哈图书馆学词典［民语文献］：［哈萨克文］/徐宏武等编. —乌鲁木齐：新疆人民出版社，2004 ISBN 7－228－09148－5

湖南图书馆百年纪念文集/湖南图书馆编著. —北京：北京图书馆，2004. 11

湖南图书馆百年志略/—北京：北京图书馆出版社，2004 . 11

科技查新手册［专著］/谢新洲，滕跃主编. — 北京：科学技术文献出版社，2004 ISBN 7－5023－4424－1 本手册分为信息检索基本知识、科技查新实践、科技政策法规以及各种专业标准四部分。介绍了 Dialog 检索系统、STN 检索系统、检索结果反馈与调节、Internet 网络信息检索的方法等内容。

民族图书馆学研究. 二［专著］：第八次全国民族地区图书馆学术研讨会暨第一次会议召开 20 周年纪念文集/何丽主编；中国民族图书馆编. —沈阳：辽宁民族出版社，2004 ISBN7－80644－885－3 本书包括“工作研究”、“古籍整理与开发利用”、“事业改革与发展”、“信息技术与数字化”以及“资源建设与共享”五个部分，选入了 80 篇论文。

目录学教程［专著］/彭斐章主编. —北京：高等教育出版社，2004 ISBN 7－04－015344－0

情报检索语言实用教程［专著］/张琪玉主编. —武汉：武汉大学出版社，2004 ISBN 7－307－04219－3 本书对情报检索语言及情报语言学概论、等级体系型分类检索语言、情报检索语言构造基本方法、互联网上资源的检索等进行讲述。

生物医学信息检索［专著］/王秀平主编. —北京：科学技术文献出版社，2004 ISBN 7－5023－4516－7

世界图书馆学教育进展［专著］/潘

燕桃，程焕文主编．—北京：北京图书馆出版社，2004 ISBN 7－5013－2423－9 本书不仅全面反映了世界各国和地区图书馆学教育的基本情况，而且重点介绍了国内外图书馆学专业设置与课程体系，同时又将事实和数据寓于教育理论和课程体系之中，使教育实践与教育思想融为一体。

数字图书馆原理及应用［专著］／李培主编．—北京：高等教育出版社，2004 ISBN 7－04－015341－6

四川省出版研究论文集．第4集／四川省出版工作者协会编．—成都：四川辞书出版社，2004．06 ISBN 7－80682－092－2

苏州图书馆编年纪事／苏州图书馆编年纪事编委会编．—苏州：苏州大学出版社，2004．07 ISBN 7－81090－298－9 本书记录了苏州图书馆 1914 至 2004 年 90 年以来场馆建设、主要大事、重大活动等，并介绍了主要领导人、编辑出版工作等。

图书报刊编审校手册／江建名编著．—2 版．—北京：首都经济贸易大学出版社，2004．03 ISBN 75638－0849－3

图书馆管理与信息服务／王运堂主编．—北京：北京图书馆出版社，2004．07 ISBN 7－5013－2442－5

图书馆品牌建设［专著］／周金龙主编．—北京：北京图书馆出版社，2004 ISBN 7－5013－2618－5 本书收有《论图书馆的品牌发展战略》、《图书馆在建设学习型社会中的地位》、《21 世纪图书馆文献信息的组织和管理》、《提高人员素质是搞好图书馆科学管理的根本措施》等百余篇论文。

图书馆评论及方法／张健，喻文进编著．—成都：西南交通大学出版社，2004．08 ISBN 7－81057－870－7 本书对图书馆的理论及方法进行了较全面的论述，作者运用了大量数学方法，如多元统计、线性规划等，对图书馆评价的指标体系、评价方法、效益及系统评价等方面做了深入且独到的刻画。全书对由传统图书馆向数字图书馆转型中出现的前沿问题和热点问题进行了较系统地阐述，对复全图书馆的管理与发展具有指导意义。

图书馆人的思考与探索［专著］／中国图书馆学会编．—北京：北京图书馆出版社，2004 ISBN 7－5013－2411－5 本书收入论文近百篇，编为：社会角色与职业理念、知识导航与信息服务、信息技术与资源管理、专业教育与终身学习、人力资源开发与管理、职业道德与法制环境建设 6 个部分。

图书馆数字参考咨询服务研究［专著］／初景利著．—北京：北京图书馆出版社，2004 ISBN 7－5013－2417－4 该书共七章，内容包括从传统参考咨询到数字参考咨询；国内外数字参考咨询研究的现状；国内外数字参考咨询实践发展；数字参考咨询服务模式等。

图书馆信息化建设［专著］／陈能华主编．—北京：高等教育出版社，2004 ISBN 7－04－015343－2

图书馆学基础［专著］／吴慰慈主编．—北京：高等教育出版社，2004 ISBN 7－04－015337－8 该教材阐述了图书馆学的研究对象、体系结构、相关学科、研究方法、发展趋势、图书馆事业组织、网络信息资源开发与利用等内容。

图书馆学理论与方法／吴慰慈著．—北京：北京图书馆出版社，2004 ISBN 7－5013－2462－X 本书包括论我国图书馆网的建设；略论图书馆业务辅导；工作论比较图书馆学的特征、目的、内容和方法；图书馆网的由来和发展等内容。

外国图书馆学术研究［专著］：戴镏龄文集续篇．—广州：广东人民出版社，2004 ISBN 7－218－04716－5 本书分为两部分。第一部分收入戴镏龄先生的文章“西洋分类法沿革略说”、“上海美华图书七十年简史”、“新西兰民众图书馆概况”、“尼加拉瓜民众图书馆概况”等；第二部分为“辞典述评”。

晚清图书馆学术思想史／程焕文著．—北京：北京图书馆，2004．04 ISBN 7－5013－2409－3 本书是中国第一部晚清图书馆学术思想史专著。全书阐述了在社会发展剧烈动荡、社会思潮汹涌澎湃的晚清时代中国近代图书馆学术思想的产生、发展和演变过程，从而第一次完整而清晰地展示了中国近代图书馆学术思想的历史画卷。

网络传播概论／杜骏飞主编．—2 版．—福州：福建人民出版社，2004．04 ISBN 7－211－04729－1

网络新闻传播学／董天策主编．—2 版．—福州：福建人民出版社，2004．04 ISBN 7－211－04730－5

网络信息检索［专著］：工具·方法·实践／沈固朝主编．—北京：高等教育出版社，2004 ISBN 7－04－015342－4

文献信息检索简明教程［专著］／王国生，孙桂荣，孙红光主编．—西安：西安出版社，2004ISBN 7－80594－998－0 本书介绍了文献检索语言和检索方法、文献检索工具和检索系统、参考工具书的使用、电子文献资源的检索与发展、电子期刊数据库的检索、联机书目检索等内容。

现代文献信息工作探索／河南省高校图书馆工作委员会编．—西安：西安地图出版社，2004．08 ISBN 7－80670－670－4

现代信息检索概论／张怀涛著．—西安：西安出版社，2004．04 ISBN 7－80594－987－5

校对的学问：全国校对论文选集／中国出版工作者协会校对研究委员会编．—杭州：浙江人民出版社；浙江教育出版社，2004．05 ISBN 7－213－02799－9

新编信息技术导论：技能、概念和能力／（美）史耐德著；周靖，潘旭燕译．—北京：清华大学出版社，2004．08 ISBN7－302－09185－4 **新闻出版工作文件选编．1999 年**／中华人民共和国新闻出版总署办公厅编．—北京：中国 ISBN 中心，2004．06 ISBN7507603288 本书汇集了 1999 年图书、报纸、期刊、音像电子、发行、印刷、人事教育等新闻出版管理工作的全部法规性与重要文件，和党中央、国务院及其他部委发布的与新闻出版有关的文件。

新闻出版工作文件选编．2000 年／中华人民共和国新闻出版总署办公厅编．—北京：中国 ISBN 中心，2004．06 ISBN7507603288

新闻出版工作文件选编．2001 年／中华人民共和国新闻出版总署办公厅编．—北京：中国 ISBN 中心，2004．06 ISBN7507603288

新闻出版工作文件选编．2002 年／

中华人民共和国新闻出版总署办公厅编. —北京: 中国 ISBN 中心, 2004. 06 ISBN7507603288

信息分析: 基础、方法及应用/朱庆华主编. —北京: 科学出版社, 2004. 06 ISBN7-03-013498-2

信息技术及其应用/吴柏林编著. —上海: 复旦大学出版社, 2004. 06 ISBN 7-309-04026-0

信息检索: 理论与方法[专著]/叶鹰主编. —北京: 高等教育出版社, 2004 ISBN 7-04-015036-0

信息描述[专著]/杨玉麟主编. —北京: 高等教育出版社, 2004 ISBN 7-04-015339-4 本书全面介绍信息描述基本理论, 重点讨论利用 CNMARC 格式对文献的信息描述方法, MARC 格式中检索点的选取与描述等。

信息时代的人事档案管理: 理论、实际、方法、技术/王英伟编著. —北京: 中共党史出版社, 2004. 05 ISBN7-80199-049-8

信息系统工程监理知识体系[专著]/宋振晖, 邓超著. —北京: 电子工业出版社, 2004 ISBN 7-5053-9488-6 本书对信息系统工程监理对象、信息系统工程监理目标、信息系统工程监理方法论、信息系统工程监理内容、信息系统工程监理实施五部分内容进行了解析。

信息学术研究/尚越建, 郭亚臣, 张晶主编. —北京: 中国科学技术出版社, 2004. 09 ISBN 7-5046-3866-8

信息咨询理论与方法[专著]/詹德优主编. —武汉: 武汉大学出版社, 2004 ISBN 7-307-04250-9 本书系统论述了信息咨询的特点和原理、咨询馆员与用户、咨询程序和方法、网上咨询服务平台构建等内容。

信息资源共享[专著]/程焕文, 潘燕桃主编. —北京: 高等教育出版社, 2004 ISBN 7-04-015338-6

信息资源检索/李谋信编著. —北京: 机械工业出版社, 2004. 10 ISBN 7-111-15067-8

信息资源开发与利用/马费成编. —北京: 北京电子工业出版社, 2004. 01 ISBN 7-5053-9381-2

信息组织[专著]/戴维民主编. —北京: 高等教育出版社, 2004 ISBN 7-04-015340-8

亚洲传媒论坛. 第1辑: 汉英/苏志武主编. —北京: 北京广播学院出版社, 2004. 07 ISBN 7-81085-275-2

医学文献检索: 郭继军编著-2版. —北京: 人民卫生出版社, 2004. 08 ISBN 7-117-06324-6

云南少数民族文字图书出版的历史与现状/云南民族出版社民族文字出版中心编. —昆明: 云南民族出版社, 2004. 05 ISBN 7-5367-2911-1

中国古代传播史/王醒著. —太原: 山西人民出版社, 2004. 03 ISBN 7-203-04965-5

全国图书发行单位名录[专著]: 2004年版/新闻出版总署出版物发行管理司编. —北京: 中国青年出版社, 2004 ISBN 7-5006-5401-4 **中国图书馆百年纪事**/陈源蒸、张树华、毕世栋编. —北京: 北京图书馆出版社, 2004. 05 ISBN7-5013-2440-9

中国图书馆年鉴. 2003[专著]/李国新主编; 中国图书馆学会编. —北京: 科学技术文献出版社, 2004. 05 ISBN 7-5023-4581-7 本年鉴全面反映2001至2002年间中国图书馆事业的发展状况, 介绍各地图书馆工作、学术研究与活动、专业教育等情况。

中文图书与中文连续出版物 CNMARC 数据制作[专著]/张丽娟, 孟珊编著. —石家庄: 河北教育出版社, 2004 ISBN 7-5434-5440-8 本书依据国家标准的图书和连续出版物著录规则, 用通俗的语言描述这些内容, 力图阐明这一领域的著录要领和操作技巧。

(参考文献: 1 全国新书目; 2 中国图书在版编目快报; 3 中国图书馆年鉴 2003)

学位论文

整理 于 嘉 余 昕 王 冬
(北京大学信息管理系)

2003～2004年部分院校图书馆学情报学硕士学位论文目录

学校	论文题目	作者	指导老师
	2003年硕士论文		
北京大学	数字图书馆数字资源建设技术标准体系研究	杜文峦	余锦凤
	中文搜索引擎查询扩展工具的设计和开发	曹 军	马张华
	合作虚拟咨询服务的案例研究与模式分析	罗丽丽	王益明

学校	论文题目	作者	指导老师
北京大学	基于STARTS/SDLIP/SDARTS的元搜索系统的设计和实现	刘小松	唐世渭
	数字图书馆中古籍元数据WebGIS服务的设计与实现	李　峰	张　铭
	数字图书馆引用链接服务系统的设计与实现	胡良霖	唐世渭
	构建专业服务企业的知识管理平台	熊　赟	陈文广
	从资源配置角度看网络环境下高校图书馆信息资源建设	张　岩	刘兹恒
	企业信息保密工作中商业秘密保护的研究	祝小静	秦铁辉
	网络题库系统的设计与实现	郑进展	傅守灿
	基于知识型企业的知识资本评估理论的研究与应用	张　蔚	申　静
	竞争情报软件的分析与设计	尹科强	谢新洲
	知识创新与知识型企业的激励机制	杨智慧	祁延莉
	基于内容元数据的专家定位技术	魏　铮	陈文广
	印度软件产业发展研究	舒文芳	秦铁辉
	企业信息化中的组织学习研究	申　宁	谢新洲
	信息检索系统用户界面研究	庞海丽	祁延莉
	集成期刊数据库的网络出版	潘守东	王益明
	论基于用户导向原则的企业信息系统建设	吕卫龙	陈建龙
	电子信息中介的竞争分析	林建林	谢新洲
	零售业信息化建设现状研究	梁南燕	赖茂生
	基于IA的网站构建研究	李　箐	赖茂生
	企业知识主管运行机制研究	贾丽冰	秦铁辉
	决策者需求分析——关键情报课题研究	黄　英	谢新洲
	跨语言信息检索研究	侯艳飞	赖茂生
	中国信息服务业发展战略研究	侯大怿	陈建龙
	我国医院应用顾客关系管理的研究	贺维平	王益明
	搜索引擎质量评价研究——基于用户的搜索引擎质量评价体系之建立与中英文搜索引擎比较研究	傅　欣	赖茂生
	视觉传播时代WWW网页的视觉艺术表现研究	陈启榆	张浩达
	民国出版业经营管理研究	钟智锦	王余光
	我国大学生信息素质及其评价	郑清文	刘兹恒
	我国出版经纪业发展问题研究	许　欢	肖东发

学校	论文题目	作者	指导老师
北京大学	基于 Agent 的个性化服务	王宏刚	余锦凤
	世纪之交的版权贸易和合作出版	陈　敏	肖东发
	新著作权法背景下的图书馆合理使用问题研究	薛　旻	刘兹恒
	北新书局研究	王　媛	王余光
	企业竞争优势与知识和流程的关系研究	王　娟	马张华
	数字图书馆服务模式与服务质量评价研究	王海娟	刘兹恒
	图书馆员职业伦理规范研究	施　燕	李国新
	实时虚拟参考咨询研究	楼丽萍	刘兹恒
	大众媒体在健康传播中的角色	刘　静	张浩达
	开明书店版《二十五史》及《二十五史补编》研究	李世娟	王余光
	胡适与新图书出版业	杜桂玲	王余光
	基于竞争情报与知识管理整合的互动模型研究	王秀玲	秦铁辉
	网上银行服务的中外比较研究	赵　鹏	王益明
	我国企业信息化与集成风险管理研究	张学华	申静
	数字图书馆互操作协议研究	张　萍	余锦凤
	企业信息化组织行为障碍分析	张　杰	陈文广
	元数据在数字图书馆中的应用	张　崇	傅守灿
	中国互联网用户研究：以 CNNIC 为例	许　涛	陈建龙
	搜索引擎用户的检索行为与界面研究	徐　波	赖茂生
	中国企业 CRM 战略研究	谢景海	申　静
	企业反情报体系建设研究	吴淑燕	周庆山
	美国大众媒体如何影响美国对华公众舆论	王　宁	张浩达
	网络环境下竞争情报与知识管理的发展变化及应对研究	王　琳	秦铁辉
	知识型企业的智力资本管理	苏理顺	申　静
	基于 B/S 结构的体检中心信息系统的分析与设计	宋维翔	王益明
	健康传播中的科学性与艺术性——论信息管理与视觉	时　琳	张浩达
	我国信息服务企业盈利模式研究	石明芳	陈建龙
	面向虚拟企业的协同工作平台的研究与实现	申　思	陈文广

学校	论文题目	作者	指导老师
北京大学	移动教育设备自适应系统的研究与实现	李 晟	王益明
	新闻信息服务业研究	李 安	赖茂生
	心血管疾病生物信息学数据形式化知识表示	黄红华	余锦凤
	内容产业发展研究	胡晓峰	赖茂生
	IT 外包的理论与决策初探	冯 静	祁延莉
	中国高校信息化政策探究	陈 杰	王益明
	SMG－1：一个面向普适环境的语义消息网格设计与实现	陈宏伟	余锦凤
东北师范大学	2003 年硕士学位论文		
	2003 年硕士学位论文电子图书整合营销策略研究	周秀霞	卢小宾
	我国公路工程咨询研究	樊春华	卢小宾
	信息服务网络营销策略探讨	张 蕊	卢小宾
	论数字化资源的分布与利用	丁 莉	杨沛超
	图书馆网上专家咨询研究	李明鑫	杨沛超
	2004 年硕士学位论文		
	中国广告学术发展研究——1989～2003 年广告期刊、论文统计分析	于 静	王均
	咨询企业知识仓库的模式构架与建设策略研究	闫 安	卢小宾
	构建图书馆与 IT 业的新型行业关系	韩 宇	徐跃权
	我国政府信息公开及立法研究	周 波	王 辉
	信息服务产品扩散的影响因素研究	王丽华	卢小宾
	我国图书出版业存在的问题及发展对策研究	张歌燕	张治江
	企业信用信息支持问题研究	惠 瑶	卢小宾
	循证医学信息资源保障的理论与实践研究	张云秋	李瑞勤
	基于工作流管理理念的现代医院信息系统（VFHIS）研究	孙凤英	李瑞勤
	中文电子期刊数据库改进策略研究	侯延香	卢小宾
华中师范大学	2003 年硕士学位论文		
	企业信息传播研究	苗永清	王学东
	河南与中部六省经济社会发展的比较研究	张百海	娄策群
	过渡时期毛泽东社会主义经济模式观评析	张禄林	娄策群
	新时期党的青年思想政治工作探析	庞华君	王战平

学校	论文题目	作者	指导老师
华中师范大学	2003 年硕士学位论文		
	论国有商业银行不良资产集中管理制度	黄亚昭	娄策群
	试论国有企业资产流失原因及对策	校凤林	王学东
	中国证券市场的风险及其管理	周希照	王学东
	中国行政咨询系统研究	汪聚涛	孙泽学
	留学制度的演变与近现代中国的社会发展	屈　铁	黄华文
	国有商业银行业务流程再造研究	吴正娴	王学东
	学习型企业及其组织学习机制研究	程红莉	况能富
	数字图书馆建设研究	蔡　红	王学东
	网络信息检索及其发展趋势研究	熊回香	况能富
	电子商务中的版权问题研究	陈　芳	刘可静
	图书馆电子期刊许可使用研究	潘菊英	王伟军　刘可静
	图书馆版权平衡理论研究	华海英	况能富　刘可静
	2004 年硕士学位论文		
	我国农业商务信息网建设研究	郑　军	张帆图
	书馆类网站建设的若干技术问题研究	李　莉	李玉海
	对近现代国外图书馆学在中国传播途径及影响的研究	费征辉	王伟军
	推进我国教育信息化建设进程的对策研究	范　坤	王战平
	信息技术对企业组织结构的影响分析	李　凌	王伟军
	基于信息不对称的中小股东保护机制建立研究	宋中惠	王学东
	信息鸿沟及信息素养教育	杨海兵	李玉海
	我国中小企业信息化及其对策研究	杨　帆	李玉海
	在信息不对称下国有商业银行的贷款问题研究	宁　炜	王伟军
	我国网络零售障碍分析	王大卫	王战平
	企业人力资源管理信息系统应用研究	薛献华	李玉海
	基于知识管理的出版社管理策略研究	申新生	王战平
	现代企业网络营销策略思考	王正平	王战平
	中国期刊产业的企业化运作研究	郭丽琴	王战平
	我国银行业信息化研究	黄宇菁	刘可静

学校	论文题目	作者	指导老师
华中师范大学	行政管理信息系统研究	黄　灏	王学东
	湖北省制造业信息化发展战略研究	徐　帆	王学东
	电子商务对传统会计的影响	王　斌	娄策群
	建设湖北公安文献保障体系探讨	刘万顺	高家望
	论中小企业的信息化建设	李永刚	娄策群
	企业核心竞争力研究	高　伟	王学东
	基于信息化的企业知识管理研究	董新平	黎苑楚
	中外电子政务发展的比较研究	刘光容	娄策群
	论网络信息资源组织	康存辉	娄策群
	电子政府建设研究	白聪彪	娄策群
	中国电子商务发展的问题研究与对策建议	王　昊	桂学文
	试论我国外汇管理信息系统建设	毛先唯	桂学文
	保险网络营销研究	郭绍宾	桂学文
	知识经济时代企业文化的创新研究	樊晓丽	王伟军
	信息经济时代新闻信息资源开发研究	吴庆捷	王学东
	图书馆网络参考咨询与传统参考咨询比较研究	黄莲芝	张　帆
	2003年硕士学位论文		
武汉大学	网络环境下以用户为中心的图书馆信息服务研究	刘　颖	焦玉英
	企业信息处理的组织方式研究	王毅彦	马大川
	我国网络信息资源组织与开发的系统化实施研究	杨　曼	胡昌平
	数字信息版权保护与数字水印技术	王家雄	陈　远
	企业知识资本评估研究	陈　亮	马费成
	高校图书馆服务质量评估体系研究	李　玲	何绍华
	美国《科学引文索引》与科学评价研究	嵇　丽	邱均平
	文献信息可视化方法研究	刘　玮	周宁网
	络医学信息资源的知识检索研究	李　敏	张玉峰
	区域信息化测评关键因子的规范与实证研究：以工业区域为例	胡翠华	马费成
	现代情报检索模型理论及其比较研究	刘伟成	焦玉英
	以需求为导向的网络信息资源组织与开发	谷　斌	胡昌平

学校	论文题目	作者	指导老师
武汉大学	教育信息管理与大学评价问题研究	宋恩梅	邱均平
	网络信息资源分类体系优化研究	刘志军	董　慧
	中国电信业网间互联政策研究	林　翔	李　纲
	电子图书服务系统的分析与设计	郭丽芳	刘　荣
	中美高校图书馆网络参考咨询比较研究	张喜年	詹德优
	现代图书馆服务质量评价研究	刘银红	袁　琳
	网站信息发布与集成服务的知识产权制度研究	叶建国	陈传夫
	电子文献传递的知识产权问题研究	曾　明	陈传夫
	我国网上信息资源建设知识产权若干问题研究	韦景竹	陈传夫
	我国出版产业结构研究	刘　炼	罗紫初
	2004 年硕士学位论文		
	信息检索系统的用户接口研究	郑　琳	焦玉英
	基于 ISO 9000：2000 质量管理体系的企业信息质量管理研究	郝金星	马费成
	面向信息企业的信息资源规划研究	王晓光	马费成
	智能信息系统中知识组织及其模型研究	余以胜	张玉峰
	meta - engine 中异构性的处理	王　非	何绍华
	数据仓库中数据质量控制问题研究	熊　霞	陈　远
	企业信息构建（EIA）研究	赵海燕	孙　凌
	不对称信息下的信用风险分析及信用链风险传导机制研究	刘合翔	孙　凌
	高校人文社会科学研究竞争力评价	安　璐	邱均平
	网络环境下异构信息检索标准体系研究	柯　青	焦玉英
	智能信息系统中的知识获取研究	范宇中	张玉峰
	基于本体论的知识检索研究	艾丹祥	张玉峰
	J2EE 在电子商务中的应用研究	张继东	董　慧
	基于内容的图像检索系统优化方法研究	张芳芳	周　宁
	搜索引擎及其相关性排序研究	王　亮	何绍华
	基于 J2EE 规范的数字图书馆互操作的实现	雷　瑛	董　慧
	电信增值业务的商业模式研究	邢晶晶	李　纲
	个性化信息资源组织与服务	沈丽宁	胡昌平

学校	论文题目	作者	指导老师
武汉大学	基于信息构建的营销网站建设	陆　娜	李　纲
	e化价值链管理研究	杨　君	李　纲
	高校图书馆面向用户的数字化信息资源组织与服务	舒明全	胡昌平
	高校竞争力与大学专业评价研究	张晓丹	邱均平
	内容分析法的理论与实践研究	邹　菲	邱均平
	知识受众认知研究	张洲英	王子舟
	电子参考源构建模式研究	谭明君	詹德优
	网络个性化信息服务系统设计与实现	蔡　敏	刘　荣
	期刊数据库版权问题研究	王　静	陈传夫
	网络环境下图书馆信息资源描述格式的兼容性研究	雷小平	孙更新
	基于定量分析的高校图书馆网站评价研究	张志峰	刘　荣
	基于网络的学术传播模式研究	刘　峥	燕今伟
	叶昌炽与《藏书纪事诗》	胡一女	曹　之
	信息资源知识产权保护的社会效果研究	卢　林	陈传夫
	网络信息资源知识产权法律关系研究	冉从敬	陈传夫
	第三代数字图书馆体系结构分析及其建设中的知识产权问题研究	龚　萍	陈传夫
	论数字时代音乐版权的保护与调节	谢　莹	陈传夫
	中国图书版权贸易分析研究	夏卡莉	陈传夫
	图书馆信息服务中的互动机制研究	彭玲玲	袁　琳
	数字图书馆数据挖掘研究	林　丽	王子舟
	中小企业客户关系管理系统托管模式研究	尹开国	詹德优
	我国图书馆文献传递服务研究	范丽莉	詹德优
	网络实时参考模式分析与评价	杨　帆	詹德优
	图书馆信息服务集成平台建设研究	范建凤	袁　琳
	网络信息组织中主题组织法性能优化研究	邹　瑾	张燕飞
	《中国网络信息分类法》编制研究	吴礼志	俞君立
中国科学院文献情报中心	2003年硕士学位论文		
	国家科技计划对促进技术创新的作用研究	吕　青	叶小梁

学校	论文题目	作者	指导老师
中国科学院文献情报中心	企业信息流重组研究	王能元	宋小冬、霍国庆
	企业信息成本的识别与控制研究	曾　燕	宋小冬、霍国庆
	网络环境下馆际互借与文献传递服务研究	周　磊	林　曦
	主题型搜索引擎的研究与实现	侯震宇	沈　英
	网络环境下企业竞争情报系统的建设	霍艳蓉	孙成权
	2004 年硕士学位论文		
	期刊国际化与中国科技期刊发展研究	于　媛	金碧辉
	知识共享机制及其在企业中的构建	张作凤	夏　源
	网络传播中的邻接权研究	张新名	林　曦
	数字参考咨询规范化相关问题研究	李　珍	周宁丽、张智雄
	主题图技术在沙尘暴知识导航中的应用研究	马建霞	周宁丽、张智雄
	基于组织特征的组织学习研究	程　奇	叶小梁
	促进我国国家创新系统中知识流动的政策分析	李　洁	叶小梁
中山大学	2003 年硕士学位论文		
	网络医学信息检索策略研究	李文红	曹树金
	广州建筑设计企业信息管理系统研究	吴翠红	程焕文
	网络环境下图书馆公共关系研究	欧小波	黄晓斌
	论图书馆员的专业性	李霜梅	罗　曼
	网络环境下大学生信息素质教育研究	梅伯平	黄晓斌
	珠江三角洲地区咨询公司的竞争力研究	张海英	罗式胜
	基于 XML 的 CNMARC 元数据网络发布	徐　健	尚家尧
	网络环境下我国个性化信息服务研究	刘　颖	罗式胜
	电子文献传递研究	陈清文	程焕文
	图书馆对因特网不良信息过滤的研究	邱明辉	黄晓斌
	电子商务中的产品分类问题研究	石艳霞	曹树金
	现代物流系统的信息分析与研究	朱世展	尚家尧
	中国信息鸿沟问题研究	王　悦	曹树金
	医院 Web 站点的可用性分析与研究	陈　晶	曹树金
	网络电子期刊的馆藏发展研究	梅海燕	程焕文

学校	论文题目	作者	指导老师
中山大学	网络信息标引源实证研究	娄蓉媛	曹树金
	2004 年硕士学位论文		
	网络学术信息及其交流研究	柳丽花	曹树金
	研究生信息素质现状研究	李　楠	曹树金
	Web 内容管理的理论和实践研究	杨　涛	曹树金
	电子政务网站的可访问性分析与研究	张翠玲	陈炬桦
	中小企业 ERP 系统选型研究	邓成剑	陈炬桦
	网络用户信息需求研究	马利霞	曹树金
	网络环境中的信息消费研究	李　曼	罗式胜
	竞争情报在企业风险管理中的应用研究	娄卓男	罗式胜
	我国学术论文中的网络参考文献可追溯性考察分析	吴志强	罗式胜
	网络教育领域中文网页分类表的编制及应用研究	郑　敏	曹树金
	用户的信息源选择偏好、态度及个性分析	颜丽君	曹树金
	网络学科主题门户资源建设研究	史艳丽	曹树金
山西大学	2003 年硕士学位论文		
	图书馆单向信息传播模式中的要素研究	王　华	李景峰
	网络信息资源控制研究	杨　光	裴成发
	数字图书馆信息资源组织标准研究	李艳红	张翠英
	BPR 管理理念在数字图书馆建设中的应用研究	丁国栋	张翠英
	2004 年硕士学位论文		
	学科知识传播的范式研究——以“经济学”为例	吕艳华	李景峰
	基于网络信息组织理论的信息搜索引擎技术研究	岑利锋	裴成发
	网络信息传播中的农业词语研究	周晓梅	李景峰
	元数据及其在数字图书馆信息组织中的应用	靳丽娟	裴成发
	我国信息法的法律预测研究	屈宝强	相丽玲
	网络引文信息的挖掘及其对数字图书馆资源建设的启示	王建芳	张翠英
湘潭大学	2003 年硕士学位论		
	文中国高校信息资源共建共享研究	周永红	陈能华

学校	论文题目	作者	指导老师
湘潭大学	论高校图书馆网站建设——与美国大学图书馆网站比较研究	胡　敏	陈能华
	政府信息公开的立法研究	易晓阳	邹　凯
	网络信息资源组织研究	彭冬莲	荀昌荣
	数字图书馆的个性化信息服务	杜安平	陈能华
	论图书馆特色化建设	梁新华	荀昌荣
	图书馆经济管理的理论模式与框架	尹　哲	荀昌荣
	论数字图书馆的知识管理	孟朝晖	荀昌荣
	论图书馆评价	刘文清	荀昌荣
	论网上书店与图书馆采访	邓香莲	陈能华
	我国西部地区信息资源发展战略研究	刘灿姣	陈能华
郑州大学	2003 年硕士学位论文		
	出版社的知识管理	张新宇	柯　平
	网络出版对科学情报交流的影响	范　凡	崔慕岳
	网络出版的伦理道德调控研究	明　海	柯　平
	网络环境下信息检索语言研究	武　琳	柯　平
	数字图书馆中若干知识产权问题研究	高俊宽	崔慕岳
	2004 年硕士学位论文		
	基于 XML 的网络服务研究	李伟超	臧国全
	20 世纪国外图书馆学在中国：传播和影响	吴碧薇	王国强
	基于 Web 服务的企业信息系统集成研究	郭少友	柯　平
	政府知识管理实现体系研究	白清礼	柯　平
	面向我国企业 ERP 系统建设的管理咨询服务	杨　溢	崔慕岳

2002 ~ 2004 年部分院校图书馆学情报学博士学位论文摘要

北京大学 2002 年博士学位论文摘要

【中文题名】面向企业战略管理的竞争情报研究

【英文题名】Studies on competitive management intelligence oriented to business strategic

【论文作者】陈峰

【指导教师】梁战平

【学位授予单位】北京大学

【内容提要】自从竞争情报从业者协会（SCIP）于1986年在美国成立以来，竞争情报在国外迅速崛起，随后成为国内情报学研究的热点领域。1995年以来，国内情报学界关于竞争情报领域选题的研究生论文已达十多篇。竞争情报是实践性很强的学科，务实的企业总是特别关心竞争情报的实际效果，怎样实现竞争情报的价值是具有重要理论意义和实践意义的课题。企业战略管理是催生竞争情报的主要动因，也是竞争情报发挥作用的主要领域。国外从事竞争情报研究和实际工作的多是战略管理界人士。结合战略管理研究竞争情报，围绕战略管理提供竞争情报服务是国外竞争情报理论研究和实际工作的显著特色。由于知识结构和工作背景的限制，国内情报学界学者结合战略管理研究竞争情报的并不多见。本文试图从实现竞争情报价值角度出发，结合企业战略管理过程研究竞争情报中的一些重要问题，为建立竞争情报学科做理论研究上的铺垫。本文界定了竞争情报的概念，划分了竞争情报研究的内容层次——竞争情报理论研究层次、方法技能层次和应用推广层次，研究了竞争情报的三个重要特性—灰色特性、组织特性和依附性，探讨了企业竞争情报的关键成功因素，介绍、比较了中国、美国竞争情报进展；建立了竞争情报价值链模型，对组成价值链模型的五个环节——规划与定向、信息收集、信息分析、竞争情报产品提供、产品应用分别进行了较为深入的研究。将竞争情报需求的特点归纳为真实、快捷、相关，探讨了怎样用市场营销理念开发和满足竞争情报需求，研究了企业竞争情报用户识别问题。介绍了“虚软”信息向“实硬”信息转化的概念，据此将竞争情报源按“一手信息”和“二手信息”进行了内容划分。讨论了竞争情报工作的三个功能—教育培训功能、告知功能和增智功能，归纳了竞争情报产品和服务的内容体系，强调了增智功能及其体现的竞争情报产品—提供决策需要的信息原料、决策产品和决策半成品。讨论了将竞争情报转化为决策行动和竞争优势的运行机理；研究了企业战略管理的全过程——企业使命的确定、战略分析、战略选择、战略实施环节中竞争情报的支持作用；选择了最有典型代表意义的战略决策——企业投资项目决策、收购与兼并、建立战略联盟，讨论了企业重大战略决策中的竞争情报保障作用；讨论了政府竞争情报对企业竞争情报的影响关系，探讨了政府推动企业竞争情报应采取的战略举措—政府企业共建定标比超示范基地、建立推动重大工程技术产业化协作机制、建立国家信用情报管理体系、建立国家对外贸易竞争情报体系，考察并比较分析了中国、美国竞争情报推动者的背景构成。本文使用了文献的归纳、分析和综合；对比分析；案例实证；案例研究；文献研究和调查研究相结合；假设——验证等多种研究方法，创新之处主要体现为：研究了竞争情报的三个重要特性——灰色特性、组织特性和依附特性；提出了竞争情报价值链模型，对组成价值链的各个环节进行了创新性的诠释；从战略管理的全过程研究了企业战略管理与竞争情报的互动关系等。论文研究成果体现为竞争情报概念、竞争情报研究内容的层次划分、竞争情报价值链运行机理剖析、阐述了战略管理与竞争情报的关系、提出了推动我国企业竞争情报发展的战略举措等方面的结论。

【中文题名】知识管理对提升企业核心竞争力的应用研究

【论文作者】朱战备

【指导教师】赖茂生

【学位授予单位】北京大学

【内容提要】企业竞争优势形成机制是产业界和理论界普遍关心的问题。目前产业界和理论界已经就“核心竞争力是企业追寻持续竞争优势的源泉，知识是企业未来的价值所在，知识管理也成为提升企业核心竞争力的竞争利器”等学术观点达成共识。但是，已有的知识管理和核心竞争力的相互关系的研究还存在着一些亟待解决的问题：1）知识管理为什么能促进企业核心竞争力的形成？2）提升企业核心竞争力的知识管理系统模式如何构建？3）知识管理如何在企业核心竞争力领域实施？不解决这些问题，无论是知识管理还是核心竞争力理论，都将在企业的实践应用中缺乏足够的吸引力。针对这些问题，本论文在分析企业竞争优势的研究背景的前提下，通过对该领域的文献综述进行回顾、评价，深入、详实地分析了知识管理和核心竞争力的研究现状，从研究领域和性质上界定了论文的研究重点，提出了核心竞争力的知识观和知识管理的目标观分析，以此形成知识管理对企业核心竞争力的作用机理，从而提出促进企业核心竞争力形成与发展的知识管理系统模式。在此基础上，把形成的理论应用在产品开发领域，并把知识管理系统模式具体细化为产品开发领域广泛应用的知识管理解决方案——协同产品商务（CPC）系统。然后对一典型案例进行分析，运用典型的案例对研究结果进行验证、说明和修正，最后总结研究结论、展望该领域的研究趋势。本文主要在以下方面作了创新尝试：1）知识管理与企业核心竞争力相互作用的理论。从核心竞争力的知识观和知识管理的目标观分析，来深刻认识并提出知识管理和核心竞争力这两个概念之间的逻辑关系。2）根据知识管理的目标观提出促进企业核心竞争力形成与发展的知识管理系统模式。3）促进企业核心竞争力机制形成的理论在产品开发领域的应用：协同产品商务（CPC）知识管理解决方案在企业中的开发和实施。

【中文题名】信息服务论

【英文题名】On the theory of information services

【论文作者】陈建龙

【指导教师】赖茂生

【学位授予单位】北京大学

【内容提要】文章在充分调查研究国内外相关研究成果和信息服务实践的基础上，以信息服务基本的、普遍的和发展的问题为研究对象，对信息服务进行了宏观理论研究，旨在探索和建立由信息服务基本理论、活动理论、产业理论和发展理论组成的信息服务论基本理论体系。

【中文题名】网络信息传播的自律机制研究

【英文题名】Self - regulation mechanism for internet communication

【论文作者】张久珍

【指导教师】吴慰慈

【学位授予单位】北京大学

【内容提要】网络信息传播带来了人类信息传播的革命。网络媒体是一种前所未有的媒体。也正是这场传播革命以及这个崭新的媒体为人类社会的发展带来了各种各样的问题。面对网络传播出现的种种问题，法律界、新闻界、网络界等纷纷从各自的角度分析其原因并提出建议和措施。不管是在国际范围内，还是各国之社会各界基本上已经达成这样的共识：网络传播问题需要治理。这一要求能否实现，有赖于一种为网络各参与主体所共同遵守的行为准则去维护。本文认为：治理网络传播问题的有效途径之一是自律机制的建立。本文围绕这一中心主题展开论述，分别探讨了网络信息传播自律机制提出的缘由、建立网络信息传播自律机制的必要性、网络信息传播自律思想的来源、自律机制的内涵与特征等理论问题，规划出网络信息传播自律机制的框架体系，还分别详细研究了网络信息传播自律规范和技术的开发与应用，并在实证研究的基础上分析了网络色情和网络隐私问题。本文尽可能地用科学的理论与方法、详实的数据来回应全球范围内日益突显的对自律机制的关切和倡导。

【中文题名】澳门特色文献资源研究于整体发展策略探讨

【英文题名】Research on Macau specialized documentation resources and global collection development strategies

【论文作者】杨开荆

【指导教师】王锦贵

【学位授予单位】北京大学

【内容提要】文章进行了多方面的全新调查、资料搜集和专人访问，使论文呈现了丰富和准确的创新性数据资料。在技术方面，论文从多个角度分析澳门特色文献资源：以澳门数百年历史以来的几个重点发展，以藏量较邻近地区丰富的文献，以具有重要历史意义的文献资源等方面为研究素材，探讨澳门文献资源的形成规律和发展模式。在现实意义方面，通过对澳门现有文献资源的内容特点综合揭示，评价了其在社会发展进程中的独特价值，尤其探讨了它在中西文化交流历史上的地位和现实意义上对加强澳门与国际关系的作用。提出今后需要重点改善和提升的几方面，对深层次地开发网络资源进行了实践研究。在前瞻性和学科前沿方面，提出了创立“澳门文献学”的新构思，以澳门这个近内地和通海外独特小城的文献资源发展作为研究模式，寻找和揭示这种独特中西文化背景下文献资源的发展特性，使澳门文献资源的发展更系统化和科学化，成为功能强大、具有经济效益和具有支持澳门社科发展的澳门文献资源体系。

【中文题名】提升组织学习能力的策略与方法研究

【英文题名】Research on strategies and methods for improving organizational learning capability

【论文作者】牛继舜

【指导教师】吴慰慈

【学位授予单位】北京大学

【内容提要】本文在总结国内外研究成果的基础上，力求通过对组织学习能力概念的探讨，在分析组织学习能力构成要素的基础上，结合知识管理理论的知识转化过程模式，构建一个基于组织学习与知识转化的组织学习能力理论研究框架，为组织提升学习能力提供策略与方法指导。本文首先探讨了组织学习能力的理论基础，研究了组织学习能力的基本问题，对当前组织学习能力的研究进行了总结，归纳出三种研究视角，即创造性学习的视角、适应变化的视角和学习知识的视角，在评述三类定义的基础上，从“学习知识的视角”对组织学习能力的概念进行了界定。在此基础上，本文结合隐性知识与显性知识之间互相转化的四种模式，提出了组织学习能力的构成要素体系——个人学习能力、组织的知识吸收能力、知识传播能力和组织成员之间进行合作学习的能力。在论述个人学习能力与组织学习能力之间关系的基础上，结合组织学习能力的构成要素和知识转化过程四种模式，本文提出了提升组织学习能力的策略，一是提升个人学习能力；二是完善学习基础；三是整合个人学习能力。本文最后研究了整合个人学习能力的具体方法，包括改善心智模式、开展合作学习和建立共同愿景的方法。

【中文题名】二十一世纪初期澳门特别行政区图书馆事业发展规划之研究

【英文题名】The plan of library development in Macao, sar in the beginning of 21 century

【论文作者】王国强

【指导教师】吴慰慈

【学位授予单位】北京大学

【内容提要】澳门的图书馆事业在远东地区可说是发展得最早地区之一，但是在前澳葡政府的管治下，图书馆事业没有很大的突破. 为了发展澳门社会，与及面对虚拟图书馆的冲击. 该研究概述图书馆规划的理论，规划原理在图书馆的应用情况，各国图书馆规划的领航文件简介. 并依照图书馆规划的程序，详述了澳门图书馆事业在过去四百多年的发展历史，分析目前澳门的内部及外部环境之优势，弱势，机会与挑战，对未来澳门图书馆事业的发展，从整体及个别功能两方面提出发展策略，包括组织与管理，公关及行销，信息媒体建设，书目控制，阅览与典藏服务，信息咨询及信息素养教育等六项功能领域，确定发展策略的使命，任务，目的，目标，规划的发展策略. 并倡议成立澳门图书馆管理局，开展澳门知识工程计划及发展澳门资源网，推动濠江满书香的阅读计划，作为澳门图书馆事业发展策略的中心思想，在资源共享与网络化的环境下设定规划的方向，长期目标是期望澳门能成为珠江三角洲地区多语及多元化的图书馆人才的输出地，增加澳门图书馆的知名度，打造图书馆人员的新形象，增取社会更多的支持，成功地在澳门推动全民学习信息技术的技能教育，为澳门知识工程计划奠定基础。

【中文题名】数字音乐信息组织与基于旋律的数字音频音乐信息自动分析技术研究

【英文题名】Digital music information organization & melody - based digital audio music automatic analyzing

【论文作者】韩圣龙

【指导教师】赖茂生

【学位授予单位】北京大学

【内容提要】随着计算机技术和网络技术的迅猛发展，数字音乐信息的数量在急剧增加，用户对数字音乐信息的需求也随之增长。不断增长的数字音乐信息量和用户需求对数字音乐信息的组织和检索技术提出了新的要求。计算机领域和信息管理领域的学者们意识到了这一点，寻求数字音乐信息有效组织方法的研究工作已经在很多国家开展起来了。国内外的学者们的研究工作已经取得了比较多的研究成果，但是这个研究领域中还存在着一些需要解决的问题：从数字音乐外部特征入手的研究项目得到的音乐元数据方案，不能很好的满足中国民族音乐描述的要求；从音乐内容特征出发的研究项目在基于旋律的MIDI音乐信息组织方面以及数字音频音乐信息的非感性特征的抽取方面取得了比较令人满意的效果，但是对数字音频音乐信息旋律提取的研究一直没有取得突破性进展。本论文针对前人研究中没有解决的问题进行了一些尝试性研究。作者首先对数字音乐信息组织与检索研究领域内的研究现状进行了全面、详尽地调研。随后作者分析和讨论了与音乐信息数字化相关的一些基本问题。在分析、比较了现有的数字音乐元数据方案的优点和不足的基础上，作者对DC进行了面向数字音乐信息以及兼容中国民族音乐信息的扩展，解决了现有音乐元数据方案不能很好地描述中国民族音乐的问题。接下来作者从理论上探讨了数字音频音乐信息自动分析和检索基本技术，主要研究了音乐旋律的表示方法以及基于旋律的音乐信息检索匹配算法，在分析已有的旋律表示法和旋律匹配算法的基础上，作者提出了新的旋律表示法和与之相对应的旋律匹配算法。在本研究的实验部分，作者使用数字信号处理的基本方法、基频提取算法以及基频-音名转换算法对三组数字音频音乐信息样本进行了自动分析和处理，并比较了不同基频提取算法之间的效果差异。在分析实验结果的基础上，作者提出了优化的基频-音名转换算法，使处理结果和原始乐谱之间的差异进一步缩小。本论文的主要创新之处有以下四点：1. 在国内首次对数字音乐信息组织与检索研究领域的研究现状进行了全面、详尽地调研，并对现有的数字音乐信息组织与检索理论和方法进行了系统地分析和归纳，为以后的研究提供了很好的参考资料；2. 在分析现有数字音乐元数据方案特点的基础上，对已有的元数据方案DC进行了面向数字音乐信息并且兼容中国民族音乐信息的扩展，在国内首次对数字音乐元数据方案进行了比较深入地研究；3. 在比较、分析现有的音乐旋律表示方法和旋律匹配算法的基础上，提出了新的旋律表示方法和旋律匹配算法，在一定程度上提高了现有旋律匹配算法的效率；4. 首次在国内设计实施了基于旋律的数字音频音乐信息自动分析实验，得到了非常接近原始乐谱的音名序列，为将来提取音乐旋律打下了很好的基础。

北京大学2003年博士学位论文摘要

【中文题名】民国时期古籍出版研究

【英文题名】A study on ancient books publishing in the republican China period

【论文作者】刘洪权

【指导教师】王余光

【学位授予单位】北京大学

【内容提要】古籍出版与翻印为民国出版史上一个重要的出版现象。这一时期的出版家利用新式印刷技术，翻印大量古籍，如《四部丛刊》、《四部备要》、《百衲本二十四史》、《丛书集成》、《古今图书集成》等，使珍贵古籍化身千万，保存文献，嘉惠学术，为功甚巨。民国古籍出版的成就，书写了民国出版史的辉煌篇章。近代中国社会由传统向现代转型。在这一转型期内，中国社会的结构，如政治、经济、文化等，发生了极大的变化。西方现代文化对中国传统文化的冲击与挑战以及中国传统文化由外部刺激引发的现代化成了中心问题，所有关于文化问题的争论都围绕这一问题展开。由于古籍是传统文化的载体和产物，既关乎传统文化的继承，又关乎现代文化的建设，与这一重大时代主题密切关联。目前民国时期古籍出版研究有一定的进展，但还比较薄弱，表现在对民国时期古籍出版缺少综合研究。本文首次对民国时期古籍出版研究的理论和现实意义、历史进程、出版机构、出版物和古籍出版对中国文化所作的贡献作了全面、系统的研究，填补了民国出版史研究的一项空白。

【中文题名】中日韩三国出版业现存问题及对策研究

【英文题名】Study of contemporary problems and strategies in publication industry of China, Japan, and Korea

【论文作者】芮豪晙

【指导教师】肖东发

【学位授予单位】北京大学

【内容提要】以第三者的视角考察中国出版业正在历经的变革，用企业管理人员的专业知识剖析东亚地区出版业的问题，从汉学传统受益者的立场分析中、日、韩三国出版业合作的可能性。笔者从东亚佛教、儒学和汉字文化圈的影响出发，试图重现中、日、韩出版合作历史，寻找今日三个国家合作的文化基础和历史经验。又对三个国家当代出版业发展状况作全景式的描述，精细梳理同一文化圈内国家在以出版业为代表的社会文化产业发展方面的差异，进而发现作为出版产业合作基础的各自互补性特点。采用了调查统计、实证推理、案例讲解、比较论证、可行性分析的方法，探索三国出版合作的具体策略。并以韩国出版业的症结和解决方案为切入点，对中国、日本为进行合作而进行的出版业改革提出大胆设想。在全面分析各个问题之后，谨慎地给出笔者理想中的中、日、韩出版业合作的具体措施：确立共同发展目标；建立共同出版研究所；人力、内容、技术、信息、设备等资源的共享；建立法律法规的协调机制；共建三国出版基金会、设立相关奖项等共同解决财政问题的办法；设立东亚三国巡回书展、共同参与海外书展、共同开发海外市场、共同培养阅读人口等等，创造和而不同的合作局面。

【中文题名】网络媒体的传播学研究

【英文题名】Communication studies on internet media

【论文作者】谢新洲

【指导教师】肖东发

【学位授予单位】北京大学

【内容提要】本文从传播学的基本原理出发，在分析了网络媒体国内外研究现状的基础上，按照传播学研究的框架，采用社会调查统计分析、比较研究、专家调查及案例分析、文献综述等方法，紧紧围绕网络媒体这一中心，对其传播的几个关键的环节即网络媒体基本问题、传播过程与模式、传播主体、受众、传播内容、传播效果、控制管理、网络媒体竞争形态及产业化趋势进行了系统的探讨与研究。本文除了对网络媒体的属性等基本问题进行阐述外，重点通过受众调查，利用统计方法对网络受众理论和网络传播效果理论进行了实证研究，检验了媒介依赖理论、使用与满足理论、议程设置理论、“沉默的螺旋”假说、培养理论等传统传播理论在网络媒体中的适应程度及其局限性，提出了这些理论模式在网络环境下的发展方向；通过对典型大众传播过程模式的梳理，根据网络媒体的传播特征，提出了网络媒体的传播模式，并对其特征进行了评价；通过利用产业结构分析的SWOT方法，分析了我国媒体产业的发展态势，提出了网络媒体产业化的对策。本文对网络媒体的诸多传播问题进行了较为系统和全面的分析与研究，丰富了传播学研究的内容，探讨了提升网络传播效果的途径，为网络传播研究的学科发展奠定了基础。

【中文题名】网络信息政策研究

【英文题名】Study of networked information policy

【论文作者】燕金武

【指导教师】肖东发

【学位授予单位】北京大学

【内容提要】随着计算机技术、通讯技术、网络技术的快速发展，信息的网络化程度与水平不断提高，网络化、数字化、信息化成为当今世界社会发展的一大趋势，由此引发了一系列的网络信息问题，进而给人们从事网络信息资源开发利用等网络信息活动带来了一定的影响和障碍。为了实现社会信息化，最大限度地利用网络信息资源，世界各国政府都研究制定了切实可行的网络信息政策，以指导本国的网络信息活动，促进社会经济的高速发展。所以，世界许多国家都十分重视网络信息政策的研究。我国也开展了网络信息政策的研究，但还存在一些薄弱环节。在本文中，借鉴了图书馆学、情报学、政策科学、计算机科学、社会学、论理学等学科的知识和研究方法，探讨了网络信息政策的必要性，并对网络信息政策相关问题进行了初步的研究，根据客观需要和可能选择了网络信息政策的四个相关问题，即网络接入政策、网络内容管理政策、网络个人隐私政策和网络信息安全政策，结合国内外已有的研究成果和现有的相关网络信息政策进行了研究，并提出了我国政府和组织应采取的相关对策。本论文的研究领域属于图书馆学、情报学、信息科学研究的前沿学科，所涉及的领域具有一定的难度。本论文的创新性表现在：其一，分析了网络信息政策的概念、特点、研究方法和政策环境，研究了网络信息政策的总体框架，探讨了网络信息政策的研究方法，这是适应网络环境的变化，信息管理和信息政策研究的新的学科增长点，扩大了图书馆学、情报学和信息科学的学科范围；其二，对网络信息政策值得关注的若干问题进行探索性研究，如网络信息政策内涵、网络信息政策与信息政策关系、国际网络接入、网络信息内容管理政策、网络接入政策等，这是对国内该研究领域的补充，通过对国外网络信息政策和国内网络信息政策的比较，探讨我国应采取的网络信息政策，对我国网络信息政策的制定有参考价值；其三，对我国互联网络发展过程中存在的现实问题进行分析研究，如数字鸿沟问题、网络上不良信息的管理、个人隐私保护问题，具有一定的针对性和现实性，通过对各种调查数据的对比，从定性和定量的两个方面进行分析，提出相关问题的对策和解决办法，并对其发展趋势进行科学的预测；其四，研究网络信息安全问题，由于互联网本身的无组织性，使得互联网容易受到攻击，安全性问题日益突出，研究制定适当的网络信息安全政策是保证互联网信息安全的重要措施，作者提出了保证网络信息安全的对策。

【中文题名】网络出版机制创新研究

【英文题名】Mechanism innovation of internet publishing

【论文作者】王京山

【指导教师】王锦贵

【学位授予单位】北京大学

【内容提要】网络出版是网络技术与现代出版理念相结合的产物，它不同于传统出版的运行模式，是一种全新的信息传播模式。本文通过借鉴编辑出版学、新闻学、传播学、图书馆学、情报学、信息管理学、系统科学等学科的已有理论成果，并结合网络出版实际情况，对网络出版机制创新的理论和实践问题进行了系统的研究。文章认为，网络出版是传统出版在因特网上的延伸，它与传统出版相比，既具有传统出版难以比拟的优势，也有十分严重的不足。网络出版由于现行机制还存在缺点，因此网络出版发展的关键是网络出版机制创新。而网络出版机制创新，应按照内容为本、服务主导、保护网络生态、社会效益与经济效益相结合的原则，在运行机制创新和管理机制创新方面有所作为。我们要以前瞻性眼光思考网络出版机制创新战略，根据我国网络出版事业实际，借鉴世界各国的先进经验，积极推进我国网络出版事业的发展。本文不是纯粹的理论研究，而是理论与实践相结合的应用研究。在网络出版已有研究成果的基础上，本文首先分析网络出版的内涵外延、特点、类型等，并具体阐述当前网络出版机制形成和演变的社会历史环境，剖析网络出版机制存在的不足，力求把握网络出版机制背后的本质和规律所在。同时结合实际研究网络出版机制创新的原则和实施，并根据案例探讨网络出版机制创新的模式，最后提出一系列具有实践意义、可作操作参考的具体策略，以服务于我国网络出版业的发展与繁荣。论文宏观框架共分为四个部分：第一部分是网络出版的基本问题研究。将重点探讨网络出版的内涵和外延，以及在现阶段网络技术条件下网络出版的类型、特点与优劣分析等；最后研讨网络出版影响与发展趋势，尤其是网络出版与网络用户之间的互动关系。这是网络出版的基本研究，也是网络出版机制创新研究的基础。第二部分探讨网络出版机制形成和演化的社会历史环境。本部分回顾网络出版的历史，介绍网络出版的现状，并分析网络出版机制形成发展的内外环境和条件。通过对网络出版机制形成发展的社会历史环境分析，得出结论：网络出版机制创新是网络出版发展的关键。第三部分为网络出版机制创新的理论研究。首先探讨当前网络出版机制的不足，然后论述网络出版机制创新的基本原则及其实施。该部分通过与传统出版的对比指出网络出版机制的弊端和劣势，并依据传统出版机制探讨网络出版机制创新的实施取向，从宏观上为网络出版机制创新指明方向。第四部分为网络出版机制创新的具体策略研究。首先以案例研究的方式探讨网络出版机制创新的具体模式，剖析著名网络出版者机制创新的方式与策略；并在此基础上针对当前网络出版机制的不足，立足网络出版的未来发展，提出具体的发展策略。网络出版目前虽然还不是出版业的主流，还存在这样那样的不足和弊端，但它是必然的发展趋势，我们应该加强对网络出版的研究，积极探索网络出版的各种新形式，使网络出版真正实现根本突破，为人类的信息资源共享创造条件。文章认为，网络出版已是客观存在的事实，而且网络出版还会有更大的发展。现在加强对网络出版及其机制创新的研究对于我们了解网络出版的规律，应对网络出版热潮，作好网络出版工作具有重要意义。

北京大学2004年
博士学位论文摘要

【中文题名】中国出版品牌研究

【英文题名】The research on publishing industry brands in China

【论文作者】张曼玲

【指导教师】肖东发

【学位授予单位】北京大学

【内容提要】出版品牌作为一定历史阶段的产物，不仅是出版产业发展的要求，也是社会文化进步的必然。品牌意识和战略应用于出版业，是我国出版业在日趋激烈竞争中，壮大自身实力、发挥文化产业优势、走出国门、走向国际竞争舞台的必由之路。本文通过借鉴编辑出版学、传播学、市场营销学、文化学、社会学、管理学、信息学等学科的已有成果，并结合出版品牌的实际，对出版品牌的基础理论和品牌运营的实务操作进行了较为系统的研究。文章认为，出版品牌是品牌学理论与实践在出版业的运用和体现，是现代出版业发展壮大，应对未来挑战的制胜法宝。出版品牌本身具有丰富的内涵和外延，对其可以进行相应的类型划分。而在对出版品牌基本理论正确认识的基础上，对其实际运营策略和手段的研究，也具有十分重要的现实意义。出版品牌的定位、设计、传播、更新、延伸、保护和管理等环节，是一个持续不断的、循环的有机系统。我们要以前瞻性的眼光思索我们目前出版品牌的发展及其存在的问题，根据我国的实情，借鉴国外著名出版品牌的先进经验，积极塑造和维护我国的出版品牌，使之不断发展壮大，从而更好地参与国际竞争。本论文采用理论和实践相结合的应用研究方法，在出版品牌已有的研究成果的基础上，从系统、全面、科学的角度出发，对出版品牌所涉及的问题展开分析，不仅从理论的角度来认识出版品牌，而且也会注重出版品牌的实务性研究。论文将从分析我国现今出版品牌研究的特殊背景入手，对出版品牌的内涵、外延、类型等基本问题，对品牌策略的运作模式、出版品牌的运营程序和方法、品牌运营的国际化和可持续发展等进行详细论述和研究，并进一步指出我国当前出版品牌运营中存在的问题和不足，以及应采取的对策。在此基础上，运用这些理论对国内外著名的作者品牌、编辑品牌、装帧印制品牌、图书品牌、出版社品牌和发行品牌等进行个案研究，分析各出版品牌的运营经验和品牌塑造成功的深层原因。同时，本论文还从文化学、社会学、经济学、传播学、信息学、管理学等学科角度对出版品牌进行分析，深入探讨其与其他相关学科的关系，从多角度观照出版品牌，进一步揭示出版品牌的内在含义和深刻内蕴。最后预测出版品牌研究的发展趋势和影响，以及整个出版行业的未来发展走势，希望能为新世纪新形势下中国出版业的进一步发展提供一些参考和借鉴。出版品牌研究虽然刚刚起步，但其重要性已经逐步凸现。我国的出版品牌理论和实践研究，都存在一定的困难和问题。但是，随着出版学的发展、品牌学的确立，出版业大环境的改善和社会文化氛围的提高，出版品牌的研究也将会不断深入开展下来，并随着其自身理论体系的发展和完善，终将会以一个独立学科的面目呈现出来。出版品牌学的提出和确立也会成为未来出版品牌研究发展的必然结果。文章正文共约 22.5 万字，图 11，表 10，索引 2。

【中文题名】网络环境下图书馆个性化信息服务研究

【英文题名】Research on library personalized information service

【论文作者】韩芸

【指导教师】王余光

【学位授予单位】北京大学

【内容提要】网络环境下图书馆信息服务面临着新的挑战，图书馆如何开发潜力、服务创新，是个很广泛的研究领域。个性化服务模式、内容的探讨有着重要的现实意义，本文在充分调研和对国内外图书馆进行深入研究的基础上，运用问卷调查、文献调研和实例研究等多种科学研究方法，对网络环境下图书馆个性化信息服务的特点、图书馆服务模式的变革和适应这种服务的图书馆组织结构调整、资源重组、工作流程改进、机制创新等问题，进行了较为系统和深入的研究。网络环境下图书馆信息服务正在从传统的“以馆藏为中心”的工作模式向“以用户为中心”的工作模式转变，个性化信息服务是“以用户为中心”服务模式的具体体现，它为图书馆在网络环境下的发展带来了生机和活力。个性化服务是提高图书馆服务质量和信息资源使用效益的重要手段，也是适应图书馆用户多样化信息需求的重要手段。网络环境下图书馆必须走出传统的服务模式，建立个性化信息服务体系，在用户的满足中树立自己的新形象。尽管个性化服务的实施技术和服务内容还不成熟，但已受到用户的普遍欢迎和图书馆界的共同关注。网络环境下个性化信息服务的未来发展方向将是不断增强其服务功能、服务项目及灵活性。图书馆界和信息技术界应共同努力、协同作战，力求建立一个完善的图书馆个性化服务体系，这将是提高图书馆生命力的关键所在。本文第一章是有关本选题的研究意义以及研究课题的缘起。第二章是有关网络环境下图书馆个性化信息服务的理论探讨，包括国外图书馆个性化信息服务理论研究、国内图书馆个性化信息服务理论研究述评，试图将文章建立在比较深厚的理论根基上。第三章讨论图书馆个性化信息服务的兴起。第四章是对图书馆界所开展的个性化信息服务做具体的分析和研究。第五章是网络环境下图书馆个性化信息服务的案例研究，并以个案分析为突破，对现有的国内外网络环境下图书馆个性化信息服务模式进行具体分析和研究，总结出其各自具有的特色并指出其存在的问题。第六章主要探讨个性化服务所引发的图书馆信息服务模式的变革。改变现有的服务模式，构建适合个性化信息服务的工作流程、组织机制、人员结构、服务环境等是目前解决图书馆个性化信息服务存在的问题的根本出路。第七章讨论图书馆个性化信息服务模式的机制。本文的主要部分，都不同程度地体现出了一定的创新性。文中首次对图书馆个性化信息服务的理论进行系统梳理，提出了图书馆个性化信息服务是"以用户为中心"服务模式的具体体现的观点；对国内外图书馆的个性化信息服务进行深入系统的研究，也是以前的研究者们所未曾进行过的；本文从图书馆个性化信息服务入手，将视野延伸到图书馆个性化信息服务背后的信息服务体系，即从系统论的角度去研究图书馆个性化服务，构建图书馆个性化的信息服务体系。文中提出的网络环境下图书馆个性化信息服务新型模式，其特点是突出了现实性和可操作性，对网络环境下图书馆大力开展个性化信息服务，具有重要的参考价值。网络环境下图书馆的个性化信息服务具有极为广阔的前景。本文研究的目的，并不只是提供参考，更是为了提高图书馆对个性化信息服务研究的重视，从而加速图书馆个性化信息服务的发展。

【中文题名】网络信息资源保存研究

【英文题名】Research on preservation of Internet information resources

【论文作者】赵俊玲

【指导教师】吴慰慈

【学位授予单位】北京大学

【内容提要】随着网络技术的发展以及网络信息资源数量的迅速增长，网络信息资源在我们的生活学习中起着越来越重要的作用。但是当我们越来越依赖网络信息资源进行各种活动时，我们发现网络信息资源的消失的速度很快，相当一部分有价值的学术、科研、文化方面的网络信息资源面临着消失的危险，有的已经永远消失。网络信息资源的保存成为一个迫切的任务。本论文采用调查方法、比较研究方法、案例分析等研究方法，对网络信息资源保存的关键环节和问题，即网络信息资源保存的基本问题、网络信息资源保存系统的构建、网络信息资源的收集、网络信息资源的长期保存、网络信息资源保存的法律环境和网络信息资源的责任体系等问题进行系统地探讨和研究，最后结合中国的实际情况提出我国网络信息资源保存策略。全文共分8章。第一章绪论主要介绍了国内外网络信息资源保存的现状并明确相关概念。第二章从网络信息资源的特点和类型入手，分析了网络信息资源和其他类型的信息资源保存之间的异同，进而提出网络信息资源保存的目的和具体要求，同时提出网络信息资源保存面临的主要挑战，并在此基础上提出网络信息资源的研究框架。第三章至第五章主要从技术、操作层面对网络信息资源保存进行分析。第三章从OAIS参考模型入手分析网络信息资源保存系统的模型。第四章主要分析网络信息资源保存的收集环节面临的问题，对各种收集策略进行比较，分析收集处理的技术环节，并比较了目前网络信息资源的收集软件。第五章主要探讨网络信息资源的长期保存问题，分析了长期保存所需要的技术支撑体系，研究了保存元数据、永久标识符以及传统的数字长期保存策略在网络信息资源保存中的应用。第六章和第七章主要从保障机制的角度分析网络信息资源保存。第六章主要探讨了网络信息资源保存的法律环境，分析了呈缴法、著作权法等法律对网络信息资源保存的影响，并在分析的过程中提出如何优化网络信息资源保存的法规环境。第七章则从责任机制的角度对网络信息资源保存进行探讨，分析网络信息资源保存的责任框架和合作模型。第八章则结合国外进行网络信息资源保存的经验和我国网络信息资源分布的情况提出我国网络信息资源保存的策略。

【中文题名】基于提升企业竞争力的知识管理与竞争情报整合研究

【英文题名】A study on integrating knowledge management and competitive intelligence for enhancing enterprise competence

【论文作者】黄蕾

【指导教师】秦铁辉

【学位授予单位】北京大学

【内容提要】企业竞争力的形成与保持是产业界和理论界普遍关心的问题。企业竞争力理论经过企业优势位置论、企业资源基础论、企业能力理论，目前发展到企业知识论，认为企业的能力根源于企业拥有的知识。知识经济时代，企业的竞争实质由物质资源变为智力资源，企业之间的竞争更多地表现为企业认知能力的竞争。要获取竞争优势，企业必须主动、系统地开发和利用企业内外部的信息、知识和情报，建立基于智力资源的企业战略。知识管理和竞争情报正是适应这种需要发展起来的新的管理理念和竞争工具，是培育企业核心竞争力的杠杆。如能将知识管理与竞争情报进行很好的整合应用，在分析和解决问题时从内部知识资源和外部市场情报入手，可以将企业内部资源与外部环境相结合，充分开发企业的信息资源和智力资源，必将极大地提高企业的竞争优势。基于上述原因，笔者选择了从知识管理与竞争情报整合的角度来认识企业竞争力的问题。

【中文题名】政府信息资源管理的经济学研究

【英文题名】An economic study on government information resource management

【论文作者】王芳

【指导教师】赖茂生

【学位授予单位】北京大学

【内容提要】提高政府管理效率，促进政府改革，需要降低政府管理的信息成本，提高政府信息资源管理效率。政府信息资源具有信息产品与政府资产的双重属性。公共性特征使得政府信息资源管理过程中委托代理链条过长，缺乏有效的激励，管理效率低下。同时，信息垄断导致寻租行为，不但使政府信息资源配置效率低下，而且使得信息公开与共享难以真正实现，从而影响其经济与社会效益的发挥。本文运用经济学方法分析政府信息资源管理。在分析政府信息资源的经济学特征与产权属性的基础上，对政府信息资源管理的委托代理关系与寻租行为进行考察，对政府信息公开与共享的成本收益进行比较，对各国政府信息公开的收费制度进行实证调查，对政府信息资源管理的制度变迁、有效配置以及管理模式的创新的进行层层研究，解释了政府信息资源管理效率低下的深层原因，探索政务信息公开与共享得以真正实现的制度变迁与技术改进的均衡条件，最后寻找提高政府信息资源管理效率的制度、技术途径与可操作的管理模式。通过研究，本文得出了以下结论：在任何给定的经济社会发展水平与信息技术条件下，政府信息共享的收益成本比大于信息垄断状态。信息公开立法是提高政府信息资源管理效率的制度保证，而政府信息公开与共享得以真正实现的条件是，制度成本小于技术进步所带来的经济社会收益增量与信息资源管理技术成本的降低之和，或者二者的差是一个足够小的正值，小于此项制度所带来的经济社会收益与相应的成本之差。从管理模式来看，需要根据信息资源的不同类型，针对不同性质的信息机构，进行体制改革与经营模式创新，不同程度地引进市场竞争。对于政府内部的信息服务机构，通过设立循环基金，同样可以引进市场机制。制度、技术与环境是提高政府信息资源管理效率的三大保证。最后，本文将所得结论用于分析我国实践，从政府信息资源管理的体制改革与模式创新、电子政务建设以及网络环境改善等方面，提出提高我国政府信息资源管理效率的对策建议。本文的创新之处在于运用经济学方法分析政府信息资源管理，从不同的视角对一些重要问题进行了研究，并得出几点具有重要的理论与实践意义的结论。

【中文题名】社会信用体系建设中的信息制度研究

【英文题名】Study on the Institution of Information in the Social Credit System Construction

【论文作者】慎金花

【指导教师】赖茂生

【学位授予单位】北京大学

【内容提要】市场经济是信用经济。信用工具的使用可以降低交易成本，提高经济效益。我国目前处于市场经济发展的初期，经济活动中的信用缺失问题随处可见，其对经济发展的影响有目共睹，所以，信用体系的建设与研究在我国开始得到重视。信息传播是信用体系发挥其功能的重要条件和基础，因此，研究信用信息在市场中的传播制度对于建设社会信用体系、维持经济活动秩序具有很重要的现实意义。本文通过分析目前我国经济活动领域的信用问题及其约束机制，论述了社会信用体系建设的重要作用以及其中信息制度设计的意义；在分析信用与信息的本质联系的基础上，论述了信息传播对维护市场正常交易秩序的重要作用；通过分析信用信息的传播机制和传播流程，研究了信用信息制度的基本内容和框架；在分析欧美国家已有信用信息制度的基础上，对我国信用信息制度的设计方案与实施模式提出了自己的构想与建议。通过研究，本文得到如下结论：市场约束机制借助信用信息的传播，形成对守信/失信行为的奖惩机制，从而促进社会信用体系的建设和发展，维护市场正常的交易秩序和良好的信用环境。现代社会信用信息的传播涉及到多个环节和各类参与要素，信用信息制度应该规范信用信息传播流程中信息收集、储存、管理、传播、共享、使用等各个环节和信息主体、信息源、信息收集与传播者、信息使用者等各类参与要素。同时，为实现其目标，信用信息制度应该包括法律法规等正式的规则以及实施与运作这些规则的模式等两个层面的要素。我国应该借鉴欧美国家信用信息制度建设发展的经验，结合本国国情，设计和建立一套有效的信用信息制度。关于信用信息法律建设，本文建议通过修订现行有关法律来改善征信数据开放环境，并在条件成熟时制定专门的信用信息法，更严格和合理地规范征信活动和征信数据的开放与管理。我国的信用信息制度实施与运作应采取复合型模式，即银行信贷登记系统主要服务于金融监管和信贷风险控制，而社会化征信机构主要用于维护市场交易秩序。政府在信用信息制度建设的初期，应在推动信息源开放、培育信用意识等方面发挥重要作用，而在实施过程中不应太多介入。

【中文题名】企业信息化过程中集成管理的理论研究与实证分析

【英文题名】The theory study and case analysis of integrated management in the process of enterprise informatization

【论文作者】傅湘玲

【指导教师】赖茂生

【学位授予单位】北京大学

【内容提要】随着信息技术和信息系统的不断发展，各企业纷纷借助 IT/IS 来改善其整体的生产运作方式，信息化建设已成为广大企业得以生存和发展的保障。但是在企业信息化浪潮的背后，IT 黑洞、信息孤岛等一系列问题严重地影响着企业信息化的实际效果。为此有必要从理论和实践的角度探索企业信息化建设的新思想、新方法。本论文通过系统总结和归纳集成管理思想在企业信息化领域的应用、发展的现状和趋势，提出了在企业信息化的规划、实施和应用过程中，将集成管理的思想作为贯穿其中的指导性思想，通过在技术、业务和服务三个层次的全面集成来提升企业信息化建设水平这一研究课题。论文从全新的角度出发对企业信息化的概念和内容进行了辨析，分析了企业信息化的发展现状和问题；论文认为，企业信息化建设过程中的阶段性特征所产生的局限性是企业信息化过程中集成管理思想提出的主要动因，集成管理的目的就在于解决因这些局限性所带来的诸多矛盾。论文将企业信息化过程中集成管理的结构体系划分为三个层次，即技术层次的集成、业务层次的集成和服务层次的集成。论文构建了企业信息化过程中集成管理的理论体系结构：系统论、控制论、信息论、约束理论以及效应理论一起构成了理论体系的基础层，而企业信息化应用系统（ERP、SCM、CIMS、CPC 等）中的集成管理思想则构成了理论体系的应用层。技术层次的集成是企业信息化过程中集成管理的基础。论文论述了技术层次集成的主要内容，提出了技术层次的集成应遵循的“一个中心，两个标准”原则。业务层次的集成是整个集成管理体系的保障层，其包括业务流程的集成和组织结构的集成两个方面。论文基于对实证分析的总结，从流程的信息观和能力观出发，提出了一种基于信息和能力协调的、更为优化的业务流程集成模式。此外基于对现有的组织集成模式的研究，论文提出了集成的组织结构的特征表现，并具体阐述了如何进行组织结构集成的设计。服务层次的集成是企业信息化过程中集成管理的目标层，论文首先提出了这一层次的集成反映于内容服务和界面集成两方面的问题，并由此论述了如何从服务的角度对内容进行集成管理和对服务界面进行管理。最后，论文对如何应用集成管理提升我国的企业信息化水平提出了若干对策。

武汉大学2003年
博士学位论文摘要

【中文题名】我国信息服务企业技术创新研究

【英文题名】Study on the technological innovation of information service enterprises in China

【论文作者】卢小宾

【指导老师】马费成

【学位授予单位】武汉大学

【内容摘要】技术创新是我国信息服务企业实现持续发展，提高其核心能力和竞争优势的根本途径；是国家推进信息服务产业升级，实现跨越式发展的必然选择。目前，我国绝大多数信息服务企业已经认识到技术创新的重要性和紧迫性，进行了初步的技术创新，但如何将技术创新科学化、制度化，并因此增强信息服务企业的持续发展能力，对于我国信息服务企业来说还是一个正在探索的问题。技术创新对于我国信息服务企业具有特殊的意义。技术是我国信息服务企业发展的命脉所在，与信息服务业发达国家相比，我国信息服务企业的技术还相当落后，我国要实现信息服务企业的可持续发展战略，要在21世纪赶超国外先进的信息服务企业，就必须改变这种落后的现状。而要改变这种现状，我国信息服务企业必须担负起技术创新的重任。追逐利润和技术追赶是我国信息服务企业的两项基本任务，一家优秀的信息服务企业应该既是一家利润丰厚的企业，也是一个有效的技术追赶者。要实现有效的技术追赶，我国信息服务企业必须走技术创新之路。关于如何开展我国信息服务企业技术创新问题，学者们从多种角度对这个问题进行了研究。概括起来说，他们研究的重点主要集中在信息服务企业技术创新的外在因素方面。他们一般不深入揭示信息服务企业技术创新的独特内涵，不去研究信息服务企业技术创新的模式、动力机制、风险、扩散和能力问题。他们更注重研究信息服务企业技术创新与政府、市场需求、创新资源等外在因素的关系。实质上，这种做法就是把信息服务企业技术创新本身当作一个“黑箱”，研究“黑箱”与周围因素的互动关系，他们忽视了信息服务企业技术创新的独特内涵。笔者认为，信息服务企业技术创新有其特殊的运作模式，只要我们深入研究，我们就会发现它。如果我们不去揭示这个独特的内涵，不去打开信息服务企业技术创新这个“黑箱”，我们不仅不能真正揭示信息服务企业技术创新与各种因素的相互作用关系，而且，我们关于信息服务企业技术创新的研究也不可能深入下去。笔者在主持国家社科基金项目“我国信息资源市场化问题研究”和教育部人文社科项目“我国信息服务业产业化问题研究”过程中，对我国信息服务企业技术创新内涵问题进行了较为系统地分析与研究，并由此产生了在已有研究成果基础上，进一步开展我国信息服务企业技术创新研究的构想和计划。本文在全面分析我国信息服务企业技术创新现状及存在问题的基础上，通过中外信息服务企业技术创新的对比研究，探讨了我国信息服务企业技术创新的模式、动力机制、风险、扩散、能力等问题，并针对我国信息服务企业技术创新过程中可能遇到的问题，提出了相应的保障措施。全文主要分为七个部分：(1) 信息服务企业与技术创新。通过对信息服务企业与技术创新的内涵、特征、作用和意义的分析研究，探讨了我国信息服务企业与技术创新之间的互动关系。文章认为，必须从战略高度重视我国信息服务企业的发展。但是，目前我国信息服务企业在发展过程中存在着许多问题，其中最主要的问题是技术落后，它严重地制约了我国信息服务企业向更高层次发展。为了改变我国信息服务企业技术落后的局面，唯一的出路就是开展技术创新。因此，文章指出技术创新是我国信息服务企业发展的核心与出路。在此基础上，文章重点论述了我国信息服务企业技术创新的特征、类型及现状，同时文章还对德、美、日三国信息服务企业技术创新活动进行了对比分析，以供我国信息服务企业借鉴。(2) 我国信息服务企业技术创新模式研究。我国信息服务企业技术创新模式的类型主要有自主技术创新模式，模仿技术创新模式和合作技术创新模式，文章对上述三种技术创新模式在我国信息服务企业中的应用分别进行了分析，指出了不同技术创新模式对我国信息服务企业的正面影响和负面影响，以及我国信息服务企业在实施不同技术创新模式过程中应注意的问题。在此基础上，文章特别强调指出，在较长时期内，我国信息服务企业应选择“模仿创新为主，合作创新为辅”模式作为技术创新的主要模式，并就如何实施该模式提出了相应的对策。(3) 我国信息服务企业技术创新动力机制研究。技术创新动力机制是推动我国信息服务企业积极主动地不断开展技术创新活动的各种因素相互作用，相互制约所构成的系统机能。它包括两个方面内容：一是宏观上推动信息服务企业开展技术创新的压力和引力，二是微观上推动信息服务企业开展技术创新的内在动力。文章从宏观和微观两个角度出发，探讨了我国信息服务企业技术创新的外部动力要素和内部动力要素，指出了我国信息服务企业技术创新动力机制的核心是产权激励，并在此基础上，构建起我国信息服务企业技术创新的动力机制模式，这是本文的重要创新点。文章还就我国信息服务企业技术创新动力机制的现状、存在的问题及解决办法进行了深入的分析与研究。(4) 我国信息服务企业技术创新风险研究。我国信息服务企业技术创新风险主要有政策风险、经济风险、技术风险、市场风险、资源风险等，文章针对上述我国信息服务企业技术创新过程中存在的风险进行了全面的分析研究，提出了相对比较科学的我国信息服务企业技术创新风险评价指标体系与评价方法。文章重点探讨了我国信息服务企业技术创新风险投资问题，并建立起我国信息服务企业技术创新风险投资的运作模式。此外，文章还从政府引导、风险管理、防范技术等方面论述了我国信息服务企业技术创新风险的防范措施。(5) 我国信息服务企业技术创新扩散研究。我国信息服务企业技术创新扩散应该是由“扩”和“散”两个方向实现的，其结果应该是对社会经济发展产生应有的影响。一项技术创新成果在信息服务企业内部通过生产规模的扩大，不止一次地得以反复应用，最终不断扩大其在社会上产生的影响面，同时它还通过信息服务企业之间、国家间成果的转移或传播，在不同信息服务企业或国家间再应用。文章将这一过程归纳为三种扩散模式：内部扩散模式、合资扩散模式与转让扩散模式，并针对这三种模式进行了分析研究。在此基础上，文章构建起我国信息服务企业技术创新扩散的数学模型。同时文章还深入探讨了我国信息服务企业技术创新的系统及其演化过程，并就我国信息服务企业技术创新扩散过程中存在的问题，提出了相应的策略。(6) 我国信息服务企业技术创新能力研究。我国信息服务企业技术创新能力是由创新资源投入能力、创新管理能力、创新倾向、制造能力与营销能力所组成的，文章首先从分析上述五种能力入手，探讨了我国信息服务企业技术创新能力的内涵与构成要素，然后按照我国信息服务企业技术创新能力评价的原则，设计出我国信息服务企业技术创新能力的评价指标体系。文章认为，该体系应由 R&D 能力、生产能力、组织能力、投入能力、营销能力、财务能力与产出能力构成。同时，文章还给出了我国信息服务企业技术创新能力评价常用的四种方法。文章最后阐述了提高我国信息服务企业技术创新能力的对策。(7) 我国信息服务企业技术创新保障研究。目前，我国信息服务企业技术创新成果少、水平低，其重要原因之一是我国对信息服务企业技术创新的保障措施不利，特别是在政策、市场、信息、制度、法律等方面缺乏相应的支持体系和支持力度。文章认为，要提高我国信息服务企业技术创新数量、质量、效率和成功率，就必须出台有效的保障措施。为此，文章在这一部分着重从政策、市场、信息、制度、法律角度，深入分析了我国信息服务企业技术创新保障问题，提出了相应的保障措施。

【中文题名】人力资源管理的信息经济分析

【英文题名】Information economic analysis in human resource management

【论文作者】杨伟真

【指导老师】马费成

【学位授予单位】武汉大学

【内容摘要】人力资源管理是通过人才市场实现人力资源的有效配置、以达到组织的战略目标的。人力市场或称劳动力市场从其本质上看是一个信息市场，因为信息影响着供求双方的决策和资源分配的效率。然而，同其他信息市场一样，人力资源管理也不可避免地存在着信息不对称的问题。信息不对称以及相伴随的信息不充分决策导致人力资源管理中逆向选择和道德风险问题的出现，使建立在充分信息假设基础上的人才市场机制失灵，不能有效地实现人力资源的最优配置。许多人力资源管理中出现的问题，如用错人的问题、找不到合适人选的问题、员工生产率低的问题、经理人的行为风险问题、优秀人才的流失问题、人浮于事的问题、人力成本投入产出率低的问题等，都与人力资源管理没有充分利用信息或信息不充分有关。在我国现阶段，正确认识信息在人力资源管理中的作用、有效地利用信息成为人力资源管理水平提升的一个核心和关键的问题。信息经济学的最大贡献在于，它揭示了信息作为一个影响因素对于经济有效运行的重要作用，使人们开始自觉地围绕信息进行经济分析，从信息的角度研究和解决种各种经济问题。本文从人力资源管理中的信息不对称问题入手进行人力资源管理的信息经济分析。文章认为，人力资源管理中的信息不对称问题起源于人类经济活动的专业化分工。社会化分工使不同行业、不同专业的劳动者之间产生了巨大的信息差别，造成信息在不同行业和专业人士间的不均衡分布；而信息成本的存在、信息价值的不确定性、不同个体的信息处理能力的差异、以及信息优势的利益导向也导致了人力资源管理中信息不对称的必然存在。信息不对称所引发的人力资源管理中的逆向选择与道德风险造成人力资源使用成本价格的增加、人力资源生产率的降低、企业人力优势的丧失和人力资源的闲置浪费、价值降低，并增加了人力资源的管理成本。解决人力资源管理中的信息不对称问题，一是要发挥人才市场主体的作用，如作为人才消费者的企业、人才供给者的员工、政府及社会中介组织；二是要建立有效的信息激励机制，通过利益导向引导人才市场的参与者通过理性的选择实现人力资源的优化配置；三是进行信息的经济效益分析，正确认识信息的成本与收益，以便采取正确的信息决策，自觉地和有效地获取和利用信息；四是在人力资源管理的制度设计与管理实践中有目的地进行信息收集和利用，运用信息作用机制，提高人力资源管理效率；五是建立有效的人力资源管理信息系统，包括内部信息系统和外部信息系统，不断地增加和扩大人力资源管理可以利用的信息量，通过信息的有效获取和利用减少信息不对称所造成的不确定性风险，使人力资源管理建立在依据充分信息的科学基础上，以实现人力资源管理的信息效益。人力资源管理中的信息作用机制是信息经济分析的重点。信息经济学的研究发现，通过建立激励机制，使代理人和委托人的利益相一致，可降低信息不对称引发的逆向选择和道德风险。本文通过对各种激励机制研究认为，这些机制实际上都是通过信息在起作用，因此我们可以直接入手，通过建立信息作用机制解决人力资源管理中的信息不对称问题。信息作用机制，也称信息激励机制，是指通过建立带有利益导向的激励机制，使拥有私人信息的信息优势一方提供真实信息的行为有利于其个人的利益，因而能够愿意提供真实信息，或通过与代理人行为相关的替代信息建立利益驱动，降低信息不对称造成的供求双方之间的信息差异和不确定风险，使代理人的行为符合委托人的利益需要，从而在信息不对称基础上实现帕累托优化，使博弈参与者的福利都有所改善。本文分析了各种解决人力资源管理中信息不对称问题的信息作用机制，包括简单的静态委托代理模型、动态委托代理模型、横向竞争模型、信息示意机制、信息甄别机制等，这些模型为企业制定科学的人力资源管理制度和有效的激励机制提供了理论基础。信息是有价值的，信息的获取和利用可以增加人们做出有利选择的能力，从而提高经济效率。然而信息的获取也是有代价的，人们需要为信息付出成本。少量的信息投入往往可以带来巨大的经济效益的产出，正确地进行信息经济效益的分析和评价是信息合理投资与利用的前提。本文从员工生产率信息的效益分析入手，分析了生产率信息所能产生的经济价值，包括生产率与工资成本相关的信息、不同类型员工生产率影响的信息、生产率与资本相关的信息等。文中通过人力资源风险信息的分析，提出了选择最佳人力资源风险防范措施的信息依据；通过对人力资源边际效益信息的分析，提出了制定最佳佣金比例和决定最佳员工数量的信息依据；通过对人力资源信息内部效益和外部效益的信息分析，提出了如何避免因信息效益流失给信息投资者造成的损失，以保证信息效益的实现。在信息不对称的条件下，人力资源管理的信息效益需要通过人力资源管理的各项职能来实现。工作分析是获得员工工作信息的手段，对于降低工作效用和工作成本信息的不对称具有重要作用。企业人力层级的设计应建立横向竞争的信息作用机制，使企业能够通过不断的员工晋升达到员工激励和人员筛选的目的。为保持员工的工作活动以及工作产出与企业的目标保持一致，信息不对称条件下的绩效管理应符合战略一致性、效度、信度、可接受性和明确性的要求，绩效考核指标应全面反映经营者的行为与企业利益相一致的程度。而合理的薪酬管理则要依据工作评估、市场薪酬调查和准确的业务产出水平的评价等信息，并需要通过薪酬制度将信息利用的结果固化。人力资源管理的信息系统对于实现人力资源管理的信息效益也是十分重要的。综合使用人力资源管理内部不同的信息来源可以获得不同性质的有价值的信息，减少单一信息来源的信息不对称的影响；外部信息系统所提供的信息服务可以大大提高人力资源管理的信息处理能力和所获取的信息量，提升人力资源管理的专业水平与核心价值。全文共分七章。第一章通过分析现代人力资源管理的发展，论证了人力资源管理与信息的关系，阐明了人力资源管理信息的类型、特点以及进行人力资源管理信息经济分析的意义；第二章考察了人力资源管理中的信息不对称问题，分析了人力资源管理中信息不对称的原因、影响，提出了解决人力资源管理信息不对称问题的具体思路；第三章研究和分析了人力资源管理中的各种信息作用机制；第四章重点进行了人力资源的生产率信息、风险信息、边际收益信息、内部与外部收益信息的效益分析；第五章研究了如何在人力资源管理的各项职能中实现人力资源管理的信息效益；第六章研究了人力资源管理内部和外部信息系统的效益实现问题；第七章通过典型案例分析分析企业如何通过人力资源管理信息的有效利用，实现企业的战略目标。

【中文题名】我国网络信息资源组织与开发的系统化实施研究

【英文题名】On systematical implement for organization and exploitation of network information resources in China

【论文作者】杨曼

【指导老师】胡昌平

【学位授予单位】武汉大学

【内容摘要】信息资源与材料资源和能源资源共同构成了国民经济和社会发展的三大战略资源，它作为国民经济和社会发展所必须的一种重要的战略资源，为我们提供是的非物质形态的社会财富。是国家信息化体系的六要素之一。随着因特网的发展与应用，网络已成为信息资源最重要的载体之一。网络信息资源与传统信息资源相比有许多特点：信息存储数字化和网络化，增长迅速，内容丰富、形式多样，变化频繁、良莠不齐，结构复杂、分布广泛，非规范。对网络信息资源的管理存在以下几个问题：(1) 对信息发布者与使用者的管理困难。由于网络上的用户对各个网络节点的信息的访问是匿名的，对用户的控制比较困难；对网络信息发布者的管理同样存在着一定的难度。(2) 网络上大量有害信息充斥其间，对社会的健康发展造成一定的危害并带来一定的隐患。随着信息资源网络化进程的推进，一个新词正在引起人们的特别关注——信息垃圾。信息垃圾指那些繁杂无用或违反社会文明通则的信息。信息资源网络有时传播一些无从证实的传闻、流言和天花乱坠的谎言。信息垃圾不但刺激和干扰了人们的大脑，还使人们产生“信息饥渴”感，因为信息垃圾淹没了有用信息。(3) 网络信息资源的混乱和无序状态。网络信息资源不仅分散和无序，而且其更迭和消亡也往往无法预测，因此增大了信息资源管理的难度。(4) 大量信息充斥在网络空间，缺乏有效的质量控制与有序组织，干扰了对有价值信息的获取，同时也增加了检索的难度，影响了查准率。(5) 网络信息安全和网络安全问题越来越严重。在网络上泄露国家及单位重要机密的案件时有发生，同时对网络的攻击也时时刻刻都存在。担心安全方面的漏洞，已经成为商界不愿采用因特网作为一种可行的交流方式的主要原因。这些问题都使得传统的信息资源组织与开发模式显得是不相适应，由此提出了网络信息资源开发与管理的新课题。信息资源的开发利用是国家信息化的核心任务，是国家信息化建设取得实效的关键，也是我国信息化的薄弱环节。信息资源开发和利用的程度是衡量国家信息化水平的一个重要标志。我国网络信息资源的建设已取得很大进展，但相对发达国家还有一段差距，存在许多问题。对网络信息资源的组织以及开发利用的研究相当多，但比较分散，未能形成体系，对此，有必要对网络信息资源的组织与开发进行系统化研究。由于信息的组织与开发相辅相承、密不可分，因此在这里我们把组织与开发看作一个整体来进行研究。我国网络信息资源组织与开发的系统化实施研究，在理论上，能丰富和完善信息管理的理论体系，在实践上，这一研究成果的应用，必然推动我国网络信息资源的开发与利用，解决网络信息失控与有序利用之间的矛盾，加快我国信息化进程。这一问题的涉及面十分广泛，本文不可能面面具到，也没有这个必要，我们只针对某些方面进行探讨。全文分六个部分，内容如下：第一部分 网络信息资源组织与开发的特征、方式、要求及规范。因特网信息资源的组织与开发具有大数据、多类型、多规范、跨时间、跨地域、跨行业、多语种等特点，文本、数据、图形、声音和视频等均列为其中。因此，因特网信息资源尚处于一种无政府无序状态，全球性的分布式结构，分布式存储成为因特网资源存在的主要形式。信息分布和构成缺乏结构组织，组织与开发方式多样，信息发布具有很大的自由性的任意性，信息质量很不到保证，信息资源管理呈现出前所未有的复杂性和多样性。因此，也对网络信息资源的组织与开发提出了特征要求与规范。第二部分 我国网络信息资源组织与开发的战略选择、目标定位及系统化实施原则。我国正处于推进工业化的历史阶段，又面临信息化浪潮，必须抓住机遇，推动以信息化带动工业化，实现工业化与信息化对经济增长的双重推动。基于对这一大前提的思考，分析了我国网络信息资源组织与开发的战略选择，探讨了其影响因素与目标定位，最后提出了系统化实施的社会化、市场化、双轨制与集成化原则。第三部分 网络信息资源组织与开发的系统模型。将网络信息资源组织与开发看作一个开放的大系统，运用系统的思想分析了其相关诸要素：网络信息资源要素、信息技术要素、计算机网及通讯网要素、人力资源要素、用户信息需求要素、体制要素以及信息政策法规要素莱。其后，探讨了我国网络信息资源组织与开发的层次结构及流程。网络信息资源组织与开发的目的之一就是信息资源社会化共享，信息资源分布在不同部门、不同机构、不同行业、不同地域，因此，信息资源的共享要建立在信息资源之间的协同组织与开发基础上。信息资源共享的网络模式为信息资源的协同组织与开发创造了条件。网络信息资源协同组织与开发有其社会基础：技术基础、用户基础还有信息机发展的内在需要。网络信息资源开发运作是一个单独的信息服务机构难以独立完成的。原因是它们在短时间内既要从硬件、软件方面建立自己的网络服务平台，还要开发自己的主要业务，对网络信息服务机构的人力、财力都具有较高的要求，建设成本较高，因此网络信息服务机构可以从以下几个方面考虑进行协同合作。网络信息资源协同组织与开发有以下合作途径：以技术为导向的协同合作，以信息资源为导向的协同合作，以市场为导向的协同合作；网络信息资源协同组织与开发有三种合作模式：水平模式、垂直模式、网状模式。第四部分 我国网络信息资源系统化组织与开发中的网络建设与资源配置的调整。现代信息网分为四层：通信网、计算机网、信息资源以及集成化信息服务。信息资源网处在的现代社会的宏观信息网络核心地位，我国互联网建设已取得了初步成效，但在资源开发利用上与发达国家存在相当差距。在信息基础结构、信息资源分布、统一协调等方面存在较多的问题。如网络建设各自为政，网络结构层层隶属，网络信息资源开发分散、重复现象严重，网络信息资源建设不平衡等。网络信息资源的时空分布、内容结构与行业结构也不尽合理，这不仅会造成网络信息资源分布与市场需求不相适应的后果，而且会影响我国网络信息资源的开发与组织效果。因此，本文探讨了信息网络的互联互通，以信息组织、传输与深层开发为先导的网络协同建设，网络信息资源深层组织与开发中的资源重组，如何将分散、孤立的各类信息变成网络化的信息资源，将众多的“孤岛式”的信息资源进行重组、整合，实现信息的快捷流通和共享。并在此基础上探讨了，基于信息资源重组的集成化信息服务，以及面向用户的信息资源集成化、深层组织与开发服务拓展。第五部分 网络信息资源系统化组织与开发中的技术推进。信息资源的组织与开发离不开信息技术的支撑，信息组织与开发中其中有哪些关键性的技术，以及可能的技术路线，需要我们以全新的视野、相对前瞻的高度，对这些问题进行研究。本章主要论述了信息资源组织与开发技术的发展方向、应用与推进。其中涉及到信息组织中的元数据开发、搜索引擎的发展与改进、网格技术的应用以及知识组织技术的推进。第六部分 我国网络信息资源系统化组织与开发的保障体系构建。本章首先探讨了信息服务的社会化发展及体系变革，然后对网络信息资源的组织与开发的政策、法规保障进行了研究。由于网络环境下，知识产权成为一个亟待解决的问题，因此本章单独用一节探讨了网络信息资源系统化组织与开发中的权益保障问题。本节探讨了信息资源数字化与复制权问题，信息资源网络传播与传播权问题，数据库的知识产权保护，网络链接中的知识产权保障和网页的版权保护。最后，论述了网络信息资源系统化组织与开发实施中的系统安全保障，并以一种安全模型为例详细分析了动态安全防护体系的构建。

【中文题名】信息伦理研究

【英文题名】A study on information ethics

【论文作者】沙勇忠

【指导老师】邱均平

【学位授予单位】武汉大学

【内容摘要】信息伦理是20世纪80年代在国外兴起的一个新的学科领域，主要研究社会信息生产、组织、传播与利用中的伦理要求与伦理规范，以及在此基础上形成的新型伦理关系。信息伦理的兴起与发展植根于信息技术的广泛应用所引起的利益冲突和道德困境，以及建立信息社会新的道德秩序的需要。对崇尚技术理性、强调依靠发达的技术支持系统谋取效率和效益的现代信息活动来说，信息伦理在价值上是一种重要的牵引和矫正。信息伦理的引入显示了人们从伦理角度关注信息社会人类命运的学术自觉，是信息学界和伦理学界寻求跨学科知识建构的一种努力。本文以信息科学和伦理学理论为基础，立足于社会信息活动，力图在比较完整的意义上揭示信息活动的伦理意蕴，建构信息伦理的理论框架，对信息活动之主要领域和相关主体所面临的伦理问题进行深入分析，并提出信息伦理社会调控和培育的相应对策。全文共分为6个部分：1. 信息活动的伦理维度。即对信息活动本身的道德性及其理解。包括两个相互关联的方面：一是信息活动本身的合道德性，即信息活动内在的价值尺度及其考量；二是对信息活动的价值评价和道德规范，即信息活动所必需的道德秩序和伦理约束。缺少前一方面的考量，我们无法相信信息活动的“先进性”及其所代表的文明与进步；缺少后一方面的支持，信息活动的支持系统也将是不完备的。信息活动的合道德性表现在：保证了人类文明的延续和发展；提高了经济活动的效率；促进了社会政治民主；增进了人类社会交往和沟通的广度和深度。信息活动需要道德引导和规范的原因在于：道德价值原本就是人类生活中一个不可或缺的组成部分，健康合理的道德信念和规范是一种可以转化的特殊社会资本，是信息活动健康发展的必要条件。信息活动道德维度的论证是我们研究信息伦理首先需要解答的一个基础性问题。2. 信息伦理：概念与框架。考察信息伦理的一些基本理论问题。目的论伦理、义务论伦理和德性论伦理是研究信息伦理的重要理论和学术资源，规范伦理与美德伦理的结合则是研究信息伦理的方法论选择。信息伦理的功能即信息伦理诸要素相互作用的机理及其所表现出来的功效、能量和力度，信息伦理对信息活动具有命令功能、调节功能、认识功能、教育功能和激励功能。作为一种新型伦理，信息伦理具有自主性、开放性、多元性和普遍性的特点。在信息实践中，人们的伦理决策受到社会、组织和个人环境因素的影响，信息伦理决策机制的核心是：建立信息伦理问题的有关事实，以及信息伦理理论与原则框架，然后将二者进行比较，得出基本的伦理判断。为此，需要对"实然"与"应然"进行多方面的思考。为了从总体上认识和把握信息伦理，作者提出了由要素维、领域维、层次维和利害关系人维构成的信息伦理的四维构架理论。任何一项具体的信息活动所面临的伦理问题，都由以上四个维度或基本参数所限定和制约。信息伦理的四维架构标示出信息伦理领域的基本认识范畴和知识规定，为具体的信息伦理分析提供了一个理论框架。3. 公共信息活动与商业信息活动伦理。公共信息活动与商业信息活动是社会信息活动的两个重要领域，二者在性质、目标、运作方式以及管理方面有明显的不同，其实践活动所面临的道德问题也有显著的差异。对公共信息活动，本章主要探讨了政府信息公开与图书馆信息服务伦理。认为信息公开既是保障公众实施知情权从而参与管理国家事务的一种重要方式，也是政府履行社会服务职能、打造阳光政府的必然举措，是政府必须承担的道德义务和责任。图书馆作为社会信息服务的专门机构，其职业实践中应遵循可及性、客观公正、尊重隐私权与知识产权、精益服务以及人文关怀五项基本伦理原则。商业信息活动目前已成为社会信息活动的主流。本章探讨了信息产品的可靠性与厂商的道德责任，以及信息企业的公平竞争问题。对厂商承担的信息产品质量可靠责任和损害赔偿责任进行了详细分析；考察了公平竞争的价值内涵以及信息企业的主要不正当竞争行为，并对信息企业的两种典型竞争策略——差别定价和锁定进行了伦理分析和探讨。4. 个人、组织与国家信息伦理。个人、组织、国家既是信息活动的主体，也是信息活动的三个具有显著区别的层次。三者在信息活动中具有不同的需求、目标和行为能力，在现代信息活动之知识权力结构中具有各自不同的权利，承担不同的道德义务和责任。本章以基于权利的道义论伦理学为理论依据，认为信息发布权、信息获取权、隐私权、知识产权和信息安全权是个人（组织）的五项基本信息权利，提出了由无害原则、公正原则、自主原则、知情同意原则、同情和合作原则构成的基于信息权利的个人信息伦理。考察了合乎伦理的组织特征，从组织活动中存在的三类基本信息关系，即组织内部、组织与组织、组织与社会之间的信息关系出发，分别提出了指导和规范每一种信息关系的伦理原则。对组织活动中所面临的大量复杂的伦理问题来说，仅有这些原则是不够的，组织还必须制定专门的信息伦理政策，建立相应的信息伦理制度，将信息伦理融入日常的经营管理之中。国家所拥有的超个体、组织的权力和行动能力，决定了其在信息活动中应承担超个体和组织的基于社会整体的责任。数字鸿沟、信息安全、保护民族文化是当前国家层次上的信息活动所面临的突出问题，本章对此进行了深入的阐述和分析。5. 信息伦理的社会调控与建设。为使信息伦理具有可操作性和实践效能，需要建立有效的信息伦理社会调控机制，从制度伦理和美德伦理相结合的角度加强信息伦理建设。作者认为信息伦理社会调控机制的建构应坚持自律与他律、技术与人文、现代与传统、民族性与国际性相结合的原则，设计提出了由运行支点（信息伦理规范）、内在维系力（传统习俗、社会舆论、道德感）、调控方式与手段（信息法律、信息自律与防范技术、道德教育、信息伦理管理与监督）构成的信息伦理的社会调控机制。信息伦理规范是信息伦理社会调控机制的骨架，考察分析了由信息伦理原则、信息伦理守则、网络礼仪等构成的信息伦理规范体系。信息法律作为一种最低限度的道德，是信息伦理制度建设的重要内容，阐述了信息法律的内容，我国信息立法的现状及存在的问题，以及加强我国信息法制建设的对策。信息技术本身是负荷价值的，信息伦理的社会调控与建设必须植根于现代信息活动所形成的技术传统之中，将信息技术作为道德调控的重要手段，使其在与信息伦理的有效结合和良性互动中发挥作用；介绍分析了信息安全技术、知识产权保护技术、信息内容过滤技术等当前信息实践中广泛应用的信息自律与防范技术，揭示了技术应用的合理性边界及其伦理意蕴。信息伦理教育既是信息伦理社会运行的实际过程，又是信息伦理建设和社会调控的一项重要内容。信息伦理教育的最终目的是促成自主伦理的建立，为此，要以民主主义和理性主义为原则，在教育内容、教育方式、教师的作用、教育支持系统的完善等方面进行相应的变革。6. 结语与展望。在简要总结全文内容的基础上，对信息伦理的研究趋势作了展望。信息伦理在具有基于民族国家的特殊价值的同时，也具有基于人类共同需要的普遍价值维度。提出全球信息伦理的概念，意在儒学伦理的现代转化除立足于中国本土信息伦理建设外，还应该有一个世界性的视域，使其不仅成为中国特色的信息伦理学理论体系和实践规范的有益养分，而且也能成为全球信息伦理建构的道德文化资源。这是中国信息伦理学研究的一个重要任务和努力方向。

【中文题名】基于 Push 技术的个性化主动信息服务系统研究

【英文题名】Study on personalized active information service system based on Push technology

【论文作者】索传军

【指导老师】焦玉英

【学位授予单位】武汉大学

【内容摘要】因特网的发展改变了人们获取信息的方式。但面对因特网这个信息的海洋，人们又产生了新的困惑，海量信息资源与其有限的获取和利用能力之间产生了巨大的矛盾。解决这个矛盾的关键，就是提高人们获取信息的效率。本文所述的 Push 技术就是一种高效的网络信息获取技术，而基于 Push 技术的主动信息服务系统有效地解决了人们获取信息困难的问题。本文共分七章，对 Push 技术及其个性化主动信息服务系统的概念、应用和开发实践等方面进行了详细论述。本文首先论述了有关 Push 技术的概念、特点、工作机理和实现方式等问题。接着论述了基于 Push 技术的个性化主动信息服务系统的理论模型等问题。在理论论述之后，又分别对信息推送服务的主要的技术实现方式，即基于频道技术、智能代理技术开发的个性化主动信息系统软件的开发实践。最后，本文还讨论了对 Push 技术的优化与改进方法。总之，本文希望将 Push 技术这一网络信息获取技术应用到网络文献信息服务中去，使之能够从理论和实践等方面丰富和完善现有的信息服务理论。以下是各章的主要内容：第一章是 Push 技术概念与特点。本章对信息推送技术的概念与特点进行了详细论述。并依据 Push 技术的特点和存在的问题，对其未来的研究方向和应用领域进一步作了展望。从发展看，Push 技术将与 Pull 技术和智能代理技术相结合。同时，它将在电子商务、电子政务、远程教育、数字图书馆、网络信息服务（如无线移动的短信服务）等领域将获得广泛应用。我国的一些公司已将其应用到自己的网站建设之上，图书情报界的专家学者也已开始从理论上探讨其在数字图书馆中的应用问题。第二章是 Push 技术的工作原理与实现方式。本章分三部分，第一部分系统论述了 Push 技术的各种推送方式。如按照信息更新和推送时间是否一致，可分为异步推送和实时推送；按照推送的自动化程度，可以分为人工推送和自动推送；按照推送的启动机制分，可以分为时间驱动推送和事件触发推送等。第二部分全面介绍了各种推送方式的工作原理。第三部分详细论述了 Push 技术的实现方式。第三章是基于 push 技术的个性化主动信息服务系统。本章从个性化信息服务和主动信息服务概念与特征、实现途径等方面进行了论述。在此基础上论述了基于 Push 技术的个性化主动信息服务系统的模型。并从理论上探讨了该系统模型各部分的功能。第四章是基于频道技术的个性化主动信息服务系统。频道技术是 Push 技术的主要实现方式之一。本章对频道技术特征、工作机理和建设方法等进行了系统的论述。并且结合图书馆实际，探讨了图书馆专业信息服务频道的建设与管理方法。第五章是基于智能代理技术的个性化主动信息服务系统。智能代理技术在信息检索、加工和传递等领域得到了广泛应用。本章论述了利用智能代理技术获取用户个性化需求的方法，在此基础上论述了基于用户代理的信息推送系统。第六章是基于智能推拉技术的主动信息服务系统的理论与实践。本章较为系统地介绍了系统软件开发的工具、模型和各功能模块的流程图。并对所取得的成绩以及有待解决的问题进行了论述。还对基于分布式异构数据库的个性化主动信息服务系统的开发作了探讨。第七章是 Push 技术的优化。本章在分析总结 Push 技术不足的基础上，从两个方面对其进行优化。一是利用信息过滤技术和智能代理技术等提高其服务的个性化水平；二是利用 IP 多播技术和频道转播器等技术提高其推送效率。本文的创新之处主要有四点：1）选题是一个全新的研究领域，本文侧重于理论与实践的相结合，将信息推送技术应用于网络文献信息服务的实践，由此可以看到，信息检索者的角色地位已经发生改变，智能软件将代替馆员搜集信息、加工信息、推送信息，从而真正体现以用户为中心的服务理念，所以它将使基于计算机网络环境的信息服务理论得到了补充和完善。2）论文围绕基于 Push 技术的主动信息服务系统的建设，深入系统地论述了 Push 技术（包括频道技术）、用户需求信息的获取、个性化信息服务和主动信息服务系统等问题。作者全面审视了在主动信息服务系统中多种技术的综合利用，提高了主动信息服务的应用效率。3）本文致力于将推送技术应用于实践，依据网络化信息服务的实际问题，不仅探讨了专业信息服务频道技术在图书馆中的应用问题；而且还介绍了基于智能推拉技术原理开发个性化主动信息服务系统的实践等问题。4）本文针对 Push 技术存在的个性化不足等问题提出了一些优化措施。尽管本文致力于将 Push 技术应用于网络文献信息服务的实践，但由于技术、资金和人力等原因，加之，从国内外在这一领域的理论与应用研究还处于初级阶段，所以，本文在应用的深度和广度上还很不够，有许多问题还需要继续探讨。像基于智能推拉技术开发的个性化主动信息服务系统，目前只是针对一个已知数据库开发的，而且由于开发时间较短，还没有得到时间的检验。对基于分布式、多个异构数据库的开发还存在许多技术问题，还有待于进一步深入地探讨。总之，论文还存在许多不足之处，恳请专家学者批评指正。

【中文题名】纯网络杂志研究

【英文题名】The study on the electronic - only journal

【论文作者】阮建海

【指导老师】陈光祚

【学位授予单位】武汉大学

【内容摘要】随着信息技术的飞速发展和广泛应用，网络出版逐渐繁荣，纯网络杂志也随之日益增多。纯网络杂志（electronic - only journal 或 e - zine)，是指借助计算机网络（Internet)，完全以电子化、数字化形式组稿、审稿、制作、出版、发布，并以计算机网络（Internet）为传输工具，而没有相应纸质印刷版或其它类型电子版的，定期或不定期连续出版且每期均附有编号或日期标识的连续性电子出版物。纯网络杂志是一种新型出版物。本文针对纯网络杂志及其相关问题进行了系统的研究。全文共8章，内容如下：第1章通过探讨期刊的发展演进历程，阐释了纯网络杂志的起源和名称由来，界定了纯网络杂志的概念并阐释了定义，描述了纯网络杂志的发展历史和现状，分析了纯网络杂志发展的动因及其特点、类型和未来发展趋势，探讨了纯网络杂志与传统纸质期刊、Mailing List、Newsletter 的关系。纯网络杂志是现代信息技术发展的产物，它改变了传统期刊的概念和表现形态。网络环境条件优越、网民数量增长迅猛、数字化信息需求增大、网络出版势头强劲等因素是推进纯网络杂志发展的动因。与传统印刷型期刊相比，纯网络杂志具有非线性、数字化、出版速度快、新颖性强、检索功能强、图文声并茂、传播快、无时空限制、节省保存空间、使用便利、交互性强等优势和特点。按不同的标准纯网络杂志可以分为多种类型。纯网络杂志和传统纸质期刊将在一个相当长的时期内长期共存，优势互补，互相促进。纯网络杂志是邮件列表的诸多表现形式之一。newsletter 就是纯网络杂志。个性化、收费、高质量、多媒体化是纯网络杂志未来发展的趋势。第 2 章 描述了纯网络杂志总体概貌并对国内外纯网络杂志个案进行了剖析和对比研究，探讨了纯网络杂志的出版模式、常用格式和阅读工具以及纯网络杂志与传统纸质期刊之间在出版传播过程上的差异，对多种类型纯网络杂志进行了比较研究。与国外纯网络杂志相比，我国纯网络杂志在种类、管理、质量控制、权威性、办刊理念、所采用的技术手段、表现手法上都存在差距，总体水平有待进一步提高。根据发行方式，纯网络杂志的出版模式可分为：Mailing－list 出版模式、Website 出版模式和 Website－Email 复合出版模式。当前国内外所采用的流行出版模式主要是 Website－Email 复合出版模式。纯网络杂志与传统印刷型期刊相比，在出版过程上有编辑过程虚拟化、排列方式超链接化、审稿方式多元化、出版过程个性化的特点。纯网络杂志的传播过程突出地表现在具有即时交互性、传递的直接性和传播的多向性。目前纯网络杂志出版的主流格式有文本文件格式、超文本格式和 PDF 格式。纯网络杂志的订阅方法主要有 WWW 方式在线订阅和 Email 方式订阅二种。第 3 章 对影响纯网络杂志发展的因素进行了阐释和分析。影响纯网络杂志发展的因素涉及诸多方面。本文从技术层面、出版层面、管理层面、市场层面着重探讨了互联网及相关技术、出版业发展态势、相关管理政策措施、用户市场开发等因素对纯网络杂志发展的影响。在技术层面，互联网技术、显示技术、数字版权保护技术是影响纯网络杂志发展的关键技术。显示屏是影响读者“屏幕阅读”的首要因素。采用电子墨水（electronic ink）技术制作的电子纸（electronic paper）显示屏，为读者营造了良好的视觉环境，使“读屏”更加舒适、自然，更加人性化。12580 手机杂志的出现是移动通信技术介入纯网络杂志出版的开始。第四代移动通信技术有助于纯网络杂志传播的无线化、宽带化。宽带网技术有助于纯网络杂志的快速传播和多媒体化，并可扩大读者群。数字版权保护技术主要指数字版权管理技术（DRM）和数字水印技术（digital Watermarking）。数字保护技术能保护纯网络杂志的版权和内容完整性，有效保证其合法使用，有助于保证纯网络杂志的权威性、安全性和时效性。在出版层面，传统出版业与互联网整合，尤其是传统杂志社参与纯网络杂志的出版不仅可加快纯网络杂志的发展，还有助于提高纯网络杂志出版的质量和整体水平。在管理层面，相关管理政策措施的出台和调整是纯网络杂志健康发展的重要保障。在市场层面，积极拓展用户市场、开发读者群体是纯网络杂志赖以生存和发展的根本措施。第 4 章 对纯网络杂志相关问题进行了探讨。相关问题包括出版主体的合法性、网络版权保护、信息安全、质量控制、不稳定、隐私保护、规范化和标准化、信息伦理和网络伦理、垃圾邮件以及著作权人、出版者和读者三者之间的利益平衡问题等。根据《互联网出版管理暂行规定》，许多纯网络杂志都属“非法出版”。有关个人网络出版的法规应尽快出台，以使个人网络出版的操作和管理有章可循。网络版权保护问题关乎作者、出版者的合法权益和切身利益，健全网络版权相关法律规定并强化执行力度，有助于纯网络杂志健康发展。非法访问、故意篡改和非法扩散是威胁纯网络杂志信息安全的主要行为。质量控制有助于确立纯网络杂志在信息交流中的地位。链接“断失”、过刊难得等是纯网络杂志不稳定的具体表现，不仅影响使用，也危及读者对纯网络杂志的信心。个人隐私保护主要是要防止个人资料被恶意窃取和使用。措施之一就是要加强对电子邮件的监管。纯网络杂志的规范化、标准化是当务之急，也是大势所趋。强调正确的信息伦理和网络伦理观念是为了营造全新的网络文化环境。垃圾邮件是纯网络杂志的敌人。滥用电子邮件的行为是造成垃圾邮件疯长的主要原因。使著作权人、出版者或传播者，以及读者的利益达到平衡是纯网络杂志健康发展的保障。纯网络杂志的高保全率存储可通过建立缴送制、出版者自己备份和数字图书馆（包括个人数字图书馆）保存等方法加以解决。第 5 章 分析、探讨了纯网络杂志对传统纸质期刊出版业、图书馆、读者，以及电子商务等所产生的影响。纯网络杂志对传统纸质期刊出版业的影响主要体现在引发传统出版理念的变革，改变了传统纸质期刊的出版技术和流程模式，使杂志社的中介地位发生改变和调整，呈现出版目的多元化的发展格局。纯网络杂志的出版给传统期刊出版带来了冲击和震动，也给传统纸质期刊出版业带来了空前的生机与活力，促使传统期刊出版向网络出版延伸，纯网络杂志的出版将成为期刊出版业发展新的增长点和推进力。纯网络杂志的出版对图书馆的影响主要表现在影响图书馆采访工作策略和馆藏文献结构，使期刊工作方式和服务方法发生改变，对期刊管理人员的业务能力要求提高。纯网络杂志对读者的影响主要表现在促使读者养成屏幕阅读的习惯，改变了读者的信息行为，扩大了读者的信息感知能力，强化了读者的网络意识和信息能力，有助于加速全民数字化生活的步伐。纯网络杂志对电子商务的影响主要表现在纯网络杂志有助于引导和改变消费者的消费观念，把电子商务观念引入人心，并可为网络营销注入新的活力、打开新的局面。第 6 章 对我国纯网络杂志管理机制进行了研究，提出了加强纯网络杂志管理的策略和具体措施。纯网络杂志管理的关键是加强对出版者和读者的监督和管理。对出版者的管理，宏观上可采取成立管理机构、建立管理机制；完善相关的政策法规体系和审查制度；成立中国纯网络杂志出版者协会等措施。微观上主要是采取分级管理负责制加强对邮件列表服务商、出版机构或个人网站的管理。对读者可采取制定读者行为规范准则，利用技术手段监管读者行为等措施。纯网络杂志的质量控制包括内容质量控制、编辑质量控制、出版质量控制和传播质量控制。纯网络杂志质量评价标准包括版式设计、内容结构安排、编辑标准、内容质量评价标准和传播质量等，评估方法有定量评价法和定性评价法。纯网络杂志质量控制的重点是内容控制。对学术性纯网络杂志内容的控制可采用一套专业的、隐名的、外部人审稿制度（Anonymous outside referring）。加强纯网络杂志出版监管力度应该：⑴建立“中国纯网络杂志管理信息系统”，全面推行纯网络杂志出版许可证登记制度，建立纯网络杂志刊号制；⑵组建网络出版监管中心，建立网络出版监管系统。网络出版监管系统是由智能技术监管和人工监管二体系构成。⑶建立健全网络出版分级评价制度和量化的科学评价指标体系，实行网络出版等级管理制度。⑷实行网络出版岗位持证上岗制度，全面落实网络出版岗位责任制。第7章讨论了我国纯网络杂志的特点和存在的问题，提出了我国纯网络杂志产业化发展的战略对策。我国纯网络杂志的出版传播存在着侵犯知识产权、存在安全漏洞、重复转载、信箱屏蔽、因故暂时停刊和更改域名频繁、过刊无法查阅和不易退订、垃圾邮件、网上支付困难、权威性不高、不为相关部门认可即不能用于资格审验、职称评定等诸多问题。产业化发展是纯网络杂志未来发展的必然趋势和方向。实现我国纯网络杂志产业化发展战略目标的战略对策：⑴加强纯网络杂志出版的宏观管理和指导；⑵加快技术创新和市场拓展，提高国际竞争力；⑶重视专业人才培养；⑷加强知识产权保护，积极防范非法侵权行为发生；⑸着力提高纯网络杂志的质量和提倡精品网刊发展策略；⑹积极培育和扩大纯网络杂志读者群；⑺创立新产业发展模式，壮大纯网络杂志产业链；⑻整合发展要素，营造可持续发展大环境。第8章认为纯网络杂志是复合图书馆重要的可资利用的虚拟馆藏信息资源，探讨了纯网络杂志的获取和书目控制方法，描述了利用国际免费软件Winisis构建“纯网络杂志数据库”的方法和步骤。纯网络杂志是复合图书馆馆藏信息资源的补充。纯网络杂志书目控制是图书馆管理纯网络杂志有效的方法。建立“纯网络杂志数据库”是纯网络杂志书目控制最直接、最有效的方法，其针对性强，控制数量大。Winisis是联合国教科文组织（UNESCO）开发维护并免费推广的信息存储与检索软件，其功能强大，使用方便。”纯网络杂志数据库”设定有31个字段。实践表明，利用国际免费软件Winisis构建“纯网络杂志数据库”不仅可行、有效，而且简便、实用。通过分析和研究得出以下结论：（1）纯网络杂志及其管理与产业化发展是一个很有意义的研究课题。（2）纯网络杂志是现代信息技术发展的产物，个性化、商业化、高质量、多媒体化是纯网络杂志未来发展的趋势。（3）互联网技术、显示技术、数字版权保护技术是影响纯网络杂志发展的关键技术因素。（4）有关个人网络出版的法规应尽快出台，以使个人网络出版的操作和管理有章可循。（5）纯网络杂志的出版传播有助于推进我国信息化进程、加速全民数字化生活的步伐。（6）优化环境、加强监管是纯网络杂志健康、有序、可持续发展的根本保障，建立和形成网络出版的文明环境和秩序要依赖三个方面的力量：政府依法严格管理、出版者自律和网民（读者）的文明意识。（7）纯网络杂志出版业是新兴的网络出版产业中最具发展性的产业，产业化发展是我国纯网络杂志发展的必由之路。⑻纯网络杂志是复合图书馆馆藏信息资源的补充。书目控制是图书馆管理纯网络杂志有效的方法。选用国际免费软件Winisis来构建“纯网络杂志数据库”不仅可行、有效，而且简便、实用。

【中文题名】虚拟图书馆研究

【英文题名】A study on virtual library

【论文作者】臧国全

【指导老师】陈光祚

【学位授予单位】武汉大学

【内容摘要】虚拟图书馆是因特网发展到一定阶段的产物，是一种新型的网络信息组织工具。从信息的组织方式来讲，虚拟图书馆属于网络二次信息系统的一种。与传统的网络二次信息系统搜索引擎相比，虚拟图书馆具有学科专业或专题性、高检准率、高检全率、信息的精选性和推荐性、系统性和易用性等特点。与因特网上的学科专业导航相比，虚拟图书馆对收录的信息不仅进行了分类组织，而且大都还进行了词汇控制。欧美等一些国家的虚拟图书馆建设已初具规模，但在我国，虚拟图书馆的建设刚刚起步。因而，分析研究构建过程中所涉及的各种问题，并就每一问题提出现阶段可行的解决方案，对我国的虚拟图书馆建设具有很强的现实意义。本文紧紧围绕虚拟图书馆建设这一主线，分别从原理层面、建设步骤层面和构建技术层面等三个视角对虚拟图书馆的一系列相关问题进行了详细探讨。在原理和建设步骤两个层面上，本文立足于对现有虚拟图书馆实体的考察，界定虚拟图书馆的概念，分析虚拟图书馆的特点，阐述虚拟图书馆的构建过程和建设规范。在构建技术层面，本文基于系统分析与设计法，分别采用了ASP和ADO技术、Winisis软件以及XML技术构建了三个虚拟图书馆实体，比较分析了这三种方法在构建虚拟图书馆中的优缺点。全文分七个部分，主要内容如下：（1）虚拟图书馆概念与原理对虚拟图书馆这一概念的理解到目前为止还存在着诸多争议。本文从对因特网上存在的数以千计的虚拟图书馆实体的考察角度来界定虚拟图书馆的概念，认为虚拟图书馆是因特网上组织信息资源的一种有效而又经济的形式，是对特定学科领域的网络信息进行搜集和系统组织，并提供检索、浏览和链接的网络二次信息系统。具有建设投入少、易建易行、见效快、对信息再组织等特点。它既是向专业用户推荐网络信息资源的一种可行方式，又是解决因特网内容多样性与特定用户群专业性之间矛盾的一种有效途径。原理上，虚拟图书馆的信息收集与精选采用了人工方式、自动方式再加人工甄别两种方法，信息组织方面采用主题树和数据库两种方法。作为一个网络二次信息系统，与诸如搜索引擎、面向公共服务的数字图书馆和个人数字图书馆等相比，虚拟图书馆在一次信息的来源和类型、信息采集、标引、分类、著录、信息的存在形式、检索功能、用户类型及其使用费用等方面均有其独特的特征。（2）虚拟图书馆建设虚拟图书馆的建设大致分为选题、网页网站的收集、分类表的编制、著录和标引、软件设计以及日常维护等六大步骤。在这里，对每一步骤涉及的主要问题进行了论述。在选题步骤中，虚拟图书馆选题的基本依据是用户的需求与因特网上信息资源的现状相结合，选题内容都是以学科专业或专题作为选题对象，选题来源一般有单位机构的信息资料中心选题和专家学者个人选题两种。在网页网站的收集步骤中，虚拟图书馆中收录的网页网站除了与所选学科专业专题相关的特殊问题的信息资源外，一般还要包括网络图书、网络期刊及预印本、有关会议信息、组织机构、主要人物、基于用户的网上学术交流信息、软件、专利、标准、政府出版物和数据库等十大类型的网页网站。在分类表的编制步骤中，虚拟图书馆中分类表编制的基本原则应该包括下述七个方面：从类型上讲，虚拟图书馆的分类表以等级体系型为宜；从等级结构的层次来讲，应控制在三层以内；类目的设置要同时体现信息保障原则和用户保障原则；类名要规范化；基本大类的设置、类目的划分标准、各级类目的设置及其同位类的排列方式等方面要充分体现虚拟图书馆所选学科专业专题的性质；应设置合理的参照系统；在分类表的展现方式方面，应力求简单、明了，尽可能展现在一个页面上。在网页网站的著录步骤中，虚拟图书馆的著录事项应包括网页网站的标题、网址、内容简介、关键词和分类号、国别及站点的类型等。虚拟图书馆中的关键词标引具有人工标引、标引准确度高、标引深度低、标引专指度高和标引的一致性相对较高等特点。在虚拟图书馆的软件设计步骤中，提出了从功能角度来讲，虚拟图书馆软件应具备的八大要求。 (3) ASP 和 ADO 技术与“图书情报学虚拟图书馆”建设该部分介绍了作者基于 ASP 和 ADO 技术构建的“图书情报学虚拟图书馆”。从文献保障角度来讲，通过采用主要搜索工具对因特网上有关图书情报学的网页网站普查后，认为目前该学科具有足够的因特网信息资源可供构建虚拟图书馆，同时对其信息资源的分布进行了考察与分析。接下来，作者论述了“图书情报学虚拟图书馆”设计中所涉及的几个基本问题，包括收集材料的学科范围的确定、收录材料的角度、收录材料的地域、款目的著录事项和软件设计等。再接下来，从系统实现的基本思想、系统结构与功能、关键词布尔逻辑检索算法的描述等几个方面详细介绍了作者所实现的“图书情报学虚拟图书馆”。最后，作者详细论述了虚拟图书馆中网页网站自动分类的原理与实现方法。从原理角度，一方面，虚拟图书馆的学科专业或专题性使其编制分面组配分类表成为可能，分面组配分类表与等级体系分类表相比更适合于自动分类；另一方面，虚拟图书馆中人工标引的关键词为自动分类提供了一个高质量的分类素材。从实现方法角度，首先编制一个关键词与分类号对照表，然后根据内容特征的自动分类素材（关键词）和形式特征的自动分类素材（如网址、语种代码）来赋予网页相应的分类号。这种自动分类方法对虚拟图书馆具有使用性强、算法简单、准确率较高等特点，但分类结果的误差在所难免，人工核实也是必要的。另外，从用户的检索角度来讲，分面组配分类表的易用性也比等级体系分类表差，所以，呈现在用户检索界面上分类表应是等级体系分类表。这样，管理人员分类用的分类表与用户检索用的分类表就不是一个分类表。用户检索时，两个分类表的对应转换由系统自动实现。(4) Winisis 在虚拟图书馆建设中的应用研究 Winisis 是联合国教科文组织开发维护并免费推广的信息存储与检索软件，由于软件的免费性、及时的获得性、硬件要求低、大数据库容量、可变长字段、可重复字段及子字段的管理、功能强大的索引和快速检索、维护更新及时、健全的全球用户培训网络、完善的操作说明和技术手册、数据格式的标准化和兼容性等特点，在全世界尤其是发展中国家有着非常广泛的应用。其功能之强大可以与现有的任何一个情报检索软件相媲美。根据作者普查，目前因特网上还没有采用这个软件构建虚拟图书馆的实例。本部分详细论述了采用 Winisis 构建虚拟图书馆的过程，包括数据库的构建、倒排档的形成与更新、各种检索方法的使用、后控词表的建立与检索、超级链接的实现等。最后，作者提出提倡采用 Winisis 构建虚拟图书馆，其理由主要包括 Winisis 的最新版本 1.4 版已汉化、软件的免费性、标准化程度高、检索功能强大、有可持续发展的保障以及全球范围内的用户广泛等。(5) XML 在虚拟图书馆建设中的应用研究本部分主要论述了 XML 在虚拟图书馆建设中应用的总体构思和作者所实现的基于 XML 的虚拟图书馆实验系统。从本质上讲，XML 是基于语义理解的置标系统，是一种元标记语言，可通过虚拟图书馆所选学科专业的 DTD 由计算机自动识别该专业的 XML 文档中各个项目的含义，从而可自动实现虚拟图书馆顺排档中各著录事项的抓取以及各种倒排档的建立和更新。但目前因特网上基于 XML 格式的网页网站非常少，所以，该实验系统的切入点是 XML 格式的顺排档，而不是 XML 格式的原始网页网站。通过实验证明，采用 XML 技术构建虚拟图书馆是完全可行的，并且检索速度要优于基于 HTML 格式的虚拟图书馆。(6) 虚拟图书馆的词汇控制本部分在考察目前因特网信息组织检索工具中所采用的词汇控制方法（关键词标引、基于因特网数据库的词表辅助检索和概念检索等三种方法）的基础上，论述了虚拟图书馆中较理想的词汇控制方式可能是人工关键词标引再加后控词表。因为，这种模式的用户易用性较好，检全率和检准率都可得到保障，且实现的成本费用的提高幅度又不大。最后，对具有后控词表的虚拟图书馆的逻辑结构进行了分析。(7) 虚拟图书馆用户研究相对于传统图书馆的用户而言，虚拟图书馆的用户是一种虚拟用户。这两种类型的用户在接受服务的方式、接受服务的内容、接受服务的时间限制、访问的权限、可访问的信息类型、信息反馈的方式及检索方式等方面都存在着较大的差别。与传统图书馆有所区别的是，虚拟图书馆可通过因特网来实施虚拟用户的管理（用户权限的设置、用户行为的统计）和为用户提供较深层的服务（个性化定制服务、网上咨询服务和最新信息报导服务）等。

【中文题名】政府信息公开及其监管研究

【英文题名】On government information publicity and supervision

【论文作者】颜海

【指导老师】胡昌平

【学位授予单位】武汉大学

【内容摘要】当今社会，信息化和全球化已经成为世界发展的两大趋势。信息技术的广泛应用，使信息成为重要的生产要素和战略资源，使社会资源能获得高效配置，加速了经济全球化的进程。在国家信息化战略体系中，政府信息化是其中十分重要的一个环节。政府信息化不仅仅是社会信息化的主要内容，而且由于政府在国家经济、社会生活中的重要地位而显得特别重要。在政府信息化的推进过程中，建立透明政府，实现政府信息的公开，加速政府信息的流动和在尽可能大的范围内共享政府信息，将成为政府信息化建设的重要目标。政府信息公开既是政府信息化面临的关键问题，又是政府信息资源管理的核心领域。人们对其认识和实践已经经历了漫长的里程并达成了相当的共识和取得了一系列重大的进展。然而，政府信息公开理念如何提高层次，政府信息公开实体如何在高层次上实现突破，政府信息公开技术水平如何上档次以及政府信息公开监管如何有效实现等问题已经成为制约政府信息公开深化的“瓶颈”。因此，政府信息公开问题研究无疑应从理论根基上、实践操作上、制度供应上以及技术应用上寻求新的发现和突破。基于此，本文以“政府信息公开及其监管研究”为题，力求全面、系统地从理念、实体、技术、制度等层面完善和提升政府信息公开问题的研究，并以此对我国的政府信息公开问题做些有益的探索。全文分为五大部分，共七章：第一部分，即第一章导论。主要论述了政府信息公开问题研究的目的、意义，同时分析总结了国内外有关的研究现状。在此基础上，介绍了政府信息公开问题研究的主要内容以及开展研究的方法，并提出了论文力求实现的创新和突破。第二部分，即第二章政府信息公开的本体内容和第三章政府信息公开的理论基础。主要包括政府信息公开的要素、政府信息公开的本质、政府信息公开的原则，政府信息公开的价值以及政府信息公开的理论基础等一系列有关政府信息公开重大的、基本的理念问题。这种理论上的探究，使政府信息公开观念在深层次上不断递进。第三部分，即第四章政府信息公开的环境条件。主要分析了政府信息公开的驱动因素与障碍因素，同时考察了政府信息公开生长的内外条件。剖析了政府信息公开运行的机理，为建立政府信息公开运行机制奠定了必要的基础。第四部分，即第五章政府信息公开制度的国内外比较和第六章政府信息公开的法制建设。通过对国内外政府信息公开制度的演化过程的探寻，总结了各国在政府信息公开立法上的经验并以此为鉴，结合我国的具体国情，详细地论述了政府信息公开的制度供给、制度的落实和刚性执行，以及制度的滚动发展。提出了我国政府信息公开的立法模式，着重介绍了广州市政府信息公开规定的具体内容。第五部分，即第七章政府信息公开的监管。通过分析政府信息公开中涉及的权益制度，论述了政府信息公开监管的组织环节和依据准则。在此基础上，建立起政府信息公开监管的组织体系和完善政府信息公开监管的机制，从而保证政府信息公开监管的有效实施。

【中文题名】俄罗斯信息政策和信息法律问题研究

【英文题名】Study on Russian information policies and information laws

【论文作者】肖秋惠

【指导老师】邱均平

【学位授予单位】武汉大学

【内容摘要】20世纪中后期以来，随着人类社会由工业社会向信息社会的过渡，信息政策研究开始在世界范围内兴起并迅速发展，到20世纪80年代已经成为各国研究的热点。20世纪70年代末，人们在对信息政策的研究过程中开始关注信息法律问题，信息法律研究逐渐发展成为一个相对独立的研究领域。人们对于信息政策和法律的研究，反映了人类社会进入信息社会的政策需求，以便通过相互配套的政策法规保障国家信息化的顺利发展；同时，由于现代信息技术给人类带来巨大利益的同时，也带来了不少新问题，因此，迫切需要制定信息政策和法律来解决和协调这些问题；另外，信息政策和信息法律的研究，也是现代信息管理——信息资源管理的政策需求。在信息资源管理中，信息政策和信息法律是除技术手段和经济手段之外的重要的人文管理手段。因此，信息政策和信息法律研究具有深刻的社会背景和现实需求。由于人类的信息活动几乎遍布了社会各个领域，信息政策和信息法律研究内容十分丰富而复杂。当前，最引人关注的问题包括：国家信息化发展的政策法律保障问题、国家和地区间的信息贫富差距（数字鸿沟）问题、信息自由与信息安全问题、信息不足与信息泛滥问题等。从研究的国家对象来看，人们往往将注意力集中于发达国家，如美国等。人们对俄罗斯信息政策和法律的研究多为对前苏联科技情报政策的研究，而对苏联解体以后俄罗斯所制定和颁布的信息政策和法律的系统研究还很缺乏，在研究时间上出现了断层。90年代以来，俄罗斯国内发生了社会巨变。在由高度集中的社会主义制度向自由的资本主义制度转轨过程中，国家的政治制度和经济体制都发生了根本性的变化。伴随着这些变化而来的，是俄罗斯社会长期的经济危机和社会动荡。在国际上，由于苏联解体和改革的种种负面影响使俄罗斯的国际地位有所下降。俄罗斯的社会信息化就是在这样非常不利的国内和国际背景下展开的，因此，俄罗斯的国家信息政策和信息法律必然要解决国家信息化进程中所面临的政治、经济和文化上的障碍和难题，如彻底走出经济危机，提高国家经济实力等。同时，通过促进信息化发展重振其大国雄风，保证俄罗斯以平等的伙伴身份进入世界信息共同体中。本文试图系统研究90年代以来俄罗斯信息政策和信息法律的形成和进展，以及主要内容和特征等问题，并对中、俄信息政策和信息法律的有关问题进行比较，为我国信息政策和信息法律的理论和实践提供参考。本论文主要从以下四个方面展开研究：1. 关于信息政策和信息法律的一般问题。主要对信息政策的基本概念、信息法律的基本概念和法律体系、以及信息政策和信息法律的关系进行界定和论述，并着重分析了“国家信息政策”、“科技信息政策”的含义，以及“科技信息政策”与“信息政策”的关系，指出科技信息政策是信息政策的组成部分。本文所研究的主要是俄罗斯的国家信息政策以及在具体对象领域的信息政策和法规问题。2. 俄罗斯信息政策研究。俄罗斯与前苏联在科技情报领域和信息化领域的政策是一脉相承的。本章首先评述了前苏联的科技情报政策和在信息化领域的学术探讨与建设，其次，从两个领域系统分析俄罗斯的信息政策：一是分析了俄罗斯的科技情报系统改革和政策；二是主要分析归纳了90年代以来俄罗斯学者关于信息化、信息社会问题的研究，以及在信息化领域制定和颁布的最具代表性的信息化纲要和俄罗斯第一个国家信息政策纲要，从中归纳出俄罗斯政府在建立信息社会问题上的主要政策倾向。最后，系统分析了俄罗斯在专门对象领域的政策和措施，包括：信息资源政策、信息基础设施建设及其政策、信息化教育政策、信息技术和信息产业政策、知识产权政策、信息安全政策。3. 俄罗斯信息法律问题研究。回顾了俄罗斯信息立法的历史发展和进程，并分别从理论和实践两个方面分析和论述了俄罗斯的信息法律问题。在理论方面，以俄罗斯学者 О。А。Гаврилов、И。Л。Бачило、В。А。Копылов 的观点为代表，系统分析了俄罗斯国内对于信息立法、信息法问题的理论探讨。在实践方面，专门分析了俄罗斯 1995 年 2 月通过和生效的信息领域的基本法——俄联邦《信息、信息化和信息保护法》，并依次具体对俄罗斯关于信息主体信息权利的法律保障、俄罗斯信息资源立法、俄罗斯知识产权法律制度、俄罗斯因特网与电子商务的立法、俄罗斯关于大众信息手段的法律制度、俄罗斯信息通信和跨国信息交换方面的法律制度、俄罗斯信息安全法律保护问题进行了分析。最后，对俄罗斯信息政策和信息立法给予分析和评价，指出俄罗斯信息政策和法律在形成与发展、在内容、在制定和社会成效方面的特点。4. 中、俄信息政策和信息法律比较研究。从纵横两个方面对中、俄信息政策和信息法律进行比较。在纵向上，比较分析中、俄信息政策发展轨迹和中、俄信息立法进程，指出中、俄信息政策都经历了由最初的科技情报政策扩展到更加广泛的国家信息政策的两个阶段，俄罗斯信息立法比我国完备和丰富，中、俄都需要加强在公民信息权和隐私权、商业秘密和职务秘密的保护，信息市场管理和政府信息公开等方面的立法；在横向上，展开对中、俄在五个具体对象领域的信息政策和法律的比较，即分析比较中、俄在信息基础设施、信息资源管理、信息产业、知识产权、信息安全领域的信息政策和法律的异同。最后，分析俄罗斯信息政策和信息法律建设取得的成就与不足，以及对我国的影响和启示，并对我国信息政策和信息法律建设提出了七个方面的建议：加强国家对信息政策和立法的宏观指导，设置专门的国家机构，研究和制定国家信息政策及信息立法纲要；确立国家信息政策和法规建设的主要目标——促进国民经济和社会信息化发展；确立国家信息政策和立法的基本原则——利益平衡性原则、系统性原则、国家利益原则和效益原则；主要以国家信息化定义中的六要素和《“十五”社会信息化专项规划》中所确认的信息化内涵为依据，确立我国信息政策和法规的体系框架；在信息政策和法规体系框架内，明确信息政策和法规的主要内容；加强信息政策和法规的实施及反馈；加强信息政策和信息法律的理论研究。在对俄罗斯信息政策和信息法律进行系统研究和中、俄信息政策和法律比较研究过程中，本论文的创新之处在于：① 系统分析和探讨俄罗斯国家信息政策和信息法律的有关问题，弥补了当前对于信息政策和信息法律研究多集中于欧美发达国家，而对俄罗斯这个曾经与我国有着密切联系，如今也在进行改革的近邻国家却研究甚少的不足。有助于全面掌握世界范围内信息政策和信息法律发展的总体特征。②运用比较分析方法，对中、俄信息政策和法律有关问题进行比较研究，吸取俄罗斯的经验和教训，为我国信息政策和法律的理论研究和实践提供参考。

【中文题名】网络信息资源组织与揭示及其优化研究

【英文题名】A study on internet information resources organization and description and their optimizing

【论文作者】司莉

【指导老师】彭斐章

【学位授予单位】武汉大学

【内容摘要】网络信息资源组织与揭示是信息管理科学的重要课题，对网络信息资源组织与揭示及其优化模式进行研究是时代赋予我们的历史任务。全面总结与回顾网络信息资源组织的理论与实践，探讨网络信息组织的模式，深入分析其存在问题，从而提出优化的措施与方法，能够丰富与发展网络环境下的知识组织理论、目录学理论与检索语言学理论，寻求其与网络信息资源组织的契合点，为网络信息资源组织的实践提供指导，使之更加实用、易用，为图书情报学方法与理论在网络信息资源组织中的应用与发展探求新的生长点。本文主要围绕当前网络信息组织与揭示这条主线，较系统、深入地探讨网络信息资源组织与揭示的现状及存在问题，进一步提出了优化的措施与方法。主要从资源组织、导航与描述角度，将网上一次信息组织成为二次信息的角度入手，立足全面、系统地把握网络信息资源组织的理论与实践，提出优化的措施、方法与技术。在微观上要提出切实可行的方案，宏观上力求准确地把握其发展方向。论文重点集中在两个方面：关于网络信息资源组织及其优化研究；关于网络信息资源揭示及其优化研究。本文分为六个部分，主要内容如下：1 搜索引擎方式及其优化研究。搜索引擎是组织网络信息资源的主要方式之一。这部分从知识组织方式、性能与质量评价体系的比较、分类体系、搜索引擎功能的完善等对搜索引擎的研究现状进行了全面的总结与归纳。笔者通过实例分析说明了关键词搜索引擎和主题指南搜索引擎存在的主要问题，有针对性地提出了关键词搜索引擎词汇控制的方法。笔者提出的优化措施为：规范化词表的应用、后控词表技术的应用、联机词汇展示、建立同义词典、属性链表词典、专业词表的挂接、建立概念化搜索引擎模式。提出的主题指南搜索引擎的优化措施有：引入与吸收传统文献分类法原理、建立超文本导航系统（界面图形显示、设立主节点和路标、导游线路、历史记录、书签、导航图、级联菜单形式）、加强网页自动分类的开发与研究、确立创建网络信息分类法应遵循的基本原则、合理借鉴现有搜索引擎类目设置的经验体系以及增设含义与范围注释。2 虚拟图书馆方式及其优化研究。虚拟图书馆是因特网上组织信息资源的一种有效而又经济的形式。本章节主要对学科导航库和特色数据库方式进行研究。笔者通过大量的、全面的网上查寻，检索到国内高校重点学科导航系统 396 个，重点对其学科专业分布、信息组织与描述的方式进行了深入探讨，分析了其存在的问题。在借鉴与比较国内外同类研究的先进经验基础上，笔者认为我们应该通过以下优化措施来提高学科导航库的质量，即：借鉴国内外学科网络导航系统建设的先进经验；根据教学与科研需要，逐步增加学科导航库数量；加强对针对性、时效性及权威性学科信息资源的收集；充分揭示网络资源，为用户选择资源提供帮助；加强学科导航库建设的标准化与规范化。同时也全面分析了专题特色数据库建设现状与存在问题，并提出了相应的优化措施。3 文献分类法方式及其优化研究。文献分类法的知识框架、族性浏览功能和分面分类法的概念组配、多途径检索功能的融合，是进行分类法自身改造，适应网络环境的出路。笔者通过网上查询，全面调查了国外主要的传统文献分类法（如DDC、UDC、LCC等）用于网络信息组织的现状，着重对检索到的32个系统的类目深度、链接层次及学科范围进行分析与总结，并对其特点进行归纳，同时全面、系统地分析了《中图法》用于组织电子文献的现状，比较了其与国外的差距。最后探讨了文献分类法用于网络信息组织的优化措施，主要有：对传统分类法进行改造；实现分类主题的一体化；实现与其它系统的关联；建立自然语言入口词表；分类法图示；超文本技术的运用与改进。4 主题法方式及其优化研究。本章节对叙词表用于检索界面的必要性及基于叙词表的检索界面的研究进行总结与归纳，笔者通过网上查询，全面调查主题法用于网络信息组织的现状，深入分析了16个系统的查询方式、词间关系及查询结果的显示情况，分析基于叙词表的检索界面的特征，提出为了帮助终端用户改善其检索过程，使用主题词表改善用户检索界面的方法及今后努力的方向。5 检索窗口方式及其优化研究 。论文调查与分析了《中国学术期刊网全文数据库》和《中文科技期刊数据库》两种期刊全文数据库的信息组织与揭示方式，笔者通过实例，全面、深入地分析了所存在的问题，研究发现，《中国学术期刊网全文数据库》存在的问题为：标引质量有待提高；同义词标引未作控制；检索结果重复现象较为严重；数据滞后现象急需改进；未在全文数据库页面上设立“帮助系统”，进而有针对性地提出了优化措施，主要有：提高期刊论文主题和分类标引质量；加强期刊编辑的标准化和规范化操作；建立同义词词典；及时处理检索结果重复现象；提高数据更新频率；增加专题全文数据库的数量。对于《中文科技期刊数据库》，主要是从提高关键词标引与摘要编写的质量，以及增加检索功能和实现全文检索等方面进行改进。6 网络信息资源揭示及其优化研究本章节笔者深入探讨了网络信息资源描述的必要性，全面总结了以机读目录（MARC）格式和以元数据（metadata）方式揭示与描述网络信息资源研究的现状，介绍了网络资源编目项目、856字段以及MARC格式的修改等，笔者认为：运用MARC机读目录格式来著录网络资源，其数据质量高，但制作数量却远远跟不上信息资源增长速度，目前以专业资料著录人员来整理网页的方式，只能应用于小型的、特定的主题网页资源的整理上。同时，笔者全面总结了元数据特别是中文元数据研究与应用现状，着重探讨了网络信息资源描述的优化措施，主要有：应用与借鉴目录学方法；普及与推广中文元数据标签在搜索引擎与网页描述的应用；加强对网络资源描述的权威控制；广泛开展合作编目；及时更新文献编目课程教学；实现标准化与兼容化等。

【中文题名】中国出版企业竞争力研究

【英文题名】Competence of Chinese publishing house

【论文作者】姚永春

【指导老师】曹之

【学位授予单位】武汉大学

【内容摘要】图书出版机构在本质上是商品的生产者和经营者，是“市场中的企业”，竞争是其最基本的市场行为。20世纪90年代以来，出版全球化的发展及出版技术的进步，进一步凸显了竞争在出版经济活动中的重要性。为了使中国出版企业能在竞争中立于不败并不断发展，中国出版理论界对出版竞争展开了从实践到理论的多方面研究，“出版企业竞争力”作为一种全新的竞争理论因而浮出水面。这一理论突破了长期以来出版竞争研究偏重短期行为的局限，将研究视角放到了出版企业长期竞争优势的建立和可持续发展上，对中国出版企业在新世纪的发展具有深刻的理论意义和实践指导价值。本文旨在汲取和借鉴企业能力理论的基础上，以图书出版企业为对象，从理论上分析出版企业竞争力的内涵、特征及功能，探讨出版企业竞争力的形成机制和培育途径，并结合中国出版企业的实际情况提出一些可供参考的培育和提升竞争力的意见和建议。全文分6个部分对出版企业竞争力的相关问题进行了阐述。1. 出版企业竞争力概述。出版企业竞争力是指出版企业在激烈的图书市场竞争中以特有的竞争方式，在有效利用甚至创造出版资源的基础上，在生产、经营和服务方面比竞争对手更有效能、更有效率地满足市场和读者需求，使出版企业资产增值、效益提高，进而实现持续发展的能力，具有开放性、动态性、系统性和战略性4个基本特征。出版企业竞争力的强弱会直接影响出版企业的现实运作和未来走向，决定出版企业的前途命运。强劲的出版企业竞争力能通过提高出版企业的市场竞争位势、使出版企业获得超额收益来有效地提高出版企业的经济效益，并能通过核心竞争能力、优秀的出版企业文化、防止学习外溢的机制及快速反应机制等维持出版企业的长期竞争优势。2. 出版企业竞争力因素分析。出版企业竞争力是由一系列因素决定的，这些因素既包括出版企业内部的微观因素，也包括外部环境因素。各种因素对出版企业竞争力的形成和发展都有或大或小的影响，可能增强也可能削弱出版企业竞争力。只有深入了解这些因素的基本作用，出版企业才能更好地培育和提升自己的竞争力。对出版企业来说，最值得关注的竞争力因素有：资源禀赋因素，这是出版企业竞争力形成的物质基础，其中，人力资源、技术、资本、版权资源及品牌资源是21世纪出版企业构建竞争力的关键资源要素；图书市场因素，尤其是图书市场需求和图书市场竞争因素，会直接影响出版企业竞争战略的形成和发展；出版企业组织因素，主要包括组织结构和内部管理两个方面；企业文化因素，这是出版企业竞争力的根基，是出版企业持续发展的核心力量；出版管理体制，包括出版管理宏观调控体系和出版管理宏观调控机制两个方面，它决定出版企业从事经营管理活动的制度环境，只有与出版业发展相适应的出版管理体制才能促进出版企业竞争力的提高。3. 出版企业竞争力的形成机制。出版企业竞争力的形成是一个多种因素综合作用的复杂过程，在这个过程中，学习机制和创新机制发挥着积极作用。学习是出版企业竞争力之自我动力，构建出版企业的组织学习机制，加强学习是出版企业建设的“题中之义”，因此，把出版企业建成学习型组织既可行又必要。创新是出版企业改善图书市场环境和利用出版企业剩余生产能力的重要手段，是提高生产效率和图书市场占有率的有效途径，它能全方位地提高出版企业素质，给出版企业创造出奇制胜的机会，是出版企业竞争力之不竭动力。出版企业的创新活动既涉及技术性变化的创新，也涉及非技术性变化的创新，本文重点剖析了出版企业在图书产品、图书市场、组织和管理等4个领域的创新活动。创新能力和创新文化的共同作用构成了出版企业不断循环增值的创新机制并贯穿于创新的整个过程，从而促进了出版企业创新活动的产生和发展。此外，出版企业的人才激励机制和公共关系活动对出版企业竞争力的形成和发展也起着重要的保障作用，是出版企业竞争力形成机制中不可忽视的部分。正是学习、创新与保障活动三方面的相互作用，构成了出版企业竞争力的生成—发展—维护—再造机制。4. 出版企业核心竞争能力的构建和提升。出版企业核心竞争能力是扎根于出版企业之中、能够产生竞争优势、竞争对手不易模仿的知识和技能体系，它是出版企业竞争力的中坚，是处于核心地位的、影响全局的特殊能力。核心竞争能力是出版企业多种竞争能力整合的产物，具有价值优越性、知识性、整体性、异质性和辐射性等5个基本特征。出版企业构建核心竞争力首先要根据占用性、耐久性、转移性和复制性4个标准对核心能力进行识别；然后再将核心能力与企业的各种竞争力要素进行整合，开发核心产品，形成核心价值观；考虑到效益限制线的作用和核心刚度的存在，出版企业必须不断地重新打造核心竞争力。在本节的最后，作者还为出版企业构建和提升核心竞争力提供了一个工具：读者产品认知矩阵和出版企业能力有效性矩阵。5. 出版企业竞争力的培育模式和经验。出版企业培育竞争力的基本模式有内部培育和外部交易两种。本文通过对新中国成立以前商务印书馆成功的经验分析，探讨了出版企业内部培育竞争力的方法和途径，指出出版企业竞争力的培育要建立在核心能力之上，要考虑能力与市场的关系，明确培育任务、培育基础和具体方式。同时，通过对20世纪80年代以来西方出版集团兼并活动的分析，论述了收购兼并对出版企业竞争力的贡献以及出版企业应当如何利用外部交易培育竞争力的问题。另外，鉴于出版业正面临从竞争向竞合的过渡，本文介绍了战略联盟这种新的企业关系，希望能对出版企业培育和提升竞争力有启发意义。最后，本章就出版企业培育竞争力应该注意的一些问题作了简要的分析。总之，不论出版企业采取何种方式和途径培育竞争力，都必须根据自己的实际情况和发展战略选择合适的方法和途径，探索有自身特色的培育模式。6. 中国出版企业竞争力的提升策略。20世纪90年代以来，中国出版企业面临的竞争环境表现出竞争主体多元化、竞争强度增加、媒体选择范围扩大、出版业向内容产业演进以及上下游企业讨价还价能力上升等多方面的新特征。同时，由于产权制度改革滞后、创新机制缺乏、人力资源管理制度不完善、内部组织框架不合理、管理模式不科学以及外生性扩张机制缺位，导致中国出版企业与国际知名出版企业相比，竞争力处于较弱态势。两方面的因素决定了培育和提升竞争力是中国出版企业在未来的国际竞争中实现可持续发展的根本出路。所以，必须通过调整出版产业组织政策、规范图书市场竞争行为，创新人力资源管理、重构组织管理体系，培育核心产品、整合营销资源等多方面的努力，尽快培育和提升中国出版企业的竞争力。

【中文题名】中国古籍版本学的发源及形成时期考辨

【英文题名】Study on the origin and establishment period of Chinese textual bibliography

【论文作者】李明杰

【指导老师】曹之

【学位授予单位】武汉大学

【内容摘要】长期以来，对于中国古籍版本学形成时期的判断成了制约古籍版本学史研究继续深入的一个瓶颈。国内学者各执一词，远者认为先秦就有了版本学，近者认为版本学才刚刚着手建立，其间又有“西汉”、“宋代”、“清代”诸说。且在已有的为数不多的研究成果中，或语焉不详，或论据不足，缺憾甚多。这种观点相去甚远的论争造成长期僵持不下的局面，实在有碍于对版本学史进行更深入的探讨。在版本学起源问题认识上的混乱不堪，最根本的原因还是对版本学形成时期的判断标准缺乏一个理论规范。本文分上、下两编共七章，紧扣“中国古籍版本学是研究古籍版本源流以及古籍版本鉴定规律的一门学科”这一基本命题，从史料挖掘和理论论证入手，运用唯物辩证法和历史唯物主义的观点，对古籍版本学的发源及形成时期进行全面考察和研究，得出了古籍版本学形成于宋代的结论。上编（第1-3章）为中国古籍版本学发源考。本编认为，版本学的形成是一个由量变到质变的渐进过程，是由多种因素交织在一起共同作用的结果，其中先宋以来同书异本的差别是版本学得以形成的根本动因，善本观的产生为版本学的形成提供了理论因子，“广勘异本，择善而从”的学术传统则为版本学的形成提供了实践支持。第1章从文献的制作、传播方式，及社会因素两方面对先宋以来同书异本现象的产生原因进行了深入分析，认为古籍的制作和传播方式决定了同书异本产生的必然性，而导致同书异本产生的其它社会因素也很多，诸如文字本身的差异、誊抄副本的传统、剽窃作伪的行为、佛经的翻译和流传、历代书厄、学术论争、避讳、规避时政等。所有这些因素综合交织在一起，加剧了同书异本现象的产生，为版本学的形成提供了内在动因。第2章对善书观的演进及”本”的概念的形成过程进行了考察，认为善本观是这两者相融合的产物，而这个融合过程直至宋代才完成。自先秦至五代，善书观的演进过程主要呈现出三个特征：先是从时间上来评判，以期获得图书版本的第一印象，历史上多表现为崇尚古本、正本；其次是从内容上来评判，表现为重视精校覆勘本，表明对实用性的考虑在我国古代善书观中占有相当重要的地位；再次，在前两者得到一定程度的满足后，对图书版本形式美的追求便活跃了起来。本章还对版本学意义上的“本”的概念的形成依据进行了分析，认为“本”有总称和专称之分，通过对刘向的校勘原理及对“本”的词源的考察，对“本”的概念产生于西汉的说法提出了质疑。通过发掘大量史实，本章认为“本”的概念形成于南北朝，且与佛经的传入有极大的关系。第3章从官定正本、私家校雠、遍注群书、史志目录等四个方面对先宋以来我国文献整理的历史进行了纵向考察，将历代学人在各种文献整理活动中逐渐摸索出来的一套研究程式归结为“广勘异本，择善而从”，其精神内涵就是求“真”、求“实”、求“善”。它为版本学的最终形成提供了外来动力和实践支持，是古籍版本学得以形成的优良学术传统。下编（第4－7章）为中国古籍版本学形成时期辨。本编先从学科外围入手，分析了版本学形成所需要的物质条件和学术基础，继而对学科构成的基本要件，如研究对象、核心研究内容、理论及研究方法、学科的具体表现形式等进行考察，论证了版本学形成于宋代的观点。第4章探讨了版本学形成所必需的物质和学术基础。任何事物的发展都是一个由量变到质变的过程，版本学的形成也不例外。先秦至宋代的历史进程，实际上也是版本学得以形成的社会基础的积累和成熟过程。两宋雕版印刷的普及和繁荣带来的版本种类、复本数量的空前增加，导致同书异本现象的普遍化和社会化，为版本学的形成提供了天然的物质基础。而宋代官私藏书的丰富、校勘事业的发达、目录学的兴起以及整个宋代学术的繁荣则为版本学在宋代的形成提供了坚实的学术基础。第5章对版本学研究对象进行了探讨，将它规范为“同书异本之间可能存在的一切形式差异及文本内容关系的总和”，认为版本学研究对象的确立也是一个历史过程：南北朝时期“本”的概念的形成为版本学研究对象的确立提供了基本“内核”，而宋代“版本”一词的首次出现及其外延的扩大化则为版本学研究对象的最后确立提供了恰当的“外壳”，学术术语的形成和规范使用也为宋代版本学研究对象的最终确立提供了佐证。继而从版本学的学科特性出发，对版本学两大核心研究内容（考订版本源流和鉴定版本）在宋代的确立过程进行了详细的考察，通过大量史实的列举，论证了宋人实已开始对广义版本源流和单书版本系统进行考订，其鉴定版本方法可归结为内容鉴定法和形式鉴定法两大类，于后世均有开创意义。第6章考证了“善本”在宋代的首次出现时间，对宋人的善本观进行了探讨。宋人善本观与先宋模糊的善书观相比日趋明朗，其总体特征是对内容完整无误之本的追求，具体表现为崇古本、旧本、写本，尊官本，嗜金石拓本，重精校本，求足本、完本。另外，对于版本外在形式的美观，宋人也有了更高的追求。值得指出的是，宋人的善本观在具体的文献环境下还呈现出灵活变通的特点，说明其已接近成熟。宋人的版本学研究方法可分为专门研究方法和一般研究方法。专门研究方法指的是考订版本源流时采用的序跋法、图表法，鉴定版本时采用的内容鉴定法和形式鉴定法等；一般研究方法指的是不为版本学所专有，可同时被多门学科所共享的研究方法，就宋代版本学而言，包括文献考证法、会通法、阙疑法等。第7章将宋代版本学的表现形式分为分散形式和集中形式两大类，分散形式包括序、跋、叙录、校勘记等，其特点是历史悠久，数量众多，分布面广，有关版本学的论述或隐或显，参差不齐。集中形式主要指的是版本目录和版本专著，特点是开宗明义，版本学主题鲜明突出，论述较为集中，涉及版本学的各类细节问题。重点对宋人晁公武《郡斋读书志》、尤袤《遂初堂书目》、陈振孙《直斋书录解题》、曹士冕的《法帖谱系》进行了细致解剖，详举了它们在版本学方面的成就，指出版本目录及版本专著在宋代的首次出现是版本学形成于宋代的最直接的证据和最具体的标志。结束语部分对宋代版本学在中国古籍版本学史上所处的特殊历史地位进行了评估，指出了它与鼎盛时期的清代版本学相比表现出来的不足。附录1提供了宋代版本学家知见名录。附录2提供了中国古籍版本学论文索引（1949～2002）。

【中文题名】中国出版企业竞争力研究

【英文题名】A study on the competitiveness of Chinese publishing enterprises

【论文作者】贺剑锋

【指导老师】彭斐章

【学位授予单位】武汉大学

【内容摘要】竞争是永恒存在的，而且是排他的，生物界是这样，企业界也同样是这样。如果每一个企业都能够无限地成长，那么在一个有限的地球上，整个市场规模的增长也是无限的，而这种情况是永远不会发生的，所以竞争最终是此消彼长。竞争是市场经济运作和经济发展进程中的一个恒久主题，随着企业改革的深化、市场化进程的加快、科学技术的进步、经济全球化，加入世界贸易组织之后的中国企业面临日益激烈的市场竞争。市场经济是竞争经济，社会主义市场经济同样是竞争经济，而在市场经济中，竞争主体是企业。企业之间的竞争构成市场竞争最基本的层面。我们要研究市场经济不能不研究企业，而研究企业不能不研究企业竞争力。我国图书市场经过20多年的快速发展，2001年出书达154526种，市场化程度进一步提高，市场短缺宣告结束。从整体而言，我国图书市场已进入过剩经济和买方市场的格局。2001年底，我国加入WTO，我国出版业开始向世界市场开放。我国政府承诺在入世后一年之内有条件放开零售权，三年之内放开批发权。尽管我国不承诺开放编辑出版等内容环节，但国际出版商通过各种合资合作方式已开始对我国出版企业施加影响。贝塔斯曼已开始和国内出版社合作出版图书，美国IDG在我国已经合资创办10多种电子和消费类期刊。由于出版业在我国仍然带有强烈的意识形态特征，我国出版业在由计划经济向市场经济转轨过程中面临许多难题。在国内各种产业中，出版业由于过度的保护和限制，整个行业的管理水平和市场化程度相对较低，整个产业的竞争力相对较弱。现代科学技术的发展也对出版业造成很大影响，尤其是电子出版、网络出版、网上书店，有人认为是传统出版业的终结者，但也有人认为仅仅是传统出版业的有益补充。自20世纪80年代以来，有关国家、产业、企业等各个层面竞争力的研究开始繁荣起来。早在1980年，世界经济论坛开始讨论国家的国际竞争力问题，到1986年开始形成一个相对完整的国际竞争力体系，自此许多国家和机构纷纷投入国际竞争力研究，研究成果层出不穷。真正使竞争力研究为世人瞩目的是世界上著名的竞争战略专家迈克尔·波特，他通过对产业结构的分析，通过分析产业竞争强度，来研究企业在产业中的竞争地位。他认为产业结构特征决定了企业在产业内的竞争定位状态和赢利水平，因此，企业选择一个正确的产业进入是获得竞争优势的关键。迈克尔·波特写了著名的“竞争三部曲”，《竞争战略》、《竞争优势》、《国家竞争优势》。他认为一个产业内存在5种竞争的作用力：新的进入者的威胁，替代产品或服务的威胁，买方的侃价能力，供应商的侃价能力，以及现有企业之间的竞争。20世纪90年代开始，普拉哈拉德等又提出核心竞争力的概念，进一步丰富了竞争力研究的有关内容。但遗憾的是，我国出版领域，无论是理论界还是企业界，对竞争力的研究十分薄弱，而且主要集中在对波特的竞争作用力分析和普拉哈拉德的核心竞争力分析。从竞争环境、产业竞争作用力分析、竞争政策、企业的核心竞争力等方面全方位研究我国出版企业的竞争力的成果还没有。本文的第一部分主要研究中国出版业的宏观竞争环境，也即进入21世纪后，中国出版业生存与发展的大环境。首先，中国出版业已经进入买方市场和过剩经济的阶段。在买方市场中，买方处于主导和支配地位。各出版企业为争夺出版资源、市场资源、读者资源所进行竞争越来越激烈，千方百计扩大自己的市场份额和企业规模。其次，中国出版业面临经济全球化下的国际竞争。经济全球化已经成为一股不可阻挡的世界潮流，融入全球化就是融入世界经济发展的主流，加入WTO已经昭示我国政府面对全球化的积极态度。我国政府对出版业的管制也将逐步放松。我国出版企业在面临国内企业国际化的同时，也将面临国外企业国内化的竞争。当然，全球化的深度和潜力会因各行业的不同而不完全一样的。出版业的国际化程度和潜力要比一般纯粹竞争性行业小得多，这是由图书本身一系列特征决定的。我们要根据出版业的特征，制订全球化的策略。第三，由于我国国情和出版业的意识形态特征，我国出版业的市场化程度仍然偏低。这已经大大阻碍我国出版产业的发展，使我国出版产业与知识经济的发展和要求不相适应。我们必须转变观念，我国政府也要转变对出版业的管理方式。第四，新技术革命将给传统出版业带来巨大变化，其中主要是电子出版、网络出版、网上书店的兴起。有人认为，电子出版与网络出版是传统纸质出版的终结者，作者不同意这个结论。作者认为，电子出版与网络出版既是传统纸质出版的竞争者，也是促进者。尤其是网络书店，正成为图书发行的主流渠道之一。论文的第二部分主要研究出版产业内竞争和产业组织优化。首先，分析了出版产业的经济特征，运用迈克尔·波特的竞争理论，分析了出版产业内的5种竞争作用力。作者认为，出版产业属于分散型产业，出版社的规模优势并不明显。在出版产业中既可以有大出版集团的存在，也可以有大量中小出版社的存在，出版业的集中度远没有其他产业高。其次，分析了我国出版业目前的竞争特征，我国出版业正由垄断竞争过渡到相对自由竞争、公平竞争的时代。作者分析了我国出版产业组织结构存在的问题和优化的途径，认为我国要适当增加出版社的进入数量，以增加产业竞争强度。要允许大、中、小出版社共同发展，但要注意培育与扶持几个具有国际竞争力的大型出版企业集团。对一些热点问题，诸如集团化问题、母子公司治理结构问题、资本运营问题提出了自己的看法和建议。论文的第三部分讨论了出版企业核心竞争力的两个主要方面，出版产品与市场。首先，作者认为，出版企业无论大小，要想获得持续、健康的发展，必须形成自己的核心竞争能力。出版社是以其所出图书著称于世的。图书质量是出版社的生命。但在市场经济和买方市场条件下，分销渠道的控制越来越重要。渠道同样构成了出版社的核心竞争力。其次，作者重点分析了出版业的成本优势、歧异战略与多元化经营能力、品牌战略、出版物流与渠道控制、出版社的客户关系管理、图书的4C营销策略、连锁经营等方面的问题。论文的第四部分讨论了出版企业的人力资源战略与企业组织变革。要成为国内一流的出版社必须具有国内一流的人才，要成为世界一流的出版社必须具有世界一流的人才。作为知识型企业，出版社的绝大部分价值是由人力资本创造的。出版社的管理就在于最大限度地挖掘人力资本的价值。但知识分为显性知识和隐性知识。显性知识是经过编码的，可以为许多人共同使用。而隐性知识只存在于人的头脑中。挖掘人的隐性知识才是知识管理最重要的。作者提出要通过培训提高企业的人力资源价值；要设计有效的激励机制，激发员工的创新精神。当环境快速变化的时候，组织也必须变革，否则，组织就会走向末路。组织创新的目的，就是要通过改变不合理的组织形态，提高组织的效能和适应环境的能力，更好地为实现组织的目的服务。在分析传统出版企业组织存在缺陷的同时，提出现代出版企业组织应该成为柔性化组织、扁平化组织、网络化组织、分权化组织。论文着重强调，出版企业是典型的知识型企业，应该建立学习型企业。现在整个社会正成为一个相互学习的社会，未来组织唯一的竞争优势可能就是比竞争对手学习得更快的能力。个人需要学习，组织同样需要学习。要将个人学习和组织的学习结合起来。为此，出版社的领导应成为知识型主管，在企业内创造一个开放的知识交流体系，鼓励员工个体学习和自我超越，建立共同愿景，改善心智模式，学会系统思考。

武汉大学2004年
博士学位论文摘要

【中文题名】硅谷模式及其对中国光谷发展的启示研究

【论文作者】王志章

【指导老师】马费成

【学位授予单位】武汉大学

【内容摘要】该文通过文献研究、实地考察、对比分析，较系统地研究了硅谷、“硅谷模式”、其形成的历史背景以及构成“硅谷模式”的基本要素，分析了硅谷成长的社会生态系统，回顾总结了自上个世纪90年代以来硅谷信息经济的特点、存在的问题以及中国高新区和科技园区建设的情况，对比分析了中国光谷和美国硅谷之相同与不同之处，从而得到一些有益于中国光谷发展的启示。该文共分为5个部分：1、硅谷、硅谷模式及其形成的历史背景。即对硅谷及其模式进行历史性的背景分析。经过几十年的建设发展，硅谷不仅仅只是一个自然地理概念上的狭长谷区，它已经成为名副其实的技术硅谷、文化硅谷、市值硅谷，是世界著名的高科技中心。2、硅谷发展的社会生态系统分析。研究硅谷发展的内部系统。综观硅谷的发展，硅谷社会生态系是一个创业和创新的国际性场所。从一开始，硅谷就没有任何政府号召，完全靠内在的创新环境，不断地吸引着来自世界各地的淘金者。这些淘金者在硅谷能够充分展现和实践自己的聪明才智，充分实现各自的人生价值，从而努力创造自己的事业，推动硅谷的兴旺发达。可以说，硅谷的形成和发展完全来源于自身生态系统内的生机和活力。这里的文化哲学、创新机制、商业运作方式、社会服务体制、风险投资等，构成了一个强大的社会生态圈，它像一块块磁铁深深地吸引了各国，它们或效仿，或借鉴，或前来淘金。3、硅谷10年来信息经济的特点。分析10年（1994~2004）间硅谷信息经济的特点、存在的问题等。进入20世纪90年代，全球掀起了一股信息革命的浪潮。10年来，全球多极化的格局正在形成，经济全球化的步伐加快，单边贸易体系已经成为历史，经济多元形态异常活跃，带来众多的创业机会，但也伴随着更快的技术创新、更短的产品寿命周期、更快捷的资本流动和更激烈的人才竞争。4，中国高新区与科技园区建设。该部分回顾总结中国高新区不同历史阶段的成就和特点以及近几年以“中国光谷”为龙头的科技园区的建设情况。中国科技园区建设始于上个世纪80年代兴起的经济技术开发区和高新技术产业开发区，伴随着改革开放的历程，走过了漫长的岁月，取得了令人瞩目的成就，并在中国高科技和信息经济领域占有重要位置，起到了快速孵化产业集群的龙头作用，培植新经济增长点的催化作用，拓宽出口创汇的拉动作用，加强交流与合作的桥梁作用。5、中国光谷与美国硅谷比较分析中的启示。通过美国硅谷和中国光谷跨时空的对比分析，我们可以从中得到一些有益于中国高新区和中国光谷建设的启示。

【中文题名】出版物网络营销研究

【论文作者】余世英

【指导老师】胡昌平

【学位授予单位】武汉大学

【内容摘要】在该文中，作者从分析出版企业营销环境的变化入手，探讨了出版物网络营销的基本理论，全面系统地论述了在网络环境下开展出版物营销活动的各种方法和策略。论文的主要内容如下：1 引言 在这一部分中，作者从分析国内外出版物网络营销的发展现状入手，对中国出版物网络营销的发展过程进行了实事求是的总结和概括，既肯定了成绩，也指出了不足。此外，通过对近几年国内外相关研究成果进行疏理，提出了该文的一些研究思路和研究方法。2 出版物网络营销理论及其应用 在这个部分，作者从分析网络环境所带来的时空观念、信息传播模式、市场性质、消费者行为、企业经营观念等方面的变化着手，进一步探讨了在网络环境下开展出版物营销活动的一些基本理论。同时为了说明这些理论的重要指导意义，作者还对它们在出版物网络营销的战略模式、网络广告、E－mail 营销等方面的应用展开了深入的研究。3 出版物网络营销环境与市场组织 该部分的研究内容具体包括：出版物网络营销的一般环境分析、书业网站的建设与推广、网络读者研究、出版物网上市场细分与市场组织。4 出版物网络营销的产品与产品经营 作者首先从不同的角度对网络营销的出版物产品的内涵进行系统的分析与研究，在此基础上进一步论述了出版物网络营销的产品定制策略、服务策略、价格策略。5 出版物网络营销的渠道与物流管理 作者首先论述了网络环境下出版物营销渠道的变革以及中间商职能的转变，然后进一步分析了出版物网络营销的各种不同渠道及其选择策略，最后对出版物网络营销的物流组织与管理进行了深入的研究，并提出了解决出版物网络营销的物流问题的两种新方案。6 发展中国出版物网络营销的对策研究 该部分首先分析了发展中国出版物网络营销的战略意义，在此基础上进一步探讨了影响中国出版物网络营销发展的各种因素，最后分别从宏观层面和企业微观层面提出了发展中国出版物网络营销的一些对策。

【中文题名】中国国家信息政策法规体系构成研究——基于“国家信息政策法规数据库”的实证分析

【论文作者】杜佳

【指导老师】马费成

【学位授予单位】武汉大学

【内容摘要】该文尝试着运用数据库整合及实证分析方法，从崭新的角度对中国国家信息政策法规体系进行了探索性研究。全文分为五个部分：第一章为“国家信息政策法规数据库”的结构及其数据实现。首先，在总结前人研究成果的基础上对国家信息政策和信息法规的涵义以及信息政策与信息法规间的关系给予了详细阐述。其次，在综合考虑该文研究需要以及作为一项数据库产品的长期适用性和针对多种用户的信息服务功能后，确定了“国家信息政策法规数据库”的基本功能及信息组织方法。“国家信息政策法规数据库”的基本功能包括信息录入及修改功能、（简单和对比）信息检索功能以及（简单和对比）信息统计分析功能。在此基础上，该文详细论述了中国、美国和欧盟现行（国家）信息政策法规数据的收集整理过程，包括美国和欧盟信息政策法规的类型，中国、美国和欧盟信息政策法规的数据来源、数据筛选原则、检索关键词的确立、信息政策法规数据的获取和处理等。“国家信息政策法规数据库”的建立，为全文的实证研究奠定了坚实的基础。第二章是中国国家信息政策法规建设现状分析。首先详细阐述了中国国家信息政策法规制定、执行及监督机制。其次从多个角度对“国家信息政策法规数据库”中收录的中国国家信息政策法规数据进行了实证分析，全面揭示了中国国家信息政策法规建设取得的成就及存在的不足。实证研究结果显示：中国国家信息政策法规建设起步晚，发展快，不仅数量上形成了一定规模，而且内容涉及广泛，在信息资源、信息产业和信息市场、信息网络、知识产权、信息技术、信息安全等重要信息领域都取得了可喜的成果。第三章是美国、欧盟信息政策法规建设进展及其启示。通过对"国家信息政策法规数据库"中收录的美国和欧盟现行信息政策法规数据的实证研究，系统地阐述了美国及欧盟信息政策法规体系建设的进展。第四章是中国、美国及欧盟信息政策法规体系建设比较研究。第五章是中国国家信息政策法规体系框架研究。综上所述，在该文的研究过程中，首先建立了"国家信息政策法规数据库"，全面收录中国、美国及欧盟的信息政策法规；并在此基础上，通过对该数据库数据的实证分析，对中国、美国及欧盟的信息政策法规建设进展以及中国与美国、欧盟相比在信息政策法规建设方面存在的差异进行研究；同时立足国情，结合中国信息化建设的现实需要，构建了中国国家信息政策法规的体系框架。

【中文题名】我国图书情报事业发展中的信息资源战略研究

【论文作者】贾君枝

【指导老师】胡昌平

【学位授予单位】武汉大学

【内容摘要】该文借鉴战略管理过程模型，按照战略目标的构造、战略的制定与实施、战略评价的顺序组织论文。主要分为五个部分，内容如下：第一部分：图书情报事业中信息资源战略地位分析。信息资源是社会发展的产物，并随着社会的发展，作用愈来愈明显。图书情报机构作为信息资源的主要生产者，信息资源战略作用的有效发挥同他们的信息资源建设活动息息相关，因此强调图书情报机构的信息资源组织与开发地位，运用战略管理理论研究信息资源战略，既可推进信息资源建设的可持续发展，又可发挥信息资源在国家可持续发展中的重要作用。第二部分：图书情报事业的信息资源战略目标选择与定位。信息资源的战略目标是研究和制定图书情报事业发展战略的基本依据和出发点，是信息资源战略实施的指导原则和战略控制的评价标准。第三部分：信息资源系统化建设战略模型研究。按照投入资源的要素划分图书情报大系统，分为人力、技术、设备、信息资源、管理、资金要素，把信息资源要素抽出看成一个独立系统，作为图书情报大系统中的子系统看待。第四部分：信息资源战略的实施。信息资源战略目标及战略制定阶段属于思维过程，战略的实施阶段属于行动过程，成功的战略管理离不开成功的战略实施过程，战略实施实为组织内部各层次管理者及员工按照既定的战略目标及其选择的战略来开展机构内部的业务活动，通过有效地运营来实现组织预期目标的活动。第五部分：信息资源战略的评估与控制。信息资源战略的评估与控制是监督检查信息资源战略是否正确，判断战略实施成果，解决战略实施过程中各种未曾预料的问题，保证战略实施活动与战略目标一致性的管理活动。

【中文题名】湖北省信息产业发展研究

【论文作者】黄科舫

【指导老师】陈光祚

【学位授予单位】武汉大学

【内容摘要】湖北省地处中国中部地区，具有九省通衢的枢纽地位，具有一定的传统产业基础。同时，湖北科教发达，拥有良好的人才优势，有着新一竞争的潜在优势。如何充分发挥湖北的资源优势，将潜在竞争力转化为现实的竞争力，在新一轮的产业结构调整中，把握机遇，争取主动，促进湖北省信息产业的健康、快速、可持续发展？该文在全面回顾信息产业发展历史的基础上，分析了信息产业发展的基本规律，总结了全球信息产业发展的基本战略模式，并以上海、广东为例，介绍了中国信息产业发达地区发展信息产业的主要策略及其成功经验。在全面分析湖北省信息产业发展现状的基础上，以产业国际竞争力理论为基础，建立了一套主要以定量指标为基础的区域信息产业国际竞争力评价指标体系，并以此为基础，对湖北省信息产业国际竞争力进行了实证分析；同时，结合中国加入 WTO，详细分析了 WTO 环境对湖北省信息产业发展带来的机遇和挑战。在前述分析的基础上，提出了发展湖北省信息产业的思路和对策。该文第一部分回顾了信息产业的兴起，并简要介绍了信息产业、信息经济、信息化的基本概念及其相互关系。总结了信息产业的基本特征，在考察全球信息产业发展历史的基础上，总结了信息产业不同于传统产业的一般发展规律。该文第二部分从信息服务业、信息技术及设备制造业、产业固定资产投资、研究及技术开发、信息化建设发展等方面全面分析了湖北省信息产业的基本现状。该文第三部分介绍了加入 WTO 后，湖北省信息产业发展所面临的机遇和挑战，并详细介绍了 WTO 有关条款对信息产业发展所带来的影响。第四部分介绍了产业国际竞争力的相关理论，并提出了区域信息产业国际竞争力评价的指标体系。该文第五、第六部分重点介绍了发展湖北省信息产业的战略思路，并分析提出了湖北省信息产业发展的空间布局、行业布局规划。

【中文题名】科研评价方法与实证研究

【论文作者】陈敬全

【指导老师】邱均平

【学位授予单位】武汉大学

【内容摘要】该文在总结国内外科研评价的研究和实践的基础上，对科研评价方法展开系统研究。论文强调理论与实践相结合，重点研究具有较高应用价值的科研评价方法，并结合实际数据进行实证研究。论文从科研评价的信息基础出发，将科研评价方法分为三类：基于专家知识的主观评价方法、基于统计数据的客观评价方法和基于系统模型的综合评价方法。论文按照这种分类分别对同行评议方法、德尔菲法、文献计量方法、层次分析法和综合评价法等科研评价方法展开研究。之所以对这些方法展开重点研究，是因为同行评议方法和文献计量方法是科研评价的特征方法，而德尔菲法、层次分析法和综合评价方法也是在科研评价活动中具有较高应用价值的方法。全文共七章，可分为四大部分：第一部分包括引言（第一章）和科研评价概述（第二章）。引言部分阐述了科研评价方法研究的理论价值和现实意义，系统分析了国内外科研评价方法研究和应用的现状和问题，指出了在理论研究和实际应用之间的空白，分析了这种空白存在的原因，并以此为出发点，阐述了该文研究的指导思想，构建了论文研究的内容体系。第二章介绍了科研评价的几个发展阶段，分析了科研评价的几种主要模式，提出了科研评价应该遵循的原则，并在一般意义上阐述了科研评价的数据收集和检验方法以及评价结果的信度检验和效度检验方法。第二部分对同行评议方法（第三章）和德尔菲法（第四章）等基于专家知识的主观评价方法进行了研究。对于同行评议方法，论文结合国内外同行评议的实践情况，讨论了同行评议方法实施的几种主要形式及其主要优缺点；分析了同行专家选择的主要原则；探讨了同行评议实施过程中的规范与约束问题；并对网络环境下的同行评议方法的发展作了展望。第三部分重点研究了基于统计数据的客观评价方法——文献计量方法（第五章）。第四部分研究了基于系统模型的综合评价方法——层次分析法（第六章）和综合评价法（第七章）。

【中文题名】网络链接分析与网站评价研究

【论文作者】段宇锋

【指导老师】邱均平

【学位授予单位】武汉大学

【内容摘要】该论文是国家自然科学基金资助项目“网络信息计量学的理论、方法与实证研究”（批准号：70273032）的组成部分和研究成果之一。全文共7章，从三个方面对学术型网站的网络链接进行了较为全面的探讨。第一章对目前国内外网络链接领域的研究状况进行了综述；第二、三、四、五章是对网络链接的理论探讨，包括网络链接的研究方法、衡量网络链接的指标体系、网络链接在核心网站测定中的作用以及网站各层的链接特征；第六、七章属于网络链接在科学评价和网站评价中的应用研究，其目的不仅在于探讨网络链接分析在这两个领域的价值，更重要的是检验该研究所建立的方法和运用的指标在实践中的应用。上述各章的主要内容如下：1、网络链接研究的现状及趋势该章阐述了网络链接研究的意义、现状、存在的问题及发展趋势。2、网络链接研究的方法和工具特征方法的形成是一个学科和研究领域成熟的重要标志。目前，网络链接研究采用和借鉴的都是传统信息计量学和科学计量学的原理、方法；而且，对这些方法在网络链接领域的适用性还存在较大的争议，远未形成自身独特的方法体系。3、网站链接的特征研究该章确立了19个与网络链接相关的指标，以抽样所得的20个商学院网站和20个医学院网站为样本，探讨这些指标所具有的特征。4、核心网站与非核心网站链接的比较研究核心网站的测定在理论和实践领域都是网络链接的研究热点。这一章里，我们首先详细阐述了如何以网站被链接数和网络影响因子（Web－IF）确定核心网站，并对这两种方法的优劣以及测定结果的一致性进行了分析。5、网站链接的分层研究网站中不同类型信息的组织和分布是不均衡的。在该章，我们对网站不同层次的功能、文件类型和数量、网络链接的分布特点进行了研究。6、链接分析与大学评价研究该章对网站被链接数和Web－IF在大学评价研究中的作用进行了讨论，并探讨了网站链接各方面的属性与大学综合排名的相关程度，以明确其对提升大学综合排名的贡献率。7、中、美学术型网站链接特征的比较研究通过对中国财经类院校网站与美国商学院网站的对比研究，我们发现两者在网站规模、网站具有的链接数量和网站影响力等方面都存在显著的差异。

【中文题名】基于个性化服务的信息资源组织研究

【论文作者】王翠萍

【指导老师】胡昌平

【学位授予单位】武汉大学

【内容摘要】信息资源组织理论是信息资源管理理论的重要分支，也是信息资源管理的重点课题，随着个性化信息服务的兴起以及现代信息技术在信息资源组织中的应用，信息资源组织理论与实践有待于进一步深化。该文针对个性化信息服务对信息资源的要求，系统研究了基于个性化服务的信息资源组织的理论问题。从个性化信息服务本身的特点及要求着手，提出基于个性化服务的信息资源组织的理念。进而分析基于个性化服务的信息资源组织的目标、原则与规范，接着重点研究了基于个性化服务的信息资源组织的模式，并系统研究了信息资源组织体系的结构与构建问题。文章探讨了基于个性化服务的信息资源整合理论与方法，并结合实例对基于个性化服务的信息资源组织体系进行评价。文中附有图23幅，表2个。全文约15万余字，共分6个部分。

【中文题名】基于Web的信息过滤模型优化及系统实现研究

【论文作者】李法运

【指导老师】焦玉英

【学位授予单位】武汉大学

【内容摘要】该文共分6章，在第0章中对信息过滤的意义、选题依据进行了阐述；回顾并总结了国内外信息过滤理论研究和系统开发的历史、现状，并描述了该文研究的目标、内容和创新。第1章分析了信息过滤的产生与发展、信息过滤的类型、信息过滤的特点、信息过滤与信息检索的联系与区别及其应用领域。第2章探讨了信息过滤的基本流程，对信息过滤过程中的国内外各种相关理论和方法进行了归纳，包括用户需求信息的获取、表征与学习；网络信息的获取、分析与表征；相关性反馈原理和信息过滤中的匹配机制。第3章研究信息过滤模型和系统的基本问题：如基于内容的信息过滤系统结构；基于协作过滤的信息过滤系统结构；基于内容和协作过滤相结合的复合过滤系统结构；基于经济学的信息过滤和基于环境的信息过滤；介绍了各种信息过滤系统的结构和功能特点。第4章讨论了信息过滤模型优化技术。包括过滤系统中用户模型构建技术和网络信息获取、表征技术两部分。在第一部分中概述了用户模型构建的基本原理，分别介绍了用户兴趣文档构建的方法，包括：交互法、基于规则的方法、基于原型的方法、多模型方法、固定文章集法、基于示例的方法和决策树法等。在第二部分中探讨了网络信息获取和表征技术，包括网络信息预处理技术（中文分词机制、HTML分析机制）、布尔模型、向量空间模型、贝叶斯网模型、潜语义索引方法、遗传算法和人工神经网络方法等。第5章开发了一个基于异构多代理的网络信息语义聚类过滤推荐系统，包括系统研制的目的和意义；系统研究的理论基础；系统的功能和结构；系统的实现，并对系统的运行进行了评价，包括系统的优点、存在的不足和未来的研究方向等。

【中文题名】开放数字图书馆研究

【论文作者】丁波涛

【指导老师】董慧

【学位授予单位】武汉大学

【内容摘要】数字图书馆的关键技术是研究数字化信息的有效组织结构，解决各异构系统间的互操作性，形成数字图书馆系统的基础体系结构，以便有效地操作大规模的、分布的数字化信息。开放数字图书馆对OAI的思想进行了进一步的扩展，建立了一种全新的数字图书馆体系结构。它采用了OAI－MHP扩展协议（XOAI－MHP）作为标准协议，将数字图书馆分成多个服务功能组件，组件采用XOAI－MHP实现组件间以及组件与外界的交互。开放数字图书馆具有简单、灵活、开放、模块化、可扩展等优点，可以实现数字图书馆多个层次上的互操作，是一种十分先进的数字图书馆互操作解决方案。该文首先回顾几种重要的、有代表性的数字图书馆互操作技术，并深入分析了OAI的思路、内容、特点。在此基础上，该文详细论述了开放数字图书馆的设计思想、基本服务协议、安全以及版权问题，并根据前面的论述采用J2EE技术实现了一个开放数字图书馆模型。最后该文分析了开放数字图书馆的一些不足之处，并指出开放数字图书馆未来的发展方向。该文共计10万余字，共分为九章。

【中文题名】WWW信息检索可视化研究

【论文作者】文燕平

【指导老师】周宁

【学位授予单位】武汉大学

【内容摘要】WWW信息检索是信息可视化的一个很好的运用领域。首先，信息检索的过程是一个高度交互的过程，用户表达检索需求、浏览检索结果都需要与检索工具进行交互；其次，WWW信息检索中用户面对的是一个复杂的信息空间，单纯利用文本方式难以描述出该空间的结构及包含的内容；第三，检索系统向用户返回的检索结果多达成千上万篇文档，分屏显示的线性排列方式不利于用户获取相关检索结果。WWW信息检索可视化是将可视化技术运用到信息检索中，为用户提供一种全新的方法来实现与信息空间的交互，以一种更直观、更形象的方式来描述大信息空间并可以揭示出文档间的关系，能够根据用户的检索需求，对检索结果分析、处理后从不同层次以可视化的形式提供更有针对性的结果信息。该文全面分析了如何将可视化技术应用在一个完整的信息检索过程中，根据信息检索的方式分析了分类浏览的可视化及关键词检索的可视化。该文从检索理论与认知理论、计算机图形学、人机交互构建了信息检索可视化的理论框架；论述了信息检索可视化的实现原理；提出了一个多层次的信息检索可视化的概念模型、应用模型；根据应用模型实现了中国期刊全文数据库检索的可视化。全文共分八章。该文认为，信息检索可视化的研究是一条正确的路，也是一条尚有待努力克服困难的路。相信随着可视化技术的不断发展、更好的图形布局显示算法的推出以及检索技术本身的改进，信息检索可视化会成为未来检索工具的一种基本功能。

【中文题名】基于供应链的图书营销渠道管理研究

【论文作者】田方斌

【指导教师】曹之

【学位授予单位】武汉大学

【内容提要】基于图书营销渠道管理理论与实践的需要，该文运用供应链管理的理论和方法，从图书供应链管理的角度对图书营销渠道管理的基本理论问题进行分析和探讨. 全文共分七个部分. 1. 图书营销渠道管理研究述评近年来，图书营销渠道管理研究也开始引起业界的关注. 研究者从不同的思维角度对图书营销渠道管理的基本理论问题、图书营销渠道的组织系统和结构、图书营销渠道关系管理、图书营销流程管理以及中外图书营销渠道比较研究等方面进行了较为深入的研究. 该文对这些研究成果作了较为全面的分析. 2. 基于供应链的图书营销渠道管理在较为系统介绍供应链管理理论和方法的基础上，对图书供应链及图书供应链管理进行了界定，分析了图书供应链管理的特点. 3. 图书营销渠道组织设计从静态来看，图书营销渠道是图书传递组织的集合；从动态来看，图书营销渠道是以图书传递为中心的渠道功能、渠道流程、渠道成员合作与竞争的动态交互活动过程. 4. 图书营销渠道成员选择、评价及调整图书营销渠道管理是一个动态的管理过程，对渠道成员的选择、评价及调整是管理活动的重要内容，并伴随这一管理过程的始终. 5. 图书营销渠道控制图书营销渠道控制属于图书营销渠道管理的事前和事中控制. 6. 图书营销渠道冲突管理图书营销渠道本质上是一个基于" 信任一协调" 机制的企业组织集合体，竞争性合作是图书营销渠道关系的本质特征. 7. 图书营销渠道信息系统图书营销渠道信息系统是对渠道信息进行收集、整理、分析、评价、传递，由人、机器和程序组成的人工系统. 该文力图在以下几个方面取得新的研究进展：第一，供应链管理被称为二十一世纪的管理哲学，该文将供应链管理引入图书营销渠道管理研究中，希望对图书营销渠道管理乃至图书营销管理研究有一定的指导意义和借鉴价值. 第二，图书营销渠道管理属于图书营销管理的专题研究，学界尚未有文献进行全面、深入和系统的研究. 第三，在图书营销管理研究中，图书营销渠道管理是最具操作性的研究课题，它对图书营销管理实践的回应程度最高。

【中文题名】美国图书馆数字参考服务研究

【论文作者】韩冬梅

【指导教师】詹德优

【学位授予单位】武汉大学

【内容提要】该文综合采用实地考察、文献研究、网络调查、统计分析和比较研究的方法. 从实践和理论研究两个层面综合研究美国图书馆数字参考服务的研究成果和实践经验. 文章分8章，从4个方面研究美国图书馆数字参考服务现状、美国图书馆数字参考服务系统分析、美国图书馆数字参考服务研究与发展活动，并综合运用上述研究成果结合中国图书馆数字参考服务现状和特殊系统开展数字参考服务的基础，展开应用研究. 全文主要内容如下：1 美国图书馆数字参考服务现状该文第一章研究美国图书馆数字参考服务现状．美国图书馆现代意义的参考服务起源于 Samuel Green（以下称 Green）1876 年撰写的论文" 建立图书馆员与读者的个性化联系"．2 美国图书馆数字参考服务系统分析数字信息资源和数字参考源、数字参考服务技术与软件、参考馆员与用户素质及其培训、数字参考服务标准研制与执行、数字参考服务宏观与微观管理是数字参考服务最基本的组成元素，也是揭示数字参考服务内涵的各个方面．该文第二至第六章通过研究上述各系统元素及其构成，探讨美国图书馆数字参考服务系统及其运作．3 美国图书馆数字参考服务研究与发展活动该文第七章探讨美国图书馆数字参考服务研究与发展活动．重视" 研究与发展" 是美国事业建设的一个特点，美国图书馆发展其数字参考服务也非常重视" 研究与发展"．4 应用研究该文第八章以特殊系统数字参考服务建设为基点，展开应用研究．作者在对中国数字参考服务的研究文献和国内部分图书馆数字参考服务进行统计与分析，介绍中国图书馆数字参考服务重大项目及部分软件工具和中美数字参考服务比较与分析研究的基础上，提出了关于中国图书馆发展数字参考服务的思考。

【中文题名】中国游记文献研究

【论文作者】贾鸿雁

【指导教师】曹之

【学位授予单位】武汉大学

【内容提要】游记是以散文形式记叙、抒写作者亲身旅行游览见闻感受的独立成篇的文献，由游踪、风貌、观感三项基本内容要素和这些要素附着的载体构成．记述内容的真实性、反映自然与社会的广泛性、表达方式的多样性和体裁形式的灵活性是游记文献的主要特征．游记文献有多种类型，按旅游的内容划分，可分为旅行记和游览记；按记述的对象划分，可分为山水型游记和社会型游记；按表现形式与内容划分，可分为文学性游记、学术性游记、记述性游记；按著作形式划分，可分为单篇游记、游记专著和游记集；按体裁划分，可分为赋体、骈体、杂记体以及书信体、序体、日记体、随笔体、通讯体游记等．中国游记文献的发展受到旅游普及程度、社会政治环境和散文文体发展的影响与制约，大致可分为五个阶段：先秦为滥觞期，秦汉 - 南北朝为形成期，隋唐 - 元为发展期，明、清（前期）为繁盛期，近现代（清后期 - 民国）为变革期．成书于先秦的《穆天子传》是目前可知的最早的游记文献．两汉赋体游记成熟，纪游、纪行赋都出现了，独立完整的散文体游记虽未见传世，但东汉马第伯《封禅仪记》的记行、记游部分，结构严整，描写细致，对后世游记文献的风貌描写、游踪记写、道里行程的记述以及日记体游记的形成有重大影响，是汉代对游记文献的贡献之一．目前所知游记文献最早的结集始于南宋陈仁玉《游志》，元陶宗仪接续编成《游志续编》．明代以后结集逐渐增多，形成总集（多人游记集）和别集（个人游记集）两个系列．游记总集以明何镗《古今游名山记》发端，经增扩删削，又有明代王世贞《名山记广编》、慎蒙《天下名山诸胜一览记》、佚名《名山记》及清代吴秋士《天下名山游记》继起，一脉相承，形成"《古今游名山记》系列" 游记选集．《小方壶斋舆地丛钞》是清末王锡祺辑录的一部大型地理丛书，采集清人地理著作 1420 种，其中收录游记文献 686 篇，占全部篇目的 48% 强，相当完备地网罗了有清一代各种游记文献，对游记的保存与流传有着极其重要的意义．游记文献的构成要素与表达方式决定了其多重的价值体系，在文学、美学、科学、历史、思想、政治等方面均具有独到的价值，是蕴涵丰富的信息宝库．游记著作在古代史志目录与官、私藏目录中基本属于史部书，大致集中于别史（或杂史、伪史、霸史）、传记、地理诸类目，也偶有入于史部起居注或子部的．自宋代出现游记结集以来，对游记的整理工作一直在进行，整理的方式主要有重印再版、校注翻译、编选游记集和游记丛书等，取得了一系列的成绩，但同时也存在明显不足：整体上比较薄弱，仍存在许多空白点；缺乏系统性；用力不平衡；整理手段缺乏开拓创新．针对这些不足，为更好地开发利用游记文献资源，当务之急是对现有游记文献进行普查，编制较完备的游记文献目录，加强游记文献的校注、辑佚工作；整合游记信息资源，编纂地方、景点游记索引、文集，利用游记文献编纂各种资料汇编；逐步实现游记文献的数字化，继续推进游记文献的普及工作．文末附《小方壶斋舆地丛钞》游记篇目一览、《民国游记书目》。

【中文题名】中国出版企业无形资产研究

【论文作者】孙强

【指导教师】王余光

【学位授予单位】武汉大学

【内容提要】该文以中国出版企业无形资产经营与管理为研究重心，认为中国出版企业无形资产经营与管理具有两重性，即创新性和特殊性．文章强调规范性理论研究，并结合中国出版企业无形资产发展实践进行了一些实证分析。

【中文题名】产业竞争与政府规制：中国出版业产业组织研究

【论文作者】王晨

【指导教师】詹德优

【学位授予单位】武汉大学

【内容提要】该文关注的是中国出版业的产业垄断、产业竞争以及政府规制问题．在中国出版业改革和发展过程中，值得我们研究的是，出版业的市场化进程是如何发生的，政府和市场扮演何种角色，垄断与竞争的程序如何，市场的运行效果如何，等等．这些，就是该文要探讨的主要问题．由于完全竞争的市场结构过于理想化，在现实生活中几乎不存在，而寡头垄断、垄断竞争是现实生活的常态．与完全竞争相对应，经济学家将寡头垄断与垄断竞争称为不完全竞争．该文研究的就是不完全竞争的市场结构，具体来说，就是中国出版业不完全竞争的市场结构．在完全竞争的市场上，产业被定义为相互竞争的、生产同质产品（即完全替代）的厂商集合．但在不完全竞争市场上，产业被定义为相互竞争的、生产相互替代（近似替代）关系产品的厂商集合．对出版业而言，就是指出版内容相似的出版物的出版社所组成的集合．在经济转轨时期，政府与市场扮演何种角色，发挥何种作用，对经济效率以及社会福利的影响是巨大的．有关这方面研究的学问被称为" 过渡经济学"，有关这方面的理论被称为" 转轨经济理论或过渡经济理论". 既然中国选择了走社会主义市场经济的道路，就应该充分发挥市场在资源配置中的基础性作用，而要保证市场配置资源的有效性，就应该保持市场充分的竞争性. 作者认为，中国出版业市场的演进是市场与政府因素共同作用的结果. 因此，该文的研究思路为：政府与市场的相互作用形成了一种特定的市场结构，而在不同的市场结构下，资源配置效率与社会福利状况是不同的. 从而，该文首先分析目前阶段中国出版业市场结构及其成因，然后通过对历史上不同阶段中国出版业政府规制体制的演变过程的考察，分析当前中国出版业的资源配置效率与社会福利状况，在此基础上探讨中国出版业政府规制的现状、缺陷以及今后政府规制的发展趋势，最后得出该研究的主要结论. 根据研究思路，该文的研究框架为：首先对中国出版业政府规制所存在的产业竞争环境进行实证分析，然后通过历史和现实两个角度考察了中国出版业政府规制制度，对其所存在的缺陷和面临的问题进行了分析，并提出相应的政策建议最后给出结论和政策含义。

中国科学院文献情报中心博士学位论文摘要

【中文题名】自动主题搜索的应用研究

【论文作者】陈定权

【指导教师】朱献有

【学位授予单位】中国科学院文献情报中心

【内容提要】该论文的研究工作主要包含以下四个方面：(1) 研究了主题搜索的基本理论和 Web 主题资源的建设模式，探讨 Web 主题资源自动搜索的相关技术，为自动主题搜索提供一个可行的研究方案，设计出一个 Web 主题资源自动建设的功能框架；(2) 分析和实现了一个新型的多模式字符串匹配算法. 该算法是以确定性有限状态自动机（DFSA）为基础，结合 Quick Search 算法而提出的，可以用来提高主题爬行器的网页分析和 Web 网页分类器的速度. 经改造之后，状态自动机所占用的内存不到标准 DFSA 占用内存的一半，提高了多模式字符串匹配算法的性能. (3) 从社会学、文献计量学和计算机科学角度分析了 Web 超链相关知识，并在经典的 HITS 算法基础上，设计并实现了一个 Web 主题资源的自动发现技术. 另外，利用文献同引和文献耦合的思想，实现了查找相关网页的功能，并与 Google 和 Alexa 提供的类似功能进行比较，分析它们在查找相关网页方面的性能. (4) 分析和设计了一个合作式主题爬行器. 该论文所设计的合作式主题爬行器，利用了 Web 超链信息和隧道技术，可以有效地提高主题资源的覆盖度和主题的准确度，在一不定期程度上克服了一般爬行器的固有缺陷，使得爬行网页的主题覆盖度和主题准确度不再完全依赖于种子站点的数量和质量. 合作式主题爬行器适合搜索某个学科且主题宽泛的 Web 学术性资源. 在研究过程中，作者采用了文献调查法、分解与合成法和实验法等研究方法，对自动主题搜索的应用方面进行了综合性研究. 通过研究，该论文从理论和实践上证明了在目前的技术条件下，Web 主题资源建设的自动化是可行的也是有效的，可以为数字图书馆的 Web 主题资源建设提供方法和技术上的支持. 该论文共包括图 60 幅，表 10 个。

【中文题名】基于学科的中国科学院研究生教育质量保障研究——以图书馆学情报学为例

【论文作者】缪园

【指导教师】徐引篪

【学位授予单位】中国科学院文献情报中心

【内容提要】研究生教育作为一种现代教育制度，从 19 世纪的德国发展起来，到二次世界大战以后，世界各工业发达国家纷纷建立了学位授予和研究生教育制度. 继 60 年代美国等世界发达国家研究生教育发展的高峰期之后，中国也步入了研究生教育的快速发展期. 怎样在研究生规模不断扩大的情况下，保证研究生教育质量的稳步提高，成为世界各国关注的焦点，纷纷采取措施，构建研究生教育的质量保障体系. 该文从世界研究生教育质量保障的历史演进入手，总结了研究生教育质量保障的基本趋向——基于学科的内外部保障机制的构筑，进而从一个正在经历制度变迁的研究生教育机构——中国科学院研究生院，和一个学科——图书馆学情报学的角度，探讨了基于学科的中国科学院研究生教育质量保障的相关问题. 该文分为三大部分，共设 6 章. 第一部分包括第 1、2 章，界定了高等教育质量与研究生教育质量的相关概念，解析了研究生教育质量保障由学术不证自明到质量保证，直至全面质量管理的历史演进过程，阐明了研究生教育质量保障体系是内外保障机制相互作用的结果. 第二大部分包括第 3 章，从国内外研究生教育质量的外部保障机制入手，总结了美、英、日及中国研究生教育质量外部保障的基本走向——基于学科、专业的评估机制，从图书馆学情报学这一学科研究生教育的整体状况出发，概括了教师、生源、课程体系等是图书馆学情报学研究生教育质量外部保障的重点所在. 第三大部分是该论文的重点，由 4、5、6 章组成，聚集于正在经历制度变迁的中国科学院研究生教育，提出质量影响因子理论；探讨制度变迁之后，中国科学院研究生教育的质量保障机制的变化；在对中国科学院研究生教育质量的现状与关键影响因子调查和统计分析的基础上，以图书馆学情报学为例，从自我保障的角度对教师与导师队伍、生源、课程设置及学位论文等关键质量因子逐一进行了探讨；最终从质量保障的制度层面上，提出构建基于学科的，由院学位评定委员会、一级学科分委员会以及培养单位学位评定委员会构成的中国科学院研究生教育三级质量保障体系的基本构想，论述了目标制度、过程制度等的相互依存关系，并就评估机制的有效性和需要进一步探讨的问题进行了讨论。

【中文题名】图书馆数字参考咨询的理论与实践研究

【论文作者】初景利

【指导教师】孟连生

【学位授予单位】中国科学院文献情报中心

【内容提要】数字参考咨询（DRS）是国外图书馆 90 年代中后期迅速兴起的一种新的服务方式，是传统参考咨询在网络环境下的继承、延伸和发展. 它利用网络提供的技术优势，为用户提供方便、及时、高效的咨询服务. 在今天" 网络为王" 的社会环境下，用户对文献的需求和利用图书馆的方式发生了很大的变化，也迫切要求图书馆提供网上咨询，解决在利用文献信息过程中出现的各种问题. 数字参考咨询是网络环境下图书馆深化服务和服务创新的需要. 该文从理论和实践两个方面论述了图书馆开展数字参考咨询服务中涉及的若干主要问题. 理论部分总结了从传统参考咨询到数字参考咨询的演进、国内外数字参考咨询的研究、国内外数字参考咨询的实践发展；实践部分探讨分析了数字参考咨询服务模式、数字参考咨询质量控制与评价、数字参考咨询工作框架的建立与运行. 论文在对参考咨询概念、起源、演变进行简要介绍的基础上，对数字参考咨询的含义、构成、一般过程、各类角色、数字参考咨询服务的意义进行了阐释，并从异同、关系、用户和参考馆员态度等几个方面，对数字参考咨询与传统参考咨询进行了比较. 研究综述部分对国内外的研究文献、研究内容和研究支撑等进行了梳理和总结. 在实践发展方面，介绍了具有典型意义的商业咨询网站、非商业咨询网站和图书馆提供的咨询服务，并对4个典型咨询网站进行了案例试验分析. 关于数字参考咨询模式，论文从基于电子邮件的参考咨询、基于实时交互的参考咨询、基于网络化协作的参考咨询、基于多种模式共存的参考咨询和自动化解决方案等5个方面进行了考察和研究. 质量控制是数字参考咨询成功的关键. 论文从技术标准、行为规范、问题限定、咨询专家、参考源的使用、答案的质量、答复方式、答复时限等方面进行了阐述. 最后，论文从建立和运行数字参考咨询工作框架的需要出发，从管理保障、技术保障、人员保障、法律保障的角度，提出需要关注和解决的4个方面的22个问题. 论文以作者对331名科研用户需求和行为取向的问卷调查为基点，通过对国内21个大型图书馆和国外9个图书馆的问卷调查比较分析，探讨了中国图书馆在开展数字参考咨询存在的问题和解决办法，提出了建立和运行数字参考咨询的工作框架. 该文共包括图43幅、表19幅、附录6个。

【中文题名】基于统计的文本分类技术研究

【论文作者】程军

【指导教师】沈英

【学位授予单位】中国科学院文献情报中心

【内容提要】随着互联网的发展，公众即感到信息资源十分丰富，同时又感觉想找到所需的信息相对较难. 作者认为原因之一是现有的信息系统还没有能够对信息资源进行有效的组织管理，解决此问题的途径很多，内容管理是其中之一，而文本分类则是所有基于内容的文本信息管理的基础，因此作者在参与" 中美百万册书数字图书馆"、" 国家科学数字图书馆" 等研究项目的同时，从理论、技术、实践三个方面对文本分类进行了深入的探讨，并采用文本分类技术来辅助解决了信息系统建设中资源服务、管理和采集方面的一些问题. 该文通过对分类体系和训练数据进行分析，取得了采用文本分类技术来进行信息资源管理的一些经验. 在信息资源建设方面，该文用" 冗余网页过滤系统" 来说明如何解决资源建设中的重复建设问题，在研究中主要针对算法的时间复杂度和空间复杂度进行了优化，找到了表达一篇文档的最优特征项个数数值，在确保正确率的基础上加快过滤速度. 在" 2002 年 TREC 文本过小组比赛" 案例中，对比了一般类目和组合类目在文本过滤中的不同之处，并通过此案例说明了如何将文本分类技术研究中的成果应用在实际文本过滤系统当中，并得到如下结论：只有将文本分类系统的各方面技术进行综合考虑，才能够最终取得更好的分类效果. 另外，该文还探讨了文本分类和文本检索评价指标之间的关系. 在文本分类领域，有时也采用查全率和查准率作为评价指标，但更常用的是分类正确率. 作者通过例子来说明文本检索中仅仅采用查全率和查准率来评价检索系统所可能存在的问题，然后从理论上探讨了查全率、查准率和分类正确率之间的关系. 要想提高基于内容的信息服务质量，需要在技术方面从根本上提高文本分类算法的正确率，因此该文全面研究了基于统计的自动文本分类方法，包括特征项提取、赋权、分类器构建等问题. 1）特征提取方面主要研究了特征项降维和N元模型，为了对文档进行充分表达，作者对中文文本采用了多层次特征表示方法：系统通过从汉字、常用词表和专业词表三个层次上提取文档的统计特征，从而能够更好地反映文档特征项的统计分布规律，为提高分类正确率打下基础. 2）在特征项赋权方面，该文考察了先前的实验结果，对多种赋权方式进行了实验，如文档频率、信息熵、互信息和X2统计量. 通过分析这些赋权方式之间的理论矛盾和实验结果，作者详细探讨了特征项与类别之间的关系，提出了综合赋权方式，从多方面考虑特征项权重，并取得比单一赋权方式更好的实验结果. 3）在分类器构建方面，主要考察了三种分类器，Rocchio、KNN 和 SVM. 其中 KNN 和 SVM 是公认的较好的分类器. 但作者认为 Rocchio 有其自己的特点，如能够直观地反映每个类的特征，且时间和空间复杂度都较低. 在作者的实验当中，通过对其进行改进，并与特征选择和赋权相结合，系统的封闭测试分类正确率可接近100 %，开放测试正确率也明显提高，接近 KNN 和 SVM 算法. 该文的实验环境采用的是中国大百科全书的原文和分类体系，标准的实验数据既减少了分类体系类目之间的交叉，又保证了文档与分类体系的相关性，从根本上保证了实验结果的可信度。

【中文题名】信息素质理论与教育研究

【论文作者】皮介郑

【指导教师】徐引篪

【学位授予单位】中国科学院文献情报中心

【内容提要】在发达国家，以美国和澳大利亚等为主，由图书馆用户教育和计算机教育等融合发展而来的信息素质（IL）教育已经轰轰烈烈地开展了约近30年. 其间，产生了大量IL理论研究和教育实践成果. IL概念成为一个重要的社会和教育主题，其意义被广为认识和接受. 以图书情报和教育机构为主，政府部门、公司企业和许多专业组织都积极广泛地投入到IL运动（IL

Movement）中. 对 IL 概念的内涵、本质、目标及其实现方法的努力探讨、全国性 IL 联盟的建立和有组织的交流、相关政策和标准的制定，以及大量 IL 计划、项目的开展和实施将信息素质教育不断推向深入，对发达国家的教育改革和培养高信息素质人才产生着深远影响. 事实表明，为适应社会信息化和知识经济的发展，IL 正在成为跨学科和跨行业的国际性重要课题. 在中国，信息素质教育一直以图书馆用户教育和由此展开的高校文献检索教育，以及由教育界推行的信息技术教育（计算机教育）等形式存在. 还没有真正的完整意义上的信息素质教育. 对信息素质及教育的理论研究始于 20 世纪 90 年代中期，尽管出现了相当数量的研究文献，但从总体看，这些研究还停留在较粗浅的层次. 该文对国外主要国家的 IL 理论及教育实践活动进行系统深入的历史研究，借鉴参考其成果和经验，结合国人的认识，讨论 IL 概念的起源、演变发展及其本质内涵，从宏观上探讨信息素质教育的基础理论模式和一般实现途径，结合国情提出中国信息素质教育的对策和建议. 文章的绪论介绍了研究的背景和意义，第二、三章对 IL 概念及其内涵结构展开了彻底的考察，在国内外已有的研究成果和认识基础上，创造性地提出了信息素质过程结构理论和目标结构理论，详细解析了描述了 IL 概念的丰富内涵及结构，为 IL 教育确立了理论框架. 第四章探讨了信息素质教育的一般问题，剖析了其相关概念，讨论了信息素质教育的主要特征和应遵循的原则，并在信息素质过程—目标结构理论的基础上提出了一体化的信息素质教育理论模式，提出可以国外 Big6 技能信息问题解决方案作为实现信息素质教育的一般途径. 第五章和六章分别对国外和国内的信息素质教育实践进行详细考察，讨论了国外可供中国借鉴的成果和经验，并在总结国内存在的主要问题后得出应在中国开展一体化信息素质教育的结论，提出了相关的对策和建议.

【中文题名】XML 引擎研究

【论文作者】向桂林

【指导教师】朱献有

【学位授予单位】中国科学院文献情报中心

【内容提要】XML 从 1998 年由 W3C（World Wide Web Consortium）提出之后已得到广泛的关注，各行各业都在采用 XML 来描述该领域的信息，比如 MathML、CML、VoiceML 等，随之而来的问题是产生大量 XML 文档，应该如何管理这些 XML 文档就成为一个迫切需要解决的现实问题. XML 引擎研究就是根据这个问题提出的研究课题. 该文所做的主要工作有：（1）XML 引擎原型设计. 该文设计了一个 XML 引擎框架，研究了 XML 引擎与 XML 数据库、XML 应用系统之间的关系，以及 XML 引擎存储系统、索引系统和查询系统的各种功能. 存储系统为索引系统提供存储支持，为查询系统提供临时文件的存储，比如索引文件、索引使用的参数文件等；同时查询系统获取源数据时需要访问存储系统. 索引系统分为内容索引和结构索引两部分. 索引系统主要为查询系统服务，为查询系统实现全文查询、布尔查询、路径查询提供支撑；索引系统还提供一些接口，使得外部程序可以不经过查询系统也能访问索引系统. 查询系统分为内容查询和结构查询两部分. 查询系统遵守 XPath 语法，在实现结构查询功能的同时，也把 XML 文档看作一般的文本文件来处理，提供内容查询功能. （2）XML 索引技术研究. 该文研究了对 XML 文档进行内容索引和结构索引的方法，尤其是内容索引和结构索引的有机结合机制. 在内容索引技术中研究了三个问题，即变长记录存储问题，中文词、英文短语的索引问题，提高索引建立速度的问题. 该文提出的结构索引技术采用了四个索引文件来完成对 XML 文档的内容索引和结构索引，研究了四个索引文件的建立方法. 针对结构索引的建造，该文首先阐明了前序 - 后序节点标号法，然后提出了树邻接表的概念，并给出了把 DOM 树转换为树邻接表的办法；最后对树邻接表进行前序 - 后序遍历，得到每个节点的标号，并组装成结构索引文件. （3）XML 查询技术研究. 该文研究了对 XML 文档进行内容查询和结构查询的办法，关键是研究了内容查询和结构查询的有机结合机制. 该文研究了内容查询技术中的三个问题，即简单检索、字段检索和布尔检索. 在研究结构查询技术时，该文提出了五种基本的路径表达式，即简单路径表达式、含序路径表达式、属性路径表达式、含值路径表达式和 K C 路径表达式，该文研究了这五种基本路径表达式的实现方式，通过分析这五种路径表达式的实现，作者提出了四种针对结构信息的基本操作，即 PC 操作、AD 操作、CO 操作和 OR 操作. 在研究方法上，该文综合应用了文献调查方法、逻辑推理方法、归纳总结法和实证法. 针对不同的研究内容，采用不同的研究方法，确保研究过程和研究结果的真实与可靠. 该文包括图 44 幅，表 19 个。

【中文题名】图书馆治理的比较制度分析

【论文作者】黄颖

【指导教师】徐引篪　李炳穆

【学位授予单位】中国科学院文献情报中心

【内容提要】该文应用比较制度分析方法研究图书馆治理，它被定义为" 一定范围内的居民共同获得他们期望乃至珍视的图书馆服务" 的制度安排及其实施过程. 论文包括六部分共九章. 第一部分（第 1 章）为引言. 第二部分（第 2 章）分析了图书馆服务的物理属性，确认了通过集体行为获得图书馆服务的可能性和必要性，指出集体行为的实质是一个政治决策过程，阐释了它的内在困难以及其中的利益冲突. 在第三部分（第 3、4、5 章），论文区分了几种特定的" 一定范围内的居民" 的组织形式（治理单元）——家族、社团、机构（包括大学、学校等）、能够为辖区内居民提供直接图书馆服务的地方政府，以及由以上治理单元组合形成的新的群体，重点考察了大学图书馆治理、美国的自治城市图书馆治理、美国的县图书馆治理以及中国的公共图书馆治理这四类元素型图书馆治理，以及联盟型图书馆系统、统一型图书馆系统、联合型图书馆以及公共图书馆特区等四种组合型图书馆治理的实践性规则. 接下来的第四部分（第 6 章）承上启下，总结了一定范围内的居民共同获得图书馆服务的几种组织形式，以及每种组织形式得以维持，并共同创建和管理图书馆的内在治理机制，指出了组织形式和治理机制之间的一致性. 应用博弈论框架下的制度分析方法，考察了每一种治理机制下利益相关者的博弈关系，提出并分析了四项制度环境因素在其中的重要影响，它们是：" 获得图书馆服务" 的权利观念和权利实践、公共权力的配置结构、图书馆行业性组织以及图书馆立法. 第五部分（第7、8章）系统考察了美国和中国图书馆治理的演变历程，指出美国图书馆治理演变基本上是一个内生、自然、渐进式的过程，对公民权利的尊重和比较完善的民主体制促成了各种利益主体能够实现和谐的共治；而中国图书馆治理演变则呈现明显的外部影响、人力所为和不连续等的特点，公民权利观念淡薄，和现有体制缺乏充分实现公民" 获得图书馆服务" 权利的能力，是人民获得良好图书馆服务的根本障碍所在. 第六部分（第9章）总结了该文的结论，提出" 一定范围内的居民能否和如何共同获得他们期望乃至珍视的图书馆服务" 与一个国家的民主体制存在密切而真实的联系，民主不仅是图书馆发展的目的，它也是图书馆发展的手段，甚至就是图书馆发展本身——图书馆发展的实质应该视为人民不断扩展和深化他们在图书馆公共事务上的民主权利的过程. 该文最后针对中国的现状提出了从制度层面进行改革以完善中国图书馆治理的若干公共政策建议. 正文14余万字，表16个，图20幅。

【中文题名】本体理论及在农业文献检索系统中的应用研究——以花卉学本体建模为例

【论文作者】李景

【指导教师】孟连生

【学位授予单位】中国科学院文献情报中心

【内容提要】该论文在调研了国内外大量文献和网页的基础上，全面研究探索了本体的理论与方法. 阐述了本体的起源、概念、类型和作用，介绍了国内S外关于本体研究的发展现状，应用领域、主要研究机构和研究内容，探讨了本体的相关理论和主要技术方法. 对本体与叙词表，本体与语义网络的联系和区别进行了深入的分析，阐述了本体作为知识组织体系所具有的优越性. 对5个著名的本体系统、7种本体构建方法、15种本体表示语言和5种常见的本体编辑工具进行了系统的阐述和比较研究，并列举了3个国际著名的本体研究应用实例. 为了验证利用本体建立知识组织体系的可行性，论文以花卉学为例，在国内首次设计并构建了一个领域本体模型. 进而为了验证花卉学本体模型的可用性，论文还在国内首次设计并构建了一个具有一定推理功能的花卉学文献试验性本体检索系统。

在线专业论坛

【大学图书馆学报读者沙龙 http://www.lib.pku.edu.cn/guestbook/guestbook－shalong.htm**】** 2001年，《大学图书馆学报》开始在自己网站上发布刊物信息，并开通了一个留言簿也即“读者沙龙”。创建沙龙的目的在于搭建一个编辑、作者和读者交流的平台，即使获取反馈。至2002年，沙龙的讨论主题逐渐增多，并开始出现有深度有水平的讨论。为了引导讨论，促进图书馆学知识传播，编辑部开辟了“e家之言”小栏目，每期摘录一小段沙龙上的言论。同时，沙龙保留旧贴，明确鼓励网友阅读和讨论。由此，沙龙得到快速发展，成为内地整个图书馆界的言论园地和网上研讨图书馆学的大本营，后来也被公认为网络图书馆学阵营第一次集结的完成场所。（周志）

【《图书馆杂志》论坛】 《图书馆杂志》是国内最早拥有网站的图书馆学期刊，其网上论坛位于公共网，而讨论图书馆学的网友大多来自高校，因此教育网连接到公共网的速度较慢和论坛较为烦琐的注册方式使得论坛的帖子更新较慢。

目前在《图书馆杂志》网站上已经不能找到此论坛。（周志）

【E线图情 http://www.chinalibs.net**】** 2002年，e线图情由北京雷速科技有限公司创建，它是面向图情界、图情理论界、图情教学界、图情协会界以及图情企业界和个人提供集数据库服务、深度研究、专业咨询于一体的专业全文数据库，囊括了图书馆事业领域中人物、理论、技术、产品、市场、协会等各个方面的内容。e线图情下设图情人物、理论技术、企业产品、行业协会、用户市场、会议中心、图情单位、图情事业、图书馆利用、风云人物、馆长论坛、研究报告、馆刊集粹、海外图情、Chinalibs电子杂志、个人专栏、图情要闻、行业聚焦、Chinalibs动态、e线速递、产业动态、e线论坛等栏目。（北京雷速科技有限公司）

【老槐也博客 http://oldhuai.blogchina.com**】** “老槐也博客”站点由活跃在图书馆学论坛的意见领袖老槐创立，托管于“博客中国”社区。由于创立者有着较好的图书馆学功底和网络上的号召力，站点创立即得到网友的热烈回应，名声大噪，由此也成为其他网友创建图书馆学博客的效仿对象。相对于论坛，博客的管理更加自主，内容更加个性突出，具有一定的优势。（周志）

【超平的博客 http://mzgw.blogchina.com**】** “超平的博客”由浙江大学信息资源管理系副教授李超平创建，托管于“博客中国”社区。博客分为图林篇、心情篇、读书篇、信息篇四部分，注重对于图书馆学和阅读的思考。站点界面设计人性化，便于阅读，截至2005年11月5日，站点被访问75000多人次，含有文章162篇，成为图书馆界最有影响力的博客之一。（周志）

【大学图书馆学报博客 http://libforum.xmu.edu.cn/tiki－view_blog.php?blogId＝26**】** 作为图书馆学网上论坛的策源地，《大学图书馆学报》于2005年元月创建了“博客：大学图书馆学报”，托管于“网络图苑”，使得学报成为国内图书馆学界最早创办博客的期刊。大学图书馆学报博客用于及时发布学报审稿进度和业界动态，弥补了学报网站的信息更新不够快、信息权威性不能得到保证等不足。（周志）

专业在线论坛一览表

论坛/博客	URL
游园惊梦	http://youmeng. blogchina. com
数图研究笔记	http://meta. blogchina. com
钱涂无量	http://www. qiantu. org
Enjoy Searching	http://bujai. 51. net/blog
编目精灵	http://catwizard. blogchina. com
图谋博客	http://libseeker. blogchina. com/
N 问图学	http://210. 34. 4. 17/tiki - view_blog. php? blogId = 7

（周志）

公共图书馆事业发展年度统计

2003 年各地区公共图书馆

	机构数(个)	从业人员(人)			总藏量(千册(件))							
			高级职称	中级职称		古籍	善本	图书	报刊	缩微制品	视听文献	其他
总计	**2709**	**49646**	**2698**	**13808**	**437761**	**27352**	**2359**	**300239**	**62328**	**13840**	**2526**	**31476**
中央	1	1900	177	578	24117	1919	277	7177	11960	1236	91	1734
地方	2708	47746	2521	13230	413644	25433	2082	293062	50368	12604	2435	29742
北京	25	1192	52	233	9435	500	34	8156	455	3	218	103
天津	31	1095	86	358	8396	554	104	7170	571	9	76	15
河北	147	1686	125	465	11790	601	41	9506	1272	63	61	287
山西	122	1533	51	482	9118	789	133	6314	1752	19	98	147
内蒙古	108	1775	77	494	7068	316	14	5851	784	1	7	109
辽宁	128	2945	155	1143	21151	1040	155	16416	1906	8	155	1626
其中:大连	12	379	28	161	4364	260	23	3421	303	1	29	349
吉林	62	1801	133	637	10900	572	40	8983	1108	3	58	176
黑龙江	97	1706	140	641	12484	453	21	9607	2	1	17	406
上海	35	2048	172	530	58938	1917	193	18163	2882	12360	320	23296
江苏	100	2550	196	721	28461	3233	198	22668	2273	17	74	197
浙江	83	1932	110	578	19181	1925	188	14207	2553	4	222	270
其中:宁波	9	208	3	65	2045	168	3	1550	257	2	12	57
安徽	84	1245	62	305	8072	677	41	5939	1391	2	6	58
福建	82	1144	50	289	10966	503	39	8945	1326	6	43	143
其中:厦门	7	142	6	31	1569	76	2	1364	100	--	14	15
江西	104	1432	47	266	11968	1018	53	8625	2011	1	3	310
山东	140	2573	289	895	22456	1332	120	17596	3060	5	56	407
其中:青岛	12	249	30	83	2755	152	2	2358	239	--	6	--
河南	136	2693	70	464	13360	1155	67	9944	2141	7	45	69
湖北	103	2256	138	845	18187	983	72	13680	2810	6	321	387
湖南	115	1938	96	544	16019	1384	73	12053	2301	3	64	214
广东	129	3036	95	410	24984	779	54	20229	3303	18	333	323
其中:深圳	10	442	40	106	3455	15	1	2848	542	13	26	12
广西	96	1485	64	447	14188	523	14	10336	2947	18	78	286
海南	19	245	1	23	1665	12	--	1432	219	--	--	2
重庆市	44	737	40	245	7004	759	78	5391	701	3	20	131
四川	132	1699	59	484	17731	1578	96	12902	2939	4	25	282
贵州	90	878	33	186	7126	203	13	5836	945	13	9	120
云南	149	1603	61	552	12871	919	50	9696	2059	24	85	88
西藏	1	41	3	13	604	100	30	467	36	--	--	--
陕西	111	1604	40	306	8524	668	70	6619	1131	4	11	90
甘肃	92	1121	29	169	7945	559	72	5976	1268	1	6	136
青海	38	355	11	82	2950	131	12	2406	359	--	2	52
宁夏	21	516	22	144	3606	153	4	2945	493	1	9	5
新疆	84	882	14	279	6492	97	3	5004	1372	--	13	7

基本情况（一）

总藏量中:(千册)		人均拥有藏书(册)	书架单层总长度(千米)	发放借书证数(千个)	千人拥有借书证(个)	总流通(千人次)		书刊外借册次(千册次)	为读者举办各种活动		信息服务		
外文书刊	开架书刊						书刊外借人次		次数(次)	参加人次(千人次)	解答咨询(条)	代检索课题(项)	编制二、三次文献(种)
23597	**137373**	**0.3**	**10347**	**9425**	**7.3**	**214397**	**106659**	**187748**	**92701**	**24317**	**3416223**	**77561**	**53756**
9593	2102	－－	333	85	－－	4487	1197	3209	267	112	254054	3008	4367
14004	135271	－－	10014	9340	－－	209910	105462	184539	92434	24205	3162169	74553	49389
274	4483	0.63	151	378	26	4430	2151	4482	2119	1009	83620	3147	181
733	2918	0.82	148	210	21	3991	1873	3388	1168	1090	139714	1811	163
135	4083	0.17	385	400	6	6018	3829	5407	1357	382	116566	2454	965
514	3061	0.27	151	251	8	3476	1209	1812	790	233	24521	669	135
39	1379	0.29	280	162	7	2906	1653	2641	652	125	21490	485	902
1166	7406	0.46	366	540	13	11322	5633	11008	10498	2449	198339	7586	8770
264	1072	0.72	42	177	32	3021	1394	3138	341	304	99697	687	336
653	2761	0.39	190	149	6	5099	2683	4664	624	308	200368	2272	1586
799	4287	0.32	188	254	7	4414	2121	4567	860	319	25760	615	677
2233	24572	1.34	558	488	28	12040	4397	9555	2966	3242	214837	7669	949
1436	7645	0.38	852	714	10	15325	8324	12452	3928	1158	169356	5764	295
498	6401	0.4	693	481	10	11744	6140	10874	1275	1749	155736	4171	2376
7	724	0.36	365	62	12	1300	647	1172	130	309	3113	466	2036
316	1966	0.12	255	138	2	5406	2029	3987	501	242	63778	1488	2927
62	3761	0.31	298	266	8	7766	4595	10021	3361	728	71519	2048	3223
16	1237	0.22	38	57	8	1564	897	2902	379	288	6883	－－	4
65	2891	0.27	153	135	3	5533	3073	5237	566	297	27921	1814	233
692	7801	0.24	798	516	6	10551	6926	9837	1785	1130	141444	2760	3536
101	1270	2.2	57	64	51	1741	901	1462	335	333	28843	539	75
126	3253	0.14	277	281	3	7986	4728	9479	2248	443	200557	1776	1119
827	5568	0.29	1013	698	12	8973	5349	9652	35191	2094	150596	2421	1507
442	5885	0.24	334	443	7	9783	4948	8575	13760	1443	103075	1770	359
544	14334	0.31	491	1293	16	26353	10322	14518	1395	1720	576677	8758	3328
60	2700	2.59	37	281	214	3915	707	1140	178	193	136285	1228	1091
202	4102	0.28	727	268	6	9486	4015	6865	1066	947	112648	5679	5026
4	816	0.21	42	56	7	1149	429	778	102	109	1911	104	23
214	1882	0.22	166	124	4	4594	2390	6029	887	518	47176	651	327
508	3264	0.2	296	215	2	6380	3006	6636	889	833	29657	1468	8117
36	1013	0.18	116	115	3	2414	1259	1791	358	187	56065	417	180
290	3826	0.29	408	236	5	7386	3422	6181	826	454	76706	1077	579
3	99	0.22	23	1	－－	25	6	6	3	3	－－	－－	－－
434	1713	0.23	147	221	6	6166	4528	6714	1850	335	21969	612	383
435	1798	0.3	177	115	4	3336	1659	2751	549	290	71383	938	136
186	371	0.54	86	47	9	610	280	600	122	46	12316	344	683
63	404	0.62	97	46	8	1404	791	1234	123	99	8993	1996	192
75	1528	0.33	148	99	5	3844	1694	2798	615	223	37471	1789	512

2003年各地区公共图书馆

地区	本年收入合计(千元)	财政补助收入	上级补助收入	事业收入	经营收入	本年支出合计(千元)	事业支出	经营支出	在支出：从业人员劳动报酬	在支出：税金支出	在支出：社会保障费
总计	**2421881**	**2052515**	**36421**	**215408**	**53094**	**2358189**	**2295546**	**30110**	**780961**	**15392**	**151877**
中央	239812	181552	--	45296	10628	246075	240720	5355	46500	3176	16571
地方	2182069	1870963	36421	170112	42466	2112114	2054826	24755	734461	12216	135306
北京	103914	89842	3148	7157	2059	102702	94264	576	26908	791	1700
天津	41761	34449	1	5623	438	41303	41049	--	18564	243	1855
河北	46197	41504	606	1237	545	46034	45548	447	20780	365	4464
山西	38459	34329	543	1648	1900	36767	34800	1960	18213	136	3846
内蒙古	39034	37921	--	653	373	38976	38593	373	24103	143	3008
辽宁	106929	96199	425	7700	2464	105962	104983	414	37223	603	7489
其中:大连	27021	24951	43	2027	--	27059	26977	--	3412	109	1107
吉林	51038	48496	205	1378	620	49864	49140	573	21121	43	7094
黑龙江	66134	58713	255	1557	336	56115	55665	72	23458	257	4692
上海	312434	238618	1865	60132	528	294319	290483	53	53857	1450	15609
江苏	163434	137924	2433	15034	3304	157121	154306	2361	47933	511	9178
浙江	167654	135819	3168	15280	2363	165055	159657	1252	50468	653	8908
其中:宁波	19206	16448	237	1263	666	19572	19422	122	6855	31	1274
安徽	53702	48302	484	1480	947	56555	53149	842	15538	136	4025
福建	54639	45130	1111	3471	4086	54465	51224	1473	21063	795	2550
其中:厦门	12078	10120	--	1550	--	12213	12156	--	3914	187	418
江西	34538	29646	164	2544	2110	35522	31929	822	15953	461	3387
山东	93048	86177	239	5021	85	96225	96152	15	37908	459	8807
其中:青岛	14728	13330	34	804	--	14857	14799	--	6159	195	1820
河南	52835	47758	232	2026	1412	53200	51323	1197	25071	328	5496
湖北	67436	53825	2759	6035	1738	67446	65708	1338	25630	447	5089
湖南	48830	39960	777	4336	2820	48869	46107	2529	22071	564	3597
广东	297683	260250	12590	14539	5680	265685	264067	772	80533	1444	15074
其中:深圳	107592	97020	6334	3883	36	67736	67736	--	19057	325	3939
广西	51068	43446	985	1966	452	51817	51050	596	25046	277	2553
海南	4684	4399	--	49	41	4756	4736	20	2241	31	528
重庆市	30131	24103	276	3836	1093	30094	29068	961	11375	291	1645
四川	54020	47519	641	2602	1319	52897	51755	831	18252	288	3233
贵州	21040	19687	372	405	431	21035	20688	20	10518	117	2152
云南	50799	44968	990	1106	3213	53389	49507	3598	26198	888	1686
西藏	1941	1941	--	--	--	1948	1948	--	1217	--	--
陕西	37872	34684	208	2319	60	37656	36816	400	16262	117	2349
甘肃	39513	38517	--	82	150	37281	33315	30	12694	23	1507
青海	10352	9090	200	187	875	10400	10400	--	5945	74	867
宁夏	10332	9966	120	170	8	10172	10114	42	6211	11	1158
新疆	30618	27781	625	539	1016	28484	27282	1188	12107	270	1760

基 本 情 况（二）

合计中 修缮费	合计中 设备购置费	新增藏量购置费	图书购置费	本年新购藏量（千册(件)）	新购图书	年末固定资产原值（千元）	增加值（千元）	公用房屋建筑面积（千平方米）	书库	阅览室	阅览室座席数（千个）	少儿阅览室座席数
85192	**669927**	**510971**	**444074**	**14059**	**10489**	**9874715**	**1191362**	**5887**	**1559**	**1295**	**461**	**131**
4983	112371	109931	109931	636	244	1305114	101881	164	69	19	3	－－
80209	557556	401040	334143	13423	10245	8569601	1089481	5723	1490	1276	458	131
4688	35010	21060	17545	693	607	339897	41295	145	27	28	10	3
462	8738	7596	6172	212	179	138299	24339	100	18	16	7	1
1344	8285	6713	4437	255	199	212382	29640	240	58	52	18	6
891	5874	3743	2810	138	96	85007	21749	104	32	21	11	3
1374	5178	2673	2109	140	118	166671	30913	135	32	32	14	3
2760	21231	15563	14816	665	610	1204818	86019	293	73	60	23	8
188	6992	5420	5328	265	257	69524	6302	84	15	19	5	2
3853	8538	5752	4910	244	236	150967	27203	127	31	39	13	4
6245	7800	5426	4092	217	180	146369	29570	141	37	30	11	3
17308	113581	93809	86072	2008	962	1511090	115751	235	84	56	15	3
5123	41375	36029	29330	1055	785	455930	66681	323	101	66	24	8
2427	39313	28409	23367	901	755	590056	74723	301	71	52	18	5
701	5767	3184	2505	109	96	37576	8389	33	7	8	2	1
940	22989	5718	2706	199	158	105475	19893	135	27	28	10	3
1588	15969	11125	9286	463	377	221086	30701	202	53	42	16	5
215	3292	1879	1815	88	79	44266	5872	21	7	5	1	1
1026	6396	4329	3469	238	170	485811	35846	213	48	44	16	6
2882	23595	14940	14342	784	681	254954	48565	343	86	67	23	7
335	3148	2747	2659	130	103	37017	7835	46	13	11	3	1
1396	9819	7996	5403	402	330	205448	33617	247	73	47	18	5
2664	18474	11198	10330	511	392	243908	35845	270	81	74	33	7
1433	10405	7281	6274	528	382	165471	29261	247	72	64	24	8
9554	88123	64258	52215	1898	1676	668693	108725	460	93	112	35	8
1187	24372	21721	20077	517	495	131300	24634	64	6	28	4	－－
1131	10072	7866	5556	386	276	157214	31612	206	63	58	20	7
135	1042	797	605	32	24	23583	3215	41	9	7	4	1
770	8380	4202	3400	216	175	113947	16224	119	30	22	8	3
3105	13591	10264	5591	272	200	206251	26790	256	74	59	20	6
826	3715	2843	2322	106	89	82764	13946	108	25	32	10	3
1619	9082	7652	6465	344	241	214253	35656	249	71	58	22	6
－－	299	299	299	5	5	2760	1327	16	4	3	－－	－－
736	9625	4346	2946	169	137	132924	21696	170	36	44	11	2
157	5510	5176	4796	111	89	98564	16660	105	30	30	10	3
660	779	645	363	25	19	39853	7613	34	8	5	2	－－
430	993	638	420	31	27	31643	7488	37	12	8	3	1
2682	3775	2694	1695	175	70	113513	16918	121	31	20	9	3

2006 年各地区少儿公共

	机构数（个）	从业人员（人）	高级职称	中级职称	总藏量（千册(件)）	古籍	善本	图书	报刊	缩微制品	视听文献
总　计	**85**	**1574**	**110**	**488**	**10646**	**78**	**3**	**9372**	**762**	**23**	**254**
北　京	5	150	9	27	1075	--	--	958	72	--	45
天　津	12	301	15	60	1569	--	--	1510	14	4	28
河　北	1	5	--	5	22	--	--	22	--	--	--
山　西	1	25	1	7	93	--	--	69	25	--	--
内蒙古	2	33	--	10	153	--	--	138	14	--	1
辽　宁	13	171	14	64	1012	--	--	840	73	--	5
其中:大连	1	43	7	17	405	--	--	326	3	--	3
吉　林	3	80	8	40	407	--	--	342	60	--	1
黑龙江	1	18	--	11	44	--	--	19	8	--	--
上　海	4	85	7	24	854	--	--	834	5	--	13
江　苏	5	42	5	20	350	1	--	326	19	--	4
浙　江	3	73	7	23	627	--	--	550	51	1	25
其中:宁波	--	--	--	--	--	--	--	--	--	--	--
安　徽	2	27	--	6	80	--	--	55	24	--	1
福　建	3	41	1	12	450	--	--	429	12	--	8
其中:厦门	3	41	1	12	450	--	--	429	12	--	8
江　西	--	--	--	--	--	--	--	--	--	--	--
山　东	1	7	--	7	44	--	--	43	1	--	--
其中:青岛	--	--	--	--	--	--	--	--	--	--	--
河　南	2	18	--	6	85	--	--	66	19	--	--
湖　北	4	47	7	21	263	39	3	195	24	--	3
湖　南	6	136	13	55	1133	1	--	1049	56	--	21
广　东	4	111	8	24	1288	7	--	1149	35	--	85
其中:深圳	1	35	5	11	216	--	--	206	3	--	7
广　西	3	56	2	26	462	--	--	243	192	18	9
海　南	--	--	--	--	--	--	--	--	--	--	--
重庆市	2	79	12	29	425	20	--	367	34	--	5
四　川	--	--	--	--	--	--	--	--	--	--	--
贵　州	1	11	--	--	73	--	--	61	7	--	--
云　南	2	1	--	1	7	--	--	3	1	--	--
西　藏	--	--	--	--	--	--	--	--	--	--	--
陕　西	2	23	1	6	101	10	--	78	13	--	--
甘　肃	1	17	--	1	6	--	--	6	--	--	--
青　海	--	--	--	--	--	--	--	--	--	--	--
宁　夏	--	--	--	--	--	--	--	--	--	--	--
新　疆	2	17	--	3	23	--	--	20	3	--	--

图书馆基本情况（一）

总藏量中：（千册） 其它	 外文书刊	 开架书刊	书架单层总长度（千米）	累计发放有效借书证数（千个）	总流通人次 （千人次）	 书刊文献外借人次	书刊文献外借册次（千册次）	为读者举办各种活动 次数（次）	 参加人次（千人次）	信息服务 解答咨询（条）	 代检索课题（项）	 编制二、三次文献（种）
159	**28**	**5454**	**122**	**416**	**8153**	**4310**	**9121**	**4659**	**3651**	**105392**	**1438**	**617**
1	1	527	22	35	471	292	472	436	404	5274	– –	27
14	4	404	9	36	656	526	962	501	432	72542	40	8
– –	– –	19	– –	4	50	30	30	8	1	– –	– –	– –
– –	– –	15	1	1	1	– –	– –	8	3	100	– –	– –
– –	– –	32	3	18	77	44	132	78	9	99	– –	– –
94	1	462	12	42	597	339	944	156	114	617	81	14
73	1	278	6	30	201	110	387	57	75	53	– –	6
4	– –	312	9	7	279	183	315	48	6	90	143	150
16	– –	40	– –	3	57	30	60	10	2	100	– –	– –
1	– –	257	12	30	810	402	799	1354	1057	3156	48	52
– –	– –	227	4	19	371	247	341	83	34	3283	788	15
1	– –	414	4	21	529	313	409	114	131	41	– –	2
– –	– –	– –	– –	– –	– –	– –	– –	– –	– –	– –	– –	– –
– –	– –	20	1	6	151	84	281	30	4	900	150	18
– –	– –	286	4	23	409	215	381	216	82	273	– –	4
– –	– –	286	4	23	409	215	381	216	82	273	– –	4
– –	– –	– –	– –	– –	– –	– –	– –	– –	– –	– –	– –	– –
– –	– –	30	1	6	22	22	22	1	– –	117	– –	– –
– –	– –	– –	– –	– –	– –	– –	– –	– –	– –	– –	– –	– –
– –	– –	76	1	2	23	21	42	24	11	140	– –	1
1	– –	121	3	24	203	122	210	65	339	262	– –	– –
6	– –	813	11	66	834	285	705	998	632	1138	22	16
13	22	909	11	45	1570	459	805	113	118	11156	15	11
– –	14	43	2	4	170	5	5	15	93	116	1	2
1	– –	216	5	14	382	273	580	309	91	3194	18	285
– –	– –	– –	– –	– –	– –	– –	– –	– –	– –	– –	– –	– –
– –	– –	190	5	8	371	232	1094	62	150	2554	116	14
– –	– –	– –	– –	– –	– –	– –	– –	– –	– –	– –	– –	– –
4	– –	39	3	1	70	60	80	3	– –	295	– –	– –
3	– –	1	– –	– –	1	1	2	1	– –	50	– –	– –
– –	– –	– –	– –	– –	– –	– –	– –	– –	– –	– –	– –	– –
– –	– –	29	1	4	127	117	432	24	27	11	17	– –
– –	– –	6	– –	1	11	1	2	2	– –	– –	– –	– –
– –	– –	– –	– –	– –	– –	– –	– –	– –	– –	– –	– –	– –
– –	– –	– –	– –	– –	– –	– –	– –	– –	– –	– –	– –	– –
– –	– –	9	– –	– –	81	12	21	15	4	– –	– –	– –

2003年各地区少儿公共

	本年收入合计(千元)					本年支出合计(千元)			在 支 出		
		财政补助收入	上级补助收入	事业收入	经营收入		事业支出	经营支出	从业人员劳动报酬	税金支出	社会保障费
总计	**87758**	**71141**	**1347**	**6272**	**2904**	**90176**	**86851**	**2349**	**30189**	**696**	**4482**
北京	13247	11847	341	388	390	13179	12841	338	3455	109	290
天津	6842	5701	– –	647	348	6839	6839	– –	3604	57	431
河北	– –	– –	– –	– –	– –	– –	– –	– –	– –	– –	– –
山西	734	734	– –	– –	– –	625	625	– –	338	– –	21
内蒙古	781	772	– –	9	– –	781	781	– –	492	29	13
辽宁	7304	6651	– –	652	– –	7289	7289	– –	2258	2	234
其中:大连	2841	2393	– –	448	– –	2841	2841	– –	876	– –	60
吉林	2664	2428	– –	98	– –	2362	2362	– –	1050	– –	424
黑龙江	316	50	– –	– –	– –	316	316	– –	248	– –	– –
上海	11543	7759	106	1774	– –	11889	11108	– –	3024	12	887
江苏	3908	2584	– –	232	1055	3908	2853	1055	1321	58	400
浙江	6469	5252	116	452	– –	6403	6403	– –	2226	53	296
其中:宁波	– –	– –	– –	– –	– –	– –	– –	– –	– –	– –	– –
安徽	1042	567	22	– –	– –	1003	1003	– –	391	17	8
福建	3618	2789	– –	461	– –	4262	4262	– –	1109	– –	96
其中:厦门	3618	2789	– –	461	– –	4262	4262	– –	1109	– –	96
江西	– –	– –	– –	– –	– –	– –	– –	– –	– –	– –	– –
山东	420	370	– –	50	– –	400	400	– –	150	– –	– –
其中:青岛	– –	– –	– –	– –	– –	– –	– –	– –	– –	– –	– –
河南	664	577	70	17	– –	663	663	– –	292	– –	75
湖北	1473	1004	110	50	110	1473	1278	– –	613	8	97
湖南	5376	3826	252	326	965	5508	4576	932	1929	153	348
广东	13654	12035	330	363	– –	15814	15814	– –	4166	50	288
其中:深圳	5730	5082	330	– –	– –	5150	5150	– –	1170	– –	150
广西	2178	2119	– –	23	36	2187	2171	16	996	3	42
海南	– –	– –	– –	– –	– –	– –	– –	– –	– –	– –	– –
重庆市	4419	3040	– –	660	– –	4169	4161	8	1622	139	432
四川	– –	– –	– –	– –	– –	– –	– –	– –	– –	– –	– –
贵州	172	172	– –	– –	– –	172	172	– –	165	– –	3
云南	27	27	– –	– –	– –	27	27	– –	17	– –	1
西藏	– –	– –	– –	– –	– –	– –	– –	– –	– –	– –	– –
陕西	373	308	– –	65	– –	373	373	– –	236	6	68
甘肃	204	199	– –	5	– –	204	204	– –	198	– –	– –
青海	– –	– –	– –	– –	– –	– –	– –	– –	– –	– –	– –
宁夏	– –	– –	– –	– –	– –	– –	– –	– –	– –	– –	– –
新疆	330	330	– –	– –	– –	330	330	– –	289	– –	28

图书馆基本情况（二）

合计中：修缮费	合计中：设备购置费	新增藏量购置费	图书购置费	本年新购藏量（千册(件)）	新购图书	年末固定资产原值（千元）	增加值（千元）	公用房屋建筑面积（千平方米）	书库	阅览室	阅览室座席数（千个）	少儿阅览室座席数
5021	**25522**	**16139**	**14668**	**833**	**739**	**212286**	**39378**	**152**	**22**	**39**	**15**	**15**
507	4975	2881	2610	109	101	51090	5608	23	1	3	1	1
291	1132	887	827	59	48	12326	4154	11	2	2	1	1
– –	– –	– –	– –	2	2	– –	– –	1	– –	1	– –	– –
– –	11	– –	– –	– –	– –	264	349	– –	– –	– –	– –	– –
3	227	50	50	5	4	1332	574	2	– –	1	– –	– –
314	2173	727	689	74	69	15497	2880	15	3	5	2	2
115	905	75	70	37	36	8855	1230	7	1	2	1	1
84	370	322	322	20	20	7883	1365	4	1	2	1	1
– –	18	18	10	1	1	– –	248	1	– –	– –	– –	– –
1081	3456	1974	1777	101	82	20701	3864	11	2	2	1	1
111	478	270	228	30	25	7365	1674	6	1	2	1	1
150	1029	756	697	51	45	12823	2792	11	– –	2	1	1
– –	– –	– –	– –	– –	– –	– –	– –	– –	– –	– –	– –	– –
27	302	144	15	13	8	5823	641	3	– –	1	– –	– –
6	1491	807	803	45	45	10230	1518	8	2	1	1	1
6	1491	807	803	45	45	10230	1518	8	2	1	1	1
– –	– –	– –	– –	– –	– –	– –	– –	– –	– –	– –	– –	– –
– –	33	33	28	3	3	527	171	2	– –	– –	– –	– –
– –	– –	– –	– –	– –	– –	– –	– –	– –	– –	– –	– –	– –
3	120	120	120	8	8	891	328	– –	– –	– –	– –	– –
10	307	220	201	20	19	955	659	5	1	1	1	1
426	1488	820	621	50	40	16038	2724	18	5	7	2	2
1752	6508	5211	4856	186	169	33275	5547	11	1	4	1	1
60	1820	1580	1580	28	24	6904	1446	1	– –	1	– –	– –
145	432	282	214	18	15	7309	1291	7	1	2	1	1
– –	– –	– –	– –	– –	– –	– –	– –	– –	– –	– –	– –	– –
107	912	576	571	33	31	5621	1986	6	1	2	1	1
– –	– –	– –	– –	– –	– –	– –	– –	– –	– –	– –	– –	– –
– –	4	4	3	2	2	500	185	2	– –	– –	– –	– –
– –	9	9	9	1	1	21	18	– –	– –	– –	– –	– –
– –	– –	– –	– –	– –	– –	– –	– –	– –	– –	– –	– –	– –
4	41	26	15	2	1	1577	305	4	1	1	– –	– –
– –	6	2	2	– –	– –	143	204	– –	– –	– –	– –	– –
– –	– –	– –	– –	– –	– –	– –	– –	– –	– –	– –	– –	– –
– –	– –	– –	– –	– –	– –	– –	– –	– –	– –	– –	– –	– –
– –	– –	– –	– –	– –	– –	95	293	1	– –	– –	– –	– –

2003年各地区省级公共

地区	机构数(个)	从业人员(人)			总藏量(千册(件))						
			高级职称	中级职称		古籍	善本	图书	报刊	缩微制品	视听文献
总计	**38**	**6881**	**881**	**2290**	**138805**	**13842**	**1421**	**72493**	**14899**	**12525**	**812**
北京	2	353	30	78	4031	438	33	3152	198	3	147
天津	2	314	44	156	4631	508	104	3747	316	4	55
河北	1	173	44	54	1399	60	2	1101	153	61	24
山西	1	201	21	57	2347	290	50	1207	798	19	25
内蒙古	1	183	23	59	1588	180	4	1254	65	1	1
辽宁	1	261	28	81	3588	460	122	2472	505	4	47
吉林	1	211	35	78	2903	370	24	2161	365	2	4
黑龙江	1	147	32	40	2553	134	5	1931	484	--	4
上海	2	825	131	268	50569	1871	192	10116	2767	12359	221
江苏	1	354	58	118	7798	1415	103	5680	602	16	20
浙江	1	330	30	80	4704	847	145	2906	924	2	25
安徽	1	170	19	49	2402	411	24	1491	495	2	3
福建	1	260	21	79	2602	245	21	2068	219	6	14
江西	1	137	25	52	2144	560	10	1417	147	1	1
山东	1	198	34	65	4833	746	94	3232	613	5	20
河南	1	179	17	54	2640	506	24	1869	244	2	19
湖北	1	174	39	80	4184	446	50	2646	1029	2	12
湖南	2	292	47	101	4180	797	50	2931	377	3	35
广东	1	336	21	58	3831	339	32	2448	861	4	37
广西	3	338	39	146	3784	272	8	2804	625	18	33
海南	--	--	--	--	--	--	--	--	--	--	--
重庆市	2	212	25	82	2631	525	57	1934	94	2	6
四川	1	237	16	61	4874	687	61	3439	733	4	11
贵州	1	132	18	51	2212	127	1	1840	243	1	--
云南	1	182	23	64	2309	475	38	1369	432	1	33
西藏	1	41	3	13	604	100	30	467	36	--	--
陕西	1	168	14	60	2708	385	63	1877	436	1	2
甘肃	1	171	19	65	2799	316	60	1993	484	1	4
青海	1	106	10	32	1503	115	10	1165	202	--	2
宁夏	1	116	14	41	1453	137	1	1236	71	1	7
新疆	1	80	1	68	1001	80	3	540	381	--	--

图书馆基本情况（一）

其它	总藏量中:(千册) 外文书刊	开架书刊	书架单层总长度(千米)	累计发放有效借书证数(千个)	总流通人次 (千人次)	书刊文献外借人次	书刊文献外借册次(千册次)	为读者举办各种活动 次数(次)	参加人次(千人次)	信息服务 解答咨询(条)	代检索课题(项)	编制二、三次文献(种)
24236	**11148**	**37580**	**2922**	**1823**	**25574**	**8305**	**20101**	**6667**	**3970**	**1319601**	**15165**	**758**
94	250	770	43	93	1484	468	1160	634	444	38948	661	24
1	732	1038	77	83	1436	507	1034	252	365	93382	1044	17
– –	79	1026	34	125	517	162	402	53	12	61011	409	28
8	465	1260	29	99	446	137	280	60	10	5360	265	12
87	28	103	84	10	500	165	270	59	7	5217	92	4
100	665	1837	87	89	801	506	1046	98	219	45	410	12
– –	476	236	41	33	409	337	691	32	20	62	124	119
– –	308	– –	31	– –	12	12	24	1	3	21	65	– –
23235	2202	20001	246	246	2343	768	2039	796	1086	159889	6768	126
65	1259	312	119	17	1093	231	391	53	3	81160	143	14
– –	442	554	59	85	1574	447	854	151	204	94815	232	13
– –	247	200	60	13	208	106	211	23	55	12	26	3
51	36	32	38	65	1	529	883	2189	95	21981	576	1
18	– –	– –	– –	22	573	25	503	51	9	1700	438	12
217	426	1870	80	106	1172	1146	1396	164	142	26470	485	18
– –	89	245	46	5	831	96	1836	60	18	152157	764	72
49	709	1806	753	128	913	207	707	153	101	20992	483	11
38	368	1357	70	89	1561	380	1237	1144	620	54658	518	31
143	336	916	66	249	2816	253	502	23	100	273143	302	49
33	156	827	504	67	1037	248	587	77	48	48829	584	37
– –	– –	– –	– –	– –	– –	– –	– –	– –	– –	– –	– –	– –
70	214	375	41	31	2066	782	2475	105	158	11836	140	82
– –	295	343	41	9	436	18	77	69	58	3803	14	25
1	25	– –	2	7	10	10	13	– –	– –	87	3	– –
– –	270	600	129	14	421	110	412	134	110	21	108	21
– –	3	99	23	1	25	6	6	3	3	– –	– –	– –
7	401	643	79	60	953	357	357	183	52	200	50	12
1	388	800	60	27	397	86	259	11	20	51376	211	7
18	184	210	37	27	303	89	200	36	4	11655	144	2
– –	62	99	33	4	137	72	193	6	2	958	106	– –
– –	33	21	10	19	100	45	56	47	2	21891	– –	6

各地区省级公共

	本年收入合计(千元)					本年支出合计(千元)					
									在支出		
		财政补助收入	上级补助收入	事业收入	经营收入		事业支出	经营支出	从业人员劳动报酬	税金支出	社会保障费
总计	**684658**	**565113**	**4058**	**78186**	**19986**	**652975**	**628963**	**8614**	**137607**	**5215**	**28485**
北京	47665	43214	--	4028	305	48377	40640	--	9594	246	561
天津	19061	15856	1	2173	32	18670	18474	--	6342	119	293
河北	7597	5905	50	--	--	7880	7880	--	2203	185	161
山西	13086	10905	100	197	1863	11866	10003	1863	3458	130	1485
内蒙古	6564	6007	--	240	317	6550	6233	317	2621	63	685
辽宁	16399	13194	--	975	2230	15619	15619	--	4679	380	722
吉林	9630	9150	--	137	343	9544	9201	343	3085	26	1719
黑龙江	14668	14411	--	14	243	7906	7906	--	2310	--	1426
上海	211868	156463	--	49281	--	192932	190963	--	20143	1063	6472
江苏	37601	34178	58	2023	49	31901	31861	40	7789	111	455
浙江	40211	32821	--	6919	--	39412	39412	--	8700	94	1501
安徽	24990	24110	--	--	--	25056	25056	--	2073	19	217
福建	16826	13545	--	--	3281	16745	13842	1355	6445	515	151
江西	9073	6714	--	815	1544	7272	6837	380	2087	252	58
山东	22564	21097	--	1240	--	24252	24252	--	3111	71	1241
河南	10150	8870	--	65	1215	11357	10210	1147	2866	201	360
湖北	12624	10937	--	1297	--	12494	12494	--	3059	126	1369
湖南	14687	11582	--	1322	1627	14821	13195	1626	4314	317	551
广东	41624	31942	2650	3286	3746	42163	42163	--	12835	531	4909
广西	19074	15157	--	446	--	19706	19706	--	9637	62	732
海南	--	--	--	--	--	--	--	--	--	--	--
重庆市	13077	10143	--	2215	--	13297	13297	--	4374	212	386
四川	12265	9811	--	342	773	12143	12143	--	2039	101	310
贵州	3567	3567	--	--	--	3567	3567	--	1466	--	761
云南	7004	6080	--	--	924	10605	9681	924	3068	205	71
西藏	1941	1941	--	--	--	1948	1948	--	1217	--	--
陕西	15867	14859	--	940	--	15867	15867	--	3343	--	868
甘肃	21155	20990	--	--	--	19004	15111	--	--	--	--
青海	3942	2708	200	159	875	3991	3991	--	1867	74	13
宁夏	3902	3895	--	--	--	3764	3764	--	1822	--	761
新疆	5976	5061	--	72	619	4266	3647	619	1060	112	247

图书馆基本情况（二）

合计中				本年新购藏量		年末固定资产原值（千元）	增加值（千元）	公用房屋建筑面积（千平方米）			阅览室座席数	
修缮费	设备购置费	新增藏量购置费	图书购置费	（千册(件)）	新购图书				书库	阅览室	（千个）	少儿阅览室座席数
24276	**254582**	**188323**	**164127**	**4194**	**2638**	**3102910**	**266938**	**985**	**343**	**216**	**35**	**1**
1724	17956	12715	10647	259	204	111815	14313	49	7	8	2	--
170	6260	5668	4657	121	100	81174	9708	33	5	3	2	--
139	2920	2911	1511	59	49	50816	4421	28	10	11	1	--
239	4178	2550	1929	59	43	38018	5109	21	11	4	1	--
180	1790	1195	923	33	32	88878	6239	21	7	1	2	--
157	4439	3	3	100	97	140048	10661	33	13	8	1	--
1054	2283	2108	2108	71	71	31202	4359	13	6	3	1	--
--	1306	1176	1176	30	24	21905	3186	10	5	1	--	--
13520	88070	77418	71325	1549	556	1332586	74509	117	58	20	2	--
614	15935	15935	14533	210	95	120486	12719	32	26	5	1	--
182	10778	10476	8872	178	147	226377	17849	45	19	10	2	--
173	18153	2118	1132	64	51	25383	3107	37	9	11	2	--
106	6297	4500	3262	99	87	86057	10402	38	7	7	1	--
183	2448	1443	1005	44	28	41795	4011	41	12	8	1	--
446	11228	5497	5497	302	282	77352	6276	65	18	15	2	--
333	3925	3305	1704	69	54	42310	4759	38	10	9	2	--
89	6293	2700	2700	91	61	53763	5336	25	11	7	1	--
348	5732	3585	3425	151	94	52356	6725	38	13	19	2	1
2290	15647	11371	8696	248	208	92916	17083	38	9	8	2	--
209	4600	3476	2628	102	84	59580	12082	39	14	15	1	--
--	--	--	--	--	--	--	--	--	--	--	--	--
487	4377	1552	1305	85	62	50146	6592	30	8	3	1	--
400	4478	3146	2100	33	18	40030	3741	26	13	5	--	--
--	790	790	790	10	10	14514	2047	1	--	--	--	--
21	2011	2011	2011	66	36	47502	5173	30	11	11	1	--
--	299	299	299	5	5	2760	1327	16	4	3	--	--
--	6825	2328	2232	78	73	38195	4871	43	13	7	2	--
--	3893	3893	3841	52	44	39672	1587	26	10	8	1	--
605	550	417	217	12	12	34291	3313	19	4	1	1	--
319	494	252	114	7	4	12074	2305	8	3	1	--	--
288	627	488	488	7	7	48909	3128	25	7	4	--	--

2003年各地区地市级公共

	机构数(个)	从业人员(人)	高级职称	中级职称	总藏量(千册(件))	古籍	善本	图书	报刊	缩微制品	视听文献
总计	**430**	**15495**	**1022**	**4890**	**122600**	**6635**	**343**	**98574**	**13726**	**35**	**936**
北京	19	717	20	132	4898	60	1	4525	240	—	66
天津	25	674	38	182	3488	45	—	3167	236	5	21
河北	12	467	50	141	4593	448	23	3355	569	2	28
山西	6	233	14	90	1622	165	17	1091	312	—	53
内蒙古	12	491	36	191	2207	92	4	1889	216	—	1
辽宁	35	1449	103	635	12074	562	27	8895	1126	4	84
其中:大连	2	178	23	82	2912	260	23	2107	234	1	20
吉林	10	614	59	262	4696	196	16	3958	428	1	50
黑龙江	12	597	78	309	5670	308	15	4036	1027	1	9
上海	32	1179	39	245	8	19	—	7707	115	—	98
江苏	13	1109	79	248	9506	1283	68	7440	739	1	20
浙江	13	574	46	173	5468	593	21	4064	597	3	90
其中:宁波	1	74	1	22	766	101	—	528	77	2	6
安徽	13	376	27	125	2508	167	8	1864	437	—	3
福建	10	309	23	82	3336	125	7	2815	343	—	20
其中:厦门	2	113	6	28	1288	62	2	1121	88	—	14
江西	21	498	17	98	4189	249	33	3225	568	—	1
山东	16	711	112	231	6062	360	11	4873	766	—	29
其中:青岛	1	100	12	30	1174	143	1	930	100	—	1
河南	17	709	43	200	5136	493	33	3791	829	1	18
湖北	13	348	31	174	3154	123	4	2567	446	2	7
湖南	12	388	30	182	3378	156	6	2716	471	—	22
广东	25	1212	56	239	10891	246	9	9107	1218	13	215
其中:深圳	2	263	29	76	2240	15	1	1762	439	12	12
广西	11	365	21	143	2747	87	2	2033	536	—	43
海南	2	71	1	9	417	7	—	377	33	—	—
重庆市	15	289	14	93	2648	174	19	2044	386	—	14
四川	18	517	28	193	5694	427	11	4560	663	—	9
贵州	9	255	12	73	1748	32	3	1487	220	—	8
云南	18	396	20	164	2824	99	—	2277	422	2	14
西藏	—	—	—	—	—	—	—	—	—	—	—
陕西	8	215	6	57	1176	22	—	1007	142	—	4
甘肃	8	220	4	28	1206	78	2	971	144	—	1
青海	7	99	—	27	487	6	1	449	24	—	—
宁夏	2	90	6	41	564	2	2	466	95	—	2
新疆	16	323	9	123	2213	11	—	1818	378	—	6

图书馆基本情况（一）

其它	总藏量中:（千册）外文书刊	开架书刊	书架单层总长度（千米）	累计发放有效借书证数（千个）	总流通人次（千人次）	书刊文献外借人次	书刊文献外借册次（千册次）	为读者举办各种活动 次数（次）	参加人次（千人次）	信息服务 解答咨询（条）	代检索课题（项）	编制二、三次文献（种）
2697	**2179**	**44318**	**3338**	**3537**	**74737**	**37058**	**66510**	**22727**	**10787**	**1052527**	**22896**	**15789**
7	13	3335	95	267	2612	1437	2931	1398	524	42617	2457	147
14	1	1648	65	118	2294	1238	2192	880	712	45364	722	87
191	45	1591	178	117	2037	1243	1664	340	237	19579	827	75
1	20	247	29	18	161	108	141	80	44	5337	70	13
8	4	499	128	36	868	562	765	100	15	6884	101	806
1402	499	2795	150	259	4880	2292	4617	535	1781	112836	4491	1875
289	264	278	6	115	1266	675	1459	112	147	89872	520	26
63	149	1330	81	51	2262	1079	1850	181	179	191931	227	216
288	489	1958	85	132	1747	784	1549	205	104	10080	119	504
60	31	4361	300	235	9279	3425	7242	2154	2145	53993	880	821
23	160	2898	482	400	5110	2606	3643	638	385	33773	1853	60
121	36	2483	380	178	4199	1902	3404	435	633	29588	2484	212
53	--	230	296	26	283	114	215	26	220	300	30	3
38	68	586	127	52	1383	714	1350	131	55	29239	588	114
33	20	2169	79	80	2367	1592	4464	680	359	19913	293	42
3	16	1117	32	40	1204	709	2552	355	234	6383	--	4
147	10	1010	62	45	1734	1181	2047	168	186	7853	95	20
34	146	2376	114	147	3352	1824	2762	498	479	79829	1309	84
--	101	480	23	45	855	371	656	91	101	22462	403	19
4	16	1179	115	75	1932	1065	2424	278	166	15953	451	88
9	78	971	33	62	1211	802	1620	161	546	14256	334	185
13	57	1751	82	126	2181	1029	1825	11792	149	15925	362	52
92	176	6634	220	684	10690	4207	6067	554	926	193563	2697	2001
--	60	1609	18	197	1409	235	336	23	104	117439	1071	2
49	35	1182	78	108	3099	1521	2557	443	431	24148	161	619
--	--	111	8	3	364	77	169	8	4	238	14	1
31	--	856	65	32	1435	912	2002	360	223	20773	251	40
34	93	772	105	63	1742	608	2017	162	229	4391	215	7143
1	1	148	39	59	1073	533	734	78	24	45540	59	55
11	6	732	88	64	1657	681	1461	137	63	10755	170	43
--	--	--	--	--	--	--	--	--	--	--	--	--
2	21	141	10	55	2294	2268	2676	21	60	2293	--	8
12	--	26	41	19	929	627	991	118	68	6321	222	--
9	1	51	23	8	147	107	263	38	21	411	--	--
--	--	141	8	3	265	--	--	--	--	--	--	--
--	4	337	68	41	1433	634	1083	154	39	9144	1444	478

2003年各地区地市级公共

地区	本年收入合计(千元)					本年支出合计(千元)			在支出		
		财政补助收入	上级补助收入	事业收入	经营收入		事业支出	经营支出	从业人员劳动报酬	税金支出	社会保障费
总计	**836213**	**726724**	**15352**	**51480**	**13308**	**803769**	**780081**	**9534**	**274937**	**4588**	**53633**
北京	49856	40723	2868	3045	1754	47989	47288	576	14694	542	908
天津	20508	17189	--	2671	406	20441	20441	--	10946	124	1496
河北	21074	19298	--	705	531	20696	20260	436	7311	178	2452
山西	9049	8658	20	343	10	8811	8811	--	3377	--	750
内蒙古	12614	12245	--	282	--	12580	12580	--	7450	26	782
辽宁	60512	54953	382	4961	153	60434	59901	148	18837	98	4206
其中:大连	18299	16848	--	1451	--	18299	18217	--	876	82	559
吉林	25057	24087	--	927	17	23988	23988	--	8708	--	2853
黑龙江	30020	28949	--	990	80	29749	29309	72	9809	168	1554
上海	98124	79890	1865	10674	528	98946	97079	53	32722	377	8848
江苏	57989	47781	30	5954	2592	57605	55171	2117	17278	358	4446
浙江	49961	35387	1722	2918	411	48608	44141	322	14648	341	2680
其中:宁波	5091	4447	4	242	--	5520	5492	--	1571	27	318
安徽	14162	11547	59	366	627	16760	13934	659	5496	42	1160
福建	19525	16991	200	1887	36	19781	19781	--	6414	199	1160
其中:厦门	10320	8438	--	1489	--	10774	10774	--	3126	160	374
江西	11819	10504	10	1073	158	14438	11610	128	5859	123	1540
山东	32223	29764	11	1642	--	32380	32322	--	12696	99	3464
其中:青岛	7370	6810	--	--	--	7370	7312	--	2268	58	1095
河南	21023	18927	132	1029	--	20408	19815	--	9136	14	2305
湖北	9866	8226	94	772	474	10074	9943	131	4172	27	546
湖南	11869	10151	128	694	384	11590	10875	615	5430	88	1116
广东	174068	157142	6932	5517	923	143665	142721	439	38291	599	4937
其中:深圳	79920	73215	4290	2096	--	42462	42462	--	11664	232	1415
广西	16994	14925	450	747	185	16851	16692	75	6731	150	885
海南	2027	1932	--	--	--	2067	2067	--	598	--	312
重庆市	10887	8640	106	1317	720	10664	10054	610	4150	67	637
四川	22110	20359	26	1109	296	21023	20479	261	6189	152	1149
贵州	8739	7865	195	270	405	9025	8725	--	3527	82	515
云南	17529	14314	108	462	2261	16859	14022	2627	6536	635	702
西藏	--	--	--	--	--	--	--	--	--	--	--
陕西	7272	6438	--	820	--	7327	7327	--	3269	15	360
甘肃	6476	5846	--	22	68	6338	6338	--	3314	3	682
青海	2911	2911	--	--	--	2911	2911	--	2032	--	419
宁夏	620	620	--	--	--	620	620	--	276	--	106
新疆	11329	10462	14	283	289	11141	10876	265	5041	81	663

图书馆基本情况（二）

合计中				本年新购藏量		年末固定资产原值	增加值	公用房屋建筑面积（千平方米）			阅览室座席数	
修缮费	设备购置费	新增藏量购置费	图书购置费	（千册(件)）	新购图书	（千元）	（千元）		书库	阅览室	（千个）	少儿阅览室座席数
35055	**196783**	**140158**	**109724**	**4482**	**3826**	**2365118**	**374133**	**1920**	**476**	**436**	**131**	**32**
2940	14551	7433	6146	377	356	214590	23820	84	17	18	7	2
194	2356	1821	1487	85	74	51055	13112	57	11	11	5	1
894	3633	2937	2214	102	78	82622	10794	71	20	13	4	1
87	720	568	452	11	7	10162	3783	7	3	1	– –	– –
501	1788	507	375	24	18	34372	8851	51	12	15	4	1
1349	12665	9435	9087	389	348	129414	24112	147	37	31	10	4
115	4822	3775	3770	177	170	42537	2659	47	9	12	2	1
2488	4761	2794	2040	102	97	87361	12202	63	16	22	3	1
5930	5094	2999	2031	106	88	79210	13145	60	16	11	3	– –
3778	25103	16370	14726	446	394	157406	39395	111	23	36	12	3
3149	13230	11210	7622	332	265	168038	24358	117	33	26	7	2
1177	10898	8270	6328	315	251	175598	22013	91	14	13	5	1
607	1350	1060	759	28	23	16383	2253	11	2	2	1	– –
332	3616	2709	990	77	70	50692	7566	52	8	8	3	1
774	5858	3845	3666	196	175	70445	9431	44	13	8	3	1
140	2992	1684	1684	79	72	40908	4922	14	4	3	1	– –
272	2203	1467	1237	80	67	32226	7271	79	15	16	5	1
770	7379	5818	5542	225	205	83556	16137	126	30	25	6	1
0	1841	1619	1619	53	53	23707	3274	25	8	6	1	– –
548	3731	3184	2587	140	120	101394	13206	83	33	12	5	1
1244	2318	1755	1654	82	67	48003	6119	55	16	11	5	1
200	1709	1552	1152	75	55	37489	7018	52	20	12	5	1
4605	52674	38216	30280	809	727	365488	53510	147	36	37	10	3
352	16461	16041	14590	177	173	81560	15158	13	2	5	1	– –
513	3375	2671	1803	100	76	50093	8885	67	14	12	4	1
22	597	409	315	7	7	8173	925	14	1	1	1	– –
162	2563	1594	1358	72	57	36309	5669	46	12	10	3	1
1338	6160	5105	1906	76	62	78116	9466	93	25	22	5	1
762	1818	1335	978	51	43	48077	5532	43	11	16	3	1
655	3194	2524	2111	76	49	54614	9356	56	17	11	4	1
0	– –	– –	– –	– –	– –	– –	– –	– –	– –	– –	– –	– –
191	1757	1340	274	14	9	48865	5239	37	3	20	2	– –
88	834	713	534	19	17	32288	4609	25	4	9	3	– –
6	112	112	84	7	6	2238	2122	6	2	2	1	– –
0	130	130	130	5	5	1806	348	4	1	1	– –	– –
86	1956	1335	615	82	33	25418	6139	32	13	6	3	1

2003年各地区县市级公共

	机构数(个)	从业人员(人)			总藏量(千册(件))						
			高级职称	中级职称		古籍	善本	图书	报刊	缩微制品	视听文献
总计	**2240**	**25370**	**618**	**6050**	**152235**	**4956**	**318**	**121992**	**21749**	**44**	**686**
北京	4	122	2	23	506	2	— —	480	16	— —	6
天津	4	107	4	20	276	2	— —	256	19	— —	— —
河北	134	1046	31	270	5798	93	16	5050	550	— —	9
山西	115	1099	16	335	5149	334	67	4015	642	— —	20
内蒙古	95	1101	18	244	3273	43	6	2708	503	— —	5
辽宁	92	1235	24	427	5489	18	6	5049	276	— —	23
其中:大连	10	201	5	79	1452	— —	— —	1314	69	— —	9
吉林	51	976	39	297	3301	6	— —	2863	315	— —	4
黑龙江	84	962	30	292	4261	11	1	3639	489	— —	4
上海	1	44	2	17	369	27	— —	341	1	— —	— —
江苏	86	1087	59	355	11157	535	27	9547	932	1	33
浙江	69	1028	34	325	9008	485	22	7236	1031	— —	106
其中:宁波	8	134	2	43	1279	67	2	1021	180	— —	6
安徽	70	699	16	131	3162	98	9	2583	459	— —	1
福建	71	575	6	128	5028	134	11	4061	765	— —	9
其中:厦门	5	29	— —	3	281	14	— —	242	12	— —	— —
江西	82	797	5	116	5635	209	10	3983	1297	— —	1
山东	123	1664	143	599	11561	226	15	9491	1681	— —	7
其中:青岛	11	149	18	53	1580	9	— —	1428	139	— —	5
河南	118	1805	10	210	5584	155	10	4285	1068	4	8
湖北	89	1734	68	591	10848	414	19	8467	1335	1	302
湖南	101	1258	19	261	8461	431	17	6406	1453	— —	7
广东	103	1488	18	113	10262	194	13	8674	1225	1	81
其中:深圳	8	179	11	30	1215	— —	— —	1086	103	— —	14
广西	82	782	4	158	7657	164	4	5500	1787	— —	2
海南	17	174	— —	14	1248	5	— —	1055	186	— —	— —
重庆市	27	236	1	70	1725	60	2	1414	221	— —	— —
四川	113	945	15	230	7164	464	24	4903	1544	— —	5
贵州	80	491	3	62	3167	44	9	2509	482	12	1
云南	130	1025	18	324	7738	345	11	6051	1205	22	38
西藏	— —	— —	— —	— —	— —	— —	— —	— —	— —	— —	— —
陕西	102	1221	20	189	4639	261	7	3734	554	3	6
甘肃	83	730	6	76	3939	165	10	3011	639	— —	1
青海	30	150	1	23	961	11	1	792	133	— —	— —
宁夏	17	310	2	62	1590	14	1	1243	327	— —	1
新疆	67	479	4	88	3279	6	— —	2646	614	— —	6

图书馆基本情况（一）

其它	总藏量中:(千册) 外文书刊	开架书刊	书架单层总长度(千米)	累计发放有效借书证数(千个)	总流通人次(千人次)	书刊文献外借人次	书刊文献外借册次(千册次)	为读者举办各种活动 次数(次)	参加人次(千人次)	信息服务 解答咨询(条)	代检索课题(项)	编制二、三次文献(种)
2809	**677**	**53374**	**3748**	**3979**	**109599**	**60099**	**97928**	**63040**	**9450**	**790041**	**36492**	**32842**
3	11	378	13	18	334	246	391	87	41	2055	29	10
— —	— —	232	5	9	261	128	162	36	13	968	45	59
95	11	1466	173	158	3464	2424	3341	964	132	35976	1218	862
139	29	1555	93	134	2869	964	1391	650	180	13824	334	110
14	8	777	68	117	1538	926	1606	493	103	9389	292	92
123	2	2773	128	192	5641	2835	5345	9865	449	40503	2685	6883
60	— —	794	37	63	1755	719	1679	229	157	9825	167	310
114	27	1195	67	64	2428	1267	2123	411	109	8375	1921	1251
117	2	2328	72	122	2655	1325	2994	654	212	15659	431	173
— —	— —	210	12	7	418	204	274	16	11	955	21	2
108	17	4435	251	298	9122	5487	8418	3237	770	54423	3768	221
149	20	3363	254	218	5971	3791	6616	689	912	31333	1455	2151
4	7	494	69	37	1017	533	957	104	89	2813	436	2033
21	1	1180	68	72	3815	1209	2426	347	132	22539	874	2810
59	6	1560	181	121	4399	2474	4674	492	274	29625	1179	3180
12	— —	121	6	17	360	188	350	24	54	500	— —	— —
144	55	1881	90	68	3226	1867	2687	347	102	18368	1281	201
156	120	3555	604	263	6027	3956	5679	1123	509	35145	966	3434
— —	— —	790	34	19	886	530	806	244	232	6381	136	56
65	22	1830	115	200	5223	3567	5219	1910	259	32447	561	959
329	40	2792	227	508	6849	4340	7325	34877	1447	115348	1604	1311
164	17	2777	182	228	6041	3539	5513	824	675	32492	890	276
88	32	6784	205	361	12847	5862	7949	818	694	109971	5759	1278
12	— —	1090	19	84	2506	472	804	155	90	18846	157	1089
205	11	2093	145	94	5350	2246	3721	546	468	39671	4934	4370
2	4	706	34	53	785	352	609	94	105	1673	90	22
30	— —	651	60	61	1093	696	1552	422	137	14567	260	205
248	121	2149	150	144	4202	2380	4542	658	546	21463	1239	949
118	9	865	75	49	1331	716	1044	280	163	10438	355	125
77	14	2494	191	157	5308	2631	4308	555	281	44951	799	515
— —	— —	— —	— —	— —	— —	— —	— —	— —	— —	— —	— —	— —
81	12	929	58	106	2919	1903	3681	1646	223	19476	562	363
123	47	971	76	68	2010	946	1501	420	202	13686	505	129
25	1	110	25	11	160	84	137	48	22	250	200	681
5	— —	164	56	39	1002	719	1041	117	97	8035	1890	192
7	38	1171	70	39	2311	1015	1659	414	182	6436	345	28

2003 年各地区县市级公共

	本年收入合计(千元)					本年支出合计(千元)			在支出		
		财政补助收入	上级补助收入	事业收入	经营收入		事业支出	经营支出	从业人员劳动报酬	税金支出	社会保障费
总计	**661198**	**579126**	**17011**	**40446**	**9172**	**655370**	**645782**	**6607**	**321917**	**2413**	**53188**
北京	6393	5905	280	84	--	6336	6336	--	2620	3	231
天津	2192	1404	--	779	--	2192	2134	--	1276	--	66
河北	17526	16301	556	532	14	17458	17408	11	11266	2	1851
山西	16324	14766	423	1108	27	16090	15986	97	11378	6	1611
内蒙古	19856	19669	--	131	56	19846	19780	56	14032	54	1541
辽宁	30018	28052	43	1764	81	29909	29463	266	13707	125	2561
其中:大连	8722	8103	43	576	--	8760	8760	--	2536	27	548
吉林	16351	15259	205	314	260	16332	15951	230	9328	17	2522
黑龙江	21446	15353	255	553	13	18460	18450	--	11339	89	1712
上海	2442	2265	--	177	--	2441	2441	--	992	10	289
江苏	67844	55965	2345	7057	663	67615	67274	204	22866	42	4277
浙江	77482	67611	1446	5443	1952	77035	76104	930	27120	218	4727
其中:宁波	14115	12001	233	1021	666	14052	13930	122	5284	4	956
安徽	14550	12645	425	1114	320	14739	14159	183	7969	75	2648
福建	18288	14594	911	1584	769	17939	17601	118	8204	81	1239
其中:厦门	1758	1682	--	61	--	1439	1382	--	788	27	44
江西	13646	12428	154	656	408	13812	13482	314	8007	86	1789
山东	38261	35316	228	2139	85	39593	39578	15	22101	289	4102
其中:青岛	7358	6520	34	804	--	7487	7487	--	3891	137	725
河南	21662	19961	100	932	197	21435	21298	50	13069	113	2831
湖北	44946	34662	2665	3966	1264	44878	43271	1207	18399	294	3174
湖南	22274	18227	649	2320	809	22458	22037	288	12327	159	1930
广东	81991	71166	3008	5736	1011	79857	79183	333	29407	314	5228
其中:深圳	27672	23805	2044	1787	36	25274	25274	--	7393	93	2524
广西	15	13364	535	773	267	15260	14652	521	8678	65	936
海南	2657	2467	--	49	41	2689	2669	20	1643	31	216
重庆市	6167	5320	170	304	373	6133	5717	351	2851	12	622
四川	19645	17349	615	1151	250	19731	19133	570	10024	35	1774
贵州	8734	8255	177	135	26	8443	8396	20	5525	35	876
云南	26266	24574	882	644	28	25925	25804	47	16594	48	913
西藏	--	--	--	--	--	--	--	--	--	--	--
陕西	14733	13387	208	559	60	14462	13622	400	9650	102	1121
甘肃	11882	11681	--	60	82	11939	11866	30	9380	20	825
青海	3499	3471	--	28	--	3498	3498	--	2046	--	435
宁夏	5810	5451	120	170	8	5788	5730	42	4113	11	291
新疆	13313	12258	611	184	108	13077	12759	304	6006	77	850

图书馆基本情况（二）

合计中				本年新购藏量		年末固定资产原值（千元）	增加值（千元）	公用房屋建筑面积（千平方米）			阅览室座席数	
修缮费	设备购置费	新增藏量购置费	图书购置费	（千册(件)）	新购图书				书库	阅览室	（千个）	少儿阅览室座席数
20878	**106191**	**72559**	**60292**	**4749**	**3786**	**3101573**	**448413**	**2823**	**670**	**628**	**294**	**98**
24	2503	912	752	57	47	13492	3163	12	3	2	1	– –
98	122	107	28	5	5	6070	1519	10	1	2	1	– –
311	1732	865	712	93	72	78944	14426	142	28	28	13	5
565	976	625	429	68	46	36827	12857	75	18	16	9	3
693	1600	971	811	83	69	43421	15823	64	14	17	8	3
1254	4127	3128	2729	176	164	935356	51246	113	23	22	12	4
73	2170	1645	1558	89	87	26987	3642	38	6	7	3	1
311	1494	850	762	71	68	32404	10641	51	9	15	9	4
315	1400	1251	885	81	68	45254	13238	71	16	17	8	3
10	408	21	21	13	12	21098	1846	7	2	1	1	– –
1360	12210	8884	7175	513	426	167406	29604	174	41	36	16	6
1068	17637	9663	8167	408	358	188081	34861	165	38	29	12	4
94	4417	2124	1746	80	73	21193	6136	22	5	5	2	– –
435	1220	891	584	58	37	29400	9220	47	10	9	6	2
708	3814	2780	2358	169	115	64584	10868	120	34	27	12	4
75	300	195	131	8	8	3358	949	7	2	1	1	– –
571	1745	1419	1227	114	76	411790	24565	93	21	20	11	4
1666	4988	3625	3303	257	195	94046	26152	152	38	27	15	5
335	1307	1128	1040	77	50	13310	4560	21	5	5	3	1
515	2163	1507	1112	193	156	61744	15652	125	29	25	12	4
1331	9863	6743	5976	338	264	142142	24391	190	54	56	28	6
885	2964	2144	1697	302	233	75626	15518	158	39	34	17	6
2659	19802	14671	13239	841	741	210289	38133	275	48	67	23	6
835	7911	5680	5487	340	322	49740	9476	51	4	23	4	– –
409	2097	1719	1125	185	116	47541	10645	100	35	31	14	5
113	445	388	290	25	18	15410	2290	28	8	6	3	1
121	1440	1056	737	60	56	27492	3963	43	10	9	4	2
1367	2953	2013	1585	163	120	88105	13583	138	36	32	14	6
64	1107	718	554	45	36	20173	6367	64	14	16	7	3
943	3877	3117	2343	202	156	112137	21127	163	43	36	17	5
– –	– –	– –	– –	– –	– –	– –	– –	– –	– –	– –	– –	– –
545	1043	678	440	78	55	45864	11587	90	21	17	7	2
69	783	570	421	40	27	26604	10464	53	16	13	6	2
49	117	116	62	6	1	3324	2179	9	2	2	1	– –
111	369	256	176	20	19	17763	4835	26	8	6	2	1
2308	1192	871	592	85	30	39186	7650	65	11	10	5	2

2003年各地区公共图书

地区	总计					省区	
	经费自给率（%）	劳动报酬占总支出比重（%）	新购图书比上年增减（%）	购书费占总支出比重%	平均每册新书单价（元）	经费自给率（%）	劳动报酬占总支出比重（%）
总计	**14.30**	**33.10**	**10.80**	**18.80**	**42.30**	**18.10**	**21.10**
中央	23.70	18.90	4.00	44.70	450.00	--	--
地方	13.20	34.80	11.00	15.80	32.60	18.10	21.10
北京	11.50	26.20	17.20	17.10	28.90	11.00	19.80
天津	15.40	44.90	-10.90	14.90	34.50	11.90	34.00
河北	8.90	45.10	17.20	9.60	22.30	20.80	28.00
山西	9.80	49.50	2.80	7.60	29.40	17.50	29.10
内蒙古	2.90	61.80	0.30	5.40	17.80	8.50	40.00
辽宁	9.80	35.10	-2.60	14.00	24.30	20.50	30.00
其中:大连	7.50	12.60	-5.80	19.70	20.70	--	--
吉林	4.70	42.40	2.40	9.80	20.80	5.00	32.30
黑龙江	12.90	41.80	3.20	7.30	22.80	3.30	29.20
上海	24.80	18.30	7.10	29.20	89.50	29.00	10.40
江苏	14.70	30.50	7.20	18.70	37.30	10.50	24.40
浙江	17.80	30.60	-3.40	14.20	31.00	18.80	22.10
其中:宁波	12.90	35.00	-33.50	12.80	26.00	--	--
安徽	9.10	27.50	18.80	4.80	17.10	3.50	8.30
福建	15.90	38.70	10.20	17.00	24.60	21.60	38.50
其中:厦门	16.10	32.00	-7.70	14.90	22.90	--	--
江西	14.40	44.90	-27.80	9.80	20.40	32.70	28.70
山东	6.90	39.40	23.00	14.90	21.10	6.00	12.80
其中:青岛	9.20	41.50	-27.80	17.90	25.80	--	--
河南	9.20	47.10	35.20	10.20	16.40	11.30	25.20
湖北	16.20	38.00	12.30	15.30	26.40	13.50	24.50
湖南	16.60	45.20	47.40	12.80	16.40	21.00	29.10
广东	9.40	30.30	18.00	19.70	31.20	16.70	30.40
其中:深圳	6.30	28.10	-9.20	29.60	40.60	--	--
广西	12.90	48.30	18.10	10.70	20.10	19.90	48.90
海南	6.00	47.10	-65.60	12.70	24.80	--	--
重庆市	19.20	37.80	26.60	11.30	19.50	22.10	32.90
四川	11.10	34.50	2.10	10.60	27.90	20.20	16.80
贵州	4.70	50.00	24.00	11.00	26.00	--	41.10
云南	9.10	49.10	47.00	12.10	26.80	8.70	28.90
西藏	--	62.50	131.70	15.30	64.50	--	62.50
陕西	8.00	43.20	45.70	7.80	21.50	6.40	21.10
甘肃	3.00	34.00	10.90	12.90	54.00	1.10	--
青海	10.20	57.20	70.00	3.50	19.40	25.90	46.80
宁夏	2.40	61.10	-11.40	4.10	15.30	0.20	48.40
新疆	7.80	42.50	20.00	6.00	24.40	21.40	24.80

馆活动情况分析

市级			地市级					县市级				
新购图书比上年增减（%）	购书费占总支出比重%	平均每册新书单价（元）	经费自给率（%）	劳动报酬占总支出比重（%）	新购图书比上年增减（%）	购书费占总支出比重%	平均每册新书单价（元）	经费自给率（%）	劳动报酬占总支出比重（%）	新购图书比上年增减（%）	购书费占总支出比重%	平均每册新书单价（元）
18.60	**25.10**	**62.20**	**11.90**	**34.20**	**-5.50**	**13.70**	**28.70**	**10.00**	**49.10**	**28.00**	**9.20**	**15.90**
— —	— —	— —	— —	— —	— —	— —	— —	— —	— —	— —	— —	— —
18.60	25.10	62.20	11.90	34.20	-5.50	13.70	28.70	10.00	49.10	27.90	9.20	15.90
-11.00	22.00	52.20	13.10	30.60	45.50	12.80	17.20	3.30	41.40	3.40	11.90	16.20
-5.10	24.90	46.70	16.20	53.50	-18.40	7.30	20.00	36.90	58.20	3.80	1.30	5.40
8.80	19.20	30.90	8.60	35.30	25.80	10.70	28.40	3.80	64.50	13.00	4.10	9.80
37.20	16.30	45.30	4.20	38.30	-79.00	5.10	63.20	7.10	70.70	64.00	2.70	9.30
57.70	14.10	29.30	2.90	59.20	-63.60	3.00	20.60	0.90	70.70	46.00	4.10	11.80
37.20	19.20	30.80	8.60	31.20	-5.10	15.00	26.10	6.50	45.80	-12.70	9.10	16.60
— —	— —	— —	8.00	4.80	-6.20	20.60	22.20	6.60	28.90	-6.10	17.80	17.80
36.70	22.10	29.70	4.00	36.30	-22.10	8.50	21.10	5.50	57.10	23.60	4.70	11.20
-4.00	14.90	49.00	3.60	33.00	-14.10	6.80	23.20	31.60	61.40	44.50	4.80	13.00
-1.40	37.00	128.20	16.90	33.10	22.20	14.90	37.40	7.30	40.60	0.90	0.90	1.70
-3.90	45.60	152.70	17.80	30.00	-6.10	13.20	28.80	14.10	33.80	21.20	10.60	16.90
-16.70	22.50	60.50	28.90	30.10	11.30	13.00	25.30	10.90	35.20	-5.90	10.60	22.80
— —	— —	— —	11.70	28.50	1.00	13.80	32.70	13.40	37.60	-40.00	12.40	23.90
47.10	4.50	22.00	17.50	32.80	9.30	5.90	14.20	10.30	54.10	10.70	4.00	16.00
57.70	19.50	37.60	11.80	32.40	3.90	18.50	21.00	15.70	45.70	-3.00	13.10	20.40
— —	— —	— —	17.50	29.00	-16.90	15.60	23.50	5.50	54.80	— —	9.10	16.60
-24.50	13.80	36.00	11.10	40.60	-31.00	8.60	18.50	7.70	58.00	-26.70	8.90	16.20
239.60	22.70	19.50	7.60	39.20	-21.00	17.10	27.10	6.90	55.80	-8.20	8.30	17.00
— —	— —	— —	7.70	30.80	-32.90	22.00	30.60	10.70	52.00	-21.50	13.90	20.70
41.90	15.00	31.60	9.90	44.80	13.90	12.70	21.60	7.50	61.00	54.80	5.20	7.10
38.50	21.60	44.30	15.30	41.40	-33.40	16.40	24.80	17.10	41.00	29.00	13.30	22.60
7.20	23.10	36.30	13.80	46.90	11.80	9.90	21.00	15.20	54.90	92.30	7.60	7.30
59.70	20.60	41.90	7.00	26.70	-23.00	21.10	41.60	9.80	36.80	114.20	16.60	17.90
— —	— —	— —	5.70	27.50	-61.80	34.40	84.40	7.20	29.30	246.60	21.70	17.00
12.20	13.30	31.20	9.70	39.90	61.80	10.70	23.70	7.30	56.90	3.80	7.40	9.70
— —	— —	— —	4.60	28.90	-87.40	15.20	45.60	7.10	61.10	9.50	10.80	16.60
18.40	9.80	21.20	20.10	38.90	18.10	12.70	24.00	11.20	46.50	48.60	12.00	13.10
-24.10	17.30	115.30	8.30	29.40	-3.90	9.10	30.50	8.50	50.80	11.70	8.00	13.30
-20.70	22.10	76.60	7.80	39.10	5.90	10.80	22.50	3.60	65.40	97.40	6.60	15.60
57.60	19.00	55.50	18.70	38.80	49.40	12.50	42.80	3.10	64.00	44.00	9.00	15.10
131.70	15.30	64.50	— —	— —	— —	— —	— —	— —	— —	— —	— —	— —
34.30	14.10	30.80	11.40	44.60	52.50	3.70	29.90	8.10	66.70	58.10	3.00	8.00
11.00	20.20	86.50	9.90	52.30	30.00	8.40	31.60	1.70	78.60	1.60	3.50	15.40
1 062.80	5.40	18.70	— —	69.80	98.10	2.90	14.10	0.80	58.50	-83.90	1.80	54.90
-30.70	3.00	27.40	— —	44.50	-67.10	21.00	28.30	4.10	71.10	70.10	3.00	9.40
-3.10	11.40	71.90	7.70	45.20	0.30	5.50	18.60	3.40	45.90	64.90	4.50	19.90

公共图书馆主要指标解释

1. **总藏量**:指本馆已编目的古籍、图书、期刊和报纸的合订本、小册子、手稿,以及缩微制品、录像带、录音带、光盘等视听文献资料数量之和。对同一书名但分若干册(卷)的图书,按每一册(卷)作为一册统计。期刊和报纸均以每一合订本为一册统计。至填报本表时,尚未装订成册编目的期刊和报纸不应统计在内。

2. **古籍、善本**:指实际成书和出版年代在1911年(含1911年)以前的线装、卷轴装、经折装、蝴蝶装、包背装等书籍为古籍;其中清乾隆六十年,即1795年(含1795年)以前的古籍为善本,1795年至1911年间的具有历史文献性、学术资料性和印刷装帧艺术代表性的也归为善本。

3. **图书**:指不少于49页并在"古籍"范围以外的图书。少儿读物、连环画49页以上的按图书统计,48页以下的按小册子统计到"其他"类中。

4. **报纸**:指刊登当前事件的专题或综合新闻,每周至少出版一张并按年、月、日顺序或按编号排列的连续出版物。

5. **期刊**:指同一刊名下,按顺序号或按年、月、日出版的定期或不定期的一种连续出版物。

6. **缩微制品**:指本馆所有经过缩微处理制成缩微胶卷和缩微平片,使用时需要放大的文献资料。

7. **视听文献**:指要求使用专用设备阅读和(或)听声的非书型、非缩微制品型文献。包括声频文献(如唱片、录音带、盒式磁带等)、视频文献(如幻灯片、透明正片等)和声频与视频混合文献(如有声电影、录像片等)、电子文献(如存储在光盘、软盘、硬盘等通过计算机阅读、视听的文献)。

8. **其他**:指手稿和48页以下的小册子等。

9. **外文书刊**:指国外出版的外国文字的图书、期刊和报纸。其计量原则同图书。

10. **书架单层总长度**:指按书架(包括书柜)每层(不包括书架顶部遮尘板)长度累计计算的长度,其中两面放书的书架每层应按两个长度计算。

11. **累计发放有效借书证数**:指图书馆发放并正在使用的有效的借书证累计数。

12. **总流通人次**:指包括在馆内阅读和借出阅读书、刊、缩微制品、视听文献、电子文献等的读者人次。

13. **书刊文献外借人次**:指由馆内借出阅读书、刊、缩微制品、视听文献等的读者人次。

14. **书刊文献外借册次**:指读者通过借阅手续借出,在馆外阅读的书、刊、缩微制品、视听文献等册次,包括外文图书。

15. **为读者举办各种活动次数及参加人次**:指由本馆举办或与外单位联合举办的为读者服务的各种活动次数及参加这些活动的人次。如读书会、报告会、读书辅导班等。不包括零散咨询、辅导次数。

16. **解答咨询**:指利用图书馆学、文献学知识和工具解答读者的问题,包括电话、口头或简单书面咨询等,以问题的条数计算。

17. **代检索课题**:指通过手工和机检为读者完成的定题和回溯检索服务项目。

18. **编制二、三次文献**:指图书馆编辑的书目、索引、文摘、专题述评、综述、进展报告、书目指南等。

19. **新增藏量购置费**:指本馆本年购进图书、报刊、缩微制品和视听文献等藏品所用经费之和。

20. **图书购置费**:指本馆本年购进图书、报刊所用经费。

21. **本年新购藏量**:指本年购进馆的图书、报刊、缩微制品和视听文献等藏品之和。

22. **本年新购图书**:指本年购进馆的图书,包括从出版、发行、邮政等部门购进的已装订成合订本的期刊、报纸。

23. **阅览室坐席数**:指阅览室内可供读者坐阅的座位。

24. **少儿阅览室坐席数**:指少儿图书馆阅览室和公共图书馆中的少儿阅览室可供少儿读者坐阅的坐席数。

2004年各地区公共图

	机构数（个）	从业人员数（人）	从业人员数：高级职称	从业人员数：中级职称	总藏量	总藏量：图书	图书：古籍	古籍：善本
总　计	**2 720**	**49 069**	**2 993**	**14 084**	**461 515**	**345 121**	**27 738**	**2 184**
中　央	1	1 342	193	572	24 556	8 974	1 920	277
地　方	2 719	47 727	2 800	13 512	436 959	336 147	25 818	1 907
北　京	25	1 121	58	279	9 950	9 098	500	34
天　津	32	1 082	93	369	8 269	7 373	555	104
河　北	149	1 695	138	500	12 479	10 506	601	41
山　西	122	1 599	53	474	9 366	7 289	773	111
内蒙古	109	1 772	91	481	7 241	6 285	307	13
辽　宁	126	2 980	177	1 127	21 939	18 023	1 331	151
其中：大连	12	409	25	171	4 554	3 686	550	23
吉　林	63	1 788	154	636	11 184	9 749	571	40
黑龙江	96	1 664	160	663	12 602	10 038	453	22
上　海	28	2 009	168	539	59 523	20 847	1 936	193
江　苏	100	2 251	209	737	29 742	26 816	3 233	198
浙　江	84	1 999	126	585	20 873	17 606	1 912	57
其中：宁波	9	216	5	39	2 230	1 857	167	3
安　徽	85	1 219	75	308	8 130	6 748	652	36
福　建	83	1 099	49	296	11 582	9 820	507	41
其中：厦门	7	140	6	36	1 496	1 370	76	2
江　西	104	1 400	50	275	16 224	13 838	1 352	50
山　东	142	2 633	315	1 005	25 223	21 055	1 345	117
其中：青岛	13	265	29	93	2 938	2 557	152	2
河　南	135	2 722	86	481	13 954	11 554	1 149	67
湖　北	104	2 285	142	870	18 669	15 210	941	81
湖　南	115	1 927	106	550	16 251	13 473	1 381	86
广　东	128	3 161	124	434	27 395	22 996	776	51
其中：深圳	8	420	43	108	3 852	3 193	15	1
广　西	96	1 456	65	430	14 487	11 110	525	14
海　南	19	244	--	24	1 757	1 481	15	--
重　庆	44	754	51	211	7 362	6 329	732	79
四　川	137	1 824	68	510	19 531	15 826	1 598	87
贵　州	90	881	38	189	7 349	6 099	203	12
云　南	149	1 610	67	558	14 221	11 855	899	55
西　藏	4	49	3	14	650	250	10	3
陕　西	112	1 640	32	299	8 640	7 082	639	77
甘　肃	92	1 148	34	180	8 300	6 670	536	72
青　海	38	354	15	98	3 024	2 561	131	13
宁　夏	16	452	23	132	3 406	3 042	157	2
新　疆	92	909	30	258	7 634	5 519	97	--

书馆基本情况（一）

报刊（千册、件、套）	缩微制品、视听文献	其它	总藏量中：开架书刊（千册、件、套）	当年购买的报刊种类（种）	书架单层总长度（千米）	累计发放有效借书证数（千个）	总流通人次（千人次）	书刊文献外借人次	书刊文献外借册次（千册次）
63 791	**17 755**	**34 848**	**141 317**	**907 344**	**12 473**	**10 562**	**220 953**	**101 404**	**185 357**
12 109	1 372	2 102	– –	21 632	333	84	4 452	1 447	4 556
51 682	16 383	32 746	141 317	885 712	12 140	10 478	216 501	99 957	180 801
491	249	112	5 896	17 901	141	437	5 858	2 604	5 434
583	97	217	3 504	16 161	141	226	3 770	1 703	2 632
1 346	273	354	4 484	19 539	386	427	6 290	3 768	5 201
1 797	76	205	3 923	39 975	161	261	2 791	1 241	1 950
804	24	128	1 665	13 511	277	151	3 526	1 793	2 828
1 916	508	1 492	8 300	37 391	603	425	11 102	4 714	11 879
283	262	322	2 297	9 853	43	160	2 965	1 446	2 892
1 192	67	176	4 236	16 842	191	161	4 682	1 963	3 753
1 820	17	727	4 705	19 345	149	281	4 600	1 978	3 662
2 924	12 716	23 036	7 634	36 381	413	538	13 175	4 766	13 713
2 417	154	354	8 567	49 570	846	766	16 048	9 150	13 591
2 574	343	351	8 776	56 177	1 160	594	12 327	6 413	10 986
277	26	70	1 022	8 290	372	84	1 967	1 010	1 683
1 291	8	82	2 015	15 045	258	188	4 194	2 480	3 795
1 335	73	355	3 958	27 493	237	265	6 791	3 949	7 212
98	15	13	459	5 226	40	68	1 397	869	1 139
1 862	23	501	3 058	15 895	177	154	5 129	3 057	6 648
3 314	76	779	9 606	173 764	826	615	15 461	8 051	12 676
374	7	1	1 475	6 871	59	83	2 118	1 125	1 898
2 153	52	196	4 953	30 446	286	242	7 194	3 854	6 352
2 856	113	490	7 685	25 800	1 027	836	10 245	6 033	8 236
2 381	117	280	6 669	18 659	327	578	9 226	4 693	8 885
3 373	442	584	16 023	74 404	1 094	1 414	30 213	10 207	16 360
494	50	115	2 134	12 006	40	280	4 763	684	1 028
2 948	135	293	4 373	30 742	741	249	13 427	3 360	6 259
268	5	3	813	4 324	28	18	738	235	320
684	29	320	2 330	13 313	118	120	5 570	2 576	6 898
2 999	171	535	4 725	23 853	1 210	369	6 602	3 203	6 515
1 124	13	113	1 958	14 345	203	112	1 843	1 072	1 525
2 091	102	174	3 785	37 527	422	260	6 258	2 766	5 850
76	– –	324	100	860	23	1	14	12	37
1 309	71	178	1 865	11 606	161	450	3 864	1 454	2 545
1 477	19	134	2 310	20 646	198	117	2 228	953	1 538
401	3	58	621	2 621	78	51	530	126	288
322	11	32	505	4 253	110	36	1 525	1 035	2 048
1 554	398	164	2 275	17 323	147	136	1 279	749	1 181

2004年各地区公共图

	为读者举办各种活动 次数（次）	为读者举办各种活动 参加人次（千人次）	信息化装备 计算机（台）	信息化装备 计算机 电子阅览室终端数	信息化装备 网站数（个）	信息化装备 因特网总带数（Mbps）	共享工程服务点（个）
总　计	**153 930**	**25 607**	**54 439**	**27 021**	**741**	**19 198**	**8 010**
中　央	464	100	1 700	116	1	112	－－
地　方	153 466	25 507	52 739	26 905	740	19 086	8 010
北　京	4 039	985	2 159	959	17	101	133
天　津	1 219	1 894	1 147	551	6	46	79
河　北	4 521	410	1 567	770	14	406	173
山　西	6 865	532	955	228	10	419	106
内蒙古	720	229	712	453	93	1 271	45
辽　宁	17 370	1 157	2 577	1 123	31	5 331	157
其中：大连	441	316	731	388	3	11	30
吉　林	737	397	1 459	649	8	50	124
黑龙江	714	406	846	393	3	443	36
上　海	3 322	1 657	3 662	1 279	23	155	146
江　苏	2 038	1 906	4 212	2 455	25	800	81
浙　江	13 475	1 621	3 895	2 143	47	1 981	673
其中：宁波	227	310	694	494	2	102	64
安　徽	582	289	958	559	7	379	85
福　建	1 132	1 959	1 906	921	142	179	96
其中：厦门	394	427	387	132	4	18	20
江　西	878	522	1 079	724	7	803	72
山　东	1 945	1 198	3 715	2 037	16	534	218
其中：青岛	507	413	806	572	3	70	69
河　南	1 804	447	1 568	850	13	1 361	151
湖　北	21 337	2 424	3 708	2 052	73	665	664
湖　南	1 327	943	1 540	916	20	215	85
广　东	1 836	2 229	5 756	2 649	53	2 267	4 044
其中：深圳	241	140	851	241	11	199	246
广　西	5 051	831	1 173	582	16	47	229
海　南	478	87	123	99	1	9	1
重　庆	504	420	979	592	16	87	59
四　川	2 157	583	2 863	1 914	43	231	137
贵　州	412	424	564	328	2	142	38
云　南	887	853	1 171	534	5	770	76
西　藏	2	1	31	－－	－－	－－	－－
陕　西	50 824	306	779	251	14	127	70
甘　肃	583	433	738	365	24	117	64
青　海	274	48	110	52	1	101	17
宁　夏	135	43	200	137	2	11	61
新　疆	6 298	271	587	340	8	38	90

书馆基本情况（二）

本年新购藏量（千册、件）	新购图书	年末固定资产原值（千元）	增加值（千元）	公用房屋建筑面积（千平方米）	书库	阅览室	书刊阅览室	电子阅览室	阅览室座席数（千个）	少儿阅览室座席数
16 189	**12 284**	**10 228 034**	**1 702 195**	**6 251**	**1 584**	**1 386**	**928**	**140**	**472**	**132**
702	318	1 435 621	136 937	164	50	21	21	--	3	--
15 487	11 966	8 792 413	1 565 258	6 087	1 534	1 365	907	140	469	132
600	513	404 869	62 592	146	27	30	19	4	10	3
331	291	151 873	41 653	170	25	37	29	4	8	1
693	303	229 037	41 083	260	64	61	34	8	22	6
307	224	99 432	30 511	108	35	27	16	5	11	4
197	143	241 616	45 522	147	34	39	26	2	14	3
741	585	398 464	78 656	300	78	63	42	7	22	7
191	165	77 318	12 134	86	15	20	14	3	6	2
234	170	155 493	38 422	135	33	36	18	2	12	3
226	191	164 809	45 069	172	36	39	27	3	13	4
1 007	877	1 557 035	164 551	241	83	51	42	3	14	3
1 226	983	509 350	109 060	356	106	72	47	11	24	8
1 163	1 021	692 105	126 730	359	81	76	45	10	21	6
229	226	45 762	13 510	60	6	20	4	1	3	1
220	184	113 681	35 811	144	28	26	20	2	11	3
503	356	241 219	41 455	226	56	53	38	5	17	5
88	80	49 168	9 076	22	7	7	6	1	2	1
333	192	117 258	27 467	209	41	44	24	4	16	6
877	575	305 634	71 690	369	84	73	54	9	25	7
178	152	38 521	11 795	64	7	16	13	2	5	1
348	296	203 781	45 848	252	77	47	31	4	18	5
614	456	762 701	68 703	291	76	61	40	9	25	7
446	308	175 201	40 041	238	74	55	46	5	22	8
2 534	2 348	762 478	162 479	473	93	106	76	11	46	8
544	538	142 998	35 853	57	5	15	7	1	14	--
411	264	193 193	43 248	205	62	56	42	2	18	6
83	45	60 286	5 985	33	10	8	4	1	3	1
421	163	122 933	21 556	120	31	27	13	4	8	3
944	691	258 900	46 885	257	68	74	51	9	22	7
114	89	90 732	20 576	132	30	38	21	2	10	3
235	185	352 209	51 517	257	71	58	41	3	22	6
4	4	24 042	2 887	20	4	4	3	--	--	--
225	190	153 897	27 056	193	41	31	16	1	12	2
198	128	102 509	25 170	110	29	33	18	3	9	3
22	20	5 585	8 310	34	9	5	3	--	2	--
59	49	37 584	10 481	36	14	9	5	1	3	1
170	120	104 507	24 241	96	32	25	14	2	9	3

2004年各地区公共图

	本年收入合计（千元）							本	
		财政拨款	上级补助收入	事业收入	经营收入	附属单位上缴收入	其他收入		基本支出
总计	**2 812 341**	**2 381 408**	**61 140**	**232 810**	**31 869**	**6 588**	**98 526**	**2 750 339**	**1 999 634**
中央	288 364	229 934	--	45 494	5 061	5 218	2 657	256 364	116 170
地方	2 523 977	2 151 474	61 140	187 316	26 808	1 370	95 869	2 493 975	1 883 464
北京	129 877	113 071	3 264	8 128	1 354	190	3 870	108 453	74 201
天津	60 785	53 422	356	3 311	651	--	3 045	60 571	49 646
河北	56 698	51 152	1 732	619	215	--	2 980	54 860	46 940
山西	54 600	50 928	422	1 029	1 728	200	293	54 013	40 057
内蒙古	48 563	46 150	585	870	--	--	958	48 312	45 683
辽宁	121 988	106 000	5 645	6 876	32	--	3 435	135 665	87 497
其中：大连	28 701	26 097	359	2 077	--	--	168	29 935	12 044
吉林	54 240	52 020	450	558	650	--	562	53 572	45 295
黑龙江	59 067	55 794	1 341	961	62	--	909	61 130	52 406
上海	326 855	253 047	4 725	59 377	1 069	279	8 358	323 689	307 346
江苏	190 762	137 283	6 305	33 167	2 369	250	11 388	191 039	135 258
浙江	194 559	161 009	5 502	15 312	753	238	11 745	189 508	143 567
其中：宁波	23 362	20 487	110	723	29	--	2 013	23 208	16 519
安徽	52 644	47 342	1 047	1 350	801	25	2 079	52 005	41 146
福建	65 008	55 327	1 219	2 352	4 681	--	1 429	61 601	45 573
其中：厦门	18 644	16 693	--	1 316	--	--	635	16 210	13 255
江西	42 992	36 840	936	2 874	1 744	10	588	40 189	34 778
山东	128 783	120 291	173	6 116	5	20	2 178	124 728	97 244
其中：青岛	19 628	17 834	99	925	--	--	770	19 213	16 124
河南	61 194	56 377	1 319	1 534	1 084	--	880	61 029	47 723
湖北	72 131	58 765	2 130	4 646	1 052	--	5 538	72 919	49 926
湖南	57 881	47 556	777	4 265	2 371	--	2 912	58 438	54 393
广东	325 042	277 833	16 521	18 692	1 201	--	10 795	323 518	167 271
其中：深圳	77 118	59 454	9 367	7 785	--	--	512	77 818	42 135
广西	53 520	46 794	126	1 622	1 038	--	3 940	53 082	42 994
海南	6 145	5 098	800	85	10	--	152	6 144	3 879
重庆	33 731	26 649	1 841	3 234	690	148	1 169	31 657	22 613
四川	93 342	76 157	1 872	2 267	961	--	12 085	92 613	59 549
贵州	30 523	28 929	430	544	--	--	620	30 832	27 778
云南	63 277	55 631	835	4 552	1 839	--	420	69 388	49 905
西藏	2 482	2 482	--	--	--	--	--	2 482	2 091
陕西	40 055	36 948	399	2 027	33	--	648	39 588	28 299
甘肃	35 162	34 194	--	157	62	--	749	37 314	36 372
青海	11 925	10 932	19	136	2	--	836	12 015	10 096
宁夏	13 466	13 109	64	102	--	--	191	13 776	12 996
新疆	36 680	34 344	305	553	351	10	1 117	29 845	20 942

书馆基本情况（三）

年支出合计（千元）											
		在支出合计中									
		人员支出		公用支出							
项目支出	经营支出		社会保障缴费		福利费	维修费	各种设备购置费	新增藏量购置费	图书购置费	税金支出	对个人和家庭补助支出
593 534	**18 868**	**1 011 668**	**87 140**	**1 307 131**	**28 584**	**100 880**	**693 561**	**566 273**	**507 800**	**14 385**	**237 844**
139 393	801	49 097	823	161 415	8 229	7 483	117 614	115 087	115 087	1 441	20 745
454 141	18 067	962 571	86 317	1 145 716	20 355	93 397	575 947	451 186	392 713	12 944	217 099
30 279	247	36 464	1 652	58 428	355	7 764	22 181	15 989	12 888	890	8 665
3 530	– –	27 507	958	25 107	369	2 014	12 740	11 340	10 875	257	7 445
4 339	181	26 153	2 364	21 632	295	1 636	11 571	8 643	6 016	352	5 122
8 286	1 713	21 846	1 070	25 878	229	9 069	11 553	4 832	2 615	236	4 223
1 595	19	30 422	1 257	11 013	369	1 599	3 650	2 742	2 142	22	5 044
23 441	300	49 685	4 747	49 727	960	4 192	26 204	20 377	19 341	766	11 306
13 236	– –	7 963	980	12 364	172	1 391	8 404	6 258	6 084	105	801
6 415	621	24 003	1 081	21 300	112	2 549	9 169	6 591	6 377	22	8 065
3 521	6	27 865	1 437	21 511	250	1 313	10 306	7 569	6 046	113	10 249
10 779	107	90 725	16 024	204 415	1 459	8 158	118 479	99 953	97 078	1 714	8 372
28 295	1 746	63 849	8 055	97 110	1 718	5 608	45 697	38 016	33 590	1 056	22 063
44 776	620	75 911	9 256	75 535	2 066	4 447	38 772	34 042	29 952	823	20 246
6 661	28	9 539	1 697	7 407	133	350	4 679	4 047	4 042	42	1 966
8 097	937	21 770	1 623	19 322	197	1 292	9 545	6 558	5 698	45	9 252
11 482	2 904	23 493	2 722	27 498	730	1 131	15 558	11 627	10 743	1 483	6 100
2 955	– –	4 861	454	9 458	457	276	4 883	2 627	2 617	– –	1 791
2 652	775	18 884	1 442	14 100	417	983	6 994	3 745	3 243	338	3 138
27 251	– –	47 895	6 927	63 078	439	14 786	22 249	16 226	15 636	343	10 788
3 020	– –	8 501	1 747	8 775	22	5	4 850	4 077	4 064	60	1 671
8 630	1 080	30 693	2 865	20 410	826	1 292	11 869	8 060	6 563	222	5 956
15 214	966	30 625	2 422	33 449	1 053	3 020	16 147	11 316	10 489	229	6 288
2 180	1 590	26 881	2 233	24 552	695	3 936	11 491	7 508	6 201	340	5 117
143 820	814	105 032	9 052	157 506	4 900	5 864	96 600	82 058	59 554	1 661	20 387
35 539	– –	23 133	2 063	33 322	1 615	1 162	23 041	21 384	20 933	672	4 713
7 866	236	26 734	1 906	18 801	898	1 062	10 162	8 406	6 397	584	6 752
1 116	20	3 426	341	1 605	27	167	881	822	747	10	111
5 692	1 058	12 154	687	13 288	175	559	5 960	4 749	4 338	195	4 115
28 796	338	28 734	1 992	48 530	554	5 833	18 655	14 284	13 378	273	6 968
3 011	15	13 107	445	13 685	222	323	9 546	2 174	1 446	74	3 544
15 197	1 699	31 477	1 030	31 289	290	1 796	9 439	7 071	6 027	664	4 998
391	– –	1 674	85	509	36	2	221	250	250	– –	215
5 478	30	18 181	401	15 416	316	1 169	5 802	5 048	4 744	21	2 374
892	10	17 756	397	15 703	83	435	6 683	5 981	5 753	37	3 194
698	3	6 154	203	2 921	18	96	1 647	484	481	78	1 837
– –	– –	7 167	389	4 309	99	887	1 894	1 269	1 023	5	1 707
422	32	16 304	1 254	8 089	198	415	4 282	3 456	3 082	91	3 458

2004年各地区少儿公共

地区	机构数（个）	从业人员数（人）	高级职称	中级职称	总藏量	图书	古籍	善本
总计	**105**	**2 139**	**145**	**598**	**15 581**	**13 516**	**139**	**2**
北京	5	143	11	43	1 167	1 038	— —	— —
天津	12	192	16	64	1 150	1 080	— —	— —
河北	1	5	— —	5	27	27	— —	— —
山西	1	25	1	7	94	69	— —	— —
内蒙古	2	29	— —	12	165	144	— —	— —
辽宁	13	247	18	94	1 644	1 392	— —	— —
其中：大连	1	43	7	17	404	301	— —	— —
吉林	3	76	13	35	432	358	— —	— —
黑龙江	1	20	— —	11	44	19	— —	— —
上海	5	99	6	27	1 034	970	— —	— —
江苏	5	41	5	20	433	407	1	— —
浙江	3	88	8	25	704	602	— —	— —
其中：宁波	— —	— —	— —	— —	— —	— —	— —	— —
安徽	2	31	— —	6	93	61	— —	— —
福建	5	72	3	21	643	602	— —	— —
其中：厦门	3	42	1	12	377	364	— —	— —
江西	— —	— —	— —	— —	— —	— —	— —	— —
山东	1	13	2	2	70	69	— —	— —
其中：青岛	— —	— —	— —	— —	— —	— —	— —	— —
河南	1	16	1	5	83	63	— —	— —
湖北	5	96	7	32	792	581	— —	— —
湖南	6	139	15	55	1 137	1 055	— —	— —
广东	24	648	22	75	4 833	4 219	106	2
其中：深圳	2	50	3	18	622	607	— —	— —
广西	3	57	2	27	454	234	— —	— —
海南	— —	— —	— —	— —	— —	— —	— —	— —
重庆	2	76	14	25	458	418	20	— —
四川	— —	— —	— —	— —	— —	— —	— —	— —
贵州	— —	— —	— —	— —	— —	— —	— —	— —
云南	3	2	— —	1	8	7	— —	— —
西藏	— —	— —	— —	— —	— —	— —	— —	— —
陕西	2	24	1	6	108	94	10	— —
甘肃	— —	— —	— —	— —	— —	— —	— —	— —
青海	— —	— —	— —	— —	— —	— —	— —	— —
宁夏	— —	— —	— —	— —	— —	— —	— —	— —
新疆	— —	— —	— —	— —	— —	— —	— —	— —

图书馆基本情况（一）

（千册、件、套）			总藏量中：开架书刊（千册、件、套）	当年购买的报刊种类（种）	书架单层总长度（千米）	累计发放有效借书证数（千个）	总流通人次		书刊文献外借册次（千册次）
报刊	缩微制品、视听文献	其它					（千人次）	书刊文献外借人次	
1 237	**454**	**373**	**8 720**	**33 960**	**542**	**797**	**13 322**	**6 471**	**13 622**
83	40	6	529	1 803	12	50	592	470	715
15	32	22	645	1 618	6	31	518	374	784
– –	– –	– –	21	20	– –	4	30	20	20
25	– –	– –	– –	– –	– –	– –	1	1	2
17	1	2	16	161	2	16	95	73	85
79	73	98	476	2 995	18	61	1 125	614	1 864
3	51	48	259	420	5	30	253	124	350
68	2	4	90	548	9	7	232	88	255
8	– –	15	28	127	– –	3	90	25	42
11	47	4	676	1 889	11	43	982	355	777
19	6	– –	322	883	3	17	671	359	452
52	48	– –	488	1 407	3	51	449	385	528
– –	– –	– –	– –	– –	– –	– –	– –	– –	– –
31	1	– –	25	500	1	8	208	174	344
33	8	– –	517	2 167	11	39	1 029	527	1 457
5	7	– –	297	1 102	5	29	596	475	555
– –	– –	– –	– –	– –	– –	– –	– –	– –	– –
– –	1	– –	51	192	– –	6	39	25	76
– –	– –	– –	– –	– –	– –	– –	– –	– –	– –
18	– –	– –	82	201	– –	3	56	56	112
34	15	160	180	1 048	7	53	238	146	291
55	21	6	844	1 974	11	69	785	314	635
438	123	52	3 265	12 916	428	279	5 003	1 757	2 676
3	11	– –	423	2 068	3	8	923	27	85
195	24	– –	207	2 019	5	14	402	248	592
– –	– –	– –	– –	– –	– –	– –	– –	– –	– –
34	5	– –	214	1 247	4	30	690	393	1 638
– –	– –	– –	– –	– –	– –	– –	– –	– –	– –
– –	– –	– –	– –	– –	– –	– –	– –	– –	– –
– –	– –	– –	8	70	– –	– –	20	9	11
– –	– –	– –	– –	– –	– –	– –	– –	– –	– –
13	– –	– –	29	175	– –	3	60	51	258
– –	– –	– –	– –	– –	– –	– –	– –	– –	– –
– –	– –	– –	– –	– –	– –	– –	– –	– –	– –
– –	– –	– –	– –	– –	– –	– –	– –	– –	– –
– –	– –	– –	– –	– –	– –	– –	– –	– –	– –

2004年各地区少儿公共

	为读者举办各种活动		信息化装备				共享工程服务点（个）
	次数（次）	参加人次（千人次）	计算机（台）	电子阅览室终端数	网站数（个）	因特网总带数（Mbps）	
总计	**5 765**	**5 174**	**3 453**	**1 635**	**32**	**403**	**205**
北京	1 631	317	241	98	2	4	1
天津	390	1 033	169	107	－－	9	21
河北	4	1	－－	－－	－－	－－	－－
山西	10	5	23	1	－－	－－	－－
内蒙古	80	10	23	20	－－	－－	－－
辽宁	438	140	367	209	3	14	1
其中：大连	132	33	122	122	1	2	－－
吉林	71	7	15	－－	－－	－－	12
黑龙江	10	6	2	－－	－－	－－	－－
上海	1 437	1 012	333	232	4	14	2
江苏	92	104	102	55	1	11	3
浙江	137	192	138	46	2	5	3
其中：宁波	－－	－－	－－	－－	－－	－－	－－
安徽	35	40	67	48	1	10	20
福建	422	1 166	181	94	3	3	22
其中：厦门	271	124	140	66	2	2	10
江西	－－	－－	－－	－－	－－	－－	－－
山东	52	1	14	10	－－	－－	－－
其中：青岛	－－	－－	－－	－－	－－	－－	－－
河南	20	20	20	15	－－	－－	－－
湖北	137	345	154	92	2	25	52
湖南	234	66	102	44	2	11	2
广东	370	543	1 310	495	10	295	65
其中：深圳	32	65	166	－－	3	54	26
广西	124	45	78	12	1	－－	－－
海南	－－	－－	－－	－－	－－	－－	－－
重庆	45	76	107	56	1	2	－－
四川	－－	－－	－－	－－	－－	－－	－－
贵州	－－	－－	－－	－－	－－	－－	－－
云南	2	－－	1	1	－－	－－	－－
西藏	－－	－－	－－	－－	－－	－－	－－
陕西	24	34	6	－－	－－	－－	1
甘肃	－－	－－	－－	－－	－－	－－	－－
青海	－－	－－	－－	－－	－－	－－	－－
宁夏	－－	－－	－－	－－	－－	－－	－－
新疆	－－	－－	－－	－－	－－	－－	－－

图书馆基本情况（二）

本年新购藏量（千册、件）	新购图书	年末固定资产原值（千元）	增加值（千元）	公用房屋建筑面积（千平方米）	书库	阅览室	书刊阅览室	电子阅览室	阅览室座席数（千个）	少儿阅览室座席数
1 639	**1 429**	**381 443**	**81 701**	**237**	**43**	**52**	**35**	**7**	**22**	**17**
94	71	51 134	7 632	23	1	3	2	—	1	1
82	70	13 189	6 220	11	1	2	1	—	1	—
5	5	—	—	—	—	—	—	—	—	—
—	—	475	642	—	—	—	—	—	—	—
6	6	1 147	650	2	—	—	—	—	—	—
140	130	25 949	7 674	23	3	4	1	1	2	2
41	37	9 606	1 718	6	—	1	—	—	—	—
32	31	8 492	2 010	7	—	—	—	—	—	—
1	—	523	235	—	—	—	—	—	—	—
138	94	20 115	5 899	12	2	3	1	—	1	—
57	53	5 876	1 594	5	1	1	—	—	1	1
83	67	33 471	6 005	11	—	2	1	—	—	—
—	—	—	—	—	—	—	—	—	—	—
16	8	1 737	718	3	—	—	—	—	—	—
63	57	18 741	3 976	10	2	3	2	—	1	1
38	37	14 956	3 076	7	1	2	2	—	—	—
—	—	—	—	—	—	—	—	—	—	—
26	25	602	266	1	—	—	—	—	—	—
—	—	—	—	—	—	—	—	—	—	—
10	7	1 041	427	—	—	—	—	—	—	—
62	51	9 281	2 119	9	2	3	2	—	1	1
38	34	17 034	3 738	18	5	3	2	—	2	1
724	662	156 842	27 503	78	18	16	11	1	4	1
143	137	10 268	2 216	2	—	—	—	—	—	—
21	18	7 558	1 545	7	1	2	2	—	—	—
—	—	—	—	—	—	—	—	—	—	—
32	30	7 244	2 429	6	—	1	—	—	—	—
—	—	—	—	—	—	—	—	—	—	—
—	—	—	—	—	—	—	—	—	—	—
—	—	21	34	—	—	—	—	—	—	—
—	—	—	—	—	—	—	—	—	—	—
—	—	971	374	4	1	—	—	—	—	—
—	—	—	—	—	—	—	—	—	—	—
—	—	—	—	—	—	—	—	—	—	—
—	—	—	—	—	—	—	—	—	—	—
—	—	—	—	—	—	—	—	—	—	—
—	—	—	—	—	—	—	—	—	—	—

2004年各地区少儿公共

	本年收入合计（千元）							本	
		财政拨款	上级补助收入	事业收入	经营收入	附属单位上缴收入	其他收入		基本支出
总　计	**160 299**	**139 831**	**2 953**	**7 714**	**2 741**	**190**	**6 870**	**155 286**	**104 244**
北　京	19 945	18 408	76	821	409	190	41	12 008	10 066
天　津	9 413	7 891	356	444	50	– –	672	9 312	8 336
河　北	– –	– –	– –	– –	– –	– –	– –	– –	– –
山　西	810	810	– –	– –	– –	– –	– –	900	900
内蒙古	770	770	– –	– –	– –	– –	– –	770	770
辽　宁	12 351	11 250	364	147	– –	– –	590	13 093	8 903
其中：大连	3 481	2 954	359	– –	– –	– –	168	3 481	1 962
吉　林	3 161	2 947	– –	3	– –	– –	211	3 143	2 195
黑龙江	238	238	– –	– –	– –	– –	– –	238	238
上　海	12 351	9 612	287	1 708	– –	– –	744	12 738	11 328
江　苏	4 525	3 181	– –	42	863	– –	439	4 599	3 920
浙　江	7 573	6 385	195	434	– –	– –	559	7 587	6 590
其中：宁波	– –	– –	– –	– –	– –	– –	– –	– –	– –
安　徽	1 609	1 500	– –	– –	– –	– –	109	1 539	1 024
福　建	6 232	5 477	– –	308	– –	– –	447	6 055	5 395
其中：厦门	4 949	4 289	– –	252	– –	– –	408	4 806	4 146
江　西	– –	– –	– –	– –	– –	– –	– –	– –	– –
山　东	595	433	50	65	– –	– –	47	584	584
其中：青岛	– –	– –	– –	– –	– –	– –	– –	– –	– –
河　南	719	685	– –	32	– –	– –	2	766	598
湖　北	3 951	3 166	51	189	299	– –	246	4 112	2 754
湖　南	5 899	4 486	17	284	1 104	– –	8	6 106	5 717
广　东	62 680	56 544	1 557	2 483	– –	– –	2 096	64 365	29 722
其中：深圳	6 561	6 430	10	– –	– –	– –	121	7 730	4 449
广　西	2 313	2 250	– –	5	16	– –	42	2 256	1 631
海　南	– –	– –	– –	– –	– –	– –	– –	– –	– –
重　庆	4 662	3 378	– –	725	– –	– –	559	4 313	3 191
四　川	– –	– –	– –	– –	– –	– –	– –	– –	– –
贵　州	– –	– –	– –	– –	– –	– –	– –	– –	– –
云　南	53	53	– –	– –	– –	– –	– –	53	53
西　藏	– –	– –	– –	– –	– –	– –	– –	– –	– –
陕　西	449	367	– –	24	– –	– –	58	749	329
甘　肃	– –	– –	– –	– –	– –	– –	– –	– –	– –
青　海	– –	– –	– –	– –	– –	– –	– –	– –	– –
宁　夏	– –	– –	– –	– –	– –	– –	– –	– –	– –
新　疆	– –	– –	– –	– –	– –	– –	– –	– –	– –

图书馆基本情况（三）

项目支出	经营支出	年支出合计（千元）									
		在支出合计中									
		人员支出		公用支出						税金支出	对个人和家庭补助支出
			社会保障缴费		福利费	维修费	各种设备购置费				
								新增藏量购置费			
									图书购置费		
45 582	**1 534**	**53 149**	**4 476**	**70 507**	**1 662**	**5 246**	**36 648**	**26 851**	**22 944**	**799**	**10 811**
1 882	60	4 616	187	6 246	25	256	2 047	1 561	1 473	204	719
419	– –	4 242	155	3 734	54	651	1 830	1 156	1 143	70	1 327
– –	– –	– –	– –	– –	– –	– –	– –	– –	– –	– –	– –
– –	– –	433	21	286	9	49	23	23	23	– –	181
– –	– –	500	2	170	5	2	81	81	37	– –	100
2 709	– –	5 548	192	6 273	104	660	2 569	1 924	1 875	50	935
1 519	– –	1 088	97	1 950	71	340	1 539	800	800	– –	175
948	– –	1 320	94	1 484	12	24	319	403	391	– –	339
– –	– –	215	– –	23	– –	– –	17	17	1	– –	– –
1 408	– –	4 539	1 075	7 573	90	576	4 670	2 198	2 067	25	441
– –	679	1 057	95	2 965	42	314	839	664	604	60	200
997	– –	3 260	349	3 118	137	222	1 262	1 069	764	61	1 209
– –	– –	– –	– –	– –	– –	– –	– –	– –	– –	– –	– –
497	– –	459	10	896	24	13	529	241	188	– –	166
660	– –	2 321	187	3 230	397	15	1 774	953	943	5	504
660	– –	1 633	110	2 721	393	14	1 484	663	653	– –	452
– –	– –	– –	– –	– –	– –	– –	– –	– –	– –	– –	– –
– –	– –	242	– –	342	– –	– –	80	80	60	– –	– –
– –	– –	– –	– –	– –	– –	– –	– –	– –	– –	– –	– –
167	– –	246	6	385	5	2	87	– –	– –	– –	135
300	378	1 210	164	2 059	65	41	1 125	1 040	1 039	8	465
– –	389	2 294	346	3 315	145	1 033	894	815	565	126	492
33 876	– –	17 744	1 299	24 857	498	1 143	16 793	13 241	10 520	115	2 873
3 281	– –	1 517	149	5 946	22	86	3 160	2 295	2 295	– –	267
609	16	1 021	170	859	15	214	515	451	328	3	204
– –	– –	– –	– –	– –	– –	– –	– –	– –	– –	– –	– –
1 110	12	1 529	69	2 265	23	17	1 034	784	784	69	519
– –	– –	– –	– –	– –	– –	– –	– –	– –	– –	– –	– –
– –	– –	– –	– –	– –	– –	– –	– –	– –	– –	– –	– –
– –	– –	32	– –	19	– –	– –	– –	– –	– –	– –	2
– –	– –	– –	– –	– –	– –	– –	– –	– –	– –	– –	– –
– –	– –	321	55	408	12	14	160	150	139	3	– –
– –	– –	– –	– –	– –	– –	– –	– –	– –	– –	– –	– –
– –	– –	– –	– –	– –	– –	– –	– –	– –	– –	– –	– –
– –	– –	– –	– –	– –	– –	– –	– –	– –	– –	– –	– –
– –	– –	– –	– –	– –	– –	– –	– –	– –	– –	– –	– –

2004年各地区省级公共

	机构数（个）	从业人员数（人）			总藏量			
			高级职称	中级职称		图书		
							古籍	
								善本
总　计	**39**	**6 920**	**964**	**2 289**	**141 203**	**87 524**	**13 761**	**1 262**
北　京	2	344	32	95	4 221	3 741	440	33
天　津	2	318	45	153	4 247	3 841	508	103
河　北	1	174	46	59	1 459	1 204	59	1
山　西	1	222	23	55	2 393	1 533	289	50
内蒙古	1	188	35	48	1 614	1 458	180	4
辽　宁	1	262	31	84	3 603	3 002	459	122
吉　林	1	222	39	77	2 992	2 579	370	23
黑龙江	1	128	32	43	2 560	1 933	133	6
上　海	2	818	127	269	50 818	12 469	1 887	192
江　苏	1	376	58	131	7 915	7 184	1 414	103
浙　江	1	330	33	82	4 877	3 899	834	14
安　徽	1	170	27	47	2 468	1 963	411	24
福　建	1	227	20	77	2 756	2 402	245	20
江　西	2	139	26	49	2 281	2 067	560	10
山　东	1	206	35	74	5 164	4 079	745	94
河　南	1	182	25	56	2 794	2 521	506	24
湖　北	2	223	43	106	4 874	3 574	445	49
湖　南	2	291	47	93	4 204	3 720	797	50
广　东	1	366	29	61	4 273	3 188	339	32
广　西	3	312	39	145	3 920	3 155	271	8
海　南	— —	— —	— —	— —	— —	— —	— —	— —
重　庆	2	206	28	70	2 718	2 523	525	56
四　川	1	241	19	65	4 259	3 508	686	60
贵　州	1	128	23	48	2 220	1 973	127	— —
云　南	1	182	30	58	2 331	1 861	474	38
西　藏	1	39	3	14	590	210	10	3
陕　西	1	162	13	62	2 782	2 333	385	62
甘　肃	1	176	18	65	2 864	2 356	316	60
青　海	1	102	14	36	1 515	1 290	114	10
宁　夏	1	109	14	34	1 412	1 342	137	— —
新　疆	1	77	10	33	1 063	602	80	— —

图书馆基本情况（一）

（千册、件、套）

报刊	缩微制品、视听文献	其它	总藏量中：开架书刊（千册、件、套）	当年购买的报刊种类（种）	书架单层总长度（千米）	累计发放有效借书证数（千个）	总流通人次（千人次）	书刊文献外借人次	书刊文献外借册次（千册次）
15 140	**13 548**	**24 991**	**24 568**	**137 525**	**2 967**	**1 870**	**27 341**	**8 507**	**23 134**
212	168	99	1 893	5 559	43	88	2 351	777	1 834
324	66	14	1 841	5 240	75	90	1 312	386	729
161	93	– –	1 070	4 611	34	137	682	280	458
802	45	13	1 087	4 001	31	125	517	181	377
66	2	87	300	1 660	84	9	633	204	340
439	62	100	1 603	4 027	87	17	989	293	1 014
405	6	– –	247	3 421	41	19	513	431	586
388	4	234	494	3 710	– –	3	220	– –	– –
2 808	12 590	22 949	2 011	16 908	245	279	2 845	745	5 884
602	63	65	31	7 476	118	17	1 117	262	417
940	38	– –	1 384	8 610	58	86	1 201	337	836
502	2	– –	200	2 875	64	29	876	596	679
283	19	50	35	4 536	38	56	900	537	895
182	3	27	40	4 420	3	27	563	230	512
631	28	425	1 989	4 817	91	129	1 772	595	1 363
250	22	– –	1 140	3 556	43	2	618	186	293
1 041	57	201	1 831	4 669	757	168	1 334	363	958
378	62	43	1 671	4 983	70	66	1 723	458	1 334
885	55	143	983	8 603	73	254	3 265	323	756
665	66	32	1 126	8 279	508	31	688	203	825
– –	– –	– –	– –	– –	– –	– –	– –	– –	– –
109	8	76	408	4 401	40	55	854	392	1 596
737	13	– –	364	1 664	82	8	82	13	26
244	1	1	311	2 440	10	3	13	– –	1
436	34	– –	362	3 708	128	23	406	145	300
55	– –	323	100	700	22	– –	11	10	22
440	8	– –	718	3 659	78	55	1 094	213	436
497	10	– –	800	5 059	60	28	259	109	218
204	3	17	221	989	37	29	262	82	186
61	8	– –	97	708	25	1	130	75	163
380	– –	80	201	2 236	10	19	99	68	83

2004年各地区省级公共

	为读者举办各种活动		信息化装备				
	次数（次）	参加人次（千人次）	计算机（台）	电子阅览室终端数	网站数（个）	因特网总带数（Mbps）	共享工程服务点（个）
总计	**4 013**	**4 179**	**9 669**	**2 754**	**53**	**2 341**	**5 126**
北京	972	408	559	120	3	22	76
天津	157	1 064	424	166	1	14	67
河北	32	15	325	113	4	100	136
山西	168	220	278	40	1	100	61
内蒙古	19	3	166	100	1	10	10
辽宁	75	118	339	83	1	10	40
吉林	65	55	247	60	2	4	69
黑龙江	23	17	41	--	--	1	20
上海	691	845	1 607	142	5	110	62
江苏	27	1	257	36	2	10	1
浙江	74	44	325	96	2	100	201
安徽	32	93	295	153	1	100	16
福建	60	100	309	81	2	100	1
江西	77	22	202	82	1	10	42
山东	179	271	558	190	1	200	101
河南	39	7	200	96	1	20	96
湖北	222	133	398	199	3	35	145
湖南	390	109	301	102	3	110	46
广东	100	300	528	25	1	1 000	3 580
广西	128	50	353	121	3	20	88
海南	--	--	--	--	--	--	--
重庆	82	32	253	94	6	12	28
四川	18	10	184	30	2	12	60
贵州	--	--	169	100	1	100	30
云南	105	190	305	154	1	10	33
西藏	2	--	21	--	--	--	--
陕西	105	30	540	133	2	10	40
甘肃	5	3	185	60	1	10	10
青海	114	22	100	50	--	100	15
宁夏	11	--	62	30	1	10	13
新疆	41	6	138	98	1	1	39

图书馆基本情况（二）

本年新购藏量（千册、件）	新购图书	年末固定资产原值（千元）	增加值（千元）	公用房屋建筑面积（千平方米）	书库	阅览室	书刊阅览室	电子阅览室	阅览室座席数（千个）	少儿阅览室座席数
3 257	**2 490**	**3 486 528**	**408 603**	**1 031**	**329**	**214**	**185**	**13**	**36**	**4**
189	157	141 447	24 068	49	6	7	6	- -	1	- -
130	101	85 618	14 361	36	11	5	5	- -	2	- -
60	44	53 827	6 005	27	10	10	9	1	1	- -
46	35	45 564	7 153	21	10	3	3	- -	1	- -
26	24	89 840	7 911	20	5	6	6	- -	1	- -
85	67	145 857	14 278	47	7	9	8	- -	1	- -
89	48	33 618	7 200	13	6	2	2	- -	- -	- -
7	- -	22 413	6 151	33	3	9	7	1	1	- -
466	439	1 411 121	107 667	121	58	13	10	- -	2	- -
114	87	134 843	24 491	31	26	5	4	- -	- -	- -
185	158	240 117	28 598	42	19	10	9	- -	1	- -
68	61	35 780	7 343	36	8	7	6	- -	1	- -
154	89	92 252	12 366	38	6	7	6	- -	1	- -
45	25	44 305	4 245	24	1	7	- -	- -	1	- -
326	97	90 989	11 538	64	18	14	13	- -	1	- -
62	57	49 167	7 714	38	10	4	3	- -	1	- -
135	117	64 780	9 544	30	12	9	8	- -	2	- -
125	94	58 553	9 810	36	13	9	8	- -	1	- -
423	383	115 239	24 939	38	8	8	8	- -	1	- -
131	82	64 160	14 618	38	14	15	15	- -	1	- -
- -	- -	- -	- -	- -	- -	- -	- -	- -	- -	- -
87	64	56 135	8 135	29	7	5	2	- -	- -	- -
36	30	44 356	8 771	17	8	4	4	- -	- -	- -
8	4	21 714	3 971	23	3	5	4	- -	- -	- -
22	17	174 968	12 275	31	7	7	6	- -	1	- -
4	4	24 042	2 574	15	4	3	3	- -	- -	- -
81	71	42 042	6 188	42	12	7	6	- -	2	- -
65	63	43 137	6 493	30	10	7	6	- -	- -	- -
8	7	- -	3 275	18	3	1	1	- -	- -	- -
23	22	12 245	3 134	7	3	- -	- -	- -	- -	- -
39	30	48 399	3 772	24	7	3	3	- -	- -	- -

2004年各地区省级公共

	本年收入合计（千元）							本	
		财政拨款	上级补助收入	事业收入	经营收入	附属单位上缴收入	其他收入		基本支出
总　　计	**746 551**	**618 402**	**3 061**	**83 737**	**14 232**	**479**	**26 640**	**725 832**	**538 438**
北　京	61 313	55 442	– –	5 367	– –	– –	504	48 775	27 158
天　津	22 442	19 701	208	1 536	– –	– –	997	23 314	20 544
河　北	10 569	8 542	90	– –	– –	– –	1 937	8 756	5 846
山　西	15 667	13 538	17	180	1 708	200	24	15 485	6 752
内蒙古	6 283	5 379	– –	500	– –	– –	404	6 283	5 214
辽　宁	16 891	13 445	– –	966	– –	– –	2 480	17 671	11 891
吉　林	11 502	10 967	– –	– –	529	– –	6	10 226	9 697
黑龙江	10 853	10 776	– –	– –	– –	– –	77	12 931	12 931
上　海	211 468	156 550	510	49 684	– –	279	4 445	210 925	210 925
江　苏	37 149	30 632	503	3 239	64	– –	2 711	38 775	22 455
浙　江	41 733	33 238	– –	7 202	– –	– –	1 293	40 059	27 215
安　徽	14 844	14 046	– –	– –	– –	– –	798	14 157	8 692
福　建	19 135	14 510	– –	– –	4 625	– –	– –	18 176	8 782
江　西	9 689	7 895	– –	220	1 557	– –	17	7 599	5 732
山　东	33 370	30 149	– –	3 112	– –	– –	109	29 683	10 155
河　南	14 021	12 781	– –	80	1 079	– –	81	14 209	7 296
湖　北	15 932	13 614	100	1 299	299	– –	620	16 611	10 120
湖　南	18 821	15 513	– –	1 552	1 587	– –	169	19 010	18 138
广　东	56 865	46 740	1 633	5 213	– –	– –	3 279	55 189	21 529
广　西	19 228	16 186	– –	491	– –	– –	2 551	19 319	14 469
海　南	– –	– –	– –	– –	– –	– –	– –	– –	– –
重　庆	12 301	10 106	– –	1 636	– –	– –	559	10 743	7 869
四　川	14 295	11 292	– –	266	655	– –	2 082	14 415	8 245
贵　州	10 774	10 774	– –	– –	– –	– –	– –	10 774	10 774
云　南	12 718	10 879	– –	– –	1 839	– –	– –	18 494	6 247
西　藏	2 087	2 087	– –	– –	– –	– –	– –	2 087	1 696
陕　西	13 013	11 803	– –	840	– –	– –	370	13 013	9 681
甘　肃	13 231	13 140	– –	91	– –	– –	– –	15 341	15 302
青　海	5 451	4 489	– –	136	– –	– –	826	5 535	4 806
宁　夏	4 632	4 630	– –	– –	– –	– –	2	5 214	5 214
新　疆	10 274	9 558	– –	127	290	– –	299	3 063	3 063

图书馆基本情况（三）

年支出合计（千元）											
项目支出	经营支出	在支出合计中									
		人员支出		公用支出						税金支出	对个人和家庭补助支出
			社会保障缴费		福利费	维修费	各种设备购置费				
								新增藏量购置费			
									图书购置费		
174 913	**9 801**	**195 634**	**19 228**	**456 615**	**3 747**	**23 643**	**250 307**	**200 973**	**179 711**	**6 589**	**63 172**
19 088	－－	13 366	527	30 831	64	3 329	9 444	7 874	6 043	403	4 578
2 770	－－	7 923	293	12 673	166	975	6 142	5 618	5 618	139	2 709
2 910	－－	2 897	396	5 165	54	465	2 914	2 910	1 651	207	694
7 025	1 708	3 630	210	8 650	43	844	5 938	3 000	1 376	161	1 497
1 069	－－	3 253	30	2 055	80	132	1 040	988	854	10	975
5 780	－－	5 742	519	9 974	261	848	5 876	5 000	5 000	486	1 955
－－	529	3 939	342	4 400	12	534	2 777	1 880	1 880	18	1 887
－－	－－	3 324	－－	7 676	－－	49	4 070	2 746	2 429	－－	1 931
－－	－－	45 326	7 729	161 296	395	6 203	93 643	81 983	81 272	1 363	4 139
16 289	31	12 655	618	19 972	114	348	15 348	13 966	13 966	181	6 148
12 844	－－	12 836	1 746	21 530	250	2 354	12 212	12 212	10 756	215	5 693
5 465	－－	3 091	340	8 246	1	620	4 862	2 716	2 318	－－	2 820
6 519	2 875	5 370	902	7 437	32	201	4 859	4 500	4 500	1 400	1 874
1 230	637	2 318	112	2 214	32	355	991	35	35	－－	123
19 528	－－	4 806	303	22 052	20	582	8 428	5 208	5 208	248	2 825
5 834	1 079	3 530	366	7 985	414	364	5 806	3 124	2 083	189	1 615
6 113	378	4 708	353	9 779	366	180	4 982	3 233	3 233	133	1 746
－－	872	5 190	545	11 677	267	2 806	6 212	3 497	3 269	257	1 754
33 660	－－	15 498	1 678	35 571	368	220	24 379	21 384	10 478	344	4 120
4 850	－－	8 268	787	8 013	342	119	4 724	3 692	2 864	404	3 038
－－	－－	－－	－－	－－	－－	－－	－－	－－	－－	－－	－－
2 874	－－	4 061	244	5 008	36	127	2 399	2 019	1 979	119	1 674
6 170	－－	5 091	341	7 577	63	719	3 352	2 100	2 100	96	1 747
－－	－－	2 355	69	7 684	13	－－	7 200	700	379	－－	735
10 435	1 692	3 302	113	13 304	－－	256	1 795	1 780	1 780	87	1 888
391	－－	1 362	65	509	36	2	221	250	250	－－	215
3 332	－－	3 175	－－	8 741	235	300	3 083	2 562	2 562	－－	1 097
39	－－	3 429	289	10 533	－－	63	4 123	3 880	3 880	－－	1 339
698	－－	2 120	－－	2 310	3	93	1 343	368	368	78	1 074
－－	－－	1 931	159	2 476	80	555	918	522	354	－－	634
－－	－－	1 138	152	1 277	－－	－－	1 226	1 226	1 226	51	648

2004 年各地区地市级公共

	机构数（个）	从业人员数（人）	从业人员数：高级职称	从业人员数：中级职称	总藏量	图书	古籍	善本
总　计	**418**	**15 326**	**1 217**	**5 032**	**131 669**	**111 483**	**7 225**	**327**
北　京	21	723	24	168	5 479	5 120	57	- -
天　津	26	656	44	194	3 733	3 263	45	- -
河　北	12	475	59	171	4 866	3 859	447	23
山　西	6	228	13	90	1 634	1 303	149	5
内蒙古	12	479	40	172	2 191	1 951	92	3
辽　宁	22	1 319	118	557	12 017	9 097	845	26
其中：大连	2	192	19	85	3 079	2 329	550	23
吉　林	10	597	74	253	4 778	4 216	196	16
黑龙江	12	595	97	300	5 738	4 314	307	15
上　海	25	1 148	38	256	8 318	8 019	21	- -
江　苏	13	735	91	251	9 957	9 085	1 283	68
浙　江	13	608	51	170	6 258	5 318	588	20
其中：宁波	1	80	- -	- -	814	656	97	- -
安　徽	14	391	33	127	2 664	2 227	155	7
福　建	10	304	23	88	3 532	2 961	124	7
其中：厦门	2	113	6	33	1 245	1 143	62	1
江　西	19	467	18	107	3 887	3 381	466	30
山　东	15	706	130	251	6 192	5 265	359	7
其中：青岛	1	100	12	29	1 230	1 050	143	1
河　南	17	689	48	208	5 307	4 382	486	32
湖　北	20	750	68	370	6 898	6 000	366	9
湖　南	12	381	38	189	3 452	2 906	155	5
广　东	24	1 172	66	213	11 164	9 554	199	6
其中：深圳	2	260	31	81	2 405	1 896	15	1
广　西	13	386	23	143	3 123	2 316	95	2
海　南	2	70	- -	10	470	415	10	- -
重　庆	16	303	18	73	3 001	2 361	179	21
四　川	18	591	32	181	6 760	5 783	360	9
贵　州	9	258	13	75	1 788	1 423	28	3
云　南	14	313	20	117	2 298	1 899	77	- -
西　藏	3	10	- -	- -	60	40	- -	- -
陕　西	8	258	10	68	1 556	1 254	27	- -
甘　肃	8	238	8	37	1 267	1 046	77	1
青　海	7	97	- -	33	494	421	6	1
宁　夏	2	88	6	42	550	490	2	- -
新　疆	15	291	14	118	2 222	1 799	10	- -

图书馆基本情况（一）

（千册、件、套）

报刊	缩微制品、视听文献	其它	总藏量中：开架书刊（千册、件、套）	当年购买的报刊种类（种）	书架单层总长度（千米）	累计发放有效借书证数（千个）	总流通人次（千人次）	总流通人次：书刊文献外借人次	书刊文献外借册次（千册次）
14 558	**1 810**	**3 818**	**54 749**	**271 884**	**4 718**	**4 092**	**81 482**	**35 219**	**66 805**
271	75	12	3 871	11 603	92	335	3 313	1 703	3 460
239	28	201	1 411	10 535	59	127	2 176	1 143	1 695
600	161	245	1 782	7 437	186	110	2 337	1 139	1 801
309	8	12	549	2 260	30	19	187	160	153
212	13	14	741	4 271	130	40	1 046	509	781
1 187	402	1 330	3 640	16 992	155	216	4 749	2 029	4 819
218	250	280	1 349	4 428	5	110	1 302	635	1 299
437	54	70	2 254	8 272	85	81	1 902	678	1 553
1 023	11	389	1 991	7 072	83	162	1 788	694	1 266
114	124	60	5 397	18 296	155	250	9 839	3 802	7 539
767	43	60	3 773	14 221	471	421	5 540	2 896	3 865
614	162	162	2 873	19 122	416	216	4 473	2 071	3 694
81	8	68	277	1 244	297	22	416	197	314
366	3	67	791	5 586	138	80	1 433	862	1 521
388	24	158	1 459	10 260	82	79	2 205	1 230	2 629
85	14	2	319	4 189	33	49	1 056	729	892
339	– –	165	1 194	5 050	61	52	1 560	1 060	3 797
850	34	42	2 676	11 241	119	152	4 495	2 121	3 922
178	1	– –	652	2 565	22	55	866	362	667
840	20	64	1 649	16 855	116	90	2 449	1 260	2 731
778	26	92	2 820	10 057	124	239	3 610	2 603	2 883
491	41	13	1 774	4 056	75	131	1 933	1 052	2 104
1 222	295	91	6 828	28 192	792	723	9 431	3 069	5 026
458	44	6	1 182	8 347	18	200	1 406	153	221
682	64	59	1 338	10 579	83	110	8 102	1 064	1 925
50	5	– –	160	1 088	3	2	84	33	61
412	12	214	1 384	5 725	52	34	1 931	905	2 836
694	144	138	1 677	10 678	946	204	2 603	1 017	2 672
347	10	7	669	5 571	38	45	638	377	544
348	24	26	625	13 217	82	44	1 059	482	1 350
20	– –	– –	– –	160	– –	– –	3	2	15
274	1	25	212	3 382	16	19	833	323	428
162	2	56	299	1 900	33	35	698	204	296
63	– –	9	224	811	16	8	147	19	57
40	1	18	161	1 566	1	11	720	570	1 200
405	10	6	516	5 829	67	40	185	126	169

2004 年各地区地市级公共

	为读者举办各种活动		信息化装备				
			计算机				
	次数（次）	参加人次（千人次）	（台）	电子阅览室终端数	网站数（个）	因特网总带宽数（Mbps）	共享工程服务点（个）
总　计	**14 445**	**11 300**	**20 731**	**10 749**	**295**	**4 489**	**1 263**
北　京	3 014	569	1 509	784	13	69	53
天　津	1 025	706	666	357	5	32	10
河　北	343	113	658	255	5	227	5
山　西	95	55	181	21	2	269	4
内蒙古	201	58	305	224	90	226	16
辽　宁	723	563	1 247	505	12	62	27
其中：大连	238	164	376	215	2	6	11
吉　林	234	189	553	363	3	28	28
黑龙江	195	147	576	364	3	335	9
上　海	2 615	800	1 980	1 087	17	43	83
江　苏	960	846	1 342	618	10	268	11
浙　江	489	395	1 130	439	19	436	235
其中：宁波	48	16	125	62	1	10	47
安　徽	219	86	526	319	6	268	24
福　建	614	1 509	662	296	8	30	27
其中：厦门	348	373	332	106	3	17	1
江　西	164	311	428	339	1	233	5
山　东	468	495	1 323	720	6	170	58
其中：青岛	94	245	383	283	1	10	32
河　南	332	204	647	409	6	321	5
湖　北	486	1 426	1 661	806	18	211	239
湖　南	245	375	418	253	8	34	16
广　东	419	1 063	2 008	816	22	387	276
其中：深圳	19	91	372	14	6	104	133
广　西	374	261	290	152	5	5	22
海　南	9	4	28	26	1	4	1
重　庆	320	310	464	317	7	41	19
四　川	301	263	1 091	761	7	82	15
贵　州	84	100	267	167	1	32	2
云　南	122	160	225	108	2	537	5
西　藏	--	--	10	--	--	--	--
陕　西	41	32	125	75	12	113	14
甘　肃	147	167	155	70	2	1	--
青　海	50	12	6	1	--	1	--
宁　夏	7	--	48	21	1	1	45
新　疆	149	67	202	76	3	23	9

图书馆基本情况（二）

本年新购藏量（千册、件）	新购图书	年末固定资产原值（千元）	增加值（千元）	公用房屋建筑面积（千平方米）	书库	阅览室	书刊阅览室	电子阅览室	阅览室座席数（千个）	少儿阅览室座席数
6 349	**4 854**	**2 610 317**	**578 736**	**2 056**	**508**	**488**	**337**	**52**	**137**	**33**
389	339	256 145	36 170	91	17	20	11	3	7	2
191	182	60 126	24 996	123	11	28	22	3	5	1
328	116	90 863	16 344	72	19	13	8	2	4	—
32	18	13 981	6 497	5	2	—	—	—	—	—
57	29	35 389	13 508	48	11	12	9	1	4	—
414	316	142 243	36 995	134	43	28	18	3	7	3
112	103	47 429	6 467	46	8	11	9	1	1	—
89	74	91 959	16 883	67	15	21	8	—	3	—
137	118	92 716	21 918	62	14	11	9	1	3	—
524	421	123 994	55 175	112	23	37	30	2	11	2
422	312	177 403	38 758	118	35	27	17	3	8	2
413	346	202 118	38 758	105	20	17	10	1	5	1
48	48	18 550	3 618	11	1	2	—	—	—	—
84	64	48 744	13 871	56	9	10	8	1	3	—
172	150	79 834	14 691	46	12	13	11	1	3	1
70	63	45 066	7 946	14	3	5	4	—	1	—
143	77	30 925	10 101	86	16	12	9	2	4	1
225	201	90 738	24 005	120	26	24	19	2	7	1
73	64	26 385	5 182	25	—	8	7	1	1	—
139	120	89 656	18 033	88	36	16	13	2	4	1
204	151	98 252	19 296	116	29	25	18	3	7	1
89	50	41 207	10 315	45	19	12	10	1	4	1
1 205	1 149	346 117	73 739	141	29	36	26	2	8	2
175	171	89 588	24 981	13	2	5	—	—	—	—
153	97	77 678	14 696	70	14	12	10	—	4	1
57	31	43 619	3 341	5	1	2	1	—	—	—
192	65	40 198	8 213	49	15	13	6	2	4	1
354	176	116 795	17 539	97	27	31	24	3	5	1
42	38	49 948	8 418	42	10	16	6	—	3	—
46	38	34 965	8 434	42	11	11	9	1	4	—
—	—	—	312	4	—	—	—	—	—	—
60	52	60 695	6 875	38	7	7	4	—	2	—
76	33	32 371	6 260	25	4	11	4	—	1	—
11	11	1 511	3 097	4	2	1	—	—	—	—
17	15	15 235	2 898	9	3	3	1	—	1	—
72	52	24 892	8 584	22	9	5	2	—	2	—

2004 年各地区地市级公共

	本年收入合计（千元）								本
		财政拨款	上级补助收入	事业收入	经营收入	附属单位上缴收入	其他收入		基本支出
总计	**978 665**	**843 332**	**28 189**	**54 375**	**8 901**	**587**	**43 281**	**965 027**	**714 134**
北京	65 336	54 687	3 074	2 761	1 354	190	3 270	56 450	44 399
天津	35 832	31 904	148	1 445	651	--	1 684	34 736	26 591
河北	25 179	23 706	--	436	146	--	891	25 188	24 170
山西	18 687	17 952	10	667	--	--	58	18 257	17 389
内蒙古	17 134	16 254	300	166	--	--	414	17 009	16 660
辽宁	64 639	55 858	4 411	3 726	--	--	644	66 450	39 910
其中：大连	18 026	16 267	359	1 232	--	--	168	19 258	6 455
吉林	25 379	24 921	--	273	--	--	185	26 080	19 900
黑龙江	27 525	25 854	138	782	--	--	751	27 639	23 505
上海	112 297	93 647	4 215	9 453	1 069	--	3 913	109 854	93 511
江苏	65 142	52 342	80	6 047	1 836	50	4 787	64 362	56 553
浙江	57 791	45 699	2 230	5 509	349	149	3 855	55 431	43 761
其中：宁波	6 970	5 980	--	274	--	--	716	6 865	3 587
安徽	20 242	18 953	7	426	502	10	344	19 799	17 526
福建	26 433	24 104	41	1 682	--	--	606	23 778	19 817
其中：厦门	16 940	15 118	--	1 305	--	--	517	14 476	11 521
江西	16 018	13 716	46	1 934	31	10	281	15 690	13 535
山东	49 549	46 620	--	1 737	--	20	1 172	49 663	42 885
其中：青岛	9 260	7 810	--	690	--	--	760	9 260	6 760
河南	22 971	21 745	92	757	--	--	377	22 999	20 906
湖北	30 173	25 352	843	1 143	319	--	2 516	30 303	19 975
湖南	13 374	11 966	69	309	407	--	623	13 400	11 661
广东	150 348	124 537	11 607	8 776	1 183	--	4 245	153 496	68 092
其中：深圳	45 660	30 949	8 567	5 834	--	--	310	45 533	22 388
广西	18 588	16 560	104	553	160	--	1 211	18 467	15 465
海南	2 353	2 292	--	--	--	--	61	2 348	2 008
重庆	13 480	11 135	1	1 410	660	148	126	13 098	10 399
四川	38 701	27 636	572	1 015	234	--	9 244	38 400	18 242
贵州	9 422	8 384	40	451	--	--	547	9 943	7 462
云南	14 477	12 477	160	1 758	--	--	82	15 141	12 185
西藏	395	395	--	--	--	--	--	395	395
陕西	9 880	8 824	1	997	--	--	58	9 747	6 405
甘肃	8 743	8 037	--	--	--	--	706	8 731	7 878
青海	3 564	3 554	--	--	--	--	10	3 570	2 590
宁夏	3 608	3 520	--	--	--	--	88	3 459	2 679
新疆	11 405	10 701	--	162	--	10	532	11 144	7 680

图书馆基本情况（三）

年	支	出	合	计	（千元）						
		在支出合计中									
		人员支出		公用支出							
项目支出	经营支出		社会保障缴费		福利费	维修费	各种设备购置费	新增藏量购置费	图书购置费	税金支出	对个人和家庭补助支出
202 699	**5 237**	**372 567**	**37 786**	**424 319**	**9 316**	**48 107**	**209 236**	**163 122**	**137 626**	**4 797**	**87 620**
10 607	247	21 405	1 077	26 346	206	4 396	12 349	7 784	6 545	487	3 804
760	- -	18 026	592	11 948	192	1 004	6 352	5 578	5 121	114	4 259
355	157	9 416	744	12 060	139	884	6 297	4 403	3 274	144	3 011
868	- -	4 405	292	12 434	58	7 335	3 184	809	502	57	1 418
336	- -	9 740	355	4 816	169	1 304	1 116	750	533	8	2 176
15 121	- -	25 335	2 962	26 447	408	2 534	14 272	10 905	10 554	143	5 420
12 803	- -	4 096	527	7 346	147	1 217	5 889	4 500	4 500	93	234
6 180	- -	9 858	504	12 885	42	1 636	4 698	3 903	3 850	- -	3 305
2 430	- -	12 356	1 048	9 542	109	387	4 885	3 652	2 648	93	5 652
10 779	107	44 579	7 970	42 326	1 064	1 902	24 159	17 293	15 164	351	4 222
6 109	1 700	23 466	4 150	31 560	457	2 723	15 306	12 031	9 007	857	6 882
11 281	345	23 205	3 093	23 747	955	1 040	10 982	9 967	8 250	444	6 070
3 278	- -	2 281	528	2 191	2	174	1 647	1 600	1 600	38	555
1 737	518	8 994	828	6 873	107	502	3 213	2 776	2 471	24	2 797
3 961	- -	8 177	770	12 741	488	459	7 574	4 762	4 363	34	2 799
2 955	- -	4 042	405	8 787	455	266	4 626	2 379	2 379	- -	1 647
540	24	6 780	563	6 689	174	219	3 502	2 141	1 850	312	1 598
6 778	- -	15 645	2 517	27 704	156	12 849	7 715	6 482	6 476	93	4 482
2 500	- -	3 285	1 002	5 204	11	- -	2 677	2 557	2 557	60	771
2 092	- -	11 523	1 599	6 982	215	307	3 617	3 234	3 015	30	2 679
8 244	247	12 539	1 177	14 508	328	1 798	7 370	4 914	4 485	25	2 474
1 333	406	6 745	569	4 837	123	440	2 488	1 617	998	30	1 769
80 146	351	45 784	3 880	69 811	3 111	1 745	46 533	41 761	32 538	999	10 001
23 145	- -	15 173	1 563	19 591	1 451	556	15 174	14 923	14 923	584	4 190
2 843	159	9 156	860	6 814	108	759	3 555	3 185	2 215	163	2 162
280	- -	1 508	199	672	1	- -	452	452	452	- -	88
1 855	742	4 979	280	5 085	105	390	2 628	2 073	1 760	67	1 455
19 704	234	9 885	631	24 720	199	2 097	7 058	5 660	5 278	151	2 633
2 481	- -	4 557	142	3 716	156	108	922	588	461	58	1 650
2 956	- -	5 724	113	7 584	91	685	3 541	1 625	1 283	73	1 148
- -	- -	312	20	- -	- -	- -	- -	- -	- -	- -	- -
1 950	- -	4 082	50	3 164	4	17	1 564	1 564	1 537	14	348
853	- -	4 051	47	3 464	45	326	1 663	1 368	1 306	- -	870
- -	- -	2 265	48	546	13	3	277	91	91	- -	759
- -	- -	1 780	124	1 009	3	190	525	471	471	- -	506
120	- -	6 290	582	3 289	90	68	1 439	1 283	1 128	26	1 183

2004年各地区县市级公共

	机构数（个）	从业人员数（人）	高级职称	中级职称	总藏量	图书	古籍	善本
总　计	**2 262**	**25 481**	**619**	**6 191**	**164 086**	**137 140**	**4 832**	**318**
北　京	2	54	2	16	248	236	2	—
天　津	4	108	4	22	287	268	1	—
河　北	136	1 046	33	270	6 153	5 441	93	16
山　西	115	1 149	17	329	5 337	4 452	334	55
内蒙古	96	1 105	16	261	3 434	2 875	33	4
辽　宁	103	1 399	28	486	6 318	5 923	25	2
其中：大连	10	217	6	86	1 474	1 356	—	—
吉　林	52	969	41	306	3 412	2 952	4	—
黑龙江	83	941	31	320	4 302	3 789	12	—
上　海	1	43	3	14	385	357	26	—
江　苏	86	1 140	60	355	11 869	10 546	534	27
浙　江	70	1 061	42	333	9 737	8 388	488	21
其中：宁波	8	136	5	39	1 415	1 200	69	2
安　徽	70	658	15	134	2 997	2 557	85	3
福　建	72	568	6	131	5 293	4 455	136	13
其中：厦门	5	27	—	3	250	226	14	—
江　西	83	794	6	119	10 055	8 388	326	9
山　东	126	1 721	150	680	13 865	11 709	239	15
其中：青岛	12	165	17	64	1 707	1 506	8	—
河　南	117	1 851	13	217	5 853	4 649	156	9
湖　北	82	1 312	31	394	6 896	5 634	128	21
湖　南	101	1 255	21	268	8 592	6 845	427	30
广　东	103	1 623	29	160	11 957	10 253	236	12
其中：深圳	6	160	12	27	1 446	1 296	—	—
广　西	80	758	3	142	7 443	5 638	157	4
海　南	17	174	—	14	1 286	1 066	4	—
重　庆	26	245	5	68	1 642	1 443	26	—
四　川	118	992	17	264	8 511	6 533	549	16
贵　州	80	495	2	66	3 340	2 702	47	8
云　南	134	1 115	17	383	9 590	8 094	347	16
西　藏	—	—	—	—	—	—	—	—
陕　西	103	1 220	9	169	4 301	3 493	227	14
甘　肃	83	734	8	78	4 167	3 266	142	9
青　海	30	155	1	29	1 012	848	10	1
宁　夏	13	255	3	56	1 443	1 209	17	1
新　疆	76	541	6	107	4 348	3 116	6	—

图书馆基本情况（一）

（千册、件、套）

报刊	缩微制品、视听文献	其它	总藏量中：开架书刊（千册、件、套）	当年购买的报刊种类（种）	书架单层总长度（千米）	累计发放有效借书证数（千个）	总流通人次（千人次）	书刊文献外借人次	书刊文献外借册次（千册次）
21 984	**1 026**	**3 937**	**62 000**	**476 303**	**4 455**	**4 516**	**107 676**	**56 230**	**90 862**
7	5	– –	131	739	5	12	191	123	139
18	1	– –	250	386	5	8	281	172	207
584	18	108	1 631	7 491	164	179	3 271	2 347	2 941
684	21	178	2 285	33 714	99	116	2 086	898	1 419
524	7	26	623	7 580	62	100	1 846	1 079	1 705
289	43	61	3 054	16 372	360	191	5 363	2 391	6 044
64	12	41	947	5 425	37	49	1 662	810	1 593
348	5	106	1 734	5 149	64	59	2 266	852	1 613
408	1	102	2 219	8 563	65	115	2 591	1 283	2 395
1	– –	25	225	1 177	11	7	489	217	289
1 046	48	228	4 762	27 873	256	325	9 389	5 990	9 308
1 018	141	188	4 518	28 445	684	291	6 652	4 003	6 455
194	17	2	743	7 046	75	61	1 551	812	1 368
422	2	14	1 023	6 584	55	78	1 883	1 020	1 594
662	28	145	2 463	12 697	116	128	3 686	2 181	3 687
12	– –	10	140	1 037	6	18	340	139	245
1 340	19	308	1 823	6 425	112	73	3 006	1 767	2 339
1 831	13	309	4 939	157 706	614	333	9 193	5 332	7 389
195	5	– –	822	4 306	36	27	1 251	763	1 230
1 062	9	131	2 163	10 035	126	148	4 125	2 407	3 326
1 036	28	196	3 033	11 074	145	427	5 299	3 066	4 393
1 511	12	222	3 222	9 620	181	380	5 568	3 181	5 446
1 264	90	348	8 212	37 609	228	435	17 515	6 813	10 576
35	5	108	951	3 659	21	78	3 356	530	806
1 600	3	200	1 908	11 884	149	107	4 636	2 092	3 508
217	– –	2	652	3 236	24	14	654	201	259
162	7	28	536	3 187	25	29	2 783	1 278	2 465
1 567	13	397	2 682	11 511	181	155	3 915	2 172	3 816
532	1	104	977	6 334	154	62	1 191	693	979
1 306	42	146	2 797	20 602	210	192	4 792	2 137	4 199
– –	– –	– –	– –	– –	– –	– –	– –	– –	– –
594	61	151	933	4 565	66	375	1 935	917	1 679
817	5	77	1 211	13 687	104	53	1 270	638	1 022
132	– –	31	174	821	23	12	119	23	43
220	1	12	246	1 979	83	22	674	390	685
767	387	76	1 557	9 258	69	76	994	554	928

2004年各地区县市级公共

	为读者举办各种活动		信息化装备				共享工程服务点（个）
	次数（次）	参加人次（千人次）	计算机（台）	电子阅览室终端数	网站数（个）	因特网总带数（Mbps）	
总计	**135 008**	**10 028**	**22 339**	**13 402**	**392**	**12 256**	**1 621**
北京	53	6	91	55	1	10	4
天津	37	123	57	28	－－	－－	2
河北	4 146	280	584	402	5	79	32
山西	6 602	257	496	167	7	50	41
内蒙古	500	167	241	129	2	1 035	19
辽宁	16 572	474	991	535	18	5 259	90
其中：大连	203	151	355	173	1	5	19
吉林	438	152	659	226	3	18	27
黑龙江	496	240	229	29	－－	107	7
上海	16	12	75	50	1	2	1
江苏	1 051	1 058	2 613	1 801	13	522	69
浙江	12 912	1 181	2 440	1 608	26	1 445	237
其中：宁波	179	292	569	432	1	92	17
安徽	331	108	137	87	－－	11	45
福建	458	350	935	544	132	49	68
其中：厦门	46	52	55	26	1	1	19
江西	637	188	449	303	5	560	25
山东	1 298	430	1 834	1 127	9	164	59
其中：青岛	413	167	423	289	2	60	37
河南	1 433	236	721	345	6	1 020	50
湖北	20 629	864	1 649	1 047	52	419	280
湖南	692	458	821	561	9	71	23
广东	1 317	865	3 220	1 808	30	880	188
其中：深圳	222	48	479	227	5	95	113
广西	4 549	519	530	309	8	22	119
海南	469	82	95	73	－－	5	－－
重庆	102	76	262	181	3	34	12
四川	1 838	309	1 588	1 123	34	137	62
贵州	328	323	128	61	－－	10	6
云南	660	501	641	272	2	223	38
西藏	－－	－－	－－	－－	－－	－－	－－
陕西	50 678	243	114	43	－－	4	16
甘肃	431	262	398	235	21	106	54
青海	110	13	4	1	1	－－	2
宁夏	117	42	90	86	－－	－－	3
新疆	6 108	197	247	166	4	14	42

图书馆基本情况（二）

本年新购藏量（千册、件）	新购图书	年末固定资产原值（千元）	增加值（千元）	公用房屋建筑面积（千平方米）	书库	阅览室	书刊阅览室	电子阅览室	阅览室座席数（千个）	少儿阅览室座席数
5 880	**4 623**	**2 695 568**	**577 920**	**3 001**	**697**	**663**	**384**	**75**	**296**	**94**
20	16	7 277	2 352	5	1	1	1	– –	– –	– –
8	7	6 129	2 295	10	1	2	1	– –	– –	– –
304	142	84 347	18 733	160	34	35	15	4	16	4
227	169	39 887	16 860	81	22	22	11	4	9	3
113	88	116 387	24 101	78	17	18	9	1	8	2
240	201	110 364	27 381	119	27	24	15	2	12	4
78	60	29 889	5 666	39	6	8	5	– –	3	1
55	48	29 916	14 337	54	10	12	7	1	7	2
82	71	49 680	16 999	76	18	18	10	– –	8	3
16	16	21 920	1 707	7	1	– –	– –	– –	– –	– –
688	583	197 104	45 810	205	44	39	24	7	15	5
563	515	249 870	59 372	210	41	48	24	7	13	4
181	177	27 212	9 892	48	4	18	4	– –	2	– –
66	57	29 157	14 596	50	9	8	4	– –	5	2
176	115	69 133	14 397	140	37	32	19	3	12	3
16	16	4 102	1 129	7	3	1	1	– –	– –	– –
143	89	42 028	13 121	97	22	23	14	1	10	3
324	275	123 907	36 146	183	39	33	22	6	15	4
103	87	12 136	6 612	38	6	7	6	1	3	– –
145	118	64 958	20 100	125	29	25	13	2	12	4
273	187	599 669	39 862	144	33	27	12	4	14	4
231	163	75 441	19 915	155	41	33	26	3	15	6
904	815	301 122	63 799	293	54	61	41	7	35	5
368	365	53 410	10 871	43	3	10	6	– –	13	– –
125	84	51 355	13 933	96	32	28	16	1	12	4
25	14	16 667	2 643	27	8	5	2	– –	2	– –
140	33	26 600	5 207	40	8	7	3	1	2	1
552	483	97 749	20 573	142	32	37	22	5	16	5
63	46	19 070	8 185	65	15	17	10	– –	6	2
167	129	142 276	30 807	183	51	39	25	1	16	4
– –	– –	– –	– –	– –	– –	– –	– –	– –	– –	– –
83	65	51 160	13 991	111	20	15	5	– –	7	2
56	31	27 001	12 416	53	14	14	6	1	6	2
2	1	4 074	1 937	10	2	1	– –	– –	– –	– –
17	11	10 104	4 448	19	6	5	3	– –	1	– –
57	36	31 216	11 883	48	14	16	9	– –	6	2

2004年各地区县市级公共

	本年收入合计（千元）								本
		财政拨款	上级补助收入	事业收入	经营收入	附属单位上缴收入	其他收入		基本支出
总计	**798 761**	**689 740**	**29 890**	**49 204**	**3 675**	**304**	**25 948**	**803 116**	**630 892**
北京	3 228	2 942	190	– –	– –	– –	96	3 228	2 644
天津	2 511	1 817	– –	330	– –	– –	364	2 521	2 511
河北	20 950	18 904	1 642	183	69	– –	152	20 916	16 924
山西	20 246	19 438	395	182	20	– –	211	20 271	15 916
内蒙古	25 146	24 517	285	204	– –	– –	140	25 020	23 809
辽宁	40 458	36 697	1 234	2 184	32	– –	311	51 544	35 696
其中：大连	10 675	9 830	– –	845	– –	– –	– –	10 677	5 589
吉林	17 359	16 132	450	285	121	– –	371	17 266	15 698
黑龙江	20 689	19 164	1 203	179	62	– –	81	20 560	15 970
上海	3 090	2 850	– –	240	– –	– –	– –	2 910	2 910
江苏	88 471	54 309	5 722	23 881	469	200	3 890	87 902	56 250
浙江	95 035	82 072	3 272	2 601	404	89	6 597	94 018	72 591
其中：宁波	16 392	14 507	110	449	29	– –	1 297	16 343	12 932
安徽	17 558	14 343	1 040	924	299	15	937	18 049	14 928
福建	19 440	16 713	1 178	670	56	– –	823	19 647	16 974
其中：厦门	1 704	1 575	– –	11	– –	– –	118	1 734	1 734
江西	17 285	15 229	890	720	156	– –	290	16 900	15 511
山东	45 864	43 522	173	1 267	5	– –	897	45 382	44 204
其中：青岛	10 368	10 024	99	235	– –	– –	10	9 953	9 364
河南	24 202	21 851	1 227	697	5	– –	422	23 821	19 521
湖北	26 026	19 799	1 187	2 204	434	– –	2 402	26 005	19 831
湖南	25 686	20 077	708	2 404	377	– –	2 120	26 028	24 594
广东	117 829	106 556	3 281	4 703	18	– –	3 271	114 833	77 650
其中：深圳	31 458	28 505	800	1 951	– –	– –	202	32 285	19 747
广西	15 704	14 048	22	578	878	– –	178	15 296	13 060
海南	3 792	2 806	800	85	10	– –	91	3 796	1 871
重庆	7 950	5 408	1 840	188	30	– –	484	7 816	4 345
四川	40 346	37 229	1 300	986	72	– –	759	39 798	33 062
贵州	10 327	9 771	390	93	– –	– –	73	10 115	9 542
云南	36 082	32 275	675	2 794	– –	– –	338	35 753	31 473
西藏	– –	– –	– –	– –	– –	– –	– –	– –	– –
陕西	17 162	16 321	398	190	33	– –	220	16 828	12 213
甘肃	13 188	13 017	– –	66	62	– –	43	13 242	13 192
青海	2 910	2 889	19	– –	2	– –	– –	2 910	2 700
宁夏	5 226	4 959	64	102	– –	– –	101	5 103	5 103
新疆	15 001	14 085	305	264	61	– –	286	15 638	10 199

图书馆基本情况（三）

项目支出	经营支出	年支出合计（千元） 在支出合计中 人员支出	社会保障缴费	公用支出	福利费	维修费	各种设备购置费	新增藏量购置费	图书购置费	税金支出	对个人和家庭补助支出
76 529	**3 029**	**394 370**	**29 303**	**264 782**	**7 292**	**21 647**	**116 404**	**87 091**	**75 376**	**1 558**	**66 307**
584	- -	1 693	48	1 251	85	39	388	331	300	- -	283
- -	- -	1 558	73	486	11	35	246	144	136	4	477
1 074	24	13 840	1 224	4 407	102	287	2 360	1 330	1 091	1	1 417
393	5	13 811	568	4 794	128	890	2 431	1 023	737	18	1 308
190	19	17 429	872	4 142	120	163	1 494	1 004	755	4	1 893
2 540	300	18 608	1 266	13 306	291	810	6 056	4 472	3 787	137	3 931
433	- -	3 867	453	5 018	25	174	2 515	1 758	1 584	12	567
235	92	10 206	235	4 015	58	379	1 694	808	647	4	2 873
1 091	6	12 185	389	4 293	141	877	1 351	1 171	969	20	2 666
- -	- -	820	325	793	- -	53	677	677	642	- -	11
5 897	15	27 728	3 287	45 578	1 147	2 537	15 043	12 019	10 617	18	9 033
20 651	275	39 870	4 417	30 258	861	1 053	15 578	11 863	10 946	164	8 483
3 383	28	7 258	1 169	5 216	131	176	3 032	2 447	2 442	4	1 411
895	419	9 685	455	4 203	89	170	1 470	1 066	909	21	3 635
1 002	29	9 946	1 050	7 320	210	471	3 125	2 365	1 880	49	1 427
- -	- -	819	49	671	2	10	257	248	238	- -	144
882	114	9 786	767	5 197	211	409	2 501	1 569	1 358	26	1 417
945	- -	27 444	4 107	13 322	263	1 355	6 106	4 536	3 952	2	3 481
520	- -	5 216	745	3 571	11	5	2 173	1 520	1 507	- -	900
704	1	15 640	900	5 443	197	621	2 446	1 702	1 465	3	1 662
857	341	13 378	892	9 162	359	1 042	3 795	3 169	2 771	71	2 068
847	312	14 946	1 119	8 038	305	690	2 791	2 394	1 934	53	1 594
30 014	463	43 750	3 494	52 124	1 421	3 899	25 688	18 913	16 538	318	6 266
12 394	- -	7 960	500	13 731	164	606	7 867	6 461	6 010	88	523
173	77	9 310	259	3 974	448	184	1 883	1 529	1 318	17	1 552
836	20	1 918	142	933	26	167	429	370	295	10	23
963	316	3 114	163	3 195	34	42	933	657	599	9	986
2 922	104	13 758	1 020	16 233	292	3 017	8 245	6 524	6 000	26	2 588
530	15	6 195	234	2 285	53	215	1 424	886	606	16	1 159
1 806	7	22 451	804	10 401	199	855	4 103	3 666	2 964	504	1 962
- -	- -	- -	- -	- -	- -	- -	- -	- -	- -	- -	- -
196	30	10 924	351	3 511	77	852	1 155	922	645	7	929
- -	10	10 276	61	1 706	38	46	897	733	567	37	985
- -	3	1 769	155	65	2	- -	27	25	22	- -	4
- -	- -	3 456	106	824	16	142	451	276	198	5	567
302	32	8 876	520	3 523	108	347	1 617	947	728	14	1 627

2004年各地区公共图书

地区	总计					省区	
	经费自给率(%)	劳动报酬占总支出比重(%)	新购图书比上年增减(%)	购书费占总支出比重%	平均每册新书单价(元)	经费自给率(%)	劳动报酬占总支出比重(%)
总计	**18.49**	**36.78**	**17.11**	**18.46**	**41.34**	**23.23**	**26.95**
中央	50.30	19.15	30.33	44.89	361.91	--	--
地方	16.53	38.60	16.80	15.75	32.82	23.23	26.95
北京	18.25	33.62	-15.49	11.88	25.12	21.62	27.40
天津	14.11	45.41	62.57	17.95	37.37	12.33	33.98
河北	8.13	47.67	52.26	10.97	19.85	33.13	33.09
山西	8.11	40.45	133.33	4.84	11.67	31.28	23.44
内蒙古	4.00	62.97	21.19	4.43	14.98	17.34	51.77
辽宁	11.82	36.62	-4.10	14.26	33.06	28.98	32.49
其中:大连	18.64	26.60	-35.80	20.32	36.87	--	--
吉林	3.91	44.81	-27.97	11.90	37.51	5.52	38.52
黑龙江	3.69	45.58	6.11	9.89	31.65	0.60	25.71
上海	22.48	28.03	-8.84	29.99	110.69	25.79	21.49
江苏	34.88	33.42	25.22	17.58	34.17	26.78	32.64
浙江	19.54	40.06	35.23	15.81	29.34	31.21	32.04
其中:宁波	16.74	41.10	135.42	17.42	17.88	--	--
安徽	10.34	41.86	16.46	10.96	30.97	9.18	21.83
福建	18.57	38.14	-5.57	17.44	30.18	52.66	29.54
其中:厦门	14.72	29.99	1.27	16.14	32.71	--	--
江西	15.00	46.99	12.94	8.07	16.89	31.30	30.50
山东	8.55	38.40	-15.57	12.54	27.19	31.72	16.19
其中:青岛	10.51	44.25	47.57	21.15	26.74	--	--
河南	7.33	50.29	-10.30	10.75	22.17	17.00	24.84
湖北	22.51	42.00	16.33	14.38	23.00	21.92	28.34
湖南	17.55	46.00	-19.37	10.61	20.13	18.24	27.30
广东	18.35	32.47	40.10	18.41	25.36	39.44	28.08
其中:深圳	19.69	29.73	8.69	26.90	38.91	--	--
广西	15.35	50.36	-4.35	12.05	24.23	21.02	42.80
海南	6.37	55.76	87.50	12.16	16.60	--	--
重庆	23.18	38.39	-6.86	13.70	26.61	27.89	37.80
四川	25.71	31.03	245.50	14.45	19.36	36.42	35.32
贵州	4.19	42.51	--	4.69	16.25	--	21.86
云南	13.65	45.36	-23.24	8.69	32.58	29.44	17.85
西藏	--	67.45	-20.00	10.07	62.50	--	65.26
陕西	9.57	45.93	38.69	11.98	24.97	12.50	24.40
甘肃	2.66	47.59	43.82	15.42	44.95	0.59	22.35
青海	9.65	51.22	5.26	4.00	24.05	20.02	38.30
宁夏	2.25	52.03	81.48	7.43	20.88	0.04	37.03
新疆	9.70	54.63	71.43	10.33	25.68	23.38	37.15

馆活动情况分析

市级			地市级					县市级				
新购图书比上年增减（%）	购书费占总支出比重%	平均每册新书单价（元）	经费自给率（%）	劳动报酬占总支出比重（%）	新购图书比上年增减（%）	购书费占总支出比重%	平均每册新书单价（元）	经费自给率（%）	劳动报酬占总支出比重（%）	新购图书比上年增减（%）	购书费占总支出比重%	平均每册新书单价（元）
-5.60	**24.76**	**72.17**	**15.00**	**38.61**	**26.86**	**14.26**	**28.36**	**12.54**	**49.10**	**22.10**	**9.39**	**16.31**
--	--	--	--	--	--	--	--	--	--	--	--	--
-5.60	24.76	72.17	15.00	38.61	26.86	14.26	28.36	12.54	49.10	22.10	9.39	16.31
-22.87	12.39	38.41	17.06	37.92	-4.53	11.59	19.26	3.63	52.45	-65.81	9.29	18.67
1.07	24.10	55.59	14.22	51.89	146.91	14.74	28.03	27.64	61.80	54.00	5.39	17.67
-9.37	18.86	37.18	6.09	37.38	49.04	13.00	28.16	2.39	66.17	97.97	5.22	7.65
-16.63	8.89	38.39	4.17	24.13	166.86	2.75	26.88	2.59	68.13	269.30	3.64	4.34
-23.66	13.59	34.96	3.48	57.26	64.89	3.13	17.96	1.44	69.66	28.90	3.02	8.49
-30.65	28.29	74.32	10.95	38.13	-9.14	15.88	33.38	7.08	36.10	22.81	7.35	18.80
--	--	--	21.69	21.27	-38.92	23.37	43.34	15.12	36.22	-29.97	14.84	26.00
-32.32	18.38	39.13	2.30	37.80	-23.68	14.76	52.01	4.95	59.11	-28.90	3.75	13.38
-97.92	18.78	4857.90	6.52	44.70	34.36	9.58	22.40	2.02	59.27	5.59	4.71	13.50
-20.94	38.53	184.88	15.44	40.58	6.97	13.80	35.98	8.25	28.18	33.58	22.06	40.05
-8.05	36.02	159.89	22.49	36.46	17.75	13.99	28.87	50.56	31.54	36.92	12.08	18.20
7.65	26.85	67.97	22.54	41.86	38.20	14.88	23.78	13.35	42.41	44.13	11.64	21.21
--	--	--	27.60	33.23	109.22	23.31	33.25	13.73	44.41	143.74	14.94	13.72
20.25	16.37	37.79	7.31	45.43	-7.17	12.48	38.02	14.57	53.66	55.86	5.04	15.76
3.28	24.76	50.08	11.55	34.39	-13.89	18.35	28.95	9.13	50.62	0.23	9.57	16.31
--	--	--	15.81	27.92	-11.39	16.43	37.29	7.44	47.23	105.13	13.73	14.50
-10.00	0.46	1.39	16.67	43.21	16.24	11.79	23.76	7.52	57.91	17.26	8.04	15.24
-65.27	17.55	53.18	6.83	31.50	-1.71	13.04	32.14	4.91	60.47	41.46	8.71	14.33
--	--	--	21.45	35.48	20.81	27.61	39.94	2.62	52.41	75.40	15.14	17.18
5.83	14.66	36.45	5.42	50.10	0.24	13.11	25.06	5.76	65.66	-23.92	6.15	12.34
91.95	19.46	27.61	19.91	41.38	125.64	14.80	29.67	25.41	51.44	-28.88	10.66	14.76
0.23	17.20	34.70	11.48	50.34	-8.73	7.45	19.88	19.93	57.42	-29.96	7.43	11.85
84.57	18.99	27.29	20.86	29.83	58.07	21.20	28.31	10.29	38.10	10.03	14.40	20.28
--	--	--	27.44	33.32	-0.74	32.77	86.90	10.90	24.66	13.61	18.62	16.43
-1.73	14.82	34.70	12.44	49.58	27.64	11.99	22.83	12.51	60.87	-26.92	8.62	15.55
--	--	--	3.04	64.22	344.43	19.25	14.53	9.94	50.53	-20.89	7.77	20.72
4.31	18.42	30.60	22.54	38.01	14.37	13.44	27.00	16.16	39.84	-40.91	7.66	18.10
70.78	14.57	68.32	57.52	25.74	184.68	13.74	29.90	5.50	34.57	302.82	15.08	12.41
-58.40	3.52	91.22	13.37	45.83	-11.33	4.64	12.09	1.74	61.25	29.89	5.99	12.96
-51.31	9.62	101.56	15.10	37.80	-22.39	8.47	33.73	9.95	62.79	-17.21	8.29	22.95
-17.40	11.98	60.46	--	78.99	--	--	--	--	--	--	--	--
-1.97	19.69	35.80	16.47	41.88	484.11	15.77	29.24	3.63	64.92	19.67	3.83	9.80
44.36	25.29	61.08	8.96	46.40	98.35	14.96	38.73	1.30	77.60	14.85	4.28	18.28
-39.08	6.65	50.31	0.39	63.45	89.17	2.55	8.02	0.07	60.79	25.00	0.76	17.64
472.00	6.79	15.47	3.28	51.46	200.80	13.62	31.32	3.98	67.72	-40.63	3.88	17.56
333.86	40.03	40.36	9.17	56.44	60.30	10.12	21.32	5.99	56.76	23.00	4.66	19.73

公共图书馆主要指标解释(2004 年)

1. **总藏量**:指本馆已编目的古籍、图书、期刊和报纸的合订本、小册子、手稿,以及缩微制品、录像带、录音带、光盘等视听文献资料数量之和。

对同一书名,但分若干册(卷)的图书,按每一册(卷)作为一册统计。期刊和报纸均以每一合订本为一册统计。至填报本表时,尚未装订成册编目的期刊和报纸不应统计在内。

2. **古籍、善本**:指实际成书和出版年代在 1911 年(含 1911 年)以前的线装、卷轴装、经折装、蝴蝶装、包背装等书籍为古籍;其中清乾隆六十年,即 1795 年(含 1795 年)以前的古籍为善本,1795 年至 1911 年间的具有历史文献性、学术资料性和印刷装帧艺术代表性的也归为善本。

3. **图书**:指不少于 49 页并在“古籍”范围以外的图书。少儿读物、连环画 49 页以上的按图书统计,48 页以下的按小册子统计到“其它”类中。

4. **报纸**:指刊登当前事件的专题或综合新闻,每周至少出版一张并按年、月、日顺序或按编号排列的连续出版物。

5. **期刊**:指同一刊名下,按顺序号或按年、月、日出版的定期或不定期的一种连续出版物。

6. **缩微制品**:指本馆所有经过缩微处理制成缩微胶卷和缩微平片,使用时需要放大的文献资料。

7. **视听文献**:指要求使用专用设备阅读和(或)听声的非书型、非缩微制品型文献。包括声频文献(例如:唱片、录音带、盒式磁带等),视频文献(例如:幻灯片、透明正片等)和声频与视频混合文献(例如:有声电影、录像片等),电子文献(例如存储在光盘、软盘、硬盘等通过计算机阅读、视听的文献)。

8. **其它**:指手稿和 48 页以下的小册子等。

9. **当年购买的报刊种类**:指图书馆当年购买的期刊和报纸种类之和。其计量原则同图书。

10. **书架单层总长度**:指按书架(包括书柜)每层(不包括书架顶部遮尘板)长度累计计算的长度,其中两面放书的书架每层应按两个长度计算。

11. **累计发放有效借书证数**:指图书馆发放并正在使用的有效的借书证累计数。

12. **总流通人次**:指包括在馆内阅读和借出阅读书、刊、缩微制品、视听文献、电子文献等的读者人次。

13. **书刊文献外借人次**:指由馆内借出阅读书、刊、缩微制品、视听文献等的读者人次。

14. **书刊文献外借册次**:指读者通过借阅手续借出,在馆外阅读的书、刊、缩微制品、视听文献等册次,包括外文图书。

15. **为读者举办各种活动次数及参加人次**:指由本馆举办或与外单位联合举办的为读者服务的各种活动次数及参加这些活动的人次。如读书会、报告会、读书辅导班等。不包括零散咨询、辅导次数。

16. **网站数**:是指有独立域名的 web 站点,其中包括 CN 和通用顶级域名(gTLD)下的 web 站点。此处的独立域名指的是每个域名最多只对应一个网站"WWW、+域名",如:对域名 sina、com、cn 来说,它只有一个网站 www、sina、com、cn,并非它有 dailynews、sina、com、cn、mail、sina、com、cn……等多个网站。

17. **因特网总带宽**:是指从各种因特网服务提供者(ISP)处获得的接入因特网的带宽的总和。

18. **共享工程服务点**:指在文化系统内如图书馆、文化馆、文化站等设立的共享工程基层中心。

19. **新增藏量购置费**:指本馆本年购进图书、报刊、缩微制品和视听文献等藏品所用经费之和。

20. **图书购置费**:指本馆本年购进图书、报刊所用经费。

21. **本年新购藏量**:指本年购进馆的图书、报刊、缩微制品和视听文献等藏品之和。

22. **本年新购图书**:指本年购进馆的图书,包括从出版、发行、邮政等部门购进的已装订成合订本的期刊、报纸。

23. **阅览室座席数**:指阅览室内可供读者坐阅的座位。

24. **少儿阅览室座席数**:指少儿图书馆阅览室和公共图书馆中的少儿阅览室可供少儿读者坐阅的座席数。

公共图书馆事业发展历史统计(1979—2004 年)

全国公共图书馆业务活动情况

年份	机构数(个)	总藏量(万册、件)		总流通人次(万人次)		图书流通册次(万册次)	书架单层总长度(万米)	发放借书证数(万个)
			书刊		外借人次			
1979年	1 651	18 353	18 353	7 787	…	9 625	…	…
1980年	1 732	19 904	19 904	9 045	…	11 830	…	…
1985年	2 344	25 573	25 573	11 614	…	18 942	…	…
1990年	2 527	29 064	29 064	12 435	…	20 242	772	603
1995年	2 608	32 850	32 171	18 298	7 160	11 814	899	540
1996年	2 620	33 686	32 913	14 793	7 731	13 544	967	527
1997年	2 628	37 549	33 514	16 114	8 561	15 685	817	556
1998年	2 662	38 514	34 443	17 058	8 910	15 422	873	582
1999年	2 669	39 539	35 418	18 040	9 075	16 290	934	596
2000年	2 677	40 953	36 550	18 854	9 600	16 913	978	623
2001年	2 696	41 804	37 259	20 876	9 829	17 559	942	792
2002年	2 697	42 683	37 928	21 950	10 428	20 021	995	918
2003年	2 709	43 776	38 992	21 440	10 666	18 775	1 035	943
2004年	2 720	46 152	40 891	22 095	10 140	18 536	1 247	1 056

全国公共图书馆经费收支及设施情况

年　份	收入合计(万元)	财政补助收入	支出合计(万元)	购书费	新购图书(万册)	公用房屋建筑面积(万平方米)	书　库	阅览室	座席数(万个)
1979年	5 040	5 040	5 206	2 163	…	86.6	38.1	21.1	…
1980年	5 476	5 476	5 486	2 273	…	92.0	42.1	23.5	…
1985年	15 272	15 272	13 393	4 164	1 343	172.0	64.1	46.1	23.1
1990年	32 328	29 292	30 271	8 474	895	326.0	98.4	76.1	32.1
1995年	79 685	65 829	74 080	16 788	551	415.5	117.8	88.3	35.2
1996年	93 235	76 582	88 963	19 626	577	441.4	120.8	94.0	35.6
1997年	114 004	93 177	113 927	25 527	680	471.5	124.9	98.0	37.4
1998年	129 082	107 521	127 032	28 067	700	492.5	131.7	101.8	39.9
1999年	137 430	115 830	135 826	30 473	678	506.0	137.4	105.7	41.6
2000年	163 799	139 321	157 123	37 141	692	598.2	139.0	109.7	41.6
2001年	183 368	152 732	180 489	36 489	819	561.8	146.4	114.4	43.7
2002年	213 322	176 882	208 929	41 853	946	582.8	151.6	122.6	43.9
2003年	242 188	205 252	235 819	44 407	1 049	588.6	156.0	129.7	46.1
2004年	281 234	238 141	275 034	50 780	1 228	625.1	158.4	138.6	47.2

按年份各地区公共图书馆机构数

单位:个

地区	1949年	1957年	1965年	1978年	1980年	1985年	1990年	1995年	2000年	2002年	2003年	2004年
总计	**52**	**400**	**562**	**1 218**	**1 732**	**2 344**	**2 527**	**2 615**	**2 675**	**2697**	**2709**	**2 720**
中央	1	1	1	1	1	1	1	1	1	1	1	1
地方	51	399	561	1 217	1 731	2 343	2 526	2 614	2 674	2696	2708	2 719
北京	2	7	6	17	20	22	22	22	24	25	25	25
天津	2	5	10	19	18	26	30	31	31	31	31	32
河北	2	14	12	42	80	104	121	134	145	145	147	149
山西	…	5	17	61	72	103	111	119	121	122	122	122
内蒙古	…	15	12	24	83	94	104	107	108	108	108	109
辽宁	…	22	30	71	85	121	123	127	128	128	128	126
吉林	2	11	18	60	48	39	47	51	60	61	62	63
黑龙江	…	12	26	78	80	87	96	96	97	96	97	96
上海	20	21	24	17	23	46	51	31	31	32	35	28
江苏	…	25	35	78	82	90	91	94	101	101	100	100
浙江	2	31	35	63	69	76	80	81	83	83	83	84
安徽	…	16	34	36	80	82	84	83	84	84	84	85
福建	…	10	12	23	26	65	74	78	81	82	82	83
江西	2	11	20	38	49	105	104	104	104	104	104	104
山东	3	40	27	80	88	99	115	130	133	140	140	142
河南	1	10	17	36	71	118	127	132	134	134	136	135
湖北	3	15	7	47	101	99	101	100	103	103	103	104
湖南	1	15	37	72	77	110	116	116	115	115	115	115
广东	2	19	46	76	97	117	103	114	124	131	129	128
广西	…	10	29	84	87	89	90	92	94	96	96	96
海南	…	…	…	…	…	…	19	19	19	19	19	19
重庆	…	…	…	…	…	…	…	…	42	44	44	44
四川	…	26	44	78	98	115	148	166	129	131	132	137
贵州	…	9	16	25	44	76	84	87	89	90	90	90
云南	…	10	16	16	80	149	148	148	148	148	149	149
西藏	…	1	1	1	1	18	18	18	1	1	1	4
陕西	7	9	13	43	69	113	113	114	114	111	111	112
甘肃	1	12	8	6	39	75	83	86	91	90	92	92
青海	…	1	1	13	23	27	41	41	38	38	38	38
宁夏	…	3	3	8	14	20	20	20	22	21	21	16
新疆	1	14	5	5	27	58	62	60	80	82	84	92

按年份各地区公共图书馆总藏量情况

单位:万册(件)

地　区	1979 年	1980 年	1985 年	1990 年	1995 年	2000 年	2002 年	2003 年	2004 年
总　计	**18 353**	**19 904**	**25 573**	**29 064**	**32 850**	**40 953**	**42 628**	**43 776**	**46 151**
中　央	1 020	1 060	1 310	1 598	1 959	2 249	2 373	2 412	2 456
地　方	17 333	18 844	2 426	27 466	30 891	38 704	40 256	41 364	43 695
北　京	483	548	560	607	670	767	876	944	995
天　津	547	550	584	664	677	786	822	840	827
河　北	384	423	504	707	845	1 081	1 132	1 179	1 248
山　西	427	444	588	662	777	867	898	912	937
内蒙古	401	367	482	550	621	683	696	707	724
辽　宁	1 391	1 487	1 521	1 557	1 786	1 970	2 119	2 115	2 194
吉　林	651	665	834	831	921	1 030	1 071	1 090	1 118
黑龙江	535	613	848	1 009	1 094	1 186	1 227	1 248	1 260
上　海	1 107	1 138	1 430	1 585	1 586	5 500	5 817	5 894	5 952
江　苏	1 364	1 433	1 816	2 110	2 420	2 669	2 777	2 846	2 974
浙　江	814	843	1 038	1 266	1 511	1 715	1 848	1 918	2 087
安　徽	556	563	651	681	752	787	792	807	813
福　建	395	431	709	845	902	985	1 053	1 097	1 158
江　西	513	768	916	1 003	1 070	1 122	1 167	1 197	1 622
山　东	1 070	1 159	1 234	1 469	1 724	1 989	2 176	2 246	2 522
河　南	660	708	975	1 022	1 062	1 239	1 303	1 336	1 395
湖　北	650	771	1 032	1 220	1 445	1 678	1 759	1 819	1 867
湖　南	732	808	1 120	1 239	1 362	1 514	1 548	1 602	1 625
广　东	689	798	1 065	1 260	1 651	2 316	2 300	2 498	2 740
广　西	581	644	935	1 102	1 243	1 312	1 378	1 419	1 449
海　南	…	…	…	100	137	154	165	167	176
重　庆	…	…	…	…	…	811	678	700	736
四　川	1 471	1 502	1 880	2 125	2 356	1 722	1 746	1 773	1 953
贵　州	229	292	451	527	616	681	691	713	735
云　南	420	503	906	1 034	1 104	1 254	1 252	1 287	1 422
西　藏	…	17	46	54	51	60	60	60	65
陕　西	482	480	645	658	733	837	840	852	864
甘　肃	323	338	586	579	670	745	759	795	830
青　海	195	220	287	260	280	286	295	295	302
宁　夏	156	185	300	328	338	380	368	361	341
新　疆	107	147	321	412	489	579	644	649	763

注:本年鉴的总藏量,1991 年以前只包括图书。

按年份各地区公共图书馆人均拥有藏书册数

单位:册

地区	1980年	1985年	1990年	1995年	2000年	2001年	2002年	2003年	2004年
全国	0.2	0.2	0.3	0.2	0.3	0.3	0.3	0.3	0.3
北京	0.6	0.6	0.6	0.6	0.7	0.7	0.7	0.6	0.6
天津	0.7	0.7	0.8	0.7	0.9	0.9	0.9	0.8	0.9
河北	0.8	0.1	0.1	0.1	0.2	0.2	0.2	0.2	0.2
山西	0.2	0.2	0.2	0.2	0.3	0.3	0.3	0.3	0.3
内蒙古	0.2	0.2	0.3	0.2	0.3	0.3	0.3	0.3	0.3
辽宁	0.4	0.4	0.4	0.4	0.5	0.4	0.5	0.5	0.5
吉林	0.3	0.4	0.3	0.3	0.4	0.4	0.4	0.4	0.4
黑龙江	0.2	0.3	0.3	0.3	0.3	0.3	0.3	0.3	0.3
上海	1	1.2	1.2	1.1	1.5	1.6	1.7	1.3	1.4
江苏	0.2	0.3	0.3	0.3	0.4	0.4	0.4	0.4	0.4
浙江	0.2	0.3	0.3	0.3	0.3	0.4	0.4	0.4	0.4
安徽	0.1	0.1	0.1	0.1	0.1	0.1	0.1	0.1	0.1
福建	0.2	0.3	0.3	0.2	0.3	0.3	0.3	0.3	0.3
江西	0.2	0.3	0.3	0.2	0.3	0.3	0.3	0.3	0.4
山东	0.2	0.2	0.2	0.2	0.2	0.2	0.2	0.2	0.3
河南	0.1	0.1	0.1	0.1	0.1	0.1	0.1	0.1	0.1
湖北	0.2	0.2	0.2	0.2	0.3	0.3	0.3	0.3	0.3
湖南	0.2	0.2	0.2	0.2	0.2	0.2	0.2	0.2	0.2
广东	0.2	0.2	0.2	0.2	0.3	0.3	0.3	0.3	0.3
广西	0.2	0.1	0.3	0.2	0.3	0.3	0.3	0.3	0.3
海南	…	…	0.2	0.2	0.2	0.2	0.2	0.2	0.2
重庆	…	…	…	…	0.1	0.3	0.2	0.2	0.2
四川	0.2	0.2	0.2	0.2	0.5	0.2	0.2	0.2	0.2
贵州	0.1	0.2	0.2	0.1	0.2	0.2	0.2	0.2	0.2
云南	0.2	0.3	0.3	0.2	0.3	0.3	0.3	0.3	0.3
西藏	0.1	0.2	0.3	0.2	0.2	0.2	0.2	0.2	0.1
陕西	0.2	0.2	0.2	0.2	0.2	0.2	0.2	0.2	0.2
甘肃	0.2	0.3	0.3	0.2	0.3	0.3	0.3	0.3	0.3
青海	0.6	0.7	0.6	0.5	0.6	0.6	0.6	0.5	0.5
宁夏	0.5	0.7	0.7	0.6	0.7	1.0	0.6	0.6	0.6
新疆	0.1	0.3	0.3	0.3	0.3	0.3	0.3	0.3	0.4

按年份各地区公共图书馆总流通人次

单位:万人次

地　区	1979年	1980年	1985年	1990年	1995年	2000年	2002年	2003年	2004年
总　计	**7 787**	**9 045**	**11 614**	**12 435**	**18 298**	**18 854**	**21 950**	**21 440**	**22 095**
中　央	48	53	72	169	133	381	498	449	445
地　方	7 739	8 992	11 542	12 266	18 165	18 473	21 452	20 991	21 650
北　京	126	157	142	180	272	320	500	443	586
天　津	209	214	291	245	265	461	475	399	377
河　北	135	242	289	390	473	736	653	602	629
山　西	200	251	247	330	227	261	279	348	279
内蒙古	139	195	190	179	282	270	300	291	353
辽　宁	432	544	606	686	829	1 184	1 359	1 132	1 110
吉　林	133	132	182	314	385	409	524	510	468
黑龙江	241	327	514	619	631	608	568	441	460
上　海	439	544	797	660	687	1 225	1 349	1 204	1 318
江　苏	575	640	883	909	883	1 227	1 594	1 533	1 605
浙　江	446	464	482	589	555	1 140	1 149	1 174	1 233
安　徽	274	487	358	402	372	561	600	541	419
福　建	142	130	405	384	466	647	702	777	679
江　西	279	319	778	490	413	485	476	553	513
山　东	701	707	494	504	509	795	982	1 055	1 546
河　南	323	555	442	440	650	713	788	799	719
湖　北	263	316	370	548	559	714	986	897	1 025
湖　南	396	375	616	498	618	808	850	978	923
广　东	524	504	739	903	1 447	2 235	2 627	2 635	3 021
广　西	320	239	452	461	809	927	989	949	1 343
海　南	…	…	…	52	94	121	97	115	74
重　庆	…	…	…	…	…	266	343	459	557
四　川	740	814	850	933	776	554	664	638	660
贵　州	113	129	275	320	462	228	226	241	184
云　南	206	289	463	517	559	654	638	739	626
西　藏	…	…	3	5	…	2	3	3	1
陕　西	217	236	258	207	242	275	432	617	386
甘　肃	65	71	166	222	225	185	462	334	223
青　海	33	35	73	43	39	58	251	61	53
宁　夏	40	38	101	131	140	142	214	140	153
新　疆	28	38	76	105	140	263	373	384	128

按年份各地区公共图书馆图书外借册次

单位:万册次

地区	1979 年	1980 年	1985 年	1990 年	1995 年	2000 年	2002 年	2003 年	2004 年
总计	**9 625**	**11 830**	**18 942**	**20 242**	**11 814**	**16 913**	**20 021**	**18 775**	**18 536**
中央	110	129	177	654	29	217	276	321	456
地方	9 515	11 701	18 765	19 588	11 785	16 697	19 745	18 454	18 080
北京	279	361	367	366	283	442	504	448	543
天津	485	471	581	467	237	274	401	339	263
河北	133	234	358	504	379	673	595	541	520
山西	228	310	403	467	204	207	219	181	195
内蒙古	116	202	246	294	239	233	269	264	283
辽宁	726	957	1 321	1 197	856	1 119	1 290	1 101	1 188
吉林	165	165	474	338	332	259	524	466	375
黑龙江	268	533	1346	1 239	500	527	585	457	366
上海	673	862	1 143	1 045	507	970	1 085	956	1 371
江苏	720	837	1 758	1 557	967	1 269	1 326	1 245	1 359
浙江	513	600	926	1 068	550	1 054	1 156	1 087	1 099
安徽	289	588	497	463	343	455	505	399	380
福建	179	217	633	610	517	779	906	1 002	721
江西	326	364	987	726	383	543	491	524	665
山东	932	872	753	807	573	718	904	984	1 268
河南	401	614	652	796	517	695	772	948	635
湖北	293	371	661	954	543	769	1 899	965	824
湖南	457	388	1 081	953	562	735	789	858	889
广东	374	488	952	1 439	687	1 192	1 397	1 452	1 636
广西	251	287	338	546	528	688	602	687	626
海南	…	…	…	39	49	64	53	78	32
重庆	…	…	…	…	…	435	514	603	690
四川	960	953	1 328	1 370	691	564	665	664	652
贵州	115	141	372	289	133	189	203	179	153
云南	218	338	540	705	529	680	641	618	585
西藏	…	…	3	10	10	11	3	1	4
陕西	209	299	366	311	238	305	294	671	255
甘肃	89	94	220	398	173	153	338	275	154
青海	36	40	136	86	51	52	70	60	29
宁夏	47	62	197	372	125	265	278	123	205
新疆	33	53	126	172	91	251	469	280	118

按年份各地区公共图书馆财政拨款情况

单位:万元

地　区	1979年	1980年	1985年	1990年	1995年	2000年	2002年	2003年	2004年
总　计	**5 040**	**5 467**	**15 272**	**29 296**	**65 838**	**139 321**	**176 882**	**205252**	**238 141**
中　央	470	489	1 292	3 420	9 421	15 293	18 326	18155	22 993
地　方	4 570	4 978	13 980	25 876	56 417	124 028	158 556	187096	215 148
北　京	144	127	322	743	1 683	8 734	8 173	8984	11 307
天　津	159	162	321	409	1 295	2 751	3 298	3445	5 342
河　北	108	111	569	741	1 827	2 980	3 638	4150	5 115
山　西	154	124	331	517	1 184	2 150	2 719	3433	5 093
内蒙古	131	167	420	876	1 432	2 452	3 437	3792	4 615
辽　宁	344	368	973	1 841	3 737	6 822	9 425	9620	10 600
吉　林	194	193	530	876	1 707	3 364	4 068	4850	5 202
黑龙江	281	234	625	1 068	2 088	3 104	4 193	5871	5 579
上　海	399	433	990	2 159	5 558	22 871	22 442	23862	25 305
江　苏	226	297	741	1 403	3 620	6 729	10 683	13792	13 728
浙　江	121	146	725	1 195	2 356	6 509	9 935	13582	16 101
安　徽	125	149	313	519	1 165	2 054	3 031	4830	4 734
福　建	84	131	411	879	1 778	3 681	4 448	4513	5 533
江　西	121	111	451	700	1 184	2 022	2 651	2965	3 684
山　东	254	283	543	1 284	2 814	6 129	7 720	8618	12 029
河　南	143	119	429	819	1 766	3 591	4 704	4776	5 638
湖　北	168	211	768	941	1 649	2 896	4 541	5383	5 876
湖　南	199	176	771	884	1 816	2 550	3 428	3996	4 756
广　东	219	286	844	2 157	6 110	11 868	18 920	26025	27 783
广　西	138	174	456	793	1 563	2 851	3 989	4345	4 679
海　南	…	…	…	123	378	322	628	440	510
重　庆	…	…	…	…	…	1 491	2 249	2410	2 665
四　川	254	291	690	1 545	2 591	2 877	3 811	4752	7 616
贵　州	91	101	241	479	746	1 259	1 779	1969	2 893
云　南	97	140	401	944	2 178	5 134	4 558	4497	5 563
西　藏	…	…	13	11	72	111	188	194	248
陕　西	118	132	253	566	934	2 038	3 225	3468	3 695
甘　肃	93	85	217	482	985	1 752	2 318	3852	3 419
青　海	69	70	164	227	724	678	1 001	909	1 093
宁　夏	67	85	178	264	408	786	1 138	997	1 311
新　疆	69	72	290	431	1 062	1 476	2 221	2778	3 434

按年份各地区公共图书馆总支出情况

单位:万元

地区	1979年	1980年	1985年	1990年	1995年	2000年	2002年	2003年	2004年
总计	**5 206**	**5 486**	**13 393**	**30 271**	**74 080**	**157 173**	**208 929**	**235819**	**275 034**
中央	511	490	1 325	3 550	9 460	21 155	23 462	24608	25 636
地方	4 695	4 996	12 068	26 721	64 620	136 018	185 466	211211	249 398
北京	142	130	284	733	1 851	5 326	9 181	10270	10 845
天津	164	160	323	643	2 128	3 074	4 084	4130	6 057
河北	125	135	306	758	2 044	3 458	4 395	4603	5 486
山西	148	126	287	527	1 170	2 270	3 159	3677	5 401
内蒙古	143	150	370	734	1 458	2 536	3 584	3898	4 831
辽宁	348	375	846	2 099	4 392	7 783	10 636	10596	13 567
吉林	192	176	474	871	1 835	3 520	4 318	4986	5 357
黑龙江	290	286	518	1 132	2 139	3 409	4 448	5612	6 113
上海	402	379	897	2 484	7 021	24 425	28 659	29432	32 369
江苏	219	259	695	1 514	4 046	8 400	12 609	15712	19 104
浙江	130	135	624	1 237	3 082	8 500	12 229	16506	18 951
安徽	134	137	254	521	1 384	2 641	3 361	5656	5 201
福建	91	90	335	777	1 710	3 916	5 386	5447	6 160
江西	114	137	372	744	1 323	2 343	3 227	3552	4 019
山东	275	269	496	1 268	2 968	6 881	8 238	9623	12 473
河南	161	168	371	815	2 140	3 902	5 348	5320	6 103
湖北	166	225	636	1 109	2 372	3 952	6 070	6745	7 292
湖南	199	207	548	982	2 329	3 399	4 374	4887	5 844
广东	201	259	691	2 011	6 807	14 597	20 800	26569	32 352
广西	148	165	431	749	1 769	3 077	4 598	5182	5 308
海南	...	...	...	118	369	355	679	476	614
重庆	...	...	...	...	...	2 026	2 679	3009	3 166
四川	258	287	618	1 789	3 245	3 462	4 657	5290	9 261
贵州	83	95	241	417	810	1 428	1 806	2104	3 083
云南	108	142	398	843	2 234	3 928	6 099	5339	6 939
西藏	…	3	31	15	61	110	190	195	248
陕西	126	133	214	482	951	2 263	3 526	3766	3 959
甘肃	107	99	200	441	1 011	1 799	2 492	3728	3 731
青海	81	89	165	237	424	780	1 039	1040	1 201
宁夏	69	82	153	265	430	783	1 174	1017	1 378
新疆	71	98	290	406	1 119	1 677	2 423	2848	2 985

按年份各地区公共图书馆购书费支出情况

单位:万元

地区	1979年	1980年	1985年	1990年	1995年	2000年	2002年	2003年	2004年
总计	**2 163**	**2 273**	**4 164**	**8 474**	**16 788**	**37 141**	**41 853**	**44 407**	**50 780**
中央	297	297	735	2 200	6 036	9 000	10 991	10 993	11 509
地方	1 866	1 975	3 429	6 274	10 752	28 141	30 862	33 414	39 271
北京	42	42	102	163	251	914	1 664	1 755	1 289
天津	67	67	104	106	318	563	609	617	1 088
河北	63	68	76	161	302	428	367	444	602
山西	50	49	68	93	131	292	184	281	262
内蒙古	45	51	66	85	86	166	192	211	214
辽宁	115	117	205	454	768	948	1 777	1 482	1 934
吉林	98	61	104	152	250	459	597	491	638
黑龙江	79	91	128	251	235	395	390	409	605
上海	172	187	431	1 079	2 204	11 210	7 607	8 607	9 708
江苏	98	99	284	458	732	1 780	2 657	2 933	3 359
浙江	68	68	191	374	578	1 577	1 990	2 337	2 995
安徽	57	60	62	121	262	297	370	271	570
福建	42	47	111	170	311	716	890	929	1 074
江西	44	58	67	129	98	302	351	347	324
山东	87	85	113	237	506	978	1 468	1 434	1 564
河南	62	65	80	165	255	413	530	540	656
湖北	55	94	120	256	299	699	972	1 033	1 049
湖南	68	73	115	177	207	415	549	627	620
广东	74	83	251	465	1 186	2 832	4 575	5 222	5955
广西	71	82	96	159	291	520	516	556	639
海南	...	...	...	21	59	41	100	61	75
重庆	...	...	...	...	...	330	306	340	434
四川	107	109	168	289	431	485	417	559	1 338
贵州	48	46	79	128	100	166	216	232	145
云南	49	63	110	207	441	538	598	647	603
西藏	…	2	5	3	14	16	13	30	25
陕西	62	42	61	88	1 041	117	275	295	474
甘肃	41	51	61	108	170	289	352	480	575
青海	38	37	40	39	33	54	54	36	48
宁夏	29	32	42	59	41	68	111	42	102
新疆	35	46	89	77	91	136	168	170	308

按年份各地区公共图书馆人均购书费情况

单位:元

地区	1984年	1985年	1990年	1991年	1995年	2000年	2003年	2004年
总计	0.023	0.040	0.074	0.077	0.139	0.287	0.34	0.39
北京	0.049	0.106	0.150	0.152	0.239	0.661	1.21	0.863
天津	0.089	0.129	0.120	0.198	0.360	0.562	0.61	1.062
河北	0.013	0.014	0.026	0.027	0.048	0.063	0.07	0.088
山西	0.020	0.026	0.032	0.027	0.045	0.089	0.08	0.086
内蒙古	0.027	0.033	0.039	0.052	0.039	0.070	0.09	0.09
辽宁	0.034	0.056	0.114	0.127	0.194	0.224	0.35	0.459
吉林	0.028	0.045	0.061	0.058	0.101	0.168	0.18	0.235
黑龙江	0.029	0.039	0.070	0.058	0.067	0.107	0.11	0.158
上海	0.163	0.354	0.807	0.901	1.710	6.697	5.03	5.573
江苏	0.017	0.046	0.068	0.079	0.108	0.239	0.40	0.452
浙江	0.018	0.047	0.090	0.089	0.135	0.337	0.50	0.635
安徽	0.012	0.012	0.021	0.017	0.045	0.05	0.04	0.088
福建	0.019	0.041	0.056	0.063	0.101	0.206	0.27	0.306
江西	0.018	0.019	0.034	0.029	0.026	0.073	0.08	0.085
山东	0.012	0.015	0.028	0.031	0.059	0.108	0.16	0.17
河南	0.009	0.011	0.019	0.016	0.029	0.045	0.06	0.068
湖北	0.020	0.024	0.047	0.042	0.054	0.116	0.17	0.174
湖南	0.014	0.020	0.029	0.026	0.033	0.064	0.09	0.093
广东	0.016	0.040	0.073	0.068	0.183	0.328	0.66	0.717
广西	0.023	0.025	0.037	0.038	0.067	0.116	0.11	0.131
海南	…	…	0.032	0.049	0.088	0.052	0.07	0.091
重庆	…	…	…	…	…	…	0.11	0.139
四川	0.011	0.016	0.027	0.028	0.039	0.058	0.06	0.153
贵州	0.017	0.027	0.039	0.033	0.030	0.047	0.06	0.037
云南	0.020	0.032	0.052	0.055	0.117	0.125	0.15	0.137
西藏	0.011	0.030	0.014	0.001	0.061	0.063	0.11	0.091
陕西	0.015	0.021	0.027	0.028	0.031	0.033	0.08	0.128
甘肃	0.027	0.030	0.048	0.048	0.074	0.113	0.18	0.22
青海	0.098	0.098	0.087	0.084	0.074	0.103	0.07	0.089
宁夏	0.086	0.086	0.126	0.102	0.084	0.120	0.07	0.174
新疆	0.036	0.065	0.050	0.046	0.058	0.071	0.09	0.157

注:本表所用人口数,均为当年《中国统计年鉴》数字。

按年份各地区公共图书馆购书费占总支出比重

单位:%

地区	1979年	1980年	1985年	1990年	1995年	2000年	2001年	2002年	2003年	2004年
中央	58.1	60.8	55.5	62.0	63.8	42.5	45.5	46.8	44.7	44.9
地方	39.7	39.5	28.4	23.5	16.6	20.7	20.2	16.6	15.8	15.8
北京	29.4	32.7	36.0	22.2	13.6	17.2	15.6	18.1	17.1	11.9
天津	40.7	41.5	32.1	16.5	14.9	18.3	14.9	14.9	14.9	18.0
河北	50.0	50.3	24.7	21.2	14.8	12.4	9.3	8.4	9.6	11.0
山西	34.0	38.8	23.9	17.6	11.2	12.9	8.6	5.8	7.6	4.8
内蒙古	31.5	33.8	17.8	11.6	5.9	6.5	5.9	5.3	5.4	4.4
辽宁	33.0	31.2	24.3	21.6	17.5	12.2	14.1	16.7	14.0	14.3
吉林	50.9	34.7	21.9	17.5	13.6	13.0	12.4	13.8	9.8	11.9
黑龙江	27.3	32.0	24.6	22.2	11.0	11.6	6.8	8.8	7.3	9.9
上海	42.9	49.4	48.1	43.4	31.4	45.9	31.9	26.5	29.2	30.0
江苏	44.7	38.1	40.9	30.3	18.1	21.2	24.3	21.1	18.7	17.6
浙江	52.4	50.4	30.6	30.2	18.7	18.5	16.6	16.3	14.2	15.8
安徽	42.6	44.1	24.3	23.2	18.9	11.2	10.8	11.0	4.8	11
福建	46.0	52.1	33.1	21.9	18.2	18.3	20.7	16.5	17.0	17.4
江西	39.0	41.9	17.9	17.3	7.4	12.9	14.5	10.9	9.8	8.1
山东	31.6	31.6	22.8	18.7	17.0	14.2	16.2	17.8	14.9	12.5
河南	38.9	38.8	21.7	20.2	11.9	10.6	7.8	9.9	10.2	10.8
湖北	33.0	42.1	18.9	23.1	12.6	17.7	18.5	16.0	15.3	14.4
湖南	34.1	35.3	21.0	18.0	8.9	12.2	10.7	12.5	12.8	10.6
广东	36.5	32.1	36.3	23.1	17.4	19.4	18.1	22.0	19.7	18.4
广西	47.8	49.7	22.2	23.1	16.4	16.9	12.6	11.2	10.7	12.1
海南	…	…	…	17.8	16.0	11.5	13.2	14.7	12.7	12.2
重庆	…	…	…	…	…	16.3	12.6	11.4	11.3	13.7
四川	41.5	37.8	27.2	16.2	13.3	14.0	7.4	9.0	10.6	14.5
贵州	58.5	47.9	32.7	30.7	12.4	11.1	15.6	12.0	11.0	4.7
云南	45.7	44.4	27.6	24.6	19.7	13.7	13.0	9.8	12.1	8.7
西藏	…	57.6	17.5	20.0	22.5	14.9	10.7	7.0	15.3	10.1
陕西	49.3	31.3	28.7	18.3	10.9	5.2	8.4	7.8	7.8	12.0
甘肃	38.8	51.9	30.5	24.5	16.8	16.0	4.8	14.1	12.9	15.4
青海	46.7	41.7	24.2	16.5	7.8	6.9	5.2	5.2	3.5	4.0
宁夏	41.9	39.6	27.3	22.3	9.4	8.6	10.2	9.5	4.1	7.4
新疆	48.9	47.2	30.5	19.0	8.1	8.1	8.0	6.9	6.0	10.3

按年份各地区地市级公共图书馆购书费占总支出比重

单位:%

地区	1979年	1980年	1985年	1990年	1995年	2000年	2001年	2002年	2003年	2004年
总计	**36.7**	**31.8**	**28.0**	**20.3**	**14.8**	**16.0**	**15.4**	**14.8**	**13.7**	**14.3**
北京	24.0	25.5	26.2	20.0	9.0	14.2	14.4	12.2	12.8	11.6
天津	32.1	31.6	19.0	10.5	7.5	7.9	8.5	8.1	7.3	14.7
河北	41.4	45.3	26.5	19.0	6.4	9.4	7.2	8.5	10.7	13.0
山西	32.9	53.1	24.3	20.2	10.1	6.3	3.1	8.6	5.1	2.8
内蒙古	25.5	32.5	19.3	8.9	7.4	8.3	4.4	4.1	3.0	3.1
辽宁	29.5	28.8	27.3	18.2	18.2	17.1	16.8	15.9	15.0	15.9
吉林	34.8	31.7	20.4	14.8	17.2	15.2	13.6	18.0	8.5	14.8
黑龙江	21.8	20.8	28.4	23.9	14.7	12.0	10.4	8.4	6.8	9.6
上海	40.5	25.4	27.4	17.4	11.8	14.5	17.9	9.1	14.9	13.8
江苏	38.7	32.9	41.5	31.5	17.7	21.5	19.1	17.1	13.2	14.0
浙江	40.4	45.7	27.7	25.4	19.4	19.1	11.3	12.7	13.0	14.9
安徽	35.4	37.5	22.9	21.0	21.5	14.0	12.1	14.5	5.9	12.5
福建	33.1	50.1	21.4	16.6	19.7	23.7	22.4	18.1	18.5	18.4
江西	38.6	35.5	21.1	17.9	5.8	10.5	19.7	11.0	8.6	11.8
山东	35.4	34.1	26.7	21.5	17.4	15.4	16.5	19.5	17.1	13.0
河南	37.7	42.2	26.9	22.5	12.0	15.0	10.5	12.5	12.7	13.1
湖北	41.4	42.4	24.4	23.7	15.1	16.0	16.9	15.8	16.4	14.8
湖南	37.3	33.3	14.8	14.1	8.4	12.8	10.0	9.2	9.9	7.5
广东	25.7	26.8	45.7	24.5	20.6	21.6	21.0	27.0	21.1	21.2
广西	43.3	45.9	16.7	26.1	18.9	16.1	12.5	11.7	10.7	12.0
海南	…	…	…	21.1	15.7	9.7	12.1	17.7	15.2	19.3
重庆	…	…	…	…	…	12.8	11.0	11.0	12.7	13.4
四川	44.2	37.6	34.1	15.8	15.2	14.2	10.6	8.1	9.1	13.7
贵州	55.8	52.4	21.2	38.3	7.2	14.5	23.2	14.8	10.8	4.6
云南	50.8	49.8	35.4	38.3	13.6	15.9	15.6	8.8	12.5	8.5
西藏	…	57.6	…	…	…	14.9	…	0.0	0.0	…
陕西	57.6	34.9	33.3	14.7	11.4	5.9	16.2	3.2	3.7	15.8
甘肃	44.8	41.4	23.2	26.8	13.4	12.5	12.9	8.2	8.4	15.0
青海	55.4	36.1	14.1	12.2	3.7	0.6	1.4	2.7	2.9	2.6
宁夏	53.1	46.7	22.1	20.0	12.2	20.3	27.4	16.1	21.0	13.6
新疆	70.0	49.2	29.8	21.6	11.3	11.3	10.8	9.2	5.5	10.1

按年份各地区县级公共图书馆购书费占总支出比重

单位:%

地区	1979年	1980年	1985年	1990年	1995年	2000年	2001年	2002年	2003年	2004年
总计	**37.0**	**35.3**	**17.2**	**15.1**	**10.3**	**9.9**	**9.3**	**9.8**	**9.2**	**9.4**
北京	39.1	34.7	19.2	13.5	8.6	6.9	9.0	11.7	11.9	9.3
天津	31.5	51.3	22.8	7.2	8.6	4.2	1.8	4.5	1.3	5.4
河北	46.9	40.7	16.7	14.6	13.6	4.6	5.1	4.0	4.1	5.2
山西	33.8	32.1	16.6	13.0	4.8	5.4	4.6	2.7	2.7	3.6
内蒙古	35.6	32.0	14.4	10.9	4.9	4.2	3.6	4.1	4.1	3.0
辽宁	32.9	24.4	16.6	13.9	14.1	11.4	10.3	10.9	9.1	7.4
吉林	34.4	28.8	12.3	9.6	7.2	4.0	3.9	3.3	4.7	3.8
黑龙江	23.6	23.9	16.7	14.6	7.8	6.4	4.4	5.3	4.8	4.7
上海	40.5	39.4	26.8	27.1	15.8	18.4	14.6	15.2	0.9	22.1
江苏	41.8	34.0	19.3	19.5	11.4	13.9	12.1	14.8	10.6	12.1
浙江	51.4	47.1	19.7	25.1	14.2	14.7	13.2	13.8	10.6	11.6
安徽	39.2	37.1	18.0	17.6	8.8	5.1	5.5	4.4	4.0	5.0
福建	36.4	50.9	23.8	22.0	11.6	9.5	11.0	14.1	13.1	9.6
江西	31.6	39.8	12.8	9.5	7.5	12.5	8.4	8.7	8.9	8.0
山东	24.1	23.9	9.6	8.3	10.0	6.7	8.9	9.7	8.3	8.7
河南	36.2	36.8	12.9	12.7	5.8	6.3	5.5	4.9	5.2	6.2
湖北	35.9	41.9	8.3	15.0	10.7	14.2	16.2	15.4	13.3	10.7
湖南	29.4	31.5	17.2	14.2	8.4	8.4	8.1	8.2	7.6	7.4
广东	31.0	29.8	19.4	18.0	13.3	13.5	13.2	12.8	16.6	14.4
广西	45.0	45.4	19.5	16.3	11.1	8.0	9.0	8.6	7.4	8.6
海南	…	…	…	16.3	16.3	12.5	13.8	10.5	10.8	7.8
重庆	…	…	…	…	…	12.7	12.1	12.7	12.0	7.7
四川	38.1	34.3	17.7	11.3	10.5	10.1	8.9	8.2	8.0	15.1
贵州	66.7	43.6	35.0	18.9	7.0	6.5	6.9	5.4	6.6	6.0
云南	48.0	44.1	21.5	20.6	14.2	10.5	10.0	11.3	9.0	8.3
西藏	…	…	17.5	20.0	…	…	…	…	…	…
陕西	52.4	22.3	19.3	8.9	3.6	2.4	4.0	3.7	3.0	3.8
甘肃	37.1	84.0	18.8	14.5	7.1	4.5	4.4	4.8	3.5	4.3
青海	48.9	44.0	17.4	10.8	2.8	1.6	2.1	2.4	1.8	0.8
宁夏	32.9	39.5	19.8	13.7	6.2	5.9	11.1	7.3	3.0	3.9
新疆	55.8	55.9	16.9	14.4	6.3	5.8	3.1	5.1	4.5	4.7

按年份各地区地市级公共图书馆平均每馆购书费情况

单位:万元

地　区	1979年	1980年	1985年	1990年	1995年	2000年	2001年	2002年	2003年	2004年
总　计	**1.8**	**1.9**	**3.3**	**5.7**	**10.0**	**19.4**	**21.9**	**25.4**	**25.5**	**32.9**
北　京	1.4	1.8	3.2	7.8	7.2	25.6	28.2	27.3	32.3	31.2
天　津	1.9	1.6	1.4	1.6	2.7	4.9	6.5	6.4	5.9	19.7
河　北	2.5	2.8	3.4	5.1	6.0	12.2	9.9	14.0	18.5	27.3
山　西	1.2	1.3	1.9	3.2	3.4	6.1	3.3	9.1	7.5	8.4
内蒙古	1.2	1.5	2.2	1.8	3.1	5.4	4.1	3.9	3.1	4.4
辽　宁	3.5	4.2	5.0	8.7	18.1	27.6	34.8	38.5	26.0	48.0
吉　林	2.1	2.1	3.1	6.3	16.7	23.4	24.3	35.0	20.4	38.5
黑龙江	2.0	3.1	3.5	10.3	12.9	15.8	13.7	15.9	16.9	22.1
上　海	2.1	2.1	2.9	5.6	14.7	30.3	45.4	29.3	46.0	60.7
江　苏	2.7	2.8	8.1	13.5	17.5	49.5	59.5	67.5	58.6	69.3
浙　江	2.5	2.9	4.3	8.0	15.0	38.8	27.7	39.3	48.7	63.5
安　徽	1.5	1.1	2.3	3.3	10.2	9.1	10.4	14.3	7.6	17.7
福　建	1.7	2.1	1.9	3.3	7.7	39.6	30.4	21.2	36.7	43.6
江　西	1.1	1.5	2.7	3.5	3.0	3.2	9.8	6.8	5.9	9.7
山　东	1.8	1.9	3.1	6.5	12.3	20.1	26.9	38.2	34.6	43.2
河　南	2.0	1.9	2.7	4.0	5.7	14.6	11.0	15.1	15.2	17.7
湖　北	2.2	1.9	2.8	5.4	6.8	9.3	19.1	25.8	12.7	22.4
湖　南	1.1	1.3	1.8	3.1	4.1	8.5	8.3	8.3	9.6	8.3
广　东	1.2	1.4	12.5	15.3	33.3	69.4	71.2	108.0	121.1	148.1
广　西	1.8	2.4	2.6	6.0	13.3	16.1	16.2	16.6	16.4	17.0
海　南	…	…	…	4.0	11.8	6.2	8.8	35.1	15.8	22.6
重　庆	…	…	…	…	…	5.9	5.9	6.4	9.1	11.0
四　川	2.7	2.0	3.8	7.1	9.5	9.2	6.1	7.2	10.6	29.3
贵　州	1.8	2.0	2.2	5.2	2.0	10.1	18.9	12.6	10.9	5.1
云　南	1.0	1.2	1.9	3.4	4.6	13.1	11.9	5.9	11.7	9.2
西　藏	…	1.9	…	…	…	16.4	…	…	…	…
陕　西	1.7	1.8	1.3	1.8	3.0	6.5	13.7	2.9	3.4	19.2
甘　肃	1.0	0.9	1.2	3.2	3.4	6.5	10.3	6.2	6.7	16.3
青　海	1.3	1.4	1.0	1.3	0.6	0.1	0.5	1.1	1.2	1.3
宁　夏	3.8	2.8	2.7	1.3	5.4	12.3	20.4	19.6	6.5	23.6
新　疆	1.0	1.7	1.8	2.6	3.4	5.1	5.9	6.4	3.8	7.5

按年份各地区县级公共图书馆平均每馆购书费情况

单位:万元

地　区	1979年	1980年	1985年	1990年	1995年	2000年	2001年	2002年	2003年	2004年
总　计	**0.5**	**0.5**	**0.5**	**0.8**	**1.2**	**1.9**	**2.0**	**2.4**	**2.7**	**3.3**
北　京	1.3	1.3	1.3	3.3	3.2	5.9	10.3	17.8	18.8	15.0
天　津	0.7	1.0	2.0	0.8	2.2	1.8	0.7	2.0	0.7	3.4
河　北	0.3	0.3	0.2	0.4	0.9	0.4	0.5	0.5	0.5	0.8
山　西	0.4	0.4	0.3	0.4	0.3	0.5	0.5	0.3	0.4	0.6
内蒙古	0.3	0.3	0.4	0.5	0.5	0.6	0.6	0.8	0.9	0.8
辽　宁	0.6	0.6	0.7	1.0	2.2	2.8	2.9	3.4	3.0	3.7
吉　林	0.5	0.5	0.9	0.9	1.2	1.0	1.0	1.0	1.5	1.2
黑龙江	0.6	0.5	0.5	0.7	0.7	1.0	0.8	1.0	1.1	1.2
上　海	1.7	1.9	1.8	3.0	11.6	31.2	33.0	36.4	2.1	64.2
江　苏	0.6	0.5	0.7	1.7	2.8	5.6	5.6	8.1	8.3	12.3
浙　江	0.6	0.6	1.1	2.4	3.3	7.8	8.4	10.7	11.8	15.6
安　徽	0.4	0.3	0.3	0.7	0.8	0.8	0.9	0.8	0.8	1.3
福　建	0.6	0.7	0.6	1.0	1.3	1.8	2.2	3.9	3.3	2.6
江　西	0.4	0.5	0.3	0.5	0.6	2.2	1.2	1.4	1.5	1.6
山　东	0.5	0.5	0.3	0.6	1.5	1.7	2.3	2.8	2.7	3.1
河　南	0.4	0.4	0.3	0.5	0.5	0.9	0.8	0.8	0.9	1.3
湖　北	0.3	0.5	0.4	1.0	1.4	4.0	4.2	4.9	6.7	3.4
湖　南	0.5	0.5	0.6	0.7	1.0	1.3	1.5	1.6	1.7	1.9
广　东	0.4	0.5	0.5	1.5	3.2	7.2	7.3	7.8	12.9	16.1
广　西	0.5	0.6	0.5	0.9	0.9	1.0	1.4	1.9	1.4	1.6
海　南	...	...	...	0.8	2.1	1.7	2.0	1.7	1.7	1.7
重　庆	...	...	...	...	...	2.0	2.4	2.7	2.7	2.3
四　川	0.5	0.5	0.6	0.8	1.2	1.3	1.4	1.4	1.4	5.1
贵　州	0.7	0.5	0.7	0.5	0.4	0.4	0.6	0.5	0.7	0.8
云　南	0.4	0.5	0.4	0.7	1.4	1.7	1.8	2.6	1.8	2.2
西　藏	…	…	0.2	0.5	…	…	…	…	…	…
陕　西	0.6	0.2	0.2	0.2	0.2	0.2	0.5	0.5	0.4	0.6
甘　肃	0.6	0.9	0.3	0.4	0.4	0.4	0.6	0.6	0.5	0.7
青　海	1.1	0.8	0.5	0.3	0.1	0.1	0.2	0.2	0.2	0.1
宁　夏	0.9	1.2	0.8	1.2	0.8	1.3	4.3	2.1	1.0	1.5
新　疆	1.0	1.0	0.5	0.5	0.6	0.7	0.5	0.8	0.9	1.0

按年份各地区公共图书馆新购图书册数

单位:万册

地区	1983 年	1985 年	1990 年	1995 年	2000 年	2001 年	2002 年	2003 年	2004 年
总计	**1 541**	**1 343**	**895**	**551**	**692**	**819**	**947**	**1 049**	**1 228**
中央	41	70	71	17	21	26	24	24	32
地方	1 500	1 273	824	534	671	793	923	1 025	1 196
北京	44	30	23	11	33	61	52	61	51
天津	39	31	13	14	17	22	20	18	29
河北	38	45	22	26	15	18	17	20	30
山西	32	30	25	7	12	9	9	10	22
内蒙古	33	31	18	7	11	11	12	12	14
辽宁	97	94	66	41	39	48	63	61	59
吉林	50	34	17	14	14	12	23	24	17
黑龙江	43	48	32	17	17	17	17	18	19
上海	90	67	49	44	67	75	90	96	88
江苏	108	68	54	41	57	61	73	79	98
浙江	73	67	50	33	54	58	78	76	102
安徽	33	27	17	9	11	12	13	16	18
福建	49	40	23	18	25	32	34	38	36
江西	44	61	19	9	15	29	24	17	19
山东	52	44	28	23	32	42	55	68	58
河南	73	40	25	16	21	17	24	33	30
湖北	70	64	43	23	28	31	35	39	46
湖南	76	62	26	19	24	24	26	38	31
广东	64	54	58	69	77	99	142	168	235
广西	55	38	66	16	20	19	23	28	26
海南	…	…	4	6	3	2	7	2	5
重庆	…	…	…	…	12	12	14	18	16
四川	86	74	46	25	21	20	20	20	69
贵州	34	36	20	5	8	7	7	9	9
云南	83	69	33	22	15	20	16	24	19
西藏	5	3	1	0.1	0.3	0.2	…	1	0.4
陕西	33	28	10	5	6	13	9	14	19
甘肃	30	26	15	7	7	11	8	9	13
青海	20	13	4	1	2	0.7	1	2	2
宁夏	25	24	7	2	3	4	3	3	5
新疆	21	25	10	6	5	10	6	7	12

按年份各地区地市级公共图书馆平均每馆新购图书册数

单位:万册

地　区	1983 年	1985 年	1990 年	1995 年	2000 年	2001 年	2002 年	2003 年	2004 年
总　计	**1.8**	**1.3**	**0.8**	**0.6**	**0.7**	**0.8**	**1.0**	**0.9**	**1.2**
北　京	2.7	1.6	1.5	0.4	1.3	1.9	1.3	1.9	1.6
天　津	1.3	0.9	0.3	0.3	0.3	0.4	0.4	0.3	0.7
河　北	1.4	1.4	1.0	0.5	0.6	0.5	0.6	0.7	1.0
山　西	1.0	0.9	0.7	0.1	0.1	0.3	0.6	0.1	0.3
内蒙古	1.5	1.1	0.4	0.2	0.3	0.3	0.4	0.2	0.2
辽　宁	3.1	2.2	1.3	1.0	0.8	1.1	1.5	1.0	1.4
吉　林	2.1	1.1	0.7	0.8	0.9	0.6	1.2	1.0	0.7
黑龙江	0.9	1.3	1.3	0.8	0.8	0.7	0.9	0.7	1.0
上　海	2.1	1.6	0.9	0.9	1.0	1.2	1.1	1.2	1.7
江　苏	3.3	2.8	1.7	1.3	1.6	1.9	2.2	2.0	2.4
浙　江	2.4	1.8	1.2	0.8	1.8	1.5	1.7	1.9	2.7
安　徽	1.0	0.9	0.6	0.2	0.3	0.3	0.5	0.5	0.5
福　建	3.3	1.1	0.7	0.5	1.6	1.2	1.0	1.8	1.5
江　西	2.0	1.3	0.5	0.3	0.2	1.1	0.5	0.3	0.4
山　东	1.8	1.4	0.6	0.4	0.7	0.9	1.7	1.3	1.3
河　南	5.1	1.3	0.7	0.4	0.7	0.5	0.6	0.7	0.7
湖　北	1.7	1.5	0.9	0.5	0.4	0.7	0.8	0.5	0.8
湖　南	1.4	1.2	0.6	0.3	0.4	0.4	0.4	0.5	0.4
广　东	1.9	1.8	0.9	1.7	1.4	2.1	3.3	2.9	4.8
广　西	1.8	1.3	1.0	0.5	0.9	0.8	0.7	0.7	0.7
海　南	…	…	0.5	1.2	0.3	0.5	2.8	0.4	1.6
重　庆	…	…	…	…	0.2	0.2	0.3	0.4	0.4
四　川	2.1	1.7	1.0	0.5	0.4	0.2	0.4	0.3	1.0
贵　州	2.4	1.2	0.5	0.1	0.5	0.6	0.5	0.5	0.4
云　南	1.1	1.1	0.4	0.3	0.2	0.5	0.2	0.3	0.3
西　藏	…	…	…	…	0.3	…	…	…	…
陕　西	1.1	0.6	0.3	0.2	…	1.4	0.1	0.1	0.7
甘　肃	1.8	0.6	0.8	0.2	0.2	0.2	0.1	0.2	0.4
青　海	0.5	0.4	0.1	0.02	…	0.01	0.0	0.1	0.2
宁　夏	2.7	1.4	1.0	0.5	0.5	0.6	0.5	0.3	0.8
新　疆	0.8	0.6	0.3	0.3	0.2	0.5	0.2	0.2	0.3

按年份各地区县级公共图书馆平均每馆新购图书册数

单位:万册

地　　区	1983年	1985年	1990年	1995年	2000年	2001年	2002年	2003年	2004年
总　计	**0.44**	**0.32**	**0.17**	**0.10**	**0.11**	**0.11**	**0.13**	**0.17**	**0.20**
北　京	1.39	0.88	0.56	0.33	0.28	0.43	1.13	1.18	0.80
天　津	0.78	0.68	0.17	0.18	0.10	0.18	0.13	0.13	0.18
河　北	0.35	0.19	0.08	0.13	0.04	0.06	0.05	0.05	0.10
山　西	0.26	0.22	0.13	0.03	0.07	0.03	0.02	0.04	0.15
内蒙古	0.20	0.21	0.12	0.05	0.05	0.04	0.05	0.07	0.09
辽　宁	0.54	0.45	0.27	0.14	0.13	0.13	0.18	0.18	0.20
吉　林	0.49	0.61	0.23	0.15	0.06	0.08	0.11	0.13	0.09
黑龙江	0.34	0.27	0.14	0.08	0.07	0.05	0.06	0.08	0.09
上　海	1.54	0.92	0.55	0.72	1.17	1.10	1.20	1.20	1.60
江　苏	0.64	0.44	0.38	0.25	0.34	0.33	0.40	0.50	0.68
浙　江	0.71	0.57	0.49	0.25	0.31	0.39	0.55	0.52	0.74
安　徽	0.28	0.20	0.11	0.07	0.04	0.05	0.05	0.05	0.08
福　建	0.91	0.33	0.18	0.11	0.09	0.11	0.19	0.16	0.16
江　西	0.35	0.47	0.13	0.07	0.14	0.08	0.12	0.09	0.11
山　东	0.40	0.23	0.12	0.12	0.13	0.17	0.17	0.16	0.22
河　南	0.36	0.20	0.12	0.06	0.07	0.06	0.09	0.13	0.10
湖　北	0.30	0.23	0.26	0.13	0.21	0.18	0.23	0.30	0.23
湖　南	0.54	0.41	0.15	0.12	0.12	0.11	0.12	0.23	0.16
广　东	0.34	0.26	0.27	0.25	0.33	0.33	0.34	0.72	0.79
广　西	0.45	0.29	0.21	0.09	0.08	0.08	0.13	0.14	0.11
海　南	…	…	0.18	0.21	0.12	0.07	0.09	0.11	0.08
重　庆	…	…	…	…	0.10	0.12	0.14	0.21	0.13
四　川	0.53	0.35	0.15	0.09	0.11	0.09	0.10	0.11	0.41
贵　州	0.36	0.36	0.13	0.03	0.04	0.02	0.02	0.05	0.06
云　南	0.40	0.33	0.15	0.10	0.07	0.08	0.08	0.12	0.10
西　藏	…	0.14	0.06	…	…	…	…	…	…
陕　西	0.27	0.16	0.05	0.02	0.04	0.02	0.03	0.05	0.06
甘　肃	0.29	0.22	0.05	0.04	0.03	0.08	0.03	0.03	0.04
青　海	0.71	0.26	0.06	0.01	…	0.01	0.02	0.00	0.003
宁　夏	1.26	1.02	0.18	0.05	0.06	0.16	0.06	0.11	0.08
新　疆	0.35	0.30	0.09	0.04	0.02	0.03	0.03	0.04	0.05

第三次全国公共图书馆评估统计(2004 年)

全国一级图书馆图书年入藏数统计

地区	级别（地/县）	单位名称	图书年入藏数(种)
北京	地级	西城区图书馆	12266
		朝阳区图书馆	9768
		门头沟区图书馆	7694
		房山区图书馆	7284
		顺义区图书馆	6904
		东城区图书馆	6900
		西城区青少年儿童图书馆	6471
		崇文区图书馆	6050
		宣武区图书馆	5111
		石景山区少儿图书馆	5066
	县级	密云县图书馆	3637
天津	地级	红桥区少年儿童图书馆	7014
		塘沽区图书馆	6228
		河东区图书馆	6192
		河西区图书馆	6161
		和平区图书馆	6005
	县级	静海县图书馆	2810
河北	地级	廊坊市图书馆	55320
		邯郸市图书馆	21506
		石家庄市图书馆	11000
		秦皇岛市图书馆	7181
		唐山市图书馆	6131
		沧州市图书馆	5100
	县级	遵化县图书馆	2580
		武安市图书馆	2579
		乐亭县图书馆	2500
山西	地级	太原市图书馆	6515
	县级	榆次区图书馆	4753
		汾阳市图书馆	3000
		曲沃县图书馆	2500
内蒙古	地级	包头市图书馆	53751
		通辽市图书馆	5128
	县级	青山区图书馆	4189
		科尔沁区图书馆	2700

地区	级别（地/县）	单位名称	图书年入藏数(种)
辽宁	地级	丹东市图书馆	22834
		鞍山市图书馆	6345
		本溪市图书馆	6114
		辽阳市图书馆	6090
	县级	大连市旅顺口区馆	10547
		大连市沙河口区馆	6358
		大连市甘井子区馆	5870
		大连市瓦房店市馆	4864
		沈阳市和平区馆	3300
		沈阳市沈河区馆	3191
		沈阳铁西区少儿馆	3139
		丹东市东港市馆	3112
		大连市西岗区馆	3099
		鞍山市海城市馆	3079
		大连市普兰店市馆	3025
		沈阳市铁西区馆	3018
		鞍山市铁东区馆	2510
吉林	县级	敦化市图书馆	7200
		前郭县图书馆	1906
黑龙江	地级	齐齐哈尔市图书馆	5024
	县级	海林市图书馆	3309
		海伦市图书馆	2521
上海	地级	浦东新区图书馆	36233
		闵行区图书馆	22495
		卢湾区图书馆	17105
		徐汇区图书馆	11557
		杨浦区图书馆	10012
		宝山区图书馆	9634
		普陀区图书馆	7758
		静安区图书馆	7162
		长宁区少儿图书馆	6928
		黄浦区第二图书馆	6810
		黄浦区图书馆	6741
		长宁区图书馆	6648

地区	级别(地/县)	单位名称	图书年入藏数(种)
上海	地级	虹口区图书馆	6594
		闸北区图书馆	6074
		南汇区图书馆	6028
		松江区图书馆	6009
		闸北区少儿图书馆	5347
	县级	奉贤区图书馆	13570
		浦东新区第二图书馆	8831
		浦东新区第一图书馆	8731
		青浦区图书馆	6189
		杨浦区延吉图书馆	5737
		崇明县图书馆	5460
		浦东新区川沙图书馆	4120
		浦东新区川沙少儿馆	3273
		虹口区曲阳图书馆	3014
江苏	地级	苏州市图书馆	27734
		无锡市图书馆	13991
		常州市图书馆	12000
		镇江市图书馆	9564
		连云港市少儿图书馆	7000
		连云港市图书馆	6192
		徐州市图书馆	6000
		泰州市图书馆	5755
		扬州市图书馆	5556
		扬州市少儿图书馆	5200
		盐城市图书馆	5000
	县级	张家港市图书馆	18300
		江阴市图书馆	18000
		常熟市图书馆	15900
		宜兴市图书馆	11000
		吴江市图书馆	9300
		太仓市图博中心	8111
		海安县图书馆	7064
		昆山市图书馆	6052
		南京市六合区第二图书馆	5010
		南京市鼓楼区图书馆	5000
		南京市建邺区图书馆	5000
		姜堰市图书馆	4412
		南京市玄武区少儿图书馆	4123
		丹阳市图书馆	4000
		泰兴市图书馆	4000
		如皋市图书馆	3904
		溧水县图书馆	3883
		扬中市图书馆	3600
		仪征市图书馆	3572
		苏州市吴中区图书馆	3419
		溧水县儿童图书馆	3256
江苏	县级	南京市江宁区图书馆	3200
		江都市图书馆	3180
		扬州市邗江区图书馆	3150
		金坛市图书馆	3100
		如东县图书馆	3031
		南京市秦淮区图书馆	3027
		通州市图书馆	3010
		靖江市图书馆	3010
		高邮市图书馆	3010
		南京市白下区图书馆	3000
		大丰市图书馆	3000
		沛县图书馆	3000
		东台市图书馆	3000
		常州市武进区图书馆	3000
		东海县图书馆	2895
		高淳县图书馆	2800
		南京市浦口区图书馆	2541
		启东市图书馆	2540
		海门市图书馆	2500
浙江	地级	温州市图书馆	19000
		绍兴图书馆	16765
		金华严济慈图书馆	6931
		温州市少儿图书馆	6542
	县级	桐乡市图书馆	9370
		萧山区图书馆	8097
		余杭区图书馆	7697
		兰溪市图书馆	6598
		余姚市图书馆	6580
		浦江县图书馆	5852
		嘉善县图书馆	5667
		诸暨市图书馆	5582
		东阳市图书馆	5515
		武义县图书馆	5282
		象山县图书馆	4469
		奉化市图书馆	4286
		富阳市图书馆	3913
		永嘉县图书馆	3785
		临安市图书馆	3680
		德清县图书馆	3678
		海宁市图书馆	3516
		临海市图书馆	3480
		温岭市图书馆	3208
		安吉县图书馆	3200
		上虞市图书馆	3155
		嵊州市图书馆	3021
		岱山县图书馆	3000

地区	级别（地/县）	单位名称	图书年入藏数（种）
浙江	县级	海盐县图书馆	2796
		云和县图书馆	2555
		桐庐县图书馆	2412
安徽	地级	合肥市图书馆	11963
	县级	铜陵市图书馆	6195
		马鞍山市图书馆	6150
		太湖县图书馆	2500
福建	地级	福州市图书馆	124939
		泉州市图书馆	10240
	县级	石狮市图书馆	9323
		晋江市图书馆	4935
		集美图书馆	4843
		南安市李成智图书馆	4100
		南安市图书馆	3500
江西	地级	南昌市图书馆	9000
		新余市图书馆	6500
		鹰潭市图书馆	6000
		赣州市图书馆	5200
		九江市图书馆	5000
	县级	泰和县图书馆	4374
		庐山图书馆	3610
		弋阳县图书馆	3000
		武宁县图书馆	1000
山东	地级	烟台图书馆	14868
		枣庄市图书馆	7023
		潍坊市图书馆	5452
		济宁市图书馆	5000
	县级	文登市图书馆	9278
		邹平县图书馆	8438
		青岛市经济技术开发区图书馆	6553
		平度市图书馆	4485
		莱州市图书馆	3636
		胶州市图书馆	3332
		曲阜市图书馆	3200
		青岛市四方区图书馆	3121
		青岛市市南区图书馆	3096
		诸城市图书馆	3060
		广饶县图书馆	3000
		烟台经济技术开发区图书馆	3000
		淄博市淄川区图书馆	2890
		淄博市博山区图书馆	2761
		青州市图书馆	2757
		邹城市图书馆	2620
		茌平县图书馆	2600

地区	级别（地/县）	单位名称	图书年入藏数（种）
山东	县级	滕州市图书馆	2585
		烟台市牟平区图书馆	2500
		平原县图书馆	1844
河南	地级	郑州市图书馆	13215
		洛阳市图书馆	6412
		三门峡市图书馆	6008
		漯河市图书馆	4232
	县级	林州市图书馆	4683
		偃师市图书馆	3447
		陕县图书馆	3200
		新密市图书馆	3003
湖北	地级	十堰市图书馆	7410
		黄石市图书馆	6025
		荆州市图书馆	5230
	县级	荆门市图书馆	5034
		武汉市江岸区少儿图书馆	5100
		武汉市江夏区图书馆	3528
		秭归县图书馆	3472
		武汉市青山区图书馆	3354
		武汉市东西湖区图书馆	3173
		武汉市洪山区图书馆	3100
		武汉市桥口区图书馆	2913
		蕲春县图书馆	2801
		大冶市图书馆	2600
		郧西县图书馆	2500
		崇阳县图书馆	2500
		当阳市图书馆	1600
湖南	地级	衡阳市图书馆	7845
		株洲市图书馆	7693
		长沙市图书馆	6507
		岳阳市图书馆	6070
		常德市图书馆	5467
		湘潭市图书馆	5121
	县级	汨罗市图书馆	3531
		浏阳市图书馆	3316
		宁乡县图书馆	3146
		邵东县图书馆	3128
		临澧县图书馆	3015
		衡东县图书馆	3000
		双峰县图书馆	3000
		平江县图书馆	3000
		华容县图书馆	2717
		炎陵县图书馆	2627
		涟源市图书馆	2620
		临湘市图书馆	2500
		永州芝山区图书馆	1230

地区	级别（地/县）	单位名称	图书年入藏数（种）
广东	地级	深圳市南山区图书馆	33657
		深圳市罗湖区图书馆	24200
		佛山市图书馆	21167
		深圳市福田区图书馆	20256
		深圳市盐田区图书馆	19447
		中山市图书馆	17067
		东莞市图书馆	14814
		深圳市宝安区图书馆	13284
		湛江市图书馆	11600
		江门市五邑图书馆	9100
		广州市番禺区图书馆	8626
		汕头市图书馆	8578
		广州市天河区图书馆	6586
		广州市花都区图书馆	6386
		湛江市少儿图书馆	6196
		广州市芳村区图书馆	6154
		广州市荔湾区图书馆	6126
		广州市海珠区图书馆	5180
		广州市黄埔区图书馆	800
	县级	佛山市顺德区梁銶琚图书馆	33400
		佛山市南海区图书馆	17389
		惠阳市图书馆	15104
		从化市图书馆	9585
		揭阳市榕城区图书馆	5586
		佛山市禅城区图书馆	5009
		佛山市高明区图书馆	4944
		蕉岭县图书馆	4306
		江门市新会区景堂图书馆	4000
		肇庆市端州区图书馆	3774
		增城市图书馆	3572
		罗定市图书馆	3500
		高州市图书馆	3300
		台山市图书馆	3166
		开平市图书馆	3162
		佛山市三水市图书馆	3100
		普宁市图书馆	3000
		汕头市澄海区图书馆	2555
广西	地级	柳州市图书馆	9971
		南宁市图书馆	8555
		南宁市少儿图书馆	5897
广西	县级	北流市图书馆	2500
四川	地级	广安市图书馆	9000
		绵阳市图书馆	3000
	县级	成都市成华区图书馆	64320
		成都市武侯区图书馆	13000
		都江堰市图书馆	5000
		什邡市图书馆	4000
		邛崃市图书馆	3000
		绵竹市图书馆	3000
		成都市龙泉驿区图书馆	3000
		成都市温江区图书馆	3000
		成都市金牛区图书馆	3000
		成都市新都区图书馆	2625
		成都市锦江区图书馆	2600
		成都市青羊区图书馆	2364
		广汉市图书馆	1500
贵州	地级	贵阳市图书馆	7404
	县级	遵义县图书馆	2708
云南	地级	昆明图书馆	8794
		大理州图书馆	5073
		楚雄州图书馆	5000
	县级	五华区图书馆	15014
		红塔区图书馆	7452
		官渡区图书馆	4800
		弥勒县图书馆	4309
		个旧市图书馆	3000
		盘龙区图书馆	1500
陕西	县级	星元图书馆	2996
		汉滨区少儿图书馆	2613
甘肃	地级	兰州市图书馆	14476
		白银市图书馆	4100
	县级	甘州区图书馆	3237
		北道区图书馆	3005
宁夏	地级	银川市图书馆	7800
	县级	吴忠利通区图书馆	9000
新疆	地级	克拉玛依市图书馆	6029
	县级	伊犁州伊宁市图书馆	8034
重庆	地级	北碚区图书馆	9156
		涪陵区图书馆	6755
		沙坪坝区图书馆	6143
		渝北区图书馆	6002

全国二级图书馆图书年入藏数统计

地区	级别（地/县）	单位名称	图书年入藏数（种）
北京	地级	通州区图书馆	4285
天津	地级	宝坻区图书馆	6205
		东丽区图书馆	5341
		大港区图书馆	4264
		河北区图书馆	4180
		津南区图书馆	4012
		汉沽区图书馆	4000
		河北区少年儿童图书馆	1551
	县级	蓟县图书馆	4814
河北	地级	张家口市图书馆	4423
		保定市图书馆	4000
		邢台市图书馆	687
	县级	沙河市图书馆	4000
		昌黎县图书馆	3734
		丰宁县图书馆	3639
		河间市图书馆	3000
		泊头市图书馆	3000
		正定县图书馆	3000
		黄骅市图书馆	3000
		易县图书馆	3000
		涉县图书馆	2784
		任丘市图书馆	2500
		平泉县图书馆	2500
		安国市图书馆	2500
		青县图书馆	2200
		新乐市图书馆	2000
		栾城县图书馆	2000
		卢龙县图书馆	1731
		宣化区图书馆	1700
		抚宁县图书馆	1570
		唐海县图书馆	1500
		晋州市图书馆	1500
		玉田县图书馆	1500
		磁县图书馆	1500
		丰南区图书馆	1500
		山海关区图书馆	1500
		栾南县图书馆	1500
		吴桥县图书馆	1000
		滦县图书馆	1000
山西	县级	忻府区图书馆	3000
		灵石县图书馆	3000
		祁县图书馆	3000
		襄垣县图书馆	1600
内蒙古	地级	兴安盟图书馆	6000
		鄂尔多斯市图书馆	5003
	县级	鄂尔多斯市东胜区少儿图书馆	4499
		阿荣旗图书馆	3000
		开鲁县图书馆	2372
		满洲里区图书馆	1500
		海拉尔区图书馆	1500
		九原区图书馆	800
		昆区图书馆	500
辽宁	地级	盘锦市少儿图书馆	4031
		鞍山市少儿图书馆	4010
		营口市少儿图书馆	3439
	县级	大连市长海县馆	6288
		大连市中山区馆	5412
		沈阳市法库县馆	3923
		沈阳市苏家屯区馆	3433
		本溪市本溪县馆	3420
		沈阳市康平县馆	3325
		沈阳市东陵区馆	3245
		葫芦岛市连山区馆	3112
		朝阳市朝阳县馆	2608
		朝阳市建平县馆	2557
		锦州市北宁市馆	2488
		大连市金州区馆	2077
		沈阳市于洪区馆	1647
		丹东市宽甸县馆	1545
		锦州市义县馆	1530
		锦州市黑山县馆	1527
		沈阳市新城子区馆	1123
		丹东市振安区馆	844
		锦州市凌海市馆	621
吉林	地级	延边州图书馆	6355
		吉林市图书馆	5157
		白山市图书馆	4613
	县级	德惠市图书馆	4113
		长春市宽城区图书馆	3435
		通化县图书馆	2900
		抚松县图书馆	2813
		公主岭市图书馆	2304
		桦甸市图书馆	640
黑龙江	地级	佳木斯市图书馆	5043
		伊春市图书馆	4035

地区	级别（地/县）	单位名称	图书年入藏数（种）
黑龙江	县级	拜泉县图书馆	2500
		同江市图书馆	2164
		泰来县图书馆	2000
		绥化市北林区图书馆	1588
		穆棱市图书馆	1523
		安达市图书馆	1517
		林口县图书馆	1517
		肇东市图书馆	1514
		望奎县图书馆	1500
		富拉尔基区图书馆	1500
		绥化市北林区少儿馆	1208
		讷河市图书馆	600
上海	地级	杨浦区少儿图书馆	4421
江苏	地级	淮安市图书馆	9000
		南通市图书馆	8085
		南通市少儿图书馆	2761
	县级	溧阳市图书馆	3847
		新沂市图书馆	3400
		南京市下关区图书馆	3064
		建湖县图书馆	3000
		无锡市锡山区图书馆	3000
		无锡市惠山区图书馆	3000
		南京市六合区第一图书馆	2513
		邳州市图书馆	2500
		射阳县图书馆	2500
		泗阳县图书馆	2500
		南京市雨花台区图书馆	2284
		无锡市北塘区图书馆	2050
		兴化市图书馆	2000
		淮安市楚州区图书馆	1500
浙江	地级	金华市少儿图书馆	4030
	县级	义乌市图书馆	16344
		乐清市图书馆	7793
		椒江区图书馆	6804
		永康市图书馆	5940
		镇海区图书馆	5759
		三门县图书馆	5500
		缙云县图书馆	5002
		鄞州区图书馆	4882
		北仑区图书馆	4500
		瑞安市图书馆	3120
		淳安县图书馆	3031
		普陀区图书馆	2503
		开化县图书馆	2144
		仙居县图书馆	1677

地区	级别（地/县）	单位名称	图书年入藏数（种）
安徽	地级	安庆市图书馆	4000
	县级	五河县图书馆	2520
		歙县图书馆	1520
		肥西县图书馆	1000
		无为县图书馆	800
福建	地级	漳州市图书馆	7000
		福州市少儿图书馆	6151
		南平市图书馆	5166
		三明市图书馆	4707
	县级	德化县图书馆	12877
		同安区少儿图书馆	9941
		厦门湖里区图书馆	5357
		厦门集美区少儿图书馆	4610
		泰宁县图书馆	3000
		建瓯市图书馆	2626
		永春县图书馆	2500
		建阳市图书馆	2500
		上杭县图书馆	2150
		宁德蕉城区图书馆	2016
		浦城县图书馆	1998
		漳平市图书馆	1803
		福清市图书馆	1788
		连江县图书馆	1750
		武平县图书馆	1700
		连城县图书馆	1566
		厦门同安区图书馆	1512
		闽侯县图书馆	1502
		龙海市图书馆	1500
		惠安县图书馆	1500
		福鼎市图书馆	1500
		邵武市图书馆	1500
		东山县图书馆	1500
		武夷山市图书馆	1500
		光泽县图书馆	1306
		尤溪县图书馆	800
江西	地级	景德镇市图书馆	5000
		吉安市图书馆	5000
		抚州市图书馆	5000
	县级	南昌西湖区馆	11000
		南昌青云谱区馆	4145
		于都县图书馆	3742
		靖安县图书馆	3660
		上高县图书馆	3465
		丰城市图书馆	3400
		南康县图书馆	3123
		都昌县图书馆	3000

地区	级别（地/县）	单位名称	图书年入藏数（种）
江西	县级	崇仁县图书馆	3000
		抚州临川区馆	3000
		宁都县图书馆	3000
		南昌青山湖区馆	2998
		进贤县图书馆	2783
		高安市图书馆	2400
		万载县图书馆	2200
		宜丰县图书馆	2200
		遂川县图书馆	2000
		吉安县图书馆	1700
		井冈山市图书馆	1600
		莲花县图书馆	1500
		贵溪市图书馆	1000
		崇义县图书馆	1000
		鹰潭月湖区馆	930
		石城县图书馆	810
		南昌东湖区馆	150
山东	地级	威海市图书馆	6000
		东营市图书馆	5350
		聊城市海源阁图书馆	4271
		泰安市图书馆	4100
	县级	济南市长清区图书馆	10961
		淄博市张店区少儿图书馆	5605
		乳山市图书馆	4500
		章丘市图书馆	3113
		胶南市图书馆	3002
		费县图书馆	3000
		莱西市图书馆	3000
		荣成市图书馆	3000
		枣庄市台儿庄区图书馆	3000
		青岛市崂山区图书馆	3000
		无棣县图书馆	3000
		济南市历城区图书馆	3000
		博兴县图书馆	3000
		招远市图书馆	3000
		临沂市兰山区图书馆	2903
		青岛市李沧区图书馆	2595
		临朐县图书馆	2565
		沂水县图书馆	2530
		枣庄市峄城区图书馆	2500
		寿光市图书馆	2152
		青岛市城阳区图书馆	2098
		兖州市图书馆	2000
		枣庄市薛城区图书馆	2000
		莒县图书馆	2000
		昌邑市图书馆	2000

地区	级别（地/县）	单位名称	图书年入藏数（种）
山东	县级	蒙阴县图书馆	2000
		垦利县图书馆	2000
		利津县图书馆	2000
		莒南县图书馆	1880
		荷泽市牡丹区图书馆	1873
		郯城县图书馆	1780
		安丘市图书馆	1600
		肥城市图书馆	1560
		临沭县图书馆	1512
		青岛市市北区图书馆	1500
		海阳市图书馆	1500
		蓬莱市图书馆	1500
		高密市图书馆	1500
		郓城县图书馆	1500
		五莲县图书馆	1500
		新泰市图书馆	1500
河南	地级	许昌市图书馆	6467
		濮阳市图书馆	1860
	县级	驻马店驿城区图书馆	3800
		新郑市图书馆	3241
		渑池县图书馆	3000
		舞阳县图书馆	3000
		汝南县图书馆	3000
		禹州市图书馆	2682
		西平县图书馆	2500
		郾城县图书馆	2251
		唐河县图书馆	2087
		邓州市图书馆	2087
		罗山县图书馆	2000
		信阳市平桥区图书馆	2000
		商丘梁园区图书馆	1500
		商丘睢阳区图书馆	1500
		沁阳市图书馆	1500
		栾川县图书馆	1000
		孟津县图书馆	995
湖北	地级	孝感市图书馆	6000
		宜昌市图书馆	5222
		鄂州市图书馆	5149
		黄冈市图书馆	4116
		襄樊市图书馆	4000
	县级	仙桃市图书馆	10380
		红安县图书馆	7018
		武汉市江岸区图书馆	4355
		京山县图书馆	3944
		枣阳市图书馆	3600
		荆州市荆州区图书馆	3500

地区	级别（地/县）	单位名称	图书年人藏数（种）
湖北	县级	黄冈市黄州区图书馆	3500
		罗田县图书馆	3500
		长阳县图书馆	3432
		松滋市图书馆	3000
		麻城市图书馆	3000
		老河口市图书馆	3000
		蕲春县少儿图书馆	3000
		黄梅县图书馆	2558
		浠水县图书馆	2556
		阳新县图书馆	2500
		公安县图书馆	2500
		潜江市图书馆	2500
		丹江口市图书馆	2500
		武汉市蔡甸区图书馆	2056
		武汉市汉阳区图书馆	2049
		襄樊市襄阳区图书馆	2000
		武汉市黄陂区图书馆	1958
		宜都市图书馆	1630
		五峰县图书馆	1572
		枝江市图书馆	1539
		兴山县图书馆	1525
		远安县图书馆	1512
		汉川市图书馆	1500
		石首市图书馆	1500
		武汉市新洲区图书馆	1500
		应城市图书馆	1500
		安陆市图书馆	1500
		谷城县图书馆	1500
		钟祥市图书馆	1500
		洪湖市图书馆	1500
		宜城市图书馆	1222
		监利县图书馆	500
湖南	地级	衡阳市少儿图书馆	3793
		益阳市图书馆	2508
	县级	祁东县图书馆	9972
		汝城县图书馆	4100
		洪江区图书馆	3697
		攸县图书馆	3490
		永顺县图书馆	3300
		醴陵市图书馆	3110
		望城县图书馆	3000
		沅江市图书馆	3000
		石门县图书馆	3000
		城步县图书馆	3000
		麻阳县图书馆	3000
		绥宁县图书馆	3000

地区	级别（地/县）	单位名称	图书年人藏数（种）
湖南	县级	安化县图书馆	2815
		邵阳县图书馆	2563
		湘潭县图书馆	2500
		辰溪县图书馆	2500
		新宁县图书馆	2363
		溆浦县图书馆	2264
		益阳资阳区图书馆	2000
		沅陵县图书馆	2000
		衡南县图书馆	2000
		澧县图书馆	2000
		隆回县图书馆	2000
		桃江县图书馆	1764
		资兴市图书馆	1704
		宁远县图书馆	1700
		常宁县图书馆	1685
		湘乡市图书馆	1606
		株洲县图书馆	1566
		常德鼎城区图书馆	1550
		芷江县图书馆	1510
		怀化鹤城区图书馆	1506
		茶陵县图书馆	1502
		娄底娄星区图书馆	1500
		新化县图书馆	1500
		洞口县图书馆	1500
		嘉禾县图书馆	1500
		冷水江市图书馆	1224
		南县图书馆	1020
		新邵县图书馆	1013
		衡阳县图书馆	841
		祁阳县图书馆	800
		靖州县图书馆	800
		吉首市少儿图书馆	339
广东	地级	广州市东山区图书馆	7977
		潮州市谢慧如图书馆	6655
		清远市图书馆	5531
		韶关市图书馆	4400
		阳江市图书馆	4031
		梅州市剑英图书馆	3845
	县级	新兴县图书馆	17965
		兴宁市图书馆	6500
		鹤山市图书馆	3461
		珠海市斗门区图书馆	3073
		恩平市图书馆	2700
		雷州市李纪妙图书馆	2560
		德庆县图书馆	2545
		遂溪县图书馆	2500

地区	级别（地/县）	单位名称	图书年入藏数（种）
广东	地级	郁南县图书馆	2500
		紫金县图书馆	2175
		高要市黎汉光图书馆	2148
		廉江市图书馆	1620
		封开县图书馆	1500
		四会市图书馆	1500
		仁化县图书馆	1500
		汕头市龙湖区图书馆	100
广西	地级	北海市少儿图书馆	5005
		北海市图书馆	3057
	县级	靖西县图书馆	3500
		右江区图书馆	3021
		邕宁县图书馆	3000
		灵山县图书馆	3000
		田阳县图书馆	3000
		宜州市图书馆	2510
		宾阳县图书馆	2243
		凭祥市图书馆	2156
		全州县图书馆	2006
		灵川县图书馆	1536
		容县图书馆	1518
		苍梧县图书馆	1181
		兴宾区图书馆	1065
		江州区图书馆	1038
		合浦县图书馆	897
四川	地级	泸州市图书馆	5000
		攀枝花市图书馆	4000
		达州市图书馆	2154
		广元市图书馆	1500
		自贡市图书馆	1000
	县级	彭州市图书馆	12000
		平昌县图书馆	11246
		阆中市图书馆	7200
		营山县图书馆	5000
		成都市双流县图书馆	3000
		万源县图书馆	3000
		崇州市图书馆	3000
		宣汉县图书馆	3000
		成都市青白江区图书馆	3000
		射洪县图书馆	2506
		南江县图书馆	2100
		达县图书馆	2000
		盐亭县图书馆	2000
		简阳市图书馆	1500
		峨眉山市图书馆	1500
		渠县图书馆	1500
四川	县级	旺苍县图书馆	1200
		苍溪县图书馆	1000
		巴州区图书馆	850
		岳池县图书馆	800
		广安区图书馆	800
		武胜县图书馆	800
		江油市图书馆	800
		邻水县图书馆	800
贵州	地级	黔南州图书馆	4403
		毕节地区图书馆	4328
		遵义市图书馆	4010
	县级	贵阳市白云区图书馆	2000
		贵阳市花溪区图书馆	1100
云南	地级	玉溪市图书馆	3457
	县级	腾冲县图书馆	3198
		富源县图书馆	3000
		石林县图书馆	3000
		开远市图书馆	2525
		安宁县图书馆	2500
		大姚县图书馆	2500
		大理市图书馆	2482
		姚安县图书馆	2000
		澄江县图书馆	1510
		楚雄市图书馆	1500
		新平县图书馆	1500
		建水县图书馆	1322
		蒙自县图书馆	731
		景谷图书馆	659
陕西	县级	司马迁图书馆	10577
		旬阳县图书馆	4000
		宝塔区图书馆	600
甘肃	地级	天水市图书馆	5000
	县级	肃南县图书馆	3732
		临泽县图书馆	3492
		临洮县图书馆	3100
		山丹县图书馆	3028
		敦煌市图书馆	3010
		庆城县图书馆	3000
		康县图书馆	3000
		陇西县图书馆	2820
		肃州区图书馆	2559
		武都县图书馆	2000
		安定区图书馆	1500
		白银区少儿图书馆	1000
		凉州区图书馆	500

地区	级别（地/县）	单位名称	图书年入藏数（种）
宁夏	地级	石嘴山市图书馆	5000
	县级	中宁县图书馆	6000
		固原原州区图书馆	2500
		盐池县图书馆	2000
		青铜峡市图书馆	1500
		海原县图书馆	1500
		贺兰县图书馆	1200
		灵武市图书馆	787
		西吉县图书馆	0
新疆	地级	哈密地区图书馆	7000
		塔城地区图书馆	3000
	县级	昌吉回族自治州昌吉市图书馆	3287
		塔城地区沙湾县图书馆	3000
		塔城地区乌苏市图书馆	3000
		昌吉回族自治州阜康市图书馆	2500

地区	级别（地/县）	单位名称	图书年入藏数（种）
新疆	地级	昌吉回族自治州吉木萨尔县图书馆	2116
		克拉玛依市独山子区图书馆	2000
		阿勒泰地区阿勒泰市图书馆	1520
		伊犁州新源县图书馆	1300
海南	县级	昌江黎族自治区图书馆	2400
		乐东黎族自治县图书馆	2200
重庆	地级	南岸区图书馆	66000
		九龙坡区图书馆	6701
		涪陵区少儿图书馆	2434
	县级	合川市图书馆	7000
		潼南县图书馆	4049
		铜梁县图书馆	3758
		荣昌县图书馆	3082

全国三级图书馆图书年入藏数统计

地区	级别（地/县）	单位名称	图书年入藏数（种）
天津	地级	武清区图书馆	2083
	县级	宁河县图书馆	945
河北	县级	三河市图书馆	5000
		临城县图书馆	3000
		开平区图书馆	3000
		邢台县图书馆	3000
		内邱县图书馆	2020
		平山县图书馆	2000
		灵寿县图书馆	2000
		井陉县图书馆	2000
		鹿泉市图书馆	1500
		枣强县李玉霞图书馆	1500
		宁晋县图书馆	1100
		景县图书馆	1000
		赵县图书馆	900
		迁西县图书馆	800
		藁城市图书馆	700
		辛集市图书馆	700
		满城县图书馆	600
		定兴县图书馆	600
		峰峰矿区图书馆	500
		大厂县图书馆	500
		元氏县图书馆	330
		怀来县图书馆	155
		隆化县图书馆	0
山西	县级	武乡县图书馆	3000
		平顺县图书馆	2850
		河曲县图书馆	2200
		孝义市图书馆	2000
		侯马市图书馆	2000
		尧都区图书馆	1800
		左权县图书馆	1500
		临猗县图书馆	1300
		山阴县图书馆	1200
		怀仁县图书馆	1200
		文水县图书馆	1000
		长治县图书馆	900
		大同市南郊区图书馆	800
		平定县图书馆	797
		绛县图书馆	700
		盐湖区图书馆	500
		长子县图书馆	500
		太谷县图书馆	500

地区	级别（地/县）	单位名称	图书年入藏数（种）
山西	县级	古交市图书馆	500
		沁源县图书馆	500
		原平市图书馆	400
		盂县图书馆	320
		中阳县图书馆	240
内蒙古	地级	乌海市图书馆	3000
		赤峰市图书馆	1000
		呼伦贝尔市图书馆	835
	县级	土默特左旗图书馆	3200
		东乌旗图书馆	3200
		达拉特旗图书馆	3000
		科右中旗图书馆	3000
		伊金霍洛旗图书馆	2500
		杭锦旗图书馆	2500
		托克托县图书馆	2297
		准格尔旗图书馆	2000
		乌审旗图书馆	2000
		奈曼旗图书馆	1500
		林西县图书馆	1500
		磴口县图书馆	1450
		阿鲁科尔沁旗图书馆	1270
		翁牛特旗图书馆	1180
		扎兰屯市图书馆	1000
		乌拉特中旗图书馆	857
		喀喇沁旗图书馆	830
		巴林右旗图书馆	819
		杭锦后旗图书馆	819
		莫力达瓦旗图书馆	800
		鄂伦春旗图书馆	800
		鄂温克旗图书馆	800
		陈巴尔虎旗图书馆	517
		鄂托克旗图书馆	502
		石拐区图书馆	500
		额尔古纳市图书馆	500
		东河区图书馆	500
		鄂托克前旗图书馆	500
		松山区图书馆	363
		根河市图书馆	0
		土右旗图书馆	0
辽宁	地级	盘锦市图书馆	2742
		辽阳市少儿图书馆	1205
	县级	沈阳市辽中县馆	8900
		丹东市凤城市馆	1601

地区	级别（地/县）	单位名称	图书年入藏数（种）
辽宁	县级	鞍山市岫岩县馆	1292
		鞍山市千山区馆	666
		营口市老边区馆	591
		朝阳市凌源市馆	575
		营口市大石桥市馆	238
		铁岭市开原市馆	228
		葫芦岛市兴城市馆	106
		葫芦岛市建昌县馆	90
		抚顺市清原县馆	56
吉林	地级	四平市图书馆	3689
		通化市图书馆	2011
	县级	图们市图书馆	1018
		和龙市图书馆	2515
		永吉县图书馆	131
		镇赉县图书馆	4000（册）
		梅河口市图书馆	1500（册）
黑龙江	地级	鹤岗市图书馆	1559
		鸡西市图书馆	832
		大兴安岭地区图书馆	420
	县级	汤原县图书馆	4283
		依兰县图书馆	2021
		哈尔滨南岗区图书馆	1691
		富锦市图书馆	1669
		桦南县图书馆	1635
		呼玛县图书馆	1530
		宾县图书馆	1480
		双城市图书馆	1443
		绥棱县图书馆	1312
		牡丹江朝鲜族图书馆	1150
		抚远县图书馆	1100
		兰西县图书馆	1092
		甘南县图书馆	900
		林甸县图书馆	800
		青冈县图书馆	795
		铁力市图书馆	608
		嘉荫县图书馆	552
		富裕县图书馆	500
		龙江县图书馆	500
		明水县图书馆	490
		哈尔滨道里区图书馆	310
		方正县图书馆	300
		巴彦县图书馆	200
		虎林市图书馆	150
		尚志市图书馆	115
		东宁县图书馆	0

地区	级别（地/县）	单位名称	图书年入藏数（种）
江苏	地级	沭阳县图书馆	3000
		盐城市盐都区图书馆	3000
		无锡市滨湖区图书馆	2500
		赣榆县图书馆	2500
		宿迁市宿城区图书馆	2000
		响水县图书馆	2000
		阜宁县图书馆	2000
		无锡市崇安区图书馆	1500
		灌云县图书馆	1000
		连云港市连云区图书馆	1000
		泗洪县图书馆	1000
		无锡市南长区图书馆	800
		滨海县图书馆	800
		淮安市淮阴区图书馆	800
		涟水县图书馆	600
浙江	地级	衢州市图书馆	6808
		舟山市图书馆	4390
	县级	嵊泗县图书馆	3500
		黄岩区图书馆	3494
		新昌县图书馆	3400
		瓯海区图书馆	3200
		松阳县图书馆	3199
		磐安县图书馆	2673
		龙泉市图书馆	2183
		建德市图书馆	2167
		玉环县图书馆	2000
		青田县图书馆	1907
		洞头县图书馆	1700
		平阳县图书馆	1250
		常山县图书馆	1012
		江山县图书馆	1000
		景宁县图书馆	820
		遂昌县图书馆	811
		庆元县图书馆	800
		天台县图书馆	492
安徽	地级	阜阳市图书馆	3100
		巢湖市图书馆	1600
		淮南市图书馆	874
	县级	淮南市潘集区图书馆	3318
		潜山县图书馆	3000
		临泉县图书馆	2500
		宿松县图书馆	2000
		亳州市谯城区图书馆	1760
		含山县图书馆	1500
		长丰县图书馆	1340
		池州市贵池区图书馆	1224

地区	级别（地/县）	单位名称	图书年入藏数（种）
安徽	县级	东至县图书馆	1200
		六安市金安区图书馆	1100
		金寨县图书馆	1000
		当涂县图书馆	848
		芜湖县图书馆	777
		蒙城县图书馆	500
		濉溪县图书馆	500
		和县图书馆	500
		霍邱县图书馆	500
		肖县图书馆	200
福建	地级	三明市少儿图书馆	1000
	县级	长乐市图书馆	3100
		沙县图书馆	2600
		厦门思明区图书馆	2298
		永定县图书馆	1602
		安溪县图书馆	1600
		南靖县图书馆	1500
		福州仓山区图书馆	1500
		漳浦县图书馆	1000
		将乐县图书馆	1000
		永安市图书馆	849
		古田县图书馆	840
		宁化县图书馆	806
		福安市图书馆	749
		松溪县图书馆	650
		仙游县图书馆	600
		政和县图书馆	560
		福州台江区图书馆	521
		清流县图书馆	307
		屏南县图书馆	162
		长泰县图书馆	20
江西	县级	赣县图书馆	4572
		上饶信州区馆	3000
		乐安县图书馆	3000
		上犹县图书馆	2900
		安福县图书馆	2780
		兴国县图书馆	2500
		安远县图书馆	2500
		龙南县图书馆	2000
		黎川县图书馆	2000
		东乡县图书馆	2000
		大余县图书馆	1528
		吉水县图书馆	1508
		永修县图书馆	1500
		万安县图书馆	1500
		万年县图书馆	1500
江西	县级	德兴市图书馆	1500
		宜黄县图书馆	1500
		南丰县图书馆	1500
		新余渝水区馆	1200
		新干县图书馆	1185
		全南县图书馆	1181
		余江县图书馆	850
		彭泽县图书馆	800
		定南县图书馆	800
		信丰县图书馆	800
		鄱阳县图书馆	300
		安义县图书馆	200
		修水县图书馆	80
山东	地级	德州市图书馆	1800
	县级	济阳县图书馆	5000
		金乡县图书馆	3000
		即墨市图书馆	2372
		枣庄市市中区图书馆	1500
		沾化县图书馆	1500
		微山县图书馆	1500
		济南市槐荫区图书馆	1500
		栖霞市图书馆	1000
		长岛县图书馆	1000
		烟台市芝罘区图书馆	1000
		高唐县图书馆	1000
		夏津县图书馆	1000
		宁阳县图书馆	800
		潍坊市寒亭区图书馆	800
		平邑县图书馆	800
		鄄城县图书馆	652
		沂源县图书馆	600
		高青县图书馆	562
		单县图书馆	500
		梁山县图书馆	300
		昌乐县图书馆	15
河南	地级	平顶山市图书馆	21504
		南阳市图书馆	5500
		安阳市少儿图书馆	1904
		济源市图书馆	1130
		开封市图书馆	911
	县级	孟州市图书馆	4700
		确山县图书馆	4193
		兰考县图书馆	3800
		濮阳县图书馆	3393
		开封县图书馆	3200
		获嘉县图书馆	3000

地区	级别（地/县）	单位名称	图书年入藏数（种）
河南	县级	睢县图书馆	2765
		滑县图书馆	2700
		鄢陵县图书馆	2699
		平舆县图书馆	2500
		卢氏县图书馆	2500
		淮阳县图书馆	2500
		辉县市图书馆	2100
		浚县图书馆	1600
		新乡市牧野区图书馆	1517
		鹿邑县图书馆	1500
		襄城县图书馆	1018
		尉氏县图书馆	1000
		新蔡县图书馆	1000
		清丰县图书馆	940
		周口市川汇区图书馆	800
		镇平县图书馆	800
		内乡县图书馆	800
		正阳县图书馆	600
		安阳县图书馆	505
		方城县图书馆	200
		郸城县图书馆	100
湖北	地级	咸宁市图书馆	2010
		恩施州图书馆	2000
	县级	英山县图书馆	4200
		广水市图书馆	4200
		武穴市图书馆	3117
		来凤县图书馆	3000
		恩施市图书馆	3000
		建始县图书馆	2500
		咸丰县图书馆	2500
		宣恩县图书馆	2500
		巴东县图书馆	2000
		通山县图书馆	1593
		神农架林区图书馆	1500
		竹山县图书馆	1000
		竹溪县图书馆	1000
		房县图书馆	1000
		大悟县图书馆	800
		赤壁市图书馆	500
		孝感市孝南区图书馆	300
		利川市图书馆	50
湖南	地级	邵阳市少儿图书馆	5957
		邵阳市松坡图书馆	896
	县级	保靖县图书馆	2659
		桂东县图书馆	2600
		桂阳县图书馆	2500

地区	级别（地/县）	单位名称	图书年入藏数（种）
湖南	县级	花垣县图书馆	2132
		新晃县图书馆	2013
		宜章县图书馆	2000
		永兴县图书馆	1500
		桃源县图书馆	1141
		怀化鹤城区少儿馆	1063
		永州冷水滩区图书馆	1000
		津市市图书馆	810
		江华县图书馆	800
		慈利县图书馆	800
		新田县图书馆	780
		道县图书馆	594
		江永县图书馆	512
		湘阴县图书馆	500
		双牌县图书馆	500
		古丈县图书馆	300
		洪江市图书馆	300
广东	县级	连南县图书馆	4986
		佛冈县图书馆	3202
		龙门县图书馆	3000
		广宁县图书馆	3000
		大埔县图书馆	3000
		饶平县图书馆	2819
		英德市图书馆	2378
		汕头市潮阳区图书馆	2050
		五华县图书馆	2000
		惠来县图书馆	1700
		连平县图书馆	1646
		徐闻县图书馆	1500
		怀集县图书馆	1126
		南雄市图书馆	1000
		吴川市图书馆	850
		连山县图书馆	800
		曲江县图书馆	500
		乳源县图书馆	500
		始兴县图书馆	400
		阳山县图书馆	300
		清新县图书馆	300
		平远县图书馆	200
广西	地级	玉林市图书馆	3249
		梧州市图书馆	3000
	县级	忻城县图书馆	3000
		金秀县图书馆	2868
		上林县图书馆	2824
		上思县图书馆	2580
		龙州县图书馆	2104

地区	级别（地/县）	单位名称	图书年入藏数（种）
广西	县级	田东县图书馆	2000
		藤县图书馆	2000
		横县图书馆	1886
		防城区图书馆	1673
		永福县图书馆	1638
		灌阳县图书馆	1636
		武鸣县图书馆	1500
		巴马县图书馆	1500
		兴安县图书馆	1307
		宁明县图书馆	1109
		象州县图书馆	1030
		凤山县图书馆	1003
		那坡县图书馆	1000
		平南县图书馆	908
		博白县图书馆	860
		富川县图书馆	854
		天等县图书馆	854
		大新县图书馆	821
		昭平县图书馆	820
		临桂县图书馆	818
		田林县图书馆	800
		桂平市图书馆	622
		隆安县图书馆	621
		陆川县图书馆	593
		柳江县图书馆	516
		凌云县图书馆	512
		隆林县图书馆	512
		龙胜县图书馆	510
		平乐县图书馆	500
		西林县图书馆	500
		德保县图书馆	500
		武宣县图书馆	500
		扶绥县图书馆	275
		浦北县图书馆	255
		马山县图书馆	218
		荔浦县图书馆	0
四川	地级	乐山市图书馆	4000
		甘孜州图书馆	2000
		遂宁市图书馆	2000
		凉山州图书馆	2000
	县级	纳溪县图书馆	5201
		开江县图书馆	3100
		夹江县图书馆	3000
		合江县图书馆	2500
		南部县图书馆	2000
		安县图书馆	2000
四川	县级	大竹县图书馆	2000
		宜宾县图书馆	2000
		犍为县图书馆	1500
		隆昌县图书馆	1500
		南溪县图书馆	1200
		会理县图书馆	1000
		三台县图书馆	1000
		德昌县图书馆	1000
		眉山东坡区图书馆	1000
		高坪区图书馆	868
		华蓥市图书馆	800
		梓潼县图书馆	800
		高县图书馆	800
		江安县图书馆	800
		资中市图书馆	800
		汶川县图书馆	733
		雷波县图书馆	630
		西充县图书馆	576
		北川县图书馆	560
		剑阁县图书馆	500
		平武县图书馆	500
		通江县图书馆	370
		青川县图书馆	80
		泸定县图书馆	41
		蓬安县图书馆	0
		蓬溪县图书馆	0
贵州	地级	安顺市图书馆	4000
	县级	修文县图书馆	3700
		独山县图书馆	2500
		都匀市图书馆	2018
		六枝特区图书馆	2000
		湄潭县图书馆	2000
		盘县特区思源图书馆	2000
		绥阳县图书馆	2000
		镇宁宋庆龄基金少儿图书馆	1700
		普定县图书馆	1500
		榕江县图书馆	1220
		凤岗县图书馆	850
		兴义市图书馆	500
		仁怀市图书馆	500
		镇远县图书馆	366
		大方县图书馆	300
		威宁县图书馆	200
		赤水市图书馆	17

地区	级别（地/县）	单位名称	图书年入藏数（种）
云南	地级	临沧市图书馆	6397
		保山市图书馆	3000
		曲靖市图书馆	2920
		昭通市图书馆	2000
	县级	永平县图书馆	5000
		永善县图书馆	4000
		巍山县图书馆	3800
		弥度县图书馆	3500
		云龙县图书馆	3200
		文山县图书馆	3180
		剑川县图书馆	3032
		嵩明县图书馆	3000
		镇沅县图书馆	2680
		双江县图书馆	2612
		昌宁县图书馆	2503
		凤庆县图书馆	2500
		维西县图书馆	2500
		宾川县图书馆	2439
		邱北县图书馆	2150
		砚山县图书馆	2003
		罗平县图书馆	2000
		泸西县图书馆	2000
		永德县图书馆	2000
		金平县图书馆	2000
		武定县图书馆	2000
		景东县图书馆	1663
		南华县图书馆	1500
		洱源县图书馆	1500
		耿马县图书馆	1500
		峨山县图书馆	1145
		勐腊县图书馆	1094
		石屏县图书馆	1062
		广南县图书馆	1012
		祥云县图书馆	1000
		镇康县图书馆	1000
		马龙县图书馆	1000
		呈贡县图书馆	1000
		宜良县图书馆	1000
		华宁县图书馆	807
		昭阳区图书馆	806
		东川区图书馆	800
		易门县图书馆	800
		师宗县图书馆	800
		大关县图书馆	800
		水富县图书馆	800
		会泽县图书馆	800

地区	级别（地/县）	单位名称	图书年入藏数（种）
云南	县级	潞西市图书馆	717
		贺庆县图书馆	705
		晋宁县图书馆	596
		江川县图书馆	589
		盐津县图书馆	560
		勐海县图书馆	527
		富民县图书馆	508
		元谋县图书馆	500
		宣威市图书馆	500
		禄丰县图书馆	500
		陆良县图书馆	500
		巧家县图书馆	500
		马关县图书馆	500
		墨江县图书馆	500
		南涧县图书馆	500
		寻甸县图书馆	500
		牟定县图书馆	500
		彝良县图书馆	500
		通海县图书馆	320
		威信县图书馆	286
		元江县图书馆	250
		麻栗坡县图书馆	144
		西盟县图书馆	0
陕西	地级	宝鸡市图书馆	2640
	县级	高陵县图书馆	40000
		汉台区图书馆	3000
		米脂县斌丞馆	2695
		镇巴县图书馆	2412
		洋县图书馆	2300
		略阳县图书馆	2236
		临渭区图书馆	1822
		三原县图书馆	1140
		陈仓区图书馆	980
		南郑县图书馆	800
		耀州区图书馆	790
		王益区少儿馆	700
		乾县图书馆	530
		华县图书馆	513
		岐山县图书馆	400
		蓝田县图书馆	360
		凤翔县图书馆	230
		扶风县图书馆	210
甘肃	地级	嘉峪关市图书馆	4128
		庆阳市图书馆	2000
	县级	漳县图书馆	4665
		永登县图书馆	4120

地区	级别（地/县）	单位名称	图书年入藏数（种）
甘肃	县级	高台县图书馆	3368
		西固区图书馆	2545
		宁县图书馆	2283
		静宁县图书馆	1541
		礼县图书馆	1500
		金塔县图书馆	1141
		合水县图书馆	1000
		镇原县图书馆	1000
		崆峒区图书馆	850
		庄浪县图书馆	800
		岷县图书馆	800
		徽县图书馆	500
		清水县图书馆	500
		成县图书馆	500
		临夏市图书馆	2
宁夏	县级	平罗县图书馆	5000
		同心县图书馆	1000
		隆德县图书馆	1000
新疆	地级	石河子市图书馆	4000
		喀什地区图书馆	2000
		巴音郭楞蒙古自治州图书馆	2000
		阿勒泰地区图书馆	0
	县级	阿勒泰地区布尔津县图书馆	3227
		昌吉回族自治州呼图壁县图书馆	3008
		博尔塔拉蒙古自治州精河县图书馆	2703
		昌吉回族自治州木垒县图书馆	2000
		塔城地区托里县图书馆	1500
		昌吉州玛纳斯县图书馆	1500
		昌吉州米泉市图书馆	1500

地区	级别（地/县）	单位名称	图书年入藏数（种）
新疆	县级	伊犁哈萨克自治州奎屯市图书馆	1441
		吐鲁番地区鄯善县图书馆	1057
		喀什地区莎车县图书馆	1049
		博尔塔拉蒙古自治州博乐市图书馆	1009
		阿勒泰地区福海县图书馆	1000
		塔城地区和丰县图书馆	1000
		伊哈萨克自治州察布查尔县图书馆	1000
		阿勒泰地区吉木乃县图书馆	1000
		喀什地区喀什市图书馆	900
		塔城地区裕民县图书馆	800
		博尔塔拉蒙古自治州温泉县图书馆	500
		巴音郭楞蒙古自治州博湖县图书馆	500
		巴音郭楞蒙古自治州且末县图书馆	500
		巴音郭楞蒙古自治州轮台县图书馆	500
		昌吉州奇台县图书馆	300
		巴音郭楞蒙古自治州和静县图书馆	223
		喀什地区疏附县图书馆	162
海南	县级	琼海市图书馆	2200
		五指山市图书馆	1708
		安定县图书馆	1350
		海口市琼山区图书馆	1350
		东方市图书馆	700
重庆	地级	长寿区图书馆	4000
	县级	南川市图书馆	2521
		璧山县图书馆	1540
		永川市图书馆	1000

全国一级图书馆年补助经费统计

地区	级别（地/县）	单位名称	年补助经费（万元）
北京	地级	宣武区图书馆	339
北京	地级	朝阳区图书馆	272
北京	地级	东城区图书馆	250
北京	地级	西城区青少年儿童图书馆	249.06
北京	地级	西城区图书馆	237
北京	地级	崇文区图书馆	212.8
北京	地级	顺义区图书馆	181.72
北京	地级	门头沟区图书馆	114
北京	地级	房山区图书馆	102.15
北京	地级	石景山区少儿图书馆	75.5
北京	县级	密云县图书馆	216.9
天津	地级	河东区图书馆	174
天津	地级	塘沽区图书馆	166
天津	地级	和平区图书馆	153
天津	地级	河西区图书馆	105
天津	地级	红桥区少年儿童图书馆	94
天津	县级	静海县图书馆	69
河北	地级	石家庄市图书馆	424
河北	地级	秦皇岛市图书馆	222.1
河北	地级	唐山市图书馆	197
河北	地级	邯郸市图书馆	189.7
河北	地级	廊坊市图书馆	188.4
河北	地级	沧州市图书馆	102
河北	县级	武安市图书馆	77
河北	县级	遵化县图书馆	34.5
河北	县级	乐亭县图书馆	27
山西	地级	太原市图书馆	274.95
山西	县级	榆次区图书馆	51
山西	县级	曲沃县图书馆	35.36
山西	县级	汾阳市图书馆	35
内蒙古	地级	包头市图书馆	202.08
内蒙古	地级	通辽市图书馆	137.8
内蒙古	县级	青山区图书馆	50.78
内蒙古	县级	科尔沁区图书馆	38
辽宁	地级	本溪市图书馆	710
辽宁	地级	鞍山市图书馆	344.6
辽宁	地级	丹东市图书馆	248.7
辽宁	地级	辽阳市图书馆	200.1
辽宁	县级	大连市瓦房店市馆	97.2
辽宁	县级	大连市甘井子区馆	95.3
辽宁	县级	大连市沙河口区馆	82.8
辽宁	县级	沈阳市铁西区馆	70
辽宁	县级	沈阳市沈河区馆	69.7

地区	级别（地/县）	单位名称	年补助经费（万元）
辽宁	县级	鞍山市海城市馆	63
辽宁	县级	大连市西岗区馆	62.9
辽宁	县级	大连市普兰店市馆	56.4
辽宁	县级	沈阳市和平区馆	50
辽宁	县级	丹东市东港市馆	39.5
辽宁	县级	沈阳铁西区少儿馆	33
辽宁	县级	鞍山市铁东区馆	30.2
辽宁	县级	大连市旅顺口区馆	30
吉林	县级	前郭县图书馆	112.4
吉林	县级	敦化市图书馆	96.4
黑龙江	地级	齐齐哈尔市图书馆	280.2
黑龙江	县级	海伦市图书馆	58
黑龙江	县级	海林市图书馆	30
上海	地级	浦东新区图书馆	765.8
上海	地级	松江区图书馆	488.3
上海	地级	徐汇区图书馆	447
上海	地级	静安区图书馆	415
上海	地级	虹口区图书馆	385.1
上海	地级	宝山区图书馆	346.7
上海	地级	卢湾区图书馆	330.7
上海	地级	闵行区图书馆	310
上海	地级	闸北区图书馆	275.8
上海	地级	黄浦区图书馆	263
上海	地级	长宁区图书馆	259.8
上海	地级	普陀区图书馆	208.8
上海	地级	黄浦区第二图书馆	202
上海	地级	南汇区图书馆	180
上海	地级	杨浦区图书馆	163
上海	地级	长宁区少儿图书馆	159.07
上海	地级	闸北区少儿图书馆	76.6
上海	县级	崇明县图书馆	216
上海	县级	浦东新区川沙图书馆	191
上海	县级	青浦区图书馆	169.6
上海	县级	浦东新区第二图书馆	151.2
上海	县级	奉贤区图书馆	143.2
上海	县级	杨浦区延吉图书馆	142.5
上海	县级	虹口区曲阳图书馆	137.5
上海	县级	浦东新区川沙少儿馆	120
上海	县级	浦东新区第一图书馆	110.2
江苏	地级	苏州市图书馆	1391.2
江苏	地级	无锡市图书馆	451.9
江苏	地级	常州市图书馆	445
江苏	地级	盐城市图书馆	419.9

地区	级别（地/县）	单位名称	年补助经费（万元）
江苏	地级	镇江市图书馆	362.89
		连云港市图书馆	262
		徐州市图书馆	218
		扬州市图书馆	188
		扬州市少儿图书馆	168
		泰州市图书馆	155.77
		连云港市少儿图书馆	88.79
	县级	张家港市图书馆	321.85
		常熟市图书馆	230
		江阴市图书馆	182.8
		昆山市图书馆	150
		吴江市图书馆	135.5
		宜兴市图书馆	120
		太仓市图博中心	113.3
		南京市建邺区图书馆	102
		常州市武进区图书馆	102
		南京市鼓楼区图书馆	100
		苏州市吴中区图书馆	97.7
		丹阳市图书馆	90
		南京市江宁区图书馆	88.69
		南京市玄武区少儿图书馆	87.4
		泰兴市图书馆	72.55
		南京市六合区第二图书馆	72.43
		东台市图书馆	66.85
		姜堰市图书馆	65.66
		海门市图书馆	65.58
		大丰市图书馆	65
		南京市浦口区图书馆	61.2
		如皋市图书馆	61
		仪征市图书馆	59
		溧水县图书馆	58
		金坛市图书馆	58
		江都市图书馆	55.4
		南京市白下区图书馆	55
		通州市图书馆	53.53
		高邮市图书馆	49
		启东市图书馆	48
		如东县图书馆	47
		高淳县图书馆	45
		靖江市图书馆	45
		南京市秦淮区图书馆	42.6
		扬中市图书馆	42.3
		扬州市邗江区图书馆	40
		东海县图书馆	35.2
		溧水县儿童图书馆	33.2
		沛县图书馆	29.9
		海安县图书馆	25.4

地区	级别（地/县）	单位名称	年补助经费（万元）
浙江	地级	温州市图书馆	502.51
		绍兴图书馆	348
		金华严济慈图书馆	156.9
		温州市少儿图书馆	112.8
	县级	象山县图书馆	84,8
		东阳市图书馆	67,8
		武义县图书馆	239.35
		萧山区图书馆	189.48
		余姚市图书馆	180
		桐乡市图书馆	155.91
		余杭区图书馆	146.1
		富阳市图书馆	108
		温岭市图书馆	105.63
		永嘉县图书馆	105
		岱山县图书馆	105
		嘉善县图书馆	98.98
		德清县图书馆	97
		兰溪市图书馆	95.68
		海宁市图书馆	90.7
		奉化市图书馆	86
		诸暨市图书馆	81.6
		临海市图书馆	74.7
		上虞市图书馆	72
		桐庐县图书馆	68.1
		海盐县图书馆	61.73
		嵊州市图书馆	61.7
		临安市图书馆	51.5
		浦江县图书馆	43.6
		云和县图书馆	31
		安吉县图书馆	26.25
安徽	地级	合肥市图书馆	330
	县级	铜陵市图书馆	159
		马鞍山市图书馆	150
		太湖县图书馆	30
福建	地级	泉州市图书馆	253.6
		福州市图书馆	192
	县级	集美图书馆	160
		晋江市图书馆	89
		南安市图书馆	82.45
		石狮市图书馆	78
		南安市李成智图书馆	35.05
江西	地级	南昌市图书馆	164
		赣州市图书馆	119
		新余市图书馆	113.4
		九江市图书馆	109
		鹰潭市图书馆	64

地区	级别（地/县）	单位名称	年补助经费（万元）
江西	县级	庐山图书馆	43.52
		武宁县图书馆	32
		弋阳县图书馆	30
		泰和县图书馆	21.5
山东	地级	烟台图书馆	457.5
		潍坊市图书馆	200
		济宁市图书馆	172
		枣庄市图书馆	106
	县级	邹城市图书馆	104
		青岛市经济技术开发区图书馆	74
		胶州市图书馆	67.5
		青州市图书馆	62
		文登市图书馆	56.7
		青岛市四方区图书馆	56.3
		莱州市图书馆	56
		平度市图书馆	54.7
		曲阜市图书馆	54.2
		诸城市图书馆	53
		广饶县图书馆	52
		青岛市市南区图书馆	47
		淄博市淄川区图书馆	44.2
		滕州市图书馆	32
		邹平县图书馆	31.3
		烟台市牟平区图书馆	30
		烟台经济技术开发区图书馆	30
		茌平县图书馆	30
		淄博市博山区图书馆	25.7
		平原县图书馆	21.8
河南	地级	郑州市图书馆	371.2
		洛阳市图书馆	243
		三门峡市图书馆	100
		漯河市图书馆	81
	县级	林州市图书馆	71
		偃师市图书馆	71
		陕县图书馆	38.8
		新密市图书馆	18
湖北	地级	十堰市图书馆	206.4
		荆州市图书馆	155
		荆门市图书馆	114
		黄石市图书馆	113.4
	县级	大冶市图书馆	67.8
		武汉市洪山区图书馆	48.4
		武汉市青山区图书馆	36.7
		当阳市图书馆	35.1
		武汉市江夏区图书馆	31.9
湖北	县级	武汉市东西湖区图书馆	31
		秭归县图书馆	30.9
		郧西县图书馆	30
		武汉市桥口区图书馆	30
		蕲春县图书馆	28
		武汉市江岸区少儿图书馆	26
		崇阳县图书馆	22
湖南	地级	长沙市图书馆	211.98
		湘潭市图书馆	125.95
		株洲市图书馆	125.7
		常德市图书馆	115.6
		岳阳市图书馆	112
		衡阳市图书馆	105
	县级	浏阳市图书馆	44.3
		涟源市图书馆	40
		宁乡县图书馆	39.4
		炎陵县图书馆	31.76
		衡东县图书馆	31.2
		汨罗市图书馆	30.2
		双峰县图书馆	28
		平江县图书馆	28
		临湘市图书馆	27.5
		永州芝山区图书馆	27
		邵东县图书馆	25
		华容县图书馆	22
		临澧县图书馆	20
广东	地级	东莞市图书馆	2245
		佛山市图书馆	1543
		深圳市南山区图书馆	908
		中山市图书馆	641
		深圳市宝安区图书馆	413.8
		深圳市罗湖区图书馆	384
		广州市番禺区图书馆	276
		汕头市图书馆	215.3
		江门市五邑图书馆	197
		广州市海珠区图书馆	181.7
		湛江市图书馆	162
		深圳市盐田区图书馆	152
		广州市荔湾区图书馆	136.8
		广州市芳村区图书馆	130
		广州市天河区图书馆	129
		深圳市福田区图书馆	110
		广州市黄埔区图书馆	110
		广州市花都区图书馆	100
		湛江市少儿图书馆	95.26
	县级	佛山市顺德区梁銶琚图书馆	420

地区	级别（地/县）	单位名称	年补助经费（万元）
广东	县级	佛山市高明区图书馆	342.4
		佛山市南海区图书馆	286.3
		佛山市禅城区图书馆	170
		肇庆市端州区图书馆	136
		揭阳市榕城区图书馆	109
		佛山市三水市图书馆	91.8
		江门市新会区景堂图书馆	82
		惠阳市图书馆	80.9
		从化市图书馆	58
		高州市图书馆	51.13
		普宁市图书馆	47
		增城市图书馆	43
		台山市图书馆	41.3
		开平市图书馆	35.75
		汕头市澄海区图书馆	35
		罗定市图书馆	30
		蕉岭县图书馆	24.6
广西	地级	柳州市图书馆	313.65
		南宁市图书馆	279.6
		南宁市少儿图书馆	135.8
	县级	北流市图书馆	37
四川	地级	广安市图书馆	200
		绵阳市图书馆	128
	县级	成都市成华区图书馆	82
		成都市武侯区图书馆	60
		成都市温江区图书馆	56
		绵竹市图书馆	53.4
		成都市锦江区图书馆	50
		广汉市图书馆	49
		什邡市图书馆	43
		成都市金牛区图书馆	42

地区	级别（地/县）	单位名称	年补助经费（万元）
四川	县级	成都市龙泉驿区图书馆	39.9
		成都市新都区图书馆	36
		成都市青羊区图书馆	32.3
		都江堰市图书馆	30.9
		邛崃市图书馆	30
贵州	地级	贵阳市图书馆	204
	县级	遵义县图书馆	34.64
云南	地级	昆明图书馆	280.8
		楚雄州图书馆	163.2
		大理州图书馆	105.8
	县级	官渡区图书馆	110.1
		五华区图书馆	91.9502
		盘龙区图书馆	56
		红塔区图书馆	53
		个旧市图书馆	34.7
		弥勒县图书馆	30.16
陕西	县级	星元图书馆	45
		汉滨区少儿馆	36.6
甘肃	地级	兰州市图书馆	239
		白银市图书馆	95.3
	县级	甘州区图书馆	38.5
		北道区图书馆	25.9
宁夏	地级	银川市图书馆	217
	县级	吴忠利通区图书馆	90
新疆	地级	克拉玛依市图书馆	219.24
	县级	伊犁州伊宁市图书馆	36
重庆	地级	沙坪坝区图书馆	166.8
		北碚区图书馆	133
		涪陵区图书馆	100.13
		渝北区图书馆	60

全国二级图书馆年补助经费统计

地区	级别（地/县）	单位名称	年补助经费（万元）
北京	地级	通州区图书馆	65
天津	地级	大港区图书馆	108
		东丽区图书馆	100
		汉沽区图书馆	90
		宝坻区图书馆	77.65
		河北区图书馆	65.1
		津南区图书馆	50.9
		河北区少年儿童图书馆	30.4
	县级	蓟县图书馆	16.7
河北	地级	张家口市图书馆	204.3
		保定市图书馆	149.04
		邢台市图书馆	81.56
	县级	栾城县图书馆	59
		唐海县图书馆	37.5
		正定县图书馆	36.5
		宣化区图书馆	32
		任丘市图书馆	30
		昌黎县图书馆	27.15
		丰南区图书馆	26
		抚宁县图书馆	25.6
		涉县图书馆	25.2
		河间市图书馆	25
		泊头市图书馆	25
		晋州市图书馆	25
		平泉县图书馆	20
		滦县图书馆	20
		沙河市图书馆	20
		安国市图书馆	20
		玉田县图书馆	20
		山海关区图书馆	19.8
		丰宁县图书馆	18.3
		栾南县图书馆	17.5
		黄骅市图书馆	16.8
		青县图书馆	15.3
		卢龙县图书馆	15.2
		磁县图书馆	15
		新乐市图书馆	14
		吴桥县图书馆	6
		易县图书馆	5
山西	县级	灵石县图书馆	50
		忻府区图书馆	37
		襄垣县图书馆	25
		祁县图书馆	20
内蒙古	地级	鄂尔多斯市图书馆	130
		兴安盟图书馆	100
	县级	海拉尔区图书馆	75
		鄂尔多斯市东胜区少儿图书馆	46
		满洲里区图书馆	38
		开鲁县图书馆	36.4
		阿荣旗图书馆	35
		九原区图书馆	30
		昆区图书馆	5
辽宁	地级	鞍山市少儿图书馆	70.9
		盘锦市少儿图书馆	70
		营口市少儿图书馆	51
	县级	大连市中山区馆	92.8
		沈阳市苏家屯区馆	66.8
		大连市金州区馆	64.9
		本溪市本溪县馆	63
		沈阳市新城子区馆	63
		沈阳市于洪区馆	45.4
		朝阳市朝阳县馆	45.4
		葫芦岛市连山区馆	40.7
		丹东市振安区馆	38
		沈阳市康平县馆	34.9
		朝阳市建平县馆	33.2
		锦州市北宁市馆	33
		沈阳市东陵区馆	30.9
		锦州市黑山县馆	30.64
		丹东市宽甸县馆	30
		锦州市凌海市馆	27.8
		锦州市义县馆	27
		沈阳市法库县馆	26.3
		大连市长海县馆	16
吉林	地级	吉林市图书馆	628.4
		延边州图书馆	216
		白山市图书馆	70.5
	县级	长春市宽城区图书馆	49.1
		德惠市图书馆	47.4
		公主岭市图书馆	43
		抚松县图书馆	30
		桦甸市图书馆	27.3
		通化县图书馆	22.8
黑龙江	地级	佳木斯市图书馆	160
		伊春市图书馆	125

地区	级别（地/县）	单位名称	年补助经费（万元）
黑龙江	县级	肇东市图书馆	52
		绥化市北林区图书馆	46
		安达市图书馆	46
		富拉尔基区图书馆	35
		林口县图书馆	31
		穆棱市图书馆	30
		讷河市图书馆	27
		绥化市北林区少儿馆	26
		拜泉县图书馆	25
		望奎县图书馆	25
		泰来县图书馆	15.5
		同江市图书馆	11
上海	地级	杨浦区少儿图书馆	122.7
江苏	地级	南通市图书馆	310
		淮安市图书馆	166.92
		南通市少儿图书馆	56.9
	县级	溧阳市图书馆	95.7
		淮安市楚州区图书馆	64
		兴化市图书馆	60.68
		南京市雨花台区图书馆	54.2
		射阳县图书馆	46.83
		建湖县图书馆	41.1
		南京市六合区第一图书馆	39.2
		无锡市北塘区图书馆	38.8
		邳州市图书馆	37.28
		南京市下关区图书馆	35.2
		新沂市图书馆	32
		无锡市锡山区图书馆	32
		无锡市惠山区图书馆	32
		泗阳县图书馆	24.49
浙江	地级	金华市少儿图书馆	84.7
	县级	义乌市图书馆	150
		瑞安市图书馆	111
		乐清市图书馆	102
		永康市图书馆	95
		北仑区图书馆	87.5
		椒江区图书馆	80
		鄞州区图书馆	79.97
		普陀区图书馆	68
		镇海区图书馆	45
		淳安县图书馆	42
		三门县图书馆	40
		开化县图书馆	38.8
		仙居县图书馆	38.7
		缙云县图书馆	32

地区	级别（地/县）	单位名称	年补助经费（万元）
安徽	地级	安庆市图书馆	211.9
	县级	无为县图书馆	30.9
		歙县图书馆	27.6
		五河县图书馆	26
		肥西县图书馆	17
福建	地级	三明市图书馆	103
		南平市图书馆	87.4
		漳州市图书馆	85.83
		福州市少儿图书馆	81.8
	县级	德化县图书馆	101
		厦门湖里区图书馆	61
		宁德蕉城区图书馆	57
		福清市图书馆	46
		漳平市图书馆	46
		惠安县图书馆	37
		永春县图书馆	35.93
		厦门同安区图书馆	34
		龙海市图书馆	33
		上杭县图书馆	32
		福鼎市图书馆	30.4
		光泽县图书馆	30.2
		建瓯市图书馆	30
		邵武市图书馆	28.3
		连江县图书馆	26.57
		尤溪县图书馆	25.7
		武平县图书馆	25.3
		闽侯县图书馆	25.24
		浦城县图书馆	25
		东山县图书馆	23
		厦门集美区少儿图书馆	23
		泰宁县图书馆	20.38
		连城县图书馆	20.3
		建阳市图书馆	20
		武夷山市图书馆	15
		同安区少儿图书馆	13.39
江西	地级	吉安市图书馆	70
		景德镇市图书馆	60
		抚州市图书馆	56
	县级	南昌西湖区馆	61.984
		南昌青山湖区馆	46.5
		吉安县图书馆	39.14
		进贤县图书馆	35.8
		南昌东湖区馆	33.2
		井冈山市图书馆	32
		高安市图书馆	30.9
		丰城市图书馆	30

地区	级别（地/县）	单位名称	年补助经费（万元）
江西	县级	上高县图书馆	29.85
		万载县图书馆	26.4
		于都县图书馆	26.1
		都昌县图书馆	25.8
		宁都县图书馆	25.5
		贵溪市图书馆	25
		鹰潭月湖区馆	25
		莲花县图书馆	25
		宜丰县图书馆	22.8
		抚州临川区馆	22.8
		南康县图书馆	22
		遂川县图书馆	20
		南昌青云谱区馆	17
		靖安县图书馆	15
		崇仁县图书馆	15
		石城县图书馆	13.3
		崇义县图书馆	12.36
山东	地级	聊城市海源阁图书馆	112
		泰安市图书馆	110
		威海市图书馆	100
		东营市图书馆	100
	县级	青岛市李沧区图书馆	166.4
		胶南市图书馆	97.7
		青岛市市北区图书馆	76.3
		青岛市崂山区图书馆	74
		淄博市张店区少儿图书馆	53
		章丘市图书馆	51.1
		兖州市图书馆	51
		乳山市图书馆	50
		临朐县图书馆	37.96
		莒县图书馆	36
		青岛市城阳区图书馆	35.8
		沂水县图书馆	34.53
		济南市历城区图书馆	33.2
		临沭县图书馆	33
		招远市图书馆	32.8
		临沂市兰山区图书馆	32
		费县图书馆	30
		莱西市图书馆	30
		荣成市图书馆	30
		莒南县图书馆	30
		蓬莱市图书馆	30
		昌邑市图书馆	29.7
		海阳市图书馆	27
		枣庄市峄城区图书馆	25
		枣庄市台儿庄区图书馆	25

地区	级别（地/县）	单位名称	年补助经费（万元）
山东	县级	郯城县图书馆	25
		博兴县图书馆	25
		郓城县图书馆	25
		新泰市图书馆	25
		荷泽市牡丹区图书馆	25
		高密市图书馆	24.6
		济南市长清区图书馆	21.45
		蒙阴县图书馆	20.6
		枣庄市薛城区图书馆	20
		寿光市图书馆	20
		利津县图书馆	20
		五莲县图书馆	20
		肥城市图书馆	17
		安丘市图书馆	16
		无棣县图书馆	15
		垦利县图书馆	4
河南	地级	濮阳市图书馆	122.727
		许昌市图书馆	77
	县级	新郑市图书馆	42
		驻马店驿城区图书馆	36
		渑池县图书馆	35.7
		禹州市图书馆	30
		沁阳市图书馆	30
		汝南县图书馆	30
		唐河县图书馆	27.3
		邓州市图书馆	27.3
		郾城县图书馆	27
		商丘梁园区图书馆	25
		西平县图书馆	22
		商丘睢阳区图书馆	20
		孟津县图书馆	20
		舞阳县图书馆	15.32
		罗山县图书馆	15
		信阳市平桥区图书馆	15
		栾川县图书馆	8
湖北	地级	宜昌市图书馆	154
		孝感市图书馆	118
		鄂州市图书馆	101
		襄樊市图书馆	97.88
		黄冈市图书馆	35.8
	县级	武汉市蔡甸区图书馆	59.5
		仙桃市图书馆	56
		武汉市汉阳区图书馆	54
		红安县图书馆	45
		武汉市江岸区图书馆	43
		应城市图书馆	37.7

地区	级别（地/县）	单位名称	年补助经费（万元）
湖北	县级	潜江市图书馆	34
		京山县图书馆	31
		枣阳市图书馆	30
		丹江口市图书馆	30
		武汉市新洲区图书馆	28
		黄梅县图书馆	27
		黄冈市黄州区图书馆	27
		武汉市黄陂区图书馆	26.9
		宜都市图书馆	26.7
		麻城市图书馆	26
		浠水县图书馆	26
		钟祥市图书馆	25
		长阳县图书馆	25
		公安县图书馆	25
		襄樊市襄阳区图书馆	25
		蕲春县少儿图书馆	23.6
		老河口市图书馆	23
		远安县图书馆	21
		松滋市图书馆	20
		谷城县图书馆	20
		兴山县图书馆	20
		监利县图书馆	20
		安陆市图书馆	18.5
		汉川市图书馆	18.4
		阳新县图书馆	18.2
		枝江市图书馆	17.2
		石首市图书馆	15
		荆州市荆州区图书馆	15
		罗田县图书馆	15
		宜城市图书馆	14
		五峰县图书馆	12.2
		洪湖市图书馆	10
湖南	地级	益阳市图书馆	93.2
		衡阳市少儿图书馆	27
	县级	桃江县图书馆	41.4
		攸县图书馆	38.2
		汝城县图书馆	36.6
		沅江市图书馆	36.56
		澧县图书馆	36
		益阳资阳区图书馆	35
		娄底娄星区图书馆	32
		资兴市图书馆	31.05
		安化县图书馆	30.7
		嘉禾县图书馆	29.75
		冷水江市图书馆	29.5
		常宁县图书馆	28

地区	级别（地/县）	单位名称	年补助经费（万元）
湖南	县级	望城县图书馆	27.8
		醴陵市图书馆	26.12
		石门县图书馆	26
		湘潭县图书馆	26
		祁阳县图书馆	25.3
		新化县图书馆	25
		怀化鹤城区图书馆	25
		常德鼎城区图书馆	25
		南县图书馆	24
		新宁县图书馆	22.5
		沅陵县图书馆	21
		湘乡市图书馆	21
		永顺县图书馆	20.5
		溆浦县图书馆	20.4
		洞口县图书馆	20
		衡南县图书馆	20
		宁远县图书馆	20
		茶陵县图书馆	16.93
		隆回县图书馆	16.6
		绥宁县图书馆	16.3
		衡阳县图书馆	15.9
		株洲县图书馆	15.6
		辰溪县图书馆	15.5
		洪江区图书馆	15.5
		祁东县图书馆	15.28
		靖州县图书馆	15
		城步县图书馆	15
		邵阳县图书馆	15
		麻阳县图书馆	15
		新邵县图书馆	15
		吉首市少儿图书馆	14
		芷江县图书馆	11.5
广东	地级	阳江市图书馆	272.9
		韶关市图书馆	153
		广州市东山区图书馆	130
		梅州市剑英图书馆	91.4
		潮州市谢慧如图书馆	82.6
		清远市图书馆	34
	县级	鹤山市图书馆	50.7
		珠海市斗门区图书馆	46.3
		兴宁市图书馆	45.5
		新兴县图书馆	41
		四会市图书馆	39.8
		高要市黎汉光图书馆	35
		恩平市图书馆	30
		汕头市龙湖区图书馆	30

地区	级别（地/县）	单位名称	年补助经费（万元）
广东	地级	雷州市李纪妙图书馆	25.9
		遂溪县图书馆	25.5
		德庆县图书馆	23.5
		廉江市图书馆	22
		郁南县图书馆	21
		紫金县图书馆	20
		封开县图书馆	17.2
		仁化县图书馆	11
广西	地级	北海市图书馆	133
		北海市少儿图书馆	53
	县级	灵川县图书馆	33.9
		合浦县图书馆	32.3864
		灵山县图书馆	31.445
		右江区图书馆	31.195
		江州区图书馆	27.4
		全州县图书馆	25
		邕宁县图书馆	22.5
		兴宾区图书馆	20
		靖西县图书馆	20
		宾阳县图书馆	19.57
		容县图书馆	19.17
		宜州市图书馆	18.45
		凭祥市图书馆	15
		田阳县图书馆	15
		苍梧县图书馆	15
四川	地级	泸州市图书馆	162
		攀枝花市图书馆	137.25
		广元市图书馆	90
		自贡市图书馆	65
		达州市图书馆	50
	县级	渠县图书馆	56
		成都市双流县图书馆	40
		彭州市图书馆	35.4
		达县图书馆	35
		简阳市图书馆	31
		南江县图书馆	29
		岳池县图书馆	25
		广安区图书馆	25
		峨眉山市图书馆	25
		巴州区图书馆	24
		阆中市图书馆	21
		营山县图书馆	20.5
		射洪县图书馆	20.1
		崇州市图书馆	20
		武胜县图书馆	20
		江油市图书馆	20

地区	级别（地/县）	单位名称	年补助经费（万元）
四川	县级	成都市青白江区图书馆	20
		宣汉县图书馆	18
		旺苍县图书馆	17.27
		平昌县图书馆	15.5
		盐亭县图书馆	15
		苍溪县图书馆	15
		万源县图书馆	5
		邻水县图书馆	5
贵州	地级	遵义市图书馆	141.5
		毕节地区图书馆	90
		黔南州图书馆	64
	县级	贵阳市白云区图书馆	30.6
		贵阳市花溪区图书馆	26
云南	地级	玉溪市图书馆	120
	县级	安宁县图书馆	61.15
		姚安县图书馆	37
		楚雄市图书馆	35.7
		开远市图书馆	35
		石林县图书馆	35
		蒙自县图书馆	31.8
		腾冲县图书馆	30.1339
		大理市图书馆	30
		大姚县图书馆	30
		澄江县图书馆	25.3
		富源县图书馆	20
		景谷图书馆	20
		建水县图书馆	17.46
		新平县图书馆	10
陕西	县级	宝塔区图书馆	63
		司马迁图书馆	34.1
		旬阳县图书馆	33
甘肃	地级	天水市图书馆	80
	县级	肃州区图书馆	57
		敦煌市图书馆	34.7
		安定区图书馆	29.4
		临洮县图书馆	27.5
		陇西县图书馆	27.4
		武都县图书馆	25
		凉州区图书馆	25
		庆城县图书馆	23
		山丹县图书馆	19.3
		康县图书馆	18.7
		临泽县图书馆	15
		肃南县图书馆	15
		白银区少儿图书馆	12.5

地区	级别（地/县）	单位名称	年补助经费（万元）
宁夏	地级	石嘴山市图书馆	70
	县级	灵武市图书馆	45
		青铜峡市图书馆	40
		中宁县图书馆	30
		盐池县图书馆	30
		贺兰县图书馆	30
		固原原州区图书馆	25
		西吉县图书馆	16.5
		海原县图书馆	13
新疆	地级	塔城地区图书馆	80
		哈密地区图书馆	30
	县级	克拉玛依市独山子区图书馆	55
		伊犁州新源县图书馆	32.4
		阿勒泰地区阿勒泰市图书馆	31
		塔城地区沙湾县图书馆	30
		塔城地区乌苏市图书馆	30

地区	级别（地/县）	单位名称	年补助经费（万元）
新疆	地级	昌吉回族自治州昌吉市图书馆	25
		昌吉回族自治州吉木萨尔县图书馆	25
		昌吉回族自治州阜康市图书馆	23
海南	县级	昌江黎族自治区图书馆	25.2
		乐东黎族自治县图书馆	21
重庆	地级	南岸区图书馆	122.5
		涪陵区少儿图书馆	78.8
		九龙坡区图书馆	60.7
	县级	合川市图书馆	80.7
		潼南县图书馆	31.8
		铜梁县图书馆	25.5
		荣昌县图书馆	20.6

全国三级图书馆年补助经费统计

地区	级别（地/县）	单位名称	年补助经费（万元）
天津	地级	武清区图书馆	65.9
	县级	宁河县图书馆	24.1
河北	县级	鹿泉市图书馆	70
		辛集市图书馆	46.8
		三河市图书馆	40.2
		藁城市图书馆	35
		赵县图书馆	32.8
		宁晋县图书馆	29.92
		开平区图书馆	27
		怀来县图书馆	18
		大厂县图书馆	17
		满城县图书馆	15.9
		平山县图书馆	15
		内邱县图书馆	15
		景县图书馆	13
		峰峰矿区图书馆	10
		井陉县图书馆	10
		迁西县图书馆	10
		隆化县图书馆	9.1
		邢台县图书馆	8.7
		临城县图书馆	6.1
		定兴县图书馆	6
		枣强县李玉霞图书馆	5.9
		灵寿县图书馆	5
		元氏县图书馆	4.8
山西	县级	尧都区图书馆	64.8
		山阴县图书馆	30
		孝义市图书馆	30
		盐湖区图书馆	25
		平定县图书馆	25
		文水县图书馆	25
		盂县图书馆	25
		侯马市图书馆	20.6
		平顺县图书馆	20.3
		太谷县图书馆	20
		原平市图书馆	19.5
		绛县图书馆	19
		大同市南郊区图书馆	15
		临猗县图书馆	13
		武乡县图书馆	13
		长子县图书馆	12
		河曲县图书馆	12
		古交市图书馆	10
山西	县级	怀仁县图书馆	9.3
		沁源县图书馆	7
		左权县图书馆	6
		长治县图书馆	5
		中阳县图书馆	2.5
内蒙古	地级	乌海市图书馆	112.9
		呼伦贝尔市图书馆	104.16
		赤峰市图书馆	100.5
	县级	鄂温克旗图书馆	41
		莫力达瓦旗图书馆	31.7
		根河市图书馆	30
		扎兰屯市图书馆	30
		准格尔旗图书馆	30
		托克托县图书馆	30
		额尔古纳市图书馆	30
		鄂伦春旗图书馆	30
		巴林右旗图书馆	26.4
		林西县图书馆	26
		陈巴尔虎旗图书馆	25
		伊金霍洛旗图书馆	25
		杭锦后旗图书馆	25
		松山区图书馆	24.7
		阿鲁科尔沁旗图书馆	22
		东河区图书馆	18.49
		土默特左旗图书馆	17
		土右旗图书馆	16.4
		奈曼旗图书馆	15
		达拉特旗图书馆	15
		石拐区图书馆	15
		鄂托克旗图书馆	15
		杭锦旗图书馆	14
		喀喇沁旗图书馆	12.2
		东乌旗图书馆	12
		乌审旗图书馆	11.27
		科右中旗图书馆	11
		翁牛特旗图书馆	11
		乌拉特中旗图书馆	11
		磴口县图书馆	10
		鄂托克前旗图书馆	3.9
辽宁	地级	盘锦市图书馆	189.6
		辽阳市少儿图书馆	30
	县级	营口市大石桥市馆	44
		鞍山市岫岩县馆	37.6

地区	级别（地/县）	单位名称	年补助经费（万元）
辽宁	县级	抚顺市清原县馆	36.7
		沈阳市辽中县馆	26.6
		朝阳市凌源市馆	25.7
		丹东市凤城市馆	25.5
		铁岭市开原市馆	23.6
		鞍山市千山区馆	22
		葫芦岛市兴城市馆	21.7
		营口市老边区馆	20.2
		葫芦岛市建昌县馆	10
吉林	地级	通化市图书馆	88
		四平市图书馆	73.6
	县级	图们市图书馆	37
		和龙市图书馆	33.7
		镇赉县图书馆	32.8
		梅河口市图书馆	25.9
		永吉县图书馆	21.8
		梨树县图书馆	20.7
黑龙江	地级	鸡西市图书馆	118
		鹤岗市图书馆	113
		大兴安岭地区图书馆	84
	县级	林甸县图书馆	60
		哈尔滨南岗区图书馆	39.7
		依兰县图书馆	31
		兰西县图书馆	29
		双城市图书馆	28
		宾县图书馆	27.9
		铁力市图书馆	26.6
		巴彦县图书馆	26.5
		嘉荫县图书馆	25.2
		哈尔滨道里区图书馆	25
		牡丹江朝鲜族图书馆	25
		虎林市图书馆	24.7
		甘南县图书馆	24
		青冈县图书馆	21
		尚志市图书馆	20.5
		东宁县图书馆	20
		富裕县图书馆	18
		绥棱县图书馆	18
		富锦市图书馆	16.8
		汤原县图书馆	15.9
		呼玛县图书馆	15
		桦南县图书馆	14.6
		抚远县图书馆	13
		明水县图书馆	10
		龙江县图书馆	10
		方正县图书馆	10
江苏	地级	无锡市南长区图书馆	42.8
		盐城市盐都区图书馆	40
		涟水县图书馆	36
		响水县图书馆	30
		滨海县图书馆	30
		泗洪县图书馆	30
		阜宁县图书馆	30
		赣榆县图书馆	30
		宿迁市宿城区图书馆	25
		无锡市滨湖区图书馆	25
		连云港市连云区图书馆	23
		灌云县图书馆	20
		沭阳县图书馆	20
		淮安市淮阴区图书馆	17
		无锡市崇安区图书馆	15
浙江	地级	舟山市图书馆	126
		衢州市图书馆	80.59
	县级	瓯海区图书馆	105
		玉环县图书馆	84.6
		黄岩区图书馆	70.1
		嵊泗县图书馆	57
		松阳县图书馆	48.7
		建德市图书馆	47.2
		青田县图书馆	46
		常山县图书馆	45.5
		平阳县图书馆	41
		景宁县图书馆	36.4
		龙泉市图书馆	35
		遂昌县图书馆	35
		洞头县图书馆	33
		江山县图书馆	30.8
		磐安县图书馆	26.26
		新昌县图书馆	26
		天台县图书馆	26
		庆元县图书馆	22.1
安徽	地级	巢湖市图书馆	141.74
		淮南市图书馆	99.2
		阜阳市图书馆	78.5
	县级	当涂县图书馆	32.25
		潜山县图书馆	30
		宿松县图书馆	30
		池州市贵池区图书馆	27.1
		含山县图书馆	26.9
		临泉县图书馆	25
		肖县图书馆	25
		芜湖县图书馆	25

地区	级别（地/县）	单位名称	年补助经费（万元）
安徽	地级	濉溪县图书馆	23
		亳州市谯城区图书馆	19.8
		蒙城县图书馆	18.4644
		长丰县图书馆	17
		和县图书馆	15
		东至县图书馆	14.7
		淮南市潘集区图书馆	7
		六安市金安区图书馆	3.5
		霍邱县图书馆	2.5
		金寨县图书馆	2
福建	地级	三明市少儿图书馆	32.6
	县级	长乐市图书馆	68
		永安市图书馆	35
		厦门思明区图书馆	35
		福安市图书馆	32.9
		南靖县图书馆	26.25
		福州台江区图书馆	26
		漳浦县图书馆	25
		仙游县图书馆	25
		永定县图书馆	22.6
		沙县图书馆	21.11
		福州仓山区图书馆	20.11
		宁化县图书馆	18
		安溪县图书馆	17
		松溪县图书馆	17
		长泰县图书馆	15.16
		古田县图书馆	15
		政和县图书馆	12.8
		屏南县图书馆	11.2
		清流县图书馆	10.41
		将乐县图书馆	10.3
江西	县级	上饶信州区馆	32.6
		大余县图书馆	30
		新干县图书馆	27.6
		万安县图书馆	23
		鄱阳县图书馆	22.9
		兴国县图书馆	21.6
		修水县图书馆	21
		上犹县图书馆	20
		吉水县图书馆	16.75
		安福县图书馆	16.6
		新余渝水区馆	15.6
		赣县图书馆	15.54
		龙南县图书馆	15.3
		定南县图书馆	15
		安远县图书馆	15

地区	级别（地/县）	单位名称	年补助经费（万元）
江西	县级	南丰县图书馆	15
		永修县图书馆	14
		万年县图书馆	13.6
		全南县图书馆	13.12
		彭泽县图书馆	13
		乐安县图书馆	12.7
		信丰县图书馆	11.6
		宜黄县图书馆	11
		黎川县图书馆	11
		德兴市图书馆	10
		东乡县图书馆	9
		余江县图书馆	7.8
		安义县图书馆	7.7374
山东	地级	德州市图书馆	70
	县级	即墨市图书馆	56.66
		沂源县图书馆	30
		微山县图书馆	30
		栖霞市图书馆	28.4
		昌乐县图书馆	23.4
		沾化县图书馆	22.1
		烟台市芝罘区图书馆	20
		单县图书馆	20
		高青县图书馆	18.4
		潍坊市寒亭区图书馆	16.3
		鄄城县图书馆	15.4
		金乡县图书馆	15
		宁阳县图书馆	15
		平邑县图书馆	15
		梁山县图书馆	13.3
		济阳县图书馆	12
		枣庄市市中区图书馆	10
		高唐县图书馆	10
		济南市槐荫区图书馆	7
		长岛县图书馆	5
		夏津县图书馆	1
河南	地级	南阳市图书馆	130
		平顶山市图书馆	123.7
		开封市图书馆	105
		安阳市少儿图书馆	67.08
		济源市图书馆	50
	县级	濮阳县图书馆	32.5
		滑县图书馆	25.7
		周口市川汇区图书馆	25.6
		辉县市图书馆	25
		鹿邑县图书馆	23.5
		尉氏县图书馆	23.3

地区	级别（地/县）	单位名称	年补助经费（万元）
河南	县级	浚县图书馆	22
		确山县图书馆	21.5
		镇平县图书馆	20
		卢氏县图书馆	20
		郸城县图书馆	18.45
		安阳县图书馆	15.8
		获嘉县图书馆	15.6
		清丰县图书馆	15.6
		开封县图书馆	15
		平舆县图书馆	15
		方城县图书馆	15
		新蔡县图书馆	15
		内乡县图书馆	15
		襄城县图书馆	14.4
		正阳县图书馆	13.36
		淮阳县图书馆	11
		兰考县图书馆	10.58
		孟州市图书馆	9.6
		鄢陵县图书馆	8.46
		睢县图书馆	8
		新乡市牧野区图书馆	6.2
湖北	地级	恩施州图书馆	90
		咸宁市图书馆	16
	县级	孝感市孝南区图书馆	36.7
		通山县图书馆	25
		广水市图书馆	24
		竹山县图书馆	20
		恩施市图书馆	20
		巴东县图书馆	18
		来凤县图书馆	16.8
		武穴市图书馆	15
		英山县图书馆	15
		赤壁市图书馆	15
		房县图书馆	15
		咸丰县图书馆	15
		大悟县图书馆	14.8
		建始县图书馆	13.5
		利川市图书馆	13
		神农架林区图书馆	10
		竹溪县图书馆	10
		宣恩县图书馆	10
湖南	地级	邵阳市松坡图书馆	60
		邵阳市少儿图书馆	21.6
	县级	桂阳县图书馆	30.03
		永州冷水滩区图书馆	20.6
		花垣县图书馆	20.3
湖南	地级	湘阴县图书馆	20
		永兴县图书馆	17.6
		新田县图书馆	16.8
		江华县图书馆	16.1
		桃源县图书馆	16
		双牌县图书馆	15.12
		慈利县图书馆	15
		新晃县图书馆	13.6
		怀化鹤城区少儿馆	13
		桂东县图书馆	12.5
		道县图书馆	12
		保靖县图书馆	11.5
		洪江市图书馆	10.6
		津市市图书馆	10
		宜章县图书馆	10
		江永县图书馆	9
		古丈县图书馆	7.2
广东	县级	曲江县图书馆	47.5
		惠来县图书馆	40
		佛冈县图书馆	35
		连平县图书馆	33
		汕头市潮阳区图书馆	32
		饶平县图书馆	31
		大埔县图书馆	30
		吴川市图书馆	25.5
		平远县图书馆	17
		连南县图书馆	16
		龙门县图书馆	15.9
		怀集县图书馆	15.5
		徐闻县图书馆	15.2
		阳山县图书馆	15
		南雄市图书馆	15
		乳源县图书馆	15
		清新县图书馆	15
		广宁县图书馆	13
		英德市图书馆	12.5
		五华县图书馆	10
		连山县图书馆	10
		始兴县图书馆	10
广西	地级	梧州市图书馆	145
		玉林市图书馆	143.5
	县级	临桂县图书馆	35.6941
		博白县图书馆	31.046
		兴安县图书馆	21.5
		武鸣县图书馆	21.33
		象州县图书馆	21.1958

地区	级别（地/县）	单位名称	年补助经费（万元）
广西	县级	隆林县图书馆	21
		岑溪市图书馆	20
		藤县图书馆	20
		浦北县图书馆	19.8
		扶绥县图书馆	19.5
		大新县图书馆	18.5
		富川县图书馆	18
		龙州县图书馆	17.6
		马山县图书馆	17.17
		横县图书馆	17.14
		陆川县图书馆	17
		平乐县图书馆	16.037
		平南县图书馆	16
		昭平县图书馆	15.9
		龙胜县图书馆	15.59
		柳江县图书馆	15.0833
		巴马县图书馆	15
		防城区图书馆	14
		桂平市图书馆	13.6
		荔浦县图书馆	13.2
		灌阳县图书馆	12.5704
		永福县图书馆	12.5704
		凌云县图书馆	12
		隆安县图书馆	11.86
		上林县图书馆	11.7
		田东县图书馆	11
		天等县图书馆	11
		凤山县图书馆	10
		武宣县图书馆	10
		宁明县图书馆	8.9
		金秀县图书馆	8.4
		德保县图书馆	8
		那坡县图书馆	8
		西林县图书馆	7
		忻城县图书馆	6
		田林县图书馆	6
		上思县图书馆	2
四川	地级	乐山市图书馆	60
		遂宁市图书馆	48
		凉山州图书馆	10
		甘孜州图书馆	5
	县级	资中市图书馆	40
		通江县图书馆	37
		开江县图书馆	30
		犍为县图书馆	25
		大竹县图书馆	25

地区	级别（地/县）	单位名称	年补助经费（万元）
四川	县级	眉山东坡区图书馆	25
		三台县图书馆	22
		梓潼县图书馆	20
		夹江县图书馆	18.5
		隆昌县图书馆	16
		宜宾县图书馆	16
		高县图书馆	15
		青川县图书馆	15
		合江县图书馆	15
		南部县图书馆	14
		汶川县图书馆	13.88
		安县图书馆	13
		剑阁县图书馆	12
		北川县图书馆	8.73
		西充县图书馆	8.5
		蓬溪县图书馆	7
		南溪县图书馆	6.09
		江安县图书馆	5.8
		华蓥市图书馆	5
		蓬安县图书馆	4
		平武县图书馆	3.5
		会理县图书馆	3
		高坪区图书馆	3
		德昌县图书馆	2
		纳溪县图书馆	2
		雷波县图书馆	1.85
		泸定县图书馆	1
贵州	地级	安顺市图书馆	60.6
	县级	盘县特区思源图书馆	23.5
		兴义市图书馆	22
		镇宁宋庆龄基金少儿图书馆	20.3
		湄潭县图书馆	20
		都匀市图书馆	20
		凤岗县图书馆	19
		绥阳县图书馆	18.2
		大方县图书馆	16
		六枝特区图书馆	15.85
		镇远县图书馆	15
		普定县图书馆	15
		修文县图书馆	14
		仁怀市图书馆	14
		赤水市图书馆	13.5
		榕江县图书馆	12.5
		独山县图书馆	10
		威宁县图书馆	8

地区	级别（地/县）	单位名称	年补助经费（万元）
云南	地级	曲靖市图书馆	103.37
		临沧市图书馆	67
		昭通市图书馆	52
		保山市图书馆	30
	县级	永善县图书馆	41.4
		泸西县图书馆	35
		文山县图书馆	33
		东川区图书馆	32.7
		晋宁县图书馆	32
		华宁县图书馆	31.8
		昌宁县图书馆	31
		镇康县图书馆	30
		马龙县图书馆	30
		宣威市图书馆	30
		牟定县图书馆	30
		马关县图书馆	26.6
		通海县图书馆	26
		峨山县图书馆	25.5
		元江县图书馆	25.3
		宾川县图书馆	25
		永德县图书馆	25
		镇沅县图书馆	25
		勐海县图书馆	25
		勐腊县图书馆	25
		石屏县图书馆	23
		潞西市图书馆	22.7
		永平县图书馆	22
		江川县图书馆	21
		景东县图书馆	20.9
		罗平县图书馆	20
		陆良县图书馆	20
		师宗县图书馆	20
		威信县图书馆	20
		彝良县图书馆	20
		巍山县图书馆	18.4
		贺庆县图书馆	18.4
		金平县图书馆	18
		巧家县图书馆	18
		嵩明县图书馆	17.6
		砚山县图书馆	17.3
		易门县图书馆	17
		邱北县图书馆	17
		麻栗坡县图书馆	17
		祥云县图书馆	16.5
		富民县图书馆	15.6
		水富县图书馆	15.5
云南	县级	大关县图书馆	15.1
		凤庆县图书馆	15
		武定县图书馆	15
		南涧县图书馆	15
		寻甸县图书馆	15
		会泽县图书馆	15
		呈贡县图书馆	14.93
		弥度县图书馆	13.3
		洱源县图书馆	13
		剑川县图书馆	12.9
		宜良县图书馆	12.6
		广南县图书馆	11.97
		昭阳区图书馆	11.9
		耿马县图书馆	11
		云龙县图书馆	10.6
		禄丰县图书馆	10.6
		双江县图书馆	10.2
		元谋县图书馆	10
		墨江县图书馆	10
		西盟县图书馆	10
		盐津县图书馆	10
		南华县图书馆	5
		维西县图书馆	5
陕西	地级	宝鸡市图书馆	114
	县级	临渭区图书馆	47
		三原县图书馆	30.6
		米脂县斌丞馆	27.7
		蓝田县图书馆	26.7
		华县图书馆	26.4
		陈仓区图书馆	25.5
		乾县图书馆	21.9
		凤翔县图书馆	21.6
		高陵县图书馆	17
		扶风县图书馆	15.5
		耀州区图书馆	14.8
		岐山县图书馆	11
		王益区少儿馆	6.4
		汉台区图书馆	2
		南郑县图书馆	2
		镇巴县图书馆	1
		洋县图书馆	0
		略阳县图书馆	0
甘肃	地级	嘉峪关市图书馆	60
		庆阳市图书馆	52
	县级	成县图书馆	35
		永登县图书馆	30.1

地区	级别（地/县）	单位名称	年补助经费（万元）
甘肃	县级	清水县图书馆	26
		徽县图书馆	25
		合水县图书馆	24
		静宁县图书馆	23.6
		崆峒区图书馆	21.8
		西固区图书馆	21.1
		金塔县图书馆	20.1
		高台县图书馆	20
		镇原县图书馆	19
		岷县图书馆	17
		庄浪县图书馆	15.7
		礼县图书馆	15
		宁县图书馆	11.6
		漳县图书馆	10
		临夏市图书馆	0
宁夏	县级	平罗县图书馆	30
		隆德县图书馆	10
		同心县图书馆	2
新疆	地级	石河子市图书馆	75
		喀什地区图书馆	67.5
		阿勒泰地区图书馆	53.8
		巴音郭楞蒙古自治州图书馆	44
	县级	喀什地区喀什市图书馆	43
		阿勒泰地区福海县图书馆	30.4
		塔城地区托里县图书馆	30
		塔城地区裕民县图书馆	30
		塔城地区和丰县图书馆	30
		伊哈萨克自治州察布查尔县图书馆	30
		喀什地区疏附县图书馆	30
		巴音郭楞蒙古自治州轮台县图书馆	27.5
		阿勒泰地区布尔津县图书馆	26

地区	级别（地/县）	单位名称	年补助经费（万元）
新疆	县级	昌吉回族自治州木垒县图书馆	25
		昌吉回族自治州呼图壁县图书馆	20.23
		吐鲁番地区鄯善县图书馆	20
		博尔塔拉蒙古自治州精河县图书馆	19.68
		伊犁哈萨克自治州奎屯市图书馆	19
		昌吉州奇台县图书馆	18
		巴音郭楞蒙古自治州且末县图书馆	17.5
		昌吉州米泉市图书馆	17
		昌吉州玛纳斯县图书馆	16
		博尔塔拉蒙古自治州博乐市图书馆	15
		博尔塔拉蒙古自治州温泉县图书馆	15
		巴音郭楞蒙古自治州和静县图书馆	10.1
		喀什地区莎车县图书馆	10
		阿勒泰地区吉木乃县图书馆	10
		巴音郭楞蒙古自治州博湖县图书馆	5.7
海南	县级	五指山市图书馆	35
		海口市琼山区图书馆	23.6
		琼海市图书馆	15.5
		安定县图书馆	15
		东方市图书馆	15
重庆	地级	长寿区图书馆	74.6
	县级	永川市图书馆	28.9
		南川市图书馆	21.4
		壁山县图书馆	20.8

全国一级图书馆馆舍面积统计

地区	级别（地/县）	单位名称	馆舍面积（平方米）
北京	地级	东城区图书馆	12672
		西城区图书馆	11720.28
		西城区青少年儿童图书馆	6548
		崇文区图书馆	6013.75
		朝阳区图书馆	5124
		房山区图书馆	5042.8
		顺义区图书馆	4520.4
		门头沟区图书馆	4030
		宣武区图书馆	3400
		石景山区少儿图书馆	3235.7
	县级	密云县图书馆	3600
天津	地级	河东区图书馆	4470
		河西区图书馆	4147
		塘沽区图书馆	4080
		和平区图书馆	3000
		红桥区少年儿童图书馆	2069.9
	县级	静海县图书馆	5720
河北	地级	石家庄市图书馆	13896.65
		唐山市图书馆	10191
		秦皇岛市图书馆	7833
		邯郸市图书馆	6000
		廊坊市图书馆	4327
		沧州市图书馆	4199.29
	县级	遵化县图书馆	2600
		武安市图书馆	2505
		乐亭县图书馆	2500
山西	地级	太原市图书馆	23606
	县级	榆次区图书馆	3000
		曲沃县图书馆	2600
		汾阳市图书馆	2543
内蒙古	地级	包头市图书馆	6478
		通辽市图书馆	4075
	县级	科尔沁区图书馆	3200
		青山区图书馆	1500
辽宁	地级	鞍山市图书馆	12960
		本溪市图书馆	10117
		辽阳市图书馆	6177
		丹东市图书馆	5258
	县级	大连市沙河口区馆	6304
		大连市旅顺口区馆	4485
		沈阳市和平区馆	4002
		大连市瓦房店市馆	3700
		大连市普兰店市馆	3600

地区	级别（地/县）	单位名称	馆舍面积（平方米）
辽宁	县级	丹东市东港市馆	3476
		大连市甘井子区馆	3222
		大连市西岗区馆	3100
		沈阳市沈河区馆	3000
		鞍山市海城市馆	2780.8
		沈阳市铁西区馆	2550
		鞍山市铁东区馆	2174
		沈阳铁西区少儿馆	1265.58
吉林	县级	敦化市图书馆	3846
		前郭县图书馆	3000
黑龙江	地级	齐齐哈尔市图书馆	6468
	县级	海林市图书馆	2685
		海伦市图书馆	2486
上海	地级	黄浦区图书馆	11500
		浦东新区图书馆	10336
		宝山区图书馆	7396
		松江区图书馆	6979
		杨浦区图书馆	5580
		徐汇区图书馆	5365
		普陀区图书馆	5100
		静安区图书馆	4979
		黄浦区第二图书馆	4914
		南汇区图书馆	4120
		卢湾区图书馆	4118
		长宁区图书馆	3529
		闵行区图书馆	3508
		虹口区图书馆	3300
		闸北区图书馆	3266
		闸北区少儿图书馆	3196
		长宁区少儿图书馆	2058
	县级	崇明县图书馆	7115
		浦东新区川沙图书馆	3470
		青浦区图书馆	3168
		奉贤区图书馆	2552
		浦东新区川沙少儿馆	2408
		虹口区曲阳图书馆	2254
		杨浦区延吉图书馆	2083
		浦东新区第二图书馆	2036
		浦东新区第一图书馆	1800
江苏	地级	无锡市图书馆	26851
		苏州市图书馆	25000
		徐州市图书馆	21500
		镇江市图书馆	16000

地区	级别（地/县）	单位名称	馆舍面积（平方米）
江苏	地级	连云港市图书馆	16000
		常州市图书馆	11515
		盐城市图书馆	11000
		扬州市图书馆	10300
		扬州市少儿图书馆	6200
		泰州市图书馆	5800
		连云港市少儿图书馆	3400
	县级	张家港市图书馆	12500
		常熟市图书馆	6090
		南京市鼓楼区图书馆	2070
		太仓市图博中心	8000
		丹阳市图书馆	3616
		南京市江宁区图书馆	3005
		吴江市图书馆	3540
		泰兴市图书馆	3162.3
		溧水县儿童图书馆	1770
		江阴市图书馆	3500
		仪征市图书馆	5300
		南京市建邺区图书馆	3050
		昆山市图书馆	18600
		南京市秦淮区图书馆	1650
		南京市玄武区少儿图书馆	1500
		南京市浦口区图书馆	3935
		扬中市图书馆	2650
		南京市六合区第二图书馆	2020
		海门市图书馆	2500
		苏州市吴中区图书馆	3377
		江都市图书馆	2563
		启东市图书馆	3000
		通州市图书馆	3295
		南京市白下区图书馆	1500
		溧水县图书馆	2720
		高淳县图书馆	3000
		如皋市图书馆	3000
		宜兴市图书馆	4600
		姜堰市图书馆	3937
		靖江市图书馆	6850
		扬州市邗江区图书馆	3000
		金坛市图书馆	3450
		大丰市图书馆	5000
		沛县图书馆	4000
		东海县图书馆	5056
		海安县图书馆	4080
		如东县图书馆	4000
		东台市图书馆	4498
		常州市武进区图书馆	2956
		高邮市图书馆	2500
浙江	地级	绍兴图书馆	13984
		温州市图书馆	12000
		金华严济慈图书馆	14200
		温州市少儿图书馆	3000
	县级	桐乡市图书馆	7200
		武义县图书馆	6800
		象山县图书馆	6308
		兰溪市图书馆	6133
		东阳市图书馆	5160
		奉化市图书馆	4996
		临安市图书馆	4923
		诸暨市图书馆	4500
		温岭市图书馆	4250
		海宁市图书馆	4248
		嘉善县图书馆	3761.95
		富阳市图书馆	3600
		临海市图书馆	3500
		余姚市图书馆	3307
		德清县图书馆	3278
		云和县图书馆	3223
		上虞市图书馆	3200
		永嘉县图书馆	3157
		安吉县图书馆	3120
		余杭区图书馆	3112
		浦江县图书馆	3075
		海盐县图书馆	3015
		嵊州市图书馆	2900
		岱山县图书馆	2500
		桐庐县图书馆	2280
		萧山区图书馆	2152
安徽	地级	合肥市图书馆	14984.4
	县级	马鞍山市图书馆	10200
		铜陵市图书馆	6460
		太湖县图书馆	4000
福建	地级	泉州市图书馆	6320
		福州市图书馆	6072
	县级	南安市图书馆	4450
		晋江市图书馆	4000
		集美图书馆	3520
		南安市李成智图书馆	3047
		石狮市图书馆	3000
江西	地级	南昌市图书馆	21000
		九江市图书馆	14068
		赣州市图书馆	12200
		新余市图书馆	6800

地区	级别（地/县）	单位名称	馆舍面积（平方米）
江西	地级	鹰潭市图书馆	4300
	县级	泰和县图书馆	3890
		庐山图书馆	3100
		弋阳县图书馆	2500
		武宁县图书馆	2060
山东	地级	烟台图书馆	20000
		枣庄市图书馆	12600
		济宁市图书馆	10713
		潍坊市图书馆	8320
	县级	诸城市图书馆	3822
		青岛市经济技术开发区图书馆	3673
		曲阜市图书馆	3200
		淄博市淄川区图书馆	3089
		邹平县图书馆	3080
		平原县图书馆	3060
		平度市图书馆	3010
		邹城市图书馆	3000
		青州市图书馆	2676
		滕州市图书馆	2650
		胶州市图书馆	2533
		莱州市图书馆	2500
		文登市图书馆	2500
		烟台市牟平区图书馆	2500
		广饶县图书馆	2500
		茌平县图书馆	2500
		青岛市市南区图书馆	2100
		青岛市四方区图书馆	2000
		淄博市博山区图书馆	1730
		烟台经济技术开发区图书馆	1680
河南	地级	洛阳市图书馆	12000
		郑州市图书馆	11257.56
		三门峡市图书馆	10682
		漯河市图书馆	5213.62
	县级	林州市图书馆	4300
		偃师市图书馆	4300
		陕县图书馆	2800
		新密市图书馆	2500
湖北	地级	十堰市图书馆	11364
		荆州市图书馆	8100
		黄石市图书馆	6879.1
		荆门市图书馆	6119.07
	县级	大冶市图书馆	3890
		崇阳县图书馆	3440
		武汉市桥口区图书馆	3400
		郧西县图书馆	2800
湖北	县级	蕲春县图书馆	2592
		秭归县图书馆	2559
		武汉市江夏区图书馆	2550
		武汉市洪山区图书馆	2078
		武汉市东西湖区图书馆	2075
		当阳市图书馆	1700
		武汉市青山区图书馆	1515
		武汉市江岸区少儿图书馆	810
湖南	地级	衡阳市图书馆	10037
		常德市图书馆	7680
		湘潭市图书馆	7384.2
		岳阳市图书馆	7200
		株洲市图书馆	6013
		长沙市图书馆	5107.4
	县级	涟源市图书馆	5300
		浏阳市图书馆	3693
		汨罗市图书馆	3186
		衡东县图书馆	3133.3
		宁乡县图书馆	3053
		临澧县图书馆	3050
		临湘市图书馆	3003
		双峰县图书馆	3000
		华容县图书馆	2650
		永州芝山区图书馆	2640
		邵东县图书馆	2611
		炎陵县图书馆	2560
		平江县图书馆	2500
广东	地级	汕头市图书馆	28800
		湛江市图书馆	20830
		佛山市图书馆	18000
		深圳市南山区图书馆	16400
		东莞市图书馆	10600
		深圳市盐田区图书馆	10192
		中山市图书馆	9144
		广州市花都区图书馆	8630
		江门市五邑图书馆	8470
		深圳市宝安区图书馆	8119
		深圳市福田区图书馆	8100
		深圳市罗湖区图书馆	7014
		湛江市少儿图书馆	5500
		广州市海珠区图书馆	5000
		广州市番禺区图书馆	4214
		广州市天河区图书馆	3014
		广州市荔湾区图书馆	3000
		广州市芳村区图书馆	3000
		广州市黄埔区图书馆	3000

地区	级别（地/县）	单位名称	馆舍面积（平方米）
广东	县级	惠阳市图书馆	9648
		高州市图书馆	7776
		佛山市南海区图书馆	6800
		揭阳市榕城区图书馆	6800
		佛山市顺德区梁銶琚图书馆	6300
		台山市图书馆	5785
		开平市图书馆	5760
		江门市新会区景堂图书馆	5280
		罗定市图书馆	4200
		佛山市高明区图书馆	3685
		佛山市禅城区图书馆	3500
		肇庆市端州区图书馆	3450
		蕉岭县图书馆	3000
		佛山市三水市图书馆	2800
		汕头市澄海区图书馆	2718.5
		普宁市图书馆	2638
		增城市图书馆	2600
		从化市图书馆	2000
广西	地级	柳州市图书馆	12269
		南宁市图书馆	11730
		南宁市少儿图书馆	4789
	县级	北流市图书馆	3970
四川	地级	广安市图书馆	11000
		绵阳市图书馆	8100
	县级	绵竹市图书馆	5636
		成都市成华区图书馆	3500
		广汉市图书馆	3300
		邛崃市图书馆	3000
		成都市金牛区图书馆	3000
		成都市新都区图书馆	2650
		什邡市图书馆	2547

地区	级别（地/县）	单位名称	馆舍面积（平方米）
四川	县级	成都市青羊区图书馆	2500
		成都市武侯区图书馆	2000
		成都市锦江区图书馆	2000
		成都市龙泉驿区图书馆	1850
		成都市温江区图书馆	1530
		都江堰市图书馆	1500
贵州	地级	贵阳市图书馆	10421
	县级	遵义县图书馆	3040
云南	地级	昆明图书馆	8050
		大理州图书馆	6189
		楚雄州图书馆	6054
	县级	盘龙区图书馆	9152
		五华区图书馆	8400
		个旧市图书馆	3885
		官渡区图书馆	2772
云南	县级	弥勒县图书馆	2592.8
		红塔区图书馆	2455
陕西	县级	星元图书馆	3157
		汉滨区少儿馆	2114
甘肃	地级	兰州市图书馆	9300
		白银市图书馆	6100
	县级	甘州区图书馆	3515
		北道区图书馆	1510
宁夏	地级	银川市图书馆	6000.47
	县级	吴忠利通区图书馆	3100
新疆	地级	克拉玛依市图书馆	7740
	县级	伊犁州伊宁市图书馆	2210
重庆	地级	北碚区图书馆	8350
		沙坪坝区图书馆	7000
		涪陵区图书馆	6000
		渝北区图书馆	4050

全国二级图书馆馆舍面积统计

地区	级别（地/县）	单位名称	馆舍面积（平方米）
天津	地级	津南区图书馆	5300
		大港区图书馆	4570
		东丽区图书馆	4005
		宝坻区图书馆	3754
		汉沽区图书馆	3000
		河北区图书馆	2111
		河北区少年儿童图书馆	892
	县级	蓟县图书馆	3206
河北	地级	保定市图书馆	8600
		张家口市图书馆	4473.58
		邢台市图书馆	4202
	县级	晋州市图书馆	3380
		任丘市图书馆	3000
		安国市图书馆	2600
		正定县图书馆	2500
		易县图书馆	2500
		栾城县图书馆	2500
		沙河市图书馆	2500
		栾南县图书馆	2100
		抚宁县图书馆	1800
		滦县图书馆	1800
		玉田县图书馆	1650
		丰南区图书馆	1650
		卢龙县图书馆	1575
		唐海县图书馆	1562
		青县图书馆	1560
		昌黎县图书馆	1553
		磁县图书馆	1510
		宣化区图书馆	1500
		河间市图书馆	1500
		泊头市图书馆	1500
		丰宁县图书馆	1500
		平泉县图书馆	1500
		新乐市图书馆	1500
		吴桥县图书馆	1200
		山海关区图书馆	1200
		黄骅市图书馆	1000
		涉县图书馆	858
山西	县级	祁县图书馆	2994
		灵石县图书馆	1580
		忻府区图书馆	1500
		襄垣县图书馆	1500
内蒙古	地级	鄂尔多斯市图书馆	4000

地区	级别（地/县）	单位名称	馆舍面积（平方米）
内蒙古	地级	兴安盟图书馆	4000
	县级	满洲里区图书馆	3200
		阿荣旗图书馆	1500
		九原区图书馆	1500
		开鲁县图书馆	1500
		海拉尔区图书馆	1500
		昆区图书馆	1500
		鄂尔多斯市东胜区少儿图书馆	1446
辽宁	地级	盘锦市少儿图书馆	2652
		鞍山市少儿图书馆	2200
		营口市少儿图书馆	1627
	县级	大连市中山区馆	3800
		大连市长海县馆	2933
		葫芦岛市连山区馆	1933
		锦州市凌海市馆	1766
		沈阳市苏家屯区馆	1750
		锦州市北宁市馆	1678
		锦州市义县馆	1657
		沈阳市东陵区馆	1655
		锦州市黑山县馆	1595
		沈阳市新城子区馆	1543
		大连市金州区馆	1520
		本溪市本溪县馆	1502
		沈阳市于洪区馆	1500
		丹东市宽甸县馆	1143
		朝阳市朝阳县馆	1100
		朝阳市建平县馆	1048
		沈阳市康平县馆	1043
		沈阳市法库县馆	1040
		丹东市振安区馆	829
吉林	地级	吉林市图书馆	15721
		白山市图书馆	6658
		延边州图书馆	6015
	县级	桦甸市图书馆	2300
		德惠市图书馆	1620
		长春市宽城区图书馆	1508
		通化县图书馆	1272
		公主岭市图书馆	1250
		抚松县图书馆	1000
黑龙江	地级	佳木斯市图书馆	4409
		伊春市图书馆	4031
	县级	望奎县图书馆	2500

地区	级别（地/县）	单位名称	馆舍面积（平方米）
黑龙江	县级	林口县图书馆	2000
		肇东市图书馆	1787
		绥化市北林区图书馆	1574
		穆棱市图书馆	1527
		拜泉县图书馆	1500
		安达市图书馆	1300
		讷河市图书馆	900
		泰来县图书馆	800
		富拉尔基区图书馆	800
		同江市图书馆	771.38
		绥化市北林区少儿馆	531
上海	地级	杨浦区少儿图书馆	1519
江苏	地级	南通市图书馆	4761
		淮安市图书馆	4010
		南通市少儿图书馆	950
	县级	南京市六合区第一图书馆	3044
		泗阳县图书馆	2588
		邳州市图书馆	2580
		无锡市惠山区图书馆	2550
		溧阳市图书馆	2058.8
		新沂市图书馆	1960
		兴化市图书馆	1819
		淮安市楚州区图书馆	1750
		无锡市北塘区图书馆	1650
		射阳县图书馆	1627
		建湖县图书馆	1620
		无锡市锡山区图书馆	1560
		南京市雨花台区图书馆	1500
		南京市下关区图书馆	1500
浙江	地级	金华市少儿图书馆	3750
	县级	椒江区图书馆	3500
		鄞州区图书馆	2505
		淳安县图书馆	2500
		三门县图书馆	2212
		乐清市图书馆	2100
		北仑区图书馆	2050
		义乌市图书馆	2000
		永康市图书馆	1895
		镇海区图书馆	1766
		缙云县图书馆	1540
		瑞安市图书馆	1515
		仙居县图书馆	1500
		开化县图书馆	1500
		普陀区图书馆	1070
安徽	地级	安庆市图书馆	6150
	县级	歙县图书馆	2960

地区	级别（地/县）	单位名称	馆舍面积（平方米）
安徽	县级	无为县图书馆	1800
		五河县图书馆	1580
		肥西县图书馆	712
福建	地级	三明市图书馆	6100
		漳州市图书馆	4290
		南平市图书馆	3490
		福州市少儿图书馆	2000
	县级	建瓯市图书馆	4176
		邵武市图书馆	4060
		德化县图书馆	3540
		漳平市图书馆	3500
		尤溪县图书馆	3039
		福清市图书馆	3034
		福鼎市图书馆	3000
		厦门湖里区图书馆	3000
		厦门同安区图书馆	2735
		浦城县图书馆	2700
		建阳市图书馆	2634
		武夷山市图书馆	2500
		永春县图书馆	2464
		龙海市图书馆	2361
		上杭县图书馆	2160
		光泽县图书馆	2100
		闽侯县图书馆	2080
		连江县图书馆	2045
		东山县图书馆	2001
		连城县图书馆	1761
		厦门集美区少儿图书馆	1580
		武平县图书馆	1510
		惠安县图书馆	1500
		泰宁县图书馆	1500
		宁德蕉城区图书馆	1500
		同安区少儿图书馆	1032
江西	地级	景德镇市图书馆	6000
		吉安市图书馆	4000
		抚州市图书馆	2000
	县级	靖安县图书馆	3000
		万载县图书馆	2700
		丰城市图书馆	2600
		进贤县图书馆	2588
		南昌东湖区馆	2549
		贵溪市图书馆	2537
		鹰潭月湖区馆	2352
		抚州临川区馆	2186
		崇义县图书馆	2064
		宁都县图书馆	2060

地区	级别（地/县）	单位名称	馆舍面积（平方米）
江西	县级	井冈山市图书馆	2000
		崇仁县图书馆	1800
		于都县图书馆	1728
		遂川县图书馆	1644
		吉安县图书馆	1620
		宜丰县图书馆	1588
		南康县图书馆	1584
		都昌县图书馆	1580
		南昌青山湖区馆	1520
		高安市图书馆	1500
		石城县图书馆	1500
		莲花县图书馆	1500
		上高县图书馆	1050
		南昌西湖区馆	1000
		南昌青云谱区馆	1000
山东	地级	泰安市图书馆	11000
		东营市图书馆	8000
		威海市图书馆	6000
		聊城市海源阁图书馆	4059
	县级	青岛市城阳区图书馆	3100
		沂水县图书馆	3020
		乳山市图书馆	3000
		莒县图书馆	3000
		莒南县图书馆	3000
		青岛市市北区图书馆	2600
		胶南市图书馆	2500
		枣庄市峄城区图书馆	2500
		枣庄市薛城区图书馆	2500
		章丘市图书馆	2500
		寿光市图书馆	2500
		青岛市崂山区图书馆	2500
		博兴县图书馆	2500
		招远市图书馆	2500
		莱西市图书馆	2400
		无棣县图书馆	2200
		荷泽市牡丹区图书馆	2195
		安丘市图书馆	2080
		郯城县图书馆	2060
		青岛市李沧区图书馆	2000
		荣成市图书馆	2000
		枣庄市台儿庄区图书馆	2000
		利津县图书馆	2000
		济南市长清区图书馆	1866
		蒙阴县图书馆	1838
		济南市历城区图书馆	1765
		淄博市张店区少儿图书馆	1690

地区	级别（地/县）	单位名称	馆舍面积（平方米）
山东	县级	临朐县图书馆	1667
		费县图书馆	1608
		昌邑市图书馆	1583
		临沭县图书馆	1560
		垦利县图书馆	1550
		临沂市兰山区图书馆	1542
		海阳市图书馆	1502
		兖州市图书馆	1500
		肥城市图书馆	1500
		蓬莱市图书馆	1500
		高密市图书馆	1500
		郓城县图书馆	1500
		五莲县图书馆	1500
		新泰市图书馆	1500
河南	地级	许昌市图书馆	8130
		濮阳市图书馆	4300
	县级	新郑市图书馆	3258
		渑池县图书馆	2700
		沁阳市图书馆	2592
		商丘梁园区图书馆	2500
		商丘睢阳区图书馆	2500
		唐河县图书馆	2000
		邓州市图书馆	2000
		栾川县图书馆	1800
		驻马店驿城区图书馆	1700
		西平县图书馆	1622
		信阳市平桥区图书馆	1600
		汝南县图书馆	1600
		禹州市图书馆	1505
		罗山县图书馆	1500
		舞阳县图书馆	1500
		郾城县图书馆	1500
		孟津县图书馆	1500
湖北	地级	襄樊市图书馆	6100
		黄冈市图书馆	4764
		鄂州市图书馆	4026
		宜昌市图书馆	4020
		孝感市图书馆	4000
	县级	仙桃市图书馆	9600
		京山县图书馆	3300
		老河口市图书馆	3214
		洪湖市图书馆	3000
		枣阳市图书馆	2880
		荆州市荆州区图书馆	2748
		宜城市图书馆	2684
		长阳县图书馆	2600

地区	级别（地/县）	单位名称	馆舍面积（平方米）
湖北	地级	谷城县图书馆	2560
		潜江市图书馆	2500
		罗田县图书馆	2500
		阳新县图书馆	2460
		麻城市图书馆	2300
		松滋市图书馆	2200
		浠水县图书馆	2200
		红安县图书馆	2200
		黄梅县图书馆	2100
		武汉市蔡甸区图书馆	2037
		石首市图书馆	2000
		兴山县图书馆	1922
		黄冈市黄州区图书馆	1800
		武汉市黄陂区图书馆	1762
		武汉市新洲区图书馆	1732
		武汉市汉阳区图书馆	1700
		钟祥市图书馆	1680
		宜都市图书馆	1648
		枝江市图书馆	1647
		应城市图书馆	1640
		汉川市图书馆	1636.7
		武汉市江岸区图书馆	1612
		远安县图书馆	1580
		蕲春县少儿图书馆	1568
		安陆市图书馆	1560
		五峰县图书馆	1521
		公安县图书馆	1500
		丹江口市图书馆	1500
		襄樊市襄阳区图书馆	1400
		监利县图书馆	1000
湖南	地级	益阳市图书馆	4911
		衡阳市少儿图书馆	2000
	县级	娄底娄星区图书馆	3900
		冷水江市图书馆	3200
		湘潭县图书馆	3075
		望城县图书馆	2700
		澧县图书馆	2643
		攸县图书馆	2516
		资兴市图书馆	2515
		祁东县图书馆	2500
		湘乡市图书馆	2100
		洞口县图书馆	2060
		衡南县图书馆	2016.4
		桃江县图书馆	2007
		茶陵县图书馆	2000
		溆浦县图书馆	2000

地区	级别（地/县）	单位名称	馆舍面积（平方米）
湖南	县级	城步县图书馆	2000
		辰溪县图书馆	2000
		衡阳县图书馆	1888
		沅江市图书馆	1870
		宁远县图书馆	1836
		芷江县图书馆	1778.9
		新化县图书馆	1700
		石门县图书馆	1700
		沅陵县图书馆	1700
		常宁县图书馆	1682
		绥宁县图书馆	1678
		祁阳县图书馆	1613
		益阳资阳区图书馆	1600
		株洲县图书馆	1600
		南县图书馆	1600
		怀化鹤城区图书馆	1586.1
		安化县图书馆	1572
		永顺县图书馆	1562
		常德鼎城区图书馆	1555
		醴陵市图书馆	1530
		新宁县图书馆	1526
		麻阳县图书馆	1525
		嘉禾县图书馆	1520
		邵阳县图书馆	1516
		洪江区图书馆	1504
		汝城县图书馆	1500
		吉首市少儿图书馆	1500
		靖州县图书馆	1500
		新邵县图书馆	1500
		隆回县图书馆	1500
广东	地级	梅州市剑英图书馆	8820
		阳江市图书馆	6200
		潮州市谢慧如图书馆	4800
		清远市图书馆	4500
		韶关市图书馆	4460
		广州市东山区图书馆	2100
	县级	高要市黎汉光图书馆	3800
		恩平市图书馆	2741
		德庆县图书馆	2556
		兴宁市图书馆	2550
		遂溪县图书馆	2500
		雷州市李纪妙图书馆	2040
		鹤山市图书馆	2000
		郁南县图书馆	2000
		封开县图书馆	1750
		新兴县图书馆	1750

地区	级别（地/县）	单位名称	馆舍面积（平方米）
广东	县级	廉江市图书馆	1550
		汕头市龙湖区图书馆	1500
		紫金县图书馆	1500
		仁化县图书馆	1485
		四会市图书馆	1350
		珠海市斗门区图书馆	1210
广西	地级	北海市图书馆	18000
		北海市少儿图书馆	2458
	县级	灵山县图书馆	4061
		江州区图书馆	3664
		邕宁县图书馆	3292
		右江区图书馆	2645
		宾阳县图书馆	2000
		全州县图书馆	1900
		容县图书馆	1840
		凭祥市图书馆	1670
		兴宾区图书馆	1549
		合浦县图书馆	1547
		靖西县图书馆	1500
		宜州市图书馆	1100
		田阳县图书馆	1000
		苍梧县图书馆	900
		灵川县图书馆	320
四川	地级	泸州市图书馆	18980
		攀枝花市图书馆	8000
		达州市图书馆	6340
		自贡市图书馆	6100
		广元市图书馆	3000
	县级	崇州市图书馆	3050
		岳池县图书馆	3000
		盐亭县图书馆	3000
		阆中市图书馆	2636
		成都市青白江区图书馆	2600
		营山县图书馆	2570
		广安区图书馆	2500
		江油市图书馆	2500
		简阳市图书馆	2300
		平昌县图书馆	2200
		彭州市图书馆	2072.96
		成都市双流县图书馆	2056
		射洪县图书馆	2024
		峨眉山市图书馆	2000
		达县图书馆	1958
		苍溪县图书馆	1686
		武胜县图书馆	1621
		宣汉县图书馆	1600

地区	级别（地/县）	单位名称	馆舍面积（平方米）
四川	县级	渠县图书馆	1520
		旺苍县图书馆	1500
		万源县图书馆	1460
		巴州区图书馆	1378
		邻水县图书馆	1100
		南江县图书馆	673.3
贵州	地级	毕节地区图书馆	9000
		黔南州图书馆	6000
		遵义市图书馆	4000
	县级	贵阳市白云区图书馆	2500
		贵阳市花溪区图书馆	1045
云南	地级	玉溪市图书馆	3215
	县级	安宁县图书馆	6898
		开远市图书馆	5852
		大理市图书馆	3050
		腾冲县图书馆	2676.11
		建水县图书馆	2507.9
		大姚县图书馆	2500
		楚雄市图书馆	1900.8
		石林县图书馆	1680
		姚安县图书馆	1555.49
		新平县图书馆	1540
		澄江县图书馆	1503
		富源县图书馆	1500
		景谷图书馆	1080
		蒙自县图书馆	1003
陕西	县级	宝塔区图书馆	3820
		司马迁图书馆	3000
		旬阳县图书馆	1000
甘肃	地级	天水市图书馆	5000
	县级	凉州区图书馆	2600
		肃州区图书馆	2400
		肃南县图书馆	2000
		安定区图书馆	1800
		庆城县图书馆	1540
		武都县图书馆	1539
		敦煌市图书馆	1500
		临泽县图书馆	1500
		山丹县图书馆	1500
		康县图书馆	1200
		临洮县图书馆	1200
		陇西县图书馆	800
		白银区少儿图书馆	800
宁夏	地级	石嘴山市图书馆	4000
	县级	中宁县图书馆	3400
		固原原州区图书馆	2500

地区	级别（地/县）	单位名称	馆舍面积（平方米）
宁夏	县级	贺兰县图书馆	2308
		青铜峡市图书馆	1593
		灵武市图书馆	1561.7
		西吉县图书馆	1518
		盐池县图书馆	1500
		海原县图书馆	1500
新疆	地级	哈密地区图书馆	2200
		塔城地区图书馆	2142
	县级	克拉玛依市独山子区图书馆	6120
		昌吉回族自治州阜康市图书馆	2500
		塔城地区沙湾县图书馆	2200
		伊犁州新源县图书馆	1600
		昌吉回族自治州昌吉市图书馆	1446

地区	级别（地/县）	单位名称	图书年入藏数（种）
新疆	县级	塔城地区乌苏市图书馆	1000
		昌吉回族自治州吉木萨尔县图书馆	1000
		阿勒泰地区阿勒泰市图书馆	1000
海南	县级	昌江黎族自治区图书馆	2100
		乐东黎族自治县图书馆	1800
重庆	地级	九龙坡区图书馆	3479
		涪陵区少儿图书馆	3105
		南岸区图书馆	3000
	县级	荣昌县图书馆	3283
		合川市图书馆	3160
		铜梁县图书馆	3075
		潼南县图书馆	2738

全国三级图书馆馆舍面积统计

地区	级别（地/县）	单位名称	馆舍面积（平方米）
河北	县级	藁城市图书馆	3350
		临城县图书馆	2660
		辛集市图书馆	2520
		宁晋县图书馆	2510
		鹿泉市图书馆	2500
		赵县图书馆	2500
		三河市图书馆	2000
		平山县图书馆	1900
		开平区图书馆	1700
		元氏县图书馆	1650
		满城县图书馆	1600
		峰峰矿区图书馆	1500
		灵寿县图书馆	1500
		井陉县图书馆	1500
		隆化县图书馆	1500
		定兴县图书馆	1200
		内邱县图书馆	1100
		怀来县图书馆	1100
		邢台县图书馆	1000
		景县图书馆	1000
		枣强县李玉霞图书馆	910
		大厂县图书馆	560
		迁西县图书馆	300
山西	县级	尧都区图书馆	3893
		孝义市图书馆	2600
		长子县图书馆	2500
		沁源县图书馆	2263
		大同市南郊区图书馆	2100
		侯马市图书馆	1600
		太谷县图书馆	1500
		平定县图书馆	1500
		临猗县图书馆	1380
		盐湖区图书馆	1300
		文水县图书馆	1275
		绛县图书馆	1200
		长治县图书馆	1200
		山阴县图书馆	1180
		古交市图书馆	1150
		原平市图书馆	1125
		左权县图书馆	1102
		武乡县图书馆	1000
		平顺县图书馆	850
		中阳县图书馆	800

地区	级别（地/县）	单位名称	馆舍面积（平方米）
山西	县级	盂县图书馆	560
		河曲县图书馆	530
		怀仁县图书馆	280
内蒙古	地级	赤峰市图书馆	4250
		乌海市图书馆	3000
		呼伦贝尔市图书馆	2900
	县级	莫力达瓦旗图书馆	2000
		托克托县图书馆	1720
		扎兰屯市图书馆	1607
		奈曼旗图书馆	1500
		松山区图书馆	1500
		林西县图书馆	1500
		伊金霍洛旗图书馆	1470
		土默特左旗图书馆	1300
		达拉特旗图书馆	1200
		巴林右旗图书馆	1200
		乌审旗图书馆	1200
		翁牛特旗图书馆	1200
		根河市图书馆	1100
		阿鲁科尔沁旗图书馆	1000
		准格尔旗图书馆	1000
		石拐区图书馆	1000
		陈巴尔虎旗图书馆	1000
		东河区图书馆	1000
		鄂托克旗图书馆	1000
		土右旗图书馆	1000
		杭锦后旗图书馆	1000
		鄂托克前旗图书馆	1000
		喀喇沁旗图书馆	1000
		磴口县图书馆	1000
		乌拉特中旗图书馆	1000
		杭锦旗图书馆	660
		额尔古纳市图书馆	610
		东乌旗图书馆	600
		科右中旗图书馆	376
辽宁	地级	盘锦市图书馆	6000
		辽阳市少儿图书馆	1200
	县级	营口市大石桥市馆	1625
		葫芦岛市兴城市馆	1500
		沈阳市辽中县馆	1281
		鞍山市岫岩县馆	1250
		丹东市凤城市馆	1222.9
		抚顺市清原县馆	1200

地区	级别（地/县）	单位名称	馆舍面积（平方米）
辽宁	县级	铁岭市开原市馆	1030
		朝阳市凌源市馆	1000
		营口市老边区馆	1000
		鞍山市千山区馆	1000
		葫芦岛市建昌县馆	873.7
吉林	地级	四平市图书馆	3138
		通化市图书馆	3056
	县级	图们市图书馆	1619
		永吉县图书馆	1502
		和龙市图书馆	1306
		梅河口市图书馆	1084
		镇赉县图书馆	1000
		梨树县图书馆	1000
黑龙江	地级	鸡西市图书馆	4600
		鹤岗市图书馆	4000
		大兴安岭地区图书馆	3000
	县级	东宁县图书馆	2517
		哈尔滨南岗区图书馆	2146
		富锦市图书馆	1700
		双城市图书馆	1450
		青冈县图书馆	1310
		林甸县图书馆	1200
		方正县图书馆	1060
		巴彦县图书馆	1050
		宾县图书馆	1006
		桦南县图书馆	1000
		富裕县图书馆	1000
		明水县图书馆	1000
		兰西县图书馆	1000
		虎林市图书馆	1000
		牡丹江朝鲜族图书馆	1000
		嘉荫县图书馆	900
		依兰县图书馆	876
		绥棱县图书馆	869
		尚志市图书馆	856
		铁力市图书馆	850
		汤原县图书馆	825
		哈尔滨道里区图书馆	824
		龙江县图书馆	818
		甘南县图书馆	800
		呼玛县图书馆	610
		抚远县图书馆	502
江苏	地级	滨海县图书馆	5300
		盐城市盐都区图书馆	5000
		涟水县图书馆	4078
		沭阳县图书馆	3900

地区	级别（地/县）	单位名称	馆舍面积（平方米）
江苏	地级	宿迁市宿城区图书馆	3020
		响水县图书馆	2500
		无锡市滨湖区图书馆	2000
		淮安市淮阴区图书馆	2000
		阜宁县图书馆	1510
		无锡市南长区图书馆	1500
		泗洪县图书馆	1500
		灌云县图书馆	1411
		连云港市连云区图书馆	1200
		赣榆县图书馆	1200
		无锡市崇安区图书馆	1080
浙江	地级	衢州市图书馆	2560
		舟山市图书馆	3613
	县级	松阳县图书馆	3119
		磐安县图书馆	2816
		天台县图书馆	2362
		青田县图书馆	2245
		景宁县图书馆	2086
		江山县图书馆	2007
		玉环县图书馆	1806
		遂昌县图书馆	1700
		嵊泗县图书馆	1500
		平阳县图书馆	1280
		新昌县图书馆	1159
		洞头县图书馆	1090
		黄岩区图书馆	1020
		瓯海区图书馆	800
		庆元县图书馆	600
		龙泉市图书馆	450
		建德市图书馆	338
		常山县图书馆	330.2
安徽	地级	淮南市图书馆	3050
		阜阳市图书馆	2448.32
		巢湖市图书馆	2000
	县级	宿松县图书馆	3000
		临泉县图书馆	2500
		霍邱县图书馆	2000
		六安市金安区图书馆	1800
		濉溪县图书馆	1600
		潜山县图书馆	1595
		东至县图书馆	1537
		亳州市谯城区图书馆	1530
		肖县图书馆	1500
		蒙城县图书馆	1080
		芜湖县图书馆	846

地区	级别（地/县）	单位名称	馆舍面积（平方米）
安徽	县级	含山县图书馆	723
		当涂县图书馆	715
		长丰县图书馆	714
		金寨县图书馆	650
		池州市贵池区图书馆	626
		和县图书馆	308
		淮南市潘集区图书馆	270
福建	地级	三明市少儿图书馆	1500
	县级	南靖县图书馆	4185
		安溪县图书馆	3800
		福安市图书馆	3671
		将乐县图书馆	2491
		松溪县图书馆	2300
		漳浦县图书馆	2050
		厦门思明区图书馆	2050
		政和县图书馆	2010
		福州仓山区图书馆	1822
		仙游县图书馆	1680
		永定县图书馆	1650
		宁化县图书馆	1640
		屏南县图书馆	1620
		沙县图书馆	1290
		福州台江区图书馆	1260
		清流县图书馆	1100
		古田县图书馆	1000
		长乐市图书馆	1000
		永安市图书馆	880
		长泰县图书馆	517
江西	县级	安福县图书馆	2500
		兴国县图书馆	2215
		上犹县图书馆	2168
		永修县图书馆	2100
		安义县图书馆	2100
		大余县图书馆	2000
		上饶信州区馆	2000
		万安县图书馆	1800
		定南县图书馆	1768
		全南县图书馆	1700
		赣县图书馆	1574.6
		德兴市图书馆	1570
		吉水县图书馆	1540
		黎川县图书馆	1520
		彭泽县图书馆	1500
		东乡县图书馆	1500
		南丰县图书馆	1360
		新干县图书馆	1260

地区	级别（地/县）	单位名称	馆舍面积（平方米）
江西	县级	龙南县图书馆	1219
		万年县图书馆	1200
		余江县图书馆	1200
		乐安县图书馆	1200
		安远县图书馆	1134
		宜黄县图书馆	1121
		鄱阳县图书馆	1000
		新余渝水区馆	1000
		信丰县图书馆	860
		修水县图书馆	631
山东	地级	德州市图书馆	3100
	县级	高唐县图书馆	4332
		沂源县图书馆	2200
		烟台市芝罘区图书馆	2000
		高青县图书馆	1720
		沾化县图书馆	1500
		微山县图书馆	1500
		平邑县图书馆	1500
		栖霞市图书馆	1360
		单县图书馆	1200
		金乡县图书馆	1152
		夏津县图书馆	1150
		昌乐县图书馆	1105
		长岛县图书馆	1100
		济阳县图书馆	1100
		潍坊市寒亭区图书馆	1060
		梁山县图书馆	1020
		宁阳县图书馆	1000
		济南市槐荫区图书馆	1000
		枣庄市市中区图书馆	800
		鄄城县图书馆	621.75
		即墨市图书馆	600
河南	地级	平顶山市图书馆	8600
		开封市图书馆	5444
		南阳市图书馆	5370
		济源市图书馆	4423.5
	县级	浚县图书馆	2532
		鹿邑县图书馆	2500
		内乡县图书馆	2500
		襄城县图书馆	2194
		开封县图书馆	2030
		安阳县图书馆	2006
		濮阳县图书馆	1969
		孟州市图书馆	1800
		获嘉县图书馆	1773

地区	级别（地/县）	单位名称	馆舍面积（平方米）
河南	县级	镇平县图书馆	1766
		方城县图书馆	1589
		确山县图书馆	1564
		鄢陵县图书馆	1514
		平舆县图书馆	1500
		滑县图书馆	1500
		兰考县图书馆	1500
		卢氏县图书馆	1500
		郸城县图书馆	1200
		尉氏县图书馆	1152
		正阳县图书馆	1117
		淮阳县图书馆	1000.72
		周口市川汇区图书馆	860
		睢县图书馆	777
		辉县市图书馆	700
		清丰县图书馆	480
		新蔡县图书馆	120
		新乡市牧野区图书馆	100
湖北	地级	恩施州图书馆	4000
		咸宁市图书馆	3681
	县级	英山县图书馆	3160
		孝感市孝南区图书馆	2650
		来凤县图书馆	2527
		武穴市图书馆	2510
		利川市图书馆	2000
		通山县图书馆	1850
		广水市图书馆	1800
		巴东县图书馆	1600
		赤壁市图书馆	1560
		神农架林区图书馆	1500
		大悟县图书馆	1500
		竹溪县图书馆	1500
		恩施市图书馆	1500
		宣恩县图书馆	1500
		建始县图书馆	1000
		房县图书馆	1000
		咸丰县图书馆	1000
		竹山县图书馆	700
湖南	地级	邵阳市松坡图书馆	6000
		邵阳市少儿图书馆	1589
	县级	桂阳县图书馆	3300
		桂东县图书馆	2600
		永州冷水滩区图书馆	2500
		慈利县图书馆	2000
		江华县图书馆	1560
		双牌县图书馆	1560

地区	级别（地/县）	单位名称	馆舍面积（平方米）
湖南	县级	津市市图书馆	1552
		洪江市图书馆	1510
		保靖县图书馆	1500
		湘阴县图书馆	1500
		怀化鹤城区少儿馆	1448
		永兴县图书馆	1292
		道县图书馆	1230
		花垣县图书馆	1108
		江永县图书馆	1050
		新晃县图书馆	1035
		桃源县图书馆	1004
		宜章县图书馆	1000
		新田县图书馆	900
		古丈县图书馆	840
广东	县级	广宁县图书馆	3180
		佛冈县图书馆	2868
		徐闻县图书馆	2550
		南雄市图书馆	2388
		五华县图书馆	2200
		乳源县图书馆	2063
		曲江县图书馆	1960
		平远县图书馆	1900
		汕头市潮阳区图书馆	1820
		怀集县图书馆	1800
		清新县图书馆	1800
		连山县图书馆	1722
		龙门县图书馆	1700
		连平县图书馆	1680
		始兴县图书馆	1550
		大埔县图书馆	1500
		英德市图书馆	1500
		阳山县图书馆	1500
		惠来县图书馆	1500
		饶平县图书馆	1412
		吴川市图书馆	1346
		连南县图书馆	1000
广西	地级	梧州市图书馆	8086
		玉林市图书馆	4488
		博白县图书馆	2250
		扶绥县图书馆	2052
		桂平市图书馆	1930
		永福县图书馆	1848
		平南县图书馆	1580
		防城区图书馆	1568
		武鸣县图书馆	1544
		兴安县图书馆	1540
		平乐县图书馆	1526
		临桂县图书馆	1511

地区	级别（地/县）	单位名称	馆舍面积（平方米）
广西	地级	巴马县图书馆	1500
		藤县图书馆	1500
		武宣县图书馆	1500
		田东县图书馆	1282
		隆林县图书馆	1254
		宁明县图书馆	1251
		大新县图书馆	1250
		忻城县图书馆	1220
		陆川县图书馆	1215
		象州县图书馆	1211
		上林县图书馆	1190
		马山县图书馆	1173
		柳江县图书馆	1144
		田林县图书馆	1100
		上思县图书馆	1092
		灌阳县图书馆	1080
		昭平县图书馆	1075
		富川县图书馆	1049
		那坡县图书馆	1048
		天等县图书馆	1023
		凌云县图书馆	1000
		西林县图书馆	1000
		岑溪市图书馆	1000
		德保县图书馆	1000
		浦北县图书馆	995
		隆安县图书馆	903.96
		龙胜县图书馆	888.59
		金秀县图书馆	846
		龙州县图书馆	830
		凤山县图书馆	800
		荔浦县图书馆	649
四川	地级	乐山市图书馆	10000
		凉山州图书馆	5360
		遂宁市图书馆	4269
		甘孜州图书馆	2196
	县级	南部县图书馆	3800
		合江县图书馆	3135
		三台县图书馆	3000
		资中市图书馆	2555
		泸定县图书馆	2519.04
		会理县图书馆	2000
		剑阁县图书馆	1650
		安县图书馆	1580
		大竹县图书馆	1550
		平武县图书馆	1505
		宜宾县图书馆	1500

地区	级别（地/县）	单位名称	馆舍面积（平方米）
四川	县级	青川县图书馆	1500
		犍为县图书馆	1500
		华蓥市图书馆	1500
		德昌县图书馆	1438.05
		西充县图书馆	1300
		北川县图书馆	1100
		眉山东坡区图书馆	1075
		高县图书馆	1038
		纳溪县图书馆	1030
		梓潼县图书馆	1000
		蓬溪县图书馆	1000
		隆昌县图书馆	1000
		开江县图书馆	1000
		江安县图书馆	1000
		通江县图书馆	980.8
		汶川县图书馆	894
		南溪县图书馆	690
		高坪区图书馆	660
		雷波县图书馆	659
		夹江县图书馆	640
		蓬安县图书馆	406
贵州	地级	安顺市图书馆	4000
	县级	镇宁宋庆龄基金少儿图书馆	2100
		仁怀市图书馆	1925
		都匀市图书馆	1721
		大方县图书馆	1632
		普定县图书馆	1620
		赤水市图书馆	1540
		湄潭县图书馆	1500
		盘县特区思源图书馆	1500
		修文县图书馆	1500
		兴义市图书馆	1341
		威宁县图书馆	1208
		绥阳县图书馆	1100
		凤岗县图书馆	1020
		六枝特区图书馆	950
		镇远县图书馆	914
		榕江县图书馆	880
		独山县图书馆	500
云南	地级	昭通市图书馆	3020
		保山市图书馆	2700
		临沧市图书馆	2500
		曲靖市图书馆	2280
	县级	洱源县图书馆	3000
		东川区图书馆	2779
		永善县图书馆	2501.16

地区	级别（地/县）	单位名称	馆舍面积（平方米）
云南	县级	威信县图书馆	2310
		陆良县图书馆	2236.29
		通海县图书馆	2200
		江川县图书馆	2176
		巍山县图书馆	2120
		永平县图书馆	2015
		广南县图书馆	1980
		昌宁县图书馆	1798
		晋宁县图书馆	1748
		元江县图书馆	1700
		景东县图书馆	1653
		巧家县图书馆	1636
		华宁县图书馆	1602
		峨山县图书馆	1580
		水富县图书馆	1560
		祥云县图书馆	1542
		寻甸县图书馆	1531.71
		大关县图书馆	1519
		剑川县图书馆	1511
		南涧县图书馆	1503
		罗平县图书馆	1500
		凤庆县图书馆	1500
		马龙县图书馆	1500
		宣威市图书馆	1500
		维西县图书馆	1500
		墨江县图书馆	1500
		贺庆县图书馆	1500
		富民县图书馆	1500
		会泽县图书馆	1500
		昭阳区图书馆	1458
		易门县图书馆	1358
		泸西县图书馆	1329
		砚山县图书馆	1273.44
		勐腊县图书馆	1230
		宾川县图书馆	1229
		呈贡县图书馆	1208
		彝良县图书馆	1200
		文山县图书馆	1197.91
		宜良县图书馆	1122
		金平县图书馆	1100
		云龙县图书馆	1080
		盐津县图书馆	1080
		马关县图书馆	1053.14
		武定县图书馆	1039.2
		勐海县图书馆	1036
		弥度县图书馆	1023

地区	级别（地/县）	单位名称	馆舍面积（平方米）
云南	县级	牟定县图书馆	1017
		镇康县图书馆	1013
		潞西市图书馆	1005
		双江县图书馆	1000.61
		永德县图书馆	1000
		元谋县图书馆	1000
		镇沅县图书馆	1000
		西盟县图书馆	1000
		耿马县图书馆	800
		石屏县图书馆	799
		南华县图书馆	750
		禄丰县图书馆	649.76
		嵩明县图书馆	637
		麻栗坡县图书馆	520
		邱北县图书馆	192
陕西	地级	宝鸡市图书馆	4075
	县级	米脂县斌丞馆	2512
		南郑县图书馆	2050
		耀州区图书馆	1683
		汉台区图书馆	1610
		凤翔县图书馆	1580
		陈仓区图书馆	1539
		洋县图书馆	1514
		三原县图书馆	1500
		扶风县图书馆	1500
		临渭区图书馆	1500
		华县图书馆	1248
		王益区少儿馆	1200
		镇巴县图书馆	1178
		乾县图书馆	1077
		高陵县图书馆	1000
		略阳县图书馆	867
		岐山县图书馆	794
		蓝田县图书馆	751
甘肃	地级	嘉峪关市图书馆	3200
		庆阳市图书馆	2130
	县级	永登县图书馆	1700
		静宁县图书馆	1665
		合水县图书馆	1541
		高台县图书馆	1500
		庄浪县图书馆	1500
		礼县图书馆	1300
		宁县图书馆	1230
		徽县图书馆	1200
		崆峒区图书馆	1099
		镇原县图书馆	1080

地区	级别（地/县）	单位名称	馆舍面积（平方米）
甘肃	县级	岷县图书馆	1015
		成县图书馆	1000
		清水县图书馆	500
		金塔县图书馆	480
		西固区图书馆	470
		漳县图书馆	280
宁夏	县级	隆德县图书馆	2500
		同心县图书馆	2139
		平罗县图书馆	1500
新疆	地级	喀什地区图书馆	4360
		巴音郭楞蒙古自治州图书馆	2506
		石河子市图书馆	2115
		阿勒泰地区图书馆	1300
	县级	喀什地区喀什市图书馆	1650
		昌吉州玛纳斯县图书馆	1610
		喀什地区莎车县图书馆	1500
		博尔塔拉蒙古自治州博乐市图书馆	1500
		昌吉州奇台县图书馆	1500
		伊哈萨克自治州察布查尔县图书馆	1500
		喀什地区疏附县图书馆	1100
		博尔塔拉蒙古自治州温泉县图书馆	1096
		昌吉回族自治州呼图壁县图书馆	1002
		阿勒泰地区福海县图书馆	1000
		吐鲁番地区鄯善县图书馆	1000

地区	级别（地/县）	单位名称	馆舍面积（平方米）
新疆	县级	昌吉州米泉市图书馆	810
		塔城地区托里县图书馆	800
		塔城地区裕民县图书馆	800
		巴音郭楞蒙古自治州和静县图书馆	670
		阿勒泰地区布尔津县图书馆	606
		博尔塔拉蒙古自治州精河县图书馆	600
		塔城地区和丰县图书馆	600
		巴音郭楞蒙古自治州博湖县图书馆	600
		巴音郭楞蒙古自治州轮台县图书馆	600
		伊犁哈萨克自治州奎屯市图书馆	600
		昌吉回族自治州木垒县图书馆	420
		阿勒泰地区吉木乃县图书馆	382
		巴音郭楞蒙古自治州且末县图书馆	100
海南	县级	琼海市图书馆	3000
		海口市琼山区图书馆	2700
海南	县级	安定县图书馆	2650
		五指山市图书馆	1700
		东方市图书馆	1300
重庆	地级	长寿区图书馆	3040
	县级	永川市图书馆	1883
		璧山县图书馆	1706
		南川市图书馆	1337

全国一级图书馆大专以上人员比例统计

地区	级别（地/县）	单位名称	大专以上人员比例（%）
北京	地级	石景山区少儿图书馆	87.5
		宣武区图书馆	75
		西城区图书馆	74.5
		房山区图书馆	66.7
		朝阳区图书馆	66
		顺义区图书馆	65.7
		崇文区图书馆	65
		东城区图书馆	62.5
		西城区青少年儿童图书馆	61
		门头沟区图书馆	60
	县级	密云县图书馆	44
天津	地级	和平区图书馆	82
		河西区图书馆	68.6
		塘沽区图书馆	62.3
		河东区图书馆	61
		红桥区少年儿童图书馆	46
	县级	静海县图书馆	37
河北	地级	秦皇岛市图书馆	87
		沧州市图书馆	81.4
		石家庄市图书馆	80
		邯郸市图书馆	68
		廊坊市图书馆	66
		唐山市图书馆	64.6
	县级	乐亭县图书馆	73
		武安市图书馆	71
		遵化县图书馆	37
山西	地级	太原市图书馆	65
	县级	曲沃县图书馆	80
		榆次区图书馆	60
		汾阳市图书馆	50
内蒙古	地级	包头市图书馆	79
		通辽市图书馆	67
	县级	青山区图书馆	78
		科尔沁区图书馆	48
辽宁	地级	本溪市图书馆	90.5
		鞍山市图书馆	84.3
		丹东市图书馆	84
		辽阳市图书馆	79
	县级	沈阳铁西区少儿馆	100
		沈阳市沈河区馆	95
		沈阳市铁西区馆	94
		大连市旅顺口区馆	90
		沈阳市和平区馆	87

地区	级别（地/县）	单位名称	大专以上人员比例（%）
辽宁	地级	大连市西岗区馆	87
		大连市沙河口区馆	79
		鞍山市海城市馆	75
		大连市甘井子区馆	72.7
		鞍山市铁东区馆	67
		大连市瓦房店市馆	66.6
		大连市普兰店市馆	66
		丹东市东港市馆	42
吉林	县级	敦化市图书馆	67
		前郭县图书馆	65
黑龙江	地级	齐齐哈尔市图书馆	0.695
	县级	海林市图书馆	80
		海伦市图书馆	68
上海	地级	闸北区少儿图书馆	90
		浦东新区图书馆	80
		黄浦区图书馆	75
		宝山区图书馆	75
		杨浦区图书馆	70
		卢湾区图书馆	64
		松江区图书馆	63
		徐汇区图书馆	63
		黄浦区第二图书馆	63
		长宁区图书馆	62.6
		静安区图书馆	61
		虹口区图书馆	61
		闵行区图书馆	61
		南汇区图书馆	61
		闸北区图书馆	60.4
		普陀区图书馆	60.1
		长宁区少儿图书馆	56.2
	县级	杨浦区延吉图书馆	80
		浦东新区川沙图书馆	75
		浦东新区第一图书馆	63
		青浦区图书馆	60
		虹口区曲阳图书馆	50
		浦东新区川沙少儿馆	50
		浦东新区第二图书馆	47.8
		崇明县图书馆	47
		奉贤区图书馆	44.4
江苏	地级	扬州市少儿图书馆	100
		苏州市图书馆	79.5
		扬州市图书馆	78
		镇江市图书馆	76

地区	级别（地/县）	单位名称	大专以上人员比例（%）
江苏	地级	盐城市图书馆	75
		泰州市图书馆	72.4
		连云港市图书馆	69.7
		常州市图书馆	66
		无锡市图书馆	62.5
		徐州市图书馆	60
		连云港市少儿图书馆	45
	县级	通州市图书馆	100
		太仓市图博中心	93
		丹阳市图书馆	88
		泰兴市图书馆	86
		吴江市图书馆	85.7
		溧水县儿童图书馆	83
		南京市鼓楼区图书馆	82
		扬中市图书馆	81
		南京市浦口区图书馆	80
		溧水县图书馆	80
		东海县图书馆	80
		东台市图书馆	80
		启东市图书馆	76.92
		宜兴市图书馆	76
		南京市秦淮区图书馆	75
		张家港市图书馆	73
		江阴市图书馆	73
		南京市六合区第二图书馆	67
		扬州市邗江区图书馆	67
		姜堰市图书馆	66.6
		海安县图书馆	64
		大丰市图书馆	61.5
		高淳县图书馆	60
		南京市白下区图书馆	59.35
		江都市图书馆	58
		沛县图书馆	58
		南京市建邺区图书馆	57
		常熟市图书馆	56.8
		靖江市图书馆	52
		高邮市图书馆	50
		海门市图书馆	47
		仪征市图书馆	44
		如东县图书馆	44
		昆山市图书馆	40
		南京市玄武区少儿图书馆	40
		苏州市吴中区图书馆	38.46
		南京市江宁区图书馆	38
		金坛市图书馆	36
		如皋市图书馆	35
		常州市武进区图书馆	35

地区	级别（地/县）	单位名称	大专以上人员比例（%）
浙江	地级	金华严济慈图书馆	100
		绍兴图书馆	70
		温州市图书馆	62
		温州市少儿图书馆	45
	县级	桐庐县图书馆	100
		温岭市图书馆	79
		萧山区图书馆	75
		临安市图书馆	75
		武义县图书馆	73
		安吉县图书馆	70
		永嘉县图书馆	67.8
		象山县图书馆	66.7
		上虞市图书馆	63
		余姚市图书馆	61.3
		兰溪市图书馆	59
		浦江县图书馆	58.3
		奉化市图书馆	57.1
		余杭区图书馆	55
		桐乡市图书馆	54.5
		嵊州市图书馆	53
		临海市图书馆	50
		德清县图书馆	46.1
		东阳市图书馆	45
		富阳市图书馆	42.1
		海盐县图书馆	41
		诸暨市图书馆	40
		岱山县图书馆	40
		云和县图书馆	40
		嘉善县图书馆	38.88
		海宁市图书馆	35
安徽	地级	合肥市图书馆	91.3
	县级	马鞍山市图书馆	77.14
		铜陵市图书馆	64
		太湖县图书馆	60
福建	地级	福州市图书馆	65.5
		泉州市图书馆	62.16
	县级	石狮市图书馆	86
		南安市李成智图书馆	71
		集美图书馆	56
		南安市图书馆	38.9
		晋江市图书馆	36
江西	地级	新余市图书馆	82
		鹰潭市图书馆	66
		赣州市图书馆	62
		九江市图书馆	61.5
		南昌市图书馆	60.6
	县级	庐山图书馆	85

地区	级别（地/县）	单位名称	大专以上人员比例（%）
江西	县级	泰和县图书馆	75
		弋阳县图书馆	50
		武宁县图书馆	40
山东	地级	济宁市图书馆	90
		枣庄市图书馆	82.9
		烟台图书馆	76
		潍坊市图书馆	71
	县级	滕州市图书馆	100
		淄博市博山区图书馆	100
		茌平县图书馆	100
		胶州市图书馆	91
		青岛市四方区图书馆	91
		青岛市经济技术开发区图书馆	86.7
		青岛市市南区图书馆	84
		诸城市图书馆	83
		邹平县图书馆	80
		广饶县图书馆	80
		青州市图书馆	77.7
		淄博市淄川区图书馆	75
		平原县图书馆	73
		文登市图书馆	72
		烟台经济技术开发区图书馆	65
		邹城市图书馆	62
		曲阜市图书馆	61.9
		平度市图书馆	60
		烟台市牟平区图书馆	55
		莱州市图书馆	44
河南	地级	三门峡市图书馆	89
		洛阳市图书馆	81.2
		郑州市图书馆	79.2
		漯河市图书馆	78
	县级	偃师市图书馆	69
		陕县图书馆	63
		新密市图书馆	62.5
		林州市图书馆	56
湖北	地级	黄石市图书馆	88
		荆门市图书馆	88
		十堰市图书馆	81.7
		荆州市图书馆	70
	县级	武汉市江岸区少儿图书馆	100
		武汉市青山区图书馆	90
		武汉市桥口区图书馆	83
		武汉市洪山区图书馆	70
		武汉市东西湖区图书馆	70
		大冶市图书馆	70

地区	级别（地/县）	单位名称	大专以上人员比例（%）
湖北	县级	武汉市江夏区图书馆	66
		崇阳县图书馆	57
		秭归县图书馆	44.4
		当阳市图书馆	42
		蕲春县图书馆	39
		郧西县图书馆	35
湖南	地级	株洲市图书馆	92
		岳阳市图书馆	86
		长沙市图书馆	78.94
		湘潭市图书馆	76
		衡阳市图书馆	75
		常德市图书馆	70
	县级	临湘市图书馆	86
		平江县图书馆	80
		浏阳市图书馆	75
		双峰县图书馆	64
		衡东县图书馆	63
		宁乡县图书馆	54.5
		永州芝山区图书馆	53.3
		涟源市图书馆	51
		邵东县图书馆	50
		汨罗市图书馆	50
		炎陵县图书馆	44.4
		华容县图书馆	38
		临澧县图书馆	35
广东	地级	佛山市图书馆	93
		东莞市图书馆	67
		江门市五邑图书馆	93
		中山市图书馆	64
		湛江市少儿图书馆	88
		深圳市南山区图书馆	80
		深圳市罗湖区图书馆	68
		广州市天河区图书馆	100
		深圳市福田区图书馆	86
		汕头市图书馆	62.1
		广州市海珠区图书馆	100
		广州市荔湾区图书馆	78.57
		深圳市宝安区图书馆	80
		广州市番禺区图书馆	68
		深圳市盐田区图书馆	87
		湛江市图书馆	74
		广州市芳村区图书馆	94
		广州市花都区图书馆	60
		广州市黄埔区图书馆	79
	县级	佛山市南海区图书馆	96
		佛山市顺德区梁銶琚图书馆	82

地区	级别（地/县）	单位名称	大专以上人员比例（%）
广东	县级	蕉岭县图书馆	71
广东	县级	佛山市高明区图书馆	70
广东	县级	肇庆市端州区图书馆	63
广东	县级	佛山市禅城区图书馆	62.5
广东	县级	罗定市图书馆	62
广东	县级	高州市图书馆	61.9
广东	县级	江门市新会区景堂图书馆	61
广东	县级	开平市图书馆	58
广东	县级	增城市图书馆	50
广东	县级	从化市图书馆	50
广东	县级	揭阳市榕城区图书馆	49.8
广东	县级	佛山市三水市图书馆	45
广东	县级	普宁市图书馆	43
广东	县级	惠阳市图书馆	38
广东	县级	台山市图书馆	37.5
广东	县级	汕头市澄海区图书馆	35
广西	地级	柳州市图书馆	76.1
广西	地级	南宁市少儿图书馆	65.4
广西	地级	南宁市图书馆	60
广西	县级	北流市图书馆	80
四川	地级	广安市图书馆	94.53
四川	地级	绵阳市图书馆	92
四川	县级	成都市成华区图书馆	100
四川	县级	成都市武侯区图书馆	90
四川	县级	成都市温江区图书馆	89
四川	县级	成都市锦江区图书馆	88
四川	县级	邛崃市图书馆	80
四川	县级	广汉市图书馆	65
四川	县级	成都市新都区图书馆	63
四川	县级	成都市青羊区图书馆	62.5

地区	级别（地/县）	单位名称	大专以上人员比例（%）
四川	地级	成都市龙泉驿区图书馆	56.3
四川	地级	绵竹市图书馆	55
四川	地级	成都市金牛区图书馆	44
四川	地级	都江堰市图书馆	41
四川	地级	什邡市图书馆	37.5
贵州	地级	贵阳市图书馆	80.7
贵州	县级	遵义县图书馆	78
云南	地级	昆明图书馆	87
云南	地级	大理州图书馆	72.5
云南	地级	楚雄州图书馆	61
云南	县级	盘龙区图书馆	89
云南	县级	弥勒县图书馆	88.9
云南	县级	五华区图书馆	87
云南	县级	个旧市图书馆	85.7
云南	县级	官渡区图书馆	77.3
云南	县级	红塔区图书馆	73
陕西	县级	汉滨区少儿馆	93.33
陕西	县级	星元图书馆	85
甘肃	地级	白银市图书馆	94
甘肃	地级	兰州市图书馆	61
甘肃	县级	北道区图书馆	68.8
甘肃	县级	甘州区图书馆	36.4
宁夏	地级	银川市图书馆	72.3
宁夏	县级	吴忠利通区图书馆	69
新疆	地级	克拉玛依市图书馆	61.54
新疆	县级	伊犁州伊宁市图书馆	50
重庆	地级	渝北区图书馆	100
重庆	地级	沙坪坝区图书馆	92.3
重庆	地级	北碚区图书馆	90
重庆	地级	涪陵区图书馆	75

全国二级图书馆大专以上人员比例统计

地区	级别（地/县）	单位名称	大专以上人员比例（%）
北京	地级	通州区图书馆	60
天津	地级	东丽区图书馆	76
		津南区图书馆	74
		汉沽区图书馆	68.2
		大港区图书馆	64.3
		河北区图书馆	63
		宝坻区图书馆	62.5
		河北区少年儿童图书馆	57
	县级	蓟县图书馆	64.5
河北	地级	保定市图书馆	73
		邢台市图书馆	62
		张家口市图书馆	58
	县级	吴桥县图书馆	100
		玉田县图书馆	100
		磁县图书馆	99
		新乐市图书馆	83
		涉县图书馆	80
		滦县图书馆	80
		抚宁县图书馆	77
		青县图书馆	75
		沙河市图书馆	75
		栾城县图书馆	67
		泊头市图书馆	63
		河间市图书馆	60
		山海关区图书馆	60
		唐海县图书馆	58.8
		正定县图书馆	58
		卢龙县图书馆	54.6
		宣化区图书馆	53
		任丘市图书馆	50
		昌黎县图书馆	47
		黄骅市图书馆	45
		栾南县图书馆	44
		晋州市图书馆	42
		安国市图书馆	40
		丰宁县图书馆	35
		平泉县图书馆	35
		易县图书馆	30
		丰南区图书馆	30
山西	县级	忻府区图书馆	60
		襄垣县图书馆	42
		祁县图书馆	33
		灵石县图书馆	10
内蒙古	地级	兴安盟图书馆	80
		鄂尔多斯市图书馆	74
	县级	海拉尔区图书馆	93
		满洲里区图书馆	92
		鄂尔多斯市东胜区少儿图书馆	77
		阿荣旗图书馆	73
		昆区图书馆	64
		开鲁县图书馆	50
		九原区图书馆	35
辽宁	地级	营口市少儿图书馆	88.2
		盘锦市少儿图书馆	87.5
		鞍山市少儿图书馆	73
	县级	锦州市北宁市馆	100
		葫芦岛市连山区馆	94
		沈阳市于洪区馆	93
		锦州市义县馆	91.3
		沈阳市东陵区馆	90
		沈阳市康平县馆	87
		大连市中山区馆	84.6
		朝阳市朝阳县馆	84
		沈阳市苏家屯区馆	82.3
		大连市金州区馆	80
		本溪市本溪县馆	79
		锦州市凌海市馆	78.5
		丹东市振安区馆	78
		沈阳市新城子区馆	70
		朝阳市建平县馆	68
		大连市长海县馆	67
		锦州市黑山县馆	60
		丹东市宽甸县馆	56
		沈阳市法库县馆	50
吉林	地级	白山市图书馆	93
		吉林市图书馆	76.9
		延边州图书馆	71
	县级	长春市宽城区图书馆	94
		通化县图书馆	93
		公主岭市图书馆	81
		抚松县图书馆	80
		德惠市图书馆	51.3
		桦甸市图书馆	47
黑龙江	地级	佳木斯市图书馆	0.918
		伊春市图书馆	0.55

地区	级别（地/县）	单位名称	大专以上人员比例（%）
黑龙江	县级	讷河市图书馆	100
		拜泉县图书馆	85
		穆棱市图书馆	85
		望奎县图书馆	83
		同江市图书馆	75
		安达市图书馆	70
		绥化市北林区少儿馆	67
		绥化市北林区图书馆	62
		泰来县图书馆	60
		肇东市图书馆	58
		林口县图书馆	53
		富拉尔基区图书馆	50
上海	地级	杨浦区少儿图书馆	74
江苏	地级	淮安市图书馆	94
		南通市少儿图书馆	90
		南通市图书馆	70
	县级	新沂市图书馆	81
		南京市雨花台区图书馆	80
		南京市下关区图书馆	80
		兴化市图书馆	77
		无锡市锡山区图书馆	67
		南京市六合区第一图书馆	67
		泗阳县图书馆	66
		无锡市北塘区图书馆	62.5
		溧阳市图书馆	52
		无锡市惠山区图书馆	50
		邳州市图书馆	40
		淮安市楚州区图书馆	35
		射阳县图书馆	35
		建湖县图书馆	35
浙江	地级	金华市少儿图书馆	70
	县级	义乌市图书馆	76
		永康市图书馆	73
		淳安县图书馆	72
		缙云县图书馆	60
		镇海区图书馆	57
		三门县图书馆	55
		乐清市图书馆	46
		仙居县图书馆	45
		普陀区图书馆	43
		瑞安市图书馆	38
		鄞州区图书馆	38
		椒江区图书馆	36.8
		北仑区图书馆	27
		开化县图书馆	20
安徽	地级	安庆市图书馆	69
	县级	肥西县图书馆	85.1
		五河县图书馆	80
		无为县图书馆	63
		歙县图书馆	53
福建	地级	漳州市图书馆	65
		福州市少儿图书馆	56
		三明市图书馆	52.2
		南平市图书馆	50
	县级	同安区少儿图书馆	100
		厦门集美区少儿图书馆	80
		宁德蕉城区图书馆	77
		泰宁县图书馆	60
		厦门湖里区图书馆	60
		光泽县图书馆	60
		武平县图书馆	60
		武夷山市图书馆	60
		漳平市图书馆	58
		永春县图书馆	50
		上杭县图书馆	50
		厦门同安区图书馆	50
		龙海市图书馆	46
		浦城县图书馆	45
		建瓯市图书馆	44
		连城县图书馆	43
		东山县图书馆	38
		建阳市图书馆	37.5
		闽侯县图书馆	37
		惠安县图书馆	35
		邵武市图书馆	35
		尤溪县图书馆	30
		德化县图书馆	28.6
		福鼎市图书馆	25
		福清市图书馆	25
		连江县图书馆	25
江西	地级	抚州市图书馆	80
		景德镇市图书馆	70
		吉安市图书馆	70
	县级	靖安县图书馆	89
		南昌青山湖区馆	88
		石城县图书馆	83
		高安市图书馆	81
		井冈山市图书馆	80
		南昌西湖区馆	78
		南昌青云谱区馆	75
		南昌东湖区馆	73.6

地区	级别（地/县）	单位名称	大专以上人员比例（%）
江西	县级	于都县图书馆	72
		遂川县图书馆	70
		南康县图书馆	70
		吉安县图书馆	70
		贵溪市图书馆	60
		鹰潭月湖区馆	60
		宜丰县图书馆	58
		上高县图书馆	54
		万载县图书馆	46
		丰城市图书馆	45
		崇义县图书馆	45
		进贤县图书馆	44
		崇仁县图书馆	40
		宁都县图书馆	40
		莲花县图书馆	40
		抚州临川区馆	35
		都昌县图书馆	33.3
山东	地级	东营市图书馆	80
		威海市图书馆	77
		聊城市海源阁图书馆	66.7
		泰安市图书馆	65
	县级	沂水县图书馆	100
		费县图书馆	100
		临沂市兰山区图书馆	100
		莒南县图书馆	96
		新泰市图书馆	96
		肥城市图书馆	95
		郯城县图书馆	95
		青岛市崂山区图书馆	90
		临沭县图书馆	90
		兖州市图书馆	88
		蒙阴县图书馆	87
		青岛市市北区图书馆	85
		昌邑市图书馆	85
		青岛市城阳区图书馆	83
		临朐县图书馆	81.8
		济南市历城区图书馆	80
		垦利县图书馆	80
		利津县图书馆	80
		荷泽市牡丹区图书馆	80
		海阳市图书馆	78.6
		招远市图书馆	77
		寿光市图书馆	75
		博兴县图书馆	75
		章丘市图书馆	73
		淄博市张店区少儿图书馆	71.4
山东	县级	无棣县图书馆	70
		济南市长清区图书馆	70
		郓城县图书馆	70
		安丘市图书馆	68
		胶南市图书馆	67
		蓬莱市图书馆	66
		高密市图书馆	64
		五莲县图书馆	60
		莒县图书馆	55
		青岛市李沧区图书馆	54
		乳山市图书馆	50
		枣庄市峄城区图书馆	35
		莱西市图书馆	35
		枣庄市薛城区图书馆	35
		荣成市图书馆	35
		枣庄市台儿庄区图书馆	35
河南	地级	许昌市图书馆	73
		濮阳市图书馆	65
	县级	新郑市图书馆	95
		商丘梁园区图书馆	95
		商丘睢阳区图书馆	95
		渑池县图书馆	70
		沁阳市图书馆	67
		禹州市图书馆	60
		栾川县图书馆	60
		西平县图书馆	55
		唐河县图书馆	50
		郾城县图书馆	50
		孟津县图书馆	50
		邓州市图书馆	50
		舞阳县图书馆	46
		汝南县图书馆	45
		罗山县图书馆	40
		信阳市平桥区图书馆	40
		驻马店驿城区图书馆	35
湖北	地级	黄冈市图书馆	89
		宜昌市图书馆	85
		襄樊市图书馆	83
		孝感市图书馆	81
		鄂州市图书馆	68.4
	县级	武汉市江岸区图书馆	100
		京山县图书馆	100
		黄冈市黄州区图书馆	96
		武汉市汉阳区图书馆	90
		汉川市图书馆	88
		武汉市黄陂区图书馆	85

地区	级别（地/县）	单位名称	大专以上人员比例（%）
湖北	县级	武汉市新洲区图书馆	80
		红安县图书馆	67.5
		宜都市图书馆	66.6
		武汉市蔡甸区图书馆	66
		阳新县图书馆	60
		潜江市图书馆	58
		枝江市图书馆	55
		钟祥市图书馆	52
		麻城市图书馆	50
		应城市图书馆	50
		仙桃市图书馆	50
		谷城县图书馆	50
		长阳县图书馆	50
		蕲春县少儿图书馆	47
		安陆市图书馆	45
		远安县图书馆	44.4
		枣阳市图书馆	43
		松滋市图书馆	40
		宜城市图书馆	40
		五峰县图书馆	37.5
		兴山县图书馆	37.5
		浠水县图书馆	36
		老河口市图书馆	35
		石首市图书馆	35
		公安县图书馆	35
		洪湖市图书馆	35
		黄梅县图书馆	35
		丹江口市图书馆	35
		监利县图书馆	35
		罗田县图书馆	35
		荆州市荆州区图书馆	34
		襄樊市襄阳区图书馆	32
湖南	地级	衡阳市少儿图书馆	91
		益阳市图书馆	81
	县级	祁东县图书馆	100
		益阳资阳区图书馆	100
		南县图书馆	100
		沅江市图书馆	79
		桃江县图书馆	77
		株洲县图书馆	75
		绥宁县图书馆	75
		永顺县图书馆	72
		嘉禾县图书馆	71.4
		冷水江市图书馆	70
		衡南县图书馆	70
		湘乡市图书馆	70
湖南	县级	新宁县图书馆	70
		攸县图书馆	67
		资兴市图书馆	67
		隆回县图书馆	67
		澧县图书馆	63
		怀化鹤城区图书馆	62.5
		娄底娄星区图书馆	61.8
		洞口县图书馆	60
		湘潭县图书馆	60
		麻阳县图书馆	60
		新邵县图书馆	60
		醴陵市图书馆	58
		吉首市少儿图书馆	58
		茶陵县图书馆	57
		石门县图书馆	56
		安化县图书馆	56
		芷江县图书馆	55
		汝城县图书馆	51.7
		望城县图书馆	50
		沅陵县图书馆	50
		城步县图书馆	50
		邵阳县图书馆	50
		新化县图书馆	45
		常宁县图书馆	41
		洪江区图书馆	40
		宁远县图书馆	38.5
		常德鼎城区图书馆	37
		祁阳县图书馆	36
		溆浦县图书馆	35.7
		靖州县图书馆	35
		辰溪县图书馆	35
		衡阳县图书馆	35
广东	地级	韶关市图书馆	77.2
		清远市图书馆	60
		广州市东山区图书馆	58
		梅州市剑英图书馆	57
		阳江市图书馆	56.6
		潮州市谢慧如图书馆	40
	县级	遂溪县图书馆	66.7
		仁化县图书馆	66
		紫金县图书馆	63
		新兴县图书馆	60
		汕头市龙湖区图书馆	60
		德庆县图书馆	53
		四会市图书馆	50
		珠海市斗门区图书馆	45

地区	级别（地/县）	单位名称	大专以上人员比例（%）
广东	县级	封开县图书馆	44
		郁南县图书馆	40
		恩平市图书馆	38.5
		鹤山市图书馆	37.5
		廉江市图书馆	36
		雷州市李纪妙图书馆	33
		高要市黎汉光图书馆	22
		兴宁市图书馆	21
广西	地级	北海市图书馆	61.9
		北海市少儿图书馆	52.6
	县级	全州县图书馆	81.25
		灵川县图书馆	70
		宜州市图书馆	67
		兴宾区图书馆	60
		靖西县图书馆	55
		右江区图书馆	53.3
		凭祥市图书馆	50
		邕宁县图书馆	40
		宾阳县图书馆	37.5
		苍梧县图书馆	33
		合浦县图书馆	31
		容县图书馆	30
		江州区图书馆	25
		灵山县图书馆	25
		田阳县图书馆	25
四川	地级	泸州市图书馆	94.7
		广元市图书馆	90.88
		攀枝花市图书馆	76
		自贡市图书馆	50
		达州市图书馆	42
	县级	成都市双流县图书馆	91
		阆中市图书馆	86
		简阳市图书馆	81
		苍溪县图书馆	80
		崇州市图书馆	75
		南江县图书馆	73
		广安区图书馆	66
		旺苍县图书馆	66
		峨眉山市图书馆	60
		达县图书馆	57
		射洪县图书馆	57
		万源县图书馆	55.6
		邻水县图书馆	50
		彭州市图书馆	47
		巴州区图书馆	42
		营山县图书馆	40

地区	级别（地/县）	单位名称	大专以上人员比例（%）
四川	县级	渠县图书馆	40
		成都市青白江区图书馆	37.5
		岳池县图书馆	35
		武胜县图书馆	35
		江油市图书馆	35
		盐亭县图书馆	35
		平昌县图书馆	32
		宣汉县图书馆	31
贵州	地级	黔南州图书馆	87
		遵义市图书馆	72
		毕节地区图书馆	71
	县级	贵阳市花溪区图书馆	83
		贵阳市白云区图书馆	62.5
云南	地级	玉溪市图书馆	75.8
	县级	石林县图书馆	92.8
		蒙自县图书馆	87.5
		开远市图书馆	81.8
		楚雄市图书馆	73
		澄江县图书馆	71.4
		大理市图书馆	62.5
		腾冲县图书馆	58.3
		姚安县图书馆	50
		建水县图书馆	36.4
		富源县图书馆	35
		安宁县图书馆	35
		大姚县图书馆	35
		景谷图书馆	35
		新平县图书馆	35
陕西	县级	旬阳县图书馆	60
		司马迁图书馆	45
		宝塔区图书馆	37
甘肃	地级	天水市图书馆	60
	县级	安定区图书馆	83
		肃南县图书馆	80
		康县图书馆	66.7
		临泽县图书馆	66.6
		武都县图书馆	63.6
		凉州区图书馆	60
		敦煌市图书馆	50
		陇西县图书馆	42.1
		庆城县图书馆	36
		肃州区图书馆	35
		白银区少儿图书馆	35
		山丹县图书馆	25
		临洮县图书馆	20

地区	级别（地/县）	单位名称	大专以上人员比例（%）
宁夏	地级	石嘴山市图书馆	60
	县级	贺兰县图书馆	71.4
		青铜峡市图书馆	55
		西吉县图书馆	47.06
		中宁县图书馆	46
		盐池县图书馆	46
		灵武市图书馆	40
		固原原州区图书馆	35
		海原县图书馆	30
新疆	地级	塔城地区图书馆	85
		哈密地区图书馆	68
	县级	昌吉回族自治州昌吉市图书馆	90
		克拉玛依市独山子区图书馆	78.6
		伊犁州新源县图书馆	65
新疆	县级	昌吉回族自治州阜康市图书馆	62
		昌吉回族自治州吉木萨尔县图书馆	60
		阿勒泰地区阿勒泰市图书馆	56
		塔城地区沙湾县图书馆	35
		塔城地区乌苏市图书馆	35
海南	县级	乐东黎族自治县图书馆	54
		昌江黎族自治区图书馆	36.4
重庆	地级	南岸区图书馆	100
		九龙坡区图书馆	89
		涪陵区少儿图书馆	52.7
	县级	合川市图书馆	100
		铜梁县图书馆	100
		荣昌县图书馆	75
		潼南县图书馆	70

全国三级图书馆大专以上人员比例统计

地区	级别（地/县）	单位名称	大专以上人员比例（%）
天津	地级	武清区图书馆	28
	县级	宁河县图书馆	50
河北	县级	灵寿县图书馆	100
		迁西县图书馆	100
		平山县图书馆	77
		三河市图书馆	75
		峰峰矿区图书馆	75
		元氏县图书馆	75
		赵县图书馆	67
		临城县图书馆	67
		枣强县李玉霞图书馆	63
		辛集市图书馆	60
		藁城市图书馆	58
		宁晋县图书馆	57
		邢台县图书馆	50
		景县图书馆	45
		大厂县图书馆	41
		鹿泉市图书馆	38
		内邱县图书馆	37.5
		满城县图书馆	36
		开平区图书馆	35
		怀来县图书馆	35
		定兴县图书馆	35
		隆化县图书馆	35
		井陉县图书馆	17
山西	县级	中阳县图书馆	90
		武乡县图书馆	80
		孝义市图书馆	78
		绛县图书馆	70
		古交市图书馆	67
		沁源县图书馆	67
		盐湖区图书馆	64
		左权县图书馆	63
		临猗县图书馆	60
		盂县图书馆	57
		太谷县图书馆	56
		长子县图书馆	50
		平定县图书馆	45
		文水县图书馆	45
		原平市图书馆	42
		尧都区图书馆	40
		平顺县图书馆	37.5
		侯马市图书馆	35
山西	县级	长治县图书馆	35
		大同市南郊区图书馆	33
		怀仁县图书馆	25
		河曲县图书馆	20
		山阴县图书馆	7
内蒙	地级	呼伦贝尔市图书馆	92.5
		赤峰市图书馆	60.6
		乌海市图书馆	58
	县级	达拉特旗图书馆	100
		乌审旗图书馆	100
		东乌旗图书馆	100
		鄂托克前旗图书馆	100
		喀喇沁旗图书馆	100
		准格尔旗图书馆	95
		根河市图书馆	94
		鄂伦春旗图书馆	90
		阿鲁科尔沁旗图书馆	83.3
		松山区图书馆	83
		扎兰屯市图书馆	76.4
		托克托县图书馆	75
		石拐区图书馆	71.4
		陈巴尔虎旗图书馆	70
		杭锦旗图书馆	70
		奈曼旗图书馆	66.7
		翁牛特旗图书馆	63
		伊金霍洛旗图书馆	53
		鄂托克旗图书馆	53
		林西县图书馆	53
		土右旗图书馆	46.7
		东河区图书馆	44.4
		巴林右旗图书馆	44.4
		磴口县图书馆	43
		莫力达瓦旗图书馆	35
		额尔古纳市图书馆	35
		土默特左旗图书馆	30
		科右中旗图书馆	30
		杭锦后旗图书馆	8
		乌拉特中旗图书馆	0
辽宁	地级	辽阳市少儿图书馆	83
		盘锦市图书馆	69
	县级	朝阳市凌源市馆	92
		抚顺市清原县馆	84.6
		鞍山市千山区馆	80

地区	级别（地/县）	单位名称	大专以上人员比例（%）
辽宁	县级	营口市大石桥市馆	77.3
		鞍山市岫岩县馆	75
		葫芦岛市兴城市馆	67
		营口市老边区馆	60
		沈阳市辽中县馆	60
		丹东市凤城市馆	58.8
		铁岭市开原市馆	50
		葫芦岛市建昌县馆	33.3
吉林	地级	通化市图书馆	86
		四平市图书馆	60
	县级	图们市图书馆	67
		和龙市图书馆	64
		梨树县图书馆	62.5
		梅河口市图书馆	58
		镇赉县图书馆	35
		永吉县图书馆	23
黑龙江	地级	鹤岗市图书馆	0.8
		鸡西市图书馆	0.7906
		大兴安岭地区图书馆	0.6
	县级	宾县图书馆	100
		哈尔滨南岗区图书馆	100
		哈尔滨道里区图书馆	100
		抚远县图书馆	100
		东宁县图书馆	100
		方正县图书馆	100
		依兰县图书馆	95
		虎林市图书馆	90
		牡丹江朝鲜族图书馆	90
		富锦市图书馆	87.5
		双城市图书馆	86
		富裕县图书馆	80
		林甸县图书馆	80
		汤原县图书馆	77.8
		铁力市图书馆	77
		龙江县图书馆	72
		甘南县图书馆	72
		明水县图书馆	70
		桦南县图书馆	60
		呼玛县图书馆	60
		巴彦县图书馆	55
		兰西县图书馆	52
		尚志市图书馆	50
		嘉荫县图书馆	45
		绥棱县图书馆	38.8
		青冈县图书馆	23

地区	级别（地/县）	单位名称	大专以上人员比例（%）
江苏	地级	宿迁市宿城区图书馆	100
		无锡市滨湖区图书馆	100
		无锡市崇安区图书馆	100
		赣榆县图书馆	83
		响水县图书馆	80
		泗洪县图书馆	80
		连云港市连云区图书馆	66
		沭阳县图书馆	55
		涟水县图书馆	50
		无锡市南长区图书馆	35
		灌云县图书馆	35
		滨海县图书馆	35
		阜宁县图书馆	35
		淮安市淮阴区图书馆	35
		盐城市盐都区图书馆	35
浙江	地级	舟山市图书馆	77.8
		衢州市图书馆	65
	县级	建德市图书馆	90
		龙泉市图书馆	82
		磐安县图书馆	71
		瓯海区图书馆	70
		松阳县图书馆	66.7
		江山县图书馆	60
		洞头县图书馆	58
		遂昌县图书馆	58
		庆元县图书馆	57
		新昌县图书馆	50
		常山县图书馆	50
		黄岩区图书馆	46
		天台县图书馆	43
		青田县图书馆	41.6
		平阳县图书馆	41
		景宁县图书馆	35
		嵊泗县图书馆	33
		玉环县图书馆	25
安徽	地级	淮南市图书馆	89.6
		巢湖市图书馆	65
		阜阳市图书馆	62
	县级	池州市贵池区图书馆	78
		当涂县图书馆	77.8
		潜山县图书馆	75
		六安市金安区图书馆	74
		亳州市谯城区图书馆	70
		含山县图书馆	66
		金寨县图书馆	65
		淮南市潘集区图书馆	60

地区	级别（地/县）	单位名称	大专以上人员比例（%）
安徽	县级	霍邱县图书馆	60
		蒙城县图书馆	50
		东至县图书馆	42.86
		和县图书馆	42
		芜湖县图书馆	37.5
		濉溪县图书馆	36
		临泉县图书馆	35
		肖县图书馆	35
		宿松县图书馆	35
		长丰县图书馆	28.1
福建	地级	三明市少儿图书馆	60
	县级	松溪县图书馆	80
		福州仓山区图书馆	60
		福州台江区图书馆	57
		安溪县图书馆	50
		古田县图书馆	50
		长泰县图书馆	44
		长乐市图书馆	43
		沙县图书馆	40
		南靖县图书馆	40
		厦门思明区图书馆	40
		屏南县图书馆	40
		永安市图书馆	38
		漳浦县图书馆	35
		将乐县图书馆	35
		福安市图书馆	33
		永定县图书馆	30
		清流县图书馆	30
		仙游县图书馆	25
		政和县图书馆	20
		宁化县图书馆	20
江西	县级	彭泽县图书馆	100
		赣县图书馆	100
		新余渝水区馆	100
		宜黄县图书馆	85
		安义县图书馆	82
		余江县图书馆	80
		吉水县图书馆	70
		万安县图书馆	70
		大余县图书馆	66
		上犹县图书馆	60
		兴国县图书馆	60
		东乡县图书馆	60
		修水县图书馆	57
		永修县图书馆	50
		上饶信州区馆	50

地区	级别（地/县）	单位名称	大专以上人员比例（%）
江西	县级	安远县图书馆	50
		鄱阳县图书馆	50
		信丰县图书馆	50
		南丰县图书馆	45
		万年县图书馆	44
		安福县图书馆	40
		全南县图书馆	40
		新干县图书馆	40
		乐安县图书馆	40
		德兴市图书馆	35
		黎川县图书馆	30
		龙南县图书馆	25
		定南县图书馆	20
山东	地级	德州市图书馆	60
	县级	昌乐县图书馆	100
		烟台市芝罘区图书馆	100
		平邑县图书馆	100
		高唐县图书馆	100
		宁阳县图书馆	95
		单县图书馆	90
		济阳县图书馆	86
		即墨市图书馆	85.7
		沂源县图书馆	85
		长岛县图书馆	80
		潍坊市寒亭区图书馆	73
		栖霞市图书馆	68.4
		鄄城县图书馆	66.7
		高青县图书馆	57
		沾化县图书馆	55
		梁山县图书馆	50
		微山县图书馆	48
		夏津县图书馆	36.5
		金乡县图书馆	35
		枣庄市市中区图书馆	35
		济南市槐荫区图书馆	35
河南	地级	开封市图书馆	83
		安阳市少儿图书馆	80
		平顶山市图书馆	69.5
		济源市图书馆	66
		南阳市图书馆	63
	县级	新乡市牧野区图书馆	100
		滑县图书馆	80
		周口市川汇区图书馆	69.6
		浚县图书馆	69
		清丰县图书馆	67
		孟州市图书馆	63

地区	级别（地/县）	单位名称	大专以上人员比例（%）
河南	县级	卢氏县图书馆	57
		淮阳县图书馆	56
		镇平县图书馆	52
		安阳县图书馆	51
		方城县图书馆	50
		郸城县图书馆	50
		开封县图书馆	47
		尉氏县图书馆	47
		睢县图书馆	41
		辉县市图书馆	40
		鄢陵县图书馆	40
		获嘉县图书馆	40
		内乡县图书馆	40
		濮阳县图书馆	38
		确山县图书馆	37
		平舆县图书馆	35
		兰考县图书馆	35
		新蔡县图书馆	35
		正阳县图书馆	30
		鹿邑县图书馆	20
		襄城县图书馆	10
湖北	地级	恩施州图书馆	80
		咸宁市图书馆	54
	县级	咸丰县图书馆	60
		宣恩县图书馆	55
		武穴市图书馆	53
		来凤县图书馆	50
		巴东县图书馆	45
		大悟县图书馆	44
		英山县图书馆	42.9
		建始县图书馆	40
		孝感市孝南区图书馆	36
		赤壁市图书馆	35
		竹山县图书馆	35
		竹溪县图书馆	35
		恩施市图书馆	35
		房县图书馆	35
		神农架林区图书馆	33
		通山县图书馆	30
		利川市图书馆	20
		广水市图书馆	17
湖南	地级	邵阳市少儿图书馆	75
		邵阳市松坡图书馆	60
	县级	慈利县图书馆	95
		永州冷水滩区图书馆	73
		江永县图书馆	70
湖南	县级	洪江市图书馆	66
		桂东县图书馆	60
		桂阳县图书馆	55
		花垣县图书馆	53
		保靖县图书馆	50
		怀化鹤城区少儿馆	50
		新田县图书馆	50
		桃源县图书馆	50
		湘阴县图书馆	40
		津市市图书馆	40
		江华县图书馆	40
		永兴县图书馆	35
		新晃县图书馆	35
		宜章县图书馆	35
		道县图书馆	33
		古丈县图书馆	33
		双牌县图书馆	25
广东	县级	南雄市图书馆	90
		连南县图书馆	85
		平远县图书馆	70
		五华县图书馆	67
		连山县图书馆	66
		清新县图书馆	66
		饶平县图书馆	65
		佛冈县图书馆	60
		英德市图书馆	55
		阳山县图书馆	55
		徐闻县图书馆	50
		吴川市图书馆	41
		龙门县图书馆	37.5
		连平县图书馆	37
		大埔县图书馆	35
		始兴县图书馆	35
		乳源县图书馆	35
		曲江县图书馆	26
		怀集县图书馆	25
		汕头市潮阳区图书馆	24
		惠来县图书馆	11
		广宁县图书馆	10
广西	地级	梧州市图书馆	52
		玉林市图书馆	50
	县级	西林县图书馆	95
		灌阳县图书馆	71.4
		龙胜县图书馆	70
		那坡县图书馆	70
		象州县图书馆	62.5

地区	级别（地/县）	单位名称	大专以上人员比例（%）
广西	县级	田东县图书馆	60
		宁明县图书馆	60
		兴安县图书馆	57.1
		博白县图书馆	55
		天等县图书馆	55
		金秀县图书馆	50
		柳江县图书馆	50
		临桂县图书馆	50
		巴马县图书馆	50
		扶绥县图书馆	50
		浦北县图书馆	50
		龙州县图书馆	50
		富川县图书馆	45
		桂平市图书馆	45
		平乐县图书馆	44
		上思县图书馆	44
		永福县图书馆	42.8
		武宣县图书馆	42
		防城区图书馆	40
		忻城县图书馆	40
		凤山县图书馆	40
		隆安县图书馆	37.5
		昭平县图书馆	36
		陆川县图书馆	36
		隆林县图书馆	35
		岑溪市图书馆	35
		藤县图书馆	35
		德保县图书馆	35
		大新县图书馆	33
		平南县图书馆	33
		武鸣县图书馆	32.7
		凌云县图书馆	30
		横县图书馆	30
		荔浦县图书馆	30
		上林县图书馆	25
		田林县图书馆	20
		马山县图书馆	4
四川	地级	甘孜州图书馆	78
		遂宁市图书馆	62.5
		凉山州图书馆	40
		乐山市图书馆	31
	县级	隆昌县图书馆	100
		蓬溪县图书馆	95
		华蓥市图书馆	85
		会理县图书馆	80
		剑阁县图书馆	80

地区	级别（地/县）	单位名称	大专以上人员比例（%）
四川	县级	合江县图书馆	80
		宜宾县图书馆	80
		眉山东坡区图书馆	77
		开江县图书馆	70
		高坪区图书馆	68
		南部县图书馆	67
		高县图书馆	66
		通江县图书馆	54
		青川县图书馆	50
		江安县图书馆	50
		平武县图书馆	50
		泸定县图书馆	50
		雷波县图书馆	50
		南溪县图书馆	50
		大竹县图书馆	46
		资中市图书馆	42
		梓潼县图书馆	40
		汶川县图书馆	40
		西充县图书馆	40
		安县图书馆	35
		犍为县图书馆	35
		三台县图书馆	35
		北川县图书馆	35
		蓬安县图书馆	33
		夹江县图书馆	33
		德昌县图书馆	30
		纳溪县图书馆	25
贵州	地级	安顺市图书馆	50
	县级	都匀市图书馆	87
		凤岗县图书馆	83
		盘县特区思源图书馆	80
		普定县图书馆	80
		赤水市图书馆	78
		湄潭县图书馆	67
		独山县图书馆	67
		威宁县图书馆	60
		榕江县图书馆	50
		仁怀市图书馆	50
		镇远县图书馆	50
		大方县图书馆	44
		修文县图书馆	33
		兴义市图书馆	31
		绥阳县图书馆	30
		六枝特区图书馆	28
		镇宁宋庆龄基金少儿图书馆	25

地区	级别（地/县）	单位名称	大专以上人员比例（%）
云南	地级	曲靖市图书馆	66.6
		保山市图书馆	63.6
		临沧市图书馆	60
		昭通市图书馆	53
	县级	景东县图书馆	91
		镇沅县图书馆	91
		晋宁县图书馆	84
		大关县图书馆	83
		巍山县图书馆	80
		禄丰县图书馆	80
		寻甸县图书馆	78
		双江县图书馆	75
		金平县图书馆	75
		宜良县图书馆	75
		嵩明县图书馆	71.4
		昭阳区图书馆	71
		呈贡县图书馆	70
		潞西市图书馆	70
		墨江县图书馆	66
		南涧县图书馆	66
		祥云县图书馆	62.5
		元江县图书馆	62.5
		马关县图书馆	60
		弥度县图书馆	60
		东川区图书馆	58
		文山县图书馆	55.6
		石屏县图书馆	55.6
		泸西县图书馆	50
		镇康县图书馆	50
		永平县图书馆	50
		砚山县图书馆	50
		昌宁县图书馆	50
		江川县图书馆	43
		易门县图书馆	43
		富民县图书馆	42.86
		麻栗坡县图书馆	42
		勐海县图书馆	41.7
		云龙县图书馆	40
		武定县图书馆	40
		威信县图书馆	40
		邱北县图书馆	40
		广南县图书馆	38.5
		罗平县图书馆	35
		峨山县图书馆	35
		凤庆县图书馆	35
		马龙县图书馆	35

地区	级别（地/县）	单位名称	大专以上人员比例（%）
云南	县级	宣威市图书馆	35
		陆良县图书馆	35
		南华县图书馆	35
		维西县图书馆	35
		洱源县图书馆	35
		西盟县图书馆	35
		耿马县图书馆	35
		彝良县图书馆	35
		会泽县图书馆	35
		通海县图书馆	33.3
		剑川县图书馆	30
		宾川县图书馆	30
		巧家县图书馆	30
		贺庆县图书馆	30
		师宗县图书馆	25
		牟定县图书馆	25
		勐腊县图书馆	25
		永善县图书馆	20
		永德县图书馆	20
		元谋县图书馆	20
		盐津县图书馆	20
		水富县图书馆	20
		华宁县图书馆	17
陕西	地级	宝鸡市图书馆	59
	县级	镇巴县图书馆	90
		华县图书馆	88
		汉台区图书馆	80
		略阳县图书馆	70
		高陵县图书馆	57
		洋县图书馆	54
		南郑县图书馆	53
		陈仓区图书馆	50
		耀州区图书馆	50
		王益区少儿馆	50
		凤翔县图书馆	42
		米脂县斌丞馆	37
		临渭区图书馆	35
		乾县图书馆	35
		三原县图书馆	30
		岐山县图书馆	26.6
		蓝田县图书馆	20
		扶风县图书馆	7
甘肃	地级	嘉峪关市图书馆	85
		庆阳市图书馆	51.7
	县级	高台县图书馆	100
		庄浪县图书馆	87.5

地区	级别（地/县）	单位名称	大专以上人员比例（%）
甘肃	县级	徽县图书馆	75
		西固区图书馆	62.5
		合水县图书馆	62.5
		成县图书馆	62
		礼县图书馆	54
		静宁县图书馆	53.8
		崆峒区图书馆	51.7
		金塔县图书馆	50
		漳县图书馆	50
		永登县图书馆	46
		清水县图书馆	45.4
		镇原县图书馆	44.4
		宁县图书馆	42.5
		临夏市图书馆	30
		岷县图书馆	20
宁夏	县级	平罗县图书馆	66
		同心县图书馆	40
		隆德县图书馆	3
新疆	地级	石河子市图书馆	80
		喀什地区图书馆	68
		阿勒泰地区图书馆	68
		巴音郭楞蒙古自治州图书馆	66.7
	县级	昌吉回族自治州呼图壁县图书馆	100
		昌吉州玛纳斯县图书馆	100
		巴音郭楞蒙古自治州博湖县图书馆	100
		巴音郭楞蒙古自治州且末县图书馆	100
		伊犁哈萨克自治州奎屯市图书馆	90
		博尔塔拉蒙古自治州温泉县图书馆	80

地区	级别（地/县）	单位名称	大专以上人员比例（%）
新疆	县级	博尔塔拉蒙古自治州博乐市图书馆	75
		昌吉州奇台县图书馆	75
		巴音郭楞蒙古自治州和静县图书馆	75
		巴音郭楞蒙古自治州轮台县图书馆	57.14
		博尔塔拉蒙古自治州精河县图书馆	50
		昌吉州米泉市图书馆	50
		昌吉回族自治州木垒县图书馆	37.5
		伊哈萨克自治州察布查尔县图书馆	36
		喀什地区莎车县图书馆	35
		塔城地区托里县图书馆	35
		阿勒泰地区福海县图书馆	35
		阿勒泰地区布尔津县图书馆	35
		喀什地区喀什市图书馆	35
		塔城地区裕民县图书馆	35
		塔城地区和丰县图书馆	35
		阿勒泰地区吉木乃县图书馆	35
		喀什地区疏附县图书馆	30
		吐鲁番地区鄯善县图书馆	25
海南	县级	安定县图书馆	76
		琼海市图书馆	75
		海口市琼山区图书馆	25
		五指山市图书馆	20
		东方市图书馆	8
重庆	地级	长寿区图书馆	69
	县级	璧山县图书馆	75
		南川市图书馆	60
		永川市图书馆	50

全国一级图书馆年外借册次统计

地区	级别（地/县）	单位名称	年外借册次（万）
北京	地级	东城区图书馆	33.8
		房山区图书馆	31.44
		朝阳区图书馆	23.9
		宣武区图书馆	23.77
		崇文区图书馆	23.34
		西城区图书馆	22.19
		顺义区图书馆	22
		门头沟区图书馆	20
		西城区青少年儿童图书馆	15.43
		石景山区少儿图书馆	15.17
	县级	密云县图书馆	10.48
天津	地级	河东区图书馆	23.7
		和平区图书馆	22.4
		河西区图书馆	22.1
		塘沽区图书馆	21.7
		红桥区少年儿童图书馆	15.1
	县级	静海县图书馆	9.8
河北	地级	石家庄市图书馆	22.7
		唐山市图书馆	22.2
		秦皇岛市图书馆	22.1
		邯郸市图书馆	21.9
		沧州市图书馆	19.1
		廊坊市图书馆	17.5
	县级	武安市图书馆	11.45
		乐亭县图书馆	10.1
		遵化县图书馆	10.05
山西	地级	太原市图书馆	21
	县级	汾阳市图书馆	12
		榆次区图书馆	10
		曲沃县图书馆	10
内蒙古	地级	包头市图书馆	23
		通辽市图书馆	22.6
	县级	青山区图书馆	10
		科尔沁区图书馆	8
辽宁	地级	本溪市图书馆	26.3
		辽阳市图书馆	22.9
		丹东市图书馆	20.7
		鞍山市图书馆	20
	县级	沈阳市和平区馆	54.7
		大连市旅顺口区馆	31.9
		大连市普兰店市馆	29.8
		大连市西岗区馆	21.6
		大连市甘井子区馆	21
辽宁	县级	沈阳市沈河区馆	14.6
		大连市瓦房店市馆	14.6
		大连市沙河口区馆	13.9
		鞍山市海城市馆	11.9
		丹东市东港市馆	11.5
		沈阳市铁西区馆	11
		鞍山市铁东区馆	10.2
		沈阳铁西区少儿馆	9.2
吉林	县级	敦化市图书馆	11
		前郭县图书馆	10
黑龙江	地级	齐齐哈尔市图书馆	20.587
	县级	海林市图书馆	12.3232
		海伦市图书馆	10.0219
上海	地级	宝山区图书馆	51.5
		闵行区图书馆	32.2
		卢湾区图书馆	31.8
		黄浦区第二图书馆	31.3
		静安区图书馆	30.4
		浦东新区图书馆	27.2
		杨浦区图书馆	27
		南汇区图书馆	26.2
		闸北区图书馆	25.6
		长宁区图书馆	23.3
		普陀区图书馆	23
		黄浦区图书馆	22.9
		徐汇区图书馆	22.6
		松江区图书馆	22.1
		虹口区图书馆	22.1
		闸北区少儿图书馆	15.89
		长宁区少儿图书馆	15.23
	县级	崇明县图书馆	32.7
		奉贤区图书馆	28.55
		浦东新区川沙图书馆	23.59
		杨浦区延吉图书馆	23.39
		虹口区曲阳图书馆	15
		浦东新区第一图书馆	14.75
		浦东新区第二图书馆	12.7
		青浦区图书馆	12.5
		浦东新区川沙少儿馆	11.5
江苏	地级	无锡市图书馆	60
		苏州市图书馆	55.57
		常州市图书馆	40
		泰州市图书馆	32

地区	级别（地/县）	单位名称	年外借册次（万）
江苏	地级	扬州市少儿图书馆	30
		镇江市图书馆	26.1
		扬州市图书馆	22.3
		连云港市图书馆	22
		盐城市图书馆	20.96
		徐州市图书馆	20
		连云港市少儿图书馆	15
	县级	张家港市图书馆	51.15
		常熟市图书馆	40.6
		丹阳市图书馆	30
		江阴市图书馆	28
		大丰市图书馆	20
		太仓市图博中心	18.17
		海安县图书馆	18
		启东市图书馆	17
		靖江市图书馆	16.82
		如皋市图书馆	15.7
		泰兴市图书馆	15
		南京市建邺区图书馆	15
		扬中市图书馆	15
		东台市图书馆	14.7
		江都市图书馆	13.5
		南京市浦口区图书馆	13
		沛县图书馆	13
		南京市六合区第二图书馆	12.64
		吴江市图书馆	12.5
		通州市图书馆	12.12
		南京市白下区图书馆	12
		高淳县图书馆	12
		海门市图书馆	11.86
		宜兴市图书馆	11.32
		溧水县图书馆	11.25
		昆山市图书馆	11
		常州市武进区图书馆	11
		仪征市图书馆	10.85
		姜堰市图书馆	10.66
		南京市鼓楼区图书馆	10.6
		东海县图书馆	10.6
		苏州市吴中区图书馆	10.39
		高邮市图书馆	10.2
		溧水县儿童图书馆	10.1
		金坛市图书馆	10.1
		南京市江宁区图书馆	10
		南京市秦淮区图书馆	10
		南京市玄武区少儿图书馆	8.6
		扬州市邗江区图书馆	8.35
		如东县图书馆	8.3
浙江	地级	绍兴图书馆	49.6
		金华严济慈图书馆	23.96
		温州市图书馆	23.55
		温州市少儿图书馆	10.72
	县级	浦江县图书馆	19.4
		余姚市图书馆	19
		海宁市图书馆	18.84
		临海市图书馆	17
		富阳市图书馆	14.4
		余杭区图书馆	12.5
		上虞市图书馆	12.3
		诸暨市图书馆	11.8
		嵊州市图书馆	11.5
		永嘉县图书馆	11.3
		德清县图书馆	10.6
		岱山县图书馆	10.4
		萧山区图书馆	10.3
		武义县图书馆	10.2
		海盐县图书馆	10.11
		临安市图书馆	10.1
		桐庐县图书馆	10
		桐乡市图书馆	10
		温岭市图书馆	10
		象山县图书馆	10
		安吉县图书馆	10
		兰溪市图书馆	10
		奉化市图书馆	10
		嘉善县图书馆	8.23
		东阳市图书馆	8
		云和县图书馆	4
安徽	地级	合肥市图书馆	26.1
	县级	铜陵市图书馆	23.2
		马鞍山市图书馆	20.274
		太湖县图书馆	12
福建	地级	泉州市图书馆	25.1404
		福州市图书馆	23
	县级	南安市李成智图书馆	13.8513
		石狮市图书馆	12.8981
		南安市图书馆	11.0008
		集美图书馆	10.5371
		晋江市图书馆	10.4829
江西	地级	南昌市图书馆	25.2
		赣州市图书馆	22.5
		新余市图书馆	20.3
		九江市图书馆	17
		鹰潭市图书馆	16

地区	级别（地/县）	单位名称	年外借册次（万）
江西	县级	弋阳县图书馆	15
江西	县级	武宁县图书馆	13
江西	县级	泰和县图书馆	11
江西	县级	庐山图书馆	1.5
山东	地级	枣庄市图书馆	24.5
山东	地级	烟台图书馆	22.8
山东	地级	济宁市图书馆	22
山东	地级	潍坊市图书馆	22
山东	县级	文登市图书馆	33
山东	县级	莱州市图书馆	17
山东	县级	邹城市图书馆	16
山东	县级	滕州市图书馆	13
山东	县级	茌平县图书馆	11.8
山东	县级	平度市图书馆	11.7
山东	县级	淄博市淄川区图书馆	11.6
山东	县级	青岛市经济技术开发区图书馆	11.2
山东	县级	淄博市博山区图书馆	11.2
山东	县级	邹平县图书馆	10.94
山东	县级	曲阜市图书馆	10.6
山东	县级	诸城市图书馆	10.5
山东	县级	青州市图书馆	10.3
山东	县级	胶州市图书馆	10.1
山东	县级	青岛市市南区图书馆	10.1
山东	县级	烟台市牟平区图书馆	10
山东	县级	青岛市四方区图书馆	10
山东	县级	广饶县图书馆	10
山东	县级	烟台经济技术开发区图书馆	10
山东	县级	平原县图书馆	10
河南	地级	洛阳市图书馆	22.43
河南	地级	三门峡市图书馆	22.284
河南	地级	郑州市图书馆	20.2126
河南	地级	漯河市图书馆	17
河南	县级	偃师市图书馆	12
河南	县级	陕县图书馆	12
河南	县级	新密市图书馆	10.9
河南	县级	林州市图书馆	10
湖北	地级	黄石市图书馆	28
湖北	地级	荆州市图书馆	25.5
湖北	地级	荆门市图书馆	22
湖北	地级	十堰市图书馆	20
湖北	县级	蕲春县图书馆	12.5
湖北	县级	武汉市青山区图书馆	12.5
湖北	县级	秭归县图书馆	12.1
湖北	县级	武汉市洪山区图书馆	12
湖北	县级	武汉市桥口区图书馆	10.7

地区	级别（地/县）	单位名称	年外借册次（万）
湖北	县级	大冶市图书馆	10.6
湖北	县级	武汉市江夏区图书馆	10.4
湖北	县级	武汉市东西湖区图书馆	10.1
湖北	县级	郧西县图书馆	10
湖北	县级	当阳市图书馆	10
湖北	县级	崇阳县图书馆	8
湖北	县级	武汉市江岸区少儿图书馆	4.4
湖南	地级	株洲市图书馆	28.5
湖南	地级	湘潭市图书馆	28.23
湖南	地级	长沙市图书馆	25
湖南	地级	衡阳市图书馆	23
湖南	地级	岳阳市图书馆	22.7676
湖南	地级	常德市图书馆	20.15
湖南	县级	永州芝山区图书馆	16.4
湖南	县级	涟源市图书馆	13.9
湖南	县级	宁乡县图书馆	13.4
湖南	县级	双峰县图书馆	12.6
湖南	县级	邵东县图书馆	12.1
湖南	县级	衡东县图书馆	12.04
湖南	县级	浏阳市图书馆	12
湖南	县级	临湘市图书馆	11.2
湖南	县级	华容县图书馆	10.13
湖南	县级	汨罗市图书馆	10.1
湖南	县级	炎陵县图书馆	10.07
湖南	县级	临澧县图书馆	10
湖南	县级	平江县图书馆	8.5
广东	地级	广州市花都区图书馆	31
广东	地级	中山市图书馆	29.5
广东	地级	深圳市罗湖区图书馆	29
广东	地级	深圳市南山区图书馆	27.9
广东	地级	佛山市图书馆	27.33
广东	地级	广州市荔湾区图书馆	24.5
广东	地级	东莞市图书馆	24.17
广东	地级	江门市五邑图书馆	23
广东	地级	深圳市福田区图书馆	22.5
广东	地级	广州市番禺区图书馆	22.4
广东	地级	广州市天河区图书馆	22
广东	地级	广州市芳村区图书馆	22
广东	地级	深圳市宝安区图书馆	21
广东	地级	湛江市图书馆	21
广东	地级	汕头市图书馆	20.5
广东	地级	广州市海珠区图书馆	20
广东	地级	广州市黄埔区图书馆	20
广东	地级	湛江市少儿图书馆	18.1
广东	地级	深圳市盐田区图书馆	10
广东	县级	佛山市顺德区梁銶琚图书馆	31

地区	级别（地/县）	单位名称	年外借册次（万）
广东	县级	肇庆市端州区图书馆	20
		佛山市三水市图书馆	18.15
		高州市图书馆	16.5
		江门市新会区景堂图书馆	15
		佛山市南海区图书馆	14.4
		佛山市禅城区图书馆	11.6
		揭阳市榕城区图书馆	11.6
		汕头市澄海区图书馆	10.52
		普宁市图书馆	10.5
		台山市图书馆	10.4
		佛山市高明区图书馆	10.39
		蕉岭县图书馆	10.3
		惠阳市图书馆	10.2
		增城市图书馆	10
		开平市图书馆	10
		罗定市图书馆	10
		从化市图书馆	9
广西	地级	南宁市图书馆	30.22
		柳州市图书馆	28.272
		南宁市少儿图书馆	15.12
	县级	北流市图书馆	18
四川	地级	绵阳市图书馆	29.72
		广安市图书馆	28
	县级	成都市新都区图书馆	12
		什邡市图书馆	10.8
		成都市成华区图书馆	10
		邛崃市图书馆	10
		广汉市图书馆	10
		绵竹市图书馆	10
		成都市金牛区图书馆	10
		都江堰市图书馆	10

地区	级别（地/县）	单位名称	年外借册次（万）
四川	县级	成都市龙泉驿区图书馆	8.4
		成都市青羊区图书馆	8
		成都市温江区图书馆	8
		成都市武侯区图书馆	8
		成都市锦江区图书馆	7.3
贵州	地级	贵阳市图书馆	24.3
	县级	遵义县图书馆	12
云南	地级	昆明图书馆	46.1
		大理州图书馆	45.75
		楚雄州图书馆	20
	县级	红塔区图书馆	20.6
		个旧市图书馆	18.13
		弥勒县图书馆	10.19
		盘龙区图书馆	10
		官渡区图书馆	8
云南	县级	五华区图书馆	7.28
陕西	县级	星元图书馆	13.9
		汉滨区少儿馆	8.3
甘肃	地级	兰州市图书馆	22.68
		白银市图书馆	22.6
	县级	北道区图书馆	10.01
		甘州区图书馆	8
宁夏	地级	银川市图书馆	33.61
	县级	吴忠利通区图书馆	15
新疆	地级	克拉玛依市图书馆	26.63
	县级	伊犁州伊宁市图书馆	12.9
重庆	地级	沙坪坝区图书馆	26.7
		涪陵区图书馆	23.2
		渝北区图书馆	22.3
		北碚区图书馆	22.1

全国二级图书馆年外借册次统计

地区	级别（地/县）	单位名称	年外借册次（万）
北京	地级	通州区图书馆	54
天津市	地级	宝坻区图书馆	17.48
		大港区图书馆	16.82
		河北区图书馆	16.24
		东丽区图书馆	16.23
		津南区图书馆	16.2
		汉沽区图书馆	16
		河北区少年儿童图书馆	4.3
	县级	蓟县图书馆	8.5
河北	地级	张家口市图书馆	19
		保定市图书馆	16
		邢台市图书馆	8.1
	县级	栾城县图书馆	19
		正定县图书馆	17.7
		新乐市图书馆	16.7
		泊头市图书馆	12.25
		昌黎县图书馆	10.91
		宣化区图书馆	10
		抚宁县图书馆	10
		晋州市图书馆	10
		安国市图书馆	10
		任丘市图书馆	9.98
		河间市图书馆	9.82
		青县图书馆	9.79
		卢龙县图书馆	8.2
		唐海县图书馆	8
		丰宁县图书馆	8
		滦县图书馆	8
		丰南区图书馆	8
		黄骅市图书馆	6
		吴桥县图书馆	6
		易县图书馆	6
		玉田县图书馆	6
		磁县图书馆	6
		栾南县图书馆	6
		沙河市图书馆	4.3
		涉县图书馆	4.2
		平泉县图书馆	4
		山海关区图书馆	1.1
山西	县级	忻府区图书馆	10
		灵石县图书馆	8.1
		襄垣县图书馆	8
		祁县图书馆	4
内蒙	地级	鄂尔多斯市图书馆	16.3
		兴安盟图书馆	16
	县级	满洲里区图书馆	18.5
		开鲁县图书馆	10.18
		海拉尔区图书馆	9.7
		阿荣旗图书馆	8.1
		昆区图书馆	8
		九原区图书馆	6
		鄂尔多斯市东胜区少儿图书馆	6
辽宁	地级	盘锦市少儿图书馆	18.5
		鞍山市少儿图书馆	15.6
		营口市少儿图书馆	8.6
	县级	大连市金州区馆	104
		沈阳市于洪区馆	13.7
		葫芦岛市连山区馆	12.7
		大连市中山区馆	10.7
		丹东市宽甸县馆	10.4
		沈阳市苏家屯区馆	10.3
		沈阳市法库县馆	9.9
		大连市长海县馆	9.4
		锦州市义县馆	9.3
		沈阳市东陵区馆	8.5
		锦州市黑山县馆	8.4
		锦州市北宁市馆	8.2
		丹东市振安区馆	8.2
		朝阳市建平县馆	8.2
		朝阳市朝阳县馆	8
		本溪市本溪县馆	8
		锦州市凌海市馆	7.5
		沈阳市康平县馆	6.4
		沈阳市新城子区馆	4.2
		白山市图书馆	25.7
		延边州图书馆	20
		德惠市图书馆	11
		长春市宽城区图书馆	10
		通化县图书馆	8.6
		桦甸市图书馆	8.4
		公主岭市图书馆	8.2
		抚松县图书馆	3.7
黑龙江	地级	伊春市图书馆	20.2323
		佳木斯市图书馆	16.4096
	县级	绥化市北林区图书馆	13.1987

地区	级别（地/县）	单位名称	年外借册次（万）
黑龙江	地级	绥化市北林区少儿馆	10.0914
		肇东市图书馆	8.801
		林口县图书馆	8.7
		安达市图书馆	8.6629
		望奎县图书馆	8.2083
		拜泉县图书馆	8
		富拉尔基区图书馆	6
		同江市图书馆	4.02
		讷河市图书馆	4
		泰来县图书馆	4
		穆棱市图书馆	1.2615
上海	地级	杨浦区少儿图书馆	12.88
江苏	地级	淮安市图书馆	17.73
		南通市图书馆	16.3
		南通市少儿图书馆	12.98
	县级	新沂市图书馆	17.2
		射阳县图书馆	14.5
		邳州市图书馆	11.3
		无锡市锡山区图书馆	10
		泗阳县图书馆	10
		建湖县图书馆	9.2
		南京市雨花台区图书馆	8.9
		无锡市北塘区图书馆	8.5
		兴化市图书馆	8.2
		溧阳市图书馆	8.2
		南京市六合区第一图书馆	8.2
		淮安市楚州区图书馆	8
		南京市下关区图书馆	8
		无锡市惠山区图书馆	6
浙江	地级	金华市少儿图书馆	4.9
	县级	椒江区图书馆	58.78
		乐清市图书馆	24.6
		瑞安市图书馆	17.8
		镇海区图书馆	10
		永康市图书馆	10
		北仑区图书馆	8.65
		仙居县图书馆	8.4
		缙云县图书馆	8.13
		淳安县图书馆	8.1
		三门县图书馆	8
		普陀区图书馆	8
		开化县图书馆	8
		义乌市图书馆	5.5
		鄞州区图书馆	4.7
安徽	地级	安庆市图书馆	20
	县级	肥西县图书馆	16.2

地区	级别（地/县）	单位名称	年外借册次（万）
安徽	地级	五河县图书馆	15
		歙县图书馆	10.9
		无为县图书馆	8
福建	地级	福州市少儿图书馆	26.3
		三明市图书馆	18.4
		漳州市图书馆	17
		南平市图书馆	16
	县级	龙海市图书馆	18.8
		同安区少儿图书馆	13.1026
		建瓯市图书馆	10.9
		上杭县图书馆	10.3
		东山县图书馆	10
		建阳市图书馆	9.7
		漳平市图书馆	9.2
		厦门同安区图书馆	9.1
		永春县图书馆	8.9
		浦城县图书馆	8.7
		光泽县图书馆	8.7
		闽侯县图书馆	8.34
		武夷山市图书馆	8.3
		福鼎市图书馆	8.223
		德化县图书馆	8.2103
		连城县图书馆	8.2
		厦门湖里区图书馆	8.182
		惠安县图书馆	8.152
		邵武市图书馆	8.1
		武平县图书馆	8.1
		连江县图书馆	8.06
		福清市图书馆	8.018
		宁德蕉城区图书馆	8.01
		泰宁县图书馆	8
		尤溪县图书馆	8
		厦门集美区少儿图书馆	4.1
江西	地级	吉安市图书馆	30
		抚州市图书馆	12
		景德镇市图书馆	8
	县级	南昌青云谱区馆	22.9
		万载县图书馆	12
		吉安县图书馆	12
		上高县图书馆	11.7
		南康县图书馆	11.2
		遂川县图书馆	11
		丰城市图书馆	10
		南昌西湖区馆	10
		于都县图书馆	10
		高安市图书馆	10

地区	级别（地/县）	单位名称	年外借册次（万）
江西	地级	崇仁县图书馆	10
		贵溪市图书馆	10
		抚州临川区馆	10
		莲花县图书馆	10
		靖安县图书馆	9
		井冈山市图书馆	9
		进贤县图书馆	8.6
		崇义县图书馆	8.3
		宜丰县图书馆	8.2
		南昌东湖区馆	8
		南昌青山湖区馆	8
		都昌县图书馆	8
		鹰潭月湖区馆	8
		宁都县图书馆	8
		石城县图书馆	8
山东	地级	东营市图书馆	21
		聊城市海源阁图书馆	21
		泰安市图书馆	21
		威海市图书馆	16
	县级	济南市长清区图书馆	11.4
		沂水县图书馆	11
		费县图书馆	11
		青岛市李沧区图书馆	10.1
		枣庄市峄城区图书馆	10
		兖州市图书馆	10
		莱西市图书馆	10
		枣庄市台儿庄区图书馆	10
		乳山市图书馆	10
		临沂市兰山区图书馆	10
		临朐县图书馆	10
		青岛市城阳区图书馆	9.2
		博兴县图书馆	9.1
		章丘市图书馆	8.6
		荷泽市牡丹区图书馆	8.6
		海阳市图书馆	8.5
		高密市图书馆	8.5
		郯城县图书馆	8.3
		新泰市图书馆	8.2
		临沭县图书馆	8.14
		胶南市图书馆	8
		枣庄市薛城区图书馆	8
		青岛市市北区图书馆	8
		荣成市图书馆	8
		寿光市图书馆	8
		青岛市崂山区图书馆	8
		无棣县图书馆	8

地区	级别（地/县）	单位名称	年外借册次（万）
山东	县级	淄博市张店区少儿图书馆	8
		肥城市图书馆	8
		济南市历城区图书馆	8
		莒县图书馆	8
		招远市图书馆	8
		昌邑市图书馆	8
		蓬莱市图书馆	8
		蒙阴县图书馆	8
		安丘市图书馆	8
		垦利县图书馆	8
		利津县图书馆	8
		五莲县图书馆	8
		莒南县图书馆	6
		郓城县图书馆	4.5
河南	地级	许昌市图书馆	16.5
		濮阳市图书馆	16.3
	县级	唐河县图书馆	15.8
		邓州市图书馆	15.8
		郾城县图书馆	15.0569
		孟津县图书馆	12.5
		西平县图书馆	12
		渑池县图书馆	11.6
		商丘睢阳区图书馆	11
		新郑市图书馆	10
		商丘梁园区图书馆	10
		罗山县图书馆	10
		栾川县图书馆	10
		信阳市平桥区图书馆	10
		驻马店驿城区图书馆	10
		汝南县图书馆	10
		禹州市图书馆	9.12
		舞阳县图书馆	9.0426
		沁阳市图书馆	8.2
湖北	地级	黄冈市图书馆	29.8
		宜昌市图书馆	27.9
		襄樊市图书馆	24
		鄂州市图书馆	20
		孝感市图书馆	20
	县级	麻城市图书馆	18
		红安县图书馆	18
		黄梅县图书馆	15
		浠水县图书馆	14
		武汉市江岸区图书馆	13.3
		京山县图书馆	13
		武汉市蔡甸区图书馆	11.5
		仙桃市图书馆	11.2

地区	级别（地/县）	单位名称	年外借册次（万）
湖北	县级	枝江市图书馆	10.1
		武汉市汉阳区图书馆	10.03
		松滋市图书馆	10
		老河口市图书馆	10
		应城市图书馆	10
		五峰县图书馆	10
		谷城县图书馆	10
		洪湖市图书馆	10
		远安县图书馆	10
		黄冈市黄州区图书馆	10
		罗田县图书馆	10
		武汉市新洲区图书馆	9.1
		兴山县图书馆	8.9
		汉川市图书馆	8.5
		武汉市黄陂区图书馆	8.5
		潜江市图书馆	8.5
		宜都市图书馆	8.3
		长阳县图书馆	8.3
		安陆市图书馆	8.2
		石首市图书馆	8
		钟祥市图书馆	8
		公安县图书馆	8
		枣阳市图书馆	8
		丹江口市图书馆	8
		阳新县图书馆	6.5
		蕲春县少儿图书馆	6.5
		荆州市荆州区图书馆	6.4
		宜城市图书馆	6.2
		监利县图书馆	6
		襄樊市襄阳区图书馆	5.2
湖南	地级	衡阳市少儿图书馆	18.7
		益阳市图书馆	12
	县级	溆浦县图书馆	14
		洪江区图书馆	13.5
		永顺县图书馆	12
		攸县图书馆	11.62
		娄底娄星区图书馆	11.5
		沅江市图书馆	10.9
		湘乡市图书馆	10.9
		衡阳县图书馆	10.73
		茶陵县图书馆	10.5
		芷江县图书馆	10.5
		株洲县图书馆	10.5
		冷水江市图书馆	10.33
		祁阳县图书馆	10.2
		桃江县图书馆	10.2
		常宁县图书馆	10.19
		祁东县图书馆	10.12
		衡南县图书馆	10.02
		望城县图书馆	10
		新化县图书馆	10

地区	级别（地/县）	单位名称	年外借册次（万）
湖南	地级	汝城县图书馆	10
		沅陵县图书馆	10
		靖州县图书馆	10
		澧县图书馆	10
		麻阳县图书馆	10
		辰溪县图书馆	10
		湘潭县图书馆	9.6
		安化县图书馆	9.3
		益阳资阳区图书馆	9.3
		邵阳县图书馆	9.3
		嘉禾县图书馆	9
		新邵县图书馆	8.9
		怀化鹤城区图书馆	8.8
		醴陵市图书馆	8.2
		吉首市少儿图书馆	8.2
		常德鼎城区图书馆	8.1
		石门县图书馆	8
		洞口县图书馆	8
		资兴市图书馆	8
		城步县图书馆	8
		绥宁县图书馆	8
		新宁县图书馆	6.7
		宁远县图书馆	5.5
		隆回县图书馆	4
		南县图书馆	4
广东	地级	阳江市图书馆	16.7
		潮州市谢慧如图书馆	16.5
		广州市东山区图书馆	16
		梅州市剑英图书馆	16
		韶关市图书馆	14
		清远市图书馆	8
	县级	封开县图书馆	9.1
		鹤山市图书馆	8.7
		兴宁市图书馆	8.56
		四会市图书馆	8.5
		雷州市李纪妙图书馆	8.4
		紫金县图书馆	8.4
		廉江市图书馆	8.3
		高要市黎汉光图书馆	8.2
		新兴县图书馆	8
		恩平市图书馆	8
		遂溪县图书馆	8
		汕头市龙湖区图书馆	8
		郁南县图书馆	8
		德庆县图书馆	6
		仁化县图书馆	4
		珠海市斗门区图书馆	1.12
广西	地级	北海市少儿图书馆	11.16
		北海市图书馆	9.48
	县级	容县图书馆	11.1
		靖西县图书馆	11

地区	级别（地/县）	单位名称	年外借册次（万）
广西	县级	宜州市图书馆	10.3
		合浦县图书馆	10.21
		苍梧县图书馆	9.5
		江州区图书馆	8.8
		宾阳县图书馆	8.7
		邕宁县图书馆	8.2
		右江区图书馆	8.125
		田阳县图书馆	8
		凭祥市图书馆	6.9
		兴宾区图书馆	6
		灵山县图书馆	4.351
四川	地级	达州市图书馆	20.17
		广元市图书馆	20
		攀枝花市图书馆	18
		泸州市图书馆	8
		自贡市图书馆	3
	县级	渠县图书馆	12
		邻水县图书馆	11
		达县图书馆	10
		岳池县图书馆	10
		营山县图书馆	10
		广安区图书馆	10
		武胜县图书馆	10
		简阳市图书馆	10
		旺苍县图书馆	10
		峨眉山市图书馆	10
		阆中市图书馆	8.4
		苍溪县图书馆	8.3
		成都市双流县图书馆	8
		彭州市图书馆	8
		射洪县图书馆	8
		宣汉县图书馆	8
		成都市青白江区图书馆	8
		万源县图书馆	6
		江油市图书馆	6
		盐亭县图书馆	6
		巴州区图书馆	4.5
		崇州市图书馆	4
		平昌县图书馆	2.8
		南江县图书馆	2.4
贵州	地级	黔南州图书馆	18
		遵义市图书馆	16
		毕节地区图书馆	16
	县级	贵阳市白云区图书馆	8.1
		贵阳市花溪区图书馆	4
云南	地级	玉溪市图书馆	18.6
	县级	蒙自县图书馆	13
		楚雄市图书馆	12
		新平县图书馆	11.9
		腾冲县图书馆	10.5158
		开远市图书馆	10.2
		姚安县图书馆	10
		景谷图书馆	9.87

地区	级别（地/县）	单位名称	年外借册次（万）
云南	县级	澄江县图书馆	8.5
		建水县图书馆	8.35
		富源县图书馆	8
		石林县图书馆	8
		安宁县图书馆	8
		大理市图书馆	7.9
		大姚县图书馆	6
陕西	县级	司马迁图书馆	10.02
		宝塔区图书馆	8
		旬阳县图书馆	6.0917
甘肃	地级	天水市图书馆	20
	县级	敦煌市图书馆	24
		凉州区图书馆	16
		武都县图书馆	11
		安定区图书馆	10.8
		临洮县图书馆	10.4
		陇西县图书馆	10.02
		肃州区图书馆	10
		白银区少儿图书馆	10
		庆城县图书馆	8
		临泽县图书馆	8
		山丹县图书馆	8
		肃南县图书馆	8
		康县图书馆	4
宁夏	地级	石嘴山市图书馆	39
	县级	青铜峡市图书馆	12.5
		固原原州区图书馆	10
		中宁县图书馆	10
		贺兰县图书馆	10
		盐池县图书馆	8.71
		海原县图书馆	6.5
		灵武市图书馆	5.52
		西吉县图书馆	4
新疆	地级	塔城地区图书馆	22
		哈密地区图书馆	5.4
	县级	伊犁州新源县图书馆	13.3
		克拉玛依市独山子区图书馆	12
		昌吉回族自治州吉木萨尔县图书馆	10.7
		塔城地区沙湾县图书馆	10
		塔城地区乌苏市图书馆	10
		昌吉回族自治州昌吉市图书馆	8.6
		昌吉回族自治州阜康市图书馆	7.4
		阿勒泰地区阿勒泰市图书馆	7
海南	县级	乐东黎族自治县图书馆	6
		昌江黎族自治区图书馆	6
重庆	地级	涪陵区少儿图书馆	20.2
		南岸区图书馆	20
	县级	九龙坡区图书馆	17.3
		潼南县图书馆	12
		荣昌县图书馆	8
		合川市图书馆	8
		铜梁县图书馆	6

全国三级图书馆年外借册次统计

地区	级别（地/县）	单位名称	年外借册次（万）
天津	地级	武清区图书馆	16
	县级	宁河县图书馆	0.09
河北	县级	景县图书馆	20.1
		平山县图书馆	12
		鹿泉市图书馆	11.28
		辛集市图书馆	8
		赵县图书馆	8
		井陉县图书馆	8
		迁西县图书馆	8
		灵寿县图书馆	7
		藁城市图书馆	6
		元氏县图书馆	6
		怀来县图书馆	5
		峰峰矿区图书馆	4.5
		宁晋县图书馆	4.2
		临城县图书馆	4.15
		开平区图书馆	4
		定兴县图书馆	4
		隆化县图书馆	4
		邢台县图书馆	2.5
		内邱县图书馆	2.4
		枣强县李玉霞图书馆	2
		大厂县图书馆	1
		三河市图书馆	0.6
		满城县图书馆	0.6
山西	县级	孝义市图书馆	15
		太谷县图书馆	8.3
		尧都区图书馆	8
		河曲县图书馆	8
		侯马市图书馆	8
		长子县图书馆	6
		临猗县图书馆	6
		文水县图书馆	6
		武乡县图书馆	5
		沁源县图书馆	4.6
		盐湖区图书馆	4
		古交市图书馆	4
		平顺县图书馆	4
		左权县图书馆	4
		绛县图书馆	3.5
		平定县图书馆	3.3
		盂县图书馆	3
		山阴县图书馆	2.5
山西	县级	大同市南郊区图书馆	2
		长治县图书馆	1.7
		原平市图书馆	1
		中阳县图书馆	0.8
		怀仁县图书馆	0.6
内蒙古	地级	呼伦贝尔市图书馆	12.1
		赤峰市图书馆	8
		乌海市图书馆	8
	县级	根河市图书馆	10.5
		奈曼旗图书馆	10
		扎兰屯市图书馆	6
		石拐区图书馆	6
		科右中旗图书馆	5.2
		阿鲁科尔沁旗图书馆	4.5
		林西县图书馆	4.2
		喀喇沁旗图书馆	4.2
		翁牛特旗图书馆	4.1
		莫力达瓦旗图书馆	4
		准格尔旗图书馆	4
		托克托县图书馆	4
		松山区图书馆	4
		鄂伦春旗图书馆	4
		东河区图书馆	4
		鄂温克旗图书馆	4
		巴林右旗图书馆	4
		鄂托克旗图书馆	4
		杭锦后旗图书馆	4
		磴口县图书馆	3.9
		乌拉特中旗图书馆	3.8
		达拉特旗图书馆	2.4
		伊金霍洛旗图书馆	2.3
		土默特左旗图书馆	1.7
		土右旗图书馆	1.5
		东乌旗图书馆	1.0911
		杭锦旗图书馆	1
		陈巴尔虎旗图书馆	0.4
		乌审旗图书馆	0.4
		鄂托克前旗图书馆	0.1
辽宁	地级	盘锦市图书馆	16
		辽阳市少儿图书馆	9.1
	县级	朝阳市凌源市馆	12.2
		铁岭市开原市馆	10.2
		抚顺市清原县馆	9.6

地区	级别（地/县）	单位名称	年外借册次（万）
辽宁	县级	丹东市凤城市馆	8
		沈阳市辽中县馆	6.95
		营口市老边区馆	6.8
		葫芦岛市兴城市馆	6.4
		鞍山市岫岩县馆	6
		营口市大石桥市馆	6
		葫芦岛市建昌县馆	4.4
		鞍山市千山区馆	4
吉林	地级	通化市图书馆	8
		四平市图书馆	7.8
	县级	镇赉县图书馆	10.3
		梅河口市图书馆	6.4
		图们市图书馆	6
		和龙市图书馆	5.6
		梨树县图书馆	5
		永吉县图书馆	1.5
黑龙江	地级	鸡西市图书馆	37.01
		大兴安岭地区图书馆	8.145
		鹤岗市图书馆	7.9358
	县级	林甸县图书馆	9.7
		东宁县图书馆	8.3627
		明水县图书馆	8.1157
		青冈县图书馆	7.5704
		兰西县图书馆	7.1405
		绥棱县图书馆	6.7793
		嘉荫县图书馆	6.2
		哈尔滨南岗区图书馆	6.2
		甘南县图书馆	6
		铁力市图书馆	6
		桦南县图书馆	5.8397
		龙江县图书馆	5
		尚志市图书馆	4.9
		方正县图书馆	4.5
		依兰县图书馆	4.4
		双城市图书馆	4.2
		富裕县图书馆	4
		哈尔滨道里区图书馆	4
		巴彦县图书馆	4
		呼玛县图书馆	4
		富锦市图书馆	3.1
		虎林市图书馆	3.1
		汤原县图书馆	2.89
		宾县图书馆	2.45
		抚远县图书馆	2
		牡丹江朝鲜族图书馆	1.64
江苏	地级	无锡市南长区图书馆	10
		阜宁县图书馆	10
		响水县图书馆	8
		淮安市淮阴区图书馆	8
		赣榆县图书馆	7.5
		涟水县图书馆	7.2
		宿迁市宿城区图书馆	6
		无锡市滨湖区图书馆	6
		无锡市崇安区图书馆	6
		滨海县图书馆	6
		灌云县图书馆	4.1
		连云港市连云区图书馆	4
		泗洪县图书馆	4
		沭阳县图书馆	4
		盐城市盐都区图书馆	4
浙江	地级	舟山市图书馆	15.09
		衢州市图书馆	8.64
	县级	龙泉市图书馆	10.2
		新昌县图书馆	10
		松阳县图书馆	9.7
		玉环县图书馆	8
		磐安县图书馆	8
		黄岩区图书馆	8
		景宁县图书馆	7
		青田县图书馆	7
		平阳县图书馆	6
		遂昌县图书馆	6
		瓯海区图书馆	5
		江山县图书馆	5
		天台县图书馆	4.02
		嵊泗县图书馆	4
		庆元县图书馆	4
		洞头县图书馆	3.5
		常山县图书馆	2.8
		建德市图书馆	2.45
安徽	地级	巢湖市图书馆	9
		阜阳市图书馆	8.15
		淮南市图书馆	5
	县级	金寨县图书馆	15
		长丰县图书馆	12.4
		淮南市潘集区图书馆	10.3
		肖县图书馆	10
		六安市金安区图书馆	10
		霍邱县图书馆	9
		亳州市谯城区图书馆	8.1
		潜山县图书馆	8
		池州市贵池区图书馆	6.4

地区	级别（地/县）	单位名称	年外借册次（万）
安徽	县级	芜湖县图书馆	6.3
		临泉县图书馆	6
		濉溪县图书馆	6
		和县图书馆	4.4
		蒙城县图书馆	4.12
		含山县图书馆	4.1
		东至县图书馆	4
		当涂县图书馆	4
		宿松县图书馆	4
福建	县级	漳浦县图书馆	10
		古田县图书馆	9.4
		南靖县图书馆	8.5
		永定县图书馆	8.3
		长泰县图书馆	8.24
		长乐市图书馆	7.64
		松溪县图书馆	6.3
		政和县图书馆	6.1
		宁化县图书馆	6.1
		沙县图书馆	6
		将乐县图书馆	5.52
		厦门思明区图书馆	5.4
		安溪县图书馆	4.5
		永安市图书馆	4
		仙游县图书馆	4
		清流县图书馆	4
		福州仓山区图书馆	3.8
		福安市图书馆	3
		屏南县图书馆	2.1777
		福州台江区图书馆	1.9
江西	县级	上犹县图书馆	31.4
		信丰县图书馆	10
		安福县图书馆	8
		万安县图书馆	8
		全南县图书馆	8
		德兴市图书馆	8
		龙南县图书馆	6.1
		吉水县图书馆	6
		大余县图书馆	6
		上饶信州区馆	6
		定南县图书馆	6
		兴国县图书馆	6
		安远县图书馆	6
		宜黄县图书馆	6
		黎川县图书馆	6
		东乡县图书馆	6
		新余渝水区馆	4.2
江西	县级	永修县图书馆	4
		新干县图书馆	4
		修水县图书馆	4
		南丰县图书馆	4
		乐安县图书馆	4
		鄱阳县图书馆	3.5
		万年县图书馆	3
		赣县图书馆	2.51
		彭泽县图书馆	2
		安义县图书馆	2
		余江县图书馆	1.2
山东	地级	德州市图书馆	16
	县级	即墨市图书馆	10.4
		单县图书馆	9.6
		烟台市芝罘区图书馆	9
		高青县图书馆	8.8
		昌乐县图书馆	8.5
		梁山县图书馆	8.3
		金乡县图书馆	8
		沾化县图书馆	8
		鄄城县图书馆	8
		枣庄市市中区图书馆	6
		济阳县图书馆	4.1
		沂源县图书馆	4
		栖霞市图书馆	4
		长岛县图书馆	4
		微山县图书馆	4
		宁阳县图书馆	4
		济南市槐荫区图书馆	4
		平邑县图书馆	4
		高唐县图书馆	4
		潍坊市寒亭区图书馆	3.1
		夏津县图书馆	2
河南	地级	开封市图书馆	27.7005
		南阳市图书馆	20
		平顶山市图书馆	18.2
		安阳市少儿图书馆	12
		济源市图书馆	8.2
	县级	卢氏县图书馆	17
		辉县市图书馆	13
		鹿邑县图书馆	12
		睢县图书馆	12
		周口市川汇区图书馆	11.6
		获嘉县图书馆	10.7
		浚县图书馆	10
		方城县图书馆	10

地区	级别（地/县）	单位名称	年外借册次（万）
河南	地级	孟州市图书馆	9.5
		开封县图书馆	8.6
		兰考县图书馆	8.3
		鄢陵县图书馆	8.23
		滑县图书馆	8.2
		尉氏县图书馆	6.4
		襄城县图书馆	6.21
		确山县图书馆	6
		平舆县图书馆	6
		安阳县图书馆	4.2
		镇平县图书馆	4.1
		淮阳县图书馆	4
		正阳县图书馆	4
		新蔡县图书馆	4
		新乡市牧野区图书馆	4
		郸城县图书馆	4
		内乡县图书馆	3
		濮阳县图书馆	0
		清丰县图书馆	0
湖北	地级	咸宁市图书馆	16
		恩施州图书馆	5
	县级	神农架林区图书馆	15
		武穴市图书馆	9.8
		英山县图书馆	8
		竹山县图书馆	8
		广水市图书馆	8
		孝感市孝南区图书馆	7
		赤壁市图书馆	6
		竹溪县图书馆	6
		房县图书馆	6
		大悟县图书馆	4.7
		巴东县图书馆	4
		通山县图书馆	4
		来凤县图书馆	4
		建始县图书馆	4
		恩施市图书馆	4
		利川市图书馆	4
		咸丰县图书馆	4
		宣恩县图书馆	4
湖南	地级	邵阳市松坡图书馆	16
		邵阳市少儿图书馆	6.4
	县级	洪江市图书馆	12
		永兴县图书馆	10
		桂阳县图书馆	8
		新晃县图书馆	8
		桃源县图书馆	8

地区	级别（地/县）	单位名称	年外借册次（万）
湖南	县级	桂东县图书馆	8
		怀化鹤城区少儿馆	6.37
		保靖县图书馆	6.3
		湘阴县图书馆	6
		新田县图书馆	6
		江永县图书馆	6
		古丈县图书馆	4.4
		花垣县图书馆	4.2
		江华县图书馆	4
		永州冷水滩区图书馆	4
		宜章县图书馆	4
		慈利县图书馆	3
		道县图书馆	2.5
		双牌县图书馆	2.1
		津市市图书馆	1.18
广东	县级	曲江县图书馆	10.5
		南雄市图书馆	8.3
		五华县图书馆	8
		广宁县图书馆	8
		大埔县图书馆	8
		连南县图书馆	8
		佛冈县图书馆	6.1
		吴川市图书馆	6.1
		怀集县图书馆	6
		汕头市潮阳区图书馆	6
		惠来县图书馆	6
		始兴县图书馆	6
		清新县图书馆	6
		英德市图书馆	4.8
		连平县图书馆	4.2
		龙门县图书馆	4
		阳山县图书馆	4
		徐闻县图书馆	4
		饶平县图书馆	4
		乳源县图书馆	4
		平远县图书馆	4
		连山县图书馆	3.69
广西	地级	玉林市图书馆	13.94
	县级	博白县图书馆	14
		田东县图书馆	13
		隆林县图书馆	12
		横县图书馆	9.7
		陆川县图书馆	8.56
		昭平县图书馆	8.4
		富川县图书馆	8.2
		凌云县图书馆	8

地区	级别（地/县）	单位名称	年外借册次（万）
广西	地级	武鸣县图书馆	8
		藤县图书馆	8
		龙州县图书馆	7.2
		上思县图书馆	7.1
		柳江县图书馆	6.62
		德保县图书馆	6
		武宣县图书馆	6
		上林县图书馆	5
		防城区图书馆	5
		那坡县图书馆	5
		象州县图书馆	4.51
		忻城县图书馆	4.5
		宁明县图书馆	4.5
		金秀县图书馆	4.1
		大新县图书馆	4.1
		西林县图书馆	4
		巴马县图书馆	4
		岑溪市图书馆	4
		扶绥县图书馆	4
		马山县图书馆	4
		凤山县图书馆	4
		田林县图书馆	4
		桂平市图书馆	4
		平南县图书馆	4
		隆安县图书馆	3.2
		天等县图书馆	2.6
四川	地级	遂宁市图书馆	16
		乐山市图书馆	8.6
		凉山州图书馆	8
		甘孜州图书馆	2
	县级	资中市图书馆	26.8
		隆昌县图书馆	10.6
		会理县图书馆	9
		剑阁县图书馆	8.5
		安县图书馆	8
		华蓥市图书馆	8
		犍为县图书馆	8
		三台县图书馆	8
		梓潼县图书馆	8
		高县图书馆	8
		高坪区图书馆	8
		平武县图书馆	8
		眉山东坡区图书馆	8
		南溪县图书馆	8
		青川县图书馆	7.5
		南部县图书馆	6.5

地区	级别（地/县）	单位名称	年外借册次（万）
四川	县级	宜宾县图书馆	6.5
		夹江县图书馆	4
		大竹县图书馆	4
		合江县图书馆	4
		江安县图书馆	4
		纳溪县图书馆	4
		蓬溪县图书馆	4
		北川县图书馆	2.5
		雷波县图书馆	1.8
		西充县图书馆	1.5
		汶川县图书馆	1.45
		德昌县图书馆	1
		开江县图书馆	1
		泸定县图书馆	0.6315
		通江县图书馆	0.4
		蓬安县图书馆	0.36
贵州	地级	安顺市图书馆	16
	县级	大方县图书馆	11
		兴义市图书馆	10
		镇宁宋庆龄基金少儿图书馆	10
		湄潭县图书馆	8
		绥阳县图书馆	8
		凤岗县图书馆	6
		都匀市图书馆	4
		赤水市图书馆	3.8
		独山县图书馆	2.6
		仁怀市图书馆	2
		盘县特区思源图书馆	1.5
		榕江县图书馆	1.5
		六枝特区图书馆	1.4
		镇远县图书馆	1.4
		普定县图书馆	0.8
		威宁县图书馆	0.8
		修文县图书馆	0.6
云南	地级	曲靖市图书馆	16.55
		昭通市图书馆	12
		临沧市图书馆	8.64
		保山市图书馆	8
	县级	砚山县图书馆	41.48
		江川县图书馆	11
		华宁县图书馆	11
		罗平县图书馆	10
		麻栗坡县图书馆	8.6
		云龙县图书馆	8.2
		峨山县图书馆	8.1
		祥云县图书馆	8.1

地区	级别（地/县）	单位名称	年外借册次（万）
云南	县级	永平县图书馆	8.1
		禄丰县图书馆	8.1
		巍山县图书馆	8
		东川区图书馆	8
		宣威市图书馆	8
		陆良县图书馆	8
		师宗县图书馆	8
		寻甸县图书馆	8
		洱源县图书馆	8
		会泽县图书馆	8
		石屏县图书馆	6.72
		马关县图书馆	6.69
		晋宁县图书馆	6.2
		镇沅县图书馆	6.2
		盐津县图书馆	6.2
		景东县图书馆	6.18
		泸西县图书馆	6.1
		凤庆县图书馆	6
		维西县图书馆	6
		南涧县图书馆	6
		彝良县图书馆	6
		通海县图书馆	5.8
		易门县图书馆	5.7
		元江县图书馆	5
		金平县图书馆	4.98
		大关县图书馆	4.9
		剑川县图书馆	4.8
		宾川县图书馆	4.8
		巧家县图书馆	4.52
		永善县图书馆	4.5
		广南县图书馆	4.4
		弥度县图书馆	4.4
		双江县图书馆	4.36
		耿马县图书馆	4.3
		文山县图书馆	4.2
		昭阳区图书馆	4.2
		墨江县图书馆	4.1
		威信县图书馆	4.1
		昌宁县图书馆	4.1
		水富县图书馆	4.1
		镇康县图书馆	4
		永德县图书馆	4
		元谋县图书馆	4
		马龙县图书馆	4
		南华县图书馆	4
		武定县图书馆	4

地区	级别（地/县）	单位名称	年外借册次（万）
云南	县级	西盟县图书馆	4
		嵩明县图书馆	4
		牟定县图书馆	4
		宜良县图书馆	3.9
		贺庆县图书馆	3.2
		富民县图书馆	2.8
		呈贡县图书馆	1.99
		潞西市图书馆	1.6
		勐海县图书馆	1.5353
		邱北县图书馆	0.9769
		勐腊县图书馆	0.4557
陕西	地级	宝鸡市图书馆	23
	县级	陈仓区图书馆	10
		扶风县图书馆	10
		临渭区图书馆	8.5
		凤翔县图书馆	8.2
		岐山县图书馆	8
		蓝田县图书馆	6.4
		南郑县图书馆	6.1616
		三原县图书馆	6
		耀州区图书馆	6
		高陵县图书馆	6
		汉台区图书馆	5.36
		华县图书馆	5
		洋县图书馆	4.6706
		王益区少儿馆	4
		米脂县斌丞馆	4
		乾县图书馆	4
		镇巴县图书馆	3.2
		略阳县图书馆	0.6
甘肃	地级	嘉峪关市图书馆	20
		庆阳市图书馆	12.8
	县级	永登县图书馆	11
		静宁县图书馆	8.9
		西固区图书馆	6.2
		庄浪县图书馆	6
		漳县图书馆	5.2
		临夏市图书馆	4.8
		宁县图书馆	4.3
		崆峒区图书馆	4
		徽县图书馆	4
		清水县图书馆	4
		礼县图书馆	4
		金塔县图书馆	4
		成县图书馆	4
		合水县图书馆	4

地区	级别（地/县）	单位名称	年外借册次（万）
甘肃	地级	镇原县图书馆	4
		高台县图书馆	3.7
		岷县图书馆	1
宁夏	县级	平罗县图书馆	10
		隆德县图书馆	4
		同心县图书馆	0.32
新疆	地级	阿勒泰地区图书馆	12
		喀什地区图书馆	8
		石河子市图书馆	8
		巴音郭楞蒙古自治州图书馆	4
	县级	昌吉州奇台县图书馆	10.9
		昌吉回族自治州木垒县图书馆	8.4
		昌吉州玛纳斯县图书馆	8.27
		昌吉州米泉市图书馆	8
		昌吉回族自治州呼图壁县图书馆	7.1
		喀什地区莎车县图书馆	6.4
		喀什地区喀什市图书馆	6.3
		巴音郭楞蒙古自治州轮台县图书馆	6.05
		喀什地区疏附县图书馆	5.3
		吐鲁番地区鄯善县图书馆	5.1
		巴音郭楞蒙古自治州和静县图书馆	5.1
		塔城地区和丰县图书馆	4
		伊哈萨克自治州察布查尔县图书馆	4
新疆	县级	巴音郭楞蒙古自治州且末县图书馆	3.3
		巴音郭楞蒙古自治州博湖县图书馆	3.1
		塔城地区托里县图书馆	3
		阿勒泰地区布尔津县图书馆	3
		塔城地区裕民县图书馆	3
		博尔塔拉蒙古自治州温泉县图书馆	3
		伊犁哈萨克自治州奎屯市图书馆	3
		博尔塔拉蒙古自治州博乐市图书馆	2
		博尔塔拉蒙古自治州精河县图书馆	1.8
		阿勒泰地区福海县图书馆	1.4
		阿勒泰地区吉木乃县图书馆	0.5
海南	县级	安定县图书馆	6
		东方市图书馆	6
		五指山市图书馆	4
		海口市琼山区图书馆	4
		琼海市图书馆	4
重庆	地级	长寿区图书馆	21.6
	县级	壁山县图书馆	16.7
		永川市图书馆	8
		南川市图书馆	0.4

2004 年普通高等学校图书馆统计

教育部高等学校图书情报工作指导委员会秘书处

注:数据出自教育部高等学校图书馆事实数据库,数字为各馆自报。截止填报日期为 2005 年 6 月 23 日。

2004 年 462 所高校图书馆建筑面积排行榜

序号	图书馆名称	数据	序号	图书馆名称	数据
1	浙江大学图书馆	84000 平方米	38	南开大学图书馆	30100 平方米
2	浙江工业大学图书馆	68071.42 平方米	39	华侨大学图书馆	29637 平方米
3	厦门大学图书馆	64800 平方米	40	宁波大学图书馆	28870 平方米
4	浙江工商大学图书馆	57800 平方米	41	华东师范大学图书馆	28274 平方米
5	上海大学图书馆	55000 平方米	42	湖州师范学院图书馆	27876 平方米
6	温州大学(筹)图书馆	53250 平方米	43	清华大学图书馆	27820 平方米
7	北京大学图书馆	51493 平方米	44	东华大学图书馆	27514 平方米
8	西南财经大学图书馆	50000 平方米	45	武汉化工学院图书馆	26962 平方米
9	合肥工业大学图书馆	48000 平方米	46	北京师范大学图书馆	26750 平方米
10	河海大学图书馆	47300 平方米	47	首都师范大学图书馆	26654.56 平方米
11	杭州师范学院图书馆	45000 平方米	48	天津科技大学图书馆	26643 平方米
12	上海交通大学图书馆	44200 平方米	49	华北电力大学图书馆	26600 平方米
13	武汉理工大学图书馆	43025.5 平方米	50	北京化工大学图书馆	26600 平方米
14	华中科技大学图书馆	43020 平方米	51	中国人民大学图书馆	26000 平方米
15	烟台大学图书馆	42300 平方米	52	南京航空航天大学图书馆	26000 平方米
16	武汉大学图书馆	41925 平方米	53	南华大学图书馆	26000 平方米
17	哈尔滨工业大学图书馆	41000 平方米	54	皖西学院图书馆	25960 平方米
18	东南大学图书馆	39470 平方米	55	北京理工大学图书馆	25509 平方米
19	复旦大学图书馆	38885 平方米	56	徐州工程学院(筹)图书馆	25508 平方米
20	西南科技大学图书馆	38466 平方米	57	大连理工大学图书馆	25000 平方米
21	潍坊学院图书馆	38000 平方米	58	河南大学图书馆	25000 平方米
22	四川大学图书馆	37830 平方米	59	天津大学图书馆	25000 平方米
23	黑龙江科技学院图书馆	37500 平方米	60	西北第二民族学院图书馆	24961 平方米
24	同济大学图书馆	37400 平方米	61	东北农业大学图书馆	24870 平方米
25	西安交通大学图书馆	36394 平方米	62	北京工商大学图书馆	24767 平方米
26	广西大学图书馆	35395 平方米	63	浙江万里学院图书馆	24545 平方米
27	西华师范大学图书馆	34500 平方米	64	中央民族大学图书馆	24500 平方米
28	安徽大学图书馆	33100 平方米	65	大连海事大学图书馆	24132 平方米
29	山东农业大学图书馆	32979 平方米	66	渝西学院图书馆	23600 平方米
30	河北科技大学图书馆	32626 平方米	67	丽水学院图书馆	23500 平方米
31	江汉大学图书馆	32225 平方米	68	北京林业大学图书馆	23400 平方米
32	江南大学图书馆	31682 平方米	69	深圳大学图书馆	23000 平方米
33	燕山大学图书馆	31028 平方米	70	西安科技大学图书馆	22820 平方米
34	上海师范大学图书馆	31000 平方米	71	大连交通大学图书馆	22800 平方米
35	中国科学技术大学图书馆	30581 平方米	72	上海外国语大学图书馆	22702 平方米
36	重庆大学图书馆	30426 平方米	73	黑龙江大学图书馆	22670 平方米
37	集美大学图书馆	30120 平方米	74	西安外事职业学院图书馆	22334 平方米

序号	图书馆名称	数据	序号	图书馆名称	数据
75	山东理工大学图书馆	22000 平方米	121	重庆三峡学院图书馆	17341 平方米
76	内蒙古农业大学图书馆	21850 平方米	122	成都理工大学图书馆	17340.3 平方米
77	河北师范大学图书馆	21721 平方米	123	西北大学图书馆	17256 平方米
78	中国农业大学图书馆	21550 平方米	124	淮北煤炭师范学院图书馆	17199 平方米
79	四川师范大学图书馆	21506 平方米	125	上海应用技术学院图书馆	17000 平方米
80	太原理工大学图书馆	21350 平方米	126	西南交通大学图书馆	16961 平方米
81	东北大学图书馆	21050 平方米	127	西昌学院图书馆	16893 平方米
82	西北工业大学图书馆	21000 平方米	128	大连民族学院图书馆	16800 平方米
83	华东理工大学图书馆	20983 平方米	129	邢台职业技术学院图书馆	16700 平方米
84	河北经贸大学图书馆	20868 平方米	130	天津职业技术师范学院图书馆	16446 平方米
85	楚雄师范学院图书馆	20800 平方米	131	秦皇岛职业技术学院图书馆	16367 平方米
86	武汉生物工程学院图书馆	20800 平方米	132	电子科技大学图书馆	16360 平方米
87	中南财经政法大学图书馆	20429 平方米	133	玉林师范学院图书馆	16344 平方米
88	太原师范学院图书馆	20220 平方米	134	惠州学院图书馆	16200 平方米
89	西北师范大学图书馆	20069 平方米	135	内蒙古大学图书馆	16000 平方米
90	大庆师范学院图书馆	20000 平方米	136	西安文理学院图书馆	16000 平方米
91	重庆工商大学	20000 平方米	137	太原科技大学图书馆	16000 平方米
92	汕头大学图书馆	19980 平方米	138	西南师范大学图书馆	15700 平方米
93	武汉科技大学图书馆	19951 平方米	139	北京第二外国语学院图书馆	15541.55 平方米
94	华东政法学院图书馆	19756 平方米	140	贵州师范大学图书馆	15350 平方米
95	湖北民族学院图书馆	19461 平方米	141	中国民用航空学院图书馆	14944 平方米
96	上海第二工业大学图书馆	19400 平方米	142	湖北师范学院图书馆	14900.7 平方米
97	北京航空航天大学图书馆	19280 平方米	143	天津师范大学图书馆	14700 平方米
98	西安电子科技大学图书馆	19200 平方米	144	成都大学图书馆	14684 平方米
99	大连职业技术学院图书馆	19100 平方米	145	河北大学图书馆	14500 平方米
100	贵州大学图书馆	18982 平方米	146	河北理工大学图书馆	14400 平方米
101	民办金华职业技术学院图书馆	18958 平方米	147	河北政法职业学院图书馆	14098 平方米
102	河北工程学院	18745 平方米	148	邯郸学院图书馆	14000 平方米
103	上海对外贸易学院图书馆	18701 平方米	149	天津外国语学院图书馆	14000 平方米
104	哈尔滨师范大学图书馆	18600 平方米	150	沈阳大学图书馆	14000 平方米
105	淮海工学院图书馆	18600 平方米	151	西安财经学院图书馆	14000 平方米
106	辽宁大学图书馆	18471 平方米	152	华中师范大学图书馆	13894 平方米
107	北京科技大学图书馆	18440 平方米	153	中国石油大学（北京）图书馆	13850 平方米
108	宁夏大学图书馆	18381 平方米	154	青海师范大学图书馆	13805.02 平方米
109	攀枝花学院图书馆	18000 平方米	155	上海杉达学院图书馆	13710 平方米
110	福建农林大学图书馆	18000 平方米	156	陕西师范大学图书馆	13700 平方米
111	牡丹江医学院图书馆	18000 平方米	157	咸宁学院图书馆	13500 平方米
112	武汉船舶职业技术学院图书馆	18000 平方米	158	西南石油学院图书馆	13500 平方米
113	山西大学图书馆	18000 平方米	159	西安理工大学图书馆	13500 平方米
114	天津理工学院图书馆	18000 平方米	160	大连水产学院图书馆（文夫图书馆）	13500 平方米
115	辽宁师范大学图书馆	18000 平方米	161	西安石油大学图书馆	13480 平方米
116	哈尔滨理工大学图书馆	18000 平方米	162	北京交通大学图书馆	13465 平方米
117	中国政法大学图书馆	17900 平方米	163	浙江金融职业学院图书馆	13450 平方米
118	长安大学图书馆	17793 平方米	164	山东师范大学图书馆	13400 平方米
119	西安建筑科技大学图书馆	17780 平方米	165	武汉科技学院图书馆	13300 平方米
120	天津财经大学图书馆	17734 平方米	166	浙江师范大学图书馆	13221 平方米

序号	图书馆名称	数据	序号	图书馆名称	数据
167	重庆医科大学图书馆	13191.12 平方米	213	西华大学图书馆	10578 平方米
168	河北职业技术师范学院图书馆	13070 平方米	214	北京语言大学图书馆	10450 平方米
169	防灾技术高等专科学校图书馆	13020 平方米	215	河南工业大学图书馆	10356 平方米
170	宁波职业技术学院图书馆	13000 平方米	216	成都中医药大学图书馆	10200 平方米
171	浙江工商职业技术学院图书馆	13000 平方米	217	黎明职业大学图书馆	10200 平方米
172	北京邮电大学图书馆	13000 平方米	218	北京大学医学图书馆(原北京医科大学图书馆)	10200 平方米
173	湖北经济学院图书馆	12989 平方米	219	山西师范大学图书馆	10135.42 平方米
174	榆林学院图书馆	12800 平方米	220	青岛科技大学图书馆	10110 平方米
175	江西师范大学图书馆	12800 平方米	221	邢台医学高等专科学校图书馆	10001 平方米
176	南京理工大学图书馆	12800 平方米	222	江苏工业学院图书馆	10000 平方米
177	四川理工学院图书馆	12795 平方米	223	上海理工大学图书馆	10000 平方米
178	牡丹江师范学院图书馆	12760 平方米	224	北京外国语大学图书馆	9997 平方米
179	陕西中医学院图书馆	12538 平方米	225	上海水产大学图书馆	9980 平方米
180	内江师范学院图书馆	12526 平方米	226	山东轻工业学院图书馆	9967 平方米
181	上海立信会计学院	12459 平方米	227	浙江水利水电专科学校图书馆	9900 平方米
182	合肥学院图书馆	12433 平方米	228	沈阳药科大学图书馆	9750 平方米
183	晋中学院图书馆	12430 平方米	229	湖北工业大学图书馆	9713 平方米
184	渭南师范学院图书馆	12360 平方米	230	辽宁工学院图书馆	9600 平方米
185	福建工程学院图书馆	12100 平方米	231	上海电力学院图书馆	9400 平方米
186	成都信息工程学院图书馆	12096 平方米	232	石家庄经济学院图书馆	9400 平方米
187	浙江机电职业技术学院图书馆	12071 平方米	233	宜宾学院图书馆	9398 平方米
188	陕西理工学院图书馆	12000 平方米	234	福建公安高等专科学校图书馆	9200 平方米
189	辽宁工程技术大学图书馆	12000 平方米	235	昆明师范高等专科学校图书馆	9200 平方米
190	海南大学图书馆	12000 平方米	236	黄山学院图书馆	9194 平方米
191	信阳农业高等专科学校图书馆	12000 平方米	237	盐城师范学院图书馆	9100 平方米
192	石家庄铁道学院图书馆	12000 平方米	238	信阳师范学院图书馆	9050 平方米
193	山东建筑工程学院图书馆	12000 平方米	239	唐山学院图书馆	9016 平方米
194	湖北大学图书馆	11900 平方米	240	沈阳航空工业学院图书馆	9004 平方米
195	杨凌职业技术学院图书馆	11800 平方米	241	浙江警官职业学院图书馆	9000 平方米
196	西安工程科技学院图书馆	11744 平方米	242	金陵科技学院图书馆	9000 平方米
197	忻州师范学院图书馆	11721 平方米	243	民办安徽新华学院图书馆	9000 平方米
198	南京邮电大学图书馆	11650 平方米	244	鞍山科技大学图书馆	9000 平方米
199	浙江经济职业技术学院图书馆	11642 平方米	245	陕西国防工业职业技术学院图书馆	8868 平方米
200	沈阳工业大学图书馆	11620 平方米	246	沧州师范专科学校图书馆	8812 平方米
201	四川警官高等专科学校图书馆	11614 平方米	247	重庆邮电学院图书馆	8654 平方米
202	上海财经大学图书馆	11460 平方米	248	北京中医药大学图书馆	8600 平方米
203	浙江中医学院图书馆	11000 平方米	249	中国人民公安大学图书馆	8500 平方米
204	漳州职业技术学院图书馆	11000 平方米	250	东北财经大学图书馆	8500 平方米
205	山东财政学院图书馆	11000 平方米	251	包头钢铁学院图书馆	8500 平方米
206	重庆师范大学图书馆	11000 平方米	252	华中农业大学图书馆	8481 平方米
207	浙江财经学院图书馆	10922 平方米	253	山东经济学院图书馆	8430 平方米
208	上海建桥职业技术学院信息图文中心	10900 平方米	254	内蒙古财经学院图书馆	8412 平方米
209	河北北方学院	10811 平方米	255	长治学院图书馆	8400 平方米
210	天津工业大学图书馆	10800 平方米	256	安徽农业大学图书馆	8360 平方米
211	东北电力学院图书馆	10700 平方米	257	上海第二医科大学图书馆	8304 平方米
212	华北水利水电学院图书馆	10700 平方米	258	陕西医学高等专科学校图书馆	8300 平方米

序号	图书馆名称	数据	序号	图书馆名称	数据
259	浙江林学院图书馆	8178 平方米	305	国际关系学院图书馆	5925 平方米
260	宁夏医学院图书馆	8150 平方米	306	上海电机学院图书馆	5910 平方米
261	贵州民族学院图书馆	8000 平方米	307	集宁师范高等专科学校图书馆	5887.14 平方米
262	石家庄学院图书馆	8000 平方米	308	福建交通职业技术学院图书馆	5824 平方米
263	中央财经大学图书馆	8000 平方米	309	昆明医学院图书馆	5729 平方米
264	延安大学图书馆	8000 平方米	310	哈尔滨金融高等专科学校图书馆	5702 平方米
265	内蒙古工业大学图书馆	7900 平方米	311	北京体育大学图书馆	5700 平方米
266	上海商学院图书馆	7800 平方米	312	康定民族师范高等专科学校图书馆	5700 平方米
267	沈阳农业大学图书馆	7781 平方米	313	安徽建筑工业学院图书馆	5700 平方米
268	民办上海工商外国语职业学院图书馆	7652 平方米	314	黄石理工学院图书馆	5693 平方米
269	襄樊学院图书馆	7585 平方米	315	衡水师范专科学校	5680 平方米
270	川北医学院图书馆	7574 平方米	316	安徽医科大学图书馆	5600 平方米
271	北京石油化工学院图书馆	7520 平方米	317	上海行健职业学院图书馆	5600 平方米
272	四川外语学院图书馆	7470 平方米	318	滨州医学院图书馆	5550 平方米
273	绵阳师范学院图书馆	7423 平方米	319	广州医学院图书馆	5500 平方米
274	福建医科大学图书馆	7385 平方米	320	上海金融学院	5500 平方米
275	郧阳师范高等专科学校图书馆	7350 平方米	321	贵阳医学院图书馆	5500 平方米
276	北京服装学院图书馆	7267 平方米	322	安康师范专科学校图书馆	5500 平方米
277	上海海关高等专科学校图书馆	7233 平方米	323	鸡西大学图书馆	5340 平方米
278	泸州医学院图书馆	7130 平方米	324	北京农业职业学院图书馆	5300 平方米
279	成都体育学院图书馆	7070 平方米	325	西安邮电学院图书馆	5271 平方米
280	大连外国语学院图书电教馆	7056.81 平方米	326	西安工业学院图书馆	5255 平方米
281	浙江旅游职业学院图书馆	7040 平方米	327	湖北汽车工业学院图书馆	5242 平方米
282	中国青年政治学院图书馆	7000 平方米	328	包头师范学院图书馆	5204 平方米
283	北京建筑工程学院图书馆	7000 平方米	329	宁德师范高等专科学校图书馆	5200 平方米
284	宝鸡文理学院图书馆	7000 平方米	330	琼州大学图书馆	5200 平方米
285	西安体育学院图书馆	6780 平方米	331	山东中医药大学图书馆	5180 平方米
286	华北科技学院图书馆	6551 平方米	332	广西医科大学图书馆	5175 平方米
287	广西财政高等专科学校图书馆	6541 平方米	333	承德石油高等专科学校图书馆	5147 平方米
288	上海工程技术大学图书馆	6531 平方米	334	武汉商业服务学院图书馆	5145 平方米
289	民办东海职业技术学院图书馆	6509 平方米	335	民办上海济光职业技术学院图书馆	5100 平方米
290	郧阳医学院图书馆	6500 平方米	336	河池学院图书馆	5100 平方米
291	上海出版印刷高等专科学校图书馆	6500 平方米	337	四川美术学院图书馆	5049 平方米
292	漳州师范学院图书馆	6400 平方米	338	安徽工程科技学院图书馆	5000 平方米
293	北京农学院图书馆	6400 平方米	339	南京信息职业技术学院图书馆	5000 平方米
294	沙市职业大学图书馆	6370 平方米	340	浙江公安高等专科学校图书馆	5000 平方米
295	云南警官学院图书馆	6366 平方米	341	广西经济管理干部学院图书馆	5000 平方米
296	湖北中医学院图书馆	6296 平方米	342	湖北警官学院图书馆	4888 平方米
297	北华航天工业学院图书馆	6210 平方米	343	唐山职业技术学院图书馆	4880.4 平方米
298	天津工程职业技术学院图书馆	6092.62 平方米	344	芜湖师范专科学校图书馆	4800 平方米
299	武汉体育学院图书馆	6080 平方米	345	海南职业技术学院图书馆	4790 平方米
300	哈尔滨医科大学图书馆	6000 平方米	346	华东政法学院图书馆	4756 平方米
301	西安欧亚职业学院图书馆	6000 平方米	347	中国美术学院图书馆	4720.59 平方米
302	保定师范专科学校图书馆	6000 平方米	348	天津中医学院图书馆	4705 平方米
303	河北工业职业技术学院图书馆	6000 平方米	349	上海海事大学图书馆	4661 平方米
304	涪陵师范学院图书馆	5929 平方米	350	遵义医学院图书馆	4600 平方米

序号	图书馆名称	数据	序号	图书馆名称	数据
351	成都航空职业技术学院图书馆	4517 平方米	397	上海农林职业技术学院图书馆	3000 平方米
352	大连轻工业学院图书馆	4500 平方米	398	北京电影学院图书馆	3000 平方米
353	北京信息工程学院图书馆	4500 平方米	399	上海戏剧学院图书馆	2940 平方米
354	贵州商业高等专科学校图书馆	4500 平方米	400	南宁地区教育学院	2900 平方米
355	天津职业大学图书馆	4400 平方米	401	宜宾职业技术学院图书馆	2900 平方米
356	西藏民族学院图书馆	4400 平方米	402	西安电力高等专科学校图书馆	2850 平方米
357	乐山师范学院图书馆	4332 平方米	403	四川职业技术学院图书馆	2825.8 平方米
358	北京机械工业学院图书馆	4300 平方米	404	陕西职业技术学院图书馆	2800 平方米
359	十堰职业技术学院图书馆	4246 平方米	405	天津电子信息职业技术学院图书馆	2800 平方米
360	达县师范高等专科学校图书馆	4220 平方米	406	福建商业高等专科学校图书馆	2800 平方米
361	成都电子机械高等专科学校图书馆	4212 平方米	407	晋城职业技术学院图书馆	2800 平方米
362	邯郸职业技术学院图书馆	4200 平方米	408	山西警官高等专科学校图书馆	2799 平方米
363	上海体育学院图书馆	4180 平方米	409	商洛师范专科学校图书馆	2794 平方米
364	唐山工业职业技术学院图书馆	4118 平方米	410	四川化工职业技术学院	2765.82 平方米
365	承德民族职业技术学院图书馆	4100 平方米	411	阿坝师范高等专科学校图书馆	2742 平方米
366	湖州职业技术学院图书馆	4100 平方米	412	中国民用航空飞行学院图书馆	2730 平方米
367	张家口师范专科学校图书馆	4000 平方米	413	皖南医学院图书馆	2697 平方米
368	遵义师范学院图书馆	4000 平方米	414	福建华南女子职业学院图书馆	2666 平方米
369	四川内江职业技术学院	4000 平方米	415	宁夏石嘴山职业技术学院图书馆	2620 平方米
370	上海科学技术职业学院图书馆	4000 平方米	416	钦州师范高等专科学校图书馆	2567 平方米
371	中央音乐学院图书馆	3983 平方米	417	湖北美术学院图书馆	2547 平方米
372	泉州育青职业技术学院图书馆	3953 平方米	418	黔南民族医学高等专科学校图书馆	2546 平方米
373	河北建筑工程学院图书馆	3905 平方米	419	上海医疗器械高等专科学校图书馆	2500 平方米
374	太原电力高等专科学校图书馆	3800 平方米	420	贵阳学院(马王庙校区)图书馆	2475 平方米
375	安徽水利水电职业技术学院图书馆	3560 平方米	421	上海新侨职业技术学院图书馆	2408 平方米
376	云南中医学院图书馆	3554 平方米	422	上海旅游高等专科学校图书馆	2400 平方米
377	菏泽医学专科学校图书馆	3500 平方米	423	哈尔滨体育学院图书馆	2309.5 平方米
378	首都体育学院图书馆	3500 平方米	424	广安职业技术学院	2300 平方米
379	四川工程职业技术学院图书馆	3488 平方米	425	合肥通用职业技术学院图书馆	2261.64 平方米
380	绵阳职业技术学院图书馆	3484.76 平方米	426	安徽警官职业学院图书馆	2216 平方米
381	厦门理工学院图书馆	3400 平方米	427	上海建峰职业技术学院图书馆	2200 平方米
382	陕西财经职业技术学院图书馆	3400 平方米	428	山东艺术学院图书馆	2200 平方米
383	陕西交通职业技术学院图书馆	3300 平方米	429	北京青年政治学院图书馆	2200 平方米
384	铜仁师范高等专科学校图书馆	3300 平方米	430	上海音乐学院图书馆	2152 平方米
385	成都纺织高等专科学校图书馆	3269 平方米	431	天津体育学院图书馆	2142 平方米
386	丽水职业技术学院图书馆	3243 平方米	432	黑龙江建筑职业技术学院图书馆	2127.72 平方米
387	浙江交通职业技术学院图书馆	3200 平方米	433	四川建筑职业技术学院图书馆	2105 平方米
388	安顺师范高等专科学校图书馆	3200 平方米	434	广西农业职业技术学院图书馆	2089 平方米
389	北京工业职业技术学院图书馆	3100 平方米	435	陕西服装艺术职业学院	2000 平方米
390	济宁医学院图书馆	3080 平方米	436	台州职业技术学院图书馆	2000 平方米
391	河北工程技术高等专科学校图书馆	3056 平方米	437	石家庄法商职业学院图书馆	2000 平方米
392	河北石油职业技术学院图书馆	3000 平方米	438	河北机电职业技术学院	2000 平方米
393	廊坊师范学院图书馆	3000 平方米	439	西安思源职业学院图书馆	2000 平方米
394	东华理工学院图书馆	3000 平方米	440	天津农学院图书馆	1826 平方米
395	天津美术学院图书馆	3000 平方米	441	杭州职业技术学院图书馆	1800 平方米
396	毕节师范高等专科学校图书馆	3000 平方米	442	上海城管学院图书馆	1800 平方米

序号	图书馆名称	数据	序号	图书馆名称	数据
443	唐山师范学院图书馆	1764 平方米	453	上海海事职业技术学院图书馆	1100 平方米
444	河北公安警察职业学院	1761 平方米	454	宁夏司法警官职业学院图书馆	1086 平方米
445	西安交通大学城市学院图书馆	1602 平方米	455	民办天狮职业技术学院图书馆	1000 平方米
446	牡丹江大学图书馆	1600 平方米	456	廊坊市职业技术学院(西校区)图书馆	1000 平方米
447	西安培华女子大学图书馆	1600 平方米	457	陕西工业职业技术学院图书馆	980 平方米
448	柳州医科高等专科学校	1560 平方米	458	天津中德职业技术学院图书馆	888.04 平方米
449	四川音乐学院图书馆	1500 平方米	459	天津音乐学院图书馆	780 平方米
450	固原师范高等专科学校图书馆	1500 平方米	460	泸州职业技术学院图书馆	550 平方米
451	上海托普信息技术职业学院图书馆	1450 平方米	461	广西体育高等专科学校图书馆	550 平方米
452	西安航空技术高等专科学校图书馆	1200 平方米	462	天津文化艺术职业学院图书馆	510 平方米

2004年420所高校图书馆文献累积总量排行榜

序号	图书馆名称	数据	序号	图书馆名称	数据
1	浙江大学图书馆	5755589册	44	哈尔滨理工大学图书馆	1800000册
2	武汉大学图书馆	5470657册	45	山东师范大学图书馆	1800000册
3	北京大学图书馆	5398089册	46	首都师范大学图书馆	1767510册
4	四川大学图书馆	5190223册	47	山东农业大学图书馆	1746800册
5	复旦大学图书馆	4458812册	48	西北工业大学图书馆	1731857册
6	上海大学图书馆	3609560册	49	南华大学图书馆	1720000册
7	西安交通大学图书馆	3570771册	50	合肥工业大学图书馆	1704558册
8	同济大学图书馆	3550000册	51	天津理工学院图书馆	1686000册
9	华中科技大学图书馆	3531509册	52	西安建筑科技大学图书馆	1684976册
10	华东师范大学图书馆	3402758册	53	西华师范大学图书馆	1669909册
11	南开大学图书馆	3145805册	54	中国科学技术大学图书馆	1648734册
12	北京师范大学图书馆	2943054册	55	黑龙江大学图书馆	1606912册
13	重庆大学图书馆	2871004册	56	西南科技大学图书馆	1595112册
14	武汉理工大学图书馆	2856470册	57	江汉大学图书馆	1589653册
15	清华大学图书馆	2810263册	58	浙江师范大学图书馆	1565000册
16	上海交通大学图书馆	2717398册	59	江西师范大学图书馆	1542607册
17	上海师范大学图书馆	2710340册	60	江南大学图书馆	1534772册
18	哈尔滨工业大学图书馆	2709343册	61	电子科技大学图书馆	1534200册
19	浙江工业大学图书馆	2688146册	62	东北农业大学图书馆	1506867册
20	河南大学图书馆	2623183册	63	河南工业大学图书馆	1503572册
21	河北师范大学图书馆	2588557册	64	湖北大学图书馆	1500209册
22	东南大学图书馆	2578549册	65	哈尔滨师范大学图书馆	1494717册
23	中国人民大学图书馆	2500000册	66	西北师范大学图书馆	1483891册
24	厦门大学图书馆	2474327册	67	长安大学图书馆	1483085册
25	天津师范大学图书馆	2369357册	68	烟台大学图书馆	1463509册
26	陕西师范大学图书馆	2328224册	69	渭南师范学院图书馆	1460000册
27	深圳大学图书馆	2307986册	70	西华大学图书馆	1452627册
28	华东理工大学图书馆	2267432册	71	山西师范大学图书馆	1450538册
29	四川师范大学图书馆	2231968册	72	安徽大学图书馆	1413509册
30	华中师范大学图书馆	2231588册	73	西安科技大学图书馆	1404197册
31	河北大学图书馆	2147129册	74	中央民族大学图书馆	1400000册
32	大连理工大学图书馆	2126386册	75	河北科技大学图书馆	1369851册
33	广西大学图书馆	2040763册	76	华中农业大学图书馆	1368765册
34	山西大学图书馆	1986786册	77	西南财经大学图书馆	1350000册
35	华侨大学图书馆	1984153册	78	杭州师范学院图书馆	1332300册
36	四川工程职业技术学院图书馆	1932179册	79	辽宁师范大学图书馆	1332163册
37	山东理工大学图书馆	1928134册	80	北京航空航天大学图书馆	1326557册
38	西北大学图书馆	1918745册	81	南京理工大学图书馆	1316987册
39	太原理工大学图书馆	1859607册	82	武汉科技学院图书馆	1304972册
40	河海大学图书馆	1858000册	83	南京航空航天大学图书馆	1301454册
41	温州大学(筹)图书馆	1846311册	84	潍坊学院图书馆	1300000册
42	东北大学图书馆	1837202册	85	北京交通大学图书馆	1283617册
43	天津大学图书馆	1823289册	86	东华大学图书馆	1266729册

序号	图书馆名称	数据	序号	图书馆名称	数据
87	西昌学院图书馆	1265570 册	133	福建医科大学图书馆	935763 册
88	贵州大学图书馆	1263650 册	134	北京外国语大学图书馆	920000 册
89	西南石油学院图书馆	1254817 册	135	湖北经济学院图书馆	904818 册
90	集美大学图书馆	1251718 册	136	上海应用技术学院图书馆	899257 册
91	唐山学院图书馆	1247465 册	137	河池学院图书馆	876102 册
92	东北财经大学图书馆	1241589 册	138	湖北中医学院图书馆	872000 册
93	北京邮电大学图书馆	1239734 册	139	北京第二外国语学院图书馆	869480 册
94	浙江工商大学图书馆	1211342 册	140	北京工商大学图书馆	863288 册
95	成都理工大学图书馆	1205106 册	141	青海师范大学图书馆	856139 册
96	天津科技大学图书馆	1189506 册	142	宁夏大学图书馆	853901 册
97	贵州师范大学图书馆	1179474 册	143	西安财经学院图书馆	848194 册
98	西南师范大学图书馆	1179251 册	144	沈阳农业大学图书馆	843915 册
99	北京科技大学图书馆	1167534 册	145	延安大学图书馆	839813 册
100	华北电力大学图书馆	1155504 册	146	上海第二工业大学图书馆	834429 册
101	青岛科技大学图书馆	1154549 册	147	成都信息工程学院图书馆	824346 册
102	北京理工大学图书馆	1154014 册	148	民办金华职业技术学院图书馆	813447 册
103	四川理工学院图书馆	1149162 册	149	河北北方学院	812335 册
104	北华航天工业学院图书馆	1135840 册	150	徐州工程学院(筹)图书馆	811508 册
105	武汉科技大学图书馆	1132885 册	151	太原师范学院图书馆	808372 册
106	海南大学图书馆	1124824 册	152	陕西理工学院图书馆	806075 册
107	燕山大学图书馆	1117812 册	153	上海商学院图书馆	800000 册
108	大连海事大学图书馆	1115662 册	154	湖北师范学院图书馆	793612 册
109	上海海事大学图书馆	1113030 册	155	重庆三峡学院图书馆	791500 册
110	盐城师范学院图书馆	1100828 册	156	西安工程科技学院图书馆	789384 册
111	宁波大学图书馆	1096422 册	157	武汉体育学院图书馆	786093 册
112	山东轻工业学院图书馆	1088290 册	158	攀枝花学院图书馆	777600 册
113	西安外事职业学院图书馆	1080262 册	159	湖州师范学院图书馆	774617 册
114	上海水产大学图书馆	1075000 册	160	北京语言大学图书馆	773179 册
115	天津财经大学图书馆	1050000 册	161	涪陵师范学院图书馆	765000 册
116	湖北工业大学图书馆	1027165 册	162	川北医学院图书馆	755967 册
117	河北工程学院	1017279 册	163	鞍山科技大学图书馆	755520 册
118	淮北煤炭师范学院图书馆	1013370 册	164	惠州学院图书馆	741000 册
119	西南交通大学图书馆	1013215 册	165	上海外国语大学图书馆	739642 册
120	河北经贸大学图书馆	1006890 册	166	贵州民族学院图书馆	737558 册
121	北京林业大学图书馆	1001633 册	167	大连外国语学院图书电教馆	730862 册
122	华北水利水电学院图书馆	1000000 册	168	石家庄经济学院图书馆	730000 册
123	中国政法大学图书馆	1000000 册	169	安徽医科大学图书馆	730000 册
124	汕头大学图书馆	996166 册	170	天津外国语学院图书馆	725000 册
125	上海财经大学图书馆	977014 册	171	乐山师范学院图书馆	724485 册
126	西安理工大学图书馆	975900 册	172	南京邮电大学图书馆	723057 册
127	内蒙古农业大学图书馆	973000 册	173	浙江财经学院图书馆	722382 册
128	辽宁工程技术大学图书馆	967332 册	174	太原科技大学图书馆	722000 册
129	上海理工大学图书馆	957616 册	175	渝西学院图书馆	720500 册
130	襄樊学院图书馆	953439 册	176	楚雄师范学院图书馆	717346 册
131	西安电子科技大学图书馆	948945 册	177	绵阳师范学院图书馆	714636 册
132	浙江万里学院图书馆	946000 册	178	东北电力学院图书馆	711370 册

序号	图书馆名称	数据	序号	图书馆名称	数据
179	浙江林学院图书馆	710995 册	225	陕西中医学院图书馆	555434 册
180	成都大学图书馆	710055 册	226	西安工业学院图书馆	554977 册
181	上海工程技术大学图书馆	708273 册	227	西安文理学院图书馆	554257 册
182	四川建筑职业技术学院图书馆	701293 册	228	辽宁工学院图书馆	552605 册
183	山东经济学院图书馆	699338 册	229	达县师范高等专科学校图书馆	551977 册
184	安阳师范学院图书馆	698000 册	230	福建工程学院图书馆	551000 册
185	丽水学院图书馆	694745 册	231	内蒙古财经学院图书馆	551000 册
186	郧阳医学院图书馆	694688 册	232	成都中医药大学图书馆	550000 册
187	武汉化工学院图书馆	690273 册	233	遵义医学院图书馆	550000 册
188	沈阳工业大学图书馆	690249 册	234	昆明医学院图书馆	548807 册
189	邯郸学院图书馆	687650 册	235	杨凌职业技术学院图书馆	543646 册
190	沈阳航空工业学院图书馆	685797 册	236	民办东海职业技术学院图书馆	542000 册
191	昆明师范高等专科学校图书馆	676426 册	237	北京中医药大学图书馆	539779 册
192	大连交通大学图书馆	673590 册	238	重庆医科大学图书馆	537983 册
193	内江师范学院图书馆	657823 册	239	上海电机学院图书馆	530000 册
194	河北职业技术师范学院图书馆	655837 册	240	包头师范学院图书馆	530000 册
195	郧阳师范高等专科学校图书馆	651121 册	241	邢台职业技术学院图书馆	530000 册
196	天津职业技术师范学院图书馆	650190 册	242	中央音乐学院图书馆	521939 册
197	咸宁学院图书馆	650000 册	243	沧州师范专科学校图书馆	516112 册
198	四川外语学院图书馆	644329 册	244	内蒙古工业大学图书馆	514804 册
199	宜宾学院图书馆	635372 册	245	中国青年政治学院图书馆	513700 册
200	西藏民族学院图书馆	630800 册	246	漳州师范学院图书馆	512937 册
201	西安欧亚职业学院图书馆	628581 册	247	山东建筑工程学院图书馆	512385 册
202	玉林师范学院图书馆	623418 册	248	包头钢铁学院图书馆	510176 册
203	中国人民公安大学图书馆	619304 册	249	上海对外贸易学院图书馆	505148 册
204	保定师范专科学校图书馆	615616 册	250	云南警官学院图书馆	503500 册
205	信阳师范学院图书馆	612849 册	251	石家庄学院图书馆	500000 册
206	上海中医药大学图书馆	611000 册	252	上海第二医科大学图书馆	498378 册
207	哈尔滨金融高等专科学校图书馆	610000 册	253	浙江工商职业技术学院图书馆	490000 册
208	西安邮电学院图书馆	605570 册	254	河北政法职业学院图书馆	484000 册
209	黎明职业大学图书馆	600852 册	255	琼州大学图书馆	480000 册
210	上海立信会计学院	600000 册	256	北京体育大学图书馆	479485 册
211	贵州商业高等专科学校图书馆	600000 册	257	大连职业技术学院图书馆	477372 册
212	西安石油大学图书馆	598576 册	258	东华理工学院图书馆	476909 册
213	四川警官高等专科学校图书馆	597650 册	259	南京信息职业技术学院图书馆	470000 册
214	石家庄铁道学院图书馆	596119 册	260	成都电子机械高等专科学校图书馆	462600 册
215	皖西学院图书馆	595504 册	261	武汉生物工程学院图书馆	455721 册
216	西安培华女子大学图书馆	591000 册	262	北京建筑工程学院图书馆	455023 册
217	宝鸡文理学院图书馆	590798 册	263	牡丹江医学院图书馆	450000 册
218	湖北民族学院图书馆	590614 册	264	黔南民族医学高等专科学校图书馆	450000 册
219	宁波职业技术学院图书馆	578000 册	265	信阳农业高等专科学校图书馆	445000 册
220	忻州师范学院图书馆	574718 册	266	天津工程职业技术学院图书馆	440767 册
221	榆林学院图书馆	571000 册	267	西北第二民族学院图书馆	440151 册
222	江苏工业学院图书馆	562760 册	268	上海海关高等专科学校图书馆	440000 册
223	哈尔滨医科大学图书馆	560000 册	269	商洛师范专科学校图书馆	437000 册
224	上海电力学院图书馆	556907 册	270	衡水师范专科学校	432722 册

序号	图书馆名称	数据	序号	图书馆名称	数据
271	上海建桥职业技术学院信息图文中心	430775 册	316	北京机械工业学院图书馆	335268 册
272	黑龙江科技学院图书馆	430000 册	317	上海体育学院图书馆	335230 册
273	福建交通职业技术学院图书馆	430000 册	318	上海戏剧学院图书馆	332545 册
274	毕节师范高等专科学校图书馆	430000 册	319	宁夏医学院图书馆	331620 册
275	唐山师范学院图书馆	428758 册	320	福建公安高等专科学校图书馆	324000 册
276	滨州医学院图书馆	428376 册	321	阿坝师范高等专科学校图书馆	321687 册
277	山东中医药大学图书馆	426875 册	322	中国石油大学(北京)图书馆	319334 册
278	沙市职业大学图书馆	426200 册	323	上海金融学院	308526 册
279	民办安徽新华学院图书馆	421000 册	324	中国民用航空飞行学院图书馆	307310 册
280	华北科技学院图书馆	417747 册	325	西安体育学院图书馆	305000 册
281	黄石理工学院图书馆	414434 册	326	安徽工程科技学院图书馆	303889 册
282	菏泽医学专科学校图书馆	407900 册	327	邯郸职业技术学院图书馆	300000 册
283	合肥学院图书馆	406368 册	328	唐山职业技术学院图书馆	297855 册
284	漳州职业技术学院图书馆	400020 册	329	绵阳职业技术学院图书馆	296000 册
285	北京农业职业学院图书馆	400000 册	330	四川职业技术学院图书馆	293861 册
286	泸州医学院图书馆	398400 册	331	河北建筑工程学院图书馆	291905 册
287	成都体育学院图书馆	398300 册	332	四川音乐学院图书馆	291530 册
288	北京大学医学图书馆(原北京医科大学图书馆)	391864 册	333	北京信息工程学院图书馆	291353 册
289	上海杉达学院图书馆	391325 册	334	北京农学院图书馆	287514 册
290	浙江水利水电专科学校图书馆	388986 册	335	北京青年政治学院图书馆	286579 册
291	杭州职业技术学院图书馆	388528 册	336	西安电力高等专科学校图书馆	285574 册
292	广州医学院图书馆	388364 册	337	上海音乐学院图书馆	284816 册
293	中国民用航空学院图书馆	385230 册	338	云南中医学院图书馆	269870 册
294	长治学院图书馆	384076 册	339	大连水产学院图书馆(文夫图书馆)	268136 册
295	张家口师范专科学校图书馆	380798 册	340	武汉商业服务学院图书馆	263000 册
296	广西医科大学图书馆	380000 册	341	浙江警官职业学院图书馆	260000 册
297	沈阳药科大学图书馆	377055 册	342	天津电子信息职业技术学院图书馆	259100 册
298	湖北警官学院图书馆	377049 册	343	丽水职业技术学院图书馆	258845 册
299	集宁师范高等专科学校图书馆	373600 册	344	天津体育学院图书馆	255608 册
300	北京服装学院图书馆	371199 册	345	中国美术学院图书馆	254379 册
301	天津中医学院图书馆	370000 册	346	柳州医科高等专科学校	250000 册
302	北京石油化工学院图书馆	369159 册	347	浙江交通职业技术学院图书馆	247818 册
303	湖北汽车工业学院图书馆	366672 册	348	陕西医学高等专科学校图书馆	246578 册
304	北京工业职业技术学院图书馆	360000 册	349	山东艺术学院图书馆	245963 册
305	康定民族师范高等专科学校图书馆	359207 册	350	河北工程技术高等专科学校图书馆	245284 册
306	大连轻工业学院图书馆	358954 册	351	国际关系学院图书馆	242852 册
307	宁德师范高等专科学校图书馆	358672 册	352	山西警官高等专科学校图书馆	242759 册
308	民办上海工商外国语职业学院图书馆	355079 册	353	上海旅游高等专科学校图书馆	242402 册
309	厦门理工学院图书馆	353638 册	354	固原师范高等专科学校图书馆	240390 册
310	陕西服装艺术职业学院	350000 册	355	秦皇岛职业技术学院图书馆	233596 册
311	西安思源职业学院图书馆	350000 册	356	海南职业技术学院图书馆	233492 册
312	贵阳医学院图书馆	348601 册	357	济宁医学院图书馆	232086 册
313	浙江公安高等专科学校图书馆	346280 册	358	安徽警官职业学院图书馆	232000 册
314	浙江经济职业技术学院图书馆	344013 册	359	浙江金融职业学院图书馆	228176 册
315	浙江中医学院图书馆	340000 册	360	成都纺织高等专科学校图书馆	223769 册

序号	图书馆名称	数据	序号	图书馆名称	数据
361	遵义师范学院图书馆	221439 册	384	承德民族职业技术学院图书馆	182509 册
362	鸡西大学图书馆	220000 册	385	湖北美术学院图书馆	180167 册
363	四川美术学院图书馆	217871 册	386	四川化工职业技术学院	180000 册
364	十堰职业技术学院图书馆	216955 册	387	安康师范专科学校图书馆	177839 册
351	国际关系学院图书馆	242852 册	388	广西农业职业技术学院图书馆	175060 册
352	山西警官高等专科学校图书馆	242759 册	389	石家庄法商职业学院图书馆	175000 册
353	上海旅游高等专科学校图书馆	242402 册	390	陕西国防工业职业技术学院图书馆	170000 册
354	固原师范高等专科学校图书馆	240390 册	391	上海科学技术职业学院图书馆	169309 册
355	秦皇岛职业技术学院图书馆	233596 册	392	西安航空技术高等专科学校图书馆	166122 册
356	海南职业技术学院图书馆	233492 册	393	安顺师范高等专科学校图书馆	163853 册
357	济宁医学院图书馆	232086 册	394	陕西职业技术学院图书馆	161408 册
358	安徽警官职业学院图书馆	232000 册	395	上海行健职业学院图书馆	160000 册
359	浙江金融职业学院图书馆	228176 册	396	合肥通用职业技术学院图书馆	159000 册
360	成都纺织高等专科学校图书馆	223769 册	397	上海建峰职业技术学院图书馆	152000 册
361	遵义师范学院图书馆	221439 册	398	宜宾职业技术学院图书馆	147500 册
362	鸡西大学图书馆	220000 册	399	宁夏石嘴山职业技术学院图书馆	144000 册
363	四川美术学院图书馆	217871 册	400	上海城管学院图书馆	142000 册
364	十堰职业技术学院图书馆	216955 册	401	陕西工业职业技术学院图书馆	140466 册
365	上海新侨职业技术学院图书馆	214844 册	402	上海托普信息技术职业学院图书馆	140346 册
366	首都体育学院图书馆	214228 册	403	浙江机电职业技术学院图书馆	140010 册
367	成都航空职业技术学院图书馆	210530 册	404	民办上海中侨职业技术学院图书馆	140000 册
368	铜仁师范高等专科学校图书馆	209234 册	405	上海农林职业技术学院图书馆	135000 册
369	广西经济管理干部学院图书馆	207825 册	406	陕西交通职业技术学院图书馆	135000 册
370	防灾技术高等专科学校图书馆	203943 册	407	民办天狮职业技术学院图书馆	126549 册
371	皖南医学院图书馆	200950 册	408	太原电力高等专科学校图书馆	121349 册
372	贵阳学院(马王庙校区)图书馆	200014 册	409	天津农学院图书馆	117946 册
373	河北机电职业技术学院	200000 册	410	泉州育青职业技术学院图书馆	115000 册
374	湖州职业技术学院图书馆	196590 册	411	福建华南女子职业学院图书馆	112000 册
375	台州职业技术学院图书馆	195745 册	412	南宁地区教育学院	108050 册
376	海南医学院图书馆	195383 册	413	天津中德职业技术学院图书馆	104225 册
377	四川内江职业技术学院	193848 册	414	哈尔滨体育学院图书馆	102150 册
378	河北工业职业技术学院图书馆	190000 册	415	牡丹江大学图书馆	96900 册
379	北京电影学院图书馆	190000 册	416	唐山工业职业技术学院图书馆	88420 册
380	浙江旅游职业学院图书馆	189205 册	417	西安交通大学城市学院图书馆	75371 册
381	钦州师范高等专科学校图书馆	188823 册	418	广西体育高等专科学校图书馆	41633 册
382	晋城职业技术学院图书馆	188335 册	419	安徽建筑工业学院图书馆	40 册
383	上海医疗器械高等专科学校图书馆	185140 册	420	陕西财经职业技术学院图书馆	19.5 册

2004 年 426 所高校图书馆总经费排行榜

序号	图书馆名称	数据	序号	图书馆名称	数据
1	同济大学图书馆	40650000 元	44	南华大学图书馆	8200000.3 元
2	遵义师范学院图书馆	31421000 元	45	重庆大学图书馆	8000000 元
3	复旦大学图书馆	31292000 元	46	哈尔滨理工大学图书馆	7821000 元
4	北京中医药大学图书馆	30000000 元	47	电子科技大学图书馆	7820000 元
5	武汉大学图书馆	26366367 元	48	华侨大学图书馆	7655210 元
6	浙江大学图书馆	26072328 元	49	燕山大学图书馆	7610000 元
7	清华大学图书馆	23014000 元	50	南京理工大学图书馆	7388207 元
8	北京大学图书馆	23000000 元	51	西华师范大学图书馆	7327747 元
9	南开大学图书馆	22834856 元	52	山东农业大学图书馆	7270000 元
10	上海交通大学图书馆	20000000 元	53	西北大学图书馆	7163000 元
11	四川大学图书馆	18231952 元	54	长安大学图书馆	7150000 元
12	厦门大学图书馆	17855100 元	55	北京科技大学图书馆	7149815.9 元
13	武汉理工大学图书馆	17300000 元	56	上海海事大学图书馆	7120756.78 元
14	华中科技大学图书馆	16850000 元	57	华北水利水电学院图书馆	7000000 元
15	西安交通大学图书馆	18521680 元	58	牡丹江医学院图书馆	7000000 元
16	南京航空航天大学图书馆	16272000 元	59	华中师范大学图书馆	6934758.7 元
17	华东师范大学图书馆	16184855 元	60	浙江水利水电专科学校图书馆	6880000 元
18	浙江工商大学图书馆	15510000 元	61	西安电子科技大学图书馆	6730000 元
19	西北工业大学图书馆	15251930 元	62	山东理工大学图书馆	6658963.04 元
20	哈尔滨工业大学图书馆	14600000 元	63	西安建筑科技大学图书馆	6649735.13 元
21	东南大学图书馆	14524000 元	64	东北农业大学图书馆	6500000 元
22	中国科学技术大学图书馆	14200000 元	65	上海第二医科大学图书馆	6440619.64 元
23	大连理工大学图书馆	13900000 元	66	华中农业大学图书馆	6440126.53 元
24	北京林业大学图书馆	13554280 元	67	福建农林大学图书馆	6350000 元
25	江汉大学图书馆	12800000 元	68	四川师范大学图书馆	6330000 元
26	烟台大学图书馆	12323427 元	69	山东师范大学图书馆	6300000 元
27	首都师范大学图书馆	11843000 元	70	浙江财经学院图书馆	6287507.9 元
28	杭州师范学院图书馆	11670000 元	71	渝西学院图书馆	6218731 元
29	浙江工业大学图书馆	11554000 元	72	重庆三峡学院图书馆	6130000 元
30	中国农业大学图书馆	11539030 元	73	湖北大学图书馆	6000000 元
31	北京师范大学图书馆	11250000 元	74	东华大学图书馆	5837904.2 元
32	上海大学图书馆	11000000 元	75	广西大学图书馆	5817390 元
33	上海财经大学图书馆	10976333 元	76	北京工商大学图书馆	5776619 元
34	东北大学图书馆	10600000 元	77	北京交通大学图书馆	5674272.71 元
35	华东理工大学图书馆	10210000 元	78	武汉生物工程学院图书馆	5670370.46 元
36	内蒙古财经学院图书馆	10000000 元	79	上海师范大学图书馆	5652000 元
37	温州大学(筹)图书馆	9620000 元	80	河南大学图书馆	5600000 元
38	西南师范大学图书馆	9093438 元	81	西华大学图书馆	5575786.71 元
39	合肥工业大学图书馆	8780139 元	82	上海对外贸易学院图书馆	5563692.16 元
40	中国人民大学图书馆	8560000 元	83	江南大学图书馆	5540000 元
41	河海大学图书馆	8510000 元	84	陕西医学高等专科学校图书馆	5277661 元
42	北京理工大学图书馆	8500000 元	85	晋中学院图书馆	5195328.94 元
43	北京航空航天大学图书馆	8350000 元	86	宁波大学图书馆	5130000 元

序号	图书馆名称	数据
87	浙江师范大学图书馆	5000000 元
88	黑龙江科技学院图书馆	5000000 元
89	华北电力大学图书馆	4984100 元
90	天津科技大学图书馆	4953000 元
91	中国石油大学(北京)图书馆	4950000 元
92	山西大学图书馆	4930840 元
93	浙江万里学院图书馆	4897899 元
94	武汉科技大学图书馆	4870000 元
95	西南交通大学图书馆	4800000 元
96	西南财经大学图书馆	4798063 元
97	上海海关高等专科学校图书馆	4680000 元
98	陕西中医学院图书馆	4635000 元
99	北京石油化工学院图书馆	4540000 元
100	北京第二外国语学院图书馆	4500000 元
101	华东政法学院图书馆	4496700 元
102	襄樊学院图书馆	4491354.42 元
103	山东轻工业学院图书馆	4410000 元
104	集美大学图书馆	4400000 元
105	北京邮电大学图书馆	4400000 元
106	湖州师范学院图书馆	4321377 元
107	上海水产大学图书馆	4300000 元
108	中国美术学院图书馆	4300000 元
109	海南大学图书馆	4207700 元
110	中国政法大学图书馆	4148840 元
111	西安邮电学院图书馆	4138860 元
112	西安外事职业学院图书馆	4100957 元
113	天津中医学院图书馆	4086522.99 元
114	河北师范大学图书馆	4060000 元
115	天津师范大学图书馆	3864461.75 元
116	上海建桥职业技术学院信息图文中心	3851082.03 元
117	成都理工大学图书馆	3848668.02 元
118	北京大学医学图书馆(原北京医科大学图书馆)	3778999.74 元
119	四川警官高等专科学校图书馆	3688943.52 元
120	山东中医药大学图书馆	3658231.74 元
121	河北工程学院	3582692 元
122	江西师范大学图书馆	3570000 元
123	中央民族大学图书馆	3535060 元
124	重庆邮电学院图书馆	3531177 元
125	西昌学院图书馆	3507252.2 元
126	山西师范大学图书馆	3500000 元
127	惠州学院图书馆	3500000 元
128	南京邮电大学图书馆	3500000 元
129	攀枝花学院图书馆	3462100 元
130	重庆医科大学图书馆	3438414 元
131	天津职业技术师范学院图书馆	3433488.51 元
132	武汉化工学院图书馆	3417795.15 元
133	徐州工程学院(筹)图书馆	3412886.34 元
134	西安科技大学图书馆	3373384 元
135	渭南师范学院图书馆	3346000 元
136	中国民用航空飞行学院图书馆	3336550 元
137	浙江林学院图书馆	3323017 元
138	辽宁工学院图书馆	3241791.81 元
139	河北大学图书馆	3238999.95 元
140	淮北煤炭师范学院图书馆	3237655.81 元
141	北京农学院图书馆	3237461 元
142	沈阳大学图书馆	3200000 元
143	武汉科技学院图书馆	3196000 元
144	内蒙古农业大学图书馆	3159100 元
145	西安理工大学图书馆	3150000 元
146	民办金华职业技术学院图书馆	3140622.89 元
147	西安体育学院图书馆	3132435 元
148	辽宁工程技术大学图书馆	3072963.04 元
149	天津财经大学图书馆	3036760 元
150	大连外国语学院图书电教馆	3000000 元
151	哈尔滨医科大学图书馆	3000000 元
152	安徽建筑工业学院图书馆	3000000 元
153	青岛科技大学图书馆	3000000 元
154	上海立信会计学院	2979816.91 元
155	贵州民族学院图书馆	2962000 元
156	西南科技大学图书馆	2944791 元
157	皖西学院图书馆	2877270 元
158	陕西服装艺术职业学院	2850000 元
159	西安工业学院图书馆	2850000 元
160	成都信息工程学院图书馆	2816621.05 元
161	潍坊学院图书馆	2808700 元
162	河北科技大学图书馆	2790000 元
163	东北财经大学图书馆	2740000 元
164	达县师范高等专科学校图书馆	2732000 元
165	山东财政学院图书馆	2724200 元
166	内蒙古工业大学图书馆	2700000 元
167	西安欧亚职业学院图书馆	2700000 元
168	滨州医学院图书馆	2697803.7 元
169	商洛师范专科学校图书馆	2680000 元
170	江苏工业学院图书馆	2620616.57 元
171	西北师范大学图书馆	2600000 元
172	浙江工商职业技术学院图书馆	2576300 元
173	太原师范学院图书馆	2574779.5 元
174	黄石理工学院图书馆	2548000 元
175	济宁医学院图书馆	2505940 元
176	民办上海工商外国语职业学院图书馆	2500000 元

序号	图书馆名称	数据	序号	图书馆名称	数据
177	河北经贸大学图书馆	2450000 元	223	北京建筑工程学院图书馆	1862311 元
178	上海杉达学院图书馆	2449549.64 元	224	辽宁大学图书馆	1850000 元
179	北京外国语大学图书馆	2435000 元	225	沈阳农业大学图书馆	1808000 元
180	北京服装学院图书馆	2397500.3 元	226	西安思源职业学院图书馆	1800000 元
181	北华航天工业学院图书馆	2383700 元	227	华北科技学院图书馆	1800000 元
182	淮海工学院图书馆	2380000 元	228	沈阳航空工业学院图书馆	1800000 元
183	浙江经济职业技术学院图书馆	2328067.51 元	229	台州职业技术学院图书馆	1784500 元
184	辽宁师范大学图书馆	2300000 元	230	首都体育学院图书馆	1722779.3 元
185	河南工业大学图书馆	2300000 元	231	上海第二工业大学图书馆	1716802.84 元
186	防灾技术高等专科学校图书馆	2298000 元	232	大连水产学院图书馆(文夫图书馆)	1705000 元
187	鞍山科技大学图书馆	2255000 元	233	大连轻工业学院图书馆	1700000 元
188	中国民用航空学院图书馆	2250000 元	234	上海金融学院	1700000 元
189	西安石油大学图书馆	2227500 元	235	贵州师范大学图书馆	1690000 元
190	西南石油学院图书馆	2227136.75 元	236	上海电力学院图书馆	1682250.38 元
191	西安工程科技学院图书馆	2212232.19 元	237	山东建筑工程学院图书馆	1658000 元
192	上海外国语大学图书馆	2204512.52 元	238	中央财经大学图书馆	1640000 元
193	贵州大学图书馆	2203938.22 元	239	湖北师范学院图书馆	1630000 元
194	广州医学院图书馆	2200000 元	240	浙江交通职业技术学院图书馆	1624640.86 元
195	西安培华女子大学图书馆	2200000 元	241	合肥学院图书馆	1620000 元
196	福建医科大学图书馆	2198826 元	242	北京信息工程学院图书馆	1600000 元
197	延安大学图书馆	2190000 元	243	内蒙古大学图书馆	1600000 元
198	玉林师范学院图书馆	2190000 元	244	涪陵师范学院图书馆	1596771 元
199	成都中医药大学图书馆	2150000 元	245	湖北民族学院图书馆	1580000 元
200	上海理工大学图书馆	2150000 元	246	湖北工业大学图书馆	1562600 元
201	成都电子机械高等专科学校图书馆	2141465 元	247	福建工程学院图书馆	1561000 元
202	四川美术学院图书馆	2140000 元	248	沈阳药科大学图书馆	1534765 元
203	西安财经学院图书馆	2103072.17 元	249	宁波职业技术学院图书馆	1531001.99 元
204	唐山学院图书馆	2086772.03 元	250	石家庄铁道学院图书馆	1504200 元
205	贵阳医学院图书馆	2085416.81 元	251	丽水职业技术学院图书馆	1503620.82 元
206	天津工业大学图书馆	2080000 元	252	丽水学院图书馆	1500000 元
207	宜宾学院图书馆	2076143.91 元	253	河北理工大学图书馆	1500000 元
208	盐城师范学院图书馆	2030000 元	254	上海中医药大学图书馆	1500000 元
209	上海工程技术大学图书馆	2025717 元	255	贵州商业高等专科学校图书馆	1500000 元
210	上海体育学院图书馆	2000000 元	256	广西医科大学图书馆	1500000 元
211	武汉船舶职业技术学院图书馆	2000000 元	257	漳州师范学院图书馆	1491000 元
212	中国人民公安大学图书馆	2000000 元	258	北京语言大学图书馆	1480000 元
213	哈尔滨师范大学图书馆	2000000 元	259	咸宁学院图书馆	1466000 元
214	太原科技大学图书馆	2000000 元	260	漳州职业技术学院图书馆	1437848.1 元
215	沈阳工业大学图书馆	2000000 元	261	四川理工学院图书馆	1425917.25 元
216	上海商学院图书馆	2000000 元	262	湖北中医学院图书馆	1400000 元
217	山东艺术学院图书馆	1996388.32 元	263	浙江警官职业学院图书馆	1400000 元
218	成都大学图书馆	1990000 元	264	安徽警官职业学院图书馆	1380000 元
219	黎明职业大学图书馆	1907000 元	252	丽水学院图书馆	1500000 元
220	东北电力学院图书馆	1900000 元	253	河北理工大学图书馆	1500000 元
221	浙江旅游职业学院图书馆	1900000 元	254	上海中医药大学图书馆	1500000 元
222	上海应用技术学院图书馆	1871470 元	255	贵州商业高等专科学校图书馆	1500000 元

序号	图书馆名称	数据	序号	图书馆名称	数据
256	广西医科大学图书馆	1500000 元	302	承德石油高等专科学校图书馆	1000000 元
257	漳州师范学院图书馆	1491000 元	303	东华理工学院图书馆	1000000 元
258	北京语言大学图书馆	1480000 元	304	包头师范学院图书馆	1000000 元
259	咸宁学院图书馆	1466000 元	305	民办天狮职业技术学院图书馆	1000000 元
260	漳州职业技术学院图书馆	1437848.1 元	306	国际关系学院图书馆	1000000 元
261	四川理工学院图书馆	1425917.25 元	307	北京青年政治学院图书馆	965927.04 元
262	湖北中医学院图书馆	1400000 元	308	浙江公安高等专科学校图书馆	964291.11 元
263	浙江警官职业学院图书馆	1400000 元	309	海南医学院图书馆	937000 元
264	安徽警官职业学院图书馆	1380000 元	310	陕西理工学院图书馆	917600 元
265	内江师范学院图书馆	1365700.8 元	311	昆明医学院图书馆	917400 元
266	川北医学院图书馆	1361162.6 元	312	菏泽医学专科学校图书馆	916297.96 元
267	云南中医学院图书馆	1321272 元	313	中央音乐学院图书馆	909000 元
268	天津外国语学院图书馆	1300000 元	314	上海电机学院图书馆	901078.4 元
269	宁夏大学图书馆	1300000 元	315	楚雄师范学院图书馆	900000 元
270	民办上海中侨职业技术学院图书馆	1300000 元	316	西安交通大学城市学院图书馆	900000 元
271	安徽医科大学图书馆	1289000 元	317	上海新侨职业技术学院图书馆	877007.97 元
272	福建公安高等专科学校图书馆	1286000 元	318	榆林学院图书馆	874318 元
273	天津职业大学图书馆	1280000 元	319	西藏民族学院图书馆	870000 元
274	安徽农业大学图书馆	1220000 元	320	广西财政高等专科学校图书馆	850501.6 元
275	泸州医学院图书馆	1215100 元	321	沙市职业大学图书馆	837000 元
276	信阳师范学院图书馆	1210000 元	322	宁夏医学院图书馆	819188.32 元
277	太原理工大学图书馆	1200000 元	323	泉州育青职业技术学院图书馆	800000 元
278	大连交通大学图书馆	1200000 元	324	石家庄经济学院图书馆	800000 元
279	邢台职业技术学院图书馆	1200000 元	325	杭州职业技术学院图书馆	800000 元
280	信阳农业高等专科学校图书馆	1200000 元	326	河北政法职业学院图书馆	800000 元
281	浙江金融职业学院图书馆	1197153.55 元	327	长治学院图书馆	800000 元
282	武汉商业服务学院图书馆	1184728.95 元	328	北京工业职业技术学院图书馆	750000 元
283	秦皇岛职业技术学院图书馆	1176187 元	329	包头钢铁学院图书馆	744000 元
284	保定师范专科学校图书馆	1160000 元	330	云南警官学院图书馆	733808.34 元
285	绵阳师范学院图书馆	1137395 元	331	河北工程技术高等专科学校图书馆	732000 元
286	黔南民族医学高等专科学校图书馆	1136821.5 元	332	上海音乐学院图书馆	720000 元
287	河北建筑工程学院图书馆	1133400 元	333	海南职业技术学院图书馆	716877 元
288	集宁师范高等专科学校图书馆	1119917 元	334	忻州师范学院图书馆	705498.92 元
289	浙江中医学院图书馆	1118571 元	335	福建交通职业技术学院图书馆	700000 元
290	湖北美术学院图书馆	1117386.2 元	326	四川外语学院图书馆	700000 元
291	湖州职业技术学院图书馆	1073870.6 元	337	安阳师范学院图书馆	695000 元
292	乐山师范学院图书馆	1069460 元	338	南京信息职业技术学院图书馆	687000 元
293	山东经济学院图书馆	1065000 元	339	成都纺织高等专科学校图书馆	653000 元
294	鸡西大学图书馆	1060000 元	340	宜宾职业技术学院图书馆	650000 元
295	北京机械工业学院图书馆	1050000 元	341	上海海事职业技术学院图书馆	650000 元
296	郧阳医学院图书馆	1050000 元	342	晋城职业技术学院图书馆	640113 元
297	哈尔滨金融高等专科学校图书馆	1033500 元	343	天津电子信息职业技术学院图书馆	640000 元
298	河北职业技术师范学院图书馆	1025000 元	344	阿坝师范高等专科学校图书馆	634200 元
299	宝鸡文理学院图书馆	1014736 元	345	河池学院图书馆	630850.1 元
300	郧阳师范高等专科学校图书馆	1006225 元	346	成都体育学院图书馆	622028 元
301	河北北方学院	1004289 元	347	陕西国防工业职业技术学院图书馆	610000 元

序号	图书馆名称	数据	序号	图书馆名称	数据
348	天津农学院图书馆	607000 元	388	天津工程职业技术学院图书馆	283116.86 元
349	上海城管学院图书馆	604000 元	389	天津美术学院图书馆	280000 元
350	北京农业职业学院图书馆	590000 元	390	承德民族职业技术学院图书馆	260000 元
351	昆明师范高等专科学校图书馆	587379 元	391	广西经济管理干部学院图书馆	254017 元
352	浙江机电职业技术学院图书馆	582809.64 元	392	唐山职业技术学院图书馆	246443.75 元
353	邯郸学院图书馆	574800.71 元	393	天津中德职业技术学院图书馆	246000 元
354	宁德师范高等专科学校图书馆	570654.26 元	394	康定民族师范高等专科学校图书馆	220974.06 元
355	四川音乐学院图书馆	554307 元	395	十堰职业技术学院图书馆	220000 元
356	四川职业技术学院图书馆	534239 元	396	陕西工业职业技术学院图书馆	210000 元
357	毕节师范高等专科学校图书馆	527871.75 元	397	上海行健职业学院图书馆	200000 元
358	皖南医学院图书馆	520000 元	398	张家口师范专科学校图书馆	200000 元
359	上海农林职业技术学院图书馆	515000 元	399	泸州职业技术学院图书馆	200000 元
360	四川工程职业技术学院图书馆	510000 元	400	沧州师范专科学校图书馆	200000 元
361	上海医疗器械高等专科学校图书馆	510000 元	401	宁夏石嘴山职业技术学院图书馆	200000 元
362	杨凌职业技术学院图书馆	504011.5 元	402	宁夏司法警官职业学院图书馆	200000 元
363	民办安徽新华学院图书馆	500000 元	403	安康师范专科学校图书馆	194950 元
364	廊坊师范学院图书馆	500000 元	404	天津音乐学院图书馆	182184 元
365	邢台医学高等专科学校图书馆	500000 元	405	钦州师范高等专科学校图书馆	180355.95 元
366	贵阳学院(马王庙校区)图书馆	500000 元	406	广西体育高等专科学校图书馆	173921.59 元
367	湖北警官学院图书馆	484869.82 元	407	固原师范高等专科学校图书馆	170000 元
368	陕西财经职业技术学院图书馆	480000 元	408	铜仁师范高等专科学校图书馆	160000 元
369	福建华南女子职业学院图书馆	476356.17 元	409	西安电力高等专科学校图书馆	151045.62 元
370	山西警官高等专科学校图书馆	453000 元	410	太原电力高等专科学校图书馆	150000 元
371	合肥通用职业技术学院图书馆	450900 元	411	河北工业职业技术学院图书馆	150000 元
372	青海师范大学图书馆	450000 元	412	西安航空技术高等专科学校图书馆	150000 元
373	哈尔滨体育学院图书馆	420000 元	413	牡丹江大学图书馆	124320 元
374	河北公安警察职业学院	400000 元	414	广安职业技术学院	120000 元
375	上海科学技术职业学院图书馆	400000 元	415	唐山师范学院图书馆	116677.2 元
376	陕西职业技术学院图书馆	392647 元	416	南宁地区教育学院	104600 元
377	上海出版印刷高等专科学校图书馆	386064.2 元	417	四川化工职业技术学院	100000 元
378	大连职业技术学院图书馆	380000 元	418	天津文化艺术职业学院图书馆	100000 元
379	上海戏剧学院图书馆	356113.94 元	419	四川内江职业技术学院	100000 元
380	陕西交通职业技术学院图书馆	350000 元	420	廊坊市职业技术学院(西校区)图书馆	84000 元
381	民办东海职业技术学院图书馆	350000 元	421	安顺师范高等专科学校图书馆	78000 元
382	上海旅游高等专科学校图书馆	350000 元	422	上海建峰职业技术学院图书馆	52000 元
383	河北石油职业技术学院图书馆	330000 元	423	成都航空职业技术学院图书馆	47428 元
384	广西农业职业技术学院图书馆	300000 元	424	黑龙江建筑职业技术学院图书馆	32000 元
385	天津体育学院图书馆	300000 元	425	河北机电职业技术学院	15000 元
386	柳州医科高等专科学校	300000 元	426	厦门理工学院图书馆	200 元
387	唐山工业职业技术学院图书馆	288997.78 元			

2004年426所高校图书馆当年实际文献资料购置费排行榜

序号	图书馆名称	数据	序号	图书馆名称	数据
1	复旦大学图书馆	23198697.44元	44	江汉大学图书馆	6306673元
2	浙江大学图书馆	22872328元	45	大连海事大学图书馆	6200000元
3	北京大学图书馆	22757419.34元	46	山东师范大学图书馆	6100000元
4	南开大学图书馆	20773526元	47	杭州师范学院图书馆	6011646.5元
5	上海交通大学图书馆	20455248元	48	燕山大学图书馆	5966245元
6	厦门大学图书馆	18642748.92元	49	重庆大学图书馆	5924784.29元
7	四川大学图书馆	17777287.75元	50	上海对外贸易学院图书馆	5739618.52元
8	山东大学图书馆	17613151.96元	51	重庆三峡学院图书馆	5568353.15元
9	武汉大学图书馆	15490000元	52	华中师范大学图书馆	5444988.7元
10	西安交通大学图书馆	15198200元	53	浙江财经学院图书馆	5342658.94元
11	华中科技大学图书馆	14623844.04元	54	西华大学图书馆	5333786.71元
12	深圳大学图书馆	13954963.01元	55	浙江师范大学图书馆	5314090元
13	哈尔滨工业大学图书馆	13657943.92元	56	上海第二医科大学图书馆	5289038.9元
14	东南大学图书馆	13270000元	57	西南师范大学图书馆	5282852元
15	咸宁学院图书馆	13244454元	58	江南大学图书馆	5280300.14元
16	华东师范大学图书馆	13101955元	59	华侨大学图书馆	5250000元
17	武汉理工大学图书馆	12470000元	60	武汉科技大学图书馆	5220617.5元
18	大连理工大学图书馆	11500000元	61	西北大学图书馆	5203885元
19	中国科学技术大学图书馆	11250000元	62	山东农业大学图书馆	5133853.14元
20	同济大学图书馆	10814475元	63	首都师范大学图书馆	5123391元
21	浙江工业大学图书馆	10163100元	64	山东理工大学图书馆	5079972.95元
22	南京航空航天大学图书馆	9646500元	65	西安电子科技大学图书馆	5037409元
23	上海大学图书馆	9451832元	66	河南大学图书馆	4954239.12元
24	东北大学图书馆	8915529.01元	67	北京科技大学图书馆	4949562.81元
25	南京师范大学图书馆	8718391.27元	68	上海师范大学图书馆	4920000元
26	河海大学图书馆	8510000元	69	北京交通大学图书馆	4853188.09元
27	西北工业大学图书馆	8255812元	70	西南交通大学图书馆	4800000元
28	北京理工大学图书馆	8028712元	71	中国石油大学(北京)图书馆	4750000元
29	北京师范大学图书馆	8000000元	72	中国计量学院图书馆	4631500元
30	华北水利水电学院图书馆	7950000元	73	山西大学图书馆	4574063.75元
31	福州大学图书馆	7690304元	74	山东轻工业学院图书馆	4553895.64元
32	西北农林科技大学图书馆	7682925.02元	75	汕头大学图书馆	4543200元
33	中国人民大学图书馆	7674593.9元	76	北京第二外国语学院图书馆	4500000元
34	上海财经大学图书馆	7601745元	77	华北电力大学图书馆	4490787.1元
35	浙江工商大学图书馆	7461037元	78	集美大学图书馆	4482146.63元
36	中国农业大学图书馆	7314238元	79	西南科技大学图书馆	4453690元
37	电子科技大学图书馆	7166800元	80	河北师范大学图书馆	4438667.1元
38	安徽大学图书馆	7029204.69元	81	襄樊学院图书馆	4434854.42元
39	北京航空航天大学图书馆	6973954.76元	82	华中农业大学图书馆	4382094.28元
40	南京理工大学图书馆	6826192元	83	湖北大学图书馆	4361143元
41	温州大学(筹)图书馆	6591403元	84	浙江万里学院图书馆	4320000元
42	华东理工大学图书馆	6526100元	85	西华师范大学图书馆	4273725元
43	西安建筑科技大学图书馆	6460389.93元	86	西南财经大学图书馆	4203800元

序号	图书馆名称	数据	序号	图书馆名称	数据
87	上海海事大学图书馆	4187921.27 元	132	黑龙江大学图书馆	2935249.7 元
88	渝西学院图书馆	4176855 元	133	贵州民族学院图书馆	2920000 元
89	武汉生物工程学院图书馆	4145691.78 元	134	海南大学图书馆	2877700 元
90	哈尔滨理工大学图书馆	4137572.9 元	135	重庆医科大学图书馆	2861200 元
91	天津科技大学图书馆	4127009.24 元	136	河北经贸大学图书馆	2842150.6 元
92	长安大学图书馆	4031536.83 元	137	安徽建筑工业学院图书馆	2800000 元
93	烟台大学图书馆	4022817.5 元	138	东北财经大学图书馆	2735334.01 元
94	北京石油化工学院图书馆	4010000 元	139	内蒙古工业大学图书馆	2686026.01 元
95	北京邮电大学图书馆	4009689 元	140	达县师范高等专科学校图书馆	2662340 元
96	四川师范大学图书馆	3971542.9 元	141	西安工业学院图书馆	2660147.13 元
97	西安外事职业学院图书馆	3947605 元	142	北京外国语大学图书馆	2629820 元
98	北京工商大学图书馆	3934820.81 元	143	中国美术学院图书馆	2621664 元
99	上海水产大学图书馆	3880678.9 元	144	河北科技大学图书馆	2590000 元
100	宁波大学图书馆	3818479.6 元	145	辽宁工程技术大学图书馆	2570436.64 元
101	广西大学图书馆	3786217 元	146	江西师范大学图书馆	2540000 元
102	北京大学医学图书馆（原北京医科大学图书馆）	3778999.74 元	147	上海海关高等专科学校图书馆	2536086.79 元
103	华东政法学院图书馆	3775047 元	148	西安石油大学图书馆	2520227.81 元
104	东华大学图书馆	3700000 元	149	西安理工大学图书馆	2489261.41 元
105	大连民族学院图书馆	3678035 元	150	辽宁师范大学图书馆	2469385.12 元
106	陕西医学高等专科学校图书馆	3655968 元	151	滨州医学院图书馆	2465059 元
107	重庆邮电学院图书馆	3623296.45 元	152	湖州师范学院图书馆	2462796.29 元
108	四川警官高等专科学校图书馆	3604543.52 元	153	成都信息工程学院图书馆	2455999.69 元
109	天津师范大学图书馆	3568975.37 元	154	徐州工程学院（筹）图书馆	2450387.14 元
110	武汉科技学院图书馆	3543783.54 元	155	浙江工商职业技术学院图书馆	2438000 元
111	西安科技大学图书馆	3540376 元	156	大连水产学院图书馆（文夫图书馆）	2419929.78 元
112	南京邮电大学图书馆	3530189 元	157	哈尔滨医科大学图书馆	2400000 元
113	黑龙江八一农垦大学图书馆	3530000 元	158	江苏工业学院图书馆	2356137.59 元
114	河北工程学院	3520467 元	159	鞍山科技大学图书馆	2350000 元
115	合肥工业大学图书馆	3461016.55 元	160	上海立信会计学院	2342290.91 元
116	惠州学院图书馆	3440673 元	161	浙江林学院图书馆	2300000 元
117	北京林业大学图书馆	3419618 元	162	湖北经济学院图书馆	2286190 元
118	山西师范大学图书馆	3390200 元	163	中国民用航空飞行学院图书馆	2280942 元
119	河北大学图书馆	3358056.61 元	164	浙江水利水电专科学校图书馆	2280000 元
120	天津职业技术师范学院图书馆	3342826.01 元	165	皖西学院图书馆	2277270 元
121	武汉化工学院图书馆	3339939.85 元	166	西北第二民族学院图书馆	2263299.38 元
122	青岛科技大学图书馆	3323107 元	167	沈阳师范大学图书馆	2258401.81 元
123	上海建桥职业技术学院信息图文中心	3264916.53 元	168	沈阳农业大学图书馆	2255621.7 元
124	山东中医药大学图书馆	3206575.53 元	169	河南工业大学图书馆	2242137 元
125	内蒙古农业大学图书馆	3159100 元	170	成都中医药大学图书馆	2220000 元
126	辽宁工学院图书馆	3111000.73 元	171	上海外国语大学图书馆	2204512.52 元
127	成都理工大学图书馆	3095508.23 元	172	太原科技大学图书馆	2200000 元
128	哈尔滨师范大学图书馆	3080000 元	173	上海理工大学图书馆	2150000 元
129	西北师范大学图书馆	3076865 元	174	西安欧亚职业学院图书馆	2138571 元
130	福建农林大学图书馆	3000000 元	175	济宁医学院图书馆	2120006 元
131	渭南师范学院图书馆	3000000 元	176	贵阳医学院图书馆	2074478.63 元

序号	图书馆名称	数据	序号	图书馆名称	数据
177	固原师范高等专科学校图书馆	2070000 元	223	厦门理工学院图书馆	1520054.56 元
178	大连外国语学院图书电教馆	2062540.14 元	224	合肥学院图书馆	1507382 元
179	四川美术学院图书馆	2043000 元	225	山东建筑工程学院图书馆	1500000 元
180	山东财政学院图书馆	2033009 元	226	山东艺术学院图书馆	1482700 元
181	西南石油学院图书馆	2029780.14 元	227	贵州师范大学图书馆	1479952.7 元
182	贵州大学图书馆	2026110.12 元	228	天津财经大学图书馆	1460069.04 元
183	上海商学院图书馆	2000000 元	229	玉林师范学院图书馆	1437995.02 元
184	中国政法大学图书馆	1994123 元	230	上海第二工业大学图书馆	1435218.84 元
185	成都电子机械高等专科学校图书馆	1958000 元	231	沈阳航空工业学院图书馆	1425075.15 元
186	西安工程科技学院图书馆	1957519.81 元	232	中国民用航空学院图书馆	1406383 元
187	浙江经济职业技术学院图书馆	1935527.51 元	233	北京中医药大学图书馆	1400000 元
188	宜宾学院图书馆	1933162.91 元	234	牡丹江医学院图书馆	1400000 元
189	西安邮电学院图书馆	1927754.88 元	235	绍兴托普信息职业技术学院图书馆	1400000 元
190	北京农学院图书馆	1909075 元	236	石家庄铁道学院图书馆	1396822.91 元
191	陕西服装艺术职业学院图书馆	1900706 元	237	北京语言大学图书馆	1385000 元
192	中央民族大学图书馆	1900000 元	238	上海电力学院图书馆	1377759.06 元
193	淮海工学院图书馆	1897471 元	239	成都大学图书馆	1359391 元
194	攀枝花学院图书馆	1895296 元	240	内江师范学院图书馆	1357623.98 元
195	沈阳工业大学图书馆	1887750.3 元	241	丽水职业技术学院图书馆	1331859.42 元
196	遵义医学院图书馆	1838305.44 元	242	漳州师范学院图书馆	1323885 元
197	广州医学院图书馆	1817332 元	243	浙江旅游职业学院图书馆	1310244 元
198	商洛师范专科学校图书馆	1815000 元	244	湖北中医学院图书馆	1302984.8 元
199	盐城师范学院图书馆	1799500 元	245	浙江警官职业学院图书馆	1300000 元
200	黄石理工学院图书馆	1784334.38 元	246	太原理工大学图书馆	1285136.33 元
201	北京服装学院图书馆	1758585.89 元	247	四川理工学院图书馆	1282403.94 元
202	延安大学图书馆	1757648 元	248	丽水学院图书馆	1278202.95 元
203	华北科技学院图书馆	1749300 元	249	天津外国语学院图书馆	1270000 元
204	福建医科大学图书馆	1747361 元	250	上海中医药大学图书馆	1239400 元
205	北京建筑工程学院图书馆	1746033 元	251	大连交通大学图书馆	1230283.84 元
206	上海应用技术学院图书馆	1741468.95 元	252	福建工程学院图书馆	1228390.43 元
207	西安财经学院图书馆	1720954.75 元	253	中国地质大学图书馆	1226025.67 元
208	西昌学院图书馆	1700000 元	254	中国青年政治学院图书馆	1224000 元
209	宁波职业技术学院图书馆	1699166.52 元	255	川北医学院图书馆	1211155.3 元
210	民办上海工商外国语职业学院图书馆	1670000 元	256	宁夏大学图书馆	1210000 元
211	西安培华女子大学图书馆	1649885.36 元	257	北京机械工业学院图书馆	1206697.1 元
212	大连医科大学图书馆	1637341.92 元	258	东北电力学院图书馆	1205255 元
213	西安思源职业学院图书馆	1629950 元	259	台州职业技术学院图书馆	1200000 元
214	上海体育学院图书馆	1629530.26 元	260	黎明职业大学图书馆	1153400 元
215	湖北民族学院图书馆	1627500.8 元	261	绵阳师范学院图书馆	1137395 元
216	上海杉达学院图书馆	1610509.64 元	262	琼州大学图书馆	1126931.5 元
217	北京信息工程学院图书馆	1592672.35 元	263	集宁师范高等专科学校图书馆	1119917 元
218	中国人民公安大学图书馆	1571713.29 元	264	保定师范专科学校图书馆	1116353 元
219	上海金融学院	1570377 元	265	涪陵师范学院图书馆	1111025.4 元
220	民办安徽新华学院图书馆	1570000 元	266	云南中医学院图书馆	1091906 元
221	潍坊学院图书馆	1552000 元	267	民办天狮职业技术学院图书馆	1090214.78 元
222	大连轻工业学院图书馆	1529280.96 元	268	东华理工学院图书馆	1082513 元

序号	图书馆名称	数据	序号	图书馆名称	数据
269	唐山学院图书馆	1079652.96 元	315	西安体育学院图书馆	758504 元
270	武汉商业服务学院图书馆	1045978.95 元	316	包头钢铁学院图书馆	730237.47 元
271	陕西中医学院图书馆	1029688.43 元	317	福建公安高等专科学校图书馆	718315 元
272	石家庄经济学院图书馆	1010000 元	318	海南职业技术学院图书馆	716877.07 元
273	乐山师范学院图书馆	1005818 元	319	忻州师范学院图书馆	705498.92 元
274	贵州商业高等专科学校图书馆	1000000 元	320	四川外语学院图书馆	698552.58 元
275	河北职业技术师范学院图书馆	1000000 元	321	沙市职业大学图书馆	698300 元
276	邢台职业技术学院图书馆	1000000 元	322	皖南医学院图书馆	668424.67 元
277	信阳农业高等专科学校图书馆	1000000 元	323	秦皇岛职业技术学院图书馆	650447 元
278	安徽医科大学图书馆	1000000 元	324	福建交通职业技术学院图书馆	650000 元
279	湖北汽车工业学院图书馆	996137.14 元	325	上海新侨职业技术学院图书馆	647581.96 元
280	泸州医学院图书馆	985741.64 元	326	杭州职业技术学院图书馆	646682.33 元
281	湖北警官学院图书馆	984334.39 元	327	菏泽医学专科学校图书馆	640587.96 元
282	湖北工业大学图书馆	984265.64 元	328	西安交通大学城市学院图书馆	634438 元
283	湖州职业技术学院图书馆	981868 元	329	漳州职业技术学院图书馆	608411.1 元
284	浙江中医学院图书馆	965989 元	330	安阳师范学院图书馆	590000 元
285	北京青年政治学院图书馆	965927.04 元	331	邯郸学院图书馆	574800.71 元
286	信阳师范学院图书馆	949615.2 元	332	安徽工程科技学院图书馆	572089.49 元
287	湖北美术学院图书馆	928022.06 元	333	海南医学院图书馆	542000 元
288	宝鸡文理学院图书馆	918545.39 元	334	成都体育学院图书馆	520622 元
289	浙江公安高等专科学校图书馆	918291.11 元	335	上海农林职业技术学院图书馆	520000 元
290	浙江金融职业学院图书馆	914833.29 元	336	上海医疗器械高等专科学校图书馆	514869.95 元
291	楚雄师范学院图书馆	903005.2 元	337	浙江机电职业技术学院图书馆	513509.64 元
292	郧阳医学院图书馆	901216 元	338	晋城职业技术学院图书馆	508209.83 元
293	承德石油高等专科学校图书馆	900000 元	339	河池学院图书馆	502023.1 元
294	内蒙古大学图书馆	890336.18 元	340	首都体育学院图书馆	501804.69 元
295	包头师范学院图书馆	890000 元	341	内蒙古财经学院图书馆	500000 元
296	上海电机学院图书馆	887503.98 元	342	廊坊师范学院图书馆	500000 元
297	昆明医学院图书馆	859297.29 元	343	四川建筑职业技术学院图书馆	500000 元
298	河北北方学院	856203 元	344	宁德师范高等专科学校图书馆	496384.26 元
299	西藏民族学院图书馆	847338.51 元	345	天津农学院图书馆	490530.4 元
300	国际关系学院图书馆	842000 元	346	陕西财经职业技术学院图书馆	479800 元
301	淮北煤炭师范学院图书馆	840020.63 元	347	四川工程职业技术学院图书馆	475687 元
302	西安文理学院图书馆	838649 元	348	河北工程技术高等专科学校图书馆	467000 元
303	宁夏医学院图书馆	819188.32 元	349	阿坝师范高等专科学校图书馆	461616.29 元
304	防灾技术高等专科学校图书馆	819005.05 元	350	四川音乐学院图书馆	452327 元
305	郧阳师范高等专科学校图书馆	805550 元	351	邢台医学高等专科学校图书馆	450000 元
306	河北建筑工程学院图书馆	802901.73 元	352	青海师范大学图书馆	450000 元
307	浙江交通职业技术学院图书馆	802442.13 元	353	陕西国防工业职业技术学院图书馆	450000 元
308	河北政法职业学院图书馆	800000 元	354	昆明师范高等专科学校图书馆	449969 元
309	泉州育青职业技术学院图书馆	800000 元	355	杨凌职业技术学院图书馆	431205.42 元
310	上海音乐学院图书馆	798176.32 元	356	上海海事职业技术学院图书馆	430000 元
311	山东经济学院图书馆	788140.16 元	357	广西农业职业技术学院图书馆	414887.45 元
312	广西财政高等专科学校图书馆	769269.19 元	358	中央音乐学院图书馆	411046 元
313	榆林学院图书馆	766338 元	359	北京农业职业学院图书馆	410000 元
314	北京体育大学图书馆	760500 元	360	河北公安警察职业学院	400000 元

序号	图书馆名称	数据	序号	图书馆名称	数据
361	上海出版印刷高等专科学校图书馆	386064.2 元	394	湖北师范学院图书馆	192831.89 元
362	黔南民族医学高等专科学校图书馆	384121.5 元	395	上海科学技术职业学院图书馆	191000 元
363	绵阳职业技术学院图书馆	383402.3 元	396	北京工业职业技术学院图书馆	185000 元
364	宜宾职业技术学院图书馆	364000 元	397	天津体育学院图书馆	180000 元
365	哈尔滨体育学院图书馆	350000 元	398	张家口师范专科学校图书馆	173703.25 元
366	上海旅游高等专科学校图书馆	348901.16 元	399	宁夏石嘴山职业技术学院图书馆	170000 元
367	合肥通用职业技术学院图书馆	343400 元	400	安康师范专科学校图书馆	169750 元
368	柳州医科高等专科学校	343176 元	401	天津电子信息职业技术学院图书馆	161000 元
369	上海戏剧学院图书馆	342445.3 元	402	钦州师范高等专科学校图书馆	157034.93 元
370	大连职业技术学院图书馆	325000 元	403	西安电力高等专科学校图书馆	151045.62 元
371	安徽警官职业学院图书馆	320000 元	404	河北工业职业技术学院图书馆	150000 元
372	广西医科大学图书馆	300000 元	405	石家庄法商职业学院图书馆	147000 元
373	哈尔滨金融高等专科学校图书馆	300000 元	406	铜仁师范高等专科学校图书馆	145898.59 元
374	成都纺织高等专科学校图书馆	300000 元	407	天津音乐学院图书馆	145776 元
375	贵阳学院(马王庙校区)图书馆	298000 元	408	四川职业技术学院图书馆	142739 元
376	民办金华职业技术学院图书馆	296964.5 元	409	黑龙江建筑职业技术学院图书馆	142557.99 元
377	遵义师范学院图书馆	285469.58 元	410	广安职业技术学院	135291.44 元
378	福建华南女子职业学院图书馆	274505.47 元	411	十堰职业技术学院图书馆	132000 元
379	毕节师范高等专科学校图书馆	265082.25 元	412	西安航空技术高等专科学校图书馆	124105.2 元
380	长治学院图书馆	263700 元	413	承德民族职业技术学院图书馆	122200 元
381	天津工程职业技术学院图书馆	263596.86 元	414	唐山师范学院图书馆	116677.2 元
382	唐山职业技术学院图书馆	246443.75 元	415	牡丹江大学图书馆	104740 元
383	西安铁路职业技术学院图书馆	232928.97 元	416	天津文化艺术职业学院图书馆	100000 元
384	天津中德职业技术学院图书馆	232113.15 元	417	四川化工职业技术学院	100000 元
385	陕西职业技术学院图书馆	232076 元	418	广西体育高等专科学校图书馆	99697.59 元
386	康定民族师范高等专科学校图书馆	220974.06 元	419	南宁地区教育学院	92800 元
387	鸡西大学图书馆	220000 元	420	太原电力高等专科学校图书馆	80000 元
388	陕西交通职业技术学院图书馆	219590.65 元	421	四川内江职业技术学院	58651 元
389	广西经济管理干部学院图书馆	215000 元	422	安顺师范高等专科学校图书馆	40000 元
390	河北石油职业技术学院图书馆	210000 元	423	衡水师范专科学校	25015.8 元
391	沧州师范专科学校图书馆	200000 元	424	宁夏司法警官职业学院图书馆	24550 元
392	民办东海职业技术学院图书馆	200000 元	425	河北机电职业技术学院	15000 元
393	陕西工业职业技术学院图书馆	197000 元	426	南华大学图书馆	500 元

注:本表格数据截止日期为 2005 年 10 月 24 日。

2004年412所高校图书馆当年购中文图书数量排行榜

序号	图书馆名称	数据	序号	图书馆名称	数据
1	山东轻工业学院图书馆	540088册	44	黑龙江大学图书馆	127536
2	菏泽医学专科学校图书馆	383000册	45	上海水产大学图书馆	126148册
3	山东农业大学图书馆	378600册	46	滨州医学院图书馆	125739册
4	西华师范大学图书馆	367080册	47	天津职业技术师范学院图书馆	125615册
5	浙江工业大学图书馆	351651册	48	陕西服装艺术职业学院	125000册
6	深圳大学图书馆	322105册	49	武汉大学图书馆	124669册
7	四川警官高等专科学校图书馆	318600册	50	上海交通大学图书馆	121251册
8	南京信息职业技术学院图书馆	302420册	51	西安外事职业学院图书馆	121114册
9	华北水利水电学院图书馆	300000册	52	温州大学(筹)图书馆	121113册
10	河海大学图书馆	299194册	53	惠州学院图书馆	120720册
11	民办上海工商外国语职业学院图书馆	297959册	54	天津职业大学图书馆	120000册
12	武汉生物工程学院图书馆	290000册	55	西安培华女子大学图书馆	117000册
13	西安建筑科技大学图书馆	260054册	56	华东政法学院图书馆	114512册
14	淮北煤炭师范学院图书馆	253070册	57	西南科技大学图书馆	111998册
15	江汉大学图书馆	216733册	58	杭州师范学院图书馆	111016册
16	浙江水利水电专科学校图书馆	213986册	59	集美大学图书馆	110921册
17	襄樊学院图书馆	200406册	60	上海杉达学院图书馆	108654册
18	上海电机学院图书馆	193172册	61	武汉科技学院图书馆	107242册
19	渝西学院图书馆	193000册	62	西华大学图书馆	105094册
20	东北农业大学图书馆	191960册	63	上海海关高等专科学校图书馆	104662册
21	西安欧亚职业学院图书馆	185937册	64	北京林业大学图书馆	104037册
22	重庆三峡学院图书馆	180025册	65	北京工商大学图书馆	100567册
23	潍坊学院图书馆	173500册	66	北京石油化工学院图书馆	100475册
24	浙江万里学院图书馆	166000册	67	民办安徽新华学院图书馆	100000册
25	成都信息工程学院图书馆	165700册	68	上海财经大学图书馆	98182册
26	四川大学图书馆	165664册	69	哈尔滨工业大学图书馆	97636册
27	集宁师范高等专科学校图书馆	163000册	70	大连理工大学图书馆	97534册
28	漳州师范学院图书馆	159275册	71	复旦大学图书馆	97406册
29	渭南师范学院图书馆	158000册	72	上海海事大学图书馆	96837册
30	上海建桥职业技术学院信息图文中心	155526册	73	广西大学图书馆	96800册
31	浙江经济职业技术学院图书馆	153535册	74	燕山大学图书馆	96500册
32	上海对外贸易学院图书馆	152014册	75	山东理工大学图书馆	95853册
33	陕西师范大学图书馆	149141册	76	内江师范学院图书馆	95056册
34	西昌学院图书馆	147497册	77	宁波职业技术学院图书馆	94600册
35	武汉理工大学图书馆	145138册	78	琼州大学图书馆	93666册
36	成都电子机械高等专科学校图书馆	144202册	79	北华航天工业学院图书馆	92829册
37	湖北经济学院图书馆	140445册	80	东南大学图书馆	91878册
38	西安思源职业学院图书馆	140000册	81	西南师范大学图书馆	89359册
39	杭州职业技术学院图书馆	137180册	82	安徽大学图书馆	89250册
40	浙江财经学院图书馆	135000册	83	北京科技大学图书馆	87761册
41	厦门大学图书馆	133088册	84	河北师范大学图书馆	87190册
42	湖北大学图书馆	133084册	85	浙江师范大学图书馆	87175册
43	合肥工业大学图书馆	128227册	86	皖西学院图书馆	87000册

序号	图书馆名称	数据	序号	图书馆名称	数据
87	重庆大学图书馆	86396 册	132	浙江旅游职业学院图书馆	65760 册
88	华东理工大学图书馆	86344 册	133	攀枝花学院图书馆	65375 册
89	天津大学图书馆	85758 册	134	华中农业大学图书馆	65059 册
90	宁德师范高等专科学校图书馆	85132 册	135	黄石理工学院图书馆	64952 册
91	南开大学图书馆	85047 册	136	东华大学图书馆	64814 册
92	浙江工商职业技术学院图书馆	85000 册	137	北京农学院图书馆	64800 册
93	武汉科技大学图书馆	84977 册	138	同济大学图书馆	64362 册
94	达县师范高等专科学校图书馆	84561 册	139	武汉化工学院图书馆	63662 册
95	浙江工商大学图书馆	84275 册	140	宜宾学院图书馆	63429 册
96	华中科技大学图书馆	82729 册	141	大连水产学院图书馆(文夫图书馆)	63187 册
97	华东师范大学图书馆	82605 册	142	邢台职业技术学院图书馆	63000 册
98	东北大学图书馆	81868 册	143	西安工程科技学院图书馆	63000 册
99	西安交通大学图书馆	81549 册	144	北京理工大学图书馆	62699 册
100	天津科技大学图书馆	81532 册	145	辽宁工程技术大学图书馆	61919 册
101	浙江公安高等专科学校图书馆	80897 册	146	中国科学技术大学图书馆	60889 册
102	西北工业大学图书馆	80630 册	147	上海立信会计学院	60807 册
103	上海师范大学图书馆	80615 册	148	福建工程学院图书馆	60784 册
104	涪陵师范学院图书馆	80430 册	149	河北经贸大学图书馆	60508 册
105	北京第二外国语学院图书馆	80100 册	150	西安邮电学院图书馆	60172 册
106	西安财经学院图书馆	80042 册	151	上海体育学院图书馆	60166 册
107	山东师范大学图书馆	80000 册	152	贵州民族学院图书馆	60000 册
108	商洛师范专科学校图书馆	79675 册	153	安徽建筑工业学院图书馆	60000 册
109	民办天狮职业技术学院图书馆	78671 册	154	西北大学图书馆	59028 册
110	湖州师范学院图书馆	77729 册	155	长安大学图书馆	56656 册
111	南京师范大学图书馆	77629 册	156	江南大学图书馆	56555 册
112	西安交通大学城市学院图书馆	75371 册	157	华侨大学图书馆	56508 册
113	西南财经大学图书馆	75065 册	158	河南大学图书馆	56370 册
114	江苏工业学院图书馆	74539 册	159	秦皇岛职业技术学院图书馆	53300 册
115	北京大学图书馆	74511 册	160	保定师范专科学校图书馆	53000 册
116	信阳农业高等专科学校图书馆	74000 册	161	河北大学图书馆	52390 册
117	乐山师范学院图书馆	73359 册	162	淮海工学院图书馆	52132 册
118	徐州工程学院(筹)图书馆	72339 册	163	华中师范大学图书馆	51904 册
119	北京青年政治学院图书馆	72333 册	164	中央财经大学图书馆	51458 册
120	浙江大学图书馆	71007 册	165	青岛科技大学图书馆	51172 册
121	陕西中医学院图书馆	70604 册	166	绵阳师范学院图书馆	51105 册
122	四川师范大学图书馆	70207 册	167	中国农业大学图书馆	50522 册
123	上海商学院图书馆	70000 册	168	中国人民大学图书馆	50076 册
124	上海大学图书馆	69090 册	169	牡丹江医学院图书馆	50000 册
125	厦门理工学院图书馆	68856 册	170	浙江警官职业学院图书馆	50000 册
126	江西师范大学图书馆	68128 册	171	内蒙古大学图书馆	49881 册
127	山东中医药大学图书馆	68050 册	172	中国美术学院图书馆	49774 册
128	河北工程学院	68031 册	173	清华大学图书馆	49154 册
129	安徽工程科技学院图书馆	67293 册	174	西安科技大学图书馆	49127 册
130	华北电力大学图书馆	66455 册	175	烟台大学图书馆	48692 册
131	北京邮电大学图书馆	66059 册	176	山西师范大学图书馆	48380 册

序号	图书馆名称	数据	序号	图书馆名称	数据
177	武汉商业服务学院图书馆	48359 册	223	贵阳医学院图书馆	34226 册
178	辽宁工学院图书馆	48293 册	224	河北政法职业学院图书馆	34000 册
179	川北医学院图书馆	47871 册	225	广西农业职业技术学院图书馆	33531 册
180	湖北民族学院图书馆	47241 册	226	辽宁师范大学图书馆	33482 册
181	中国民用航空飞行学院图书馆	47191 册	227	天津中医学院图书馆	32695 册
182	固原师范高等专科学校图书馆	46639 册	228	上海第二工业大学图书馆	32145 册
183	西北师范大学图书馆	45983 册	229	宁波大学图书馆	32125 册
184	黎明职业大学图书馆	45349 册	230	北京中医药大学图书馆	32024 册
185	福建华南女子职业学院图书馆	44902 册	231	陕西理工学院图书馆	31930 册
186	延安大学图书馆	44481 册	232	西安电子科技大学图书馆	31892 册
187	合肥学院图书馆	43800 册	233	济宁医学院图书馆	31622 册
188	玉林师范学院图书馆	43742 册	234	河北科技大学图书馆	31527 册
189	天津外国语学院图书馆	42000 册	235	成都理工大学图书馆	30769 册
190	中国政法大学图书馆	41874 册	236	丽水学院图书馆	30313 册
191	南京邮电大学图书馆	41670 册	237	西南石油学院图书馆	30128 册
192	上海新侨职业技术学院图书馆	41463 册	238	沈阳农业大学图书馆	30011 册
193	福建农林大学图书馆	41299 册	239	泉州育青职业技术学院图书馆	30000 册
194	南京理工大学图书馆	41136 册	340	武汉船舶职业技术学院图书馆	30000 册
195	电子科技大学图书馆	41010 册	341	中央民族大学图书馆	30000 册
196	东北财经大学图书馆	40698 册	342	哈尔滨医科大学图书馆	30000 册
197	北京交通大学图书馆	40550 册	243	四川建筑职业技术学院图书馆	29753 册
198	北京航空航天大学图书馆	40415 册	244	丽水职业技术学院图书馆	29514 册
199	盐城师范学院图书馆	40218 册	245	中国人民公安大学图书馆	29433 册
200	西藏民族学院图书馆	40000 册	246	山东艺术学院图书馆	29037 册
201	中国石油大学(北京)图书馆	40000 册	247	北京服装学院图书馆	28808 册
202	华北科技学院图书馆	39622 册	248	北京师范大学图书馆	27983 册
203	南京航空航天大学图书馆	39556 册	249	榆林学院图书馆	27767 册
204	哈尔滨理工大学图书馆	39551 册	250	大连民族学院图书馆	27717 册
205	浙江交通职业技术学院图书馆	38198 册	251	河南工业大学图书馆	27243 册
206	鞍山科技大学图书馆	38139 册	252	河北职业技术师范学院图书馆	27241 册
207	成都中医药大学图书馆	38000 册	253	首都师范大学图书馆	26764 册
208	西安理工大学图书馆	37954 册	254	贵州师范大学图书馆	25842 册
209	内蒙古农业大学图书馆	37065 册	255	沙市职业大学图书馆	25600 册
210	防灾技术高等专科学校图书馆	37045 册	256	上海电力学院图书馆	25357 册
211	沈阳航空工业学院图书馆	36871 册	257	重庆医科大学图书馆	25248 册
212	西安石油大学图书馆	36811 册	258	西安体育学院图书馆	25241 册
213	浙江金融职业学院图书馆	36510 册	259	中国青年政治学院图书馆	25200 册
214	上海理工大学图书馆	36457 册	260	上海工程技术大学图书馆	25081 册
215	湖州职业技术学院图书馆	35736 册	261	唐山学院图书馆	24836 册
216	上海行健职业学院图书馆	35648 册	262	四川理工学院图书馆	24531 册
217	海南大学图书馆	35303 册	263	汕头大学图书馆	24451 册
218	石家庄法商职业学院图书馆	35000 册	264	北京外国语大学图书馆	24122 册
219	西南交通大学图书馆	34750 册	265	上海城管学院图书馆	24000 册
220	太原师范学院图书馆	34718 册	266	咸宁学院图书馆	23749 册
221	上海金融学院	34567 册	267	遵义医学院图书馆	23741 册
222	成都大学图书馆	34428 册	268	郧阳师范高等专科学校图书馆	23602 册

序号	图书馆名称	数据	序号	图书馆名称	数据
269	天津师范大学图书馆	22677 册	315	忻州师范学院图书馆	14718 册
270	湖北警官学院图书馆	22552 册	316	太原科技大学图书馆	14704 册
271	北京机械工业学院图书馆	22467 册	317	天津工业大学图书馆	14685 册
272	福建公安高等专科学校图书馆	22334 册	318	河池学院图书馆	14683 册
273	宝鸡文理学院图书馆	21906 册	319	陕西医学高等专科学校图书馆	14664 册
274	河北工程技术高等专科学校图书馆	21834 册	320	哈尔滨体育学院图书馆	14483 册
275	东北电力学院图书馆	21815 册	321	柳州医科高等专科学校	14442 册
276	上海应用技术学院图书馆	21565 册	322	河北北方学院	14234 册
277	广西财政高等专科学校图书馆	21557 册	323	晋城职业技术学院图书馆	13841 册
278	沈阳大学图书馆	21124 册	324	陕西国防工业职业技术学院图书馆	13800 册
279	云南警官学院图书馆	21000 册	325	首都体育学院图书馆	13794 册
280	石家庄铁道学院图书馆	20956 册	326	天津财经大学图书馆	13293 册
281	中国民用航空学院图书馆	20787 册	327	河北建筑工程学院图书馆	13273 册
282	陕西职业技术学院图书馆	20553 册	328	杨凌职业技术学院图书馆	13236 册
283	广州医学院图书馆	20429 册	329	楚雄师范学院图书馆	12775 册
284	包头师范学院图书馆	20366 册	330	贵阳学院(马王庙校区)图书馆	12641 册
285	湖北汽车工业学院图书馆	20192 册	331	邯郸学院图书馆	12620 册
286	福建交通职业技术学院图书馆	20000 册	332	合肥通用职业技术学院图书馆	12456 册
287	哈尔滨金融高等专科学校图书馆	20000 册	333	福建医科大学图书馆	12210 册
288	宁夏石嘴山职业技术学院图书馆	20000 册	334	上海医疗器械高等专科学校图书馆	12189 册
289	河北公安警察职业学院	20000 册	335	安徽警官职业学院图书馆	12000 册
290	山西大学图书馆	19829 册	336	上海海事职业技术学院图书馆	11950 册
291	宁夏医学院图书馆	19714 册	337	四川外语学院图书馆	11912 册
292	沈阳工业大学图书馆	19700 册	338	河北理工大学图书馆	11381 册
293	北京建筑工程学院图书馆	19359 册	339	唐山工业职业技术学院图书馆	11228 册
294	石家庄经济学院图书馆	19125 册	340	陕西交通职业技术学院图书馆	11090 册
295	海南职业技术学院图书馆	19025 册	341	昆明医学院图书馆	10768 册
296	湖北工业大学图书馆	19022 册	342	湖北师范学院图书馆	10436 册
297	湖北美术学院图书馆	18778 册	343	大连交通大学图书馆	10297 册
298	郧阳医学院图书馆	18600 册	344	北京体育大学图书馆	10251 册
299	西安文理学院图书馆	18574 册	345	太原理工大学图书馆	10133 册
300	安徽农业大学图书馆	18560 册	346	武汉体育学院图书馆	10115 册
301	云南中医学院图书馆	18311 册	347	上海科学技术职业学院图书馆	10115 册
302	北京信息工程学院图书馆	18295 册	348	绵阳职业技术学院图书馆	10000 册
303	浙江中医学院图书馆	17626 册	349	毕节师范高等专科学校图书馆	9656 册
304	湖北中医学院图书馆	17400 册	350	天津工程职业技术学院图书馆	9653 册
305	大连外国语学院图书电教馆	17301 册	351	北京语言大学图书馆	9621 册
306	上海中医药大学图书馆	16792 册	352	天津农学院图书馆	9589 册
307	承德石油高等专科学校图书馆	16641 册	353	海南医学院图书馆	9568 册
308	东华理工学院图书馆	16564 册	354	上海外国语大学图书馆	9196 册
309	阿坝师范高等专科学校图书馆	16444 册	355	皖南医学院图书馆	9053 册
310	民办金华职业技术学院图书馆	16206 册	356	贵州大学图书馆	9050 册
311	浙江机电职业技术学院图书馆	16103 册	357	宜宾职业技术学院图书馆	9000 册
312	漳州职业技术学院图书馆	15717 册	358	宁夏大学图书馆	8923 册
313	安徽医科大学图书馆	15641 册	359	天津中德职业技术学院图书馆	8913 册
314	太原电力高等专科学校图书馆	14781 册	360	成都纺织高等专科学校图书馆	8785 册

序号	图书馆名称	数据	序号	图书馆名称	数据
361	北京农业职业学院图书馆	8275 册	387	青海师范大学图书馆	4793 册
362	鸡西大学图书馆	8100 册	388	广西医科大学图书馆	4780 册
363	上海旅游高等专科学校图书馆	8097 册	389	唐山职业技术学院图书馆	4600 册
364	遵义师范学院图书馆	8067 册	390	北京大学医学图书馆(原北京医科大学图书馆)	4492 册
365	成都航空职业技术学院图书馆	8029 册	391	安康师范专科学校图书馆	4344 册
366	黔南民族医学高等专科学校图书馆	7819 册	392	北京电影学院图书馆	4092 册
367	陕西工业职业技术学院图书馆	7512 册	393	张家口师范专科学校图书馆	3979 册
368	国际关系学院图书馆	7332 册	394	广西经济管理干部学院图书馆	3850 册
369	四川音乐学院图书馆	7175 册	395	十堰职业技术学院图书馆	3750 册
370	晋中学院图书馆	7143 册	396	黑龙江建筑职业技术学院图书馆	3654 册
371	上海出版印刷高等专科学校图书馆	7125 册	397	大连职业技术学院图书馆	3453 册
372	四川工程职业技术学院图书馆	7099 册	398	四川化工职业技术学院	3447 册
373	长治学院图书馆	6770 册	399	四川美术学院图书馆	3420 册
374	广安职业技术学院	6500 册	400	四川职业技术学院图书馆	2688 册
375	内蒙古工业大学图书馆	6359 册	401	西安电力高等专科学校图书馆	2650 册
376	上海第二医科大学图书馆	6160 册	402	天津美术学院图书馆	2129 册
377	大连轻工业学院图书馆	6042 册	403	广西体育高等专科学校图书馆	2071 册
378	内蒙古财经学院图书馆	6000 册	404	南宁地区教育学院	2000 册
379	北京工业职业技术学院图书馆	6000 册	405	康定民族师范高等专科学校图书馆	1763 册
380	铜仁师范高等专科学校图书馆	5896 册	406	山西警官高等专科学校图书馆	1198 册
381	河北工业职业技术学院图书馆	5896 册	407	四川内江职业技术学院	1104 册
382	沧州师范专科学校图书馆	5796 册	408	廊坊市职业技术学院(西校区)图书馆	1082 册
383	上海戏剧学院图书馆	5481 册	409	天津文化艺术职业学院图书馆	772 册
384	中央音乐学院图书馆	5133 册	410	唐山师范学院图书馆	42 册
385	天津电子信息职业技术学院图书馆	5095 册	411	牡丹江大学图书馆	29 册
386	河北机电职业技术学院	5000 册	412	陕西财经职业技术学院图书馆	1.2 册

2004年417所高校图书馆读者人数排行榜

序号	图书馆名称	数据	序号	图书馆名称	数据
1	哈尔滨师范大学图书馆	8410080人	44	四川大学图书馆	75011人
2	复旦大学图书馆	2263016人	45	武汉大学图书馆	72654人
3	北京化工大学图书馆	1569200人	46	上海第二工业大学图书馆	69803人
4	北京大学图书馆	1457707人	47	武汉体育学院图书馆	67891人
5	大连理工大学图书馆	1350000人	48	贵州商业高等专科学校图书馆	66850人
6	东北农业大学图书馆	1142415人	49	山东中医药大学图书馆	64968人
7	湖北经济学院图书馆	1059640人	50	上海海事职业技术学院图书馆	62317人
8	北京航空航天大学图书馆	1026292人	51	山东艺术学院图书馆	60959人
9	安徽大学图书馆	989094人	52	唐山工业职业技术学院图书馆	58319人
10	中国人民大学图书馆	867000人	53	武汉理工大学图书馆	56320人
11	北京师范大学图书馆	856559人	54	上海大学图书馆	54599人
12	华侨大学图书馆	764362人	55	上海交通大学图书馆	53000人
13	贵州民族学院图书馆	701923人	56	黑龙江大学图书馆	50581人
14	昆明师范高等专科学校图书馆	617780人	57	四川美术学院图书馆	45000人
15	沈阳药科大学图书馆	597775人	58	清华大学图书馆	44537人
16	华东政法学院图书馆	539115人	59	西安交通大学图书馆	43153人
17	哈尔滨理工大学图书馆	520447人	60	东南大学图书馆	40971人
18	广州医学院图书馆	469018人	61	电子科技大学图书馆	37960人
19	重庆医科大学图书馆	457351人	62	合肥工业大学图书馆	35047人
20	上海水产大学图书馆	440306人	63	滨州医学院图书馆	35000人
21	沈阳农业大学图书馆	435718人	64	厦门大学图书馆	34327人
22	海南职业技术学院图书馆	413003人	65	南京航空航天大学图书馆	34251人
23	石家庄经济学院图书馆	290000人	66	深圳大学图书馆	34162人
24	沈阳工业大学图书馆	279851人	67	山东理工大学图书馆	33834人
25	重庆大学图书馆	256356人	68	天津大学图书馆	33553人
26	上海中医药大学图书馆	234665人	69	华东师范大学图书馆	33097人
27	北京交通大学图书馆	225327人	70	武汉科技大学图书馆	33050人
28	牡丹江医学院图书馆	200000人	71	四川内江职业技术学院	32928人
29	楚雄师范学院图书馆	164048人	72	遵义医学院图书馆	32900人
30	中国民用航空学院图书馆	153134人	73	上海立信会计学院	32748人
31	上海体育学院图书馆	149329人	74	河北大学图书馆	32354人
32	国际关系学院图书馆	145000人	75	上海师范大学图书馆	32286人
33	衡水师范专科学校	141007人	76	西南科技大学图书馆	31697人
34	河北理工大学图书馆	115000人	77	西安外事职业学院图书馆	31693人
35	云南中医学院图书馆	111435人	78	同济大学图书馆	31226人
36	四川建筑职业技术学院图书馆	110000人	79	广西大学图书馆	31197人
37	大连职业技术学院图书馆	108392人	80	河北工程学院	30305人
38	浙江大学图书馆	94371人	81	西南交通大学图书馆	30168人
39	湖北美术学院图书馆	90078人	82	四川师范大学图书馆	30099人
40	四川化工职业技术学院	83401人	83	南京师范大学图书馆	30009人
41	云南警官学院图书馆	80409人	84	西南财经大学图书馆	29604人
42	华中科技大学图书馆	78440人	85	烟台大学图书馆	29582人
43	浙江旅游职业学院图书馆	76117人	86	南开大学图书馆	29558人

序号	图书馆名称	数据	序号	图书馆名称	数据
87	江南大学图书馆	29239 人	133	陕西师范大学图书馆	20136 人
88	华北电力大学图书馆	28929 人	134	山西师范大学图书馆	20080 人
89	浙江工业大学图书馆	28640 人	135	西安石油大学图书馆	19892 人
90	华中师范大学图书馆	28389 人	136	河北经贸大学图书馆	19864 人
91	西北工业大学图书馆	28237 人	137	湖北工业大学图书馆	19827 人
92	西华大学图书馆	28050 人	138	燕山大学图书馆	19585 人
93	华东理工大学图书馆	27893 人	139	潍坊学院图书馆	19500 人
94	长安大学图书馆	27730 人	140	浙江工商大学图书馆	19457 人
95	河海大学图书馆	27436 人	141	天津师范大学图书馆	19367 人
96	江西师范大学图书馆	27328 人	142	武汉生物工程学院图书馆	19100 人
97	成都理工大学图书馆	26198 人	143	西北师范大学图书馆	18892 人
98	河南大学图书馆	26000 人	144	广西医科大学图书馆	18839 人
99	山东师范大学图书馆	26000 人	145	杭州师范学院图书馆	18780 人
100	山东农业大学图书馆	25989 人	146	太原理工大学图书馆	18760 人
101	西安理工大学图书馆	25573 人	147	民办金华职业技术学院图书馆	18742 人
102	四川理工学院图书馆	24956 人	148	陕西理工学院图书馆	18605 人
103	集美大学图书馆	24610 人	149	内蒙古工业大学图书馆	17738 人
104	河南工业大学图书馆	24337 人	150	浙江万里学院图书馆	17724 人
105	北京理工大学图书馆	24293 人	151	山西大学图书馆	17474 人
106	浙江师范大学图书馆	24095 人	152	北京林业大学图书馆	17470 人
107	东华大学图书馆	24000 人	153	辽宁师范大学图书馆	17437 人
108	西安建筑科技大学图书馆	23876 人	154	北京科技大学图书馆	17298 人
109	南京理工大学图书馆	23837 人	155	重庆师范大学图书馆	17271 人
110	西华师范大学图书馆	23833 人	156	西安工程科技学院图书馆	17247 人
111	中国科学技术大学图书馆	23681 人	157	山东轻工业学院图书馆	17138 人
112	河北师范大学图书馆	23585 人	158	武汉科技学院图书馆	17090 人
113	西南师范大学图书馆	23583 人	159	沈阳大学图书馆	17011 人
114	辽宁工程技术大学图书馆	23441 人	160	西安科技大学图书馆	16864 人
115	西北大学图书馆	23431 人	161	湖北大学图书馆	16641 人
116	宁波大学图书馆	23260 人	162	东北财经大学图书馆	16627 人
117	贵州大学图书馆	23084 人	163	北京工商大学图书馆	16607 人
118	内蒙古农业大学图书馆	23060 人	164	上海海事大学图书馆	16536 人
119	温州大学(筹)图书馆	23049 人	165	北京邮电大学图书馆	16379 人
120	西安电子科技大学图书馆	22693 人	166	首都师范大学图书馆	16039 人
121	上海财经大学图书馆	22540 人	167	沈阳航空工业学院图书馆	15988 人
122	河北科技大学图书馆	22538 人	168	中央民族大学图书馆	15900 人
123	内蒙古大学图书馆	22288 人	169	西昌学院图书馆	15546 人
124	青岛科技大学图书馆	22000 人	170	南京邮电大学图书馆	15505 人
125	武汉化工学院图书馆	21807 人	171	鞍山科技大学图书馆	15197 人
126	江汉大学图书馆	21512 人	172	咸宁学院图书馆	15100 人
127	西南石油学院图书馆	21456 人	173	河北北方学院	15092 人
128	西安欧亚职业学院图书馆	21150 人	174	成都信息工程学院图书馆	15010 人
129	天津理工学院图书馆	21090 人	175	哈尔滨医科大学图书馆	15000 人
130	华中农业大学图书馆	20715 人	176	毕节师范高等专科学校图书馆	14680 人
131	西安财经学院图书馆	20518 人	177	天津科技大学图书馆	14566 人
132	宁夏大学图书馆	20148 人	178	宝鸡文理学院图书馆	14393 人

序号	图书馆名称	数据	序号	图书馆名称	数据
179	淮北煤炭师范学院图书馆	14312 人	225	川北医学院图书馆	11008 人
180	淮海工学院图书馆	14233 人	226	石家庄铁道学院图书馆	11008 人
181	泸州医学院图书馆	14090 人	227	鸡西大学图书馆	11000 人
182	盐城师范学院图书馆	13537 人	228	福建工程学院图书馆	11000 人
183	襄樊学院图书馆	13495 人	229	中国石油大学(北京)图书馆	10789 人
184	湖北师范学院图书馆	13445 人	230	浙江中医学院图书馆	10781 人
185	辽宁工学院图书馆	13352 人	231	东华理工学院图书馆	10767 人
186	宜宾学院图书馆	13329 人	232	北京农业职业学院图书馆	10720 人
187	西安工业学院图书馆	13289 人	233	成都大学图书馆	10529 人
188	西安邮电学院图书馆	13195 人	234	武汉船舶职业技术学院图书馆	10500 人
189	上海应用技术学院图书馆	13158 人	235	北京中医药大学图书馆	10438 人
190	浙江财经学院图书馆	13126 人	236	贵阳医学院图书馆	10386 人
191	华北水利水电学院图书馆	13000 人	237	太原师范学院图书馆	10365 人
192	贵州师范大学图书馆	12980 人	238	东北电力学院图书馆	10336 人
193	渭南师范学院图书馆	12922 人	239	浙江公安高等专科学校图书馆	10283 人
194	上海电机学院图书馆	12876 人	240	上海对外贸易学院图书馆	10124 人
195	内江师范学院图书馆	12806 人	241	漳州师范学院图书馆	10069 人
196	唐山学院图书馆	12548 人	242	皖西学院图书馆	10000 人
197	渝西学院图书馆	12418 人	243	大连民族学院图书馆	10000 人
198	大连水产学院图书馆(文夫图书馆)	12285 人	244	陕西工业职业技术学院图书馆	10000 人
199	延安大学图书馆	12271 人	245	青海师范大学图书馆	9902 人
200	湖州师范学院图书馆	12217 人	246	西安培华女子大学图书馆	9854 人
201	河北职业技术师范学院图书馆	12152 人	247	昆明医学院图书馆	9843 人
202	安阳师范学院图书馆	12004 人	248	上海第二医科大学图书馆	9828 人
203	西安思源职业学院图书馆	12000 人	249	杨凌职业技术学院图书馆	9820 人
204	天津财经大学图书馆	12000 人	250	大连轻工业学院图书馆	9778 人
205	安徽医科大学图书馆	12000 人	251	徐州工程学院(筹)图书馆	9756 人
206	邢台职业技术学院图书馆	11800 人	252	中国人民公安大学图书馆	9675 人
207	山东建筑工程学院图书馆	11681 人	253	黄石理工学院图书馆	9658 人
208	包头钢铁学院图书馆	11671 人	254	集宁师范高等专科学校图书馆	9621 人
209	玉林师范学院图书馆	11663 人	255	大连外国语学院图书电教馆	9607 人
210	太原科技大学图书馆	11624 人	256	惠州学院图书馆	9605 人
211	华北科技学院图书馆	11612 人	257	北京体育大学图书馆	9555 人
212	天津职业技术师范学院图书馆	11595 人	258	保定师范专科学校图书馆	9500 人
213	乐山师范学院图书馆	11574 人	259	邯郸学院图书馆	9427 人
214	湖北中医学院图书馆	11479 人	260	天津工程职业技术学院图书馆	9411 人
215	丽水学院图书馆	11478 人	261	浙江林学院图书馆	9392 人
216	涪陵师范学院图书馆	11476 人	262	西安文理学院图书馆	9381 人
217	大连交通大学图书馆	11407 人	263	天津外国语学院图书馆	9344 人
218	合肥学院图书馆	11385 人	264	忻州师范学院图书馆	9202 人
219	绵阳师范学院图书馆	11341 人	265	晋中学院图书馆	9042 人
220	上海工程技术大学图书馆	11300 人	266	河北政法职业学院图书馆	9021 人
221	山东经济学院图书馆	11158 人	267	重庆三峡学院图书馆	8962 人
222	江苏工业学院图书馆	11112 人	268	内蒙古财经学院图书馆	8935 人
223	海南大学图书馆	11070 人	269	皖南医学院图书馆	8884 人
224	攀枝花学院图书馆	11035 人	270	唐山师范学院图书馆	8862 人

序号	图书馆名称	数据	序号	图书馆名称	数据
271	北京第二外国语学院图书馆	8848 人	317	四川警官高等专科学校图书馆	6772 人
272	安徽工程科技学院图书馆	8829 人	318	杭州职业技术学院图书馆	6746 人
273	上海戏剧学院图书馆	8788 人	319	康定民族师范高等专科学校图书馆	6610 人
274	北京服装学院图书馆	8771 人	320	南京信息职业技术学院图书馆	6600 人
275	北京石油化工学院图书馆	8766 人	321	陕西中医学院图书馆	6535 人
276	石家庄学院图书馆	8700 人	322	天津农学院图书馆	6505 人
277	宁夏医学院图书馆	8686 人	323	柳州医科高等专科学校	6436 人
278	唐山职业技术学院图书馆	8684 人	324	浙江经济职业技术学院图书馆	6421 人
279	郧阳医学院图书馆	8628 人	325	河池学院图书馆	6396 人
280	河北建筑工程学院图书馆	8520 人	326	北京建筑工程学院图书馆	6350 人
281	民办安徽新华学院图书馆	8500 人	327	安徽警官职业学院图书馆	6301 人
282	上海电力学院图书馆	8480 人	328	沙市职业大学图书馆	6238 人
283	成都电子机械高等专科学校图书馆	8439 人	329	福建交通职业技术学院图书馆	6200 人
284	湖北民族学院图书馆	8407 人	330	北京农学院图书馆	6061 人
285	上海建桥职业技术学院信息图文中心	8287 人	331	浙江机电职业技术学院图书馆	6036 人
286	上海杉达学院图书馆	8261 人	332	晋城职业技术学院图书馆	6008 人
287	榆林学院图书馆	8169 人	333	北京工业职业技术学院图书馆	6000 人
288	上海行健职业学院图书馆	8048 人	334	中央财经大学图书馆	6000 人
289	西北第二民族学院图书馆	8000 人	335	北京机械工业学院图书馆	5880 人
290	北华航天工业学院图书馆	7990 人	336	中国民用航空飞行学院图书馆	5825 人
291	河北工业职业技术学院图书馆	7900 人	337	浙江水利水电专科学校图书馆	5799 人
292	漳州职业技术学院图书馆	7883 人	338	上海金融学院	5725 人
293	北京外国语大学图书馆	7882 人	339	成都体育学院图书馆	5624 人
294	黑龙江建筑职业技术学院图书馆	7850 人	340	黔南民族医学高等专科学校图书馆	5620 人
295	湖北汽车工业学院图书馆	7844 人	341	贵阳学院(马王庙校区)图书馆	5590 人
296	郧阳师范高等专科学校图书馆	7843 人	342	邯郸职业技术学院图书馆	5500 人
297	上海商学院图书馆	7814 人	343	浙江交通职业技术学院图书馆	5483 人
298	西藏民族学院图书馆	7800 人	344	黎明职业大学图书馆	5453 人
299	陕西国防工业职业技术学院图书馆	7600 人	345	北京信息工程学院图书馆	5450 人
300	广西财政高等专科学校图书馆	7600 人	346	台州职业技术学院图书馆	5348 人
301	宜宾职业技术学院图书馆	7510 人	347	陕西医学高等专科学校图书馆	5285 人
302	信阳农业高等专科学校图书馆	7497 人	348	遵义师范学院图书馆	5230 人
303	绵阳职业技术学院图书馆	7480 人	349	四川职业技术学院图书馆	5098 人
304	四川工程职业技术学院图书馆	7438 人	350	中国青年政治学院图书馆	5043 人
305	浙江工商职业技术学院图书馆	7381 人	351	防灾技术高等专科学校图书馆	5041 人
306	福建医科大学图书馆	7280 人	352	商洛师范专科学校图书馆	5038 人
307	包头师范学院图书馆	7250 人	353	固原师范高等专科学校图书馆	5000 人
308	秦皇岛职业技术学院图书馆	7120 人	354	太原电力高等专科学校图书馆	5000 人
309	达县师范高等专科学校图书馆	7109 人	355	湖州职业技术学院图书馆	4961 人
310	济宁医学院图书馆	7100 人	356	成都纺织高等专科学校图书馆	4958 人
311	四川外语学院图书馆	7050 人	357	牡丹江大学图书馆	4956 人
312	邢台医学高等专科学校图书馆	7000 人	358	广西农业职业技术学院图书馆	4954 人
313	宁波职业技术学院图书馆	6902 人	359	民办东海职业技术学院图书馆	4852 人
314	长治学院图书馆	6860 人	360	首都体育学院图书馆	4846 人
315	西安体育学院图书馆	6834 人	361	丽水职业技术学院图书馆	4831 人
316	天津电子信息职业技术学院图书馆	6783 人	362	十堰职业技术学院图书馆	4815 人

序号	图书馆名称	数据	序号	图书馆名称	数据
363	天津中德职业技术学院图书馆	4710 人	391	中国美术学院图书馆	3719 人
364	陕西交通职业技术学院图书馆	4550 人	392	上海科学技术职业学院图书馆	3600 人
365	阿坝师范高等专科学校图书馆	4535 人	393	陕西财经职业技术学院图书馆	3595 人
366	武汉商业服务学院图书馆	4528 人	394	上海旅游高等专科学校图书馆	3529 人
367	广西经济管理干部学院图书馆	4471 人	395	宁德师范高等专科学校图书馆	3450 人
368	福建商业高等专科学校图书馆	4439 人	396	山西警官高等专科学校图书馆	3436 人
369	浙江金融职业学院图书馆	4408 人	397	民办上海中侨职业技术学院图书馆	3400 人
370	琼州大学图书馆	4406 人	398	石家庄法商职业学院图书馆	3350 人
371	哈尔滨金融高等专科学校图书馆	4382 人	399	广安职业技术学院	3336 人
372	上海新侨职业技术学院图书馆	4337 人	400	福建公安高等专科学校图书馆	3312 人
373	西安航空技术高等专科学校图书馆	4302 人	401	天津中医学院图书馆	3079 人
374	菏泽医学专科学校图书馆	4290 人	402	北京电影学院图书馆	3000 人
375	成都航空职业技术学院图书馆	4289 人	403	河北石油职业技术学院图书馆	3000 人
376	安康师范专科学校图书馆	4264 人	404	钦州师范高等专科学校图书馆	2932 人
377	张家口师范专科学校图书馆	4200 人	405	上海城管学院图书馆	2886 人
378	浙江警官职业学院图书馆	4162 人	406	福建华南女子职业学院图书馆	2580 人
379	上海医疗器械高等专科学校图书馆	4144 人	407	安顺师范高等专科学校图书馆	2485 人
380	北京青年政治学院图书馆	4139 人	408	东北大学图书馆	2419 人
381	合肥通用职业技术学院图书馆	4104 人	409	泉州育青职业技术学院图书馆	2200 人
382	陕西服装艺术职业学院	4048 人	410	民办天狮职业技术学院图书馆	2176 人
383	四川音乐学院图书馆	4002 人	411	河北公安警察职业学院	2100 人
384	陕西职业技术学院图书馆	4000 人	412	上海海关高等专科学校图书馆	1920 人
385	河北机电职业技术学院	4000 人	413	南宁地区教育学院	1767 人
386	铜仁师范高等专科学校图书馆	3998 人	414	西安电力高等专科学校图书馆	1715 人
387	承德民族职业技术学院图书馆	3930 人	415	广西体育高等专科学校图书馆	1671 人
388	河北工程技术高等专科学校图书馆	3867 人	416	西安交通大学城市学院图书馆	1200 人
389	厦门理工学院图书馆	3800 人	417	宁夏石嘴山职业技术学院图书馆	1000 人
390	哈尔滨体育学院图书馆	3800 人			

2004年475所高校图书馆职工人数排行榜

序号	图书馆名称	数据	序号	图书馆名称	数据
1	武汉大学图书馆	344人	44	安徽大学图书馆	112人
2	上海大学图书馆	258人	45	河北经贸大学图书馆	111人
3	华中科技大学图书馆	249人	46	华北电力大学图书馆	109人
4	山东大学图书馆	248人	47	南华大学图书馆	109人
5	四川大学图书馆	227人	48	天津大学图书馆	109人
6	同济大学图书馆	227人	49	华中师范大学图书馆	107人
7	武汉理工大学图书馆	218人	50	东华大学图书馆	106人
8	浙江大学图书馆	208人	51	大连海事大学图书馆	105人
9	复旦大学图书馆	207人	52	烟台大学图书馆	105人
10	上海交通大学图书馆	200人	53	河北大学图书馆	104人
11	北京大学图书馆	190人	54	山东师范大学图书馆	103人
12	厦门大学图书馆	182人	55	河北工程学院	103人
13	重庆大学图书馆	171人	56	哈尔滨师范大学图书馆	102人
14	西安交通大学图书馆	170人	57	黑龙江大学图书馆	102人
15	中国人民大学图书馆	165人	58	辽宁大学图书馆	102人
16	河北师范大学图书馆	159人	59	山西师范大学图书馆	101人
17	华东师范大学图书馆	156人	60	浙江工业大学图书馆	99人
18	长安大学图书馆	149人	61	河海大学图书馆	98人
19	东南大学图书馆	148人	62	杭州师范学院图书馆	98人
20	上海师范大学图书馆	147人	63	内蒙古农业大学图书馆	97人
21	清华大学图书馆	147人	64	华侨大学图书馆	97人
22	河南大学图书馆	145人	65	中国政法大学图书馆	97人
23	哈尔滨工业大学图书馆	143人	66	天津理工学院图书馆	96人
24	合肥工业大学图书馆	140人	67	首都师范大学图书馆	96人
25	广西大学图书馆	138人	68	山东理工大学图书馆	96人
26	南开大学图书馆	138人	69	西安财经学院图书馆	94人
27	北京师范大学图书馆	132人	70	浙江工商大学图书馆	93人
28	西北农林科技大学图书馆	132人	71	中国科学技术大学图书馆	93人
29	中南财经政法大学图书馆	132人	72	温州大学(筹)图书馆	92人
30	太原理工大学图书馆	132人	73	宁波大学图书馆	91人
31	南京师范大学图书馆	131人	74	太原师范学院图书馆	90人
32	天津师范大学图书馆	129人	75	西南师范大学图书馆	90人
33	华东理工大学图书馆	128人	76	华东政法学院图书馆	90人
34	哈尔滨理工大学图书馆	126人	77	东北财经大学图书馆	88人
35	河北科技大学图书馆	125人	78	山东农业大学图书馆	88人
36	江南大学图书馆	123人	79	浙江师范大学图书馆	88人
37	宁夏大学图书馆	123人	80	西北师范大学图书馆	87人
38	大连理工大学图书馆	120人	81	江西师范大学图书馆	87人
39	集美大学图书馆	119人	82	福州大学图书馆	86人
40	中国农业大学图书馆	118人	83	四川师范大学图书馆	86人
41	东北大学图书馆	114人	84	西南交通大学图书馆	86人
42	江汉大学图书馆	114人	85	湖北大学图书馆	85人
43	武汉科技大学图书馆	112人	86	上海应用技术学院图书馆	85人

序号	图书馆名称	数据	序号	图书馆名称	数据
87	内蒙古大学图书馆	84 人	133	上海理工大学图书馆	66 人
88	北京航空航天大学图书馆	84 人	134	西安电子科技大学图书馆	65 人
89	陕西师范大学图书馆	84 人	135	华中农业大学图书馆	65 人
90	南京航空航天大学图书馆	83 人	136	上海中医药大学图书馆	65 人
91	山西大学图书馆	83 人	137	武汉化工学院图书馆	64 人
92	南京理工大学图书馆	83 人	138	玉林师范学院图书馆	64 人
93	淮北煤炭师范学院图书馆	82 人	139	内蒙古财经学院图书馆	63 人
94	西华师范大学图书馆	82 人	140	西南科技大学图书馆	62 人
95	成都理工大学图书馆	82 人	141	湖北经济学院图书馆	62 人
96	沈阳师范大学图书馆	82 人	142	咸宁学院图书馆	61 人
97	沈阳大学图书馆	79 人	143	中北大学图书馆	61 人
98	天津财经大学图书馆	79 人	144	辽宁工程技术大学图书馆	60 人
99	潍坊学院图书馆	79 人	145	北京邮电大学图书馆	60 人
100	深圳大学图书馆	79 人	146	西南财经大学图书馆	60 人
101	黑龙江科技学院图书馆	79 人	147	华北水利水电学院图书馆	60 人
102	电子科技大学图书馆	78 人	148	山东建筑工程学院图书馆	60 人
103	西北工业大学图书馆	77 人	149	天津科技大学图书馆	59 人
104	河南工业大学图书馆	77 人	150	四川理工学院图书馆	59 人
105	贵州大学图书馆	76 人	151	中国人民公安大学图书馆	59 人
106	北京交通大学图书馆	76 人	152	陕西理工学院图书馆	59 人
107	西安建筑科技大学图书馆	76 人	153	浙江财经学院图书馆	58 人
108	东北农业大学图书馆	76 人	154	华北科技学院图书馆	57 人
109	青岛科技大学图书馆	75 人	155	西昌学院图书馆	57 人
110	西安科技大学图书馆	75 人	156	襄樊学院图书馆	57 人
111	福建农林大学图书馆	74 人	157	上海对外贸易学院图书馆	56 人
112	湖北师范学院图书馆	73 人	158	福建工程学院图书馆	56 人
113	鞍山科技大学图书馆	73 人	159	安阳师范学院图书馆	56 人
114	北京理工大学图书馆	71 人	160	华南热带农业大学图书馆	56 人
115	西安理工大学图书馆	71 人	161	重庆师范大学图书馆	56 人
116	淮海工学院图书馆	70 人	162	湖北民族学院图书馆	56 人
117	北京工商大学图书馆	70 人	163	沈阳工业大学图书馆	56 人
118	西华大学图书馆	70 人	164	内江师范学院图书馆	55 人
119	北京林业大学图书馆	69 人	165	河北理工大学图书馆	55 人
120	中央民族大学图书馆	69 人	166	榆林学院图书馆	55 人
121	西南石油学院图书馆	69 人	167	宜宾学院图书馆	54 人
122	贵州师范大学图书馆	69 人	168	石家庄学院图书馆	54 人
123	东北电力学院图书馆	68 人	169	南京邮电大学图书馆	54 人
124	上海财经大学图书馆	68 人	170	河北职业技术师范学院图书馆	53 人
125	北京科技大学图书馆	68 人	171	大连外国语学院图书电教馆	53 人
126	燕山大学图书馆	68 人	172	成都信息工程学院图书馆	53 人
127	北京化工大学图书馆	67 人	173	绵阳师范学院图书馆	53 人
128	辽宁师范大学图书馆	67 人	174	北京石油化工学院图书馆	53 人
129	渝西学院图书馆	67 人	175	内蒙古工业大学图书馆	52 人
130	河北北方学院	67 人	176	山东轻工业学院图书馆	52 人
131	上海第二医科大学图书馆	66 人	177	山东财政学院图书馆	51 人
132	西北大学图书馆	66 人	178	重庆三峡学院图书馆	51 人

序号	图书馆名称	数据	序号	图书馆名称	数据
179	信阳师范学院图书馆	51 人	224	山东经济学院图书馆	43 人
180	北京大学医学图书馆（原北京医科大学图书馆）	51 人	225	皖西学院图书馆	42 人
181	盐城师范学院图书馆	51 人	226	衡水师范专科学校	42 人
182	天津工业大学图书馆	51 人	227	哈尔滨医科大学图书馆	42 人
183	湖北工业大学图书馆	50 人	228	乐山师范学院图书馆	42 人
184	包头钢铁学院图书馆	50 人	229	漳州师范学院图书馆	41 人
185	江苏工业学院图书馆	50 人	230	防灾技术高等专科学校图书馆	41 人
186	渭南师范学院图书馆	50 人	231	邯郸学院图书馆	41 人
187	丽水学院图书馆	49 人	232	上海水产大学图书馆	41 人
188	大连交通大学图书馆	49 人	233	宝鸡文理学院图书馆	41 人
189	辽宁工学院图书馆	49 人	234	重庆医科大学图书馆	41 人
190	青海师范大学图书馆	49 人	235	安徽农业大学图书馆	41 人
191	保定师范专科学校图书馆	48 人	236	西安工业学院图书馆	41 人
192	包头师范学院图书馆	48 人	237	北京服装学院图书馆	41 人
193	太原科技大学图书馆	48 人	238	上海第二工业大学图书馆	40 人
194	武汉科技学院图书馆	48 人	239	重庆邮电学院图书馆	40 人
195	汕头大学图书馆	48 人	240	唐山师范学院图书馆	40 人
196	海南大学图书馆	48 人	241	中国民用航空学院图书馆	40 人
197	贵州民族学院图书馆	48 人	242	石家庄经济学院图书馆	40 人
198	北京外国语大学图书馆	48 人	243	北京第二外国语学院图书馆	39 人
199	上海工程技术大学图书馆	47 人	244	徐州工程学院（筹）图书馆	39 人
200	大连轻工业学院图书馆	47 人	245	石家庄铁道学院图书馆	39 人
201	昆明师范高等专科学校图书馆	47 人	246	中央音乐学院图书馆	39 人
202	沈阳药科大学图书馆	47 人	247	琼州大学图书馆	39 人
203	长治学院图书馆	46 人	248	北京体育大学图书馆	38 人
204	西安石油大学图书馆	46 人	249	四川外语学院图书馆	37 人
205	北京建筑工程学院图书馆	46 人	250	中央财经大学图书馆	37 人
206	涪陵师范学院图书馆	46 人	251	沧州师范专科学校图书馆	37 人
207	上海海事大学图书馆	45 人	252	沈阳航空工业学院图书馆	37 人
208	武汉生物工程学院图书馆	45 人	253	安徽建筑工业学院图书馆	37 人
209	西安外事职业学院图书馆	45 人	254	西藏民族学院图书馆	37 人
210	牡丹江师范学院图书馆	45 人	255	大连医科大学图书馆	37 人
211	中国计量学院图书馆	45 人	256	山东中医药大学图书馆	37 人
212	延安大学图书馆	45 人	257	金陵科技学院图书馆	36 人
213	忻州师范学院图书馆	45 人	258	湖北中医学院图书馆	36 人
214	西安工程科技学院图书馆	45 人	259	昆明医学院图书馆	36 人
215	大连职业技术学院图书馆	45 人	260	河池学院图书馆	36 人
216	郧阳医学院图书馆	44 人	261	滨州医学院图书馆	36 人
217	上海外国语大学图书馆	44 人	262	武汉体育学院图书馆	36 人
218	北京中医药大学图书馆	43 人	263	大庆师范学院图书馆	35 人
219	成都中医药大学图书馆	43 人	264	黑龙江八一农垦大学图书馆	35 人
220	西北第二民族学院图书馆	43 人	265	民办金华职业技术学院图书馆	35 人
221	沈阳农业大学图书馆	43 人	266	郧阳师范高等专科学校图书馆	35 人
222	湖州师范学院图书馆	43 人	267	浙江林学院图书馆	35 人
223	集宁师范高等专科学校图书馆	43 人	268	西安文理学院图书馆	34 人

序号	图书馆名称	数据	序号	图书馆名称	数据
269	天津职业技术师范学院图书馆	33 人	315	浙江万里学院图书馆	28 人
270	天津外国语学院图书馆	33 人	316	陕西中医学院图书馆	27 人
271	安徽工程科技学院图书馆	33 人	317	中国石油大学(北京)图书馆	27 人
272	川北医学院图书馆	33 人	318	山东艺术学院图书馆	27 人
273	广西医科大学图书馆	33 人	319	北华航天工业学院图书馆	27 人
274	毕节师范高等专科学校图书馆	33 人	320	邢台医学高等专科学校图书馆	27 人
275	湖北汽车工业学院图书馆	33 人	321	中国美术学院图书馆	27 人
276	晋中学院图书馆	32 人	322	成都大学图书馆	26 人
277	北京语言大学图书馆	32 人	323	天津中医学院图书馆	26 人
278	宁夏医学院图书馆	32 人	324	鸡西大学图书馆	26 人
279	河北政法职业学院图书馆	32 人	325	牡丹江医学院图书馆	26 人
280	西安邮电学院图书馆	32 人	326	西安欧亚职业学院图书馆	26 人
281	济宁医学院图书馆	32 人	327	康定民族师范高等专科学校图书馆	26 人
282	杨凌职业技术学院图书馆	32 人	328	安康师范专科学校图书馆	26 人
283	楚雄师范学院图书馆	31 人	329	福建医科大学图书馆	25 人
284	漳州职业技术学院图书馆	31 人	330	浙江中医学院图书馆	25 人
285	北京信息工程学院图书馆	31 人	331	钦州师范高等专科学校图书馆	25 人
286	中国青年政治学院图书馆	31 人	332	遵义医学院图书馆	25 人
287	广州医学院图书馆	31 人	333	黎明职业大学图书馆	25 人
288	黄山学院图书馆	30 人	334	厦门理工学院图书馆	25 人
289	唐山职业技术学院图书馆	30 人	335	广西财政高等专科学校图书馆	25 人
290	北京农业职业学院图书馆	30 人	336	信阳农业高等专科学校图书馆	24 人
291	上海电力学院图书馆	30 人	337	攀枝花学院图书馆	24 人
292	惠州学院图书馆	30 人	338	福建交通职业技术学院图书馆	24 人
293	达县师范高等专科学校图书馆	30 人	339	武汉商业服务学院图书馆	24 人
294	唐山学院图书馆	30 人	340	四川警官高等专科学校图书馆	24 人
295	东华理工学院图书馆	30 人	341	成都纺织高等专科学校图书馆	24 人
296	大连民族学院图书馆	30 人	342	铜仁师范高等专科学校图书馆	23 人
297	上海建桥职业技术学院信息图文中心	30 人	343	河北建筑工程学院图书馆	23 人
298	石家庄职业技术学院图书馆	30 人	344	浙江公安高等专科学校图书馆	23 人
299	安徽医科大学图书馆	29 人	345	牡丹江大学图书馆	23 人
300	北京农学院图书馆	29 人	346	福建商业高等专科学校图书馆	23 人
301	大连水产学院图书馆(文夫图书馆)	29 人	347	四川工程职业技术学院图书馆	23 人
302	廊坊师范学院图书馆	29 人	348	海南职业技术学院图书馆	22 人
303	张家口师范专科学校图书馆	29 人	349	十堰职业技术学院图书馆	22 人
304	泸州医学院图书馆	29 人	350	北京机械工业学院图书馆	22 人
305	合肥学院图书馆	29 人	351	沙市职业大学图书馆	22 人
306	黄石理工学院图书馆	29 人	352	上海体育学院图书馆	22 人
307	上海立信会计学院	29 人	353	湖北警官学院图书馆	22 人
308	天津职业大学图书馆	28 人	354	河北石油职业技术学院图书馆	22 人
309	中国民用航空飞行学院图书馆	28 人	355	承德石油高等专科学校图书馆	22 人
310	贵阳医学院图书馆	28 人	356	上海电机学院图书馆	22 人
311	哈尔滨金融高等专科学校图书馆	28 人	357	商洛师范专科学校图书馆	22 人
312	成都电子机械高等专科学校图书馆	28 人	358	邯郸职业技术学院图书馆	21 人
313	遵义师范学院图书馆	28 人	359	北京青年政治学院图书馆	21 人
314	西安体育学院图书馆	28 人	360	固原师范高等专科学校图书馆	21 人

序号	图书馆名称	数据	序号	图书馆名称	数据
361	河北工业职业技术学院图书馆	21 人	407	陕西医学高等专科学校图书馆	15 人
362	浙江水利水电专科学校图书馆	21 人	408	武汉船舶职业技术学院图书馆	15
363	黑龙江建筑职业技术学院图书馆	21 人	409	人四川建筑职业技术学院图书馆	15 人
364	成都航空职业技术学院图书馆	20 人	410	天津电子信息职业技术学院图书馆	15 人
365	福建公安高等专科学校图书馆	20 人	411	上海海事职业技术学院图书馆	15 人
366	宁德师范高等专科学校图书馆	20 人	412	浙江机电职业技术学院图书馆	15 人
367	邢台职业技术学院图书馆	20 人	413	黔南民族医学高等专科学校图书馆	15 人
368	西安思源职业学院图书馆	20 人	414	四川音乐学院图书馆	15 人
369	民办上海工商外国语职业学院图书馆	20 人	415	上海杉达学院图书馆	14 人
370	上海音乐学院图书馆	20 人	416	天津工程职业技术学院图书馆	14 人
371	太原电力高等专科学校图书馆	20 人	417	山西警官高等专科学校图书馆	14 人
372	陕西工业职业技术学院图书馆	20 人	418	唐山工业职业技术学院图书馆	14 人
373	阿坝师范高等专科学校图书馆	19 人	419	浙江旅游职业学院图书馆	14 人
374	秦皇岛职业技术学院图书馆	19 人	420	河北公安警察职业学院	14 人
375	国际关系学院图书馆	19 人	421	南京信息职业技术学院图书馆	14 人
376	北京电影学院图书馆	19 人	422	台州职业技术学院图书馆	14 人
377	皖南医学院图书馆	19 人	423	宜宾职业技术学院图书馆	14 人
378	安徽警官职业学院图书馆	19 人	424	北京工业职业技术学院图书馆	14 人
379	民办东海职业技术学院图书馆	19 人	425	上海行健职业学院图书馆	14 人
380	四川职业技术学院图书馆	19 人	426	天津美术学院图书馆	14 人
381	成都体育学院图书馆	18 人	427	广西农业职业技术学院图书馆	13 人
382	菏泽医学专科学校图书馆	18 人	428	陕西交通职业技术学院图书馆	13 人
383	云南中医学院图书馆	18 人	429	南宁地区教育学院	13 人
384	陕西国防工业职业技术学院图书馆	18 人	430	丽水职业技术学院图书馆	13 人
385	安徽水利水电职业技术学院图书馆	18 人	431	上海商学院图书馆	13 人
386	四川美术学院图书馆	17 人	432	四川内江职业技术学院	13 人
387	西安培华女子大学图书馆	17 人	433	湖北美术学院图书馆	13 人
388	西安美术学院图书馆	17 人	434	安顺师范高等专科学校图书馆	13 人
389	绵阳职业技术学院图书馆	17 人	435	西安航空技术高等专科学校图书馆	12 人
390	上海戏剧学院图书馆	17 人	436	广西经济管理干部学院图书馆	12 人
391	陕西职业技术学院图书馆	17 人	437	上海农林职业技术学院图书馆	12 人
392	上海海关高等专科学校图书馆	17 人	438	宁夏司法警官职业学院图书馆	12 人
393	贵州商业高等专科学校图书馆	17 人	439	上海城管学院图书馆	12 人
394	上海金融学院	16 人	440	贵阳学院(马王庙校区)图书馆	12 人
395	晋城职业技术学院图书馆	16 人	441	上海科学技术职业学院图书馆	12 人
396	天津音乐学院图书馆	16 人	442	浙江金融职业学院图书馆	12 人
397	哈尔滨体育学院图书馆	16 人	443	泸州职业技术学院图书馆	12 人
398	天津农学院图书馆	16 人	444	四川化工职业技术学院	12 人
399	民办安徽新华学院图书馆	16 人	445	陕西财经职业技术学院图书馆	12 人
400	陕西服装艺术职业学院图书馆	16 人	446	廊坊市职业技术学院(西校区)图书馆	11 人
401	首都体育学院图书馆	16 人	447	河北工程技术高等专科学校图书馆	11 人
402	承德民族职业技术学院图书馆	15 人	448	上海旅游高等专科学校图书馆	11 人
403	西安铁路职业技术学院图书馆	15 人	449	石家庄法商职业学院图书馆	11 人
404	浙江交通职业技术学院图书馆	15 人	450	柳州医科高等专科学校	11 人
405	天津体育学院图书馆	15 人	451	上海出版印刷高等专科学校图书馆	11 人
406	湖州职业技术学院图书馆	15 人	452	民办天狮职业技术学院图书馆	10 人

序号	图书馆名称	数据	序号	图书馆名称	数据
453	合肥通用职业技术学院图书馆	10 人	465	西安交通大学城市学院图书馆	6 人
454	河北机电职业技术学院	10 人	466	宁夏石嘴山职业技术学院图书馆	6 人
455	云南警官学院图书馆	10 人	467	广安职业技术学院	6 人
456	上海医疗器械高等专科学校图书馆	10 人	468	浙江工商职业技术学院图书馆	6 人
457	上海新侨职业技术学院图书馆	9 人	469	民办上海中侨职业技术学院图书馆	6 人
458	浙江经济职业技术学院图书馆	9 人	470	民办上海济光职业技术学院图书馆	6 人
459	天津中德职业技术学院图书馆	9 人	471	福建华南女子职业学院图书馆	5 人
460	西安电力高等专科学校图书馆	9 人	472	杭州职业技术学院图书馆	5 人
461	宁波职业技术学院图书馆	9 人	473	绍兴托普信息职业技术学院图书馆	4 人
462	广西体育高等专科学校图书馆	8 人	474	上海托普信息技术职业学院图书馆	4 人
463	浙江警官职业学院图书馆	8 人	475	上海建峰职业技术学院图书馆	3 人
464	泉州育青职业技术学院图书馆	7 人			

注:本表格数据截止日期为 2005 年 10 月 24 日。

"211"高等学校图书馆统计(2004年)

	建筑面积（平方米）	文献累积总量（册）	总经费（元）	当年实际文献资料购置费（元）	当年购中文图书数量（册）	读者人数（人）	职工人数（人）
北京大学	51493	5398089	23000000	22757419.34	74511	1457707	190
中国人民大学	26000	2500000	8560000	7674593.9	50076	867000	165
清华大学	27820	2810263	23014000	–	49154	44537	147
北京交通大学	13465	1283617	5674272.71	4853188.09	40550	225327	76
北京航空航天大学	19280	1326557	8350000	6973954.76	40415	1026292	84
北京理工大学	25509	1154014	8500000	8028712	62699	24293	71
北京科技大学	18440	1167534	7149815.9	4949562.81	87761	17298	68
北京化工大学	26600	–	–	–	–	1569200	67
北京邮电大学	13000	1239734	4400000	4009689	66059	16379	60
中国农业大学	21550	–	11539030	7314238	50522	–	118
北京林业大学	23400	1001633	13554280	3419618	104037	17470	69
北京中医药大学	8600	539779	30000000	1400000	32024	10438	43
北京师范大学	26750	2943054	11250000	8000000	27983	856559	132
北京外国语大学	9997	920000	2435000	2629820	24122	7882	48
中央民族大学	24500	1400000	3535060	1900000	30000	15900	69
中央音乐学院	3983	521939	909000	411046	513339		
南开大学	30100	3145805	22834856	20773526	85047	29558	138
天津大学	25000	1823289	–	–	85758	33553	109
太原理工大学	21350	1859607	1200000	1285136.33	10133	18760	132
内蒙古大学	16000	–	1600000	890336.18	49881	22288	84
辽宁大学	18471	–	1850000	–	–	–	102
大连理工大学	25000	2126386	13900000	11500000	97534	1350000	120
东北大学	21050	1837202	10600000	8915529.01	81868	2419	114
大连海事大学	24132	1115662	–	6200000	–	–105	
哈尔滨工业大学	41000	2709343	14600000	13954963.01	97636	–	143
东北农业大学	24870	1506867	6500000	–	191960	1142415	76
复旦大学	38885	4458812	31292000	23198697.44	97406	2263016	207
同济大学	37400	3550000	40650000	10814475	64362	31226	227
上海交通大学	44200	2717398	20000000	20455248	121251	53000	200
华东理工大学	3000	2267432	10210000	6526100	86344	27893	128
东华大学	27514	1266729	5837904.2	3700000	64814	24000	106
上海第二医科大学	8304	498378	6440619.64	5289038.9	6160	9828	66
华东师范大学	28274	3402758	16184855	13101955	82605	33097	156
上海外国语大学	22702	739642	2204512.52	2204512.52	9196	–	44
上海财经大学	11460	977014	10976333	7601745	98182	22540	68
上海大学	55000	3609560	11000000	9451832	69090	54599	258
东南大学	39470	2578549	14524000	13657943.92	91878	40971	148
南京航空航天大学	26000	1301454	16272000	9646500	39556	34251	83
南京理工大学	12800	1316987	7388207	6826192	41136	23837	83
河海大学	47300	1858000	8510000	8510000	299194	27436	98

	建筑面积（平方米）	文献累积总量（册）	总经费（元）	当年实际文献资料购置费（元）	当年购中文图书数量（册）	读者人数（人）	职工人数（人）
江南大学	31682	1534772	5540000	5280300.14	56555	29239	123
南京师范大学	–	–	–	8718391.27	77629	30009	131
浙江大学	84000	5755589	26072328	22872328	71007	94371	208
安徽大学	33100	1413509	–	7029204.69	89250	989094	112
中国科学技术大学	30581	1648734	14200000	11250000	60889	23681	93
厦门大学	64800	2474327	18231952	18642748.92	133088	34327	182
福州大学	–	–	–	7690304	–	–	86
山东大学	–	–	–	17777287.75	–	–	248
武汉大学	41925	5470657	26366367	17613151.96	124669	72654	344
华中科技大学	43020	3531509	17300000	15198200	82729	78440	249
中国地质大学	–	–	–	1226025.67	–	–	–
武汉理工大学	43025.5	2856470	17855100	12470000	145138	56320	218
广西大学	35395	2040763	5817390	3786217	96800	31197	138
四川大学	37830	4890223	16776080	13244454	86066	57426	236
重庆大学	30426	2871004	8000000	5924784.29	86396	256356	171
西南交通大学	16961	1013215	4800000	4800000	34750	30168	86
电子科技大学	16360	1534200	7820000	7166800	41010	37960	78
西南财经大学	50000	1350000	4798063	4203800	75065	29604	60
西北大学	17256	1918745	7163000	5203885	59028	23431	66
西安交通大学	36394	3570771	16850000	15490000	81549	43153	170
西北工业大学	21000	1731857	15251930	8255812	80630	28237	77
西安电子科技大学	19200	948945	6730000	5037409	31892	22693	65
长安大学	17793	1483085	7150000	4031536.83	56656	27730	149

注:表格中“–”表示暂缺数据。

本表格数据是在教育部高等学校图书馆事实数据库的基础上整理形成。

参考资料

中国图书馆百年大事

整理　王旭东
（中国图书馆学会）

【徐树兰创办我国最早的私立公共图书馆——古樾藏书楼】　20世纪初，全国各地兴办图书馆蔚然成风，首开先河的是徐树兰于1902年创办的古樾藏书楼。徐树兰，浙江绍兴人，是热心公益事业的地方绅士，他捐献私人藏书七万余卷，购地建楼。他深受西方思想文化的影响，仿照东西方各国图书馆章程拟定《古樾藏书楼章程》，编制了《古樾藏书楼书目》，促成了图书馆管理方法和管理制度上的改革。因此，古樾藏书楼被看作我国学习西方图书馆技术和管理制度的开端。古樾藏书楼已具有近代公共图书馆的性质，是我国最早建立的私立公共图书馆。它的建立，表明我国近代由于新思潮、新学说的传播，图书馆事业已进入一个新的阶段，即由封建藏书楼发展至近代图书馆的时代。

【张百熙奏办京师大学堂藏书楼】

京师大学堂始建于1898年7月，是清政府迫于维新变法的压力开办的官办学堂。在《京师大学堂章程》中，把藏书楼的建设置于十分重要的地位，对藏书楼体制做了许多具体规定，这是中国近代图书馆史，尤其是大学图书馆史上最早、最完备的建馆章程。1902年，清政府任命张百熙为京师大学堂管学大臣。他上任后即着手筹办藏书楼，以官方征调的名义收集各省官书局的图书。1902年10月，从各地官书局征调的第一批图书运到，同时藏书楼主管人梅光羲正式到任就职，这两件事标志着京师大学堂藏书楼的正式创立。作为北京大学图书馆的前身，京师大学堂藏书楼成为我国最早建立的一所高校图书馆，是我国新型大学图书馆的开端。由于京师大学堂兼有最高学府和全国教育管理机关的双重地位，所以它的办校、办馆方式实际上成了全国院校的一个范例。

【我国第一个省级公共图书馆——湖南图书馆兼教育博物馆成立】　1903年7月，在湖南常德产生了我国最早用“图书馆”命名的常德图书馆，具有民办公共图书馆的性质。随后，长沙的一些知识界知名人士和归国留学生也开始酝酿开办图书馆，1904年3月，我国第一个省级图书馆——湖南图书馆兼教育博物馆正式挂牌开馆。1905年10月正式定名为湖南图书馆，已具有官办性质。湖南图书馆参照日本大桥图书馆章程制定《湖南图书馆暂定章程》，引入了近代管理方式和方法，体现了近代图书馆的开放性和社会公共性。因此，湖南图书馆兼教育博物馆在办馆思想上产生了突破，顺应了图书馆事业的发展方向，是湖南近代图书馆事业正式产生的标志。

【清政府筹建京师图书馆】　1909年，清政府筹备立宪，学部于当年3月呈报《奏分年筹备事宜折》，提出于宣统元年（1909年）在“京师开办图书馆”和“颁布图书馆章程”的计划，创办京师图书馆被正式列入政府日程。筹建该馆一事由学部大臣张之洞主持，缪荃孙被任命为正监督，缪荃孙为京师图书馆的实际创建人，馆址定为北京广化寺。辛亥革命之前，该馆处于搜求、整理图书的筹办阶段，一直未对读者开放。1912年7月，江翰呈报北洋政府教育部的《京师图书馆阅览章程十八条》获得批准，同年8月27日正式接待读者。1916年，在鲁迅负责管理该馆时开始接受国内出版物呈缴本，标志着该馆开始履行国家图书馆的部分职能。京师图书馆中设正副监督各一名，提调一人。图书分类仍以旧法为主，依四库而略加变通。1928年，京师图书馆更名为国立北平图书馆。1931年，位于文津街的新馆落成开放，成为当时国内规模最大、最先进的图书馆。新中国成立后，于1951年定名为北京图书馆。1998年12月再度更名为国家图书馆，对外称中国国家图书馆。京师图书馆的建立，标志着中国的图书馆走完了从藏书楼到图书馆的曲折历程，中国近代图书馆事业宣告诞生。

【《京师图书馆及各省图书馆通行章程》由清政府颁布】　1909年12月17日，清政府学部拟定《京师图书馆及各省图书馆通行章程》并正式颁布，这是我国第一部图书馆法规。它规定“图书馆”这一称谓作为我国藏书机构的法定名称，取代了“藏书楼”这一传统的称谓；还体现了国、省、县行政系统建立公共图书馆的思想，这一方式被我国现行图书馆系统所继承。《章程》颁布后，使得前期开办的公共图书馆得到整顿和扩充。它对我国近代公共图书馆的建立，加速从藏书楼到近代图书馆的转化具有重大意义。

【武汉最早的公共图书馆——文华公书林创立】　1899年，美国图书馆学家、教育家韦棣华女士从美国来武昌文华书院（即后来的文华大学）任教；1903年在文华学校筹办阅览室，开展图书馆宣传活动。她利用回国休假的机会筹集款项建成了文华公书林，于1910年5月16日正式向社会开放，成为武汉最早的公共图书馆。它先附设于文华大学，以后成为文华中学、文华大学两校的图书馆，学校师生、社会人士均可借阅图书。为了扩大影响，于1914年设立了巡回文库，将两千多册中英文书籍送到武汉三镇的各街道、工厂、商店等地，使文华公书林成为享誉武汉三镇的公共图书馆。1920年文华大学图书科成立后，它又成为图书科的实习图书馆。因此，文华公书林不但发挥了图书馆为社会服务的功用，还为武汉最早的图书馆学教育做出了巨大贡献，对中国现代图书馆的发展起到了一定的促进作用。

【沈祖荣获得中国第一个留美图书馆学学士学位】 沈祖荣先生（1883—1977），湖北宜昌人，1905年毕业于武昌文华书院，1910年协助韦棣华女士创建文华公书林。1914年，沈先生赴美国纽约大学图书馆专科学校攻读图书馆学，成为第一个获得留美图书馆学学士学位的中国人。1917年回国后，仍在文华公书林工作，和韦棣华一起创建文华大学图书科。作为中国近代第一个图书馆专门人才，沈先生揭开了以抨击传统藏书楼之陋习，倡导建立美式近代图书馆事业为主要内容的"新图书馆运动"的序幕，成为中国图书馆教育之父，为中国图书馆学的发展作出了巨大贡献。

【《仿杜威书目十类法》编制出版】

五四运动以前，为解决当时中国传统分类法容纳不了大量新增书籍的矛盾，孙毓修、杜定友、皮高品、刘国钧等人曾把美国非常流行的《杜威十进分类法》引入中国。但是，该分类法对中国图书分类存在许多不适之处。1917年，留美回国的沈祖荣与胡庆生以杜威十进制法为蓝本，结合中国典籍及分类传统，编制了一部适用于中国图书馆的新型分类法——《仿杜威书目十类法》，由武昌文华公书林和圣教书局出版发行。它是中国近代第一部图书馆分类法，融合了中西类目法并运用标记符号，因此被杜定友称为"第一个为中文书而编的新型分类法"。它对于图书馆分类编目工作起到很大的革新和推动作用，在它的影响下，中国出现了30多种类似的文献分类法。

【我国第一个图书馆学教育机构——文华图书科创办】 1920年3月，在我国"新图书馆运动"的基础上，韦棣华女士与沈祖荣、胡庆生等创办了武昌文华大学图书科。它不仅是中国第一个图书馆学专业教育机构，而且也是继美国之后世界上办得较早的图书馆学教育机构之一。1929年8月，文华图书科正式更名为私立武昌文华图书馆学专科学校，成为中国第一所独立的高等图书馆学专科学校，沈祖荣任校长。解放后，于1953年9月并入武汉大学，成为图书馆学专修科。文华图书科自成立之日起，便吸取当时国外较先进的教学经验并结合中国实际进行教学，逐步建立起一套中西结合的教学体系。文华图书科的创立，标志着我国高等图书馆学教育的正式兴起。它培养了一大批图书馆专门人才，对于引进和传播近代图书馆管理思想，发展我国近代图书馆事业起到很大促进作用。

【上海通信图书馆等一批新型进步图书馆相继成立】 1921年5月，应修人等人创办了上海通信图书馆（因为可以用通信方式借书而命名）。其办馆宗旨是以互助合作精神，共同搜集并流通有时代思想内容的各种学术文艺进步书刊，使得无产者有书看，更好地发挥图书的作用。该馆没有固定的经济来源，主要依赖其下设的群众性组织—共进会会员的会费来维持及发展。该馆还出版《上海通信图书馆月报》、《上海通信图书馆书目》，以介绍馆藏图书，指导读者阅读。上海通信图书馆的办馆方向，在当时是一种创举。作为新型进步的图书馆，于1929年5月被国民党以"反动嫌疑"之名查封，但应修人等进步青年为中国文化建设所作的贡献，以及通信图书馆的创业精神成为后人楷模。20年代，在邓中夏、李立三等共产主义者的支持、指导下，天津、济南、汉口、唐山等地还相继出现了一批工人图书馆和工人阅报室，通过为工人提供各种进步书籍、报纸、杂志等，进行新文化新思想的宣传。

【杜定友的《世界图书分类法》出版】 1922年，杜定友编制的《世界图书分类法》以广东全省教育委员会的名义出版，该分类法以近代的科学分类体系为基础，编制技术颇为讲究。1925年改名为《图书分类法》，由上海图书馆协会印行，全书分上、中、下三编，讲述了分类的意义、分类原理、分类表、分类方法、分类工作、分类应用等。1935年再版时改名为《杜氏图书分类法》，由中国图书馆服务社出版。该书是一部使用广泛、影响深远的分类法，它集古今中外图书于一炉，"本新图书馆之原理，以解决中国特有问题"，成为"中外统一制之创始"。20世纪20年代至30年代，《杜氏图书分类法》与刘国钧的《中国图书分类法》（1929年）、皮高品的《中国十进分类法》（1934年）、王云五的《中外图书统一分类法》（1928年）一起，成为当时较为通行的图书分类法。

【杨昭悊的《图书馆学》出版】

1923年9月，杨昭悊编著的《图书馆学》由上海商务印书馆出版，该书是我国现代图书馆学第一部专著。杨昭悊曾赴美国攻读图书馆学，编著这部书的本义是"推广我国图书馆的学问，要使无论何人，一看就知道图书馆的原理和应用。"该书中的论述虽然十之八九参考了美、日两国各名家的论著，但也加以融会贯通，并尝试用"归纳"、"演绎"、"证实"等科学方法来进行说明，而且直接用"图书馆学"作书名，因此它的出版标志着我国图书馆学的正式形成。

【中华图书馆协会成立】 1925年4月25日，中华图书馆协会在上海召开成立大会，6月2日在北京举行成立仪式。它的成立，既是中国图书馆事业取得快速发展的一个标志，同时又是事业发展的一个推动力。协会的宗旨是："研究图书馆学术，发展图书馆事业，并谋图书馆之协助"。梁启超、蔡元培、胡适、沈祖荣、戴志骞、陶行知、袁同礼等15人被推选为董事。第一任董事部部长为梁启超，执行部部长为戴志骞。总事务所设在北京西城区松坡图书馆。1937年，董事部更名为监事会，执行部改名为理事会，袁同礼任理事长，并设立8个专门委员会。协会会员有机构会员、个人会员、赞助会员和名誉会员，创办了《中华图书馆协会会报》和《图书馆学季刊》两种刊物。1929年1月28日至2月2日，中华图书馆协会第一次年会在南京召开，第六次即最后一次年会于1944年5月在重庆召开。中华图书馆协会成立后，制定了一系列图书馆工作标准，开展了大量图书馆学研究和人才培养工作，进行过7次全国范围内的专业调查，编辑国学、文学论文索引各4种，编印英文版《中国图书馆概况》2次，为推动图书馆事业的发展做出一定成绩。1927年，中华图书馆协会成为国际图书馆协会联合会（简称国际图联、IFLA）的发起机构之一，并参加了IFLA的成立大会。1949年中华人民共和国建立前夕，中华图书馆协会无形解散。

【《文华图书科季刊》创刊】

1929年1月20日，沈祖荣创办《文华图书科季刊》，由毛坤任社长，钱亚新任副社长。1932年改刊名为《文华图书馆学专科学校季刊》。该刊共出版9卷2期，1937年12月因抗战爆发停刊。该刊是当时中国图书馆界唯一的理论刊物，发表了不少高水平的图书馆学论文，为中国图书馆学的研究发挥了很大作用，有力地促进了图书馆学的学术交流。该刊与《图书馆学季刊》和《中华图书馆协会会报》一起，被称为中国现代图书馆史上最著名的图书馆学期刊三绝。

【沈祖荣参加第一届国际图联大会】 1927年9月30日，在英国图书馆协会成立50周年庆祝大会上，英国、美国、法国、中国等15国图书馆协会的代表联合倡议成立国际图书馆协会联合会并通过决议，正式宣布成立国际图联。中华图书馆协会请韦棣华女士代表中国签字，中国成为该协会发起国之一。1929年6月15—30日，第一届国际图书馆协会联合会大会在意大利罗马召开，正式通过《国际图书馆协会联合会章程》，旨在促进图书馆事业所在领域，包括书目和情报服务等方面的国际了解、协作、研究和发展，在国际有关事务中作为图书馆界的代表机构从事活动。沈祖荣代表中华图书馆协会出席了会议，并携带大量古籍样本等在大会展览会上广为宣传中华民族的优秀文化和中国的图书馆事业。戴志骞、沈祖荣、胡庆生、顾子刚等撰写了大会论文。中国代表还利用各种机会与外国代表沟通交流。会后，沈祖荣在欧洲进行图书馆事业考察，撰写了《参加国际图书馆第一次大会及欧洲图书馆概况调查报告》。

【中华苏维埃中央图书馆建立】

1932年6月，中国共产党苏维埃政权的第一个大型图书馆—中华苏维埃中央图书馆于江西瑞金叶坪村建立。中央图书馆制定了完善的规章制度进行严格管理。馆藏图书主要来源于三个方面：一是打土豪所得图书，上缴政府后拨给图书馆收藏；二是红军攻克城市，搜集国民党政权机关的图书上缴收藏；三是各机关团体捐赠的图书。中央图书馆开放后受到读者的欢迎，毛泽东、周恩来等中央领导人经常到此借阅书籍，瞿秋白也经常到图书馆借书阅读并指导工作。1934年10月，红军主力长征后，中央图书馆的全部图书转移隐藏，后被国民党军队发现掠去33箱。中华苏维埃中央图书馆的创建，推动了根据地的武装斗争、经济建设和社会教育。该馆在战争环境下利用一切条件收集文献，坚持为读者服务的办馆方向，为建国后图书馆事业的发展积累了宝贵经验。

【延安中山图书馆成立】 1937年5月，延安中山图书馆成立，聘请林伯渠为馆长。林伯渠组织全馆人员修建馆舍，清理图书，并向社会募集图书和经费。1940年7月，该馆经过整修正式开馆。此时藏书达到5000余种约1万册，报刊约100种，以解放区出版物和苏联版中文、俄文书籍为特色，其中捐赠图书占很大比例。该馆贯彻解放区的文化教育方针政策，积极为抗日战争服务，为边区政治建设服务，如编印干部学习材料与论文索引、延长开放时间、送书上前线等。该馆在当时比较困难的条件下，为推动延安地区文化教育和图书馆事业的发展发挥了重要作用。

【国立北京大学成立图书馆学专修科】 1947年7月，王重民教授创建了国立北京大学图书馆学专修科并担任科主任。先附设于本校中国语言文学系，从本校文学院各系毕业生和肄业生中招生，学制2年。1948年，脱离中国语言文学系，称图书馆专修科。1949年以后经过数次调整，于1956年定名为图书馆学系，开始招收4年制本科生和3年制函授生，后者招生对象为图书馆在职干部。1964年开始招收图书馆学和目录学硕士学位研究生。1981年开始招收研究生班。1985年增设情报学专业并成为理学硕士学位授权点。1987年改名为图书馆学情报学系。1991年开始招收博士学位研究生。1993年改名为信息管理系。50多年来，该系为我国的图书情报事业培养了大批专业人才，其中本科生2000余名，研究生400余名，函授本科和大专生10000余名。为满足教学和科研的需要，还编著、出版了一批专著、教材，其中《图书馆学基础》、《科技文献检索》分别获得国家教委优秀教材一、二等奖。

【《东北图书馆图书分类法》出版】

由东北图书馆编制的解放后第一部图书分类法——《东北图书馆图书分类法》（简称《东北法》）于1949年8月出版。《东北法》的编制方法与近代后期十进分类法基本相同，共分为10个大类，标记符号也基本一致。它的最大特点是：第一次将毛泽东和马克思、恩格斯、列宁、斯大林的著作作为特藏类目列于分类法的首位，这在当时是一种进步，为我国以后各图书分类法建立“马克思列宁主义”大类奠定了基础。但是由于《东北法》仍沿用旧的分类法体系，类目设置数量远远不够，因此随着新中国图书出版事业的发展而被其他分类法所取代。它起到从旧中国图书分类法体系向新中国图书分类法体系过渡的作用。

【《中国人民大学图书馆图书分类法》出版】 1954年，由中国人民大学图书馆集体编著的《中国人民大学图书馆分类法》（简称《人大法》）出版，以后又出版几次增订版。《人大法》是中国第一部以马克思列宁主义、毛泽东思想为指导编制的分类法，根据毛泽东关于知识分类的论述和图书本身的特点，创立了4大部类17个大类，首次将“马克思列宁主义、毛泽东著作”列为第一大类；首次在中国分类法中使用展开层累制的标记制度，用双位数字加小圆点的办法，使类目的展开不受十进号码的限制，且类目注释较多。《人大法》的编制，运用了辩证唯物主义和历史唯物主义的观点、方法，遵循了图书分类的科学性和实际应用性，这成为以后社会主义分类法的编制原则。它成为我国通用的三个大型综合性文献分类法之一。

【第一次全国图书馆工作会议召开】 1956年1月，周恩来总理在《关于知识分子问题的报告》中发出“向科学进军”的号召，并明确指出：图书馆是向科学进军的有力武器，是科学研究工作者的助手。为贯彻这一精神，1956年7月5—13日，文化部召开新中国成立后的第一次全国图书馆工作会议。会议以图书馆工作如何为科学研究服务为中心议题，讨论通过了《明确图书馆的方针和任务为大力配合向科学进军而奋斗》的报告。报告中指出：“提供科学研究的图书资料，是我们文化部门和图书馆工作者一个艰巨而光荣的政治任务。我们应该以极大的努力来担负起这一个任务。”报告中明确了图书馆事业的基本任务，指出了需要注意规划合作、充分挖潜、切合实际等原则问题，提出了要大力开展科技书刊借阅、做好藏书整理补充调配、改进现有目录组织、加强书目参考等四大措施，并强调要加强领导、经费补充、专业干部培养等。这次会议及其报告促进了新中国图书馆事业的发展，会后，全国各级各类图书馆进一步充实了对科学文献的收藏，有力地促进了科技专题书目索引的编制以及馆际协作工作的开展。

【北京大学、武汉大学的图书馆学专修科改为4年制的图书馆学系】 1956年，第一次全国图书馆工作会议后，为适应新形势的发展需要，北京大学、武汉大学分别将图书馆学专修科改为4年制本科，正式建立图书馆学系，王重民、徐家麟分别担任系主任。此后，两校图书馆学系不断补充师资，扩大招生，在教学管理和教学质量上有很大提高。1966年至1971年，两校图书馆学系停止招生，专业教师被下放，图书馆学教育工作全面停顿，直至1972年恢复招生。1978年以前，我国图书馆学专业教育仅有北大、武大的图书馆学系两处，它们成为我国图书馆学教育的摇篮，培养了一大批图书馆专业人才，充实了我国各大图书馆专业干部队伍和图书馆教育师资力量。

【《向科学进军中的图书馆工作》社论与图书馆工作写入全国科学规划】

1956年8月28日，《人民日报》头版头条发表了题为《向科学进军中的图书馆工作》的社论，明确提出了图书馆在向科学进军中的基本任务及为科学研究服务的几点具体措施。同年12月，在国家科学技术委员会制定的建国以来第一个科技规划—《1956年—1967年科学技术发展远景规划纲要》（草案）中，将“科学技术情报的建立”作为国家第57项重要科学技术任务列入其中。此规划的制定，对我国科学技术的发展起到重要的推动作用，这也是科技图书情报工作首次作为一门重要的科学研究任务列入国家规划。

【第一次全国高校图书馆工作会议召开】 1956年12月5—14日，国家高教部主持召开了新中国建立后的第一次全国高校图书馆工作会议。会议明确提出高校图书馆是为教学和科学研究服务的学术性机构，并制定了《中华人民共和国高等学校图书馆试行条例》（草案）、《高等学校图书馆馆际互借办法》（草案）、《高等学校图书馆书刊调拨暂行办法》（草案）和《高等学校图书馆书刊补充的几项规定》（草案）。这次会议以及形成的4个草案对于规范我国高校图书馆工作，加强全国高校图书馆之间的联系与协作，合理调整藏书，充分利用书刊资料等都起到了非常重要的作用，因此在我国高校图书馆发展史上占有极其重要的位置。

【《中小型图书馆图书分类法》（草案）公布】 为解决全国各图书馆图书分类不统一的问题，1956年8月，经文化部组织专家反复研讨、北京图书馆编印的《中小型图书馆图书分类法》（草案）由文化部社会文化事业管理局作为试行草案公布。它是我国第一部由政府部门领导，运用集体智慧编成的分类法，适用对象是藏书十万册以内的综合性中小型图书馆。1957年9月正式公布。它共分为5部21大类，部类设置基本符合马克思列宁主义关于知识分类的体系；在结构上采用拉丁字母标示基本大类与阿拉伯数字标示二级以下类目相结合的混合号码，使用较方便，被全国各中小型图书馆采用，各大公共图书馆以及部分高校图书馆也纷纷在此基础上加以扩充使用。该分类法成为各图书馆建立统一分类的基础，而且一改过去由个人或单位编制为全国性的行业主管部门领导下的专家集体编制，为以后大型综合性分类法的编制积累了经验。

【《全国图书协调方案》批准通过】

1957年9月6日，国务院全体会议第57次会议批准通过了科学规划委员会制定的《全国图书协调方案》，这是我国图书馆协作协调工作的纲领性文件。《方案》决定在国务院科学规划委员会下设立图书小组，由文化部、高等教育部、中国科学院、卫生部、地质部、北京图书馆的代表和若干图书馆的专家组成，负责全国为科学研究服务的图书工作的全面规划和统筹安排。《方案》中明确了“建立中心图书馆”、“编制全国图书联合目录”两项工作。根据《方案》的要求，先后在北京、上海等地成立了11个中心图书馆委员会；全国图书联合目录编辑组和全国卡片目录中心也相继成立。《方案》的颁布，改变了过去我国图书馆之间缺乏联系的局面，推动了我国图书馆编制联合目录、馆际互借、图书采购等协作协调工作的广泛开展。

【刘国钧提出“要素说”】 刘国钧先生（1899—1980）是我国著名的图书馆学家，图书馆学“要素说”的主要代表。1957年在其《什么是图书馆学》一文中提出“要素说”，完善与发展了早在30年代就已提出的这一理论。“要素说”是关于图书馆学研究对象，即什么是图书馆学的研究。它认为：图书馆学是一门独立的、关于图书馆的科学，它的研究对象就是图书馆事业及其各个组成要素；图书馆事业由图书馆、读者、领导和干部、建筑与设备、工作方法五项要素组成，对它们的研究就构成了图书馆学的整个内容。文章发表之后，引起全国图书馆界的广泛讨论，对图书馆学基础理论的研究和发展起到了一定的推动作用。

【《图书馆学通讯》创刊】 1957年4月30日，由北京图书馆主办的新中国第一个图书馆学理论刊物—《图书馆学通讯》创刊。它曾经数易刊名、刊期，中间停刊近15年。1979年6月，作为中国图书馆学会会刊复刊。1991年更名为《中国图书馆学报》。1995年改为双月刊至今。40余年来，该刊为我国图书馆事业发现和培养了大批既具有理论水平又有实践经验的专业骨干，发挥了图书馆学情报学学术交流和导向的重要作用，为我国的图书馆学研究和图书馆事业发展做出了很大贡献。在全国图书馆学优秀期刊评比活动中，5次名列第一；首批入选“中国期刊方阵”，并荣获第二届“国家期刊奖百种重点期刊”奖，是近年来唯一获此殊荣的图书馆学情报学刊物。

【全国联合目录编辑组成立】 根据《全国图书协调方案》的要求，全国联合目录编辑组于1957年11月13日成立，附设在北京图书馆内，工作人员由北京图书馆、中科院图书馆、清华大学图书馆、中国医学科学院图书馆、北京师范大学图书馆、北京大学图书馆学系等单位共同组成，负责全国联合目录的计划、指导、协调、总编等方面的工作。该编辑组加强了对联合目录工作的全面规划和统筹安排，如期完成了《全国图书协调方案》布置的工作任务，为以后国家总书目的编制积累了经验。1958年6月，该编辑组以定期刊物的形式编辑出版了《全国西文新书联合目录通报》，及时报道全国各馆入藏的西文新书，协调了外文图书的采购，为国家节约了外汇，保证了联合目录工作的经常化。

【《中国科学院图书馆图书分类法》出版】 1958年11月，中国科学院图书馆编制的《中国科学院图书馆图书分类法》（简称《科图法》）由科学技术出版社出版，1979年、1994年又出版了第2版、第3版。《科图法》是一部适于类分古今中外文献的大型综合性分类法，它将图书分为5大部类25大类，自然科学部分类目比较详细，基本上符合最新科学分类的要求；采用了较多的交替类目、注释等方法；采用纯数字制作标记符号；在类号的安排上为以后的发展留有余地。因此，它虽然主要适合中科院及其所属分院、研究所的图书馆等专业图书情报机构使用，也有许多其它系统的图书馆使用，成为我国通用的三个大型综合性文献分类法之一。于1986年获国家科技情报成果二等奖，1988年获中国科学院科技进步三等奖。

【《中国丛书综录》出版】 1959年12月，由顾廷龙担纲，上海图书馆主编的《中国丛书综录》第一册由上海古籍出版社出版，后两册于1962年完成。全书汇集了北京图书馆等全国41家图书馆的馆藏，共收录中国古籍丛书2797种，750万字，内容丰富，体例完备，最大特色是版本考订精详。它是新中国成立后编辑出版的研究中国历史、文化和古籍的重要工具书之一。

【北京大学招收第一届图书馆学研究生】 1964年，北京大学招收第一届图书馆学研究生，共两名学生。文革期间停招。1978年，武汉大学图书馆系作为首批在全国恢复研究生招生的单位，招收了首届“目录学方向”的硕士研究生。与此同时，南京大学图书馆也招收首批“目录学方向”研究生。北京大学也于次年招收研究生。1981年1月1日，《中华人民共和国学位条例》正式实施，明确了学士、硕士、博士三级学位的学术标准，学位制度正式确立。1981年11月3日，北京大学和武汉大学首批获得国务院学位委员会批准，建立了图书馆学硕士学位授予点。1984年建立情报学硕士学位制度。

【中国图书馆代表团出访美国】 随着1972年尼克松总统访华、中美关系解冻，两国图书馆界恢复了交流。1973年9月27日到11月4日，应美国美中学术交流委员会的邀请，以北京图书馆馆长刘季平为团长的中国图书馆代表团一行10人在美国进行专业访问，参观了华盛顿、纽约等地的45个图书馆及情报资料出版机构。这是新中国第一个赴美国访问的图书馆代表团，他们回国后所作的考察报告着重介绍了美国图书馆应用计算机的情况，为以后我国图书馆的发展产生了深远影响。此后，中美图书馆界本着“面向未来，平等互利，相互尊重，双向交流，加强合作，资源共享”的原则，在许多领域开展了广泛交流与合作。

【“汉字信息处理工程”批准研制】 1974年8月，周恩来总理作出“要广泛发展计算机应用”的指示，“汉字信息处理工程”（又名748工程）被批准研制，并列入1975年国家科技发展计划。汉字信息处理是一门新兴的综合性学科，它是语言学、计算机科学、自动化科学相结合的产物，应用于图书管理集成系统、办公自动化、情报咨询服务系统、数据库系统、局域网系统等领域。“748工程”实施后，汉字信息处理技术在我国得到迅速发展，并以国家标准等形式在全国范围内得以统一和推广。因此，这一技术的研制成功是我国图书馆自动化的开端，为图书情报系统自动化的快速发展奠定了技术基础。

【刘国钧发表《马尔克计划简介》】 马尔克是“机器能读的编目工作”的英文简称“MARC”的音译，有时也指“机器能读的目录”本身。马尔克计划的直接目的是创制机器能读的素材基地即机读目录，长远目标旨在通过电子计算机，联系全国各个图书馆组成全国性的书目工作网络。机读目录格式的产生是20世纪图书馆编目工作的重大变革。这一研究与计划的推行对世界图书馆界自动化的进程产生深远影响，机读目录在世界范围得到广泛认同和应用。1973年，国际标准化组织（ISO）将MARC格式结构作为国际标准正式颁布。1975年，刘国钧先生发表《马尔克计划简介——兼论图书馆引进电子计算机问题》一文，系统介绍了美国国会图书馆利用电子计算机进行目录编制的历史背景、组织进行状况、发展前景及

"MARC"系统的记录款式等，还分析了这一计划对图书馆工作的影响，这在当时是非常及时、必要的。随后，我国图书馆学专家还发表了一系列介绍与研究计算机编目与机读目录的文章，为我国编目标准化与网络化工作的发展开拓了视野。

【《中国古籍善本书目》编纂】 1975年10月，周恩来总理在重病期间指示："要尽快地把全国善本书总目编出来"。1978年，在南京召开了"全国古籍善本书总目编辑工作会议"。会议制订了编辑工作计划；确定了全国各大区和省市编辑善本书目的领导机构和具体办事机构；通过了《全国古籍善本书总目收录范围》、《全国古籍善本书总目著录条例》、《全国古籍善本书总目分类表》等文件；组成了以刘季平为主任委员的编辑工作委员会，开始着手全国古籍普查。在文化部的统一组织和领导下，《中国古籍善本书目》第一部于1986年10月由上海古籍出版社出版。全书由顾廷龙担任主编。共分为经、史、子、集、丛书五大部分，共收录全国782个单位的善本藏书6万种，约13万部，可谓包罗宏富，对中国古籍的收集与整理具有重大意义。

【《中国图书馆图书分类法》出版】 1975年10月，《中国图书馆图书分类法》（简称《中图法》）由科学技术文献出版社出版。1979年成立了专门的编辑委员会，成员由北京图书馆、各地区公共图书馆、高校图书馆、科技情报单位、北京大学和武汉大学图书馆系的代表组成。此后经过多次修订、完善，共编辑发行了四版，1999年正式定名为《中国图书馆分类法》。《中图法》设有5大部类22个基本大类；采用汉语拼音字母与阿拉伯数字结合的混合标记符号；类目详细，注释较多，版本丰富，可满足各类型图书馆和情报部门文献分类的需要。由于它的编制技术完善，分类号简短，且配有类目索引和使用说明，因此被全国95%以上的图书馆使用，成为我国通用的三个大型综合性文献分类法之一。《中图法》凝聚了一大批图书馆学家的心血和众多图书情报部门的贡献，已形成简本、详本、资料版、期刊版及使用说明、索引等系列配套产品。《中图法》的编制完成是新中国图书情报事业史上几次浩大工程之一，于1978年获全国科学大会成果奖，1985年获国家科技进步一等奖。

【《图书馆工作》出版】 《图书馆工作》的前身为1956年创刊的《中国科学院图书馆通讯》，它是新中国成立后最早的图书情报专业期刊之一，在文革中停刊。1975年复刊时更名为《图书馆工作》，1980年更名为《图书情报工作》，由科学出版社出版。该刊在发文质量以及改革思路上，一直走在众多图书馆学情报学学术刊物前列。2000年，刊物重新定位为：国内文献信息领域具有权威性、指导性和国际化的大型核心刊物。曾5次获得全国优秀图书馆学期刊奖；2001年入选中国期刊方阵，获得"双奖"期刊称号；同时是我国第一家被收入美国银盘公司《LISA》光盘和世界著名的《Ulrich`s International Perodicals Directory》、Uncover等检索工具的图书情报学期刊。

【中国图书馆学会成立】 中国图书馆学会是中国共产党领导下的中国图书馆工作者的学术性群众团体，是中国科学技术协会的组成部分。早在1956年，就曾成立中国图书馆学会筹备委员会，后因文革工作中断。1978年3月，北京图书馆率先提出成立中国图书馆学会的建议。经一年多筹备，1979年7月9－16日，中国图书馆学会成立大会暨第一次会员代表大会在山西太原召开。大会通过了《中国图书馆学会章程》，组成了以刘季平为理事长，丁志刚、黄钰生、顾廷龙、汪长炳、梁思庄、佟曾功为副理事长，谭祥金为秘书长，共69人的第一届理事会。此后，中国图书馆学会每四年举行一次会员代表大会，至2004年已召开6次。截至2004年底，已发展个人会员9609人，团体会员217个，成立8个分支机构，全国30个省（自治区、直辖市）也相继成立了省级学会（除台湾、海南以外），学会已建立起跨行业、跨系统、多层次的适应我国图书馆事业发展需要的组织结构与运行机制。1981年5月，中国图书馆学会恢复了国际图书馆协会联合会中的国家协会的合法席位，每年派代表参加IFLA年会，并于1996年在北京成功举办第62届国际图联大会。中国图书馆学会的成立，在我国图书馆事业史上具有重大意义。按照《中国图书馆学会章程》的规定，学会广泛开展多种形式的学术研究、学术交流活动以及继续教育和科普工作，不断提高学术研究水平，促进学科发展和人才成长，充分发挥学会的职能。自1999年起，学会每年召开学术年会，进一步扩大了学术交流的渠道。"十五"期间，随着政府职能转变，学会作为社会中介组织，其社会作用越来越得到增强和承认。学会也进一步强化了行业意识，努力发挥学会在行业中的特殊作用。通过协助文化部制定第三次公共图书馆评估细则、参与图书馆行业职业标准研究以及组织2003年"全民读书月"、2004年"世界读书日"宣传活动等，发挥了学会的行业协调作用与社会影响力，对提升整个图书馆行业的社会地位起到了很大作用。

【全国文献工作标准化技术委员会成立】 1978年9月，我国正式加入国际标准化组织——文献工作标准化技术委员会，开始参加国际文献标准化活动。1979年11月28日，国家标准总局在江苏无锡召开了"全国文献工作标准化技术委员会成立大会"。该委员会是在国家标准总局的领导下，根据《中华人民共和国标准化管理条例》和《全国专业标准技术委员会章程》的规定，负责组织与承担文献工作国家标准和专业标准化的制定、修订与管理的专业标准化机构。该委员会成立后，通过制订各项标准，使文献工作走向标准化、系统化、统一化和自动化，对减少图书情报工作中的重复劳动，提高工作效率，促进文献资源共享，具有重要意义。1983年7月2日，国家标准局发布《文献著录总则》和《检索期刊条目著录规则》两个国家标准，这标志着我国文献标准化工作取得实质性进展。

【《汉语主题词表》出版】 1979年，《汉语主题词表》（试用本）由科学技术出版社出版。它是我国第一部大型综合性的叙词型检索语言词表，由中国科学技术情报研究所和北京图书馆组织并主持编辑，作为748工程的一个配套项目，可用于手工编制和计算机编制主题检索工具。全书共收录正式主题词91158个，非正式主题词17410个，是目前世界上收词最多的。由于它包罗各个学科专业，收词量大，编制体例规范，主题标引规则通用性强，对促进计算机文献数据库的建立和推动全国主题标引工作的开展，对叙词表的发展，特别是专业叙词表的编制、发展与完善等，起到了重要的促进作用。因此它又是主题标引、检索和组织目录、索引的主要工具。1985年，获得国家科学技术进步二等奖。

【《图书馆工作汇报提纲》获得通过】 1980年5月26日，在中共中央书记处第23次会议上，听取了北京图书馆馆长刘季平关于图书馆问题的汇报，讨论通过了国家文物事业管理局提交的《图书馆工作汇报提纲》，并就图书馆事业管理体制，新建北京图书馆等问题作了相应的决定。《提纲》反映了全国人民要求加快发展图书馆事业的愿望。经中央书记处讨论通过后，下达了一系列相关指示，逐步纠正了各级政府部门对图书馆事业不够重视的局面。各级政府纷纷把图书馆建设纳入议事日程，公共图书馆建设不断得到加强。

【中国图书馆学会恢复IFLA会籍】 1980年8月18—23日，国际图联首次走出欧美在菲律宾的马尼拉举行第46届年会。由于此时中国图书馆学会尚未加入国际图联，所以不能派正式代表出席会议，中国图书馆学会副理事长丁志刚（北京图书馆副馆长）、梁思庄（北京大学图书馆副馆长）应邀以个人名义参加了这次大会。会议期间，丁志刚等与国际图联主席、秘书长商定中国图书馆学会加入国际图联的前提条件和若干技术问题，并达成书面协议。这次会议使我国图书馆界与国际同行建立了广泛联系，也为加入国际图联奠定了基础。1981年5月，中国图书馆学会恢复了作为中华人民共和国在国际图联唯一合法代表的会员国席位（中国图书馆学会恢复了在国际图联中的国家协会会员的合法席位）；北京图书馆、上海图书馆、中国科学院图书馆、清华大学图书馆、复旦大学图书馆、北京大学图书馆学系和武汉大学图书馆学系等7个单位同时成为国际图联的机构会员。

【文化部图书馆事业管理局正式成立】 新中国成立后，负责管理公共图书馆事业的机构曾几经变化。1980年5月，在中共中央书记处第23次会议上，决定在文化部设立图书馆事业管理局。1980年11月，负责直接管理全国公共图书馆事业的机构——图书馆事业管理局正式成立，丁志刚任局长。1989年改名为图书馆司；1998年改名为社会文化图书馆司，内设图书馆处。该局成立之后，讨论制定和修改完善了省级公共图书馆工作条例。各省、市、自治区也相继制定地、市、县图书馆工作条例，成立图书馆事业管理处（现改为社会文化图书馆处）。该局的成立，对各地公共图书馆事业的管理起到了积极作用；同时，在全国图书馆事业管理机构尚未成立之前，还担负着全国图书馆事业管理的部分职能，负有组织协调其他各系统图书馆工作，统筹图书馆教育和有关国际活动的任务。

【国务院批准《图书、档案、资料专业干部业务职称暂行规定》】 1981年1月30日，文化部、国家档案局、国家人事局制定的《图书、档案、资料专业干部业务职称暂行规定》由国务院批准，以国发（1981）21号文件颁布执行。《暂行规定》将图书馆专业干部的业务职称定为研究馆员、副研究馆员、馆员、助理馆员、管理员，各级职称的具体任职要求既有学术理论知识，又有实际业务能力。评定图书馆专业干部业务职称，是改革图书馆专业干部管理制度的一项重要措施。它改变了过去图书馆工作人员长期得不到应有重视的局面，对于稳定和加速建设图书馆专业队伍，鼓励广大图书馆工作者努力钻研业务，提高图书馆工作的管理水平，具有极其重要的意义，体现了党和政府对图书馆界知识分子的关怀与重视。

【《图书馆学基础》出版】 1981年3月，北京大学、武汉大学两校图书馆学系编写的《图书馆学基础》由商务印书馆出版，它是“文革”结束后公开出版的第一本图书馆学专业理论教材。该书采取“兼收并蓄”的方针，全面论述了图书馆的社会性、科学性、教育性和服务性，为其他学者研究图书馆学基础理论范畴内的各种问题提供了有益的借鉴。由于它影响深远，因此先后加印5次，累计印数达12万册。1988年，荣获国家教委颁发的文科教材一等奖。

【全国少年儿童图书馆工作座谈会召开】 1981年5月12—20日，文化部、教育部和团中央在北京联合召开全国少年儿童图书馆工作座谈会。中共中央书记处书记宋任穷，全国妇联主席、全国少年儿童协调委员会主任康克清接见了与会代表并作了重要讲话。会议着重讨论了发展少年儿童图书馆事业，改善少年儿童图书阅读条件，加强对少年儿童图书阅读指导等问题，并提出了9条改进意见。1981年7月24日，国务院办公厅转发了《关于全国少年儿童图书馆工作座谈会的情况报告》，要求有关部门积极支持，共同做好这项工作。此后各地加强了少年儿童图书馆工作，一些省、市成立了单独建制的少儿图书馆。

【中共中央发出《关于整理我国古籍的指示》】 1981年9月17日，中共中央发出《关于整理我国古籍的指示》（中发（1981）37号），决定恢复曾于1958年成立的古籍整理出版规划小组，由李一氓任组长，直属国务院。指示中明确指出了整理古籍的重要性、长期性及其深远影响，确定了古籍整理出版的重点和目标，并决定每年划拨专项资金支持事业发展。《指示》发布后，在古籍整理出版规划小组的领导和协调下，全国古籍整理出版工作在组织规划、人才培养和出版等方面都得到进一步加强，出现了前所未有的繁荣局面。

【《中华人民共和国高等学校图书馆工作条例》修订】 1981年9月16—25日，全国高等学校图书馆工作会议在北京召开。会议对建国以来我国高校图书馆建设取得的历史经验作了总结，讨论修订了《中华人民共和国高等学校图书馆工作条例》，明确了高校馆目前迫切需要解决的问题。为切实加强领导，会议决定成立全国高等学校图书馆工作委员会，作为教育部主管全国高等学校图书馆工作的机构，由教育部副部长周林任主任委员，吸收全国50个高校图书馆为委员馆。此次会议明确了图书馆在高等学校中的性质、地位和作用，研究落实了加强图书馆建设的若干措施，为改革开放初期高校图书馆事业的发展奠定了基础。

【《目录学概论》出版】 1982年，武汉大学、北京大学合编的《目录学概论》由中华书局出版，这是我国第一部正式出版的目录学教科书。由于该著对建国以来的目录学研究进行了一次较为全面的总结，提出了“理论—方法”体系，第一次将“矛盾说”写入教材，因此对我国目录学研究所起的作用是巨大的，对图书情报学学科体系的建立也产生了积极影响。该书被国内各院校广泛采用为教材，先后印刷9次，发行量达10多万册，并获得国家教委首届高等学校优秀教材一等奖。

【张琪玉的《情报检索语言》出版】 1983年，张琪玉教授的代表作《情报检索语言》由武汉大学出版社出版。该书通过开拓性地对各种情报检索语言进行系统、整体的研究，从而构建了中国情报语言学学科的基本框架与研究方法体系，被誉为我国“情报语言学的开山之作”。该书对我国情报语言学、文献分类学的理论研究、教学、知识普及和文献标引与检索实践产生重大影响，与其修订本《情报语言学基础》先后合计印刷11次，共99900册，作为高校教材被广泛采用。1989年，获得中国图书馆学会首届图书馆学情报学学术成果奖之优秀著作奖。张琪玉教授所构建的情报语言学，带动了我国情报语言学的发展，使检索语言研究成为80年代图书馆学内最活跃、最具有创造力的理论前沿之一，为我国情报语言学研究的深化和拓展做出了很大贡献。

【白国应的《图书分类学》出版】

1983年，白国应先生编著的《图书分类学》由书目文献出版社出版。这是我国第一部全面系统论述图书分类学的专著，阐述了图书分类学的基础理论、图书分类原理、图书分类历史、图书分类表、图书分类工作和图书分类应用等问题，达到理论与实践的完美结合。它成为我国20世纪最有影响的10部文献分类学著作之一，也是国内文献分类学论著中被引用次数较多的著作之一。1989年，获得中国图书馆学会首届图书馆学情报学学术成果奖之优秀著作奖。

【第一次全国少数民族地区图书馆工作座谈会在京召开】 1983年7月6—12日，由文化部图书馆事业管理局、民族文化司、国家民委文化司和中国图书馆学会联合主办的第一次全国少数民族地区图书馆工作座谈会在北京举行。习仲勋、邓力群、杨静仁、周培源等党和国家领导亲临会议并接见代表。会议在中国民族图书馆事业史上具有重要意义，对民族地区图书馆事业发展起到了极大的推动作用。1984年2月，中国图书馆学会学术委员会成立少数民族地区研究组，由它承担起中国民族图书馆事业网的具体规划和组织工作。继第一次会议后，1985年、1990年、1994年、1996年、1997年、2001年、2004年还分别在新疆乌鲁木齐、云南大理、内蒙古哲里木盟、西藏拉萨、吉林延吉、贵州贵阳、云南大理召开了第二、三、四、五、六、七、八次会议，在不同时期对中国民族图书馆事业建设发挥了重要作用。

【教育部印发《关于在高等学校开设〈文献检索与利用〉课的意见》】 1984年2月22日，教育部印发《关于在高等学校开设〈文献检索与利用〉课的意见》的文件，指出各高等学校应当积极创造条件开设文献检索与利用课程，并对课程要求等作了明确规定。这一课程的开设，有利于培养大学生的情报意识和获取文献的技能以及独立学习的能力，也有效地促进了高校图书馆的工作。1988年以后，文献检索课教学进入相对成熟阶段并向信息检索课过渡，已逐步纳入本科生、研究生的必修课程体系，成为高校信息教育的核心。

【中国第一所图书情报学院在武汉大学建立】 1984年4月7日，经教育部批准，在武汉大学图书馆学系的基础上建立了武汉大学图书情报学院；同时在武汉大学建立图书馆学情报学研究所，建制相当于系级。该系云集了一批在国内外图书馆学和情报学领域颇具影响力的专家学者，而且拥有众多的优秀中青年教师，图书馆学情报学科研成果显著，为国家培养了大批专业人才。武汉大学图书情报学院是我国第一所图书情报学院，武汉大学图书馆学情报学研究所是我国第一所图书情报专业研究所，它们的建立，是中国图书馆事业、图书馆学教育史上的一个里程碑。

【全国图书馆文献缩微复制中心成立】 为了实施我国公共图书馆“文献抢救”计划，1984年7月，文化部批准成立“全国图书馆文献缩微复制中心”。1985年11月，在南京召开了全国图书馆文献缩微复制工作会议，成立了全国图书馆文献复制工作协调委员会，正式宣布了缩微复制中心的成立，并通过中心的章程（草案），讨论修订了1985年的工作计划和缩微拍摄的标准。随后，一批共公图书馆缩微复制机构相继建立并开展工作，不仅抢救保护了国家图书馆和公共图书馆的大批文献，还以缩微复制方式补充了馆藏。缩微技术是调整藏书结构的辅助手段，为文献永久保存提供了有效的解决方法，还是开发文献资源的有效途径。

【全国首届图书馆学基础理论研讨会召开】 20世纪80年代以来，我国图书馆学基础理论的研究出现前所未有的繁荣。在这种背景下，全国首届图书馆学基础理论研讨会于1984年11月1–7日在杭州召开，这是中国图书馆学会举办的第一次全国性专题学术会议。会议集中就图书馆学的研究对象和内容，图书馆学的学科性质，以及新技术革命与图书馆学的未来发展等重大基础理论问题进行了较为深入的讨论。共收到论文74篇，大会交流论文36篇。会后，由中国图书馆学会基础理论研究组编辑出版了《图书馆学基础理论论文集》。这次会议对推动我国图书馆学基础理论研究的进一步发展产生积极影响。

【湖南图书馆新馆建成开放】 1984年12月1日，由中共中央总书记胡耀邦题写馆名的湖南图书馆新馆建成并正式对外开放。新馆占地面积43700平方米，共有大小阅览室、研究室、陈列室等36个，设计读者座位1200个，书库建筑面积10071平方米，可藏书500万册。新馆设备先进，已开始在图书馆工作中应用电子计算机技术。新馆荣获湖南省建筑设计二等奖，被评为长沙市十佳建筑之一，并成为当时全国最大的省级公共图书馆。庆典大会后，中国图书馆学会在长沙主办了第一次全国图书馆建筑研讨会，讨论了搞好图书馆建筑设计的有关问题。会后，全国掀起了新馆建设的高潮。

【王重民编著的《中国善本书提要》出版】 1985年，王重民先生编著的《中国善本书提要》由上海古籍出版社出版。王重民先生（1903－1979年）是我国著名目录学家，他编著的《中国善本书提要》是其最具代表性的一部皇皇巨著。该书编纂善本书提要多达4000余种，总计192万多字。书中运用"辨章学术，考镜源流"的研究方法，达到既重著录，又重提要的双重理想标准；该书体例严谨，做到了纠正谬误，补充遗漏。因此，这部巨著被誉为是一部极有参考价值的善本书录，"在版本目录学史上建立了一座丰碑"。

【中央广播电视大学开设图书馆学专业】 党的十一届三中全会以后，随着图书馆事业的发展，因正规教育不足导致图书馆专业技术人员严重短缺，这促使了图书馆学成人教育的产生和发展。1985年，中央广播电视大学增设了图书馆学专业，第一届就招生两万余人。图书馆学专业教育出现了以正规教育为主导，成人教育、在职教育、在职培训等多种教育形式并举的新局面。利用电大这种具有开放性、社会化特点的学校开设图书馆学专业，是对正规教育的有利补充，对发展我国图书馆事业具有重要战略意义。

【吴慰慈、邵巍的《图书馆学概论》等一批图书馆学基础理论教材相继出版】 20世纪80年代中期以来，我国图书馆学基础理论研究出现前所未有的繁荣，一批代表当时图书馆学基础理论研究最高水平的专著与教材陆续出版，包括1985年作为广播电视大学教材由书目文献出版社出版，吴慰慈、邵巍编著的《图书馆学概论》；1986年南开大学出版社出版，倪波、荀昌荣等合编的《理论图书馆学教程》；1988年武汉大学出版社出版，黄宗忠编著的《图书馆学导论》等。这些专著和教材的编著者们，注意运用当代科学领域的最新成果，多角度、多方位地对图书馆学研究对象、学科性质、体系结构、本质属性和职能等问题进行深入研究和探讨，从而使图书馆学基础理论的研究不断深化，并与其它学科不断融合，大大拓展了研究视野，加强了研究的思辨能力，从而促使中国图书馆学的基础理论体系逐渐形成。

【北京图书馆开始编辑、出版《中国国家书目》年度累积版】 1985年，北京图书馆为充分履行全国书目中心的职能，承担起编制中国出版物国家书目的任务。为此，专门成立《中国国家书目》编辑组，按照"领土——语言"原则，收录每年中国出版的各类出版物，使新书覆盖率达到80%。1987年，中国第一本国家书目——《中国国家书目》1985年年度累积版正式出版。开始是以手工方式编印，自1990年9月开始采用计算机编制每月两期速报本，为国内外文献资源共享创造了有利条件。该书目是实现中国国家书目控制的基础，也为实现世界书目控制创造了条件，对推动中国图书书目事业的发展起到了积极作用。

【第二次全国图书馆工作会议召开】 1985年7月17—23日，中共中央宣传部、文化部在北京联合召开第二次全国图书馆工作会议。中央书记处书记邓力群接见了出席会议的全体代表并讲话，文化部部长朱穆之在闭幕式上发表重要讲话。严济慈、周谷城、刘季平等同志还参观了全国图书馆事业成就及服务成果图片展并进行了座谈。这次会议是建国以来的第二次全国性图书馆工作会议，重点对文化部提出的《关于改进和加强图书馆工作的意见》（征求意见稿）进行了讨论。1987年3月，《关于改进和加强图书馆工作的报告》呈报国务院审批。同年8月，经中央和国务院领导的同意下发，要求各级图书馆认真贯彻《关于改进和加强图书馆工作的报告》的精神，加快改革的步伐，促进图书馆事业的发展。

【周文骏的"文献交流说"和宓浩的"知识交流说"】 1986年，周文骏的专著《文献交流引论》出版，书中首倡的"文献交流说"突破了传统图书馆学的理论思维模式，使图书馆系统与外部系统关系的探讨进一步深化。1988年，由宓浩、刘迅、黄纯元编著的高校文科教材《图书馆学原理》出版，书中对以宓浩为代表的"知识交流说"进行了系统论述。这些"交流"学说都注重在社会文化的大系统中来把握图书馆学的本质，强调图书馆在文献交流、知识交流系统中的地位和作用，从而把图书馆学研究从以微观为主扩展到宏观的研究，从研究图书馆的内在规律延伸到研究社会文化知识的发展规律，延伸到情报、知识、信息的传播过程及规律研究。

【首届全国中青年图书馆学情报学理论研讨会在武汉大学召开】 1986年5月27日至6月1日，由国家教委和武汉大学图书馆图书情报学院研究生会组织的首届全国中青年图书馆学情报学理论研讨会在武汉大学召开。在这次会议上，青年图书馆学家以整体姿态进入中国图书馆学基础理论前沿，成为当时冲击经验图书馆学、催生新图书馆学的最积极力量。1987年、1988年、1989年，还分别由华东师范大学图书馆学情报学系、北京大学图书馆学情报学系、东北师范大学主办了第二届、第三届、第四届研讨会。这几届中青年图书馆学情报学理论研讨会起到了展现青年才智、凝聚青年力量的作用。

【全国文献资源调查及布局研究工作开始启动】 1987－1990年，在部际图书情报协调委员会领导和国家社科基金会资助下，开展了我国第一次大规模的跨系统的文献资源调查评估及布局的研究工作。共评估了500多个情报机构和1800多个研究级文献单位的文献收藏情况，促进了一些地区文献资源的协作、协调和规划建设；完成了近一百万字的研究报告和论文，并由中国人民大学图书馆整理成《全国文献资源调查与布局研究成果汇编》，于1991年11月由中国人民大学出版社出版发行。

【《图书馆建筑设计规范》正式颁布】 1987年5月13日，城乡建筑环境保护部、文化部、国家教委向中央和全国各地建设厅（建委）、文化厅（局）、高校、教育厅（局）等有关部门联合发出《关于批准发布<图书馆建筑设计规范>的通知》，规定此规范自1987年10月1日起开始试行。这是新中国成立后第一部图书馆建筑设计方面的正式技术法规，也是30年来图书馆建筑设计经验的总结。它的颁布和试行，为我国图书馆建筑设计提供了重要依据。

【北京图书馆新馆隆重举行落成开馆典礼暨开馆75周年纪念大会】 1987年10月6日，北京图书馆新馆隆重举行落成开馆典礼暨开馆75周年纪念大会。万里、余秋里、胡启立等党和国家领导人，各有关单位负责人，部分专家、学者，国际图联主席和联合国教科文组织的代表、十几个国家和港澳地区图书馆界的代表，以及北京图书馆的全体职工共2000余人参加了开馆典礼。新馆工程于1983年9月奠基，改革开放的总设计师邓小平同志亲笔题写馆名“北京图书馆”。新馆占地7.42公顷，总建筑面积14万平方米。基本书库设计藏书2000万册；37个阅览室设有3000个阅览座位；配有电子计算机房、展览厅以及1200个座位的视听报告厅。整个建筑以高61米的基本书库为中心，由13个子项组成一组群体建筑。整个建筑空间组合高低错落，在保持中华民族建筑艺术风格的基础上，又有现代创新。使整个馆的功能达到分区合理、动静相宜、便于利用，营造出书与人融为一体的和谐、自然的读书环境。新馆馆藏高达2000万册（件），居世界第五，藏书及馆舍面积位居亚洲第一。

【全国公共图书馆举行首届图书馆服务宣传周活动】 1985年初，湖南图书馆学会等单位联合向全省各级各类图书馆（室）倡仪将每年的3月24日定为湖南省图书馆宣传活动日，在公共场所开展不同形式的图书馆宣传活动。1988年5月，全国图书馆工作会议决定从1989年开始建立全国性的“图书馆服务宣传周”制度，时间定为每年5月的最末一周。1989年5月28日至6月3日，根据文化部图书馆司的统一部署，全国首届图书馆服务宣传周活动在全国县以上公共图书馆同时举行。此后每年一届的图书馆服务宣传周期间，为了让更多的群众了解图书馆、利用图书馆，各地文化厅（局）和全国各地图书馆竞相组织、展开声势浩大、内容丰富的系列宣传服务活动，使各地公共图书馆的服务质量不断提高，对社会主义精神文明的建设起到积极的推动作用。

【中国图书馆学会编辑、出版《中国图书馆学情报学论文选丛》（1949－1989），并对10年来的科研成果进行首次评奖】 为庆祝中华人民共和国成立40周年暨中国图书馆学会成立10周年，学会于1989年编辑出版了《中国图书馆学情报学论文选丛》（1949－1989）共10集。其主要内容全面反映了新中国成立40年来图书馆学情报学的建设成就。与此同时，学会对图书馆学情报学10年来的优秀著作、论文等研究成果进行了首次评奖。这次活动大大激发和调动了图书馆工作人员参与学术研究的积极性。

【《中国国家书目机读目录》（速报版）由北京图书馆开始发行】 北京图书馆自1987年开始出版《中国国家书目》年度累积本。从1988年开始出版《中国国家书目》速报本，它采用计算机编制，以报纸形式每周出版两期，成为图书馆、情报单位必不可少的工具报纸，也成为实现全国统一分类、标引、编目的一个创举。1990年9月，《中国国家书目机读目录》（速报版）由北京图书馆开始发行。此项目由北京图书馆与图新技术开发公司合作，采用以电子计算机M—150H系统脱机处理的编辑出版方式，将国内最新出版的图书目录转换为书目数据库。该数据库采用标准中文MARC格式，覆盖80%的国内新版图书，并与新书同步发行，基本体现了我国主要出版物完整、准确、及时的记录。

【“台湾地区图书馆界赴大陆参观团”对大陆进行建国以来的首次访问】

1990年9月2—20日，应中国图书馆学会的邀请，以台湾师范大学王振鹄教授为团长的台湾地区图书馆界赴大陆参观团一行14人自新中国成立后首次对大陆进行访问。王教授一行访问了北京、天津、武汉、上海和杭州等5地。除参观各地一些公共图书馆、大学图书馆、图书馆学院系外，还与各地图书馆界人士进行了广泛的接触及交流、座谈，增进了相互了解。这次访问拉开了两岸正式交流的序幕。

【全国公共图书馆为社会主义精神文明建设服务经验交流会召开】 1990年12月17—20日，由文化部主办的全国公共图书馆为社会主义精神文明建设服务经验交流会在天津召开。会议旨在交流图书馆为社会主义精神文明建设服务的经验，探索出更好地为社会主义精神文明建设服务的新方法。会议讨论了《关于加强公共图书馆为社会主义精神文明建设服务工作的意见》（征求意见稿），研究了如何更好贯彻落实党中央关于加强社会主义精神文明建设的精神，有10所图书馆介绍了各自的经验。会上，文化部对在社会主义精神文明建设服务工作中做出突出成绩的全国166所公共图书馆予以表彰。

【北京大学、武汉大学招收首批图书馆学情报学博士生】 1990年，经国务院学位委员会批准，北京大学、武汉大学、中国科学院文献情报中心等3个单位设立了图书馆学专业博士学位授权点，武汉大学、南京大学（与中国科学院文献情报中心联合）和北京大学（与中国科学技术信息研究所、中国国防科技信息中心联合）3个单位设立了情报学专业博士学位授权点。1991年，北京大学、武汉大学招收了首批图书馆学情报学博士生。1994年6月，北京大学信息管理系举行了首届图书馆学博士学位论文答辩会，周庆山做了论文答辩；同期在武汉大学图书情报学院分别举行了首届情报学和图书馆学博士学位论文答辩会，丰成君、刘晓敏、王新才、柯平、傅清波等5人做了论文答辩。经评议，6人的学位论文均获通过，且绝大多数被认为是优秀论文。至此，我国培养出首批图书馆学情报学博士。至2000年，我国具备图书馆学、情报学硕士学位授予权的教育点已达27个，图书馆学、情报学博士学位授予点已达4个。图书馆学情报学教育事业历经数十年发展，已形成由博士学位、硕士学位、第二学士学位、学士学位及专科教育、成人教育组成的，完整的、多层次、多类型的教育体系。博士学位授权点的建立，不仅提高了图书馆学情报学的学科地位，还促进了图书馆学情报学学科建设和科学研究的发展。

【《中国机读目录数据规范格式》（试用本）和《规范数据款目著录规则》（草案）编制完成】 1991年，由北京图书馆承担的文化部科研项目《中国机读目录规范格式》通过技术鉴定，编制的《中国机读目录数据规范格式》（试用本）和《规范数据款目著录规则》（草案）同时出版发行。这些使用手册的出版，适应了计算机编目工作的需要，大大减少了文献情报机构的重复劳动，提高了文献编目的质量和工作效率，使文献信息工作有了可靠的技术保障和规范标准的操作依据，对我国文献情报工作的标准化和图书馆的自动化起到了积极的推动作用。

【深圳图书馆ILAS系统通过鉴定】

1991年11月22—24日，文化部重点科技项目——“图书馆自动化集成系统（ILAS）”技术鉴定会在深圳图书馆召开，由深圳图书馆承担并组织实施的ILAS系统通过技术鉴定。鉴定委员会一致认为：该系统在微机系列图书馆自动化集成系统的功能完备性、整体系统的集成性和通用性、技术的实用性和先进性、产品化程度、软件的可维护性和可移植性、推广的范围和生产的效益等综合指标居国内领先水平，并达到国际80年代同类系统的先进水平。当时这一系统已在深圳图书馆全面运行并向全国推广。

【“情报学”改称“信息学”风潮】

“情报学”这一概念尽管通用于我国大陆图书情报学界十几年，但界外人士以及广大民众，特别是港澳台地区及海外华人却很难接受这一概念，其涵义常常造成误解，影响了科技界、图书馆学界的正常交流，给外事工作带来诸多不便。于是，便有了要求将“情报学”改名的强烈呼声。1992年9月15日，国家科委在全国科技情报工作会议上首先宣布将“科技情报”改名为“科技信息”。随后，教育领域开始将“情报学”改称“信息学”，1993年，北京大学图书馆学情报学系改名为信息管理系，改名风潮持续多年。“情报学”改名，直接涉及到所有有关院校机构和刊物更名，这些调整和变化是图书馆学情报学在当今科学的裂变重组中重新整合的结果，是适应社会发展需要进行的改革措施，是适应社会主义市场经济的需要而进行的。改名后的十几年来，这些院系都在进行课程设置改革，有些已取得显著成效，原来的图书情报学随着系名的更改而扩大了内涵和外延，更好地适应了社会和时代的需求。

【《中国大百科全书·图书馆学·情报学·档案学》出版】 1993年1月，《中国大百科全书·图书馆学·情报学·档案学》由中国大百科全书出版社出版。它是我国第一部图书馆学大型百科全书，条目包括图书馆学、目录学、文献学三部分，共设词条813条，约80万字。它较为详尽地叙述和介绍了图书馆学方面的基础知识，同时还提供了丰富的图书馆学、情报学史料，是数十年来图书馆学、情报学研究成果的全面介绍和总结，因此是图书馆学研究者乃至广大普通图书馆工作者首选的工具书。

【我国图书馆界学者首次赴台湾地区访问】 自1990年9月“台湾地区图书馆界赴大陆参观团”访问大陆之后，1993年2月19日至3月4日，受台湾大学邀请，庄守经、史鉴、周文骏、彭斐章、陈誉、王振鸣等图书馆专家赴台湾地区进行了为期2周的参观访问。访问期间，除参加“图书馆学与资讯科学研讨会”和“图书资讯学教学研讨会”外，还在台北、台中、高雄等地参观访问了14所文教机构和29个图书馆，参加了7次座谈会。这次访问，使大陆学者对台湾地区的图书馆及文化事业有了更进一步的了解，具有开创双向交流的重大意义。

【北京图书馆副馆长孙蓓欣当选为IFLA执行委员会委员】 1993年8月22—28日，国际图联第59届理事会和大会在西班牙巴塞罗那举行，中国代表杜克、侯恩余、崔维本、孙蓓欣、秦曾复、王西京、蒋伟明和董小英等出席了会议。在8月22日召开的理事会会议上，中国图书馆学会常务理事、北京图书馆副馆长孙蓓欣当选为新一届执行委员会委员，这是自1981年中国图书馆学会在国际图联恢复合法席位以来，中国代表首次担任这一重要职务。孙蓓欣，女，1991年任北京图书馆副馆长，中国图书馆学会第五届、第六届理事会副理事长。由于她在国际图联的出色工作，1997年又被选连任。

【首届海峡两岸图书资讯学术研讨会在上海华东师范大学召开】 1993年12月13－15日，首届海峡两岸图书资讯学术研讨会在上海华东师范大学召开。与会者就海峡两岸图书资讯事业发展、图书资讯教育、图书馆的管理与利用、图书资料的分类与编目、图书馆自动化与资讯网络等议题展开讨论，共交流论文23篇。这次会议汇集了大陆和台湾地区最有名望的图书馆学家；还特邀了两岸三校的9名图书馆学情报学博士研究生与会交流。1994年、1997年、1998年、2000年，还分别在北京大学、武汉大学、中山大学、四川都江堰市举行了第二、三、四、五届研讨会，其中第四届研讨会是第一次有两岸四地代表参加的、规模最大的一次学术会议。这些学术研讨会的召开，对海峡两岸的图书资讯事业产生了深远影响。

【《中国分类主题词表》出版】

1994年，《中国分类主题词表》由华艺出版社出版。它是我国目前规模最大的分类法主题法一体化的情报检索语言工具，共收录分类法类目5万余个，主题词及主题词串21万余条，包括哲学、社会科学、自然科学所有各个领域的学科和主题概念，用于各种类型图书馆和情报机构对文献进行分类标引和主题标引工作，既可用于手工检索，也可用于计算机检索系统。它的编制出版，对于发挥检索语言的整体功能、实现分类主题一体化，提高文献标引质量和检索效果起到重要作用，从而推动了我国文献主题检索系统的建立，促进我国计算机分类主题自动化标引及情报检索网络的形成，因此标志着我国情报检索语言研究达到了一个新水平。1996 年 12 月，荣获“国家优秀科技信息成果”二等奖。

【文化部下发《关于在县以上公共图书馆评估定级的通知》】 1994 年，文化部下发《关于在县以上公共图书馆评估定级的通知》，首次对全国县以上公共图书馆进行评估定级。全国共评出一级图书馆 68 个，二级馆 451 个，三级馆 625 个。同时，在评估、定级基础上，评选出文明图书馆 151 个，图书馆工作先进集体 22 个，图书馆先进工作者 180 位。1998 年，文化部对全国县以上公共图书馆进行第二次评估定级，并对原来的《评估标准》进行了修改。全国共评出一级图书馆 215 个，二级馆共 581 个，三级馆共 755 个。2003－2004 年，中国图书馆学会首次接受文化部委托，参与第三次评估工作，完成了评估《细则》的编制、评估结果汇总等工作。全国公共图书馆评估工作按统一标准进行，比较全面地反映了各个图书馆的实际情况和全国公共图书馆的发展水平。它对提高公共图书馆的工作质量和服务水平，促进图书馆事业的改革与发展起到了积极的推动作用，评估过后，各个图书馆在馆舍面积、事业经费、藏书总量等方面都有了很大程度的改善，整体实力得到大幅度提高。

【《当代中国的图书馆事业》由当代中国出版社正式出版】 1995 年 5 月，《当代中国的图书馆事业》由当代中国出版社出版。该书是反映中华人民共和国成立 40 年以来（1949－1989 年）我国图书馆事业建设的一部史书，由文化部组织全国图书馆界力量共同编写完成，约 63 万多字。该书以实事求是的科学态度，运用丰富可靠的事实资料，对错综复杂的史实进行科学分析，如实地反映了新中国 40 年来的图书馆建设史，为研究中国图书馆事业的发展过程、经验和规律，为广大读者更好地了解、利用图书馆提供了丰富的史料和生动的教材。

【《中国国家书目光盘》第一版发行和《中国机读目录格式》正式颁布】

1995 年 6 月，由北京图书馆编辑的《中国国家书目光盘》第一版正式发行。该光盘是一个标准的、完备的、能覆盖几十年文献的书目数据库，它的发行有利于提高编目效率和质量，有助于各个图书馆尽早实现业务工作自动化及书目数据的规范化、共享性，从而为我国图书馆网络化打下良好基础。1996 年 7 月 1 日，由中国机读目录格式编辑委员会制定的中华人民共和国文化行业标准《中国机读目录格式》正式颁布实施。该格式是依据 IFLA 的《UNIMARC 手册》（1987 年）编制而成的，根据中文文献和信息处理的特殊性增设了一些必需的字段和子字段，并注意吸收中国图书馆界近年来使用北京图书馆编写的《中国机读目录通讯格式》进行机读编目和数据交换方面的经验，充实了有关内容。该格式具有较强的指导性和可操作性，对中国实施标准化的计算机编目，建立规范化的书目数据库以及交换与共享国内外的书目信息，起到重要的推进作用。

【上海图书馆与上海科技情报研究所合并，新馆于 1996 年建成开放】

1995 年 10 月，上海图书馆与上海科技情报研究所合并，这是图书情报一体化的重大进展与突破，有助于优势互补、资源共享，从而形成整体合力和规模效应。1996 年 12 月 20 日，位于淮海中路的上海图书馆新馆建成开放。新馆建筑造型设计新颖优雅，具有上海文化特色与时代精神。主楼由两座高度分别为 58．8m 和 106．9m 的塔形高层和 5 层裙房组成。馆内总体布局合理，人、车、书分流。设有 25 个各类阅览室，设计藏书容量为 1300 万册（件）。配有各种先进设备与设施并向社会开放。新馆已成为上海市的十大标志性建筑物之一。

【石景宜先生赠书仪式在北京图书馆隆重举行】 1995 年 10 月 5 日，全国政协委员、香港著名出版家石景宜先生向全国 125 家图书馆赠书仪式在北京图书馆隆重举行，李瑞环、程思远等领导同志出席仪式。石景宜先生创办了香港汉荣书局。自 1978 年以来，他开创了一条独特的“赠书报国”之路，成为港澳台同胞中向祖国赠书最早、数量最多、涉及面最广的第一人。到 1996 年底，石先生已向大陆 200 多所高等院校、科研机构和公共图书馆赠送台湾版中文图书 215 万册。自 1990 年开始，石先生还不断捐赠大陆版书籍给台湾各个文教机构共 15 万册。230 万册书价值共计 1．5 亿多港元。石先生为弘扬中华民族文化、促进两岸文化交流做出了重大贡献。

【第 62 届 IFLA 大会在北京召开】

1996 年 8 月 25 日—31 日，第 62 届国际图书馆协会联合大会（IFLA）在北京隆重召开。这是在中国举行的第一次国际图联大会，近 3000 名代表出席，其中中方代表 860 人。本届大会的主题是“变革的挑战：图书馆与经济发展”，旨在探讨世纪之交世界图书馆面临的挑战与机遇，研究图书馆在促进各国经济发展与社会进步中的独特优势和重要功能，研讨世界图书馆事业发展中的重大决策。8 月 26 日，大会开幕式在北京国际会议中心隆重举行。国务院总理李鹏出席并致辞，表明我国政府十分重视和支持图书馆事业，这对我国广大图书馆工作者是极大的鼓舞。北京市副市长何鲁丽、国际图联主席罗伯特・韦沃斯发表讲话。全国人大常委会副委员长、著名社会学家费孝通在大会上作题为《变革的挑战：图书馆与经济发展——面向多元一体化世界性格局的图书馆》的主旨报告，受到与会代表的热烈欢迎。大会期间，共召开大小会议 200 多次，交流论文 300 多篇。本届大会中国入选论文 58 篇，约占入选总数的 1/5，创历届大会中国论文之最。中国代表在 23 个专业组会议和 9 个圆桌会议上作了发言。大会对公共图书馆宣言进行了讨论修改，强调图书馆是一种公共机构，原则上应为用户提供免费服务，满足所有人阅读和获取信息的需要。第62届国际图联大会展览会在北京国际会议中心同期举办，我国和世界各地110多家图书馆、厂商和出版社参展。各国代表通过广泛接触与交流，增进了彼此之间的了解与友谊，推动了世界图书馆事业的发展。在大会正式召开前，还召开一系列筹备会议，组织开展了许多宣传报道活动。我国各新闻媒体、图书馆专业刊物也给予了充分的报道和宣传，在较长一段时间里图书馆一度成为社会的热点和焦点，提高了我国公民的图书馆意识。

【《中国文献编目规则》出版】

1996年10月，由全国情报文献工作标准化技术委员会、中国图书馆学会推荐使用的我国第一部大型综合性编目规则—《中国文献编目规则》出版。它以《国际标准书目著录》和中国文献著录国家标准为依据，包括著录和标目两大部分，主要适用于汉语文献编目，也可供中国其他语种文献编目使用和外国文献编目数据的转换。它作为机编格式的基础，对著录项目职能的区分较为明确，利于机器的识别与操作。该书的出版，是全国文献工作标准化取得的重大成果。

【中宣部、文化部等部门联合发出《关于在全国组织实施"知识工程"的通知》】 1994年，广西壮族自治区率先在全区开展"知识工程"活动，收到很好的社会效果。1997年1月2日，中宣部、文化部等9个部门联合发出《关于在全国组织实施"知识工程"的通知》，并成立全国"知识工程"领导小组，由中宣部副部长、文化部部长刘忠德任组长，办公室设在文化部图书馆司。"知识工程"是以发展图书馆事业为手段，以倡导读书、传播知识、推动社会文明与进步为目的的一项社会文化系统工程。几年来的实践证明，在全国范围内推广和组织实施"知识工程"，可以吸引越来越多的人多读书、读好书，增强全社会的图书馆意识，充分发挥各级各类图书馆为经济建设和社会主义精神文明建设服务的社会作用，从而提高整个民族的思想道德素质和科学文化素质，推动社会文明与进步。

【"中国试验型数字式图书馆"项目正式启动】 1997年，由国家计划和发展委员会批准立项、北京图书馆承担的国家重点科技项目—"中国试验型数字式图书馆"项目正式启动，项目实施期为1997年7月－2000年12月。经过几年的研究实践，该项目创建了一个分布式、可扩展、可互操作的具有一定规模的内容资源的试验型数字图书馆，达到国际同类水平，为我国进行大规模中国数字图书馆建设取得了重要的实践经验。2001年5月，该项目通过专家技术鉴定。

【中国高等教育文献保障系统正式启动】 中国高等教育文献保障系统（英文名称 China Academic Library & Information System，简称 CALIS）是经国务院批准的我国高等教育"211工程"总体建设规划中两个公共服务体系之一，也是我国高等教育发展的基础设施之一。1998年11月，国家发展计划和发展委员会批准该项目的可行性研究报告，项目正式启动。在北京大学设立了CALIS全国管理中心，专门从事项目的规划、实施，子项目的管理，规章制度的制定，以及服务系统的开发、建设、运行等等。整个保障体系采取了全国中心、地区中心和成员馆三层结构，参与主体是"九五"期间国家正式立项建设的"211工程"的61所高校，其他有条件的高校均可积极参与子项目的建设和共享 CALIS 的资源。经"九五"期间的建设，已形成中国高等教育文献保障系统的基本框架，为21世纪我国高校图书馆向数字化进一步发展奠定了坚实基础。

【江泽民总书记视察北京图书馆】

1998年12月22日，中共中央总书记、国家主席江泽民在中共中央政治局常委、国务院副总理李岚清，中共中央政治局候补委员、书记处书记、中央办公厅主任曾庆红的陪同下，视察了北京图书馆。江泽民总书记先后视察了四库全书库房、馆藏珍本展示室、善本阅览室、中文社科图书阅览室和电子阅览室，并与读者进行了交谈。他指出：社会的发展，人类的进步，都离不开知识，我们要在全社会倡导人们多读书，大兴勤奋学习之风。如果12亿人民中，读书的人越来越多，大家的知识水平提高了，就会变成强大的物资力量，我们国家的富强和民族的振兴就大有希望。江泽民总书记视察北京图书馆，是对北京图书馆和全国图书馆工作者的巨大鼓舞和鞭策。江总书记在视察时所作的重要指示高度概括了知识在社会历史发展中的作用，尤其强调了在全社会倡导多读书，大兴勤奋学习之风的重要性，这对于我国实施科教兴国战略，迎接知识经济时代挑战，实现我国在21世纪的战略目标具有重要意义，同时对建设有中国特色社会主义文化，对全国图书馆事业建设也具有重要指导意义。文化部随即发布《关于学习贯彻江泽民总书记视察北京图书馆时所作重要指示的通知》，并提出以下意见：认真组织学习，深入领会江总书记的指示精神，提高对大兴勤奋学习之风重要性的认识；充分发挥图书馆在全民读书、学习活动中的重要作用；强化图书馆的教育职能和服务意识，为在全社会大兴勤奋学习之风不懈努力。

【北京图书馆更名为国家图书馆】

国家图书馆始建于1909年，当时名为京师图书馆；1928年，更名为国立北平图书馆；新中国成立后，更名为北京图书馆。目前的新馆于1987年7月1日正式开放。1998年12月12日，经国务院批准，北京图书馆正式更名为国家图书馆，对外称中国国家图书馆。中共中央总书记、国家主席江泽民题写了新馆名。1999年9月，在纪念建馆90周年之际，中共中央政治局常委、全国人大常委会委员长李鹏出席了国家图书馆新馆名揭牌仪式并发表讲话。国家图书馆是综合性研究图书馆，是国家总书库、全国书目中心、图书馆信息网络中心、图书馆发展研究中心。它承担着为中央国家领导机关、重点科研、教育、生产单位和社会公众服务的任务，负责全国图书馆业务辅导，开展图书馆学研究。它代表国家执行有关对外文化协定，开展与国内外图书馆界的交流与合作等项职能。这次更名，标志着国家图书馆的发展开始了新的征程。

【"改革开放20年中国图书馆事业高层论坛"召开】 1999年4月27－29日，由文化部、中国图书馆学会、江苏省图书馆学会、常熟市文化局联合主办的"改革开放20年中国图书馆事业高层论坛"在江苏常熟图书馆召开。与会专家围绕图书馆事业建设和图书馆改革，图书馆资源共享与数字图书馆，图书馆学教育和人才培养，图书馆产业化、图书馆立法等热点和难点问题进行了探讨，提出很多设想和建议。其中图书馆如何深化改革，面向市场，努力满足人民群众对文献信息日益增长的需求，真正体现图书馆的存在价值，是这次高层论坛重点讨论的问题。论坛充分发挥了高层次专业人才在推进我国图书馆事业建设中的智囊作用，为即将跨入新世纪的我国图书馆事业的更快发展起到促进作用。

【"中国图书馆学会1999年会暨成立20周年纪念活动"在大连举行】 1999年7月9－12日，"中国图书馆学会1999年会暨成立20周年纪念活动"在大连隆重举行。这次会议是中国图书馆学会举办的首次年会，又适逢学会成立20周年，因此吸引了1000余名来自全国各地图书馆界的代表参会，人数之多，规模之大，影响之深，在国内图书馆界是空前的。澳门地区和日本图书馆协会也派代表团参会。年会主题为：世纪之交：图书馆事业回顾与展望，并设立了6个分主题。周和平副理事长作了题为《总结经验，迎接挑战，开创我国图书馆学会工作新局面》的工作报告，回顾、总结了中国图书馆学会20年来的发展成就和经验，探讨世纪之交图书馆所面临的重大问题，展望新世纪图书馆的发展战略与发展方向。本次年会共收到征文750余篇，评出优秀论文70篇，大会交流论文341篇。优秀论文由北京图书馆出版社结集出版。与会代表围绕年会主题、分主题进行了广泛的交流，气氛热烈、友好，充分体现了学术民主。同期召开了中图学会五届二次理事会，举办了"1999年中国图书馆专业设备展览会"和专业参观等活动，受到代表的一致欢迎。大连年会后，学会还先后在内蒙古海拉尔、四川成都、陕西西安、江苏苏州举办年会，海内外累计参会人数达4200余人。历次年会的成功举办，推动了中国图书馆事业的发展。年会上充分交流了学术观点，活跃了学术思想；加深了国内外图书馆界同仁之间的了解和友谊，为以后的合作与交流奠定了基础；同时也使中国图书馆学会学术交流主渠道的作用，通过年会这个"大舞台"得以充分发挥。

【中国数字图书馆工程正式启动】

2000年4月5日，由文化部牵头召集的中国数字图书馆工程建设联席会议第一次会议在国家图书馆召开，标志着中国数字图书馆工程正式启动，开始进入实质性操作阶段。会议决定组成"中国数字图书馆工程建设联席会议"，作为工程建设的决策机构，负责宏观规划工程的建设方向、协调资源建设等，其办公室设在国家图书馆，对外称"中国数字图书馆工程建设管理中心"；决定成立"中国数字图书馆工程建设专家顾问委员会"，对工程所涉及的规划及实施方案、资源建设、技术路线、标准规范和知识产权等关系到全局性的重大问题给予咨询和指导。中国数字图书馆国家中心设立在国家图书馆，在其中建立多功能的试验基地；同时组建若干个分中心和地区中心。中国数字图书馆工程是一项跨地区、跨部门、跨行业的宏大系列工程，是各项高新技术所支持的创新工程。"中国数字图书馆工程建设联席会议"的成立，将极大地推动这一宏伟工程的建设与发展。

【图书馆学基础理论暨文献资源建设学术讨论会在常州召开】 2000年4月25－27日，由中国图书馆学会基础理论专业委员会和文献资源建设专业委员会主办的"图书馆学基础理论暨文献资源建设学术讨论会"在江苏常州举行。会议对20世纪特别是改革开放20年来中国图书馆学的发展进行了认真回顾和总结，重点研究探讨了在新的技术环境下，图书馆学学科新的知识生长点及面向21世纪的图书馆学研究的重大课题。与会者经过热烈讨论，拟定了21世纪初图书馆学研究的10个重要选题。这是一次关于图书馆学科发展的高层次的学术研讨会，在中国图书馆学研究的发展史上具有承前启后的作用。

【中国图书馆学会举办第一届青年学术论坛】 2002年11月3—6日，中国图书馆学会第一届青年学术论坛在河南郑州召开。论坛的主题是：向知识化、网络化、社会化、国际化迈进的中国图书馆，还设立了6个分主题。会议安排了主旨报告和5个专题论坛。这次会议是中国图书馆学会首次召开的40岁以下青年图书馆工作者参加的学术研讨会，形式活泼，富有朝气，学术气氛浓厚，交流积极踊跃，充分展示了青年人敏捷的思维和创新意识。这次论坛，达到了探讨当今图书馆学和图书馆事业发展中的热点问题、展示青年图书馆工作者最新学术观点和研究成果、提升图书馆理论研究和业务工作水平的目的，是一次求真、求实、求新的具有重要意义的青年学术盛会。在这次会议上确定：中国图书馆学会今后将每两年召开一次青年学术论坛。2004年，第二届青年学术论坛在浙江绍兴举行。

【中国图书馆学会发布《中国图书馆员职业道德准则》（试行）】 2002年4月，为了贯彻落实《公民道德建设实施纲要》，建立图书馆行业自律，加强图书馆员职业道德建设，中国图书馆学会将图书馆员职业道德准则的研究与制定工作立为重要科研项目，组织专家、学者多次研讨，反复修改。2002年11月15日，中国图书馆学会六届四次理事会审议通过《中国图书馆员职业道德准则》（试行）。《准则》是在总结我国图书馆的理论成果和实践经验，借鉴和吸取世界各国图书馆员职业伦理建设的成功经验基础上产生的，是我国第一个适用于所有图书馆员和信息服务从业人员的职业道德规范。它结合图书馆员的职业特点，仅用120个字，将图书馆员的职业观念、职业态度、职业技能、职业纪律和职业作风作了全面概括。2003年5月，中国图书馆学会正式发布《准则》，立即引起全国图书馆界的重视和社会各界的关注，许多图书馆专门组织了学习和讨论，中央电视台、北京电视台也做了专访和报道。学会还在《中国文化报》上发表专文并组织了专家、领导访谈；同时编辑、出版《中国图书馆员职业道德准则》（试行）和《图书馆文明服务手册》两部专著。《准则》

的制定与发布，不仅填补了我国图书馆界的一项空白，而且为图书馆法制环境建设做出了积极贡献。

【4·23“世界读书日”宣传活动隆重举行】 2004年4月23日，即联合国确定的“世界读书日”当天，由全国知识工程领导小组、文化部主办，中国图书馆学会、国家图书馆承办，北京科教图书馆协办，以“倡导全民读书，建设阅读社会”为主题的4·23“世界读书日”宣传活动在国家图书馆文津广场隆重举行。近千名来自社会各界、各阶层的人士出席活动。全国政协副主席、中国科协副主席王选和文化部原副部长吕志先共同为“全民阅读”徽标揭牌。全国知识工程领导小组成员、文化部社会文化图书馆司长张旭和联合国教科文组织北京办事处文化官员高桥晓女士先后致辞，对本次活动给予高度评价。中国图书馆学会常务副理事长，国家图书馆党委书记、副馆长詹福瑞宣读了《倡议书》，号召社会各界在4月23日走进图书馆、亲朋好友互赠图书、家家关闭电视一小时，共享阅读快乐。400名大、中、小学师生和幼儿园的小朋友及各图书馆的员工与著名艺术家一起，进行了“经典美文百人接力朗读”。这次大型群众性公益活动有力地推动了“全民阅读”活动的开展；同时成功提升了图书馆行业的社会地位，为学会赢得了组织大型活动的经验和社会效益。

中国图书馆建筑百年演变

整理　卓连营
（中国图书馆学会）

1、国立北平图书馆——现国家图书馆分馆

位于北海西侧文津街，1929年5月11日开工奠基，1931年告竣。开馆时从圆明园遗址移来一些文物；主楼前一对华表，与天安门的两对华表极为相似；圭形昆仑石一块，上刻乾隆御制诗；大门内左右各一通石碑，一为乾隆御制《教谕骑射碑》，一为文渊阁前的树碑，均为满汉文合璧；大门外一对石狮原为长春园东大门旧物，馆前街道原无名，因馆内藏有文津阁《四库全书》而得名文津街。

1931年7月1日正式开馆，文津阁《四库全书》全部迁入馆内庋藏。新楼内的阅览室有200多个座位，环境幽静，花木扶疏，是当时国内乃至远东规模最大、最先进的图书馆。

國立北平圖書館

2、首都图书馆旧址——国子监

国子监位于北京安定门内国子监街（原名成贤街），是我国元、明、清三代国家管理教育的最高行政机构和国家设立的最高学府。建于元朝大德十年（公元1306年）。

1956年10月，蒙周恩来总理关怀眷顾，市图书馆迁入国子监，并正式定名首都图书馆，郭沫若先生亲题馆名，昔日国子监辟雍大殿前的圜桥教泽成了普通民众的课外大学堂。从此首都图书馆进入了一个崭新的发展阶段。

3、上海市立图书馆旧址

位于今杨浦区五角场及中原小区一带同济中学内，是当时上海“大上海计划”中最大的文化设施之一。占地面积1620平方米，建筑面积3470平方米。民国23年动工，民国24年完工。在建筑上是中国古典式钢筋混凝土框架结构，正面中央部分共四层，底层券式大门，二层上有平台栏杆，上一层门楼顶部为双檐歇山式，黄琉璃瓦屋面。上海市立图书馆的成立，从其建设规模来说，在当时可算是上海市公共图书馆史上的一件大事。

4、上海图书馆旧址——旧上海跑马厅西侧大厦

位于南京西路325号，该建筑于1926年设计，1933年竣工，是旧上海十里洋场的跑马总会。1951年初，上海文管会决定成立图书馆筹备委员会，将该大厦改建为上海市图书馆，陈毅市长亲笔为图书馆题写了馆名。

5、江苏省立国学图书馆——陶风楼

陶风楼位于南京龙蟠里，此地原是惜阴书院，始建于清道光十八年（1838年），由两江总督陶澍所置，后毁于咸丰战火，同治五年（1866年）重建，光绪二十九年（1903年）增葺，改为上元高等小学。光

绪三十三年（1907 年），两江总督端方委派翰林院编修缪荃荪筹建江南图书馆，次年缪荃荪选定原惜阴书院作为馆址，建江南民居式两进二层楼堂院落，俗称“跄马楼”。该楼总建筑面积 2018 平方米。1910 年 8 月，江南图书馆正式开放，成为我国第一所公共图书馆。辛亥革命后，改为江南图书局、江苏省图书馆。1929 年 9 月，更名为江苏省国学图书馆。1928 年 6 月，馆长柳诒徵把藏书楼命名为“陶风楼”，以纪念陶侃、陶澍、端方（号陶斋）、缪荃荪（号艺风），并请谭廷闿题写“陶风楼”匾额。

6、浙江图书馆——嘉业藏书楼

我国历史上规模最大的藏书楼，于 1920 年 11 月动工，1924 年 12 月建成。选址在浙江省湖州市南浔镇西南郊的鹧鸪溪畔的南浔刘氏家庙小莲庄旁。总占地面积约 20 亩总建筑面积 2382 平方米（其中主楼 1882 平方米，东边平房约 500 平方米）。1914 年楼主刘承干为前清光绪皇帝捐款修陵种树。溥仪报之以“钦若嘉业”九龙金匾。刘承干十分感激，“即以额榜，所以纪天恩也”。嘉业藏书楼就此得名。1951 年 11 月 19 日，刘承干先生致函给浙江图书馆，“……愿将书楼与四周空地并藏书连同各项设备等悉以捐献与永久保存，为发展新中国社会文化事业之需要……”。从此，刘承干的名字就永远留在浙江图书馆的历史上。

7、浙江图书馆——孤山馆舍

（1）白楼

1910 年（清宣统二年），时任浙江提学使兼浙江图书馆督办的袁嘉毂先生呈请浙江巡抚增韫奏准，在西湖孤山的文澜阁的西侧建造图书馆。1911 年 5 月动工，1912 年夏竣工。建筑总经费由浙江省咨议局拨平银 19067 两。这幢图书馆的总建筑面积 1808 平方米，共两层，砖木结构，由于建筑物的四周外墙都用白灰粉刷，故称白楼。白楼为我国最早建造的图书馆建筑之一。

（2）红楼

1906 年（清光绪三十二年），清政府为了迎接德国的皇太子来杭，在西湖孤山楼外楼西北侧建造了一幢德国式的楼房。由于第一次世界大战的爆发，德国的皇太子没有来杭，辛亥革命以后，这幢房子成了当时达官贵人的宴请、娱乐、休闲的场所。1916 年 7 月，浙江图书馆呈请省民政厅，经省长批准，于当年 8 月 13 日，这幢楼房正式拨归浙江图书馆。这幢德国式的楼房位于白楼的西侧，两层楼房，砖木结构，四周墙体均用红砖饰面，后称红楼。总建筑面积 671 平方米。

（3）青白山居

位于杭州西湖红楼的西北侧孤山之巅，建于上个世纪三十年代，原为上海警备司令杨虎的别墅。1954 年 3 月，青白山居的一层拨归浙江图书馆使用，1956 年，全楼归浙江图书馆。文澜阁〈四库全书〉遂搬迁珍藏在此。青白山居的总建筑面积 1260 平方米，因倚山势而显雄伟。建筑风格中西合璧。屋顶为青绿色的琉璃瓦。翼角虎头饰。使用米色云纹面砖饰墙面。正门为牌坊式的彩门楼。建筑结构为钢筋混凝土砖墙结构。设计了钢框玻璃窗。另外还采用了彩色纹饰水磨石地面。

7、浙江图书馆——大学路馆舍

浙江图书馆的大学路馆舍早在上个世纪三十年代就被誉为我国东南地区最优秀的图书馆建筑，该建筑是由浙江绍兴汤蛰仙先生在 1917 年去世前遗言捐银二十万元建造的。1929 年 11 月 13 日开工，至 1930 年底竣工。馆舍建筑总面积 3719 平方米，整个平面呈凸字型。主楼的外观，在正立面设计了 16 根大石柱，显示出了大型的罗马式建筑的气派。呈现出了宏伟的知识殿堂。整幢楼前设计了十三级台阶的上面有约 450 平方米的大平台，给读者开阔视野，极有特色。

8、湖北省立图书馆——现湖北省馆特藏楼

该楼于1935年10月奠基，1936年7月建成，建筑面积2572平方米，是我国最早的钢筋混凝土结构与民族形式相结合的建筑之一。其建筑风格为中国古典式建筑，歇山琉璃瓦大屋顶，碧瓦飞檐，雕梁画栋。主楼为“凸”字形，座北朝南，正立面中间为三层，对称的两侧为二层，背立面为四层书库。书库两侧有东西小院，两院外角各有一栋四方攒尖平房。外墙为白凡石水刷石粉刷，木门钢窗，大厅内顶蓬为藻井式膏胎彩绘天花装饰。室内墙裙、楼梯栏杆和地面均用彩色水磨石装饰。整栋建筑古朴壮观，富有浓重的民族建筑特色。

10、广州市立中山图书馆——今孙中山文献馆

1927年，广州市政府为纪念孙中山先生和发展广州文化起见，正式决定倡建市立中山图书馆。1929年，市立中山图书馆筹备委员会选定广府学宫后便地，现文德路81号为馆址，并于1933年正式建成一座中西合璧式的建筑。该建筑由当时著名的设计师林克明设计，主楼高18.3米，横阔各45米，呈正方形，外廓仿古宫殿式，绿瓦朱檐，内部参用西式，中建八角亭一座，建筑四周环以炼化石栏杆。院内林木扶疏，苍翠蓊郁。此地为宋、元、明、清四朝的广府学宫故地，其中现存番山遗址为古番禺城重要标志，亦为广州起源标志之一，为千年古迹；翰墨池据史载可上溯至南宋淳祐四年（1244）之前，也有700余年历史。番山与翰墨池乃因图书馆之建而得以保存，图书馆也因番山和翰墨池的点缀而倍添雅致，相得益彰。

11、国立罗斯福图书馆——重庆图书馆参考咨询部

“国立罗斯福图书馆”是民国政府为纪念在世界反法西斯战争中作出重大贡献的美国总统罗斯福，于1947年设立的，是当时中国仅有的五个国立图书馆之一。该馆的建设得到了世界各国爱好和平人民的积极响应和广泛支持，所收集保存的各类文献成了重庆乃至中国的一笔丰厚的文化财富。为重庆图书馆成为中国著名的具有影响力的图书馆打下了坚实的基础。

12、和顺图书馆

和顺图书馆位于云南省西部边陲的腾冲县距县城五公里的和顺侨乡。是中国最大的乡村图书馆之一，于1924年由华侨集资兴办，为中国传统的楼房建筑，前置花园，美观素雅，图书馆中藏书万余册，其中尤以许多古籍最为珍贵。地处中国西南边疆的腾冲县和顺乡文化发达，人杰地灵，著名哲学家艾思奇就诞生在这里。和顺是云南著名侨乡。

13、燕京大学图书馆旧址

燕京大学图书馆是由托马斯·贝利（Thomas Berry）夫妇的三个女儿为纪念父母的遗愿——“在全中国推广学习”而捐款五万美元兴建的。该馆舍建于1926年，在建筑风格上以仿文渊阁为主，同时略参西式，占地6480平方英尺，算地下一层在内，共四层。第一层主要为一可供263人同时阅览的大阅览室，二层四面走廊，中空。三层为书库，可容藏书三十万册。据当年燕京大学图书馆概况称，“本馆之建筑，似甚宏大。而以建筑之不甚合式，未免大而无当。”

1952年全国院系调整，北京大学图书馆随北京大学迁至原燕京大学校址，原燕京大学图书馆馆藏并入北京大学图书馆，并吸收了部分其他单位的馆藏，形成以原燕京大学图书馆馆舍为中心的格局。

14、清华大学图书馆老馆

1916年4月开始兴建，1919年3月建成，建筑面积2114.44平方米，费银17万5千元。全馆地面或用软木或用花石，大厅墙壁采用大理石铺砌，书库铺设玻璃地板，窗帘、库内钢铁书架购自美国，并全部按照欧美新式防火法建造，当时可谓全国大学图书馆之冠。同时，改名为“清华学校图书馆”。“清华学校图书馆”与清华大礼堂、清华（西区）体育馆、清华科学馆等都是为筹建清华大学而建的，并称清华大学早期“四大建筑”。“清华学校图书馆”是“四大建筑”中最先动工和建成者，它的设计者是美国著名建筑师亨利·墨菲。

15、孟芳图书馆——现东南大学图书馆老馆

孟芳图书馆是由江苏省督军齐燮元捐银15万元兴建的。于1922年1月4日举行馆舍立础仪式，到1923年春季竣工，建成后即以齐燮元之父齐孟芳的名字命名为“孟芳图书馆”，由张謇题写馆名。整个建筑平面呈“凸”字形，馆舍面积1600平方米，正中是主要入口门厅；前部两层、约近1000平方米，设有办事室、图书室、陈列室、杂志室、阅报室等；后部四层为书库，每层面积约有160平方米。图书馆立面采用爱奥尼克柱廊、山花檐部等西式古典形式。东南大学新馆舍建成启用后，驰誉当世，被建筑学家们称作是中国20年代图书馆建筑的代表作之一。

16、河南大学图书馆老馆——六号楼

位居于河大中轴线东侧南部，该楼是学校最早的中西建筑手法合壁的新式建筑。与1915年破土，1919年建成，建筑面积6800平方尺。该楼突破中国古典建筑的体量权衡和整体轮廓，平面呈“T”字型，中间4层，两翼3层。中间部分，6根爱奥尼式巨柱贯通二、三两层，门口设平台只抵二层。第一层为普通阅报室、杂志阅览室、办公室及藏书室。第二层为参考室及藏书室。下层地窖为阅报室、中西文杂志贮藏室及装订室。

17、武汉大学图书馆老馆

建在武昌东湖之滨、珞珈山麓狮子山之巅，设计者为著名美国设计师开尔斯先生（F. K. Kalse 1899－1979）。934年初开工，年底，外观基本见雏形。这是一座中国殿堂式的图书馆，更是“中西合璧”的杰作：外立面主要是灰色的砖石结构，正门前是宽阔的石台阶、正门两旁采用的西方双立柱支撑，四面是宽敞而高大的玻璃窗，在大屋顶下是西式的吊脚楼，内部回廊、石拱门、旋转楼梯等都体现了西式建筑的风格；而在主体与两翼及四角的飞檐，檐角及楼顶的琉璃瓦，门楣及玻璃窗衔接处的“回”形木格装饰又无不体现了中国传统的风格。

18、岳麓书院御书楼——湖南大学古籍图书馆

创建于宋太祖开宝九年（公元976年）的岳麓书院创建始即在讲堂后建有书楼，宋真宗皇帝赐书后更名“御书阁”，元明亦称“尊经阁”，位置有所变动，至清康熙二十六年(1687)，巡抚丁思孔从朝廷请得十三经、二十一史等书籍，建御书楼于今址。该楼呈封闭式小院，与文昌阁毗连，楼二层三间，前单檐披廊，类天一阁形式，为读书雅处。至清代中期，岳麓书院御书楼已发展成为我国民间一座较在型的图书馆，藏书14130卷。今天的御书楼仍然作为古籍图书馆供师生使用，藏书已逾五万册。

世界部分国家或地区图书馆员伦理规范汇编

收集翻译　施　燕
（北京大学信息管理系）

中国香港图书馆员职业伦理规范

本规范旨在就香港图书馆员和其他信息从业人员的伦理行为提出指导方针。香港图书馆协会提倡查询信息的自由，思考和表达的自由，以及不受拘束的信息传播。图书馆员和其他信息从业人员的首要职责是使获取信息变得尽可能的方便，以满足服务对象的需求。

1. 图书馆员和其他信息从业人员无论其个人信仰如何，都应努力收集整理信息，提供准确、不带偏见的信息服务。

2. 图书馆和信息机构人员应确保并促进每一个服务对象自由平等地接触信息资源，而不加任何歧视。

3. 图书馆和信息机构人员应尊重服务对象的个人隐私，确保图书馆与服务对象相互关系的机密性。

4. 图书馆员和其他信息从业人员应不断更新自身的专业知识和技能，以提升图书馆事业的服务水准。

5. 图书馆员和其他信息从业人员应确保高水准的职业伦理，不得从事任何可能损害图书馆职业声誉的行为。图书馆员和其他信息从业人员也不得通过损害其所在机构、同事或用户群的利益来满足自己的个人利益。

中国台湾图书馆员伦理规范

前言：图书馆员受社会之付托，依据民主及专业理念，为善尽社会责任，确保服务品质，增进人民福祉，订立本守则。

馆员提供图书资讯服务应依据民主及专业理念为之，以善尽社会责任，民主之内涵包括自由、平等及中立等三大原则，至社会责任则包括文化传承、教育推广及资讯素养之培养，为确保服务品质，馆员并应以热忱、效率及自我成长方式，自加惕励，与时俱进，于伦理规范之下，完成社会期许与付托之神圣使命，又本守则所称馆员系指在图书馆法所界定设施中从业之人员。

第一条　馆员应积极维护阅读自由，并抗拒不当压力。

馆员基于维护读者资讯权益，落实人权保障，应抗拒来自政府、商业及宗教等不当之检查、干涉与压力。

第二条　馆员应基于平等原则提供服务，不得为差别待遇。

馆员提供服务应基于平等原则为之，不分性别、年龄、肤色、种族、教育、职业、宗教、党派等因素而为差别待遇。此外，图书资讯之提供应本于共有共享原则为之，亦不得因馆员个人因素，致其服务产生偏颇或不公平情形。

第三条　馆员应本中立原则，搜集各种图书资讯，维护读者权益。

馆员应本中立原则搜集各种图书资讯，以维护读者权益，中立原则包括观点的中立、执行业务的公正态度及不偏不倚的馆藏发展计划等。

第四条　馆员应努力保存各种图书资讯，促进文化交流。

馆员应努力妥善保存各种图书资讯，包括图书、期刊、报纸、视听资料、电子媒体等出版品及网路资源，促进馆际合作及国际文化交流。

第五条　馆员应重视读者终身学习之需要，提升教育功能。

馆员应重视读者终身学习之需要，结合社区资源，提供有系统及多元学习机会，倡导阅读活动、运用各种传播媒体，丰富学习资源，办理学习活动，提升教育功能。

第六条　馆员应不断提升读者运用图书资讯能力，提供最高层次服务。

馆员应积极办理各种图书馆利用教育，推广活动、资讯服务及其他相关活动，以增进读者搜集、整理、组织与利用图书资讯之能力。

第七条　馆员应抱持热忱态度，积极主动为读者服务。

馆员应抱持热忱态度，积极主动为读者服务，热忱态度包括读者至上、关爱读者及满足读者需求等作为，积极主动则包括便民措施、行销图书馆及提供各种创新服务。

第八条　馆员应精确、有效处理图书馆业务，提供最佳服务。

馆员在工作的过程中应采用准确与科学的方法，以节省读者的时间，应用资讯科技、采用图书资讯相关标准与规范、熟悉图书馆相关法规及作业流程，使图书馆业务处理更为顺畅。

第九条　馆员应参与学术活动、吸取新知、充实专业技能，增进优质服务。

馆员为提供精确之咨询服务，应具有专业之知能，其方式包括主动参加专业组织、在职训练、自我进修及学习，并积极出席学术会议等。

第十条　馆员执行职务时，应严守业务机密、维护读者隐私，不图利自己或加损害他人。

馆员于执行职务时，对于所知悉或持有之机密应予严守，对于读者之隐私并应确实保护，此外，执行职务应以提供神圣之社会服务自加期许，不得有丝毫藉故刁难，图利自己甚或损害他人之行为，俾树立馆员清新守分之典范。

新加坡图书馆协会职业道德准则

导 言

图书馆作为一个机构存在，旨在为特定用户群提供服务，这个用户群可以是一个社区的居民，一个教育机构的成员，或者某些更大或更特定的群体。加入图书馆行业的成员有责任保持其行为的道德水准，无论是对领导其工作的管理当局，对作为一个机构的图书馆，对单位同事，对图书馆行业的其他成员，还是对整个社会。

一、与管理当局的关系

1. 管理当局对图书馆的运行负有最终的责任，图书馆馆长则负有主要责任。

2. 图书馆员应完全服从管理当局制订的政策。

3. 图书馆馆长有责任维护专业水准，鼓励图书馆员参与专业活动。

4. 图书馆馆长不得利用职务之便谋取个人利益，损害管理当局的利益。

5. 图书馆馆长应避免外界活动干扰其在图书馆内执行基本职责。

二、与图书馆用户的关系

1. 图书馆员有责任让其潜在用户知晓图书馆所能提供的资源和服务。图书馆的所有用户都应能接受到平等的服务。

2. 图书馆员应为在与图书馆用户接触过程中获得的任何用户个人信息保密。

3. 图书馆员在任何时候都不得将图书馆资源用于个人目的，影响图书馆向用户提供的服务。

4. 图书馆员应注意保护图书馆的财产，并帮助用户树立爱护图书馆财产的意识。

三、与图书馆员的关系

1. 图书馆员应承担图书馆分配给他的合理工作任务。同时，图书馆员的个人工作成果不得被归入其他图书馆员名下。

2. 图书馆员在履行工作职责过程中应努力保证专业水准。

3. 对同事的忠诚、诚实和尊重，图书馆员之间和部门之间的团结合作精神，对图书馆服务的有效性都是至关重要的。

4. 所有图书馆员的个人隐私都应受到尊重。图书馆员应为所了解到的任何同事的机密信息保密。

5. 图书馆馆长应代表管理当局培养图书馆员的责任感和主动性，帮助他们的职业发展，并鼓励出色的工作。图书馆员并应获得有关图书馆职责和问题的信息。

6. 对图书馆政策、服务和工作人员的投诉应只提供给管理当局，并只用于促进图书馆发展的目的。

7. 接受图书馆的一个职位意味着必须保证一定的工作期限，以弥补图书馆用于职位调整的花费。凡已签署的合同或达成的协议必须得到切实遵守，直至其到期失效或经双方同意解除。

8. 图书馆员如欲辞职，必须提前申请，以便图书馆有足够的时间安排有关工作和任命接替的工作人员。

四、与其他图书馆的关系

1. 相互尊重，严格遵守既定的原则，谦逊，共享知识和工作经验的愿望，对图书馆之间的合作而言都是不可或缺的。

2. 进行馆际交流的访问图书馆员应受到被访机构所有图书馆员的尊重。访问图书馆员在搜集有关被访图书馆的建筑、组织架构和工作流程的信息时，被访图书馆应提供尽可能的便利。

3. 在向其他图书馆询问关于某个图书馆员和相关人员的信息时，应表现出真诚、得体和谨慎。所搜集的信息应是客观公正的，并仅限于有事实依据的个人信息。特别应注意避免影响被询问图书馆员的职位。

4. 除非被访图书馆的管理当局或馆长发出正式邀请，任何图书馆员、图书馆专家、有关机构或委员会不得以提供建议、咨询或评估的名义访问一家图书馆。

五、与行业的关系

任何承认图书馆行业基本架构的图书馆员，都应加入新加坡图书馆协会或其他图书馆员组织。他们应在国家、地区及国际层面上积极这些组织的活动和会议。

六、与图书馆信息供应商和出版机构的关系

1. 在与图书馆信息供应商和出版机构的关系中，图书馆员应做到：

a. 在若干供应商和出版机构中间进行挑选时，应根据以下标准做出选择：最合理价位上的最优产品，以及提供长期服务和责任保证的可能性。

b. 拒绝任何给个人的馈赠。

2. 图书馆员不得代表图书馆从事可能为其带来个人利益的商业活动。

七、与社会的关系

1. 图书馆员应努力帮助公众认识到图书馆服务的价值，并注意获取那些与图书馆目标协调一致的运动、组织和机构的信息。

2. 图书馆员应积极参与公众和社区事务，以此表明图书馆参与其他教育、社会和文化机构活动的愿望。

3. 图书馆员应注意自己的举止行动，维护图书馆和图书馆工作的社会声誉。

马来西亚图书馆协会伦理规范

前　言

制定图书馆员伦理规范的目的在于帮助建立符合图书馆联合会目标和宗旨的职业操守标准。

同时它将有助于为保护公众利益而规范图书馆员的职业行为。由于图书馆员对于信息的选择、组织、保存和传播有明显的影响力或者控制力，他们具有向用户提供接触信息渠道的职责。因此，职业伦理规范对于界定他们的职业责任是很重要的。

1. 图书馆员必须支持和维护马来西亚图书馆联合会的章程。除此以外，他们必须：

2. 必须通过恰当和有效组织的信息资源、公平的服务方针、公平的获取权以及对所有要求做出正确的无偏见的礼貌的回应，以此来为所有的图书馆用户提供最高水准的服务。必须保持和加强知识及技能并与图书馆界的发展保持一致，以此来争取在职业领域内做到优秀。

3. 必须支持知识自由原则，在法律允许的范围内，不带有歧视地承认用户具有自由和平等的信息获取权。

4. 必须保护每一个图书馆用户的隐私权，保护用户对检索的或接收到的信息和对所咨询、借阅、获取或传播的资源的保密权。

5. 不允许个人信念干扰对本机构或本职业目标的实现，以此来区别对待我们的个人信念、态度和职业责任。

6. 我们不能以牺牲图书馆用户、图书馆职员或图书馆机构的利益为代价来追求个人利益。

7. 必须保证仅仅以职业判断来做出任何行动和决策；图书馆员不能够通过职位获取正常报酬或专业劳务费以外的收益。

8. 必须以尊重，公平和善意对待同事和其他同行。

印度尼西亚图书馆员伦理规范

因天之佑，印度尼西亚在1945年8月17日实现了独立。

民族独立的目标在于社会的普遍富裕和物质、文化的持续繁荣。实现这一目标有赖印度尼西亚公民的努力，他们应能胜任包括图书馆员在内的各个职业，忠诚并遵守1945年印度尼西亚共和国宪法所确立的五项原则。

所有同意在印度尼西亚图书馆员协会（Ikatan Pustakawan）领导下的图书馆员，怀着崇高而真诚的信念，通过提供图书馆服务和其他信息服务，致力于社会、民族和国家的知识更新。

有鉴于图书馆事业在社会生活中的重要地位，印度尼西亚图书馆员协会特制订图书馆员伦理规范。

第一章　图书馆员的界定

图书馆员是指通过相关教育获得图书馆、文献和信息方面的知识，用自身行动实现图书馆、文献和信息的社会服务功能的个人。

第二章　基本责任

1. 每一位印度尼西亚图书馆员都应充分认识到图书馆员这一职业主要是承担教育和研究任务。

2. 每一位印度尼西亚图书馆员在从事职业活动时都要重视职业尊严和职业伦理，并将对民族和国家的忠诚放在优先位置。

3. 每一位印度尼西亚图书馆员都应重视和热爱印度尼西亚的民族特性和文化。

4. 每一位印度尼西亚图书馆员都应将自身的知识服务于人们之间的友情、社会、民族和宗教信仰。

5. 对在服务社会的过程获得的其他公民的个人信息，每一位印度尼西亚图书馆员都应尊重并保密。

第三章　对图书馆员协会和图书馆事业的责任

1. 每一位印度尼西亚图书馆员都应将印度尼西亚图书馆员协会视为相互合作、交换意见和个人训练的场所，努力促进全体图书馆员的职业进步。

2. 每一位印度尼西亚图书馆员都应通过精力、思想、资金等方式为图书馆员协会做出贡献，努力促进印度尼西亚的科学发展。

3. 每一位印度尼西亚图书馆员都应努力维护印度尼西亚图书馆员协会的良好声誉，避免任何可能损害协会和图书馆事业的行为。

亚美尼亚图书馆员职业行为准则

（2003年6月11日亚美尼亚图书馆协会执行委员会会议通过）

本准则遵循国际公认的伦理标准和原则。图书馆员与用户的关系应建立在相互尊重的基础之上，无论他们的国际、种族、社会地位、政治观点、宗教信仰、性别和年龄差异。本行为准则认为，公众自由接触信息的权利应被视为图书馆服务的一个基石。

每一位图书馆员都应遵循以下规定：

1. 为所有用户提供有效的、公开可及的信息，不得将信息资源用于控制用户、使其对自己产生依赖的目的。

2. 抵制那些对信息自由设定审查、限制条件的行为。

3. 对用户使用信息的后果不必承担责任。

4. 为在提供服务过程中获取的用户信息和隐私进行保密（法律有相反规定的除外）。

5. 尊重并保护著作权和其他知识产权。

6. 保护亚美尼亚和其他国家的智力成果，努力促进这些智力成果的不断丰富，支持亚美尼亚境内少数民族的文化发展。

7. 用自身行动体现对图书馆员职业群体的关心，对图书馆馆长崇高社会地位和权威的尊重。

8. 尊重同事，加强相互的支持和合作。

9. 努力将自己的职业技能、力量和精力投入到图书馆事业中，努力解决其所面临的问题。

10. 不断更新自身的专业知识和技能。

遵循上述行为准则，是每一位亚美尼亚图书馆员的道德和职业责任。

以色列图书馆员职业伦理规范

图书馆员受过专业训练并在知识的搜集、保存和传播中担当主要角色。

图书馆员属于这样一个职业：它对基于信息自由获取的知识自由有特殊职责，它在考虑公共责任和教育责任的同时，也对培育艺术和科学有特殊职责。

图书馆员有义务通过关心来鼓励潜在的用户认识到图书馆的存在并知道如何来使用图书馆。

1. 职业精神

图书馆员在图书馆内的所有行为都是专业化的；为专业上做到优秀而努力，发展自身的能力和技术，更新自己的知识，为图书馆、为个人、为同事的专业发展而努力。

2. 服务水准

提供最高专业水准的服务，负责地满足用户的要求。

根据对所有人都公平的服务政策，图书馆员要对用户的要求给出完整的、精确的和公平的回应。

在具有特殊用户群体的时候，图书馆员应该优先为其提供服务，同时限制其它用户的使用。

3. 审查

不能因为文献有争议或者可能不被一部分用户接受而放弃。

图书馆员有责任提供代表不同观点的资料，至少要反映用户中的不同观点和利益，不因为集团的压力或者因为只代表少数人利益而清除资料。

与支持言论、表达和信息传播自由的个人、团体和机构合作。

4. 个人偏见

在工作中严格区分个人观点和代表图书馆或者机构的观点。在阐述和执行图书馆政策的过程中，不能够施加个人对公共纷争的观点。

5. 保密性

图书馆员要保证其用户知道图书馆员具有为用户保密的职业责任。

6. 著作权

尊重著作权法。

俄罗斯图书馆员职业伦理规范

每一位俄罗斯图书馆员在其职业活动中都应遵循以下规范：

1. 将其与服务对象的关系建立在尊重服务对象的人格和信息需求的基础上。

2. 将自由接触信息视为每个公民的固有权利。

3. 确保服务对象在使用其所在机构的信息资源和其他图书馆资源的过程中，能感受到服务的高品质、舒适性、可亲性以及多样性。

4. 抵制对接触图书馆资料限定条件，即使对特定文件，也不应允许未经授权而将其从图书馆撤出，或没有根据地限定接触条件。

5. 不必对他人使用图书馆信息资料的后果负责。

6. 确保服务对象的个人资料和信息活动的机密性（法律另有规定的除外）。

7. 尊重包括著作权在内的知识产权。

8. 不断提高服务水准、职业教育和职业技能。

9. 尊重和自觉吸收同事的专业知识，并将此视为提升自身职业素养的一个重要途径。

10. 与同事友好相处，在促进职业尊严和不违反伦理规范的前提下，努力维护同事的相关权利。

11. 重视自身所从事职业的社会认同程度，通过自身的行动加强职业的社会声誉。

乌克兰图书馆员伦理规范

（1996 年乌克兰图书馆协会年度大会通过）

1. 我们尊重道德上的，人道主义的、多元化观念的一般原则，不论社会地位、宗教信仰、民族、性别、年龄、政治观点如何，都应该把每个个人视为社会的最高价值。

2. 我们尊重个人尊严，使人们能够获取信息。

3. 我们实践知识和信息自由的原则。

4. 我们反对审查读物和图书馆藏品的企图。

5. 我们保护图书馆用户的信息机密性和图书馆信息服务的机密性。

6. 我们道德上有责任在提供图书馆和信息服务时提供及时、完整和客观的信息。

7. 我们保存并完善乌克兰的传统精神财富，促进民族文化的发展。

8. 我们努力形成道德和美学的个人理想，鼓励对读者的世界观进行道德和伦理上的探究，避免生态灾难的发生，提高国家的福祉，具有人文关怀得理解社会中每个个体的角色和目的。

9. 我们忠于并胜任我们的职位，了解它人道的使命，拥有并不断提高我们在图书馆、目录学、信息处理、文献和信息资源组织等方面的知识/技能/实践。

10. 我们保持并延续图书馆员的传统，促进图书馆学及其实践的发展。

11. 我们鼓励创新，鼓励引进信息技术的新进展。

12. 我们不能允许以牺牲读者/同事/图书馆的利益来谋取个人利益。

13. 我们要增强这个职业的威信，吸引有天赋的青年并帮助他们达到职业上的成熟。

14. 在职业行为中，我们表现的主动，有责任心，训练有素。

15. 我们培养图书馆中和谐的关系，个人道德的发展，鼓励大家对社会问题的解决挖掘自己的潜力。

法国图书馆员职业伦理规范

（2003 年 3 月 23 日法国图书馆员协会国家委员会通过）

图书馆员的指定任务是满足社会的文化、信息、教育和休闲的需要。因此，图书馆员需要建立馆藏并保证它们的公共使用和上架。基于对自身责任的认识和对执行现行法律规定的愿望，图书馆员致力于遵循以下原则，分别是关于图书馆员与用户、馆藏、机构和职业的关系。图书馆员伦理规范，虽然不同于每个图书馆各自的文件性规章，也不同于更高级的图书馆委员会制订的规章，但是它能使这两者更完善。

一、关于用户

图书馆员最首要的任务就是为图书馆用户提供服务。获得信息和阅读是一项基本权利，为此图书馆员应该致力于：

1. 尊重所有的用户。

2. 平等对待每位用户并提供平等的服务。

3. 为用户保密。

4. 回答每个问题，或者指导其另为询问。

5. 通过确保自由阅读以保障知识自由的必要条件。

6. 保障用户获取信息的自由，排除馆员个人观点对之的干扰。

7. 提供最宽广、最开放的信息获取渠道，以释放任何恰当的信息，无需考虑信息的随后用途。

8. 保障用户的自主，使他们尊重文献，并鼓励自学。

9. 促成图书馆开放、宽容和欢快的形象。

二、关于馆藏

图书馆员应接受批评，并通过发展藏书来达到观点客观、公正和多样的标准。为此，图书馆员在履行职责时应当努力做到：

10. 不执行任何审查，保障馆藏的多元性和知识的广博性。

11. 为用户提供所有有助于理解公共论题、当前事件、重大历史和哲学问题的必要的文献资料。

12. 执行有关馆藏的法律和规定，以及法律裁决，特别是那些禁止宣扬各种歧视和暴力的法律裁决，不能用自己的观点代替法律。

13. 保证信息的可靠性，努力使其不断更新并与科学知识的现状保持一致。

14. 根据目前的职业标准建立访问信息源的途径，，以使信息具有可获得性，甚至是远程获取。

15. 加强并突出馆藏、资源、服务，尊重文职部门的严格中立。

16. 促进信息的自由流通。

三、关于管理责任

在图书馆员的能力范围内的，管理责任构成了一个总政策。在这些限制下，文件性政策的制定被委托给图书馆员，因管理责任而生效的准则对此有详细说明。图书馆员确保该准则的日常实施：

17. 图书馆员应该参与制订有关其职责的文化政策。

13. 保证信息的可靠性，努力使其

不断更新并与科学知识的现状保持一致。

14. 根据目前的职业标准建立访问信息源的途径,,以使信息具有可获得性,甚至是远程获取。

15. 加强并突出馆藏、资源、服务,尊重文职部门的严格中立。

16. 促进信息的自由流通。

17. 图书馆员应该参与制订有关其职责的文化政策。

18. 图书馆员执行有关其职责的政策,只要该政策不违反现行法律、图书馆的特定和长期使命,同时也不违反本准则所体现的价值观。

19. 图书馆员负有专业培训的责任,无论是作为培训者还是被培训者,尤其是有必要参加学习活动,参与专业协会的法定会议。这种参与可以在工作时间内进行。

20. 图书馆员将其责任描述为其图书馆的活动和服务,并且对之进行评价

21. 图书馆员可直接或以其所负责任为由,不屈服于任何试图影响购书政策的政治、宗教、意识形态、协会或者社会团体的压力,无论其采取的是禁止、胁迫还是强制的手段。

四、关于专业精神

在图书馆员的职业共同体内,他们表现得很团结。因此,图书馆员能够得到帮助和支援,并且提供他的知识和经验。图书馆员因此

22. 为其职业的社会效用做贡献。

23. 不允许个人观点或利益影响到工作。

24. 发展职业技能,自我培训并且培训他人,以保持高水平的能力。

25. 访问其他图书馆,与同行进行交流,包括在去外国。

26. 通过加入职业协会、参加本国和国际会议以及做出相应的报告,而使自己参与到职业生活中去。

27. 出版图书,以及通过出版发行、参加会议以及学习,使社会对该职业的批评获得进步。

28. 鼓励合作、工具共享、合作资源和知识的归属以及网络共享。

29. 通过创新的途径来提高服务的水准。

30. 对合格馆员的招募和晋升进行积极的影响。

31. 扩充和多样化公共空间。

32. 使图书馆融入到社会生活中去。

立陶宛图书馆员道德准则

(1998 年通过)

图书馆是保证一个社会的知识和文化得以延续的公共机构。它为每个公民的选择权和表达权提供了保障。图书馆的使命在于为每个公民和整个社会搜集、储存和传播以文本形式存在的信息、知识和经验。

立陶宛的图书馆员已意识到他们在建立开放社会过程的责任和影响力,并在图书馆员道德准则中了确立图书馆事业的指导方针。

1. 图书馆员应为团体和个人用户提供高质量的服务,而不论他们在国籍、种族、社会地位、宗教信仰、性别和年龄上的差异。图书馆员与用户之间的关系应建立在相互尊重和宽容的基础上。

2. 图书馆员应保护阅读自由,反对审查制度,尽可能方便用户获取信息和知识。图书馆员应尊重著作权并依法对待知识产权。

3. 图书馆员应尊重用户的隐私权,不得传播机密信息。

4. 图书馆员应忠于图书馆事业的目标和方向。他(她)应自觉地致力于树立图书馆的良好形象,提高图书馆员群体的社会声望。

5. 图书馆员应与同事积极配合,尊重他们的能力,并在他们遇到业务困难时提供帮助。图书馆遇到的问题应尽可能通过内部合作来解决。

6. 图书馆员的行为和决策都应基于职业目的,不得利用工作之便谋取个人利益。

7. 图书馆工作的最重要原则就是专业化和合作。每一位图书馆员都应努力更新自己的知识和技能。图书馆员应善于与其他组织和机构进行合作。每一位图书馆员都应尊重其他类型专业工作的价值。

对立陶宛图书馆员道德准则的遵守依靠每一位专业从业人员的自觉行动。

荷兰公共图书馆员职业规范

荷兰图书管理协会公共图书馆分会的成员们于 1993 年 5 月 13 日开会通过了本规范。凡是该分会的成员都必须遵守本规范。所有图书馆员无论具体从事什么工作,每个人都有责任和义务遵循本规范;并且都应该从内心深处到外在言行都认同这些责任和义务。

1、图书馆员为什么需要职业规范?

1990 年 9 月,荷兰中央图书馆大会通过了“公共图书馆规范”(以下简称规范)。这个职业规范主要注重职业活动。在任何组织里,管理层都应该创造条件使组织的成员必须遵守这些规范。

规范明确了图书馆员的职业任务和所承担的责任。同时它也是使这个职业合法化和提升其形象的手段。它使图书馆员这个职业和其它职业区分开来,而且,它加速了这个职业的进一步发展和从业者之间的联系。

规范为从业者的思维和行动提供了专业化的基础。因为图书馆员最根本的任务就是在浩如烟海的典籍中高效地提供恰当的信息服务,所以经过规范的专业化行为就应该提供更好的服务。

2、图书馆员的职责

图书馆员的核心角色就是信息供需双方的协调员。这个信息协调的过程主要包括以下几个步骤:对问题的深入分析;搜寻;选择;转化有用信息。而收集和表达可获得信息是准确、高效信息协调的关键步骤。在这里,“信息”这个词的含义是所有的文化表现形式的记录,包括语言、图像和声音。

1)信息协调

图书馆员协调信息的供给和需求。他们的出发点是使用者的信息需要。

图书馆员的贡献在于把图书馆所能提供的资源作为投入,根据目标来筛选信息从而有效的满足使用者的需要。也就是说,他们提供的是一个持续的筛选赋值服务。

图书馆员不是被动的服务,他们可以主动的引导使用者如何使用信息和鼓励信息的使用。特别是在使用者并不是十分清楚自己期望什么,不能很好表述自己的问题的时候,这一点显得尤为重要。

2)筛选和表述

图书馆员就是根据使用者需要的信息和载体建立并维持联系，图书馆在社区里也是扮演这种角色。除了该图书馆自有的藏书，图书馆员还能咨询和使用其他图书馆和信息提供机构的资料。图书馆员为他给使用者的藏书提供指南，以这种方式满足使用者对信息的需求。

3、教育、知识和技能

公共图书馆员应接受过专门的职业教育并保持专业知识和相关知识的更新。

1）职业能力

图书馆员在以下方面具有专业知识和技能：

（1）信息产品和信息资源（印刷品、声像制品和数码产品）

（2）信息需求和信息筛选行为

（3）表达能力（包括使信息易于使用者理解的能力）

（4）疑问分析能力

（5）修复技术

（6）组织和管理过程

（7）和普通使用者以及职业同事的沟通能力

2）其他相关知识和技能

图书馆员在信息评价、获取和表述等方面，应该能够用创造性的活动简洁的表达促进阅读和使用信息的政策性目的。

图书馆员应该具有广泛的社会兴趣，并关注与当地和整个地区有关系的所有信息。他能够根据专业著作、学术研讨会、学校课程和其他的信息渠道随时掌握最新的发展状况。

4、图书馆员的职责和工作条件

1）责任

当然，一个图书馆员有权根据个人的判断行事，但同时必须清楚地意识到他对读者、同僚、单位、乃至这个职业和社会所需承担的责任。

在他的职业活动中，他必须遵循规范，任何疏忽和大意都会有损于读者和工作单位的利益。当其他同事犯类似的错误时，他必须及时指出。

2）信息的自由流动

图书管理者尊重每个人自由平等地获取信息的权利。他在信息提供者和使用者之间，在图书馆之间，尽力促进信息地自由流通。他们就是用这种方式来推进社会某一团体的解放进步。

随着服务的进步，图书管理者还应该考虑其他的信息提供者和图书馆。他应该努力促成那些对知识采取限制手段的组织进行合作，分享知识。

3）正直诚实

图书管理者在工作中应该遵守公开、公平、公正的准则。在提供信息时，他应该使用清晰公开透明的标准来选择信息和信息资源。图书管理者在选择信息提供者时仅仅是基于其产品和服务的质量，坚决反对各种形式的所谓审查制度。

4）信息质量

图书馆员要尽力提供可靠的信息。而实时性、社会性和公众性是筛选信息时的其他几个重要标准。

5）隐私权

在现行的法律体制下，无论何时图书馆员都要保护使用者的个人隐私。和保护个人隐私相关，图书馆员要根据“个人注册法案”和基于此的规章的指导办事。

6）客观性

图书馆员应该让使用者知道自己是为什么目的使用这些信息从而判断他是否使用图书馆的服务。如果某些信息有悖于管理员的个人观点或者对其不利，这也不能影响到这些信息的价值，因为图书馆员个人的观点是从属于他的职业准则的。

如果读者需要，图书馆员能够根据自己的专业知识和能力对提供的信息做出评价；一旦涉及到特殊问题，应当向这方面的专家进行咨询。

7）职业轮廓

在图书管理政策的实施过程中，图书馆员应当力求突出其专业地位。

8）同事之间的交流

图书馆员之间的相互测评是公共图书管理专业功能和质控政策的重要组成部分。同事之间坦诚、无偏见的态度是单位和整个行业有效运转的首要条件。

葡萄牙信息
从业人员伦理规范

前　言

本规范将以下人员视为信息从业人员：文件管理员，图书馆员，档案管理员，信息资料管理员以及在文件作者、信息提供者、信息使用者与信息技术之间进行协调的其他人员。

本行为规范的目标是：

1. 阐明并帮助葡萄牙信息业从业人员在有关职业道德方面的行为。

2. 使葡萄牙语信息服务使用者相信，这些专业人员会保护他们的权利。

3. 在葡萄牙工作的信息专业人员就引导他们专业活动的职业道德价值观向社会做出保证。

4. 帮助信息行业的新成员熟悉行业规范，明了本行业的价值观。

本规范由葡萄牙信息业从业人员职业道德委员会根据该委员会的创立协议书起草，并由该行业的三个专业协会的主席签署：葡萄牙图书馆员、档案管理员和文献资料工作者协会，葡萄牙科技信息发展协会和葡萄牙卫生文件协会。

本伦理规范于 1999 年 7 月 25 日由信息专业人员大会通过，由前述专业人士协会负责其出版。

前述专业人士协会还将负责监督其本规范规定的原则的具体实施。

不管是否涉及必要的法律、民事或刑事程序，任何专业人员如表现出未能遵守本规范规定的事项，将受罚如下：行业警告，或向雇主发出的正式警告。

受行业不端行为之害的每个公民都有要求澄清、向行业协会投诉和寻求经济补偿的权利。

信息从业人员职业道德委员会人为本规范的内容可能会根据将来的专业要求进行更新和纠正，但其公开和尊重人权的精神将一直保持。

一、智力活动自由

葡萄牙信息业从业人员是信息获得权的坚定支持者，并通过不断向人们提醒所有可能的审查形式来与其立场保持一致。

葡萄牙信息业从业人员将以下各项作为自己的责任：

1. 促进信息服务使用人获得各种以任何形式支持发布的信息。

2. 建立符合信息业从业人员需要的信息库，采取积极姿态以确保在从业人员在表示之前即已预料到其需要。

3. 选择不同材料在有关供应和需求、更新与保存、目标读物的多样性和不同观点间的必要权衡之间保持平衡。

4. 以特定形式处理各种信息使其

更易获得。

5. 他们的服务是让大众获得信息。

6. 明确在定义他们负责服务的信息政策时，此类服务的主要任务是使所有的使用者都能获得任何支持形式下的任何种类的信息。

7. 不允许任何可能阻碍获得可获信息（通过他们服务）的外部干扰。

8. 不允许他们自己的观点影响自由获得信息的权利。

9. 反对实施任何可能限制或操纵信息获取权的任何解决方案。

10. 起草、参与准备、了解、支持并公布所有与排除任何性质干扰的信息获取权有关的所有立法。

二、信息服务使用人的个人隐私

个人隐私对公民而言是一种重要权利。葡萄牙信息业从业人员认识到每一个使用他们服务的人的重要性和特殊性，并尊重其个人隐私权。

葡萄牙信息业从业人员葡萄牙信息业从业人员将以下各项作为自己的责任：

1. 有关个人的信息只用于为收集该信息的原目的。

2. 将下列信息视为私人信息：阅读材料记录、贷款、写作咨询书目以及可能透露使用人使用服务和活动的任何数据。

3. 不公开任何具有私人性质的信息，遵守安全要求以确保此类不被他人截获。

4. 确保保存在纸张上或电脑系统内的原始记录不留在易被其他使用人看到或获得的地方。

5. 采取所有可能的预防措施确保只有授权服务成员才能获取和操作保存在电脑系统中的信息。

6. 保证有关用户的阅读习惯或写作咨询书目兴趣的信息收集用于正常的用途，保证只用于研究或统计目的方能获得此类信息。

7. 不将用户从事的工作告知其他任何用户。

8. 任何试图违反用户个人隐私权的信息索取均被视为不适当地、滥用信息请求权。

9. 如因任何原因被迫提供具有私人性质的信息，信息业从业人员只有在获得提供此信息的用户事先书面同意的情况下方可提供。

三、专业精神

葡萄牙信息业从业人员寻求以最高标准的专业精神从事其专业活动：

葡萄牙信息业从业人员葡萄牙信息业从业人员将以下各项作为自己的责任：

1. 完整地、专业地履行他们的职责。

2. 将对待信息服务用户的责任感视为他们的主要任务

3. 促使公众意识到存在于他们提供的服务以及其他可获得的服务中固有的可能性

4. 寻求确保连续的职业发展、对具有相同愿望的同事予以支持。

5. 拥护所有意在培养专业能力的专业标准

6. 将用户和大众的信息需要方在比他们自己的利益和其工作单位的利益之上。

7. 将专业活动中可能发生的利益冲突告知他们的雇主、服务的负责人、同事及用户。

8. 按国家信息政策的定义做出贡献。

9. 通过行动提高公众对他们程序的正确性和专业效率的信心。

10. 确保工作单位内部信息的保密性。此项保证在他们结束在该单位的工作后依然有效。

11. 清楚他们专业工作的准确性质和范围，不给人留下关于他们个人或他们工作单位一些超出他们职业范围的印象。

12. 与用户及供应商签定合理的服务合同，绝不允许从这些合同中获取私利。

13. 以一种客观和中立的方式处理与用户之间的关系。

14. 确保提供给用户的信息合乎要求、完整、表述清楚。

15. 为他们的工作质量和因疏忽导致的任何错误的后果负责。

16. 尽可能地提供符合用户需要的最好的信息，尽可能地向这些用户指出何处可找到这样的信息。

17. 参加符合达到良好专业水平实际需要的培训。

18. 承认知晓本领域内知识的最新发展是他们职业道德的一个重要的组成部分。

19. 填补培训空白，保持对本专业工作知识的及时更新，对学习本专业未来知识抱有一种积极的态度。

20. 扩大信息科学的研究范围。

21. 通过行业组织互相交换专业信息，提供信息、发表论文或专著以及提出培训建议方案。

22. 支持他们的同事参与本专业有关的课程、讨论、会议及格其他增加他们的专业知识的活动。

23. 与其他专业人士及信息服务的用户分享他们的知识、提高职业效率。

24. 告知公众在本领域举办的专业活动。

与其对《联合国人权宣言》的尊重相一致，葡萄牙信息业从业人员人保证在职业活动中遵守本职业伦理规范。

斯洛文尼亚图书馆员职业伦理规范

（1995年11月8日斯洛文尼亚图书馆协会年度大会通过）

先民们提出了基本的伦理原则，并将它们提炼成简洁清晰的生活准则，这构成了人们共存的基础。我们斯洛文尼亚图书馆员也创造了自己的职业伦理规范。这一规范旨在使图书馆员形成独立于现实政治环境的人格。

图书馆工作的目标和重要性在于通过保存和传播有记录的人类知识，以确保文明的发展有一个稳定的基础。我们斯洛文尼亚图书馆员认识到自己在社会、国家和每个公民的发展中的地位和责任，接受本职业伦理规范，保证在本规范的基础上构建自己的人格和与同事、用户及整个社会的关系。

1. 图书馆员应该按照普遍被接受的伦理原则来塑造他们的人格。任何图书馆员的行为应该唯一地用职业水准作为判断标准。

2. 图书馆员应该不断提高他（她）的职业知识，在图书馆职业及其相关活动的创造和发展过程中不断合作。他（她）应该知道职业的来源传统并努力提高职业声望和集体精神。

3. 图书馆员应该支持他（她）的

同事并尊重他们的知识。他（她）应该同样尊重其他行业的伦理规范和知识技能。

4. 图书馆员应该努力争取达到机构的目标，所有的误解应该在公正和平等对话的基础上在机构内部解决。公开场合，他（她）应该忠于他（她）的机构并为提高其声望而努力。

5. 根据机构的目标和现实可能性，图书馆员应该保证提供可能范围内的最高质量的服务，并不断提高其有效性和多样性。

6. 图书馆员对待用户的态度应该建立在平等，公正和尊重的基础上，无论是职业角度还是人性的角度。对于图书馆的用户，也期望他们能够这样做。

7. 图书馆员应该尊重个人数据及检索到的信息和情报，来保护用户的隐私。

8. 图书馆员应该努力争取使文献和信息的传递免费，但是不对其使用后产生的任何后果负责。

9. 图书馆员反对一切审查制度和对文献信息传递进行无理由的限制。

10. 图书馆员不能滥用职权来获取个人利益。

11. 本准则是斯洛文尼亚图书馆员的道德约束和职业责任。

12. 斯洛文尼亚图书馆员联合会将对任何执行有困难的图书馆员或者用户提供道德上和法律上的支持。对准则的违反将受到相应惩罚。

瑞典图书馆员协会职业伦理规范

1. 图书馆员应该从图书馆的目标和读者需要出发，努力使图书馆的服务全方位，高质量，易接近。

2. 图书馆员应该维护民主的价值观。

3. 图书馆员对于用户应该公平并平等地以尊重和善意相待。

4. 图书馆员应该努力为用户提供以各种媒介存在的信息。

5. 图书馆员应当明确自己的职业角色，并且保持和不断加强职业技能。

6. 图书馆员应该尊重其他职业伦理规范和职业技能。

7. 图书馆员应该通过公平的方式追求达到这个机构的目标。

新西兰图书馆与信息协会职业行为准则

1. 图书馆员对服务对象和社会负有如下主要责任：

a）协助对业经记录和传播的知识和观念进行收集、保存和使用；

b）为信息和观念的传播提供便利。

2. 图书馆员的行为和决策应建立在可靠的职业实践基础上。

3. 在为公众提供服务或筛选资料的过程中，图书馆员不应基于社会经济地位、政治观点、种族、肤色、宗教信仰、性别或性取向做出差别对待。

4. 图书馆员在履行职责过程中获取的服务对象的任何信息和个人偏好必须受到保护，除非服务对象本人正式允许或法律有明确规定，这些信息不得用于其他目的。在图书馆员与服务对象的服务关系结束后，这一限定仍然有效。

5. 图书馆员应尽力保持最高的职业技能，并有义务及时掌握其所在职业领域的最新发展和应用。

6. 图书馆员在未事先披露的情况下，不得利用职业便利谋取其固定薪酬以外的经济利益。

7. 图书馆员有义务对有关图书馆服务的政策进行解释宣传，提出修改建议，并努力执行这些政策。

美国图书馆协会历年职业伦理规范

1939 年版

导 言

图书馆是为了特定范围选民的利益而存在的机构，这可能是指一个社区的民众、一个教育机构的成员或者某个更广泛或更狭窄的范围。任何进入图书馆行业的人都有义务保持其行为的伦理水准，无论是对其工作的上级管理机构、对图书馆用户、对图书馆这个机构、对本馆同事、对本行业的其他同仁还是对整个社会而言都是如此。

在本守则中，图书馆员这个词是指那些受雇于图书馆并从事 ALA 标准中认定为专业性工作的人。

本守则阐明了专业图书馆员的伦理行为原则。这不是一个权利宣言或者各种场合的行为指导。

一、图书馆员与管理层的关系

图书馆员在行使其职责时应该认识到，图书馆机构的最终管辖权属于正式组建的管理层。管理层可能是某个指定的个人，或者是一个团体如委员会或者董事会。

图书馆员中的主管必须向管理层通报有关职业标准和改进措施的信息。每一个图书馆员都有义务执行管理层和其指定主管人员在忠于图书馆前提下制定的方针。

图书馆员中的主管应当向全体馆员解释管理层的决定，并且为维持馆员与管理层人员间的友好联系而充当联络人员。

在向管理层推荐主管的人选时，只能以候选人的专业素质和个人素质为依据。续约和升职应该在明确和共知的政策之外，以表现状况为主要依据。如果提高服务水平需要进行人员的变动时，必须要及时通知。如果理想的人员调整不能实现，不能令人满意的服务也应该中止。

全体或部分职员团体的决议、申请和要求必须指定合适的代表提交给主管。如果无法找到令双方满意的解决办法，主管必须将职员的要求提交给管理层。职员可以进一步要求派一名代表向管理层亲自陈述他们的观点。

二、图书馆员与用户的关系

在全体职员协助下与用户联系的主管应当研究图书馆目前和未来的需求，并以此为基础获取材料。在图书馆的政策和经费允许的范围内，应购置尽可能多的出版物，以反映尽可能丰富的观点。

使图书馆的潜在用户了解图书馆的资源和服务是图书馆员的职责。任何有资格使用图书馆的人都应该获得公平的服务。

图书馆员有义务为所接触到的用户的任何私人信息保密。

图书馆员应该设法保护图书馆的财物，并将有责任保护图书馆财物的观念灌输给用户。

三、图书馆员在图书馆内部的关系

图书馆馆长代表管理层培养职员的

责任感和主动性，满足他们在专业领域内提高的需要，并对工作优秀的予以鼓励。应该让每个职员都清楚其职位的责任、各种政策和图书馆所面临的问题。

同事之间的忠诚和互相礼让的合作精神，无论是在个人之间还是部门之间，都是实现有效率的图书馆服务的必要条件。

对图书馆政策、服务和个人的批评应该只向适当的管理层提出，并且只能出于提高图书馆服务水平的目的。

在图书馆中设置一个职位必须保留足够长的时间，使其效益足以低偿变动带来的成本。签订的合同或达成的协议必须被忠实地履行，直到期满或者双方同意解除。

图书馆员的辞职请求生效前必须有一个足够长的缓冲期，以便图书馆完成移交工作和任命继任者。

图书馆员不能进行那些以图书馆的名义进行但是可以带来私人收益的交易。

图书馆员不能将图书馆的资源用作私人用途，这有损于向用户提供的服务。

四、图书馆员与职业的关系

图书馆员应该认识到这个职业是个教育性的职业，并且服务效率的提高是建立在自身提高的基础上的。

考虑到能力和人格特征在图书馆工作中的重要性，图书馆应该只鼓励那些具备适当能力的人进入图书馆工作，阻止那些不适合图书馆工作的人继续提供服务。

有关荐职信必须保密，不偏颇地对被荐人的优缺点进行评价，以使候选人和未来的图书馆员受到公平对待。

图书馆员必须对图书馆行业有诚挚的信念和相当的兴趣。他们应努力获得和保持足够的薪水和适当的工作环境。

只有接到其他图书馆管理层或主管邀请的情况下，才能对该图书馆的政策和行为进行正式评价。

考虑到整个职业的协调统一，图书馆员应取得图书馆组织的成员资格并准备参加有关会议和论坛。

五、图书馆员与社会的关系

图书馆应鼓励公众对图书馆服务价值的认识，并关注那些与图书馆目标相一致的运动、组织和机构。

图书馆员应参与公共和社区事务，以体现图书馆在教育、社会和文化事业中的作用。

任何一个图书馆员的行为都应有利于维护图书馆和图书馆事业的声誉。

1975 年版

导 言

美国图书馆协会特别关注信息和思想的自由流动。它的观点在诸如图书馆权利法案以及阅读自由宣言中提出过，它清楚地表明，除了接受每个公民都应该接受的法律法规、伦理原则和对知识自由的尊重外，图书馆行业的成员应该记得自己有特殊的职责和义务。

每个公民都有权利作为个人来参与到公共事务的讨论或者参与到社会政治活动中去。对这些活动唯一的约束就是那些明确的共知的通用的法律和规定。但是，因为个人观点和活动有可能被认为是其所在图书馆的代表，所以要采取适当的防范来区别个人行为和被图书馆授权的行为。

这个宣言阐明了图书馆员基本的伦理规范。如果需要的话，它将通过解释说明和附加声明进一步增加。

1. 有特别的职责来维护图书馆权利宣言中的原则。

2. 应该学习并忠实地执行本馆的政策，应该努力改变那些与图书馆权利与自由法案相抵触的部分。

3. 必须保护图书馆用户在图书馆的隐私。

4. 必须避免任何可能以机构利益为代价获取个人收益的情况发生。

5. 在任命、续约和升职方面，有义务确保机会的公平和对能力的公正判断。

6. 在评估任何个人资格的时候，有义务清楚、准确和无偏见地报告事实情况，在个人信息的披露方面要遵循普遍接受的原则。

1979 年版

导 言

ALA 特别关注信息和思想的自由流动。它的观点在诸如图书馆权利法案以及阅读自由宣言中提出过，它清楚地表明，除了接受每个公民都应该接受的法律法规、伦理原则和对知识自由的尊重外，图书馆行业的成员应该记得自己有特殊的职责和义务。以下宣言阐明了图书馆行业人员基本的伦理准则。

1. 有特别的职责来维护图书馆权利和自由法案中的原则。

2. 应该学习并忠实地执行本馆的政策，应该努力改变那些与图书馆权利与自由法案相抵触的部分。

3. 无论是对个人还是团体用户，都应该提供优质和完善的服务。

4. 应该认识到并且保护用户的隐私权，无论是关于信息查询或者是查阅、借阅的资料。

5. 应该认识到并且避免那种以牺牲机构利益为代价来满足个人私欲或者获取个人收益的情况。

6. 在任命、续约和升职方面，有义务确保机会的公平和对能力的公正判断。

1981 年版

导 言

自 1939 年以来，美国图书馆协会认识到，指导图书馆员行为的原则应该被系统化，并使其为图书馆业界和普通公众所共知，这件事是相当重要的。伦理规范的最新修订稿反映了职业性质、社会环境和制度环境方面的变化，在需要的时候应该进行修订和增补。

图书馆员在很大程度上影响或者说控制着信息的选择、组织、保存和传播。在一个以信息畅通的公民为基础建立的行政体系中，图书馆员的职业明确地忠实于知识自由和信息获取自由。我们有特别的义务来保证信息和思想的自由流动，不论是对我们这一代的人还是对我们的后世而言。

图书馆员必须在目录资源上相互交流以便提供信息服务，并有义务保持最高水准的个人操守和职业能力。

1. 图书馆员必须提供最高水准的服务，这包括使用恰当和有效组织的信息资源，执行公平的流通和服务方针，以及对所有要求做出正确、无偏见和礼貌的回应。

2. 图书馆员必须抵制任何团体或个人审查图书馆的资料。

3. 图书馆员必须保护每个用户的隐私权，无论是关于信息查询、信息接收或者是查阅、借阅或取得的资料。

4. 图书馆员必须在处理同事关系上坚持正当程序和机会均等的原则。

5. 图书馆员必须在其行为和讲话中明确区分这些信念和态度是个人的、机构的还是职业集团的。

6. 图书馆员必须避免那种以牺牲图书馆用户、员工或机构利益为代价来满足个人私欲或者获取个人收益的情况。

1995 年版

导 言

作为美国图书馆协会的成员，我们认识到，指导图书馆专业人员、其它信息服务专业人员、图书馆理事和图书馆全体职员工作的伦理原则应该系统化，并使其为图书馆业界和普通公众所共知，这件事是相当重要的。

当价值观念发生冲突的时候，伦理上的两难处境就摆在我们面前了。ALA伦理条例规定了我们应当遵从的价值观念，并且阐述了我们这个职业在这个不断变动的信息环境下应当担负起什么样的伦理责任。

我们这个职业在很大程度上影响或者说控制着信息的选择、组织、保存和传播。现在，行政体系是以信息畅通的公民社会为基础的，我们的职业应当明确的忠实于知识自由权和信息获取自由权。我们有特别的义务来保证信息和思想的自由流动，不论是对当代还是对后世。

本条例的原则表达在较为宽泛的陈述中，用来指导伦理取向的抉择。这些陈述提供了一个框架，但是不能也没有做到涵盖所有情况并成为具体行动指南。

1. 利用恰当和有效组织的信息资源、公平的服务方针、公平的获取权以及对所有要求做出正确的无偏见的礼貌的回应，我们以此来为所有的图书馆用户提供最高水准的服务。

2. 我们支持知识自由原则，反对所有针对图书馆资源进行的审查。

3. 我们保护每一个图书馆用户的隐私权，对用户检索或接收的信息以及咨询、借阅、获取或传播的资源予以保密。

4. 我们承认并尊重知识产权。

5. 我们以尊重、公平和良好的信用对待同事和其他同行，提倡保障本机构雇员权利和福利的雇佣条件。

6. 我们不能以牺牲图书馆用户、图书馆职员或图书馆机构的利益为代价来追求个人利益。

7. 我们区别对待我们的个人信念和职业责任，不允许我们的个人信念干扰对本机构目标的清晰表述，或干扰我们为用户获取信息资源而提供服务。

8. 保持和提高我们的知识和技能，鼓励同行在本职业领域的发展，激发本行业潜在成员的热情，通过这些，我们为在本职业领域中做到最好而努力。

加拿大图书馆职业伦理规范

（1976 年 6 月加拿大图书馆协会年度大会通过）

加拿大图书馆协会的成员负有以下个人和团体责任：

1. 支持并执行目前图书馆联合会在“知识自由宣言”中的原则。

2. 尽最大的努力来促进和保持为加拿大社会全体提供最高水准图书馆服务。

3. 努力使图书馆用户接触到任何或者所有可能对其有助的信息资源。

4. 保护图书馆用户和职员的隐私和尊严。

牙买加图书馆协会职业道德准则

一、目 的

本准则规定了关于牙买加图书馆协会成员职业道德的指导原则，这些成员业已宣誓将致力于促进牙买加的图书馆发展和信息传播，将其所受教育和工作经历用于图书馆和信息中心的建设和管理。

二、关于协会的所有成员

协会的每一位成员都有义务努力提高并保持图书馆的工作水准，确保牙买加的所有公民能方便地获取准确的、及时更新的和不偏倚的信息，在任何时候都全力支持协会的日常工作和相关项目。

三、关于图书馆员

本部分规定了图书馆员职业道德的基本标准。图书馆员由于自己所具备的业务资格、职业训练和工作经历，能够专业化地从事图书馆和信息中心的建设和管理，以及信息的搜集、组织、修补和使用。

1. 职业水准

a. 鉴于其对社会所负的个人和职业责任，图书馆员在任何时候都应将所获知识和训练充分运用到职业活动中；

b. 图书馆员在职业活动中应努力提供服务，而不应谋求个人利益的增加；

c. 图书馆员应致力于建设一个强有力的、联系紧密的行业协会，通过积极参与和推进协会的活动来增强图书馆员队伍的力量；

d. 每一位图书馆员都应通过参与和推进职业教育和训练（无论正式的还是非正式的），积极促进自己和其他所有图书馆员的职业发展。

2. 对管理机构的责任

在不违反职业规则的前提下，图书馆员应本着诚信的原则，执行管理机构提出的政策和目标。

3. 对用户的责任

图书馆的每一位正当用户均有权获得图书馆保存的信息，无论这些信息是该图书馆自行搜集的还是通过馆际合作获得的。在遵守图书馆规定程序的前提下，图书馆员应确保用户方便地获取信息，而不对用户加以任何形式的偏见。

图书馆员对在提供服务过程中获取的任何用户信息，都应给予尊重和保密。

4. 对同事的责任

图书馆员应该意识到，每一位图书馆员都对图书馆事业的发展做出了独特的贡献；任何时候与同事相处，都要保持谦逊、尊重、公正、客观和理解的态度。

资料来源：

http://www.ifla.org/faife/ethics/codes.htm

http://www.ala.org/ala/oif/statementspols/codeofethics/coehistory

http://lac.ncl.edu.tw/law-librarian.htm

世界部分国家或地区图书馆权利规范汇编

收集翻译　王军丽　张晓新
（北京大学信息管理系）

日本
图书馆自由宣言

（1979年5月30日日本图书馆协会总会通过）

为具有作为基本人权之一的知识自由权的国民提供资料和设施，是图书馆最重要的职责。

1. 日本国宪法是基于“主权在民”原则制定的。为了维护和发展这一原则，必须保障每一位国民能够自由地交流思想、发表意见，即保障国民的表现自由是不可缺少的。

认知权利和表达自由是这一原则的两个方面。表达自由要通过保障认知自由来实现。认知自由与思想自由和信仰自由以及其他所有基本人权是有内在联系的。根据宪法，这些自由权利应当通过不断努力来维护和保障。

2. 所有人被赋予了自由获取必要信息和自由使用信息的权利。给这种权利以社会性的保障，即是保障知识自由。图书馆是承担保障职责的机构。

3. 图书馆不屈从于任何政治和社会压力，尽可能地通过一切可能方式为所有人提供资料和设施，包括馆际协作。

4. 我们应当牢记，日本图书馆曾经不是作为保障国民认知权利的机构，而是作为对国民进行“思想善导”的机构。鉴于对历史的反省，图书馆必须履行保障和发展国民的认知权利的职责。

5. 所有人享有平等利用图书馆的权利，不因种族、信仰、性别、年龄或其他原因而有所差别。该项权利同样适用于所有居住在日本国的外国人。

6. 以上关于图书馆自由的原则适用于各种类型的图书馆。

为了完成自身承担的职责，图书馆确认实践如下事项：

第1 图书馆具有收集资料的自由

1. 为保障人们的认知权利，图书馆应当回答所有图书馆利用者的每一个信息请求。

2. 图书馆应当根据自主制定的采集方针选择和搜集文献资料。在收集资料时：

（1）图书馆应当广泛采集各种代表不同观点的文献资料，包括存在重大争议的文献资料；

（2）不应当因为文献反映了作者的政治、宗教观点或其他党派的观点而拒绝收藏；

（3）不应当根据图书馆员或个人的兴趣和意愿收集文献资料；

（4）不因任何个人、组织或团体的压力和阻挠而放弃收集资料的自由；

（5）以上原则也适用于捐赠资料和托管资料。

图书馆所收集的资料中表达的思想和观点并不代表图书馆或图书馆员的立场。

3. 图书馆应当将采集方针制定成文，向公众公开，并鼓励他们合作。

第2 图书馆具有提供资料的自由

1. 为保障人们的认知权利，作为原则，所有的图书馆资料都应当提供给国民自由利用。

没有正当理由，图书馆不得改变、撤除和废弃任何文献资料。

在下列情况下，图书馆文献资料的利用自由可以受到限制，然而，这些限制要谨慎推行并在一段时间以后重新检讨。

（1）侵犯人权或者他人隐私权的资料；

（2）法庭判定为淫秽物品的出版物；

（3）捐赠者或委托者目前不同意公开的非公开出版的资料。

2. 图书馆应当妥善保存文献资料以备将来利用，不得因暂时的社会阻挠或者来自个人、组织或团体的压力而毁弃资料。

3. 图书馆的会议室和其他设施应当与馆藏资料相邻，以此激励图书馆用户学习和进行创造活动。

在图书馆的会议室或其他设施的提供利用方面，除商业用途外，社区内的个人和团体享有同等权利。

4. 任何个人、组织或团体无权干涉图书馆主办的会议和活动。

第3 图书馆为利用者保守秘密

1. 读者阅读什么是其隐私。因此，图书馆不得泄露与读者阅读有关的信息。仅有一种情况例外，即根据宪法的第35条得到授权。

2. 图书馆不得泄露读者如何利用图书馆的事实。

3. 对于读者阅读什么和如何利用图书馆，所有图书馆工作人员都应当保守秘密。

第4 图书馆反对一切检查

1. 审查制度用于压制人们的思想和言论自由，与民主和公民的认知权利相违背。

历史表明，审查制度对图书馆搜集资料有重大影响，最终导致了国内外对审查制度的撤除。

因此，图书馆反对任何形式的检查。

2. 来自个人、组织或团体的压力和干涉会产生与审查制度一样的后果，图书馆也反对以这样的方式对思想和言论实行压制的企图。

3. 外界对言论和思想的压制可能会导致图书馆内部的自我限制，为了保障知识自由，图书馆应当摆脱这种自我限制。

当图书馆自由受到侵犯时，我们决心联合起来，捍卫自由。

1. 图书馆的自由状况，是体现国家民主进步的重要的指标。如果在图书馆的自由权利受到威胁，我们必须采取行动维护它。为了达到这个目标，图书馆务必要实行民主化管理，图书馆员间的团结务必要加强。

2. 图书馆保障知识自由是人们追求自由和人权的斗争的一部分，我们有义务与支持知识自由权利的个人、组织和团体联合起来，保障知识自由的权利。

3. 只有在利用图书馆服务时体验到了自由权利的好处之后，人们才会支持图书馆保障自由权利的活动。我们应当尽最大努力保障图书馆的自由权利。

4. 在图书馆争取自由权利的斗争中，任何图书馆员如果因此受到了不公正的待遇，他们应当得到日本图书馆协会的充分支持。

原文出处：http：//www. ifla. org/faife/ifstat/jlastat. htm（2005 年 2 月 23 日）

乌克兰
图书馆民主化宣言

（1995 年 11 月 23 日 Kyiv 州立文化大学图书馆与信息系统系和乌克兰图书馆协会联合主办的国际会议“民主社会中的图书馆”上通过）

国际科学大会“民主社会中的图书馆”的与会者认为，有必要首先以此宣言向乌克兰图书馆界、政府官员和法律制定者，以及所有的社会机构和全体乌克兰人表明我们的主张。

图书馆被认为是社会中最民主化的机构，这里保存着人类上千年积累的知识，并且无私地提供给每一位想要获取知识的用户使用。那么，什么对我们来说是重要的并令我们感到自豪的呢？

我们希望在国家（乌克兰）现在的困难时期能为每个人提供更多帮助，能为新政府提供更多帮助。

我们也希望我们的图书馆与正在走信息化道路的文化高度发达的国家和谐相处。

我们希望，我们的研究不要远离新技术，不仅使国内信息资源得到利用，而且要通过网络和自动化系统向专家提供世界上的新成果信息。

我国在这方面已经制定了非常重要的措施：乌克兰皇家艺术学院通过了乌克兰“关于图书馆和图书馆员”的法律。我们已经根据法律规定了图书馆管理的民主化。

法律为图书馆提供了实现其社会使命的保证和条件，目的在于保护读者、图书馆和图书馆员的权利。

法律宣布：基于人权的自由获取信息的国际原则表明，不论利用信息的人身处何地，都享有无障碍地利用世界上任何图书馆的信息资料的权利。

法律禁止权力机构制定采集文献的标准从而干涉图书馆的信息采集，禁止干涉在图书馆进行的其他业务活动，不得因政治的、意识形态的原因查禁图书。这是试图改变图书馆界的陈旧教条，在民主社会的条件下培育出一种崭新的图书馆模式。

法律保护图书馆对既有信息资料的保存，也鼓励其改革，实行图书馆和图书馆员的社会化保护，并建立起图书馆对公众的社会责任。

法律的实施仅仅是图书馆民主化道路的第一步。调整我们的法律，与国际法相协调是目前乌克兰图书馆界的一个困难的任务。对将要执行的大约 20 部附属性的法律的详细条款进行斟酌已经提上了日程。

关于国家图书馆馆藏

关于图书馆计算机网络的建立

关于图书馆文献资料的保存

关于法定保存本

关于国际合作

关于图书馆利用的规则

图书馆立法中的标准法案系统不应当包括过多的条例，应当避免条例的不确定性和模糊性，要把图书馆的功能、读者和图书馆权利、图书馆管理者和权力机构的责任规定清楚。

我们深信，如果没有各机构和组织的民主化也就不会有民主社会的实现。为了推进民主化进程，我们应当发挥应有的作用。

在民主社会中第一重要的是，每个有正常需要的公民及为公民的正常生活提供保障的法律。

在民主社会中，图书馆为人们提供信息可以帮助人们掌握新的经济方式中所需的知识，促进企业发展，教育人们运用权利，首先是获取信息的权利。

我们不能不管和无视本国的一小部分人反对乌克兰国家的复兴。乌克兰人民创造了宝贵文化，这些文化已经流传了很多个世纪。

图书馆不仅要发掘本民族的文化，也要发掘已融入乌克兰民族的其他民族文化，为乌克兰的复兴做出贡献。我们采取多元文化政策，据此，存在于某地区的其他民族的文化遗产应当为当地的所有居民接纳。在此，我们希望得到生活于乌克兰国家中的其他文化背景——俄罗斯、犹太、波兰、匈牙利日耳曼、保加利亚的人民的支持。

图书馆有责任为公众提供及时、充分和客观的信息，并使人们了解新技术，提高公众获取信息的技能。这个目标要在图书馆电脑化和书目加工的框架中实现。同时，我们将尽全力维持社会的书籍的保存水平，不因经济困难而失去已经积累的书籍财富。图书馆工作人员应当为各种各样的读者——从儿童到老人到残疾人读者——提供利用图书馆的便利条件。

图书馆乐意同各种非政府组织和团体、教育和文化团体合作，我们希望在他们的支持下实现图书馆的多样化和人性化，将工作重点放在满足读者的信息需求上。在图书馆资助人和地方自治团体的帮助下，我们力争成为真正的启迪交流、休闲娱乐、知识获取的中心，为现在和将来的人们服务。通过利用新的设施和技术，促进图书馆人的积极性，挖掘服务的潜力，使图书馆服务变得更为方便易得，提高和扩大图书馆的服务。

法律的和随着新宪法的采用而产生的宪法的权利要求，保证公民了解世界的文化价值观，免费为公民提供信息等权利应当得到国家的保障。就是说：国家应提供足够的资金、良好的物质和技术条件，应用新的信息技术，鼓励赞助活动和图书馆的国际合作，保证图书馆工作人员培训和再教育的必要条件。

采用图书馆员职业休假制度、开设独立的高等教育机构为图书馆和信息机构培养人力资源等工作正在议事日程中。

图书馆和信息活动的科学研究应当得到国家的支持，尤其是在引进新技术方面，相应科学研究机构的投入要与其他领域相当。研究者担负着发展新的图书馆哲学和建立新条件下图书馆工作原则的任务。国家支持要包括图书馆书籍保存的物质投入和人员培训。应当通过专家的团结努力，建立一个有法律支持的图书馆保障系统。

图书馆员的主要目标之一是实现自我管理，已建立的图书馆协会就是采用了这种形式。然而，如果没有国家的领导，这是不能实现的。考虑建立国家信息网络的需要，图书馆应当成为必要的一环。事实上，现在已经设立了由乌克兰总统领导的国家信息机构，我们认为有必要在这个机构中建立一个有图书馆专家组成的小组。

这是我们向广大民众发表的第一个讲演，我们希望革新我们的团体，并非常希望得到读者、当局和其他机构以及未来资助者的理解。我们希望今天所有来听演讲的人与我们共同期望图书馆变得更好，实现本宣言中所宣称的设想。

原文出处：http://www.ifla.org/faife/ifstat/ulastat.htm（2005年2月23日）

澳大利亚
自由阅读宣言

（1971年澳大利亚图书馆和信息学会采用，1979年、1985年修改）

澳大利亚图书馆和信息学会（简称ALIA）认为，在一个民主化社会，只有具备从书籍或者其他信息源自由获取信息和思想的便利条件，公民的自由才会得到真正的保护。因此，ALIA宣布，下面的原则应当作为图书馆员职责和责任的基本要素和特色：

1. 图书馆服务的首要目的是，在图书馆适宜的范围内，尽可能为国民提供书籍及其他载体记录的有关各种问题的信息。

2. 图书馆员必须保守用户的个人信息和利用图书馆的信息。

3. 图书馆员的职责包括：积极筹划、设法促进文献资料的利用；确保图书馆文献资源足够提供读者利用；从外部资源中搜集其他的信息以满足读者的需求；满足用户对知识、文献、时事（包括当代有争议的问题）等各方面的相关信息的需求；不能任意地宣扬或者隐匿特定的思想和观点。

4. 当图书馆员意识到有来自州和联邦政府的审查时，应当抵制一切来自个人和团体的、限制图书馆为读者提供某些资料的企图。

5. 在收集文献资料时，图书馆员不能因为道德、政治、种族、宗教的原因拒绝收藏对图书馆来说有意义而且符合标准的资料，例如，具有历史价值、知识完整性、表达精确性、信息准确性的文献资料。图书馆也不得因文献资料的内容有重大争议或者有可能触犯图书馆团体中某一部分人的利益而拒绝收藏。

6. 图书馆员应当维护所有澳大利亚公民利用图书馆服务和文献资料的权利，不得因年龄、性别、种族、信仰、以往国籍、残疾、经济状况、生活方式、政治或社会观点而区别对待。

7. 图书馆员应当遵守与书籍和图书馆有关的法律。当法律及其相应行为与本宣言提出的原则发生冲突时，图书馆员可以不必因法律而改变立场。

原文出处：http://www.ifla.org/faife/ifstat/aliastat.htm（2005年2月23日）

新西兰
关于信息获取的声明

（1978年5月11日新西兰图书馆协会大会通过）

新西兰图书馆协会认为：

1. 信息的自由流通捍卫了社会的民主。

2. 社会成员享有获取信息的基本权利。

在民主社会中，公民的一项基本权利就是获取与他们的生活有关的信息。有时，在能源和矿藏资源发展、工业、城市规划、交通等问题上个人利益不得不服从团体利益，但公民有权利了解有关事实并参与决策过程。比如，对于大面积地形改造和使用这样的事要先提出建议，然后供人们讨论。获知、商议、干预的权利是民主过程必不可少的根本权利。

3. 同样，社会成员享有隐私权和保证信息不被误用和非法利用的权利。

团体作为一个整体享有自由利用信息的权利，这是对自由利用信息的权利的一种平衡，可避免团体成员的个人信息被误用和非法利用。将公众的个人信息集中存储在电脑的数据库中，这是正在增长的一种趋势，这样做无疑有助于行政管理、法律实施、商务活动和企业管理等的开展。但是，必须确保与公众有关的信息不会因为误差而损害其利益；也必须保证公众的个人信息不被暴露给那些怀有不正当目的的人。

4. 确保和平衡以下有时会产生矛盾的两种权利是民主政府的一项基本职能：公众获取信息的权利不被拒绝和公众个人信息的保护。管理者既要确保个人或团体获取与自身有关的信息的权利不被否定，也要确保公众的个人信息不出现误差和被人非法利用。

5. 图书馆，尤其是公共图书馆是信息传播的主要机构。图书馆员有义务自由地为大众采集、组织和流通信息。

图书馆服务的基本目标是采集、组织和流通信息，图书馆员有义务履行这一职责。如果公众利用的信息影响到个人或者团体的利益，这类信息的采集、组织和流通就更为重要。新西兰图书馆协会赞成一切能够提高图书馆为公众服务能力的措施。

6. 中央和地方的政府机构、国会、地方部门、公共公司和其他权力机构有义务广泛地为公众提供报告和其他文件，供人们研究和商谈。实施这件事的最好的办法是利用现有的遍布全国的公共图书馆网络。公共图书馆免费向所有人开放。

政府出版物发布几星期后才向图书馆送交一个选集版，这是不够的。如果要使公众真正有效地参与，必须将新发布的法律、报告和文件快速和完整地提供给图书馆。不应当使公众，尤其是居住在惠灵顿之外的人们不得不依靠新闻媒体来了解信息。

7. 新西兰图书馆协会认为，可能有时难以协调人们自由获取信息和避免个人信息被误用这样两个原则，但是公众的知情权应当保证。

原文出处：http://www.ifla.org/faife/ifstat/nzacc.htm（2005年2月23日）

新西兰
关于图书馆审查的声明

（1980年5月15日新西兰图书馆协会大会通过）

1. 图书馆保存和提供知识、信息和

观点，也是使人们便利地获取读物和其他艺术乐趣的机构。图书馆有义务为利用者提供最广泛范围的书籍和其他资料。

2. 图书馆必须从事业的角度考虑，独立自主地采集和提供图书馆的信息资料。不得鼓吹或者压制文献资料中表达的观点和信念。

3. 不得因为种族、国籍或者作者的政治、社会、道德、宗教观点从图书馆中撤除文献资料。

4. 不得因党派、学说或者受到压力而审查、限制和去除图书馆的文献资料。

5. 图书馆员要抵制一切与其职责相违背的外部检查。

6. 只有根据合理的法律要求，才可以对图书资料实行排除或限制。如果法律与本声明提出的原则发生冲突，图书馆员不必随法律改动而改动。

7. 公共图书馆的馆员专门负责满足大众的信息需求。公共图书馆是思想交流的开放场所，致力于信息获取自由的实现。根据上述原则，每个人都享有通过图书馆获取有关人类各领域的探索、经验、行动和创造的记载。

原文出处：http://www.ifla.org/faife/ifstat/nzcen.htm（2005 年 2 月 23 日）

英国
有关知识自由
与审查制度的声明

（英国图书馆协会 1963 年发布，1978 年、1989 年、1997 年修订）

英国图书馆协会致力于最大限度地维护信息传播自由。因为在一个不断发展着的民主、文明的社会中，每一位公民都应该享有获取以所有形式表达的知识、创造和智力活动的权利。自由获取信息是知识自由和表达自由的必要条件。

图书馆或信息服务部门的职能是尽可能地在资源允许的情况下，根据用户的合理要求，提供所有公共性的可利用的信息。包括任何格式的信息，不管其是否具有物理载体。这些直接或者间接地由图书馆或者信息服务部门通过电子信息服务、因特网或者其他设施提供的材料，对所有的用户都应该是可以平等地获取的。只有在法律许可的情况下，图书馆和信息服务部门才能限制这种存取的权利。任何关于存取限制的法律依据都应该是成文的。如果公认的可获取文献与现有的法律没有抵触之处，它就不应该为了满足某一社会阶层的利益，由于道德的、政治的、宗教的、种族的或者性别的原因而遭到排斥。图书馆和信息服务部门的用户有权依赖这些服务获取信息，促进人类精神和实践的各个领域。

在过去的岁月里，图书馆员和信息工作者不懈地与众多有损信息传播自由原则的观点做斗争。图书馆员意识到，对文献来说，需要一种平衡，即是说，要使那些反映了不同观点或者观点的不同侧面的文献成为可利用的——这本身就是一件有争议的事情。图书馆员希望通过自己的行为准则，去抵抗不正当的压制。这些压制企图废止文献收藏和获取，被认为是不可接受的。它的后果将可能会导致用户不能对某一范围内已出版文献的合理存取。

英国图书馆协会坚信图书馆员的专业职责包括：在遵循图书馆主管部门的一般方针的前提下，对馆藏有全面的判断力；通过图书馆服务使信息得到利用。这些方针并不像已经陈述过的那样，单是为了限制存取。由图书馆供应文献的存取，并不就意味着赞助、签署、或者促进这些文献的传播，特别是对那些被认为会鼓励歧视的文献而言。

英国图书馆协会呼吁所有图书馆工作者和信息工作者拥护不受限制地存取信息的原则，并认为他们的专业人员应该具备必要的判断力，以识别用户合理的要求。

任何一位图书馆员，只要认为他因为受到了不适当的压制而影响了文献收集，都可以通知英国图书馆协会。

原文出处：http://www.ifla.org/faife/ifstat/lastat.htm(2005 年 2 月 23 日)

英国
信息存取的声明

（英国图书馆协会）

信息存取的一般原则

存取信息的权利是文明社会的要素。公民要行使自己的民主权利，为自己做出正确的判断，就必须能够获取政治的、社会的、科学的以及经济的信息。文化要获得繁荣和发展，人民就必须接触最大范围内的思想观念、信息以及先进典范。计算机技术和电子通讯技术不断地变化和发展，愈加聚合了快速、分布广泛的网络信息和多媒体系统。图书馆和信息服务部门以及其中的工作人员必须做好持续变革和发展的准备，他们需要了解基本的原则，以确保能利用新的信息技术为用户谋取利益。

以下是在所有的社会中都应该被保证的权利：

1. 信息技术

所有的公民——不管是事实的公民还是其他的附属公民，都应该拥有学习读、写和发展计算技能的权利。同样，公民也具有学习信息技术，以及为了利用那些不断增长的数字形式资源所需要的一定的计算机文化程度的权利。

2. 信息利用的普及

所有的公民，不管其经济、地区、个人环境、获取技术和网络设施的条件如何，都必须能获得最大范围内的信息资源，而不论其出身如何。

高质量的公共图书馆服务是构成广泛的信息接口的一个基本组成要素。图书馆向公众开放，并且为公众免费利用。它们必须像提供传统媒体的信息一样，提供对电子信息的存取。强大的图书馆基础设施——包括各种类型图书馆：国家图书馆、学术图书馆、专业图书馆——是保证这种存取的基础。

3. 关于知识的信息

所有的公民都有权利知道信息的存在。

4. 信息的自由流动

知识自由和表达自由是信息存取自由的两个必要条件。单个的个人有权利选择什么样的信息和思想观念可以接受，什么样的不可以接受，包括那些由于没有经过审查而让人不愉快的信息。

新的著作权法制度的发展，在保护知识产权拥有者的同时，也应该平衡和保护信息利用者的权利。

5. 政府许诺信息公开

由政府掌握的政府信息，应该为公众可自由地获得。政府部门应该采取措施保证这种信息获得的积极性、快捷性和综合性。电子通讯网络的兴起使得个人应该可以和地方政府以及联邦政府进行交流。

此外，政府还应该对来自公共部门的信息、以及适当的私营部门的信息提供自由存取。

通过合理的积累，政府必须为信息和思想提供存取的途径，包括那些对后代子孙有利的档案文件。

政府应该采取所有必要的措施，为网络信息系统提供公平的接口，保证跨系统信息的可获得性。

6. 隐私保护

任何个人在利用信息的过程中都拥有个人隐私权和匿名权。

个人信息的隐私权应该被保护和扩大。

数据保护的原则应该支持。这些原则应该支持公共领域——特别是书目数据的自由流动。

7. 忠于图书馆和信息职业

信息自由的承诺是图书馆和信息职业的核心职责，它特意被置于首要的地位，赋予技术化，以保证对信息最广范围的存取，和对信息自由的保护和传播。

英国图书馆协会推行图书馆职业的行为准则，要求其成员遵守这些信息存取的原则。

英国图书馆协会积极促进这些原则能被政府议会、其他公共部门和私营部门的决策者、国际组织所接受，并成为现实。该图书馆协会坚决地支持那些能够使得这些原则成文的立法。

原文出处：http://www.ifla.org/faife/ifstat/laacc.htm（2005 年 2 月 23 日）

英国
关于在图书馆
使用过滤软件的声明

（英国图书馆协会）

政策声明

英国图书馆协会不认可过滤软件在图书馆的使用。过滤软件的使用与图书馆或信息服务部门的承诺或义务是相违背的。图书馆或信息服务部门承诺根据用户合理的信息需求，向用户提供所有公开的信息，除了法律要求的以外的信息存取都不加以限制。

过滤软件

“过滤”通常用来描述对软件的使用——这种软件用来限制或者阻碍对因特网上文献的存取，目的在于阻止存取那些不适当的和思想极端的文献。

许多图书馆或者信息服务部门都为用户使用因特网提供了途径。这种不受限制的因特网接入服务的提供引发了一系列的问题，比如，在图书馆中，某个用户可能利用这种服务来存取违法的文献，或者某个儿童可能阅读某些不适合儿童的读物。过滤软件的使用看来是解决这些问题的一个办法。然而，使用过滤软件技术的后果是否定了用户对数字形式信息的合理存取。

知识自由和存取信息的权利

英国图书馆协会维护信息传播最大范围的自由。因为在一个繁荣发展的民主、文明的社会中，公民应该拥有权利自由存取以任何形式表达的知识、人类创造和智力活动。信息存取自由是知识自由和表达自由的必要条件。

图书馆或信息服务部门的职责是尽可能地在资源允许的情况下，根据用户的合理要求提供所有公共性的可利用的信息。包括任何格式的信息，不管其是否具有物理载体。

原文出处：http://www.ifla.org/faife/ifstat/lafilt.htm（2005 年 2 月 23 日）

爱尔兰
图书馆为儿童
和未成年人服务的声明

（1998 年 3 月爱尔兰图书馆协会年会通过）

原则：

“儿童应有自由发表言论的权利；此项权利应包括通过口头、书面或印刷、艺术形式或儿童所选择的任何其他媒介，寻求、接受和传递各种信息和思想的自由、而不论国界。”

（联合国《儿童权利公约》第 13（1）条，1989 年）

1. 每位儿童在其生活中应当可以方便地利用图书馆；

2. 儿童应当免费获得图书馆的会员资格；

3. 儿童应当享有与成人相同的图书馆服务；

4. 图书馆为儿童和未成年人提供服务的重要目的是提高他们的素养。

面向儿童和未成年人的图书馆服务：信息社会

对未成年人来讲，无论是公共图书馆还是学校图书馆，都应当通过提供书籍、多媒体资料和信息技术资源等方式作为他们的信息中心：

充实其精神，激励其想象力；

增进并培养他们在智力和社会活动方面的发展；

使他们成为独立的、拥有丰富资源的研究者和了解各种信息的公民；

培养他们的读书兴趣和对知识的追求；

提高他们在利用和参考信息时的分辨力。

面向儿童和未成年人的图书馆服务：读写能力

图书馆在发展和增强儿童的文化技能方面发挥着重要作用：

在工作中与学校和父母或监护人密切合作；

为各年龄段和各种能力水平的未成年人提供各种不同的合适的信息资料；

借助充足的基金支持提供足够的信息资源；

最近的一份关于儿童文化水平的调查证实，获取图书的便利条件是提高儿童文化水平的最重要的因素。

面向儿童和未成年人的图书馆服务：文化和艺术

图书馆应当发挥文化中心的作用，通过向儿童和未成年人展现以下资料来激励儿童的发展和创造性的自我表现：

艺术（例如：展览、戏剧、音乐会、作者访谈和讲故事）；

社区的历史和传统。

面向儿童和未成年人的图书馆服务：拨款

应当保证为儿童和未成年人的服务提供价值对等的拨款。图书馆当局要特别注意确保图书经费与其服务人口数量的水平相当。IFLA 公共图书馆指南宣布：“如果达到 14 岁的儿童占图书馆用户的 25% –30%，那么，儿童书籍就应当占到馆藏总量的 1/3。”

针对儿童和未成年人的图书馆服务：职员配备

关于和儿童打交道的工作条例是每一个图书馆的服务条款中必不可少的，

并且非常重要的部分。适宜的、合格的职员必须要对书籍递送和服务的协调工作负责，要保持与学校和外部机构的联络。在大型图书馆的每一项服务中应当至少配备一名经过培训的职员，专门负责为未成年人服务。

面向儿童和未成年人的图书馆服务：儿童图书馆与学校图书馆——联合服务

公共图书馆应当与当地所有学校保持密切的联系，学校当局也应当与图书馆的教育服务部门保持定期和密切的联络。法律应当规定公共图书馆为各级学校提供服务，对服务的范围和目标以及作用给予充分定义，并且公共图书馆应当因为支持地方教育而得到适当的拨款。公共图书馆应当建立与其他团体如学龄前儿童和家长的联系。

面向儿童和未成年人的图书馆服务：计划与发展

图书馆当局在制定和执行图书馆发展计划的时候，应当将对儿童和未成年人的服务作为一项独立而重要的条款，并且保证对这项服务充足的投入——财政的、人力的和物质的投入。

儿童图书馆应当是宽敞舒适的、安全的、不拘礼节的、易接近的和做了恰当合理装备的。

面向家长、监护人和教育者提供的服务

图书馆当局应当承认家长和监护人的特殊作用，并且注意他们的信息需求，制定向护理者、教师和其他教育者提供儿童护理信息的条款。现代信息服务应当包括最近资料通告和定期的工作安排，向他们阐明相关服务和信息产品的作用和内容。

原文出处：http://www.ifla.org/faife/ifstat/laichild.htm（2005年2月23日）

克罗地亚 关于信息 自由获取的宣言

（2000年9月20日－23日克罗地亚图书馆协会大会通过）

克罗地亚图书馆协会支持、促进和保护公众的知识自由。知识自由的定义见于联合国《世界人权宣言》第19条、《欧洲人权公约》第10条和克罗地亚共和国《宪法》第38条。

克罗地亚图书馆协会完全接受和支持IFLA的《图书馆和知识自由的宣言》（1990年）、UNESCO的《公共图书馆宣言》（1994）和UNESCO的《学校图书馆宣言》（1999）。

克罗地亚图书馆协会认为上述国际文件和克罗地亚共和国宪法保障了人们的思想自由和表达自由。但是，这种自由只有通过保证每一位公民自由获取各种形式的知识，保证公民自由地思想和进行知识创造，并且保证他们可以公开地自由表达自己的观点才能够实现。认知权利是人们的基本人权，它确保了社会中公民的真正平等。

与维护人们的认知权利相关，使信息自由地流通，是图书馆对公众所应当承担的一项基本责任。

因此，克罗地亚图书馆协会倡议协会会员和所有图书馆专业人员，在工作中尽力为用户自由获取信息提供方便，并且维护上述文件中提到的所有原则。

克罗地亚图书馆协会倡议协会会员，努力促进各种信息源的充分利用，在馆藏资源建设过程中，考虑各种不同团体的需要，包括少数人组成的小团体和有特殊需求的用户；并且要重视图书馆在国家的和平发展进程中对实现人权、社会宽容度和民主的积极作用。

克罗地亚图书馆协会倡议协会会员，要始终忠于自己的职业，避免受到意识形态、政治倾向、个人或者其他原则的左右，要反对一切因政治、物质或个人的目的而产生的滥用职权的行为。

克罗地亚图书馆学会倡议协会会员，确保向所有用户提供高水平的专业服务，包括信息的独立选择和收集、加工、利用和传递，并根据国际和国家的职业标准对图书馆馆藏资源实行存储和保护。

不断地追随职业的发展和进步，要开展各种形式的职业继续教育。

尊重用户的个人隐私权。

既对图书馆的管理人员负责，又对图书馆的用户负责。如果两者发生矛盾，对图书馆用户所负的责任优先。

克罗地亚图书馆学会将遵循上述原则来代表并维护协会会员的权利。协会将认真考察针对协会会员及其他图书馆职业人员而发出的建议、评价和批评，将及时并公开地表明协会的立场。

原文出处：http://www.ifla.org/faife/ifstat/hkdstat.htm（2005年2月23日）

美国 图书馆权利法案

（1948年6月18日美国图书馆协会委员会采纳，1961年2月2日、1980年1月23日修订，1996年1月23日包括“使用年限”被重申）

美国图书馆协会确立图书馆为信息和思想的论坛，图书馆服务依据以下方针为指导：

1. 图书馆的图书和其他资源，应该为了图书馆服务范围内所有用户的兴趣、信息需求和个人提高而提供。文献不应该因为创作者的出身、背景、观点遭受排斥。

2. 图书馆应该提供反映当前事件和历史事件的所有观点的文献和信息。文献不应该由于党派的或者学术上的分歧而受到禁止或处理。

3. 图书馆应该提供信息和教导，以挑战那些妨碍图书馆履行职责的审查制度。

4. 图书馆应该与那些致力于反对剥夺自由表达和思想自由的个人和团体合作。

5. 任何个人使用图书馆的权利都不能由于出身、年龄、背景或者观念的原因而受到拒绝或剥夺。

6. 那些向公众提供展览空间和会议室的图书馆，应该让这种提供设施的服务建立在公平的基础上，而不论提出请求的个人或团体的信仰或关系如何。

原文出处：http://www.ifla.org/faife/ifstat/alabill.htm（2005年2月23日）

美国 阅读自由宣言

（1953年5月25日美国图书馆协会委员会和美国出版家协会自由阅读委员会采纳，1972年1月28日、1991年1月16日、2000年7月12日修订）

阅读自由是民主政治的基础。它长

久以来不断地受到攻击。国内不同党派的私人组织和政府部门致力于对阅读文献的清理或限制，如在学校对阅读内容进行审查，为观点贴上“有异议”的标签，分发“敌意的”书籍或作者清单，净化图书馆，等等。这些行为显然说明了合众国的自由表达传统不再发生效用。审查和抑制需要避免政治的颠覆和道德的腐化。作为专注于阅读的公民和承担着传播思想的图书馆员和出版者，我们要确保为公众保存阅读自由的兴趣。

大多数镇压的尝试都是建立在违反基本的民主原则的基础上：普通公民通过行使判断能力，能够接受好的事物而拒绝坏的影响。公共的和私人的审查，却假定公民是通过其他公民的判断来辨别什么是好，什么是坏。

我们坚信美国人民能够辨别传道和误传，能对阅读和信仰做出决定。我们坚信美国人民在这件事上不需要审查来协助。我们坚信美国人民不会为了享受其他人认为可能带来的危害而采取的“保护”措施，就准备牺牲对出版自由的继承权。我们坚信他们会支持思想和表达的自由事业。

这些压制的努力涉及到大量的强制模式，被用来反对教育、出版、美术和雕塑、电影、广播和因特网各个领域。问题并不仅仅在于实际存在的审查制度。我们怀疑，这种强制导致的恐惧阴影，会使得那些寻求躲避争论的人自愿地大量删减表达的自由。

这些迫使趋向一致的压力在一个加速变化的社会里或许是正常的。这种强制仍然不比一个社会紧张的时代更危险。自由赋予了美利坚合众国忍受张力的弹性。自由保持了获取新奇的和富有创造力的解决办法的开放性，这些解决办法可以选择使之实现。每一种对异端的抑制，对正统的强制，都减少了我们社会的韧性和弹性，并且减弱了社会处理争论和区别的能力。

从古至今，阅读都是我们最大的自由。阅读和书写的自由几乎是创造可获得的、表达思想和方法的唯一办法，这些思想和方法起初只是用来支配一小部分人的。书面语言是新思想当然的媒体，来自创建者的未经考验的声音能为社会进步做出贡献。把严肃思想所关注的长期讨论和积累下来的知识和思想纳入有组织的收藏是必要的。

我们坚信自由的交流是确保一个自由社会和一个创造性文明的基础。我们坚信这些对趋向一致性的强迫，体现了限制范围的危险，以及对我们的民主和文明所赖以依存的质询和表达多样性的危险。我们认为每一个国内团体为了保证自身的阅读自由，都必须保卫出版和流通的自由。我们坚信出版者和图书馆员在赋予阅读自由以合法化方面有着意义重大的职责，他们要使读者自由地选择多样化的出版物成为可能。阅读自由被宪法保障。那些对自由有信心的人们将在宪法保证的基本权利的基础上，履行与这些权利相对应的职责。

因此我们坚定地做出以下声明：

1. 对图书馆员和出版者来说，最大范围地提供多样性的观点和表达——包括那些非正统的和不受大众欢迎的——是符合公共利益的。

创造性的思想新近重新被定义了，和以往有了不同。任何一种新思想的宣传者，只有在该思想被重新精炼和测试过之后，才不再被当成反叛者。极权制度企图通过对那些挑战正统的观念做残酷的镇压，维护自身的政权。民主制度的政权却通过适应变化而极大地增强，它的自由的公民从自由地提供给他们的互相冲突的观念中广泛地进行选择。在不符合传统规范思想诞生的一刻就对其实施压制的任何做法，都标志着民主过程的终结。而且，只有通过一致的权衡和选择的行为，民主思想才能获得这种时期要求的力量。我们不仅需要知道我们的信仰是什么，而且还要知道我们是为了什么而信仰。

2. 出版者、图书馆员和书商不需要签署他们提供利用的每一个思想和陈述。因为如果他们依据自身政治的、道德的、审美的观点为标准，去评判什么应该被出版或流通的话，就会与公共利益相冲突。

出版者和图书馆员通过提供智力成长和知识增加所要求的知识为教育服务。他们并不像导师一样，以自己的思想模式来栽培教育。人们应该拥有阅读的自由，并能够获得比任何一个单独的图书馆员或出版家、政府、教堂所拥有的思想还要多的思想。

认为一个人只能够阅读那些被别人认为是可以阅读的文献是错误的。

3. 图书馆员和出版者如果禁止存取那些以个人历史或者著者的政治关系为基础的著作，就是与公共利益相抵触。

艺术或者文学作品如果不能依据政治观点或其创建者的私人生涯，就不会繁荣。自由的人们的社会如果拟出一份作者的清单，规定不管这些作者说了什么都不能接受，这样的社会也不能繁荣。

4. 我们的社会不赞成以下行为：强迫他人的偏好；限制未成年人阅读那些被认为是适合青少年的读物；阻止作者完成艺术创作。

从某种程度上来说，现代的很多措辞是骇人听闻的。但是生活本身就是这样激动人心的，这难道是一件坏事吗？如果我们禁止作者处理生活中的素材，就能够从源头上杜绝文学作品的产生。父母和老师有教导青年做好准备迎接生命中种种经验的职责——这些经验在人生中迟早要遇到的，他们还承担着帮助青年学会独立地、批判地看问题的义务。这些是肯定的义务，不能简单地被阻止青少年阅读那些他们还不适合阅读的读物所代替。在这些问题上，人们的价值观念不同，而价值观念不能通过立法来判定，也不能够设计出符合某一团体利益而又不限制其他人自由的机制。

5. 强迫读者接受任何一个预先标注了特征的文献，或者其作者被认为具有颠覆性或危险性的文献，这些行为是违反公共利益的。

完美的标注假设有富于智慧的个人或者团体存在，即由权威来为公民决定什么是好的，什么是坏的。它假设个人在形成自己的观念的时候是需要指导的。但是美国人民在独立思考的时候并不需要别人的指导。

6. 出版者和图书馆员的职责是保护人们的阅读自由，并与那些企图以自己的标准或者偏好强加于公众的个人或者团体侵害自由的行为作斗争。

在民主的过程中，个人或者组织与另一个偶尔会产生冲突的个人或者组织，在政治的、道德的或者审美观念上的平等互换是不可避免的。在一个自由的社会里，个人自由地决定要阅读什么书籍，组织也自由地决定推荐什么给成员。但是没有一个组织有权利把法律掌握在自己的手中，把该组织的政治观念和道德观念强加给民主社会的其他成员。自由如果只是意味着一般公认和无害，那也就不能称其为自由。

7. 出版者和图书馆员的职责是通过提供意义深刻和思想表达的多样性的书籍，给阅读以自由丰富的意义。经过这些职责的训练，出版者和图书馆员能证明对所谓“坏”书的回答是正确的，对所谓“坏”思想的回答也是正确的。

当读者不能获得合乎他们目的的文件时，阅读自由的意义并不重大。我们需要的不仅仅是消除压制，而且要能够确切地提供被认为是最好的文献为人们阅读。书籍是传承知识遗产最主要的渠道，它的主要方法也在不断的测试和增长中。对阅读自由的保护需要全体出版者和图书馆员奉献出全部的能力，同时，它也应该得到全体公民的鼎力支持。

这些条文既不是轻轻松松制定出来的，也不是简易的概括。我们在此对书面语言的价值做出了崇高的声明。我们如此做是因为我们坚信它拥有巨大的多样性和有用性，值得珍爱和保存。我们意识到这些建议的应用可能会导致许多与多数人不一致的思想观念和表达方式的传播。我们不信仰令人不愉快的信念，这种信念认为人们的阅读是无关紧要的。我们宁愿支持另一种信念，这种信念把阅读看得极其重要。思想可能是危险的，但是压制思想对民主社会来说却是致命的错误。自由本身是一种危险的生活方式，但这也只能是我们的生活方式。

原文出处：http://www.ifla.org/faife/ifstat/alaread.htm（2005 年 2 月 23 日）

美国
未成年人对图书馆的自由使用声明

——对图书馆权利法案的阐释

（1972 年 6 月 30 日美国图书馆协会采用，1981 年 7 月 1 日、1991 年 7 月 3 日修订）

《图书馆权利法案》摒弃了那些有力地否认了未成年人和成年人一样拥有平等权利的图书馆政策和程序，这种平等权利即平等使用图书馆可利用资源的权利。美国图书馆协会反对所有根据图书馆用户的年龄来限制其利用图书馆服务、文献以及设施的企图。

《图书馆权利法案》第五条规定：“任何个人利用图书馆的权利不应该由于其出身、年龄、背景或者观点而受到拒绝或剥夺。”利用图书馆的权利包括自由存取，不受限制地利用图书馆提供的所有服务、文献和设施。任何基于用户的实际年龄、教育程度，去限制其存取和利用图书馆资源都是违反《图书馆权利法案》第五条的。

图书馆承担着发展馆藏以满足他们所服务的用户群体多样性信息需求的责任。图书馆用户根据个人发展不同阶段上的需求和兴趣，向图书馆要求的服务、文献和设施是图书馆资源的一个必要部分。每一个图书馆用户的需求和兴趣，以及和这些需求和兴趣相对应的资源，必须建立在个体特征的基础上。图书馆员不可能根据一个单一的标准：比如实际年龄、教育程度，来预知何种资源能最大限度地满足某个个体用户的需求和兴趣。

图书馆资源的选择和发展不应该被忽略，因为未成年人拥有和成年人用户一样的使用图书馆资源的权利。制度上的自我审查制度减少了图书馆在公众生活中的信任度，并且限制了图书馆所有用户的利用。

图书馆员和主管部门不应该为了避免来自父母或其他类似群体的异议，而在使用图书馆资源的问题上采取年龄限制的策略。图书馆的使命和目标没有赋予图书馆员及其主管部门以权利，使得他们能够设想、废除、否定父母或法定监护人的权利和义务。图书馆员和主管团体应该维护父母——也只能是父母——拥有限制他们的孩子——只能是他们的孩子——利用图书馆资源的权利。那些不希望自己的孩子利用某种图书馆的服务、文献或者设施的父母，应该给自己的孩子忠告。图书馆和主管部门不能代替父母或者在父母和孩子的私人关系中扮演父母般的权威的角色。图书馆员及其主管部门有义务保障全体图书馆用户能够平等的利用图书馆资源，并且公开的、专业的提供这些资源。

图书馆员的一项职业承诺是，保证其服务的所有用户都能够自由和平等地利用图书馆的整个资源，不管是任何内容、途径、格式的资源。这项图书馆服务原则平等地适用于所有用户，不管是成年人用户还是未成年人用户。图书馆员和主管部门必须坚守这项原则，以便向未成年人用户提供足够的、高效率的服务。

原文出处：http://www.ifla.org/faife/ifstat/alaminor.htm（2005 年 2 月 23 日）

美国
关于因特网过滤的声明

（美国图书馆协会知识自由委员会，1997 年 1 月 1 日）

1997 年 6 月 26 日，美国最高法院发布了大规模的对宪法第一修正案原则的重申，声称通过因特网进行的交流应该受到宪法的最高保护。

法院维护的最基本原则，就是因特网上的信息交流应该像通过书籍、杂志、报纸、街上的演讲而进行的信息交流一样，受到宪法同等的保护。法院认为，因特网“组成了一个巨大平台，全世界范围内成千上万的观众、读者、电视观众、研究者、顾客，通过这个平台发布和接收信息。”而且，“任何拥有一条电话线路的个人都可以成为信息的发布者，他所引起的共鸣将比那些站在街角的传道者要广泛深远得多。”

对图书馆来说，最高法院发布的最关键的一条规定就是：图书馆在因特网上提供的可利用内容，同那些图书馆书架上的书籍一样，平等地受到宪法的保护。法院的“因特网是最大的民主论坛”的结论，有益于保护图书馆向其用户提供因特网服务。法院认识到让个人接收全世界范围内的信息以及向全世界范围发布信息的重要性。而图书馆向那些不能接收和发布信息的人提供机会。最高法院的结论将会保护这种利用。

过滤软件在图书馆的使用，从本质上妨碍了受保护的言论自由，与美国宪法和联邦法律相抵触，而且可能使图书馆及其主管部门受到法律的起诉。美国图书馆协会断言，图书馆使用过滤软件阻碍对那些天生就受保护的言论的存取和利用，是违反《图书馆权利法案》的。

何为“过滤软件”

过滤软件是一种机制，通常是：

基于一个内部的产品数据库，限制对因特网内容的存取；

通过维护产品之外的数据库，限制对因特网内容的存取；

对第三方站点分配某种等级，以限制对因特网内容的存取；

通过关键词、短语或全文扫描，限制对因特网内容的存取；

从信息来源上，限制对因特网内容的存取。

在图书馆使用过滤软件产生的问题

根据宪法第一修正案，由公众资助的图书馆属于政府机构，图书馆不能由于观点或者内容的歧视限制或者约束信息。

图书馆是一个包容的机构，而不是一个排他的机构。现有的过滤软件不仅阻碍了对那些可能“有害的”信息的利用，也阻碍了对那些受宪法第一修正案保护的信息的利用。这样导致的结果是合法的和有用的信息不可避免地受到封锁。比如，那些被流行的商业过滤软件过滤掉的站点中，就包括关于乳房癌、艾滋病、妇女权利和动物权利的站点。

过滤软件能够把生产者的观点强加给公众。

生产商一般不会揭示出过滤掉的是什么样的信息，也不会为用户提供方法去访问那些无意中被过滤了的站点。

过滤内容的标准被模糊地定义，并且被主观地实施。

大量的因特网站点都资源丰富并且大有用处。过滤软件经常过滤了对那些并不需要被过滤的信息。

许多过滤软件是为了面向家庭而设计的。它的目的是为了帮助父母为孩子做出选择。而图书馆的职责在于，为有不同偏好和观点的、广范围的和多样化的用户服务。对因特网站点的封锁限制了信息利用，与图书馆的使命对立。

在图书馆，过滤在今天被看成企图用一个标准来解决所有的问题，它不能够适合变化的时代和不同用户的不同水平。

图书馆员的任务之一是在用户选择信息资源的时候给予建议和协助。父母，只能是父母才拥有限制他们的孩子利用——仅仅只涉及他们自己的孩子的利用——图书馆（包括因特网）的权利和责任。图书馆员不能为了提供服务而代替父母的角色。

图书馆通过使用过滤软件，与父母产生了一项默认的契约，这项契约使父母认为，他们的孩子将无从接触到他们不希望孩子阅读或者观看到的网络文献。图书馆没有履行这种默认契约的权利，并且因为这种软件上的技术限制，有可能会使图书馆受到可能的法律起诉。

法律禁止向儿童提供和传播色情文学和淫秽书籍，同样适用于因特网。这些法律为图书馆和其使用者提供保护。

在促进因特网的利用方面，图书馆做了哪些努力？

使用户更便利地接入万维网站点，促进因特网利用，满足用户的兴趣和需求。

为普通大众和儿童分别制作图书馆的网站页面。这些页面应该指向那些被图书馆工作人员评论的站点。

应该考虑使用私人屏幕或者把终端安排在远离公众视线的地方，以保护用户的机密。

为父母和未成年人提供信息和培训，以告知他们限制使用因特网的时间、地点和方式。

制定和执行用户行为准则。

原文出处：http://www.ifla.org/faife/ifstat/alafilt.htm（2005 年 2 月 23 日）

美国
学术图书馆
的知识自由原则

（1999 年 6 月 28 日大学和研究图书馆协会知识自由委员会采纳，1999 年 6 月 29 日该协会董事会批准）

一个强大的知识自由的前景，在发展学术图书馆馆藏和服务，以客观地满足高等院校团体的教学和研究需求是很关键的。本声明的目的在于阐明学术图书馆中一般的知识自由原则，并且，在此过程中，唤醒那些工作于其中的图书馆员的知识自由意识。这些原则应该被反映在所有相关的图书馆政策文件中。

1.《图书馆权利法案》确定的基本原则规定了馆藏的建立、服务和政策，这些构成了服务于整个高等教育界不可缺少的框架基础。

2. 图书馆用户的隐私是而且必须是神圣不可侵犯的。图书馆政策必须保证图书馆的借阅记录和其他有关个人使用图书馆信息和服务的机密性。

3. 学术图书馆的馆藏发展应该支持该学术机构的使命和研究计划，而不应以文献收集者个人的价值观念为重。对研究和学习来说，馆藏包含反映某种主题多种观点的文献是必要的，尽管这些主题可能被认为是有争议的。

4. 应该对图书馆的文献和那些有争议的文献进行同等的保存和替补，使之不会由于盗窃、遗失、毁坏、或者正常的磨损和破坏而消失。要特别警惕那些对某一馆藏有偏好的、有组织地盗窃和损坏馆藏的团体。

5. 专利使用权转让协定应该与《图书馆权利法案》相一致，并且要使存取最大化。

6. 高等院校图书馆中，开放的、无限制的因特网接入服务应该便利地向学术团体提供。内容过滤装置和基于内容的限制，是与学术图书馆的使命相矛盾的，学术图书馆的使命是通过最大范围地接触思想和信息，以进一步研究和学习。这些限制从根本上违反了学术图书馆的知识自由。

7. 信息和创造性表达的自由应该被反映在图书馆的陈列品中，以及所有相关的图书馆政策文件中。

8. 图书馆的会议室、研究室、展览场地和其他设施应该能被学术团体利用，无论是正在从事的研究或是正被议论的主题。如图书馆政策所反映的任何因为有限空间的可用性而制定的必须的限制，应该建立在需求的基础上，而不取决于研究或探讨的内容。

9. 图书馆服务应该在任何时候都可以免费地提供，以鼓励资讯。在用户需要花费的时候，应该提供免费的或者廉价的选择（比如，下载到磁盘而不复印），这种服务应该随时可提供。

10. 图书馆服务的精神应该发扬光大，应平等地向所有学术团体提供信息，不依据种族、价值观念、性别、性取向、文化或伦理背景、身体或智力残疾、经济地位、宗教信仰、观点的不同而区别对待。

11. 确保正当过程的程序应该是，适当地处理学术团体内部和外部的请求，这些请求包括移除或增加图书馆的资源、展览品或服务。

12. 强烈建议此项原则声明由适当的主管部门签署，如参议院或者相似的管理机构。

原文出处：http://www.ifla.org/faife/ifstat/acrlprin.htm 2005 年 2 月 23 日

加拿大 关于表达自由的宣言

（1986 年 6 月加拿大研究图书馆学会采用）

所有生活在加拿大的人都拥有基本权利，这种权利体现在国家的《加拿大权利与自由宪章》和《权利法案》中。人们有权获取一切有关知识、创造和知识活动的信息。

研究图书馆有责任使人们便利地获取从古至今所有时期有关知识、观点、知识活动以及创造的信息，包括那些可能被认为是非常规的、不普遍的、异端的、不被接受的信息。

为达到此目标，研究图书馆应当通过购买或者资源共享的方式尽可能广泛地搜集和提供各种类型的信息资料，为相应团体的学术研究服务。

原文出处：http://www.ifla.org/faife/ifstat/clastat.htm（2005 年 2 月 23 日）

加拿大 关于知识自由的立场声明

（1974 年 6 月 27 日加拿大图书馆协会最高行政会议通过；1983 年 11 月 17 日、1985 年 11 月 18 日修改）

所有生活在加拿大的人都拥有基本权利，这种权利体现在国家的《权利法案》和《加拿大权利与自由宪章》中。人们有权获取一切有关知识、创造和知识活动的信息，并且可以公开地表达他们的想法。这项受到法律保护的知识自由的权利，对保证加拿大社会的健康和发展是必不可少的。

图书馆的基本职责是发展和维护知识自由。

图书馆的责任是：保障和便利人们获取有关知识和知识活动的一切信息，包括那些被一部分人认为不符合常规、非大众化、不可接受的信息。为实现这个目标，图书馆应该收集和提供尽可能广泛多样的信息资料。

图书馆有义务为一切有需要的个人和团体提供公共设施和服务，以保证人们的自由表达权利的实现。

在遭到个人或团体的批评时，图书馆应当抵制任何限制实现上述功能的企图。

除了履行机构职责以外，图书馆工作人员还有一种责任：维护以上所述原则。

关于图书馆员在工作场合言论自由问题的十个问答

（2001 年 7 月美国图书馆协会对其伦理规范的一个解释）

收集翻译　施　燕
（北京大学信息管理系）

1. 问：作为一个图书馆员，在工作场合我是否有对政策相关事务发表评论的言论自由权？

答：根据图书馆权利法案及其解释，美国图书馆协会支持言论自由权和第一次修正案的最强烈允许用词。但是受第一次修正案保护的言论自由权传统上被认为不适用于雇员在工作场合的言论。“雇佣自由”原则（在大多数州应用）意味着雇员可以在任何时候提出辞职，雇主也可以在任何时候开除雇员，除非开除的理由是被禁止的（比如种族或年龄歧视）。有些雇主可能相信，如果雇员拥有对与工作相关事项的充分言论自由，那么雇员的忠诚度和纪律性将被减弱，并且，本机构为实现有效果和有效率的职能所必需的协调机制将被破坏。在这个问题上，许多法院裁决都支持雇主们的观点。

2. 问：这是否意味着我在作为雇员时没有言论自由？

答：如果你是政府雇员，最高法院在一个判例中对以下两者进行了一个平衡性试验：对公共事务的言论自由权是公民的利益，以促进公共事务效率为工作目标的政府作为雇主也有其利益。如果你是一个政府雇员，并且就公共事务发表了言论，该言论并不妨碍你的受雇机构提供公共服务的能力，那么法院裁决也许会支持你。

3. 问：那么揭发腐败又怎样呢？

答：根据布莱克法律词典，揭发腐败指的是一个雇员报告（可能也拒绝从事）其雇主或其他雇员从事的非法或不正当的行为。联邦和州都有条例保护该雇员不因揭露雇主不正当行为而受报复。可以查一下那些条例是否适用于您的情况。

4. 问：那么关于图书馆方针政策的问题呢？我是否对图书馆内部事务具有言论自由权？

答：既然雇员和雇主之间是合同关系，雇员的言论受到雇佣合同的约束，而不是受第一次修正案的约束。图书馆作为工作场合，其言论环境随着机构层级和雇员在该层级中的位置、机构文化和构成该文化的人物个性的变化而变化。如果你是一个协会的成员，查看一下你的协会合约，看是否提供了一些保护。如果你是一个终身制的或有类似安排的图书馆员，请查看你的终身合约或连任合约。

5. 问：作为一个图书馆界专业人员，对那些我认为不利于公众利益或本行业发展的政策，我是否具有伦理上的义务去提出意见并倡导改革？

答：美国图书馆协会伦理规范的第一个原则就是“我们为所有的图书馆用户提供最高水准的服务”。你对“最高水准的服务”的观点可能和你的雇主有所冲突，比如：你是图书馆馆长，董事们坚持采用筛选制，但是你不同意；或者你是一个儿童图书馆馆员，你不赞成本馆对儿童的罚款规定；或者你是一个大学图书馆馆员，你对本校缺乏对电子资源的单独政策而不满。在这些或其他类似情况下，你应当并且可能感到有伦理上的义务去以一个专业人员的身份站出来发表见解，让大家知道你的图书馆价值观念。你必须用你的专业判断能力对在何时以何种方式做这些事进行判断，并且，你必须准备好承担此事带来的后果。

6. 问：在对图书馆方针等问题发表见解时应当考虑哪些事项？

答：尽量了解问题的各个方面，并尝试用你的雇主的眼光来看该问题。这个问题真的重要到使你愿意冒受报复的危险吗？估量你在机构中的位置，了解工作场所的文化：你也许会得到更多的保障。如果你是协会的会员，也许会收到协会合约的保护。一个终身制的图书馆员比一个新图书馆员有更多的发表见解的自由。一般来说，图书馆馆长的观点应该让董事们了解。雇主有时候会比平时更容易接受批评意见。有些雇主在私人场合愿意接受不同意见，但是在员工会议上就不行。有些更喜欢在备忘录上与你笔谈。可以和你的同事商量一下。你的同事也支持你还是就你一个人有此观点？你能让同事们支持你吗？你能做到让其他人来替你提出问题或你可以匿名提出吗？有没有可能使内部工作的改变带来问题的改善？如果你对自己的观点深信不疑，你愿意为此辞去你的工作吗？你必须运用你的专业判断力来判断你工作的环境如何。

7. 问：如果我在工作场合对本机构职业政策发表不同意见，我的雇主为此报复我，我会得到支持吗？

答：美国图书馆协会目前不会对工作上的争端进行调停工作、财政支持或法律援助。你的雇主有一些可能会强加于你的行为，包括但不限于以下这些：重新分配你的职位、不考虑你的提升、不考虑你的加薪、拒绝你的连任、不让你处于最好的职位上、最终解雇。如果你决定为职业政策发表不同意见，这就是你和你的雇主要面对的问题。美国图书馆协会管理着 LeRoy C. Merritt 人道主义基金，用于向那些因为捍卫知识自由权包括言论自由权而受到不公正待遇或被解雇的图书馆员提供财政支持。更多关于该基金的信息请查询 www. merrittfund. org。

8. 问：作为图书馆的管理者，我应该就政策和程序问题征求员工的意见吗？

答：美国图书馆协会伦理规范的第五条“我们以尊重、公平和良好的信用对待同事和其他同行，要求得到保障本机构所有雇员权利和福利的雇佣条件。”第八条“……，鼓励同行在本职业领域的发展，……，通过这些，我们努力在本职业领域中做到最好。”在很长一段时间里，在图书馆组织结构问题上，含有核心决策层和严格信息控制的等级组织模式被认为是最有效率的。组织结构理论上的改革带来了新的组织模式，追求更大的灵活性、实验性和更快的组织反应速度。如果图书馆员和其他员工无权参与讨论政策和程序问题，他们可能会觉得自己的工作无聊，令人不满，甚至大失所望。他们可能会失去对工作的积极主动性和提供新服务的想象力。员工中最具独创能力的也许会到别的机构去寻找机会。不征求员工意见也许会导致图书馆工作效率的下降，削弱你适应环境变化的能力，并且妨碍为用户提供最优服务。图书馆的领导者应当鼓励员工对政策和程序问题的讨论，并避免采取那些导致员工不愿发表言论的行动。

9. 问：既然图书馆员对于保护知识自由权和言论自由权有特别的职责，那么图书馆员是否有特别的职责去创造一个比别的职业更为容忍员工意见的工作场合？

答：是的。图书馆在保障民主社会的信息自由流动方面起着特殊的作用。图书馆员经常受号召，去反对审查制度，抵抗那些限制人们获取信息和传播思想的企图。如果图书馆员被剥夺了就工作相关事务发表言论的权利，又怎样实现我们对言论自由的保障呢？我们必须通过在工作场合鼓励言论自由，以此证明我们对言论自由的承诺。

10. 问：我从哪里可以获得更多的信息？

答：关于图书馆员在工作场合言论问题可直接向职业伦理委员会知识自由权办公室咨询。

全国图书馆界县（含）以上部分人大代表、政协委员名录

福建省

姓名	性别	年龄	民族	所在单位	主要职务	职称	代表（委员）所在地区及任职情况	通讯地址	邮编	联系电话	电子信箱
郭晓红	女	38	汉	上杭县图书馆		馆员	龙岩市人大代表	上杭县图书馆	364200	0597－3842516	
张渭滨	男	58	汉	华侨大学图书馆	馆长	教授	泉州市丰泽区人大代表，泉州市政协委员	华侨大学东区9#402	362021	0595－22691429	zhwb@hqu.edu.cn
郑一仙	男	56	汉	福建省图书馆	馆长	研究馆员	福建省政协委员	福州市湖东路227号	350001	0591－87569640	
林端宜	女	59	汉	福建中医学院信息管理研究所	所长	研究馆员	福建省政协委员	福州市五四路282号	350003	0591－83570724	
张涛	男	47	汉	福州市图书馆		馆员	福州市政协委员	福州市碧芳洲4#705	350004	0591－83353745转8604	
郭盛阳	男	57	汉	福建师范大学图书馆		副研究馆员	福州市仓山区政协委员	福建师范大学图书馆	350007	0591－83465071	
瞿淑萍	女	50	汉	闽侯县图书馆	馆长	馆员	闽侯县政协常委	闽侯县图书馆	350100	0591－22982224	
陈星光	男	41	汉	连江县图书馆	副馆长	高级工	连江县政协常委	连江县图书馆	350500	0591－26212581	
王志民	男	53	汉	厦门市同安区少儿图书馆	馆长	馆员	厦门市同安区政协委员	厦门市同安区双溪公园内	361100	0592－7035348	
许兆恺	男	48	汉	泉州市图书馆	馆长、书记	副研究馆员	泉州市政协委员	泉州市东湖街	362000	0595－22164877	zhaokaix@yahoo.com.cn
周雅丽	女	49	汉	黎明职业大学图书馆	馆长	副教授	泉州市政协委员	黎明职业大学图书馆	362000	0595－22900073	zyl@lmu.cn
黄钢水	男	59	汉	南安市图书馆	馆长	馆员	泉州市政协委员	南安市溪美柳新路12号	362300	0595－86382477	nalib@163.com nazdh@163.com
曾智良	男	57	汉	晋江市图书馆	馆长	馆员	泉州市政协委员	晋江市图书馆	362200	0595－85681186	
吴乔生	男	58	汉	泉州市图书馆		研究馆员	泉州市丰泽区政协委员	泉州市东湖街	362000	0595－22187300	

姓　名	性别	年龄	民族	所在单位	主要职务	职称	代表（委员）所在地区及任职情况	通讯地址	邮编	联系电话	电子信箱
李世乐	男	48	汉	晋江市图书馆	部主任	助馆	晋江市政协委员	晋江市图书馆	362200	0595－85681186	
林依妹	女	37	汉	尤溪县图书馆		馆员	尤溪县政协委员	尤溪县城关解放路67号	365100	0598－6323476	
林　健	女	46	汉	宁德市蕉城区图书馆	馆长	馆员	宁德市蕉城区政协委员	宁德市蕉城区图书馆	352100	0593－2895199	
王丽端	女	41	汉	古田县图书馆	馆长	馆员	古田县政协委员	古田县图书馆	352200	0593－3880385 13338220969	wddqjbm @ sina. com
翁怀灿	男	58	汉	霞浦县图书馆	副馆长	馆员	霞浦县政协常委，提案委员会主任	霞浦县中乘街县后巷17－1号503室	355100	0593－8892125	
严雅英	女	50	汉	上杭县图书馆	馆长	副研究馆员	上杭县政协委员	上杭县图书馆	364200	0597－3842516	Shyzy2001 @ 163. com
温晓英	女	43	汉	武平县图书馆		中级工	武平县政协委员	武平县图书馆	364300	0597－4822490	
林清书	男	42	汉	龙岩学院图书馆	副馆长	副教授	龙岩市新罗区政协委员	龙岩学院图书馆	364000	0597－2292293	Linqshu999 @ 163. com

（龚永年）

安徽省

姓　名	性别	民族	所在单位	主要职务	职称	代表（委员）所在地区及任职情况	通讯地址	邮编	联系电话	电子信箱
曾玉琴	女	汉	安徽省太湖县图书馆	馆长	副研究馆员	安徽省第十届人民代表大会代表	太湖县图书馆	246410	0556－4162385	
刘国英	女	汉	安徽省煤炭师范学院图书馆		副研究馆员	淮北市第七届政协委员	淮北市东山路100号	235000	0561－3803170	Liugy－52 @ Hotmail. com
宁光艳	女	汉	淮南市图书馆	副馆长	副研究馆员	淮南市第十一、十二届政协委员	淮南市图书馆	232001	0554－2674652 13625542915	
孟庆杰	男	汉	蚌埠市图书馆	馆长	副研究馆员	蚌埠市第十、十一届政协委员	蚌埠市胜利路51号	233000	0552－2048956	
张丛凯	男	汉	解放军第十三飞行学院图书馆	馆长	副研究馆员	蚌埠市第十一届政协委员	蚌埠市胜利路51号	233000	0552－3075432	

姓　名	性别	民族	所在单位	主要职务	职称	代表（委员）所在地区及任职情况	通讯地址	邮编	联系电话	电子信箱
宋小清	女	汉	合肥学院图书馆	馆长	副研究馆员	合肥市第十、十一届政协委员	合肥学院图书馆	230022	0551－2159186	sxq@hfuu.edu.cn

江西省

姓　名	性别	年龄	民族	所在单位	主要职务	职称	代表（委员）所在地区及任职情况	通讯地址	邮编	联系电话	电子信箱
罗时民	男	53	汉	南昌大学图书馆	部主任	副教授	江西省政协委员 南昌大学民革总支副组委	南昌大学（南区）图书馆	330029	（0791）8305444	Lsm8827@sina.com
贾洪生	男	48	汉	南昌航空学院图书馆	副馆长	研究馆员	江西省九届政协委员 民革江西省委委员	南昌市上海路173号	330034	（0791）8223100	niatJHS@163.com
周　洪	女	49	汉	江西师范大学图书馆	馆长	教授	民盟江西省教工委副主任、江西师大常务副主委、南昌市十一和十二届人大代表、省八届妇女代表大会代表	南昌市北京西路437号	330027	（0791）8506156	lulinqiufeng@eyou.com
熊学明	男	56	汉	九江市图书馆	馆长	研究馆员	九江市政协委员	九江市环城路227号	332000	（0792）8224607	
万通	男	47	汉	赣南医学院图书馆	副馆长	教授主任医师	民盟赣州市农工民主党赣南医学院支部主任委员，江西省第十届人大代表	赣州市	341000	（0791）8208027	
魏成华	男	45	汉	定南县图书馆	馆长	助理馆员	定南县第六、七届政协委员	江西省定南县	341900	（0797）4291457	

山东省

姓　名	性别	年龄	民族	所在单位	主要职务	职称	代表（委员）所在地区及任职情况	通讯地址	邮编	联系电话
程国华	男	51	汉	山东省图书馆	主任	副研	济南市政协委员	大明湖路275号教育培训部	250011	13305316398

（白兴勇）

宁夏自治区

姓　名	性别	年龄	民族	所在单位	主要职务	职称	代表（委员）所在地区及任职情况	邮编	联系电话
张欣毅	男	48	汉	宁夏图书馆	常务副馆长	研究馆员	宁夏自治区政协委员	750021	0951－2022922 13995189414
刘　荣	女	51	汉	宁夏科技情报所	所长	研究馆员	宁夏自治区政协委员	750021	0951－5044688

重庆市

姓　名	性别	年龄	民族	所在单位	主要职务	职称	代表（委员）所在地区及任职情况	通讯地址	邮编	联系电话
邵康庆	男	55	汉	重庆图书馆	馆长	研究馆员	重庆市政协委员	重庆市渝中区长江一路11号	400014	023－63635226
彭晓东	男	46	土家族	重庆大学图书馆	馆长	教授	重庆市政协委员	重庆大学图书馆	400014	023－65111625

（刘晓景）

吉林省

姓　名	性别	年龄	民族	所在单位	主要职务	职称	代表（委员）所在地区及任职情况	通讯地址	邮编	联系电话	电子信箱
刘慧娟	女	50	汉	长春图书馆	馆长	研究馆员	长春市政协文史委员	长春市同志街1956号	130021	0431－5635002	
孙启彦	男	57	汉	长春图书馆	党委书记	研究馆员	长春市人大	长春市同志街1956号	130021	0431－5636958	
王翠莲	女	42	汉	长春市宽城区图书馆	副馆长	副研究馆员	长春市宽城区政协	长春市东一条街649号	130051	0431－2794288	
佟加林	男	44	满	吉林体育学院图书馆	馆长	副研究馆员	长春市政协委员	长春市自由大路2476号	130022	0431－5267836	Tongjialin0423@yahoo.com.cn
郭秀云	女	53	汉	抚松县图书馆	馆长	副研究馆员	抚松县政协委员	抚松县图书馆	134500	0439－6212594	

（马慧艳）

编制说明

1. 本索引为主题索引，在主题分析的基础上按条目的内容编制，依汉语拼音音序排列。

2. 为便于检索，本索引标引范围涉及本年鉴包括的所有部分。

3. 索引采用标题形式，二级标题在主标题下缩格显示，以“–”表示对主标题的区分，以“,”表示对主标题的补充说明。主标题通常为特定主题对象，一对象某一方面的内容，通常作为二级标题，从属于该主题对象之下。本索引中，二级标题有时也作为进一步揭示条目内容的手段使用。

4. 索引编目后的数字表示内容所在的页码，数字后的拉丁字母 a，b，c 表示正文中从左到右的栏别。文中图表，均于标题后以（图）、（表）注明，以便识别。

5，一条目中一内容的表述延续超过一栏或页时，通常只标引起始的栏或页，同一主题在书中不同部分出现时，分别标示不同出处。

A

D

E

F

G

H

J

K

L

M

N

O

P

Q

R

T

W

Z

（本索引由马张华、李恬、刘雅琼、邱奉捷、孙鹏飞编制）

图书馆供应商名录

单 位：商务印书馆

经营、服务内容介绍：图书出版、发行
联系人：金莹莹
地 址：北京王府井大街36号
邮 编：100710
电 话：010-65258899（总机）
65126429 65278537
传 真：010-65249763（发行部）
网 站：www.cp.com.cn
E-mail：jinyingying@cp.com.cn

单 位：中国旅游出版社

经营、服务内容介绍：

中国旅游出版社出版旅游理论、旅游管理、工具书、旅游指南、旅游年鉴、旅游教材等。

联系人：王桂香
地 址：北京建内大街甲9号
邮 编：100005
电 话：010-85166517
传 真：010-65224339（发行部）
网 站：www.cttp.net.cn

单 位：高等教育出版社（集团）

北京畅想书源信息技术有限公司
经营、服务内容介绍：

全国大中专院校图书馆和社会公共图书馆的图书采购、数据制作、图书加工服务、图书馆信息技术服务、网上书店。

地 址：北京市丰台区花乡白盆窑物流中心西区
信 箱：北京102600-18信箱
邮 编：102600
电 话：010-83799686
83799089客服部
传 真：010-83799687
网 址：www.cxybook.com
E-mail:cxybook@163.net

单 位：学苑出版社

经营、服务内容介绍：

医药卫生、社科文史、教育少儿、工具书、古籍书的出版、发行。

联系人：许力
地 址：北京市丰台区南方庄2号院1号楼
邮 编：100079
电 话：010-67601101
传 真：010-67601101（发行部）
网 站：http://www.book001.com
E-mai：XUEYuanyg@sina.com
E-mai：XUEYuan@public.bta.net..cn

单 位：中国建筑工业出版社

经营、服务内容介绍：

中国建筑工业出版社主要出版工程建设、城市建设、村镇建设、各类建筑技术、经营管理等方面的工具书、应用图书、理论图书、艺术画册、普及图书、辞书年鉴、专业教材、培训读物、标准规范，以及电子读物。

联系人：苏静
地 址：北京百万庄三里河路9号
邮 编：100037
电 话：010-58933865
传 真：010-68325420（发行部）
网 站：www.cabp.com.cn
E-mail：sujing@cabp.com.cn

单位：北京时代经科文化发展有限公司

经营、服务内容介绍：

本公司是以图书策划、发行、销售为主业的现代文化企业，为各级各类图书馆以合理的价格提供规范、优质的配书服务。现有营销网络覆盖全国58个主要城市。本公司与经联体和法联体所属的40余家出版社有着紧密的合作关系，可以在第一时间得到其出版的全品种新书。

联系人：许金波 郝卫卫
地 址：北京市宣武区广安门南大街36号
天缘公寓B座708室
电 话：010-83537843/4860/6545
传 真：010-83534519
邮 编：100054 网 站：www.bjsdjk.com
邮 箱：bjsdjk@bjsdjk.com bjsdjk@163.com
开户行：招商银行北京展览路支行（461）
税 号：11010877336878X
账 号：0983266910001

单 位：河北麦田图书有限责任公司

经营、服务内容介绍：图书出版、发行
联系人：赵玉敏
地 址：河北省石家庄市联盟路707号
中化大厦1101室
邮 编：050061
电 话：0311-87750444 87796514
87716514
传 真：0311-87730142
网 站：www.hbep.com
E-mail：wfbooksell@vip.163.com

图书馆馆藏供应商名录

单 位：（出版社/书店/软件公司/数据公司/装备公司）：科学出版社
经营、服务内容介绍：

致力于科学、技术、医学、教育（*STME*）领域的出版。

联系人：卢文、苏雅
地 址：北京市东黄城根北街16号
邮 编：100717
电 话：010-64034252 010-64031535
传 真：010-64019574 010-64017335
网 站：www.sciencep.com
E-mail:dingdan@cspg.net

单 位：开明出版社

经营、服务内容介绍：

开明出版社是以教育类图书出版为主的综合性出版社、包括语文教材，心理素质实验课本及英语、语文、奥数等门类的教辅图书及教育理论图书。

联系人：徐海燕、刘泳
地 址：北京市海殿区西三环北路19号
外研大厦五层
邮 编：100089
电 话：010-88817489，88810722，
88810701
传 真：010-88817487（发行部）

单 位：中国旅游书店

经营、服务内容介绍：

本社是国家旅游局和中国旅游协会直属的中央级图书、音像出版单位，是中国最大的旅游专业出版社，每年出版不同形式的出版物近300个品种，包括旅游、文化及相关社会科学领域的图书、音像制品、电子出版物、导游图、明信片、挂历等。

联系人：刘莹
地 址：北京市建国门内大街甲9号
国家旅游局二号办公楼
邮 编：100005
电 话：010-65122892
传 真：010-65136282
网 站：www.cttp.net.cn
E-mail：liuying_0307@hotimail.com